www.ingramcontent.com/pod-product-compliance
Lightning Source LLC
Chambersburg PA
CBHW050401110426
42812CB00006BA/1768

* 9 7 8 1 9 5 1 9 4 8 0 6 1 *

ספר

חזרה ברורה

על משנה ברורה חלק ה-ו
סימנים תכ"ט - תרצ"ז

חזרה מקיפה כולל דברי

שו"ע ומשנה ברורה

משולב עם תמצית דברי

הביאור הלכה ושער הציון

רובו ככולו בלשונם

מסודר באופן המועיל לזכרון

ונלוה אליו "לוח הלכתא דיומא"

מחזור שנה ושנתיים

כשנוגע למעשה צריך לעיין וללמוד במקור הדין

ספר הלכתא ברורה על מסכת סוכה
וכן ספרי חזרה ברורה: ג' כרכים על כל ו' חלקי משנה ברורה
ניתן להשיג ע"י:
"עם הספר" י. לעוויץ 0047 -377-718
יעקב בלוי 05-266-6245

ספרי חזרה ברורה: ג' כרכים על כל ו' חלקי משנה ברורה
ספר הלכתא ברורה על מסכת ברכות
ספר הלכתא ברורה על מסכת שבת
ספר הלכתא ברורה על מסכת פסחים
ספר הלכתא ברורה על מסכת תענית מגילה וחנוכה
ספר הלכתא ברורה על מסכת ר"ה ויומא
ספר הלכתא ברורה על מסכת סוכה
ספר הלכתא ברורה על מסכת ביצה ומועד קטן
ספרי חזרה ברורה על יורה דעה: ב' כרכים
ספר חזרה ברורה על דיני חושן משפט ע"פ הסדר של הקשו"ע
ניתן להשיג ע"י: www.chazarahmp3.com

1139 East 12th St.
Brooklyn, NY 11230
718 - 646 - 1243
info@chazarahmp3.com

בי"ד"צ שע"י העדה החרדית שליט"א

BETH DIN TZEDEK
OF THE ORTHODOX
JEWISH COMMUNITY
26\A STRAUSS ST.
JERUSALEM

בית דין צדק
לכל מקהלות האשכנזים
שע"י "העדה החרדית"
פעיה"ק ירושלם תובב"א
רח' שטראוס 26/א

FAX 02-6221317 פאקס TEL 02-6236550.טל P.O.B 5006 .ת. ד

ב"ה

הסכמת הביד"צ שליט"א

נודע בשערים המצוינים בהלכה גודל ענין החזרה והשינון לדעת את הדרך ילכון בה ואת המעשה אשר יעשון בפרט בהלכתא רבבתא כהלכות שבת וכדו' אשר לפעמים נצרך להם ואין פנאי לחפש מקורו בספר, וע"כ בואו ונחזיק טובה להאי גברא יקירא הרה"ג ר' אהרן זליקוביץ שליט"א מעיר נ"י, אשר ערך ספר "חזרה ברורה" לפי סדר המשנה ברורה לחזור ולשנן הלכות שבת תחומין ועירובין שבמשנ"ב חלק ג' וד'.

והנה עבר על הספר ידידינו הגאון רבי חיים יוסף בלויא שליט"א מו"צ פעיה"ק רב שכו' פאג"י ומרבני ועד השחיטה דעדתינו, ומעיד כי הספר בנוי לתלפיות לתועלת ללומדים לשינון וחזרה, ע"כ אף ידינו תכון עמו להלקו ביעקב ולהפיצו בישראל, והרוצים לידע את המעשה אשר יעשון עליהם לעיין בפנים הספר משנה ברורה ובהלכה, וכידוע מפי הפוסקים שאין לסמוך על ספרי הקיצורים ללא לימוד מקור הדברים בעיון כדת של תורה.

מי יתן וחפץ ה' בידיו של המחבר יצליח להגדיל תורה ולהאדירה מתוך שמחה ונחת וברכת ה' מלא, עדי נזכה לביאת גוא"צ אשר אליו מייחלים עינינו בקרוב הימים בב"א.

וע"ז באעה"ח ביום ז"ך לחודש תמוז - בין המצרים יהיה לששון ולשמחה - תשע"ה לפ"ק הביד"צ דפעיה"ק ת"ו

נאם [signature] | נאם [signature]
יצחק טוביה ווייס – גאב"ד | **משה שטרנבוך – ראב"ד**

נאם [signature] | נאם [signature]
אברהם יצחק אולמאן | **נפתלי ה' פרנקל**

הרה"ג רב עזריאל אוירבאך שליט"א

בס"ד

הרב עזריאל אוירבאך
רב בית הכנסת "חניכי הישיבות", בית וגן
רח' הפסגה 53, בית וגן, ירושלים

Rabbi Azriel Auerbach
Rabbi of "Chaniche Hayeshivot"
53 Hapisga St., Bayit Vegan, Jerusalem

ב"ה

ראיתי את הספר "חזרה ברורה" הנועד לאלו אשר כבר
עסקו בעיון בשו"ע ובס' משנה ברורה - לקיים ושננתם
ובפרט בדבר הלכה בעניני או"ח אשר יום יום ידרושון
לדעת את הדרך ילכו בה. והנה המחבר עשה עבודה
יפה ומתוקנת ערוך ומסודר במעשה אומן לשם שינון הלכה
בבחינת נר לרגלי דבריך ואור לנתיבתי.
וברכה להמשך זיכוי הרבים להחדרת ההלכה היום
יומית מתוך הרחבת הדעת.

עזריאל אוירבאך

בס"ד

ראיתי את הספר "חזרה ברורה" הנועד לאלו אשר כבר עסקו בעיון בשו"ע ובס' משנה ברורה - לקיים ושננתם ובפרט בדבר הלכה בעניני או"ח אשר יום יום ידרושון לדעת את הדרך ילכו בה, והנה המחבר עשה עבודה יפה ומתוקנת ערוך ומסודר במעשה אומן לשם שינון הלכה בבחינת נר לרגלי דבריך ואור לנתיבתי.

וברכה להמשך זיכוי הרבים להחדרת ההלכה היום יומית מתוך הרחבת הדעת.

עזריאל אוירבאך

הרה"ג רב ישראל גנס שליט"א

הרב ישראל גנס
רח' פנים מאירות 2
קרית מטרסדורף, ירושלים 94423

בס"ד א' אלול תשע"ב

ראיתי את הספר "חזרה ברורה" אשר הפליא לעשות
האברך היקר הרב אהרן זליקוביץ שליט"א.
בספר הזה יש עמל רב, יגיעה רבה, סדר נפלא, ובעיקר תועלת
גדולה ללימוד המשנה ברורה שיוכלו לזכור את דבריו, הן המ"ב
הן הבה"ל והן השעה"צ.
ולא נצרכה אלא לברכה שיוסיף המחבר תת תנובה לזכות הרבים
בעוד ספרים מועילים.

הכו"ח לכבוד התורה ועמליה פה עיה"ק ירושלים תובב"א

ישראל גנס

בס"ד א' אלול תשע"ב

ראיתי את הספר "חזרה ברורה" אשר הפליא לעשות האברך היקר הרב אהרן זליקוביץ שליט"א. בספר הזה יש עמל רב, יגיעה רבה, סדר נפלא, ובעיקר תועלת גדולה ללימוד המשנה ברורה שיוכלו לזכור את דבריו, הן המ"ב הן הבה"ל והן השעה"צ. ולא נצרכה אלא לברכה שיוסיף המחבר תת תנובה לזכות הרבים בעוד ספרים מועילים.

הכו"ח לכבוד התורה ועמליה פה עיה"ק ירושלים תובב"א
ישראל גנס

הרה"ג רב שמואל פירסט שליט"א

Rabbi Shmuel Fuerst
6100 North Drake Avenue
Chicago, Illinois 60659
(773) 539-4241
Fax (773) 539-1208

בס"ד

הרב שמואל פירסט
דיין ומו"ץ אגודת ישראל
שיקאגא, אילינאי

ה' מנחם אב תשע"ב

ראיתי הספר "חזרה ברורה" שחיברו הר"ר אהרן זליקוביץ שליט"א
שכתוב בתוכו כל דברי המחבר והרמ"א וכמעט כל דברי המ"ב ושע"צ
וב"ה והכל ערוך בסדר נאה. והתועלת מהספר יהי' להלומדי המ"ב
שיוכלו לחזור על ספר מ"ב באופן קל להבין אותו על בורי'.
ובודאי ספר הנ"ל יהי' תועלת גדולה להרבה לומדי משנה ברורה שיהא להם
קל לחזור על דבריו כדי שיהיו בקיאין בדבריו ועי"ז יזכו לשמור ולעשות
ולקיים את דבר הלכה.
יהי רצון שיזכה המחבר שיתקבל הספר "חזרה ברורה" לפני כל הלומדים
הלכות אלו ויזכה לסיים כל שאר חלקים של המ"ב, ויזכה לשבת באהלה של
תורה כל ימי חייו.

הכו"ח לכבוד התורה,
בידידות,
שמואל פירסט

ה' מנחם אב תשע"ב

ראיתי הספר "חזרה ברורה" שחיברו הר"ר אהרן זליקוביץ שליט"א שכתוב בתוכו כל דברי המחבר והרמ"א וכמעט כל דברי המ"ב ושע"צ וב"ה, והכל ערוך בסדר נאה. והתועלת מהספר יהיה להלומדי המ"ב שיוכלו לחזור על ספר מ"ב באופן קל להבין אותה על בוריה.

ובודאי ספר הנ"ל יהיה תועלת גדולה להרבה לומדי משנה ברורה שיהא להם קל לחזור על דבריו כדי שיהיו בקיאין בדבריו ועי"ז יזכו לשמור ולעשות ולקיים את דבר הלכה.

יהי רצון שיזכה המחבר שיתקבל הספר "חזרה ברורה" לפני כל הלומדים הלכות אלו ויזכה לסיים כל שאר חלקים של המ"ב, ויזכה לשבת באהלה של תורה כל ימי חייו.

הכו"ח לכבוד התורה,
בידידות, שמואל פירסט

הרה"ג רב שמואל פעלדער שליט"א

RABBI SHMUEL FELDER
BETH MEDRASH GOVOAH
LAKEWOOD N.J.08701

שמואל יצחק פעלדער
דיין ומו"ץ בית מדרש גבוה
לייקואד נוי דשערזי

בעזהי"ת יום א' כ"א אייר תשע"ב לפ"ק

הן הובא לפני קונטרוס שחיברו ר' אהרן זליקוביץ שליט"א על משנה ברורה אשר בשם "חזרה ברורה" יקבנו המכיל בתוכו כל דברי המחבר והרמ"א ומ"ב, וגם תמצית דברי הביאור הלכה ושער הציון, הכל עורך בצורה מסודרת ומאירת עינים, באופן ששייך לחזור על ספר משנה ברורה עם תמצית בה"ל ושעה"צ באופן קל ובהיר בלא בלבול ועירבוביא.

ובודאי שיש בחיבור זה תועלת גדולה ללומדי משנה ברורה לחזור ולשנן הדברים בצורה מועילה ביותר למען תהיה תורתם בלבם ערוכה ושמורה להיות בקיאין בדבר הלכה ללמוד וללמד לשמור ולעשות ולקיים.

ועל כן אברך הרב המחבר שיזכה שיתקבלו הדברים באהבה ובשמחה לפני הלומדים ויזכה לחבר עוד חיבורים כזה ואחרים בתורה הקדושה ולשבת באהלה של תורה כל ימי חייו מתוך מנוחת הנפש והרחבת הדעת.

הכו"ח לכבוד התורה
שמואל יצחק פעלדער

הרה"ג רב יחזקאל רוטה שליט"א

RABBI Y. ROTH
1556-53RD STREET
BROOKLYN, N. Y. 11219
TEL:(718) 435-1502

יחזקאל רוטה

אבדק"ק קארלסבורג
בארא פארק ברוקלין, נ.י. יע"א

להי"ו

תפארת שבנצח למב"י לסדר כללותיה ופרטותיה ודיקדוקיה מסיני תשע"ד לפ"ק

בימי הספירה שמסוגלים מאד ללמוד הלכה ברורה, כמבואר בתשו' המפורסמת לכ"ק זקיני זי"ע בשו"ת מראה יחזקאל סי' ק"ד בשם רבו הרה"ק מרימנאב זי"ע, שכל ההלכות שנשתכחו בימי אבלו של משה והחזירן עתניאל בן קנז כדאיתא בתמורה ט"ז, היתה בימי העומר, וע"כ מסוגל מאד בימים הקדושים הללו לעשות חזרה על הלימוד שלא ישתכח, וע"ז רומז לשון והחזירן מלשון חזרה, וע"כ מאד מתאים כעת לחזק את ידי הרב המופלג צמ"ס כמוהר"ר **אהרן זליקוביץ** שליט"א שאיתמחי מכבר לערוך חיבור **חזרה ברורה** על המ"ב או"ח, ונתעטר בהמלצות והסכמות מגדולי הרבנים שיחי', ועל של עכשיו באתי מה שהוציא עתה חדש מן הישן על הלכות או"ה שביו"ד, ובוודאי יועיל להלומדים לחזור על לימודם, ודבר גדול עשה בזה שיהי' מוכן ומזומן לפני הלומד הלכות שירוץ בהם בלי גימגום וחיפוש, ובזה יתרבה יודעי דת ודין לזכור הלכה המביא לידי מעשה, והמחבר יהי' נמנה בין מזכי הרבים להגדיל תורה ולהאדירה, ויזכה להמשיך בעבוה"ק על מי מנוחות מתוך הרחבה וכט"ס עדי שיתרומם קה"ת וישראל ב"ב אמן.

הכו"ח לחיזוק תוה"ק ולומדיה

הק' יחזקאל רוטה

הקדמה

בעזה"י. "תנא דבי אליהו, כל השונה הלכות בכל יום מובטח לו שהוא בן עולם הבא, שנ' 'הליכות עולם לו', אל תקרי הליכות אלא הלכות". הנה כתב המ"ב בהקדמתו וז"ל: "נראה בעליל דחלק או"ח הוא היותר מוקדם ללימוד לכל, אף שכל ד' חלקי שו"ע נצרכים למעשה, מ"מ חלק זה הוא מוקדם לכל, כי ידיעתו הוא הכרחי בכל יום מימי חייו לקיום התורה, ובלעדו לא ירים איש הישראלי את ידו ואת רגלו" עכ"ל. וכתב החזו"א זצ"ל: "ההוראה המקובלת מפי רבותינו אשר מפיהם אנו חיים, כמו מרן ב"י ומג"א והמ"ב, היא הוראה מקוימת כמו מפי סנהדרין בלשכת הגזית".

והנה כדי לקבל את התועלת האמיתית מהלימוד בספר משנה ברורה, הרי הוא ככל שאר גופי תורה שקנוי רק ע"י הרבה חזרה. וכדאיתא בגמר' עירובין דף נ"ד: "מאי דכתיב 'לוחות האבן', אם אדם משים עצמו את לחייו כאבן זו שאינה נמחית, תלמודו מתקיים בידו ואם לאו אין תלמודו מתקיים בידו". ופרש"י: "שלחייו אינן נלאין מלחזר על למודו וללמד לאחרים". ובפרט כשזה נוגע לידיעת ההלכה למעשה שיש בו הרבה פרטים ופרטי פרטים, דשייך רק אם משים עצמו את לחייו כאבן. **ועוד** מבואר מגמר' עירובין דף נ"ג מעלת הלימוד בבהירות בלא בילבול וערבוביא, וז"ל: "בני יהודה דגמרי מחד רבה נתקיימה תורתן בידם, בני גליל דלא גמרי מחד רבה לא נתקיימה תורתן בידם". ופירש"י: "דהיו שומעין מזה בלשון זה ומזה בלשון אחר, אע"פ ששניהם אחד, שינוי לשון מבלבלן ומשכחן", עכ"ל. מבואר מזה דבלבול קשור הוא עם השכחה, וככל שמתמעט הבלבול מתמעטת השכחה.

ואני לא באתי ח"ו להרהר אחר אופן הסידור של הח"ח זצ"ל, ולא להוסיף על דבריו ולא לגרוע מהם, ורק להקל על החוזר בספר משנה ברורה באתי, שיהא שייך לחזור על תוכן הענינים עם כל הפרטים והסברות שבהם, באופן בהיר בלא שום בלבול וערבוביא, כל דבר ודבר על אופנו. ובזה הלכתי בדרך השונה הלכות ועוד ספרים ספרי חזרה על המשנה ברורה שקדמוני. ועיין בהקדמה להשונה הלכות, וכתב וז"ל: "ושמענו שאחד מתלמידי החח"ח זצ"ל סידר ג"כ קיצור מהמשנה ברורה על חלק ראשון, וגם היה לו הסכמה מהח"ח זצ"ל, אך לא נדפסה מפאת המלחמה".

ויש ג' תועליות שאפשר להפיק מהספר הזה: א'. מה שמסודר באופן שאין צריך להסתכל תוך השו"ע וחוץ לשו"ע בכל אות ואות, כדי לראות מה שהמ"ב אומר, שדבר זה מצד עצמו מפריע מאד על ריכוז, וגם גורם לאיבוד זמן. ובספר זה דברי המשנה ברורה הם מסודרים ומשולבים מיד ובתוך דברי השו"ע, באופן ששייך לקרוא את כל הענין בהמשך אחד.

ב'. אופן סדר המשנה ברורה הוא, שלפעמים אי אפשר להבינו אלא א"כ תראה את המשך דברי השו"ע, וגם לפעמים הוא מביא ציור הדומה לענין בעוד שלא נגמר עדיין הנדון לפניו לגמרי, וזה גורם בלבול לחוזר. ע"כ שיניתי את סדר המ"ב במקומות האלו, ולפעמים לקחתי קצת דבריו מה שנוגע להבנת דברי המחבר, ושמתי אותם מיד אחר המחבר, ושאר דבריו נתתי בסוף הענין. וכל זה רק בכדי שיקל על החוזר ולא יתבלבל מפני סדר הדברים. **וגם** חלקתי כל סעיף קטן ארוך הכולל כמה ענינים לקטעים קצרים, ובכל קטע חלקתי אותו לפרטים ע"י השחרת ראש הענין, כדי שלא יוטרד החוזר מחמת רבוי הדברים.

ג'. מה שבהרבה מקומות דברי הביאור הלכה ושער הציון הם נחוצים מאד, או מפני חידוש הלכה שיש בהם, או מפני מה שמוסיפים הסבר בנדון לפנינו, ואין שייך למי שחוזר שילמוד כולם. וגם אם היו מסודרים תוך דברי המשנה ברורה מיד אחר הענין שהם שייכים אליו, זה מאפשר לזכור אותם. ולכן לקטתי דברי הביה"ל והשעה"צ העיקריים, ונתתי אותם לתוך דברי השו"ע והמ"ב כדי להקל על החוזר.

וזאת למודעי שדברי השו"ע והרמ"א וסידורם לא שונו על ידי בשום אופן. גם דברי המשנ"ב הובאו בדרך כלל כלשונם ממש ללא שום שינוי, מלבד במקומות מועטים בלבד, שבהם נאלצתי לשנות מעט למען הסדר הטוב. גם את לשונות הביאור הלכה והשער הציון שהוצבו בתוך דברי השו"ע והמשנ"ב השתדלתי כמיטב יכולתי שלא לשנות, מלבד במקומות שהיה הכרחי לעשות זאת, הן מחמת צורך ההבנה והן מחמת סידור הדברים.

הקדמה

כדי שלא יצטרך ללומד, לבדוק בכל הלכה האם הוא מדברי השו"ע, הרמ"א, או המשנ"ב, הבאתי את דבריהם בצורת "פונטים" שונים: דברי השו"ע המחבר הובאו באותיות גדולות ברורות ב"פונט" זה: **מחבר**. ודברי הרמ"א הובאו באותיות כתב רש"י גדולות וברורות ב"פונט" זה: **רמ"א**. הציטוטים מהמשנ"ב נעשו באותיות רגילות ב"פונט" זה: משנה ברורה. את הליקוט מדברי הביאור הלכה הכנסתי לסוגריים עגולים ב"פונט" זה: (ביאור הלכה). ואת תמצית השער הציון הצגתי בסוגריים מרובעים וב"פונט" שונה: [שער הציון]. במעט המקומות בהן היה צורך בהוספה כלשהי, הודפסו הדברים באופן זה: ‹באופן זה›.

ויה"ר שהספר הזה יהיה לתועלת הרבים, להיות בקיאין בדבר הלכה להגדיל תורה ולהאדירה, ללמוד וללמד לשמור ולעשות ולקיים, ושלא אכשל בדבר הלכה, ולהיות ממזכי הרבים, ולראות בבנין בית המקדש בב"א.

לוח ראשי תיבות

א"ז – אליהו זוטא
או"ז – אור זרוע
א"ח או"ח – אורחות חיים
אס"ז – אסיפת זקנים
ארה"ח – ארצות החיים
א"ע – אבן עוזר
א"ר – אליהו רבא
א"ש – אמונת שמואל
ב"י – בית יוסף, בית יעקב
בה"כ – בית הכסא
בהכ"נ – בית הכנסת
ברכ"י – ברכי יוסף
בפ"ע – בפני עצמו
במ"א – במגן אברהם, במקום אחר
בא"א – באשל אברהם
במ"ז, במשב"ז – במשבצות זהב
ב"ח – בית חדש
בה"ט – באר היטב
ב"ש – ברוך שאמר
בה"ל – ביאור הלכה
ד"מ – דרכי משה
דו"פ – דרישה ופרישה
דה"ח – דרך החיים
דגמ"ר – דגול מרבבה
ד"ז – דבר זה
דאה"נ – דאין הכי נמי
דמש"א – דמשק אליעזר
הגר"ז – הגאון ר' זלמן מלאדי
הק"נ – הקרבן נתנאל
וכי"ב, וכיו"ב – וכיוצא בזה
ח"א – חיי אדם
חו"י – חוות יאיר

חכמ"א, חכ"א – חכמת אדם
חי' – חידושי
י"א – יש אומרים, יד אהרן, יד אפרים
יה"ק – יד הקטנה
ישו"י – ישועות יעקב
יש"ש – ים של שלמה
כנה"ג – כנסת הגדולה
שכנה"ג – שיורי כנסת הגדולה
כמ"ש – כמו שכתוב
כמ"פ – כמה פעמים
כ"מ – כסף משנה, כן מוכח
ל"ח – לחם חמודות
לבש"ר, לב"ש – לבושי שרד
מ"מ – מכל מקום, מעדני מלך, מקדש מלך, מאמר מרדכי
מאמ"ר – מאמר מרדכי
מחה"ש – מחצית השקל
מ"ב – משנה ברורה
מ"ג, מג"ג – מגן גבורים
מנ"ב – מנחת ברוך
משו"ה – משום הכי
מ"א, מג"א – מגן אברהם
מהרי"א – מה"ר יהודה אסאד
מהר"י ב"ח – מה"ר יעקב בן חביב
מה"ת – מן התורה
מ"ל – מאיר לארץ
מ"ר – מי רגלים
מעיו"ט – מעדני יו"ט
משפ"צ – משפטי צדק
נ"א – נשמת אדם
נו"ב – נודע ביהודה
נ"פ – נראה פשוט

נל"פ – נראה לי פשוט
נה"ש – נהר שלום
נ"ש – נחלת שבעה
ס"ח – ספר חסידים
עו"ש – עולת שבת
עט"ז – עטרת זקנים, עיין ט"ז
עאכ"ו – על אחת כמה וכמה
עה"י – עבודת היום
ע"ת – עולת תמיד
פ"מ, פמ"ג – פרי מגדים
פמ"א – פנים מאירות
פ"ת – פתחי תשובה
פ"ח, פר"ח – פרי חדש
קש"ע – קיצור שו"ע
ראב"ח – ר' אליהו בן חיים
רח"ו – ר' חיים ויטאל
רמ"מ – ר' משה מינץ
רמ"ך – רבינו משה כהן
רע"א – רבי עקיבא איגר
רי"ו – רבינו ירוחם
ר"י – רבינו יונה
שע"ת – שערי תשובה
ש"א – שאגת אריה, שארי אחרונים, שערי אפרים
שבו"י – שבות יעקב
שנו"א – שנות אליהו
ש"ש – שולחן שלמה
ת"י – תוספות ישנים, תוספות ירושלים
תבו"ש – תבואות שור
תו"ש – תוספות שבת
תר"י – תלמידי רבינו יונה

מפתח הלכות

הלכות פסח

הלכות יום טוב

מפתח הלכות

חלק ו' – הלכות חול המועד

הלכות תשעה באב ושאר תעניות

הלכות תענית

הלכות ראש השנה

מפתח הלכות

הלכות יום הכפורים

הלכות סוכה

הלכות לולב

מפתח הלכות

הלכות חנוכה

הלכות מגילה

§ סימן תכט – שאין נופלין על פניהם בכל חדש ניסן §

סעיף א- שואלין בהלכות פסח קודם לפסח שלשים יום - ומתחילין מיום הפורים עצמו, שהרי משה עומד בפסח ראשון ומזהירן על כל הלכות פסח שני, **וה"ה** בשאר יו"ט נמי דורשין קודם לכן ל' יום בהלכותיהן, [**ומ"מ** משמע מכמה אחרונים, דלענין שאר יו"ט הוא רק מצד מנהגא, **אכן** בביאור הגר"א משמע, דיו"ט הוא כפסח] **ועיין** בביאור הגר"א שדעתו, דבעצרת סגי מיום א' בסיון.

וי"א דהחיוב שלשים יום הוא רק בפסח, משום דיש בהן הלכות רבות, כגון טחינת חטים ואפיית המצות והגעלת כלים וביעור חמץ, שאלו אם אין עושין אותן כהלכותיהן קודם פסח, לית להו תקנה בפסח, **משא"כ** בשאר יו"ט, די באיזה ימים קודם.

ועכ"פ ביו"ט גופא, לכו"ע צריך לשאול ולדרוש בכל יו"ט בהלכותיה, וכדאיתא בסוף מגילה: משה תיקן להם לישראל, שיהו שואלין ודורשין בענינו של יום, הלכות פסח בפסח, הלכות עצרת בעצרת, והלכות חג בחג, (**ואפי' אם למד ל' יום קודם, צריך ג"כ ללמוד בחג עצמו**), [**והנה** האחרונים רצו לומר, דלכך העולם מקילין בדבר, משום דסומכין על קריאת התורה בענינו של יום, **ובאמת** מלשון "הלכות פסח בפסח", משמע דהלכות ממש קאמר, מה שאסור ומה שמותר].

ועכשיו נוהגין לדרוש בשבת הגדול, {כשאין ערב פסח חל בו, דאז צריך להקדים בשבת הקודם}, ובשבת שובה, **והעיקר** להורות לעם דרכי ה', ללמד המעשה אשר יעשון, דהיינו דיני הגעלה וביעור חמץ ואפיית המצה, ושאר הלכות פסח, וכן בשבת שובה, לדרוש לפניהם הלכות יוה"כ וחג הסוכות, לבד מה שדורש מענין התשובה, **אבל** אם יהיה הדרשה רק בפלפול או דרוש בעלמא, אין יוצאין בזה ידי חובתן, **ומ"מ** מצוה לכל אחד לעסוק בהל' פסח ל' יום קודם, וכן בחג עצמו.

הגה: ומנהג לקנות חטים לחלקן לעניים לצורך פסח - הוא מנהג קדום מזמן הגמרא, והובא דבר זה בירושלמי, ויכולין בני העיר לכפות זה לזה לענין זה, ואפילו ת"ח הפטור ממס, [**וכבר** תמה בספר בית דוד על לשון הרמ"א, שכתב "ומנהג", הלא מדינא דגמ' דירושלמי הוא, ע"ש מש"כ בזה, **ולענ"ד** אפשר לומר, דמן הדין היה יוצא במצות צדקה אם היו נותנין להעניים מעות שיקחו בעצמם חטים או קמח למצה, להכי קאמר דמנהג לחלק חטים, שיהיה מקרב הנייתא]. **ובמדינותינו** המנהג לחלק להן קמח, שעי"ז מקרבא הנייתה טפי.

ושיעור הנתינה הוא כפי צרכו לכל ימי הפסח, ופשוט דאם הוא עני גדול ואין לו במה לאפות המצה, צריך ליתן לו גם דמי האפיה, דהוא בכלל "די מחסורו אשר יחסר לו".

(**ונותנין זה אף למי שיש לו מזון י"ד סעודות, אף שלאיש כזה אין נותנין מקופה**).

ושיעור הנתינה, צריך להעריך על כל אחד לפי ממונו, **ואלה** המשתמטים עצמם מליתן קמח עניים, יש עון בידם, והנה ידוע שעיני העניים נשואות לזה, וכשהם ישארו בדוחק וברעבון, והוא יעלים עין בזה, ידוע מה שאמר הגמרא סנהדרין ל"ה "כל תענית" וכו', ע"ש בפירש"י, והוא ג"כ כעין זה.

[**ואפשר** דמשום זה תקנו קדמונינו בפסח יותר משארי רגלים, שהוא זמן חירות ויושבין מסובין, וכל אחד הוא וביתו ברוב שמחה, אין זה כבוד לד' שהעניים יהיו אז רעבים וצמאים, וע"כ נותנין לו קמח על כל ימי הפסח, שיוכל גם הוא לספר יציאת מצרים בשמחה, **ועוד** טעם פשוט, דחמץ אינו רשאי לאכול, ומצה אינו מצוי כ"כ להשיג לקנות, ואם לא יכינו לו על כל ימי הפסח, אפשר שישאר ברעב, או יוכל לבוא לידי קלקול].

וכל מי שדר בעיר י"ב חודש צריך ליתן לזה - ואם אנו רואין שנכנס בעיר על דעת להשתקע שם, לאלתר חייב, **ודין** זה די"ב חודש שייך גם לעני, שאז חייבים ליתן לו כשאר עניי העיר, [**ופמ"ג** מסתפק קצת בזה], **ואם** דעתו להשתקע, לאלתר חייבים ליתן לו, **וכתבו** האחרונים בשם הסמ"ג, דהאידנא נוהגים בכל הצדקות, בין לענין בעה"ב בין לענין העניים, בשלשים יום.

ואפילו העני שאין דר פה ל' יום, אף שאין מחויבים ליתן לו קמח לכל ימי הפסח בבת אחת, מ"מ חייבים ליתן לו מצה בפסח, כדרך שחייבים ליתן לו פת כל ימות השנה, מזון ב' סעודות לכל יום ויום מימות החול שהוא שוהה בעיר, ובשבת מזון ג' סעודות.

סעיף ב - אין נופלין על פניהם בכל חדש ניסן

- מפני שי"ב נשיאים הקריבו בי"ב ימים, וכל ימי הקרבן היה יו"ט שלו, וערב פסח וימי הפסח גופא ואסרו חג, א"כ יצא רוב החודש בקדושה, לפיכך עושין כולו קודש.

ואין אומרים "צדקתך" בשבת במנחה, ואין מספידין בו - גם אין אומרים בחודש ניסן ה"יהי רצון" שאחר קריאת התורה, ואין מזכירין בו נשמות.

וטוב לקרות בניסן בכל יום הנשיא שלו, וביום י"ג פרשת "בהעלתך" עד "כן עשה את המנורה".

ולהטיל איסור בבהכ"נ לצורך גדול מותר בניסן, אף שאסור בתשרי. (מ"א, **הטעם** בתשרי, משום שכל החודש תלוים בדין קצת אפי' אחר סוכות, ולא מיירי ממנהגו של מהרי"ל שלא להחרים עד אחר יה"כ, שהביא הרמ"א בסי' תר"ב – חת"ס).

ואין מתענין בו להזכיר בצבור - פי' דאין מזכירין התענית בצבור, **אבל** מ"מ היחיד שנהג להתענות בה"ב, מותר להתענות בו לדעת המחבר, **ומנהגנו** כהרמ"א שאין להתענות כלל.

והבכורות מתענין בו בערב פסח.

הגה: גם אין אומרים צדוק הדין - והקדיש שאחריו, **בכל חדש ניסן** - והכלל: דצדוק הדין ו"צדקתך צדק" ו"רחום וחנון", שוין, **וכן** בע"ש ועיו"ט אחר חצות אין אומרים, **אבל** בער"ח וערב חנוכה אחר חצות אומרים צדוק הדין.

ונהגו שאין מתענין בו תענית כלל, אפילו יום שמת בו אביו או אמו - היינו בכל החודש ניסן, **וכן** ער"ח אייר ג"כ אין מתענין, אפילו הנוהגים להתענות בכל ער"ח, **אבל** החתן והכלה ביום חופתם נוהגים להתענות אפי' בר"ח ניסן, מטעם שיתבאר בסי' תקע"ג.

אבל תענית חלום, מתענין - ואין צריך למיתב תענית לתעניתו בחודש אייר, כדי שיכופר לו על מה שהתענה בחודש ניסן על חלומו, כמו שצריך לעשות מי שמתענה תענית חלום בשבת ויו"ט ור"ח וחוש"מ, שהוא צריך לישב בתענית על תעניתו, **ואם** התענה בשבת שבתוך ניסן תענית חלום, מותר להתענות ליום מחר ביום א' על מה שהתענה בשבת, כיון שאיסור תענית זה אינו אלא מנהג, **ואפילו** אם חל ר"ח ניסן באחד בשבת, ובשבת שלפניו התענה תענית חלום, מותר לו לישב בתענית בר"ח ניסן, על מה שהתענה בשבת.

ואין אומרים "מזמור לתודה" ו"אל ארך אפים" ו"למנצח" בערב פסח, ולא ביום טוב.

ואין אומרים מזמור לתודה וכו' - שלחמי תודה היו חמץ, ואפילו בער"פ אסור להקריבה, שיבוא לידי נותר.

ומשכימין לבהכ"נ בערב פסח, כדי שיגמור סעודתו קודם ד' שעות.

ונוהגין להרבות קצת באכילה ושתיה ביום אחר החג, והוא אסרו חג - המנהג שלא להתענות בכל אסרו חג.

§ סימן תל §

סעיף א - שבת שלפני הפסח קורין אותו שבת הגדול, מפני הנס שנעשה בו

- שבשנה שיצאו ממצרים היה עשרה בניסן ביום שבת, ולקחו כל אחד מישראל שה לפסחו וקשרו בכרעי המטה, כמו שכתוב: בעשור לחודש הזה ויקחו להם איש שה לבית אבות וגו', והמצרים ראו זה ושאלום: למה זה לכם, והשיבו: לשוחטו לשם פסח במצות ה' עלינו, והיו שיניהם קהות על ששוחטין את אלהיהם, ולא היו רשאין לומר להם דבר, **ומפני** שאז היה עשירי בחודש בשבת, על כן קבעו לקרות שבת שלפני הפסח לעולם שבת הגדול.

הגה: והמנהג לומר במנחה ההגדה, מתחלת "עבדים היינו" עד "לכפר על כל עונותינו"

- לפי שהיתה בו התחלת הגאולה והניסים, ואפילו אם חל שבת הגדול בע"פ, **ואז** דורשין בשבת הקודם.

(**ובשם** הגר"א כתבו שלא היה נוהג בזה, משום דאיתא בהגדה: יכול מבעוד יום וכו').

ופוסקים לומר "ברכי נפשי".

§ סימן תלא – זמן בדיקת חמץ §

סעיף א - בתחלת ליל י"ד בניסן - פי' תיכף אחר יציאת הכוכבים, שיש עדיין קצת מאור היום, כדי שלא יתרשל או שלא ישכח, **בודקים את החמץ לאור הנר, בחורין ובסדקין** - ומפני שצריך לבדוק בחורין ובסדקין, ואור היום לא יועיל לזה, (לכן תקנו לבדוק לאור הנר), **וכיון** שצריך שתהיה לאור הנר, קבעוה בלילה, מפני שאז אורו מבהיק יותר מביום ואפי' במקום האפל, **וגם** היא שעה שבני אדם מצויים בבתיהם.

וגם צריך לבטל אז את החמץ, וכדלקמן בסימן תל"ד ס"ב, **ומן** התורה באחד מהן סגי, דכשמבטלו בלבו ומפקירו שוב אינו שלו, ואינו עובר עליו, וכ"ש כשבודקו ומחפש אחריו ומבערו מן העולם, **אלא** שחז"ל החמירו דלא סגי באחד מהן אלא בשניהם דוקא, לפי שחששו אחר שהבטול תלוי במחשבתן של בני אדם ובדעותיהן, אולי ירע בעיני האדם שיש לו חמץ בעד כמה אלפים להפקיר, ואף שבפיו יאמר שיהיה בטל והפקר וחשיב כעפרא, מ"מ לבו לא כן יחשוב, ולא יבטלנו בלב שלם, והרי הוא עובר בבל יראה, שהרי לא הוציא מביתו, **ועוד** שמא מתוך שרגילין בו כל השנה, אם יהיה בביתו ורשותו גזרינן שישכח ויבוא לאכול, **ולכן** תקנו חז"ל שאע"פ שמבטל, לא סגי, אלא צריך לבדוק לבערו מן העולם, **ומ"מ** צריך לבטל ג"כ, שמא לא יבדוק יפה וימצא חמץ בפסח ויעבור עליו.

בכל המקומות שדרך להכניס שם חמץ - לאו דוקא, אף שאין דרך להכניס שם חמץ, רק במקום שמשתמשים שם לפרקים בחמץ, חיישינן שמא הכניס שם חמץ ולאו אדעתיה.

סעיף ב - יזהר כל אדם שלא יתחיל בשום מלאכה ולא יאכל, עד שיבדוק - ואפילו חצי שעה שקודם הזמן אסור, דלמא אתי לאמשוכי, **וה"ה** דאסור לכנוס למרחץ, ובכל הדברים הנזכרים לעיל בסימן רל"ב, **ומי** ששכח לבדוק בלילה, אסור ביום בכל הדברים עד שיבדוק.

וטעימה בעלמא שרי, והיינו פת כביצה ולא יותר, או פירות אפילו הרבה, **ועיין** בבה"ל, דפירות הרבה אינו מותר רק בהחצי שעה שקודם הבדיקה, אבל משהגיע זמן הבדיקה, גם ע"י פירות אין נכון לשהות הרבה, (**דהא** אין דומה זה לשאר דברים, ק"ש ותפלה, שאין מצותה דוקא בתחלת הזמן, ולכן לא גזרו אלא בסעודה קבועה, שאפשר להמשך וישכח לגמרי, **משא"כ** בזה דקבעו חכמים הזמן לכתחלה תיכף בתחלת הלילה, וא"כ השהייה גופא אף בלא אכילה אסור כשיגיע הזמן).

ואפילו אם יש לו עת קבוע ללמוד, לא ילמוד עד שיבדוק - גם בזה יש אוסרין אף בחצי שעה שמקודם, דלמא אתי לאמשוכי הרבה, אם לא שביקש לאחד שיזכירנו כשיבוא הזמן, **ויש** מתירין לענין לימוד מקודם, ורק בהגיע הזמן של צה"כ אסור, **ואף** להאוסרין, אינו אסור אלא בלומד בביתו, אבל הלומדין שיעור הלכה בביהמ"ד אחר התפלה, מותר, דהלא יהא מוכרח בודאי לבא לביתו, **ומ"מ** אף זה אינו מותר אלא הלומד בלא פלפול, אבל בפלפול חיישינן בכל גווני דלמא אתי לאמשוכי.

ואם התחיל ללמוד - וה"ה שאר מלאכות, **מבעוד יום** - היינו בזמן ההיתר, **אין צריך להפסיק** - דאפילו בק"ש שהיא דאורייתא, קיי"ל דאם התחיל בהיתר אינו מפסיק.

(ויש אומרים שצריך להפסיק, וכן נראה לי עיקר) - ואף דהתחיל בהיתר, **וה"ה** לשאר מלאכות, **וטעמם**, דעיקר מצוה לכתחלה קבעו חכמים בתחלת הלילה, וע"כ צריך להפסיק כדי שיתקיים המצוה כתקונה, **ומ"מ** נראה דא"צ להפסיק אלא כשיגיע הזמן של צה"כ.

ואם התחיל בזמן האיסור, לכו"ע פוסק, דבדיקת חמץ הוי דאורייתא כל זמן שלא ביטל, ובדאורייתא פוסק, [**ואף** דמדאורייתא אין החיוב לבדוק ולבער רק דוקא סמוך לחצות היום, כיון דעיקר חיובו מדאורייתא, אלא שחכמים הקדימו לשעה שבני אדם מצויין בבתיהם, כדאורייתא דמיא].

ולענין תפלת מעריב, אותן המתפללים מעריב בזמנו בצבור, יתפללו מקודם, דטורח לקבצן אח"כ, וגם אין לחוש כ"כ שישכח לבדוק, שהרי תפלה היא דבר קבוע, ואין שייך בו שמא ימשוך, **והמתפלל** בביתו, יתן לאחר לבדוק והוא יתפלל, דעי"ז יקיים שניהם בזמנם,

ואי ליכא אחר, יתפלל תחלה, **אכן** אם הוא רגיל להתפלל לעולם ביחידי, יבדוק תחלה, דכיון דרגיל בכך לא חיישינן כ"כ שמא ישכח, **והח"י** כתב, דלעולם יתפלל תחלה, דתדיר ושאינו תדיר תדיר קודם, [**ודעביד** כמר עביד וכו'].

§ סימן תלב – דין ברכת בדיקת החמץ §

סעיף א- קודם שיתחיל לבדוק יברך - כדי שתהא הברכה עובר לעשייתו, **"אשר קדשנו במצותיו וצונו על ביעור חמץ"** - אע"ג דאינו מבער עד למחר, מ"מ כיון דבדיקה זו לצורך ביעור, הוי מעין הביעור, **ואין** מברכין "על בדיקת חמץ", דאין זה סוף מצותו, **וגם** אין מברכין "על ביטול חמץ", כיון דעיקר הביטול תלוי בלב, ואין מברכין על דברים שבלב. **ואם** בירך "לבער" יצא.

י"א שטוב שיטול ידיו קודם הברכה, והוא רק משום נקיות.

(ואם התחיל לבדוק בלא ברכה, יברך כל זמן שלא סיים בדיקתו) - דכל זמן שלא סיים מקרי עדיין עובר לעשייתו, **ואם** כבר סיים הבדיקה, לא יברך עכשיו, אלא יברך למחר בשעת שריפה, דהא מברכין "על ביעור חמץ", **ואע"פ** שבטלו אתמול בשעת בדיקה, מ"מ חייב לשרפו מתקנת חכמים, **ועוד** דהא אז אמר: כל חמירא דלא חזיתיה, והחמץ שראה לא ביטל, **ויש** מאחרונים דס"ל, דלא נתקנה הברכה כי אם בעת הבדיקה, ולדעתם יברך בשעת שריפה בלא שם ומלכות, **ונראה** שהרוצה לסמוך ולברך אין מוחין בידו, דיש לו על מי לסמוך.

ויזהר שלא ידבר בין הברכה לתחלת הבדיקה - ובדיעבד אם שח בדברים שאין צורך הבדיקה, יחזור ויברך, דהפסיק בין הברכה להמצוה.

וטוב שלא ידבר בדברים אחרים עד שיגמור כל הבדיקה, כדי שישים אל לבו לבדוק בכל המקומות שמכניסים בו חמץ - ובזה א"צ לחזור ולברך, כיון שכבר התחיל המצוה, **ובדברים** שהם צורך הבדיקה, גם לכתחלה יוכל לדבר, שזה אין חשיב הפסק כלל.

סעיף ב- בברכה אחת יכול לבדוק כמה בתים - וההליכה מבית לבית לא הוי הפסק, **ועיין** בח"א שכתב, דאם בודק ביתו וחנותו, והחנות הוא בחצר אחרת, צריך לחזור ולברך, **אמנם** מצאתי בחק יוסף ובמאמר מרדכי, שדעתם דכולהו חדא מצוה היא, שמחויב לילך ולבדוק כל המקומות שיש בהם חמץ, ואין שייך לומר דהליכה הוי הפסק בזה.

ואם בעל הבית רוצה, יעמיד מבני ביתו אצלו בשעה שהוא מברך - כדי שיצאו בברכתו, ויענו אמן על ברכתו, **ויתפזרו לבדוק איש איש במקומו על סמך ברכה שבירך בעה"ב.**

וה"ה אחר שאינו מבני ביתו, אלא דבר בהוה, וכדאיתא בש"ס, דיש מקומות ששוכרין לבדוק, **ועכ"פ** יסייע לדבר, כי מצוה בו יותר מבשלוחו.

ואם לא שמעו ברכתו, לכתחלה אין לשלחם לבדוק, **ומ"מ** אם קשה לו לגמור הבדיקה בעצמו, יכול לבקש לאחר שיסייענו, ואותו אחר א"צ לברך, שכל הבדיקה מצוה אחת היא, וכבר בירך הבעה"ב עליה.

ואם הבעה"ב אינו בודק כלל, ומְצַוֶּה לאחר לבדוק, אותו אחר מברך, דהוי כשלוחו גם לענין הברכה.

והנה מדינא יכול לסמוך בבדיקה אפילו על נשים ועבדים {ולא על שפחה נכרית שלנו} וקטנים, [דבדיקת חמץ דרבנן הוא, והימנוהו רבנן בדרבנן], **ומ"מ** לכתחלה נכון שלא לסמוך אלא על אנשים בני חורין, שהגיעו לכלל מצות, דהיינו מי"ג שנה ואילך, לפי שהבדיקה כהלכתה יש בה טורח גדול, ויש לחוש שמא יתעצלו ולא יבדקו יפה.

הגה: ונוהגים להניח פתיתי חמץ במקום שימצאם הבודק - היינו חמץ קשה שלא יתפרר, וגם במקום משומר מפני התינוקות והעכברים, **כדי שלא יהא ברכתו לבטלה, (מהר"י ברי"ן).**

ומיהו אם לא נתן לא עכב, דדעת כל אדם עם הברכה לבער אם נמצא - חולק (על מהר"י ברי"ן), דאין כאן חשש ברכה לבטלה, דכן הוא המצוה, לבדוק החמץ ולחפש אחריו שמא ימצא, ואם לא ימצא אין בכך כלום, **והט"ז** כתב עוד, דהברכה קאי על מה

שיבער למחר בודאי, מה שישייר מאכילתו, אלא שמהיום מתחיל ע"י הבדיקה, וכן הסכימו אחרונים לדינא, [**ולדעת** הט"ז יותר טוב לכתחילה שלא להניח, שמא תאבד].

ועיין בחק יעקב שכתב, דמ"מ אין כדאי לבטל מנהג של ישראל, ועיין שם שנתן טעמים להמנהג, [**ובפת"ש** הביא בשם עמק הלכה, דכהיום שהמנהג לכבד ולנקות הבית מכל חשש חמץ קודם ליל י"ד, יש למנהג זה יסוד מדינא], **וגם** האר"י ז"ל כתב מנהג זה, ושיניח יו"ד פתיתים, **אכן** יש ליזהר הרבה שלא יאבד אחד מן הפתיתין.

§ סימן תלג – דיני בדיקת חמץ §

סעיף א - הבדיקה צריך שתהיה לאור הנר ולא לאור הלבנה - ובליל י"ד, שאז בני אדם מצויים בבתיהם, ואור הנר יפה אז לבדיקה, משא"כ ביום אין האור מנהיר כבלילה, **ותקנו** הבדיקה דוקא על ידי אור הנר, שעל ידה יוכל לבדוק גם בחורין וסדקין.

ואם הקדים ובדק יום י"ג לאור הנר, צריך לחזור ולבדוק ליל י"ד כתקנת חכמים, **ומ"מ** נראה דאין לברך אז בלילה על הבדיקה, דיש פוסקים דבדיעבד יצא בבדיקה ראשונה, [הגר"א בביאורו בסוף הסימן], **אכן** אם בדק בליל י"ג לאור הנר, שבלילה אור הנר יפה לבדיקה, ונזהר היטב שלא להכניס חמץ, א"צ לחזור ולבדוק, כן הסכימו רוב אחרונים, **והרוצה** להחמיר על עצמו לחזור ולבדוק, עכ"פ לא יברך אז. [**והח"י** משמע, דאפי' לכתחילה יכול לבדוק בליל י"ג לאור הנר, אם רק מתכוון לשם בדיקה, **אכן** בספר חק יוסף פקפק ע"ז, דאף דמצד הבדיקה אין קפידה בזה, מ"מ יש למנוע מזה, דיפסיד אז הברכה, לפי מה דקימ"ל כרמ"א בסי' תל"ו, דהבודק קודם הזמן לא יוכל לברך].

ואם עבר ולא בדק ליל י"ד, כשבודק ביום י"ד, לא יבדוק לאור החמה אלא לאור הנר - שעל ידה יוכל לחפש היטב במחבואות בחורים ובסדקים.

אבל לכתחלה אסור לדחות הבדיקה על יום י"ד, [**ולא** מיבעיא במקום שיש אור היום, דאין לדחות, דשרגא בטיהרא מאי מהני, **אלא** אפי' אם הוא בית אפל, דנר מאיר יותר בלילה מביום, **וגם** דהתקנה לכתחילה הוא דוקא בלילה, בשעה שבני אדם מצויין].

ואכסדרה - הוא מקום שיש לה ג' דפנות וקירוי, **שאורה רב** - ע"י דופן רביעית שפתוחה לגמרי, **אם בדקה לאור החמה, דיו** - גם זה מיירי כשעבר ולא בדק ליל י"ד, ובודק ביום י"ד, דבאכסדרה שאורה רב א"צ לנר, ודי באור החמה, **ומה** שכתב לשון דיעבד, משום דלכתחלה גם באכסדרה צריך לבדוק בליל י"ד.

ומבואר בש"ס, דמי שלא בדק בלילה ובודק ביום, יבדוק בצפרא משום דזריזין מקדימין למצות, ולא יאכל מקודם שיבדוק.

ולענין אם מותר לבדוק ביום י"ג לאורה, לכתחלה אסור, אלא צריך להמתין על ליל י"ד, **ובדיעבד** נראה דאין צריך לבדוק שנית, **ועיין** במ"א שכתב, שמ"מ יחזור ויבדוק עכ"פ חדר אחד בלילה.

וה"ה כנגד ארובה שבחדר - ארובה מקרי מה שבאמצע הגג, וה"ה נגד החלונות שבכתלים, **ודוקא** נגד ארובה ונגד החלון ממש, ששם אורן רב, משא"כ מן הצדדין, אף ששם יש ג"כ אור, אין דומה לאכסדרה, **ואפילו** נגד החלון ממש, דוקא כשאין בו זכוכית, אבל כשיש בו זכוכית, דינו כמן הצדדין.

סעיף ב - אין בודקין לאור האבוקה - שאין יכול להכניסו לחורין ולסדקין, וגם שהוא מתיירא שמא ישרוף הבית, ולא יוכל לבדוק יפה, **אלא לאור הנר** - ואין בודקים בעצים דמשחא, שקורין קי"ן, שאורו ג"כ גדול כעין אבוקה, **ובדיעבד** אם בדק לאור האבוקה, אינו חל הבדיקה, וצריך לחזור ולבדוק לאור נר יחידי.

ולא בנר של חלב, ולא של שומן - שהוא מתיירא שמא יטיף על הכלים ויפסידם, **ובדיעבד** חל הבדיקה.

ולא של שמן - שהוא מתיירא להכניסו לחורין ולסדקין, פן ישפוך השמן, **ויש** דעות בין האחרונים אי חל הבדיקה בדיעבד.

אלא בנר של שעה. (הגה: והוא יחידי, אבל שתי נרות ביחד, אפי' קלועים, דינם כאבוקה) -
ר"ל וכ"ש אם דבקן ביחד דחשיב אבוקה, אלא אפילו קלועים, סלקא דעתך דכחד נר דמי, קמ"ל - מ"א. **ומפמ"ג** משמע, דכל שאוחזן בידו יחד ואין מפרידן זה מזה, חשיב אבוקה.

ונר שיש לו שתי פתילות, כמו שעושין עתה בנר של חלב לפעמים, דיש הפרש בין פתילה לפתילה, חשיב אבוקה.

ואם אין לו נר של שעוה, יכול לבדוק באותן נרות שבדיעבד יוצא בהן.

סעיף ג - בודק כל המקומות שיש לחוש שמא הכניסו בהם חמץ - ר"ל לא מיבעיא מקומות שמשתמשין בהן חמץ, פשיטא דצריך בדיקה, **אלא** אפילו מקום שאין רגיל להשתמש בו חמץ כל השנה, רק שיש לחוש שמא הכניס שם חמץ באקראי, ג"כ צריך בדיקה, וכדמפרש לקמיה.

ולכן כל חדרי הבית והעליות צריכים בדיקה, שפעמים אדם נכנס בהם ופתו בידו - היינו אפילו חדרים שמחזיקים בהם משכונות, שלפעמים נכנס לתוכו באמצע הסעודה להחזיר המשכון לבעליו, ויש לחוש שמא שכח שם פתו, **וה"ה** כל כיוצא בו, כגון מרתפות שמונחים שם פירות וכבושים וגבינות וכיו"ב, שדרך ליכנס שם בתוך הסעודה ליטלם, **וכן** בית העצים ונרות, ג"כ דרך השמש ליכנס בתוך הסעודה, ליקח נרות להאיר, ועצים לצורך התבשילין.

אבל אוצרות יין שאין מסתפק מהם, וכן מתבן וכיוצא בו, אינם צריכים בדיקה - שמסתמא אין מכניסין בהן חמץ, אלא א"כ יודע שהכניס בהם חמץ.

שאין מסתפק מהם - דבמסתפק בהן, פעמים אדם נכנס בתוך הסעודה ופתו בידו, להביא עוד יין לסעודתו, **וה"ה** אוצרות של שאר משקין, במקום שרגילין בשתייתו, צריכין בדיקה.

ואוצרות שמסתפק ממנו, ויש לו קבע, שנוטל בפעם א' מה שצריך לסעודה, א"צ בדיקה, כיון שאין רגילים ליכנס בו באמצע הסעודה.

סעיף ד - חורי הבית, וזיזין הבולטים מהכתלים, שאינם גבוהים הרבה ולא נמוכים הרבה, צריכים בדיקה - לפי שדרך להשתמש בהן, ויש לחוש שמא נשאר שם מעט חמץ.

אבל הגבוהים שאין יד האדם מגעת שם, והנמוכים פחות משלשה טפחים, אינם צריכים בדיקה - שמן הסתם לא נשתמשו בו, **אבל** אם ידוע לו שנשתמש בהן חמץ באותה שנה אפילו פעם אחת, הרי הן צריכין בדיקה.

ובבית שהתינוקות מצויין בו, בכל גוונא צריכין בדיקה, שמא הניחו שם התינוקות מעט חמץ.

ועל גבי התנורים שרגילין להשתמש שם, צריך בדיקה, ופשוט דגם בכל החורים שסביבותיהן צריך בדיקה.

סעיף ה - גג היציע - הוא בנין נמוך, **והמגדל** - שקורין אלמע"ר או שאפ"ע, **שגגיהם משופעים** - כך היה דרכן, **ומפני כך אין גגיהם ראויין לשום תשמיש, אינם צריכין בדיקה אפילו הם בתוך הבית** - אבל כגון שלנו שגגיהן שוה, והדרך להשתמש שם, צריך בדיקה, **וכ"ש** תוך המגדל אם משתמש בהם חמץ לפעמים, או דברים שדרך ליטלם בתוך הסעודה, בודאי צריך בדיקה.

וגגי הבתים שלהם היו שוין, ורגיל להשתמש עליהן, וצריך בדיקה, **ותקרות** שלנו שתחת גג המשופע, אם דרך להשתמש שם, צריך בדיקה, שפעמים הולך שם באמצע סעודתו ופתו בידו, **ובאשר** שטרחא מרובה היא, נראה שיש להקל, ע"י שימכור לנכרי אותו המקום ג"כ עם החמץ שיש שם.

סעיף ו - רפת של בקר אינו צריך בדיקה, שאם היה שם חמץ הבהמות יאכלוהו; וכן לול של תרנגולים אינו צריך בדיקה, מפני שאם היה שם חמץ התרנגולים יאכלוהו.

וה"ה קרקע הבית שהתרנגולים מצויים שם א"צ בדיקה, **ומ"מ** צריך לכבד תחת המטות, כי לפעמים נגרר שם ע"י התרנגולים חתיכה גדולה של חמץ, שא"א להם לאכלה, או לסיבה אחרת.

ובמקום שאוכלין כל השנה וליכא שם תרנגולין, לכו"ע צריך לבדוק תחת הספסלין והשלחנות, שמצוי ליפול שם חמץ.

וי"א דאף בדאיכא תרנגולין בבית, כל שאכלו שם חמץ סמוך לפסח, הוי כמו חמץ ודאי, דאי אפשר שלא יפול חמץ על הקרקע, ואין ספק אכילת תרנגולים מוציא מידי ודאי חמץ, וצריך בדיקה כדין, [**אבל** מסתימת לשון הרשב"א ור' ירוחם שכתבו, דבבית שהתרנגולין מצויין א"צ בדיקה, משמע בפשיטות דהוא אף במקום שאוכלים, דבית שדרין בו בודאי אוכלין שם ג"כ, **והטעם** י"ל, משום דלא חשיב זה לודאי, דאף אם נימא דא"א שלא יפלו שם מהשלחן, דלמא רק פירורין דממילא בטילי, וגם אולי כבר כבדו אותו, ואין שם עתה].

וכן אמצעה של חצר אינו צריך בדיקה, שאם היה שם חמץ, העורבים ושאר עופות המצוים שם יאכלוהו - לאו דוקא אמצעה, דהוא הדין לצדדי החצר, ואתי לאפוקי רק חורין שבצדדי החצר, דצריך בדיקה.

והני מילי מספק חמץ, אבל ודאי חמץ לא - דבודאי חמץ לא סמכינן ע"ז, וצריך בדיקה, דאין ספק מוציא מידי ודאי, **וכ"ש** במקום שמעמידין אווזים בלול שלהן, ומניחין לפניהם בחוץ כלי עם שבולת שועל ושעורין, שע"י אכילתם נופלים הגרעינים בחוץ, וא"א להם לאכול משם, דבודאי צריך בדיקה, דהרי זה חמץ גמור ששורין הגרעינים במים.

עיין במ"א שדעתו, דמה שהכניסו שם חמץ זמן רב קודם פסח, וסמוך לפסח נשמר שלא יפול שם חמץ, א"צ לבדוק, ואפשר דכל שלשים יום מקרי סמוך לפסח, **אבל** דעת המקור חיים, דדוקא מה שהיה בליל י"ד אחר שהגיע זמן הבדיקה, דאז לא סמכינן שיאכלוהו עופות, אבל מה שהיה ודאי קודם לזה, לא מקרי ודאי חמץ, וא"צ בדיקה.

הגה: אבל לקמן סימן תמ"ה סעיף ג' מבואר, דמותר להשליך חמץ במקום שהעופות מצויים, כל שכן שאין צריך לבער משם אפילו חמץ ודאי, עד לאחר זמן איסורו - הנה האחרונים האריכו ליישב הסתירה, ולדינא הסכימו כמה אחרונים, דלחצר שלו או של שותפין, אסור לזרוק חמץ על סמך שיאכלוהו עורבים ועופות, וגם בדיעבד אם זרק צריך לבדוק ולבער, **אבל** למקום מופקר לרבים, כגון רחוב, מותר להשליך שם חמצו ולהפקירו קודם זמן איסורו, **ואם** לא אכלוהו העורבים ונשאר עד אחר זמן איסורו לא איכפת לן, כיון שכבר יצא מרשותו, דומיא דמוכר לעכו"ם קודם זמן איסורו.

סעיף ז - חור שבין יהודי לחבירו, כל אחד בודק עד מקום שידו מגעת, והשאר מבטל בלבו - דשמא נתגלגל שם בחור, **ודיו** - ואפילו אם היה שם בודאי חמץ, מהני ג"כ הבטול, דלא הוי כמטמין בבור, כיון דלא עביד בידים, **וע"ל** סימן תל"ו, אם מותר ליהנות מחמץ כזה אחר הפסח.

ושבין יהודי לא"י אינו צריך בדיקה כלל, שמא יאמר: כשפים הוא עושה לי - במה שהוא מחפש בלילה לאור הנר בחורין, **ונמצא בא לידי סכנה** - ואע"ג דשלוחי מצוה אינן ניזוקין, היכא דשכיח הזיקא שאני, **ואף** שפטרוהו מטעם זה מבדיקה בלילה, מ"מ בטול צריך, **ומ"מ** למחר ביום ארבעה עשר יבדוק לאור היום, שבזה לא יבוא עכו"ם לחשדו.

וכתבו האחרונים, דגם בודאי חמץ א"צ בדיקה בלילה, אלא ביום לאור היום, **ובטול** בודאי בעינן בזה.

סעיף ח - כותל שנשתמש בו חמץ בחורין - ר"ל שרגיל להשתמש, ואינו ידוע שיש שם עכשיו חמץ, **ונפל ונעשה גל, אפילו אינו גבוה ג' טפחים כדי חפישת הכלב** - ר"ל שהוא עודנו בכדי חפישת הכלב, שמריח הריח עד ג' טפחים, והיה לנו לחוש שמא הכלב יחפש אחריו תוך הפסח ויגלהו, אפ"ה **אין צריך לבדוק תחתיו, כיון שיש בו סכנת עקרב שמצויים בגלים, חיישינן שמא אחר שישלים בדיקתו שאינו עוסק במצוה, יחפש אחר מחט שנאבד לו ויבא לידי סכנה** - דבשעת בדיקה, אפילו מחפש אחר מחט ג"כ, הו"ל שלוחי מצוה ואין ניזוקין, וכמו האומר: סלע זו לצדקה בשביל שיחיה בני, דהוי צדיק גמור אע"פ שמכוין גם להנאתו.

ומ"מ צריך לבטל בלבו, דשמא יש שם חמץ ויעבור עליו, [**ודלא** כחק יעקב שכתב, דיש בזה ס"ס, שמא אין כאן חמץ, ושמא לא יפקח הגל, **דכיון** שהוא פחות מג"ט הרי הוא כמו שנפקח הגל, וליכא אלא ספק אחד].

ואם לא ביטל עד לאחר זמן איסורו, דעת העולת שבת, דצריך לחפש במרא וחצינא, **ועיין** בבית מאיר שכתב, דלדעת רש"י ור"ן הדין עמו, **אך** לדעת התוספות יש להסתפק.

ודוקא במקום שמצויים עקרבים, **ואפשר** דבמקום שמצויים נחשים צריך לבדוק, דלא שכיח סכנתא כ"כ, **ובמקום** שהנחשים ממיתין, דינו כמו עקרבים.

והני מילי בסתם, אבל בידוע שיש תחתיו חמץ, אם אין עליו גובה ג' טפחים, צריך להוציאו משם במרא וחצינא בענין שאין בו סכנה - ואם לא עשה כן, ועבר עליו הפסח, אסור אע"פ שביטלו, ככל חמץ שעבר עליו הפסח, כמ"ש סי' תמ"ה ס"ה.

ואם יש עליו גובה שלשה טפחים, מבטלו בלבו ודיו - ואם לאחר הפסח נתפקח הגל ונתגלה החמץ, הרי הוא מותר אף באכילה, שחמץ שעבר עליו הפסח אינו אסור אלא משום קנס, שקנסוהו חכמים משום שעבר על בל יראה ובל ימצא מן התורה או מד"ס, **והכא** בעניננו לא עבר עליו כלום, ואין ראוי לקונסו.

והבטול הוא מדרבנן, שמא יפקח הגל במועד ויעבור על בל יראה, אבל מדאורייתא אינו עובר כלל, דדוקא להטמין בידים אסור מדאורייתא, אבל הכא כיון שממילא נפל עליו הגל אינו עובר, [**ועיין** בנהר שלום שכתב, שכן דעת רוב גדולי הפוסקים, ועיין בפר"ח שכתב לעיקר כדעה זו, **ואם** לא בטלו עד לאחר זמן איסורו, א"צ לפקח הגל לבערו, **ויש** לעיין, אי כדאי להחמיר לפקח הגל, דעתה בשמכוסה הוא כמבוער מדאורייתא, וכשיגלהו אפשר דעובר בבל יראה טרם שיבער].

וי"א דמדאורייתא מחויב לבטלו, דאל"כ אע"פ שאין דעתו כלל לפקח הגל במועד, מ"מ עובר משום "לא ימצא", כמו במטמין לכתחלה, (ס"ל דאין החמץ נחשב כמבוער מן התורה אף שנפלה עליו מפולת גבוה ג"ט), [**ועיין** בחמד משה שמצדד, דאפי' אם הוא גבוה ג' טפחים, והיה ספק חמץ, ג"כ צריך לבטל לדעה זו], **ולדידהו** אם לא בטלו עד לאחר זמן איסורו, חייב לפקח הגל לבערו, כיון שאינו ברשותו לבטלו, **אכן** אם נפל עליו גל גדול שא"א לפקח, והוא אבוד ממנו ומכל אדם, לכו"ע מותר, דלא קרינן ביה "שלך", [ואינו מחוייב לשכר פועלים לפקח הגל, **ועיין** בגר"ז שכתב, דבכגון זה א"צ לבטלו אפי' לכתחילה].

סעיף ט - מרתף שמסדרין בו שורות של חביות זו אצל זו עד שנתמלא כולו, וחוזרין ומסדרין שורות אחרות על התחתונות עד הקורה, אין צריך לבדוק אלא שורה העליונה ואחרת למטה ממנה; דהיינו שורה על פני רוחב המרתף, ולא על כל שטח המרתף - ר"ל שא"צ לבדוק כל העליונות הרואות את התקרה, באורך ורוחב של כל המרתף, **אלא העליונה הרואה את הקורה ואת הפתח** - שורה אחת האחרונה שהיא נגד הפתח, שהיא רואה את התקרה ואת הפתח ביחד, **ואחרת למטה ממנה** - ועוד שורת חביות אחת למטה הימנה, שהיא רואה רק את הפתח לבד.

(דע כי המחבר סתם כהרמב"ם והרא"ש, שפסקו כדעת רב בגמ', **אמנם** באמת לאו מילתא ברירא היא, שדעת כמה ראשונים כשמואל, דס"ל שצריך לבדוק השורה עליונה הרואה את הפתח ואת הקורה, כרב, והשניה שלפנים הימנה הרואה את התקרה לבד, **וגם** הרמב"ם גופא בפי' המשנה פסק כשמואל, וכן הגר"א משמע ג"כ שמצדד כשיטה זו, **וקשה** לדחות דעת כל הני רבוותא, ובפרט שהרמב"ם גופא לא ברירא ליה דבר זה כולי האי).

ודוקא מרתף שמסתפק ממנו לצורך סעודה, שפעמים הולך השמש באמצע סעודה ופתו בידו להביא עוד יין לשלחן, ושוכח שם את פתו.

סעיף י - בתי כנסיות ובתי מדרשות צריכים בדיקה - בליל י"ד לאור הנר, **מפני שהתינוקות מכניסים בהם חמץ** - והשמשים אינם נזהרים לבדוק בלילה, אלא מכבדין היטב ביום, ולא יפה הם עושים, וצריך להזהירם על כך, שיקיימו מצות חכמים כתיקונה, **ויכולים** לברך על בדיקה זו, **אבל** א"צ לבטל אחר הבדיקה, לפי שאינם יכולים לבטל ולהפקיר חמץ שאינו שלהם.

(ביאור הלכה) [שער הציון] ‹הוספה›

ואם עבר ולא בדק הבתי כנסיות ובתי מדרשות בליל י"ד, יכול לבודקם לכתחלה ביום י"ד לאור היום, וא"צ לבדוק לאור הנר, לפי שדרך להרבות בהם חלונות, ויש בהם אורה גדולה, ודינם כדין אכסדרה, [**מ"מ** בחורין ובסדקין צריך לבדוק בנר, דלא עדיפא מחצר דאין לו גג למעלה, ואפ"ה צריך לבדוק בחורין ובסדקין]. **אכן** לפי מה שכתבנו לעיל, דאם יש זכוכית בחלונות, שוב אפילו נגד החלון ממש אין דינו כאכסדרה, א"כ ה"נ בעינן שכשבודקם ביום לאור החמה, יפתח החלונות.

סעיף יא- המכבד חדרו בי"ג בניסן ומכוין לבדוק החמץ ולבערו, ונזהר שלא להכניס שם עוד חמץ, אעפ"כ צריך לבדוק בליל י"ד - ר"ל לא מיבעיא בסתם, שאין חזקתו מתכבד, אלא אפי' אם מכוין לשם בדיקה, ג"כ לא מהני, שהכיבוד אינו בדיקה גמורה, שמא נשתייר חמץ באיזה גומא.

ואפילו אם בדק לאור הנר בחורין ובסדקין, ג"כ צריך לחזור ולבדוק בלילה ככל ישראל, שלא לחלק בין בדיקה לבדיקה, [**ולטעם** זה, אם שייר חדר אחד לבדוק אותו כדין בלילה, שפיר דמי, כ"כ בתה"ד, **ואינו** ברור כ"כ, די"ל שלא תחלוק קאי על כל בית ובית], **ולפי** מש"כ לעיל בס"א, בלא"ה אין לסמוך אבדיקת היום, אפי' היה לאור הנר, שהנר אין מאיר ביום כ"כ כמו בלילה, [**ולפי"ז** לא מהני מה שיבדוק בלילה רק חדר א'].

הגה: וכל אדם צריך לכבד חדריו קודם הבדיקה - דלא מיבדק שפיר בלא כיבוד, **והמנהג** לכבד כל הבית והחדרים ביום י"ג, כדי שיוכל לעשות הבדיקה כדין בתחלת ליל י"ד, **ובשעת** בדיקה המנהג ליטול נוצות, ולכבד היטב במקום החורים והסדקים, לגרור משם החמץ עם הנוצה.

והכיסים או בתי יד של בגדים שנותנים בהם לפעמים חמץ, צריכין בדיקה - בין משלו ובין משל התינוקות שבבית, **ואפילו** הוא אומר: ברי לי שלא ניתן בהם חמץ, דמילתא דלא רמיא עליה הוא ולאו אדעתיה, ולכן צריך בדיקה, **והעולם** נוהגין רק לנער הכיסים בשעת הביעור, ונכון לבדוק אותם בשעת הבדיקה, **ומ"מ** צריך לחזור ולנערם בשעת הביעור, שמא חזר והכניס בהם מחמץ שאכל אחר הבדיקה.

§ סימן תלד – דינים הנוהגים תיכף אחר הבדיקה §

סעיף א- אחר הבדיקה יהא נזהר בחמץ שמשייר - לאכילתו, וה"ה החמץ שמוצא בבדיקתו, ומניחו כדי לבער למחר, **להצניע, כדי שלא יצטרך בדיקה אחרת, כגון אם יטלנו עכבר בפניו** – (ולא אמרינן דעכבר אכלתו, דספק אכילה אינו מוציא מידי ודאי חמץ), **או אם יחסר לחמו, כגון שיניח עשר ככרות וימצא תשע.**

וה"ה בשעת הבדיקה יצניע החמץ שרוצה לאכול, דיש לחוש דלאחר שהשלים לבדוק זוית אחת, וילך לבדוק זוית אחרת, יטול עכבר לפנינו ויגררנו לזוית שכבר בדק.

ומ"מ א"צ לברך שנית על בדיקה זו, **ואם** בדק ולא מצאו, צריך לבטל פעם אחרת, דזה החמץ שגרר העכבר אחר הבדיקה, לא היה בכלל הביטול, שהרי שייר אותו למאכלו, או כדי לבערו למחר, **ומיהו** אנו נוהגין בלא"ה לבטל שנית בשעת השריפה.

והעולם אין מצניעים אלא החמץ שמוצאין בשעת בדיקה, אבל שאר החמץ אין נזהרין בהן, ומוליכין אנה ואנה, **ולא** שפיר עבדי, [ועי"ז שוב אין שם בדיקה כלל, אחרי שלא השגיח שיהיה החמץ מונח משומר במקום אחד].

אבל בסתם, שאינו יודע אם חסר ממנו אם לאו, לא. ואם כפה עליו כלי ולא מצאו, א"צ לבדוק, שודאי אדם נטלו - ודוקא בהניח במקום גבוה שאין יד התינוקות ממשמשין שם.

לכך יכפה עליו כלי - וליתן החמץ בכלי ולכסותו אסור, מפני שדרכן של שרצים לגלות, אבל כשכופה עליו כלי רחב, אין יכולין לגלות, **או יתלנו באויר, או יניחנו בתיבה מקום שאין עכבר יכול לבא** – (דסתם תיבות חתורות הן אצל עכברים,

ולכן דקדק וכתב מקום שאין וכו', היינו שיזהר להניח שם באופן שהעכבר לא יוכל להגיע לשם).

סעיף ב - אחר הבדיקה מיד בלילה יבטלנו - הטעם הוא, דאע"ג דמדאורייתא בבדיקה לבד סגי, דמן התורה סגי באחד מהן, או בביעור או בביטול, **דאפילו** אם ישאר שם חמץ בבית אינו עובר עליו כל זמן שלא נודע לו, כיון שבדק היטב ועשה כל מה שמוטל עליו, **מ"מ** חכמים חששו, שמא ימצא גלוסקא יפה שאינה נבטלת מעצמה כמו פירורין, וישהה מעט קודם שישרפנו, ויעבור עליו בבל יראה, **אבל** אם יבטלנו, שוב אינו עובר בכל גווני בבל יראה, דהוי הפקר ולאו דיליה הוא.

ויאמר: כל חמירא דאיתיה ברשותי דלא חזיתיה ודלא ביערתיה, ליבטיל וליהוי כעפרא דארעא - אבל מה שראה וביער אינו מבטל עכשיו, שהרי רוצה לאכול עוד מה שמשייר, **וגם** כדי לקיים מצות שריפה בחמץ שלו למחר, ולכך אינו מבטל הכל עד למחר, אחר אכילה ואחר ששרף החמץ.

ונכון שיאמר: וליהוי הפקר כעפרא דארעא, **ולכו"ע** מהני לשון זה של הפקר, אף שאמר לשון זה בינו לבין עצמו, ולא בפני אנשים.

הגה: ויאמר הביטול בלשון שמבין - שהרי הבטול הוא מתורת הפקר, ואם אינו יודע, מה מהני הבטול, **וע"כ** טוב ללמוד לעמי הארץ שאינם מבינים בלשון הקודש, או אשה מבטלת, שתאמר בלשון שמבין, דהיינו: אללען חמץ אדער זויער טייג, וואס עס איז אין מיין רשות, זאל זיין הפקר, אונד זאל ניט זיין גירעכינט נאר אזוי וויא ערד אין גאס, **ואם** אמר עם הארץ בלשון הקודש, אם יודע לפחות ענין הבטול, שיודע שמפקיר חמצו, יצא בדיעבד, **אבל** אם אינו מבין כלל, וסובר שאומר איזה תחנה, לא יצא אפילו בדיעבד.

ואם אמרו בלשון הקודש: כל חמירא, כולל חמץ ושאור, אבל בשאר לשונות צריך להזכיר כל אחד בפני עצמו - "לשון הקודש" לאו דוקא, ור"ל בלשון תרגום כמו שאנו אומרים, (**ולפי"ז ה"ה אם אומר לשון הקודש ממש, צריך להזכיר חמץ ושאור, דשני דברים הן, דרק לשון "חמירא" כולל שניהם, וכמבואר** בב"י, **ובביאור הגר"א מפקפק על כל זה, דבירושלמי אמר, דצריך שיאמר: כל חמץ שיש לי בתוך ביתי ואיני יודע בו יבטל, הרי שלא הצריך לומר גם שאור**). ‹**ובנוסחתינו** בסידורים הוא: כל חמירא וחמיעא – ערוה"ש›.

וטוב לחזור ולבטלו פעם אחרת ביום י"ד - לפי שרגילין לקנות פת ביום י"ד למאכל, וגם בפת ששייר בלילה למאכלו לא נתכוין לבטלו, **ואף** אם כוון לבטלו, הלא חוזר וזוכה בו, ויש לחוש שמא ישאר ממנו כזית, ויעבור עליו, לכך חוזר ומבטלו, **סוף שעה חמישית קודם שתגיע שעה ששית, שמשתגיע שעה ששית נאסר ואין בידו לבטלו** - ומ"מ אין לסמוך על בטול היום לבד, ושלא לבטל בלילה, דחיישינן שישכח לבטל עד שעה ששית, דאז לא מהני בטול, [דאסור בהנאה, **ואף** דאז זמן שריפה לפי המנהג, וא"כ ממילא יזכור גם לבטלו, מ"מ כיון דמעיקר הדין כל אחד יכול לשרוף מתי שירצה, לא מקרי זמן מסויים].

הגה: ואין לבטלו ביום אלא לאחר ששרף החמץ, כדי לקיים מצות שריפה בחמץ שלו - וא"כ צריך לשרוף קודם שעה ששית, ואח"כ יבטלנו ג"כ תיכף קודם שיותחל שעה ששית.

סעיף ג - בביטול היום יאמר: דחזיתיה ודלא חזיתיה, דביערתיה ודלא ביערתיה - דבטול היום אינו אלא משום הנשאר.

סעיף ד - שלוחו יכול לבטל - דאע"ג דבטול הוא מטעם הפקר, והאומר לחבירו: לך והפקר נכסי, אין בכך כלום עד שיפקירם הוא בעצמו, **הכא** לענין חמץ יש להקל, שהרי החמץ בשעה שעובר עליו בבל יראה ובל ימצא אינו שלו, שהרי אסור בהנאה, אלא שהתורה העמידו ברשותו לענין שיעבור עליו, לפיכך בגילוי דעת בלבד, שהוא מגלה דעתו דלא ניחא ליה דליהוי ליה זכותא כלל בגויה, סגי, **ויש** מחמירין בזה, ובשעת הדחק יש להקל, דרוב הפוסקים הסכימו לדעת המחבר.

ומ"מ כ"ז דוקא כשעשה שליח ע"ז, ובלא שליחות אין יכול לבטל חמצו של חבירו, אף היכא דזכות הוא לו, כגון שהוא בדרך ושכח לבטל. **ודוקא** כשצוה לשליח לבטל חמצו, אבל אם צוה לו לבדוק, לכו"ע אינו יכול לבטלו, (**ובספר מגן האלף מפקפק ע"ז, דלמה לא יבטל,**

הלא מסתמא עשאו שליח לבדוק כנהוג, וע"כ מצדד שיבטל השליח עכ"פ, דשמא סמך המשלח עליו, וגם המשלח צריך לבטל, ובלא זה אינו מועיל, ומ"מ נראה דכ"ז אם נסע בדרך, ועשה שליח קודם נסיעתו לבדוק חמצו, אבל כשהוא בביתו ומבקש לאחר לבדוק, בודאי צריך לבטל בעצמו, אם לא שצוהו בהדיא על הביטול ג"כ).

(ואין לעשות קטן לשליח).

(וכשמבטל שליח, צריך שיאמר: חמצו של פלוני יהא בטל וכו') - דהיינו שלא יאמר "דאיכא בביתא הדין", דלמא יש לו במקום אחר, **וכתבו** האחרונים שיאמר ביום "כל חמירא דאיכא ברשותיה דפלוני, דידע ביה ודלא ידע ביה" וכו', **ובלילה** יאמר "דלא ידע ביה".

אפוטרופוס של יתומים חייב לבדוק ולבער ולבטל, ובמקום שנותנין שכר על הבדיקה, נותן שכר, **ואם** עבר ולא ביער ולא ביטל, ועבר עליו הפסח, אין לחייבו, כיון שאינו חייב אלא בפשיעה, **ויתום** קטן שאין לו אפוטרופוס, ועבר עליו הפסח, אפשר שאין לאסור החמץ שלו, דלמאן נקנסיה.

אם אין האיש בביתו, יבטל במקום שהוא - אם לא מינה שליח לבטלו, **ולפי** מה שכתבנו מקודם, דיש מחמירין דלא מהני שליח לבטל, נכון שיבטל שם במקום שהוא בעצמו ג"כ, אפילו אם עשה שליח לבדיקה ובטול, [**וגם** לפי מה דנקטינן, דבדאורייתא לא אמרינן חזקה שליח עושה שליחותו, בודאי יזהר לבטל במקום שהוא, דכיון שאינו בביתו, ואינו יכול לקיים בדיקה וביטול, יש עליו מצות עשה דתשביתו, ושמא לא יעשה השליח שליחותו].

ואם אינו עושה כן, טוב שתבטל אשתו - לכאורה מנא ידעה האשה שאין הבעל מבטל במקומו, **אלא** הכונה, שאין הבעל רגיל לעשות כן, וא"כ חיישינן שמא ישכח, לכן טוב שתבטל אשתו אף שלא צוה לה לבטל, דמסתמא כמו שנתן לה רשות דמי, וראוי להזהירה ע"ז, **ומ"מ** אין כדאי לכתחלה לסמוך לגמרי על בטול אשתו, כיון שמ"מ אינו שלה, ויבטל במקום שהוא, (**דעיקר הדין של בטול אשתו במקום שלא צוה אותה ע"ז, מפקפקים האחרונים בזה, ומ"מ במקום הדחק יש לסמוך ע"ז, דאשתו כגופו לענין זה, ומסתמא כמו שנתן לה רשות דמי**).

ותאמר: כל חמירא דאיכא ברשות בעלי, דידע ביה וכו', ואם אינה מבינה לשון הקודש, תאמר בלשון שמבינה, **ואפילו** אם אינה יודעת בעצמה לבדוק, ומינתה שליח לבדוק חדריה מחמץ, מ"מ הבטול טוב יותר שתעשה בעצמה בלשון שמבינה, **שאף** להבעל בעצמו יש מפקפקים על מינוי השליחות על הבטול, וכ"ש לאשתו, שהחמץ בעצם אינו שלה, **ואלמנה** כיון שהחמץ שלה, תוכל לבטל בעצמה, או לעשות שליח, וכנ"ל לגבי איש.

§ סימן תלה – דין מי שלא בדק בליל י"ד §

סעיף א- לא בדק בליל י"ד, יבדוק ביום י"ד באיזו שעה שיזכור מהיום - [ואפי' אם נזכר אחר שכבר הגיע שעה ששית, ונאסר בהנאה, אפ"ה מחוייב לבדוק, **ולא** גזרינן שמא יבוא לאכלו כשימצא החמץ, דכיון שהוא עצמו מחזר לבדוק אחריו ולבערו, לא חיישינן לזה].

ולאחר שנזכר, מחויב לבדוק תיכף, שמא ישכח עוד הפעם.

וכל הבדיקות צריך להיות בנר ובחורין ובסדקין, ואפילו כשבודק ביום.

ואחר הבדיקה יבטל אם עדיין לא הגיע שעה ששית, דאח"כ אין בידו לבטלו, וכדלעיל בסימן תל"ד, רק בדיקה וביעור לבד.

לא בדק כל יום י"ד, יבדוק בתוך הפסח - ואפילו כבר ביטל, [**אף** דאז אינו עובר בבל יראה אפי' אם יש חמץ בביתו, מ"מ גזרינן דלמא אתי למיכל מיניה כשיראהו באקראי].

ואפילו ביו"ט עצמו בודק, אע"פ שאינו יכול לשרפו ביו"ט, מ"מ יוכל לכפות עליו כלי עד מוצאי יו"ט, כדלקמן בסימן תמ"ו, **ויש** חולקין וסוברין, דביו"ט לא יבדוק, רק בחולו של מועד, **והפר"ח** הכריע, דאם לא ביטל חמצו קודם הפסח, אפשר שיבדוק אף ביו"ט, [**היינו** דתלוי בפלוגתת הפוסקים לקמן בסי' תמ"ו, אם הא דאמרינן המוציא חמץ ביו"ט, כופה עליו כלי דוקא ולא יטלטלנו, מיירי רק בבטלו, אבל בלא בטלו יוכל לטלטלו ולבערו, **ממילא** בענינינו בלא ביטלו, יבדוק אפי' ביו"ט,

ולהפוסקים דסברי, דאפי' בלא בטלו לא יטלטלנו, ה"נ בכל גווני אין לו לבדוק]. **ואם** כבר ביטל, בודאי לא יבדוק רק בחוה"מ.

[**אכן** אם בודק ביו"ט, אפי' לדעת המתירין, צ"ע אם מותר להדליק נר בשביל זה ביום, אפי' היכא שלא בטלו, ובבטלו בודאי אין להדליק נר, **וע"כ** טוב לדחות הבדיקה על חוה"מ].

מי שלא בדק קודם זמן איסורו ומת, אם כוונו היורשים לזכות בהחמץ, וחצרם קונה להם, פשיטא דעברו בבל יראה, וצריכין מדינא לבדוק ולבערו, **ואם** לא עשו כן ועבר הפסח, אסור כדין חמץ שעבר עליו הפסח, **אך** אם לא כוונו לזכות, אין צריכין לבער, דאין אדם מוריש איסורא לבריה, **אם** לא שמשתמשין שם באותו חדר, דאז בכל גווני צריכין לבער, משום דלמא אתי למיכל מיניה, **ויש** חולקין וסוברין דבכל גווני מחוייבין היורשין לבדוק ולבער.

לא בדק בתוך הפסח, יבדוק לאחר הפסח, כדי שלא יכשל בחמץ שעבר עליו הפסח שהוא אסור בהנאה; ועל הבדיקה שלאחר הפסח לא יברך - כיון שמותר להשהותו, ואף באכילה אינו אסור אלא משום קנסא שהשהה החמץ בפסח, ואינו בודק אלא להבדיל בין חמץ זה לחמץ המותר, לכן לא יברך.

אבל על הבדיקה שבתוך הפסח צריך לברך, אע"פ שביטלו קודם הפסח, **וכ"ש** אם נתחמץ לו חמץ גמור בפסח, דבודאי מברך בשעת הביעור, שהרי זה לא היה כלל בכלל הביטול, **אבל** דבר שאינו חמץ גמור, כגון שנמצא חטה בתבשיל וכיוצא בו, אינו מברך.

ואם כבר בדק וביטל כדינו קודם פסח, ומצא חמץ בפסח, יש דעות בין האחרונים אם צריך לברך, כיון שכבר בדק וביטל כדינו, וקיים תקנת חכמים, אפשר דברכה ראשונה שבירך אז קאי על כל מה שימצא אף בתוך הפסח, **וספק** ברכות להקל.

§ סימן תלו – דין המפרש בים והיוצא בשיירא §

סעיף א - המפרש מיבשה לים או יוצא בשיירא, ואינו מניח בביתו מי שיבדוק - ר"ל שלא צוה לאחד קודם נסיעתו, שיבדוק כשיגיע זמנו, **דאם** מינה לאחד ע"ז, שוב א"צ בעצמו לבדוק, דשלוחו של אדם כמותו, **וכבר** נתבאר לעיל, דלכתחלה טוב יותר למנות אנשים לבדיקה, ואם אין לו, יוכל למנות גם אשה לזה.

תוך שלשים יום, זקוק לבדוק - בלילה שלפני יציאתו לאור הנר, וגם צריך אז לבטל החמץ שלא ראה, כמו בליל י"ד, [**אכן** נראה שיאמר: כל חמירא וחמיעא דאיכא בביתא הדין וכו'], **ואם** שכח לבדוק בלילה, יבדוק ביום.

ואפי' אין דעתו לחזור כלל עד אחר הפסח, ולא יראה החמץ שבביתו, משום דמאז והלאה חל עליו חובת הבדיקה, [דשואלין בהלכות פסח קודם לפסח ל' יום].

ואם יש לו בנים קטנים בביתו, וצריך הוא להניח להם חמץ לאכול, ואין לו מי למנות על הבדיקה, יוציאם מביתו לבית אדם אחר, ושם יניח עבורם, ויסגור את ביתו הבדוק, שלא יכניס שם שום אדם עוד חמץ, דאל"ה מה מועיל בדיקתו, **ואם** מניח בביתו אשתו ובניו ובני ביתו הגדולים שיש בהן דעת ויכולין לבדוק, אין צריך לבדוק כלום קודם יציאתו, אלא יצוה לאחד מהם שיבדוק ויבטל החמץ כשיגיע הזמן, **ועיין** בסימן תל"ד, שנכון הדבר שיבטל גם הוא בעצמו במקום שהוא כשמגיע זמן הביטול.

(**ואם שכח ולא בדק, עיין מג"א שכתב, דאפשר דצריך לחזור לביתו, או לשלוח שליח שיבדוק, ועיין** בבית מאיר שדעתו, **דאם שכח מלבדוק והלך תוך ל', מיד שנזכר דלאו שפיר עבד מבטל חמצו ודי, אכן כ"ז** בספק חמץ, **אבל אם יודע שיש שם חמץ ידוע, כביצה ויותר,** משמע מהב"מ דמסכים עם המ"א, **אכן אם נוגע לו דבר זה להפסד מרובה כשיחזור לביתו, או שישלח שליח,** כתב בספר מגן האלף דאין מחויב ודי בביטול, **דדמי להולך** לדבר מצוה בסי' תמ"ו, **וכן בהולך להציל מן הנהר או מן** הדליקה שרי ליה לבטל בלבו, **והכא נמי כה"ג).**

(ולא יברך אז "על ביעור חמץ") - דכשבודק בליל י"ד תקנו לברך "על ביעור חמץ", לפי שמה שהוא מוצא בבדיקתו הוא מצניעו כדי לבערו למחר, נמצא דהבדיקה הוא התחלת הביעור, **משא"כ** כאן, שלא יבערו

מן העולם, וישתמש בו כשאר הימים, אלא שהוא מפנהו מבית זה, (**אמנם** דעת הב"ח, דבתוך ל' יום צריך לברך, ורק היכי שצריך לבדוק קודם ל' יום א"צ לברך, **ודעת** הפר"ח דלעולם צריך לברך, כיון דחייבוהו חכמים לבדוק, **ומסתימת** המ"א והט"ז וש"א משמע, דתפסו כדעת הג"ה דלעולם א"צ לברך, **אכן** מצאתי דדעת הרא"ה כהפר"ח, ודעת הריטב"א להכריע כהב"ח, וצ"ע למעשה).

קודם שלשים יום אינו צריך לבדוק - דלא חל עליו תקנת חכמים, **(וכשמגיע פסח יבטלנו)** - במקום שהוא, דאף דאין רואה החמץ, עובר משום "בל יטמין", דהא לא בטליה מעיקרא.

ואם יש שם חמץ ידוע, י"א דחייב לבער קודם שיצא, ויש מקילין בדבר.

ואם דעתו לחזור קודם הפסח, צריך לבדוק ואח"כ יצא, דחיישינן שמא יחזור ערב פסח בין השמשות ולא יהיה לו פנאי לבער - ר"ל וביו"ט לא יוכל לבערו, מפני שאין מבערין החמץ ביו"ט, ונמצא מקיים החמץ בביתו, **וכ"ש** אם דעתו לחזור בתוך הפסח.

ואפי' יצא מתחלת השנה צריך לבדוק, ואפילו ביטל כבר, מ"מ צריך לבדוק, שמא יחזור וימצא ויאכלנו.

ודוקא במפרש לים או יוצא בשיירא לדרך רחוקה, אפי' דעתו לחזור זמן רב קודם פסח, חיישינן שמא ישתהא, אבל יוצא לדרך קרובה, אפי' בתוך ל' יום לא חיישינן, **ומ"מ** הכל לפי הענין, דלפעמים אפי' בדרך קרובה, אם מגביל זמן ביאתו בצמצום קרוב לזמן הבדיקה, חיישינן שמא ישתהא, וצריך לבדוק מקודם, **ויש** מקילין בזה, **ולמעשה** יש לדון לפי קירוב וריחוק המקום.

וכן העושה ביתו אוצר תוך שלשים יום, זקוק לבדוק ואח"כ כונס אוצרו לתוכו - ואפילו אין דעתו לפנותו עד אחר הפסח, שלא יראה החמץ בפסח, אפ"ה חל עליו חובת הבדיקה מקודם כיון שהוא תוך ל', **ואם** לא בדק קודם, צריך לפנות האוצר ולבדוק, [מ"א בשם מהרי"ל, והביאוהו האחרונים, **אכן** בבית מאיר ומאמר מרדכי מפקפקים בזה].

ואפילו אין שם חמץ ידוע, אלא שהוא מקום שנשתמש שם חמץ, ועתה רוצה להניח שם תבואה לאיזה זמן, או עצים וכה"ג.

קודם שלשים יום, אם דעתו לפנותו קודם הפסח, צריך לבדוק ואח"כ עושהו אוצר - שחששו חכמים שמא יתחיל לפנותו קודם ליל י"ד, ולא יגמור לפנותו אלא ישאר ממנו פחות מגובה ג"ט מכוסה על החמץ, דשוב לא הוי כמבוער, [דאי הוי ג"ט, הוא בכלל מפולת על החמץ, דהוי כמבוער], ואח"כ כשיגיע ליל י"ד ישכח על החמץ שתחת האוצר, כיון שמכוסה מן העין.

ואם אין דעתו לפנותו קודם הפסח - אלא דעתו לפנותו לאחר הפסח, **אינו צריך לבדוק** - דקודם ל' יום אין חל עליו חובת הבדיקה, ואח"כ כשנעשה האוצר הרי הוא כמבוער, כמו חמץ שנפלה עליו מפולת, וסגי בביטול כשיגיע פסח.

וכתב במ"א, וכ"ז בחמץ שאינו ידוע, אבל בחמץ ידוע צריך לבערו מתחלה, [**ואף** דבחמץ שנפלה עליו מפולת מקילינן, אף דהוא ידוע, שאני הכא דמניח האוצר עליו בידים, והוי כמטמין לכתחילה], **ויש** מקילין אפילו בחמץ ידוע, וכנ"ל בענין היוצא בשיירא.

הגה: והאוצר חטים שיש חטים מחומצים בקרקעית הבור - היינו שהיו שם חטים מחומצים ואח"כ הניח האוצר עליהם, **אם נעשה האוצר שלשים יום קודם הפסח, אינו זקוק לבער** - כיון שנעשה האוצר קודם שלשים יום, **אלא מבטלו בלבו** - קודם הפסח, **ודיו** - [דאפי' למאי דנסבור לן, דבידוע אסור אפי' קודם ל' יום, הכא דנעשה כבר האוצר אין להחמיר - מ"א].

ומיהו לאחר פסח כשמפנה האוצר, אסור ליהנות מאותן חטים - דאף דחמץ שנפלה עליו מפולת מותר ליהנות מהן לאחר פסח, הכא גרע טפי, דהתם אין בדעתו לפנות הגל ולחטט אחר הפסח, **אבל** כאן הלא דעתו לפנות בורו אחר הפסח, והרי הוא כמבטל ומכוין לחזור ולזכות בו, (**ולכאורה צריך טעם, דא"כ גם מתחלה** קודם הפסח, למה לא נחייבו לפנות, דמה דשרינן במפולת הוא ע"י ביטול דוקא, ובלא ביטול מחויב לכתחלה לפנות המפולת, ומאי נ"מ שהוא נעשה קודם ל', כיון שהחמץ קיים שם ואינו מבטלו, **אכן** י"ל דאמנם אם לא היה אסור בהנאה, הביטול אינו ביטול גמור, שהרי טורח הוא לו לברור החטים המחומצים, וכשימכור ימכר

הכל ביחד, א"כ אף שאומר שהוא מבטל אינו מועיל, שהרי כונתו למכור אח"כ, ולא יברור זה מזה, **ולכן** אסרו בהנאה אחר הפסח, וכיון דאסור בהנאה ויהיה מחויב לברור אח"כ המחומצים, א"כ שוב ביטולו ביטול גמור הוא, שהלא שוב לא יזכה בהמחומצים מחמת איסור הנאה, ולכן א"צ לפנות מתחלה).

ופשוט דיכול למוכרו לכל האוצר קודם הפסח לעכו"ם, ויהיה מותר אח"כ ליהנות ממנו.

ואם אין שם חמץ ידוע אלא ספק - ר"ל בעת שהניח מלמעלה האוצר, אינו ידוע אם היה אז בקרקעיתו חטים מחומצים בודאי, **מותר למכור הכולר** - אחר הפסח **כך ביחד** – (ר"ל שא"צ לבדוק אם ישנן שם מחומצים, כדי להשליכם שלא ליהנות מהם), וליכא למיחש למידי, דאף אם מצא עכשיו מחומצים (מותר משום ס"ס), שמא לאחר הפסח נעשה, ועוד דשמא אין זו אלא עיפוש והפסד, ולא חמץ נחשבת.

אבל אם הניח החטים ואח"כ נתחמצו החטים מלחות הבור, אפילו היה הנחתו תוך ל' א"צ לפנותו, דבשעה שהניח החטים עדיין לא היה שם חמץ, ועכשיו הוי כחמץ שנפלה עליו מפולת, וכ"ש כשיש ספק אם נתחמצו, ויבטלנו קודם פסח, (הוא ממ"א, **ובא"ר** מפקפק עליו, דגרע ממפולת, מפני שדעתו למכור בורו לאחר הפסח, ובטולו אינו בטול גמור, וע"כ צריך לפנותו, **ובבית מאיר** משמע כהמ"א), [**ומ"מ** לאחר הפסח מסתברא דאסור ליהנות מהן, אם הן ודאי חמץ, כיון שדעתו לפנותו אחר הפסח].

(**ובתוך** שלשים יום אם רוצה להניח אוצר של חטים, אפילו אם אינו ידוע לו אם יש שם חטים של חמץ בקרקעיתו של הבור, כיון שרגיל להמצא שם חטים לחים, דינו כעושה את ביתו אוצר, וצריך לכבד אותו מקום ולבדוק לאור הנר קודם שמניח האוצר שם).

סעיף ב - וי"א דקודם ל' יום שא"צ לבדוק, היינו כשאין דעתו לחזור בתוך הפסח, ואע"פ שדעתו לחזור קודם הפסח או אחריו, אינו צריך לבדוק כיון שהוא קודם ל' - דעה זו בא להקל, ולשונו מגומגם קצת, ור"ל דמה שאמרנו דקודם שלשים יום א"צ לבדוק, הוא אף כשדעתו לחזור קודם הפסח, ורק שלא יהיה דעתו לחזור בתוך הפסח, **דדעה** זו לא ס"ל מה שכתב לעיל, דחיישינן שמא יבא ערב פסח בין השמשות וכו'. **(וכשיגיע פסח יבטלנו)** - פי' כשלא בא לביתו קודם הפסח.

אבל אם דעתו לחזור בתוך הפסח, צריך לבדוק אפילו מראש השנה - דכשיבוא בפסח לאו ברשותיה קיימא דליבטליה, ועובר על בל יראה ובל ימצא, [**ואף** דיוכל לבטל קודם פסח, כיון שהוא בדרך על הים או בשיירא, חיישינן שמא ישכח לבטל].

ודע דלדעה זו, ה"ה העושה ביתו אוצר, דלדעה ראשונה תלוי חובת הבדיקה באם דעתו לפנותו קודם הפסח, ולדעה זו דוקא באם דעתו לפנותו תוך הפסח.

ואם שכח ולא בדק, יבטל כשיגיע הפסח - דאם בדק היה צריך לבטל ג"כ בשעת הבדיקה, כמש"כ בריש הסימן.

ולא יברך על הבטול - דכיון דעיקר הביטול בלב, דאפילו מחשב בלבו סגי, אין מברכין על דברים שבלב, [**ואפי'** למ"ד דצריך להוציא הביטול בפה, מ"מ אין לברך על הביטול, שלא מצינו בחז"ל שתקנו נוסח ברכה על הביטול].

הגה: גם אשתו תבדוק ותבטל בביתו, דילמא ישכח לבטל במקום שהוא.

‹וכ"ז קודם ל' יום›, אבל תוך ל', שחל עליו חובת בדיקה, אף שדעתו לחזור לביתו קודם פסח, חיישינן שמא ישתהא ולא יבוא, וע"כ צריך בדיקה, [**וכ"ש** אם אין דעתו לחזור כלל עד אחר הפסח, בודאי צריך בדיקה לכו"ע].

וכבר נתבאר לעיל בס"א, דכ"ז במפרש לים ויוצא בשיירא לדרך רחוקה, אבל בדרך קרובה, ודעתו לחזור קודם הפסח, לא חיישינן וסמכינן דיבדוק כשיבוא.

ולענין דינא פסקו הרבה אחרונים, דיש להחמיר כדעה ראשונה, **ומ"מ** במקום הדחק, כגון שיצא מביתו עם השיירא וכה"ג, יש לסמוך אדעה אחרונה, ואינו צריך לחזור אם אין דעתו לבוא תוך הפסח.

סעיף ג - ישראל היוצא מבית א"י תוך ל' יום ונכנס בבית אחר בעיר זו, או הולך

לעיר אחרת, א"צ לבער בית הא"י - ואפי' אם לא יכנוס לתוכה העכו"ם קודם פסח, **שהרי יקיים מצות ביעור באותו בית אחר** - או הוא או בעה"ב שדר אצלו, דהוי כשלוחו לבער חמצו, ושלוחו של אדם כמותו.

ואין זה עיקר הטעם, דכי מי שיש לו כמה בתים אינו מחוייב לבדוק רק בית אחד, **אלא** משום דכיון שיוצא מבית העכו"ם שלא ע"מ לחזור, מסתמא מפקיר הוא לחמצו הנשאר שם, והרי הוא כמשליך אותו ברחוב, ותו אין החמץ שלו, ואינו עובר עליו בבל יראה, **אלא** דמ"מ אם לא היה נכנס לבית אחר קודם פסח, כגון שהוא מפרש לים או יוצא בשיירא, דעת היש מי שאומר, דכיון שהוא תוך שלשים, מצוה עליו לקיים מצות בדיקה קודם שיצא מהבית בעוד שהחמץ שלו, כיון שלא יקיים מצוה זו במקום אחר, **משא"כ** כאן שיכנס לבית אחר ויקיים שם מצות ביעור, אין שום טעם לחייבו.

אבל אם הוא מפרש או יוצא בשיירא ולא יכנס בפסח בבית, יש מי שאומר שחל עליו חובת הביעור כיון שהוא תוך ל' יום, וצריך לבער בית הא"י שהוא יוצא ממנו כדי לקיים מצות ביעור.

(מע"פ שהא"י יכנס לבית בפסח) - ויביא שם חמצו בלא"ה, אפ"ה צריך הישראל לבדוק חמץ שלו, וכ"ש כשלא יכנס בו הנכרי.

ואם יוצא מבית ישראל, וישראל אחר נכנס בו, לכו"ע א"צ לבדוק, כי על ישראל השני חל חובת ביעור, **וה"ה** כשיוצא מבית עכו"ם, וישראל אחר נכנס תחתיו לדור שם, א"צ לבדוק, ועל ישראל השני חל החיוב, [**ואף** דמ"מ הוא לא יקיים מצות בדיקה, י"ל דבזה הישראל השני שנכנס שם הוי כשלוחו].

(וי"א שאינו צריך כשנכנס בו הא"י) - עיין בח"י דלאו דוקא, דאפי' אם אין נכנס בו, גם כן אינו מחויב, דהא הביעור אינו חובת הגוף, אלא למי שיש לו חמץ צריך לבדוק ולבער, וכאן שאין לו חמץ, דהרי הוא מפקירו וכנ"ל, אין עליו שום חיוב.

ולדינא יש דעות בין האחרונים, אי כדעת המחבר, או כהי"א שהובא ברמ"א, **ונראה** דאם נכנס בו הנכרי יש להקל.

ולענין אם מחויב לבדוק בליל י"ד, החדרים שבדעתו למכרן למחר לנכרי עם החמץ שלהם, יש דעות בין האחרונים, **שדעת** המקור חיים והחיי אדם, שצריך לבדקן, מאחר שלעת עתה החדרים לא נמכרו והם ברשות ישראל, ואפילו אם נמכרו, עדיין לא החזיק בהם הנכרי, וגם המפתח הוא ברשות בעה"ב עדיין, **אמנם** בתשובת בנין עולם חולק, ודעתו דא"צ בדיקה, דבזה עצמו שמוכר למחר לעכו"ם, מקיים תשביתו וביעור, ולא גרע מחמץ שמוצא אחר הבדיקה שמשייר למאכלו למחר, ואינו מחויב לבער הכל, ואף בזה בעת שמקיים בדיקה בביתו, הוא משייר לאלו החדרים למוכרו למחר לעכו"ם, **וכן** בתשובת חתם סופר, דעתו להקל כשמקיים מצות בדיקה בשאר חדרים, וכן בספר אשל אברהם כתב דמסתברא להקל, וכן פשוט המנהג, עי"ש, **אך** שצריך ליזהר שיבאר בעת המכירה, שמוכר לו החדר וכל החמץ הנמצא בו, כדי לכלול בזה גם החמץ הנמצא בחורין ובסדקין, ולא יאמר לו בסתמא שמוכר לו החדר והיי"ש והשכר הנמצא בו. **ומ"מ** אף דאין למחות ביד המקילין, המוכר ביום י"ג שפיר עדיף טפי.

כתבו האחרונים, כל שלשים יום צריך לעיין בכל דבר העושה, שלא ישאר בו חמץ באופן שלא יוכל להסירו בנקל.

§ סימן תלז – המשכיר בית לחבירו על מי חל חובת ביעור §

סעיף א- המשכיר בית לחבירו לצורך י"ד - ר"ל שהשכיר לו בי"ג לצורך י"ד, **וממנו ואילך, וקנהו בא' מהדרכים ששכירות קרקע נקנה בו** - היינו בכסף או בשטר או בחזקה או בקנין סודר, **אם עד שלא מסר לו המפתח חל י"ד** - ר"ל שבתחלת ליל י"ד, שהוא אז זמן חיוב הבדיקה, היה הבית סגור והמפתח ביד המשכיר, **על המשכיר לבדוק** - חל עליו חובת הבדיקה, כיון שהחמץ שלו, והבית עדיין מעובב אצלו, **ואפילו** אם השוכר נכנס לדור בה בתוך הלילה, (**ומ"מ אם המשכיר אינו בעיר,** על השוכר לבדוק).

ואם הבית אין לו מנעול, על השוכר לבדוק, כיון שהחזיק בו באחד מדרכי הקנין, והוא פתוח לפניו לכנוס בו.

ודוקא במשכיר שגוף הבית עדיין שלו, לכן אם גם המפתח בידו, עליו מוטל לבדוק, **משא"כ** במכר והחזיק הלוקח, כיון שאין למוכר שום זכיה בקרקע, אף שהמפתח בידו, אינו אלא כמופקד אצל אחר, והחיוב מוטל על הלוקח.

ואם משמסר לו המפתח חל י"ד - דהיינו שמסר לו ביום י"ג, אף שאין דעתו לכנוס לדור שם עד אחר הפסח, **על השוכר לבדוק.**

וכתבו האחרונים דצריך לבטל ג"כ, דהמשכיר הפקיר חמצו כשיצא מן הבית, וזכה בו השוכר, **ומ"מ** המשכיר יבטל ג"כ בהדיא.

ואם חזר והפקיד המפתח אצל המשכיר, על המשכיר לבדוק, כיון שעכ"פ בתחלת ליל י"ד היה בידו, **והפר"ח** כתב דעל השוכר לבדוק, כיון שהמשכיר כבר מסר לו המפתח, ובידו לחזור וליטול מידו.

אבל כשעדיין לא קנאו באחד מהקנינים, אע"פ שהמפתח ביד השוכר, אין צריך לבדוק, דהו"ל כמו שהפקיד מפתחו ביד אחר, דאין הנפקד צריך לבדוק, אלא חיוב בדיקה הוא על המשכיר.

ודע דהמחבר סתם דבריו כדעת הר"ן והרה"מ, דלא מחייבינן לשוכר לבדוק, אא"כ יש בו תרתי לטיבותא, דהיינו שקנהו באחד מהקנינים קודם התחלת י"ד, וגם מסירת מפתח, **ודעת** התוס' וסייעתם, דבמסירת מפתח לבד קודם התחלת י"ד, חל חובת הבדיקה על השוכר, משום דאין המשכיר יכול לכנוס בו שאין המפתח בידו, ולכן הטילו החיוב על השוכר, **ויש** מאחרונים שכתבו, שנכון להחמיר כשניהם, וא"כ חיוב בדיקה בזה על השוכר והמשכיר, **והפר"ח** כתב, דעיקר כדעה הראשונה, **מיהו** לכו"ע יכול האחד לעשות שליח לחבירו, ויוצא ידי הכל.

סעיף ב - השוכר בית מחבירו בי"ד - ר"ל ביום י"ד או בתוך ליל י"ד, לאחר שכבר עבר זמן שהיה יכול המשכיר לבדוק ביתו באותו זמן, **ואינו יודע אם הוא בדוק, אם הוא בעיר, שואלו אם בדקו** - וה"ה אם אשתו ובני ביתו בעיר, יכול למשאל להו, דהרי הם נאמנים אפילו נגד החזקה, כמ"ש ס"ד.

דאע"פ שדרך הכשרים לבדוק בתחלת ליל י"ד כתיקון חכמים, וכל אחד מישראל בחזקת כשר הוא, ומן הסתם בדק כבר, ‹לצד אחד בגמ', עיין לקמן בבה"ל דהוי בעיא דלא איפשטא›, **אעפ"כ** צריך לשאלו, לפי שכל השנה היה הבית בחזקת שיש בו חמץ, ובחזקה זו שמן הסתם בדקו אתה בא להוציאו מחזקת חמץ, אין אנו סומכין על החזקה לכתחלה במקום שאפשר לברר.

(**ונראה** לכאורה דהכא כשאומר לו שבדקו, אין צריך שוב לבטל, דכיון דקי"ל הבודק צריך שיבטל, מסתמא עשה כן, **ומדוקדק** בזה לשון המחבר, שכתב דהשאלה אם בדקו, ולא אם בטלו, **אבל** באמת זה אינו מוכרח, דלכתחלה צריך לשאול ע"ז, פן לא קיים כדין, דומיא שצריך לשאלו על הבדיקה, אף שחזקתו בדוק מן הדין, **ומ"מ** בדיעבד אם לא שאלו על הביטול, וליתיה עוד קמן דלישייליה, נראה דיכול לסמוך ולומר דמסתמא בטלו, דכיון שבדק, תו הביטול הוי מדרבנן, ויש לסמוך להקל, **ולהכי** לא הזכיר המחבר השאלה על הביטול, משום דאינו כ"כ לעיכובא).

ואם אינו בעיר, חזקתו בדוק, ומבטלו בלבו ודיו – (דבגמרא הוא בעיא דלא איפשטא לענין בדיקה, ולהכי כתב הרא"ש, דיבטל בלבו כדי שיצא ידי חובתו מדאורייתא, דתו הוי הבדיקה רק מדרבנן, וסומכין להקל בספיקא).

ואע"פ שהחמץ אינו שלו, מסתמא הפקירו המשכיר כשיצא ממנו, וזכה בו השוכר.

(**הנה** ידוע שיש דעות אי ביטול סגי בלב, או דוקא בפה, ועיין בביאור הגר"א שהסכים להלכה כלשון המחבר, דבלב סגי).

סעיף ג - המשכיר בית לחבירו בחזקת בדוק - היינו בי"ד שמסתמא היא בחזקת בדוקה, וכנ"ל, וה"ה כשאמר לו המשכיר בפירוש שהיא בדוקה, **ונמצא שאינו בדוק, על השוכר לבדוק** - אף דבודאי ביום י"ד החיוב על המשכיר לבדוק, [ואי אמר לא בעינא למעבד מצוה, אי איתא במתא כייפינן ליה ע"ז], מכל מקום אי ליתא קמן, מוטל על השוכר לבדוק, **ואינו מקח טעות** - דהא שכרו בחזקת בדוק, **ואפילו**

במקום שבודקים בשכר, שהרי מצוה הוא עושה - משום דניחא ליה לאינש להתעביד מצוה בממונו, ואמרינן דאפילו הוי ידע שאין הבית בדוק, והוא מקום שדרך לשכור לבדוק, אפ"ה היה קונה הבית, **ומה** שהוא מצווח עתה, הוא מחמת דבר אחר, דאשכח ביתא דשפירא מזה וכה"ג.

ולדעה זו, אין צריך המשכיר להחזיר לו הדמים שהוציא בעד הבדיקה, שהרי לא ההנהו למשכיר כלל, דמצוה בלחוד הוא דרמיא עליה, וליכא חיובא דממונא עליה כלל.

הגה: וי"א דצריך להחזיר לו שכר הבדיקה, הואיל והתנה בהדיא שיהיה בדוק - היינו במקום שבודקין בשכר, והוציא מעות ע"ז, **וגם** לדעה זו לא הוי מקח טעות, אפילו כשהתנה בהדיא שיהא בדוק, ואינו בדוק, **אלא** דס"ל, דאף שדעתו היה שאפילו אם לא יהיה בדוק לא יתבטל המקח, מ"מ לא היה בדעתו למחול על המעות שיוציא על הבדיקה.

ודוקא שהתנה, אבל בסתמא, אף בשכרו ביום י"ד שחזקתו בדוק, לכו"ע אינו צריך לשלם לו.

(**ועיין בפר"ח שכתב, דהמחבר וגם הג"ה לא מיירי כי אם בסתמא, או שאמר המשכיר שהוא בדוק, והשוכר שתק, אבל אם התנה השוכר עמו בהדיא: ע"מ שיהא בדוק, הוי בטול מקח לכו"ע, ומה שכתב בהג"ה, הואיל והתנה עמו בהדיא, לאו דוקא קאמר, אלא ר"ל שהמשכיר** אמר שהוא בדוק, ומסתמא גם דעת השוכר היה באופן זה לשכור, **וצ"ע לדינא**).

ולדינא פסקו האחרונים כדעה קמייתא, דבכל גווני אינו צריך לשלם לו, דיכול לומר לו: קים לי כדעה זו, והמוציא מחבירו עליו הראיה.

סעיף ד - בית שהוחזק שלא בדקו המשכיר - קאי אדלעיל, שהשכירו לאחר שכבר נכנס יום י"ד, דהחיוב על המשכיר לבדוק, אלא שידוע לנו שלא בדק, כגון שהלך לדרכו ואינו בעיר, **ואמרו** - אחד מבני ביתו, כגון **אשה או עבד או קטן: אנו בדקנוהו, הרי אלו נאמנים** - וא"צ השוכר שוב לבדוק, ואפילו היה שם ודאי חמץ, ג"כ נאמנים אלו שאמרו שבדקו וביערו אותם, **והטעם**, משום דבדיקת חמץ דרבנן, דמן התורה בבטול סגי, וע"כ האמינום חכמים גם לאלו, [**וה"ה** אם שלח לקטן למקום אחר לבדוק, נאמן, דעיקר מה שהאמינום משום דבידם לבדוק].

ולפי"ז אין להקל בזה אלא קודם שהגיע שעה ששית, שיכול השוכר לבטל, **אבל** לאחר שהגיע שעה ששית, שאין בידו לבטל, שוב אין לסמוך על אלו, וצריך לבדוק.

ואף דבדיעבד אם אמרו שבדקו א"צ לחזור ולבדוק, מ"מ לכתחלה אין נכון לצוות לאלו לבדוק, שהבדיקה יש בה טורח גדול, ויש לחוש שמא יתעצלו.

והוא שיהא קטן שיש בו דעת לבדוק - היינו שהגיע לחינוך.

§ סימן תלח – עכבר שנכנס למקום בדוק וככר בפיו §

סעיף א - עכבר שנכנס לבית בדוק וככר בפיו, ונכנס אחריו ומצא פירורין אפילו כדי כל הככר, צריך לחזור לבדוק הבית אחר הככר שהכניס, לפי שאין דרכו של עכבר לפרר - וה"ה כלב או תרנגול, אין דרכן לפרר, **והני פירורין מעלמא אתו ולא מאותו ככר.**

וכ"ש אם מצא רק מעט פירורין, בודאי לא תלינן שאכלו, ונפל ממנו הפירורין בעת אכילתו.

ואפילו אם היה הככר קטן, שיוכל עכבר לאכלו, ואפילו ביטל החמץ, אפ"ה לא תלינן לקולא מטעם ספיקא דרבנן, **משום** דכיון דידעינן בודאי שהעכבר גרר החמץ לפנינו, אין ספק מוציא מידי חזקת ודאי איסור.

עיין מ"א, ד"בית" פירושו חדר, וא"צ בדיקה אלא אותו חדר שראינו שנכנס לשם, אבל שאר חדרים הפתוחים לאותו חדר תלינן להקל, וא"צ לבודקם, אם ביטל החמץ, או שהיה הככר קטן, **ואם** לא ידענו כלל לאיזה חדר נכנס, עיין סי' תל"ט ס"ב בהג"ה, ובמש"כ שם.

ודוקא שראינו עכבר נכנס עם חמץ, אבל מצא סתם חמץ בבית אחר בדיקתו, א"צ לחזור ולבדוק כל הבית בשביל זה.

ודוקא שמצא פירורין, אבל אם מצא ככר שלם, אין צריך בדיקה, דתלינן דזהו הככר שהכניס העכבר,

ודוקא בביטל, אבל בלא ביטל דהוא מלתא דאורייתא, לא תלינן להקל, וצריכין לבדוק עדיין כל הבית, [**עיין** בחמד משה, דזהו דוקא בככר גדול, אבל בקטן הוי ס"ס ושרי אף בלא ביטל, **מיהו** הפמ"ג מצדד להחמיר בכל ענין]. **אם** לא שהכירו שזהו שנטל העכבר.

אבל אם תינוק נכנס לבית בדוק וככר בידו, ונכנס אחריו ומצא פירורין, אינו צריך לחזור ולבדוק - ואפילו לא ביטלו, **שחזקתו שאכלו, ואלו הפירורין שנפלו ממנו בשעת אכילה, שדרך התינוק לפרר.**

ודוקא באופן זה שמצא פירורין, שרגלים לדבר שאכלו, אבל לא מצא פירורין, אין לתלות שאכלו, דאין ספק מוציא מידי ודאי חמץ, וצריך לחזור ולבדוק אותו חדר שראה שנכנס שם התינוק, **ודוקא** בתינוק שאין בו דעת, אבל ביש בו דעת, נאמן לומר שאכלו כולו.

ולדעה זו אין נ"מ בין אם היו רק מעט פירורין, בין אם היו כדי כל הככר.

וי"א שאם אין בפירורין כדי כל הככר, צריך לחזור ולבדוק - דחיישינן שמא שייר התינוק.

והעיקר כסברא ראשונה, אך אם לא ביטל, וכבר עבר הזמן שאין יכול לבטל, יש להחמיר לחזור ולבדוק.

כתב המקור חיים, דעכו"ם שנכנס עם חמץ בבית הבדוק, א"צ לחזור ולבדוק הבית, דדוקא בעכבר ותינוק חיישינן, שדרכן להטמין, משא"כ בעכו"ם אין דרכן בכך, אלא או לאכלו, או להוליכו לביתו.

(דיני עכבר נכנס ויוצא השמיט הרב, הואיל ולא שכיחי).

סעיף ב - כזית חמץ למעלה על הקורה, מחייבים אותו להביא סולם להורידו, מפני שפעמים יפול מהקורה - אפילו נודע לו קודם זמן איסורו, דאז מהני ביטול שלא יעבור בבל יראה, אפ"ה הצריכוהו רבנן להורידו ולבערו, שמא יפול בתוך הפסח מן הקורה, ויבא לאכלו, **וכ"ש** אם נודע לו לאחר זמן איסורו, ולא ביטל מקודם, ואז שוב לא מהני ביטול, דבודאי צריך להורידו ולבערו.

משמע אבל בפחות מכזית א"צ סולם להורידו, וסגי בביטול, 〈חק יעקב, דחצי שיעור לא גזרינן דלמא אתי למיכל, כיון דליכא כרת – פמ"ג〉, **ויש** מפקפקין בזה.

אבל אם היה חמץ בבור - ואפילו אין בו מים, **אין מחייבים אותו להעלותו, אלא מבטלו בלבו ודיו** - ואם נודע לו אחר זמן איסורו, דאז לא מהני ביטול, צריך להוציאו ולבערו, [**ודוקא** כשלא ביטל חמצו מקודם, אבל אם ביטל בזמנו כנהוג, מהני אף לזה, אף דאז לא ידע מזה].

ואם דרכו להשתמש שם כל השנה, מחויב להעלותו ולבערו.

ודוקא שנפל שם מאליו, דחשבינן לו כחמץ שנפל עליו מפולת, אבל להטמין בידים על דעת שישאר שם עד אחר הפסח, אסור, ואפילו ביטול לא יועיל, אלא צריך להוציא ולבערו בי"ד.

§ סימן תלט – דין מי שבדק ולא מצא מספר ככרות שהניח §

סעיף א - ט' צבורין של מצה ואחד של חמץ, ובא עכבר ונטל, ולא ידענו אם נטל חמץ או אם נטל מצה, ונכנס לבית בדוק, צריך לחזור ולבדקו, שכל הקבוע כמחצה על מחצה - ודוקא שנטל העכבר בפנינו ממקום קביעות, דאי נטלו שלא בפנינו, הוי דינו כאילו פירש שלא בפנינו, דאמרינן כל דפריש מרובא פריש.

מדסתם המחבר משמע, דאפילו כבר ביטל החמץ, דתו הוי בדיקה מדרבנן, אפ"ה לא אמרינן בזה ספיקא דרבנן לקולא, **והטעם** לזה, משום דתחלת תקנתם היה בבדיקה על הספק, לכן החמירו בספיקו יותר משאר ספיקות של דבריהם.

ואם נתערבו הצבורים זה בזה, תו לא מקרי קבוע, כיון שאינו עומד החמץ בפני עצמו.

(ביאור הלכה) [שער הציון] 〈הוספה〉

(מיהו אם הככר קטן שיכול העכבר לאכול, תלינן להקל שאכלו ואין צריך לבדוק) (טור) - דהוי ס"ס, שמא נטל מצה, ואת"ל חמץ שמא אכלו, וא"צ לחזור ולבדוק הבית אפילו אם עדיין לא ביטלו, **ויש** דעות באחרונים אם גם המחבר מודה לזה, או לא, **ולדינא** יש לסמוך על הכרעת הרמ"א, ובפרטות כשביטלו, **ועיין** בפמ"ג שכתב, דלכתחלה בודאי מהנכון שיבטל, ולא לסמוך על ס"ס לבד.

ואם פירש הככר ממקום קביעתו, ונטלו העכבר משם, א"צ לחזור ולבדוק, דכל דפריש מרובא פריש - ודוקא כשלא פירש לפנינו.

ומ"מ אין לסמוך ע"ז, רק לענין שא"צ לחזור ולבדוק הבית, אפילו לא ביטל, אבל לא שיהא מותר מחמת זה לאכול בפסח, דלענין אכילה לא אזלינן בתר רובא בחמץ, וכ"כ בחק יוסף.

סעיף ב- ב' צבורין, אחד של חמץ ואחד של מצה, וב' בתים, אחד בדוק ואחד שאינו בדוק, ובאו שני עכברים, זה נטל חמץ וזה נטל מצה, ואין ידוע לאיזה בית נכנס זה שנטל החמץ, ‹אינו צריך לחזור ולבדוק› - מיירי כשבטלו, וא"כ אינו אלא ספיקא דרבנן, לכן אינו צריך לחזור ולבדוק כדמסיים, **ולפי** דעת רמ"א לעיל בס"א בהגה"ה, ה"ה בענייננו, דאם הככר קטן שיכול העכבר לאוכלו, אף אם לא ביטל, ג"כ א"צ לחזור ולבדוק.

וכן שני בתים בדוקים, וצבור אחד של חמץ, ובא עכבר ונטל ואין ידוע לאיזה בית נכנס ‹אינו צריך לחזור ולבדוק› - ואפילו אם באו שניהם לשאול בבת אחת, אמרינן לכל אחד דא"צ לחזור ולבדוק, דמוקמינן לכל אחד אחזקתו שהיה בדוק, **ומיירי** כשביטל דאינו אלא ספיקא דרבנן, **וע"ז** מסיים הרמ"א בסמוך, דמסקנת הפוסקים אינו כן, דאפילו ביטול לא מהני אלא כשבאו לשאל בזה אחר זה, ולא בבת אחת, דכיון דבודאי נכנס החמץ לבית אחד מהם, א"א להתירן בבת אחת, אלא צריך לחזור ולבדוק.

או שידע שנכנס לאחד מהם ונכנס אחריו ובדק ולא מצא כלום - וס"ד שצריך לחפש כמה פעמים שמא ימצאנו, ‹קמ"ל דאינו צריך לחזור ולבדוק›, **ועיין** בטור דזה הוא אפילו בלא ביטל, והיינו דתלינן שהעכבר אכלו.

או שבדק קצת מהבית ומצא ככר, אינו צריך לחזור ולבדוק - ר"ל ולא אמרינן דזה הככר אפשר שהוא אחר, וצריך לבדוק כל הבית.

ודעה זו אינה מחלקת בין ביטל ללא ביטל, דבכל גווני תלינן להקל, **והטור** חולק וס"ל, דלא מקילינן לומר שזהו הככר שהכניס העכבר, אלא בביטל שהוא ספיקא דרבנן, אבל בלא ביטל צריך לבדוק כל הבית דוקא, **וזהו** נכלל במה שסיים הרמ"א, אבל מסקנת הפוסקים אינו כן.

ודע דכל מה שכתבנו בסעיף זה, דלא מקילינן אלא כשביטל, אם הוא עדיין קודם ו' שעות, אף שלא ביטל עדיין, יכול לבטל, ואין צריך לחזור ולבדוק.

(כך הם דברי הרמב"ם, אבל מסקנת הפוסקים אינו כן) - לפי מה שנתבאר לעיל, אין הרמ"א חולק אלא על דין זה האחרון, **ועל** דין דצבור אחד של חמץ, ואין ידוע לאיזה בית נכנס.

סעיף ג- הניח ט' ככרות חמץ ומצא י', צריך לבדוק אחר כל הט' - דאמרינן הני אחריני שאיש אחר הביאם כאן, כיון שאין מכירן, והנך ט' שהניח חולדות גררום, וצריך לבדוק אחריהם, ואפי' ביטל מקודם.

וכן אם הניח י' ומצא ט', צריך לבדוק אחר כל הי', שאנו אומרים מה שהניח נטל, ואלו אחרים הם - גם זה אפילו ביטל מקודם.

ויש אומרים דהני מילי בקשורים יחד - אסיפא קאי, דודאי מי שלקחם לקחם כולם, ושמא קטנים או עכבר וחולדה לקחום, וצריך לבדוק אחריהם, והני אחריני נינהו.

אבל אם אינם קשורים יחד, אין צריך לבדוק אלא אחר האחד - וכן פסקו האחרונים,

סימן תלט – דין מי שבדק ולא מצא מספר ככרות שהניח

דאמרינן שרק אחד ניטל, והאחרים נשארו במקומן, **ונראה** דאין להקל בזה אלא כשביטל, או שיש שהות עדיין לבטל.

ובהניח ט' ומצא י', אין נ"מ בין שהניח הט' מקושר, ומצא עתה י' מקושרין, או שהניחן נפרדין, ומצא א' נוסף עליהן, בכל גווני צריך לבדוק עתה אחר כל הט' שהניח.

סעיף ד - הניח חמץ בזוית זו ומצאו בזוית אחרת, צריך לחזור ולבדוק - את הבית כולו, דשמא חמץ אחר הוא, והראשון נטלו קטן או עכבר והניחו במקום אחר.

[**ולדעת** הטור דוקא בככר גדול, אבל בקטן תלינן שאף שזה החמץ אחר הוא, י"ל דהחמץ הראשון העכבר אכלו, והוי ס"ס].

והאחרונים הסכימו, דאם כבר ביטל או שיש עדיין שהות לבטלו, אין צריך לחזור ולבדוק, דכיון שהבדיקה הוא מדברי סופרים, תלינן להקל שזהו החמץ שהניח.

§ סימן תמ – דין חמצו של א"י שהופקד אצל ישראל §

סעיף א - א"י שהפקיד חמצו אצל ישראל, אם הוא חייב באחריותו מגניבה ואבידה - ומיירי שקיבל עליו אחריות בהדיא, וקנו מידו, דאל"ה אין דין שומרים לעכו"ם, כדמבואר בחו"מ סימן ש"א, [**ובחי'** רעק"א מצדד, דאפשר לענין פשיעה סגי בקבלה בעלמא בלא קנין].

ואם דין המלכות שמתחייב באחריות אפילו בסתמא, משעה שנעשה שומר אף בלא קנין, נמי הוי ברשותא דישראל, ואפילו לא התנה שיהא חייב באחריות גניבה.

בין שהוא בביתו בין שהוא בכל מקום ברשותו, חייב לבערו - בשעה שהגיע זמן הביעור, אם אין העכו"ם כאן שיחזירו לו, **דכתיב**: שאור לא ימצא בבתיכם, משמע אפילו השאור אינו שלו לגמרי, ג"כ אסור מן התורה, **מיהו** עכ"פ מיירי בשקיבל עליו אחריות, ואחשביה קרא כשלו עי"ז, **דבפקדון** בעלמא שלא באחריות, ליכא איסורא להשהות, מדכתיב קרא אחרינא: לא יראה לך, ודרשינן: שלך אי אתה רואה, אבל אתה רואה של אחרים.

ואפילו השכיר או השאיל לו מקום בפני עצמו לחמצו בביתו או בחצירו, נמי לא מהני אם קיבל עליו אחריות, דקיי"ל שכירות לא קניא, וא"כ הרי מונח החמץ בביתו של ישראל.

מ"מ בדיעבד אם השהה אצלו החמץ עד לאחר הפסח, יש לסמוך על הפוסקים דס"ל, דהיכא שמיחד לו מקום לחמצו, אינו עובר בבל יראה, אף שקיבל עליו אחריות, דבעינן שיהא החמץ מצוי תחת ידו של ישראל, כפקדון בעלמא שהוא תחת רשותו, לטלטל ולהניח בכל פנה שרוצה, ובייחד לו מקום בפני עצמו, לא מיקרי מצוי, ומותר החמץ לאכול וליהנות ממנו, [**והיינו** אפי' לדעת הפוסקים דס"ל, דחמץ של עכו"ם שהוא מופקד ביד ישראל ובאחריותו, אסור לאחר הפסח].

ויחוד מקום מיקרי, כשמיחד לו בפניו בית או חדר או זוית בתוך ביתו, בשכירות או בשאלה, [**ואף** שבא"ר הכריע, דבדיעבד מותר אפי' באומר לו: הא ביתא קמך, מ"מ קשה להקל כולי האי], **אבל** אם קיבל ממנו פקדון בלי יחוד מקום, ואח"כ יחד לו מקום שלא מדעת העכו"ם בעל הפקדון, לא מהני, דשמא העכו"ם אינו חפץ שיהיה מונח חמצו אלא ברשות ישראל, **ואפילו** עשה מחיצה, ג"כ לא מהני.

הגה: ואפילו חזר והפקידו ביד אינו יהודי אחר - שהרי הוא כשלו מכיון שקיבל עליו אחריות, וא"כ הו"ל כמפקיד חמצו ביד נכרי, דאסור כמבואר בס"ד, **ואפילו** אם הנכרי האחר קיבל עליו כל האחריות שהיה על הישראל, אעפ"כ אסור, דהא לא נפקע עי"ז האחריות מן הישראל לגבי עכו"ם ראשון, **ודוקא** לא"י שאינו בעליו, לאפוקי כשחזר והפקידו ביד בעליו דשרי, דהו"ל כמקבל אחריות על חמצו של עכו"ם בבית עכו"ם, דשרי, [**ואף** דבעליו לא קיבלו עליהן שמירה רק בתורת שומר חנם, והוא קיבל עליו אחריות דגניבה ואבידה, מ"מ שרי].

ויש מקילין בזה, ‹כשהנכרי האחר קיבל אחריות›, כיון דמ"מ גוף החמץ אינו שלו, וגם אינו בביתו, ואי משום דקיבל עליו אחריות דגניבה ואבידה, הרי כנגדו קיבל העכו"ם השני על עצמו - [מ"א], **ולדעתם** הוא הדין כשמכר החדר שהחמץ מונח בו לעכו"ם, ג"כ שרי, אם העכו"ם זה קיבל עליו אחריות של גניבה ואבידה.

(עיין בשאגת אריה שהסכים, דבקבל עליו אחריות של חמץ נכרי, והפקידו אצל נכרי אחר, אף שהשני לא קבל עליו אחריות, שרי בהנאה אחר פסח).

וי"א שאפי' אינו עליו אלא שומר חנם שחייב בפשיעה, חייב לבערו - ולכתחלה יש לחוש לדעה זו, לפיכך אם העכו"ם בעל הפקדון לפניו, צריך להחזיר לו, **ואם** אין העכו"ם כאן, יעשה מכירת חמץ, ויבטל ג"כ, **ואף** דלהרבה פוסקים אין מועיל מכירה ובטול בחמץ שאין הגוף שלו, מ"מ בכגון זה יש לסמוך על המקילין.

אך בדיעבד כשכבר הגיע שעה ששית, שאי אפשר למוכרו לעכו"ם, יש לסמוך אסברא ראשונה, ואין הישראל חייב לבערו מן העולם, אלא מותר להשהות חמץ זה עד שיבוא בעליו העכו"ם לעיר, **אפילו** בא בתוך הפסח יחזיר לו חמצו מיד בבואו, כדי לצאת מחשש איסור של תורה שיש בשהייה זו לפי סברת הי"א, **רק** שיזהר שלא יגע בידיו, **ואחר** הפסח מותר לאכול ממנו, אפילו לא החזירו לבעליו.

ואפילו אם אינו חייב באחריותו בדין, אלא שיודע שהא"י אלם ויכפהו לשלם אם יאבד, חייב לבערו; ויש חולקים - דכיון שהישראל לא קיבל עליו אחריות, והוא פטור מדין התורה ומדין המלכות, [דאם היה חייב מדין המלכות, לכו"ע חייב לבער], אין החמץ נחשב כשלו ע"י כפיית העכו"ם.

ומ"מ העיקר כדעה הראשונה, **ומ"מ** אם עבר עליו ולא ביערו, ועבר עליו הפסח, אין להחמיר, ואפילו באכילה מותר.

ואם מהני בזה (בחמץ של א"י) ביטול ומכירה כמו בחמץ שלו, יש דעות באחרונים, דהרבה מהם ס"ל דלא מהני, כיון שאין גוף החמץ שלו, **והרבה** מהם מקילין בדבר, **ולפי** דעת מ"א, יש תקנה שיחזור ויפקידו ביד עכו"ם אחר, או שימכור הבית שהחמץ מונח בו לעכו"ם, והעכו"ם יקבל עליו אחריות של גניבה ואבידה, **והנכון** שיעשה שניהם, דהיינו מכירת הבית, וגם מכירת החמץ.

ואם עבר ולא ביערו ועבר עליו הפסח, דעת הרבה פוסקים דאסור באכילה ובהנאה, כמו חמץ של ישראל שעבר עליו הפסח, **ומכל** מקום אם בא אותו הנכרי אחר הפסח, רשאי להחזיר לו החמץ, ולא איכפת לן במה שנהנה מזה שפורע חובו, **ובמקום** דיש לחוש שיחזור העכו"ם וימכרנו לישראל, ויכשל ישראל באיסור חמץ שעבר עליו הפסח, י"ל דאסור להחזיר לו.

ויש מקילין בעיקר דין זה, ולדידהו לא גזרו חכמים בחמץ שעבר עליו הפסח אלא בחמצו של ישראל, ולא בחמצו של עכו"ם המופקד ביד ישראל, **ויש** לסמוך עלייהו עכ"פ לענין היתר הנאה.

סעיף ב - ואם אינו חייב באחריותו, אינו חייב לבערו - אבל בפסח אינו רשאי לכתחלה לקבל כלל פקדון חמץ, אפי' בלא אחריות, ואפילו בחנם.

אפילו אם כבוש תחת ידו, כגון שהוא גר תושב - ר"ל שנתיישב בארצך, ויד ישראל שולטת עליו,

ושרוי עמו בחצר - והו"א שממונו כממונך, וצריך אתה להוציא פקדונו מרשותך, קמ"ל דלא.

וצריך לעשות לפניו מחיצה גבוה י' טפחים, כדי שלא ישכח ויאכלנו - ואע"ג דבשאר איסורי אכילה והנאה לא בעינן מחיצה, **הכא** שאני, משום דלא בדילי מיניה כולי שתא, חיישינן שלא יבא לאכלו, להכי בעינן מחיצה להיכרא, **ובכפיית** כלי ע"ג החמץ לא סגי, דדילמא ינטל הכלי לצורך תשמישו ויתגלה החמץ, **ולא** התירו כפיית כלי, אלא במוצא חמץ בביתו ביו"ט, שא"א לעשות מחיצה, וגם שאינו אלא לזמן מועט, דבלילה יבערנו.

ומחיצה של סדין לא סגי, לפי שהולכין ובאין תחתיו, [**ואם** היה קשור למטה ואינו נד, שפיר דמי].

(**מסתימת הפוסקים משמע, דלאו דוקא פת שאפשר לאכלו תיכף בנטילתו כמו שהוא, אלא אפילו מיני חמץ שא"א לאוכלם כי אם אחרי אפיה ובישול, ג"כ חיישינן שמא ישכח ויקחו ויבשלו וצריך מחיצה, ולא אמרינן דאדהכי והכי יזכור שהוא חמץ, ועיין בספר אשל אברהם להגאון מבוטשאטש, שכתב להקל בכגון זה, אם הקמחים אינם ודאי חמץ רק חשש חמץ, עיי"ש שמגבב איזה קולות בזה**).

(**ודע עוד, דאפילו במקום שנוהגין איסור בפת עכו"ם, ג"כ צריך מחיצה, ולא אמרינן דבלא"ה בדילי מיניה, דלא אמרו כן בש"ס אלא בחמץ של הקדש, ומשום**

דהקדש חמירא דאית ביה מעילה, וכולי עלמא זהירי ביה, ולא כן בפת גוי שאינו אלא חומרא בעלמא).

הגה: וא"י שהניח חמץ בבית ישראל בלא רשותו, כופה עליו כלי - אשמעינן דגם בעכו"ם שהניח בלי רשותו כלל, ג"כ דינא כמו בחמצו, או בחמץ של נכרי שהופקד תחת ידו, **והטעם**, דגם בזה חיישינן שמא יבא לאכלו, **ודוקא ביו"ט, אבל אם הוא קודם יו"ט צריך לעשות מחיצה** - וה"ה במוצאי יו"ט, דהיינו בלילה הראשון של חול המועד, מכיון שאפשר לו בעשיית מחיצה, צריך לעשות מחיצה, **וכן** אם הניח העכו"ם בחול המועד, ג"כ צריך מחיצה עשרה, אפילו יודע שהעכו"ם יחזור ויקחהו אחר יום או יומים, **מיהו** אם יודע שהעכו"ם יחזור ויקחהו באותו יום גופא, יש להקל דדי בכפיית כלי.

[**ודע** דדעת ח"י הוא, דכ"ז דוקא אם ירא שיתחייב לשלם לעכו"ם אם יבער חמצו, אבל אם לא יצטרך לשלם, אין לו לעשות מחיצה בחוה"מ, דהוא טירחא יתירא, אלא יזרוק אותו לחוץ, **וא"ר** הביאו, והסכים שלא כדבריו, ואינו מחוייב לאבד חמצו של עכו"ם, אפי' לא יתחייב לשלם, ויעשה מחיצה אפי' בחוה"מ].

(ע"ל סימן תמ"ו סעיף א').

סעיף ג - א"י שנכנס לבית ישראל וחמצו בידו, אינו זקוק להוציאו, אעפ"י שהישראל רואה חמץ של א"י, אין בכך כלום - דשלך אי אתה רואה, אבל אתה רואה של אחרים, **ולשמא** יבא לאוכלו ליכא למיחש, כמו שחששו במופקד בידו, והצריכוהו משום זה לעשות מחיצה, דהא החמץ הוא תחת יד העכו"ם והוא משמרו.

[**וכ"ז** באין העכו"ם עבדו, דבעבדו שמזונותיו עליו, אין להניחו שיכנס לבית לאכול חמצו, אף אם החמץ הוא של עכו"ם, משום מראית עין, שיחשדו אותו שהוא מאכיל חמץ לעבדו].

אבל אסור להעלותו עמו על השלחן, ואפילו בהפסק מפה - ואע"פ דאם א' אוכל בשר וא' אוכל חלב על שלחן א', שרי אם מפה מפסקת, **חמץ** שאני שהוא במשהו, ורחוק הדבר שלא יתערב פרור אחד של העכו"ם בשל ישראל, ואסור, **והסכימו** האחרונים, דאפי' אם אין לו היכרות עם עכו"ם זה, דאין לחוש שמא ישכח ויאכל מחמצו, ג"כ אסור ומטעם הנ"ל, שמא מתערב פרור חמץ מעצמו במאכלו של ישראל.

וכ"ז שאוכלים בשעה א', אבל בשעה שאינו אוכל, מותר לו להניח לא"י לאכול על שלחנו, רק שיזהר הישראל לנקות השלחן ולהדיחו יפה אחר אכילת הא"י, שלא ישארו שם פרורין מחמצו, **וכן** צריך ליזהר כשילך הא"י מביתו, שיטול כל חמצו ולא ישתייר ממנו מאומה.

סעיף ד - ישראל שהפקיד חמצו אצל ישראל חבירו או אצל הא"י, אע"פ שקבל עליו הנפקד אחריות, עובר עליו (אף) המפקיד - "אף המפקיד" כצ"ל, דהנפקד ג"כ עובר אף שאינו שלו, דהא קיבל עליו אחריות, ויש לו שייכות בגוה, וכההיא דלעיל ס"א.

אף המפקיד - שהרי מ"מ גוף הממון הוא שלו, ולא אמרו לעיל בס"א דקבלת אחריות נחשב כשלו, אלא לענין זה, דע"י קבלת אחריות יש לו שייכות וזכות בגוה, אע"ג שאינו שלו בעצם, ומשום זכות זה חייביה רחמנא בביעור, **אבל** בהיפוך, היכי שהדבר הוא שלו, רק שאחר קיבל עליו אחריות, בזה אין סברא לומר דהחמץ נפקע מרשותו ע"י קבלת אחריות של אחר.

(**והרא"ש כתב עוד: ואע"ג דכתיב "בתיכם", כיון דהשאיל לו הנפקד ביתו לשמירת ממונו דמפקיד, קרינן ביה "בתיכם" דמפקיד, ע"כ, והוציא מזה הגר"ז בשו"ע שלו, דאם הניח אדם חמצו ברשות חבירו שלא מדעתו, שלא השאיל לו מקום בחצירו להניח שם חמצו, אינו עובר עליו מן התורה, כיון שאינו מונח לא בביתו ולא ברשותו של בעל החמץ, אלא שמדברי סופרים חייב לבערו, וע"ש שמפקפק שם על דברי הט"ז, שמוכח ממנו בהיפך מדעתו, ועיין בפמ"ג שאין דעתו כן, וכן במקו"ח ג"כ מצדד כט"ז, וצ"ע).**

§ סימן תמא - דיני מי שהלוה על חמץ §

סעיף א - א"י שהלוה ישראל על חמצו ומשכנו בידו, ואמר ליה: מעכשיו יהא שלך אם לא אפרע לך לזמן פלוני - ר"ל דאמר ליה: קני לך מעכשיו אם וכו', ולא בתורת שעבוד למשכון בעלמא, **והגיע הזמן ולא פרעו, מותר** - והיינו שהחמץ מותר להסתפק ממנו, והטעם, דכיון דהגיע הזמן ולא פרעו, נקנה לו למפרע, והו"ל חמצו של עכו"ם שעבר עליו הפסח, ומותר אפילו באכילה, [ואפי' אם היה האחריות של גנבה ואבדה על ישראל], **ולהכי** בעינן שיאמר לו "מעכשיו", וגם שיהיה החמץ תחת ידו, דאם לא אמר לו "מעכשיו", הרי היה בפסח החמץ של ישראל, אלא שאח"כ משהגיע הזמן ואילך נקנה להעכו"ם, ואסור אפילו בהנאה לכל ישראל, **וכן** אם לא היה החמץ תחת ידו, לא נקנה לו החמץ כלל אפילו ע"י "מעכשיו", דבמאי קנה, הרי לא משך אצלו.

אמנם אם הקנה לעכו"ם את החמץ בקנין, ומעכשיו אם לא יפרע לזמן פלוני, דעת כמה אחרונים דבזה אפילו נשאר המשכון תחת יד ישראל, מותר, אם התנה ישראל שאין מקבל עליו אחריותו של המשכון, [ובלבד שיקנה בסודר של עכו"ם, ולא בסודר של עדים], **ויש** מי שמחמיר בזה, (**דחשש לדעת רמ"א בחו"מ, ד"מעכשיו" לא מסלק אסמכתא בלי ב"ד חשוב, אא"כ היה תחת ידו ו"מעכשיו", ובאמת אינו מוכח שם כלל דבעינן תחת ידו, רק דבעינן בתורת הלואה ושעשה לו טובה, וא"כ ה"ה הכא היה בתורת הלואה, ושיעבד לו משכנו אף שמונח עדיין ברשותו, אם לא שסובר דכאן גרע, מחמת שמונח ברשות הלוה, וצ"ע**), [**ומ"מ** נראה דבשעת הדחק יש להקל, דהרי החשש זה הוא לענין אחר הפסח שהוא דרבנן, ושומעין להקל, ובפרט בזה שרבו המקילין].

ומ"מ לכתחלה נסתפקו הפוסקים אם מותר לישראל ללוות באופן זה, אפילו בלבו שלא לפדותו, שכיון שבידו לפדותו בפסח, א"כ אפשר דאעפ"כ עובר עליו, **ולכן** ראוי להחמיר ולפדותו קודם פסח, **וכ"ש** כשמכוין בשעת הלואה לפדות אחר הפסח, בודאי אסור, דהו"ל כמטמין בידו, **וכתב** בח"י, אם אמר בשעת ביעור להעכו"ם, שלא יפדהו עוד, שוב אין איסור.

אפילו לא הגיע הזמן שקבע עד אחר הפסח; דמשהגיע הזמן ולא פרעו, נקנה לו למפרע והו"ל חמצו של א"י - ר"ל אף שבתוך הפסח הדבר היה בספק שמא יפדהו, מ"מ אין לאסור מחמת זה אחר הפסח.

ומשמע מדעת המחבר שכתב "אפילו", דה"ה אם הגיע הזמן קודם הפסח ולא פדה, ג"כ אין מותר אא"כ אמר לו בשעה שמשכן החמץ בידו, שיהא שלו מעכשיו אם לא יפדהו, **והטעם**, דבלא "מעכשיו" לא קנה הנכרי את משכונו, אפילו הגיע הזמן שקבעו ולא פדה, משום דהו"ל אסמכתא בעלמא, וממילא החמץ של ישראל הוא, ואסור אפילו לאחר הפסח משום חמץ שעבר עליו הפסח, וכ"כ כמה אחרונים, **ויש** מקילין בזה, ויש לסמוך עליהם בשעת הדחק, (עיין בשער הציון בסמוך), **וכ"ז** הוא רק לענין לאסור החמץ אם כבר עבר הפסח, אבל אם הוא עדיין קודם פסח, דהוא חשש דאורייתא, בודאי יש לחוש לדעת המחמירים, דהוא רק אסמכתא, וע"כ יראה להחליטו להעכו"ם בשעה שהגיע זמן של הביעור.

וכתבו האחרונים, דהא ד"מעכשיו" מהני, היינו דוקא כמו בנידון דידן, שהלוהו מעות והחמץ היה בתורת משכון, ובזה אמרינן ד"מעכשיו" מהני, דבודאי נתרצה להקנות לו באמת, שהרי עשה לו טובה והלוהו, **אבל** בלי הלואה רק בתנאי בעלמא, כגון שמסר לו חמצו, ואמר לו: אם לא אעשה לך דבר פלוני קודם פסח יהא החמץ שלך, ולא קיים התנאי, אע"פ שאמר לו "מעכשיו", ג"כ הוי אסמכתא להרבה פוסקים, אא"כ הקנה בב"ד חשוב, וכפי המבואר בחו"מ, והחמץ עדיין של ישראל הוא, וצריך לתת את החמץ לעכו"ם במתנה גמורה קודם הפסח, **מיהו** בדיעבד אם עבר עליו הפסח, נראה שאין להחמיר לאסור החמץ, [**משום** דלדעת הראב"ד אין דין אסמכתא כלל בעכו"ם, **גם** לדעת המחבר בחו"מ, "מעכשיו" מסלק אסמכתא תמיד, אפי' בלא ב"ד חשוב, **ובפרט** בזה דהמשכון תחת ידו, דאפשר היכי דאיכא תרתי למעליותא גם הרמ"א מודה, **וכבר** כתבו האחרונים, דכל היכא דאיכא פלוגתא, מקילינן בלאחר הפסח].

ומסתפק המג"א, בלא אמר לו "מעכשיו" דאסור החמץ לעולם, אי מחויב לפדותו מן העכו"ם לאחר הפסח ולבערו, דאל"כ הרי מתהנה, שפורע חובו להעכו"ם באיסורי הנאה, **ובבית** מאיר ובספר מקור חיים הסכימו להיתר, שהרי אינו פורע חובו בידים, רק הוא נשאר ביד העכו"ם מאליו, ומה שאין העכו"ם תובעו בשביל זה, הנאה דממילא הוא, ולית לן בה, [**ולדעתי** בלא"ה הרי הפקעת הלואתו ידוע שהוא מותר, ובפרט בכגון זה שאינו תובעו, ולהכי אין זה בכלל פורע חובו], **אמנם** בחמץ ביד ישראל ושיעבדו לנכרי, ועבר עליו הפסח דאסור בהנאה, בזה פשיטא דאסור ליתנו להעכו"ם, דזה הנאה ממש הוא.

סעיף ב - ישראל שהלוה לא"י על חמצו, אם משכנו בידו ואמר ליה: מעכשיו, והגיע הזמן אפילו אחר הפסח ולא פרעו, אפי' אין אחריותו עליו, אסור, משום דקני ליה למפרע - והוי ליה חמץ של ישראל שעבר עליו הפסח, דאסור בהנאה משום דעבר בבל יראה, **ודוקא** משכנו בידו, דאל"ה לא נקנה לו המשכון, שהרי לא משך, **אם** לא שהקנהו לישראל בקנין המועיל ומעכשיו, וכנ"ל בס"א.

ודע, דהמחבר נקט דיניה לענין איסור החמץ ובלאחר הפסח, **וה"ה** קודם הפסח לענין איסור בל יראה, שמחויב לבערו או למכור חמץ זה בזמן המכירה כשאר חמץ שלו, [**ואע"פ** שעכשיו עדיין אינו מבורר אם ישאר שלו, מהני המכירה], דשמא לא יפדה העכו"ם כשיגיע הזמן שקבעו, ונמצא למפרע שהחמץ היה שלו, ועובר עליו בבל יראה, [**ועיין** בא"ר שמצדד, דאם ביטל קודם פסח ולא ביערו, ועבר עליו הפסח, דמותר, וקילא בזה מחמץ של ישראל דלא מהני ביטול להתיר, **והח"י** מיאן בזה].

(**והוא דעת כל האחרונים, דמחויב לבערו קודם הפסח, דלא כמג"א, והאחרונים כתבו לקיים דברי מג"א, דא"צ לבער ולהפסיד המשכון בידים, ולהפסיד חובו, ומוטב לו להמתין עד שיגיע הזמן שקבע לו העכו"ם, ושמא ישלם לו חובו ויפדה משכונו, ואם יראה אז שבעוד מעט יכלה הזמן והוא אינו פודה, יכול אז למחול לו חובו, ולומר: הריני כאילו התקבלתי, ודמי כמו שפרע העכו"ם, ואיגלאי מילתא שהמשכון היה של עכו"ם, ולא עבר בבל יראה, אך אפשר דיש לחוש שמא ישכח לעשות תקנה זו קודם שהגיע הזמן, ויבא לידי בל יראה, אלא דבאמת יש לעשות תקנה זו בע"פ, דהיינו שימחול את החוב בפני ב"ד או בפני עדים שלא בפני העכו"ם, דג"כ הוי מחילה, וממילא אין המשכון שלו, וא"כ אף כשיגיע הזמן ולא פדאו, לא עבר על בל יראה, והמשכון ישאר תחת ידו, ובאופן זה יהיה גם החמץ מותר לו לאחר הפסח, אלא דאפשר דהוי כהערמה**).

ואם עבר ולא ביערו, ובא העכו"ם תוך הפסח לפדותו, רשאי לקבל ממנו המעות ולהניחו שיטול חמצו.

אבל אם לא אמר ליה: מעכשיו, ואין אחריותו עליו, מותר - דקיי"ל ישראל מנכרי, ונכרי מישראל, לא קני משכון, ונמצא שלא היה ברשותו עד לאחר הפסח, **ואפי'** אם נראה מדעת הנכרי שדעתו לשקוע בידו, אפ"ה אינו עובר עליו כל זמן שלא מכרו לו בפירוש.

ואין אחריותו עליו - דאי אחריותו עליו, בלא"ה אסור, דלא גרע מאם היה חמץ של עכו"ם אצלו בפקדון בעלמא באחריות, דעובר עליו, וכדלעיל סי' ת"מ.

ומשמע מדעת המחבר, דה"ה בכלה זמנו קודם הפסח ולא פרעו, [מדכתב "אפי' הגיע זמן אחר הפסח", משמע דה"ה קודם פסח], ג"כ מותר החמץ לאחר הפסח, אם לא אמר ליה "מעכשיו", דאסמכתא לא קניא, (**כל זמן שלא באו לב"ד ואוקמי למשכונא בידיה**), **וכבר** כתבנו לעיל, דיש מי שחולק על זה, דאין זה אסמכתא, ולדעה זו נעשה חמץ של ישראל, וצריך למוכרו קודם הפסח או לבערו, ויש ליזהר בזה, דרבים עומדים בשיטה זו, **אכן** אם עבר עליו הפסח, אפשר שיש לסמוך אדעת המחבר בזה, ומותר וכנ"ל בס"א.

וכ"ז באם היה המשכון בין ישראל לנכרי, אבל ישראל הממשכן ביד ישראל חבירו, אפילו בלי "מעכשיו", נמי קני המלוה, ועובר עליו, משום דישראל מישראל קונה משכון, **ועיין** לעיל סוף סימן ת"מ, דגם הלוה עובר, כיון דגוף החמץ שלו.

(ביאור הלכה) [שער הציון] «הוספה»

§ סימן תמב – דין תערובת חמץ §

סעיף א - תערובת חמץ עוברים עליו משום בל יראה ובל ימצא; כגון המורייס - מין מאכל הנעשה משומן דגים, עם קמח קלוי מעט, ומים, **וכותח הבבלי** - נעשה ממלח וממי חלב, ומתערב בתוכו גם פירורי פת, **ושכר המדי** - נותנין בו שעורין ומים להחמיצו, **וכל כיוצא באלו מדברים הנאכלים** - כגון חומץ האדומי, ושארי דברים דקחשיב במשנה, שיש בהם תערובות חמץ.

הנה המחבר לא איירי כי אם לענין הלאו דבל יראה ובל ימצא, דלענין זה ס"ל דעובר על לאו זה אפילו אין בו כזית בכדי אכילת פרס, **ואף** דלענין אכילה אינו חייב כרת לכולי עלמא, אלא אם כן יש בו כזית בכדי אכילת פרס, **ויש** דסבירא ליה דאפילו לאו אין בו, כל כמה דליכא בתערובות שיעור כזית בכדי אכילת פרס, **מכל** מקום לענין בל יראה ובל ימצא עובר עליו, כיון שכל חלקיו מונחין בכלי אחד, הרי הן מצטרפין זה עם זה, כיון שיש שם ביחד כזית חמץ.

ודוקא מין בשאינו מינו, דאינו בטל מדאורייתא ברובא, לדעת הסוברין דטעם כעיקר מדאורייתא, **אבל** מין במינו, כגון קמח של תבואה חמוצה, שנתערב בתוך קמח שאינה חמוצה, דמדאורייתא ברובא בטל, ומותר לאכלו, מכ"ש שמותר לשהותו מדאורייתא, **אך** מדרבנן מ"מ אסור לשהותו, דלמא יבא לאכול ממנו בפסח, וצריך לבערו קודם הפסח, **ואם** נזכר בפסח, צריך אז לבערם, **ומ"מ** אם עבר ושהה עד לאחר הפסח, מותר, כיון דלא עבר בבל יראה ובבל ימצא.

וכן היכא דאיכא ס', אף מין בשאינו מינו דינא הכי, דאף דאיסורו במשהו, הרי אינו רק מדרבנן, **וה"ה** שארי דברים שאין בהם איסור דאורייתא להשהותם, רק מדרבנן צריך לבערם בערב פסח, ואם שכח ונזכר בפסח, צריך אז לבערם, עבר ולא ביערם עד לאחר הפסח, מותרין באכילה.

ואם אין בו חמץ בעין, אלא טעם חמץ, כגון שבישל איזה דבר עם חמץ, והסיר החמץ ולא נשאר בו אלא הטעם, דלא היה בו ששים לבטלו, אף דאסור לאכלו מדאורייתא משום טעם כעיקר, **מ"מ** לענין בל יראה מצדד הח"י דאינו עובר, כיון דאין בו ממשו של איסור, **ומ"מ** מדרבנן בודאי אסור לשהותו, וצריך ביעור בנמצא תוך פסח, **ואם** עבר ושהה עד אחר הפסח אין לאסור בהנאה, דכיון שלא עבר על איסור של תורה במה שהשהה אותו, לא קנסוהו חכמים לאסרו, **ובאכילה** אפשר שכדאי להחמיר, **ויש** חולקין וס"ל, דכיון שאסור באכילה מן התורה, חייב בביעור ג"כ מן התורה, וממילא אם עבר ולא ביערו, גם לאחר הפסח אסור בהנאה, **ובמקום** הפסד מרובה יש להקל כדעה הראשונה.

וכל זה בתבשיל שקיבל טעם החמץ עצמו, אבל תבשיל שנתבשל קודם הפסח בקדירה שבישל בה חמץ בו ביום, אע"פ שאין בתבשיל ששים כנגד חמץ שנפלט לתוכו מן הקדירה, מותר להשהותו עד אחר הפסח, (שהוא נ"ט בר נ"ט שנעשה קודם פסח - גר"ז), ויזהר להצניעו בחדר שאינו רגיל לילך לשם, כמו שיתבאר בסימן תנ"א, **ורק** באופן שלא יהיה כבוש בתוך הפסח בכלי חמץ, דהיינו שהורק לכלי פסח, **ואם** נתבשל או נכבש לכתחלה בתוך הפסח בכלי חמץ, אפילו אינו בן יומו, צריך לבער.

אבל חמץ נוקשה אינו עובר עליו משום בל יראה ובל ימצא, ורק מדרבנן צריך לבערו, **ונוקשה** מקרי דבר שאינו חמץ גמור, כמו אותן שהסופרים מדבקין בו ניירותיהם, שעושין מקמח ומים, **או** עיסה שלא נמצא בה עדיין שום סדק, רק שהכסיפו פניה, **או** שאינו ראוי לאכילה רק קצת, [ותכשיטי נשים מקרי נוקשה מטעם שאינו ראוי לאכילה, **ודוקא** "קצת", דאי אינו ראוי לאכילה כלל, איננו בכלל נוקשה דאסרו להשהותו משום דלמא אתי למיכליה], **ודוקא** שמעולם לא היה ראוי לאכילה, אבל אם נתקלקל, בעינן עד שיפסל מלאכול לכלב, **ואם** עבר עליו ולא ביערו, עיין לקמן בסוף סימן תמ"ז.

ויי"ש הנעשה מה' מיני דגן, הסכימו האחרונים דהוי חמץ גמור, וגרע מתערובות חמץ, (כי הוא נעשה מעשן האידי ומזיעת ההבל מתבואה המחומצת, שקורין מל"ץ, והעשן הוא עיקר המאכל, ולא כדאמרי אינשי דיין שרף אין בו ממש ואינו אלא זיעה בעלמא - משאת בנימין). **ועיין** בח"י ובמקו"ח, דה"ה אם נעשה משמרי שכר.

אבל דבר שיש בו תערובת חמץ ואינו ראוי לאכילה, מותר לקיימו בפסח; כגון עריבת

העבדנין שנתן לתוכו קמח ועורות, אפילו נתנן שעה אחת קודם זמן הביעור, הרי זה מותר לקיימו - שהעורות גורמין שמסריח מיד.

ולא גזרינן דלמא אתי למיכל, כיון שאינו ראוי לאכילה כלל, משא"כ חמץ נוקשה, דראוי לאכילה קצת, אסור להשהותה.

ואם לא נתן העורות, ונתן הקמח קודם ג' ימים לשעת הביעור, מותר לקיימו שהרי נפסד והבאיש; תוך שלשה ימים, חייב לבער - דעדיין ראוי לאכילה הוא כשמגיע זמן הפסח, וכיון שנתחייב בביעור, אף אם לא ביערו ונשתהא עד תוך הפסח, חייב לבער, אף שאז כבר נתקלקל, וכדלקמיה בס"ב לענין פת שעיפשה.

וכן הקילור, והרטיה, והאספלנית, והתריאק"ה, שנתן לתוכו חמץ, מותר לקיימן בפסח, שהרי נפסד צורת החמץ - ולענין אכילה יתבאר לקמן בס"ד.

סעיף ב - הפת עצמה שעיפשה ונפסלה מלאכול הכלב - דאז אינו חייב בביעור, דהוי כעפרא בעלמא, **אבל** אם לא נפסל מאכילת כלב, אף שלאדם נתקלקל ואינו ראוי, מ"מ עדיין חייב לבער כחמץ גמור, מפני שראוי לחמע בה עיסות אחרות, [**ומשמע** ממ"א דהוא דאורייתא, ובאופן זה שראוי לחמע עיסות אחרות, משמע שגם הפמ"ג מודה דהוא דאורייתא].

ודוקא שעיפשה קודם זמן איסורו, דאם עיפשה אחר זמן איסורו, אף שעיפשה כ"כ עד שאינו ראוי לכלב, מ"מ חייב לבער, כיון שנתחייב בה קודם שנתעפשה, [**ועיין** בפמ"ג שכתב, שי"ל שהוא רק מדרבנן, ודעת הגר"ז דהוא מן התורה, **ועיין** במקו"ח שכתב, דדוקא אם נתעפשה בפסח גופא, אבל קודם פסח, אף שהוא לאחר שש, מותר לקיימן, ומותר ליהנות לאחר פסח].

ומלוגמא - היינו תחבושת עשויה מקמח ותאנים וכיוצא בהם, שאדם לועס ונותן ע"ג המכה, **שנסרחה, אינו חייב לבער** - והיינו נמי דוקא שנסרחה מאכילת כלב כמו בפת, **ואם** החמיצה ולבסוף נסרחה, אינו מותר לקיימה אלא כשנסרחה קודם פסח, כנ"ל גבי פת, **ואם** נסרחה קודם שהחמיצה, אפילו בפסח שרי, דכיון שנפסדה קודם שנתחמצה, הו"ל כפת שנתעפש קודם זמן איסור, [**והיינו** כשנסרחה גם מאכילת כלב, **ואם** נפסלה מאכילת אדם לבד, עיין בפמ"ג שמצדד לענין פת שנתקלקל בעוד שהיה עיסה ונפסל מאדם, דהוא רק נוקשה, כיון שבשעת חימוץ לא היה ראוי מעולם לאכילת אדם, **ובמלוגמא** שהוא רק ע"י תערובות, באופן זה אפשר דלגמרי שרי, וצ"ע].

סעיף ג - בגדים שכבסו אותם בחלב חטה - ר"ל אפילו סמוך לפסח, [היינו אפי' תוך שלשה], **והיינו** אפי' אם נראה עליהן קצת ממשות החמץ, **וכן ניירות שדבקו אותם בחמץ, וכל כיוצא בזה** - היינו ג"כ אפילו אם ממשות החמץ נראה קצת מבחוץ, **מותר לקיימן בפסח, שאין צורת החמץ עומדת** - שכבר נפסדה צורתו.

מ"מ אסור להציע בגדים המכובסים בחלב חטה על השלחן, דלפעמים נמצא עליהן קצת ממשות מהחמץ, ויש לחוש שמא יפרך קצת מהן לתוך המאכל, וכ"ש שאסור להניח בתוכן קמח של פסח, **וצעיפי** נשים הרגילין לתקנן עם קמח עד שנעשין עבין קצת, שדרך ליפרך מהן, אין ללובשן בשעת אכילה, **והמדקדקים** נוהגים שלא לכבס בגדים וצעיפים בתוך ל' בחלב חטה, אלא בשאר מינים שאינם מחמשה מיני דגן.

הגה: ולכן מותר לדבק ניירות בחלון תוך שלשים לפסח; ויש מחמירים אם נראה מבחוץ - דס"ל דכשניכר מבחוץ, מקרי צורת החמץ עומדת עדיין, אף שנתייבש, ואין היתר לדידהו לענין דיבוק ניירות בחמץ, אלא באופן שאין נראה מבחוץ ממשות החמץ, **ובדיבוק** הניירות בחלון, צריך לדידהו לעשות הבצק בלילתו רכה מאד, ויכניס כל הבצק בין הדבקים, שלא יהיה מבצבץ לחוץ כלל, [**והמחמיר** לטוח בטיט תע"ב].

מיהו אם נעשו קודם שלשים יום, לכו"ע אין לחוש, [אף בבצק עבה], אף שנראה מבחוץ, מפני שבודאי כבר נתקשו ומאיסי, ודמיין לפת שנתעפש עד שנפסל מאכילת כלב, **וכן** אם כל הדיבוק של חמץ בנייר היה פחות מכזית, אף בתוך ל' יום א"צ לבער לכו"ע.

(**מסתימת האחרונים נראה, דנקטינן לכתחלה כדעת היש מחמירין, זולת הפר"ח כתב דהעיקר כדעה**

הראשונה, וגם מהט"ז משמע דלדינא עיקר כדעה ראשונה, דאין קפידא אם נראה מבחוץ כיון שנתייבש, ובזה הוא נפסל מאכילת כלב, ולענין כיבוס בגדים מבואר כן גם בטור בשם ראשונים להתיר מטעם זה, ומדכלל שם גם דין דניירות דבוקים, משמע דהכל מטעם אחד כדברי הפר"ח).

(והנה מה שמדבקין כורכי ספרים הניירות בדבק של חמץ אף קודם פסח, לדעה ראשונה בודאי מותר דמתייבש תיכף, ולדעת היש מחמירין נמי י"ל דמותר, דהא אין ניכר החמץ מבחוץ, ומש"כ התה"ד בדעת היש מחמירין לעשות בלילה רכה, י"ל דדוקא בחלונות כתב כן, כדי שיהא נבלע בין הסדקים ולא יבצבץ מבחוץ, ובפרט לפמש"כ הח"י, דכיון דעיקרו הוא חמץ נוקשה, אינו אסור אלא בשנראה מחוץ, ולא הזכיר התנאי שיהא בלילתו רכה, וכן בח"א לא הזכיר תנאי זה, ובר מכל זה אפשר לומר, דענינינו אינו דומה לחלונות, דשם סופו עומד לגרר החמץ מן החלונות, וכן לענין ניירות דבוקים, אפשר ג"כ שיפרידם, משא"כ לענין כורכי ספרים דמכוסה מבחוץ, ונעשה לכתחלה ע"מ שישאר כך, אפשר דהוא בכלל חמץ שנפלה עליו מפולת, שהוא כמבוער).

סעיף ד - דבר שנתערב בו חמץ - ר"ל קודם הפסח, **ואינו מאכל אדם כלל, או שאינו מאכל כל אדם** - רק לחולים, **כגון התריאק"ה וכיוצא בו, אע"פ שמותר לקיימו, אסור לאכלו עד אחר הפסח** - ואף שאינו ראוי לאכילה, מ"מ כיון דהוא אכלו, אחשביה.

והיינו כשנתערב בו חמץ מעליא, ורק ע"י שנתערב אינו ראוי למאכל, **דאי** היה חמץ נוקשה קודם שנתערב, מותר להרבה אחרונים לאכול, ואפילו כשנתערב תוך הפסח.

ואף ע"פ שאין בו מן החמץ אלא כל שהוא, הרי זה אסור לאכלו - ואף שנתערב קודם הפסח, אפ"ה אסור לאכלו, דחוזר וניעור בפסח. **ומ"מ** בהנאה מותר כשנעשה התערובות קודם פסח, וכמו בפת שעיפשה לעיל בס"ג, **ולענין** רפואה עיין בסימן תס"ו שם באחרונים.

הגה: ולקמן סימן תמ"ז סעיף ד' בהגה יתבאר, דיש חולקים ומתירים אם נתבטל קודם

הפסח - ס"ל דכיון שכבר נתבטל קודם פסח, לא אמרינן דחוזר וניעור. **והכי קיימא לן** - הוא פלא, דהרי הוא כתב שם, דהמנהג להקל בזה ולומר שכבר נתבטל, הוא רק דוקא כשנתערב לח בלח, ולא כשנתערב יבש ביבש, אח"כ מצאתי שכבר התעורר בזה החמד משה.

סעיף ה - שכר שעושים מחטים ושעורים חייבים לבערו - ועובר משום בל יראה אם לא ביער, וגם יש בו כרת בשתייתו, אם איכא כזית בכדי אכילת פרס, **ואפילו** אי לית ביה שיעור זה, עכ"פ טעם חמץ יש בו, וקי"ל טעם כעיקר דאורייתא.

אם נתערב השכר בדבר אחר, אותו התערובות אסור בפסח.

וכן אם העמיד גבינות בחלא משכר שעורים או חטים - או ביי"ש הנעשה מתבואה (לכאורה שאינה חמוצה) שהעמידוה בשמרי שכר, **חייב לבערם** - בערב פסח, ואפילו יש בהגבינות ששים נגד החלא, לא בטיל החלא, דדבר המעמיד אפילו באלף לא בטיל, **ולא** עוד, שכל דבר המעמיד הרי הוא חשוב כאלו הוא בעין ממש, **ולפיכך** מי דבש שקורין מע"ד, שהחמיצו בשמרי דבש שבישל כל השנה, ודבש הראשון שבישל היה מחומץ משמרי שכר, וזה שבישל עתה רביעי או חמישי, וכן לעולם, חייב לבער אפילו מי דבש האחרון, שכל אחד מהן ע"י המעמיד נעשה כולו חמץ, [**ועיין** בשע"ת, שאם עבר ולא מכרו, יש להתירו בהנאה, ויש לסמוך ע"ז].

וכן אם שפכו על הגבינות אחר שנעשו כבר, יי"ש כדי לחזקם, אף שיש ס' בגבינות כנגדם, דלטעמא עבידי ולא בטלי.

ובזה אין להקל לשתות אפי' ביו"ט אחרון של פסח, רק באותו מע"ד שאין בו חשש זה, רק שנתבשל בכלי חמץ, יש מקילין ביו"ט אחרון לשתותו, מטעם דסתם כלים אינן בני יומן, **אכן** במקומות שמבשלין המע"ד בכל השנה ביורות שמבשלין בו יין שרף, דהוי דבר חריף וחזק ונותנין טעם לשבח במע"ד כידוע, לא מהני מה שאינו בן יומו.

וכל זה כשמע"ד הראשון הועמד בשמרי שכר לבד, וכן מי דבש השני בשמרי מי דבש הראשון בלבד, וכן כולם, **אבל** אם בשמרי שכר בלבד לא היה די להעמידו,

וערבו בו גם דבר אחר המעמיד שאינו חמץ, ובהצטרפותם הועמד, הרי הוא מותר אף בשתיה בפסח, אם יש בו ס' כנגד שמרי השכר, דכל זה וזה גורם להעמידו {פירוש איסור והיתר} הרי זה מותר, אם אין בכח האיסור בלבד להעמידו, כמו שנתבאר ביו"ד סימן פ"ז, [**דאם** יש בו די, אף שצירפו לו עוד מעמיד, לא הוי דבר זה בכלל "זה וזה גורם"].

ואם העמיד הגבינה ע"י קיבה, והיא נכבש תחלה בכלי חמץ מעל"ע, אסור לאוכלה ומותר להשהותה, **ועיין** באחרונים שמצדדים, דאם הועמד קודם פסח, אין לאסור רק אם לא היה בגבינה ששים נגד הקיבה, **ובפסח** דאיסורו במשהו, אסור בכל גווני.

ומיהו כ"ז אינו אלא מדרבנן, ובדיעבד אם שכח ולא ביערו, בין בדבר המעמיד בין בדבר דלטעמא עבידא, ועבר עליו הפסח, יש להתיר במקום הפסד מרובה בהנאה, ע"י השלכת הנאת המעמיד לים המלח, **וכן** בעיסה שנתחמצה לאחר הפסח בשמרי שכר שעבר עליהן הפסח, חייב לבערה מן הדין אפילו יש בעיסה ששים נגדה, ומטעם מעמיד דאין בטל אפילו באלף, וכנ"ל, ובמקום הפסד מרובה יש להתיר בהנאה ע"י השלכת הנאת המעמיד לים המלח.

סעיף ו - נהגו לגרר הכתלים והכסאות שנגע בהם חמץ, ויש להם על מה שיסמוכו - ר"ל דאין ללעוג על המנהג, לומר שהוא מנהג שטות וחומרא יתירא, אלא יש לזה סמך מן הירושלמי, דאיתא שם: הטח ביתו בצק חייב לבער, [**ומ"מ** ראיה גמורה ליכא, דהתם כשטח על הכותל כעין שטחין בטיט, דיכול להתקבץ כזית במקום אחד, אבל לא בנגיעה מועטת, **והענין**, דישראל קדושים הם, ונהגו להחמיר אפי' במשהו].

ואם יש חמץ בסדק שאינו יכול לחטט אחריו, יטיח עליו מעט טיט - וזה מהני אפילו יש במקום ההוא כזית ויותר.

סעיף ז - בצק שבסדקי עריבה, אם יש כזית במקום אחד חייב לבער - ר"ל אף דבודאי מבטל ליה כשעשוי לחזק בו שברי העריבה, אפ"ה כיון דחשיב לא בטיל.

ואם לאו, אם היה עשוי לחזק בו שברי העריבה, או לסתום בו נקב - ואין חילוק בין אם היה זה בשולי העריבה, או למעלה בשפתה, **בטל במיעוטו** - היינו אע"ג דאיכא פלגי זיתי טובא בשטח כל העריבה, כיון דאינן במקום אחד, בטל כל אחד במיעוטו לגבי הכלי, [**ואין** שייך לומר שהכלי מצרפו, כיון שהוא עשוי לחזק בטלין לגביה].

ואם לאו, חייב לבער - ודוקא כשיש בין הכל כזית, דאז הכלי מצרפו, אבל כשלא נשאר בין הכל כזית, א"צ לבערו, ואפילו אין עשוי לחזק, וכדמוכח בסי"א, **אכן** באמת יש מחלוקת בין הפוסקים בזה, דדעת הרבה פוסקים, דאפילו פחות מכזית צריך ביעור, **ודוקא** כשראוי לאכילה קצת, אבל אם היה מטונף קצת ופחות מכזית, א"צ לבער לכו"ע.

סעיף ח - היו בו שני חצאי זיתים בב' מקומות וחוט של בצק ביניהם, רואים כל שאלו ינטל החוט ניטלין עמו - דהיה החוט עב, וע"כ הוא מצרפן, **חייב לבער** - דהוי כזית במקום אחד, ולכן אינו מועיל אפילו היה עשוי לחזק, [**ופשוט** דבזה אפי' אין בהם כזית בשלימות כי אם ע"י צירוף החוט, ג"כ חייב לבער].

ואם לאו, אינו צריך לבער - ודוקא בשהיו במקום העשוי לחזק העריבה, דאל"ה הכלי מצרפן.

בד"א בעריבה, אבל בבית אף על פי שאם ינטל החוט אין ניטלין עמו, חייב לבער, מפני שפעמים מקבץ אותם - בעת שמכבד הבית והוי במקום אחד, [**ואף** דבבית אינו עשוי לחזק, אפ"ה אי לאו טעמא שע"י כיבוד מתקבץ, לא היה חייב לבער, **דכל** חצי זית עומד בפני עצמו בבית, וליכא טעמא דצירוף, כמו לעיל גבי כלי שהכלי מצרפן].

היה חצי זית בבית וחצי זית בעלייה, חצי זית בבית וחצי זית באכסדרה, חצי זית בבית זה וחצי זית בבית שלפנים ממנו, הואיל ואלו החצאי זיתים דבוקים בכותלים או בקורות או בקרקעות - ר"ל דבוקים בגומות שיש בהן כדי

להשוותן, **אינו חייב לבער** - דהוי כמו עשוי לחזק, דמבואר בס"ז דבזה אינו חייב לבער, אא"כ יש כזית במקום אחד.

אלא מבטלו בלבו ודיו - דזהו בעיא בגמרא אם מצטרפין, ולכן כיון שביטל אח"כ הו"ל ספיקא דרבנן וא"צ לבדוק.

הואיל... דבוקים - ‹אבל כשאין דבוקים חייב לבער›, **וי"א** דאפי' אין דבוקים א"צ לבער, כיון דהוי פחות מכזית כל אחד ואחד במקומו, ולא חיישינן בזה שיתקבצו במקום א', **ומ"מ** ביטול צריך לכו"ע [כשאין דבוקים], ואם לא ביטל קודם זמן איסורו, צריך לבער אח"כ, [**ודברי** המחבר מגומגם קצת, דבסי"א העתיק שיטת הר"י מפרי"ש, דהטעם הוא משום צירוף כלי, וממילא דבבית דלא שייך צירוף, אפי' אינן דבוקין א"צ לבער, וצ"ע].

סעיף ט - חמץ שנתעפש קודם זמן איסורו, ונפסל מאכילת הכלב - ר"ל שנפסל מאכילת כלב קודם זמן איסורו, דאם קודם פסח לא נתקלקל רק מאכילת אדם, ובתוך הפסח נתקלקל ביותר, עד שאינו ראוי לאכילת כלב, היה חייב לבער, כיון שבשעה שהגיע זמן חיוב הביעור, היה ראוי עדיין לאכילת כלב.

(**ואע"ג** דבשאר איסורים, כל שאינו ראוי לאכילת אדם מותר, שאני חמץ, שאפילו אינו ראוי לאכילת אדם, ראוי לחמץ בו עיסות אחרות).

(**דע** דדעת הראב"ד, דבשאור חייב לבער אפילו אם נתעפש עד שנפסל מאכילת כלב, **ולדעת** הרמב"ם אין לחלק בזה, **ועיין** במ"מ וכ"מ שהכריעו להלכה כדעת הרמב"ם, וכן העתיק המ"א, **ועיין** בפר"ח והגר"א שהביאו סעד לדברי הראב"ד מתוספתא דביצה פ"א, דאיתא שם דשאור נקרא משיפסל לאכילת כלב, והפר"ח הכריע מכח זה דהלכה כהראב"ד, **והנה** לכאורה הוא תמיה גדולה על הרמב"ם מתוספתא זו, **אכן** לענ"ד י"ל דס"ל להרמב"ם וכל העומדים בשיטתו, כמו שכתב הכ"מ שם, דאף דחייבה התורה לשאור אף שנפסל מאכילת כלב, היינו כשנפסל מחמת חימוצו, שנתחמץ כ"כ עד שאינו ראוי לאכילה אף לכלב, דמשום זה לא נחשב כעפר, דהוי כדבר חמץ ששפכו בתוכו דבר חריף ביותר, ואינו יכול לאכול מחמת חריפותו, דעבור זה לא יבטל ממנו שם אוכל, **אבל** אם השאור נתקלקל כ"כ, עד שאינו ראוי לכלב מחמת עיפושו, שאף אם לא היה נחמץ כ"כ ג"כ לא היה ראוי לכלב מחמת שנתעפש ונפסד, שפיר י"ל דזהו נחשב כעפר, דמה לי אם החמץ נעשה עפר, או השאור נעשה עפר, **וביותר** מזה מצאתי בכ"מ שכתב, דאף לדעת הראב"ד, אם נפסל השאור מאכילת כלב, פטור על אכילתו, ואינו חייב רק בביעורו, משום דראוי לחמע בה עיסות אחרות, **והנה** הפמ"ג נשאר בצ"ע על דבריו מתוספתא הנ"ל, ולפי דברינו הנ"ל ניחא, דהיכא דאינו ראוי לכלב מחמת עפושו, לא חייבתו התורה וכנ"ל, ורק לענין ביעור, ס"ל להראב"ד דחייב).

או ששרפו באש (קודם זמנו) ונחרך עד שאינו ראוי לכלב - לאפוקי לאחר זמנו, לא נפקע איסורו עד דשריף ליה לגמרי.

או שייחדו לישיבה וטח אותו בטיט - שהיה לו גוש עבה של חמץ, בין עיסה קשה ובין פת, וייחדו לישיבה קודם פסח, **ואף** דבדעתיה סילקו מתורת אוכל ובטלו רק לזה, אפ"ה כל זמן שלא טח בטיט לא מהני ביטולו, **וטח** בטיט לחודיה לא מהני, כל זמן שלא ייחדו לישיבה.

ובזה מהני אפילו לא נפסל החמץ מאכילה, והטעם, משום דבטליה עי"ז משם אוכל, [**ואע"ג** דבעלמא אפי' ביטלו בהדיא וחשביה לעפרא לא מהני מדרבנן, **התם** משום דלמא אתי למיכל, הכא לא שייך זה, דהא ייחדו לישיבה, וגם מאיס].

והנה מלשון המחבר משמע, דצריך לטוח אותו מכל צד, אבל בגמרא איתא: וטח פניה בטיט, **ואולי** דמפרש פניה, היינו פני הפיכת שאור מכל צד.

מותר לקיימו בפסח - וה"ה דמותר בהנאה, אבל באכילה אסור מדרבנן עד אחר הפסח, **ואע"ג** דאכילה שאינה ראויה היא, דהא נפסל לכל, מ"מ כיון שהוא רוצה לאכול, אסור, דהא אחשביה. ‹**ומה** דאסור מדרבנן בלבד›, [זה רק בחמץ שנתעפש או ששרפו, ולא על שיחדו לישיבה, דהחמץ שבפנים של הכופת הלא ראוי עדיין לאכילה, ורק לענין ביעור פטרוהו משום שביטלו].

ודוקא בזה דאחשביה, אבל אם נפל ממילא, חמץ זה שנפסל מאכילת כלב, לתוך המאכל, אפילו רק ברובו,

אין לאסור לאכול אותו המאכל, דהא חמץ זה הוא כעפרא בעלמא.

ואלמוד"י שעושין משומן דגים עם לחם קלוי קודם הפסח, אם ידוע לו שהלחם היה קלוי כ"כ, עד שאינו ראוי לאכילת כלב, מותר לקיימו בפסח, ולמכור לעכו"ם, אבל אסור לאכלה, **ואם** אינו ידוע לו, אסור אף לקיימו וליהנות ממנו.

סעיף י - דיו שהוא מבושל בשכר שעורים - ר"ל קודם זמן הביעור, **מותר לכתוב בו** - והטעם, דעפצים ושאר דברים המרים שנתערב בו, בודאי פגמוהו להשכר עד שאינו ראוי לשתיה אף לכלב.

ולא חיישינן שמא ישכח ויתן קולמוסו לתוך פיו כדרך הסופרים, וחמץ שנפסל מאכילת כלב הלא אסור באכילה, **דזה** דוקא כשאכלו בכונה, ומשום דהוא אחשביה, משא"כ בזה שהוא שלא בכונה, אין קפידא.

אבל אם בישל נכרי בפסח את הדיו, אסור לכתוב בו, כיון שלא נפסל השכר מאכילת כלב קודם זמנו.

סעיף יא - עריבות שלשין בהן חמץ, אין לסמוך על מה שרוחצים אותן בחמין ומנקרין החמץ מהן; כי אי אפשר לנקרן שלא ישאר בהן בין הכל כזית, והכלי מצרפו - לא מיירי לענין להגעילן ולהשתמש בהן בפסח, דבזה א"צ לצירוף כזית, דהא אפילו ישאר משהו אסור, **אלא** מיירי לענין להצניען.

"**ואי** אפשר" לאו דוקא, אלא ר"ל דברוב הפעמים לא יוכל לנקרן כראוי, ולכן יש להחמיר משום חומרא דחמץ בכל גווני.

וצריך ליתנן במתנה לא"י עד לאחר הפסח - לא שיאמר לנכרי כן, אלא יתנם לו במתנה גמורה, אלא שאחר הפסח יכול לחזור וליטלם ממנו, **או לטוחן בטיט.**

וכתבו האחרונים, דהכא מיירי בעריבות העשויות מנסרים גדולים שלשין בהם פת, שיש חריצין בין נסר לנסר ומצוי שם חמץ, **אבל** עריבות קטנות העשויות מחתיכה אחת, ואין בהם שום סדק, פשיטא דיוכל לנקרן כדי להצניען, [**ויש** לסמוך ע"ז, אחר שעיקר הדין דסעיף זה אינו אלא מצד חומרא], **אבל** לא להשתמש בהן בפסח, [שא"א לגוררן ולנקותן יפה יפה, שלא ישאר משהו חמץ באיזה סדק שאינו נראה לעין], **ואם** עבר ולש בהם בפסח אחר הגעלה, מותר.

וה"ה לבצק שבכלי נסרים שאינו יכול להוציאו - וכתב מהרי"ל, דכן המנהג בדפי מוליתא, ועצים מגלגלין, וכל הכלים ששמשו בם עיסה, לטוחן בטיט, או למכור לנכרי, **ולפי** מה שכתבו האחרונים הנ"ל, אם עשויות מחתיכה אחת, די כשמנקרן היטב, ומצניען במקום צנוע.

הגה: וטוב לעשות כן בכלים שמניחים בהם קמח כל השנה - דשמא יש עליהם חשש חימוץ, ונכנסו בין הסדקים, **וכן בכלים שמניחים בהם פת כל השנה** - היינו סלים של ענפי נצרים, שיש בהם גומות, וא"א לנקרן, **ויש** להטמינם בחדר שאינו רגיל לילך שם, [מ"א, **והנה** הפמ"ג מפרש, דבזה לחוד סגי אחר שינקר היטב, היינו בכלים אלו שהוא רק חשש פירור בעלמא שימצא בו, משא"כ בעריבות דיש חשש לצירוף כזית שם, שאינו מועיל הטמנה לבד, **אבל** מדברי הח"י משמע, דתרוייהו בעי], ‹להטמינם, ולטוחן בטיט או למוכרן לנכרי›.

ומפה שכיתה מונחת על שק קמח, לא מהני לה ניעור, וצריכה כבוס - היינו כיבוס יפה, בחמין ואפר וחביטה, **כדי להשתמש עליה בפסח.**

§ סימן תמג – דין חמץ בערב פסח לאחר שש §

סעיף א - חמץ מו' שעות ולמעלה ביום י"ד, אסור בהנאה - מדאורייתא, ויליף בגמרא מדכתיב: לא תאכל עליו חמץ, כלומר על קרבן הפסח, וקבלו חז"ל, דר"ל לא תאכל חמץ משעה שראויה לשחיטת הפסח, דהיינו מחצות היום ואילך, שהוא בין הערבים, **ומשעה** שאסור באכילה אסור בהנאה, **אכן** עדיין אין על אכילתו חיוב כרת עד הלילה, [**ודע**, דמ"מ לאו פסיקא היא, דלכמה פוסקים אין עובר על זמן זה

בלאו, כי אם בעשה ד"תשביתו", ולפי"ז אין ברור אם אסור אז בהנאה מדאורייתא].

וכן לענין בל יראה ובל ימצא, הסכימו כמה פוסקים דאין עובר במה שמשהה החמץ משש שעות ומעלה, כל זמן שלא הגיע ימי הפסח גופא, מדכתיב: שבעת ימים שאור לא ימצא בבתיכם וגו', ולא יראה לך שאור בכל גבולך שבעת ימים, [**ומ"מ** לא ברירא היא, דדעת רש"י, שמשש ולמעלה עובר בבל יראה]. **ומ"מ** אף שאינו עובר בבל יראה, עובר בכל רגע ורגע שמשהה החמץ בביתו, על מצות עשה ד"תשביתו שאור מבתיכם", דקאי על ערב פסח משש שעות ולמעלה, כמבואר בש"ס.

(אפי' חמצו של א"י אסור ליהנות ממנו) - דהא באורייתא לא כתיב "חמצך", אלא "חמץ" סתמא, בין דישראל ובין דעכו"ם, **והאי** דינא עיקרו הובא בפוסקים לענין פסח, והרמ"א העתיקו הכא להשמיענו, דה"ה דאסור גם משש שעות ולמעלה.

(**כתבו האחרונים בסי' תמ"ח, דלפי"ז אסור להריח גם פת חמה של עכו"ם, ובח"מ מפקפק בעיקר דינא דריח פת חמץ, ואפילו בישראל, לפי מה דקי"ל ביו"ד, דדבר שאינו עומד לריח מותר להריח בו, וכמו כן לענין פת, אכן באמת לא ברירא עיקר דבר זה, אם פת אינו עומד לריח, ע"ל סי' רי"ד בהג"ה ב' דעות בזה, גם ביו"ד גופא איתא לחד מ"ד, דבחמץ בפסח דאיסורא במשהו, אמרי' ריחא מילתא, ובר מן דין, יש לאסור מטעם אחר, דשמא יבא לאכלו, ולעיל סי' רט"ז ס"ב בביה"ל, כתבנו בכגון זה לאיסור, ובפרט בחמץ דלא בדילא מיניה כולא שתא).**

ואסרוהו חכמים שתי שעות קודם, דהיינו מתחלת שעה חמישית - הטעם משום יום המעונן, דאדם עשוי לטעות אז שתי שעות, כיון שאין שמש זורחת, **ואפילו** חמץ נוקשה שהוא חמץ דרבנן, ג"כ אסור באלו השתי שעות, וכ"ש חמץ ע"י תערובות, **ובתשו'** נודע ביהודה מיקל באכילת נוקשה בשעה חמישית.

ומיהו כל שעה חמישית מותר בהנאה, ורשאי למוכרו לא"י, אפילו הרבה ביחד שודאי לא יאכלנו קודם פסח - אפי' דבר שנקרא שם בעליו עליו, כגון שמכר אוצר של יין שרף, לא גזרינן שיחשדוהו שמכר לו הישראל בפסח, כשיראו שהעכו"ם מחזיק בהן בפסח, כיון שמכר לו עכ"פ בשעה המותרת למכור, אחרונים דלא כב"ח.

ויכול להאכילו לבהמה חיה ועוף, ובלבד שיעמוד עליהם לראות שלא יצניעו ממנו, ויבער מה ששיירו ממנו - ודין זה שייך ג"כ קודם אלו השתי שעות, דמליל י"ד ואילך שמחוייב בבדיקת החמץ, מחוייב להזהר בזה.

ומתחלת שעה ששית ולמעלה, אסרוהו גם בהנאה - גזירה אטו שעה שביעית דאסור מן התורה בהנאה, וע"כ אסור אז למוכרו לעכו"ם, ולא ליתן לו במתנה, ולא להאכילו לבהמה חיה ועוף.

(**אכן בדיעבד אם מכר, מצדד הפמ"ג דמהני עכ"פ, דלאחר הפסח לא יהא נקרא חמץ שעבר עליו הפסח, ויש מאחרונים שמצדדין, דאפילו אחר שש נמי, בדיעבד אם מכר לא נקרא אח"כ חמץ שעבר עליו הפסח, מאחר דלכמה פוסקים לא עבר על בל יראה עד הלילה).**

אם יש לקבור מת בע"פ בבוקר, אם יש שהות לקוברו וישאר זמן לאכילת חמץ, יקברו המת קודם אכילה, דהא אין נכון לבני החבורה לאכול קודם קבורת המת, **ואם** הזמן דחוק ואפשר שלא ישאר זמן לאכילה, מוטב לאכול מקודם, ולקיים אח"כ ביעור חמץ בזמנו, ואח"כ יתעסקו בצרכי קבורת המת, [**בדי** שלא לבא אח"כ לידי מכשול, לאכול חמץ בזמן האיסור, דבודאי לאו כו"ע ירצו להתענות כל היום, ולסמוך על אכילת פירות ומצה עשירה בצהרים, **וגם** אין זה בזיון למת, דיכולין אח"כ לעסוק בקבורתו במתינות כראוי, משא"כ קודם אכילה, יהיו בהולים ודחופים, **ואף** שמהרי"ל נתן עצה להוליך המת לביה"ק, ולחזור ולאכול, ולקברו אח"כ, אין המנהג לעשות כן בימינו].

הגה: ובשנת העיבור שהיום ארוך, אלו הארבע שעות לפי ענין היום, ומותר לאכול חמץ עד שליש היום - היינו דלעולם חשבינן היום לשתים עשרה שעות, וממילא בימים הארוכים משערים בשעות גדולות, ולפיכך בשנת העיבור מותר לאכול עד שליש היום, אע"פ שהיום ארוך יותר משתים עשרה שעות שלנו, כגון שמגיע לשליש היום חמש שעות, **ודע** דלפי"ז, ה"ה במדינות שהימים שלפני הפסח קצרים, מחלקין

הי"ב שעות לשעות קטנות, ואינו רשאי לאכול רק עד שליש אותו היום.

וחושבין את היום מעלות השחר עד צאת הכוכבים, כ"כ הרבה אחרונים, **וי"א** דחושבין מהנץ החמה עד עת השקיעה, ועד שליש מזה השיעור יהיה מותר לאכול חמץ, והוא קולא בענינינו, ודעת הגר"א כמותם, **ולכתחלה** טוב להחמיר כדעה א'.

וי"א עד ב' שעות קודם חצות - היינו שעות בינוניות, שכל אחת א' מכ"ד במעת לעת, וע"כ אפילו אם היום ארוך, מותר לאכול יותר משליש היום, והיינו עד סוף שעה עשירית מחצות הלילה, וכן לענין מכירת החמץ, מותר לדעה זו עד סוף שעה אחת עשרה.

(**והטעם** כתוב בתה"ד, דסמכינן אשינויא קמא דגמ', דאין אדם טועה יותר משתי שעות, ואלו השעות מסתמא הם שעות בינוניות, **ולכאורה** לדעה זו יצוייר לפעמים גם חומרא, כגון במדינות שהימים שקודם פסח הם קצרים משלנו, לא יהיה מותר באכילה שתי שעות קודם חצות, ולדעה ראשונה דחשבינן שעות זמניות, בודאי מותר אפי' בתוך ב' שעות, כל זמן שהוא עדיין במשך שליש היום, **ולענ"ד** אפשר לומר, דבזה גם התה"ד מודה להקל, שלא להחמיר יותר מדעה ראשונה, דנהי דסמיך אתירוצא קמא דאין אדם טועה וכו', אבל הלא יש עוד אוקימתא, משום דשעה רביעית זמן סעודה לכל היא, ואין אדם טועה בה, והני אוקימתי לא פליגי אהדדי, כמש"כ בתה"ד, וא"כ אין לאוסרו באכילה בתוך שתי שעות משום דאתי לטעות עי"ז לאכול גם אחר חצות, דהלא עד שליש היום זמן סעודה לכל היא, דמסתמא במדינות שהיום קצר ג"כ זמן סעודה עד שליש היום, אף שנמשך בתוך השתי שעות שקודם חצי היום, וא"כ אין אדם טועה בה, **ולדינא** בלא"ה אין נ"מ, דבאופן כזה נוכל לסמוך אדעה ראשונה להקל, ובפרט שהיא העיקר להרבה פוסקים).

וכתבו הפוסקים שהעיקר כדעה הראשונה, ואין לאכול כי אם עד שליש היום, וכן לענין מכירת חמץ שזמנו שעה אחת יותר, חשבינן שעות זמניות, **ומ"מ** בדיעבד אם לא מכר עדיין, וההפסד מרובה, יש לסמוך אדעה אחרונה, ויש לו שהות למכרו עד שעה קודם חצות.

סעיף ב - ישראל שהיה בידו חמצו של ישראל אחר בפקדון, יעכבנו עד שעה

חמישית - ר"ל בתחלתו, ולא ימכרנו מקודם שמא יבוא בעליו ויקחנו, **ואם לא בא בעליו, ימכרנו לא"י** - דהו"ל כמשיב אבידה, דהא אח"כ יאסר בהנאה, **ואם** הוא מסתפק שבשעה חמישית אפשר שלא ימצא קונים כלל, מותר למכרו מקודם, (**אבל משום חשש שמא יוזל, אינו מותר למכור מקודם**). **עוד** כתב המ"א וש"א, דבמקום שיכול למוכרו לעכו"ם, ויחזיר לו העכו"ם אחר פסח, כמנהג מכירת חמץ שלנו, אסור למוכרו מכירה חלוטה.

(**ומ"מ המפקיד ג"כ בכל מקום שהוא, יראה למכרו לעכו"ם, ולא יסמוך על הנפקד, דשמא ישכח**).

ואם לא מכרו, חייב לבערו בזמן איסורו - בשעה ששית, ואע"ג דאפשר שבעל החמץ מכרו לעכו"ם במקום שהוא, באחד מדרכי הקנינים, מ"מ כיון שיש כאן ודאי חמץ, וספק מכרו בעליו לעכו"ם, וספק לא מכרו, אין ספק מוציא מידי ודאי, וחייב לבערו.

אפילו אם אינו חייב באחריותו - ואפילו אם לא קיבל עליו שמירה כלל, ואע"ג דהוא אינו עובר עליו, מ"מ צריך לבערו כדי שלא יעבור עליו המפקיד, דכל ישראל ערבים זה בזה, **ודעת** הגר"א דיש עליו חיוב מן התורה לבער, אף שהחמץ אינו שלו, כיון שהחמץ בביתו והוא של ישראל.

דעת מ"א, דאם היה באפשר להשומר למכרו, ונתעצל ולא מכרו עד שהוצרך לבערו, חייב לשלם אח"כ דמי הפקדון למפקיד, אף שהוא שומר חנם, דפשיעה הוא, דהו"ל למוכרו קודם זמן איסורו, **ובח"י** מחלק בזה, בין אם הוא ש"ח או שומר שכר, [**וגם** ע"ז מפקפק שם, דהו"ל להמפקיד למוכרו במקומו, ואע"ג דהנפקד לא היה יכול לסמוך ע"ז, והיה מחוייב לבערו, מ"מ הו"ל להודיע בכתב או ע"י שליח להנפקד שמכרו, ואם לא מכרו והודיע להנפקד, איהו דאפסיד אנפשיה ואבידה מדעת היא, והנפקד מחוייב לבערו כדי שלא יעבור המפקיד על ב"י וב"י, **אם** לא שהיה המפקיד במדינת הים, בענין שא"א לו להודיעו, וא"כ אף אם היה מוכרו במקומו, על הנפקד לבערו, ע"כ מחוייב למכרו, וחייב בש"ש אם לא מכרו, **ואי** לא מצא מקום למכור, פשיטא דפטור לכו"ע, וגדולה מזו כתב בנהר שלום לדעת מ"א, דאם טען שכחתי למכרו, פטור דאנוס הוא, **וכן** כשטען סבור הייתי שאוכל לסמוך על המפקיד, שבודאי ימכרנו במקום שהוא ע"י קנין, ולכך

לא מכרתי בשעה ה', וכשהגיע זמן איסורו צוו לו ב"ד לשרפו, מטעם שאין אנו סומכין ע"ז שהמפקיד מכר במקום שהוא, פטור דאנוס הוא, דלאו כו"ע דיני גמירי].

ורוב אחרונים מסכימים, דבין שומר חנם ובין שומר שכר פטור, דזה לא נכנס בכלל שמירה, שלא קיבל עליו אלא לשמור את החפץ, שיהא ברשות בעליו ושיחזירנו לו בשלימות, **אבל** לא קיבל עליו למוכרו, שהרי אדרבה במכירה זו מוציאו מרשות בעליו, **ואינו** צריך למוכרו אלא מטעם מצות השבת אבידה, ולא מצינו שמחוייב לשלם מי שאינו משיב אבידה.

מיהו אם החמץ הוא ממושכן אצלו, ועבר שעה ה' ולא מכרו, ואח"כ כשהגיע זמן איסורו הוכרח לשרפו, בזה מסתברא דהפסיד חובו עכ"פ, וכדעת המ"א, **דדעת** כל ממשכן הוא בודאי, שכל זמן שלא יחזיר לו המלוה משכונו, לא יוכל לתבוע ממנו חובו, אא"כ יהיה המלוה אנוס באבדת המשכון, כגון שיגזלו ממנו לסטים, וכיו"ב משאר אונסים, **אבל** כאן שהיה אפשר להמלוה למכרו קודם הפסח ולא מכרו, הרי עצלותו גרמה הפסד המשכון שנאסר בהנאה, ואין זה אונס, [**ואם** היה המשכון שוה יותר מכדי חובו, אין המלוה מחוייב לשלם לו מכיסו, דלענין המותר אינו אלא בכלל שומר כפקדון דעלמא], **ופשוט** דאם מכרו בע"פ, אע"פ שמכרו בזול, אין עליו כלום, וההפסד הוא על הלוה, **מיהו** אם המשכון הוא בעין, כגון שלא בערו המלוה לאחר זמן הביעור, והשהה אותו עד לאחר הפסח, אפשר דיכול לומר לו: הרי שלך לפניך, אע"פ שאינו שוה עכשיו כלום, דחסרון שאין ניכר הוא, ולא הפסיד חובו.

סעיף ג- אם קנו שום דבר בחמץ אחר שש שעות, מותר, מפני שחמץ אינו תופס דמיו - ר"ל אע"ג דאז אסור בהנאה מן התורה לרוב פוסקים, וא"כ הלא קעבר בקנייתו אדאורייתא, **אפ"ה** בדיעבד אינו תופס דמיו, דלא מצינו שיתפוס האיסור על הדבר שהחליף, כי אם בע"ז והקדש ושביעית, **ולפי"ז** ה"ה בפסח גופא, ג"כ אינו תופס דמיו.

והיינו דמותר אפילו למי שקנהו גופא, וכ"ש דלאחרים שרי ליהנות מאותו דבר, (**ודע**, **דכ"ז אם כבר קיבל הדמים, או חפץ חליפי החמץ, אבל אם לא קיבל עדיין הדמים, אסור לו לקבל מעכו"ם הקונה, לא מיבעיא אם לא היה שום קנין זולת הדמים, דבודאי אסור, שהרי בקבלתו הדמים עובר אאיסור דאורייתא של איסור הנאה של חמץ, ואפילו משך מקודם, הרי לאיזה פוסקים משיכה לחוד לא קני בעכו"ם, ונמצא כשמקבל המעות ממנו נגמר קנינו, ועובר אדאורייתא אם היה בפסח, ולאחר פסח מדרבנן, אלא אפי' כבר נקנה החמץ לעכו"ם בקנין גמור, אסור לו לכתחלה לקבל המעות לכו"ע, משום** דעיקר הנאה הוא בשעת קבלת המעות).

ודע, דדעת המחבר לאו דברי הכל הוא, דיש מגדולי הפוסקים שסוברין, דאע"ג דלאחרים שרי ליהנות מחלופי חמץ, דחמץ אינו תופס דמיו בדיעבד, **מ"מ** לבעל החמץ עצמו קנסו רבנן שלא יהנה מן הדמים, כיון דעביד איסורא, ואינו מותר לדידיה, אלא בשמכרו או החליפו אחרים חמצו שלא בידיעתו, **ויש** להחמיר כדעת פוסקים אלו שלא במקום הפסד מרובה.

(**ודע**, **דלדידהו לאו דוקא לאחר שש, דהוא איסור דאורייתא לרוב הפוסקים, ה"ה לאחר פסח, אם מכר חמץ שעבר עליו הפסח, אסור ג"כ למוכר ליהנות מדמיו, אע"ג דאין איסור החמץ עצמו אלא מדרבנן, ומסתברא דה"ה לפי"ז, אם מכר בתחלת שש, דג"כ איסורו מדרבנן הוא, אסור לו ליהנות מן הדמים**).

ודע עוד דאף לדעה זו, אם עבר וקנה מן הדמים איזה דבר, מותר ליהנות מאותו הדבר, דהוי חליפי חליפין ושרי, [**ואפי'** אם קנה בהמעות כלי, דהוי דבר מסויים, ג"כ שרי].

עוד כתבו האחרונים, דאפי' לפי דעת המחמירים בחמץ, לאסור בחליפיו לדידיה גופיה, מ"מ היינו דוקא שלקח חליפי חמץ בשעה שנתן החמץ, **אבל** אם לקח את חליפי החמץ לאחר זמן, (אף דאסור, וכדלעיל בבה"ל), לכו"ע מותר אף לדידיה, דכיון שלקח הנכרי את החמץ לרשותו, נקנה לו החמץ מיד ע"י לקיחתו, ומה שניתן לו אח"כ דמיו או חליפיו, הרי הם כמתנה בעלמא, ואינם שייכים כלל לחמץ, ולא מיקרי חליפיו.

והחמץ עצמו לעולם עומד באיסורו בכל מקום שהוא, ואסור לכל אדם ליקח אותו מהעכו"ם, אפילו חזר העכו"ם והחליפו באחר, ואפילו מכר הישראל להעכו"ם אחר הפסח, דכיון דחכמים הטילו איסור עליו, הרי הוא כחתיכה דאיסורא.

כתב ח"י, דגן שנתחמץ ועבר עליו הפסח, ונזרע, גדוליו מותרין, דגדולין הוי כחליפין, **ובספר** מקור חיים חולק עליו, ודעתו, דגדולין גרע מחליפין, ולכו"ע אסור.

§ סימן תמד – דין ערב פסח שחל להיות בשבת §

סעיף א- י"ד שחל להיות בשבת, בודקין ליל שלשה עשר - שלמחר בע"ש א"א לבדוק, דאין בודקין לאור החמה. **וצריך** לברך על הבדיקה, וגם לבטל, כמו בשאר שנים בליל י"ד.

ומבערים הכל לפני השבת, ומשיירין מזון שתי סעודות לצורך השבת - וצריך ליזהר להניחו במקום מוצנע. **ובשבת** זה משכימים להתפלל, ולא יאריכו הרבה, כדי שיהיה להם שהות, ולא יבואו לידי מכשול.

(נקט "שתי", משום דמדינא אינו מחוייב לבערו עד סמוך לשבת, וא"כ אינו מניח בשעת הביעור רק שתי סעודות לצורך השבת, **ולפי** מנהגינו בס"ב דמבער הכל קודם חצות כמו בשאר השנים, יכול להניח יותר משתי סעודות, אם רוצה לאכול עוד קודם הלילה).

דסעודה שלישית זמנה אחר המנחה, ואז אינו יכול לעשותה לא במצה - דהא אסור לאכול מצה בע"פ, **ולא בחמץ, אלא במצה עשירה, וצריך לעשותה קודם שעה עשירית** - דמשם ואילך אפילו מצה עשירה אסור לאכול, כדי שיאכל מצה לתאבון, **ומצה** עשירה היינו שנילושה במי פירות לבד.

הגה: ובמדינות אלו שאין נוהגין לאכול מצה עשירה, כדלקמן סימן תס"ב ס"ד בהגה, יקיים סעודה שלישית במיני פירות או בשר ודגים, כדלעיל סימן רצ"א ס"ה בהגה - דיש דעות בפוסקים אם צריך לעשותה דוקא בפת, או דסגי ג"כ בשאר דברים, ולזה אמר דבשעת הדחק כזה, יכול לסמוך על המקילין, **וע"ש** דיותר טוב בבשר ודגים מבפירות.

וה"ה דיכול לקיים בתבשיל, כגון קניידליך, [ובח"א מתיר ג"כ בחרעמזלי"ך, ובדה"ח אוסר], (דדוקא בתבשיל כגון קניידלך, ולא בדבר שהוא מטוגן בכלי – שם), **אך** יש נ"מ, דזה אינו מותר רק קודם שעה עשירית, והיכא שמקיים בפירות או בבשר ודגים, יוכל לקיים אפילו אחר שעה עשירית, **אך** בכ"ז יזהר שיאכל רק מעט ולא למלא כריסו, כדי שיאכל מצה לתיאבון.

[**והנה** בח"א הביא, דיכול לקיים במצה מבושלת, **ועיין** במ"א שכתב דאין נוהגין כן, **ובביאור** הגר"א מצדד, דלדעת הרמב"ם אסור לאכול מצה עשירה, וכן מצה מבושלת בע"פ, אפי' קודם שעה עשירית, ומשמע שם שדעתו נוטה לשיטה זו]. (**והיינו** שלהרמב"ם האיסור של הירושלמי לאכול מצה בע"פ, כולל גם מצה שאין יוצאין בזה יד"ח, דהיינו מבושלת או עשירה).

ועיין באחרונים שכתבו, דטוב ג"כ שיחלק סעודת שחרית של פת לשנים, דהא י"א דיוצא בזה ידי סעודה ג', וכ"כ בביאור הגר"א דנכון לעשות כן, **אך** כ"ז אם יש לו שהות לברך בינתים, ולהפסיק איזה שהות, כדי שלא יהיה בכלל ברכה שאינה צריכה.

(**עיין** בשע"ת לענין מי ששכח להפריש חלה מן הפת של חמץ בע"ש זו, דדעת המ"א לקמן בסי' תק"ו, דאותו הפת **אין** לו תקנה לאכול, (שא"א לאכול ולשייר ולהניח עד למחר), **והוא** הביא בשם תשובת פמ"א להקל, וכדבריו מצאתי בספר בגדי ישע ובנתיב חיים ובחידושי רע"א, וכולם מסכימים שבמקום הדחק יכול להפריש אפילו בשבת בחלת חו"ל, (דסמכינן בדיעבד אהני פוסקים, דבחלת חו"ל שרי להפריש אפילו בשבת ויו"ט), והחלה יתן לכהן קטן פחות מבן ט' שנים, או לגדול שטבל לקירויו, **ואף** שהרבה אחרונים העתיקו דברי המ"א להלכה, מ"מ יש לסמוך על הגדולים הנ"ל להקל כשאין לו פת אחר לאכול, ושלא לבטל עונג שבת דחיובו בפת).

סעיף ב- טוב לבער בערב שבת קודם חצות - לאו דוקא, ור"ל בתחלת שעה ששית כמו בשאר שנים, **כדי שלא יבואו לטעות בשאר שנים לבער אחר חצות. (וביום השבת יבטלנו)** - ואינו צריך לבטל בע"ש בשעת ביעורו, דסוף סוף יהיה צריך לבטל ביום מחר, שהרי חוזר וזוכה בפת שמשייר לצורך השבת, ויש לחוש שמא ישאר מהם מעט.

סעיף ג- אין מבשלין לשבת זה דייסא וכיוצא בזה - דבר שדרכו לידבק בכלי, **ואין עושין בו פת הצנומה** - יבשה, **בקערה** - כי יצטרך להדיחם אחר האכילה משום איסור חמץ, ואסור כיון שאין צריך להם שוב באותו היום.

הגה: ואם עבר ובשל, והמאכל דבוק בקדירה וא"א לקנחו, יש להדיחו מעט להעביר החמץ - ואע"ג שהוא שלא לצורך שבת, שרינן בדיעבד משום איסור חמץ, אם א"א לקנחו, **דאם** אפשר בקינוח לבד, אסור להדיח שלא לצורך, **ומ"מ** אם אפשר להדיח ע"י עכו"ם, עדיף, אם א"א בקינוח.

כתבו הפוסקים, שטוב שיבשלו בכלים חדשים המוכנים לפסח, [**ואין** לערות רותח לתוך כלי חמץ מכלי פסח, אם לא שרוצה שלא לשמש בקדירה זו שעירה מתוכה עד לאחר הפסח], **וכהיום** נהגו בכמה מקומות במדינתנו, שאחר התפלה אוכלים מאכלים קרים של חמץ, ואחר חצי היום אוכלים תבשילים חמים שעמדו בתנור, ושנתבשלו בכלים של פסח, ויוצאים בזה סעודה ג'.

סעיף ד - אחר שאכל בשבת זה סעודת שחרית, ינער המפה שאכלו בה, ויקנח הקערות באצבעו - ואותן פירורין דקים וקינוח הקערות, אין צריך להוציאן מרשותו, דנדרסין ברגלים, ומתבערים מאליהן, **ומ"מ** טוב שיכבד הבית אח"כ ע"י עכו"ם, **ואם** אין לו עכו"ם, יכבד בעצמו ע"י שינוי בבגד.

ויטמנם מן העין עם שאר כלי החמץ, ואם נשאר פת יכול ליתנו לא"י - במתנה גמורה, ושרינן זה בשבת לצורך מצוה, כדי שלא יהיה החמץ ברשותו, **על מנת שלא לצאת בו לר"ה, דרך הערמה** - ר"ל אף דדעתו היה שיוציאנו לחוץ, מ"מ שרי כיון שאינו אומר לו בהדיא, **ו"ע"מ** שלא לצאת" לאו דוקא, ור"ל שלא ע"מ לצאת בו, ואפילו בסתמא שרי, ולאפוקי היכא דאמר לו ישראל בהדיא, דאסור משום שבות דאמירה לעכו"ם, **ומ"מ** בעל נפש ראוי שיתנה עמו ע"מ שלא להוציא.

אבל לכרמלית דאינו אלא שבות, מותר אפילו לומר לו בהדיא להוציאו, דשבות דשבות במקום מצוה שרי, **ועיין** בסימן שמ"ה דיש דעות בפוסקים, דר"ה הוא דוקא בששים רבוא, ולדידהו כל עיירות שלנו כרמלית הן.

ודבר מועט - אבל הרבה אסור, דמוכחא מילתא שנותן לו להוציאם, **מיהו** דבר מועט מותר ליתן לו אפי' כמה פעמים, דעכ"פ אינו אלא הערמה ושרי, **ודבר** מועט הוא כדי סעודה אחת, **ובכרמלית** מותר בכל גווני וכנ"ל.

אם יש לו חמץ הרבה בחדר מיוחד, ושכח למכור אותו בע"ש, צריך ליתנו במתנה לנכרי, ויכול ליתנו לנכרי מכירו ומיודעו, שיודע בו שיחזיר לו אחר הפסח, רק דצריך להקנות לו בקנין המועיל, דהיינו בהגבהה או במשיכה, שימשכנו העכו"ם לרשותו, **ואם** החמץ רב שא"א למושכו, יקנה לו במסירת המפתח, **ואף** שאסור ליתן מתנה בשבת, לצורך מצוה מותר.

ואם ירא ליתן במתנה שמא לא יחזירו לו, יש מהאחרונים שמצדדים, דיכול גם למכור לעכו"ם, ולא מיקרי מקח וממכר בשבת, כיון שאינו עושה אלא להנצל מאיסור חמץ, **אבל** כמה אחרונים חולקים ע"ז, ודעתם, דמכירה אסור בכל גווני, אפילו אינו לוקח מעות ממנו כלל, אלא קוצץ עמו סכום המקח, או מוכרו לו כשער שבשוק בלי קציצת סכום המקח, ומקנה לו החמץ באחד מדרכי הקניה, אע"פ שמכירה זו היא לצורך מצות ביעור חמץ, לא התירו חכמים בשבת מקח וממכר גמור אפילו לצורך מצוה.

סעיף ה - אם נשאר חמץ אחר שאכלו, מבטלו, וכופה עליו כלי עד מוצאי יום טוב, ומבערו - ומיירי דלית כותי או כלב ליתנו לו, דאל"ה אף שכבר עברו ארבע שעות ועומד בשעה חמישית, יטלטלו ויתן להם, **וכן** מותר לטלטלו ולהשליכו לביה"כ, אם יש לו ביה"כ בחצירו, **ואם** נשתהה עד שעה ששית, דאז אסור בהנאה, ואסור בטלטול, אפ"ה שרי ע"י עכו"ם, שיזרקו בנהר או לביה"כ.

סעיף ו - אעפ"י שלא ישאר החמץ בבית אחר סעודת שחרית, צריך לבטל החמץ כדרך שהוא מבטל בשאר שנים - היינו בסוף שעה חמישית, ואפילו אם כבר ביטל מאתמול.

סעיף ז - ההולך ביום ארבעה עשר לדבר מצוה, כגון למול את בנו – (פשוט הוא דה"ה אם הולך למול בן חבירו, אם האב אינו יכול בעצמו, שהרי החיוב הוא אז על כל ישראל, וכן הרמב"ם לא נזכר כלל הולך למול, אלא לעשות מצוה).

ולסעודת ברית מילה, משמע דלא מיקרי מצוה לענין זה, לבטל מצות ביעור.

או לאכול סעודת אירוסין בבית חמיו - משמע דדוקא בחתן עצמו מיירי, **ויש** שמקילין ג"כ באחר אם קרוי לסעודת אירוסין.

וה"ה סעודה שעושין בשעה שהכלה מקבלת סבלונות, **וה"ה** בזמנינו כשעושין סעודה בשעת כתיבת התנאים, ג"כ מקרי סעודת מצוה.

(**האחרונים תמהו, שהרי לעיל בסימן רמ"ט מבואר, שאסור לעשות סעודת אירוסין בערב שבת, וה"ה בעיו"ט, ונדחקו הרבה בזה, ובאמת לא קשה, ושאני הכא בערב פסח, ולא מיבעיא אם הסעודה היתה סמוך לחצות, וכדמשמע לכאורה ממה דאמר: אם יכול לבער ולחזור למצותו, וזמן הביעור הוא קודם חצות, א"כ ע"כ כל הסעודה הוא בלא פת, שהרי חמץ אסור, ומצה ג"כ אסור אז, ומיירי רק במשתה בעלמא שאינו אסור, ואדרבא הרבה חמרא מיגרר, ואפילו נימא דהסעודה היה בבוקר, ומשום סעודתו יוכרח לבער חמץ קודם הזמן, ג"כ לא קשה, דכיון דע"כ יוכרח להפסיק מסעודתו בסוף ד' בשביל איסור חמץ, אין זה בכלל סעודה גדולה שאסרו בע"ש ויו"ט, ומשום שלא יכנס לשבת בשאינו תאב לאכול, דבודאי יתאב לאכול בערב כיון שמוכרח להפסיק בשעה ד', ושאני בכל ע"ש ויו"ט דחיישינן שתמשך הסעודה זמן רב**).

ונזכר שיש לו חמץ בביתו - וה"ה אם מסתפק שמא יש לו חמץ, **אם יכול לחזור לביתו ולבער ולחזור למצותו, יחזור ויבער** - מאחר שלא יתבטל המצוה ע"י הביעור, יקיים שניהם, ומשמע דמצות ביעור קודמת, **ואם לאו, יבטלנו בלבו** - ר"ל שאם יחזור וישתדל אודות הביעור, לא ישאר לו זמן ביום לעשות המילה או הסעודה, יבטלנו בלבו במקום שהוא, שהרי אחר הביטול א"צ לבערו אלא מדברי סופרים, ובמקום מצוה העמידו חכמים על דין תורה.

ומיירי שהוא עדיין בשעה חמישית שיכול לבטל, אבל אי קאי כבר בשעה ששית, ע"כ יחזור לבער, שהרי אז אינו ברשותו לבטל, [**אולם** בא"ר העתיק דין זה באופן אחר, היינו בין קודם שש לאחר שש, ומשמע מזה, דבתוך שש שהוא רק דרבנן, לא אלימא למידחי מצות דאורייתא, וצ"ע לדינא].

ואע"ג דעי"ז יתבטל מצות מילה, עשה ד"תשביתו" חמיר טפי, שהוא עובר עליה בכל רגע, משא"כ במילה ואינך, [מ"א, **ועיין** באחרונים שגמגמו בדבריו, שהרי מילה ג"כ החיוב בכל עת למול, **ולענ"ד** הצדק עם המ"א, שבמילה אע"ג דחיובה ביום השמיני, מ"מ זמנה הוא כל היום, אלא שזריזין מקדימין, משא"כ העשה ד"תשביתו", הוא מתחיל תיכף לאחר חצות, וא"כ חיובה קודם, **ואף** דעי"ז שיבער, ממילא ידחה לבסוף המילה על יום אחר, לית לן בה, **וגם** במילה שלא בזמנה שחיובה בכל רגע ורגע, מ"מ לא דמי לעשה ד"תשביתו", דלענין חמץ דכתיב: אך ביום הראשון, ילפינן מיניה שאסור להיות חמץ בבית ישראל, מחצות היום של ערב פסח עד כלות ז' ימי פסח, וכשמבטל יום אחד מצוה זו, שוב א"א לתקן אותו יום, והוי חסרון שלא יוכל להמנות, משא"כ במילה, סוף סוף ימול אותו, ולא חיסר אלא מה שהשהה מלקיים].

אכן אם הולך להתעסק במת מצוה שאין לו קוברין, ומוטל על פני השדה בבזיון, שכל הפוגע בו חייב לקוברו, ונזכר שיש לו חמץ בתוך ביתו, ואפילו בתוך הפסח שבכל שעה עובר בבל יראה, **ואפילו** יש שהות ביום שיוכל לחזור לביתו ולבער החמץ ולחזור ולילך ולקברו בו ביום, **אעפ"כ** אסור לו לזוז ממנו עד שיקברנו, שגדול כבוד הבריות כזה שדוחה כל המצות שבתורה בשב ואל תעשה.

ואם היה הולך להציל מן הנהר ומן הדליקה ומהמפולת ומיד האנס, יבטלנו בלבו, ולא יחזור אפילו יש שהות - לבער חמץ ולחזור ולהציל, **והטעם**, משום הצלת נפשות הקילו לסמוך על הביטול לכתחלה, ואפילו במקום שיכול לקיים שניהן.

(**ונראה דה"ה אם אינו נוגע כלל לפקוח נפש רק היזק ממון, ג"כ סגי בביטול, אם חושש שאדהכי והכי שיעסוק בביעור ישטוף הנהר רכושו, או רכוש ישראל אחר, ואפשר עוד, דאפילו ביכול לחזור ולהציל, ג"כ אקילו בה רבנן לסמוך אביטול בכגון זה, וצ"ע לדינא**).

וכתב המ"א, דלאחר שעת הבעור דלא מהני ביטול, יחזור לבער, כיון שיש שהות להציל אח"כ, ודוקא כשברי לו שגם אח"כ יכול להציל, אבל מספיקא לא יחזור,

ורבים מהאחרונים כתבו, בשיש שהות בודאי אח"כ להציל ג"כ לא יחזור לבער, דדילמא אדהכי והכי מטריד ולא יכול להציל אח"כ.

ואם יצא לצורך עצמו, יחזור מיד - לבער כמצות חכמים, ואפילו כבר החזיק בדרך, שאין דוחין מצות חכמים מפני דבר הרשות.

עיין באחרונים, דלאיזה פוסקים אפילו הוא מערב כדי לילך ללמוד אצל רבו, מקרי דבר הרשות לגבי מצות בעור, וע"כ צריך לחזור ולבער בכל גווני, **והטעם**, לפי שמעשה המצות הוא גדול מהלימוד, אפילו מצוה דרבנן, כשא"א לקיים המצוה ע"י אחרים.

עד כמה הוא חוזר, עד כביצה, פחות מכאן מבטלו בלבו ודיו - קאי על כל מה שנזכר לעיל, דאפילו אם הלך לדבר הרשות, כיון שהחזיק כבר בדרך לא הטריחוהו חכמים לחזור כשהחמץ הוא פחות מכביצה, אלא די לו בביטול, [**דלא** כלבוש דמצדד לומר, דבדבר הרשות אפי' פחות מכביצה חוזר, אמנם בחי' מהר"ם חלאווה משמע קצת כלבוש].

ואם הגיע שעה ששית שאין יכול שוב לבטל, צריך לחזור מיד, אפילו אין שם אלא כזית חמץ, שהרי כל זמן שאין מבערו מן העולם לגמרי הוא עובר על מצות עשה של תורה, **אבל** אם אין שם אלא פחות מכזית, לא הטריחוהו חכמים לחזור, אלא ילך לדרכו, וכשיחזור לביתו יבער, [**אולם** בפמ"ג ובחי' רעק"א מפקפקין ע"ז], **ואם** הוא יו"ט או שבת יכפה עליו כלי עד הערב.

סעיף ח - היתה לו עיסה בביתו, והוא טרוד במקום אחר – (וה"ה כשאין לו מקום לאפותה), **ויירא שמא תחמיץ** - קודם שיבוא לביתו, **מבטלה בלבו קודם שתחמיץ** - פי' אפילו אחר זמן איסורו די בביטול, כיון שבאותה שעה עדיין לא החמיץ, הוי דינו כמו קודם זמן איסורו.

והוא טרוד - ר"ל שמחמת זה א"א לו לבוא לביתו מיד לאפותה, [**ור"ל** דאל"ה בודאי אין נכון להניח לעיסה שתתחמץ, על סמך שיבטלנה מקודם, **אלא** גם בטרוד קשה לכאורה, דהא לעיל מבואר דבדבר הרשות חוזר מיד לבער, ואינו יכול לפטור בבטולו, **ובש"ס** איתא בזה ביושב לפני רבו, וכדמפרש רש"י דמפני אימתא דרביה אינו יכול לקום ולילך לביתו, **אבל** השו"ע שלא הזכיר זה, משמע דבכל גווני דינא הכי, **ובע"כ** צ"ל דהכא הקילו משום דמבטלה קודם שתחמיץ, א"כ לא חל עליה כלל תקנתא דרבנן דביעור, **ומ"מ** נראה, דתיכף משפסק טרדתו, צריך לילך לביתו לבער החמץ, דעכ"פ איכא חשש שמא יבוא לאכול, דשייך אפי' בחמץ שאינו שלו].

אבל אם החמיצה, אין הביטול מועיל אם הוא אחר זמן איסורו - ועובר בכל שעה על בל יראה, וצריך לילך תיכף לביתו ולבער, **ואם** שהה העיסה שיעור מיל, בודאי החמיצה ולא מהני ביטול.

§ סימן תמה – דין ביעור חמץ §

סעיף א - כיצד ביעור חמץ, שורפו - עד שנעשה פחמים, **או פוררו** - לפירורים דקים, **וזורה לרוח** - שלא ימצאנו מי שהוא ויהנה ממנו, **או זורקו לים** - וה"ה לנהר.

והטעם בכל זה, משום דכתיב: תשביתו שאור מבתיכם, בכל דבר שאתה יכול להשביתו.

ואם היה החמץ קשה ואין הים מחתכו במהרה - כגון פת יבש קשה, או חטים יבשים שנתחמצו, **הרי זה מפררו ואחר כך זורקו לים** - בפת פוררו לפירורים, בחטים ג"כ מחתכם דק דק או טוחנם, כדי שיהיו נוחים להמיס מהרה בתוך המים, **ויש** מקילין בחטים שאין צריך לחתכם, אלא מפזרן על פני המים שלא יוכל אדם ללקטן, ודיו, **ובמקום** הדחק, כגון שיש לו חטים הרבה, וישתהה עד שיבוא לחתכם או לטוחנם, יש לסמוך על סברא זו.

ודע, דכמה פוסקים מחמירים אפילו בפת שאינו קשה, דבעי פירור כשמטילים לים ולנהר, **וע"כ** הסכימו האחרונים להחמיר, ולעשות פירור בכל מקום.

אכן אם משליכו לבה"כ, הרי הוא כמבוער מן העולם לגמרי, כיון ששום אדם לא יוכל ליהנות ממנו, ואין צריך לפררו קודם שמשליכו, אפילו הוא פת קשה

וכיו"ב, **ובלבד** שלא ישליכנו שם לפני חזיר, שאסור להאכיל לבהמה אפילו היא של עכו"ם והפקר, **אבל** כשאינו משליכו שם לפני חזיר, אע"פ שסופו לבוא לשם, אין לחוש לזה.

מי שיש לו מים מכונסין ובהם דגים, לא ישליך לשם החמץ שצריך לבערו, אפי' מפררו קודם שמשליכו, שהרי נהנה במה שהדגים יאכלוהו.

הגה: והמנהג לשורפו - דחוששין לדעת הפוסקים שפסקו כר' יהודה, דאמר אין ביעור חמץ אלא שריפה, דילפינן מנותר שהוא בשריפה, **ומנהג** זה הוא אפילו אם שורפו בזמן הראוי, דהיינו בסוף שעה ה' כמנהגנו, [**אף** שלהרא"ש, גם להני פוסקים דביעור חמץ הוא בשריפה, מודו בשעה חמישית דהשבתתו לכתחילה בכל דבר, **מ"מ** נהגו ע"פ דעת הטור, שהשיג על הרא"ש בזה, והוכיח דכל הני פוסקים שפסקו דביעור חמץ הוא בשריפה, אפי' ל' יום קודם פסח נמי בשריפה], **או** בכל שעה ששית, [הוא רק דעת רש"י, וכמעט כל הפוסקים פליגי עליו], **וכ"ש** במצא חמץ לאחר שש או בפסח גופא, דבודאי יש לנהוג לכתחלה לבערו ע"י שריפה דוקא, [דבזה אדרבה, כמעט כל הפוסקים העומדים בשיטת ר' יהודה מחמירין].

וטוב לשרפו ביום, דומיא דנותר שהיה נשרף ביום - ומהרי"ל כתב טעם אחר דנכון יותר לשרוף ביום, כדי שמתוך זה יזכור לבטל בטול שני שמבטלין ביום.

ושורפין בשעה חמישית, שהרי צריך לבטל אח"כ, ובשש לאו ברשותיה לבטלו.

אם יש לו הושענות, טוב לשרוף החמץ בהושענות, הואיל ואיתעביד בו מצוה חדא, ליתעביד בו גם מצות תשביתו.

אך אם רוצה לשורפו מיד אחר הבדיקה כדי שלא יגררנו חולדה, הרשות בידו - ואפ"ה מתקיים מצות "תשביתו" בזמנו, שמשלשים יום ואילך קודם הפסח חל עליו חובת ביעור.

סעיף ב - ואם נתנו לאינו יהודי קודם שעה ששית, אינו צריך לבער - ומ"מ נכון לינהג שלא להוציא כל חמצו הנשאר לו בנתינתו לעכו"ם, ולקיים מצות השבתה בשעה ששית בפירורים שמניח לשורפם, שהפירורים נשבתים ועומדים, ואפי' מניחם אינו עובר בבל יראה, אלא יניח מחמצו לכל הפחות כזית, כדי לקיים מצות "תשביתו" כתיקונה.

ואסור ליתן לעבדו ולשפחתו נכרים שמזונותן עליו, אם הוא הרבה שא"א שיאכלנו קודם זמן האיסור, כ"כ בח"י בשם הב"ח, **ובספר** חמד משה חולק עליהם, דלא איכפת לן מה שמזונותיו עליו, כיון שאינו פורע לו בזמן האיסור, אלא קודם הפסח פורע לו מה שמחויב לו, וכשיבוא הפסח אינו מחויב עוד במזונותיו, שהרי כבר פרעו קודם, **רק** שאסור לו לומר בפירוש, שיחזיק החמץ כל ימי הפסח, שא"כ רוצה בקיומו של חמץ, שאסור, אלא יתן לו בסתם, ויאמר לו: הילך חמץ זה בחובך, ושוב לא יהיה לך מזונות עלי כל ימי הפסח, **וכן** הסכים לדינא הגאון מהרש"ק בחידושיו, וכתב שעכ"פ יש לו ליזהר שלא יאכל העבד החמץ בביתו, שלא יחשדו אותו שפורע חובו בחמץ.

ואם שרפו קודם שעה ששית, הרי זה מותר ליהנות בפחמין שלו בתוך הפסח - שהרי החמץ לא נאסר אז בהנאה, **וה"ה** שמותר בשעה ה' לבשל בו ושאר מיני הנאות, **אכן** המנהג לעשות לו מדורה בפני עצמו אפי' בשעה ה', כדי שלא יבואו להקל גם בשעה ששית, **ונוהגין** לשרוף אותו בחצר ולא בכירה.

אבל אם שרפו משעה ששית ולמעלה, הואיל והוא אסור בהנאה, הרי זה לא יסיק בו תנור וכיריים ולא יבשל; ואם בישל או אפה, אותה הפת ואותו התבשיל אסורים בהנאה - ואע"ג דזה וזה גורם הוא, שהתנור הוא של היתר, והעצים, דהיינו החמץ, של איסור, וקי"ל בעלמא דזה וזה גורם מותר, **שאני** הכא, דגורם העצים של איסור, שבהן הפת נאפית, ניכר יותר ונראה שבחן לעינים, וכמו חד גורם הוא.

ואפילו אם בשעה שנתן הפת לתוך התנור, כבר נהפך החמץ לגחלים, או אפילו לאפר חם, ונאפה על ידן, ג"כ אסור, שהרי בחמץ גם גחלים ואפרן אסור, וכיון שהפת נאפה מחומם, מינכר שבחם בפת כמו בעצים, **ואפילו** אם גרף האפר והגחלים, ואפה ובישל נגד חומו לבד, ג"כ אוסרים כמה אחרונים הפת והתבשיל, [רצ"ע].

(אכן אם הסיק התנור בחמץ וגם בעצים ביחד, ואח"כ אפה שם פת, דהוי ממש זה וזה גורם, **אף** דדעת הט"ז וכן המ"א להחמיר בזה וזה גורם, מ"מ דעת השו"ע והש"ך להקל, וכן כמה אחרונים והגר"א סתמו להקל בזה וזה גורם, **וע"כ** בשעת הדחק שאין לו במה לאכול, או במקום הפסד, יש לסמוך להקל).

ואפילו אם נתערב הפת בככרות אחרות ואינו ניכר, כולן אסורות בהנאה, ואין לו תקנה להתיר פת או תבשיל זה ע"י פדיון דמי הנאת החמץ, שישליך הדמים לאיבוד, [**מיהו** לאחר הפסח מותר ע"י אותה תקנה, ואפשר דבזה יש לסמוך אפי' בלא תערובות].

וכתבו האחרונים דיש עכ"פ תקנה, למכור הפת לעכו"ם חוץ מדמי איסור שבו, דהיינו שינכה דמי הנאת החמץ שהסיק בו התנור, מדמי הפת והתבשיל שנוטל מהעכו"ם, ונמצא שאינו נהנה כלל מהחמץ שהסיק בו, **רק** שיזהר לפרר הפת קודם שימכרנו להעכו"ם, אם הוא מקום שנוהגין היתר בפת עכו"ם, דאם לא יפרר, חיישינן שיחזור וימכרנו לישראל, **ואפי'** בלא נתערב פת או תבשיל זה באחרים, ג"כ יש תקנה זו דמכירה, **ויש** מי שאוסר אם לא נתערבה, ובמקום הפסד מרובה או שעת הדחק, יש לסמוך להקל.

וכן הפחמין שלו אסורים בהנאה, הואיל ושרפו אחר שנאסר בהנאה - ר"ל הפחמין של חמץ, וה"ה אפרן, ולכן אסור להתחמם אצל הפחמין, או ליהנות לאורו וכה"ג, וכן באפרן לכבס בהן בגדים וכדומה, **ומ"מ** מותר לכסות בהן דם שחיטה, דמצות לאו ליהנות ניתנו.

ואם נתערב פחמין של חמץ, עם פחמין של עצים ששרפו בו את החמץ, אסור ליהנות מכולם, ואינם בטלין אפילו באלף, שהרי יש להם היתר הנאה בלא ביטול, דהיינו להשהותן עד אחר הפסח, ודבר שיש לו מתירין לא בטיל.

(ולענין השלהבת, כל זמן שהיא קשורה בגחלת, הרי היא כגחלת, **ואם** אינה קשורה בגחלת, דעת הח"י להחמיר גבי חמץ, וכמו דמחמרינן בש"ס לענין הקדש, משום גזירה דילמא אתי להשתמש בגחלת גופא, **ובחק** יוסף דחה זה, ע"פ מה דאמרינן בש"ס פסחים, איהו מחזר אחריה לשורפה מיכל קאכיל לה, **ואין** בזה כדי לדחות דברי ח"י, דשאני הכא שהרי עכ"פ רוצה ליהנות משלהבתה, ושפיר איכא למיחש שיבא ליהנות מגחלת, ופשוט, **ולפי"ז** אסור להתחמם נגד השלהבת, או להדליק נר ממנה, וכדומה שאר הנאות).

סעיף ג- **קודם זמן איסורו יכול להשליכו במקום שהעורבים מצויים שם** - ותלינן שיאכלוהו, **ועיין** לעיל בסימן תל"ג ס"ו, שהעתקנו דדעת כמה אחרונים, דדין זה אינו אלא ברחוב שהוא מקום הפקר, ולא בחצרו.

ולאחר זמן איסורו לא מהני שיפקירו, שהרי בלא"ה הוציא הכתוב מרשותו ואסרו בהנאה, אלא חייב להשביתו ולבערו.

ואם מצאו אחר זמן איסורו, שלא אכלוהו העורבים, אף על פי שהמקום הפקר, לא יניחנו שם אלא יבערנו - והאחרונים חולקין ע"ז, דאם הפקירו וזרקו למקום הפקר קודם זמן האיסור, שוב אין עליו חובת ביעור, כמ"ש סי' תל"ג, {**ויש** מצדדין לפרש דגם דעת השו"ע כן הוא, אלא דמיירי בגוונא אחריתא}, **אלא** דאפילו אם הניחו במקום המופקר לכל, צריך שיפקירנו לגמרי בפיו ובלבו, ולא יהיה בדעתו בשעת הפקר לחזור ולזכות בו לאחר הפסח, **שאם** יש בדעתו כן, אינו הפקר גמור כל זמן שלא זכה בו אחר.

(ואם לא מצא חמץ כשבדק, ישרוף הכלי שלקח לבדיקה, כדי שלא ישכח חובת ביעור).

§ סימן תמו – מי שמוצא חמץ בתוך המועד §

סעיף א- **המוצא חמץ בביתו, אם הוא בחול המועד, יוציאנו ויבערנו מיד** - ר"ל יוציאנו מרשותו מיד, שלא יבוא לידי מכשול אכילה קודם הביעור.

ואם צריך לברך "על ביעור חמץ", היכא שכבר בדק וביטל כדינו קודם פסח, עיין בסוף סימן תל"ה במ"ב.

ואם הוא יו"ט, יכפה עליו כלי עד הלילה - דדלמא אתי למיכליה, **ואז יבערנו.**

(לפי שלא יוכל לטלטלו ביום טוב) - דמוקצה הוא, דהא אסור באכילה ובהנאה, (**ואפילו בחמץ דרבנן** ג"כ אסור בטלטול, וכ"כ האחרונים).

ור"ל דאם היה מותר לטלטל, היה צריך להוציאו לחוץ או לשורפו, ולא היו מתירין להשהות בבית ע"י כפיית כלי.

(**ואם** מטלטל תבשיל ומוליכו למורה הוראה לשאול עליו איזה שאלת חמץ, והמורה הורה לאיסור, דברו בזה האחרונים, **אם מותר לו להוליכו לביתו כדי לכפות עליו** כלי, או צריך לזרוק אותו תיכף מידו, עיין בח"י ובא"ר ובבית מאיר, **והנראה** דאפילו אם נימא דמותר לו לטלטל בחזרה, כיון שהוא כבר בידו, ושמתחלה טלטלה בהיתר וברשות, מ"מ אין לו להוליכה לביתו אלא לבית הכסא, ולא התירו בכפיית כלי אלא משום דלא אפשר לטלטל, משא"כ הכא שבלא"ה מטלטלה).

(גם לשרפו במקומו אסור) - אפילו אינו מזיז החמץ כלל, מפני שהוא הבערה שלא לצורך היום.

והנה מסתימות השו"ע משמע, דאפילו בחמץ שלא ביטלו, כגון שנתחמץ ביו"ט, דא"א לבטלו ועובר על בל יראה, אפ"ה אין תקנה רק בכפיית כלי, **אבל** הרבה פוסקים סוברים, דדוקא בחמץ שביטלו קודם יו"ט, דאינו עובר בבל יראה, רק מדרבנן צריך ביעור כדי שלא יבוא לאכול, סגי בכפיית כלי, **אבל** בחמץ שלא ביטל, אתי לאו דבל יראה ודחי עכ"פ טלטול דרבנן, וע"כ מותר לטלטלו ולהשליכו לנהר או לביה"כ, או לפררו ולזרוק לרוח, [דאינו מלאכה דאורייתא], **ואפי'** לשרוף מותר לכמה פוסקים, דמתוך שהותרה הבערה לצורך הותרה נמי שלא לצורך, בכגון זה שהוא צורך היום קצת, **וכתבו** האחרונים, שנהגו העולם כדעה הראשונה וכסתימת השו"ע, ובכל גווני כופין עליו כלי, [**ומטעם**, דהעמידו חכמים דבריהם בשב ואל תעשה, וממילא אינו עובר בבל יראה, כיון דהוא אנוס בתקנת חכמים], **מ"מ** היכי דנהוג כסברא האחרונה, נהוג, ואין להם לבטל מנהגם.

וכ"ז דוקא בחמץ גמור, ומשום לתא דבל יראה ובל ימצא, אבל בתבשיל שנאסר משום שמצא בו חטה, וכדומה, אפילו לסברא אחרונה אסור לבערו ביו"ט, אלא יכפה עליו כלי וישהנו עד חוה"מ, **והסכימו** הרבה אחרונים, דאפילו נמצא החטה בתבשיל בשביעי של פסח, דאם ישהנו עד שנכנס יום האחרון, יהיה מותר להשהותו, וכדמבואר בסימן תס"ז ס"י, ונמצא כמשהה החמץ ע"מ לקיימו, אפ"ה אין לו לבערו בפסח, ואפילו ע"י עכו"ם, אלא כופה עליו כלי, ואחר יו"ט שורף החטה ואוכל התבשיל.

וכתבו האחרונים, דאם יש נכרי לפניו, יכול להטילו לים או לבית הכסא על ידו, ואפילו בחמץ שכבר ביטלו, דאינו צריך ביעור רק מדרבנן, משום דטלטול ע"י נכרי הוא שבות דשבות, ומותר במקום מצוה, **ומ"מ** אין העולם נוהגין כן, ובכל גווני כופין עליו כלי, [מג"א, ומשום דחיישינן שיאמר העכו"ם כשפים אנו עושים, **וא"ר** כתב, דחיישינן שיאכלנו הכותי, משום דרוב פעמים אין הולכים עמו לנהר].

(**כתב** הריב"ש, מצא חמץ בר"ה אסור לו להגביהו, דמשעה שהגביהו קנאו, ועובר עליו בבל יראה, **ואפילו** אין דעתו לזכות בו, אלא מגביהו כדי לסלקו ממקום שרבים עוברים עליו כדי שלא יכשלו בו, נמי אסור, ע"ש טעמו, **ולא** דמי להא דשרינן לסלק קוץ בשבת בכרמלית משום היזק רבים, דקוץ הוא דבר הבלתי נראה, משא"כ הכא לא שכיח הזיקא כהתם).

סעיף ב - ויש מי שאומר, דיום טוב שני דינו כחול המועד לענין זה - ר"ל דאם מצא חמץ ביו"ט שני, אינו כופה עליו את הכלי, אלא יוציאנו ויבערנו מיד, **וה"ה** אם מצא ביו"ט ראשון, שצריך לכפות עליו כלי, יעמוד כן עד הלילה, וכשיגיע יו"ט שני יבערנו.

ועיין בשכנה"ג והובא בא"ר, שכמה פוסקים חולקים ע"ז, דיו"ט שני שוינהו רבנן כיו"ט ראשון לכל דבר, **ולהלכה** הסכימו האחרונים, דאם כבר ביטל חמצו, יו"ט שני כראשון, **רק** אם לא ביטל חמצו, או נתחמץ תוך הפסח דאינו בכלל ביטול, והיה בזה שיעור כזית, דלכו"ע עובר בזה על בל יראה ובל ימצא, יש לסמוך בזה על סברת היש מי שאומר, ולטלטל בעצמו החמץ להשליכו לים או לבית הכסא, מאחר שלדעת רוב ראשונים מותר בזה גם ביו"ט הראשון.

סעיף ג - גגו של אינו יהודי שהיה סמוך לגגו של ישראל, ונתגלגל החמץ מגגו של א"י לגגו של ישראל, הרי זה דוחפו בקנה - וליגע

בו בידים אסור, דלמא אתי למיכל מיניה, **ואע"ג** דחמץ שלו מטלטלו ושורפו בחוה"מ, התם שאני, דכיון שהוא מחזר עליו לשורפו, לא חיישינן שמא ישכח ויאכלנו.

ואף דאין החמץ שלו ואינו עובר בבל יראה, מ"מ אסור להשהותו ברשותו, דלמא אתי למיכל מיניה בשעה שעולה על הגג להשתמש בו.

ואם היה בשבת או ביו"ט, כופה עליו כלי, (דאסור לטלטלו ביו"ט ושבת) - היינו אף ע"י דחיפה בקנה, דטלטול מן הצד שמיה טלטול, וישהנו עד חוה"מ, ואח"כ ידחפנו לגגו של עכו"ם או לר"ה.

סעיף ד - מצא פת בפסח בביתו, ואינו יודע אם הוא חמץ או מצה, מותר אפילו באכילה, דאזלינן בתר בתרא - והרי משתמשין כעת רק במצה בכל הבית, **ועוד** שהרי בדק את הבית כדין קודם פסח, ולא נשאר מחמץ כלום, ובודאי היא ממצה שמשתמשין באחרונה.

וכתבו האחרונים, דאפילו מצא הפת בגומא או בחור, אין חוששין שמא לא ראה אותה בשעת הבדיקה, שמן הסתם בדק כדינו בחורין ובסדקין, **ודוקא** כשהגומא מגולה, אבל אם מצא פת בגומא שאינה נראית לכל, כגון שמצא בחריץ ובשולי התיבה, ומכוסה בקרשי שולי התיבה ואינו נראה לכל, יש לחוש שמא פת זו היא חמץ, וחייב לבערה מיד.

ודין זה הוא לפי מנהג זמנם, שהיו אופין מצות עבה קצת, ולא היו חלוקין בתארם מככרות של חמץ.

(**הרי"ף והרמב"ם והרא"ש** השמיטו דין זה לגמרי, **ועיין** באחרונים שנדחקו בזה, **והנה** בפיר"ח שבידינו שיצא כעת לאור בעזה"י, כתב להדיא בהאי סוגיא, שכל עיקר דין זה הוא רק אלאחר הפסח, **ומובן** טעמו, דעל תוך הפסח שהוא בכרת לא הוי מקילינן כולי האי, לאכול דבר שהוא חשש חמץ גמור, רק בלאחר הפסח שהוא מדרבנן, ואפילו למ"ד שהוא מדאורייתא, עכ"פ אין בו כרת לכו"ע, **ואפשר** דמשום טעם זה השמיטו הראשונים, דלא היה ברירא להו דבר זה, **ולמעשה** בודאי אין להקל בתוך הפסח כנגד הר"ח, שכל דבריו הם דברי קבלה).

ואם הוא מעופש הרבה, שאי אפשר לו להתעפש כל כך משנכנס הפסח, אז ודאי הוא חמץ – (משמע שאם הוא מעופש מעט, תלינן להקל שנתעפש ביום ויומים מימי הפסח), **ואם עברו מימי הפסח** – (ר"ל שעברו ימים הרבה מימי הפסח), **שנוכל לתלות שנתעפש משנכנס הפסח עד עתה, אם אנו נוהגים לאפות בפסח פת חם בכל יום, תולין להקל אפילו הוא מעופש הרבה, שאנו תולים לומר בכל יום אפה פת חם ונתנו עליו, ולפיכך הרבה להתעפש.**

§ סימן תמז – דיני תערובת חמץ בתוך הפסח §

סעיף א - חמץ בפסח אוסר תערובתו, בין במינו בין שלא במינו, במשהו, אפילו בהנאה - מדאורייתא הוי חמץ כשאר איסורים שנתערבו, שאינן אוסרין תערובתן אלא כדי ליתן טעם בתערובות, דהיינו עד ששים, **אלא** שחכמים החמירו בו כיון דאית ביה כרת, ולא בדילי מניה כולי שתא, **וי"א** משום דהוי דבר שיש לו מתירין לאחר הפסח.

והיכא דאיכא עוד הרבה צדדים להקל, סמכינן אשאלתות, דס"ל דחמץ בפסח שוה לשאר איסורין דבששים.

הגה: וצריך לשרוף הכל, ולא סגי בפדיון דמי החמץ ולמכור השאר - לאפוקי מדעת הפוסקים שסוברים, דסגי שישליך דמי החמץ המעורב בו לים, והוא כעין פדיון, ואח"כ מותר למכור או ליתן לעכו"ם הכל, קמ"ל דלא קיי"ל כן למעשה, [**והח"י** כתב, דבמקום הפסד מרובה מאוד, המקיל לסמוך על היתר זה לא הפסיד, **ומשארי** אחרונים לא משמע כן].

והאחרונים כתבו, דבמקום הפסד גדול מאוד, א"צ לשרוף הכל, אלא ימכור כולו לנכרי חוץ מדמי איסור שבו, דכיון שאינו לוקח דמים בעד האיסור המעורב בו, א"כ אין נהנה ממנו, והוא כדעת המחבר בסי' תס"ז ס"י. (**ועיין** בפמ"ג שכתב, דלענין למכור לעכו"ם חוץ מדמי איסור שבו, אף דאנו נוהגין להחמיר, כמ"ש הרמ"א בהג"ה, מ"מ אפשר לומר, דאף היכא דאיכא חד צד להקל, מותר למכור לעכו"ם).

מיהו כלים שנתבשל בהם מותרים לאחר הפסח, ואין צריכין שבירה או הגעלה - אפי' בשלו בהם בפסח עצמו חמץ של ישראל הרבה, ונבלעו בהם, אפ"ה מותרים אחר הפסח, שאז כבר אינם בני יומן, **ולא** שייך למגזר הכא אטו בני יומן, דאז הכל מותר, {**ובפמ"ג** מפקפק, אם בישל בהם בשביעי של פסח בא"י, או בח' של פסח לדידן בחו"ל, בעוד שהכלי בן יומו שלא להשתמש בו - מסי' תנ"א ס"א}, **ורק** כשמשהה אותם צריך לשפשף היטב החמץ בעין, שלא יהיה ניכר בהם, ומשום הבלוע אינו עובר בבל יראה במה שמשהה אותם.

ודין תערובתו כדין שאר התערובת, אלא שמה שאוסר בשאר תערובות פחות מס', אוסר בחמץ במשהו; אבל אם בשאר תערובות לא היה צריך ששים, אלא קליפה או נטילת מקום, אף בחמץ כן, שחם בחם בלא רוטב די בקליפה כשאר איסורים - לאו דוקא, דחם בחם בלא רוטב דינו כצלי, וקי"ל דבעי נטילה.

ואם היה זה עם רוטב, דשאר איסורים בששים, הכא לענין חמץ הוא במשהו.

וכן אם נגע ככר חמץ בככר מצה, ושניהם חמין - שהיד סולדת בהם, **ואין שם דבר המפעפע, לא אסור אלא מקום מגעו בלבד, לפי שאינו מבליע יותר** - לאפוקי שאם יש שם דבר המפעפע, כגון פשטיד"ד מצה שיש בה שומן שנגעה בחמץ, נאסרה כולה, דאזיל שמנונית של היתר שבמקום מגעו, ומפטם את טעם משהו חמץ הנפלט, וע"י כן מפעפע טעם משהו זה ומתפשט בכל ההיתר, כמו שהוא דרך כל דבר שמן לפעפע ולהתפשט בעת שהוא חם, **ואם** נגעו מצות אחרות בזו שנאסרה, יש להתירם ע"י קליפה, או שימכרם לנכרי.

(**לכאורה** "וכן" אין לו שום ביאור, דהיינו הך, **ומצאתי** בספר מטה יהודה שנדחק בזה, וכתב דאפשר לומר, דכיון דבשאר איסורין ביו"ד סי' ק"ה, לא נזכר אלא נגיעה דצלי, דירך שצלאו בגידו, או בחתיכה שנצלית עם האיסור, ולא נזכר שם החום דאפיה, לכך כתב: וכן אם נגע ככר חמץ וכו', ר"ל ברישא חום דצליה, וסיפא חום דאפיה, דבשניהם אינו אוסר אלא מקום מגעו בלבד, **וחום** דצליה דהכא, היינו דליכא אלא נגיעה בעלמא, **אבל** הך דלקמן סי' תס"ז סט"ו, דיש שאוסרים את כולה, מיירי בצליה ע"י שפוד, שכשמהפך השפוד מתפשט הטעם בכולה, וכמבואר שם, עכ"ל. ולענ"ד נראה דצ"ל "ולכן").

(ועיין בפמ"ג שכתב, דאע"ג דשתיק כאן הרב על מש"כ המחבר, באין מפעפע לא אסר אלא מקום מגעו, לא אודי ליה, אלא סמך אתס"ז סי"ד, דמליחה אוסרין כל אותה חתיכה, בע"פ בס', ובפסח במשהו, ובאמת כן הוא דעת הב"ח, ולמעשה יש לעיין, דהפר"ח והגר"ז וכן המאמ"ר, כולם דעתם להקל כפסק השו"ע, וע"כ דטעמייהו דדוקא שם במליחה, דנמצא החטה על בשר, דשייך בה לפעמים שמנונית, וגם דאין אנו יודעין באיזה מקום היה הנגיעה, לכך מחמרינן על אותה חתיכה, משא"כ בענייננו בשתי ככרות, שלא שייך בהם שם שמנונית כלל, אין להחמיר, **אמנם** דעת הא"ר כהב"ח, וכן מצאתי עוד איזה אחרונים שהעתיקו דברי הב"ח, וכל זה הוא רק משום חומרא דחמץ נוהגין להחמיר, **ונראה** דבמקום הפסד יש לסמוך להקל בזה, אח"כ מצאתי ביו"ד סימן ק"ה בפמ"ג, שמצדד ג"כ להקל במקום הפסד, באיסור כחוש כזה שאין בו שמנונית כלל).

הגה: ובדין ריחא מלתא, לענין תבשיל שיש בו חמץ עם שאר תבשילין - אין הלשון מדוקדק כ"כ, דבתבשיל בקדירה לא שייך בו ריחא, כמבואר ביו"ד סי' ק"ח, **אלא** הכוונה בצלי, וכגון שהיה צלי שמן בתנור, וככר של חמץ, דאזיל האי שמן ומפטם לככר, והדר האי ככר ונותן ריח של חמץ בצלי.

יש מקילין במקום דהיה מותר בשאר איסורים - ור"ל בדבר שקיי"ל בעלמא ריחא לאו מילתא בדיעבד, ה"ה לענין חמץ לא חמירא טפי, **דאף** שחמץ בפסח במשהו, היינו בנבלע ממשות האיסור, ולא ריח בעלמא, דלענין זה לא חמירא חמץ משאר איסורים.

ולאפוקי במה דמחמרינן בעלמא, כגון באם היה ההיתר דבר חריף, ששואב האיסור בקרבו, [ובזה אפי' כשהתנור גדול ופתוח אסור], וכ"ש הכא לענין פסח, [**ורמ"א** ביו"ד שם פסק, דה"ה אם האיסור היה דבר חריף, וכן העתיקו הא"ר והגר"ז, **ודעת** הח"י וכן המקו"ח, דוקא באם ההיתר הוא דבר חריף. **ודבר** חריף מקרי, כשרוב התבשיל הוא חריף, ובארש"ט מקרי דבר חריף].

ויש מחמירין - ואפילו בדיעבד, **דמשהו מיהו איכא.**

(**כתב** בספר בית מאיר, נראה דאין להחמיר אלא במידי דלא שכיח כלל, דהיינו למשל אלו נאפה פת חמץ בפסח עם בשר שמן, בזה יש להחמיר, משום דנהי דריחא לאו מלתא היא, משהו מיהו איכא, **אבל** במה דשכיח, כמו נמצא חטה באחד מתבשילין בתנור, אין שום סברא להחמיר, אפילו בתנור סתום דשייך בו ריחא, דזה גרע מתרי משהו שדברו האחרונים, שהרי אפילו מבשר שמן ממש, אינו אלא משהו, וזה הריח הבא מן החטה, שאף אם כל גופו נתערב אינו אלא משהו, ושע"י ריח, **ולדעת** הירושלמי והרמב"ן, ללוי באמת אפילו משהו אינו, **בודאי** בכזה כדאי השאלתות לסמוך ולהתיר, בפרט במקום מניעת שמחת יו"ט, ע"ש שהאריך בזה, ומסיק כן לדינא).

ודוקא במקום ששייך בו ריחא, אלא דבשאר איסורים לאו מלתא היא, כמו שיתבאר בי"ד סי' ק"ח בסיעתא דשמיא - היינו שהיה התנור קטן וסתום, והחמץ והמצה שניהם מגולין בתוך התנור, דבכגון זה קי"ל בעלמא, דבדיעבד ריחא לאו מילתא היא, ולכתחלה אסור לעשות כן, וכמבואר ביו"ד סימן ק"ח, **ולכן** בחמץ דחמירא טפי, ס"ל להאי סברא בתרא, דיש לאסור אפילו בדיעבד, דלגבי חמץ ריחא מילתא היא, **אבל** בדבר דלא שייך בו שם ריחא, ואפי' לכתחלה מותר בעלמא, כגון שהיה התנור גדול ופתוח, [ר"ל פתוח לגמרי כבירה, דבזה לכו"ע שרי אף לכתחילה], **או** שאחד מהן מן שתיהם היה מכוסה, בזה גם בחמץ אין להחמיר.

ולענין הלכה, כבר כתב הרב ביו"ד שם, דבמקום הפסד מרובה יש לסמוך אסברא ראשונה, דגם בחמץ ריחא לאו מילתא היא.

וכתב המ"א, דהרב לא התיר אלא בשהיה התנור הקטן עכ"פ פתוח קצת במקום שהעשן יוצא, אבל בסתום לגמרי לא מקילינן בחמץ אפילו במקום הפסד, וכן דעת הא"ר, **והוסיף** המ"א עוד, דחמין הטמונין לשבת שקורין צאלינ"ט, אע"פ שמבשלין אותם בקדרה, כיון ששוהין שם זמן רב, והתנור סתום מכל צדדיו, ריחן חזק ודינן כצלי, וממילא אף בהפס"מ אסור בחמץ לדעתו.

אבל רוב האחרונים הסכימו, דבהפסד מרובה, או בשעת הדחק, כגון לצורך שמחת יו"ט, יש להקל בדיעבד בצלי, אפילו בקטן וסתום לגמרי, וכמו בשאר איסורים, **וכ"ש** בחמין הטמונין לשבת דיש להקל במקום הפסד"מ.

והדף שסותמין בו התנור, לכתחלה יש ליקח חדשה, **ובדיעבד** אם סתמו התנור בישנה, אפילו לא הדיחו אותה, אינה אוסרת.

סעיף ב - חמץ שנתערב משש שעות (ולמעלה) עד הלילה, אינו אוסר במשהו - אע"ג דלוקין עליו בזמן ההוא על אכילתו, וגם אסור בהנאה מן התורה, מ"מ כיון דאין חיוב כרת על הזמן ההוא, לא החמירו בו חכמים לאסור במשהו, **וכן** בחומרא דנותן טעם לפגם, (וה"ה לענין ריחא, לכו"ע לא חמיר בע"פ משאר איסורין).

אלא דינו כשאר איסורין - וע"כ אם נתערב לח בלח מתבטל בששים, **ואם** נתערב יבש ביבש מתבטל לחד בתרי, **אך** צריך לאכלו קודם הפסח, דבפסח חוזר וניעור, כמבואר בהג"ה לקמן בס"ד.

(**מדסתם המחבר משמע, דאפי' במינו נמי דינו הכי, דסגי בששים, ולא מקרי חמץ דבר שיש לו מתירין, מטעם דלשנה הבאה חוזר ונאסר**).

ואם עירבו במזיד, כגון שצריך הדבר לעשותו ולתקנו עם חמץ, כגון מורייס, פי' שומן דגים, שמשימין בו לחם וקלוי, אע"פ שיש בו ס' כנגד הלחם, אסור, וחייב לבערו מד"ס קודם הפסח, [ואפי' אם עשה זה קודם ערב פסח], **ואם** לא ביערו ועבר עליו הפסח, י"א שאסור בהנאה, אא"כ מוכר לנכרי חוץ מדמי איסור שבו. (עיין לקמן סי"א, והגר"ז בסי' תמ"ב מחלק, דכיון שדרך תיקון המורייס הוא על ידי לחם, הרי הוא חשוב ואינו בטל במורייס אפילו באלף).

ולענין חמץ נוקשה תוך הפסח, יש שמחמירין לאסרו במשהו, [משום לא פלוג], **אבל** דעת המ"א ועוד הרבה אחרונים, כיון דאין בו כרת לכו"ע, ולדעת הרבה פוסקים אין בו רק איסור דרבנן, בטל בששים אפילו תוך הפסח, **ויש** לסמוך עליהם בשעת הדחק.

ודע דביו"ט האחרון, אף שהוא ג"כ מדרבנן, מ"מ כיון שנתקן משום ספיקא דיומא, אסור באכילה ע"י תערובות משהו כמו בפסח.

(ונותן טעם לפגם נמי שרי) - היינו אפילו לדעת המחמירין לקמן בס"י בהג"ה, מ"מ בערב פסח בודאי אין להחמיר, ואפילו בפחות מששים.

(כתב שיבולי לקט, שאור או חמץ שנפל בקדרה, או שנתבשל עם בשר צלי, מידע ידע ביה דנותן טעם לפגם הוא, ומשהו {לשון שהיה} באותו מאכל, ומותר, ואע"פ שיש באותו מאכל טעם חמץ, דחמץ בעיניה שראוי לחמע ואינו פגום, דחזיא למילתיה, הוא דאסר וכו', כיון דטעמו פגום ופוגם במאכל זה, מותר, עכ"ל, ומשמע מלשונו דדקדק לכתוב בבישול עם בשר צלי, אבל עם בשר מבושל לאו לפגם הוא, ואף אם נפל בתבשיל, לאו בכל עיסה שנפל לתבשיל נאמר דלפגם הוא, אלא בדבר שמחומץ הרבה, שאין דרכו לתתו בתבשיל, בזה אמרינן דמסתמא פוגם הוא).

סעיף ג- חטה שנמצאת בע"פ - אפילו אחר שש, **בתרנגולת מבושלת, מותר** - לאכלה אפילו בפסח, והיינו אם נצטננה קודם פסח, וכדלקמיה.

לבטלה בס' - צ"ל "דבטלה בס'", וכן מצאתי הגירסא בשו"ע הנדפס עם נחלת צבי, ובשו"ע הראשון שהדפיס המחבר בעצמו, **ובדפוסים** האחרונים נשתבש הגירסא, [דהא מיירי אחר שש, ובודאי אסור אז להוסיף עד ס', דאין מבטלין איסור לכתחילה, **וגם** דלא מהני ההוספה, דחתיכה נעשה נבילה].

כתבו הפוסקים, דה"ה בחטה שנמצאת בע"פ במצה שנאפה היום, בטילה בס', אפי' אם לא הסירה, אך שנתקררה קודם הפסח, מותר לאכול המצה, ויסיר החטה משם אף בפסח.

אבל אם חממו התרנגולת בפסח בעוד שהחטה בתוכה, חוזרת ליתן טעם בתוכה בפסח והוי במשהו - ואפילו למ"ד בס"ד דאינו חוזר וניעור, היינו היכא שאין האיסור ניכר בעין, אבל הכא החמץ בעין.

אבל אם נטלה החטה מתוכה, ואח"כ חממו התרנגולת, מותר, ואע"ג דבס"ד י"א דחוזר וניעור, היינו כשיש בתוכו ממשות האיסור, כגון שכר שנתערב בדבש, אבל הכא אינו אלא טעם בעלמא, [עו"ש ומ"א והגר"א].

הגה: ומיהו בחימום כלי שני אין לחוש - כגון שעירו מים רותחין בקערה, והניחו בה התרנגולת, ס"ל דכלי שני אין בכחו להפליט ולהבליע.

ואם הניחו חתיכת בשר רותח בקערה של חמץ, ואפשר דה"ה אם הניחו אותה מקערה לטעלע"ר, יש להחמיר, דכתבו הפוסקים ביו"ד סי' צ"ד, דבדבר עב כזה, לעולם הוא ככלי ראשון כל זמן שהיד סולדת בו, [**ועיין** במקו"ח דמשמע מניה, דאין לאסור ממנה רק כדי קליפה].

ויש מחמירין בכלי שני בפסח - ר"ל אף דנקטינן לעיקר הלכה, דכ"ש אין מפליט ומבליע, מ"מ לענין פסח יש לחוש לדעת המחמירים שם, דס"ל דכ"ש מפליט ומבליע.

וטוב להחמיר אם היד סולדת בו, דבלאו הכי לא מקרי כלי שני - ואף דבסימן תס"ז סי"ב משמע מרמ"א דאוסר הבשר שנשרה אף בצונן, כשנמצא שם חטה, **תירץ** המ"א דהתם מיירי בבשר דאית ביה פילי, ונאסר גם הבשר ע"י המים שנכנס בתוך הפילי, **וכאן** מיירי בדופן שלם, שאז אין הבשר נאסר אלא ממים חמין, וחמין לא מקרי רק כשהיד סולדת בו, **אבל** המים בעצמן אסורין ע"י החטה, **והבגדי** ישע חולק עליו, ודעתו דמפשיטות דברי רמ"א הכא משמע, דצונן אינו בולע כלל, **אלא** העיקר דהכא איירי רמ"א מצד ההלכה, דטוב להחמיר לחוש לדעת המחמירים, **ושם** הוא רק ממנהגא, שנהגו להחמיר אף בצונן, ובענין מנהגא המקיל במקום הדחק לא הפסיד.

[**לא** ידענא מה כל החרדה הזאת שכל האחרונים מתפלאין, דלענין שיהא המים צוננין מתחמצין ע"י החטה, בודאי בעינן שהייה קצת, שיהיה נשרה החטה במים עכ"פ עד שיתרכך, דלא מסתברא שע"י שיניח רגע, אפי' חטה בקועה, במים צוננים, שיתחמצו המים, **משא"כ** לענין מים חמין, בודאי תיכף משחממו התרנגולת אפי' רגע בחמין, נבלע בה משהו של חטה המוצה].

וטוב להחמיר - ואם החטה אינה בקועה רק נתרככה, ויש הפסד מרובה ומניעת שמחת יו"ט, יש לסמוך להקל, [**כי** הא"ר כתב, דבעיקר דינא דכ"ש יש להקל בהפסד מרובה ומניעת שמחת יו"ט, **ומפר"ח** משמע דהוא סובר לעיקר הדין, דבפסח דהוא במשהו יש להחמיר בו בכ"ש, **וע"כ** נ"ל דאם החטה לא נתבקעה, בודאי יש לסמוך להקל בזה, **ובפרט** שידוע מפוסקים, דכל היכא דאיכא כמה צדדין להקל, יש לצרף דעת השאילתות, דס"ל דבפסח ג"כ בששים].

(ביאור הלכה) [שער הציון] ‹הוספה›

סעיף ד - אם נתערב החמץ קודם הפסח - אפילו אחר שש, **ונתבטל בס', אינו חוזר ונעור בפסח לאסור במשהו** – (נקט הציור לענין דבר לח שביטולו בס', וה"ה לענין יבש שנתערב, ואפי' אם נתבטל רק חד בתרי).

ויש חולקים - ולדעתם מש"כ בס"ב דבטל בששים, צריך לאוכלו קודם הפסח, **או** דמיירי שלא היה בו אלא טעמא לבד, וכנ"ל.

(וה"ה גם לענין יבש ביבש, דהיינו אפילו נתבטל קודם פסח אחד באלף, חוזר וניעור בפסח ואסור).

(וה"ה כשלא היו ששים, אך שהיה נותן טעם לפגם, ויש לעיין אולי דבזה לית פלוגתא דחוזר וניעור, אף לדעת הרמ"א בס"י, דרק לחומרא בעלמא חשש שם לדעה זו).

מעשה שנמצאת חלה אחת של בצק, בתוך הסל שהיו נותנין המצות אפויות ביציאתן מן התנור, והריקו הסל ולא נודע באיזה מצות נגע הבצק, **ופסקו** הפוסקים דחד בתרי בטל, כיון שהיה התערובות קודם פסח, ומותר לחמם המצות בפסח כיון דליכא אלא טעמא בעלמא, **ומיהו** כל המצות שידוע שנגעו בבצק, צריכין קליפה, לפי שאין ביטול לאיסור הידוע.

הגה: ונוהגין כסברא הראשונה בכל תערובות שהוא לח בלח - כגון שכר שנתערב ביין וכה"ג, וקמח בקמח ג"כ מקרי לח בלח. **ומותר** אפילו חזרו וחממו בפסח.

(ועיין בחמד משה שהוכיח, דמה שכתב הרמ"א לח בלח, לאו דוקא ששניהם היו לחים, אלא אם רק החמץ היה לח, אפי' ההיתר יבש, ג"כ אין חוזר וניעור).

כתבו האחרונים, דבדבר שהוא לח בלח, אפילו לא נודע התערובות עד הפסח, ג"כ אמרינן דכבר נתבטל.

ומיהו בדבר יבש שנתערב - קודם פסח, בין שנתערב חמץ במצה חד בתרי, או שנתערב בששים ויותר, אמרינן דחוזר ונעור בפסח, משום שהחמץ בעין, וע"כ צריך לאכלו קודם פסח.

ואם היה חד בתרי, אסור אף להשהות מדרבנן, [דמן התורה, אף לדעת הרשב"א מותר לאכלם יחד, **ובמקום** הפסד סמכינן אדעת הרא"ש, (דסבר שכשהאיסור בטל ברוב, הריהו נהפך להיות היתר, ואין איסור בהשהיה]. **ואם** היה ששים, יכול לבשלו קודם פסח עד שיהא נימוח, ויהיה חשיב כלח, ואז מותר אף לאוכלו בפסח.

ויש כמה אחרונים שסוברין, דאף יבש ביבש דאמרינן דחוזר וניעור, אינו אא"כ יאפה או יבשל אותם בפסח, דאז חוזר החמץ ונותן טעם בהשאר, אבל לאכול כך שרי.

או שיש לחוש לתערובת, כגון פת שנפל ליין, אע"פ שנטלו משם - קודם הפסח, **אסור בפסח, דחיישינן שמא נשארו בו פירורין, ונותנין טעם בפסח** - ר"ל דמשום הטעם שיש בהיין ע"י הפת שנשרה בתוכו, לא היו אוסרין, דהטעם כבר נתבטל בששים קודם הפסח, ואינו חוזר וניעור, רק דחיישינן שמא נשארו אז פירורין בעת הנטילה, **(ונראה פשוט, דהאי דינא דרמ"א לא שייך לפלוגתא דחוזר וניעור, דאפילו אם נסבור דבעלמא אין חוזר וניעור, ג"כ אסור הכא, דדמיא להא דלעיל בס"ג בעוד שהחטה בתוכה, דלכו"ע אסור).**

(ואף על גב דספק משהו הוא, מ"מ החמירו בו, משום דהאי ספיקא קרוב לודאי הוא, דמסתמא נשארו בו פירורין).

ואף דבצונן יש הרבה מתירים לקמן בסימן תס"ז סי"ב, הכא לכו"ע אסור, דמיירי שעבר מעל"ע מנפילת הפת עד עכשיו - מ"א, **ולפי** מה שמבואר לקמן בסי' תס"ז סי"ב במ"ב שם בשם האחרונים, דאם נפל פרוסת לחם לתוך מים בפסח, לכו"ע אסור, משום דדרכו להתפרר ולהיות נמס בתוך המים, ואפי' סינון המים לא מהני, ה"נ אפילו ליכא מעל"ע מעת שנפל הפת לתוך המים, ג"כ אסור, **אם** לא שסיננו קודם הפסח, דאז מה שנימס בטל בששים.

ואפי' לקח קודם הפסח מאותו חבית יין, לאחר שהוציא הפת ממנו, ועירבו בחבית אחרת של יין, ג"כ נאסר כולה, דשמא נפל הפירורין גם שם.

ומה שאסור היינו לשתותו, אבל מותר בהנאה, ומכ"ש דמותר לקיימו, כיון שהוא רק חשש בעלמא.

ועיין באחרונים שהסכימו, דלא מחמרינן אלא כשלא סיננו קודם הפסח, **אבל** אם סיננו שרי, אף דנשרה מעל"ע, אם יש ששים ביין נגד כל הפת, [בדקימ"ל בעלמא דמשערינן בכולה], **ודוקא** ביין שהוא צלול, ומסתנן ע"י מסננת שנקביה דקין מאד, שא"א לפירורי פת לעבור דרך שם, **אבל** אם נפל הפת במי דבש, שלפעמים הם

עבים, ואינו עובר אלא במסננת שנקביה אינם דקין כ"כ, חיישינן שמא יעבור גם הפירורין דרך שם.

ומה שסיננו בפסח, לא מהני, דכבר נאסר ע"י הפירורין תיכף בתחלת הפסח, שנתנו טעם בהיין, [**עיין** במחצה"ש בשם החמד משה שמצדד, דאפי' אם לא נמצא שום פירורין על המסננת, ג"כ אסור, דאפשר שהיו פירורין, ונימוחו בתוך היין בפסח].

אם שאב הזוהמא של מי דבש בנפה שניפו בה קמח, שרי לשתותו בפסח, דבטל בס' דהוי לח בלח.

סעיף ה - בשר יבש וגבינה ודגים שנמלחו קודם הפסח, ולא נזהרו בהם - לבדוק המלח שמא נמצא בהם קצת פירור חמץ, **מותר לאכלם בפסח** - דאף אם היה בהמלח קצת חמץ ובלעו מהם, נתבטל קודם הפסח, ושוב אינו חוזר וניעור, ‹לכו"ע, כיון דליכא רק טעם בעלמא – מחה"ש›. ‹**והקשה** הא"ר, אמאי אין הפירור חוזר וניעור, ותירץ דמיירי שאין רותח עתה מהמלח, רק שנמלח קודם פסח, ולכן אין חשש אלא ע"י שרייה, וגם חששא זו רחוקה, שיהא שם חמץ ויתן טעם משהו ע"י צונן›.

(**ועיין במקו"ח שכתב, דמ"מ צריך להדיחו מתחלה מהמלח, רק דלדעת המחבר מותר להדיחו אפילו בפסח, והרמ"א ‹לקמן› מחמיר להדיחו דוקא קודם פסח**).

ואפילו נמלחו בכלי חמץ, דאין מליחה לכלים להפליט, **ועוד** דסתם כלים אינו בן יומו, ונותן טעם לפגם קודם פסח לכו"ע שרי, **ומטעם** זה, אפילו נכבשו כל אלו מעל"ע בתוך הכלי, [במים, דכבישה לא שייך בדבר יבש], אין לאסור, דאף דכבוש כמבושל, מ"מ הלא לפגם הוא, **ואפילו** הוא בן יומו, יש לצדד בדיעבד להקל, דאימתי מקבל טעם מן הכבישה, אחר מעל"ע, ואז כבר נעשה הטעם שבתוך הכלי לפגם, דהמעל"ע של שימוש החמץ כבר נשלם מקודם.

[**ועיין** בח"י שמצדד עוד טעם להקל, דסתם פליטת כלים של חמץ הוא משהו, דאין רגילין להשתמש בו חמץ בשפע, ומתבטל קודם הפסח, **ואין** לאסור אא"כ נשתמש בו חמץ בכלי בשפע, ושיהא הנכבש מלוח הרבה, דכח המלח משוי ליה להטעם לשבח אף אחר מעל"ע, וצריך ששים לבטלו, ואין במה שבתוך הכלי ס' נגד כל הכלי].

ואם היו מונחים בכלי של חמץ בציר שנעשה ע"י המלח, יש אומרים שאפילו מונח שם זמן מועט, כדי שיתן על האור ויתחיל להרתיח, יש לו דין כבוש עי"ז, [וחמור בזה מדין כבוש הנזכר מקודם, דשם ע"י מעל"ע נעשה לפגם, משא"כ בזה], **וע"כ** אם היה בן יומו מבליעת החמץ, או שהיה מלוח הרבה, כדרך שמולחין בשר לזמן מרובה, [דזה משוי ליה לשבח], אסור מה שמונח בתוך הציר, {דמה שלמעלה מן הציר אינו בכלל כבוש}, **וי"א** שאף בזה אינו אסור, אא"כ ישהה מעל"ע בתוך הציר, וגם יהיה מלוח הרבה, [דאל"ה ע"י המעל"ע נעשה לפגם, רק היכי דמלוח הרבה משוי ליה לשבח], **ובמקום** הפסד יש לסמוך להקל במה שנעשה קודם פסח, [**ובפרט** לפי מה שכתב הח"י, דסתם כלי חמץ שאינו משתמש בו בשפע, אינו אוסר מה שנכבש בו קודם הפסח].

מיהו דגים מלוחים השרוים במים בפסח בכלי חמץ, יש להחמיר ליזהר מהן מפני שהם בולעים בפסח מפליטת הכלים, וחמץ בפסח במשהו - היינו בדגים מלוחים שקורין הערינ"ג, מפני שהוא מלוח הרבה, [והפמ"ג מחמיר אף בשאר דגים מלוחים], **ואפילו** הכלי אינו בן יומו מבליעת החמץ, [ומשום דהחריפות משוי ליה לשבח, **ובפרט** לרמ"א דמחמיר בכל נט"ל בפסח].

וכ"ז הוא רק לכתחלה, [פמ"ג, ומפשטות לשונו משמע, דאפי' הכלי ב"י מבליעת החמץ, ואפי' בהערינ"ג יש להקל בדיעבד, **ולפי"ז** מה שכתב המחבר, יש להחמיר ליזהר, היינו רק לכתחילה, **ועכ"פ** באינו ב"י נראה דיש להקל בדיעבד, אפי' בהערינ"ג].

משמע דאם שרו בכלי יו"ט, שרי, ואין לחוש לפירור חמץ שבתוך המלח.

אבל קודם פסח אין להחמיר אף לכתחלה, אף אם היה הכלי בן יומו מבליעת החמץ, דהא צונן הוא, **ואף** לדעת המחמירין, דבציר היוצא ע"י מליחה נחשב ככבוש אף בזמן מועט, הכא כיון ששרוי במים, המים מבטלין כח הציר, **ומ"מ** בפסח גופא דאיסורו בכל שהוא, מחמירין אפילו שרה זמן מועט, דעכ"פ ע"י חריפות המלח נבלע כל שהוא, **ועיין** במ"א שמצדד, דדגים מלוחים שקורין הערינ"ג, שרייתן עזים וחזקים הם, ואין המים מבטלין כח הציר, וע"כ אפילו היו שרויין קודם הפסח בכלי חמץ, יש להחמיר לכתחלה שלא לאכלן.

(ביאור הלכה) [שער הציון] ‹הוספה›

(אבל אם לא היו שרוים במים, אלא מונחים יבשים בתוך כלי חמץ, אין בולע מכלי החמץ, דהוו יבשים, ואפילו נשתהה מעט לעת בכלי חמץ, דלא שייך כבוש כי אם בדבר לח וצלול).

הגה: ויש חולקין ומחמירין - אתחלת הסעיף קאי, והטעם, דאף דנתבטל קודם הפסח, חוזר וניעור בפסח, (דאפשר שיש חמץ בעין בין המלח – ט"ז, ואפי' למ"ד בס"ד דאינו חוזר וניעור, היינו היכא שאין האיסור ניכר בעין, אבל הכא החמץ בעין – מ"ב לעיל ס"ג.

ובמדינות אלו המנהג להחמיר לכתחלה שלא לאכול גבינות ודגים ובשר יבש - והטעם, מפני שלא נזהרו לבדוק המלח מחמץ בשעת עשייתו, ואפילו הם כבושים בכלי יו"ט.

וכן בשר מלוח מחדש כה"ג, ושאר מיני מלוחים וכבושים, כגון אוגערקע"ס, וכרוב שקורין קרוי"ט, ולימינע"ס, אם לא נזהרו לבדוק המלח מחמץ בשעת עשייתו, נזהרים שלא לאוכלו חוץ מיו"ט האחרון של פסח, [**ולכאורה** אין להקל ביו"ט האחרון, רק מפני המלח שלא נבדק שבטל בס', אבל אם היו כבושים בכלי חמץ, אפשר דאין להקל].

אבל אם הדיחו הבשר - היינו לשפשף ביד ולהסיר הנדבק בהם, **ג' פעמים קודם פסח, נוהגין לאכלו** – (עיין בחי' רע"א שהעתיק בשם הד"מ, בכל יום פעם אחת, **אבל** כל האחרונים לא זכרו דבר זה, וכן מהגר"א משמע דדי אפי' ג' פעמים זה אחר זה ביום אחד).

ודוקא קודם פסח, (ואפילו בערב פסח עד הלילה), אבל תוך הפסח אין לשרותו, **ובדיעבד** ידיח אף בפסח.

ועיין באחרונים שכתבו, דהמנהג לשרותו ג"כ קצת בנהר, או בכלי פסח בצוננת, ע"י מים מחולפים ג"פ, אבל לא בכלי חמץ לכתחלה, [**ועיין** בפמ"ג שמפקפק, לענין דגים מלוחים בשריה בכלי חמץ, אף דיעבד, ואפי' באינו ב"י], (**ובא"ר** כתב, העולם אומרים דשורין שלשה שעות (הוי כהדחה ג"פ), **אבל** בדיעבד די בשריה חצי שעה, דזה עדיף מהדחה ג"פ).

והיינו בבשר יבש, או אפילו מלוח מחדש הרבה ממלח שלא נבדק, שאלו דרכן להדיח, וכן דגים יבשים, **אבל** דגים לחים מלוחים, אפילו רוצה להדיח, אסור, שאלו אין דרכן תמיד בהדחה, וגזרינן שמא ישכח ולא ידיח, **וכן** כל דברים הכבושים, כגון אוגערקע"ס ולימינע"ס וכיוצא בהם, אין מתירים כלל ע"י הדחה, כיון שאין דרכן להדיחן, **ומטעם** זה היה ראוי להקל בלאקסי"ן שדרכו בהדחה, וכן בדגים מלוחים שמביאין בחביות, שקורין הערינ"ג, שדרכן להדיח.

וכתבו האחרונים, דמ"מ לא נהגו להקל בשום מין דגים מלוחים לאכלם תוך הפסח, אף ע"י הדחה, חוץ מיו"ט אחרון של פסח, **אכן** בשעת הדחק, או במקום מניעת שמחת יו"ט, יש להקל באלו, [**ועיין** בא"ר שדעתו, דבדבר שאין דרכו להדיח, אפי' בשעת הדחק אין להקל, **ומח"י** משמע לכאורה דאין סובר כן].

ובכרכשות אין מועיל הדחה - ר"ל אפילו יבשות דדרכן בהדחה, מ"מ כיון שממולאין מבפנים בבשר הנחתך דק דק, ולא נבדק המלח שנמלח בו, אין מועיל הדחה שבחוץ למה שבפנים, **וכ"ז** אפילו לא ניתן שום בתוכו, [**ואם** המנהג שמהפכין הכרכשתא בעת שממלאים בתוכו המולייתא, שצד החיצון שנמלח הוא מבפנים, אז אפי אם מילאו אותו בבשר שנמלח ונכבש לשם פסח, אפ"ה אין מועיל הדחה שמדיחין אותו מבחוץ, כיון שצד החיצון שנמלח במלח שלא נבדק הוא מבפנים], **וכן** בגבינה אין מועיל הדחה מבחוץ מהאי טעמא, שמא יש קצת פירור בתוכו.

לפיכך אין להשרות הטבחות היבשות - היינו הך דכרכשתא שקורין טבחיי"א.

כתבו האחרונים, דאם היה תלוי הבשר יבש תוך החדר שמנהלין שם קמח, לא מהני הדחה, דאדרבא ע"י הדחה הוא מתדבק, ונעשה פירורי בצק דקין מאוד, ונדבקין בבשר, **לכן** יש ליזהר שלא לנהל קמחא דפיסחא, סמוך למאכלים ומשקים או כלים של פסח, מקום שהאבק יכול להגיע.

ובדיעבד אין להחמיר באלו - ר"ל כל הדברים האמורים בהג"ה שנהגו להחמיר הוא רק לכתחלה, אבל בדיעבד שכבר בישל אותם, ואפילו בלי הדחה ושריה, וא"א לקיימם עד אחר הפסח, אין להשליכם לאיבוד, ומותר לאכלם בפסח, **וכ"ש** שאין אוסרין תערובתן אפילו בפחות מששים, כיון שהוא רק חשש ספק משהו דרבנן.

ואם יש שום או שאר דבר חריף בטבחייא, אוסרין אפילו התערובות בפסח כחמץ גמור במשהו, שהרי נחתך בסכין של חמץ, ואפילו היה הסכין מקונח ונקי ואינו בן יומו, ג"כ אסור, [ואפי ביו"ט אחרון של פסח אסור], **ויש** מתירין בהפסד מרובה, התערובות שנתערב פחות מס' מן הטבחייא, אם היה הסכין מקונח ואינו בן יומו.

בד"א בשום ובצל שבתוך המולייתא, אבל שום שחותכין אותו דק דק ומערבין אותו במלח שמולחין בו בשר ליבש, כדי שיהיה ריח השום נודף לתוך הבשר, מותר לאכול הבשר בפסח ע"י שריה והדחה, כמו שאר בשר יבש, [דע"י הדחה הלא נופל השום ממנו, ומה שנותן טעם בבשר ע"י, כבר נתבטל בס' קודם הפסח בבשר], **ודוקא** אם הדיחו קודם פסח, אבל בתוך הפסח אינו מועיל הדחה, אלא קליפה, [דהלא נותן טעם בפסח].

אבל בשומן מהותך בכלי חמץ, אסור מדינא - היינו באכילה אבל בהנאה מותר, **אם לא היו נזהרין** - פי' אם לא כשיהיו נזהרים בשני דברים, אז אינו אסור: **בשעת עשייתו מחמץ** - דחיישינן שמא נתערב בו פירורי חמץ, והוי בעין תוך השומן, **ואפילו** אם ירצה לסנן השומן ע"י בגד עב קודם הפסח, מ"מ אסור, משום חשש שמא היה המחבת בן יומו מבליעת החמץ, ‹ולכן צריך ליזהר ג"כ›, **ושלא התיכו אותו בכלי חמץ שהם בני יומן** - דמשום חומרא דחמץ לא אמרינן סתם כלים אינן בני יומן.

ואפילו אומר עכשיו: ברי לי שלא היה הכלי בן יומו מבליעת חמץ, וגם ברי לי שלא נתערב פירור חמץ בתוך השומן, מ"מ אסור, כיון דבעת התכת השומן לא היה לשם פסח, אמרינן מילתא דלא רמיא עליה דאיניש לאו אדעתיה, [**ועיין** בא"ר, דבמקום הפסד מרובה יש לסמוך באומר ברי לי, **והפמ"ג** כתב, דאין לסמוך רק לענין שהיה הכלי אינו ב"י, אבל לענין שלא נתערב פירור חמץ, אין לסמוך מה שאומר אח"כ ברי לי, **ונראה** דבאופן זה דהוא משום פירור לחוד, יכול לסנן השומן קודם הפסח, ומהני כמו שכתב הח"י].

אכן אם בישלו אותו מתחלה לשם פסח, אלא שהיה הכלי אינו בן יומו, מותר לאכלו בפסח, ובלבד שיערה אותו קודם פסח לכלי פסח, [**וכתב** הפמ"ג, דבדיעבד אינו אוסר אף אם עירו לכלי חמץ, אם נקרש השומן, וכן דעת השלחן שלמה, דכבוש לא אמרינן כי אם בלח, ולא בנקרש], **ומ"מ** לכתחלה אין להתיך השומן בכלי חמץ, אפילו אם ידוע לו שהוא אינו בן יומו.

‹**דע** דיש מן הפוסקים שסוברין, ‹מהרי"ט וסייעתו›, **דדוקא** לענין שומן, שהמחבת שמתיכין בו דרכו להשתמש בו תמיד, וכן כה"ג לענין קדרות שמשתמשין בהן תדיר, מסתמא היא בת יומא עד שיודע לך שאינה בת יומא, **אבל** בשאר כלים אמרינן מסתמא אינה בת יומא, **ומ"מ** מסתימת השו"ע והאחרונים משמע, **דמשום חומרא דחמץ מחמרינן בכל גוונא**›.

‹**וצריך ביאור, דמ"ש בגבינות לא חשש בדיעבד משום פירור חמץ, ורק להחמיר לכתחלה**, ‹והכא אסור מדינא›, **וראיתי** בספר מטה יהודה שהאריך בזה, **ודעתו** דעיקר מה שכתב רמ"א דמדינא אסור, היינו רק משום חשש דפליטת כלי חמץ, ונדחק מאד בלשון רמ"א ע"ש, **ונלע"ד** דרק בשומן החמיר הרמ"א אף דיעבד מטעם פירורי חמץ, דמצוי בו פירורי חמץ, אבל בשארי דברים באמת לא הזכיר הרמ"א רק חשש דכלי חמץ, **אכן** מהח"י משמע דאינו מחלק בזה, וצ"ע›.

וכן כל דבר שמבשלים בכלי חמץ, כגון יין מבושל או מרקחת וכדומה, אסור בפסח - ר"ל אפילו נעשה הכל קודם פסח, והכל דינו כנ"ל לענין שומן.

כתבו האחרונים, אם דרך בני אותו מקום לבשל מרקחת בכלים מיוחדים, וגם כף מיוחד לנער בו, הוי כאומר ברי לי, [**וברי** זה עדיף משאר ברי, דאיתא לעיל דלא מהימנין ליה], **עוד** כתבו, דאם בשעת ההתכה מכוין עצמו בשביל איזה דבר להתיכו בכלי חדש דוקא, אף שלא התיכו לשם פסח, מהני.

הנה מדברי הט"ז משמע, דמרקחת כיון שהוא דבר קיוהא וחריף, אפילו בידוע שלא היה הכלי בן יומו מבליעת חמץ, אסור משום דחורפיה משוי ליה לשבח, וע"כ אפילו ביו"ט אחרון אסור, **אבל** כמה אחרונים השיגו עליו, דאפילו המרקחת הוא מדברים חריפים, כגון צנון וכה"ג, כיון דמטגנין אותן בדבש, בטל חורפייהו, [**ואפי'** הנוהגין לבשל תחילה הדברים החריפים עם מים, ואח"כ שופכים המים ומבשלין אותו עם דבש, כיון שרובו אינו דבר חריף מבטלין כח החריפות, **וע"ש**

בחמד משה שכתב, דאולי הט"ז מיירי ביש בו הרבה תבלין כ"כ, שאין הדבש יכול לבטל חריפותם, אבל סתם מרקחת אינו חריף].

(עיין בב"מ שהאריך בזה, וכתב, דר"ל בידוע עכ"פ שנתבשל, **אף** שספק אם היה כלי חמץ, **מחזקינן כל הכלים סתמא בשל חמץ, אם לא בידוע שיש להם כלים מיוחדים, אבל אם ספק אם נתבשל כלל בכלי, כמו העשב שקורין טהעע, איני יודע מה חשש איסור יש בו, וסיים לענ"ד אינו אלא כדברים המותרים ואחרים נהגו בהן איסור בטעות, ומ"מ במקום שמצוי למכור טהעע מזויף מבושל, נראה דיש ליזהר בזה).**

אבל ביום טוב האחרון יש להקל בו - הטעם, דכיון שהוא מדרבנן, אמרינן ביה סתם כלים אינם בני יומן, כמו בשאר איסורין, וגם לא חיישינן ביה לפירורים.

והיינו בנעשה הכל קודם הפסח, אבל בפסח, אפי' אם ידוע שאינו בן יומו, אסור לאכול אף ביו"ט אחרון.

ויש מקילין לשתות ביום האחרון מי דבש של כל השנה מהאי טעמא, **ואם** יש לספק שמא החמיצוהו בשמרי שכר, אסור, **ודוקא** במקום שדרך להעמיד בשמרים חיישינן לזה, **ואם** עשאוהו ביורות שמבשלין בו יי"ש, אסור בכל גווני, והיינו אפילו שזה כמה פעמים שבישלו בו שאר דברים בינתים, אסור.

ועיין באחרונים שכתבו, דאם ידעינן שהם בני יומן, אין להקל אפילו ביו"ט אחרון, [**דמטעם** נ"ט בר נ"ט בלבד אין להתיר, משום דחמץ שמו עליו, והוי כנ"ט בר נ"ט דאיסורא, **ועיין** בח"א, דדוקא בנתבשל בכלים דדרכן להשתמש בהן חמץ בשפע, כגון מחבות וקדירות שמבשלין בהן מיני קמחין, וא"כ אין ששים נגד הבלוע בו, **אבל** בכלים שידוע בודאי שבלעו רק מעט חמץ, וידוע שיש ס' נגדו, ונתבטל קודם פסח, בודאי קימ"ל דאינו חוזר וניעור, **ומדברי** הגר"א בביאורו לכאורה משמע, דאפי' בבן יומו מתיר השו"ע ביו"ט אחרון, משום דמעיקר הדין נקרא חמץ שנבלע קודם הפסח, התירא בלע].

(**ועיין** פר"ח דמפקפק על עיקר קולא דמקילין בזה ביו"ט אחרון, דאתי לזלזולי ביה).

וה"ה אם נתערב משהו מדברים אלו תוך המאכל, שאין להחמיר לאסור התערובות, כן נ"ל - חדא, דיש פוסקים שסוברים, דפליטת כלים דהוי נ"ט בר נ"ט, מותר קודם הפסח, שהחמץ נתן טעם בהכלי, והכלי נתן בשומן והיין, **ועוד** דאיכא לספוקי שמא לא היה הכלי בן יומו, וקודם הפסח לכו"ע שרי נותן טעם לפגם, **ונוכל** לסמוך אטעמים אלו, עכ"פ לענין שלא לאסור התערובות.

וכמה אחרונים הסכימו, דבמקום הפסד מרובה, יש להקל אפילו אם נתערב הרבה, שאין ששים כנגדו, (הוא דעת הח"י), **ויש** מקילין בכל הדברים שאין לחוש לפירורים, דהיינו חוץ משומן, אפילו שלא במקום הפסד מרובה, (הוא דעת המ"א, מפני שאין דרך להתערב בהן פירורין), **ונראה** דיש לסמוך להקל אדעת מ"א, מאחר דדעת מהרי"ט וסייעתו להקל בסתם כלים אפילו שלא בתערובות, **וכן** בשומן יש לסמוך אדעת ח"י להקל במקום הפסד מרובה, שכמה אחרונים העתיקו דבריו להלכה, וגם משמע בבי' הגר"א דעיקר הדין הוא חומרא).

אכן אם ידוע שהכלי שנתבשל היה ב"י מבליעת החמץ, משמע מאחרונים דאוסר התערובות, דמשום סברת נ"ט בר נ"ט לחוד אין להתיר, דלכמה פוסקים נ"ט בר נ"ט אסור בחמץ, אף קודם פסח, [**ועיין** בפמ"ג דלא פסיקא ליה, דאפשר דיש לסמוך בדיעבד לענין תערובות, אסברת נ"ט בר נ"ט לחוד, **ועכ"פ** היכא דיש ששים, אפשר שיש להקל במקום הפסד מרובה].

יש מחמירין להסתפק מחומץ יין שמסתפקין ממנו כל השנה - ואפילו אם נעשה החומץ בכלי חדש, וגם נשאבו ממנו בכלי פסח, אפ"ה אסור, **דחיישינן שמא נתנו בו מן הנשאר מן הסעודה, ולפעמים יש בו פירורי לחם** - ואם סיננו קודם פסח מותר.

שמסתפקין ממנו כל השנה - לאפוקי מן החומץ שמונח בבית האוצר דשרי.

ובמקומות אלו שאין חומץ יין מצוי, לא ראיתי מחמירין בזה - וע"כ אפילו נסתפקו ממנו שרי, דלא אפשר בקל למצוא אחרים, [**ובחי'** רעק"א גמגם, דהא אפשר לקנות קודם יו"ט ולסננן].

עוד יש מחמירין לכתחלה שלא למלאות מן יין וחומץ יין תוך ל' לפסח בכלי חמץ - ר"ל כשבא

למלאות חבית יין לפסח, לא ימלאנו ע"י כלי חמץ, אף שסתם כלים נקיים הן, ואין בהן לכלוך בעין רק בלוע בתוכו, ובלוע אינו נפלט ע"י צונן.

ואם מלאוהו תוך שלשים, נוהגין שלא לשתותו בפסח; והמיקל לא הפסיד, כל שכן במקום שאין יין וחומץ מצוי, כן נראה לי.

ואם הכלי היה מורק ושוטף, שרי לכו"ע, **אם** לא ששהה החומץ בתוכו מעל"ע, דבחומץ בעינן ג"כ מעל"ע, ואז אפילו אינו ב"י אסור, דחורפיה משוי ליה לשבח.

במקומות שמערבין צוקער בחומץ יין, אין להסתפק ממנו בפסח, אא"כ סיננו קודם הפסח, **ובמקום** הפסד מרובה מותר בדיעבד אפילו לא סיננו.

חבית יין שדבקו נסריו בבצק, אם הוא תוך שני חדשים קודם פסח, עדיין רך הוא ונותן טעם בפסח, ואסור לשתותו - פי' דהטעם שנתן קודם הפסח כבר נתבטל בס', אלא דאסור משום דנותן טעם בפסח עצמו, דהוא במשהו, **ואף** דבצק הזה הוא חמץ נוקשה, ובנוקשה ס"ל לכמה פוסקים דבטל בס' אף בתוך הפסח, **הכא** גרע, דכיון שנותן היין ע"מ להשהותו בתוך החבית בפסח, הוי כמבטל איסור לכתחלה.

ודוקא לשתותו, אבל לקיימו שרי, כיון שעבר עליו שלשים יום, [**ועיין** בפמ"ג שכתב, דממ"א משמע דאפי' בתוך שלשים ג"כ מותר לשהותו, שהבצק נעשה לחזק החבית ובטל לגבי החבית, ומותר לקיימו, והיין נמי מותר לקיימו, **ובאמת** כן משמע מתה"ד, דהיכא דליכא כזית מותר אפי' בתוך שלשים].

ואם נתנוהו קודם לכן - היינו שנתנו הבצק לדבק קודם שני חדשים, **כבר נתייבש ואינו נותן טעם בפסח, ושרי** - ועיין בט"ז שדעתו לדינא, דדי בשלשים יום, אבל המ"א וח"י דעתם לדינא כמשמעות הרמ"א, דלענין שיהא מותר לשתות היין, בעינן דוקא ב' חדשים.

מיהו אם יש כזית בצק במקום אחד - ר"ל שאין חוט הבצק נפסק בינתים, וראוי להנטל כאחת אלו היה לח, **חייב לבערו** - אא"כ טחו בטיט, **אע"פ שעשוי לחזק, כדלעיל סימן תמ"ב סעיף ז'** - ומסתברא דר"ל אפילו הוא קודם ב' חדשים.

(**ולענין** היין אם מותר לשתותו, לכאורה הדבר פשוט, דקודם שני חדשים שכבר נתייבש, ואינו נותן טעם ביין, יריק היין מן החבית, ומותר לשתותו, וכ"ש להשהותו, **ואם** בתוך שני חדשים שנותן טעם ביין, דאסר הרמ"א לשתותו, לענין להשהותו תלוי בשני התירוצים שבמ"א, דלתירוץ קמא אסור, ולתירוץ בתרא שרי, **ונראה** דתירוץ בתרא עיקר).

סעיף ו - מלח ששמו במדוכה, מותר למלוח בו בשר בפסח - ואפילו היא בת יומא, שביום זה דכו בה, ורק שהיא כעת נקיה, **ואפילו** המלח מונח שם מעל"ע, דלא שייך כבוש כי אם בדבר לח, ולא ביבש, **ואפילו** מונח המלח במדוכה בפסח עצמו.

(משום דאינו מפליט בצונן) - ר"ל דאם היו נותנין בו דבר רותח, בודאי אסור, דמפליט בו בליעת הכלי, אבל נתינת המלח, אף דאמרינן בעלמא מליח כרותח, לענין פליטת כלים אינו מפליט בצונן, **ודוקא** ביבש, אבל בצונן לח וע"י שריה, חושש לעיל בס"ה להחמיר.

(**ודוקא** במדוכה, אבל מלח שמונח בשארי כלים שרגילין להשתמש בהם הרבה חמץ, אין כדאי לכתחלה להשתמש בהם בפסח).

ואם נידוך המלח בתוכו, דאיכא חורפא ודוחקא דדיכה, מפליט מן הכלי אפילו אם היה יבש המלח לגמרי, ואפילו היה המדוכה אינו בן יומא, וגם קודם הפסח, **וכתבו** האחרונים, דבמדוכות שלנו שרוב תשמישה בבשמים וכה"ג, דליכא חמץ רק חשש לטעם משהו, אם נידך קודם פסח דנתבטל, יש להתיר למלוח בו.

סעיף ז - בוסר שדכין קודם פסח במדוכות מחומצות, מותר לאכלו בפסח, הגה:

משום דאינו מפליט בצונן - ס"ל דבוסר לא הוי חריף, **אבל** לפי מאי דפסק ביו"ד סימן צ"ו, דאפי' פירות חמוצים הוא בכלל דבר חריף, א"כ אף בוסר בכלל, **וא"כ** ע"י חריף ודוחקא נבלע בבוסר החימוץ של המדוכה, ואין בבוסר ששים נגד כל המדוכה לבטלו, וע"כ אפילו קודם פסח יש להחמיר, **ועיין** באחרונים שכתבו, דבמקום הפסד מרובה יש לסמוך על הפוסקים דס"ל, דפירות חמוצים לא הוי בכלל דבר חריף.

ודע, דאפילו שלא במקום הפסד שהחמרנו במדוכה, הוא דוקא במדוכה שרגילין לדוך בה חמץ, **אבל** במדוכות שלנו שרוב תשמישן בבשמים וכה"ג, וליכא רק חשש שמא נמצא משהו חמץ בתוך התבלין, ונבלע יחד במדוכה והדר נפלט בתוך הבוסר, הרי מתבטל בששים קודם הפסח.

ואפילו אם נעשה בפסח, אינו אוסר אם היה הכלי נקי - דכיון דס"ל דבוסר אינו דבר חריף, ע"י דוחקא לבד אינו מפליט מן המדוכה אפילו משהו.

ובסתמא מחזיקין להמדוכה שהיא נקיה, ואתי לאפוקי רק אם ידעינן שהיא מלוכלכת, **ואז** אסור לדעת כמה אחרונים, אפילו אם דכו קודם פסח, דאפילו אם נסבור דבוסר לא הוי דבר חריף, מ"מ ע"י דוחקא דדיכה נכנס בתוכו קצת, וא"א להדיחם, [מ"א, **ודע** דא"ר חולק על המ"א, ודעתו, דקודם פסח מותר אפי' אם לא היה הכלי נקי, ומטעם, דכיון דנידוך ודאי מתערב יפה ובטל קודם פסח, וכן דעת נ"צ, **ואתי** שפיר לדידהו, מה דבסכין אינו מקפיד הרמ"א לאסור משום אינו נקי רק בתוך הפסח, וצ"ע למעשה].

(**משמע מלשון המחבר, דבתוך הפסח אין להקל, וטעמו משום דהוא חשש לפליטה, ולפי"ז אין מותר אלא קודם פסח, והרמ"א החליט דאינו מפליט בצונן, וע"כ אפילו בתוך הפסח שרי – מאמר מרדכי, אכן קשה, דהו"ל לרמ"א לכתוב בלשון "וי"א", או "ונ"ל", ולא לכתוב סתמא, ולענ"ד אם נתפוס לדינא כדברי הא"ר ונ"צ, דקודם פסח מותר בשדכו אפילו לא היה המדוכה נקיה, אתי שפיר בפשיטות, דהמחבר מיירי בשלא היה הכלי נקי, ולכך לא מתירין אלא בקודם פסח**).

אבל אם חתכו בסכין של חמץ תוך הפסח - היינו שחתכו אותו בוסר, אפילו לדעתו שאינו נקרא חריף, וכל כה"ג שאינו דבר חריף, **יש להחמיר, דסתם סכין אינו נקי ויש לחוש לחמץ הדבוק עליו** - אף דע"י דוחקא של החיתוך לבד אינו מפליט, מ"מ יש לחוש לחמץ הדבוק על הסכין.

אבל אם נתערב אותו דבר בתבשיל - אפי' בפחות מס', **אין לחוש ולהחמיר ולאסור מספק** - שמא יש פירור על הסכין, ונדבק בדבר שחתכוהו, **כן נ"ל** - ואף דסתם סכין אינו נקי, מ"מ אינו ודאי שהיה שם חמץ דבוק עליו, ואין להחמיר אלא דבר שחתכוהו בו, אבל לא תערובתו, כיון דמשהו אינו אלא מדרבנן, [**היינו** אף אם לא הדיחו הסכין מקודם], **ויש** מאחרונים שמחמירין אפי' התערובות, אם לא הודח הסכין מקודם, **ובהפסד** מרובה או לצורך שמחת יו"ט יש להקל, **וכתב** הח"א, דבסכינים שחותכין בו לחם במדינותינו, ידוע שנדבק בו פירורי חמץ, ולכן אפילו התערובות אסור, אם לא הדיחו את הסכין מקודם.

וקודם הפסח שרי הבוסר ע"י הדחה שידיחוהו, [**ואף** דבדיכה מסיק המ"א, דאין להתיר אפי קודם פסח ע"י הדחה, התם ע"י הדיכה נכנס המשהו חמץ מבפנים, וא"א בהדחה, משא"כ בחתיכה בעלמא, מהני הדחה], **אבל** תוך הפסח דבמשהו, יש להחמיר לכתחלה שלא לאכלו, [דאף אחר הגרירה חיישינן דנשאר עוד משהו, ובשארי איסורין או קודם פסח מקילינן, משא"כ בפסח].

ועיין במ"א שדעתו, דאין להחמיר אף בפסח, רק בדברים שנעשים ע"י עכו"ם בקביעות, כגון לקנות מהם דגים שחותכים בסכיניהם של חמץ, **אבל** אם נעשה כן בביתו של ישראל באקראי, כגון שחתך בסכין חמץ דבר שאינו חריף בפסח, סגי בהדחה או בגרידה, [ואפי' ידוע שאין הסכין נקי, **ויש** לסמוך ע"ז, כיון דהוא רק חשש משהו בעלמא].

וכ"ז אם חתכו בו דבר שאינו חריף, אבל בדבר חריף, וה"ה בוסר לדידן דס"ל דהוא דבר חריף, אפילו אם הסכין היה ודאי נקי, וחתכו בו קודם הפסח, אסור לאכלו בפסח, **אכן** זה אינו אלא דוקא בסכין שרגילין להשתמש בו חמין לפעמים, ויש בתוכו בליעת חמץ, **אבל** אם אינו רגיל להשתמש בו בחמין כלל, כגון בצל שחתכוהו בסכין שגוררין בו בצק מן העריבה, והיה נקי, מותר הבצל, ואף אם חתכוהו בפסח, כיון שאותו סכין לא שמשו בו חמין מעולם, וצונן לא מבליע ולא מפליט.

סעיף ח - אם חתכו זיתים וה"ה צנון ובצל, בסכין ישן, אפילו הוא נקי, ואינו בן יומו מבליעת חמץ, [דחורפיה משוי ליה לשבח], ואפילו הוא קודם פסח, אסור, כיון שהוא דבר חריף, [**ולא** שייך ביה ביטול, שיתבטל הבלוע שבזיתים בששים קודם פסח, דבבל הסכין

משערינן, דלא ידעינן כמה נפק מיניה, וא"כ כל זית וזית בלוע מחמץ, **ולא** אמרינן דלאחר שכבש כל הזיתים בכלי, יצרפנו כולם יחד לבטל בליעת הסכין שבהם, שיש בכולם בודאי ששים נגדו, שאין בכבישה כח להפליט מזה לזה].

ודוקא שנחתכו קודם שנתנו אותם לכבוש, שאז הם עדיין בחריפתן, או אפילו לאחר שנכבשו ונתחמצו, שאז מקרי גם כן דבר חריף, **מה** שאין כן בנחתכו לאחר שנתנו עליהן מים, קודם גמר כבישתן, דאז לא מקרי דבר חריף, דמים מבטל חריפתן.

ומי הזיתים שנכבשו קודם פסח, אפילו חתכן בסכין בן יומו, גם כן מותר לשתותן בפסח, אם סיננן מן הזיתים קודם הפסח, לפי שכבר נתבטל החמץ בהן בששים קודם הפסח, [**והח"י** פקפק ע"ז אם לא היה הסכין נקי, הלא יש לחוש לפירור, וכמו שכתב הרמ"א בסעיף הקודם, ואין להתיר לדבריו אלא אם היה הסכין נקי, **ומשו"ע** הגר"ז משמע דאפי' באין נקי, וקושיית הח"י אפשר לתרץ בפשיטות, דהכא במי זיתים דומה להא דהקיל הרמ"א לעיל, בשנתערב הבוסר בתבשיל, דאין לאסור התבשיל, דמה לי תבשיל ומה לי מים].

[**ואם** סיננם בפסח, כבר נבלעו בפסח גופיה מן הזיתים, ואז הלא איסורן במשהו ולא שייך ביטול].

ואם נתבשלו הזיתים קודם הפסח, גם הזיתים עצמן חוזרין להיות מותרין, דע"י הבישול נפלט הטעם מכל זית מאחד לחבירו, ומצטרפין כולן יחד לבטל פליטת הסכין בששים, **ויש** מאחרונים שמחמירין, לאסור הזיתים אף לאחר הבישול, ‹דאין הגעלה באוכלין›, **ובמקום** מניעת שמחת יו"ט יש להקל, אם יודע שהסכין היה נקי, [אפי' כשהוא בן יומו, **דאפי'** אם לא נתבשל כלל, סמכינן בהפ"מ על הפוסקים דפירות חמוצים לא הוי דבר חריף, ‹אפי' בזיתים›, וכ"ש בזה שנתבשל, ודיינו שנחמיר שיהיה הסכין נקי].

זיתים שנזהרו לחתכם בסכין חדשה, אפילו לא נזהרו לכבשם בקדירה חדשה, אם אינה בת יומא מותרת לכולי עלמא - דאז פליטת הקדירה שנבלע בהזיתים ע"י הכבישה הוא לפגם, **ואע"ג** דדבר חריף אסור אף באין בן יומו, הכא כיון שנותנין בהם מים לצורך כבישה, בטל חורפייהו, **ודוקא** כשהמים היו יותר מהזיתים, הא לא"ה נשאר הזיתים בחריפותן.

ורק בעינן שלא ישהו שם בכלי חמץ זמן רב שיתחמצו בו, דאז חוזר ונעשה חריף, ומשוה טעם חמץ הבלוע בכלי לשבח, אלא יסלקם מקודם לכלי פסח. [**ואין** להקשות, אפי' אם יסלקם לכלי פסח מאי מהני, כיון דעב"פ יתחמצו לבסוף, הלא יחזור הטעם הבלוע בהם מתחילה שהיה לפגם, ויהיה עתה ע"י החימוץ שנעשה חריף יהפך לשבח, **תירץ** הח"י, כיון שבעת עיקר קבלת טעמו מתחילה, היה זה הטעם לפגם, שלא היה אז דבר חריף, לא אמרינן תו דחורפיה מחליא ליה].

(לכו"ע – ר"ל דנהי דגם כשלא נזהרו לחתכם בסכין חדשה יש מקום להתיר לדעת קצת פוסקים, מ"מ כמה אוסרים, משום דס"ל דחורפיה דזית מחליא ליה לטעם הבלוע ומשוי ליה לשבח, ואוסרים, אבל כשנזהרו בסכין, אפילו לא נזהרו בקדרה, אין לחוש לכלי שאינה בת יומא, משום דאגב מיא דיהבי בקדרה בטל חורפיה).

והנה מדברי המחבר משמע, דאם הקדירה שנתנו בה הזיתים היתה בת יומא מבליעת החמץ, אסורין הזיתים לאכלן בפסח, אם שהו בתוכה מעל"ע, דנעשין כבוש והרי הוא כמבושל, **ואף** דבשעה שנעשין כבוש אחר מעל"ע, כבר נעשה הבליעה שבתוך הכלי לפגם, **(והמ"א כתב, דלא יצוייר לאסור ע"י כבישה, אלא כשהיה בבת אחת, שברגע זו שהוציאו החמץ, באותו רגע נתנו דבר הנכבש, ודוחק, דא"כ היה לו להטור והמחבר לפרש ולא לסתום, והבית הלל ופר"ח תירצו, דכלי שעומד עם רוטב לא נפגם טעמו לעולם, ורק כשהוא ריקם נפגם, לדידהו אתו דברי השו"ע להלכה כפשטיה, ובח"י כתב, דבענינינו אסור מטעם מעל"ע כיון שיש בזה חריפות קצת),** [ואע"ג דלא הוי חריף גמור, דהמים מבטל החורפא], מ"מ כיון שחריפין קצת יש להחמיר, **(וזהו דוחק, מ"מ להלכה נראה להחמיר, אכן בשעת הדחק נראה דיש לסמוך להקל גם בזה, דבלא"ה דעת הח"י, שאין לאסור ע"י כבושה אלא בכלי שמשתמשין בה חמץ בשפע, דאז צריך לשער נגד כולה, ואי לא"ה אמרינן שיש ס' נגד פליטתה).**

והנה לפי המבואר לקמן בס"י בהג"ה, דאנו מחמירין בנותן טעם לפגם בפסח, אין להתיר אא"כ סילקן מהכלי חמץ קודם הלילה בערב פסח.

סעיף ט - יבש ביבש, אע"ג דבשאר איסורים חד בתרי בטיל, חמץ במצה אפילו

באלף לא בטיל - כיון דאם נתערב לח בלח איסורו במשהו, גם ביבש החמירו, **ואין** חילוק בין אם נתערב מין במינו, או נתערב מין בשא"מ. **ור"ל** שנתערב פרוסה של חמץ בתוך פרוסות מצה ואינו ניכר, דאלו נתערב ככר בתוך ככרות, לכו"ע לא בטיל, [אפי' נתערב קודם פסח], דהוי דבר שבמנין, [פי' שצריך למכרו במנין מחמת חשיבותו, ואינו נמכר באומד], ואינו בטיל אפילו באלף.

ולפי"ז דוקא כשנתערב בפסח, אבל אם נתערב בע"פ עד הלילה, דקי"ל לעיל בס"ב, דדינו כשאר איסורין, וא"כ בלח שיעורו בנ"ט כשאר איסורין, ה"ה ביבש ג"כ דינו כשאר איסורין, ובטל ברוב, [**והיינו** מין במינו, דאילו בשאינו מינו, גם בשאר איסורין קימ"ל דבעינן ששים, דאם יבשלם יתן טעם], **ומ"מ** צריך שיהיו נאכלין כולם קודם הלילה, דאל"ה אמרינן דחוזר וניעור בפסח, כדמוכח לעיל בס"ד בהג"ה.

יש שכתבו, דאימתי לא בטיל יבש ביבש לדעה קמייתא, דוקא כשהאיסור הוא מחמת עצמו שהוא חמץ, **אבל** אם היה היתר בעצמו, ורק שנבלע בו חמץ משהו, כגון מצה שמצאו בה חטה חמוצה שנאפית בתוכה, ונתערבה אח"כ באחרות, בטל חד בתרי אפילו תוך הפסח, **אבל** כמה אחרונים חולקים ע"ז, ודעתם, דלדעה קמייתא בכל גווני לא בטיל, [**אבל** לדעה בתרייתא שרי, ואף דהמצה היא ככר שלם, לא מקרי דבר שבמנין, כיון דאין איסורו מחמת עצמו, אלא מחמת בלוע].

עוד כתבו, דכלי חמץ שנתערב בתוך כלי פסח, בפסח, דינו כמו יבש ביבש דלא בטיל, ואסור להשתמש בהם בפסח, [**ואפי'** אם הכלי חמץ היה אינו בן יומו, ואף לדעת המחבר המתיר נט"ל בס"י, דהא עכ"פ לכתחילה אסור להשתמש בכלי שאינו בן יומו, **וכ"ז** לדעת האחרונים החולקים שנזכר מקודם, דלדעה קמייתא בודאי נתבטל, דרק נבלע בו החמץ].

ואף כשנתערב בע"פ, נכון להחמיר שלא להשתמש בם, [אף דבע"פ קימ"ל דיבש ביבש מותר, מ"מ בכלים יש להחמיר, דהוי דבר שיש לו מתירין], (דמשו"ה חמץ לא מיקרי דבר שיש לו מתירין, הואיל וחוזר לאיסורו בפסח הבא, וזה לא שייך בכלי, לפי מה שכתב הח"צ, דכלי שעבר עליו י"ב חודש, אפילו בפסח דקימ"ל נותן טעם לפגם אסור, מ"מ כה"ג הוי עפרא בעלמא שרי – מחה"ש), **אכן** אם הכלי חמץ היה אינו בן יומו, במקום מניעת שמחת יו"ט יש להקל, אם נתערב בע"פ, [**וכיון** שנתערב קודם פסח, וקודם פסח נט"ל מותר, לא אמרינן אח"כ בפסח חוזר וניעור].

וי"א דחמץ שוה לשאר איסורין בזה - טעמם, דדוקא בדבר לח המתערב, דבשאר איסורים שיעורו בנ"ט, החמירו חכמים בחמץ דהוי במשהו, **אבל** בדבר יבש, דבשאר איסורים חד בתרי בטל, ה"ה בחמץ בפסח.

והסכימו אחרונים דהלכה כדעה קמייתא, (**ועיין** בפמ"ג, דאפשר דמותר למכור לעכו"ם חוץ מדמי איסור שבו).

ואם נאכל אחד מהם, אפילו נתערב רק חד בתרי, מותר לאכול השאר לכו"ע, דכיון דמן התורה בטיל, רק מדרבנן אסור, ובדרבנן תלינן שזה שנאכל היה החמץ.

סעיף י - נותן טעם לפגם, מותר גם בפסח - הטעם, דנהי דהחמירו חכמים לאסור חמץ בפסח במשהו, היינו משום דאע"ג דמשהו הוא, מ"מ יש שם איסור עליו, **אבל** כשהטעם פגום, פקע איסורו לגמרי, ואינו יכול לאסור התערובות אפילו באכילה, ואפילו אין בתערובות ס' נגדו, ודינו בפסח ככל הפרטים המבוארים ביו"ד סימן ק"ג לענין שאר איסורים.

והנה כ"ז הוא לענין התערובות, אבל לענין החמץ עצמו, מבואר לעיל בסימן תמ"ב ס"ט.

הגה: וים מחמירין - וטעמם הוא, דהא אין לך ביטול טעם יותר ממשהו באלף, ואפ"ה אסרו חכמים בפסח, וה"ה נמי נטל"פ בפסח, אסור באכילה ובהנאה.

וכתבו הפוסקים, דמ"מ אם נפסד לגמרי עד שיהא כעפרא בעלמא, אין בו איסור כלל, **ואפשר** דאף שנפסד לאחר זמן איסורו, דאסור בהנאה כמבואר לעיל סימן תמ"ה, מ"מ אינו יכול לאסור התערובות, דזה לא נקרא הנאה, דמפסיד המאכל.

וכן נוהגין באלו המדינות - ובמקום שאין המנהג ידוע, יש להורות דהמיקל לא הפסיד, והמחמיר תע"ב.

ובמקום שים מנהג להחמיר, אפילו משהו ונותן טעם לפגם, אסור - ומ"מ לענין הנאה למכור לעכו"ם, יש להקל בזה שהוא גם משהו, [**דבלא"ה** בתערובות משהו, פסק המחבר בסי' תס"ז ס"י, להקל למכור לעכו"ם, משום שאין נמכר ביוקר בשביל המשהו, **רק** שהרמ"א כתב שם דהמנהג לאסור, והיכא שהוא ג"כ לפגם, בודאי אין להחמיר בזה].

ועיין בפמ"ג שמצדד, דביום טוב האחרון יש להקל, אם מתרמי שתיהן יחדו, אפילו באכילה.

ולענין ריח, המתבאר לעיל בס"א דיש מחמירין, אם מצטרף לזה ג"כ נטל"פ ממשהו, יש להקל.

סעיף יא - הכלל בזה: דחמץ שעבר עליו בבל יראה מן התורה, ושהה אותו, אף אחר הפסח אסור באכילה ובהנאה, **ואפילו** אם לא שהה אותו בעין, רק על ידי תערובות, כגון שנתערב בפסח, או אפילו קודם פסח, בשיעור מועט שאין מתבטל, ועדיין יש חיוב לבערו מן התורה, אסור אותו התערובות לאחר הפסח באכילה ובהנאה, **אבל** אם נתערב בשיעור שהוא מתבטל מדאורייתא, אף דמדרבנן אסור להשהותו, אם עבר ושהה, מותר בדיעבד אף באכילה.

עוד מבואר בסעיף זה, דאפילו אם שהה חמץ בעין ועבר עליו הפסח, דאסור באכילה ובהנאה, זהו דוקא כמו שהוא בעין, **אבל** אם נתערב אחר הפסח בדברים אחרים, מותר באכילה, ושיעור התערובות בזה יבואר לקמיה.

בין חמץ שנתערב קודם פסח - פי' אם נתערב קודם פסח בששים, **ועבר עליו הפסח** - מותר לאחר הפסח, **היינו** אף לדעת היש חולקים לעיל בס"ד, דס"ל דבפסח אסור משום דחוזר וניעור, **מ"מ** אם נתעכב עד לאחר הפסח, מותר לכו"ע אף באכילה.

ואם נתערב בפחות משישים ועבר עליו הפסח, אסור, וקאזיל המחבר לשיטתו, שסתם לעיל בריש סימן תמ"ב, דעובר על תערובות חמץ כזית בבל יראה, אף שאין בו כזית בכדי אכילת פרס, כל שאין בו ששים לבטלו, (**דאם אין בו בסך הכל כזית, לכו"ע אינו עובר בב"י, אמנם במקו"ח דעתו בזה כהמ"א, דאף פחות מכזית אסור בלא פדיון, וטעמו משום דהרבה פוסקים סוברים, דבל יראה עובר גם על פחות מכזית, ואפשר דגם הגר"א סובר דעובר בבל יראה אף אפחות מכזית, אבל זהו דוקא כשהוא בעין ולא ע"י תערובות, וצ"ע למעשה**).

וזהו דוקא במין בשאינו מינו, אבל במין במינו דמן התורה ברובא בטל, אפילו אם נתערב חד בתרי ועבר עליו הפסח, מותר באכילה - מ"א, [**וכן** משמע בח"י והגר"ז, ואף דבנוקשה הסכים בסוף הסי' דאסור באכילה, ע"כ דבענין תערובות כשאיסורו מדרבנן יש להקל טפי, וחולק על סברת א"ר דמשוה אותם להדדי], **ודעת** הא"ר, דבאכילה אסור, אבל בהנאה לכו"ע שרי.

כתבו האחרונים, דאסור לערב חמץ לכתחלה קודם הפסח בששים, כדי לאכלו בפסח, [**אף** דעתה קודם הפסח הוא זמן היתר, מ"מ כיון דמיחד בכוון כדי להתירו בפסח, נראה כמבטל איסור, **ובדיעבד** אם עירב, מסתברא דמותר לאחר פסח, כיון דיש מקילין לערבו לכתחילה, אפי' כדי לאכלו בפסח גופא]. ‹**עיין** לעיל ס"ב›.

אבל מותר לערב בששים, כדי לשהותו עד אחר פסח, [**פשוט** דהוא באופן שאחר שנתערב מותר באכילה בפסח, אבל מין במינו ברובא, אף דמן התורה בטל, מ"מ כיון דמדרבנן אסור לאכלו, אסור לשהותו, דלמא יבוא לאכלו, **ואפשר** דאף יבש ביבש שנתבטל, למ"ד חוזר וניעור בפסח, וצ"ע].

בין שנתערב בפסח ועבר עליו כל הפסח - פי' שנתערב בשוגג בפסח בס', ועבר ושהה אפילו במזיד, שרי, דהא לא עבר מן התורה בבל יראה, [**אף** שקודם תערובות עבר על החמץ בבל יראה, אבל אחר שנתערב כבר נתבטל], ומותר לאחר פסח אפילו באכילה, [**דבשהייה**, אף דעבד ג"כ איסור, דחמץ בפסח אפי' במשהו אסור לשהותו, מ"מ לא עביד מעשה בידים], **אבל** אם עירב במזיד, דינו כמבטל איסור לכתחלה, המבואר ביו"ד סימן צ"ט ס"ה.

בין שעבר הפסח על החמץ ונתערב לאחר הפסח - ר"ל בשוגג, אבל אם עירב במזיד, הרי ביטל איסור בידים, ודינו כמבואר ביו"ד סימן צ"ט ס"ו.

בטל בס' - כ"ז בשנתערב לח בלח או יבש בלח, דשיעור בעלמא בנותן טעם, **אבל** אם נתערב יבש ביבש, בכל הני גווני שצייר המחבר, אפילו חד בתרי בטל, ומותר לאחר הפסח באכילה.

(ובפחות מששים סגי ליה בהשלכת הנאת האיסור ליס המלח) - ומותר עי"ז אף באכילה, **ודוקא** באופן ג' שצייר המחבר, דהיינו שנתערב לאחר הפסח, **אבל** אם נתערב קודם הפסח, וכ"ש תוך הפסח, דעבר על התערובות בבל יראה, אינו מותר לאחר הפסח ע"י פדיון אלא בהנאה ולא באכילה, דטעם חמץ קטעים.

ודע, דאופן בתרא שצייר המחבר, שנתערב לאחר הפסח, ומצריך גם בו ששים, זהו על פי דעת הטור, **אבל** כמה פוסקים חולקין ע"ז, וס"ל דכשנתערב לאחר הפסח, בין במינו בין שלא במינו, ברובא סגי, דלא קנסו לאסור בנתערב לאחר הפסח כשהיתר רבה עליו, **וכתבו** האחרונים, דבמקום הפסד מרובה או שעת הדחק, יש לסמוך להקל.

עיסה שנתחמצה בשמרי שכר שעבר עליו הפסח, אע"פ שיש בה ששים נגד השמרים, אסורה אפילו בהנאה, דשמרים הוי דבר המעמיד, ולא בטיל אפילו באלף, והוי כאלו כולה איסור, **ומ"מ** במקום הפסד מרובה יש להתירו בהנאה, ע"י שישליך הנאת האיסור לים המלח, **וכן** יכול למוכרו לעכו"ם, ולא יקבל ממנו רק כשיעור עיסה בלא השמרים.

מותר ליתן לתוך היין, חלב חטה או חלב בהמה, לתקנו שיהיה צלול, כשיש ששים כנגדו, **ולא** חיישינן שמא יאכל עם בשר, או בפסח, דאף אם ישכח ויאכל ליכא איסורא, כיון שכבר נתבטל, **ואין** כאן משום מבטל איסור לכתחלה, כיון שאין כונתו לבטל, רק לתקן היין.

סעיף יב - חמץ נוקשה, אפילו בעיניה אינו אסור בהנאה אחר הפסח - מפני שלא עבר על איסור של תורה, לא קנסוהו חכמים, **וכתב** המ"א, דה"ה דאפילו באכילה שרי, אך מפני שנוקשה אינו ראוי לאכילה, לפיכך נקט הנאה, **אבל** רוב אחרונים סברי, דבאכילה אסור, דמ"מ שם חמץ שעבר עליו פסח ע"ז החמץ. **והפידאו"ש, חמץ גמור הן, ואסורים בהנאה אחר הפסח.**

הגה: יש נמנעין לשחוק על השלחן עם קלפים הנקראין קרטי"ן בפסח, דחוששין שמא יפול מחמץ נוקשה שבהן לתוך מאכל - ובדיעבד אם נפל ויש ששים כנגדו, יש דעות בין אחרונים אם אוסר במשהו, ועיין לעיל במ"ב בס"ב, **ולשהותו** עד לאחר הפסח לכו"ע שרי, [דנוקשה ע"י תערובות, לכו"ע מותר לשהותו].

§ סימן תמח – דין חמץ שעבר עליו הפסח §

סעיף א - חמץ של א"י שעבר עליו הפסח, מותר אפילו באכילה - היינו אם הוא בצק, או אפי' פת במקום שנוהגין היתר בפת של עכו"ם.

וה"ה של הפקר, דכיון שלא נעשה איסור בשהייתו, לא הטילו חכמים איסור על אכילתו, **וע"כ** גר שמת קודם פסח והניח חמץ, כל הקודם וזוכה בו אחר פסח מותר לו החמץ אף באכילה.

ישראל שיש לו שותפות עם הנכרי בחמץ, ועבר עליו הפסח, וחלק עצמו עם הנכרי אחר הפסח, חלקו של הנכרי אחר פסח מותר בהנאה, דבדרבנן אמרינן יש ברירה, והוברר הדבר למפרע שהוא של עכו"ם, ‹אע"ג דגם לענין אכילה לא הוי רק ספק דרבנן, מ"מ משום חומרא דחמץ יש להחמיר – מחה"ש סי' תמ"ט›, **ועיין** במקור חיים דמצדד, דוקא כשהחמץ עמד בבית נכרי, ואפשר דבזה אפילו באכילה מותר, **ואם** עמד בבית ישראל, ‹דאם היה נגנב או נאבד בפסח, ודאי דהיה צריך להשלים הישראל להנכרי, א"כ אין לך אחריות גדול מזה›, תליא בפלוגתא, ‹אם אסור בהנאה, עיין סי' ת"מ ס"א› ע"ש, **וחלקו** של ישראל אסור בהנאה, [**ואם** היה רובו של עכו"ם, יש מצדדים דבטל ברובא], **וה"ה** שני ישראלים שיש להם שותפות, ומכר אחד מהן חלקו לעכו"ם, מותר החלק שנפל לאותו ישראל שמכר חלקו, וחלק של ישראל אסור.

סעיף ב - אם אינו יהודי מביא לישראל דורון חמץ ביום אחרון של פסח, לא יקבלנו הישראל - משום בל יראה, ואף שהוא דרבנן, וכ"ש בפסח גופיה. **ואם** קבלו, אסור בהנאה לאחר פסח, משום דהוי חמץ של ישראל שעבר עליו הפסח, [ואף דיו"ט אחרון הוא דרבנן, לא פלוג רבנן בין זיי"ן לחי"ת בכל מילי].

וגם לא יהא ניכר מתוך מעשיו שחפץ בו - דאם יהא ניכר שחפץ בו, כגון שאומר לו: הנח במקום צנוע פלוני בחצרי, חצרו קונה לו, **אבל** אם אינו ניכר, אף שעכו"ם משאירו להדורון בתוך ביתו, שרי, דמסתמא איסורא לא ניחא ליה, וחצרו אינו קונה לו בע"כ, וע"כ אפילו אם היה זה ביו"ט ראשון, נמי שרי.

[**ואם** אמר לו שיניחנו בבית עכו"ם עד למחר, שרי, דאע"פ שגילה דעתו שחפץ בו, לית לן בה, דהא לא קיבלה בידו לזכותו, ולא השאירו בחצירו].

וטוב שיאמר שאינו רוצה שיקנה לו רשותו - היינו אף דמצד הדין אפילו בסתמא נמי שרי, מ"מ לרווחא דמלתא יאמר בפירוש שאינו רוצה וכו', ובאופן זה אפילו אם מראה לו מקום להניחו שרי, **וצריך** ליזהר לכפות עליו כלי עד הערב, אם הוא שבת או יו"ט, אפילו יו"ט האחרון, **אא"כ** הביאו ביו"ט האחרון סמוך לחשיכה, שבשעה מועטת אין לחוש שמא ישכח ויאכלנו, **ואם** הוא חוה"מ, צריך לעשות לפניו מחיצה גבוה י"ט.

סעיף ג - חמץ של ישראל שעבר עליו הפסח, אסור בהנאה

- דקנסוהו רבנן, הואיל ועבר עליו בבל יראה ובל ימצא, **אפילו הניחו שוגג** - שלא ידע מאותו חמץ, **או אנוס** - ר"ל שידע, אלא שהיה אנוס שלא היה יכול לבערו, **ואע"פ** דבזה לא עבר אבַל יראה, אפ"ה קנסינן התירא אטו איסורא, דאי שרינן ליה, אתי לשהויה לכתחלה ועבר עליה.

(**המחבר** סתם ולא פירש, אי מיירי שמחמת שוגג או אונס לא ביער וגם לא ביטל, ומש"ה אסר, **אבל** אם ביטל, אף שלא בדק מחמת אונס, מותר, כיון שעכ"פ קיים עיקר הדין מדאורייתא, **או** אפילו בביטל והניחו מלבער מחמת אונס, נמי אסור, **ונחלקו** בזה האחרונים, עיין לקמן סעיף ה' לענין ביטל, דלדעת המחמירים שם בבדק וביטל ומצא אחר הפסח, כ"ש הכא שלא בדק כלל אף שהיה אנוס על זה, **אך** לדעת המתירים שם בבדק וביטל, י"ל דה"ה הכא אף שלא בדק, מ"מ כיון שהיה אנוס בזה, לא גרע מבדק וביטל ומצא אחר הפסח, וכן מבואר בתשו' תורת השלמים ובא"ר, **ולדינא** כבר כתבנו בסעיף ה', לסמוך אמקילין בהנאה במקום הפסד מרובה, וה"ה הכא).

כתב בית הילל, נשאלתי על ישראל אחד שהיה לו קודם פסח ברחיים של נכרי דגן לטחון, ונתעכב הדגן ברחיים עד חוה"מ של פסח, וכאשר הגיע יום ז' של פסח, הלך הנכרי וטחן הדגן של ישראל, ועשה מן הקמח לחם ואפה הפת, והביא הפת לישראל תיכף אחר הפסח, **והשבתי** שמותר ליקח הדמים בעד הפת ההוא מן הנכרי, והנכרי ההוא יאכלנו או ימכרנו לנכרי, **והחק** יעקב הסכים דמותר אף באכילה, מטעם שמא החליף העכו"ם הדגן, והוי רק ספק חמץ שעבר עליו הפסח, **ובבית** מאיר מצדד להתיר באכילה מטעם אחר, דאע"ג דפסק המחבר דבין בשוגג ובין באונס, לאו כל אונסין שוים, ובאונס כזה דלא היה יכול כלל לאסוקי אדעתיה, שיאפה העכו"ם מקמחו חמץ, בודאי לא קנסוהו חכמים.

אם הניח ישראל חטים ברחיים, ובא עכו"ם ואמר לישראל שלתתו וטחנו, עיין בח"י בשם חינוך בית יהודה, דיש כאן הרבה ספיקות להקל, **ובפמ"ג** מפקפק היכי שדרך אנשי המקום ללתות החטים קודם הטחינה, ומצדד שיחליפנו העכו"ם בחטים אחרים, [**ובאמת** אפי' לדבריו יש כאן עדיין ס"ס, שמא לא לתתו עד שנתחמץ, ושמא היה הלתיתה אחר הפסח, **גם** יש לצדד ע"פ מש"כ בית מאיר, שבאונס דלא הוה ליה לאסוקי אדעתיה אין להחמיר, ואפשר דגם הכא לא אסיק אדעתיה, **וע"כ** נראה, דבמקום שאין העכו"ם רוצין להחליף, מותר הקמח גופא].

(**והאחרונים** העתיקו תשובת רדב"ז, בעובדא דלתתו נכרים המשרתים ברחיים של ישראל, חטים של בעל הרחיים, כדי שיהיו מוכנים לטחינה למחרת הפסח, וז"ל, התרתי מכמה טעמים, חדא שהביאו לי מהחטה במוצאי יו"ט, וראיתי אותה שהיא יבשה ולא הגיעה לידי חימוץ ולא לידי בקוע, **ותו** דהוי זמן איסורו דרבנן, והוי איסורא דרבנן בזמן דרבנן, **ותו** דטעמא דאיסורא משום קנסא, והכא ליכא למקנסיה דאנוס היה, **ואי** משום דעבר אבל יראה ובל ימצא, ליתא, דהא ביו"ט לא הוי אפשר לבערו, **ואי** משום דהוי ליה לבטליה קודם שמחמיץ, הרי לדעתו אין זה חמץ, הלכך ליכא למקנסיה, **ותו** כיון דלאחר זמנו אין איסורו אלא מדרבנן, מבטלין אותו ברוב לכתחלה ככל שבאיסורין, דהיינו תרומת חו"ל, דמבטלין אותו ברוב לכתחלה, **ולפי** הטעמים הללו התרתי לו לערבו מעט מעט עם שאר החטה, ולמוכרו אפילו לישראל, עכ"ל, **ופשוט** דכונת הרדב"ז להתיר אפילו לעצמו).

(**ובגזל** חמץ ועבר עליו הפסח, אם מותר החמץ לנגזל, עיין בנודע ביהודה שצידד להיתר, והאחרונים חולקים עליו, **מיהו** בגזל עכו"ם חמץ של ישראל ועבר עליו הפסח, מצדד בא"ר להתיר).

ואם מכרו או נתנו לאינו יהודי שמחוץ לבית קודם הפסח, ‹מותר› - כתבו האחרונים, שאין קפידא בעכו"ם גופא, אם הוא דר בביתו או לא, **אלא** עיקר הקפידא שיוציא העכו"ם החמץ מבית ישראל, **אבל**

עכו"ם גופא אפילו הוא משרת לישראל ודר בביתו, לית לן בה, **אם** לא שהוא קנוי לו לצמיתות, דאז ידו כיד רבו, ולא מהני שימכור לו, דלא יצא הדבר מרשותו בזה.

ומה שהצריכו הכא להוציא החמץ מרשותו, אע"פ שמכרו כבר והוא אצלו פקדון בעלמא ובלא אחריות, ובעלמא לא מצרכינן בכה"ג אלא מחיצה בעלמא, **כתב** בח"י, דגם בכאן הדין כן, ולא הצריכו הכא להוציא מרשותו, אלא כדי שיקנה העכו"ם החמץ במשיכה, **ואה"נ** אם כבר הוציא העכו"ם החמץ וקנהו במשיכה, לביתו או לסימטא כדין, מותר לו אח"כ להכניס החמץ לביתו של ישראל, ודי במחיצה עשרה בלבד, **אבל** כמה אחרונים כתבו, דהכא מגרע גרע, כיון דעיקר החמץ יודע העכו"ם שהוא של ישראל, ולא יגע בו אע"פ שקנהו, מחזי כחמצו של ישראל אם היה בביתו, **וגם** איכא למיחש שמא יבא לאכלו, דכיון דדידיה הוי מעיקרא, לא בדיל מינה, **ולסברא** זו אפילו אם יחד לו בביתו זוית בפני עצמו, או שעשה מחיצה עשרה, נמי לא מהני, [**ואף** דבשביל חששא דשמא יאכלנו, די במחיצה גבוה י', הכא דמעיקרא לא בדיל חמיר טפי], **אלא** דכ"ז אינו אלא לכתחלה, אבל בדיעבד פשוט דאין לאסור כלל, ואפי' לא יחד לו נמי מקום, כל שהיה המכירה כדין.

וכתבו האחרונים, דאם יש לו חמץ הרבה, וא"א לו להוציאו מביתו, ימכור לו גם החדר, והוי כמו שמכר לו חוץ לביתו, וקנין החדר הוא בכסף עם שטר, **ואם** ירא לתת לו שטר, שמא יעלה בדעתו להחזיק בחמץ, ואיכא הפסד מרובה, יש לו להתנות עמו שיקנה בכסף בלבד בלי שטר, ותנאי מהני בזה לכמה פוסקים, ויש לסמוך להקל בכגון זה, [**ואף** שב"ח פליג וסובר דלא מהני תנאי, הכא קילא, שהרי המטלטלין הקנה כבר, וקנין הקרקע הוא רק כדי שיהיה החמץ חוץ לבית, שאינו אלא משום חומרא].

וצריך למסור לו המפתח מחדר שמונח בו החמץ, כדי שיוכל לכנוס בשעה שירצה, וליטול את חמצו שנמכר או ניתן לו, **או** שעכ"פ יאמר לו הישראל: בכל עת שתרצה תוכל ליקח המפתח מחדרך וליכנס בו ליטול את חמצך, **ואיסור** גמור הוא להניח שום חותם או מסגר על החדר או על החמץ, כדי שלא יוכל הנכרי ליטול את החמץ, דמוכח מזה דכל המכירה לא היה רק הערמה בעלמא, **ואם** עשה כן מתחלה בשעה שמכר, אפילו בדיעבד אסור החמץ, דלא סמכה דעתיה דעכו"ם.

(**ועיין** בפמ"ג שמצדד, דזה דוקא במכירה מועטת, היינו שמוכר לו כל החמץ בדבר מועט, דזה הלא הוי בטול מקח, ורק שהיתר הוא משום דבאמת החמץ אינו ברשותו, שהתורה אסרתו בהנאה, ורחמנא אוקמיה ברשותיה לענין בל יראה, ולפיכך כל שמגלה דעתו שאין רוצה בהן ומתרצה שיצאו מרשותו, **אף** בדבר מועט סגי, וע"כ כל שמניח חותם קודם, נראה לעין כל שאין רוצה במכירה, **משא"כ** במכירות דידן שאנו עושין שטר כראוי, כל מדה פלונית בסך כך וכך, וזוקף עליו יתר המעות במלוה, והחמץ הוא שלו מעתה, והעכו"ם אם רוצה פותח החותם ועושה מה שרוצה, והחותם הוא רק עד למדידה, בדיעבד בודאי שרי, ואפשר אף לכתחלה).

(**וכן** לא"ר שכתב הטעם, משום דעכו"ם לא סמכא דעתיה על המכירה כשרואה שהישראל מניח חותם, וזה ג"כ לא שייך רק במכירה מועטת, שהעכו"ם רואה שמוכרין לו כל החמץ בדבר מועט, ואח"כ רואה שמניחין חותם, **משא"כ** במכירה שלנו שהוא כראוי וכנ"ל, והחותם הוא רק עד למדידה וכנ"ל, **וכ"ש** אם היהודי מכר להעכו"ם בכפר היי"ש שיש לו בעיר, ומונח שם עליהם חותם ולא ידע העכו"ם מזה, בודאי שרי, דלא שייך לא סמכא דעתיה, אלא אפילו שידע, כה"ג דיעבד ודאי שרי וכנ"ל, עכ"ל, **והנה** כל סברתו לכאורה לא שייך רק במניח חותם על החמץ, ולא במניח מסגרת על החדר).

(**וכתב** עוד למעשה, באחד שמכר חמץ ויי"ש לעכו"ם כראוי, וזקף הדמים במלוה, ובתוך הפסח הפסיד העכו"ם הרבה מיי"ש, אם יקח העכו"ם אוהבו של ישראל המפתח מיד העכו"ם, לית חששא, **ואפשר** דרשאי הישראל לקבול לפני השר שיקח המפתח מיד העכו"ם, שלא יפסיד לגמרי, כי הוא עני, **אבל** אם יקח הישראל בעצמו המפתח מיד העכו"ם, יש לומר דמעתה יהיה האחריות על הישראל, ואסור לאחר הפסח, וצ"ע, עכ"ל, **ועיין** בשו"ע של הגר"ז, שגם הוא מחמיר באופן זה).

ומ"מ אם בתחלה מכר כדין, ואח"כ נתן מסגר על החדר, או חותם על החמץ, אף שאסור לעשות כן, [ויש לגעור בהעושין כן], מ"מ אין החמץ נאסר בשביל מה שעשה שלא כהוגן אחר המכירה, [**וכתב** הגר"ז, דפעמים

אפי' בדיעבד אסור בחותם על החדר, כגון במכירתנו שמוכרין במעט מעות, והשאר זוקפין עליו במלוה, וכשיתן חותם על החדר, ולא יכול העכו"ם ליכנס שם, הרי נפטר העכו"ם מן האחריות, ואם יגנב החמץ לא יצטרך העכו"ם לשלם לו חובו שחייב לו בעד החמץ, וכל חמץ שיגיע ממנו הפסד לישראל אם יגנב, הרי הוא כבאחריות ישראל, שעובר עליו בב"י, וכן כתב הפמ"ג כעין זה והעתקנו בבה"ל, וכן הוא דעת מקו"ח, **אכן** לפי מה שנביא לקמן בבה"ל, דעת אחרונים שחולקים אמקו"ח, אפשר דלפי"ז נדחה גם דינא דהגר"ז].

ולישראל מומר אסור למכור, דדינו כישראל לכל דבר, [וה"ה בן מומרת אפי' אביו נכרי, דולדה כמוה], ועובר עוד משום "לפני עור", והחמץ אסור לאחר הפסח בהנאה, **ובדיעבד** אם מכר לישראל מומר בדבר מועט, מפני שהוא מכירו ויודע בו שיחזיר לו אחר הפסח, מאחר שטעה וסבר דמומר דינו כעכו"ם, יש להתיר לו במקום הפסד מרובה, לאמר למומר שיחליף החמץ עם עכו"ם על חמץ אחר, או שימכרנו, ויהיו אותם החליפין או הדמים מותרים.

אע"פ שהישראל מכירו לאינו יהודי ויודע בו שלא יגע בו כלל, אלא ישמרנו לו עד לאחר הפסח ויחזור ויתננו לו, מותר.

ואם הנכרי אינו רוצה להחזיר לו, אסור לתבוע אותו בדיניהם, או לכוף אותו בשאר כפיות, **ואם** נתן לו רק מקצת דמים, והשאר זקף עליו במלוה, ואינו רוצה לשלם לו המותר, בודאי מותר לתבוע אותו בדיניהם שישלם לו המגיע, או שיתן לו החמץ בתורת תשלומין על חובו.

כתבו האחרונים, אסור לישראל אחר לקנות החמץ מן העכו"ם אחר הפסח, ואם קנה צריך להחזיר לבעלים הראשונים, [**ובאמת** נראה דאינו מן הדין אלא תקנת גדולים, ובאמת לא גרע מעני המהפך בחררה, שאסור לאחר ליטול ממנו, וכ"ש הכא דסמיך עליה מתחילתו], **ואם** שילם לעכו"ם יותר מן הראוי לתת, באופן כזה א"צ להחזיר לו אלא בשיעור שראוי לתת.

ובלבד שיתננו לו מתנה גמורה בלי שום תנאי - דשמא יעבור הנכרי על התנאי, ותבטל המתנה למפרע, ועבר על בל יראה.

וקנין מתנה הוא ע"י הגבהה, או משיכה דבר שאי אפשר להגביה.

ואפילו על ידי שלוחו או אשתו יכול להקנות החמץ לנכרי, [ולא אמרינן דאשה לא ידעה לאקנויי], **אבל** לא ע"י עכו"ם, דאין שליחות לעכו"ם, ואין מכירתו כלום, **וכן** אין יכול להקנות לשלוחו של עכו"ם, דלא ריבתה התורה שליחות אלא בישראל, **ואפילו** היה השליח ג"כ עכו"ם, דאין שליחות לעכו"ם, בין מעכו"ם לישראל, ובין מעכו"ם לעכו"ם.

(**ועיין במטה יהודה שכתב, דעכ"פ היכי שהובא כבר החמץ לבית העכו"ם המשלח, בודאי המכירה קיימת, שהרי מדעת המוכר הובא החמץ לבית העכו"ם הלוקח, והעכו"ם מדעתו קיבלם בביתו, ומעשה השליח לא מגרע, דהרי הוא כקוף בעלמא, ומסיים, דבזה אפילו היה השליח ישראל, דלכו"ע אמרינן ביה אין שליחות לעכו"ם, אפ"ה מהני, ומטעם הנ"ל, ופשוט הוא דדבריו לא שייכים רק אם הוליך החמץ לבית הלוקח ממש, אבל לפי מנהגנו שמזכים את החמץ ביחד עם הבית לעכו"ם, לא שייכא זה, דהרי אם אין שליחות לעכו"ם, א"כ גם הבית אינו קנוי לו**).

(**ובעל מחנה אפרים חידש עוד סברא, דהיכי אמרינן אין שליחות לעכו"ם, דוקא היכי דהקנין הוא ע"י השליח, אבל בכסף לא שייכא זה, דהיינו היכא שהקנין היה בכסף, לא משגחינן כלל אשליח, דדל שליח מהכא, הכסף בעצמו קונה הדבר, ובעל החפץ מקנה לבעל הכסף בלי אמצעות השליח, ולפי"ז יהיה קולא גדולה לדידן דסמכינן בדיעבד אדעת איזה פוסקים דכסף קונה, א"כ בזה אפשר להקנות החמץ לעכו"ם אף ע"י שלוחו, אם רק שלח העכו"ם הכסף בעד החמץ, איברא דאין דברי מחנה אפרים מוסכמים, שיש חולקים עליו**).

או שימכרנו לו מכירה גמורה - ובאיזה קנינים קונה העכו"ם, יש בזה דעות בין הפוסקים: יש מי שאומר דקנינו של עכו"ם הוא בכסף דוקא, **ויש** אומרים שאין העכו"ם קונה אלא במשיכה לרשותו, או בהגבהה דבר שאפשר להגביה, **ויש** שכתבו עוד, דגם שארי קנינים נוהגין בעכו"ם, כגון קניית מטלטלין אגב קרקע, וקנין חצר, וקנין חליפין, דהיינו קנין סודר, **אלא** דצריך ליזהר בזה שיהא הסודר של עכו"ם, ולא סגי שעדי הקנין יתנו

סודרם כמו בישראל, דזה אינו אלא מטעם זכיה שמזכין להמקנה, וגבי עכו"ם אין דין זכיה, **ויש** מפקפקים בקנינים אלו, ואומרים דלא מצינו קנינים אלו רק בישראל.

ולענין דינא, לכתחלה בודאי צריך להקנות בקנין גמור ומוסכם לכו"ע, דהיינו בכסף ובמשיכה ביחד, מאחר שנוגע באיסור דאורייתא דבל יראה, **ועכ"פ** במשיכה בלבד, דיוצא בזה ג"כ עכ"פ לרוב הפוסקים, **אבל** בדיעבד אף אם לא מכר אלא בכסף בלבד, או שמכר באחד משארי קנינים שהזכרנו, ועבר עליו הפסח, מותר, **דמאחר** דחמץ לאחר הפסח אינו אסור אלא מקנסא דרבנן, **ועוד** כיון דחמץ לאחר זמן איסורו בלא"ה אינו ברשותו, אלא שעשה הכתוב כאלו היה ברשותו, בקנין כל דהו סגי, דעכ"פ מגלי דעתיה דלא ניחא ליה, ואפקיה מרשותו, [**וכתב** הגר"ז, וכן אם נזכר לאחר שהגיע שעה ששית, שאז אינו יכול להקנותו לעכו"ם, א"צ לפדותו מהעכו"ם ולבערו מן העולם].

בדבר מועט - ואין לחוש לביטול מקח, שהרי יודע בעצמו ששוה יותר, ומתרצה להקנות לו כדי שלא ישאר ברשותו ויהא אסור בהנאה, וטפי עדיף ליה שמוכרו למכיריו, דבזה מסתמא יחזור הנכרי ויתננו לו לאחר הפסח, [**ובח"י** כתב, דבודאי גמר ומקני כדי שלא יעבור בבל יראה].

(**וכהיום** מנהג כל ישראל, שאין מוכרין בדבר מועט, אלא במקח הסמוך לשויו של חמץ, ומקבלין מן הנכרי איזה זהובים, שקורין אויף גאב, לתחלת פרעון, והשאר זוקפין עליו במלוה).

(**וכתבו** האחרונים דטוב ליזהר, שלא יעלה על המקח הרבה יותר משויו בסך רב, די"ל דהוי בטול מקח, ומשמע בפמ"ג דלהכי בדיעבד אינו מעכב, משום דבדיניהם אינו יכול לחזור, ומשמע מזה דאם מנהג אותו המקום לחזור משום ביטול מקח, הוא לעיכובא, וצ"ע בזה).

(**עוד** כתבו, דלא מהני כשיאמר לו: אני מוכר לך בית זה, או חמץ שלי, אא"כ יאמר לו: אני מוכר לך בית זה בכך וכך, וחמץ זה כל מדה בעד סך כך וכך, דבלא פסיקת דמים אין כאן קנין כלל, אא"כ שיאמר: כפי שישום אותו פלוני או ג' בקיאין).

(**וצריך** לפרש כל מין חמץ שיש לו, ולא יכתוב סתם: אני מוכר לך כל שיש בו חשש חימוץ, דהוי כאין מינו ידוע, שהרי אינו יודע אם שוה הרבה או מעט, אלא יפרוט כל מין ומין, רק המדידה א"צ שיהיה דוקא קודם פסח, אלא יכול להתנות עם הנכרי, שהמדידה או השומא יהיה אחר הפסח, ובדיעבד אם אמר סתם: כל שיש בו חשש חמץ, ועבר עליו הפסח, עיין בספר שדי חמד בשם כמה אחרונים, שמצדדים להקל בדיעבד).

(**וצריך** לפרוט שם הלוקח בשטר). (**והיכא** שעושה כמה קנינים, מהנכון שיאמר לו בפירוש, שהוא מקנה לו אפי' בא' מהקנינים, ואף כי בכולם).

(**וטוב** שיפקיר ג"כ לפני ב"ד, וכמו שכתב הח"י בכעין זה, וז"ל, אם יודע שיביאו לו חמץ בפסח על עגלה או ספינה, ויצטרך לשלם מכס ושכר עגלה וכה"ג, ימכור לנכרי בכסף, ושארי קנינים הנ"ל, וכשיביאו אח"כ בפסח, יקח הנכרי הכל אצלו ברשותו, והוא ישלם ג"כ המכס ושכר עגלה, ואחר המכירה יאמר: שאם הנכרי אינו קונה באלו הקנינים, עכ"פ יהיה הפקר גמור).

כתבו האחרונים, דאע"ג דלכתחלה יש למכור בכסף ובמשיכה, מ"מ אם החמץ מרובה וא"א למשוך החמץ כולו, וכן אם אין החמץ כאן שיכול העכו"ם למושכו, אלא הוא בעיר אחרת או בדרך, יש לו להקנותו לנכרי בשאר קנינים, **כגון** על ידי רושם, שנהגו בקצת מקומות שהלוקח רושם על דבר הנקנה, כדי שיהיה לו סימן ידוע, ועי"ז קנוי לו הדבר, **או** ע"י תקיעת כף, שקורין צו שלאג, דהיינו שמכין כפיהם זה על זה.

או ע"י נתינת פרוטה, במקומות שנהגו שכשהלוקח נותן פרוטה למוכר נגמר המקח, [**וזה** אינו בכלל קנין כסף, דקנין כסף הוא שנותן לו פרוטה לשם התחלת פרעון, והשאר זקוף עליו במלוה, וכאן הוא בתורת השתעבדות, שע"י פרוטה זו משתעבדים זה לזה, זה לקנות וזה למכור, דומיא דקנין שטר וחזקה וקנין סודר].

או במקום שנהגו שמסירת המפתח הוי גמר המקח, **מיהו** עכ"פ צריך שיאמר: הריני מוכר לך חמץ פלוני ופלוני, בעד סך כך וכך, ולא כמו שאומרים ההמון: הריני מוכר לך המפתח, דזה לא חשיב כלום.

וכן כל כיוצא בו, כל מקום ומקום כפי מנהג הסוחרים, חשיב הדבר כקנין ע"פ דין תורה, ושפיר יש להקנות

גם החמץ בקנין כזה. [**כמה** אחרונים כתבו מנהגי הסוחרים לקנין גמור אף לכתחילה, אכן בא"ר ופמ"ג נזכר קנין זה רק לענין דיעבד, **ועיין** בנחלת שבעה שחולק על עיקר קנין זה, ואף דלא חשו אחרונים לדבריו, עכ"פ במקום שאפשר בקנינים אחרים יותר מוסכמים, בודאי טוב יותר, לכן כתבנו עצה זו רק היכא דא"א לו במשיכה].

(**ולענין** קנין שהוא בדיניהם, אם סומכין ע"ז גם לענין איסורא כמו במכירת חמץ, יש פלוגתא בזה, ועיין במג"א שפקפק על תשו' משאת בנימין, שדעתו דמהני, במכ"ש ממנהגי הסוחרים שמהני, **אכן** דעת הגאון מהר"ש קאידנאווער כמשאת בנימין, וכן הוא דעת תשו' משיבת נפש בפשיטות, וכן כתב הרב חת"ס בכמה מקומות בתשובותיו, דעדיפא מסיטומתא, **ובהגהת** חת"ס ציין לעיין בתשו' הרשב"א, ועיינתי שם, וכתב בתחלה ג"כ לדבר פשוט דמהני, במכ"ש מסיטומתא דהוא מנהגא בעלמא, וכ"ש מנהג קבוע וחוק, **אכן** לבסוף מספקא ליה, דאפשר לענין מצות, כגון להתחייב בבכורה שהיא דאורייתא, אינו מתחייב עד דקני כדינא דאורייתא, **ואיך** שיהיה על כל פנים מוכח מניה, דקנין סיטומתא לא עדיף מקנין שהוא בדיניהם, ולפי זה גם קנין סיטומתא לא ברירא לכתחלה לסמוך עליו, **ועל** כן מהנכון לכתחלה שלא לסמוך על מנהג הסוחרים לבד, אלא יראה לצרף עמו עוד קנין).

או יש למכור החמץ ע"י אגב, דהיינו שימכור לנכרי קרקע או חדר, או ישכיר לו, ואגבן יאמר לו: קני החמץ שיש לי במקום הקרקע, או בכל מקום שהוא, דבקנין אגב קונה אפילו אינן צבורין כאן.

(**ולפי** דעת מקו"ח לא שייכא דליקני באגב ואע"ג שאינם צבורין במקום הקרקע, רק במכר החמץ ונטל כל הדמים, אבל בנטל מקצת והשאר זקף עליו במלוה, לא מהני, שהרי אם יאבד החמץ לא ירצה העכו"ם לשלם לו המגיע ממנו, ולפי מה דקיי"ל בסימן ת"מ, דהיכי דהעכו"ם אלם וכופהו לשלם, הרי הוא כבאחריות ישראל, וא"כ ה"ה הכא, שהרי צריך לשמור אותו, דאם יאבד יפסיד המגיע לו מן העכו"ם, **וא"כ** אם זקף עליו השאר במלוה, אינו מותר אא"כ החמץ הוא במקום הקרקע, וכשמקנה לו הקרקע הרי החמץ כבביתו של עכו"ם, ויוצאין עכ"פ לדעת הפוסקים דסברי, דחמץ של ישראל בביתו של עכו"ם אינו עובר עליו, **אכן** כמה אחרונים פליגי עליה דמקו"ח, וכתבו דבשביל זה שלא ירצה העכו"ם לשלם לו המגיע ממנו, לא מיקרי עי"ז החמץ באחריותו).

(**ולענין** עצם קנין אגב, הגם דכללנו אותו בין שאר קנינים דאין סומכין עליהם לכתחלה, מאחר דיש מפקפקים על כל אחד מהם, מ"מ היכי שהוא שעת הדחק, כגון שהחמץ מרובה, וביותר, היכי שהחמץ בדרך, לא רצינו להחמיר ולמנוע מקנין זה אף לכתחלה, מפני שכמעט כל האחרונים החזיקו בקנין זה למובחר שבקנינים, אף לענין לכתחלה, ואף בלי שעת הדחק, מ"מ לכתחלה יראה לצרף עוד איזה קנין, כמו סיטומתא או קנין סודר, וכמו שנוהגין כהיום לכפול כמה קנינים, מאחר דהתומים והקצות וכן במחה"ש כתבו לגמגם בקנין זה).

והקרקע נקנית לנכרי בכסף עם שטר, ובשכירות די בכסף בלבד, ואפילו אם אין הנכרי נותן לו כל הכסף, רק איזה זהובים, שקורין אוי"ף גא"ב, סגי, **ויתנה** עמו הישראל שיקנה בזה האוי"ף גא"ב החדר והחמץ, ושאר הכסף יזקוף עליו במלוה, [**וה"ה** אם החזיק בקרקע באחד מדרכי קניית קרקע, דהיינו בחדר שיש לו מנעול, ונכנס בתוכו על דעת להחזיק בו].

וכתבו עוד, דאם הבית שהחמץ שם אינו שלו, אלא ששכורה בידו, אז לא יועיל מכירתו, דאיך ימכור דבר שאינו שלו, אלא ישכיר לנכרי אותו החדר, **וישכיר** לו סתם להחזיק בו כליו ומטלטליו, [דאילו להשכיר לו לדור, אין לו רשות, אם היא שכורה לו מישראל], ולא יאמר לו בהדיא שמשכירו להניח בתוכו חמץ.

ישראל שקנה חמץ מהעכו"ם, ונתן כסף ולא משך עדיין, אע"ג דלכתחלה בודאי יש לו למכור קודם הפסח, שהרי לפי דעת כמה פוסקים כסף קונה בין ישראל לנכרי, **מ"מ** אם לא מכר ועבר עליו הפסח, מותר, דהא לרוב הפוסקים אינו קונה אלא במשיכה, **אכן** אם לפי מנהג הסוחרים לקנות בכסף, מצדד הפמ"ג להחמיר.

אבל כשמשך, אפילו לא נתן כסף, ועבר עליו הפסח, יש לאסור, [מטעם דרוב פוסקים ס"ל דמשיכה קונה בעכו"ם, **ואע"ג** דכתבנו לעיל, שאם מכר לעכו"ם בכסף, בדיעבד מותר, אלמא דסמכינן בחמץ שעבר עליו הפסח אאיזה פוסקים דס"ל דבכסף קונה, וא"כ ה"ה בענינינו, היה

לנו לסמוך על דעה זו, **לא** דמי, משום דכמה פוסקים יש דס"ל, שכסף נמי קונה בעכו"ם, וסמכינן עלייהו, **משא"כ** בענינינו, דמוכרחים לנו לסמוך אאיזה פוסקים, דמשיכה אינה קונה, בזה לא סמכינן עלייהו, דכמעט כל הפוסקים ס"ל דמשיכה עכ"פ נמי קונה].

אם ישראל מניח חמצו בחדר של חבירו המוכר את חמצו, צריך להודיע לישראל המוכר, ויעשהו שליח למכור, **ואם** הניח שלא מדעתו, אסור לאחר הפסח, מאחר דישראל לא ידע לאקנויי, והנכרי לא ידע לקנותו, [**ואפי'** אם חצר קונה לעכו"ם, הוא דוקא מדעתו].

עוד כתבו, שמותר לאדם לומר לנכרי: הא לך חמץ זה, ותתן לי לאחר פסח חמץ אחר.

(**כתב הרב בגדי ישע, דכיון שמכירת החמץ לעכו"ם צריך להיות מכירה גמורה בלי הערמה, נראה דאחר הפסח כשיחזיר הנכרי החמץ לישראל, צריך לקנותו באחד מדרכי הקנאה, ולא לקבל ממנו בחזרה סתם, ונראה דאחר הפסח די בזה, שיקנה מהנכרי החמץ והחדרים בכסף לחוד, והנכרי יחזיר השטר מכירה שקיבל, ודי בזה, דאף שישראל מנכרי אינו קונה קרקע בכסף לחוד כי אם בשטרא, התם משום דלא סמכא דעתיה דישראל, משא"כ הכא שמחזיר לו השטר).**

אבל מתנה על מנת להחזיר - לאחר הפסח, **לא מהני** – (וה"ה מכירה ע"מ להחזיר).

אע"ג דבכל התורה מתנה ע"מ להחזיר שמה מתנה אם נתקיים התנאי, הכא הצריכו חכמים מתנה גמורה משום חומרא דחמץ - (הגהת מיימוני).

(**ומלשון הפוסקים שתלו זה בחומרא דעלמא, משמע דאי** לאו משום חומרא דחמץ, מותר אפילו לכתחלה לנהוג כן, **ובמחנה** אפרים כתב, שלכתחלה בודאי אסור לעשות כן, כיון דתלי מתנתו בתנאי, וכשלא יתקיים התנאי שלא יחזירו, למפרע החמץ שלו, וא"כ הרי הוא מכניס עצמו בספק באיסורא דאורייתא של לאו דבל יראה, ובפרט שאין התנאי תלוי בו אלא באחריני, ושמא פלוני לא יקיים התנאי, **ובאמת** צ"ע על הני פוסקים, **ואם** נחזיק עוד בדעת האחרונים, דמחמרי בזה אפילו בדיעבד, וכפשטות לשון המחבר, ‹עיין לקמן בסמוך›, ניחא, דאפשר עיקר דינא דהגהת מיימוני הוא לענין דיעבד, אם כבר נתקיים התנאי, **אכן** להני אחרונים דכתבו, דבדיעבד מותר לכו"ע, וכל האי דינא אינו אלא לענין לכתחלה, הדבר צ"ע, **ואח"כ מצאתי בחידושי רע"א, שמתמה כעין זה על המ"א, ומצדד דיוכל לומר: הריני כאלו התקבלתי, והוי כאלו קיים התנאי).**

ולענין דיעבד אם נתקיים התנאי שהחזירו, אם מותר, נחלקו האחרונים בזה, [**ולשון** המחבר מסייע לצד דאינו מותר, **דאפשר** משום חומרא דחמץ, וגם משום דהכניס עצמו בספק דב"י, החמירו חכמים אפי' בדיעבד].

[**ואם** לא החזירו, פשוט הוא שעובר בבל יראה, שהרי הוא פקדון ביד עכו"ם, **ואין** לומר דאם אין מחזירו הרי הוא גזל ביד עכו"ם למפרע, ולא יעבור הישראל, כמו בעלמא שאין הנגזל עובר, **אינו** כן, שאפי' אם לא יחזור, אין הדבר בגזילה ביד עכו"ם עד אחר הפסח, שיגיע הזמן שעליו להחזיר ולא החזיר, משעה זו ואילך הוא בגזילה תחת ידו, אבל כל ימי פסח ליכא למיחשביה בגזילה, שהרי מדעתו נתן לו].

והיכא שאמר: הריני נותן לך ותחזירנה לי, (**כתב המ"א דבזה פשיטא דשרי מדינא, ועדיפא מע"מ להחזיר, דהא אי בעי לא היה מחזיר לו, ואין המתנה תלויה בחזרה, אם לא משום חומרא דחמץ, עכ"ד, ונראה דבזה לדידיה בודאי אין להחמיר בדיעבד, אכן בח"י השיג על המ"א מיו"ד ש"ה, דמוכח דבלשון זה לא הוי מתנה כלל, ועיין בא"ר ובמחה"ש שכתבו, דהתם שאני דכיון שאומר: ותחזירם לי, לא חל המתנה אף שעה אחת, משא"כ הכא דעכ"פ עד אחר הפסח בודאי גמר ומקני ליה, כדי שלא יעבור על ב"י, ומכ"ש כשאמר בפירוש: ותחזירהו לי לאחר הפסח, אכן לפי דעת הגר"א שם, דמתנה על זמן לא הוי מתנה, בודאי לכאורה אין מקום לדברי מג"א, ואפילו אם יאמר בהדיא: ותחזירהו לי לאחר פסח, אכן בא"ר כתב לחד תירוצא לחלק, דשאני התם גבי בכור, דתלוי בכוונת הנותן ובמחשבתו, ובלשון זה שאומר: ותחזירהו לי, מוכח שלא כוון בדעתו לתת לו באמת, משא"כ הכא בחמץ, אין הכוונה מעכב כלל, שהרי אפילו ביודע שלא יגע בו, ודעת שניהם שיחזיר לו אחר הפסח, נמי שרי).**

סעיף ד - רשאי ישראל לומר לאינו יהודי בשעה חמישית או קודם: עד שאתה לוקח חמץ במנה קח במאתים, שמא אצטרך ואקחנו ממך אחר הפסח - ר"ל שיקח חמץ הרבה

בסך מאתים, אע"פ שא"צ ליקח אלא במנה, שכשאצטרך אחר הפסח אקחנו ממך, ואתן לך ריוח על כל הסך.

והאחרונים כתבו, דרשאי אפילו להבטיח שיחזור ויקנה ממנו ויתן לו ריוח.

אבל לא ימכור לו ולא יתן לו על תנאי, ואם עשה כן הרי זה עובר בבל יראה ובל ימצא - מיירי שאמר בלשון "אם", דהיינו: אם תעשה דבר פלוני בתוך הפסח או לאחר הפסח, החמץ נתון לך או מכור לך, דכל זמן שלא נתקיים התנאי עדיין אין החמץ מכור ונתון, ולפיכך עובר בבל יראה, **אבל** אם אמר לו: הריני נותן לך מעכשיו ע"מ שתעשה דבר פלוני, שייך החמץ לעכו"ם תיכף אם יתקיים התנאי לבסוף, ואינו אסור רק משום חומרא דחמץ, וכדלעיל בסוף ס"ג, **א"נ** מיירי אפילו ב"מעכשיו", רק התנאי היה שאימתי שיביא מעות יחזירם לו, ובתנאי זה לא חל המכירה והמתנה כלל, כיון שכל שעה הרשות בידו לפדותו, וכמבואר בחו"מ סימן ר"ז סעיף ו'.

ודע עוד דהסכימו אחרונים, דה"ה שאסור לומר לעכו"ם: אני מוכר לך החמץ ע"מ שתחזיקנו לעצמך, ולא תמכור לאדם אחר חוץ ממני, **דכיון** דבלשון תנאי הוא, כשיעבור העכו"ם וימכרנו לאדם אחר, תבטל המכירה למפרע, ונמצא שלא היה החמץ קנוי לעכו"ם מעולם, וחיישינן שמא ימכרנו, ויעבור הישראל על בל יראה.

אבל אם אמר לו: הריני מוכר לך מכירה גמורה לחלוטין, וזכות זה שיירתי לי בו, שאם תרצה למוכרו לא תמכרנו לשום אדם חוץ ממני, י"א דזה מותר אפילו לכתחלה, **דאפילו** אם יעבור העכו"ם וימכור, לא תבטל המכירה בשביל זה, כיון דלא אמר בלשון תנאי, רק שמכירת העכו"ם תהיה בטלה, [**ומ"מ** לענ"ד לא ברירא הדבר כ"כ להיתר, מאחר ששייר לעצמו זכות בגוף החמץ].

סעיף ה - חמץ שנמצא בבית ישראל אחר הפסח, אסור אע"פ שביטל - או הפקירו, ואיסורו הוא אפילו בהנאה, **ואע"ג** דכשביטלו אינו עובר בב"י, מ"מ חששו חכמים, שאם נתירו כשביטלו, יש לחוש שיניח כל אדם חמצו אלאחר הפסח, ויאמר שהפקירו קודם הפסח כדי שנתיר לו.

ודע דכמה אחרונים כתבו, דאפילו בדק ג"כ כמנהגנו, ונמצא חמץ לאחר הפסח, ג"כ אסור בהנאה, דלא חילקו בדבר, **ויש** מן האחרונים שמקילים בבדק וביטל ונמצא אח"כ, דמאי הוי ליה למעבד, הרי עשה הכל כדין, ודעתם דעכ"פ בהנאה אין לאסור, **ובמקום** הפסד מרובה יש לסמוך עליהן, ועיין בבה"ל ס"ג מ"ש בזה.

מי שהיה בספינה או בדרך, ויש אתו חמץ, ואין אתו נכרי שיוכל למכור לו, ועמד והפקירו בפני עדים, אם יוכל אחר הפסח לזכות בו וליהנות ממנו, נחלקו האחרונים בדבר, ורובם מצדדים לאיסור, **ומ"מ** בהפסד מרובה יש לסמוך, [דמ"מ יש הרבה שמתירין], ולהתיר שימכרנו לעכו"ם, או שיחליפנו עמו בדבר אחר, [וכמבואר בסי' תמ"ג, דחמץ אינו תופס דמיו בדיעבד].

ואם היה בדרך ונזכר שיש לו חמץ בתוך ביתו, ולא היה לו למי למכור בע"פ כתיקון, ועמד והפקיר החמץ בפני עדים, נראה דיוכל לסמוך בזה אדעת המקילין, ולחזור ולזכות בו אחר הפסח וליהנות ממנו, **שכיון** שלא היה החמץ בידו, וא"כ לא היה יכול למכור ולא לבער כתיקון חז"ל, הרי מחויב היה להפקיר מצד הדין, כדי שלא יעבור בב"י, וא"כ אין לנו לקונסו לאסור חמצו כשחוזר וזוכה בו.

סעיף ו - אסור להאכיל חמצו בפסח - ומיירי שמצא חמץ בביתו בתוך הפסח, וה"ה בע"פ משעה ששית ומעלה, **אפילו לבהמת אחרים** - של עכו"ם, **או של הפקר** - דכשם שאסור להאכיל לבהמתו דמקרי הנאה, כן אסור להאכיל לבהמת הפקר, דיש לו הנאה במה שממלא רצונו להשביע לבהמה, [**ומשמע** לכאורה דהוא דאורייתא, ולא משום חומרא דחמץ, ולפי"ז גם בשאר איסורי הנאה אסור, **ובפמ"ג** מסתפק בזה, **אכן** בביאור הגר"א לפי פי' דמשק אליעזר, מוכח דלדעתו דוקא גבי חמץ אסור], ‹בירושלמי דייק לה מלא יֵאָכֵל בצירי, כר' אבהו [כא:], אף לכלבים אחרים - פמ"ג›.

וכ' האחרונים, דה"ה דאסור בזה בחמץ שעבר עליו הפסח.

ועיין בב"י, דאפילו במוצא חמץ שאינו שלו, ג"כ אסור להשליך לפני כלב, [דגם מחמץ של אחרים אסור ליהנות, ואפי' משל עכו"ם, **ובמטה** יהודה מצדד, דאפשר דעובר בזה ג"כ על בל יראה, דמכיון דאגבהיה קנייה, ולא שייך בזה לומר איסורא לא ניחא ליה דליקני, דהרי רוצה בו להנות לכלב].

סעיף ז - אסור ליתן בהמתו לאינו יהודי להאכילה בימי הפסח - בין בחנם בין בשכר, **אם הוא יודע שמאכיל אותה פסולת שעורים שהוא חמץ** - שהרי הוא נהנה מחמץ בפסח, שמפטם בו הא"י את בהמתו, וחמץ אפי' של א"י אסור ליהנות ממנו בפסח, **ובדיעבד** אם אכלה חמץ בפסח, אין לאסור בשרה בשביל זה, כדמוכח ביו"ד סי' קמ"ב סי"א.

אבל אם אין ידוע שיאכילנה חמץ, מותר ליתנה לו, ואין לו לחוש שמא יאכילנה.

ואסור דוקא באופן זה, אבל אותן שמעמידין בהמתן אצל נכרי זמן רב קודם פסח, ושהנכרי יזין אותן משלו, ואין מתנין בפירוש על חמץ, ובתוך המשך חל פסח, מותר, אף שנודע לו שמאכילה חמץ.

ואם א"א לו באופן אחר, המנהג במדינתנו למכור הבהמה לנכרי כדין, ע"פ הקנינים המבוארים ביו"ד סימן ש"כ, והבהמה תהיה אצל הנכרי בפסח, או יקנה לו הבהמה עם הרפת, והנכרי יאכילנה, ולא יהיה לו שום עסק עמהם בפסח, [**ועכ"פ** במקום שמקילין בודאי אין למחות בידם]. **ובלבד** שלא יאמר לו שיאכילנה חמץ.

וכ"ז ביש לו לנכרי מזונות משלו, אבל אם אין לו מזונות, והישראל מוכר לו ביחד עם בהמתו גם מזונותיה שהם חמץ, יש מחמירין בזה, דמחזי כהערמה, ושכל עיקר המכירה לא היה אלא כדי שיזין אותה העכו"ם בחמץ, **וכתבו** שיעשה באופן זה, שימכור המזונות לנכרי אחר, ומותר לסרסר לנכרי הקונה בהמותיו, שיוכל לקנות מאל"ץ אצל נכרי פלוני, [**ולהנכרי** שיש לו החמץ יאמר, דיוכל להקיף להשני, כי איש מהימן הוא].

והמנהג במדינתנו, שאפילו אם אין מאכילה חמץ גמור, ורק שרוצה ליתן לבהמתו תבואה בפסח, שמוכרה ג"כ לנכרי עם הרפת, והנכרי מאכילה, **דאם** לא ימכרנה, יצטרך ליתן לה מעט מעט ובמקום נגוב, ויעמוד עליה בשעה שאוכלת לבער המותר, כדי שלא תחמיץ מהריר שלה.

ולענין חלב של בהמה שאוכלת חמץ, אפילו היא של נכרי, נחלקו אחרונים בזה, ודעת הפמ"ג להתיר החלב שחלבו אחר מעל"ע שאכלה חמץ, **ויש** מקילין אפילו בו ביום, אם אוכלת שחרית וערבית מדברים המותרים.

§ סימן תמט – דין חמץ שנמצא בחנות ישראל והפועלים א"י או בהיפך §

סעיף א - חנות של ישראל, ומלאי (פירוש הסחורה וכלי החנות) של ישראל, ופועלים הנכנסים לשם - היינו לעשות מלאכה, או שמשתדלים במכירת הסחורה, **אינם יהודים, חמץ שנמצא שם אחר הפסח אסור בהנאה** - דתלינן שחמץ זה של החנות הוא ולא מפועלים, אף שהם רגילין שם, משום דהחמץ שבחנות הוא קבוע שם ותדיר, וטפי יש לתלות שנשאר שם מחמץ שלו שלא מצא בעת הבדיקה, **ופשוט** דמיירי שמצא תיכף אחר הפסח, בענין שאין לתלות שהחמץ של עכשיו.

ומיירי שהיה הסחורה פת ויין וכה"ג, [אבל אם לא היה פת ויין רק סחורות דעלמא, בודאי תלינן שהחמץ הזה מפועלים הוא שנפל].

חנות של אינו יהודי, ומלאי של אינו יהודי, ופועלים הנכנסים לשם ישראל, חמץ שנמצא שם מותר אפילו באכילה - ר"ל אפילו אם היה החנות סגור כל ימי הפסח, דליכא למיתלי שהנכרי בעל החנות הכניס שם חמץ זה בפסח, ובודאי חמץ זה מקודם הפסח הוא, **והו"א** שיש לחוש לתלות החמץ הנמצא שם שהוא מהפועלים ישראלים המצויים שם תמיד, שהם שכחוהו שם קודם הפסח, **קמ"ל** דלא אמרינן הכי.

כך היא גרסת רש"י ורבינו האי, אבל רבינו חננאל גורס בהיפך - דהוא סבר דתלינן יותר בהפועלים שמצויים שם תמיד, בין לקולא ובין לחומרא, [**ועד** כאן לא אזלינן בתר פועלים ישראלים לר"ח, אלא בשכל העוסקים באותו חנות הם ישראלים, אבל במקום שנכנסין בו ישראלים ועכו"ם איש לעסקו, והחנות של עכו"ם, בכגון זה לא אמר ר"ח].

ולענין דינא נקטינן כדעה קמייתא, **ויש** שכתבו דלא פליגי כלל, ולא קאמרי דעה בתרייתא, אלא בכגון

שלא היה בחנות מיני מזון רק שאר סחורות, **אבל** אם היה בחנות מיני מזון, גם לדעה זו בתר חנות אזלינן, שחמץ שם קבוע ותדיר.

חמץ שנמצא אחר הפסח, ולא ידעינן אם של עכו"ם הוא או של ישראל הוא, יש דעות בין אחרונים, יש שכתבו דמותר בהנאה ואסור באכילה, **ויש** שמקילים ואומרים דגם באכילה מותר, כשאר ספיקא דרבנן דלקולא אזלינן, **ואם** באותו מקום רוב ישראל מצויים, אסור בהנאה, דודאי מישראל נפל.

וכ"ז כשנמצא מיד אחר הפסח, או שהפת ישן שא"א לומר שנאפה אחר הפסח, **אבל** אם אפשר לתלות שנפל אחר הפסח, מותר אפי' באכילה בכל ענין, דיותר יש לתלות שמאחר הפסח הוא, משנתלה לומר שמישראל נפל קודם הפסח, דזמן מרובה כזה לא היה מונח בדרך.

§ סימן תנ – דין ישראל וא"י שיש להם שותפות §

סעיף א - ישראל שלוה ככר מחבירו קודם הפסח, צריך לפורעו אחר הפסח, ויש בו משום גזל אם אינו פורעו - ר"ל אפילו לוה ממנו ככר זה בע"פ סמוך לזמן הביעור, שאם לא הלוהו בלא"ה היה צריך לבערו, ואם לא ביערו היה נאסר בהנאה, **אעפ"כ** צריך להחזיר לו ככר אחר אחה"פ, שהרי עכ"פ לוה ממנו בשעת היתר, ואז היה החמץ ממון גמור, שהיה עדיין קודם זמן הביעור.

[**דרשאי** אדם להלוות ככר בע"פ ע"מ ליקח אחה"פ, ואין בזה חשש איסור, לומר שמבטל מצות התורה שלא לבער חמצו, דלא אסרה תורה אלא שלא יהיה בעין בשעה שהחיוב לבער, והכא הרי הלוה מקודם, וא"כ אינה בעין.]

ומשום חשש רבית, דאסור ללוות סאה בסאה, ליכא בככרות, משום דהחילוק הוא בדבר מועט ע"פ רוב, ולא קפדי אינשי בזה, [**ובחמד** משה מפקפק בזה, דבע"פ חמץ בזול, ויש חילוק גדול לעומת אחה"פ, ע"ש, **ונראה** דמיירי כאן בלוה חמץ דבר מועט].

וכתבו האחרונים, דאפילו אם עבר ישראל הלוה, והשהה החמץ עד לאחר פסח, ונאסר, מ"מ צריך לשלם, ולא אמרינן שלא יכול המלוה לקבל דמיו משום חליפי חמץ, **דאין** זה חליפי חמץ, שכיון שלוה הככר הרי הוא שלו, ואין לו למלוה עליו אלא דמים בעלמא.

ישראל שהלוה חמץ לעכו"ם לפני הפסח, ושילם לו חמץ כיוצא בו לאחר הפסח, הואיל ואינו מחזיר לו חמץ הראשון בעיניה, מותר, כ"כ בשלטי הגבורים בשם הריא"ז, **ומוכח** מדבריו, דאם מחזיר לו אותו חמץ אסור, **ופר"ח** חולק על זה, דלא מיקרי חמץ שעבר עליו הפסח, שהרי עד עתה היה שייך להעכו"ם, דכיון שהלוהו קם ליה ברשותיה, והו"ל חמץ של נכרי שעבר עליו הפסח, דשרי אף באכילה, **ולמעשה** יש להחמיר כדעה קמייתא, דמחזי כחמץ של ישראל שעבר עליו הפסח, כיון שהחזיר לו אותו החמץ גופא, [**דלאו** כו"ע דיני גמירי, ואינם יודעים שכיון שלוה הככר הרי הוא שלו, וכשמחזיר אפי' אותו ככר בעצמו, דמי כמו שהחזיר ככר אחר, אלא יאמרו חמץ של ישראל שעבר עליו הפסח מותר, שהרי הככר של ישראל לא נאכל, והיה קיים כל ימי הפסח, ומתירין אותו להחזירו לבעלים, **וכן** מצאנו לעיל סי' תמ"ח, לענין מתנה ע"מ להחזיר, אע"ג דבכל התורה שמה מתנה].

סעיף ב - ישראל שמקבל מא"י ברבית ככרות בכל שבוע, יאמר לו קודם פסח שיתן לו בשבוע של פסח קמח או מעות - הטעם, דכיון שנתחייב ליתן לו בכל שבוע ככר, א"כ כשמיחד העכו"ם הככר בפסח בעבור הישראל, הוי כאלו כבר זכה בו, והוי כאלו עבר הפסח על חמץ של ישראל, **להכי** צריך להתנות עמו, שבעבור שבוע של פסח אינו רוצה ככרות, רק הקמח שלהם, או דמי שוין, או שיתן לו ככרות שיאפה אחר הפסח.

(**עיין** ט"ז שכתב לחלק בזה, דלא מהני תנאי קודם הפסח אלא בשלא הלוה לו לזמן קצוב, רק שכל שבוע שמחזיק מעותיו ישלם לו רבית, ובזה מהני תנאי קודם פסח, והרי הוא כמתנה בתחלת ההלואה, שהרי אם היה רוצה היה מסלק לו מעותיו, **אבל** בהלוה לו למשך זמן, ושבתוך הזמן אין אחד מהם יכול לחזור, ושמחויב לתת לו ככרות בכל שבוע, בזה לא מהני תנאי קודם פסח, רק צריך להתנות בתחלת ההלואה, **אכן** ממג"א משמע דאין לחלק בזה, וכ"כ בנה"ש ובח"מ לדחות דברי הט"ז, **ונראה** דאין דבריהם מוכרחים, אלא במתרצים שניהם שבפסח יתן לו מעות, אבל כשמתנה הישראל לחוד, ואין העכו"ם

מסכים לו לשנות מתנאם הקודם, אפשר שיש שפיר מקום לדברי הט"ז, דאין הישראל יכול לשנות מתנאי הראשון, **ועיין** בפמ"ג שגמגם ג"כ בדברי הט"ז, וכתב דאין התנאי הראשון אלים כיון דלא היה משיכה, והוא דבר שלא בא לעולם, עיי"ש, **ומסיים** דמ"מ במקום שדינא דמלכותא הוא שהתנאים קיימים, יש להחמיר כט"ז).

וכיון שהתנה עמו כך, אף ע"פ שאחר הפסח נותן לו ככרות חמץ, חליפי הקמח והמעות הן ושרי - אף אם העכו"ם הכין לו ככרות בפסח, לא איכפת לן, שהרי אינם משועבדים כלל לישראל, והם לגמרי ברשות העכו"ם לעת עתה.

והסכימו האחרונים דכ"ז לכתחלה, אבל בדיעבד אפילו אם לא התנה כלל, נמי שרי לו לקבל הככרות אחר הפסח בשביל שבוע של פסח, ואע"ג דיחדם לו לישראל בפסח, **דכל** זמן שלא באו לרשות ישראל, לא זכה בהם, ואין לו עליו אלא חוב בעלמא של ככרות, ולא אותן גופא, והרי הן של עכו"ם עדיין כל ימי הפסח.

סעיף ג - ישראל ואינו יהודי שיש להם תנור בשותפות, אומר לא"י קודם הפסח: טול אתה של פסח ואני אטול אח"כ - ואם לא אמר, אסור לקבל אחר פסח עבור חלקו אפי' מעות, וכדלקמיה.

יש מאחרונים שכתבו, דדוקא כשאומר לו: ואני אטול אח"כ דמים נגד הככר שנטלת, דזה נחשב כאומר שאינו רוצה להשכיר תנורו למלאכה לפסח רק בעד דמים, [וכיון שהתנה, מותר אחר פסח לקבל אפי' ככרות חמץ חלופי דמיו], **או** דמיירי כשאומר לו: טול אתה שבוע זו של פסח את התנור, בין יהיה בו בין לא יהיה בו, ואני אטול שבוע שלפניה או שאח"כ מה שיזדמן לי, דזה מותר, דחולקין הזמן, ואין לזה על זה כלום, **אבל** כשאומר לו: טול אתה הככרות מה שיהיה בפסח, ואני אטול כסכום זה אחר כך, אם כן הרי ניחא ליה בהככרות שבתנור, דאם לא יזדמן לאפות בפסח בתנורו, לא יתן לו העכו"ם אחר פסח, וזוכה לו התנור, אלא שמחליפו עם העכו"ם שותפו, אם כן הרי נהנה הוא מחמצו שבפסח, שתחת חלקו שיש לו באותן ככרות, העכו"ם נותן לו את חלק ככרותיו שיש לו בשבוע שאחר פסח, ואסור, **ויש** שאוסרין אפילו כשאומר לו: ואני אטול אחר כך דמים נגד הככרות שנטלתה, דמ"מ נהנה הוא דמי שיווי חמצו שבפסח, **והסכימו** האחרונים, דנכון למעשה לנהוג, שימכור להעכו"ם התנור על שבוע של פסח, שיהיה לגמרי ברשותו, ויקצוב עמו מקח עבור זה, ויטול ממנו הדמים מתחלה קודם פסח, ובזה אין שום איסור מה שחל בשבוע זו שבת ויו"ט, אחרי שהוא בהבלעה.

סעיף ד - ישראל שהיה לו תנור, ואפו בו אינו יהודי חמץ בפסח - ומשמע דאפילו שלא בידיעת הבעלים, וכ"כ האחרונים, **אפילו מעות אסור לקבל בשכרו, דהו"ל משתכר באיסורי הנאה** - דאסור לכתחלה מדרבנן בכל איסורי הנאה, ואפילו נותן לו המעות קודם פסח או אחר פסח, **וכ"ש** ככרות מאותן שאפו בפסח, דאסור לו לקבל ואפילו לאחר הפסח.

ולא דמי לס"ג, דהתם התנור היה של שותפים, וכשמחלקים בזמן, הו"ל בעת ההיא התנור של עכו"ם לגמרי.

[**וזה** לפי שיטת המ"א והגר"א ועוד איזה אחרונים, דמסקי לאיסור בזה לקמן בס"ז, וכדעת הרמ"א בהג"ה ס"ה, **אבל** באמת דעת המחבר בעצמו בס"ז, מוכח דס"ל כדעת הפוסקים שמקילין בזה, **והאי** דקאמר: והו"ל משתכר כו', דוקא בזה, משום דדרכן היה לתת ככרות, ואלו המעות הם חליפי ככרות, **ואף** דאינו תופס דמיו, היינו רק בדיעבד, אבל לכתחילה אסור].

ואם קבל כבר המעות, מותר ליהנות מהם - דמשתכר באיסורי הנאה אינו אסור בדיעבד בשום מקום, שאין זה גופו של חמץ ולא חליפיו, רק המעות בא ע"י גרם חמץ, ולא החמירו בזה רק ביין נסך, משום חומרא דע"ז.

[**ואפי'** נעשה הדבר בידיעתו נמי מותר, **והאחרונים** שכתבו, דאם היה בידיעתו, תלוי בהא דלעיל סוף סי' תמ"ג פלוגתת רש"י ורמב"ם, ‹אם חלופי חמץ אסור לבעליו›, הם מיירי בהיה המנהג לתת ככרות, וא"כ כשנותן לו מעות, המעות הוא חליפי הככרות שכבר זכה בהם, וא"כ להני דאסרי לעיל תמ"ג, ה"ה הכא, **וע"כ** בשנעשה בלא ידיעתו, דבזה לכו"ע שרי].

וכ"ז בקיבל מעות, אבל אם נתנו לו איזה ככרות מככרות שאפו בתנורו, אסור ליהנות מהם, דזכה בהם כבר

בפסח בשכר תנורו, אם דרכן לעולם לתת ככרות, והוי ליה חמץ של ישראל שעבר עליו הפסח.

סעיף ה - ויש מי שמתיר להשכיר תנורו לאינו יהודי על מנת שיאפה בו מצה, ואם יאפה בו חמץ אין זקוק לו - ואין זה משתכר באיסורי הנאה, שאסור לכתחלה עכ"פ, **כיון** שאף אם לא היה אופה בו הנכרי כלום, ג"כ היה צריך לפרוע לו לישראל שכרו משלם, שהרי השכירו לו לזמן, וא"כ אין הישראל משתכר כלום במה שהעכו"ם אופה חמץ, **ומ"מ** לכתחלה צריך לומר לו שיאפה מצה, דאל"כ כיון שידוע שדרכו לאפות בו חמץ, הוי כאילו השכיר לו לאפיית חמץ, דאסור.

הגה: וכן מותר להשכיר לו בית לדור בו, ואע"פ שמכניס בו אחר כך חמץ, שרי - היינו אע"ג שמשכירו סתמא, לדור בו הוא, **ולא** אתי לאפוקי אלא היכי שמשכירו בפירוש לשום בו חמץ, ומשום דמשתכר באיסורי הנאה.

ומשמע מדברי אחרונים, דאין לאסור משום משתכר באיסורי הנאה, אלא דוקא היכי שהגיע זמן איסורו, כגון בפסח או ע"פ ‹מו' שעות ולמעלה – בה"ט›, אבל קודם אינו אסור אפי' לכתחלה, [האגור, **ומוכח** מגר"א, דה"ה לשאר דברים שאיסורן משום משתכר באיסורי הנאה], **ויש** מחמירין בזה אפי' תוך ל' קודם לפסח, ‹דיש ב' גרסאות באגור, דמותר "קודם פסח" או "קודם ל' יום"›.

סעיף ו - מותר לומר לעבד בפסח: הילך דינר זה וקנה ואכול, אף על פי שיודע שיקנה חמץ - אף שמזונותיו עליו, הואיל ולא אמר לו שיקנה חמץ.

ואם הוא מושכר אצלו לשנה, לא יאכל בביתו משום חשדא.

אבל לא יאמר לו: הילך דינר זה, וקנה לך חמץ מן החנוני ואכול, אפי' אם הוא נכרי דעלמא שאין מזונותיו עליו, דכיון שהישראל בעצמו אסור לו לקנות חמץ בפסח, אסור לו לומר לעכו"ם לקנותו, **דאף** שהנכרי קונה אותו לעצמו ולא בשביל הישראל, כיון שהישראל נותן לו דינר ואומר לו שיקנה בו חמץ, והעכו"ם קונה אותו בדיבורו, הרי נראה כשלוחו, **אבל** מותר לומר לו: קנה לך חמץ בדינר שלך ואכול.

אבל לא יאמר לו: צא ואכול ואני פורע - ודוקא שאמר לו: צא ואכול חמץ, או עכ"פ שיודע בודאי שיאכל חמץ, **והטעם**, שכיון שנותן לו החנוני לעבד על דעת שיפרע הוא להחנוני, הוי החנוני שלוחו, והוי כאלו הוא מאכילו חמץ בידים, וכיון שמזונותיו עליו, נמצא שנהנה הוא מן החמץ שמאכילו.

ויש מתירים גם בזה - שכיון שעדיין לא נתן המעות לחנוני, לא חשיב כחמצו מה שנותן לו החנוני לעבדו, אלא חוב בעלמא נתחייב להעכו"ם בעבור שערב בעדו, **ולדעה** זו מותר ג"כ לומר לחנוני: תן לפועלי חמץ ואני פורע, ומטעם הנ"ל, [**וליכא** בזה משום שבות דאמירה לעכו"ם, כיון שאין נותן לו דינר מזומן].

ולדינא עיקר כדעה זו, ומ"מ לכתחלה נכון לחוש לסברא הראשונה בעבדו ושפחתו שמזונותיהן עליו, שלא לומר לו שילך ויקיף על חשבונו, אלא יתן לו מעות מזומן, והוא יקנה מה שירצה.

אא"כ הקדים דינר - לחנוני, וצוהו לתת מזונות לעבדו כשיבוא, אז הו"ל כמאכילו בידים החמץ, שהחנוני הוא שלוחו של בעה"ב, **ובזה** אסור אפילו אינו יודע בודאי שיקנה חמץ.

ודע, דהקדים לו דינר לאו דוקא, דה"ה אם נתן לו דינר בשעה שנתן החנוני החמץ לעבדו, דג"כ אסור, ולא אתי בזה למעוטי רק אם פרע לו לאחר זמן.

ועיין ביו"ד סימן קל"ב ס"ד שכתב, דגם בהקדים לו דינר אינו אסור, אא"כ כשאמר לו: יהא דינר זה בידך עד שתתן להפועל שלי, **אבל** אם הרשהו להוציאו עכשיו בהוצאה, מותר, דבשעה שנותן להפועל אין כאן דינר שיקנה לבעה"ב, **אבל** כמה אחרונים חלקו עליו, והסכימו דאסור בכל גווני.

או שנשא ונתן ביד - ר"ל שבעה"ב בעצמו לקח החמץ מן החנוני העכו"ם לצורך עבדו ונתנו לו, **ובזה** אפילו לא נתן לו מעות כלל, אפ"ה אסור, דקנה החמץ במשיכתו מן העכו"ם, [**והיכא** שהיה ג"כ נתינת מעות, והמעות קיבל מיד העבד, לדעת תוס' שרי, דהחנוני מקנה חמצו למי שנתן המעות, והבעה"ב אינו אלא שלוחו של בעל המעות, להביא לו החמץ].

‹ביאור הלכה› [שער הציון] ‹הוספה›

ולענין תינוק שנחוץ לו לאכול ולשתות חמץ, צריך לישא אותו לבית נכרי, ויבקש להנכרי שיאכיל חמץ להתינוק, אך יזהר שלא יקחו בידו, דזוכה בו, **ואם** אין הנכרי רוצה ליתן לו בחנם, יכול להבטיחו שישלם לו אח"כ, דמותר מעיקר הדין וכנ"ל, **אבל** לא יתן לו מעות קודם או בשעה שנותנו לו לאכול, דקונה החמץ בזה ואסור לכו"ע, **ואם** א"א לו לשאתו לחוץ, ובע"כ צריך העכו"ם להביא החמץ לביתו של ישראל ולהאכילו שם, יש לו לומר להנכרי שיקבץ החמץ הנשאר וישאנו לביתו, וכשיצטרך לאכול עוד הפעם יחזור ויביאנו ויאכילנו.

ואם א"א למצא נכרי על כל פעם ופעם, יש להקל שישאיר העכו"ם חמץ בביתו, כדי שיספיק לתינוק לכמה פעמים, ויאמר בפירוש שאינו רוצה לקנות את החמץ, דאל"ה קני ליה רשותו, **ויצוה** לקטן שיאכיל לתינוק, אבל הוא בעצמו אין לו להאכילו, חדא, דאסור לכתחלה ליגע בו, וכדלעיל בסימן תמ"ו, ועוד, משום לתא דקנין, **ואם** יכול להטמין החמץ במקום שמונח חמצו המכור, יטמינו שם, וישא התינוק לשם לאכול, **ואם** לא, יעשה מחיצה עשרה בפני החמץ, ועכ"פ יכפה עליו כלי, **וכ"ז** אם אין התינוק מסוכן לזה, דביש סכנה אין צריך לדקדק בכ"ז, כדי למהר באכילתו.

הגה: ואסור לקנות חמץ לאינו יהודי בפסח, אפילו במעותיו של אינו יהודי - דאיכא למיחש שמא יאכל ממנו, **ועוד** דהוא רוצה בקיומו של החמץ, **ועוד** דהא אין שליחות לעכו"ם, ונמצא דהישראל קונה אותם ועובר בבל יראה, [**וכתב** הריב"ש עוד, דאפי' אם נימא שאין הישראל רוצה שיקנה לעצמו משום איסורא, מ"מ חמצו של עכו"ם ביד ישראל ואחריותו עליו אסור, וזה נמי אם יאבד החמץ, יגיע לישראל הפסד מזה, דיצטרך להחזיר הדמים לעכו"ם השולחו] **ואפי'** אינו מושך החמץ מרשות המוכר, אלא נותן לו דמים בלבד בפסח, ג"כ אסור, לפי שי"א שישראל קונה מטלטלין מעכו"ם בכסף בלבד.

ומ"מ אם לא כוון לקנותו לעצמו, וגם לא קיבל עליו אחריות כלל, יש לצדד להקל באכילה ובהנאה לאחר הפסח, [**ודוקא** שלא קיבל עליו אחריות בין מפשיעה בין מגניבה ואבידה, **ונראה** דבעינן שיתנה שאינו מקבל אחריות, דבסתמא כיון דנתן לו העכו"ם מעות, דעתו שיתן לו עבור זה הסחורה, או שיחזיר לו מעותיו, **ולענ"ד** דדי אפי' אם מתנה שאינו מקבל עליו מגניבה ואבידה, דיש מרבוותא דס"ל דדי בזה, ובלאחר פסח שהוא רק קנסא דרבנן, יש להקל בזה].

וכן אסור לומר לעכו"ם בחוה"מ פסח שיקנה חמץ בשבילו, [או לקבוע לו קודם פסח ע"ז], ואפילו לא ימשוך החמץ לתוך ביתו של ישראל, דיש פוסקים שסוברין דיש שליחות לעכו"ם לחומרא, **ובדיעבד** אם קנה ולא משך לרשותו, אין לאסור לאחר הפסח.

כתב הפמ"ג, בעכו"ם שקונה מעכו"ם תבואה שיש בתוכה קצת חמוצים, שרי לישראל להיות סרסור ביניהם, כי לא בעד החמוצים הוא נותן דמים.

אם היתה בהמת עכו"ם טעונה חמץ, מותר לפורקה במקום שיש צער בע"ח, דאף דהעכו"ם מחזיק לו טובה עבור זה, וזה מקרי בעלמא כרוצה בקיומו של חמץ, כדי שיחזיק לו טובה, כיון דאין הישראל מכוין שיחזיק לו טובה, שרי.

סעיף ז - אסור להשכיר כלי לאינו יהודי בפסח כדי שיבשל בו חמץ - משום שהוא רוצה בקיומו של חמץ, שאם ישפך החמץ בשעה שהכלי עומד ע"ג האש, יבקע הכלי, והרי הוא כנהנה מן החמץ, (**ויש דעות בין אחרונים, אם דוקא בשכירות, או אפילו בשאלה נמי איכא איסור רוצה בקיומו**).

(**ומוכח משו"ע הגר"ז, דברוצה בקיומו ליכא היתר דהאגור, במשכירו קודם פסח, ובכל גווני אסור, אכן מב"ח משמע, דבין במשתכר ובין ברוצה בקיומו, בכל גווני איכא להתיר היכי שהיה קודם ל', והוא כ"כ כפי גירסתו באגור, וה"ה להני דגרסי בו "קודם פסח")**, (ע"ל ס"ה).

(**ואיסור רוצה בקיומו, היינו דוקא לכתחלה, אבל בדיעבד אין להחמיר, וכמו לעיל סעיף ד' במשתכר באיסורי הנאה**).

אבל משכיר לו חמור להביא עליו חמץ - שהרי לא איכפת ליה אם יאבד החמץ.

והקשו האחרונים, דליאסר בין בכלי בין בחמור משום משתכר באיסורי הנאה, שאסור לכתחלה, וכמ"ש בסעיפים הקודמים, **ומסקי** דדין זה הוא להאי שיטה, דאין אסור להשתכר באיסורי הנאה רק בע"ז וכדומה, **אבל** לפי מה דנקטינן להחמיר, לאסור להשתכר לכתחלה בכל מקום, ה"ה דאסור גם גבי חמור להביא עליו חמץ.

ודע דגם לשיטה זו, דוקא שהשכיר בפירוש להביא עליו חמץ, אבל אם השכיר סתם לזמן, והביא עליו חמץ, מותר, שהרי אם לא הוליך עליו שום דבר ג"כ היה צריך לשלם לו שכרו, וכמו שכתבנו לעיל גבי תנור, [**ואפי'** אם הישראל יודע שיביא עליו חמץ, מ"מ כל זמן שלא פירש מותר, **אבל** כלים כיון שמסתמא עומדים לבשל בהן חמץ, אפי' סתם אסור להשכיר].

הגה: וים מתירין להסק חמין בכלי חמץ ולרחוץ בהן - או לחוף בו הראש, **וכן מותר לרכי הנאה בכלי חמץ, וכן הוא המנהג** - שהרי אינו נהנה אלא מן הכלי, ולא מחמץ הבלוע בתוכה, אע"פ שהוא נפלט מן הכלי לתוך החמין.

ור"ל דלא נימא דזה ג"כ כעין רוצה בקיומו של חמץ המובלע בדופני הכלי בשביל הכלי, שבשעה שמשתמש בה הרי הוא רוצה שתהיה שלמה, וממילא כמי שרוצה בחמץ הבלוע בתוכה, שהרי א"א זה בלי זה, **דלא** אמרינן כן בחמץ המובלע שאינו בעין.

וכתבו האחרונים, דדוקא בכלי המיוחד לרחיצה ולכביסה, שאין דרך להשתמש בו לאכילה, **אבל** בכלי שדרך לפעמים להשתמש בו לאכילה ושתיה, צריך להצניע במקום צנוע, ואין להשתמש בו אפילו לרחיצה וכביסה, גזירה שמא ישתמש בו לאכילה, **ומ"מ** דרך ארעי אין להחמיר גם בזה.

ולענין למכור לנכרי בפסח כלים חמוצים, יש מתירים, וגם כן מטעם הנ"ל, שהרי נהנה רק מגוף הכלי, ולא מבלוע, {**אם** לא שהעכו"ם נותן לו יותר בשביל שהוא בלוע וישנה, דאז נהנה מחמץ}, **ויש** אוסרים בזה, [ח"א, ‹וז"ל: כיון דעומד לאכילה, ומוכרו לנכרי ונהנה ממנו, הוי כאילו הוא בעצמו נהנה ממנו, עכ"ל›.

כתבו האחרונים, ישראל מחזיק ארענדע משר, ויש שם בית שעושין שכר, שקורין מאל"ץ הוי"ז, ומנהג שכל מי שצריך לעשות שכר עושה בבית הנ"ל, וישראל נוטל השכירות, ואם יניח לנכרים לעשות שכר בפסח, וא"כ הרי הוא רוצה בקיומו של חמץ, מחמת הכלים שבמאל"ץ הוי"ז, שאם ישפך המאל"ץ יבקע היורה כשעומדת על האור, וכשיקבל שכר הרי הוא משתכר באיסורי הנאה, **ועוד** יותר, כיון שהמנהג תמיד לתת מדה מאלץ בשכר ולא מעות, א"כ כשעושה העכו"ם השכר, כבר זכה ישראל במדה מאלץ, ואף שנותן לו זאת אחר פסח, אסור, דהוי ליה חמץ של ישראל שעבר עליו הפסח, **וכתבו** שימכור הזכות שיש לו במאלץ הויז לא"י, או ישכיר על איזה שבועות, כדי שיהיו ימי הפסח בהבלעה, ושרי.

ואם לא חכר מן השר גוף המאלץ הויז, רק חכר ממנו שכר המדות, דהיינו שהמדות שנותנים העושים יהיו שייכים לו, **די** שיצוה להעושים שכר שלא יפרישו המדות בפסח, רק יכתבו בפנקסם לו שטחנו בפסח, ואחר הפסח יגבה מהם, **וכן** הדין במחזיק רחיים בארענדע, [**ומ"מ** אינו ברור, דאף שבאופן זה לא שייך רוצה בקיומו, שהרי אין לו שום שייכות להבית וכליו, וכמו כן חליפי חמץ לא שייכא, **מ"מ** הרי משתכר הוא באיסורי הנאה, שאסור, ואפי' נותן לו שכירותו לאחה"פ, **ובשו"ע** הגר"ז מתקן זה קצת, דאינו זוכה המדות מיד הנכרים, אלא המדות שייכים להשר, והוא זוכה ממנו, וא"כ הוא אינו משתכר באיסורי הנאה, רק השר, **ועדיין** אינו ברור וצ"ע].

§ סימן תנא – דיני הגעלת כלים §

סעיף א - קדירות של חרס שנשתמש בהם חמץ כל השנה - וה"ה קערות שתשמישן ע"י עירוי וכלי שני, ג"כ דינא הכי, [ונקט קדרות, דהם ג"כ מותר להשהותן].

אפילו אותם שעושים בהם דייסא ומיני קמחים - כלומר דאז הם בלועים הרבה חמץ, ואם יבשל בהם אחר הפסח, בודאי לא יהיה ששים נגדם.

משפשפן היטב בענין שלא יהא חמץ ניכר בהם, ומותר להשהותן לאחר הפסח להשתמש בהם בין במינו בין שלא במינו - והטעם, דאנן קי"ל דחמץ לאחר הפסח מן התורה מותר, ואינו אסור אלא משום קנסא, דקנסו חכמים על מה שהשהה החמץ, **ולא** קנסו אלא על החמץ שהוא בעיניה, אבל על מה שבלוע בכלי לא קנסו, ‹דאינו נראה ומצוי, ולא עבר על ב"י, מ"א מחה"ש›, ולפיכך מותר אפי' לכתחלה לבשל בהם אח"כ.

(ביאור הלכה) [שער הציון] ‹הוספה›

וה"ה אפי' נשתמש בהם חמץ תוך הפסח, (שאז נבלע בכלי טעם חמץ שעבר עליו בבל יראה), די בדיעבד בשפשוף היטב, ומותר להשהותן עד אחר הפסח, כמבואר בריש סי' תמ"ז, {שאז כבר אינם בני יומן, **ולא** שייך למגזר הכא אטו בני יומן, דאז הכל מותר - שם}, **ובפמ"ג** מפקפק, אם בישל בהם בשביעי של פסח בא"י, או בח' של פסח לדידן בחו"ל, בעוד שהכלי בן יומו שלא להשתמש בו.

וה"ה שאר כלים שאינם של חרס, אם אינו רוצה להגעילן או ללבנן, ג"כ אפשר בהאי תקנתא לשפשפן ולקיימן עד אחר פסח, **אלא** שדיבר בהוה, דבשאר כלים כיון שיש להם תקנה, אינו עושה כן, רק מגעילן או מלבנן.

ואם לא שפשפן קודם פסח, משפשפן תוך הפסח או לאחר פסח, [אם עבר ולא שפשפן בתוך הפסח], כדין לא ביער קודם פסח המבואר בסימן תל"ה, [דהמשהו שיש בעין, חל עליו איסור חמץ שעבר עליו הפסח].

וכלים חדשים שקונין מהשוק, אפילו כלי חרס, אין צריך לספק בהם שמא נשתמשו בו, דאין דרך להשתמש בכלים חדשים, וא"צ אלא טבילה בכלי מתכות, **אבל** כאשר נקנים מן הנכרי בביתו, ואינו מכיר בהן ודאי שהם חדשים, אם הם כלי מתכות, צריך מספק להגעילן או ללבנן, כפי תשמישן, מלבד מה שצריך לטבלן, **ואם** הם כלי חרס צריך שבירה מספק.

ומצניען בפסח במקום צנוע שאינו רגיל לילך שם, כדי שלא יבא להשתמש בהם בפסח - יש נוהגין לסדר כלי בדיל של חמץ בתוך הבית בגובה הכותל, במקום שאין יד אדם מגעת לשם, והם סדורין כל ימי הפסח לנוי, ואין למחות בידם, **ואע"פ** שכל דבר שגזרו עליו חכמים מחמת חשש שמא ישכח וישתמש בו, לא חלקו בגזירתם, ואסרו אפילו הגביה אותו הדבר עשר קומות, **מ"מ** כיון שאינן בני יומן מבליעת החמץ בשעה שמסדרין אותן, ומכ"ש באותן שרוב תשמישן בכלי שני או בצונן, כגון קנקנים, אין לחוש, **ומ"מ** המחמיר בזה תבוא עליו ברכה.

וטוב לסוגרם בחדר ולהצניע המפתח - ר"ל דאם יבוא לחפש אחר המפתח, יזכור שהוא פסח.

אבל היסק שיסיקם באש אינו מועיל להם - דהיסק שהוא רק מבחוץ, אינו מועיל להפליט את הבליעה, **ולא לשום כלי חרס שנשתמש בהם חמין, אפי' שלא ע"י האור אלא שעירה לתוכה רותחין** - כגון קערות, דדרך לשפוך עליהם מהקדרות.

הגה: ויש אוסרים אפילו בכלי שני - פי' אפילו לא עירה מהקדרה לתוכה רק לכלי אחר, ואח"כ הניח כלי זה בתוכה.

ולדינא הסכימו האחרונים, דלכתחלה בודאי יש להחמיר כדעת הרמ"א, דאין להתיר אף כשידוע שלא נשתמש בו חמץ רק בכלי שני, **ולכן** בכלי מתכות צריך הגעלה, ובכלי חרס דלא מהני הגעלה והיסק, א"א להשתמש בו בפסח.

אמנם בדיעבד אם נשתמש בלא הגעלה, בכלי שאין משתמשין בו רק בכלי שני, כגון טעלער וכפות, יש להקל אף בכלי חרס, במקום הפסד מרובה ומניעת שמחת יו"ט, אם הוא אינו בן יומו שהוא נותן טעם לפגם, שכמה פוסקים מקילין בו גבי חמץ, [**אכן** מסתפיקנא, דבח"י משמע דהוא מיקל אף כשהוא בן יומו, וכן משמע בא"ר והגר"א, **ומח"א** והגר"ז ומקו"ח משמע, דמקילין בצירוף שניהם דוקא, וצ"ע, **אכן** בכלי שלישי בודאי יש להקל, אף כשהוא בן יומו].

ואפילו אם ימלאום גחלים - דבזה הוי כהיסק מבפנים, ויפליט הבליעה, **דחיישינן דלמא חייס עלייהו שמא פקעי (פי' שמא יתבקעו) ולא עביד להו הסקה מעליא** - שאין דרכן להסיק בפנים אלא בחוץ, **משא"כ** תנורים אפילו של כלי חרס, אפילו אותן שמטלטלין אותן, שדרכן תמיד להסיק בפנים, לא חיישינן דילמא פקעי, ומועיל היסק, **אך** צריך ליזהר שיסיקנו יפה עד שיתלבן, ועיין לקמן בסימן תס"א מדין הכשר תנורים שלנו.

ומיהו אם החזירן לכבשן שמצרפין בו כלי חרס חדשים, מותר, דכיון שמכניסין להסק גדול כזה ודאי לא חייס עלייהו דילמא פקעי; אבל לתנורים שלנו, לא - דחיישינן דילמא חייס עליה, ולא ישהה שם הרבה, ויוציאן מן התנור קודם שיתלבנו, משא"כ בכבשן, מתלבן אפי' בשעה מועטת.

הגה: כל כלי הצריך לבון או הגעלה, אסור להשתמש בו אפי' צונן בלא הכשר - היינו אפי' הדיחו ושפשף היטב, דחיישינן דלמא אתי להשתמש בו בחמין, **ועיין** ביו"ד סימן קכ"א, דה"ה בשאר איסורים, וע"כ יש להחמיר בענייננו אפילו בע"פ אחר חצות.

(ועיין ביו"ד סי' קכ"א) - דשם מבואר, דדרך עראי מותר להשתמש בו, אם הדיחו ושפשף תחלה.

סעיף ב - כוביא, שהוא כלי שעושין מלבנים ועפר ואופים ומטגנין בו, וכן תנור קטן שקורין פידלי"א, הסיקו מבחוץ, אסור לאפות בו בפסח - "הסיקו מבחוץ, ואסור לאפות בו בפסח", כצ"ל, ר"ל דמחמת שהסיקו מבחוץ, לא מהני ההיסק להוציא הבלוע, **דאין חמץ שבו נפלט בכך; ואם מלאו גחלים מבפנים, שרי** - הטעם, דסתם כוביא אין דרכה להתבקע, וע"כ אין לחוש דלמא חייס עליה ולא ילבנו יפה.

ולבנים הנשרפין בכבשן, יש עליהם דין כלי חרס, ואם נשפך עליהם דבר רותח של חמץ, אין לו תקנה אלא בליבון כדינו, ועל דרך שיתבאר בסימן תס"א, [**ומהני** אפי' נשתמש עליהם חמץ כל השנה ע"י צלייה ואפייה], **ומ"מ** הליבון מהני להם אפילו תוך תנורים שלנו, דלא חייס עלייהו כמו בקדרות.

אבל לבנים שנתיבשו רק בחמה, יש להם דין כלי אדמה ומהני להם הגעלה, **ואם** נאפה ונצלה עליהם, הרי תשמישן ע"י האור וצריכין ליבון, כנ"ל.

סעיף ג - סכינים מגעילן בכלי ראשון ומותרין - בין סכינים גדולים ובין קטנים, אף אם נשתמש בהם חמץ בחמין כל השנה, די בהגעלה לפסח, **ואע"פ** שהסכינים הבלועים משאר איסורים, פסק השו"ע ביו"ד סימן קכ"א, שצריך ללבנם באור כדי להשתמש בהם בחמין, **הכא** כיון שי"א שאפילו כלים הבלועים מחמץ ע"י אור בלבד, נמי א"צ אלא הגעלה, [דס"ל דחמץ מקרי התירא בלע], **וגם** כמה פוסקים סוברים, דסכינים אין להם דין כלים הבלועים ע"י האור, דאף אם השתמש בו ע"י האור, כגון שתחב בו חתיכת פשטיד"א על האש, מ"מ רוב תשמישו הוא שלא ע"י האש, ואזלינן בתר רוב, וכדלקמן בס"ו, **לפיכך** התיר לכתחלה ע"י הגעלה בלבד, **ומ"מ** מי שאפשר לו, מצוה מן המובחר שיקנה חדשים לפסח.

עוד כתבו, דסכינים הבלועים משאר איסורים, אף דלכתחלה צריך ללבנם, מ"מ בדיעבד אם הגעיל והשתמש בהם בחמין, אינו אסור, [**וכן** משמע נמי מהגר"א, דכתב דמה דהחמיר שם דבעי ליבון, הוא רק לחומרא, **אכן** מוכח שם מדבריו, דהוא רק בסכין קטן, אבל בסכין גדול של עכו"ם, מדינא צריך ליבון].

וסכינים הבלועים מבשר לחלב, די בהגעלה, אך העולם נהגו איסור בזה, [מ"א, וז"ל: שאם יעשה כן לעולם לא יהיה לו רק כלי א', ויגעילנו כל פעם שישתמש בו, וזה אסור דלמא אתי למטעי, **וכתב** בתשובת חת"ס, דהיכא דהגעיל לצורך פסח, הוא נוהג להתיר להחליף מבשר לחלב או איפכא, כיון שלא היתה כונת ההכשר לצורך זה.

וכלי ראשון נקרא שהרתיחו בו מים על האש, אפי' אינו עתה על האש רק שעודנו רותח - ויהיו המים מעלין רתיחה, ויהיה ההגעלה ע"י שיתחוב בו הסכין, **אבל** לא שיהיה ע"י שיתן אבן מלובן על הסכין, ויתן עליו רותחין, וכדלקמן בס"ו בהג"ה, **לפי** שבכלי האבן מונח בתוכו יפה, משא"כ על הסכין.

וקודם ההגעלה צריך לשופם יפה במשחזת או ברחיים - וה"ה בדבר אחר שמסיר החלודה סגי, **להעביר כל חלודה שבהם קודם הכשרם** - דכתיב בפרשת הגעלת כלי מדין: אך את הזהב וגו', כלומר רק את הזהב, דהיינו כשאין שם חלודה רק זהב בלבד, מועלת הגעלה להפליט הבלוע, **אבל** כשיש שם חלודה, יש לחוש שמא יש שם משהו מן החמץ והחלודה מכסהו, ולזה לא מהני הגעלה, כי אין הגעלה למה שהוא בעין.

וכ"ז בחלודה שיש בזה קצת ממשות, שקורין ראס"ט, שכשגוררין אותה משם יש שם כמה עפרורין, שאז יש לחוש שמא יש תחתיה משהו ממשות האיסור בעין, והחלודה מכסהו, **אבל** אם אין בחלודה ממשות כלל, רק מראה בלבד, כמו שנמצא לפעמים שיש שחרות או אדמימות בצד הפנימי של הכלי, שאנו קורין פלעקי"ן, אין קפידא, **וכן** הדין באותן כתמים הנעשים בכלי בדיל, שקורין ערד פלעקי"ן, שאין מעכבין את ההגעלה, כיון שאין בהם ממשות רק מראה בלבד.

הילכך אם יש בו גומות ואינו יכול לנקותו יפה, אין מועיל לו הגעלה לבד, (פי' הפלטה שהכלים פולטים האיסור שבהם, והוא מלשון: שורו עבר ולא יגעיל), וצריך ליבון במקום הגומות - דהיינו שיניח גחלים בוערות על המקום ההוא, ובליבון א"צ להעביר החלודה, כי האש יבעיר את הכל.

ויעשה זה קודם הגעלה, ואם לא עשה כן מקודם, יעשה זה אחר הגעלה.

ומטעם זה הסכימו האחרונים, דהסכין שהקתא שלו מחובר במסמרים קטנים, אין מועיל לו הגעלה, כי יש גומות הרבה במקום המסמרים, **ואצ"ל** אם גוף הבית יד נעשה משני חלקים מדובקין, ויש ריוח מעט ביניהם להכניס לשם הסכין, שע"פ הרוב א"א לנקר שם היטב, **וכן** לפעמים יש פגם בין להב לקתא, וא"א לנקות היטב זה המקום, אם לא שיסיר הקתא מהלהב.

וכן אם יד הסכין דבוקה בבית יד ע"י דבק, אין מועיל הגעלה, דכיון שהדבק מתקלקל במים רותחין, יש לחוש שמא יחוס על הדבק, ולא ירתיח המים יפה, **וכן** אם הבית יד עשויה מקרן, ג"כ אין הגעלה מועלת, שהקרן מתקלקל במים רותחין, ויש לחוש שמא יחוס עליו.

[**והנה** לפי"ז לא יצוייר הגעלה בסכין עם קתא בבת אחת, רק אם הקתא ממין הסכין, דהיינו אם הוא של מתכות, **ויש** להקשות ע"ז מהש"ס, דמוכח שם דאפי' אם הקתא ממין אחר, דהיינו של עץ, אפ"ה מהני אם יכניס אותו ואת הקתא ברותחין, **אבל** באמת לא קשה מידי, דהש"ס מיירי בסכין שמכניסין אותם לקתא שהוא עשוי ממין אחר, אבל מחתיכה א' ולא משתי חתיכות, ואין שם מסמרים כלל, ולא היה הקתא דבוק בדבק, אלא שהברזל החד הנכנס שם תחוב בחוזק].

הגה: והנדן של סכינים אין לה תקנה בהגעלה, ואסור להכניס בה הסכין בפסח - לפי שא"א לנקרו היטב מבפנים, **אם** לא שיפתח התפירות וינקר היטב, ואז אפילו הגעלה א"צ.

כלי שפיו צר ויש שם חלודה שא"א להסירה, לא מהני לה הגעלה.

כל מקום שצריך הגעלה, לא מהני לקלפו בכלי אומנות, כי הבלוע יוצא מדופן לדופן, וכלי אומנות לא מהני רק במקום שצריך קליפה.

סעיף ד - אקדים הקדמה קצרה, ויצטרך בכמה מקומות: דע דאיתא בגמרא, דדוקא דבר איסור הנבלע בכלי ע"י אור צריך ליבון, **אבל** דבר היתר הנבלע בכלי ע"י אור, אף שאח"כ נאסר, כגון בשר קדשים שצלהו בשפוד ע"ג האור, אף שלבסוף נעשה הבליעה בשפוד נותר, אפ"ה הכשרו של שפוד זה די בהגעלה, **ונחלקו** הפוסקים לענין חמץ הבלוע בכלי, י"א דזה ג"כ מקרי התירא בלע, שבאמצע השנה כשנבלע החמץ של המוליית"א בשפוד היה היתר, וע"כ סגי בהגעלה, ולדידהו כל כלים שתשמישן ע"י אור, לענין פסח די בהגעלה, **וי"א** דוקא נותר, שבעת הבליעה לא היה שם נותר על הבשר כלל, לכן נקרא דבר זה בשם היתירא בלע, **אבל** חמץ דבעת השתמשות השפוד בחמץ, היה שם חמץ על הבליעה, ועכשיו ג"כ שמו חמץ, אלא שעתה נתעורר האיסור למפרע על שם חמץ זה, לא מקרי בשם התירא בלע, דחמץ בלע בתוכו וגם עכשיו הוא חמץ, ובכלל איסורא בלע הוא, וצריכין ליבון, **ולזה** הסכימו רוב הפוסקים, וע"כ פסק המחבר כוותייהו, **ומ"מ** אין ללמוד מדין זה למקומות אחרים, דלפעמים היכא שיש עוד צדדים להקל, מצרפינן ג"כ לזה דעת הפוסקים דס"ל דחמץ מקרי התירא בלע.

כלים שמשתמשים בהם על ידי האור - פי' בלי מים, **כגון שפודים ואסכלאות וכיוצא בהם** - שצולין עליו מוליית"א של חמץ, **צריכים ליבון** - לפי שגוף החמץ נוגע בהן בשעת צלייתו, ואין ביניהם שום משקה שיוליך טעם החמץ לתוך השפוד והאסכלא, אלא ע"י חום האש בלבד נבלע בהן טעם החמץ, לפיכך אינו נפלט מהן ג"כ ע"י הגעלה במים רותחין, אלא ע"י חום האש, דכבולעו כך פולטו.

ואע"פ שאסכלא כשצולין ע"ג טשין אותה באליה, או מושחין פניה בשומן, אין רטיבות מעט זה מצילה מהיות האש שולט בה לגמרי, **ואינו** דומה למחבת המבואר לקמן בסי"א.

אבל אם ידוע לו שלא צלו עליו חמץ, רק שצלו עליו בשר עם מלח שלא נבדק מחמץ, בזה די בהגעלה ואפילו

לכתחלה, [**ואם** אין ידוע לו, רק בסתמא, בודאי יש ללבנו מחמת ספק, מכל מקום בדיעבד אם הגעילו ונשתמש בו, אפשר דאין להחמיר, **ובפרט** כשהוא אינו בן יומו, בודאי יש להקל בדיעבד].

והליבון הוא עד שיהיו ניצוצות ניתזין מהם - או עד שתסור קליפתו העליונה.

הגה: ויש מקילין אם נתלבן כל כך שקש נשרף עליו מבחוץ - ר"ל שאם ישימו עליו קש מצד חוץ, ישרף הקש מכח הליבון, **דליבון** זה אף שהוא גרוע מליבון הראשון, מ"מ מהני עכ"פ חמימותו לפלוט הבליעה כמו הגעלה בודאי, **ודעה** זו ס"ל דחמץ מקרי התירא בלע, וע"כ מקילין בליבון כזה.

ונוהגין כסברא ראשונה בכל דבר שדינו בליבון - דלדינא עיקר כדעת המחבר, דחמץ מקרי איסורא בלע, וע"כ צריך ליבון טוב שיהו ניצוצות נתזין ממנו, **ואפילו** בדיעבד יש לאסור, אם נשתמשו בו בפסח בעוד שלא ליבנו אותו כ"כ, או ע"י הגעלה, **אכן** במקום הפסד מרובה, או מניעת שמחת יו"ט, והוא אינו ב"י מעת שנשתמשו בו החמץ, יש לסמוך בדיעבד על הפוסקים דסוברים, דחמץ מקרי התירא בלע, ודי במה שהכשירו בהגעלה, או בליבון קל.

אבל דבר שדינו בהגעלה, רק שיש בו סדקים - ר"ל ומבואר לעיל דצריך ליבון באותו המקום, דהיינו שישים שם גחלים בוערות, **או שמחמירין ללבנו, סגי בליבון קל כזה** - די שישהה הגחלים שם עד שקש נשרף עליו מבחוץ, שבזה השיעור בודאי נשרף כל ממשות האיסור, שימצא בעומק הסדקים והגומות.

חצובה צריך ליבון - הוא כלי שיש לה ג' רגלים, ומעמידין עליה קדרה או מחבת בתנור על האור כל השנה, **ואם** רוצה להשתמש בה בפסח צריך ללבנה באור, לפי שלפעמים נשפך עליה עיסה, ונבלע בה טעם חמץ ע"י האור, **וזהו** רק לכתחלה משום חומרא דחמץ, דבאמת שתי קדרות הנוגעות זו בזו אין יוצאת הבליעה מזו לזו, כמבואר ביו"ד סימן צ"ב ס"ז, **וגם** יש לתלות, שאף אם נשפך כבר נשרף והלך לו, כיון שבכל שעה היא על האש, **וע"כ** בודאי די לזה בליבון קל, **ובדיעבד** אף אם נשתמש עליו בלי ליבון כלל, ג"כ אין לאסור.

סעיף ה - כלים שנשתמש בהם בחמין, כפי תשמישן הכשרן - דכבולעו כך פולטו.

אם תשמישן בכלי ראשון, כגון כף שמגיסין בו בקדירה, צריך להכשירן בכלי ראשון - לדעת הי"א המובא בטור יו"ד סימן קכ"א, דדבר שתשמישו בכלי ראשון על האש, הכשרו ג"כ בכלי ראשון העומד אצל האש דוקא, והכף הזה שמגיסין בו הקדירה בעודו על האש, צריך להגעיל ג"כ באופן זה.

ואם תשמישן בכלי שני - כגון כפות קטנים שתשמישן רק בקערות, **הכשרן בכלי שני** - ובדיעבד אם לא הכשירן כלל ונשתמש בהם, עיין לעיל בס"א במ"ב.

וכלי שמשתמשין בו בעירוי שמערה מכלי ראשון - ואפילו כלי חדשה שלא נשתמשו בה מעולם, רק פעם אחת נשפך עליה עירוי של חמץ מכלי ראשון, **לא סגי ליה בהכשר דכלי שני** - דהיינו לשפוך מים רותחין בתוך כלי, ואח"כ יכניסם, **ואפילו** בדיעבד לא מהני ע"י הכשר דכלי שני, **אלא צריך לערות עליו מכלי ראשון** - והטעם, דבלוע שנתהוה ע"י עירוי החמין מכלי ראשון, אינו נפלט מן הכלי כי אם ע"י עירוי ג"כ, [דערוי מבשל כדי קליפה].

וצריך ליזהר שלא יפסיק הקילוח.

ודע, דעירוי לא מהני אלא בזה, שתשמישו ג"כ היה ע"י עירוי, אבל כלי שתשמישו היה ע"י כלי ראשון, לא סגי להכשירו בעירוי, אלא בכלי ראשון ממש, [דערוי אינו מבליע ומפליט רק כדי קליפה].

הגה: כל הכלים שיש בהן סדקים או גומות או חלודה, והוא בתוך הכלי, ולא יוכל לנקרן ולנקותן, אין להגעילן, וצריכין ליבון במקום הסדק והחלודה - דלחמץ בעין אין מי הגעלה פולטין.

והוא בתוך הכלי - דמבחוץ לכלי, אין צריך להחזיק שיש שם חמץ בעין בהגומות, [כיון שאין עיקר התשמיש שם], **ואם** שואבים בכלי מיורה גדולה, ודרך להתדבק גם מבחוץ חמץ, אז יש קפידא אף מבחוץ.

וה"ה כיסוי כלים המחובר ע"י צירים שא"א לנקות, או קערות עם אזנים כעין צירים, אף מבחוץ החמץ נכנס שם כידוע, וא"א לנקות, אין להגעילם כלל.

סעיף ו - כל כלי הולכין בו אחר רוב תשמישו; הלכך קערות אע"פ שלפעמים משתמשין בהם בכלי ראשון על האש, כיון שרוב תשמישן הוא בעירוי שמערה עליהן מכלי ראשון, כך הוא הכשרן - וה"ה כלים שמשתמשין בהן בצונן, די להן בשטיפה לדעה זו, אף על פי שלפעמים השתמש בהן בחמין.

ומכל מקום אם ידוע שתוך מעת לעת השתמשו בו חמץ בכלי ראשון ממש, אף על פי שעיקר תשמיש שלו תמיד הוא על ידי עירוי או בכלי שני, צריכין הגעלה בכלי ראשון דוקא אליבא דכו"ע, ואם ע"י אור צריך ליבון.

הגה: ויש מחמירין להגעיל הקערות בכלי ראשון, וכן הוא המנהג - ומ"מ בדיעבד סמכינן אדעה ראשונה, [**עיין** פמ"ג דמפקפק גם לענין דיעבד, **אבל** פשוט דבאינו בן יומו נוכל לסמוך על כל אלו הפוסקים].

וכן בכל דבר שיש לחוש שמא נשתמש בו בכלי ראשון, כגון כפות וכדומה לזה - וה"ה אם יש לחוש שנשתמש בו לפעמים ע"י האור, צריך ליבון דוקא, וליבון קל, כדלעיל ס"ד בהג"ה, [**כתב** הפמ"ג, דלפי"ז קערות של בדיל שאופין בו לפעמים עוגות על תנור גרוף מן הגחלים, אין לו תקנה, דהלא צריך לכתחילה ללבנו, ויהיה ניתך ע"י הליבון, **ובספר** בית מאיר מצאתי, דמ"מ בקערות אלו, אם ידוע שאינן בני יומן מתשמיש זה של אפיית עוגות, נוכל לסמוך על דעה ראשונה, וסגי בהגעלה לכתחילה, **וכתב** דכן ראוי להורות].

ויש מחמירין להגעיל כל כלי שתיה אעפ"י שתשמישן בצונן, משום שלפעמים משתמשין בהם בחמין; וכן הוא המנהג להגעילן, ובדיעבד סגי להו בשטיפה - דהיינו ששפשפו תחלה היטב במים, כדי להסיר כל הדבוק עליו, ואח"כ שטפו במים.

וקערות גדולות שלא יוכל להכניס תוך כלי ראשון, יתן עליהם אבן מלובן, ויערה עליהם רותחין מכלי ראשון, והוי ככלי ראשון - ר"ל אע"ג דאין זה אלא עירוי, מ"מ כיון שהוא ע"י אבן מלובן, אין מניח המים להצטנן, והוי כאלו נתנן בתוך כלי ראשון.

וכן נוהגין לענין הכשר השלחנות והספסלין, וינגב השלחן תחלה, כדי שלא יצטנן המים הרותחין ששופך.

וכן כל כיוצא בזה - כגון דפי מולייתות של בשר או גבינה, דלפעמים נותנין עליהם חמין.

ויעביר האבן על כל הכלי, שאז מגעיל כולו - ואע"ג דבאיזה מקום אינו נוגע האבן, מי הרתיחה העולים מן האבן נוגעים שם, ושרי, **ומ"מ** בקערות שיש להם אוגנים ובליטות, כעין כפתורים ופרחים, שאז א"א להעביר האבן על פני כולו, ואפשר שגם מי הרתיחה לא יגיעו תיכף שם, **נכון** להחמיר שלא להגעיל ע"י אבנים, כי אם יכניסם ליורה.

ועיין בא"ר שהכריע לדינא, דעכ"פ אינו מועיל הגעלה ע"י אבנים, אלא בקערה וכיו"ב, שרוב תשמישן הוא רק ע"י עירוי מכלי ראשון, **משא"כ** בדבר שרוב תשמישן הוא בכלי ראשון, אינו מועיל להגעיל באופן זה, דלא הוי ככלי ראשון ממש, **ולענ"ד** נראה, דאפילו בקערה וכיו"ב, אין להקל לכתחלה להגעיל ע"י אבנים, אלא בידוע שהוא אינו בן יומו מתשמיש כלי ראשון.

סעיף ז - יש מי שאומר דכפות העשויות מקרן, אין להם תקנה בהגעלה - כבר כתבתי לעיל, דה"ה אם רק הקתא שלהם עשויות מקרן, **דכיון שמתקלקלין במים חמין, חיישינן דלמא חייס עלייהו** - והעשויה מפערל מוטע"ר, כיון שהוא קשה מאד אינו דומה לקרן.

סעיף ח - אחד כלי עץ - ודוקא אם הכלי עץ חלק בלי שום סדק וגומא, **ואחד כלי אבן ואחד כלי מתכת** – (וכן כלי גללים), **דינם להכשירם בהגעלה.**

הגה: וכן כלי עצם צריכים הגעלה - חוץ מקרן דהוא רך, וחייס שלא יתקלקל, אין מועיל הגעלה וכנ"ל.

סעיף ט - המגעיל קודם שעה חמישית, יכול להגעיל ביחד כלי ראשון וכלי שני,

וכלים שבלעו דבר מועט, ואינו חושש, (גם כן אם מגעיל מקלת הכלי שני פעמים) - יתבאר לקמן בסימן תנ"ב.

סעיף י - סלים שמולחים בהם הבשר, יש מצריכין להם הגעלה - כיון דאינו נזהר כל השנה במלח מחמץ, שמא היה שם מעט חמץ, וקבל הכלי טעם מעט, וחוזר ונותן טעם בפסח.

ויש מי שחולק, ונראין דבריו - דאחזוקי איסורא לא מחזקינן.

(וטוב להגעילן) - ע"י עירוי מכלי ראשון, **ואף** דמבואר לקמן בסעיף י"ח בהג"ה, דלא מהני להן הגעלה, **היינו** משום דשם מיירי שמשתמשין בהן חמץ כל השנה, ומצוי שמתדבק בנצרים פירורי חמץ, משא"כ בזה.

(או לקנות חדשים) - פי' אם אי אפשר להגעילן, לפי שיש בהן גומות.

וכ"ז לכתחלה, אבל בדיעבד אף אם לא הגעילן, ומלח בהן בשר בפסח, מותר לאכול הבשר, אפילו אם ידוע לו שנבלע חמץ בסלים ע"י מליחה, מפני שאין המלח מפליט מה שבלוע בתוך הכלי.

סעיף יא - מחבת שמטגנין בה, (פי' שיולקין בה שמן לאפותו), מותרת בהגעלה - דדוקא בתנור שנאפה בו החמץ בלי משקה צריך ליבון, אבל לא המחבת, שהרי אופין בו עם משקה, מה לי שמן או מים, **ולא** חיישינן שמא נתייבש השמן, והחמץ נאפה בלא משקה, אלא אפילו אם נשרף ונדבק לדופן המחבת, עדיין יש לחלוחית משקה שם, **וכן** הדין בקדירה של מתכת שמבשלין בה, אף שנדבק לפעמים לדופני הקדרה.

וה"ה אם נתן שם שומן, **ויש** שרצו לומר דשומן אינו בכלל משקה, וכגופא דבשרא הוא, ונחשב תשמישו ע"י אור, **אבל** מלשון הפוסקים לא משמע כן.

אבל האגנות שאופין בו עוגות בעין, אף שמושחין תחתיו בשומן או שמן או חמאה, כגון פורימש שאופין בו טארטין, או בעקין קוכען, צריכין ליבון מדינא, **וכן** הסקאווראדעס, שפעמים מחמין בהן סובין לחולה, צריכין ליבון מדינא, [והיינו אליבא דפוסקים שסוברים, דאזלינן אף בתר מיעוט תשמישן].

ואם היא ארוכה, משים חציה, והופך עוד ומשים חציה האחר; ואם היא ארוכה ביותר, מלבנה באמצע, (ונלבון כל דהו שקש נשרף עליו מבחוץ סגי ליה).

(ויש מחמירין ללבן המחבת) - דלפעמים נתייבש השומן, והעיסה נאפית בעין על המחבת, **(אך בלבון כל דהו, דהיינו שישרוף עליו קש מבחוץ, סגי).**

(ונוהגין ללבנו לכתחלה, מיהו סגי ליה בהגעלה אם אין בו גומות) - ר"ל מדינא, **ובפר"ח** מצדד דמדינא צריך ליבון, (**ועכ"פ** רוב הפוסקים ס"ל להקל, ובדיעבד בודאי סגי בהגעלה).

סעיף יב - כל הכלים צריך להגעיל ידותיהם כמותן - משום שכשנשתמש חמץ בגוף הכלי בחמין, אמרינן דהוליך הבליעה בכולו, **אכן** משום טעם זה לבד, לא היה שייך דין זה אלא בכלי מתכות, משום דחם מקצתו חם כולו, והמחבר הלא קאמר כל הכלים, משמע דאף כלי חרס וכלי עץ, וכ"כ במרדכי בהדיא, דעץ פרור צריך להגעיל הבית יד שלו, **וע"כ** דחיישינן עוד שמא קבל היד איזה פעם חמץ ע"י כלי ראשון, כשהדיחו אותו בתוכו לנקות מזוהמא, ובמחבת, ע"י ניצוצות שניתז עליו מגוף הכלי.

הגה: מיהו אם לא הגעילו הידות, אין לאסור בדיעבד - אפילו בכלי מתכות, משום דאמרינן דכשם שנבלע החמץ בהיד ע"י גוף הכלי, כן עתה נפלט ממנו ע"י הגעלה של גוף הכלי, **ולאידך** חששות שכתבנו, לא מחזקינן בדיעבד, **ועל** כן אין נ"מ בין אם נשתמש עתה בפסח בגוף הכלי, או שנשתמש בהידות, כגון שתחבן בפסח לתוך התבשיל, בכל גווני אין לאסור התבשיל באכילה, כיון שהגעיל את גוף הכלי, **אבל** אם לא הגעיל את גוף הכלי, נאסר התבשיל ע"י תחיבת הידות בלבד.

בדיעבד - פירוש, אם נשתמש בהם כבר, אבל לכתחלה אסור להשתמש בהן קודם שיגעיל הידות, אפילו הוא בתוך הפסח שא"א להגעילו.

וכל זה בסתמא, אבל בידוע שנשתמשו הידות בחמץ בחמין, לא סגי בהכשר מקצתו אפילו בדיעבד, **וע"כ** החמיר הט"ז ועוד ש"א, בקתא של סכין שלא הגעילו, ונגע הקתא בפסח בחמין, לאסור אף בדיעבד, משום דרוב הפעמים מגיע תשמיש החמץ גם בבית יד של סכין, כגון ע"י לחם חם וכדומה.

ואפילו לכתחלה יכול להגעילן על ידי עירוי שמערה עליהן - דהרי נוגעין בו כל השנה בידים מלוכלכות, **וגם** לפלוט בזה את הבלוע שבלעו הידות ע"י ניתוז הניצוצות עליהן וכנ"ל.

ואם ידע שנשתמש בידות בחמין בחמץ בכלי ראשון, לא מהני עירוי אפילו בדיעבד, וצריך הגעלה ג"כ בכלי ראשון דוקא.

סעיף יג- כלי שיש בו טלאי - היינו אם הטלאי הוא בצד פנימי של הכלי, דמבחוץ אינו מזיק, **אם קדם הטלאי לבליעת האיסור** - פי' שהטלאי נעשה בשעה שהיה הכלי חדש, או שהגעילו הכלי קודם ששמו הטלאי, **אין צריך להסירו** - בשעת הגעלה, **דכבולעו כך פולטו.**

ואיירי שהוא מדובק יפה, בענין שאין לחוש שמא יש שם קצת חמץ בעין, ואין צריך לחוש רק לבליעת חמץ שנבלע בכלי דרך הטלאי, ובזה אמרינן כבולעו דרך הטלאי, כך פולטו דרך הטלאי, **דאלו** יש סדקים סביב הטלאי, ויש לחוש לחמץ בעין, צריך ליבון דוקא אף בזה, וכנ"ל בס"ד, או שינקר שם היטב, ואם לא עשה כן אף בדיעבד אסור.

ואם קדמה בליעת האיסור לטלאי, צריך להסיר הטלאי קודם הגעלה - ואף דמדובק בחוזק, חיישינן שמא נשאר מעט חמץ בעין על הכלי קודם שנתנו עליו הטלאי, ולבעין אינו מועיל הגעלה, [**ולפי** טעם זה אם ניקה מקודם שנתן עליו הטלאי, שלא ימצא עליו שום משהו חמץ, די בהגעלה, משא"כ לטעם שני], **ויש** פוסקים דחוששין בזה גם לבליעת האיסור שנבלע בכלי מקודם, ואין יוצא הפליטה לגמרי דרך הטלאי, שהוא מפסיק, וחיישינן שיפלוט בתבשיל בפסח, [**דאם** נימא דע"י הגעלה אינה מפלטת דרך הטלאי כלל, א"כ גם בפסח לא יפליט בתבשיל, **וצד** ראשון ס"ל, דהגעלה מפלטת מעבר לעבר].

או ישים גחלים על מקום הטלאי עד שישרף גוף האיסור, אם ישנו, ואחר כך מגעיל כל הכלי - לטעם הראשון דמשום חמץ בעין, די בליבון קל שהקש נשרף מבחוץ, דבזה בודאי נשרף החמץ שהוא בעין, וכדלעיל בס"ד לענין שאר סדקין, [**ובח"א** מוכח שדעתו, דאף במקום שהחשש משום בעין, צריך ללבן עד שיהו ניצוצות נתזין הימנו], **ולטעם** השני צריך ליבון חמור, שירבה גחלים על אותו מקום הטלאי עד שיהיו ניצוצות ניתזין הימנו, שאז בודאי ישרף איסור הבלוע בתוך הכלי, **ונראה** דבאינו בן יומו יש לסמוך להקל בזה.

וכ"ז בטלאי שהוא כעין טס, ומודבק לכלי ע"י מסמרים, כמו שהוא דרך להמצא ביורות, **אבל** בטלאי שנדבק ע"י האש, כמו שדרך לעשות בכלי בדיל שנקבו, שמטיפין עליהם ברזל שניתך באש, הרי הם נכשרים בהגעלה, וא"צ להניח גחלים על הטלאי, אף אם קדמה בליעת האיסור בכלי, **לפי** שע"י חום הבדיל נשרף כל ממשות האיסור שתחתיו אם ישנו שם, **וגם** הבלוע שמעבר לטלאי נפלט ע"י הגעלה, ואין הטלאי מעכב כלל, כיון שנדבק ע"י חום האש נעשה ככלי אחד ממש.

וכלים ישנים שתשמישן בכ"ר שחיפן בבדיל, מעיקר הדין היה אפשר להתירן בלא הגעלה, לפי שדרך הוא שמחממין הכלי כ"כ באש מבחוץ עד שהעופרת יותך מבפנים, וזה גופא במקום הגעלה הוא, כמבואר בס"ד, **אלא** לפי שהאומנים לפעמים עושין במהירות זה הציפוי, ואינו עולה בכל הכלי, לפי שלא הרתיחו אותו יפה מתחלה, לכן יש להחמיר תמיד ולהצריכם הגעלה, **ומ"מ** בדיעבד אם נשתמש בהם בלא הגעלה, אין לאסור התבשיל, ובפרט כשהכלי אינו בן יומו, **ואם** האומן שציפהו הוא עכו"ם, ראוי להטביל בלא ברכה.

ואם הוא של עץ, אין לו תקנה, אלא א"כ ירחיב הסדק כל כך שיוכל להוציא משם מה שבתוכו.

הגה: רוסס שעושים האומנים בתוך כלים, מותר להגעילן מאחר שנעשה מחדש; ויגקרס היטב – (לא ידעתי ממ"נ, אם אפשר לנקרן, אפי' אם קדמה

בליעה לא דמי לטלאי, ואם א"א לנקרן, לעולם צריך ליבון, ולענ"ד דכונת הרמ"א, ברושם שנעשה ע"י דיבוק עופרת על הכלי, ולא בנחקק בגופו, דבזה באמת שרי בכל גווני אם אפשר לנקרן היטב).

ולפי שמצוי שם הרבה אותיות, וקשה לנקרן היטב, מוטב לשום שם על אותו המקום גחלים, שאם יש שם משהו חמץ ישרף.

סעיף יד - כסוי של ברזל שמכסים בו הקדירה, צריך הגעלה, כיון שמזיע בכל שעה מחום הקדירה - ר"ל וא"כ נבלע בו החמץ ע"י חום כלי ראשון, וע"כ צריך הגעלה ג"כ בכלי ראשון, ולא מהני עירוי.

לאפוקי אותו כיסוי שאופין עליו בצק, צריך ליבון.

ואם נתנוהו בפסח על הקדירה בלא הגעלה, כל התבשיל - והקדרה, **אסור** - ואפילו אם הכיסוי הודח היטב, שאין בו חשש משום חמץ בעין, **שזיעת הכסוי מתערב בתבשיל** - ע"י ההבל העולה מהתבשיל להכיסוי כשהוא רותח, ובפסח איסורו במשהו, [**וכ"ש** במקום שיש לחוש, שע"י הרתיחה נגע התבשיל בכסוי המחומץ, בודאי אסור].

ואם נתנוהו בע"פ אחר שש שעות, אז אם יש ס' בתבשיל נגד כל הכיסוי מותר, **וכן** אם הכיסוי אינו בן יומו מעת שכיסו בו קדרת חמץ, מותר בשעת הדחק לכו"ע, דנותן טעם לפגם בע"פ מותר, [**דבלא** שעת הדחק יש מחמירין (ביו"ד סי' צ"ג) בכיסוי, אפי' אינו בן יומו], **משא"כ** בפסח, אפילו אם הוא אינו בן יומו, אסור לדעת הרמ"א לעיל בסימן תמ"ז ס"י בהג"ה, [**דלדעת** המחבר שם, ע"כ מיירי המחבר בענינו, כשהכיסוי הוא בן יומו, או בשאינו הודח, ויש לחוש לחמץ בעין שעליו].

ואם נזכר מיד והסירו מן הקדרה, וראה שהוא יבש עדיין, שלא התחיל להזיע מחום התבשיל שבקדרה, הרי התבשיל מותר באכילה, וגם הקדרה מותרת, **אף** ששניהם רותחים ונגע אחד בחבירו, שאין איסור יוצא מכלי לכלי בלא רוטב, כדאיתא ביו"ד סי' ק"ה, [ובפרט כשהכסוי אינו בן יומו], **אבל** אם שהה הכיסוי מעט על הקדרה, בענין שיש לחוש שמא כבר התחיל צד הפנימי של הכיסוי להזיע, עד שהיה יד סולדת בזיעה זו, הרי התבשיל והקדירה אסורין.

סעיף טו - כסוי של ברזל שמשימים אותו על החררה כשנאפית על הכירה, צריך ליבון - לפי שברוב הפעמים נוגע הכיסוי בגוף החררה שתחתיו, ובולע ממנה טעם החמץ שלא ע"י משקה, אלא ע"י חום האש.

ועיין בפמ"ג, דליבון זה לא מהני ליבון קל, אלא עד שיהא ניצוצות ניתזין הימנו, [**ויש** לעיין אם היה אינו בן יומו, אפשר אף דאנן נוהגין להחמיר באינו בן יומו, אולי נוכל לצרף לזה דעת הפוסקים, דחמץ מקרי היתירא בלע, וסגי הגעלה אף במקום דצריך ליבון, וממילא מהני ליבון קל, **אח"כ** מצאתי ענין זה באשל אברהם, ומוכח דבלאו הפסד מרובה אין להקל אף בדיעבד].

סעיף טז - מדוכה מותרת בהגעלה - בין של עץ בין של אבן ומתכות, והיו רגילין לדוך בתוכו שומים ודברים חריפים עם פירורי לחם, והוא דמי לבית שאור ובית חרוסת המבואר לקמן בסכ"ב, והמחבר אזיל לטעמיה, דפסק שם דגם לבית שאור מהני הגעלה.

ואם היא גדולה שאינו יכול להכניסה ביורה, משים בה מים רותחים ומכניס בתוכה אבן רותחת ועולה הרתיחה בכל שפתה - ר"ל שיעלו המים גם על עובי שפתה מלמעלה, **דכל כהאי גוונא הוי הגעלה דכלי ראשון.**

אבל בקטנה, שאפשר להכניסה לתוך יורה, אין להקל להגעילה באופן כזה, דיש פוסקים שסוברין, דאף ע"י אבנים לא מקרי הגעלה בכ"ר, אלא עירוי, (**ועיקר** עצה של שימת אבנים לא מהני אלא להעלות הרתיחה למעלה, אבל דוקא בכלי שתשמישה ע"י עירוי, ולא בכלי שנשתמש בכ"ר, ומסיק דאפשר דלא כתבו הפוסקים זה אלא כאן גבי מדוכה, וכן בקערות גדולות שרוב תשמישן ע"י ערוי מכלי ראשון, וכל כה"ג – פר"ח. ועיין בס"ו שכתבתי, דאין כדאי להתיר אלא באינו בן יומו).

הגה: וים מחמירין ללבן המדוכה - ס"ל דגם בבית שאור לא מהני הגעלה אלא ליבון, **אך בלבון כל דהו, דהיינו שיסרוף עליו קש מבחוץ, סגי.**

וכתבו הפוסקים דדוקא לענין חמץ בפסח, מה שאין כן בשאר ימות השנה במדוכה של איסור, אין חשש רק משמנונית של איסור, ואין דרך לדוך השמנונית עם דברים החריפים, ע"כ סגי בהגעלה לכו"ע.

ונוהגין ללבנו לכתחלה, מיהו סגי ליה בהגעלה אם אין בו גומות - ר"ל דמן הדין סגי ליה בהגעלה לבד כדעה הראשונה, אך המנהג ללבנו עד שקש וכו', **ואם המדוכה של עץ** - דא"א בליבון, סגי בהגעלה אם הוא חלק שאין בו גומות, ‹ולכן› **יש לקלפו בכלי אומנות דחיישינן לגומות, ולהגעילו אחר כך** - דהקילוף לבד אינו מועיל, משום דהבליעה הוא מעבר לעבר, ואינו יוצא אלא ע"י הגעלה.

וכתבו האחרונים, דמדוכות קטנות שלנו, שלעולם אין דכין בהם חמץ, רק כרכום ונעגעליך, או בריחיים של פלפלין שלנו, די בהגעלה לכתחלה אפי' בשל מתכות, **ומ"מ** הגעלה צריכה, דשמא בא לתוכה פעם אחת חמץ משהו, ונבלע בתוכה ע"י חריפות הבשמים שדכו בה אח"כ, **ומצוה** מן המובחר להגעיל ולדוך הכל קודם יו"ט.

ובדיעבד אפילו אם לא הגעיל כלל, ודכו בתוכו תבלין ביו"ט, ונתנו בתוך התבשיל, מצדדים האחרונים להתיר התבשיל, **ובפרט** אם הוא אינו בן יומו, [דבלא"ה יש דעות אפי' בדבר חריף אם הוא אינו בן יומו, להקל בנ"ט בר נ"ט], בודאי אין להחמיר בדיעבד מספיקא, שמא נתערב פירור חמץ בבשמים שדכו בו, או שחתכו הזנגוויל וכיו"ב בסכין של חמץ, דלא מחזקינן איסור מספיקא.

וכ"ז במדוכה שיש בה רק חשש מבליעת מעט חמץ, אבל בהאק מעסער, שידוע שחותכין הבצלים בסכין של חמץ ומניחים אותו בבשר, ומחתכין בהאק מעסער הבשר דק דק, י"ל דאף בדיעבד אסור - ח"א, **ואכן** כפי שנוהגין שנותנין גם חתיכת פת חטים עם הבצלים, וחותכין הכל יחד דק דק, א"כ הוי בלוע מחמץ ממש ביחד עם חריפות הבצלים, בודאי אין להקל בזה.

כתב המ"א, יש ליזהר שלא לחתוך הזנגוויי"ל רק בסכין חדש, ואותן שאינן זהירין בזה יוצא קלקול מזה, שחותכין זנגוויל שהוא דבר חריף בסכין של בשר, ודכין אותו במדוכה, ונמצא המדוכה בלוע מבשר, ואח"כ דכין בתוכו בשמים ואוכלים בחלב.

סעיף יז - הדף שעורכים עליו כל השנה, וכן עריבה שלשין בה - ר"ל ג"כ כל השנה, **צריכים הגעלה** - דמשהין העיסות עליהן עד שיחמיץ, ודמי לבית שאור, **ואם** גדולים הם שאין יכול להכניסן בתוך כלי, ילבן אבנים וישימם עליהם, ויתן עליהם רותחין, ויעביר האבן על פני כולם.

אבל אם עורכין ולשין לפרקים, די להם ההכשר בעירוי רותחין, [וזהו מדינא, אבל המנהג להחמיר בכל גווני].

צריכים הגעלה - (והיינו מעיקר הדין, אבל כבר כתב המחבר לעיל בסימן תמ"ב, דאין לסמוך על מה שמנקין אותן ורוחצין אותן בחמין, והיינו מצד הטוב והישר – ב"ח ומאמ"ר, **והמ"א** כתב שם, דהתם מיירי כשהעריבה עשויה מנסרים הרבה, ומשום דא"א לנקות שם בין הסדקין, וכאן מיירי הטור והשו"ע בשנעשה מחתיכה אחת, **ולפי"ז** קשה מהרמ"א שסיים: וכבר נתבאר לעיל וכו', משמע דמיירי בחדא גווני, וע"כ דצריך לתירוצו של הב"ח ומאמ"ר הנ"ל, **והנה** הא"ר הסכים שם לדינא לתירוצו של המ"א, דבנעשה מחתיכה אחת מותר להשהות אחר שניקרו אותו היטב, **ומ"מ** לענין להשתמש בו בפסח החמיר לכתחלה אפילו לאחר שהגעילו).

הגה: ולא מהני בה קילוף בכלי אומנות, וכן כל דבר שצריך הגעלה לא מהני ליה קליפה.

והמנהג שלא להשתמש בפסח בעריבות ודפין שלשין עליהם כל השנה, אפילו ע"י הגעלה - ואם לפרקים, משמע בפוסקים דנוהגין בהגעלה, **וכן עיקר** - והטעם, לפי שא"א לגרדן ולנקותן יפה יפה, שלא ישאר משהו חמץ באיזה סדק שאינו נראה לעין, **וכבר נתבאר לעיל סימן תמ"ב סי"א.**

(**עיין פמ"ג** שמסתפק, אולי יש להתיר ע"י קילוף בכלי אומנות והגעלה, וכמו במדוכה לעיל, **ומלבוש** משמע, שמחמיר אפילו ע"י הגעלה בכל גווני, **ולענ"ד** נראה דיש להכריע, דאם הוא מחתיכה אחת ואין בה סדקים, יש להתיר ע"י קילוף והגעלה, **ואם הוא** נעשה מכמה חתיכות, אין להתיר אפילו ע"י קילוף).

ומזה הטעם נזהרין שלא להגעיל לפסח, חביות שהיו מחזיקים בהם משקה שעושים במדינת רוסיא ממי סובין, שקורין בארש"ט, שמא נשאר בו חמץ בעין מן הסובין, **אא"כ** החזיקו בו מים איזה זמן מתחלה, מותר להגעילו, שהמים ששהו בתוכו הדיחו והעבירו כל החמץ הדבוק בו, ומ"מ צריך לחזור ולנקות היטב קודם הגעלה, **וכן** כלים שמחזיקין בהם קמח כל השנה, ג"כ נוהגין שלא להגעילו מטעם הנ"ל, [**ואפשר** דאם ישרה מקודם פסח כמה ימים, ואח"כ יגעיל, שיש להקל].

ועיין בח"א שכתב, דזה דוקא בכלי שנעשה מחתיכה אחת, אבל העשוים מנסרים הרבה, ככלים שלנו, דידוע שנכנס הזוהמא בין נסר לנסר, לאלו לא מהני הגעלה, אפילו לאחר ששרה במים כמה ימים.

(**והמ"א כתב דטעם המנהג** ‹של הרמ"א› **הוא, משום דנוהגין כהך דעה דס"ל דלבית שאור לא מהני הגעלה, ואפילו מחתיכה אחת, דהגם דאפשר לנקרה יפה, עכ"פ הבליעה אינה יוצאת ע"י הגעלה**).

(**ולהטעם משום דא"א לנקות, ממילא**) אם הוא כלי מתכות, דאפשר לנקותו יפה, מותר ע"י הגעלה, (**וכ"כ באמת הח"י ופר"ח ומקור חיים, אבל צ"ע, דהיה להם לחוש להיש מחמירין דלעיל סט"ז, דכתב הרמ"א שם דנוהגין לכתחלה ללבנו, ואפשר דעריבה של מתכות שהיא רחבה ודקה, קשה ללבנה דמצוי להתקלקל, לכן מקילינן בהגעלה, דומיא דמיקל הרמ"א שם בכלי עץ, משום דא"א ללבנה, אבל היכי דלא תתקלקל, נכון וטוב לכתחלה להחמיר), ויש** מחמירין, [מ"א לפי טעמו, דנוהגין בבית שאור דלא מהני הגעלה].

אם לאחר הגעלה ‹בעריבות ובדפין› משים סדין או מפה להפסיק ביניהם, שרי להניח שם אפילו מצות חמות, **וצוננות** מותר אפילו בלא הגעלה, ע"י הפסק מפה, **אבל** ללוש עליהם, אף דהוא צונן, אסור, דכח החימוץ שיש בכלי לישה, הולך דרך הסדין ומחמיץ העיסה שעליה, **ואפילו** אם כבר הגעילם, ג"כ אין נכון להיש מחמירים בסט"ז, **ויש** שכתבו, שראוי לנהוג שלא להשתמש בכלי לישה ע"י הפסק מפה, אפי' בצונן.

סעיף יח - הנפה צריך לדקדק בה מאד לנקותה מפתיתי החמץ הנדבק בה ונסרך ונדבק בנקבי אריגת הנפה ובעץ שבה,

וישפשפו אותה במים יפה יפה - ר"ל לאחר שניקו אותה היטב, דאם יבוא עליה מים מקודם אפילו על מקצתה, שוב אין לה תקנה להשתמש בה בפסח לכו"ע.

והוא הדין לכל שאר כלי הלישה, שהשפשוף בהם עיקר גדול - ואודות הגעלה לא הזכיר בזה הסעיף, דכבר ביאר לעיל בסי"ז, דאם לשין בה כל השנה, צריכה הגעלה, והכא אשמועינן דלא נימא דיוצא בהגעלה לחוד, **א"נ** דהכא איירי שלשין בה רק לפרקים, דמן הדין א"צ הגעלה.

הגה: ונהגו שלא להשתמש בנפה ע"י הגעלה, ואין לשנות - ר"ל אף ע"י שפשוף והגעלה, מטעם דקשה מאד לנקות נקבי הנפה, אלא צריך לקנות נפה חדשה.

ובדיעבד אם עבר ונשתמש בה בפסח, ע"י שפשוף היטב לחוד, ‹אפי' בלא הגעלה›, **יש** לסמוך על פסק המחבר דס"ל דבשפשוף לחוד סגי, [א"ר], ‹שלא הזכיר בשו"ע הגעלה בנפה כלל – א"ר. **והיינו** דלא כמו שפי' המ"ב לעיל, וצ"ע›.

ואם אינו מוצא לקנות חדשה, מוטב שלא לרקד הקמח כלל, **אכן** אם נמצא גרגרי חטה בקמח, וא"כ אם ימצא אותם בפסח במצה מבושלת יאסור, אפשר דיש לסמוך אף לכתחלה להקל, ע"י שישפשפו אותה היטב מתחלה, ואח"כ יגעילנה דהוי כחליטה.

ואם א"א לנקותה ואין לו נפה, אזי ישמור שלא יאכל המצות כי אם יבשים, ולא יבשלם ולא יתנם ברוטב ובדבר לח.

ודע, דאם באו מים על נפה, אין לה תקנה להשתמש בה בפסח, אף לדעת המחבר, [**ור"ל** שהיתה נפה חמוצה, ובא עליה מים עד שלא שפשפה מתחילה לנקותה, א"כ נעשית עתה חמוצה בודאי, וע"כ אנו חוששין שמא לא ינקוה יפה]. **ומ"מ** אם ניפו קמח בפסח, בנפה שבא עליה מים אחר פסח של שנה שעברה, מותר בדיעבד, דשוב הוי חמץ נוקשה ובטל בס'.

וכן בכל כיוצא בזה, כגון הכלי שקורין רי"ב אייז"ן, או הכיס של רחיים, דכולן לא מהני להו הגעלה.

רי"ב אייז"ן - דלפעמים מפררין עליו לחם חמץ, וא"א שלא נשתייר פירור משהו בתוך נקביו, **וגם** התמכא שקורין חריי"ן שגררו עליו כל השנה, ונחתך בסכין של

‹ביאור הלכה› [שער הציון] ‹הוספה›

חמץ, והתמכא הוא דבר חריף ונבלע בו טעם החמץ, ואח"כ כשמוללין עליו נמצא בו טעם החמץ.

ובזה אפילו בדיעבד יש לאסור אם נשתמשו בו בפסח, אפילו אם נשתמשו בו בצונן, כגון שפיררו עליו מצה, וכ"ש חריי"ן שהוא דבר חריף, **ואפילו** אם ניקרו אותו היטב מתחלה, משום שא"א שלא נדבק בו פירור חמץ, או פירור חריי"ן שהוא נבלע מחמץ.

אבל כשנשתמשו בו בע"פ יש בזה חילוקים, והוא: דאם נשתמשו בו רק מצה בע"פ, אף אם נתערב בתוכו פירור חמץ, הרי נתבטלו בתוכו בס', ומותר לאכלו עד הלילה, אבל כשהגיע הלילה הרי הפירור חוזר וניעור, ואוסר במשהו, [**וכ"ז** כשמפררין עליו גם לחם חמץ, אבל אם ידוע שלא שמשו בו מתחילה רק חריי"ן שנחתך בסכין של חמץ, א"כ אין עתה חשש של חמץ בעין, רק מבליעת חמץ, לא אמרינן דחוזר וניעור, ח"א] (בשם המ"א, וכמ"ש בשמו בסי' תמ"ז, דס"ל דביבש אע"ג דקימ"ל דחוזר וניעור, זה דוקא באיסור מחמת עצמו, משא"כ בבלוע).

ואם פירר עליו חריין בע"פ שהוא דבר חריף, צריך ס' נגד כל הרי"ב אייזי"ן, שנעשה כולו חמץ ע"י הבליעה שבלע מהחריין שפיררו עליו ונחתך בסכין חמץ כנ"ל, ואם לא כולו אסור.

וכן סלים - של נצרים, **שמשתמשין בהן חמץ, דינם כנפה** - שמלאים נקבים וא"א לנקרן.

אבל שקים ישנים נוהגין בהן היתר ע"י כבוס - ר"ל בחמין ואפר וחביטה. **ושם** בנפה וכיס של ריחיים שאני, שעובר תמיד הקמח של חמץ דרך הנקבים, וא"א שלא יהיה נסרך בו משהו.

שקים ישנים לאו דוקא, אלא אפילו בשק חדש ששם בו פעם אחת קמח חמץ, **וה"ה** אם שמו בו פעם אחת קמחא לפסחא, ורוצה לכבסו לתת בו פעם שנית קמח לפסח, ג"כ צריך כיבוס והיתר התפירות.

וצריך להתיר כל התפירות שבהן קודם הכבוס - וגם צריך לגרור שם מתחלה בסכין היטב את החמץ שנמצא שם.

עוד כתבו, דהסדין שעושין המצות עליהן, שצריך להחליפן בין לישה ללישה, דהיינו לאחר שיעור מיל, אם רוצה ללוש על אותן סדינין עצמן עוד, צריך כיבוס גמור כנ"ל, ולא מהני הדחה לבד, דהבצק נדבק בהן, **וכ"ש** דלא מהני אם רוצה להפוך אותן לצד השני, שהחמץ מבצבץ ויוצא מעבר לעבר, **וגם** התפירות שבאמצע המפה צריך להתירן.

ובדיעבד אם עבר ועשה המצות על הסדין בלא כיבוס כלל, אם הוא תוך הפסח, אף בדיעבד יש לאסור, **אך** אם הפך הסדין או כיבסו, אף שלא התיר התפירות, אין להחמיר.

סעיף יט - הרחת שקורים פאל"ה - הוא מרדה שמכניסין בה עוגות לתנור ומוציאין בה מן התנור, **יש אומרים שאין מועיל לה הגעלה וצריך לקנות חדשה** - משום דבולעת מן החמץ ע"י אור בלי שום משקה, וללבנה א"א דהא של עץ היא, ואפילו קליפה בכלי אומנות מקודם ג"כ לא מהני.

ועיין בא"ר שכתב דכ"ז לכתחלה, אבל בדיעבד אם נשתמש מצה ברחת של חמץ אחר הגעלה, מותר.

ובדיעבד אם הוציא מצה חמה מן התנור ברחת של חמץ, אם לא היתה הרחת נקיה, אלא היה בה לכלוך חמץ בעין, אוסר בתחתוניות המצה כדי נטילה, שהוא כרוחב גודל, **ולפי** מה שאנו נוהגין לאפות מצות דקות, נאסר כולו.

ואם אפו על ידי מרדה זו עוגות חמץ עם שומן, נאסרה המצה כולה, דע"י השומן מפעפע החמץ בכולה, **ודוקא** תוך הפסח, אבל קודם הפסח עד הלילה, בטל בששים אותו מעט הבעין שיש על המרדה, [**ולכאורה** נראה דזהו דוקא לענין שע"י השומן שהוא בעין אינו נאסר המצה כולו, שבטל הבעין בששים, **אבל** עכ"פ הבלוע שבתוך המרדה אוסר כדי קליפה, אף קודם הפסח, וצ"ע].

אבל אם הדיחו המרדה מקודם, ואין עליה חמץ בעין, רק הבלועה בה, אין אוסר רק כדי קליפה, בין שנשתמש בה מקודם עם שומן, או בלא שומן, דאיסור הבלוע בכלי אין יכול לאסור יותר מכדי קליפה.

אם הוציא מצה חמוצה במרדה של פסח, ואח"כ רדו בה מצות אחרות, ונאסרו ע"י המרדה, ואח"כ נתערבו אלו בהרבה אחרות כשרות, כולן אסורות, דכבר נתבאר בסימן תמ"ז, דבפסח לא נתבטל יבש ביבש, **ואפילו** אם נתערב בע"פ, מ"מ חוזר וניעור תוך הפסח, ואסור לאכלם בפסח, **ורק** בע"פ מותר להאכילן לתינוק, **וי"א** דכיון שלא נאסר רק מצד בלוע, אינו חוזר וניעור בפסח, [מ"א].

‹דאזיל לשטתיה שכתב סימן תמ"ז ס"ג, {ע"ש במ"ב}, דאפילו מ"ד חוזר וניער, היינו כשיש בתוכו ממשות האיסור, אבל הכא אינו אלא טעם בעלמא – בית מאיר›.

[**אם** הוציא מצה חמוצה במרדה, עיין במ"א שדעתו, דמצה ראשונה שרדו בה מיד אחר מצה החמוצה, אם היא בשמנונית, נאסרה כולה, ואם לאו נאסרה בכדי נטילה, **ושאר** מצות שרדו אח"כ, לא נאסרו רק כדי קליפה, משום שכבר נתקנח הבעין של המרדה שנדבק בה מהמצה חמוצה ע"י הראשונה, ושוב אין בה רק בליעה, ואינה אוסרת רק כדי קליפה, **ובנהר** שלום מפקפק על סברא דנתקנח].

וכ"ז בחמץ גמור, אבל במרדה שהוציאו בה מצה כפולה ונפוחה, די לאסור הרחת לכתחלה, אבל בדיעבד אינו אוסר, **ויותר** מזה כתב הח"י, דאם א"א למצוא בקל רחת אחרת, מותר להוציא לכתחלה בה המצות, דא"כ יצטרך תמיד מרדה חדשה, והוי כדיעבד.

ואם נסתפקו במרדה אם היתה של חמץ או חדשה, מותרים כל המצות.

ואם מחזיק רחת של פסח משנה זו לשנה האחרת, מותר וא"צ הגעלה, רק שיראה שתהיה נקיה היטב.

סעיף כ - השלחנות והתיבות שמצניעים בהם אוכלין - חמין, **כל השנה, רגילים לערות עליהם רותחין** - מכלי ראשון, **לפי שלפעמים נשפך מרק מן הקדירה לתוכן** - אבל סתם תיבות א"צ הגעלה, [היינו אף שמצניעים בהם אוכלים, אבל אינם חמים].

ומהרי"ו פסק, דלא מהני עירוי, מפני שלפעמים משים עליו פשטיד"א חם, והוי כאלו נשתמש בכלי ראשון, **אלא** יכשירם ע"י אבן מלובן, וישפוך עליו רותחין, ויגלגל למקום אחר וישפוך עליו, כדי שילכו הרותחין בכולו, **ובזה** די אפילו אם הרותחין הוא מכלי שני, דהא נרתחין על הדף והוי ככלי ראשון, ואז מותר להניח עליהם אפילו מצה חמה, **ובדיעבד** מותר ע"י עירוי לבד, [דמדינא צריך לילך בתר רוב תשמישו].

ויש שכתבו, שצריך להניח עליהם עוד מפה או ד"א החוצץ, שמא נדבק בו עדיין עוד חמץ בעין, **ועיין** בא"ר שמסיק, דכן ראוי לנהוג בתיבות ומגדלים, דכמעט א"א לטהרן שלא ישאר מאומה בין הדבקים, **אבל** בשלחנות פשוטין אין להחמיר.

סעיף כא - חביות של חרס שנתנו בהם שכר שעורים - ר"ל אפילו היה בהם כמה ימים, **מותרים בהגעלה** - דהא דאמרינן כלי חרס אינו יוצא מידי דופיו לעולם, היינו דוקא כשבלע ע"י האור, אבל בצונן סגי להו בהגעלה, **ולפי** טעם זה, אפילו בחמין מותר להשתמש בו אחר הגעלה או עירוי, [**ומהט"ז** משמע לכאורה, דאינו מתיר רק בצונן, וצ"ע], **ואפילו** הוא בן יומו מבליעת השכר, **וי"א** דאינו מותר אלא כשאינו בן יומו, דתו הוי נותן טעם לפגם.

או בעירוי ג' ימים - דהיינו שימלאנו מים אפי' צוננין על כל גדותיו, וישהו בתוכו כ"ד שעות רצופין או יותר, ואח"כ יערה ממנו את המים וימלאנו מים אחרים, וישהו בתוכו כ"ד שעות רצופין, ואח"כ יערה אותם ממנו וימלאנו מים אחרים, וישהו בתוכו עשרים וארבע שעות רצופין, **ושלשה** מעל"ע הללו א"צ להיות רצופין, אלא אפילו מפוזרין, **ואפילו** במזופף מהני עירוי.

ודע דדעת הש"ך, דבשאר איסורים אין להקל ע"י עירוי ג' ימים, אם היה כבוש האיסור בכלי היתר מעל"ע, דקי"ל כבוש כמבושל, ‹דבחמץ יש להקל טפי, משום דהיתרא בלע – שם›, **ובמבושל** לכו"ע לא מהני עירוי, אפילו בשאר כלים שאינם כלי חרס.

הגה: והגעלת החבית יעשה בדרך זה, ילבן אבנים וישים בהם, ויערה עליהם רותחים מכלי ראשון, ויגלגל החבית שיגיע הגעלה לכל מקום - וצריך להסיר שולי החבית אם הוא של עץ, לגרר היטב מבפנים בכל הסדקים, וגם שמצוי שמרים שמדובקים בשולי החבית, והגעלה ועירוי לא מהני אלא להפליט הבלוע שבפנים, אבל לא להחמץ שיש בעין, **ואם** הוא של חרס, צריך לפתוח פי החבית כ"כ גדול, שיכול להכניס בו ידו, ולשפשפו היטב מבפנים בכל הצדדים.

אכן האחרונים הסכימו, דיש להחמיר שלא להשתמש כלל בחבית עץ של שכר, שמצוי בהן גומות, גם א"א לנקר בין הנסרים שלא ישאר שם משהו זוהמא בין נסר לנסר, והוא חמץ גמור וישאר בעין.

ועיין בא"ר בשם הפרישה, דאם נשתמש בחבית של שכר, ולא פתחו השולים וניקרו היטב, אסור אפי' בדיעבד, דלא מהני הגעלה למה שהוא בעין, **אכן**

אם פתח אחד משוליה וניקר היטב בפנים, מהני הגעלה בדיעבד.

וכ"ז בחבית של שכר או שאר משקה חמץ, אבל חבית של מי דבש, יש להתיר בהגעלה, אע"פ שנתבשל הדבש ביורה שבשלו בו שכר תוך מעל"ע.

וכתבו האחרונים, דכלים שהיו בו יין שרף, לא מהני להם כלל ההגעלה, דנשאר בו גם אח"כ ריחו וטעמו, **אכן** אם בישל אותן היטב במים עם אפר, עד שנסתלק הריח לגמרי, מותר להגעילו אח"כ, **ודוקא** לכלים שהם פתוחים לגמרי, ויכול להכניס ידו לתוכו לנקר היטב, ולבדוק בכל הסדקים שלא יהיה נדבק בו שום ממשות, אבל אם אינו בענין זה, לא מהני אפילו אם יבשל באפר כמה פעמים, **גם** בענין שהכלים יהיו נעשין מחתיכה אחת, או שהם של כלי בדיל ושאר מיני מתכות, דאם עשוים מנסרים הרבה ככלים שלנו, אין להקל להגעילו אפילו אם בשלו באפר כמה פעמים, דא"א שלא ישאר זוהמא בין נסר לנסר.

ובדיעבד אם נתנו בהם יין או דבש בלא הגעלה, רק שהדיחן היטב תחלה - ושהו שם מעל"ע, דהוי כבוש ונכנס בו טעם השכר, דאל"ה פשיטא דמותר, **מותר לשתות ממנו בפסח** - ואיירי בענין שאין בו חשש של חמץ בעין, שהיה הפה של חבית החרס רחב למעלה, והכניס ידו לתוכה וניקר היטב בצדדיה ובשוליה, שלא נשאר שם שום שמרים, **ובחבית** של עץ כשפתח השולים וניקר היטב.

עיין במ"א וח"י, דיש חילוק בין יין לדבש, דביין אפילו החבית בן יומו מבליעת השכר, ג"כ מותר בדיעבד, דשכר ביין נותן טעם לפגם הוא, **ובמי** דבש לא הוי לפגם אא"כ היה הכלי אינו בן יומו מבליעת השכר, אבל אם היה בן יומו, ושהה המי דבש בתוכו מעל"ע, אפילו בדיעבד אסור לשתותו בפסח, **אבל** כמה האחרונים הסכימו, דאף במי דבש מותר אפילו בבן יומו, ומטעם דכבוש לא נקרא עד אחר ששהה מעל"ע, ואז נעשה הבליעה שבתוך הכלי לפגם, ומותר בדיעבד.

ודע דבכל גווני היתר זה של דיעבד, אינו אלא כשעירו היין והדבש מן החבית קודם הפסח, ונתנו אותו לתוך כלי פסח, דהותר כבר היין והדבש קודם הפסח, דקודם הפסח נותן טעם לפגם מותר, **אבל** אם נשתהא היין והדבש בחבית עד תוך הפסח, אסור, דבמדינתנו נוהגין לאסור נותן טעם לפגם בפסח, וכדלעיל בסימן תמ"ז ס"י בהג"ה.

וכתבו הפוסקים, דאם נתנו לתוכו דבר חריף כחומץ, אפילו לא היה בן יומא אסור, דאגב חורפא משוי ליה לשבח.

עוד הסכימו הפוסקים, דאם הכלי היה מיין שרף, אסור בדיעבד אפילו אם אינה בן יומא, דעינינו רואות שנותן טעם לשבח הוא, **והנה** מלבוש משמע, דאפילו אם הגעילה אסור מה שנתן לתוכה, ואפילו לא היתה בן יומא, ומשום דעינינו רואות שנשאר בה טעם וריח אפילו אחר הגעלה, **אכן** אם לא נשמע בה ריח של יי"ש, מהני הגעלה בדיעבד שלא לאסור מה שנתן לתוכה, [אפי' אם לא בישל תחילה את הכלי במים ואפר], **ומ"מ** מיד שנזכר צריך לערות היין לכלי אחר.

‹הובא מסעיף כ"ב› (עיין בתשובת חת"ס, נידון הכשר יורות ששורפין בהן יי"ש: **אשרי מי שיכול לעשות חדשים, אך לא ישמעו לאסור לגמרי, צויתי טרם ההגעלה לבשל בהיורה והקנים והכובע מי אפר שקורין לוי"ג, גם אפר הרבה שיהיו חזקים מאד, והם מפגימים הטעם, וצריך השגחה גדולה לנקות היורה בתחתיתו, ולהסיר מהם הקנים ע"י אומן, או להניח עליהם על מקום הטלאי גחלים, וסיים שם: אחר כל זאת שומר נפשו ירחק משתיית יי"ש בפסח, אבל אין לאסור להם אחרי התיקונים האלו**).

סעיף כב - כל הכלים, אפילו של חרס, שנשתמש בהם חמץ בצונן - ר"ל שהשתמש בהם בחמץ יבש, או אפילו בדבר לח אך שלא שהה שם מעל"ע, ולא היה דבר חריף, **דאם** שהה בתוכו מעל"ע, הרי נעשה כבוש בתוכו, ואפילו בשאר כלים, וצריך הגעלה או עירוי, [**וק"ק**, דא"כ מה דמסיים דהבית שאור ובית חרוסת אסורים, ע"כ דמיירי ג"כ בדלא שהא שם שיעור מעל"ע, ‹ואפי'› באופן זה מותר להשתמש בהם ‹רק› בצונן בלא הגעלה, והיה לו להשו"ע לבאר זה].

מותר להשתמש בהם מצה אפילו בחמין - דכיון שלא נשתמשו בהם אלא בצונן, לא בלעו כלום, ודי להם בהדחה להעביר מה שדבוק בעין לדופני הכלי.

חוץ מבית שאור - היינו כלי שהאשה שורה בו את השאור ליתנו בעיסה, ופעמים שהשאור שוהה הרבה באותו כלי, ומחמת שחימוצו קשה, נבלע טעמו באותו כלי אפילו בצונן, **ובית חרוסת** - היינו שנותנין בו דברים חריפים עם חמץ, ואפילו אינם של חרס, **שאף ע"פ שלא נשתמש בהם חמץ אלא בצונן, אסור להשתמש בהם מצה בחמין.**

אבל בצונן להניח בהם מצה אפויה - צוננת, **מותר** - וה"ה שאר דבר צונן אפילו לח, אם הדיחו תחלה, שהצונן אפילו אם הוא לח אינו מפליט מה שבלוע בתוך הכלי, אא"כ שוהה בתוכו מעל"ע.

ודוקא דרך ארעי ולא בקבע, וכנ"ל בס"א בהג"ה.

אבל אסור ללוש בהם - דריח החימוץ הבלוע בכלי, גורם למהר חימוץ להעיסה הנילושה בתוכו.

וכל זה בלא הגעלה, אבל על ידי הגעלה, אפי' בית שאור וחרוסת מותרים, אם אינם של חרס - בין ללוש בתוכו ובין להשתמש בהם בחמין.

והנה כ"ז מעצם הדין, אבל לפי מה שכתב הרמ"א לעיל בסי"ז, דהמנהג שלא להשתמש בכלי לישה, משום דא"א לנקר, בודאי יש להחמיר גם בבית שאור, [**והנה** אם הבית שאור עשוי מכמה נסרים, בודאי יש להחמיר, משום דא"א לנקות, **ואפי'** אם נעשה מנסר אחד, דוקא להשהות מותר אחר שנקרוה היטב, אבל ללוש אסור לכתחילה, אפי' לאחר הגעלה, **והרמ"א** סמך על מה שביאר לעיל].

ואם היא של מתכות, כבר כתב הרמ"א לעיל בסט"ז, גבי מדוכה שהשוו אותה הפוסקים לבית שאור, דנוהגין לכתחלה ללבנה, וכ"ש בבית שאור ממש.

אבל לשל חרס לא מהני הגעלה, ואפילו לא נשתמש בהם חמץ אלא בצונן, לא ישתמש בהם מצה אפילו בצונן - "לא ישתמש בהם מצה אלא בצונן", כן הוא גירסת הב"ח והפר"ח, **ויש** גורסין "אפילו בצונן" והא דכתב בריש הסעיף, דבצונן מותר אבית שאור וחרוסת, לא איירי בשל חרס.

(**עיין** בביאור הגר"א שכתב, דזהו רק לדעת רב האי המובא בטור, שדעתו דלא מהני הגעלה לחרס, אפילו לא נשתמש בו אלא בצונן, אבל לפי מה שפסק בסעיף כ"א, דמהני הגעלה, ה"ה כאן, עי"ש, **וצ"ע** בדעת שארי פוסקים, דלכאורה משמע מדעתם, דאף דקיי"ל התם דמהני הגעלה, כאן גרע).

והאידנא נהגו עלמא דלא לאשתמושי בפסחא במאני דפחרא עתיקי, (פי' כלי חרס ישנים) - אפילו בצונן, ואפילו בשאר כלים שאינם בית שאור, ונשתמש בהם חמץ רק בצונן.

(ותנור של בית החורף) - היינו תנור שמחממין בו בית החורף, שרגילים להשים על גבו פשטיד"א ושאר חמץ כל ימות השנה, ונבלע שם טעם חמץ ע"י חום האור בשעה שהתנור מתחמם, **וה"ה** הקאכלי"ן העשויין בתוך התנורים, שרגילין להשים בהן תבשילי חמץ וחתיכת פת, **(דינו ככלי חרס)** - ר"ל דכלי חרס אינו יוצא הבליעה מתוך דופנו לעולם, כי אם ע"י היסק במקום דלא שייך שמא פקעי, וכדלעיל בס"ב גבי תנור קטן, **והכא** לא מהני ההיסק שמסיקין אותו מבפנים, אפי' אם יכשירו כדין, להוציא הבליעה שנבלע מלמעלה, ודמיא למה דמבואר שם בס"ב, דדבר שהסיקו מבחוץ, לא מהני ההיסק להוציא הבלוע שנבלע מצד השני.

(ואסור לשום שום דבר על התנור בפסח) - היינו כשהתנור חם, אסור אף אם המצה צונן, וכן להיפך כשהמצה חמה, אף אם התנור צונן, **ובשניהם** צוננין, בדרך קבע אסור, ובדרך ארעי אין איסור, אם כיבד וניקה גבי התנור, שלא נמצא שם חמץ בעין.

ולענין דיעבד, אם הניח עליה מצה כשהתנור חם, או כשהמצה חמה, או שניהם חמים, אוסר תחתוניות המצה כדי קליפה.

וכ"ז בשהניח המצה בלי הפסק מתחתיה, אבל אם הניח קדירות עם תבשיל, אפי' אם שניהם חמים, אין אוסר בדיעבד, שאין איסור הבלוע יוצא מדופן התנור לדופן הקדירה, **ולכתחלה** גם קדירות אסור להניח שם בכל גווני, אם לא ששניהם צוננים, **וכשמניח** דבר מפסיק כמו ברזל וכה"ג מתחתיו, או שהטיח בטיט כעובי אצבע, מותר להשתמש הכל מלמעלה.

וכל אלו הדינים שייך גם בקאכלין העשויין בתנורים מן הצד, אלא דשם אין מועיל הפסק ברזל או טיח טיט

למטה לבד, אלא א"כ הטיח בטיט גם מן הצדדים וגם מלמעלה, [משום הזיעה של חמץ, שעלה למעלה מהבל הקדירות רותחות שהניח בכל השנה, ונבלע בגגו של הקאכלי"ן, ועתה חוזר ונופל בתוך הקדירות כשנתחמם], **אכן** טיח שלמעלה אינו מעכב בדיעבד, [**ורעק"א** מפקפק בזה, ומ"מ יש לסמוך להקל בדיעבד, מטעם דהוא נ"ט לפגם ג"כ], **וכשמשים** כיסוי על הקדירות שמניח שם, מותר לכתחלה, אף כשאין שם טיח מלמעלה.

ועתה נבאר לענין תוך התנור אם לא הכשירו מקודם, אם הניח מצה בתוכו, דינו כעל התנור וכנ"ל. **ולענין** אפית המצות שם, דינו כמו שנתבאר בסימן תס"א. **ולענין** בישול בתוכו, אף דלכתחלה צריך להכשירו גם לזה כמו לאפיה, או שיטיח בטיט כעובי אצבע את קרקעיתו, מ"מ בדיעבד אין לאסור התבשיל אף אם לא הכשירו, [**ואם** כיבד התנור מתחילה מחמץ בעין, אף הקדירה מותר].

(**ולענין פנים גופא, משמע בפשיטות דמועיל ההיסק כבשאר תנורים, ויש מהאחרונים שמאנו בהיסק תנור בית החורף לגמרי להכשירו, והח"א כתב וז"ל, ונ"ל מה שהחמירו האחרונים בתנור בית החורף דלא מהני ליבון, היינו כמו שעושין בפולין גדול, שהתנור נעשה רק מקאכלין, וא"כ הוי כלי חרס ממש, אבל במדינה זו, שידוע שבונין סביב הקאכלין מחיצה של לבנים, וא"כ דינו ממש כתנור שאופין בו, דבזה לא חייש שמא פקעי, ולכן נ"ל דכו"ע מודים דמהני ליבון, או טוח בטיט, וה"ה לתנורים שקורין במדינתנו שוועצק"ע אויבע"ן שיש עליו כיסוי, מהני ליבון, ולכן נ"ל דבמקום שאין לו לבשל בכירה, יש להתיר ללבן תנורי בית החורף, במדינת ליטא וכיו"ב שעושין התנורין כן, עכ"ל, ובעיקר הדין, אף לעשויה מקאכלין לבד, הסכימו האחרונים דמהני ליבון, דכיון דהסיקו מבפנים, לא שייך דחייס שמא פקעי, וגם הלבוש כתב ע"ז דהוא חומרא יתירה, ועכ"פ בתנורים שלנו בודאי אין להחמיר, כמ"ש הח"א, ומה שכתב הח"א תנורים שבמדינתנו וכו' שיש עליו כיסוי, לא ידעתי מנ"ל להצריך דוקא שיש עליו כיסוי, דהלא בכוביא בס"א, אם מלא גחלים מבפנים, מהני אף שאין עליו כיסוי, וכן לענין קדירות בש"ס היה מותר במילוי גחלים, אלא משום דחייס שמא פקעי, אף דאין עליו כיסוי, וא"כ ה"נ דאין חילוק בזה**).

סעיף כג- כלי חרס המצופין בהתוך זכוכית -

מכל צד, **דינם ככלי חרס** - ר"ל ואז אם תשמישו בחמין לא מהני הגעלה, ואין חילוק בין אם היה הכלי מקרקע ירוקה, או לבנה ושחורה, ואפילו אם היה חלקה בלא בקעים, מ"מ היא בולע ע"י חמין, **אבל** אם דרך תשמישה בצונן, אז יש חילוק, דאם הכלי נעשה מקרקע ירוקה, אין לה תקנה, דדרכה לבלוע, **ואם** מלבנה ושחורה, ניתרים בהגעלה או בעירוי, אפי' אם יש בה בקעים, **ואם** אין בה בקעים, א"צ הגעלה, ובשכשוך בעלמא סגי.

ואף דכתב המחבר בסכ"ו, דכלי זכוכית אינו בולע כלל, הכא כיון דמחופה על החרס, ונצרף עמו בכבשן, בלע טפי.

(**אכן בתוס' כתבו לחלק בין כלי זכוכיות שלם דלא בלע, מהיכא דאינו אלא חיפוי על החרס, ולפי"ז לאו דוקא משום שנצרף עמו בכבשן, והגר"א בסעיף כ"ו הביא רק דעת התוס', שנראה מדבריו שביאר עפ"ז דברי הרמ"א שם, לענין כלי כסף שיש בו היתוך זכוכית, דקאי אף לדעת המחבר שם דמתיר בזכוכית, ושאני התם דאינו אלא התוך בעלמא, ודומיא דקוניא, והיינו דאין חילוק בין חרס לשאר דברים**).

והסכמת אחרונים להחמיר אף בהתוך עופרת או בדיל, דלא מהני הגעלה, לפי שכשנשתמש בו חמץ בחמין, נבלע החמץ בכל עובי הכלי, ונבלע גם בחרס שתחת העופרת, ושוב אינו נפלט ממנו לעולם.

הגה: ויש מקומות שנהגו שלא להשתמש בכלי חרס גליזאר"ט אפילו חדשים - שלא נשתמש בהן חמץ מעולם, לפי שמקצת האומנין עושין פעולת הציפוי ע"י סובין, והרי יש כאן חמץ בלוע בתוך הציפוי, **ואפילו** הציפוי מעט מבחוץ, ג"כ אינו כדאי.

ואותן כלים שנוטף עליהם לפעמים טיפים מהתכה מכלים אחרים, אין להקפיד, [לפי שאח"כ מכניסין לתנור מלא אש, ונשרף הסובין שבו, **משא"כ** כלי חרס שהוא מצופה בזכוכית, חס עליו שלא יתקלקל הזכוכית שבו מחמת חום האש, וממהר הוא להוציאו מן האש, ולפיכך מחמירין שלא להשתמש בו בפסח].

ואין להחמיר רק במקום המנהג - ואפילו באותן מקומות, אם ידוע שכלי חרס זה לא עירב האומן סובין בציפויו, יש להקל, **ולפיכך** נוהגים באיזה מקומות, שיהודי עומד על גבן בשעת מלאכה, לראות שלא יתקן הציפוי ע"י סובין.

(וקדרות ברזל המצופים בהתוך גישמאלצט לבן ושוע, העלה בחת"ס דלא מהני הגעלה, **אכן** שמעתי שכמה גדולים נהגו להחמיר רק לענין איסור חמץ, **אבל** בכל השנה הקילו להגעילה אחר מעל"ע, דהוא נותן טעם לפגם מהטיח).

סעיף כד - כלי עץ המצופים בסמנים שקורים ברניס, דינם ככלי חרס - שאין הגעלה מועלת להם, אם נשתמש בהם חמץ בחמין, שהסמנים מעכבין על מי הגעלה שלא יפליטו מה שבלוע בתוך העץ, [**אבל** אם נשתמשו בהם בצונן, אין להחמיר רק במקום שנהגו להחמיר בחדשים].

הגה: ויש מקומות שמחמירים שלא להשתמש בכלים לבועים - בכרכום וכדומה, **אפילו הן חדשים** - דחיישינן שמא היה ע"י סובין, או שצבע כלים ישנים, **וכן המחופין בבדיל** - ר"ל אפילו הן חדשים, וג"כ מטעם הנ"ל, שפעמים הציפוי ע"י סובין, או שחיפה כלים ישנים, [**בפמ"ג** מצדד, שאפי' ע"י הגעלה אין כדאי, **ובחמד** משה מקיל ע"י הגעלה].

ואין להחמיר בזה רק במקום שנהגו איסור.

סעיף כה - כל כלי השתיה, בין צלוחיות בין כוסות, מותרים בשטיפה; בין שהם של זכוכית - נקט זה אפילו לדעת המחמירין בזכוכית, כשנשתמש בהן בחמין או במכניסו לקיום, כדלקמיה בסכ"ו בהג"ה, **הכא** כשנשתמש בהן בצונן, לכו"ע לא בלעי, וסגי בשטיפה, ומותר אח"כ להשתמש בהן אפילו בחמין, **בין שהם של עץ, בין שהם של מתכת, בין שהם של חרס; ואעפ"י שלפעמים נותנים בהם לחם חם, כיון שרוב תשמישן אינו אלא בצונן, סגי בשטיפה, שלא הלכו בכל כלי אלא אחר רוב תשמישו.**

הגה: מיהו יש מחמירים ומלריכים הגעלה, וכן נוהגין (וע"ל סעיף ו') - והיינו לכתחלה, אבל בדיעבד סגי להו בשטיפה.

ומצריכים הגעלה - וה"ה ע"י מילוי ועירוי וכדלעיל בסכ"א, [**ואף** ששם לא איירי אלא בכלי שמכניסו לקיום ומשום כבישה, וכאן יש חשש חמין, ובחמין לא מהני ערוי, **מ"מ** יש להקל בזה, משום דרוב תשמישו הוא רק בצונן, ואף שלא ע"י כבישה, וגם דמיירי דאינו בן יומו].

סעיף כו - כלי זכוכית אפילו מכניסן לקיום - היינו שהכניס חמץ לתוכן שיתקיים שם, **ואפילו משתמש בהם בחמין** - היינו שבקביעות משתמש בהם בחמין, **אין צריכים שום הכשר, שאינם בולעים** - לפי שחלקים וקשים הם, **ובשטיפה בעלמא סגי להו.**

הגה: ויש מחמירין ואומרים דכלי זכוכית אפילו הגעלה לא מהני להו, וכן המנהג באשכנז ובמדינות אלו - הטעם, דס"ל דכלי זכוכית הואיל ותחלת ברייתו מן החול, הרי הוא ככלי חרס שאינו יוצא מידי דופיו לעולם, ואפילו ע"י הגעלה, **ואע"ג** דתשמישו בצונן, מ"מ לפעמים משתמשין בהן בחמין, וכמ"ש בסכ"ה בהג"ה, דחוששין אף לתשמיש שאינו קבוע, [**ולפי"ז**, שם שמקילין בדיעבד לילך אחר רוב תשמישו, וכנ"ל בס"ו בהג"ה, אין להחמיר גם בזה].

ובדיעבד אם היה רוב תשמיש חמץ שלו בצונן, ועתה נשתמש בו מצה בחמין בלא שום הכשר, מותר, **ואם** היה רוב תשמישו בחמין, או אפילו בצונן, אלא שרוב הפעמים דרך להשהות משקה חמץ בתוכו מעל"ע, אז אף בדיעבד אסור החמין שנשתמשו בו, **אא"כ** הכשירו מתחלה ע"י הגעלה, [אם היה תשמישו בחמין], או ע"י מילוי ועירוי, [אם היה תשמישו ע"י כבישה מעל"ע], וכנ"ל בסעיף כ"א, [וכשיטת הראשונים דכלי זכוכית בולע ומהני להו הגעלה], **ובהפסד** מרובה יש לצדד להקל אף בזה (בלא הכשר), אם היה אחר מעל"ע, שהוא נותן טעם לפגם, [**ועיין** בפמ"ג דמסתפק להקל אף בתוך מעל"ע, ועב"פ יש לסמוך ע"ז לאחר מעל"ע, דרוב פוסקים מתירין נותן טעם לפגם בפסח].

ומ"מ במקום שאין בנמצא כלי זכוכית, ואין לו כוסות ושאר כלים, כתב הח"א דיכול לסמוך להקל, לנקותן יפה יפה, ולהכשירו ע"י עירוי ג' ימים, [**ומה** שלא הצריך הגעלה, שמא השתמש בו בחמין, נראה משום דאינו מצוי שישתמש בכוסות בחמין של חמץ ממש]. **וזהו** דוקא בכלי שפיהן שלהן רחב מלמעלה, אבל בוטעלקע"ס שפיהן שלהן צר מלמעלה, והשמרים נדבק בתחתיתן, ואין יכול להכניס ידיו לתוכן לנקותן יפה, וכן כל כלי שא"א להכניס ידו לתוכו, אין להם תקנה להכשירן, **ואפילו** בכוסות, במקום שנמצא לקנות חדשים, אין לשנות המנהג שנהגו שלא להשתמש בהן.

וכן כלי כסף שיש בתוכן התוך זכוכית שקורין גישמעלצ"ט, אין להגעילו - כדין כלי זכוכית וכנ"ל, (**והגר"א ביאר**, דקאי אף לדעת המחבר דמתיר בזכוכית, דהכא אינו אלא התוך בעלמא), (הובא מסכ"ג).

אבל מבחוץ - היינו בין שהיה על גוף הכלי מבחוץ, או שהיה מלמעלה על כיסויו, או על ידו, **אינו מזיק** - שאין משתמשין בכלים חשובין כאלו ברותחין אצל האש, שניחוש דעי"ז נבלע חמץ בכל הכלי, **וע"י** עירוי שעירו לתוכה רותחין, הא אינו מבליע רק כדי קליפה, ולא נכנס בליעת החמץ לתוך הזכוכית כלל, ולכן מהני הגעלה כשאר כלי מתכות.

סעיף כז - שפוד ישן שצלו בו עופות בפסח, מותרין, אע"פ שמקודם - ר"ל שבכל השנה, **צלו בו בשר מלוח ממלח שלא נבדק** - מפרורי חמץ, **ואף** שאם היה ידוע לנו שהיה במלח חמץ, אע"פ שהיה לפני פסח, מ"מ היה אסור, [שהרי בכלי לא שייך ביטול איסור], (אע"ג דבשר עצמו שרי, כמ"ש סי' תמ"ז ס"ה, היינו משום דאפי' את"ל שהיה בו חמץ, בטל בס', אבל בכלי לא שייך ביטול - מ"א), (כדאיתא ביו"ד סי' צ"ב ס"ה, בטפת חלב שנפלה על הקדרה כו', שכתב סמ"ק דמספקא לן אי מפעפע בכל הכלי - מחה"ש), **עתה** שאין ידוע לנו, מספיקא לא מחזקינן איסורא, שהיה חמץ על הכלי.

הגה: מיהו אין להתיר רק בדיעבד.

ואם צלו עליו מולייתא, או שאר חמץ, כגון שייבשו עליו לחם, אפילו משהו, ולא ליבנוהו בינתים, אף שהגעילו, ואח"כ צלו עליו בשר בפסח, אף בדיעבד אסור, **אכן** אם היה הפסד מרובה, או שהוא אינו בן יומו, יש להקל אחר שהגעילו, ויש בתוך הבשר ששים לבטל הבליעה, [**בהפסד** מרובה - משום דיש פוסקים דס"ל, דחמץ מקרי היתירא בלע, וסגי תמיד בהגעלה, וגם שהוא איסור משהו, ואף דלדינא קימ"ל דאין שייך ביטול בכלי, מ"מ בצירוף דהתירא בלע, והוא הפסד מרובה, סמכינן להקל. **ובאינו** בן יומו - סמכינן להקל מטעם דהוא נט"ל, שהרבה פוסקים מקילין, וגם הסברא דהתירא בלע, והוא איסור משהו].

וכן הברזות שבחביות של יין, נוהגין להדיחן - מפני שממשמשין בהם בידים המדובקים מחמץ, **וטוב** יותר ליקח ברזות חדשות, שמא היה כבר הברזא בחבית של שכר.

וברזא שבחביות שכר, אם תחבו במי דבש בפסח ושהה מעל"ע, אסור המי דבש בשתיה ובהנאה, **ואם** אינו בן יומו, יש להקל, **ואם** הברזא הוא של יי"ש, אף באינו בן יומו אסור, ואף בהנאה.

וכן הכלים שתוחבין בהם כלי שתיה - של שכר ויי"ש, והיינו במקום שתוחבין בהם תוך הכלי, ולא הבית יד, **צריכין הדחה לשום בהם כלים בפסח** - [מפני שנתלחלחו ממשקין שבתוכן].

כלי פרפור"י שקורין פרצעלאיי, דין כלי חרס יש להם, ולא כלי זכוכית.

§ סימן תנב – זמן הגעלת כלים §

סעיף א - יש ליזהר להגעיל קודם שעה חמישית, כדי שלא יצטרך לדקדק אם הכלים בני יומן או לאו, (או אם יש ששים במים נגד כלי שמגעיל או לאו) - טעם לזה, דהנה ענין הגעלה הוא, דרתיחת המים מוציא את הבלוע בכלי, אבל יש לחוש דאחר שמוציאה את הבלוע, יחזור ויבלע בכלי מה שפלטה, **ומפני** חשש זה כתבו הפוסקים, דאין להגעיל רק כלי שאינו בן יומו, דאז אף אם יבלע מה שפלט, הרי לפגם הוא, **או** שיהיה במים ששים לבטל את פליטת האיסור, **וע"ז** קאמר המחבר, דאם מגעיל קודם שעה חמישית, דאין צריך ליזהר בכל זה, משום דאז הלא

הוא עדיין זמן היתר חמץ, והו"ל נ"ט בר נ"ט דהתירא, והיינו דהטעם של חמץ שקבלו הכלים מתחלה היה של היתר, וטעם של מים שקבלו עתה מן הכלים ג"כ דהתירא הוא, ומה שחוזרין ונותנין בכלים ג"כ דהתירא הוא.

קודם שעה חמישית - דמתחלת חמישית כיון דנאסר עכ"פ מדרבנן, תו לא מקרי נ"ט בר נ"ט דהתירא.

וכן אם מגעיל כלים שבליעתן מועטת עם כלים שבליעתן מרובה - כגון כפות וכוסות עם קערות וקדירות, דיש לחוש דאחר שיגמרו להפליט את בליעתן המועטה, יחזרו ויבלעו מפליטת כלים האחרים שבליעתן מרובה, **אבל** קודם שעה ה' דהוא כולו היתר, אין לחוש אפילו אם יבלעו, דהוי נ"ט בר נ"ט דהתירא.

וכן אם משהה הכלים בתוך היורה יותר מדאי, ואינו משהה אותם כל כך - ר"ל דאם מגעיל כלי איסור להכשירו, או כלי חמץ לאחר זמן איסורו, צריך לדקדק שלא ישהה אותם הרבה במים, משום דיש לחוש שאחר גמר פליטתו יחזור ויבלע, **וגם** שלא להשהות אותם כלל אלא להוציאו תיכף ג"כ אין נכון, דצריך לשהות מעט עד שיפלוט את בליעתו, והוא קשה לצמצם, [**והנה** בטור כתב, דנוהגין להכניסן ולהוציאן מיד, ועיין בט"ז שכתב, דמיד לאו דוקא, והפר"ח הסכים לדברי הטור כפשטיה, ומ"מ לכתחילה טוב להשהות מעט], **אבל** אם מגעיל אותם קודם זמן איסורו, א"צ לצמצם, ויכול להשהות יותר במים, **ואם** מגעיל אותם לאחר זמן איסורו, דהיינו משעה חמישית בערב פסח עד הערב, או בעלמא בכלי איסור, צריך לדקדק שיהיה הכלי אינו בן יומו, או שיהיה במים ששים לבטל הבליעה, דאז ג"כ אין קפידא אם ישהה אותם הרבה במים.

וכן כדי שלא יצטרך ליזהר שלא ינוחו המים מרתיחתן - ר"ל דכל זמן שהם רותחין, טרידי למיפלט ולא בלעי ממי הגעלה, וכשנחו מרתיחתן בלעי.

הגה: אך רבים חולקים וס"ל דאין הגעלה מועלת כלום אם אין המים רותחים - ר"ל אפי' היסל"ב, כל זמן שאין המים מעלים רתיחה אינם מפליטין.

האחרונים השיגו על הרמ"א, דגם דעת המחבר כן הוא, דאין הגעלה מועלת אלא בשעה שהמים רותחין, **אלא** דכתב דאחר זמן איסורו אסור להשהות הכלים לאחר שינוחו המים מרתיחתן, דאז חוזרין ובולעין ממי הגעלה, משא"כ מקודם אין לחוש לזה, כיון דעצם הגעלה היה בעת רתיחתן, [**והרמ"א** חשב דכונת המחבר הוא, דביורה הגדולה שמכניסין בה כמה כלים זה אחר זה, צריך ליזהר שלא ינוחו מרתיחתן, דיתרמי הכנסת הכלי והוצאתו בעת שאין המים מעלין רתיחה, ומשמע דקודם זמן איסורו אין לחוש לזה, ומשו"ה השיג הרמ"א, **אבל** באמת אין כונת המחבר כן].

ע"כ יש ליזהר אפילו קודם זמן איסורו שלא ינוחו מרתיחתן כל זמן שמגעיל - ר"ל שהיורה הגדולה שמניחין בה כלים כל שעה להגעיל, לא תנוח המים מרתיחתן כל הזמן שהולך ומגעיל בה, דאותו כלי שיניח בה אחר שנח המים, אין עולה לה הגעלה, אם לא שישהה הכלי בה עד שיחזור וירתיח המים, **והנה** טבע המים דנייחי מרתיחתן כשמכניסין בם כלים צוננים להגעיל, ע"כ צריך להמתין בכל כלי עד שיעלו המים אבעבועות, ויש להזהיר למגעילין בזה, כי הם נוהגים בזה קלות, ומגעילין במהירות זה אחר זה, ואינם מדקדקים לראות אם מעלין רתיחה, **ואפשר** ללמוד עליהם זכות, כי אין דרך להגעיל רק קערות וכפות שמשתמשין ע"י עירוי, דבהם מהני הגעלה במים שהיד סולדת בהם לבד, **אכן** בקדרת נחושת, ודברים שתשמישן ע"י כלי ראשון, נראה דאפילו בדיעבד לא מהני הגעלה זו, וצריך לחזור ולהגעיל.

אך לענין לאסור המאכל אם נשתמש בו בפסח, מסתפק הפמ"ג, ונראה דאם הוא אינו בן יומו מעת שנשתמש בו החמץ, יש לצדד להקל.

וכתבו האחרונים, דנכון להעמיד אצל הגעלה בעל תורה, הבקי בדיני הגעלה.

ושלא יכניס הכלים עד שירתיחו המים - ר"ל דאם מגעיל לאחר זמן איסור, אין נכון להכניס הכלי קודם שירתיחו המים, אף שישהה בתוכו עד שירתיחו, **מטעם** שלא יבלע אז ממי הגעלה שיש בהם פליטת הכלים, ואף דאח"כ כשירתיחו המים יפליט גם בליעה זו, מ"מ לכתחלה אין כדאי להוסיף בה בליעת חמץ, **משא"כ** אם מגעיל קודם זמן איסורו, אין לחוש לזה, [**כן** הוא ביאור דברי השו"ע, ומ"מ רבים מהאחרונים מפקפקים ע"ז, וגם המחה"ש כתב דהוא חומרא יתירא].

וכן כדי שלא יצטרך להגעיל היורה הגדולה שמגעילים בה, תחלה וסוף - ר"ל דאם יגעיל לאחר זמן איסור, צריך להגעיל מתחלה היורה שמגעיל בה הכלים, וישפוך מי הגעלה לחוץ, וירתיח בה מים אחרים, ויכניס בתוכה את הכלים, **שאם** לא יגעילה מתחלה, הרי המים שביורה נאסרין מחמת היורה [אם הוא בן יומו], שאין במים ששים כנגד כל היורה, וחוזרין המים הנאסרין ואוסרין הכלים הנגעלים בתוכו, **וגם** בסוף לאחר הגעלת כל הכלים, כשרוצה להשתמש בהיורה, צריך להגעילה שנית, שתפליט מי הגעלה הנבלעין בתוכה, **משא"כ** אם מגעיל הכלים קודם זמן האיסור, א"צ להגעיל היורה בתחלה, דאז הוא נ"ט בר נ"ט דהתירא, **ורק** אם רוצה להשתמש בהיורה לאחר זמן איסור, צריך שיגעילנה בסוף.

(והנה כמה אחרונים נתקשו בדברי המחבר, דמשמע מיניה, דלאחר זמן איסורו צריך ליזהר בכל אלה, והיינו משעה חמישית עד הלילה, **ובאמת** זה אינו, דאם הוא אינו בן יומא, או יש במים ששים, שוב אינו צריך ליזהר כלל באינך, דמה לנו אם מגעיל שני מיני כלים, או אם משהה אותם יותר מדאי, או שאר דברים דקחשיב, כיון שיש ששים או אינו בן יומא, אפילו אם חזר ונכנס הבליעה בתוך הכלי, ה"ל נ"ט בר נ"ט דהיתרא, **ואין** לומר דמש"כ המחבר, כדי שלא יצטרך לדקדק וכו', וכן אם משהה וכו', וכן שלא ינוחו וכו', כונתו דקודם שעה ה' אין צריך ליזהר כלל, ולאחר שעה ה' צריך ליזהר באיזה מהם, דהיינו שיהיה ששים, או אינו בן יומא, או שלא להשהות יותר מדאי, או שלא ינוחו המים מרתיחתן, דזה אינו, דאם הוא בן יומא, ואין ששים לבטל הפליטה, אף אם יהיה זהיר שלא להשהות, או שלא ינוחו המים מרתיחתן, ג"כ אסור, דנקטינן כהפוסקים, דלעולם בולע, **והגר"א** פירש דברי המחבר, דלרווחא דמילתא כתב כולן, וקאי אפילו להמקילין באלו הטעמים לבד, אף בבן יומא ואין ס', משום דכיון דאינו משהה הרבה, והמים לא נחו, אינו בולע, מ"מ קודם חמש טוב יותר להגעיל, שאז אין צריך ליזהר כלל, **אבל** לדינא אין נ"מ באלו הדברים, דאף אם יזהר בהם, אינו מועיל לאחר זמן איסורו, והעיקר תלוי שיהיה ס', או אינו בן יומא, ואז אף אם משהה אותם יותר מדאי, או שנחו אח"כ המים, לא איכפת לן).

הגה: ואם לא הגעיל קודם זמן איסורו, יכול להגעיל עד הפסח, שאז חמץ במשהו ואינו מועיל הגעלה, שחוזר ובולע - ר"ל ואינו מועיל אף אם ירצה להגעילה בתוך כלי גדול, שיש בה ס' במימיה נגד הכלי לבטל הפליטה, ואף שהכלי אינו ב"י מעת שנשתמשו בה החמץ, וגם הכלי גדול אינו ב"י, אפ"ה אסור לדידן דקי"ל בסימן תמ"ז ס"י, להחמיר בפסח אף בנט"ל. **משום** חוה"מ הוצרך לטעם זה, דאלו ביו"ט עצמו, אפילו בשאר יו"ט אסור להגעיל.

אבל מותר ללבן כלי תוך הפסח.

וכשמגעיל קודם פסח לאחר שש צריך ליזהר בכל הדברים הנזכרים – (עיין בט"ז שכתב, דיש עוד דבר אחר שצריך ליזהר, דהיינו שלא יגעיל מקצת הכלי שני פעמים, כמבואר לעיל בסימן תנ"א ס"ט, כגון כשמגעיל כלים גדולים שא"א להכניס הכלי ביורה בבת אחת, לא יגלגלו בידו סביב במים, שלא יחזור ויכניס במים ממקצת שכבר הוגעלו פ"א ופלט כל גיעולו, ועכשיו כשיחזור ומכניס במים הוא חוזר ובולע מה שפלט כבר, **ואפילו** אם ירצה להכניס במים רק חצי הכלי, ולהוציאו לאחר שפלט גיעולו, ולחזור ולהכניס חצי האחר, ולצמצם שלא יכניס מקצת אחד שני פעמים, ג"כ קשה מאוד הצמצום בזה, וכן כשהוא עושה דבר זה בצבת, ג"כ א"א ליזהר בזה, **וע"כ** יעץ הט"ז, שיגעיל בשבכה או בכלי מנוקב, כדי שיהא ההגעלה בבת אחת, או שיש ששים במים נגד הכלי, דאז מתבטל הפליטה תוך המים, ואפילו אם חוזר ויבלע אין בכך כלום, **אכן** בזה לא יוכל להגעיל כמה כלים ביורה, כמו שהמנהג בימינו, דחוזרין ומצטרפין הפליטות זה עם זה, וצריך ששים נגד כל הכלים, **ויש** עוד עצה מה שהסכימו האחרונים, כגון שהכלי אינו בן יומא, דהוי נותן טעם לפגם, ומה שפקפק הט"ז, דהלא נט"ל אסור לכתחלה, כבר השיגו עליו, דזהו דוקא בעלמא שהקדרה נבלע בה טעם משובח מתחלה, ואח"כ נפגם, משא"כ בהגעלה, דאפי' אם חוזר ונבלע בכלי, הרי לא נבלע אלא טעם פגום, וכן המנהג להקל בזה).

שאין צריך ליזהר בכן קודם שש - לאו דוקא, דאף לאחר ד' צריך ליזהר וכנ"ל, כן כתבו כמה אחרונים, **אלא** שכתבו, דמה שכתב הרמ"א דצריך ליזהר

בכל הדברים, לאו בדוקא, דמדינא די מד' שעות עד הלילה בא' משני הדברים, וכדלקמיה, [**ובביאור** הגר"א וכן הפמ"ג מצדד, דיתר הדברים הוא על צד היותר טוב].

ויש מתרצים דלהכי נקט לאחר שש, דאז מהנכון ליזהר בכל הדברים הנזכרים בדברי המחבר, [דלכתחילה לענין הגעלה, טוב לחוש לדעת הפוסקים שסוברין, דלאחר שש עד הלילה ג"כ אסור נותן טעם לפגם ומשהו, א"כ עכ"פ יש ליזהר באלו החומרות הנ"ל], **משא"כ** אם מגעיל לאחר ד' עד שש, די שיהיה זהיר באחד משני הדברים, דהיינו, **א)** שיראה שלא יהיה הכלי שמגעיל, וגם היורה הגדולה שמגעיל בתוכה, שניהם לא יהיו בני יומן, **ב)** אם הכלי שמגעיל הוא בן יומו, צריך שיהיה במים ששים נגד כל אותו הכלי לבטלו, ואם מגעיל הרבה כלים זה אחר זה, צריך שיהיה במים ס' נגד כולם, דהאיסור של חמץ שיש בתוך הפליטה, חוזר וניעור ומצטרף יחד, [**ועיין** בחי' רעק"א דמפקפק ע"ז, **ועיין** במ"א שכתב, דאם בכלי אחד של חמץ נתבשל בשר, ובאחד דגים, אין מצטרפין יחד, וכמה אחרונים השיגו עליו, ועיין מחה"ש שמיישבו], **אכן** אם היורה הגדולה הוא בן יומו, אין שום תקנה להגעיל בה, אא"כ יכשירה מקודם כדין, דמים שבתוכה אין בם ששים נגד הכלי גופא, כמבואר ביו"ד בכמה מקומות.

וכ"ז מדינא, אבל כבר נהגו לכתחלה להחמיר בכל החומרות, ואפילו אם מגעיל בשעה ד' או קודם, [ואף היורה שמגעילין בה, נוהגין להגעיל אותם מקודם, אף כשהיא אינה בן יומא], **ועיין** בבה"ל שביארנו בשם כמה אחרונים, שסוברים דשני דברים אלו, היינו מה שמצריכין שלא יהיו הכלים בני יומן, או שיהיה במים ששים לבטלן, הוא מדינא אפילו קודם זמן איסור חמץ, **(דהנה הרמ"א והמחבר בכל סעיף זה, קיימא בחדא שיטתא, דבזמן שמותר, החמץ מקרי נ"ט בר נ"ט דהתירא, וא"צ ליזהר בשום דבר, וכל זה הוא לדעת הפוסקים שסוברין דחמץ מיקרי התירא בלע, אבל לדעת הסוברין דחמץ מיקרי איסורא בלע, וכן סתם המחבר לעיל בסימן תנ"א ס"ד, א"כ אין חילוק בין קודם שעה ה' או כל היום).**

(ובמדינתנו שנוהגין להגעיל ביורה גדולה כל כלי אנשי העיר, שהיתר ששים א"א להיות נגד כל הכלים, שהרי מצטרפין יחד כל הפליטות, ע"כ יש ליזהר שלא להגעיל שום כלי אא"כ עבר מעל"ע מעת שנשתמש בה חמץ, ויש מהדרין שכשרוצין להגעיל כליהם מחמץ, פוסקין להשתמש בהם חמץ ג' ימים מקודם).

מותר להגעיל סכין אסור בקדרה כשרה, [והקדירה אינה נטרפת בכך], אם יש ששים במים נגדו, [**ולפי** המבואר דנהגו שלא להגעיל שום כלי כשהוא בן יומא, אלא דוקא כשאינו בן יומו, מותר ממילא אפי' אין ס' נגדו], **ולא** הוי כמבטל איסור, כיון שאין כונתו אלא להוציא הבליעה, ומ"מ אין להשתמש אח"כ בהמים שבקדרה.

סעיף ב - יש ליזהר מלהגעיל כלי הבשר וכלי חלב ביחד - פי' שתוחב אותם בפעם אחת ביורה, **ואפילו** קודם שעה חמישית, כיון שהוא מטעם בשר וחלב, **והטעם**, דפליטת הבשר וחלב מתערבים ביחד, ונבלעין בתוך הכלים, ונאסרין, [**דאם** היו בזה אחר זה, כל אחד לעצמו הוא נ"ט בר נ"ט דהתירא, ואין איסור בבליעתן]. **ולדעת** רמ"א ביו"ד, אפילו בדיעבד אסור.

אא"כ אחד מהם אינו בן יומו - דבן יומו מותר, שמקבל מאינו בן יומו רק טעם פגום, ושאינו בן יומו ג"כ מותר, שהטעם שבולע מבן יומו הוא נ"ט בר נ"ט דהתירא, ולא חשיב טעם, **ויכול** לעשות אחר הגעלה מכל אחד מה שירצה, בשר או חלב, [**ואף** דבעלמא המנהג שלא לשנות ע"י ההגעלה מבשר לחלב, הכא כיון שאין כונתו אלא להוציא הבליעת חמץ, שפיר דמי].

וה"ה אפילו שניהם בני יומן, אלא שיש ס' נגד כלי אחד מהם, דאז פליטתו נתבטל והוי כמאן דליתא, **וכ"ז** בשאר ימות השנה ומשום איסור בשר וחלב, או בערב פסח קודם שעה ה', **משא"כ** אח"כ, צריך ליזהר בכל אחד שלא יהיה בן יומו, או שיהיה ששים נגד כולם.

(כל שכן כלי של איסור) - פי' אף שמגעילה בעצמה, יש ליזהר שלא יהיה בן יומו מעת שנשתמש בה האיסור, או שיהיה במים ששים נגדו, כדי שלא יאסר אם יחזור ויבלע את פליטתו, [**ומה** שאמר "כל שכן", משום דבכלי של איסור לא שייך לכו"ע היתר דנ"ט בר נ"ט, דהוי נ"ט בר נ"ט דאיסורא].

(ע"כ נהגו שלא להגעיל שום כלי בן יומו) - ר"ל בין מבשר לחלב, או מחמץ למצה, ואפילו מגעילו לבדו, וקודם שעה ה', ויש ס', משום גזירה שמא יגעיל

כלי של איסור בפחות מששים, דשם לא מהני ליה הגעלה כל זמן שהוא בן יומו, שחוזר ובולע ממי הגעלה.

ואפילו שלחנות ישפשף יפה, וישהה אחר השפשוף מעל"ע שלא יהיו בני יומן, [והח"י כתב דדי מעל"ע מעת שנשתמש עליו חמץ]. **ויהיו** מנוגבין יפה מן המים הצוננים, שמא יצטננו מהן הרותחין, **ויזהר** לשפוך עליהם בזריזות, ולא ע"י זריקה באויר, דזה לא חשיב עירוי, **ויזהר** שישפוך עליהם מן הכלי שבישל בו המים, אבל לא ישאוב עם כלי אחר מהקדרה ולערות עליהן להגעיל, דזה מקרי כלי שני אם מגעיל בלא אבן מלובן, **אם** לא ששוהה הכלי ששואב עמו תוך הקדירה, עד שהמים מעלין רתיחה בקדרה קטנה, אז מקרי שפיר כ"ר.

סעיף ג - לא יניח כלים הרבה לתוך כלי ויגעילם יחד, (אם נוגעים זה בזה) - דבמקום נגיעתן לא סלקי הרתיחה, אע"ג דלענין טבילה אין חוצצין, לענין רתיחה שאני.

והיינו תוך סל מנוקב או שבכה, דבתוך כלי שאינו מנוקב לא יגעיל אפילו כלי אחד, אפילו כשהוא צף ואינו נוגע בשולו, **אא"כ** משהה אותם בתוך היורה, עד שהמים מעלים רתיחה בכלי שהוא רוצה להגעיל.

סעיף ד - אם מגעיל בצבת, יגלגל הכלי - ר"ל שיפתח את הצבת בתוך הרותחין, ויאחוז הכלי במקום אחר, כדי שיעלו הרותחין על מקום אחיזת הצבת, **דאם לא כן, במקום הצבת לא סליק דיקולא דמיא.**

וטוב יותר להגעיל בשבכה או בסל מנוקב, [**והט"ז** מצדד ג"כ שבזה טוב יותר, שבאופן זה אין לחוש כלל שיחזור ויבלע, **ואף** שבכלים שלנו המנהג שאין מגעילין בני יומן, מ"מ טוב יותר שלא יבלע כלל].

סעיף ה - אין מגעילין בחמי טבריה אפילו כלים שדינם ככלי שני, מפני שאינה תולדות האור, וכבולעו כך פולטו, מה בולעו ע"י תולדות האור, אף פולטו ע"י תולדות האור. הגה: מיהו אם נשתמש בו רק במי טבריה, מגעילו בכן - או בחמי האור.

ואין מגעילין בשום משקה, רק במים - דשום משקה אין טבען להפליט את הבלוע, **מיהו בדיעבד מהני הגעלה בכל משקה** - משום דיש חולקין דגם משקין מפליטין כמו מים, וסמכינן עלייהו לענין דיעבד, **ועיין** בפמ"ג שדעתו, דאם הוא קודם פסח, יראה להגעילו פעם שני במים לבד, **אכן** אם הגיע פסח, מותר להשתמש לכתחלה בהגעלה זו.

וכתבו הפוסקים, דה"ה מים המעורבים באפר שקורין לוי"ג, או מה שנוהגין הצורפין, שמרתיחין הכלי על ידי שמרי יין או ווייי"ן שטיי"ן מעורב במים, אין להגעיל בהן לכתחלה, רק במים לבד, **ובדיעבד** מהני ההגעלה בהן.

[**וכתב** עוד הח"א, דאין לאסור הכלי מפני שבלע מוויי"ן שטיי"ן, אם הוא לאחר י"ב חדש].

אם הגעיל הרבה כלים ביורה, עד שמרוב פליטת הכלים נעשו המים כציר, אין להגעיל עוד באותן המים - ואפילו הגעיל בהן כלים שאינן בני יומן הדין כן, דשוב אין כח בהן להפליט הבלוע, **ואפשר** דאפילו בדיעבד לא מהני הגעלה זו.

סעיף ו - כלי גדול שאינו יכול להכניסו לתוך כלי אחר מחמת גודלו - פי' שרוצה להכשירו, וחושש שמא יש על שפתו בליעת חמץ במקום שאין המים עולים שם, **עושה שפה לפיו בטיט** - ר"ל סביב לפיו ולא עליו ממש, כי צריך שיהיה פי הכלי מגולה, כדי שיגיעו שם מי הרתיחה, **כדי שיתמלא היטב ויגיעו המים בשפתו, וממלאו מים ומרתיחו** - ובשאר כל ימות השנה כשרוצה להכשירו מאיסור, עושה שפה מבצק.

וטעם של עשיית השפה, משום שאי אפשר שלא ניתז פעם אחת ניצוצות מחמץ שנתבשל בו על השפה מלמעלה, ושמא בשעת הגעלה לא יתיז עליו כ"כ מי הרתיחה להפליט החמץ שנבלע בו, ומשום הכי עושה השפה, כדי שיגיעו שם המים.

או - ימלאנו בתחלה היטב, ואח"כ **יקח אבן רותחת** - דצוננת מצנן המים, **או לפיד אש וישליכנו**

לתוכו בעודו רותח, ומתוך כך ירתיחו המים יותר ויעלו על שפתו.

וכן הדין ביורה אחר שהכשירו בו כלים, ורוצה להשתמש בו בפסח, צריך לעשות לו שפה או אבן רותח, **אבל** בתחלה קודם שמכשיר הכלים, ומכשיר היורה תחלה מן האיסור שבו, אין צריך לעשות לו שפה.

וכל זה בכלי שאין דרך להכניסו לתוך כלי ראשון של חמץ, רק שמשתמשין בתוכו ברותחין, ולכן סגי בתקנה זו, **אבל** כלי שתשמישו מבחוץ, כגון קערה שכופין לפעמים על הקדרה, או כלי ששואבין בה מהקדרה, אין לה תקנה באופן זה, דצד חיצון לא נגעל, לכן צריך להכניס כולה ליורה.

וכלי שפיו צר שא"א לשפשפו בפנים, או שיש לה קנים שקורין רערי"ן, אסור בהגעלה.

סעיף ז - נוהגין לשטוף הכלי במים קרים אחר הגעלה מיד - כדי שלא יחזור ויבלע ממים רותחין שעליהם שיש בהן פליטת החמץ, **ומ"מ** בדיעבד אף אם לא שטף כלל אין לחוש, דהא אין מגעילין אלא קודם זמן איסור, או שהוא אינו בן יומו, או שיש במים ששים נגדו, וכנ"ל.

§ סימן תנג - דיני החטים וטחינתם למצות §

סעיף א - אלו דברים שיוצאים בהם ידי חובת מצה - בליל ראשון של פסח, **בחטים ובשעורים ובכוסמין ובשבולת שועל ובשיפון, (והמנהג ליקח לכתחלה חטים)** - משום דהוא חביב לאדם ביותר, ואיכא משום הידור מצוה, **ואם** אין לו חטים, יקח למצות מאחד מהד' מינים החשוב לו ביותר, כדי שיאכל לתיאבון.

אבל לא באורז - וה"ה דוחן, ויליף לה בש"ס מקרא, דאין יוצאין י"ח מצה בלילה הראשונה שהוא חובה, אלא בדבר הבא לידי חימוץ, ואלו אינן מחמיצין.

ושאר מיני קטניות - וטטרקי שקורין אצלנו גריקע, וקאקערוזי שקורין אצלנו טירקישע ווייץ, ג"כ מיני קטניות הן.

וגם אינם באים לידי חימוץ, ומותר לעשות מהם תבשיל - ואפילו לש אדם קמח אורז וכיוצא בו ברותחין, וכסהו בבגדים עד שנפחה כמו בצק שהחמיץ, אין זה חימוץ אלא סרחון, ומותר באכילה.

הגה: ויש אוסרים - לא מעיקר הדין הוא, אלא חומרא שהחמירו עליהם, וכדמסיים לקמיה, **וטעם** חומרא זו, משום שלפעמים תבואה מעורב במיני קטניות, וא"א לברר יפה, ואתי לידי חמוץ כשיאפם או יבשלם, **ועוד** שכמה פעמים טוחנים האורז ושאר מיני קטניות לקמח, וכמה פעמים אופין ג"כ מהם לחם, ואיכא הדיוטים ועמי הארץ טובא, שלא יבחינו בין קמח זה לקמח של מיני דגן, ובין פת לפת של מיני דגן, ואתי לאקולי גם בפת וקמח של מיני דגן, לפיכך החמירו עליהם לאסור כל פת וכל תבשיל, **ואפילו** לבשל אורז וקטניות שלמות, ג"כ אסרו משום לא פלוג, ועוד דדילמא נמצא בהם גרעינין של מיני דגן וכנ"ל, (**ולרבינו מנוח הטעם, שיש מיני חטים, שבשנה שאינה** כתיקונה משתנות ונראות כמיני זרעונים, וע"כ אסרו כל מיני זרעונים).

והמנהג באשכנז להחמיר, ואין לשנות - ואפילו באחרון של פסח ג"כ אין להקל בזה, **ומ"מ** בשעת הדחק שאין לאדם מה לאכול, מותר לבשל כל המינים חוץ מה' מיני דגן, [וכן ידוע, שהתירו חכמי הדור כמה פעמים בשני בצורת], **ופשוט** דה"ה לחולה אף שאין בו סכנה, דמותר לבשל לו אם צריך לזה, **ומ"מ** גם בכגון זה יקדים קטניות לאורז ודוחן ורעצקע, שהם דומין יותר לה' מינים, ושייך בהו טפי למיגזר, **אלא** דצריך לבדוק ולברור יפה יפה בדקדוק היטב, שלא ימצאו בם גרעינים מה' מיני דגן, **וכתב** החתם סופר, דאפילו במקום שיש להתיר, מ"מ יחלטנו לכתחלה ברותחין, דכל מה דאפשר לתקן מתקנינן, וכ"כ הח"א.

מיהו פשוט דאין אוסרים בדיעבד אם נפלו תוך התבשיל - דבהא לא נהגו להחמיר, ומ"מ אותן גרגרין שמוצאין צריך לזורקן, אם לא שאינו ניכר, **ומיירי** שיש עכ"פ רוב בהיתר, דאל"כ לא מיקרי תערובות כלל, והוי כאוכל תבשיל מקטניות עצמה.

וכן מותר להדליק בשמנים הנעשים מהם - ר"ל אפילו לתתו אותם מקודם במים, דבכה"ג בה' מיני דגן מתחמצים, מ"מ שרי, דלא נהגו איסורא אלא באכילה ולא בהנאה.

ואינן אוסרים אם נפלו לתוך התבשיל - ר"ל שא"צ לדקדק לתלות הנר של שמן במקום רחוק מן השלחן, משום חששא שמא ינטף על מאכל, דאפי' ניטף אין לאסור, דבכגון זה לא נהגו להחמיר, כן מבואר בד"מ.

ומסיים עוד שם, דאפילו כתשו אותן השומשמין שעושין מהן השמן, במכתשת שכותשין שם חמץ, נמי לית לן בה, והטעם, דאפילו נתערב בו משהו, נמי בטל בששים קודם הפסח, **ואין** לומר שמקבל טעם מהמכתשת של חמץ, דהא צונן אין מפליט ומבליע, **מיהו** כ"ז בשמן שומשמין וכדומה שאינם חריף, אבל בשמן זית, אם כתש הזיתים בכלי שלתתו בו וכדומה, בודאי נקלט בו טעם חמץ, דהא זית הוא חריף, ובדבר חריף אמרינן, אגב דוחקא דכתישת המכתשת נותנת טעם בזיתים, וליכא ס' בזיתים נגד הטעם, **וע"כ** בשמן זית לכו"ע צריך ליזהר, שלא לתלות הנר בקרוב לשולחן, שלא יטיף על מיני מאכל - [כן מבואר בדגמ"ר].

[**והנה** בדגמ"ר מוכח, דבשמן זית חיישינן אולי נכתשו במכתשת של חמץ, **ועיין** במחה"ש דמשמע מיניה, דבשמן זית שמובא ממדינות רחוקות אין לחוש לזה, דמסתמא עושין אותו בכלים מיוחדים, **ומדגמ"ר** שכתב, דהמנהג שלא לאכול שמן זית, משמע דאין מחלק בזה].

וכן מותר להשהות מיני קטניות בבית - אפי' נפלו עליהן מים, דבשאר תבואה כה"ג אסור להשהות, בהא לא גזרינן, דלא קבלו עלייהו רק לאסור אכילתן, **וה"ה** דמותר ליהנות מהן.

וזרע אקליז"א ואני"ס אלייגד"ר אינן מיני קטניות, ומותר לאכלן בפסח, כן נ"ל - ומ"מ צריכין בדיקה שלא יתערב בהן אחד מה' מינים, **וע"כ** י"א דטוב להחמיר שלא לאכול עני"ס וקימ"ל עד יום האחרון, כי א"א לבררם יפה.

סעיף ב - העושה עיסה מן החטים ומן האורז, אם יש בה טעם דגן, יוצא בה ידי חובתו בפסח - ומשמע דאפי' אין בעיסה שיעור חטים, שיהא כזית בכדי אכילת פרס, ג"כ יוצא בה כשאוכל כזית מן העיסה, אע"פ שהעיקר בו הוא האורז, ובאורז אינו יוצא משום מצה, **שאני** הכא, כיון שמחוברים ביחד, טבע האורז להיות נגרר אחר החטים, וכשמתחמץ החטים, מתחמץ ג"כ האורז, ולהכי דינו כחטים, **וכ"ז** בחטים ואורז, אבל אם עירב קמח חטין עם קמח דוחן וכה"ג, או אם עירב קמח של שאר מיני דגן עם קמח אורז, ועשה ממנו מצה, אינו יוצא בה ידי חובתו בשיש בה טעם דגן, **אא"כ** יש בה קמח דגן שיהא כזית בכדי אכילת פרס, דהיינו שבכל פרס ממנה יהא בה כזית מקמח דגן, שבשיעור כזה חשבינן כל העיסה כולה כדגן, ויוצא ידי חובתו בשאוכל כזית מן העיסה, [היינו דלא בעינן שיאכל כל אכילת פרס].

וי"א שאפילו בחטין ואורז, אין יוצאין ידי חובת מצה אלא בשיש חטים באורז כדי אכילת פרס, **ובשאר** מיני דגן, אפילו בכדי אכילת פרס נמי לא מהני לאחשובי כל העיסה ככולא דגן, אא"כ יש רוב דגן ומיעוט אורז או שאר מינים, דאז בטל האורז ברובא, והוי ככולא דגן, **ולכתחלה** נכון להחמיר בשל תורה כסברא האחרונה, ובשעת הדחק יש לסמוך אסברא ראשונה.

סעיף ג - אם לא בירר החטים - וה"ה שאר מיני דגן, **מאכילת עכבר, אין בכך כלום** - שאין הגרגיר מחמיץ ממיעוט רוק שבפי העכבר, ולכן אפילו אין ששים נגדן, שרי בדיעבד.

(מלשון זה משמע, דלכתחלה צריך לברר אותם הנשוכים מעכברים, **אבל** בטור וכן בלבוש איתא, **שא"צ** אפילו לכתחלה, וכ"כ המאמר מרדכי, **ואפשר** דמיירי המחבר כשאין ס' נגדם, ולהכי נכון לכתחלה לבררם).

הגה: וכן אם לא ביררו ממנו אותו דגן שצמח - שקורין אויס גיוואקסין, ר"ל דאף שדגן שצמח מחמת לחלוחית הארץ הוא חמץ גמור, מ"מ כשלא בירר אין לאסור, לפי שמתבטלין בתוך החטים הכשרים, ומותר לטוחנן הכל ביחד, [**ואין** זה בכלל מבטל איסור, שאין כוונתו בטחינתו לבטלם, אלא לטחון את החטים].

והסכמת הרבה אחרונים, דמותר לאפות אפילו בפסח, ואף דבפסח איסורו במשהו, כבר נתבטל קודם פסח בששים, וקמח בקמח מקרי לח בלח, ואינו חוזר

וניעור, **מיהו** בעל נפש יחמיר לעצמו, לאפות קודם פסח כשיש מצומחים, [לחוש לדעת הפוסקים, דקמח בקמח מקרי יבש ביבש, וחוזר וניעור, **וכתב** הגר"ז, דמטעם זה רוב בני אדם אופין המצה קודם פסח, דרוב דגן מצוי בהם קצת מצומחים], ‹**אבל** כשאופה קודם הפסח, הרי נעשה כל הקמח שבכל מצה ומצה חתיכה אחת ממש ע"י האפיה, ולכך אינו חוזר וניער בפסח – הגר"ז›.

מיהו צריך לראות שאין בו כ"כ שלא יהא ס' כנגדו מן ההיתר - קאי רק אדגן שצמח, ולא אדלעיל.

דאם ליכא ס' כנגדם, אפילו בדיעבד אסורים בהנאה, דדגן שצמח הוא חמץ גמור, **ואפילו** אם ספק אם היה ס' נגד המצומחים, ג"כ אסור, **וצריך** לבערם קודם הפסח, **ואם** עבר עליהם הפסח ולא ביערם, ימכרם לעכו"ם חוץ מדמי איסור שבו.

ואם יראה לו שאין ששים כנגדו, צריך לברור המצומחים, ואינו מחויב לנקות כולם, אלא לפחות מהם עד שיהו ששים כנגדם.

ואם לא היה ס' נגד המצומחים, י"א שמותר להוסיף עליהם עוד חטים כשרים, כדי לבטלן בששים, ולטחנן קודם פסח, **ולא** מקרי זה מבטל איסור לכתחלה שאסור, כיון דהוא קודם פסח, ועדיין לא הגיע זמן איסורו, **ורוב** הפוסקים אוסרין, דכיון דמערב אדעתא דלאכול אותם בפסח, הו"ל כמבטל בזמן איסורו, **ומ"מ** בשעת הדחק אפשר דיש לסמוך על המקילין, [והטעם, דלהרבה פוסקים ביטול איסור לכתחילה אינו אלא איסור דרבנן, ובדרבנן יש לסמוך במקום הדחק על דעת המקילים].

סעיף ד - החטים שעושים בהם מצת מצוה - ר"ל המצות שאוכלין בשתי הלילות הראשונות, לקיים בהן מצות "בערב תאכלו מצות", **הם** צריכין שמירה יתירה, ולא די לנו במה שאין לנו ריעותא של חשש חימוץ, אלא שצריך שימור יתירה לשם מצות מצה, דכתיב: ושמרתם את המצות, והיינו שצריך שישמור לשם מצה.

טוב לשמרן שלא יפלו עליהם מים משעת קצירה - ר"ל שישמור מעת ההיא והלאה, שלא יפול עליהן מים, לשם מצת מצוה, **אבל** קודם קצירה, שעדיין היו מחוברים, אין לחוש אפילו שידעינן שירד עליהן גשמים, **ועיין** לקמן סי' תס"ז ס"ה, דאפילו מחובר, אם נתייבשו לגמרי ואין צריך עוד לקרקע, מקבל חימוץ אם ירדו עליהן גשמים, **וע"כ** המנהג לקצור דגן של שמורה בעודן לחין קצת.

ולפחות משעת טחינה - לפי שאז מקרבין אותן אל המים, וצריך שמירה, [**ובמקום** שטוחנין בריחיים של רוח או של יד, א"צ גם אז שמירה לדעה זו, אם אין רגילין לרחוץ שם החטין, כי אם מלישה והלאה].

(**ודעת הפר"ח להכריע, דשימור משעת קצירה מדינא הוא ולעיכובא, ואפילו בדיעבד, וכדבריו נמצא בכמה ראשונים, דשימור הוא משעת קצירה, ואף דאם לא ימצא מצה ששמור מעת הקצירה לשם מצה, בודאי נוכל לסמוך על דעת השו"ע, ולברך ברכת "אכילת מצה", מ"מ לכתחלה בודאי נכון להחמיר למצה של מצוה, ליקח דוקא מצה שמורה מעת הקצירה, ובשם הגר"א הביאו ג"כ, שהחמיר מאוד שלא לאכול רק מה ששמור משעת קצירה, והוא היה נזהר בזה כל ימי הפסח, ומטעם שמא ירד עליהם מים במחובר לאחר שנתייבש התבואה).

(**ואם** מותר לשלוח קמח שמורה על הבאהן בלי שומר ישראל, עיין בספר תוספות ירושלים שמסתפק בזה, דאף דלא נחוש לאיחלופי ולירידת הגשמים, מ"מ שמירה להדיא לא הוי, ורחמנא אמרה "ושמרתם", וא"כ אפשר דאין כדאי לשלוח בלי שומר).

ובשעת הדחק מותר ליקח קמח מן השוק - דסמכינן אהני פוסקים דסבירא להו, דעיקר שמירה הוא מלישה ואילך, וקודם לישה לא בעינן שישמור להדיא, אלא אפילו בסתמא נמי לא מחזקינן איסורא, **ואפילו** במקום שלותתין החטים, דמסתמא אין שורין עד שתחמיץ, אלא מציפין עליהן מים ומדיחין אותן, וטוחנן מיד, **ואע"ג** דפסק המחבר בס"ה, דהאידנא אסור לו ללתות, שאני הכא דהוא שעת הדחק, וגם שמא לא לתתו אלו החטין, (**ואפילו** בשעת הדחק, טוב יותר ליקח למצות קמח שיפון או של שבולת שועל, מקמח חטים, כי זה לתתו וזה אין לתתו).

(**מסתימת הלשון משמע, דאפי' מן העכו"ם מותר, דלא מחזקינן איסורא, אלא שצריך לרקדן מתחלה, שמא יש בהן פירור חמץ, וכן מפורש בכמה ראשונים, אמנם בחידושי ריטב"א מחמיר מאוד בזה, וז"ל: מסתברא דקמחן של עכו"ם אסור בפסח, דהא ע"י טחינה בריחיים של מים, שכיח למיעל בהם מים, וכן דעת הרא"ה ז"ל,

ואפילו קמח של ישראל הנשאר משאר ימות השנה, שלא נזהרו בו כראוי, מפקפק שם, ומ"מ בסוף מסיים: ובקמח של ישראל לא אסרינן בדיעבד, אבל בשל עכו"ם אסור, דההיא ודאי מניחן במקום התורפה כמו שאפשר לו, **ורבותיו** הסכימו דאפילו בשעת הדחק אין מתירין אותם כלל, **והגאונים** ז"ל כתבו: דמותר ליקח קמח מן השוק בשעת הדחק, ולא מחזקינן איסורא, ויוצא ידי חובתו בזה, **וכתב** הוא ז"ל ע"ז: כל היכא דלית ליה קמחא אחרינא בשום צד כלל, עושה מצה מקמח של עכו"ם, ואוכל ממנה כזית למצוה, דהאי חששא מאיסור משהו, דרבנן הוא, ובמקום מצות מצה של תורה לא חיישינן, **ואע"פ** שב"ד מתנין לעקור דבר מן התורה בשב ואל תעשה, היינו דוקא היכא דאיכא איסורא ודאי, אבל הכא חשש רחוק הוא, ואפשר דליכא איסורא, עכ"ל, **ומשאר** ראשונים משמע דלא מחמרינן בדיעבד, ואפי' כל ימי הפסח מותר).

וחטים מותר ליקח אפילו שלא בשעת הדחק, דיקיים שמירה משעת טחינה ואילך, **אכן** ליקח חטים מבעל הריחיים, שלוקח מדות כל השנה בשכר טחינתו, אסור אפי' בדיעבד, דהא רגילים הטוחנים לכבס אותם במים תחלה, ויש להזהיר לההמון - ט"ז.

עוד כתב הט"ז: דבמקום שטוחנין החטים בריחיים שטוחנין המלצי"ן, אסור ליקח קמח מן השוק אפילו בשעת הדחק, ואפילו במקום שאין דרך ללתות אותם מתחלה, דמלצי"ן חמץ גמור הוא, ומתערב בהם, **והאחרונים** כתבו, דבשעת הדחק אף זה מותר, דהא אף אם נשאר איזה דבר מן המלצי"ן ונתערב, ודאי דנתבטל קודם פסח, וקמח בקמח הוי לח בלח, ואין חוזר וניעור, וצריך לרקד אותם, שמא נשאר פירור של המל"ץ בתוכם, **מ"מ** הנכון בזה לאפות הכל קודם פסח.

וכתבו האחרונים, דעכשיו שהמנהג לכבס את החטים ולהשהות אותם במים, אסור ליקח קמח חטים מן השוק, אפילו בשעת הדחק, דהוי ממש כדגן שנטבע המבואר בסימן תס"ז ס"ב, דאפילו בדיעבד אסור מדינא דש"ס, וגרע מלתיתה, ואפילו לכל ימי הפסח אסור, וכ"ש ליקח מהם למצת מצוה, **ויש** הרבה פוסקים דס"ל, דאפילו לשהות אותם בבית אסור משום בל יראה, וכההיא דסימן תס"ז ס"ב בהג"ה שם, ואף אם עבר ושהה יש אוסרין, **ובא"ר** בשם זקנו מתיר למכרם לעכו"ם לאחר פסח, דעכ"פ אינו אלא ספק חמץ.

כתבו האחרונים, דאף דמדינא א"צ שימור לשם מצה רק למצות של לילות הראשונות, אבל לשארי ימים די כשאין בהם חשש חמץ, ישראל קדושים הם, ונהגו לעשות שימור לשם מצה בכל המצות, משעת טחינה, ולפחות משעת לישה.

סעיף ה - האידנא אסור ללתות בין חטים בין שעורים

שעורים - ר"ל דאף דבזמן הש"ס לא אסרו רק ללתות השעורים, מפני שהן רכים וממהרים להחמיץ, ויש לחוש שמא יבואו לידי חימוץ בשעת הלתיתה, וה"ה שבולת שועל ושיפון ג"כ בכלל שעורים לענין זה, אבל חטים שהן בטבען קשים, אינם ממהרין להחמיץ, ומותר ללותתן, **והאידנא** אסרוה הגאונים, לפי שאין אנו בקיאין ללתות יפה, שלא יבואו לידי חמוץ בשעת הלתיתה, **ועוד** שמא יבואו לשהות מעט אחר גמר הלתיתה קודם הטחינה, ויבוא לידי חימוץ.

פי' לתיתה כתב הרמב"ם, שבוללין החטים במים, וטוחנין אותם מיד, **ורש"י** פירש, לשרותן במים מעט קודם הטחינה להסיר מורסנן, כדי שתהא סולתן נקיה.

ואם עבר ולתת, אסור לאוכלן וליהנות מהן בימי הפסח, **ומ"מ** להשהות קמח החטים הלתותים מותר בפסח, אם שרן במים מעט וטחנן מיד אחר הלתיתה, **אבל** שעורים אפשר דאפי' באופן זה אסור להשהות לכתחלה, דאפשר כיון דרכיכה נתחמצו ע"י הלתיתה, [ר"ל והגיעו לשיעור של מ"ד כל שמניחין ע"פ החבית ויתבקעו, אע"פ שלא נתבקעו, **ובדיעבד** אין לאסור למכירה אחר פסח אפי' בשעורים, דעב"פ אינו אלא ספק חמץ].

והריפות שקורין גאגעלא"ך או גרופי"ן, העשויין מחמשת המינים, אסור להשהותן לכו"ע, ששורין אותן הרבה במים קודם כתיתתן, ונעשים חמץ גמור, **ואף** אם עבר והשהה אותן, יש אוסרין למכור לעכו"ם אחר הפסח, **ובא"ר** בשם זקנו מצדד, להתיר למכור לגוי אחר הפסח, אם לא נתבקעו ע"י שרייתן, שכל שלא נתבקעו אינו ודאי חמץ, אלא ספק חמץ, ויש להקל בעבר עליו הפסח, שאינו אלא איסור דרבנן, ע"ש, **ומ"מ** בגרופי"ן שעושין משבולת שועל, [שקורין האבער גרופין], ששורין את השבולת שועל מקודם הרבה עד שמתבקעים, הוא חמץ ודאי לכו"ע, וע"כ אפילו למכרו לעכו"ם אחר הפסח אסור.

סעיף ו - שקים שנותנים בהם קמח כל השנה, אם רוצה ליתן בהם קמח ומכבסים אותם יפה - והכבוס לפסח צריך להיות דוקא בשפשוף בחמין, ולא בצונן, וגם באפר וחביטה, **צריכים להתיר קודם הכבוס כל התפירות שבהם בקצוות או אם הם מטולאים** - וה"ה אימרא שקורין זוי"ם, **הטעם**, שהקמח שבתוך התפירות אינו יוצא ע"י כיבוס, וגרע עוד יותר, שהמים נכנסים שם במקצת, ומרטיב להקמח הנמצא שם, ונדבק שם בהקמטים, ויוכל להתערב אח"כ משהו מהם בהקמח, **וכתב** המ"א, דגם צריך לגרור בסכין היטב את החמץ קודם הכבוס, במקום שהיו התפירות.

וה"ה בנותן בו קמח פעם אחת, צריך להתיר התפירות, **וה"ה** שק שנתן בו פ"א קמח של פסח, ורוצה לכבסם וליתן בהם קמח, צריך להתיר ג"כ התפירות והטלאים, דאל"כ יתחמץ הקמח שבתוך הקמטים ע"י הכביסה.

כתבו האחרונים, דלכתחלה יותר טוב לקנות חדשים, דאפילו כל השק קשה לכבסו היטב, שלא ישאר בו מעט חמץ בנקבי האריגה.

ובדיעבד אפילו לא התיר התפירות כלל קודם הכביסה, ונתן קמח, אין לאסור הקמח, [ומשמע דאפי' תוך הפסח יש להקל. **וקודם** הפסח י"ל, דאף ‹בלא כיבוס›, אם נתן בשק ישן קמחא דפסחא, יערה מיד וירקד, שמא יש בצק בעין, ושרי, דקודם פסח קמח בקמח מקרי לח בלח ושרי]. ‹**אבל** תוך הפסח, ועשה המצות על הסדין בלא כיבוס כלל, אף דיעבד יש לאסור – חק יעקב›, **וכתב** הח"א, דאם נמצא בתוך התפירות כמו עיסה שנתייבש, אפי' בדיעבד אסור, אפי' קודם פסח, שהרי פרורין לא נקרא לח, וחוזר וניעור. **ולענין** אם מהני ריקוד הקמח בזה, ע"ל בסי' תס"ו ס"ד במ"ב ובה"ל.

סעיף ז - כשמוליכים השקים שיש בהם קמח מהרחיים, אסור להניחם על גבי בהמה שאין אוכף או עור עב תחת השק - כי הקמח מתחמם מגוף הבהמה שהוא חם, ועי"כ הוא ממהר להחמיץ בשעת הלישה, **ועוד** שרגילות הבהמה להזיע תחת כובד המשא, ואפשר שזיעת הבהמה מחמצת כמו מים.

ואם עבר והניח ע"ג בהמה, אין לאסור בדיעבד, [ומטעם, דעיקר הדין זיעת בהמה אינו מחמיץ, **ומ"מ** לכתחילה טוב יותר להסיר הקמח במקום שנתלחלח מן הזיעה], **ועכ"פ** צריך להמתין מעל"ע עד הלישה, שיתקרר הקמח, וכדלקמן ס"ט.

הגה: וכן יזהר לכתחלה שלא להניח הרבה שקין עם קמח זה על זה, במקום שאפשר - ג"כ מטעם שמתחמם הקמח וכנ"ל, **ואם** הניח, צריך ג"כ להמתין מעל"ע וכנ"ל. **וה"ה** שלא ישב על השקים של קמח וכנ"ל.

סעיף ח - נוהגים לנקר הריחים, משום דזמנין נתנו בהם תבואה לתותה לסולת - וכ"ש במקומות שכל השנה טוחנין בהם שעורים חמוצים, שקורין מאל"ץ, ועודם לחים קצת ונדבקין ברחיים.

וגם נוהגים לכסות כל הכלים בבגד פשתן, [וכיסוי בלא ניקור אין מועיל], או שירחצו את הכלים היטב, שלא ישאר בהם קמח מחומץ מכל השנה.

ונכון לעשות כיס חדש לרקד בו הקמח לצורך פסח, ולא להצניע משנה לשנה כיס הרחיים, **וכ"ש** שאין משתמשין בכיס ישן, אפילו ע"י הדחה ושפשוף והגעלה, וכדלעיל בסי' תנ"א סי"ח בהג"ה, **ואין** חילוק בכל זה, בין אם הוא טוחן לצורך פסח אחר פורים, או קודם פורים.

וכתבו האחרונים, שמכל מקום בדיעבד או בשעת הדחק, שא"א לנקר הרחיים כי הוא סמוך לפסח וכיו"ב, מותר לטחון בלי נקור, רק שיאפה הכל קודם פסח, [ועכ"פ יטחון הכל קודם פסח], **ונראה** דעכ"פ צריך לרקד הקמח, שמא נתערב איזה פירור יבש בתוך הקמח, [ובפרט במקומות שמצוי טחינת המאל"ץ, שנדבקין בריחיים, בודאי יש לחוש לזה, **ואע"פ** שהריקוד אין עצה גמורה לזה, כי כמה אחרונים סוברין, שלענין פירור יבש לא מהני ריקוד, הכא דאינו אלא ספיקא ובמקום הדחק, אין להחמיר, **ובאמת** מן הנכון שלא להקל כל הני קולות של דיעבד עכ"פ לענן כזית של מצת מצוה, דנהי דאחזוקי איסורא לא מחזקינן, מ"מ שימור גמור לא הוי, **אחר** כתבי זה מצאתי בס' מחה"ש, שמפקפק על עיקר קולא זה של טחינה בלא ניקור, וע"כ בודאי על מצת מצוה יקח אחרים].

וכן צריך ליזהר ג"כ, כשטוחנן ברחיים תבואה לתותה, לא יטחון באותו בית לפסח אפילו ברחיים אחרת,

שהאבק פורח ומתערב יחד, ואפילו אם נאמר דיש ששים, מ"מ לכתחלה יש ליזהר, ולכן יעשה מחיצה ביניהם, מן הקרקע ממטה עד התקרה, **ואם** טחנו לפסח, ובאותו בית טחנו בריחיים תבואה לתותה, אף שהאבק נתערב יחד, אין לאסור בדיעבד, כיון שהוא קודם פסח דאז בטל.

ונוהגים שקמח הראשון שנטחן אחר הניקור, שומרים אותו עד לאחר הרגל - או אוכלים אותו קודם פסח, והטעם בכ"ז, שמא נתערב בהם מעט ממה שנדבק בריחיים.

הגה: ובעלי מעשה רגילים לילך בעצמם אל מקום הרחיים לראות הם בעצמם לטחינת קמחיהם - שמצוה בו יותר מבשלוחו, **ועכ"פ** ראוי להניח ברחיים שומר, איש ירא שמים ובקי בדינים קצת, ולא ע"ה, כדי שלא יביא הדבר לידי חשש חימוץ, **וכ"ש** שלא יושיב קטן לשומר.

סעיף ט - צריך לטחון החטים יום או יומים לפני הלישה - ועכ"פ לינת לילה לפחות, **ואפילו** בנטחן ע"י בהמות, ג"כ צריך להמתין, דבזה ג"כ הקמח חם, [ואפי' בריחיים של יד טוב להחמיר], **ואפילו** אם מרקד הקמח, לא אמרינן דמתקרר עי"ז.

ואם טחנו בערב פסח, יש אומרים שאסור ללוש מצה בו ביום, לפי שהקמח בשעת טחינה רותח ומחמם המים, והעיסה נוחה להחמיץ - ואם עבר ולש, אין לאסור בדיעבד, רק שישמרנו היטב מחימוץ, דהיינו שיעסוק בה בזריזות יותר מבשאר עיסות.

§ סימן תעד – באיזה מצה אינו יוצא ידי חובתו §

סעיף א - אין יוצאין לא בפת סובין ולא בפת מורסן - לפי שאינן קרויין לחם, דמהאי טעמא פטורין ג"כ מחלה.

סובין, היינו קליפה הנושרת מן החטה בשעת כתישה, **ומורסן**, היינו קליפה דקה הנשארת בנפה אחר יציאת הקמח, **ויש** מפרשין בהפוך.

אבל לש הוא את העיסה בסובין ובמורסן שבה ויוצא בה - שכן דרך העני לאכול פתו מקמח שאינו מנוקה, והם מצטרפין ג"כ לשיעור כזית מצה, **ודוקא** אם לא הפרישן ממנה, אבל אם הפרישן ממנה, וחזר ועירבן לתוך הקמח ולשן ביחד, אין מצטרפין לשיעור כזית.

וה"ה דיוצאין בפת שנעשה מתבואה שאכלו התולעים.

ויוצא במצה מסלת נקיה ביותר, ואין אומרים אין זה לחם עוני.

הגה: וטוב לכתחלה שלא לעשות המצה רחבה יותר מדאי, דהוי כאשישה - ובגמרא אמרינן: "לחם עוני" פרט לאשישה, פי' גלוסקא גדולה.

(מוכח מזה דאינו אלא לכתחלה, ואף דמש"ס מוכח דהוא לעיכובא, י"ל דהיינו דוקא בגלוסקא גדולה אחד משׁשה באיפה, כדמייתי שם בש"ס מהא דדוד, והכא לא איירי בכה"ג, רק דהיא רחבה יותר מכפי הרגיל, ומחמרינן משום לתא דאשישה, וכן מוכח הלשון וכ"כ הגר"ז, **איברא** דמלשון רש"י בש"ס שכתב: גלוסקא גדולה, משמע לכאורה דלאו דוקא אחד משׁשה באיפה, רק אם היא גלוסקא חשובה מחמת גדלותה, **ודע** דהרמב"ם ועוד כמה פוסקים לא העתיקו כלל האי דאשישה, ולא הביאו רק עיסה שנילושה ביין וחלב ושמן, וצ"ל דפירוש אשישה הוא ג"כ עיסה חלוטה, **ולפי"ז** אין להחמיר בכל גווני בדיעבד, אפילו הוא לחם גדול מאד).

סעיף ב - עיסת הכלבים, בזמן שהרועים אוכלים ממנה - ר"ל אם דרכו של בעה"ב זה, להאכיל ממנה גם לרועיו הישראלים, א"כ כשלשה ואפה, הרי הוא מכוין שתהיה ג"כ לאכילת אדם, ובחזקת שימור לשם מצה קיימי, **יוצאים בה** - ואף דמסתמא מעורב בה מורסן ופסולת הרבה, כדרך עיסת הכלבים, אפ"ה יוצא בה.

ואם לאו - ר"ל שאין הרועים אוכלים, ולש ואופה רק לצורך הכלבים, **אין יוצאין בה** - ובזה אפילו היתה פת נקיה אין יוצא בה, וכדמסיים טעמא, **שאין זו משומרת לשם מצה** - הלשון אינו מדוקדק, דבאמת

כיון שלא חשב כלל לאכילת אדם, אין שם לחם עליו כלל, ואפילו לענין ברכת "המוציא", **אלא** משום דאיירי לענין פסח הוסיף עוד טעם, דמשום זה ג"כ אין יוצא בה.

הגה: כך הם דברי הרמב"ם, אבל י"א הטעם, משום שאינו קרוי לחם כל זמן שאין הרועים אוכלים ממנו, וכן נראה עיקר - הרב קיצר בזה, ותוכן כוונתו, דלהרמב"ם איירי בין בפת יפה בין בפת שמעורב בו מורסן הרבה, ועיקר חלוקא הוא אם חשב רק לכלבים, או גם לאכילת אדם, **ובא** הרב לומר, דיש בזה סברא אחרת, דלא תלוי כלל במחשבתו, דהיכא שמעורב בו מורסן הרבה, ואינו ראוי לרועים לאכול מזה, אין שם לחם עלה, ואפילו חשב להדיא גם לרועים, בטלה דעתו, דאין דרך בני אדם לאכול לחם כזה, **ולהיפוך** אם הפת יפה, אפילו עשאן לכלבים, דין לחם עלה לכל הדברים, [**והוא** שעשה בצורת שאר פת, אבל אם יש בה שינוי, שמינכר שהיא לכלבים, לא], **ורק** לענין מצה אין יוצאין בה, דאין משומר לשם מצה.

(**ולא** נתבאר כמה מיקרי מורסן מרובין, ומצאתי להרשב"א, ומתבאר מדבריו, דהשיעור של מורסן מרובין, כל שאין הרועה אוכל מחמתן את הפת, **ונראה** דדין זה לא תלי בטעם כעיקר, כההיא דסימן תנ"ג גבי אורז, דשאני התם דגם אורז הוא מין אוכל, ולהכי אם יש בו טעם דגן, ומכ"ש בשיעור אכילת פרס, יוצאין בו, ולכמה פוסקים אפי' בחדא כזית, **משא"כ** הכא, אפילו אכל ככר שלם אינו יוצא, דהסובין והמורסן מפסידין הפת, ועל ידם אינו ראוי לאכילה, **ולא** דמי נמי להא דסימן תנ"ה ס"ו, לענין תבלין דסגי בנתינת טעם, **דשאני** הכא דאין דרך בני אדם לאכול פת כזה, **ובפמ"ג** משמע, דגם בענינינו סגי באכילת פרס, ולענ"ד נראה כמו שכתבתי).

סעיף ג - ליכא בזמן הזה דידע למחלט - ר"ל מצד הדין אם חולט הקמח, דהיינו שנותנן ברותחין שהם מרותחין רתיחה עזה על האור, קודם הלישה, ואח"כ לש אותו ועשה ממנו עיסה, אין אנו חוששין לומר, שמא כבר נתחמץ הקמח כשהיה בתוך הרותחין, קודם שהתחיל לעסוק בה בידים בלישה, לפי שרתיחת הרותחין ממהרת לבשל את הקמח קודם, וכיון שנתבשל שוב אינו בא לידי חימוץ לעולם, אף לאחר שנחו הרותחין מרתיחתן, **מ"מ** הגאונים אסרו לנו כל מיני חליטה ברותחין, לפי שאין אנו בקיאין בחליטת הרותחין, וחיישינן שמא לא ירתיח המים מקודם יפה יפה, **הילכך כל מין חליטה אסור** - בין שיתן מים ע"ג הקמח, או הקמח ע"ג מים, **ואפי'** אם המים הם מרותחין הרבה, שעומדים ע"ג האור והוא ממרס הקמח בתוך המים.

ואסור בין באכילה ובין בהנאה, והוא הדין שאסור להשהותו, דמאחר דאין אנו בקיאין חיישינן שהוא חמץ גמור.

ואם נתערבה בתבשיל, אוסרת במשהו, **ומ"מ** כתבו האחרונים, דבחליטה אין לאסור התבשיל במשהו רק באכילה, ולא בהנאה, **וכן** להשהותו מותר בכה"ג.

עוד כתבו האחרונים, מי שיש לו חולי בבטנו, ורפואתו שחולטין שעורים או שבולת שועל ומניחים על בטנו, אם אירע חולי זה בפסח, ויש בו סכנה, מותר לישראל לעשותו בדרך חליטה, דהיינו שמרתיחין המים היטב, ואח"כ נותנין השעורין לתוכו, דאף שהוא בסכנה, כל שאפשר בצד היתר יעשה בצד היתר.

ואם אין בו סכנה, אסור אפילו בדרך חליטה, דמאחר שאין אנו בקיאין, כשחולט איכא לתא דבל יראה, (**ועיין** בשע"ת שמצדד להקל להניח על הבטן שעורים חלוטים אפילו באין בו סכנה, **דיש לומר דהגאונים גופייהו לא החמירו, אלא לענין שתיה דאיכא לתא דכרת, אבל** בלהניח על הבטן דאין בזה רק לתא דלאו גרידא דבל יראה, **אפשר** דלא היו מחמירים בזה, ובכל חולה התירו, **אלא** דקשה לומר כן, דמה לי איסור לאו ומה לי איסור כרת, וצ"ע).

ואם עכו"ם עושה זה משלו, או שמקנה לו הישראל השעורים קודם החליטה, מותר אפילו באין בו סכנה, **ואם** אפשר לחלוט השעורין במי פירות, מותר אף ע"י ישראל, אפי' באין בו סכנה, דבמי פירות אינו מחמיץ.

כתב הח"א, כשאנשי חיילות עוברין בפסח, וכופין לישראל לבשל להם מיני גרויפין, אם יכול לפייסן שיבשל להם של רעצקי, מה טוב, ועכ"פ יברר אותם מגרעיני תבואה שמצוי בם, **ואם** אינו יכול לפייסן בזה, ונותנין לו גרויפין של שעורים, אם יכול להציל עצמו בממון, מחויב ליתן כפי יכלתו, **ואם** לאו, אזי יזהר הישראל עכ"פ לעשות חליטה, דהיינו שיניח לבשל המים

מקודם עד שיהיה מבושל הרבה, ואז יניח הגרויפין מעט מעט, כדי שלא יתקרר המים, וגם ברעצקי טוב שיעשה כן, **אבל** גרויפין של שבולת שועל, הוא חמץ גמור כידוע, עכ"ל, [**ר"ל** דבזה אין החליטה מועלת כלל, מאחר שהוא חמץ מקודם, וא"כ אין לו עצה לאפקועי את עצמו מאיסור בל יראה, **ונראה** דבזה ימסור החמץ לנכרי באחריות שהוא יבשל עבורם].

סעיף ד - אין אדם יוצא ידי חובתו במצה גזולה - הטעם, דילפינן מחלה בגז"ש ד"לחם לחם", מה התם אין אדם מפריש חלה אלא מעיסה שלו, דכתיב: עריסותיכם, אף כאן כן.

והיינו אפילו בדיעבד צריך לחזור ולאכול, ומסתימות הלשון משמע דצריך לחזור ולברך.

ועיין בתשובת שאגת אריה שכתב, דאף בליל יו"ט שני אינו יוצא במצה גזולה.

ודוקא גזולה, אבל אם שאל מצה יוצא בה, דהא שאלה על מנת לאכלה ולא להחזירה בעין, א"כ הרי היא שלו ממש.

כתבו הפוסקים, דיש ליזהר כשאופין הרבה בתנור אחד, והרבה פעמים מתחלפין המצות, נכון שיאמרו: כל מי שיגיע מצתי לידו יהיה לו במתנה, דאל"ה יש בזה חשש מצה גזולה, **וכתבו** עוד, דטוב לומר כן גם בשעת טחינה, דלפעמים מתחלף הקמח.

ויש עוד פרט אחד מה שמצוי להכשל בו, כגון אם קנה מצה ומשכן לרשותו, אם המוכר גלה דעתו בעת מכירתו שדחוק למעות, ואינו יכול למכור בהקפה, וע"כ עייל ונפיק אחריו אזוזי, ומדחהו בלך ושוב ואינו נותן לו, מדינא לא קנה, וממילא אינו יוצא בהם אח"כ ידי חובת מצה מן התורה.

(**ולענין** מרור אם יוצא בדיעבד בגזול, דעת הכנה"ג בשם מהרי"ו, **דיצא**, **והפר"ח** חולק עליו, **דאתקוש** מצה ומרור להדדי, **ועיין** בשאגת אריה דדעתו, דגם במצה גזולה הפסול הוא משום מצוה הבאה בעבירה, ולהכי גבי מרור דאינו אלא מדרבנן, הו"ל מצוה הבאה בעבירה בדרבנן, דלדעת המחבר בסימן תרמ"ט ס"ה יוצא בדיעבד, וכ"כ במקו"ח, **אכן** לדעת הרמ"א שם בהג"ה, שכתב שאנו נוהגין כהפוסקים דסוברין, דגם בדרבנן מצוה הבאה בעבירה פסול, בודאי גם במרור לא יצא, **ועכ"פ** לענין ברכה בודאי יש ליזהר, כשנוטל מרור אחר לאכול, שלא לברך עוד מחדש).

במה דברים אמורים, כשגזל מצה; אבל אם גזל חטים או קמח ועשאו מצה, יוצא בה, שקנאה בשינוי - ר"ל בשינוי מעשה, **ודמים לבד הוא חייב לו** - ומ"מ לכתחלה לא יקח אותו לצאת בה, דהא לא יוכל לברך עליה, וכדלקמיה.

וה"ה היכי שגזל המצה ונתנה לאחר, אותו אחר יוצא בה, דהוי שינוי רשות, ודוקא היכי דהוי ג"כ יאוש בעלים, דשינוי רשות גרידא לא קני, **ואותו** אחר מותר לברך עליה, שהרי לא באיסור באה המצוה לידו, שהרי כבר נתייאש הנגזל ממנה קודם שבא לידו, **ואם** האחר חזר ונתנו לגזלן, גם הגזלן יוצא בו, דהוי יאוש ושינוי רשות.

(**ועיין בחידושי רע"א ובש"א, שהביאו שיטת הריטב"א**, דדעתו, **דאף בגזל מצה יש שינוי מעשה, דכיון** דלעסיה קנייה בשינוי מעשה, והמצוה מתקיימת אח"כ בבליעת המצה, דהא בלע מצה יצא, וא"כ דומה לגזל חטים או קמח ועשאו מצה, **דיצא**, **ואף** דלדינא בודאי נקטינן כשיטת השו"ע, שהוא דעת רוב הפוסקים, דס"ל דלא יצא, וצריך לחזור ולאכול מצה אחרת משלו, **ואפשר** דס"ל דזה מקרי שהקנין בא ע"י המצוה גופא, דקי"ל דלא מהני, דאף שאם בלע בלא לעיסה יצא, הא עכ"פ לכתחלה צריך לעיסה, כדי שיהיה טעם מצה בפיו, מ"מ לענין שיהיה צריך לחזור ולברך כשאוכלה, אפשר דיש לחוש לדעת הריטב"א, שכבר יצא בדיעבד, וע"כ לא יברך).

(ולענין ברכה, ע"ל ריש סימן תרמ"ט) - ר"ל דשם מבואר, דלענין ברכה בכל גווני אין לברך, אפילו במקום דקנה, דהו"ל "בוצע ברך נאץ ה'", **ובין** הברכה ד"אכילת מצה", ובין ברכת "המוציא" גופא, **ולענין** בהמ"ז עיין לעיל בסימן קצ"ו.

(**עיין** בח"י, שהביא דעת מג"א לחלוק בזה, שצריך לברך כיון שקנה כבר, ובח"י השיג עליו, והסכים לדעת המחבר, ובמקור חיים ומגן אלף הכריעו כמג"א, ודעת הט"ז והגר"א כשו"ע ורמ"א, וכן מצאתי להרב יעב"ץ שהכריע כן להלכה, וכן דעת הגר"ז, **וכן** יש להורות, דספק ברכות להקל).

(כתבו הפוסקים, דדוקא בגזולה אין יוצאין, לפי שהמצה גופא באה בעבירה, משא"כ בהוציא מצה מרה"י לר"ה, כשחל פסח בשבת, יוצא בה ידי חובתו וגם יברך עליו, לפי שהוא עבר עבירה, ולא המצה גופא בעבירה).

§ סימן תעה – דין מים שלנו §

סעיף א- אין לשין אלא במים שלנו - היינו לינה בכלי לאחר שאיבתן, והטעם כתב רש"י בגמ', שהמעינות בימי ניסן הם חמין, מפני שהחמה הולכת באותו זמן בשיפולי רקיע סמוך לארץ, ומחממת המעינות, (ולפי"ז אין חילוק בין לילה ליום – מחה"ש), **ויש** מפרשים, מפני שבלילה החמה מהלכת למטה מהקרקע, ומחממת המעינות, (שיטת הרא"מ), **ולפיכך** אסרו חכמים להשתמש בהם לצורך לישה, בין מצת מצוה בין שאר מצות, תיכף משיוציאן מן הארץ, דהוי להו כעין מים חמים שאסור ללוש בהם, וכדלקמן סעיף ג', עד שיעמדו בכלים ויצטננו מחמימתן.

בין שהם מי בורות ומעיינות, בין שהם מי נהרות - אף שאינן נמשכין ממעינות (סמוך ליציאתן מן המקור, רק דרך יום או יומים – פר"ח, וכדלקמן במ"ב), ולא שייכי הטעמים שכתבנו, מ"מ יש להחמיר גם בזה לצננן, לפי שהכה עליהם חום השמש ביום, ונתחממו מעט, [**ובשבלי** לקט כתב, דאפשר החמה שתחת הקרקע מחממת כל הקרקע עם הנהרות].

ושואבין אותה מבעוד יום (סמוך לבין השמשות) - דלכתחלה ראוי ונכון לשאובן בין השמשות ממש, כדי שיצטננו המים במחובר י"ב שעות ביום, שהמעינות צוננין ביום, וי"ב שעות באויר בלילה, **אלא** מפני שא"א לכוון ממש בין השמשות, רשאי לשאוב סמוך לבין השמשות, **ואין** להקל לכתחלה לשאוב הרבה מבעוד יום, וכ"ש שלא לאחר לשאוב אחר כניסת הלילה, **ומ"מ** בדיעבד שנשאבו הרבה מבעוד יום, אין להחמיר, ויכול ללוש בהם לכתחלה אחר לינת לילה, **וכן** אם שאבן בלילה קודם חצות, מותר ללוש בהם למחר לכתחלה, **אך** צריך להמתין י"ב שעות מעת ששאבן.

(דע, דמה שכתב בהג"ה סמוך לביה"ש, לאו לדעת המחבר כתב כן, אלא דעת עצמו הוא, וכמו שמבואר בדרכי משה, **אבל** להמחבר מותר לכתחלה לשאוב ביום בכל שעה שירצה, ובלבד שימתין מללוש בהם עד למחר, וכמו שמבואר דעתו בב"י, וכן נקטו לעיקר הגר"א בביאורו, והפר"ח והמאמ"ר, ולהכי כתב המאמ"ר, דהיכא דאיכא קצת דוחק, שפיר דמי למימלא בימא בעוד היום גדול, כיון שלדעת מרן ז"ל שפיר דמי למעבד הכי לכתחלה).

או בין השמשות - כדי שיעבור על המים לילה שלמה בתלישה מן המחובר, וביהש"מ הוא לאחר שתשקע החמה עד צה"כ, **וביום** המעונן יותר טוב להקדים מלאחר.

ואין לשין בהן עד שיעבור הלילה כולה - ובשעת הדחק יש להקל ללוש בהם אחר עמוד השחר, אע"פ שלא עמדו י"ב שעות.

ויכולים לשאוב יום אחד לימים הרבה; ואם הזמן חם יניחם במרתף שהוא קר - ואם אין לו מרתף, יניחם בתוך הבית, ודוקא בחדר שאין מסיקין בו.

ואם הזמן קר, יניחם באויר, כי המרתף הוא חם, וצריך להשכים ולהכניסם לבית קודם שיזרח השמש, ואפילו ביום המעונן - שלא יתחממו בחום השמש, ומיירי שהמים עומדים מבחוץ במקום שהשמש עולה משם, דאם יעמדו במקום שלא יוכל לראות פני השמש, אין לחוש, **מיהו** ביום המעונן, בכל גווני צריך לדייק להכניסם קודם שעת הזריחה, דיומא דעיבא כולו שמשא.

הגה: ואם לא הכניסם בהשכמה, אם לא עמדו כל כך עד שהוחמו, אינו מזיק - ואפילו עמדו בשמש, כל שלא הוחמו מותר ללוש בהם, **ואם** נעשו פושרין, כהוחמו דמי, וכדלקמיה בס"ג, **ופושרין** נקרא כשנעשו כחמימות הרוק, **ועיין** בשע"ת שכתב, שכל שנתחממו חמימות קצת, אע"פ שאינו כחמימות הרוק, אין ללוש בהם. **ויותר טוב להעמידם תחת התקרה, שמא ישכח להכניסם בהשכמה.**

וכשמוליך המים תחת אויר הרקיע - ר"ל כשמוליכן בבוקר מן המרתף לבית הלישה, **יש לכסותן** - כדי שלא יתחממו מהשמש.

ואם מוליך המים בכלי זכוכית, אין מועיל מה שמכסה במפה מלמעלה, כי השמש יוכל לחמם דרך עובי הזכוכית, אא"כ יכסה במפה על הדפנות.

וכתבו האחרונים, דטוב לכסותן גם בעת שמוליכן מן הנהר לביתו, אף שכבר שקעה חמה, כדי שלא יפול לתוכן שום דבר חימוץ, **ומטעם** זה, נוהגין לסנן המים בשעת השאיבה בבגד לבן ונקי.

כשחל פסח באחד בשבת, יש לשאוב המים אור י"ג, דהיינו בליל ה' - לפי מה שכתב המחבר בסימן תנ"ח, דיום י"ד שחל להיות בשבת, לשין בע"ש, אין רבותא כלל, ודברי בעל הג"ה נאמרין לאותן שנוהגין לאפות בליל פסח במוצאי שבת, וכמבואר שם בטור.

דהיינו בליל ה' - משום דבע"ש בין השמשות אין יכולין לשאוב, דאין שבת מכין ליו"ט, וביה"ש ספק שבת הוא, ומבעוד יום סמוך לבין השמשות ג"כ אין נכון, שמא יאחר ויעשה זה ביה"ש, **וה"ה** אף האופין בליל יו"ט שני, אסורין לשאוב בין השמשות של יו"ט ראשון, דאין יו"ט מכין לחבירו, וצריכין לשאוב אור לי"ד.

ואם שכח לשאוב בליל ה', יכול לשאוב בע"ש מבעוד יום, אפילו בעוד היום גדול, **וכל** זה ה"ה לאנשים שאופין הרבה ימים קודם פסח, כשאופין ביום א', יזהרו לכתחלה להכין מים בליל ה', ובדיעבד בע"ש מבעוד יום, **אמנם** אם שכח להכין מבעוד יום, יכין ביה"ש ע"י עכו"ם, **ויש** שמתירין אפילו ע"י עצמו.

לכתחלה יש לשאוב מן הנהרות ולא מן הבארות - מפני שהחמה מהלכת ביומי ניסן ‹בלילה› תחת הקרקע, ולכן הבארות רותחין קצת, משא"כ בנהרות, נהי דבמקום נביעתן הן רותחין, מ"מ כשנמשכו למרחוק מתקררים, ‹ניתוסף ע"פ לשון החז"א, **וכן** הוא לשון הרא"ש: לפי שהחמה מהלכת בימי ניסן שהוא עדיין מימות הגשמים בלילה תחת הקרקע, כחכמי או"ה בפסחים (צ"ד:), **ודלא** כמחה"ש שכתב, דלהרא"ם אין חילוק בין ימות החמה לימות הגשמים, וכדמשמע בגמ' שם›.

אבל כשהנהרות גדולות מהפשרת שלגים וגשמים, טוב יותר לשאוב מן הבארות - דאז מי בארות מתקררין יותר מהם, דבניסן החמה מהלכת בהרים כדי לפשר השלגים, והם נעשין פושרין.

ואין לשפוך מים שלנו מכח מת או תקופה הנופלת - ד"שומר מצוה לא ידע דבר רע", ולאו דוקא במצת מצוה, דה"ה בשאר מצות שצריך לפסח, **ומ"מ** אם אפשר לו בקל להשיג מים אחרים שלנו, נכון לעשות כן בשאר מצות, **ומים** שהכין למצת מצוה אין נכון לשפכן, אף אם אפשר לו בקל להשיג מים אחרים, שנראה כמזלזל במה שכתוב: שומר מצוה לא ידע דבר רע, [**ובא"ר** מפקפק בזה].

ומ"מ טוב לכתחלה להטיל בהם ברזל - היינו קודם שהתקופה נופלת, ויקח ברזל חדש או נקי, ויתלה במשיחה תוך המים, **אבל** לא ישים ידו תוך המים, שהיד מחמם המים, **ובשאר** ימות השנה יניח מלח או חותם.

גם אסור לשאוב מים ע"י א"י למצות של מצוה - דמכשירי מצוה הוא, **והוא** רק לכתחלה. **ואף לשאר מצות, ישאב ישראל אם אפשר** - משום שלא יתן לתוכו חמץ, **ומ"מ** אין בזה קפידא, משום שהמנהג לסנן.

ונוהגין ליטול מים מיוחדים למצה של מצוה - ויאמר בשעת השאיבה: לשם מצת מצוה.

ונוהגין ליקח כלי חרס חדשים - אבל לא ישנים, אפילו אם היו של פסח, והטעם, דכלי חרס ישנים מאיסי ואין זה הידור, **ואין לשנות המנהג.**

אבל בשל עץ, אין להקפיד - וה"ה של אבן, או כלי חרס מצופין, שקורין גלייזיר"ט.

והנה כ"ז דוקא שלא נשתמש בהם אלא במים בלבד, אבל אם היה בהם מי פירות, ‹פי' כל המשקין חוץ ממים נקראין מי פירות לענין זה›, טוב ליזהר שלא לשאוב בו, אא"כ הגעילו מקודם, לפי שמי פירות כשמתערב מעט מהם במים, ממהרין המים להחמיץ העיסה שנילושה בהם, כמו שיתבאר בסימן תס"ב, **ופשיטא** דראוי לאסור מה שלוקחין חביות גדולות שמחזיקין בהם דבש, ומדיחין אותן ומשימין בהם מים למצות בבתי האפיה, דאיסור גמור הוא, דמפליט המי פירות, [**ובדיעבד** אפשר שיש להתיר].

ולכתחלה טוב ליזהר שלא לשאוב בכלי נחושת, ואפי' הוא חדש, לפי שהנחושת מחמם, **אבל** בדיעבד אין לחוש, ואפי' נשתהו הרבה ימים בתוכו המים, מותר ללוש בהם, **ואפי'** לכתחלה נוהגין היתר ללוש בכלי נחושת, ואין נזהרין אלא שלא לשאוב בהם מים, שהמים

צריכין צינון לילה א', וכשהם בכלי נחושת אינן מצטננין כמו בשאר כלים.

סעיף ב - י"א שמים המכונסין בסיסטירנ"ה - הוא מין באר הבנוי תחתיו וסביבותיו, וגם מלמעלה הוא מכוסה, והרי הם כמכונסין בכלי, **מותר ללוש בהם סמוך לשאיבתן** - דאינם מרתיחים מחמת חמה המהלכת תחת הקרקע, שהרי הבנין מפסיק ביניהם לקרקע, וגם מלמעלה אין החמה מכה אותם.

ואין להקל בדבר, אם לא בשעת הדחק - שהרי אנו רואין שהמים שבתוכו אינו צונן כלל, ויש לומר כיון דהבנין מחובר לקרקע, אף שהוא מרוצף, מ"מ מתחמם מחום השמש שמהלך מתחת הקרקע, וע"כ צריך לינה כמו בשאר מימות, אם לא בשעת הדחק.

ומ"מ אם יש לו מים שאובים שלנו בתוך ביתו, טוב יותר שיקח אותם, אף שיש לחוש שנשאבו מבעוד יום, או אחר תחלת הלילה.

וכ"ז בשאין המים נובעין מתחת הרצפה, אבל אם נובעים לתוכו מתחת הרצפה, או שיש סילון השופך מים לתוכה תמיד, כמו הרע"ר קאסטי"ן ששופך תמיד לתוכו מן הצנורות, אין להקל אף בשעת הדחק, שהרי המים שבתוך הבנין מתחברין עם המים שבקרקע.

ומים שבפלומ"פ, ודאי אין להקל אפילו בשעת הדחק, שהרי אין מכוסה רק מלמעלה, ולא מלמטה - פמ"ג.

מי גשמים שנקלטו מן האויר, אין צריכים לינה, שכבר נתקררו באויר דרך ירידתם, **מיהו** אם אינו לש תיכף בהם, צריך שלא יעמידם במקום שתפוג צינתם, וכדלעיל בס"א, [**ובס'** הלכות קטנות מצדד, דדוקא אם ירדו בלילה, אבל ביום, אפשר שיתחמם מחמת השמש דרך ירידתו, **וברדב"ז** מבואר בהדיא שמותר בכל גוונא, ומטעם, דאין השמש מחמם רק בשהמים הם בקרקע, ולא באויר].

סעיף ג - אין ללוש במים חמין, אפילו לא נתחממו אלא בחמה - אפילו נעשו פושרין וכדלקמיה, **ואף** אם נצטננו לגמרי, יש אוסרים ללוש בהם, כיון שהיו פעם אחת חמין, [רמ"א בתשו', **ועיין** שם דמבואר, שאף הוא לא החמיר רק בחמי האור, **ופר"ח** כתב להחמיר אף בחמי חמה, דלא מהני צינון], **ויש** חולקים בזה ומתירים, **ויש** לסמוך עליהם בשעת הדחק, או בהפסד מרובה, כגון שעבר ולש בהם הרבה מצות.

ולא במים הגרופים מדוד גדול שנחשתו עבה - היינו שהשולים שלו עבה, ואין חילוק בין נחשת לחרס, **ותלוי על מקום האש, ומים שבתוכו פושרים אפילו כשאין האש תחתיו** - ואפי' לא נתחממו אותן המים כלל בתוכו, כי טבע זה הדוד, לפי שתלוי תמיד על מקום האש, להחזיק חומו בתוכו, ולעשות המים ששופכין לתוכו פושרין, דהיינו כחמימות הרוק, או כמים ששואבין בקיץ מן הנהר.

(וזהו שייך דוקא שהמולייר עדיין פושר קצת, שהועתק מאש סמוך זמן מה, הא נתקרר זמן רב, פשיטא שאין לחוש, וכן אם צינן המים לגמרי, לכו"ע מותר בזה, אפילו לדעת המחמירים בחמי האור שנצטננו, כיון שלא היה מתחלה חמי האור).

ואם עבר ולש, בין באלו, בין במים שלא לנו, אסור - היינו באכילה, אבל בהנאה מותר אפי' לש בחמין. **ויש חולקין ומתירין בלש במים שלא לנו.**

ויש אומרים דבשוגג מותר - אכל הני דחשיב בזה הסעיף קאי, כיון דאין ניכר בו סימני חימוץ, לא קנסוהו בשוגג, **ובשעת הדחק יש לסמוך עליהם** - ר"ל דבדיעבד אם לש בשוגג בכל אלו, ואין לו עיסה אחרת, סומכין להתיר.

הגה: ואפילו בלא דחק יש להתיר אם עבר בשוגג ולש במים שלא לנו - משום דיש מתירין בדיעבד אפילו בלש בהם במזיד, וכנ"ל, **ובשאר** דברים מודה להמחבר, דאין להקל כי אם בשעת הדחק, [**ואפשר** דגם המחבר מודה במים שלא לנו, כדמשמע בב"י, ונקט שעת הדחק משום אידך דברים דהוזכרו בזה הסעיף].

ומ"מ אין ליקח אותם לצאת ידי חובת מצה לילה ראשונה, אלא ישתדל להשיג מצות אחרות.

וכ' האחרונים, דהיינו דוקא אם עבר ולש בדיעבד, אבל לכתחלה ללוש בהם אסור, אפי' אין לו מים אחרים, ויאכל בפסח דברים אחרים, **אמנם** בלילה ראשונה כדי שלא יבטל מ"ע דאורייתא, יש להקל ללוש בהם.

יש לסמוך... יש להתיר - (והנה הב"ח מחמיר בכל גווני, ‹כיון שהטעם משום חימוץ, אין חילוק בין דיעבד לכתחלה – ב"ח›, **אך כמה אחרונים כתבו כדעת השו"ע**

והרמ"א, **ואפילו** לדעת הב"ח, אם נשאבו מן הנהרות, יש לסמוך להקל בדיעבד בשוגג, דידוע דלדעת רש"י עיקר הדין דמים שלא לנו קאי דוקא אמעינות, **וכן** במים שלנו אך שהיו חמין שצננן, שלש בהם בשוגג, ג"כ יש להקל אפילו לדעת הב"ח, וכ"כ הא"ר).

סעיף ד - מים שלא לנו שנתבטלו חד בתרי במים שלנו, לשין בהם - לאו דוקא בתרי אלא ברובא, **והטעם**, כיון דרובו צונן, מתקרר, **וכתבו** האחרונים, דאף לכתחלה יכול לערב, אם רואה שלא יספיק לו המים שלנו.

ודוקא אם נתערב המים קודם הלישה ונתבטלו, אבל ליתן בעיסה חד בתרי במים שלנו, אסור, **ואפילו** בדיעבד יש לעיין אם עירב במזיד, [**דאם** היה שוגג בזה, דקסבר שמותר, אפי' לש במים שלא לנו לבד יש להקל, וכמ"ש בהג"ה].

(**ומים חמין או פושרין שנתערבו בהרבה מים צוננין עד שנצטננו, דעת ע"ש וח"י וא"ר והגר"ז, להקל, כיון שנתבטלו בצונן, וחק יוסף ובגדי ישע מחמירין בזה, וכן משמע במגן אלף, וכן הפמ"ג מפקפק בזה, דלא מצינו ההיתר כי אם במים שלנו, וע"כ לענין ללוש בהם לכתחלה בודאי יש ליזהר, אכן בדיעבד במקום הפסד מרובה, או מניעת שמחת יו"ט, יש להקל, כ"כ בבגדי ישע**).

סעיף ה - נוהגין שלא ליתן מלח במצה, ונכון הדבר - לפי ש"א שהמלח מחמם את העיסה, ועל ידי כן העיסה נוחה להחמיץ, **והיינו** קודם אפייה, אבל אחר אפיה ודאי שרי לקטוף פני המצה במי המלח ולהחזירם לתנור, כמו שעושין בחוה"מ, **ומ"מ** למצת מצוה בשתי הלילות יש ליזהר.

(**הנה מלשון זה משמע דאינו אלא לכתחלה, אבל בדיעבד אין לאסור, וע"כ דלא פסיקא להו דמלח מעט שנותנין במצה כדי ליתן טעם, יהיה מחמם העיסה, דאף דקי"ל דמליח הרי הוא כרותח, הוא דוקא כשאינו נאכל מחמת מלחו, ולא חש לדברי המחמירין רק לענין לכתחלה**).

(ואפילו בדיעבד יש לאסור) – (**הוא אזיל לטעמיה שכתב בד"מ, דלפי מה שכתב הטור לקמן בסימן תס"ב, דמי מלח הוי מי פירות, א"כ הוי מי פירות עם מים, דקי"ל דממהרות להחמיץ**).

ועיין באחרונים שהסכימו, דאם נתן בה מעט מלח, ואפה אותה מיד, {דהיינו לא כשאר מצות דקי"ל בהו, שהעסק שעוסקין בם בידים אינו מניחם להחמיץ}, אין נאסר בדיעבד, (**ומה שכתב רמ"א דאפילו בדיעבד אסור, ר"ל אם לא היה נזהר לאפות מיד**).

ועיין בבה"ל שכתבנו, דבמלח שלנו שהוא תולדות המים, אפשר דאין לאסור בדיעבד, אפי' לא אפה אותה מיד, (**אם לא שנתן מלח מרובה, דלפי מה שכתב הרמ"א לקמן, הטור לא מיירי כי אם במלח שחופרין מהקרקע, אבל במלח שנעשה ממי הים, כמו מלח שלנו, לכו"ע הוי כמים, ואפילו לפי מה שמשיג המ"א עליו, דהטור מיירי במלח שלנו, ואפ"ה ס"ל דמי פירות הן, הלא מ"מ לדינא מסיק שם הב"י דלא כהטור, וכן נפסק בהשו"ע שם דהוא בכלל מים**).

ואפילו בדיעבד יש לאסור - והפר"ח חולק, וסובר דאין להחמיר בדיעבד במעט מלח, (**ודע, דאף אם נפרש הרמ"א, דחשש לדעת המחמירין מטעם חימום העיסה, מ"מ להלכה יש לעיין**), **ונראה** דאם היה שוגג בזה, בודאי יש לסמוך להקל, [דבלא"ה יש חולקים ומתירים אפי' בלש בחמין בשוגג, וע"כ מסתברא דבזה יש לסמוך על הפר"ח להקל, אפי' שלא בשעת הדחק].

וכ"ז לענין אכילה, אבל לענין הנאה, אפילו להרמ"א שרי בדיעבד, [ומטעם, דאפי' בלש בחמין ג"כ מקילין בזה, כל שאין בו סימני חימוץ, **ולפי"ז** אפי' בנתן לתוכו הרבה מי מלח, ג"כ שרי בהנאה].

סעיף ו - לש המצה בקצח - קימ"ל בל"א, **ושומשמין ובמיני תבלין, כשרה, כיון שיש בה טעם מצה** - מלשון זה משמע, דאפילו אין בה רק כזית בכדי אכילת פרס, ויש בה טעם מצה, יוצא בה, **ועיין** בפר"ח ובמ"א שדעתם, דצריך לאכול כל אכילת פרס, כדי שיהיה בזה כזית מצה חוץ מתבלין, **ועיין** לעיל בסימן תנ"ג ס"ב במ"ב שם, לענין תערובות דגן עם שאר מינים, דלכתחלה בעינן שיהיה רוב מן הדגן, וה"נ בענייננו.

ומשמע דיוצאין בה י"ח בלילה הראשונה, משום דלא חשיבא מצה עשירה, [דמצה עשירה היא כשנילושה ביין ושמן ודבש], וממילא אסור לאכלה בערב פסח, **ומיהו** י"א דאינה כשרה אלא בשאר ימים, דאין בה משום חימוץ

משום התבלין, אבל היא בכלל מצה עשירה, ואין יוצאין בה ידי חובתו בשני לילות הראשונים, **ויש** להחמיר.

ומ"מ אין ליתן בה תבלין - ר"ל דלכתחלה אין נכון, **לפי שהוא חד ומחמם העיסה.**

הגה: ופלפלין אפי' בדיעבד אסור - היינו באכילה ולא בהנאה, **ואפי'** קורט א' של פלפלין עושה כל העיסה חמץ, **וכן אם נפל בה סיד** - מעט, והיינו סיד חי, אבל סיד שבכותל שכבר נתייבש ונתקשה כאבן, נראה פשוט דאין אוסר. **ודוקא** כשנילוש הסיד והפלפלין בתוכו, אבל אם נפל עליו, יסלקנו ומותר.

וזנגבי"ל דינו כפלפלין, ואפשר דה"ה נעגעלי"ך וכרכום, **וי"א** דכל מיני תבלין חוץ מפלפלין וסיד, מותר בדיעבד אפילו באכילה.

§ סימן תנו – שיעור כמות לישת המצות §

סעיף א- אין לשין לפסח עיסה גדולה משיעור חלה, שהיא מ"ג ביצים וחומש ביצה בינונים - כמו שהן עם הקליפות, **והוא עשרון** - לפי ששיערו חכמים, שהעסק שאדם אחד מתעסק בידו בעיסה בלישה ועריכה, אינו מצילה מחימוץ כשהיא גדולה ביותר מהשיעור המוזכר כאן, לפי שאין הידים מספיקות להתעסק בה מכל צדדיה מתוך גדלה.

וכן ישער אותה, ימלא כלי מים ויערה המים ממנו לכלי אחר, ואח"כ יתן מ"ג ביצים ויחזיר בו המים שעירה ממנה, והמים שיותרו יתנם בכלי אחר, והכלי המחזיק אותם הוא המדה למלאותו מקמח - ולא ישער ע"י משקל, **והמדה מחוקה ולא גדושה, ושיעורה מקמח חטה מצרית תק"כ דרהם מצריים בקירוב** - וכתבו האחרונים שהוא שיעור ג' קווארט לערך.

הגה: ולא ידחק הקמח במדה - היינו אף אם כמות הקמח אינו מחזיק אלא עשרון או פחות מזה, **דא"כ לא ילוש יפה** - בכמה מקומות, שלא יכנוס לשם מים, ויתחמץ כשיבוא בתבשיל, וימדוד בפזור כדרך שמודדים למכור, **ואפילו** להניח ידו על הקמח אין נכון לכתחלה.

וטוב לומר בשעת נתינת הקמח למדה, שעושה לשם מצוה.

סעיף ב- אם לש יותר משיעור זה, מותר בדיעבד - אפילו עבר ולש יותר במזיד, **והטעם**, דאף שאנו אומרים דאין עסק מועיל בעיסה גדולה כזו שלא תבא לידי חימוץ, מ"מ לא גרע מאם הניח עיסה בלי עסק כלל, דקיי"ל דאין לאסור כל זמן שלא שהה שיעור מיל.

ובשהה שיעור מיל בלישתו קודם שיתחילו העוזרים לסייע בשעת עריכה, צידדו כמה אחרונים, דלסברא הנ"ל יש לאסור גם בדיעבד, דכיון דשיערו חכמים דמרוב גודלה א"א לאדם אחד לעסוק בכל העיסה כראוי, הו"ל כמונחת בלי עסק כלל.

ויש פוסקים שהקילו בעיקר דין זה בימינו, ולדעתם לא חששו חכמים בזה רק בימיהם, שאדם אחד היה לש ועורך, והיו עורכין בידים בלי עמילין של עץ, והיה הדבר משתהה הרבה, וגם תנוריהם היו קטנים, שלא היו יכולים לרדות לתוך התנור הרבה מצות בבת אחת, והיה משתייר הרבה מצות על הדף בלי עסק, ולהכי מנעו חכמים מללוש שיעור גדול בפעם אחת, **אבל** בימינו שאופין מצות בעוזרים רבים, וגם תנורינו גדולים מאד, ולשין ועורכין ואופין בזריזות גדול, אין להחמיר אפילו בלשים במדה גדולה בפעם אחת, שבודאי לא יבא לידי חימוץ, «**וכששהו** שיעור מיל, גם המקילין ס"ל לאסור – יד אפרים», **והעולם** נהגו לכתחלה כדעה זו, ואין למחות בידם, מאחר שיש להם על מי לסמוך, **מ"מ** כל ירא שמים יראה להחמיר כדעה ראשונה אף בימינו, **ובפרט** בישובים קטנים שאין להם מתעסקים הרבה, בודאי יש ליזהר שלא ללוש יותר מכשיעור המבואר בכאן, [**ועיין** בח"י, דאם לש יותר מג' קבין «ע"ב ביצים», יש למחות ולמנעם, ואפשר דבזה אף בדיעבד אסור לכו"ע].

כתבו הפוסקים, כי קפדינן שלא ללוש יותר משיעור זה, כשהוא לש עיסות הרבה שאפשר לצרפן לחלה אח"כ, וכדלקמן בסי' תנ"ז, **אבל** אם בא ללוש רק עיסה א', אין לצמצם כ"כ, שמא לא יהיה בו כשיעור, וכשיברך יהיה לבטלה, [**ועיין** בסי' תנ"ז בראשו, שיש שסוברין דאפי'

להוסיף ה' או ו' ביצים אין לחוש, **אכן** מלשון המחבר בראש הסימן שצמצם בשיעורו לא משמע כן, ובפרט להראשונים דס"ל, דיותר משיעור זה יש לתא דחשש חמץ אף בדיעבד אם שהה שיעור מיל, בודאי אין להוסיף כ"ב, **וצ"ע**].

סעיף ג - אעפ"י שאין מודדין קמח ביו"ט ללוש, ביו"ט של פסח שאין לשין עיסה גדולה מעשרון - ובפחות מעשרון אין כדאי למדוד, כדי שיוכל להפריש חלה בברכה, **מותר למדוד; ויש אוסרים, אלא יקח באומד הדעת, ולא ירבה על עשרון, (וכן נוהג)** - ולענין ברכה, יקרב עיסה זו לעיסה אחרת וכדלקמן ריש סימן תנ"ז, דשמא אין בה עשרון.

§ סימן תנז – דין הנהגת חלה בעיסת מצה §

סעיף א - מפני שצריך לדקדק בשיעור העיסה שלא להרבות בה משום חשש חימוץ, ומוטב שימעט בה, לכן טוב לקרב העיסות יחד בשעת הפרשת חלה - ר"ל אחר שלש עיסה הראשונה, תהא מונחת על השלחן ואחד יעסוק בה, עד שילושו עוד עיסה אחרת, או שילושו שתי עיסות בבת אחת בשתי עריבות, ובין שניהן בודאי יהיה שיעור חלה, **שישיקו זו בזו** - ר"ל שידבקו העיסות זו בזו, עד שאם יתפרדו יתלשו אחד מחברתה מעט, ודיבוק כזה מחשבן לעיסה אחת, וכשניטל חלה מאחת סגי.

[**ויש** שנוהגין שחותכין משתי העיסות ביחד, ולכאורה הוא למותר, **וכתב** בח"י, שאפשר הטעם, משום שלפעמים העיסות קשות, ואינם נדבקים היטב, וע"י החיתוך משניהם יחד, נדבקים אז ביחד].

וכתבו האחרונים דאם העיסות נילושות קשה, א"א לדבקן ביחד אח"כ היטב, ואין כאן צירוף, וע"כ יצרפם ע"י כלי, או ע"י כיסוי מפה.

דשמא יש בהם שלא היה בה כשיעור - ר"ל וא"כ כשיפריש חלה בברכה תהיה ברכתו לבטלה, **ועוד** דחיישינן אם יש איזה מן העיסות שאין בהן שיעור חלה, א"כ הפרשתן לאו כלום הוא, ושמא אח"כ לאחר אפייתן, יכניסן להמצות בכלי אחד ויצטרפו, ויתחייבו בחלה מן הדין, ונמצא אוכל טבל.

(**עיין בחק יעקב, דאם אין לו רק עיסה אחת, טוב שלא לצמצם, כדי שלא להפקיע מחלה, ועיין לעיל בסוף סימן תנ"ו**).

ובמקום שנהגו העולם ללוש עיסות גדולות משיעור חלה, וכמו שהובא בסוף סימן שלפני זה במ"ב, הם מפרישין חלה מכל עיסה ועיסה בפני עצמו, ונהגו שמכל עיסה ועיסה מפרשת אשה אחרת ומברכת לעצמה, **ואם** אדם אחד מפריש לכל העיסות, די בברכה אחת לכולן, אם לא הפסיק בינתים בשיחה שאינה מענין הלישה.

כתבו האחרונים, שהמנהג שקצת נוהגין, לכפול העיסה בשעת הפרשה, כדי להפריש החלה משני קצותיה, הוא מנהג שאינו נכון, ודי להפריש מקצה האחד.

אם אפשר, טוב יותר להפריש מן העיסה, כדכתיב: ראשית עריסותיכם, הרי דעיקר מצותה לכתחלה הוא בשעה שהיא עיסה עדיין, **ואם אי אפשר להפריש חלה בעודה עיסה מפני המהירות, יפרישנה אחר אפייה מיד, שיתן כל המצות בסל והסל מצרפם לחלה; וזהו הדרך היותר נכון** – (וטבלא שאין לה לבזבז, כגון שולחן, ספק הוא, וע"כ כשמצרפם בכלי, יזהר שלא יצא שום דבר למעלה מדופני הכלי, **ואם** יצא, צריך לכסותם במפה, **ובדיעבד** אם לא כיסם, ולקח מעליונות חלה על כל הסל, מסתפק הפמ"ג אם מהני, **ולענ"ד** נראה דאין להחמיר בדיעבד, אחרי דבלא"ה דעת הסמ"ג להקל דאין צריך כיסוי, דאויר כלי מצרפן כיון שהכלי יש לה תוך, אף מה שיוצא למעלה כמונח למטה דמיא).

והסל מצרפן - (וה"ה דמהני ע"י כיסוי מפה, והיינו שיניחם במפה, וישים מפה זו ג"כ על המצות מלמעלה, ואף שבאמצע קצת מגולות, מצטרפות הכל, כיון שמצדדין מכוסין, עכ"ל הפמ"ג, **וסיים הפמ"ג**, דלפי"ז אם מונח בטבלא, ולמעלה במפה, לא, **ולענ"ד** יש לעיין בעיקר הדין, דבסמ"ק משמע דסתם כיסוי ג"כ מהני, וכן במחה"ש משמע ג"כ דע"י סתם כיסוי מהני, **וצ"ע** למעשה, **אכן** בכלי שיש לו תוך, רק שהמצות בולטין למעלה, בזה ודאי נראה דיש להקל ע"י סתם כיסוי, אחרי

דהסמ"ג מקיל לגמרי, **ודע**, דאם נימא דסתם כיסוי מפה מהני לצרף, ה"ה אם כפה כלי על המצות, מהני ג"כ לצרף).

והסל מצרפם - ואם סל גדול, צריך לקרבם שיגעו זה בזה, [**ואף** דבט"ז הקיל בזה, מ"מ לכתחילה בודאי נכון לנהוג כן].

אכן אם יש בכל עיסה שיעור חלה, דפסק הרמ"א לקמיה דא"צ צירוף סל, ה"ה נגיעה להדדי לא צריך, בין כשהם מונחים בסל בין כשהם מונחים בבית, דהבית מצרפן, ויכול להפריש מזה על זה, **וזהו** דוקא כשהם מונחים בלא כלים, אבל אם הם מונחים בכלים, צריך לקרב הכלים להדדי, ויהיו פתוחים למעלה, דאם הם סתומים, אפילו הם מקורבים לא מהני, [דזה לא מיקרי מוקף, **ודוקא** לכתחילה, אבל בדיעבד אפי' כל כלי מונח בבית אחר, והפריש מזה על זה, מהני, כיון שיש בכל עיסה כשיעור, דענין מוקף הוא רק מצוה לכתחילה].

וכ"ז כשיש בכל עיסה שיעור חלה, אבל אם אין בכל עיסה שיעור חלה, וצריכינן לצירוף, אין להקל אף שהכלים פתוחים ומקורבים להדדי, אא"כ יניחם בתוך סל אחד, או שיכסה עליהם במפה, [**דמה** שהכלים מקורבים להדדי לא עדיף מנגיעה, ונגיעה בלא צירוף סל לא מהני, דהא בעינן דוקא עד שישיקו זו בזו, אבל לא בנגיעה בעלמא].

שיתן כל המצות בסל - ואף בחלת חו"ל כן, ואע"ג דבחלת חו"ל קיימ"ל דאוכל והולך ומשייר קצת לחלה, היינו בעיסה אחת גדולה, אע"ג שנתחלקה אח"כ לכמה ככרות, כיון שתחלתן היו מחוברין מעיסה אחת, הקילו בחו"ל דלא בעינן מוקף ומחובר בשעת הפרשה, **משא"כ** כאן שהם מעיסות מחולקות, אף שהיו מונחים פעם אחת בסל, מ"מ לא הוי כחיבור גמור, להקל לאכול קודם הפרשה, **ואפי'** אם היה בכל עיסה כשיעור חלה, ג"כ בעינן שיהיה מן המוקף בשעת הפרשה, כיון שאינם מעיסה אחת.

הגה: ואם היה בו שיעור חלה ושכח להפרים - ר"ל בעודה עיסה, דלכתחלה נכון יותר להפריש מן העיסה, **יפריש אחר כך** - ר"ל אחר האפייה, **ואפילו צירוף סל לא צריך** - כיון שיש בכל אחת כשיעור, יוכל להפריש ממצות עיסה אחת על הכל, ורק בעינן שיהיה הכל מונח לפניו בבית, **ואם** לא היה לו כי אם עיסה אחת, אף שנתחלקה לכמה מצות, כיון שנילושה מתחלה ביחד, יכול להפריש מאחת על שאר המצות, אף שאינם לפניו, דבכגון זה אין צריך מן המוקף בחלת חו"ל.

אם שכח להפריש חלה בעיו"ט, ונזכר ביו"ט, אם לא היה שיעור חלה בכל עיסה, ונצטרפו בכלי ביחד ביו"ט, דאז בא חיוב החלה ביו"ט, דעת כמה אחרונים דמותר להפריש חלה ביו"ט, [דהוי כאילו נילוש ביו"ט, **וא"ר** מפקפק בזה, **ואם** חל יום א' של פסח בשבת, לא שייך זה].

אבל אם נצטרפו בכלי קודם יו"ט, או שהיה בכל עיסה שיעור חלה, שאז בא החיוב חלה קודם יו"ט, אסור להפריש חלה ביו"ט, **אלא** אם מינכר מצותיה של כל עיסה ועיסה בפני עצמה, מותר לאכול כל מצותיה של העיסה, ולשייר מאחת ממצותיה מעט, על סמך שיפריש ממנה בחוה"מ מעט לשם חלה, וישרפנה, [וכן יעשה בכל עיסה ועיסה], **אבל** אם נתערבו המצות, צריך לשייר מכל מצה ומצה מעט, ואחר יו"ט יצרף כל החתיכות בכלי אחד, ויקח חלה מן חתיכה אחת, דהיינו שיפריש ממנה מעט על כולן, [ואם יש גם שלימות, יכוין בהפרשתו לפטור גם אותם, ורק שיהיו מונחין יחד לפניו].

או שיעשה באופן זה, שילוש ויאפה עיסה קטנה פחות מכשיעור ביו"ט, ויצרפם עם המצות בסל אחד כדי שיתחייב בחלה, ואח"כ יכול להפריש מעיסה זו על כולם, כיון דחיוב של עיסה זו בא עתה ביו"ט, רשאי להפריש ממנה ביו"ט, **ואפי'** לא היה בכל עיסה כשיעור, ונצטרפו כל המצות בכלי אחד קודם יו"ט, ג"כ נכון לעשות תקנה זו, **ולכתחלה** כל שהוזכר קודם לילה, יפריש תיכף חלה, ולא יניח להפריש ביו"ט.

ואם לקח ממקלת העיסות, וממקלת לא לקח, ונתערבו, צריך ליקח חלה מכל אחד ואחד - דאם יקח מאחת, יש לחוש שמא זו מאותה שכבר נפטרה, וא"כ הוי ליה מן הפטור על החיוב.

או ילוש עיסה אחרת, ויקח ממנו ג"כ על אותן שנתערבו - ר"ל שיכוין בהפרשתו לפטור את כל העיסות החייבות, וצריך שיהיו כולן מונחין לפניו בבית א'.

ואם מכיר מלה אחת שחייבת בחלה - ר"ל שמכיר שהיא מעיסה שלא הופרש עדיין חלתה ממנה, **נוטל ממנה על האחרות.**

סעיף ב - הלש עיסה ביו"ט של פסח, לא יקרא שם לחלה עד שתאפה - ר"ל שאם רוצה להפריש עוגה קטנה לחלה, צריך ליזהר שלא יקרא לה שם חלה קודם אפייתה, אלא יקראנה עוגה או מצה, **וגם** שלא יהיה במחשבתו שתחול עליה קדושת חלה עד אחר אפייתה, דקדושת תרומות ומעשרות הוא ע"י דיבור או מחשבה לבד, **ואם** אינו רוצה כלל לאפות עוגה מיוחדת בשביל חלה, אלא יאפה סתם ואח"כ יפריש מצה אחת, או חתיכה אחת ממצה על כולם בשביל חלה, ג"כ שפיר דמי.

שאם יקרא לה שם אינו רשאי לאפותה - כיון שאין באפיה זו צורך אוכל נפש, **ודוקא** כשבעליו קראו לה שם, אבל באחר, אף ע"פ שקורא לה שם לית לן בה, דאין לאחר רשות לתרום.

ואם יניחנה כך, תחמיץ - ואע"ג דהקדש הוא ואינו שלו, מ"מ עובר בבל יראה, הואיל ואי בעי מתשיל עליה והוי חולין.

ואינו רשאי לשרפה ביו"ט - פי' דלשרוף מיד קודם שתחמיץ ג"כ אינו יכול, דאין שורפין קדשים ביו"ט.

ואם שכח וקרא לה שם, יטילנה לצונן וימנענה מלהחמיץ - וכשרואה שהמים מתחממין קצת בעמדם בבית, יזהר להחליפם במים צוננין.

ולכתחלה לא יסמוך על עצה זו, לקרות שם חלה בעודה עיסה, ולהטילה לצונן, דחיישינן שמא לא יזהר יפה שיהיו המים צוננים.

הגה: ואם יש כהן קטן שלא ראה קרי, או גדול שטבל לקריו, מותרים לאפות החלה בשבילו - המחבר מיירי בחלת א"י, שאינה נאכלת לכהנים בזה"ז, שכולנו טמאי מתים ונטמאת החלה, ואסורה להאכיל אפילו לכהן טהור, ולפיכך אסור לאפותה ביו"ט בכל גווני, וע"כ לא הזכיר פרטים אלו, **והרמ"א** מיירי בחלת חו"ל, שאינה אסורה אלא למי שטומאה יוצאה עליו מגופו, כגון זב או בעל קרי, אבל כהן הטהור מזב ומקרי, כגון כהן קטן פחות מבן ט' שנים ויום א', שאינו מטמא בקרי, וגם מן הסתם לא ראה זיבה כיון שהוא פחות מבן ט', או גדול שטבל לקריו, רשאי לאכול חלת חו"ל, **לפיכך** כתב הרמ"א דאם יש כהן קטן וכו', דאף שקרא לה שם חלה רשאי לאפות אף ביו"ט, שהרי ראויה לאכילה.

או גדול שטבל לקריו - ר"ל אע"פ שלא העריב שמשו, **וטוב** ליזהר שיאכל מיד אחר טבילתו, ולא יטיל מים בין טבילה לאכילה, שמא יטיל מים חלוקים או עכורים שיש בהן חשש קרי, ויהא אסור לאכול חלה זו עד שיחזור ויטבול.

ויש אומרים שאין מאכילין חלה בזמן הזה לשום כהן - שאין מחזיקים אותו ככהן ודאי, דדלמא נתחללה אחת מאמותיו.

ומ"מ לדינא, דעת הרב כדעה הראשונה, דנותנין לקטן או לגדול שטבל לקריו, **וכתב** הפמ"ג, ומ"מ לא ראיתי לנהוג כן אף בפסח, **ובמדינותינו** יש באיזה מקומות שנותנין לכהן גדול שטבל לקריו בפסח, **ועיין** במ"א שכתב טעם, למה דוקא בפסח המנהג ליתן, וז"ל: ואפשר מפני שהחלות מרובות, ואם לא יאכלנו, לא יהיו מחזיקים אותו ככהן.

יש אומרים דמותר ביום טוב - של פסח, **ללוש פחות מכשיעור, כדי לפטור עצמו מן החלה** - ובביאור הגר"א מפקפק ע"ז.

§ סימן תנח – מצוה ללוש המצה בערב פסח §

סעיף א - נוהגים שלא ללוש מצת מצוה - היינו המצה הצריך לו לצאת ידי חובתו בשני לילות הראשונים, אבל שאר המצות אין נוהגין ליזהר בזה, **בערב פסח עד אחר שש שעות, שהוא זמן הקרבת קרבן פסח** - הנה הח"י מצדד כהב"ח, דאחר שש ומחצה דוקא, **אמנם** במ"א ובא"ר מצדד כהשו"ע, דאחר שש, וכן פסק בב"מ, וכן מוכח בביאור הגר"א.

ובי"ד שחל להיות בשבת, לשין בערב שבת אחר שש שעות - זכר לשאר שנים, ודלא כהמחמירין לאפות בליל יו"ט וכדלקמן.

משמע דאינו אלא מנהג, והמנהג נסמך משום דאיתקש אכילת מצה לקרבן פסח, דכתיב: וזבחת פסח לה' אלהיך וגו', שבעת ימים תאכל עליו מצות וגו', ואמרינן כמו ששחיטת הפסח היה אחר שש, כן עשיית מצות של

מצוה אחר שש שעות, **אבל** מעצם הדין הוכיחו הפוסקים דאין לחוש לזה, דעיקר היקש נאמר לענין אכילת מצה בלילה הראשונה, שיהא זהיר לאכול קודם חצות, כמו הפסח שהוא נאכל עד חצות, אבל לא לענין עשיית המצה, **וע"כ** בדיעבד אם אפה המצה קודם שש, ואפילו חודש או שני חדשים קודם פסח, ועשאן לשם מצה, כשר. **ועיין** לקמן בסימן ת"ס ס"ג, מה שצריך ליזהר הלש בזמן איסור חמץ.

והנה רוב ישראל אין נוהגין ליזהר אפילו במצת מצוה, ללוש בע"פ, כי אם איזה מהם, וחפשתי באחרונים ומצאתי בבגדי ישע טעם להליץ בעד המנהג, מפני שיש כמה דעות שאפילו בע"פ במשהו, כאשר מבואר לעיל בסי' תנ"ב, וזה קשה ליזהר שלא ימצאו אף משהו חמץ בהחטים שלא יהיו מצומחים, וע"כ אופין מקודם כדי שיתבטל החמץ, **ובמאמר** מרדכי מצאתי שכתב, וז"ל: האידנא מקילין הרבה בדבר מפני הדוחק, זולת קצת שנזהרין בזה ללוש ולאפות אחר שש המצות שיוצאין בהם בשני הלילות, וכן ראוי לעשות.

ופשוט דכשנאפה קודם פסח, אפילו היה בו משהו חמץ בהקמח כבר נתערב ונתבטל, ומותר אח"כ לבשל המצות בפסח, דאין חימוץ אחר אפיה, **ויש** אנשי מעשה שמחמירין על עצמן, ואין שורין ואין מבשלין מצות בפסח, מחשש שמא נשאר מעט קמח בתוך המצות מבפנים שלא נילוש יפה, וע"י השריה יתחמץ, **ועיין** בשע"ת, דמצד הדין אין לחוש לזה, דאחזוקי איסורא לא מחזקינן, ובפרט בימינו שנוהגין לעשות רקיקין דקים, ומ"מ מי שנוהג בחומרא זו אין מזניחין אותו.

ודע, דמצד הדין מותר לאפות מצה בפסח, אך המדקדקים נוהגים לאפות הכל קודם פסח, שאם יתערב משהו חמץ בתוכם יתבטל, משא"כ בפסח איסורו במשהו.

כתבו הפוסקים, האופה בליל יו"ט מצת מצוה, לא יאפה אלא מה שצריך לאותו לילה, ולא על ליל שני, **מיהו** אם אפה מבע"י, בליל א' יכול לומר: אוכל היום פת חמה, ויכול לאפות אחרים בליל ראשון, ואותה שאפה מבע"י יצניעם לליל שני, **וכתבו** האחרונים, דלכתחלה אין כדאי לאפות ביו"ט, שלא יבוא לידי קלקול בהפרשת חלה ביו"ט, וכן במדידת קמח וברחיצת כלים, ושלא יישנו התינוקות, ושלא יבוא עי"ז לאכול אפיקומן אחר חצות.

§ סימן תעט – מקום וסדר לישת המצות §

סעיף א- אין לשין במקום השמש - שהשמש מחמם העיסה, וקרוב להחמיץ, **ודעת** ח"י, שכל שאינו מתקרב ללוש במקום השמש ממש, רק שהוא קרוב אל השמש, אין לחוש, **אבל** דעת כמה אחרונים להחמיר גם בזה, ואין מותר רק במקום הצל.

ואפילו בתוך הבית, כל שהחלון פתוח כנגד השמש, אסור, **והיכי** שהחלון אינו פתוח, רק שהשמש מזהיר דרך זכוכית החלונות, כתב בח"י שאין להחמיר בזה, **אבל** כמה אחרונים חולקים עליו בזה, שהחמה מבעיר גם דרך הזכוכית, **וכן** נהגו לכסות החלונות בסדינין בשעה שהשמש מזהיר.

וביום המעונן אסור תחת כל אויר הרקיע - ר"ל אפילו במקום שאלו היתה החמה בעולם, בזה המקום זו העת צל הוא ואין בו חמה, **משום דיומא דעיבא כוליה שמשא** - שטבע החמה אז להגביר חומה בכל מקום, **ומיהו** כ"ז ביום, אבל בבין השמשות אין לחוש לזה, שהרי כבר שקעה החמה.

(עיין בחידושי מהר"ם חלאווה בשם הרמב"ן, דדוקא כשהוא מעונן גמור, אבל כשהעננים עוברים ושבין, פעם נגלין ופעם נכסין, אין בכך כלום, וכן עשה מעשה, וכן עיקר, עכ"ל, ומיהו אפשר דכ"ז מעיקר דינא דש"ס, אולם לפי מנהג שהביא בהג"ה בסמוך, יש ליזהר גם בזה, דאפשר דהעננים יתפשטו בחוזק ולאו אדעתיה, וכן משמע מפר"ח).

הגה: וע"כ נהגו ליזהר מללוש נגד החלון הפתוח אפילו אין שם שמש - כגון שהחלון פתוח למזרח והוא לש אחר חצות, שכבר סבבה החמה לדרום, וא"כ משום אין לשין במקום השמש אין כאן, אפ"ה יש ליזהר, **שמא יהיה מעונן ולאו אדעתיה** - שמא יתעננן הרקיע פתאום ולא ירגישו, ויומא דעיבא כולו שמשא, **ואע"ג** דבחוץ מותר ללוש עכ"פ בצל לכו"ע, ולא חיישינן שיעיב הרקיע, שאני בחוץ דירגיש תיכף כשיבואו עננים ויתכסה השמש, משא"כ בבית אין מרגישים כ"כ.

(ביאור הלכה) [שער הציון] ‹הוספה›

וכן יש ליזהר מלהוליך המצות לתנור תחת הרקיע מגולה - אלא יכסנו במפה, ואין להניח מפה אחת פעמים הרבה, דשמא נדבק בה בצק ונתחמץ, **וכן המים או הקמח** - פי' אם השקין פתוחין למעלה.

ר"ל כמו דאסרו בגמרא ללוש במקום השמש, או ביומא דעיבא, כן יש ליזהר לכתחלה להוליך וכו', וגם כן מטעם הנ"ל, שחום השמש מחמם למים או לקמח, [**ולאו** אדסמיך ליה קאי, דבחורף ביום שאינו מעונן, ליכא למיחש שמא יתענן ולאו אדעתיה, דירגיש אם יבואו עננים, ואין להחמיר בכגון זה, שאינו אלא זהירות בעלמא].

ולא יתקרב ללוש אצל התנור - היינו פי התנור, **מפני חום התנור** - ובצדדים או מאחוריו לית לן בה, שאין החום גדול שם, **והאחרונים** האריכו בה, ומסקנתם הוא כן: דבתנור של בית החורף שכשמסיקין בו מתחמם כל החדר, אסור ללוש בכל החדר, אלא צריך שלא להסיק בו בכלל ביום הלישה, **ואם** הסיק אותו, יפתח הדלת והחלונות עד שיצא החום לפי אומדן דעתיה, ואז ילוש, **וה"ה** בסתם תנור רק שאופין בו כל היום, ומוציא חום הרבה בכל הבית, ג"כ אסור ללוש בכל אותו בית, אא"כ יפתח הדלת והחלונות, **ומ"מ** הכל לפי הענין, אם החדר קטן והחום רב, או בחדר גדול והחום מעט.

ובדיעבד אם לש נגד פי התנור, דינו כלש במקום השמש, ומבואר לקמן סעיף ה'.

ודע דיש שנכשלים בזה, כגון האופין שיש מהן שבשעה שהמצות בידם על המקל להורידן לתנור, ומקרבין אותה לפי התנור, הם שוהים ומתישבין באיזה מקום להניחה בתנור, או גרוע יותר מזה, שפונים ראשם ומשיחים עם העורכים, ובין כך המצה מתחמם מאד כנגד פי התנור, והוא איסור גמור לפי המבואר כאן, **וכן** עוד יש ליזהר, להחליף המקלות שמשימים עליהם המצות כפעם בפעם, דאנו רואין בחוש שמתחממין הרבה מחמת שהיו בתנור, ומחמת זה נתחמם המצה עוד טרם שמקריבה לפי התנור, ובעונותינו הרבים הרבה נכשלין בזה.

סעיף ב - לא יניחו העיסה בלא עסק ואפילו רגע אחד - ר"ל לאחר לישתה קודם שהתחיל לערוך אותה, אע"פ שלא נתחממה עדיין במשמוש ידים הרבה, [**דלאחר** עריכתה, אפי' בפחות משיעור מיל נתחמץ, וכדמבואר לקמיה].

ואפילו אינו עוסק בדבר אחר רק בצרכי התנור, גם כן אסור לכתחלה, וצריך להסיק התנור ולגרוף אותה מקודם, כדי שלא יהא צריך להניח המצות בלא עסק, וכדמבואר לקמיה.

ועסק מיקרי, שלש אותה או מגלגלה בעץ וכהאי גוונא, אבל לא כמו שיש נוהגין לדחוק ולבעוט העיסה בעץ במקום אחד, דלא מהני זה למנוע מחימוץ בכל העיסה, במקום שהעץ אינו דוחק.

וכל זמן שמתעסקים בו, אפילו כל היום אינו מחמיץ; ואם הניחו בלא עסק שיעור מיל, הוי חמץ - אע"ג דלא ניכר ביה שום סימני חימוץ המבואר לקמיה.

ושיעור מיל הוי רביעית שעה וחלק מעשרים מן השעה - והוא י"ח מינוטין בסך הכל, (**ויש** פוסקים שחולקין על שיעור זה, ולדידהו שיעור מיל הוא שליש שעה, וחלק ט"ו מן השעה, **ויש** מבעלי סברא זו שחושבין שיעור מיל לחשבון כ"ב מינוטין וחצי, **ולכתחלה** במקום שאין הפסד מרובה, משההה י"ח מינוטין הוי חמץ ואסור בהנאה, וכדעת השו"ע, וכ"כ הגר"ז, **אמנם** בהפסד מרובה, אפשר דיש לסמוך על הני פוסקים דפליגי, וכל כמה דלא שהה עכ"פ כ"ב מינוטין וחצי, אין לאסור, אם לא ראינו בה סימני שיאור וסידוק).

(**ואפילו** אם ספק שמא שהה שיעור מיל, ג"כ אסור, דהוא ספק דאורייתא).

ועיין בביאור הלכה, דלענין מליחה דשיעורו הוא ג"כ כדי שיעור הילוך מיל, בדיעבד אין להקל אלא א"כ שהה כ"ד או כ"ג מינוט עכ"פ, [היינו אחר שכבר הודח אחר ששהה שיעור מיל ונתבשל], **ולכתחלה** שיעורו הוא כדי שיעור שעה, ואין לשנות.

הגה: ויש להחמיר למהר בענין עשיית המצות, כי יש לחוש שהשהיות יצטרפו לשיעור מיל - ובתרומת הדשן כתב, דבשעה שעוסק בעיסה עסק גמור, דהיינו בעיטת הידים ורידוד, אפילו שהה בינתים מעט, וחזר ושהה מעט, אין מצטרף לשיעור מיל, דהעסק

שעוסק אח"כ, מבטל האתחלתא שהתחיל להתעורר בו כח החימוץ בשעה שהיתה מונחת בלא עסק, **אבל** בשעה שעוסק בה עסק מועט, כגון בשעה שמנקר המצות, אע"ג דמקרי עסק ג"כ, שאינו מניחו להחמיץ באותה העת, מ"מ אינו מבטל השהיה הראשונה, ואם ישהה עוד יצטרף לשיעור מיל, ואסור, **ודעת** מהרי"ל להחמיר בכל גווני.

או שיהיה במקום חם שממהר להחמיץ - כי שיעורא דמיל לא נאמר אלא בסתם בתים שאין בהם חום גדול, אבל ביש בו יתרון חמימות, ממהר להחמיץ בפחות משיעור זה.

ואחר שנתעסקו בבצק ונתחמם בידים, אם יניחוהו בלא עסק, מיד יחמיץ - ולפי זה צריך ליזהר מאד, לאחר שערכו ורידדו המצה, ומניחים אותה לפני המנקר, שינקר אותה מיד, וגם אחר הניקור יראו לרדותה תיכף לתנור, כיון דלאחר שנתעסקו בה מחמצת מיד שמסלקין את הידים ממנו, **והעולם** אין נזהרין בזה כ"כ, ואפשר ד"מיד" דקאמר המחבר לאו דוקא, אלא ר"ל שיעור מועט, **ומ"מ** לכתחלה בודאי יש ליזהר מלהניחה כך אפילו רגע אחד אם אפשר, וכנ"ל בראש הסעיף.

(מקור דין זה מתשו' הרא"ש, ומצינו לרבים מן הפוסקים דפליגי ע"ז, הרמב"ם, וכן מוכח להדיא בתשו' הרשב"א, **ומצאתי** לד"מ שהעיר כבר בזה, ועוד תמה על הא שהביא בעל ת"ה לענין שהיות מצטרפות, ולסברת הרא"ש אפילו בלא צירוף משהייה ראשונה נאסרה, ומכ"ש שאין לחלק כפי סברתו בין עסק גדול בעיסה לעסק מעט, דאדרבה כל מה שעוסק בבצק יותר הוא יותר קרוב להחמיץ אח"כ בשהייה מועטת קודם שיתחיל לעסוק בה עוד, והניח בצ"ע, **ותימה** על האחרונים שלא הביאו דברי הד"מ בזה, **וגם** על הד"מ גופא תימה, שהעתיק להא דת"ה בהג"ה, והוא סתירה מיניה וביה להאי דהרא"ש שהביא המחבר תיכף אחר זה, **אם** לא דנימא דהד"מ חזר בו, וסבר דהרא"ש מיירי בשאנו רואים שהבצק חם, ובאופן כזה אפשר דכו"ע מודה, **ולפי"ז** דינא דהמחבר לאו בסתם עיסות קאי, אלא בשאנו רואין להדיא שנתחממה, ומ"מ צ"ע).

ואם התחילו בשתי עיסות כאחת והחמיצה האחת, בידוע שהחמיצה גם השנית, אפילו אין רואין בה סימני חימוץ - ואפילו לא נשתהה שיעור מיל, אפ"ה אמרינן מסתמא היה שם איזה חמימות שנתחמץ מהר.

ואם החמיצה עד שיש בה סדקים, אפילו לא נתערבו הסדקים זה בזה, אלא אחד הולך הנה ואחד הולך הנה, הוי חמץ גמור והאוכלו חייב כרת - ואפילו יש סדקים במקצת העיסה, הרי כל העיסה חמץ, וכן לקמן גבי הכסיפו פניו נמי כן.

ואם אין בו סדק אלא הכסיפו (פי' נשתנה מראיתו ללובן, ערוך) פניו כאדם שעמדו שערותיו, האוכלו פטור - אבל אסור באכילה ובהנאה, **ואי** איכא איסורא דאורייתא בזה, או רק מדרבנן אסור, נתבאר לעיל בסימן תמ"ב ס"א.

וכתבו האחרונים, דצריך לדקדק בשיעור זה, כי מצוי הוא שיכסיפו פניו, ואין איש שם על לב לראות.

הגה: ואם המלה עשויה ויראה שלא תבא לידי חימוץ, מותר לשברה ולחזור לעשותה, כדי שהעסק יבטל החימוץ - אבל לא מהני במה שמעביר ידיו על המצות ומשפשף, דזה לא מיקרי עסק, ואדרבה עוד גרע דמחמם אותה בידיו.

מיהו טוב ליזהר לכתחלה - דשמא כשמתקנה פעם שניה לא יערוך אותה יפה יפה, ולא תהא גוש אחד דבוק כבתחלה, אלא יהיו בה סדקין וכפלות, והרי מצה כפולה נוהגין לאסור, משום שאין האש שולט שם, וכמו שיתבאר בסימן תס"א, **ולכן** אין להתחיל להעריך ולרדד המצות עד שיגרוף התנור מתחלה, כדי שלא יהיו המצות מונחות בלי עסק עד שיתקן התנור.

סעיף ג - אם האשה שהיא לשה, היא מקטפת במים - ר"ל שטחה פני החררה במים, **לא תקטף באותם מים שמצננת בהם ידיה** - דצריך לצנן הידים בשעת לישה לכתחלה, משום דהידים מתחממים מרוב העסק, ומתחמם העיסה מהידים, [וריטב"א החמיר מאד בזה], **מפני שהם מתחממים ומחמיצים את העיסה, אלא יהא לה כלי אחר**

מלא מים שתקטף בו - ובמדינות אלו נוהגין שלא לקטוף המצות במים.

הגה: ומיהו בעברה ולא לננה ידיה, מותר - וה"ה אם עברה וקטפה את המצות במים שצינגה ידיה, ג"כ נראה לכאורה שמותר בדיעבד, [**אמנם** מצאתי בפמ"ג שמסתפק בזה].

ודע דיש פוסקים דס"ל, דלא מצרכינן כלל לצנן הידים בשעת לישה אפילו לכתחלה, ולא הצריכו לצנן ידים לכתחלה אלא אם אותה שלשה אופה ג"כ, ומשום דמתקרבת לתנור ידיה חמימות, וכשלשה אח"כ חששו חכמים שלא תחמם העיסה בידיה, וכתבו שכן המנהג שלא להחמיר, **ומיהו** כ"ז בסתם, אבל במרגשת שנתחממו ידיה, לכו"ע צריך לצנן, **ואפילו** בסתם, טוב לכתחלה להחמיר, שכן הוא דעת כמה ראשונים.

סעיף ד - אם לש אחר זמן איסור חמץ, אלו המים - ר"ל המים שמקטף בהם או שמצנן את ידיו, **עם שאר המים שרוחצים בהם העריבה, לא ישפכם אלא במקום מדרון** - שיבלעו בקרקע, **כדי שלא יתקבצו במקום אחד ויחמיץ** - והרי החמץ שלו הוא כיון שהוא ברשותו, **וכתב** מ"א, דאין לשפוך אותם על רצפת אבנים, דג"כ אין נבלעים בקרקע.

ודע, דצריך למהר ולשפוך אותן אחר שקיטף בהם, או צינן בו ידיו, או לאחר הדחת העריבה, מפני שהן ממהרות להחמיץ.

ומיהו לשפוך אותם בר"ה מותר בכל ענין, דמאי איכפת לן שיחמיצו אחר כן, כיון שכבר הפקירן, **ויש** אומרים דאפילו בר"ה אין נכון לכתחלה שלא במקום מדרון, דכיון שהוא בזמן איסור חמץ, יש לו לדקדק בפרורי בצקו שלא יבאו לידי חימוץ.

וקודם זמן איסורו, שופכין בחצירו אפילו שלא במקום מדרון, **ודעת** הב"ח והט"ז, דאפילו קודם זמן איסור, אין לשופכן בחצירו שלא במקום מדרון, ולסמוך על העוברים שיאכלוהו – ט"ז.

הגה: והכלים שמתקנים בהם המלות - היינו העריבות, ועצים העגולין שעורכין בהם המצות, והרעדלי"ד שמנקרין בהם המצות, **והסכין שחותכין בו העיסה, יגררם תמיד בשעת עשייה** - היינו בין כל עיסה ועיסה לנקותם, **שלא ידבק בהם הבלק** - דאע"פ שאין שוהין שיעור מיל בין כל עיסה ועיסה, ונמצא שהבצק הדבוק בכלים אינו שוהה בלא עסק, אעפ"כ לכתחלה צריך ליזהר בכך וכנ"ל בס"ב, **וה"ה** שצריך לרחוץ ידיו, וגם האגן שלשין בו, ולנגבו במפה, בין כל עיסה ועיסה.

ולאחר עשייה - היינו לאחר שנאפה מהיסק אחד, **ידיחם ויינגבם היטב לחזור ולתקן בהם פעם שנית; וזהו עדיף טפי ממה שנוהגין לגררן, כי אי אפשר לנקותן היטב ע"י גרירה; והמחמיר, יגררן ואח"כ ידיחן.**

והמרדה א"צ להדיחה, **ועיין** בפמ"ג שכתב, דנכון לפעמים לבדוק ולראות גם המרדה שמכניסין בה המצות לתנור, אם אין עליה בצק, דלפעמים כשהעיסה רכה נדבק עליה בצק.

ומנהגנו כהיום, לרחוץ אשה הלשה את ידיה, וכן הכלים שלשין בו, לאחר שעשו בו שנים או ג' עיסות, עד שלא יהיה מהתחלת הלישה יותר משיעור מיל, **וכן** המגלגלים ישגיחו אם מודבק בידיהם עיסה, וירחצו ידיהם, ג"כ משיעור מיל לשיעור מיל, **וכן** ישגיחו על עצים המגלגלין והרעדליך שיהיו נקיים, ולהחליפם או לגרד החמץ מהם, בזמן הנזכר, **וכן** הסדינים שמכסין בו השולחנות, ג"כ מחליפין אותן בזמן הנזכר, **ובמקום** שעורכין על השולחנות, מגרדין אותן בזכוכית בזמן הנזכר.

וכתבו האחרונים דהמנהג הנכון, להיות שני אגנים ללוש בהם, ובעת שלש בהשניה, יהיה איש אחד מוכן לרחוץ הראשונה ולנגבה היטב, וכן חוזר חלילה, **והמנהג** הנכון, להעמיד משגיח בבית אופי המצות, להשגיח על הכל, כי רבה המכשלה מאד.

וביו"ט מותר לעשותו ע"י אינו יהודי - דהדחת הכלים הוי שבות, [שהוא שלא לצורך יו"ט, מאחר דכבר לש בהן], וע"י נכרי הוי שבות דשבות, ושרי במקום מצוה, [שלא יהיה חמץ דבוק בכלים, **ובמ"א** כתב דגרידה הוי שבות, וג"כ מותר ע"י נכרי, **וא"ר** משיגו, דגרידה הוא אב מלאכה משום ממחק, דבשעה שהוא מגרדו בזכוכית, הוא משוה ומחליק גם את העץ כידוע].

ואם אין אינו יהודי, יטילם לצונן - שהצונן מעכב מלהחמיץ, ויכביד אותם כדי שירדו למטה במים, ולא יציפו למעלה, **וכ"ז** כשאין דעתו לאפות עוד בו ביום, הא דעתו לאפות, רשאי להדיחם בעצמו, **ולגרדם** אסור בכל גווני, [משום לתא דממחק].

או יתנם לתנור שיאפה הבצק שעליהם - ומ"מ אין נכון לאכול הבצק הנאפה, דשמא לא נאפה יפה הצד השני שבתוך הסדקים.

והאחרונים מפקפקים בעצה זו, דכיון דאין נכון לאכול את הנאפה, וכנ"ל, וגם אין כוונתו לאכול, א"כ הוא אפיה שלא לצורך, דאסור.

ויש עוד עצה, שיבטל החמץ קודם שיחמיץ, [ובאופן שאין בכל כלי וכלי כזית בצק דבוק, דאם יתקבץ כזית, צריך לבערו אף לאחר ביטולו], **או** יתן הכלים עם הבצק במתנה לנכרי, [ומיירי שאין העכו"ם רוצה להדיח].

והעריבות שאפשר לתת דבר בתוכו, מותר להדיח; וכן כל כיוצא בזה.

ויש ליזהר בעריבה שלשין בה, שלא יהיה בו שום גומא או סדק שלא יוכל לנקרו אחר הלישה ותחמיץ, ואח"כ כשחוזר ולש בו מתערב בבצק - ואפילו על שפת הכלי שלש בו לא יהיה בו סדק.

ומזרק שנסדק בשפתו, כתבו הפוסקים דצריך להרחיב הסדק ולגרדו יפה, ולהגעיל, ולסתום הסדקים ויחליקם להשוותם יפה, **או** ירחיבוהו ברוחב אצבע, כדי שיכנס היד לנקות, **אבל** לא ידביק עליו חתיכה נחושת במסמרים, שהחמץ נכנס תחת המסמר, **אלא** א"כ ידביק הנחושת ע"י היתוך.

גם במרדה שרודים בו המצות, לא יהא בו סדק או חריץ, וכן על הדף שעורכין ומגלגלין עליו המצות, ג"כ צריך שיהא חלק בלא סדקים וחריצים, ואם יש בהם נקבים צריך לסותמן, שהבצק נכנס בהם, **ויש** שעורכין מטעם זה על סדין, אכן על הסדין ג"כ אין טוב, שהבצק נכנס בנקבי האריגה, אם לא שיחליפם בחדשים בכל שיעור מיל, **ולהפכם** לעבר השני אינו מועיל ג"כ, [שהחמץ מבצבץ מעבר לעבר], **וע"כ** יותר טוב לערוך על דף חלק, ואנשי מעשה נוהגין לצפות השולחנות בטס של מתכות חלק, או על אבנים חלקין, **וגם** יש שמגלגלין בוועלגע"ר העלצע"ר שמצופין בטס של מתכות או בשל זכוכית.

ולא יתן העריבה על כר או כסת למר - וטוב ליזהר שלא להעמיד אף על בגד צמר, **בשעת הלישה, שמחמם העריבה; אבל על של עור, שרי** - אבל בדיעבד בכל ענין ליכא איסור.

סעיף ה - עברה ולשה תחת השמש, הפת מותרת - אפילו לש במזיד, **ומסקנת** אחרונים לאסור באכילה אם שהה כ"כ בחמה עד שהוחמה העיסה, [**ומסתברא** דאז יש להחמיר אפי' הוחמה בשוגג], **וה"ה** בלש סמוך לתנור המבואר בס"א.

סעיף ו - אם העיסה רכה, לא יוסיף בה קמח - לפי שאותו הוספה אינה נילושה יפה, ונשאר מעט בעין תוך העיסה, ושמא לא נאפה אותו קמח יפה, ויש לחוש שמא יפול במרק בקערה ויתחמץ.

אלא עושה עיסה קטנה מגיבול קשה, ויערבנה עם העיסה הרכה - כ' האחרונים, דאדם אחר יעשה העיסה הקשה, דהוא בעצמו א"א לו ללוש שתי עיסות כא', ולהתעסק בהן יפה, **ולהניח** העיסה הראשונה בלי עסק, אין נכון לכתחלה, אפי' רגע אחד, וכדלעיל בס"ב, **ומ"מ** בדיעבד אם עבר ועשה אדם א', אין לאסור.

ואם א"א לו לעשות עוד עיסה קשה, אין איסור להוסיף קמח בעיסה הרכה, רק יזהר שלא יתן אותן המצות בדבר לח, **ומ"מ** בדיעבד אם נפלו תוך התבשיל, הסכימו האחרונים להתיר, שהרי אין ידוע בודאי שנשאר בעיסה קמח בעין, ואף אם נשאר אפשר נאפה ונקלה יפה, [**ובידוע** שנשאר בה קמח, יש לאסור אף בדיעבד אם נפלה לתבשיל].

כתבו האחרונים, שצריך ליזהר לבער הפירורין מעל השולחן אחר כל עיסה.

הגה: וירחיק המלוש מהקמח, כי הקמח הנדבק בכן בא אח"כ בתבשיל, ומתחמץ - לכן אותו המודד קמח, לא יקרב אל העיסות עד שינקה מלבושיו מן הקמח, וידיח ידיו תחלה, **וכן** צריך ליזהר שהמודד הקמח לא יתן מים לתוך העריבה, כי מתדבק רטיבת המים על ידיו, **וכן** הנותן מים לא יהיה מודד הקמח, אלא כל אחד יהיה על משמרתו.

§ סימן תס – דיני מצת המצוה §

סעיף א - אין לשין מצת מצוה ולא אופין אותה ע"י א"י, ולא על ידי חרש שוטה וקטן

- והטעם, דכתיב: ושמרתם את המצות, ומשמע מזה, דשמירה שאתה משמרה שלא תחמיץ, התכוין לשם מצה של מצוה, ונכרי וחש"ו לאו בני שימור 〈לשמה〉 נינהו, (**ובאפיה**, משום דגם בנתינה לתנור צריך שמירה, שלא ישהה נגד פי התנור, ועכו"ם אינו חושש לזה), 〈וע"ש במ"א דמשמע, דהוא משום דבעינן שימור לשם מצוה, וצ"ע〉.

והסכימו הרבה פוסקים, דאפילו ישראל עומד על גבן ומזהירן שיכונו לשם מצות מצה, ג"כ לא מהני, ואינו יוצא י"ח אפי' בדיעבד, **ויש** מן הפוסקים שמקילין, בעומד על גבן ומזהירן שיכוונו בעשייתו לשם מצה, דאז אמרינן אדעתא דישראל קעביד, [וכדלעיל בסי' י"א לגבי טויה, **והרא"ה** מיקל מטעמא אחרינא, דהכא לא בעי עשייה לשם מצוה, רק שימור לשם מצה, כדכתיב "ושמרתם", וזה סגי אפי' באחר שעומד ע"ג ומכוין לשם מצה, **ולפי"ז** א"צ כלל מחשבת העכו"ם וחש"ו, רק כיון שישראל העומד ע"ג כל זמן לישתן שומר לשם מצת מצוה, די בזה, **וריטב"א** מסיים, שכן היה דן הרא"ה להלכה ולא למעשה].

וכתבו הב"ח והמ"א, דיש לסמוך עלייהו כשא"א בענין אחר, וטוב שהישראל בעצמו יסייעם ג"כ קצת, **ומ"מ** מוטב לעשות ע"י חש"ו מע"י עכו"ם, **ודע**, דאפילו לדעת המקילין בעומד ע"ג, לא יסתפק במה שאומר לו פעם אחת קודם העשיה שיכוין לשם מצות מצה, רק צריך להזהירו בכל שעה ע"ז, שלא יסיחו דעתם מזה.

אין לשין וכו' - וה"ה עריכת המצה, **ולענין** ניקור שמנקרין המצות, טוב ליזהר לכתחלה שלא לעשות על ידם לענין מצות של מצוה, **ויש** שמקילין בזה אף לכתחלה, לעשות הנקבים ע"י קטן וכה"ג, כיון שגם גדולים עומדים ע"ג, ועי"ז יהיו הרבה עוזרים למהר בענין עשייתן.

(**עיין בט"ז דדעתו, דדוקא לישה ואפיה לא מהני עומד ע"ג, אבל בטחינה לכו"ע מהני, בישראל שעומד ורואה שלא נעשה בזה שום חשש חימוץ**, 〈דשימור דטחינה, היינו מטעם חימוץ, משא"כ בלישה ואפייה דלאו מטעם חימוץ הוא, אלא שיכוין לשם מצה, בזה דוקא אסור בעכו"ם וחש"ו, דעיקר עשיית המצה היא לישה ואפייה, וזה צריך לשם מצוה, ע"ש〉, **אבל דעת הא"ר כהב"ח, דטחינה תליא בפלוגתא שהובא בסימן תנ"ג ס"ד, דאם נימא דבעינן שימור לשמה משעת טחינה, ממילא אין יכולין לעשות זה ג"כ ע"י חש"ו ונכרי, ואפילו הישראל עומד ע"ג**, 〈וכן להסוברים דבעי שימור משעת קצירה, אין לקצור ע"י גוי〉, **ואם נימא דשימור לשמה הוא מלישה ואילך, מותר לנו לעשות טחינה ע"י נכרי וחש"ו, וכן הסכים בספר מטה יהודה, ומה דנקט המחבר לישה ואפיה, מלתא דפסיקא נקט, דזה אסור לכו"ע, דאפילו מאן דמתיר ליקח קמח מן השוק בשעת הדחק, מודה ג"כ דמשעת לישה ואילך בעינן שימור לשמה דוקא, ואסור ע"י עכו"ם וחש"ו, וסיים המטה יהודה, דכן ראינו המדקדקים לעשות מצה שמורה, שלא לטחון את החטים אלא ע"י ישראל בריחיים של יד, וה"ה בריחיים של מים, ולא ע"י ריחיים של עכו"ם של בהמות, ואפילו ישראל עומד ע"ג, וכן ראוי לנהוג ולהנהיג, עכ"ל**, 〈ואם אפשר גם הקצירה יקצרו ישראלים לשמה – שונה הלכות〉, **ומ"מ מנהג העולם כהיום פשוט כהט"ז, להקל בטחינה ע"י עכו"ם, שנותן החטים לתוך האפרכסת אפילו במצות שמורה, אך הישראל עומד ורואה שלא יבוא לידי חשש חימוץ, וכן הח"י והלכה ברורה והגר"ז העתיקו דבריו להלכה, וכן משמע ברוקח, ומ"מ מי שאפשר לו שכל תיקוני המצות שלו יהיה ע"י ישראל, הרי זה משובח**).

ובעו"ה כמה אנשים מקילין, ומניחין לקטן וקטנה ליתן מים לתוך הקמח, ושלא כדין עושין, דנתינת מים לתוך הקמח הוא בכלל לישה, לדעת הי"א בסי' שכ"ד ס"ג, ולא נפיק ידי חובת מצה במצה כזו, **אם** לא שלוקח מצות אחרות ללילי הסדר, לקיים המ"ע דאכילת מצה.

(**ויותר מזה יש טעות נתפשט לאיזה אנשים, שקונים קמח שמורה לאפיית מצותיהם, וגם הם מניחים לקטנים ליתן מים לתוך הקמח, וכמה טועין הם, שחושבין שכיון שקמח הוא מחטים ששמרו מעת הקצירה, יצאו בזה ידי הכל, וטעות גדול הוא, שבכל אופן הוא העיקר הלישה והאפיה, וע"כ צריך שיהיה בזה כל מעשיהן, היינו הנתינת מים לתוך הקמח, והלישה והעריכה, וי"א דגם הניקור, והאפיה, ע"י גדולים, ויהיה הכל בפירוש לשם מצת מצוה, וא"צ שיאמרו בכל מצה ומצה, אלא יאמר כל אחד: מה שיעשה היום בענין מצה זו, יהיה הכל לשם מצות מצה**).

(וזכורני בימי נעורי היה המנהג בישראל, שבעת אפיית מצות, בעל המצות היה אומר וחוזר להעוסקים כמה פעמים, שיזכרו שהיא מצת מצוה, **ועכשיו** בימינו נתרופף המנהג הזה, מפני שכמה מדקדקים ליקח מצה שמורה ללילי הסדר, והמצה שמורה נאפה בכל מיני הידור, מפני שעל פי רוב לוקחין אותם מרב העיר, או משארי ת"ח, וע"כ אין מדקדקין בסתם מצות, **אבל** באמת יצא שכרנו בהפסדנו, מפני שסוף סוף רוב העולם אין לוקחין מצה שמורה, ויוצאין בסתם מצה, וכשקטנים עוסקין בעניני לישה ובעריכה וכה"ג, אין יוצאין ידי מצה, **וא"כ** יותר טוב היה המנהג שלפנים, שהיה הבעה"ב עונה ואומר "מצת מצוה" לפני הכל, שזהו כעומד ע"ג, ויוצא עכ"פ לדעה שניה).

ודוקא מצת מצוה, משא"כ בשאר מצות א"צ שימור לשם מצוה, רק שיזהר שלא יהיה בהן חשש חימוץ, ומותר לעשות על ידי חש"ו אם משגיח עליהן, **אך** ישראל קדושים הן, ונהגו לעשות שימור לשם מצה בכל המצות, כדאיתא בסימן תע"ז.

(ועיין ברמב"ם דמוכח שם דדעתו, דאָכַל מצה שאוכל בפסח צריך שימור, ועיין במגיד משנה שהביא סמוכין לזה עיי"ש, דלכתחלה יש לעשות שימור בכל המצות, ולעיכוב אינו אלא לכזית שאוכל בליל פסח, עיי"ש, **והאי** בצקות של עכו"ם, דמבואר בש"ס דאדם ממלא כריסו מהם, ובלבד שיאכל כזית מצה באחרונה, היינו מעיקר הדין, או במקום שאין לו אלא כזית אחד, **ועיין** בח"א שכתב, דהגר"א היה מקפיד מאד אשימור בכל המצות שאוכל בכל הפסח, ונראה דהוא כסברת הרב המ"מ הנ"ל).

(**ודע עוד**, דעיקר דינא דבצקות של עכו"ם אדם ממלא כרסו מהם, לא הביאו הפוסקים, וכתב הב"י דטעמייהו הוא, דס"ל כפירוש ר"ח, דמיירי שלשם בפני ישראל, וישראל ראה שלא נתערב בהן כלום חמץ, ולא נתחמץ בלישה, אלא שלא נשתמרה לשם מצה, וא"כ אין כאן חידוש דין, וכן הסכים בלבוש ופר"ח וחמד משה, **אכן** בא"ר כתב, דהרבה מפרשים קיימי בשיטת רש"י, דכל שאין בו סידוק ושיאור, אף שלא ראה הישראל כשלש העכו"ם, לא חיישינן, וכתב שכן כתב הרא"ש וטור ור' ירוחם הנמשכים אחריו, ושיבולי לקט ומנהיג וצדה לדרך, וכתב דיש לסמוך בשעת הדחק ביותר,

ובאמת כפי הנראה לא היו לפניו בזה דברי שאר ראשונים, עיין בחידושי רמב"ן ובחי' ריטב"א ובמהר"ם חלאווה, כולם דחו סברת רש"י בכמה ראיות, והסכימו לפירוש ר"ח, וגם הרי"ף והרמב"ם שהשמיטו, בודאי ג"כ מפרשים כפירוש ר"ח, דתמוה הוא לומר כסברת א"ר, דהשמיטו זאת משום דהוא מילתא דפשיטא כיון שאין בו סידוק ושיאור, ואדרבה מסתימת הרמב"ם משמע, שצריך שימור גם למצות של שאר ימי הפסח, **וע"כ** נראה דאין להקל בזה כלל).

(**והנה** מה דצריכין שימור לשם מצה דוקא בלישה ואפיה, וליש פוסקים גם בטחינה, אם הוא דאורייתא או דרבנן, יש מחלוקת בזה בין הפוסקים, **בב"ח** משמע לכאורה דהוא רק מדרבנן, וכ"כ בח"י, דהוא רק אסמכתא אקרא ד"ושמרתם את המצות", **והפר"ח** הסכים דהוא מדאורייתא, והנה מהרמב"ם מוכח בהדיא דהוא דרשה גמורה, דבעינן שימור לשם מצה, אלא דמה דמצריך רבא שימור יתירה משעת קצירה ואילך לשם מצה, הוא רק מדרבנן ולכתחלה, וכן הסכימו הרבה מהראשונים, אבל עכ"פ מלישה ואילך עד אחר אפיה בודאי לעיכובא הוא מן התורה, ואפי' בדיעבד, **ואח"כ** מצאתי בב"מ שגם הוא השיג על הב"ח וח"י, ע"ש שהסכים לדבר ברור שהוא מן התורה, וכתב שכבר הרגיש בזה גם הפר"ח על הב"ח, **שוב** אמרתי שגם מהב"ח אין ראיה שהוא סובר שמדרבנן הוא, **ולפי"ז** יש ליזהר שלא לסמוך לכתחלה במצת מצוה על חזקה דרבא, דס"ל דמכיון שהגיעו לכלל שנים מסתמא הביאו ב' שערות, אם לא שהם גדולים בשנים).

(**עוד כתב** (הפמ"ג), דהך לשמה יראה דיוציא בפה, ובדיעבד סגי במחשבה, וזה בלישה ואפיה דמצה, משום דסתמא לשמה, משא"כ בטחינה וקצירה צ"ע, עכ"ל, **והנה** מדבריו נראה, דאם לא חשב הישראל בשעת לישה ואפיה לשם מצה, אפילו בדיעבד אינו יוצא בה, וכן משמע מרש"י, **ואינו** דומה למאי דקי"ל לגבי קדשים, דסתמא לשמה קאי, משום דהקדישו מתחלה לשם עולה או שלמים, ומשו"ה תלינן דבעת העבודה עומד ג"כ לשם זה, משא"כ בענינינו, **אמנם** בחי' הריטב"א לפסחים מצאתי שכתב, דאם לש ישראל להעיסה, כיון דכל דקעביד לפסח קעביד, זהו כפירש לשם מצוה, **ודוקא** בשעת לישה דסתמא קיימא להכי, אבל שימור דקצירה, שאין סתם קצירה לכך, צריך שיזכור לשם מצוה, כדאמר רבא, **ובעכו"ם** שאין לו

חלק במצוה, אפילו בשעת לישה לא עביד לשם מצוה, וה"ה לענין חש"ו, ע"ש, **הא** קמן דס"ל דבישראל גדול סתמא לשמה קאי, וקצת תימה, מי עדיף זה מכתיבת ס"ת באזכרותיהן, דסתמא שלא לשמה, וצ"ע).

וחרש היינו שאינו שומע ואינו מדבר, דאם הוא מדבר, אינו מדינא בכלל חרש, **וקטן** היינו שלא הגיע לי"ג שנים ויום אחד, ובאשה בת י"ב שנים, **ושוטה** היינו שמאבד מה שנותנים לו.

סעיף ב - הרא"ש היה משתדל במצת מצוה ועומד על עשייתה ומזרז העוסקים בהם ומסייע בעריכתן, וכן ראוי לכל אדם לעשות להטפל הוא בעצמו במצוה - דמצוה בו יותר מבשלוחו, **ומהרי"ל** פסק ליזהר כן לכתחלה בכל המצות, וכ"כ הפר"ח, דגם באפיית שאר המצות הנעשות לכל ימי הפסח, היה נוהג לעמוד על גביהן, כי רבה המכשלה, **וכ"כ** בח"י בשם השב"ל, שאין להאמין לנשים בענין לישה ואפיה, כי כמה דברים יעלו על לב נשים שהן מותרות, או שמא שוכחות ועושות דבר שלא כהוגן, ואינן יודעות שכר מצוה והפסד עבירה, לכן רוב הת"ח והרבנים עומדים על רקידתה ועל לישתה ועל אפייתה.

ויטריח עצמו במצת מצוה עד שיתחמם ויזיע, וזה תיקון גדול לעון החמור - האר"י ז"ל.

סעיף ג - הלש אחר זמן איסור חמץ, יאמר בשעת לישה: כל פרורים שיפלו בשעת לישה ועריכה, וכן בצק הנדבק בכלים, אני מבטל אותם, כדי שנמצא שמבטלן קודם חימוצן - דקודם זמן איסור, אפילו היה ביום י"ד שכבר בדק שאר חמץ, מ"מ א"צ לבטל בשעת לישה, ודי לו שיבטל סמוך לזמן איסורו, ובלא"ה הוא אומר "כל חמירא", וגם פירורים אלו בכלל, **אבל** לאחר זמן איסורו, משנעשה חמץ אינו ברשותו לבטל, ויש לחוש שמא לא יבערם מן העולם מיד, ויעבור על בל יראה ובל ימצא, וע"כ צריך לבטל קודם שיתחמץ, וממילא אף שיתחמצו אח"כ, אינו עובר בבל יראה, דאינו שלו, **ואף** אם אינו עומד שם, יכול לבטלם בביתו.

או יאמר: אני מפקיר אותם, אבל לא יאמר: פירורין הפקר, דאינו לשון מבורר שמפקירן, דאפשר לומר במשמעות הלשון, שמעצמן הן הפקר, ואינו כן, [**ואף** דלעיל סי' תל"ד ביארנו, דפירורין אינם צריכים ביטול דממילא בטילי, היינו פירורי לחם, דכל פירור הוא בפני עצמו, משא"כ בבצק אפשר דע"י כיבוד הבית יתקבצו יחד לכשיעור כזית, ושיעור כזה אינו מתבטל מאליו. **ואף** שיש שמיישבין המנהג שנהגו לומר: פירורין הפקר, מ"מ לכתחילה בודאי יותר טוב לצאת כל הדיעות]. **וכתבו** האחרונים, דלשונות של ביטול והפקר צריך לומר דוקא בלשון שמבין.

ומ"מ אחר האפיה יכבד הבית, וכן השולחן שערכו עליו המצות, אע"פ שביטל, ומה שימצא מן העיסה ישרפנו, [**דכל** חמץ אע"פ שביטלו צריך ביעור, דקימ"ל דלכתחילה בעינן שריפה]. **ויש** שכתבו, דמטעם זה טוב שידרוס הפירורים ברגליו בעפר, תיכף משנפלו קודם שיבאו לידי חימוץ, דאם יבואו לידי חימוץ צריך לשורפן.

ועיין לעיל בסימן תנ"ט ס"ד בהגה, דאם לש ביו"ט, מה יעשה בהכלים אח"כ, **והכא** מיירי בלש בע"פ אחר זמן איסורו, דיכול לגרר החמץ מעליהן אח"כ ולהדיחן, וכן צריך לעשות באמת אח"כ, אע"פ שביטלן, **אך** שאנו חוששין שמא ישהה קצת ויעבור על בל יראה.

סעיף ד - אין עושין סריקין המצויירין, דהיינו לצייר בפת כמין חיה ועוף - לפי שהוא שוהה עליה לציירן, ופעמים יבוא לידי חימוץ ע"י שהייה זו, **ואפילו** רוצה לעשות הציור ע"י דפוס שאינו שוהה כלום, אעפ"כ לא חילקו חכמים ואסרו הכל, לפי שהרואה שנאפו מצות אינו יודע שנעשו ע"י דפוס, ויבוא להתיר אף בלא דפוס, **וכן** אין חילוק בין סריקין של בעלי בתים ובין של נחתומין, אף דנחתומין קבועין ומורגלין בזה ואין שוהין בעשייתן, אעפ"כ אסור, **ואפילו** אם המצות הן רקיקין דקים שאינם ממהרין להחמיץ, אעפ"כ אין לעשותם מצויירין.

והיינו לכתחלה, ובדיעבד מותרין באכילה אם לא שהה בציורן שיעור חימוץ, וגם יוצא בהן ידי חובתו, [**ומשמע** דאותו העת אין נחשב לעסק כלל, ואינו דומה לניקור המבואר בסי' תנ"ט, דמוכח שם דחשוב עסק, אך דאינו מבטל השהיות שבינתיים].

אבל כל מה שעושים אותו במסרק כדי שלא יתפח - פי' ואע"פ שנעשה כעין ציור על המצה,

וכן מה שמנקבין המצות, מותר - דכיון שאינו מכוין לצייר, לא יבוא עי"ז לידי שהיית שיעור חימוץ.

ומ"מ טוב למהר לעשותן שלא להשהות בהם.

הגה: ויש לעשות המלות רקיקין, ולא פת עבה כשאר לחם, כי אין הרקיקין ממהרין להחמיץ

- היינו אף דמבואר בס"ה, דפחות מטפח מותר לעשות, מ"מ נכון יותר לכתחלה לעשות רקיקין דקין.

סעיף ה - אין עושין בפסח פת עבה טפח - דכשהיא עבה כ"כ, יש לחוש שמא לא ישלוט חום האש בתוכה, ותתחמץ בתוכה בשעת אפייתה, אבל בפחות מטפח מותר, **ועיין** בבה"ל שהבאנו דעת כמה פוסקים, דאפילו בפחות מטפח יש ליזהר.

ובדיעבד אם כבר אפה, יש מתירין אפילו בעבה טפח, ויש אוסרין, (ולמעשה נראה, דביותר מטפח יש לאסור אף בדיעבד), **אכן** בפחות מטפח אין לאסור בדיעבד, **ומ"מ** כל שהיא עבה, יש לעיין בתוכה אם נאפית יפה ולא נתחמצה.

סעיף ו - אין להקל במה שהחמירו הקדמונים שלא לעשות פאנדי"ש או פלאדוני"ש - הם עיסות מצות ממולאות בבשר או בגבינה, לפי שבשעת אפייה יוצא ליחה מהבשר והגבינה, ומלחלחת העיסה ומעכבת אפייתה, **ועוד** שליחה זו דינה כמי פירות, שכשהן מתערבים בעיסה שנילושה במים היא ממהרת להחמיץ מיד, וא"כ יש לחוש שמא כשיצאה הליחה לתוך העיסה, נתחמצה מיד קודם שהספיק חום האש לשלוט בה לאפותה.

ואפילו בדיעבד ששכח ונתן אותם לתוך המצה, יש לאסור המצה.

סעיף ז - אין ליתן ביצים שלמים במצה שתאפה עמהם - ג"כ מהאי טעמא, לפי שהליחה היוצאת מהם מעכבת אפייתה, **ואפילו** ביצה מבושלת אין ליתן, אע"פ שאין ליחה יוצאה ממנה, מ"מ במקום הביצה אין חום האש שולט שם, ואין נאפה שם יפה.

ואפילו בדיעבד יש לאסור, לפי מה שאנו נוהגין לאסור מצה שנתכפלה בתנור, לפי שאין חום האש שולט שם, וה"נ בזה, **אבל** אם נתן לתוכה זרעונים, אפילו אינם כתושים, מותרת באכילה, [אם אינם חדים], לפי שדבר קטן כזה אינו מעכב אפייתה, **ומ"מ** לכתחלה יש ליזהר גם בזה.

§ סימן תסא – דיני אפיית המצה §

סעיף א - תנור שאופים בו חמץ, צריך ליזהר כשיסיקוהו כדי לאפות בו מצה, שילכו הגחלים על פני כולו, ואין די לו בלהבה, דכמו שבולע על ידי גחלים כך פולט על ידי גחלים, ושיהו נצוצות נתזין ממנו - ודי בהיסק זה גופא שמכשירו לאפות בו מצה.

ואף שהתנורים שלנו נעשו מלבנים הנשרפים בכבשן, ויש להן דין כלי חרס שאינו יוצא מידי דופיו, מ"מ מהני היסק, כיון דהסיקן מבפנים, ולא חייס עלייהו דלמא פקעי, **ואין** חילוק בין תנורים שפיהן מן הצד כמו שלנו, ובין תנורים קטנים שפיהן למעלה.

הילכך אם הסיקוהו כמה פעמים קודם הפסח, אינו מספיק אא"כ כוון להתירו לצורך פסח, כי שמא לא הלכו הגחלים על פני כולו כל זמן שלא כוון לכך - ואם ספק לו בהיסק זה אם הלכו הגחלים על פני כולו, יש לאסור בדיעבד המצות שאפו בו, [**ואם** במקום שאפה המצות, יודע בודאי שאותו מקום נתלבן היטב, מצדד הפמ"ג להתיר בדיעבד], **ודוקא** אם הוא עדיין בתוך מעת לעת שנשתמשו בו החמץ, דאל"ה מותר בדיעבד אם הוא קודם פסח, **אך** אם הסיקו כמה פעמים, אף שלא כוון להתירו לצורך פסח, מותר בדיעבד, דבכמה פעמים תלינן שמסתמא הוסק כל התנור.

ויש נוהגים להטיל בו קרקע חדש - כעובי אצבע, (וכתב הפמ"ג, בדיעבד יש להתיר אף בפחות מזה), **כדי שלא יצטרכו היסק; ומנהג יפה הוא** - והחמץ הבלוע בגגו ובקירותיו, הוא נפלט ע"י ליבון השלהבת כשמסיקין אותו לאפות בו המצות.

וכן הכירה צריך להסיק ושילכו הגחלים על פני כולו, [היינו שילבן קרקעיתו וגם צדדיו], **או** שיטיח בטיט קרקעיתו, וגם בצדדיו בגובה המקום שעומדין הקדירות.

וקאכלין העשוי בתוך התנורים, צריך שילבינו ע"י גחלים, או שיטיח בטיט קרקעיתו וסביביו וגם למעלה, **ובבית** מאיר מקיל, שאין צריך להטיח למעלה כלל, ובצדדין מצריך רק בגובה טפח.

הגה: וכשמכשירו על ידי היסק, טוב ויפר הוא לחזור ולהסיק לצורך האפייה, ולא לעשות הכל בהיסק אחד - ר"ל אף דמן הדין די בהיסק אחד להכשר ולאפיה, מ"מ טוב וישר וכו', **והטעם**, אולי נשאר בפעם ראשון מקום אחד מבלי גחלים ולאו אדעתיה, **ועוד** דבהיסק אחד יש לחוש שלא ילבן יפה, מטעם שיתיירא שישרף הפת, **ולפי** טעם זה צריך להמתין מלהסיק פעם שני עד שיצטנן קצת, וכן נהגו.

וכתבו האחרונים, דאם שכח להסיק התנור ולהכשירו קודם יו"ט, וצריך להכשירו ביו"ט, דמותר לעשות הכל בהיסק א', ושלא לעשות הבערה שלא לצורך יו"ט, כיון דמן הדין מותר, **רק** שיזהר שילכו הגחלים ע"פ כולה.

סעיף ב - טפקא (פי' אחד מן הרעפין שמכסין בהם הגג, קופי בלע"ז), של חרס חדשה, לא שנא הסיקה מבפנים או מבחוץ, מותר, כיון שהאור שולט תחתיה, אעפ"י שאין שלהבת עולה על גבה, מרתח רתח והפת נאפית מיד ואינה בא לידי חימוץ.

אבל צריך להסיק תחלה - דאל"ה יש לחוש שיתחמץ קודם שיתחיל לאפות, **בין תנור בין כוביא** - היינו טפקא הנ"ל, **בין באלפס** - קערות רחבות ואופין בה לפעמים, (ויוצא בזה גם כן ידי חובת מצה), **בלא מים** - ואם יהיה שם מים, אפילו אם ישים העיסה שם אחר שיהיו המים רותחין, ג"כ אסור, דזהו חליטה ואסור, כמש"כ לעיל בסימן תנ"ד ס"ג.

בין בקרקע - והוא טרוקנין המבואר לעיל בסימן קס"ח סעיף ט"ו, **וע"ש** דאין רשאי לברך עליו "המוציא", אא"כ קבע סעודתו עליו, **ואיתא** בגמרא, דאדם יוצא בזה י"ח מצה בפסח, דהוא חשוב לחם עוני.

אבל להדביקו תחלה ואח"כ להסיק, יש אוסרים - היינו לכתחלה, ודוקא אם לא נשתהה שיעור מיל עד התחלת האפיה, דאל"ה לכו"ע אסור אף בדיעבד, **וטוב ליזהר** - ואפילו בדיעבד נכון להחמיר שלא לאכלה אם אפשר לו.

אם שמו מצה על הנייר בתוך התנור, לאפותה עם הנייר, אין לאסור בדיעבד, שבודאי שלט חום האור דרך הנייר, ונאפית במהרה קודם שתתחיל להתחמץ, **אבל** לכתחלה אין לעשות כן.

ויש מי שאומר שראוי למחות שלא יעשו חררות ברמץ, (פי' אפר חם, ליניררי בלע"ז) - היינו שלא לאפותם בתוך הרמץ, שיש לחוש שמא יחמיצו קודם שיתחילו לאפות, **ואם** עבר ואפה אין לאסור, [**וגם** יוצא בה י"ח בפסח].

סעיף ג - מצה שנאפת עד שאם פורסין אותה אין חוטין נמשכים ממנה, יוצאים בה - ידי חובת מצה, ואפי' אם הוא אוכלה אחר זמן מרובה, דמשנאפית כשיעור הזה לכו"ע תו לא אתי לידי חימוץ, **וקודם** שיעור הזה עדיין איננה בכלל לחם, רק בצק.

וסימן זה אינו כי אם בזמן שהמצה עדיין חם, ולא בזמן שנצטננה.

ואפילו אם היא נפרכת כשמטלטלין אותה, יוצאין בה.

כתב הח"י, דאם יש לספק אי חוטין נמשכין ממנה, ותוחב אצבע תוך המצה ואינו נדבק בה עיסה, יש להתירה, דזהו סימן שאין חוטין נמשכין ממנה, **וכ"ז** אם המצה חמה, אבל אם נצטננה אפשר דאין ראיה מזה.

[**ונראה** פשוט, דה"ה אם מטלטל אותה בידיו ואינה נפרכת, זהו סימן מובהק שאין חוטין נמשכין ממנה].

ויש עוד סימן לפת שהגיעה לכלל לחם, והוא כשאנו רואין שנקרמו פניה [מכל צד], והוא חד שיעורא, **וע"כ** אם נצטננה המצה, ופרסה וראה בה ריעותא מבפנים, שניכר שלא נאפה יפה, ואינו יכול שוב להכירה בסימן הנ"ל, יביט בפני המצה, ואם יראה שנקרמו פניה קרימה מעליא שאין בו ספק, יש להתירה, **אבל** אם גם

בהקרימה גופא יש בו ספק, הוא ספק דאורייתא לכמה פוסקים, ואסור אפי' בהפסד מרובה ומניעת שמחת יו"ט.

הגה: ויש ליזהר שלא ללקחה מן התנור קודם לכן ולהחזירה, כי תוכל לבא לידי חימוץ - ר"ל לא מיבעיא ליטלה שלא להחזירה, בודאי אסור, דכיון שחוטין נמשכין ממנה הרי היא עדיין בכלל בצק, ותתחמץ בודאי עכ"פ בשיעור שהיית מיל, **אלא** אפי' לקחה ע"מ להחזירה תיכף, גם כן יש ליזהר, כי תוכל לבוא לידי חמץ אפילו בשהיה מועטת, כיון שנתחממה מחום התנור.

ומ"מ אם עבר והוציאה והחזירה מיד, אין לאסור, [**ומ"מ** נראה, דלענין לצאת בה ידי חובת מצה, אין כדאי].

סעיף ד - יוצא אדם במצה שרויה - במים, והיינו דיעבד, ולזקן ולחולה שקשה לו לאכול מצה יבשה, מותר אפילו לכתחלה לשרות המצה במים, **אך** צריך ליזהר שלא יהיה שרוי מעל"ע, דכבוש כמבושל, [**ובפמ"ג** מפקפק בזה, דכבוש מפליט ומבליע, לא מבשל].

ומה דמקילינן בשרויה במים, דוקא כששורה כזית שלם ביחד, **אבל** אם ישרה פרוסות פחותות מכזית, אינו יוצא בהן י"ח, אם נישרו כ"כ עד שנתלבנו המים מחמתן, שכבר נתבטלו מתורת לחם עי"ז, **ואם** שורה אותן זמן מועט, ולא נתלבן המים עי"ז, אפילו הם פחותות מכזית לא אבד מהן שם לחם.

והוא שלא נימוחה – (הנה מפירוש רש"י משמע, דאפילו נתמסמסה, כל זמן שלא נימוחה לגמרי יוצא בה, ועיין בב"ח דמשמע שמצדד כן להלכה, וכן משמע בביאור הגר"א, **אכן** מדברי הרב ב"י משמע, דאפילו לא נמחה לגמרי ג"כ אינו יוצא ידי מצה, **וצ"ע**).

ואם מותר לשרותה בשאר משקין ומי פירות, או במרק, יש דעות בין הפוסקים, **י"א** דאסור, לפי שהן מפיגין את טעם המצה, שנותנין בה טעם שלהן, [**ואינו** דומה לעיסה שנילושה בדבש, דהיה יוצא בהם, ורק משום דלא הוי לחם עוני, דהתם נילושה קודם שנעשה פת, ונאפה הכל ביחד, ונקרא פת מתובלת, **משא"כ** הכא, שאחר שנגמר הפת באפייתה עירב בה טעם אחר], **וי"א** דוקא ע"י בישול מפיג טעם מצה, ולא ע"י שריה.

וע"כ זקן או חולה שא"א לו לאכול מצה השרויה במים, מותר לו לשרותה ביין או בשאר משקין, **אבל** שאר כל אדם שאכל מצה השרויה בשאר משקין חוץ ממים, לא יצא י"ח, וצריך לחזור ולאכול מצה אחרת, בין הכזית של ברכת "מצה", בין הכזית של אפיקומן.

וכ"ז דוקא כששורה את המצה בהן, אבל להטביל אותה בהן, כתב רבינו מנוח בפשיטות דשרי, דבזה לא נתבטל טעם מצה.

(**ויש עוד עצה למי שקשה לו לאכול מצה יבשה, שיאכל מצה מפוררת אף שהוא כקמח, ומברכין ע"ז "המוציא" ו"אכילת מצה", ובלבד שיאכל כזית**).

אבל אם בשלה, אינו יוצא בה - אפילו אם יש בכל פתיתה כזית, וגם יש עדיין תואר לחם עליה, לפי שאחר הבישול נתבטל ממנה טעם מצה.

וכתבו האחרונים, דלאו דוקא בישלה, דה"ה בשרוי לתוך רותחין, **ואפי'** בכלי שני יש להחמיר דלא לשרותה אם לא לצורך, **וכ"ז** בשהיד סולדת בו, **ודוקא** במים, אבל במרק יש להחמיר בכל גווני, [**ואפי'** בצונן גמור מסתפק הא"ר במרק, דאולי אף בזה מתבטל טעם מצה], ‹וכנ"ל›.

סעיף ה - אם אפו חמץ עם מצה - בתנור אחד, אפי' בתנור קטן וסתום, דמחמירין לעיל בסי' תמ"ז סוף ס"א, **לא נאסרה** - אפי' תוך הפסח, דריח פת איסור בפת היתר אין נחשב לכלום, **והסכימו** האחרונים להתיר בזה אפילו היו נילושים בשמן או שומן, ‹דאעפ"כ הן נקראין כחושים – הגר"ז›, **ומ"מ** אותו מקום שעמד החמץ בתנור צריך היסק כדי להכשירו, **אבל** שארי מקומות בתנור א"צ הכשר, דאין מוליך ומתפשט בליעתו בכולו, בכחוש בלי רוטב.

אא"כ נגעה בחמץ - היינו בתנור כשהם חמין, **ונוטל ממקום שנגעה כדי נטילת מקום** - היינו כעובי רוחב אצבע אגודל בינוני, **והשאר מותר** - ויש מאחרונים שמחמירין בנעשה תוך הפסח, לאסור כולו, **ולפי** מש"כ הגר"א [לענין מצה כפולה], יש להקל גם בזה.

הגה: מלה שנתכפלה בתנור ודבוקה עד שאין שולט שם האש - ר"ל דכיון שנדבק, ואין האש יכול לשלוט שם בכח לאפות מיד, חיישינן שאדהכי והכי נתחמצה, **אוסרים אותה** - כולה, דכיון שהחמץ מחובר במצה בחתיכה אחת, חוששין שמא נתפשט טעם החמץ בכל המצה, ואע"פ שיש במצה ששים נגדו, אין מתבטל

בתוכה, **תוך הפסח** - ר"ל אם האפיה היה תוך הפסח, דאז דינו במשהו.

(ומ"מ אינו אלא חומרא בעלמא, וכמו שכתב הט"ז, דהא ירך שצלאו בגידו א"צ מדינא אלא כדי נטילה, **ועיין** בביאור הגר"א שכתב, דלפי מאי דמבואר לעיל סימן תמ"ז סוף ס"א, (וז"ל השו"ע שם: אבל אם בשאר תערובות לא היה צריך ששים אלא קליפה או נטילת מקום, אף בחמץ כן), גם בתוך הפסח אין לאסור אלא מקום דיבוקו, וכן הסכים הפר"ח לדינא, **ואפשר** דמצד המנהג גם הם מודו דיש להחמיר, **אמנם** אם יש לו ספק בעצם הכפל, בודאי אין להחמיר חוץ לאותו מקום).

אבל באינה דבוקה ממש, אין לאסור, [היינו אפי' אם הם סמוכים כ"כ, עד שכמעט נדבק הכפל להדדי, כיון שאין נדבק ממש], **ומ"מ** אם לא קרמו פניה דלמטה במקום הכפל, ואפי' יש לו ספק בזה, אסור.

אבל שאר מצות שבתנור מותרים - אפי' אם נוגעים ונושכים בזו, ואפי' אם נגעו בה במקום הכפל, דאין איסור כחוש יוצא מחתיכה לחתיכה בלא רוטב, **ורק** צריך ליזהר, שיניח מעט מן ההיתר עם האיסור במקום הנגיעה כדי נטילה, [**ועיין** בפמ"ג שכתב, דאם נגעו שלא במקום הכפל אפי' קליפה לא צריך, דאין בלוע יוצא כלל מחתיכה לחתיכה בלי רוטב, **אבל** אם נגעו במקום הכפל, או שנשכו זו בזו ואפי' שלא במקום הכפל, אז צריך נטילה].

ואם היתה אחת מהן משוחה שומן, אפילו ההיתר שמן, אם נגע במקום הכפל, כולו אסור, דאזיל ההיתר ומפטם לאיסור, והוי כאלו הוא ג"כ שמן, ומתפשט האיסור בכולו, **אבל** שלא במקום הכפל, סגי לה בכדי נטילה, **ואם** היתה המצה הכפולה שמן, אוסרת לחברתה הנוגע בה בכולה.

וקודם פסח - [היינו אפי' בע"פ אחר זמן איסורו], **אין לאסור רק מקום דבוקה** - וסביבו כדי נטילה, והשאר מותר אף דלית בהו ששים נגד מקום הכפל.

והיינו אפי' בנמצא תוך הפסח, כיון שנאפית קודם פסח, (**ועיין** במ"א, שיש מחמירין אז לשרוף, כשנמצא תוך הפסח, אע"פ שאינו חמץ ברור אלא חשש בעלמא).

וטוב להוציא מצה כפולה או נפוחה במרדה אחרת, אם יש באפשרו.

אם נמצא בביתו מצה כפולה ונפוחה לאחר הפסח, אין להחמיר.

מצה נפוחה באמצעיתה, אסורה - יש בזה שני פירושים, **א)** שנחלקה עובי המצה באמצע, וחלק העליון עלה למעלה, **ב)** שלא נחלקה כלל, אלא שתפח גוף המצה באמצעיתה ועלה, כמו בלחם חמץ שמתחמץ ומתנשא למעלה באמצעיתה, **והסכימו** האחרונים בשניהם להחמיר.

ואסורה כל המצה, אף במקום שלא נפחה, ואפילו אם הנפיחה היתה רק באחת מן הקצוות, כיון שנעשה חלל בעוביה תלינן שנתחמצה כולה, [**ומה** שכתב הרמ"א "באמצעיתה", היינו שנחלק העובי, ולא ע"י קרום דק, א"נ אורחא דמילתא נקט, שדרך להתנפח באמצע], **ואפילו** יש ס' במצה נגד מקום הזה לא מהני, ואין חילוק בין קודם פסח או בפסח.

ועיין באחרונים שהסכימו, שאין לאסור אא"כ החלל הוא גדול כ"כ כמו אגוז לוז, שקורין האזיל נוס, או כמו אצבע גודל בינוני, **ודוקא** כשעלה החלק העליון מן המצה בגובה למעלה, **אבל** אם לא עלה למעלה, אלא שבתוך עובי המצה יש נקב חלול כשיעור שנתבאר, אוסרים מקום הנקב לבד, שאותו מקום דומה למצה כפולה, שאין חום האש שולט שם, [**וכתב** החמד משה שהוא חומרא בעלמא, ואין לאסור הכלים משום זה], **והשאר** מותר אפילו תוך הפסח.

ואין אוסרין אפילו במקום הנקב, אלא כשיש בתוכו אבעבועות, שקורין בלעזליך, שהוא סימן לחימוץ, אבל אם הוא חלק, מותר, **ואם** יש במצה שני נקבים, נקב בתוך נקב, חוששין לאסור כולה.

וכ"ז אם הנפיחה נעשה בתנור בפעם ראשון, אבל אם לאחר שנאפה טחו אותה בשומן, והחזירוה לתנור ונתפחה, שרי לכו"ע.

[**והנה** דרך האופים, כשרואים בתוך התנור שהמצה התחיל להתנפח, מכה עליה במרדה שלא תעלה למעלה, משמע מדברי הח"י שאין חשש בזה].

אבל אם עלה עליה קרום כדרך שעולה על הפת בשעת אפייה - היינו קרום דק מלמעלה, ולא באמצע עובי המצה, **מותרת.**

יש מאחרונים שכתבו, דבמצות דקות שלנו, אין לחוש להאבעבועות והחללים הנכרים מבחוץ ומבפנים, כדרך רובא דרובא הנעשים מחמת האור, שאפילו אינם קרומים דקים, רק קצת בעובי, אין לחוש, **ונפוח** באמצעיתא דאסרינן, היינו שנפרד חצי העובי העליון מהתחתון, דזהו שכיח רק במצות העבות קצת.

ודע דאפילו באופן שהיא נפוחה לכו"ע, דעת הח"י שאין לאסור תערובתה, כי אם אותה מצה עצמה שנתפחה, וה"ה לענין כפולה, **ובא"ר** מחמיר לאסור התערובות בנפוחה, אך בהנאה יש להקל, [**וכן** הכלים כשאין בו ס' יש לאסרו, וכן הריב אייזי"ן, אך אם כבר נשתמשו בו יש להקל], **ונראה** דעכ"פ בששים יש להקל, **ובפרט** ברקיקין דקין כמו מצות שלנו, אפי' מי שירצה להחמיר, עכ"פ אין להחמיר בתערובות כדעת הח"י.

אם שני מצות שוכבות זו על זו בתנור - והיינו אפילו רק מקצת מצה זו, היה מונח בתנור על מקצת מצה זו, **קודם אפייתן** - ר"ל והניח שם עד שנאפו כך, **אסורים, דהוי כמצה כפולה** - והטעם, לפי שמקום הדבוק אין האש שולט שם, וע"כ דינו כמצה שנתכפלה במקצת, ונאסרה כל מצה עליונה ומצה שתחתונה, **ואם** היה זה קודם פסח, מסיר מקום הדבוק עם רוחב גודל ממצה זו, וכן כה"ג ממצה שתחתיה.

אבל אם האופה הפרידן תיכף, נראה להתיר.

(**כתב** בספר חמד משה וז"ל, בדין זה וכן בדין כפולה, היה נראה דכל שדבוקים יחד בנשיכה, אין איסור בזה, והרי זה כמצה עבה הרבה, ואין בזה רק אם שוכבות זה ע"ז או דבוקה, וכשמפרידים זה מזה יתפרדו בלי נשיכה, אבל אם הם בנשיכה יחדו ידובקו, זה יבוא ע"פ רוב כשהגיבול רך, וידבק בלי פירוד כאלו נילושות כאחד, ומ"מ לא מלאני לבי להחליט היתר בזה, הואיל ולא פירשו הפוסקים, ואולי מתחלה היו מדובקים בפירוד, ואח"כ ע"י חמימות הרב פלטו לחותן ונדבקו יחד, ומ"מ אם יהיה עוד איזה צד להקל, יש להקל ולהתיר בענין כזה, כן נ"ל, עכ"ל).

וכן יש ליזהר שלא יגעו זה בזה בתנור בעודן לחין, כי אין האור שולט במקום נגיעתן ובאין לידי חימוץ - ובדיעבד אם נגעו ונשכו זה בזה, כיון ששניהם נוגעין למטה בחום התנור, חום האש שולט למטה שפיר, ונאפה כדינו ומותר.

§ סימן תסב – דין מי פירות אם מחמיצין §

סעיף א - מי פירות - כגון יין ושמן, וה"ה דבש וחלב ושאר כל המשקין, ואפילו הם מפירות חמוצין, **בלא מים אין מחמיצין כלל** - והיינו בלא מים כלל, דאם יש בהם מים אפילו כל שהוא, הרי אלו מחמיצין.

ומותר לאכול בפסח מצה שנלושה במי פירות, אפילו שהתה כל היום - ונתפח הבצק, דאין זה חימוץ אלא סרחון. **אבל אין יוצא בה ידי חובתו** - היינו כזית ראשון של שתי הלילות, **מפני שהיא מצה עשירה, וקרא כתיב: לחם עוני.**

סעיף ב - מי פירות עם מים ממהרים להחמיץ יותר משאר עיסה - ר"ל אפילו בפחות משיעור מיל עלול להתחמץ, **הילכך אין ללוש בהם** - דחיישינן שמא ישהה קודם אפיה.

בין שהמי פירות מרובין והמים מועטין, ובין להיפך, **וכתבו** האחרונים, דאין חילוק בין שנילוש תחלה עם מי פירות, ואח"כ באו למים קודם שנאפה, או להיפך.

(**עיין** בפוסקים דאיכא פלוגתא בחמץ זו, לדעת ר"ת ושאר פוסקים, אינו אלא חמץ נוקשה, דחמץ גמור אינו אלא ממים בלבד, **ולדעת** הרמב"ם ודעמיה, הוא חמץ גמור, **ועיין** בפמ"ג שהסכים, דדוקא במיעוט מים, אבל אם הרוב מים, לכו"ע הוא חמץ גמור, וחייב כרת עליה).

(**ואם** מותר לקטוף המצה במי פירות, פלוגתא הוא בברייתא, ולדעת חכמים אסור, וכן פסק הר"ח בפירושו והרשב"א בתשו', ומביאו הב"י, והמחבר השמיט זה, משום דבטור הביא די"א דמלילה ראשונה ואילך מותר קיטוף, ודעה זו הובא ברי"ץ גיאות בשם רב שרירא גאון, **אכן** מנהגנו להחמיר בזה, וכמו שכתב הרמ"א לקמיה).

(**ובנפלו** מי פירות על חטים או קמח ונתייבשו, אם מותר לאפות מהן מצות אח"כ, נחלקו האחרונים, יש

אוסרים, דבשעה שיבוא עליהם מים, תתעורר בהם כח מי פירות, ותמהר להחמיץ, ויש מקילים, כיון שכבר כלה הלחלוחית ונתבטלו, לא יתעורר שוב, **ונראה** דבשעת הדחק יש לסמוך להקל וללוש, מאחר שעיקר דין המחבר אינו לכו"ע, דלהרי"ף והרמב"ם אינם מחמיצים יותר משאר עיסה שנילושה רק במים, והסכים המגיד ורבינו מנוח לדעתם, **א"כ** עכ"פ בנתייבשו יש להקל).

ואם לש בהם, יאפה מיד - ואם עבר ושהה קודם האפיה, יש לאסור באכילה, אף שלא שהה שיעור מיל, [אבל בהנאה מותר, וכן לשהותו עד אחר הפסח], **ובא"ר** מצדד להתיר בהפסד מרובה אף באכילה, כל שלא שהה שיעור מיל, ולא מינכר בה סימני חימוץ, **ונראה** דאם היה דבר זה בשוגג, בודאי יש לסמוך להקל בשעת הדחק.

ודע דהסכימו האחרונים, דאף דקי"ל דאם אפה מיד מותר לאכול אותו המצה, מ"מ אין יוצאין בה ידי חובת מצה, דכל שיש בו מי פירות אפילו מועט, כל שנרגש בו טעם המי פירות, מקרי מצה עשירה, ואין יוצאין בה ידי חובה, **ולא** עוד אלא אפי' אם לשה במים, ואח"כ קיטפה מלמעלה במי פירות, ואפאה, ג"כ אין יוצא בה ידי חובת מצה, דתו לא הוי לחם עוני.

סעיף ג - מותר ללוש ביין, אעפ"י שאי אפשר לו בלא טיפת מים שנופלת בשעת הבציר, ואף לכתחלה רגילים ליתן מים בשעת הבציר כדי להתיר נצוק - דגבי יין נסך ניצוק חיבור, דהיינו אם מערה ישראל יין מכדו לכדו של עכו"ם, ובו משקה טופח, נאסר היין שבכדו של ישראל, שעמוד הניצוק מחבר בין היין שבכלי העליון ליין שבכלי התחתון, ורואים כאלו היין של איסור מעורב בהיתר, **אבל** כשיש גם מים בכלי של ישראל, כשיעור שיכול לבטל היין בכלי של עכו"ם, והיינו ס' פעמים, ולחד דעה בששה פעמים סגי, עיין ביו"ד סימן קכ"ו, שרי, דכל מינו ומינו ושאינו מינו, אמרינן סלק את מינו כמי שאינו, ושאינו מינו רבה עליו ומבטלו.

ואף על פי כן אין לחוש להם, הואיל וכבר נתבטלו המים ביין קודם שלשו העיסה - דאם נתערב מים כל שהוא במי פירות בשעת לישה, לכו"ע לא נתבטל המים.

רוב האחרונים הסכימו, דבעלמא לא מהני ביטול במים שנתערבו במי פירות, וכל שיש במי פירות אפי' משהו מים, כבר נשתנה טבעו ויכול להחמיץ עיסה, וממהר עוד להחמיץ יותר, וע"כ צריך להחמיר לכתחלה שלא ללוש בהם וכנ"ל, **והכא** שאני, שמתערב המים ביין עד שלא נגמרה עשייתה, דהיינו בעודנה תירוש, [דהוא בתוך ג' ימים לדריכתו, ונקרא יין מגיתו, **אבל** אחר ג' ימים, אף שעד מ' יום נקרא תירוש לענין נסכים, מ"מ לעניננו מקרי יין גמור, ושוב לא יתבטל בו], **ואח"כ** תוסס היין ונתהפך המים ג"כ ליין, ולהכי נחשב הכל ליין, [**אבל** אסור ללוש ביין זה בשעה שהוא תוסס עדיין, כיון שהמים שבו עדיין לא נשתנה להיות יין], **ולפי"ז** אם נתערב המים ביין אחר התסיסה, בודאי אין עוד לאותו יין דין מי פירות.

ולשון המחבר "קודם שלשו העיסה", אינו מדוקדק כ"כ לפי מסקנת רוב אחרונים הנ"ל, דאפילו בקודם לישה לא נתבטל, דכל טעם הביטול הוא רק משום שנתערב ביין בשעה שהיין תוסס, ונתהפך המים ליין.

(**ודע**, דמ"מ יש ג"כ כמה אחרונים שמפרשים דברי השו"ע כפשוטו, דאפילו ביין גמור נמי מיעוט המים מתבטלים במי פירות, **וכפי** שמשמע באמת מפשטות לשון המחבר, שסיים: הואיל וכבר נתבטלו קודם שלשו העיסה, אלמא דוקא בשעת לישת העיסה, אם עירב מעט מים בהעיסה שנילושה ביין לא מתבטל, ומשום דלא שייכא שם ביטול, שתיכף בהצטרפם יחד עם העיסה מתחילין לעשות פעולת החימוץ, עוד קודם שמספיקין היין לבטל המים, **משא"כ** קודם שבאו להעיסה, שפיר מבטלים המרובים למועטין, וכשבא אח"כ היין לעיסה הרי היא כמי פירות לבד, **וכן נראה** דעת הגר"א בכוונת המחבר, דלא מטעם שתסיסת היין מהפך המים ליין, אלא מטעם ביטול בעלמא, וכן הסכים בעל בית מאיר, שפירוש זה הוא היותר נכון בכוונת המחבר, **וע"כ** אף שרוב המפרשים לא פירשו כן, מ"מ אפשר לסמוך אהני פוסקים שהבאתי, עכ"פ לענין להתיר ללוש לכתחלה ולשומרן מחימוץ, כשאר עיסה שנילושה במים, **מאחר** שלדעת הרי"ף והרמב"ם, בכל מקום מותר לערב אפילו הרבה מים עם יין וללוש לכתחלה, רק שצריך לשמור מחימוץ כשאר עיסה שנילושה במים, **וא"כ** עכ"פ בנידון דידן שנתערב מעט וכבר נתבטל, יכולין אנו לסמוך עליהם, וכן פסק הח"י ובעל מגן אלף).

(ודוקא ללוש ביין, אבל בשמרי יין, הוי חמץ גמור).

וכתבו האחרונים, דיין צמוקים או דבש צמוקים, אף שנעשים על ידי מים, [ששורין אותו במים תחילה, ואח"כ סוחטין אותם, ויוצא מהם דובשן עם המים שנבלעו בהן, ואח"כ מבשלין את המוהל הנסחטין מהם, עד שנעשה דבש], **כיון** שנשתנה טעמו לגמרי, הוי כמי פירות גרידא, כי המים ששרו בהם הצמוקים נשתנה ברייתם, **ודוקא** אחר שכבר נגמר תסיסתם, וכנ"ל לענין יין ענבים, דאי לאו הכי לא מקרי מי פירות, **וגם** שלא נשפך בו עוד מים אח"כ, **ודוקא** כשהצמוקים הם הרבה, שאם הם אחד משׁשה במים, פשיטא דנחשב זה כמי פירות עם מים ומחמיץ, **ויש** מאחרונים שמחמירין בצמוקין בכל גווני, [והוא הדין בדבש צמוקין], וסוברין דמי צמוקין לא נחשב מי פירות, **וע"כ** כל בעל נפש יחמיר שלא לאכול מצה שנילושה בהן, רק למכור או לשהות עד אחר פסח.

סעיף ד - מי ביצים ושאר משקים, כולם הוו בכלל מי פירות - דסלקא דעתך דגרוע (מי ביצים) ממי פירות, לפי שהעיסה תופח ממנו, קמ"ל דאין זה חימוץ, דכל שאינו מתולדות המים אינו מחמיץ.

הגה: ובמדינות אלו אין נוהגין ללוש במי פירות - דחוששין לכתחלה לסברת הני פוסקים דס"ל, דמי פירות בלחודייהו ג"כ מחמיצים, וממהרין ג"כ להחמיץ, **וגם** חוששין שמא נתערב בהם מעט מים, דלכו"ע מחמיץ.

וכפי המנהג, אפילו כבר לשה ואפאה מיד, אין לאוכלה בפסח, אלא ישהנו עד לאחר הפסח.

ואפילו לקטוף המצות - ר"ל למשוח את פני המצות במי פירות, אף שהוא דבר מועט, **אין נוהגין, רק לאחר אפייתן בעודן חמין.**

וכתבו האחרונים, דגם בזה יש ליזהר מליקחן ללילות ראשונות לכזית של חובה, דהוי כעין מצה עשירה, ובפרט כשמחזירין אח"כ שוב לתנור, [**ועיין** בא"ר וח"י, שנוהגין בלילות ראשונות שלא ליקחן אפי' שלא לכזית חובה, לזכרון משום מצה עשירה].

ואין לשנות, אם לא בשעת הדחק לצרכי חולה או זקן הצריך לזה - מיהו יאפם מיד וכנ"ל, **ודוקא** במי פירות לחודייהו, אבל במי פירות עם מים, אין ללוש לכתחלה אפילו בשעת הדחק, [**ועיין** בער"ש שכתב, דאפי' בקיטוף שהוא דבר מועט, נמי דינו כמו פירות עם מים, **ובמאמר** מרדכי מצדד להקל בזה].

סעיף ה - הלש עיסה במי פירות - היינו במי ביצים ושאר מי פירות, דברים שאינם מז' משקין, שסימנם י"ד שח"ט ד"ם, ומבוארים לעיל בסימן קנ"ח, **טוב לעשותה פחות משיעור עשרון, כדי שלא תתחייב בחלה** - והטעם, דע"י מי פירות אין העיסה מוכשרת לקבל טומאה, ונשארת החלה טהורה, ואין לו שום עצה אח"כ מה לעשות בה, לשורפה אינו יכול, שאין שורפין קדשים טהורים, ולאכלה אינו יכול, שרובן טמאי מתים הן, **ובשאר** ימות השנה יש עצה, שיתן בעת הלישה גם מעט מים, וממילא הוכשר, **אבל** עתה לצורך פסח, הלא יהיה מי פירות עם מים, ואסור ללוש וכנ"ל בס"ב, [**ומיירי** שיין ודבש ושאר דברים מז' משקין אין לו, דאל"ב יערב עמהם], **לכן** העצה שילוש פחות מכשיעור.

ובדיעבד אם לש כשיעור, יראה ליתן החלה לכהן קטן, שלא יצא טומאה מגופו.

[**ויש** מאחרונים שכתבו, דטעם המחבר, משום דיש מקצת פוסקים שסוברים, דאם לש במי פירות שאינם מז' משקים, אינו חייב בחלה, **ואף** דבדיעבד אם לש, קימ"ל דחייב בחלה, מ"מ לכתחילה טוב לצאת גם דעה זו, וע"כ ילוש פחות מכשיעור].

סעיף ו - חטה שנמצאת בדבש או ביין וחומץ, מותר - הדבש והיין, ולא אמרינן שנתחמצו על ידי החטה, אפילו נתרככה ונתבקעה שם, שאין מי פירות מחמיצין.

ומיירי שבישלו הדבש והיין, או שהיה כבוש מעל"ע, דבשריה בעלמא בצונן, להרבה פוסקים אפילו נמצא במים גרידא נמי אינו אוסר.

(**אפי'** למנהגינו שאנו חוששין בכל מי פירות שמא נתערב בהם מים, אעפ"כ אין להחמיר בחטה הנמצאת בתוכם, כי חששא זו אינה כדאי אלא לאסור לכתחלה שלא ללוש בהם עיסה, ושלא לעשות מהם תבשיל עם קמח, אבל בדיעבד לא היה כדאי לאסור בשביל חששא זו, **ואין** אנו מחמירין אף בדיעבד אלא כדי שלא יעשה כן פעם אחרת לכתחלה אם נתירם לו לאכלם בפסח, **אבל** בדבר הנעשה מאיליו, כגון חטה שנפלה לתוך מי פירות, אין להחמיר בדיעבד – הגר"ז).

ובלבד שלא נתערב בהם מים - דאז אדרבה מחמיצין טפי וכנ"ל בס"ב, **והא** דמבואר לעיל בס"ג, דמותר ללוש ביין, אע"פ שא"א לו בלא טיפת מים, שאני התם שנפלו המים קודם תסיסת היין, ובתסיסת היין נתהפכו המים להיות יין, **משא"כ** היכי שמתערב אח"כ.

וחטה שנמצאת במי דבש, שקורין מע"ד, או ביין שרף הנעשין מפירות, או בשכר של תמרים ופירות, וידוע שלא נתערב בהם שום מים אחר עשייתן, אם אוסר או לא, **נסתפקו** האחרונים בזה, אם יש לדמותן ליין של צמוקים, דע"י התסיסה נהפך המים להיות יין, וה"נ ע"י הבישול ותסיסת הדבש, נהפך המים ונעשו מי פירות, וכן בשארי דברים הנ"ל, **או** דילמא שאני ענבים שכחם חזק להפך המים ליין, וכן בדבש צמוקים הנ"ל, ע"י הבישול נשתנה ברייתן לגמרי ונעשים דבר גוש, משא"כ בכל אלו, אף לאחר עשייתן ובישולן עיקרן מים, **וע"כ** יש להחמיר היכי שנפל בהם שלא לשתותן, **אבל** לשהותן עד אחר פסח, או למכור לעכו"ם, יש להקל.

אכן אם ידוע שהחטה לא היה מעל"ע במים, אין להחמיר אפי' לשתיה, דצונן אינו נותן טעם, [**אף** דלקמן בסי' תס"ז סי"ב, יש מחמירין אף בצונן, הכא דבלא"ה יש סברא דהוי מי פירות, בודאי אין להחמיר], **וכן** אם החטה לא נתבקעה רק נתרככה לבד, יש להקל אפילו אם אינו ידוע לו כמה שהתה, אם לא שידוע לו ששהתה החטה מעל"ע במים דנעשה כבוש, (**אף** דיש לספק שמא שהתה מעל"ע, והיינו משום דהו"ל ס"ס באיסור משהו, ספק כבוש, וספק שמא לא הוי חמץ כלל, דנתרככה אינו אלא ספק חמץ, לבד הספק דמי פירות, והנה אף דהמשב"ז מסתפק להחמיר לענין שתיה אף בנתרככה, מ"מ לענ"ד הסומך להקל לא הפסיד, ובפרט בזה, שדעת הבית מאיר, שחטה במי דבש או ביין צמוקים הוי נותן טעם לפגם, בודאי יש להקל עכ"פ בנתרככה, שיש כמה ספיקות להתירא).

כתבו הפוסקים, דשומן הוי נמי מי פירות, לפיכך חטה שנפל לתוך שומן אפילו רותח, אינו אוסר, שמי פירות אינו מחמיץ, ואפילו נתבקע החטה, ובלבד שלא נתערב מים בתוך השומן אחר שהתיכו אותו, **ואף** שבלא"ה יש בכל שומן תערובת מים, שהרי מדיחין אותו בשעת מליחתו, מ"מ אין לחוש לזה, לפי שכשנתבשל שומן בקדירה בישול יפה, נשרפו המים בבישול והלכו להם לגמרי, **ולכן** אפילו ידוע שעירב להדיא תוך השומן מים מעט קודם שהתיכו אותו, אין לחוש.

וכ"ז בידוע שנפלה אחר שהתיכו השומן, אבל אם נמצא חטה בתוך שומן, ואינו ידוע אם נפלה מקודם או אח"כ, **אם** הריקו השומן מקדירה שבישל בה לכלי אחר, ושם נמצא החטה, אף שהיה השומן עדיין רותח, מותר, דלא מחזקינן איסורא, ואמרינן בכלי שני נמצא ושם היה גם מקודם, וכשהריקו השומן עליה כבר לא היו מים בהם, **וכן** אפילו אם נמצאת החטה באותו כלי שהתיכו בה, רק שהיה לאחר שהסירוה מן הכירה והעמידוה במקום אחר, ושם נמצאת החטה בה, אפילו בעוד השומן רותח, מותר, דלא מחזקינן איסורא ממקום למקום, ואמרינן החטה נפלה במקום זה, שכבר התיכוה ונעשית הכל מי פירות, [**ואף** שבמקו"ח השיג ע"ז, ודעתו דזה לא מקרי ממקום למקום, **כבר** כתבנו בשם הבית מאיר, דעיקר הדין דמחזיקין מזמן לזמן ג"כ לאו דבר ברור, וא"כ אין לנו להחמיר בזה יותר מדאי באיסור משהו, **ומ"מ** אם השומן היה מכוסה משעה שהעבירה למקום זה, א"כ א"א לתלות שנפלה עכשיו, ובע"כ מקודם נפלה].

אבל אם נמצאת החטה הבקועה בכלי ראשונה שהתיכו בה השומן בפסח, [ואם אינה בקועה יש לצדד להקל], והיא במקומה עומדת, אסור השומן, דחיישינן שמא נפלה קודם ההתכה, או בתחלת הרתיחה, שעדיין היו מי הדחה בעין על השומן, ומיד החמיצה, כדין מים עם מי פירות שממהרים להחמיץ, ואוסרת השומן, **ואם** אומר בבירור שיודע שלא התיך תיכף אחר ההדחה, רק שכבר נתייבש המים מקודם, בזה אפילו נמצאת החטה קודם שנתבשל השומן בישול יפה, ג"כ מותר, שאין כאן אלא מי פירות בלבד.

[**ובהתיכו** קודם פסח, לפעמים מותר אפי' נמצאת החטה בכלי ראשונה, וכגון שנקרש השומן לפני הפסח, דאפי' אם נחזיק שהחטה מונחת כאן משעה ראשונה ונחמצה, מ"מ אינה אוסרת השומן, דבטלה בששים, **וכשמגיע** הפסח דהיא במשהו, כבר נקרשה ואינה אוסרת, דליכא כבוש].

ואם עשו בשומן עגולים שקורין קניידליך ממצה טחונה, ונמצא חטה בהם, אם לא עירב בהם מים רק שומן וביצים, פשיטא דמותר, דמי פירות הן ואינן מחמיצין, **אבל** אם יש בהעגולים מים ג"כ אפילו מעט, הוי מי פירות עם מים ואסור, **וה"ה** המצה ששורין אותה במים

לאחר אפייתה, וסוחטין אותה, ואח"כ לשין אותה בשומן, אם נפלה חטה לתוכה, יש להחמיר ולאוסרה, לפי שאי אפשר לסוחטה כל כך, ונשארו בתוכה מים בעין.

סעיף ז - יש לברר המלח מחטים שלא יהיו בתוכו, כי כשהמלח מתלחלח הוא נכנס מעט מעט בחטים ומתחמץ - החטה, ושוב פולטת החטה טעם החמץ במלח, **והיינו** במלח של ים דכמים דמי, אבל במלח שחופרין מן הקרקע, מצדדים כמה אחרונים דאינן בכלל מים, אלא הם כמי פירות דאינן מחמיצין, **ומ"מ** ראוי גם בזה לבדוק אותם, [לחוש לדעת הד"מ, דכל מלח תולדות מים הם, **ועוד** שמצוי שימצא בהם גרעינים מלוחלחים ממים, ויחמיצו המלח לכו"ע].

ואם לא בירר, ונמצא חטין במלח, הסכימו האחרונים, דאם יבשים, מותר המלח אפילו בפסח, **ואם** מצאן שנתרככו, אם הוא בע"פ אחר חצות, צריך ליטול כדי נטילה, דהיינו כעובי אגודל סביבות המקום שהיו החטין, וזורקן, [**ובדיעבד** אם נשתמש בהם אין לאסור, דבטל טעם החטה בששים], **והשאר** מותר.

אבל אם מצאן בפסח, לכתחלה אין להשתמש בכל המלח שבכלי, ויזרוק כדי נטילה סביבן, והשאר משהן עד לאחר פסח, **ובדיעבד** אם נשתמש בהם, אין לאסור המאכל, אא"כ ששמו מאותו כדי נטילה תוך המאכל, דאז אסור כל המאכל.

[**ואם** הוא קודם חצות, משמע ממ"א דבטל בששים, ולפי"ז לא יצטרך לזרוק אף בכדי נטילה, דלקולא אזלינן, וחשבינן לכולו כאילו היתה חתיכה אחת, **והגר"ז** כתב, דגם בקודם חצות דצריך לזרוק כדי נטילה, **והכי** מסתברא טפי, דמעיקר הדין הלא אינו מתפשט כ"כ, דהלא מקילינן בפסח בדיעבד בכדי נטילה, וא"כ אם נסמוך קודם הפסח אששים לקולא דנתבטל, הלא ישתמשו בפסח בכל המלח, אף באותם שהיו סביבות החטה כדי נטילה, וצ"ע].

כתבו האחרונים, דגם התבלין יש לברר, ולהשליך גרעיני תבואה שימצא בהם, קודם שישימם בתבשיל, וקודם שידוך אותם, שלא יתערבו תוך התבלין, **אבל** התבלין פשוט הוא שאין בהם חשש, אפילו נמצאו הרבה בהם, דהרי הם יבש ביבש.

§ סימן תסג – אם מותר לחרוך שני שבלים יחד ודיני כרמל §

סעיף א - מותר לחרוך שני שבלים ביחד, ולא חיישינן שמא יצאו מים מאחת לחברתה, שהם מי פירות ואינם מחמיצים - וה"ה דמותר להעמיד כד של דגן לחים בתוך התנור חם, שיהיה עשוי קליות, ואף שמחמת חום התנור עלול שיצא מים מן הדגן לתוך הכד, ונבלעין אח"כ בהקליות גופא, אפ"ה שרי מטעם דמי פירות אין מחמיצין.

וכתבו האחרונים, דההיא ציור דהמחבר גם להרמ"א ‹דאוסר בס"ב לדידן שנוהגין להחמיר במי פירות› שרי, דמלתא דלא שכיחא היא שיצאו המים מזה לזה, ואף אם יצאו, הלא מעיקר הדין מי פירות אין מחמיצין, **וגם** אפשר דהא דמחמירין במי פירות, היינו שלא לעשות מעשה בידים, לערב מי פירות עם הקמח, אבל מי פירות שנתערב ממילא, שבקינן ליה אדינא דמותר.

[**ונ"ל** שיש נ"מ בין שני הטעמים, לענין להתיר בזה"ז למלאות קדירה בשבלים, וליתנם לתוך התנור חם ולעשות קליות, דלטעם השני שרי, **אבל** לטעם הראשון אסור בזמנינו, דשכיחא שיצאו מים מזה לזה].

סעיף ב - ותיקא, שהוא תבשיל העשוי משמן ומלח עם קמח, מותר - דשמן הוי מי פירות ואין מחמיץ, **ואע"ג** דמלח שלנו, [דהיינו שנעשית ממי הים], מחמיץ, כמש"כ בסוף סימן תס"ב, **י"ל** לפי שהוא מועט, ונשתנה צורתו מצורת המים, אין בו כח עם השמן, **אבל** מים גמורים חיישינן בכל שהוא, ואפשר נמי אי איכא מי מלח מרובה חיישינן - [ר"ן], ‹**כוונתו** לכאורה כלשון הר"ן: אי איכא מלח מרובה חיישינן›.

(**ועכשיו מצאתי בחידושים מהריטב"א הנדפס מחדש על פסחים ונחוץ לענינינו, וז"ל שם: ותיקא שרי, ואוקימנא במשחא ומלחא, ומשום דמי פירות אין מחמיצין, י"א שזה במלח הנחצב מן ההר, אבל מלח הנעשה מן המים, הרי הוא כמים ואסור, וי"א שאפילו מלח הנחצב מן ההר, גם הוא ניתך למים, אלא דהכא לפי שהמלח מועט כדי נתינת טעם, לא חששו, ואחרים פירשו דבכל מילחא מיירי, והכא מיירי כשנתבשלו הקמח והשמן בתחלה יפה, ואח"כ נתן בו מלח, דהו"ל כאפוי שאינו בא לידי חימוץ, וזה נראה נכון להריטב"א ז"ל,**

עכ"ל, והנה מה שכתב הר"ן הוא הי"א השני, ומצינו למימר דגם אחרים מודים, דכשנותן מעט מלח שרי בכל גווני כהר"ן, אלא דלא בעו לאוקמי דוקא במעט מלח, ולדינא נראה דטוב לכתחלה להתנהג כהריטב"א, ליתן המלח לבסוף אחר שנתבשל המאכל).

והוא שלא יהא בו מים - אבל אי איכא בו מים אפילו כל שהוא, הוי כמי פירות עם מים ומחמיץ, (בין יש שם מלח או לא), **ואצ"ל** אם לא היה בהתבשיל שמן כלל, רק מים ומלח עם הקמח, דודאי מחמיץ.

הגה: ולדידן שנוהגין להחמיר במי פירות, גם זה אסור - אם לא לצורך חולה וזקן, וכדלעיל בסי' תס"ב ס"ד בהג"ה, [ואף דהיה בזה ג"כ מלח, אינו מפסיד כיון שהוא מועט].

סעיף ג- כרמל שמהבהבין אותו באור וטוחנין אותו - ר"ל אף דהדגן שלו כבר נקלה באור, וא"כ הקמח שלו הוא כאפוי, וקי"ל דאפוי אינו מחמיץ, אפ"ה, **אין מבשלים הקמח שלו במים, שמא לא נקלה באור יפה, ונמצא מחמיץ כשמבשלים אותו** - ואם עברו ונתנו תוך המאכל, אסור המאכל בהנאה, ואסור להשהותו, דספיקא דאורייתא הוא.

ואפילו אם הקמח עצמו נקלה בתנור, לא יבשלו במים, שמא לא נקלה יפה ויבוא לידי חמוץ, **ויש** מתירין לבשל קמח הקלוי, לפי שחום האור שולט בו יותר ממה ששולט בהחטים, **והסכימו** כמה אחרונים שיש לסמוך על דבריהם בדיעבד, שאם עבר ועשה ממנו תבשיל, יש להתירו בהנאה, או להשהותו עד לאחר הפסח.

ומצה אפויה שנמצא קמח בתוכה, אסור ליתנה ברוטב, דאותו קמח בודאי לא נאפה יפה, מפני שהמצה מפסקת בין הקמח להאור, **ואם** נתנה, אוסרת התבשיל אף בהנאה.

וכן כשמוללין הקדירות החדשות, (פי' שנותנים קמח לתוך המאכל להקפות) - זה הפירוש הוא לדעת הטור, (דלא כתב "החדשות"), **אבל** הב"י שהעתיק לשון הרמב"ם שכתב "הקדרות החדשות", הוי פירוש שמבשלין בקדרות חדשות בפעם ראשונה קמח ומים, כדי להקשות הקדירה ולחזקה, **אין מבשלים בהם אלא מצה אפויה שחזר וטחנו אותה.**

§ סימן תסד – חרדל שנתערב בתוכו קמח §

סעיף א- חרדל או שאר מיני טיבול - שמטבלים בהם הבשר, ויש בהם חומץ ושאר דבר שיש לו קיוהא, ורגילין ליתן בתוכן קמח, **שיש בהם מים** - דאי אין בהם מים כלל, הוי מי פירות ואינם מחמיצין, אפילו הם דברים חמוצין בעצמן, **אין נותנין בהם קמח** - שהקמח מתחמץ ג"כ ע"י קיוהא.

ולפי מש"כ הרמ"א לעיל בסי' תס"ב ס"ד, דאנן מחמירין במי פירות לבד ג"כ, אפילו אין בהם מים כלל, רק מיני טיבולים שנעשים מחומץ יין עם קמח, ג"כ אסור.

ואם נתן לתוך החרדל, יאכל מיד - שחוזק החרדל אין מניחו מהר להחמיץ, **ולא ישהנו שמא יחמיץ; ובשאר מיני טיבולין כיון שאינם חדין כמו חרדל, ודאי החמיץ** - (ואף דבסי' תס"ב ס"ב כתב, דאם לש במי פירות עם מים, דממהר להחמיץ, יאפה מיד, י"ל דהתם כיון דבר אפייה הוא, כל שאופהו מיד מעתה אין לחוש עוד לחימוץ, **אבל** בחרוסת שעשוי לטיבול, אינו מותר שיאכלנו מיד, שע"כ משתהא בו באכילתו וי"ל שהחמיץ כבר – פר"ח), **וצריך לשרפו אם הוא אחר זמן איסור חמץ** - לאו דוקא שריפה, וכמבואר לעיל סי' תמ"ה. **הגה: והמנהג שלא לאכול חרדל כלל בפסח, אפי' נתערב קודם פסח** - אין ר"ל שנתערב עם קמח, דבזה פשיטא דאסור, מה לי קודם פסח או בפסח, **אלא** ר"ל דנתערב עם יין, והרבותא, דאע"ג דבשעת עירוב כותשין אותו, ואינו נראה כקטניות כשנכנס הפסח, אפ"ה אסור, **דהוי כמיני קטניות שנוהגין בו איסור** - והטעם, משום דחרדל הוא דבר דמידגן, והוי כמו קטניות שנוהגים בו איסור.

ומ"מ בדיעבד אם נפל חרדל לתבשיל, אינו אוסר, **וכן** מותר להשהות חרדל עד אחר הפסח, כיון שהוא בלי קמח, [**והפמ"ג** מצדד דה"ה אם הוא עם קמח בלי מים ג"כ מותר, אבל בתנאי דהקמח לא יהיה מחטים לתותים].

ויין שניתן בו חרדל בעודו תוסס, כדי שיעמוד במתיקותו ולא יתקלקל, מותר לשהותו אבל לא לשתותו.

§ סימן תסה – דיני מורסן בפסח §

סעיף א- אין שורין מורסן לתרנגולים - משום דמחמיצין כתבואה עצמה, וה"ה סובין ג"כ מחמיץ, **והקליפה** של הקש שהגרגר מונח בו, שקורין שפרייא"ר, אינו מחמיץ, וכשאר קש בעלמא דמי.

בשום פנים - ר"ל דלא מהני שיהא עומד שם לראות שלא ישהו המורסן במים שיעור מיל, **דשיעור** זה אינו אלא לענין דיעבד, אבל לכתחלה אסור להשהות אפילו רגע אחד.

(**וכתב** המחבר כן לאפוקי מדעת הרמב"ם בזה, שכתב שלש עצות בזה: אחד שיאכילן מיד, או שיהא עומד שם ויראה שלא ישהה המורסן כשיעור מיל, ב' כתב, כל זמן שהעופות יאכלו וינקרו אינו מחמיץ, אפילו שוהה הדבר טובא, ג' כתב, כל זמן שהוא מהפך בידו המורסן אינו מחמיץ, **והעיטור** חלק עליו, משום דאסור להשהות לכתחלה אפילו בפחות משיעור מיל, **ובריטב"א** פסחים חלק ג"כ על מה שכתב, דכל זמן שמנקרים אינו מחמיץ, וכתב דזה לא דמי למה דאמרינן, גשמים שהיו נוטפין טיף נגד טיף דאינו מחמיץ, וכונתו, דהכא אינו מוכח שבכל משהו חמץ ניקרו התרנגולים, משא"כ התם דהטיפים היו מכוונים זה כנגד זה, **והגר"א** כתב, דגם בטיף אינו אלא לענין דיעבד, **ודע**, דעל הא דמהפך בידו כל זמן שאוכלין שכתב הרמב"ם, לא נמצא בהדיא מי שחולק, ואפשר לכאורה דבזה כו"ע מודים דמותר אפילו לכתחלה, וכמו בכל עיסה, דקיי"ל בכל מקום, דכל זמן שעוסקין בה אינו מחמיץ, ומ"מ צ"ע, מדכתב המחבר "אין שורין וכו' בשום אופן", משמע דגם בזה נהגו להחמיר).

ולא חולטין - חליטה מקרי שמרתיחין המים יפה יפה, ואח"כ נותנין הקמח או הסובין לתוכן, **ואף** דחליטה אינו מחמיץ, מ"מ אסור משום שאין אנו בקיאין בחליטה, וכדלעיל בסימן תנ"ד ס"ג.

הגה: וכשנותנים להם שעורים או חטים לאכול - היינו מתחלת שש ומעלה, **יזהר שלא להשליכם במקום לח שיבואו לידי חימוץ** - ויש מי שכתב, דאף קודם פסח יש ליזהר בזה, שמא יחמיץ וישאר לשם תוך הפסח, אא"כ עומד עליהם בשעת אכילתם עד שיגמרו לאכול, ומה שנשתייר לא יניחנו מוטל לפניהם, [דכל ל' יום מקרי סמוך לפסח, **ועיין** בכה"ג שכתב, דמיירי דוקא בשהניח לפניהם בחורי חצר].

ואפי' הניחן במקום יבש, טוב ליזהר שלא ליתן לפניהם מים לשתות בעוד שהשעורים מונחין לפניהם, אלא יכבד מתחלה אותו מקום היטב, ואח"כ יתן שם מים.

סעיף ב- אין האשה שפה מורסן על בשרה, אפילו יבש - היינו שדרכם היה לכנוס למרחץ ולהזיע, ולשוף הגוף במורסן, **ובזה** אין קפידא כיון שהמורסן לא נשרה במים, ועל הגוף ג"כ ליכא מים מאליו, רק זיעה מחום המרחץ, וזיעת אדם אינו מחמיץ, **רק** דצריכה ליזהר להעביר כל המורסן מעל כל בשרה קודם שתרחץ גופה במים, בין בחמין בין בצונן, **ולפי** שהנשים אין בקיאות עכשיו בכך, לפיכך יש למונעם מלתת מורסן על בשרם אפי' הוא יבש.

ואם עברה ושפה, אין לשטוף בצונן אחר זה עד זמן מה, שידוע שכבר עבר הכל, או ישטוף עצמו במי פירות תחלה.

סעיף ג- אם שפשפו מורסן באווז לח ממים, יש מי שאומר שהאווז אסור - [אף בהפסד מרובה], מפני שיש בה בעורה נקבי נקבי, ונשאר שם המורסן, ואפילו אם ירצה לשפשף אח"כ ולהדיחו, לא מהני.

בטור איתא, ששרו המורסן מתחלה במים, והמחבר נקט דיניה אפילו במורסן יבש, רק שהאווז לח ממים, **והוי** רבותא טפי, שאפילו במעט לחות שיש על העוף ג"כ מחמיץ המורסן, ואסור האווז, אפילו לא ידיחו אח"כ במים רק במי פירות.

וכתבו האחרונים, דאפילו אם ירצה להפשיט העור כולו ממנה, אסור, דהמורסן נכנס דרך העור בעומק הבשר.

[**ודע**, דבלבוש צייר דינא דשו"ע במורסן יבש, וגם האווז לא היה לח, ואיסורו הוא מפני שאח"כ מדיחו במים, כגון למליחה ולבישול, ויתחמץ המורסן, ושפשוף לא מהני, מפני שכבר נכנס המורסן בעומק הנקבים, **וכתב** בא"ר, דבזה שהיה המורסן והאווז יבש, מהני אם יפשיט העור

קודם הדחה, דביבש לא נכנס רק בעור מלמעלה, ולא בבשר בעומק, ומהני הפשט].

הגה: והכי נהוג לענין איסור חמץ שבוא במשהו - ר"ל אע"ג דלענין שאר איסורים לא מהני טעמא דנקבי נקבי לאסור, אלא א"כ היה הבשר רותח, או עכ"פ מבושל או צלי, דרכיכי ונכנס בעומק, **הכא** לענין חמץ דאיסורו במשהו, חיישינן אפילו בחי, שנשאר משהו חמץ תוך הנקבים שיש באווז.

וכתבו האחרונים, דכיון דעיקר הטעם משום שאיסורו במשהו, א"כ בע"פ משש שעות ולמעלה עד הפסח, דשיעורו אז בששים, יש להתיר האווז בשפשוף והדחה היטב במים, **ובתנאי** שיאכלנו קודם הפסח, דשמא ישאר משהו בעין, וחוזר וניעור בפסח, **ויש** מקילין אף לאכלו תוך הפסח במקום הפסד מרובה, [הגר"ז], וטעמו, משום דלא נבלע בבשר האווז אלא טעם המורסן, ולא המורסן עצמו, ולכן אינו חוזר ונעור בפסח – מ"ב המבואר.

וים ליזכר שלא להבהב העופות בקשין, שמא יהיו שם חטים או דגן מחומץ - פירוש שנפלו עליו מים לאחר שנתלש ונתחמץ, **ויתן טעם בעופות בשעת ההבהוב** - והסכימו האחרונים, דכל זה אינו אלא זהירות בעלמא לכתחלה, אבל מעיקר הדין אפילו היו שם חטים, לא מחזקינן שהיו מחומצים, **ואפילו** ידעינן שהיו מחומצים, נמי אין לאסור, כיון שאין נוגע העוף בהדגן, שמחזיק את העוף מלמעלה, והלהב עולה מלמטה.

אם נמצא שבולת ריקנית בתבשיל נימוח, אין חוששין שמא היה דגן מחומץ בשבולת ונפל לתוך התבשיל ונימוח שם.

§ סימן תסו – אם הרוק ומי רגלים ודומיו מחמיצין §

סעיף א- לא ילעוס אדם חטים ויתן על גבי מכתו, מפני שהן מחמיצות, שהרוק מחמיץ - ר"ל שע"י לעיסה בפיו מתערבים החטים ברוק, ויחמיצו כשישהו ע"ג מכה בשיעור מיל, ויעבור עליהן בבל יראה ובל ימצא, [**אבל** בלא נתינה ע"ג מכה, אפי' לועס בפיו כל היום, אינו מחמיץ, דעוסק הוא, ולהשהות בלי עסק צריך ליזהר].

ואפילו לעסן והניחן ע"ג מכתו קודם פסח, צריך להסירן כשתגיע שעה ששית בע"פ, אא"כ כבר נסרחה עד שנפסלה מאכילת כלב.

[**ודוקא** ע"י לעיסה, שמתמלא ברוק הרבה, אבל ע"י נשיכה בעלמא, שנושך גרגיר בשיניו, אינו בא מידי זה לידי חימוץ לעולם].

וכתבו הפוסקים, דכל זה בחטים של ישראל, אבל חטים של גוי שלעסן הגוי, והשאילן לישראל להניחן ע"ג מכתו בפסח, הרי זה מותר אם אין האחריות של הרטיה על הישראל, דעל רטיה של עכו"ם אינו עובר בבל יראה, **ואם** אין לגוי חטים, יכול הישראל להקנות לו חטים משלו, וילעסן הגוי, ושוב יקבל הישראל ממנו את הרטיה רק בתורת שאלה.

ואע"פ שחמץ אסור בהנאה, ואפילו חמצו של עכו"ם, שאני הכא שהוא נהנה מחמץ זה שלא כדרך הנאתו, ואין בו איסור רק מד"ס, ובמקום חולי ואפילו אין בו סכנה, לא גזרו, **ומ"מ** אם יוכל להתרפא כשירכך רטיה זו של חטין ע"י מי פירות, אין נכון לעשותו ע"י רוק, [**דהפר"ח** מגמגם בעיקר הדין, דהלא הישראל רוצה בקיומו של חמץ, **וגם** איסור הנאה שלא כדרך הנאתו ג"כ אסור לכתחילה, רק משום דא"א בענין אחר מתירין, וע"כ במקום דאפשר ודאי צריך להדר אהיתירא].

[**וכתבו** האחרונים, דה"ה דמותר להתרפא בחמץ שעבר עליו הפסח, אפי' לחולי שאין בו סכנה, דג"כ אינו אלא מד"ס].

וכ"ז אם מכתו אין בה סכנה, אבל כשיש בה סכנה, מותר אף במקום שיש לאו דבל יראה, אם רק אפשר שרפואה זו תועיל לו, ואין בקל לעשות בדרך היתר, **ואפי'** אכילה ושתיה גמורה של חמץ נמי מותר לרפואתו, כיון שיש בו סכנה, [**ובאין** בו סכנה, אסור באכילת חמץ אפי' משהו, דקימ"ל חצי שיעור אסור מן התורה].

סעיף ב- הנותן שעורים לבהמתו ומצא בהם ריר, צריך לבערם - דרוק מחמיץ, וע"כ צריך לבערם, ואף שלא שהתה הבהמה באכילתה כשיעור מיל, מ"מ כשלא יבער תבא לידי חימוץ ויעבור על ב"י.

הגה: אבל מסתם אין לחוש, הואיל וכבר בטל - וא"כ יצא מחשש דאורייתא, דאף בודאי חמץ שוב

אינו חייב בביעורו רק מדרבנן, ולהכי כל זמן שאין יודע ברור שיש ריר, לא מחזקינן איסורא.

ותמהו עליו האחרונים, דמאי מהני ביטול של "כל חמירא" בערב פסח, לחמץ שעתה בפסח נתחמץ, **וכתבו** דהלשון מגומגם, והכוונה אם ביטל בהדיא קודם שנתן לבהמתו, ואמר: כל השעורים שישארו מבהמתי, מבטל אנכי, [**ואף** שמג"א מפקפק, דמ"מ לא ימלט מנהנה מאיסורי הנאה, שהרי בהמתו תאכל אח"כ אם לא יבער, אין לחוש לזה מספיקא, כמו שכתבו האחרונים].

ויש מחמירין לבער כל הנותר מן הבהמה, אע"פ שאין רואה עליו ריר - דמסתמא אית בהו רירי.

וכתבו האחרונים, דכל זה בסוס וכה"ג, אבל בשור ופרה בודאי יש להחמיר אפילו מן הסתם, דידוע שמוציאין ריר באכילתם, **ונכון** להחמיר בכל הבהמות לבער הנותר, אף שאין רואה עליו רוק, **וע"כ** טוב לכתחלה שיתן לבהמתו מעט מעט, כדי שלא ישתייר כלום מאכילתו.

סעיף ג- שק מלא קמח שנתלחלח מזיעת החומה - וה"ה כותל של עץ שמזיע, **מותר** - ואין חילוק בין אם הזיעה באה מפני מיעוט אויר, כמו שמצוי במרתפים ובמערות, שהכותלים והאבנים מזיעים, **בין** אם באה מכח מים שיש בה, כגון בחומה של לבנים חדשים, שלפעמים מזיעים מחמת שלא נתייבשו עדיין הכתלים, או בכותל של עץ, שהעצים לחים ומזיעים, **בכל** גווני אין הזיעה מחמיץ, כמו דמצינו לענין הכשר טומאה, דזיעה אינה חשובה כמים להכשיר, [**והטעם** כמו שכתב התשב"ץ, דאע"ג שכל זיעה אינה אלא מחמת רטיבות המים, כיון שנבלע בכתלים יצא לו מתורת מים לענין הכשר, וה"ה לענין חימוץ].

ומ"מ לא עדיף ממי פירות, וא"כ לפי מה דפסקינן לעיל בסימן תס"ב ‹ס"ב›, דמי פירות עם מים ממהרים להחמיץ, אין ללוש בהם לכתחלה, ‹ואם לש בהם יאפה מיד, ע"ש›, **ואם** הוא מלוחלח עדיין, ירקדנו ויקיים המלוחלח עד אחר פסח, והנותר ילוש ויאפה לפסח.

וכתבו הפוסקים, דכל זה בזיעה הבאה מכתלים, אבל אם הזיעה באה מחום והבל דמים חמין הנמצא בה, כגון שיש שם גיגית של מים חמין, ועי"ז נתלחלח השק, לכו"ע הוי תולדות המים ומחמיץ, [**וזיעה** הבאה ע"י חום האש, אינו בכלל זה].

ויש אוסרים - ס"ל דלא ילפינן חמץ מהכשר טומאה, ולגבי חמץ כל שהוא רטיבות של מים יש בו כח להחמיץ, **ויש** שכתבו טעם סברא זו, לפי שהחומה מזיע מכח המים שיש בה, ואף זיעת כותל של עץ גם כן דינו כמים, כי על פי רוב יש בו ג"כ בליעה ממי גשמים שנוטפים על הכתלים, ולפעמים ג"כ נוטפים עליהם מי גשמים לאחר שנקצצו מן הארץ, [**דמי** לחלוחית העץ בעצמו הוא בודאי מי פירות, כמו כן המים הנבלעים בו בעודו מחובר, ג"כ כמי העץ בעצמו חשיבי, דהא מועיל לגידולו], **ולפי** טעם זה, בזיעה של אבנים או מתכות או זכוכית, גם לסברא זו איננה מחמיץ, וכמי פירות דמי.

ולדינא העיקר כדעה הראשונה, וכמו שסתם המחבר בתחלה, ומי פירות הן, **ומ"מ** יש לחוש לכתחלה לדעת האוסרין, ואעפ"כ להשהותו לאחר הפסח שרי, **ואם** רוצה להשתמש בקמח זו לפסח, יש להתירו ע"י ריקוד, ואפילו נתייבש, והקמח המלוחלח יזרקנו, והשאר ישתמש בו, [**דאע"ג** דאם נפל מים על הקמח, לא מקילינן בריקוד בנתייבש, וכבסעיף שאחר זה, **מ"מ** כיון דהוא רק חששא דאיסור משהו, נ"ל דנוכל לסמוך להקל אדעה קמייתא, דלא נתחמץ כלל, **ואף** דעב"פ מכלל מי פירות לא יצאו, וא"כ אם הריקוד אינו מועיל לפירורין, הלא אסור ללוש קמח זה אח"כ במים, וכדין מי פירות עם מים שממהרים להחמיץ, **זה** אינו, דבכגון זה יש לסמוך אדעת הרי"ף והרמב"ם, שמתירין ללוש במי פירות עם מים כשאר עיסה, ובפרט בדבר מועט כזה, **גם** יש לצרף מה שנתייבש כבר המי פירות, ולהרבה פוסקים בכה"ג מותר לכתחילה ללוש, ובמשהו יש עוד להקל ביותר, **ואח"כ** מצאתי במגן אלף שכתב כדברינו, וכן מצאתי להגאון בעל עין יצחק, אח"כ מצאתי בח"א שהסכים לדינא ג"כ כדברינו, **אך** מדבריו משמע שאין להקל רק קודם פסח, וגם שצריך לזה אח"כ שימור רב, כדין מי פירות עם מים, **ולפי** הגאונים הנ"ל, אפי' בנתייבש בפסח אין להחמיר, וגם החשש דיצטרך שימור רב כמי פירות עם מים, משמע דאין לחוש לזה, **ומ"מ** מהיות טוב, אם יכול לאפות קודם פסח, וגם בשימור רב, בודאי מן הנכון לעשות כן].

(**כתב הפר"ח, שק מלא קמח שהיה מוטמן בחול, ומצא הקמח מלוחלח, הוי חמץ, דתנן בפ"ג דמכשירין,**

המטנן בחול הרי זה בכי יותן, וכתב הרע"ב, דאין חול בלי מים).

סעיף ד - נפלו מים על קמח - אפילו בפסח גופא, **או נתלחלח השק** - ממים, ולדעת היש אוסרים בסעיף הקודם, אפי' נתלחלח מזיעת החומה, וכיון שנתלחלח השק, מסתמא הגיע הלחות אף לקמח שבמקום הזה, **יאחוז בידו כל המקום המלוחלח בשק** - עם הקמח שבמקום זה, וצריך לאחוז מן הקמח עם השק סביב הלחות, כפי אומד הדעת עד היכן שהגיע הלחלות, ומעט יותר, **עד שיריק כל הקמח שבשק** - ונכון לכתחלה לרקד אח"כ גם לכל הקמח הנשאר.

ויש מי שכתב, דכ"ז אם הלחלות היה לצד מטה של השק, דבזה מהני תקנה זו, שיאחז ממקום המלוחלח עד קצה השק, **אבל** בנפלו המים על השק מלמעלה, מאי מהני במה שיאחז מלמעלה במקום המלוחלח, אולי הגיעו המים בעומק השק, כדרך מים שנכנסים בעומק למטה, ואפשר נתיבשו שם ג"כ, ואי אפשר להכיר עד היכן מקום המלוחלח, **וע"כ** באופן זה אין להקל בלי ריקוד מדינא, אף בדיעבד, **ומ"מ** אפשר דבקודם פסח אין להחמיר בזה בדיעבד אם לא ריקד, [דכיון דצריך ליקח סביב באומד הדעת, ועוד מעט יותר מכפי האומד, א"כ הוא חששא בעלמא, **ובזה** אפשר לצרף סברת איזה פוסקים «לקמן», שמגמגמים אעיקר פסקא דמחבר בזה, לפי מה דקימ"ל דקמח הוא לח בלח, וא"כ אינו חוזר וניעור אחר שכבר נתבטל בס' קודם לפסח, **ובאליהו** זוטא כתב ג"כ להדיא, דהיכא דאיכא ספיקא, בשעת הדחק יש לסמוך להקל ולדון בזה לח בלח].

ואם אי אפשר לעשות כן - כגון שנתלחלח מצדו בהרבה מקומות, או שחלק גדול משק נתלחלח, או שזרקו השק ממקום למקום, ומסתמא נתערב הקמח בתוכו, **ירקד הקמח והשאר מותר** - דבמקום שנתלחלח יתדבק הקמח ויהיה כמו עיסה, וישאר למעלה בנפה, והקמח שעובר דרך נקבי הנפה בודאי לא נגעו בהן המים, **ואם** הוא ביו"ט, שאסור לרקד קמח יותר מכפי הצורך לו, ירקדנו ע"י עכו"ם כדי לבער החמץ, [ומתבער ע"י שזורקו לחוץ ונדרס ברגלים], **ואם** נפלו המים ביו"ט, ולא שהו המים בקמח עדיין שיעור מיל, יכול ליתן לנכרי במתנה, [ובלבד שימסור לו החמץ, וע"פ המבואר בסי' תמ"ח], ויצא בזה, כיון שלא נתחמץ עדיין.

ודוקא כל זמן שהוא מלוחלח, אבל אם נתייבש הלחלוחית, לא מהני ריקוד - ואפילו קודם פסח, **דמיפרך ומתערב עם השאר** - ר"ל דמיפרך לפירורים דקים, וירד דרך נקבי הנפה, ויתערב עם הקמח, [ולא כינו זה בשם ספק דרבנן, דרגיל הוא להתפרר], **ואסור לאכלו בפסח.**

ואפילו אם אפו קודם הפסח, שאף שהפירור נאפה, הרי הוא חמץ ולא נתבטל.

ואע"ג דבודאי יש ס' כנגדו, ומתבטלים קודם הפסח, מ"מ כשיגיעו ימי הפסח שאסורין במשהו, יהיה חוזר וניעור, **ואע"ג** דבלח בלח לא אמרינן חוזר וניעור, וכדלעיל סימן תמ"ז ס"ד, וקמח בקמח הוא לח בלח, **י"ל** דפירורים אינם מתבוללים היטב בקמח, ובאפי נפשייהו קיימין, ואפשר דאפילו בשעה שלש העיסה ג"כ לא נימוחו ונתערבו, וכשמגיעים ימי הפסח חוזרים ואוסרים.

אלא ירקדנו - כדי לבער החמץ שימצא בו, **וישמרנו עד אחר הפסח.**

וכתבו האחרונים, דדוקא ריקוד לא מהני בנתייבש, אבל תיקון הראשון שהזכיר המחבר, לאחוז במקום המלוחלח, ובאופן שלא טלטלו השק ממקום למקום, ויש להכיר מקום המלוחלח היטב, שפיר מהני, ואפי' בנתיבש בפסח, ויאחז בידו מקום המלוחלח עם הקמח סביב הלחלות, והשאר מותר באכילה, ומ"מ ראוי לרקד הנשאר וכנ"ל, [**עיין** בח"א, דדעתו דיש להתיר זה דוקא בעני, או במקום הפסד גדול, וטעמו נראה, משום דהא"ר מפקפק מאד ע"ז, ואפי' בקודם לפסח, וע"כ החמיר הח"א עכ"פ בנתייבש בפסח, שלא להתיר כי אם במקום הפס"מ].

ועיין בפר"ח, שדעתו דמקרי לח בלח ואינו חוזר וניעור, ועכ"פ מותר לאפות קודם פסח, [דהמאמר מרדכי אינו מיקל למעשה רק בנאפה קודם פסח, גם באליהו זוטא אינו מצדד להקל רק ביש עוד ספק], **וכן** הסכימו הרבה אחרונים, דאחר שנאפה, נעשה גוש אחד ונתבטל ואינו חוזר וניעור, **ועיין** במגן אלף שכתב עוד סניף לזה, שיקח קצת מן הקמח ויאכלנו קודם פסח, ונתלה החמץ במה שאכל, **ויש** לסמוך ע"ז במקום הפסד, **ומ"מ** יקח מצות

אחרות ללילות ראשונות, דעכ"פ אין זה שמור כהוגן, **וה"ה** בכל היכי דמכשרינן מטעם ס"ס וכדומה.

[**ומשמע** מפוסקים, דבענינינו בעת הרקדת הקמח, לא יכניס יד לתוך הנפה למעך בקמח, דעי"ז יכול לצאת פירור יבש דרך נקבי הנפה, **אלא** שינענע הנפה בלבד, דאז אם יש איזה פירור ישאר בנפה, כמו שהנפה קולט המורסן, **ולכן** אף אם היה מלמעלה בנפה פירור עיסה יבש, ונתמעך קצת ממנו עד שנעשה פירור דק מן הדק כקמח, ויצא מעצמו עם שאר הקמח, לא איכפית לן, דהוי לח בלח ובטל קודם הפסח].

ואם נתייבש בפסח, אסור להשהותו - והטעם, דקי"ל חמץ שנתערב בפסח במשהו, ואם נתערב שלא בזמנו בנותן טעם, ועי"כ אם נתייבש בפסח, אף שהלחלוח היה מקודם, מ"מ כל זמן שהוא מלוחלח לא היה מתערב, ומתי התחיל להתערב, כשנתייבש ונפרד פירורים לתוך הקמח, א"כ נעשה התערובות בפסח שהוא במשהו, ואסור להשהותו, **ואף** דירקדנו, הרי חיישינן שירדו פירורים קטנים דרך נקבי הנפה וכנ"ל, **משא"כ** אם נתייבש קודם פסח, הרי קי"ל דהוא בכדי נתינת טעם בכל הקמח, וכאן אין בו שיעור זה.

(**והנה משמע מלשון השו"ע, דאפילו אם הריקוד היה בפסח,** ‹בציור שנתייבש קודם פסח›, **ג"כ מותר לשהותו, והמגן אלף מפקפק בזה, כיון דעכ"פ צריך לרקד, הרי ג"כ נעשה בזה עתה התערובות בקמח דרך נקבי הנפה, ואמאי מותר לשהותו, ועיין בפמ"ג שגם הוא נדחק מאד בסברת המחבר, וע"כ הסכים המגן אלף לפרש, שגם כונת המחבר הוא כן, דבנתייבש קודם פסח יש לו תקנה בהרקדה, ואם נתייבש בפסח אין לו תקנה בהרקדה ואסור לשהותו, ורק אורחא דמלתא נקט, דבנתייבש קודם פסח נזהרין לרקדו ג"כ קודם פסח).**

אסור להשהותו - ולא כתב שיזרקנו לחוץ, דהוא אזיל לשיטתו לקמן בסי' תס"ז ס"י, ולדידיה יכול למכור לעכו"ם חוץ מדמי איסור שבו, **אבל** לדעת הרמ"א שם דנוהגין לשרוף הכל, ה"ה בזה, **ודע**, דלפי מה שהסכימו האחרונים, דבמקום הפסד גדול יוכל לסמוך על דעת המחבר בס"י, יכול למכור כל השק לעכו"ם חוץ ממעט הקמח המחומץ שבו, **ופשוט** דהוא ביש עכו"ם לפניו, [דאי לאו הכי הלא אסור לשהותו].

כתבו האחרונים, דכל הסעיף הזה מיירי דידעינן שנתלחלח השק ממים, אבל אם ספק שמא לחלוחו הוא ממי פירות, יש להקל לאכלו בפסח ע"י ריקוד, אף אם נתייבש בתוך הפסח, **דהוי** ס"ס, שמא נתלחלח ממי פירות, ואת"ל מדברים המחמיצין, שמא לא נתערב כלום בהקמח מלחלוחית שנתייבש, **ומ"מ** אם אפשר לו בקל למצוא קמח אחר לפסח, אין כדאי לכתחלה לסמוך על ס"ס לאכלו בפסח, אלא יצניענו לאחר הפסח, **וה"ה** אם נתלחלח באיזה דבר שיש דעות בין הפוסקים אם הוא בכלל מי פירות או מים, [כגון בהשתנת עכברים וכיו"ב], ג"כ מותר ע"י ריקוד.

[**ולפי** מה שכתבנו לעיל, דהעיקר כדעת המחבר, דזיעת החומה אינו כמים, והוא בכלל מי פירות, מסתברא דה"ה אם הספק שמא הוא מזיעת החומה, ג"כ נכלל בכלל ספק, **ורק** לדעת המ"א דסובר כדעת האוסרין, אין זה בכלל ספק, **ועכ"פ** לענין לאפות קודם פסח ע"י ריקוד, בודאי אין להחמיר בזה].

[**ועיין** במקו"ח, שאין להתיר מטעם ס"ס, רק ללוש לחולה ולזקן, דלדידהו מותר אח"כ ללוש במי פירות לבד, כדלעיל סי' תס"ב, **דאי** עם מים ולשאר אינשי, הלא קימ"ל דמי פירות עם מים ממהרים להחמיץ, **ולפי** מ"ש לעיל סוף סעיף ג', אין דבריו מוכרחין, **ואפשר** דבזה יש להחמיר יותר, משום דשמא נתלחלח ממים גמורים, **ואולם** לענין לאפות קודם פסח, דהרבה אחרונים מתירין ע"י ריקוד, אפי' בודאי נתלחלח ממים, יש להתיר גם בזה, **ואף** דלענין חשש שמא הוא ממי פירות וממהר להחמיץ אין נ"מ בין קודם פסח לתוך פסח, מ"מ נלענ"ד פשוט דאין להחמיר בזה, מטעם דמי פירות הוי משהו, וגם כבר נתייבש, וגם שמא לא נתערב בו כלום, כנלענ"ד].

ועכברים שנשכו השקים, אם ניכר שאכלו מן הקמח ונתיבש הלחלוחית, יש אומרים שאם הוא תוך הפסח, כולו אסור, דתלינן שהלכו בכמה מקומות בשק, ורוק שבפי העכבר מחמיץ, כמו רוק של שאר בהמה וחיה, וע"כ לא מהני אחיזת אותו מקום, **ואם** הוא לפני הפסח, ירקד הקמח וישהנו עד אחר הפסח, או ימכרנו, וכדין נתלחלח במים הנ"ל, **אבל** הרבה אחרונים תופסים לדינא, דגם בזה מהני לאחוז סביב מקום הנשוך עם הקמח שאצלו היטב, והשאר ירקדנו ויאכל בפסח, ומהני עצה זו אפי' אם הוא תוך הפסח, **ומ"מ** ראוי להחמיר

כהי"א שלא במקום הדחק או הפסד, [ובפרט כשנמצא זה בחבית, בודאי יש להחמיר שלא במקום הדחק, דיש לתלות שהלך העכבר דרך אכילתו בכמה מקומות], **וכ"ז** כשהשק מונח במקומו בלא נענוע, ולא נתערב הקמח, אבל אם טלטל השק ממקום למקום, או שנשכו בכמה מקומות בשק, וא"א לתפוס ולנהל, לא מהני עצה זו אף לדעת המקילין, ודינו כדין נתלחלח במים וכנ"ל, **אמנם** לפי מש"כ לעיל, דגם בנתלחלח השק במים מהני הרקידה במקום הפסד לאפות קודם פסח, פשוט דה"ה גם בזה.

סעיף ה - הטל מחמיץ - כל הני דמחמיצין, היינו אם שהה בלא עסק שיעור חימוץ, דלא גרע ממים דע"י התעסקות אינו בא לידי חימוץ.

וכן מי רגלים - היינו דאדם, בין שהוא גדול בין שהוא קטן, **אבל** דבהמה ושאר בעלי חיים, יש דעות בין הפוסקים אם מחמיץ, [**ומ"מ** אם נראו החיטים מבוקעים, לכו"ע חיישינן לחימוץ, **אולם** אף למאן דס"ל דאינו מחמיץ, בודאי יש לחשבו עכ"פ כמי פירות].

ומי הפה והחוטם והעין והאוזן - בין של אדם בין של שאר בעלי חיים, והטעם בכ"ז, דכל אלו הם תולדת המים, והוו כמים.

(אבל דם) ‹אינו מחמיץ› - וה"ה דמי המרה ג"כ אין מחמיצין, דהוו כדם וליחה סרוחה, וא"כ מותר לעשות ממנו עיסה לרפואה.

וחלב - בקמ"ץ, ‹אינו מחמיץ› - וה"ה חלב בציר"י, וכן שומן, אפי' רותח וצלול, וכ"ש נקרש, **ואע"ג** דחלב ודם בלא"ה אסורין, מ"מ בטל בששים, משא"כ חמץ בפסח שהוא במשהו.

והטעם בכ"ז, דאינו אלא כמי פירות ואין מחמיצין.

וזיעת אדם אינו מחמיץ - וזיעת בהמה, עיין לעיל בסימן תנ"ג ס"ז ובמ"ב שם.

וצואה, בין דאדם בין דשאר בע"ח, אינו מחמיץ, **ולפיכך** אם נתלחלח שק של קמח בצואה, מרקד הקמח, והבצק הנמצא שם יזרקנו לחוץ, [משום מאיסותא, או משום "הקריבהו נא לפחתך", ואינו נאה זה למצה], והשאר מותר.

הנה הם שוים כולם לזה שאינו מחמיץ כשהוא לבדו, אבל מ"מ יש חילוק ביניהן, דחָלָב, וכן חֵלֶב ושומן ודם, דינו כמי פירות לכו"ע, ועם מים ממהר להחמיץ, ודינו כדלעיל בסימן תס"ב ס"ב, **אבל** זיעת אדם, וכן צואה של כל בע"ח, כמה אחרונים סוברים דאינו מחמיץ כלל, **ויש** שמחמירין גם בזה.

(**וכתב** בספר מאמר מרדכי, שהורה לאחד שקנה שק של חטים, ונמצא בהם צואת חתולים יבשה, דשרי לפסח, **ואף** דאין ללמוד היתר לזה מדין צואת תרנגולים, די"ל שאני עופות שאין לחוש למי רגלים, שהרי אינם משתינים, דכל מי שאינו יונק אין לו מקום השתן, כמו שכתב בספר שערי שמים, אבל בחתולים יש לחוש שהשתינו כמו שהטילו שם רעי, ובאו לידי חימוץ, מ"מ לא מחזקינן איסורא, ושמא לא הטילו מי רגלים כלל, או שהטילו רחוק מהחטים, או שמא לא נתחמצו החטים, ואף אם נתחמצו קצת אינו אלא מיעוטא דמיעוטא, **ועוד** עיקר דין מי רגלים שנוי במחלוקת, ונוסף ע"ז דעת הפר"ח וח"י, דדוקא מי רגלי אדם מחמיץ, **ולכן** כל שאין רואין שום ריעותא בחטים אין להחמיר כלל, דאל"כ אין לך מגורה שלא תפול בה ספק זה, וכן עיקר, עכ"ל).

כתבו הפוסקים, דחטים הנמצאים בגללי בהמה, אפילו הם מרוככים, לא אמרינן שנתחמצו על ידי הלחות הנמצא שם, דגללים אינו מחמיץ וכנ"ל, [**וכתב** המגן אלף, ולפי"ז אם שרו עופות עם שאר בשר, ונמצא בהם חטה שנתרככה, אין לאסור בצונן אם לא שהה שיעור מיל, **דהא** במעי התרנגולת לא נתחמצה, ובחוץ לא שהה עדיין שיעור מיל כששרוהו במים, א"כ לא נתחמצה, דלא גרע מעיסה שאינה מתחמצת בפחות משיעור מיל].

ודוקא בצואה, אבל במים היוצא מפי הטבעת, וכן בצואה שהיא רכה מאוד, י"א דדינו כמי רגלים הנ"ל, (**ויש מקילין, ועכ"פ בהצטרף עוד איזה ספק בודאי** יש להקל).

סעיף ו - קמח שנפל עליו דלף אפילו כל היום, אינו בא לידי חימוץ - שטרדת הדלף מונע מלהחמיץ את הקמח השרוי במי הדלף, **ואפילו** אם מתפשט הלחות יותר ממקום שהדלף מכה שם, מ"מ ע"י טירוד הדלף שמכה בכח, ומבליע טיפה אחר טיפה, אינו מניח להחמיץ כל סביביו.

והוא שיהיה הדלף טורד בלי הפסק - ר"ל שיהיו הטפות יורדות רצופות זו אחר זו כל היום, דאל"ה

יצטרפו השהיות שבין טיפה לטיפה לשיעור מיל, וכדלעיל בסי' תנ"ט ס"ב בהג"ה, **ויש** מאחרונים שמפרשין הטעם, דכשאינם יורדות רצופות, אין בכחם למנוע החימוץ, [דאפי' אם נימא דאין שהיות מצטרפות, ג"כ בעינן דוקא רצופות, **ומ"מ** גם הם מודים דיש לחוש לשהיות, ונ"מ מזה, כגון אם מתחילה נפלו רצופין, ואח"כ שהה שיעור חצי מיל שלא ירד כלל, ואח"כ ירד רצופין, ואח"כ שהה עוד שיעור חצי מיל שלא ירד כלל, ואח"כ ירד עוד הפעם רצופין, דיש להחמיר בזה].

ויאפנו מיד לכשיפסיק - ר"ל שלא יניח הקמח שנתלחלח במים בלי עסק, אלא ילוש ויאפה מיד, וכמבואר לעיל בסימן תנ"ט ס"ב, **וזהו** לכתחלה, אבל דיעבד אין אסור אלא כשנשתהה שיעור מיל, אחר שהפסיק הדלף.

ודע, דה"ה בדגן ג"כ דינא הכי, דאם הדלף טורד עליו טיף אחר טיף, אפילו כל היום כולו אינו בא לידי חימוץ, **ואם** אינו יורד טיף אחר טיף, נחמצין ע"י המים, **ואף** כשיורד עליו טיף אחר טיף, מיד שהפסיק צריך לטוחנן.

ואם הוא מסופק אם הדלף טורד אם לאו, אסור - דספיקא דאורייתא הוא, ואפילו להשהותו אסור.

עיין בפמ"ג, שדעתו להחמיר בכל אופן בקמח הלח, כי אין אנו בקיאין לידע איזה מקרי טיף טיף.

§ סימן תסז – דין חטים שנפל עליהם מים ותבשיל שנמצא לתוכו חטה §

סעיף א - דגן שנטבע בנהר או שנפל עליו מים, כשם שאסור לאכלו כך אסור לקיימו, אלא מוכרו לישראל, ומודיעו כדי שיאכלנו קודם הפסח - אבל אין סומכין על הכרזה, דאולי איכא מאן דלא שמע להכרזה, **וכשמודיעו**, מותר למכור לו אפילו הרבה, ובלא הודעה, אפילו מעט אסור למכור לו, שמא יבוא לאכלו בפסח, [**ולא** דמי לעכו"ם, שמעט מעט מותר למכור להם, דהתם איכא תרי ספיקי, א', שמא יאכלנו בעצמו, ואת"ל ימכרנו לישראל, שמא יאכל הישראל קודם הפסח, **משא"כ** הכא דליכא אלא חד ספיקא].

ואם מכרו לאינו יהודי קודם פסח, מוכר מעט לכל אחד ואחד כדי שיכלה קודם הפסח, שמא יחזור האינו יהודי וימכרנו לישראל - היינו (דכשמוכר מעט), אף את"ל שימכרנו לישראל, יאכלנו הישראל קודם פסח, **ולפי"ז** בערב פסח בשעה חמישית, בענין שא"א שיכלה קודם פסח, אסור למכור לנכרי אפילו מעט, דשמא ימכרנו לישראל אותו המעט, **ומ"מ** במקום הפסד מרובה הסכימו כמה אחרונים, דכ"ז בסתם נכרים, אבל נכרי שיודע בו שלא יגע בו, רק ישמרנו עד אחר הפסח ויחזירנו לו, כמו שנתבאר בסי' תמ"ח, יכול הישראל למכור לו הרבה תבואה חמוצה.

ובשאר איסורים שאין ניכר איסורם, אסור למכור לנכרי אפי' מעט מעט, רק הכא דאיכא כמה ספיקות הקילו.

בטור כתוב, דגן שנטבע וכו', ואין החמץ ניכר וכו', משמע דאם החמץ ניכר, מותר בין כשמוכרו לישראל ובין כשמוכרו לעכו"ם, דתו ליכא למיחש שיחזור וימכרנו לישראל ויאכלנו בפסח, דהישראל יכירנו, **ויש** מן הפוסקים שמחמירין, שמא יטחן העכו"ם וימכרם, **אכן** למנהגנו שאין לוקחין קמח לפסח מן השוק, מצדדים כמה אחרונים דליכא למיחש, ובמקום הדחק יש להקל, [**ואף** דאכתי איכא למיחש, שמא יקנה הישראל הקמח להשהותו אלאחר הפסח, דהא דאין לוקחין היינו לאכלו בפסח, וקעבר אבל יראה, **י"ל** דסמכינן דכל ישראל מבטלין, ואומרים: כל חמירא וכו' דלא חזיתא וכו'].

סעיף ב - דגן זה שנטבע בנהר או שנפל עליו מים - ואפי' מעט, (**דבב"י** איתא, דיש פוסקים שסוברין דיש חילוק בין שריה מרובה לזליפה מועטת, אכן המחבר סתם בזה, **וכתב** הט"ז דאף זליפה מועטת אוסר, **אמנם** בב"ח משמע דדעתו, דרק לכתחלה יש ליזהר בזליפה מועטת, שלא לקנותם לאכלם בפסח, **ומשמע** בבית מאיר, דבדיעבד במקום הפסד מרובה יש לסמוך ע"ז).

אע"פ שלא נתבקע, אסור - הנה בס"ט כתב המחבר: אע"פ שלא נתבקע ממש, דהיינו אף שנתרככה, שקרובות להתבקע, **וכאן** שינה לשונו וכתב: אע"פ שלא נתבקע, להורות דאע"פ שלא נתרכך כלל, גם כן אסור.

דכיון דמינח נייחי אתי לידי חימוץ - ר"ל אף דלענין לתיתה יש פוסקים דס"ל, דאינו אסור

אא"כ נתבקעו, ועכ"פ בעינן לכו"ע שיהיו קרובות להתבקע, **שאני** התם דבעת לתיתה עסיק בה, ואינו מניח כ"כ להחמיץ, משא"כ הכא דמינח נייחי, [א"צ כלל לביקוע וריכוך, **ואולי** עוד, דאף שראינו שהם קשים, אולי ימצא איזה גרעינים שהם רכים, ואין ס' נגדם, **ומ"מ** נלפענ"ד, דלמוכרו לעכו"ם שרי באופן זה שהם קשים].

(הנה בב"י איתא, דיש מחלקים בין חטים לשעורים בענין זה, ומדסתם המחבר, משמע דס"ל דכל מיני דגן דינם שוה).

ודוקא בדשהה שיעור מיל, אבל אם לא שהה עדיין שיעור מיל, לא החמיץ עדיין, וא"כ אפילו נעשה בפסח, מותר למוכרו לנכרי קודם ששהה שיעור מיל, **ודוקא** ע"מ לאכול תיכף, [כדי שלא יבא למכור לישראל].

הגה: ולכן יש ליזהר שלא יבואו מים או גשמים מזלפים על החטים, כי אז אפילו לא נתבקעו אסורות.

ודגן שהיה מונח בעלייה, וירדו גשמים דרך הגג בקצת המקומות ונתלחלחו, אותן שנתלחלחו אסורות; אבל שאר מקומות מותר להשהותן מכח ספק ספיקא, שמא לא ירדו עליהם גשמים, ואם תמצי לומר ירדו, שמא לא נתחמץ; אבל לאכלן בפסח אסור, ולא מהני ספק ספיקא.

ועיין באחרונים שהסכימו, דאין להחמיר בזה רק במקום שאין הפסד בשהייתן אחר פסח, אבל במקום הפסד או מניעת שמחת יו"ט, יש להתיר אף באכילה, [**דהנה** סברת הרמ"א שהחמיר לענין אבילה, חתרו האחרונים למצוא טעם לדבריו, ולכן הסכימו להתיר במקום הדחק, **ובביאור** הגר"א כתב טעם פשוט לדבריו, דהוא משום שהוא דבר שיש לו מתירין, ולא מהני בזה ס"ס, **אכן** לפי מה שסתם המחבר בסי' תמ"ז ס"ב וס"ג, מוכח דס"ל דחמץ לא מקרי דבר שיש לו מתירין, וע"כ בודאי יש להקל במקום הדחק].

וכ"ז אם ירדו גשמים בכדי שיש לספק שמא נתלחלח הרבה, אבל אם נפל מעט מים או שלג על התבואה קודם הטחינה, ויודע מקומו, יגרוף החטים העליונים, והשאר מותר.

עכו"ם שאמר לישראל אחר שקנה ממנו החטים, שהם לתותים, אינו נאמן, ואפילו אם הוא מסיח לפי תומו, כיון שאמר זה לאחר שמכרם ויצאו מתחת ידו, [**ומוכח** מזה, דאם אמר זה קודם שמכרם, היה נאמן, והיינו אפי' לא היה מסיח לפי תומו], **מיהו** אם העכו"ם מוחזק לנאמן בעיניו, אסור, ואפי' אם לא היה מסיח לפי תומו.

סעיף ג- חטים שבאו בספינה, אם הם יבשות וקשות ולא נשתנה מראיהן, אחזוקי איסורא לא מחזקינן - ר"ל ובודאי לא בא עליהן מים, ומותר אפילו באכילה.

אבל אם נשתנה מראיתו, או שהם לחות, אסור אפילו להשהותן, [**וכתב** הפמ"ג, דדוקא חטים שבאו בספינה מחמרינן בנשתנה מראיתו, אבל סתם חטים, י"ל דשרי באבילה אף כשנשתנה מראיתו, כשאין לו אחרים].

ואם ידוע שבא עליהם מים, יש לאסור החטה עצמה, אף שלא נשתנה כלל.

ועיין בס' בית מאיר שכתב, דכל זה מיירי באותן הספינות שהחטים מונחים על עליות שבאמצע הספינה, ואין החטים באים לתוך המים מה שתחתית הספינה שואבת, וגם למעלה היא מכוסה, **מה** שאין כן בספינות שקורין קאנין, שתחתית הספינה ידוע שתמיד הוא מלא מים, והחטים שקועים בהמים, וגם למעלה היא מפורעת, וקרוב הדבר שבזמן שהיא על הדרך הוגשם עליהם מטר השמים, וגם כשהמלחים מגביהים תמיד המשוטות מן המים להוליך הספינה, בודאי ניתז עליהם מי הנהר בכל צדדי הספינה, **ע"כ** לכתחלה בודאי אסור לקנות אותן חטים לפסח בכל גווני, **ובדיעבד** במקום הפסד מרובה אפשר היה להקל, מפני חשש גשמים מלמעלה או מה שניתז עליהם מן המשוטות, דאולי הוא רק זליפה מועטת, **אמנם** מפני שידוע שהחטים המונחים בתחתית הספינה, ששם יש מים תמיד, ובודאי היה שרוי בתוכם זמן רב, אלא שעתה נתנגבו, והם אסורים אפי' לא נתבקעו, **וע"כ** צריך דרישה מן הסוחרים הבקיאים, אם ידוע להם שיש ששים בהחטים שלמעלה נגד מה שתחתית הספינה, מותר בדיעבד לאוכלם בפסח, ואם לאו אסורים אפי' בדיעבד.

סעיף ד - שנה שרבו גשמים וירדו על ערימות שבשדות, עד שהיו קצת מהשבלים שעל הערימות מעלים צמחים, אין חוששין לסתם חטים של אותה שנה - כל שאין רואין בהם סימן חימוץ, לפי שהולכין אחר הרוב, ואין הרוב מחמיצין, **ואף** אותן ערימות שראינו שנפלו עליהן גשמים, תולין להקל, שמא לא נכנסו הגשמים אלא בשבלים העליונים, אבל לא בבטן הערימה, ואת"ל נכנסו, שמא לא הספיקו להחמיץ, **ומ"מ** אם רואה בהחטים שהובא לפניו שיש בהם מצומחים, גם המחבר מודה דצריך לבדוק אם יש שם ששים נגדם.

ופשיטא כשמוליכין החטים למכור, והגשמים יורדין על השקים, עד שהשק כמעט כולו שרוי במים, וגם החטים נתלחלחו, אסורים מדינא בפסח, שהרי הריעותא נגלה לעינים, **וצריכין** להזהיר ע"ז, כי המוכרים אין מקפידין ע"ז, כי רובן אינן בני תורה, **וגם** צריך להזהיר להמוכרי תבואות, בשנה שרבו גשמים, או שירדו מים על השקין, דאזי מחויבים למכור התבואות כדין מכירת חמץ, ואסורים למכור מהם לנכרי אחר זמן איסורו.

כתב בשכנה"ג הלכה למעשה, שהתיר לקנות חטים לפסח אף שהיו נעצרים בבורות, כל שלא ראינו בהם שינוי במראיתן, ואינם לחות, והעתיקוהו האחרונים.

סעיף ה - דגן שבמחובר שנתייבש לגמרי ואינו צריך ליניקה, כמאן דמנח בכדא דמי, ומקבל חימוץ אם ירדו עליו גשמים - היינו גשמים מרובין, אבל ע"י זליפה מועטת שירד על השבלים לא חיישינן, ומותר אפילו למצת מצוה, [דכל אגב מדלייהו, דהיינו דרך נפילתן, לא מחמצי].

כתב הח"א, דמטעם זה נוהגים החרדים, שיהיו כל המצות שלהן משומרים משעת קצירה, דלפעמים מניחין לייבשן במחובר יותר מדאי, מפני שאין להם פנאי לקצור, וזו שקורין שמורה, קוצרין אותן בעוד שהן לחין קצת.

סעיף ו - חטים שנמצאו בהם מבוקעות, אותן שאין מבוקעות מותרות - ודוקא כשאינן לחות, **מפני שהדבר מצוי שבשעת גשמים עליונות הגדיש ותחתיתו מתחמץ ומתבקע, ואין המים נוגעים באמצעיתו כלל** - ומ"מ צריכין לברר מהן המבוקעות, או שיהיה עכ"פ ששים נגדם.

סעיף ז - ישראל שיש לו בורות מלאים חטים, וחושש שמא יש בקרקעית הבור ובקירותיו חטים מבוקעים מלחות הבור והארץ, בביטול בעלמא סגי - דהוי כחמץ שנפלה עליו מפולת, **ועוד** דס"ס, שמא לא נתחמצו, ואת"ל נתחמצו, שמא נתעפשו. **(וע"ל סימן תל"ו סעיף א')**.

סעיף ח - דבש של אינו יהודי, אין מחזיקים בו איסור - לומר שהוא מזויף בסולת שעירבו בו, **ואוכלים אותו בפסח** - דאחזוקי איסורא לא מחזקינן, **ועוד** דאפי' עירבו, הרי דבש מי פירות הוא ואין מחמיצין, [**ולומר** שמא מים וגם קמח, חששא רחוקה היא], ‹לערב בו שני דברים – ב"י›.

יש שכתבו, דהיינו דוקא לאכול הדבש בעין כמות שהוא, אבל ללוש בו עיסה אסור, כי מצוי הוא בעת הוצאת השעוה מהדבש להתערב שם מים, והו"ל מים עם מי פירות, ומחמיצין, ‹דלעירוב שני דברים לא חיישינן, אבל לעירוב דבר אחד חיישינן, או סולת או מים – כנה"ג›, [**והיינו** שצריך אז שמירה יתירה, ולכך אין ללוש בהם לכתחילה].

הגה: מיהו יש מחמירין - שרגילין לערב בו סולת לתותה, **והמנהג במדינות אלו שלא לאכול דבש, רק אותו שמביאים בחביות מן הכוורת, שעושין ממנו משקה שקורין מע"ד** - פירוש שבדבש זה שמביאין בחבית מן הכורת, שמעורב בו עדיין השעוה, נוהגים לאכלו אף בעין, וכן לעשות ממנו משקה מע"ד, משום דאין דרך לזייף, **ואפילו** לעשות ממנו משקה מע"ד בפסח, שרי משום שמחת יו"ט, אם אין לו משקה אחרת, ‹די"ל משקה חמור, דשמא יש קמח בתוכו ולא נבלל יפה, ונותן טעם במים במשהו בפסח – פמ"ג›, **אבל** מה שמביאין בכלים קטנים שמנוקה מן השעוה, דרך העכו"ם לערב בהן קמח, ולכן אסור לאוכלו, ואף לעשות ממנו משקה בפסח, **ויש** מהאחרונים שמחמירין בזה אף קודם פסח, משום דמצוי שמערבין בהן קמח הרבה, עד שלא יהיה אף בתערובות המים ששים נגד הקמח לבטלם, **וכן** מחמירין שלא לאכול דבש בעין בפסח, אף

מאותן הבאין מחביות גדולות, משום דאתי לאחלופי להקל בכל דבש, **אם** לא אותן שמביאין עם החדרים הקטנים שלם, כמו שהוא מונח בכורת, שעדיין לא נתרסק, [דבזה לא שייך דאתי לאחלופי להקל בדבש אחר].

ולענין מעשה, בעשיית משקה מע"ד קודם הפסח, משמע מדברי האחרונים דנוהגין עכשיו להקל, אף מאותן שבאין בכלים קטנים, דתלינן שיתבטל הקמח בששים, אם לא שידוע שבאותן מקומות הדרך לערב קמח הרבה, **ומ"מ** המחמיר בזה שלא לעשות משקה מע"ד, כי אם מהדבש הבא בחבית עם השעוה, תע"ב.

ולענין לאכול בפסח דבש בעין הבא מן החביות, תלוי במנהג המקומות, **ובמדינתינו** המנהג להקל, **ומ"מ** צריך לחקור ולידע מנהג המקומות, כי יש מקומות שנותנין לחם בכורת בשעת רדייה, או שאר דברים של חמץ, ובמקום שיש לחוש לזה, אסור הדבש לאכלו בעין בפסח, [**ולכאורה** אף אם ירצה לסנן לא מהני, כדלעיל סי' תמ"ז ס"ד, ואפשר דהכא שהוא רק חשש בעלמא, יש להקל], **אבל** מותר לעשות ממנו משקה מע"ד קודם פסח.

ותאנים יבשים וענבים יבשים שקורין רוזינ"י גדולים או קטנים, תלוי במנהג המקומות, כי יש מחמירים שלא לאכלן, ויש מקילין - דיש חשש שמפזרים על התאנים קמח בשעה שמיבשין אותן, וענבים רגילין ליבשן בתנור אצל הפת או אחר שהוציאו הפת מן התנור, ויש מקומות שאין מפזרין עליהם קמח, ומיבשין אותן בשמש, וזהו שכתב שתלוי במנהג המקומות. **ולכן נהגו במדינות אלו להחמיר שלא לאכול שום פירות יבשים, אם לא שידוע שנתייבשו בדרך שאין לחוש לחמץ** - כגון שידוע לו שנתייבש בשמש, או בתנור לאחר הכשירו.

ומ"מ נוהגין היתר לעשות מהם משקה בפסח, דהיינו ששורין אותם במים עד שנקלט טעמן בתוך המים, ושותין המים בפסח, דכיון שאין בהם אלא חשש בעלמא, אין מחמירין כ"כ לאסור אף מי שרייתן, **אבל** אין מקילין כ"כ לבשל אותם בפסח, כדי לשתות מי בישולם בפסח, לפי שע"י הבישול נקלט טעמם במים יותר מע"י שריה, **ובקצת** מקומות נוהגין להחמיר במי שרייתן כמו במי בישולם, אא"כ שראן ובישלן קודם פסח, **וכן** בשע"ת בשם הנודע ביהודה מסכים, שלכתחלה נכון להחמיר, וע"כ טוב לסנן הרוטב מן הפירות בע"פ קודם הלילה, דאז אפילו היה מעט קמח נדבק על הפירות, ונתערב בתוך הרוטב, בטל בששים, [**ומ"מ** במקום שנהגו להקל לשרות גם בפסח, אין למחות בידם, דהרבה אחרונים העתיקו דברי המ"א שמיקל בזה].

וצוקר אסור לאכלו, אפילו להשהותו אסור - כי יש חשש שמערבין בו קמח, **והאחרונים** הסכימו, דאותו שאנו קורין הו"ט צוקער, שעשוי ככובע, נתברר ע"פ חקירת האומנים, שאין מערבין בו קמח, **ומ"מ** נהגו למכרו לכתחלה, ובדיעבד מותר לאחר הפסח, וגם ביו"ט האחרון אוכלין אותו, **ואותו** שיש לו כתב הכשר מהרב ממקום עשייתו, נוהגין לאכלו לכתחלה, **אכן** הצוקער שעשוי דק דק, יש בו יותר חשש חמץ מתערובות קמח, ואסור להשהותו, **ומ"מ** בדיעבד שעבר והשהה אותם, משמע מאחרונים דאין לאסור גם בזה, **ועיין** בשע"ת אופני ההכשר בזה לענין לאכלו לכתחלה.

ודע, דמיני בלילות צוקער שמחפין בהם מיני פירות ובשמים, וכ"ש אותן העשויין כמין חררות קטנות מבלילות צוקער, הסכימו האחרונים, דודאי יש לחוש שמא יש בהם תערובת חמץ, ואסור להשהות מדינא, וכ"ש לאכלם, אפילו ביו"ט האחרון של גליות.

וביום טוב האחרון - של גליות, **אוכלין פירות יבשים** - כיון שהוא דרבנן, לא מחמרינן בדבר שאין בו רק חשש בעלמא.

וצוק"ר קנדי"ל שאין בו חשש חימוץ - אין זה הצוקר המבושל הנחתך לחתיכות, שאנו קורין צוק"ר קנדי"ל, דאותו יש בהם חשש חימוץ יותר, ואסור להשהותם, ואין לאכלם אפי' ביו"ט האחרון, [שמבשלין אותם ביורות חמוצות], **אלא** הוא צוקער הבא ממדינת קנדי"א, והוא כעין הו"ט צוקע"ר שלנו, והיה ברור להם שאין בו שום חשש חימוץ, **ומ"מ** בשאר ימים אין לאכלם כי אם ע"י הכשר, כדי שלא יבואו להקל גם בבלילות צוקער, [**ועיין** בפמ"ג שכתב, דחולה שאין בו סכנה מותר לאכלו, אם אין לו צוקר אחר].

וכתבו האחרונים, דאף דלכתחלה בודאי יש ליזהר שלא להשהות צוקע"ר קנדי"ל שלנו, ובלילות צוקע"ר, מ"מ אם עבר והשהה אותן, אין לאסרו אחר הפסח, דיש כמה ספיקות בזה.

והמנהג במדינות אלו שלא לאכול כרכום שקורין זפרי"ן - שמזייפין אותן בסלת להעמיד מראיתו, וכן מניחין עליו שאור לחזור למראיתו, **ודוקא** שלא לאכול, אבל לשהותן מותר.

וכתבו האחרונים, דאף כרכום הגדל בגינת ביתו, ונזהר בו מחמץ, נוהגין בו איסור, מפני מראית העין, שהכרכום אינו מצוי במדינות אלו, ויסברו שהוא כרכום הבא ממרחקים, **משא"כ** שאר כל הפירות שנתייבשו על ידי ישראל, ונזהר בהם מחמץ, שאין חוששים בהם למראית העין, לפי שהן מצויין, והכל יודעין שלפעמים מייבשין אותם ע"י ישראל.

עוד כתבו, כי הטאב"ק דרך לשרותו בשכר בקצת מקומות, וצריך לסוגרו בחדר, או לעשות מחיצה לפניו, וכן הכרכום במקומות שנוהגין בו איסור.

וכתב הח"א, שחקר אצל האומנין שעושין שנו"ף טבא"ק, דהיינו ששואפין בחוטם, מלחלחים הפעקיל טבא"ק ביי"ן, וידוע שיי"נ אסור בהנאה מדינא, [ומה שנוהגין להקל בסתם יינם, אינו אלא מטעם הפסד מרובה], וא"כ ראוי ליזהר שלא לשאוף אותו טבא"ק אף כל השנה, **והנה** כ"ז כתב הח"א בזמנו, אבל עתה יש לחקור אצל האומנין אם עושין כן.

או נעגלי"ך - מפני ששורין אותן במי שעורין קודם שמייבשין אותן.

מיהו אין אוסרין תערובתן, וכן נראה לי - מדסתם משמע אפילו בפחות מס', וקאי על כל הנ"ל בהג"ה זו, והטעם, דלא מחמרינן כ"כ מחמת חשש בעלמא, **מיהו** לענין דבש ובלילת צוקער, [ובחמד משה משמע, דצוקר קנדיל שלנו דינו כמו בלילת צוקער], יש מחמירין לאסור אם לא היה ששים בתבשיל נגדו, **ומ"מ** במקום הפסד מרובה או מניעת שמחת יו"ט, יש להקל.

סעיף ט - הנה בגמ' איכא פלוגתא לענין לתיתת שעורין במים, דיש שסוברין דלא הוי חמץ עד שיתבקעו ממש, ויש שסוברין דאם הם נפוחים כ"כ עד שקרובין להתבקע, ג"כ אסורין, **ונקטינן** לחומרא לענין למיכל אותם בעינייהו, דאסור אפי' לא נתבקעו ממש, **אבל** לענין לאסור התבשיל שנמצאו בו הגרעינין, שהוא רק איסור משהו דרבנן, נקטינן לקולא, דאין אוסרין עד שיתבקעו ממש, (היינו אפי' סדק כל שהוא), זהו ביאור דעת המחבר.

תבשיל שנתבשל ונמצאו בו שעורים או חטים, אם נתבקעו ממש, הרי כל התבשיל אסור - אפילו בהנאה, וגם כל הכלים שנשתמשו בם לתבשיל זה בעודו חם שהיד סולדת בו, אסורין להשתמש בהן בפסח, אלא צריך להצניען עד אחר הפסח, **ואם** נתערב מעט מתבשיל זה לתבשיל אחר, גם אותו התבשיל אסור, [דהוי לח בלח ולד"ה אסור]. ‹**והט"ז** ביו"ד סי' צ"ב, כשנאסרה חתיכה במשהו וחזרה ונפלה לאחרת וסלקוה, אין פליטתה אוסרת במשהו, {דתרי משהו לא אמרינן}, **אבל** לח בלח שנתערב בדרך זה, אסור לעולם במשהו, {שא"א לסלק הראשונה}, ע"כ. **ובנקה"כ** האריך לחלוק, שהוא דבר תמוה, וכל בעלי הוראה אוסרין, דהא מ"מ אותה טעם משהו שבחתיכה הראשונה מתפשטת לחתיכות האחרות – א"ר›.

וכן אם נשתמש בו בכף שהגיס בו בקדרה זו לקדרה אחרת בעודה רותח, ג"כ נאסר הכל, דכיון דאיסורו במשהו, אמרינן דגם כאן פולט משהו, [**ועיין** בא"ר שכתב, דדוקא בכף יש להחמיר לאסור, ‹הגם דתרי משהו לא אמרי', מטעם דאין לו פליטה מגופו, ‹דדוקא מחתיכה לא יכול משהו להתפשט, אבל מכף שאין לו טעם מעצמו, אפשר להתפשט – א"ר›, או לח בלח, **אבל** יבש שנתערב בו משהו, ונתערבו החתיכות, ויש רוב כנגדו, ומכיר החתיכה, השאר מותר, **ועיין** בפמ"ג שכתב, דבהנאה בודאי יש להתיר, ובמקום הפסד מרובה ומניעת שמחת י"ט, יש להתיר אפי' באכילה].

‹**ובאמת** לפי"מ שפסק המחבר לקמן בסעיף שאח"ז, דמותר למכור לנכרי וכו', ה"נ דכותיה דמותר למכור התבשיל לנכרי, **דאינה נמכרת ביותר בשביל פליטת משהו שנבלע מן החטה, ואין לומר דהכא מיירי כשהחטה עדיין בתוכה, דמסוף דברי המחבר משמע, דברישא אוסר התבשיל אף לאחר שהסיר להחטה ממנה, וצ"ע**›.

ואם לא נתבקעו ממש, התבשיל מותר. הגה: ואין המנהג כן, אלא אוסרים הכל במשהו אפילו לא נתבקעו - היינו התבשיל, וגם כל הכלים שנשתמשו להתבשיל, וכנ"ל לדעת המחבר בנתבקעו, [**ונראה** דבזה, אם הגיס בכף מקדירה זו לקערה שהיא כלי שני, אין להחמיר אף אם היד סולדת, כיון דאינו אלא מנהג].

והנה דעת הט"ז, דאסור התבשיל אף בהנאה, **אכן** הח"י ועוד כמה אחרונים הסכימו, דבמקום הפסד מרובה, יש לסמוך להתיר עכ"פ בהנאה, (**דבאמת** רוב

הראשונים וכמעט כולם הסכימו לדברי הרי"ף, להתיר התבשיל אפילו באכילה, וגם הפר"ח הסכים כן, עכ"פ נתיר אנן בהנאה, ובפרט היכא דלא היה קרוב לבקוע, רק שנתרכך, נלע"ד דנוכל לסמוך להקל, וגם נוכל לצרף בכגון זה דעת השאלתות ורז"ה ור"ת, דס"ל לעולם בס').

מדסתם הרמ"א, משמע דלא מחלקינן בין אם היא קרובה לביקוע או לא, משום דאין אנו בקיאין בזה, **מ"מ** הסכימו כמה אחרונים, דעכ"פ נתרככה בעינן, דאם לא נתרכך, אפי' נמצא בחמין אין לאסור.

עוד כתבו האחרונים, דאפילו אם נמצא בתבשיל ג' גרעינים שלא נתרככו, לא אמרינן דמסתמא יש יותר ושמא הם מרוככים.

ואותם חטים או שעורים שורפים אותם - עיין לעיל סי' תמ"ו ס"א.

סעיף י - תרנגולת מבושלת שנמצא בה בפסח חטה מבוקעת, מותר למוכרה לאינו יהודי - אחרי שהסיר החטה ממנה, ולא נשאר אלא טעם החמץ שהפליטה החטה בהתרנגולת, **שאינה נמכרת יותר ביוקר בשביל החטה שנמצאת בתוכה** - ולא ישהנה בביתו דילמא אתי למיכלה.

[**ולא** דמי למה שסתם המחבר בריש סי' תמ"ז, דתערובות חמץ משהו אסור בהנאה, ומשמע דלא מהני שום עצה, **התם** מיירי קודם שהסיר ממשות החמץ משם, או שא"א להסיר, וגוף החמץ מעורב בו].

הגה: ובמדינות אלו נוהגין לשרוף הכל, (וע"ל סי' תמ"ו ס"ג) - ובמקום שיש הפסד מרובה מאוד, הסכימו האחרונים להקל כדעת המחבר, [**ועיין** בס' בית מאיר שהוכיח, דאם ע"י מכירה לעכו"ם יגיע לו ג"כ הפסד גדול מאד, יוכל להשהות עד אחר פסח].

ואם נמצאת ביום שמיני של פסח - היינו אפילו נעשה התערובות מקודם יום הח', **וה"ה** אף אם עבר ושהה עד יום זה, **מותר להשהותה עד אחר הפסח** - משום דהוי ספק יו"ט ספק חול, ותערובת משהו הוי דרבנן, לכן מקילינן להשהותה עד אחר פסח, ואז מותר אפי' באכילה, **וי"א** שאף בז' של פסח, אם נמצא חטה בקועה בתבשיל או בתרנגולת, כופה עליהם כלי עד מוצאי יו"ט, ‹ולא תימא דהוי כמשהה חמץ ע"מ לקיימו, עיין לעיל סימן תמ"ו ס"א›, ואז אוכל התבשיל או התרנגולת, ושורף את החטה, **ובמקום** הפסד יש לסמוך ע"ז.

וה"ה לענין נותן טעם לפגם, אף דאנו מחמירין בפסח, מ"מ מותר לשהותו ‹ביום ח'›, אבל בחמץ גמור דאסור מדאורייתא, אף ביום אחרון אסור לשהותו, [**ועיין** בפמ"ג שמצדד, דאם נתערב מין בשאינו מינו פחות משישים, דאנן קימ"ל טעם כעיקר מדאורייתא, אף ביום שמיני אסור להשהותו, **ומין** במינו דמן התורה ברובא בטל אף בפחות משישים, מותר ביום ח' ‹לשהותו›, **וכתב** עוד שם בשם הלבוש, דה"ה לענין נוקשה ושאר ענינים שהוא דרבנן, ג"כ מותר לשהותו ביום ח'].

סעיף יא - אם נמצאת חטה בקועה בעיסה או במצה אפויה, יסיר ממנה כדי נטילת מקום - דאפיה דינה כצלי דאוסר כדי נטילה, **ובעיסה** אף דצונן הוא, מ"מ אמרינן דע"י דוחק הלישה נפלט ממנה משהו סביב מקומה, **והשאר מותר.**

חטה בקועה - ולדידן אם נתרככה אע"פ שלא נתבקע, [**ובדמשק** אליעזר מצדד להקל בלא נתבקע לכו"ע], **ודוקא** לענין אכילה, אבל בהנאה יש להקל בהפסד מרובה בלא נתבקע, אף בלא נטילת מקום.

ויש מי שאוסר כל העיסה או אותה מצה - דע"י הלישה מתחממת קצת, והמים שבעיסה מוליכין את פליטת החטה, שנפלט ע"י דוחק הלישה, בכל העיסה, [**וקאי** דעה זו אף לדעת הפוסקים, דחמץ אינו אוסר בצונן כמו שאר איסורים, **וברשב"א** כתב עוד טעם לאסור כולה, משום דשלא במקום אחד בלבד נגעה החטה, אלא כאן וכאן דרך גלגולה של העיסה בשעת לישה], **וראוי לחוש לדבריו אם לא במקום הפסד מרובה או בשעת הדחק.**

הגה: וכן נוהגין תוך הפסח, לאסור אותה מצה שנמצא בה החטה - ואף דמסתימת הרמ"א משמע, דאוסר כולה אפי' בהפסד מרובה, **מ"מ** בנתרככה ולא נתבקע, אפשר שיש להקל בהפ"מ ע"י נטילת מקום, [**דס"ס**, דלמא בעינן דוקא נתבקע, ודלמא הלכה כדעה א', **וגם** נוכל לצרף לזה דעת השאלתות, דס"ל לעולם בס'].

ומתירין את האחרות, בין שנמצאה בה אפויה או חיה - בין שנמצא בה כשהיא אפויה או חיה - כצ"ל, **ואמרינן כאן נמצאת כאן היתה** - והיינו בין שנמצאת החטה במצה לאחר אפייתה, או כשהיא עדיין בצק לאחר שנערכה, או בחתיכת עיסה, **ולא** אמרינן שהיתה החטה מתחלה בעיסה הגדולה ונאסרה כולה, אלא כאן נמצא כאן היה, דהיינו שכאן נמצאת החטה עכשיו, במצה זו או בחתיכת עיסה זו, כאן היתה בתחלה כשנפלה, דהיינו לאחר שנחתכה ממנה המצה נפלה החטה לתוכה, ולא נפלה מעולם לתוך עיסה הגדולה, שאין מחזיקין איסור ממקום למקום.

ואם החטה היא מלאה מים, ומלוחלח מעבר אל עבר, א"כ ניכר שהיה במים ובעיסה, יש לאסור כל העיסה, **ומ"מ** אי איכא למיתלי שהיתה בלועה ממקום אחר ממים, ונפלה לתוך המצה, הכל לפי הענין, כי תולין במצוי בין להקל בין להחמיר, ולא מקרי ספק כלל.

(**כתב** בספר חמד משה, אם עדיין לא גיבלה וגלגלה, ונמצא החטה מלמעלה על חתיכת העיסה שהיה בידו, כיון דאמרינן כאן נמצא וכו', א"כ עדיין לא נתנה טעם בזו החתיכה, ומותרת, והיינו אם נמצאת על החתיכה מלמעלה, ואפילו דבוקה בעיסה, **אבל** אם נמצאת בתוך העיסה, יש לאסור כל העיסה, דאם נאמר שבזו החתיכה נפלה, כיון דעדיין לא גיבלה, על החתיכה מיבעי ליה לאשכוחי ולא בתוכה, אלא ודאי שהיתה בעיסה השלמה, וא"כ נאסרה כולה, ולא שייך בזה לומר כאן נמצא וכו').

ואם נמצאת בעיסה, אוסר כל העיסה - ומי שהיה בידו עיסה, וחתך ממנה כמה מצות ונתן לאחרים, ונשארה מצה אחת בידו, ונמצאת עליה חטה, כל המצות שמאותה עיסה אסורות, דאמרינן שמא היתה באותה עיסה קודם שחתכה לחתיכות, **דאף** דלא מחזקינן איסורא ממקום למקום, ואמרינן כאן נמצא וכו', ולא מחתיכה לחתיכה, מזמן לזמן מחזקינן איסורא, ואמרינן שמא היתה בעיסה זו מקודם שנחתכה, מ"א וש"א.

ויש מאחרונים דס"ל, דאף בכאן יש להקל בשאר מצות, משום ס"ס, שמא עתה נפלה, ואת"ל מקודם, שמא לא נתחמצה עד עתה, **ובמקום** הפסד מרובה יש לסמוך להקל, [**ואף** דהמ"א השיג על לשון הב"ח, דכתב "שמא לא נתחמצה", דמחמת חסרון ידיעה לא נחשב ס"ס, בהפ"מ סמכינן גם על ס"ס כזה, **וגם** בא"ר דעתו, דיש כאן ס"ס גמורה, אף דנחשוב דנתחמצה, שמא עתה נתחמצה, **ומטעם** זה שניתי הלשון, וכתבתי "שמא לא נתחמצה עד עתה"].

[**ודע** דאף לדעת מ"א, דוקא כשנמצאת החטה באותה מצה, כשעודה בידו, באותו מקום שחתך ממנו שאר המצות, **אבל** אם אחר שחתכה, נטל מה שנשאר בידו למקום אחר, ושם נמצאת החטה עליה, אותה מצה לבדה אסורה, והשאר מותרות, דלא מחזקינן איסורא ממקום למקום, ואמרינן כאן נמצא וכו', ובמקום זה נפלה החטה, ולא היתה בה מקודם לכן].

וכתב מ"א הנ"ל, שכן הדין באחד שלקח מחבית כרוב בקערה, והוליכו לבית אחר או למקום אחר, ושם נמצא חטה בקועה, הכרוב שבחבית מותר, דאין מחזיקין ממקום למקום, ואמרינן כאן נמצא כאן היה, ר"ל השתא בקערה נפל, **אבל** אם נמצא החטה בחבית, אז אף מה שבקערה בבית אחר אסור, [והיינו דוקא כשהחבית במקומה עומדת, במקום שלקחה ממנה הכרוב בקערה], דזה הוא מזמן לזמן, ומחזקינן למפרע, [**דשמא** היתה החטה בחבית קודם שנתנו ממנה לקערה, ונאסר אז כל מה שבחבית, **ואף** להאומרים שחמץ בפסח אינו אסור בצונן, יש לחוש שמא נכבשה החטה מעל"ע בתוך החבית, וכל כבוש מעל"ע הרי הוא כמבושל].

ומ"מ במקום הפסד מרובה יש להקל, אפילו אם נמצא בחבית, לאותן הבעלי בתים שלקחו מקודם, דיש ס"ס, שמא עכשיו נפל בחבית, ואת"ל מקודם, שמא לא נתחמצה החטה עד עכשיו, **אם** לא כשלקחו תיכף נמצא בחבית, שלא היה שהות להתחמץ בזה הזמן, **ויש** מאחרונים שכתבו, דכל זה כשהחטה בקועה, אבל אם לא נתבקעה רק כשנתרככה, יש להתיר אפילו הכרוב שבחבית, אם יש שם הפסד מרובה, מכח ספק ספיקא, [היינו שמא נפלה שם תוך מעל"ע, ולא הוי עדיין כבוש, ואת"ל נפלה קודם לכן, שמא לא נתרככה עד תוך מעל"ע].

ואם אין הציר עולה ע"ג הכרוב, בלא"ה יש להתיר הכרוב שבחבית, דלא הוי עלה שם כבוש, רק דין מלוח, ואינו אסור רק מקום שנמצא עליו, והשאר מותר, כמ"ש רמ"א בהג"ה בסי"ד.

כתב הח"א, דיגעדע"ס קווא"ס שנוהגין במדינתנו לעשות על פסח, יש ליזהר לברור היגדעס קודם נתינת המים, דמצוי להמצא בהם גרעינין.

ודוקא תוך הפסח, אבל קודם הפסח אין אוסרין רק כדי נטילה, והכי נהוג - דחמץ בתוך פסח במשהו, אבל קודם הפסח נתבטל טעם החטה בששים, ואפ"ה כדי נטילה צריך ליטול ממנה, דילמא לא פלטה רק בסביבותיה, **ואפי'** נמצאת במצה אפויה, די בכדי נטילה.

סעיף יב - אם מלגו תרנגולת (פי' שהרתיחוהו במים להעביר הנוצה) - אף דנתבאר ביו"ד סימן ס"ח סי"א, דאין למלוג אפילו בכלי שני, הכא מיירי שנמלח מקודם ע"ג הנוצה.

(**עיין** בט"ז שכתב, דסתם מליגה בכלי שני, **והנה** לפי מה שכתב המחבר ביו"ד סימן ס"ח, דבדיעבד בכלי שני אינו מבליע, לכאורה ע"כ צ"ל דמיירי בכלי ראשון, **אך** אפשר דדעת המחבר כהיש מחמירין שהביא הרמ"א לעיל בסימן תמ"ז ס"ג בהג"ה, דאפילו בכלי שני אסור, **וכן** מצאתי בפר"ח שמסתפק בדעת המחבר, **ובעיקר** דינא דכלי שני, דעת הפר"ח להחמיר בפסח).

ואח"כ מצאו במים גרעין חטה בקועה, אסורה התרנגולת - דאמרינן שמא היתה החטה במים בשעת מליגה, דלא אמרינן כאן נמצא וכאן היה, אלא לענין ממקום למקום, או מחתיכה לחתיכה, וכנ"ל בסי"א, **אבל** במקום אחד, כגון דיש לספק בזמן, ולומר שמא היתה החטה במים קודם לכן, לא אמרינן השתא נפלה.

והנה המחבר כתב כאן חטה בקועה, והרמ"א לא הגיה ע"ז כלום, כמו שהגיה לעיל בס"ט, **י"א** דכאן מודה להמחבר, דדוקא בקועה ולא בנתרככה, משום דיש עוד ספק, שמא עכשיו נפל, **ויש** אומרים דהרמ"א סמך אהגהתו לעיל בס"ט, וכן משמע בט"ז, דלא התיר בענינינו בנתרככו, רק בהנאה ולא באכילה, **אכן** מצאתי בבית מאיר, דדין זה שסתם המחבר במחלוקת שנויה, לבד הדעה שמוזכר בהרמ"א, **וע"כ** נראה לענ"ד, דהסומך להתיר בזה בנתרככה בכלי שני אף לאכילה, לא הפסיד.

ואם לא נתרככה, אפילו אם היתה המליגה בכלי ראשון, ג"כ מותר.

ואם נמצאת חטה בקועה או לחם חמץ בכלי של מים, ואין בו כדי ליתן טעם, שהמים צוננים, ובישלו באותם מים תבשיל או לשו עיסה, מותר - ר"ל "והמים צוננים", דתרתי בעי, שהחמץ מועט שאין בו שיעור ליתן טעם במים, שיש ששים במים כנגדו, וגם שהמים צוננים, ולכן מקילינן אפילו תוך הפסח, דכיון דמשהו מדרבנן, לא מחמרינן בצונן, [**ובביאור** הגר"א מבאר, דלדעה ראשונה, מטעם מים צוננים לבד מתיר, ואפי' באין בו ששים].

ואם ידוע שנשרה החטה מעל"ע במים, אסור, דכבוש כמבושל, **ואפילו** אם יש לספק שמא נשרה מעל"ע במים, ג"כ דעת איזה אחרונים להחמיר, **ומ"מ** בחטה שאינה בקועה רק נתרככה, אין להחמיר בספיקא, **ואפי'** בחטה בקועה, דוקא כשנמצאה החטה ואח"כ בשלו באותן מים, אבל אם נמצאת החטה במים (הנשאר), אחר שבישלו (במים שלקחו משם), יש להקל באיסור משהו, דס"ס הוא, שמא נפלה החטה אח"כ, ואת"ל מקודם, שמא לא נשרה מעל"ע במים ולא הוי כבוש, דמותר לדעה זו בצונן, **ואפילו** לדעת היש מי שאומר, דאוסר בצונן תוך הפסח, עכ"פ במקום הדחק או הפסד מרובה אין להחמיר, וכדלקמיה. (**לקמן** בסמוך לענין הנידון של צונן גרידא, לא הצריך שעת הדחק או הפסד מרובה, והיינו משום שיש שם ס"ס, ספק כהמקילים בצונן, וספק שנפל אח"כ, **אבל** כאן שיש גם ספק של מעל"ע, א"כ יש ס"ס לחומרא, שמא היה מעל"ע, וגם אם לא היה מעל"ע, שמא כמחמירים דצונן, **ע"כ** בענין שעת הדחק או הפסד מרובה, שאז הרי כבר לא חיישינן למחמירים בצונן, וכדלקמן – אליבא דהלכתא).

ויש מי שאוסר, אם הוא בתוך הפסח - דס"ל דאף דבצונן אינו נותן טעם, מ"מ משהו מיהו איכא, ולכן תוך הפסח דאיסורו במשהו אסור, **ודוקא** כשנמצא החטה ואח"כ בישלו באותן המים, אבל אם נמצא אחר שבישלו, אין להחמיר בצונן מספיקא.

(**ושעורה** במים, הוא נותן טעם לפגם).

הגה: ויש מי שמתיר אפילו במליגת תרנגולים, משום דאמרינן שמא אחר כך נפלה לשם - ר"ל כיון דמשהו מדרבנן, מקילינן בספיקו, ותלינן שאח"כ נפלה, **וה"ה** אם התרנגולת עדיין במים, אלא שהמים נצטנן, תלינן שנפלה בעת שנצטנן המים, ומותר לדעת המתירין בצונן.

ויש מי שאוסר בשאר בשר - בכה"ג שהניחוה בחמין אחר המליחה וההדחה, ואחר שלקחוה משם נמצא שם חטה בקועה, מחזיקין מזמן לזמן, ואמרינן שהיתה שם החטה מקודם שלקחו הבשר.

ומתיר בתרנגולת מכח ספק ספיקא - שמא היתה בתרנגולת עצמה וכבר נתעכלה, ואין שייך בה חימוץ, ואת"ל שאינה מתרנגולת, שמא עתה נפלה, **ודעה** ראשונה של המחבר ס"ל, דאף בחטה שהיא מתרנגולת שייך בה חימוץ.

ולענין מנהג נראה לאסור בשאר בשר, או בחטה שלימה אפילו בתרנגולת - דבשלמה נקטינן דיש בה חימוץ, מפני שניכר שלא נתעכל.

ודוקא אם נמלגו תרנגולים, דהיינו שהיו המים חמין, אבל אם היו צוננין ושרו שם התרנגולים - ולאחר שנלקחו משם התרנגולים, מצאו שם חטה בקועה אפילו שלמה, **ולאו** דוקא נקט תרנגולים, דה"ה שאר בשר ג"כ, **אין לאסור מספיקא** - ותלינן שאחר לקיחת הבשר משם נפל החטה, כיון שהמים היו צוננין, ויש מתירין לגמרי בצונן.

אבל אם בודאי היתה החטה בשעה שנשרה הבשר במים, דעתו דיש לנהוג כדעת היש מי שאוסר בצונן בתוך הפסח, **ועיין** בלבוש וט"ז ועוד אחרונים, שדעתם כדעה ראשונה המוזכר במחבר, דאין לאסור בצונן בכל גווני, **וע"כ** בשעת הדחק או בהפסד מרובה, יש לסמוך להקל כדעתם, [כן הכריע המ"א ואפשר דגם הרמ"א מודה לזה, ועיין בבה"ל <בסוף הסעיף>, **ובפרט** אם החטה אינה בקועה רק נתרככה, בודאי אין להחמיר.

וכ"ז בחטה, [ולחם שלם דדינו כחטה בקועה], אבל פרוסת לחם או עיסה שנמצאת בתוך המים, כתבו האחרונים לאסור אף בצונן, כי טבע פרוסת הלחם והעיסה להתפרר ולהיות נמס בתוך המים, [ואפי' סינון לא מהני, **ונראה** לכאורה דדוקא אם בישלו במים לאחר שנמצא הלחם, אבל אם נמצא הפרוסה לאחר שבישלו במים, דיש ספק שמא עתה נפל, אין להחמיר במקום הפסד מרובה, **ומ"מ** צ"ע דאפשר דלחם גרע טפי].

ובמקום דאיכא למימר שמא נתעכל החטה בתרנגולת, כגון שהיא שבורה, אפילו במליגה יש להתיר מכח ספק ספיקא - וזה מותר אף בלא הפסד מרובה, **וכ"ז** בס"ס דאיסור משהו שהוא דרבנן, הא בס"ס דאיסור תורה, יש להתיר רק בשהיה, ומכ"ש למוכרה לנכרי, אבל לא באכילה, **ודוקא** היכא דאפשר בשהיה, אבל אם א"א בשהיה שיתקלקל עי"ז, מותר אף באכילה, ובפרט היכא דאיכא הפסד מרובה, בודאי אין להחמיר.

מיהו אם נתערבו התערובות, ויש הפסד מרובה ומניעת שמחת יום טוב, יש להקל בכל זה בספיקות איסור דרבנן שהוא משהו, ויש להתיר שאר תבשילין שיש בהן תערובות מאותה תבשיל של הבשר שנשרה במים או נמלג, כך נראה לי.

לאו בחדא גוונא הוא, דנשרה הבשר בצונן, אף אם מצאו הגרעין בעוד הבשר שם, ג"כ מותר, דיש ספק דרבנן, דשמא צונן אין מפליט ומבליע כלל, **ונמלג** שהוא בחמין, מיירי שמצאו אח"כ חטה במים, לאחר שהסירו הבשר או התרנגולת משם, ומותר אפילו נמלג בכלי ראשון, ומטעם דיש ספק שמא עתה נפלה, והוא איסור משהו שהוא דרבנן, לכך מתירין בהפסד מרובה.

משמע הא אותו תבשיל, אף בהפסד מרובה ומניעת שמחת יו"ט, אסור בספק אחד דרבנן, (**אכן** בביאור הגר"א משמע, דמטעם הפסד מרובה לחוד מתיר, **ואפילו** בחמין, דנקטינן אז כדעה ראשונה שברמ"א המתרת במליגה, **וצ"ל** לדידיה, דמה שמזכיר הרמ"א תערובות, היינו דע"י תערובות מצוי הפסד מרובה, וצ"ע).

סעיף יג- אם הגעילו יורה מחומצת בת יומא - ומיירי שהגעילו קודם זמן איסורו, דאל"ה אין להגעיל כלי שהוא בן יומו, כמבואר לעיל בסימן תנ"ב, **ונקט** המחבר בן יומו, דאם היורה לא היתה בת יומא, אף המי הגעלה עצמן מותרין בפסח, כיון שהגעילו קודם פסח והם אינם בני יומן, כמבואר לעיל סי' תנ"א, וסימן תמ"ז ס"ה בהג"ה, ע"ש.

וירדו המים (המחומצים) לבור בתוך הפסח - היינו הירידה היה בתוך הפסח, אבל ההגעלה היה קודם פסח, **אסור לשתות מימיו בפסח, (בשביל שנתערבו)** - פי' אף להמתירין צונן לעיל משום דאינו נותן טעם כלל, מ"מ הכא אסור, דע"י שנתערבו הרי גוף החמץ מעורב בו.

ואם עבר ובישל מהם תבשיל, כתב הפמ"ג, דיש להתיר אם הוא הפסד מרובה, כיון דההגעלה היה קודם פסח, [ר"ל והוי נ"ט בר נ"ט דהתירא, **ומשמע** מפמ"ג, דאפי' אין ס' נגדם, ג"כ מותר בדיעבד].

סימן תסז – דין חטים שנפל עליהם מים ותבשיל שנמצא לתוכו חטה

ואם הירידה היה ג"כ קודם הפסח, נתבטלו המים בששים במים שבבור, **ויש** מחמירין, דאפילו אם יש ששים נגדם, אין להשתמש באותן מים לכתחלה, כיון דאפשר בקל למצוא מים אחרים, אסור לשתות מימיו.

ודע, דאם ההגעלה היה בתוך הפסח, אז אפילו אם היורה אינה בת יומא, אסור המים שבבור, לדעת רמ"א לעיל בסימן תמ"ז ס"י בהג"ה, [**והיינו** אפי' יש ס' נגדם, כמבואר לעיל בסי' תמ"ז ס"י בהג"ה, דבמקום שנוהגין להחמיר, הוא אפי' בנותן טעם לפגם ומשהו, שתיהן יחדיו, ג"כ אסור].

[**ודע** דשיטת הגר"א, דהמחבר מיירי דגם ההגעלה היה תוך הפסח, ומה שכתב יורה מחומצת בת יומא, אזיל לשיטתיה, דסבר נט"ל מותר בתוך הפסח, וכן הוא ג"כ דעת הלבוש, **וכתב** שם, דאם ההגעלה היתה קודם פסח בזמן היתר, אף אם הירידה היה בתוך פסח, מותר לשתות מימיו, משום דהוי ג' נ"ט בר נ"ט, **ולפי"ז** בתבשיל בודאי אין להחמיר].

אם נמצא גרעיני תבואה בבאר מים בפסח, כתבו האחרונים, שראוי ליזהר בכל מה דאפשר שלא להשתמש באותן מים בפסח, אפילו להמתירין בצונן, דשמא נכבש בתוכו מעל"ע והוי כבוש, **ומ"מ** אם אין לו מים אחרים, כיון שחייו תלוים בו, יש להתיר מטעם ס"ס [אפי' בנתבקעה], שמא עכשיו נפלה, ואת"ל שנפלה מעל"ע מקודם, שמא לא נתבקעה ונתרככה עד תוך מעל"ע, ולא נעשה כבוש משעה שנעשה חמץ, וסמכינן על הפוסקים דצונן אינו אוסר בלי כבישה.

מי שרוצה לשאוב בפסח מבארות של עכו"ם, או מבארות של ישראל שלא נזהר בהן מחמץ כל השנה, נכון שיסנן המים בבגד נקי בכל פעם ששואב.

סעיף יד - אם נמצאת חטה מבוקעת בתרנגולת - עיין בביאור הלכה, דלדידן שייך זה הסעיף אפילו בנתרככה לבד, **קודם מליחה, די בשטיפה** - דצונן בלי רוטב לכו"ע אינו אוסר, ואפי' אם הודח התרנגולת, מ"מ כיון שלא היתה שרויה החטה במים, אינה אוסרת, **ומ"מ** הדחה בעי, ואין לו לסמוך על ההדחה שמדיחו אחר המליחה, [**שאם** אירע זה קודם הדחה ראשונה, יכול לסמוך על הדחה ראשונה שמדיחו להכשירו מדמו, **אבל** אחר הדחה קודם המליחה, אפשר אם לא יעביר אותו משהו לחלוחית שיש על הבשר מן החטה, יבלע בבשר ע"י המליחה].

ואם אחר מליחה, די בקליפה - ומ"מ קליפה בעי אף שהוא צונן, דקי"ל מליח הרי הוא כרותח, ונבלע לחלוחית החטה בתוך הבשר כדי קליפה.

(**וכתבו האחרונים, דדוקא אם חזינן שהחטה היא לחה, אבל אם חזינן דלא נתלחלחה מן המלח, כגון שהיא נגובה, אפילו שהיא נתרככה, אינה אוסרת, דאינה פולטת כל עיקר, דהוי טהור מליח וטמא תפל, וכן אם נפל חמץ על בשר מלוח אף בפסח, יש להקל במקום הפסד מרובה כמו בשאר איסורין**).

ומ"מ כל זה כשנמצא בעוד שמלח עליו, אבל אם נמצא לאחר שנמלח והודח, אמרינן השתא נפל, ודי בשטיפה בעלמא, דאם איתא שהיתה עליה קודם לכן, היתה נופלת בהדחה כשהדיחו הבשר במים, **ודוקא** כשנמצא על התרנגולת מבחוץ, אבל אם נמצא בתוך התרנגולת, מסתמא היתה קודם לכן אף בשעת מליחה, ומה שלא נפלה בהדחה שעכבוה שולי התרנגולת.

ויש מחמירין לומר שמעמיק כל סביבותיה וחותך ומשליך - ר"ל דלא כדעה ראשונה, דסגי לקלוף הבשר, ונגד מקום החטה בלבד, אלא שמעמיק בכל סביבותיה וחותך, **והטעם**, דהואיל בפסח איסורו במשהו, אמרינן שמתפשט משהו בכל סביבותיה של מקום החטה.

ואם נמלחו עמה תרנגולות אחרות, קולף את כולם - ומיירי כשנמצא החטה על התרנגולת, דיש לספק שמא נגעה החטה בכולם, **אבל** אם נמצא תוך התרנגולת, אין האחרות צריכין קליפה.

הגה: ויש מחמירים לאסור כל מה שנמלח ביחד - משום דאנן מחמירינן לאסור בכל איסורין במליחה בששים, משום דלא בקיאם בין איסור כחוש לשמן, [**היינו** דבשמן מצד הדין אוסר במליחה עד ששים, וכיון דאין אנו בקיאין, מחמרינן בשאר איסורים אפי' בכחוש עד ס'], **אלמא** דנתפשט בכולו, א"כ ממילא בחמץ דאיסורו במשהו נמי אוסר בכולן, [**ואף** דמחתיכה לחתיכה, קי"ל דאין יוצא מזה לזה בלי רוטב בדבר כחוש, הכא דאסרינן לכולן, הוא משום שמא נגעה החטה בכל אחת מהן, ונאסרו כולם במשהו - גר"א].

מחבר רמ"א משנה ברורה

[**ומשארי** אחרונים משמע טעם היש מחמירין, דלא חילקו בין חמץ לשאר איסורין, וכמו בשאר איסורין לא מחלקינן בין כחוש לשמן, ואסרינן במליחה כל החתיכות שנמלחו ביחד עד ששים, ה"ה בחמץ]. **ואף** דבבלוע בקיאינן בין כחוש לשמן, מ"מ כיון דהאיסור בעין בשעת נגיעת חתיכה לחתיכה, ומשוינן האיסור לשמן נגד החתיכה הנוגעת לאוסרה כולה, משוינן אותו לשמן נגד כל החתיכות, כיון דבשעה אחת הן – חוו"ד סי' ק"ה ס"ק י"ח.

אבל העיקר לאסור אותה חתיכה כולה שנמצאת החטה עליה, ולהתיר האחרות ע"י קליפה קצת - משום דס"ל, דלא אמרינן באיסור משהו שהוא דרבנן, שיהא יוצא מחתיכה לחתיכה ע"י מליחה, בחמץ שהוא כחוש, ורק בשיעור ס' החמירו לאסור מחתיכה לחתיכה אף בכחוש, ולא במשהו, **ועוד** דדוקא באיסור ששייך בו שמנונית, משערינן בכחוש אף בס', משום דאין אנו בקיאים בין כחוש לשמן, ואמרינן דמפעפע עד ס', **משא"כ** באיסור חמץ דלא שייך בו פעפוע כלל, ודיינו אם נחמיר לאסור אותה חתיכה כולה.

ומה דצריך קליפה, היינו באופן שיש לספק שמא נגעה החטה גם בהן, וכנ"ל, **ואף** אם ידעינן בודאי שלא נגע אלא באחד מהם, ולא ידעינן באיזה נגע, כולן טעונין קליפה, דחמץ בפסח לא בטיל ברוב, (**וכתב בעולת שבת**, **דחתיכה שיש בה ספק אם נגע כלל באותה חתיכה שנמצא בה החטה, אפילו קליפה אינו צריך**).

ואם נתבשלו בלי קליפה, אוסרת תערובתן.

(**והנה בהפסד מרובה, כגון שהוא עני והיא חתיכה גדולה וחשובה, או שהוא מניעת שמחת יו"ט, משמע מהגר"ז, דיש להקל ולסמוך על דעת המחבר דדי בקליפה, וכן דעת הפר"ח, דדי להעמיק ולהשליך כל שסביבותיה, ומותרת באכילה, והנה כל שארי האחרונים לא הזכירו למעשה כדעה זו, אכן בנתרככה ולא נתבקעה, אפשר דיש לסמוך ע"ז, ויתכן דגם דעת הגר"ז שמקיל בהפסד מרובה, הוא ג"כ דוקא בנתרככה, ועיין בתשובת רמ"א, מוכח שם, דאף בנתרככה נוהגין לאסור אותה חתיכה כולה, ואפשר דבהפסד מרובה גם הוא מודה להקל, וצ"ע, ודע עוד, דבספק נתרככה אין להחמיר כלל**).

ואם רוצה יוכל למכור הכל לאינו יהודי - עיין בא"ר שדעתו, דהרמ"א לא קאי רק אשאר חתיכות, אבל אותה החתיכה שנמצאת עליה החטה, אין להתיר למוכרה לדעת ההג"ה לעיל בס"י, **ומשארי** אחרונים משמע, דכאן שהוא רק ע"י מליחה, מקילינן למכור אפי' אותה חתיכה, ורק שיקלוף תחלה מן הבשר במקום שנמצאת עליו החטה.

עיין בט"ז שכתב שהורה למעשה, דה"ה דמותר להשהות שאר החתיכות עד אחר הפסח, כיון שאינן אלא ספק נגיעה, וגם אותה החתיכה יוכל להשהות אותה, רק שבה צריך לקלוף מתחלה מקום החטה, [**דמדאורייתא** בודאי אינו עובר בבל יראה על הבליעה שנבלע, רק מדרבנן בעלמא אסור להשהות אפי' על משהו חמץ הנבלע בבשר, משום דלמא אתי למיכל מיניה, **ובענינינו** דהוא רק ספק בעלמא שמא נגע, הוי ספיקא דרבנן, ולכן מותר להשהותן אף בלי קליפה, ורק אותה חתיכה שבודאי נגע צריך קליפה מקודם]. **ומדברי** המ"א משמע, דדעתו כדעת הרמ"א, דאותה החתיכה אסורה להשהות, [ושאר החתיכות מותר להשהות]. **ונראה** דבנתרככה ולא נתבקעה יש לסמוך אדברי הט"ז, וכן הח"י מסכים לדברי הט"ז.

(**ועיין** מ"א, **ששמע שנמצאת חטה בחבית דגים שנמלחו לשם פסח, וצוה הגאון מהר"ר בנימין להשליך אותה שורה לנהר, והשאר למכור לנכרי, ועיין בחמד משה שתמה ע"ז, ולא היה די לאסור רק אותו הדג שנמצא החטה עליו, ותירץ דאפשר שהיה בענין שנסתפק אולי נגעה החטה בכל השורה, דאי לא"ה לא מחזקינן איסורא מחתיכה לחתיכה, ואמרינן כאן נמצא כאן היה, עכ"ל, ולדברי הט"ז שכתבנו במ"ב, אפילו באופן זה אין לאסור כל השורה**).

כמו שנתבאר סימן תמ"ז סעיף א', אע"ג דאין נוהגין כן בשאר תערובות חמץ, כן נראה לי - ט"ס הוא, וצ"ל "אע"ג דאין נוהגין כן בשאר תערובות חמץ, כמש"כ סימן תמ"ז ס"א", ופירושו, דשם מבואר דבבליעת משהו חמץ אינו יכול למכור לעכו"ם, אף אחר שיפדה דמי החמץ, כאן במליחה מקילינן בזה.

ודע, דכל זה דמקיל הרמ"א בחתיכות האחרות, ע"י קליפה או ע"י מכירה לעכו"ם, דוקא כשנמצא החטה על בשר מלוח בעת המליחה, או אחר מליחה והדחה, ומלחו פעם שנית לקדרה, ומצאו החטה על הבשר בלא ציר, **אבל** אם נמצא החטה בתוך הציר, אז חשיב הכל כמבושל, דבשיעור מועט הוי כבוש ע"י ציר,

ואז כל מה שמונח בציר יש לאסור וצריך בעור, **אבל** מה שמונח למעלה מן הציר, יעשה כמו שכתב הרמ"א, או שישהנו עד אחר הפסח, וכמו שכתבנו למעלה בדעת הט"ז, דבציר אין אומרים שמפעפע למעלה, **וכן** אם נמצא חטה מונחת בחבית של כרוב מלוח, אסור כל החבית, דכבוש כמבושל, **ודוקא** כשהציר עולה ע"ג, דאם אין הציר עולה ע"ג, הו"ל דין מליחה בעלמא, ודינו כנ"ל.

אם נשאר מעט שכר בכלי, ונטלו בתוכו מים, והדיחו בהן בשר אחר מליחתו בפסח, דעת הח"י, דיש להתיר הבשר אף בלא קליפה מעיקר הדין, שאף שהמים נאסרו מחמת השכר שנתערב בתוכם, מכל מקום הבשר לא בלע כלום ממים הללו כיון שהוא צונן, **ואף** על פי שהבשר היה מלוח עדיין בשעה שהדיחו, והמליח הוא כרותח, מכל מקום לא בלע כלום מן המים, לפי שהמים שהדיחו בהם מבטלים כח המלח, ואין לו כח להבליע המים בבשר, **אכן** מחמת חומרת חמץ בפסח, יש לקלוף מעט הבשר במקום שנגעו בו המים הללו, **ודעת** הח"א, דמדינא צריך הבשר קליפה, כיון דאית ביה פילי, ואפילו לא נמלח הבשר כלל.

סעיף טו - תרנגולת צלויה שנמצאת בה חטה מבוקעת בתוך הפסח - ולפי דברי הרמ"א לעיל בס"ט, ה"ה אפילו לא נתבקעה רק נתרככה, אבל לא נתרככה א"צ כלום, **חותך מקום פיעפועו, לפי אומד הדעת** - היינו כמו שכתב לעיל, שמעמיק כל סביבותיה, דבצלי לכו"ע יש להחמיר יותר, **ודוקא** אם היה התרנגולת כחושה, אבל אם הוא שמן במקום מגעו של החטה, כולו אסור, דאזיל ההיתר ומפטם להחטה, ואח"כ מפעפע החטה משהו בכל התרנגולת, [**ולדידן** דאין אנו בקיאין בין כחוש לשמן, אפי' בכחוש אסורה כולה, **והרב** שלא הגיה כן על המחבר, דלדידיה בלא"ה אסורה כולה, דלא גרע צלי ממליחה].

כתב הח"א, דר"ל דוקא שנמצאת בתוכה, דיש לפרש שנתחמצה במים שהודחה בו, **אבל** אם נמצאת על התרנגולת, אם כן אם איתא דהוי בשעת הדחה היה נופל, וע"כ עכשיו נפל, ושומן התרנגולת הוי כמי פירות ואינו מחמיץ.

ויש אוסרים את כולה, לפי שכשמהפכים השפוד מתפשט הטעם בכל התרנגולת - ודוקא באיסור חמץ שהוא במשהו חיישינן לזה, משא"כ בשאר איסורים.

משמע דאם נצלה ע"ג גחלים, אין לאסור יותר מכדי פעפועו, **ולדעת** הרב בהג"ה הנ"ל, ודאי דאין להקל בצלי יותר ממליחה.

וכן יש מי שאוסר כל התרנגולות הצלויות עמה באותה שפוד הנוגעות זו בזו, כי ע"י היפוך השפוד מתפשט מזו לזו - ובלא היפוך מותרות האחרות אפילו בלי קליפה.

ואם אינן נוגעות אינן אסורות, ולא אמרינן דהבליעת משהו הולך ומתפשט מזו לזו ע"י השפוד, **ואם** התרנגולת שמינה, אוסרת הכל אפילו אינן נוגעות - מ"א, [**עיין** במחה"ש, דאוסרת אותן רק כדי קליפה], **והמקור** חיים מיקל בדבר, ואפילו לדעת המ"א, אין להחמיר בזה אלא במבוקעת, ולא בנתרככה.

וכתב הפמ"ג, דלפי דעת הרב לעיל, יש להורות דצלי לא גרע ממליחה, ואף כשהתרנגולת כחוש לגמרי אסורה כולה, ואפילו בלא היפוך השפוד, **אבל** אחרות יש להתיר בהפ"מ, בידע שלא היפך השפוד.

סעיף טז - חטה או שעורה שנמצאת בזפק העוף לאחר שהבהבו אותו, העוף מותר - דאין צלי אוסר יותר מכדי קליפה, והזפק הוא במקום הקליפה, ומשליכין אותו, **ואפילו** לדידן דאוסרין בצלי עד ששים, מ"מ אין להחמיר בזה יותר מכדי קליפה, כי ההבהוב אינו דומה כלל לצלי, הואיל ואינו מהבהבו הרבה במקום א', אלא מעבירו תמיד הנה והנה.

ואם נמצאת החטה חוץ לזפק לאחר ההבהוב, לכתחלה צריך לקלוף באותו מקום, **ובדיעבד** אם בישל כך בלי קליפה, מותר, [פמ"ג, **וטעמו**, דמעיקר הדין מסכים לח"י ועו"ש, דאפילו אם נמצא חרץ לזפק ג"כ מותר, דההבהוב אינו דומה כלל לצלי, רק חומרא בעלמא חשש קצת לדעת המחמירין].

המדקדקים נזהרים בפסח, קודם ההבהוב וקודם המליחה, לפתוח התרנגולת היטב, או לחתכו לשנים, ולבדוק היטב שלא ימצא בתוכו חטה, ומי שעושה כן הרי זה זריז ונשכר.

והחטה והשעורה צריך לשורפם, דלא חשיבי כמעוכלים - ותלינן שנתחמצו מלחות שנמצא בזפק.

ואף דלענין טומאה חשיבי כמעוכלים, לענין איסור שאני, **ועיין** בביאור הגר"א שכתב, דלפי"ז אין חילוק בין שלמה או שבורה, ‹ובסי"ב הרמ"א מחלק בין שלמה לשבורה, וצ"ע, שונה הלכות›. **אבל** בעיקר הדין מצדד לבסוף, דאין לחלק בין איסור לטומאה, ואפילו שלמין חשובין כמעוכלין.

כתב בספר תניא, כל עניני הפסח לא יעשה ע"י עכו"ם, וכן ראוי שלא יעשה על ידי קטנים.

§ סימן תסח – שלא לעשות מלאכה בערב פסח אחר חצות §

סעיף א - העושה מלאכה בערב פסח מחצות ולמעלה, היו משמתין אותו - וגם אינו רואה סימן ברכה מאותה מלאכה, **הטעם**, מפני שהוא זמן שחיטת הפסח, שכל אחד מישראל חייב בו, ויום שמביאין קרבן הוא כיו"ט, ולכן אסור מד"ס במלאכה, **ואפילו** בזה"ז דליכא קרבן, עדיין האיסור במקומו עומד.

(**והוא** ע"פ הירושלמי שהביאוהו הפוסקים, ולפי"ז אם חל פסח במו"ש, בע"ש מותר במלאכה מעיקר הדין עד המנחה, כיון דשחיטת הפסח הוא למחר בשבת, וכמו שכתב המהרי"ל, **ורש"י** פי' עוד טעם, כדי שלא יהא טרוד במלאכה וישכח ביעור חמצו וכו', ותיקון מצה לצורך הלילה וכו', **ולפי** טעם זה, אפי' כשחל פסח במו"ש, ג"כ יש ליזהר שלא לעשות מלאכה מחצות, שהרי טרוד בביעור חמץ ותיקון המצה לצורך מחר, **אלא** דרוב הפוסקים תופסין טעם הירושלמי, וא"כ אפשר דאין להחמיר).

ואפילו לעשות בחנם אסור - אם הוא מלאכה גמורה, וכדלקמיה בס"ב.

ויש מי שאוסר אפילו על ידי אינו יהודי - כמו בחול המועד, **ויש מי שמתיר, (וכן הוא המנהג)** - אפילו הוא עושה בביתו של ישראל, דס"ל דלא החמירו בזה באמירה לעכו"ם כמו בחוה"מ ויו"ט.

ולענין להסתפר ע"י עכו"ם אחר חצות, הסכימו הרבה אחרונים להקל, אף שמטה ראשו לצד המספר ומסייע קצת, **אבל** ע"י ישראל אסור אפילו בחנם, משום דהיא מלאכה גמורה.

ונטילת צפרנים, אם שכח ליטול אותן קודם חצות, יש להקל אפילו ע"י עצמו, או ע"י אחר בחנם.

סעיף ב - במה דברים אמורים, כשעושה מלאכה להשתכר - ובזה אפילו אינו מלאכה גמורה אסור, ואפילו אם הוא לצורך יו"ט.

כתבו האחרונים, דפועל שאין לו מה יאכל, מותר לעשות מלאכה להשתכר.

(או בחנם והוא מלאכה גמורה, לתפור בגדים ממש) - ובזה אסור אפילו לצורך יו"ט, **וכיבוס** כליו הוא בכלל מלאכה גמורה ואסור, **ולכובסת** עכו"ם מותר בכל גווני ליתן אחר חצות.

כתבו האחרונים, דכל מה שמותר לעשות בחוש"מ, כגון דבר האבד, או שעושה מעשה הדיוט ולא מעשה אומן, ויש בו צורך המועד, וכיו"ב משאר דברים המותרים בחולו של מועד, כ"ש שמותרים בע"פ אחר חצות, **וכן** כל אותן שהתירו לספר ולכבס בחולו של מועד, כגון הבא ממדינת הים, והיוצא מבית האסורין, מותרין ג"כ בע"פ אחר חצות.

אבל מתקן הוא כליו ליו"ט - ר"ל כלי ישן שנתקלקל קצת, או בגדיו שנקרעו קצת, רשאי לתקן ולתופרם לצורך יו"ט.

וה"ה שמותר כ"ז לצורך חבירו אם הוא בחנם, וכתבו האחרונים, דאפילו מעשה אומן מותר בזה, [**והגר"ז** כתב, דאם הוא בשכר, אפי' מעשה הדיוט ולצורך המועד אסור, **ולפי** מה שמבואר בסי' תקמ"ב בשע"ת, דבזה אפי' בחוה"מ מותר, כ"ש שיש להקל בזה בע"פ אחר חצות].

וכן מי שכותב ספרים לעצמו דרך לימודו, מותר - דכיון שדרך לימודו ולעצמו הוא כותב, אינה נראית כמלאכה גמורה, שבודאי אינו מתכוין לכתיבה גמורה והגונה, והוי כתיקון בעלמא שהתירו לצורך המועד, **ולאחרים** אפילו בחנם אסור בזה.

(ביאור הלכה) [שער הציון] ‹הוספה›

סעיף ג - קודם חצות, מקום שנהגו לעשות מלאכה, עושין - ואפילו בשכר, ובס"ה יבואר סעיף זה, עי"ש במחבר ורמ"א.

מקום שנהגו שלא לעשות, אין עושין - היינו מנץ החמה ולמעלה, וכל הלילה מותר. **ואפילו** בניהם אחריהם עד סוף כל הדורות, אין רשאין לעשות, משום "אל תטוש תורת אמך", **ואפילו** התרה אין מועיל בזה.

הגה: ולדידן מקום שנהגו שלא לעשות - עיין בלבוש ובשארי אחרונים, שאין זה מוסכם, כי יש הרבה מקומות שנוהגין לעשות עד חצות, וע"כ תלוי כל אחד לפי מנהג מקומו.

ודוקא מלאכות גמורות, אבל שאר מלאכות אפילו מנהג ליכא - כנ"ל בס"ב בהג"ה בלאחר חצות.

סעיף ד - כללו של סעיף זה, לפי דעת מ"א וכמה מפרשים שהחליטו כמותו להלכה, הוא כן, כשאדם הולך מעירו לעיר אחרת, ובעירו נהגו להקל באיזה דבר, ובעיר שבא בה מחמירים בזה, **אם** אין דעתו להשתקע בעיר הזאת בתמידות, אינו חל עליו חומרי מקום זה מעיקר הדין, ויכול לנהוג להקל כמנהג מקומו בצנעא בתוך ביתו, אבל בפרהסיא אין לו להקל מפני המחלוקת, **וכ"ז** בדברים שאפשר לעשותן בצנעא ולא יתודע לאנשי המקום, אכן בדברים שא"א לעשותן כ"כ בצנעא, כמו מלאכה, אין לו לעשות אף בצנעא בתוך העיר, אלא יצא לשדה חוץ לתחום העיר, ושם יוכל להקל כמנהג מקומו, **ובדעתו** להשתקע, חל עליו מנהג המקום תיכף כשבא לתחום העיר, ואפילו אם ירצה אח"כ לצאת חוץ לתחומה של עיר ולהקל כמנהגו, אינו רשאי, שכבר חל עליו מנהג מקום זה, כיון שבא לכאן לקבוע מקומו.

וכן ה"ה אם מנהג מקומו להחמיר, והלך למקום שמקילין, תלוי ג"כ בזה, דאם דעתו להשתקע שם, נפקע ממנו חומרת מקום שיצא משם משבא למקום החדש, [היינו לתוך תחומו], ומותר לו להקל כמנהג אותו המקום, **ואם** אין דעתו להשתקע במקום זה, עדיין לא נפקע ממנו חומרי המקום שיצא משם, ואסור לו להקל באותו דבר כמנהג המקום הזה, **ומ"מ** אין לו להתראות בפני אנשי אותו מקום, שיכירו בו שאינו נוהג כמוהם, מפני מחלוקת, אלא יחמיר בצנעא.

ההולך ממקום שעושין למקום שאין עושין, לא יעשה בישוב - של ישראל, וכל שבא לתוך תחומו של אותו המקום, מקרי בא בישוב, **מפני המחלוקת** - ואפילו בצנעא, דמלאכה א"א לעשות כ"כ בצנעא שלא יתוודע.

ומיירי כשדעתו לחזור למקומו, דאי אין דעתו לחזור, אפילו במדבר אסור.

אבל עושה הוא במדבר - ר"ל בשדה העיר חוץ לתחום, שאין אנשי הישוב מצויין שם, כיון שדעתו לחזור למקום הראשון שמקילין שם.

וההולך ממקום שאין עושים למקום שעושין, לא יעשה - זה מיירי גם כן בדעתו לחזור למקומו, וע"כ לא נפקע ממנו חומרי מקום שיצא משם, **אבל** בדעתו להשתקע כאן לעולם, אין צריך להחמיר כמנהג מקומו שיצא משם, ויכול להתנהג כקולי המקום שיושב ביניהם עכשיו.

(**עיין באחרונים שכתבו, דלא פקעי מיניה חומרי מקום שיצא משם, אלא בדוקא אם למקום שבא שם יש מנהג קבוע להיתר, אבל לא בעיר שאין בה מנהג קבוע**).

ונותנים עליו חומרי מקום שיצא משם וחומרי מקום שהלך לשם - ואע"פ שדעתו לחזור, מפני המחלוקת, וכנ"ל בריש הסעיף.

ואעפ"כ לא יתראה בפניהם שהוא בטל, מפני איסור: לעולם אל ישנה אדם מפני המחלוקת - קאי אהיכי דנותנין עליו חומרי המקום שיצא משם, לא יתראה וכו', **וכל** זמן שלא יראה היכר לפניהם שהוא בטל מחמת איסור, לא יהיה שום מחלוקת, דמימר אמרי מלאכה הוא דלית ליה.

וכן מי שדעתו לחזור למקומו, נוהג כאנשי מקומו בין להקל בין להחמיר - הלשון מגומגם מאוד, דהא כל הסעיף קאי בדעתו לחזור למקומו, **וכתבו** האחרונים, דקיצור לשון יש כאן, וחסר תיבת "כל", והכונה, דלאו דוקא ממקום שעושין מלאכה

למקום שאין עושין, דה"ה בכל מנהג שבמקום זה נוהגין כן, ובמקום אחר נוהגין באופן אחר.

והוא שלא יתראה בפני אנשי המקום שהוא בו, מפני המחלוקת - כולל בזה שני גווני, **א)** היכי דמנהג מקומו להקל, ומיקל, צריך ליזהר עכ"פ שלא יתראה בפני אנשי המקום דבר זה, וכנ"ל בריש הסעיף, **אלא** דבזה לא הצריך לצאת במדבר, כמו ברישא לענין מקום שעושין מלאכה, דשאני מלאכה דא"א שלא יתודע לאנשי המקום כשיעשה בעיר, **משא"כ** בשארי מנהגים, לא יתודע כשיעשה בצנעא, וע"כ לא החמיר עליו רק שלא יתראה בפני וכו', ר"ל שלא יעשה בפרהסיא.

ב) היכי דמנהג מקומו להחמיר, ומחמיר, צריך ליזהר ג"כ שלא יראה בפניהם שהוא מחמיר, וכנ"ל לענין מלאכה, **אמנם** היכי שא"א לו שלא ירגישו בו שהוא משנה ממנהגם, יש לו לנהוג לקולא כמותם, אפילו בשדעתו לחזור למקומו שמחמירים, מפני המחלוקת, [**זה** יצוייר רק בשארי מנהגים, אבל לא לענין מלאכה, דשם יאמרו מלאכה הוא דלית ליה, דכמה בטלני איכא בשוקא].

ודוקא אם הדבר הזה אינו אסור מעיקר הדין, אלא שנהגו לאיסור, אבל דבר שהוא אסור מצד הדין, אפילו איסור דרבנן, ח"ו לעבור מפני חשש איבה ומחלוקת, ומוטב לסבול על עצמו קטטות ולא לעבור על ד"ס, שהעובר על ד"ס חייב מיתה בידי שמים.

כתבו הפוסקים, דאם מנהג אנשי מקומו להקל, ועשה כמנהגו בצנעא, ומצאוהו אנשי המקום שהוא בו עכשיו, צריך להפסיק ממנהגו, שלא יכירו בו מפני המחלוקת, **אבל** אם מצאו ת"ח, אין צריך להפסיק, דת"ח יודע שזה תלוי במנהג ואין כאן מחלוקת, **ומ"מ** לכתחלה לא יעשה כמנהגו אפילו בפני ת"ח.

(**וכתבו** עוד האחרונים, בקהלה שנחרבה, ונתישבה ע"י אנשים אחרים שנוהגים היו להקל באיזה דבר במקומות שבאו משם, אין מחויבים גם עתה להחמיר, אע"פ שהעיר החרבה הזאת בישובה היו נוהגין אנשיה להחמיר בדבר זה, מאחר שאנשיה כבר נתגרשו ממנה נתבטל מנהגם, ובפמ"ג מסתפק אפילו בנשארו בה קצת, כיון שנתגרשו רובם, **ולענ"ד** בנשארו בה אפילו מיעוט, כל שיש עדיין שם קהלה עליה, הבאים לשם מתחייבים לנהוג כמנהג המקום הזה, דאין שיעור לקהלה, ואפילו הבאים לתוכה רבים ממנה, נטפלים המה להמיעוט שבה, **אם** לא שהקהלה החדשה מתנהגת בפני עצמה, ואינה מתערבת עם הקהלה הישנה בעניניה, כמו שמצוי בקהלות הגדולות, שנמצאים בהם כמה קהלות, שכל אחת מתנהגת כפי מנהג אבותיה מדור דור, וכן מתבאר בספר פר"ח).

(**ומבואר** שם, דקהלה שיש בה מנין מיקרי קהלה, והבאים לשם נטפלים, ופשוט דכוונתו שיש לה עכ"פ כל צרכי צבור כנהוג, דהיינו ביהכ"נ ומתפללים בה בכל יום בצבור, ויש להם מו"ץ ומקוה וכדומה, כנהוג בכל קהלות ישראל, דאל"ה גם היא בעצמה נטפלת לעירות הסמוכות לה כנהוג).

סעיף ה - אפילו במקום שנהגו לעשות, לא יתחיל בתחלת מלאכה בארבעה עשר, אע"פ שהוא יכול לגומרה קודם חצות - ר"ל אפי' אם ירצה לעשותם לצורך המועד, **והא** דהוזכר לעיל, דבמקום שנהגו לעשות עושין, היינו לגמור מלאכות שהתחיל בהן מקודם, או דמיירי בג' אומניות, וכדמסיים.

אלא שלשה אומניות בלבד הם שמתחילים בהם במקום שנהגו לעשות, ועושין עד חצות, ואלו הם, החייטים והספרים והכובסים - ר"ל אם הן לצורך יו"ט, ולא הקילו אלא באלו, מפני שהעם צריכים להם הרבה.

אבל שאר אומניות, אם התחיל בהם קודם ארבעה עשר, הוא שיגמור עד חצות - והוא שעושה אותן לצורך המועד.

הגה: ויש מקילין לומר שג' אומניות הנזכרים מתחילין ועושין עד חצות אפילו במקום שנהגו שלא לעשות - פי' מפני שהן צורך גדול למועד, [**ועיין** בש"ס שמסיים, שבג' דברים אלו מצינו בהם לפעמים היתר אפי' בחוה"מ, כגון בחייט במעשה הדיוט, ובשאר דברים לבא ממדינת הים, וכ"ש ע"פ דקיל טפי].

ואם התחיל מבעוד יום - היינו קודם הנץ של יום י"ד, **בשאר אומנות והוא לצורך המועד, עושין עד חצות, והכי נהוג** - ר"ל ובשאר אומנות, להתחיל אסור בכל גווני, כיון שהוא מקום שנהגו שלא לעשות, **אלא**

דאם התחיל קודם יום י"ד, מותר לגמור אם הוא לצורך המועד, עד חצות, ומכיון שהגיע חצות, מחוייב להפסיק באמצע מלאכה.

ורצענין הוא בכלל שאר אומנות, וכ"ז לעשות מנעלים חדשים, אבל לתקן המקורעים ליו"ט, לכו"ע שרי להתחיל ולתקן עד חצות.

וכ"ז במקום שנהגו שלא לעשות, אבל במקום שנהגו לעשות, מותר בין להתחיל בכל המלאכות בין לגמור, לצורך המועד ושלא לצורך.

סעיף ו - מושיבין שובכים לתרנגולים בארבעה עשר, דהיינו לתקן מקום שיעמדו התרנגולים והתרנגולות - ואפילו במקום שנהגו שלא לעשות, מותר להתחיל ולעשות כל אלו המלאכות המוזכרות עד סוף הסימן, כל היום.

סעיף ז - תרנגולת שישבה על הביצים שלשה ימים או יותר, ומתה, מושיבין אחרת תחתיה כדי שלא יפסידו הביצים - וכ"ש אם ברחה שמחזירין אותה למקומה.

דבשלשה ימים נפסלין מאכילה לגמרי, ואיכא פסידא רבה אם לא יושיב אחרת תחתיה, **אבל** קודם לכן, שעדיין ראויין קצת למי שדעתו יפה ואינו איסטניס, לא מקילינן להושיב עליהם תרנגולת.

מוכח מזה, דלהושיב לכתחלה תרנגולת על ביצים בע"פ, אסור אחר חצות, **אכן** כמה פוסקין מקילין בזה, ויש להקל לעת הצורך קצת, **ולדעה** זו, אם מתה מושיבין אחרת תחתיה אפי' אם הראשונה לא ישבה עליהן ג' ימים.

סעיף ח - גורפין (פי' מוליכין במגרפה והוא כלי מיוחד לכך), זבל מתחת רגלי בהמה - ומשליכין אותו לחוץ לאשפה, **ועיין** בב"ח דדעתו, דדוקא כשעומדת הבהמה בחצר, אבל כשעומדת ברפת, אין מותר רק לסלק לצדדין.

סעיף ט - הזבל שבחצר, לא יוציאנו, אלא יסלקנו לצדדים; ואם נתרבה בחצר, יוציאנו לאשפה – (עיין בביאור הגר"א שכתב, דלדעת הרמב"ם אין שייך דין זה רק בחוש"מ, משא"כ בי"ד אפילו אחר חצות, מוציאין לאשפה בכל גווני. **ודע** דמירושלמי מוכח, דמן הרפת בודאי מותר להוציאו לאשפה, ובין אם נאמר דהירושלמי מיירי דוקא בי"ד, או אפילו בחוה"מ, עכ"פ בי"ד בודאי מותר, **ולפי** הנראה נעלם מהב"ח דברי הירושלמי הלז).

סעיף י - מוליכים ומביאים כלים מבית האומן כל היום, אעפ"י שאינם לצורך המועד.

הגה: ונהגו שלא להקיז דם בשום עיו"ט, ואין לשנות - דבערב שבועות יצא שד דשמו טבוח, ואלו לא קיבלו ישראל את התורה, הוי טבח להוא לבשרייהו ולדמייהו, וגזרו רבנן על כל ערב יו"ט משום ערב שבועות.

ושרעפי"ן שקורין באנקע"ס או קעפ זעצי"ן, יש מתירין, מלבד הו"ר שהוא יום הדין, **ועכ"פ** בערב שבועות יש להחמיר.

ובלילה שלפני עיו"ט מותר להקיז דם, חוץ מליל הו"ר.

ועיו"ט אחרון של פסח, הכל מותר, דאינו רגל בפני עצמו.

וכ"ז כשרוצה להקיז לבריאות, אבל משום סכנה, כבר דשו בו רבים, ושומר פתאים ה', **ואפילו** בערב שבועות התיר בא"ר, כשצוו הרופאים בחולי שיש בו סכנה, **אבל** בלא"ה לא.

§ סימן תסט – שלא ליחד בשר לפסח §

סעיף א - אסור לומר על שום בהמה, בין חיה בין שחוטה: בשר זה לפסח - היינו לכתחלה, אבל בדיעבד אין לאסור הבשר באכילה, **לפי שנראה שהקדישו מחיים לקרבן פסח, ונמצא אוכל קדשים בחוץ** - "על שום בהמה", היינו אפילו הוא קטן, וגם אינו גדי וטלה, דלא חזי לפסח, ג"כ אסור, דיחשדוהו שהקדישו מחיים לקנות מדמיו קרבן פסח, וכשאוכלו נראה כאוכל קדשים בחוץ, [**ולא** יוכלו לתלות שפדה אותו כשאר קדושת דמים, דכיון שראוי להיות קדוש קדושת הגוף, נתקדש ואין לו פדיון], **וע"כ** לא יאמר לחבירו: צלה לי זרוע לפסח.

והנה מלשון המחבר משמע, דדוקא בהמה שהוא מין הקרב ע"ג המזבח, **ויש** פוסקים שמחמירין גם על

עופות ודגים, דאפשר שהקדישן לדמי, מדאמר "לפסח", [א"ז, **משא"כ** גבי חיטים דצריכין שמירה מחימוץ, אמרינן דמנטרא לפסחא קאמר, ולהכי מקילינן בהו], **והנה** אף שהרבה מקילין בזה וס"ל כדעת המחבר, מ"מ לכתחלה טוב ליזהר שלא לומר "לפסח".

וכתבו האחרונים, דמה שנוהגין לומר בל"א: בשר זה על פסח, [וה"ה אם אמר כן בלשון הקודש], אפילו אמר כן בגדי וטלה, ליכא קפידא, דאם איתא שהקדישו, הו"ל לומר: בשר זה לפסח. **וה"ה** שאסור לאדם לומר: הילך מעות הללו וקנה לי בהם בשר לפסח, **ואם** אמר: קנה לי בהם בשר על פסח, מותר וכנ"ל.

אלא יאמר: בשר זה ליום טוב - דהיינו כשקונה או כשמולח.

הגה: וגדי מקולס (פי' - לצלותו צלי על ראשו ועל כרעיו ועל קרבו), אעפ"י שלא פירש ואמר: בשר זה לפסח, אסור לעשותו - בע"פ אחר חצות או בליל פסח, **כדלקמן ריש סימן תע"ו** - והנה לקמן בסימן תע"ו מבואר האיסור על אכילתו, ואפילו צלאו כמה ימים מקודם, **וכאן** ביאר שגם עשייתו בזמן פסח אסור, כיון שעשאו כעין צליית הפסח ממש, [**ולשון** הרמ"א שסיים "כדלקמן ריש סימן תע"ו", אינו מדוקדק].

אבל מותר לומר: חטים אלו לפסח - דכיון דלא דמי כלל לקדשים, לא אמרינן שמקדישן למוכרן ולקנות בדמיהן פסח, אלא כונתו לומר: אצניעם ואשמרם מידי חימוץ לאוכלן בפסח.

§ סימן תע – שהבכורות מתענין בערב פסח §

סעיף א - הבכורות מתענין בערב פסח - זכר לנס שניצולו ממכת בכורות.

בין בכור מאב בין בכור מאם - שמכת בכורות היתה בכולם כדאיתא במדרש, **ומ"מ** לגדול הבית לא הצריכו להתענות, אע"פ שגם בהם היתה המכה.

והבא אחר נפלים צריך להתענות, דהוי בכור לנחלה, **וכ"ז** דוקא בנפל ודאי, אבל במי שנולד אחר בן ט', אע"פ שמת תוך ל', אין צריך להתענות.

ובכורים כהנים ולוים צריכים ג"כ להתענות, ואפילו אם היו רק בכורים מאם, ונמצא דאינם בכורים לנחלה ולא לפדיון, אפ"ה בכור מיקרי, [רק רחמנא פטרינהו מפדיון].

כתב מהרי"ל, דתענית בכורים צריך להשלים, היינו עד צה"כ, דהוי תענית ציבור.

ונראה דאם חש בראשו או בעיניו, אין צריך להתענות, **וכן** נראה עוד, דבאדם שהתענית קשה לו, ואחר התענית אין יכול לאכול רק דברים קלים, ובשיעור מועט מאד, וקרוב הדבר שעי"ז לא יוכל לקיים אכילת מצה ומרור ושתיית ד' כוסות כתיקונם, מוטב שלא להתענות, כדי שיקיים מצות הלילה כתיקונם, **ומ"מ** בזה ובזה טוב יותר שיאכל רק מיני תרגימא, [שיוצא ידי תענית על פי שיטת ר' יחיאל].

הבכורים אומרים "עננו" ב"שומע תפלה" במנחה כשמתענים, ואם עשרה בכורים מתפללים ביחד ואחד מהם ש"ץ, כשמחזיר התפלה יאמר "עננו" ב"שומע תפלה" כדין תענית יחיד, **ומ"מ** לכתחלה טוב שלא יהיה הבכור ש"ץ כשעשרה בכורים מתפללים יחד, כי י"א שאין נכון להזכיר התענית בצבור בחזרת התפלה, כיון שהוא חודש ניסן.

ויש מי שאומר שאפילו נקבה בכורה מתענה - שמכת בכורות היתה גם עליהן, כדאיתא במדרש, **(ואין המנהג כן)** - שהתורה לא נתנה קדושת בכורות לנקבה לשום דבר.

סעיף ב - אם חל ערב פסח בשבת, יש אומרים שמתענים הבכורות ביום ה' - ולא ביום וי"ו, כיון שאינו זמנו, טוב יותר לדחות על יום ה', **ואם** חל התענית בע"ש, יתענו באותו יום.

ואם קשה להם התענית ביום ה', משום דצריך לבדוק החמץ בלילה, ולפעמים יש לו הרבה חדרים לבדוק, ואינו רשאי לסעוד קודם הבדיקה, יטעום מעט קודם הבדיקה, או יצוה לאחר לבדוק והם יאכלו.

וי"א שאינם מתענים כלל - דבתענית זה שאינו אלא מנהגא, כיון דנדחה ידחה, [משא"כ בתענית חובה].

הגה: אבל יש לנהוג כסברא הראשונה.

ונוהגין שהאב בכור - ותעניתו עולה לעצמו, **האם מתענה תחת בנה הבכור כשעדיין קטן** - ויש מהפוסקים שכתבו דא"צ להתענות, דתענית האב עולה גם בשביל בנו, ובמקום שמצטערת יש להקל, **וכ"ש** אם היא מעוברת או מניקה ומצטערת מן התענית, יש להקל אף אם אין לה בעל שיתענה בשביל בנה, **וכן** יולדת כל ל' יום, אין לה להתענות עבורו בכל גווני, **אכן** אם התחילה פעם א' להתענות עבורו, הוי נדר וצריך התרה.

ואם אין האב בכור, הוא מתענה בעד בנו עד שיגדל - ובעוד שלא נתמלאו לבנו ל' יום, אין צריך להתענות בשבילו.

ולענין אם מותרים הבכורים לאכול בסעודת מצוה, תלוי במנהג המקומות, יש מקומות שנהגו להחמיר, **ולפי"ז** אם רוצה לאכול על סעודת פדיון הבן או ברית מילה, צריך התרה, דהמנהג חשיב כמו נדר, **לבד** המוהל והסנדק ואבי הבן, יכולים לאכול אף בלי התרה, דיו"ט שלהם הוא, [וכן יכול לאכול שם מי שמתענה בעד בנו הבכור, אף שאיננו מבעלי הברית], **ואעפ"כ** צריכים לפרוע תענית אחר הפסח.

ויש מקומות שנהגו הבכורים להקל ולאכול בסעודת מצוה, וכן נוהגין כהיום בכמה מקומות במדינתנו, להקל ולאכול אף בסעודת סיום מסכת, **ואף** שהבכורים בעצמן לא למדו את המסכת, מ"מ כיון שאצל המסיים הוא סעודת מצוה, מצטרפים לסעודתו, **והמנהג** שמתקבצים להמסיים קודם שסיים, ומסיים לפניהם המסכת, ושומעים ומצטרפים עמו בסיומו, ואח"כ עושין סעודה.

סעיף ג - האיסטניס - פי' איש מפונק, שאם יאכל ביום אינו תאב לאכול בלילה, **מתענה בערב פסח, כדי שיאכל מצה לתיאבון** - ונראה דאם חל ערב פסח בשבת, אין כדאי לדחות לגמרי סעודת שבת בשביל זה, [**דאפי'** אם לא יאכל אח"כ לתיאבון, מצוה קעביד, אלא שאינו מן המובחר], **רק** שיזהר לאכול מעט, לצאת ידי סעודת מצוה לבד.

§ סימן תעא – בערב פסח אחר שעה עשירית אסור לאכול פת §

סעיף א - אסור לאכול פת - והיינו אפילו מצה עשירה, **משעה עשירית ולמעלה** - היינו מתחלת שעה ד' אחר חצות היום, **ואפילו** אם התחיל לאכול, פוסק, כיון שהתחיל באיסור, **כדי שיאכל מצה לתיאבון.**

אבל אוכל מעט פירות או ירקות - בין חי בין מבושל, [וכן נהגו העולם לאכול בערב פסח תפוחי אדמה].

וה"ה בשר ודגים וביצים וכה"ג, **אבל** מחמשת המינים שמבושל במי פירות, אסור, דסעיד.

אבל לא ימלא כריסו מהם. (ואם הוא איסטניס שאפי' אוכל מעט מזיק באכילתו, הכל אסור) - וכמו לעיל בסי' ת"ע ס"ג, **אלא** שאיסטניס דהתם הוא אפילו אם יאכל בבקר לא יוכל לאכול בלילה לתיאבון, **וכאן** מיירי באיסטניס שאם אוכל משעה י' ואילך שוב לא יוכל לאכול בלילה לתיאבון.

ויין מעט לא ישתה, משום דמיסעד סעיד - ומסתברא דבפחות מכוס, או עכ"פ מרוב כוס, לא סעיד ושרי.

(**בטור** כתב, דבין מעט בין הרבה מותר, **אלא שהב"י** הקשה עליו, **ולהכי** סתם שלא כדבריו, **אלא** כדעת התוס' והמרדכי, **ומסתברא** שתלוי הכל לפי טבע אותו האדם, לפי מה שהוא מרגיש בנפשו, דבר שגורר לבו לתאות המאכל או להיפך).

אבל אם רצה לשתות יין הרבה, שותה, מפני שכשהוא שותה הרבה גורר תאות המאכל - ושתי כוסות של רביעית או רובן, יש לחשוב להרבה, ושרי, [**אף** דזה אינו ברור, מ"מ אין להחמיר מאחר שדעת הטור להקל אף במעט].

ומ"מ לא ישתה כ"כ עד שיהא שבע, כי ודאי יקלקל תאות המאכל, וגם יוכל להשתכר ויתבטל מצות הלילה, [**ומכ"ש** ביי"ש שלנו, בודאי צריך ליזהר שלא לשתות הרבה, שבודאי ישתכר, **וגם** אין ברור עיקר הדבר, אי שייך ביי"ש "טובא מגרר גריר" כמו ביין].

סעיף ב- וקודם שעה עשירית מותר לאכול מצה עשירה - אכן אם יודע שימשך סעודתו בתוך שעה עשירית, לא יתחיל לאכול אפילו קודם ט'.

ומצה עשירה, היינו שנילושה במי פירות, ולהכי מותר לאכול, כיון שאין יוצאין בזה ידי מצה בלילה, כמבואר בסימן תס"ב, **ועיין** שם במ"ב, דאפילו לש במים ועירב בה קצת מי פירות, נמי אין יוצאין בה משום מצה, כל שטעם מי פירות נרגש בה, וא"כ לענין ערב פסח מותר באכילה, דהוי ג"כ מצה עשירה, **ועיין** שם בס"ד בהג"ה, דבמדינות אלו אין נוהגין ללוש במי פירות.

הגה: אבל מצה שיוצאין בה בלילה, אסורים לאכול כל יום ארבעה עשר - והיינו מעמוד השחר, מדרבנן, כדי שיהיה היכר לאכילתה בערב, **ויש** נוהגים שלא לאכול מצה מראש חודש.

וכתבו האחרונים, דמצה נפוחה או כפולה, אף שמחמירין בה לחשבה כחמץ, כמבואר בסימן תס"א, מכל מקום אסור לאכילה מעמוד השחר ואילך, דבכלל מצה היא מעיקר הדין.

וקטן שאינו יודע מה שמספרין בלילה מיציאת מצרים, מותר להאכילו - כל היום, **אבל** אם יש בו דעת להבין, אין להאכילו מצה, דדרשינן: "והגדת לבנך וכו' בעבור זה", לא אמרתי אלא בשעה שמצה ומרור מונחים לפניך, ואם מילא הבן כבר כריסו במצה, לא שייך לומר "בעבור זה", שאינו חידוש לקטן, **ואין** חילוק בין קטן לקטנה.

ויש נוהגין שלא לאכול חזרת בערב פסח, כדי לאכול מרור לתיאבון, וכן ביום ראשון של פסח, כדי לאכל בליל שני לתיאבון - ואין למנהג זה טעם.

וכן נוהגין קצת למעט באכילת מצה ביום ראשון מהאי טעמא - ומן המנחה ולמעלה, מן הדין צריך ליזהר בכל יו"ט ראשון, מפני שהוא עיו"ט שני.

ויש מחמירין עוד שלא לאכול פירות, כדי לאכול החרוסת לתיאבון, ואין לחוש למנהג הכוא.

ויש מחמירין שלא לפרר או לשבור המצות בערב פסח, שלא לבא לאכול מהם, ואין לחוש גם לזה - כיון שאינו רגיל באכילת מצה כל השנה.

מצה שנאפה כתקנה, ואח"כ נתפררה ונילושה ביין ושמן - בין שנאפית אח"כ שנית, בין שלא נאפית ורוצה לאכול כמו שהיא, [ודוקא שיש בה תואר לחם עדיין], **אינה נקראת מצה עשירה, ואסורה לאכלה בערב פסח** - דלא נתבטלה ממנה שם מצה ע"י זה, **ומ"מ** לצאת בה ידי מצה בלילה אין כדאי, לפי מה שנתבאר לעיל בסימן קס"ח במ"ב, עיי"ש, [דבאפוי נמי אין נכון לאכול כי אם בתוך הסעודה], **וגם** לחוש ליש מי שאומר, דגם זה בכלל מצה עשירה.

ובלא נילושה ביין ושמן, פשיטא דאסור, שיוצאין בפרורין בלילה ידי חובת מצה.

וכ"ז בשלא בשלה, אבל אם בשלה, וכמו שנוהגין במדינותינו לעשות כדורים ממצה, שקורין קניידלעך, או מצה מבושלת בכלי ראשון, מותר לאוכלה קודם שעה עשירית, [דלאח"כ אסור כיון שהוא מה' מינים וכדלעיל], דזה בודאי לא מיקרי מצה, וכדמבואר בסי' תס"א, [**ואפי'** אינן פרורין רק יש בהם כזית, שמברכין עליו "המוציא", מ"מ לענין מצה אינו יוצא בה, משום דבעינן טעם מצה].

[**ואם** שורה המצה בקערה, אף שהיא רותח, לא מקרי בשול. **ולענין** טיגון, הגר"ז וח"א מקילין כמו בבשול, ובפמ"ג מסתפק בזה].

סעיף ג- אם התחיל לאכול קודם שעה עשירית - היינו מצה עשירה, **ומשכה סעודתו עד הלילה, דינו כמו בשבתות ושאר ימים טובים, שנתבאר סימן רע"א סעיף ו'** - ור"ל דאף שהתחיל בזמן היתר, מ"מ צריך להפסיק, ואינו מותר לאכול רק עד בין השמשות, **ואח"כ** צריך להמתין עד שיהיה ודאי לילה, וכמו שנתבאר בסימן תע"ב, ופורס מפה על השולחן ומקדש, [**וה"ה** אפי' אם התחיל באיסור, אין צריך להפסיק, וסגי בפורס מפה ומקדש], **וזהו** שכתב המחבר דינו כמו בשבתות.

ולפי מסקנת הפוסקים לעיל שם, אם שתה יין מתחלה בתוך הסעודה, אינו צריך לחזור ולברך ברכת היין,

רק קידוש לבד, **ואח"כ** אומר הגדה כנהוג, וכשמגיע לאכילה יברך רק "על אכילת מצה", ולא "המוציא", כיון שהוא בתוך הסעודה.

אכן לפי מנהגנו שמברכין על כל כוס וכוס, משום דכל כוס וכוס מצוה בפני עצמה, ותקנו חז"ל ברכה עליהם, נראה דאפילו בזה צריך לברך על כל כוס וכוס, ולא מיפטר במה שבירך מתחלה על היין בסעודה.

וכתבו האחרונים, דלפי מנהג רמ"א לעיל בסימן תמ"ד, דאין נוהגין לאכול מצה עשירה אפילו בע"פ, לא שייך כלל כל עיקר דינא דמחבר, דהרי לא אכל פת מתחלה, ולא שייך לומר התחיל בסעודה, [דבשהתחיל קודם זמן איסור חמץ, יש הפסק גדול].

(ומצוה לרחוץ ולגלח בערב יום טוב, וללבוש בגדים נאים כמו בשבת, ועי"ל סי' ר"ס ורס"ג) - אחר חצות ילך לבית המרחץ, ויטבול לכבוד הרגל, **ואחר** תפלת המנחה נכון שיתעסק בדיני קרבן פסח, ויחשוב לו הקב"ה כאלו קיים בפועל, **ובשל"ה** העתיק מסדר היום מה שילמוד כל אדם.

אין מברין האבל בערב פסח, [בה"ט, **והעתיק** סתמא, ובאמת בב"י ביו"ד מבואר, דדוקא מן המנחה ולמעלה אין מברין, כדי שיוכל אח"כ לאכול מצה לתיאבון, **ואפשר** דהעתיק סתמא, משום מנהגנו דאין אוכלין מצה עשירה כלל, **אבל** מ"מ הלא יכול להברותו בבקר בלחם חמץ, בזמן היתר חמץ].

§ סימן תעב – דיני הסיבה וד' כוסות §

סעיף א - יהיה שלחנו ערוך מבעוד יום, כדי לאכול מיד כשתחשך - לאו דוקא, והכונה כדי שיהיה אפשר לו להתחיל הסדר תיכף משתחשך, ולא ישתהה.

ואף אם הוא בבית המדרש - ר"ל שעוסק בלמודו, **יקום** - וה"ה לענין תפלה, צריך לזרז עצמו לקרות ק"ש ולהתפלל, ולילך תיכף לביתו.

מפני שמצוה למהר ולאכול בשביל התינוקות שלא ישנו - ר"ל לזרז לעשות הסדר, כדי שלא יישנו התינוקות כשידעו שלא ישתהה הרבה עד האכילה, וממילא ישאלו "מה נשתנה", וישיב להם ויקיים מה שכתוב: והגדת לבנך ביום ההוא, [**דא"א** לומר דהכוונה הוא שיקצרו בהגדה, דאטו האכילה הוא העיקר, **ואפשר** עוד לומר בכוונת המחבר, דשפיר יש למהר ולהגיע לידי "מוציא מצה", כדי שישאלו התינוקות: למה אוכלין מצה, וכשהן מסובין דוקא, ולמה אוכלין מרור, וענין הטיבול בחרוסת, **ואע"ג** דבסדר ההגדה תיקנו "מה נשתנה" בתחילת ההגדה, אין בכך כלום, דעיקר השאלה והתמיה של התינוק הוא בשעה שרואה המעשה בעיניו, וצ"ע].

[**ומקור** האי דינא הוא מברייתא, ד"חוטפין המצה בשביל התינוקות", וכפי' רש"י בחד לישנא, דממהרין לאכול, **וביבין** שמועה להרשב"ץ כתב בזה הלשון: וממהרים להאכילם כדי שלא יישנו, ואתינוקות קאי, ופירוש זה אתי שפיר טפי, **ומ"מ** אין להאכילם הרבה, שאדרבה טפי יש לחוש שיישנו עי"ז].

אבל לא יאמר קידוש עד שתחשך - ר"ל לאחר צאת הכוכבים, ולא בין השמשות, **דלא** תימא, כיון שמצוה למהר, יתחיל הקידוש וההגדה מבעוד יום, כמו שמצינו בשבת ויו"ט, שיכול להוסיף מחול על הקודש, ולקדש ולאכול מבעו"י, **קמ"ל** דלגבי פסח אינו כן, לפי שאכילת מצה הוקשה לפסח, שנאמר: על מצות ומרורים יאכלוהו, ופסח אינו נאכל אלא בלילה, והקידוש צריך להיות בשעה הראויה למצה, **ועוד** דכוס של קידוש הוא אחד מד' כוסות, וכולהו בתר הגדה ומצה ומרור גרירי.

סעיף ב - יסדר שלחנו יפה בכלים נאים כפי כחו - ואע"ג דבכל השנה טוב למעט בזה משום זכר לחורבן, בליל פסח מצוה להרבות, שזהו בכלל דרך חירות, **ואמרו** על מהרי"ל, שכשהיו בידו משכונות של נכרים כלים נאים, לא היה משתמש בהם בשום פעם, רק בפסח היה מנהגו להשים אותם על שולחן מיוחד, לשמוח בראייתם.

ויכין מקום מושבו שישב בהסיבה דרך חירות - ר"ל ראשו מוטה לצד שמאל על המטה, או על הספסל, וכרים תחת ראשו אצל השולחן.

הגה: ואפילו עני שאין לו כרים, ישב על הספסל - "יסב על הספסל" כצ"ל, ולצד שמאלו, **ואם** אין לו

ספסל והוא יושב על הקרקע, וכמו בארצות המזרח, גם כן צריך להסב על צד שמאל.

עוד כתבו הפוסקים, דאם סומך עצמו על ברכי חבירו, גם זה מיקרי הסיבה על פי הדחק, **אבל** לא על ברכי עצמו, דמיחזי כדואג.

סעיף ג - כשהוא מיסב, לא יטה על גבו ולא על פניו - דזה לא מיקרי דרך חירות, **ולא על ימינו** - דלא שמה הסיבה, כיון שצריך לאכול בימינו, **ועוד** טעם אחר יש, דשמא יקדים קנה לוושט, דוושט הוא בצד ימין, וכשהוא מטה ראשו כלפי ימין, נפתח הכובע שעל פי הקנה מאליו, ויכנס שם המאכל ויבא לידי סכנה, **אלא על שמאלו.**

(ואין חילוק בין אטר לאחר) - ר"ל דגם איטר צריך להסב על שמאל כל אדם, **ואע"ג** דהוא אוכל תמיד בשמאלו, ואז"כ לטעם א' היה צריך להסב על ימינו, **מ"מ** אין לחלק מפני טעם ב', שמא יקדים קנה לוושט, והאי טעמא עדיפא לן משום דהוי סכנתא, וחמירא סכנתא מאיסורא, ויאכל אותו הפעם בימין כל אדם, **ובדיעבד** אם היסב על צד ימין יצא, דימין שלו הרי הוא כשמאל כל אדם, [**ולפר"ח** אין דין זה ברור כ"כ].

(והיכי שהוא גידם ביד ימינו, או שיש לו מום בידו הימנית שא"א לו לאכול בו, צ"ע איך יעשה, דאם יסב בימינו, יש לחוש שמא יקדים קנה לושט, ואי בשמאלו כמו שאר בני אדם, במה יאכל, **ועד** כאן לא הצריכו לאיטר לסמוך על שמאלו, משום דעכ"פ יש לו עוד יד, ואף שאינו רגיל לאכול בה תמיד, מ"מ יאכל בה בפעם הזאת, אבל בענינו א"א לו לאכול רק בשמאלו שהוא מוטה עליה, וזה א"א, **ואפשר** דבכגון זה לא הצריכוהו חכמים כלל הסיבה, וצ"ע).

סעיף ד - אשה אינה צריכה הסיבה - דסתם אשה אין דרכה להסב בשום פעם, **אלא א"כ היא חשובה. הגה: וכל הנשים שלנו מיקרי חשובות, אך לא נהגו להסב, כי סמכו על דברי ראבי"ה דכתב דבזמן הזה אין [צריך] להסב** - טעמו, כיון דאין רגילות בארצנו בשאר ימות השנה להסב, אלא יושב כדרכו.

אבל תוך י"ב חודש על אביו ואמו, או תוך שלשים על שאר קרובים, כגון שלא נהג שבעה לפני הרגל, אף שהוא חייב בהסיבה, [מכיון שעברה שעה אחת לפני הרגל], **מ"מ** הנכון שלא יסב על מטה כבודה וכלולה, אלא יסב בשינוי קצת, דהיינו על מטה וכר אחד תחת מראשותיו, או על ברכי חבירו. **וקיטל** נהגו שלא ללבוש, ומ"מ הלובש אין מוחין בידו.

סעיף ה - בן אצל אביו צריך הסיבה, אפילו הוא רבו מובהק - דאף דהבן חייב בכבודו ובמוראו, וכ"ש אם הוא רבו, מ"מ צריך הסיבה, דמסתמא אב מחיל לבניה.

תלמיד לפני רבו אינו צריך הסיבה, אפילו אינו רבו מובהק - משום דברישא אמר צריך, נקט הכא אינו צריך, אבל באמת איסורא נמי איכא להסב בפניו, דמורא רבו כמורא שמים.

אא"כ יתן לו רבו רשות - היינו שירשהו בפירוש, ואז מהני אפילו ברבו מובהק, ואז מחויב להסב.

ותלמיד חכם מופלג בדורו, אעפ"י שלא למד ממנו כלום, חשוב כרבו וא"צ הסיבה.

(ודוקא כשאוכלין על שלחן אחד, אבל אם אוכל על שלחן בפני עצמו, צריך להסב) - אע"פ שהוא בפני רבו, וטעמו, כיון דהוא בשולחן בפני עצמו, אין הסיבה שלו זלזול לכבוד הרב, **ופר"ח** חולק בזה, ולדידיה כל שרואהו רבו, אינו יכול להסב משום מוראו, **ופמ"ג** כתב, שבאופן זה טוב שיטול ממנו רשות.

סעיף ו - השמש צריך הסיבה - ואפי' בפני אדונו, דאע"פ שהוא תמיד משועבד להתעסק בצרכי הבית, מ"מ מחויב הוא להראות חירות בליל פסח, ולאכול עכ"פ כזית מצה וכזית אפיקומן וד' כוסות בהסיבה.

וה"ה פועל שיש לו תלמיד ללמדו אומנות, חייב התלמיד בהסיבה, [דאף שבכל יום חולק כבוד לרבו, ואינו מראה שררה לפניו, אפ"ה צריך להסב להראות חירות], **וכן** עבדים עברים, חייבים בהסיבה עכ"פ בכזית ראשון כשמש, **ולענין** עבד כנעני עיין באחרונים.

סעיף ז - כל מי שצריך הסיבה, אם אכל או שתה בלא הסיבה, לא יצא, וצריך לחזור לאכול ולשתות בהסיבה.

הגה: ויש אומרים דבזמן הזה דאין דרך להסב, כדאי הוא ראבי"ה לסמוך עליו שבדיעבד יצא בלא הסיבה.

(נראה דלדעת המחבר, אם גמר כל הסעודה ובירך בהמ"ז, ואח"כ נזכר שלא היה בהסיבה, צריך לחזור ולברך "המוציא" ו"על אכילת מצה", משא"כ לי"א, א"צ לחזור ולברך "על אכילת מצה". ופשוט דאף דלכתחלה מצוה לאכול שני זיתים בהסיבה, כמבואר בסימן תע"ה, מ"מ בדיעבד יצא בכזית אחד).

ונראה לי, אם לא שתה כוס שלישי או רביעי בהסיבה, אין לחזור ולשתות בהסיבה, דיש בו חשש שנראה כמוסיף על הכוסות; אבל בשני כוסות ראשונות, יחזור וישתה בלא ברכה - ר"ל דבין כוסות הראשונות דמותר לשתות כמה דבעי, כדמוכח לקמן סימן תע"ג, דבהו לא אמרינן שנראה כמוסיף על הכוסות, [משום דאז חמרא מיגרר גריר תאות אבילה], צריך לחזור ולשתות אם לא עשה הסיבה, דלו יהא אלא שתיית רשות נמי שרי, **משא"כ** אם שכח להסב בכוסות אחרונות, אין לחזור ולשתות, שהרי שתיית רשות אסור שם, מפני שנראה כמוסיף על הכוסות, וא"כ כיון דלהראבי"ה אין צריך להסב, ממילא הוא שתיית רשות דאסור בין כוסות אחרונות.

יחזור וישתה בלא ברכה - כתב מג"א, דכל זה לעיקר הדין דרשות בידו לשתות כמה כוסות, אבל למנהגנו שאין שותין שום כוס אפילו בין כוסות ראשונות, וכדמבואר בסימן תע"ג ס"ג, הוי ליה כנמלך, ואם שותה צריך לברך, **והוסיף** עוד דלפי זה, אפילו בין ראשון לשני אין כדאי שיחזור וישתה, דכיון שמברך עליו, נראה כמוסיף עוד כוס על הכוסות, ולכן לא יחזור וישתה, ויסמוך על דעת ראבי"ה כמו בכוסות אחרונות.

(**כתב** בדה"ח, דדוקא לחזור ולמלאות כוס אחר, אבל אם יש לו כוס גדול ולא שתהו כולו, ונשאר בו שיעור, ונזכר ששתה אותו בלי הסיבה, אם נזכר קודם שהתחיל לומר הלל או שאר ההגדה, דלא הסיח דעתיה עדיין משתיית שאר הכוס, יכול לשתות השאר בהסיבה ובלא ברכה, דלא הוי כמוסיף, משום דכוס אחד יכול לשתות כמה פעמים, ומסתמא היה דעתו בשעת ברכה על כל הכוס, **אבל** אם התחיל לומר הלל או שאר הגדה, הוי כנמלך, ואם ירצה לשתות הנשאר שבכוס יצטרך לברך, אסור לשתותו דהוי כמוסיף, עכ"ל, **והנה** לדינא דבריו האחרונים אינם ברורים, דע"כ לא מצינו בטור, דמשום ברכה נראה כמוסיף על הכוסות, רק אם שותה כוס אחר חדש, משא"כ באותו כוס גופא, לא מינכר הוספה כלל, וכן משמע לענ"ד מד"מ, **ובפרט** דעיקר סברא דמוסיף על הכוס אינו ברור, דבירושלמי לא נזכר כלל רק הטעם דשכרות, ודי לנו אם ננקוט האי סברא לענין כוס חדש, ולא בשיורי כוסות, **וצ"ע**).

ומיהו אם שכח ולא היסב בכוס שני, יחזור וישתה בהסיבה בלי ברכה, דלא הוי כנמלך, שהרי גם בתוך הסעודה אם רוצה לשתות אין צריך לברך, וסומך על ברכת כוס שני, [אם לא שאין דעתו לשתות יין תוך הסעודה], **ונכון** שקודם שמברך על כוס ראשון, יהיה בדעתו לחזור ולשתות בין הכוסות הראשונות, ואז אפילו יטעה וישתה כוס ראשון בלי הסיבה, יוכל לשתות כוס אחר בהסיבה ובלי ברכה, ולא יהא נראה כמוסיף, [**ולא** מהני עצה זו גם בין שלישי לרביעי, שלא יצטרך לברך ולא יהיה נראה כמוסיף, **דהתם** אסור לכמה פוסקים משום שכרות, ואין לחלק בין שיצטרך לברך או לא].

וכן באכילת מצה - היינו שיחזור ויאכל הכזית מצה ובלא ברכה, **מיהו** באפיקומן אם שכח לאכלו בהסיבה, לא יחזור ויאכלנו, דהא אסור לאכול שני פעמים אפיקומן, [וסומכין על הראבי"ה, או על דעת הרמב"ם, שלא הזכיר הסיבה באפיקומן]. **והיינו** כשבירך בהמ"ז, שאל"כ אין חשש אם אוכל כמה זיתים אפיקומן – אג"מ, וע"ל תחילת סי' תע"ז.

ולכתחלה יסב כל הסעודה - באכילתו ובשתייתו, **ובדיעבד** יצא בשעת אכילת כזית מצה וד' כוסות, **ולגבי** שמש כיון שהוא טרוד, דיינינן ליה כדיעבד לגבי כל אדם.

סעיף ח - צריך לשתות ד' כוסות על הסדר - פירוש שיאמר ההגדה בינתים, (מ"א), **ואם שתאן זה אחר זה שלא כסדר, לא יצא** - וצריך

לחזור ולשתות עוד ג' כוסות על הסדר, ונראה דצריך לברך עתה על כל כוס וכוס, **ולא** הוי כמוסיף על הכוסות, כיון דלא יצא בראשונה.

(**ומשמע ממ"א לכאורה, דכשלא אמר ההגדה בינתים, אפילו שהה בין כוס לכוס, מיקרי שלא כסדר ולא יצא, אכן מלשון הש"ס משמע, דאיכא קפידא רק כשישתה אותן בבת אחת, והיינו או כפירוש רש"י בפעם אחת, או עכ"פ כפירוש שארי מפרשים, אפילו בזה אחר זה רצופין, אבל אם שהה בינתים, אף דודאי עבר איסור מה שלא הסמיך אמירת ההגדה לכל כוס כמו שתקנו חכמים, מ"מ בדיעבד לא הפסיד הכוסות, ומצאתי פלוגתא בזה בין הב"י להפר"ח, דב"י דעתו דבדיעבד יצא וכמש"כ, ובפר"ח חולק שם עליו**).

(**ודע דלפי מה שפסק השו"ע, דנשים חייבות ג"כ בד' כוסות כאנשים, א"כ צריכות ליזהר שיאמרו סדר ההגדה על כל כוס וכוס, או שעכ"פ ישמעו מבעליהן, דאי לאו הכי לדעת הפר"ח אפילו בדיעבד לא יצאו בשתיית הכוסות, דהוו כמו ששתאו בבת אחת, ואפי' לדעת הב"י, שלא הפסידו בדיעבד מצות כוסות, מ"מ תקנת חכמים הוא לשתותן על סדר הגדה, דכל מצות הנוהגות באותו לילה נוהגות גם בנשים**).

ופשוט דלאו דוקא אם שתאן כולן שלא על הסדר, דה"ה אם שתה כוס ד' תיכף אחר שלישית, גם כן לא יצא, דהא כולהו כסדר בעינן.

וכ"ש אם שפכן כולן בכוס אחד ושתאן, לא יצא, **ובפמ"ג** מצדד, שאפילו הפסיק בינתים ואמר הגדה, נמי לא יצא, דארבע כוסות בעינן, (**ובאמת לא מסתברא כלל, וכי ד' כלים בעינן, ד' פעמים בעינן, וצ"ע**).

סעיף ט - שיעור הכוס, רביעית לאחר שימזגנו

- היינו דלא בעינן רביעית יין חי, אלא רביעית ביחד עם המים שמזוג בו, **ואפילו** אם שותה יין חי וחזק, מ"מ צריך דוקא רביעית שלם, דלא חלקו חז"ל בשיעורים.

(אם רוצה למזגו) - ר"ל דבזמנינו שהיינות חלושים, אין חיוב למוזגו אפילו לכתחלה, ובזמניהם שהיו היינות חזקים מאד, היו מוזגין על חד תלת, [והיה מצוה לכתחילה דוקא במזוג, כדי שיהיה שתיה נוחה וערבה].

וישתה כולו או רובו - היינו כולו לכתחלה, או רובו בדיעבד, **ובמדינות** שהיין ביוקר, אפי' לכתחלה סגי ברובו, **אך** כוס הרביעית ישתה כולו, כדי שיהא יכול לברך ברכה אחרונה לכו"ע.

(**והנה רוב רביעית הוא שיעור מלא לוגמא באדם בינוני, ואם הוא אדם גדול שמלא לוגמיו דידיה הוא יותר מרוב רביעית, צריך דוקא מלא לוגמיו דידיה, ואדם קטן שנעשה בן י"ג, דמלא לוגמיו דידיה הוא פחות מרוב רביעית, צריך דוקא רוב רביעית**).

יש שמקמצין וכועסין על המשרתים אם שותין הרבה, ועתידין ליתן את הדין, שמכשילן ומונען מן המצוה.

ואם יש בו הרבה רביעיות, שותין ממנו כל כך בני אדם כמנין רביעיות שבו - ובדיעבד סגי אפילו היה לכל אחד רק רוב רביעית.

מלשון זה משמע, דאפילו לכתחלה שרי כל שיש רביעית לכל אחד, ואע"ג דבעינן לכתחלה כוס מלא, וגם שלא יהיה פגום, הכא כיון דלהראשון היה כוס מלא, כולהו אתיין מכח הראשון, **ואפשר** עוד, דהמחבר עיקר דינא אתא לאשמועינן, דשניהם יוצאין בכוס אחד.

ויש אומרים שצריך לשתות רוב הכוס, אפילו מחזיק כמה רביעיות - אף שבעלמא די ברוב רביעית אפילו מכוס גדול, הכא לענין כוסות חמיר טפי, דבעינן דוקא רוב כוס, ואם לאו לא יצא.

ולדינא קיי"ל כדעה הראשונה, ומ"מ אם אין בדעתו לשתות הרבה, לא יקח כוס גדול, רק כוס שמחזיק רביעית, כדי לחוש לדעה זו.

(וצריך לשתות השיעור שלא בהפסק גדול בנתיים) - דהיינו שלא ישהה בשתיית רוב הכוס יותר מכדי אכילת פרס, **ואם** שהה יותר משיעור זה, אין מצטרף תחלת השתיה לסופה, ואפילו בדיעבד לא יצא, וצריך לחזור ולשתות אפילו בכוסות אחרונות, דאין כאן משום מוסיף על הכוסות, כיון דלכו"ע לא יצא, [**ומסתברא** דצריך ג"כ לברך מחדש, דהוי כנמלך, לדידן דמברך על כל כוס].

ולכתחלה יש ליזהר שלא לשהות בשתיית רוב הכוס יותר מכדי שתיית רביעית, לחוש לדעה

ראשונה המבואר בסימן תר"ב, **ומ"מ** בדיעבד אם שהה בשתי כוסות אחרונות, לא יחזור וישתה, וכעין המבואר לעיל בס"ז בהג"ה, [דלהרבה פוסקים דוקא בכדי אכילת פרס, ולדידהו הוי כמוסיף על הכוסות].

ובשתי כוסות ראשונות יחזור וישתה, [מ"א, **ולפי** מה שכתבנו לעיל, דלדידן דלא נהיגין לשתות בין הכוסות, וצריך לברך כשחוזר ושותה, א"כ לא משכחת האי דינא דמ"א רק בשהיה דעתו לשתות בין כוס ראשון לשני, דא"צ לברך כשחוזר ושותה, דאל"ה בכוס ראשון לא יחזור וישתה, דהוי כמוסיף על הכוסות].

ולכתחלה נכון לשתות רוב הרביעית בבת אחת.

סעיף י - מי שאינו שותה יין מפני שמזיקו - ר"ל שמצטער בשתייתו, וכואב בראשו מזה, **או שונאו, צריך לדחוק עצמו ולשתות, לקיים מצות ארבע כוסות** - ואין בכלל זה כשיפול למשכב מזה, [דאין זה דרך חירות].

משא"כ בשבתות ויו"ט, יכול לשמוע קידוש מאחר ויוצא בזה, אבל הכא חל חיוב השתייה על כל אדם.

ויכול למזגו היטב, אכן בעינן שיהא עדיין ראוי לקידוש, **וגם** יכול ליקח יין צמוקים, או חמר מדינה.

סעיף יא - מצוה לחזור אחר יין אדום, (אם אין הלבן משובח ממנו) - דכתיב: אל תרא יין כי יתאדם, אלמא דהאדמימות מעלה וחשיבות, **ועוד** זכר לדם, שהיה פרעה שוחט בני ישראל, **ובמקומות** שמצויין הגוים להעליל עלילות שקרים, נמנעים מליקח יין אדום.

סעיף יב - יוצאים ביין מבושל, ובקונדיטון - פי' שמעורב בו דבש ופלפלין, **ולכתחלה** טוב יותר ליקח יין שאינו מבושל, **אם** לא שהמבושל טוב יותר, **וכן** כה"ג לענין קונדיטון.

סעיף יג - אפילו עני המתפרנס מן הצדקה, ימכור מלבושו או ילוה או ישכיר עצמו בשביל יין לד' כוסות - או חמר מדינה, היינו אם הגבאים לא נתנו לו, אעפ"כ אין לו לפטור עצמו, **אכן** באמת הם מחויבים ליתן לעניים ארבע כוסות, ותמיהני על איזה מקומות שאין משגיחין ע"ז, הלא דבר זה פשוט ומבואר בכמה פוסקים.

ומי שאין לו אלא ד' כוסות אחר המזיגה, יקחם הכל ללילה ראשונה.

ונר ביתו עדיף מארבע כוסות, משום שלום בית.

וארבע כוסות נתקנו כנגד ארבע לשונות של גאולה, "והוצאתי אתכם", "והצלתי אתכם", "וגאלתי אתכם", "ולקחתי אתכם".

סעיף יד - גם הנשים חייבות בארבע כוסות ובכל מצות הנוהגות באותו לילה - כגון מצה ומרור ואמירת הגדה, דאף שהוא מצוה שהזמן גרמא, מ"מ חייבות, שאף הן היו באותו הנס.

סעיף טו - תינוקות שהגיעו לחינוך, מצוה ליתן לכל אחד כוסו לפניו - אבל אינו מעכב, [ומפני שלהרבה פוסקים לא נתקנו ארבע כוסות לקטנים].

עיין בסימן רע"א סי"ג, שצדדנו דקטן אינו צריך לשתות רוב רביעית, רק כמלא לוגמיו דידיה.

הגה: ואין ליקח כוס שפיו צר כעין קלו"ג גלא"ז, מפני שלא יוכל לשתות רביעית כאחד - וכעין שמבואר לקמן בסימן תע"ה ס"א לענין מצה, **ובדיעבד** אינו מעכב אם לא שהה הרבה וכדלעיל.

וככוס של ברכת המזון בלא"ה אין לוקחים אותו - שצריך ליתן עיניו בו, **וע"ל סי' קפ"ג ס"ד בהגה; וכן הכוס של קידוש, וע"ל סי' רע"א ס"י.**

סעיף טז - מצוה לחלק לתינוקות קליות ואגוזים, כדי שיראו שינוי וישאלו - ר"ל שעי"ז יתעוררו לשום לב על כל השנויים ומנהגי לילה זה, וישאלו שאלות המבוארים בנוסח "מה נשתנה".

ובש"ס איתא: כדי שלא יישנו וישאלו, וצריך לעוררם שלא יישנו עד אחר "עבדים היינו" וכו', שידעו ענין יציאת מצרים, דעיקר המצוה הוא התשובה על שאלת בנו, וכמו שנאמר: והגדת לבנך ביום ההוא לאמר בעבור זה וגו', **ולא** כמו שעושין איזה המון, שאחר אמירת "מה נשתנה" מניחים לילדים לילך ולישן, ואינם יודעים שום תשובה על שאלתם.

§ סימן תעג - דיני כוס ראשון וסדר הפסח עד כוס שני §

סעיף א - מוזגין לו כוס ראשון ומקדש עליו - קודם שיקדש יכוין: שרוצה לקיים מצות קידוש, וגם מצות ד' כוסות, שכוס של קידוש הוא אחד מארבעה כוסות, **ויש** נוהגין לומר: הריני מוכן לקדש ולקיים מצות ד' כוסות, רק שצריכין ליזהר שלא יאמרו זה לאחר קידוש, שהרי בירך על הכוס בפה"ג, אלא דוקא קודם קידוש. **וקודם** הגדה יכוין או יאמר: לצאת ידי מצות סיפור יציאת מצרים.

ומברך "שהחיינו" - קודם השתיה, ואם לא בירך קודם השתיה, מברך אח"כ אימתי שיזכור ביום א', ואפילו באמצע השוק, דהזמן ארגל קאי, **ואם** נזכר בליל ב' לאחר שקידש היום, יפטור עצמו ב"שהחיינו" שיברך על הכוס לאחר הקידוש.

ואם שכח לברך "שהחיינו" בקידוש ליל ב', אפילו אם בירך כבר בליל ראשון, חייב לברך אימתי שנזכר בכל החג, דהיינו עד סוף יו"ט האחרון של גליות, **וכן** ה"ה בשאר יו"ט, מחויב לברך עד סוף יו"ט, [אבל לא אחר יו"ט אפי' בעצרת. **אכן** במו"ק ונה"ש מגמגמין באם בירך כבר בליל ראשון, דאף דיו"ט שני כראשון לכל דבר, ואף לענין ברכה, כי היכי דלא ליתי לזלזולי ביה, **היינו** רק לכתחילה, אבל לא אם שכח, **וצ"ע** למעשה].

ואם חל בשבת, אומר: ויכולו - ומותר לומר ההגדה בספר אף שהוא ביחידי, ולא חיישינן שמא יטה, כמבואר לעיל סי' רע"ה ס"ט.

ואם חל במוצאי שבת אומר יקנה"ז - דהיינו בתחלה ברכת היין וקידוש ונר, דהיינו ברכת "בורא מאורי האש", והבדלה וזמן, **ואין** מברכין על הבשמים בכל מוצ"ש ליום טוב. **ואומרים** הבדלה זו מיושב כמו הקידוש.

ואם שכח להבדיל ולא נזכר עד שהתחיל ההגדה, ישלים ההגדה עד "גאל ישראל" ואחר כך יבדיל - היינו שמברך בפה"ג על כוס שני, וגם ברכת הנר והבדלה של יו"ט ושותהו, [**ואע"ג** דאין עושין מצות חבילות חבילות, הכא דא"א בענין אחר שרי, **דלהבדיל** תיכף כשנזכר אינו יכול, שהרי הבדלה טעונה כוס, והמברך צריך שיטעום, ובאמצע הגדה אסור להפסיק בשתיה.

ומלשון המחבר שכתב "עד שהתחיל הגדה", משמע דאם נזכר קודם שהתחיל ההגדה, א"צ להמתין, אלא תיכף מוזג כוס ואומר עליו ברכת הבדלה ושותהו, **אכן** זהו רק לדעת המחבר, דאין מברכין על כל כוס, אבל לדעת הרמ"א וכמנהגנו, דמברכין על כל כוס, ויצטרך לברך עליו ברכת בפה"ג, א"כ נראה כמוסיף על הכוסות דאסור, א"כ אפשר דאף אם נזכר קודם שהתחיל ההגדה, ג"כ אין תקנה עד שישלים ההגדה, [**אבל** אפשר דברכת הבדלה מוכיח עליו, דאינו מכוין להוסיף על הכוסות, רק לשם הבדלה הוא נוטל, **ומן** הח"י משמע, דאף בזה נראה כמוסיף, ולא ברירא וצ"ע], **אם** לא שבשעת ברכת כוס ראשון כוון שישתה בין הכוסות.

(**והגר"ז הפליג יותר, דאפילו נזכר קודם שאכל הכרפס, נמי אוכל הכרפס בלי הבדלה מטעם זה, ופרט זה לכאורה לא ברירא כולי האי, דדינא דמוסיף על הכוסות ע"י ברכה, לא נזכר בכל הפוסקים, רק בדברי ראבי"ה ומשמעות הטור, דלהרא"ש לא חיישינן כלל לזה בין ב' כוסות הראשונים ואפילו כשמברך, וא"כ אפשר דמוטב שלא לחוש לחשש זו, ולא לטעום קודם הבדלה שהוא איסור גמור לכו"ע, ובפרט שאפשר שבזה גם אבי העזרי מודה, שההבדלה מוכיח על כוס זה שלא הובא להוסיף על הכוסות, וצ"ע לדינא**).

ואם נזכר באמצע סעודתו שלא הבדיל, מחויב להפסיק תיכף מסעודתו ולהבדיל, ולא יברך עליו ברכת בפה"ג, שברכת כוס שני ששתה לפני האכילה פוטרתו, **אא"כ** לא היה דעתו אז לשתות בתוך האכילה, שבכגון זה צריך לברך עליו גם ברכת בפה"ג, [**וה"ה** אם נזכר מיד לאחר ששתה כוס השני, צריך למזוג מיד כוס ג' ויבדיל עליו, ולא יברך עליו בפה"ג, אא"כ לא היה דעתו לשתות עוד בתוך סעודה].

ואם נזכר תוך בהמ"ז שלא הבדיל, מברך ברכת המזון והבדלה על כוס אחד, **וכן** אם לא נזכר עד לאחר ששתה כוס של ברהמ"ז, ימתין עד לאחר גמר הלל והגדה, ואז יבדיל על הכוס הד', **ואם** לא נזכר עד לאחר

ששתה כוס ד', יבדיל על כוס ה', וצריך לברך עליו גם בפה"ג, שהרי כבר הסיח דעתו משתיה.

אם שכח לומר ההגדה בלילה, אין לו תשלומין כלל, דכתיב: "בעבור זה", בשעה שמצה ומרור מונחים לפניך, **ואם** שכח לומר קידוש בלילה, דינו כדלעיל סימן רע"א ס"ח.

הגה: ואין ליטול ידיו כלל קודם קידוש - ר"ל אף להנוהגים בכל השנה ליטול ידיו לסעודה קודם קידוש, ולדידהו הקידוש לא חשיב הפסק בין נטילה לסעודה, הואיל והוא מצרכי סעודה, **מ"מ** בליל פסח שמפסיקין הרבה אחר הקידוש באמירת ההגדה, ובתוך כך מסיח דעתו משמירת ידיו, לכו"ע אין לעשות כן, **ואפילו** ליטול ידיו כדי שלא יצטרך לחזור וליטול ידיו אחר הקידוש לאכילת כרפס, ג"כ אינו נכון, כ"כ האחרונים, (**דאין** הקידוש צורך טיבול, והוי הפסק – ב"ח).

ואם אין ידיו נקיות, יטול מעט - כתב מעט, כדי לחוש להטעם שהביא בד"מ דאין ליטול ידים קודם קידוש, דמיחזי שסובר שקידוש צריך נטילה, וע"כ לא יטול נטילה גמורה.

אבל אין לברך על הנטילה - ר"ל אפילו אם יטול נטילה גמורה, יזהר עכ"פ שלא יברך עליה ענט"י, דנטילה זו אינו עולה לו לצורך אכילה וכנ"ל, ונמצא דהוא ברכה לבטלה.

ובעל הבית לא ימזוג בעצמו, רק אחר ימזוג לו דרך חירות - אם אפשר לו.

סעיף ב - שותה בהסיבה ואינו מברך אחריו - "על הגפן" וכו', אפילו שתה רביעית, דסומך על מה שיברך ברהמ"ז לבסוף, **ועוד** דהרי יברך ברכה אחרונה לסוף ד' כוסות, ובסימן תע"ד יתבאר היטב.

סעיף ג - אם ירצה לשתות כמה כוסות, הרשות בידו - בין ששותה בין א' לב', או לאחר כוס שני, וכ"ש בתוך אכילה, **אבל** בין ג' לד' אסור, כדלקמן בסימן תע"ט.

לפי מש"כ הרב סי' תע"ד, דמנהגנו לברך ברכה ראשונה על כל כוס וכוס, הא דמותר לשתות בין הכוסות, היינו דוקא אם היה דעתו בשעת ברכה לפטור על כל מה שיביאו לו אח"כ לשתות, **או** שהיה היין לפניו, דממילא נפטר כל זמן שלא חשב בהדיא שלא לשתות, [**ואולי** כיון שאין רגילות לשתות בין הכוסות, א"כ כל זמן שלא חשב בפירוש לשתות, הוי כהסיח דעתו], **דאם** אין דעתו לשתות בין הכוסות ואח"כ נמלך לשתות, א"כ יצטרך לברך עליהם, וזה אסור, שנראה כמוסיף על הכוסות, כיון שמברך על כוס זה כמו על שאר ד' כוסות.

ומכל מקום ראוי ליזהר - וכן מנהגנו, **שלא לשתות בין ראשון לשני, אם לא לצורך גדול** - לחוש ליש מי שאומר, דהא דשרינן לשתות בין הכוסות, היינו בין כוס ב' לבין כוס ג', דהוא סמוך לאכילה או בתוך אכילה, דאז אינו משכר, אבל לא בין ראשון לשני, **כדי שלא ישתכר וימנע מלעשות הסדר וקריאת ההגדה** - וכמו שאסור בין ג' לד'.

ומשמע דוקא יין, או שאר משקין כה"ג המשתכרין, אבל משקה שאין משתכר, מותר לשתות בין הכוסות.

(**וכ"ז** בין הכוסות, אבל אם מזג הכוס והתחיל לדרוש עליו בהגדה, אינו רשאי להפסיק באמצע, כ"כ הרמב"ן והר"ן, **ומשמע** מדבריו עוד יותר, **דאפילו** לא התחיל עדיין בהגדה, רק שמזג הכוס והכין עצמו לאמירת הגדה, ג"כ אסור, **ובעל המאור** מתיר בכל גווני, וכ"כ התוס', דדוקא בהלל או בברכת "אשר גאלנו" אסור, **והמחבר** סתם בסעיף א' כדעת הרמב"ן **ואפילו** לענין כוס של מצוה, ומכ"ש בכוס של רשות).

סעיף ד - מביאין לפני בעל הבית קערה - אבל לפני שאר בני ביתו אין צריך להניח כסדר הזה, אלא כולן נוטלין משל בעל הבית, **וזה** אפילו במקומות שיש שולחן קטן לפני כל אחד ואחד, וכ"ש במקומנו שכולן יושבין על שולחן אחד.

שיש בה שלשה מצות - שנים בשביל לחם משנה כשאר יו"ט, **ואחת** כדי לבצעה לשתים, חציה לקיים בה מצות אכילת מצה, ד"לחם עוני" קרייה רחמנא, ומה דרכו של עני בפרוסה, **וחציה** השני בשביל אפיקומן.

ומרור וחרוסת - כדי לטבול בו את המרור, כדלקמן בסי' תע"ה, **וכרפס** - הוא מין ירק שקורין אותו כרפס, ובחרו לכתחלה במין זה, שהוא נוטריקון ס' פרך, כלומר ס' רבוא עבדו עבודת פרך, **או ירק אחר** - מאיזה מין שהוא, אך לכתחלה טוב שיקח מאותו המין

שמברכין עליו אותה ברכה שמברכין על המרור, כדי שיפטור בזה מרור שאוכל בתוך הסעודה, **אבל** לא יקח לזה אחד מחמשת מיני מרור, כי אחר שמילא כריסו ממרור איך יברך אח"כ "על אכילת מרור".

(וחומץ או מי מלח) - לטבול בהן הכרפס והירק, **ואם** חל בשבת, יעשה המי מלח קודם שבת, ולא יעשה בשבת, כמו שכתוב בסימן שכ"א ס"א, **ואם** לא עשה קודם שבת, ואין לו חומץ לטבול בהן, יש לעשות מי מלח מעט, כמו שכתוב שם.

והנה ענין טיבול הירק במשקה, הוא מתקנת חכמים, כדי להתמיה את התינוקות, שיראו שינוי שאוכלין הירקות בטיבול, שאין דרך לאכלם קודם הסעודה בכל ימות השנה, וישאלו על שינוי זה, **שאמירת** ההגדה מצותה לאומרה דרך תשובה על שאלות ששאלוהו, שנאמר: כי ישאלך בנך וגו', ואמרת לבנך עבדים היינו וגו'.

ושני תבשילין, אחד זכר לפסח, ואחד זכר לחגיגה - ואם חל ערב פסח בשבת, י"א דאין צריך ליקח רק תבשיל אחד כנגד פסח, דחגיגה אינה באה אז, שאינה דוחה שבת, **וי"א** דאעפ"כ צריך לעשות ב' תבשילין כמו בשאר שנים, ולא פלוג רבנן בזה מדאינה אלא לזכר בעלמא, וכן נוהגין.

ונהגו בבשר וביצה - וכ"ש אי בעי לעשות שני מיני בשר, אחד צלי ואחד מבושל, זכר לפסח וחגיגה, דשפיר דמי, **אלא** דאף בביצה יצא בזה, [דלא גרע ממרק של הבשר שיוצא בזה לחגיגה], **ויש** שכתבו דמה שבחרו בביעא, כלומר: בעי רחמנא למפרק יתנא, **ויש** שכתבו משום דעושים אנו זכר לאבילות בית המקדש, שאין אנו יכולין להקריב קרבן פסח.

הגה: ויסדר הקערה לפניו בענין שאינו צריך לעבור על המצות - ר"ל שלא יצטרך לדלג עליהם, **דהיינו הכרפס יהא למעלה מן הכל** - פירוש בסמוך לו, **והחומץ סמוך לו יותר מן המצה, והמצות מן המרור והחרוסת, והם יהיו יותר קרובים אליו מן הבשר והביצה** - ויש שכתבו שאין להקפיד על בשר וביצה, אם יצטרך לדלג עליהם, כיון שאינן מצוה אלא זכר בעלמא, **וגם** על מרור וחרוסת אפשר דלא שייך אין מעבירין, ‹דהחרוסת אינו אלא לזכר בעלמא, וגם על המרור כיון שאינו חביב על האדם ואין לו דין קדימה לענין ברכת הנהנין, לכן גם כאן אין מקפידין אם יצטרך לעבור עליו – הגר"ז›, [**ועיין** בפמ"ג דמפקפק עליו]. **ועיין** באחרונים סדר הקערה של האר"י ז"ל.

והבשר נהגו שיהיה זרוע - ע"ש זרוע נטויה שהראה הקב"ה במצרים, **וכתבו** הפוסקים, דבעינן שיהיה מעט בשר על הזרוע, שהוא זכר לבשר קרבן פסח, **ומי** שאין לו זרוע, יקח שאר בשר אף בלא עצם.

ונהגו שהבשר יהיה צלי על הגחלים - ולא מבושל, זכר לקרבן פסח, **ואף** שהיה הפסח נצלה לכתחלה בשפוד, מ"מ כיון שאין נצלה אלא בשפוד של רמון, שטורח לחזור אחריו, לפיכך די לנו בצלי ע"ג גחלים, שיוצאין מעיקר הדין גם בקרבן פסח.

והביצה תהיה מבושלת - שהיא זכר לחגיגה שא"צ צלי, **(וה"ה צלויה)** - שהחגיגה באה בין צלי בין מבושל, **(וכן נוהגין בעירנו)** - לצלות הביצה, [דחוששין לשיטת הפוסקים דסברי כבן תימא, דס"ל דוקא צלי].

ואסור לאכול הזרוע בלילה, דאין אוכלין צלי בלילה, אבל הביצה אף שהיא צלויה מותר, שאין איסור צלי בביצה, **ולפי"ז** אסור לצלות הזרוע בלילה אלא מבעוד יום, אם לא שדעתו לאכלו למחר באותו היום, [דמסתמא אין דעתו לאכול, רק להניחו לצורך למחר], **וע"כ** אם שכח וצלאו בלילה, יזהר לאכלו מחר בבקר, כ"כ המ"א ושארי אחרונים, **ואם** דעתו שלא לאכול הביצה עד ליל ב', גם הביצה אסור לצלותה בלילה אלא מבעוד יום.

כתב בח"א: רע עלי המעשה שזורקין הזרוע, והוא ביזוי מצוה, ומצוה להניח ביו"ט שני בבקר לתוך הצלי שצולין ליו"ט, ואוכלין אותו.

סעיף ה - אלו ירקות שיוצאין בהם ידי חובתו - ר"ל ידי מצות מרור, לקיים מה דכתיב: על מצות ומרורים יאכלוהו, **ועכשיו** שאין לנו פסח, מצות מרור אינו אלא מדרבנן.

חזרת, עולשין, תמכא, חרחבינא, (פירוש מיני עשבים מרים) - אכולהו קאי, ומשום שאין אנו יודעין בבירור איזה הם בלשוננו, לכך כתב בדרך כלל אכולהו שהם מינים מרים, **וכתבו** אחרונים, שתמכא הוא חריי"ן בלשוננו, **ועל** חזרת כתב הח"י וכן הח"צ, שהוא מה

(ביאור הלכה) [שער הציון] ‹הוספה›

שאנו קורין שאלאטי"ן, **מרור** - הוא ג"כ מין ירק מר, הידוע להם בשם מרור, על שם שהוא מר ביותר.

ויוצאים בעלין שלהם ובקלחן, אבל לא בשורש - פי' שרשים קטנים המתפצלים לכאן ולכאן בתחתיתו או בצדדיו, **אבל** שורש הגדול שבו עומד הירק, הוא הקלח, **אלא שבעלין אין יוצאין אא"כ הם לחים, ובקלחים יוצאים בין לחים בין יבשים** - דעלין יבשים אין בהם טעם מרור, והרי הם כעפרא בעלמא, **משא"כ** בקלח, דמתוך שהוא עב, אפילו הוא יבש אינו מפסיד טעמו. **ועלין** כמושין, י"א שיוצאין בהן, ויש שמחמירין אפילו בכמושין.

ודע, דיוצאין בעלין אף לכתחלה, והנה ראיתי כמה אנשים חלושים שדוחקין עצמן לקיים מצות מרור בקלחין, ולא אדע למה לא יקחו העלין למצוה, **ואולי** מפני שמצוי בהן יבשין וכמושין, **אכן** אם הם לחים אין להחמיר בזה כלל וכלל, [**עיין** במ"א וט"ז, שלדעתם נכון יותר לצאת בעלין, ע"ש טעמייהו]. **‹מדקאמר** במשנה ויוצאין בקלח שלהם, אלמא דעלין עדיפא – מ"א. **כי** יוכל לאכול בטוב כזית ממנו, כי אינו מצער כ"כ כמו הקלח שיש לו כח יותר – ט"ז›.

אבל לא כבושים - היינו אם שרה אותן במים מעל"ע, **וי"א** דדוקא אם כבשן בחומץ, **וע"כ** לכתחלה יש ליזהר שלא לשרות החריי"ן במים מעל"ע, **ובדיעבד** יש לסמוך להקל כשאין לו אחרים, משום דבחריי"ן הרי חזינן שעדיין יש בו טעם מרור, **ונ"ל** דבעלין אין להקל, דאפשר דבהו יוצא טעם מרור ע"י כבישה מעל"ע במים.

ולא שלוקים - מבושל הרבה, **ולא מבושלים** - כדרך בישול, וכולהו מפני שאין בהם טעם מרור עי"ז.

וכולם מצטרפים לכזית, שהוא השיעור שלהם - ר"ל כל חמשה מינים הנ"ל, ולא אמרינן כיון דכל ירק יש לו בודאי טעם מר בפני עצמו, לא מצטרפי, דטעמיה דחד מיבטיל בחבריה, קמ"ל כיון דעכ"פ יש לכולם טעם מרירות, מצטרפין.

כזית - הוא כשיעור חצי ביצה, ואם מקיים המצוה בעלין יראה לדחוק אותם ביחד, דהריוח שבין העלים לא מצטרפי לכזית, **ויש** ליזהר בזה, דאל"כ הוי ברכה לבטלה, כיון שמברך "על אכילה", ואכילה בכזית משמע, **וגם** אינו מקיים בזה מצות מרור.

ועיקר המצוה בחזרת - שהוא זכר לשעבוד מצרים, שהיה תחלתו רך ולבסוף קשה, וכן הוא ג"כ טבע חזרת, שתחלה מתוק וסופה מר, **וכתבו** האחרונים, דאפי' הוא ביוקר קצת יותר משאר מרור, ג"כ נכון להדר אחריו.

אכן כתבו, שבמין חזרת {היינו שאלאטי"ן} מצוי מאוד בימי פסח תולעים קטנים שאינם ניכרים לחלושי עין, **ע"כ** מי שאין לו אנשים מיוחדים בעלי יראה שיבדקנו כראוי, טוב יותר ליקח תמכא שקורין חריי"ן, אף שהוא שלישי לפי הסדר שהם שנויים, **כי** חלילה להכשל בלאו משום קיום עשה דרבנן, ובפרט שאפשר לקיים שניהם ע"י תמכא.

ואם אין לו חזרת, יחזור אחר ראשון ראשון, כפי הסדר שהם שנויים - ומי שהוא חולה או איסטניס, מותר לו ליקח מאיזה מין שערב עליו ביותר, וגם יאכל הכזית מעט מעט בכדי שיעור אכילת פרס, דמעיקר הדין יוצא בזה, [**אף** דמצוה מן המובחר לאכול כשהוא מרוסק בבת אחת, מ"מ באדם חלוש בודאי נכון לעשות כמש"כ]. **ואם** גם זה א"א לו מפני בריאותו, עכ"פ יאכל מעט, או ילעוס בפיו, לזכר טעם מרירות, אך לא יברך ע"ז, [**אבל** אם אינו נוגע לו לבריאותו, ראוי לו לדחוק עצמו בכל יכלתו אף שקשה לו, כדי לקיים מצות חז"ל].

והנה במדינותינו אין שאר המינים מצויים, וע"כ המרור הנהוג במדינתנו לאכול הוא תמכא {והוא חריי"ן}, **ויש** ליזהר שלא לאכול אותו כשהוא שלם, שכמעט הוא סכנה ואין בו מצוה, שמחמת חריפותו הוא מזיק גדול, ולכן צריך לפררו על ריב אייזי"ן, ולהעמידו כך מגולה, ואז מפיג חריפותו, **והגר"א** הנהיג שלא לפרר אותו קודם ביאתו מביהכ"נ, כדי שלא יפיג הטעם, דאז אינו יוצא בו, אלא יפרר אותו אחר ביאתו, ויכסנו עד התחלת הסדר, {**וכשחל** פסח בשבת, יפרר אותו מבע"י, ויניח בכלי ויכסנו עד התחלת הסדר}, **ואז** יפזר אותו על קערה, ועי"ז יפיג חריפותו, ואז ימעך אותו וישער שיהיה כזית, ויכול לאכלו בטוב.

הגה: ואם אין לו אחד מאלו הירקות - ר"ל חמשה הנ"ל, **יקח לענה או שאר ירק מר** - היינו אותם שיש להם סימנים המוזכרים בש"ס לענין מרור: **שיהיה** ראוי לאכילה, **ושיש** לו שרף, פי' כשחותכין אותו, יוצא במקום חתוכו מוהל לבן כחלב, **ופניו** מכסיפין, דהיינו

שעלה שלו אינו ירוק מאוד כעלי הבצלים ושארי ירקות, אלא נוטה קצת ללובן, **ומ"מ** לענין ברכה לא יברך עליהם, מפני שאין אנו בקיאין כ"כ בסימנים אלו.

(**פירשנו** בדברי ההג"ה, שלענה אינה מחמשה מיני מרור, וכן מוכח בד"מ בפירושו לדברי האגור, **אכן** במ"א וש"א חלקו עליו, והוכיחו דכוונת האגור דלענה הוא אחד מה' מיני מרור, והוא "מרור" הנזכר בה' מינים באחרונה, **ולענ"ד** צ"ע, שכפי הנראה לענה אינה ראויה לאכילה, ואנן בעינן דבר הראוי לאכילת בני אדם עכ"פ, **אם** לא דאפשר ראויה היא עכ"פ קצת לאכילה, **אח"כ** מצאתי להרשב"ץ בס' יבין שמועה שכתב להדיא, דאין יוצאין בלענה מפני שהוא מין אילן, ואנן בעינן ממיני ירקות, וכדתנן בהדיא: אלו ירקות וכו', **והוא** שלא כדעת מג"א ושלא כדעת ההג"ה, דאף אם נימא שיש לו שרף ופניו מכסיפין, מ"מ סימנים אלו לא מהני אלא בירק, **אם** לא דלא כתב הרמ"א לצאת בזה מדינא, אלא לזכר בעלמא כשאין לו מחמשת מינים, וכעין שכתב גם הגר"ז, וצ"ע).

כשם שאין יוצאין במצה גזולה, כך אין יוצאין במרור גזול, וע"כ יש ליזהר, שלא יעקור ישראל בעצמו המרור מקרקע של נכרי, אף שהוא נותן לו רשות, דסתם עכו"ם גוזלי ארעתא נינהו, ועל קרקע אין שייך יאוש, **אלא** יעקור העכו"ם בעצמו, ושייך אז ע"ז שם יאוש, ואח"כ יקנה הישראל ממנו, דהוי ע"ז יאוש ושינוי רשות.

וחרוסת יעשה עב, זכר לטיט - ויעשהו מעיו"ט, ואם שכח מותר לעשותו ביו"ט, **ואח"כ נותנין בו מעט חומץ** - של יין, **או יין אדום** - כדי לרכך אותו, ויהיה **זכר לדם** - אם חל בשבת, יתן בו המשקה מערב שבת, ואם שכח, ע"ל בסימן שכ"א סי"ו.

ועושין החרוסת מפירות שנמשלו בהם ישראל, כגון תפוחים - ע"ש הכתוב: תחת התפוח עוררתיך, **תאנים, אגוזים, רימונים** - כולם כתובים בשיר השירים, **שקדים** - ע"ש ששקד הקב"ה על הקץ לעשות.

ונותנין עליו תבלין, כגון קנמון וזנגביל הדומים לתבן - שאין נידוכין היטב והם ארוכים, **שהיו מגבלין בו הטיט** - [ומהרי"ל כתב, דלא ידוך אותם ויהיו ארוכים].

סעיף ו - נוטל ידיו לצורך טבול ראשון - והטעם, דכל דבר שטיבולו במשקה צריך נטילה, [**ויש** מאחרונים שכתבו, דאפי' אותן שאין נוהגין בכל שנה ליטול ידיהם לדבר שטיבולו במשקה, היום יטלו, כדי שישאלו התינוקות על השנוי].

ולא יברך על הנטילה - וכמו שפסק המחבר לעיל בסימן קנ"ח ס"א, **ועיי"ש** במ"ב דעת הגר"א בענין זה, [דיברך, ומ"מ נראה דוקא אם אוכל כזית].

ויקח מהכרפס פחות מכזית - לפי שבכזית יש ספק בברכה אחרונה, אם יברך אותה או לא, ע"כ טוב יותר שיאכל פחות מכזית, שלא יהא בו חיוב כלל לכו"ע.

(**מכאן** משמע דדבר שטיבולו במשקה, צריך נטילה אפי' בפחות מכזית, אף שבפת גמור כתב המחבר בסימן קנ"ח ס"ג בשם י"א, דאין צריך נטילה בפחות מכזית, וזהו שלא כמ"ש שם במ"ב, וכבר העירותי זאת בהדפסה שניה בשולי הגליון, **אכן** מצאתי תנא דמסייע לדברי הלא הוא הרשב"ץ בספר יבין שמועה שכתב בענין כרפס, דלדעת הרמב"ם דבעינן כזית, וכתב דכן מסתבר, דכיון דצריך נטילה בודאי כזית בעינן, כבאוכל פת גמור, דמסתבר דאינו חייב בנטילה, דבודאי לא גזרו בכגון זה משום סרך תרומה, וכמו כן לענין פירות בדבר שטיבולו במשקה, **וצ"ע** לדינא).

ומטבלו בחומץ - או ביין, או במי מלח, ולא אתי אלא לאפוקי שלא יטבול בחרוסת, כי חרוסת אינו אלא לטיבול שני, שמטבל המרור בחרוסת.

ומברך: בורא פרי האדמה, ואוכל - ויכוין לפטור בברכה זו גם המרור שיאכל אח"כ.

ואינו מברך אחריו - אפילו אם אכל כזית, לפי שברכה ראשונה קאי גם על המרור וכנ"ל, וע"כ ברכת המזון שפוטר את המרור שאוכל בתוך הסעודה, קאי גם על הכרפס שאכל מקודם.

(**וכתב** הגר"א, דכ"ז הוא כפי שיטת המחבר בסי' תע"ד, דמברך רק ברכה א' על ב' כוסות הראשונים, ומשום דהלילא והגדה לא הוי הפסק, ולהכי אינו מברך ברכה אחרונה, דאסמך ברכת כרפס יאכל המרור בלי ברכה, **אבל** לפי שיטת הג"ה וכפי מנהגנו, דמברך אכל כוס וכוס, דא"א לסמוך אברכת כוס ראשון משום דהפסיק בהלילא והגדה, וא"כ א"א לומר דסומכין אנו באכילת מרור אברכת

כרפס, שהרי הפסיק בהגדה והלילא, **אלא** דפטורא דמרור מברכה, משום דהוי כדברים הבאים בתוך הסעודה דנפטר בברכת "המוציא", וא"כ הרי חייב לברך ברכה אחרונה אחר אכילת כרפס, כיון דלא שייך לסעודה הבאה אחר כן, **ובאמת** הרב מג"א נזהר מזה, וכתב דאכל כוס צריך לברוכי לכו"ע, ואפי' למאן דס"ל דהגדה והלילא לא הוי הפסק, ומשום דכל חדא וחדא מצוה בפני עצמו, **ולפי** דברי מג"א, נדחו דברי הגר"א, וכמג"א כתבו הרבה אחרונים, **וצ"ל** דגם כאן י"ל סברא זו, דכרפס ומרור ב' מצות נינהו, ולהכי אין אחת פוטרת את חברתה, וצ"ע).

ויקח מצה האמצעית ויבצענה לשתים - כדי לקיים מה שקראה הכתוב "לחם עוני", ודרכו של עני בפרוסה, **ואמר** "האמצעית", כי ברכת "אכילת מצה" העיקר עלה קאי, וברכת "המוציא" שמברך מתחלה, קאי על העליונה המונחת לפניו.

ויתן חציה לאחד מהמסובין לשומרה לאפיקומן - כדי ששתי אכילות שאוכל לשם מצה יהא בפרוסה, **וטוב** שאותו חלק יהיה יותר גדול.

ונותנין אותה תחת המפה - זכר למה שאומר: משארותם צרורות בשמלותם, **ויש** שנותנין אותה על כתפיהם זכר ליציאת מצרים.

ויהיו נזהרין שיכרוך האפיקומן במפה שלא כיבסו בקראכמע"ל, כי הכרים מסתמא מכובסין בקראכמע"ל.

וחציה השני ישים בין שתי השלימות; ויגביה הקערה שיש בה המצות - עם כל מה שעליה, וא"צ להסיר התבשילין, ‹**או** יגביה המצות לבדן – ערוה"ש›, ‹א"צ להגביה רק את המצה הפרוסה – כף החיים›, **ויאמר "הא לחמא עניא", עד "מה נשתנה"** - וי"א "כהא לחמא". **וצריך** לאומרו בקול רם.

הגה: ויאמרו בלשון שמבינים הנשים והקטנים, או יפרש להם הענין - ר"ל מ"הא לחמא" ואילך דהוא התחלת הגדה, ויקיים בזה מה שאמר הכתוב: והגדת לבנך וגו', **וכן עשה ר"י מלונדרי כל ההגדה בלשון לע"ז, כדי שיבינו הנשים והקטנים** - שהרי גם נשים חייבות במצות הלילה ובאמירת הגדה, **ולכן** החיוב גם על המשרתת שתשב אצל השולחן ותשמע כל ההגדה, **ואם** צריכות לצאת לחוץ לבשל, עכ"פ מחויבת לשמוע הקידוש, וכשיגיע ל"ר"ג אומר כל שלא אמר" וכו', תכנוס ותשמע עד לאחר שתיית כוס ב', שהרי מי שלא אמר ג' דברים הללו לא יצא, **ונוהגין** שגם קוראין אותן שתשמע סדר עשרה מכות שהביא הקב"ה על מצרים, כדי להגיד להם כמה נסים עשה הקב"ה בשביל ישראל.

ואז יצוה להסירם מעל השלחן ולהניחם בסוף השלחן כאלו כבר אכלו, כדי שיראו התינוקות וישאלו - המצות המוכנות לאכילה למה מסלקין אותם, ויאמר להם: שאין רשאין לאכול עד שיספר ביציאת מצרים, ‹והיינו דשאלת מה נשתנה כו' שאנו אוכלים מצה ומרור כו', עליהם שייך תשובת עבדים היינו ומספר יציאת מצרים, משא"כ בשאלה זו שאין ענין לסיפור יציאת מצרים – מחזה"ש›. ‹**לשון** המ"א: "ולכן כתב מהרי"ל כו'"› כתב מהרי"ל, דאין ליתן שום מצה על השולחן עד זמן הסעודה, ‹לבד מג' בקערה קודם הגדה – פמ"ג›.

ואם השולחן קטן, יסירם לגמרי מעל השולחן, כי בלא"ה ליכא שינוי לתינוק. ‹**ועכשיו** מכסין הפת במפה, וזהו במקום עקירת שלחן – ערוה"ש›.

סעיף ז - מוזגין לו מיד כוס שני - ר"ל שלא ימתין במזיגת הכוס עד שיגיע ל"לפיכך", שאז צריך לאחוז הכוס בידו, אלא מיד שמסיר הקערה מעל השולחן מוזג, **כדי שישאלו התינוקות למה שותים כוס שני קודם סעודה** - ר"ל ועי"ז יתעורר לשאול יותר השאלות ותמיהות שרואה בלילה ההוא.

וא"צ שטיפה והדחה, שכבר שטפו לקידוש.

ואם אין חכמה בבן, אביו מלמדו; אם אין לו בן, אשתו שואלתו; ואם לאו, הוא שואל את עצמו; ואפילו תלמידי חכמים שואלים זה לזה "מה נשתנה" וכו'.

(וכשהבן או האשה שואלת, אין צריך לומר "מה נשתנה", אלא מתחיל "עבדים") - וה"ה אם ת"ח אחד שואל לחבירו, הנשאל א"צ לומר "מה נשתנה".

וכשמתחיל "עבדים היינו לפרעה", מחזיר הקערה שבה המצות לפניו, וקורא כל ההגדה - ואין לומר בהסיבה רק באימה ויראה.

וכשיגיע ל"מצה זו", צריך להגביה, להראותה למסובין שתחבב המצוה עליהם, (ויש להגביה מלה הפרוסה שהיא כלחם עוני);

וכן כשיגיע ל"מרור זה" - אבל כשיגיע ל"פסח שהיו אבותינו" וכו', לא יאחז בידו הבשר שהוא זכר לפסח, דהוי כמגביה קדשים בחוץ, דנראה מזה שהקדישו לפסח.

וכשיגיע ל"לפיכך", מגביה כל אחד כוסו בידו עד שחותם "גאל ישראל" - ובשל"ה כתב, דגם כשיאמר הפיסקא "והיא שעמדה לאבותינו ולנו", עד "הקב"ה מצילנו מידם", יאחז הכוס בידו, **ואז** יהיה הפת מכוסה כשאוחז הכוס בידו.

כשיאמר: ונאמר לפניו שירה, צ"ל "ונאמר" בניקוד סגול, "ונֶאמר", שהוא לשון עבר דקאי על גאולת מצרים. ‹**ובעמק** ברכה מבאר הנוסח ברוב ההגדות בחולם ולא בסגול, שהשירה וההודיה בליל פסח אינה רק על העבר, אלא על גאולתנו בהווה – פסקי תשובות›.

כתב המרדכי, דצ"ל: ונאכל שם מן הזבחים ומן הפסחים, דהא אוכלין תחלה מן החגיגה, דהיינו הזבח, אבל הפסח נאכל על השובע.

[**עיין** בט"ז מה שהביא עוד בשם מהרי"ו, דכשחל פסח במו"ש, צ"ל באותה לילה, "מן הפסחים ומן הזבחים", שהרי אין חגיגה נאכלת בלילה זה, דאין חגיגה קריבה בשבת, 'והזבחים' הם חגיגה ושלמי שמחה שמקריבין למחר ביום זה, **ועיין** בתשו' כנ"י מה שפי' שם, שאין מדקדקין בכך, שהרי אנו מבקשים שיגיענו ה' למועדים הבאים ששים בעבודתו, ושם נאכל לשנה הבאה, כשלא יהיה פסח במו"ש, מן הזבחים, דהיינו חגיגה, ואח"כ מן הפסחים].

הגה: ונוהגין לזרוק מעט מן הכוס באצבעו כשמגיע ל"דם ואש ותמרות עשן", וכן כשמזכיר המכות "דצ"ך עד"ש באח"ב" בכלל ובפרט, הכל ט"ז פעמים - כנגד אותיות י"ו משמו של הקב"ה שהכה את פרעה.

נוהגין לזרוק באצבע, על שם: אצבע אלהים היא, דלא כמ"ש בהגהת מנהגים, לזרוק בזרת קטן, [**וי"א** שיזרוק בקמיצה, **ופשוט** שאם הוא איסטניס, ועי"ז יהיה נמאס בעיניו אח"כ לשתות הנותר מן הכוס, ויבוא לידי הפסד אוכלין, אין כדאי לזרוק ממנו באצבעו, אלא ע"י שפיכה מן הכוס, **אח"כ** מצאתי שי"א שלכתחילה נכון לנהוג כן ע"י שפיכה מן הכוס ולא באצבע, וע"כ באיסטניס בודאי יש לנהוג כן].

ויהיה הפת מגולה בשעה שאומר ההגדה - דלכן נקרא המצה "לחם עוני", שעונין עליו דברים, **עד "לפיכך" שאוחז הכוס בידו** - כדי לומר שירה על היין, **ואז יכסה הפת** - שלא יראה בושתו.

§ סימן תעד – על כוס ב' אין מברכין §

סעיף א- שותה כוס שני ואין מברך עליו, לא ברכה ראשונה ולא ברכה אחרונה - ואע"ג דד' כוסות שתקנו רבנן כל אחד מצוה בפני עצמה היא, [כנגד ד' לשונות של גאולה], **מ"מ** כיון דליכא היסח הדעת משתיה, שהרי כשבירך על כוס א' היה יודע שישתה עוד כוס, הלכך לא בעי לברוכי על כל כסא וכסא.

שאין מברכין "בורא פרי הגפן" כי אם על כוס של קידוש, ועל כוס של ברכת המזון - והכוס רביעי נפטר בברכה של כוס שלישי.

ואין מברכין "על הגפן" כי אם אחר כוס רביעי - ואע"ג שבהמ"ז הוא גמר וסילוק, וחשיב כהפסק גמור לענין ברכה ראשונה של כוס ג', מ"מ לענין ברכה אחרונה לא מפסיד מידי, שאין היסח הדעת מחייב לברך תיכף ברכה אחרונה, ויכול להמתין עד שישתה כל הכוסות, ואז יפטר בברכה אחרונה כל הד' כוסות ביחד.

הגה: והמנהג בין אשכנזים לברך ברכה ראשונה על כל כוס וכוס - דמשהתחיל בהגדה אסור לשתות, ולהכי הוי הפסק לאצרוכי ברכה בכוס שני, **ואפילו** נימא דזה אינו מפסיק לענין ברכה, מ"מ כיון דכל חדא וחדא הוי מצוה בפני עצמו, יש לברך על כל כוס ברכה בפני עצמו.

אבל ברכה אחרונה אין מברכין רק אחר האחרון לבד - דאין היסח הדעת קובע ברכה לאחריו וכנ"ל, **וכן דעת רוב הגאונים.**

§ סימן תעה – יתר דיני הסדר §

סעיף א- יטול ידיו ויברך "על נטילת ידים" - ר"ל אע"ג שנטל להירקות, מ"מ כיון דאמר בינתים הגדה והלל, חיישינן שמא הסיח דעתו ונגע במקום מטונף, שהידים עסקניות הן.

(**וכתוב** בשיבולי הלקט, כיון שתלוי הטעם בהיסח הדעת, אם ברור לו ששימר ידיו היטב, ולא נגע בכתבי הקודש או בשאר דברים המטמאין הידים, א"צ לחזור וליטול ידיו, שהרי ידיו טהורות מנטילה הראשונה, **ואם** נטל אין לו לברך, שמא יהיה ברכה לבטלה, עכ"ל, **ואף** דלדינא לדידן בודאי צריך לחזור וליטול ידיו, וכדלעיל בסימן קנ"ח ס"ז, ובפרט כשלא כוון מתחלה לאכילה, עכ"פ אין לו לברך, וכמבואר שם, **והנכון** שבאופן זה יטמא ידיו קודם הנטילה, כדי שיוכל לברך).

ויקח המצות כסדר שהניחם, הפרוסה בין שתי השלימות, ויאחזם בידו - כל שלשתן, העליונה והתחתונה בשביל לחם משנה, והפרוסה ע"ש לחם עוני.

ויברך "המוציא" - ויניח השלישית להשמט מידו, **ו"על אכילת מצה"** - יברך על הפרוסה עם תפיסת העליונה, (**הטעם**, משום דאיכא פלוגתא, דאית פוסקים דסוברין שיברך "המוציא" על השלמה, ו"על אכילת מצה" על הפרוסה, ואית דסברי להיפך, **לכך** פסק המחבר שיאחז שתיהם בידו, לבד התחתונה בשביל לחם משנה, ויברך "המוציא" ו"על אכילת מצה", ויבצע משניהם), **ויברך** שתי הברכות טרם ישברם, וכמו שמסיים המחבר: ואח"כ וכו'.

ואח"כ יבצע מהשלימה העליונה ומהפרוסה, משתיהן ביחד - דהא לכתחלה צריך לאכול משניהם בבת אחת, וכדלקמיה, וע"כ נכון שיהיה הבציעה ג"כ בבת אחת, ולא בזה אחר זה, כדי שלא יהיה הפסק בין בציעה ראשונה לאכילה.

ויטבלם במלח. הגה: ואין המנהג לטבלם במלח בלילה ראשונה - ר"ל "בלילות ראשונות", **דפת נקי אין צריך מלח** - אף שבכל ימות הפסח מטבילין במלח, אע"פ שהיא נקיה ואינה צריכה טיבול מן הדין, **מ"מ** בלילות ראשונות של פסח אין נוהגין כן, דטפי הוא נראה לחם עוני כשאינו טבול במלח.

ויאכלם - לפי שבירך שתי הברכות, וכונתו היה על השלמה ועל הפרוסה, לפיכך צריך לאכול משניהם, **בהסיבה, ביחד כזית מכל אחד** - מן הפרוסה בודאי צריך כזית, דהא מברכין "על אכילת מצה", ואין אכילה פחותה מכזית, **אבל** פרוסת "המוציא", הלא קי"ל ד"המוציא" מברכין אפילו על פחות מכזית, **אלא** משום דיש פוסקין שסוברין, דברכת "המוציא" קאי על הפרוסה, וברכת "על אכילת מצה" קאי על השלמה, לכך צריך מכל אחת כזית.

ביחד - שאם יאכל מתחלה כזית של "המוציא", דהיינו מן השלמה, הרי הוא כמפסיק בין ברכת "על אכילת מצה" לאכילת הפרוסה, שעלה קאי הברכה, **ואם** יאכל הפרוסה מקודם ואח"כ השלמה, ג"כ הוא כמפסיק להני פוסקים דסברי, דברכת "על אכילת מצה" קאי על השלמה, **וע"כ** יאכלם ביחד.

[**ועוד** בב"ח טעם אחר, דאם יאכל של "המוציא" תחילה, {היינו השלמה, דמסתמא הברכה ראשונה עלה קאי העיקר שהיא העליונה}, יצא בה ידי חובת מצה, ואנו בעינן לכתחילה לחם עוני לשם מצה, דהיא הפרוסה ולא השלמה, **ולאכול** של הפרוסה תחילה, ג"ב אין נכון, אחרי דהשלמה מונחת מלמעלה, ואין מעבירין על המצות].

והסכימו האחרונים, דצריך רק להכניס לפיהו את שני הזיתים בבת אחת ולרסקם, אבל אין מחויב לבולעם בבת אחת, אלא די שיבלע כזית לערך בבת אחת, ואח"כ יבלע השאר, **ובדיעבד** אפילו בלע הכזית מעט מעט, יצא, כל שלא שהה מתחלת אכילתו עד סופה, יותר מכדי אכילת פרס.

(**אכן בעיקר הדבר תמוה מאד**, דלפי כל זה נפק לן דבר חדש, דבלילה ראשונה צריך לאכול ב' כזית, ולא מצינו זה בשום מקום, **וכל הני פוסקים דסברי דצריך ג' מצות לסדר, לא הזכירו זה זולת הרא"ש והמרדכי, ובש"ס** לא נזכר אלא כזית, וכל כי האי מילתא הוי ליה לתלמוד לפרושי, **ובאמת אף להני דמצריכים ג' מצות, הוא רק** משום לחם משנה, **וגם הא דהצריכו לכוין בברכה** ראשונה על מצה אחת, ובברכה ב' על מצה שניה, **הוא** משום שלא יהיו המצות חבילות חבילות, **אבל גם לדידהו** שתי המצות הם דבר אחד, וכמו בשבת לחם משנה,

ומעיקר הדין יכול לאכול איזה שירצה, רק משום דעל כל אחד מהמצות כוון בברכה, טוב שיטעום מכל אחד, אבל בודאי די בכזית אחד בצירוף משתיהם, וכ"ש לפי פשרת הפוסקים וכפי פסק המחבר, שאוחז בשתיהם ומכוין בב' הברכות על שתיהם ביחד, מכש"כ דאין צריך רק כזית אחד משתיהם, **גם ר' ירוחם שהעתיק ג"כ באחרונה דעת רבו הרא"ש, לא הזכיר רק שאוכל משתיהם, אבל ב' כזית לא הזכיר, וצ"ע).**

ואם אינו יכול לאכול כשני זיתים ביחד, יאכל של "המוציא" תחלה - היא השלמה העליונה, שמעיקר הדין עלה קאי ברכת "המוציא", **ולא** הוי כהפסק בדיעבד מה שאוכלה בין ברכת "אכילת מצה" לאכילת הפרוסה, כיון שהיא באה לצורך אותו כזית, דהיינו לצורך ברכת "המוציא" שצריך לברך גם על כזית של הפרוסה.

וכתבו הפוסקים, שצריך לאכול גם כזית ראשון של "המוציא" בהסיבה.

ואחר כך של "אכילת מצה" - ובדיעבד אם אכל כזית אחד בין מהשלמה ובין מהפרוסה, יצא.

ואחר כך יקח כזית מרור - ואפי' אכל קלח שלם עם העלין כברייתה, לא יצא כל שאין בו כזית, [**ואפי'** למ"ד דדבר חשוב כבריה מברכין ברכה אחרונה אפי' בדליכא כזית, **הכא** ליכא בריה אפי' אכלה עם השרשים, שהרי אין יוצאין בשרשים, וא"כ אתי שרשים דרשות ומבטלין מרור דמצוה, **ועיין** בחי' רעק"א דפקפק בטעם זה, **ולי** נראה פשוט, דצווי התורה הוא לאכול מרור, זכר ל"וימררו את חייהם", ובפחות מכזית לא חשבה התורה לזכר, וא"כ מאי מהני שהוא בריה והוא חשוב, הלא עכ"פ בכל שהוא ליכא זכר, **והתם** שאני, דמשום חשיבות הבריה חשוב להודות לה'].

וישקענו כולו בחרוסת - כדי להמית ארס שבתוכו, **ויש** מקומות שאין נוהגין לשקע כולו, אלא בטיבול מקצתו, [פר"ח, דבריח החרוסת סגי להמית הארס, (וז"ל: ועוד שקפא זה אינו מצוי בינינו), ואינו אלא משום מצוה זכר לתפוח].

ולא ישהנו בתוכו, שלא יבטל טעם מרירותו, ומטעם זה צריך לנער החרוסת מעליו; ויברך "על אכילת מרור", ויאכלנו בלא הסיבה - שהוא זכר לעבדות, ומכל מקום אם רוצה לאכול בהסיבה רשאי.

ואחר כך נוטל מצה שלישית - כדי לקיים מצוה בשלשתן, **ובוצע ממנה וכורכה עם המרור** - וצריך כזית מצה וכזית מרור.

וטעם כריכה זו, כדי לצאת דעת הלל, דס"ל דקרא ד"על מצות ומרורים יאכלהו", בהדי הדדי משמע, **ומ"מ** לצאת רק בזה ידי אכילת מצה ואכילת מרור אי אפשר בזה"ז, אפילו להלל, דכיון דמרור בזה"ז דליכא פסח אינו רק מדרבנן, וע"כ כשיאכלם ביחד, אתי טעם מרור ומבטל לה לטעם מצה, שהוא מדאורייתא אפילו בזה"ז, **ומשום** זה צריך לאכול מתחלה כל אחד בפני עצמו, ואח"כ אוכל שניהם ביחד, כדי לעשות זכר לזמן שהיה מקדש קיים והקריבו פסח, ואז לפי דעת הלל היו אוכלים מצה ומרור ביחד.

וטובלה בחרוסת - שהרי כריכה זו היא זכר למקדש כהלל, והלל היה מקיים מצות חרוסת במרור זה שבכריכה, שהרי לא היה אוכל מרור כלל קודם כריכה זו, **וגם** בזה צריך לנער החרוסת, כמו במרור שאכל מקודם.

הגה: ויש אומרים דאין לטובלו, וכן הוא במנהגים, וכן ראיתי נוהגין - טעמם, שכבר קיים מצות חרוסת בטיבול ראשון, וגם אין לחוש לארס שבמרור זה, כיון שאוכלו עם מצה בכריכה.

עיין באחרונים שהסכימו, דהעיקר כדעה הראשונה, ומ"מ היכי דנהוג נהוג.

ואומר: זכר למקדש כהלל - והנוסחא אצלנו בהגדה: כן עשה הלל בזמן שבית המקדש וכו', היה כורך מצה ומרור ואוכלם ביחד, **ויש** שכתבו שצ"ל: היה כורך פסח מצה ומרור.

(**קשה, הלא אמירה זו הוי הפסק בין ברכה לכריכה, והמחבר בעצמו מסיים שאין לו להסיח וכו', כדי שתעלה ברכת אכילה וכו'**, ודוחק לומר דגם אמירה זו הוי מענין הסעודה, כמו "טול בריך", **ובאמת** לא מצאתי לשום פוסק האי לישנא שכתב המחבר, רק כתבו דכריכה זו הוא זכר למקדש, **אבל לא הזכירו שיאמר זכר למקדש, ואולי** לאו דוקא כתב המחבר "ואומר ואוכלן" וכו', אלא

שצריך מתחלה להתחיל לאכול, ואח"כ יאמר הגדה זו, ולולא דמסתפינא הוי אמינא דצ"ל במחבר: "וטובלה בחרוסת זכר למקדש כהלל", וכלשון הש"ס וכל הפוסקים, והאי "ואומר" הוא שיטפא דלישנא, וצ"ע).

ואוכלן ביחד בהסיבה - משום מצה שאוכל, וא"צ לבלוע ביחד, רק להכניסם בפיהו בבת אחת וכנ"ל.

ומשבירך "על אכילת מצה" לא יסיח בדבר שאינו מענין הסעודה, עד שיאכל כריכה זו, כדי שתעלה ברכת "אכילת מצה" וברכת "אכילת מרור" גם לכריכה זו - ר"ל דהא עושין אנו זכר למקדש, ואז היה עיקר המצוה רק בכריכה, ולכן צריך שלא להפסיק, כדי שתחול הברכה על הכריכה, **ומ"מ** אין זה אלא לכתחלה, ובדיעבד אם סח בינתים, א"צ לחזור ולברך על הכריכה.

סעיף ב - אם אין לו ירקות לטיבול ראשון אלא מרור - דלכתחלה צריך להיות הכרפס ממין שאינו מה' מיני מרור, **יברך עליו בטיבול ראשון "בורא פרי האדמה", ו"על אכילת מרור"** - דא"א בזה לנהוג כמו בשאר פעמים, לאכול בלי ברכה, ולברך "על אכילת מרור" אחר כזית מצה, דאחר שכבר מילא כריסו ממנו קודם לכן בלי ברכה, אינו הגון לברך אח"כ, **ע"כ** יברך בתחלה "על אכילת מרור", ואוכל ממנו מעט לשם כרפס, **ואינו** יכול לאכול לשם מצות מרור, דלכתחלה בעינן מצה והדר מרור, כדכתיב: על מצות ומרורים וכו', **ומ"מ** הברכה אינה לבטלה, שמברך אותה כדי לאכול המרור שאחר המצה, [**והתוס'** כתבו, דמועלת הברכה, מאחר שאוכל ממנו מעט] **והגדה** לא חשיב הפסק, ובלבד שלא יפסיק בדבורים אחרים.

ובטיבול השני - היינו אכילת מרור שאחר כזית מצה, **יטבלנו בחרוסת** - דכיון שמרור זה אוכל כדי לקיים מצות מרור, צריך לטובלו בחרוסת, וכדין מרור בעלמא, וצריך לאכול ג"כ כזית מטעם זה.

ויאכלנו בלא ברכה - שיצא בברכת בפה"א ו"על אכילת מרור" שבירך על אכילת מרור הראשונה.

ודע, דהרבה פוסקים חולקים על זה, ולדידהו טפי עדיף בזה, לכוין באכילת מרור הראשונה לקיים מצות מרור, כיון שמברך אז "אשר קדשנו" וכו', ולדידהו חייב לאכול אז כזית ולטבול בחרוסת כדין מרור, **ומרור** השני שאוכל בלא ברכה, הוא לשם כרפס בעלמא, ואינו מחויב לאכול כזית, וא"צ לטבול ג"כ דוקא בחרוסת, ובחומץ או מי מלח נמי סגי, וכדלעיל בסימן תע"ג לענין כרפס.

(**דעת מג"א**, דאם אין לו ממיני מרור רק תמכא, שקורין אצלנו חריי"ן, אין מברך עליו ברכת הנהנין כלל, רק "על אכילת מרור", גם בנידון דידן שאוכלו קודם הסעודה, משום דאין דרך לאוכלו כמות שהוא, וחק יעקב כתב דמברך עליו בפה"א, מדראוי לאכול בחומץ וכיוצא בו, **ובאמת** דברי מג"א הם מוקשים קצת, דאי אינו ראוי לאכילה כלל, א"כ אמאי יוצאין בהם ידי חובת מרור, לפי מה שכתבנו לעיל בסימן תע"ג בשם הפוסקים, דבעינן במרור דבר הראוי לאכילה, {**ואפשר** משום דראוי לאכילה ע"י איזה תיקון, מיקרי בר אכילה}, **וכ"ש** לפי מנהגנו כהיום, שאנו אוכלים אותו מפורר, מיקרי שפיר ראוי לאכילה, ואנו רואין כמה בני אדם טובלין בו פתם בכל השנה, וא"כ עכ"פ מכלל "שהכל" לא יצא, **ואפשר** עוד, מדחייבו רחמנא לאוכלו בלילה הזה, הוי אכילה חשובה, דהא אחשביה רחמנא לאוכלו כמות שהוא, וע"כ יש לברך עליו ברכה הראויה לו, דהיינו בפה"א, **ועכ"פ** "שהכל" בודאי צריך לברך עליו, וכן נוטה דעת הגאון רעק"א בחידושיו).

סעיף ג - בלע מצה, יצא - בדיעבד, דגם זה מיקרי אכילה, אע"פ שלא לעסה, ולא הרגיש טעם מצה, **ואע"ג** דלעיל בסימן תס"א ס"ד פסקינן, דאין יוצאין במבושל, ומשום דנתבטל טעם מצה, אלמא צריך טעם מצה, **יש** לומר דהתם גרע, משום דהפת בעצמה אבדה טעם מצה, אבל הכא יש בה טעם, אלא שהוא לא הרגיש הטעם בפיו, **ומ"מ** כ"ז בדיעבד, אבל לכתחלה יש ללעוס אותה עד שירגיש הטעם בפיו.

אבל אם בלע מרור, לא יצא, דטעם מרור בעינן וליכא - דבעינן שירגיש המרירות בפיו, זכר ל"וימררו את חייהם".

ואפילו אם בלע מצה ומרור כאחד, ידי מצה יצא, ידי מרור לא יצא - ולא אמרינן דמבטל ליה המרור למצה, דלא שייך ביטול אלא

כשלועסן ומתערבין ביחד, אבל בזה שלא לעסן, כל חד וחד לחודיה קאי.

ואם כרכם בסיב - היא הקליפה הגדל סביב הדקל,

ובלעו, אף ידי מצה לא יצא, לפי שאין דרך אכילה בכך.

ואם כרך המצה בדבר מאכל ובלע, יצא, אע"פ שיש הפסק בין המצה לגרונו, כיון ששניהם מיני מאכל, דרך אכילה בכך.

סעיף ד - אכל מצה בלא כוונה, כגון שאנסוהו עכו"ם או לסטים לאכול, יצא ידי חובתו, כיון שהוא יודע שהלילה פסח ושהוא חייב באכילת מצה - וכ"ש היכא שכפאוהו ישראל לאכול כדי לקיים מצות מצה, דיצא.

ואע"ג דמצות צריכות כונה, וכ"ש הכא דאינו רוצה לאכול, הרי בודאי אינו מתכוין לצאת ידי המצוה, **תירצו** המפרשים, דבמידי דאכילה שעל כרחו נהנה גרונו, עדיף טפי, וכמתכוין דמי.

(**במשב"ז מסתפק, באנסוהו לאכול מרור, י"ל דלא יצא כיון שהוא מר ומזיק ואינו נהנה).**

ומ"מ היכא שאומר בפירוש שמכוין שלא לצאת ידי המצוה, בזה אפשר דגרע טפי, אף שנהנה גרונו, ולא יצא, [**והיינו** אפי' בלא אנסוהו, כיון שהוא מכוין בהדיא שלא לצאת].

ודע דכמה פוסקים חולקין ע"ז, וס"ל דלפי מאי דקי"ל דמצות צריכות כונה, אין לחלק בין מידי דאכילה לשאר מצות, וכל שלא נתכוין באכילה לצאת ידי המצוה, לא יצא, וכן פסק הפר"ח.

אבל אם סבור שהוא חול, או שאין זו מצה, לא יצא - כיון שלא ידע כלל שהוא עושה מעשה המצוה, ואפי' בלא כפאוהו עכו"ם, ומעצמו טעה, ג"כ לא יצא, [**ואפי'** למ"ד מצות א"צ כוונה].

(**עיין בח"י שדעתו, דבמרור אף אם לא ידע שהוא מרור, או שהוא סבור שהוא חול, ג"כ יצא, ועיקר סברתו, דמלתא דרבנן לכו"ע לא בעי כונה, ולפי מה שכתבנו לעיל בסי' ס' במ"ב בשם כמה פוסקים, דאין לחלק בהכי, א"כ ה"ה במרור, ואפילו לח"י שהוא מיקל במרור מטעם** שהוא מלתא דרבנן, מ"מ ביו"ט שני שהוא ג"כ דרבנן, מודה דאין להקל באכל מצה וסבור שאינו מצה, כי היכי דלא לזלזולי ביה).

סעיף ה - אכל כזית מצה והוא נכפה בעת שטותו, ואח"כ נתרפא, חייב לאכול אחר שנתרפא - ר"ל באותו הלילה, דלמחר בודאי אינו מברך שוב ברכת אכילת מצה, דביום אינה אלא רשות, וכדלקמיה, ואין תשלומין למצוה זו.

לפי שאותה אכילה היתה בשעה שהיה פטור מכל המצות - ר"ל שהיה אז בכלל שוטה ואינו איש, [**לאפוקי** שומר אבידה או משמר המת, אף דהוא ג"כ פטור אז מכל המצות, {ואפי' אם יכול לקיים שניהם, אם צריך לטרוח אחר זה}, אם אכל אז מצה יצא ידי חובתו, דהוא איש, אלא דאז לא חייבתו התורה מפני שהוא עוסק במצוה אחרת, **ומ"מ** מסתפיקנא אם יוכל אז לברך ברכת אכילת מצה "אקב"ו" וכו', כיון שהוא אז אינו מצווה ע"ז].

סעיף ו - אכל כחצי זית, וחזר ואכל כחצי זית, יצא - היינו בדיעבד, אבל לכתחלה צריך לאכול כזית ביחד ולבלוע, **ובלבד שלא ישהא בין אכילה לחברתה יותר מכדי אכילת פרס** - הלשון אינו מדוקדק כ"כ, דצריך שלא ישהה מתחלת אכילה ראשונה עד סוף אכילה אחרונה יותר מכדי אכילת פרס, דזה אין נחשב בכלל אכילה.

וה"ה אפילו לא הפסיק בינתים, אלא ששהה באכילתו את הכזית יותר מכדי אכילת פרס, אין מצטרף יחד ואינו יוצא.

(וע"ל סימן תרי"ב ס"ג) - מהו שיעור פרס.

סעיף ז - אין חיוב אכילת מצה אלא בלילה הראשון בלבד - דכתיב: בערב תאכלו מצות, אבל שאר כל הלילות וכל הימים אינו מוזהר אלא שלא לאכול חמץ, **ואף** דמחוייב לאכול פת ביו"ט, יכול לצאת במצה עשירה, דהיינו שנילושה במי פירות, **אבל** לחם עוני אינו מחוייב מן התורה כי אם בלילה הראשון, ומשום ספיקא דיומא חייב לדידן אף בלילה שניה.

ובשם הגר"א כתבו, דעכ"פ מצוה איכא לאכול מצה כל שבעה, אלא שאינו חיוב.

הגה: ונהגו לעשות שלש מצות של סדר מעשרון, זכר ללחמי תודה, ועושים בהם סימן לידע איזה ראשונה או שניה או שלישית - ואין לעשות אותיות להכירא, שכששוברין אותה הוי מוחק ביו"ט.

ומניחים הראשונה עליונה, והשניה באמצע, והשלישית בתחתונה לכרי, ואם שינה לא עכב; ואופין אותם ג"כ כסדר; ואם נשברה אחת מהן לוקחין אותה לשניה, דבלאו הכי פורסין אותה - פי' אפילו אם השלישית נשברה, ואם כן מקדימין עכשיו השלישית קודם לשניה, מ"מ משום הקדמה למצוה א"צ לאפות אחרת.

עיין בספר בית מאיר שמפקפק על המנהג, ובכמה מקומות כהיום נשתקע המנהג.

ואף בלילה הראשון יוצא בכזית. (ושיעור כזית עיין לקמן סימן תפ"ו) – (ומי שאין לו מצה, לא יצא ביו"ט חוץ לתחום עבור זה, **וע"י** עכו"ם להביאו שרי, **ואפשר** אף כשלא יביא לו כי אם אחר חצות).

§ סימן תעו – מנהג אכילת צלי בליל פסח §

סעיף א - מקום שנהגו לאכול צלי בלילי פסחים, אוכלים; מקום שנהגו שלא לאכול, אין אוכלין, גזירה שמא יאמרו: בשר פסח הוא - ובאלו ארצות אין נוהגין לאכול צלי בשני הלילות, **ואפילו** צלי קדר, פי' שנצלה בקדירה בלא מים ושום משקה, אלא מתבשל במוהל היוצא ממנו, אע"פ שאינו דומה לצליית הפסח, שהפסח שנצלה בקדירה פסול, אפ"ה יש לאוסרו מפני מראית העין, שלא יטעו להתיר גם צלי אש, **ואפילו** אם בישלו מתחלה במים ואח"כ עשאו צלי קדר, יש לאסור מטעם זה, **ומיהו** לצורך חולה קצת יש להקל בזה. **ואם** היה צלוי ואח"כ בשלו, מותר לכל.

ובכל מקום אסור לאכול שה - בין שה כשבים או שה עזים, **צלוי כולו כאחד** - דהיינו ראשו על כרעיו ועל קרבו כמו בפסח, **בלילה זה, מפני שנראה כאוכל קדשים בחוץ.**

ואם היה מחותך, או שחסר ממנו אבר - ר"ל שצלה אותו כשהוא מחותך, או אפי' כשהוא מחובר, אלא שנחתך ממנו אבר א' קודם הצליה, ובשעת צליה הניחו אצלו וצלאו ביחד, **או שלק בו אבר והוא מחובר** - ר"ל ואח"כ צלהו כולו כאחד, **הרי זה מותר במקום שנהגו** - הואיל ואינו דומה לצליית הפסח.

הגה: ולא יאכל ולא ישתה הרבה יותר מדאי, שלא יאכל האפיקומן על אכילה גסה - דהיינו שאינו מתאוה כלל לאכול, שאז אינו עושה מצוה מן המובחר, **שאף** שאפיקומן הוא זכר לפסח, והפסח נאכל על השובע, דהיינו שהוא שבע כבר, ולכן אוכלין האפיקומן אחר גמר הסעודה, **מ"מ** צריך שיהא לו קצת תאוה לאכול, ואם לאו אין זה מן המובחר, **ואם** שבע כ"כ עד שנפשו קצה באכילה מרוב שובע, אף שדוחק עצמו לאכול, אינו יוצא י"ח כלל במצוה זו, שאכילה גסה כזו אינה נקראת אכילה כלל.

כתבו הפוסקים, אל יהיה אכילת אפיקומן עליו לטורח, דעי"ז אין מתקיים המצוה מן המובחר.

או ישתכר ויישן מיד - ותניא בתוספתא: חייב אדם לעסוק בהלכות פסח כל הלילה.

סעיף ב - אפילו בשר עגל ועוף, כל דבר שטעון שחיטה, אסור לאכול צלי במקום שנהגו שלא לאכול צלי - ר"ל אף שאין הפסח בא מהם, מ"מ אסור לאכלו צלי, לפי שהעולם יטעו בין צלי לצלי, ויבואו להתיר גם בשר צלוי מכבשים ועזים.

לאפוקי דגים וביצים, מותר לאכלם צלוים בכל מקום, דלפי שאין טעון שחיטה אין דומין כלל לבשר, ולא יטעו בהם, **ואפילו** הביצה שמניחים על הקערה, מותר ע"י צלי ולאכלה.

אבל במקום שנהגו לאכול צלי, מותר לאכול אפילו עגל שצלוי כולו כאחד, דאין הפסח בא ממנו.

הגה: נוהגים בקצת מקומות לאכול בסעודה ביצים, זכר לאבלות, ונראה לי הטעם משום

שליל תשעה באב נקבע בליל פסח - פי' כמו שחל יום א' של פסח, יהיה לעולם באותו יום ת"ב. **ועוד זכר לחורבן, שהיו מקריבין קרבן פסח** - ומתאבלין על זה, ולפי טעם זה שייך המנהג גם ביום השני.

והגר"א כתב עוד טעם, מפני שהביצה הוא זכר לחגיגה, וע"כ צריך לאכלו ג"כ, **ומה** שאין אוכלין הזרוע, לפי שעושין אותו צלי, ואין אוכלין צלי, ויוצאין באפיקומן שאוכלין, עכ"ד, **ולפי"ז** נראה, דיהדר לאכול גם בליל א' אותה ביצה שעל הקערה, ושאר ביצים שאוכלין הוא משום שנשתרבב המנהג, **ושייך** המנהג גם ביום השני לטעם הגר"א ג"כ.

ומ"מ צריך לידע שלכל הטעמים, הביצים שאוכלין בתוך הסעודה הוא רק זכר בעלמא, [**ובפרט** לפי טעם הגר"א, הוא רק לביצה אחת שמונח על הקערה], **ודלא** כההמון שחושבים זה למצוה, ומחמת זה ממלאים כרסם עד שאוכלין אפיקומן על אכילה גסה, **ולכן** צריך אדם לידע בנפשו.

ויש נוהגין שלא לאכול שום טבול בלילה, רק ב' טבולים שעושים בסדר - ומה שטובלין גם המרור שעל הכריכה בחרוסת, אין זה טיבול שלישי, דהוא רק משום ספק בלבד.

§ סימן תעז – דיני אכילת האפיקומן §

סעיף א- לאחר גמר כל הסעודה אוכלים ממצה השמורה תחת המפה, כזית כל אחד - ואף נשים חייבות בזה, **זכר לפסח הנאכל על השובע** - ולכתחלה טוב שיקח שני זיתים, א' זכר לפסח, ואחד זכר למצה הנאכלת עמו.

ויאכלנו בהסיבה - ובדיעבד אם שכח ואכלו בלא הסיבה, א"צ לחזור ולאכול, אם קשה עליו האכילה, ‹**משא"כ** אם אינו קשה עליו האכילה, צריך לחשוש› [לדעת רש"י ורשב"ם, דבאפיקומן יוצאין עצם המצוה דאכילת מצה, אלא שתקנו לברך בתחילת הסעודה, וצריך באמת לכוין בברכה לפטור גם האפיקומן, **ולדידהו** בודאי צריך לחזור ולאכול בהסיבה], ‹**אם** לא בירך בהמ"ז – אג"מ, וע"ל סי' תע"ב סוף ס"ז›.

ולא יברך עליו - שהוא רק לזכר וכנ"ל.

ויהא זהיר לאכלו קודם חצות - שכיון שהוא זכר לפסח, צריך לאכלו בזמן פסח, והפסח אינו נאכל אלא עד חצות, **וכ"ש** כזית הראשון שמברכין עליו על אכילת מצה, שצריך ליזהר מאד שלא לאחרו עד חצות, **ובדיעבד** אם איחר, מסתפקים הראשונים אם יצא ידי חובתו, וע"כ יאכלנו ולא יברך עליו "על אכילת מצה", **וגם** מרור אף שהוא מדרבנן, יזהר לאכלו קודם חצות, ואם איחר יאכלנו בלא ברכה.

ואם החשיך לו קודם אמירת הגדה עד סמוך לחצות, יקדש וישתה כוס ראשון, ויטול ידיו ויברך "המוציא" ו"על אכילת מצה" ויאכל, וגם יברך על המרור תיכף קודם חצות, ואח"כ יאמר הגדה, ואח"כ יסעוד סעודתו.

(**כי בגמרא איתא, דלדעת ראב"ע דפסח מן התורה אינו נאכל אלא עד חצות, ה"ה מצה דאיתקש לפסח, ור"ע פליג עליו, וסבר דפסח זמן אכילתו הוא כל הלילה, וממילא ה"ה מצה, ויש פלוגתא בין הראשונים אם הלכה כראב"ע, משום דיש הרבה סתמי משנה כוותיה, או כר"ע, משום דהלכה כר"ע מחבירו, וכתבו דע"כ יש ליזהר שלא לאחר יותר מחצות, ויש מהראשונים שכתבו, דאפילו לר"ע הוא רק לענין דאורייתא, אבל משום הרחקה מודה דאסור לכתחלה לאחר יותר מחצות, וכ"כ הגר"א, והנה משום זה החליטו הרבה אחרונים, דאף דבודאי חייב לאכול מצה אף כשאיחר לאחר חצות, דשמא הלכה דמן התורה זמנו כל הלילה, עכ"פ לא יברך "על אכילת מצה", דספק ברכות להקל**).

(ויקדים עצמו שגם ההלל יקרא קודם חצות) - ר"ל עם ברכתו שמברך לאחריה, יאמר לכתחלה קודם חצות. ‹**בשביל** כוס ד' – גר"א›.

כתב של"ה: ראיתי מבני עליה שהיו מנשקין המצות והמרור, וכן הסוכה בכניסתו וביציאתו, וכן ארבעה מינים שבלולב, והכל לחבוב המצוה, ואשרי מי שעובד ה' בשמחה.

סעיף ב- אם שכח ולא אכל אפיקומן, ולא נזכר עד שנטל ידיו או שאמר "הב לן ונברך", אוכל אפיקומן בלא ברכת "המוציא" -

דאף דבסימן קע"ט, י"א דאם אמר "הב לן ונברך" הוי היסח הדעת, ואם ירצה לאכול צריך לחזור ולברך, **הכא** אתכא דרחמנא סמכינן, דאין תלוי בדעתו, דהא צריך לקיים רצון ה', ובודאי השכחה גרמה לו שיטול ידיו או לומר "הב לן ונברך", ולא הסיח דעתו לגמרי.

ואם לא נזכר עד שבירך ברכת המזון, אם נזכר קודם שבירך "בורא פרי הגפן", יטול ידיו - דכיון שבירך ברכת המזון, אסח דעתיה, **ועיין** בפמ"ג שכתב, דיטול בלא ברכה, ובפרט היכא שיודע שלא הסיח דעתו, שלא יברך, [**והגר**"ז כתב דמברך ענט"י, ונראה היכא שיודע שלא הסיח דעתו, גם הוא מודה דלא יברך].

ויברך "המוציא" ויאכל האפיקומן, (ויחזור ויברך ברכת המזון, ויברך בפה"ג וישתה הכוס) - וזהו כוס שלישי, ולא הצריכו ליה לשתות כוס זה סמוך לברכת המזון הראשון, דלא תקנו כוס ג' אלא בגמר אכילתו, וזה ששכח לאכול אפיקומן, כמי שלא גמר.

ואם לא נזכר עד אחר שבירך "בורא פרי הגפן", לא יאכל האפיקומן - דאם יאכל, יצטרך לברך ברכת המזון, וברכת המזון צריך כוס, וא"כ הוא כמוסיף על הכוסות, **ויסמוך על מצה שאכל בתוך הסעודה, שכולן שמורות הן משעת לישה** - ר"ל שזה יהיה נחשב לשם אפיקומן, אע"פ שלא כוון אז לשם זה, **ואף** דקי"ל בסימן תע"ט, דאחר אפיקומן אין לאכול שום דבר, ואיהו הלא אכל אחר המצה עוד דברים אחרים, **מ"מ** בדיעבד יצא.

וכתבו כמה אחרונים, דכ"ז הוא להני פוסקים דס"ל לעיל סימן קפ"ד, ברכת המזון טעונה כוס, **אמנם** לפי מנהגנו כמ"ד בהמ"ז בעלמא אינה טעונה כוס, גם עכשיו יאכל האפיקומן ויברך בהמ"ז בלי כוס.

אבל במקום שנהגו לעשות שימור למצת מצוה משעת קצירה - ולא אכל מאותה מצה תוך הסעודה, שיהיה יכול לסמוך ע"ז לשם אפיקומן, וכן אם לא היה לו שמורה כלל בתוך הסעודה, **אפילו לא נזכר עד אחר ההלל** - ר"ל וגם בירך בפה"ג על כוס רביעי ששותה אחריו, **יטול ידיו ויברך "המוציא" ויאכל האפיקומן** - ואף שבתחלת הסעודה אכל הכזית מצה שמורה כדין, לא יצא מצות אפיקומן בזה, דהא בעינן שיהא נאכל על השובע.

הגה: ויחזור ויברך על הכוס, ואין לחוש במה שמוסיף על הכוסות - שכיון שמתחלה היה הכוס שלישי בטעות, נחשב זה הכוס לכוס שלישי, **ואף** שא"כ הוא שלא כסדרן, שהקדים לזה הכוס של הלל שהוא ראוי להיות אחרון, אין הסדר מעכב.

וכ"ש אם נזכר קודם שהתחיל לומר הלל, בודאי אוכל אפיקומן ומברך בהמ"ז על הכוס, [והוי ד' כוסות כסדרן], **ואין** כאן משום שתיה בין כוס שלישי לרביעי, דאסור כדלקמן בסי' תע"ט, שכיון שהשלישי היה בטעות, חוזר הכוס שהוא מברך עתה עליו להיות שלישי. [**וכן** אם התחיל לומר הלל, ועדיין הוא קודם "נשמת", או קודם החתימה, יברך "המוציא" ויאכל אפיקומן, ויברך ברכת המזון על הכוס, ויחזור ויאמר הלל על הכוס עם החתימה, והוי ד' כוסות כסדרן].

ודע, דלפי מה דנוהגין בכל השנה לברך בהמ"ז בלא כוס, גם בזה יאכל האפיקומן בלא כוס.

ואם נאבד האפיקומן, יאכל כזית אחד ממצה שמורה אחרת.

§ סימן תעח – שלא לאכול אחר אכילת האפיקומן §

סעיף א - אחר אפיקומן אין לאכול שום דבר - כדי שלא יעבור מפיו טעם מצה של אפיקומן שהוא מצוה, ע"י טעם אותו מאכל, **ובדיעבד** אם אכל אחריו שום דבר, יחזור ויאכל כזית מצה שמורה לשם אפיקומן. **ולענין** שתיה נחלקו הפוסקים, ויש להחמיר במשקה המשכר, **ולכתחלה** נכון ליזהר מכל משקה חוץ ממים וכה"ג, כמו שמבואר לקמן בסימן תפ"א במ"ב.

הגה: ולא יאכלנו בשני מקומות - וה"ה בחדר אחד, מקצתו בשולחן זה ומקצתו בשולחן אחר, דהוי כשני מקומות, **והטעם**, שאפיקומן זכר לפסח, ופסח אינו נאכל בשני מקומות, לפי שנאמר: בבית אחד יאכל.

דוקא להאפיקומן, אבל שאר הסעודה לית לן בה. (**וע"ל** סי' קע"ח, דלא נהגו עכשיו כן לאכול האפיקומן בבית אחר).

דלא עדיף מאלו הפסיק בשינה, דאסור לאכלו משום דהוי כשני מקומות - מביא ראיה שגם במצה מחמירין בשני מקומות כמו בפסח.

סעיף ב - מי שישן בתוך הסעודה - עיין בדברי הרמ"א בהג"ה, **והקיץ, אינו חוזר לאכול** - דהשינה חשובה הפסק, ועשאוהו רבנן כאוכל בשני מקומות.

בני חבורה שישנו מקצתן בתוך הסעודה, חוזרים ואוכלים - דכיון שיתר בני החבורה היו נעורים, לא חשב הפסק אפילו לגבי הישינים, **נרדמו כולם, ונעורו, לא יאכלו; נתנמנמו כולם, יאכלו** - היינו שלא נשקע בשינה כולי האי, ואם שואלים אותו: היכן הנחת כלי זה, וכשמזכירין לו: הנחתו במקום פלוני, נזכר ואומר: הן או לאו, זהו קרוי מתנמנם.

הגה: וכל זה אינו אלא שישנו לאחר שהתחילו לאכול האפיקומן, אבל שינה קודם לזה לא הוי הפסק - ר"ל דלא חיישינן להפסק זו, כיון שאינו בתוך האפיקומן, אף שהיה בתוך האכילה, **ולענין** אם צריך לברך "המוציא" עוד הפעם משום השינה, עיין לעיל בסימן קע"ח ס"ז ובמ"ב שם.

§ סימן תעט - ברכת המזון על כוס שלישי §

סעיף א - אחר כך מוזגין לו כוס שלישי - וצריך הדחה ושטיפה אם אינו נקי, **ואף** מי שאינו נזהר בכל השנה לראות אם הוא נקי, מ"מ בזה הלילה יזהר משום הידור מצוה.

ומברך עליו ברכת המזון - אפילו אם מברך ביחידי, ואפי' למ"ד בעלמא דבהמ"ז אינה טעונה כוס, מ"מ הואיל שתקנו חכמים לשתות ד' כוסות בלילה זו, יש לעשות מצוה בכל כוס וכוס, להכי סומכין כוס ג' לבהמ"ז.

ו"בורא פרי הגפן", ושותהו בהסיבה; ולא יברך אחריו - אפילו שתה כל הרביעית, דסומך על ברכה אחרונה שמברך על כוס רביעי.

ולא ישתה יין בינו לכוס רביעי - שמא ישתכר ויישן ולא יגמור את ההלל, **ויש** שכתבו הטעם, מפני שהוא נראה כמוסיף על הכוסות. **וכתבו** האחרונים, דלאו דוקא יין, ה"ה שאר משקין המשכרין, מיהו אם אינו משכר מותר, **והוא** שלא היה חמר מדינה, דאם היה חמר מדינה יש להחמיר ולחוש לטעם השני, דנראה כמוסיף על הכוסות, [**אך** מוכח ממ"א, דאם היה דעתו בשעת ברכת היין לפטור שאר מיני משקים, א"כ א"צ לברך עליהן, בזה לא אמרינן דמיחזי כמוסיף על הכוסות].

(**ודע, דמסתימת לשון המשנה וכל הפוסקים, משמע** דאפילו מעט לא ישתה, **אכן** כ"ז לפי טעם הירושלמי משום שכרות, להכי לא התירו חכמים אפילו משהו חוץ מד' כוסות, **אכן** לאידך טעם משום דנראה כמוסיף על הכוסות, א"כ אפשר דלא שייך זה רק בשותה שיעור כוס, ומש"כ הרמ"א "והכל מחשב שתיה אחת", ר"ל אפי' היה בהנשאר שיעור רביעית, וצ"ע).

הגה: מיהו מכוס שלישי יכול לשתות כמה פעמים והכל מחשב שתייה אחת, אע"ג דהפסיק בנתיים - ר"ל לאחר ששתה רוב רביעית בתחלה, הפסיק הרבה יותר מכדי אכילת פרס.

דלטעמא קמא משום שכרות, בודאי לא שייך, שהרי אינו שותה יותר מארבעה כוסות, {**ומ"מ** אם הכוס גדול הרבה יותר מדאי, לא ישתנו כולו, שלא ישתכר}, **ולטעמא** דנראה כמוסיף נמי ליכא, שהרי אינו אלא כוס אחת. **ומ"מ** אם לאחר ששתה רוב רביעית לא היה בדעתו לשתות יותר, ואח"כ נמלך לשתות עוד, דעת מ"א וח"י, כיון שצריך לברך עליו מחדש, מחזי כמוסיף על הכוסות, **ועיין** לעיל בסי' תע"ב בבה"ל מש"כ בזה.

מצוה לחזור אחר זימון - הסכימו האחרונים, דהאי זימון אינו לענין בהמ"ז, דבשביל זה אינו מחוייב להדר יותר מבשאר ימות השנה, והכא לענין הלל מיירי, שמצוה להדר לומר הלל בשלשה, כדי שיהא אחד אומר לשנים "הודו", והם יענו פסוק שאחר זה, **ואותו** שיקראוהו לזימון זה, לא יאכל ולא ישתה ולא יסייע לברך ברכת הזימון, אלא ישמע "הודו" ויענה עמהם, ויחזור לביתו, **וגם** בזה הסכימו, דאף שמצוה מן המובחר

לומר הלל בשלשה גברים גדולים, ועל כן אם יש בביתו על שולחן אחר גברא בר חיובא, בודאי מהנכון לצרף אותו לאמירת "הודו", מ"מ אין קפידא כ"כ, שיכול לצאת בזה באשתו ובניו, דהיינו שהוא יאמר והם יענו.

וה"ה שאשתו יכולה לומר "הודו", שהרי גם נשים מחויבות בהלל זה, כמו שהם מחויבות בד' כוסות, [לאפוקי הלל של סוכות ועצרת], **וכתב** הח"י, דלפי מה שנוהגין לומר "הודו" בניגון נעימת קול, יש לחוש למאי דאמרינן בגמרא: זמרן נשי ועניין גברי כאש בנעורת.

ואם רוצה לחזור אחר זימון לבהמ"ז, ורוצה לילך לשכנו לברך שם, לא יאכל האפיקומן בביתו, דהא ע"כ יהא צריך לאכול שם דבר מה כדי להצטרף לבהמ"ז, ואסור לאכול אחר האפיקומן שום דבר, וגם האפיקומן גופא אסור לחלק ולאכול בשני מקומות, **אלא** יאכל האפיקומן במקום שמזמן, ומברך שם וגם ישתה שם הכוס, וישאר שם עד גמר הסדר, **ואם** רוצה, יחזור לביתו אחר בהמ"ז, ויגמור ההלל וישתה כוס רביעי.

אבל מ"מ לא נהגו עכשיו כן, לילך לאכול האפיקומן בבית אחר, [ט"ז], **דמתחזי** כאוכל שני פסחים ובשני מקומות, אע"ג דאין נפקותא בזה רק לענין אכילת אפיקומן, כמבואר לעיל ס"ס תע"ח בהג"ה, מ"מ לכתחלה אף בשאר מצות אין לעשות כן, **ועיין** שם במ"א [וז"ל: דלא כמהרי"ל שכתב דשינה קודם האפיקומן הוה הפסק, דכל האכילה של הלילה הזה הוי כפסח דיליה] – חק יעקב סימן תפ"ד,

ועל"כ טוב יותר לברך בביתו יחידי, מלילך באמצע סעודתו לבית אחר ולחפש אחר זימון, **אכן** אם רוצה להדר ולקיים הכל מן המובחר, ואין לו בביתו זימון שלם של ג' אנשים, יראה להזמין לכתחלה לסעודה איזה אורח, כדי שיהא לו זימון שלם לבהמ"ז, וגם לאמירת "הודו", [**דבלא"ה** מבואר בכמה ספרים בשם הזוהר הקדוש, דמצוה להזמין אורח עני בחג, ובפרט בפסח שאומר כל אחד "כל דכפין ייתי וייכול"].

הגה: והגדול שבהן אומר "הודו" ו"אנא", והאחרים עונין אחריו - הוא רק מצוה לכתחלה ואינו לעיכובא, **ואם** אין שם כי אם שנים, שניהם יאמרו "הודו".

והגדול יכול ליתן לקטן רשות - שהוא יאמר, כדי שלא יישנו, וגם כדי לחנכם במצות, **וזהו** דוקא באמירת "אנא", מפני שהם עונין אחריו אותו פסוק גופא, אבל לא ב"הודו". **ויכול לצרף לזימון לענין הלל אע"ג שלא אכל עמהם.**

ונהגו שבעל הבית מברך ברכת המזון בליל פסח - ואף אם יש לו אורח, **שנאמר: טוב עין הוא יבורך, והוא מיקרי טוב עין, שאמר: כל דכפין ייתי וייכול וכו'** - ומ"מ אין קפידא בזה אם בירך אחר.

§ סימן תפ – סדר כוס רביעי §

סעיף א - כוס רביעי מתחיל "לא לנו" - בלא ברכה, **וגומר עליו את ההלל** - ואומרים ההלל מיושב, אף שבכל השנה אומרים מעומד, בפסח שאני, מפני שמיושב הוא דרך הסיבה וחירות.

מי שאירע לו אבל ביו"ט, שלא נהג אבילותו קודם יו"ט, מ"מ גומר את ההלל.

ואינו אומר "יהללוך", אלא אומר אחר גמר ההלל "הלל הגדול", שהוא מ"הודו לה'" עד "על נהרות בבל", שהם כ"ו "כי לעולם חסדו" - ואינו אומר "רננו צדיקים", **ואח"כ אומר: "נשמת כל חי", ו"ישתבח" עד "ומעולם ועד עולם אתה אל"** - ונוסחתנו בישתבח הוא: "מעתה ועד עולם", **ואז יאמר "יהללוך" עד "מלך מהולל בתשבחות"** - ובדיעבד אם חתם ישתבח בברכה, יאמר אח"כ "יהללוך" בלא חתימה. **ויש** נוהגין כהפוסקים, לומר תיכף אחר הלל "יהללוך", עד "כי מעולם ועד עולם אתה אל", ואח"כ אומר הלל הגדול ו"נשמת" ו"ישתבח", וחותם: בא"י מלך מהולל בתשבחות, **ויש** שחותמין: הבוחר בשירי זמרה וכו', כמו שאומרים בישתבח תמיד, [ובאיזה סידורים נדפס כהשו"ע, ובאיזה כמנהג הזה], **ולפי** מנהג זה, אם בשעה שאומר "יהללוך" שכח וחתם: בא"י מלך מהולל בתשבחות, שוב לא יחתום ב"ישתבח", אלא יאמר הלל הגדול ו"נשמת" ו"ישתבח" עד "מעתה ועד עולם".

ושותהו בהסיבה בלא ברכה תחלה, (וכבר נתבאר לעיל סימן תע"ד, דאנו נוהגין

לברך), ומברך אחריו "על הגפן" - ובברכה זו יפטור גם הכוס ג'.

והפיוטים, דהיינו "אז רוב ניסים" וכו', אומר אחר שתיית הכוס, שאינו אלא מנהג, **ומהר"מ** היה שותה אחר הפיוטים, ואחר "כי לו נאה", כדי שלא יהיה צמא כשישכב, וכן הוא בסידורים.

בלילה א' יאמר: "אז רוב נסים", ובלילה ב' יאמר: "אומץ גבורותיך", **ויש** נוהגין שאומרים הכל בשני לילות שוין.

ואם שותהו בלא הסיבה, צריך לשתות פעם אחרת בהסיבה - והוא הדין בכוס ג', גם כן דינא הכי להמחבר, **ומברך לפניו "בורא פרי הגפן", לפי שהסיח דעתו מלשתות עוד** - דוקא בכוס רביעי, שלא חשב לשתות עוד כלל, משא"כ בכוס שלישי, שבלא"ה חשב לשתות עוד על סמך ברכה זו, לא מיקרי היסח הדעת, ואין צריך לברך, [דהא להמחבר אין מברך אלא ברכה אחת על כולם].

[**ולדידן** דמברכינן על כל כוס, א"כ כשבירך לא היה כוונתו רק עליו, וא"כ יש לברך גם בתחילה, **רק** משום דמספקא לן בעיקר הסיבה אם נוהגת כהיום, וכדמסיים רמ"א]: **(וע"ל סימן תע"ב ס"ז)** - ר"ל דהכריע שם בהג"ה, דלדידן שאין דרכנו להסב בכל השנה, אין לחזור ולשתות בהסיבה, [משום דנראה כמוסיף על הכוסות].

הגה: וי"א שיש לומר: "שפוך חמתך" וכו' קודס "לא לנו", ולפתוח הפתח, כדי לזכור שהוא ליל שמורים - ואין מתייראין משום דבר, **ובזכות אמונה זו יבא משיח וישפוך חמתו על העכו"ם, וכן נוהגין** - ונוהגין באלו מדינות, למזוג כוס אחד יותר מהמסובין, וקורין אותו "כוס של אליהו הנביא", לרמז שאנו מאמינים שכשם שגאלנו השם יתברך ממצרים, הוא יגאלנו עוד, וישלח לנו את אליהו לבשרנו.

ויכול לגמור הלל אף שלא במקום סעודה - ואף שאינו שותה הארבעה כוסות במקום אחד, אין בכך כלום.

§ סימן תפא – שלא לשתות אחר ארבע כוסות §

סעיף א - אחר ארבע כוסות אינו רשאי לשתות יין, אלא מים. הגה: וכל המשקין דינן כיין - הרבה טעמים יש בזה בפוסקים, יש שכתבו, משום שמצוה לספר ביציאת מצרים ובנפלאותיו של הקב"ה, אפילו כל הלילה כל זמן שלא חטפתו שינה, ולהכי לא ישתה, שלא ישתכר ויתבטל ממצוה זו, **ולפי** סברא זו, דוקא יין או שאר משקה המשכר, **ויש** שכתבו, דלא יהא נראה כמוסיף על הכוסות, שנראה כמתחיל בסעודה אחרת, ולפי"ז כל חמר מדינה אסור אף שאינו משכר, **ויש** שכתבו, משום שלא יתבטל טעם מצה מפיו ע"י שתייתו, וכמו שאסרו לאכול אחר הסדר מטעם זה, **ולפי** טעם זה, כל משקה אפי' אינו חמר מדינה ואינו משכר אסור.

ומסתימת דברי המחבר ורמ"א משמע, שדעתם להחמיר ככל הני טעמי, **ומ"מ** כתבו האחרונים, דאינגבע"ר ואסע"ר, וה"ה טייא או עפיל טראנק, ויש שכתבו גם לאקרי"ץ, מותר, דזה אינו מבטל טעם מצה, וכמיא בעלמא הוא, **אכן** בעפיל טראנק שכותש את התפוחים בבית הבד, ויש להם טעם גדול, יש אוסרים.

והנה אף דלכתחלה נכון להחמיר בכל דבר שמבטל טעם מצה, מכל מקום במקום צורך גדול יש לסמוך על סברא הראשונה, להתיר לו לשתות שאר משקין שאין משכרין, **ובפרט** בליל שני, בודאי יש להקל בשאר משקין שאין משכרין.

ומי שהוא איסטניס או תאב הרבה לשתות - יין, **יכול לשתות כוס חמישי, ויאמר עליו "הלל הגדול"** - דוקא אם לא סיים עדיין הברכה ושתה כוס ד', אז יכול לומר "הלל הגדול" עד סוף, ולחתום בברכה ולשתות הכוס ה', [**ואפשר** דאפי' בשכבר אמר הלל הגדול, כל שלא סיים הברכה, יכול לומר עוד הפעם "הלל הגדול" ולחתום בברכה ולשתות], **אבל** אם כבר סיים סוף הברכה, אין לחזור ולומר "הלל הגדול" ולברך לבסוף, דלא תקנו כי אם ברכה אחת.

(ולכאורה משמע מדברי הטור דלא פליגי הגאונים, רק אם כוס ה׳ צריכה חתימה באפי נפשה או צריך לכלול אותה בחתימה דכוס ד׳, אבל בלי חתימה כלל, רק באמירת פסוקי "הלל הגדול", לא סגי להתיר לשתות כוס ה׳, **ולא** משמע כן, דהא הם חתרו למצוא היתר זה למי שהוא איסטניס וצמא לשתות, וזה מצוי ביותר אחר שכבר גמר כל הסדר, ופסק כבר מלשתות, וכן משמע מפשטות דברי הרמב"ם ור׳ ירוחם, דבלי שום חתימה כלל, מותר לשתות כוס ה׳ באמירת הלל, **ומצאתי** להגר"ז שמפרש ג"כ כדברינו בכוונת השו"ע, שכתב שצריך לומר "הלל הגדול" ו"נשמת" עד החתימה, עיי"ש, **אלא** שהוסיף בזה חומרא, דכ"ז בשלא אמר "הלל הגדול" בכוס ד׳, הא אם אמר "הלל הגדול" בכוס ד׳ כמנהגנו, לא שרינן ליה לשתות כוס ה׳ באמירת הלל, **והטעם** נראה, מאחר שאין בזה שום התחדשות ותוספת שבח, שהרי כבר אמר פסוקים אלו פעם אחת, וכן משמע פשטות דברי מג"א להחמיר בזה, **אלא** שמצאתי לפמ"ג, דלא מסתברא ליה להחמיר בזה, וצ"ע).

סעיף ב - חייב אדם לעסוק בהלכות הפסח וביציאת מצרים, ולספר בניסים ובנפלאות שעשה הקדוש ברוך הוא לאבותינו, עד שתחטפנו שינה.

הגה: וכל דין ליל ראשון יש ג"כ בליל שני.

ונוהגים שלא לקרות על מטתו רק פרשת "שמע", ולא שאר דברים שקורין בשאר לילות כדי להגן, כי ליל שמורים הוא מן המזיקין - וצריך לברך ברכת "המפיל", **ואם** קרא ק"ש בבהכ"נ קודם הלילה, צריך לקרות כל הק"ש כדי לצאת.

§ סימן תפב – דין מי שאין לו מצה שמורה §

סעיף א - מי שאין לו מצה משומרת אלא כזית - וא"כ אם יאכלו בראשונה, לא יהיה לו לאפיקומן, ואם ירצה לצאת בו גם במקום אפיקומן, א"כ לא יהא רשאי לאכול אחריו, וע"כ צריך לעשות כמו שמבאר והולך. (**ע"ל** סי׳ תנ"ג ס"ד, דמעיקר הדין די בשימור משעת טחינה, ועל פי הדחק די משעת לישה, אלא שיש מחמירים שצריך שימור משעת קצירה).

מברך "על אכילת מרור" ואוכל - ר"ל לאחר שמברך מתחלה ברכת "המוציא" לבד על מצה שאינה משומרת, מברך על המרור, וברכת "על אכילת מצה" יברך לבסוף, בשעה שאוכל כזית המשומרת, **ואע"ג** דלכתחלה צריך לאכול מצה של חיוב והדר מרור, משום שנאמר: על מצות ומרורים, בתחלה מצה והדר מרורים, היכא דלא אפשר שאני, [**וצ"ע**, שדעת המחבר בסי׳ תע"ה ס"ב אינו כן, דחש לסברא דעל מצות ומרורים, דבתחלה מצה והדר מרור, **ואפשר** משום שלא יפיג המרור טעם המצה, לא חיישינן לאקדומי מצה למרור].

והמחבר השמיט דין דכריכה, ומשמע דס"ל דלא מצרכינן ליה כריכה, משום דאין לו מצה שמורה רק כזית, ובמצה שאינה שמורה לא חשיב כריכה, שהרי אינה מצה כלל, [**ומ"מ** כמה אחרונים כתבו, דיקיים ג"כ כריכה עכ"פ במצה שאינה שמורה, תיכף אחר אכילתו מרור, וצ"ע לדינא].

וכשגומר סעודתו ממצה שאינה משומרת, מברך: "על אכילת מצה" - דברכת "המוציא" כבר בירך, **ואוכל אותו כזית** - המשומר, ועולה לו גם במקום אפיקומן, שהרי אוכלו על השובע, **ואינו טועם אחריו כלום** - וכמו בכל מקום לאחר אפיקומן.

והנה כ"ז בשאין לו רק כזית אחד שמורה, אבל אם יש לו שני זיתים, אוכל כזית אחד בתחלת אכילתו, ומברך עליו "המוציא" ו"על אכילת מצה", וכזית אחר יאכלנו אחר גמר סעודתו לשם אפיקומן.

(**ואם** אין לו מצה משומרת משעת קצירה רק כזית, ושאר מצה שלו משומרות רק משעת לישה, בזה יש לו לנהוג כמו שנוהגים תדיר, והיינו שיברך על כזית המשומר משעת קצירה "המוציא" וגם "על אכילת מצה", וכריכה יעשה ממצה המשומרת משעת לישה, וכן האפיקומן ג"כ ממצה זו, כן מתבאר מדברי הט"ז, וכן דעת הגר"ז וח"א, וכן מצדד בפמ"ג).

וחולה שאינו יכול לאכול רק כזית, או מי שאין לו שום מצה רק כזית, יאכל תבשילו בלא "המוציא", ואחר סעודתו יברך "המוציא" ו"על אכילת מצה", ויאכל

אותו כזית, [**וכתב** הגר"ז שיאכל בלי נטילת ידים, והיינו משום דלא ברירא אם פחות מכביצה צריך נטילה], **אבל** אם אין לו גם כן יין, א"כ צריך לקדש על המצה תחלה, ואח"כ יאכל תבשילו.

הגה: ומי שאין לו ב' הלילות רק ג' מצות - דאם היה לו ארבעה מצות, היה מסתפק ביום הראשון משנים, ושנים לליל שני, **יברך ליל ראשון "המוציא" ו"על אכילת מצה" וכן הכריכה הכל מן הפרוסה** - שפרס ממנה כבר כזית לאפיקומן, **ושתי השלימות לליל ב'** - משום לחם משנה, **יש** מאחרונים שכתבו, שבזה לא יבצע פרוסה לאפיקומן בליל שני, עד לאחר ברכת "המוציא", קודם ברכת "על אכילת מצה", כדי שיברך "המוציא" על לחם משנה שלימות, ו"על אכילת מצה" יברך על הפרוסה, שהפרוסה היא לחם עוני.

כתב מ"א, אם אפשר לו לשייר בליל א' פרוסה קטנה של כזית, ישייר ויניחנה בליל ב' בין שתי השלימות, כדי שיהיה לו לחם משנה מלבד הפרוסה שמברך עליה "על אכילת מצה", **וכן** להיפך, אם אין מספיק לו ללילה הראשונה במצה אחת לכל בני ביתו, יקח פרוסה מן השניה, וישאיר מצה א' וחציה לליל שניה, **דכיון** שהוא שעת הדחק, יכול לסמוך על הפוסקים דס"ל, דבליל פסח סגי לכתחלה בפרוסה, ויברך "המוציא" ו"על אכילת מצה" על הפרוסה שעל גבי השלמה, ומהשלמה יעשה כריכה והאפיקומן.

(**עיין בא"ר שמצדד, דאפשר דהפוסקים מיירי כשאין לו אלא ג' מצות שמורות לבד, אבל מצות שלנו כולם מקרי שמורות, דהם שמורות משעת לישה, יש לו ליקח בלילה שניה משאר מצות, וכתב הפמ"ג ע"ז וצע"ק, כי משמע שמצת מצוה שיוצא י"ח, צריך שיאמר בעת עשיה: הריני עושה לשם מצוה לצאת בה י"ח, ובדיעבד במחשבה סגי, ומצות שלנו, אע"פ שנעשה על ידי גדול בן דעת ומשומרת מחימוץ, אין נעשה לצאת בה י"ח, אם לא שיאמר תחלה: כל מה שאעשה יהיה לשום מצוה, לצאת בה ידי חובה, וצ"ע, עכ"ל, וע"כ נלענ"ד, דבזה יותר טוב שישאיר מצה אחת מן השלשה לליל שני, כדי שיקיים בה מ"ע דאכילת מצה, וגם על אפיקומן, ומשום לחם משנה יצרף מצה אחרת שאיננה שמורה**).

§ סימן תפג – דין מי שאין לו יין §

סעיף א - מי שאין לו יין בליל פסח - היינו שאין לו כלל, אבל אם יש לו יין אפי' רק על כוס אחד, וה"ה שאר משקין אם הוא חמר מדינה, יקדש עליו ולא יקדש על הפת, **אף** אם דרכו בשארי שבתות ויו"ט לקדש על הפת, מ"מ בלילה זה כשתקנו חכמים ד' כוסות, תקנו לקדש על היין ולא על הפת, **ואם** יש לו ב' כוסות, יקדש על הראשון, ואח"כ יאמר ההגדה בלא כוס, ובהמ"ז יברך על כוס השני, ויצא בזה גם דעת הי"א בסי' קפ"ב, דבהמ"ז טעונה כוס, [ולא ישאיר ללילה שניה], **ואם** יש לו ג' כוסות, מקדש על אחד, ואומר הגדה על אחד, ובהמ"ז על אחד, וחצי הלל שאחר בהמ"ז יאמר בלא כוס.

מקדש על הפת, שמברך "המוציא" ובוצע –

(**דברי המחבר לקוחים מדברי הרי"ף, והרי"ף אזיל לשיטתיה דס"ל, דא"צ להניח על הסדר כי אם שתי מצות, וע"כ אף דבעלמא כשמקדש בשבת ויו"ט על הפת, לא יפרוס הפת עד שיגמור הקידוש, הכא דקריה רחמנא "לחם עוני", ומה דרכו של עני בפרוסה, לכן בוצע קודם הקידוש, ורק בשעת "המוציא" טוב שיהיו שניהם שלמים, כדי שיקיים בזה לחם משנה, וגם זה אינו לעיכובא, אבל לדידן דנהגינן לסדר הסדר על ג' מצות, פורסין המצה האמצעית לשתים בתחלת הסדר, והעליונה לא יבצע עד לאחר ברכת "אכילת מצה"**).

ומניח ידיו עליו עד שגומר הקידוש - שכיון שמקדש עליו, מצוה לאוחזו בידו, כשם שאוחז בכוס שמקדש עליו.

(**עיין בס' מאמר מרדכי שמכריע, דברכת זמן בכלל קידוש הוא, וע"כ מברך זמן ואח"כ "על אכילת מצה"**).

ומברך "על אכילת מצה", ואוכל, ואח"כ אוכל שאר ירקות - זהו הכרפס, וטובל במי מלח או בחומץ, וקודם מצה כנהוג שאר שנים א"א לאכול, דהא אסור לטעום קודם קידוש.

ולענין ברכה עליהם תלוי הדבר, דאם הוא דבר שממשיך תאות המאכל, אין מברך עליהם, דהוא בא בכלל הסעודה, **ואם** לאו, מברך עליהם "בורא פרי האדמה".

ומסלק השלחן ואומר: מה נשתנה - וה"ה דאומר "הא לחמא עניא" וכו', **וכל ההגדה עד "גאל ישראל", ומברך על המרור** - וטובלו בחרוסת, **ואוכל, ואח"כ כורך מצה ומרור, ואוכל. הגה: בלא ברכה** - ר"ל שא"צ לברך שנית על המצה, אע"ג דהפסיק הרבה באמירת הגדה אחר הברכה ראשונה שבירך על המצה.

ולענין נטילה שנית, מסיק במאמר מרדכי דצריך ליטול ידיו מדינא, דהא הפסיק בהגדה והלילא, ודומיא דפסקינן לעיל, דצריך ליטול ידיו לאכילה, אע"ג דנטל מתחלה כדין לדבר שטיבולו במשקה, משום דהפסיק באמירת הגדה, וה"נ דכוותיה, **אכן** אם כוון בנטילה ראשונה לגמור סעודתו, ולשמור ידיו שלא לטנפם, מסיק שם דא"צ ליטול שנית.

ואח"כ גומר הסעודה וכל הסדר בלא כוס יין.

עיין במ"א שכתב, ד"יהללוך" לא יאמר בחתימה, שנתקנה על הכוס דוקא, והעתיק הח"י את דבריו, **אבל** בפר"ח מסיק, דנראה יותר שיאמרנה, וכמו שכתב הד"מ דאין הכוס מעכב לזה, דהא בבהכ"נ אומרים הלל בלא כוס, **וכן** הסכימו כמה אחרונים.

(**ולענין חולה שאינו יכול לאכול כזית מצה, כתב בח"א** דיכול לומר "יהללוך" לכו"ע, **אכן** בברכת "אשר גאלנו", לא יאמר "לאכול בו מצה ומרור", רק יאמר "והגיענו הלילה הזה, כן ה' אלהינו יגיענו" וכו').

ובמקומות שנוהגים לשתות משקה הנעשה מדבש שקורין מע"ד, יכול ליקח אותו משקה לארבע כוסות אם אין לו יין. וי"א שאין עושין קידוש על שאר משקין, כמו שנתבאר לעיל סי' ער"ב סעיף ט' - ר"ל כמו שהסכים שם בהג"ה, דבלילה אין לקדש על שאר משקין.

ולי נראה דלענין ד' כוסות יש לסמוך אמ"ד דמקדשין על שאר משקין אם הוא חמר מדינה, כמו שנתבאר לעיל סי' ער"ב - כדי שיוכל לעשות הסדר כסדרו, ולקיים ד' כוסות, **ואפי'** במקום שכל השנה אין רוב שתיית העם במי דבש, ורק בפסח, ג"כ יש להקל.

ואפשר עוד, דאם שתיית רוב ההמון לאקרי"ץ, או עפי"ל טראנ"ק, מותר ליקח אותו לארבעה כוסות, אם אין לו יין, [**והח"א** לא כתבו בלשון "אפשר", **והגר"ז** משמע שמחמיר בזה, **ונראה** דהכל תלוי לפי שעת הדחק].

[**ועיין** בפמ"ג שמצדד, דבעפיל טראנק וכדומה, אין כדאי לברך ברכה ראשונה על כל כוס וכוס, כי אם על כוס ראשון וכוס ברהמ"ז. (משום שכיון שיש אומרים שאינו יכול לצאת במי תפוחים, א"כ יש חשש ברכה לבטלה אם יברך כמה פעמים, ולכן יברך רק על כוס ראשון ושלישי כשיטת המחבר – מ"ב המבואר).

§ סימן תפד – מי שרוצה לעשות הסדר בהרבה בתים §

סעיף א'- מאן דבעי לברוכי בתרי או בתלת בתי - משום שאין בהם מי שיודע לקדש ולומר הגדה, [דאם יודעים, אין נכון לכתחילה להוציאן, ובפרט הכא לעקור באמצע הסדר ולהפסיק]. (**ואין** נ"מ בכל זה בין לאנשים ובין לנשים, דגם נשים חייבות בכל הדברים ששייך להסדר).

מברך ברישא בביתיה, ואכיל כל מאי דצריך - היינו שמקדש ואומר הגדה הכל כסדר, ואוכל מצה ומרור ואפיקומן עד בהמ"ז, **ומברך בהמ"ז** - ושותה הכוס, **ובלא** בהמ"ז אסור לעקור ממקומו לילך למקום אחר, ואפי' בדעתו לאכול שם יותר, (אם לא שהיה דעתו בשעת נט"י לזה, ועיין לקמן), [**ואף** דמשום מצוה עוברת שרי, הכא יכול לילך אחר בהמ"ז].

והדר מברך לכל חד וחד בביתיה - ר"ל שמקדש להם ומברך להם גם בפה"ג, ומברך להם ברכת כרפס, ואומר לפניהם ההגדה וברכת כוס שני, וגם ברכת המוציא, וברכת אכילת מצה ומרור, **ושתי אינהו כסא דקידושא ודאגדתא, ואכלי ירקי** - היינו כרפס ומרור, **ומצה, ואיהו לא אכיל ושתי בהדייהו** - שהרי כבר אכל אפיקומן, ואסור לו לטעום שוב, וגם שתיה אסור לכו"ע, שהרי הוא עומד בין כוס ג' לד'.

ואע"ג דבשאר ברכות הנהנין קיימ"ל, שאין יכול לברך לאחרים אא"כ יהנה עמהן, שאני ברכת הלחם של מצה, וקידוש היום, שהם חובה, הלכך יכול לברך להוציא אחרים אף שאינו נהנה, וכן ברכת הירקות חשיב ג"כ מצוה, ויכול להוציא אחרים.

ושביק להו למגמר סעודתייהו, ומברכי אינהו ברכת המזון; ואי לא ידעי, יקרא מלה במלה - והם יענו אחריו, דכל שקורא מלה במלה והאחר עונה עמו, לא הוי ברכה לבטלה, אע"פ שיצא מכבר, דהרי הוא רק מלמדו לברך.

אבל הוא אסור לברך בשבילם בהמ"ז, דבבהמ"ז אין להוציא אחר, אא"כ אכל ונתחייב ג"כ, דכתיב: ואכלת ושבעת וברכת, מי שאכל הוא יברך, [**ומשמע** מדברי האחרונים, דהוא אסמכתא בעלמא ומדרבנן, **ובבגדי** ישע ובמאמ"ר מפקפקים מאד בעיקר הדין, וצ"ע בזה].

(**וה"ה דיאמר ג"כ להם אח"כ גמר ההלל, ויברך להם ושתו כסא דהלילא**).

והדר אזיל לביתא אחרינא ועביד הכי, והדר אזיל לביתיה וגמר הלילא ושתי כסא דהלילא - [ואם רוצה ‹לילך באמצע הסעודה›, ולהניח מלאכול אפיקומן עד שיאכל וישתה בבית אחר, ויחזור ויברך שם ברהמ"ז, ‹אם היה דעתו בשעת נט"י לזה›, רשאי, דעיקר הקפידא הוא שלא לאכול אפיקומן בב' מקומות, אבל שאר הסעודה מותר, ‹**וע"ל** סי' קע"ט, דלא נהגו עכשיו כן, לאכול האפיקומן בבית אחר›, **אבל** לילך אחר שבירך ברהמ"ז ‹קודם האפיקומן, ואח"כ ליטול ידיו ולאכול האפיקומן ולברך ברהמ"ז עוד פעם›, הט"ז מחמיר]. ‹ע"פ השונה הלכות›.

‹**וז"ל** הט"ז: דכיון שהוא מברך פעם הא' [בהמ"ז], נסתלק ממנו אכילת מצה, ואע"ג דלא אכיל אפיקומן, דחשבינן הכזית מצה שאכל כבר לחיוב שלו, ומה מועיל לו שיאכל בפעם השנית כזית מצה באחרונה לשם אפיקומן, והוא כבר יצא›.

ואי בעי לאקדומי להנך בתי ברישא, בריך להו ולא אכיל ולא טעים - דאסור לטעום קודם קידוש, ואם יכוין לצאת ג"כ בהקידוש שאומר לפניהם, יצטרך לאכול שם כזית, ולברך בהמ"ז ג"כ, **והדר אזיל לביתיה ומקדש.**

ואם ירצה, יגמור הכל בביתו - אפילו הלל, **ואחר כך ילך לקדש בבתים האחרים, ולא יאכל וישתה עמהם.**

§ סימן תפה – דין מי שנשבע שלא לאכול מצה §

סעיף א- אמר: שבועה שלא אוכל מצה סתם, אסור לאכול מצה בליל פסח - בין אם אמר זה קודם הפסח, בין אמר בליל פסח גופא, כיון דלא אמר בשבועתו דמשתבע רק אמצת מצוה, אלא כולל בשבועתו כל מצה, ולאו דוקא מצה של לילה זו, חיילא שבועתו, דשבועה חל בכולל דברים המותרים עם דברים האסורים בשב ואל תעשה, **ומ"מ** כתבו הפוסקים, דמצוה להתיר שבועתו, כדי שיוכל לקיים מצות עשה דאכילת מצה, [**אבל** אין כופין אותו אלא בנשבע בהדיא לעבור ‹אף› על מצוה דרבנן, ב"ח], ‹וז"ל: אבל בנשבע סתם שלא לאכול מרור ומצה, כיון דהשבועה היא בכולל, לאו נשבע לבטל את המצוה הוא, אין עליו דין כפייה, אבל ודאי ראוי שישאל על שבועתו›.

אמר: שבועה שלא אוכל מצה בליל פסח, לוקה ואוכל מצה בליל פסח - דכיון דאמר "ליל פסח", מסתמא כוונתו אמצת מצוה בלחוד, ולוקה משום שבועת שוא, [בין יאכל אח"כ או לא, דכבר יצא מפיו שבועה לשוא], דאין שבועה חלה על דבר מצוה, **ומ"מ** אם אמר: קונם אכילת מצת מצוה עלי, אסור באכילת מצה, דנדר חל אדבר מצוה, [וכופין אותו שישאל על נדרו, כדי שיוכל לקיים המצוה].

(**ודע, דאם אמר: שלא אוכל כל שבוע של פסח, חל השבועה בכולל לפי דעת רוב פוסקים, אף שהזכיר פסח בהדיא, ולפי"ז יש לעיין להני פוסקים דזמן אכילת מצה הוא מה"ת רק עד חצות, אם כן כשאומר: שלא אוכל מצה בליל פסח, הרי כולל זמן הפטור עם זמן החיוב, וחלה השבועה בכולל ואיננו שבועת שוא, אם לא שנדחוק לומר, דכיון שהזכיר מצה של ליל פסח, כונתו רק על השעה שבני אדם מקיימין המ"ע של מצה, ולא אלאחר זמן, והוא דוחק, דלפי"ז יהיה מותר לאכול אחר חצות, וצ"ע**).

(**ועיין במו"ק שכתב, דאם אמר: שלא אוכל מצה זו, אסור אפילו לית ליה אחריתא, ויתירו ליה שבועתו**).

אם אמר: שבועה שלא אוכל מרור של מצוה, אסור באכילת מרור, דמרור בזמן הזה דרבנן, ושבועה חיילא אמצוה דרבנן, **וה"ה** באמר שלא ישתה ד' כוסות, **וה"ה** אם אמר: שבועה שלא אוכל מצה בליל שני, שהוא ג"כ מדרבנן, לדידן דבקיאין אנו בקביעא דירחא, דנמי חיילא ואסור, **ומ"מ** כופין אותו שישאל על שבועתו.

§ סימן תפו §

סעיף א - שיעור כזית, יש אומרים דהוי כחצי ביצה - בינונית עם קליפתה, **ודעת** הרמב"ם, דכזית הוא כשליש ביצה.

ולענין דינא, במצוה דאורייתא כגון במ"ע דאכילת מצה, יש להחמיר ולאכול עכ"פ כחצי ביצה, אם לא שהוא חולה, וקשה לו לאכול כחצי ביצה, יכול לסמוך על הרמב"ם, **ולענין** מרור וכה"ג שהוא דרבנן, יש לסמוך בדיעבד אם אכל כשליש ביצה, **אך** לכתחלה כיון שצריך לברך על המרור, נראה דאין להקל בזה, אם לא שהוא אדם חלש וקשה לו, יכול לסמוך ולאכול רק כשליש וכנ"ל.

ולענין בהמ"ז ששיעורו מד"ס בכזית, וכן לענין ברכה אחרונה, ספק ברכות להקל, ולא יברך עד שידע שאכל כחצי ביצה, **ולכתחלה** נכון ליזהר שלא יכניס עצמו בספק ברכות, ויאכל כחצי ביצה או פחות הרבה משליש ביצה - פמ"ג, **ולענ"ד** נראה, דנכון לכתחלה שיאכל כביצה פת, דאל"ה יש חשש ברכה לבטלה, על הברכה שבירך מתחלה על הנטילה לאיזה פוסקים.

ועתה נחזור לענינו, דע דמש"כ המחבר כזית כחצי ביצה, לאו מלתא פסיקתא היא בזמנינו, דיש מאחרונים שהוכיחו, דביצים המצויים בזמנינו נתקטנו הרבה, עד למחצה מכפי שהיו בימים הקדמונים שבהם שיערו חכמים, ולפי"ז בכל מקום שהשיעור הוא כחצי ביצה, צריך לשער בכביצה בזמנינו, **ועיין** בשע"ת שהכריע, שיש לחלק בזה לענין שיעורין בין דבר שחיובו מן התורה לדבר שחיובו מדרבנן, כגון מרור בזה"ז ואפיקומן וכוסות, [דלענין שתיית רביעית יש ג"כ נ"מ, דקי"ל דרביעית הוא ביצה ומחצה, וצריך לידע שיעור ביצה], **ונמצא** לפי"ז בזמנינו יתחייב לאכול מצה עד כשיעור ביצה, ומרור יצא בדיעבד אף אם לא אכל רק כשליש ביצה.

הגה: ויאכלנו ביחד ולא מעט מעט; וירקות צריך למעך חלל האויר שבין הירק, ולשער שיעור הכזית בירקות עצמן, ולא באויר שביניהם - וה"ה אם יש חלל במצה, אינו מצטרף החלל לשיעור כזית וצריך למעכו, **אבל** אם אין חלל במצה, אפילו היא רכה ועשויה כספוג, א"צ למעכו, [**ונראה** פשוט, דה"ה לענין בהמ"ז בפת ספוגית, משתערת בכמות שהיא]. ‹ועיין בסי' ר"י ס"א, וצ"ע – שונה הלכות›.

§ סימן תפז – סדר תפלת ערבית של פסח §

סעיף א - סדר היום, ערבית ושחרית ומנחה אומר שלש ראשונות ושלש אחרונות, וקדושת היום באמצע: "אתה בחרתנו" וכו', "ותתן לנו ה' אלהינו את יום חג המצות הזה, את יום טוב מקרא קדש הזה, (וע"ל סימן ת"ל סעיף ג'), זמן חרותנו" - ומנהגנו לומר: "את יום חג המצות הזה, זמן חירותינו מקרא קודש" וכו', **ואין** אומרים "באהבה מקרא קודש", שהרי כבר אמרו "ותתן לנו ה' אלהינו באהבה מועדים לשמחה", **אכן** כשחל בשבת, יש אומרים שאומרים שני פעמים "באהבה".

"יעלה ויבא", "והשיאנו", וחותם: "מקדש ישראל והזמנים" - ואם אמר "מקדש ישראל" לבד, לא יצא, **וכן** בשבת ‹כשאין יו"ט חל בו›, אם לא אמר "מקדש השבת", ואמר "מקדש ישראל", ג"כ לא יצא, אף שהזכיר באמצע התפלה של שבת, כיון שלא חתם בשל שבת, **וכל** זה בין בקידושא בין בצלותא.

ואם אמר: "מקדש השבת", וחזר בו תוך כדי דיבור, יצא - היינו שחזר ואמר "מקדש ישראל והזמנים", ולא שהה משגמר "מקדש השבת" רק כדי ג' תיבות, **ואם** שהה יותר משיעור זה לא מהני חזרתו, וצריך לחזור לראש הברכה, כיון שהחתימה היתה שלא כהוגן, אף שהזכיר של יו"ט באמצע.

‹**ועיין בפמ"ג שכתב, דאפילו התחיל "רצה", כל שלא אמר ד' תיבות, יכול לחזור ולתקן, דהיינו שיאמר: מקדש ישראל והזמנים, ולענ"ד צע"ג בזה, כיון שהתחיל ברכה אחרת אפי' תיבה אחת, מסתברא דלא מהני תיקונו, ואפילו אם לא התחיל ברכה אחרת, רק שהפסיק באיזה דיבור, קודם שחזר ואמר: מקדש ישראל והזמנים, ג"כ יש לעיין טובא אם מהני שוב תיקונו, דאפשר דהשו"ע מיירי הכא**

רק בשתיקה לבד, ודין זה צ"ע למעשה, ובפרט בדין הנ"ל שהתחיל ברכה אחרת, ודאי מסתברא דלא מהני תיקונו).

אחרי שהוא יודע שהוא יום טוב - ר"ל בעת שאמר: ברוך אתה ה', היתה כהוגן על דעת לסיים בשל יום טוב, אלא שאח"כ נכשל בלשונו, **ומשמע** מלשון זה, דאם טעה בעת שאמר "ברוך אתה ה'", שהיה סבור שהוא שבת, אפי' אם חזר בתוך כדי דיבור לאחר שסיים "מקדש השבת", וסיים כדין, לא יצא, **אבל** רוב הפוסקים ס"ל, אע"פ שלא ידע שהוא יו"ט, יצא, כיון שנזכר בתוך כדי דבור וחתם כדין, כן פסקו הרבה אחרונים, ועיין בביאור הגר"א, שגם הוא מכריע כן להלכה.

ואם חל בשבת אומר: "את יום המנוח הזה" - ומנהגנו לומר: "את יום השבת הזה", ונהרא נהרא ופשטיה, **"ואת יום חג המצות הזה", וחותם: "מקדש השבת וישראל והזמנים"** - וי"א שצריך לומר "ישראל" בלא וי"ו, וכן הסכים המהרש"ל, **אבל** מנהגנו כהשו"ע.

ובדיעבד אם לא הזכיר רק "שבת" או "ישראל והזמנים" לבד, יש דעות בין האחרונים אם צריך לחזור או לא, **ועיין** בבה"ל שהכרענו, דאם לא הזכיר רק "שבת" לבד, (והתחיל "רצה"), בודאי אין לחזור הברכה משום זה, (**ואם** הזכיר רק "ישראל והזמנים" לבד, צ"ע למעשה).

ואין אומרים ברכת מעין שבע - דלא נתקנה אלא מפני המזיקין, ובפסח הוא ליל שמורים, **ואומרים** "ויכולו" בקול רם, וקדיש שלם אחריו.

סעיף ב - אין שליח צבור מקדש בבהכ"נ - דענין הקידוש הוא כדי להוציא מי שאין לו יין, ובפסח אין עני בישראל שאין לו יין, **והסכימו** האחרונים, דאפי' כשאין יין בעיר כי אם בביהכ"נ, אפ"ה אין לקדש.

סעיף ג - שכח לומר "אתה בחרתנו", ואמר "יעלה ויבא", יצא - דהרי מזכיר ענינו של יום ב"יעלה ויבוא", **ואפי'** אם נזכר קודם שחתם הברכה, א"צ לחזור ל"אתה בחרתנו" - דה"ח, [**ולענ"ד** אין דין זה ברור].

ומיירי שחתם כל הברכה כדין, דאם לא חתם, אפילו אמר גם "אתה בחרתנו" לא יצא, ואם נזכר אחר שהתחיל "רצה", חוזר ל"אתה בחרתנו", **ואם** עקר רגליו, חוזר לראש התפלה.

ואם לא אמר "אתה בחרתנו" וגם לא "יעלה ויבוא", רק "והשיאנו", אף ע"פ שאמר "מועדי קדשיך", אם לא הזכיר חג פלוני בפרט, לא יצא - דה"ח, **אבל** בפמ"ג מסתפק בזה.

הגה: ואפי' היה שבת, אם הזכיר ב"יעלה ויבא", יצא - ר"ל דכיון שלא אמר "אתה בחרתנו" "ותתן לנו", ממילא לא הזכיר גם של שבת, מ"מ כיון שחזר והזכירו ב"יעלה ויבוא", שאמר: ביום השבת הזה וביום חג פלוני הזה, יצא, דהא עכ"פ הזכיר של שבת בתוך הברכה.

ומשמע מלשון זה, דאם גם ב"יעלה ויבוא" לא הזכיר של שבת, לא יצא, **ויש** לעיין, דהא מזכיר שבת ב"והשיאנו", שאומר: והנחילנו וכו', שבת ומועדי קדשך, **ואולי** משום דהוא מזכירו רק סמוך לחתימה לבד, ואנן בעינן שיהא פותח נמי בשל שבת, כדאיתא בגמרא, וצ"ע.

ואם אמר "אתה בחרתנו" והזכיר בו שבת, אפילו הכי צריך לחזור ולהזכירו ב"יעלה ויבא" - כמו שמזכיר שניהם ב"אתה בחרתנו". **מיהו אם לא הזכירו ב"יעלה ויבא", אין צריך לחזור** - דיש בזה פלוגתא דרבוותא אם צריך להזכירו, ולכן בדיעבד אין צריך לחזור, **וגם** בלא"ה הרי הזכיר פעם אחת ב"אתה בחרתנו", ואיננו לעיכובא בדיעבד לכו"ע.

ודע דהרבה אחרונים הסכימו, שאפילו לכתחלה אין להזכיר של שבת ב"יעלה ויבוא", וכן המנהג, **ועיין** בלבוש שכתב טעם נכון לזה, שעיקר "יעלה ויבוא" נתיסד על הזכירה ועל הפקידה, ואין שייך זכרון אלא ביו"ט ובר"ח, דכתיב: וביום שמחתכם ובמועדיכם ובר"ח וגו', ונזכרתם, ולא נזכר שם שבת כלל.

וש"ץ ששכח להזכיר של יו"ט בשחרית, עיין לעיל סימן קכ"ו.

סעיף ד - בליל ראשון של פסח גומרין ההלל בצבור בנעימה, בברכה תחלה וסוף, וכן בליל שני של שני ימים טובים של גליות. הגה: וכל זה אין אנו נוהגים כן, כי אין אנו אומרים בלילה בבית הכנסת הלל כלל - היינו במדינות אלו, ומנהג ספרדים לומר.

(ביאור הלכה) [שער הציון] ‹הוספה›

§ סימן תפח – סדר תפלת שחרית של פסח §

סעיף א- שחרית נכנסים לבית הכנסת, וקורים הזמירות של שבת - היינו המזמורים שאומרים קודם פסוקי דזמרה, **וגם** "מזמור שיר ליום השבת" אומרים, דיו"ט נמי אקרי שבת, **וכן** אומרים ברכת "נשמת" כמו בשבת, **ואחר** "ברכו" אומרים ברכת "יוצר אור" כמו בחול.

[**ובכניסת** יו"ט אין אומרים "מזמור שיר ליום השבת", רק כשחל יו"ט בשבת. **ויש** מקומות שאין אומרים "לכה דודי", כשחל יו"ט בשבת או בחוה"מ שחל בשבת, רק "מזמור שיר ליום השבת" אומרים].

ומתפללין תפלת שחרית, וגומרין ההלל (ומברכין "לקרות ההלל") - ר"ל שלא יאמר "לגמור ההלל", דשמא ידלג תיבה או אות אחת, ויש חשש ברכה לבטלה, [לשון הטור בשם הר"מ, **ולכאורה** אף אם יברך "לקרות", אם ידלג מההלל ג"כ לא יצא, **ואפשר** לומר דסבר הר"מ, דאף אם לא קרא התיבה כתיקונה ג"כ יצא, ולזה אמר, אם יאמר "לקרות" לא יהיה חשש ברכה לבטלה, **משא"כ** אם יאמר "לגמור", אף אם ידלג אות אחת, הרי לא גמר, ויש כאן חשש ברכה לבטלה], **ואם** אמר "לגמור" יצא, ובמקום שנהגו לומר "לגמור", אין לבטל מנהגם.

ואם חיסר פסוק אחד או תיבה אחת, צריך להתחיל אח"כ מאותו פסוק ולגמור עד סוף ההלל, דאם יאמרנו במקום שנזכר, הו"ל קריאה למפרע, ולא יצא, [**וצריך** ליזהר מאוד בימים שגומרין ההלל, שלא יקרא התיבות בטעות שמשתנה הענין עי"ז].

אם בא לבהכ"נ סמוך להלל, יקרא תחלה הלל עם הצבור, ואח"כ יתפלל, והוא שלא יעבור זמן ק"ש ותפלה עי"ז, [**ואם** הוא עומד באמצע פסוקי דזמרה, לא יפסיק, **אכן** הם הוא עומד בין "ישתבח" ל"יוצר", יפסיק כדי שיאמר הלל בציבור, והיינו אם הוא יודע שאח"כ לא יזדמן לו ציבור שיאמרו הלל].

ואין מפסיקין בו אלא כדרך שאמרו בקריאת שמע, באמצע הפרק שואל בשלום אביו או רבו, ומשיב שלום לאדם נכבד שנתן לו שלום; ובין הפרקים שואל בשלום אדם נכבד, ומשיב שלום לכל אדם - ופרטי דינים אלו עיין לעיל סימן ס"ו.

הגה: (ודוקא בב' ימים הראשונים שגומרים בהם ההלל, דינא הכי לענין הפסקה, אבל בימים שאין גומרין, ע"ל סי' תכ"ב ס"ד).

ואם פסק באמצע - היינו אפי' באמצע הפרק, **ושהה אפילו כדי לגמור את כולו, אינו צריך לחזור אלא למקום שפסק** - ומדסתם משמע אפי' שהה באונס, ועיין לעיל בסימן תכ"ב במ"ב.

ואלו הן הפרקים: "הללויה הללו עבדי ה'" וגו', "בצאת ישראל ממצרים" וגו', "לא לנו ה' לא לנו" וגו', "אהבתי" וגו', "הללו את ה' כל גוים" וגו', "מן המצר" וגו', **ורד"ק** כתב, ד"מן המצר" אינו תחלת המזמור, אלא מתחיל "הודו לה' כי טוב" וגו'.

סעיף ב- בהלל, אפילו עשרה קורין כאחד - ר"ל אפילו היכא שמוציאין לאחרים ידי חובה באמירתן, ולא אמרינן תרי קלא לא משתמעי, כדאשכחן לענין קה"ת, דהלל חביבי להו משום זכרון הנס, ויהבי דעתייהו ושמעי, **ומה"ט** ג"כ המנהג, שמקדשין שנים או יותר יחד בשבת ויו"ט, או כשיושבין בסוכה כמה בעלי בתים ומקדשין להוציא בני ביתם, משום דהקידוש חביב להם, ויהבי דעתייהו ושמעי, **ומ"מ** יותר טוב שלא יקדשו בבת אחת, היכי שצריכין להוציא בני ביתם, אלא זה אחר זה.

[**והפמ"ג** כתב, דבשאר דברים חוץ ממה שהוזכר כאן, אין כדאי אף במקום שאין מוציאין אחד את חבירו, דמבלבלין זה את זה, **חוץ** מר"ה ויוה"כ מפני שכל אחד סידורו בידו, **ולא** ידעתי, הלא בבהמ"ז מן "נודה לך" והלאה, המנהג שמברכין ביחד בכל מקום].

סעיף ג- מוציאין שני ספרים, וקורין בראשון חמשה גברי, (ואם מוסיפין ביום טוב ע"ל ריש סימן רפ"ב), בפרשת בא, מן: "משכו" עד "מארץ מצרים על צבאותם", ומפטיר קורא

בשני בפרשת פנחס: "ובחודש הראשון", ומפטיר ביהושע: "בעת ההיא" - ויש מתחילין: "ויאמר יהושע אל העם התקדשו", וכן נוהגין עכשיו.

ומתפללין תפלת מוסף, ואין מזכירין גשם מכאן ואילך, (וע"ל סימן קי"ד) - דעת המחבר דהוא מנהג ספרד, שאפילו במוסף גופא אין מזכירין גשם, **ולזה** כתב רמ"א: ועיין לעיל סימן קי"ד ס"ג, דשם מבואר בהג"ה, דמנהגנו הוא כפוסקים דס"ל, דהצבור מזכירין במוסף, עד שישמעו שהש"ץ אינו מזכיר בתפלתו שחוזר בקול רם, [דבלחש גם הוא צריך להזכיר כמו שאר העם], אז הם פוסקין במנחה, **וה"ה** היחיד שאיחר תפלתו במוסף, עד אחר שהתפלל הש"ץ ופסק לומר: משיב הרוח ומוריד הגשם, ג"כ שוב לא יזכיר גשם.

וכן פוסקים משם ואילך מלשאול בברכת השנים - היינו בחוה"מ שוב לא יבקש על מטר, **ובדיעבד** אם שכח ועבר, ע"ל בסימן קי"ז ס"ג ובבה"ל.

והנה אף שהסכימו הפוסקים, שאין נכון שיכריז השמש דבר זה בצבור, ששוב לא יזכירו גשם ומטר, שנראה כאלו ממאנים על הגשמים, ועל דרך שאמרו: אין מתפללין על רוב גשמים, **מ"מ** נ"ל שנכון מאוד, שהשמש יזכיר בחשאי לרוב העולם קודם תפלת מעריב של לילה ראשונה של חוה"מ, שיאמרו "ותן ברכה" וכו', כי האנשים פשוטין רובן נכשלין בלילה ראשונה, וכן למחר בתפלת שחרית, עד שישמעו מן הש"ץ שפסק, ויש בזה חשש כמה מאות ברכות לבטלה, [**או** יכתוב מקודם יו"ט על הנייר: שמליל א' חוה"מ ואילך יאמרו "ותן ברכה", וידביקנו בכותל, **והגם** שידעתי שימצאו מפקפקין גם ע"ז, אפ"ה נ"ל שזה עדיף, משיבואו כמה עשרות אנשים ולפעמים מאות, לידי ברכה לבטלה].

הגה: ונוהגין לומר בכל יו"ט בתפלת מוסף פסוקי מוסף היום, אחר שאמר: "על ידי משה עבדך כאמור" - ובדיעבד אף אם לא הזכיר אותם כלל, יצא, **ואם** טעה במוספין והזכיר של יום אחר, וכן בסוכות שאמר ביום א' דחוה"מ מה שאינו שייך כלל לאותו יום, כגון שאמר "ביום הרביעי", **אם** לא סיים הברכה, יתחיל מפסוקי הקרבנות, **ואם** סיים הברכה א"צ לחזור.

§ סימן תפט – סדר תפלת ליל שני של פסח וספירת העומר §

סעיף א- בליל שני אחר תפלת ערבית מתחילין לספור העומר - קודם "עלינו", דכל מה דאפשר לאקדומי מקדמינן, כדי שיתקיים יותר מה שכתוב: תמימות תהיינה.

(**כתב** בספר מור וקציעה, בטעם דסופרין אחר התפלה, משום דבדורות הראשונים היה המנהג להתפלל ערבית קודם הלילה, ובסיום המעריב התחילה הלילה, ואז היו סופרין כדין בתחלת הלילה, **אכן** בחק יעקב כתב, דמדינא צריך להקדים ק"ש ותפלה, שהוא תדיר).

נשים ועבדים פטורות ממצוה זו, דהוי מ"ע שהזמן גרמא, **וכתב** המ"א, מיהו כבר שויא עלייהו חובה, **וכמדומה** דבמדינותינו לא נהגי נשי כלל לספור, **וכתב** בספר שולחן שלמה, דעכ"פ לא יברכו, דהא בודאי יטעו ביום אחד, וגם על פי רוב אינם יודעים פירוש המלות.

(**הנה** דעת הרמב"ם והחינוך, שהוא נוהג מן התורה גם עתה, **אכן** דעת הטור ושו"ע וכמה פוסקים, **שאינה** בזה"ז אלא זכר למקדש שהקריבו עומר, וכן הוא סוגית הפוסקים בסימן זה, **אכן** באמת הרמב"ם ג"כ לאו יחידאה הוא בדעתו, **ולפי"ז** יש סעד גדול למנהגנו, שאנו זהירים שלא לספור עד צאת הכוכבים, אחרי דלדעת כמה רבוותא הוא דאורייתא).

כתבו האחרונים, דאומרים מערבית השייך ליום ב', אפילו חל ליל שני במו"ש, **ואע"פ** דבשארי חגים שחל יום ראשון בשבת, אומרים מערבית של יום א' בליל שני, **שאני** הכא דהמערבית הוא מענין של ספירה.

ואם שכח לספור בתחלת הלילה, הולך וסופר כל הלילה - דכל שלא עבר הלילה, לא נפיק עדיין מכלל הכתוב: תמימות תהיינה.

ומצוה על כל אחד לספור לעצמו - דכתיב: וספרתם לכם, משמע שהמצוה חל על כל יחיד ויחיד, **והנה** משמע מזה, דבספירה אינו כמו בשאר מצות התלוי באמירה, לענין קידוש והבדלה וכיו"ב, דאם שמע לחבירו ונתכוין לצאת, דיוצא בזה משום דשומע כעונה,

כיצד, ביום הראשון אומר: היום יום אחד (בעומר), עד שמגיע לשבעה ימים, ואז יאמר: היום שבעה ימים שהם שבוע אחד (בעומר) - וברוב פוסקים הנוסח "לעומר", **מיהו** עיקר דבר זה אינו אלא לכתחלה, כדי לבאר שהוא מונה מיום שהקריבו את העומר והלאה, **ואם** לא אמר אלא "היום כך וכך", נמי יצא.

וביום שמיני יאמר: היום שמונה ימים שהם שבוע אחד ויום אחד (בעומר) - ואם לא אמר אלא "היום שמונה ימים", ולא סיים: "שהם שבוע אחד" וכו', נמי יצא, שהרי הזכיר שבועות אתמול ביום השביעי, **וכן** אם לא אמר אלא "היום שבוע אחד ויום אחד" בלחוד, נמי יצא, שהרי כבר הזכיר הימים שעברו כל אחד ביומו.

אומרים "שבוע אחד", ולא "אחת", וכן אומרים "שני שבועות", ולא "שתי", ד"שבוע" לשון זכר, **עד** עשרה אומר "ימים", ומי"א ואילך אומר "יום", **כן** יש לומר מנין המועט מתחלה, כגון "אחד ועשרים יום", **וכל** אלו הדברים אינן לעיכובא, אלא לצחות הלשון.

וכן עד שיגיע לארבעה עשר יאמר: היום ארבעה עשר ימים שהם שני שבועות (בעומר), ועל דרך זה מונה והולך עד מ"ט יום.

כתבו האחרונים, דאם אמר בלשון אחר, כגון ביום ל"ט אמר: היום ארבעים חסר אחת, נמי יצא.

(**עיין באחרונים שנחלקו באם מנה בראשי תיבות, כגון שאמר "היום ב' ימים" וכדומה, אם יצא, וכתב הח"י, כיון דלרוב הפוסקים עיקר ספירה בזה"ז אינו אלא דרבנן, אין להחמיר מספיקא, ויחזור לספור בלי ברכה).**

(**ודע דעכ"פ אם בירך בלב, בודאי לא יצא כלל, דהרהור לאו כדבור דמי, וכ"כ פר"ח להדיא).**

ומנהג לומר אחר הספירה "יהי רצון וכו', שיבנה בהמ"ק" וכו', כלומר ואז נקיים מצות הבאת העומר, [כ"כ השב"ל, **וכתב** עוד טעם, משום יום הנף, דהיינו כל יום ט"ז שאסורים באכילת חדש מתקנת ר"י בן זכאי, לכך ראוי להזכיר עבודת ביהמ"ק, ולהתפלל עליה להחזיר הדבר ליושנה, **וכ"ז** אם נימא דספירה בזה"ז דאורייתא ואינו תלוי במקדש, אבל אם נימא דהוא דרבנן זכר למקדש, אתי

והכא גילתה התורה דלא יצא כל כמה דלא ספר בעצמו, **אבל** יש מאחרונים שכתבו, דכונת התורה הוא רק, דלא נימא דמצוה זו אב"ד לבד קאי, כמו בשמיטין ויובלות, דכתיב שם: וספרת לך, אלא קאי אציבור, **אבל** באמת אם שמע מחבירו שספר, והתכוין לצאת וגם חבירו כוון להוציאו, יצא, כמו בכל מקום דקיי"ל שומע כעונה, (**וע"כ לכתחלה בודאי צריך כל אחד לספור בעצמו, אכן בדיעבד אם שמע מחבירו וכוון לצאת, יחזור ויספור בלי ברכה).**

וכל זה בספירה, אבל בברכה שמברכין על הספירה, דכו"ע אפשר לצאת ע"י חבירו אפילו הוא בקי, וכמו בכל הברכות, **מיהו** מנהג בכל ישראל שכל אחד מברך וסופר לעצמו, ואין סומכין על הש"ץ, [**ומיהו** אם יש לו ספק באיזה ענין, דצריך לספור בלי ברכה, אם יכול לשמוע הברכה מפי אחרים, ויחשוב בדעתו לצאת בהברכה אם הוא מחוייב בדבר, בודאי נכון לעשות כן].

כתבו האחרונים, דספירה מותר בכל לשון, ובלבד שיבין אותו הלשון, **ואם** אינו מבין, אפילו סיפר בלשה"ק, אינו יוצא, [ואף שבכל מקום יוצאין בלה"ק אע"פ שאינו מבין], דכיון דלא ידע מאי קאמר, אין זה ספירה.

וצריך לספור מעומד ולברך תחלה - וצריך לעמוד משעה שמתחיל הברכה, [**דכל** ברכת המצות צריך להיות לכתחילה בעמידה, ובפרט הספירה גופא כתבו כל הראשונים אסמכתא לזה, מדכתיב: מהחל חרמש בקמה, אל תקרי "בקמה", אלא "בקומה"], **ובדיעבד** אפילו אם סיפר מיושב יצא.

וסופר הימים והשבועות - דכתיב: תספרו חמשים יום, וכתיב: שבעה שבועות תספר לך, **ואם** סיפר ימים לחוד ולא הזכיר שבועות, י"א שיצא בדיעבד, [משום דספירה בזה"ז דרבנן], **וי"א** שצריך לחזור ולספור ימים ושבועות כדין, [או משום דס"ל דספירה בזה"ז דאורייתא, **או** אפי' נימא דהוי דרבנן, כל דתקון רבנן כעין דאורייתא תקון], **וע"כ** חוזר וסופר בלא ברכה, **ואם** שכח לחזור ולספור, מונה שאר ימים בברכה.

ואם מנה שבועות ולא ימים, כגון שאמר ביום השביעי: היום שבוע א', ולא הזכיר ימים כלל, לכו"ע לא יצא, [**דלכו"ע** צריך להזכיר ימים, וכדכתיב: תספרו חמשים יום].

שפיר טפי, שמתפללין שיבנה בהמ"ק]. **ויש** נוהגים ג"כ לומר מזמור "אלהים יחננו" וגו'.

סעיף ב- אם טעו ביום המעונן וברכו על ספירת העומר, חוזרים לספור כשתחשך - ובברכה כדין, והוא מדברי הרשב"א, **ומבואר** שם, שהקהל התפללו גם מעריב קודם, ולענין מעריב אין להם לחזור ולהתפלל, משום טרחא דציבורא, **רק** לענין ספירה לא משגחינן בטרחא דידהו, כי איך יאמר למשל עשרה ימים, ואינן אלא תשעה, כי אותו היום תשיעי הוא ולא עשירי עד צאת הכוכבים, עכ"ד שם, [**ובביאור** הגר"א כתב סברא אחרת לחלק בין הא דתפלה, משום דכאן א"צ ציבור, עכ"ל, **ולא** אבין מדוע חידש טעם אחר, וכי כעורה זו שכתב הרשב"א, דלא משגחינן כלל בטרחא בדבר שהוא נגד החוש, וצ"ע].

[**ועיין** בא"ר בשם עו"ש, דהיכי שהתפללו מפלג המנחה ולמעלה, ואח"כ ברכו על הספירה, אינו חוזר ומברך, וסופר בלי ברכה, ומסיים בצ"ע, **ובאמת** דבריו צע"ג, שהרי גם המחבר בסעיף זה מיירי מפלג המנחה ולמעלה, דלא אמרינן אין חוזרין ומתפללין אפי' בציבור, רק מפלג המנחה ולמעלה, **אלא** דמ"מ אין לדחות דברי הא"ר בזה לגמרי, שעכ"פ יש להם מקום לפי שיטות אחרות המבוארות בס"ג בבה"ל].

והמדקדקים אינם סופרים עד צאת הכוכבים - דמן הדין היה אפשר להקל לספור משתחשך אף קודם צה"כ, דבה"ש הוא ספק לילה, ואזלינן לקולא בספק דרבנן, בספירה בזה"ז שהוא מדרבנן לרוב הפוסקים, **אלא** דמ"מ אינו נכון להכניס עצמו לספק לכתחלה, ולהכי המדקדקים ממתינים עד צה"כ, שהוא בודאי לילה.

וכן ראוי לעשות - ר"ל לכתחלה, ומ"מ בדיעבד אם בירך ביה"ש, יצא וכנ"ל, **אבל** הא"ר מפקפק בזה, ומצדד דנכון שיחזור ויספור בצה"כ בלי ברכה, [משום דלהרבה פוסקים ספירה בזה"ז דאורייתא, ולהכי אין לסמוך על ספק לילה].

(**ומתי** נקרא ביה"ש, עיין סימן רס"א, דדעת השו"ע שם, דביה"ש הוא ג' ריבעי מיל קודם צה"כ, והוא קרוב לרבע שעה בערך, ומקודם הוי ודאי יום, **וע"ש** בבה"ל, דאפילו להסוברים דביה"ש מתחיל מיד אחר שקיעה, היינו לענין שבת דנקטינן לחומרא כר' יהודה, אבל להקל אף במילי דרבנן, צ"ע אם נוכל להקל ולומר תרתי קולי, אחד דהוא בה"ש כר' יהודה, וגם דספיקא דרבנן לקולא, כיון דלר' יוסי הוי ודאי יום כל הזמן שמן שקיעה עד סמוך לצה"כ, וצ"ע).

סעיף ג- המתפלל עם הצבור מבעוד יום - יש מאחרונים שפירשו, דהיינו בין השמשות, דהוא ספק לילה, ויוצאין אז ידי ספירה לפוסקים דס"ל דספירה בזה"ז דרבנן, אכן הוא רוצה לדקדק ולספור מצאת הכוכבים וכנ"ל, **מונה עמהם בלא ברכה** - פן ישכח אח"כ, ויחשוב בדעתו: אם אזכור אח"כ בלילה למנות, אין אני רוצה לצאת בספירה זו, וכדלקמיה בהג"ה, **ואם יזכור בלילה יברך ויספור** – (ומשמע מהני אחרונים, דמפלג המנחה לכו"ע אינו יכול למנות).

(**ודע** דיש הרבה אחרונים, דמפרשי "מבעוד יום", היינו מפלג המנחה ולמעלה, ומאי דקאמר "מונה עמהם", היינו משום דאע"ג דמעיקר הדין כל זמן שאינו לילה אינו זמן ספירה, וכדלעיל בסעיף הקודם, מ"מ יש מקומות שנהגו להקל בזה, משום שהיו רגילין להתפלל מעריב קודם חשיכה, וחששו שאם לא יספרו אז בצבור וילכו כל אחד לביתו, ישכחו מחמת טרדא ולא יספרו, ותתבטל עיקר תורת ספירה, וע"כ סמכו במקום הדחק איש מי שאומר, דבספירה בזה"ז שהוא רק זכר למקדש לרוב הפוסקים, אין להחמיר בה יותר מבק"ש ותפלה, וכיון דחשבי זו להתחלת לילה וקורין שמע ומתפללין מעריב, כמו כן יש לנו לחשוב ללילה לענין ספירה, **וקאמר** דאף מי שהוא ת"ח, אם לבו נוקפו שמא יטרד וישכח לספור ביחידות, יכול לספור עם הצבור, אך לא יברך אז עכ"פ, דמעיקר הדין אין זמן ספירה אז, אלא שלא מחינן במנהג אותן המקומות, וכדי שלא יתבטלו לגמרי ממצוה זו, וכשיגיע הזמן בלילה יברך ויספור, ואינו ברכה לבטלה, דספירה קמייתא לאו כלום הוא מעיקר דינא).

הגה: ואפי' ענה "אמן" על ברכת הקהל, אם היה דעתו שלא לצאת, יחזור ויברך ויספור בלילה – (ר"ל דהיה מנהגם שהש"ץ היה מברך ומוציא כל הקהל בברכתו, והספירה היו מונין כל אחד לעצמו, וסד"א דכיון שענה "אמן" יחד עם הצבור, ודאי כוון לצאת

בהברכה על הספירה שמנה, וממילא מוכח דכוון לצאת בהספירה ידי המצוה, קמ"ל דלא אמרינן הכי, כיון שכוון בהדיא שלא לצאת).

ודוקא אם מתכוין שלא לצאת, אבל בסתמא יצא למ"ד דמצות א"צ כונה, **ואף** דפסקינן לעיל בסימן ס' דמצות צריכות כונה, אפשר לענין ברכה שצריך להזכיר שם שמים, צריך לחוש להך דעה, [**וא"ר** תירץ, משום דהוא מילתא דרבנן, יש דעה שסובר דבזה יש לנו לפסוק להקל, דאין צריך כוונה].

ואפילו בע"ש, שכבר קיבל שבת וגם התפלל עם הצבור, אפ"ה יברך ויספור בלילה, כיון שלא רצה לצאת במה שסיפר עמהן ביה"ש.

כתבו האחרונים, דאם יצאו הכוכבים מותר לו לספור, אפילו לא התפלל עדיין מעריב, ואפילו הוא במו"ש, דהא לילה הוא לכל מילי, ואפי' לקדש ולהבדיל מותר קודם תפלה, אלא שאסור במלאכה עד שיבדיל.

סעיף ד - מי ששואל אותו חבירו בין השמשות כמה ימי הספירה בזה הלילה, יאמר לו: אתמול היה כך וכך - נקט בין השמשות, משום דבדיעבד אם בירך ביה"ש יצא, **וכ"ש** אם שאל אותו אחר צה"כ, שצריך ליזהר מלהשיב: היום כך וכך.

שאם יאמר לו: היום כך וכך - ואפי' בלשון לע"ז, **אינו יכול לחזור ולמנות בברכה** - שכבר יצא בזה ידי ספירה למ"ד מצות א"צ כונה, **ואע"ג** דלא אמר "בעומר", יצא בדיעבד, **ואף** דאנן קי"ל דצריכות כונה, וזה הלא לא כוון לצאת בזה ידי מצוה, לענין ברכה צריך להחמיר ולחוש להך דעה, ולא יברך על הספירה שימנה אח"כ, [**וא"ר** תירץ, לפי שהוא מילתא דרבנן].

(**אבל בלא ברכה, בודאי צריך לחזור ולמנות, דהא מ"מ איכא פלוגתא במצות צריכות כונה, ומה גם בבין השמשות, דדעת א"ר דאפילו בעלמא שסופר כדרך ספירה, יש לו לחזור אח"כ ולמנות בלי ברכה, וכ"ש כאן**).

ואם לא אמר "היום" לית לן בה, משום דעיקר מצות ספירה הוא שיאמר: היום כך וכך, **ויש** עוד עצה, שיכוין בפירוש שלא לצאת בזה ידי ספירה.

(**ומ"מ בעיקר הדין יש לעיין טובא, דדעת הגר"א, דסעיף זה קאי רק אליבא דמ"ד מצות א"צ כונה, וכן הוא** ג"כ דעת הפר"ח, דלדידן דקי"ל דמצות צריכות כונה, צריך לחזור ולברך, **ועוד** נלענ"ד, **שאם היה זה בין השמשות, והאיש הזה המשיב רגיל תמיד לברך דוקא בצאת הכוכבים, מסתברא דבאופן זה הוי כמכוין בהדיא שלא לצאת, ומותר לו לחזור אח"כ ולמנות בברכה, ולמעשה צ"ע**).

כתבו האחרונים, דמיירי ששאל אתו קודם שהגיע לשבועות, הא אי שאל לו בשעה שהגיע לשבועות, אפילו אמר לו: היום כך וכך, לאו כלום הוא כל שלא הזכיר שבועות, וצריך לחזור ולספור בברכה, [**מיהו** מפר"ח משמע, דדוקא היכי דשבועי הוא לעיכובא, כגון במשלם שבועי, אבל אחר השלמת השבוע שאינו אלא מנהג להזכיר שבועות, אפי' לא הזכיר אלא הימים יצא, **ובא"ר** מבואר להדיא, דבכל גווני כל שלא הזכיר שבועות כמנהגנו, יכול לחזור ולספור בברכה, דמוכחא מלתא שמתכוין שלא לצאת, ודי לנו להחמיר היכי דהזכיר ימים ושבועות, שהרי הט"ז חוכך גם בזה, עכ"ל, **וגם** לדברי הגר"א, דסעיף זה הוא רק למ"ד דמצות א"צ כוונה, מוכח דלמ"ד צריכות כוונה א"צ ליזהר בכל זה, ועכ"פ באופן זה בודאי נוכל לסמוך להקל כדעת הא"ר].

אבל קודם בין השמשות, כיון שאינו זמן ספירה אין בכך כלום – (ונ"ל פשוט אפילו היה אחר פלג המנחה, וכבר התפלל המשיב מעריב, אפ"ה אין להחמיר בכגון זה, ויכול לחזור אח"כ ולמנות בברכה כשיגיע זמן הספירה, דדעה זו של אחר פלג נדחית היא מעיקר הדין, וא"צ להחמיר בכגון זה).

הגה: וכשהגיע הזמן, אסורין לאכול עד שיספור - וה"ה שאר מלאכות, וכדלעיל בסימן רל"ב ורל"ה.

ר"ל שהגיע צאת הכוכבים, [דבביה"ש אף שמותר לספור מטעם ספיקא דרבנן, עכ"פ איננו מחויב עדיין], ואפילו אם כבר התפללו ק"ש ותפלה, דאל"כ בלא"ה אסור משום ק"ש ותפלה.

והסכימו האחרונים, דלפי מאי דפסקינן לעיל בסימן רל"ה, להחמיר מחצי שעה קודם הזמן, ה"ה הכא יש לנו להחמיר שלא לאכול מחצי שעה הסמוך לספירה והלאה, אפילו אם כבר הקדים והתפלל, **אך** במקום שהמנהג שהשמש קורא לספור ספירה, אין להחמיר בקודם זמנו.

ואפילו התחיל לאכול, פוסק וסופר - היינו למ"ד ספירה בזה"ז דאורייתא, וכדמציין בהג"ה, **וא"כ** לדידן דנקטינן ספירה בזה"ז דרבנן, אינו פוסק, **ויש** מאחרונים שכתבו, דלפיכך חשש הרמ"א פה בעניננו להחמיר כאותו דעה שהוא דאורייתא, משום דהוא דבר שאין בו טורח כלל, להפסיק מעט ולספור.

מיהו אם התחיל לאכול קודם שהגיע הזמן - ולפי מה דכתבנו לעיל, דמחצי שעה סמוך לזמן מתחיל האיסור, יהיה שייך דינא דרמ"א כשהתחיל לאכול ביותר מחצי שעה קודם הזמן, **אינו צריך להפסיק** - אפילו למ"ד ספירה בזה"ז דאורייתא, כיון שיש עוד שהות לספור, **אלא גומר אכילתו וסופר אחר כך, (ד"ע למאן דאמר ספירה בזמן הזה דאורייתא).**

סעיף ה - אם אינו יודע החשבון, ופתח אדעתא דלסיים כמו שישמע מחבירו, ושתק עד ששמע מחבירו וסיים כמוהו, יצא - ר"ל אף בברכה, דאדעתא דהכי פתח הברכה וסיים, ואיכא סיום ופתיחה, **ומ"מ** לכתחלה אין לו לברך אלא א"כ יודע מתחלה איזה יום היום, דאסור להפסיק אפילו בשתיקה בין הברכה להמצוה, יותר מכדי דיבור, [**ולכאורה** לפי"ז אם לא הפסיק בשתיקה כלל, אלא אמר מלה במלה עם חבירו, שפיר דמי, **אבל** מלשון הט"ז משמע, דצריך בשעת הברכה לכתחילה לידע איזה יום הוא מהספירה].

[**ובחק** יעקב כתב, שהעולם מקילין בזה אף לכתחילה, **ואין** דבריו מחוורים בזה, להקל לברך על סמך שישמע אח"כ, ושמא לא ישמע, או יצטרך להפסיק בשאלתו לאחרים].

סעיף ו - אם פתח ואמר: "בא"י אמ"ה" אדעתא דלימא "היום ד'", שהוא סבור שהם ד', ונזכר וסיים בה', והם ה'.

או איפכא, שהם ד', ופתח אדעתא דלימא ארבעה, וטעה וסיים בה', אינו חוזר ומברך - האחרונים תמהו על דין זה, דבשלמא ברישא שסיים בה' והוא ה', ניחא דיצא, שהרי סיפר כדין, אע"ג דבשעת ברכתו סבור שהוא ד', לאו כלום הוא, שהרי אף בלא בירך כלל יצא, **אבל** בסיפא מאי מהני לן שבשעת ברכה ידע איזה יום הוא, הלא עכ"פ בפיו סיפר יום שאינו, **והסכימו** דבזה צריך לספור מחדש ולברך, דברכתו ראשונה היתה לבטלה כיון שסיים אחריה יום אחר, **אם** לא שנזכר תוך כדי דיבור לספירתו, שאז חוזר וסופר כדין והברכה עולה לו.

(והנה הט"ז תירץ, דאין כונת המחבר "וסיים" על הספירה גופא, **אלא** על הברכה, ור"ל שבתחלת הברכה, כשאמר: ברוך אתה ה' אלהינו מלך העולם, חישב אדעתא שיספור אח"כ ד', ורק בעת סיום הברכה נדמה לו שהיום הוא יום חמישי לעומר, וסיים גמר הברכה אדעתא לספור ה' לעומר, אינו חוזר ומברך, דבזה אזלינן בתר פתיחה, ובדין הראשון שצייר המחבר הוא נמי בכהאי גוונא, ושם הטעם דאזלינן בתר חתימה, ומשום דהוא מלתא דרבנן אזלינן בתרווייהו לקולא, ואינו חוזר ומברך, ודין זה העתיקו האחרונים להלכה, **אך** הט"ז הוליד מזה דין חדש, דהיכא דהפתיחה והחתימה היה אדעתא לספור יום ה', ואחר שגמר הברכה נודע לו שהיום יום ד', חוזר ומברך, **ובדין זה לא הסכימו עמו כמה אחרונים**), [דהברכה אינו קאי על היום, אלא הודאה לד' על עצם המצוה, וכיון שתכ"ד נזכר וסיים כהוגן, שפיר דמי].

ודע עוד, דאף דבשו"ע מיירי שבעת הברכה היה יודע יום הספירה, ובירך אדעת לספור כהוגן, אלא שאח"כ טעה וסיים שלא כהוגן, **אבל** כמה אחרונים הסכימו, דאף אם בעת הברכה היה דעתו ג"כ על יום אחר, וכן סיפר בטעות, מ"מ אם בתוך כדי דיבור נזכר שטעה, יסיים תיכף כהוגן ויוצא בזה.

עוד כתבו, דאם טעה ואמר: היום יום ד' בעומר, ובתוך כדי דיבור נזכר שהוא יום חמישי, דיו שיסיים: חמישי בעומר, ויוצא בזה, אף שלא אמר: היום יום ה', כיון שהוא עדיין תוך כדי דיבור.

סעיף ז - שכח ולא בירך כל הלילה – (וה"ה אם יש לו ספק ביום אם ספר בלילה או לא), **יספור ביום** - כדעת הרבה פוסקים, דבדיעבד ספירת יום עולה לספירה, **בלא ברכה** - דיש לחוש לדעת הפוסקים, דאין זמן ספירה אלא בלילה, וכשמברך ביום הוא לבטלה.

מיהו מכאן ולהבא סופר בכל לילה בברכה, ולא הוי כדילג יום אחד לגמרי, שאינו סופר עוד בברכה, [**משום** דהוי ס"ס לחיובא, ספק דבדיעבד ספירה זמנה כל המעת לעת, ואת"ל כדעת הפוסקים דאין ספירה ביום, אעפ"כ הרבה פוסקים מסכימים, דאין הימים מעכבין זה את זה, ולענין זה לא בעינן תמימות, **ודלא** כפר"ח שסובר, דלצד דלא מברכין ביום משום דבעינן תמימות, ה"ה אם דילג יום אחד אינו רשאי לברך משום דבעינן תמימות, **דזה** אינו הכרח].

סעיף ח - אם שכח לברך - ר"ל שלא סיפר, **באחד מהימים, בין יום ראשון בין משאר ימים** - ולא נזכר עד ספירה שאחריה, **וה"ה** אם נודע לו שאתמול טעה במנין וספר ספירה אחרת, דינו כמו שלא סיפר כלל.

סופר בשאר ימים - כדעת הרבה פוסקים, דאין ספירת הימים מעכבין זה את זה, וכל יומא ויומא מצוה בפני עצמה היא, **בלא ברכה** - לחוש למ"ד דספירת שבע שבתות תמימות בעינן, והא ליכא דהא חסר חד יומא, **ונכון** בזה שישמע הברכה מן הש"ץ או מאחד מהמברכין, ויענה אמן בכונה לצאת, ואח"כ יספור.

(**סופר** בשאר ימים – ואע"ג דכתיב: תמימות תהיינה, כתב הרי"ץ גיאות בשם ר"ה גאון, דמקיים תמימות בשבועי, דהיינו שבכל משלם שבועי כשאומר חשבון השבוע, מקיים "שבעה שבועות תמימות תהיינה", **ועוד** תירץ שם, דהיכי דאישתלי יום אחד, יספור בליל שני שתי הספירות, כגון בשכח ספירה ראשונה, יאמר בספירה שניה "אתמול היה אחד בעומר, ויומא דין תרי בעומרא", וכיון דמני גם של אתמול, לא נפק מכלל "תמימות תהיינה", **אכן** שארי פוסקים לא הזכירו סברא זו, וכתבו דהאי "תמימות תהיינה", קאי אכל יומא שהתחיל לספור מבערב, וכמו דדרשינן במנחות, אבל לא לענין שכל הימים יעכבו זה את זה, **ובא"ר** מצאתי שכתב, שטוב לחוש לדברי רב האי גאון בתירוצו השני, ולספור גם הספירה של אתמול ביחד, ובלי ברכה וכנ"ל, **ושארי** אחרונים לא הזכירו דבר זה).

אבל אם הוא מסופק אם דילג יום אחד ולא ספר, יספור בשאר ימים בברכה - דאיכא ספק ספיקא, שמא לא דילג כלל, ואת"ל שדילג, שמא הלכה כאותן פוסקים, דכל יום הוא מצוה בפני עצמו, [**וכ"ש** אם ספק זה שדילג לא היה על יום ראשון, כי אם על שאר הימים, בודאי יספור שאר הימים בברכה, דבזה דעת רוב ראשונים, דמחויב מדינא לספור שאר הימים], **וה"ה** בכל דבר שדינו לחזור ולספור בלי ברכה מחמת ספק, אם לא חזר וסיפר, יספור שארי לילות בברכה.

ולכן אם טעה בימים ולא טעה בשבועות, או טעה בשבועות ולא טעה בימים, דדינו לחזור ולספור בלא ברכה, אם לא חזר וסיפר, אפ"ה מונה שאר ימים בברכה, (והוא מדברי הט"ז, **אכן** לפי הסברא היה נראה, דהט"ז מיירי רק בשאר ימי השבוע, דאינו לעיכובא שיזכיר גם הימים, וכמו שהסכימו האחרונים, ולהכי יש לומר דה"ה אם טעה בו, דלא גרע מלא הזכיר כלל, **משא"כ** ביומא דמשלם שבועי, דהתם מן הדין צריך להזכיר גם ימים והוא לעיכובא, א"כ פשוט דה"ה אם טעה בחשבון הימים, ספירתו לאו כלום הוא והוי כדילג לגמרי, וסופר שאר הימים בלא ברכה, **ואפשר** דדעת הט"ז, **דאפילו** ביומי דמשלם שבועי, נמי יש להקל לענין ספירות של ימים הבאים, כיון דלכמה פוסקים בלא"ה אין הימים מעכבין זה את זה, וא"כ עכ"פ יש להקל בכגון זה, שעכ"פ הזכיר אחד המספרים, או יומי או שבועי, **ועיין** בא"ר שמפקפק ג"כ על עיקר דינו של הט"ז, **וצ"ע** למעשה).

(**כתב** בנהר שלום, מי שמתו מוטל לפניו בא' מימי העומר, יספור ביום לאחר קבורת מתו בלא ברכה, **ולא** דמי לתפלה דאין מתפלל בתורת תשלומין, כיון דבעיקר זמנה הוי פטור, דהכא למ"ד דמונה אותה אף ביום, לאו בתורת תשלומין הוא ללילה, אלא דחיובה נמשך עד סוף מעל"ע, ודמי להבדלה שמבדיל ביום א' אחר קבורת מתו, דעיקר זמנה הוא עד יום ד', **ולפי"ז** שסופר ביום, יוכל לספור שאר ימים בברכה, מיהו אם נמשך קבורתו כל היום, באופן שלא נשאר לו פנאי לספור אחר קבורת מתו, אין לו לספור עוד בימים הבאים בברכה, דמה לי אם שכח לספור, ומה לי אם נפטר לספור, אידי ואידי לא הוי תמימות, ע"ש, והנה מה שהחליט, דלמאן דמחייב לספור ביום, אינו מטעם השלמה, אין זה ברור כ"כ, עיין באו"ז מש"כ בשם אבי העזרי, **ובעיקר** הדין מאי דפסיקא ליה דאונן פטור מספירה, הרב נוב"י מסתפק בזה ע"פ מש"כ מהרש"ל, דלא מכל הדברים אונן פטור, ומגבב שם איזה

סברות דאיכא למימר דגם מספירה לא פטור, **ובעיקר** משום דבזה לא מיטרד, ולא מתבטל בשביל רגע זו מלעסוק במתו, ומצרף גם דעת איזה פוסקים, דאונן פטור אבל רשאי לקיים, **וע"פ** כל זה דעתו דיספור בשעה שמתו מוטל לפניו בלא ברכה, ושוב יכול לספור בכל הימים בברכה, מאחר דבלא זה יש פוסקים דלא בעינן כלל תמימות, והעתיקו הגאון רעק"א בהגהותיו).

סעיף ט - ליל שבת וליל יום טוב, מברכים וסופרים אחר קידוש בבית הכנסת - שכל מה שנוכל להקדים קדושת היום יש לנו להקדים, **ואם** סופר בביתו, יספור קודם קידוש, דאסור לאכול קודם ספירה.

ובמוצאי שבת ויו"ט, קודם הבדלה - דאפוקי יומא מאחרינן ליה כל מה דאפשר, **אחר קדיש תתקבל** - ר"ל מה שאומרים אחר "ויהי נועם" "ואתה קדוש", דאז הוא גמר התפלה, דקדיש קמא אינו גומר שאינו שלם, **"ויתן** לך" אומרים אחר הספירה.

וכשחל יו"ט האחרון של פסח במוצאי שבת, דאז אומר קידוש והבדלה בפעם אחת, יש לספור קודם שמברכין על הכוס בבית הכנסת - כנ"ל דאפוקי יומא מאחרינן כמה דאפשר, אע"ג שמקבל הכא קדושת יו"ט בקידושו, מ"מ קדושת שבת גדולה מקדושת יו"ט, **ולהכי** נקט יו"ט אחרון, דשביעי של פסח אינו חל במו"ש, וליל שני של פסח אין מקדשין בבהכ"נ, כמ"ש בסי' תפ"ז.

ודעת הט"ז, דלאו דוקא אם חל יו"ט אחרון במו"ש, דה"ה אפילו בחול נמי, יש להקדים ספירה לקידוש, דטפי עדיף לאחר קדושת יום השביעי שהוא מן התורה, מלקבל קדושת יו"ט אחרון שאינו אלא מדרבנן, **אבל** האחרונים חלקו עליו, [דלא ליתי לזלזולי ביו"ט שני].

הגה: ואם אין לו יין וצריך לקדש יקנה"ז, ע"ל סימן רצ"ו.

סעיף י - אסור לאכול חדש - היינו תבואה שנשרשה אחר ט"ז בניסן, שהוא זמן הקרבת העומר, דאם נשרשה קודם העומר, העומר מתירה.

ושייך רק בחמשת המינים, חטים ושעורים וכוסמין ושבולת שועל ושיפון.

אף בזמן הזה - מדכתיב: ולחם וקלי וכרמל לא תאכלו עד עצם היום הזה וגו', בכל מושבותיכם, משמע מזה דאף בחוץ לארץ נוהג איסור עד עצם היום, דהיינו יום הבאת קרבן, שהוא ט"ז בניסן, ומשום ספיקא דיומא מחמרינן עוד על יום אחד.

בין לחם, בין קלי - גרעינים של חמשת המינים הנ"ל הקלויין באור, **בין כרמל** - היינו שנתמולל ביד, ולא הובהב באור, [**ובספר** החינוך פי', דהיינו תבואה קלויה בשבלים].

עד תחלת ליל י"ח בניסן, ובארץ ישראל, עד תחלת ליל י"ז בניסן - דשם אינו אלא יום אחד, והא דמחמרינן כל יום ט"ז, משום דכתיב: עד עצם היום הזה, וקי"ל דעד ועד בכלל.

והנה ביו"ד סימן רצ"ג כתב רמ"א היתר לחדש, דהוי ס"ס, חדא שמא התבואה היא משנה שעברה, ואת"ל משנה זו, דלמא נשרשה קודם לעומר, **וה"ה** אם הוא מקום שמביאים תבואה ממקומות אחרים שתבואתן נשרשת קודם לעומר, **וכתבו** האחרונים, דבמדינת פולין אין להקל כי אם בחטין ושיפון, דרובא דרובא נזרעים בחודש חשון, ואין שייך בהם חדש, אם לא אותן שידועין שנזרעו בקיץ, **אבל** שעורים ושבולת שועל וכוסמין, רובן וכמעט כולם נזרעים אחר הפסח, וגם אין רגיל להביא שם תבואה ממדינות אחרות, אין להקל בם, **וכהיום** שדרך להביא על דרך מסלת הברזל קמח חטים ממקומות הרחוקין, וידוע שבפנים רוסיא נמצא הרבה מקומות שנזרעו החטין בקיץ, ומצוי שם חדש כמעט יותר מן הישן, אם יודע שבא הקמח משם, צריך ליזהר בזה בימות החורף, שאז כבר נעשין הקמח מתבואה חדשה.

ומ"מ רוב העולם אין נזהרין כלל באיסור חדש, ויש שלמדו עליהם זכות, לפי שהוא דבר קשה להיות זהיר בזה, ולכן סומכין מפני הדחק על מקצת הראשונים שסוברין, שחדש בחו"ל אינה אלא מד"ס, שגזרו משום א"י, ולא גזרו אלא במקומות הסמוכין לא"י, כגון מצרים ובבל, **ויש** שלמדו עליהם זכות, שסוברין שחדש אינו נוהג אלא בתבואה של ישראל, אבל לא בשל עכו"ם,

ולפי"ז צריך להזהיר לישראלים שיש להם תבואה זרועה בשדות שלהם, שינהגו בה איסור חדש.

והנה אף שאין בידינו למחות ביד המקילין, מ"מ כל בעל נפש לא יסמוך על התירים הללו, ויחמיר לעצמו בכל מה שאפשר לו, כי להרבה גדולי הראשונים הוא איסור דאורייתא בכל גווני, [וגם הגר"א היה מחמיר באיסור חדש ככל איסורי תורה].

וכתבו האחרונים, דאף הנזהרים מחדש, אינם נזהרים בפליטת כלים, **אם** לא שברור לו שנתבשל בו מתבואה חדשה, **ונראה** שאף בזה, אין להחמיר רק בתוך מעת לעת מן הבישול הראשון, [**דלאחר** מעת לעת שהוא נותן טעם לפגם, יש לסמוך על המקילין, כן נ"ל. **ועיין** במ"א שמצדד, דאם בישל עתה מין אחר, יש להחמיר גם בפליטת כלים].

(**ומ"מ** באשר ידוע, שכמה וכמה מן הנזהרין מחשש איסור כל דהו בשארי איסורים, מקילין ג"כ בזה, וסיבת הדבר ראיתי, מפני שסוברין שמי שרוצה לזהר צריך לזהר בכל החומרות, משמרים ושכר ויי"ש וכן בפליטת כלים, והוא דבר קשה לזהר במדינות אלו, ע"כ סומך כל אחד עצמו על מנהג העולם להקל לגמרי, **אבל** לענ"ד אין נכון הדבר, דכי בשביל שקשה לו לזהר בכל החומרות יקל לגמרי, דהלא בקמח נקל לזהר כהיום, שמצוי בכל המקומות קמח מחטים הנזרעים בחשוון, וגם מן הסתם אפשר דרובן ישן הם, **וכן** בשכר יש כמה אחרונים שמצדדין להקל, (דדינו כזיעה בעלמא), **וגם** דשכר אינו ודאי חדש, דאף בימות החורף כמה פעמים נעשה השכר ממאל"ץ משעורים ישנים, **ואף** דכמה גדולי אחרונים מחמירין אף בשכר, כמבואר ביו"ד ובאחרונים שם, מ"מ המיקל יש לו על מי לסמוך, **ובספק**, כבר יש לנו דעת האו"ז, שכתב דיש לסמוך בשעת הדחק על הסוברין דחדש דרבנן, והוי ספק דרבנן, וכן בפליטת כלים ושמרים יש צדדים להקל, **אבל** בגרויפין עצמם של שעורים ושבולת שועל במדינתנו, שהם ודאי חדש בחורף, אף דלא נוכל גם בזה למחות בהעולם שנהגו להקל, אבל ראוי ונכון להחמיר לעצמו עכ"פ בזה, דהלא לגדולי הראשונים הוא דאורייתא, **ואף** להאו"ז שמצדד דהוא מדרבנן בחו"ל, לא סמך ע"ז להקל אלא בספק, דאז יש לסמוך בשעת הדחק על דעת הסוברין דרבנן, והוי ספיקא דרבנן, אבל לא בודאי חדש, **ובפסקי** תוס' במנחות דכתב, דבשל עכו"ם הוא מדרבנן, א"כ מדרבנן עכ"פ מיהו אסור, **ואין** לנו מקילין רק יחידאי נגד כל הני רבוותא הנ"ל, וגם כמה מן האחרונים המקילין לא רצו להקל אלא בספק ולא בודאי, וגם בשו"ע כאן וביו"ד הלא סתמו כהפוסקים דהוא דאורייתא בכל גווני, וגם הרבה מן האחרונים תפסו כן לעיקר, **ע"כ** בודאי מן הראוי ונכון לחוש לכל זה, ולפרוש עכ"פ מן ודאי חדש, ומי שירצה לתת לב ע"ז, יוכל להשיג גם בחורף ממינים אלו מתבואה ישנה).

§ סימן תצ – סדר תפילת יום שני ותפלת חוש"מ §

סעיף א - ביום שני קורין בפרשת אמור: "שור או כשב" עד סוף הענין - דהיינו עד "וידבר משה את מועדי ה'" וגו', דמיירי שם מענייני כל המועדים וגם של פסח.

ומפטיר קורא כמו ביום ראשון, ומפטיר במלכים בפסח דיאשיהו, מ"וישלח המלך" עד "ואחריו לא קם כמוהו".

וכתבו הספרים, דטוב לעשות ביום ב' בסעודה איזה דבר לזכר סעודת אסתר, שביום ההוא נתלה המן.

סעיף ב - יום ג' שהוא חוש"מ, ערבית ושחרית ומנחה מתפלל כדרכו, ואומר "יעלה ויבא" בעבודה, ואם לא אמרו מחזירין אותו; וכן מזכירו בברכת המזון, ואם לא אמרו אין מחזירין אותו - דדוקא בתפלה דלא סגי דלא יתפלל, וכיון שלא התפלל כראוי יחזור, **דהיינו** אם נזכר לאחר שעקר רגליו חוזר לראש, ואם עד שלא סיים תפלתו חוזר ל"רצה", **משא"כ** בברכת המזון בחול המועד, דאי בעי לא אכיל דבר המחייב לבהמ"ז, שיאכל בשר ופירות, ע"כ אין מחזירין אותו בכל גווני.

ובמוסף מתפלל כדרך שמתפלל במוסף של יו"ט. הגה: אלא כשמגיע ל"על ידי משה עבדך מפי כבודך כאמור", אומר: "והקרבתם

עולה" וגו', עד "ושני תמידין כהלכתן" - ר"ל שלא יאמר "ובחודש הראשון", דכבר עבר.

סעיף ג - נוהגים שביום טוב אומר: את יום טוב מקרא קדש הזה, ובחולו של מועד אומר: את יום מקרא קודש הזה - ש"מ דחוש"מ לא מקרי יו"ט, ואין לומר בחוש"מ בבהמ"ז "הרחמן הוא ינחילנו יום שכולו טוב". **וביו"ט** שחל להיות בשבת, כתב הא"ר, שיאמר "הרחמן" על כל אחד בפני עצמו.

(ואנו אין נוהגין לומר "מקרא קדש" כלל, לא ביו"ט ולא בחוה"מ) - וכתבו האחרונים, דמנהגנו לומר "מקרא קודש" בין ביו"ט ובין בחוש"מ, ואין אומרים "את יו"ט" אפילו ביו"ט.

סעיף ד - כל הימים של חולו של מועד, ושני ימים אחרונים של יום טוב, קורים ההלל בדילוג כמו בראש חודש - מפני שביום שבעה של פסח נטבעו המצרים, אמר הקב"ה: מעשי ידי טובעין בים ואתם אומרים שירה לפני, **וכיון** שבז' אין אומרים אותו, ע"כ בחוה"מ ג"כ אין אומרים אותו, שלא יהיה עדיף מיו"ט אחרון.

סעיף ה - סימן הפרשיות של שמונת ימי הפסח: "משך" - דהיינו יום ראשון: משכו וקחו וגו', **"תורא"** - יום ב': שור או כשב, **"קדש"** - יום ג': קדש לי כל בכור, **"בכספא"** - יום ד': אם כסף תלוה, **"פסל"** - יום ה': פסל לך, **"במדברא"** - יום ו': וידבר וגו' במדבר סיני ויעשו בני ישראל את הפסח, **"שלח"** - ביום ז': פ' בשלח, **"בוכרא"** - ביום ח': כל הבכור אשר יולד וגו'.

וזה הסדר לא ישתנה, כי אם כשחל פסח ביום ה', שביום שלישי שהוא שבת קורא: "ראה אתה אומר אלי" - מפני שכתוב בו מעניני דשבת, **שהוא "פסל", וביום א' ב' ג' קורין: "קדש", "בכספא", "במדברא".**

(בפמ"ג בשם הפר"ח: אם טעה ושינה הסדר בד' ימי חול המועד, קורין ביום שלאחריו פרשה שדילג, ונסתפק הפמ"ג גם ביו"ט, אם קרא ביום א' פרשת "שור", למה לא יקרא ביום ב' פרשת "משכו" שדילג).

סעיף ו - בכל ימי חוה"מ ושני ימים טובים אחרונים, קורים (הרביעי) - קאי על חוה"מ, **בספר שני בקרבנות המוספין שבפנחס ומתחיל "והקרבתם" עד סוף פיסקא** - ואין אומרים קדיש עד אחר שקרא הרביעי, שנשלם מנין הקרואים, **משא"כ** בשבת ויו"ט ויוה"כ, נשלם מנין הקרואים קודם שקורא מפטיר, וע"כ אומרים תיכף קדיש.

סעיף ז - בליל יום טוב האחרון - בין בז' בין בח', **מקדשין על היין** - ור"ל בבהכ"נ, וכונתו, דאף דבב' לילות הראשונים אין מקדשין בבהכ"נ, והטעם, לפי שאין לך עני בישראל שאין לו ד' כוסות, משא"כ הכא לא שייך זה.

ואין אומרין זמן - דהיינו "שהחיינו", שאינו רגל בפני עצמו כמו שמיני עצרת של החג.

הגה: ואומרים בתפלה ובקידוש "זמן חרותינו", כמו ביו"ט ראשון.

מילה כשחל בשביעי של פסח או בשמיני, אומרים "יום ליבשה נהפכו מצולים" קודם "גאל ישראל", [שאז היה קריעת ים סוף], **ואם** חל בשבת, אומרים קודם "שירה חדשה", משום שאז נוהגין לומר הפיוט של "ברח דודי" קודם "גאל ישראל", **משא"כ** בשאר יו"ט, דאין אומרים "יום ליבשה" מחמת מילה, אא"כ כשחלו בשבת, [ואז אומרים "ים ליבשה"] - מ"א בשם הלבוש.

עוד כתב, דאם חל יום ז' בשבת, אומרים ביוצר הפיוטים של שבת חוה"מ, מפני שאז אומרים "שיר השירים" באותו יום, והפיוטים של שבת חוה"מ מיוסדים על "שיר השירים", **ואם** חל יום אחרון בשבת, אומרים ביוצר הפיוטים של שבת חוה"מ, ובשמו"ע מהפכין ואומרים הפיוט של יום ז'.

סעיף ח - מפטירין ביום שביעי "וידבר דוד", וביום שמיני "עוד היום בנוב לעמוד".

סעיף ט - שבת שחל בחול המועד, ערבית שחרית ומנחה מתפלל כדרכו של

שבת, ואומר "יעלה ויבא" בעבודה - ואומרים במנחה "ואני תפלתי", וקורין בסדר השבוע.

(וכתב בברכי יוסף בשם מהר"י מולכו, אם חתם בשחרית שבת וחוה"מ "מקדש השבת וישראל והזמנים", א"צ לחזור, ואם חתם "ישראל והזמנים" ולא הזכיר שבת, לא יצא, ואם תוך כדי דיבור חזר ואמר "מקדש השבת", יצא).

ובמוסף אומר סדר מוסף יום חוה"מ, אלא שמזכיר של שבת ואומר: ותתן לנו את יום המנוח הזה ויום חג המצות הזה, וכן אומר: את מוספי יום המנוח הזה ויום חג המצות הזה, וחותם: מקדש השבת וישראל והזמנים – (וכתב בר"י, שאם בסדר מוסף התפלל מוסף שבת לחוד, לא יצא).

ומפטירים: "היתה עלי" - האמורה לענין תחית המתים, והטעם, כי תחית המתים יהא בניסן, וגוג ומגוג בתשרי, ע"כ מפטירין בניסן "העצמות היבשות", ובתשרי "ביום בוא גוג".

הגה: ואין מזכירין בברכת ההפטרה לפסח, לא באמצע ולא בחתימה - דהיינו שאינו חותם רק "מקדש השבת", דבשבת שחל בחוה"מ פסח, אין הפטרה באה אלא בשביל שבת בלבד, שהרי אין מפטירין בנביא בשאר ימי חוה"מ, לפיכך אומרים ברכת הפטרה כמו בשאר שבתות השנה.

וכתבו האחרונים, דבשבת חוה"מ סוכות, מסיים "מקדש השבת וישראל והזמנים", וכן מזכיר של סוכות באמצע הברכה, כמו ביו"ט ראשון של סוכות, **והטעם**, שכל יום ויום מחוה"מ סוכות הוא כמועד בפני עצמו, משום דחלוקין בקרבנות המוספין.

ונוהגין לומר שיר השירים בשבת של חוה"מ - מפני שמפורש בו ענין יציאת מצרים, ובשבת של חוה"מ, מפני שהפיוטים של אותו שבת מיוסדים על שה"ש.

ואם חל שבת ביום טוב האחרון, אומרים אותו באותו שבת; וכן הדין בסוכות עם קהלת - ונוהגין לומר קהלת בסוכות מפני שהם ימי שמחה, וכתיב בקהלת: ולשמחה מה זו עושה.

ונוהגין לומר רות בשבועות - דאיתא בילקוט רות: מה ענין רות אצל עצרת, שנקראת בזמן מתן תורה, ללמדך שלא ניתנה תורה אלא ע"י יסורין ועוני וכו', ונהגו לקרותה ביום שני.

והעם נהגו שלא לברך עליהם "על מקרא מגילה" ולא "על מקרא כתובים" - וכן הסכים הט"ז, **ומ"א** הסכים עם אותן הפוסקים, המצריכין לברך על כולם חוץ מקהלת, **והגר"א** בביאורו כתב, דאף על קהלת יש לברך, **ולכן** הנוהג לברך עכ"פ כשכתובין על קלף, בודאי אין למחות בידו.

§ סימן תצא – סדר הבדלה במוצאי יום טוב §

סעיף א - במוצאי יו"ט, בין במוצאי יו"ט לחול, בין במוצאי יו"ט לחוש"מ, מבדיל בתפלה כמו במו"ש - חסרון הניכר יש כאן, וצ"ל: "**ומבדיל על הכוס כמו במו"ש**", וכן מצאתי בשו"ע הראשון שהדפיס המחבר בחייו, **אלא שאינו מברך לא על הנר** - שאין מברכין על הנר אלא במו"ש, ובמוצאי יוה"כ שנאסר אור כל היום ועכשיו חוזר להתירו, **אבל** ביו"ט לא נאסר האור מעולם לצורך יו"ט.

ולא על הבשמים - דענין הבשמים הוא כדי להשיב את הנפש, שכואבת על הנשמה היתירה שניטלה ממנו אחר שבת, וביו"ט ליכא נשמה יתירה. **וכתבו** הפוסקים, דה"ה דביו"ט שחל במו"ש, אין מברכין על הבשמים, והטעם, לפי שיש מאכלים טובים, מיישבים דעתו כמו בשמים.

מי שהתחיל לאכול במוצאי פסח מבע"י עד הלילה, ועדיין לא התפלל והבדיל, מותר לאכול חמץ, דכיון שחשכה הוי לילה לכל מילי, אלא שחכמים אסרו במלאכה עד שיבדיל, **אמנם** אם עדיין לא בירך בהמ"ז, בודאי אין לו לאכול חמץ, דהרי יצטרך לומר "יעלה ויבוא", משום דאזלינן בתר התחלת הסעודה, וא"כ יהיה תרתי דסתרי.

סעיף ב - יו"ט שחל להיות במו"ש, אומר ב"אתה בחרתנו": "ותודיענו" - והוא דוגמת "אתה חוננתנו" שמזכירין במו"ש בברכת אתה חונן, **וע"כ** דינו ג"כ כ"אתה חוננתנו", שאם טעה ולא אמרו אין מחזירין אותו, שיכול לומר אח"כ קידוש על הכוס, ושם נזכר הבדלה ג"כ.

§ סימן תצב – תענית שני וחמישי ושני אחר המועדים §

סעיף א - יש נוהגים להתענות שני וחמישי ושני אחר הפסח, וכן אחר חג הסוכות - שחוששין שמא מתוך משתה ושמחה באו לידי עבירה, כמו שמצינו באיוב שהביא קרבנות, והתענית במקום קרבן, **אבל** בעצרת דאינו אלא יום אחד, אין חוששין.

וממתינים עד שיעבור כל חדש ניסן ותשרי - דבניסן המנהג שאין מתענים בו כלל, **ובתשרי** לא, משום דרובו הוא מועדות, וע"כ אין נכון לקבוע בו תענית בתחלה.

ואז מתענים. הגה: מיד שני וחמישי ושני שאפשר להתענות - ר"ל כיון שהגיע הזמן שאפשר להתענות, אין לאחר יותר, **ולאפוקי** ממה שכתבו בשם מהרי"ו, שימתינו מלהתענות עד י"ז חשוון, דליתא.

ומברכין בבהכ"נ בשבת הראשון שאחר ר"ח למי שיתענה בה"ב, ואחר אותו שבת מתחילין להתענות הבה"ב, **וצריך** לקבל התענית במנחה שלפניהם, **אכן** מי שענה אמן על אותו "מי שבירך", ודעתו להתענות, אין צריך לקבל עוד במנחה שלפני יום התענית, **ומ"מ** אם אח"כ נמלך שלא להתענות, אינו מחוייב להתענות מחמת עניית אמן, כל זמן שלא קיבל עליו התענית בפירוש בפיו, **וכשיש** מילה או חתונה באותו שבת שמברכין בה"ב, נוהגין לברכו במנחה, משום "מהיות טוב" וגו'.

ואם אירע בהם ברית מילה או פדיון הבן או שאר סעודת מצוה, מצוה לאכול וא"צ התרה, כי כל המתענה אדעתא דמנהגא מתענה, ולא נהגו להתענות בהם כשיש סעודת מצוה, [**אבל** כשרוצה לאכול מחמת שאינו בריא, צריך התרה בג', אם היה מורגל להתענות עד עתה, דלא מסיק אדעתיה כשלא יהיה בריא לא יתענה].

ויכולים לומר סליחות אפי' אין בבהכ"נ עשרה מתענים, רק שלא יאמרו הסליחה של "תענית צבור קבעו" וכו' - בה"ט, **ובפמ"ג** כתב, שידלג רק תיבת "צבור", **ומ"מ** הסליחה של "אפפונו מים" וכו', בודאי אין נכון לאומרה כל שאין צבור מתענין.

ובמקום שנהגו להתענות, ועושין אותו כמו תענית צבור לקרות "ויחל" - היינו בשחרית ומנחה, כל שיש בבהכ"נ עשרה שמתענין.

ויתר דיני תענית בה"ב יבואר לקמן בסימן תקס"ו ס"ב.

§ סימן תצג – דינים הנוהגים בימי העומר §

סעיף א - נוהגים שלא לישא אשה בין פסח לעצרת עד ל"ג לעומר - ואין חילוק בין נשואין של מצוה, כגון שאין לו בנים, או יש לו, כי כן פשט המנהג במדינתנו שלא לחלק, **ולהחזיר** גרושה שרי, שאינו כ"כ שמחה.

מפני שבאותו זמן מתו תלמידי רבי עקיבא - ר"ל ואין ראוי להרבות בשמחה. **ומ"מ** אם נזדמן לו איזה ענין שצריך לברך עליו "שהחיינו", יברך.

אבל לארס ולקדש, שפיר דמי - שמא יקדמנו אחר, ומותר לעשות ג"כ סעודת אירוסין, **ועכשיו** שאין מקדשין אלא בשעת נשואין, מ"מ מותר לעשות שידוכין, ולעשות סעודה, **אבל** לעשות ריקודין ומחולות נהגו איסור, וכ"ש בשאר ריקודין ומחולות של רשות, בודאי יש ליזהר, [**ואפי'** עד ר"ח אייר, ומר"ח סיון עד עצרת, לאותן הנוהגין להסתפר, יש להסתפק אם יש להקל בריקודין ומחולות של רשות].

ונשואין נמי, מי שקפץ וכנס אין עונשין אותו - היינו דוקא בנשואין, שעשה עכ"פ מצוה, אבל אם נסתפר בימי העומר, היו נוהגין לקנסו ולהענישו.

הגה: מיהו מל"ג בעומר ואילך הכל שרי - היינו לאותן הנוהגין לספר מל"ג בעומר ואילך, וכדלקמיה בס"ב, **אבל** לדידן שנוהגין איסור בתספורת, וכדלקמיה בס"ג, אסור ג"כ לישא, דנשואין ותספורת דין אחד להם, **ולעומת** זה יש קולא למנהגנו, שיהא מותר לישא ולהסתפר עד ר"ח אייר.

סעיף ב - נוהגים שלא להסתפר עד ל"ג לעומר - עד ועד בכלל, והיינו עד ל"ג ימים שלמים,

כל אחד לילו ויומו, **משא"כ** יום ל"ד, לא החמירו בו כי אם בלילה בלבד, אבל משיאור היום לאחר נץ החמה מותר, דמקצת היום ככולו, (ס"ל דתלמידי ר"ע מתו ל"ד יום, וראיה ממדרש שמתו מפסח עד פרוס עצרת, והוא ט"ו יום קודם עצרת, וכשתסיר ט"ו יום ממ"ט, נשארו ל"ד יום שלמים שמתו, אלא דמקצת היום ככולו).

(ומ"מ אותן המותרין להסתפר בחוה"מ, י"ל דגם בספירה שרי, דלא עדיף מחוה"מ).

שאומרים שאז פסקו מלמות - ואף דגם ביום ל"ד מתו, דמשום זה החמירו גם כל ליל ל"ד עד הנץ, **אפשר** דעיקר ההפסקה היה ביום ל"ג, וביום ל"ד מתו רק מעט.

ואין להסתפר עד יום ל"ד בבקר, אלא א"כ חל יום ל"ג ערב שבת, שאז מסתפרין בו מפני כבוד השבת.

הגה: ובמדינות אלו אין נוהגין כדבריו, אלא מסתפרין ביום ל"ג - דס"ל דביום ל"ג פסקו לגמרי מלמות, **ומרבים בו קצת שמחה, ואין אומרים בו תחנון** - גם בערב של ל"ב.

ואין להסתפר עד ל"ג בעצמו - דהיינו לאחר שתנץ החמה, **ולא מבערב** - והטעם לדידהו ג"כ, משום דמקצת היום ככולו, [**ולפי"ז** לדידהו אין להקל בלילה שלפניו, אפי' אם נסבור דבערב שלפניו אין אומרים תחנון].

ויש מאחרונים שמקילין להסתפר מבערב, וסיים א"ר, דמ"מ לענין נשואין לא ראיתי מקילין, כי אם ביום ל"ג בעומר בעצמו, ולא בלילה שלפניו, **אכן** כשחל ל"ג בעומר בע"ש, והוא לו שעת הדחק לעשות ביום, אפשר שיש להקל לו לעשות בלילה שלפניו.

מיהו אם חל ביום ראשון, נוהגין להסתפר ביום ו' לכבוד שבת.

ומי שהוא בעל ברית - היינו הסנדק והמוהל, אבל לא המוציא והמביא, **או מל בנו** - אף שאינו מוהלו בעצמו, ומ"ש הרמ"א "או מל בנו", היינו שיש לו בן שצריך למול אותו, **מותר להסתפר בספירה לכבוד המילה** - היינו אפילו ביום שלפני המילה, סמוך לערב קודם הליכה לבהכ"נ, **ואם** חל המילה בשבת, מותרים להסתפר בע"ש אפי' קודם חצות.

סעיף ג - יש נוהגים להסתפר בראש חדש אייר, וטעות הוא בידם - דלכו"ע נוהגין איסור ל"ג ימים, אך יש בזה מנהגים שונים, ויש לכל אחד טעם למנהגו, **יש** שבחרו אותן מיום ב' של פסח עד ל"ג בעומר, ומשם והלאה עד שבועות לא קבלו עלייהו שום איסור, אמנם עד ל"ג בעומר אין מתירין שום יום, **ויש** שניכו ממ"ט ימי העומר ט"ז ימים הראשונים, דהיינו עד יום שני של ר"ח אייר, ומשם והלאה עד שבועות שהוא ל"ג ימים, אין מתירין שום יום, לבד מל"ג בעומר עצמו התירוהו במקצתו, ומשום דמקצת יום ככולו, **ונמצא** מי שאוחז החבל בשני ראשין, דהיינו שמיקל בר"ח אייר, וגם מיקל מל"ג והלאה, טעות הוא בידו.

ואף להנוהגין איסור גם עד ר"ח אייר, מ"מ אם חל ר"ח בשבת, כיון שיש כאן תוספת שמחה, שבת ור"ח, יש להתיר להסתפר בע"ש מפני כבוד השבת, **וגם** לישא אשה בו ביום, כיון שעיקר הסעודה יהיה בשבת ור"ח.

הגה: מיהו בהרבה מקומות נוהגים להסתפר עד ראש חדש אייר, ואותן לא יספרו מל"ג בעומר ואילך - ר"ל עד שבועות ממש, **אעפ"י שמותר להסתפר בל"ג בעומר בעצמו** - (ס"ל דתלמידי ר"ע מתו ל"ג ימים שלמים, דהיינו ביום שא"א תחנון לא מתו, א"כ כשתוציא ז' ימי הפסח, דהיינו מיום שני של פסח, ועוד ו' שבתות, ושני ימים ר"ח אייר, ויום אחד ר"ח סיון שלא מתו, **א"כ** הרי נשארו ל"ג שלימין שמתו, ולפי"ז מתו עד עצרת, ולנגד אלו הל"ג ימים קבלו ישראל על עצמם קצת אבילות ל"ג ימים לענין תספורת ונשואין, **אלא** שיום אחד מהן יש להקל במקצת יום דהוא ככולו, ובחרו ביום ל"ג בעומר, ואולי מאיזה טעם, דהיינו לנכות ממ"ט יום של העומר ט"ז ימים הראשונים, דהיינו מיום ב' של פסח עד יום ב' של ר"ח אייר יש ט"ז ימים, שאותן ימים מקילין בהן, ונשארו ל"ג שלימין עד עצרת ומתאבלין בהן).

והנה במדינתנו המנהג לישא ולהסתפר בג' ימי הגבלה, ע"כ מסיק המ"א, דצריך ליזהר שלא לישא ולהסתפר בהשני ימים של ראש חודש אייר, **וגם** בראשון של ימי הגבלה בבוקר דוקא, דאמרינן מקצת היום

ככולו, וא"כ עי"ז יושלם ל"ג ימים שאנו נוהגים אבילות עבורם, **וכתב** הח"א שכן המנהג ג"כ בק"ק ווילנא, שנוהגים איסור מיום א' דר"ח אייר עד ג' סיון בבוקר, מלבד בל"ג בעומר נוהגין בו היתר.

ואותן מקומות שנוהגין להסתפר מל"ג בעומר ואילך, לא יסתפרו כלל אחר פסח עד ל"ג בעומר - ויש מקומות שנוהגין להקל רק בר"ח אייר, ובל"ג בעומר, ובר"ח סיון עד שבועות, ובעניינים אלו יתפוס כל אחד כפי מנהג מקומו.

ולא ינהגו בעיר אחת מקצת מנהג זה ומקצת מנהג זה - ר"ל שמקצת בני אדם ינהגו כך ומקצת ינהגו כך, **משום "לא תתגודדו".**

וכל שכן שאין לנהוג היתר בשתיהן - דהיינו שינהג היתר עד ר"ח אייר כסברא אחרונה, וגם ינהג היתר מל"ג בעומר ואילך עד עצרת כסברא ראשונה, כיון ששתי קולות אלו סותרות זו לזו, וכנ"ל.

אבל יכול לתפוס חומרי המנהגים, דהיינו שינהג איסור מפסח עד ערב שבועות, או עד יום א' של הגבלה, חוץ מל"ג בעומר, ואף שנוהג ב' חומרות הסותרות זו לזו, אינו "ככסיל ההולך בחושך", כיון שעושה כן רק מחמת ספק, שאינו יודע איזה מנהג הוא העיקר, **ומ"מ** א"צ לעשות כן, אלא יכול לתפוס איזה מנהג שירצה, ואין לו לחוש שמא מנהג המקום ההוא אינו כן, דכיון שהוא רק מנהג בעלמא, אין להחמיר בספיקא, **אבל** אם ידוע לו מנהג המקום, אין לו לשנות בין להקל ובין להחמיר.

סעיף ד - נהגו הנשים - וה"ה אנשים, **שלא לעשות מלאכה מפסח ועד עצרת, משקיעת החמה ואילך** - הטעם, שנקברו אחר שקיעת החמה, והיו העם בטלים ממלאכה, [**ולענ"ד** נראה, דאין להחמיר משקיעת החמה ואילך רק כדי קבורה, **ובפרט** לאחר ל"ג בעומר בודאי אין להחמיר, דלטעם זה יש להתיר אז לגמרי].

ויש עוד טעם בטור, לפי שאז זמן ספירת העומר, ובעומר כתיב: שבע שבתות, מלשון שבות, דהיינו שבזמן הספירה יש לשבות ממלאכה, **ולפי** טעם זה, אחר שספר מותר תיכף במלאכה.

‹**ולא** ראיתי נזהרים בזה אף הנשים – חק יעקב, **והביא** הכף החיים, דאין חיוב כלל לקיים מנהג זה, אלא במקום שנהגו נהגו, ואין למחות במי שאינו נוהג כן›.

§ סימן תצד – סדר תפלת חג השבועות §

סעיף א - ביום חמישים לספירת העומר הוא חג שבועות - ומאחרין להתפלל ערבית בכניסת שבועות בצאת הכוכבים, כדי שיהיו ימי הספירה מ"ט יום תמימות.

איתא בזוהר, שחסידים הראשונים היו נעורים כל הלילה ועוסקים בתורה, וכבר נהגו רוב הלומדים לעשות כן, **ואיתא** בשו"ע האר"י ז"ל: דע שכל מי שבלילה לא ישן כלל ועיקר והיה עוסק בתורה, מובטח לו שישלים שנתו ולא יארע לו שום נזק, **והטעם** כתב מ"א ע"פ פשוטו, שישראל היו ישנים כל הלילה, והוצרך הקב"ה להעיר אותם לקבל התורה, כדאיתא במדרש, לכך אנו צריכין לתקן זה.

וצריכין ליזהר אותם הנעורים כל הלילה, שלא לברך "על נטילת ידים" בבוקר, רק אחר שעשה צרכיו קודם התפלה, ואז מברך "על נט"י" ו"אשר יצר", **ולענין** ברכה על טלית קטן יש דעות בין הפוסקים, וע"כ יראה לכוין לפטור אותה בברכה שמברך על טלית גדול, **ולענין** ברכת התורה, עיין לעיל בסימן מ"ז במ"ב, **ולענין** ברכת "אלהי נשמה" וברכת "המעביר שנה", עיין בסי' מ"ו במ"ב.

נכון ליזהר ע"פ קבלה מלשמש בליל שבועות, אם לא בליל טבילה.

וסדר התפלה כמו ביום טוב של פסח, אלא שאומרים: "את יום חג השבועות הזה זמן מתן תורתנו", וגומרים ההלל, ומוציאין שני ספרים, וקורים בראשון חמשה מ"בחדש השלישי" עד סוף הסדר.

וקורין הדברות בטעם העליון, (שבעשרת הדברות יש ב' מיני נגינות, הא' עושה מכל דיבור פסוק אחד, אף שהוא ארוך או קצר מאד, דהיינו ש"אנכי" ו"לא יהיה לך" ו"לא תעשה לך" ו"לא תשתחוה" ו"עושה חסד" הם פסוק

אחד, ש"אנכי" ו"לא יהיה לך" בדיבור אחד נאמרו, ולפיכך תיבת "פני", הנו"ן נקודה פתח ולא קמץ, שהרי אין שם אתנחתא ולא סוף פסוק, וכן "זכור" ו"ששת ימים" ו"יום השביעי" ו"כי ששת" הם פסוק אחד, ולפיכך הכ' של תיבת "כל" הסמוכה לתיבת "ועשית", היא רפויה ולא דגושה, וב' תיבות "לא תרצח", הם פסוק אחד שלם, ולפיכך הצד"י היא נקודה קמץ, כיון שיש שם סוף פסוק, והתיו דגושה, לפי שתיבת "לא" היא מוטעמת בטעם מפסיק, דהיינו טפחא, **וכן** "לא תנאף" הוא פסוק אחד שלם, והתיו דגושה, והאל"ף נקודה קמץ, **וכן** "לא תגנב", התיו דגושה).

(**והשני**, עושה מ"אנכי" פסוק אחד, ו"מלא יהיה לך" פסוק ב', ולפי"ז הנו"ן של "פני" הוא בקמץ, שיש שם סוף פסוק, **וכן** "זכור" הוא פסוק א', ו"ששת ימים" הוא פסוק ב', ולפי"ז הכ"ף של תיבת "כל" היא דגושה, "**לא** תרצח" ו"לא תנאף" ו"לא תגנוב" ו"לא תענה", הכל פסוק א', ולפי"ז כל תיו מהם רפויה, והצד"י של "תרצח" היא בפתח, והאלף של "תנאף" היא בקמץ, לפי שיש שם אתנחתא).

(**וטעם** ב' נגינות הוא, שהראשון הוא מסודר לפי הכתוב, שנכתב כל דיבור ודיבור בפרשה בפני עצמו, שמ"אנכי" עד "לא תשא" היא פרשה א' סתומה, ודיבור א', לכך נעשה ממנו פסוק א', וכן מ"זכור" עד "לא תרצח", אבל מ"לא תרצח" עד "לא תחמוד", נכתב בד' פרשיות סתומות, והם ד' דיבורים, לכך נעשה מהם ד' פסוקים, **והשני**, הוא מסודר לפי הקרי, שלענין הקריאה אין מ"לא תרצח" עד "לא תחמוד" אלא פסוק א' בלבד, דהיינו שאסור להפסיק קריאתו לגמרי בתוך אמצע פסוק זה, אפי' כשקורא ביחיד, שא"א לומר שתיבת "לא תרצח" הוא פסוק בפני עצמו, שאין לנו בכל התורה פסוק פחות מג' תיבות).

(**וע"כ** בשבועות נוהגין לקרות בצבור בהראשון, דהיינו בטעם העליון, לעשות מכל דיבור פסוק אחד, לפי שבו ביום נתנו עשרת הדברות, **ובפ'** יתרו ובפ' ואתחנן, קורין אף בצבור בטעם התחתון, **ויש** נוהגין לקרות בצבור לעולם בטעם העליון, דהיינו אף בפרשת יתרו ובפרשת ואתחנן, רק היחיד הקורא לעצמו קורא בשני).

והמנהג לומר "אקדמות", והסכימו כמה אחרונים לומר זה קודם שמתחיל הכהן לברך על התורה, וכן המנהג כהיום בכמה קהלות, **אכן** "יציב פתגם" שאומרים ביום שני בעת קריאת הפטרה, נתפשט באיזה מקומות לאמרו אחר פסוק ראשון של הפטרה.

ומפטיר קורא בשני: "וביום הבכורים", ומפטיר במרכבה דיחזקאל, ומסיים בפסוק: "ותשאני רוח" - ונוהגין במקצת מקומות, שגדול וחכם קורא זאת ההפטרה, וסמך לדבר: ולא במעשה מרכבה אא"כ היה חכם ומבין מדעתו, **וגם** יש נוהגין, שכל מי שקורא אותה עם המפטיר בלחש, אומר אותה ג"כ מעומד מפני כבודה.

כתב פמ"ג בנוסח ברכת הפטרה: "על התורה ועל העבודה וכו', את יום חג השבועות הזה", אבל אין מזכירין לומר "מקרא קודש" וכו'.

סעיף ב - ביום השני קורים בפרשת "כל הבכור" עד סוף סידרא - ואם חל בשבת שצריכין לקרות יותר, דהא בשבת צריך ז' קרואים, מתחילין "עשר תעשר", **ומפטיר קורא כמו אתמול.**

ומפטיר בחבקוק, מן "וה' בהיכל קדשו" עד "למנצח בנגינותי" - ומזכירין נשמות ואומרים "אב הרחמים" ביום שני, **ובכל** מקום שקורין "כל הבכור" מזכירין נשמות, שיש בו מתנת יד, ונודרים צדקה.

כשחל שבועות ביום וי"ו זיי"ן, אין אומרים פרקים, וכשחל שבועות במו"ש, אומרים פרקים במנחה בשבת.

סעיף ג - אסור להתענות במוצאי חג השבועות - מפני כשחל עצרת בשבת, היה יום זביחת הקרבנות אחר השבת, והוא כעין יו"ט - מ"א, **ולפי** טעם זה, באסרו חג שאחר סוכות מותר להתענות, **אכן** מדברי הגר"א משמע, דגם שם אין להתענות, וכן מוכח בב"י.

הגה: ואין אומרים תחנון מתחילת ראש חדש סיון עד ח' בו, דהיינו אחר אסרו חג - וגם אין מתענים בם, דמיד בשני בסיון אמר להם משה לקדשם לתורה, כדכתיב: אם שמוע תשמעו בקולי ושמרתם את בריתי וגו', ואח"כ מתחיל ג' ימי הגבלה.

ונוהגין לשטוח עשבים בשבועות בבהכ"נ והבתים, זכר לשמחת מתן תורה - שהיו שם עשבים סביב הר סיני, כדכתיב: הצאן והבקר אל ירעו וגו'.

היינו בין ששוטחן בעיו"ט, או ביו"ט גופא, ואפילו אם אותן עשבים אין ראויין למאכל בהמה, כיון שחשב עליהן מבעוד יום שרי לטלטלן, ובפרט אם הם עשבים

המריחין, **אכן** אם חל שבועות ביום א', אין לשוטחן בשבת, כיון שכונתו לצורך יו"ט, ואין שבת מכין ליו"ט, אלא ישטחם ביו"ט גופא, או בערב שבת.

כתבו האחרונים, במקום שנוהגין לחלק עשבים המריחים בבהכ"נ, לא יחלקו מ"ברוך שאמר" עד אחר תפלת י"ח, כדי שיוכל לברך עליהן, דבינתים אסור להפסיק.

נוהגין להעמיד אילנות בבהכ"נ ובבתים, זכר שבעצרת נידונו על פירות האילן - מ"א, **והגר"א** ביטל מנהג זה, משום שעכשיו הוא חק העמים, להעמיד אילנות בחג שלהם.

ונוהגין בכמה מקומות לאכול מאכלי חלב ביום ראשון של שבועות, ונ"ל הטעם, שהוא כמו השני תבשילין שלוקחים בליל פסח, זכר לפסח וזכר לחגיגה - ר"ל כשם שבפסח עושין זכר לקרבן, **כן** - אנו צריכים לעשות בשבועות זכר לשתי הלחם שהיו מביאין, וע"כ **אוכלים מאכל חלב ואח"כ מאכל בשר, וצריכין להביא עמהם ב' לחם** - דאסור לאכול בשר וחלב מלחם אחד, **על השלחן שהוא במקום המזבח, ויש בזה זכרון לשני הלחם שהיו מקריבין ביום הבכורים** - וא"כ יהיו של חטין דוגמת שתי הלחם.

ולכן נהגו לאפות לחם אחד עם חמאה, דאז בודאי יצטרך להביא לחם אחר לאכול עם בשר, **ויזהר** אז להסיק התנור יפה בין לחם ללחם, **וגם** צריך מרדה חדשה, דלא כמקצת נשים שמהפכין אותה על צד השני, דהא בלוע מעבר אל עבר משמנונית.

ויזהר ליקח מפה אחרת כשרוצה לאכול בשר, וא"צ להפסיק בבהמ"ז אם אינו אוכל גבינה קשה, אלא יקנח פיו יפה וידיח, [**ואם** אוכל גבינה קשה צריך להפסיק בבהמ"ז, וימתין שש שעות].

וכתב הפמ"ג, יש ליזהר בענין מאכלי בשר וחלב, בכל מה שנזהרין בכל השנה, ושלא לצאת שכרם בהפסדם.

מאכלי חלב - ואני שמעתי עוד בשם גדול א' שאמר טעם נכון לזה, כי בעת שעמדו על הר סיני וקבלו התורה {כי בעשרת הדברות נתגלה להם עי"ז כל חלקי התורה, כמ"ש רב סעדיה גאון, שבי' הדברות כלולה כל התורה} וירדו מן ההר לביתם, לא מצאו מה לאכול תיכף כי אם מאכלי חלב, **כי** לבשר צריך הכנה רבה, לשחוט בסכין בדוק כאשר צוה ה', ולנקר חוטי החלב והדם, ולהדיח ולמלוח, ולבשל בכלים חדשים, כי הכלים שהיו להם מקודם שבישלו בהם באותו מעל"ע נאסרו להם, **ע"כ** בחרו להם לפי שעה מאכלי חלב, ואנו עושין זכר לזה.

גם נוהגין בקצת מקומות לאכול דבש וחלב, מפני התורה שנמשלה לדבש וחלב, כמש"כ: דבש וחלב תחת לשונך וגו'.

ואם מותר להתענות תענית חלום בשבועות, עיין לקמן בסימן תר"ד.

§ סימן תצה – איזה מלאכות אסורים ביו"ט §

סעיף א - כל מלאכה האסורה בשבת אסורה ביום טוב - בין שאיסורה מן התורה, ובין שאיסורה משום שבות, **וכן** כל דבר שאסור לעשותו בעצמו, אסור לומר גם לעכו"ם לעשותו, כמו בשבת.

חוץ ממלאכת אוכל נפש - כדכתיב בקרא: אך אשר יאכל לכל נפש הוא לבדו יעשה לכם.

וחוץ מהוצאה והבערה - ופרטי דיניהם יתבארו לקמן סימן תקי"א ותקי"ח.

וכן מכשירי אוכל נפש, שלא היה אפשר לעשותם מאתמול - דנתקלקל ביו"ט, או שלא הספיק לו השעה, **אבל** אם אפשר לעשותו מאתמול, הרי הוא כשאר מלאכות ואסור מן התורה, **ופרטי** דין זה עיין לקמן סימן תק"ח ותק"ט.

ומשמע דבאוכל נפש גופיה, מותר לדעת המחבר אפילו באפשר לעשותו מאתמול, **ומיהו** בדבר שדרך לעשותו בפעם אחת לימים רבים, גם להמחבר אסור, בדבר שטוב מאתמול ולא יפיג טעמו, וכדלקמן סימן תק"י ס"ג, **וע"י** שינוי משמע מהגר"א דשרי.

הגה: ויש מחמירין אפי' באוכל נפש עצמו, כל שאינו מפיג טעם כלל אם עשאו מערב יום טוב - דלישה ואפיה ושחיטה ובישול, אם עשאן בעיו"ט יש בהם חסרון טעם, שאין לחם שנילוש ונאפה היום, כלחם שנילוש ונאפה מאתמול, ולא תבשיל שנתבשל היום,

כתבשיל שנתבשל מאתמול, ולא בשר שנשחט היום, כבשר שנשחט מאתמול, ולהכי לא גזרו בהם, **אבל** דבר שאין בו קלקול טעם והפסד אם נעשה מאתמול, למה לו לעשותן ביו"ט, ואסור מדרבנן, כדי שלא יעבור עליו כל היום במלאכות וימנע משמחת יו"ט.

וכתבו האחרונים, דנקטינן למעשה כסברא זו.

וכתבו עוד, דלפי דעה זו, אסור ללוש ביו"ט וורימזלי"ן, שקורין לאקשי"ן, שאפשר הנילושים מבע"י טובים ביותר, **וכן** אסור לבשל פירות יבשים ביו"ט, שהוא ידוע שהמבושלים מעיו"ט טובים הם יותר לאכילה אח"כ ביו"ט, [**וע"י** שינוי מותר, ואפי' אם עדיף טפי כשיעשהו מעיו"ט, מותר ג"כ ע"י שינוי], **מיהו** אם לא היה לו שהות מקודם לבשל, וכ"ש כשלא היה לו הפירות מקודם, בודאי מותר לבשלם ביו"ט, וכן לענין לישה הנ"ל, [דלא גריע ממכשירי אוכל נפש דשרי בכה"ג].

ומשמע דאם מפיג טעם אפילו במקצת, שרי לכו"ע, **ובמהרי"ל** כתוב, שאסור לדוך שקדים ביו"ט להוציא מהן חלב, מדהיה אפשר ליה לדוך מאתמול, אע"פ שמפיג טעם קצת, **וכתבו** האחרונים דמשו"ה החמיר בזה, דדמי קצת לסחיטת פירות דאסור, **ומ"מ** ע"י שינוי נראה דיש להתיר, [דבאמת הוא חומרא בעלמא, דמעיקר הדבר לא שייך בזה סחיטה, שהחלב אינו כנוס בשקדים כיין בענבים].

מיהו אם לא עשאו מערב יו"ט ויש בו צורך יו"ט, מותר לעשותו ע"י שינוי - וכתב המ"א, דאפילו לכתחלה מותר להמתין לעשותו ע"י שינוי, **ובספר** בגדי ישע מפקפק ע"ז, **אכן** אם אין לו שהות קודם יו"ט, בודאי יש לסמוך ע"ז, **ולעיל** כתב דבאין לו שהות מותר אפי' בלא שינוי, ודלמא הכא היה לו אפשרות דחוקה – דרשו, **ואם** לא עשאו מעיו"ט מפני איזה אונס, מותר אפילו בלי שינוי.

סעיף ב - קצירה וטחינה ובצירה - וה"ה דישה והרקדה וכה"ג, **וסחיטה** - ר"ל לסחוט הפירות להוציא מהן שמנן ויינן לאכילה ביו"ט, **וצידה, אע"פ שהם מלאכת אוכל נפש, אסרום חכמים** - דמן התורה כל מלאכה שהוא באוכל נפש מותר, אלא חכמים אסרו דברים שהם עבודה רבה כגון הני, שהאדם רגיל לקצור שדהו ולבצור כרמו כאחד, ולדרוך כל ענביו כאחד, ולטחון הרבה בפעם אחת, וא"כ יטרד כל היום בעבודתו וימנע משמחת יו"ט, ולכן אסרו חכמים, ואפילו ע"י שינוי אסור, והניחו בהיתרן רק דברים שמסתמא הן רק לצורך אכילת יו"ט.

והרבה פוסקים חולקין, וסוברין דמלאכת עבודה הנ"ל אסור מן התורה אפילו באוכל נפש, ולא התירה התורה באוכל נפש אלא מה שהוא דרך לעשות ליום זה, כגון מלישה ואפיה ואילך, וכה"ג מלאכות שהם לצורך אכילה ביו"ט.

ופרטי דינים אלו יתבארו בסימנים הבאים, כל אחד ואחד במקומו.

סעיף ג - אין מוציאין משא על הבהמה ביו"ט - לפי דעת הגה"ה לעיל סימן רמ"ו ס"ג, דאין אדם מצווה על שביתת בהמתו ‹ביו"ט›, צ"ל דהכא אינו אלא איסורא דרבנן בעלמא, שלא יעשה כדרך שהוא עושה בחול עם בהמתו, [או שלא ישתמש בבעלי חיים], ואפילו לצורך יו"ט, **ואפילו** ברשות אחד ממקום למקום, [דאין בזה לא משום שביתת בהמה, ולא משום מחמר], נמי אסור, **ולפי"ז** לשון "אין מוציאין" לאו דוקא.

ולעיל בסימן רמ"ו הבאנו דעת החולקים, דאדם מצווה על שביתת בהמתו ביו"ט כמו בשבת, וכ"ש כשהוא מחמר אחר בהמתו, [**ואע"ג** דגם אדם עצמו מותר להוציא ביו"ט כשיש בו צורך קצת, והכא בודאי יש בו צורך קצת, **התם** הטעם, משום דאמרינן מתוך שהותר הוצאה לצורך וכו', ובבהמה לא שייך זה, הגר"א], ‹**דאין** צורך המשאוי של בהמה לאוכל נפש, ואף אם עושה זאת לפעמים להביא על הבהמה הנצרך לאוכל נפש, ה"ז כמו שאר מלאכות כגון כתיבה וכיוצא, דאף אם עושה לצורך אוכל נפש חייב – ברכת אליהו›. ‹**ובשם** הגרשז"א מובא, דאין כוונת הגר"א לאסור כאשר הבהמה נושאת משא לצורך האדם, דלא יתכן שלאדם עצמו מותר לשאת משא ולא יותר לו ע"י בהמתו, **אלא** כוונת הגר"א לאסור הוצאת משא לצורך הבהמה עצמה כדי להאכילה, היות ולא שייך בה דין "מתוך", מכיון שהוא עצמו אסור - משנה אחרונה›, **ולדעה** זו אתי שפיר כפשוטו, ואיסורא דאורייתא קאמר המחבר, **ודע**, אם נאמר דיש שביתת בהמה בי"ט, שייך בזה כל הדינים הנאמרים בענין זה לעיל בהל' שבת סימן ש"ה.

סעיף ד - מוקצה, אע"פ שמותר בשבת, החמירו בו ביום טוב ואסרוהו - פי' דלעיל בסי' ש"י מתבאר, דיש כמה מיני מוקצה המותרין בשבת, כמו מוקצה מחמת שעומד לסחורה, או בשהכניסו לאוצר

ואין דעתו להסתפק ממנו עד אחר זמן, או מוקצה מחמת מיאוס, ועוד כמה גווני, **אך** כ"ז הקילו דוקא בשבת דחמיר לאינשי, ולא חיישינן אם נקל לו לטלטל דבר מוקצה, יבוא להקל בשאר איסורי שבת, **אבל** ביו"ט דקילי ליה, שהרי הרבה מלאכות מותרים לו לצורך אוכל נפש, ואם נקל לו במוקצה, יבוא להקל גם בשאר איסורי יו"ט, ולפיכך אסרו לו חכמים לטלטל ולאכלו.

ולפי סברא זו, בהמה העומדת לחלבה ותרנגולת לביצתה ושור של חרישה, אסור לשחטן ביו"ט עד שיכין אותם לכך מעיו"ט, וכן כל כה"ג צריך הכנה מבע"י, **ודבר** שהוא מוקצה מחמת נולד, פשיטא דאסור לדעת המחבר ביו"ט.

[**ודוקא** אם רצה לטלטל המוקצה כדי להשתמש בו, או לאכלו, **אבל** אם רוצה לטלטלו כדי להגיע לדבר המותר שרוצה לאכלו, כגון שמונחים אבנים על פירות, ורוצה להסירן כדי לאכול הפירות וכה"ג, מותר].

הגה: ויש מתירין מוקצה אפילו ביו"ט - דלא חמיר משבת, וכתב מ"א דכן הוא ג"כ דעת הרש"ל, וכן פסק גם הפר"ח.

אבל נולד אסור לדברי הכל, אפילו בשבת - ואף דיש פוסקים שמתירין אף במוקצה דנולד, הרמ"א לא רצה לתפוס כדעתם בזה, אלא כאותן פוסקים דמחמירין עכ"פ במוקצה דנולד, **וכתבו** האחרונים, דאף שבשבת נקטינן לעיקר להתיר אפילו במוקצה דנולד, דלא כבעלי סברא זו, מ"מ ביו"ט אין להתיר עכ"פ במוקצה דנולד, **ולפי"ז** אין לטלטל עצמות שנתפרקו מן הבשר ביו"ט, אע"פ שהן ראויין לכלבים, מפני שאתמול כשהיו מחוברין לבשר היו ראויין גם לאדם, והוי נולד.

[**ודע**, דבמוקצה דנולד שלא היה כלל בעולם מתחילה, כגון אפר שהוסק ביו"ט, אפילו ר"ש מודה דזה הוא מוקצה גמור].

וכל מוקצה שאינו בעלי חיים, כגון אוצר של פירות ועלים - ר"ל ודעתו היה מתחלה רק להסתפק ממנו לאחר זמן, וה"ה בפירות העומדים לסחורה, או במוקצה של גרוגרות וצמוקים שלא נתייבשו לגמרי, [**והיינו** מפני שראויין עכשיו לקצת בני אדם עכ"פ, לכך מהני הכנה, דאי עדיין לא נתייבשו כלל, אינם ראויים לשום אדם, ואין מועיל הכנה]. **סגי כשיאמר: מכאן אני נוטל, ואין צריך שירשום** - דאותן שיקח למחר, הרי הם כמו שהוברר למפרע דלהם כוון בהכנתו, דבמלתא דרבנן קי"ל דיש ברירה. (**כתב הח"א, נראה דהחנוונים שדרכם למכור תמיד, הרי הוא כאילו אמר**).

וקאי לסברא הראשונה דמוקצה אסור, דלהמתירין מוקצה א"צ אמירה אלא בגרוגרות וצמוקים, משום דמסתמא דחינהו בידים כשהעלן לגג ליבשן, ואפילו בשבת אסור, וכדלעיל בסימן ש"י ס"ב.

ובבעלי חיים לא מהני בשיאמר: מכאן אני נוטל, אלא צריך לפרט: זה וזה אני נוטל, וכמבואר לקמן סימן תצ"ז ס"י.

ודע, דיש כמה פוסקים דפליגי ע"ז, ודעתם דלא סגי בשיאמר: מכאן וכו', אלא צריך שירשום בסימן המקום שבדעתו לאכול, **וסברתם**, דכיון שהם מוקצים מחמת מעשה שעשה בהם להקצותם, כגון גרוגרות וצמוקים שהעלם לגג ליבשן, או אפילו פירות שהכניסם לאוצר, הרי הקצם בידים למכירה, לא סגי בהכנה כל דהו להוציאם ממוקצה, עד שיברר יפה הפירות שבדעתו לאוכלם, ויתן בהם סימן.

ולהלכה יש להחמיר כסברא האחרונה עכ"פ לענין גרוגרות וצימוקים שהעלן לגג, [דכיון דלא חזו לגמרי, חיישינן דלמא אתי לאימלוכי, ולא גמר בדעתו ליטול מהם עד שירשום, דכולי האי לא יחזור בו, **ומ"א** כתב סברא אחרת להחמיר, כיון דאינם ראויים לכל אדם, איכא למיחש שיטלטל ויניח עד שיברור הראויה], **ובפירות** שמכניסם לאוצר, אפשר דיש לסמוך אסברא קמא, [דהכא לא שייך סברות הנ"ל, **והיינו** אפי' אם נתפוס להחמיר במוקצה דיו"ט, סגי בהזמנה מועטת, דהיינו ב"מכאן", ולא בעינן שירשום, **ובספר** בית מאיר מצדד להקל אפי' בגרוגרת וצמוקים, דסגי בהזמנה ד"מכאן", ולא בעינן שירשום].

ומותר להכין מיום טוב ראשון לשני, בב' ימים טובים של גליות - ר"ל דבכגון זה של פירות ואוצר, שא"צ לעשות מעשה ובאמירה בעלמא הוי הכנה, מותר להכין אפילו ביו"ט גופיה מיום אחד לחבירו, **דממ"נ** אם יום ב' קודש, הרי היום חול ומותר להכין, ואם היום קודש ומחר חול, הרי א"צ הכנה כלל, ונמצא שאינו מתקן שום דבר בהכנתו דליאסר עליו, **והיכי** אסרינן הכנה מיו"ט לחבירו, היכא שהוא עושה מעשה, דחיישינן שמא מחר חול, ונמצא שעשה מעשה ביו"ט לצורך חול, וכההיא דסימן תק"ג.

וכן במוקצה דבע"ח, כגון תרנגולת העומדת לגדל ביצים, לא יכול להזמין מיו"ט לחבירו, אא"כ זימן מעיו"ט, (**אולי כיון דצריך אומד כמה צריך לו למחר, וגם צריך** לסמן בטביעת עין איזה הם כדי שיזכור היטב, הוי כעובדא דחול). **ולפי"ז** לפי מה שכתבנו להחמיר במוקצה דאקצייה בידים כגון גרוגרות וצמוקים, שצריך לרשום, אם שכח לרשום בעיו"ט ונזכר ביו"ט, אסור לעשות שום סימן להכין פירות ליו"ט שני, דשמא מחר חול, ונמצא שעשה סימן ביו"ט לצורך חול.

ועיין לעיל סימן ש"י כל דיני מוקצה.

§ סימן תצו – דיני יו"ט שני של גליות §

סעיף א - בגליות שעושין שני ימים טובים מספק, כל מה שאסור בראשון אסור בשני, והיו מנדין למי שמזלזל בו - במזיד, ואפילו זלזל בו בדבר שהוא משום שבות, או בתחומים דרבנן, נמי מנדין אותו, **וכתבו** האחרונים, דאפילו חיללו ע"י עכו"ם נמי הוא בנידוי, דכל מה שאסור בראשון אסור בשני.

ונתבאר בפוסקים, דיו"ט שני חמור בזה מיו"ט ראשון, דביו"ט ראשון אין מנדין רק בעבר על איסור דאורייתא, אבל על שבות דרבנן אין מנדין, רק מלקין אותו מכת מרדות, משא"כ ביו"ט שני, **והטעם**, משום דיו"ט שני כל עיקרו אינו אלא מדרבנן, א"כ כי עבר בו על איזה דבר שהוא, הרי הוא כעוקר את כולו, ולהכי החמירו עליו, **משא"כ** ביו"ט ראשון, שאינו עוקרו במה שעבר על שבות, שהרי באיסור דאורייתא שבו לא עקרו, **ויש** פוסקים חולקים בזה, ולדידהו אין חילוק כלל בין יו"ט ראשון לשני, והדבר תלוי רק לפי ראות עיני הדיינים, במה שרואין לפי הענין, אם להקל עליו במלקות, או להחמיר עליו בנידוי, רק שהרשות בידם אפילו לנדותו.

כתבו האחרונים, דאם עשה הדבר על פי הוראת חכם שטעה, אין לנדותו, שהרי שוגג הוא.

ואע"ג דעכשיו בקיאין אנו בקביעות החודש לפי החשבונות שבידינו, מ"מ חששו חכמים שמא מרוב הצרות והטלטולים בגלותנו ישתכח החשבון, ויבואו לעשות חסר מלא ומלא חסר, ויאכלו חמץ בפסח, וע"כ הניחו הדבר בחו"ל כמו שהיו בימים הראשונים.

ואם הוא צורבא דרבנן, לא היו מחמירין לנדותו אלא היו מלקין אותו - ושיעור מכת מרדות, יש בזה דיעות בין הפוסקים, עיין במ"א וא"ר.

סעיף ב - אין חילוק בין ראשון לשני אלא לענין מת - משום כבודו, ויתבאר לקמן בסימן תקכ"ו, **ולענין** כיבוי דליקה עיין פר"ח, ויתבאר לקמן בסימן תקי"ד ס"א.

וכן לכחול את העין - מיירי שחש בעינו קצת, וכל גופו בריא, ואינו מרגיש מיחוש בגופו מחמת העין, דבכגון זה בשבת ויו"ט אסור לעשות שום רפואה ע"י עצמו, אפילו בשינוי, וכמו שנתבאר לעיל סימן שכ"ח סי"ז, והכא ביו"ט שני שרי לכתחלה, ואפילו בלי שינוי.

הגה: או שאר חולי שאין בו סכנה - וג"כ בשאינו כולל כל הגוף.

ואע"פ שאסור בראשון אלא על ידי א"י אם אין בו סכנה, בשני מותר אפילו ע"י ישראל - שמיני הנאת הגוף לא החמירו בו ביו"ט שני בשבות דרבנן.

חוץ מיו"ט שני של ראש השנה, דשני ימים קדושה אחת אריכתא הן.

הגה: ודוקא שבות דרבנן דומיא דמכחל עינא, אבל אב מלאכה אסור לישראל לעשותו אפילו ביו"ט שני - [וגם ע"י עכו"ם אינו מותר במלאבה דאורייתא, אא"כ חולה בכל גופו] **ואפילו** חש בכל גופו, נמי אסור ע"י עצמו, [**וע"י** שנוי יש לעיין, דהנה ביו"ט ראשון בודאי יש להחמיר, כיון שהוא מדאורייתא כמו בשבת, **אכן** לענין יו"ט שני שהוא דרבנן, אפשר שיש להקל לגבי חולי שאין בו סכנה, וצ"ע].

כתב באו"ה, אדם הנופל או הנגוף, ונצרר דם במקום נפילתו או נגיפתו, אין חשיב חולי הפנימי, ומאחר שאין מצטער כ"כ, ויכול להמתין למחר בלי סכנה, נראה

דאסור להקיז דם שקורין קעפפ"ן, ובלשוננו באנקע"ס, אפילו ביו"ט שני של גליות, ואפילו ע"י עכו"ם, עכ"ל.

סעיף ג - בני ארץ ישראל שבאו לחוצה לארץ, אסורים לעשות מלאכה ביום טוב שני ביישוב, אפילו דעתו לחזור - דנותנין עליו חומרי מקום שהלך לשם, ואפי' בצנעא אסור, {דמלאכה א"א לעשות כ"כ בצנעא שלא יתוודע - מ"ב סימן תס"ח ס"ק י"ז}, **ומ"מ** אם עשה מלאכה אין מנדין אותו.

ולאפוקי אם יצא מן הישוב ובא לו למדבר, א"צ להתנהג כמנהג חו"ל, כיון שאין דעתו להשתקע שם.

כתבו הפוסקים, דישוב נקרא ישוב של ישראל דוקא, וכל זמן שלא הגיע לעיר של ישראל, א"צ להתנהג כחומרי אותה המדינה, [היינו בדעתו לחזור, **ומשמע** דאפי' בפרהסיא, כיון דכל איסורו הוא רק מפני המחלוקת].

וכתבו עוד, דתוך התחום הוי כתוך העיר, וצריך להתנהג כחומרי אותו מקום.

וכל זמן שלא הגיע ליישוב, אפילו אין דעתו לחזור, מותר, לפי שעדיין לא הוקבע להיות כמותן.

אבל אם הגיע ליישוב, ואין דעתו לחזור, נעשה כמותן, ואסור בין במדבר בין ביישוב - ר"ל אחר שנכנס לישוב, אפילו יצא אח"כ למדבר, לא נפקע חיובו.

ואפילו לישוב נכרים, דכיון שאין דעתו לחזור, נמשך אחרי המדינה שבא לשם, מכיון שהגיע לישוב של בני אדם, **ויש** מי שמקיל גם בזה כמו בדעתו לחזור, ובעי שיגיע דוקא לישוב של ישראל.

וכל חוץ לתחום אין נותנין עליו חומרי מקום שהלך לשם - ר"ל בין בדעתו לחזור בין באין דעתו לחזור, כל שלא הגיע לתחום הישוב, מקרי לא הגיע לישוב עדיין.

כתבו הפוסקים, בני א"י שבאו לחו"ל ודעתו לחזור, וחל יו"ט ב' בע"ש, א"צ לערב עירובי תבשילין, מפני שהוא דבר שבצנעא, ולכן אין צריך לנהוג בזה כחומרי המקום שהלך לשם, כיון שדעתו לחזור, **ומטעם** זה צריכים הם להתפלל תפלת י"ח בלחש ביו"ט שני, וכן להניח תפילין בצנעא, כיון שדעתו לחזור, נותנין עליהם חומרי המקום שיצאו משם, **אבל** צריכים ללבוש מלבושי יו"ט, מפני שהוא דבר של פרהסיא.

ובן חו"ל שבא לא"י, אם דעתו לחזור למקומו, צריך לעשות שני ימים יו"ט, ומ"מ תפלת יו"ט צריך להתפלל בביתו בצנעא, **אכן** אם דעתו שלא לחזור למקומו לעולם, יתנהג כבני א"י.

כתבו האחרונים, דמי שעוקר דירתו עם אשתו ובניו ממקום למקום, לישא וליתן ולהרויח, אע"פ שבשעת עקירתו היה דעתו לחזור למקומו, כמי שאין דעתו לחזור דמי, דסתמא דמילתא כיון דעקרינהו לאינשי ביתיה, כל שמוצא פרנסתו מרווחת באותו מקום שהלך לשם, אינו זז משם, [**והעולת** שבת מסיים על זה: וצ"ע להלכה].

וכתבו עוד, דמי שאין דעתו לחזור, אע"פ שאשתו נשארה במקומה הראשון, אפ"ה אין דעתו לחזור מיקרי.

§ סימן תצז – דיני הכנה ביום טוב §

סעיף א - אין צדין דגים מן הביברים - היינו בריכות של מים מוקפים מד' רוחות,

הגה: אפילו במקום שאינם מחוסרים צידה - ר"ל שהיה הביבר קטן, שא"צ לומר: הבא מצודה ונצודנו, ובחיה ועוף כה"ג חשיב אין מחוסר צידה, כדלקמן בס"ז,

לפי שהביבר רחב הרבה, והדגים - מכוסים מן העין, ולעולם הם **נשמטים אילך ואילך** - לחורין ולסדקין, ולכן לא חשיבי כניצודים, הואיל ויש עכ"פ טורח לתפסם, **וכתב** המ"א, דאם המים צלולים, ורואה הדגים, מותר אם אין מחוסר צידה, שהביבר קטן, **ויש** מאחרונים שסוברין, דעכ"פ מטעם מוקצה אסור לצודן.

ובמן הנהר לא איצטריך ליה לאשמועינן, דבודאי אסור, דכולהו איתנהו ביה, צידה גמורה, דאסור כקצירה וטחינה ושארי מלאכות, וכדלעיל סי' תצ"ה, **וגם** מוקצה.

סעיף ב - דגים ועופות וחיה שהם מוקצה, אין משקין אותן ביו"ט, ואין נותנים לפניהם מזונות, שמא יבא ליקח מהם - לאכלם, ובבהמה טמאה דלא שייך זה, מותר לכו"ע.

(ביאור הלכה) [שער הציון] ‹הוספה›

כתבו האחרונים, דוקא לפניהם ממש אסור ליתן, אבל אם נותן ברחוק קצת מהם, והם באים ואוכלים, לית לן בה, כיון דעושה הכירא, מדכר ולא אתי ליקח מהם.

מדתלה הטעם במוקצה, משמע דה"ה בהמה, כגון בהמה מדברית המבואר לקמן בסימן תצ"ח ס"ג, או כגון אווז ותרנגולת העומדת לגדל ביצים, אף דלא שייך בהן צידה, כיון דהם מוקצה אסור להשקותן וליתן לפניהם מזונות, שמא יבוא לאכול מהן ביו"ט. [**ודע**, דכ"ז אם נסבור דמוקצה אסור ביו"ט, והמחבר אזיל בזה לטעמיה, שפסק בסי' תצ"ה דמוקצה אסור ביו"ט, **אמנם** לי"א שמביא בהג"ה לעיל שם, דמוקצה מותר ביו"ט, א"כ כ"ש דנותנים לפניהם מזונות, אם הוא דבר שניצוד ועומד].

אבל לקמן בסעיף ז' סתם המחבר כדעת הפוסקים, דתלוי הדבר בצידה, דכל שאין מחוסרין צידה מותר ליתן לפניהם מזונות, **וכתב** הפר"ח דכן נוהגין העולם, וכן הוא העיקר, עי"ש.

וכל מה שאסור לאכלו או להשתמש בו מפני שהוא מוקצה, אסור לטלטלו.

סעיף ג - אפילו ספק צידה אסור - ואע"ג דלכמה פוסקים עיקר צידה ביו"ט אינה מן התורה, וכמו שסתם ג"כ המחבר בסימן תצ"ה ס"ב, **מ"מ** החמירו כאן אפילו בספיקא, משום דהוא דבר שיש לו מתירין, שהרי אפשר לו לאוכלם אחר יו"ט, ובדבר שיש לו מתירין החמירו חכמים אפילו בספק דרבנן, [**ולפי** סברא זו, אם יתקלקלו הדגים כשימתין עד אחר יו"ט, שרי, דלא שייך לומר: המתן עד למחר, **אכן** לפי סברא שניה שהביא המ"א, דכמה פעמים ראו חכמים להחמיר אפי' בספיקא דרבנן, אין להקל, ובבית מאיר האריך ג"כ להוכיח כטעמא בתרא, ובכל גווני אסור, **ומ"מ** במקום שיפסד לגמרי, אפשר דיש לסמוך אטעמא קמא, שכמה אחרונים לא הביאו רק טעמא קמא].

והסכימו הפוסקים, דלאו דוקא ספק צידה, אלא ה"ה כל ספק מוקצה, וכ"ש ספק נולד, דמחמרינן בהו כשל תורה, **ובספק** אם בא מחוץ לתחום, יש דעות בפוסקים, ויתבאר לקמן בסי' תצ"ח ס"ג וד'.

כגון מצודות חיה דגים ועופות שהיו פרושות מערב יו"ט, ולמחר מוצא בהם, אסורים - ואפי' בטלטול, מיהו לערב מותר באכילה, ואפילו בודאי ניצוד היום, ולא בעינן בכדי שיעשה, כיון דלא ניצוד בידי אדם רק ממילא, [**וביו"ט** של ר"ה, דשני הימים כיומא אריכתא דמיא, צריך להמתין עד אחר ר"ה, **וה"ה** ביו"ט דעלמא שחל שבת ביו"ט שני, צריך להמתין עד מו"ש].

אלא אם כן ידוע שניצודו מבעוד יום; ואם מצא המצודות מקולקלות מערב יו"ט, בידוע שמערב יו"ט ניצודו - כלומר שהמצודות פרוסות באורך רב, וכשחיה נופלת בראשו אחד, מתוך שמתפרקת ומתנתקת לצאת, מתקלקלות כולן, וראשן השני ג"כ ניתק ממקום שנתקע, וע"כ אף שבמקום זה לא ראה שום דבר ניצוד, מ"מ סימן הוא שניצוד חיה או עוף בראש השני.

סעיף ד - ספק מוכן מותר ביום טוב שני, משום דהוי ספק ספיקא - שמא אין היום יו"ט, ושמא ניצוד מאתמול וכבר הוכן, **ולא** מחמרינן משום יש לו מתירין למחר, כיון דהוא ס"ס גמורה להיתרא, אין כאן איסור כלל, [**ובאין** רק ספק אחד, והספק השני הוא ע"י שנתערב, מחמרינן ביש לו מתירין, אם לא במקום הפסד גדול].

ויש חולקין בזה וס"ל, דלדידן יו"ט שני לא מטעם ספק הוא, שהרי בקיאין אנו בקביעא דירחי, ויודעין אנו שהוא חול, אלא שאנו מקיימין מנהג אבותינו, והוי כיו"ט ודאי מדרבנן, ואין כאן אלא ספק אחד ואסור, וכמו בס"ג, **ויש** להחמיר כסברא זו אם לא במקום הפסד גדול.

וביו"ט שני של ראש השנה אסור, דב' ימים כיומא אריכתא הוא, **וכן** ביו"ט שני הסמוך לשבת, ‹דהיינו שחל יום ראשון של יו"ט בשבת, ולמחרתו ביום ראשון הוא יו"ט שני, אסור, דליכא ס"ס, דספק שמא ניצד אתמול ליתא, דהא גם אם ניצד אתמול דהיה שבת אסור – מחה"ש›, [ומטעם דיו"ט ושבת קדושה אחת הן, ‹ר"ל דיש להם קדושה ודאית, אבל ודאי שבת ויו"ט שתי קדושות הן – דרשו›, ונולדה בזה אסורה בזה, ‹דאין שבת מכין ליו"ט, ואין יום טוב מכין לשבת – מ"ב סי' תקיג ס"ה, ואין כאן אלא ספק אחד›].

סעיף ה - אם סכר אמת המים בכניסה וביציאה מערב יו"ט - כדי שלא יכנסו חדשים ושלא יצאו הישנים, **מותר ליקח ממנה דגים ביו"ט, דהוה ליה ניצודין ועומדין, (מאחר**

שאמת המים היא צרה ואינן יכולים להשמט) - עיין בב"ח וש"א שכתבו, דאם היא רחבה יותר מן ו' טפחים, אסור, **ולענין** ארכה מקילין הרבה אחרונים, אפילו אם ארוכה כמה, כיון שאינה רחבה, בקל יש לתפוס הדגים, [**ובנחלת** צבי מפקפק ע"ז, דכמו ביותר מן ו' טפחים יוכל הדג להשמט, כן ה"ה בארוכה הרבה].

ואפי' באופן המותר, ג"כ יש מחמירין שלא לצודן במצודה כדרך שעושין בחול, אלא ביד, ויש לחוש לסברא זו לכתחלה, [**וט"ז** וא"ר מקילין].

ומוקצה אין כאן, דמעשה הסכירה חשוב כמו שהזמין דגים ידועים, [**ודע** דבפמ"ג משמע, דדוקא כשהזמין קודם יו"ט לצורך יו"ט, **ובהלכה** ברורה משמע, שאפי' לא הזמין על יו"ט רק סתם, נמי שרי].

ואם מותר לו לברור כפי מה שצריך, ולהחזיר השאר למים, תלוי בזה: אם בשעה שסכר חשב שאפשר שיצטרך ביו"ט לכל הדגים שימצא בהאמה, א"כ הרי הוכנו כל הדגים, ושפיר יכול להעלות כמו שירצה, ולברור הגדולים המשובחים, ולהחזיר השאר למים, **אבל** אם בשעה שסתם אמת המים היה יודע בודאי שלא יצטרך ביו"ט רק איזה דגים, א"כ הרי לא הוכנו כולם, וכשבורר ומניח הקטן, אגלאי מלתא דהאי לא הוכן, א"כ טלטלם שלא לצורך, כדלקמן סעיף יו"ד, ולכן לא יברור ויניח השאר, אלא צריך ליקח ולאכול כל מה שיעלה בידו, בין טוב ובין רע, ולא יחזיר מה שלא ייטב לו, [**ולא** חיישינן שמא יקח ויניח, כדחיישינן גבי יונים בס"י, דלגבי דגים לא שייכא כולי האי סברא זו].

ולאו דוקא אמת המים, אלא ה"ה אם הכניס דגים לתיבה מלאה נקבים והעמידה במים, נמי שייכי כל הני דיני, [**ואם** התיבה נתון במים מזמן מרובה, ונתנו שמה דגים לפרות ולרבות, ולפעמים צד מהם, יש לומר בודאי ביו"ט מוקצין הם, **ומצדד** הפמ"ג, דדי שיזמינם בפה מעיו"ט, ושוב אינם מוקצה], **ויש** מי שאומר דדוקא בביבר ובאמת המים, שעכ"פ הדגים הם בקרקע מקום חיותם, משא"כ כשהם מונחים בכלי, לא שייך בהו כלל צידה, ואפי' צריך להביא מצודה שרי, **וע"כ** נראה שאין להחמיר בתיבה ליטול ביד, [דבמצודה אסור משום עובדא דחול], אפילו אם רחבה התיבה יותר מן ו' טפחים הרבה.

כתבו האחרונים, דאם הכניס דגים מבע"י לבאר, וצריך לצוד אותם ע"י כלי דוקא, (והיינו שהם מחוסרי צידה), אסור לצודם ביו"ט, **ומ"מ** אם הם בבור עמוק, (וצריך הכלי רק משום עומק הבור, אבל באמת הם ניצודים לגמרי), א"צ לירד למטה כדי לתופסן בידו, אלא עומד למעלה ותופסן ע"י כלי, (ואע"פ שאמרנו לעיל דהוא עובדין דחול, לא חששו כ"כ לאוסרו כיון דקשה לו לרדת - מ"ב המבואר).

סעיף ו - אווזים ותרנגולים ויונים שבבית - ר"ל שגדלין בבית, **או שבחצר, העומדים לאכילה, מותר לצודן** - ואפילו מרשות הרבים, ואפילו צריך להביא מצודה, דכיון דבאין לכלובן בערב, וגם ניזונין תמיד בבית, הרי הם כניצודים, (**וה"ה שארי עופות שהן בני תרבות, ובאין לכלובן לערב, ומזונותן עליך, הו"ל כניצודין**).

העומדים לאכילה - לאפוקי אם הם עומדים לביצים, אסור למאן דאוסר מוקצה ביו"ט, **ואם** קנה עופות אלו ולא חשב כלל לאיזה דבר יעמידם, מותרים, דסתמייהו לאכילה קיימי.

וכ"ז אם תופסן כדי לשוחטן, והתירו משום שמחת יו"ט, הא לא"ה אסור לכמה פוסקים, וכמו שהובא דעתם לעיל סי' שט"ז סי"ב בהג"ה.

ואין צריכים זימון - דמוכנים הם, וכתבו הפוסקים, דמ"מ ירא שמים יתן עיניו בתחלה בהעופות, ויברור איזה שירצה, כדי שלא יבא למחר ליטול ולהניח, ואעפ"י שכולם מוכנים הם, מ"מ טורח טרחא יתירה ביו"ט, [**ובפרט** אם תופסו ממקום רוחב, שלא התירו אלא משום שמחת יו"ט, וא"כ כשתופסו ומניחו, נמצא שצדה שלא לצורך].

וכתבו האחרונים, עוף שקנה מחדש, ועדיין לא הורגל בבית, ואינו בא לכלובו בערב, דבזה חייב בשבת אם צד, וכדלעיל סימן שט"ז, גם ביו"ט אסור לצודן, אפילו הם בבית, אא"כ נכנסו במקום צר, [**ודוקא** אם העוף נקנה ממקום רחוק, שאינו מכיר שוב מקומו הראשון, אבל במקום קרוב שמכיר מקומו הראשון, פטור, שהרי אית ליה כלוב, וכנתפס דמי], **ובח"א** כתב דבלילה כשהן יושבין על הקורה, מותר לצודן, דעיניהם מתעורות אז, ואינן נשמטין מיד התופסן.

סעיף ז - שאר כל חיה ועוף שמחוסרים צידה, שצריך לומר: הבא מצודה ונצודנו, אסור לצודן - עיין לעיל סימן שט"ז במ"ב, ושם

נתבאר דכל שאין יכולין לתופסו בריצה אחת, אלא צריך להנפש קודם שיגיענו, כמי שצ"ל: הבא מצודה ונצודנו דמי, **ולפי** המבואר עוד שם, בעוף אפילו היה במקום דחוק, שאפשר לתופסו בשחיה אחת, מ"מ אם החלון או הגג פתוח, שיכול לברוח דרך שם, אסור לצודו.

וליתן לפניהם מזונות – (עיין בעבוה"ק להרשב"א שכתב, דבמקום הפסד התירו ליתן לפניהם מזונות, כגון דבורים, עושין להם פרנסה בשביל שלא יברחו).

וכל שאין מחוסרים צידה, מותר לצודם - היינו אם הזמינם, דלית בהו משום מוקצה, הא לא"ה אסור לתופסן, שהרי אסורים גם בטלטול, **וליתן לפניהם מזונות.**

סעיף ח - איל וצבי שקננו בפרדס - גדור, שהוא מקום המשתמר, שאין הולד יכול לצאת משם, וקל לצודו, [דאל"כ לא שייך דעתיה עלייהו]. **וילדו בו עפרים, ועדיין הם קטנים שאין צריכים צידה, מותרים בלא זימון** - דמסתמא דעתיה עלייהו לכל שעה שיצטרך.

ודוקא בפרדס הסמוך לעיר בתוך שבעים אמה - וד"ט, וכדלעיל בסי' שנ"ח, **דדעתיה עלייהו** - דכיון שהמקום קרוב, ורואה אותם תמיד, לא אסח דעתיה מינייהו אפילו בסתמא, **אבל** אם אינו סמוך, אי זמין אין, אי לא זמין לא, [**ואם** לא ידע בהולדות, אסורים אפי' במקום קרוב, דבזה לא שייך "לא אסח דעתיה", כיון דלא ידע כלל מהם].

והאם, אפי' זימון אין מועיל לה, כיון שמחוסרת צידה - ומיירי שהפרדס גדול, שצ"ל: הבא מצודה ונצודנו, **ואפילו** תהא ניצודה מאליה ביו"ט, ג"כ אסור משום מוקצה, כיון שהזמנתו מבעוד יום לא חלתה.

סעיף ט - יוני שובך ויוני עליה - ר"ל יוני מדבריות שקננו בשובך שבחצירו, או שקננו בעלייתו, [**ובפמ"ג** כתב, אפי' הם שלו ממש, כל שלא נתגדלו עם בני אדם תמיד], **וצפרים שקננו בטפיחים, (פי' כלי חרס הבנויים בכותלים לקנן בהם העופות)** - מיירי ג"כ כנ"ל, שאינם מורגלים אצלו, אלא פורחים כל היום בשדות, ולערב באים שם ללון, **אסור לצודן** - אפי' בכלובן, כיון שיכולין לצאת משם, ובשבת חייב חטאת.

ולא דמי ליונים שבבית שניזונים בבית, ובאין תדיר לאכול, וכניצודין דמי, וגם עי"ז בני תרבות הם, ואינן בורחין ונשמטין כ"כ כשרוצים לאחוז אותם, **משא"כ** ביונים אלו שניזונין מעלמא, ואין מניחים עצמן ליתפס ביד, [**ולפי"ז** אפי' אווזין ותרנגולין דמזונותן עליו, אם מרדו ואין נוח לתפסן, אסור, **וכן** יונים אפי' אי איתרמי שהורגלו עם בני אדם ונוח לתפסן, הואיל ואין מזונותן עליו, אסור].

לפיכך אין זימון מועיל להם; והני מילי בגדולים, אבל בקטנים שאינם מפריחים - אלא מדדין, **וה"ה** אפי' יכולין לפרוח מעט, כל שבקל לתופסו, עד שא"צ לומר: הבא מצודה, **מותר לצודן, אבל זימון צריכים** - ולא דמי לעפרים בס"ח, שאפי' הזמנה א"צ, שאני עוף שיכול לדדות ולהתרחק מחוץ לקן, ולהכי כל שלא הזמינם אסור. **ודע**, דאפי' מאן דמתיר מוקצה ביו"ט, מודה הכא דאסור בלי הזמנה, [דמדבריות כאלו שלא היה שלו מעולם, כו"ע מודו].

סעיף י - כיצד הוא הזימון, אומר: זה וזה אני נוטל למחר, ואין צריך לנענעם - לאפוקי מדעת ב"ש, דלא הוי זימון אא"כ עביד מעשה, דהיינו שינענע הקן, וכ"ש אם יאחוז היונים שבורר בידים, **ולא** קי"ל כן, רק אפילו בעומד מרחוק ובראיית עינו בורר איזה מהם, סגי, [ולאו דוקא בשבורר בפיו, ה"ה בשמסכים בלבבו סגי], **ומ"מ** צריך שיסמן בדעתו, או יטבע עיניו בטביעת עין גמור, שלא יחליף למחר באחרת.

אבל באומר: מכאן אני נוטל למחר, לא סגי - משום דלא פירש בהדיא איזה מהן יקח, **ולא** אמרינן האי דלוקח למחר הוברר דאליו כוון בהזמנתו, דחששו חכמים שמא כשיבוא ליקח אחד מהם, ימשמשנו וימצאנו כחוש, ויניחו ויקח אחר שמן ממנו, ונמצא אותו קמא טלטל שלא לצורך, ומוקצה הוא שהרי לא הזמין אלא אותו שיקח לבסוף, ומשום זה אפילו אם ירצה אח"כ ליקח מן הבא בידו, ג"כ אסור, **אמנם** אם מזמין עוף פלוני בפירוש, אפילו לא משמשו ולא מחזי כלל, לא חיישינן שמא כשיקחנו למחר ימצאנו כחוש ויניחנו, שכיון שבעיו"ט אפשר היה לו למשמשו היטב אם שמן הוא ולא עשה כן, מסתמא נתרצה איך שיהיה.

(ולאו דוקא ביונים הדין כן, אלא ה"ה בכל מוקצה דבעלי חיים, כגון תרנגולת העומדת לגדל ביצים, למאן דאית ליה מוקצה ביו"ט).

סעיף יא- אם זימן כל השובך, ואינו צריך אלא לזוג - וה"ה לזימן זוג, וא"צ אלא לאחד מהם, **אינו מועיל** - דאדרבה כיון שהזמין יותר ממה שצריך, מסתמא דעתו היה לברור למחר את השמן ביותר, ואיכא חשש דטלטול מוקצה וכנ"ל.

הגה: ואם הוא אפשר שיצטרך כל השובך, יכול להזמין כל השובך, ולמחר נוטל מה שצריך - ומותר לו אפילו לטלטל ולהניח, שכולם מזומנים הם.

סעיף יב- זימן שנים ומצא שלשה - וא"כ איכא עכ"פ חד דאתי מעלמא שאינו מזומן, ולא מיבטל, דבעלי חיים חשיבי ולא בטלי, גם הוא דבר שיש לו מתירין, (וע"כ אסורין אא"כ מכירן).

וכתבו האחרונים, דכל זה בהניחן קשורים או מותרין, ומצא גם השלישי קשור או מותר, **הא** אם הניחן קשורין, ומצאן כמו שהניחן, רק מצא אצלן שלישי אינו מקושר, אין לאסור השנים, ואמרינן בודאי הן הם שהכינן, וזה שאינו מקושר הוא דאתי מעלמא.

(**מדעת** הט"ז משמע, דאם זימן שנים מקושרים, ומצא אח"כ שלשה מקושרים, מותר, דאף דשלישי אתי מעלמא, אבל הלא מסתמא אדם קשר השלישי להם, ומן הסתם לא קשרן ביו"ט רק בערב יו"ט, וא"כ הרי הם מזומנים כולם ע"י קשירה זו, וכן העתיק הגר"ז לדינא, **אכן** בפר"ח מבואר דבר זה לאיסור, וכן בחמד משה כתב ג"כ, שאין לסמוך ע"ז לדינא).

עוד כתבו, דאין האחד אוסר כולם רק באם היו כולם לפנינו, הא אם נאכל אחד מהם, או נפל לים, שכבר אינו בעולם, מותרים השאר, דאמרינן איסורא נפל או נאכל, ועל פי האופנים המבוארים ביו"ד סימן ק"י סעיף ז' ח', וע"ש בהג"ה.

או זימן שחורים ולבנים בקנים המובדלים במחיצה - כדרך כל שובכין, עשויין עליות עליות הרבה, וכל עליה יש בה מחיצות הרבה, **ומצא שחורים במקום לבנים ולבנים במקום שחורים, אסורין**

אא"כ מכירן - חיישינן דהני שהזמין פרחו, והני אחריני נינהו דאתו מעלמא, **ומיירי** דאיכא שובכים בתוך חמשים אמה, או שהיונים יכולים לפרוח קצת, דאל"ה מוטב לנו לומר דאיתהפוכי איתהפך, משנאמר דמעלמא אתי, וכמו שכתב המחבר בסי"ד.

אבל זימן שחורים ולבנים בקן אחד, ומצאן שלא במקומן, מותרין, דהני ודאי איתהפוכי איתהפך.

ובמשכח להו בדוכתייהו שהניחם, אע"פ שיש עוד הרבה לבנים בשובך או שחורים שלא הזמין, לא חיישינן שמא איתהפוכי איתהפך, [**ואינו** מבואר היטב, אם דוקא כשהם בתוך חורים אחרים, או אפי' בחור אחת, כל שהזמין אותם השחורים שבצד זה ומצאם כן, לא חיישינן לאיתהפוכי, וצ"ע].

סעיף יג- זימן שלשה ומצא שנים, מותרים - דלא מחזקינן ריעותא, ואמרינן דהשנים הן הם שהכינן, רק אחת אזלא לעלמא.

(ואפי' היו מקושרים ביחד, מנתחי מהדדי) - שדרך בעלי חיים להתפרק ולהנתק מקשירתם, ואמרינן שהשלישי נתפרק מהם ואזל לעלמא, **וה"ה** אם מצא גם השנים שמותרים מקשירתם, דשרי ג"כ מטעם זה, **והנה** הרב ט"ז חולק אדין זה, ולדבריו כל שלא מצא כפי שהניחן, אמרינן הני שהזמין אזלו לעלמא, והנהו אחריני נינהו, **אבל** כמה אחרונים מסכימים לדברי הג"ה בכל גווני, **מיהו** בהזמין שנים ומצא שנים, גם הט"ז מודה, דאפילו הניחם מקושרין ומצאן מותרין, לא מחזקינן ריעותא, ואמרינן דניתקו קשירתם.

סעיף יד - זימן בתוך הקן ומצא לפני הקן - פי' דרך כל השובכין להיות מעט מדף העליה בולט מחוץ המחיצה החיצונה של קן וקן, ושם היונים יוצאין לשאוף אויר, ונוחין שם וחוזרין לקן, **אסורים** - ואע"ג דאשכחינהו לפני הקן שרגילין לצאת בו, מכיון דלא אשכחינהו בדוכתייהו, חיישינן דלמא הני דאזמין אזלו, והני מעלמא אתו מהשובכין שסביבות שובך זה.

ואם אין סביבותיהם קן אחר - היינו בתוך חמשים אמה, שדרכם לדדות עד שיעור זה, וכדלקמיה, **הרי אלו מותרים** - דודאי אלו הן שהזמין בתוך הקן ובאו לפניה.

והני מילי במדדין, אבל אם הם מפריחין, אסורים - ומיירי בהם מפריחים קצת, ואפ"ה חיישינן שיפרחו אפילו לחוץ מחמישים אמה, **דאם** יכולין לפרוח כראוי, אין בהם דין זימון כלל, שהרי אסורים בצידה, וכדלעיל בס"ט.

ואפילו יש - במדדין גופא, **קן אחר בתוך נ' אמה** - אין לאסור, **אם הוא בקרן זוית שאינו יכול לראותו מקן זה, כיון שאינם מפריחין אלא מדדין, משום דכל היכא דמדדה ולא הדר חזיה לקניה לא מדדה** - ואין לאסור אלא בשהשובך אחר עומד ביושר נגד שובך זה.

(ואם הזמין תוך הקן ומלא על פתח הקן, מותרים).

סעיף טו - אינו יהודי שהביא דורון לישראל ביו"ט, בני יונה קטנים משובכות שיש לו בעיר, כיון שאין צריכים צידה - שהרי קטנים הם שאינם פורחין, וכדלעיל בס"ט, **מותרים** - אף למי שהביאם, דשל ישראל בכה"ג אין איסורם רק משום שלא הזמינם, ואקצי דעתיה מהם ערב יו"ט, והכא שהם של נכרי, הנכרי לא אקצי דעתיה מהם, וממילא מוכנים הם לכל, **ואם** הביאם הנכרי מחוץ לתחום, אסורין למי שהביא, ומותרין לאחר.

סעיף טז - השוחט בהמה ביו"ט, טוב לו שלא יבדוק עד שיפשיט, שאם תמצא טריפה לא יהא רשאי להפשיטה - שהרי היא מלאכה שלא לצורך אכילה, וכן עוף שנטרפה בשחיטה, אסור למרוט הנוצות, **ואפי'** להפשיט בדרך שאינו אסור אלא משום שבות, [כגון להפשיט את העור בחתיכות, שמפסיד להעור ואינו אלא מקלקל, או שמפשיט אותה שלא כדרכה, דהיינו בקוץ או בקנה], גם כן אסור, **ולא** שרינן ליה משום טעמא דלמא מימנע ולא שחיט ויתבטל משמחת יו"ט, שהרי אפשר ליה להפשיט קודם בדיקה.

ולהפשיט עכ"פ מותר קודם שבדקה, שאין חוששין שמא תטרף, שרוב בהמות כשרות הן. [**ואם** כבר נולד בה ספק טרפה, אם מותר להפשיט עד שנשאל למורה הוראה אם כשרה היא, עיין במאמר מרדכי שהוכיח מן הב"ח דמותר, והוא מפקפק בזה].

סעיף יז - אם נמצאת טריפה, אסור לטלטלה - ואפילו עומדת בחמה ותסרח, אסור להניחה במקום צל, **ולא** התירו זה משום שמא מימנע ולא שחיט, כיון שיוכל לשחטה במקום צל, או להעמידה שם עכ"פ קודם הבדיקה.

ויש שכתבו דלהכי לא חששו לשמא מימנע ולא שחיט, דמשום שמא ימצא טריפה לא מימנע, דלא שכיחא טריפות, **ומשום** זה יש שכתבו, דהאידנא דמחמרינן בטריפות הריאה בכמה חומרות, שכיחי טריפות, ושפיר איכא למיחש שמא ימנע ולא שחיט, כשלא נתיר לו עכ"פ להצניע הטריפה במקום מוצנע שלא יתקלקל, וע"כ יש להתיר בזמן הזה להצניע, [**ועיין** בא"ר דמפקפק ע"ז, וכן בשולחן עצי שטים פסק לאיסור]. **רק** באווזין ותרנגולין דליכא בהו טריפות הריאה, מוקמינן אדינא ואסורים בטלטול, [**וכתב** בחמד משה, דאווזות שמלעיטין אותם, ושכיח בהו טריפות הוושט כידוע, שפיר איכא גם בהו טעמא דמימנע ולא שחיט, אם יאסרו לו טלטול להצניע].

וכל זה הוא לשיטת המחבר, דמוקצה אסור ביו"ט, וכדלעיל בסימן תצ"ה, **אבל** לי"א שהביא הרמ"א שם, דמוקצה שרי, גם בענינינו שרי, כן כתבו כמה פוסקים, **ויש** מהן שסוברין, דבהמה שנטרפה הוי נולד, דמעיקרא הויא חזיא לאכילת אדם, והשתא עומדת היא לאכילת כלבים, וא"כ גם לי"א אסור, שהרי כתב שם בהג"ה דמחמירין בנולד.

(**ומיירי** בשלא היתה מסוכנת, דבמסוכנת, אפילו לשיטת המחבר אין בה מוקצה).

(**כתב** הגר"ז, הבודק בהמה ביו"ט, יבדקנה במקום שיהא אפשר להניחה שם אם תהיה טרפה, לפי שאסור לטלטלה כשתמצא טרפה ממקום זה למקום אחר, **וכן** חכם המורה הוראה, בדבר שיהא אסור לטלטלו אם יאסר, לא יורה עד שיניחוהו מקודם במקום המיוחד לו, כי אחר שיאסור יהא אסור לטלטלו, עכ"ל).

אבל מותר למכרה לא"י כדרך שהתירו מכירה לישראל, שלא ישקול ולא יזכיר סכום דמים; ואם אינו מאמינו, יקח ממנו משכון.

וכתבו האחרונים, דה"ה בבהמה כשרה, מקום שאין מנקר לנקר האחוריים, מותר למוכרו לנכרי בדרך המבואר כאן.

[**וא"ר** הוסיף עוד, דאפי' בשר כשר מותר למכור לנכרי, אם אין מוצא למכור לישראל, ומטעם דאם לא כן מימנע ולא שחיט].

וכ"ז אם חושש שמא יסרח ויתקלקל עד אחר יו"ט, אבל אם אפשר לו לשמרו, לא שרינן מכירה ביו"ט, בין בטריפה ובין באחוריים, **ואפילו** בחושש שיסריח לא שרינן, אלא א"כ שחטה ביו"ט או בערב יו"ט סמוך לערב, שלא היה לו שהות למכור קודם יו"ט, הא אם היה לו שהות, אסור בכל גווני.

§ סימן תצח – דיני שחיטה ביום טוב §

סעיף א - אין מראין סכין לחכם ביו"ט לראות אם הוא ראוי לשחוט בו - כמו שהיה המנהג בזמן חכמי הש"ס, להראות הסכין אחר בדיקתו לחכם, מפני כבודו, **ואפי'** כבר בדק הטבח לעצמו בערב יו"ט ונמצאת יפה, **שמא תהיה פגומה ויאמר לו: אסור לשחוט בה מפני פגימתה, וילך ויחדדנה במשחזת** – (**זהו טעמו של הרמב"ם על דין זה, ויש עוד ג' טעמים, ונ"מ מזה, דלטעמו גם בזמן הזה שאין דרך להראות הסכין לחכם, אלא כל אחד בודק לעצמו, ג"כ אסור, משא"כ לאידך טעמים, ולפיכך בשעת הדחק מקיל הרמ"א לבדוק ביו"ט, דאז אנו סומכין על יתר הפוסקים**).

ובדיעבד אם הראה לו ונמצאת יפה, מותר לשחוט בה.

(**ואם נפגם הסכין ביו"ט, אם מותר לומר לעכו"ם שישחיזנה, צ"ע – פמ"ג, ע"ש שכתב, דבמקום דחק וצורך גדול אפשר דשרי**).

וחכם שראה סכין לעצמו - היינו בביתו ביו"ט כדי לשחוט בה, **יכול להשאילו לאחרים** - ועיין בפר"ח שמצדד, דאפילו לכתחלה יכול החכם לראות סכינו של עצמו כדי להשאילה לאחרים, **והטעם** שהתירו לחכם, דלגביה ליכא למיחש שמא ישחיזנה, דיודע שאסור להשחיז, **ומטעם** זה מותר החכם גם כן כשאינו רוצה לסמוך על בדיקתו, להראות סכינו לחכם אחר.

הגה: ועכשיו בזמן הזה שכל שוחט רואה סכין בעצמו - שסומכין על קבלה שיש לו, **כל הרוצה לשחוט ביו"ט יבדוק סכינו מעיו"ט** - ולא יחזיר הסכין לנדן שלו, דאם החוד או צדדי הסכין נוגעין בקשיות הנדן, לא מקרי תו סכין בדוק, **וכתבו** האחרונים, דנכון שיהא לכל טבח ב' או ג' סכינים בדוקים מערב יו"ט.

ולא ביו"ט, שמא ישחיזנו - היינו הבדיקה ראשונה, אבל הבדיקה שצריך לעשות אחר השחיטה, מותר, דלא שייך גביה שמא ישחיזנה אם ימצאנה פגומה, דלא יועיל ההשחזה להכשיר השחיטה ששחט מקודם, [**ולאחר** בדיקה זו, יכול עוד לשחוט בסכין זה ממילא, ואפי' אם כוון בבדיקה זו בשביל זה, שיוכל אח"כ ג"כ לשחוט בו, שרי].

(**המ"א נשאר בצ"ע, אם השוחט הוא בעצמו ת"ח, ויודע ליזהר שלא ישחיזנו, אם מחמירין בו ג"כ, ומהרמ"א דסתם משמע דיש להחמיר, וכן בא"ר מצדד להחמיר, דדבר המסור לעצמו טועה האדם, וסובר שהוא חכם, וכתב הפמ"ג, דמ"מ אם הוא רב וגדול הדור, בודק לעצמו ושוחט, או משאילה לאחרים, כמו שפסק המחבר**).

מיהו אם לא בדקו מערב יו"ט, והוא שעת הדחק - וכגון שאין בעיר סכין אחר שנבדק מערב יו"ט, **יכול לבדקו ביו"ט.**

(**מי שלא שחט מעולם, אסור לשחוט ביו"ט – חידושי רע"א בשם תשובת שבות יעקב**).

סעיף ב - יכול להוליך סכין והבהמה אצל טבח לשחוט, ואפילו גדי קטן שצריך להוליכו על כתפו - ואפי' דרך ר"ה, ואין חוששין שמא ימלך ולא ישחט, ונמצא דהוציא שלא לצורך.

ואף על פי שהיה אפשר להוליכם מאתמול - דהוצאה באוכל נפש כתיקון אוכל נפש עצמו דמי, ולא כמכשירין, ולכך אין חילוק בין אפשר מבעוד יום או לא, **ואפילו** לדעת היש מחמירין לעיל בסי' תצ"ה ס"א בהג"ה, לענין הוצאה אין להחמיר, [דלענין הוצאה

אמרינן, מתוך שהותרה הוצאה לצורך הותרה נמי שלא לצורך, ובלבד שיהיה בה צורך היום קצת].

(וכ"ש שבטבח יכול להוליך הסכין אצל הבהמה) - ולא אמרינן דטוב יותר שהבהמה תלך ברגליה אצל הטבח.

סעיף ג - בהמות שיוצאות ורועות חוץ לתחום, ובאות ולנות בתוך התחום - לאו דוקא בכל יום, אלא אפילו שבאים לפרקים ללון, **הרי אלו מוכנות, ולוקחין מהן ושוחטין אותן ביום טוב** - ואפילו לא באו מבעוד יום אלא בלילה, דלא חשב עלייהו כלל ביה"ש, נמי מותרין, דכבהמות בייתיות דמי, וא"צ לחשוב עליהם, **אם** רק לית בהו איסור תחומין, כגון שבאו מאליהם וכדומה.

אבל הרועות והלנות חוץ לתחום - היינו שדרכם להיות רועות כל הקיץ עד חודש חשון, ואח"כ באות לביתם, מ"מ כל ימי הקיץ אין דעת אנשי העיר עליהם, **אם באו ביו"ט, אין שוחטין אותן ביו"ט, מפני שהן מוקצין, ואין דעת אנשי העיר עליהן** - ולמאן דשרי מוקצה ביו"ט, מותרים, **ויש** מי שכתבו דלכו"ע אסור, דכיון שאין נכנסות לתחום העיר כל ימי הקיץ, הוי להו כגרוגרות וצמוקים שהעלם לגג ליבשן, דלכו"ע אסוחי אסח דעתייהו מנייהו עד שיתייבשו, וכמבואר לעיל בסי' ש"י.

ומיירי דלית בהו איסור תחומין, כגון שבאו מאליהם, או עירבו לאותו צד, או לענין להתיר אותם לישראל אחר, דאל"כ בלא"ה אסורין, שהרי באו מחוץ לתחום.

(ומשמע מזה, דאם באו בערב יו"ט, שוב נפקע מנייהו שם מדברי, ומן הסתם הוי להו מוכנים, ופשוט דדוקא בדידע בהו ביה"ש, אכן הרב המאירי כתב להדיא, דאפילו באו מערב יו"ט, דמסתמא לאו דעתיה עלייהו, אא"כ זימנם בפירוש מערב, עי"ש, וצ"ע לדינא).

והני מילי בבהמות ישראל, אבל של אינו יהודי לית בהו משום מוקצה, דאין הא"י צריך הכן - וכמו שפירשנו לעיל בסי' תצ"ז סט"ו, ולהכי אפילו היו מהבהמות הלנות בכל ימות הקיץ שלא בבית, לית לן בה.

אא"כ באו בשביל ישראל, שאז אסור - עכ"פ לישראל זה שהובא עבורו, מטעם איסור תחומין, ולישראל אחר מותר.

לפיכך - הלשון מגומגם קצת, דאינו מסיים מענינא דרישא, ובאמת המחבר מתחיל עתה מענין אחר, וחסר כאן איזה תיבות, וכצ"ל: "**ודוקא כשידוע שלנו חוץ לתחום, ולא בספק, לפיכך" אינו יהודי שהביא בהמה במקולין (פי' מקום שמוכרים שם הבהמות)** - שיש מקומות שהנכרים מביאין בהמות במקולין של ישראל, וישראל שוחט ומוכרים הבשר, **אם ידוע שלנות** - צ"ל "שלנו" **חוץ לתחום, אסורות** - היינו בעיר שאין רובה נכרים, דאמרינן מסתמא לצורך ישראל הביאם, [מ"א, ור"ל גם לצורך ישראל, דאף מחצה על מחצה אסור].

ואם ספק, מותרות אפילו באו לצורך ישראל, שהמוקצה הולכים בספיקו להקל - ר"ל באיסור של חוץ לתחום, וקרי ליה נמי מוקצה, **אבל** בספק מוכן, בודאי לחומרא אזלינן, וכדלעיל סי' תצ"ז ס"ג וד', [ובאמת לא שייך כלל בעכו"ם אם לנה בבית או בשדה, כיון שאין הכנה לעכו"ם], **והמחבר** בכאן החזיק בשיטת הפוסקים, דתחומין קילא ולא מחמרינן בספיקה, **וכבר** תמהו האחרונים, דבכמה מקומות פסק כדעת הפוסקים להחמיר גם בספק תחומין, ובס"ד יתבאר.

ואם הביאום לצורך הא"י - ר"ל ואז מותר אפי' היא עיר של ישראל, **או אפילו סתם בעיר שרובה א"י, מותר, שכל המביא לצורך הרוב מביא.**

סעיף ד - בהמות הידועות ללון חוץ לתחום, ונמצאו בעיר ביום שני - כתבו המפרשים דט"ס הוא, וצ"ל "ביום טוב", **אני אומר: שמא מבערב הכניסן וחוץ לחומה לנו, ומותרות** - היינו הך דס"ג, אלא דרבותא קמ"ל, שאפילו הבהמות שרואים היום אצל עכו"ם ידועות לנו שדרכם ללון חוץ לתחום, וגם בערב יו"ט לא היו עוד בעיר, וסד"א דגם עתה היה כן, אלא שהעכו"ם הביאם בעיר היום לצורך המקולין, **קמ"ל** דגם בזה לא נפק מכלל ספיקא, דשמא

שפיר הביאם מאתמול, רק היו חוץ לחומה, ובבוקר הכניסם לעיר.

וכל שכן השחוטות בבוקר - ר"ל שמביאן הנכרי למקולין לשחוט אותן בבקר, **שחזקה מבערב הכניסן לתוך התחום** - כדי שלא יאחר הזמן, וגם שאין מצוי כ"כ לילך עם הבהמות בלילה.

וכ"ז הוא כפי שיטתו בס"ג, דבתחומין תלינן להקל כל זמן שאינו ברור לנו, וכבר כתבנו דהמחבר בעצמו מחמיר בזה בכמה מקומות, **ודעת** המ"א שלא להקל, רק בשהעכו"ם שרוי בעיר, ובהמות מצויות לו תוך התחום, דבזה לא מחזקינן איסורא, או ביו"ט שני, ומטעם ס"ס, וכדלעיל בסימן תצ"ז ס"ד.

סעיף ה - עגל שנולד ביו"ט, מותר לשחטו אם האם עומדת לאכילה - ר"ל דאז מותר אפילו למאי דפסק לעיל בסימן תצ"ה ס"ד, דמוקצה אסור ביו"ט, **ומטעם**, דכיון שאמו מוכנת לאכילה, הרי הוא מוכן אגב אמו, שאם היה רוצה היה שוחט האם קודם שנולד העגל, ואוכל שניהם ביו"ט, **ואפי'** אם ידוע שהאם היא טרפה, מ"מ אינה מוקצה ביו"ט, שהרי היא מוכנת כבר לכלבים, א"כ גם העגל ממילא אינו מוקצה, [**ודוקא** בודאי טריפה, אבל בספק טריפה וילדה ביו"ט, י"ל דהוי נולד ומוקצה, דביה"ש לא הוי קאי לכלבים ולא לאדם עד שילדה].

ולפי מנהג מדינותינו שאין אוסרין מוקצה ביו"ט אלא נולד, כמו שפסק הרמ"א שם, יש להתיר עגל שנולד ביו"ט, אפילו אם אמו עומדת לגדל ולדות, **ואין** לאסרו משום נולד, כיון שהלידה לא עשתה שינוי בגופו כלל, שהרי אף קודם לידתו היה ראוי לאכילה כמו אחר שנולד.

והוא דקים ליה בגויה שכלו לו חדשיו - בן ט' חדשים לגסה, וחמשה לדקה.

והאידנא אין אנו בקיאין בזה, כדאיתא ביו"ד, וע"כ אין שוחטין עגל שנולד ביו"ט, או בשבת עיו"ט, ‹ב' הציורים שהתיר בסעיף זה, אבל באמת בנוגע דין זה אינו נוגע מתי נולד›, קודם יום שמיני, שמא נפל הוא.

והיכא דצריך להמתין שבעה ימים, כגון לדידן שאין אנו בקיאים אם כלו חדשיו, וחל יום שמיני ביו"ט א', י"ל דאסור, דאתקצאי בין השמשות, וה"ה כשחל יום שמיני ביו"ט ב' - פמ"ג, **אבל** בספר ישועות יעקב מתיר בזה, כיון דרוב הולדות ולד מעליא ילדן, ובודאי יגיע לכלל היתר, לא חשיב מוקצה.

הגה: ובעינן גם כן שהפרים על גבי קרקע - דעי"ז יצא מחשש שמא נתרסקו איבריו ביציאתו מן הרחם שהוא מקום צר, **דחיישינן שמא יראה בו ריעותא באיברים הפנימיים, ונמצא שחט ביו"ט שלא לצורך, כך נראה לי מדברי הרא"ש והטור** - ר"ל אע"פ שאם נולד בחול, היכי דידעינן שכלו לו חדשיו, מותר לשוחטו בו ביום, ואין חוששין שמא נתרסקו איבריו, וא"צ בדיקה באיבריו הפנימים, **מ"מ** ביו"ט חיישינן שמא בלא מתכוין יראה חשש טריפות באיבריו הפנימיים, ונמצא ששחט ביו"ט שלא לצורך, [**והוא** חומרא בעלמא].

ודעת הרש"ל וט"ז, דא"צ להפריס, ואין לחוש לכל הני חששות, **אך** לדידן אין נ"מ בכל זה, דאין אנו בקיאין בכלו חדשיו, וכנ"ל.

ואם היו שבת ויו"ט סמוכים זה לזה, נולד בזה מותר בזה - אעפ"י שהוא יו"ט, ואין שבת מכינה ליו"ט, לפי שאין לידה זו חשיבא הכנה, כיון שהיה ראוי לאכילה קודם הלידה כמו אחר הלידה. [**משא"כ** בביצה דאם נולדה בשבת אסורה ביו"ט משום הכנה, דהתם ע"י לידה נשתבחה, שע"י זה ראויה אח"כ לגדל אפרוח].

סעיף ו - בהמה מסוכנת שירא שמא תמות, והוא אכל כבר ואין צריך לה, אסור לשחטה אא"כ יש שהות ביום כדי לאכול ממנה - אחר שתצא נפשה, כמ"ש ביו"ד, **כזית צלי** - שזהו הקל בבישולין, **מבעוד יום** - ודי בכזית, משום דא"א לכזית בשר בלא שחיטה, וא"כ הוי השחיטה כולה לצורך יו"ט.

ואף שאין בדעתו לאכול ממנה כלום, והטעם, דבאופן זה שיש שהות לאכול, אין איסור מן התורה לשחטה ביו"ט, דאלו היו מזדמני ליה אורחים שלא אכלו עדיין, ורוצים עתה לאכול מבהמה זו, היתה השחיטה מתרת להם, א"כ שחיטה זו נקראת מלאכת אוכל נפש, **וע"כ** אע"פ שלא נזדמנו אורחים, אין בשחיטה זו איסור מן התורה, אלא שחכמים אסרוה כל שאין בה צורך יו"ט, ובמקום הפסד לא העמידו חכמים דבריהם.

(ואפילו אין שהות לנתחה ולבדקה תחילה) - כיון דמן הדין מותר בלא בדיקת הריאה, אלא שהחמירו לכתחלה לבדקה, הכא משום הפסד ממונו א"צ להחמיר בזה.

ודעת כמה אחרונים, דבעינן שיהיה שהות כדי להפשיטה ולבודקה, **ובס'** ישועות יעקב כתב, דדוקא בגדיים וטלאים דלא שכיח בהו סירכא יש להקל, אבל בבהמה גסה, בעינן שיהיה ג"כ שהות כדי להפשיטה ולבודקה.

[**ונראה** דאם יש שהות עד שקיעת החמה לאכול ממנה כזית צלי, יש לסמוך על דעת השו"ע להקל, וכידוע דבאמת הלכה כר' יוסי, דעד צה"כ יממא היא, (אם לא כשנראה שני כוכבים, דאז גם לר' יוסי ביה"ש הוא), רק דמחמרינן לכתחילה כר' יהודה, דביהש"מ מתחיל תיכף אחר שקיעה, ואם עד שיראה שני כוכבים, יש שהות להפשיט ולנתח ולבדוק ולאכול ממנה כזית צלי, מותר לשחוט, דיש כמה אחרונים שהעתיקו להקל כדעת השו"ע].

משא"כ בבהמה בריאה, אין לשחטה אא"כ צריך לה ביו"ט גופא, (והיינו אפי' בצריך רק לכזית, משום דא"א לכזית בשר בלא שחיטה, [אבל אם א"צ לה, רק שאוכל כזית ממנה כדי להתיר לו השחיטה, זהו בכלל הערמה ואסור], **ומותר** ממילא ג"כ להפשיט כל העור מן הבהמה, משום דאל"ה מימנע ולא שחיט, **ואין** להקשות, הלא קי"ל דבשביל מימנע ולא שחיט אין להתיר איסור דאורייתא, והפשטה הלא מלאכה גמורה היא, ולא היה לנו להתיר כי אם הפשט מקצת העור, כדי ליטול הכזית שתחתיה ולא יותר, דכל שיעור הפשט והפשט שהוא כדי לעשות קמיע, יש עליה שם מלאכה בשבת וחייב עליה, י"ל דביו"ט אין בזה איסור דאורייתא, מטעם הואיל ואי מיקלעי ליה אורחים הרבה שצריכים לאכול, היה בודאי מותר להפשיט בשביל כולם כדי להאכילם, השתא נמי ליכא איסור, ואין בזה רק איסור דרבנן, ומותר בשביל דאל"ה מימנע ולא שחיט, **ולפי"ז** אין מותר להפשיט כל העור, רק בשיש שהות כדי להאכיל לכל אחד כזית צלי עכ"פ מבע"י, אבל אם ירצה לשחוט סמוך לערב כדי לאכול ממנה כזית, ואין שהות לצלות ולהאכיל לאורחים הרבה, אין מותר להפשיט רק כדי צרכו להבשר שנוטל ממנה).

וכשיש שהות ביום, ושחטה, אינו נוטל עורה - ר"ל לטלטלו ולהניח על מקומו אחר שהפשיטו מן הבהמה, וכדלעיל בסימן ש"ח סכ"ה, **ואע"ג** דלקמן בסימן תצ"ט, שרינן לטלטל העור אחר ששחטו הבהמה ביו"ט, **התם** בבהמה בריאה, ומשום דאי לא שרית ליה לא ישחוט ואתי לאימנועי משמחת יו"ט, **משא"כ** הכא דמוכרח לשחוט שלא תמות.

אלא אם כן שייר ממנו אבר אחד ומביאו עמו - שאז בטל העור לגבי האבר, ומותר לטלטלו עמו.

הגה: וי"א דאין להפשיטה כלל, אלא א"כ שחטה לצורך יו"ט, וכן ראוי להורות - דהפשטה הוא ג"כ בכלל מלאכה, ואסור כיון שהוא שלא לצורך אכילה, **ואע"ג** דליכא בזה איסור דאורייתא, דהואיל אי מזדמני ליה אורחים שהיו צריכין להבשר לאכול, היה בודאי מותר להפשיט, השתא נמי מותר, **עכ"פ** מדרבנן מיהו אסור, **וכן** השוחט עוף מפני שהוא מסוכן, ואין דעתו לאכול ביו"ט, אסור למרוט נוצתו.

ודעת המחבר, דכשם שהתירו בשחיטה משם הפסד ממון, כן התירו נמי בהפשטה משום הפסד ממון, שלא יסריח הבשר, **אכן** זהו דוקא באופן שיש לחוש שאם ימתין עד הערב תסרח הבשר, אבל בלא"ה בודאי אסור עכ"פ מדרבנן להפשיט.

ועיין במ"א וא"ר וש"א, דהעיקר כדברי המחבר, ורק לכתחלה יש ליזהר. **ואפשר** דאם יפשיט ע"י שינוי, כגון בקוץ או בקנה, דבעלמא ג"כ אין בזה אלא משום שבות, אין להחמיר בזה, אחרי דהרבה מסכימים עם דעת המחבר וכנ"ל.

וכתב הפמ"ג, דכ"ז בשיש שהות הרבה, אבל אם שחט סמוך לערב, וא"א לאכול כי אם כזית, אסור להפשיט העור מן התורה, הואיל דליתא בזה הסברא דאי מזדמני ליה אורחים, אחר דאין שהות לאכול יותר.

(**משמע** מלשון רמ"א לכאורה, דאפילו הפשט קצת כדי לבדוק הריאה, ג"כ אינו רשאי, וכן משמע ממ"א, **אכן** נראה דזה דוקא כשאין פנאי ביום לבדוק הריאה, לכן אין רשאי לפשוט כלל, משא"כ כשיש פנאי, ושוחט אותה שחושש שמא תמות עד שתחשך, בודאי נכון יותר שיבדוק הריאה להכשיר הבשר כראוי אי מקלעי ליה אורחים, **ואין** להחמיר אלא אהפשט דכולא בהמה, ומשום

דלא התירו חכמים בזה, משום דהשתא עכ"פ לית ליה אורחים שיצטרכו לבשר).

סעיף ז - אם שחט בהמה בשדה – (או בעיר ברשות הרבים, וכה"ג במקום דשכיחי רבים), **לא יביאנה במוט או במוטה כדרך שעושה בחול** – «איכא מ"ד דלא מיתסר אלא במסוכנת, שיש לה קול שלא נשחטה לגמרי בשביל יו"ט, **אבל** בריאה ששחטה לצורך יו"ט מביאה אפי' במוט, ובלבד שישנה אם אפשר, **אבל** אחרים אומרים דה"ה לבריאה – ב"י». **מדסתם** «המחבר», משמע דאף בבהמה בריאה דינא הכי.

אלא יביאנה בידו איברים איברים - ואע"ג דמפיש עי"ז בהלוכא, מ"מ עדיף טפי, כדי שלא יהא כעובדא דחול, **ועיין** בפמ"ג שמוכיח מהר"ן, דאפילו ע"י שינוי אין כדאי להביא על ידי מוט, [**ולענ"ד** בבריאה ע"י נשיאת המוט בשינוי יש להקל, ובפרט היכא דא"א להביא איברים איברים].

ואם א"א לו לשנות להביא איברים איברים, כגון שצריך למהר להביא לאורחים, נראה דמותר להביא ע"י מוט ומוטה, **ובמסוכנת** יש להחמיר גם באופן זה, ואין להקל אלא בבריאה.

סעיף ח - עוף שנדרס ברגלים ויש לחוש שנתרסקו איבריו, ולכן צריך שהייה מעת לעת - כדי שיצא מחשש ריסוק איברים, **ובדיקה אחר שחיטה** - דנהי דבודאי לא נתפרקו איבריו מדשהה מעל"ע, מ"מ שמא אירע ריעותא באיברים הפנימים, ונטרף עי"ז, **מותר לשחטו ביו"ט** - היינו אחר ששהה מעל"ע, אף שהוא מחוסר בדיקה עדיין, **ולפי** דעת הג"ה ביו"ד, דאין אנו בקיאין בבדיקת כל האיברים, לא משכחת דין זה לדידן, והרמ"א לא העיר בזה, שסמך על מה שכתב ביו"ד.

ולא חיישינן שמא ימצא טריפה, אע"ג דאתיליד ביה ריעותא - דאע"ג דצריך בדיקה, מ"מ כיון שהיה לו מתחלה חזקה דכשרות, דרוב בהמות ועופות כשרות הן, מותר לשחטו, דמעמידין אותו בחזקת היתר.

וה"ה בספק נקובה בקוץ וכה"ג, דמותר לשוחטו, **וכ"ש** היכא דליכא ריעותא כלל, רק שיש מקומות שמצויות טריפות הרבה כמו כשירות, דאין לנו לחוש שמא ימצא טרפה, דמעמידין אותה בחזקת היתר, דרוב בהמות שבעולם כשרות הן.

ויש חולקים אעיקר דינא דמחבר, וסוברין דאין לשחוט במקום דאיכא ריעותא, וה"ה במקום שהטריפות מצויות כמו כשרות, **ועיין** בשע"ת שכתב, דמכ"ש אם רובן טריפות, אפילו רק מחמת חומרות האחרונים, דאסור לשחוט ביו"ט.

ולמעשה הכריעו האחרונים, דיש לחוש לדעה זו, ולהחמיר אפי' במחצה על מחצה, והוא שהמחצה טריפות שמצוי הם טרפות גמורות מצד הדין, [**ולענ"ד** במקום שהוא צורך גדול יש לעיין בדבר, דדעת המחבר הוא דעת כמה ראשונים, ואם נסבור דלענין שחיטה אמרינן מתוך שהותרה לצורך וכו', הוא רק ספיקא דרבנן, וצ"ע], **אבל** אם רק מחמת חומרות האחרונים, מותר לשחוט ביו"ט אם הוא לצורך, וה"ה במסוכנת מחמת הפסד ממון, **אבל** בלא"ה המנהג שלא לשחוט שום בהמה ביו"ט, אפי' היכא דלא שכיחי טריפות כ"כ, שמא תמצא טרפה, **אבל** עוף נוהגין לשחוט ביו"ט.

סעיף ט - בכור בזה"ז, שאינו יכול לשחטו בלא מום, אין חכם יכול לראותו ביו"ט אם יש בו מום - ולהתירו, בין שהומם ביו"ט בין שהומם מערב יו"ט, משום דמיחזי כמתקן דאסור ביו"ט, **ולא** דמי לשאר הוראה, שאין האיסור וההיתר תלוי בהוראת פי המורה, אלא בידיעת הדבר, **משא"כ** בבכור, אפי' יש בו מום גמור, כל שלא התירו אותו חכם או ג' הדיוטות, ושחטו, אסור, ולפיכך כשמתירו הרי הוא כמתקנו.

[**ועיין** בפמ"ג שמצדד, דאפי' אם הכהן לא ישחטנו, ג"כ אסור משום ההוראה בלחוד].

אבל לראות בכור ולעיין בדינו, לא להורות לאחרים למעשה, הוי כלימוד תורה בעלמא, ולא אסור.

(עיין ט"ז שכתב, דאם נתערב איסור בהיתר לח בלח, ואין בו ס', או יבש ביבש וליכא רוב, ואח"כ נתוסף עד ס' או רובו, בזה אין לחכם להורות ביו"ט וכמו בבכור, **ולפי** טעמא שכתבנו במ"ב, אין מקום כלל לדמות שום הוראה לבכור, וכן בבגדי ישע דחה בפשיטות דברי הט"ז מהלכה).

ואפילו אם עבר וראהו ומצא שיש בו מום, אינו יכול לשחטו - אע"ג דמשום דעבר חכם אהא

דאין רואין, אין סברא לאסור, מ"מ אסור משום מוקצה, לא מיבעי אם הומם ביו"ט, דבודאי לא מיתחזי מערב יו"ט, **ואפילו** בהומם מערב יו"ט, די"ל דעתיה עליה למשאל לחכם ביו"ט, ואם יתירנו יאכלנו, **מ"מ** כיון שאסרו חכמים לראות מומין ביו"ט, א"כ ע"כ אסח דעתיה מיניה, דלא אסיק אדעתיה שימצא חכם, או אפילו ג' הדיוטות, שיעברו אאיסור דאין רואין מומין, **וכתבו** הפוסקים, דלכו"ע אסור בזה, ואפילו למאן דשרי מוקצה בעלמא ביו"ט, בהיסח הדעת כזה מודו דאסור.

אבל אם נולד במומו - היינו שנולד ביו"ט ומום עמו, **ועבר וראהו, נשחט על פיו** - דליכא כאן משום מוקצה, שהרי ביה"ש היה ראוי הולד לאכול אגב אמו, אם היה שוחטה, ולהכי אף שכשנולד אידחי, שהרי נאסר כל זמן שלא התירו חכם, מ"מ כשנמצא חכם והתירו אין לאסור משום מוקצה, שהרי ביה"ש לא היה מוקצה.

(**ולפי** מה דקיי"ל, דאין אנו בקיאין בענין כלו לו חדשיו, אין לשחטו).

ואם נולד תם והומם בו ביום, (כתב בפר"ח דג"כ שרי, למאי דקי"ל בסי' ש"ח, דאין מוקצה לחצי שבת, וא"כ הכא שראוי היה ביה"ש אגב אמו, אע"ג שכשנולד נאסר, מ"מ הרי חזר ונראה כשהומם, עיי"ש, **אכן** מלשון הש"ס לא משמע כן, וכן גמגם בפמ"ג ובחמד משה מלשון רש"י, **ומצאתי** במאירי שעמד בזה, דלמה לש"ס לומר נולד במומו, הלא בהומם בו ביום סגי, וכתב לתרץ, דאפשר כיון דנולד תם, דיחוי גמור הוא, ושיחזור ויהיה ראוי הוא דבר שאין עולה על הדעת, דמילתא דלא שכיחא היא, **ולא** דמי לזריחת השמש על פירות יבשים שירדו עליהם גשמים, דדבר המצוי הוא, ובכה"ג אמרינן דהואיל וביה"ש איחזי להו, כי אדחי בתר הכי, דחייה שקרוב להעלות על לבו של אדם שהוא חוזר ונראה, בכי הא שרי, **והיינו** נמי דומיא דנולד ומומו עמו, שאף בשעת הדיחוי היה בו ענין שקרוב להעלות על לב שהוא חוזר ונראה, מכיון שהוא רואה את המום, ואין לו אלא שיראנו לחכם אם עובר או קבוע, כך נראה לי ברור, עכ"ל, הרי בהדיא דלא כפר"ח).

ואם ראה המום מערב יו"ט, וראה שהוא מום שראוי לישחט עליו, יכול לחקור עליו ביום טוב אם נפל בו המום מאיליו, ומתירו - ר"ל היכא שעיקר ראיית הבכור היה בעיו"ט, דהיינו שעיין בדינו אם הוא מום קבוע, והוסכם אצלו שהוא מום גמור, **רק** שלא חקר ודרש עדיין אם לא פשע בעל הבכור בנפילת המום, שכל מום שלא נפל מעצמו, אלא אחרים גרמו לו בכוונה, אינו חשוב מום לישחט על פיו, **בזה** מותר לו לעשות חקירה ודרישה גם ביו"ט, ואין זה בכלל אין רואין מומין ביו"ט.

[**ואף** שבעל הבכור לא ידע עדיין גמר הדין, מ"מ אין מסיח דעתיה ממנו שוב, וקסבר למחר יתירו החכם, **אכן** מדברי הא"ז משמע, דדוקא בשכבר אמר לו החכם שהמום קבוע, וצ"ע].

הגה: ואם נפל בכור לבור - ואפילו הומם מחמת נפילתו, **אסור להעלותו, דהא אינו ראוי לשוחטו** - וטלטול שלא לצורך שחיטה אסור.

אלא עושה לו פרנסה במקומו - ואע"ג דפסק המחבר לעיל בסימן תצ"ז ס"ב, דכל דבר שהוא מוקצה אסור ליתן לו מזונות, הכא התירו שלא ימות.

סעיף י - אותו ואת בנו שנפלו לבור, מעלה את הראשון ע"מ לשוחטו, ואינו שוחטו - שמוצא לו עלילה, שמא חבירו שמן ממנו, **וחוזר ומערים ומעלה את השני** - דבהמות בעלמא שנפלו, בודאי מותר לו להעלותו אע"פ שאינו שוחט מהם, כיון שראויין לשחיטה, ואפשר יצטרך לו בתר הכי, **אבל** אותו ואת בנו שע"כ חדא לא חזיא, ומטלטל שלא לצורך, וע"כ צריך להערים, **והתירו** לו להערים משום צער בעלי חיים, ומשום הפסד ממונו.

רצה זה שוחט, רצה זה שוחט - ומשמע דעכ"פ מחויב לשחוט אחד מהם, **אכן** הרבה פוסקים הביאו בשם הירושלמי, דאם רוצה אח"כ שלא לשחוט אחד מהם, ג"כ הרשות בידו, דעכ"פ העלאה היתה בהיתר, **ומ"מ** כתב בעבודת הקודש להרשב"א, דראוי לחוש ולהחמיר ולשחוט אחד מהם, שלא יהא ניכר ההערמה.

סעיף יא - בהמה, חציה של א"י וחציה של ישראל, יכולים לשחטה ביום טוב - כיון דא"א לכזית בשר בלי שחיטה, אינו עושה הישראל בשביל עכו"ם כלום, אלא לעצמו הוא עוסק.

ואפילו יש להם שתים, יכול לשחוט שתיהן - דהיה אפשר לומר, אם העכו"ם מתרצה לחלקן, יחלקו מחיים, קמ"ל דאינו מחויב לחלוק, **לא** מיבעיא אם אינו צריך רק חצי בהמה ליו"ט, (ושוחט אחת מהן לבד, וכדמבואר בב"י), א"כ כשיחלוק ויצטרך לשחוט בהמתו בשביל מעט הבשר שצריך לו, יופסד הבשר הנשאר, **אלא** אפילו צריך לכולא בהמה, ורוצה לשחוט שתיהן, ועכו"ם נתרצה לחלוק, ג"כ לא אמרינן ליה לחלוק, **ואפילו** ב' הבהמות שוות במראה ובקומה ובדמיהן, דאפשר אין הבשר של בהמה זו שמן ומוטעם כבשר בהמה אחרת, וניחא ליה טפי שיאכל מבשר ב' הבהמות.

וי"א דאם העכו"ם מתרצה ליתן לו הגדולה והטובה, אסור לשחוט השניה, [**אבל** הא"ר כתב, דמלבוש ויש"ש משמע, דאף בבה"ג מותר], **אכן** אם הישראל ששוחט אינו נוטל לעצמו (ואין מעבד – שם) כי אם חלק הפנימי, וחלק אחורים מניח בעור לעכו"ם המשותף, לכו"ע מותר לשחוט שתיהן בכל גווני, דהא אין לו טרחא בחלק העכו"ם, וא"א לכזית בשר בלא שחיטה, [קרבן נתנאל].

סעיף יב - השוחט בהמה ביו"ט, אינו רשאי לתלוש הצמר לעשות מקום לסכין - דהוי עוקר דבר מגידולו, ואף דהוא כלאחר יד, דאין דרך להסיר הצמר על ידי תלישה, רק על ידי גזיזה, עכ"פ מדרבנן אסור.

(**והמ"א כתב, דאם תולש בכלי, הוא גוזז, ולאו מוכרח הוא, דאפשר דדוקא אם גוזז בכלי, אבל תולש בכלי מקרי עוקר מגידולו כלאחר יד, וכן משמע קצת מפירש"י, ובטור יו"ד ג"כ משמע כדברינו, אח"כ מצאתי בשעה"מ שמצדד ג"כ כדברינו, אכן ברא"ש משמע כהמ"א, דתולש צמר בכלי מקרי דרך גזיזה, וכן משמע שם בפר"ח שבידינו**).

אלא מפנהו (בידו) - ולא בכלי משום דנראה כגוזז, **ומושכו אילך ואילך, ואם נתלש נתלש** - ואין בו איסורא, דהו"ל דבר שאינו מתכוין, שאינו מתכוין לתלוש אלא לפנות, **ולא** יזיזנו ממקומו, אלא ישאר שם מסובך עם שאר צמר הצואר.

ואם היה צמר מסובך על הצואר שא"א לפנותו, ואין לשחוט כך כמבואר ביו"ד, ולא היה באפשרו מעיו"ט, לזה י"ל דשרי לעשות כן ביו"ט.

סעיף יג - השוחט את העוף, לא ימרוט את הנוצה כדי לעשות מקום לסכין - דמריטת נוצה הוא תולדה דגוזז, דעוף דרכו במריטה, (וחמיר מתלישת הצמר, דשם מקרי כלאחר יד, וכאן דרכו בהכי), **ומ"מ** לפנות בידו ולמשוך אילך ואילך, וכנ"ל בסי"ב, מותר גם בנוצות.

ואע"ג שאחר השחיטה מותר למרוט הנוצה, ואיסור גוזז שייך אף לאחר מיתה, **לא** אמרינן מה לי מחיים מה לי לאחר השחיטה, דלאחר שחיטה שאני, שכיון שכבר הותרה בשחיטה לאכול, וא"א לאוכלה בלי מריטת נוצה, מותר למורטה כמו שמותר לצלותה ולבשלה, **וכן** בבהמה מותר לאחר שחיטה להפשיט את עורה מטעם זה, אע"ג דהפשט אב מלאכה הוא, **אבל** בעוד שלא נשחטה, כל מאי דעביד, מכשירי אוכל נפש שאפשר לעשות מאתמול הוא, ואסור.

הנה בב"י הביא דעת הרמב"ן שמיקל בזה, והוא הסכים לדינא לאיסור כרוב הפוסקים החולקים עליו, וכמו שסתם כאן, **ומ"מ** נהגו עכשיו השוחטים למרוט, מפני שאומרים שא"א לשחוט בלא זה, וסומכין על דעת הרמב"ן, **ומ"מ** בודאי אם אפשר לשחוט בלא מריטה, רק שיפנה בידו, יש להחמיר וכנ"ל.

(**ונוצה דעזים, הוא הדבר הדק שעל העזים שממנו עושים בגדים, ע"ז אמרו בגמרא דאורחיה בתלישה כמו נוצת העוף, {אבל שערה דינו כמו צמר בהמה}, וכששוחט עז יש ליזהר מאוד, שלא למרוט מן הצואר השער הדק שעל גבה, ויש בזה איסור דאורייתא, וסברת הרמב"ן שהתיר בעוף, מטעם דסוף של המלאכה הזו להיות נדחית ביו"ט, שימרטנה אחר שחיטה, לא שייך בזה, דהא סופו להפשיט העור כולו**).

סעיף יד - לא ישחוט אדם חיה ועוף - שצריכין כיסוי הדם, **ביו"ט** - דאם ירצה לחפור ביו"ט כדי לכסות, יש בזה תרי איסורי, אחד משום חפירת גומא, ואחד משום טלטול העפר דהוא מוקצה, **אא"כ יש לו עפר מוכן מבעוד יום** - ויהיה העפר תיחוח שיוכל לכסות בו, ולא יצטרך לכתשנה, דכתישת רגבים הוא מלאכה גמורה, דהוא תולדה דטוחן, ולא הותרה ביו"ט, **וה"ה** באפר של הסקה שהוסק מבעוד יום, דמסתמא מוכן הוא לכל תשמיש, וכדלקמיה בסט"ו.

(ביאור הלכה) [שער הציון] <הוספה>

וכשיש לו עפר מוכן או אפר, יטלטלנו ויניח למטה במקום שישחוט, ואחר השחיטה יכסנו בם גם למעלה, דצריך כיסוי בתיחוח למטה ולמעלה, כמבואר ביו"ד, **וע"ש** ביו"ד, דאם שחט ע"ג קרקע קשה, ויש שם דם הרבה, יטול קצת ממנו ויתנו בעפר תיחוח ויכסהו, **אכן** אם נתייבש הדם קצת, אסור לגוררו ביו"ט, דשמא אתי לאשווי גומות, דהוי מלאכה דאורייתא.

ואם עבר ושחט, אם יש לו דקר (פי' כעין יתד של ברזל שחופרין בו את הקרקע) נעוץ - בקרקע, **מבעוד יום** - ועל ידי זה הו"ל הקרקע כחפור ועומד, ‹דדקר נעוץ לא בעינן אלא משום דאיכא צד חפירה›, **ודעת** כמה פוסקים, דבעינן שינעוץ בהדיא לשם הכנה לצורך מחר, ‹דדקר נעוץ בעינן שיהא מוכן - ב"ח›, **בעפר תיחוח, מכסהו בו** - ואם אין לו דקר נעוץ מבע"י, לא יכסהו עד הערב.

בעפר תיחוח - דבעפר קשה, הלא צריך לכתוש כדי לכסות, ואסור וכנ"ל, **ואע"ג** דבתיחוח נמי הלא קעביד גומא עכשיו בהוצאת העפר, **אין** בזה איסור דאורייתא, דהוא מלאכה שא"צ לגופה, וגם הוא מקלקל, והתירו בדיעבד כששחט משום מצות כיסוי, ‹ואסורה משום מראית העין בלא דקר נעוץ - ב"ח›.

ומשמע מהפוסקים, דחשש גומא אינו אלא כשהיה רק מעט עפר תיחוח באמצע, וסביב קרקע קשה, וכשנוטל העפר נשאר גומא, **אבל** כשהיה עפר תיחוח הרבה סביב, אין עושה גומא בנטילתו, שמיד שנוטל העפר נשאר עפר אחר במקומו, ויכול לכסות בדיעבד כשכבר שחט, אפילו לא היה שם דקר נעוץ מבע"י, **ומ"מ** לענין לשחוט לכתחלה, אפילו על סמך עפר כזה אסור, ‹ואפי' יש לו דקר נעוץ›, דנעיצת דקר אינה הכנה גמורה להוציא מידי מוקצה, שהרי מ"מ לא נטלו להעפר ממקום חיבורו מבעוד יום, ולא התירו ע"י נעיצת דקר אלא בדיעבד כשכבר שחט.

(ואפי' היה צריך לכמה דקירות, שרי) - שכשנעץ הדקר להכנה, מסתמא דעתו היה להכין מן העפר כפי השיעור שיצטרך לו לכיסוי, [**ופשוט** דבמקום שרוצה לדקור עתה הדקר מחדש, מיירי ג"כ שהיה העפר תיחוח, דלא יצטרך לכתשו], **ויש** מאחרונים שסוברין, דהכנה שהכין מאתמול לא מהני אלא לאותו דקר שנעץ שהזמינו לכך, אבל לא לדקור מחדש בשביל זה, **וכ"ש** להפוסקים שסוברין, דהטעם דבעינן דקר נעוץ מבע"י, כדי שלא יהא חשש חפירה ביו"ט, פשיטא דאסור לדקור מחדש ביו"ט.

סעיף טו - אפר כירה שהוסק מעיו"ט, מותר לכסות בו - היינו אפילו לשחוט לכתחלה על דעת זה, דהו"ל מוכן, דכיון שהיה אפר מאתמול, דעתיה עלויה לכל מילי שיצטרך.

אבל אם הוסק ביו"ט, אסור - ואפילו להמתירין מוקצה ואפי' בנולד, מ"מ בנולד גמור כזה, דמעיקרא עצים והשתא אפר, כו"ע מודים דאסור בטלטול.

אא"כ הוא חם שראוי לצלות בו ביצה - דאתמול בעודן עצים, היו מוכנים להיסק ולבשל ולצלות, ועודנו בתשמישו זה, ואיידי דחזי לאפוכי ביה מידי לצליית ביצה, שקיל ליה נמי ומכסה בו להדם, (**מכאן שמותר לכסות אף באפר חם**).

[**ועיין** בפמ"ג שמצדד, דאפי' אינו ראוי רק להפשיר משקה שנצטנן, ג"כ אין עליו שם מוקצה].

(**בפמ"ג כתב, גחלים כבוים שאינן חמים, הוי מעשה חדש כמו אפר, ור"ל דגם גחלים מקרי נולד כמו אפר, דמעיקרא עצים והשתא גחלים, ועיין במחה"ש שכתב, דאם הובערו שוב, מותרין, וכמו אפר שנצטנן וחזר ונתחמם, ומשום דאין מוקצה לחצי שבת, וה"ה דמותר לנפוח בהן אם מונחים אצל גחלים לוחשות כדי להבעירן, ואע"ג דע"י הנפיחה זזים ממקומם, לית לן בה, ובעיקר הדין יש לעיין, דלענ"ד אף בנצטננו לגמרי אין זה מעשה חדש, דעדיין עומדין לתשמישן הראשון, דכשם שמסיקין בעצים ה"ה בגחלים לצלי, ובפרט בימינו שמבעירין המיחם רק בגחלים, אח"כ מצאתי שמביאים בשם ספר קהלת יעקב שמסכים, דגחלים קטנים שאינן ראוין להבעיר אותן לצורך בישול וצלי, אסורין לטלטל, אבל גדולים מותרים כמו עצים להסקה**).

ואם הסיק עצים היום ע"ג אפר של אתמול, ונתערב האפר באפר של אתמול, בענין שלא היה ניכר מעולם בפני עצמו בלי תערובות, דבזה ליכא כללא: דדבר שיש לו מתירין אפי' באלף לא בטיל, בטל ברוב.

ואם שחט, מותר לכסות בו אע"פ שאינו ראוי לצלות בו ביצה - דשרו רבנן מוקצה בדיעבד

שלא לבטל מצות כיסוי, [**ואע"ג** שבסי"ד לא שרינן לכסות רק באם היה דקר נעוץ, אבל לחפור לכתחילה אסור, **שאני** התם דאיכא תרתי איסורי, מוקצה, ועשיית גומא דג"כ אסור לכתחילה אפי' במקלקל, ובכגון זה העמידו חכמים דבריהם, משא"כ כאן דליכא אלא מוקצה לחוד], (**וצריך ביאור**, דהא בגמ' דף ח' ע"ב משמע להדיא, דאף באפר כירה שייך גומא, וכגון שלא יחזור ויפול כשיקחנו, וצ"ע שלא העירו בזה משם).

(ומיהו עדיף טפי לכסות בדקר נעוץ בעפר תיחוח, אם יש לו) - דדקר שהיה נעוץ מבע"י לכך, אין בו איסור מוקצה, ורק עשיית גומא, דאינו אלא מקלקל במקום שא"צ להגומא, וס"ל דזהו קילא מאיסור מוקצה, **אכן** כמה אחרונים חולקים אהגה"ה זו, וס"ל להיפך, דמוטב לכסות באפר מוקצה, דאינו אלא טלטול בעלמא, ולא להגביה העפר עם הדקר, שעושה גומא בידים, [**ונראה** דלדקור כמה דקירות, לכו"ע אינו נכון במקום שיש אפר, אף שהוסק בו ביום].

סעיף טז - הכניס עפר הרבה לביתו לצורך גינתו - היינו שדעתו היה בפירוש לצורך גינתו לשוטחה שם, **והוא כנוס במקום אחד** - ר"ל שלא שטחם עדיין על פני גינתו, אלא מונחים לעת עתה כמו שהכניסם, בצבור אחד, **מותר לכסות בו** - ואפילו לשחוט לכתחלה על דעת עפר זה, **שכל זמן שהוא צבור דעתו עליו לכל מה שיצטרך** - ומשמע דלכל תשמיש מותר.

וכתבו האחרונים, דסעיף זה מיירי גם כן בשהיה העפר תיחוח, כמו ההיא דסי"ד, הלא"ה אסור לכסות בו, **ולענין** לשחוט לכתחלה, או לשאר צרכים, צריך שיהיה תיחוח כ"כ, עד שלא יעשה שום גומא בנטילתו.

ויש פוסקים שכתבו, שלא התירו אלא לענין כיסוי שהוא צורך מצוה, אבל לשאר תשמישים לא, **ואפילו** לענין כיסוי דוקא דיעבד, אבל לא לשחוט לכתחלה על דעת זה, **ולא** דמי לסעיף י"ז דלקמיה, דכאן אין הכנה גמורה, כיון שעיקרו בא לצורך גינתו, **ויש** להחמיר כסברא זו.

אבל אם הכניס מלא קופה לצורך גינתו, לא, שמאחר שהוא מועט, בטל - דדוקא אם הוא עפר הרבה, ומשום דכל זמן שהוא צבור וכו', אבל אם רק מלא קופתו לא, ואפי' הניחם בקרן זוית לא מהני, **משא"כ** בסי"ז שהכניס לבית בסתם, אפילו מלא קופתו מותר, כשייחד לו קרן זוית וכדלקמיה.

ויש מן הפוסקים שסוברין, דדוקא אם הכניס לגינתו ממש, דאז אמרינן אם הוא מועט מלא קופה וכיוצא בטל לגבי קרקע הגינה, **משא"כ** במכניסו לבית או לחצר, אע"פ שלא הכניס אלא מלא קופה, וייחד לו מקום, אינו בטל, [**ופירוש** הראשון נראה יותר].

סעיף יז - מכניס אדם מלא קופתו עפר לבית - מערב יו"ט, (**דביו"ט גופא**, סתם עפר וחול הוא מוקצה לד"ה, **ואפילו לר"ש**), ומערה אותו על הקרקע, **בסתם** - ר"ל שלא חישב בהדיא לצורך גינה, אלא בסתם, וכנ"ל, **ועושה בו כל צרכו.**

(וע"ל סימן ש"ח סעיף ל"ח) - ר"ל שמבואר שם, דמותר אף לכסות בו צואה, אף דאפשר היה לומר דכונתו לא היה אלא לדבר שתשמישו תדיר ודאי, אבל לא לזה דאפשר שלא יעשה התינוק צרכיו בבית.

ודוקא בזה שהכניסו לבית בסתמא, דאז אמרינן דדעתו לכל מה שיצטרך, **אבל** אם הכניסו לדבר שתשמישו ודאי, כגון שהכניסו לכסות בו דם עוף שדעתו לשחטו ביו"ט, אסור לכסות בו צואה, **ויש** מקילין גם בזה.

ולא אמרינן שהוא בטל אגב קרקע הבית - משום מיעוטו, וכמו בסעיף הקודם, **והוא שייחד לו קרן זוית, דכיון שלא שטחו, מוכחא מילתא דלצרכו בעי ליה** - עיין לעיל בסי' ש"ח במ"ב, דאם שטחו, נתבטל אגב קרקע הבית, אפילו אם הכניסו בפירוש לצרכיו.

וגם צריך ליזהר (כשעושה בו כל צרכו), ליטול ממנו בשוה, ולא לעשות גומא, **או** דמיירי שהוא תיחוח הרבה, דתיכף כשנטול החול, נופל לתוך הגומא וסותמה.

ואם הוא עפר תיחוח, מותר לכסות בו - דאל"כ הלא צריך כתישה ואסור, **ואם** מיירי שלא שחט עדיין, צריך שיהיה העפר תיחוח כ"כ כל סביביו, שבלקיחתו לא יעשה גומא, **או** שיטול ממנו בשוה וכנ"ל (וכגון שהיה משופע וגבוה קצת), דאל"כ אסור לכתחלה עכ"פ לשחוט על דעת זה, וכמבואר למעלה.

וכתבו האחרונים, דעשיית גומא שייך אפילו בקרקע תלוש, כמו בכאן שהעפר כבר נתלש ונחפר, וה"ה בעפר שבכלים, [**ובנשמת** אדם מפקפק בזה]. **ולפי"ז** אין לתחוב נר בכלי מלא עפר, אם העפר קשה קצת שנעשה גומא בתחיבתו, דאם העפר תיחוח, דכשיוציאנו תחזור ותפול, אין זה חשיב עושה גומא, **ומ"מ** להוציא נר מעפר זו, אע"פ שנעשה גומא ממילא, לית לן בה.

סעיף יח - כוי (פי' בריה שנולדה מתיש וצביה) - ר"ל צבי הבא על התישה, (דיש ספק אם חייב לכסות, דשמא חוששין לזרע האב), **דאילו** תיש הבא על הצביה, אף דג"כ חלבו אסור, **מ"מ** שוחטין אותו ביו"ט, כמבואר ביו"ד באחרונים, (דאפי' אי חוששין לזרע האב, יש חיוב ודאית לכסות, דאמרינן צבי ואפי' מקצת צבי).

ויש עוד מין כוי שהוא בריה בפני עצמו, והוא ספק חיה ספק בהמה, ויהבינן להו חומרי שניהם, דטעונין כיסוי כחיה, וחלבן אסור כבהמה, [**וזהו** סתם כוי האמור בכל מקום, וגם בכאן, ומה שציין בהג"ה מצבי ותישה, נקט מלתא דשכיחא, דגם זה יש לו דין כוי].

אין שוחטין אותו ביו"ט - שהרי אי אפשר לכסות דמו עד מוצאי יו"ט, ושמא יתבלע בקרקע ולא יהא רשומו ניכר, ויבטל מצות כיסוי.

ואם שחטו, אין מכסין את דמו אפילו יש לו עפר מוכן - ואפילו הכינו בהדיא לשם כיסוי כוי, **מפני שהרואה יאמר: ודאי חיה הוא, דאם לא כן לא היו מטריחין לכסות דמו ביו"ט, ויבא להתיר חלבו** - ר"ל כדי שלא יטעו לחשוב כי כוי חיה ודאית היא, מדשרו טרחא ביו"ט, **ויש** כח ביד חכמים לבטל מצוה בשב ואל תעשה, כדי שלא יבואו לידי מכשול בספק כרת בקום ועשה, [**ובפרט** דאפשר שיתקיים המצוה במו"ש, אם יהיה עדיין רישומו ניכר].

ועיין בצל"ח שדעתו, דדוקא בכוי שהוא בריה בפני עצמו, אבל בנולד מצבי הבא על התישה, אם הכינו בהדיא מערב יו"ט לכיסויו, מותר לשחוט אותו ביו"ט, עי"ש טעמו, (דלא שייך בו חשש התרת חלבו כלל, כיון שאמו היא תישה, ממילא חלבו ודאי אסור – צל"ח).

ולערב, אם רשומו ניכר, יכסנו - ולדידן דעושין שני ימים, צריך להמתין בכיסוי עד מוצאי יו"ט שני.

(**וכתב** הרבה אחרונים, דאפי' אם ירצה ליתן עפר מעט בכלי, ולקבל הדם בתוכו, {דבלי עפר הלא אין מקבלין דם בכלי, משום דדרך עכו"ם לשם זריקה לע"ג}, ג"כ אין נכון ביו"ט, **דבזה** ג"כ יש חששא, דשמא יאמרו מדהתירו ליתן עפר, ש"מ דודאי חיה הוא, ונתנו לשם כיסוי).

הגה: ודוקא ששחטו בקרן זוית וכהאי גונא, אבל אם שחטו באמצע החצר, אפילו דם בהמה יכול לכסות אם יש לו עפר מוכן - כגון שהכניס מלא קופתו עפר בסתם כבסי"ז, או שהכין לכסות בו צואה, מוכן הוא גם לזה, **דהוי ליה כגרף של רעי, וצריך לכסות שלא יתלכלכו כליו בחצר** - ר"ל שדרכו לכסות שלא יתלכלך כליו בחצר, [**ואפשר** נמי דנכון לכתחילה לכסות, כדי שלא יבוא אח"כ לידי כיבוס כליו].

(**עיין** שבת קכ"א ע"ב, דמשמע שם דדוקא באשפה שבחצר אין בו משום גרף של רעי, אבל בשאר החצר לא חלקו בין אמצע לזוית, וע"כ דדם אין נחשב כגרף של רעי, וא"כ אף באמצע נמי אסור, וצע"ק).

ומשמע (מלשון ההג"ה), דכ"ש דם כוי דמותר לכסות, כיון דבלאו מצות כיסוי צריך הוא לכסות משום מיאוס, ושוב לא יטעו להתיר חלבו, דיאמרו מכסה הוא בשביל שלא יתלכלכו כליו, **ועיין** במ"א שמצדד, דאין להקל בזה לכסות רק היכא שמכוין באמת בשביל שלא יתלכלכו כליו, אבל אם מכוין רק לשם מצות כיסוי, אסור, (**דלא** חילקו חכמים בגזירתם באיזה מקום שחט, וכמו שאסרו לכתחלה לשחוט בכל גווני, אלא דבא להתיר כאן רק אם הוא ירא שיתלכלך בדרך הילוכו, דמותר לכסות בשביל טינוף בגדיו, **אלא** דמלשון הגה"ה "אפילו דם בהמה", משמע מזה דכ"ש כוי דאיכא תרתי, מצות כיסוי וניקור חצירו, ומ"מ יש לדחות, דהיכא דמכוין לניקור חצירו, דחושש לטינוף כליו, מותר לכסות ולכוין גם לשם מצות כיסוי, **משא"כ** היכא דלא היה חושש בשביל טינוף, ועיקר כונתו הוא רק לשם מצוה, אסור, אף דהרואין יאמרו דלנקות חצירו הוא עושה, כיון דהוא עצמו יודע שאין כונתו רק לכיסוי).

(**ודע** עוד, דלענ"ד נראה דאין לכסות דם כוי אף באופן זה שרוצה לנקות חצירו, אלא כשיכוין גם למצות כיסוי, דאל"כ הרי יבטל בידים המצוה, לפי הכלל דמצות צריכות

כונה, דאם לא היה מכסה כלל, הלא אפשר שישאר רשומו ניכר לערב לכסות, וגם דברי המ"א שכתב, דמיירי שמכוין לנקר חצירו, כונתו ג"כ שיכוין גם למצות כיסוי).

(ואין לשחוט הכוי לכתחלה ביו"ט בכל גווני, ואפילו באמצע החצר במקום שהולכים שם כל בני הבית, ואף דשם אין חשש בהכיסוי, דיאמרו לנקות חצירו הוא מכסה, וכן משמע לשון ההג"ה, דקאמר: אם שחטו וכו', וצ"ל הטעם, דלא רצו חכמים לחלק בזה לענין לכתחלה).

(ודע, דמביאור הגר"א שכתב דטעמא דהג"ה זו, דהריא"ז סובר דהסוגיא מיירי בעפר שאינו מוכן לגמרי כדקר נעוץ וכה"ג, עי"ש, מוכח דס"ל, דלפי מאי דקיי"ל כהפוסקים דסוגיא קאי אפי' במוכן, לא קיי"ל כהג"ה זו).

סעיף יט - שחט בהמה וחיה - וה"ה כוי וחיה, **ונתערב דמם** - והיה דם החיה מרובים, עד כדי שאם היה דם בהמה מים, היה ניכר אדמומית דם החיה, בזה בחול חייב בכיסוי, **ויש לו עפר מוכן או אפר כירה, אם יכול לכסותו בדקירה אחת** - לאו דוקא, והכונה שאין צריך להרבות בטלטול עפר בשביל דמי הבהמה שניתוספו, וכדמסיים: **שאינו צריך להרבות בשביל דם הבהמה, יכסנו** - וה"ה אם היה לו דקר נעוץ מבע"י בעפר תיחוח, נמי שרי בדקירה אחת, דהא לא טרח טפי בשביל הבהמה.

ודע עוד, דלפי מה שנתבאר לעיל בסט"ו, דבדיעבד אם שחט ואין לו עפר מוכן, מותר לכסות אף באפר שאין מוכן, ה"ה בענינינו נמי דינא הכי דמותר, דהא לא טרח טפי בשביל הבהמה, **ולא** העתיק המחבר עפר מוכן, אלא משום סיפא, דאם אינו יכול לכסותו בדקירה אחת, אפילו בעפר מוכן לא יכסנו.

ואם לאו, לא יכסנו - דטרח בשביל בהמה, **והסכימו** האחרונים, דאפילו דקירה אחת שהיה נוטל בשביל דמי החיה נמי אסור, דכיון דמעורב בדם בהמה, אם כן אפשר דבמקום שמכסה, דם בהמה מרובים כ"כ, עד כדי שדם החיה לא היה ניכר אם דם הבהמה היה מים, ופטור אותו מקום מלכסות, וא"כ טרח בשביל דם הבהמה שאינו חייב בכיסוי, ואסור.

וכתבו האחרונים, דאם שחט באמצע החצר, מותר לכסות בעפר מוכן אפילו בכמה דקירות, כדי שלא יתלכלכו כליו, וכדלעיל בהג"ה.

סעיף כ - שחט צפור מערב יו"ט ולא כיסה דמו, לא יכסנו ביו"ט - ואפי' יש לו עפר מוכן, נמי לא שרי ליה למטרח, כיון דהיה אפשר לו מעיו"ט, **ומימנע** משמחת יו"ט ליכא כאן, דאפי' לא מכסה ליה שרי הבשר באכילה, **וימתין** עד לערב, ואם יהיה רשומו ניכר יכסנו, **ויש** לכפות עליו כלי לשמרו כדי שיכסנו, [דזה לא חשיב טרחא כמו כיסוי].

§ סימן תצט – דין מליגה ומליחה ביו"ט §

סעיף א - אין מרגילין ביו"ט, כיצד הוא מרגיל, זה המוציא כל בשר מרגל אחד, כדי שיוציא כל העור שלם ולא יקרע, מפני שטורח בהפשט זה טורח גדול ואין בו צורך למועד - משמע מלשון זה, דאם מפשיט העור דרך שתי הרגלים, דהיינו שחותך מרגל האחד עד השני בין שני רגלים האחרונים, ועי"ז מפשיט העור שלם, דשרי, דלאו טרחא רבה היא כ"כ. **ויש** מחמירין בכל גווני שלא להפשיט העור שלם, דעכ"פ הוא טרחא יתירא שלא לצורך יו"ט, [**ואף** אם אינו מפשיט כלל דרך הרגלים, רק דרך הפה עד זנבו, דלאו בכלל מרגיל הוא, ג"כ אסור, דעכ"פ הוא טרחא יתירה].

סעיף ב - אסור למלוג גדי - דהיינו ליתנו ברותחין לאחר המליחה, כדי להעביר השער, **אא"כ מולגו לאכול העור** - דמתוך שעורו רך יש שאוכלין אותו ביחד עם הבשר, והוי לצורך אוכל נפש, וכמו שמותר למלוג הראש והרגלים, וכדלקמן בסימן ת"ק.

והרבה פוסקים חולקין בזה, דלא התירו למלוג רק הראש והרגלים, דנהיגי בכך, אבל מליגת כל הגוף אינו אלא למפונקים ביותר, ואינו צורך כל נפש, וגם נראה יותר כמעשה חול, **ונכון** להחמיר לכתחלה, [ומ"מ מי שרוצה להקל, לא נוכל למחות בידו].

כתבו הפוסקים, דבעוף דלא שייך הפשט, לכו"ע מותר למלוג ולהבהב כל הגוף.

(ביאור הלכה) [שער הציון] «הוספה»

סעיף ג - בהמה שנשחטה ביו"ט, מותר להגביה עורה - ר"ל לטלטלה ולהניחה במקום משומר, או מחמה לצל, כדי שלא תפסד, **ואע"ג** דבעלמא עור לח אסור לטלטלו, וכדלעיל בסימן ש"ח, הכא הקילו, דאי לא שרית ליה, לא ישחוט, ואתי לאימנועי משמחת יו"ט.

וליתנה במקום דריסת הרגלים - ר"ל וכן הקילו שמותר ליתנה במקום דריסת הרגלים, שע"י הדריסה מתעבד העור קצת, **וכיון** דלא מוכחא מילתא להדיא שעושה משום כן, דאפשר שטחה כדי שישבו עליה, שעיקר ישיבתם באותו הזמן היה בדרך זו, שוטחין עור או בגדים ע"ג קרקע ויושבין עליהן, הו"ל התיקון כלאחר יד, **ולא** רצו לאסור עליו, דא"כ מימנע ולא שחיט משום הפסד העור, ואתי לאימנועי משמחת יו"ט.

ומיהו דוקא ליתנה במקום הדורסין, אבל לשוטחה ע"ג יתדות כדי שתתייבש, אסור, משום דמוכחא מלתא דלצורך העור קעביד, ואם נתיר לו שיטוח לצורכה, אתי למימלחה ג"כ.

אע"פ שאין עליו בשר כלל - דאי יש עליה כזית בשר, בלא"ה מותר לטלטלה משום הבשר.

ומותר למלוח עליו מליחה קלה - ר"ל שימלח בשר על העור, דעי"ז ממילא ימלח גם העור קצת, **כדרך שמולחים לצלי** - ר"ל שרוצה לצלות אותה, דבזה א"צ מליחה מרובה, [אבל מליחה מועטת צריך], **ולאפוקי** אם ימלחנה מליחה מרובה, [היינו אפי' אותה החתיכה של הצלי], אסור, דעי"ז יהיה עיבוד יפה גם לעור.

ומותר להערים למלוח כאן מעט וכאן מעט - ר"ל כאן בשר מעט וכאן בשר מעט, **עד שימלח את כולו.**

אבל אם נשחטה מערב יו"ט, אסור - לא מיבעיא אם גם הופשטה קודם יו"ט, בודאי דאסור ביו"ט להגביה אותה וליתנה במקום הדורסין, ולמלוח עליה, שהרי אפשר היה לעשות כל אלה מעיו"ט, **אלא** אפילו הופשטה ביו"ט, אסור, דמשום זה לא ימנע מלשחוט, דהא יכול להפשיטו מעיו"ט, **אם** לא שלא היה לו שהות להפשיט מעיו"ט, אז יש להקל.

כתבו הפוסקים, דאפילו שכח למלחו מעיו"ט, אסור למלחו ביו"ט, דאין לחלק בין מזיד לשוכח.

בגליות שעושין שני ימים טובים מספק, הרי יו"ט א' נחשב לחול לגבי יו"ט שני, לפיכך אם נשחטה ביו"ט ראשון, אפשר דדינה כאלו נשחטה בעיו"ט לענין טלטול העור ומליחתו, כשיגיע יו"ט שני, [**ובספר** בגדי ישע מצדד להקל].

הגה: ונוצות של עוף דינן כמו בעור, דמותר לטלטלן כדי להצניען, כמו בעור - אבל בלא"ה אסור לטלטלן, דלא חזו למידי, **והפר"ח** מחמיר בכל גווני, [דשאני עור דחזי למזגא עליה ע"י הדחק, ולפיכך התירו סופן משום תחילתן], **והאחרונים** מסכימים לפסק שו"ע.

והיינו שנשחטה ביו"ט, דאי נשחטה מעיו"ט, אע"ג דהוסרו הנוצות ביו"ט, אסור לטלטלן, כדלעיל גבי עור.

ומיהו פלעדערו"ש מאווז שנשחטה, לכו"ע שרי לטלטולי, דראוי להשתמש בה, [**ואפי'** נשחטה ביו"ט, דלאו נולד הוא, וכ"ש מעיו"ט].

סעיף ד - אין מולחין את החלבים - דדבר שאינו אוכל גמור, אם מולח כדי שלא יסריח, יש בו משום מעבד, **ולא מהפכים בהם** - הוא ג"כ כעין תקון להחלבים, ואסור מטעם הנ"ל, **אפילו לשטחן על גבי יתדות** - דמוכחא מילתא שעושה זה כדי שלא יסריחו, וגזרינן דלמא אתי ג"כ למולחם, **אע"פ שנשחטה ביום טוב.**

וכן אסור למלוח בשר עליהם - כדי שיפול מן המלח על החלבים, **באויר** - דעל החלבים ממש אי אפשר להניח בשר, שבולע מן החלבים.

והטעם, דחלבים מליחה מועטת סגי להו, ואסור משום חששא דעיבוד וכנ"ל.

ולענין טלטול, כשנשחטה מעיו"ט, מותר לטלטל החלבים, דחזו להדלקה, **וה"ה** חתיכת שעוה מותר לטלטל, דיכול להניח פתילה ע"ג וחזי להדלקה, [**ועיין** בט"ז שכתב, דאם הקצה אותם לסחורה, אסורים בטלטול, ולכאורה דבריו הוא רק לדעת המחבר בסי' תצ"ה, דמוקצה אסור ביו"ט, **ואולי** מיירי בשמקפיד עליהם מלהשתמש בהם שום דבר, והוי מוקצה מחמת חסרון כיס].

וכשנשחטה ביו"ט, דעת הט"ז בשם הג"א להקל, **והמ"א** העלה, דלפי מאי דפסק הרמ"א בסימן תצ"ה, דנולד אסור, גם החלבים אסור לטלטלן, דהוי נולד, ואע"ג דחזו להדלקה, מאתמול לא היה עומד להדלקה, [**ונתיב** חיים וכן בא"ר מפקפק ע"ז, ‹דלאו נולד הוא, דהשתא נמי אוכל הוא, אך אריא הוא דרביע עליה – נתיב חיים›, **ורק** לטלטלן כדי להצניען, או כדי שלא יסריחו, מותר, דשרינן סופן משום תחלתן, וכנ"ל גבי נוצות.

עוד כתב מ"א, דעור שהופשט מעיו"ט, אם הוא לח אסור לטלטלו, ואם הוא יבש מותר לטלטלו, כמ"ש סימן ש"ח סכ"ה, וע"ש דהרמ"א הביא דעת החולקין ע"ז, **אבל** כשנשחט ביו"ט, הו"ל נולד, וע"כ אם הוא לח מותר לטלטלו כדי שלא יסריח וכנ"ל, **ואם** הוא מונח גם עתה במקום צל, ויודע שלא יתקלקל, אסור לטלטלו, **ואם** יבש אסור לטלטלו, דהו"ל נולד, [**ומ"מ** אפשר לפקפק ע"ז, דכיון דחכמים התירו למזגי עלייהו בשעה שהיו לחין, אף שהיא ישיבה ע"י הדחק, משום שהתירו סופן משום תחילתן, וכשיתייבש העור אח"כ ויהיה ראוי למזגי לגמרי, יוכרחו לעמוד משם משום נולד, וזה תימה קצת].

סעיף ה - עלי, שהוא דף עב וכבד, וכלי הוא, אלא שמלאכתו לאיסור לכתוש בו הריפות - דאסור ביו"ט, וכדלקמן סימן תק"ד ס"ג, **מותר לטלטלו לקצב עליו בשר** - כדין כל כלי שמלאכתו לאיסור, לעיל בסימן ש"ח, שמותר לטלטלו לצורך גופו, דהיינו לעשות בו מלאכה המותרת, או לצורך מקומו, **ודעת** מג"א, דאפילו היה העלי מוקצה מחמת חסרון כיס, כגון שמקפיד על העלי מלהשתמש בו בדבר אחר שלא יתקלקל, דבכגון זה אסור בכל מקום, הכא שרי משום שמחת יו"ט, (וצ"ע לדינא).

ולאחר שקצב עליו, אסור לטלטלו מחמה לצל - או כדי שלא יגנב, וכדלעיל בסי' ש"ח, **(אבל לצורך גופו ומקומו שרי)** - כדין כל כלי שמלאכתו לאיסור.

וסדן העב שקוצבין עליו בשר, מותר לטלטלו לאחר שקצב, אפילו מחמה לצל וכה"ג, דהא הוא כלי שמלאכתו להיתר.

§ סימן תק – הנצרך לבשר ביו"ט האיך יתנהג, וסדר מליחתן §

סעיף א - אין קונים בשר בפיסוק דמים, לומר לטבח: תן לי בסלע או בשתים - אפילו ליקח בהקפה, משום גזירת מקח וממכר.

וכן לא יאמר לו: הריני שותף עמך בסלע - ר"ל אע"פ שאינו קונה ממנו, אלא משתתף עמו בגוף הבהמה, אפ"ה אסור, כיון שמזכיר שם דמים.

(**עיין בש"ס דף כ"ז: ומוכח דבלי פיסוק שפיר נימנין על הבהמה, אבל הרשב"א כתב להחמיר בזה, וז"ל: ויראה שאין נמנין אף מנין בני אדם על הבהמה לכתחלה, לומר נמנה חמשה על בהמה זו, שזה כמעשה חול, ומסיים: אבל נמנו עליה מעיו"ט, יכולין להוסיף למחר ולמנות עמהם עוד חמשה אחרים, עכ"ל, ועיין בפר"ח שכתב, דאף דלעיקר לא קימ"ל כסברת הרשב"א בזה, מ"מ המחמיר תבא עליו ברכה**).

אלא מחלק להם שלישיות או רביעיות, כפי החלקים שדרך לחלק בעיר, בלא פיסוק דמים - ודוקא בלא גורל, כגון שהם מוותרים זה לזה, ואין מקפידין אם יקח חבירו מנה יפה, אבל אם מקפידין וצריכין גורל, אסור, **ואפילו** גורל ע"י סכין, כמו שעושין הקצבים, דהיינו שמניחין סכין בין שני החלקים, ושואלים להקונים איזה צד רוצה, אם החלק שמונח לצד החד, או לצד הגב, גם זה מקרי גורל ואסור.

ומביא שתי בהמות ויאמר: זו כזו, ולמחר שמין הנשארת, וכפי ששוה כך יפרע לו - ר"ל וכדי שידעו אח"כ כמה צריך לפרוע, שהרי יש בהמה שחלק ממנה שוה דינר, ויש בהמה שנתח ממנה שוה שני דינרים, לזה אמרו חכמים, שקודם ששוחט לבהמה, מביא בהמה אחרת ששויה כזו לעין הרואה, ולמחר שמין דמיה וכן ישלמו.

ומ"מ אסור לפרש ולומר: מה שאתה נוטל למחר בעד זו, ניתן לך בעד זו, דהוי סכום מקח.

ונראה דאם הקונים סומכין על הטבח בדבר המקח, שיאמר להם למחר, א"צ להביא בהמה אחרת, אח"כ מצאתי שכ"כ בא"ר בשם תניא.

(ומ"מ אינו מובן, דכי אם יבוא מי ליקח מן הטבח בשיווי סלע, יצטרך להביא ע"ז עוד בהמה, גם אין המנהג כן, **אלא** האמת מיירי בחבורה שרוצים ליקח בשר הבהמה כולה מן הטבח, זה בסלע וזה בשתים, וקמ"ל דאסורים להזכיר שם דמים, אלא יחלקוה כפי החלקים שדרך לחלוק בעיר, וכל אחד יטול חלק או חציו, וכדי שידעו שיווי כל הבהמה, יביא הטבח עוד בהמה אחרת שהיא כזו, ולמחר ישמוה, וכפי מה ששוה כך יפרע לו).

הגה: וי"א דדוקא ישראל לגבי ישראל שרי כהאי גוונא, אבל ישראל עם א"י אפילו בכהאי גוונא אסור - היינו אפילו בלא פיסוק דמים, שאומר לעכו"ם: הריני עמך בבהמה זו למחצה וכו', **והטעם**, משום דאין ישראל רגיל להשתתף עם העכו"ם, מחזי טפי כמקח וממכר, ולא הקילו בזה, **ויש** חולקין בזה, דלא מפלגינן בין ישראל לעכו"ם, וכל שאינו מזכיר דמים מותר, **ויש** להחמיר כסברא ראשונה.

בד"א בדבר שאין שיעור מקחו ידוע, כמו בשר, אבל דבר שמקחו ידוע, כמו ביצים ואגוזים וכה"ג, מותר ליקח חלק אצל נכרי אם אינו מזכיר לו סכום דמים.

[**ובאמת** לפי דעת המ"א, דבני חבורה הידוע שמקפידין, אפי' בלי גורל אסור, א"כ עכו"ם דבודאי מקפידין הן, ממילא יש לאסור ג"כ, דבודאי אתי לידי זכירת סכום מקח].

וכתב הלבוש, דאסור לו לישראל למכור לעכו"ם ביו"ט אפילו בלי פיסוק דמים, אם לא דאיכא פסידא, כגון בשר טריפה, וכדלעיל בסוף סימן תצ"ז, **דלא** התירו זה אלא כשישראל קונה, ומשום שמחת יו"ט.

סעיף ב - אסור לשקול בשר, אפילו בביתו לידע כמה יבשל - ואפילו אינו שוקל במשקל הרגיל, אלא שמניח בכף כלי או סכין, ודעתו למחר לשקלו, אפ"ה אסור, דעובדא דחול הוא, **כתבו** האחרונים, דאפילו אינו מדקדק במשקל כ"כ, רק פוחת מעט או מוסיף, ג"כ אסור, דמ"מ נראה כשוקל.

(**וא"כ** אין שום עצה ליקח בשר ביו"ט במשקל, אלא שיסמוך על השערת הטבח, **ונ"ל** כשאינו רוצה הלוקח לסמוך על השערת הטבח, יאמר לטבח לחתוך שני חלקים שוים לפי השערתו, ויקח אחד מהן, ולמחר ישקלו החלק השני, וכפי מה שישקל יפרע לו).

ואפי' ליתנו בכף מאזנים לשמרו מן העכברים - ר"ל ובכף השני מונח משקלות, **אסור, אם היא תלויה במקום שרגילים לשקול בה** - דאז נראה כשוקל, (**משמע** דבמקום אחר, אפילו היא תלויה מותר, דהוי היכרא, וכן מבואר בר' ירוחם להדיא, **אכן** מדברי הרמב"ם מוכח, דכל שהמאזנים תלוים אסור, וצ"ע).

אם היא תלויה כו' - כתבו האחרונים, דלא קאי רק אנותנו לשמור מן העכברים, הא במקום ששוקל להדיא, אפילו אינה תלויה במקומה אסור.

ואפילו לשקול מנה כנגד מנה, אסור - מנה הוא חלק, ור"ל כשיש להם בשר לחלק, ומניחין חלק אחד בכף אחת, והשני בכף שכנגד להשוותם.

(**בגמרא** משמע, דמנה כנגד מנה יותר מסתבר לאיסור, ממה דמניח בכף לשמרו מן העכברים, וא"כ מאי "אפילו", וצע"ק).

ומותר לשקול בידו, שלוקח החתיכה בידו ומשער כמה יש בה - דוקא בזה שהוא השערה בעלמא, אבל אם לוקח משקל ביד אחת, וביד השני בשר לשער נגד המשקל, אסור.

וטבח אומן אפילו זה אסור - מפני שהוא רגיל בזה, יודע הוא לכוין המשקל בצמצום, וכשוקל במאזנים דמי, **וכתבו** האחרונים, דלא מחמרינן בזה אלא בשעה שמוכר, אבל לעצמו בביתו לית לן בה.

אסור לשקול הבשר במים, דהיינו כלי שיש בו שנתות, דהיינו חריצים, ונותן בו מים ומניח בו הבשר, וכשהמים מגיעין עד השנתות, יודע כמה ליטרא יש בבשר, ג"ז אסור, ואפילו פיחת מעט או הוסיף מעט, שניכר שמכוין למשקל.

אבל אם הוא יודע לכוין דרך חתיכתו, לחתך ליטרא או חצי ליטרא, חותך כדרכו ואינו חושש - כתב המ"א, דמותר לומר לטבח: תן לי ליטרא בשר, דאינו מכוין למשקל, אלא להודיע לו כמה הוא צריך, וכמו שכתב הרמ"א לעיל סימן שכ"ג ס"ד, **וע"ש** במ"ב ובה"ל, (שנכון להחמיר בזה).

סעיף ג - אין נוקבין נקב בבשר בסכין לתלותו בו, אבל ביד מותר - מלשון זה משמע, דאפילו בעה"ב לעצמו אין לו לעשות נקב בבשר השחוט כדי שיוכל לתלותו על הכותל, שלא יעשה כדרך שהוא עושה בחול, [או מפני שנראה כעושה כלי]. **אבל** יש מפרשים דאין הדברים אמורים אלא בקצב המוכר בשר, שדרכו בחול לעשות נקב בסכין בהבשר, כדי שיוכל הלוקח לאחוז שם בידו להוליכו לביתו, וביו"ט צריך לשנות לעשות הנקב ביד, כדי שיהיה היכר שאין מקח וממכר מותר בו.

ולעשות נקב בחתיכת האפיקומן לתלותו, נראה דלכו"ע מותר אפילו בסכין, [דלא שייך בזה הטעם, דלא יעשה כדרך שהוא עושה בחול, דבחול ג"כ לאו מנהג קבוע באפיקומן]. **ומ"מ** לעשות בו נקב עיגול או משולש כמגן דוד, יש להחמיר, [דבזה שייך שנראה כעושה כלי].

ואם לעשות בו סימן - שלא יחליפנו אדם, **מותר אפילו בסכין** - איתא בגמרא: דרבה בר ר"ה מחתך אתלת קרנתא, כשהיה משלח הבשר לביתו, היה רגיל לעשות כל חתיכה בעלת שלש קרנות, ובביתו היו יודעין שזה היה סימן שלו תמיד, **אבל** אותיות וציורים, אסור לעשותן בבשר דרך סימן ביו"ט, [וכן רושם שהוא כמין צורה, **ואפי'** כתיבה בדבר שאינו מתקיים, שהוא רק מדרבנן, ג"כ בודאי לא התירו משום אוכל נפש, שהרי אפי' מלאכה של אוכל נפש לא התירו רק מלישה ואילך כידוע, וכ"ש שאר ל"ט מלאכות, שאין חילוק בהן בין שבת ליו"ט, ואפי' שבותין שלהן].

סעיף ד - מולגין הראש והרגלים - ברותחין, אחר המליחה, כדי להשיר השיער, **ומהבהבים אותם באור** - וה"ה דמותר להטמין אותו ברמץ.

דהוי מלאכה לצורך אוכל נפש, **ופשוט** דלדעת היש מחמירין לעיל בסימן תצ"ה, דאף באוכל נפש גופא, אם אפשר לו לעשות מעיו"ט אסור ביו"ט, מיירי כאן בשלא היה לו פנאי למולגו מעיו"ט, דידוע שאינו מתקלקל אם היה מולגו מעיו"ט, **או** דמיירי ששחטו ביו"ט גופא.

אבל אין טופלין אותם בסיד ולא בחרסית ולא באדמה - כדי להסיר השער, **דמתחזי כעיבוד;** **ואין גוזזין אותם במספרים, שנראה כעושה לצורך השיער.**

סעיף ה - מותר למלוח - (היינו שמולחו להוציא דמו, או לאחר שמלחו והדיחו, מולחו בליל י"ט – מ"א, והביאו המ"ב לקמן), **כמה חתיכות בבת אחת** - במפולת יד א', כגון שיש כאן ג' חתיכות, יניחם זו אצל זו, ויקח מלח מלא חפניו כדי שיעור מליחה של כל החתיכות, וזורה עליהם בבת אחת, **אע"פ שא"צ אלא אחת** - ליו"ט, והטעם, שטורח א' הוא טורח לכל הבשר, שהרי מולחן ביחד, **ואע"פ** שהוא מוסיף קצת טרחא, שהרי צריך להפך כל חתיכה וחתיכה בפני עצמה כדי למולחם בצד השני, **מ"מ** כיון דמן התורה אין עיבוד באוכלין, הקילו חכמים למלוח בבת אחת, אם חושש שמא יסריח הבשר.

הגה: וי"א דלא שרי להערים - הלשון מגומגם, דלא נזכר הערמה כלל בדברי המחבר, וכתבו הרבה מפרשים, שחסר כאן בדברי המחבר, וכצ"ל: "**ומותר להערים ולמלוח חתיכה, ואח"כ ליטול אחרת ולומר: בזה אני רוצה**", ור"ל דאפילו כשאינו מולח בבת אחת, יש תקנה, דהיינו ע"י הערמה, שיאמר: בזו האחרת אני רוצה עכשיו, [שזה הבשר ערב עלי לאכילת היום, וחוזר ומולח עד שמולח כל הבשר שיש לו], והתירו לו דבר זה כדי שלא ימנע מלשחוט, אם ידע שלא יתירו לו למלוח כל הבשר ואתי למסרח, **ויש** שכתבו, דאפילו נשחט מעיו"ט, נמי מותר למלוח כולן ביו"ט ע"י הערמה, [**והב"ח** וא"ר החמירו בזה, **וא"ר** הפליג עוד יותר, דאפי' בבת אחת אין להקל כשנשחט מעיו"ט].

וע"ז הגיה רמ"א: "**וי"א דלא שרי להערים" רק קודם אכילת שחרית** - דבאמת צריך לאכול אז איזה חתיכה, **אבל** אם כבר אכל, ואין בדעתו לאכול עוד יותר היום, [דמ"ש בשו"ע "שחרית" לאו דוקא], אסור להערים ולמלוח, אע"פ שיבשל ויטעום מעט, כיון שאינו טועם רק כדי להתיר לו מליחת שאר החתיכות, **ואפי'** אם ירצה למלוח כל החתיכות ביחד, נמי אסור בכגון זה, דלא שייך בזה לומר טרחא א' לכולם, שהרי גם לאחת א"צ באמת.

והסכימו האחרונים, דכ"ז בשאינו ידוע לו בודאי שיסריח אם לא ימלחנו, **אבל** בידוע לו בודאי, מותר למולחו אפילו אחר אכילה, ואפילו בזה אחר זה ע"י

שיערים על כל חתיכה לומר: מזו אוכל היום, וצריך שיאכל כזית מאחת מהן, **ואפילו** זה לא התירו אלא כששחט ביו"ט, כדי שלא ימנע על להבא מלשחוט, **אבל** כששחטה מעיו"ט, כיון שהיה יכול למלחה מעיו"ט, אסור למלוח בשר שא"צ לו ביו"ט, אא"כ מולחו קודם אכילה.

ומותר למלוח הבשר ביו"ט - ר"ל כשמולחו להכשירו להוציא דמו, **אע"פ שהיה אפשר למלחו מערב יו"ט** - ומטעם דאם היה מולחו מעיו"ט, היה צריך אחר הדחה שניה למולחו עוד פעם שני, ולהשהותו במלח עד למחר, דאל"כ היה מתקלקל, [דאח"כ מתקלקל כשעומד בלא מלח, והוא טוב יותר כשהבשר תולה כך באויר בלי הדחה ומליחה – מ"א], ודבר ידוע הוא כשהבשר שוהה הרבה במלח מפיג טעם, **לפיכך** מותר למלוח הבשר שרוצה לאכלו בו ביום, ואגבן מותר למלוח שארי הבשר כיון שהוא בבת אחת, או ע"י הערמה וכנ"ל, [לדעת המקילין לעיל במ"ב, בשנשחט בעיו"ט].

אבל אם כבר נמלח והודח משום דם, אסור למולחו פעם שנית ביו"ט [בשחרית] כדי שלא יפסיד, ואפי' בשחרית קודם אכילה, שהרי אין דרך למלוח בשר בשעת בישולו, ואדרבה מדיחין אותו ממלחו בשעת בישולו, ואם כן מוכחא מלתא שמולח רק לתקן הבשר, ולכן אסור, [**ופשוט** דדוקא בשחרית, אבל בליל יו"ט מותר למולחו שלא יתקלקל, אם דעתו לאכול מהן מעט למחר, וכן מוכח במ"א], **ובליל** יו"ט ב' מותר למלחו, ע"י שיערים על כל חתיכה לומר: מזו אוכל למחר, וכן יעשה שיאכל מהן מעט למחר, [**אבל** ביו"ט ב' בשחרית, אסור למלוח ע"י הערמה זו, שהרי הבשר שרוצה לאכול יבשלנו מיד, וא"צ מליחה].

(**משמע מלשון** "אע"פ שהיה אפשר למולחו מעיו"ט", דכ"ש כשנשחט ביו"ט בודאי מותר למלוח, **ואף** ע"י הערמה לכל הבשר, **ועיין במ"א בשם תה"ד שמצדד**, **דדוקא אם נשחט ביום א' של יום טוב, דיתקלקל אם ימתין עד יום שלישי, או שחל יו"ט שני בע"ש, שיתקלקל אם ימתין עד יום א', הא אם חל יו"ט שני בחול ונשחט בו, אסור למלוח ע"י הערמה, כי יוכל להמתין מלמלוח עד מחר, וטוב יותר להבשר, והנה ראיתי בהגר"ז והח"א שהשמיטו דין זה, אח"כ מצאתי במאמר מרדכי, שמגמגם ג"כ בדין של תה"ד, ומביא דמדברי הריב"ש מוכח שלא כדבריו, ואפשר** עוד משום דדין זה תלוי בטבע הזמן, אם העת חם מאוד ויכול להתקלקל ביום אחד, בודאי מותר למלוח כל הבשר על ידי הערמה, לכך השמיטו דין זה).

ומ"מ דגים שהם משובחין כשמונחין במלח, אסור למולחן ביו"ט כשהיה יכול למלחן מעיו"ט, [**אבל** אם לא היה יכול למלחן מעיו"ט, כגון שלא היה לו פנאי וכדומה, מותר, **ודוקא** אם דעתו לאכול מהן בו ביום, אבל שלא לצורך אסור לקרען, ופשיטא למלחן, ובמקום הפסד גדול יש להתיר, כמו במסוכנת], **ואין** בכלל זה מה שנותנין מלח לתוך המחבת שמבשלין אותן בה, דאין איסור במליחה אלא משום גזרת עיבוד, או משום דטורח שלא לצורך יו"ט, משא"כ בזה שנותן לתוך התבשיל, **ומיני** דגים הרכים המתקלקלים כשינוחו זמן רב במלח, מותר למלחן ביו"ט, אפילו אם קרען בעיו"ט, ודינן כמליחת בשר לכל דבר.

סעיף ו - נוהגין לנקר בשר ביו"ט, אפילו נשחט מעיו"ט - וכנ"ל לענין מליחה, וכ"ז כשמנקר הבשר שדעתו לאכלה ביו"ט, אבל שאר בשר אסור לנקרו, ואפילו נשחט ביו"ט, שהרי טורח הוא לצורך חול, **אא"כ** רוצה למלחו מפני שחושש שמא יסריח הבשר, ולמלחו אסור קודם ניקור, כמ"ש ביו"ד, בזה מותר לו לנקר גם שאר בשר ע"י הערמה, דהיינו לאחר שניקר חתיכה אחת לצורך היום, אומר חתיכה זו אינה טובה בעיני כ"כ, רק חתיכה אחרת, ומנקרה, וכן כולם, [**ודוקא** קודם אכילה וכנ"ל לענין מליחה].

ודוקא כשנשחט ביו"ט, אבל אם נשחטה בעיו"ט, והיה לו פנאי לנקרה מבע"י, אסור לו לנקר ביו"ט רק הבשר שצריך לו לאכילה ביו"ט, שהרי הניקור אינו מפיג טעם הבשר כלל, והיה לו לנקר קודם יו"ט, [**ואע"ג** דבמליחה יש שמתירין בזה, שאני התם דחתיכה שצריך לאכול, איכא הפגת טעם אם ימלחנו מבע"י, ואגבה מותר למלוח כל הבשר בהערמה].

(וטוב לשנות קצת אם יוכל לשנות באיזה דבר) - דהיינו שינקרנו בקופיץ או בקרדום, **ואע"ג** דלעיל גבי מליחה, אף שהיה יכול למלחו מעיו"ט, א"צ שינוי, **התם** משום דבשר ששוהה הרבה במליחה מפיג טעם, משא"כ הכא ע"י הניקור אינו מפיג טעם כלל, והיה לו לנקרו מעיו"ט.

ואם א"א לו לשנות, מותר אפילו בלי שינוי, ואע"ג דהיה יכול לעשות מעיו"ט, משום דבניקור ליכא שום

לתא דמלאכה, אלא משום טרחא בעלמא, **וחלק** אחרונים דא"א לנקר היטב ע"י שינוי, יש להחמיר שלא לנקרו אם נשחט מעיו"ט, והיה שהות לנקרו מעיו"ט, **ובמקום** דחק יש להקל לצורך יו"ט.

בשר מנוקר שהוא ביום ג' לשחיטתו, ואם ישהה אחר יו"ט, יהיה אסור לאכלו כי אם צלי, כמבואר ביו"ד, מותר להדיחו ביו"ט, הואיל וראוי לאכילה, ואף דטרחא זו לצורך חול הוא, אינו עושה מעשה, רק ששופך עליו מים, **ומ"מ** ראוי לכתחלה שיאכלו הקצבים חתיכה ממנה, [וגם מלוי המים יהיה קודם יו"ט], **ואם** אפשר להניח ההדחה עד יו"ט ב', לא ידיחו ביו"ט ראשון, **אבל** בשבת דא"א לבשל ולאכול, אסור - מ"א, **וע"ל** בסי' שכ"א במ"ב, מה שכתבנו בשם האחרונים, דע"י עכו"ם בודאי יש להקל להדיח, ואם א"א ע"י עכו"ם, מותר גם ע"י ישראל.

עוד כתב המ"א, דאם אירע זה בבשר שאינו מנוקר, גם ביו"ט אסור להדיחו, משום דכיון דאסור לנקר מה שאינו לצורך יו"ט ע"י הערמה, שיאמר: אוכל ממנו כזית, כיון דהיה יכול לנקרה מבע"י וכנ"ל, ממילא לא חזי לאכילה, וע"כ דינו כמו בשבת דאסור להדיחו, **והנה** לפי מה שהקילו האחרונים גם בשבת במקום הדחק, מטעם דכיון דחזי לטלטול, ממילא מותר להדיחו ג"כ, גם בבשר שאינו מנוקר אין להחמיר מטעם זה, **ומ"מ** אם אפשר ע"י עכו"ם, טוב יותר ע"י עכו"ם, או כשמונח הבשר בכלי, טוב שירחוץ ידיו עליו עד שיהיה הבשר שרוי במים, (**ודע**, **דאף לדעת המ"א שמחמיר להדיח**, היינו רק לענין הדחת כל הבשר, **אבל הבשר שרוצה לצרכי יו"ט**, בודאי מותר להדיח ולנקר לכו"ע, **אף דנשחט מעיו"ט**).

§ סימן תקא – עצים האסורים והמותרים ביו"ט §

סעיף א - אין מבקעין עצים מן הקורות שעומדות לבנין - ומוקצה הם, [אף לצורך גופן ומקומן], שאדם מקפיד עליהם מחמת חשיבותן, ומיחד להם מקום, **ואפילו** להמתירין מוקצה סתם, במוקצה מחמת חסרון כיס מודו.

ולא מקורה שנשברה ביו"ט, אפילו אם היתה רעועה מעיו"ט וקרובה להשבר – (או קורה חדשה דעבידא דפקעה), דיכול להיות דמצפה מע"ש שתשבר, ולא אקצה, [היינו לדעת ר"ש], **מ"מ** אסור, משום דעכ"פ ביהש"מ לא היתה שבורה, ותקועה בבנין, ונאסרה ושוב אינה ניתרת, (זהו אליבא דר"י – מ"א), **ועוד** דהויא נולד, דמעיקרא קורה, והויא ככלי, והשתא עצים בעלמא, **ומטעם** זה לא הגיה הרמ"א כאן כמו בסי' תצ"ה, דיש מתירים מוקצה, משום דסמך עצמו על מה שמסיים שם, דאפי' המקילין לא רצו להקל במוקצה דנולד.

[**אבל** בקורה בריאה שנשברה ביו"ט, אף להמתירין מוקצה ונולד, ג"כ אסור], (דאפי' לפמ"ש סי' שכ"ד ס"ז, דבהמה בריאה שמתה מותר לר"ש, היינו משום דמ"מ יושב ומצפה שמא ישחטנו חש"ו, אבל קורה בריאה שנשברה לכו"ע אסור – מ"א).

אבל אם נשברה מעיו"ט - דדינה כסתם עצים העומדים להסקה, **אם אי אפשר להסיקה בלא ביקוע, מבקעין ממנה חתיכות גדולות** - דלאו מלאכה היא אלא עובדא דחול, אבל לא בחתיכות קטנות, דיש בה משום חשש טוחן.

ואע"ג דמכשירין שאפשר לעשות מעיו"ט הוא, **כיון** דא"א לאפות ולבשל בלא עצים, עשו אותה כדיכת מלח, שמותר ע"י שינוי, וגם זה לא התירו אלא בחתיכות גדולות.

ולא יבקע לא בקרדום, ולא במגל, ולא במגירה; אלא בקופיץ - כדי לעשות שינוי, **(פי' סכין של קצבים, ויש עושין בו ב' ראשין דומה קצת לקרדום, רש"י), ובצד הקצר שלו, אבל לא בצד הרחב** - מפני שהוא כקרדום. **ויש מי שאוסר אפילו בקופיץ, לפי שאין אנו בקיאין מהו, ולא התירו אלא בסכין** - או לשברו ביד.

סעיף ב - עצים גדולים קצת וראוים להסקה בלא ביקוע, לא יבקע כלל - ר"ל לא מיבעיא לבקען לחתיכות דקות מאד, דיש בזה חשש טוחן, אלא אפילו לעשותן חתיכות שאינן דקות, ג"כ אסור, כיון שיכול לבשל קדרתו בלא ביקוע, הו"ל טרחא ביו"ט שלא לצורך, ואסור.

ואפילו לשברם ביד, יש מי שאוסר - דכיון שראוים להסקה בלא שבירה, הו"ל בזה ג"כ טרחא שלא לצורך, וכן הסכימו כמה אחרונים.

והמדקדקים נוהגים ליזהר אף בחוה"מ, שמתקנים כל העצים הקטנים הצריכים לבישול דגים קודם יו"ט, שהרי יכול לבערו בלא ביקוע, **ואף** לבקע בחוה"מ עצים גדולות שא"א לבשל בם כמות שהן, כיון שאפשר להכין קודם יו"ט, יש להכין קודם יו"ט, אם לא שלא היה לו מקודם, **אכן** במקום שדמי עצים יקרים, והוי הפסד ודבר האבוד אם יבערם כמות שהן, (מצוה) [מותר] לחתוך אותם לחתיכות דקות. (ע"פ השונה הלכות).

סעיף ג - אין מביאין עצים מן השדה, אפילו אם היו מכונסין שם מבערב - מלשון זה משמע, דאפילו הכינן מבערב אסור, וטעמא אפשר, משום דהוי עובדא דחול, לילך לשדה להביא עצים לביתו, **ויש** מפרשים משום דמיחלף במפוזר, ומפוזר אסור משום דמיחזי כמגבב לצורך מחר, והוי כמעמר, **ומטעם** זה אפילו ברה"י אסור ללקטן כשהם מפוזרין וכדלקמיה.

אבל מגבב הוא בשדה משלפניו - היינו סמוך למקום בישול קדרתו, דלא הוי עובדא דחול, **וגם** לטעם השני הנ"ל ג"כ שרי, דקדרתו מוכחת עליו שאינו מגבב לצורך מחר.

ודעת מהרש"ל והב"ח וש"א, לאסור לגבב בשדה אפילו באופן זה, דמיחזי כמגבב במקום גידולו, כיון שהוא בשדה, דחייב משום מעמר, [**ופליגי** על דעת הר"ן, דס"ל דמדינא מותר כיון שהוא לצורך אוכל נפש, אלא משום דלפעמים מחזי כמגבב לצורך מחר, **ואינהו** ס"ל דלא עדיף כלל מקוצר ושארי מלאכות שקודם לישה, שאסור מדינא לכו"ע, וכנ"ל בסי' תצ"ה].

(וכן בחצר לוקח מלפניו) ומדליק שם - ר"ל אפילו בחצר מגבב רק משלפניו לצורך בישול קדרתו עכשיו, **אבל** לגבב מכל החצר להניח אסור, ואין חילוק בין קסמים קטנים לגדולים.

ומביאין מהמכונסין שברשות היחיד, ואפילו היתה מוקפת שלא לשם דירה, ובלבד שיהיה בה מסגרת - דכשאין לו מסגרת, אע"פ שמכונס מבערב, הר"ל כשדה, [**ולהביא** מחצר עצים בודאי שרי, **ואפשר** דבחצר כיון שהוא לפני הבית, סתמא משומר, ואפי' אין לו מסגרת].

ותהיה בתוך תחום שבת - ומשמע דאפילו בסמוך לעיר נמי צריך מסגרת, **והרבה** פוסקים חולקין ע"ז, ולדידהו כל שהוא סמוך לעיר בתוך ע' אמה ושיריים, לא בעינן מסגרת, **והיכי** בעינן מסגרת, משבעים אמה ואילך עד תוך התחום, שהוא אלפים אמה, **וכן** הלכה.

ואם חסר אחת מכל אלו - דהיינו שלא היה מכונס, או שחסר מסגרת, או חוץ לתחום, **הרי הן מוקצה** - לפי הטעמים שכתבנו לעיל, דהוי כעובדא דחול, או משום חשש עימור, דין זה הוא לכו"ע, אפילו להפוסקים דמתירין מוקצה ביו"ט בעלמא, בזה עשו חכמים דבר זה למוקצה.

ויש מפרשים הלכה זו כפשוטו, דאם חסר אחד מתנאים הללו, מסתמא אסח דעתיה מינייהו מלאישתמושי ביו"ט, והויא לה מוקצה, **ולפי"ז** למאן דשרי מוקצה ביו"ט, מותר גם בזה, (**ואפי'** מן השדה אינו אסור רק למאן דאוסר מוקצה ביו"ט), **ולדינא** נכון להחמיר.

(**ודע**, דאם נתלה דבר זה במוקצה, **אם כן אם הכינם להדיא** מבערב להסיקם, **א"צ לאלו התנאים**, דלא אמרינן אין דעתו עלייהו רק בסתמא, **כ"כ הט"ז, ולדבריו** מה שכתבו "מכונסין מבערב", מיירי שלא פירש בהדיא שהוא לצורך יו"ט, **ולדעתי אינו ברור**, דבמקום ששיערו חכמים דאסח דעתיה, אפי' הכינן מתחלה לא מהני, דודאי לא גמר בדעתו, **ומצאתי בח"מ שגם הוא עמד על דברי הט"ז**).

סעיף ד - עלי קנים ועלי גפנים אע"פ שהם מכונסים בקרפף, כיון שהרוח מפזרת אותם, הרי הם כמפוזרין ואסורים - ר"ל דכיון שדרכו של רוח לפזר, לא סמכא דעתיה במה שכנס אותם מערב יו"ט, ואפילו מצא אותן מכונסין, אסור משום מוקצה.

ואם הניח עליהם כלי כבד מעיו"ט - שלא יפזרם הרוח, **הרי אלו מוכנים** - ואפילו מצאן ביו"ט מפוזרין, מותרין, שכבר הוכנו מאתמול.

וכ"ז כתבנו למאן דמפרש הלכה זו משום מוקצה, ולמאן דמפרש הלכה זו משום עימור, טעמא דרישא, דחיישינן שמא בשעה שיבא ליקח אותם יפזרם הרוח ויבוא ללקטם ביחד, וכשמונח עליהם כלי כבד ליכא למיחש להכי ושרי, **ולפי"ז** אם מצא אותן מפוזרין, אסורין ללקטן.

סעיף ה - עצים שנשרו מן האילן ביו"ט, אין מסיקין בהם - ואפי' בטלטול אסורין, דהא היה מחובר מאתמול, והו"ל מוקצה, **ועוד** שמא יעלה ויתלוש, [**וע"כ** אפי' להמתירין מוקצה ביו"ט, ג"כ אסור]. **(וע"ל סימן תק"ז סעיף ג').**

סעיף ו - כלים שנשברו ביו"ט - היינו שנשברו כ"כ שאין ראוין לכעין מלאכתן הראשונה, **אין מסיקים בהם מפני שהם נולד** - דמעיקרא כלי והשתא שבר כלי, ואסורים בטלטול, ולכך אסור להסיק בהם, **ואפילו** אין מטלטלן כלל, אלא שורפן במקומן שמונחין שם, ג"כ אסור, דמעשה הדלקה שעושה בכלי שנדלקת על ידו, חשיב כטלטול.

עץ שמחתין בו האש, כיון שהוא מיוחד לכך, הרי הוא כלי, ואם נשבר ביו"ט, אסור להסיקו וכנ"ל.

אבל אם ראוין לכעין מלאכתן הראשונה, דהיינו שברי עריבה לצוק לתוכן מקפה {מאכל עב}, ושברי זכוכית לצוק לתוכן שמן, ככלים שלמים הן, ומסיקין בהן.

וע"ל בסי' ש"ח ס"ו, בט"ז ובה"ל שם, [דהיינו לפי מאי דהבאתי שם דעת שארי אחרונים, דאפי' בשאינם ראוין לכעין מלאכתן, כל שראוין לשום מלאכה, לאו נולד הוא, א"כ ה"נ בעניננו עדיין לאו בכלל שברים הוא].

(ואם הסיק בכלים, אסור להפוך באש לאחר שהודלקו במקצת) - ר"ל שהודלקו כ"כ עד שאין ראוין לכעין מלאכתן הראשונה, וכנ"ל, **(דאז הוי שברי כלי, אלא אם כן ריבה עליהם עצים מוכנים).**

ובלא היפך באש, אף שנהנה מן המוקצה, שנתבשל שם תבשילו, לית לן בה, דמוקצה מותר בהנאה, היכי שההנאה באה מאליה ואינו עושה מעשה בידים.

אבל מסיקין בכלים שלמים - דאף דכלי אינו עומד להסקה, מ"מ הלא קי"ל דכל הכלים ניטלין אפילו שלא לצורך תשמישן המיוחד להן, **ומיירי** שאין לו עצים לצורך תבשילו, דאל"כ עבר על בל תשחית.

ולפעמים אסור להסיק אף בכלים שלמים, כגון עכו"ם שלקח עצים של ישראל ועשה מהן כלי ביו"ט, דהוי ליה נולד, דמעיקרא עצים והשתא כלי, [**ואם** העץ היה של עכו"ם, תליא הדבר אם שייך נולד בדבר שגמרו בידי אדם, אבל בלאו סברא זו אין להקל, דנולד שייך גם בשל עכו"ם].

או בכלים שנשברו מבעוד יום - ואם ראוין לכעין מלאכתן הראשונה, דינם כשלמין, ואסור להפוך בהם לאחר שהודלקו במקצת וכנ"ל.

סעיף ז - שקדים ואגוזים שאכלו מערב יו"ט, מסיקין בקליפיהם ביו"ט; ואם אכלם ביו"ט, אין מסיקין בקליפיהם - וה"ה בתמרים, כשאכלן ביו"ט אין מסיקין בגרעיניהן, ואפילו הקליפין והגרעינין ראוין למאכל בהמה, **והטעם**, מפני שאתמול היו מחוברין וטפלין להאוכל, ונחשבין כאוכל עצמו שהוא ראוי לאכילת אדם, ועכשיו אין ראוין רק לאכילת בהמה, והו"ל נולד, **ודוקא** תמרים חשובים שאין נשאר מהם על הגרעינין כלום, אבל תמרים רעים הואיל ונשאר מעט מן האוכל על הגרעינין, מותר לטלטל הגרעינין אגב האוכל.

הגה: גם אין להסיק עם האגוזים והשקדים עצמן - דאין מוכנים להסיק כלל, שאין דרך כלל להניח אוכלין על האש, משא"כ בכלים, מפני צורך האוכלין ביו"ט אפשר להסיק לפעמים בכלים פחותים, [**ומ"מ** זהו דבר חדש, שימצא דבר שמותר בטלטול ואסור בהיסק].

אלא א"כ הם עדיין בקליפה - דאז מוכנים קצת להיסק אגב קליפתן.

ומיהו בירושלמי איתא, דמותר להסיק באוכלין גופייהו, וכן פסק הרשב"א.

ולפידים שנשארו מיו"ט ראשון שכבו - וה"ה פתילה שנדלקה בשבת ונכבית, **מותר לחזור ולהדליקם אפי' ביו"ט שני של ראש השנה, או יו"ט אחר שבת** - ור"ל לאפוקי ממי שרוצה לאסור, מטעם דעצים שנדלקו ונכבו, וה"ה פתילה שנכבית, נוחים אח"כ ביותר להדלקה מעצים ופתילות חדשות, ונמצא שהכביה שנכבו בשבת הכשירתם למחר להיות נדלקים בטוב, והוא דומה למאי דקי"ל: ביצה שנולדה בשבת אסורה ביו"ט שלאחריה, משום הכנה, **ובעלי** סברא זו הוסיפו עוד יותר, דאלו עצים או פתילות שנכבו ביום א' של ר"ה, אסורים למחרתו, דכיון דשני ימים של ר"ה אינו

מספיקא, הוי להו כשני ימים טובים בפני עצמם, וכשתי קדושות, ואין קדושה אחת מכינה לחברתה, וכמו ביו"ט אחר שבת, **ובעל** הגה"ה חולק על סברת אלו הפוסקים, וס"ל דזה לא מקרי הכנה כמו ביצה שנולדה, שהרי גוף העצים או הפתילה היו בעולם מכבר, אלא שנשתבחו.

והנה אף דהרמ"א סתם כדעת המקילין, מטעם דרבו המתירין, מ"מ לכתחלה טוב ונכון לצאת ידי הכל, דהיינו להכין מבעוד יום פתילות חדשות שיהיו על יום טוב, **ואם** לא הכין, יראה עכ"פ להדליק הפתילות מצד השני, [והמחמיר תע"ב].

§ סימן תקב – דיני האש ביום טוב §

סעיף א - אין מוציאין אש לא מן העצים ולא מן האבנים - כגון שחוככין זו בזו או מכין זו בזו עד שתצא האש, **ולא מן העפר** - קרקע קשה, כשחופרין אותה מוציאה האור, [והר"ן פי', צפיעי בקר אחר שנרקבו], וכן כה"ג כשיחכך רגבי אדמה אלו זו בזו, יוציאו אור, **ולא מן המים** - היינו שנותנין מים בכלי זכוכית לבנה ונותנין בחמה, וכשהשמש חם מאד מקרבין אליו נעורת פשתן, והיא בוערת.

מפני שבכל אלו הוא מוליד אש ביו"ט, והואיל ואפשר להמציא אש מעיו"ט שיהיה מוכן לו ביו"ט, לא הותר להוליד ביו"ט, דלא עדיף משארי מכשירין שאפשר לעשותן מבע"י דאסור.

ובדיעבד אם עבר והוציא, מותר להשתמש בהם, **(דלא כט"ז שמחמיר בזה, וכ"ש שאין לאסור התבשיל שנתבשל בזה האש).**

(ולענין עיקר האיסור אם הוא דאורייתא או דרבנן, דעת הט"ז שהוא דאורייתא, ומדברי הרע"ב משמע שהוא דרבנן).

ועיין בתשובת כתב סופר, שאוסר להדליק צינדהאלץ, שקורין שוועבעלעך, ע"י שיתחוב אותו באפר כירה חם, שאין בו אש רק חום אש, דהלא ממציא דבר חדש, **וכן** לחכך הצינדהאלץ בברזל חם מלובן, כמו בתנור ברזל, כתב ג"כ דלא נראה להתיר, **אבל** אם יש שם גחלת בוערת, מותר ליגע בה הצינדהאלץ שתדליק, אף שאין בהגחלת שלהבת קשורה, **וגם** מגחלים עוממות מצדד שם דשרי.

ואין עושין פחמים - הטעם, דהוא כלי לצורפי זהב, וגם דהוא מכבה.

ואין נופחין במפוח - משום שדומה למלאכת אומן, **אלא בשפופרת.**

ונהגו היתר במפוח של בעלי בתים ע"י שינוי, להפכו מלמעלה למטה - אבל במפוח גדול של אומנין, אפילו ע"י שינוי אסור.

ואין בכלל מפוח מה שנופפין על האש בבגד, או בכלי העשוי לכך מנוצות, דאין זה דומה כלל למפוח.

הגה: ומותר לכסות האש - דהיינו שמכסהו בלילה כדי שיהא האש שמור לו למחר, **בכלי, או באפר מוכן** - לאפוקי אם הוסק בו ביום והוא צונן, דהוא מוקצה, [**דאם** הוא חם, הלא ראוי לצלות ביצה לתוכו, ואינו מוקצה].

אם אינו מכבהו - ר"ל באופן שלא יהיה פסיק רישא, [ואף דאפשר שיכבה, שרי, דדבר שאינו מתכוין מותר אף בשבת], **דאי** הוה פסיק רישא, אז אסור, **ואף** דכונתו בהכיבוי לצורך אוכל נפש למחר, וכיבוי לצורך אוכל נפש ממש אין לאסור, דהא צולין בשר ע"ג גחלים, **שאני** התם, דהכיבוי בשעת תיקון האוכל, משא"כ הכא דהוא הרבה מקודם, **ויש** מאחרונים שמקילין בכל גווני, כיון שעכ"פ אינו מכוין לכבות, רק שימצא עי"ז אש למחר לצורך אותו היום.

ודוקא לצורך יו"ט ראשון, אבל לצורך יו"ט שני - כגון ביו"ט ראשון בשחרית מכסה שיהא מוכן לערב בלילה, **אסור** - משום דאין להטריח מיו"ט א' לחבירו.

העושה מדורה ביו"ט, כשהוא עורך את העצים אינו מניח זה על זה עד שיסדר המערכה, מפני שנראה כבונה - היינו כשעושה שתי שורות משני הצדדים, ומניח עצים עליהם מלמעלה, דאז נראה כאהל, **אבל** שורה אחת להניח זה על זה, מותר, **ודוקא** אם מסדר גם השורות שמן הצדדין ביו"ט, אבל אם היו מסודרים מבע"י, מותר להניח עצים עליהם מלמעלה.

אלא או שופך העצים בעירבוב, או עורך בשינוי; כיצד, מניח עץ למעלה, ומניח אחר תחתיו ואחר תחתיו עד שהוא מגיע לארץ.

וכן הקדרה, אוחז אותה ומכניס האבנים תחתיה, אבל לא יניחנה על גבי האבנים - היינו כשסדרן היום, אבל אם היו מונחים שם מאתמול, מותר להניח הקדרה עליהם, וכנ"ל.

וכן המטה, אוחז (הקרשים) למעלה ומכניס הרגלים תחתיהם; אפילו ביצים, לא יעמיד אותם שורה על גבי שורה עד שיעמדו כמו מגדל, אלא ישנה ויתחיל מלמעלה למטה; וכן כל כיוצא בזה, צריך שינוי.

הגה: וכן שלחן שיש לו דפנות - דאל"ה אין שם אהל ע"ז בלא מחיצות, **המגיעות לארץ** - וכשמגיע פחות משלשה טפחים סמוך לארץ, דעת הב"י דכלבוד דמי, וכן מסיק המ"א להחמיר בזה, [ובודאי נכון להחמיר], **צריך שינוי; אבל מותר להושיב שלחן שלנו על רגליו, ואין בזה משום בנין.**

ויש אומרים דאפילו מגיע לארץ, כל זמן שאינו צריך לאויר שתחתיו, שרי - ומהאחרונים משמע, דלפי"ז הכי נמי גבי ביצים, אין לאסור אלא כשמניח אחת על גבי שתים, ויש אויר כדי להניח אש ביניהם לצלותן כולן יחד.

סעיף ב - אגודה של עצים שהודלקה במדורה, כל עץ שלא אחזה בו האש מותר לשמטו, ואינו דומה למסיר שמן מהנר - אבל אם אחזה בו האש, אסור לסלקו, דבזה ממעט האש של אגודה כולה, כיון שאגודין יחד, **אבל** אם אין אגודין יחד, אפילו אותן שאחזה בהן האש מותר לסלקן, [**ועיין** במ"א, דדוקא בעצים גסים, שאין הטבע להתחבר יחד כ"כ כל זמן שלא אגדן, אבל בדקים, אפי' בשאינן אגודין חשובין כאגודין, **ודעת** הא"ר שלא לחלק בזה].

הגה: ומותר ליקח עץ הדלוק מצד זה של מדורה ולהניחו בצד אחר, הואיל ואינו מכוין לכבוי - דעת הרמ"א שלא לחלק בין אגודין לשאינן אגודין, דכל שהם במדורה אחת, אם יקח עץ אחת הדולק מהן יש בו משום כיבוי, שעי"ז שמפריד אותו מן המדורה יוכל להתמעט אורו, אבל אין זה פסיק רישא, **ולכן** תלוי בכונתו, דאם שומטו כך כדי שיכבה, אסור, ואם מכוין כדי להניחו בצד אחר או במדורה אחרת, שרי.

וה"ה אם שומטו ולוקחו משם כדי להאיר לפניו, גם כן שרי, דהא אינו מכוין לכיבוי, **ויש** מחמירין בזה, ונכון להחמיר, [**ועיין** בא"ר שמצדד, דליקח קי"ן האל"ץ ממדורה להאיר לפניו, שרי, **והטעם** נראה, שאין דרכו כ"כ להתמעט אורו, אפי' כשהוא בפני עצמו].

וצריך להזהיר בני ביתו, כשמבשלין דגים, שלאחר גמר הבישול לא יקחו האודים, אלא יניחם לשרוף.

סעיף ג - אין סומכין את הקדרה ולא את הדלת, בבקעת - דעצים להסקה הן עומדין ולא לדבר אחר, ולכן אפי' בבקעת יבשה שנכונה להסקה, אסור לטלטלה לצורך דבר אחר, ובכלל מוקצה הוא לזה.

ודעת כמה אחרונים, דהמחבר אזיל לשיטתו, דפסק בסימן תצ"ה ס"ד, דמוקצה אסור ביו"ט, **אבל** לדעת הפוסקים המתירין מוקצה ביו"ט, מותר לסמוך בבקעת יבשה שראויה להסקה, אבל בלחה כיון שאינה ראויה להסקה, אסור, דדינו כאבנים, **וכתב** בבית מאיר, דבשעת הדחק יש לסמוך להקל בבקעת יבשה.

הגה: אבל מותר לצלות בו - היינו שתוחב בו הבשר לצליה, **ודוקא** בעץ יבש שראויה להסקה, ומטעם דאמרינן: מה לי לצלות בו, מה לי צלות בגחלתו, אבל בעץ לח, אסור לצלות בשר, **ודוקא** אם ראוי לצלות עליו כך בלא תיקון, אבל לתקנו ביו"ט שיהא ראוי לצלות עליו, אסור.

וכ"ש שמותר להסיק בו עם שאר עצים, אע"ג שאינו ראוי להסיק בפני עצמו - ר"ל ומטעם זה אסור להשתמש בו לשום דבר וכנ"ל, מ"מ להיסק עם שאר עצים יבשים מותר, **והנה** אף דדין זה איירי בלחים, ודינא דצליה איירי ביבשים דוקא, וכנ"ל, **מ"מ** שייך בזה כ"ש, דיותר מסתבר להתיר בלח בהיסק גדול של שאר יבשים, מלהתיר יבש לצלות בו.

סעיף ד - לדידן, מותר לבשל בקדרות חדשות ביו"ט - היינו משום דיש אוסרים לבשל בקדירה חדשה ביו"ט, כמש"כ הרמ"א, משום דבבישול הראשון מתחזקת הקדירה, דקודם הבישול ניכר בה פליטת המים מבחוץ, ויש בזה משום תיקון מנא, **ודעת** המחבר כרבינו ירוחם, דבקדרות שלנו, נגמר בישולן כבר אצל היוצר, ולכן מותר לדידן לבשל בקדרה חדשה.

הגה: ויש אוסרין, וכן המנהג, אם לא על ידי הדחק; ולכן נהגו כשקונין קדרות חדשות בפסח, מבשלין בהם קודם יום טוב.

ודעת המ"א לחלק, דכלים המצופין שקורין גליזיר"ט, מחזיקין מים בטוב אף קודם בישול, ולכן מותר לבשל בהן ביו"ט אף בתחלה, **והמנהג** להחמיר הוא רק בכלים שאינם גליזירט, וכ"כ שארי אחרונים.

§ סימן תקג – שלא להכין מיום טוב לחבירו §

סעיף א - אסור לאפות או לבשל או לשחוט ביו"ט לצורך מחר, אפילו הוא שבת - דאין יו"ט מכין לשבת, כדיליף בגמרא מקרא: ["והיה ביום השישי", וסתם שישי חול הוא, "והכינו וגו' את אשר תאפו אפו ואת אשר תבשלו בשלו", חול מכין לשבת, אבל אין יו"ט מכין לשבת], **וכ"ש** דמיו"ט לחול אסור.

או יום טוב - ר"ל יו"ט שני של גליות, דספק חול הוא, ונמצא מכין מיו"ט לחול, [**ואם** מבשל איזה דבר ביו"ט ראשון, וכונתו בשביל יו"ט שביעי, לכאורה בודאי שרי, **אבל** באמת דבר זה תלוי בפלוגתא שנזכר בסי' תצ"ה, לענין אוכל נפש עצמו שאינו מפיג טעם אם עשאו מעיו"ט, וה"נ הרי הוא יכול לבשל בחוה"מ לצורך יום השביעי].

ואפי' דבר שאינו מלאכה רק טרחא בעלמא, כגון הדחת קערות והבאת יין מיו"ט לחבירו, ג"כ אסור, [**והח"א** מתיר בזה בשעת הדחק, אך שיביא בעוד היום גדול, דלא יהיה מוכחא מילתא שהוא לצורך הלילה], **ובסי'** תרס"ז כתב המ"ב: וגם לא יביא כדרך שנושא בחול, רק ישנה, ע"ש.

(**ואפילו בין השמשות של יום ראשון גם כן אסור, דשמא יום הוא, ופשוט דאסור להתחיל באיזה מלאכת אוכל נפש אף בעוד היום גדול, אם משער שימשך הדבר ולא יוכל ליהנות ממנו עד אחר שקיעת החמה**).

ואפי' בשני ימים של ר"ה - דלהחמיר אמרינן קדושה אחת הן, [כגון ביצה שנולדה בזה אסורה בזה], ולא להקל, (**ודעת הגר"א בביאורו, דלהרמב"ם וסייעתו, דס"ל דשני ימים של ר"ה קדושה אחת הן אפי' לקולא, ישתנה זה הדין, ולכאורה הלא יום ראשון של ר"ה ודאי קודש מן התורה, ואיך יהיה מותר לבשל בו לצורך יו"ט שני, ואפשר דס"ל לדעה זו, דאף מיו"ט לחול נמי, כיון דלית ביה איסור דאורייתא מטעם "הואיל", ולהכי בר"ה דקדושה אחת היא לשניהם, מותר מיו"ט לחבירו, דהם אמרו והם אמרו, ולפי"ז אף לדעה זו לא יהיה מותר רק אם יהיה ראוי להנות ממנו עוד באותו יום, דע"ז שייך "הואיל ואי מקלעי ליה אורחים חזי ליה" וכו', ולאפוקי אם לא יגמר עד שקיעת החמה, דיש בזה ספק דאורייתא, גם לדעה זו אסור**).

אבל ממלאה אשה קדרה בשר, אף על פי שאינה צריכה אלא לחתיכה אחת - ואפילו אחר שהניחה הקדרה על האש, מותרת להוסיף בשר, מפני שהתבשיל מתוקן יותר כשיש שם בשר הרבה, **ואפילו** הוא בקדרה קטנה, מותר ליתנו בקדרה גדולה ולהוסיף עליו, כדי שיהיה שמן ביותר.

וה"ה אם אינה צריכה רק להתבשיל או להרוטב בלבד, ג"כ שרי, דכ"ז משתבח ע"י הוספת הבשר.

ואף אם כונתה בהוספת הבשר, בשביל לילה שהוא חול, אעפ"כ מותר, כיון שעכ"פ צריכה לחתיכה אחת לאכול ביו"ט, (**והטעם, משום דחד טרחא הוא, אבל להוסיף וליתן בה בשר כשהיא כבר שפותה אצל האש, אסור, ומה שהסכימו האחרונים דמותר גם להוסיף אח"כ, אף דטרחא בפני עצמו הוא, זה אינו מותר רק כשמכונת כדי שעי"ז ישתבח התבשיל שמבשלת לצורך יו"ט, אבל לצורך חול אסור**).

והסכימו הרבה אחרונים, דמ"מ תזהר שלא תאמר בפיה, שמבשלת לצורך לילה, **ומ"מ** בדיעבד אינו נאסר עי"ז.

וכ"ז שייך דוקא כשמבשל בשר ודגים בקדרה, אבל בשאר תבשילין אינה רשאה להוסיף בשביל לילה כשעומדת כבר הקדרה על האש, דאינו מוסיף שבח עי"ז בהתבשיל, **וכן** כשצולין בשר על השפוד, אינו רשאי להוסיף בשביל לילה כשעומד כבר השפוד על האש, **אבל** בתחלה יכול להוסיף על השפוד כמה שירצה, כיון שהוא בטרחא אחת,

וכן בתבשיל כה"ג, וכמו בס"ב. ‹וצ"ע, דבבה"ל לעיל כתב, דכשמוסיף בשר לאחר שהקדירה מונחת ע"ג האש, אם כוונתו לצורך הלילה, אסור, אף שהתבשיל משתבח, וכאן אוסר להוסיף בשביל לילה רק בשאר תבשילין, **ואולי** כוונת דבריו, דכיון שאין התבשיל משתבח, א"כ הרי ע"כ כוונתו לצורך לילה, משא"כ בבשר ודגים שהתבשיל משתבח, מותר כשכוונתו לצורך כך, דאף שבמציאות ישאר לצורך לילה, מ"מ כיון שכוונתו להשביח התבשיל, מותר – מ"ב המבואר›.

ודוקא בזה שיש תועלת גם לצורך היום ע"י הריבוי, ‹או שהוא טרחא אחת›, אבל אסור לעשות חרעמזלא"ך או קרעפלא"ך וכיו"ב, יותר ממה שצריך לבו ביום, שאין א' משביח מחבירו, וצריך לטרוח בכל א' וא' בפני עצמו.

ואם א"צ לסעודת היום כלל, ועיקר בישולו רק לצורך הלילה, ואוכל קצת ממנה כי היכי דלא ליתסר עליה לבשל, יש דיעות בין הפוסקים, דיש אוסרין דהוא בכלל הערמה, **ויש** מתירין, כיון שעכ"פ אוכל קצת ממנה, וגם הוא קודם אכילה וכדלקמיה, **והעולם** נהגו להקל כדעה זו, שמבשלין בשחרית לצורך הלילה, וטועמין קצת מהן, ואין למחות בידם, כי יש להם על מי שיסמוכו, [**ויש** שדעתם להקל, אבל דוקא כשמבשל לצורך לילה מין אחר שלא מאותו מין שבישל לצורך שחרית, שאז מהני מה שטועם ממנו בשחרית - ט"ז וש"א], **ודוקא** מיו"ט א' ליו"ט ב', אבל מיו"ט לחול יש ליזהר בזה, **והמחמיר** כדעה ראשונה, שלא לבשל לצורך הלילה בקדרה בפני עצמה, אלא באותה קדרה עצמה שמבשל לצורך סעודת שחרית הוא מרבה בה לצורך הלילה, תבוא עליו ברכה.

הגה: וכל שכן שיכול לשחוט אעפ"י שאינו צריך אלא לכזית - קאמר כ"ש, משום שא"א לשחוט בשביל כזית א' אא"כ ישחוט כל הבהמה, **ודוקא** אם יש עדיין שהות עד זמן אכילה להפשיטו ולמולחו ולבשלו, או עכ"פ לצלותו, **אבל** אם לא יספיק כ"כ עד אחר זמן אכילה, אסור וכדלקמיה.

וכן יכולה לבשל הרבה קדרות ולאכול מכל אחת מעט - ר"ל אפילו כונתו לצורך הלילה, כיון שרוצה לאכול מכל אחת בסעודת שחרית, **ומיירי** שכל קדרה היה מבשל מין בפני עצמו, **אבל** מין אחד בשתי קדרות אין להתיר, כיון שטעם שתי הקדרות הוא שוה, א"כ כל מה שטועם משתיהן יכול לטעום מאחת, ונמצא שהקדרה השניה אינה מתבשלת כי אם לצורך לילה לבד, [ט"ז וש"א].

מסתימות לשונו משמע, דאפילו א"צ לאכול, ורק שטועם מעט מכל קדרה כדי שיהיה לו היתר לבשל, והיינו כדעת המקילין לעיל, **ולדעת** האוסרין שם, אין היתר רק למי שדעתו באמת לאכול מיני מטעמים חלוקין בסעודת שחרית, ומכוין להרבות בכל מין כדי שישאר ללילה, אבל לא כשטועם רק דרך הערמה, **וכבר** כתבנו דהעולם נהגו כדעת המקילין.

ודוקא קודם אכילה, אבל אחר אכילה אינה יכולה לבשל ולומר: אוכל ממנה כזית, דהוי הערמה - ובזה לכו"ע אסור, אף שאוכלת אח"כ מעט, דהוי הערמה הניכרת לכל, כיון שכבר סעדה.

מיהו אם עברה ובשלה, (או שחטה), מותר לאכלו - יש מן האחרונים מפרשי, דאריש הסעיף קאי, דהיינו אם עבר במזיד ובישל מיו"ט לחבירו, **ולא** קאי כלל אדסמיך ליה, דמיירי בדין הערמה, דשם אפשר דאף בדיעבד אסור, דהערמה חמירא ממזיד, **אבל** כמה אחרונים כתבו, דאדסמיך ליה קאי, דהערמה זו קילא להתיר בדיעבד, (**אפי' יש לו תבשילין אחרים**), כיון שעכ"פ אכל ממנה קצת מבע"י, [**ודלא** כא"ר דרצה להקל בזה, אפי' אם היה רק בדעתו לאכול, ולבסוף אירע שלא אכל], (**וע"ל ס"ס תקכ"ז בבה"ל, דגם לענין מזיד לא פשוט כ"כ להתיר, ביש לו תבשילין אחרים**).

סעיף ב - ממלא נחתום חבית של מים, אף על פי שאינו צריך אלא לקיתון אחד - ר"ל והמותר מכוין שיהיה לצורך הלילה, אפ"ה שרי, דחד טרחא הוא, **וכתבו** האחרונים, דהיינו דוקא היכי דממלא פעם אחת מהדלי, ולא פעמים רבות ע"י כלים.

וגם בזה צריך ליזהר, שלא יאמר בפירוש שהוא רוצה המותר לצורך מחר, **ובדיעבד** אינו נאסר בכך, דמ"מ חד טרחא היה.

הגה: אבל צריך להפיס הכל אל האש בפעם אחת, אבל אסור להוסיף אם כבר החבית אצל האש, דטרחא שלא לצורך הוא - דלא דמי לבשר, שכתבנו בס"א דמותר אף להוסיף אח"כ, דהתם ההוספה משביח בהתבשיל, משא"כ הכא, אין המים משביחין בכך. **ואם** עושה כן כדי שלא תבקע הקדירה, שרי, דהרי זה לצורך יו"ט.

§ סימן תקד – דין התבלין ביום טוב §

סעיף א- דכין את התבלין כדרכן - במדוך ובמדוכה שכותשין בו בחול, בלי שום שינוי, **ור"ל** אף דטחינה לכו"ע אסור ביו"ט, וכדלעיל בסי' תצ"ה ס"ב, ולכמה פוסקים יש בזה איסור תורה, אף שכונתו לצורך אוכל נפש באותו יום, **מ"מ** דיכת תבלין מותר, וכ"ש שום ובצל ושחליים וכדומה, **שאם ידוך אותם מבע"י יפיג טעמן** - ר"ל אפילו ידע מאתמול שצריך לו למחר, ג"כ לא אמרינן דהו"ל להכין מאתמול, שאם ידוך וכו'.

ופלפלין וחרדל בכלל תבלין הם, וג"כ מפיגין טעמן כששוהין הרבה כתושין.

אבל מלח - כגון מלח גסה שצריך כתישה, **אינו נידוך ביו"ט, אא"כ הטה המכתשת, או שידוך בקערה, וכיוצא בה** - דהיינו שידוך במדוך של עץ, **כדי שישנה, שאם שחק המלח מעיו"ט לא יפיג טעמו** - ויש פוסקים שכתבו, דה"ה במיני תבלין שאין מפיגין טעם, כגון כרכום שקורין זאפרע"ן, דידוע שאינו מפיג טעם, **ובפרט** היכא שידע מאתמול שיהיה צריך לו למחר כרכום לקדרתו, [דאיכא תרתי לגריעותא], שאסור לו לכתוש בלי שינוי, **ויש** להחמיר ולחוש לסברא זו.

ונתבאר לעיל סימן שכ"א ס"ח, דאיסור כתישה במלח אינו אלא במלח ים, שהיא גסה מתחלתה, **משא"כ** מלח שקורין שליני"ש, שנעשה דק מתחלתו, ואח"כ נתבשל ועושין ממנו פתיתין גדולים, [**ואפשר** הוא אותו המין שקורין מאלפי"ן זאל"ץ, המורגל בארץ רוסיא, שהוא מלח המתבשל מן מי מעינות המלוחין, ושופכין אותם בדפוסין ומתקרש ומתחבר, וחיבור רך הוא ונידוך בקל, ואינו קשה כגרעיני מלח של ים הנעשים בידי שמים], **אין** בו איסור כתישה מן הדין, [דאין טוחן אחר טוחן], **ורק** מפני מראית העין יש שמחמירין בזה (בשבת), [דדוקא לחתוך בסכין דק דק מותר, ולא לכתש במכתשת, **ואפשר** דביו"ט אין להחמיר, אפי' לדידיה].

ואם מעורב המלח עם התבלין, דך כדרכו ואינו חושש, הואיל ואינו טורח בה בפני עצמה.

ואין שוחקין את הפלפלין ולא את החרדל בריחים שלהם, משום דהוי כעובדין דחול - טפי, **ויש** שכתבו משום דהוי עי"ז טוחן גמור, דאסור ביו"ט לכו"ע, וכדלעיל בסימן תצ"ה, (וכן מצאתי להח"א שכתב, דלהרשב"א הוא מדאורייתא), **ואפי'** רוצה לעשות שינוי, כגון לטחון חדא חדא וכה"ג, נמי אסור בריחיים.

(הגה) דך אותם במדוכה ככל התבלין - מיהו צריך ליזהר שלא ידוך אותם אלא מה שצריך ליום זה, ואפילו להכין ליו"ט שני נמי אסור.

וה"ה לטחון קאוו"י בריחיים שלהן, נמי אסור, אלא יכתוש במכתשת, (**אלא** דיש לחלק בזה ולומר, דע"כ גם להרשב"א שאיסור תורה הוא, מ"מ נמסר הדבר לידי חכמים, והם לא אסרו רק במלאכה שדרך לעשותה הרבה בפעם אחת לימים רבים, דאל"כ מאי נ"מ בין מכתשת לריחיים, הלא גם כותש במכתשת חייב בשבת משום טוחן, ורק משום דבמכתשת דרך לכתוש רק ליומא, **וא"כ** אפשר לומר דגם בריחיים שאסרו, היינו דוקא בכגון פלפלין או חרדל, שמפני מרירותם בטחינת פעם אחת בריחיים מספיק לימים הרבה, **אבל** בטחינת קאוו"י, אם הריחיים קטן כנהוג אצל בעלי בתים בביתם, ידוע שאין נכנס קאוו"י לתוך המטחן רק בכדי שיעור לפעם אחת או לשני פעמים, אפשר דבזה לא גזרו חכמים, וכן הביא באמת בשע"ת, וכ"כ בבגדי ישע, **ובח"א** כתב, דעכ"פ ע"י עכו"ם מותר אפילו בריחיים, רק שעכו"ם יטחון בשינוי קצת, **וכתב** דאם נוטל התיבה הקטנה שמקבלת הקאוו"ע מהטחינה, נקרא שינוי).

הגה: ומיהו נוהגין לשנות קצת בדיכת תבלין, וכן ראוי להורות - הטעם, משום דיש פוסקין המחמירין, ואומרים דגם בתבלין המפיגין טעם, אין מותר לדוכן ביו"ט כדרכן, אא"כ לא ידע מאתמול שיצטרך להם ביו"ט, וחוששין אנו לדבריהם לכתחלה, **מיהו** גם הם לא אמרו אלא בתבלין, אבל בשום ובצל ושחליים, לכו"ע אין לו לדוכם מעיו"ט, אפילו ידע שיצטרך להם למחר, שמפיגין טעמם לגמרי ומתקלקלים.

ויש שכתבו, דלפי המנהג אין חילוק בין ידע מאתמול ללא ידע, ובכל גווני אין נוהגים לדוך ביו"ט, אא"כ ע"י איזה שינוי, שמתוך כך יהיו העם זכורים שאסור לדוך רק מה שצריך לאותו היום, [**ולפי"ז** אפשר דאפי'

בשום צריך שינוי, **אמנם** אח"כ מצאתי בחי' רעק"א שכתב, שאף אחר המנהג אין להחמיר בשום, וא"צ שינוי].

סעיף ב - מותר להוליך תבלין ומדוך - היינו הבוכנא, שמכין בו בתוך המדוכה, **אצל מדוכה, או מדוכה אצלם, אפילו דרך ר"ה** - ולא חיישינן דלמא מימלך ולא ידוך, ונמצא שהוציא שלא לצורך, וכדלעיל סימן תצ"ח ס"ב, **אע"פ שהיה אפשר להוליכם מערב יו"ט.**

סעיף ג - אין כותשין הריפות במכתשת גדולה - שזהו כמו טחינה גמורה שאסור ביו"ט, וכמו פלפלין בריחיים שלהם, [**וגם** הכא אפשר דאסור אף בשינוי דהטיה כדהתם, וצ"ע]. **ואם** כיתש, משמע בגמרא שאסור לאכול מזה. **אבל כותשין במכתשת קטנה, שזה הוא השינוי שלה** - דבחול אין דרך לכתוש בקטנה, מפני שאין נכתש דק היטב. (**בשו"ע לא נזכר אלא** לענין הריפות, אבל בסוגיא מוכח לכאורה דגם טיסני, שהוא כותש החטים עד שנחלקים לארבע, עכ"פ בקטנה מותר, אע"ג דהוא טורח גדול, **אכן** הרב המאירי כתב להדיא, דדייסא וחילקא, דאין טרחן מרובה כ"כ, לדידן מותר לעשות בקטנה, אבל טיסני אסור אף לדידן, וצ"ע).

ובארץ ישראל, אפי' בקטנה אסור - כמה פירושים יש בזה: יש מפרשים דאסרו בא"י משום דהיו רגילים להחזיק עבדים, ומזלזלי בזה, שעושין כדרכן בחול ואומרים: בקטנה עשינו, לפיכך אסרו חכמים לגמרי, [**ופשוט** דאפי' ירצה בעצמו לכתוש, ג"כ אסור, ולא חילקו בזה, **ומלשון** רש"י משמע, דסתם עבדים כן הוא, ולא בעינן פרוצים דוקא, **ושארי** אחרונים העתיקו "עבדים פרוצים", **מיהו** במשרתים ישראלים בודאי לא חשדינן]. **וא"כ** לדינא בזמנינו תלוי בזה, היכי שמחזיקים עבדים כנענים, אסור בכל גווני, [וכהיום בא"י שאין מחזיקין עבדים, שרי].

ויש שכתבו, דבא"י היו החטים משובחים שאין מתקלקלים, ולא נשתנה מראיתם אם יכתשם מעיו"ט, ולפיכך לא התירו להם חכמים לכתוש ביו"ט, **וא"כ** ה"ה בכל מקום ומקום שהחטים טובים, ואינם נפגמים אם יהיו נידוכים מלפני יו"ט, אסור, [**ואף** דלגבי מלח לא נפגם כלל אם היה נידוך מעיו"ט, ואפ"ה התירו ע"י שינוי, והכא אסרוהו אפי' בקטנה דהוי ודאי שינוי, **צ"ל** דדיכת דייסא הוי טפי עובדא דחול, וכן משום זה החמירו בבבל להצריכו שינוי בקטנה אף דמיפגים, ולא כמו בתבלין דהקילו בלי שינוי משום דמיפגים].

ויש שכתבו, דבבבל היו רגילים לאכול תדיר דייסא, ומתוך שהיה צרכיהן מרובה לזה, לא כתשו במכתשות קטנות, וכשכותש ביו"ט בקטנה הוי שינוי, **משא"כ** בא"י שלא היו רגילין הרבה בזה, גם בימות החול מצוי שכותשים במכתשת קטנה, וליכא שום שינוי ביו"ט, ולהכי אסור, **וה"ה** בזמנינו תלוי ג"כ בזה, אם אין דרך לכתוש בקטנה בחול, שרי.

ויש להחמיר ככל הפירושים.

וכיון שאין אנו יודעים עכשיו מה נקראת גדולה או קטנה, יש לאסור הכל – (עיין פר"ח שחולק אטור, וכתב דמדברי כל הפוסקים מוכח, דגם לדידן שייך האי דינא, ושפיר בקיאינן בזה, דכל שאין רגילים לכתוש בזה בשאר ימות השנה מפני קטנותה, מקרי קטנה, **ומסיים**: וכן נראה להקל במילתא דרבנן, עכ"ל, **וכן הקשה הב"ח על האי דינא, דאם דוכה החטים במכתשת של תבלין, בודאי הוי שינוי, וכן היש"ש** בחיבורו לא העתיק להא דהטור, **ולפי** דבריהם במדינתנו שיש לזה כלי מיוחד שקורין שטופ"ע, שכותשין בה שעורים, ובשום פעם אין דוכין בכלי אחר, וא"כ כשידוך ביו"ט שלא במכתשת אלא בכלי אחר, בודאי אין לך שינוי גדול מזה, **ואפשר** היה לומר, דבשעת הדחק כשלא היה לו פנאי מעיו"ט לזה, יש להקל לכתוש שלא במכתשת וכנ"ל, **אכן** יש להחמיר בזה מצד אחר, לפי שמוכרח אח"כ לבוא למלאכה אחרת שאסורה מצד הדין, כי ידוע שאחר כתישת השעורים, מנהג מדינתנו כשכותשין שעורים שיש עליהן פסולת הרבה, שנותנין אותן בעריבה, וזורין ממנה הפסולת כדרך זרייה ממש, וזה אסור).

הגה: ומותר לגרור גבינה ביו"ט על הכלי שהוא מורג חרוץ - ולא דמי לפלפלין וחרדל בריחיים, דבריחיים הוי עובדא דחול טפי, **מיהו צריך שינוי מעט, כמו דיכת מלח** - דעל פי רוב אין מפיג טעם, **ומיהו** אם מפיג טעם, מותר אפילו בלי שינוי מן הדין, **אלא** דליש נוהגין דלעיל, בכל גווני משני. (והא אין טחינה אלא בגדולי קרקע, והטעם משמע דהוה כעובדין דחול, וא"כ לטחון מצה אפויה, דמתיר הרמ"א לקמן בריב אייזן מטעם

דאין טוחן אחר טוחן, צ"ע – פמ"ג. **וע"כ** דבצירוף שני החששות יחד, גם לשיטות דאיכא טחינה בדברים שאינם גידו"ק, וגם לחשוש שמא הוי כעובדין דחול, לכן לא התיר בגבינה רק ע"י שינוי – פסקי תשובות.

ותמכא שקורין חריי"ן, אע"ג שכמה פעמים טוחנין התמכא בשיעור מרובה לב' או לג' ימים, אעפ"כ יש לצדד ולומר, דלא גזרו חכמים בזה לאסור אפילו בטוחן ליומו, דלא גזרו אלא בריחיים שהוא מעשה חול גמור, וכדרך כל טחינה, [**והא"ר** כתב הטעם, דדוקא היכי שדרך לעשות לימים הרבה גזרו חכמים, ולא היכי שמכין לב' או לג' ימים, כמו גבי תמכא]. **ומיהו** עכ"פ יש לשנות קצת, [דהא יש מי שאומר דאסור אפי' בשינוי, דהוי כפלפלין ברחיים, ועוד דהרבה פעמים אין מפיג טעם כשמכסין היטב, וראיה, שכמה עושין התמכא לב' או לג' ימים, וא"כ היה לו להכין מעיו"ט]. **וכשטוחן** התמכא שלא ע"ג קערה, אלא על המפה או על השולחן, מקרי שינוי.

מותר לחתוך ביו"ט ירקות דק דק בלי שינוי, [דמפיגין טעם הרבה, וכשום ושחליים דמי, דכו"ע מודו בה]. **אכן** כל אלה אינו מותר רק בכדי שיעור שצריך לאותו היום.

וכ"ה מלות בלא שינוי - ר"ל דה"ה מצות דמותר לכתוש בכלי המיוחד כמו שנהגו, ולטחון אותם על מורג, **אכן** בזה קיל יותר, דמותר אפילו בלא שינוי כלל, **משום דאין טחינה באוכלין שהיו טחונין תחלה.**

ולאחר הטחינה נכון ליזהר, שלא יברור פרורי מצות שלא נכתשו עדיין היטב מתוך הקמח אף ביד, דהוי כמו פסולת מתוך אוכל, דאסור גם ביו"ט לחד מאן דאמר, וכמו שיתבאר לקמן סי' תק"ו ס"ב בהג"ה, (והוא ממ"א בשם מהרי"ל, **והנה הד"מ דחה לזה, דהא קי"ל** לקמן בסי' תק"י, דביו"ט בורר כדרכו, **והמ"א** כתב לתלות ענינינו בהא דסימן תק"ו ס"ב בהג"ה, דיש מחמירין שם לברור ביד צרור וקיסם, **ובאמת אינו מיושב** כלל, דגם על הא דסימן תק"ו קשה מההיא דסימן תק"י הנ"ל, וכבר העירו ע"ז כמה אחרונים, **ומוכרחים** אנו לתרץ, דדוקא שם גבי קטניות התירו, ומשום דאין דרך לברור לימים הרבה, משא"כ בשארי תבואה וקמחים הדרך להכינם לימים הרבה, וכן הביא הגר"ז בשם השיטה מקובצת לחלק, **אכן** תירוץ זה לא שייכא לנידון דידן, דברירת פירורי מצות לכאורה ביותר אין מכינים לימים הרבה מבקטניות, וא"כ למה אסרם המהרי"ל **וצ"ע, איברא** דבח"א כתב טעם להמחמירין בנפל צרור או קיסם ליטלו ביד, משום דדרך הוא כן ליטלו ביד, וא"כ דרך ברירתו כן הוא, וכתב עוד שם דפירור מצה בקמח ג"כ דינו כצרור וקיסם עי"ש, וטעמו דגם בזה הדרך ליטלו אף ביד, ולפי"ז ניחא הכל, ומ"מ צ"ע), **ואם** ירצה ליקחם, יקחם עם מעט קמח, דליכא חששא דברירה.

סעיף ד - מותר אדם למדוד תבלין ליתן בקדירה, בשביל שלא יקדיח תבשילו, (פי' שלא ישרפנו ויקלקלנו מחמת רבוי תבלין) -

אע"ג דקמח אסור למדוד, וכדלקמן ר"ס תק"ו, הכא שיקדיח תבשילו התירו, **ואם** דרכו גם בחול ליקח בלי מדידה אלא באומד הדעת, אסור לו למדוד ביו"ט.

§ סימן תקה – דין החולב בהמה ביום טוב §

סעיף א- אקדים לזה הסימן הקדמה קצרה, והיא: אסור לחלוב בהמה שעומדת לחליבה או לגדל ולדות ביו"ט, אפי' דעתו לאכול מיד, משום מפרק דהוא תולדה דדש, דכיון שאינה עומדת לאכילה, יש עליה שם פסולת, ודומה לדש שמפריד התבואה מקשין שלה, **ובזה** אין חילוק בין אם חולב אותה לתוך כלי שיש בה אוכלין או לתוך כלי ריק, **אבל** אם היא עומדת לאכילה, דהיינו לשחטה, אין עליה שם פסולת, ואין דומה לדש, דכולה אוכל היא, וע"כ אם חולב לתוך קדרה שיש בה אוכלין, שרי, דמשקה הבא לאוכל כאוכל דמי, והוי כמפריד אוכל מאוכל, **אבל** אם חולב לתוך כלי ריק, גם בזה אסור החלב משום נולד, דמעיקרא אוכל והשתא משקה, [וממילא אסור לחלוב, דהוי החליבה שלא לצורך יו"ט], **ודעת** הגר"א, דגם בזה עיקר האיסור משום מפרק, כיון דנעשה משקה, זו היא דעת השו"ע, **ויש** מן הראשונים שסוברין, דאפי' בהמה העומדת לחלבה, מותר לחלוב אותה לתוך הקדרה שיש בה אוכלין, [דאף דדישה אסורה ביו"ט, בזו התירו, כיון דאוכל הוא, כל לתקוני אוכל שרי, דא"א לעשותו מעיו"ט, דהוה מתקלקל ומחמיץ], ויתבאר לקמיה.

בהמה שהיא עומדת לאכילה, ורוצה לחלוב אותה לאכול החלב - ר"ל בו ביום, דלצורך מחר בכל גווני אסור, **אם לקדירה שאין בה**

אוכלין, אסור - היינו אף דדעתו ליתן אח"כ החלב לתוך אוכל, מ"מ כיון דהשתא אין בהקדרה אוכל, יש על החלב שם משקה, וממילא יש עליה שם נולד, דמעיקרא כשהיתה בדדי בהמה היה על החלב שם אוכל, ככל הבהמה שהיתה עומדת לאכילה, והשתא משקה.

ואם יש בה אוכלין, מותר - דבזה לא הוי על החלב שם נולד, דיש עליה שם אוכל, כיון דבאה לאוכל, ומעיקרא ג"כ אוכל, כיון דהבהמה עומדת לאכילה.

וכגון שבא החלב לתקנו - שיש בקדרה כ"כ אוכלין כפי צורך החלב לתיקונו, או עכ"פ שרוב החלב יהיה נצרך להאוכל, ועי"ז שרי אף מיעוט החלב הנשאר שאינו צריך להתבשיל, **או שיש בה פרורין והחלב נבלע בהם** - היינו נמי שעכ"פ רוב החלב נבלע בהפירורין.

אבל החולב כל צאנו, לא הותר מפני פרוסה שנותן בכלי - מילתא דפשיטא נקט, והעיקר דאין ניתר החלב ע"י מעט לחם שנותן בתחתית הכלי, כל כמה דאין רוב חלב נבלע בו, **ויש** למחות בהמון שעוברין ע"ז.

אבל בהמה שעומדת לגדל ולדות או לחליבה, אסור לחלוב אפילו לתוך אוכלין, **ואף** החלב שנטף מדדיה ממילא, אסור משום נולד.

ודע, דיש מן הראשונים שמקילין אפילו בבהמה העומדת לחליבה או לגדל ולדות, [וכנ"ל, ואין עליה שם נולד, אם לא שדרכו לקבץ החלב לעשות מהן גבינות], **ונראה** דבמקום מניעת שמחת יו"ט, שאין לו מה יאכל כי אם מאכלי חלב, יש לסמוך ע"ז להקל - ח"א, (**דלדעת הרמב"ם, בחולב לאוכלין, אף בשבת הוא רק מדרבנן, משום דאין דרך פריקה בכך, ומלבד כל זה, עצם דין איסור חליבה ביו"ט, אף שלא לתוך אוכלין, אם הוא לצורך אותו היום, לכמה פוסקים אין בו איסור דאורייתא, משום דאוכל נפש הוא, ולא מיבעי להרמב"ם דדישה עצמה ביו"ט ג"כ אינו מן התורה, ואפי' לשיטת הרמב"ן והרשב"א דס"ל דהוא מן התורה, מ"מ בחולב ליו"ט ס"ל להרמב"ן דהוא מדרבנן, דהוא מדברים שמלאכתו ליומו, דהתירה התורה באוכל נפש, דאם יחליב מעיו"ט יתקלקל, וכמו אפיה ובישול, אבל רש"י משמע דס"ל, דחולב כדרכו הוא דאורייתא משום מפרק, וכן הרשב"א מבואר דהוא דאורייתא, ומ"מ כיון דעיקר האיסור לכמה פוסקים הוא דרבנן, אין בידינו למחות ביד המקילין, בחולב לאוכלין** אף מבהמה חולבת, במקום מניעת שמחת יו"ט), **ויותר** טוב אם אפשר לו, לעשות החליבה לאוכלין ע"י עכו"ם.

הגה: וא"י החולב בהמה ביום טוב - היינו בעומדת לאכילה, או שחולב בהמה שלו, דלית ביה משום מוקצה, ואפילו בעומדת לחליבה כעומדת לאכילה דמי, (דאל"כ אפי' להמתירין מוקצה ביו"ט, דהביא הרמ"א בסי' תצ"ה ס"ד, אם אין עומדת לאכילה, נמצא שהחלב המופרד ממנה יש עליו תורת נולד, ואנו מחמירים בנולד ביו"ט – גר"ז.

וישראל רואהו - דאם אין רואהו, אסור לישראל לעולם לשתותם, כדאיתא ביו"ד, **יש להקל** - היינו אפי' אם חלבו לקדרה ריקנית, דלא מקרי נולד, מפני שהישראל עצמו היה מותר לחלוב אותה לקדרה שיש בה אוכלין, וע"כ בכלל מוכן הוא - מ"א וש"א, [**ולא** הבינותי, א"כ בישראל נמי, היכא שחולב בהמה העומדת לאכילה לתוך הקערה, דאסור משום נולד, נימא דמוכן הוא, הואיל והיה יכול לחלוב לתוך הקדירה, אלא ע"כ השתא דחלבו לתוך הקערה שייך שם נולד, דמעיקרא אוכל והשתא משקה, ה"נ בא"י נימא הכי, ואף דמוקצה לא שייך ביה, נולד שייך בו, **ועיין** בבי' הגר"א שמסיק ג"כ להקל, אבל מטעם אחר, שדעתו שם דאין בחולב לתוך הקערה משום נולד, היכא דבהמה עומדת לאכילה, או בבהמת עכו"ם דאין בזה משום מוקצה, ורק דאם ישראל החולב, יש בו עכ"פ משום מפרק, דמעיקרא אוכל והשתא משקה, אבל בעכו"ם דלא שייך זה, שרי].

ובבית מאיר כתב, דאף לדעה זו אין להקל כי אם בחולב לתוך אוכלין, **ולא** בא לחדש לדעה זו כי אם דבנכרי החולב בהמה שלו מותר אפילו בעומדת לחליבה, דאין מוקצה בשל עכו"ם וכנ"ל.

אך נהגו בו איסור ואין לשנות - היינו דבקדרה ריקנית אסור אף לא"י החולב, **אבל** אם הוא חולב לתוך אוכלין מבהמה שלו, אף אם היא עומדת לחליבה, שרי וכנ"ל, **וכן** ישראל מותר לחלוב מבהמת א"י, אפי' עומדת לחליבה, לתוך אוכלין, דאין מוקצה בשל עכו"ם וכנ"ל.

מיהו ביום טוב של גליות מותר ביום טוב שני - ר"ל אפילו נחלב לתוך קדרה ריקנית, ובהמה העומדת לחליבה, שאחד מהם ודאי חול, **אכן** אם נחלב בשבת, אפילו לתוך אוכלין ומבהמה העומדת לאכילה, אסור ביו"ט ראשון שחל אחריו ביום א', משום הכנה, אבל ביום ב' שרי, **אבל** ביו"ט של ר"ה, חשוב שני הימים

כיום אחד, וכל היכא דאסור ביום א' אסור ביום ב'. **ונכרי** שמסיח לפי תומו, שאותו החלב [של ישראל] נחלב ביו"ט א' של גליות, נאמן ומותר ביום שני.

ואם מותר לומר לאינו יהודי לחלוב בהמתו בשבת, ע"ל סימן ש"ה סעיף כ'.

ודין שחיטות בוסר הוא כמו בשבת, דנקטינן דאסור לסוחטו אפי' לתוך האוכלין, וכנ"ל בסי' ש"כ ס"ה, **וע"ש** בבה"ל, דהכרענו שם, דאפי' ע"מ לאכול לאלתר אסור.

וע"ל סימן תק"י סעיף ה', אם מותר להעמיד חלב ולעשות גבינה ביום טוב.

§ סימן תקו – דיני לישה ביום טוב §

סעיף א- אין מודדין קמח ביו"ט כדי ללוש, אלא יקח באומד הדעת - דכיון דלא צורך פת הוא, ולא יתקלקל אם לא ימדוד, לא התירו חכמים, דנראה כמודד למכור.

ואם נוטל במדה שמודד בחול, צריך לפחות מעט או להוסיף מעט, **ואם** לוקח קמח לליפתן וכדומה שצריך לזה מדה, י"ל דשרי.

הגה: ומותר ליקח הקמח מן הכלי אע"פ שעושה גומא בקמח - ר"ל שאינו צריך להערות מן כלי הקמח לתוך עריבתו, אלא יכול לתחוב ידו לתוך השק של קמח, אע"ג שנעשה גומא שם, **דדוקא** גבי עפר חיישינן לגומא, לעיל בסימן תצ"ח סט"ז, ולא בפירות ובדבר מאכל.

סעיף ב- אין מרקדין הקמח בתחלה - דכל מלאכות שקודם לישה אסרום חכמים, מפני שדרך לעשותם לזמן מרובה, ולכמה פוסקים מדאורייתא אסורים, וכמו שנתבאר לעיל בסימן תצ"ה, **ואפילו** לא היה אפשר לו לרקד מעיו"ט, **אפילו על ידי שינוי** - וכמו בכל מלאכות האסורות ביו"ט, דאפילו בשינוי אסור, וכמו שנתבאר לעיל בסימן תצ"ה במ"ב.

אבל אם רקדו מאתמול, ונפל בו צרור או קיסם - היינו ביו"ט, דאי מעיו"ט היה לו לרקד מאתמול, ואינו מותר כי אם ע"י שינוי, **ורוצה לרקדו פעם שנית, מותר אף בלא שינוי** - שהרי אין כונתו לרקד כדי ליפות הקמח, אלא כדי לברור ע"ז הצרורות והקיסמין שישארו בכברה אחר נפילת הקמח דרך הנקבים, וזה לא אסרו חכמים, שהרי נפל ביו"ט גופא וכנ"ל, **ואינו** דומה להא דמבואר לקמן בסימן תק"י ס"ב, דאסור לברור קטניות מתוך פסולת שלהן בנפה וכברה, וזה בודאי אסור אפי' בלקחן מתוך החנוני המכירו ביו"ט גופא, ולא היה יכול לבררן מעיו"ט, **דהתם** דרך המלאכה לעשותה לזמן מרובה, משא"כ הכא שהקמח כבר מבעוד יום נברר מהסובין, ואירע שנפל בם צרור או קיסם, מינכר לכל שהוא לצורך שעה לאפותה ביו"ט, ושרי.

ויש מחמירין דגם בזה בעי שינוי, ועיין בח"א שדעתו, דצריך בזה שינוי גמור, כגון לרקד באחורי הנפה, או ע"י עכו"ם, **וכן** הדך מצות ביו"ט, וצריך לרקד הקמח הנטחן מן הפרורין, ירקד ע"י שינוי, דהיינו אחורי הנפה לדעת הח"א.

הגה: וי"א דמותר ליטול הצרור או הקיסם בידו - ר"ל אף זה מותר, וה"ה דמותר ע"י ריקוד וכדעת המחבר, **אבל יש מחמירין ואוסרין** - דכיון דגם בחול דרך ליטול צרור ביד, הו"ל כבורר, [ח"א, **ומתורץ** בזה מה שהקשו מהא דסי' תק"י דמותר ביד, **והגר"ז** כתב לחלק בין חטים וקמחים לקטניות, דקטניות אין דרך לברר ביד אלא ליומו], ועי"ל בסי' תק"ד סוף ס"ג בבה"ל, ובבה"ל בסי' תק"י. **והיינו** דוקא לענין ליטול צרור ביד, אבל ע"י הרקדה, גם הם מודים לדעת המחבר דשרי, [**והטעם** נ"ל, דס"ל דבזה שהקמח נקי, ורק שנפל בו צרור או קיסם, דרך הברירה בחול הוא רק ביד, וכשבורר דרך ריקוד הוא שלא כדרכו, ולכן שרי].

ולדעה זו ה"ה דאין ליטול ביד הפירורין הגדולים מתוך הקמח הנטחן, כשדך מצות ביו"ט, **וה"ה** אם נפלו זבובים לתוך הכוס, לא יסיר אותם לחוד, אלא צריך שיקח מן המשקה ג"כ עמהם, **וה"ה** השותה שכר, ובתחתיתו יש שמרים, יניח מעט שכר על השמרים.

ונכון לנהוג כדעה זו.

ואם לא נפל בו דבר, אלא שרוצה לרקדו שנית כדי שיהא הפת נאה, צריך שינוי קצת - אף דהוא באוכל נפש, הרי אפשר היה לו לרקד מאתמול, **וגם** דזה מיחליף ברקידה ראשונה, **משא"כ** בנפל צרור או

קיסם הנ"ל, יודעין הכל שהריקוד הוא רק לצורך שעה, שיפול הצרור והקיסם, **וגם** דלא סגי בלא"ה, ומימנע משמחת יו"ט.

כגון על גבי שלחן - דבחול הדרך לנפות ע"ג תיבה או עריבה, **ואם** דרכו של אדם זה לנפות גם בחול על שולחן, יעשה שינוי אחר, [כגון ע"ג מפה]. **וכ"ש** אם ינפה על גב הנפה מצד השני, דשרי.

וכתבו האחרונים, דכ"ז אם הנפה השניה אין נקביה קטנים מנפה ראשונה, וכל מה שיצא בראשונה יצא בשניה, **אבל** בהיתה הנפה השניה עם נקבים דקים, בודאי אסור, שהרי ישאר הקמח העב בנפה, ויצא הדק, וכהרקדה הראשונה דמי, **וכתב** במחצית השקל, דלפי"ז אפילו בזמנינו שהקמחים נרקדים בבית הריחיים, מ"מ אין להרקידם עוד הפעם בבית, אפילו ע"י שינוי, שהרי אנו רואין שהריקוד בבית הריחיים אינו מוציא כל הפסולת, והנפה שבבית מוציא, וכהרקדה ראשונה דמי.

הגה: וכ"כ דמותר לעשות על ידי אינו יהודי אפילו תחלת הרקידה, אם ישנה קצת - לפי שיש מי שאומר, שאפילו ישראל מותר לרקד ע"י שינוי, אף שרוב הפוסקים חולקין עליו, עכ"פ יש לסמוך על דבריו להקל בשינוי על ידי נכרי, **והפר"ח** מחמיר אפילו ע"י עכו"ם, **ואפשר** דבשינוי גמור, כגון אחורי נפה, מודה דשרי ע"י עכו"ם.

סעיף ג- הלש עיסה ביום טוב, יכול להפריש ממנה חלה - אע"ג דאין מגביהין תרומות וכו' ביו"ט, משום דנראה כמתקן, או כמקדיש, **בלש** ביו"ט לא גזרו, ואפילו באין לפניו כהן, או במקום שהחלה נשרפת, **דכיון** דמותר ללוש לכתחלה ביו"ט, משום דפת חמה עדיף טפי, התירו לו ג"כ לתקן עיסתו ולהוציאה מידי טבל.

ולהוליכה לכהן (שרי, אפילו הפרישה מאתמול) - ולא אמרינן היה לו להוליכה מאתמול, ואפילו צריך להעבירה דרך ר"ה, ג"כ שרי, דהוצאה מותר ביו"ט.

ודע, דגם בשבת מותר לו להוליכה לכהן, במקום שיש עירוב, ובאופן אם היה אפוי מאתמול, דעיסה אינה ראויה למידי בשבת, **ובמקום** שאין עירוב, ‹יש מחלוקת› אם מותר לבא הכהן לביתו של ישראל בשבת ולאכול שם, (**הרב יש"ש כתב**, **דהיכא דאין מוליכין, כגון שמפסיק ר"ה או כרמלית, ה"ה שיהא אסור ליתן לו אפילו כשבא לביתו, אם לא שהוא רגיל אצלו תדיר, מיהו עיין במהרש"א ובמהר"ם ובמהר"ם שיף ובפר"ח, ולדידהו מנין לנו לחלק כלל חילוקים אלו, וע"כ אפילו אין רשאי להוליך, עכ"פ יכול לבא לביתו ולאכול, וכן הסכים במאמר מרדכי להקל).**

אבל עיסה שנלושה בעיו"ט, אסור להפריש ממנה חלה ביו"ט - דאין מגביהין תרומות ומעשרות בשבת ויו"ט, היכי דטבילי מאתמול, **וכן** בהיה אפוי מאתמול, דאסור להפריש היום, **ואפילו** בחלת חוץ לארץ הדין כן, **ואפילו** לא הפריש מחמת שכחה, נמי אסור לו להפרישה.

ואם עבר והפריש, אם במזיד, אסור לו ולאחרים עד מוצ"ש, **ואם** בשוגג, מותר מיד, [**ואפשר** דבזה מותר אפי' להוליך לכהן].

ומיירי שגמר כל הלישה מעיו"ט, דכבר נתחייב בהפרשת חלה, **אבל** אם היה לו לעסוק ביו"ט בגמר לישתה, א"כ מעיו"ט לא נתחייב עדיין בחלה, וכהתחיל ללוש ביו"ט דמי, [**וכ"ז** בחלה דידן, שהוא חלת האור, אבל בחלה טהורה, כל שהתחיל בלישה מעיו"ט אין מפרישין ביו"ט, דבחלה טהורה החיוב להפריש מתחילת הלישה].

הגה: אלא אוכל ומשייר קצת - היינו יותר מכדי שיעור שרוצה להפריש, כדי שיפריש חלה מאותו השיור, דבעינן שיהיה שיריה ניכר, **ועוד** דאם לא יניח רק שיעור חלה, דמי כמאן דמפריש ביו"ט, **ולמחר מפריש מן המשוייר חלה** - היינו לדידן בחו"ל, דחיובה אינה מן התורה, ובחלת א"י ליכא תקנה, [וממילא אסור גם בטלטול], אא"כ ילוש עוד עיסה וכבסוף הסעיף.

ומותר לאפות הפת ע"י שיאכל ממנו ויפריש אח"כ חלה - ואע"ג דעוסק גם בשביל חלק החלה שיש בו, וחלק זה לא יאכל ביו"ט לכהן, ובכעין זה אסרינן בס"ו, **שאני** הכא דא"א לחלק החלה מן העיסה, שהרי אסור לו להפריש, **ועוד** שחלק החלה בזמן הזה הוא דבר מועט, [דחלת חו"ל אין לה שיעור], וליכא תוספת טרחא בשבילו.

ויש מחמירים ואומרים, דכיון דלש מאתמול, ואתמול היה אפשר לחלקו ולהפריש חלק החלה, לא שרינן

(ביאור הלכה) [שער הציון] ‹הוספה›

ליה ביו"ט לאפות כל העיסה, משום חלק החלה שיש בו שנאפית שלא לצורך יו"ט, **ויש** לחוש לזה לכתחלה, שלא לאפות כל העיסה, ורק שישאיר קצת עיסה שלא לאפותה עד אחר יו"ט, וממנה יפריש חלה גם בעד עיסה הראשונה, **מיהו** אם עבר ואפה, בודאי מותר לו לאכול, ולהניח מעט שיפריש מזה חלה למוצאי יו"ט.

ובערב פסח שחל להיות בשבת, שאפה לחם חמץ על שבת, שא"א לאכול ולשייר ולהניח עד למחר, אם לא הפריש חלה מע"ש, הסכימו כמה אחרונים, דסמכינן בדיעבד אהני פוסקים, דבחלת חו"ל שרי להפריש אפילו בשבת ויו"ט, ויפריש ויתננה לכהן קטן פחות מט', או אפילו לגדול שטבל, **ואף** דיש אחרונים שסוברין דאין לו תקנה לפת זה לאכילה, מ"מ במקום הדחק שאין לו פת אחר לשבת, יש לסמוך להקל.

ואם רוצה, יוכל ללוש עוד עיסה אחת ביום טוב ויצרפם יחד, ויפריש מאותה עיסה גם על מה שלש מעיו"ט - ומיירי שצריך לה, או שרוצה לאכול פת חמה, ולהכי לא איכפת לן אם אגבה מתוקן גם עיסה הראשונה, **ואפי'** בחלת א"י יכול לעשות עצה זו.

ודוקא ביש בהחדש שיעור חלה, ולפי מה שפסק המחבר ביו"ד, ב' עיסות שיש בהם בכל אחת שיעור חלה, א"צ לא צירוף כלי ולא נגיעה, אלא מניח שתיהן לפניו ומפריש מזה ע"ז, והכא נמי כן אם היה בכל א' כשיעור.

אבל באין בה כשיעור, אלא דמצרפה עם הראשונה שיש בה, אסור, דדמי כמאן דמפריש חלה מעיסה שנילושה מעיו"ט, **ויש** מקילין, דאפילו אין בה כשיעור, וע"י צירוף סל, **ובמקום** הדחק [שאין צריך לאפייה מרובה], יש להקל, [דבלא"ה דעת הרבה ראשונים בחלת חו"ל, דמותר להפריש לכתחילה ביו"ט].

סעיף ד - המפריש חלה ביו"ט והיא טמאה - וה"ה תרומה וחלה בזה"ז, שכולנו טמאי מתים, **לא יאפה אותה** - משום דהיא אסורה באכילה, **וה"ה** שאסורה היא בטלטול מטעם זה, ואעפ"כ מיד כשקרא לה שם חלה ועדיין היא בידו קודם שהניחה, רשאי לטלטלה לכל מקום שירצה, ומניחה שם עד חוה"מ, ואז שורפה.

ולא ישרפנה, שאין שורפין קדשים ביו"ט - ואע"ג דשריפת חלה טמאה מצוה, [י"א שהוא דאורייתא וי"א שהוא מדרבנן], מ"מ אינו דוחה יו"ט, שהוא עשה ולא תעשה. **אלא מניחה עד הערב ושורפה** - ומשמע לכאורה דשורפה בלילה, (ועיין הגהות ר' ישעיה פיק שעמד ע"ז, מהא דקיי"ל אין שורפין קדשים בלילה, וא"כ לכאורה ה"ה לתרומה וחלה שנטמאו).

וכ"ז בחלת א"י שהיא אסורה לטמאים, או בחו"ל במקומות שאין נוהגים להאכילה לכהן טהור מטומאת קרי, דהיינו גדול שטבל, או קטן פחות מבן ט', או במקום שאין כהן לפנינו, **אבל** אם נוהגין לתת לכהן, ויש שם כהן, מותר לו לאפותה.

סעיף ה - מותר לעשות ביום טוב פתין גדולים, ולא חיישינן שמתוך כך יבא לאפות יותר ממה שצריך - [ומיירי השו"ע, שזה הפת גדול צריך לו, אבן הו"א] הואיל ואין בה טורח כ"כ כמו שיש בפת קטן בעריכת כל אחד מהן, וע"כ הו"א שיש לחוש שיאפה יותר ממה שצריך, **והיינו** באופן שאסור, וכגון בתנור גדול, או בכמה פעמים, **דבתנור** קטן ובפעם אחת, אפילו לאפות יותר ממה שצריך לית לן בה, מפני שהפת משתבח על ידי זה, וכדלקמן סי' תק"ז ס"ו.

וה"ה שמותר לו לאפות חררין דקים מאד, אע"ג דטרח הרבה בעריכת ובלישת כל אחת ואחת.

סעיף ו - היה לו קמח או עיסה בשותפות עם אינו יהודי, אסור לאפותה ביום טוב - היינו בעיסה, ובקמח אסור אפילו ללוש, **אלא יחלקנה ויאפה את שלו** - ולא דמי לבהמה שחציה של ישראל וחציה של עכו"ם, דמותר לשחטה ביו"ט, כנ"ל בסי' תצ"ח סי"א, **דשאני** התם דא"א לכזית בשר בלא שחיטה, אבל הכא הא אפשר לחלק מקודם, ויטריח בחלקו לבד.

אסור - והיינו אפי' בתנור אחד, ואפי' בתנור קטן, דפסק המחבר לקמן בסי' תק"ז ס"ו, דמותר לאפות תנור מלא פת, אע"פ שא"צ אלא לפת א' והיותר ישאר לחול, מפני שהפת נאפה יפה בזמן שהתנור מלא, **דשאני** התם שכל הפת של ישראל, ורשות בידו לאכול כל אחד ואחד או זה או זה, **ועוד** דלמא מקלעי ליה אורחים וחזו כולהו ליו"ט, **אבל** הכא דחציו של עכו"ם, דמוכרח להשאיר חלקו, וא"כ הוא טורח בלישה ואפייה של עיסת העכו"ם בשביל הוספת שבח הפת שלו בעלמא, ואסור, [**ולפי**

ה"ועוד" מוכח, דאפי' ביכול לאכול איזה שירצה, כגון שאין הגוי כופהו לחלוק תיכף אחר האפיה, אלא לאכול ולהשאיר, ג"כ אסור, דעב"פ מוכרח לבסוף להשאיר חלקו].

[**ולכאורה** לפי מה שפסק הרמ"א לקמן בסי' תקי"ב ס"א בהג"ה, דמותר להרבות בקדירה אחת בשביל עבדו ושפחתו הכנענים, וכתבו האחרונים, דאפי' א"א לפייסן בד"א מותר, משום דחד טירחא הוא, ורק בפת הסכמתם לאיסור, משום דכל ככר וככר טרחא בפני עצמו הוא, **ומשמע** לפי"ז, דאם ירצה לאפות פת אחת גדול, שיהיה די לו וגם לעבדו הכנעני, מותר, משום דחד טרחא הוא, וא"כ ה"נ בענינינו, **אכן** מלישנא דגמ' דמחלק בין בהמה לעיסה, משום דבבהמה א"א לכזית בשר בלא שחיטה, משמע דאל"ה היה אסור, אע"ג דחד טרחא הוא, וא"כ אף בככר גדול אסור, משום דהיה אפשר לחלק מקודם, **ושם** בסי' תקי"ב, אף דמיירי דא"א לפייסן בד"א, מ"מ עכ"פ כיון דהפת שלו, ואינם יכולים לעכב עליו אם ירצה לעכבם בשביל עצמו ולתת להם ככרות אחרות, מותר, אף שעתה אופה בשבילם, ואכתי צ"ע].

סעיף ז - אם יש לאדם הרבה פת נקיה - שמספיק לו לכל היום, **אינו אופה פת אחרת** - בין פת נקיה, ובין פת הדראה {היינו פת קיבר}, דהא יש לו פת נקיה שטוב לו יותר לאכילתו.

ונראה לי, דדוקא אם הפת האחר הוא מאותו המין, אבל אם הוא מין אחר, אפילו גרוע מזה, כגון שהפת שלו הוא פת חטים, והוא רוצה לאפות פת דגן, שרי, **ואם** ניחא ליה בפת חמה, והפת נקיה נאפה מאתמול, שרי לאפות אפילו פת הדראה.

אלא אם כן יש לו בני בית שרגיל להאכילם פת הדראה - ומשמע דבאינם רגילים, אלא שבפעם הזאת רוצה להאכילם, אסור.

אבל אם יש לו פת הדראה הרבה, יכול לאפות פת נקיה - ומותר לכתחלה לאפות פת הדראה ואח"כ פת נקיה, **ודוקא** אם רוצה לאכול הפת הדראה, אבל אם כונתו להערים שיוותר לחול, בודאי אסור.

סעיף ח - אסור לעשות שאור ביו"ט, אלא ע"י שינוי, מפני שהיה אפשר לעשותו מבעוד יום - שכל כך יפה הפת שנעשה שאור שלו מבע"י, כמו כשנעשה ביומו, **ודע**, דסברא זו הוא לכאורה כפי דעה ב' בסימן תצ"ה בהג"ה, דגם באוכל נפש גופיה מחמרינן, באינו מפיג טעם כלל אם עושהו מעיו"ט, **ועיין** מ"ש שם בבה"ל לחלק קצת בזה, (דבדבר שדרך לעשותו לימים רבים, אפילו לדעת המחבר צריך שינוי, כשלא היה מפיג טעם כלל אם היה עושהו מעיו"ט – שם).

סעיף ט - אפילו נשחטה הבהמה מערב יום טוב, מותר להפריש המתנות ביו"ט - משום דאינו מתקן, דגם קודם הפרשה לא טבלן, **ועוד** דמפורשות ועומדות בגוף הבהמה.

§ סימן תקז – דין אפייה ביום טוב §

סעיף א - אופין בפורנ"י, דהיינו תנורים שלנו הגדולים ופיהם בצדם - ואע"פ שצריכה היסק גדול ונפיש טרחא, ולא חיישינן ג"כ שיאמרו לצורך חול הוא אופה, **והוא** שצריך לפת הרבה, שנזדמנו לו אורחים רבים וכדומה, או שאין לו תנור קטן.

ובלבד שלא תהא חדשה - היינו שלא הסיקו אותה קודם היסק של אפיה זו, **ואפילו** היה ההיסק מבעוד יום, ג"כ אסור לאפות, וכדמסיים טעמא, **דחיישינן שמא תפחת** - מעזיבת התנור ותפול על הפת, **ויפסד הלחם וימנע משמחת יו"ט.**

ונתבאר בפוסקים, דדוקא בפורני שהיא גדולה חיישינן שמא תפחת, אבל בתנורים לא חיישינן לזה, וכדמשמע לקמן סעיף ה', **ומשמע** ממחבר, דתנורי פת שלנו הוי כפורני שבזמן הש"ס, וא"כ יש לנו לאסור לאפות בתנור חדש, **אכן** האחרונים צדדו להקל בזמננו, שהתנורים נעשים מלבנים, ונותן טיט בין לבנה לחברתה להדביקן יחד, והם חזקים ואין מצוי כלל לפחת.

[**ובתנורים** קטנים שבזמננו, הנקראים קאבלע"ס, לכו"ע נקראים קטנים].

אלא שיש מצדדים לאיסור בתנורים שלנו, מצד היסק ראשון שמיבש התנור ומחזקו, והוא תיקון מנא, אם

לא שהוסק מבעוד יום, [מ"א (עיין בס"ה), **ויש** מקילים בכל גווני, **ואם** נעשה מכמה ימים ונתייבש, אף שלא הוסק עדיין, לית לן בה אף לדעת המחמירים.

ומחמין חמין באנטיכי, (פי' יורה גדולה) - והרבותא הוא כנ"ל לענין פורני, **ומיירי** ג"כ שצריך להרבה חמים, או שאין מוצא מיחם קטן וכנ"ל.

סעיף ב - אע"פ שעצים שנשרו מן הדקל ביו"ט, (אסור להסיקן) - משום מוקצה, שהרי הם מחוברין ביה"ש, ועוד משום שמא יעלה ויתלוש, **או בשבת שלפניו, אסור להסיקן** - משום דאין שבת מכין ליו"ט, **אם נשרו ביו"ט בתוך התנור** - וה"ה בהניחם עכו"ם בתנור שלא לדעת ישראל, **מרבה עליהם עצים מוכנים (שלא יהיו עלי איסור ניכרים)** - דבניכרים לא שייך ביטול, **ומבטלן.**

ומיירי שהיו עוד עצים בתנור, אלא שלא היה שם רוב כנגד העצים שנשרו, דבכה"ג מוסיפין ומבטלים איסור דרבנן, וכדמבואר ביו"ד סימן צ"ט ס"ה, **ואפילו** להרמ"א שם שמחמיר מלבטל איסור לכתחלה אפילו בכה"ג, מודה הכא, משום דהאיסור נשרף וכדלקמיה.

ואע"ג דעצים אלו יש להם מתירין למחר, ודבר שיש לו מתירין אפילו באלף לא בטיל, ואפילו באיסורי דרבנן, **איסור** זה קילא טפי, שהרי עיקר הנאת העצים בא לאחר הסקה, שאופה בו, או מחמם ביתו, ואז האיסור כבר אינו בעין, ובכגון זה לא החמירו חכמים בשביל שהוא דבר שיש לו מתירין, **וגם** אם ירצה אחר הסקה להעמיד קדירה לבשל נגד האש, או לחמם גופו, או אפילו ליהנות לאור האש, בשעה שהעצים דולקים, שרי, **דמוקצה** אינו אסור בהנאה הבא מאליה, רק דאסור לטלטל מוקצה, או להשתמש בה אפילו בלי טלטול, והכא שמשתמש בה בהיתרא בשביל אפיית פת, מותר ממילא ליהנות גם בשאר הנאות, אף על פי דלאלו הנאות העצים מוקצים הם.

[**וממילא** ה"ה במסיק בהיתר כלים שלמים, אע"פ שאח"כ נעשה שבר כלי, והוא מוקצה, מ"מ בודאי מותר לכתחילה לאפות בו פת, ולהעמיד קדירה נגד העצים לבשל, שהרי מוקצה מותר בהנאה בכגון זה, **וגם** ליהנות לאורה ג"כ מותר].

ויש מקילין גם להסיק לכתחלה בשביל להעמיד קדירה, או להתחמם כנגד המדורה, דאע"פ שהעצים דולקים עדיין, מ"מ עיקר הנאה הוא האכילה, ובשעה שאוכל אינו נהנה אלא מחום שבתבשיל, וחום זה כבר מופרד מהאש שבעצים שהם בעין, **וכן** במחמם כנגד המדורה, עיקר ההנאה בא לו מן החום, וכבר כלה האיסור, [משום שהחום בא מאותו מקצת שכבר נשרף, מ"א], **מיהו** להסיק כדי ליהנות לאורה, בודאי אסור, שהרי הוא נהנה מהאש שהוא בעין, וכדלקמן סי' תרע"ז ס"ד לענין נר חנוכה. [**וסברא** הנ"ל, דאותו מקצת כבר נשרף, הוא טעם קלוש, דא"כ גם בנהנה לאורה נימא ג"כ, שהפתילה נשרפת מעט במקום שהאש אוחז בה, ויש לעיין בזה, **והגר"ז** השוה להדיא מתחמם כנגד האור ונהנה לאורן, ובתרווייהו אסור אם הסיק לכתחילה בשביל זה, וצ"ע].

(**ולענ"ד צ"ע, דאפשר דמאחר דסתם עצים להסקה עומדים, לאפות בו פת או לבשל, ולהנאה אחר הביעור התירו חכמים לערב ולבטל, וממילא העצים מותרים הם כשאר עצים המוכנים, ויכול להדליק אותם אפילו להאיר, ולכאורה ראיה גמורה לזה,** שהרי משעה שנתערב מותר לו לטלטל, אע"ג דלא הסיק עדיין בהם, ועדיין לא מיקלי קלי, וע"כ צ"ל דבשביל טעם זה כבר ניתר מעיקרו משעת התערובות, וא"כ אפשר ה"ה לנידון דידן נמי, מיהו לסברת חמד משה שנביא לקמן, דלא התירו בעיקר דין זה רק מדוחק, לא קשה מה שהקשינו, וצ"ע).

ובלבד שלא יגע בהם עד שיתבטלו ברוב - ואז כשמהפך בהם בעת הדלקתם מזוית לזוית, בהיתרא קמהפך, **ומשמע** דתיכף משעה שנתבטלו מותר להפוך בהם, אע"פ שלא הדליקם עדיין.

ואע"ג דבשעה שמרבה עליהם עצים ומערב אותם, העצים הקודמים מתנודדים, לא חיישינן לזה, דהוא כטלטול מן הצד.

ודע, דיש פוסקים המקילים בדין זה ביותר, ולדידהו אפילו לא היה בתנור עצים כלל, רק אלו שנשרו מן הדקל, מותר ג"כ לערב, **ואפילו** אם יהיו עצי איסור ניכרים לאחר עירוב ברוב, ג"כ לא חיישינן, **רק** שלא יזיז בעצי האיסור כשרואה אותן, **והכל** מטעם הנ"ל, שהאיסור נשרף, והנאה באה לאחר שהאיסור אינו בעין.

(ועיין בחמד משה שכתב סברא חדשה, דאפשר כל עיקרו דהיתר זה דמרבה עליו ומבטלו, אינו רק בנפל לתנור, דאם לא נבטל אין לו מקום לאפות בו פתו, שהרי התנור מלא מעצי מוקצה, ובע"כ צריך לפנות המוקצה בשביל צורך אוכל נפש, וא"כ מוטב שיבטל ויאפה, הא בענין אחר ליכא כלל היתר זה, **וכעין** זה כתב בנהר שלום, דדוקא בתנור, הא אם נתערב בשדה עם עצים של היתר, לא נתיר לו לבטל, **אמנם** מפוסקים לא מוכח כן, שהרי למדו מזה לכל איסורי דרבנן, לענין לבטל איסור לכתחלה, עיין ביו"ד סי' צ"ט, וכ"כ הגר"ז דאין לחלק בזה).

אבל אם נפלו בתנור בשבת, אסור להסיקן ביו"ט שלאחריו, אפי' על ידי ביטול ברוב - לפי שתלישה זו מכינה אותם להסקה, וכיון דבשבת אינם ראוים להסקה, א"כ השבת מכינה אותם לצורך מחר שהוא יו"ט, ואין שבת מכין ליו"ט, ואיסור הכנה הוא מדאורייתא, ובדאורייתא אין מבטלין איסור.

(**דע**, דסברא זו לאו לכו"ע היא, ועיין בב"ח שכתב ג"כ, דמשאר פוסקים משמע דגם הכנה זו אינה אלא מדרבנן, וכן תמה במאמ"ר שלא הביאו בזה שום פלוגתא, וכן בחמד משה נוטה להקל גם בזה ע"י ביטול ברוב).

סעיף ג - אסור ליקח עץ מבין העצים - בין לח ובין יבש, אף שראוי הוא להסקה, **לחתות בו האש בתנור, דהוי ליה מתקן מנא** - ואפילו אינו מתקנו כלל, מ"מ הרי עושהו לכלי ביו"ט, **ודוקא** אם לא הכינו מעיו"ט. [**וכתב** הפמ"ג, דוקא לברור עץ ארוך ודק שראוי לחתות אש, אז נראה כמתקן, **הא** ליטול עץ סתם בלי ברירה, באקראי, לחתות אש, ולא מיחד עתה לכך, י"ל דשרי ביבש עכ"פ].

וה"ה דאסור ליקח עץ לעשות ממנו בריח להבריח הדלת מטעם זה, אא"כ הכינו מעיו"ט, וכן כל כה"ג, [ודי בהכנה בעלמא אף שלא תקנו].

סעיף ד - תנור שנפל לתוכו מטיח הטיט - מיירי בתנורים שבימי חכמי הש"ס, וכדמסיים לקמיה, שהיו כמו קדרה, והפת היו טוחין בכותלי התנור, וא"כ הגחלים שבקרקע התנור אין יכולים להפסיד לפת, רק טיח טיט או לבנה שנופל, והוא מגיע לפעמים עד מקום שהעיסה טוחה בכותל וחורך, **אם אפשר לאפות ולצלות בו בלא גריפה, ולא יתחרך הפת או הצלי, אסור לגרפו, מפני שהוא מטלטלו שלא לצורך** - והרי הוא מוקצה, דהא אינו ראוי לשום דבר.

אבל מותר להשכיב האש והאפר שבו, כדי שיהיה חלק ולא יגע בפת כלל, אע"פ שאם היה נוגע בו לא היה כדי לחרכו - דאם יוכל לחרוך הפת, אפילו גריפת הטיט מותר וכדלקמיה.

מותר להשכיב האש והאפר - מפני שכל זמן שהוא חם אין עליו שם מוקצה, וכדלעיל בסימן תצ"ח סט"ו, [**וכתב** המ"א, דאפי' אם נצטנן, אם חזר והוחם בו ביום, שרי, דאין מוקצה לחצי שבת], **ולכאורה** לפי"ז, א"כ גם להוציא לגמרי את האפר מן התנור שרי, ומאי שנא משכיבין דנקט, וכן מוכח בסמ"ג, **ואפשר** משום דיש אש באפר, ובגריפת האפר יכבה האש, אכן בהשכבה אפשר ליזהר שלא יכבה האש, וכההיא דלעיל סימן תק"ב ס"א בהג"ה, **אכן** אח"כ מצאתי בפירוש המשניות להר"מ, ומוכח דסובר דאפי' אפר לבד אסור להוציא, ואפשר דשיטתו, דגם זה חשיב כתיקון התנור, או משום דהוא טרחא יתירה, אחרי דאפשר לאפות בלא"ה.

(**וכתבו** המפרשים, דהטיח והעפר שנפל מכותלי התנור, אסור להשכיב, שהרי הם מוקצה, והוא לא לצורך, שהרי הפת לא יתחרך, **אלא דהר"ן** פי', ד"אבל מכבשין" אעפר קאי, **ואפשר** שטעם הר"ן וסייעתו דלא חשו למוקצה, דס"ל דהתירו חכמים בכגון זה, שאינו מטלטל לגמרי אלא מכבש, **וגם** שהרי מיירי שמכבש לאחר שהסיק, וטיח הטיט חם, וס"ל דלא גרע זה מאפר חם שראוי לצלות בו ביצה וכיוצא, וה"נ דכוותיה, **אם לא** שהיה הטיח בתנור מאתמול ביה"ש שהיה צונן, וחל עליו שם מוקצה, דהוא עפר בעלמא, ומיגו דאיתקצאי ביה"ש איתקצאי לכולי יומא).

אבל אם יש בטיח שנפל לתוכו כדי לחרך הפת או הצלי אם היה נוגע בהם, אף על פי שבלא גריפה היה אפשר לאפות ולצלות בו - ר"ל שלא היה נשרף, **כיון שהיה מתחרך מותר לגרפו, דחשיב טלטול לצורך** - וכפי שיבואר לקמן ס"ס תק"ט בהג"ה, דמותר לטלטל מוקצה לצורך אוכל נפש, **וכתבו** הפוסקים, דכ"ז בשנפל הטיח היום, או אפילו אתמול ולא ידע מזה, או שלא היה לו שהות

לתקנו, **אבל** בהיה יכול לתקן מאתמול ולא תיקן מחמת שכחה, אסור לגרוף, ככל מכשירין שאפשר לעשות מבע"י, שאסור לעשות ביו"ט.

ודוקא בתנורים שלהם שהיו מדבקים הפת סביבם, ואין צריכים לגרפם אלא מהטיח שנפל לתוכו - הלשון מגומגם קצת, וברא"ש שממנו נובע דברים אלו איתא כן: דלא התירו חכמים לגרף אלא טיח של תנור, דהוא רק טלטול מוקצה, אבל לגרף גחלים, דבא לידי כיבוי עי"ז, לא התירו, **וכ"ז** בתנורים שלהם שהיו מדבקים הפת בכותלי התנור, וא"כ אין הגחלים שבתחתיתו יכולין לשרוף הפת, אלא לחרך מעט, ולא יהיה הפת יפה, ומשום זה לא התירו גריפת גחלים שבא לידי כיבוי, **אבל תנורים שלנו** - שאופים בתחתית התנור, **כיון שאי אפשר לאפות בהם בלא גריפה** - שתשרף, **מותר לגרפו מהאפר והגחלים** - ואפילו במכבדת טבולה במים אם צריך לזה, וכדלקמיה בס"ה, **ואע"פ שהוא מכבה, אי אפשר בלא כן, וכשם שמותר להבעיר לצורך אוכל נפש, כך מותר לכבות לצורך אוכל נפש, והרי זה כמניח בשר על הגחלים** - לצלותו, שאע"פ שמכבה הגחלים בתחלתו, מותר, מפני שהוא לצורך אוכל נפש, **וכן נהגו.**

ואין זה כמיתוק החרדל בגחלת של עץ בתוכו, דאסור, **מפני** שהחרדל ראוי לאכול בלי כיבוי גחלת בו, אלא מפונקים מכבים גחלת בתוכו, **ועוד** שאפשר זה ע"י כיבוי גחלת של מתכת, והוא ראוי ומצוי יותר.

(**עיין בביאור הגר"א שכ' דזהו לגירסת רש"י וש"פ, אבל הרי"ף אוסר כיבוי לצורך או"נ, ומה דמותר בשר ע"ג גחלים, עיין במ"א, ובאמת כדבריו כתב ג"כ הר"ן).**

ואם התנור גדול, והגחלים מונחים במקום אחד בתנור, ושאר התנור פנוי, שיכול לאפות הפת בלי גירוף, אלא דאתא לגרף הגחלים כדי שלא יהיו סמוכין לפת, ושמא יהא נחרך בקצתו, אסור, [וע"י עבו"ם שרי], **וכן** אם גרף התנור מהגחלים הגדולים, ונשארו גחלים קטנים וניצוצות, באופן שלא ישרף הפת, רק אפשר שיהא נחרך קצת במקום שיגעו, אסור לגרפם פעם שניה משום כיבוי, [וע"י עבו"ם שרי].

סעיף ה - תנור וכירים חדשים, אין סכין אותם בשמן, ולא טשין אותן במטלית - שדרכן היה לסוך לתנורים בעודן חדשים בשמן, ולשפשף אותן, כדי להחליקן ולצחצחן, ואסור משום תקון כלי.

אבל מותר להסיקן אפילו היסק ראשון - ולא דמי למלבן את הרעפים כדי לצלות עליהן, שאסור כדלקמן בסימן תק"ח, וכמו כן למבשל בקדרה חדשה, שאסור לכמה פוסקים, וכדלעיל בס"ס תק"ב, ומשום דמתחסמת {מתחזקת} בליבון ובהיסק זה, וכגומר כלי ביו"ט דמי, **צ"ל** דתנור אינו נתחסם בהיסק שמסיקין בו בפנים, **ודעת** מ"א, דתנורים שבזמנינו מתחסמין שפיר ע"י היסק ראשון, ואסור, **ויש** חולקין עליו, וכמש"כ בס"א.

[**והרא"ה** כתב בחידושיו עוד טעם דלא דמי להא דרעפים, שברעפים הוא מתקנו ונעשה כלי למלאכה אחרת, חוץ מלאכה זו של צליה, משא"כ בתנור, שאינו מתכשר למלאכה אחרת בזה חוץ מאפיה ובישול, **ולפי** טעמו זה, יש להתיר ביו"ט קדירות חדשות לבישול].

ובלבד שלא יפיגם בצונן כדי לחסמן - שע"י הצונן הבא להם אחר היסק בעוד שהם חמין, מתחזקין יותר, והו"ל מתקן מנא.

ואם הוסקו יותר מדאי, והוצרכו להפיגן בצונן כדי לאפות בהן - שלא ישרף הפת, **מותר** - אע"פ שממילא מתחסם, לית לן בה.

ואע"ג דגבי ליבון רעפים, לא משגחינן במה שכונתו כדי לצלות עליהם, ואסור, **שאני** התם, שתיקונו של רעפים הם קודם לתשמיש שישתמש בהם אח"כ לצורך יו"ט, **אבל** הכא הרי הפת מוכן להניחו בתנור, אלא שצריך לקרר מעט התנור, וא"כ בתיקונו הוא מתקן הפת, ושרי, **ויש** שכתבו, דהפגת צונן אינו עושה רק חיסום כל דהו, ולהכי שרו חכמים כל שאינו מכוין להדיא לחסמה.

לפיכך מותר לשרות במים המכבדת שמכבדין בה התנור, אע"פ שמכבה - ר"ל אם הוסק התנור יותר מדאי, וחושש שלא ישרף הפת, שורה המכבדת במים כדי לצנן בו את התנור, וגם כדי לגרוף בו עוד הגחלים הדקים שנשארו אחר הגריפה הראשונה, וכ"ז שרי אע"פ שמכבה, כיון שהוא צורך אוכל נפש, **וכבר**

כתבנו, דבזה, וכן בההיא דמפיג התנור, הוא דוקא אם בלא זה יתקלקל הפת, אבל אם לא יתקלקל, רק שיהיה מתחרך מעט ולא יהיה נאה, אסור, מאחר שהוא מכבה.

וכתבו הפוסקים, דלאחר שכיבד התנור, אסור לטבול המכבדת במים, שלא תשרף מפני ניצוצי אש שיש בה, שהרי הוא כיבוי שלא לצורך אוכל נפש, ואפילו אם הוא צריך לה עוד לאפיה ביום זה, [**וסיים** הגר"ז, דכל זמן שאפשר לו להשאיל מכבדת אחרת, אסור, אע"פ שתשרף כולה, **והנה** הפמ"ג מביא, דדוקא בשעה שמתקן האוכל שרי לכבות, ולא קודם לכן, משמע מניה דס"ל, דאפי' אין לו ממי להשאיל אסור, **ועיין** בפמ"ג שמסתפק, אם ע"י עכו"ם מותר בכה"ג, **ונראה** דאם יהיה קשה לו אח"כ להשיג לשאול, יש להקל ע"י עכו"ם].

סעיף ו - מותר לאפות תנור מלא פת, אע"פ שאינו צריך אלא פת אחד, ודוקא בתנוריהם, שהיו קטנים והיו מדבקים הפת בדפנותיהם, ומתוך שהוא מלא אין מקום לחומו להתפשט והפת נאפה יפה - יש מן הפוסקים שסוברין, דוקא במתכוין שעי"ז יושבח הפת, אבל במתכוין לצורך חול, אסור, **ואף** דלעיל בסימן תק"ג לענין מילוי קדרה בשר, אפי' עושה לצורך חול שרי, מפני שעי"ז משתבח הבשר שצריך ליו"ט, **שאני** התם דחד טרחא הוא, אבל הכא כל כיכר צריך טרחא בפני עצמו.

אבל בתנורים שלנו אין לאפות יותר ממה שצריך - וכן במקומות שאין דרכן לדבק, גדול וקטן שוה לאיסור. **והטעם**, משום שבכל ככר וככר איכא טרחא בעריכה ואפיה, ולכן לא שרי לאפות יותר, כל שאין הפת נאפה יותר יפה מצד מילוי התנור, ואפי' ע"י עכו"ם אסור.

ויש פוסקים שמתירין אף בתנור שלנו, [ומטעם דאם אינו ממלאן, אז הבל הראוי להתפשט בכל התנור אם היה מלא, עתה נתאחזות בפת שבו, ונאפית יותר מדאי, והפת בא לידי חרוך], **ודוקא** כשצריך באמת עכ"פ פת א' ליו"ט, אבל אם א"צ, רק שמערים לאכול מעט ממנו כדי להתיר לו האפיה, אסור, ‹**משמע** דאם אינו מערים, אלא באמת הוא צריך לפת אחד, מותר, אע"פ שאינו מתכוין להשביח, וזה סותר מה שכתב לעיל, ושניהם הובאו ממ"א, וכן הקשה הגר"ז בקונטרוס אחרון›, **ובשעת** הדחק, כגון מי שלא הניח ערובי תבשילין, וצריך לו פת לשבת, יש לסמוך על דעה זו, לאפות קודם אכילת שחרית, אם צריך עכ"פ לפת אחד בו ביום עצמו, **אבל** אם א"צ, רק שמערים לאכול מעט כדי להתיר לו האפיה, אסור, אף שעושה זה בשביל שבת.

והאופים שמכוונים לעשות מלאכתם ע"י עכו"ם ביו"ט, כדי שיהיה מוכן להם הפת תיכף למוצאי יו"ט, ומערימין לאכול מהם פת אחד בו ביום, עושין איסור לכו"ע, [דדבר שהוא אסור, אף ע"י עכו"ם אסור].

סעיף ז - מותר לסתום פי התנור - כגון ע"ש שחל ביו"ט, שצריך להטמין התבשילין למחר, או ביו"ט גופא, שיצטמק המאכל יותר, **בטיט ורפש שעל שפת הנהר** - שמפני רוב המים מצוי שהם מרוככים, ואינם צריכין גיבול, **ואע"ג** דמ"מ צריך למרח אותם ע"ג התנור בשעת סתימה, וממרח ג"כ אב מלאכה היא, **מירוח** שאני, שא"א לעשותה מעיו"ט ומותר לצורך אכילה.

והוא שרככו מאמש - הלשון מגומגם, דהא איירינן במרוכך, **או עשה בו סימן** - משום הכנה, **ונתקו לצד אחר** - דאל"ה עושה גומא בנטילתו.

(והנה דברי המחבר ראשיתם הם דברי הרמב"ם, וסופם הם דברי רש"י, ותימה שהרכיבם יחד, ובאמת דברים נפרדים הם ומחולקים בפירוש דברי הש"ס, דלרש"י, טיט שעל שפת הנהר, הוא משום לתא דגיבול, ועשה בו סימן ונתקו לצד אחר, הוא משום הכנה, והרמב"ם כפי הנראה פירש להיפך, ארקתא דפרת, הוא משום דלהוי לן כמוכן ועומד, והוא שגבלו מאתמל, דאל"ה מאי מהני לן במה שמוכן, כיון שצריך לגבל, **ואם** כן דברי המחבר שהעתיק שתי הסברות ביחד, וכתב: או עשה וכו', מוקשים מאוד, וצ"ע, **ולולא** יראתי הייתי אומר, שצ"ל: ועשה בו סימן וכו', והיינו שחשש המחבר לצאת גם לדעת רש"י, וצ"ע).

וברפש או טיט מרוכך שברחוב, שתלושים הם מן הקרקע, דעת מ"א שא"צ שום סימן וניתוק, רק שיהיה דעתו עלייהו מעיו"ט לסתום בהם פי התנור, **ומהלבוש** משמע, שאין לחלק בזה, (דבודאי בטלים הם ע"ג קרקע, וצריך מערב יו"ט לעשות סימן במקום שירצה ליקח ולנתקו לצד אחד, כדי שיהא מוכן ממש, ולא במחשבה בעלמא).

אבל לגבל טיט ביו"ט, אסור - וה"ה עפר, דבר גיבול הוא, [**ואפי'** יש לו טיט או עפר מוכן בביתו,

אלא שהם יבשים, ורוצה ליתן עליהם מים ללחלה, ג"כ אסור, דהרבה פוסקים פסקו כרבי, דנתינת מים זהו גיבולו, ואפי' לר' יוסי בר"י, מסתברא דאיסורא עכ"פ איכא].

(**עיין ברא"ש דמוכח מיניה, דאפילו כבר נתן עליו מים מבע"י, אפ"ה אסור ביו"ט לגבלו**).

יש שכתבו הטעם, דגיבול זה לסתום התנור הוא רק מכשירי אוכל נפש, שאינו מותר רק בא"א לעשותו מעיו"ט, והכא הלא אפשר היה לגבלו מקודם, **ולפי** טעם זה, יש בזה איסור תורה, [**ולפי"ז** אם גיבלו מעיו"ט, ולמחר נתייבש הטיט כגון בימי הקיץ, אפשר דמותר שפיר לגובלו, או עכ"פ ליתן מים בטיט ללחלחו].

ויש שכתבו, דלסתום התנור כדי שיתבשל, או כדי שיצטמק המאכל, מיקרי אוכל נפש גופיה כהבערה, ואפ"ה אסרו חכמים, משום דיאמרו דמגבל לבנין, [**היינו** אפי' למאן דס"ל דאוכל נפש גופיה מותר לגמרי, אפי' בהיה לו לתקן מעיו"ט, הכא אסור מדרבנן, **ולסברא** זו, אפי' גיבל מאתמל ונתייבש למחרתו, ג"כ אסור לגבלו, או אפי' לתת מים בתוכו, דאכתי מיחזי כמגבל לבנין, **וע"י** עכו"ם יש להקל, דהוא שבות דשבות לצורך יו"ט].

ומותר לגבל אפר לסתום בו פי התנור - לא מיבעיא למ"ד שאין חייבין בשבת על גיבול אפר, משום דאין מתדבק ע"י הגיבול, בודאי שרי, **אלא** אפילו למ"ד בגמרא, דבדבר שאינו בר גיבול כגון באפר, משעה שנתן בו מים חייב, מ"מ הכא מותר, דהא לצורך אוכל נפש הוא, **ושני** הטעמים דלעיל לא שייכי גבי אפר, שהרי מעיו"ט לא היה אפשר לו לגבל, שאפר אינו מחזיק מים ומתייבש, **וטעם** שני דמחזי כמגבל לבנין, ג"כ לא שייכי באפר, שאין מגבלין אפר לבנין, וכו"ע ידעי דלצורך התנור מכין לה, **ומ"מ** אם יש לו טיט מגובל, אסור לגבל אפר ביו"ט, [דאף לענין הוצאה דהותרה מטעם "מתוך", אם אינו לצורך כלל, אסור, **ומה** גם דבאוכל נפש גופיה, יש מחמירין באפשר לעשות מעיו"ט, וכ"ש בזה].

ויש שכתבו להחמיר בגיבול אפר ביו"ט, ואע"פ שאינו כן מעיקר הדין, מ"מ המחמיר תע"ב, **וכ"ז** מיירי באפר שהסיקו מעיו"ט דאינו מוקצה.

§ סימן תקח – דברים האסורים ביו"ט להכנת צלי §

סעיף א- אין מלבנים את האבנים לצלות או לאפות עליהם - והאחרונים כתבו, דנוסחא האמיתית הוא "הרעפים", והוא לבנים שמכסין בהם הגג, **אבל** אבנים מותר ללבן, דלא שייך בהן חיסום, **מפני שמחסמן** - פי' שבליבון זה הם מתחזקים, והו"ל כמתקן מנא, **ומדלא** חילק המחבר בין ישנים לחדשים, ש"מ דס"ל דאפילו בישנים אסור, מפני שבשעה שמלבנן מתחזקין יותר, **ויש** מן הפוסקים שס"ל, דדוקא בחדשים שצריכין לחיזוק אסור, אבל לא בישנים.

ואין שוברין את החרס, ואין חותכין את הנייר, לצלות עליהם - שכשצולין דגים על האסכלא, שוברין חרס או חותכין נייר, ושורין אותו במים, וסודרן ע"ג האסכלא שלא ישרף הדג, וביו"ט אסור משום תיקון מנא. **ואין פוצעין את הקנה לעשותו כמו שפוד לצלות בו** - וה"ה דאין פוצעין אותו לחצאין, לתתו תחת הדג על האסכלא, דכל מידי דעביד להשתמש בו, הוי תקון כלי.

סעיף ב- פוצעים אגוזים במטלית - ומכה על המטלית כדי לשבור הרבה אגוזים בבת אחת, **ולא חיישינן שמא תקרע** - דאפילו תקרע לא איכפת לן, דאינו חייב אלא בקורע ע"מ לתפור, וגם הוא דבר שאינו מתכוין.

§ סימן תקט – כמה דינים פרטיים להלכות יו"ט §

סעיף א- הנה קודם שנתחיל לבאר זה הסימן, אקדים הקדמה קצרה, והוא: דבמכשירי אוכל נפש פליגי בגמרא ר' יהודה ורבנן, דרבנן סברי מדכתיב: אך אשר יאכל לכל נפש הוא לבדו יעשה לכם, "הוא" ולא מכשירין, **ור"י** סבר דזה קאי רק על מכשירין שאפשר לעשותן מבעוד יום, אבל אם א"א, שרי כמו אוכל נפש עצמו, **ופסקו** רוב הפוסקים כר' יהודה.

ואעפ"כ לעשות כלי לצורך אוכל נפש, גם ר"י מודה דאסור, [דלא עדיף דבר זה מאוכל נפש עצמו, אם נעשית לימים הרבה, כמו קצירה וטחינה, דלכו"ע אסור,

י"א מדאורייתא וי"א מדרבנן, וה"נ בכלי, שמסתמא נעשה לימים רבים], **ולא** פליגי כי אם בתקוני הכלי שהוא לצורך אוכל נפש, דלר"י שרי אם א"א לעשותו מבעוד יום, כגון שנתקלקל ביו"ט, או שלא היה לו שהות לתקנו מבע"י, וכ"ש אם לא ידע כלל מבע"י שנתקלקל, **אבל** אם היה לו שהות לתקנו מבע"י, אף ששכח אח"כ, לכו"ע אסור מה"ת, דע"ז קאי המיעוט "הוא" ולא מכשיריו, **ודע** עוד, דאפי' אותן הפוסקים דס"ל כר"י, היינו לעשות כן לעצמו, משום דמעיקר הלכה הוא מותר, **אבל** יש דברים שאין מורין כן לאחרים, שלא יבואו להקל יותר, וכמו שיבואר לקמיה.

שפוד שנרצף - היינו שנעקם ביו"ט, **אע"פ שהוא יכול לפשטו בידו** - ר"ל ואין צריך להכות עליו בפטיש, **אין מתקנין אותו** - והמחבר סתם דבריו, ולא חילק בין נעקם מעט, או הרבה עד שאין יכול לצלות כלל בלי תיקון, **משום** דאזיל לטעמיה שביאר בב"י, דבכל גווני אסור, משום דהוא תקון מנא, (עיין לקמן בביאור הלכה), ודעת הרמ"א הוא שיטה אחרת.

הגה: ודוקא שיוכל לצלות בו בלא תיקון - היינו על פי הדחק, ומ"מ חשיב התקון טרחא יתירא, **אבל אם אינו יכול לצלות בו כך** - היינו כגון שנעקם השפוד הרבה, **ונשבר** - ר"ל או שנשבר ראש השפוד, **ביום טוב** - ומחמת זה אינו יכול לצלות בו, **מותר לתקנו** - עיין בפמ"ג שכתב, דהיינו לחדדו מעט, שיהיה יכול לתחוב עליו הבשר, **אבל** לתקנו תיקון גמור, לכו"ע אסור, ודמיא להא דפסק השו"ע בס"ב, דלחדד הסכין במשחזת של אבן, אסור מצד הדין, משום דהוא תקון כלי גמור, ואסור אפילו לדעת המתירין מכשירי אוכל נפש.

אבל אם נעקם או נשבר בעיו"ט, שהיה באפשר לתקנו מבעוד יום, אסור מדינא לתקנו, דהרי הם מכשירי אוכל נפש שאפשר לתקנם מבע"י, דאסור לכו"ע.

וכתב המ"א בשם מהרי"ל, דאם נשבר ביו"ט ראשון, אסור לתקנו ביו"ט שני, דלגבי יו"ט שני הוי יו"ט ראשון כערב יו"ט, דהרי אנו עושין יום שני מחמת ספק שמא יום ראשון הוא חול, **ובספר** בגדי ישע כתב, דאם לא היה צריך להשפוד ביו"ט ראשון, מותר לדעת הרמ"א לתקן ביו"ט שני כשצריך לו, [דכיון דהיה אסור אז לתקן, לא גרע דבר זה מאם לא היה לו שהות בעיו"ט, דשרי], **וכן** בחידושי רע"א מפקפק על דברי מהרי"ל.

ודע עוד, דדברי הרמ"א הוא דוקא לענין שפוד, שהוא מכשירי אוכל נפש, אבל שאר כלי שנתקלקל, כגון מחט שנתעקמה אפילו מעט, אין לפושטה לכו"ע.

מותר לתקנו - ועיין בבה"ל שכתבנו בשם האחרונים, דיש להחמיר (בנשבר השפוד או שנכפף הרבה עד שא"א לצלות בלי תיקון), כדעת המאור והר"ן, דס"ל דזהו בכלל תיקון כלי גמור, (וכעושה כלי מחדש), דאסור אף למאן דמתיר במכשירי אוכל נפש, **ואם** יכול להשיג לשאול מאחרים, לכו"ע אסור.

ואין מורים כן לרבים - וה"ה לתלמידיו, [וכתב הב"ח, וה"ה שלא יעשה כן בפני רבים], **שלא יבואו לתקן גם כן בנשבר מערב יו"ט.**

וה"ה לכל מכשירין שא"א לעשותן מערב יו"ט – (עיין בביאור הגר"א, שלדעת הרמב"ם דוקא בסכין שנפגמה הוא דאין מורין כן, שלא יבוא לחדד במשחזת שלה, (כמ"ש בס"ב), אבל בשארי מכשירי אוכל נפש שא"א לעשותן מבעו"י, הלכה ומורין כן, ולכן לא הזכיר המחבר בסי' תצ"ה ס"א דאין מורין כן, והוא ע"פ דעת הרמב"ם).

(והנה המחבר העתיק בזה הסעיף לשון הרמב"ם, ודעתו כפי מה שביארו בב"י, דהרמב"ם ס"ל כרבנן, ולפי"ז אפי' נכפף הרבה ביו"ט, או שנשבר ואינו יכול לצלות כלל בלי תיקון, אפ"ה אסור לתקנו, **אבל** דעת ההג"ה, שהיא דעת הרא"ש והרשב"א והטור וסייעתו, לפסוק כר' יהודה, וע"כ כתב דוקא כשיכול לצלות בו בלי תיקון, אסור לתקנו משום דטרחא יתירא הוא, אבל בנשבר ביו"ט, שא"א להשתמש בו כך, וה"ה בנכפף הרבה, מותר לתקנו ביו"ט, **וא"כ** יפלא לכאורה, למה לא כתב הרב בלשון וי"א, **ואפשר** משום שהמחבר סתם דבריו בשו"ע, ולא ביאר בהדיא דעתו, דבכל גווני אסור, ודעת הרב היה בעצם הדין להקל כדעת הרא"ש וסייעתו, לכן עשה דבריו בדרך פירוש. **ועיין** בביאור הגר"א שדעתו דלא כב"י, אלא כדעת היש"ש, דגם הרמב"ם ס"ל כר' יהודה, דכ"כ בהדיא בפ"א ה"ח, וע"כ לדידיה מה שאמרו שפוד שנרצף אסור לתקנו, היינו כשנשבר או שנעקם הרבה, ומשום דשויא מנא הוא).

סעיף ב- שפוד שרוצים לצלות בו, והיה ארוך יותר מדאי, אסור לחתכו ולא לשרפו

- דעי"ז עושה אותה לכלי, [וע"כ אף אם לא היה לו שהות לתקנו מעיו"ט, אסור].

אין משחיזין את הסכין במשחזת שלה - היינו של אבן, ואפילו נתקלקל חידודה ביו"ט, דהוי בכלל תיקון כלי, **אבל מחדדה על גבי העץ** - ר"ל אפילו על משחזת של עץ, דבזה לא יהיה תקון גמור, ‹דאפילו רבנן מודו דשרי, שאין כאן מלאכה כלל כיון שאינו משחיז במשחזת שלה, וגם הסכין חותך קצת – ב"י›, **וה"ה** שיכול להשיאה ע"ג סכין אחר כדי לחדדה, [**ומ"מ** י"ל דאף זה לא הותר כי אם בנפגמה ביו"ט, ולא בנפגמה מעיו"ט].

או חרס או אבן - ר"ל אבן דעלמא שאיננה משחזת.

ואין מורים דבר זה לרבים, כדי שלא יבאו לחדדה במשחזת - אבל להעביר שמנונית של סכין, ע"ג משחזת של עץ או חרס או אבן או ע"ג חברתה, מורין ברבים להתיר, [**וע"ג** משחזת ‹של אבן›, אפי' להעביר שמנוניתא, אין מורין לרבים].

בד"א כשיכולה לחתוך בדוחק, או שנפגמה - דאז לא גזרינן שיבוא לאהדורי אמשחזת של אבן, **אבל אם אינה יכולה לחתוך כלל, אין משחיזין אותה אפילו על העץ, שמא יבא להשחיזה במשחזת.**

סעיף ג - עופות שממלאים אותם בשר וביצים, מותר לתפרם ביו"ט - דמכשירין שא"א לעשות מבעוד יום הוא, [הגר"א]. ‹שאין זה תפירה המתקיימת, והכרח לאוכל נפש – ערוה"ש›.

והוא שיתקן מעיו"ט החוט, וישימנו במחט - ר"ל מבע"י, דאם ישימנו ביו"ט, גזרינן שמא יחתוך החוט ג"כ, וזה בודאי אסור, דהא אפשר לעשותו מבע"י.

ואם לא שמוהו במחט מבע"י, אסור ליתנו במחט ביו"ט, אם לא ששם מעיו"ט ונלקח ממנו החוט ביו"ט, דאז מותר ליתן החוט במחט ביום טוב, ויחתוך הנשאר אחר תפירתו וכדלקמיה.

ויזהר שלא יחתוך החוט ביו"ט - קודם התפירה, לעשות אותו כדי מדתו, דהוא בכלל תקון כלי, **אבל** לאחר התפירה, מה שנשאר מן החוט מותר לחתוך.

הגה: וכן נהגו לשרוף החוט הנשאר בעוף לאחר שתפרו בו - פי' דהחוט שנשאר לאחר התפירה, מותר אף לחתוך, דזה א"א מעיו"ט, אלא שנהגו לשרוף, **אבל** קודם התפירה, אסור אף לשרוף, דלשרוף ולחתוך דין אחד להם.

סעיף ד - מותר לחתוך ביו"ט אגד גדיים ועופות מקולסים - צלויין ראשו על כרעיו ועל קרבו, נקרא מקולס, **וחוטים תפורים** - ר"ל שהיו תפורים זה לזה בעת הצליה, **ואף** דכתב מתחלה, דיזהר שלא לחתוך החוט, **היינו** קודם התפירה, משום דעי"ז מתקנו לתפירה, וחשיב כמתקן כלי, **משא"כ** הכא דהוא אחר התפירה, ואין כאן תקון, ואף בשבת מותר.

וכן יכולים לשרוף פתילה או סמרטוט שקושרים בו העוף - שאין בזה תקון כלי.

סעיף ה - מותר ללבן ביו"ט כלי ברזל שאפו בו פלאדי"ן של גבינה, ואחר הליבון יאפו בו פשטיד"א של בשר - דכיון דהתירא בלע, אין צריך ליבון גמור שתשרף קליפתה, אלא סגי בליבון קצת, עד שקש נשרף עליו מבחוץ, לפיכך מותר, דבליבון כזה אין נראה כמתקן כלי, אלא כמחממה לאפות בה.

והוא שכשיתלבן יתנו אותו על המאכל מיד - ואז אפי' היה אפשר לו ללבן הכלי מעיו"ט, ג"כ שרי, דהרי צריך לו עכשיו חמום הכלי בשביל אפיית המאכל, **אבל** אם ימתין מלאפות עד שיצטנן ויחממה מחדש, נמצא דהליבון הראשון היה רק כדי להכשיר הכלי, ונראה כמתקן, **ואף** אם לא היה אפשר לו ללבן מעיו"ט, ג"כ אסור, [כיון שיש בו משום תיקון כלי], **ויש** מאחרונים שמקילים כשאי אפשר לו ללבן מעיו"ט, **מיהו** עכ"פ לכו"ע אין להורות כן לאחרים, וכדלעיל בס"א בהגה.

כתב מ"א, מכאן משמע, שבחול מותר להגעיל כלי מחלב לבשר או איפכא, והעולם נוהגין איסור בדבר, עי"ש הטעם, **והפמ"ג** כתב, דהמנהג להטריף מקודם, **ועיין** מה שכתבנו לעיל בסימן תנ"א במ"ב, בשם החתם סופר.

אבל אם הוא בלוע מנבילה וכיוצא בה, אסור ללבנו אפי' לאפות בו דבר היתר - שצריך ליבון גמור עד שיהא ניצוצות נתזין הימנה, ונראה כמתקן כלי.

ואף אם לא היה אפשר לו ללבן מעיו"ט, כגון שנטרפה ביו"ט גופא, ג"כ אסור מטעם זה, **ולדעת** היש מקילין דלעיל, גם בזה שרי מצד הדין, [דלא חשיב תקון מנא, דהא אפשר להשתמש בו בצונן], **אך** אין להורות כן לאחרים וכנ"ל.

הגה: וה"ה דאסור להגעיל כלי ביו"ט - אפילו אם רוצה להשתמש בהכלי אח"כ לצורך יו"ט, דבישול מי ההגעלה הלא לא הוי לצורך אוכל נפש, כי אם להכשיר הכלי להשתמש בו אח"כ, וזה היה אפשר לעשותו בעיו"ט. **ואם** לא היה אפשר להכשיר הכלי מעיו"ט, כגון שנטרפה היום וכה"ג, רבים מהאחרונים מקילים מצד הדין, [דאין לחוש בזה משום תיקון כלי, דיוכל לומר דלהדיח עושה כן], אך אין להורות כן לאחרים וכנ"ל, **אכן** אם היה לו מים רותחין שהרתיחן לצורך אוכל נפש, מותר להורות לאחרים להגעיל בהן, [וכשהיה בהן ששים נגד הכלי שמגעיל].

ומותר ללבן שפוד שצלו בו בשר שאינו מלוח, ורוצה לחזור ולצלות בו ביום טוב - דכיון דמדינא א"צ ליבון והגעלה, רק שנהגו ללבנו, לא חשיב תקון כלי ע"י הליבון, ומותר אפילו היה באפשרו ללבנו קודם יו"ט.

סעיף ו - אין נוקבין נקב חדש בחבית ביו"ט - אפילו לצורך שתיה, שהרי אפשר לנקבה מעיו"ט, וכל דינו כמו בשבת לעיל בסימן שי"ד, **ואם** לא היה אפשר לו לנקבה מעיו"ט, מותר לו לנקבה ביו"ט, כדין מכשירי אוכל נפש, **אכן** אין מורין כן, וכנ"ל בס"א בהג"ה.

סעיף ז - להטביל כלי חדש ביו"ט, דינו כמו בשבת, כדאיתא בסימן שכ"ג ס"ז - דיש מחמירים, מפני שאסור להשתמש בו בלי טבילה, נראה כמתקן כלי ע"י הטבילה, וה"נ ביו"ט.

ורק אם לא היה אפשר לו להטביל מעיו"ט, מותר לו להטביל ביו"ט לד"ה, לצורך תשמישו היום, דהרי הוא מכשירי אוכל נפש, **אך** אין מורין כן לאחרים, וכנ"ל בס"א, **אכן** אם היה הכלי הזה כלי זכוכית, דחיוב טבילתו הוא רק מדרבנן, [ואין חשיב תקון כ"כ], מצדד הפמ"ג, דיכולין אף להורות כן לאחרים לטבלו לצורך היום, אם לא היה אפשר לו לטבלו מעיו"ט.

הגה: ודין הדחה ושפשוף כלים ביו"ט, דינו כמו בשבת, כדאיתא סי' שכ"ג. ומותר לטלטל מוקצה לצורך אוכל נפש ושמחת יו"ט - כגון לטלטל האפר כדי לאפות במקומו, **או** לטלטל האבנים המונחים על הפירות, כדי לאכול הפירות, **אבל** לאכול או ליהנות מדבר המוקצה גופא, כגון להסיק במוקצה וכה"ג, אסור.

§ סימן תקי – כמה דברים האסורים לעשות ביו"ט, ואיזה מהם מותרים ע"י שינוי §

סעיף א - מוללין מלילות - פי' שבידו ימלול החטים כשהם רכים, **ומפרכין קטניות** - היינו השרביטין, ומוציא הזרע מהן, **כדרכן ביו"ט** - דהוי דש כלאחר יד, ובשבת צריך שינוי במלילה, דהיינו בראשי אצבעותיו, כמ"ש סי' שי"ט, וביו"ט כשהוא רוצה לאכלן לא גזרו, וזהו שכתב "כדרכן ביו"ט", **ויש** מחמירין דוקא בשינוי, בראשי אצבעותיו, **ומנפח מעט מעט ואוכל, ואפילו בקנון ותמחוי** - מבואר לעיל בסי' שי"ט ס"ו, וביו"ט הקילו, **אבל לא בטבלה ולא בנפה ולא בכברה** - דמחזי כמאן דעביד לצורך מחר, שאין דרך לעשות בכלים הללו אלא הרבה.

סעיף ב - הבורר קטניות ביו"ט, בורר כדרכו בחיקו ובתמחוי - הפסולת מן האוכל, וא"צ לשנות לברור האוכל מן הפסולת, דכיון שהאוכל מרובה וכדלקמיה, טוב למעט בטרחא, ולברור הפסולת המועט.

‹מכאן קשה על האי מ"ד לעיל סימן תק"ו ס"ב בהג"ה, דאסור ליטול צרור בידים, והרי הכא מבואר דביו"ט בורר כדרכו, **ובמ"ב** שם פירשתי טעם האי מ"ד, משום דגבי צרור אפילו בחול דרך ליטלו שלא בכלי, והוא מח"א, ‹משא"כ כאן שהדרך בטבלה נפה וכברה›, **עי"ש, והגר"ז** כתב, דלא התירו חכמים בורר כדרכו אלא בקטניות, שאין דרך להכין לימים רבים, אבל לא חטין שדרכו להכין לימים רבים, **ולפי"ז** בדגן יהיה אסור לברור אפי' ביד›.

(אם רוצה לאכלו בו ביום) - לא אתי לאפוקי אם דעתו לאכול למחר, דבזה פשיטא, דאסור לעשות שום הכנה מיו"ט לחבירו, **אלא** אשמועינן, דאפי' אין דעתו לאכול לאלתר כ"א לאחר זמן, דבשבת כה"ג חייב חטאת,

סימן תקי – כמה דברים האסורים לעשות ביו"ט, ואיזה מהם מותרים ע"י שינוי

אפילו בורר אוכל מן הפסולת, וכ"ש בפסולת מן האוכל, **קמ"ל** דשרי, דאין איסור בורר ביו"ט בזה מן התורה, כיון שהוא צורך אוכל נפש בו ביום, וכאופה ומבשל דמי.

אבל לא בטבלה ולא בנפה ולא בכברה - משום דמחזי כמאן דעביד לצורך מחר, דדרך ברירה בכלים הללו לעשות לימים הרבה, וכמש"כ לעיל בס"א.

(**והא דמבואר ברמ"א סי' תצ"ה ס"ג לדעת היש מחמירין, דאפילו באוכל נפש עצמו, כל שאפשר לעשותו מבע"י אסור כי אם ע"י שינוי, ואם כן בעניננו הא דמתירין פסולת מתוך אוכל, דוקא כשלא היה יכול לברור מבע"י, וכ"כ באמת החמד משה, אכן מסתימת השו"ע והרמ"א משמע, דיש להקל בענינינו בכל גווני, והטעם אפשר לענ"ד לומר, דכיון דע"י שינוי כתב שם הרמ"א שמותר, וכאן דבלא"ה לא התירו אלא ע"י קנון ותמחוי, י"ל דזה חשיב שינוי, דכדרכו הוא דוקא ע"י נפה וכברה, ואף דאין זה שינוי גמור, דבשבת בפסולת מתוך אוכל חייב אף בזה, מ"מ לענין יו"ט חשיב שינוי, וכ"ש אם בורר ביד, היוצא מדברינו, דהנוהג להקל לברור קטניות פסולת מתוך אוכל, אף שהיה אפשר מבעו"י, יש להם על מי לסמוך, ואף בבורר להניח לסעודה אחרת, או בע"ש על שבת, ועל ידי עירוב תבשילין, ומ"מ לכתחלה נכון בכגון זה שהיה אפשר לו מבעו"י, לברור האוכל מתוך הפסולת, דזהו בודאי חשיב שינוי, וכמדומה שכן נוהגין העולם**).

בד"א, כשהאוכל מרובה על הפסולת - דאז טוב יותר לברור הפסולת, שטרחתו מעוטה, **ואם** הם שוין בכמותן, בורר איזה מהם שירצה, **אכן** אם האוכל הוא דק, יברור הפסולת.

אבל אם היתה הפסולת מרובה על האוכל, בורר את האוכל ומניח את הפסולת.

ואם היה טורח בברירת הפסולת מן האוכל יותר מטורח ברירת האוכל מן הפסולת - כגון שהפסולת הוא דק מאוד, ויש טורח רב לברום, **אעפ"י שהאוכל מרובה, בורר את האוכל ומניח את הפסולת.**

הגה: ולוזים ובטנים שנשתברו ועדיין בקליפתם, לא מקרי הקליפה פסולת, כיון דמורתייהו

בהכי ועדיין מעורבין - וכמין אחד דמי, ובאיזה ענין שמתקן האוכל מתוך השומר, תיקון אוכל בעלמא הוא, ויכול לברור אחד מחבירו איזה שירצה, ‹דכיון שאינו אלא תיקון אוכל, לא חיישינן לטירחא, דדוקא היכא דשם פסולת עליו חיישינן לזה – א"ר, **ועיין** באחרונים שהסכימו, דמ"מ אף בכאן יברור איזה שקל יותר לו לברור.

סעיף ג- אין מסננים החרדל במסננת שלו - דמיחזי כבורר, שמשליך ע"ז הסובין שלו,

[**ואף** למה דפסק הרמ"א לעיל, דאף להניח שרי, משום דבורר הותר ביו"ט, ג"כ אסור, משום דעשוי לימים הרבה, ואפשר ג"כ דדמי לנפה וכברה], **אבל** בורר ממש לא הוי, שגם הפסולת ראוי לאכילה.

לכאורה משמע מזה, דאם מסנן על דבר אחר שלא כדרכו, מותר, ודומיא דס"ב, דלא החמירו אלא בנפה וכברה, משום שכן דרך ברירתו בחול.

כתב המ"א, דאם לא היה אפשר לסנן מעיו"ט, מותר לסנן אפי' במסננת, (**אבל לפי דעת המחבר לעיל בסי' תצ"ה, דסובר דבאוכל נפש עצמו אין לחלק, ואפי' באפשר שרי, א"כ ע"כ מה דאסרינן לסנן החרדל, היינו משום דדרך לעשותו לימים הרבה, ולכו"ע אסור, וא"כ אין חילוק כלל בין אפשר לאי אפשר, דבסינון החרדל בכל גווני אסור, משום דדרך לעשותו לימים הרבה, אם לא ע"י שינוי**).

ואין ממתקין אותו בגחלת של עץ - כדרך שרגילין בחול, להניח בתוכו גחלת, וע"י כן מתמתק.

והטעם משום כיבוי, ואע"ג דהוי לצורך אוכל נפש, הא אפשר לעשותו מאתמול, ואסרוהו מדרבנן, ולפי"ז אם אי אפשר לעשותו מאתמול, שרי, **ויש** מחמירין, שאפילו באופן זה אין לעשות כי אם ע"י שינוי, [משום דדרך לעשות כן לימים הרבה, **ובפרט** דיש ראשונים דסברי, דמיתוק החרדל אין זה בכלל צורך אוכל נפש גמור, דאפשר בלא זה].

אבל בשל מתכות, מותר - דאיננו בוער, וליכא כיבוי מדאורייתא, ואע"ג דיש בו איסור כיבוי מדרבנן, התירו משום שמחת יו"ט, **ואם** מותר ע"י אבנים, עיין במחה"ש.

וכתב המ"א, דמהאי טעמא מותר ליתן שפוד של מתכות מלובן לתוך משקה, כדי שיתחמץ, אם ראוי לשתותו בו ביום, **ועיין** בביאור הלכה, דלהפוסקים שסוברין דצירוף הוא דאורייתא, אין להקל בזה.

סעיף ד - אין תולין המשמרת ביו"ט לסנן בה שמרים - היינו שמותח פי המשמרת ע"ג כלי בעיגול, ונעשה כאוהל על חלל הכלי, ומשו"ה אסרו, דהוי כעובדא דחול.

אבל אם היתה תלויה ועומדת, מותר ליתן בה שמרים לסננן – (אף דהוי מלאכה גמורה, דבשבת חייב חטאת ע"ז, ביו"ט מותר משום דהוי אוכל נפש, **ואף** דלעיל אסור בורר ע"י נפה וכברה, התם משום דע"י כלים אלו דרך לעשות לימים הרבה, והוי כעין קצירה וטחינה, **אבל** כאן אף שהוא על ידי כלי, דרך לעשותה לפי שעה).

ומיירי באופן שאם היה עושהו מאתמול לא היה טוב כ"כ, דאל"ה אסור משום בורר, וכמו גבי חרדל לעיל בס"ג, **וכתב** הפמ"ג, דע"י שינוי מותר בכל גווני.

ומערים ותולה אותה ליתן בה רמונים, ואחר כך נותן בה שמרים - פי' אף אם לא היתה תלויה מבע"י, יכול להערים ולתלותה ליתן בה מתחלה רמונים, ונותן בה רמונים מתחלה, **אבל** כשאינו נותן בה רמונים, מוכחא מילתא שעושה משום שמרים, ואסור.

הגה: ושאר דיני סינון, ביו"ט כמו בשבת, כדאיתא סימן שי"ט - רמז בזה מה שמבואר לעיל שם בס"י, דאסור לסנן מים בסודר משום ליבון, וע"ש במ"ב, וה"ה כאן.

סעיף ה - אין עושין גבינה ביו"ט - דגבינה מעלי טפי כשהיא ישנה, וא"כ הו"ל למעבד קודם יו"ט, **ואפי'** לאותן הפוסקים דסוברין בסי' תצ"ה, דאוכל נפש עצמו מותר אפילו היה אפשר לעשותה קודם יו"ט, **הכא** אסור, מפני שדרך לעשותו לימים הרבה, והוי עובדא דחול, **ולפי"ז** אפילו אם אי אפשר לו לעשותה קודם יו"ט, י"ל דאסור, **מיהו** ע"י שינוי יש להקל, [**וי"א** דדוקא בשא"א לעשותה מעיו"ט, יש להקל ע"י שינוי].

(ואין מעמידין חלב ביו"ט) - דהיינו ע"י קיבה או שארי דברים, שיתקבץ החלב ויקפא ויתברר הקום, **וכן** אסור לעשות סיראוויטקע, דהיינו שנותן מעט חומץ בחלב, כדי שיתברר המי חלב, דזה הוא בורר ממש, ודרך לעשותו לימים הרבה, [**וכן** להעמיד החלב במקום חם כדי שיקפא, גם זה הוא בכלל בורר]. **ועיין** בפמ"ג שמסתפק, אם מותר לעשות דבר זה בעצמו לחולה שאין בו סכנה.

וה"ה דאין עושין חמאה מן החלב ביו"ט - הטעם ג"כ משום בורר וכנ"ל, [ור"ל שדרך לעשותו לימים הרבה], **ואפילו** ע"י עכו"ם יש להחמיר, **ויש** מקילין בזה אם הוא לצורך שמחת יו"ט, [דהוא שבות דשבות לצורך מצוה], **ואין** להקל אלא לצורך גדול, [דלדעת הרשב"א, דבורר הוא מלאכה דאורייתא, בודאי אין להקל ע"י עכו"ם, **וגם** בלא"ה, לית בחמאה כ"כ משום שמחת יו"ט, אם לא שאין לו מה יאכל].

[**ועיין** בעו"ש, דמקיל בא"א לעשותו מעיו"ט שהיה טרוד, **ולפי** הפמ"ג, כל שנעשה לימים הרבה, אפי' בא"א לעשותו מבעו"י אסור, **ומ"מ** ע"י עכו"ם נראה דיש להקל].

ומותר לקלוט בעצמו שומן הצף על פני החלב, שקורין סמעטענע, אפילו בשבת, ורק כשיגיע סמוך לחלב יזהר להניח קצת מהסמעטענע עם החלב שלמטה, **ודוקא** כשצריך לאכלו בו ביום, דאל"ה אסור משום הכנה מיו"ט לחול, **ואם** א"צ לו, רק שחושש שיפסיד ויתקלקל, מותר לעשותו ע"י עכו"ם.

ובספר מו"ק כתב, דגם בעשיית חמאה הנ"ל, ג"כ מותר ע"י עכו"ם, אם הוא חושש שיתקלקל הסמעטענע אם לא יעשנה חמאה.

סעיף ו - אין גוזזין את הירק - פי' התלוש, שיש בו ראשי עלין נרקבין, **במספרים** - בתספורת שלהם, **שדרכן לחתכם בהן מן המחובר** - דמאן דחזי סבר שחתכו היום מן המחובר.

(**וכתב הפמ"ג**, אבל לחתוך ירק דק דק שרי ביו"ט, כטחינת תבלין, ור"ל **אף דבשבת אסור, הא בכלי שלהם**, כעין סכין קבוע בדף עץ, שקורין ברוסיא שעטקואניצע, יש לומר אסור, שדרך לעשות לימים הרבה, עכ"ל).

סעיף ז - מתקנים את הקונדס והעכביות - שיש טורח בתיקונן, ושרי, דהוי הכל צורך אוכל נפש, וה"ה שאלאטי"ן ירק מר, מותר להוציא מימיו.

הגה: ומותר למלוח כרבה חתיכות בשר ביו"ט אם רוצה לאכלן, אע"פ שאסור בשבת - כדלעיל בסימן שכ"א ס"ג, ביו"ט מותר, דא"א לעשותן מעיו"ט.

ויש מחמירין - טעמם, דאפשר למלוח כל חתיכה בפני עצמה, **וטוב** לחוש לדבריהם לכתחלה.

סעיף ח - אע"פ שהותרה הוצאה ביו"ט אפילו שלא לצורך, לא ישא משאות גדולות כדרך שהוא עושה בחול, אלא צריך לשנות; כיצד, המביא כדי יין ממקום למקום, לא יביאם בסל ובקופה לתת לתוכו ארבעה או חמשה כדים - ואפילו לצורך שתיית היום, **ומשמע** מעבודת הקדש, דאפילו אם ירצה ליתן בתוך הסל רק שנים, גם כן אסור, דהוא עובדא דחול, **ואפשר** דהשו"ע סבר ג"כ הכי, אלא נקט דבר ההוה.

אלא יביאם על כתפו או לפניו אחד או שנים, דמוכח שלצורך יו"ט הביאם - ואם זימן הרבה אורחים, וצריך להביא במהרה לכולם ביחד, מותר לשאת בקופות ד' וה' כדין, כדלקמן ס"י.

הגה: ודוקא כשמוליכין ממקום למקום - היינו במבואות דשכיחי בה רבים, ומחזי כעובדא דחול, **אבל מזוית לזוית או מבית לבית באותו חלר, שרי בכל ענין** - אפילו יותר מארבעה וחמשה כדים, ואדרבה יותר טוב הוא להוליך הרבה ביחד, משיוליך מעט מעט, ויצטרך להרבות בהילוך.

סעיף ט - המוליך את התבן, לא יפשיל את הקופה לאחוריו, אלא נוטלה בידו - ג"כ מטעם דהוי כעובדא דחול, [**ועוד** יותר, שהוא גנאי ליו"ט, שנראה שמתכוין למלאכה רבה, או להוליך למקום רחוק, כדרך חול].

סעיף י - וכן משאות שדרכן לישא אותם במוט, ישא אותן על גבו מאחוריו; ושדרכן לישא אותן מאחוריו, ישא אותן על כתפו; ושדרכן להנשא על הכתף, ישא אותן בידו לפניו, או יפרוש עליהן בגד, וכל כיוצא בזה משינוי המשא - וכ"ז כדי לשנות מדרך חול, **ומיירי** במשאות יבשות, כגון פירות וכה"ג, או ביין, דלא שייך למגזר שמא יסחוט, דאין בסחיטתו משום ליבון, **אבל** במים אין לפרוס בגד מלמעלה, דלא יפול במים ויבוא לידי סחיטה, [**ומה** שכתב המ"א: בבגד שעשוי לפרוס עליהן לא חיישינן שיבוא לסחיטה, לא אדע אם שייך בענינינו, דאפשר דתו אין זה שינוי, כיון דעשוי בתמידות לכסות].

ואם א"א, כגון שזימן הרבה אורחים וצריך למהר ולהביא לפניהם - ר"ל וכשעושה כדרכו, יובא לפניהם במהרה יותר, **ואורחים** נקרא לענין זה, אפילו מאותה העיר, **עושה כדרכו** - וה"ה אם אי אפשר לו לשנות מפני סיבה אחרת, כגון שאין לו בגד לכסות וכה"ג.

במה דברים אמורים בנושא על האדם, אבל על גבי בהמה לא יביא כלל - הטעם, עיין לעיל בסימן תצ"ה ס"ג, ובמ"ב שם.

סעיף יא - אין מביאין עצים לא בחבל ולא בקופה ולא במחצלת - ר"ל אפילו ממקומות המותרין להביא, וכנ"ל בסימן תק"א ס"ג, אפ"ה לא יביאם כרוכים בחבל וכו', שלא יעשה כדרכו בחול, **אבל מביא במטפחת ובחיקו.**

[**ויש** לעיין, אם בזה ג"כ דוקא אם מביא ממקום למקום, אבל מזוית לזוית או באותה חצר מותר להניח בקופה, כמו בס"ח, **או** דלמא מה שהניח העצים בתוך הקופה, זהו גופא עובדא דחול, וצ"ע].

§ סימן תקיא – הבערה ולהחם מים מותר ביו"ט §

סעיף א - מותר לעשות מדורה להתחמם כנגדה - דאף דכתיב בתורה: אך אשר יאכל לכל נפש הוא לבדו יעשה לכם, קי"ל דמתוך שהותרה הבערה לצורך אוכל נפש, הותר אף שלא לצורך אוכל נפש, ובלבד שיהא שוה לכל נפש, וצורך יו"ט, **וי"א** דכל מידי דהנאת הגוף, בכלל "אך אשר יאכל לכל נפש" הוא, ורק שיהא שוה לכל נפש, [**וברמב"ם** מבואר סברא זו רק לענין רחיצה וסיכה דהוא בכלל שתיה, ושארי דברים הוא מטעם מתוך].

הגה: וי"א דאסור להחם בית החורף ביו"ט - היינו שאין מבשל שם שום תבשיל, רק להחם בלבד,

ודוקא על ידי ישראל, אבל ע"י עכו"ם, לכו"ע שרי,

דלפעמים אין הקור גדול ואינו אלא למפונקים - פי' בזמן שאין הקור גדול, שאין דרך סתם בני אדם להקפיד על צינה זו, וכיון דאינו אלא למפונקין, לא הוי שוה בכל נפש, **דאם** נזדמן ביו"ט שהיה קור גדול, כמו שמצוי לפעמים בפסח וסוכות, מותר לכו"ע, **ואף** אם לא היה קור כ"כ שצריך להבעיר מפני צינה, ורק שהמאכלים השמנים שבשלם בכירה יקרשו מחמת קור, מותר לו לכו"ע להבעיר תנור בית החורף, להעמידם שם כדי שלא יקרשו, דהוא צורך אוכל נפש ממש, **והוי כמרחץ** - היינו דין דלהחם מים לצורך רחיצת כל גופו דס"ב, **ומוגמר** - בס"ד לקמיה, **דאסור** - מטעם זה.

ונהגו להקל - אף ע"י ישראל, כיון דעיקר מלאכת ההבערה בשביל קור הוא מלאכה המותרת, דהוא שוה בכל נפש, לא קפדינן אם הקור גדול או קטן.

סעיף ב - מותר להחם ביו"ט מים לרחוץ ידיו - אף שאינן ראוין לשתיה רק לרחיצה, **וה"ה** פניו ורגליו, דרחיצת פניו ידיו ורגליו הוא דבר השוה לכל נפש, (**ומ"מ** יש לעיין, אולי דבימינו אין רחיצת רגליו שוה לכל נפש, ונשנה זה רק בימיהם שהיו הולכין הרבה יחף בלי מנעלים, ודומה רגליו לשאר איברי הגוף, **אכן** לפי מה שנכתוב לקמן בשם הרא"ש והרשב"א, דמקצת שאר איברי הגוף דומה לפניו ידיו ורגליו דמותר, בודאי אין להחמיר בזה), **ומ"מ** לא ירחצם במרחץ, שמא יבוא לרחוץ שם כל גופו.

אבל לא כל גופו - פי' להחם מים כדי רחיצת כל גופו, דרחיצת כל גופו הוא דבר שאין שוה לכל נפש, רק למעונגין הרגילין בזה.

(**ולכאורה** לפי"ז ה"ה אף לאבר אחד חוץ מפניו ידיו ורגליו אסור, **ובחמד** משה ראיתי שהעתיק, דכל שאינו רוחץ רוב גופו שרי, והעתיק זה מסי' שכ"ו לענין שבת, במים שהוחמו מע"ש, שכתוב שם נמי דפניו ידיו ורגליו שרי ולא כל גופו, וכתב שם הרמ"א דגם שאר איברים שרי כל שאינו רוחץ רוב גופו, **ולכאורה** אינו דומה לשם, דשם המים כבר הוחמו מע"ש, ורק איסור גזירת רחיצה נגעו בו, וס"ל להרמ"א דכל שאינו רוחץ כל גופו אין ע"ז שם רחיצה, **משא"כ** כאן דמיחם חמין ביו"ט, שאינו מותר מלאכה ביו"ט אלא לדבר השוה לכל נפש, ואמרינן דלפניו ידיו ורגליו שרי, דדבר זה שוה לכל נפש, ולא כל גופו, ומאי נ"מ אם יחם לצורך כל גופו ממש, או הרבה איברים מגופו, כל מה שרוחץ חוץ מפניו ידיו ורגליו לכאורה אינו שוה לכל נפש הוא, **ואף** להרמב"ם וסמ"ג והגאונים, דלדידהו אין בו איסור דאורייתא, רק משום גזירה, מ"מ כיון שלא נזכר בגמרא להקל אלא פניו ידיו ורגליו, שהוא דבר הרגיל, משמע לכאורה דשארי אברים אסור, דאל"ה היה להם לכלול: דכל שאינו רוחץ כל גופו או רובו מותר, והכל בכלל, **אלא** דראיתי דמקור הדין דרמ"א דסימן שכ"ו, נובע הוא מהרא"ש הלכות מקואות בסופו, ומדבריו מוכח דה"ה בענינינו, דס"ל דלרגליו לאו דוקא, דה"ה לשארי איברים, **אבל** מ"מ לדינא בענינינו לא הגיה הרמ"א בזה, ומשמע לכאורה דלא נראה לו להקל כדעתו, אלא שם לענין רחיצה דהוא דרבנן לכו"ע, אבל לא להחם חמין שהוא דאורייתא לכמה פוסקים, **אמנם** אח"כ מצאתי בחידושי הרשב"א בשבת, דדעתו נמי דפניו ידיו ורגליו לאו דוקא, דה"ה שאר איברים, כל שהוא רק מקצת גופו שרי, וכהרא"ש, ועיין בשע"ת במה שכתב בשם מחזיק ברכה להקל, וכן משמע דעת הנו"ב).

[**ואפי'** לצורך חולה שאין בו סכנה, אינו מותר כי אם ע"י שינוי, ולהרמב"ם והגאונים דהוא דרבנן, שרי].

ואפילו אינו רוחצו בבת אחת - אלא אבר אבר, דבמים שהוחמו ביו"ט, אסור לרחוץ בכל גווני, [וכן אפי' להשתטף אסור, וכמו גבי שבת].

הגה: אבל מותר לרחוץ תינוק במים שהוחמו על ידי ישראל ביו"ט - פי' כגון שעבר וחממו, או שהוחם לצורך שתיה, או פניו ידיו ורגליו, דשרי, **ולגדול** אסור אף בכה"ג לרחוץ ביו"ט, אף להמתירין רחיצה בחמין שהוחמו מעיו"ט, כיון שעכ"פ הוחמו ביו"ט, (**ומוכח** בגמרא, דלרחוץ ידיו ורגליו מותר, אפי' אם חימם המים כדי לרחוץ כל גופו, דעשה איסור בזה, מ"מ לא קנסוהו על רחיצת פניו ידיו ורגליו מהם), **אבל** לקטן מותר, דהיינו רביתיה ולא גזרו בו, **ודוקא** בקטן שרגילין לרחצו בכל יום, אז אמרינן היינו רביתיה, **אבל** כל שרגילין שלא לרחצו ב' או ג' ימים, אז לאו היינו רביתיה ואסור.

אבל אסור לחמם לצרכו אפילו על ידי אינו יהודי - דלכמה פוסקים הוא איסור דאורייתא, דרחיצת כל

סימן תקיא – הבערה ולהחם מים מותר ביו"ט

הגוף אינו שוה לכל נפש, [ואפי' לגבי תינוק דהוא רביתיה וצריך לבריאותו, אינו נחשב עי"ז שוה לכל נפש], וע"י עכו"ם הוא שבות, **ואפילו** לדעת הסוברים דהוא איסור דרבנן, [דרחיצת כל הגוף וסיכה הוא בכלל אוכל נפש, ושוה לכל נפש, ורק דרבנן גזרו משום מרחצאות], עכ"פ הוי שבות דשבות, **מיהו** במקום חולי קצת יש להתיר.

אבל כשצריך לכוס לבשל או להדיח, אז מותר להרבות בשבילו - כדי שישאר גם לקטן לרחיצה, ובלבד שלא יוסיף מים בקדרה לאחר שהעמיד אותה על האש, רק שיקח מתחלה כלי גדול, [**ואף** דבאופן זה גם בשביל גדול היה מותר להרבות, נקט הרמ"א להרבות בשביל הקטן, **דבגדול** אף דעצם החימום היה מותר, אבל ללא תועלת הוא, דאח"כ יהיה אסור לרחוץ בם, וכמש"כ, דאפי' אם החימום היה של היתר לגמרי, כגון לשתיה לבד, ג"כ אסור לרחוץ אח"כ כל גופו].

ולענין מה שנוהגין ליתן מטפחת {ווינדלי"ן} בעריבה תחת הקטן בעת הרחיצה, והנה יש בזה איסור כיבוס, דשורה אותם במים, וע"כ יש ליזהר עכ"פ שיהיו הווינדלי"ן נקיים מכובסים מכבר, דבלא"ה אין להקל ליתנם לתוך המים כי אם ע"י עכו"ם, **ואפי'** אם הם נקיים ומכובסים, טוב שיתנן לתוך המים ע"י עכו"ם אם באפשר.

ודין חמי טבריה כמו בשבת, כדאיתא סימן שכ"ו.

אבל במים שהוחמו מעיו"ט, מותר לרחוץ כל גופו אפילו כאחד - אף דבשבת אסור אף אבר אבר, וכ"ש כל גופו כאחד, כדאיתא בסימן שכ"ו, ביו"ט קיל טפי.

מיהו דוקא חוץ למרחץ, אבל במרחץ אסור - היינו אפילו בבית החיצון של מרחץ אסור לרחוץ בחמין, ולא הותר שם אלא להשתטף בהם, **דאסרו** חכמים רחיצה במרחץ, משום גזירת הבלנין, שהיו מזלזלין בזה לעשות באיסור, כמבואר בשבת דף מ'.

הגה: ויש אוסרים בכל ענין, וכן נוהגין - דס"ל דאין חילוק בין שבת ליו"ט, ואסרו רחיצה ביו"ט כמו בשבת, {**ודוקא** כל גופו כאחד, אבל אבר אבר לכו"ע מותר לרחוץ}, **ואפי'** להשתטף באותן חמין אסור לדעה זו.

מיהו לענין תינוק, גם לדידהו מקילינן ביו"ט יותר מבשבת, ומותר לרחצו אפי' בחמין שהוחמו ביו"ט וכנ"ל, וכ"ש בחמין שהוחמו מעיו"ט, **אכן** בתינוק שאין מורגל כ"כ אף בימי החול ברחיצת כל הגוף, אפשר דאף בהוחמו מעי"ט יש להחמיר, **ולעת** הצורך בודאי יש להקל.

ועיין בא"ר שכתב, דרוב הפוסקים ס"ל כדעה ראשונה, אלא שנוהגין לאסור, ואין לשנות המנהג.

ולענין אשה שחל טבילתה ביו"ט, הסכימו כמה אחרונים, שצריך ליזהר שלא יהיה במקוה רק פושרין, דאל"כ אסור לטבול בה, **וכ"ז** אם הוחמו המים מעיו"ט, אבל ביו"ט אסור להחם ע"י ישראל, וע"י עכו"ם יש להקל, [**דבלא"ה** להרמב"ם ועוד כמה ראשונים, עצם חימום ביו"ט לצורך רחיצת כל הגוף הוא רק דרבנן, וע"י עכו"ם ממילא הוי שבות דשבות, והוא צורך מצוה, **ועיין** בבית מאיר דדעתו, דלהחם מים כדי להפיג צינה, הוא דבר השוה לכל הגוף].

וכ"ז להחם בליל יו"ט ב', אבל להחם ביו"ט א' לצורך ליל ב', אין להקל כלל, [דהא אפשר להחם בליל יו"ט ב' גופא, דהוא חול לגבי יו"ט ראשון], **אם** לא שהישראל יקח מהמים לשתות מהם קאפע, או להדיח כליו, דבזה מותר מדינא, כדין ממלא חבית מים המבואר בסוף סי' תק"ג, [**ואף** שהוא עושה הערמה, מ"מ ע"י עכו"ם ולצורך מצוה אין להחמיר], **ורק** שצריך ליזהר בכל זה שלא להוסיף אח"כ מים להיורה, [דבזה אסור גבי מילוי מים], אלא בתחלה ימלא כל היורה מים כפי השיעור הצריך לו, [**ונראה** דאף בזה אין להחמיר רק כשמיחם העכו"ם ביו"ט א' לצורך ליל ב', אבל כשמיחם בליל ב' גופא ע"י עכו"ם, אין להחמיר בזה].

סעיף ג - אדם מותר לטבול ביו"ט מטומאתו - ר"ל אע"ג דכלי אסור להטבילו ולטהרו מטומאתו ביו"ט, מפני שנראה כמתקן הכלי עי"ז, **אדם** שאני, מפני שהוא נראה כמצנן עצמו במים, **ועיין** לעיל סי' שכ"ו ס"ח, במ"ב ובה"ל שם ביארנו כל פרטי דין זה.

סעיף ד - אין עושין מוגמר - דהוא דבר שאינו שוה לכל נפש, אלא למעונגים, ולא הותר ביו"ט, **דהיינו לפזר מיני בשמים על הגחלים** - של עץ, אפילו אם הובערו לצורך אוכל נפש, דיש בזה משום מכבה הגחלים בתחלת נתינתן, ומבעיר, שמבעיר

הבשמים, וכ"ש אם הבעיר הגחלים בשביל זה, **ואף** בגחלת של חרס, פי' חרס שניסק לצלות עליו בשר, משמע בש"ס דאסור, [משום אולודי ריחא].

[**והנה** ע"ג גחלים של מתכת, משום מכבה ליכא בזה, וגם משום מבעיר הלא הוא ע"י שינוי, ואלודי ריחא לא ידעינן אי שייך במתכת, וא"כ לפי"ז יהיה מותר, וצ"ע].

בין להריח ובין לגמר הבית או הכלים - דוקא כשעושה זה ביום טוב, אבל מותר ליקח מעיו"ט כלי של ברזל מלא נקבים, ומעשנין אותה בבשמים ופוקקין הנקבים, ולמחר פותחין הנקבים ונמצא הבית מתגמר מאליו, ושרי לעשות כן אפילו בשבת.

אבל אם עושה כדי ליתן ריח טוב בפירות למתקן לאכילה, מותר אפילו אם מפזרן על גבי גחלת של עץ - אף דיש בזה משום מכבה ומבעיר כנ"ל, שרי, דדבר זה שוה לכל נפש הוא, דאף עניים מתאוין למתק אכילתן, אלא שאינו מצוי להם, **ואפילו** טובים כך, אלא שרוצה למתקן יותר, שרי.

ואף דבחרדל בסימן תק"י אסור בכה"ג, התם משום דאפשר מבע"י, שכן דרכו.

ודע דיש מן הפוסקים שסוברין, דדוקא אם הגחלים הוברעו מכבר לצורך אוכל נפש לקדרה וכה"ג, **אבל** אסור להבעיר עצים לכתחלה כדי לפזר מיני בשמים תחת הפירות ע"ג גחלתן, ‹**דס"ל** דעישון פירות לאו אוכל נפש הוא, ואפי"ה מותר דלא עביד מלאכה, ולפי"ז תחלת ההבערה ע"כ לא היה לצורך עישון פירות כי אם לצורך בישול – מחה"ש›.

הגה: ואסור לסחוף כוס מבושם על הבגדים, משום דמוליד בהן ריחא - ואסור מדרבנן, שהמוליד דבר חדש קרוב הוא לעושה מלאכה חדשה.

ואפילו בגד שמריח כבר, אין ליתן עליו כדי שיריח יותר, **ומ"מ** אתרוג שהיה מונח מעיו"ט על הבגד, ונטלו ממנו, מותר להחזירו, דאינו מריח יותר בשביל כך, **וה"ה** דאסור ליתן ביו"ט דבר המריח לתוך המים כדי שיריחו.

(**ולענין** שתיית טיטו"ן ביו"ט, יש דעות בפוסקים והובאו באחרונים, **יש מהן שאוסרין, משום דהבערה זו אינו שוה בכל נפש כמו מוגמר, וגם דמצוי בו כיבוי,** כשמדליק ע"י נייר או גחלת ומשליכם כדרכו בחול, **והרבה** מקילין, ועיקר טעם כולם, משום דעכשיו שהרבה רגילין בזה, נעשה שוה בכל נפש, ורק שצריך ליזהר מכיבוי, דהיינו שלא להבעיר מנייר, ורק משלהבת, וגם מגחלת מותר, דהיינו לקחת גחלת בוערת, ומיד שהדליק הטיטו"ן ישליכנו בחזרה על האש, בענין שלא יהיה כיבוי כלל, וגם שלא לכסות במכסה {דעקעל} שאינו מנוקב, ושלא להרבות עוד טיטו"ן בעוד שהתחתון בוער, **וגם** בציגארין רגילין בחול להסיר הנשרף באצבע, או לדוחפו בקיר, יש ליזהר בזה ביו"ט, דיש בו משום כיבוי, **עוד** כתב בשע"ת, דיש שנהגו להחמיר ביו"ט ראשון, ובשני י"ט של ר"ה, ולהקל ביו"ט שני, וכן נוהגין לעשות, **ומ"מ** הנוהגין להקל אף ביו"ט ראשון אין למחות בידן, ורק שיזהרו בענין כיבוי וכנ"ל, **וכ"ז** דוקא באותן מקומות שהעולם רגילין בזה, **והוא דבר השוה בכל נפש, דאל"ה מדינא אסור**).

§ סימן תקיב – שלא לבשל לצורך עכו"ם ביו"ט §

סעיף א - אין מבשלים לצורך כותים ביו"ט - דכתיב: אשר יאכל לכל נפש הוא לבדו יעשה לכם, ודרשו חז"ל: "לכם" ולא לכותים, "לכם" ולא לכלבים, וה"ה כל מלאכות שמותר לעשות בשביל ישראל, בשביל נכרי אסור. (**ואף** דלענין אפיה ובישול ג"כ אמרינן: **מתוך שהותרה לצורך אוכל נפש הותרה נמי שלא לצורך, אכן** בעינן שיהיה צורך היום קצת, ולצורך עו"ג לא מקרי כלל צורך היום, **ויש בזה איסור תורה, ואף** לשיטת הסוברים, דמה"ת מותר אף שלא לצורך כלל, עכ"פ מדרבנן אסור, **ועוד** נוכל לומר, דלצורך עו"ג, כיון שגילתה התורה "לכם ולא לעו"ג", גרע טפי, ולכו"ע יש בזה איסור דאורייתא, ואף דמטעם "מתוך" ממעט מלקות, אבל מחמת המיעוט ד"לכם" יש בזה איסור עשה עכ"פ, **ולכאורה** ה"ה בהוצאה לצורך עכו"ם, ג"כ יש בזה עכ"פ איסור עשה מקרא ד"לכם", וגרע מהוצאה שלא לצורך כלל).

ולצורך קראי"ם, בתשובת ר' בצלאל אוסר, **ויש** מתירין, דטועים הם ומנהג אבותיהם בידיהם. **ומומר** לעבודת כוכבים, או לחלל שבת בפרהסיא, דינו כעכו"ם.

לפיכך אסור להזמינו, שמא ירבה בשבילו - פי' שמא יבשל קדירה לבדה, שלא היה מבשל אם לא בשביל העכו"ם, [דכשמרבה בקדירה אחת, ליכא

איסורא], ומשו"ה יש היתר לקמיה בעבדו, דאין לחוש שמא יבשל בקדרה אחרת בשבילו.

ואינו מועיל מה שכבר הכינו כל צרכי סעודה, דיש לחוש שמא יבשל עוד בקדרה אחרת בשבילו, אחרי שמזמינו ורוצה לכבדו.

(**ואפילו** יהיה לו ע"ז איבה, אסור, אם לא שהענין נוגע לבטול שמחת יו"ט, יש להקל להזמינו לאכול ממה שהכין לעצמו).

ודוקא להזמינו, הגה: לביתו - ר"ל דכיון שרוצה לכבדו, ואוכל על שלחנו, חיישינן שיבוא לבשל בקדרה אחרת בשבילו.

אבל לשלוח לו לביתו ע"י כותי, שרי - היכא דאיכא משום דרכי שלום, [והרמ"א לא הוצרך להזכיר זה, דסתם דורון הוא מפני דרכי שלום], **ואפילו** דרך ר"ה, [וסמכינן על הפוסקים דר"ה שלנו כרמלית הוא, והוי שבות דשבות במקום צורך, דשרי], **אבל** לא ע"י ישראל, **ומיירי** שיש איסור טלטול לבית העכו"ם, אפילו אם הוא רק כרמלית, **אבל** אם העכו"ם דר תוך הרחוב שהוא מותר לטלטל שם, גם על ידי שליח ישראל מותר.

עיין במאמר מרדכי ועוד כמה אחרונים שהסכימו, דדוקא אם שולח לו ממה שהכין לעצמו, אבל אם הרבה בשבילו, אפילו באותה קדרה שבישל ג"כ לעצמו, אסור, דכיון שמרבה בשבילו, חיישינן שיבוא לבשל עבורו בקדרה אחרת, **ומזה** תראה, דמה שנוהגין רבים לשלוח ביו"ט דורון לנכרי שרוצה לכבדו, ומוסיפין בשבילו, שלא כדין הם עושין, **ולא** מבעיא שאסור לאפות בשבילו חלה אחת, כמו שנוהגין, או לעשות בשבילו חרעמזי"ל ובלינצע"ס, דכל אחד ואחד צריך טרחא לעצמו, וגם אין אחד משביח מחמת הריבוי, **אלא** אפילו מה שמרבין לבשל בשבילו דגים, כשמבשל ביחד גם לצורך עצמו, אסור וכנ"ל, [**וכ"ש** אם הניח עבור הנכרי אחר דכבר הונחה על האש, דאסור], **ויש** מאחרונים שמקילין כשמבשל ביחד גם לצורך עצמו, ובמקום איבה או הפסד ממון, אפשר שיש לסמוך ע"ז, ‹דע"י שליחות לא חיישינן שיבשל קדרה אחרת בשבילו, משא"כ כשאוכל הגוי אצלו חיישינן, וזה שכתב רמ"א לסוף: אבל לשאר כותים וכו' – א"ר›.

אבל עבדו ושפחתו, וכן שליח שנשתלח לו, וכן כותי שבא מאליו, מותר להאכילו עמו,

ולא חיישינן שמא ירבה בשבילו - דדוקא כשמזמן העכו"ם אצלו, דחפץ ביקרו, חיישינן שמא ירבה בשבילו, לבשל בקדרה לבדה, **משא"כ** בעבדו ושפחתו, וכן כל אלו שבאו מאליו, לא חיישינן לזה.

ואף אם הוא אדם חשוב, כיון שלא הזמינו לבוא, **ודוקא** שבא אחר שכבר הכין סעודתו. **ויש** חולקין, דאכתי אם הוא אדם חשוב וראוי לכבוד, חוששין שמא ירבה בשבילו, אלא צריך שיאמר לו הישראל קודם שמאכילו: אם יספיק לך במה שהכינו לעצמנו בא ואכול, **והט"ז** מכריע להלכה, דאם בא מאליו, והישראל נותן לו לאכול בלי הזמנה והפצרה שיאכל אצלו, מותר, דבזה אין חשש שמא ירבה, [אפי' כשאוכל עמו על השלחן], **אבל** אם מפציר בו שיאכל אצלו, אע"פ שבא מאליו, מ"מ כיון שחביב לו שיאכל אצלו, חיישינן שמא יבשל לו קדרה אחרת עוד, דמה לי שמזמינו דרך שליחות לביתו, או שמזמינו אחר שבא אליו.

הגה: ומותר להרבות בשביל עבדו ושפחתו באותה קדירה שמבשל בה לעצמו, אבל לשאר כותים, בכל ענין אסור - הנה המחבר כלל דין עבדו ושפחתו הכנענים, ועכו"ם שבא מאליו, בחדא מחתא, **ובא** הרמ"א לפרש שיש חילוק ביניהם, דבעבדו ושפחתו, אפילו אם מרבה בקדירתו לכתחלה בשבילם שרי, כיון דחד טרחא הוא, ולא חיישינן בדידהו שמא יבשל קדירה אחרת בשבילם, אך צריך ליזהר שלא יאמר בפירוש שמבשל בשבילם, **אבל** בעכו"ם הבא מאליו שהוא מכובד אצלו, דוקא כשנותנו ממה שהכין עבור עצמו, אבל להרבות בשבילו אפילו בקדירה אחת, אסור, דחיישינן שמא יבשל עבורו לבד עוד בקדירה אחרת.

ומותר להרבות וכו' - דוקא בבת אחת, דחד טרחא הוא, אבל להוסיף אח"כ בשר בשבילם, אסור, **אא"כ** יש לו מאכלים אחרים שיוכל לפייס בם, ונמצא שכל הבשר היה ראוי בשביל ישראל, ואז מותר ליתן להם לאכול מזה.

ולענין פת, מסקי האחרונים, דכיון שיש על כל ככר וככר טרחא בפני עצמו, ע"כ אין להתיר אפי' אופה בתנור אחד, אא"כ יוכל לפייסן בדברים אחרים, ונמצא שכל הפת ראוי בשביל ישראל, ואז מותר ליתן גם להם לאכול ממנו, [**ובתנור** אחר או בקדירה אחרת, אפי' יוכל לפייסן אסור, מ"א], ‹ודלא כהרמ"א בסוף ס"ג›, **ולפי** המבואר לעיל בסי'

תק"ז ס"ו, כל היתר הפת אינו כי אם בתנורים שלהם, אבל בתנורים שלנו, אפי' בשביל ישראל אין לאפות יותר ממה שצריך לו, **אכן** לעת הצורך יש להקל גם בתנורים שלנו, [כדעת רש"ל, דאינו מחלק בין תנורים שלהם לשלנו].

וישראל האופה בתנור של כותי וצריך לתת לו פת אחד, לא ייחד לכותי אחד קודם אפייה, דאז אופה של כותי, אלא יאפה סתם ויתן לו אח"כ א'.

סעיף ב - בני החיל של כותים שנתנו קמח שלהם לישראל לאפות להם פת, אם אינם מקפידים כשישראל נותן ממנו לתינוק - יש מאחרונים שכתבו, דלא שרי אא"כ נותן ממש לאכול, ולא ע"י שיכול ליתן, **מותר לאפות להם** - שהרי אם לא יאפה כל הפת, לא יוכל ליתן לתינוק אף פת אחד, וא"כ נחשבת כל האפיה בשביל פת זה שנותן לתינוק, וכיון שאינו מיוחד איזה פת יתנו לתינוק, מצינו למימר על כל אחד ואחד זהו שיתננו לתינוק.

[**ולכאורה** אם הוא אופה פתין גדולים, דבודאי יקפידו אם יתן פת שלם לתינוק, ורק לפרוס קצת ממנו, וא"כ באותו פת גופא חציו אופה בשביל העכו"ם, **ומ"מ** אפשר, דכיון שא"א לו ליקח המעט עבור התינוק אם לא יאפה כולם, שרי, וצ"ע].

וכתבו האחרונים, דה"ה אם הישראל נותן להם הקמח מחוק המלכות, אלא שאין הישראל רשאי לאפות מקמח פת אחת לתינוק, אא"כ יאפה להם כל הפת, מותר לאפות להם ביו"ט, ע"י שיתן פת אחד מהם לתינוק.

עיין בט"ז שכתב, דאין לסמוך על קולא זו דנתינת פת אחת, אלא בכגון זה שהוא שעת הדחק.

סעיף ג - אסור לבשל ולאפות לצורך כלבים - אפילו כלבים דמזונותיהם עליו, ומכ"ש כלבים של הפקר, **ולאו** דוקא כלבים, אלא ה"ה שאר בהמה חיה ועוף, אסור לעשות שום מלאכה עבורם, דקרא ד"לכם" ממעט עובד גלולים ובהמה.

אבל מותר לטלטל מזונות וליתן לפניהם - עיין לעיל בהלכות שבת סימן שכ"ד, שנתבארו שם כל הדינים השייכים לענין הכנת מאכל לבהמה, וה"ה כאן.

הגה: אבל אסור להוציא בשבילן מרשות לרשות - היינו אפילו להוציא מרה"י לכרמלית, דלא הותר הוצאה ביו"ט כי אם לצורך האדם, אבל לא לצורך בהמה, [**דבשביל** בהמה לא הותר ע"י "מתוך", דזה דוקא אם הוא צורך קצת לאדם, ולדעת התוס' וסייעתם, יש בזה איסור דאורייתא אם הוא דרך רה"ר, **ואפי'** לדעת הרמב"ם, דסובר דמטעם "מתוך" הותר שלא לצורך הוצאה לגמרי, עכ"פ איסור דרבנן יש, **ואפשר** דבזה שעושה לצורך בהמה, גרע טפי משלא לצורך כלל, ויש בזה איסור תורה].

וע"י עכו"ם נראה דשרי, [ואפי' דרך רה"ר, דסמכינן אפוסקים דרה"ר שלנו כרמלית הוא, והוי שבות דשבות במקום צורך].

וכן אסור לגבל המורסן לעופות, כי אם ע"י שינוי - שבכה"ג אף בשבת מותר, כמבואר לעיל בסי' שכ"ד, ואופן השינוי מבואר שם בס"ג, עי"ש.

ומותר להרבות בשביל הכלבים באותה קדירה שמבשל בה לעצמו - וה"ה שאר בהמה וחיה, אפילו לא היו מזונותיהן עליו.

אפי' אם יש לו דבר אחר שיוכל ליתן לכלבים אם היה רוצה - ט"ס, וצ"ל: "אפילו אין לו ד"א" וכו', **ועיין** בביאור הגר"א שמפרש דברי הרמ"א, דר"ל דאם היה לו ד"א במה לפייסן, אפילו קדרה אחרת שרי להרבות בשבילן, אם המאכל הזה ראוי לעצמו, דאז חשבינן כאלו מבשל לצורך עצמו, וכן מפרש המ"א את דעת הרמ"א, וכן מבואר בד"מ, **אמנם** במ"א מוכח, דלדינא דעתו כדעת המהרש"ל, דבקדירה אחרת בשבילן אסור בכל ענין, דבזה מוכח דהבישול שלא לצרכו הוא, והעתיקו כמה אחרונים את דבריו, ועיין בא"ר.

§ סימן תקיג - דין ביצה שנולדה ביום טוב §

סעיף א - ביצה שנולדה ביו"ט, אסור ליגע בה - אע"ג דאין איסור בנגיעת דבר המוקצה, ביצה שאני, כיון שהוא דבר המתגלגל, חיישינן שמא ינענענה ע"י הנגיעה.

ואפילו מתרנגולת העומדת לאכילה, דליכא בה מוקצה, דאי בעי שחיט לה, מ"מ הביצה אסורה באכילה, דביו"ט שחל להיות בא' בשבת אסורה מדאורייתא, דכל ביצה דמתילדא האידנא מאתמול גמרה לה במעיה, ואין

שבת מכין ליו"ט, וגזרינן יו"ט דעלמא משום יו"ט אחר השבת, וכיון דאסורה באכילה, ממילא אסורה בטלטול.

(הגה: דהיינו לטלטלה) - משמע מלשון זה שהוא חולק על המחבר, וס"ל דגם בביצה דוקא טלטול אסור, אבל נגיעה בעלמא שרי, **אבל** מכמה אחרונים משמע דסבירא להו, דאפילו בנגיעה אסור, דמפני שהיא מתגלגלת מצוי להתנענע על ידי הנגיעה.

וכל שכן שלא לאכלה; ואם נתערבה, אפילו באלף, כולן אסורות - באכילה ובטלטול, שהרי למחר היא מותרת בלא ביטול, וכל דבר שיש לו מתירין אפילו באלף לא בטל, **ומזה** הטעם אסר גם בס"ב בספק, אף דבעלמא ספיקא דרבנן לקולא.

סעיף ב - ספק אם נולדה ביו"ט או בחול, אסורה - ואם נתערבה באחרות, יש דעות בין הפוסקים, אם גם בזה אמרינן דאינה בטלה משום דהוי דבר שיש לו מתירין, **ומצדד** המ"א בזה להחמיר, **ויש** מאחרונים שחולקין עליו, וסוברין דכיון דהוא מלתא דרבנן, כדאים המקילין לסמוך עלייהו להקל, ואפילו נתערב זה הספק חד בתרי, בטל, [**ולאפוקי** אם היה זה ביו"ט שאחר השבת, דהוא ספק דאורייתא, אין להקל בנתערבה], **ובמקום** הפסד יש לסמוך עלייהו, [ומ"מ אין לסמוך עלייהו שלא במקום הפסד, שכמה אחרונים העתיקו דברי מ"א לדינא].

סעיף ג - ביצה שנולדה ביום טוב, שנתבשלה בשוגג עם בשר ותבשיל - דאם היה במזיד, לא היה מהני ליה הבטול, אף דהוא איסור דרבנן, כמבואר ביו"ד סי' צ"ט ס"ו.

אם יש ס' כנגדו, הכל מותר - בין שהיתה הביצה שלמה וקלופה, ובין שנטרפה ונתערבה עם התבשיל, **דהא** דקי"ל דדבר שיש לו מתירין לא בטיל, הוא דוקא כשהוא מין במינו, אבל לא זה שהוא מין בשאינו מינו, **ואם** לא היתה קלופה, היה מותר אפילו בדליכא ס' כנגדה, בין שנתבשל עם בשר ותבשיל, ובין שנתבשלה עם ביצים אחרות, דלא יהיבא טעמא כשהיא בקליפתא, כמבואר ביו"ד.

חוץ מן הביצה - משמע שהביצה עדיין שלמה, ואפ"ה דוקא כשנתבשלה עם בשר שרי, אבל עם ביצים אחרים, אף שהוא מכיר אותה ביצה, מ"מ אסורים כל הביצים, [אפי' כשהם עדיין בקליפתן], דמין במינו הוא ולא בטיל בדבר שיש לו מתירין, **אבל** דעת רמ"א ביו"ד סימן ק"ב ס"ד בהג"ה, דכיון שהוא רק טעמו בלבד, ולא ממשו של איסור, בטיל אפילו בדבר שיש לו מתירין, **ובמקום** מניעת שמחת יו"ט יש לסמוך ע"ז.

אבל אם לבנו בו התבשיל וכיוצא בזה, מידי דלחזותא וטעמא עביד לא בטיל - דנחשב עי"ז כמין במינו, **המ"א** מפרש דבעינן דוקא תרוייהו, חזותא וטעמא, **אבל** בש"ך וכן הגר"א מפרשים, דהכונה לחזותא או לטעמא.

סעיף ד - מותר לכפות עליה כלי כדי שלא תשבר, ובלבד שלא יגע בה הכלי - דמצוי להתנענע הביצה ע"י נגיעה כל שהוא, מפני שהיא עגולה.

אבל אסור ליתן תחתיה כלי, בעת שהתרנגולת מטילתה, שתפול בו, דהרי היא מוקצה, ונמצא מבטל עי"ז הכלי מהיכנו.

סעיף ה - אם נולדה ביו"ט ראשון, מותרת ביו"ט שני - היינו בליל יו"ט שני, **בשני יו"ט של גליות** - שהרי ממ"נ אחד מהם הוא חול.

אבל בשני יו"ט של ראש השנה, ‹נולדה בזה אסורה בזה› - מפני ששני הימים הם קודש, וכיום אחד ארוך הן חשובים, **ובספק** אם נולדה ביו"ט ראשון, מותר אף ביו"ט שני של ר"ה, כ"כ הכנה"ג, **והעו"ש** מחמיר.

וכן בשבת ויו"ט הסמוכים זה לזה - בין שהוא יו"ט אחר שבת, או שבת אחר יום טוב, **נולדה בזה אסורה בזה** - עד הערב, שע"י לידה זו נעשית הביצה מוכנת לאכילה, ואם נתירה, נמצא שאחד הכין לחבירו, ואנן קי"ל דאין שבת מכין ליו"ט, ואין יו"ט מכין לשבת, [**עיין** במ"א שהסכים, שאף לטעם זה אינה אסורה אלא מד"ס, **ודעת** הרא"ש שהיא דאורייתא, וצ"ע]. ‹ע"ל בס"ו›.

הגה: ואם יו"ט ביום א' ב', ונולדה בשבת שלפניהם, מותר ביום ב' של גליות - דממ"נ אם היום ראשון היה קודש, היום חול, ואם היום קודש, אתמול היה חול, **ולאפוקי** אם יו"ט היה ביום ש"ק וביום

ראשון, אסור ביום ראשון, אף שהוא יום שני של יו"ט, דשמא היום קודש.

ולאפוקי של ר"ה, דשניהם הם כיום אחד ארוך, אף ביום שני אסור, וה"ה אם חל ר"ה ביום ה' וי"ו, ונולדה ביום ה', אסור מהאי טעמא אף בשבת, [היינו לגומעה חיה, ואף לטלטלה אסור].

סעיף ו - ביצה שיצאה רובה מעיו"ט וחזרה ואח"כ נולדה ביו"ט, מותרת - דכיון שיצתה רובה הרי היא כילודה.

לפיכך אפילו בדק בקינה של תרנגולת עיו"ט סמוך לחשיכה ולא מצא בה ביצה, ולמחר השכים - היינו קודם עלות השחר, **ומצא בה ביצה, מותרת; שתרנגולת אינה יולדת בלילה** - דכל שתשמישו ביום נולד רק ביום, ותרנגול תשמישו ביום הוא, **ואנו תולין שמאתמול יצא רובה וחזר** - אבל אם בדק רק אחר עמוד השחר, תלינן שהיום ילדה, דיצתה רובה וחזרה לא שכיח.

ואף דאם התרנגולת מתחממת מן הקרקע תוכל לילד לפעמים אף בלילה, לא תלינן בזה, דכיון דאיכא זכר אפילו בבית אחר רחוק ממנה, היינו עד ס' בתים, ושומעת קול קריאתו, אינה רוצה להתחמם מן הקרקע, ונזקקת להתרנגול.

והוא שיש תרנגול זכר תוך ס' בתים, ואינו מפסיק נהר שאין בו גשר - שאם יש בו גשר תעבור על הגשר, **שאם לא כן אפשר שתלד בלילה ואסור** - ואע"פ שרובן אפי' מתחממות מן הקרקע אינן יולדות בלילה, כאן אזלינן בתר המיעוט, כיון שבדק אתמול ולא היה שם ביצה, והיום השכים קודם עמוד השחר ומצא, ולא תלינן דיצתה רובה מאתמול וחזרה, דזה הוי מיעוטא דמיעוטא, וניחא לן טפי למיתלי דילדה בלילה.

אבל אם לא בדק מעיו"ט - פי' והשכים קודם עמוד השחר ומצא, **אפילו ליכא זכר בהדה, שריא, שאנו תולים שמאתמול נולדה, ובלא זכר רובן יולדת ביום** - ר"ל אפילו בלא זכר, עכ"פ רובן יולדות ביום, ולא הוי ספק השקול.

אבל אם לאחר עמוד השחר מצא, אסור מספק, ואף דהוא ספק דרבנן, בדבר שיש לו מתירין מחמרינן אפילו בספיקא וכנ"ל.

לפיכך מותר ליקח ביצים מן האינו יהודי בליל ראשון של יו"ט, דתלינן שמעיו"ט נולדו, וכן בליל שני של שני ימים טובים של גליות - דאפילו אם נאמר שנולדה ביו"ט ראשון, הרי נולדה בזה מותרת בזה, וכנ"ל בס"ה, **אבל** אם הביא ביום, אפילו ביו"ט שני של גליות, אסורה, דשמא היום נולדה.

אבל לא בליל שני של ר"ה, ולא בליל יו"ט שאחר השבת - דאפילו אם נאמר שנולדה ביום ראשון של ר"ה, או בשבת, הרי ג"כ אסורה וכנ"ל בס"ה, ואפילו אם חל יו"ט שני אחר השבת.

ומיירי שאין העכו"ם מספר כלל אימתי נולדה, או שמספר שנולדה קודם, ואינו לפי תומו, כגון לאחר ששאלו ישראל אימתי נולדה, משיבו שקודם ר"ה או קודם שבת.

הגה: וא"י המביא ביצים ביו"ט ראשון, ומסיח לפי תומו שנולדו מאתמול, מותר לסמוך עליו - כיון שהוא מילתא דרבנן, וגם לא איתחזק איסורא, [**והנה** בביאור הגר"א כתב, דהוא דעות חלוקות בפוסקים, **ועיין** בא"ר שכתב, דמ"מ יש להקל בענינו, מטעם שמגרע כחו במה שאומר שנולדו מאתמול, וגם דרוב ביצים של המוכרים, הם מה שנולדו מאתמול].

ומיירי דלא ידע הנכרי דביצה שנולדה היום אסורה לישראל, דאם ידע, אף שהוא מסל"ת אינו נאמן, דמתכוין להשביח מקחו, שיקחו ממנו, כיון שהביצים הם שלו, **אבל** אם הביצים הם של ישראל, והעכו"ם מסיח לפי תומו שנולדו מעיו"ט, אע"פ שהוא יודע שביצה שנולדה היום אסורה לישראל, מ"מ כיון שלהגוי עצמו אין מגיע שום תועלת ממה שמשקר לומר שנולד מקודם, מותר לסמוך עליו, כיון שמסיח לפי תומו.

ודוקא ביו"ט שחל באמצע השבוע, אבל ביו"ט שחל באחד בשבת, שאז יש לחוש שמא נולדה בשבת ואסור מדאורייתא ביו"ט, אין אינו יהודי מסיח לפי תומו נאמן - ודעת המ"א, דאפילו נולדה

בשבת ליכא איסור דאורייתא לאכלה, (דהכנה לא מקרי רק מה שהבריאה נתהוית בעולם, ולא מה שיצאה לעולם, שהרי גם מעיקרא היתה כן, מ"מ מדרבנן אסורה משום הכנה, כלומר כיון דביום הראשון אסורה מדרבנן, אם תתיר אותה ליום השני, נמצא שהראשון הכין להשני ולא לעצמו – ערוה"ש), [ובדרבנן הלא מסל"ת נאמן], **אלא** עיקר החשש שמא נולדה היום, ואע"כ נגמרה מאתמול במעיה, דכל ביצה דמתיילדא האידנא מאתמול גמרה לה, ונמצא דשבת הכין ליו"ט, ואסור מן התורה, **ולפי"ז** אם הביאה ביום א' קודם עמוד השחר, דליכא למיחש שמא נולד בלילה, ועכו"ם מסל"ת דנולד מע"ש, שרי, דאף את"ל שנולדה בשבת, אין איסורה אלא מדרבנן, ובדרבנן מסל"ת נאמן.

ובמדינותינו ששכיחי הרבה ביצים, ומביאים הרבה בבת אחת, ודאי רוב מהביצים שמביאים למכור הם מהנולדים מכבר, [והמיעוט הם בטלים ברוב], וע"כ נאמן הנכרי כשמסל"ת ואומר שנולדו קודם שבת, [**ואפילו** לוקח הרבה ביצים שרי, דמה"ת חד בתרי בטל, ואפשר דבזה יש להחמיר לאכול כל אחד בפני עצמו. **ובלא** לפי תומו אין להקל].

וכ"ז כשמביא העכו"ם הביצים לבית ישראל, ואם הולך הישראל לבית העכו"ם ליקח ביצים, עיין בר"ן ובמחה"ש במה שהביא בשם הש"מ, [**ולענ"ד** דבמדינותינו שמצוי הרבה ביצים בבת אחת, גם הר"ן והרשב"א מודים להקל, דהמיעוט שנולדו היום בטלים ברוב].

ודוקא ביו"ט ראשון, אבל ביו"ט שני, אפילו ר"ה, נאמן, דאינו אלא דרבנן - ר"ל שחל ר"ה ביום השבת וביום א', והביא העכו"ם ביום א', נאמן במסל"ת, דגם הוא אינו אלא מדרבנן, דאנן בקיאין בקביעא דירחא, והעיקר הוא יום הראשון, ובדרבנן נאמן העכו"ם במסל"ת, [ובענין זה לא אמרינן דשני הימים חשובים כיום אחד].

סעיף ז - השוחט תרנגולת ומצא בה ביצים גמורות - היינו אפילו בקליפתן, **מותרות** - דכל זמן שלא נולדה, חשבינן זה כגופה, (ועדיין אין עליה שם ביצה, שנאסור אותה מדין ביצה שנולדה ביו"ט – בעה"מ).

ואפילו ביום טוב שלאחר השבת - ולא אמרינן שמא אם לא היה שוחטה היו נולדין היום, ונמצא שכבר נגמרו מאתמול בשבת, והוי הכנה משבת ליו"ט, **דאף** אם נגמרה בשבת, אינה חשיבא הכנה אא"כ נולדה ע"י גמר זה, אבל כל זמן שלא נולדה, אין גמר זה נקרא הכנה, שטעמה משובח יותר כשנולדה.

סעיף ח - אפרוח שנולד ביו"ט, אסור - באכילה ובטלטול עד הערב, מפני שהוא מוקצה, **ואף** המתירין מוקצה ביו"ט מודים במוקצה כזה, שעד שיצא האפרוח לאויר העולם לא היה ראוי לכלום, דאף הכלבים לא היו אוכלין אותו כשהוא בקליפתו.

ואם נולד בשבת, אסור ביו"ט שלאחריו - י"א דהוא מן התורה, לפי שע"י לידה זו הוכן לאכילה, וכיון שבשבת א"א לשחטו ולאכלו, נמצא שהוכן בשבת לאכלו ביו"ט שלאחריו, וכבר נתבאר דאין שבת מכינה ליו"ט, **וי"א** דהוא רק מדרבנן, לפי שבשבת גופא הוא מוקצה, ואין יכול לאכול ולטלטלם באותו יום כלל, ואם נתירו ביו"ט, נמצא ששבת הכין ליו"ט, [א"ר, וכ"ב מ"א].

§ סימן תקיד – שלא לכבות ביום טוב §

סעיף א - אסור לכבות דליקה ביו"ט, אפי' אם רואה ביתו שנשרף, אם אין שם סכנת נפשות - דמשום הפסד ממון לא הותר כיבוי ביו"ט, **והיינו** אפי' אין לו בית אחר לדור שם, וימנע משמחת יו"ט, אסור לדעה זו, דמ"מ לא חשיב זה צורך אוכל נפש.

ואין מכבין הבקעת, ואפילו כדי שלא יתעשן הבית, או הקדירה - ר"ל וכ"ש אם כונתו לכבות בשביל שחס עליו שלא ישרף כולו, אף שדעתו שישאר לבשל בו עוד הפעם באותו היום, דאסור.

ולא חשיב כיבוי זה אוכל נפש, אף שאין לו מקום אחר להעמיד הקדרה שם, מפני שאין כיבוי הבקעת מסייע כלום לאוכל נפש, אלא שמונע ההיזק ע"י כיבויה, **ואף** דעכ"פ לא גריעא דבר זה ממכשירי אוכל נפש שא"א לעשותן מבעוד יום, דקי"ל דשרי כדלעיל בסימן תק"ט בהג"ה, **ס"ל** לדעה זו, דלאו כל מכשירי אוכל נפש התירו, אלא דוקא אותן שהן קרובין יותר לתיקון האוכל.

או כדי לשמש מטתו - דאסור לשמש בפני הנר, ואיתא בגמ', דאפי' אין לו בית אחר להוציא שם הנר, ולא כלי לכפות על הנר, [וגם אין לו ממה לעשות מחיצה להפסיק],

אפ"ה אסור, ואפי' היא בעילת מצוה, (ואף הרמ"א דכתב להקל גבי קדרה ובית אם אין לו מקום אחר, ובזה לא חלק, ש"מ דמודי בזה לאסור בכל גווני, אכן הט"ז האריך בזה, ודעתו דבעצם ההלכה גם בזה מותר לכבות אם אין לו עצה אחרת, ורק שאין מורין כן לאחרים, ומיהו מדברי האחרונים מוכח, דלא סמכו עליו להקל בזה).

(ורק ביו"ט שני של גליות, דעת הפר"ח וא"ר להקל בזה, משום דיש לסמוך על רשב"א ור"ן המתירין ביו"ט שני, דכי היכי דלכחול עינא שרי ביו"ט שני, ה"ה לענין לכבות הדליקה, או לכבות הנר מפני תשמיש המטה, דמותר, ובקרבן נתנאל מצדד להחמיר אף ביו"ט שני, וכן דעת הח"א, אם לא כשיצרו מתגבר עליו, או ליל טבילה, אז יש לסמוך על המתירין ביו"ט שני לכבות, ובאמת הב"י הביא ג"כ שם דברי הר"ן המיקל בזה, וכתב דהטור וכן שאר הפוסקים חולקין עליו, וכ"כ שם בדרכי משה הארוך, וגם היש"ש האריך להשיג על דברי הר"ן בזה, ומצאתי להמאירי בחידושיו שהביא דעות בזה, ומכריע כדעת האוסרין, וגם הרשב"א אע"פ שהוא מהמקילין, סיים דראוי לחוש ולאסור, וע"כ בודאי מהנכון להחמיר בכל זה, אם לא באופן שכתב הח"א, ואם יכול להדביק הנרות לעשותן כאבוקה, כדי שידלק מהר, לא יכבה, וכן יכול להעמיד הנר במים, וכשיגיע שם ממילא יכבה, כ"ז יש להתיר ביו"ט שני לצורך תשמיש המטה).

הגה: ויש אומרים דוקא אם אפשר להציל הקדירה - מעישון, **בלא כיבוי** - כגון שיכול לעשות אש במקום אחר ולהעמידה שם, או שיש לו עכ"פ מקום להשליך הבקעת לחוץ, ולא לכבותה ממש.

אבל אם אי אפשר להציל או לבשל הקדירה בענין אחר רק שיכבה, מותר לכבות, וכן"ל עיקר - ס"ל דזהו צורך אוכל נפש ממש, ומותר הכיבוי, כמו שהתירה התורה לאפות ולבשל, ועיין ט"ז, דאם האש גדול ומקדיח להתבשיל, וצריך להסיר משם קצת, אף שעי"ז בודאי יכבה האש מהן, שרי, וכן העתיקו האחרונים כהרמ"א.

וכן בבית, אם ישרף הבית לא יהיה לו מקום לאכול שם, ויפסיד סעודתו, מותר לכבות - אין ר"ל שיתקלקל סעודתו המוכנת ע"י השריפה, דבזה אפילו היה מוצא אח"כ מקום לאכול, ג"כ שרי לכבות, בשביל הסעודה גופא, **אלא** מיירי שעצם הסעודה יכול להציל בלי כיבוי הדליקה כלל, ורק שבשביל שלא יהיה לו מקום לאכול יתבטל אצלו סעודת יו"ט, ואפ"ה שרי, דזהו בכלל כיבוי לצורך אוכל נפש, וכן העתיקו האחרונים כהרמ"א.

וה"ה כשישרפו כלי אכילה, ולא יכול להשיג כלים אחרים לסעודתו, ג"כ מותר לכבות, [**דאם** יכול להשאיל אסור].

(**אבל** כשלא יהיה לו בית אחר לדור בו ביו"ט, לא סמך רמ"א להקל בזה, דס"ל דזהו רחוק מעניני אוכל נפש).

ומדדילג הרמ"א, ולא כתב דינו גם לענין עישון הבית, משמע דבזה מודה להמחבר, דאף אם אין לו בית אחר, אסור לכבות.

אבל אם יש לו בית אחר לאכול שם, אסור לכבות משום הפסד ממונו - ואפי' אם ימצא מקום לאכול בבית עכו"ם, אסור לכבות - מ"א, **ובא"ר** מסתפק בזה.

וע"ל בסי' של"ד סכ"ו, דבזה"ז שאנו שרויים בין הנכרים, דיש חשש סכנת נפשות, מותר לכבות אפילו בשבת.

סעיף ב - להטות הנר כדי להרחיק השמן מן הפתילה - ר"ל ויכבה מהר, **חשיב כיבוי ואסור** - ואצ"ל שאסור להסתפק מן השמן שבנר בשעה שהוא דולק, דכיון שמסיר שמן מעט מהנר, עי"ז כהה אורו קצת, והרי זה כמכבה, [**ועיין** בא"ר שהביא בשם אגודה, דאם לוקח שמן כדי לאכול, מותר, דכבוי זה לצורך אוכל נפש הוא, **אמנם** כתב דמכמה פוסקים לא משמע הכי, וצ"ע למעשה].

וחתיכות חלב או שעוה המונחות בנר, מותר ליקח אחת מן החתיכות הרחוקות מן הפתילות, אחרי שאין הפתילה יונק עדיין מהם כלל.

וכן אסור ליקח פתילה מנר הדלוק אפילו ליתנה בנר אחר – (אורחא דמלתא נקט, וה"ה לאותו נר גופא), **שהרי כשמוציאה מיד הוא מכבה אותה** - ר"ל שמתמעט אורה עכ"פ, וחשיב כיבוי, ומה מועיל שידליקנה אח"כ.

בד"א כשמוציאה לגמרי מן השמן, אבל מותר להוציא מקצתה העליון חוץ לשמן, כדי שתאחוז האור בזה

המקצת שהוציא מן השמן, ותהא הפתילה דולקת יפה, **ואם** אינו יכול לאחוז בפתילה להוציא מקצתה חוץ לשמן, מחמת שהשמן סמוך מאד לאש הדולק, מותר להגביה הנר מעט, כדי שיסתלק השמן מעט לאחוריו, ויוכל לאחוז בפתילה ולהוציא מקצתה, כדי שתאחוז בו האור, ואח"כ יחזור ויקרב השמן אל האש כמו שהיה, [ט"ז, **וטעמו**, דכיון שבהגבהה זו אינו מכהה לגמרי את אור הנר, שהרי מקצת הפתילה מונחת בתוך השמן, וע"י הגבהה זו יכול להרבות את אורו יותר מכשהיה מקודם, לפיכך אין כאן חשש כבוי, **ואף** שהא"ר וחמד משה חוככין בזה להחמיר, אבל השלחן עצי שטים והלכה ברורה והגר"ז העתיקו דברי הט"ז להלכה, ולכן הנוהג כמותו אין למחות בידו, **וגם** לענ"ד יש לצדד להקל בזה מטעם אחר, דכיון שלא היה דולק יפה, מפני שהפתילה לא יצאת מהשמן כי אם מעט, ולא היה מקום לאחוז האור, וא"כ תיכף כשמטה השמן מעט לאחוריו, נאחז האור בהפתילה יפה, וא"כ כבוי זה מבעיר הוא תיכף, **ודמי** להא דס"י, דמותר להסיר הפחם אף שהוא מכבהו, כיון דעי"ז יבעיר הפתילה יפה, ורוב פוסקים סתמו שם כן להלכה, **ועדיף** משם, דשם עכ"פ מכבה הוא, ורק שמזה יולד תיכף אח"כ הבערה, משא"כ בזה, דפעולה זו גופא מבעיר הוא, ולכו"ע מסתבר דשרי, **ולפי** דברינו, אף אם לא יחזור ויקרב השמן להפתילה, ג"כ אין לאסור].

(**וע"כ** הלאמפי"ן שלנו, בעת שמתמעט הנפט, יש שנוהגין להתיר השרוי"ף, ולהגביה אותו מעט עם הפתילה, ושופכין לתוכו הנפט, צריכין עכ"פ ליזהר שלא יוציאו לגמרי הפתילה מן הנפט, דזהו בכלל מכבה ואסור, **אלא** יהיה תחוב קצה הפתילה במעט הנפט שיש שם בשולי הלאמפ, דבאופן זה עכ"פ לדעת הט"ז שרי, **וגם** באופן זה אין היתר ברור כ"כ, דיש חולקין על דין הט"ז, כמש"כ בשעה"צ, אכן יש עוד אחרונים דקיימי בשיטתו, וע"כ אין למחות ביד המקילין, דיש להם על מי לסמוך, **ועיין** בשעה"צ, שדין הט"ז גופא שהעתקנוהו במ"ב, יש סברא להקל בלאו טעמו, וע"כ סתמנו אותו להקל במ"ב, משא"כ בלאמפי"ן אין שייך סברא זו, **אבל** להגביה את הפתילה לגמרי מן הנפט, בודאי אסור כנ"ל, **ורק** אם כלה הנפט לגמרי, ולא נשאר רק לחות הפתילה, אז אין איסור בהגבהתו כשהוא דלוק).

(**ויש** שרוצים להורות מזה קולא בלאמפי"ן שלנו בעת הדלקה, לעשות ביו"ט כמו בחול, שדרך הוא להוציא הפתילה ולהדליקה, ואח"כ להמשיך הפתילה לתוכה ע"י השרוי"ף הנעשה לזה, ולהעמיד הזכוכית עליה, ואח"כ מוציאה לחוץ, **וטעמם**, דאף שבעת המשכת הפתילה לתוכה מקטין האור, והוא בכלל מכבה, כיון שהוא לתועלת, שעי"ז יוכל אח"כ להגדיל האור, **אבל** באמת אינו כן, כי הוא ממש דמי להדין שמובא בפנים, ומה שאמרו שהוא לתועלת, הלא אפשר לצמצם בתחלה, להכניס לתוך המאשינקע את האוד ולהדליק שם הפתילה, ולא להוציא הפתילה לחוץ להדליקה ואח"כ להורידה ולהמשיכה למטה, שזהו בכלל מכבה, וכן נהגתי בעצמי).

הגה: ומותר להוסיף פתילות לנר דולק, כדי שיבעיר הרבה ויכבה במהרה - וה"ה דמותר לכפול נר שעוה הדלוק, ולהדליק גם ראש התחתון, כדי שישרף במהרה.

(**עיין** בא"ר ונהר שלום שמפקפקין על הרמ"א, במה שהוסיף "כדי שיבעיר הרבה ויכבה במהרה", דזה לא נמצא בר"ן, **ובעבודת** הקודש להרשב"א מבואר לאיסור אם מכוין בשביל לכבות, ואינו מותר אלא אם מכוין שיאיר הרבה, אף דממילא יכבה מהרה, **אלא** דנראה דתלוי זה במחלוקת התוס' והרא"ש, דלהתוס' והיינו היש מתירין דלקמן בס"ג, דמתירין להדליק נר שעוה הדלוק באמצע, אף שמכוין כדי לקצרה ולמהר כיבויה, ה"ה בזה, **אבל** להרא"ש דאוסר שם, ה"ה כאן), **ולפמש"כ** שם דראוי להחמיר בזה, ה"ה כאן, (ובפרט שהרבה ראשונים כתבו בפירוש לאיסור בזה כשמכוין לכבות), [וממילא לכפול נר של שעוה, ג"כ יש להחמיר].

(**ודע** עוד, דהט"ז שהוציא מדין זה, דמותר להטות מעט נר הדלוק, כדי שיתיך השעוה ויחזירנו למעלה, וכן יעשה כמה פעמים עד שיכלה וישרף במהרה, ולמד זה מרבוי פתילות דמתיר הרמ"א, **ולפמש"כ** כאן, שמכוין כדי שיכלה במהרה, גם שם אסור, **וגם** ראיתי בא"ר ונה"ש וחמד משה ומא"מ שדחו דבריו, והם הבינו בדבריו, דכשמטה הנר מתיך מהשעוה טיפות לארץ, וזה בודאי אסור להרא"ש, דממעט השעוה ומכבה הוא, **והמא"מ** מצדד לאסור אף לדעת התוס', דמקודם מכהה אורו ע"י ההטיה והתכה לארץ, אלא שאח"כ מבעיר יותר, **אכן** אף

אם נפרש דבריו באופן שאינו מתיך לארץ, ורק שע"י ההטיה והתכה עולה השלהבת וישרף מהר, ג"כ אסור, כיון שמכוין בזה שתכלה מהר, וכנ"ל).

אסור לחמם נר של שעוה ולדבקו בכותל או במנורה, גזירה שמא ימרח, דהיינו שישפשפנו להחליקו על פני שטח הכותל, והוא תולדה דממחק.

סעיף ג - נר של שעוה שרוצה להדליקו ביו"ט, וחס עליו שלא ישרף כולו - ולחתכו בסכין אסור, דמה שחותכה לשתים ועושה לכל אחת נר בפני עצמו, הוא בכלל תיקון מנא, **ולחתכה** ע"י אור קודם הדלקה, דמותר לכו"ע וכדלקמן בס"ח, אינו רוצה, כי כונתו שישאר לו חתיכת נר להדליק עוד פעם אחרת, ואם ידליקנה באור, ידלקו שתיהם, ולא ישאר מאומה, **יכול ליתן סביבו קודם שידליקנו דבר המונע מלישרף, בענין שיכבה כשיגיע שם** - כגון שיתן סביבו חול וכה"ג, **וה"ה** דמותר לתחוב אותו לתוך חול תיחוח, בענין שאין בו משום עשיית גומא, כמו שכתבנו בסימן תצ"ח סט"ז במ"ב, כדי שכשיגיע לחול יכבה, [**אבל** לתוך חול קשה, אסור משום עשיית גומא].

קודם שידליקנו - ואע"ג דקיי"ל בסימן של"ד סכ"ב, דגרם כיבוי שרי, היינו שם שאינו נוגע בדבר הדולק, אבל כאן נוגע בשעוה שמוכנת כולה להדלקה, ולכן בין שחותך אותה ומקצרה, ובין שעושה איזה דבר סביבה שיכבה הפתילה כשתגיע לשם, לאחר שהדליקה אסור, זהו סברת המחבר, [**ולא** דמי לטלית שאחזו בו האור, די"א דמותר ליתן עליו משקין שיכבה כשיגיע להם, דשאני התם דהטלית אינו מוכן להדלקה, ומקרי זה שהמשקין אינו נוגע בדבר הדלוק, משא"כ בשעוה], **אבל** כמה אחרונים חולקים ע"ז, וס"ל דאפילו לאחר שהדליקה, ג"כ מותר ליתן דבר המונע מלישרף, מאחר שאינו עושה מעשה בגוף דבר הנדלק.

ולפי מה שביארנו בשם כמה אחרונים, דדבר המונע מותר ליתן אפילו אחר הדלקה, יהיה מותר לתחוב אותו בחול אפי' אחר הדלקה, **אבל** לא יניח הנר בצוויינגי"ל אחר הדלקה, או להדביק הנר בכותל, בענין שיכבה כשיגיע לשם, דהוי כאלו חותך מן הנר, וזה אסור לכו"ע לדעה ראשונה, מאחר שעושה מעשה בגוף דבר הנדלק כדי למהר כיבויו, הוי בכלל מכבה.

(ולענין לתוחבו לתוך המים, דעת הט"ז, דבמקום צורך קצת יש להקל, **ועיין** בחמד משה שחולק עליו, דבמים אינו נכנס בכלל מונע מלישרף, אלא בכלל מקרב כיבויו, **וכן** בח"א ג"כ לא התיר זה רק לצורך ד"א, וביו"ט שני של גליות, **וכן** הגר"ז מסיק לאיסור, משום דדבריו הם נגד כמה פוסקים, ורק אם הוא לצורך גדול מתיר שם, ע"ש טעמו, **ואף** לדעת היש מתירין יש להחמיר).

הגה: ויש מתירין לחתוך נר של שעוה באור, דהיינו שמדליקים גם למטה כדי לקצרה - היינו אפי' אחר הדלקה, וטעמם, דע"כ לא אסרו משום מכבה, אלא במסתפק מן השמן שבנר בשעה שהוא דולק, ומשום שבשעה שמסתפק מכהה אורו קצת, **משא"כ** בנר של שעוה, דבשעה שחותך למטה אינו נוגע זה להאור כלל, ורק שאח"כ ימהר ליכבות, וזהו רק בכלל גרם כיבוי ושרי.

(הנה מדברי המ"א משמע, דלדעה זו שרי אפי' היכי שהחלק התחתון אינו דולק אח"כ כלל, וכגון שמהבהבה קצת באור, ואח"כ מנתק אחד מחבירו, **ולא** דמי להא דס"ח, דהתם כונתו לעשות מפתילה אחת שתים, ולכן אסור אא"כ צריך לשתיהן, אבל הכא שאין מכוין אלא שיכבה במהרה, שרי אפילו בכה"ג, **אבל** מכמה אחרונים משמע, דכונת היש מתירין הוא היכי ששני החלקים נדלקין, ‹אף שמכוין כדי לקצרה ולמהר כיבויה, וכהנ"ל בבה"ל בס"ב›, **דאם** אינו מדליק חלק התחתון, אף שאין מכוין לעשות עוד פתילה, הא פסיק רישא הוא, ובמחה"ש מיישב קצת).

וכן נוהגין - וכמה אחרונים כתבו, דנכון להחמיר כדעה ראשונה שאוסר בזה.

אבל ע"י סכין אסור - שע"י חיתוכו עושה עוד פתילה להאיר, והוי בכלל תיקון מנא, אע"פ שאינו מכוין לכך.

ומותר להעמיד נר במקום שהרוח שולט - ר"ל שיכול לשלוט כשיבא, **כדי שיכבה** - וטעם ההיתר, משום דאינו אלא גרם כיבוי בעלמא.

ויש מאחרונים שמחמירין בזה, דבכל רגע ורגע הרוח מנשב, (ומבואר לעיל בסימן רס"ה, דאסור ליתן כלי עם מים תחת הניצוצות, מטעם שמא יגביה הכלי עם מים נגד הניצוצות, ויכבה אותן, וה"נ כיון שבכל שעה מצוי להיות רוח, עלול שיוציא הכלי נגד הרוח).

ומטעם זה, המנהג בליל יו"ט שאין לוקחין הנרות מביהכ"נ לביתם, כדרך שעושין במו"ש, אלא תוחבו בחול וכנ"ל, (**וכתב** בהלכה ברורה, **שלדעתו הוא מותר בזה, אפי' אם נחמיר בדינו הראשון, שהרי כאן אינו מכוין כדי לכבותו, ואדרבה הוא רוצה שיאיר לפניו, וא"כ כל זמן דלא היה הרוח ולא הוי פ"ר שיכבה שרי, ולענד"נ בהיפוך, אפי' אם נקיל בדין הראשון, בזה יש להחמיר, דהליכה גורם בודאי שיכבה**).

אבל אסור להעמידו שם אם כבר הרוח מנשב - אפילו הוא רק רוח מצויה, דאז חשיב כמכבה ממש.

סעיף ד - נר שכבה ורוצה להדליקו בו ביום, מותר לחתוך ראש הפתילה - כלומר הפתילה הנשרפת, **כדי שיהא נוח לידלק** - ולא חשיב בזה תיקון מנא במה שמסיר הגחלת, [ואפי' בכלי שרי, **אכן** להני שמחמירין לקמן בס"י אפי' בפחם, אפשר דגם בזה יש להחמיר], **אבל** לחתוך בכלי מגוף הפתילה, מסתברא דאסור, וכמו שסתם המחבר לקמן בס"י.

להדליקו בו ביום - ואם רוצה להכין על יום אחר, אפילו על יו"ט שני, אסור, [ואפי' ביד אסור].

הגה: ושיורי שמן ופתילה מותרין אפילו ביו"ט אחר שבת, או שני ימים טובים של ר"ה - ור"ל לאפוקי מדעת הפוסקים שס"ל, דאם כבו בשבת אסור להדליקן אח"כ ביו"ט, וכן אם כבו ביו"ט ראשון של ר"ה, אסור להדליקן ביום שני, קמ"ל דשרי, **ועיין** לעיל בסוף סי' תק"א במ"ב, מש"כ בזה בשם האחרונים, דלכתחלה טוב להחמיר, [היינו שיכין פתילות חדשות מבעוד יום], **ועכ"פ** יראה להדליק הפתילות מצד השני.

סעיף ה - נר של בטלה, דהיינו שאינו צריך לו, אסור להדליקו - ולא מיבעי אם אין לו בהבערתו צורך כלל דאסור, ולכמה פוסקים איכא בזה חיוב מלקות, (וכגון שאינם רוצים לעמוד בלא נר אפילו בשעה שהם ישנים, דאין זה צורך יו"ט כלל), **אלא** אפילו עושה זה לאיזה צורך, כגון להראות עשרו ופזרונותיו, כיון שאין מתכוין בזה לצורך יו"ט, או לצורך גופו כלל, אסור, **אכן** אם עושה זה לכבוד יו"ט, פשוט דמותר וגם מצוה איכא, ואע"ג שכבר הדליק נרות של ברכה, כשמוסיף נרות להרבות אור בביתו איכא שמחת יו"ט,

ודוקא בלילה, אבל ביום בודאי אסור בביתו, **ואם** יש ברית מילה בבית, שנוהגין להדליק נרות, מסתברא דמותר, דכל זה כבוד וחיבוב מצוה הוא.

(מיהו בני אדם שהם מפחדים לישן אם אין נר דלוק, מסתברא דמותר, דהוי בכלל צורך גופו).

אבל של בית הכנסת לא חשיב של בטלה - ולא מיבעי בלילה, שהרי יש כאן צורך מצות היום, שאם אין נרות דולקים לא יתאספו שם העם להתפלל, **אלא** אפילו ביום נמי מותר, שהוא כבוד המקום, כמו שנאמר: כבדו ה' באורים.

ומותר להדליקו אפי' ביו"ט שני אחר מנחה - וכ"ש קודם מנחה דמותר, שהוא ג"כ לכבוד התפלה, **ואין בזה משום מכין לחול, שהרי בהדלקתו יש מצוה לאותה שעה** - ר"ל אפילו א"צ להאור, שעוד היום גדול, אפ"ה איכא מצוה להדליק משום כבוד בית הכנסת, **ואם** הוא כבר סמוך לחשיכה, אפי' בביתו שרי להדליק, דהרי צריך הוא לו באותה שעה.

ומשמע אפילו אין שם אדם בביהכ"נ שרי מהאי טעמא, (**ובאמת** אף שכן מוכח לכאורה מברכות נ"ג, **דהיכא דליכא חזנא הוא משום כבוד, מ"מ אינו מוכח משם אלא דבלילה היו דולקין נר בביהכ"נ משום כבוד, אבל ביום ושלא בשעת תפלה, וגם בשעה שכבר הלכו כל הקהל לביתם, לא מצינו שהוא כבוד להדליק, ובאמת מבואר בעבוה"ק להרשב"א, שחוכך בעיקר דין נר של ביהכ"נ ביום ואפילו בשעת תפלה, מכש"כ שלא בשעת תפלה וגם אין שום אדם שם, לא ידענא אם יש להקל, וצ"ע**).

(**ונר של יא"ר צייט, אם לא הדליקו בערב יו"ט, ידליקנו עכ"פ בחדר שאוכלין בו, דמוסיף אורה בחדר, ויותר טוב שידליקנו בביהכ"נ, ויצא מחשש נר של בטלה, ובשעת הדחק אפשר דיש להתיר בכל גווני, דהוי כעין נר של מצוה, שהוא לכבוד אבותיו**).

ולתקן הפתילות והעששיות ביו"ט אחר מנחה, אם רוצה להדליק בו ביום, מותר; ואם לאו, אסור - ואפילו להעמיד נרות של שעוה לצורך הלילה אסור, דגם טרחא בעלמא אסור משום הכנה, ואפילו מיו"ט ראשון לשני.

(ובבה"ט מצדד למצוא זכות, על מה שנהגו בזמנו להדליק נר ע"י עכו"ם בשבת אחר מנחה, כשחל יו"ט אחריו, וכבר צווחו ע"ז כמה אחרונים, **ובעיקר הדבר** אינו מובן לאיזה צורך נכנסו הנוהגים בפרצה דחוקה, להתיר לדלוק בשבת לצורך יו"ט, שביו"ט מותר בעצמו להדליק, **ואי** משום שבבין השמשות יהיה אור בביהכ"נ, כדי שיכנסו ליו"ט בשמחה, א"כ הלא יותר טוב שיאמרו לעכו"ם להדליק בין השמשות, דשרי עכ"פ לקצת פוסקים במקום מצוה, **אלא** דבאמת דגם בזה קשה להקל, דמאי מצוה איכא הכא).

סעיף ו - אין נותנין נר על גבי אילן מעיו"ט, דחיישינן שמא יבא להשתמש באילן - דביו"ט פשיטא דאסור, דהנחה בכלל שימוש הוא, **אלא** אפילו אם הניח מעיו"ט על דעת שיהיה מונח שם ביו"ט, אסור, דכיון דביו"ט מותר לטלטל הנר, חיישינן שיבוא ליטול משם, וגם זהו בכלל שימוש דאסרו חכמים, וכנ"ל בסי' של"ו, וזהו מה שסיים המחבר: שמא יבואו וכו'.

סעיף ז - אין פוחתין נר של חרס, דהיינו בעודו רך כמו ביצים של יוצר, למעך אותו ביד לעשות לו בית קבול, מפני שהוא עושה כלי - וה"ה לפעמים כשעדיין הוא רך משימין קש או שאר דבר באוירו מדופן לדופן, כדי שלא יפלו הדפנות יחד, אסור ליטול הקש מתוכו ביו"ט, מהאי טעמא, **וכן** שני כלים שהם מחוברין יחד בתחלת עשייתן, כגון שני נרות או כוסות וכה"ג, אין פוחתין אותן לשנים, שהוא כמתקן כלי, **ואם** נדבקו ממילא אח"כ דרך עראי, מותר לפותחן.

סעיף ח - אין חותכין הפתילה לב' - על ידי סכין, דהוא בכלל תיקון מנא, שמתקן ועושה מפתילה אחת שתים, [ואפי' א"צ לפתילה השנית]. **וה"ה** אם היתה ארוכה ביותר, ואין נאה לו, וחותך ממנה כדי לקצרה, ג"כ אסור, דהוא ג"כ בכלל תיקון מנא, (**ואם** רוצה לנתק ביד, צ"ע).

אא"כ ע"י שנותן שני ראשיה בפי שני נרות ומדליקה באמצע - ויהיו שני נרות דולקות, ולא מוכח אז דלתקוני מנא קמכוין, אלא להדלקה בעלמא קמכוין, **והוא שיהא צריך לשתיהן** - דאם אינו צריך, א"כ מוכח דלתקון מנא קמכוין.

ודע דדין זה, הוא הדין בנר של שעוה או של חלב שלא היה דלוק עדיין, ורוצה לחתכו לשנים בסכין, אסור, **אך** להדליק באור באמצע שיעשו מהם שני נרות דולקות, שרי.

סעיף ט - אין גודלין את הפתילה - פי' כששוזרה עביד כלי ביו"ט, [מאירי, **וצ"ע** תיפוק לי משום טויה, **ואפשר** דאי משום טויה לחוד, הלא הוא דוקא כרוחב הסיט, ומשום כלי חייב כל שהוא ראוי להדלקתו].

[**ולאו** דוקא ע"י שזירה, אלא כל שראויה להדלקה ע"י עשייתו, הוא בכלל איסור, ולפי"ז אם לוקח חתיכת צמר גפן, ומותחה ועושה אותה כמין פתילה, ג"כ אסור, **ואין** זה בכלל ממעכה ביד דשרי, דשם היא מתוחה כבר, וממעכה כדי להקשותה].

(**ומסתברא** דאפילו ביד אסור, דטויה ביד גם כן חייב, ואפי' פחות מכשיעור הלא הוא אסור מן התורה, וכן מוכח מלשון השו"ע, שכתב אבל ממעכה בידו כדי להקשותה, מוכח דלגדלה לכתחלה אפילו ביד אסור).

ועיין באחרונים, דה"ה דאסור להתיר קליעת הפתילה, או להתיר נר של שעוה הקלועה, ואפילו אם מכוין לצורך הדלקה.

ולא מהבהבין אותה - להסיר הנימין כדי שתדלק יפה, וגם בזה משום תיקון מנא.

אבל אם אינה קשה כל צרכה, יכול למעכה בידו כדי להקשותה - דתקון כלאחר יד הוא.

ומותר לשרותה - כדי שתדלק אח"כ יפה בו ביום, **בשמן (שאין בו נר דלוק)** - דכשנר דולק ושורה בתוכו, נתמעט השמן קצת, ואמרינן בעלמא: המסתפק מן השמן שבנר חייב משום מכבה.

סעיף י - מותר להסיר הפחם שבראש הנר כשהוא דולק - היינו מה שכבר נשרף ונעשה פחם, ועי"ז מחשיך הנר, מותר להסירו, **ומדסתם** המחבר, משמע דאפילו בכלי מותר.

אבל אינו חותך ראש הפתילה בכלי - דהכא הוא מגוף הפתילה, והוא בכלל תיקון מנא, **וי"א** דכונת המחבר להחמיר גם לענין פחם, דאסור להסירו בכלי, (דא"א לצמצם שלא יחתוך מגוף הפתילה מה שלא נעשה פחם

עמו, וזה אסור – ט"ז, [ומה שכתב המחבר "ראש הפתילה" הוא לאו דוקא].

וכ"ז מדינא, אבל אנו במדינתנו נהגו להחמיר, בין בנר של שמן ובין בנר של שעוה וחלב, שלא למחוט כל עיקר אפילו פחם, בין ביד בין בכלי, שמא יבואו למחוט בכלי שהוא אב מלאכה – ט"ז, **ואין** היתר אלא לנפץ הפחם באצבעו, שאינו מכבהו בידים, [**ואע"פ** שמפילו לארץ והוא כבה, מותר, הואיל ואינו מתכוין לכך, ואפי' אם נאמר דהוא פ"ר, מ"מ הלא הוא פ"ר דלא ניחא ליה, וגם כבוי הוא משאצ"ל, לא גזרו בזה רבנן], **ואצ"ל** שמותר להטות באצבעו את ראש הפתילה, כדי שתדלק יפה.

סעיף יא - המדליק נר של יו"ט, צריך לברך:

אקב"ו להדליק נר של יו"ט - שהדלקת נר ביו"ט ג"כ מצוה היא כמו בשבת, **ואם** חל בשבת, אומר: של שבת ושל יו"ט, **וגם** ביו"ט שני של גליות צריך לברך.

§ סימן תקטו – דין דברים הבאים ביום טוב מחוץ לתחום §

סעיף א- הנה קודם שנכנס בביאור זה הסימן, אעתיק לשון הגמרא וביאורו בדרך קצרה, איתא: אמר רב פפא הלכתא נכרי שהביא דורון לישראל ביו"ט, אם יש מאותו המין במחובר, אסור, ולערב נמי אסורין בכדי שיעשו, **ופירש** רש"י, דהאי "אסורין" היינו משום מוקצה, מדלא לקטן מאתמול אקצינהו מדעתיה, ואפילו לר"ש דלית ליה מוקצה בעלמא, מודה בזה, עי"ש.

ומאי דקאמר "ולערב אסורין בכדי שיעשו", פירש רש"י, כדי שלא יהנה ממלאכת יום טוב, **ומה** דקאמר "בכדי שיעשו אסורים", ומשמע דלאחר כן מותרים, היינו אפילו לערב ראשון נמי, אע"ג דליל י"ט שני הוא, ממתין רק בכדי שיעשו, ומותר אח"כ ממ"נ, אם הלילה חול הוא, הרי המתין בכדי שיעשו, ואם קודש הוא, נמצא שנלקטו בחול, **ולזו** השיטה הסכימו רוב ראשונים.

ויש מן הראשונים שפירשו, מדקאמר "כדי שיעשו", משמע דבעינן זמן הראוי לעשייה, דהיינו לערב יו"ט שני בכדי שיעשה, דאז הוא זמן חול וראוי לעשייה, **וטעמם**, דלפיכך החמירו חכמים לאסור כל היום שני, וגם אח"כ בכדי עשייה, דאי אמרת דמותרין במוצאי יו"ט ראשון, חיישינן שמא יאמר לנכרי ביום טוב ראשון "לך ולקוט לי", כדי שיוכל לאכול מהן בשני.

ויש עוד נ"מ בין אלו השיטות, דלרש"י וסייעתא שלו, דפירשו דהטעם שהחמירו בכדי שיעשה, כדי שלא יהנה ממלאכת יו"ט, שייך דין זה בין למי שהובא בשבילו, ובין לאחרים, **אבל** לדעה האחרונה, דהטעם שהחמירו כדי שיעשה, הוא כדי שלא יבוא לומר לכתחלה לעכו"ם "לך ולקוט לי", יש מן הפוסקים דס"ל, דזה הטעם אינו שייך רק לענין לאסור בכדי שיעשה למי שהובא בשבילו, אבל לא לאחרים, דבודאי לא יאמר לעכו"ם "לך ולקוט לי" כדי להנות לאחרים, דאין אדם חוטא ולא לו, **וממילא** לשיטה זו יש קולא לענין אחרים, דאינו אסור לאחרים רק יום הראשון בלבד, משום מוקצה, ולאח"כ מותר מיד, וא"צ להמתין אפילו כדי שיעשה, **ויש** מן הפוסקים שסוברין, דגם לשיטה זו, האיסור דכדי שיעשה כולל בין לו בין לאחרים.

עוד איתא שם בגמרא: אם אין מאותו המין במחובר, תוך התחום מותר, חוץ לתחום אסור, **והאי** "אסור" הסכימו הפוסקים, דהוא רק לאכול ולהנות מזה, אבל בטלטול מותר.

והנה מדלא הזכיר הגמרא דצריך להמתין אח"כ בכדי שיעשה, ש"מ דבתחומין הקילו, דא"צ להמתין לערב בכדי שיעשו, **אבל** רוב הראשונים הסכימו, דגם בזה צריך להמתין לערב בכדי שיעשו, **אך** בזה אפילו אותן הנוהגין להחמיר לענין מחובר כדעה השניה, לענין תחומין נהגינן להקל כדעה ראשונה, דדי להמתין כדי שיעשו לערב יו"ט ראשון בלבד.

עוד יש קולא לענין תחומין, דהבא בשביל ישראל זה, מותר לישראל אחר לאכול אותו הדבר, אפילו בו ביום, **ומ"מ** אין לטלטל חוץ לד"א ממקום שהניח הנכרי את הדבר, לבד אם הניח בבית או בעיר המתוקנת בעירובין, דחשיב כולה כארבע אמות, **ועתה** נבוא לבאר את הסימן הזה בעזה"י.

אינו יהודי שהביא דורון לישראל ביו"ט - וה"ה בהביא למכור בעיר שרוב ישראל דרים בה, דמן הסתם למכור לישראל הביאו, **וכן** בקצץ להעכו"ם מעות להביא לו פירות או דגים מעיו"ט, והביאן ביו"ט, בכולהו אסור, **ולא** אמרינן בעכו"ם אדעתיה דנפשיה עביד כדי להרויח, או להשלים פעולתו, כיון דעכ"פ עושה מלאכתו

כדי שיהנה הישראל ביו"ט, (**ולאפוקי** מדעת המ"א שמיקל בקצץ, דאדעתא דנפשיה עשה, ועיין דבריו לקמן בסמוך).

אם יש ממינו במחובר או שמחוסר צידה, אסור - דמחמרינן מספיקא, אולי תלשן או צדן ביו"ט על דעת להביאן לישראל, **ויש** שסוברין דלהכי אין תולין דנתלשו וניצודו מבערב, דאין דרך רוב אנשים לתלוש מבערב לצורך מחר אלא ביומן, אם לא דניכר בהן דכמישי כמו בס"ג, [**ומטעם** זה חשבינן ליה כודאי ליקטן היום, לאסור בבדי שיעשו, ואילו בספק יש דעות בין הפוסקים].

(**והיכא** שהרוב אינן במינו במחובר, והמיעוט יש עדיין במינן במחובר, לא שרינן מכח כל דפריש מרובא פריש, **משום** דאיכא רוב המנגד לזה, כי רוב המביאין פירות למכור מביאין אותן שנתלשו היום, יותר ממה שמביאין אותן שנתלשו מכבר).

(**כתב** הרוקח, כמהין ופטריות שהביא עכו"ם לישראל ביו"ט, נמי אסורין, דלמא תלשן ביו"ט, **וקמ"ל** דלא תימא דלא חשיבי מחובר כיון שהם גדילים גם על העצים).

אף למי שלא הובא בשבילו, לאכלו - וה"ה להנות בו, כגון הדס שנקצץ אסור להריח בו, וכן שאר הנאות, **בו ביום** - כדין כל מלאכה האסורה שעשה הנכרי בשביל ישראל, דאסור לכל ישראל עד לערב בכדי שיעשו, **ובו** ביום בלא"ה אסור בזה, דבמחובר ומחוסר צידה יש בו משום מוקצה לכו"ע, [היינו אפי' לאותן הסוברים כר"ש דאין מוקצה ביו"ט, וגם אין חילוק בין שהפירות של עכו"ם או של ישראל], מדלא לקטן מאתמול מסתמא אקצינהו מדעתיה, כגרוגרות וצמוקין שלא נתייבשו לגמרי, **וגם** בפירות שקלין לתלוש, ואדם מתאוה להן, יש בו משום גזירה שמא יעלה ויתלוש, כמו פירות הנושרין, **ואפילו** לקטן וצדן העכו"ם לעצמו, שייך טעם זה, **אלא** דמטעם זה אינו אסור אלא ביומו, אבל לערב היה מותר מיד, כמבואר בס"ב.

(ואפי' עבר ונתן לפיו ולעסו, אסור לבלעו) - וה"ה אם בשוגג נתן לתוך פיו, **ומשמע** מסתימת הפוסקים, דאפילו אם כבר בירך ע"ז, אסור לבלוע, דמוקצה הוא כשאר אכילת איסור.

ואפילו לטלטלן אסור - דמוקצה הוא וכנ"ל, וגם דכיון דאסור באכילה, ממילא אסור נמי בטלטול, דומיא דטבל, **ומטעם** זה, אפילו לערב שהוא תחלת יום אחר, כיון שאסור באכילה עד כדי שיעשה, ממילא נמי אסור בטלטול, **ולא** דמי לנבילה דאסורה באכילה ושריא בטלטול, התם חזייה לכלבים, אבל הכא לאו דעתיה להשליכה לכלבים, **וגם** דנבילה אין איסורה מחמת איסור היום.

ולערב מותרים בכדי שיעשו - כדי שלא יהנה ממלאכה שנעשית בשביל ישראל ביו"ט, וכיון שממתין שיעור כדי שיהנה בחול, שוב אינו נהנה ממלאכת יו"ט.

ובשני ימים טובים של גליות, אם הובא ביום ראשון, מותר מיד בליל יו"ט שני בכדי שיעשו - דמעיקרא מיירי בארץ ישראל, שהוא רק יום א', או בחו"ל ונעשה המלאכה ביו"ט ב', דממתין עד לערב שהוא חול, **וכאן** הוסיף, אף בשני י"ט של גליות, שלערב יום ראשון יו"ט הוא, אפ"ה א"צ להמתין לערב יו"ט ראשון אף למי שהובא בשבילו רק כדי שיעשו אז, **דממ"נ** יום אחד חול הוא, דאם יום הראשון קודש, הלא עכשיו חול, ודי בכדי שיעשו, ואם הראשון חול, הלא נעשית המלאכה בהיתר, וא"צ לשהות כלל.

הגה: ויש מחמירין לאסרו עד מוצאי יו"ט שני - והיינו גם כן בכדי שיעשה, **(טור בשם ר"ת ורש"י וסמ"ג)** - ט"ס, דרש"י הוא עיקר דעה ראשונה, וצ"ל: "והרא"ש".

דס"ל דעיקר האיסור הוא, דאי שרית ליה שמא יאמר להעכו"ם לעשות, ולכן אף ביו"ט שני אסור עד לערב בשעה הראויה לעשייה, דאל"ה אכתי יש לגזור שיאמר לעכו"ם לעשות ביום ראשון, כדי להכין ליו"ט שני, מפני שיודע דאם יאמר לו לעכו"ם ביו"ט שני גופא, יהא אסור ליהנות בו ביום עד לערב בכדי שיעשו.

אכן י"א דיש קולא ג"כ לדעה זו, דלדידהו אינו אסור כל יום ב' אלא לאותו ישראל שהובא בשבילו, אבל לשאר ישראל מותר מיד בערב יום ראשון, וא"צ להמתין אף בכדי שיעשו.

ונוהגין להחמיר אם אינו צורך יו"ט לצורך אורחים ובכה"ג, דאז נוהגין להקל לאחרים, שלא הובא בשבילן - פירוש הוא, דהטעם

הלכות יום טוב

סימן תקטו – דין דברים הבאים ביום טוב מחוץ לתחום

כיון שלא הובא בשבילן, והיינו דלצורך אורחים שהוא מצוה, סומכין על המקילין לדעה זו, לאחרים ביו"ט שני אחר בכדי שיעשה, [בצירוף דעת רש"י], **אבל** בלא"ה אין להקל אף לאחרים, דהפוסקים אין מחלקין בזה.

(והיינו כשאין לו מאותו המין, דאם יש לו לא מקרי לצורך).

ודע, דמה דמחשבינן אורחים כאחרים, יש מפרשים דהיינו דוקא כשהזמינן אחר שהביאו הדורון, דאז לאו אדעתיה דידהו הביאו, **דאלו** אורחים שהזמינן מקודם, י"ל דחשיבא כבני ביתו ואסור.

ועוד כתבו האחרונים, להקל לאורחים מעיר אחרת, (דכתב הרמ"א בסי' של"ג, דדוקא אורחים שאינן מעיר הזאת מקרי אורחים – מחה"ש), אף אם הזמינן מקודם, **ואף** הוא בעצמו אוכל עמהן מפני כבודם, שזהו בכלל מצות הכנסת אורחים, וסמכינן בזה אדעה ראשונה, דמתיר ביו"ט שני של גליות אחר בכדי שיעשו, **וקודם** כדי שיעשו אין להקל בכל גווני, אף לאחרים.

כתב הט"ז, דכשיש לו דוחק גדול וצורך באכילה, יש לסמוך לגמרי על דעה ראשונה, להתיר אף לאותו ישראל עצמו שהובא בשבילו ביום א', אחר שיעור כדי שיעשה בתחילת ליל ב', [**והעתיקו** א"ר והלכה ברורה, אבל אינו מוכח מהם שתופסין כן לדינא, וגם הגר"ז והח"א לא העתיקו כלל קולא זו, **מ"מ** נראה דאם יש לו עוד קצת ספק, אם נלקט מהיום או מעיו"ט, או שמא לא בשביל ישראל, יש לסמוך להקל כט"ז], **(דהגם דדעה שניה הוא דעת כמה ראשונים, אבל מ"מ רוב הפוסקים ראשונים קיימי בשיטת המחבר, דסתם כדעת רש"י, וע"כ במקום שיש עוד צדדים להתיר, נראה לכאורה דיש לסמוך להקל כשיטת רש"י).**

ואם קצץ עם העכו"ם מערב יו"ט שיביאו לו בזמן היתר, והם הביאו לו ביו"ט ראשון, יש להקל ביו"ט שני לאחר כדי שיעשה, אף לאותו ישראל בעצמו שהובא בשבילו, [א"ר, **דלענין** יו"ט שני סומך עצמו על המ"א, מובא לקמן בבה"ל].

(המ"א מיקל בקצץ, והוא דבקצץ אין נ"מ כלל לעכו"ם מתי יגיע ליד ישראל, דבכל אופן יקבל דמי קציצתו, אבל במכירה, נהי דעיקר כונת העכו"ם למכור סחורתו, אבל בשביל זה הלא רוצה שיגיע ליד ישראל בהקדם, שיקח שיחויב לו דמים, וא"כ כונתו שיגיע לישראל עכשיו שהוא יו"ט, ודומיא לכל מלאכה שעושה עכו"ם בשביל ישראל, דאסור אף שנוטל דמים, אכן מוכח מאו"ז להיפך, וכן משמע מאליה רבא, שלא העתיק התירא דמ"א רק לענין יום טוב שני, דאז יש לסמוך בזה להתיר בכדי שיעשה, ומ"מ נראה, דאם יהיה לזה עוד ספק, יש להתיר בקצץ אפילו לענין מלאכה גמורה לערב של מוצאי יו"ט ראשון מיד, ולענין תחומין יש להתיר בקצץ, שלא יצטרך בכדי שיעשה למוצאי יו"ט ראשון, אפילו אם לא יהיה לזה עוד צירוף ספק, כנלענ"ד).

וכן אם הובא ביום טוב שני, צריך להמתין במוצאי יום טוב בכדי שיעשו - ובזה אין חילוק לכו"ע בין הוא לאחרים, כיון שהובא ביום זה, **אכן** אם הביא בתחלת הלילה דאין פנאי לצוד היום, ובע"כ ניצודו ביום ראשון, יש לו דין הביא ביו"ט ראשון, **וכן** אם הביא העכו"ם בתחלת ליל ראשון, יש לו דין ניצוד מעיו"ט, ואם הביא מתוך התחום, שרי.

(המחבר נקט לשון "שהובא ‹ביו"ט שני›", ובאמת ה"ה אם ליקט העכו"ם או צד ביום טוב שני, והביא תיכף במוצאי יו"ט, דצריך להמתין בכדי שיעשו, כיון שלקיטתו היה ביום טוב בשביל ישראל, ועיין ברא"ה דמיקל היכא שלא היה בו רק איסור תחומין, דאין להחמיר להצטרך בכדי שיעשה, רק אם הביאן ביו"ט גופא ולא במוצאי יו"ט, והיינו אפילו שלח הישראל להעכו"ם, והיה ע"פ צוואתו).

אבל בשני ימים של ר"ה - דלא שייך בהו ממ"נ, דקדושה אחת היא, וכיומא אריכתא דמי, **או ביו"ט הסמוך לשבת, בין מלפניו בין מלאחריו** - כגון שהיה יו"ט ביום ע"ש, והביאן ביו"ט, או שהיה ביום א', והביאן בשבת שלפני יו"ט, **אם הובא בראשון צריך להמתין עד מוצאי יו"ט ושבת בכדי שיעשו** - שאם לא ימתין ויאכל מיד, הרי נהנה ממלאכת יו"ט, דאם לא היה מביא לו ביו"ט, לא היה יכול ליהנות מהן בהיתר, אא"כ היה מביא לו במו"ש, וכן ביו"ט שחל להיות אחר השבת, כדי שלא יהנה ממלאכת שבת, [**ובזה** אין חילוק בין לו בין לאחר, וכשיטת רש"י, דלא אזלינן בתר שיטת ר"ת רק להחמיר ולא להקל].

עד מוצאי יו"ט ושבת - ושיעור זה צריך להמתין אף אם נלקטו או ניצודו מאליהן, דאף דשתי קדושות הן,

מ"מ אסור מזה לזה משום הכנה, דאין יו"ט מכין לשבת, ולא שבת מכינה ליו"ט, והיינו כיון דביום זה אסור לאוכלו, נראה כאלו מכין רק לחבירו, **אכן** בזה במו"ש מותר מיד, ולא היו צריכין להמתין אחר מו"ש ויו"ט בכדי שיעשו.

[**והנה** לענין הכנה, מיו"ט לשבת האיסור מדרבנן לכו"ע, דהא מדאורייתא חזי ליו"ט עצמו, **ומשבת** ליו"ט, לדעת רש"ל הוא דאורייתא, בפירות שאין נאכלין חיין, כיון שאינם ראויין לשבת, **ולדעת** הרשב"א והר"ן לעולם הוא מדרבנן].

ושיעור כדי שיעשו - אכל הסעיף קאי המחבר, **היינו כדי שילך האינו יהודי למקום שליקט** - היינו אם יודע מאיזה מקום ליקט, הן רחוק או קרוב, משערינן בו, **ואם** הביאן עכו"ם ע"י רכיבה בסוס, א"צ להמתין אלא בכדי רכיבה לשם, **ויגמור המלאכה ויחזור לכאן.**

(**ומשמע** מסתימת הפוסקים, **דלדידן דנוהגין כר"ת, להחמיר להמתין עד מוצאי יו"ט שני בכדי שיעשה, שיעורו ג"כ כמש"כ המחבר, ודע דדעת הסמ"ק, דלאחרים השיעור כדי לקיטה לחוד, אמנם בעו"ש דעתו דאין לחלק בזה, וצ"ע, ודעת הרא"ש והטור, כדי שיוכלו להביא ממין זה ממקום הקרוב הנמצא סמוך לעיר, והמחבר העתיק לדינא דעת הרשב"א והר"ן, ומ"מ במוצאי יו"ט שני, אם הביא בראשון, אפשר דא"צ להחמיר לאחרים בשיעור זה, ודי בשיעורו דהרא"ש).**

ואם נסתפק לו מהיכן הביאן, שיעורן כדי שיבואו מחוץ לתחום - ר"ל בין לחומרא, דהיינו אם ספק שמא בתוך התחום או חוץ לתחום, צריך להמתין עד כדי שיביאו מחוץ לתחום, **וכן** לקולא, כגון אם ידוע לו שבודאי מחוץ לתחום, אלא שאינו ידוע אם בסמוך לתחום או רחוק הרבה, אין להחמיר להמתין אלא בכדי שיעור מחוץ לתחום.

(**ומשום דס"ל כשיטת הגאונים, דבספיקא תלינן להחמיר, והנה לפי המבואר בסימן שכ"ה ס"ז, דעת הי"א שם דתלינן להקל, וע"ש במ"ב דלצורך מצוה יש לסמוך ע"ז, אם כן גם בענינינו, אם יש לו ספק אם הביא ממקום קרוב שהוא בתוך התחום, או חוץ לתחום, א"צ להמתין רק בכדי הבאה שהוא בתוך התחום, אם הוא לצורך מצוה).**

סעיף ב - אפילו תלשן הא"י או צדן לעצמו, או נפל מן האילן מעצמו, או ניצוד מעצמו, אסור לאכלו בו ביום ולטלטלו - משום מוקצה, כיון שהיה מחובר מעיו"ט בין השמשות, ומוקצה דמחובר, או מפני שהיה מחוסר צידה, אסור לכו"ע, [היינו אפי' לר"ש], **ובפירות** יש בו עוד איסור, משום שמא יעלה ויתלוש, לכך אסרו באכילה ובטלטול.

אף למי שלא הובאו בשבילו - פי' דמתחלה תלשן לעצמו, ואח"כ נמלך להביא לישראל, אסור באותו היום אפי' לאחר, כיון דהאיסור משום מוקצה, אין נ"מ מזה לזה.

אבל לערב, מותרין מיד במוצאי יו"ט, אף למי שהובאו בשבילו - ואפילו לערב היה יו"ט, כגון שני יו"ט של גליות, דהאסור בראשון משום מוקצה, מותר בשני לכו"ע, **ורק** בשני י"ט של ר"ה אסור גם בשני, דכיומא אריכתא דמי, **וגם** בשבת הסמוך ליו"ט, אסור משום הכנה כנ"ל.

ודוקא אם הביאן מתוך התחום, אבל אם הביאן מחוץ לתחום, אף דהתלישה היה לעצמו, אסור עכ"פ משום תחומין למי שהובא בשבילו בכדי שיעשו, כמבואר בס"ה.

סעיף ג - אפילו אם הוא ספק אם נלקטו או ניצודו היום, אסורים - זה נמי קאי בעכו"ם שליקט לעצמו, דאין בו אלא איסור מוקצה, מ"מ גם בספק אסור, דספק מוכן אסור, **ולהכי** לא הזכיר כאן המחבר לענין כדי שיעשו, דכשלקטן לעצמו א"צ כדי שיעשו, כנ"ל בסעיף הקודם.

אכן אם ודאי לקטן או צדן היום, ורק ספק אם לקטן וצדן בשביל ישראל, אם צריך להמתין בכדי שיעשו, תלוי במחלוקת המבואר בסימן שכ"ה ס"ז, ומתבאר בדברי האחרונים שם, דיש להקל לצורך מצוה.

עוד מבואר שם, דאם היו שני הספיקות יחד, אם נלקטו היום, ואם נלקטו בשביל ישראל, ביומן אסורים, דאפילו ודאי לא בשביל ישראל לקטן, אסור משום ספק מוכן כנ"ל, **אלא** דבערב מותרין מיד משום ס"ס, ואפילו היה יו"ט בערב, כגון שני יו"ט של גליות.

אכן בנכרי שהביא דורון לישראל, או הביא למכור בעיר שרובה ישראל, אסור בכדי שיעשו, כמבואר בס"א,

דחשבינן להו כודאי נלקטו היום ובשביל ישראל, [**ואף** דכמה פוסקים ס"ל דדורון נמי בכלל ספק הוא, מודו בדורון דאסור, דלדידהו גם מספק אסור בכדי שיעשו]. (**ומ"מ יש נ"מ לדינא, אם יהיה לזה עוד ספק, כגון ספק אם יש במינו מחובר, א"כ לדידהו הוי ס"ס ומותר לערב**).

אפילו אם ספק וכו', אסורים - עיין בט"ז ובאר הגולה, דאפילו ביו"ט שני יש לאסור, ובמאמר מרדכי מפקפק ע"ז, **והפר"ח** מכריע, דלענין ליקוט יש לאסור, משום דיש פוסקין שסוברין, דכל שיש מאותו המינין במחובר, דרכן של בני אדם ללקוט אותן ביומן שמביאין, **אבל** לענין צידה מותר ביו"ט שני, דלא שייך טעם הנ"ל, והו"ל ספיקא דרבנן.

אבל אם ניכר בהם שלא נלקטו ושלא ניצודו היום - שהיו הפירות כמושין, וכן דגים שנס ליחן ואדמומית שתחת לחייהן, שבודקין אותן שם, **מותר למי שלא הובאו בשבילו** - דקי"ל לקמן בס"ה, דהבא מחוץ לתחום בשביל ישראל זה, מותר לישראל אחר אפילו בו ביום.

ואם לא באו מחוץ לתחום, מותר אף למי שהובאו בשבילו.

הגה: אינו יהודי מסיח לפי תומו שלא נלקט היום או נצוד היום, נאמן - הטעם, לפי שהוא אינו משביח בדבריו, ואדרבה מגרע, כי יותר טובים הניצודים והנלקטים היום, **ומיירי** שאין הנכרי יודע שאסור לישראל מה שנילקט וניצוד היום, דאל"ה אמרינן דמתכוון להשביח מקחו. **(וע"ל סי' תקי"ג ס"ו).**

ואפילו אם העכו"ם הביא בראש השנה, והסיח לפי תומו שנילקט בערב ר"ה, [ובזה אין נ"מ אם הפירות נאכלין חיין או לא], או שהביא ביו"ט אחר שבת, והסיח לפי תומו שנלקט בערב שבת, ג"כ נאמן, **מיהו** אם היה פירות שאין נאכלין חיין, והביאן ביו"ט שאחר שבת, או שהביאן בשבת, והוא מסל"ת שנלקטו מע"ש, אסור לאכלן ביו"ט, דדלמא נלקטו בשבת, ויש בהו איסור דאורייתא לדעת איזה פוסקים, ואינו נאמן במסל"ת באיסור דאורייתא, [**טעמם**, דכיון שאין נאכלין חיין, א"כ אין ראוי לאכילה ביום השבת, דהא אין יכול לבשלן, וניכר שהוכנו ליו"ט שלאחריה, **ודוקא** אם הוא יום א' של יו"ט, אבל אם הוא יום ב' של יו"ט, לית ביה אלא איסורא דרבנן לכו"ע, ועכו"ם נאמן].

סעיף ד - א"י שהביא דורון לישראל, מדברים שיש במינם במחובר - וה"ה מדברים שמחוסרין צידה, **ביו"ט ראשון של ר"ה שחל להיות בה' בשבת** - ולא נקט יו"ט של גליות, דאזיל לשיטתיה בס"א, דהותר אפילו ביום שני, **יש מתירים לאכלם בשבת בכדי שיעשו** - דלא אמרינן הכנה משני ימים מקודם, כי אם מיום אחד, **והגם** דבשבת לא שייך עשייה, מ"מ לא עדיף מאלו אקלע יום חול אחר ר"ה, דהיה צריך להמתין במוצאי ר"ה בכדי שיעשו.

ויש אוסרים - טעמם, דכיון דקי"ל בעלמא דשני ימים של ר"ה כיומא אריכתא דמיא, הוי כיום אחד לפני שבת, וממילא צריך להמתין במו"ש בכדי שיעשו, **ולדעה** זו, אפילו נשרו או ניצודו מאליהן, ג"כ אסור ביום השבת, ולמו"ש מותר בזה מיד.

הגה: ולדידן דנוהגין להחמיר בשני ימים טובים של גליות, נמי דינא הכי - ר"ל דיש בזה ג"כ שני דעות הנ"ל, **ורק** יש בזה נ"מ, דבשני ימים של ר"ה, אסור בשבת לדעת האוסרין, אפילו נשרו מאליהן, משום איסור הכנה, **משא"כ** בשני יו"ט של גליות, בנשרו מאליהן ביום א', או לקטן הגוי לעצמו, מותר במוצאי יו"ט ראשון מיד, כנ"ל בס"ב.

ולענין הלכתא נראה דבשני ימים טובים של ר"ה יש להחמיר בשבת - ר"ל כדעת האוסרין למעלה, **ועיין** בט"ז שכתב בשם רש"ל, דבמוצאי שבת מותר מיד, וא"צ בכדי שיעשה, אם לא דהובא ביום וי"ו, **אבל** בחידושי רע"א השיג עליו, דמהרש"ל לא איירי כלל בשני ימים של ר"ה, ודעתו, דבשני ימים של ר"ה צריך להמתין במו"ש בכדי שיעשו.

אבל בשני יו"ט של גליות יש להקל בשבת שבוא לאחריהן - דלא גזרינן שמא יאמר לעכו"ם ביו"ט א', שהוא שני ימים קודם שבת, להביאן בשבת, [ובמ"א מלת "בשבת" ליתא], וע"כ מותר בליל שבת לאחר כדי שיעשו, **וה"ה** אם חל שני י"ט של גליות ביום א' וב', והעכו"ם הביא לו בשבת, שמותר לאכול ביו"ט א' בערב

אחר כדי שיעשו, [**לאפוקי** של ר"ה דכיום אחד חשיבי, אסור עד מוצאי יו"ט של ר"ה, **ולדעת** רע"א הנ"ל, אסור עד אחר כדי שיעשה].

ודוקא בפירות שאין צריכים הכנה ביו"ט שלפני השבת, אבל דבר שצריך להכין ביו"ט שני לצורך השבת, אסור, מאחר דנהיגין לאסור ואף לטלטל ביו"ט שני - פי' כגון דגים שצריכין בישול, ובשבת אסור לבשלם, וביו"ט שני נמי א"א לבשלם, שהרי מוקצין הם, ואסורין אפי' לישראל אחר, **אם לא לצורך אורחים וכיוצא בזה** - ואף דלצורך אורחים מקילינן, מ"מ חל עלייהו שם מוקצה כל זמן דלא נזדמנו לו אורחים.

ומ"מ מותר לבשל ע"י עכו"ם בע"ש, בענין שאין בו משום בשולי עכו"ם, ועל דרך שנתבאר ביו"ד, לצורך אכילת שבת, לאחר שימתין בליל שבת בכדי שיעשה, **כיון** שאיסור הטלטול ביום ב' אינו אלא חומרא בעלמא, [דלרוב הראשונים מותר ביו"ט ב' אף באכילה].

וכ"ז כשיש לו ממין זה בתוך ביתו לכבוד שבת, אבל אם אין לו ממין זה בתוך ביתו, והוא צריך לו לכבוד השבת, מותר לטלטלו ולבשלו בעצמו לכבוד השבת, [לאחר שהמתין במוצאי יו"ט א' בכדי שיעשה], רק שיזהר מלטעום ממנו עד שימתין בליל שבת בכדי שיעשה.

סעיף ה - דבר שאין במינו במחובר ואינו מחוסר צידה - כגון אווזים ותרנגולים וכה"ג, או כגון שהביא הנכרי פירות יבשים, וכנ"ל בס"ג, **אם בא מתוך התחום מותר לכל; ואם באו מחוץ לתחום** - דהיינו שבתחלת כניסת יו"ט היו עדיין חוץ לתחום, **אסור לאוכלן למי שהובאו בשבילו, ולכל בני ביתו** - דמסתמא אדעתא דכולם הביא, שידוע שאין בעה"ב אוכל לבדו.

ולענין אורחים, אם הם סמוכים תדיר על שולחנו, לכו"ע הם כבני ביתו, ואפילו אם זימנן במקרה, ג"כ יש מחמירין ואוסרין, [**ומ"מ** נ"ל, דלענין כדי שיעשו אין לאחרים להחמיר בזה, דבלא"ה כמה פוסקים מקילין לענין תחומין, דא"צ אפי' לדידיה כדי שיעשו], **אכן** אם זימנן אחר שהביאן הנכרי הדברים לביתו, יש להקל.

ובנכרי שהביא פירות לעיר שרובה ישראל, אפי' מסתמא אסור לכולם, דאדעתא דכולם הביא, וכדלקמן ס"ו.

אבל מותר לטלטלן - מאחר דלאחרים מותרין כדלקמיה, אין עלייהו שם מוקצה, [**ואפי'** הביא למכור בעיר שרובה ישראל או כולה, דלכולם אסור, אעפ"כ מותר לטלטל, דמ"מ הא מותר לאותם שבתחום מקום שלקח, **ואפי'** ליכא שם ישראל, ג"כ שרי, דמ"מ אילו יתרמי שם ישראל הוי שרי].

בתוך ד' אמות - ממקום שהניח הנכרי, ולא יותר, שהרי עכ"פ חוץ לתחום הם, וקנו שביתה שם, **ואפילו** הביאן הנכרי לעצמו, ג"כ דינא הכי.

או בתוך העיר מוקפת חומה - דמסתמא הוקפה לדירה, **או מבצר שידוע שהוקף לדירה** - דמבצר מסתמא לא הוקף לדירה.

וה"ה בתוך העיר שיש בה תיקון עירובין שרי, דכארבע אמות דמיא.

ואחרים מותרים אף לאכלם - דגבי איסור תחומין שהוא מדרבנן, לא אחמור רבנן לאוסרה אף על אחרים, כמו בס"א שהשוו שם חכמים מדותיהם, **וגם** דבלא"ה אין האיסור של תחומין שוה לכל אדם, שלזה הוא חוץ לתחום, ולזה הוא בתוך התחום, **ואפילו** בהובא מחוץ לשלשה פרסאות, דלכמה פוסקים יש ע"ז איסור דאורייתא, [היינו לישראל העושה אותן, והיה לנו לגזור אף לנכרי שעשה בשביל ישראל], ג"כ לא החמירו אלא למי שהובא בשבילו - אחרונים.

וכ"ש דמותר לאחרים לטלטלם, ומ"מ חוץ לד"א אסור לטלטל גם לאחרים, מחמת שקנו שביתה במקומן, וע"כ אפי' א"א להם לתקנן או לבשלן אא"כ יטלטלן חוץ לד"א, אסור, **אם** לא שהוא לצורך יו"ט, דאז יש להתיר להוציאן ע"י נכרי, דאינו אלא שבות דשבות במקום מצוה.

עוד כתבו, דאם היה בהמה, והאחר אוכל מעט ממנה, מותר לשחטה מיד, **ומ"מ** גם אחר השחיטה אסור למי שהובא בשבילו, דהא אפילו דבר שא"צ שחיטה אסור למי שהובא בשבילו.

ולערב (יו"ט ראשון) צריך להמתין מי שהובאו בשבילו, בכדי שיעשו - אין ר"ל דוקא אם הביא בראשון, דה"ה אם הביא בשני, גם כן צריך

להמתין לערב בכדי שיעשו, **אלא** דבא להשמיענו, דאם הביא בראשון א"צ להמתין רק בלילה בכדי שיעשה, ואפילו לדידן וכו', וכמו שמסיים הרמ"א בעצמו לבסוף.

הגה: ומותרין אח"כ אפילו לדידן שנוהגין להחמיר בשאר דברים כמו שנתבאר - ר"ל בצידה ומחובר, דצריך להמתין עד מוצאי יו"ט שני בכדי שיעשו, **הכא** לענין תחומין סגי בהמתנה בכדי שיעשה בתחלת ליל שני, ומותר אח"כ, **והטעם**, דבתחומין סמכינן אדעה קמייתא שבס"א.

בכדי שיעשו הוא לפי ערך הזמן שנשתהא המביא, ואם אינו יודע, משערינן רק בכשיעור הבאה מחוץ לאלפים אמה, [**ומ"מ** אם הביאו ממקום רחוק, פשוט שא"צ להמתין רק שיעור הזמן שהוליכה בדרך משקידש היום, אבל מה שהוליכה מעיו"ט אין לצרף, ולא גזרינן שיאמר לעכו"ם ב' ימים קודם יו"ט, בכדי שיוגמר הבאתו ביו"ט].

ועיין לעיל סי' שכ"ה לענין שבת, שיש מחמירין להמתין האי שיעורא ביום שלאחריו, ולא בכניסת לילה, שאין דרך להביא בלילה מחוץ לתחום, ושפיר מתהני מזה אכתי כשהביא לו הנכרי ביום, **וכתבו** האחרונים, דמדהשמיט הרמ"א להביא סברא זו גם בסימן זה, מסתמא ס"ל להקל ביו"ט, ודי בכניסת ליל שני, **מ"מ** אפשר דדוקא לענין תחומין לא רצה להחמיר, אבל אם היה בו גם איסור דאורייתא, שלקט ממחובר חוץ לתחום, יש להחמיר, **ולדבר** מצוה או בשעת הדחק, יש להקל בכל גווני.

סעיף ו - עד עתה כתב דיני דורון, ועתה איירי בהביא עכו"ם למכור סחורתו בשוק, **בעיר שרובה אינם יהודים, מן הסתם כל המביא לצורך הרוב מביא** - וא"כ אם הוא דבר שאין במינו במחובר, שרי לאלתר לאכול, ובלבד שלא יזכיר לו סכום דמים, רק יקח ממנו בהקפה, ולא ישא ויתן עמו על דבר המקח, **ולא** יטלטלם חוץ לד"א, כיון שהובא מחוץ לתחום, וכנ"ל בס"ה, **ואם** הוא דבר שיש במינו במחובר, או מחוסר צידה, אסור באותו יום משום מוקצה, ולערב מותר באכילה, וא"צ להמתין בכדי שיעשו.

וכתבו הפוסקים, דאם אנו רואין שעי"ז שאנו מתירין לקנות מהם, הם מרבין להביא, אסרינן להו לקנות מהם, **אבל** מן הסתם אין חוששין שמא ירבה להביא גם בשביל ישראל, ומותר ליקח ממנו בעיר שרובה עכו"ם.

ומ"מ עכו"ם המביא דגים למכור בעיר שרובה עכו"ם, אף בסתם יש לחוש שירבה להביא בשביל ישראל, אם נתיר ליקח ממנו, כיון שדרך ישראל לקנות דגים לכבוד יו"ט, **וזה** תלוי לפי הענין, לפי ראות עיני המורה, דאם העיר כולה עכו"ם, רק אנשים יחידים ישראלים נמצאים שם, אין לחוש לזה.

הגה: מחלה על מחלה, ‹אסור› - דמסתמא לצורך שניהם נעשה, וע"כ צריך גם בזה להמתין עד כדי שיעשה, **וי"א** דהוי ספק אם בשביל ישראל או בשביל עכו"ם, [**ולדעה** זו יהיה קולא לענין כדי שיעשה, לדעת המקילין בספק, **ועיין** בגר"ז שהאריך, דלדינא עיקר טעמא, דעל דעת שניהם נעשה].

או שידוע שלוקט לצורך שניהם - וה"ה בהביא מחוץ לתחום לצורך שניהן, וכ"ש בשכוון רק בשביל ישראל, **אסור** - ר"ל דבזה אפי' אם רוב עכו"ם, כיון שמכוין בפי' גם בשביל ישראל, אסור, [**ואין** כדאי לזוז מדבריו, ברוב עכו"ם וכוון גם לישראל, אם לא שיצטרף לזה עוד ספק].

ובעיר שרובה ישראל, כל כמה דלא ידעינן דהביא בשביל עכו"ם, מן הסתם תלינן שבשביל ישראל הביא, שהם רובא, **ואם** הוא דבר שיש במינו במחובר או מחוסר צידה, אמרינן דליקט וצד בשביל ישראלים למכור להם, וצריך להמתין עד בכדי שיעשו וכנ"ל בס"א.

(**ומסתפקנא אם רוב הקונים ממין זה ישראלים, אם אזלינן בתרייהו, אם לא, אח"כ מצאתי בט"ז שכתב כן בפשיטות, וכ"כ האחרונים, ולפי"ז בענין דגים, שמצוי להיות רוב הקונים על שבת ויו"ט ישראלים הרבה שדרין שם, אף אם הם מיעוט נגד העכו"ם, אסור מדינא לקנות שם דגים ביו"ט מן העכו"ם, אף אם יודע שלא ניצודו היום, משום דבודאי אדעתם הביא מחוץ לתחום, דחשיב לענין זה כעיר שרובה ישראל, אכן לענ"ד יש לי מקום עיון בזה להיפך, דאפילו אם רוב העיר ישראלים, יש לכאורה סברא להתיר לקנות מהם ביו"ט, אם יודע שלא ניצוד היום, דהלא ישראל הקונה מהם ביו"ט מוכרח ליקח מהם בהקפה בעלמא, בלי מעות ובלי פיסוק דמים, שאסור לישא וליתן עמו אודות המקח, ובלי משקל כראוי בימות החול, כמש"כ הפוסקים, א"כ דעתו בודאי קרובה למכור לעכו"ם, ואדעתם הביא מחוץ לתחום, והנה אם מביא ביום שני של יו"ט, אפשר שהביא אדעת ישראל,**

שיקנו ממנו היום בערב למוצאי יו"ט שהוא חול, ולפיכך צריך להמתין לערב בכדי שיעשו, כדי שלא יהנה ממה שעשה הנכרי בשבילו ביום טוב, **אבל** אם הביא ביום טוב ראשון בגולה, שלערב הוא ג"כ יו"ט, ולישראל לא ימכור אלא בהקפה ובלא פיסוק דמים וכנ"ל, מסתבר יותר דאדעתיה דעכו"ם הביא, שיוכל ליקח מעות מיד, {אם לא שיש לו לעכו"ם בעיר כמה ישראלים ממכיריו שסומך עליהם, יש לומר דאדעתם הביא}, **אכן** מדסתמו הפוסקים דרוב ישראל אסור, ולא חילקו בין יו"ט ראשון לשני, ש"מ דלא ס"ל הסברא שכתבנו, ובטל דעתי נגד דעתם).

וצדדו האחרונים, דכ"ז בהיה הנכרי בן עיר, ויצא חוץ לעיר לצוד וללקוט, הא בנכרי כפרי שהביא סחורתו לעיר, נראה דלא שייך כלל לשער בעיר שהביא לתוכה, אם הוא רוב נכרים או ישראלים, אלא אפילו הם ישראלים אזלינן בתר רוב עלמא, ורוב נכרים הם, ואדעתייהו ליקט וצד, ואף שהביא אותם למכור לעיר, אמרינן שאח"כ נמלך והביאן לכאן, **ולפי"ז** אין להם דין צידה בשביל ישראל, ואסורים רק ביו"ט א' משום מוקצה, ובליל שני מותרין מיד, **ואם** הובא מחוץ לתחום, אף דההבאה היה בודאי בשביל ישראל, עכ"פ די אם ממתין בליל מוצאי יו"ט א' כדי שיעשה, **ובספר** מור וקציעה מפקפק ע"ז, דסוף מעשה במחשבה תחלה, ובודאי אדעתא דעיר זו ליקט וצד, **אכן** אם היה העכו"ם ידוע שמביא תמיד סחורתו לעיר זו למכור, פשוט דלכו"ע אמרינן דאדעתא דעיר זו ליקט וצד.

סעיף ז - אם הוא ספק אם באו מחוץ לתחום, אם הוא אינו יהודי השרוי עמו בעיר - היינו בתוך התחום, **ופירות המצויים בעיר, מותר** - דכיון שהוא שרוי בתחום, וגם הפירות מצויין הם בתוך התחום, אין חוששין שאלו הפירות הביאן מחוץ לתחום, דאדרבה אמרינן כאן נמצאו וכאן היו.

(**בים** של שלמה ר"ל, דה"ה לענין מחובר, **אם** יש לאותו עכו"ם גם פירות תלושין בביתו, ופירות מחוברין חוץ לתחום, תלינן שמתלושין לקח, **וה"ה** לענין דגים, שיש לו בביתו שניצודים מערב יו"ט, לא חיישינן שהלך לצוד, **אבל** בא"ר הסכים לאסור בכל גווני, וכן בפמ"ג).

ואם לאו, אסור - דאם הוא שרוי חוץ לתחום, אף דפירות מצויין בתוך התחום, תלינן שהביאן ממקומו מחוץ לתחום, **וכן** להיפך, אף שהוא בתוך התחום, כיון שאין פירות מצויין שם, חיישינן שהביאן מחוץ לתחום.

ואף דספיקא דרבנן לקולא, אסור בזה, משום דהוי דבר שיש לו מתירין לאחר יו"ט, **וכבר** כתבנו לעיל בסי' שכ"ה במ"ב בשם האחרונים, להקל בזה בערב מיד, **ויש** שמקילין בעיקר דבר זה, ולדידהו בספק חוץ לתחום לקולא אזלינן, וגם ביו"ט גופא שרי, **ולדינא** עיקר כסברא ראשונה, **ויש** שצדדו להקל בזו ביו"ט שני, משום דהוי ס"ס, וע"ל סי' תצ"ז סמ"ג, מה שכתבנו בזה, **וע"ל** סי' שכ"ה, ביאר המחבר פרטי דינים בסעיף זה, וכאן קצר.

סעיף ח - דבר שאין במינו במחובר, שהובא לישראל ביום טוב ראשון של ר"ה, מותר בשני - בכדי שיעשו, אע"ג דלענין מחובר מחמרינן בזה לכו"ע, וחשבינן ליה כיומא אריכתא, וכדלעיל בס"א, בתחומין דקילא לא מחמרינן בזה, [**ואע"ג** דאין שייך כאן עשייה דהא שניהם יו"ט, וא"כ היה לנו לגזור גם עד מוצאי ר"ה בכדי שיעשו, **כיון** דעיקר משום קנס הוא, שמא יאמר לו להביאם, ודי שקנסו בראשון ולא יותר, כיון דהוא מדרבנן]. **והוא הדין לשבת ויו"ט הסמוכים זה לזה** - פי' אם הובא בשבת מותר במו"ש בכדי שיעשו, ואע"ג שחל אז יום א' של יו"ט, וה"ה בחל שבת אחר יו"ט, ולא שייך כאן הכנה.

סעיף ט - ישראל ששיגר דורון לחבירו ע"י אינו יהודי מערב יו"ט, ונתעכב האינו יהודי והביאם ביום טוב מחוץ לתחום, מותר אפילו למי שהובא בשבילו לאכלם - ולא שייך הכא למיגזר, שמא יאמר לו לעכו"ם להביא, דכל זה במביא העכו"ם פירותיו בשביל ישראל, אבל הכא אין לעכו"ם זה שום שייכות והיכרות לישראל המקבל, ורק שליחותיה דישראל קמא הוא דעביד.

וכתבו הפוסקים, דכל זה דוקא בנתעכב העכו"ם בדרך, אבל אם המשלח היה יודע שלא יגיע עד יו"ט להמקבל, הרי זה אסור באכילה למי שהובא בשבילו, ולערב בכדי שיעשו, כיון שנעשה איסור בשבילו.

וכתבו עוד, דאפי' בנתעכב דמותר, מ"מ אם הדורון הוא דבר שיש במינו מחובר, או דגים שיש במינו מה שניצוד היום, יש לחוש שמא החליף עכו"ם בגרוע ממנו,

שנלקטו או שניצודו אצלו היום ביו"ט, ואין לקבל ממנו, אא"כ חתום בחותם, ועל דרך שנתבאר ביו"ד, [**ומ"מ** כתבו, דישראל שקנה מעיו"ט דבר שיש במינו במחובר, והפקידו ביד עכו"ם בלי חותם, מותר למחר ליקח ממנו ולהשתמש בו, אף שאינו מכיר היטב אם זהו שהפקיד אצלו, לא מחזקינן ריעותא שהחליף באחר שנלקט ביו"ט, מאחר דמצא טוב ויפה כמו שהניח, ולית ליה ריעותא].

אבל אסור לכל ישראל לטלטלם חוץ לד"א, או חוץ לעיר המוקפת חומה, או חוץ למבצר שידוע שהוקף חומה לדירה - כנ"ל בסעיף ה'.

הגה: ודוקא שהיה דעתו מאתמול - ר"ל שהמקבל ידע שיגיע לו דורון מפלוני, וסמך ע"ז, **דלית ביה איסור מוקצה; אבל אם לא היה דעתו מאתמול, אע"ג דלית ביה איסור תחומין** - פי' דליכא למיסר משום בא מחוץ לתחום, כיון דאין להנכרי שום שייכות לישראל המקבל וכנ"ל, **אסור משום מוקצה, דכל של ישראל צריך הכנה מבעוד יום, ואפילו למי שלא הובא בשבילו אסור.**

ודעת כמה אחרונים להקל בזה, דלא שייך בזה מוקצה, דהבעלים לא הקצום, דדעת הבעלים היה להקנותם בזה להאכילם לו, **ומצד** המקבל ליכא מוקצה, דלא יהא אלא פירות הפקר שבאו מחוץ לתחום, שמותר לאכלן, אע"פ שלא היה דעתו עליו.

ואין לאסור אלא בהיה לו לישראל עצמו פירות חוץ לתחום, והביאם לו הנכרי ביו"ט, דכיון דידעו בהן הבעלים מבע"י, ואסחו דעתא מינייהו, כיון שלא הביאם לתוך התחום מעיו"ט, הוו להו מוקצה. **ויש** מקילין גם בזה, שהרי בעיקרו לא הסתלק מהם, ולא הכניסם לאוצר וכדומה, אלא שריחוק המקום עיכבו מלהשתמש בהם, ולא שייך בזה איסור מוקצה, ודינו כמש"כ המחבר בס"ה, עי"ש, [**ובמאירי** מבואר ג"כ דלא שייך בזה מוקצה, שאין תורת מוקצה אמורה, אלא באיסור מוקצה שהוא שוה לכל, אבל חוץ לתחום אינו מוקצה למי שהוא תוך התחום לאותן פירות, הלכך לא חל עלייהו דין מוקצה כלל].

וכתב הא"ר, דיש לסמוך עלייהו בשעת הדחק, **וכל** זה למאן דאית ליה איסור מוקצה ביו"ט, אבל למאן דלית ליה איסור מוקצה ביו"ט, לא שייכא כלל כל עיקר הגה זו.

§ סימן תקטז – דין איזה דברים מותרים לשלוח ביום טוב §

סעיף א - מותר לשלוח לחבירו ביו"ט - היינו לדורון, ואפילו דרך ר"ה, כדמסיים הרמ"א לבסוף, כיון שיכול חבירו ליהנות מהן, כגון ששולח לו מיני מאכל וכלים ובגדים שראוי להשתמש בהם וכדלקמיה.

בהמה חיה ועוף, אפילו חיים - שהרי יכול לשוחטם לצורך יו"ט, ואפי' אם הוא יודע שחבירו לא ישחטם, מ"מ כיון שאלו היה רוצה היה יכול לשוחטם ולאוכלם, מותר לשלוח לו.

לפי דעת המחבר לעיל בסימן תצ"ה, דאוסר מוקצה ביום טוב, מיירי הכא בבהמה שאינה עומדת לגדל ולדות, וכן בעוף סתמי, [דסתם תרנגולת עומדת לאבילה, אם לא שדעתו להדיא כדי לגדל ביצים], **דאילו** בבהמה העומדת לגדל ולדות, וכן בעוף שעומד לגדל ביצים, הוא מוקצה, ואסור לשוחטן ביו"ט.

ויינות שמנים וסלתות וקטניות - לפי שדרך לבשלן שלמים בלא טחינה, והרי הן ראוין אפי' לבו ביום.

אבל לא תבואה - בין חטים או שאר מיני תבואה, **לפי שמחוסרת טחינה, שהיא מלאכה האסורה ביו"ט** - ואע"ג דחטים ראוין לעשות מהן קליות, או איזה מיני תבשיל, **מ"מ** כיון דסתמן עומדות לטחינה, וטחינה אסורה ביו"ט, נראה בהולכתו שהוא לצורך חול, ומחזי כמתעסק ביו"ט לצורך חול, ואסור, **ומטעם** זה הסכימו כמה אחרונים, דאסור לשלוח אפילו במקום שיש עירוב.

ואע"ג דשעורים חזיין לבהמה בלי טחינה, מ"מ רובן עומדות לטחינה למאכל אדם, **אכן** אם חבירו צריך היום ליתן תבואה לבהמתו, מותר לשלוח לו במקום שיש עירוב, [כדי שלא יהא בו משום איסור הוצאה, דהא בשביל בהמה אסור להוציא], **ויש** מחמירין גם בזה, [**ולצורך** נראה דיש להקל, **ותבן** ושחת בודאי יש להקל לשלוח, דהם עומדין רק לבהמה, **ואפשר** עוד, דבזמנינו דרוב שבולת שועל עומד לסוסים ולא למאכל אדם, אפשר דיש להקל, וצ"ע].

סעיף ב - כל דבר שמותר לשלוח ביו"ט, לא ישלחנו בשורה, דהיינו ג' בני אדם או יותר, זה אחר זה, נושאים כולם מין אחד - דאוושא מילתא, ונראה כמוליכו למכור בשוק, ואפילו דרך מבוי המעורבת אסור לשלוח, [**והמ"א** כתב, דאפי' בחצר אסור, **אבל** כמה אחרונים מפקפקים ע"ז, ואם הוא לצורך יש להקל].

זה אחר זה - לאפוקי כשהיא בערבוביא, דלא מקרי כשורה, **ויש** מן הפוסקים דס"ל דבכל גווני אסור.

אבל אם כל אחד נושא מין אחר, מותר - דעכ"פ לא הוי לכל מין כי אם איש אחד, [**אכן** רש"ל החמיר כשהוא בזה אחר זה, אפי' בג' מינים ע"י ג' בני אדם, ואין להקל בג' מינים בהם, כי אם כשהם בערבוביא].

סעיף ג - משלחים כלים - היינו בגדים, **אף על פי שאינם תפורים, שהם ראוים לישען עליהם** - אבל לא מנעל שאינו תפור, שאין נאותין בו בחול כמו שהוא בלי תפירה, [**היינו** אפי' היכי דנקט בסיכי, והיינו תפירה שאינה כראוי, **ובזה** לא מקילינן מפני שראוי להשען עליו, כמו לגבי בגדים שהדרך להציען תחתיו ולישען עליהם].

ואפילו יש בהם כלאים, אם הם קשים - בענין שמותר לישען עליו, כמ"ש ביו"ד.

ומשלחין תפילין - ר"ל כשהן תפורין ומתוקנין כל צרכן, שהן ראוין להיות נאות בהן בחול,

כיון שראויים להניחם בחול - לאפוקי תבואה שמבואר למעלה לאיסור, משום דאפילו בחול אינה ראויה ליהנות בלא טחינה.

ואע"פ שאסור להוציא שום דבר ביו"ט, כל שאינו צריך לו ואינו מוציאו אלא לצורך חול, מ"מ כיון שהוא נהנה ושמח במה שמשלח דורונות לחבירו, הרי זה צורך שמחת יו"ט.

הגה: וכל כיוצא בזה, אפי' דרך רה"ר מותר לשלחן - כדלקמן בסימן תקי"ח, דהותר הוצאה ביו"ט כשהיא צורך קצת לכו"ע.

המאירי הביא בשם ירושלמי, דאין לשלוח תכשיטין של זהב ביו"ט, ואפילו בשל כסף מגמגם שם, «לפי שאין הכל ראויין לכך, והוא הוצאה שלא לצורך – פני משה», **אבל** בשמ"ק בשם הריטב"א ובאו"ז הסכימו, שמותר לשלוח תכשיטין, כיון שראוין להתלבש בהן.

§ סימן תקיז – באיזה אופן מותר ליקח ביו"ט מן החנוני מיני מאכל §

סעיף א - לומר לחנוני לתת לו ביצים או אגוזים או שאר מיני מאכל ומשתה, דינו ביו"ט כמו בשבת, (כמו שנתבאר לעיל סימן שכ"ג ס"ד) - וע"ש במ"ב כל פרטי הדינים למעשה.

ואם הוא אינו יהודי, אסור ליקח ממנו דבר שבמינו במחובר או שבמינו מחוסר צידה, אא"כ ניכר בהם שלא נלקטו ושלא ניצודו היום; וכן לא יקח ממנו ביצים, שמא נולדו היום.

אבל דבר שאין בו משום מחובר ולא משום צידה ולא משום נולד, מותר ליקח ממנו אפילו הובא היום מחוץ לתחום - ר"ל שהובא לעכו"ם החנוני, **ודוקא** בעיר שרובה עכו"ם, דמסתמא בשביל עכו"ם הובא לו, כנ"ל בסימן תקט"ו ס"ו, **אבל** בעיר שרובה ישראל או חציה, אסור ליקח ממנו, דמסתמא בשביל ישראל הובאו, וצריך להמתין עד לערב יו"ט ראשון ובכדי שיעשו, וכדלעיל בסי' תקט"ו ס"ה.

וכן קמח שנטחן היום, בעיר שרובה אינם יהודים - היינו שרוב הלוקחים פת וקמח הם נכרים, **מותר ליקח ממנו, דאדעתא דאינו יהודי טחני ליה** - ומשום מוקצה ליכא, דחטים נמי חזי לכוס בין השמשות, או לעשות מהן קליות ודייסא, וה"ה שיפון ושעורים, [**עוד** יש טעם, משום דגמרו בידי אדם].

והוא הדין ליקח ממנו פת שאפה בו ביום - ר"ל אפילו ידוע שהקמח נטחן היום, כיון שהוא בעיר שרוב הלוקחים הם עכו"ם, מסתמא אדעתם היה הטחינה וההרקדה. **אבל** אם רוב לוקחים פת וקמח הם ישראל, ודאי אסור ליקח קמח, דמסתמא אדעתם נטחנו, אא"כ ידוע שנטחן מאתמול.

(ביאור הלכה) [שער הציון] «הוספה»

סימן תקיז – באיזה אופן מותר ליקח ביו"ט מן החעני מיני מאכל

[**ודע**, דלדעת המ"א לא התיר השו"ע בפשיטות ליקח, כי אם מיד החנוני שהוא לוקח מן הנחתומין, אבל מן הנחתום בעצמו אין להתיר ליקח ביו"ט, כי אם בשעת הדחק, וכדלעיל בסי' שכ"ה ס"ד לענין שבת, **אבל** הבית מאיר ובגדי ישע מפקפקין על חילוקו, ודעתם דאין חילוק בין חנוני לנחתום, ומאי דמתיר השו"ע כאן בפשיטות, כתב הבית מאיר, משום דביו"ט סמך המחבר עצמו על דעת המקילין שם, **ולפי** דבריהם, שלא בשעת הדחק בשבת, גם בחנוני אין להקל].

עיין ב"י וד"מ, שיש שמחמירין בזה, ‹ליקח קמח ופת שנטחן היום›, ובשו"ע סתם להקל כדעת המתירין, **וכתב** הח"א, דאין להקל כי אם בעת הצורך.

ואם היה ידוע לו שהטחינה וההרקדה היה מעיו"ט, אז מותר אפילו בעיר שרובה ישראל, דהאפיה הלא היא מלאכה המותרת ביו"ט.

(וכן אס נאפה בשבת שלפניו) - ר"ל דלא אסרינן ליה משום הכנה שמכין משבת ליו"ט, הואיל דמעיקר הדין אף בשבת גופא מותר לאכול, **דאף** דמשום חומרא דשבת מחמירין שלא בשעת הדחק, לעיל בסימן שכ"ה ס"ד, עכ"פ ביום טוב שלאחריו אין להחמיר.

וכתבו האחרונים, דכ"ז מיירי ששומת הלחם היה ידוע, וא"צ עתה לישא וליתן עמו בעד דמי המקח, דאל"ה גם גבי ישראל אסור, כדלעיל בסימן שכ"ג, וע"ש יתר הפרטים שצריך ליזהר גבי ישראל, וה"ה גבי עכו"ם.

עוד כתבו, דאם אינו מאמינו העכו"ם בלי נתינת המעות, מותר להניח לו משכון ע"ז, **אבל** אסור לקרוא העכו"ם לביתו ולהראות לו המעות שיקח בעצמו, דהוי עכ"פ עובדא דחול, **ואפילו** ע"י עכו"ם אסור לקנות.

[**והנה** הח"מ כתב, שאסור ליתן לעכו"ם מעות מעיו"ט שיתן לו פת ביו"ט, **ולענ"ד** אחרי שהתירו חכמים לילך אצל חנוני הרגיל אצלו וליקח ממנו ביו"ט, ופי' שם רש"י, דכיון שרגיל אצלו מאמינו בלא נתינת מעות ביו"ט, א"כ מאי גריעותא כשהקדים לו מעות מבע"י].

סעיף ב - ישראל שאמר לאינו יהודי מבע"י: תקנה לי יונים למחר - ר"ל לצורך יו"ט, **לא יפה עושה** - פי' בין שנתן לו מעות לקנות לו למחר, ובין שאמר לו: קנה ממעות שלך, ואני אחזיר לך, בכל ענין אסור, **ואפילו** אם הגוי קונה בלא מעות, אפ"ה אסור, כיון שהעכו"ם פוסק סכום המעות ביו"ט, **והטעם**, דכל מה שאסור לעשות ע"י ישראל בעצמו, אסור לומר לעכו"ם לעשותו ביו"ט, אפילו אם מצוהו מעיו"ט לזה.

אבל אם עשה כבר, מותר לאכול מהם ביו"ט - ‹וקשה מדוע שרי, הא כיון שעשה הנכרי דבר האסור לעשות ביו"ט, צריך להמתין בכדי שיעשו - רעק"א›, **והוא שלא יהיו מפריחין** - פי' דאז ליכא בהם משום צידה, דכיון שאינם יכולים לפרוח, הו"ל כניצודין ועומדין, **אבל** אם הם מפריחין, איכא למיחש שמא ניצודו היום, ואע"פ שניצודו בשביל גוים, או אפילו ניצודו ממילא, מ"מ ידוע דכל דבר שמחוסר צידה מבע"י אסור משום מוקצה.

והזמנה כשאר יוני ישראל אינם צריכין, דשל עכו"ם א"צ הכנה, **וכל** זה כשהובא מתוך התחום, או אפי' מחוץ לתחום ובעיר שרובה עכו"ם, דאדעתם הובאו, **אבל** בעיר שרובה ישראל, ומחוץ לתחום, אסור לאכלם עד לערב בכדי שיעשו, וכנ"ל בסי' תקט"ו.

אבל אם רגיל בכך, אסור לאכול מהם - היינו עד לערב ובכדי שיעשה, כדי שלא יהנה ממה שקנו עבורו ביו"ט, **דאין זה חשוב דיעבד, כיון שרגיל בכך.**

סעיף ג - לומר לחבירו: מלא לי כלי זה יין, דינו ביום טוב כמו בשבת. הגה: כדאיתא סימן שכ"ג. וה"ה דאסור להטיל גורלות ביו"ט כמו בשבת, כדאיתא לעיל סימן שכ"ב ס"ו.

סעיף ד - לא ימוד אדם שעורים ליתן לפני בהמתו - מפני שנראה כאלו הוא מודד למכור, **אלא משער ונותן לה** - ועיין לעיל בסימן שכ"ד ס"ב במ"ב, וה"ה לענין יו"ט.

§ סימן תקיח – דיני הוצאה מרשות לרשות ביום טוב §

סעיף א – ‹לדעת התוס' והרא"ש, הוצאה שלא לצורך כלל, כהוצאת אבנים וכדומה, מן התורה אסור, ולא התירו אלא בדאיכא צורך קצת, **אכן** לדעת רש"י, הותרה הוצאה במתוך וכו' אפילו שלא לצורך

כלל, והוצאת אבנים רק מדרבנן אסור, וכן הוא דעת הרי"ף, וכן נראה דעת הרמב"ם, **ומצדד** עוד הר"ן, דלרש"י וכן להרי"ף, אפילו איסור דרבנן ליכא בהוצאה שלא לצורך, ‹כל› שאינו מוציאו לצורך מחר, ולא אסרו חכמים אלא אבנים וכדומה, שבלא"ה מוקצה הם, וכן הוא דעת הרה"מ בשיטת הרמב"ם, **ועיין** בב"י, שמדברי שארי פוסקים לא משמע כן, אלא דלכל הסברות מדרבנן עכ"פ אסור, כל שאין בו צורך כלל).

מתוך שהותרה הוצאה לצורך אכילה, הותרה שלא לצורך - אפילו להוציא אותו לרשות הרבים, וכ"ש לכרמלית.

וכן הדין בהבערה ושחיטה ואפיה ובשול, שהם מלאכות השייכות לאוכל נפש, אמרינן בהו מתוך וכו', **דאף** דכתיב: אך אשר יאכל לכל נפש הוא לבדו יעשה לכם, קיבלו חז"ל, דהכונה הוא אותן מלאכות הרגילות להעשות לצורך אוכל נפש, אפי' אם עתה אין כונתו לצורך אכילה, התירה התורה, **ועיין** לקמיה במה שסיים הרמ"א לענין הוצאה דאיירינן בה, דבעינן שיהא עכ"פ צורך קצת, וה"ה בכל הנ"ל.

כגון קטן - לא מיבעיא דאם לא יוציאו יבכה, ויצטער האב עי"ז, בודאי מותר, **אלא** אפילו אם יכול להניחו אצל אמו ולא יבכה, מ"מ אם יש לאב געגועים על בנו, וישמח האב לטייל עמו, ג"כ מותר, דהוא שמחת יו"ט, ומקרי צורך היום.

(**וכ"ש להוציא קטן בן ח' ימים כדי למולו, דבודאי מותר לכתחלה, דהוא צורך מצוה השייך לאותו יום, ולאחר ח' ימים דהוא מילה שלא בזמנה, אסור להוציאו, דהא אסור למולו ביו"ט, והרא"ה בחידושיו כתב, דבזה חייב מלקות על הוצאתו כאבנים, דליכא צורך אוכל נפש ולא צורך מצוה**).

(**וה"ה לגדול אם אינו יכול להלך, וצריכין להביאו לאיזה מקום, והא דאמרינן במכילתין, דדוקא גדול שרבים צריכין לו, פי' לדרוש ברבים, משום דצורך הבאת גדול לא שכיחא אלא בכי הא**).

ולולב - לצאת בו, **וספר תורה** - לקרות בו היום, דהוא צורך מצוה, (**וה"ה מחזורים ושארי ספרים ללמוד בהם ביום זה, דתלמוד תורה מיקרי דבר השייך לאותו יום, ואפילו היה רק לצורך מצוה דרבנן נמי מותר,**

ולצורך שאר דבר מצוה שאינו לצורך אותו היום, משמע מכמה פוסקים שיש להחמיר בזה, **ובמאירי** מצדד, דבאופן זה ליכא לאו, רק איסורא. **ודע**, דכל הני פוסקים המחמירין בזה, הם אותן שסוברין דלא הותר משום "מתוך" כי אם כשיש לו צורך קצת, וזה לא מיקרי לדידהו צורך, **אבל** לשיטת רש"י וסייעתיה, אפשר דלא שייך זה).

וכלים, הגה: הצריכים לו קצת - ליו"ט, ואכלים קאי, ואפילו אין צריך להן רק לשם תכשיט להתקשט בהן, [וכ"ש אם יצטרכו לו לאכילה], **אבל** שלא לצורך כלל, הו"ל כאבנים, **וכתבו** הפוסקים, דה"ה דמותר להוציא המפתח שסוגר בו האוכלין או הכלים שצריך לאותו היום, אם ירא להניחו בביתו.

ודע, דאף הכלים ששייכים לאוכל נפש, כגון סכינים וכה"ג, אם כבר גמר סעודתו ולא יצטרך עוד אליהן, אסור להוליכן עמו בר"ה או בכרמלית, **ויש** מקילין בסכינים, שמא יזדמן לו איזה פרי לחתוך בו, **מיהו** אם ידוע לו בודאי שלא יצטרך לסכין בהליכה זו, כגון שהולך לביהכ"נ וכה"ג, אסור להוליכו עמו לד"ה.

(**והנה המחבר סתם כשיטת רש"י, משום דהרי"ף והרמב"ם עומדים בשיטתיה, ומסתימת לשונו שכתב "וכלים", ולא חילק בין לצורך לשלא לצורך, ולא הוציא מכלל רק אבנים, משמע דסתם להיתרא אפילו לכתחלה בשלא לצורך, וכמו שמצדד הר"ן לבעלי שיטה זו, ולפי"ז צ"ל דהרמ"א שמגיה לצורך, הוא דעת עצמו, וכן מצינו כמה פעמים שהרמ"א מכניס דבריו בדברי המחבר, ואינו מביא בשם י"א, וכן נוטה דעת הגר"א בפי' דברי המחבר, אלא דקשה לפי"ז מה שמביא המחבר בס"ב, דאסור להוציא לצורך נכרי, וזהו דוקא להנהו דס"ל דעכ"פ מדרבנן אסור, דלמאן דשרי אפילו לכתחלה בשלא לצורך, ה"ה דלצורך נכרי שרי, וכמו שכתב בב"י בעצמו בשם הרה"מ, אם לא דנימא דהמחבר בעצמו סובר דלנכרי גרע טפי, ודוחק הוא, שהרי לא הביא בב"י שום חולק אסברת הרה"מ, וע"כ נראה יותר, דגם להמחבר אסור עכ"פ מדרבנן אפילו בכלים, היכא שהוא שלא לצורך כלל, וכן משמע מד"מ הארוך דמסקנת הב"י להחמיר, ובזה אתי שפיר טפי שהגיה בשו"ע ולא כתב בלשון י"א, ומה שלא הוציא המחבר מכללא רק אבנים, משום דאבנים מסתמא הם שלא לצורך כלל, וסתם כלים יש בהם איזה צורך**).

(וכ"ז הוא לפי שיטת המחבר, שהכריע כדעת רש"י והרי"ף והרמב"ם, **אכן** באמת פסק זה צ"ע, שכמעט כל הפוסקים חולקים ע"ז, ולדידהו הוצאת אבנים וכדומה, דבר שאין בו צורך כלל, מן התורה אסור, וחייב מלקות ע"ז, וכדעת תוס' ורא"ש, **וביותר** שהרא"ש מפרש גם דברי הרי"ף כשיטתיה, ושלא כפי' הר"ן, וגם הפר"ח מגמגם בדעת הרמב"ם, ומפרש בו כדעת שארי פוסקים, ואפשר שכן גם דעת רמ"א, וכן נראה קצת שפי' הגר"א כן בדבריו, **וא"כ** לא נשאר לנו מי שדעתו להקל, רק רש"י ור' ישעיה וריא"ז, נגד כל הני פוסקים, ובודאי יש להחמיר ולנקוט כדעת החמירים, וכן פסק ביש"ש).

או שמתירא שלא יגנובו או שאר פסידא - אם ישאירם במקומן, אף שאינם כלים הראוים לאוכל נפש, **ומטעם** זה מותר ג"כ להוציא מפתח של התיבה שמונח שם מעותיו, אם ירא להניחו שם בביתו, דכיון דלבו דואג ומצטער ע"ז, חשוב הוצאת המפתח צורך עונג יו"ט.

ודע, דיש כמה פוסקים שחולקין ע"ז, וסוברין דלא הותר הוצאה אלא לצורך אוכל נפש ממש, או צורך מצוה, ושאר דברים השייכים לאותו יום וכנ"ל, אבל לא בשביל הפסד ממון, **ונכון** להחמיר לנהוג כמותם, ובפרט במקום שיוכל למסור הכלים או המפתח למי שהוא נאמן לו בביתו, דאז אסור לד"ה.

ומ"מ המחזורים שהביאם ביו"ט לבהכ"נ, ומתירא מגנבה, אע"פ שא"צ להם עוד ביו"ט, מותר להביאן לביתו לד"ה, דהתירו סופן משום תחלתן, דאל"כ לא יביאם בתחלה לבהכ"נ, **אך** המחזורים שמונחים מכבר בבהכ"נ, כשאין צריך להם עוד ביו"ט, [ביום זה, אפי' אם צריך להם ליום שני של יו"ט], נכון להחמיר שלא להחזירם לביתו ביו"ט, אפילו אם יש שם חשש גנבה, [היינו לדעת המחמירין משום גנבה, **ואם** צריך להם לומר בביתו שירות ותשבחות, לכו"ע מותר להחזירם לביתו בלי חשש גנבה].

אבל אבנים וכיוצא בהן, אסור - ר"ל סתם אבנים שאינם מיוחדים להשתמש, דאם מיוחדים, הו"ל כמו כלים.

ואסור אפילו בטלטול, וכ"ש להוציא, דלית בהו צורך היום כלל, **ולכמה** פוסקים חייב מלקות על הוצאתו לר"ה, **ואף** לכרמלית יש עכ"פ איסור דרבנן.

הגה: ומותר לשחוק בכדור, אפילו ברשות הרבים, אע"ג שאינו אלא טיול בעלמא - ר"ל אע"ג דעי"ז רגיל להעביר ד' אמות ממקום למקום, אפ"ה מותר, דהוא בכלל טיול ושמחת יו"ט, **ורש"ל** כתב דדבר תימה הוא להתיר זה, דאין בו צורך היום כלל אלא שחוק של ילדים, והנח להם, אבל לגדולים שנוהגין כן מנהג רע הוא, דאין זה שמחה וטיול אלא שיחת ילדים וקלות ראש, **ובלא"ה** אין דין זה מוסכם לכו"ע, דדעת המחבר לאסור, כמבואר לעיל בסימן ש"ח סעיף מ"ה.

ולענין שאר מיני שחוק, דינן כמו בשבת, ומבואר לעיל בסימן של"ח סעיף ה'.

ואם הניח עירוב - ר"ל שהניח עירובי חצרות, מלבד מה שעשה תיקון מבואות בעיר, דאז מותר לטלטל ולהוציא מחצר לחצר אפילו דרך המבוי, **מותר לטלטל ולהוציא כל שיש לו תורת כלי, אע"פ שאינו לצורך היום כלל** - אבל אבנים וכה"ג, אסור משום מוקצה.

ומשמע דאם לא הניח עירובי חצירות, אסור להוציא דבר שאין בו צורך היום כלל, אפילו מחצר לחצר, או מבית לחצר, **ועיין** לעיל סימן תט"ז בסופו, ולקמן בסימן תקכ"ח, דסתם המחבר כדעת הפוסקים, דלא תקנו עירובי חצרות כלל ביו"ט, ומותר להוציא מחצר לחצר או מבית לחצר, אפילו דבר שאין בו צורך היום כלל, [ובלבד שלא יוציא חוץ לצורת הפתח שבעיר, **והטעם**, כיון דרוב הוצאות מצוי מה שצריך לאותו יום, לא הצריכו חכמים ע"ח אף להמיעוט שאינו מצוי], **והרמ"א** בעניננו סתם כדעת המחמירין בזה, ולפלא שלא הגיה שם כלום, **ורש"ל** כתב, שנוהגין שלא לעשות עירובי חצרות בעיו"ט, וכדעת המחבר, ואין לשנות המנהג, **ומ"מ** לכתחלה כשמערב ע"ח בע"פ לכל שבתות השנה, יכלול גם יו"ט, ויאמר: ולכל יו"ט, כדי לצאת גם דעת המחמירין.

סעיף ב - אסור לישראל להוציא שום דבר ביום טוב לצורך אינו יהודי - ר"ל אפילו של אוכל נפש, דלא עדיפא מבישול דאסור גם כן לצורך עכו"ם, כדאיתא לעיל בסימן תקי"ב.

[**לכאורה** לפי דעת המחבר בס"א, דמתוך שהותרה כו' הותרה שלא לצורך לגמרי, ליתא לדין זה, **ומוכח** מזה, דגם להמחבר עכ"פ מדרבנן אסור הוצאה

שלא לצורך כלל, **אלא** דלפי מה שהבאנו בשם איזה פוסקים, מלאכה בעבור נכרי גרע טפי, ואפשר דבזה לכו"ע אסור מדאורייתא, **ולפי"ז** אין ראיה להוצאה שלא לצורך בעלמא, **ומיהו** להפוסקים שהבאנו בריש סי' זה, דהוצאה שלא לצורך כלל מדאורייתא אסור, בודאי גם בנידון דידן אסור מדאורייתא לכו"ע, ועיין לעיל בבה"ל.

הגה: אבל מותר לשלוח לו ע"י אינו יהודי, כגון שצריך להחזיר משכון לאינו יהודי אלם - ואפילו לית ביה חשש סכנה, **וכדומה לזה** - כגון מפני דרכי שלום.

אף דאמירה לעכו"ם שבות, במקום צורך כהאי גוונא, סמכינן אפוסקים דר"ה שלנו כרמלית הוא, והוי שבות דשבות במקום צורך, ושרי.

סעיף ג - לקח עץ שאינו מיוחד לשפוד וצלה בו בשר - ולא הכינו מבערב לכך, ומ"מ מותר להשתמש בו לצורך זה, וכדלעיל בסי' תק"ב ס"ג בהג"ה, ומיירי שהיה עץ יבש שראוי להסקה, וכמו שנתבאר שם במ"ב, **אסור לטלטלו אח"כ** - [אף לצורך גופו ומקומו], אם אינו צריך עוד לצלות בו, או להסיק בו תנורו, דעצים לא ניתנו אלא להסקה וכה"ג, [**ואם** צריך לצלות, מותר ליקחו כדי לצלות, אבל לא מקודם לזה], **שאינו כלי** - ר"ל דעי"ז שעושה בו מעשה שפוד לא נעשה כלי, **ואף** להמתירין מוקצה ביו"ט, דעת כמה אחרונים דהכא אסור, משום שאין עליו תורת כלי, (וגם) דע"י הצליה נעשה השפוד מאוס ומוקצה. (ע"פ השונה הלכות).

(**אבל אם הוא מיוחד לצלי, בין אם הוא של עץ או של** מתכות, תורת כלי עליו, ומותר לטלטלו בכל ענין שירצה, **ומפמ"ג משמע, דרק לצורך גופו ומקומו מותר, ככל הכלים שמלאכתו לאיסור**).

אלא שומטו ומניחו בקרן זוית כדי שלא יזוקו בו - ר"ל שאינו רשאי ליטלו אחר צליתו ולהניחו כדרכו, אלא שומטו מהר בגרירה וטלטול מן הצד, עד שיעבירו מלפניו לקרן זוית, וכההיא דלעיל סי' ש"ח סי"ח, לענין קוץ בר"ה, **ומיהו** התם לא הצריכו טלטול מן הצד, משום דהוא הזיקא דרבים, [**ואם** נמצא שפוד בשבת בר"ה, יהיה אסור לטלטלו פחות פחות מד"א, דאע"ג דמדמי ליה לקוץ, לאו דמיון גמור הוא, שאין הזיקו מצוי כ"כ].

וכ"ז במונח במקום שעוברין בני ביתו שם, וכמו שכתב המחבר "כדי שלא יזוקו", הא אם מונח מן הצד, אסור לזוז אותו.

אפי' אין עליו בשר כלל – (ומבואר בהרשב"א, דביש עליו בשר אפילו בפחות מכזית, מותר לשמטו אפילו במקום דליכא למיחש להיזק, **ומוסיף** הרשב"א עוד, דבהיה עליו כזית בשר, א"צ אפילו לעשות שינוי, ומטלטל להדיא, ואפילו שלא במקום הזיקא, **ודע** דלגירסתנו בש"ס, דין בתרא של הרשב"א אין לו מקום).

הגה: ולצורך אוכל נפש מותר לטלטל הכל, אפי' מוקצה - כגון אבנים או עפר המונחים לפני פירות, מותר לטלטלם ולהסירם כדי לבוא אל הפירות, **וה"ה** בענינו מותר לטלטל העץ ולהסירו ממקומו שמונח, אם צריך להעמיד שם אוכל נפש וכדומה בשביל שמחת יו"ט.

וכ"ז בשביל אוכל נפש ושמחת יו"ט, הא לצורך גופו ומקומו בעלמא, אסור, וכדלעיל בסימן תק"ב ס"ג, **והנה** לפי מה שכתבנו שם במ"ב, דעת כמה אחרונים, דהוא רק למאן דאסר מוקצה, אבל לי"א בסימן תצ"ה מוקצה שרי ביו"ט, עצים שעומדים להסקה מותרים גם לשאר תשמיש, **אכן** בענינו דעת כמה אחרונים, דבעץ שצלו בו הוא מוקצה לכו"ע וכנ"ל.

כתב הח"א, אם היה מונח מפתח של אוכלין בתיבה המיוחדת למעות, ומונח בו מעות, מותר להוציא התיבה כדי ליקח ממנו המפתח, **ומותר** ג"כ להחזירו אם חושש לגנבה, דהתירו סופן משום תחלתן.

סעיף ד - מותר לטלטל סולם של שובך משובך לשובך - כדי ליטול גוזלות לצורך יו"ט, **ואפילו** היה אפשר לו מאתמול, **וה"ה** אם עומד במקום אחר, שמותר להעמידו לשובך.

אפילו ברשות הרבים - ר"ל שהשובכין היו בר"ה, או שמעביר הסולם דרך ר"ה, **ולא** חיישינן שמא יאמרו שמטלטל הסולם לצורך עשיית מלאכה, דסולמות של שובכין נכרין ומיוחדין, וידעי דלשובכו הוא מוליכו, **ומיירי** שהכין היונים מבע"ג, וביונים דמהני הכנה, ע"פ האופנים המבוארין לעיל סימן תצ"ז ס"ט.

אבל סולם של עליה, אסור בטלטול - דהרואה יאמר דלהטיח גגו הוא מטלטל סולם זה, וכדרכו

תמיד בחול, **ואפי'** לטלטלו רק ברה"י נמי אסור, דכל מקום שאסור משום מראית עין, אפי' בחדרי חדרים אסור, **וכ'** הפוסקים, דאפי' בלא טלטול לשובך אחר, רק להטותו מקן זה לקן אחר באותו שובך גופא, ג"כ אסור, **אבל** בלי טלטול, שרי לעלות עליו לעליתו או לשובכו.

ודע, דמלשון המחבר משמע לכאורה, דסולם של עליה דין מוקצה יש לו, [מפני שאינו כלי], **אבל** הגר"א בביאורו מצדד, דאינו מוקצה, ולא אסור בסתם טלטול והזזה ממקומו, אלא טלטול של הולכה לאיזה תשמיש, או אפילו הטיה לתכלית זה.

וסולמות שמיוחדות לתשמיש שבפנים הבית, ומטלטלים אותם תמיד מזוית זו לזוית שכנגדו, אם מוליכים אותם, יש דעות בין הפוסקים: **י"א** דשרי, דדוקא סולם של עליה שהוא גדול, וחזי לעלות עליו לגג לתקנו, חיישינן שיאמרו להטיח גגו הוא צריך, **משא"כ** סולם שבבית, שאינם ראוים לעלות עליהם לגג, דינו כסולם של שובך.

[**והנה** הט"ז ס"ל, דלא בקטן וגדול תליא מילתא, אלא אפי' בגדולים, כיון שמיוחדים תמיד לתשמיש הבית, מותר, דלא חיישינן שיאמרו להטיח גגו הוא צריך, אלא אדרבה מטלטל אותם לתשמישין התדירין, **אבל** באמת הרא"ש מבואר להדיא, דשריותן מפני שהם קטנים, ולא חזו לעלות עליהן לגג, וצ"ע].

ויש מחמירים בזה, ודעתם דלא הקילו אלא בסולם של שובך, שניכרים הם בצורתם, וכו"ע ידעי דלשובך ממטי להו, **אבל** לא בסתם סולם, דאפילו כשהם קטנים, זימנין דמסמיך להו לזיזים היוצאים מן הכתלים, ועולה לגג.

ולענין הלכה, ברה"י יש לסמוך להקל, לטלטל סולם שבבית, ובר"ה נכון לכתחלה להחמיר, [**ובא"ר** מיקל בכל גווני].

סעיף ה - להוציא גרף של רעי ולהחזירו, כדינו בשבת כך דינו ביו"ט. (וע"ל סי' ש"ח סעיף ל"ה) - וכן מה שמבואר שם בענין זה בסעיף ל"ד ובסעיף ל"ו, ג"כ שייך בענינו לענין יום טוב.

סעיף ו - בהמה שמתה ביו"ט, אם היתה מסוכנת מעיו"ט, הרי זה מחתכה לכלבים - דמעיו"ט דעתיה עלה, כיון שהיא קרובה למיתה, **ודוקא** שקשה להם לאכול בלי חתיכה, הא יכולים לאכול כך, לא מטרחינן בכדי, וכדלעיל בסי' שכ"ד ס"ז, [**ובא"ר** מסתפק לענין יו"ט], [**ובא"ר** מסתפק לענין יו"ט, (דהא אינה איסור דאורייתא אלא משום טירחא וכו', ובסי' תקי"ב ס"ג לא אסרו דרבנן איסורים בבהמה – שם)].

ואם לא היתה מסוכנת, אע"פ שהיתה חולה, הרי זה מוקצה ולא יזיזנה ממקומה - ולי"א בסימן תצ"ה, דמוקצה שרי ביו"ט, אפילו בבריאה שמתה ג"כ שרי, כ"כ המ"א, והוא לפי דברי המחבר לעיל בסימן שכ"ד ס"ז, **וכבר** כתבנו שם במ"ב דעת החולקים, דבבריאה שלא היה ליה לאסוקי אדעתיה, לכו"ע אסור, דכגרוגרות וצמוקין דמי, דמוקצה הם לכו"ע, ודוקא בהיתה חולה שרי למאן דלית ליה מוקצה, (**וכדמשמע** מלשון "אע"פ שהיתה חולה, הרי זה מוקצה", (משמע) דלמאן דלית ליה מוקצה שרי בחולה, **והגר"ז** כתב, דמוקצה זה חמיר טפי, דהו"ל מוקצה דנולד, **דמעיקרא** כשהיתה חיה לא היתה עומדת לכלבים, **ועכשיו עומדת** לכלבים, **ועל כן למאי דכתב רמ"א בסימן תצ"ה, דבנולד נהגינן לאסור, גם בזה אסור, ואין להקל רק במסוכנת**).

סעיף ז - המחבר קיצר בזה, וביאור הענין כך הוא, דלמאן דאית ליה איסור מוקצה ביו"ט, אין מתחילין להשתמש באוצר ביום טוב, אם לא הזמין מעיו"ט, **כגון** אם היה לו ערימה של תבן שאצר שם למאכל בהמותיו להסתפק מהם לאחר זמן, או שכנס עצים לאוצר להסתפק מהן לימות החורף, אסור לו להסתפק מהן ביו"ט, בין להסקה בין להאכיל מהתבן לבהמותיו, [ואפי' בטלטול אסור לדעה זו], **וקאמר** המחבר, דלפעמים יש להתיר להסקה אף דברים שהכניסם לאוצר.

מתחילין בערימות התבן, אם היא תיבנא סריא (פי' סרוחה) - כגון שנתקלקלו שאינם ראוים כעת למאכל בהמה, והיינו כשהוא מוסרח מאד, דאפילו ע"י פירוך לא חזיא לבהמה, **ואית ביה קוצים** - דאל"ה חזי התבן לגבל בהם טיט, ולא בטל שם מוקצה מינייהו, [**אב נל** בקוצים לחוד לא די בשלא נסרח, דיש הרבה חיות שאין קוצים מזיק להם], **שעומד להסקה** - אף דמתחלה אקצי אותם מדעתו, מ"מ משעה שנתקלקלו עומדין להסקה בכל יום, אפי' בלי הזמנה מבעוד יום, [**והיינו** כשנתקלקל ונסרח וגם שנתערב בו קוצים קודם יו"ט, דאל"כ הרי כבר נעשה מוקצה ביהש"מ].

וכתב הט"ז, דאפ"ה אסור לקשור אותם לעשותן חבילות חבילות, כדרך שעושין להסקה, אלא א"כ היו קשורין מערב יו"ט.

וכ"ז כשהתבן הוא יבש, אבל אם התבן הוא לח, אינו רשאי להסיק בה, אף דחזי להיסק גדול - מ"א, **ובחמד** משה מפקפק בזה.

ודע, דכ"ז הסעיף הוא רק כפי דעת המחבר לעיל בסימן תצ"ה, דמוקצה אסור ביו"ט, **אבל** לדעת היש מתירין שהובא שם בהג"ה, מותר להסתפק ביו"ט בין בתבן ובין בעצים אפילו הכניסן לאוצר, **ורמ"א** שלא הגיה כאן, סמך אדלעיל.

ותבן שלא הכניסם לאוצר להשתמש בהן לאחר זמן, מותר להסיק בהן אפילו יפה, אפילו עומד להאכיל לבהמתו, או לעשות בהן שאר תשמיש, דאין שם מוקצה עליהן.

סעיף ח - זה הסעיף מיירי בסוכה דעלמא העשויה לצל, אבל ה"ה בסוכת החג, **נוטלים עצים הסמוכים לדפני הסוכה ומסיקין בהם** - ר"ל דעצים של סוכה עצמן או סכך שלה, בודאי אסור ליטלן לצורך קדרתו, מטעם סתירת בנין, **ורק** קנים שסמכן סביבות הדפנות, כיון שלא נארגו עם הדופן, לא בטלי לגביה, ואין בהם משום סתירה, [**ולאסור** סתירת הקנים מצד עצמן, אי אפשר, אף שהם סביב כל הדפנות, כיון שאין עבותים וארוגים כמחיצה], **ומשום** מוקצה ג"כ לא נאסרו, דדעתיה עלייהו מאתמול אם יצטרך להם, שהרי אינו סותר אהלו בזה.

ומיירי בשאינם קבועים ומחוברים בקרקע, [דאל"כ הו"ל כחופר גומא, **גם** הו"ל כדחיה בידים, דלכו"ע אסור משום מוקצה].

ונתבאר בפוסקים, דכ"ז בשלא הסמיך הקנים כדי לעבות את דופני הסוכה שיהיו חזקים, **אבל** בשהסמיכן להדיא כדי לעבות, אע"פ שלא נסבכו עם הדופן, וקיימי באפי נפשייהו, אפ"ה מתבטלי לדופן, ואסור ליקח מהם, **ואפילו** העמידן אחר שכבר עמד הדופן, ג"כ מתבטלי אגב הדופן, [**ועיין** ביש"ש שדעתו, דה"ה אם העמיד הקנים לחזק הכותל שלא יפילה הרוח, ג"כ מתבטל אגב דופן, ולא שרי אלא בהעמידן שם להצניע, **והגר"ז** כתב, דאם העמידן רק כדי לסמוך הכותל, לא מבטיל להו, וסבר כשאצטרך להיסק אקח אותם, ודוקא כדי להעבות הכותל בעינן].

הגה: וכ"ה אם זרק חבילות - היינו קנים אגודים ביחד, **על הסכך, דאינן בטילות לגבי הסכך** - דמדלא התיר אגודתן בשעה שהניחם על הסכך, לא בטלינהו לגבי סכך, אלא להצניעם חשב.

אם דעתו להסיקן מותר ליטלן משם - פי' אם רוצה עתה להסיקן, אבל לא בעינן שיהא דעתו עליהם מאתמול, דלאו מוקצה הן, וכמש"כ לעיל לענין עצים הסמוכים לדפנות.

ומבואר בפוסקים, דאפילו בקנים אגודים, אם נתכוין להעבות בהם הסכך להדיא, בטלים לגבי סכך, אע"פ שלא התיר אגודתן, ואסור ליקח מהם משום סותר.

אבל אם הניח קנים שאינם אגודים על הסכך, אף שכבר סיכך כל צרכו, בטלים הקנים אגב עיקר הסכך, **ולא** דמי לעצים הסמוכים לדופני הסוכה שאינם מתבטלים, כיון שאינם עבותים עם הדפנות, **משא"כ** בסכך שאינם עבותים כל עיקר, ולהכי כשמצטרף להם עוד קנים, מתערבים ונעשים סכך אחד.

(**ומבואר** בחידושי הרשב"א, **דאם חשב בשאינם אגודים להדיא שלא לשם סכך רק להצניעם, לא מתבטלי, ושרי ליקח מהם, ועיין בשו"ע הגר"ז שכתב לדבר פשוט, דבלא איסורייתא, אפילו הניח כדי להצניע, מתבטלי, ואסור ליקח ממנו משום סתירת אוהל, וצ"ע לדינא).**

ודע, דכל עצים שאסור ליטלן מן הסוכה, בין עצי סכך ודפנות עצמם, ובין אותן שניתוספו עליהן ונתבטלו עמהן, אפילו אם נפלה הסוכה ביו"ט, ג"כ אסור לטלטלן וליטלן, וה"ה לשורפן במקומן, משום מוקצה, **ואפילו** היתה הסוכה רעועה מעיו"ט ועומדת ליפול, מ"מ בכניסת יו"ט א"א היה לו ללקחן מחמת סתירת בנין, ומתוך שנאסרו אז נאסרו לכל היום, [**ואף** למאן דס"ל דמוקצה מותר גם ביו"ט, כאן אסור, משום דהוא מוקצה מחמת איסור, דקי"ל דאף בשבת אסור].

(**ואם** **מהני תנאי לסוכה שנפלה, להמחבר בסי' רע"ט שפסק שם דמהני תנאי, ה"ה הכא, אמנם יש עוד דעות בין הראשונים, י"א דוקא ברעועה, שעכ"פ לנפילה ולהיסק קיימי, אלא שיו"ט מעכבתו, ובכי הא מהני תנאי, אמנם בבריאה לא מהני תנאי לר"י במוקצה מחמת איסור,**

וזו היא דעת התוספות, וכ"כ הרשב"א והרא"ה והמאירי, ודעת הרמב"ן והר"ן, דמהני תנאי אפילו בבריאה, ומסתברא להלכה דלא מהני תנאי בבריאה, דרבים נינהו, ובפרט דיש דעות דס"ל דאפי' ברעועה לא מהני תנאי, והגר"ז חידש, דסוכה רעועה שנפלה הו"ל נולד, דמעיקרא סוכה והשתא עצים, ובנולד לא שייך תנאי, דמ"מ הו"ל נולד, וא"כ למאן דאסר נולד ביו"ט, לא מהני תנאי אף ברעועה, ולרמ"א בסי' רע"ט, דכתב דמנהגנו כהפוסקים דלא מהני תנאי בנר, אין נ"מ בכל זה שכתבנו למעשה, רק לענין עצם הדין).

סעיף ט - בית שהוא מלא פירות - ר"ל והיה סתום מכל צד, **מוכנים** - ר"ל לאפוקי אם הכניסם שם לאוצר לזמן רב, דהו"ל מוקצה, **ונפחת** - אפילו ביו"ט, **נוטל ממקום הפחת** - אבל לא יפחות מן הבית יתר כדי ליטול יותר, [אפי' היה הבנין רק מלבנים סדורים בלא טיט].

ולא אמרינן דכיון שהיה בין השמשות סתום, ולא היה אפשר ליטול מהם מחמת איסור סתירת בנין, איתקצאי לכולי יומא, **דאין** זה בכלל מוקצה, כיון שלא היו מוקצין מחמת איסור עצמן, רק שהיו במקום שאין יכולין לילך ליטלן, **ולפי** טעם זה, אפילו היה הבית בריא מקודם, שאין רגילות שיפחת מאליו, [וה"ה אם פתחו עכו"ם לצורך עצמו], ג"כ מותר ליטול הפירות, (כן מבואר במ"א וש"א, דמדסתם המחבר בשו"ע, ש"מ דס"ל כדעת הרי"ף והרמב"ם, דבכל גווני שרי, וכסברת הרמב"ן דלא שייך בזה מוקצה וכנ"ל), **וכן** ה"ה במי שיש לו לפתות טמונים בבור, ופתחן העכו"ם ביו"ט או בשבת, דאין בהם משום מוקצה, **אכן** אם עשה העכו"ם לצורך ישראל, אפילו אם הפירות היו של עכו"ם, אסור באכילה ובטלטול עד מוצאי שבת ויו"ט בכדי שיעשה, **וצריך** ליזהר בזה בימי הפסח, כשעכו"ם מביא לפתות לישראל, אם יודע שהגוי פתח הבור היום, אוסר ליקח ממנו.

(**ואף** דהרא"ש והטור העתיקו לדינא כסברת רש"י, דלא התירו כי אם בבית שאינו בנין גמור, רק שהיו מלבנים סדורות בלא טיט, דאין בסתירה זו כי אם איסור דרבנן, אבל בבנין גמור יש בו משום מוקצה מחמת איסור, דאסור אף ביו"ט, **וכן** הוא ג"כ דעת הרשב"א, ורק שמתיר בבנין רעוע, שמצפה לו שתפול ולא אסח דעתיה מהפירות, מ"מ נקט לדינא כדעת הרי"ף והרמב"ם וכסברת הרמב"ן, משום שהעתיקו ג"כ הר"ן, והמ"מ כתב שכן הוא עיקר, ומ"מ לכתחלה נלענ"ד שאין להקל, שיש הרבה מהראשונים מחמירין בבית שהוא בנין גמור, ע"כ נלענ"ד שאין להקל בזה, וכן בדין הלפתות, כי אם בשעת הדחק).

§ סימן תקיט – צירי דלתות מותר להסיר ולהחזיר לצורך יום טוב §

סעיף א - מסלקין תריסי חנויות, (פי' קרשים שנועלים בהם החנויות), ומחזירין אותם ביו"ט - היינו חנויות שאין מחוברין בקרקע, אלא עשויות כמין תיבה או מגדל של עץ, וסוגר אותו, וכשרוצה לפתחו, מסלק הדלת מן הציר ונותנו לפני החנויות, ומסדר עליו צרורות רוכלין למכור, ולבסוף מצניע את הנשאר בחנות, ומחזיר הדלתות למקומן והולך לו, **אבל** חנויות המחוברין לקרקע, יש בהו בנין וסתירה מן התורה, ואסור לסלק הדלת מן הציר ולהחזירו כמו בשבת.

כדי שיוציא תבלין שהוא צריך להן - קאי אדלעיל, מה שהתירו לסלק, הוא כדי שיוציא וכו',

ולא ימנע משמחת יו"ט - פי' ולהחזירן דשרו, משום דאם לא נתיר לו להחזירן לא ירצה לפותחן, דיחוש שמא יגנבו מהנשאר בחנות, ואתי לאימנועי משמחת יו"ט, **אך** צריך ליזהר שלא יזכור סכום המקח בעת הקניה.

וכ"ז כשעומדין החנויות מבחוץ, אבל כשעומדין החנויות בבית, אסור להחזירן, דלא חייש שם לגנבה.

(**ומחזירין** דוקא אם הוא צורך רבים, אבל אם הוא לצרכו בלבד, או לצורך יחיד, אסור אפילו בחנויות שעומדין מבחוץ), [**אבל** לסלק מותר, אפי' אם הוא רק לצורך יחיד, אם הוא דבר לצורך יו"ט].

במה דברים אמורים, כשיש להם ציר באמצע - פי' באמצע הדופן יש חור, ויש לדלת שם בליטה כנגדו, שתוחבין אותו בחור, ואינו נראה כבונה כ"כ, ומותר אפילו להחזיר כל צרכו.

(**ואם** יכול להשתמש ע"י חלון או פתח שבמגדול, אע"פ שהוא משתמש בדוחק, לפי דברי העיטור אין מותר

להחזיר רק במקצתו, ודעת הרשב"א בזה צ"ע בכונתו, דאפשר דגם הוא סובר כהעיטור, **או** דהוא סובר דמותר להחזיר כל צרכו, **ודלא** כא"ר דמפרש להרשב"א דס"ל דכשיש חלון או פתח, דישתמש דרך שם, ולא יסלק ויחזור, דהא עיקר הטעם שלא למנוע משמחת יו"ט, וא"כ כיון שאפשר להשתמש ע"י חלון או פתח, אסור).

[**מפי'** הט"ז והמ"א משמע, דדוקא כשהוא רק חור אחד, אבל אם יש לו חור למעלה בדופן, וכן כנגדו למטה, אף שהוא באמצע הדופן, דינו כמו שיש לו צירים מן הצד, **אכן** במאירי איתא בהדיא, דבאמצע אפי' יש לו חור מלמעלה ולמטה, ג"כ מותר, דלא נקרא זה מן הצד].

ובלבד שלא יתקע ביתד בחוזק, ואם תקע הוי מלאכה גמורה, (**ולא** חיישינן שמא יתקע, **ואולי** דלפי שאין להם רק ציר באמצע, אין מצוי שם תקיעה, וע"כ לא חיישינן לזה).

אבל יש להם ציר מן הצד - היינו שבולט ראש א' מהדלת למעלה כמו יתד, וראש אחד כנגדו מלמטה, ובמפתן יש חור שתחוב לתוכו, ומלמעלה כנגדו יש ג"כ חור, **אסור** - היינו להחזירו כל צרכו, אחר שנשמט הקרש מהחנות, **גזירה שמא יתקע** - אבל להחזיר מקצתו מותר, וכן לסלק מותר, [דלא שייך חששא דשמא יתקע רק בלהחזיר].

אבל בפותח ונועל בעוד שהוא קבוע בו, ודאי שרי, דאל"כ יהא אסור לפתוח ולנעול הבית בשבת.

(**והא** דמחמרינן בשיש להם ציר מן הצד, דוקא אם לאחר חזרתן יהיו רפויין ואינם רפויין, אבל רפויין גמורים מותר להחזיר אף בשבת, ואצ"ל ביו"ט, והוא שלא יתקע).

ושאין להם ציר מן הצד כל עיקר - "ושאין להם ציר כל עיקר" - כצ"ל, **אפי' בבית מותר להחזיר** - דאף שבבית אין לחוש לגנבה, מ"מ מותר, שלא אסרו אלא כשיש לו ציר באמצע, גזירה משום יש לו ציר למעלה ולמטה, (וכהט"ז והמ"א לעיל בשעה"צ), שיש לחוש שמא יתקע, **אבל** כשאין לו ציר כל עיקר, לא גזרו כלל.

סעיף ב - כלים שהם מפוצלים, כגון מנורה של חוליות, וכסא ושלחן שהם חתיכות חתיכות - וה"ה כוס של פרקים, **מעמידין אותן ביום טוב** - דאין בנין וסתירה בכלים, **ולא** גזרו בזה שמא יתקע, כמו לעיל בסעיף א' גבי חנויות ביש להם ציר מן הצד, (דמותר לסלק) משום מניעת שמחת יו"ט, [**משא"כ** להחזיר, אין שייך מניעת שמחת יו"ט].

ומדסתם משמע, דאפילו נתפרקו מבע"י נמי שרי.

והוא שלא יתקע - פי' בחוזק ובגבורה, [**ועיין** בביאור הגר"א, דסתם הידוק שרי].

[**וכלי** העשוי ע"י שרוי"ף, אם מותר להדקו בחוזק ע"י או לא, **לדעת** המ"א נחשב זה כמו תקיעה, וממילא אסור זה גם ביו"ט, **ולדעת** הט"ז דהוא רק דרבנן, ממילא הכא שרי משום שמחת יו"ט, **ולמעשה** נכון להחמיר כהמ"א].

כתב המ"א בשם מהרי"ל, עכו"ם שהביא כתב חתום, מותר לפתחו ביו"ט, **אך** אם כתוב עליו אותיות או צורות, אסור משום מוחק, **אכן** בביאור הגר"א מצדד, דבכל גווני אין לפותחו.

סעיף ג - להתיר ולהפקיע ולחתוך חותמות שבכלים ושבקרקע, ולשבר פותחות, כדינם בשבת כך דינם ביו"ט, (וע"ל סי' שי"ד סעיף ז') - וסעיף יו"ד, ששם מבואר הדין בכל פרטיהם.

סעיף ד - לקטום קש או קיסם או תבן או עצי בשמים, דינן ביו"ט כדינן בשבת, (כדאיתא סימן שכ"ב סעיף ד').

סעיף ה - קמטים שעושים הנשים בבתי זרועותיהן ובבתי שוקיהן, אסור לעשותן ביו"ט משום תיקון מנא - וה"ה דאסור לעשות קמטים בענק שבצואר, שקורין קאלנע"ר, בעצים המיוחדים לכך, **ואפי'** בחוה"מ אסור לעשות כל זה, כמבואר לקמן בסימן תקמ"א ס"ג.

§ סימן תקכ – לכבד הבית §

סעיף א - לכבד הבית, כדינו בשבת כך דינו ביום טוב. (ועיין לעיל סי' של"ז) - שם מבואר הדין אם הקרקע היה מרוצף, ושאר פרטים.

(ביאור הלכה) [שער הציון] (הוספה)

§ סימן תקכא – דין שלשול פירות ביו"ט ממקום למקום §

סעיף א - משילין פירות דרך ארובה ביו"ט, (פי' מן "כי ישל זיתך", כלומר מפילין הפירות לארץ) - פי' שיש לו פירות על הגג, וראה גשמים ממשמשים ובאים, ואפשר שיבוא לידי הפסד, התירו לו חכמים לטרוח ביו"ט, ולהורידם לבית דרך ארובה, והוא חלון העשוי בתקרת הגג, על ידי חבל, או להשליכם, דכיון שאין בזה טורח כ"כ, התירו לו מפני הפסד ממונו, **אבל** בלא הפסד לא.

ואפילו היה לו פירות הרבה שם, [היינו אפי' יותר מה' קופות, דבשבת אסור], מותר לו לסלק כולם משם, [**ובזה** ג"כ קילא משבת, דשם קי"ל דאסור לפנות כולם, והכא שרי].

ולא ישלשלם בחלונות - ר"ל אם היה הגג מוקף במחיצות, ובאחד מן המחיצות היה חלון, אסור להורידם דרך שם בחבל, דאיכא טרחא יתירה להעלותם עד החלון ולהורידם, **ואפילו** אם ירצה רק להגביהם עד החלון ולהשליכם דרך שם ארצה, גם כן אסור, דהיה בזה עכ"פ טרחא להעלותם, **אמנם** אם היה החלון נמוך שוה לגג, דליכא טרחא יתירה, מסתברא דמותר כמו דרך ארובה.

ולא יורידם בסולמות - ר"ל אם היו מונחים בשקים, ליקח השקים ולהורידם למטה דרך הסולם, וה"ה במדרגות שלנו אסור, דהוי טרחא יתירה.

ולא יטלטלם מגג לגג, אע"פ שהן שוין - שאין אחד גבוה מחבירו, היינו שאין ארובה בגג זה, ורוצה להוליכם לגג הסמוך לו שיש בו ארובה, להפילם דרך שם, אסור, דנחשב טרחא יתירה, **וכ"ש** שלא במקום הפסד, בודאי אסור לטלטלם מגג לגג.

סעיף ב - מותר לכסות פירות או כדי יין או לבנים, מפני הדלף - ואפילו הלבנים הם מוקצה, כגון שהן סדורות ועומדות לבנין, מותר לכסות אותם שלא ימחו.

סעיף ג - ליתן כלי תחת הדלף - שדולף דרך התקרה, כדי שלא יטנף את הבית, **כדינו בשבת כך דינו ביו"ט. (וע"ל סימן של"ח ס"ח).**

§ סימן תקכב – קצת דברים האסורים לטלטל ביו"ט §

סעיף א - אין הסומא יוצא במקלו - והיינו לר"ה או לכרמלית, מפני שהוא דרך חול וזלזול ליו"ט, כיון שאפשר לו לילך בלא מקל זה, ואינו נוטלו אלא לתקן ולישר פסיעותיו, [**דלאפוקי** מבית לחצר, אפי' לא עירבו, אין להחמיר בזה ביו"ט, **ובשבת** גם זה אסור].

אין הסומא - וה"ה זקן, [**ואם** הזקין כ"כ שא"א לו לילך כלל בלי מקל, מותר אפי' בשבת].

ולא הרועה בתרמילו - היינו גם כן לר"ה או לכרמלית, ומטעם זילותא ליו"ט. **(ודין סיגר, דינו ביו"ט כמו בשבת, וע"ל סימן ש"א סעיף י"ז)** - וה"ה לענין חולה שעמד מחליו, וכנ"ל בסימן ש"א סי"ז.

סעיף ב - אין יוצאין בכסא, אחד האיש ואחד האשה - שהיה דרכם להוציא את הנכבד בכסא, שהיה הוא יושב בקתדרא, ואחרים היו נושאין את הקתדרא על כתפם, כדי שלא ידחקוהו אנשים, [או כדי שלא יפול], או כדי שלא יטנפו בגדיו.

וכתבו הפוסקים, דדוקא בכסא אסור, משום דהוא עובדא דחול, **אבל** אם נושאו על כתפיו שלא בכסא, מותר, [**ואפי'** לר"ה מותר לשאת ביו"ט, כיון דהוא צורך קצת].

ואיש שהיו רבים צריכים לו - לבית המדרש לדרשה, **מותר** - ואפילו יכול לילך ברגליו, מותר אם יש בזה איזה צורך, כגון שלא יטנף בגדיו, או כדי שלא ידחקוהו אנשים, וכ"ש אם היה זקן, או טורח ההליכה מחמת חולשתו.

ומוציאין אותו על הכתף - פי' אפילו על הכתף, שמשים כל א' ידו על כתף חבירו, והכסא שהאדם יושב עליו על זרועותיהם, וכ"ש אם נושאים הכסא בין ידיהם, **אפילו באפריון** - [ואם מותר לישא כסא ביו"ט

אחר אדם חשוב, פן יצטרך לישב עליו בהליכתו, יש דעות בין הפוסקים, **ואם** רבים צריכים לו, לכו"ע מותר].

סעיף ג - מי שנתכווצו (פי' שנלמתו ונעשה קלריס) גידי שוקיו, יכול לצאת במקל - אפילו לר"ה, דנחשב לו כמנעל, כיון שאין יכול לילך בלתו.

סעיף ד - אין מנהיגין בהמה במקל - אפילו אזמניה להמקל מאתמול לכך, דשוב לית ביה משום מוקצה, אסור, דמחזי כמאן דאזיל לשוק למוכרה, [**דאי** לא אזמניה, המקל מוקצה, דלא ניתנו עצים אלא להסקה].

§ סימן תקכג – דינים הנהגים בבהמות ביו"ט §

סעיף א - מסירים זבובים הנתלים בבהמה - ר"ל ביד, או במגרדת של עץ שאינו מוכרח שיתלש שער עי"ז, [ודוקא בשער של בהמה ששערותיה גסות, משא"כ בשל אדם], משא"כ בשל ברזל וכדלקמיה.

אף ע"פ שהן עושין חבורה - ר"ל שלפעמים נעשה חבורה עי"ז, כיון שהוא אינו מתכוין לזה.

(**ואף** דהלכה כר' יוסי הגלילי (כ"א: לכם ולא לכלבים), **דאין לטרוח בשביל בהמה, נראה דהטעם הוא משום דהוי צער בע"ח ע"י זבובים הנושכים אותם**).

סעיף ב - אין מגרדין בהמה במגרדת - של ברזל **ביו"ט, מפני שמשרת שער** - שבודאי יתלש שער עי"ז, (וגם בודאי יעשה חבורה עי"ז), **ואף** שאינו מכוין לזה, וגם לא ניחא ליה בתלישת השער, קי"ל דהיכא דהוי פסיק רישא, אף דלא ניחא ליה, אסור.

סעיף ג - אין מילדין בהמה ביו"ט - דהיינו למשוך הולד מן הרחם, דאיכא טרחא יתירא.

אבל מסעדין אותה, שאוחז בולד שלא יפול לארץ, ונופח לו בחוטמו - שנחיריו סתומין לו ברירין, **ונותן לו דד לתוך פיו.**

סעיף ד - בהמה שריחקה ולדה, מותר לזלף (פי' לשפוך) מי שליתה עליו - על הולד, כדי שתריח ריחו ותרחם עליו, **וליתן מלא אגרוף מלח ברחמה** - כדי שיכאוב לה ותזכור צער לידה, **כדי שתרחם עליו; אבל הטמאה אסור לעשות לה כן** - שאינה מקרבתו לעולם אחר שריחקתו.

הגה: וע"ל סי' רמ"ו ס"ג בהגה, אם אדם מלוה על שביתת בהמתו ביו"ט - עיין לעיל בסימן תצ"ה ס"ג במ"ב.

§ סימן תקכד – כמה דברים האסורים ביו"ט §

סעיף א - אין עולין על גבי אילן - עיין לעיל בסימן של"ו, שם מבואר פרטי הדין וטעמיהן, **ולא רוכבין על גבי בהמה** - עיין לעיל בסימן ש"ה סי"ח.

ויתר דברי הסימן עד סופו, מבואר לעיל בהלכות שבת בסימן של"ט ס"א עד ס"ה, עי"ש במ"ב ובה"ל טעם כל אלו הדברים ופרטיהן, ושייך גם לענין יו"ט.

ולא שטין על פני המים, ולא מספקין להכות כף על ירך, ולא מטפחין להכות כף על כף, ולא מרקדין, ולא דנין, ולא מקדשין, ולא כונסין, ולא מיבמין, ולא מגרשין, ולא חולצין, ולא מקדישין, ולא מחרימין, ולא מפרישין תרומה ומעשרות - וה"ה חלה, ועיין לעיל בסימן תק"ו סעיף ג' וד', שם מבואר פרטי הדין.

הגה: ודין פדיון הבן, כדינו בשבת כך דינו ביו"ט, וע"ל סי' של"ט סעיף ד' - ר"ל דשם מבואר דבדיעבד מה שעשה עשוי.

סעיף ב - שכיב מרע דתקיף ליה עלמא טובא, שרי לגרש אפילו בשבת.

§ סימן תקכה – דין הלואה ביו"ט §

סעיף א - הלואת יו"ט - היינו שהקיף לו החנוני מיני מאכל ומשתה, **נתנה ליתבע בדין** - ר"ל שנזקקים לו בב"ד אחר היו"ט אם מסרב לפרוע, **והרבותא** הוא, משום דאיכא מאן דאמר בגמרא דס"ל, דבדין אינו יכול לתבוע, אלא בינו לבין עצמו, דאם יהיה ניתן ליתבע, אתי למכתב, **קמ"ל** דלא קי"ל הכי, אלא כאידך מאן דאמר, דאם לא יכול לתבוע לא יתן לו מתחלה, וימנע עי"ז משמחת יו"ט.

(וע"ל סי' ש"ז סעיף י"א) - ר"ל דשם מבואר לענין שבת, דיזהר מלומר לשון הלואה, אלא יאמר: תן לי, וה"ה לענין יו"ט, וע"ש בהג"ה ובמ"ב, דכל הדינים שייך גם לכאן, **וכן** מה שפסק השו"ע דהלואת יו"ט ניתנה ליתבע, ה"ה דהלואת שבת ניתנה אח"כ ליתבע.

סעיף ב - גבאי צדקה גובין מהחצרות ביו"ט - היינו מיני מאכל ומשקה, **אבל לא יכריזו כדרך שמכריזין בחול, אלא גובין בצנעה** - דאף דמותר להכריז על דבר מצוה, שאני הכא דאפשר בצינעא.

ונותנים לתוך חיקם, ומחלקים לכל שכונה ושכונה בפני עצמה.

§ סימן תקכו – דין מת ביו"ט §

סעיף א - מת המוטל לקברו, אם הוא ביו"ט ראשון, (לא יתעסקו בו ישראל) - דאין מצוה של קבורה דוחה עשה ול"ת דיו"ט, **וה"ה** דאסור לחתך בעצמו בגד פשתן, בין מה שחותכין במדה מן החתיכה הגדולה, או מה שמחתכין לחתיכות קטנות, כדי לתפרם אח"כ יחד כדרך שעושין בבגד, דכל זה הוא בכלל מחתך.

וגם ע"י קראי"ם, ואפילו אם נעשה עובד כוכבים, אסור, דהא ישראלים הם ומצווים, ואיכא משום לפני עור לא תתן מכשול.

(ואפילו יסריח) - כגון שמונח מעיו"ט, או שהוא ימות החמה, ואפילו היה יו"ט ראשון ע"ש, שעד יום א' א"א לקוברו, ובמקום שאין העובדי כוכבים מניחים לעשות מלאכה ביום אידם, שע"כ יהא מונח עד יום ב', **(ואי אפשר בעממין)** - אסור גם כן על ידי ישראל.

(אבל יתעסקו בו עממין, אפילו מת בו ביום.

(וע"ל סימן ד"ש) - לענין עבדים אם מתעסקין על ידיהם. **ואפילו אם יכולין להשהותו עד למחר שלא יסריח.**

וכתבו הפוסקים, דאפי' יש איזה חפירה בבה"ק, שאפשר להניחו שם עד אחר יו"ט, או אפילו קבר גמור, רק שאיננו שלו, ויצטרך לפנותו, מותר לחפור ביו"ט ע"י עממים, שאין זה כבוד למת לטלטל עצמותיו ולפנותו.

ומ"מ אם אפשר ליקח תכריכים מוכנים מאחד, והם לפי ערך מדתו, [דאל"ה בודאי שרי לעשות], בודאי אין עושין אפילו על ידי עממין, [**ואם** אפשר לתקן המוכנים מכבר, למעוטי במלאכה עדיף].

ואם חל יו"ט ראשון בע"ש, וביה"ק רחוק מן העיר יותר ממהלך יום, ולא יגיעו העכו"ם שם עד למחר ביום השבת, אסור, וכדלקמן בס"ג, **אלא** יקברוהו על ידי עכו"ם בעירו, ולאחר שבת יוציאוהו ויוליכוהו לבית הקברות, **או** יניחוהו בארון, ויחמרו בחמר ובזפת ע"י עכו"ם, כדי שלא יהא ריחו נודף, ולאחר שבת יוציאוהו ויקברוהו, [מ"א בכוונת דברי הריב"ש].

[**והיותר** נראה לפרש בדבריו, דאין הקפידא דוקא במה שהוא רחוק עד כדי שלא יגיעו עד השקיעה, **אלא** כל שהוא רחוק כ"כ שאין הישראל יכול ללותו, ויצטרך לסמוך רק על העכו"ם, לא יתכן לעשות כן, דשמא יתעלל בו וינוולו, או שלא יקברוהו וכה"ג, ולפיכך מוטב שיקברו אותו בעירו ע"מ לפנותו אחר יו"ט, או להשימו בארון, **מיהו** מיו"ד סי' שצ"ט סי"ד משמע, דמוסרין המת ע"י עכו"ם, ונראה שהכל לפי העכו"ם].

וכל זה בעשיית (קבר) וארון ותכריכין - שהם מלאכות גמורות מדאורייתא, **וכן** לכסותו אח"כ בעפר, לא שרי לכו"ע רק ע"י עממין, דמילוי גומא הוי כבונה, [**וה"ה** שאסור הכיסוי שמכסין בקרשים משום אהל, **וה"ה** לתקן מה שקורין גאפעלא"ך, דהוי מלאכה דאורייתא].

אבל להלבישו - שאינו אלא טלטול בעלמא, **ולחמם לו מים לטהרו, ולהוציאו** - פי' לקוברו, **ולשומו בקבר, מותר על ידי ישראל** - דאין בכל זה איסור דאורייתא, דמתוך שהותרה הבערה לצורך אוכל נפש, הותרה נמי שלא לצורך, וה"ה בהוצאה, **ואפי'** למ"ד דשלא לצורך כלל מדאורייתא אסור, בכגון זה דאיכא צורך קצת ומצוה, דזילא ביה מלתא דלתעסקי עכו"ם בטהרתו וכה"ג, שרי משום כבוד המת.

אבל לטלטלו מן המטה לארץ, כמו שנוהגין תיכף לאחר מיתה, לא שרי רק ע"י ככר ותינוק, וכמו בשבת, דטלטול זה אינו צורך קבורה.

ומ"מ ללות חוץ לתחום אסור, אף דתחומין גם כן אינן אלא מדרבנן, כדלקמן בס"ו, ושם יתבאר.

ודע, דאף שהמחבר העתיק לסעיף זה בלא פלוגתא, יש כמה ראשונים שחולקים בזה, ואומרים דלא התירו חכמים לישראל בזה בשום דבר, כיון דסוף סוף צריכין אנו לעכו"ם לעיקר עסק הקבורה, יעשה גם שארי דברים, וכן הוא דעת רדב"ז בתשובה, וכן נוטה ג"כ דעת הגר"א בביאורו, **ומ"מ** מי שרוצה לנהוג כדעת השו"ע, בודאי אין למחות בידו, כי יש כמה פוסקים העומדים בשיטה זו.

הגה: וטוב ליזהר לטהרו ע"י קש על גב עור או נסר - כלומר לטהרו ע"ג עור או נסר, ולא ע"ג בגדים, ובמה ירחצו, בקש, וה"ה בידו, **ולא ע"י סדינים, שלא יבא לידי סחיטה** - אע"ג דמשעה ששורה אותו במים יש בו משום כיבוס, ולא הוי ליה לנקוט חשש דסחיטה שאח"כ, **י"ל** דמסתמא רוחצין המת בסדינים נקיים ולבנים, ולהרבה פוסקים לא אמרינן בזה שרייתו זהו כיבוסו, **אבל** משום סחיטה יש כאן, ובפרט דלאחר הרחיצה מלוכלך הסדין מזיעת המת וכה"ג, ויבא לסחוט אותו, והוא כיבוס גמור.

סעיף ב - מת ביו"ט ראשון, אסור להלינו עד יו"ט שני כדי שיתעסקו בו ישראל - או כדי שילוו אותו אשתו ובניו חוץ לתחום, דמוטב שיקברוהו עכו"ם ביום א', והוא שבות שאין בו מעשה, משיקברוהו ישראלים, ויעברו אשבות בידים.

ומשמע דאפי' בת"ח שכבודו ביותר להקבר ע"י ישראלים, ג"כ לא משהינן ליה.

ויש מן האחרונים שכתבו, דאם השהו אותו ליום ב', לא יקבר על ידי ישראל אלא ע"י עכו"ם, (מנחם עזריה, ומסיים ע"ז הא"ר, ואם אין עממים, צ"ע אם יש לקברו ע"י ישראל, **ולענ"ד** נראה פשוט בזה, דבודאי אין משהין אותו עד אחר יו"ט, וקוברין אותו ע"י ישראל, דכי מה פשע המת שהשהו אותו, **אלא** דגם עיקר דינו דמנחם עזריה ג"כ אינו נראה, דהא לכמה רבוותא קיי"ל דמן הדין צריך להשהות אותו עד יו"ט ב', ונהי דאנן לא נקטינן כהנך פוסקים, ואדרבה יותר טוב לקברו ביומו, מ"מ לא מצינו דאם השהה אותו דליקנסיה למת שלא לקברו ע"י ישראל, במקום דלכמה פוסקים היה צריך לעשות כן לכתחלה, ותו דגם עיקר דינו דמחבר אינו מוסכם, והראב"ד הלא עשה הלכה למעשה להשהות לת"ח ליו"ט שני, כדי שיקבר על ידי ישראל, ואם כן אף שאין להקל לכתחלה אפילו בת"ח נגד סתימת המחבר, אבל לקנסו מנ"ל, מה גם דהקנס הוא למת, ולא שייך למקנסיה דלא פשע מידי, א"כ עכ"פ בדיעבד יש לסמוך ולקברו ע"י ישראל, ובפרט אם הוא ת"ח, דזילא מילתא לקוברו ע"י עממין, כן נראה לענ"ד).

(וכ"ז הוא לפי סברת המחבר, דלרמ"א בס"ד, בלא"ה קוברין ע"י עממין אף ביו"ט שני).

סעיף ג - בשבת וביום הכפורים לא יתעסקו בו כלל, אפילו על ידי עממין, אפילו להוציאו על ידיהם ולהניחו בכוך (פירוש בחפירה) העשויה מאתמול - אע"ג דאינו אלא טלטול על ידי נכרי, לא רצו להתיר משום כבוד המת, דאדרבא כבוד המת הוא שלא יתחלל שבת ויוהכ"פ דחמירי על ידו, **וכל** פרטי דין זה מבואר לעיל בסימן שי"א עיי"ש.

סעיף ד - ביו"ט שני יתעסקו בו ישראל, אפי' ביום שני של ראש השנה, ואפילו לא אשתהי, אפי' לחתוך לו הדס מהמחובר - במקומות שנוהגין להניח הדס על מטת המת, ואע"פ שאין זה מעיקרי צרכי הקבורה, אלא בשביל כבוד.

ולעשות לו תכריכין - לחתוך ולתפור, ואע"פ שאפשר לכרוך את המת בסדין שלא בתפירה, **ומ"מ** אם יכול למצוא תכריכים מוכנים כמדתו, אין לעשות חדשים, וכמש"כ לעיל בס"א, **ואם** מטונפים הם, מותר לכבסם.

וארון - אם אין לו נסרים מוכנים, מותר לנסור ביום טוב, ועיין בסימן תקמ"ז.

ולחצוב לו קבר, ולחמם לו מים לטהרו, ולגזוז לו שערו – (אגב שיטפא נקט כל המלאכות, ובאמת לחמם מותר ע"י ישראל אף ביום טוב ראשון, וכדלעיל בס"א, וכבר העיר בחי' רעק"א בזה).

יש שכתבו, דמ"מ כל מה שאפשר למעט בחלול ממעטין, וע"כ כתבו, דבמקום שיש בני חבורה שרגילין לחפור ולתפור ולעסוק, אין רשאין אחרים זולת בני החברה לעסוק בקבורת המת, **אם** לא שהוא ע"ש סמוך לחשיכה, דאז כל הזריז לסייעו שלא יבאו לידי חילול שבת, הרי זה משובח, **וכמה** אחרונים מקילין בזה, משום דיו"ט שני לגבי מת כחול הוא, [והא"ר כתב: וטוב להחמיר].

ואם אין באותה העיר מקום קברות לישראל, מוליכין אותו לעיר אחרת שיש בה שכונת קברות, אפילו חוץ לתחום - אבל אם יש ביה"ק, אלא שהוא צוה לפני מותו להוליכו לקברות אבותיו, אין לחלל יו"ט בשביל זה, **ומאחר** שעכ"פ מצוה לקיים דברי המת, מלינים אותו עד אחר יו"ט, ואח"כ יוליכוהו למקום אבותיו, **ואם** יש לחוש שיסריח, קוברין אותו ביו"ט בעירו.

ומשכירין לו ספינה - או עגלה, **להוליכו ממקום למקום** - עד מקום הקבורה, **ומותר** גם להוליכו על בהמת ישראל, **ודוקא** האנשים הקברנים מותרים ליכנס לספינה, אבל אנשים אחרים כדי ללוותו, אסורים, ויבואר עוד לקמן בסעיף ז'.

דיו"ט שני לגבי מת, כחול שויוה רבנן; ואפילו אפשר בעממין, יתעסקו בו ישראל - ומ"מ אינו כחול ממש, וכל דבר שאסור בחוה"מ אסור ביו"ט שני במכל שכן, [**ואפי'** ביו"ט אחרון של החגים, דמה"ת הוא חול גמור, ג"כ לא קילא מחוה"מ], **כגון** לחצוב אבנים לקבר, וכן לקצץ עצים מיער כדי לעשות מהם ארון, דאסור בחוה"מ וכמבואר בסי' תקמ"ז, וה"ה הכא, [**וקציצת** הדסים לא אושי מילתא כקציצת ארזים, ולהכי שרי בחצר של מת].

וגם מבואר שם, דלנסור עצים לקרשים לעשות מהן ארון, ולקצץ הדסים, ולתפור תכריכין וכה"ג, אינו מותר רק בחצירו של מת וכה"ג, כדי שיראו הכל שבשביל מת הוא עושה, **ובאדם** מפורסם שמת, מותר לעשות אפילו בשוק, שהכל יודעים שבשבילו הוא, **ומבואר** שם עוד, דבמקומות שאין יהודים הרבה דרים בעיר, אפילו באדם דעלמא מותר לעשות כל המלאכות שלא במקומו של מת, דכיון שישראלים מועטים, כשמת אחד הכל יודעים, [**הא** עיר שדרים בה הרבה יהודים, אסור, ולא מהני במה שנתפרסם הדבר במקרה].

הגה: אבל באשכנז ובמדינות אלו אין נוהגין כן, אלא כל היכא דאפשר בעממין, עושין הקבר והארון ותכריכין ע"י עממין - ודוקא שיש עממין לפנינו, אבל אם צריך להמתין הרבה שעות עד שיבאו עכו"ם, ומתוך כך יבא המת לידי בזיון, לנפוח וכיו"ב, א"צ להמתין, ויתעסקו בו ישראל.

ושאר הדברים עושים ישראלים כמו ביו"ט ראשון - ומ"מ כתבו האחרונים, דמותר לטהרו בסדין כדרכו, ולא גזרינן שמא יבא לסחיטה, רק שיזהר שלא יעשה סחיטה בידים, **ונ"ל** שידקדקו שיהיו הסדינים נקיים, דאי לא, שרייתו הוא כיבוסו, **ומותר** ללותו חוץ לתחום, אע"ג דביו"ט ראשון אסור, דמ"מ לא הוי מלאכה.

אבל אם לא אפשר בעממין, מותר לעשות הכל ע"י ישראלים.

חוץ מן הכיפה שבונים על הקבר - היינו שהיה דרכם לבנות בנין, **שאין בונין אותה ביום טוב** - דכיון שכבר נקבר, למה לנו לחלל יו"ט, [**ומ"מ** משמע מכמה האחרונים, דע"י עכו"ם מותר אפי' ביו"ט ראשון, וצ"ל דמ"מ הוא לכבוד המת].

הגה: אבל מותר לכסותו בעפר כדרכו בחול - היינו אפילו כמו שנוהגין לצבור עפר על הקבר עד שנעשה כמו תל, דגמר קבורה הוא, **ודלא כיש מחמירין, כן נ"ל** - ומשמע מסתימת רמ"א, דאפילו למנהגנו דמחמרינן במלאכות גמורות לעשות ע"י עכו"ם, מ"מ בזה לא נהגו להחמיר.

במה דברים אמורים, כשרוצים לקוברו בו ביום; אבל אם אין רוצים לקוברו בו ביום

- כגון שמלינים אותו לכבודו, (והיינו להביא לו ארון ותכריכים וכיו"ב), **וה"ה** אם היה סמוך לערב ואין שהות לקוברו, **אין עושים לו שום דבר איסור מלאכה, אפילו ע"י אינו יהודי.**

וע"ל בס"ח, דלפעמים מותר להתחיל לעסוק לצורך המת ביו"ט, כדי למהר קבורתו בחול, ושם יתבאר.

אבל אם אין רוצים כו' – (אבל אין להלינו כדי שיקבר **למחר ע"י ישראל**, ‹לפי מנהגיהו דביו"ט שני קוברין ע"י עכו"ם›, **דאין זה כבוד למת, ומ"מ אם הוא ת"ח יש לעיין בזה, ואינו דומה להני דפסק המחבר בס"ב דאסור, דשם הטעם כמו שכתבנו במ"ב ובשעה"צ, משא"כ בזה**), ‹דלמחר יהיה מותר לגמרי, ולא יעברו אשבות בידים›.

אבל טילטול מותר - אפילו ע"י ישראל, ואין בכלל זה הוצאה, ואפילו לכרמלית אסור, **ומסקנת** רוב האחרונים, דאפילו טלטול אינו מותר לצורך החיים, כגון לפנותו מן הבית כדי שהכהנים יכנסו לבית, או מפני עגמת נפש, אלא א"כ שהוא צורך המת, כמו מחמה לצל וכה"ג, **ואף** בזה מחמירים, שאינו מותר רק ע"י ככר ותינוק, וע"פ המבואר לעיל סימן שי"א, [**והגר"ז** מתיר ע"י ככר ותינוק בכל ענין].

(ודין ק"ש ותפלה אם מת לו מת ביו"ט ראשון או בשני, ע"ל סימן ע"א סעיף ב', ולקמן סימן תקמ"ח בסעיף כ').

סעיף ה - החופר קבר למת ביו"ט שני - וה"ה הנותן בד לתכריכין וכדומה, **מותר לו ליטול שכר** - ובלבד שלא יזכרו סכום המקח, וכ"ש שלא ליקח מעות, אלא אחר יו"ט יבאו לחשבון, **וגם** בזה איכא מאן דאמר דאסור, דאין ליקח שכר שבת, אלא דיש שמתיר במקום מצוה, וכדמבואר לעיל בסי' ש"ו ס"ה, [**ויש** שכתבו, דהכא לכו"ע מותר אח"כ ליטול שכר, דכיון דע"כ עשאו כחול בשביל כבודו של מת, ממילא הוא כחול גם להמקבל].

מיהו אם אין החופר רוצה לחפור אלא א"כ יקצצו עמו דמים, או יתנו לו כסף מזומן ביו"ט, אע"ג שעבירה הוא בידו, מ"מ יש לקרובי המת ליתן לו, דיו"ט שני לגבי מת כחול שויוהו, [**והיש"ש** כתב, דאם אינו רוצה כי אם בשכר, מטעין אותו ואין נותנים לו אח"כ, **ודוקא** באין אחר זולתו, דאל"כ, וכי רק עליו חל חובת החפירה, ועדיין צ"ע].

סעיף ו - מותר ללות המת ביו"ט ראשון תוך התחום - ר"ל עד אלפים אמה ולא יותר, אע"ג דעד ג' פרסאות לכו"ע אינו אלא מדרבנן, לא התירו משום לויה גרידא, [**ומצאתי** בספר שלחן שלמה, דבני חבורה אותן שנושאין את הארון, מותרים לילך אפי' ביום א' חוץ לאלפים, דדוקא לויה גרידא דאינו אלא כבוד בעלמא, לא מתירין, אבל הכא בזיון הוא למת למסור אותו ע"י עכו"ם בלחודייהו, **איברא** לשון העו"ש משמע, דחוץ לתחום אסור אף לשאת המת, וצ"ע לדינא, **וגם** לבעל שלחן שלמה שמתיר, צ"ע אי מותר לחזור למקומם].

וביו"ט שני אפילו חוץ לתחום - אפילו חוץ לתחום ג' פרסאות, ואע"ג שאין בהם צורך למת, אלא מלוין אותן מפני הכבוד בלבד, אפ"ה שרי דכחול שויוה רבנן, [**וכתבו** אחרונים, דדוקא לכבודו של מת, הא לכבוד אבלים אסור, **ויהיה** מיירי באופן שהמת היה מונח בביה"ק, והמתינו בקבורתו עד שיבא אביו לשם, והלכו עמו עוד אנשים, דבזה מלוין רק את אביו, וליכא כבודו של מת].

וחוזרין למקומם בו ביום - ואפילו יצאו חוץ לכמה מילין, מותרין ג"כ לחזור לביתם, שאם יאסרו אותם, יהיו נכשלים לעתיד לבא, שלא ירצו לילך ולהתעסק בצרכי המת ובהלויתו.

ומסתברא דכ"ז אם אין שם במקום הקברות מושב יהודים בתוך התחום, הא אם יש שם, ושיכולים שם לאכול ולישב, לא נתיר להם לחזור, דבשביל זה שאי אפשר להם לחזור לאכול ולשוב לביתם פעם אחד, לא ימנעו ללות המת, [**מיהו** עד ד' אלפים אפשר דמותר בכל גווני, שהרי עכ"פ הוא יוצא ברשות].

(**ויש להסתפק במקומות שהביה"ק הוא רחוק מאד, עד שאין שום אדם מלוה עד ביה"ק בשום פעם, רק יש אנשים מחברה קדישא שקבועים תדיר לשאת המת שם, ובאים על שכרם, אם התירו בדידהו לחזור, ואי שייך בהו טעמא כדי שלא תכשילם, שהרי הם שכורים והולכים בשביל שכרם, ואם בשביל שיצטרכו האבלים לשלם ביותר בעבור זה, צ"ע אם מתירים להו בשביל זה לחזור כמה מילין, מיהו ד' אלפים אמה בודאי יכולין לחזור, שהרי עכ"פ לא גרע מכל היוצאין ברשות שיש להם ד'**

אלפים בהבלעה, אבל ביותר מד' אלפים שמתירין אנו רק בשביל טעמא שלא תהא מכשילן, צ"ע אם שייך בזה).

(ועוד מסתפקנא, אם גבי האבלים נמי אמרינן דחוזרין למקומם, דלכאורה בדידהו לא שייך דמימנע, דודאי לא ימנעו ללות אביהם בשביל זה, ולא שייך אלא באנשים דעלמא, ומסתימת הפוסקי' משמע שאין לחלק בזה, וצ"ע).

ונתבאר בהפוסקים, דמ"מ אם יכול לקצר דרכו, לא נתיר לו לחזור בדרך ארוכה.

וכן מותר להחזיר כלי הקבורה שהוליכו עמהם חוץ לתחום - ומוקצה אינם, דהרי כלים שמלאכתם להיתר הם, דשמא יצטרך להם למת אחר בו ביום, וא"כ מותר לטלטלם אפי' לא יצטרך להם רק לשמרם שלא יגנבו, **וכיון** שכבר מטלטלם, אפילו ימצא סמוך לחומת העיר מקום שמור להניחם, ג"כ א"צ, אלא מותר לישאם עד ביתו, [**וכ"ש** אם יודעים בודאי שיש עוד מת, ושמצטרך להם כלים אלו, בודאי מותר].

סעיף ז - המלוים את המת אסורים לרכוב על בהמה, אפי' ביו"ט שני - וה"ה לילך בספינה, ואפילו בתוך התחום נמי אסור, **ואע"ג** דמתירין ללות חוץ לתחום, שאני רכיבה דאיכא חשש חתיכת זמורה, שהיא מלאכה דאורייתא, ולא ניתר בשביל לויה שאינה מעיקרי צרכי הקבורה, **ועוד** דברכיבה איכא זילותא דיו"ט טפי מהליכה ברגליו.

ואפילו האבלים - ומשמע דאפילו אי אפשר במקום הזה לילך ברגליו, וישאר בלי לויה, ג"כ אסור.

אבל הקוברים שצריכים לקברו, אם אי אפשר, מתירים להם ביו"ט שני לרכוב ע"ג בהמה - וה"ה דמותרין הקוברין לילך בספינה, **ומיהו** לא ירכבו בעיר, מפני האומות שלא יאמרו עליהן שמחללין יו"ט.

(**עיין** בט"ז, דר"ל שיש להם טורח קצת לילך ברגל, ושרי, ואזיל לשיטתיה שכתב בתחלה, שעיקר דין המחבר מגומגם אצלו, **אבל** לפי מה שפי' המ"א וא"ר, דמשום זילותא דיו"ט הוא, אין להתיר ברכיבה אלא א"כ יש טורח גדול לילך ברגליו, וכ"כ בספר נהר שלום והגר"ז).

סעיף ח - אם נודע לבני עיר אחת, שישראל מת רחוק משם ד' או חמשה ימים, ולא ניתן לקבורה - והיה מונח בין העכו"ם, **אע"פ שלא יוכלו להגיע לו עד לאחר המועד, מותר לצאת לדרך ביו"ט שני כדי למהר קבורתו.**

ואע"ג דלא התיר המחבר לעיל בסעיף ד', לעשות שום מלאכה בשאין בדעתו לקוברו בו ביום, **שאני** הכא דהיה מוטל כבר כמה ימים בין העכו"ם, והוא מת מצוה, וצריך למהר כל מה דאפשר כדי שלא יתנוול, **וכתב** המג"א, ומיהו אם מונח שמה בבית, אין להקל, [**ובבה"ל** ביארנו, דאפי' מונח בבית, אם הוא תחת יד עכו"ם, הוא כמוטל בשדה, ואעפ"כ אין להקל בזה רק לילך ברגליו, ולא לרכוב].

הגה: ומותר להביא מת ביו"ט שני מחוץ לתחום העיר לקברו בקבורת ישראל, אע"פ שהיה אפשר לקברו במקומו - כבר כתב כן המחבר בס"ד, ולא חזר הרמ"א וכתבו אלא משום חידושו, דאפילו אין המת כאן, אלא שנודע להם שיש מת מחוץ לתחום, מותרים לילך לחוץ לתחום להביאו משם לעירם, לקוברו באותו יום בקברות ישראל, [**ואף** שבשעה שהולכים לשם לא מינכר שהולכים לדבר מצוה, לית לן בה]. (**ולפענ"ד** שאין להקל בזה, אלא במקום שהמת השתהא כבר).

(**וה"ה** במת שמונח כאן והשתהא, לילך חוץ לתחום ולהביא תכריכין וכדומה מצרכי הקבורה לקוברו בו ביום, יש להתיר).

(**ולרכוב** על סוסים בודאי אסור, **אכן** היכא דיש חשש של אכילת כלבים, כתב בא"ר שמותר אפי' לעשות מלאכה ביו"ט שני כדי להצילו).

(**ודע**, דכ"ז שכתבנו הוא ביו"ט שני, אבל לא ביו"ט ראשון, דאין מת מצוה דוחה שבת ויו"ט, **אכן** ע"י עכו"ם יש להתיר).

סעיף ט - נפלים אין קוברין אותן ביו"ט ואפי' ע"י עממין, שהרי הם כאבן ואסורים אף בטלטול, (**ומיהו** אם נשתהה, א"נ שחושש שמא ישתהא, י"א שמתוך שמותר לטלטלו מדין גרף של רעי, מותר ג"כ לקברו, וצ"ע).

תינוק שמת בתוך שלשים, אם גמרו שערו וצפרניו, הוא בחזקת בן קיימא, ודינו

כמת גדול - ונקבר ביום א' ע"י עכו"ם, וביום ב' ע"י ישראל, **אע"פ שאין אנו יודעים אם כלו לו חדשיו, דרוב נשים יולדות ולד קיימא** - ומיתתו תלינן באיזה סיבה.

ויש חולקין בזה, דכיון דמת איתרע רובא, דהא רוב בני קיימא אינם מתים בתוך ל', ומסתמא נפל היה, **ויש** להחמיר לקוברו ע"י עכו"ם, [וגם ביום א' מותר ע"י עכו"ם].

ובלא גמרו, אפי' מת ביום ל' גופא, אינו בחזקת בן קיימא, ודינו כנפל, **ומיהו** ע"י עכו"ם אפשר להתיר אפילו בלא גמרו שערו וכו', דעכ"פ הוא ספק בן קיימא.

סעיף י - נפלים שנהגו להסיר ערלתן בצרור אבן או בקנה, אסור אפילו ביו"ט שני של גליות - נראה דלאו בנפלים ודאים קאמר, דהא אינהו אסור לקוברם ביו"ט, וא"כ בלאו הכי לא שייך למוהלן, דהא מלין אותן על קברן, וכמו שכתב המחבר ביו"ד, **אלא** אנפלים דסעיף ט' קאי, שמחזקינן להו לענין קבורה בחזקת בני קיימא, ומטפלין בקבורתם ביום טוב, ואפילו הכי לקיים המנהג למולן אין להתיר, שאין זה מצרכי קבורה, [**והדברים** מגומגמים, שהרי אסא בודאי אינו מנהג של תורה, ואפ"ה מותר למיגז אסא מן המחובר, וכ"ש מנהג זה שהוא מנהג חשוב כמבואר ביו"ד, שהוא כדי שירחמו עליו מן השמים ויקיימוהו לתחית המתים, מכ"ש שהוא כשאר צרכי קבורה שהוא לכבודו, שמאוסה היא הערלה כמבואר בנדרים, וגם לתועלתו, וצ"ע].

הגה: ואסור לקברו ביו"ט, אלא מניחו עד למחר - לפי מה שבארנו דברי המחבר, אין דברי הרמ"א מדוקדקין כ"כ, שהרי אהא דסעיף ט' לא פליג רמ"א, **אם** לא משום דהמחבר סתם וקאמר נפלים, ושלא לטעות דדוקא הערלה אין מסירין, קמ"ל דמי שהוא בחזקת נפל גם לקוברו אסור.

ועוד י"ל, דגם בספק נפל כההיא דסעיף ט', דעת רמ"א שמוטב להניח קבורתו עד אחר יו"ט, כדי שיסיר ערלתו לפני הקבורה, **ולא** קוברין ספק נפל אלא במת לאחר שמלו אותו, או בנפל נקבה, וכ"כ איזה אחרונים.

מיהו בתינוק שלא מלו אותו מחמת חולי וכה"ג, ומת לאחר שלשים, בודאי קוברין אותו ביו"ט, ומסירין אז גם ערלתו, [דבאמת הוא מחתך בשר בעלמא, אלא שהוא מעשה חול, ומותר משום כבודו].

ודע, דיש מן אחרונים שחולקין אעיקר דיני דנפלים, ולדידהו קבורת נפלים נמי מצוה, וא"כ אפשר שיש עכ"פ להתיר ביו"ט ב' ע"י עכו"ם, [**ובבית** מאיר כתב, דאף שמצוה לקבור נפל, אינו משום כבוד חיים ומתים, דלידחי יו"ט, אלא הוא דלא יהא מושלך מפני הטומאה].

סעיף יא - אין קורעין על המת אפי' ביו"ט שני, אפילו קרוביו - דאין זה מצרכי המת, ומיהו לערב צריכין לקרוע.

סעיף יב - כשמת בליל יו"ט שני, משכימין וקוברין אותו קודם תפלה; כשמת ביום, קוברין אותו אחר האכילה - ויש שכתבו, דמוטב לקברו בשעה שאומרים פיוטים, ויזמינו עשרה בני אדם עכ"פ לקבורתו, [**ואפי'** במת בלילה נמי, משום שאי אפשר להקדים כ"כ, ובודאי ימשך לתוך זמן ק"ש ותפלה, ובפרט כהיום שנעשה גם ביום ב' על ידי עכו"ם, בודאי אינם זריזים].

ואם הוא אדם חשוב שחייבים כולם ללוותו, יוציאוהו לאחר התפלה, וילווהו עד ביה"ק ויניחוהו שם, וילכו לאכול, ואח"כ יקברוהו, [דעל פי הדחק י"ל, כיון שהתחילו בהוצאתו, אין עוברים בזה על דברי המדרש ד"לא תאכלו על הדם"], **ומ"מ** אם הכל מוכן, דהיינו הקבר והתכריכין, ואפשר לקוברו קודם אכילה בענין שלא ימנעו עי"ז משמחת יו"ט, עדיף טפי לקוברו קודם אכילה, דבמדרש סמכו על קרא ד"לא תאכלו על הדם", שאסור לאכול סעודה קבוע קודם שנקבר המת.

וביו"ט ראשון שהוא על ידי עממין, אפילו מת בלילה, קוברין אחר האכילה או אחר התפלה, [**דטעמו** של דבר ד"משכימין" כתב בלבוש, שלא להמשיך האנינות הרבה, ומיהו ביום א' שהוא ע"י עכו"ם, ואינם זריזים, בודאי יומשך לתוך התפלה, וע"כ טוב יותר לאחר התפלה].

וכ"ז למחבר, דיו"ט ב' הוא ע"י ישראל, אמנם לדידן דנוהגין אפילו ביו"ט ב' ע"י עממין, א"כ יו"ט ראשון ושני שוין.

הגה: ודין לדוק הדין ביו"ט, עיין ביו"ד סימן ת"א סעיף ו'.

§ סימן תקכז - דיני עירוב תבשילין §

סעיף א - יו"ט שחל להיות בערב שבת, לא יבשל בתחלה לצורך שבת בקדירה בפני עצמה - ואין נ"מ בין יו"ט א' בין יו"ט ב' של גליות, דאם חל יו"ט ב' בע"ש ג"כ אסור לבשל לשבת, אם לא ע"י עירוב שיערב מעיו"ט הראשון.

אבל מבשל הוא כמה קדרות ליו"ט, ואם הותיר, הותיר לשבת - ואפילו ניתותר קדירה שלימה כולה, כיון שמתחלה חשב שיצטרך ליו"ט, ובלבד שלא יערים בזה.

וע"י עירוב, מבשל בתחלה לשבת, (פי' ענין העירוב הוא, שיבשל ויאפה מיו"ט לשבת עם מה שבשל ואפה כבר מעיו"ט לשם שבת, ונמצא שלא התחיל מלאכה ביו"ט אלא גמר אותה).

כתבו הפוסקים, דהיתר העירוב הוא אף למ"ד דמלאכות שבת אין נעשין ביו"ט מדאורייתא, מ"מ מהני העירוב, **דמ"מ** אין כאן אלא איסור מד"ס, דמדאורייתא אמרינן: הואיל ואלו מקלעי אורחים וחזי ליה ליו"ט גופא, א"כ אין עושה איסור בזה, ורק מדרבנן אסרו, **ובשביל** שבת שהוא שעת הדחק התירו ע"י עירוב, שנחשב בזה כאלו כבר התחיל להכין מעיו"ט לשבת, ורק שגומר ביו"ט.

ויזהר להקדים הכנת מאכליו לשבת, בכדי שיגמר מלאכתו בעוד יום גדול, דסמוך לחשיכה בזמן דלא שייך שיצטרך לו ביו"ט גופא, הלא יש כאן לתא דמלאכה דאורייתא, **וכן** יש ליזהר בהמאכלים שמטמין לשבת, שיטמינן בזמן שאפשר שיתבשלו שליש בישול מבעו"י, **ומטעם** זה נהגו להקדים תפלת ערבית בליל שבת כשחל סמוך ליו"ט, כדי שלא יתאחר מלאכת בישולו ביום טוב עד סמוך לחשיכה.

(**אמנם** נמצאו גם דעת ראשונים המקילין בזה, שפסקו כרב חסדא לגמרי, ומלאכת שבת נעשין ביו"ט מדאורייתא, **ולדידהו** אין חילוק בין מבעוד יום בין סמוך לחשיכה, דמדאורייתא מלאכת שבת נעשין ביו"ט, ורק מד"ס אסור כדי שלא יקילו גם מיו"ט לחול).

ועיין בה"ל, דבשעת הדחק יש להקל ביו"ט שני שחל בע"ש, אם נתאחר בישולו לשבת עד סמוך לשבת, **ואף** ביו"ט ראשון אפשר דיש להקל בשעת הדחק, **ולכתחלה** בודאי צריך ליזהר בזה, ובפרט ביו"ט ראשון שהוא דאורייתא.

הגה: ומותר להניח עירוב זה אפילו ספק חשיכה - זמן ספק חשיכה נתבאר בסימן רס"א, ומבואר שם, דכשנראין ג' כוכבים בינונים, הוא ודאי לילה.

וכתבו האחרונים, דאם קיבל עליו יו"ט באמירת "ברכו", שוב אין יכול לערב, דבקבלת יו"ט נחשב הזמן כיו"ט ודאי, **ובשעת** הדחק, אף אחר "ברכו", כל זמן שלא התפללו הציבור מעריב, יוכל לערב אם לא חשכה עדיין, ‹די"א דקבלת יו"ט לא הוה עד תפלת יו"ט - ט"ז›. [**והדה"ח** מצדד להקל אף אחר קבלת צבור, אם יש שהות].

ודוקא בקבלת "ברכו" שהוא קבלת ציבור, ואף אם הוא לא אמר "ברכו", נגרר אחר הציבור, **אבל** קבלת עצמו ‹בזמן ספק חשיכה›, אף שקיבל בפירוש, אפשר דלא מהני לענין זה, ויכול עדיין לערב אם עוד לא חשכה, [**ואם** כבר התפלל מעריב אפי' ביחידות, הגר"ז פסק להחמיר. **ואם** קיבל או התפלל מבע"י, משמע מסי' רס"א דמותר, די"ל דקיבלו רק לדין ספק חשיכה, **משא"כ** הכא שקבל בספק חשיכה, י"ל דקבלתו הוי לודאי], ‹ולפיכך רק "אפשר" דיכול עדיין לערב, ובתפלה אסר הגר"ז›.

אם בא להתפלל מנחה, ונזכר שלא עשה עירוב תבשילין, ואם יחזור לביתו לערב, יאחר זמן מנחה, יתפלל מנחה, ולענין עירוב יקנה קמחו לאחרים, **ומיהו** אם יכול לעשות עירובו ע"י שליח, ישלח שליח לעשות עירוב קודם שיתפלל מנחה, [ויאמר להשליח שיעשה בשבילו, ויזכה גם למשרתיו].

(**ועיין** בסימן רס"ג, דהדלקת נר בשבת חשיב קבלה לנשים, **וצ"ע** מה הדין בזה, **ולכאורה** אם הנשים הדליקו נר יו"ט, שוב א"א לעשות עירוב בשבילן, **אף** שהוא עדיין יום, שכבר קיבלו עליהם יו"ט, **ומשמע** לכאורה שם, דבהדלקת הנרות יש לו דין קבלה של ציבור, מאחר שכן המנהג, עי"ש די"א דלא מהני תנאי, **אלא** דיש לדון, דאולי דוקא בשבת שמדליקין הכל בשעה אחת, ונהגו לקבל בזה שבת, **אבל** ביו"ט שאין הכל מדליקין בשעה אחת, **אפשר** דלא נהגו לקבל בזה, **ויש** לו דין איש המדליק, שאינו מקבל שבת בהדלקתו,

ואף אם נאמר דאשה דרכה לקבל אף ביו"ט בהדלקתה, מ"מ ביו"ט אפשר דאין בזה רק דין קבלת יחיד, כיון שאין מדליקין בשעה אחת, ומותר עדיין הדברים שמותר לעשות בספק חשיכה, **אכן** לכתחלה בודאי יש לזהר לעשות העירוב קודם שתדליק הנרות).

סעיף ב - עירוב זה עושין אותו בפת ותבשיל - דצריך לאפות ולבשל מיו"ט לשבת, ולכן עושין העירוב מפת ותבשיל מעיו"ט, שעל סמך זה אופין ומבשלין אח"כ.

ואם לא עשאו אלא מתבשיל לבד, מותר - לאפות ולבשל ביו"ט בשביל שבת, דמעיקר הדין א"צ אלא מתבשיל לבד, ומהני בין לפת בין לתבשיל, שכן הוא דעת רוב הפוסקים, אלא שנהגו כדעת הפוסקים המחמירין להצריך פת ותבשיל, ולכן בדיעבד מותר.

ומ"מ אם נזכר קודם שחשכה, צריך להוסיף להניח גם פת, ויאמר: בהדין עירובא, אבל לא יברך שנית.

ואם א"צ לאפות ביו"ט ורק לבשל, אף לכתחלה סגי בתבשיל לחוד לכו"ע.

ואם עשה מפת לבד, לתבשיל בודאי לא מהני, ואם מהני לפת לחוד יש דעות בין הפוסקים, והאחרונים הסכימו, דלא מהני אף לפת, דעיקר העירוב נתקן מתבשיל.

סעיף ג - שיעור תבשיל זה כזית, בין לאחד בין לאלפים - ומשום הידור מצוה יקח לחם שלם, וחתיכת בשר או דגים חשובה.

בין בתחלתו בין בסופו - לכאורה ק"ו הוא, אם בתחלתו סגי בכזית, כ"ש אם היה יותר ונשאר כזית, **אלא** בא לאשמעינן, דאף בסופו לא סגי בפחות מכזית.

הגה: ויש מצריכין לכתחלה בפת כביצה, וכן נוהגין לכתחלה - האי לכתחלה הוא רק קודם שעושה העירוב, אבל אם כבר עשה, א"צ לחזור ולעשות.

סעיף ד - צריך שיהא תבשיל זה דבר שהוא ראוי ללפת בו את הפת - כגון בשר ודגים וביצים, ושארי מיני לפתן מבושלים, שדרכן ללפת בהן את הפת.

לאפוקי דייסא - היינו ריפות של שעורים שקורין גאגעלאך, שאין דרכן של בני אדם ללפת בהן את הפת, אלא אוכלין אותן בעצמן כדי לשבוע כמו פת, **ואפילו** במקומות שנוהגין ללפת בהן את הפת, בטלה דעתן אצל כל אדם, **ושארי** מיני קטניות תלוי במנהג המקומות, שבמקום שאין מלפתין בהן את הפת, אסור לערב בהן.

[**ונראה** דתפוחי אדמה שהסיר קליפתן, ובשלן יבשים, הוא מדברים שדרכן לאכלן בפני עצמן כדי לשבוע, ולא ללפת בהן את הפת, ואין מערבין בהן, וכן קטניות מבושלין יבשים שקורין ארבע"ס, או פולין שקורין בא"ב].

מהרי"ל היה מניח הבשר על טעלער ולא על הגלוסקא, משום מיאוס, **וגם** לקח לחם שלם, **והיה** לוקח אותו אחר כך ללחם משנה, ובוצע עליו בסעודה שלישית, דכיון דאיתעביד ביה מצוה חדא, ליתעבד ביה מצוה אחרינא.

סעיף ה - תבשיל זה שאמרו, אפילו צלי - ודוקא צלי ממש, אבל מליח, אף שהוא חשיב כרותח דצלי, אפ"ה אין מערבין, וגרע מכבוש דלקמיה, **ולכן** אין מערבין בדגים מלוחים שקורין הערינ"ג, אף שהוא ראוי לאכילה כמו שהוא חי, **אכן** אלו המונחים בשולי החביות שכבושין הן בציר, יש להם דין כבוש, ומערבין בהן.

אפילו שלוק - מבושל הרבה יותר מכפי צרכו, **אפילו כבוש** - דכבוש כמבושל חשיבי, **ושיעור** כבישה במים ושאר משקין, הוא מעל"ע, **ובחומץ** וציר, אם רק נשרה כדי שיתננו על האור ויתחיל להרתיח, חשוב כמבושל, **וכ"ז** אם ראוי לאכילה ע"י הכבישה.

או מעושן - וזה נמי כשראוי לאוכלו בזה.

אפי' מין דגים קטנים שהדיחן במים חמים, והדחתן הוא בישולן לאכילה - היינו קולי"ס האיספנין שבש"ס, שרכין הן, ובמים חמין נגמרין לאכילה, וחשיבי בישול לדידה, **הרי זה סומך עליהם**.

וכן סומך על תפוחים מבושלים, (וה"ה שאר פירות מבושלים) – (עיין לעיל בסימן קע"ז ס"א, דמוכח שם דפירות אין דרך ללפת בהן הפת, דלהכי צריך

ברכה לאכול אותן בתוך הסעודה, **אכן** הכא מיירי בידוע שדרך אותו מקום ללפת בהן הפת).

ועל דגים קטנים שבישלן - או צלאן, והיינו אפילו היו מלוחים בתחלה, דראויין היו לאכלן חיים, ואין צריכין בישול, הו"א דלא נחשב בישולן לכלום, קמ"ל, **ורבותא** זו היא גם כן לענין תפוחים מבושלין, אף דראוי היה לאכלן חיים.

סעיף ו - סומך מעיו"ט אפילו על עדשים שבשולי קדרה, וכן על שמנונית שנדבק בסכין וגררו, והוא שיהא בו כזית - ר"ל אע"פ שנשארו העדשים שם בלא מתכוין, הואיל ומבעוד יום סמך עליהן, **ולא** אמרינן דמיגו דלא חשיבי בטלי אגב קידרא, אלא גורנן מעיו"ט ומחשבן לכך, ואומר עליהן: בהדין עירובא וכו', וכן שמנונית שעל הסכין, **וכ"ז** דוקא אם דרך באותו מקום ללפת הפת עם עדשים.

וכ"ז דוקא אם אין לו תבשיל אחר, אחרונים, **ופשוט** דזה דוקא לענין עדשים שבשולי קדרה, דהוא קצת ביזוי מצוה, אבל תבשיל גמור של עדשים, לא גריעא משאר תבשיל, ואפילו לא נתבשלו מתחלה לשם כך, (**אכן הב"ח** כתב טעם אחר, דהוא משום שלא נתבשל לשם כך, דלכתחלה מצוה מן המובחר לעשות תבשיל בכוון לשם עירוב, {**ואולי** אם רק בישל לצורך שבת סגי, ושאני אלו שלא נתבשלו כלל לצורך שבת}, **וכ"ז** למצוה מן המובחר בעלמא, **אבל** העירוב כשר אף אם לקח דברים שלא נתבשלו לצורך זה).

סעיף ז - מצוה על כל אדם לערב, ומצוה על כל גדול העיר לערב על כל בני עירו - וכן מצינו בש"ס שכמה גדולי האמוראים היו מדקדקים בזה, [**ולאו** דוקא גדול, אלא כל אדם יכול להקנות עירובו].

כדי שיסמוך עליו מי ששכח - וכ"ז בפעם ראשון, אבל אם ברגל השני שכח עוד פעם, הוי כפושע, שניכר שאינו חרד לדבר מצוה, ודינו מבואר בסוף הסעיף, [**וכתבו** האחרונים, דה"ה אם שכח מחמת עצלות שלא מחמת טרדא, אפי' בפעם ראשון].

או נאנס, או שהניח עירוב ואבד - ולא אמרינן שבזה שעירב, גילה בדעתו שאינו רוצה לצאת בעירוב של גדול העיר.

(וה"ה עם הארץ שאינו יודע לערב) - וה"ה אם חשב שיכולין לצאת בעירוב של גדול אפילו לכתחלה.

(**פשוט הוא**, דבין כשכולל עצמו בעירוב זה, ואומר: לי ולבני עירי, ומזכה בתבשילו להם חלק, בין כשכבר עירב, יכול לערב עליהם גם בפני עצמם, **אלא** דמספקא לי אם יכול לברך, כיון דאינו ידוע לו אם יצטרכו לזה, לפי דעת המחבר שכל אחד צריך לערב לעצמו, **ועוד** יש לעיין, אם כשכבר עירב לעצמו, ורוצה לערב בעד בני העיר, אם צריך תבשיל אחר, או שיכול לזכות להם בתבשיל שכבר עירב, כיון שעירוב אחד סגי למאה, ובתוס' ירושלים מסתפק בזה).

אבל מי שאפשר לערב ולא עירב, אלא שרוצה לסמוך על עירובו של גדול העיר, נקרא פושע ואינו יוצא בו - שאין החכמים מקנים עירובם למי שהוא יכול לעשות בעצמו ומתעצל, [ושום גדול אין רשאי לכוון להוציאם], **מפני** שתקנת חכמים היה שכל אחד ואחד יעשה עירוב תבשילין בעצמו, וכדי שיהיה זכור, שאם מיו"ט לשבת אסור לבשל, מכ"ש מיו"ט לחול, **ומיהו** לאו דוקא הוא בעצמו, דה"ה אם ממנה שליח נמי, דשלוחו של אדם כמותו, [וה"ה אם הגדול יאמר לו קודם שעשה שיסמוך עליו, ונתרצה], **ולא** בא אלא לאפוקי עירוב של גדול, שמכין מתבשילו ואינו נמלך בהם בשעת עשייתו, אלא מודיע להם ביו"ט שעשה עירוב ויכולין לסמוך עליו.

ודע, דהרבה פוסקים חולקים על זה, ולדידהו יכול כל אדם לסמוך לכתחלה על עירוב של גדול העיר, ואף הגדולים מכוונים בעירובם להקנות לכל אדם בכל אופן, **ואיזהו** שאינו יוצא בעירובם, זה שכל פעם עושה בעצמו, ואינו רוצה לסמוך על עירוב של הגדול, ואח"כ קרה ששכח כמה פעמים ולא עשה, בזה אין הגדול מוציאו, שהרי לא היה דרכו לסמוך על הגדול, **ואפשר** בדיעבד יש לסמוך אפוסקים אלו ולהקל, משום שמחת יום טוב.

סעיף ח - כשמערב על אחרים, אינו צריך לפרט - בשעה שמזכה ע"י אחר, **אלא מניח**

בכלל על כל בני העיר, וכל מי שהוא בתחום העיר יוצא בו - וה"ה באמירת הנוסח, יאמר: לי ולכל מי שלא עשה עירוב.

הגה: אבל מי שהוא חוץ לתחום, אינו יוצא בו, אפילו הניח עירוב תחומין ויכול לבא לכאן - דמן הסתם אין דעתו של אדם להקנות אלא למי שהוא בעירו, או בתחום אלפים.

אא"כ התנה עליו המניח בהדיא - ומיהו אם לא הניח עירוב תחומין, לא מהני תנאו, שהרי אינו יכול לבא וליקח.

סעיף ט - דעת מניח בעינן, שיכוין להוציא לאחר - לכאורה מילתא דפשיטא הוא, שהרי אינו מוציא עד שיזכה ע"י אחר, ואפשר דמשום סיפא "דאבל דעת" וכו' נקט לה, **ועוד** אפשר לומר, דנקט לה להיכא שמוציא בסתם, דלא מהני אלא לבני אדם הנכללים מסתמא בלשונו, דהיינו מי שהוא בתוך התחום, וכעין ההיא דסעיף הקודם.

אבל דעת מי שהניחו בשבילו לא בעינן בשעת הנחה, רק שיודיעוהו ביו"ט קודם שיתחיל לבשל לצורך השבת - כלומר אם נודע לו ביו"ט שהניחו עירוב בעדו, מותר לו לבשל, אע"ג שלא נמלכו עמו בעת הנחה, דא"צ דעתו כלל, **ולשון** "רק שיודיעוהו" דקאמר, הוא כדי שידעו שיכולים לבשל לשבת.

הגה: ואם דרך הגדול להניח עליהם, סומכין עליו מסתמא - אותן ששכחו או נאנסו, דבודאי עירבו בעד כולם, ואע"ג שלא הוכרז.

ויש מהאחרונים שרצו לומר, לדידן שבנוסח ברכת עירוב תבשילין הוא: לנו ולכל הדרים בעיר הזאת, כל מי ששכח יכול לסמוך דודאי עירבו בעדו, **וחלקו** עליהם, שאין הנוסח מועיל כלום כל זמן שלא זיכו להם על ידי אחר בתבשיל, וכדלקמן בס"י, ואין רוב בני אדם יודעים זאת ואינם מקנים כלל, וע"כ אי אפשר לסמוך ע"ז על סתם בני אדם, אא"כ יודעים בבירור שהקנו להם.

סעיף י - המערב לאחרים, צריך לזכות להם ע"י אחר - כדי שיהיה להם חלק בתבשילין, ושיוכלו לסמוך ע"ז לבשל.

וכל מי שמזכים על ידו בעירובי שבת, מזכין על ידו בעירובי תבשילין; וכל מי שאין מזכין על ידו באותו עירוב, אין מזכין על ידו בזה, (וע"ל סימן שס"ו) - ובהני דאיכא פלוגתא שם, כגון באשתו שמעלה לה מזונות, או בבנו גדול שסמוך על שלחנו, שמסקינן שם דבדיעבד סומכין לקולא, ה"ה הכא.

וכתבו האחרונים, דכ"ז באשתו שאוכלת עמו, אבל אם מעלה לה מזונות והיא מבשלת בפני עצמה, א"כ אינה נטפלת בתר קדירת הבעל, וצריכה עירוב באפי נפשה, ומיגו דזכיא לנפשה יכול לזכות ע"י גם לאחרים, [**וכ"ש** אשה הגרה בבית בעל הבית, שאינה נטפלת, אלא שצריכה ערובי תבשילין לעצמה אם יכולה לערב, ואם לא, צריכין להניח בעדן עירוב, או יוצאין בעירוב של גדול העיר].

סעיף יא - צריך הזוכה להגביה העירוב מן הקרקע טפח - וה"ה אם היה העירוב מונח על איזה דבר, שצריך להגביהו טפח.

סעיף יב - חוזר ונוטלו מיד הזוכה, ומברך: על מצות עירוב, ואומר: בדין יהא שרא לן לאפויי ולבשולי ולאטמוני, ולאדלוקי שרגא - ויש שכתבו גם "לאפוקי", והיינו הוצאה, **מיהו** בדיעבד אם לא הזכירן להני תרתי, <"לאדלוקי שרגא ולאפוקי">, לכו"ע אין להחמיר, דנכללים ב"למעבד כל צרכנא", [**דהא** הרבה פוסקים לא הצריכום לומר אפי' לכתחילה, ואפי' לא עירב בכלל מותר להדליק לחד מאן דאמר, וכ"ש בזה], **ולמעבד כל צרכנא** - ושוב מותרין כל המלאכות, וכתבו האחרונים דגם שחיטה נכללת בזה, ומ"מ לכתחלה טוב לפרט ב"בהדין" גם שחיטה, **מיו"ט לשבת, לנא ולפלוני ופלוני, או לכל בני העיר הזאת.**

ומוכח דעת הרמ"א לקמן בסעיף כ', דאמירה זו מעכב, **ויש** חולקין בזה ואומרים שאין זה אלא לכתחלה, הא אם שכח לית לן בה, כיון שהכין תבשיל להתיר לו הבישול, ויתבאר לקמן בסעיף כ'.

הגה: ומי שאינו יודע בלשון הקודש, יוכל לאמרו בלשון לע"ז שמבין - כלומר צריך לומר, שהרי צריך לומר שסומך ע"ז, ואם אינו מבין מה שאומר, א"כ לא סמך עליהם בפיו, [**ובפרט** לרמ"א בס"כ, דהאמירה מעכב].

(**ואם** מניח עירוב בשליחות, והתבשיל הוא של המשלח, אם צריך לברך עליו, כתב הגר"ז שתלוי בזה, אם האמירה הוא עיקר, יש לו לברך, **אבל** למאן דס"ל דהאמירה אינו מעכב כלל, אין לו לברך, מאחר שאין עושה כלום).

סעיף יג - אע"פ שהניח עירוב, אינו יכול לבשל מיו"ט ראשון לשבת - פי' כשחל יו"ט ראשון ביום ה', דהא יכול לבשל ביום וי"ו שהוא יו"ט שני, [**דאם** חל ביום וי"ו, פשיטא דמותר אף שהוא יום ראשון, והעולם טועין בזה], **ואפילו** אם יודע שיהיה לו אונס ביו"ט שני, שלא יוכל לבשל בו, ועירב מתחלה על מנת כן שיבשל ביום ראשון, [דאל"ה בודאי לא מהני], לא מהני, דלא תקנו עירוב אלא מיום הסמוך לשבת, ולא מיום שלפניו, **ובפרט** בזמנינו שיום טוב שני כחול מדאורייתא, שאילו היה יום חול בינתים, בודאי לא מהני עירוב לבשל מיו"ט לשבת.

ובדיעבד אם עבר ובישל, או שגג ובישל, דעת הט"ז להתיר כדלקמן סעיף כ"ג, **וכ"ש** אם לא בישל מאכלים אחרים לשבת.

סעיף יד - אם הניח העירוב על דעת לסמוך עליו כל זמן שיהיה קיים, אפילו ליו"ט אחר - (ור"ל שכלל בתנאי של "בהדין עירובא" שבתות אחרות שיגיעו סמוך ליו"ט), וכגון מעושן שמתקיים ימים הרבה.

לכתחלה לא יסמוך עליו ליו"ט אחר - דיש דעות בזה בין הפוסקים, י"א דלטעם העירוב המובא בס"א, יכול לערב בעיו"ט, ולהתנות שיהיה לעירוב אף ליו"ט אחר אם יתקיים, [וכל שכן לאותו יו"ט לימים האחרונים], דאף דנמצא שהניח העירוב זמן רב קודם יו"ט ההוא, לא איכפת לן, כיון דעכ"פ כבר התחיל להכין לשבת ההוא מזמן קודם בימות החול, **וי"א** דמצותו להניחו דוקא בערב אותו יו"ט שבא להתיר לבשל בו, ואפילו אם הניח ב' או ג' ימים מקודם לא מהני, **והכריע** המחבר, דלכתחלה צריך להחמיר כדעה זו, ובדיעבד סומכין על המקילין באיסור דרבנן.

(**דע**, דיש עוד דעה שלישית בין הפוסקים, דליו"ט אחר אין יכולין לערב, אבל לאותו יו"ט, כגון שחל סוכות ביום ה', שיכול לומר עיו"ט שיהיה גם על שמיני עצרת, **אכן** המחמירים מחמיר אף בזה, וע"כ יש להחמיר לכתחלה כפסק השו"ע).

(**וגם** משמע מב"י, דלדעת המחמירין, טוב לכתחלה לעשות התבשיל בעיו"ט גופא, ולא מקודם, אף שיניחו עיו"ט לשם עירוב, דכן דייק מלשון המשנה: ועושה תבשיל מעיו"ט וכו', **אכן** אם אין לו, בודאי כשר אף לכתחלה אם רק הניחו לשם עירוב).

אבל בדיעבד יכול לסמוך עליו - היינו כשהניח העירוב על יו"ט אחר, ולא נזכר לערב שנית בעיו"ט, סומך על עירוב זה לאפות ולבשל, **אבל** אם נזכר קודם יום טוב, צריך לערב שנית ולומר: בהדין עירובא, אבל לא יברך שנית.

(הנה הפוסקים לא ביארו, אם די בכזית אחד, או צריך כזית לכל יו"ט, ולכאורה מסברא נראה דלא מהני אף דיעבד, אא"כ יש בו שיעור כזית לכל יו"ט שיערב עליו, **דלא** דמי לעירובי חצרות, דכל זמן שהוא קיים הרי כולם משותפין בו, אבל כאן שתקנו שיכין תבשיל מעיו"ט, כדי שיאפה ויבשל על סמך זה, וא"כ כאן שרוצה לערב עתה גם על יו"ט אחר, צריך כזית יתירה בשביל אותו יו"ט, דהלא נחשב כאלו הכין ליו"ט ההוא ג"כ מהיום, ואיפה הכנתו אם לא יניח כזית יתירה בשביל יו"ט ההוא, **אכן** מלשון המחבר "על דעת לסמוך עליו", משמע דעל כזית גופא סומך, וכן נראה קצת מלשון הרא"ש, שכתב עירוב אחד לשבת זו ולשבת הבאה, **וביותר** נראה מירושלמי, שכתב: מערב אדם פת כביצה ותבשיל כזית, וסומך עליו עד מוצאי יו"ט האחרון, הרי משמע להדיא דעל כזית אחד סומך אף על יו"ט האחרון, **אם** לא שנחלק, דכל היו"ט עד יו"ט אחרון חשיב ליה כאחד, וא"צ להכנה יתירה, משא"כ מיו"ט לחבירו צריך על כל יו"ט כזית בפני עצמו, **היוצא** לן מדברינו, דבדיעבד יכול לסמוך על הירושלמי אף בזה, דדי בכזית אחד, אלא דמ"מ יש לדון, דאולי רק לאותו יו"ט, וכיון דמקור דין זה הוא מירושלמי, הבו דלא להוסיף עלה, **אבל**

ליו"ט אחר, אף אם נקיל בדיעבד בעירוב שעירב עכשיו ליו"ט אחר, אפשר דצריך דוקא שיהיה עכ"פ כזית יתירה בשבילו, וצ"ע).

(אכן כ"ז אם מניח ואומר עכשיו "בהדין עירובא" בשעה שמניח "לכל היו"ט הבאים לפניו", **אבל** אם נשאר קיים הכזית, וחוזר ואומר "בהדין עירובא" באותו עיו"ט, פשוט דמהני אף בכזית אחד, דהשתא הוא עירוב חדש).

סעיף טו - נאכל העירוב או שאבד קודם שבישל לשבת, אינו יכול לבשל אא"כ נשתייר ממנו כזית - דזהו שיעור עירוב כדלעיל בס"ג, **והיינו** שנאכל התבשיל, אבל נאכל הפת, אין בכך כלום, ואפי' אם חל יו"ט ביום ה' ויום ו"ו, ונזכר בראשון שאבד הפת, א"צ לערב על תנאי, אלא סומך על התבשיל לחוד, שהוא עיקר העירוב, כדלעיל בס"ב.

סעיף טז - לאחר שהכין צרכי שבת, יכול לאכלו - מ"מ לכתחלה נכון שיניח אותו ללחם משנה בערבית ושחרית, ובמנחה יבצע עליו, דכיון דאיתעביד בו מצוה חדא, ליתעביד בו מצוה אחריתא.

סעיף יז - התחיל בעיסתו - רק ללוש, **ונאכל העירוב, גומר אותה עיסה** - לאפותה, (וסתם המחבר להחמיר, דדוקא אותה עיסה).

והוא הדין אם התחיל לבשל - ואפילו לא הניחה עדיין אצל האש, ורק שהתחיל בה, כגון שחתך ראשי הלפתות וכדומה, **שגומר** - לבשלה, **אותו התבשיל שהתחיל.**

סעיף יח - אפה ולא בישל, או בישל ולא אפה - הלשון אינו מדוקדק, דה"ה אם אפה ובישל, ורק שלא לצורך שבת, **ונאכל העירוב או אבד, מה שנעשה בהיתר, אפילו נתכוין בו לצורך יום טוב, יכול הוא להניחו לשבת, ולבשל מכאן ואילך ליו"ט** - כאן בא להשמיענו דין חדש, דכשנאבד העירוב קודם סעודת יו"ט, יכול להשאיר מה שבישל ביו"ט לצורך יו"ט עצמו, לשבת, דכיון דבשלם בשעה שהיה העירוב קיים, והיה יכול לבשלם לשבת, מה שכוון בהם לצורך יו"ט לא הפסיד בזה, ויכול להשאירם לשבת, ולבשל אחרים לצורך יו"ט, **אבל** מה שבישל ליו"ט אחר שנאבד עירובו, אינו יכול להשאיר לשבת, ולבשל אחרים לצורך יו"ט, דהערמה הוא, דהא יש לו תבשילין ליו"ט.

אבל להניחו לחול בכה"ג, ‹מה שבישל בהיתר›, ולבשל אחרים לצורך יו"ט, אסור, וכנ"ל, [דהלא גם לשבת אסור, אם לא מה שבישל בשעה שהיה עירובו קיים, ולחול לא שייך זה].

סעיף יט - מי שלא עירב, מותר להדליק נר של שבת - דלהדלקת הנר א"צ עירוב, ולדעה זו אין אומרין בנוסח "בהדין עירובא" "ולאדלוקי שרגא".

ויש אוסרין - הרבה אחרונים הסכימו דעיקר כדעה זו, ולכך אנו אומרין בנוסח "בהדין עירובא", גם "לאדלוקי שרגא", דגם זה ניתר על ידי העירוב, **אלא** דאם הניח העירוב ולא אמר, אין אסור בדיעבד, דממילא נגרר גם זה, [**להמאירי** הוא בכלל אפיה ובישול שהיא ע"י הבערה, וה"ה הדלקה, **ולכלבו** הוא בכלל "למעבד כל צרכנא"], **אבל** אם לא הניח כלל, אסור, ורק נר אחד מותר להדליק בכל אופן, **ויש** מקילין כדעה ראשונה להדליק כל מה שרוצה, **ולכתחלה** נכון שיקנה לאחרים, והם ידליקו לו, או יסתפק בנר אחד.

סעיף כ - מי שלא עירב, כשם שאסור לבשל לעצמו, כך אסור לבשל לאחרים, ואפילו בביתם - קמ"ל דלא אמרינן, כיון שהם עירבו ויכולים לבשל לעצמן, יכולין לעשות שליח עבורן, דכיון שהוא לא עירב, איסורא רמי עליה לבשל.

ודוקא אחד מאנשי העיר, שאינו נטפל לעיסתו ולתבשילו של חבירו, **אבל** אשתו ובני ביתו של אדם, כיון שעירב הבעה"ב, הם נטפלין לו ומותרין לבשל אע"פ שלא עירבו לעצמן כלל, וגם הוא לא זיכה להם על ידי אחר.

(**אולם** לענין משרתו שלו העברית לא אדע, דלסברת הרא"ש, תלוי דין מי צריך עירוב לעצמו, אותו איש שמזכין ע"י, וכיון דקי"ל דע"י עבדו ושפחתו העברים יוכל לזכות לאחרים, ממילא לכאורה צריכין עירוב לעצמן, ואין נטפלים לו, אם לא שנתן העירוב לידם, או שזיכה להן ע"י אחר, **ולדברי המחה"ש משמע**, דכיון שהם אוכלים מאכליו ותבשיליו, ממילא נגרר

העירוב שהכין מבע"י גם עלייהו, ואפשר שגם הרא"ש מודה לסברא זו, וצ"ע).

וגם אחרים אסורים לבשל לו - ר"ל אפילו בביתם, והיינו מקמחו, דאף שהם עירבו, לא הותר להם ליקח קמח שלו, דגם קמחו נאסר כל זמן שהוא שלו, [**דאילו** מקמח שלהם, בודאי מותרים הם].

ואין לו תקנה אלא שיתן קמחו ותבשילו לאחרים שעירבו במתנה - היינו במשיכה לרשותם, או בהגבהה בכל מקום, דאלו בקנין סודר אסור, (דמיחזי כי עובדא דחול, ערוה"ש), **והם אופין ומבשלים ונותנים לו, ואפילו בביתו יכולים לבשל.**

ואם אין שם אחרים שעירבו, י"א שמותר לאפות בצמצום פת אחד, ולבשל קדרה אחת - והיינו אפילו פת גדול, שיהיה די לו לכל השבת, [וכן בקדרה, **וא"צ** לצמצם בזה, ומה שכתבו "בצמצום", היינו שלא להרבות במיני לחמים וכן במיני תבשילין, דהלא ירבה במלאכת לישה, וכן בטורח תיקוני הבישול], **ולהדליק נר אחד** - והתירו לו בכל זה כדי חייו, משום כבוד שבת, **ופשוט** דאם יש לו פת אחד שנשאר לו מיו"ט, אסור לו לאפות משום לחם משנה, [**אבל** אם הפת שיש לו אינו מספיק לו לאכילה לכל השבת, מסתברא דמותר לו לאפות עוד פת].

והאחרונים הסכימו, דאפילו יש שם אחרים, אלא שאינו רוצה להקנות להם מאיזה טעם, גם כן מותר לו לאפות פת אחת וכו', [**ולולי** דבריהם יש מקום עיון בזה, אבל מ"מ המיקל יש לו על מי לסמוך], **אכן** באמת נכון מאד שיקנה קמחו לאחרים, כדי שיוכלו לאפות עבורו ללחם משנה.

הגה: ואם הניח עירוב ולא הזכיר המלאכות בהדיא, אלא אמר: בדין יהא שרי לן למעבד כל צרכנא, הוי כמי שלא עירב כלל - דכן תקנו חכמים, שיפרט עיקרי המלאכות, **ואם** פרט רק מקצתו, כגון שאמר רק "לאפויי", ולא הזכיר בישול והטמנה, אסור בהם.

ויש חולקין על עיקר דין זה, וס"ל דהאמירה של "בהדין" אינו רק למצוה לכתחלה, אבל בדיעבד כיון שהניח התבשיל לשם עירוב, אפילו לא אמר כלל נוסח של "בהדין" וכו', אינו מעכב, ומותר לסמוך עליו לעשות כל המלאכות מיו"ט לשבת.

ולענין הלכה, לכתחלה יש להחמיר כסברא הראשונה, וע"כ אם נזכר קודם כניסת ליל יום טוב, יחזור ויטלו להעירוב בידו ויאמר נוסח "בהדין" וכו', ולא יחזור ויברך שנית אם כבר בירך בתחלה, [**ואם** נזכר ביו"ט ראשון שחל ביום ה', יניח עירוב ויתנה כדלקמן בסכ"ב, ויאמר "בהדין עירובא" ולא יברך], **ואם** נזכר בע"ש, יקנה קמחו לאחרים, והם יבשלו ויתנו לו, **ואם** אין לו למי להקנות, יוכל לסמוך על סברא האחרונה.

ואם אמר נוסח "בהדין", אך שלא בירך בתחלה, אינו מעכב, דברכות אין מעכבות.

ומי שמתענה ביו"ט, אסור לבשל לאחרים אפילו לצורך בו ביום, דהוי כמי שלא הניח עירוב שאינו מבשל לאחרים - ר"ל כמו דקי"ל, דאותו איש שלא עירב, אסור לבשל מיו"ט לשבת אפילו בשביל אחרים, כיון שאסור לבשל בשביל עצמו, **כן** ה"ה ביו"ט גופא, מי שמתענה, דאסור לבשל בשביל עצמו כיון שא"צ לה, ממילא לא הותר לו לבשל גם בשביל אחרים.

וכתב המ"א, דממילא אם איקלע זה ביו"ט הסמוך לשבת, אסור לבשל בעצמו לכתחלה על שבת, אף שהניח עירוב, **אבל** בני ביתו או אחרים אופין ומבשלין לו משלו, דאין קמחו נאסר, הואיל והניח עירוב תבשילין.

ועיין באחרונים שמפקפקים על עיקר דינו דרמ"א, [**וכתבו** דאינו דומה למי שלא עירב מעיו"ט, דהתם כיון שלא עירב, איסור יו"ט חייל עליה, **משא"כ** בזה שהאיסור לא בא עליו רק משום שאינו יכול לאכול, ודומה זה למי שכבר אכל כדי שביעה, והוא סמוך לערב, שבודאי לא יצטרך עוד לאכול יותר, וממילא אסור אז בודאי לבשל בחנם, ואפ"ה אי מקלעי אז אנשים אחרים לביתו, מותר לו לבשל בשבילן, וה"נ דכוותיה], **וע"כ** ביו"ט הסמוך לשבת, אם אין לו אחרים שיבשלו בעבורו, מותר לו לבשל בעצמו, **וכן** אשה משרתת שמתענה ביו"ט, ג"כ יכולה לבשל לצורך בעה"ב.

סעיף כא - אם נזכר שלא עירב קודם סעודת שחרית, יבשל הרבה בקדרה אחת

ויותיר לשבת - ומיירי שלא היה שם בכל העיר גדול שזיכה בעירובו לכל אנשי העיר.

הגה: וה"ה שיוכל לילך מבע"י לחדר בנר דלוק לחפש איזה דבר, ויניחנו דולק עד הלילה - ויכול אח"כ לטלטלו ולהניחו באיזה מקום שירצה.

וי"א דאפילו לבשל כמה קדירות מותר, כיון שקודם אכילה הוא - אין ר"ל שמבשל מינים חלוקים בכמה קדרות לצורך יו"ט, ומרבה בכל אחת בשביל שבת, דזה אפילו לדעה ראשונה שרי, **אלא** דבא להוסיף, שאף אם אינו מבשלם אלא בשביל שבת, ורק כדי להתיר לבשל אוכל קצת מכל אחת ביו"ט, ג"כ שרי, **והיינו** שבכל אחד יהיה מין חלוק בפני עצמו, דאל"ה מינכר הערמה, דמה שיאכל קצת מכל קדרה, הלא יכול לטעום מאחת, **וכן** נוהגין העולם להקל כדעה זו.

והוא שיאכל מכל אחד ואחד - כתב הט"ז, דהיינו לכתחלה, אבל אם אירע שלא אכל כלל ממין א', אינו אסור לשבת, כיון שעכ"פ בשעת הבישול נתכוין לאוכלו היום, הרי היה המעשה שלו בהיתר, **ובב"מ** חולק ע"ז, דכיון דעיקר בישולו הוא לצורך מחר, וא"צ ליו"ט, וכל ההיתר הוא רק מה שעכ"פ אוכל ממנו קצת ביום טוב, דעי"ז לא הוי הערמה הניכרת, ואם אח"כ לא יאכל, הלא מינכר ההערמה לכל, דנמצא כל בישולו לצורך מחר לחוד, **וכן** נראה להחמיר בזה, אחרי שכמה אחרונים ס"ל דהעיקר כדעה הראשונה, שאין להתיר לבשל אלא באותה קדירה שמבשל באמת לצורך יו"ט, אלא שמרבה בה גם בשביל שבת, אלא שנהגו העולם להקל כדעה אחרונה, עכ"פ אין להוסיף קולא על קולא.

סעיף כב - אם נזכר ביו"ט ראשון שלא עירב, אם הוא ביו"ט של ר"ה, אינו יכול לערב על תנאי - לפי ששני ימים של ר"ה הם כיום אחד ארוך, ולא משום ספיקא כשאר ב' יו"ט של גליות.

אבל אם הוא ביו"ט של גליות, יכול לערב בתנאי: אם היום קודש אינו צריך לערב - דהא למחר יהיה יום חול, וממילא יהא מותר לבשל, **ואם היום חול, בעירוב זה יהא שרי לן לאפויי ולבשולי וכו'** - ומברך בתחלה, מ"א, (ואע"ג דמערב מספק, אין זה ספק כשאר ספקות דאין מברכין עליו – מחה"ש.

ובחי' רע"א הביא בשם ספר לחם סתרים, דאין לברך, וכ"כ בשיטה מקובצת, (דאיך יברך ויאמר אם היום קדש אין בדברי כלום, ונמצא דהברכה לבטלה, ואי משום דכך תקנו חכמים, הא אינה תקנה קבועה אלא למי ששכח ומי שרוצה לערב על תנאי, וכי זו היא תקנה קבועה מחז"ל שנברך עליה – ערוה"ש), **ולמחר אין צריך לומר כלום.**

וי"א דאי לית ליה מידי דבשיל מאתמול, לא מהני תנאו - (דבעינן דוקא דבר שנתבשל מאתמול, כדין עירובי תבשילין שההתחלה תהיה בעיו"ט). **ונקטינן** כסברא הראשונה, (דכיון דמערב על תנאי, ממילא דהוי היום כעיו"ט – ערוה"ש).

סעיף כג - אם עבר במזיד (או בשוגג) ובישל כמה קדרות שלא לצורך יו"ט, מותר לאכלן בשבת או בחול – (ומיהו ראוי לקונסו לפי ראות עיני ב"ד על מה שעשה).

או בשוגג - אשמועינן, דלא תימא דוקא מזיד, שלא ילמדו ממנו לעשות כן, דהכל יודעים שהוא רשע, אבל בשוגג אם נתירו, יבואו אחרים להקל ולהערים.

(הנה המחבר סתם, ולא ביאר דדוקא באין לו תבשילין אחרים, משמע דבכל גווני שרי, **אמנם** לענ"ד לא ברירא דין זה, דתלוי בפלוגתא דרבוותא, דלדעת הרמב"ם ע"כ מיירי דאין לו תבשילין אחרים על שבת, וכן מדברי מהרש"ל מוכח דס"ל דדוקא באין לו תבשילין אחרים מותר, וצ"ע).

סעיף כד - אם הערים לבשל ב' קדרות לצורך היום - ר"ל שבאמת א"צ אלא לקדרה אחת, ומבשל שניה בדרך הערמה, שאומר שמא יזדמנו לו אורחים, או שבישל לצורך היום, וחזר ובישל לצורך היום, ואמר שקדרה הראשונה ישאר למחר, **והותיר אחת לצורך מחר, אסור לאכלה** - דבהערמה חיישינן שילמדו אחרים לעשות כן, וגם הוא יעשה כן פעם אחרת, משא"כ במזיד.

והיינו לו ולבני ביתו, דקנסוהו רבנן, אבל לאחרים מותר למוצאי יו"ט מיד. **כתב** בחמד משה, דאף לו אינו אסור רק עד מוצאי שבת, [**והגר"ז** מצדד דאסור לו לעולם, **ועכ"פ** מי שמקיל אין למחות בידו].

אבל כשמבשל בדרך הערמה שיאכל מן השניה כזית, מבואר לעיל בסכ"א, דמותר, [**ולפעמים** אף במבשל כדי לאכול מעט משניהם ג"כ אסור, וכגון ששני הקדירות הם ממין אחד, דמינכר ההערמה לכל].

§ סימן תקכח – דיני עירובי חצירות ביו"ט §

סעיף א - יו"ט א"צ עירובי חצירות ושיתופי מבואות - דכל אלו ניתקן משום גדר הוצאה, וביו"ט קי"ל: דמתוך שהותרה הוצאה לצורך אוכל נפש, הותרה נמי שלא לצורך, **ומשמע** מסתימות לשונו דלא תקנו כלל עירובי חצרות ליו"ט, וכן סתם לעיל בסימן תט"ז ס"ה, **אכן** מדברי רמ"א לעיל בסי' תקי"ח ס"א בהג"ה, מוכח דס"ל, דדברים שאין בהם צורך כלל, אסור להוציא מבית לחצר בלא עירובי חצרות, **וע"כ** כתבו האחרונים, דכשמערב עירובי חצרות בע"פ בשביל שבתות השנה, יכלול גם יו"ט, כדי שיהיה יכול להוציא עי"ז אף דברים שאין צורך היום כלל, ויאמר: לכל שבתות ויו"ט של שנה זו, [דבשביל יו"ט לבדו בודאי אין כדאי לברך, כיון שיש דעות בזה], **ומי** שמניח בכל ע"ש, ואיקלע יו"ט סמוך לו, יאמר: לשבת זה ויו"ט הבאים עלינו לטובה, [אכן צריך שיהיה שמור העירוב עד יו"ט].

אבל עירובי תחומין צריך, וכל הלכות תחומין נתבארו בהלכות עירובי תחומין.

סעיף ב - יום טוב שחל להיות בע"ש, אין מערבין לא עירובי חצרות ולא עירובי תחומין - דמחזי כמתקן לצורך מחר, **(אפילו אם הניח ערוב תבשילין)** - דעירובי תבשילין אינו מתיר אלא לתקן צרכי סעודה לצורך מחר.

ואם הניח עירובי חצירות מערב יום טוב לשם יו"ט, ועדיין העירוב קיים, [דשתי קדושות הן], סומך עליו גם לשבת.

אבל אם נזכר ביום הראשון בשני ימים טובים של גליות, יכול לערב עירובי חצירות בתנאי - דהיינו שיאמר: אם היום חול, אני מניחו בשביל עירובי חצירות לשבת, ואם היום קודש, איני אומר כלום, ולמחר יאמר: אם היום קודש, הרי עירבתי אתמול, ואם היום חול, אני מניחו לשם עירובי חצרות.

ולאפוקי שני ימים של ר"ה, דכיום אחד אריכתא דמיא.

אבל עירוב תחומין אין מניחין אותו ביום טוב בתנאי - דקנין שביתה הוא כקנין בית, ובית לא קנינן ביום טוב אפילו בתנאי, **וכתב** בא"ר, דהיינו דוקא לכתחלה, אבל בדיעבד כשכבר עירב, מהני בשני יו"ט של גליות, והביאו הפמ"ג.

§ סימן תקכט – דיני שמחת יום טוב §

סעיף א - מצות יו"ט לחלקו, חציו לבית המדרש, וחציו לאכילה ושתייה - דבחד קרא כתיב: עצרת תהיה לכם, ובחד קרא כתיב: עצרת לה' אלהיך, וע"כ אחז"ל דצריך לחלקו, חציו לה', דהיינו לתורה ותפלה, וחציו לכם, דהיינו לאכילה ושתיה בשביל עונג יו"ט, **וע"כ** יש לגעור בחזנים המאריכים יותר מחציו של יום, [**וכ'** המ"א בשם מהרש"ל, דמה שמאריכים החזנים בניגונים, אין זה בכלל חציו לה' וחציו לכם].

וכתבו הפוסקים, דכך הוא הדרך הנכון, בבוקר מקדימין לילך לבהכ"נ ולבתי מדרשות, ומתפללין וקורין בתורה בענינו של יום, ומתפללין מוסף, **וחוזרין** לבתיהם ואוכלין, והולכין לבתי מדרשות ושונין עד חצי היום, **ואח"כ** כשבא זמן מנחה מתפללין תפלה המנחה, וחוזרין לבתיהם להתענג בשמחת יו"ט שאר היום עד הלילה, כדי לקיים "חציו לכם".

ואל יצמצם בהוצאת יו"ט - שכל מזונותיו ויציאותיו של אדם קצובים לו מראש השנה, חוץ מהוצאות שבתות ויו"ט, שאם פיחת פוחתין לו, ואם מוסיף מוסיפין לו.

(אבל בשאר הימים צריך כל אדם לצמצם בהוצאותיו, טור, ומקורו מהא דאיתא בגמרא: מזונותיו של אדם קצובים לו מראש השנה וכו', ופירש"י, ליזהר מלעשות יציאה מרובה, שלא יוסיפו לו אלא מה שפסקו לו, עכ"ל, וזהו תוכחת מרובה על זמנינו, שבעו"ה הרבה אנשים עוברין ע"ז, ולא ישימו לב איך להתנהג בהוצאות ביתם,

להרחיק דברים המותרים, ורבים חללים הפילה הנהגה הרעה הזו, שמביאה את האדם לבסוף עי"ז לידי גזל וחמס, וגם לחרפה וכלמה, **והרבה** סיבות יש שגורמים להנהגה רעה הזו, והסיבה הגדולה שבכולן הוא ע"י הנשים שדעתן קלות, ואינן רואות הנולד, **ואשרי** למי שיאמץ לבבו ולא ישגיח לפיתויים, וינהל הוצאות ביתו בחשבון, כפי ערך הרוחתו ולא יותר).

וצריך לכבדו (כמו בשבת) - דהיינו רחיצה בחמין בעיו"ט כמו בע"ש, ע"ל סי' ר"ס, **וכן** שילבש כסות נקיה, ולא ילבש מלבושי חול, וכמו לענין שבת, ע"ל סי' רס"ב סעיף א' ב', וה"ה לענין יו"ט. **ועיין** סימן ר"נ, שצריך כל אדם להשתדל בעצמו להכין שום דבר לצורך שבת, אע"פ שיש לו משרתים, וה"ה לענין יו"ט.

ולענגו כמו בשבת - דכתיב: וקראת לשבת עונג לקדוש ה' מכובד, וימים טובים נאמר בהן "מקרא קודש", **וגם** בת"כ איתא: מקרא קודש, קדשהו, ובמה אתה מקדשו, במאכל ומשתה וכסות נקיה.

(**ולפי"ז** הא מסיים ע"ז הקרא: וכבדתו מעשות דרכיך ממצוא חפצך ודבר דבר, ומבואר כל זה לעיל בסי' ש"ו וש"ז, באיזה חפצים מותר לדבר בשבת, ושלא יהא דיבורך של שבת כדיבורך של חול, וא"כ ה"ה ביו"ט, דהקרא קאי על שניהם).

הגה: ואסור לאכול ממנחה ולמעלה בעיו"ט, כמו בשבת - היינו מזמן מנחה קטנה, (ולאו דוקא, דאף חצי שעה קודם זמן מנחה קטנה, דהיינו מתשע שעות ולמעלה).

והאי לישנא ד"אסור" לאו דוקא, דגם בע"ש אינו איסור, אלא מצוה להמנע מלקבוע סעודה מתשע שעות ולמעלה.

שזהו מכלל הכבוד - כדי שיאכל בליל יו"ט לתיאבון.

(**ועיין** בא"ר ובש"א שכתבו, דאין לעשות מלאכה בעיו"ט מן המנחה ולמעלה, כמו בע"ש).

מיהו אם עיו"ט שבת, יכול לקיים סעודה שלישית, ויאכל מעט פת לכבוד יו"ט - ר"ל אפילו אם שכח או עבר ולא קיים סעודה שלישית קודם זמן מנחה קטנה, יכול לקיים אח"כ, **אך** אז מצוה לכתחלה ליזהר שיאכל רק מעט פת, כדי שיאכל בלילה לתיאבון, [והיינו יותר מכביצה פת, שהוא שיעור סעודה שלישית, **אכן** באמת הוא יכול לאכול יותר, אך שלא יהיה שיעור קביעת סעודה, דהיינו כרגילותו בחול, **ולכתחילה** טוב יותר שיאכל קודם זמן מנחה קטנה, שאז יוכל לאכול ולקבוע סעודה כמה שירצה], **וה"ה** כשחל יו"ט ראשון בשבת, שייך כל אלו הדברים.

(**עיין** במ"א שכתב, דה"ה **ביו"ט ראשון** יש למנוע מלקבוע סעודה מט' שעות ולמעלה, **שהוא עיו"ט שני, כדי שיאכל** בלילה לתיאבון, והעתיקוהו האחרונים, **ולענ"ד אין דין זה ברור, אחרי שבאמת העיקר הוא יו"ט ראשון, דאנן בקיאין בקביעא דירחא, ואף דבודאי אנו צריכין** להחמיר בו מלעשות שום מלאכה, וכן כל **השבותין כמו ביו"ט ראשון, אם לא לצורך חולה, היינו** לענין עצם יו"ט כשכבר בא זמנו, **אבל** שנחמיר מלאכול ביו"ט ראשון בעת שתאב לאכול, כגון בחג השבועות שהיום גדול, ונשויהו לספיקא שמא היום חול והוא עיו"ט, וכדי שיאכל בלילה לתיאבון, מנין לנו דבר זה).

ומצוה לבוע פת בעיו"ט לכבוד יום טוב, כמו בערב שבת, כמו שנתבאר לעיל סי' רמ"ב.

וחייב לבצוע על שתי ככרות - בשתי הסעודות שאוכל ביו"ט וכדלקמיה, שגם ביו"ט לא היה יורד המן כמו בשבת, והיה יורד בעיו"ט כפלים.

ולקבוע כל סעודה על היין - היינו גם באמצע סעודה, מלבד מה שקידש על היין מתחלה, וכמו לענין שבת, **וגם** מצוה לאכול בשר, וכל זה אם ידו משגת.

ואיתא בע"ג דף ה', שתקנו להרבות בסעודה ביו"ט הראשון של פסח, [לפי שהוא יום גאולה וחירות], **ובעצרת**, [שהוא יום מתן תורה], **ובר"ה**, [לפי שהוא תחילת השנה עושין כן לסימן טוב], **וביו"ט** האחרון של חג, [לפי שהוא חשוב והוא רגל בפני עצמו], **אבל** יו"ט ראשון של סוכות לא, לפי שהעם טרודים במצות סוכה וד' מינים, ואין פנאי להכין הרבה].

ובגדי יום טוב יהיו יותר טובים משל שבת - משום דחייב בשמחה, וזהו ג"כ בכלל שמחה, **ופשוט** דכל זה ג"כ בידו משגת.

ולא נהגו לעשות בו סעודה שלישית - כי אם שתי סעודות ערבית ושחרית, וחייב לאכול בהן פת, **ואם** לא אכל בליל יום טוב, יאכל ביום שני פעמים, ויקדש בשחרית הקידוש של לילה, וכמו לענין שבת.

והנה יש מאחרונים שכתבו, דאף דאין נוהגין לעשות סעודה שלישית בפת, מ"מ טוב שיאכל פירות, **ויש** שכתבו, שמזה נתפשט המנהג לאכול ביו"ט תבשיל אחד יותר בשחרית, שיחשב במקום סעודה, ואע"ג דבשבת אין מועיל זה לענין סעודה שלישית.

(וביו"ט מאחרין לבא לבית הכנסת) - כדי לטרוח בסעודת יו"ט קודם שילכו לבהכ"נ, **(וממהרין לצאת, משום שמחת יו"ט)** - והאידנא שמאריכין בפיוטים ובניגונים בין יוצר אור וק"ש, וקרוב לודאי שיעבור זמן ק"ש, צריך להשכים בכל יום טוב, כדי לקרות ק"ש בזמן הראוי.

סעיף ב - חייב אדם להיות שמח וטוב לב במועד, הוא ואשתו ובניו וכל הנלוים אליו - והוא מצות עשה מן התורה, דכתיב: ושמחת בחגך, ונוהגת גם בנשים.

עיין ברמב"ם, דגם חוה"מ הוא בכלל מועד לענין שמחה, **אבל** לענין כבוד ועונג אין חייב בחוה"מ, דלא נאמר בהן "מקרא קודש", [הגר"ז]. [**והנה** עצם דין זה מוכח מהרמב"ם, **אכן** מש"כ דלא נאמר בהן "מקרא קודש" צ"ע, דהרי הרמב"ם עצמו סובר ד"מקרא קודש" קאי גם על חוה"מ, **וכן** הוא גם כן מנהגנו בתפלת מוסף בחוה"מ, שאומרים: מקרא קודש זכר ליציאת מצרים, וצ"ע, **ודעת** המ"א בסי' תק"ל, דחייב לכבד חוה"מ במאכל ובמשתה וכסות נקיה, שלא ינהג בהן מנהג חול, **אלא** דחיובו בכל זה קיל מיו"ט, **ואפשר** דגם הגר"ז מודה לזה - הובא מסי' תק"ל ס"א, ע"ש].

כיצד משמחן, הקטנים נותן להם קליות ואגוזים; והנשים קונה להם בגדים ותכשיטין כפי ממונו – (ואם אין ידו משגת, יקנה להם לכל הפחות מנעלים חדשים לכבוד יו"ט).

(**והאנשים**, בזמן שבהמ"ק היה קיים, היו אוכלין בשר השלמים לשמחה, וכדכתיב: וזבחת שלמים ואכלת שם ושמחת וגו', **ועכשיו שאין בהמ"ק קיים, אין יוצאין ידי חובת שמחה אלא ביין**, שנאמר: ויין ישמח לבב אנוש, **אבל בשר אין חובה לאכול עכשיו**, כיון שאין לנו בשר שלמים, ומ"מ מצוה יש גם באכילת בשר, כיון שנאמר בו שמחה).

וחייב להאכיל לגר ליתום ולאלמנה עם שאר עניים - שנאמר: והלוי והגר והיתום וגו', **אבל** מי שנועל דלתי חצרו, ואוכל ושותה הוא ובניו ואשתו, ואינו מאכיל ומשקה לעניים ולמרי נפש, אין זו שמחת מצוה אלא שמחת כריסו, ועל אלו נאמר: זבחיהם כלחם אונים להם כל אוכליו יטמאו, כי לחמם לנפשם טמא הוא, ושמחה כזו קלון הוא להם, שנאמר: וזריתי פרש על פניכם פרש חגיכם - רמב"ם.

וגם בזוה"ק מפליג מאוד בעונש מי שאינו נותן לעני מסעודתו ביו"ט ר"ל, והעתיקו דבר זה כל האחרונים, ונתפרסם גודל החיוב לכל ישראל, וע"כ אינו מצוי שישאר עני ביום טוב בלי סעודה, **אבל** מה נעשה עם האומללים והנדכאים בעיר שמתביישין לפשוט יד ולבקש, וע"כ נהגו באיזה מקומות, שקודם יו"ט הולכין נבוני לב לבתי העשירים לקבץ עבור אלו המרי נפש, ואשרי האנשים שמשימין עין ע"ז, שמזכין לעצמן ומזכין לכל אנשי העיר.

(דין תענית ביו"ט, כמו בשבת, וע"ל סי' רפ"ח) - משמע מהרמ"א, דדעתו לענין תענית חלום דצריך להתענות ביו"ט, **ועיין** בא"ר שהביא בשם דרשות מהר"ש, שלא להתענות ביום שעולין לדוכן, מפני שאמר הש"ס: דליקום מקמי כהני דפרסי ידייהו ולימא וכו', **ומאריך** בענין זה, ולבסוף מביא בשם אחרונים, דהמנהג פשוט להתענות, **ומ"מ** מסיק לבסוף, דהיכי דיש עוד צד להקל, יש להקל בזה יותר מבשבת.

יש שכתבו, דמי שמתענה תענית חלום, כיון שאינו מקיים "חציו לכם", צריך להיות כולו לה', דהיינו ללמוד או לומר תפלות ובקשות, **אבל** בד"מ חלק ע"ז, דכיון דמתענה מקרי "כולו לה'", **ועוד** דהטעם שהתירו להתענות, משום דכיון דנפשו מרה לו התענית עונג לו, א"כ מקרי "לכם".

סעיף ג - אדם אוכל ושותה ושמח ברגל - ואפילו הוא מסגף עצמו מפני תשובה בכל

ימות השנה, שלא לאכול בשר ושלא לשתות יין, בשבתות ויום טוב וחנוכה ופורים חייב לאכול ולשתות.

ולא ימשוך בבשר וביין ובשחוק וקלות ראש, לפי שאין השחוק וקלות ראש שמחה אלא הוללות וסכלות, ולא נצטוינו על ההוללות והסכלות, אלא על שמחה שיש בה עבודת היוצר - ומדת החסידים אשר השם לנגדם תמיד, ובכל דרכיהם ידעוהו, בעת שמחתם אז יותר ויותר משבחין להקב"ה אשר שימחם.

סעיף ד - חייבים בית דין להעמיד שוטרים ברגלים, שיהיו משוטטים ומחפשים בגנות ובפרדסים ועל הנהרות, שלא יתקבצו שם לאכול ולשתות אנשים ונשים, ויבואו לידי עבירה; וכן יזהירו בדבר זה לכל העם, שלא יתערבו אנשים ונשים בבתיהם בשמחה, ולא ימשכו ביין, שמא יבואו לידי עבירה; אלא יהיו כולם קדושים - וגם תמיד יש חיוב להזהיר ולמחות ע"ז מי שיש בידו, אלא שברגל מצוי הקלקול ביותר, [**ובעו"ה** נתפרץ קלקול זה בזמנינו באיזה מקומות גם בימות החול, ועון גדול הוא, ומי שיש בידו למחות, בודאי מחוייב למחות].

תם ונשלם חלק ה' מספר משנה ברורה

(ביאור הלכה) [שער הציון] «הוספה»

§ סימן תקל §

סעיף א - חול המועד אסור בקצת מלאכות, ומותר במקצתן. הגה: לפי צורך הענין שהיה נראה לחכמים להתיר.

מלאכות המותרות בחוה"מ הם חמשה: **א]** דבר האבד אם לא יעשנו עתה. **ב]** וצרכי המועד, {היינו לצורך אוכל נפש, דמותר אפילו מעשה אומן, אבל שאר צורכי מועד, דוקא מעשה הדיוט}. **ג]** ובשביל פועל שאין לו מה יאכל. **ד]** וצרכי רבים. **ה]** ומעשה הדיוט אפי' ליחיד, ויתבאר כל אחד במקומו.

והנה בעיקר איסור מלאכת חוה"מ יש דיעות בין הראשונים, יש שסוברים שהוא מדברי סופרים, מפני שמצינו בתורה שנקראו מקרא קדש, והרי הוא זמן חגיגה במקדש, לפיכך אסרום בעשיית מלאכה, כדי שלא יהיה כשאר ימות החול שאין בהן קדושה כלל, ומ"מ לא החמירו בו כיו"ט ממש, והקילו בה' דברים הנ"ל.

והרבה פוסקים סוברין דהוא מן התורה, והא דהקילו בכמה דברים הנ"ל, הוא על פי הרשות שניתן לחכמים מן התורה במלאכת חוה"מ, לפי צורך הענין להתיר, וכדדרשינן לזה מקרא בחגיגה דף י"ח, וזהו שסיים הרמ"א לפי צורך הענין וכו'.

(**והרמב"ן** הטיל פשרה, שכל מלאכה שאינו לצורך המועד, ואינו דבר האבד, הוא מן התורה, **ושהיא** לצורך המועד, היא מותרת אף מלאכת אומן, ואע"ג דאית ביה טירחא יתירא, וכן כל דבר אבוד, אע"פ שאינו לצורך המועד, מותרת ואע"ג שהיא טרחא יתירה, **וחכמים** מדבריהם אסרו קצת מלאכות, ועיקר חוה"מ ודאי דבר תורה היא, ולזה הסכים הרשב"א והריטב"א, וכן הכריע הב"ח להלכה כשיטה זו והעתיקו המ"א, וכן מדברי הגר"א בביאורו משמע ג"כ שהוא מצדד לשיטה זו, ובתשו' הרשב"א כתב שכן הוא ג"כ דעת חכמי צרפת, והשאגת אריה מצדד ג"כ להלכה דאסור מה"ת, וכן בב"י).

(**והנה** לפי דעת כל הפוסקים האלו, כשיזדמן איזה ספק במלאכת חוה"מ, לבד מהדברים שלדעת הרמב"ן והרשב"א הם דרבנן, צריך להחמיר, דהוא ספק בשל תורה, וע"ל בסימן תקל"ז בבה"ל דיש חילוקים בענין זה, **ואף** דמשו"ע לקמן בסימן תקל"ו בסופו, וכן בסימן תקל"ח ס"א, ובסימן תקל"ז ס"ו, משמע, דלהלכה תפס כשיטת המקילין, דעיקרו הוא דרבנן, אפשר שלא ראה כל הני ראשונים שהבאתי, **ועכ"פ** אין למהר להקל, כי אם לצורך גדול).

ומאוד יש ליזהר שלא להקל יותר ממה שהתירו חכמים, דאחז"ל המבזה את המועדות, דהיינו שעושה בהן מלאכה כפירש"י, כאלו עובד עכו"ם.

גם חייב לכבד חוה"מ במאכל ובמשתה וכסות נקיה, שלא ינהג בהן מנהג חול, [**וי"ל** דהיינו לכבדו יותר מימות החול בכל זה, אבל אינו מחוייב לדמותו לגמרי בזה ליו"ט, דאף דחוה"מ נקרא ג"כ מקרא קודש, מ"מ כיון דלענין מלאכה מן התורה מותר בחוה"מ, ועכ"פ בדבר האבד מותר לכו"ע, הרי דאין קדושתו חמור כמו יו"ט, ולכן גם לענין כבוד אין לדמותו ליו"ט]. **ועיין** לעיל סימן תקכ"ט ס"ב ובמ"ב שם, דמצות ושמחת בחגיך וגו' קאי גם על חוה"מ, ומבואר שם כיצד משמחן.

ומהרי"ל לבש הקט"א של שבת, [**ובמ"א** משמע לכאורה, דבחוה"מ לבד הו"ר, אין המנהג ללבוש בגדי שבת, ומהרי"ל דעביד לנפשיה הוא דעביד, **ומ"מ** יותר מימי החול בודאי צריך כל אדם לנהוג].

וכתבו האחרונים, דאף דמוכח בסימן קפ"ח ס"ז, דאינו מחוייב לאכול פת דוקא בחוה"מ, ורק דאסור להתענות, **מ"מ** לכתחלה מצוה לקבוע סעודה על הפת, אחת בלילה ואחת ביום, [דומיא דיו"ט דחיובו הוא שתי סעודות], דכיון דמצוה לכבדו באכילה ושתיה, ועיקר אכילה הוא לחם.

מקום שנהגו המון להקל אפילו בדבר שאינו אבד, ובא חכם ואסר להם למגדר מילתא אפילו דבר האבד, אין לחכם אחר להתיר להם.

איתא בירושלמי, אמר ר' אבא בר ממל, אלו היה מי שימנה עמי, התרתי שיהיו עושין מלאכה בחוה"מ, {והיינו מקח וממכר וכה"ג, דבר שאינו מלאכה גמורה}, כלום אסור לעשות מלאכה אלא כדי שיהו אוכלין ושותין ויגעין בתורה, ועכשיו אוכלין ושותין ופוחזין, עכ"ל, **וכתב** הכל בו, נראה מזה שאיסור גדול בשחוק יותר ממלאכה, שכונת השי"ת בנתינת המועד היתה כדי להדבק ביראתו ואהבתו, ולעסוק בתורתו התמימה, עכ"ל.

§ סימן תקלא - דיני גילוח בחול המועד §

סעיף א - מצוה לגלח בערב יו"ט - כדי שלא יכנס לרגל כשהוא מנוול.

[**ואפשר** דאם גילח בתוך ל' יום לא שייך זה, דניוול הוא יותר מל' יום, **ולדידן** במדינותינו, שאין המנהג לגלח רק במספרים, ואם כן אפילו אחר שסיפר עצמו נשאר עליו מעט שער, וממילא אם ישהא אחר זה פחות מל' יום, יתרבה עליו השער יותר מל' יום שלפנים שהיה אז אחר גילוח].

בערב יו"ט - בין קודם חצות ובין לאחר חצות, לבד מע"פ, דאסור להסתפר לאחר חצות, [**עיין** בפמ"ג שכתב, דלכתחילה יגלח קודם חצות, וציין ע"ז ממ"ש המ"א בשם האר"י, שכתב שלא לגלח אחר מנחה, והיינו אחר שהגיע זמן מנחה, ור"ל מנחה גדולה בע"ש וה"ה בעיו"ט, **ולפמש"כ** בשם האחרונים, דנוכל לסמוך על דעת הפוסקים דמנחה היינו מנחה קטנה, נראה דבעיו"ט כשהזמן דחוק, אפי' לכתחילה יכול לסמוך עליהם, **וכ"ז** לענין לכתחילה, אבל לענין דיעבד הלא ידוע דעת הרמ"א, דמסתפרין כל היום, **ואף** דהגר"א פקפק ע"ז, לענין עיו"ט כדי שלא יכנס כשהוא מנוול, אין להחמיר, וכן המנהג].

סעיף ב - אין מגלחין במועד - וה"ה סיפור הראש, אלא שדרכן היה לגלח, (**ואפילו ע"י עכו"ם**, וכל מה שכתוב לקמיה דמותר, **היינו אפילו ע"י ישראל**).

ואף דסיפור וגילוח הוא דבר של יפוי ותיקון הגוף שהוא צורך המועד, אפילו הכי אסרו בתוך המועד, כדי שיזדרז לגלח קודם המועד, דאם היו מותרין לגלח בתוך המועד, היו סומכין עצמן לכתחילה על זה, ויכנסו לרגל כשהן מנוולין.

אפילו אם גילח קודם מועד - דתו אין בו חשש זה שיכנס לרגל כשהוא מנוול, דהא גילח עצמו גם קודם הרגל, אפ"ה אסור משום הרואין, דהרואה לא ידע שגילח עצמו, ויאמר שמותר לגלח בכל גווני.

סעיף ג - אפילו אם היה אנוס - כגון שנאבד לו אבידה בערב הרגל, או להאומן, ולא היה יכול לגלח, **ומפני כך לא גילח בעיו"ט, אינו מגלח במועד** - וכה"ג שארי אונסין, לבד המבוארים להיתר בסעיפים שאח"ז, דהני אונסין מפורסמין וגלוין לכל הוא שא"א להם לגלח מקודם, **אבל** שארי אונסין אינם מפורסמין וידועים, ואם נתיר להם, יבואו להתיר אף שלא מתוך אונס.

והוא הדין למי שהיה חולה - שאמרו שהחולה כשהוא מספר מכביד עליו חליו, **ונתרפא במועד** - אפ"ה אין זה אונס גלוי כ"כ, ויבואו להתיר אף שלא מתוך אונס וכנ"ל.

[**וקשה** טובא, דמי שנדר שלא לגלח והתירו חכם, הלא ג"כ אינו מפורסם, דאטו הנודר נדר בפהרהסיא דוקא, וההיתר הלא ביחיד מומחה ג"כ אינו מפורסם, ואפ"ה התירו, **וביותר** בחולה שעמד מחליו במועד, הלא הוא מפורסם בודאי לרבים שהיה חולה, ואפ"ה אסרו, **אלא** העיקר נראה כמו שכתב הריטב"א, דהני האונס עצמו הוא דבר גלוי וברור, שלא היה באפשר לו, משא"כ בשאר אונסין שאין האונס גלוי ומוחלט, אסרו, דכל אחד יאמר שאנוס היה, שלא היו לו פנאי וכיו"ב].

סעיף ד - ואלו מגלחין במועד: מי שיצא מבית השביה ולא היה לו פנאי לגלח קודם המועד - כגון שיצא בתוך המועד, או אפי' בעיו"ט סמוך לחשיכה, שלא היה לו שהות לגלח מבעוד יום.

ומי שיצא מבית האסורים - ה"נ כשלא היה שהות לגלח בעיו"ט מבעוד יום כנ"ל, **ואפילו היה חבוש ביד ישראל שהיו מניחין לו לגלח** - דכיון שהיה בצער לא גילח.

וכן המנודה שהתירו לו ברגל - דמקודם היה אסור בתגלחת, ולכן הוי אנוס במה שלא גילח מקודם, **ויש** חולקין בזה וס"ל, דהיכי שהיה יכול לבקש ולפייס שיתירו לו קודם הרגל ולא פייס, הוי פושע ואסור לגלח ברגל, [**ולכתחילה** טוב לחוש לדעת כל הני רבוותא להחמיר בזה], **ומ"מ** המיקל יש לו על מי לסמוך, כיון שהוא מילתא דרבנן.

וכן מי שנדר שלא לגלח, ונשאל על נדרו ברגל - ויש חולקין גם בזה, דהוא דוקא אם לא מצא חכם להתיר נדרו עד תוך הרגל, משא"כ אם לא רצה להתיר

מקודם, ואח"כ נמלך, לא חשיב אונס, **ודעת** המ"א להקל בזה כדעת המחבר, דלא חשבינן לפושע שהיה לו להתיר מקודם, כיון שקודם הרגל לא היה כלל בדעתו להתיר נדרו, ואח"כ נמלך, [**ע"כ** המקיל לא הפסיד].

וכן הבא ממדינת הים בחול המועד, או שבא בערב הרגל ולא היה שהות ביום לגלח - ודוקא ממדינת הים דמפרסמא מלתא, אבל בדרך אחר לא - מ"א, **ועיין** במחה"ש, דה"ה משאר מקום רחוק מאד, דמפרסמא מילתא, **ובחי'** ריטב"א כתב, כל שבא חוץ לעיר מקרי ממדינת הים, ואע"פ שאינו מקום רחוק, וצ"ע.

ודוקא שלא בא בישוב עד חוה"מ, דאם בא בעיו"ט במקום ישוב, ובא בזמן שיש עוד שהות מבעוד יום לגלח, אף שלא בא לביתו עד חוה"מ, אין זה אונס, שהיה לו לגלח מעיו"ט בעיר ההוא.

ועיין במ"א שכתב, דאף כשהיה במקום ישוב בשנים או ג' ימים קודם הרגל, ואח"כ בעיו"ט לא היה בישוב, כגון שישב אז על הספינה, ובא לביתו בחוה"מ, או שבא לעיר סמוך לחשיכה, ולא היה שהות ביום לגלח, ג"כ מותר לגלח בחוה"מ, כיון דבעיו"ט גופא היה אנוס.

והוא שלא יצא מארץ ישראל לחוצה לארץ לטייל - פי' דמארץ ישראל לארץ ישראל, או מחו"ל לחו"ל, אף ביצא לטייל שאינו דבר מצוה, אפ"ה מותר לו לגלח, כשלא היה פנאי לגלח מבעוד יום, כיון שיציאתו ברשות היתה, שלא עשה איסור בזה, **אבל** מא"י לחו"ל, אינו מותר אלא ביצא להרויח, או לראות פני חבירו, דהוא חשיב דבר מצוה שמותר לצאת מא"י בשביל זה, **משא"כ** לטייל בעלמא, דבכה"ג אסור לצאת מא"י לחו"ל, לא התירו לו לגלח.

[**והגר"א** הקשה, דמהירושלמי שהביאו מוכח להיפך, דמיירי אף ביצא מא"י לא"י או מחו"ל לחו"ל, והיינו דכיון שהיה יציאתו שלא לצורך כלל, לא התירו לו, **ומיהו** המיקל יש לו על מי לסמוך].

(**דע דאלו שהתירו לגלח, אפילו כדרכו בלי שינוי, ולכאורה קשה, הלא דבר שאינו אוכל נפש והוא לצורך המועד קי"ל דבעי שינוי, ואולי מפני שהיו עד כה אנוסים בדבר, עשאום חז"ל כדבר האבד, דקי"ל דבדבר האבד א"צ שינוי, ועדיין צ"ע).**

סעיף ה - אע"פ שהתירו להסתפר, לא יסתפר ברשות הרבים אלא בצנעה.

סעיף ו - קטן מותר לגלח במועד - דלא שייך ביה טעמא שלא יכנס למועד כשהוא מנוול, דלאו בר מצוה הוא, **ודוקא** שיש לו שער רב דמצטער עי"ז.

אפילו נולד קודם הרגל - ר"ל אף דהיה יכול לגלחו מקודם, שרי ומטעם הנ"ל, [**ועוד** דקנס הוא, ולא קנסינן לבן בשביל האב שלא גילחו מקודם].

ועיין בפמ"ג שמצדד, דאפי' הוא בן כמה שנים, כל שלא הגיע לי"ג שנים מותר לגלחו במועד, וכן מוכח במ"א.

(ואפילו בפרהסיא שרי) - דהכל רואין שהוא קטן, **אך** המ"א מסתפק, דהיכי דהקטן נראה כגדול, אפשר דאין להקל בפרהסיא.

ודוקא לקטן מותר לגלח, דצורך הרגל הוא בשביל הקטן, אבל לעכו"ם אסור לגלח, דלא עדיף משאר מלאכות דאסור לעשותן במועד, אא"כ אין לו מה יאכל.

סעיף ז - אבל שחל שביעי שלו בשבת ערב הרגל, מותר לגלח בחול המועד - דהרי לא היה יכול לגלחו ערב הרגל.

הגה: מי שהמיר דתו וחזר בתשובה, ודרכו לגלח - פי' במקום שנוהגין שבעלי תשובה מגלחין, דעבודת גילולים דמי למת ולמצורע שטעון גילוח, **מותר לגלח במועד** - ואפילו חזר בתשובה קודם הרגל, והיה יכול לגלח מקודם, אפ"ה שרי בדיעבד, שהרי אין מצרפין אותו לכל דבר שבקדושה עד שיגלח.

סעיף ח - כל אדם מותר ליטול שפה בחול המועד. הגה: אפילו בפרהסיא - בין במספרים ובין בתער, ואפילו איננה מעכבת האכילה, [**דע"י** גידול שפה לא יהיה מנוול, וע"כ לא הכריחוהו לגלחו מעיו"ט, **ומ"מ** צ"ל דזה נקרא יפוי ותיקון הגוף וצורך המועד, דאל"ה יהיה אסור מטעם מלאכת גוזז בחוה"מ, **וממ"א** משמע, דלא אסרו כי אם בגילוח הראש, אבל שאר איברים מותר לספר, וצע"ק].

ומי שיש לו שחין בראשו, מותר לגלח השער אפילו בתער - ח"א, (**עיין במ"א שהוכיח, דמקום מכה שעל היד, אפי' כשאינו נוגע לפיקו"נ, מותר להעביר השער,**

ועיין במה"ש, ומשמע לכאורה מיניה, דאם היה זה בראשו, אסור להעביר השער, ועיין בח"א שהביא ראיה מתוספתא, דאפי' בראשו מותר, דז"ל שם, מי שעלתה לו מכה בראשו, מותר להסתפר במועד, **ולפי** מה שמפרש שם במנחת ביכורים, כונת הברייתא הוא היכי דנתרפא במועד, ולכן מותר מפני שלא היה יכול לגלח מקודם מחמת המכה, וא"כ אין שום ראיה לדברי הח"א, **ועכ"פ** היכי שהיה יכול להעביר השער קודם יו"ט, אפשר שאין להקל בשחין שבראשו, **והיכא** שיש לו שחין בראשו ומצטער כל גופו עי"ז, חשוב כחולה, ומותר לעשות לו רפואה).

ומותר להקיז דם, שקורין קע"פ זעצין, (**ואפשר** דמיירי באופן שאין צריך לגלח השער מקודם, או דמיירי שנתהוה לו ההכרח לזה בחוה"מ, או דסבר כלקוטי פרדס דנוגע זה לפקוח נפש, **ולבד** כל זה היכי שהוא צריך לזה כדי שלא יכבד עליו החולי, כבר מבואר בסי' תקל"ב, דכל רפואה מותר בחוה"מ, ואפי' לחולה שאין בו סכנה).

ומותר לחוף ולסרוק ראש במועד, אף על פי שמסיר שער, ואין בזה משום גילוח - וכן כל רחיצה מותר.

§ סימן תקלב - נטילת צפרנים בחול המועד §

סעיף א - מותר ליטול צפרנים בין דיד בין דרגל - (ר"ל אפילו דרגל דלא מאיס אם יתגדל, ג"כ מותר), **אפילו במספרים** - וכ"ש בסכין או ביד ובשיניו דמותר.

הגה: אבל יש מחמירין ואוסרים - דסוברין דבזה שייך ג"כ הטעם, כדי שלא יכנס למועד כשהוא מנוול, ויחתכם בערב הרגל, **וכל** הני דמותרין לגלח הנ"ל בסימן תקל"א, מותרין ליטול צפרנים, **ואם** נטלן מערב יו"ט, מותר ליטלן בחוה"מ, דהא יש מתירין לעולם כשגילח מעיו"ט, ואף דאנן לא קיי"ל כן כנ"ל בסימן תקל"א ס"ב, מ"מ לענין זה, דיש בלא"ה הרבה דעות להקל, אין להחמיר.

וכן הוא המנהג להחמיר שלא ליטלן, בין בסכין בין במספרים - אבל בידיו או בשיניו מותר. **הנוטל** צפרניו בשיניו אין בהן משום מיאוס.

אם לא לצורך מצות טבילה, שנוטלן כדרכן בחול - ר"ל אפילו ע"י עצמן, וא"צ ע"י נכרית כמו לענין אשה שהיא אבלה, מאחר שיש מתירין בכל ענין.

סעיף ב - כל רפואה מותר בחול המועד - היינו שמותר לעשות אפילו מלאכה גמורה לצורך רפואה, ואפילו לחולה שאין בו סכנה, **הא** ביו"ט אסור אפילו לשתות דבר שהוא משום רפואה, גזירה אטו שחיקת סממנים.

§ סימן תקלג - מלאכות המותרים בחול המועד §

סעיף א - מותר לטחון קמח לצורך המועד - שאין לו קמח בביתו, ואפילו יכול לקנות או לשאול מחבירו, וכדלקמן בסי' תקל"ז סט"ו, **וה"ה** דגם שארי מלאכות יכול לעשות בכגון זה, דהיינו קוצר ובורר וכו', וכדמבואר שם בסעיף הנ"ל, [**אלא** דיש פוסקים שכ', דבעושה הרבה מלאכות, לא התירו אלא בכדי מחיתו].

אפי' כיון מלאכתו במועד - ר"ל שהיה יכול לתקן מעיו"ט, ומדעתו הניח ד"ז לעשותו בחוה"מ, דבכמה מקומות מחמרינן בזה, אבל בצרכי אוכל לא החמירו בזה.

ולקוץ עצים מהמחובר - להסיק תנורו, [**וגם** בזה אפי' כוון מלאכתו במועד לית לן בה. **ולא** התירו אלא בשצריך להם גופא, אבל בשצריך רק לנסורת, אסור].

ולהטיל שכר, בין של תמרים, בין של שעורים - דאיכא טרחא מרובה, **לצורך המועד.**

ושלא לצורך המועד, אסור; ומיהו א"צ לצמצם, אלא עושה בהרוחה, ואם יותיר יותיר.

אבל לא יערים לטחון או לעשות (שכר) יותר בכוונה - ואם בעל הטחנה אינו רוצה לטחון שיעור מועט, יכול לטחון אפילו הרבה, ולא הוי כמכוון להותיר, שהרי טוחן המותר בשביל אותו מועט שהוא צריך.

או אם יש לו קמח (או שכר ישן), לא יערים (לעשות אחר), ויאמר: מזה אני רוצה - ואע"פ שאוכל מזה שטוחן, מ"מ הערמה היא, שהרי א"צ לזה.

ואם הערים, מותר בדיעבד, כיון שאוכל עכ"פ קצת מן הקמח או מן השכר, וכמו שפסק המחבר לעיל בסימן תק"ג ס"א בכה"ג, [**ואפשר** דמיירי שלא שפך לתוך כיס של טחינה רק פעם אחת, אלא דהוא יותר מכדי צרכו, דאי בשופך כמה פעמים, ובשביל צרכו הלא די בשפיכה ראשונה לבד, א"כ הוא טוחן בהדיא שלא לצורך המועד].

ומיהו להמפרשים שפי' שם דדוקא בהזיד, אבל בהערים אסור אף בדיעבד, אפשר דה"ה הכא אסור.

אבל אם יש לו לחם, מותר לטחון (לפת), דפת חמה עדיף; (והוא הדין בשכר, אם החדש עדיף בלא הערמה, שרי) - ר"ל שבאמת החדש עדיף, ואינו מתכוין להערמה, [**דאם** מתכוין רק להערמה כדי להותיר, אסור], **וכן** בחטים ושעורים וכה"ג, אם יש לו קמח מהם שאינו יפה כ"כ, מותר לטחון אחרים שיפים יותר מהם.

ודע דיש פוסקים שסומכים להקל בהערמה, דיש לו ישן ואומר בשכר חדש אני רוצה, ושותה גם מן החדש, **ואין** למחות למי שרוצה לסמוך אסברא זו, [שכן הוא דעת הרמב"ם, ואפי' אם החדש הוא גרוע].

(**וע"כ יש להקל לצרף יי"ש בחוה"מ, דהיינו שמשימין היי"ש ביורה ומסיקין תחתיה, וירתיח היי"ש ועולה דרך קנים, והקנים יצננו במים אשר ידלו בדלי מן הבור, ועוד כמה מלאכות שיש בזה, אפ"ה מותר כשישתו הישראלים קצת מהן בחוה"מ, כיון דגם בשכר מותר להערים כשיש לו שכר ישן, ואף דבשכר אינו טוב לשתות כ"כ במהרה מחדש, ולא שייך צורך המועד כ"כ, וביי"ש יכול תיכף לשתות, ואם נימא דמלאכת חוה"מ הוא מדרבנן, בודאי מותר להערים, ואף אם נימא דאסור מדאורייתא, אפשר ג"כ דע"כ לא אסרו רק בהערמה הניכרת, וכאן לא ניכר, אכן בפמ"ג משמע, דלמ"ד מלאכת חוה"מ אסור מדאורייתא, אין להקל אף בהערמה שאין ניכרת, וע"כ הנכון להתנהג כמו שכתב בבה"ט בשם תשובת בית יעקב,** «במקומות שעושין מחיה ביין שרף, ששורפין ביורות ויש להם ריוח הרבה, יש מקום להתיר וליתן הריוח לעניים, כיון שהם אינם עושים מלאכה בעצמם רק ע"י א"י, **ואפי'** ישראל יהיה מסייע מותר, דמסייע אין בו ממש מקרי, כיון דהא"י יכול לעשותה בלי סיוע ישראל».

ומ"מ יש שכתבו, דגם פוסקים אלו אינם מקילים אלא בזה, דאין הערמה ניכרת, שאין הכל יודעים שיש לו שכר ישן, **אבל** לא בטוחן חטים או עושה שכר, ומערים לעשות יותר אלאחר יו"ט, שהכל רואין שהוא טוחן הרבה כדרך שהוא טוחן בחול, [**וכן** בהיה לו קמח ומערים לטחון קמח אחר, ג"כ אפשר דאסור, דמה לי קמח זה או קמח אחר, **אם** לא דהקמח היה מתבואה ישנה, דיכול להערים ולומר, דרוצה לטעום מתבואה חדשה, וכעין ההיא דשכר, **ואם** באמת יפים יותר, לכו"ע שרי].

(**עיין בח"א שכתב וז"ל, בשעת הדחק כגון שלא יוכל לאפות תיכף לאחר המועד, יש לסמוך להתיר לאפות ע"י שצריך קצת לפת אחד, אף שמערים ועושה בכונה יותר, כיון שאין הערמה זו ניכר כ"כ, והנה לפי מה שכתבנו בפנים, אין זה היתר** «רק» **לדעת המקילים, אכן בנ"א ביאר הדברים יותר, דיש לסמוך בזה אהאי מ"ד בסי' תק"ז ס"ו, דגם בתנורים שלנו אופה אדם תנור פת, אע"פ שא"צ אלא לככר אחד, וכ"ש כשעושה פת אחד, או לעקאך א' גדול, שאין בו אלא טורח אחד, דשרי לכו"ע**).

כתב הח"א, נ"ל דאפילו יש לו פת נקיה, מותר לאפות פת הדראה לצורך חוה"מ, [**ונראה** טעמו, כיון דאינו רוצה לאכול מפת נקיה בחוה"מ, נחשב כאין לו, **אבל** אין לומר שטעמו, משום דכיון דהוי לחם אחר לא מינכרא מילתא, ודומיא דיש פוסקים לעיל, דמתיר להערים לענין שכר חדש אפי' אם החדש גרוע, דכ"ז אינו אלא לדעת הרמב"ם, אבל השו"ע אינו מקיל בזה], **אע"ג** דביו"ט אסור, בחוה"מ שרי, ובלבד שצריך עכ"פ ג"כ קצת במועד ועושה בהרוחה, ואם יותיר יותיר, [**והנה** בזמנינו אין מצוי כ"כ פת הדראה מחטין, אלא שאופין פת שיפון, בזה אין להסתפק כלל, דזה אפי' ביו"ט שרי].

סעיף ב - מותר לעקור פשתן, מפני שראוי לכסות בו את האוכלים - כגון תאנים ותמרים המיבשין אותן בחמה, וצריכין לכסותן בלילה מפני הטל, **וכ"ז** אם הוא עושה לצורך זה, ואפילו בזה לא שרי ליה לעקור אלא בכדי מה שהוא צריך.

וה"ה אם הוא צריך לזרע הפשתן לצורך חפיפה, ששורין אותו והנשים חופפות בו להחליק בשרן ולצחצח מראיהן, דשרי לעקור הפשתן בשביל זה, **ואע"ג** דבשביל זה לא היה לו לתלוש רק ראש הגבעול, לא הטריחוהו

חכמים לשנות מכפי מה שהוא עושה בחול, ושרי לעקור עם השורש, **וגם** בזה אינו מותר אלא בכדי צרכו וכנ"ל.

ולעקור כשות, שראוי להטיל בו שכר לצורך המועד - צ"ל "להטיל בשכר", שמערבין אותו בשכר לתת בו חורפא, **וגם** בזה, אם הוא עושה לצורך זה, וגם רק בכדי מה שהוא צריך למועד, **וכן** לענין שומשמין דלקמיה.

ולעקור שומשמין, שהיבשים שבו ראויים לאכול מיד - אינו שומשמין שלנו, שהם מאכל גמור, אלא הוא מין זרע שעושין מגרעיניו שמן, או מטגנים אותן בדבש וראוים לאכילה, ואינן ראוים לכל זה אלא בשעה שהן יבשין, אבל הלחים צריך להכמישן ולייבשן, ולא חזו עד לאחר המועד.

ומשמע דשרי ליה לעקור בלי ברירה, ואח"כ יברור הראוים לאכילה ולשמן.

[**ופשוט** הוא דגם בשביל הסקה מותר לתלוש, וכמו דמותר לקוץ עצים].

סעיף ג - פירות שנתבשלו קצת ונאכלין ע"י הדחק, מותר ללקטן כדי לאכלן; ואם לקטן לאכלן והותיר, וחושש שמא יתליעו אם לא יכבשם להוציא ליחה מהם, יכול לכבשם - ר"ל אע"ג דשוב לא יהיו ראוין לכל ימות החג, ואו"כ טרח רק לימי החול, אפ"ה שרי, דהוי דבר האבד.

אבל אסור ללקטם תחלה כדי לכבשם – (עיין במ"א שכתב, דכונת השו"ע הוא אפי' לא ימצא אחר המועד, דליקוט הוא מלאכה גמורה, ואינה מותרת אלא בדבר האבד, ועבור רווחא לא מיקרי פסידא, ולדידיה מיירי השו"ע כשהיו הפירות של הפקר, או שרוצה לקנות מא"י – פמ"ג, [ואין דין זה מוסכם לאיסור, אם לא דהפירות הם של הפקר, וכדלקמן], ור"ל דאלו אילן של ישראל, ויתקלקלו לאחר המועד, בודאי הוא דבר האבד, ושרי).

ואם הוא דבר שאינו נמצא אחר המועד - וה"ה אם יתייקר אח"כ, וכמו בפרקמטיא לקמן סימן תקל"ט ס"ה, **מותר לקנותו ולכבשו** - אע"ג דאינם ראוים למועד עצמו, **והטעם**, דמדמינן לה לפרקמטיא דשרי בכהאי גוונא, וכדלקמן בסימן תקל"ט ס"ה.

(עיין בביאור הגר"א, דהוא רק לתירוץ קמא דהראב"ד שהובא ברא"ש, דלא מצרכינן שיהיה ראוי דוקא למועד אלא למציאה, ולחילוק זה, בשארי דברים מותר אפי' לטרוח במלאכה, כגון שצריך למלוח ולכבוש וכדו', **ולפי"ז** אם אין בנמצא לאחר המועד, מותר אפי' לקנותו קודם ליקוט, וילקוט ויכבוש, ומה דלא הזכיר המחבר, אפשר כדי למעוטי, דאם בנמצא לקנות אחר המועד, אסור אפילו לקנות מלוקטים, ומה שאוסר תחלה ללקטם, מיירי כשהוא בנמצא לאחר המועד, **ועוד** נוכל לומר דרישא מיירי בפירות של הפקר ומדמי ליה למציאה).

(**אבל** לתירוץ בתרא דהראב"ד, דפרקמטיא שאני דלאו מלאכה היא כלל, אלא מעשה חול בעלמא, אבל מלאכה לא התירו משום רווחא, אא"כ איכא פסידא, והשקאה היא מלאכה גמורה וכן במליחה, ואיכא עוד במליחה טרחא יתירא, **ולפי"ז** בודאי אסור אפילו לקנות כדי לכבוש, אף שלא ימצא לאחר המועד, וכ"כ בחידושי רע"א, ומתמה על השו"ע שלא נקט לדינא כתירוץ בתרא).

(**והנה** מפמ"ג הנ"ל משמע, דאפילו לקנותו אצל עכו"ם קודם ליקוט, וללקטם אח"כ, אסור, וכתב זה לדעת המ"א, דמלאכה גמורה כגון ליקוט אסור אפילו לא ימצא לאחר המועד, כל כמה דליכא פסידא, והנה לפי"ז החזיק המ"א בתירוץ בתרא דהראב"ד, **ולפי"ז** קשה מה דהתיר המחבר לכבשו, וכבר הקשה זה הגרע"א בחידושיו, ונשאר בקושיא, **ואפשר** לדחוק ולומר, דסבר המחבר דמליחה קיל טפי, מטעם דמעיקר הדין אין עיבוד באוכלין, ולפיכך אע"פ שנקט כראב"ד בתירוץ שני, מ"מ לענין מליחה מיקל טפי מראב"ד).

סעיף ד - צד אדם דגים כל מה שיכול לצוד - ומשמע דאפילו הוא מוכח בודאי שהוא יותר מכדי הצורך למועד, ג"כ שרי, **ולא** דמי לקמח בס"א וכה"ג, דאינו מותר אלא בכדי צורכו בהרוחה, שאני הכא שאין כל דג שוה בטעמו, ועל כל צידה י"ל שמא ימצא משובחים ביותר, והוא כבוד יו"ט.

ומולח הכל במועד, שהרי אפשר שיאכל מהם במועד, אם יסחוט אותם בידו פעמים רבות עד שיתרככו - ר"ל דלא דמי לס"ג, דלא שרי ללקט כדי לכבשם, התם שאני דמכובשים אינם ראוים

לאכול במשך איזה ימים, וא"כ הוא רק הכנה לימי החול, **משא"כ** בדגים אפשר ע"י הדחק לסחוט ולאכול, וא"כ אפשר דיהנה מזה גם ביו"ט, ולאו לצורך חול בלחוד טרח, [**ואע"ג** דהשתא שכולם לפניו, אפשר לו לבחור רק המשובחים ולמולחם, **י"ל** כיון דמן התורה אין עיבוד באוכלין, הקילו לו למולחם כולם, כיון דעכ"פ לעת עתה אין מבורר לו איזה מהם לבחור כשירצה לסחוט ולאכול].

(ומותר לצודן בפרהסיא, שניכר לכל שהוא לצורך המועד) - וכמו שמותר בתבלין בסימן תקל"ט ס"י, **ומשמע** לפי"ז דלאו דוקא בצודה לעצמו, אלא אפילו בצייד שאומנתו ופרנסתו מזה, ג"כ מותר בפרהסיא, **ועיין** מה שנכתוב לקמיה, שיש חולקין בזה.

זבובים ויתושים אם הם מצערין את האדם, מותר להורגן בחוה"מ, דאין לך צורך אדם גדול מזה, ואע"ג דמצי להבריחם, מיד יחזרו עליו.

סעיף ה - כל מלאכות שהם לצורך המועד, כשעושין אותם אומניהם, עושין בצנעה - ר"ל אף שבאמת היא לצורך המועד, ומיירי במין מלאכה שאינו מוכח להרואה שהיא לצורך המועד, כגון הני דמסיים, דבאדם פרטי שעושה לעצמו אינו עושה בשיעור מרובה, וכו"ע ידעי דלצורך היום הוא, **משא"כ** באומן שעושה הרבה ביחד, אמרי דבמלאכתו הוא עוסק כבשאר ימות השנה, ולאו ליו"ט הוא מכין.

כיצד, הציידים (של חיות ועופות), והטוחנין, והבוצרים, למכור בשוק, הרי אלו עושים בצנעה לצורך המועד - היינו בין הצידה והטחינה והבצירה, ובין המכירה.

הרמ"א השמיט דגים, דסבר דבדגים שאינן מתקיימים הרבה, אפי' בצייד ידעי כו"ע דליומא הוא צודה, ולא אלאחר יו"ט, ובהאי גוונא מותר בפרהסיא, וכמש"כ לעיל בס"ד, **מיהו** כמה פוסקים חולקין בזה, ואסרו לצייד שמלאכתו בכך לצוד דגים בפרהסיא, **(ויש להחמיר)**.

ועיין בבה"ל, דלענין מכירת דגים, מי שנוהג להקל בפרהסיא אין למחות בידו, דיש לו על מי לסמוך.

כתבו הפוסקים, אם נהגו ציידין שלא לצוד בחוה"מ, רשאין לחזור ממנהגן, [ולהנ"ל מיירי דוקא לצוד בצינעא], ואין זה כמי שנהג מנהג של מצוה, ואדרבה ממעטין הן בשמחת הרגל, **ומבואר** בירושלמי, דציידי חיה ועוף ודגים מותרים לצוד אפילו במצודות גדולות וכה"ג, [והיינו בצינעא], כדי להרבות שמחה ברגל, דאם אי אתה מתיר להם אלא בחכה ומכמורות, אין צדין אלא מעט, וממעטין בשמחה.

מי שיש לו בריכה גדולה, וחופר בצדה שיזובו המים ויצוד הדגים, מצדד במ"א שי"ל שאסור, דמוכחא מילתא טפי שהוא לצורך חול, **ונ"ל** דיש להקל בזה ע"י עכו"מ, אם רוצה לאכול הדגים במועד.

הגה: ומותר לחלוב הבהמה אפילו שלא לצורך המועד, דהוי דבר האבד.

§ סימן תקלד – דיני כיבוס בחול המועד §

סעיף א - אין מכבסין במועד - אפילו לצורך המועד, **והטעם**, כדי שיכבס מעיו"ט לצורך יו"ט, ולא יכנס למועד כשהוא מנוול.

ואלו שמכבסין: הבא ממדינת הים, והיוצא מבית השביה ומבית האסורין, ומנודה שהתירו לו חכמים ברגל - דמנודה אסור בכיבוס.

ומי שנדר שלא לכבס, ונשאל ברגל והתירו לו - עיין לעיל בסימן תקל"א סעיף ג' וד', וכל הדברים שמבואר שם בפנים ובמ"ב לענין גילוח, שייך גם בענינינו לענין כיבוס.

ומטפחות הידים - הטעם, שדרכן להתלכלך תיכף, וא"כ אפילו אם היה מכבסן מעיו"ט, היו חוזרין ומתלכלכין, ולכן אפילו יש לו הרבה מטפחות, מותר לכבסן, דצריך לכל יום מטפחת אחרת, **אכן** לפי מה שנהגו כעת, שמחליפין רק משבת לשבת, ע"כ אפילו יש לו רק שנים, אין לכבסן בחוה"מ, שדי להם בכביסה שמעיו"ט. **כתב** הח"א, דה"ה פאצייליק"ע של חוטם, דינו כמטפחות הידים.

ומטפחות הספרים - היינו ספריים שנותנין המטפחות עליהם כשמסתפרין, **ואית** דמפרשי ספרים ממש, היינו ספרי קודש, **והטעם** בכל זה, הוא כמו במטפחות הידים הנ"ל.

ומטפחות הספג - היינו מה שמסתפגין בהן כשיוצאין מבית המרחץ, **וכתב** ב"י בשם כל בו, דעכשיו נהגו בזה חומרא, וכן ראוי לעשות.

ובגדי קטנים - כי דרך הקטנים להתלכלך בטיט ובצואה תדיר, **ובעלת הכתם שנמצא במועד** - והוא הדין כשפרסה נדה ביום טוב, וצריכה ללבוש לבנים במועד.

ומי שאין לו אלא חלוק אחד - דחלוק אחד מתלכלך אפילו כיבסו קודם יו"ט, **ויש** מן הפוסקים דס"ל, דכל זה דוקא בזמן התלמוד, שהיה ניכר בעת שפשט חלוקו לכבסו שאין לו אלא חלוק אחד, שמתחלה היה חוגר איזורו על החלוק, וכשפושטו חוגר חגורו על בגד העליון שלו, **אבל** לפי מנהג מלבושים שלנו, שאין לנו חגור על חלוק שלנו, אין להקל בזה, **ומ"מ** נראה דאם היה החלוק של פשתן, אין להחמיר בזה, [וכדלקמן ס"ב].

וכולם מכבסין כדרכן, אפי' בנתר ואהל (פירוש מיני בורית), ובפרהסיא על גבי הנהר - עיין במ"א, שדעתו להחמיר שלא לכבסן בפרהסיא, דאין הכל יודעים שהיה במדינת הים או בשביה וכה"ג, **לבד** במטפחת הידים, וכה"ג שאר דברים שמותר לכל אדם, יש להתיר בפרהסיא, **אבל** כמה אחרונים מסכימים לדעת הרמ"א דלקמיה, דכיון שמתכבס יפה ע"ג הנהר, והוא לצורך המועד, לא החמירו חכמים בכל השנויין כאן.

הגה: מיהו לא יכבסו רק הצריך לכן, דהיינו חלוק אחד; מיהו בגדי הקטנים ביותר, דהיינו אותן שמלפפים בהם ומשתינים ומוציאין רעי בהם, מותר לכבס ד' וה' בפעם א', כי צריך להרבה מהם כל רגע - ור"ל לאפוקי סתם קטנים, אין להתיר בכבוס רק חלוק אחד וכנ"ל.

וכא דמותר לכבס בפרהסיא, היינו דוקא כשרוחץ על גב הנהר, משום דמתכבס יותר יפה על גב הנהר; אבל אם אינו כובס על גבי נהר, לא יכבס רק בצנעה ולא בפרהסיא, כן נ"ל.

סעיף ב - כל כלי פשתן מותר לכבסן - שקלין להתלכלך, ואפילו אם היה מכבסן קודם מועד, **וגם** אין טורח בכיבוסן כ"כ.

ולא נהגו כן, והוה ליה דברים המותרים ואחרים נהגו בהם איסור, אי אתה רשאי להתירם בפניהם - ומ"מ כיון דמעיקר הדין שרי, נתפשט המנהג להקל ליתן לעכו"מ לכבס כתונת אחת, ולחוץ לבית, דאע"ג דכל מה שאסור אסור ג"כ ע"י נכרי, מ"מ בזה מקילין, **וליתן** להנכרי שיכבס אחר המועד, בכל ענין שרי, ובלבד שלא ימנה כדרך שהוא עושה בחול.

סעיף ג - מביאין מבית האומן כלים שהם לצורך המועד, כגון כרים וכסתות וצלוחיות - אבל אין מוליכין לבית האומן אפילו לצורך המועד.

אבל כלים שאינם לצורך המועד, כגון מחרישה או צמר מבית הצבע, אין מביאין - בין שהאומן גמרו במועד או קודם, והטעם משום טרחא, **וי"א** משום שיסברו שנתן לתקנו במועד, ויאמרו שהאומן תקנו במועד, **ולפי"ז** אפילו מבית לבית באותה חצר דליכא טירחא, ואפילו מאומן נכרי, אסור להביא, שיסברו שהבעל הבית צוה לתקנו במועד.

כתב הפמ"ג, דלדבר מצוה אע"פ שאין צורך המועד, י"ל דמאומן עכו"מ שרי להביא.

ואם אין לאומן מה יאכל, נותן לו שכרו ומניחן אצלו - ה"ה דאפילו יש לו מה יאכל, ג"כ מותר ליתן לו שכרו, **אלא** ה"ק, אע"פ שאין לו מה יאכל דצריך ליתן לו שכרו, והו"א דמותר ליטלן אצלו כדי שלא יתבענו שנית, קמ"ל דנותן לו שכרו ומניחן אצלו, **א"נ** משום דרוצה לסיים, ואם אינו מאמינו מניחו בבית הסמוך לו, **ואם** יש לו מה יאכל, לא יתן לו שכרו, ואינו רשאי לפנותן לבית הסמוך לו.

ואם אינו מאמינו, מניחן בבית הסמוך לו; ואם חושש שמא יגנבו, מפנן לחצר אחרת; אבל לא יביאם לביתו אלא בצנעה - לכאורה צ"ע, אם אין לו מה יאכל, למה לא יביאם בפרהסיא, דהרי מותר ליתן לו לעשות מלאכה, **י"ל** דמ"מ אסור, שהרואה לא ידע שאין לו מה יאכל, **ולפי"ז** כ"ש שאסור לו לעשות המלאכה בפרהסיא.

§ סימן תקלה – שלא לפנות מחצר לחצר בחול המועד §

סעיף א - אין מפנין - משום טרחא, **מחצר לחצר, אפילו מכעורה לנאה** - דרך ר"ה דהוא מפורסם, **וא"כ** אם יש פתח בין שתי חצירות, מותר לפנות מזו לזו, ואפילו דרך כמה חצרות מותר.

ולא לפנות דירתו - צ"ל "לא לפנות דירתו" - הגר"א, וכן הוא בדפוס הראשון שהדפיס המחבר בחייו.

ולא לפנות כליו שאינם לצורך המועד - משמע דלצורך המועד אף בפרהסיא מותר, דבר שהוא ידוע וניכר שהוא לצורך המועד. **הגה: וכ"ש שאסור להסיע ממונו מעיר לעיר.**

אבל מפנה הוא מבית לבית באותה חצר - דליכא טרחא כולי האי, וגם הוא בצנעא, ואפילו אותו הבית הוא של חבירו.

ואם אין הבתים פתוחים לחצר אלא למבוי, יש אומרים שמבית לבית הסמוך לו, מותר - דבכלל צנעא הוא, **אבל** מכאן ואילך אסור דהוי פרהסיא, **והב"ח** מצדד דאפי' לבית הסמוך אין לפנות, וכן הגר"א מצדד להחמיר בזה, אם לא שהוא מבוי שאינו מפולש.

הגה: ואם מתיירא מחמת גניבה בחצר שדר שם, מותר אפילו מחצר לחצר המשתמר; ואפילו מעיר לעיר, בדבר האבד שרי.

סעיף ב - יש מתירים לפנות מחצר של אחר לחצר שלו, ואפילו מנאה לכעורה - דשמחה לאדם שיהיה דר בשלו, **אבל** לפנות כלים לחצר שלו אין להקל.

ודוקא באופן זה, אבל מפני שאר הנאה, כגון שהיה דר אצל חבירו בחדר אחד [בפני עצמו], ואח"כ שכר לו בית מיוחד [עם כמה חדרים לעצמו], אע"פ שנוח לו יותר, אסור לפנות, דהא אפילו מכעורה לנאה אסור, [**וכתב** הפמ"ג, דאם דר ביחד עם אחד בחדר אחד, יראה דשרי לילך לחדר מיוחד, וכן שכר מחיה וכדומה, דהוי דבר האבד, וצריך להתיישב בזה, עכ"ל], **מיהו** אם דירה ראשונה היה בין העכו"ם או דומה לזה, יש להתיר לפי ראות עיני המורה.

סעיף ג - הזבל שבחצר אסור להוציא, אלא יסלקנו לצדדים; ואם נתרבה עד שנעשה חצר כרפת, מוציאין אותו לאשפה.

§ סימן תקלו – כל צרכי בהמה מותר לעשות בחול המועד §

סעיף א - מי שצריך לרכוב במועד לטייל, או לצורך המועד - וה"ה לראות פני חבירו, **ולא נסה ללכת ברגליו, יכול ליטול צפרני הסוס ולתקן ברגליו** - צ"ל "ולתקן ברזליו", וכן הוא בדפוס הראשון, **ודוקא** במדינות שאבנים מצוים שם, ואין הבהמות יכולות לילך בלא ברזלים, **אבל** במקומות שהעפר תיחוח, ואין אבנים מצוים שם, ואין רגילים שם לעשות ברזלים, אסור, **והאוכף והרסן וכל צרכי רכיבה, ובלבד שלא יכוין מלאכתו במועד.**

אבל שלא לצורך המועד, או שלמוד ללכת ברגליו, אינו מותר רק הרכיבה, אבל לא לתקן צרכי רכיבה.

ולהרויח ממון שלא לצורך המועד, מותר לרכוב, אבל לא יתקן צרכי רכיבה. (**ואם הוא מטייל מא"י לחו"ל,** אסור לתקן צרכי רכיבה).

הגה: ומותר לרכוב במועד אפילו מעיר לעיר, אפילו בחנם, וכן נהגו - דברכיבה ליכא שום מלאכה, ב"י, **אלא שאסור לתקן כל צרכי הרכיבה אם אינו רוכב לצורך או לטייל.**

(והנה לפי טעם הב"י, לכאורה דוקא ברכיבה, דאפילו ביו"ט לא הוי רק שבות, ולא גזרינן זה בחוה"מ, אבל במחמר, דיש בזה בשבת ל"ת גמורה דלא תעשה מלאכה אתה ובהמתך, דקבלו חז"ל דזה קאי על פעולה שנעשה ע"י אדם ובהמה, דהיינו מחמר, לכאורה אין להקל כשהוא בחנם, **אכן** כד מעיינינן יש להקל בזה מכח ס"ס, אחד דשמא הלכה כהפוסקים דס"ל, דאין אדם מצווה על שביתת בהמתו ביו"ט, דלא איתקש יו"ט לשבת רק לענין ל"ט מלאכות, ולא לענין עשה דשביתת בהמתו ולאו דמחמר, **וכדעת** הג"ה לעיל רמ"ו ס"ג, ומש"כ בסימן תצ"ה ס"ג, אין מוציאין משא על הבהמה ביו"ט, הוא רק מדרבנן, **ואפילו אם נאמר** כהפוסקים דס"ל, דיו"ט ושבת שוין הן מן התורה גם לענין זה, **שמא** הלכה כהר"ן דס"ל, דלאו דמחמר לא נאמר רק בר"ה, שהאדם חייב עליה כשהוציא, לזה אסרה התורה גם כשמוציא משא על הבהמה, אבל לא בחצר, **וחולק** שם על הרשב"א דס"ל, דלאו דמחמר שייך בכל גווני, **וא"כ** לפי מה דנהגו העולם לתפוס בכמה דברים שאין לנו בזה"ז ר"ה דאורייתא, א"כ לא שייך לאו דמחמר מן התורה כלל רק מדרבנן, וא"כ אין לנו לאסור בחוה"מ, **אמנם** בסימן שמ"ה הבאנו בבה"ל, דעת כמה ראשונים דס"ל, דיש ר"ה מן התורה גם בזמנינו, מ"מ אין לנו למחות ביד המקילין בזה, דיש להם על מי לסמוך).

סעיף ב - מותר לסרוק הסוס כדי ליפותו - דהוא בכלל צרכי רכיבה, שהתירו כשצריך לרכוב לצורך המועד או לטייל, **ועיין** בב"ח, דאפילו במסרק שמשיר נימין, דביו"ט אסור משום פסיק רישא, בחוה"מ שרי.

סעיף ג - אין מרביעין בהמה במועד - היינו שאין אוחזין הבהמה להביא עליה זכר, דאין בזה צורך המועד, ולא דבר האבד, **אבל** מכניסין לדיר זכרים ונקבות ביחד, ורובעין מעצמן.

ובחול מותר ואין בזה משום פריצותא, דבעבידתא טריד.

ועיין בא"ר שכתב, דהא דאסור להרביע, הוא דוקא בשאר בהמות, אבל חמורה שתבעה, דאז אם לא ירביעו עליה כשהיא מתאוה לזכר תצטנן ותעקר, מותר להרביע עליה, דהוי דבר האבד, **ובברכי** יוסף מצדד להחמיר גם בזה.

אבל מקיזין לה דם, ואין מונעין ממנה כל רפואה, אפי' אם יש בה מלאכה - דאורייתא.

סעיף ד - אין מושיבין תרנגולת על הביצים לגדל אפרוחים - דאינו צורך המועד ולא דבר האבד.

ואם הושיבה קודם המועד וברחה מעליהם, יכול להחזירה - מדסתם המחבר, משמע דאפילו לא ישבה התרנגולת עליהן עדיין ג' ימים, ולא נתקלקלו הביצים לגמרי, שראוי עדיין למכור הביצים בזול, אפ"ה שרי, דעכ"פ יש הפסד מועט אם לא יחזירנה, **ועיין** ברא"ש וטור, דמוכח מדעתם דאין להקל בזה, רק לשיטתם דמלאכת חוה"מ הוא מדרבנן, **אבל** אם נסבור דהוא דאורייתא, אין להקל להחזיר, רק אם ישבה כבר עליהן ג' ימים, דאז אין הביצים ראויין כלל לאכילה, שהתחילו להתרקם, והוי דבר האבד אם לא יחזירנה, **וא"כ** לפי מה שהבאנו לעיל בריש סימן תק"ל, דכמה ראשונים סוברין דמלאכת חוה"מ הוא מן התורה, אין להקל בזה כי אם כשיש לו הפסד מכמה ביצים, דאז יש לסמוך להקל אף תוך ג' ימים לישיבתה.

והוא שיהיה לו בתוך ג' ימים לבריחה - דאז מהני החזרה, וגם אין טורח כ"כ להחזירה, **אבל** לאחר ג' ימים אסור, אפי' יפסידו הביצים, דיש טורח גדול בחזירה, **וגם** אפשר שלא יועיל כלל החזרה, שכבר אזל חמימותה ממנה, [**ועיין** פמ"ג שהוא מסתפק, אם ג' ימים הוא מעת לעת, או דמקצת היום ככולו].

(אבל אסור להושיב אחרת, אפילו מתה הראשונה) - אפילו אחר ג' ימים לישיבתה, דפסדי לגמרי, אפ"ה אסור, ואף דכל דבר האבד מותר בחוה"מ, יש לומר דבטרחא יתירא אין היתר אף בדבר האבד, (**וחפשתי ומצאתי** לכמה ראשונים דהקילו בזה בהדיא, ולפי הנראה לא ראום הב"י והרמ"א, דאל"ה לא היו סותמין להחמיר, **וע"כ** נראה דבמקום הפסד מרובה יש לסמוך להקל).

§ סימן תקלז – דין מלאכת דבר האבד §

סעיף א - דבר האבד - ר"ל שאם לא יעשהו עכשיו יבא לידי הפסד, **מותר לעשותו בחול המועד בלא שינוי** - ואם הדבר אצלו בספק, עיין במ"א שמקיל, ובח"א כתב שיעשהו ע"י עכו"ם ולא בעצמו, **ועיין** בבה"ל שצידדנו, דכונת המ"א הוא ג"כ אם אותו החשש שהוא חושש הוא מצוי שיבוא, ואז נראה דיש להקל גם ע"י עצמו, (אפילו למאן דאית ליה דמלאכת חוה"מ עיקרו הוא מן התורה, **ואם** אינו מצוי ההפסד, יש להחמיר אפילו למאן דאית ליה דאיסור מלאכת חוה"מ הוא מדרבנן), **אכן** יראה לעשות בצנעא אם אפשר, (ואם אי אפשר בצנעא מותר בפרהסיא). **ועיין** בפמ"ג שכתב, דלדברי המ"א יש להקל נמי בספק צורך המועד, והיינו ג"כ אם בעיניו קרוב שיהיה זה לצורך המועד. **(מיהו בכל מה דאפשר להקל בטרחה יעשה).**

לפיכך בית השלחין (פי' הארץ הצמאה) - ועיפה למים, שאם לא ישקנה תמיד תפסד, **שהתחיל להשקותה קודם המועד, מותר להשקותה, שכיון שהתחיל להשקותה קודם לכן, אם לא ישקנה עכשיו תפסד** - אבל אם לא התחיל, לא תפסד ע"י איחור איזה ימים, ואסור, [**ולפי"ז** אין חילוק בין אם מניעת ההשקאה קודם מועד היה מחמת עצלות או מחמת אונס, דבכל גווני אסור, **וכן** לטעם הרמב"ם שכתב, שאם לא השקה אותה קודם המועד, יהיה לו עתה טרחא יתירה להשקותה במועד, וזה אסור אפי' במקום הפסד, ג"כ אין חילוק בין עצלות לאונס].

(הנה מוכח בברייתא דף ו"ו ע"ב, דאפילו בלא התחיל להשקותה קודם המועד, אם היתה שדה מטוננת מותר, והיינו שהיתה לחה ועתה נתייבשה, ומטעם דכיון שהיתה לחה דינה כמו שהתחיל להשקותה, דתפסד אם לא ישקנה, **אכן** להרמב"ם ההיתר בשדה לחה, הוא דוקא בשעדיין היא לחה, ומטעם דא"צ להשקאה רבה, ולית בה טרחא יתירא אף בזרעים שלא שתו לפני המועד, ולהכי שרי, **ולפי"ז** אם נתייבשה אין להקל לדעת הרמב"ם. **והנה** המחבר העתיק דין דשדה לחה בס"ז לענין שדה אילן, ובאמת מן הברייתא מוכח דה"ה לענין זרעים שלא שתו).

אבל שדה הבעל - פי' שדי לה במטר השמים, **שאין משקין אותה אלא להשביחה יותר, אסור להשקותה.**

סעיף ב - אפילו בבית השלחין לא התירו אלא היכא דליכא טרחא יתירא, כגון מן המעיין, בין חדש - שהתחיל לנבוע מחדש, וקמ"ל דלא חיישינן כיון שחדש הוא, דלמא יפלו כותליו ואתי לתקן במועד, א"נ דלמא אתי לאיתויי ממקום אחר, והוי טרחא יתירא, **בין ישן, שהוא ממשיכו** - ברגליו **ומשקה** - אבל כל שדולה בדלי או בכד אסור.

אבל לא ידלה וישקה מן הבריכה - מים מכונסין בבור עמוק, **או ממי הגשמים מקובצים, מפני שהוא טורח גדול** - שצריך לדלות בכלי.

ואפי' אינו דולה, אלא ממשיך מהן ברגל, דהיינו שהבור או מקום המקובץ מהגשמים מלא על כל גדותיו, דאז א"צ לדלות, אסור, מפני שסופו לדלות כשיחסרו.

אפי' ערוגה אחת, חציה גבוה וחציה נמוך, אין דולים ממקום נמוך להשקות מקום גבוה - וכ"ש כשהם שתי ערוגות, ואחת גבוה מחבירתה, אין דולין מהתחתונה להשקות העליונה.

ואם היה ערוגה של ירק, וכונתו כדי לאוכלן במועד, מותר, וכדלקמיה בס"ד.

סעיף ג - נהרות המושכין מן האגמים, מותר להשקות מהם בית השלחין במועד, והוא שלא פסקו - ר"ל שאינו פוסק בשום פעם, אלא מושך תמיד מן האגמים, וגם האגמים גופא צריך שלא יפסקו תמיד, **אבל** אם דרכן לפסוק בשום פעם, אף דעכשיו יש ריבוי מים בהם, באופן שבכל חוה"מ לא יצטרך לדלות בדלי, ויוכל להמשיך ברגלו, אפ"ה אסור משום לא פלוג, דשמא יהיה נדמה לו שיש בו מים די על כל חוה"מ, ובאמת אינו כן, ויבוא לדלות בדלי.

וכן הבריכות שאמת המים עוברת ביניהם, מותר להשקות מהן - היינו מן הבריכות ע"י המשכה, ולא חיישינן דלמא פסקי וטרח ואזיל ואייתי ממקום אחר, דאי פסקי יכול ליקח מאמת המים.

ועיין בב"י שכתב בשם הנ"י בשם הראב"ד, דדוקא כשאמת המים נכנס בתוך הבריכות, אבל אי לא עיילה לגווה, אע"ג דנכנס לתוך השדה, אסור, דאיכא למיחש דלמא אתי למטרח ולאתויי, **ובחי'** הריטב"א כתב דלאו דוקא, כל שעוברת בסמוך לשדה ממש קרי ביניהם.

ועיין בטור וב"י וט"ז, לענין חריצין הנעשין להמשיך בתוכן מים מן הנהר לצורך שדות, אימתי מותר להשקות מהן את השדות בהמשכה.

וכן בריכה שנטפה מבית השלחין - היינו בית השלחין שהוא גבוה, והיה מעין נובע מצדו, ובצד אחר היה בית השלחין נמוך, ובין אלו בית השלחין היה בצד בית השלחין הנמוך בריכה קטנה, וכשמשקין בית השלחין הגבוה ממעין שלו, נוטפין טיפין טיפין מתוך בית השלחין הגבוה לתוך הבריכה הנמוכה, **ועדיין היא נוטפת, מותר להשקות ממנה בית השלחין אחרת** - ר"ל בית השלחין הנמוכה, ואע"ג דבריכה עבידה דפסקא, ואפשר דאזיל וטרח ומייתי ממקום אחר, הואיל ומטפטף עדיין מבית השלחין הגבוה מים שבאו ממעינו, אמרינן דבוודאי לא פסקא.

והוא שלא פסק המעיין המשקה בית השלחין העליונה - אבל אי פסק המעיין, אע"ג דעדיין מטפטף מבית השלחין הגבוה לתוך הבריכה, אין משקין מהבריכה לבית השלחין הנמוך, דלמא פסק, ואזיל וטרח ומייתי ממעיין אחר.

סעיף ד - ירקות שרוצה לאכלן במועד - אין הכונה דוקא כשרוצה לאכול בעצמו, אלא ר"ל שיהיו ראויין לאכילה במועד, ועומדין לימכר, **יכול לדלות מים להשקותן כדי שיגדלו ויהיו ראוים למועד** - דכל שהוא לצורך אוכל נפש, אפילו טרחא יתירא התירו, **ועיין** בפמ"ג שכתב, די"ל דוקא צורך המועד באוכל נפש, הא לצורך המועד מכשירי אוכל נפש וכדומה, י"ל דטרחא יתירא אסור, **אמנם** בחידושי הרמב"ן כתב בהדיא, דמכשירי אוכל נפש כאוכל נפש, וכעין שהתירה התורה והשווה מכשירי אוכל נפש כאוכל נפש כשאי אפשר לעשותן מעיו"ט.

אבל אם אינו רוצה לאכלן במועד, ועושה כדי להשביחן, אסור - אפי' בהמשכה בלא הדלאה, דאז היה מותר אם היה חשש פסידא, דהיינו בבית השלחין, אבל בזה שא"צ אלא להשבחה בעלמא, אסור.

סעיף ה - אין עושים החריצים שבעקרי הגפנים כדי שיתמלאו מים - דהוא טרחא יתירא, ואסור אף דאיכא פסידא.

ואם היו עשויות ונתקלקלו - ועדיין ניכר החריץ מעט, אפילו פחות מטפח, דאילו נסתם לגמרי, הוי כחדתי, **הרי זה מתקנן במועד** - דליכא טרחא כולי האי, **(אבל אסור להעמיקן יותר מבראשונה)** - וה"ה דאסור להרחיבן.

סעיף ו - אמת המים - היינו החריצין העשויין בקרקע, שבהם המים הולכות סביבות השדה ומשקות אותו, ונקרא אמה, לפי שהוא רחב אמה ועמוק אמה, **שנתקלקלה, מתקנין אותה** - אבל אין עושין אותה לכתחלה, וה"ה אם נסתמה לגמרי, שלא נשאר אפי' טפח, ג"כ אסור לתקנה, דזה הוי כעשיה לכתחלה, [**והא** דבס"ה סגי שיהיה ניכר החריץ מעט, וכאן בעינן טפח, כתבו הפוסקים, משום דבאמת המים בעינן שיקלחו שם המים, לא סגי בפחות מטפח].

היתה עמוקה טפח, חופר בה עד ששה - דזהו שיעור אמת המים, וצריך לצמצם השיעור לא יותר ולא פחות, דזהו שיעור אמת המים שיעברו בה המים שפיר, וכן ברוחב האמה דבעי ששה טפחים, **ואפילו** היתה אמה זו עמוקה יותר מששה טפחים קודם שנתקלקלה, אינו רשאי לתקן בה עכשיו אלא עד ששה טפחים בלבד.

מלשון זה משמע דס"ל, דאפי' לא היתה חפורה מבעיו"ט אלא טפח, מותר לחפור בחוה"מ יותר, וכ"ש כשהיתה חפורה ונסתמה עד טפח, **אבל** מלשון הגמרא דקאמר: ומתקנין את המקולקלת, משמע דוקא לתקן המקולקל מותר, אבל לחפור מחדש אסור בכל גווני, מ"א, וכן משמע מכמה פוסקים.

היתה עמוקה טפחיים, מעמיק עד שבעה - שזהו ג"כ הוספה בחפירה חמשה טפחים, **ואם** היתה עמוקה שלשה, אפשר דאסור לחפור עד שמנה, דטרחה יתירא היא להשליך העפר לחוץ מעומק האמה - מ"א, **ונכון** להחמיר בזה, דבמאי דהקיל השו"ע עד שבעה, ג"כ יש מהפוסקים שמחמירין בזה, [**דבאמת** הוא בעיא דלא איפשטא בגמ', ואפשר דהרמב"ם שמיקל אזיל לשיטתו, דס"ל דמלאכת חוה"מ הוא מדרבנן, משא"כ לאידך פוסקים, וצ"ע].

סעיף ז - מושכין את המים מאילן לאילן - פי' שעושין סביב האילן חפירות למלאות אותן מים, ותו אין בזה טורח הרבה לעשות חריץ שימשכו בו המים מאילן לאילן, [**והתירו** זה במועד, משום דאילנות דָמְיָן לבית השלחין, שצריכין למים טפי].

ובלבד שלא ישקה את כל השדה - דאף אם לא ישקה כולה, ליכא פסידא לאילנות, דאף שע"י ההשקאה יהיה הרוחה לאילנות, לא שרינן טרחא רבה בשביל הרוחה, [**ואף** באופן שהשדה היתה שייך רק לאילנות, שאין בה זרעים וירקות]. **ולכאורה** מש"כ "טרחא רבה" הוא לאו דוקא, וכמבואר בס"א בבית הבעל, דאף המשכה בלא טורח אסור בהרוחה, וכן נראה מלשון הנימוקי יוסף שממנו מקור הדברים – מ"ב המבואר.

(**ומיירי כשהיו נטועים האילנות עשרה לבית סאה, אבל אם היו רצופות, מותר להשקות כל השדה**).

ואם היתה שדה לחה, מותר להשקות את כולה - שכיון שהיתה לחה במים מקודם, אין בה טורח יותר ע"י ההשקאה, [רמב"ם, **ומהגר"א** משמע, דלדעת הטור ונ"י, דמפרשים מימרא דרב יהודה בזרעים, אין לנו מקור לענין אילנות, דבזה דאינו אלא להרוחה אפשר דבכל גווני אסור להשקותה כולה. **ולהרמב"ם** דוקא כשעדיין לחה, שאין בה טורח רב להשקותה, **ולדעת** רש"י הוי להיפך, דדוקא אם נתייבשה, דאז הוי פסידא אם לא ישקנה].

סעיף ח - אסור לפתוח מקום לשדה כדי שיכנסו בה מים להשקותה - דהוי כמזבל שדה במועד וכנ"ל (סי"ד), **ואם עושה כדי לצוד דגים כדי לאכלן במועד, כגון שפותח למעלה מקום שיכנסו, ולמטה מקום שיצאו, מותר** - דהיינו שעושה למטה חור קטן שיזובו המים משם, וישארו הדגים ניצודין מאליהן, ואע"פ שממילא השדה שותה מהמים, שרי, דדבר שאין מתכוין הוא.

דאע"פ שכונתו לדגים, בעינן שיהיו מעשיו ניכרים, לכך יש לפתוח שני פתחים, הא חד פתח, אע"פ שכונתו לדגים, אסור, כיון שאין מעשיו ניכרין, ומתחזי כמו שמכוין להשקותה, **וכתב** הריטב"א בחידושיו, דכ"ז רק לענין איסור לכתחלה, אבל בדיעבד לא קנסינן ליה, אם הוא אומר שדעתו להיתר, וכן הדין לענין סעיף ט'-י"ת ויו"ד וי"א.

כדי לאכלן במועד - עיין בב"מ שדעתו, דאינו אסור רק אם כונתו כדי להשאיר כל הדגים אלאחר המועד, אבל אם כונתו כדי לאכול מהן, אפי' אין דעתו כדי לאכול כולן, שפיר דמי, **אולם** מביאור הגר"א דמדמה זה להא דתנן בדף י"ג ע"ב, הדשושות עושין בצנעא לצורך המועד, ושם הלא כתב המחבר לעיל בסימן תקל"ג ס"א, שלא יערים לטחון יותר בכונה, **אכן** דין הערמה גופא לאו מלתא ברירה היא לאיסור, ועיין בפמ"ג שמסתפק ג"כ בזה.

סעיף ט - אסור להשוות השדה לצורך חרישה; ואם ניכר שמכוין כדי לדוש לצורך המועד, כגון שמשווה כולה, מותר - שיותר צריך קרקע שוה לדוש מלחרוש, **והרבה** ראשונים ס"ל להיפוך, וע"כ תרוייהו אסירי - ב"ח, **וכן** משמע מביאור הגר"א, שיש לחוש לדברי אלו ראשונים, ואפשר דגם הוא מודה להב"ח דתרווייהו אסירי.

סעיף י - אסור ללקט עצים מן השדה ליפותו לחרישה; ואם ניכר שמכוין לצרכו שצריך לעצים, כגון שנוטל הגדולים ומניח הקטנים, מותר.

סעיף יא - אסור לקצץ ענפי האילן לתקנו; ואם ניכר שמכוין בשביל הענפים להאכילן לבהמתו ולא לתקנו, כגון שקוצץ כולן מצד אחד, מותר.

ובכל הדברים האלו וכיו"ב, תרתי בעינן, שיהא כונתו להיתר, ומעשיו יהיו מוכיחין וניכרין שלדעת צורך ההיתר הוא עושה, כמ"ש, **אבל** אם כונתו לאיסור, אע"פ שמעשיו מוכיחין שלצורך ההיתר הוא עושה, **וכן** אם כונתו לענין היתר, ואין מעשיו מוכיחין עליו, אסור.

סעיף יב - אין מתליעים האילנות - שנוטל התולעין שנפלו באילנות, אע"פ שנפסד האילן, אסור, דטרחא יתירא הוא.

ולא מזהמין הנטיעות, (פי' מדביקים סם זבל כדי שלא ימות האילן) - כשנשרה קצת קליפתו, מדביקין שם זבל שלא ימות, ואיסורו ג"כ משום טרחא יתירא.

אבל סכין האילנות והפירות בשמן - דהיינו שקטעו נופו קודם המועד כדי שיוציא נופות הרבה סביב מקום הקטיעה, מותר לסוכו בשמן במקום הקטיעה, כדי שלא ימות, **וכן** הפירות, מותר לסוך בשמן כדי שלא יפסדו, דכל זה לא הוי טרחא יתירא ושרי.

סעיף יג - אישות ועכברים שמפסידים בשדה אילן, מותר לצודן כדרכו, שחופר גומא ותולה בה המצודה; ואפילו בשדה הלבן הסמוכה לשדה האילן מותר לצודן כדרכו, שיוצאין ממנה ומפסידים האילן.

אישות הוא שרץ קטן שאין לו עינים, ודרכו לחפור בפנים הקרקע, וכאשר ימצא בשדה, יקלקל האילנות ע"י חפירותיו.

ואם אינה סמוכה לשדה האילן, אין צדין אותן אלא על ידי שינוי - דלא מפסיד כולי האי בשדה לבן, **שנועץ שפוד בארץ ומנענעו לכאן ולכאן עד שנעשית גומא, ותולה בה המצודה.**

ויש אומרים שבשדה הלבן הסמוכה לשדה האילן, אינו מותר אלא ע"י שינוי; ואם אינה סמוכה לשדה האילן, אסור אפילו ע"י שינוי.

(ולענ"ד, בדין הראשון, דהיינו בסמוכה לשדה אילן, בודאי אין למחות ביד המיקל, אחרי דרוב ראשונים מקילין בזה, **ואפילו** בדין האחרון, דהיינו באינה סמוכה לשדה אילן, אין לנו בהדיא מי שמחמיר בזה כי אם הרמב"ם לבד, וע"כ ע"י עכו"ם בודאי יש להקל).

סעיף יד - אין מכניסין צאן לדיר בחול המועד לזבל השדה - היינו שמכניסין בהמות לשדה, ושוכבות שם בלילה, וכל הלילה מטיילות הבהמות ממקום למקום, עד שמזדבלת כל השדה.

ואע"פ שאינו בידים, מפני שנראה כמזבל בעצמו, והמזבל הוא תולדה דחורש, מפני שמיפה את הקרקע לזרוע בה.

ואם הכניסן האינו יהודי מעצמו, מותר אף בשבת, אפילו אם מחזיק לו טובה על שהכניסן - ר"ל אפילו מחזיק לו טובה בשבת גופא.

ובלבד שלא יתן לו שכר, ואפילו אינו נותן אלא שכר מזונו אסור; וביו"ט יכול ליתן לו שכר מזונו - ר"ל לאחר יו"ט, דמזונות לא מיחזי כשכר ממש, וה"ה דיכול ליתן לו מזונות ביו"ט גופא, **ובלבד שלא יתן לו שכר אחר** - דכשיתן לו, ידעו שעשה מדעת ישראל, ויסברו ששכרו לעשות מלאכה לימים.

ומ"מ היינו דוקא בזה דאינה מלאכה גמורה, אבל עכו"ם העושה מלאכה גמורה ביו"ט בשביל ישראל, אסור ליתן לו שכר מזונו, דמראה שהיה ניחא ליה במלאכתו שעשה בשבילו, [**ולא** עוד, דצריך למחות בידו בשעה שעושה].

ובחוה"מ, אפי' אם נותן לו שכר אחר, מותר, ובלבד שלא ישכירנו - ר"ל שלא יאמר לעכו"ם: עשה ואתן לך שכר לאחר המועד, דכל שאין עושה, אין אומר לעכו"מ לעשות - [נ"י].

(**ומשמע** מלשון הנ"י, דלשלם לו בתוך המועד אסור, ונ"ל שהנ"י אזיל לשיטתיה, דמפרש מה שאמרו בגמרא: ביו"ט במזונות, היינו שאחר יו"ט יתן לו מזונות, וממילא מה שאמרו: במועד בשכר, נמי כה"ג, **אבל** לפי מה שהבאנו מר"ח ורש"י, דיכול ליתן לו מזונות ביו"ט גופא, אפשר דה"ה לענין שכר במועד, אף דלכתחלה אסור לומר לו שיעשה וישלם לו, מ"מ כשיעשה מעצמו מותר לשלם לו בסוף, וצ"ע).

ולא יסייענו, ולא ימסור לו שומר לנער הצאן, (פי' מוליכה ממקום למקום ומתוך כך הגללים מתנערים) - מפני שנראה כאלו שכרו לעכו"ם מתחלה לשם זה.

ואם היה האינו יהודי שכיר שבת, שכיר חדש, שכיר שנה, מסייעין אותו בחוה"מ, ומוסרין לו שומר לנער הצאן - אבל לשכור לו שומר במועד, אסור אפילו בכגון זה.

אבל בשבת ויו"ט אסור לסייעו אפילו בשכיר שנה, וכן למסור לו שומר אסור בשבת ויו"ט.

סעיף טו - אסור לקצור השדה בחוה"מ, אם אינו נפסד אם יעמוד עד לאחר המועד - דאם הוא נפסד, מותר לקצרו, ומסתברא דאפילו אם רק אבוד מקצתו, ג"כ מותר.

ואם אין לו מה יאכל, אפי' מוצא בשוק לקנות, אין מצריכין אותו ליקח מן השוק - וכן אין מחייבין אותו לשאול מחבירו, **אלא קוצר ומעמר ודש וזורה ובורר כדרכו** - "ובורר וטוחן כדרכו", כצ"ל, ור"ל דאין צריך שינוי, **ומ"מ** אין לו לעשות כל אלו מלאכות אלא לפי מה שהוא צריך לאכילתו.

[**ועיין** בחי' הריטב"א שכתב, דהיכא דאין צריך אלא למלאכה אחת, כגון טחינה, מותר לעשות בהרוחה, ורק שלא יערים, **אכן** בזה צריך לעשות הכל בצמצום, **ומ"מ** אם אינו מוצא מי שיעשה לו בצמצום, שאין רוצין לטחון או לקצור לו דבר מועט, עושין אפי' הרבה מפני המועט, שהכל צורך המועד הוא, עכ"ל, **ובזה** נפשט ספיקו של פמ"ג, דמסתפק כשהוצאה אחת הוא לקצור כל השדה או מקצתה, אם הוא בכלל דבר האבד או לא].

ובלבד שלא ידוש בפרות - משום דאוושא מילתא, ולפי"ז גם בשאר בעלי חיים אסור.

וה"מ שא"צ אלא לו לבדו, אבל אם הוא צריך לדוש לצורך רבים, דש אפילו בפרות.

סעיף טז - מי שיש לו כרם אצל כרמו של אינו יהודי, ואינו יהודי בוצר שלו בחול המועד, ואם לא יבצור הישראל גם את שלו יפסיד, יכול לבצרו, ולדרוך היין - היינו כשהענבים יתקלקלו עד לאחר המועד, **ולעשות החביות וכל צרכי היין בלא שינוי; ובלבד שלא יכוין לעשות מלאכתו במועד.**

ופועלים ישראלים יכולים ליטול שכר, אף שיש להם מה לאכול, ואצלם לא הוי דבר האבד, מ"מ הותר אצלם לעשות בשבילו, **דומיא** דפועל עני שאין לו מה יאכל, דמותר לבעה"ב ליתן לו מלאכה.

(**ועיין** בלבוש, דדוקא בענינינו שאין יכול להשתמש ע"י עכו"ם, מחמת איסור ניסוך, הא בעלמא ישתמש ע"י עכו"ם, **ולדידיה** בכל דבר האבד אסור לשכור לזה ישראלים שיש להם לאכול, אם לא שאין לו עכו"ם, **ותמה** הא"ר דמנין לו זה, **ועכשיו מצאתי שכ"כ הריטב"א**).

עיין ט"ז מה שכתב בשם רוקח, דאדם חשוב צריך להחמיר אף בדבר האבד, ובבדק הבית מפקפק בזה, ומ"מ טוב שיעשה בצינעא, **אם** לא שאירע פעם אחת תקלה על ידו, שהעולם דימו שמותר לעשות לכוין לכתחלה ולהניח המלאכות על חוה"מ, דאז אפשר דממידת חסידות צריך תו ליזהר בכגון זה מעתה.

§ סימן תקלח – כמה עניינים הנקראים דבר האבד §

סעיף א - מי שהפך את זיתיו - פי' דרך הוא שנותנן במעטן לאחר לקיטה, וצוברן שם ומניחן כדי שיתחממו ויתבשלו מאליהן, ונותנן בבית הבד, ודרך הוא שמהפכין אותן כשמכניסן, ואם היה מניחן מלתקנן מיד אחר שהפכן פסדי.

(**ודעת** הרמב"ם, דמותר גם להפוך אותם לכתחלה, וטעמו, דכיון שנתנן במעטן והגיע זמנן להפוך, אם לא יהפוך אותם הוי דבר האבד, **ועיין** בחי' הריטב"א שכתב, דהכל לפי המקום והזמן, דבאתריה דהרמב"ם גם ההפיכה גופא הוי מכלל דבר האבד).

או שהיה יינו בבור - אותו כלי שהיין נופל בו מן הגת קרוי בור, ואם לא יריק היין משם ויתנם בחבית, יתחמץ היין כשיעמוד שם בבור מגולה, **ואירע אונס** - שמחמתו לא היה יכול לגמור פעולת הזיתים והיין קודם המועד, **או ששכח, או נתעצל, שהיה סבור**

שהיה יכול לשהות לאחר הרגל - "עד לאחר הרגל", כצ"ל, ור"ל שסבר שאפילו אם ישהא בזיתים ההפוכין עד לאחר הרגל ולא יגמור פעולתן, ג"כ לא יתקלקלו, וכן כה"ג לענין היין שבבור.

ולא עשה קודם הרגל - ועכשיו במועד רואה שאם יניחם כך עד אחר יו"ט יהיה לו מזה הפסד, **מאחר שהוא דבר האבד, זולף וגומר** - דמותר לגמור פעולת הזיתים והיין כדרכן בחול, דהיינו שטוחן הזיתים הניתנין שם בבית הבד, וסוחטן כמה פעמים עד שיוגמר סחיטתן, ומכניסן לחבית כדרכן תמיד.

כל מידי דשפוך קרי זילוף, וכן לענין יין, קרי זילוף מה ששופך היין מן הבור ומריקו בחביות.

ומזפת החביות, בין קטנות בין גדולות - נקט לתרווייהו, דבכל א' יש צד בפני עצמו להקל, הקטנות, דיינה מועט ולא נפיש פסידייהו אף אם יזוב מעט מהן, מ"מ מותר דאין טרחת זפיתתן מרובה, **והגדולות** אף דטרחתן מרובה, מותר משום דנפיש פסידייהו.

(בגמרא איתא, זופתין חביתא, וע"ש ברש"י ובנ"י, ומשמע מינייהו דמפרשי בשל יין, וכן משמע מהרמב"ם, ומדברי המחבר משמע, דה"ה בחבית של שמן).

וגף (פירוש סתים בכן מגופתן) בחביות, כדרכו, בלא שינוי; הגה: וה"ה דיכול לתקן החביות לקשרם בעקלים - שקורין רייפין, מפני שהוא דבר האבד אם לא יעשהו.

אבל לא יכוין מלאכתו במועד, אלא יעשה הכל קודם המועד אם יודע שיצטרך במועד.

וכן שולה פשתנו מן המשרה - היינו שמעלהו משם כשיכלה זמן שרייתו, דאל"ה יתקלקל הפשתן.

(מקיצור פסקי הרא"ש וכן מן הטור משמע, דאף בזה יעשה בצנעא, כמו בס"ב).

וכל כיוצא בזה מדבר האבד, ובלבד שלא יכוין מלאכתו במועד - אכל הסעיף קאי, היינו שהיה ביכולתו לזה בשאר ימות השנה, או קודם הרגל או לאחר הרגל, והוא מצמצם אותם למועד.

סעיף ב - מותר להכניס פירות מפני הגנבים, אם אינם במקום המשתמר - וגם בזה, וכן בכל דבר האבד, אסור לכוין לכתחלה להשהות עד המועד, ואף דההכנסה הוא רק טרחא בעלמא, [**וביותר** מזה, דאפי' בזה, אם כיון מלאכתו במועד, יאבד].

ומיהו יעשה בצנעה, כגון שיכניסם בלילה - כדי דלא ליפוק מיניה חורבא לעלמא.

ואם הוא דבר שיש בו פרסום בלילה יותר מביום, כגון שצריך להכניסו באבוקות ובקולות, יכניסם ביום.

הגה: ואם א"א לעשותן כי אם בפרהסיא, הכל שרי בדבר האבד.

סעיף ג - אסור להסיע ממונו מעיר לעיר, אם לא בשביל דבר האבד - עיין לעיל סימן תקל"ה ס"א, דאפילו באותה העיר, לפנות כליו לחצר אחרת אסור, **ואפשר** דנקט המחבר לשון זה משום סיפא, דבשביל דבר האבד, אפילו מעיר לעיר מותר.

סעיף ד - היו לו תאנים שטוחים בשדה ליבש, וירא מהמטר, מותר לחפותם בקש אפי' חיפוי עב - ומוכח בירושלמי, דאפילו לעקור קש מן המחובר, מותר לצורך זה.

סעיף ה - מי שיש לו סחורה, שאם לא יהפכנה ממטה למעלה תתקלקל, מותר להפכה בחוה"מ.

סעיף ו - המכוין מלאכתו והניחה למועד ועשאה במועד, ב"ד מאבדין אותה ממנו ומפקירים אותה לכל - רבותא קאמר, לא מיבעי אם עדיין לא עשה המלאכה, אין הב"ד מניחין אותו לעשות המלאכה, אע"פ שהוא דבר האבד ויאבד הדבר ההוא מעצמו, **אלא** אפילו עבר ועשה, ב"ד מאבדין הדבר ההוא בידים.

וכ"ש אם עשה מלאכה בדבר שאינו אבוד, בודאי ב"ד מאבדין אותה.

ואם לא זכה בה אדם ונשאר עד לאחר המועד, מותר להתעסק בה.

(ביאור הלכה)　　[שער הציון]　　«הוספה»

הגה: ואם הוא עושה מלאכת אחרים שא"א לקנסו, כגון חייט או סופר שעושה מלאכת אחרים, היו משמתין ליה ומלקין אותו - ר"ל או מלקין אותו, והיינו עד שיקבל עליו שלא לעשות, **עיין** בא"ר, שדעתו דמאבדין ממנו כל השכירות.

ואם מת, לא יקנסו בנו אחריו - אדלעיל קאי, שכבר עשה אביו, **ופשוט** דדוקא אם עדיין לא זכה בה אדם, אבל אם זכו בה בחייו, כבר נעשה שלהם ואין הבן יורשו, **ואפשר** עוד, דאפילו עדיין לא זכו בה, מכיון שכבר הפקירוה, שוב אין הבן יכול לחזור ולזכות מצד ירושה, אלא הרי הוא כשאר כל אדם לנכסים אלו, **והמחבר** מיירי שמת קודם שהפקירוה.

ומותר לו לעשותה אם הוא דבר האבד - קמ"ל ג"כ רבותא, דאפילו עדיין לא עשאה, ב"ד מתירין לבנו לעשות המלאכה, כיון שהוא דבר האבד.

ובדבר שאינו אבוד, פשיטא דאסור לבנו לעשות בחוה"מ.

ואם עשה אביו בדבר שאינו אבוד ומת, י"א דבזה קנסו גם לבנו אחריו, שלא יהנה מזה, למ"ד דמלאכת חוה"מ אסור מן התורה, **אבל** הב"י ועוד כמה אחרונים מפקפקין בזה, (**וסיים** ע"ז הבית מאיר: **לכן העיקר לענ"ד כפסק השו"ע, וכמש"כ בב"י, דלבנו תמיד לא קנסינן**).

§ סימן תקלט – דיני הסחורה בחול המועד §

סעיף א - כל סחורה אסורה; אפילו כל שהוא, בין לקנות בין למכור - מפני הטורח, (וכל מה שאסור הוא אפילו ע"י עכו"ם).

ואפילו אם הלוה מעות על מנת שיתנו לו אחר כך יין או סחורה אחרת בפרעון חובו כדי להשתכר, אינו יכול לילך ולתובעם - אפי' לא התנה שיתנו לו במועד, **ועיין** בבה"ל, דאפילו אינו צריך לילך למקום אחר לתבוע, שהם באותה העיר, ג"כ אסור, דמה שמקבל הסחורה מהם הוא ענין מקח וממכר, **ונקט** "לילך" משום סיפא, דאם אינם מצויים לו אח"כ, מותר לילך אחריהם אפילו בעיר אחרת.

(**לכאורה משמע מלשון זה, דדוקא בכה"ג שהסחורה עדיין לא היה קנויה לו עד עכשיו, אבל אם היה קנוי לו מכבר, ועתה רוצה להוליכו לביתו, אין כאן איסור, שאינו עושה סחורה במועד, ומ"מ יש למנוע מזה מטעם אחר המבואר בסימן הקודם ס"ג, שאסור להסיע ממונו מעיר לעיר, וה"ה באותה העיר כמבואר שם במ"ב, אכן אם הוא חושש שיבוא לידי הפסד כשישאר שם, מותר**).

אלא אם כן אינם מצויים אחר המועד, דהוה ליה דבר האבד אם לא ילך בחול המועד למקומם ויתבעם - וה"ה אם מטעם אחר יוכל לבא לידי הפסד אם לא יתבע עכשיו, **ודוקא** אם לא כיון לכתחלה זמן קבלת הסחורה במועד.

הגה: מיהו אם מזדמן לו ריוח מרובה במועד, יכול למכור בצינעה; ויוציא לשמחת יו"ט יותר ממה שהיה דעתו להוציא - וה"ה דבכה"ג יכול לקנות, [**וכתב** מחצה"ש, שצריך להוציא גם כן קצת מן הריוח אשר מאמיד בדעתו שישא לו סחורה ההיא לשמחת יום טוב].

הטעם, דאף דמשום ריוח מרובה בלבד אין להתיר, אא"כ הוא בודאי אינו מצוי תמיד לאחר המועד כבס"ה, **הכא** דבלא"ה יש פוסקים שמתירין למכור בצנעא, סמכינן עלייהו היכא דנזדמן לו ריוח מרובה, **ומ"מ** צריך להוציא מהן קצת לשמחת יו"ט.

[**ואף** דזה מותר בס"ד אף בפרהסיא, וגם בלא ריוח מרובה, **אבל** שם אם יש לו מעות בלא"ה בריוח להוציא לשמחת יו"ט, לא מקילינן, והכא אפי' בכה"ג מותר].

ודוקא לענין מכירה וקניה דלאו מלאכה היא, אבל בדבר שהוא משום מלאכה, אין חילוק לכו"ע בין צנעא לפרהסיא.

סעיף ב - מי שהלוה לחבירו מעות, מותר לתבעו בחול המועד לגבות מעותיו - והיינו אפי' לילך לעיר אחרת ולתובעם שם, ואפי' אם יכול למצאם שם אחר המועד ג"כ, **דגביית** חוב בעלמא אין זה בכלל סחורה, ואפי' למיקם עמם בדינא ודיינא שרי.

ואין צריך לומר שמותר לגבות חובו מן העכו"ם - דשם אפילו לקבל סחורה ממנו כההיא דסעיף א', ג"כ שרי, מפני שהוא כמציל מידו, וכמבואר בס"ח.

סעיף ג - מכר לחבירו פרקמטיא קודם מועד, יש מי שאוסר לתבוע דמיה במועד - טעמו, דכל משא ומתן של סחורה, בין בסוף כההיא דס"א, ובין בתחלה כההיא דסעיף זה, אסור, **אא"כ יהא הלוקח אדם שאינו מצוי במקום המוכר ונזדמן לו בחול המועד, דהוי כדבר האבד.**

ולי נראה שכיון שזקף עליו המעות בחובו קודם המועד, הוה ליה כהלואה, ומותר לגבות ממנו בחוה"מ, אפילו הוא אדם שמצוי במקום המוכר - והנה אף שהב"ח הסכים מדינא לסברא הראשונה, מ"מ כהיום שאנו רואין שהחובות מתקלקלין, נוהגין לתבוע בדין אף בעד פרקמטיא בחוה"מ, דחשבינן לדבר האבד, (ט"ז).

הגה: וכן מותר לקבול במשפט בשביל חובותיו המותרים לתבוע - ר"ל דחובות המותרים לתבוע בחוה"מ כמבואר בסעיפין הקודמין, ותבעו לישראל בדין ישראל קודם המועד ולא ענהו, מותר לקבול בחוה"מ אף לפני ערכאות של עכו"מ, [**דחובות** האסורים לתבוע, כמו ההיא דס"א, אסור לקבול ולתבוע גם בפני עכו"ם שיתנו לו הסחורה במועד, אם לא שהוא דבר האבד].

ומ"מ נראה דהיינו דוקא לקבול בע"פ, אבל לכתוב משום זה, אסור, [דכמה אחרונים כתבו, דכתב של לשונות העמים נקרא מעשה אומן, ואפי' אם נימא דהוא מעשה הדיוט, הלא בעינן צורך המועד דוקא], **אם** לא דהוא דבר האבד, [דהיינו אם יניח הדבר עד אחר המועד יוכל לבא לידי הפסד, יכול לכתוב ע"י עצמו, **ואף** דהט"ז משוה כהיום סתם חובות לדבר האבד, לא כתב לסמוך ע"ז רק לענין תביעה בדין שאיננה מלאכה], **ואם** צריך להמעות להוציא אותם על יו"ט, אפשר דמותר לכתוב ע"י עכו"מ.

וכן מותר לעשות זקיפה עם חובותיו במועד כדי להבטיחן - ר"ל שע"י הזקיפה יהיו חובותיו בטוחין, **דכל זה בכלל דבר האבד ושרי** - בנ"י מבואר, דזה קאי על עכו"ם, ור"ל דאפילו אם נחמיר בישראל שלא לתבוע חובותיו במועד, דהרי יכול לתבוע אחר המועד, בעכו"ם ודאי מותר לתבוע ולעשות זקיפה, דאצלו בודאי בכלל דבר האבד הוא.

[**ולפי"מ** דמבואר בס"ב, דאפי' אצל ישראל מותר לתבוע, ופשוט דה"ה מותר לזקוף חובותיו, אין אנו צריכים לטעם שמסיים רמ"א, דדבר האבד הוא, **ואפשר** דבכלל רמ"א בזה להתירה אצל עכו"ם, אפי' חובות של משא ומתן, **אבל** א"כ יהיה מוכח מזה, דבישראל אסור, וצ"ע].

(מלשון זה "דכל זה בכלל דבר האבד" משמע, דקאי על שני הדינים, אבל לפי מה שהתנה בעצמו בדין הראשון, דדוקא בחובות המותרים לתבוע, ובע"כ מיירי דתובע מישראל, דאינו דבר האבד אם ימתין לאחר המועד, וא"כ מה דמסיים: דכל זה בכלל דבר האבד, מגומגם הוא, דבדבר האבד הלא מותרין כל החובות).

סעיף ד - אם יש לו סחורה שאם לא ימכרנה עתה יפסיד מהקרן, מותר למכרה - (ואפילו אם ספק שמא יפסיד, ג"כ מותר, **ונראה עוד**, דאם נצרך למעות לשלם חובותיו שהגיע זמנם בחוה"מ, ואם לא ישלם יגיע לו הפסד, ומוכרח בשביל זה למכור סחורתו במועד, חשיב כדבר האבד).

אבל אם לא יפסיד מהקרן, לא - היינו אף שהוא סבור עתה להרויח הרבה, דהעברת ריוח לא מקרי פסידא.

ומ"מ אם הוא בענין שאם ימכרנה עתה יהיו לו מעות בריוח ויוציא יותר לשמחת יו"ט - (וה"ה לחוה"מ), **מותר למכור** - ומ"מ יהיה החנות סגורה, ופותחה במקצת כשבא הקונה ליקח.

ויוציא יותר לשמחת י"ט - כל מקום שנזכר לשון זה, א"צ להוציא כל הריוח, ודי במקצתו.

ונראה לי שלא נאמרו דברים הללו אלא במי שיש לו מעות מועטים, וחס עליהם מלהוציא כל כך לשמחת יו"ט, ואילו היו לו מעות בריוח היה מוציא יותר; אבל מי שיש לו מעות בריוח להוציא לשמחת יו"ט ככל אשר יתאוה, ואין בדעתו להוציא כל כך, לא נתיר לו

למכור כדי שיוציא יותר – (דעת הט"ז, דדוקא אם הוא מופלג בעשירות, אבל בלא"ה אף שיש לו מעות בריוח, חשוב הכל כדי חייו של אדם בזמנינו, ומתירים לו למכור כדי שיוציא יותר לשמחת יו"ט, **ובספר** נהר שלום מפקפק על דבריו).

סעיף ה - אם הוא דבר שאינו מצוי תמיד לאחר המועד, כגון ספינות או שיירות שבאו, או שהם מבקשים לצאת, ומכרו בזול או לקחו ביוקר, מותר לקנות ולמכור אפילו שלא לצורך תשמישו, אלא לעשות סחורה ולהשתכר - פי' דאף דנתבאר בסעיף הקודם, דלא מקרי דבר האבד אא"כ כשאם לא ימכור עתה יפסיד מהקרן, אבל בשביל ריוח לבד אינו מותר, אא"כ יוציא עי"ז יותר לשמחת יו"ט, **כ"ז** בריוח המצוי, שאפשר לו למכור סחורתו אחר המועד ג"כ, אבל בריוח שאינו מצוי תמיד, כמו שמפרש, בשביל זה גופא ג"כ התירו לו, דכדבר האבד דמיא.

(**דוקא** באופן זה, אבל לקנות מהם בערך השוה, נראה דאפילו הוא לצורך תשמישו, כל שאינו לצורך המועד, אסור).

והוא הדין לירידים הקבועים מזמן לזמן - וכן יומא דשוקא הנקרא קרסנ"י טאר"ג, שהוא דבר דלא שכיח ובא מזמן לזמן, **ואפשר** דה"ה כשחל שבוע שלפני פסחם בחוה"מ, וידוע דאז קונים הרבה, חשיב כיומא דשוקא דלא שכיח.

(ואפילו מעיר לעיר מותר ליסע בכה"ג) – (אע"ג דזהו בודאי הוי טרחא מרובה, ובסימן תקל"ז מבואר דהרוחה אסור לטרוח בשבילה, צ"ל דמיירי באיש שעסקו ומחייתו תמיד לנסוע על ירידים, וכיון דחייו ופרנסתו תלוי בזה, הכל הוא בכלל דבר האבד ושרי).

אבל מקומות שיש להם יום השוק יום אחד בשבוע, אינו מותר למכור ולקנות ביום השוק שבתוך המועד - אם לא שע"י הריוח יוציא יותר לשמחת יו"ט וכנ"ל בס"ד, **שאין זה דבר האבד, שאם אינו נמכר ביום השוק שבתוך המועד, ימכר ביום השוק שלאחר המועד** - ודוקא כשמשער בודאי שעכ"פ לא יפסיד אז מהקרן.

הגה: ותגר שקונה מזה ומוכר לזה וחוזר וקונה ומוכר, מותר, דהוי דבר האבד - דאם ימכור היום, יחזור ויקנה מחדש וימכור ביום השני, ואם ימנע מלקנות ולמכור היום, יפסיד בודאי הריוח, **ועיין** במ"א שהעלה, דאעפ"כ אינו מותר למכור רק בביתו, ולא לישב בחנות בפרסום.

(עיין ט"ז שהביא בשם רש"ל וז"ל, שאר ימי השוק אין להתיר כלל לישב בחנות, אם לא שהחנות סגורה ופתוחה במקצת כשבא ליקח, וכ"ז כדי להוציא לשמחת יו"ט, עכ"ל, **ונראה** דיצא לו ממה דמבואר בסי"א, לענין פירות כסות וכלים, דאפי' בצנעא אינו מותר כי אם לצורך המועד, ועל כן התנה שיוציא לשמחת יום טוב, דאית בזה התירא דריש ס"ד, **וכתב** מחה"ש, שהרבה מהאחרונים קראו תגר על קלות שנוהגין בעו"ה בענין משא ומתן בחוה"מ, ולא מצאתי להם תקנה, כי אפילו לדעת המ"א, שמשוה דין חנוני לתגר, אינו מותר כי אם כשהחנות סגורה ופתוחה במקצת כשבא הקונה ליקח, **אלא** שבספר א"ר כתב וז"ל, ואפשר שחשבו לדבר האבוד, דאם לא ישבו כ"כ זמן כל ימות החג בחנות, יתמעט המשא ומתן מישראל, וגם כיון שא"א למחות שיסגרו הכל חנויותיהם, וכ"ש כשיש סוחר נכרי בעיר, א"כ אם הירא וחרד יסגור חנותו לבדו, ירגילו קוניו לילך לסוחר אחר, והוי דומיא קצת להלואה, לאותן שרגילין אצלו, שהתיר בסי"ג מהאי טעמא, **וסיים** הא"ר: שעכ"פ אין ללמוד מלאכה מזה, כי אינו דומה לפרקמטיא שיש צדדי קולות הרבה בפוסקים, עכ"ל, **א"כ** עדיין לא מצינו תקנה, שפעמים עושה מלאכה גמורה בחנות, כגון שמוכר איזה סחורה בחנות, כגון חתיכת פשתן או שאר בגד, ומחתך ממנו לפי מדתו הצריך להקונה, דע"ז יש חיוב משום מחתך, **אם** לא לאדם שיש עליו נושים עם שט"ח {וועקסלי"ן} שהגיע זמן פירעון שלהם, ואם לא יפדם יהיה לו מזה ודאי הפסד, וידוע דבשביל דבר האבד מותר לעשות מלאכה ג"כ, **אכן** לפי מה שכתב המ"א, דמי שאין לו מה יאכל, אף שהותר לו לעשות מלאכה, מ"מ לא יעשה בפרהסיא, דמי יודע שאין לו מה יאכל, וה"נ בענינינו, **או** מה דאיתא בסימן תקל"ח, מכניס אדם פירותיו מפני הגנבים, ומ"מ יכניסם בצנעא, ומשום שלא יהיה אושא מילתא כ"כ, וה"נ בענינינו, אין לך אושא מילתא טפי ממה שהחנויות

פתוחות להדיא כל היום בחוה"מ, ויש בזה ביזוי מועד, וע"כ בודאי טוב ליזהר שיהיה החנות סגורה ופתוחה במקצת כשבא הקונה ליקח, וגם יוציא קצת מן הריוח יותר לשמחת יו"ט, וכמו שכתב הט"ז בשם רש"ל).

סעיף ו - מציאה, אסור לטרוח ולחפש עליה - אף שלא ימצא אותם לאחר המועד, **ולא** דמי לשיירא שאינה מצויה, דשרינן לעיל מקח וממכר משום רוחא, **דשאני** מקח וממכר דחיי אדם ופרנסתו תלוי בזה, ודעתם ע"ז תמיד, הלכך חשיב פסידא, **משא"כ** במציאה דהוא רק רוחא בעלמא, **כגון נהר שהציף דגים על שפתו, אסור לאספם כדי לכבשם, אלא א"כ יהיו ראויים לאכול מהם במועד.**

סעיף ז - המלוה את חבירו על חפץ או על סחורה, על תנאי שאם לא יפרע לו לסוף ח' ימים שיהא קנוי לו - ר"ל אחר ח' ימים, **יש מתירים** - שאין זה פרקמטיא אלא הלואה, ועיקר הקניה יהיה אחר ח' ימים.

ויש אוסרים - שאם אתה מתיר לעשות כן, יתירו כל מקח וממכר שבעולם, ויערימו שלא יהיה המקח חל אלא אחר המועד, ובתוך המועד יהיה הלואה.

ולדינא בודאי טוב להחמיר כהיש אוסרין, **ומ"מ** אין למחות ביד המיקל וסומך על דעה ראשונה, מאחר שבאמת אין כונתו להערים, [והוא מלתא דרבנן].

סעיף ח - עכו"ם שפרע לישראל יין בחובו, מותר לקבלו ממנו, דכמציל מידו דמי - דהוא בכלל דבר האבד אם לא יקבל עכשיו.

סעיף ט - מי שצריך לקנות יין בעת הבציר לצורך שתיית כל השנה, ואם יעבור המועד לא ימצא כמו שמוצא עתה - ר"ל שלא ימצא כ"כ בזול כמו שמוצא עתה, **דבר האבד הוא; ומותר לקנות ולתקן החביות ולזפותן** - אע"ג דתקון החבית הוי מלאכה גמורה, מ"מ כיון דמותר לקנות, מותר ג"כ לתקן הכלים הצריכים לזה, **ובלבד שלא יכוין מלאכתו במועד.**

(עיין בב"י, שיש הרבה פוסקים שמחמירין בקניית יין לצורך חול, **וע"כ נראה דיש לנהוג כמו שכתב הג"א בשם או"ז, דאף לדעת המתירין, הוא דוקא בצנעא, וכ"כ בספר שולחן עצי שטים**).

אבל יותר מכדי צורך שתייתו - לכל השנה, **לא יקנה** - דהא יהיה ביכולתו לקנות לשנה הבאה בעת הבצירה לצורך שתייתו, וא"כ מוכח שקונה כדי להרויח, והוי כשאר סחורה דאסור לקנות ולמכור בחוה"מ כדי להרויח, וכנ"ל בס"ד.

הגה: ואם הוא דבר שאינו מצוי אח"כ להרויח בו, מותר - ר"ל שקניית היין לא יהיה מצוי אחר המועד כלל להרויח בו, ולכן שרי אפילו לקנות כדי להרויח, דהוא דומיא דשיירא וירידים המבואר בסעיף ה', **אבל** כשימצא, רק שיהיה יותר ביוקר ולא יוכל להרויח בו כ"כ, אסור - [ח"א].

(**האחרונים טרחו ליישב דברי הרמ"א והמחבר, שלא יהיו סותרין זה את זה, ולא לההיא דס"ה, דכיון דהמחבר מיירי שאינו מוצא אחר המועד כמו שמוצא עתה, והוא ממש הציור כדברי הרמ"א, אמאי אוסר יותר מכדי צורך שתייה, והלא בס"ה מתיר כגון זה, ועיין מש"כ בשם הח"א במ"ב, ולדבריו אינו סותר הרמ"א לדברי המחבר**).

ויש מן האחרונים שסוברין, דהיכא שנזדמן לו קניית היין בזול מאד, והוא ריוח מרובה שאחר המועד אין מצוי כלל ריוח כזה, מותר, דהוא דומיא דשיירא הנ"ל, (**דהתירא הנ"ל הוא דוקא בריוח מרובה שמגיע ע"י השיירא וכיו"ב, ובאופן זה התיר הרמ"א, והמחבר לא מיירי באופן זה**) - [ב"ח].

(**ועיין בא"ר שהוא מפרש דברי הרמ"א כפשטיה, ודעתו, דכיון דסבור בקנייתו כדי להרויח, וריוח כזה לא ימצא אם יקנה אחר המועד, שאחר המועד יוקיר המקח של היין, בודאי שרי כההיא דסעיף ה', והמחבר דאוסר יותר מכדי שתייתו לשנה, לא מיירי בקונה כדי להרויח, ולכן אסור, דטרחא יתירא בכדי הוא**).

(**ובמ"ב העתקנו דעת הח"א והב"ח, ונראה דלמעשה יוכל לסמוך על דעת הב"ח**, ‹לקנות גם אם יוכל למצוא סחורה זו גם לאחר המועד, אם יש לו רווח מרובה בדבר›, **והמקיל כא"ר** ‹גם ברווח מועט, כל שקונה לצורך סחורה – מ"ב המבואר›, **ג"כ אין מוחין בידו**).

סעיף י - מוכרי תבלין או ירק וכל דבר שאינו מתקיים, פותחין ומוכרים כדרכם בפרהסיא, שהכל יודעין שהם לצורך המועד - והאחרונים הסכימו, דה"ה מוכרי בשמים, דאף שהוא דבר המתקיים, כיון שהוא ניכר דהוא לצורך המועד, **וא"כ** כיון שפותחין לצורך ישראל, אפילו בא נכרי לקנות, מותר למכור לו.

סעיף יא - מוכרי פירות כסות וכלים, מוכרין בצנעא לצורך המועד - דאלו דברים מתקיימים לאחר המועד, ואין ניכר שהוא לצורך המועד, ואתו למיחשדיה שלוקחן לצורך חול, ולכן בעי צנעא.

[**ובריב"ש** משמע, דלאו דוקא פירות כסות וכלים, דה"ה שאר דברים שהן לצורך המועד].

וכתבו הפוסקים, דדוקא מוכרים הקבועים שאומנתם בכך כל השנה בעי צנעא, **אבל** בעה"ב המוכר לצורך המועד, לא בעי צנעא.

כיצד, אם היתה החנות פתוחה לזוית, או למבוי - ר"ל שאינו מפולש, דאלו מפולש הוא בכלל ר"ה, **פותח כדרכו; ואם היתה פתוחה לרה"ר, פותח אחת ונועל אחת** - ודוקא בזה, אבל שאר דברים, אפילו יושב בפתח החנות והחנות סגורה והדלת פתוחה, אסור, [מ"א בשם מהריב"ל, **ועיין** בפמ"ג שכתב, איני יודע מהו שאר דברים]. (**מדברי** הפמ"ג נראה שהבין שכוונת המ"א לומר, שדוקא בפירות כסות וכלים התירו כשמוכר לצורך המועד, אבל כשמוכר חפצים אחרים, אף שמוכרם לצורך המועד, צריך לסגור לגמרי את החנות – מ"ב המבואר).

ועיו"ט האחרון של חג הסוכות, מוציא ומעטר את השוק בפירות, בשביל כבוד יו"ט - זהו לענין לעטר השוק בפירות, דא"צ רק בעיו"ט האחרון של חג, ומשום כבוד שמיני עצרת דהוא רגל בפני עצמו, **משא"כ** בעיו"ט האחרון של פסח, דאין בו מצוה לעטר, **אבל** לענין למכור בפרהסיא, אף בעיו"ט האחרון של פסח שרי מפני כבוד יו"ט.

(ומותר לקנות לצורך יו"ט שני של יו"ט האחרון) - דלא נימא כיון דאנו בקיאין בקביעא דירחא הו"ל כחול, ומכין מחוה"מ לצורך חול דאסור, **קמ"ל** דשרי, כי היכי דלא יזלזלו בו.

עיין בחידושי רע"א, דאפילו לעשות מלאכה גמורה, כגון לבשל לצורך יו"ט שני, ג"כ שרי.

סעיף יב - אין לוקחים בתים ואבנים עבדים ובהמה, [אלא] לצורך המועד - דהיינו בתים לדור, ואבנים לתקן כותלו, וכדלקמן בסימן תק"מ, ועבדים לשמשו.

ומן העכו"מ י"א דמותר לקנות בתים ושדות וכרמים ועבדים ובהמה, מפני שהוא כמציל מידו, (**כ"כ השו"ג בשם תוספתא, והביאו המ"א וא"ר, והטעם אינו מוסכם לענ"ד מהפוסקים, דלא קאי האי כמציל מידם על עצם היתר הלקיחה, ורק על הכתיבה והעלאה בערכאות, דמותר במועד מפני שהוא כמציל מידם, א"כ צריך טעם אחר להיתר הלקיחה מעכו"ם ביו"ט, אכן גם עצם דין זה לענ"ד לא ברירא הוא, דכל הראשונים לא העתיקו כלל תוספתא זו, ומדהשמיטה הרמב"ם וכל הפוסקים לתוספתא זו, נראה דלא ס"ל כן להלכה, והטעם י"ל, כיון דהמשנה סתמה: אין לוקחין וכו' אלא לצורך המועד, ולא חילקה דמעכו"ם שרי, וכן בש"ס לא הביאה לתוספתא זו לחלק בזה, אלמא דלא ס"ל להלכה, וביותר, דהמשנה פרטה: אלא לצורך המועד או לצורך המוכר, אלמא דאין לנו עוד אופן היתר, ועוד אפשר לומר, דהרמב"ם וש"פ שלא כתבו היתר זו, מבארים התוספתא בפי' אחר מהש"ג, דהתוספתא לא באת לחדש דמעכו"ם שרי טפי מישראל, ורק דמעכו"ם נמי שרי, ומיירי נמי לצורך המועד דוקא, ולא הצריכה לבאר זאת, דקאי על המשנה, והוסיפה רק זאת, דמעכו"ם נמי שרי, אף דדברים אלו צריך לכתוב ולהעלות בערכאות, אפ"ה מותר, דכיון דהלקיחה מותר לצורך המועד, הכתיבה והערכאות נמי שרי משום שהוא כמציל מידם, ורק מ"מ לענין בתים ושדות בארץ ישראל, אפשר דיש להקל מפני ישוב א"י, אבל באופן אחר לענ"ד אין דין זה ברור כלל).**

או לצורך המוכר שאין לו מה יאכל, או לצורך השכיר שמוליך הדברים הנקנים - לבית הקונה, **שאין לו מה יאכל** - והיינו בשביל שהשכיר אין לו מה לאכול, התירו להמוכר והקונה לעשות משא ומתן, כדי שישתכר השכיר, וה"ה הסרסור, **ומשמע** מאחרונים, דדוקא אם האמת כן הוא, שעושים המסחור בשביל זה השכיר, אבל לא שיערימו לסחור, ולומר שכונתם כדי שהסרסור וכדומה ירויחו.

(עיין במ"א, דאפי' יש לו מה לאכול, אך רצונו כדי שירויח ויוציא יותר לשמחת יו"ט ממה שדרכו להוציא, ג"כ שרי, ‹דלענין לסחור במועד מקילינן, משא"כ במלאכה להמ"א, עיין בסי' תקמ"ב ס"ב›, **וצריך לעשות בצנעא**).

הגה: ודוקא הני דאיכא פרסום בקנייתן ומוטי מילתא, אבל שאר כלים נהגו לקנותן בצנעה - המ"א וכן שארי אחרונים העלו, שאין להקל גם בשאר כלים שלא לצורך המועד, אם לא שלא ימצאם בזול לאחר המועד.

סעיף יג - להלוות לכותי בריבית לאותם שרגילים ללוות ממנו, מותר משום דהוי דבר האבד - שאם לא ילוה להם וילכו למקום אחר, ירגילום לבא אליו ולא יבואו עוד אצלו, ובזה אין צריך להוציא בשמחת יו"ט.

ולאותם שאינם רגילין ללוות, ג"כ מותר, והוא שיקחו רבית של שבוע ראשון ויוציאנו בשמחת יום טוב - היינו יותר ממה שהיה מוציא אם לא היה מרויח ריוח זה, **ובזה** אפילו באופן המבואר בס"ד להחמיר, כגון מי שיש לו מעות בריוח וכו', ע"ש, הכא שרי, **משום** דכמה פוסקים סוברין, דהלואה אינו דומה כ"כ לפרמקטיא, דהתם יש טורח גדול בדקדוק שיווי המקח, ומתוך טרדתו ימנע משמחת יו"ט, וגם לפעמים יקנה ביוקר ויצטער, משא"כ בהלואה, לפיכך מקילינן יותר, **ומה"ט** שרי נמי להלוות לישראל בריבית בדרך היתר, ומותר ג"כ לעשות עיסקא ליתן לו מעות.

הגה: ומותר ליקח ערבות במועד על הלואה שיעשה אחר המועד - היינו דכיון דההלואה הוא אחר המועד, לא חשיב כלל עושה סחורה במועד.

סעיף יד - הלואה דשולחנות בקביעות וחילוף - ‹הלואה דשולחנים העוסקים בקביעות בהלואה וחילוף – ערוה"ש›, **אסור** - דבכה"ג הוי פרקמטיא לדברי הכל.

§ סימן תקמ – דיני בנין וסתירה בחול המועד §

סעיף א - בנין, אפילו כל שהוא אסור - היינו אפילו לצורך המועד, דלא הותר משום זה אלא מלאכת הדיוט. **ואם נפרץ גדר גנתו, (או כותל חלירו שבינו לחבירו)** - דליכא למיחש לגנבי, אלא משום שאר אנשים שיכנסו שם, וליכא כ"כ פסידא, **בונהו מעשה הדיוט, דהיינו שמניח אבנים זו על זו ואינו טח בטיט** - דהטיחה בטיט הוא מעשה אומן.

ודוקא זה שעושה אותה עם מלאכת הגדר, משא"כ להטיח הגג בטיט, מעשה הדיוט הוא, ושרי לצורך המועד, וכן עשיית סולם מעשה הדיוט הוא, ושרי לצורך המועד - ט"ז, **ועיין** בפמ"ג, דלהטיח סדקים שבגג, מעשה אומן נקרא כדלקמן בס"ג, והכא ‹בהט"ז› מטיחו רק שיהא חלק {ובמדינתינו אין מצוי זה}, **ובעשיית** סולם ג"כ, אם מייפיהו כדרך האומנים, בודאי מעשה אומן הוא, ואסור אף לצורך המועד.

או גודר אותו בקנים וגומא וכיוצא בהם - משמע לכאורה דדוקא תיקון פרצה בעלמא, הא לגדור כל הגינה, מעשה הדיוט נמי אסור.

וכן אם עשה מעקה לגג, בונה אותו מעשה הדיוט – (דהיינו כנ"ל בריש הסעיף לענין גדר).

(**עיין בחי' הריטב"א שכתב, דמתני' מיירי בגג דלא רגילי להלוך בו, שאינו חייב במעקה, אלא שהוא בעצמו רוצה לעשות משום שמירה, ולפיכך אמרו בירושלמי דסגי בג' טפחים, דאי משום מצות מעקה, למה לא יעשה כדרכו, אבל שארי הפוסקים סתמו בזה ולא חילקו**).

אבל כותל חצר הסמוך לרשות הרבים שנפל, בונהו כדרכו - דעי"ז שהוא סמוך לר"ה איכא פסידא יתירא, דעייל שם גנבי, ודבר האבד הוא, ולא בעי שינוי, **וה"ה** בכותל לחצר שבינו לחבירו שנפל, אם יש שם אנשים שחשודים על הגנבה, או אם דרים שם עובדי כוכבים, מותר לבנותו כדרכו.

ועיין מ"א, דלא התירו אלא דבר אחד, דהיינו לבנותו אם הוא כבר סתור, אבל לסתרו אם הוא רעוע, ולבנותו מחדש, לא התירו, אם לא מפני הסכנה וכדלקמיה, **וכתב** הפמ"ג, דאפשר שאם הוא רעוע כ"כ שיש חשש ברור, וכ"ש היכא שיש חשש שיבואו הגנבים גם לידי עסקי

נפשות, שרי לסתור ולבנות, ובלבד שלא יכוין מלאכתו במועד, [**ומיהו** היכא שיש חשש עסקי נפשות, אין לקנוס אף אם כיון מלאכתו במועד].

ואם היה נוטה ליפול, סותרו מפני הסכנה ובונהו כדרכו - דאם לא נתיר לו לבנות, ימנע ולא יסתור, [**ובלבוש** כתב עוד טעם דמתירין לו, כדי שלא יבא לידי הפסד].

הגה: ואפילו אינו נוטה רק לחצר או למבוי, מותר לסתרו מפני הסכנה ולחזור ולבנותו; וכן בשאר דברים דאיכא למיחש לסכנה – (דהיינו אפילו בכותל חצר שבינו לחבירו שהוא רעוע, **ויש שם אנשים שחשודים גם על עסקי נפשות, וכמו שכתבתי במ"ב), בונה וסותרו כדרכו.**

סעיף ב - מותר ליטול גבשושית שבבית - שלא יתקל בם, ומותר ליטול אפי' כדרכו, דאע"ג דמלאכה גמורה היא, ובשבת חייב ע"ז משום בונה, ואינו דבר האבד, ולצורך המועד בעלמא אינו שרי כי אם בשינוי, **אפ"ה** מתירינן אפילו כדרכו, משום דנטילת גבשושית לית בה טורח.

סעיף ג - סדקים שבגג - שהמים יורדים דרך שם, **מותר לסתמן ביד וברגל** - דהיינו שבועט ביד וברגל לסתום הסדקין, **ואפילו** הוא עושה יפה יפה כעין שעושין בכלי אומנות, ג"כ שרי, דכ"ז נקרא מעשה הדיוט. **אבל לא בכלי אומנות** - דהוא מלאכה גמורה, ויש בה טורח, ואסור אפילו לצורך המועד.

(**ודוקא כשעושין מפני חשש הגשמים, אבל אם באו גשמים ממש, ועדיין ידלוף בבית, עושה כדרכו, שאין אדם דר במועד בדירה סרוחה, ועוד שאין לך דבר האבד גדול מזה**).

ודע, דכל דבר שמתירין לצורך המועד במעשה הדיוט, הוא דוקא שלא יכוין מלאכתו במועד.

סעיף ד - ציר הדלת - כמו "הדלת תסוב על צירה", רגל הדלת הסובבת, **והמפתח, (והמנעול), והצנור** - הוא חור שבאסקופה התחתונה שהדלת סובב בו, **והקורה** - הוא המשקוף שעל הפתח, מה שחוזרת בו הדלת, **בין שהם של עץ, בין שהם של ברזל** - ר"ל אף שבו נשמע קול הפטיש כשמתקנו, **שנשברו אפילו מעיו"ט, יכול לתקנם בלא שינוי, מפני שזה הפסד גדול הוא, שאם יניח הפתח פתוח ודלתות שבורות, נמצא מאבד כל מה שבבית** - וה"ה לתקוע המשקוף במסמרים שרי, אם יש לחוש לגנבי, ואם לאו אף זה אסור.

(ולכן מותר - ואפילו מעשה אומן וכנ"ל בס"א, **ובלבד שלא יכוין מלאכתו במועד)** - היינו שלא התירו אלא בשכח מעי"ט לתקן, ולא במכוין להניח לתקן במועד.

סעיף ה - מותר לבנות מעשה הדיוט, אבוס שתאכל בו הבהמה - דכל דבר שאינו צורך אוכל נפש, אע"פ שהוא צורך המועד, לא התירו לעשות מלאכה כי אם בשינוי.

סעיף ו - מותר לבנות מעשה הדיוט, אצטבא לישב או לישן עליה - הטעם כנ"ל.

נסר שמחברין לו רגלים כעין ספסל שלנו, מעשה הדיוט הוא, **ואפשר** דלהחליקו ברהיטני מעשה אומן הוא, **וה"ה** לענין אבוס של בהמה הנ"ל.

ועיין בטור, דלדעת הרא"ש אפילו אצטבא של אבנים מותר לעשות לישב עליו, אם עושיהו מעשה הדיוט, **ורבינו** פרץ חולק ע"ז.

סעיף ז - תנור וכיריים שאפשר שייבשו ויאפה בהם במועד, עושין - אפילו מעשה אומן, כיון שהוא צורך אוכל נפש, **ואם** היה אפשר לו לעשות מעיו"ט, וכיון מלאכתו לעשותן במועד, נראה דאסור, וכדלקמן סוף סעיף ח' בהג"ה, עיי"ש במ"ב.

ואם לאו, אין עושין אותם - בהא אסור אפילו מעשה הדיוט, כיון דלאו צורך מועד הוא.

ואם הזמן הוא קור, מותר להעמיד תנור בית החורף להסיק הבית, אפילו אם אינו ראוי לאפות בו, דהכל חולים אצל צינה, [**ועיין** בשלחן עצי שיטים, דאפי' מעשה אומן שרי בזה, כיון שהוא צריך לגוף האדם, **ולענ"ד** יש לעיין בזה, דלענין מרחץ של רבים, שהוא ג"כ צריך לגוף האדם, דעת הרא"ש שם להחמיר, דדוקא מעשה הדיוט, **ואפשר** משום דהכל חולים אצל צינה עדיף טפי, וצ"ע].

וה"ה אם נשבר החלון, בענין שאם לא יתקנו ישב בקור, ג"כ מותר לתקנו.

(וכ"ה עשיית קדרות ואלפסין שרי בכהאי גוונא).

ובין כך ובין כך בונים על חרס של תנור ועל הכירה הטפילה שלהם - היינו הטיחה שעליהם בטיט, כדי שישתמר חומו, **ומה** שכתב: בין כך ובין כך, ר"ל בין אפשר שייבש הטפילה, ובין לא אפשר שייבש, עושין הטפילה שלהן, משום דאפשר לאפות בתוכן אע"פ שלא נתייבשה הטפילה שעליהן, כיון שעיקר התנור והכירה נתייבשו.

סעיף ח - נוקרים את הרחיים - שכשהיא חלקה ואין החטין יכולין לפרך, מנקרין אותה כדי שלא יהיה שוה, כדי שיפרכו החטין תחתיה.

ופותחים להם עין, (פירוש נקב שעושים באמצע הרחיים) - אף דמעשה אומן הוא, ובעלמא אף לצורך המועד מותר רק ע"י שינוי, הכא שרי במעשה אומן, דחשיב כמכשירי אוכל נפש.

ואפילו בחדשים מותר, כיון שהוא לצורך המועד.

(**עיין** בב"י, דהרא"ש בשם הראב"ד אוסר לפתוח להם עין, וכן סתם הטור, ומ"מ לדינא העתיק בשו"ע להקל כדעת הרמב"ם, משום דהרב המגיד הביא בשם הגאונים והרמב"ן להקל בזה, וק"ק, דהרבינו ירוחם הביא דדעת רוב הפוסקים כהראב"ד).

ומעמידים אותם - היינו שמתקנים אותם יפה על עמדם, כדי להשתמש בהם, **ובונים אמת המים של רחיים** - שטוחנין על ידה.

וקוצצים צפרני החמור של רחיים - היינו החמור המגלגל הריחיים, דגידול צפרניו מרעי ליה, ולא מצי למיזל כ"כ, **וכל** הני משום דהוא לצורך המועד.

הגה: ומותר לחדד סכין במועד; וסכין שנשבר במועד מותר לעשות אחרת - ואפילו אפשר לו בשאלה, דכיון דמלאכת אוכל נפש הוא, מותר, ואפילו מעשה אומן, וא"צ שינוי.

ומשמע דבנשבר קודם המועד אסור, כיון דאינו אלא מכשירי אוכל נפש, [**דבאוכל** נפש גופא שרי בכה"ג, ואפי' בכיון מלאכתו במועד]. **ומוכח** מהט"ז, דכ"ז הוא באם היה יכול לעשותו מעיו"ט, וכיון והניח המלאכה ליו"ט, אבל אם לא כיון, שרי, [ואפי' היכי שאפשר בשאלה, ואפי' אם לא היה אנוס, **דכללא** דאפשר לעשות ואי אפשר לעשות, אינו אלא ביו"ט גופא, אבל בחוה"מ די לנו להחמיר בכיון מלאכתו במזיד לעשותה במועד, אבל אם לא כיון, אלא מתוך התעצלותו נמשך הדבר עד חוה"מ, נראה דשרי, **אחר** כתבי זאת מצאתי לבעל שלחן ע"ש, להחמיר באפשר לעשותן מעיו"ט, ודלא כט"ז, ולא התיר בזה אלא מעשה הדיוט, וצ"ע].

§ סימן תקמא – דיני אריגה בחול המועד §

סעיף א - מותר לעשות מצודות דגים מערבה, שהוא מעשה הדיוט - ודוקא לצורך המועד, **אבל לא הארוגים מחוטים, שהוא מעשה אומן** - ולא הוי בכלל מכשירי אוכל נפש, כמו תנור וסכין, דמותר שם אפילו מעשה אומן, **משום** דלא מקרי מכשירין אלא דבר המכשירו לאכילה, כי התנור ע"י האפיה, וסכין ע"י השחיטה, משא"כ ברשתות.

הגה: ומותר לתקן הפתילות לנרות בחוה"מ - לצורך מועד, **דמעשה הדיוט הוא** - ויש שמחמירין בזה, ואף לגדל מצמר גפן דלאו שזור, ג"כ יש ליזהר לעשות מקודם, **ועיין** בח"א שכתב, דלכתחלה נכון להכין מעיו"ט, אכן בדיעבד מותר לגדל מצמר גפן, וכן בברכי יוסף כתב, דהמנהג פשוט להתיר.

עוד כתב הח"א, דלכו"ע אסור לעשות נרות של חלב, ופשיטא של שעוה, דאיכא ג"כ מירוח, וכמדומה שנוהגין היתר לצורך מועד, עכ"ל, **ובפמ"ג** משמע דיש ליזהר בזה.

סעיף ב - מסרגין המטות, (פי' הוא כעין האריגה, אלא שבסריגה יש ריוח מה בין חוט לחוט) - פי' שעושין בה חבלים שתי וערב, לשכוב בה במועד, **וכ"ש** כשהם במטה מכבר, אלא שנעשו רפויים, דמותר למתחן, **ודוקא** לצורך המועד,

דאל"ה אף זה אסור, **ואפילו** לצורך המועד, דוקא שלא כיון מלאכתו למועד.

אבל אין מפשילין חבלים בתחלה - ר"ל שאין גודלין החבלין משום זה.

ויש מן הפוסקים שמחמירים שלא להטילם במטה במועד, אפילו הם מגודלין מכבר, **ומה** שהתירו חכמים לסרג במטה, היינו כשהמשיכן בנקבי המטה קודם המועד, [או שהיו קשורין למטה מצד אחד, **והב"י** צייר כגון שהיו פעם אחת במטה והוסרו משם, **והשיג** ע"ז במאמ"ר, דזה נחשב כמפשיל לכתחילה].

סעיף ג - מותר למעך בגדי פשתן בידים אחר הכיבוס, כדי ללבנן ולרככן - לפי מה שכתב לקמיה בהג"ה, האי בידים לאו דוקא, דה"ה דמותר לגלגל אותם ע"י כלי כנהוג.

עיין סימן ש"ב ס"ה, דשם לענין שבת אסור לעשות כן בבגדי פשתן, ואפילו בחלוק אם מתכוין כדי ללבנו אסור, **והכא** מותר אפילו במתכוין ללבנו, ודוקא כשצריך לו במועד.

אבל אין עושין קשרי בתי ידים, מפני שהוא מעשה אומן - היינו לקמט, שקורין קרונצלי"ן בלשון אשכנז, **ודוקא** כשהקמטין אינם מתפשטין כשלובשן, דכיון דהקמטים חזקים כ"כ, הו"ל מעשה אומן, ואסור אפילו לצורך המועד, **ולפי** זה אסור לקמט הענק שקורין קאלנע"ר בעצים המיוחדין לכך, דעי"ז נשאר מקומט אף כשלובשו.

(ומותר להחליק הבגדים עם הזכוכית - היינו עם אבן עגולה של זכוכית, **כדרכן, הואיל וכוח לצורך המועד)** - ומשמע דלא חשיב זה כי אם מעשה הדיוט, **ובח"א** העתיק, דמותר להחליקן בכלי כדרכן, משמע דס"ל דזכוכית לאו דוקא, דה"ה שאר כלים הרגיל להחליק בהן, **ולפי"ז** מותר להחליק גם בכלי ברזל חלק, שנוהגין חייטים להחליק, דהכל מעשה הדיוט הוא, ומותר לצורך המועד.

סעיף ד - אסור לתקן מלבושיו ומנעליו הקרועים - אע"פ שיתקרעו יותר אם לא יתקן, אסור, דלא מיקרי דבר אבד אלא שעיקר הדבר נפסד, אבל בשביל מעט תוספות קלקול לא, **ואם** יתקרעו לגמרי כשלא יתקנם, מותר אף ע"י ישראל לתקן, ואצ"ל שינוי, דהוי דבר האבד, [**והא"ר** מפקפק ע"ז, דהרי יכול לתקן זה ע"י שינוי וכדלקמיה, ולמה נתיר כדרכו, **דכיון** שאינו דבר האבד מעצמו, אלא אם יהא לבוש בו יהיה אז דבר האבד, א"כ הרי עיקר ההיתר הוא שיהא אפשר להיות לבוש בו, וממילא בודאי דלא עדיף מאין לו בגד כלל כבסמוך, דלא התירו אלא מעשה הדיוט – משנה הלכה, **ואם** יכול לקנות מנעלים חדשים, בודאי אין להקל, דתו לא הוי בכלל דבר האבד].

וה"מ כשצריך לילך בהם בחוה"מ, הא אין צריך להם בחוה"מ, פשיטא דאסור, דיניחם ולא ישתמש בהם עד לאחר המועד, **ודע**, דבכל זה אין חילוק בין אם נתקרעו במועד או שנתקרעו לפני המועד.

וכן אסור לומר לא"י לתקנם - רבותא נקט המחבר, דאף דבזה יש קצת הפסד אם לא יתקנם, אפ"ה אסור, וכ"ש בשאר דברים, וכדלקמן בריש סימן תקמ"ג.

(מיהו ע"י שינוי שרי לתקנם קלת לצורך המועד) - היינו אם היה אומן צריך שינוי, והשינוי מבואר בס"ה, אבל אם הוא הדיוט, תופר כדרכו וכדלקמיה, **וכ"ז** אינו מותר רק בצריך למועד.

(**הנה** תיבת "קצת" לא נזכר בשום פוסק, ואף בלבוש ועוד איזה אחרונים שהעתיקו דברי הרמ"א, לא הזכירו דדוקא קצת, **וטעמם פשוט, דכיון שהוא ע"י שינוי, לא גרע זה ממי שעושה בגד מתחלה, דמבואר בס"ה דכשהוא לצורך המועד, מותר האומן לעשות ע"י שינוי, ואפשר דכונת הרמ"א, דכיון שרצונו לתקן הוא רק לצורך המועד, לא יתקנם לגמרי, רק שישתהא התיקון עד לאחר המועד, ועדיין צ"ע**).

סעיף ה - מי שצריך לו בגד במועד, אם היה הדיוט ואינו מהיר באותה מלאכה - סימן אחד הוא, דסתם אומן מהיר, **הרי זה עושה אותו כדרכו** - וכל מי שיודע להוציא מלא מחט בבת אחת, או שיודע לכוין אמרא בשפת חלוקו, [שיהיה שוה, ולא פעם רחב ופעם קצר, והוא מעוקם], תו אינו בכלל הדיוט, אלא אומן, ודיניה כדלקמיה.

(**ועיין בש"ג שכתב בשם ריא"ז שהביא מירושלמי, דה"ה** לענין מנעלים, **ונ"ל** דלענין הדיוט תופר כדרכו לא התירו במנעלים, ומוכח כן מגמ' פסחים, **והטעם אפשר,**

דבבגד בהדיוט שיצטרך לתפור אחת אחת, ולא כמלא מחט כאומן, זהו גופא הוא שינוי, משא"כ במנעלים, אף האומן צריך לתפור אחת אחת, ממילא אין כאן שינוי).

תינוק שנולד בחג, אסור לעשות לו בגדים חדשים במועד למול אותו, ולא מיקרי לצורך המועד לכבוד אביו לישא אותו להמילה, דיכול לכורכו בחתיכת שיראין, [ולכן אסור אף מעשה הדיוט].

בח"א נסתפק, הצריך לתפור לצורך המועד, ואין לו חוטים במה לתפור, אם מותר לטוות חוטים בשביל זה.

ואם היה אומן מהיר, הרי זה עושה אותה מעשה הדיוט, דהיינו שיעשה תפירות רחבות, ותפירה אחת למעלה ואחת למטה, כשיני הכלב; הגה: וכל אדם יחמיר על עצמו לתפור בשינוי זה - כי רוב בני אדם יכולים להוציא מלא מחט בבת אחת, והם בכלל אומן.

ולא מהני לאומן לתפור על ידי שיסנה באחיזת המחט בידו, אלא בענין שינוי הניכר - היינו שיהיה ניכר בתפירה עצמה, ולא בענין אחר.

(עיין בח"א שכתב, דאם אינו מוצא אומן שיעשה באופן זה, והוא צריך לצורך המועד, מותר ליתן שכר לפועל שאין לו כי אם לחם לכו"ע, כדי שיהיה לו צרכי יו"ט בריוח, והנה באמת הוא אזיל לשיטתיה, שמצדד שם בנ"א כהא"ר, דאין לו מה יאכל היינו שאין לו צרכי יו"ט בריוח, ולהכי פה דהבע"ב צריך להבגד למועד, סומך על הא"ר, ומ"מ אין ברור לדינא, דלהמ"א שם בודאי אין להקל, כי אם ע"י מי שאין לו מה יאכל ממש).

ודע, דבין להדיוט שעושה אותה כדרכו, ובין לאומן שעושה מעשה הדיוט, אינו מותר כי אם כשעושה אותה לעצמו, או בשביל אחרים בחנם, **אבל** כשעושה אותה בשביל אחרים בשכר, אסור אף שהוא לצורך המועד, אם לא שאין לו מה יאכל, וכדלקמן בסימן תקמ"ב, [**אם** לא בבגד שהוא קרוע ביותר, ואם לא יתקננו יתקרע לגמרי ע"י לבישתו, והוא צריך לו במועד, דהוא בכלל דבר האבד וכנ"ל, דזה מותר לתקן ע"י אחרים בשכר, כדלקמן סי' תקמ"ב ס"א בהג"ה].

(**מצאתי** דבר חידוש שחילק הריטב"א מדעתו בזה לדינא, דה"מ בשאפשר לבעה"ב לעשות אותה מלאכה ע"י אחרים, היינו עכו"ם אפילו בשכר, או לישראל בחנם, **אבל** אם אי אפשר לו להשיג אנשים אחרים אלא אלו, והם רוצים דוקא בשכר, מותר, הן לדבר האבד, או צורך המועד, ולא מצאתי זה בפוסק אחר, וגם לדידיה לצורך המועד שהתיר, הוא דוקא ע"י שינוי, דלא עדיף הפועל מעצמו).

§ סימן תקמב – שלא לעשות מלאכה לאחרים בחוה"מ אלא בחנם §

סעיף א - אפילו מלאכות המותרות - כגון כל דבר שהוא לצורך המועד דבעי שינוי, וכן ההדיוט שהתירו לו לתפור כדרכו, וכן כמה דברים שאינם מלאכה ממש, ויש בהם טרחא, ‹נוסח השונה הלכות›, **אינם מותרות לעשותן אלא לעצמו, או לאחרים בחנם, אבל בשכר אסור** - דקבלת שכר במועד כעובדא דחול דמיא, **יש** מן הפוסקים שסוברין, דאם א"א לו לבעה"ב לעשות המלאכה אלא באלו, והם אינם רוצים אלא דוקא בשכר, מותר ליתן להם, מאחר שהוא לצורך המועד - [הריטב"א].

ומיהו אם אינו נותן לו שכר קצוב, אלא שאוכל עמו בשכרו, מותר - דשוב לא הוי כעובדא דחול, ושרי לצורך המועד.

הגה: ודבר האבד מותר לעשות אפילו בשכר קצוב - דכמו שהתירו לבעה"ב ליתן מלאכתו לפועל שאין לו מה לאכול, ואף כשהוא שלא לצורך המועד, התירו לבעה"ב כדי שיהיה טובה לפועל, **ה"נ** יש להתיר לפועל ליטול שכר בשביל טובת בעה"ב, ור"ל אפילו שלא לצורך המועד, והוא מעשה אומן.

(**ולענ"ד** אין דין זה ברור, דבדברי רי"ו מבואר בהדיא בשם רמ"ה, דבחנם, ומשמע שם שגם דעתו נוטה לזה, וכן משמע קצת בחידושי ריטב"א, **אכן** אם א"א לו להשיג עכו"ם לזה, או לישראל בחנם, יוכל להקל לסמוך על דעת ריטב"א הנ"ל, שמתיר אפילו בשכר בזה), **אבל** אם יכול למצוא עכו"ם לזה, נכון שלא ישכור ישראלים.

(**נלענ"ד** דבדבר שהוא אוכל נפש, מותר לפועל לעשות אפילו בשכר, דאל"ה כל מה שנזכר בסימן

תקל"ג דמותר לצורך המועד, כגון הטחינה וקציצת עצים מן המחובר, או להטיל שכר, וכה"ג כל עניני אוכל נפש, יצטרך הכל לעשות בעצמו, דבודאי לא ימצא אנשים שירצו לעשות לו בחנם, **ונוכל** להסביר בטוב טעם, דכמו שהתירו בדבר אבד לתת שכר, כמבואר בהג"ה, ה"ה לענין אוכל נפש, ובעלמא אוכל נפש עדיף מדבר האבד, דבדבר האבד אסור אם כיון מלאכתו, ובאוכל נפש קי"ל דאפי' כיון מלאכתו מותר, כדאיתא בסי' תקל"ג, **אכן** לפלא שלא העירו האחרונים בזה, ולפי מה שהבאנו לעיל דברי הריטב"א, דמתיר בכל דבר שהוא לצורך המועד בשכר, אם לא נזדמן לו אנשים שירצו לעשות לו בחנם, א"כ אפשר דאף דבר של אוכל נפש שוה לשאר הדברים שהוא לצורך המועד, **ועוד** יותר משמע שם מלשונו, דסובר דאף בדבר האבד דינו כן, דאין להתיר ליתן שכר לישראל כ"א כשאין משיג אנשים אחרים עכו"ם, או לישראל בחנם, **היוצא** מדברינו, דבאוכל נפש אם אין מצוי לו אנשים שירצו לעשות לו בחנם, יוכל להקל ליתן להם שכר).

(**ודע עוד**, לענין ספריין וכובסין, באופנים שהתירו להן לספר ולכבס, וכמבואר לעיל בסימן תקל"א ותקל"ד, ג"כ לא ברירא הדבר דדוקא בחנם, **דאפשר** דכיון דהתירו להן לספר ולכבס כדרכן, אף דבעלמא דבר שהוא לצורך המועד ואינו אוכל נפש קי"ל דבעי שינוי, אפשר משום דעשאום חז"ל כדבר האבד דלא בעי שינוי, **וא"כ** מסתברא דמותר גם בשכר כמו בדבר האבד).

(**ודע עוד**, דבמ"א ומאמ"ר ונהר שלום מבואר, דכל מלאכות המותרות, אם הם גם לצורך מצוה, מותר ליטול שכר, **ועיין** בפמ"ג שכתב, לענין מכשירי אוכל נפש עם מצוה, מותר ליטול שכר, משמע מדבריו, דבלא מצוה אסור ליטול שכר, **ולענ"ד** יש לצדד להקל בזה וכנ"ל, ועכ"פ אם לא נזדמן לו בחנם, בודאי יוכל לסמוך על הריטב"א להקל).

סעיף ב - כל מלאכה - אפילו שלא לצורך המועד, **מותר לעשותה** - וא"צ שינוי, **על ידי פועל שאין לו מה יאכל, כדי שישתכר וירויח** -

(ונראה שכפל לשון בא ללמדנו, דמלאכה שמקבל בשעה שאין לו מה יאכל, מותר לקבל שכר אפי' הרבה יותר מכדי אכילתו, **אבל** אח"כ אסור לו לקבל לעשות מלאכה אחרת בשל אחרים, אחרונים (ט"ז).

והיינו שאין לו כלל לאכול, אבל אם יש לו לחם ומים, אסור לו לעשות מלאכה - מ"א, [**ודוקא** לענין לסחור במועד מקילינן למי שיש לו בצמצום, ורוצה למכור כדי להרויח ולהוציא בשמחת יו"ט, משא"כ לעשות מלאכה, **ולפי"ז** בחוה"מ פסח לא משכחת להתיר לעשות מלאכה משום דאין לו מה יאכל, דהא עכ"פ יש לכל אחד מישראל מצות לכל ימי החג].

וי"א דאפילו יש לו, רק שאין לו צרכי יו"ט, ג"כ מותר לו לעשות מלאכה - [א"ר].

ואף אם יש לו כלי בית למכור, מותר לעשות מלאכה, ואינו מחוייב למכור כלי ביתו, **אבל** אם יש לו סחורות ויכול למוכרם, אסור לו לעשות מלאכה - אחרונים.

ועיין במ"א, דצריך עכ"פ לעשות בצנעא, דהרואה לא ידע שהפועל הוא עני כ"כ, **ומ"מ** אם א"א לו לעשות בצנעא, מותר לו לעשות בפרהסיא, כיון שאין לו מה לאכול כלל, [**ולאפוקי** אם יש לו מה לאכול, ורוצה להרויח לשמחת יו"ט וכדעת הי"א הנ"ל, אין לו להקל בכל גווני בפרהסיא].

(**עיין** בספר מור וקציעה שכתב, דנ"ל אם יש לו אשה ובנים קטנים שחייב במזונותם, עושה ג"כ כדי פרנסתם היום, **אבל** לא לצורך אותם שאינו חייב לזונם, **אלא** יחזרו על הפתחים אם אינם יכולים לעשות בעצמם, עכ"ל, **ולא** נהירא כלל, דהרי המצוה של שמחת החג קאי גם על חוה"מ, ומה שמחה יהיה לו אם בניו יחזרו על הפתחים, **וגדולה** מזו מוכח בשאלתות פרשה ברכה, **דאפילו** אם יכול להשיג ללות מעות ולקנות, התירו לו לעשות מלאכה, דהיינו לקצור ולטחון את חטיו, דכיון דבעי למיזף עציבא ליה דעתיה, ולא מצי מקיים ושמחת בחגיך, וכ"ש בענינינו. **אכן** בעצם הדין אם יכול להשיג מעות בהלואה בענינינו, יש לעיין, **דהרמב"ם** פסק שם דאפילו הוא עשיר שיש לו מעות, ומוצא לקנות מן השוק, ג"כ אינו מחוייב, וכ"כ הרי"ץ גיאות, **וע"כ** דטעם מפני ששמחת האדם הוא שנהנה משל עצמו, ולא מתבואת אחרים, משא"כ בענינינו דבכל גווני יאכל תבואה של אחרים, אפשר דע"י הלואה בעלמא לא אמרינן דעציבא דעתיה, **ועכ"פ** כשבניו יחזרו על הפתחים, בודאי עציבא דעתיה, ויתבטל אצלו שמחת החג, בודאי שרי לעשות בעצמו כדי להרויח בשבילם).

§ סימן תקמג – דין מלאכה ע"י א"י בחוה"מ §

סעיף א - כל דבר שאסור לעשותו, אסור לומר לאינו יהודי לעשותו - דעשו חכמינו מועד לזה כשבת ויו"ט, **ואפילו** אם הוא משער, שאם לא ישכור עכשיו העכו"ם לעשות במועד, יצטרך לשלם ביוקר גדול לאחר המועד, אפ"ה אסור, דמה שאינו בידו לא מיקרי היזק.

ומ"מ אם הוא צריך בחוה"מ לצורך מצוה, שרי ע"י עכו"ם, דהא יש מתירין אפילו בשבת.

סעיף ב - אינו יהודי שקבל מערב יו"ט לבנות ביתו של ישראל בקבלנות, אסור להניח לעשות בחול המועד - ר"ל אף שהוא בקבלנות ולא בשכיר יום, וגם אינו מצויהו שיעשה במועד, וכל דעביד אדעתיה דנפשיה עביד, כדי לגמור במהרה את מלאכתו, **אפ"ה** אסור, שהרואה יאמר שהוא שכיר אצלו, **ואם** כל העיר דרכן לבנות בקבלנות, עיין לעיל בסימן רמ"ד ס"א בבה"ל.

אע"פ שהוא חוץ לתחום - לפי שהולכין לשם בני אדם, ויראו המלאכה ויאמרו בשליחות ישראל עושה, משא"כ בשבת ויו"ט.

ואם בנו באיסור, כיון שהוא בקבלנות ולא בשכיר יום, שרי לדור בו.

אבל אם נתן לו מלאכה בתלוש קודם המועד בקבלנות, לעשותה בתוך ביתו של אינו יהודי, מותר - ר"ל דבזה תו לא אתי לידי חשד, ומותר כיון שהוא בקבלנות.

ופעמים יצוייר היתר אף במחובר, כגון שנתן לו שדה באריסות, דהיינו למחצה או לשליש ורביע, מותר להניחו לעשות במועד, דעביד אדעתא דנפשיה, ולא אתי למיחשדיה שהוא שכיר יום, שהכל יודעין ששדה עומדת לאריסות, **ואפילו** נכרים בני ביתו של ישראל האוכלים אצלו, מסייעים להאריס במועד, אפ"ה שרי, כיון שאין הישראל נותן להם שכר על כך, נמצא שאין באים בשליחותו.

סעיף ג - מותר ליתן לאינו יהודי מלאכה, בקבלנות או בשכיר יום, שיעשנה אחר המועד - פי' שיאמר לו בהדיא שיעשנה אחר המועד, **וה"ה** דלישראל שרי ליתן, ונקט נכרי, דלא נימא דנכרי בודאי לא יקיים ויעשה במועד.

ובלבד שלא ימדוד וישקול - כגון שנותן מטוה לאריגת בגד, לא ישקול אותם, **וימנה, כדרך שעושה בחול** - וא"כ כשנותן כליו לכובס עכו"ם לכבס אחר המועד, לא ימנה אותם, **ונראה** דבשביל זה נהגו העולם שלא ליתן לכובס עכו"ם בחוה"מ כלל, מפני שאסור למנותו, ובלא מנין אינו מאמינו.

ובדגול מרבבה כתב, דכלי פשתן מותר ליתן לו שיכבס אחר המועד, ואף למנותם, [משום דכלי פשתן עיקר איסור הכביסה במועד אינו אלא מצד המנהג], **ומאליהו** רבא משמע שאין מחלק בזה, **ובשעת** הדחק יש לסמוך להקל.

הגה: ואף אם יעשה האינו יהודי אח"כ מלאכה, שרי - פירוש א"צ למחות בידו, **הואיל והתנה עמו לעשותה אחר המועד.**

§ סימן תקמד – דין צרכי רבים בחול המועד §

סעיף א - צרכי רבים מותר לעשותה בחוה"מ - ויש בזה שני חלוקים, דאם הוא מעשה אומן, אינו מותר אא"כ שהוא צורך המועד, **ואם** הוא מעשה הדיוט, שרי אפילו אם הוא רק צורך אחר המועד.

דע דכל צרכי רבים מותר, אפילו כיונו מלאכתן במועד, וגם בפרהסיא ובטורח גדול, **והטעם** שהתירו בכיון מלאכתו, דכל צרכי רבים אינם נגמרים אלא בשעה שהם בטלים כולם ומתחברים יחד, ואם לא יעשו עכשיו יתבטל הדבר, **ולכן** אם יש להם מנהיג שהרשות בידו לעשות לבדו, אסור לו לכוין מלאכתו במועד.

(עיין סימן תקמ"ב ס"א, דבמלאכות המותרות בעינן דוקא שיהיו בחנם, **ועיין** במ"א ובמאמ"ר ונהר שלום,

שהסכימו כולם, דאם הם לצורך מצוה, מותר ליטול עבורם שכר, **ועיין** במחה"ש שכתב, דבצרכי רבים בלא מצוה, אסור ליטול שכר, **אבל** מפמ"ג משמע, דבצרכי רבים לחוד ג"כ מותר ליטול שכר, וטעמו, דהוא ג"כ כצורך מצוה דמיא, וכן נראה מפשטיות המשנה, וגם מי ירצה לעשות כל צרכי רבים בלא שכר).

כגון לתקן הדרכים ולהסיר מהם המכשולות - בגמרא איתא דמחוייבין בזה, שלא יהיה כשופך דמים אם יארע מכשול, **ואפילו** מעשה אומן שרי בזה, כיון שדבר זה צריך גם במועד.

ולציין הקברות כדי שיזהרו מהם הכהנים; ולתקן המקואות - [ואם התיקון הוא מעשה אומן, בעינן שיהא נגמר בחוה"מ], **וה"ה** דלכתחלה ג"כ מותר לעשות מקוה בחוה"מ, ודומיא דחפירת בור המבואר בס"ב, **ודוקא** כשתהיה נגמרת בחוה"מ ותהיה צורך המועד, דאל"ה אסור דהוא מעשה אומן.

הגה: ודוקא צרכי רבים כאלו, שהם צריכים לגוף האדם - וה"ה לתקן מרחץ לצורך רבים, שיש בהן צער הגוף אם לא ירחוץ, [ומשום דא"א שלא יצטרך אחד מהן למרחץ, היינו שא"א לו בשום אופן בלא מרחץ], **ובזה** ג"כ דוקא אם יהיה נגמר בחוה"מ ותהיה צורך המועד, אם הוא מעשה אומן, [**אבל** לצורך יחיד אסור לתקן לו מרחצו במועד, אפי' מעשה הדיוט, דיחיד אפשר לו בלא מרחץ, או לילך למקום אחר].

אבל שאר צרכי רבים כגון בנין בהכ"נ, אסור לעשות (מלאכת אומן) **במועד** - לרבותא נקט, דאפילו בנין ביהכ"נ שהוא מצוה כדי להתפלל בו במועד בעשרה, ואפילו אין להם מקום אחר להתפלל בעשרה, ג"כ אסור, שזה אין צורך לגוף האדם, **ואפילו** התחילו מכבר לבנותו, וא"צ במועד אלא להשלימו, אסור מפני שהוא צריך מעשה אומן לזה.

כתבו הפוסקים, דבזה"ז הוי בנין ביהכ"נ דבר האבד, דחיישינן שאם ימתין עד אחר המועד, יעכבו העכו"ם מלבנותו, **ובספר** מאמר מרדכי כתב, דהכל לפי המקום והזמן, ואין לדיין אלא מה שעיניו רואות.

[**וע"י** עכו"ם שרי בכל ענין, והיינו כשיגמר בחוה"מ ויוכלו להתפלל בו].

כתב בשערי תשובה, נהגו לסדר צרכי רבים בחוה"מ, למנות גבאים ופרנסים, **ונ"ל** דאם צריך לכתוב בענין זה, לא יכתוב כתב אשורית, כי אם משיט"א, או כתב שלנו, דבכתב אשורי שהוא מעשה אומן, הלא לא הותר צרכי רבים כי אם כשהוא לצורך הגוף וכנ"ל.

וכוה הדין דלשאר צרכי מצוה אסור לעשות מלאכת אומן במועד - ר"ל דמעלת המצוה לא מהני להתיר בשביל זה מלאכת אומן, אף כשצריך לה במועד, **ומעשה** הדיוט מותר לצורך המועד, אף כשאין בה מצוה, וכנ"ל בסימן תקמ"א ס"ה.

סעיף ב - בורות ומעיינות של רבים שנפל בהם עפר ואבנים ונתקלקלו, מותר לתקנם, ואפי' אין רבים צריכים להם עתה - היינו דכונתם בשביל אחר המועד, **כיון שאינו מעשה אומן** - התירו במלאכת רבים, לפי שצרכי רבים אינם נגמרים אלא בשעה שהם בטלים ומתחברים כולם, וכדלעיל.

וה"ה דמותר לעשות מעשה הדיוט, מחוץ לעיר חריץ שיבואו המים על ידו מהנהר לעיר, כדי שישתו בהרוחה, ואף שלא יגמר במועד, כיון שהוא צורך רבים, **וגם** בזה מותר אפילו אם כיון מלאכתו במועד, והוה טרחא יתירא ופרהסיא.

אבל לחפור להם בורות מחדש, שהוא מעשה אומן - שצריך לטוח יפה כדי להחזיק מימיה, **אם הרבים צריכים להם עתה, מותר, אפילו אם כוונו מלאכתן במועד, ואפילו בפרהסיא ובטירחא יתירתא** - קאי גם על ריש הסעיף.

ואם אין צריכים להם עתה, לא יעשו - היינו אפילו לא כיונו מלאכתן במועד וגם בצנעא.

אבל בורות שיחין ומערות של יחיד, אסור לחפור אותם מחדש, ואפי' צריך להם עתה - אפילו אין לו מה ישתה אלא מפני דוחק הרבה, אסור, **ואם** אין משיג לשתות כלל, מותר גם לחפור מחדש במועד.

ואם היו עשוים כבר ונתקלקלו, אם צריך להם עתה, מותר לתקנם - ר"ל דאז די בתיקון מעשה הדיוט בעלמא, [היינו ליטול הצרורות והעפר שנפל לתוכן], ולהכי שרי גם ביחיד לצורך המועד, [**אבל** לא יחטוט לתוכו, ולא יסוד אותם בסיד].

ואם א"צ להם עתה, אסור לתקנם - דביחיד אפי' מעשה הדיוט אסור, כי אם לצורך המועד. **אבל מותר להמשיך מים לתוכן, אפי' א"צ להם עתה** - פי' שמקבלין מי גשמים בכלים מן הגג, ומוליך אותן לבור, אף שא"צ להם עתה, שיש בבור מים די לכל ימי הרגל, אפ"ה מותר, לפי שאין בזה טורח מרובה, [**וריטב"א** הביא פירש"י והסכים בן, דההיתר היינו דוקא שלא ע"י כלים, דא"כ טורח גדול הוא, **אלא** שממשיכין שם ע"י חריץ או אמה, והכונה דרק דרך חריץ או אמה המתוקנין כבר], **אבל** לעשות חריץ ולהביא מים דרך שם אסור.

§ סימן תקמה – דיני כתיבה בחול המועד §

סעיף א- אסור לכתוב בחוה"מ; ואפילו להגיה אות אחת בספר, אסור - כגון לעשות מרי"ש דלי"ת, וכה"ג, **לפי** שאין זה צורך המועד, ולא מקרי צרכי רבים, כיון שיש להם ספר אחר לקרות בו, **ואפילו** מצא טעות במועד, אסור, [ואפי' בעת הקריאה, אלא צריך להוציא אחרת].

אבל להפריד תיבות דבוקים, ‹אולי צ"ל אותיות דבוקים – שונה הלכות›, או אות שהיה רישומו ניכר, שרי להעביר עליו קולמוס, **וס"ת** שהיה חסר תפירה בעמודים, יבקשו איש שאין לו מה יאכל, ויתפרנו, [**ואם** מותר לתופרה ע"י עכו"ם, צ"ע].

[**ומשמע** מדברי הב"י דנקט לדינא, אפי' הס"ת הוא שלו, ותיקונו הוא לצורך עצמו, דעי"ז יש לו ס"ת כשרה, ג"כ אסור לתקן במועד, **ולא** אבין הטעם, דמ"ש מכתיבת מזוזה, דמותר לכתוב לכו"ע לצורך עצמו שצריך לה במועד, **היינו** אפי' לדעת הטור דמחמיר בזה, וכ"ש ליתר הפוסקים דס"ל, דמותר אפי' בשביל אחר המועד, כדי שיהא מזומן לו לקיים מצותו, **הלא** הכא ג"כ, באם חסר בתוכה אות אחת, אין לו מ"ע דכתיבת ס"ת].

‹**הנה אף שמקור דין זה הוא מהמשנה, ושם מיירי לענין ס"ת, באמת כלל המחבר בזה אף ספר אחר, כגון ספרי מקרא וגמרא וכה"ג, אם לא שהוא ספר שצריך עתה ללמוד בו, ובלא הגהתו לא יוכל ללמוד בו, וכדלקמיה בס"ב**›.

הגה: ולצורך רבים, יש אוסרים כל שאינו לצורך המועד – ‹ולשיטת רמ"א לעיל בסי' תקמ"ד ס"א, אפי' הוא לצורך המועד אסור, כיון שאינו צורכי הגוף, וצ"ע›, **ס"ל** דסתם כתיבה מעשה אומן הוא, **ולא** קאי אהגהת ספרים הנ"ל, דשם בודאי הוא מעשה אומן, ואסור לכו"ע אף שהוא צורך רבים, כל שאינו לצורך המועד, **אלא** קאי אסתם כתיבה שהוא לצורך רבים, [כגון שהקהל מבקשים אחר ש"ץ, וכותבים לו אגרת שיבוא, וכל כה"ג].

ויש מתירין - ס"ל דכל כתיבה זולת ספרים תפילין ומזוזות, אפילו כתיבה מרובע, הוי כמעשה הדיוט, שאין אדם מקפיד לכתוב אותן כתיקונן כ"כ.

ונהגו להקל בכתב שלנו שאינו מעשה אומן - היינו בכתב משיט"א, [הם אותיות דקות כעין כתב רש"י, או כתב שלנו], דנקטינן לדינא שזה הכתב אינו מעשה אומן, **ועי'** ס"ה דמבואר שם, דאף בזה הכתב נהגו להחמיר לשנות, **מ"מ** בעניננו שהוא צרכי רבים, א"צ לשנות.

סעיף ב- נראה לי שאם אין להם ס"ת כשר לקרות בו בצבור, מותר להגיהו בחוה"מ כדי לקרות בו בצבור - וה"ה אם חסר איזה אות או תיבה, מותר לכתוב, דצורך המועד הוא, ואפי' מעשה אומן שרי, וכמו שנתבאר בסי' תקמ"ד ס"ב.

‹**נראה דה"ה אם יש בביהמ"ד ספר כשר, אך שדרכם להתפלל תמיד בעזרה של ביהמ"ד במנין בפני עצמו, ונפסל הס"ת שלהם ע"י איזה קלקול, ובביהמ"ד יש רק ספר אחד שנצרך לעצמם, מותרים לתקנו בחוה"מ**›.

וכן בספרי מקרא וגמרא שצריך לקרות במועד, מותר להגיהם במועד, משום דהוה דבר האבד - תמוה, הא יכול ללמוד בהם אפי' אינם מוגהים, רק יעשה רושם במקום הטעות, ואחר המועד יתקנם, **וצ"ל** דמיירי שמגיה מתוך השכל ולא מתוך ספר אחר, ואפשר שאחר יו"ט ישכח עיון הזה, והוי דבר האבד - ט"ז, **ומ"א** תירץ, דמיירי שאינו יכול ללמוד מתוכו ע"י הרבה

טעיותיו, אם אינו מגיה מתחלה, וזה נחשב דבר האבד מה שאינו לומד.

ואם אין להם ס"ת כלל, אם אפשר לכתבו כולה בחוה"מ ע"י סופרים הרבה, יכתבוהו, דצורך המועד הוא לקרות בתורה בצבור במועד – (עיין בביאור הגר"א שכתב, דלפי דברי הג"ה בסי' תקמ"ד ס"א, דדוקא צרכי רבים שהם צריכים לגוף האדם, מותר לעשות מעשה אומן, נדחה זה הדין, **והפמ"ג** נתקשה ג"כ בזה, ומיישב קצת, **ונ"ל** עוד לומר, דגם להגר"א, יהיה מותר ספרי מקרא וגמרא להגיהם כדי ללמוד בהם, דהוי דבר האבד, וכמו שכתב המחבר).

הגה: וכ"ה שאר ספרים ללמוד בהם - ר"ל שצריך ללמוד בהם במועד, מותר להעתיקם כדי ללמוד בהם, **ועיין** בב"י דמשמע שם, דוקא אם הוא צורך רבים, **אבל** מדברי המ"א והגר"א משמע, דאפילו צורך עצמו מותר, [**אכן** יש נ"מ ביניהם, דלדברי המ"א מותר לכתוב משום דהוי דבר האבד, **ולדברי** הגר"א הטעם, משום דעת הרא"ה, דס"ל דמדמינן בס"ת להא דקי"ל, דכותב אדם תפילין ומזוזות לעצמו, וה"ה בשאר ספרים].

סעיף ג - כותב אדם תפילין ומזוזות לעצמו - אפי' להניחן אחר המועד, דאלו להניחן בתוך המועד, במקומות שנוהגין להניח בחוה"מ, אפי' לאחרים שרי, וכדלקמן בהג"ה. [**והטור** סתם הדברים, ומשמע קצת דכוונתו דאפי' לעצמו אינו מותר רק כשכותב בשביל להניח בחוה"מ גופא, אבל לא לאחר המועד].

(**ואפילו דיעבד אם כיון מלאכתו במועד, אין לקנסו ושרי לכתוב, כיון דדבר מצוה הוא**).

וטווה על ירכו תכלת (וציצית) לבגדו - אפי' להניחן בבגדו וללובשו אחר המועד וכנ"ל, [דלענין זה הוא דאמרינן לעצמו אין לאחרים לא, אבל למועד גופא, מותר אפי' בשביל חבירו, ואינו אסור אלא בשכר].

(**ואפילו דיעבד אם כיון מלאכתו במועד, וכנ"ל**).

ולאו דוקא על ירכו, דאפילו בפלך שרי, ולא אתי לאפוקי אלא בגלגל, דאוושא מילתא טובא.

ואם אין לו מה יאכל, כותב ומוכר לאחרים כדי פרנסתו - היינו אפילו האחרים אינם לוקחים אלא להניחן אחר המועד, שרי, דלא גרע משאר מלאכות, דשרי לבעה"ב לשכור לזה פועל שאין לו מה לאכול, וכדלעיל בסימן תקמ"ב ס"ב, (**ודוקא בצנעא**).

(**ואפילו דיעבד אם כיון מלאכתו במועד, וכנ"ל**).

הגה: או שיהיו לו הוצאותיו יותר בריוח לשמחת יו"ט - ר"ל אפילו יש לו מה יאכל, דבעלמא אסור לעשות מלאכה, הכא דהוא מצוה הקילו, כדי שיהיה לו יותר וכו', (**ולדעת** הסוברים לעיל בסימן תקמ"ב, דאין לו מה יאכל, היינו דאין לו כדי צרכו לשמחת יו"ט, דהיינו בשר ויין, ממילא ה"ה בענינינו, **והרמ"א** שהוסיף או שיהיה לו וכו', היינו אפילו יש לו בשר ויין, אך הוא בצמצום, מותר לו לכתוב כדי שישתכר, ויהיה לו יותר בריוח לשמחת יו"ט). (**ואפילו דיעבד אם כיון מלאכתו במועד, וכנ"ל**).

אבל אופן זה אין להקל, רק היכא דהקונה לוקחו כדי לקיים מצות תפילין בחוה"מ גופא, [להנוהגים להניח תפילין בחוה"מ], **אבל** לא כשלוקחו בשביל אחר המועד.

אבל כשאין צריך גם לזה ‹כדי שיהיה לו יותר וכו'›, שהוא עשיר, אסור לכתוב וליקח שכר.

אבל לכתוב בחנם בשביל חבירו, כדי שיהיה יוכל לקיים בחוה"מ מצות תפילין, דעת הטור דשרי, **ולאחר** המועד לכו"ע אסור.

ואם כתבן כדי להניחן במועד, בכל ענין שרי - אף דמתחלה מיירי ג"כ דכתבן כדי להניחן במועד, זה קאי אדברי המחבר שכתב בריש הסעיף, כותב אדם תו"מ לעצמו, משמע מזה דלאחרים לא יצוייר שום היתר, אם לא שאין לו מה יאכל, **ע"ז** כתב, דזהו דוקא כשכותב בשביל אחר המועד, אבל כשכותב לאחר כדי להניחן במועד גופא, מותר אף בשכר, בין יש לו מה לאכול ‹ועושה להרווחה›, בין אין לו מה לאכול, וזהו מה שסיים, בכל ענין שרי, [**אבל** אין הכונה דמותר אפי' לעשיר גמור שא"צ אפי' להרווחה].

ואינו אסור רק הכתיבה, אבל עשייתן שרי - קאי לכותב כדי להניחם אחר המועד, דאסור בשכר אא"כ אין לו מה יאכל, **והאה** קאמר דאינו אסור רק הכתיבה, אבל עשייתן שרי, והטעם, דכיון דצורך מצוה הוא לא גזרו.

סעיף ד - מותר לכתוב חשבונותיו ולחשוב יציאותיו - דהוי דבר האבד שמא ישכח, **ואם** אינו דבר האבד אסור, אא"כ הוא לצורך המועד, שצריך לחשוב מה שמוציא על המועד, **אבל** אז אינו שרי לכו"ע כי אם מעשה הדיוט, כמ"ש סימן תקמ"ד, וע"כ יראה לכתוב אותן בכתב משיט"א, [**ולדעת** הרוקח והרמב"ם אף בדבר האבד צריך לשנות בכתיבתו, כיון דאין כאן הפסד אם ישנה, **אם** לא שכתיבתו הוא לצורך שמחת יו"ט, אז א"צ לשנות], **ואם** חשבונותיו כתובים כבר, רק שרוצה לסדרם, אסור במועד, **ואפילו** בשאינם כתובים מכבר, יראה עכ"פ שלא לכוין אותם במועד.

הגה: וכ"כ הכתבים שכותבים כשמלוין על משכונות, שרי - דהוי דבר האבד שמא ישכח, **ופשוט** דה"ה הסחורות שמותר למוכרן בחוה"מ, כגון שהם לצורך המועד, וכנ"ל בסימן תקל"ט ס"י וי"א, מותר החנוני לכתוב ההקפות שמקיף, כדי שלא ישכח.

סעיף ה - מותר לכתוב שטר קדושין ושטרי פסיקתא, (פירוש שטרי פסיקתא, שאדם פוסק לתת לבנו או לבתו כך וכך) - הוא כמו כתיבת תנאים בזמנינו.

גיטין ושוברים, דייתיקי, (ופי' דייתיקי, שטר צואה, דא תהא למיקם ולהיות) - הוא צוואת שכיב מרע, **מתנות** - הוא מתנות בריא.

פרוזבולין, (ופירוש פרוזבול, פרוז בולי ובוטי, כלומר: תקנת המלוה שלא יאבד ממונו - [ע"י שמיטה], **ותקנה ללוה שימצא מי שילונו).**

אגרות שום, (ופירוש אגרת שום, ששמו ב"ד נכסי לוה ונתנם למלוה), ואגרות מזון, (ואגרת מזון, שמכרו ב"ד את הקרקע למזון האשה והבנות, וכתבו מעשה ב"ד על זה, או נמי שקבל עליו לזון את בת אשתו).

שטרי חליצה, ומיאונין - היינו שטרי מיאונין, והוא לקטנה יתומה שהשיאוה אחיה או אמה לדעתה, ויוצאת ממנו במיאון בעלמא, שתאמר: אי אפשי בו, וכותבין ע"ז שטר מיאון.

ושטרי ברורין - שכותבין זה בורר לו פלוני לדיין, וזה פלוני, או שטרי טענתא, **ופסקי דינין** - מה שפוסקים הדיינין.

מי שברח בממון אחרים, מותר לכתוב עליו גזירות הדיינים והרשאה, [דלא גרע מפסק דין], **אבל** אם הדבר בטוח שיחזור לעירו, אסור.

הטעם בכל זה, י"א משום דכל דבר המזדמן תדיר, אע"פ שבכל פעם ופעם הוא דבר פרטי, כצרכי רבים חשיבא, **ואפשר** דמקרי צורך המועד, הואיל שדבר זה צריכין להם במועד, [וממילא מותר אף מעשה אומן, ‹דלהגר"א נחשב כצורך הגוף›, מ"מ הנכון לכתוב משיט"א, חוץ מגיטין], **וי"א** משום דהוי דבר האבד, פן ימותו העדים או ילכו למדינת הים, או ימות הנותן או הב"ד.

הגה: ומותר לכתוב כתובה במועד - מטעם דבר האבד, שמא יבואו לידי ערעור בהסכמת תנאיהם, **וא"כ** במדינתינו שכותבין כל הכתובות בשוה, אסור לכתוב לכו"ע, **אבל** תוספת כתובה, מה שמוסיף הבעל מרצונו, שרי - מ"א, **ועיין** בפמ"ג, דבכתב משיט"א יש להקל אף בזמנינו.

ומיירי שנשא ערב הרגל, דהא אין נושאין נשים במועד, ואף דאסור להתייחד עם אשתו בלי כתובה, צ"ל שהיה שעת הדחק, שאז רשאי לסמוך להתייחד על עידי קנין.

ויש אוסרים - טעמם, דהוי כשט"ח.

והלכה כדעה א', ועיין לעיל דבמדינתינו אין להקל כי אם בכתב משיט"א.

ואגרות שאלות שלום שאדם שולח לחבירו - הטעם, מפני שאין אדם נזהר מאד בכתיבתו בתיקונן, וכמעשה הדיוט הוא, **ומקרי** צורך המועד קצת מה ששואל בשלום חבירו, דאל"כ אסור אף מעשה הדיוט, כדלעיל בסימן תקמ"א, [**ומצאתי** בריטב"א וז"ל: יש תימה מה צורך יש בזה, וי"ל כגון שהוא לצורך עניני יו"ט, א"נ מפני שמחת הרגל, שלא יהא בדאגה, ויש בהן צורך למשלח או למי שנשתלח לו, עכ"ל].

ואפי' על דבר פרקמטיא שאינה אבודה - וכ"ש אם יוכל להגיע לו הפסד כשלא יכתוב, דבודאי מותר.

וכ"ז מותר להמחבר לכתוב אפילו בלא שינוי, **ומ"מ** בכל גווני אין להקל כי אם בשלא כיון מלאכתו במועד, [**דאפי'** מעשה הדיוט וצורך המועד, אינו מותר כי אם כשלא כיון מלאכתו במועד].

(**הנה ידוע דאפילו מעשה הדיוט, אינו מותר כי אם לצורך המועד, והכא מאי צורך המועד איכא, ומצאתי** בפמ"ג שהרגיש בזה, וכתב אפשר דחשיב קצת צורך המועד, וצע"ק, עכ"ל, **ואולי כונתו,** דאל"ה יש לו צער ומונע שמחת הרגל, והוא דוחק גדול, דא"כ נתיר כל ענין סחורה עי"ז, **ובאמת** לא ידעתי מנ"ל להב"י להקל בכתיבה לענין פרקמטיא, **וחפשתי ומצאתי** און לי בספר שבולי הלקט בהדיא, דאפילו אם נתיר לענין שאילת שלום, עכ"פ מכתבים לענין פרקמטיא שאינה אבודה, בודאי יש להחמיר, אם לא בכתיבת משיט"א וע"י שינוי, וגם בזה ימעט כל מה שיוכל).

(ויש אוסרין בשאלת שלום) - וכ"ש לענין פרקמטיא, טעמם, דכל כתיבה מעשה אומן הוא.

(עיין בב"י, דאפילו לדעת המחמירין, מותר לכתוב אגרת של רשות, דהיינו שטרי הממשלה כתבם וציוויים, **ובשיבולי הלקט** ראיתי בשם רב נחשון גאון ובשם ר' יצחק גאון, איגרות רשות הוא כתב שכותב ריש גלותא, ונותן לו רשות ללמד לישראל איסור והיתר, ולהורות להן דברי תורה, עכ"ל, **ולכאורה** הוא כעין כתב סמיכה שנותנין היום).

(ונהגו להחמיר - לשנות, כצ"ל, **אפילו בכתיבה שלנו שהיא כתיבה משיט"א)** - והשינוי הוא שכותבים באלכסון כל השורות, **ואף** דמבואר בס"ז, דכל האסור לכתוב אסור אפילו בשינוי, אם לא שהאותיות חתוכות ושבורות באמצעיתן, **מ"מ** כיון שמדינא מותר לכתוב אגרת שלום בלא שינוי, כמ"ש הרב ב"י, אלא שנהגו לשנות, די בשינוי זה.

וכמה אחרונים כתבו, דבמדינתינו נהגו להקל בכתב משיט"א, וכן בכתב שלנו, דאינו מעשה אומן, ויש להם על מה שיסמוכו, והמחמיר יחמיר לעצמו, **ונוהגין** לשנות קצת, לעשות שורה עליונה עקומה.

(**והנה אף** דלענין שבת קי"ל, דהכותב בכל כתב ולשון של כל אומה חייב, ומאי גריעא כתב עברית מהן, **צ"ל** דאעפ"כ לענין חוה"מ לא אסרו כי אם כתב שהוא מעשה אומן, וסתם כתב לבד כתב אשורית מקרי מעשה הדיוט, **ובספר** מור וקציעה מאריך בענין זה, **ודעתו,** שיש להחמיר גם במשיט"א עכ"פ בכתב ידי סופר, וכמו שנהוג להיות לצבור לבלר נאה מיוחד לכתיבותיהם, שהוא מעשה אומן, **לפיכך** נכון שלא יכתוב כתיבה נאה באיזה כתב ולשון שהוא, בין משיט"א בין בכתב העכו"ם, כי הכל כתב הוא לכל אומה ככתבה וכלשונה, עכ"ל, **ואף** שהעולם נהגו להקל בזה, ואין למחות בידן, שיש להם על מי שיסמוכו, מ"מ טוב לחוש לדבריו אם לא לצורך גדול, **ובפרט** לענין פרקמטיא שאינה אבודה, בודאי נכון למעט לכתוב אודות זה בחוה"מ כל מה שיוכל).

ודע דבפרקמטיא אבודה, לכו"ע יכול לכתוב אפילו בכתב שהוא מעשה אומן, וא"צ לשנות כלל.

סעיף ו - אין כותבין שטרי חוב במועד - דיכול להמתין לכתוב את השטר אחר המועד, **ואם** כבר נתן לו המעות, אפילו בפני עדים וקנין, מותר לכתוב, דיש לחוש שמא ימותו העדים ויכפור אח"כ, וכמ"ש ס"ה גבי מתנות.

ואם אינו מאמינו מלוה ללוה, (והלוה צריך למעות) - בחוה"מ, אפי' שאינו לצורך המועד, ‹אע"ג שהוא צריך את המעות רק להרוחה, מחייתן של אדם בכך הוא, ללות זה מזה, ואם נאסור את הדבר חשוב פסידא - פמ"ג›, **אבל** כשלוה לצורך אחר המועד, אסור, **ואם** לא ימצא אחר המועד מעות ללות, מותר לכתוב, דהו"ל דבר האבד.

או שאין לו לסופר מה יאכל, הרי זה יכתוב - לדעת המ"א לעיל בסימן תקמ"ב, היינו דוקא שאין לו כלל אפילו לחם ומים, **ולהי"א**, היינו שאין לו כדי צרכו לשמחת יו"ט.

הגה: ומותר לכתוב שטר מכירה במועד - כגון שמכר לו קרקע לצורך המועד, כגון שהיה צריך לחפור שם טיט לתקן תנורו לצורך המועד, וכה"ג.

אבל כשמכר קודם מועד, אסור לכתוב במועד, אע"פ שיש לחוש שיחזור בהן, כמו שטר אריסות דאסור לקמיה, **אם** לא דהיה לו אונס, או שלא היה לו פנאי לכתוב קודם מועד, ‹ומשום שקצת פסידא יש בזה – מ"ב המבואר›, **והטעם,** דאף שיחזור המוכר או בעל השדה, ליכא פסידא ללוקח או להאריס, דיכול לקנות שדה או לקבל באריסות במקום אחר, [וה"נ למוכר אינו חשוב פסידא, שיזדמן לו לוקח אחר], **ואם** המוכר צריך למעות,

ואין הלוקח רוצה ליתן לו כל זמן שאין כותב לו שטר מכירה, נראה דמותר, וכנ"ל לענין הלואה.

אבל אין לכתוב שטר אריסות וקבלנות שקבל קודם המועד - ולא אמרינן בזה דהוי דבר האבד וכנ"ל, **מיהו** אם נאנס או לא היה לו פנאי לכתוב קודם המועד, מותר אף לענין חכירות וקבלנות.

באמת ה"ה בשטר מכירה, אם מכר לו קודם המועד ג"כ אסור וכנ"ל, **אלא** משום דלענין שטר מכירה יכול לצייר היתר כתיבה, כגון שמכרו במועד לצורך המועד, **משא"כ** באריסות וקבלנות, לא שייך לומר שיקבל השדה לצורך המועד, ולהכי שייך תיבת "אבל".

אם שלח שלוחו ליריד, מותר למשלח לכתוב לו אגרת בענין סחורתו, דכל זה הוי דבר האבד, **והיינו** כשלא כיון מלאכתו במועד.

סעיף ז - כל הדברים שמותר לכתוב - היינו המבוארים לעיל בס"ה, או שהוא דבר האבד, **אפילו בלא שינוי מותר; וכל מה שאסור לכתוב, אפי' ע"י שינוי אסור** - פי' שעושה שינוי בידו בשעת הכתיבה, כגון שאוחז הקולמוס בין גודל לאצבע, [כיון דעיקר האיסור בחוה"מ משום טורח, ובזה יש יותר עמל וטורח], או שעושה שורות עגולות או עקומות, והכתב עצמו אין בו שינוי, זה אסור, **אבל** אם יש שינוי בכתב עצמו, כגון שעושה האותיות חתוכות ושבורות באמצעיתן, והיו"ד עושה אותו כעין עיגול קטן, זהו מותר, **וזהו** לענין כתיבה מרובע, אבל לענין כתב משיט"א, או כתב שלנו, עיין לעיל בס"ה.

הגה: ובלוחות של שעוה מותר לכתוב, לפי שאינו כתב המתקיים - ואפשר דה"ה בלוחות שלנו. **כתב** הפמ"ג, מה שכותבין בקנה עופרת על הלוחות מעופצות בסיד וכדומה, אפשר דשרי.

סעיף ח - מי ששלחו לשאול ממנו שאלה, ואין השליח רוצה להתעכב עד אחר המועד, מותר לכתבה - אפילו אם היא שלא לצורך המועד, פן לא ימצא אח"כ ע"י מי לשלחה.

וכן מותר להעתיקה - שישאר אצלו העתקה כדי שלא ישכחנה, **מפני שחשוב דבר האבד.**

סעיף ט - ואם שמע דבר חידוש, מותר לכתבו כדי שלא ישכח - וה"ה דמותר לשמוע לכתחלה כדי לכותבו, **גם** אין חלוק בין אם שמע החדוש מאחר, או חידשו הוא עצמו, דהרבה זימנין מצוי שאדם שוכח מה שחידש כבר, ואינו יכול לחדשו אח"כ, **ואפילו** בלא טעם שכחה, כיון שבכל עת ורגע מוטל על האדם לעמול בתורה ולחדש בה כפי יכולתו, אין שייך לומר ימתין עד אחר יו"ט ואז יכתוב החידוש, דאותו זמן יהיה עליו חיוב אחר, דהיינו שיחדש אח"כ חידושים אחרים, ואם יתעכב בכתיבת החידושים שלמד בתוך המועד, יצטרך ללמוד שנית מה שלמד כבר, ולהזכיר מה שחידש מכבר, וזה יבטלנו מלימוד חידושים אחרים באותה שעה, ואין לך דבר האבד גדול מזה, והעידו על הב"ח ז"ל, שכתב חיבוריו בחוה"מ, **ומ"מ** יזהר בכתיבת חידושיו, שיכתוב כתיבת משיט"א, ואם יצטרך לכתוב איזה אות מרובע, יכתוב אות שבור וכנ"ל.

וכן אם ראה ספר מחודש, מותר להעתיקו אם לא ימצא להעתיקו לאחר המועד.

וחשבון התקופות אסור לכתוב, דאין זה מוציא מלבו כלום ולא ישכחם. **ספר** הצריך לו במועד ללימוד, מותר לתקן ולכרוך בעצמו, וכ"ש ע"י א"י, דהוי דבר האבד, **אבל** אסור לתקן קונטרס כדי לכתוב עליו אחר המועד.

כתבו האחרונים, כל מה שמותר לכתוב, מותר לעשות קולמוס ודיו הצריך לזה, **ולשרטט** לצורך דברים המותרים, נסתפק בא"ר, ובלקט הקמח אוסר בזה, מפני שהשרטוט בא רק ליפוי הכתיבה, **ורק** בתפילין ומזוזות שא"א בלא"ה, דאסור בלא זה, שרי.

סעיף י - דנין בין דיני ממונות - ר"ל דמועד לא הוי כמו שבת ויו"ט, דאסור לדון בם אפילו נתרצו שניהם, ובזה שרי אם נתרצו הבע"ד לדון בם, **דאילו** לכפות, לפעמים אין יכול לכוף לבע"ד שיבוא בניסן ותשרי, כדאיתא בחו"מ סימן ה' ע"ש, **בין דיני נפשות** - המחבר העתיק לשון הברייתא, ומיירי בזמן הבית, דהיה מוטל עליהם לקיים "ובערת הרע מקרבך".

והיו משמתין ומכין למי שלא קיבל עליו הדין.

סעיף יא - מותר לקבול בשביל חובותיו בחוה"מ - היינו בבהכ"נ, וע"ל סי' תקל"ט ס"ג בהג"ה.

(ביאור הלכה) [שער הציון] ‹הוספה›

§ סימן תקמו – דיני אירוסין ונשואין בחול המועד §

סעיף א - אין נושאין נשים במועד, לא בתולות ולא אלמנות, ולא מיבמין - דאין מערבין שמחה בשמחה, [גמרא, **ועוד** יש טעמים, דכתיב "ושמחת בחגך" ולא באשתך, **וגם** שמא יבטל עי"ז מפריה ורביה, דאם נתיר לישא במועד, ישהא כל אחד עד המועד, דאז לבו פנוי, וגם דעי"ז לא יצטרך להוציא הוצאות על הסעודה, דיסתפק במה שהוציא לשמחת יו"ט], **ואפילו** נשואין בלבד בלא סעודה, ג"כ אסור.

וכתבו האחרונים, דהא דאין מערבין שמחה בשמחה, דוקא באדם אחד, אבל מותר לשני בני אדם, לפיכך מותר לעשות חופת יתום ויתומה או עני, עם שמחת נשואי בניו ביום אחד, **אכן** משני אחים או שתי אחיות, או אח ואחות, נזהרין שלא לעשות ביום אחד.

ומותר לארס - דהיינו אפילו לקדש, דבאירוסין לבד ליכא שמחה, וכ"ש שמותר להתקשר בתנאים לשידוך בחוה"מ, כנהוג בינינו.

ובלבד שלא יעשה סעודת אירוסין, הארוס בבית ארוסתו בשעת אירוסין - ר"ל אימתי אסור לעשות סעודת אירוסין, דוקא אם נעשית בבית ארוסתו, וגם בשעת האירוסין, אבל אם חסר תנאי אחד, מותר, וכדמפרש לקמיה.

בשעת אירוסין - והיינו כשעושה האירוסין בתוך הסעודה, או שעושה הסעודה תיכף אחריה, הא זמן מופלג י"ל דשרי אף באותו יום, **ויש** מאחרונים שמחמירין בזה, **וכשעושה** האירוסין ביום זה והסעודה ביום אחר, בודאי יש להקל, [דזה אפי' בנישואין שרי, וכדלקמיה בס"ג].

והסעודה שרגילין לעשות אחר כתיבת התנאים, הט"ז אוסר, כמו לענין אירוסין, **אבל** שארי אחרונים מקילין בזה, דלא חשיב שמחה כאירוסין, **ועכ"פ** אם אינו עושה סעודה גמורה, כי אם מרקחת וכדומה, בודאי אין להחמיר, [**ואפילו** בסעודה גמורה, הוא דוקא כשעושה בשעת התנאים, אבל שלא בשעת מעשה אין להחמיר כלל].

ומותר לעשות ריקודין ומחולות - ואפילו בבית ארוסתו, דזה לא מיקרי שמחה.

ולעשות סעודת הארוס עם מריעיו שלא בבית ארוסתו, וכן לסעוד הארוס בבית ארוסתו שלא בשעת אירוסין, מותר - דכל זה לא נקרא סעודת אירוסין.

סעיף ב - מותר להחזיר גרושתו מן הנשואין - דאינה שמחה לו כ"כ, **ולענין** סעודה משמע בב"י דיש להחמיר, ויש מאחרונים שמצדדין להקל, [**ובשם** תשו' כתב סופר, דהמיקל בזה אין מזחיחין אותו, דכיון דתחילת הנישואין לא מקרי שמחה, גם ע"י סעודה לא הוי שמחה], **ולעשות** הסעודה שלא ביום הנשואין, בודאי יש לסמוך להקל, [דאף בנישואין אשה חדשה, דעת השו"ע, דאם עשה בערב הרגל מותר לעשות הסעודה ברגל, משום דעיקר שמחה רק ביום הנישואין, ופשוט דבמחזיר גרושתו אין להחמיר, כנלע"ד].

אבל אם גירשה מן האירוסין, אסור להחזירה ולכונסה, ואפילו לארס אותה בלבד ולעשות סעודה, ג"כ אסור, דכיון דלא נשאה מעולם, היא עתה חדשה לו ואיכא שמחה.

סעיף ג - הכל מותרים לישא בערב הרגל ולעשות סעודה ברגל, בין בתולות בין אלמנות - שאין עיקר השמחה אלא תחלת הנשואין, ואע"פ שמשמחין בסעודת הנשואין כל ז', שרי.

ומשמע דאפילו בלילה שרי לעשות סעודה, דהוא יום אחר, **ועיין** במ"א דדעתו, דהלילה נגרר אחר היום, ואסור לעשות סעודה הראשונה בלילה, וכתב דמטעם זה נהגו במדינותינו שלא לישא כלל בעיו"ט, **אכן** בשעת הדחק כתב הא"ר והמור וקציעה, דמותר לישא ערב הרגל ולעשות סעודה בלילה.

[**ועיין** בדברי מ"א, דדעתו בעצם איסור הנישואין ברגל, דהוא דאורייתא, ולכן החמיר שלא לעשות הסעודה בלילה, דהוא חשש דאורייתא, **והא"ר** ובגדי ישע דחה דבריו, דסעודה בלא נישואין הוא רק איסור דרבנן לכו"ע, **והחמד** משה דחה דבריו מטעם אחר, דמ"ע של שמחה אינו נוהג בלילה ראשונה, ואינו אלא דרבנן, וא"כ אין להחמיר בזה].

הלכות חול המועד

סימן תקמו – דיני אירוסין ונשואין בחול המועד

והאחרונים כתבו, דיש ליזהר לכתחלה לעשות הנשואין בשחרית, כדי שיהא יכול לשמוח עמה יום אחד קודם הרגל, וגם שיהא יכול לעשות סעודה ראשונה בחול, **ואם** מאיזה סיבה נתאחר והוא שעת הדחק, מתיר הא"ר לישא אפילו סמוך לחשיכה.

סעיף ד - מותר לעשות ברגל סעודת ברית מילה, וכן סעודת פדיון הבן - ואין נ"מ בין היו בזמנן ובין שלא בזמנן, דלא חשיבי שמחה אלא סעודת נישואין ואירוסין בלבד.

סעיף ה - עושה אשה כל תכשיטיה במועד; כוחלת, ופוקסת, (פי' מחלקת שערה לכאן ולכאן, רש"י) - ויש שפירשו, שעושה כמין עבותות, **והתוספות** פירשו, שנותנת חוט של בצק על פניה, כדי להאדים הבשר.

ומעברת סרק על פניה, וטופלת עצמה בסיד - הסיד משיר השער ומעדן הבשר, **וכיוצא בו, והוא שתוכל לסלקו במועד** - אסיד קאי, הטעם, שכל שהיא טופלת בסיד מצירה היא, שניוול הוא לה, אלא כיון ששמחה הוא לה כשתסלק הסיד, ע"כ מותר מפני שמחת יו"ט שתהיה אח"כ.

(**המחבר** העתיק לדינא שיטת הרמב"ם וסמ"ג להחמיר, מ"מ לאו דבר ברור הוא, שמצאתי לכמה ראשונים דס"ל, דר' יהודא פליג על רבנן, והלכה כרבנן, דאף אם לא תוכל לסלקה במועד, ג"כ מותר).

ומעברת שער מבית השחי ומבית הערוה, בין ביד בין בכלי - אבל מראשה אסור גילוח ותספורת בחוה"מ, באשה כמו באיש.

ומעברת סכין על פדחתה - כלומר שמעברת השער בסכין.

(וכ"ז מותר מפני שזה צורך הגוף הוא, וכעין אוכל נפש, ולפיכך עושה כדרכה בלא שינוי, ובטרחא רבה).

(**בגמרא איתא**, דכל הני תכשיטין בין בילדה בין בזקנה שרי, דאף זקנה רצונה בטבעה להתקשט, **ועיין** בפמ"ג שכתב, דאף בשאין לה בעל, **אכן** לענין סיד, משמע בגמרא דלא שייך כי אם בילדה, וכן נראה גם מפירוש המשנה להרמב"ם שם).

§ סימן תקמז – דין מי שמת לו מת בחול המועד §

סעיף א - חול המועד אסור בהספד ותענית; לפיכך אין מניחין את המטה ברחוב, שלא להרגיל את ההספד; ומטעם זה אין מוליכין את המת לבית הקברות עד שיהיה הקבר מתוקן - ר"ל כדי שלא ישתהא המת ברחוב ויבואו להספידו.

סעיף ב - נשים מענות, דהיינו שכולם עונות כאחת; אבל לא מקוננות, דהיינו שאחת מדברת וכולן עונות אחריה; ולא מטפחות, דהיינו להכות כף על כף; נקבר המת, אף לא מענות.

סעיף ג - כל ל' יום לפני המועד, אסור להספיד על המת שמת לו לפני שלשים יום קודם המועד - שאין המת משתכח מן הלב עד אחר שלשים יום, ואי יספידו פחות מל' יום לפני הרגל, יבוא עי"ז לבכות ולהצטער ברגל, דעדיין לא שכחו, **ואפילו** אם המספיד אינו נוטל שכר עבור זה, רק בחנם לשם מצוה, ג"כ אסור, **ואין** נ"מ בין אם המספיד הוא אדם אחר, או אחד מן האנשים שמוטל עליו אבילותיו.

(**משמע מלשון זה, דאפילו הוא עדיין תוך ל' יום למיתתו,** מ"מ כיון שמזמן ההספד עד הרגל הוא פחות משלשים יום, אסור).

ואפילו על ת"ח שמת, [מטעם דאין בזמנינו דין ת"ח], **ובתשובת** עולת שמואל מתיר לעשות הספד על אדם גדול, אפילו על שמועה רחוקה אם לא היתה שעת הכושר מקודם, וכן מצדד בנחל אשכול ע"ש, ועיין בשע"ת, [**וטעם** המקילין, דנהי דאין אנו מחזיקין להם לת"ח לענין שלא להקל אף במועד עצמו, עכ"פ להחמיר אף קודם הרגל שמא יבא לעורר צער במועד, בזה מחזיקין להן לת"ח].

וקודם ר"ה ויו"כ, אי חשיב כרגלים לענין זה, צ"ע - פמ"ג, **ובישועות** יעקב מיקל בר"ה ויו"כ, **ועיין** בתורת אדם במה שמביא בשם ר"נ גאון, שבחודש אלול מותר.

ואפילו אם יש לו הספד בלא זה, כגון שמת לו מת בתוך שלשים, שמותר לספדו אפילו מת ערב הרגל - מפני שהוא לו חדשה, והמרירות קבוע לו בלבו, ואינה מיתוספת בשביל ההספד, **וזה** מותר אפי' אם המספיד נוטל שכר, ואפילו על שאר כל אדם שאינו ת"ח, **אסור להספיד עמו על המת שמת לפני שלשים יום קודם המועד** - דעכ"פ ע"י זה מיתוסף לו עוד צער במועד.

אפי' מת ערב הרגל – (ואם הוא אחר חצות, וכן בע"ש, צ"ע אי מותר להספידו, דאפשר דכמו שא"א צדוק הדין בע"ש ועיו"ט אחר חצות, כן הוא לענין הספד, **אם** לא לת"ח שמספידין עליו בע"ש ועיו"ט, וכן בע"פ אחר חצות, דלא עדיף מחוה"מ דמספידין עליו, **ואף** דאנו מחמירין בחוה"מ שלא להספיד אפילו על ת"ח, כמ"ש הפוסקים, מ"מ לענין ע"ש ועיו"ט בודאי אין להחמיר בזה).

סעיף ד - מי שבאה לו שמועה בתוך ל' יום קודם הרגל, נראה לי שמותר לספדו, ואע"פ שהיא רחוקה - דהמרירות כבר קבוע בלבו בלא ההספד, ודינו כמת בתוך ל' יום קודם הרגל, שמותר להספידו קודם הרגל.

סעיף ה - נראה לי שמה שאנו נוהגים בתשלום השנה לספוד המת ולהזכיר נשמתו, אינו בכלל זה - דאדרבה דעתו להפסיק עי"ז אבילותו, שהרי קודם לכן לובשים שחורים, ואח"כ מסירין אותם ולובשין לבנים, ב"י, **ומותר לעשותו בתוך שלשים לרגל** - אבל במועד גופא, בודאי אסור להספידו אף באופן זה.

[**משמע** דלובשים שחורים עד תום י"ב חודש, ואין זה בכלל קדיש שמפסיק בי"א חודש, דענייננו הוא רק משום אבילות, **ויש** שמסירין השחורים ג"כ בי"א חודש].

ואין זה מה שנוהגין להזכיר נשמות ב"אל מלא רחמים", שזה אף ברגל עצמו מותר, ואינו הספד אלא שמתפללין עליהן, [**ואין** זה דומה למה שהולכין על הקבר ומזכירין נשמות, ואומר שם "אל מלא רחמים", שזה הוי בכלל הספד שאסור, ודוקא לאחר תשלום השנה מותר, שעי"ז מפסיק האבילות, **וכמדומה** שגם בזה נוהגין העולם להקל, לילך תמיד לפני הרגלים].

סעיף ו - אין קורעין על המת בחוה"מ, אלא לקרוביו שהם חייבים להתאבל עליו - אבל מי שאינו חייב, ורוצה לקרוע מפני הכבוד, אסור, **ואפילו** לקרוביו, דוקא אם מת בחוה"מ, אבל אם מת ביו"ט, אין לקרוע במועד עד אחר יו"ט, דההיא שעתא לאו שעת חימום, ולאו שעת שמועה הוא.

וכן על חכם - ששואלין אותו דבר הלכה בכל מקום ואומר, ואפילו אינו יודע לישא וליתן בה, **ואין** בזמנינו ת"ח כזה, **או על אדם כשר; או אם עמד שם בשעת יציאת נשמה.**

השתא מפרש ואזיל את דבריו הקודמין, **ועל קרוב שחייב להתאבל עליו ועל חכם, קורע אפילו אינו בפניו, אלא שבאה לו שמועה במועד, אם הוא בתוך שלשים יום** - אבל אם הוא לאחר שלשים, אינו קורע במועד, אפילו על אביו ואמו.

ועל אדם כשר, אינו קורע אלא אם כן ידע בין מיתה לקבורה - ואם עמד בשעת יציאת נשמה, חייב לקרוע אפילו באינו אדם כשר, **ועיין** ביו"ד סימן ש"מ ס"ו בהג"ה, שנהגו להקל אפילו באדם כשר, אא"כ עומד עליו בשעת יציאת נשמה.

הגה: ויש חולקים - דס"ל דאין קריעה כלל בחוה"מ.

ונהגו בני אשכנז שלא לקרוע במועד כי אם על אביו ואמו; ועל שאר המתים קורעים לאחר המועד - לעשות פשרה בין אלו שתי הדעות, **והיינו** אשכנז ממש, אבל בפולין נהגו לקרוע על כולם.

ובמקום שאין מנהג, יש לקרוע על כולם - דמעיקר הדין הלכה כדעה הראשונה.

סעיף ז - אין חולצין כתף אלא קרוביו של מת המחוייבים להתאבל עליו, או על חכם

- ועיין ביו"ד סימן ש"מ סי"ז בהג"ה, דעכשיו לא נהגו לחלוץ כתף כלל, ואפילו בחול.

סעיף ח - מברין בחוה"מ - (בתוך ביתו). **והוא שלא יברו ברחבה** - (שהוא בפרהסיא גדול וזלזול המועד - לבוש). **אלא קרוביו של מת; ולא יברו האבל בתוך ביתו אלא על מטות זקופות, לפי שאין כפיית המטה ברגל כלל.**

סעיף ט - על החכם מברין הכל בחול המועד בתוך הרחבה, כדרך שמברין את האבלים, שהכל אבלים עליו.

סעיף י - עושין כל צרכי המת בחוה"מ; גוזזין שערו, ומכבסים כסותו - ותופרין תכריכין אפילו מעשה אומן. **ועושין לו ארון בחצר שבו המת, כדי שיהא ניכר שהוא לצורך המת.**

ואם לא היו להם נסרים, מביאים קורות ונוסרים מהם נסרים בצינעה בתוך הבית - ואם א"א בצנעא, עושין בפרהסיא, **ודוקא** בפרהסיא דלגבי ישראל, אבל בפרהסיא דלגבי עכו"ם לא, אפילו בדלא אפשר - מ"א, **והא"ר** מיקל אף לגבי עכו"ם, היכי דלא אפשר.

ואם היה אדם מפורסם, עושים אפילו בשוק - שהכל יודעים שהוא לצורך המת.

אבל אין כורתין עץ מן היער לנסור ממנו נסרים לארון - אבל מותר לקוץ הדס, [ואפי' ביו"ט שני מותר], שהכל יודעים שהוא לצורך המת להעביר הסרחון, משא"כ ארזים, יסברו שקצצו לצורך בנין, ואפילו באדם מפורסם אסור, **אכן** היכי דא"א בענין אחר, י"א דמותר לקוץ אף מהמחובר, ואפילו לאדם שאינו מפורסם, **וע"י** עכו"ם בודאי יש להתיר.

ואין חוצבין אבנים לבנות בהם קבר - ר"ל לחצוב מן ההר, אבל אם הם חצובין כבר, ורוצה לחלקן ולעשות מהן קבר, דינו כמו נסירת הקורות וכנ"ל.

ובמקום שהיהודים מעט דרים במקום אחד, והכל יודעים כשיש מת בעיר, הכל חשוב כמפורסם.

סעיף יא - אין חופרים כוכין בחפירה וקברות בבנין בחול המועד, להיות מוכנים למת שימות - שהיה דרכן לחפור כוכין להיות מזומנים לצורך מתים שימותו, דטרחא יתירא היא, [**והיינו** בסתם, אבל במפרש למי חוצב, אין חוצבין לגוסס קבר עד שימות, אפי' בחול, כי היכי דלא ליתרע מזליה], **אבל מחנכין אותה, שאם היה ארוך מקצרו או מאריכו או מרחיבו.**

אבל לצורך המועד לקבור בו מת בתוך המועד, חופרין אפילו בתחלה בתוך המועד.

סעיף יב - אין לתלוש עשבים ועפר בחול המועד בבית הקברות כמו שנוהגים לעשות בחול - בא"ר כתב, דזה מיירי שליקטן לצורך ביה"ק, **אבל** מה שתולשין אחר קבורת המת זכר לתחיה, שרי, **ובספר** מאמר מרדכי מפקפק ע"ז, וכתב דפשטיות השו"ע אינו כן, **וכן** המנהג שלא לתלוש בחוה"מ.

(דין לדוק הדין במועד, עיין ביו"ד סי' ת"א ס"ו).

כשא"א צדוק הדין, אין אומרין ג"כ שבחו של מת, דהא נמי מרגיל ההספד, וא"כ אסור לדרוש עליו, אלא לחכם בפניו, וכ"ש ביו"ט דאסור, [**ועיין** בפמ"ג שמסתפק לענין ת"ח ביו"ט, אף דהספד אסור, אפשר דלדרוש בפניו מותר, והגאון רבי ברוך פריינקל מסכים דאסור], **ובזמנינו** אין דין ת"ח, וכנ"ל במ"ב ס"ג.

המתענה תענית חלום בחוה"מ, צריך למיתב אחר המועד תענית לתעניתו, **וטוב** שיהיה אחר אסרו חג.

§ סימן תקמח – דין אבילות בחול המועד §

סעיף א - הקובר את מתו בתוך הרגל - בין ביו"ט בין בחוה"מ, **לא חל עליו אבילות ברגל** - דאתי מ"ע דשמחת הרגל, שהוא עשה דרבים, ודחי אבילות, דהוא רק מצוה דיחיד.

ומ"מ הנר שרגילים להדליק כל שבעה, ידליק תיכף, ואין זה תלוי במה שהרגל מבטל האבילות, או שאינו חל עד אחר הרגל, **רק** שלא ידליק במקום שאוכלים שם, וכ"ש בהחדר שמת שם, שמא מתוך כך יבוא להספידו, אלא ידליק במקום שאין אוכלין שם, **אכן** כיון שאין נהנה לאור זה כלל, לא ידליק בעצמו ביו"ט, אלא ע"י עכו"ם, [**ועיין** בסי' תקי"ד ס"ה בבה"ל, «וז"ל» (ובשעת הדחק **אפשר** דיש להתיר, דהוי כעין נר של מצוה, שהוא לכבוד אבותיו).

אלא לאחר הרגל מתחיל למנות ז' ונוהג בהם אבילות; ומונה שלשים מיום הקבורה - ושמ"ע אינו נחשב בזה רק יום א', [**ואינו** דומה להא דסט"ז, דשם היה חל האבילות שעה אחת קודם לחג, משא"כ בזה].

ונוהג בשאר השלשים - «כדעת הרא"ש, דברגל אינו אסור כי אם בדברים האסורים מתורת הרגל – בית מועד», **ככל גזירת שלשים** - דהיינו בגילוח ותספורת ורחיצה בחמין, ועוד דברים המבוארים ביו"ד בהלכות אבילות.

סעיף ב - במקומות שעושין שני יו"ט, מונה הז' מיו"ט שני האחרון - לאפוקי יו"ט שני הראשון, לא גרע מחוה"מ דאינו עולה מן המנין, **אע"פ שאינו נוהג בו אבילות, הואיל ומדבריהם הוא, עולה לו מן המנין; ומונה מאחריו ו' ימים בלבד.**

ומיירי זה הסעיף שמת בתוך הרגל, דאלו אם מת ביום אחרון, מבואר דעת המחבר לקמיה, דנוהג בו אבילות.

וה"ה בב' יו"ט של ר"ה, בין שנקבר ביום א' ע"י עכו"ם, ובין שנקבר ביום ב', שאינו נוהג בהן אבילות לכו"ע, מ"מ יום ב' עולה לו מן המנין.

הגה: אם יום שני של ר"ה עולה למנין ז', עיין ביו"ד סימן שצ"ט סי"ג בהגהות - ט"ס הוא, כי לא נזכר שם מדין זה.

סעיף ג - הקובר את מתו ביו"ט שני של גליות שהוא יו"ט האחרון - משא"כ יו"ט שני של גליות בתחלת פסח או החג, לא גרע מחוה"מ, **או ביו"ט ב' של עצרת, נוהג בו אבילות אם היה אותו היום יום מיתה וקבורה, הואיל ויו"ט שני מדבריהם, ואבילות יום ראשון של תורה, ידחה עשה של דבריהם מפני עשה של תורה** - דמדהזהירה התורה לטמא לקרובים אפילו לכהנים, וכ"ש דישראלים חייבים לטמא לקרוביהם, והכל הוא כדי שלא ימנעו מלהתאבל עליהם, ש"מ דביום מיתה חייב להתאבל עליהם.

אבל אם מת מאתמול ונקבר ביום אחרון, יום קבורה מדברי סופרים, ואינה דוחה יו"ט אע"פ שהוא רק מדברי סופרים.

ודוקא ז' מתי מצוה שהם מפורשים בתורה, אבל אותם שהוסיפו עליהם, כמה דאיתא ביו"ד, אין אבילותם אלא מדרבנן.

אבל אם קברו ביו"ט שני של ר"ה, אינו נוהג בו אבילות, ששניהם כיום ארוך.

הגה: ויש חולקים, דסבירא להו דאין נוהג אבילות בשום יו"ט שני, וכן מנהג פשוט ואין לשנות - טעמם, דס"ל דאפילו אבילות יום ראשון הוא רק מדרבנן, ולכך שמחת הרגל עדיפא, דהוא מצוה של רבים.

סעיף ד - זה שאמרנו שהקובר מתו ברגל לא חלה עליו אבילות, הני מילי דברים של פרהסיא; אבל דברים שבצנעה נוהג - היינו רחיצה בחמין ותשמיש ות"ת, נוהג בכל זה אבילות ואסור, **ויש** מתירין בת"ת, ומ"מ לענין לעלות לתורה ברגל לצרפו למנין הקרואים, נראה דלכתחלה אינו כדאי.

ולא ישנה כסותו, «ללבוש בגדי חול, אלא לובש בגדי יו"ט», אע"ג דשאר אבל משנה ברגל, מ"מ זה שלא התחיל עדיין באבילות, אין לנהוג כן ברגל, **גם** אין משנה מקומו, הואיל ולא שינה קודם יו"ט, [פמ"ג, **וע"ש** שמסתפק לענין בגד חדש].

ולענין תפילין בחוה"מ ביום ראשון שמת לו מת, ע"ל בסי' ל"ח במ"ב ס"ק ט"ז, ועיין בשע"ת בסימן זה.

(מיהו מותר לישן עם אשתו בחדרו וא"צ שמירה).

סעיף ה - אע"פ שאין אבילות נוהג במועד, אנינות נוהג בו; שאם מת לו מת בחוה"מ, אסור בדברים שאונן אסור בהם - שאסור בבשר ויין, וכל הדינים השייכים לאנינות, עיין ביו"ד סי' שמ"א.

ואם מת ביו"ט ואינו רוצה לקברו בו ביום - שהנכרים אינם רוצים לקוברו, [מ"א], **אין עליו**

דין אנינות - [דביו"ט שני אפי' אינו רוצה לקוברו חל עליו אנינות, דכחול שויוהו רבנן, **וא"כ** ע"כ זה קאי על יו"ט א', ובזה הלא אסור לקוברו ע"י ישראל, ומה תלוי ברצונו, לכך פי' שהעכו"ם אינם רוצים לקוברו. **וה"ה** אם יכול להשיג עכו"מ לקברו, אך שהוא ממאן בזה, **ודלא** כהפמ"ג, **דהטעם** דבנקבר ע"י עכו"ם חל אנינות, משום דצריך להמציא לו ארון ותכריכין, וא"כ בזה שממאן לקבור על ידם, ממילא א"צ להכין צרכי קבורה, ואין חל עליו אנינות].

אלא אם כן צריך להחשיך על התחום להכין לו צרכי קבורה, אז חל עליו דין אנינות משעה שמחשיך - אבל לא מקודם, **וגם** דוקא אם הוא מחשיך, אבל אם אינו מחשיך, אע"פ שהוא סמוך לערב, חייב בכל המצות.

כתב המ"א, דוקא בשעה שהוא מחשיך, אבל בליל יו"ט שני חייב בכל המצות, **דדוקא** ביום של יו"ט שני אמרינן דכחול שויוהו רבנן, אבל לא בלילה שלפניו, כיון שאין דרך לקבור בלילה, **ולפי"ז** היכא דמת לו מת בשמיני עצרת, מותר לקדש בליל שמחת תורה, ולברך "המוציא" ובהמ"ז.

אבל אם מת ביו"ט שני והוא רוצה לקברו בו ביום - לאו דוקא, אלא ר"ל כל שהיכולת בידו לקברו, ‹חל עליו אנינות›, [דכחול שויוהו רבנן], **ולאפוקי** אם אי אפשר לקברו מחמת חג העכו"ם, או אונס אחר, לא חל עליו דין אנינות.

או ביו"ט ראשון ורוצה לקברו ע"י אינו יהודי - ‹כלומר שיכולת לקוברו בו ביום – פמ"ג, ועיין לעיל בשעה"צ›, **חל עליו אנינות.**

ואונן ברגל אסור בד"ת, דהוא אסור בשמחה, ופקודי ד' ישרים משמחי לב, וכ"ש שאסור לעלות בתורה - מ"א, **והנה** מדבריו משמע, דאף בשעה שאינו רוצה לקברו וביו"ט ראשון, או כגון בלילה שאין דרך לקברו, אפ"ה אסור בד"ת, **ועיין** בדגול מרבבה שמשיג ע"ז, דכיון שאז אין דין אנינות עליו, למה יהא אסור בד"ת, וכן מפקפק ע"ז בספר בגדי ישע.

סעיף ו - אף על פי שאין אבילות ברגל, אם מת לו מת ברגל מתעסקים בו ברגל לנחמו; ולאחר הרגל כשיכלו שבעה למיתת המת, אע"פ שעדיין לא כלה האבלות, מלאכתו נעשית על ידי אחרים בבתיהם - אף דגם בכל אבל ג"כ מלאכתו נעשית ע"י אחרים בבתיהם, כדאיתא ביו"ד, **אכן** התם דוקא בקבלנות, ובאופן שקבלו המלאכה קודם שנעשה אבל, והכא מותר אפילו בימי אבילות.

ואפי' בדבר שאינו אבד, דבדבר האבד מותר ע"י אחרים אפילו בביתו, ואפי' בימים הראשונים שאחר הרגל, וכדאיתא ביו"ד, **ועיין** בלבוש שכתב, דאם הוא דבר האבד, מותר לעשות בעצמו, ובמאמ"ר מפקפק עליו, ע"ש הטעם, **אכן** אם לא יוכל לעשות ע"י אחרים והוא דבר האבד, אפשר דבענינינו יש לסמוך על הי"א המובא שם בהג"ה, ‹דמתיר בציור זה, לעשות האבל בעצמו, אפי' תוך ג' ימים›.

ועבדיו עושים לו בצנעה בתוך ביתו.

ושותף של אבל שמת לו מת ביו"ט, פסק הגאון מהר"ש מפראג, לאסור לפתוח חנותו, כמו בשאר אבילות, **ור"ל** דצריך להמתין ג' ימים אחר יו"ט, כמו דנוהגין בשאר אבילות לענין שותף, כדאיתא שם ביו"ד, כ"כ הבה"ט בשם אליהו זוטא, **אכן** בחכמת אדם הביא בשם א"ר להקל, דהיינו אם מת ביום א' דחוה"מ, מותר להשותף לפתוח חנותו תיכף אחר יו"ט, (דהוא יום השביעי), **וע"ש** בחכמ"א שדעתו, דאפילו מת בערב יו"ט אחרון, ג"כ מותר להשותף לפתוח חנותו תיכף אחר יו"ט, (לדידן דנוהגין לאסור רק ג' ימים), **ועיין** בבה"ל שבירנו דהפריז על המדה, (דבאמת **לא דמי כלל, דשם הלא ישב האבל עכ"פ ג' ימים באבלות, משא"כ הכא דעדיין לא ישב כלום), ודיינו** אם נקיל כא"ר, (דעכ"פ הוא עכשיו **יום שביעי ממיתת המת, ולא לתפוס שתי קולות, דהיינו ג' ימים, ובלא התנהגות אבילות כלל, ובפרט** שהפמ"ג **מפקפק גם על קולתו של הא"ר, ודעתו להחמיר בזה כזקנו הגאון מהר"ש).**

‹**ודע דלענין שמועה קרובה, פשוט דאע"פ ששלמו כבר שבעה ימים למיתת המת,** אסור בסחורה כל האבלות כשאר אבל, וכמש"כ ביו"ד סימן ת"ב, דשמועה קרובה דינו כיום קבורה, וכ"כ הפמ"ג›.

ואין צריכים לנחמו אחר הרגל מנין הימים שנחמוהו ברגל - וכן אין לנחם אבל בע"ש

שאחר הרגל קודם "ברכו" בביהכ"נ כנהוג, אם כבר עברו שבעה ימים למיתת המת.

סעיף ז - מת לו מת קודם הרגל, ונהג אבילות אפי' שעה אחת לפני הרגל, בטלה ממנו גזירת שבעה - לאו דוקא שעה, אלא ר"ל זמן מועט מאד, **ועיין** פמ"ג, דלאו דוקא אם נהג בחליצת מנעל, ה"ה אם נהג בכפיית המטה, או אחד משאר דברים השייכים לשבעה, בטלה ממנו עי"ז גזירת שבעה, [**כתב** עוד, דאפשר אף אם הזיד, כל שגלה דעתו באחד מהדברים ונהג שעה, בטלה גזירת שבעה, וצ"ע].

וימי הרגל עולים למנין שלשים; הרי ז' לפני הרגל, והרגל, ומשלים עליהם עד שלשים.

ומטעם שלשים אסור ללבוש בתוך הרגל כלים מגוהצים חדשים ולבנים, **וכן** מה שהתירו לפעמים לספר ולכבס בתוך הרגל, כגון הבא ממדינת הים, וכל השנויים לעיל בסי' תקל"א ס"ב וסי' תקל"ד, מחמת איסור שלשים אסור בכולם, [כשיטת הרמב"ן ולא כהרא"ש]. ‹ע"ל ס"א›.

וחתן שנשא אשה ערב הרגל, ובתוך הרגל מת לו מת, אין הרגל עולה לו למנין שלשים, שהרי בתוך ז' ימי המשתה היה מותר בגיהוץ ותספורת, ואינו חושש לאבילות כלל, וכדאיתא ביו"ד סי' שמ"ב, **ומה** שהיה זהיר ברגל שלא לגהץ ולספר, הוא מחמת הרגל לחוד, נמצא שלא נהג אבילות ברגל כלל, **וע"כ** צריך לנהוג לאחר שהשלים ימי משתה שלו, ז' ימי אבלות, ואח"כ שלשים.

ודוקא שנהג אבילות באותה שעה, אבל אם שגג או הזיד ולא נהג אבילות, או שהיה סמוך לחשיכה ולא היה יכול לנהוג, אין הרגל מבטל האבילות, ודינו כדין קובר מתו ברגל - שנוהג בו דברים שבצנעא, ומתחיל למנות שבעה אחר הרגל, וימי הרגל עולין לו למנין שלשים, וכנ"ל בס"א.

סעיף ח - אם נהג שבעה ופגע בו הרגל, מבטל ממנו גזירת ל', אפילו חל יום שבעה בערב הרגל - דקיי"ל מקצת היום ככולו לענין אבילות, לפיכך יום שביעי עולה לו לכאן ולכאן, תחלת יום השביעי הוא תשלום השבעה, ואח"כ מתחיל יום שמיני, דהוא נחשב מהתחלת שלשים, **וכיון** דהתחיל יום אחד מן השלשים, א"צ לשמור תו כלום לאחר הרגל מן השלשים, דבא הרגל ומפסיקו, **ויותר** מזה, דאפילו בזה היום גופא **מותר לספר ולכבס** - אפילו בגיהוץ, **בערב הרגל** - משום כבוד הרגל.

הגה: וה"ה הרחיצה, לדידן דנוהגין איסור רחיצה כל ל' - ר"ל אף לדידן דבעלמא נוהגין איסור רחיצה כל ל', מ"מ בענייננו אינו חמור מתספורת, **ומותר לרחוץ** - אפילו בחמין, **סמוך לערב** - דהיינו אחר תפלת המנחה, כדי שיהיה ניכר שהוא משום כבוד הרגל, **וזה** הדין הוא אפילו אם חל יום ח' או ט' בערב הרגל.

ודוקא בכל עיו"ט, אבל בע"פ מותר בכל אחר חצות, דהיינו מזמן שחיטת הפסח ואילך, דאז הוא יו"ט דאסור במלאכה, ולכן מותר ברחיצה אחר חצות תיכף, וכן בכיבוס, **אבל** לגלח מותר אפילו קודם חצות, כיון דאחר אסור לו לגלח אחר חצות, כדאיתא בהלכות פסח.

וא"צ להמתין עד הלילה - קאי ארחיצה, דאלו תספורת וכביסה בלילה אסור, ובודאי צריך לעשות סמוך לערב, דהיינו אחר תפלת המנחה וכדלקמיה, [**ואף** דרחיצה בחמין אסור ביו"ט בלילה, מ"מ יצוייר כמה פרטים דמותר, כגון שהוחמו מעיו"ט, דלדעת המחבר מותר לרחוץ בזה, **ואף** לדעת הרמ"א אינו אסור רק כל גופו כאחד, אבל לא אבר אבר].

[**והנה** המחבר בס"י משמע, דדי במה שעושה זה אחר חצות, **ובשעת** הדחק אפשר דיש לסמוך להקל כדעת המחבר, **ומלשון** המחבר משמע דבענייננו מיקל טפי, שא"צ להמתין עד אחר חצות, ודיינו שנחמיר בזה כמו בס"י].

‹**לדעת** רמ"א שהחמיר דוקא סמוך לערב, **לאו דוקא** לענין רחיצה, דה"ה לענין לספר ולכבס. **ודע** דמש"כ הרמ"א סמוך לערב, היינו לדעה הראשונה המובאה בס"י, שס"ל שם עד הלילה, כאן מותר סמוך לערב, דאלו להיש מתירין שם, כאן מותר אף קודם חצות›.

ואין צ"ל אם חל יום ח' להיות בשבת ערב הרגל, שמותר לספר בערב שבת – ‹וכן לכבס ולרחוץ, ונקט לישנא "ואצ"ל", משום דכשלמו לו ח' ימים קודם הרגל, בודאי פשיטא דהרגל מבטל גזירת שלשים, ומותר להסתפר בו ביום, וזה שחל יום ח' שלו בשבת שא"א לו לספר, ומוכרח לעשות זה בע"ש,

חשיב כאלו היום יום השמיני, כן משמע בגמרא, ונראה דבזה א"צ להמתין עד אחר תפלת המנחה, ושאני לעיל דצריך שיהא ניכר שהוא משום כבוד הרגל, משא"כ הכא).

ואם לא גילח בערב הרגל, מותר לגלח אחר הרגל, שהרי כבר נתבטל ממנו גזירת ל'.

אבל בתוך הרגל לא יגלח, כיון שהיה אפשר לו לגלח קודם הרגל - פשוט דה"ה לענין כיבוס.

ואם חל יום שבעה שלו בשבת ערב הרגל, מותר לגלח בחול המועד, כיון שלא היה אפשר לו לגלח קודם.

סעיף ט - הא דרגל מבטל גזירת שלשים, בשאר מתים; אבל באביו ואמו שאסור לספר עד שיגערו בו חביריו, אפילו פגע בו הרגל לאחר ל' יום, אינו מבטל - ואם גערו בו אף ביום ל' מותר.

סעיף י - ואם חל אחד מימי האבילות, חוץ מהשביעי, בערב הרגל - אפילו יום ראשון, **מותר לכבס** - דכיון דבלילה א"א לו לכבס מפני יו"ט, התירו לו ביום מפני הרגל, אבל תספורת אסור עד שלשים, **ולא ילבשנו עד הלילה.**

וטוב ליזהר מלכבס עד אחר חצות, כדי שיהא ניכר שמפני הרגל הוא מכבס - לדעת רמ"א לעיל בס"ח לא יכבס עד סמוך לערב.

אבל לרחוץ, אסור עד הלילה - ר"ל אפילו בצונן, דהא אפשר לרחוץ בלילה בצונן, [**ואין** להקשות נתיר בחמין, דהא בחמין אסור לרחוץ ביו"ט, **י"ל** דלפעמים מותר, כגון שהוחמו מעיו"ט, **ואפי'** לדעת רמ"א דמחמיר בזה, ג"כ י"ל בענינינו אין סברא להקל יותר בחמין מבצונן], **ובחוה"מ** מותר אף בחמין, דהא בטל ממנו גזירת שבעה.

ויש מתירין לרחוץ אחר תפלת המנחה, סמוך לחשיכה - משמע דצריך שיתפלל מנחה תחלה, דאז חל עליו קדושת הרגל - מ"א.

ודוקא לרחוץ, אבל שארי דיני אבילות כגון ישיבת קרקע וחליצת מנעל, נוהג עד שתחשך, **ועיין** בישועות יעקב שכתב, דמ"מ בעוד היום גדול נוהג דיני אבילות, אבל סמוך לחשיכה שהוא ביה"ש, ואפשר דאף בזמן תוספות יו"ט, אינו נוהג, **ועיין** בב"ח דכתב, דזמן קבלת שבת חל שתי שעות סמוך לערב, [**ובא"ר** הביא בשם ראב"ן, דמיקל גם בשאר דיני אבילות, מן המנחה ולמעלה].

הגה: ולדידן דנוהגים איסור רחילה כל ל', אסור לרחוץ - ר"ל סמוך לחשיכה, וכן בחוה"מ אסור לרחוץ עד תשלום שלשים, דדינו כמו תספורת, **דהא הרגל לא בטל ממנו רק גזרת שבעה; וה"ה לענין כבוס במקום דנוהגין איסור כיבוס כל שלשים.**

דהא הרגל לא בטל ממנו וכו' - ומ"מ המנהג להקל בזה, כמש"כ הרמ"א ביו"ד סימן שצ"ט ס"ה, **ויש** מאחרונים שסוברין, דאין להקל לרחוץ בחמין רק בצונן, **ומ"מ** בחוה"מ בודאי יש לסמוך להקל, [ואפי' לענין עיו"ט, הרוצה להקל אין למחות בידו], **ואפילו** לדעת המקילין בחמין, הוא דוקא בעיו"ט, וכן בחוה"מ משום כבוד הרגל, **אבל** אחר הרגל אסור ברחיצה וכיבוס עד שלשים, שהרי הרגל לא ביטל ממנו גזירת שלשים.

(**ולפי"ז** המנהג, מי שמת לו מת בע"ש, ובשבת הוא ערב הרגל, מותר לרחוץ בע"ש סמוך לחשיכה בחמין לכבוד הרגל – תרה"ד, והעתיקו הש"ך ומ"א, **ועיין** בא"ר שהשיג עליהם, דהא כתב שם בד"מ דהמנהג בזה להחמיר, **ועיין** בפמ"ג שמסתפק ג"כ, דאף דאנו מקילין בערב הרגל גופא משום כבוד הרגל, אין ראיה מזה להקל גם בע"ש מטעם זה, **ואין** ראיה מהא דמקילין כשחל יום שמיני בשבת, לרחוץ בע"ש, דהתם כבר שלמו שבעת ימי אבילות, ומצדד להקל רק בצונן ע"ש, וכן בחכמת אדם נוטה להחמיר בזה, **ופשוט** דלפי"ז אפי' אם חל יום שביעי שלו בשבת ערב הרגל, יהיה ג"כ אסור לרחוץ בע"ש, וכ"כ בחכ"א שם, **אמנם** בדה"ח בהלכות אבלות, וכן בנו"ב, העתיקו דברי התה"ד להלכה, **היוצא** מכל זה, הרוצה לסמוך להקל, בודאי אין מוחין בידו, אחרי שהש"ך ומ"א ודה"ח העתיקו דברי תה"ד להלכה, והשגת הא"ר הוא רק ממנהגא שכתב שם הד"מ דנוהגין להחמיר).

סעיף יא - ר"ה ויוה"כ חשיבי כרגלים לבטל האבילות.

סעיף יב - נהג שעה אחת לפני הפסח, אותה שעה חשובה כשבעה, ושמנה ימי הפסח, הרי ט"ו, ומשלים עליהם (עוד) ט"ו.

סעיף יג - שעה אחת לפני עצרת חשובה כז'; ועצרת, כיון שאם לא הקריב קרבנות עצרת בעצרת יש לו תשלומין כל ז', חשוב כז', הרי י"ד, ומשלים עליהם (עוד) י"ו; ויום שני של עצרת עולה למנין הי"ו - אחרי דאנו בקיאין בקביעא דירחא, ועיקר יו"ט אינו אלא יום א'.

סעיף יד - שעה אחת לפני ראש השנה, בטלה ממנו גזירת שבעה מפני ר"ה; וגזירת שלשים מבטל ממנו יוה"כ, ומגלח בערב יוה"כ.

וה"ה לקובר מתו בשלשה לתשרי, שמגלח בערב יום הכפורים - דהוא יום שביעי, ועולה לכאן ולכאן, וכנ"ל בס"ח, וכ"ש דמותר רחיצה וכיבוס, **וע"ל** בסי' תר"ו במ"א, דמצדד שם לענין רחיצה שעה או שתים קודם חשיכה ולא קודם, ‹כשחל תוך שבעה›, **ובענינינו** שנשלם שבעה, אפשר להקל אפילו קודם, ‹ואף לדעת הרמ"א בס"ח, שאינו מתיר לרחוץ רק מאחרי תפילת המנחה, מ"מ מותר אפי' קודם שעה או שתים – מ"ב המבואר›.

סעיף טו - שעה אחת לפני יוה"כ, בטלה ממנו גזירת שבעה מפני יוה"כ; וגזירת שלשים מבטל ממנו החג, ומגלח בערב החג - וכ"ש שמותר רחיצה וכיבוס, דאיסורן עד ל' אינו אלא מנהגא, **וזמן** הגילוח והשאר, הוא כמבואר בס"ח בהג"ה.

סעיף טז - שעה אחת לפני החג והחג, הרי י"ד, ושמיני עצרת שבעה - דהוא חשוב רגל בפני עצמו, ונוטל עליו שבעה ימים, ואף דשמיני עצרת גופא אין לו תשלומין לקרבנותיו כמו עצרת בסי"ג, מ"מ כיון דהוקשו כל המועדים כולהו להדדי, מדכתיב אחר כל המועדים: אלה מועדי ד', ע"כ דין אחד להם, **הרי כ"א יום, ויום שני של שמיני עצרת הרי כ"ב, ומשלים עליהם ח'** - ר"ל אף בחו"ל שעושין שני ימים, נחשב יום שני לענין שלשים כשאר ימות החול, שלא יהיה צריך אח"כ להוסיף עוד רק ח' ימים.

סעיף יז - שמע שמועה קרובה - היינו שהוא תוך ל' שמת קרובו, **בשבת או ברגל, ולמוצאי שבת ורגל נעשית רחוקה, דינו כדין שמע שמועה רחוקה אחר השבת והרגל** - ואינו נוהג אלא שעה אחת במו"ש ורגל, דכיון שלא היה יכול לנהוג אבילות בשעה ששמע, לא חל עליו אבילות כלל.

אלא שבשבת וברגל נוהג דברים שבצנעה.

סעיף יח - שמע שמועה רחוקה - דהיינו אחר שלשים יום, כדאיתא ביו"ד סימן ת"ב ס"א, **בשבת או ברגל, אינו נוהג בהם אפילו דברים שבצנעה; אלא למוצאי שבת או הרגל נוהג שעה אחת, ודיו.**

סעיף יט - שמע שמועה קרובה בשבת, שבת עולה ליום אחד, ולמחר קורע - לאו דוקא, ור"ל במו"ש, **והו"ל יום ששי ז' לאבילות.**

ואם שמע שמועה קרובה בשבת ערב הרגל, שבת עולה לו ליום אחד, ויו"ט מבטל גזירת שבעה.

כתב הפמ"ג, קדיש י"ל דאין הרגל מבטל, ויש לו דין שבעה ושלשים, אפילו נהג שעה אחת לפני הרגל.

סעיף כ - אם עשרה ימים אחר החג שמע שמת לו מת בערב החג, אע"פ שאם נמנה שעה אחת לפני החג, שבעה, ושבעת ימי החג, ויום שמיני עצרת, כ"א, ועשרה ימים אחרים, הרי ל"א, אין לזה דין שמועה רחוקה אלא דין שמועה קרובה; שאין הרגל עולה למי שלא נהג אבילות קודם לו כלל, וכל שכן למי שלא היה יודע שמת לו מת.

ומ"מ יולדת שמת לה מת שחייבת להתאבל עליו, וה"ה שאר חולה, ואי אפשר להן להתאבל מחמת חלישותן, כיון שהם ידעו מזה, אך מחמת אונס אי אפשר להן לנהוג אבילות, והרגל פגע בתוך ז', בטל מהן גזירת שבעה, וה"ה לענין שלשים.

ויתר דיני הפרטים השייכים לענין זה מבואר הכל ביו"ד סימן שצ"ט ע"ש.

§ סימן תקמט – להתענות ד' צומות §

סעיף א - חייבים להתענות בתשעה באב, ובי"ז בתמוז, ובג' בתשרי, ובעשרה בטבת, מפני דברים הרעים שאירעו בהם - והוא מדברי הנביאים כדכתיב בקרא: צום הרביעי וצום החמישי וצום השביעי וצום העשירי וגו', **ואחז"ל:** צום הרביעי זה י"ז בתמוז, שהוא בחדש רביעי למנין החדשים, וצום החמישי זה ט' באב, שהוא בחודש החמישי, וצום השביעי זה צום גדליה, שהוא בחודש השביעי, וצום העשירי זה עשרה בטבת, שהוא בחודש העשירי.

כי בי"ז בתמוז ארעו בו ה' צרות: בו נשתברו הלוחות כשירד משה מן ההר כמפורש בתורה, **ובוטל** התמיד עוד מלהקריב בבית הראשון, **והובקעה** העיר בחורבן בית שני, **ושרף** אפוסטמוס הרשע את התורה, **והועמד** צלם בהיכל.

ובט"ב היה בו חורבן הגדול, שנחרב בו הבית הראשון וגם השני, **ובזה** היום נגזר על אבותינו שבמדבר שלא יכנסו לארץ, **ובזה** היום נלכדה עיר גדולה וביתר שמה, והיו בה אלפים ורבבות מישראל, ונפלו כולם ביד העכו"מ ונהרגו כולם, והיתה צרה גדולה כמו חורבן ביהמ"ק, **ובו** ביום המוכן לפורענות, חרש טורנוסרופוס הרשע את ההיכל ואת סביביו, לקיים מה שנאמר: ציון שדה תחרש.

ויום ג' בתשרי, בו נהרג גדליה בן אחיקם, שמינוהו לראש לאחר החורבן על הפליטה הנשארה, ונכבה גחלת ישראל הנשארה, כי ע"י שנהרג גלו כולם, ונהרגו מהם לאלפים.

ועשרה בטבת, שבו סמך מלך בבל נבוכדנאצר הרשע על ירושלים, והביאה במצור ובמצוק, ומזה נמשך החורבן.

וכל אלו הימים כל ישראל מתענים בהם מפני הצרות שאירעו בהם, כדי לעורר הלבבות לפקח על דרכי התשובה, ויהיה זה זכרון למעשינו הרעים, ומעשה אבותינו שהיה כמעשינו עתה, עד שגרם להם ולנו אותן הצרות, שבזכרון הדברים אלו נשוב להטיב, כמו שנאמר: והתודו את עונם ואת עון אבותם וגו', **ולכן** חייב כל איש לשום אל לבו באותן הימים, ולפשפש במעשיו ולשוב בהן, כי אין העיקר התענית, כמש"כ באנשי נינוה: וירא ד' את מעשיהם, ואמרו חז"ל: "את שקם ואת תעניתם" לא נאמר, אלא "את מעשיהם", ואין התענית אלא הכנה לתשובה, **לכן** אותם האנשים שכשהם מתענים הולכים בטיול ובדברים בטלים, תפשו הטפל והניחו העיקר, **ומ"מ** אין לפטור את עצמו בתשובה בלבד, כי ימים אלו הם מ"ע מדברי הנביאים להתענות בהם, וכמ"ש למעלה.

מי שטעה ואכל בהם, מ"מ צריך להשלים התענית אחר שאכל, דמי שאכל שום יחזור ויאכל שום, **ואם** צריך להתענות יום אחר, ע"ל סימן תקס"ח ס"א ובמ"ב שם.

(**כתב** הריטב"א: חתן שחל אחד מארבעה צומות בתוך ימי שמחת לבו, מסתבר לי שהוא חייב להתענות בהם, דאע"ג דימי רגל ושמחה שלו היא, ואין אבילות חדשה חלה בהם, ואין שמחה אלא באכילה, כדאמרינן גבי רגלים וגבי פורים, מ"מ כיון דרגל שלו רגל יחיד מדרבנן, ותעניות אלו הם דרבים, אתי אבלות דרבים ודחי רגל דרבנן, **ועוד** דיחיד מקרא מלא דיבר הכתוב: אם לא אעלה את ירושלים על ראש שמחתי, עכ"ל, **ואין** סתירה מזה להא דמבואר בסימן תקנ"ט, דבעל ברית מתענה ואינו משלים, **אף** דגם הוא רק יו"ט של יחיד, התם הטעם משום דנדחה, {**אבל** מ"מ ראיה מדברי הריטב"א אלו למסקנת הב"י, דבאינו נדחה מחויב להשלים}, **ונפקינן** מדברי הריטב"א אלו, דס"ל דצום גדליה אינו נקרא תמיד בשם נדחה, וכסברת הט"ז, ודלא כהראש יוסף שהובא בשע"ת).

סעיף ב - אע"ג דכתיב בקרא: בחדש הרביעי בתשעה לחודש הובקעה העיר, אין מתענין בט' בו אלא בי"ז בו, מפני שאף על פי שבראשונה הובקעה בט' בו, כיון שבשניה הובקעה בי"ז בו, תיקנו להתענות בי"ז בו, משום דחורבן בית שני חמיר לן - ולא רצו לגזור גם בט', דאין מטריחין על הצבור יותר מדאי.

(ביאור הלכה) [שער הציון] ‹הוספה›

§ סימן תקן - הבדל שיש בין ט' באב ליתר צומות §

סעיף א- הכל חייבים להתענות ארבע צומות הללו, ואסור לפרוץ גדר - ר"ל אע"ג דמסקינן בגמרא: דבזמן דאין מצוי גזירות עובדי כוכבים על ישראל, תלוי הדבר ברצון ישראל, **דהיינו** אם רצו רוב ישראל והסכימו שלא להתענות בהג' צומות, הרשות בידן, **כתבו** הפוסקים, דעכשיו כבר רצו וקבלו עליהן כלל ישראל מדור דור, ואסור לפרוץ גדר.

הגה: מיהו עוברות ומיניקות שמצטערות הרבה, אין להתענות - דבשעה שרצו וקבלו עליהן להתענות, הקילו לכתחלה עליהן, (עיין בא"ר בשם מלבושי יו"ט, שיפרעו אח"כ, וחיליה מהא דלקמן סי' תרפ"ו, והמעיין בביאור הגר"א שם יראה, דאין ראיה משם לענינינו, וגם לא מצאתי לעת עתה לשום אחרון שיעתיק דברי הא"ר בזה).

ומסתברא דעוברת מיקרי משעה שהוכר הולד, כדקי"ל לענין וסתות, **ומ"מ** אפשר דאפילו לאחר ארבעים יום ליצירת הולד, נמי הו"ל בכלל מעוברת לענין זה, אם מרגשת צער, **אבל** בבציר מהכי, נראה דהויא לה ככל הנשים לכל דבר, אם לא שמצטערת הרבה, ‹ונ"מ בינה לשאר מעוברות, בשאינה מצטערת הרבה, דבשאר נשים מדינא א"צ להתענות, ורק שנהגו להחמיר וכדלקמן, **משא"כ** באשה זאת, מחוייבת מן הדין להתענות›, **ואם** מרגשת חולשה, אין להחמיר בה כלל, [כי בראשית ימי עיבורה העובר חלוש ביותר, ועינוי או סיגוף קל מפסידו בודאי, ומסכן גם המעוברת, לפיכך המיקל נשכר בלי ספק].

וכ"ש אם הוא חולה שאין בו סכנה, בודאי פטור מלהתענות, ואסור לו להחמיר על עצמו, [**וכן** לענין עוברות ומניקות שמצטערות הרבה, ג"כ אסורות להתענות].

(עיין לקמן לענין תענית אסתר, דה"ה לענין כואבי עינים, אם מצטערות הרבה, ולענינינו אפשר דחמור יותר, דכיון דכבר רצו וקבלו כל ישראל להתענות בכל הד' צומות, תו הו"ל תענית חובה, ולא הותר אלא לענין עוברות ומניקות, שהקילו בזה לכתחלה, **אמנם** בקובץ שעל הרמב"ם כתב, כמדומה שראיתי בכ"ק של הגאון מהר"ז עמריך ז"ל, להקל בזה אף בשאר תעניות, והכל לפי ראות עינים, עכ"ל).

ואפילו אינן מצטערות, אינן מחוייבות להתענות, אלא שנהגו להחמיר - ואם הם חלושות, נראה דאין להם להחמיר, **ומ"מ** אף הצריך לאכול, לא יתענג עצמו בבשר ויין, רק כפי מה שצריך, **וכן** הקטנים שיש להם דעת להתאבל, אע"ג שאין מחוייבין לחנכם, אפילו בן י"ב שנה, ואפילו בתענית שעות, **מ"מ** ראוי לחנכם שלא יאכלו רק כדי קיום הגוף, לחם ומים או שאר מאכל פשוט לפי התינוק, כדי שיתאבלו עם הצבור.

(תינוקת בת י"ב שנים ויום אחד, ותינוק בן י"ג שנה ויום אחד, חייבים להתענות, ולא קודם לכן, **ואף** שלא הביאו שתי שערות חייבים).

ודוקא בג' צומות, אבל בט' באב מחוייבות להשלים, (כדלקמן סי' תקנ"ד סעיף ה').

סעיף ב- צומות הללו, חוץ מט' באב, מותרים ברחיצה וסיכה ונעילת הסנדל ותשמיש המטה - דבשעה שרצו וקבלו עליהם לצום בכל הארבע תעניות הנ"ל, לא קבלו עליהם שיהיו בחומר ת"צ כט"ב, לפי שאין רוב הצבור יכולין לעמוד בה, [**ועיין** בעט"ז שכתב, דעכשיו אין נוהגין לרחוץ בג' צומות, **וכתב** בפמ"ג דהיינו בחמין, אבל בצונן י"ל דשרי בג' צומות, **וה"ה** פניו ידיו ורגליו בחמין י"ל דשרי].

ובעל נפש יחמיר בכולן כמו בט"ב, [דהאידנא מצוי גזירות מן עובדי גלולים, וא"כ חל עצם החיוב על הג' צומות כמו על ט"ב], **אלא** שאם חל ליל טבילה יקיים עונתו, **וגם** בנעילת הסנדל לא יחמיר משום חוכא ואיטלולא, **וכן** אם חל י' בטבת בע"ש, אין להחמיר ברחיצה בחמין מפני כבוד השבת.

ואין צריך להפסיק בהם מבעוד יום - כמו בט"ב, אלא מותר בהם באכילה ושתייה בלילה, [**ועיין** בא"ר בשם השל"ה, דבעל נפש צריך להפסיק גם מבעוד יום].

סעיף ג- כל ד' צומות הללו אם חלו להיות בשבת, נדחין לאחר השבת - ולא קודם, דאקדומי פורעניתא לא מקדמינן, **ו"כל"** לאו דוקא, דלעולם אין עשרה בטבת חל בשבת, כמ"ש סי' תכ"ח ס"ב.

הגה: ואם חלו בערב שבת, קורים בשחרית ומנחה "ויחל" - האי לישנא ג"כ לאו דוקא, דכל הד' צומות ג"כ א"א לחול בע"ש, לפי הקביעות המבואר לעיל בסימן תכ"ח, **כי** אם עשרה בטבת בלבד.

וה"ה דאומר הש"ץ "עננו" בין גואל לרופא, אבל אין אומרים וידוים ונפילת אפים במנחה, לפי שהוא ע"ש, **ומטעם** זה אין לעשות בע"ש יו"כ קטן באם ר"ח בשבת, כי אם ביום חמישי שלפניו, לפי שאין לומר סליחות גם וידוים בע"ש במנחה.

ואם יש חופה ביום התענית בערב שבת, נוהגין להתפלל מנחה ולקרות "ויחל", ואח"כ עושין החופה - ואסור אז החתן לשתות מכוס של ברכה, כיון שהוא עדיין מבע"י, אלא נותנין לתינוק לשתות, {**ובנדחה** יכול החתן לשתות מכוס של ברכה, וכן לאכול ולשתות אח"כ, **ועיין** לקמן בסימן תקס"ב ס"ב, דאם התענית הוא רק מחמת עצמו, שהוא התענה ביום זה, א"צ להשלים}, **וכן** כשחל אחד מהצומות בתוך שבעת ימי החופה, ישלים תעניתו, **אבל** יא"צ א"צ להתענות בתוך ז' ימי החופה, אם נשא בתולה או בחור אלמנה.

(וע"ל סי' רמ"ט סעיף ד' אם משלימין התענית).

סעיף ד - בשבת קודם לצום מכריז שליח צבור הצום, חוץ מט' באב, וצום כפור, וצום פורים, וסימנך: אכ"ף עליו פיהו. (ומנהג האשכנזים שלא להכריז שום אחד מהם).

§ סימן תקנא – דין שבוע שחל ט׳ באב להיות בתוכה §

סעיף א - משנכנס אב ממעטין בשמחה - עיין במ"א, דר"ל שאין שמחין בו כלל, כמ"ש התוס' פ"ק דמגילה, [דאי לא"ה מאי שייך מיעוט, איזה שיעור יש, **אבל** להתוס' בהחולץ, דממעטין במשא ומתן, הוא שימעט ממה שדרכו לנהוג בשאר הימים, אפשר דה"ה לענין מה דקאמר ממעטין בשמחה, הוא ג"כ כעין זה].

ובר ישראל דאית ליה דינא בהדי כותי, לישתמיט מיניה, דריע מזליה - עד ר"ח אלול, ועכ"פ עד אחר ט"ב.

הגה: מילה שהיא מר"ח עד ט' באב, נוהגין שהמוהל ובעל ברית ואבי הבן - ואמו של הבן, **לובשין בגדי שבת.**

ובעל ברית היינו אותו שתופס התינוק על ברכיו בשעת המילה, **אבל** המכניס והמוציא התינוק שקורין קוואטער, אינו בכלל זה, **ומ"מ** האשה המכנסת התינוק, נוהגת ללבוש בגדי שבת, שזה עיקר מצותה, «שאין להם מצוה אחרת במילה רק מה שנושאין התינוק לבהכ"נ, משא"כ זכרים, עיקר התופס התינוק והמוהל ואבי הבן – פמ"ג, [**וא"ר** מצדד, דגם המכניס והמוציא הוא לזה כבעל ברית].

ולענין גילוח אם מותר לבעל ברית וכה"ג, עיין בשע"ת, [**ובתשו'** חת"ס מתיר לבעל ברית לספר, **אבל** לא לאבל ממש, במילה בתוך ל'].

אבל בלאו הכי, אסור; אפילו בשבת של חזון אין מחליפין ללבוש בגדי שבת - ואפילו הטלית, **כי אם הכתונת לבד** - שאינו לובש אלא מפני הזיעה **ומטעם** זה מותר להחליף גם הפוזמקאות, וזה מותר אפילו בשבת שחל בו ט"ב.

ובק"ק ווילנא נוהגין ע"פ הגר"א ללבוש בגדי שבת, **ויש** משנים בגד אחד, **וכ"כ** ר"י עמדין בשם אביו הגאון, שצריך ללבוש בגדי שבת אפי' בשבת שחל בו ט"ב.

אבל פורסין פרוכת של שבת - וה"ה מפות ומכסאות, **אם לא שאירע ט' באב בשבת ונדחה, שאז אין פורסין פרוכת של שבת.**

ומי שיש לו נשואין בשבת נחמו, מותר ללבוש בגדי שבת בשבת של חזון - ומ"מ בגדים חדשים אסור, **ואף** אבי החתן והכלה לובשין בגד עליון של שבת לכבוד חתן וכלה.

בשבת של חזון - ואפי' חל ט"ב בשבת, אבל לאבי החתן אין להתיר באופן זה ללבוש שום בגד של שבת.

סעיף ב - מר"ח עד התענית – (ואפשר דיש להחמיר בי"ז בתמוז ועשרה בטבת, כמו מר"ח עד התענית), **ממעטים במשא ובמתן** - יש מן הפוסקים דס"ל, דהיינו שלא ישא במו"מ של שמחה,

(ביאור הלכה) [שער הציון] «הוספה»

כגון לקנות כלי כסף או צרכי חופה וכדומה, [**ומי** שנושא ונותן בכלים כאלו, אינו שרי רק למכור לעכו"ם, **ואף** להסרסור אינו כדאי שישא אותן בפרהסיא בעיר, דשמחה הוא לרואים], **אבל** סתם מו"מ אין צריך למעט כלל, **ויש** דס"ל, דכל מו"מ צריך למעט בעת הזאת, ולא יעסוק אלא כדי פרנסתו, וכן משמע בסימן תקנ"ד סוף סכ"ב, דצריך למעט בכל מו"מ, **ורק** אם הוא יריד, י"ל דהוי דבר האבד ושרי בכל ענין, אם הוא מוצא אז בזול יותר, [**ואף** אם הוא משא ומתן דשמחה, י"ל דשרי בזה].

[**והנה** יש מקומות שנהגו שלא לישא וליתן כלל בעת הזאת בשום מו"מ, וזו היא חומרא שלא מן הדין כלל, בין לדעה ראשונה בין לשניה, **ואפשר** שעשו כן משום סייג וגדר, ולפיכך הרוצה לעסוק שם במו"מ, צריך התרה, **אבל** במקום שנהגו למעט בכל מו"מ, לזה לא מהני התרה, כיון דיש פוסקים דס"ל הכי, כבר קבלו אבותיהם כדעת ההיא].

ובזמנינו נהגו להקל בכל זה, משום דהכל נחשב כעת כדי פרנסתינו, [**והנה** מדברי המ"א משמע, דאעפ"כ במו"מ של שמחה יש למנוע, וכן העתיק הח"א, **אבל** מדברי הט"ז וא"ר משמע, דאף בזה המנהג להקל, דשמא לא יוכל להכין אח"כ, **וטוב** להחמיר].

(**ועיין** בפמ"ג שכתב, דישראל שפרנסתו כלי זמר אצל עכו"ם בבית המשתה, יראה דכדי פרנסתו שרי, **ועיין** בדה"ח דמשמע מניה, דאינו מתיר הפמ"ג אלא מי"ז בתמוז עד ר"ח).

ובבנין של שמחה, כגון בית חתנות לבנו, או בנין של ציור וכיור – (היינו אפילו אם ירצה לשייר אמה על אמה, דאל"ה לעולם אסור לדעת הטור, **ולהרמב"ם** דס"ל, **דאפי'** ע"י שיור אמה על אמה אסור לעולם לבנות בנין של ציור וכיור, צ"ל דהכא מר"ח אב ולהלן, אסור אפילו אם ירצה לטוח תחתיו בטיח של טיט תחלה).

וה"ה כל בנין שא"צ לו לדירתו, ורק שעושה כן להרווחה בעלמא, אסור.

ואם שכר לנכרי קודם ר"ח בקבלנות, מותר בכל, ואפילו בט"ב עצמו, דנכרי אדעתא דנפשיה עביד, **וה"ה** אם קצץ עם הנכרי בקבלנות לצייר ביתו, מותר לצייר מטעם זה, **ומ"מ** אם יכול לפייסו בדבר מועט שימתין עד אחר ט"ב, תבא עליו ברכה.

ובנטיעה של שמחה, כגון אבורנקי של מלכים שנוטעים לצל להסתופף בצלו, או מיני הדס ומיני אהלים.

ואם היה כותלו נוטה ליפול, אע"פ שהוא של שמחה מותר לבנות - ואפילו אם הוא בענין שאין בו משום סכנה, כגון שעומד הכותל בחצר, ואפשר לסגור החצר ולא יכנס אדם לשם, אלא שיש לחוש להפסד ממון, כגון שע"י נפילתו ישבר החומה ויתקלקל יותר, **אפ"ה** מותר לבנות אף שהוא בנין של שמחה, שהרי אינו עושה בשביל שמחה כי אם בשביל הפסד.

(ולצורך מצוה הכל שרי) - כגון שאין לו אשה ובנים, ואין לו בית חתנות, מותר לבנות בית חתנות, **דמדינא** אפילו נשואין מותר בזה, ומה שאין נוהגין לישא אשה כלל, היינו משום דלא מסמני מילתא, וע"כ מותר לעשות בית חתנות, או לעשות בגדים חדשים לצורך נשואין שיהיה אחר ט"ב, **אבל** מי שקיים פריה ורביה, אסור בכל זה.

ובית הכנסת מותר, דהוי מצוה דרבים.

ואין נושאים נשים - היינו אפילו בלא סעודה, דבנשואין בלבד איכא שמחה, **ולהחזיר** גרושתו מן הנשואין אפשר דשרי.

ואין עושין סעודת אירוסין, אבל ליארס בלא סעודה מותר - דאירוסין בלא סעודה ליכא שמחה כ"כ, **וכ"ש** דמותר להתקשר בכתיבת תנאים, ומ"מ סעודה אסור לעשות אף באופן זה, ואפילו בלא ריקודין ומחולות, **ואפילו** בשבת אסור לעשות סעודה בשביל זה, **מיהו** מה שנוהגין לאכול מיני מרקחת בשעת כתיבת התנאים, לא מיקרי סעודה.

ואסור לעשות ריקודין ומחולות מי"ז בתמוז ואילך, אפילו בלא אירוסין.

ואפילו בט' באב עצמו מותר ליארס, שלא יקדמנו אחר - ר"ל אף דאירוסין ג"כ יש שמחה קצת, והיה לנו לאסור עכ"פ בט"ב, לזה אמר דמותר מטעם שלא יקדמנו אחר.

מחבר **רמ"א** משנה ברורה

הגה: ונוהגין להחמיר שאין נושאים מי"ז בתמוז ואילך, עד אחר ט' באב - היינו אפילו מי שלא קיים פו"ר, **אבל** באירוסין אין נוהגין להחמיר, ואפילו סעודת אירוסין מותר לעשות, (עד ר"ח אב), [א"ר ודה"ח, **וע"ש** דסעודת שידוכין הוי מצוה כמו סעודת אירוסין].

סעיף ג- שבוע שחל בו תשעה באב, אסורים לספר ולכבס - ולענין נטילת צפרנים יש דעות בין האחרונים, אכן לצורך טבילת מצוה בודאי שרי, וכן לכבוד שבת, כגון שחל ט"ב בשבת, שרי בע"ש ליטול הצפרנים, **ולענין** סריקת הראש, אין להחמיר אפילו בשאר ימי השבוע.

אפילו אינו רוצה ללובשו עתה אלא להניחו לאחר ט' באב - דנראה כמסיח דעתו מהאבילות, **ואפי' אין לו אלא חלוק אחד, אסור.**

וכן המכובסים מקודם, בין ללבוש בין להציע בהם המטה; ואפי' מטפחות הידים והשלחן, אסור.

וכיבוס שלנו - היינו של חו"ל, **מותר** - לפי שאין הכיבוס יפה ככיבוס א"י, וע"כ מותר לכבס ולהניח עד אחר ט"ב, **דאלו** לכבס וללבוש, בכל מקום אסור.

אבל גיהוץ (פי' מעבירין על הבגדים אבן חלק לחליקו, ערוך) שלנו, אסור.

וכלי פשתן, אין בהם משום גיהוץ - אפילו בא"י, וה"ה דאין בהם משום כיבוס שלהם, **והרי הם ככיבוס שלנו, ומותר** - והיינו בישנים, אבל לא בחדשים היוצאים מתחת המכבש.

(לשון הטור, לפי שאין חוששין לגוהצן, שהן קרובין לבשר, והרמב"ן כתב הלשון, מפני שאינן מתגהצין, ואין זיעה וטינוף יוצא מהם, והיינו דמיירי מכלי פשתן הקרובים לבשר).

והני מילי לגוהצן ולהניחן עד אחר תשעה באב, אבל אסור ללבשן בשבוע זה - היינו אפילו אם גיהצן או כיבסן קודם שבוע זו.

ונהגו לאסור אפילו כלי פשתן, ואפילו בכבוס שלנו, בין ללבוש בין לכבס ולהניח - ר"ל דנהגו לאסור אפילו לכבס ולהניח, דללבוש מדינא אסור בכל גווני, **ואין להקל בדבר כיון שנהגו.**

וכ"ש דאפשר דמדינא נמי אסור, שהרי יש מי שכתב, דכיבוס שלנו, קרי (גיהוץ) לשל בני בבל - "קרי לשל בני בבל", כצ"ל, וכן איתא בשו"ע דפוס ראשון מהמחבר בעצמו, **ר"ל** מה שמוכח בגמרא דכיבוס שלנו מותר, היינו רק לשל בני בבל וכו', **שאין מתלבנים יפה, לפי שמימיהם הם עכורים, שאינו ארץ הרים וגבעות כארץ ישראל; וכיבוס של שאר ארצות, אפשר שהוא ככיבוס של ארץ ישראל, ואסור** – (לפי טעם זה אסור אפי' בכיבוס של כלי פשתן, דמה שאמרו כלי פשתן אין בהם משום גיהוץ, דוקא גיהוץ לית בהו, אבל כיבוס שייך בהו בא"י, לפי שיטת רבנו יהודא בר ראובן, (ודלא כמו שהביא מ"ב לעיל שיטת ראב"ד ורמב"ן), וכיון דכל הארצות שוות לא"י לבד מבבל, נמצא דכיבוס אסור בכל מקום אפילו בפשתן).

ועוד יש מי שפירש, דגיהוץ היינו מים ואפר או נתר ובורית, וכיבוס היינו במים לבד, ובזמן הזה אין מכבסים במים לבד, ונמצא שכל כיבוס של זמן הזה הוי גיהוץ – (וא"כ אסור עכ"פ מדינא בכלי צמר אף להניח), **ואסור מדינא אפי' בכלי פשתן ללבשן מיהא** – (עיין בביאור הגר"א שמתמיה, דללבשן בודאי אסור לכו"ע מדינא, וכל מה שכתב המחבר ונהגו וכו', הוא רק לעורר לנו דאף להניח אסור, ולענ"ד אפשר שצ"ל "ואפילו וכו'", ור"ל דאפילו בכלי פשתן, שאין לנו לאסור לפי טעם השני הזה, עכ"פ ללבשן בודאי אסור מדינא).

הגה: ואנו נוהגין להחמיר בכל זה מתחלת ר"ח עד אחר התענית – (ר"ל בכל האמור לעיל בתחלת הסעיף, לבד מי שאין לו אלא חלוק אחד), דיש להתיר לכבס מר"ח עד השבת.

אם לא לצורך מלוה, כגון אשה הלובשת לבנים, מותרת לכבס וללבוש לבנים ולהציע תחתיה - ר"ל אפילו בשבוע שחל ט"ב להיות בתוכה.

אבל בט"ב עצמו לא תלבש לבנים, רק לובשת חלוק בדוק ויפה - ואם אין לה, הסכימו הרבה אחרונים דמותרת ללבוש חלוק לבן, דלצורך מצוה לא גזרו, **ועיין** בדה"ח, דמותרת ליתן לכובסת עכו"מ לצורך לבישת לבנים, [**ולענין** אבילות, אין לה לרחוץ כל גופה ללבישת הליבון, אלא תרחץ פניה של מטה לבד, וה"ה לענין ט"ב].

וכן לכבוד שבת לובשים כלי פשתן - המכובסים, ומשמע ממה שאמר "וכן", שגם לכבוד שבת מותר לכבס ביום ה' ויום ו"ו, **ובדרכי** משה משמע שנהגו בזה לאיסור, **אכן** אם אין לו כתונת לשבת, יש להקל, **וע"י** עכו"מ פשיטא דשרי.

אבל בתספורת אסור אפילו לכבוד שבת, דבלא"ה אין רגילין לספר בכל שבוע, (מ"א, **וצע"ג**, **ועיין** בחידושי רע"א שהביא גם בשם התוספות, דכביסה ותספורת שניהן שוין להקל).

ומציעין לבנים כמו בשאר שבתות - היינו על השולחנות מותר להחליף לבנים, **אבל** להחליף סדינים לבנים נהגו איסור.

ואסור ליתן כלים לכובסת אינה יהודי לכבס מראש חודש ואילך - ואפילו אומר לה לכבס אחר ט"ב, ג"כ אסור מטעם מנהגא - מ"א, **ובספר** א"ר צידד להקל ליתן לה מר"ח ואילך לכבס אחר ט"ב, והביאו הפמ"ג, **ולענין** כלי פשתן בודאי יש לסמוך ע"ז.

אבל קודם ר"ח מותר לתת, אף על פי שכובסת אחר ר"ח - וה"ה אפי' אם תכבס בשבוע שחל ט"ב.

סעיף ד - לאחר התענית מותר לספר ולכבס מיד - וק"ו שמותר בבשר ויין, **ועיין** לקמן סימן תקנ"ח באחרונים, דמצד מנהגא יש ליזהר בכל זה ביום עשירי עד חצות היום.

ואותן הנוהגין איסור בבשר ויין עד שבת נחמו, י"א דמנהגא של טעות הוא וא"צ התרה, **אבל** הב"ח ומ"א הסכימו דצריך התרה, ובעוד שלא התירו, אסורין ג"כ לספר ולכבס עד יום ה' מפני כבוד השבת.

ואם חל תשעה באב ביום ראשון או בשבת ונדחה לאחר השבת, מותר בשתי השבתות, בין שקודם התענית בין שאחריו. ויש מי שאומר שנהגו לאסור כל שבוע שלפניו - היינו היכי שחל בשבת ונדחה, **חוץ מיום ה' ויום ו'** - שמותר לכבוד שבת, **אבל** חל ביום א' מותר אף לדעה זו, [**ולדידן** אין נ"מ, כמש"כ הרב דנוהגין לאסור מר"ח].

הצריך לילך למרחקים בשבוע שחל בו ט"ב, מותר ליתן לכובסת עכו"מ לכבס בגדי פשתן לכמה שבתות שצריך על הדרך, [**וע"י** ישראל בשא"א ע"י נכרי והוא צורך גדול, הב"ח מתיר, **אבל** המ"א וא"ר אוסרים].

הגה: ונוהגין להחמיר מתחלת ר"ח לענין כיבוס - ולא קודם, שאין רוב הצבור יכולין לעמוד בו, **אבל תספורת נוהגים להחמיר מי"ז בתמוז.**

סעיף ה - אסור לעבריות לכבס בגדי העובד כוכבים בשבוע זה - אע"ג דמדינא שרי, שהרי אין איסור כיבוס משום דאסור במלאכה, אלא כדי למעט בשמחה ולהראות האבלות, והא לא שייך בכיבוס בגדי נכרים, ‹וצ"ל דגם היסח דעת מאבילות לא שייך בזה, דבמלאכתו עוסק - מחה"ש›, **אפ"ה** אסור מפני מראית העין, שאין ניכר שהם של עכו"מ, **אמנם** במקום שהעכו"מ יש להם מלבושים אחרים, דניכר לכל שהם של עכו"מ, יש להקל, ‹ע"ל ס"ז, דלפי דברי הגר"א יש להחמיר בזה - שונה הלכות›, **ובאין** לו מה לאכול, ודאי כדי חייו שרי עכ"פ.

[**ואפשר** דבצנעא נמי שרי, דאף דכל מקום שאסרו מפני מראית העין, אף בחדרי חדרים אסור, זהו דוקא בדבר שיחשדוהו לאיסור דאורייתא].

בזה אף לדידן לא נהיגין מר"ח, מדלא כתב רמ"א דנוהגין אף בזה מר"ח, כמו שכתב בסעיף שאחר זה.

סעיף ו - כלים חדשים, בין לבנים בין צבועים בין של צמר בין של פשתן, אסור ללבוש בשבת זה.

(וה"ה כלים ישנים המכובסין, כדלעיל בס"ג, ודע, דכתונת אפילו חדשה מותר ללבוש בשבת חזון, וכמו לענין כיבוס דמותר לכבוד שבת). ‹כשאין לו כתונת אחרת מכובסת, ואין לו ברירה אלא להלביש חדש - אג"מ›.

ובמקום שדרך לכבוש הבגדים במכבש, א"כ הוו בכלל מגוהצין, ואסורין אפי' הם ישנים, שהגיהוץ עושה אותן כחדשים, ואסורין ללבוש בשבוע זו, **ומה"ט** נהגו איסור בבגדי שבת ללבשן בשבת חזון, דאע"פ שלבשן מכבר כמה שבתות, עדיין גיהוצן ניכר והוי כחדשים.

[**ואפי'** לפמש"כ רמ"א, דנהגו להחמיר מר"ח ואילך, היינו בחדשים או מגוהצין ממש, אבל בבגדי שבת שאין האיסור רק משום שהגיהוץ ניכר, אין המנהג שלא ללבוש רק בשבת חזון, או אם יש מילה בט"ב, ‹וכדלקמן סימן תקנ"ט ס"ח›, **אבל** אם חל ר"ח ביום ו' או בשבת, שפיר לובשין בשבת זה בגדי שבת].

(ואנו מחמירין מר"ח ואילך) - ומיירי שקנה בגד מתוקן כמו שהוא, ובירך "שהחיינו" בשעת קניה קודם י"ז בתמוז, וע"כ אין איסור קודם ר"ח, **דמי** שקנה בגד שאינו מתוקן, ונתן לאומן לתפור, הלא מברך בשעת לבישה, ואסור ללבוש מי"ז בתמוז משום "שהחיינו", **ולדעת** המקילין, דבשבתות שבין המצרים מותר לברך "שהחיינו", א"כ מותר ללבוש חדשים בשבתות שבין המצרים, אבל מר"ח ואילך אסור אפילו בשבת, **ובגדים** שאינם חשובים כ"כ, שא"צ לברך עליו "שהחיינו", כגון מנעלים חדשים ואנפלאות וכיו"ב, בודאי מותר לקנותו וללבשו מי"ז בתמוז עד ר"ח, **ועיין** עוד מה שכתבנו בסעיף י"ז בשם הגר"א.

סעיף ז - יש אומרים שאסור לתקן בגדים חדשים ומנעלים חדשים בשבת זה - ר"ל שאסור לעשות בגדים חדשים, וה"ה דאסור ללבשן, **וכן** אנפלאות שקורין זאקי"ן, אסור לארוג.

ולצורך נשואין מי שאין לו אשה ובנים, מותר לעשות בגדים חדשים, דהא מדינא מותר לו אפי' לישא, **ואפי'** בט"ב עצמו שרי לעשות ע"י עכו"מ לצורך נישואין.

ויש להחמיר בזה מראש חודש - דבירושלמי איתא, והובא לקמן בס"ח, דנהיגי שלא למישתי עמרא מדעייל ר"ח אב, וכל תיקון בגדים הוי בכלל זה, דהשתיה הוי תחלת המלאכה.

הגה: וכ"כ דאסור לקונתן - אפילו דעתו שלא ללובשן עד אחר ט"ב, ודומיא דאסרינן לעיל לענין כיבוס, אפילו במכבסן להניח.

וכן אומן ישראל אסור לעשותן לאחרים, בין בשכר בין בחנם - ואם אין לו מה יאכל שרי, כמו באבל לאחר ג' ימים.

ונהגו להקל בזה - ומשמע דאפילו לישראל נהגו להקל, ומיירי שנתנן לו קודם ר"ח, דאלו אחר ר"ח פשיטא דאסור ליתן לו.

(**ובביאור הגר"א מפקפק בזה, דאף דאין ללמוד תיקון** בגדים מהא דירושלמי, מ"מ מטעם דהוא דומה עכ"פ לכיבוס אין להקל).

אבל אם ידוע ומפורסם שהמלאכה של אינו יהודי, שרי - ר"ל דמדינא אומן העושה בשביל עכו"ם בודאי אינו שמח מזה, ואין לאסרו רק משום מראית עין, דיסברו שהוא של ישראל, **ולזה** קאמר בתחלה סתם "אסור לעשותן לאחרים", היינו אפילו לעכו"ם, **ולזה** קאמר "אם ידוע ומפורסם" וכו', מותר אפילו לקבל המלאכה אחר ר"ח ולעשותה, [ר"ל דבזה מן הדין מותר, ולא מטעם שנהגו להקל], (**ולגר"א, בכל זה יש לפקפק מטעם כיבוס**).

(**משמע דאם המלאכה הוא של ישראל, אף שהוא ידוע** ומפורסם שאינו עושה לעצמו, ובודאי לית ביה שמחה להאומן, כגון בשביל למכור בשוק לאחר ט"ב, אסור, וכ"כ המ"א, **וצ"ל דטעם האיסור, שיחשבו שנתן לו ישראל לתקן אחר ר"ח**). ‹והיינו לכאורה מעיקר הדין, אבל כבר נהגו להקל וכנ"ל, וצ"ע›.

וכן נהגו לתת לאומנים אינם יהודים לתקן כלים חדשים תוך זמן זה, כדי שיהיו מוכנים לאחר התענית - ולא לישראלים, כיון שהוא אחר ר"ח וכנ"ל, **והטעם** שהקילו בזה יותר מכיבוס, דאסרינן לעיל בסוף ס"ג, לפי שעדיין אינן שלו ולא נקרא שמו עליו, (**ועל הכל ציין הגר"א, ומשמע דדעתו להחמיר בזה, ונ"ל פשוט דאין להחמיר** ‹בכל מה שהחמיר הגר"א מטעם כיבוס›**, כי אם בשבוע שחל ט"ב ולא קודם, דבכיבוס גופא אינו אלא מנהגא, וכיון דנהגו להקל בזה, תו אין להחמיר**).

ומיהו טוב למעט בזה במקום דאפשר, דלא עדיף משאר משא ומתן דממעטין.

(ביאור הלכה) [שער הציון] ‹הוספה›

סעיף ח - נשי דנהיגי דלא למשתי עמרא, (פירוש לסדר ולערוך החוטין שהולכין לארכו של בגד, והוא מלשון: או בשתי או בערב) - פי' שלא לעשות חוטי שתי מצמר, וה"ה משארי דברים, **מדעייל אב, מנהגא** - ואסמכוה בירושלמי על שם שבטלה אבן שתיה, **וכתב** ב"י, דאין נ"מ בין לו ובין לאחרים, ובין בשכר ובין בחנם.

וטוויית החוטין לתפור בהן בגדים, מותר, שאינו בכלל זה, **וכן** מותר לעשות קרוני"ן שאורגין בעצים, דלאו בכלל בגד הוא.

(ונוהגין שלא לקדש החדש עד אחר ט' באב).

סעיף ט - יש נוהגים שלא לאכול בשר ושלא לשתות יין בשבת זו - ומיד שהתפללו הקהל ערבית במו"ש, אע"פ שהיחיד לא התפלל עדיין והוא בתוך סעודתו, אסור בבשר ויין, וה"ה בר"ח לדידן - מ"א, [משום דחייב אדם לצער עצמו עם הצבור, **ואם** יש בעיר שתי בתי כנסיות, היחיד נגרר אחר אותו מקום שהוא הולך שם להתפלל], **אבל** שארי אחרונים כתבו, דבמו"ש אם הוא לא התפלל עדיין, מותר בבשר ויין, דכיון שאומרים "רצה" בבהמ"ז, שייך אצלו שבת.

(ומותר בחומץ של יין) - היינו אף בחומץ שנעשה מיין, וכשנכנס שבת זו היה עדיין יין, מותר, כיון שעכשיו הוא חומץ ואין שמחה בשתייתו, **וחומץ** לענינינו מקרי, כל שבני אדם נמנעין לשתותו מפני חמיצותו.

ויש שמוסיפין מראש חודש עד התענית - ור"ח בכלל, וכן המנהג במדינותינו.

ויש שמוסיפין מי"ז בתמוז - דמאז התחיל הפורענות של החורבן.

וכ"ז בימות החול, אבל בשבת אין רשאי להחמיר בזה, דאף אם חל ט"ב בשבת ונדחה על יום א', מותר, **ואפי'** אם קיבל עליו בפירוש שלא לאכול בשר מי"ז בתמוז והלאה, מותר בשבתות, וכן בסעודת מצוה, דכל הנודר אדעתא דמנהגא נודר, ואין דעתו על שבת, **אם** לא שהוציא זה בפירוש בלשון נדר, שאמר: הרי עלי שלא לאכול בשר מי"ז בתמוז, יש מחמירין, [**דאם** אמר: הריני נודר שלא לאכול בשר, אין זה לשון נדר].

הגה: ומלגיעים מראש חודש ואילך הסכין של שחיטה - עד עשירי באב, [היינו למנהגינו שאין אוכלין בשר בלילה שאחר ט"ב].

ובמקום הדחק יש להקל ולשחוט בט"ב אחר חצות, **אכן** אם חל ט"ב ביום ה', לכו"ע מותר לשחוט אחר חצות לכבוד השבת, **וכתב** המ"א וא"ר, דבמדינתינו שמנהג הנכרים שאין אוכלין בשר ביום ו' וז', ושמא יטרף ולא ימצא קונים לבשר טריפה, מותר לשחוט גם ביום ד', כדי שאם יטרף יהיה מוכן לו על יום ה' למכור, דאל"כ ממנעי ולא שחטי.

שאין שוחטים כי אם לצורך מלוה, כגון לחולה - אפילו חולה קצת, **ואף** דבסימן תקנ"ד כתב המ"א, דנהגו קצת יולדות מז' באב ואילך למנוע מבשר ויין, היינו שלא במקום חולי.

או שבת או מילה וכיוצא בו - כגון של פדיון הבן, **וסעודה** שעושין בלילה שלפני מילה, אינה סעודת מצוה.

ומי שחכר מהשר להאכיל בשר לערלים, ואם לא ישחוט יפסיד, אזי יתן מכל בהמה לעני חולה איזה חתיכה, וא"א לכזית בשר בלא שחיטה.

סעיף י - יש מי שאומר שהנוהגים שלא לאכול בשר בימים הנזכרים, מותרים בתבשיל שנתבשל בו בשר - אבל שומן של בשר דינו כבשר עצמו, ואסור לאכול תבשיל שיש בו שומן, **והאידנא** נהיגי עלמא לאסור אף תבשיל של בשר, **ודוקא** בתבשיל של בשר, אבל אם רק נתבשל בקדרה של בשר, פשיטא דמותר, **ונראה** כל שנפל בשר לתבשיל ויש ס', פשיטא דשרי, [**ואף** כשאין שם ששים, כל שקפילא ישראל טועם ואין בו טעם בשר, שרי, **וטעימא** כה"ג אפשר דשרי].

ואסורים בבשר עוף, ובשר מלוח - אפילו מזמן מרובה, דמ"מ אית ביה שמחה קצת, **ומ"מ** מי שא"א לו לאכול מאכלי חלב, מותר לו לאכול בשר עוף או בשר מלוח ג' ימים, [וכ"ש דמותר בתבשיל של בשר], **ומינקת** שחלב רע לתינוק כשאינה אוכלת בשר, יש להקל אף בבשר בהמה.

ויין תוסס - דהיינו תוך ג' לדריסתו, שהוא מתוק ואינו חזק, ופסול לגבי מזבח, וכן כל אלו הנ"ל, מ"מ קבלו אבותינו עליהם לאסור כל מיני בשר ויין.

ומותר לשתות יין הבדלה וברכת המזון - דבהאי גוונא לא קיבלו עלייהו, כמו לענין שאר סעודת מצוה.

הגה: ונוהגין להחמיר שלא לשתות יין בבהמ"ז ולא בהבדלה - כיון דאפשר למטעמיה לתינוק, משא"כ בשאר סעודות מצוה, **אלא נותנים לתינוק** - שהגיע לחינוך, וישתה רוב הכוס, **ודוקא** אם לא הגיע עדיין להתאבל על ירושלים, **ודוקא** בזה שהוא מצוה, אבל בלא מצוה, אף שאינו יודע להתאבל, אסור בבשר ויין כשהוא בריא.

ובמקום דליכא תינוק, מותר בעצמו לשתות הבדלה - אבל בהמ"ז יברך בלא כוס, כיון דיש פוסקים דאף ג' שאכלו א"צ כוס, עכ"פ בכה"ג יש לסמוך עלייהו.

ופשוט דכל זה מיירי בבהמ"ז דחול, אבל בבהמ"ז דשבת של ג' סעודות, פשיטא דשרי, [ואפי' נמשך הסעודה עד חשיכה].

ובסעודת מצוה, כגון מילה ופדיון הבן וסיום מסכת וסעודת אירוסין, אוכלים בשר ושותין יין כל השייכים לסעודה - היינו כל מי שהיה הולך בזמן אחר לסעודה זו, הן מחמת קורבה, או מחמת שהוא אוהבו, **ונשים** השייכות לסעודה, במקום שדרך לזמנן לסעודה, ג"כ מותר, **וכתב** הח"א, דאשת הבעל סעודה מותרת אף בסיום מסכת, וכן בניו, **ומי** ששולחין לו לביתו, אסור לו לאכול.

ובזה אפילו כוס של בהמ"ז יש להתיר לשתות, דלא גרע מיין שבתוך הסעודה דהותר.

ומ"מ אם לא נזדמן בלימודו הסיום, לא ימהר או יאחר בשביל זה, **וגם** אם לא היה עושה סעודה בשאר הימים, אפשר שלא יעשנה גם עתה, **אכן** אם נזדמן כראוי, מותרין לאכול אף אותן שלא למדו עמהן, אם היו הולכין ובאין גם בזמן אחר משום ריעות, (והוא ממ"א וא"ר).

(ועיין בסידור של ר"י עמדין שדעתו, דהיינו המחזיקין בידי הלומדים בממונם, וגם הגבאים המשגיחים עליהם ומשרתיהם, כל אלו מותרים אפילו יהיו רבים, **אך** לזמן אחרים מלבד אלה מפני הכבוד והאהבה, או לאיזה תועלת שהוא, הוא איסור גמור, **ומ"מ** פשוט, דאם אותן הבאים מסייעין לעשות הסעודה, בודאי מותר, דהוא בכלל מה שאמר הגמרא: תיתי לי דכי הוי מסיימי רבנן מסכת עבדינא יומא טבא לרבנן, וכמו שכתב המ"א).

סעודת אירוסין - אף דמבואר לעיל בס"ב, דאסור לעשות סעודת אירוסין, אפשר דמיירי שלא בשעת אירוסין, או שלא בבית ארוסתו, דליכא שמחה כ"כ, **ויש** שמוחקין אלו שני תיבות.

אבל יש לצמצם, שלא להוסיף - היינו מי שלא בא מחמת קורבה או אהבת רעים, רק לאכול ולשתות, ועבירה הוא בידו.

ובשבוע שחל ט' באב בתוכה, אין לאכול בשר ולשתות יין רק מנין מצומצם - היינו מלבד הקרובים הפסולים לעדות, [ט"ז, **וממ"א** משמע, דמפרש מנין מצומצם עם הקרובים], **ומלבד** הבעלי מצוה, [וסנדק, והמכניס והמוציא שקורין קוואטער, נמי הוא בכלל זה], מותר להוסיף עשרה משום ריעות, **והשאר** אוכלים מאכלי חלב.

וזה אפילו בערב ת"ב שרי, ובלבד שלא יהיה בסעודה שמפסיק בה - ובלבד שיעשנה קודם חצות, [**ובבגדי** ישע כתב, דלכתחילה בודאי יחיש וימהר לעשות קודם חצות, אבל אם נמשך הסעודה לאחר חצות, אין כאן בית מיחוש, רק שלא יהיה יותר מיו"ד, **ואפשר** דוקא לאלו הלומדים בעצמם].

והנה בלבוש כתב, דמר"ח עד ט"ב לוקחין מנין מצומצם, ויש לוקחים י' מלבד הקרובים השייכים לבעל הסעודה, והנה בח"א העתיק כהלבוש, **אבל** בדה"ח משמע דיוכל לנהוג להקל כדעת הרמ"א, דמר"ח עד השבוע שחל בו ט"ב, מותר לזמן כל השייכים לסעודה, ואפילו כמה מנינים.

ואם חל המילה או הסיום מסכת בט"ב שחל בשבת, לכו"ע מותר לזמן כל קרואים שירצה.

(ביאור הלכה) [שער הציון] ‹הוספה›

סעיף יא - כל מי שאוכל בשר במקום שנוהגים בו איסור, פורץ גדר הוא וינשכנו נחש. (ומותר לשתות כל שכר, אפילו של דבש שקורים מע"ד).

סעיף יב - תספורת שבוע זה, אחד ראשו ואחד כל שער שבו, אסור - ואחד האיש ואחד האשה שוין לאיסור, **ואפשר** שיש להתיר באשה לגלח ריבוי שער דצדעין.

סעיף יג - ובזקן - והיינו השפה, **כל שמעכב את האכילה מותר.**

סעיף יד - אסור לגדולים לספר לקטנים ולכבס כסותם בשבת שחל תשעה באב להיות בתוכה - דקטנים נמי שייך בהו חינוך, אי משום אבילות או משום עגמת נפש, [**ונ"מ** בין הטעמים, למי שהוא פחות מבן שש, דלא הגיע עדיין לחינוך, ומשום עגמת נפש אסור], **ועיין** בא"ר, דלדידן יש להחמיר בתספורת מי"ז בתמוז, וכיבוס מר"ח, **ובח"א** כתב, דלצורך קטנים אין להחמיר אף לפי מנהגינו אלא בשבת זו.

הגה: מיהו בגדים שמלפפין בהם הקטנים לגמרי, שמוליאים בהם ריעי ומשתינין בהם, הני ודאי מותר שרי - דאין בכיבוסן של אלו משום שמחה, **ומ"מ** לא יכבסו הרבה ביחד, ויכבסו בצנעא אם אין מכבסו על גב הנהר.

ואפילו בגדי שאר קטנים נוהגים להקל.

סעיף טו - מי שתכפוהו אבילות של מת ושל שבת זו - ר"ל דשלמו יום ל' של אבילות בתוך שבוע שחל ט"ב להיות בתוכה, **והכביד שערו, מקיל בתער** - משום שאין זה יפוי, **אבל לא במספרים; ומכבס כסותו במים, אבל לא בנתר ובחול.**

וזהו דוקא כשחל יום ל' בשבוע שחל ט"ב, אבל כשחל מקודם לזה, מותר לספר ולכבס, אף לדידן שנוהגין בזה לאיסור בעלמא, הכא שרי, כיון שתכפוהו אבליו, כ"כ הט"ז בשם הב"ח, **אבל** הא"ר סובר דאין להקל, כי אם כשחל יום ל' לפני ר"ח, וכ"כ כמה אחרונים, [**ואפשר** דבמקום הדחק יש להקל, כיון שעכ"פ אינו אלא מנהג].

סעיף טז - יש נוהגים שלא לרחוץ מראש חדש - עיין לקמיה, דאפילו בצונן יש ליזהר, **ולרפואה** מותר אפילו בחמין, ואפילו בשבוע שחל בו ט"ב, [**ולכן** מעוברת שהגיע קרוב לעת לידתה, שטוב לה לרחוץ בחמין, בכל אלו שרי, דהוי לרפואה ולא לתענוג, **וכן** יולדת או מי שהוא אדם חלוש, ואמר לו הרופא דצריך לרחוץ בכל יום בחמין, שרי, **מלבד** בט"ב עצמו צריך ליזהר מזה].

ואם חל ר"ח בע"ש, אזי מותר לרחוץ אף כל גופו בחמין, כל מי שרוחץ תמיד בע"ש לכבוד שבת.

ויש שאין נמנעין אלא בשבת זו.

ויש מתענים מי"ז בתמוז עד ט"ב - ות"ח אין כדאי שינהג בחומרא זו, שממעט במלאכת שמים, שא"א שלא יתמעט מלימודו איזה שעות מפני התענית, וצריך לשקול במאזני צדק בעניינים אלו.

הגה: ולצורך מלוה שרי – (אפילו בחמין), **ולכן נדה רוחלת וטובלת; ואפי' אם טובלת ליל י' באב, מותר לה לרחוץ בערב ט"ב** - כדרכה בחמין, **אם א"א לה לרחוץ ליל י'** – (הרמ"א לשיטתו ביו"ד סימן קצ"ט ס"ד, **אבל** לדעת הש"ך שם, מעיקר הדין תרחוץ בערב ט"ב, אפילו אפשר לה לרחוץ בלילה).

ונראה דה"ה אשה הלובשת לבנים, יכולה לרחוץ מעט כדרכה בשאר שנה, הואיל ואינה עושה לתענוג רק ללורך מלוה - וכן קטנים שיש להם חטטין בראשן, נוהגין לרחצן בראשן.

ונוהגין שלא לרחוץ אפילו בלונן מראש חודש ואילך - היינו כל גופו, אבל פניו ידיו ורגליו שרי לרחוץ בצונן.

ואפי' בערב שבת של חזון אסור לרחוץ, כי אם ראשו ופניו ידיו ורגליו בלונן - היינו אפילו היה רגיל לרחוץ בכל ע"ש בחמין כל גופו, אסור בע"ש של חזון לרחוץ כל גופו אפילו בצונן.

מחבר **רמ"א** משנה ברורה

ולענין טבילה, הנוהג לטבול בכל ע"ש, מותר, [היינו דוקא שלא בחמין, דבחמין בודאי רחיצה של תענוג היא], **ומי** שמבטלה לפעמים מפני טרדת עסקיו או מפני הצנה, אסור.

ויש מקילים בחפיפת הראש בחמין למי שרגיל בכך כל שבת - ועיין בח"א, דה"ה דשרי פניו ידיו ורגליו בחמין, למי שרגיל בכך כל שבת. **אבל** לא בזיי"ף ולוי"ג שעושין מאפר. (**ואפילו חל** ע"ש של חזון בעט"ב, **ומ"מ** בזה יזהר לכתחלה שיהיה קודם חצות, ובדיעבד גם אחר חצות שרי).

(**בע"ש אחר חצות, אין אומרים "חצות", וכ"ש בר"ח אב, עט"ב נמי אין אומרים "חצות" אחר חצי היום**).

סעיף יז - טוב ליזהר מלומר "שהחיינו" בין המצרים על פרי או על מלבוש - וממילא לא יאכל הפרי ולא ילבש הבגד, **ואע"ג** דאפי' אבל מברך "שהחיינו", מ"מ ימים אלו כיון שהזמן ההוא הוא זמן פורענות, אין כדאי לומר "שהחיינו לזמן הזה", **והגר"א** בביאורו חולק ע"ז, וכתב דהוא חומרא יתירא, וכן הט"ז מפקפק בזה, **וע"כ** בשבת אין להחמיר בזה, דבלא"ה הרבה אחרונים מסכימין להקל בשבת, [**והגרע"א** הביא בשם ספר בית יהודא, דה"ה בר"ח, דינו לזה כמו בשבת].

וכתבו האחרונים, דאשה מעוברת מותרת לאכול פרי בלא "שהחיינו", דשמא תתאוה ויגרום נזק לה ולולד, **וכן** חולה ג"כ מותר, שהפירות פותחין לו תאותו לאכול דברים טובים, ובמקום חולי לא קבלינן עלן. **וקשה**, מאי שנא ממי שנזדמן לו פרי שלא ימצא אחר ט"ב, דכתב הרמ"א דמותר לו לברך "שהחיינו", **ובשו"ת** שלמת חיים פי', דכיון שאינה אוכלת לתענוג אלא מחמת צער, ושאר בני אדם אסורים לאכול פרי זה, אין בו שמחה כ"כ.

אבל על פדיון הבן אומר, ולא יחמיץ המצוה - או הברכה, כיון שהגיע זמנה, **ואע"ג** דכשרואה פרי חדש ואינו מברך "שהחיינו", מחמיץ הברכה, מ"מ כיון שנהגו להמתין עד שעת אכילה, לא מיקרי מחמיץ המצוה.

(וכן בפרי שלא ימצא אחר ט' באב, מותר לברך ולאכלו בין המצרים) - ומיירי שלא יכול לשמור הפרי עד שבת מפני שיתקלקל, כגון גודגדניות קטנות, דאל"ה יקחהו בחול וישמרהו עד שבת.

סעיף יח - צריך ליזהר מי"ז בתמוז עד ט"ב שלא לילך יחידי, מד' שעות עד ט' שעות - היינו מסוף ד' עד סוף ט', **(משום שבהם קטב מרירי שולט)** - וכן יזהרו בימים אלו שלא לילך בין חמה לצל.

(**ולפי** מה שמבואר בפסחים קי"א ע"ב, יותר יש ליזהר מלילך יחידי, מחד בתמוז עד שיתסר, דודאי שכיחי).

ולא יכו התלמידים בימים ההם - מפורש במדרש, דאפילו ברצועה יש ליזהר.

ובכונת האר"י כתב, שיתאבל בימים ההם אחר חצי היום, ויבכה כמו חצי שעה.

§ סימן תקנב - דין ערב ט' באב §

סעיף א - ערב תשעה באב לא יאכל אדם בסעודה המפסקת, שאוכלה אחר חצות, בשר, ולא ישתה יין - היינו מדינא דש"ס, דאלו מצד מנהגא, אסור מר"ח, וכדלעיל בסימן תקנ"א, **ולא יאכל שני תבשילין** - כדי להרבות אבל, ולזכור חורבן הבית ויצטער עליו.

הגה: ואף ממעטים אחרים ממעט בשתייתו ממה שרגיל לשתות - היינו בסעודה מפסקת, שאם רגיל לשתות בסעודה ד' כוסות, ישתה ג' כוסות.

ואין לשתות שכר, **ואם** הוא אדם חלש שרי, [**בתשובת** רש"ל משמע, דה"ה אם רגיל בכל סעודה לשתות שכר, אין לאסור עליו, ‹דפסק דאין היתר אלא במים, אם לא לאדם שלא הורגל לשתות כי אם שכר או אדם חלש›, **ובכנה"ג** מפקפק עליו, והא"ר מיישבו, והכל לפי מה שהוא אדם].

[**ולכוס** של בהמ"ז, גם לרש"ל שרי, והיינו להנוהגין לברך אף ביחידי על כוס, **דאילו** לזמן, אפי' בלא"ה אין מזמנין, וכדלקמיה בס"ח].

[**וכ"ש** דאין לשתות מי דבש או יי"ש המשכרים, שישכח ע"י"ז חורבן הבית].

וכן לא יאכל אחר סעודתו לגון ומליח, דברים שנוהג בהם בשאר פעמים, כדי שיתנהג בפרישות.

סעיף ב - אפילו בשר מלוח שעברו עליו יותר משני ימים ולילה אחת, ובשר עופות - ר"ל אע"ג דהטעם באיסור בשר, משום דנתבטלו הקרבנות, ולאחר ג' ימים לא מקרי עוד בשר לענין קדשים, שהרי שלמים אין נאכלין יותר משני ימים ולילה אחת, **וכן** עופות לא היו קריבים ע"ג המזבח, חוץ מתורים ובני יונה, וגם אין שמחה אלא בבשר בהמה, **מ"מ** נהגו לאסור.

ודגים - משום דאיכא דוכתא דדגים בכלל בשר הוא, כמש"כ ביו"ד סי' רי"ז, **ועוד** דהוא עולה על שולחן מלכים, ושמחה הוא לאיש באכילתו.

ויין מגתו, דהיינו שאין לו יותר משלשה ימים - שאינו חשוב, ולית ביה משום שמחה, **נהגו לאסור.**

סעיף ג - אפילו בשל מין אחד בשתי קדרות - פי' שאחד בלילתו עבה, ואחד בלילתו רכה, **מקרי שני תבשילין** - פי' ואדם אחד אינו יכול לאכול שתיהן, אבל יכול ראובן לאכול תבשיל אחד, ושמעון אחד. **אבל** אם שניהם ‹בלילתם› בשוה, אין קפידא לבשל בשתי קדירות.

וכן יש להחמיר וליזהר משני מינים בקדירה אחת – (מלשון זה משמע, דכל שני מינין כשהוא בקדרה אחת, מדינא מותר, ורק דנכון להחמיר כדעת האוסרין, **והגר"א** תופס, דזה אסור מדינא).

אא"כ הוא דבר שדרכו בכך כל השנה, כגון אפונין (מיני זרעונין, ובלע"ז ציזר"י) שנותנים עליהם בצלים וביצים - ר"ל שרוב הפעמים נותנים בצלים וביצים באפונים, כמו שדרך לטגן עיסה בביצים.

(**אפשר דדוקא באופן זה, שבא להטעים האפונים, אבל לא במבשל שני מינים ביחד בעלמא, כגון מה שקורין לקשי"ן עם תפוחי אדמה, ומה דאיתא לקמיה לענין עדשים עם ביצים, אפשר נמי כשעיקר הוא העדשים, והביצים מפרכים אותם בתוכם, שבטל גבייהו, וצ"ע).**

אבל דגים אסור לטגן בביצים, כיון שרוב הפעמים מבשלין אותם בלא ביצים - מ"א, **וכונתו** אפילו לאותן מקומות שלא נהגו לאסור בסתם דגים. [**ובביאור** הגר"א משמע שסובר כהב"י, דדג וביצה שעליו שוה לאפונים עם ביצים, דמקילין].

ולביבות ממולאים בגבינה, נקרא שתי תבשילין, וכן ברייט"י לקשי"ן עם גבינה, כיון דרוב פעמים אין עושין כן, הוי ב' תבשילין.

ותבשיל הנעשה מדבר שנאכל כמות שהוא חי, מקרי תבשיל לענין זה - דאף דלענין בישולי עכו"מ אין שם תבשיל עליו, כגון חלב שנתבשל וכיו"ב, לענינינו אסור, **דעיקר** הטעם שאסרו בשני תבשילין, משום דבריבוי תבשילין יש בו כבוד ותענוג.

הגה: ואין חילוק בין צלי למבושל לענין זה - כגון ביצים צלויין ופירות צלויין, כולן שם תבשיל עליהן.

סעיף ד - מותר לאכול פירות כשהם חיים, אפילו כמה מינים - לאפוקי כשנתבשלו או נצלו, כדלעיל.

סעיף ה - נוהגים לאכול עדשים עם ביצים מבושלים בתוכם - שנחשב כתבשיל אחד, **ומיירי** כשאוכלן בבת אחת, **ודוקא** במקום שדרכו לבשל כך כל השנה, וכנ"ל בס"ג, **שהם מאכל אבלים** - ובטור כתב: עדשים או ביצים, וכ"כ הלבוש, וכן המנהג אצלינו, שאוכלים ביצים לבד משום אבילות, וכמש"כ בהג"ה.

הגה: ויש נוהגים לאכול ביצים קשים, שהוא ג"כ מאכל אבלים - ולא יאכלו תבשיל אחר, ודלא כהמון עם שמתחלה אוכלין מין מבושל, ואחר זה יושבין לארץ ואוכלין ביצים, דאסור, **וכ"ש** דאסור להפסיק ביניהם בברכת המזון, דגורם ברכה שא"צ, **ובס"ט** יבואר איך להתנהג בזה.

סעיף ו - מי שאפשר לו, לא יאכל בסעודה המפסקת אלא פת חריבה במלח וקיתון של מים - ומכל מקום אל ימעט בשיעור אכילתו, אלא יעשה באופן שיוכל לסבול התענית, וכן בשתיית המים.

הגה: ויש מחמירים לטבל אחר אכילתן פת באפר ולאכלו, על שם: ויגרס בחצץ וגו' - ואומר: זהו סעודת ט"ב.

סעיף ז - נהגו לישב על גבי קרקע בסעודה המפסקת - כדי שתהא הסעודה שפלה, **ובמקום** שמנהגן לאכול בהסיבה, היה ההיכר אם היו אוכלין עתה שלא בהסיבה, **ולדידן** שכל השנה אוכלין שלא בהסיבה, אין ניכר השפלות אלא בזה, **ומ"מ** אם הוא אדם חלוש, יוכל להניח כר תחתיו.

(ואין צריך לחלוץ מנעליו) - דאין אבילות נוהג עד הלילה, ומטעם זה מותר לישב אחר הסעודה על הספסל.

סעיף ח - יש ליזהר שלא ישבו שלשה לאכול בסעודה המפסקת, כדי שלא יתחייבו בזימון; אלא כל אחד ישב לבדו ויברך לעצמו - ובדיעבד אף אם ישבו ג', לא יזמנו, דלא חשיב קביעות.

סעיף ט - כל זה בסעודה המפסקת, שאין דעתו לאכול עוד אחריה סעודת קבע, וכשהוא אחר חצות; אבל אם היה קודם חצות, או אחר חצות ודעתו לאכול אחריה סעודת קבע, אין צריך ליזהר בדברים הללו - אבל אם אוכל אח"כ רק אכילת עראי, לא נחשב לסעודה כלל, וא"כ הסעודה הקודמת היא עיקר הסעודה, ואסור לאכול בה ב' תבשילין.

הגה: ומנהג בכל גלילות אשכנז לאכול סעודה קבועה קודם מנחה, ואח"כ מתפללין מנחה ואוכלים סעודה המפסקת - בד"מ בשם מהרי"ל איתא: שהולכין לביה"מ ומתפללין מנחה, ומסתמא בירך ג"כ בהמ"ז מתחלה, [דאל"ה אסור לילך ממקומו קודם בהמ"ז, **והא** דהוצרך לילך ולהתפלל מנחה, דאל"ה הוי בכלל גורם ברכה שאינה צריכה, **ואפשר** דסגי כשמתפלל בביתו עם בהמ"ז, אבל בהמ"ז לחוד בודאי לא סגי].

ונוהגין להרבות קצת בסעודה ראשונה, כדי שלא יזיק להם התענית, הואיל ופוסקים מבעוד יום כמו ביום כיפור; ויש קצת ראיה לזה ממדרש איכה רבתי - ורבים מאחרונים אין דעתם נוחה בזה, להרבות מתחלה בכמה מיני תבשילין ולהתענג בהם, וזהו עיקר סעודתו, ואחר מנחה שאינו רעב ואינו צמא כלל, אוכל לזכר סעודה מפסקת, והוא רק כעין סעודת עראי, **וע"כ** יש מהם שאומר, שלא יאכל קודם מנחה רק תבשיל אחד, ואחר מנחה יאכל עדשים או ביצים וכנ"ל, ואף שגם זה בכלל תבשיל הוא, לא מצטרפי אהדדי.

[**והח"א** כתב וז"ל: מנהג הישר לאכול קודם חצות או אחר חצות סעודה קבועה, וסמוך לחשיכה אוכלין על הארץ תבשיל אחד, ואחר זה מי שמתיירא שיזיק לו התענית, מותר לאכול פת עם חמאה כדי לשבוע, ובלבד שלא יאכל שני תבשילין].

והא"ר כתב להצדיק קצת את המנהג, וז"ל: אומר אני דכל זמן שהוא מכוין לשם שמים בכונת הנ"ל {דהיינו שלא יזיק לו התענית} הרשות בידו, **אבל** עכ"פ יראה כל אדם שלא ישביע עצמו יותר מדאי, והחכם עיניו בראשו, כדי שיוכל לאכול אחר המנחה סעודה המפסקת, שלא יהא כאכילה גסה ועראי, עכ"ל, **ובסעודה** המפסקת יוכל לאכול פת עם תבשיל, ולא מצטרפי אהדדי, כיון שבירך בהמ"ז וגם התפלל מנחה באמצע.

מיהו מי שיוכל לסגף עצמו ויודע בעצמו שאין התענית מזיק לו ומחמיר על עצמו, נקרא קדוש, כן נראה לי.

סעיף י - אם חל תשעה באב באחד בשבת, או שחל בשבת ונדחה לאחר השבת, אוכל בשר ושותה יין בסעודה המפסקת - ואסור למנוע ממנו, אע"ג דאין חיוב לאכול בשר בשבת, מ"מ כיון שנמנע משום אבל, עבירה היא, **ומעלה על שלחנו אפילו כסעודת שלמה בעת מלכותו.**

ומ"מ ישב בדאבון נפש, שלא ינהג בשמחה, ולכן לא ישב בסעודת חברים - מ"א, **בספר** בכור שור חולק ע"ז, ודעתו דמי שרגיל בכל שבת לסעוד סעודה זו עם חבריו ומיודעיו, ומונע בשבת זו, הו"ל כאבלות פרהסיא, **ולכו"ע** מותר לאכול עם ב"ב, ויכול לברך בזימון כיון שהוא שבת.

ואם חל מילה באותו שבת, יעשה הסעודה קודם מנחה.

(מיהו צריך להפסיק מבעוד יום) - היינו קודם שקיעה, ונכון להודיע זה להמון, שלא יטעו שהוא כשאר שבת.

סעיף יא - מי שקבל עליו תענית שני וחמישי כל ימות השנה, ואירע ערב תשעה באב להיות בשני - וקשה עליו לישב בתענית שני ימים ולילה אחת, [**והפמ"ג** כתב, דכהיום שהדורות חלושים, אין להכניס עצמו בסכנה], **ישאל על נדרו, או ילוה תעניתו ופורע** – (ר"ל שמתענה שני אחר בכלות שנה זו, **אבל** אין יכול ליתן יום אחר תחת שני, **דאחר שבירר לו ב' וה', כונתו דוקא לאלו שהם ימי רצון**).

כתב המ"א, ואע"ג דבסימן תקס"ח ס"ב כתב, דאסור ללות בכה"ג, [**משום** דקי"ל דדוקא קיבל עליו תענית סתם, רשאי ללות ולפרוע, אבל אם אמר "יום זה", אסור ללות, **וב'** וה' כל השנה מקרי "יום זה", דכיון דאמר ב' וה' א"א לפרוע יום אחר ג' וד', וכיון דקיבל עליו ב' וה' דכל השנה, באיזה יום ב' וה' ישלים, **וב'** וה' של שנה אחרת ג"כ אין יכול להשלים בם, דכיון דאמר "השנה", קבע שנה זו דוקא], **הכא** דא"א בענין אחר, שרי, [ר"ל דהרא"ש דהוא מריה דהאי דינא, סמך עצמו על מה שכתב בפ"ק דתענית, דמגמרא דילן משמע דלא ס"ל כהירושלמי, אלא דאפי' בנודר "יום זה" להתענות, יכול ג"כ ללות ולפרוע יום אחר], **ומהאי** טעמא כתבו הגאונים ‹לקמן בסמוך› דא"צ להשלים, אף דבעלמא קי"ל, דכל תענית שלא שקעה עליו חמה, לאו שמיה תענית, **אבל** הרב ט"ז דחה לדברי המחבר בזה ‹דילוה תעניתו ופורע› מהלכה, וכן כמה אחרונים לא העתיקו את דברי המחבר בזה להלכה.

הגה: והגאונים כתבו דמתענה עד אחר תפלת מנחה, ואוכל סעודה המפסקת קודם ביאת השמש, וכן נוהגין - ואסור לסעוד שני פעמים, משום נדרו, וא"כ צריך לנהוג בה כל דין סעודה המפסקת האמור למעלה.

[**ומוכח** דדעתם, דא"צ לפרוע תענית אחר, ודלא כט"ז].

קודם ביאת השמש - ולפי שא"א לצמצם כ"כ לאַחַר האכילה, מוטב יותר שישאל על נדרו.

והוא הדין מי שמתענה תענית חלום - וה"ה יא"צ, וטוב שיתנה בפעם ראשונה שלא להתענות רק עד אחר חצות היום, ויתפלל מנחה גדולה ויאכל סעודה, ואח"כ יאכל סעודה המפסקת.

סעיף יב - אין אומרים תחנה ערב ת"ב במנחה, משום דאיקרי מועד; ואם הוא שבת, א"א צדקתך - ואם חל ט"ב בשבת, אומרים אב הרחמים, **וכתב** הפמ"ג, די"ל דג"כ מזכירין נשמות, אותן הנוהגין להזכיר בכל שבת.

§ סימן תקנג – דין סעודה המפסקת §

סעיף א - אע"פ שאכל סעודה המפסקת, מותר לחזור ולאכול, אלא אם כן קבל עליו בפירוש שלא לאכול עוד היום - וה"ה אם אמר שמקבל עליו התענית, ג"כ אסור, דודאי כונתו שלא לאכול עוד היום.

הגה: וקבלה בלב אינה קבלה, אלא צריך להוציאו בשפתיו - והב"ח כתב דהוי קבלה, וכן הסכים הגר"א בביאורו, ואסור אז כל מה שאסור בט"ב, חוץ מנעילת הסנדל דמותר, דהוי כאלו התנה בפירוש חוץ מזה, [דהרי אנו רואין שאינו חולץ מנעליו], **אבל** אם לא קיבל בלבו להתענות אפילו בלב, אלא שגמר בדעתו שלא לאכול, אינו כלום, ומותר אפילו באכילה, **ומ"מ** נכון יותר להתנות בפירוש בפה או בלב, שאינו מקבל עליו התענית עד ביה"ש, [**ואם** חל ט"ב בשבת או בא' בשבת, א"צ להתנות, כיון דאסור להראות ענוי בשבת, מסתמא לא נתכוין להפסיק לשם תענית].

סעיף ב - תשעה באב, לילו כיומו לכל דבר; ואין אוכלים אלא מבעוד יום, ובין השמשות שלו אסור כיום הכפורים - היינו בין בכניסתו ובין ביציאתו, אבל א"צ להוסיף עליהם, [**אכן** אם התפלל ערבית מבע"י, ממילא חל עליו התענית ואסור לאכול], **ועיין** בסימן רס"א דביארנו, דביה"ש נקרא משישקעה החמה, וה"ה בעניננו.

הגה: ומותר ברחיצה וסיכה ונעילת הסנדל עד בין השמשות - כבר כתבנו דאם קיבל עליו לאחר שהפסיק סעודתו שלא לאכול עוד, ממילא אסור ברחיצה וסיכה ג"כ, **ודוקא** כשקיבל עליו ההוספה מפלג המנחה ולמעלה, הא קודם לכן לאו קבלה היא, ומה דקיבל בפירוש קיבל ותו לא, **וכן** כשקיבל עליו איסור אכילת בשר ויין מי"ז בתמוז ואילך, אין איסור רחיצה בכלל.

מיהו בחול נוהגין לחלוץ מנעלים קודם שיאמר "ברכו" - ר"ל דאף שמנהגם היה להתפלל מעריב מבע"י, מ"מ לאחר ברכו הוא בכלל לילה לענין זה, **ובמהרי"ל** כתב, דיש לחלוץ מנעלים קודם שהולכין לבהכ"נ. **ועכ"פ** יראה לחולצם קודם ביה"ש.

ואם הוא שבת חולצים לאחר "ברכו" - דאסור לשום סימן אבלות בשבת, **ולא** יגע בהם בידיו, דיהיה צריך ליטול ידיו, **ובדיעבד** אם נגע, ינקה ידיו בכל מידי דמנקי.

מלבד שליח צבור שחולץ קודם "ברכו" - מפני הטרוף, **רק** - כדי שלא יראה עינוי בשבת, **אומר תחלה "המבדיל" וכו'** - בלא שם ומלכות.

ונהגו שלא ללמוד בערב תשעה באב מחצות ואילך, כי אם בדברים המותרים בתשעה באב - דתורה משמחת הלב, **ומ"מ** כ"ז אינו מדינא, דהא מותר בערב ט"ב מדינא כל החמשה עינויים, **ועיקר** הטעם, משום דהוא יכול ללמוד דברים המותרים בט"ב.

והנה מהרבה אחרונים משמע, שתפסו המנהג הזה ולא ערערו עליו, דאפילו אם חל בשבת, הסכימו כמה אחרונים להתנהג כמ"ש הרמ"א, וכמו שאכתוב לקמיה, **אמנם** יש איזה אחרונים שפקפקו מאד על המנהג הזה, ראשון לכל הרש"ל, כתבו עליו שלמד בעצמו אחר חצות, והתיר גם לאחרים בזה, גם הגר"א בביאורו כתב דחומרא יתירא היא, **וכן** המאמ"ר בספרו מאריך בזה, וכתב דהוא מביא הרבה לידי ביטול תורה להלומדים, שמתרשלים ללמוד דברים המותרים בט"ב, דאין אדם לומד אלא מה שלבו חפץ, וע"כ דעתו להקל בזה, וכתב דכן היה הוא נוהג, ‹לשונו הובא בבה"ל›, וכן הח"א כתב דהוא חומרא בעלמא, **וע"כ** נראה דמי שרוצה להקל בזה, אין מוחין בידו.

ולכן אם חל בשבת - היינו אפי' ערב תשעה באב שחל בשבת, **אין אומרים פרקי אבות** - דהוא כלימוד תורה, **והיינו** אחר חצות, דקודם חצות מותר בלימוד תורה, אפי' כשחל ‹ט"ב› בשבת.

והט"ז מפקפק מאד על מניעת הלימוד בשבת, ומסיים דהלומד בשבת אחר חצות לא הפסיד שכרו, **והיינו** אפילו כשחל ט"ב בשבת, וכ"ש כשחל עט"ב בשבת, **ונראה** דיש לסמוך ע"ז, אחרי דאפילו כשחל בחול כמה אחרונים מקילין וכנ"ל.

וכן לא יטייל ערב תשעה באב.

§ סימן תקנד – דברים האסורים בת"ב §

סעיף א - תשעה באב אסור ברחיצה, וסיכה, ונעילת הסנדל, ותשמיש המטה; ואסור לקרות בתורה נביאים וכתובים, ולשנות במשנה ובמדרש ובגמרא בהלכות ובאגדות, משום שנאמר: פקודי ה' ישרים משמחי לב - ואסור בכל אלו הדברים כל היום, ואפילו בין השמשות עד צה"כ, ואין מועיל לזה מה שיתפלל מעריב מקודם.

אך אותן ההולכים בין הנכרים ועוסקים במשא ומתן אחר חצות, אותן מותרין לנעול, ומהם למדו כולם להקל, ויש למחות בידם. **ועיין** לקמן בסעיף י"ז בהג"ה ובמ"ב. [**ומ"א** הביא בשם ר"ח שכתב: יהא בנדוי מי שעובר אחד מהחמשה עינויים כל היום].

ותינוקות של בית רבן בטלים בו - ואסור ללמוד אף דברים הרעים, [מ"א, אפי' אם הוא מבין מה שהוא אומר], ‹כמ"ש ביו"ד סי' שפ"ד ע"ש, דללמוד עם אחרים אסור אף בדברים רעים – פמ"ג›, **רק** מותר ללמוד לו החורבן, דאינו אלא סיפור דברים ומשבר לב התינוק, **ויש** מאחרונים שסוברין, דמותר ללמוד עם התינוק בדברים הרעים, [ט"ז, והסכים עמו הדגו"מ], ‹דשם מיירי שאין רבים צריכין לו, וא"כ אם הוא לא ילמוד עמהם ילמדו אחרים עמהם, אבל בט"ב אם אתה אוסר ללמוד עם התינוק, יהיו התינוקות בטלים, ואין לך ביטול תורה גדול מזה, ולכן פשוט דמותר ללמוד עמהם איוב ושאר דברים הרעים – דגו"מ›, **וכאן** לא אסר אלא הלימוד שהקטנים לומדים בסדר שלהם, דהיינו חומש וגמרא.

(כתב הט"ז, דאיסור של התינוקות אין הטעם משום שהם שמחים, דודאי אין להם שמחה, אלא משום המלמד ששמח בד"ת כשלומד עמהם, עכ"ל, ובא לאפוקי מדעת הב"ח, וממ"א משמע שמסכים לדעת הב"ח, שיש להם שמחה, ודע דלדעת הט"ז, כשהתינוקות ילמדו בעצמם, אין איסור, אכן באמת לשון הגמרא "ותשב"ר בטלים בו", משמע דבטלים לגמרי, ובפרט כשהתינוק בן י"ב גדול קצת ומבין, אף הט"ז מודה דאסור ללמוד בפני עצמו שלא בדברים הרעים, מפני ששמחה הוא לו, כמש"כ הפמ"ג).

אבל קורא הוא באיוב ובדברים הרעים שבירמיה; ואם יש ביניהם פסוקי נחמה, צריך לדלגם - ורעות עכו"ם אסור לקרות.

סעיף ב - ומותר ללמוד מדרש איכה ופרק אלו מגלחין - אע"ג דיש בו גם כמה דיני מנודה ומוחרם, מ"מ מותר ללמוד, **אבל** לישא וליתן בהלכה בודאי אסור - מ"א בשם מהרי"ל, **וכעין** זה כתב ג"כ הט"ז, דאפילו במקום דמותר ללמוד, היינו שילמוד בפשוטן של דברים, אבל לא דרך פלפול, **ואפילו** בהרהור לפרש דבר חמור אסור, מטעם שיהיה לו שמחה אחר שיתיישב לו.

וכן ללמוד פירוש איכה ופירוש איוב - וכן אגדת החורבן בפרק הניזקין ובפרק חלק, ולקרות בחורבן הנזכר ביוסיפון, מותר.

סעיף ג - יש מי שאוסר ללמוד ע"י הרהור - אף דהרהור לאו כדבור דמי, שאני הכא דעיקר טעמא משום שמחה, ובהרהור איכא שמחה, **ומה"ט** אסור ללמוד איזה דרוש או קשיא או תירוץ אפילו בדברים הרעים, מפני ששמחה היא לו.

ואסור להורות הוראה, אם לא לחולה הצריך עכשיו, **ואסור** לדון דיני ממונות, דדין היינו תורה, **מיהו** אם אין הבע"ד יכולים להמתין עד למחר, שנחוצים לדרכם, אפשר דשרי, דהוי כרבים צריכים לו.

סעיף ד - ומותר לקרות כל סדר היום - דהיינו ק"ש וברכותיה, וכל מה ששייך לברכת התפלה, **ופרשת הקרבנות, ומשנת איזהו מקומן, ומדרש רבי ישמעאל** - דלא גרע כל זה ממה שקורין בתורה ומפטירין בנביא, והכל מפני שהוא סדר היום, **ועיין** לקמן סימן תקנ"ט, דאין לומר "פטום הקטורת", שאינו מסדר היום, וכ"ש שאין לומר סדר הקרבנות הכתוב בסוף סימן א', **ומה** שכתוב בשו"ע "ופרשת הקרבנות", היינו פרשת התמיד.

ונוהגין לומר תהלים ושיר היחוד במנחה, אע"ג דאסור בת"ת כל היום, צ"ל דס"ל כיון שהוא דרך בקשה שרי, [**ובדה"ח** מוכח, דאין לומר תהלים אף במנחה, ונוהגין לומר רק שיר היחוד], **ובפוזנא** נוהגין לומר למחרתו של אמש ושל היום, וכן נכון, **ומעמדות** בודאי אין לומר.

הגה: ומותר לחזור הפרשה בתשעה באב - היינו חזן הקורא מותר לו לחזור הפרשה קודם שיקרא, **והיינו** אפילו במנחה, דאלו בשחרית פרשה "כי תוליד" פשיטא, דמעין המאורע היא, [**אבל** הרגיל לחזור פרשת שבוע באותו יום, כגון שחל ט"ב ביום ה', אין להקל].

סעיף ה - עוברות ומיניקות מתענות בט' באב ומשלימות כדרך שמתענות ומשלימות ביום כפור; אבל בג' צומות אחרים פטורים מלהתענות, ואע"פ כן ראוי שלא תאכלנה להתענג במאכל ובמשתה, אלא כדי קיום הולד. (וע"ל סי' תק"ן סעיף א').

סעיף ו - חיה כל שלשים יום - דמסתמא אמרינן שהיא חלושה, והויא כחולה שאין בו סכנה, **וכן חולה שהוא צריך לאכול** - ר"ל שהוא חלוש וחש בגופו, אע"פ שאין בו סכנה, **ועיין** בט"ז ובשארי אחרונים, דאפילו ודאי אין בהם סכנה, **אין צריך אומד** - "אין צריכין אומד", כצ"ל, ואתרוייהו קאי, וכן איתא בתורת האדם ובר"ן, **אלא מאכילין אותו מיד** - והכונה, דא"צ לאמוד ולשער אם תבא לידי סכנה עי"ז שתתענה, דאפילו אם אין בה סכנה, כיון שהיא בכלל חולה א"צ להתענות, **דבמקום חולי לא גזרו רבנן** - ואפילו לא אמרו: צריכין אנו לאכול, מותר בט"ב.

וע"כ אף דלענין יוה"כ חיה לאחר ז"ן כשאר כל אדם, כאן לענין ט"ב שהוא דרבנן לא גזרו במקום חולי, **ואף** שמהרש"ל חולק על עיקר הכרעת השו"ע, ודעתו דלענין

זה שוה ט"ב ליוה"כ, דאפילו אמרה: צריכה אני לאכול, כיון שהוא לאחר ז"ן חייבת להתענות, אם לא שהיא ג"כ קצת חולה, **הרבה** אחרונים הסכימו דמדינא שרי לאכול, **אכן** כבר נהגו להתענות כמש"כ הרמ"א לקמיה.

ועיין בליקוטי פר"ח שכתב, דר"ל דמסתמא מאכילין אותה, אבל אם קים לה להיולדת בגווה דמצית להתענות, דהיינו שראתה עצמה בריאה, אז מחויבת להתענות, [**ולענ"ד** זהו נכלל במה שכתב המחבר "חולה שהוא צריך לאכול", ולאפוקי באופן זה].

חסר דעה שנתרפא מיום ליום, מותר בבשר ויין כל ימי השבוע, ולא יתענה בט"ב.

הגה: ומיהו נוהגין להתענות - היינו אפילו אמרה: צריכה אני לאכול, **ודוקא** אחר שבעה, אבל תוך שבעה, אפילו אמרה: איני צריכה, אין לה להתענות, **וכ"ש** תוך ג', דבודאי אסור לה להתענות.

כל זמן שאין להם צער גדול שהיה לחוש לסכנה - ובאופן זה אסור לה להתענות.

ודוקא כל זמן שאין להם חולשה ונתרפאו מלידתן, אבל אם עדיין לא נתרפאה לגמרי, או שהיא קצת חולה, או חלושה בטבעה, לא תתענה בתוך ל', ואפילו לא אמרה: צריכה אני, **ואם** אירע ביולדת בריאה שמתענה, ומרגשת באמצע היום שום חולשה יתירה, יש לפסוק שלא תתענה בשארית היום.

ועיין במ"א שכתב, דאפילו במקום שנוהגין להחמיר, בט"ב שנדחה יש להקל שלא תתענה.

ועיין בא"ר שכתב, דאפי' יולדת שאינה מתענה, תתענה איזה שעות, **אכן** אם גם זה קשה לה, לא תתענה כלל.

והמיקל לא הפסיד - ומכ"ש באדם חלוש והוא חולה שאין בו סכנה, אין כדאי להחמיר.

(**עיין בספר פתחי עולם, דבמקום שאין המחלה של חלערי"א חזקה ח"ו, יאכל פחות מככותבת בכדי אכילת פרס, וכן בשתיה, כמ"ש השיעורים בשו"ע סימן תרי"ח, כך יש להורות לשואל בט"ב, שבזה לא נעקר התענית לגמרי, ורחמנא ליבא בעי, ומי שירצה להתענות במקום שאין המחלה בזעם ח"ו, יש ליועצו ולהזהירו שלא ילך מפתח ביתו כל היום, ולהכריחו כשיצא ישא סביב לחוטמו ופיו חתיכה קאמפע"ר, ומעט עשב מיאט"ע, עכ"ל**).

סעיף ז - רחיצה אסורה בט' באב, בין בחמין בין בצונן; אפילו להושיט אצבעו במים, אסור.

סעיף ח - טבילה של מצוה בזמנה, מותרת; אבל בזמן הזה אין טבילה בזמנה - ר"ל שנהגו הנשים לישב על טיפת דם ז' נקיים דוקא, ממילא אין הטבילה בזמנה, **הילכך לא תטבול בו; וכן נהגו** - דלמה תטבול, דהרי מצות עונה לא יוכל לקיים בט"ב, **אלא** תרחוץ ותחוף עט"ב, ולמוצאי ט"ב חופפת מעט קודם הטבילה, דבעינן סמוך לחפיפה טבילה, [**ואם** לא חפפה בעט"ב, מותרת בדיעבד לעשות כל החפיפה בדין במוצאי ט"ב], **ולענין** לבישת לבנים בט"ב, עיין לעיל בסימן תקנ"א ס"ג בהג"ה ובמ"ב שם.

סעיף ט - אם היו ידיו מלוכלכות בטיט ובצואה, מותר לרחוץ להעביר הלכלוך - דאינו אסור אלא רחיצה של תענוג, ומטעם זה נשים המבשלות וצריכות לרחוץ הבשר, אף דממילא רוחצת גם ידיה, מותר, **ולא יטול כל ידיו, אלא לפי הצורך להעביר הלכלוך.**

הגה: ואם עשה צרכיו, אם מותר לרחוץ, דינו כמו ביום כפור, וע"ל סי' תרי"ג ס"ג - וע"ש במ"ב מה שהעתקנו בשם האחרונים בזה, ושייך גם לכאן.

סעיף י - נוטל אדם ידיו שחרית - דנוטל ידיו משום רוח רעה השורה על הידים, דהוה ליה כמלוכלך בטיט ובצואה דמותר, כ"כ הב"י, **וצריך ליזהר שלא יטול ידיו אלא עד סוף קשרי אצבעותיו.**

ועיין בביאור הגר"א שמפקפק על דין זה, «ליטול ידיו משום רוח רעה. **ודלמא** משום סברת הכף החיים סי' ד' סי"ד וז"ל: דביוה"כ אינה שולטת הרוח רעה, וביום ט"ב אינה מקפדת על דבר מועט כזה, כי כל היום שלה בעונותינו», **ולכן** נ"ל שלא יברך ענט"י בשחרית אחר הנטילה, רק אחר שעשה צרכיו יטול ידיו עד סוף קשרי אצבעותיו, ואז יברך ענט"י משום תפלה.

ועיין בספר מטה יהודא שכתב, דמותר לרחוץ ידיו אף לתפלת המנחה, דהוי כמקבל פני השכינה, וכטבילת מצוה שהתירו.

סעיף יא - ולאחר שניגב ידיו ועדיין לחות קצת, מעבירים על עיניו - וה"ה על פניו ידיו ורגליו, כיון דאין בה טופח ע"מ להטפיח, **וכ"ז** דוקא בדרך העברה, אבל לרחצם בהדיא לא.

ואם היה לפלוף על גבי עיניו ודרכו לרחצם במים, רוחץ ומעבירו ואינו חושש, דהוה ליה כטיט וכצואה שרוחץ כדרכו ואינו חושש.

מי שהוא איסטניס וצריך לקנח פניו במים, ואין דעתו מיושבת עליו כל היום עד שיקנח במים, יקנח, **אבל** שאר כל אדם אסור.

סעיף יב - ההולך להקביל פני רבו או אביו, או מי שגדול ממנו - אפילו בחול, דאף דחיובא ליכא להקביל פניו בחול, מ"מ מצוה איכא, שמא ישמע ממנו איזה דבר תורה, **או לצרכי מצוה, עובר במים עד צוארו ואינו חושש; וכן בחזרה, מותר** - דאם יהא אסור לחזור, ימנע מלילך לדבר מצוה.

ודוקא תלמיד ההולך אצל הרב, אבל לילך הרב אצל תלמיד, לא התירו לעבור במים, שאם יצטרך לו תלמידו, ילך הוא אצל רבו, **וכן** בששניהן שוין ג"כ אסור.

סעיף יג - ההולך לשמור פירותיו, עובר במים עד צוארו ואינו חושש - והתירו בזה מפני הפסד ממון, **אבל בחזרה** - דליכא בזה משום הפסד, **אסור.**

סעיף יד - הבא מן הדרך ורגליו כהות - היינו שהיו עייפים מחמת טורח הדרך, **מותר לרחוץ במים** - שאין זה מחמת תענוג, אלא לרפואה לחזקם.

הגה: ומותר לשרות מפה במים בערב תשעה באב, ומוציאה מן המים והיא מתנגבת - עד שאין בה טופח ע"מ להטפיח, הא לא"ה אסור, **ומקנח בה פניו ידיו ורגליו; אפילו אינו עושה רק לתענוג, שרי, כיון שהיא נגובה.**

סעיף טו - סיכה - סיכה מיקרי בדבר שדרכו לסוך בו, כגון בשמן או בחלב בבורית וכה"ג, **ואסור** אפילו לסוך אבר אחד, כדלקמן בסימן תרי"ד גבי יוה"כ, **אינה אסורה אלא של תענוג** – (ולפי"ז פשוט דלהעביר את הזוהמא מותר), **אבל מי שיש לו חטטין בראשו, סך כדרכו ואינו חושש.**

כלה אחר נשואיה, כל שלשים יום מותר לרחוץ פניה, וכן לסוך, כדי שלא תתגנה על בעלה.

סעיף טז - נעילת הסנדל, דוקא של עור; אבל של בגד או של עץ או של שעם (פי' קליפי עץ), וגמי, מותר - ר"ל אע"ג דמגין על רגלו, וגם עשוי בצורת מנעל ממש, שרי, דלא נקרא מנעל אלא של עור.

ושל עץ מחופה עור - מלמעלה, ואף דהשולים הם ג"כ של עץ, מ"מ **אסור** - וה"ה אם היה של בגד ומחופה בעור מלמעלה, או השולים הם של עור.

והנה אע"פ שאסור בט"ב וביוה"כ בנעילת הסנדל, **מ"מ** הסכימו הרבה אחרונים, שיכול לברך ברכת "שעשה לי כל צרכי".

סעיף יז - אבל ומנודה שמהלכים בדרך, מותרים בנעילת הסנדל - וטוב שאז יתן עפר במנעלים, **וכשיגיעו לעיר יחלוצו, וכן בת"ב** - וכתב המ"א הטעם, דטורח גדול הוא לילך יחף דרך רחוק, **אבל** כשהולך לשדה סמוך לעיר, אסור לנעול, **וה"ה** לבית הקברות, אא"כ יש טיט ורפש, או בין העכו"ם, [**והא"ר** צידד להקל כל שיצא מן העיר, אף שאיננה בדרך רחוק, נועל מנעליו], **ולפי"ז** כשיושב על העגלה או רוכב, צריך לחלוץ אף בדרך רחוק.

הגה: וכן במקום שדרים בין הא"י, לא יחלוץ כי אם ברחוב היהודים, וכן נהגו - משום העכו"ם שמלעיגים עלינו, **וכתב** המ"א, נ"ל דאם הרבה עכו"מ עוברים ברחוב היהודים, מותר, **וא"ר** צידד להחמיר לענין רחוב היהודים אף באופן זה, דהבו דלא להוסיף על המנהג, [דבלא"ה יש מפקפקים על המנהג שנהגו להקל כשהולכים בין העכו"ם].

וכתב הח"א, ההולכים בין העכו"מ ונוהגין ללבוש המנעלים, אף שאין למחות בידם שיש גדולים

המתירים, מ"מ אין לזה טעם, דמה בכך שילעיגו עלינו, בלא"ה מלעיגים עלינו, **ומ"מ** אותן היושבים בחנות ודאי אסורים, דאיך ידעו הנכרים אם ילכו בלא מנעלים.

ובעוה"ר הרבה מהמון מקילין באיסור נעילת הסנדל כל היום, אף כשיושבין בביתם, ועוון גדול הוא, דאף כשנקיל בזה בעת שהולך ברחוב שמצוי שם עכו"ם, מ"מ תיכף כשבא לביתו מחוייב לחלוץ אותם.

סעיף יח - יש מי שאומר שלא יישן בליל ט"ב עם אשתו במטה, ונכון הדבר משום: לך לך אמרינן לנזירא - סחור סחור לכרמא לא תקרב, **ועיין** לקמן סי' תרט"ו, דאסור ליגע באשתו כאלו היא נדה, ואפשר דה"ה בט"ב, **ומ"מ** ביום יש להקל, [דדוקא ביוה"כ שהנשים מקושטות לכבוד היום, ויש לחוש לגירוי היצה"ר, **משא"כ** בט"ב שהולכים בבגדים מנוולים, **ואם** גם בט"ב הולכים מקושטות, יש להחמיר בו אף ביום כמו ביוהכ"פ].

סעיף יט - אם חל תשעה באב בשבת, מותר בכולן אפילו בתשמיש המטה - דהא איתא בברייתא: ומעלה על שולחנו ואינו מונע עצמו משום דבר.

הגה: ויש אוסרים תשמיש המטה, וכן נוהגין - ס"ל דהוי שבת זו כקובר מתו ברגל, דנוהג ברגל דברים שבצנעא, **ולפי"ז** אסור ג"כ לרחוץ ידיו בחמין, שגם זה קרוי צנעא, **ומכריז** השמש: דברים שבצנעא נוהג, [**ונ"ל** דבמקום שלא נהגו להכריז, אין להקפיד ע"ז, **ועיין** בהלכה ברורה דמפקפק על עיקר ההכרזה, ובפרט בזמנינו דשכיחי ליצני].

אכן אם אירע ליל טבילתה בשבת זו, הביא המ"א בשם השל"ה, דיש לסמוך בזה על דעה הראשונה, וטובלת ומשמשת, **ויש** מחמירין גם בזה, **ועיין** בח"א שכתב, דכיון דבליל טבילה הוא מצות עונה, יש לסמוך בזה על המתירין, **והרמ"א** שכתב דנוהגין לאיסור, היינו במקום שאין כאן מצות עונה, משא"כ בליל טבילה, **ועיין** בביאור הגר"א, דמשמע מניה ג"כ, דהוא מצדד להלכה כדעת המחבר, וא"כ יש לסמוך להקל עכ"פ בליל טבילה.

[**עוד** כתב הנשמת אדם, דה"ה בבא מן הדרך יש להקל, שאז מתאוה לזיווג, וא"כ בודאי גם האשה מתאוה, וכשתתאוה אז הוא מצות עונה וכו', והכל לפי מה שהוא אדם, עכ"ל].

סעיף כ - אין שאלת שלום לחבירו בת"ב - וה"ה לומר לו "צפרא טבא" נמי אסור, וה"ה לשלוח דורון לחבירו בט"ב אסור, **ולע"ה** טוב שיודיע לו שהיום אסור ליתן שלום, ולא יהיה לו איבה עבור זה עליו.

והדיוטות שאינם יודעים ונותנים שלום, משיבים להם בשפה רפה ובכובד ראש.

סעיף כא - יש מי שאומר שלא ילך ויטייל בשוק, כדי שלא יבא לידי שחוק וקלות והתול.

סעיף כב - מקום שנהגו לעשות מלאכה בט' באב, עושין; במקום שנהגו שלא לעשות, אין עושין - כדי שלא יסיחו דעתם מהאבלות, **ומטעם** זה גם בלילה אסור במלאכה, דהא גם בלילה מחוייב להתאבל, **מיהו** כל מלאכה שאין בה שיהוי שרי, דאין מסיח דעתו בכך.

(**וכהיום מנהג כל ישראל בכל מקום שלא לעשות – מטה יהודא, וכונתו הוא רק עד חצות, כדלקמיה בהג"ה**).

ובכל מקום ת"ח בטלים, וכל הרוצה לעשות עצמו תלמיד חכם לענין זה, עושה - ולא מיחזי כיוהרא, דהרואה אומר דמניעתו ממלאכה הוא מפני שלא נזדמן לו מה לעשות.

ואפי' במקום שנהגו שלא לעשות - כגון במדינתינו, **מותר ע"י אינו יהודי, אפי' בביתו** – (**עיין בספר מטה יהודא, דדוקא אם נותן לו קודם ט"ב, ולדעתי צ"ע, כיון דליכא היסח הדעת עי"ז, כמו שכתב הגר"א**).

אכן לבנות בנין דאוושא מילתא, אסור אפילו ע"י עכו"מ, [**עיין** בדה"ח, דאף פרקמטיא אסור אפי' ע"י עכו"ם, משום דהוי פרסום].

ופרקמטיא להרויח ולהשתכר, במקום שנהגו שלא לעשות מלאכה, אסור;

ובמקום שנהגו לעשות, מותר, אלא שממעט, שאפילו משנכנס אב ממעטין מלישא וליתן.

הגה: ולא נהגו באיסור מלאכה כי אם עד חצות.

ונהגו להחמיר עד חצות בכל מלאכה שיש בה שיהוי קצת, אפילו מעשה הדיוט; אבל דבר שאין בה שיהוי, כגון הדלקת נרות או קשירה וכדומה, מותרת – (ולענין כתיבה, בא"ר בשם שכנה"ג להקל, והמטה יהודא דעתו, דלענין כתיבה הוא כמו בחוה"מ).

ולחלוב הפרות, טוב לעשות על ידי אינו יהודי, אם אפשר באינו יהודי - ואם א"א בנכרי, מותר לעשותה בעצמו כמו בחוה"מ - מ"א, (**וצ"ע**, הא בס"ס תקל"ג התירו משום שהוא דבר האבד, ובאבוד התירו בסעיף שאחר זה אף באפשר ע"י כותים, **ואפשר** דמיירי הכא בענין שאינו דבר האבד אם ימתין עד אחר חצות), **ועיין** בביאור הגר"א, שמצדד להקל תמיד ע"י ישראל בעצמו, (ומשמע דמתיר משום שהוא דבר האבד).

סעיף כג - ומלאכת דבר האבד מותר, כדרך שאמרו בחולו של מועד.

אם יריד או שיירות באים, מותר לקנות מהם ע"י עכו"ם, אפילו קודם חצות, {**אבל** לא ע"י עצמו, דמסיח דעתו מאבילות}, **וכ"ש** למכור, דהוי דבר האבד, כמש"כ ביו"ד לענין אבל, (**אח"כ** מצאתי בא"ר שכתב, וצ"ע, דע"י כותים מבואר בסעיף הקודם, דאפי' באין דבר האבד מותר, ‹ודבר האבד מותר› אף בעצמו, **ואפשר** דזה בפרהסיא, ולרבים לא רצה להקל, עכ"ל). ‹ע"פ הכף החיים›.

סעיף כד - כל העושה מלאכה בת"ב, אינו רואה סימן ברכה מאותה מלאכה - כלומר מאותן מעות שמרויח מאותה מלאכה, והיינו אפילו במקום שנהגו לעשות, ואפילו לאחר חצות, **ומשמע** מגמרא, דוקא כשקובע עצמו למלאכה, ומסיח דעתו מהאבילות, **וע"כ** אף שמותר לישא וליתן אחר חצות, לא ימשוך בעסקיו, כדי שלא יסיח דעתו מן האבילות, [**וה"ה** שלא יקבע עצמו למלאכה עד שיסיח דעתו מן האבילות].

סעיף כה - כל האוכל ושותה בת"ב, אינו רואה בשמחת ירושלים - אפילו מעוברת או מניקה, או שארי אנשים שהם חלושים בטבען, ומצטערים מהתענית, [**ואין** יכול לפדות בממון], **אם** לא מי שהוא חולה באמת, וכדלעיל בס"ו וע"ש בהג"ה, **וכדאי** הוא בית אלהינו להצטער על חורבנו עכ"פ יום אחד בשנה.

וכל המתאבל על ירושלים, זוכה ורואה בשמחתה. וכל האוכל בשר או שותה יין בסעודה המפסקת, עליו הכתוב אומר: ותהי עונותם על עצמותם.

§ סימן תקנה – דיני תפילין וציצית בת"ב §

סעיף א - נוהגים שלא להניח תפילין בתשעה באב שחרית, ולא טלית - ע"פ המדרש: "בצע אמרתו", בזע פורפירא דיליה {זה הטלית}, "השליך משמים ארץ תפארת ישראל", זו תפילין.

אלא לובשים טלית קטן תחת בגדים בלא ברכה - ומ"מ אם פשטו בלילה, י"א שצריך לברך עליו בבקר.

ובמנחה מניחים ציצית ותפילין, ומברכים עליהם - שאז הציתו אש במקדש, ו"תם עונך" במה ששפך הקב"ה חמתו בעצים ואבנים - הגר"א, **וי"א** כדי להראות נחמה באבלינו בו ביום, **וכל** זה הוא לכו"ע רק לענין תפילין, משום דהוא מילתא דתליא במנהגא בעלמא, אבל כל החמשה ענויים אין מבטלין כל היום.

והרגיל להניח תפילין של ר"ת, יניח גם עתה.

ונראה דיזהר שלא לקרא עתה פרשיות ק"ש, וכן פרשת "קדש", דהלא כעת הוא רק כקורא בתורה, ות"ת אסור כל היום.

סעיף ב - ויש מי שנוהג לשכב בליל תשעה באב מוטה על הארץ, ומשים אבן תחת ראשו - ואדם חלוש א"צ להחמיר בזה, ויישן על המטה.

הגה: ויש לאדם להצטער בענין משכבו בליל ת"ב, שאם רגיל לשכב בב' כרים לא ישכב כי אם בא'; ויש בני אדם משימים אבן תחת מראשותיהם, זכר למה שנאמר: ויקח מאבני המקום, שראה החורבן; מיהו עוברות שאינן יכולין להצטער, אינן חייבות בכל אלה - וה"ה באדם חלוש וכנ"ל.

וימעט אדם מכבודו ומהנאתו בתשעה באב בכל מה שאפשר - אסור לעשן טיטון שקורין רייכערין, אפילו בד' צומות, וכ"ש בט"ב - כנה"ג, **והחמיר** מאד עד שכתב, שמי שמעשן בט"ב היה ראוי לנדותו, **ויש** מאחרונים שמקילין, **וע"כ** מי שדחוק לו שמורגל בו ביותר, יש להקל אחר חצות בצנעא בתוך ביתו, וכ"כ בשע"ת.

§ סימן תקנו – ת"ב שחל ביום ראשון §

סעיף א- ליל ת"ב שחל באחד בשבת, כשרואה הנר אומר: בורא מאורי האש, ואין מברך על הבשמים - דנר אין טעון כוס, ואין בו משום תענוג כמו שיש בבשמים, (ט"ז), [**משמע** דס"ל, דאין להריח בבשמים בט"ב משום תענוג, **וממג"א** משמע דס"ל, דדוקא במו"ש אסור, משום דהוי תענוג להשיב נפש יתירה, **ומהגר"א** משמע דס"ל כהט"ז].

ויברך על האור קודם שקורין "איכה", דב"איכה" כתיב "במחשכים הושיבני", וע"כ יברך תחלה על המאור, **וגם** שיהנה אח"כ מאורו כשקורין "איכה", **ואם** שכח לברך, יברך אח"כ בלילה, כיון שהחיוב עדיין עליו.

ומבדיל בתפלה, ואע"פ שאין יכול להבדיל אז על הכוס, **ואם** טעה אז ולא הבדיל בתפלה, א"צ לחזור, כיון שיבדיל על הכוס במוצאי ט"ב, **והנשים** שאינן יודעות להתפלל, ולא הבדילו במוצאי שבת בתפלה, צריך כל איש להזהירן, שביום התענית לא יעשו אש לבשל לצורך הלילה, עד שיאמרו "המבדיל בין קדש לחול".

ובליל מוצאי תשעה באב מבדיל על הכוס - איתא במהרי"ל, כשהחשיך בירך "בורא פרי הגפן" והבדלה, **א"כ** משמע שמותר להבדיל על היין, ומשמע שמותר לשתות בעצמו, וא"צ ליתן לתינוק, [**ואף** שבסי' תקנ"א ס"י כתב רמ"א, שאם יש תינוק יתן לתינוק, **מ"מ** לילה זו קילא].

וא"צ להבדיל בתפלה, כיון שהבדיל מאתמול, **ואפילו** שכח אתמול להבדיל בתפלה, ג"כ נראה דא"צ עתה להבדיל בתפלה, שכבר חלף שעתא, וסגי במה שיבדיל עתה על הכוס.

ואינו מברך לא על הנר - אפילו לא בירך על הנר במוצ"ש, דאין מברכין על הנר אלא במוצ"ש בזמן שנברא, **ולא על הבשמים** - דמשום נפש יתירא היא ג"כ במו"ש דוקא, וכדלעיל בסימן רצ"ט ס"ו.

§ סימן תקנז – לומר נחם ועננו בת"ב §

סעיף א- בתשעה באב אומר ב"בונה ירושלים" "נחם ה' אלהינו את אבלי ציון" וכו' - לפי שהיא מענינא, **ואם** שכח אומר בעבודה, דהיינו קודם "ותחזינה", וא"צ לחתום ב"ברוך מנחם ציון", אלא "ותחזינה עינינו" עד סוף הברכה, [**כי** היא הברכה עצמה, דציון וירושלים חדא היא, דאל"ה הו"ל חתימה בשתים].

(והנה הט"ז כתב מסברת עצמו, דאם שכח ב"בונה ירושלים" יאמרנה ב"שומע תפלה", **אבל** במטה יהודא כתב כדברינו, דיאמר בעבודה, ששם היא עיקר מקומה שנתקנה לכתחלה, וכן נראה מוכח מהריטב"א, שמפקפק על עיקר המנהג ששינו לומר ב"בונה ירושלים" ולא בעבודה, אך שסיים שאין לשנות המנהג, ועכ"פ בדיעבד בודאי נכון לנהוג כדעת מטה יהודא, וכן בא"ר דחה דברי הט"ז, וע"ש עוד במטה יהודא שכתב, דבדיעבד אם הזכיר ב"שומע תפלה", אין צריך להזכיר עוד בעבודה).

מסתימות המחבר משמע, דדעתו שיאמרו בכל התפלות, וכן הוא המנהג בירושלים, **אבל** במדינותינו המנהג כמו שכתב הרמ"א.

ו"עננו" ב"שומע תפלה" - היינו ליחיד, אבל הש"ץ אומרה ברכה בפני עצמה בחתימה, בין "גואל" ל"רופא".

והנה ליחיד, דעת המחבר בסימן תקס"ה, דבארבעה צומות אומר "עננו" בכל תפלה ב"שומע תפלה", **אבל** דעת הרמ"א שם, דאין היחיד אומרה רק במנחה, **ולענין** ש"ץ, דעת רוב הפוסקים, דאף בט"ב יאמרנה בשחרית בין "גואל" ל"רופא", כמו לענין שארי תעניתים.

ואם לא אמר לא זה ולא זה, אין מחזירין אותו - כי בימים שאין בה קרבן מוסף, אם טעה ולא אמר מעין המאורע, אין מחזירין אותו.

הגה: והמנהג פשוט שאין אומרים "נחם" רק בתפלת מנחה של ת"ב, לפי שאז הציתו במקדש אש, ולכן מתפללים אז על הנחמה. מי שאכל בת"ב, יאמר "נחם" בברכת המזון - ב"בונה ירושלים", ואף שבתפלה לא נהגו לאומרו רק במנחה, מ"מ בבהמ"ז דליכא {מנחה} ‹צ"ל "מנהג"›, יש לאומרו, ‹דרוב הפוסקים ס"ל דיש לאמרה בכל התפילות, אלא שהמנהג שלא לאמרה כי אם במנחה, ובבהמ"ז דאין מנהג, ראוי לאומרה כל היום – מחה"ש›, **ועיין** בשע"ת בשם איזו אחרונים שמפקפקים על פסק זה, וכן בביאור הגר"א משמע, שדעתו נוטה שלא לאמר, כי לא קבועה רק בתפלה, **ומיהו** לכו"ע אם לא אמרו אין מחזירין אותו.

§ סימן תקנח – במוצאי תשעה באב אין אוכלין בשר §

סעיף א - בתשעה באב לעת ערב הציתו אש בהיכל, ונשרף עד שקיעת החמה ביום עשירי - והטעם שקבעוה בתשיעי, משום דאתחלתא פורעניתא עדיפא.

ומפני כך מנהג כשר שלא לאכול בשר ושלא לשתות יין בליל עשירי ויום עשירי – (אבל תבשיל של בשר מותר – מאמ"ר, **עוד** כתב שם לענין כוס של בהמ"ז, אם דרכו תמיד לברך על כוס יין, מותר גם בלילה זו).

כתב כה"ג, דטוב שלא לשמש מטתו בליל יו"ד, אם לא בליל טבילה, או יוצא לדרך, או בא מן הדרך.

הגה: ויש מחמירין עד חצות היום ולא יותר - וה"ה שלא לרחוץ במרחץ ולספר ולכבס עד חצות, **וכשחל** ט"ב ביום ה', שאז יום עשירי הוא ע"ש, מותר בכל זה לכבוד שבת.

ופשוט דבסעודת מצוה מותרים כל הקרואים לאכול בשר, ואפילו אינו קרובו, דפשיטא דלילה הזו קילא מר"ח אב, דמר"ח אב יש קצת אבלות מדינא דגמרא, שממעטין בשמחה ומשא ומתן, **משא"כ** בזה שמותר מדינא בכל, **אך** הסעודה שעושין בלילה שלפני החתונה, במקום שאין משלחין באותו פעם סבלונות, לא מיקרי סעודת מצוה, ולכן אין לאכול בשר, **ומכ"ש** שלא יהיה שם כלי שיר עד אחר חצות יום י', [ובנדחה יש להקל], **ובא"ר** כתב בשם זקנו מהר"ש ז"ל, שזהו רק לשאר אנשים, אבל לחתן וכלה ואביהם ואמם, מותר לאכול בשר.

אם חל תשעה באב בשבת ונדחה ליום א', מותר לאכול בשר ויין יום ב', אבל בלילה אסור מפני אבילות של יום - היינו רק באכילת בשר ושתיית יין, אבל בתספורת מותר לכו"ע.

משמע דרק בזה מפני אבילותו של ט"ב, מחמרינן גם בלילה שאחריו, דהוא כמו בין המצרים, דיש אנשים שמחמירין על עצמן מבשר ויין, **אבל** בשארי תעניתים אין להחמיר בזה.

[**ולשון** הרמ"א שכתב בלשון "אסור", מגומגם קצת, דאף ליל עשירי ממש, רק "מנהג כשר"].

§ סימן תקנט – מנהגי ת"ב ודין מילה בת"ב §

סעיף א - אם חל תשעה באב במוצאי שבת, אין אומרים "צדקתך" במנחה בשבת - מידי דהוי אר"ח שחל להיות באחד בשבת, שא"א "צדקתך וצדקתך" בשבת, דט"ב נמי איקרי מועד.

הגה: ומבדילין בלילה בתפלה כשאר מוצאי שבת, ואם שכח מלהבדיל, ע"ל סי' רצ"ד ס"ג.

ומתפללים בנחת ודרך בכי כאבלים, וכן עושים בקריאת "איכה", ובכל "איכה" מגביה קולו יותר - ויפסיק בין כל פסוק מעט, ובין כל "איכה" יותר מעט, ופסוק האחרון שבכל "איכה" אומר בקול רם. **ולענין** ברכה לפניה, עיין לעיל בסימן ת"צ סוף ס"ט בהג"ה ובמ"ב שם. **וטוב** שיחיד יקרא "איכה" גם ביום.

וכשמגיע החזן לפסוק "השיבנו", אומרים אותו הקהל בקול רם, ואח"כ מסיים החזן, וחוזר הקהל ואומרים: "השיבנו" בקול רם, וכן החזן - ואח"כ חוזר החזן ומתחיל, "זכור ד' מה היה לנו אוי, הביטה וראה את חרפתנו אוי מה היה לנו", וכן חולק כל הפסוקים, אמצעיתן ב"אוי", וסופן ב"אוי מה היה לנו".

סעיף ב - בליל תשעה באב (מתפללים ערבית) - בתחלה, ואומר קדיש שלם, דהיינו עם "תתקבל", אחר תפלת ערבית, **ואם** חל במו"ש, אין מברכין הבנים במקום שנוהגין בזה.

(ואומרים "איכה" וקינות) - ואפילו כשהוא ביחיד, **ואומר אחר קינות ו"איכה", סדר קדושה, ומתחיל מ"ואתה קדוש"** - ולא יאמר "ובא לציון גואל", שאין גאולה בלילה, **ולא** "ואני זאת בריתי", שנראה כמקיים ברית על הקינות, **ועוד** דאסור בדברי תורה, ולא שייך לומר "ולא ימושו מפיך".

ואם חל במוצאי שבת אין אומרים "ויהי נועם" - לפי שעיקרו נתיסד על הקמת המשכן, ועתה נחרב.

הגה: ולא "למנצח בנגינות" - שאינו מסדר היום ואסור, **ולא "ויתן לך"** - שאינו זמנו בט"ב, **ומסירין הפרוכת מלפני הארון, על שם "בצע אמרתו".**

סעיף ג - ליל תשעה באב ויומו יושבים בבית הכנסת לארץ עד תפלת מנחה - דומיא דאבל שיושב על גבי קרקע כל שבעה, **ומ"מ** אינו חמור כ"כ כמו הה' עינוים, ולכך לא בעי כל היום.

והיינו אחר שענו "ברוך ד' המבורך" וכו', דזה צריך להיות בעמידה, **ועיין** באחרונים, דמותר להניח תחתיו שק או כר קטן, וגם יוכל לישב על ספסל נמוך, למי שקשה לו לישב על הארץ.

(ועכשיו נהגו לישב על ספסליהם מיד אחר שיצאו מבהכ"נ שחרית) - ר"ל דהולכין אח"כ לבית הקברות, כמו שכתבו בסוף הסימן, ועם שיעור זה ימשך עד חצות, דאז רשאי לישב על הספסל.

(ומאריכין עם הקינות עד מעט קודם חצות) - כדי שלא יבואו לעשות מלאכה בעת ההוא.

אין מדליקין נרות בלילה - משום דכתיב: במחשכים הושיבני וגו', **כי אם נר אחד לומר לאורו קינות ו"איכה"** - ולפי מנהגינו שכל הקהל אומרים "איכה" בלחש עם החזן, וגם קינות, יש להדליק נר אחד בכל שכונה, שע"י הדחק יוכלו לומר קינות לאורו, **ואין** מדליקין נר תפלה בביהכ"נ בט"ב שחרית, ולמנחה מדליקין, **ולברית** מילה מדליקין נרות בשעה שמביאין התינוק למול.

סעיף ד - אין אומרים תחנון (ולא סליחות) בת"ב, ואין נופלים על פניהם, משום דמקרי מועד - כדכתיב: קרא עלי מועד וגו', **ומ"מ** מותר לעשות הספד על חכם שמת, ולישב על גבי קרקע, ואפילו אחר חצות, דכל ההוא יומא קבוע לבכיה והספד, ולענין זה לא אשגחינן במאי דקרוי מועד.

בשחרית משכימין קצת לביהכ"נ, ואם עי"ז יגמרו לומר קינות זמן הרבה קודם חצות, טוב שלא להשכים כ"כ.

הגה: וקורין בתורה "כי תוליד בנים", ומפטירין בירמיה "אסוף אסיפם" - בניגון "איכה".

וכל הקדישים שאומרים אחר "איכה" עד שיוצאים למחר מבהכ"נ, אין אומרים "תתקבל". ואין אומרים "אל ארך אפים", ולא "למנצח" - דכתיב שם: יענך ד' ביום צרה ישגבך וגו', ואין שייך לומר זה. ‹אין אומרים אל ארך אפים ולמנצח ותחנון, משום דאקרי מועד – לבוש מנהגים סי"ג›.

ולא "פטום הקטורת" - דלא מיקרי סדר היום, שאין כל אדם אומר אותו, **אבל** "מזמור לתודה" אומרים, שהוא בכלל סדר היום.

(ביאור הלכה) [שער הציון] ‹הוספה›

ואין צריך לשנות מקומו בתשעה באב - שדיינו במה שאנו מראין סימני אבילות במה שאנו יורדין מהספסלין ויושבין על הארץ.

סעיף ה - בשעת הקינות אסור לספר דבר ולצאת חוץ, כדי שלא יפסיק לבו מן האבל; וכ"ש שלא לשיח עם העובד כוכבים - דבזה ודאי מסיח דעתו מן האבילות, **וכ"ש** שרע עלי המעשה במה שקצת נוהגין קלות וזורקין זה לזה בביהכ"נ, ועון גדול הוא, דאפי' שלא בט"ב אסור להראות קלות בביהכ"נ, וכ"ש בט"ב ובשעת קינות, שעם ישראל מקוננים על בית ד' שנחרב ועל עמו שנפזרו בכל העולם.

(ונוהגין לומר קלת נחמה אחר הקינות, לפסוק בנחמה).

סעיף ו - אם יש אבל בעיר, הולך בלילה לבית הכנסת, וגם ביום עד שיגמרו הקינות - היינו אפילו תוך ג' ימים, ואף דשאר אבל אסור לצאת תוך ג' ימים, אפילו לבית אבל אחר, הכא כיון דכולם אבלים קיל טפי, **ויש** מחמירין באבל תוך ג' ימים, **והגר"ש** קלוגר הכריע, דבלילה שיש קינות מועטים לא ילך, אבל ביום שיש הרבה קינות, וצער לו אם לא ילך, שרי, **ואחר** ג' ימים גם בלילה ילך לביהכ"נ.

אונן בלילה יושב בביתו, ולמחר לאחר הקבורה, לדעת המקילין לעיל באבל תוך ג' ימים, גם הוא מותר ליכנס לביהכ"נ עד שיגמרו הקינות, ואח"כ ילך לביתו, [**ולדעת** המחמירין תוך ג' ימים, כ"ש דביום ראשון שהוא יום מר, בודאי אסור].

סעיף ז - אם יש תינוק למול, מלין אותו אחר שגומרים הקינות - דמצוה זו עושין אותה ישראל בשמחה, ולכן אין מלין בשעת קינות והספד. **ויש ממתינין למולו עד אחר חצות** - דמקודם חל עדיין אבילות ואינו כדאי. **(והמנהג כסברא ראשונה)** - דס"ל, דאעפ"כ מצוה להקדים, דזריזין מקדימין למצות.

ומברכים ברכת המילה בלא בשמים - אף שתמיד ג"כ אין מביאין בשמים למילה, **מ"מ** צריך להשמיענו דכהיום ג"כ אין מביאין, ולאפוקי מדעת הגאונים שסוברין, דהיום אין מביאין כוס לברכה אפי' ליתן לתינוק, אלא מביאין בשמים במקום כוס לברכה, **קמ"ל** דלא, דבט"ב צריך למעט תענוג בכל מה דאפשר.

ואם היולדת מצויה במקום המילה, יברך על הכוס ותשתה ממנו היולדת; והוא שתשמע הברכה ולא תפסיק בדברים בין שמיעת הברכה לשתיית הכוס; ואם אינה שם, יברך על הכוס ויטעים לתינוקות - [ועיין במ"א, דמוטב ליתן לתינוק הגדול קצת שחייב לחנכו בברכה].

ולא חיישינן דלמא אתי להתרגל ולשתות אף בגדלותו, כיון שאינו דבר קבוע, **אע"ג** דגבי הבדלה כשחל ט"ב במו"ש, חיישינן ואין נותנין לתינוקות, וכדלעיל בסימן תקנ"ו, **היינו** משום דלפי קביעות השנים שלנו, ע"כ יבא לפעמים לסוף ג' או ד' שנים פעם אחד במו"ש, וחשוב כמו דבר קבוע, **משא"כ** במילה שאין לה קביעות כלל, לא חיישינן לזה.

סעיף ח - בעל ברית לובש בגדים אחרים, אך לא לבנים ממש - ומותרים להחליף הכתונות כמו בשבת חזון. **הגה: ואבי הבן** - וה"ה אמו, **והמוהל והסנדק, כולם נקראים בעלי ברית, ומותרים ללבוש בגדי שבת לאחר שגמרו הקינות ובאין למול התינוק, אבל לא ילבשו לבנים** - ואם הם חדשים שניכר הגיהוץ בהן, אסור ללובשן - מ"א ודה"ח, **ובספר** בגדי ישע מצדד, דוקא אם הם חדשים ממש, אבל בלא"ה אף שניכר הגיהוץ שלהם, מותר.

(**עיין בספר בגדי ישע שכתב, דמ"מ אסור לנעול מנעלים,** דשינוי בגדים הוא רק מנהג, ומותר לבטלו לפי שעה לכבוד המילה, **אבל** חלילה לבטל אחד מחמשה עינוים, שהוא מדינא דגמרא).

ולאחר המילה פושטין בגדיהן.

סעיף ט - ט' באב שחל להיות בשבת ונדחה ליום ראשון, בעל ברית מתפלל מנחה בעוד היום גדול - והסכימו האחרונים, דהיינו מנחה גדולה אחר חצות היום, **ורוחץ** - ומותר אח"כ לאכול, אך צריך להבדיל על הכוס קודם שיאכל, **ומ"מ** אף שמותרים לאכול, לא יעשו ביום סעודה גדולה כמו

שעושין בשאר הימים אילו לא היה בט"ב, [**אבל** בלילה מותרים לעשות סעודה], **ואינו משלים תעניתו, לפי שיום טוב שלו הוא** – (וכן בחולי קצת, ומעוברת שיש מיחוש קצת, מותרים לאכול וא"צ להשלים התענית).

ובכלל בעל ברית, הוא אבי הבן ואמו והמוהל והסנדק, אבל לא המכניס והמוציא, וכ"ש שארי קרואים.

י"א שה"ה אם חל פדיון הבן בט"ב שנדחה, נקרא ג"כ אצלו יו"ט, והאב והכהן א"צ להשלים התענית, [מ"א בשם מלבושי יו"ט, **וע"ש** בא"ר דמפקפק עליו בזה], **ומ"מ** אינו מותר לעשות הסעודה, שאין מצות הסעודה דוחה התענית, וכנ"ל לענין בעל ברית, **ודוקא** כשחל פדיון הבן בזמנו, שחל יום ל"א שלו בו ביום, **אבל** שלא בזמנו, ואפילו היה יום ל"א בשבת, דאעפ"כ הוא שלא בזמנו, צריכין להשלים.

אבל אם חל מילה בט"ב שלא נדחה, צריך להשלים התענית, ולאו דוקא בט"ב, דה"ה בסתם תענית שגזרו הצבור, או בכל ד' צומות, אם לא היו דחויין צריך להשלים.

וכן הדין לענין חתן ביום חופתו בסתם ת"צ, או בכל ד' צומות אם לא היו דחויין, צריך להשלים התענית, ונותנין הכוס לתינוק לשתות, **אבל** אם היו דחויין, א"צ להשלים, ומותר לשתות הכוס, וכן לאכול אחר חופתו, דרגל שלו הוא.

(**ועיין** במ"א, דבשאר ז' ימי המשתה שלו אין נחשבין כרגל לענין זה, ולפי"ז אפי' אם חל אחד מד' תעניתים שנדחה בימי המשתה שלו, חייב להתענות, וכ"כ בחכמת שלמה), [**ופת"ש** בשם תשו' בית יהודא, דעתו, דאף בתוך ז' ימי חופתו, אינו מחוייב להשלים עד צה"כ בנדחה].

(**ובעטרת** זקנים כתב, דאם חל יא"צ בשבעת ימי המשתה, א"צ להתענות, ועיין בחכמת שלמה דהסכים לזה לדינא, ומ"מ מסיק דצריך בזה התרה).

סעיף י - נוהגים שלא לשחוט ושלא להכין צורכי סעודה עד אחר חצות – (כדי שיהא יושב ושומם באבילות של ירושלים, להתעסק ולהתאונן בנהי וקינות, ולא בדברים אחרים המשמחים ומסיחים מן האבילות). **ואסור** להקל במקום שנהגו איסור.

והיינו לאותן הנוהגים לאכול בשר בלילה, דאלו הנוהגים מנהג כשר שלא לאכול גם בליל י', כדלעיל בסי' תקנ"ח, אסור לשחוט בט"ב אף אחר חצות, **ורק** להכין שאר צרכי סעודה מותר אחר חצות, כ"כ הט"ז, **ובא"ר** מקיל בזה, ובמקום הדחק יש להקל. **אכן** לצורך סעודת מצוה שיהיה בלילה, מותר לשחוט אפי' קודם חצות.

הגה: והולכים על הקברות - של ישראל, **מיד כשהולכים מבית הכנסת** - כדי שיבקשו עלינו רחמים, **ואם** אין של ישראל, הולכים אפילו על קברי עכו"ם, לומר שאנו חשובין כמתים, **וכ"ז** היינו לילך לביה"ק ברחוק ד' אמות, אבל לא על הקברות ממש, אפילו קברי ישראל, כי יש לחוש שיתדבקו בו החיצונים.

כתב בשל"ה, שנכון שלא לילך בכנופיא גדולה, כי אין זה אלא טיול, וגם מביא לידי שיחת חולין ומסיחין דעתן מאבלות, רק ילך יחידי או עם עוד אחד, שלא יפסקו מלדבר בענין החורבן ולהתעורר באבילות, **ונראה** עוד, דאם ע"י ההליכה לביה"ק יהיה מוכרח לילך במנעלים, טוב יותר שלא ילך כלל.

ואם אירע מת בט"ב, אין אומרים צדוק הדין - דאקרי מועד, וכנ"ל בריש הסימן.

§ סימן תקס – לעשות זכר לחורבן §

סעיף א - משחרב בית המקדש, תקנו חכמים שהיו באותו הדור, שאין בונים לעולם בנין מסוייד ומכוייר כבנין המלכים - מדקאמר "שאין בונין לעולם בנין" וכו', משמע דאפילו ע"י שיור אמה על אמה אסור בזה.

מסוייד ומכוייר - הם מיני ציור, ‹ר"ל הא דאמר מסויד אין פי' סד בסיד, דא"כ תיקשי דהא אפי' שיור אמה על אמה לא מהני, ובסיפא קתני דמהני שיור אמה על אמה, **אלא** דגם מסויד ר"ל מין ציור, לכך אין לו תקנה, אבל כשהוא סד בסיד וליכא ציור, מהני אמה על אמה›, **ואפשר** לומר, ‹דלעולם מסויד הפי' כפשוטו דסד בסיד בלי ציור, ואפ"ה ליכא תקנתא, דמיירי שאין בו טיט כלל›, **שדרך** העולם שטחין בטיט ואח"כ סדין בסיד, והמלכים עושין הכל בסיד, ולפי"ז אפילו בסיד לבדו אסור, ‹**ובסיפא** טח בטיט למטה, לכך מהני שיור – מחה"ש›.

(ביאור הלכה) [שער הציון] ‹הוספה›

והנה המחבר העתיק לשון הרמב"ם, **אבל** דעת הטור, דאפילו סדין בסיד ומציירין, נמי מהני שיור אמה על אמה, וכן המנהג.

(וביהכ"נ וביה"מ שרי בכל ענין, אף בסיד לחוד, ובלא שיור אמה על אמה).

אלא טח ביתו בטיט וסד בסיד, ומשייר מקום אמה על אמה כנגד הפתח בלא סיד - היינו שאותו אמה יהיה בלא סיד, רק בטיט לבד, ודלא כאותן העושין אמה שחור, דזהו ג"כ ציור, **ויש** מקומות שעושין שחור וכותבין ע"ז "זכר לחורבן", [**אף** דח"א מחמיר גם בזה, מ"מ נראה דאין למחות ביד המקילין, אחרי שהא"ר הביא בשם האגודה סמך להמקילין שעושין שחור המקום ההוא], **ואותן** התולין בגדי רקמה סביב כל הכתלים, ישיירו ג"כ אמה על אמה.

והיכא שמערב חול בסיד, נמי שרי ע"י שיור אמה על אמה, **ויש** מקילין ע"י חול, דס"ל דהיכא דעירב חול שוב לא מקרי בשם סיד, **והיכא** שהוא טח בטיט לבד, לכו"ע אין צריך לשייר כלל.

והנה בזמנינו לא נהגו לשייר, ואפשר משום דסומכין על היש מקילין, ועכ"פ תמוה, שהרי מלבנין הבתים בסיד לבד, **ואפשר** דדוקא במיני סיד הנקרא גופ"ש שהוא לבן ביותר אסור, משא"כ סיד שלנו, **אך** כל זה דוחק, וצ"ע על מה נוהגין היתר.

כנגד הפתח - היינו נוכח הפתח, כדי שיראה מיד שיכנס בפתח, **ויש** שמניחים פנוי למעלה מן הפתח בגובה, ואינו נראה לנכנס, **ואפשר** כדי שיתראה תמיד לפני בעה"ב היושב בפנים, שעל רוב הוא יושב אצל הקיר אשר נוכח פתח הבית.

והלוקח חצר מסויידת ומכויירת (פירוש מצויירת), הרי זו בחזקתה, ואין מחייבים אותו לקלוף בכתלים - דתלינן שנעשה ביד עכו"ם ולקחה ישראל ממנו, **ואם** ידוע שנעשה ביד ישראל באיסור, חייב לקלוף אמה על אמה, **וכ"ז** כשהוא קיים, אבל כשנפל, אפילו אם ידוע שבפעם הראשון היה ביד עכו"ם, מ"מ כשחוזר ובונה מחוייב לשייר השיעור.

סעיף ב - וכן התקינו שהעורך שלחן לעשות סעודה לאורחים, מחסר ממנו מעט - כלומר שאין נותן כל תבשילים הראוים לסעודה, אלא מחסר מעט, אפילו כסא דהרסנא די בזה, (**וצ"ע** שכל זה אין נוהגין כלל).

ואפילו סעודת מצוה כמילה וחתונה, וכ"ש שאר סעודות, **ועיין** במו"ק, דבסעודת שבת ויו"ט לא יחסר שום דבר, [**ואיסורא** נמי איכא, אם מקומו ניכר בשולחן שפנוי מקערה הראויה לתת שם, שאפי' בימי אבל אסור להראות שום דבר של פרהסיא, **אבל** בתכשיטי נשים צריך לשייר גם בשבת ויו"ט, דלא מינכר השיור כולי האי].

ומניח מקום פנוי בלא קערה מן הקערות הראויות לתת שם - דאל"ה לא יהיה ניכר החסרון, אבל כשיניח פנוי ירגישו שהיה ראוי עוד תבשיל אלא שנחסר, [**היינו** כשמשייר איזה דבר שאין דרכו ליתן בכל סעודה, **אבל** אם שייר תבשיל א' מה שרגילין במקום ההוא בסעודה, אז ניכר שחסר, רשאי אח"כ ליתן על השלחן ולסדר כל הקערות שיש לו בלי מקום פנוי], **והנה** הלבוש השמיט תנאי זה, אפשר דס"ל דמחסר מעט לבדה סגי.

וכשהאשה עושה תכשיטי הכסף והזהב, משיירה מין ממיני התכשיט שנוהגת בהם, כדי שלא יהיה תכשיט שלם - היינו אם יש לה הרבה מיני תכשיטין, לא תשים כולם עליה בבת אחת, רק בכל פעם תשייר אחת לזכור החורבן, (**וצ"ע** שכל זה אין נוהגין כלל), **ונשים** המתקשטות במילוי, גורמין לבד זה רעות רבות מאומות העולם המתקנאים בהם.

וכשהחתן נושא אשה, לוקח אפר מקלה ונותן בראשו במקום הנחת תפילין. הגה: ויש מקומות שנהגו לשבר כוס בשעת חופה - וזו היא ג"כ הטעם של שבירת כלי בשעת כתיבת התנאים, **ויראה** לשבור תחת החופה כוס שלם, ואין בו משום בל תשחית, כיון שעושין כן לרמז מוסר למען יתנו לב, [**ובתנאים** ראוי ליקח קדירה שבורה], **או לשום מפה שחורה או שאר דברי אבילות בראש החתן** - (וצ"ע שכל זה אין נוהגין כלל).

וכל אלה הדברים כדי לזכור את ירושלים, שנא': אם אשכחך ירושלים וגו', אם לא אעלה את ירושלים על ראש שמחתי - שכל דבר שמחה צריך

לעשות בה דבר זכר לחורבן הבית. **אמרינן** בשבת דף ס"ב, דתענוג דאית ביה שמחה אסור, ודלית ביה שמחה שרי.

סעיף ג - וכן גזרו שלא לנגן בכלי שיר וכל מיני זמר וכל משמיעי קול של שיר לשמח בהם - היינו דבכלי אסור אפילו שלא על היין לדעה זו.

הגה: וי"א דוקא מי שרגיל בכך, כגון המלכים שעומדים ושוכבים בכלי שיר, או בבית המשתה - ר"ל לפי שהוא על היין, אסרו בזה ואפי' למי שאינו רגיל בזה, **ודע**, דאפי' בפה אסור על היין לכו"ע. **וע"כ** יש למחות באותן שיושבין לאכול סעודתן, [על היין], ובחוץ עומדים ומנגנים, ובכל יום עושין כן, דזהו ודאי איסור גמור, [**אמנם** לפי מש"כ במס' גיטין, בהגהות רמ"א שבמרדכי בשם מרדכי ישן, דדוקא במשתה בלא אבילה הוא דאסור, שכן דרך עכו"ם, **אבל** במשתה של אבילה מותר, אפשר דאין למחות בם, אע"ג דרגילי בזה].

ואסור לשומעם מפני החורבן; ואפילו שיר בפה על היין אסורה, שנאמר: בשיר לא ישתו יין - וב"ח פסק, דאפילו בלא יין ג"כ אסור, דאמרינן בגמרא, דוקא זמרא של מושכי הספינות או מושכי הבקרים שרי, שאינו אלא לזרזם במלאכתם, אבל דגרדאי אסור, שהוא לשחוק בעלמא, **וע"כ** נשים המזמרות בפה בעת מלאכתן, יש למחות להן, ואם אינן שומעות, מוטב שיהיו שוגגין, **אכן** בבית חרושת המעשה, שיש שם גם אנשים, ואלו מזמרות ואלו עונין אחריהן, הוא כאש בנעורת, ומצוה רבה לבטלם.

[**ואם** מזמרות כדי לישן התינוק, שפיר דמי, וגם הלא מדברי שו"ע משמע, דאינו אסור בפה אלא על היין, הלכך אין לדקדק כ"כ, **אכן** אם יש אנשים אחרים בבית, יש ליזהר משום קול באשה ערוה, **ומיהו** כבר הזהיר השל"ה ושארי ספרי מוסר, שלא לזמר שירי עגבים לתינוק, שזה מוליד לתינוק טבע רע, **ובלא"ה** נמי איכא איסורא בשירי עגבים ודברי נבלות, דקא מגרי יצה"ר בנפשיה, ושומר נפשו ירחק מזה, ויזהיר לבני ביתו ע"ז].

וכבר נהגו כל ישראל לומר דברי תשבחות או שיר של הודאות וזכרון חסדי הקב"ה, על היין - כתב בליקוטי מהרי"ל, שלא כדין הוא שמשוררין במשתה "אודך כי עניתני" וכה"ג לשמחת מריעות, כי אז התורה חוגרת שק, ואומרת: עשאוני בניך כמין זמר, אך בבהכ"נ לרגלים מצוה לזמר, ‹ומדברי הראשונים מוכח, שהאיסור הוא רק באופן שעושים כן דרך שחוק והיתול, אבל אם הכוונה לש"ש לתת שבח והודיה להשי"ת על חסדיו, או בדרך תפילה והתעוררות ליר"ש, הרי זה בגדר של קורא פסוק בזמנו שמביא גאולה לעולם, וזה מש"כ שבביהכ"נ ברגלים מצוה לזמר›, **וע"כ** מסיק המ"א, דלא שרי בשבת לזמר אלא אותן שירים שנתקנו על הסעודה, אבל פיוטים אחרים אסור, ‹**כוונתו** לחרוזים ושירים שנתקנו שלא לשם נתינת שבח לבורא או לשבח המצוה, אלא משתמשים בפסוקים ובלשונות חז"ל ליפוי החרוזים והלשון, על זה אמרינן "בניך עשאוני ככינור", **אבל** הפיוטים שנתקנו לש"ש דרך שבח והודיה להשי"ת ושבח מצוותיו, אין איסור כלל – פסקי תשובות›.

ובאיזה סעודות נוהגים לשורר קדיש, דהיינו "יתגדל", וזהו ודאי חטא גדול, דלא התירו אלא זכרון חסדי ד', **וכ"ש** במה שלוקחין על הסעודה ליצ"ן אחד, ועושה שחוק בפסוקים או בתיבות קדושות, וזהו עון פלילי.

הגה: וכן לצורך מצוה, כגון בבית חתן וכלה, הכל שרי - פי' בין בפה ובין בכלי ועל היין, **רק** שלא יהא בה ניבול פה, **ומ"מ** אין לשמוח ביותר.

סעיף ד - וכן גזרו על עטרות חתנים, שלא להניח כלל, ושלא יניח החתן בראשו שום כליל, שנאמר: הסר המצנפת והרם העטרה; וכן גזרו על עטרות הכלה, אם היא של כסף - ה"ה של מרגליות ואבנים טובות י"ל כ"ש דאסור, **ואימתי** נקראת כלה, י"ל כל ז' ימי המשתה בבתולה, גם לילה שלפני החופה, **וא"כ** אותן המניחין בראש כלה תכשיטין בראש שקורין בינד"א וכדומה, צ"ע.

אבל של גדיל מותר לכלה - כדי שלא לנוולה, **ועיין** בב"י דמסתפק לדעת הרמב"ם, אם היה עיקרה של גדיל, וקבועים משבצות של כסף וזהב, אם שרי, **וכהיום** אין משגיחין בזה העולם, ומקילין בזה, וכתב הא"ר דסומכין על דעת הרמב"ן, דסובר דעיקרו של גדיל שרי, אף שיש בו כסף וזהב, **והעושין** הינומא מיוחדת לכלה, קרוי"ן של כסף וזהב, אף שיכרוך הכסף על משי, יש לאסור, וצ"ע.

ודוקא לחתן וכלה, אבל בשאר כל אנשים ונשים לא גזרו - שלא גזרו אלא בשעת שמחה.

סעיף ה - אסור לאדם שימלא פיו שחוק בעולם הזה - שהשמחה יתירה משכח המצוות, **ועיין** בט"ז ופרישה, דאפי' בשמחה של מצוה, כגון בחתונה ופורים, לא ימלא פיו שחוק. **וזהו** כשעוסק בהשחוק זמן מרובה עם אחרים, אבל שחוק בעלמא לית לן בה – ערוה"ש.

§ סימן תקסא – דין הרואה ערי יהודה וירושלים והמקדש בחורבנן §

סעיף א - הרואה ערי יהודה - ולא ערי ישראל, דלא חשיבי כ"כ, **בחורבנן** - אפילו יושבין בהן ישראל, כיון שהישמעאלים מושלים עליהם מקרי בחורבנן, **אומר: ערי קדשך היו מדבר, וקורע.**

(ואינו חייב לקרוע אלא כשמגיע סמוך לכס, כמו מן הצופים לירושלים) - דרחוק יותר לא חשיבה ראיה, כמו להלן, **ולפי** מה שביארנו לקמיה, דכמה פוסקים פליגי ע"ז וסוברין דאין שיעור לדבר, אלא דממקום שרואה חייב לקרוע, ה"ה בענינינו.

סעיף ב - הרואה ירושלים בחורבנה, אומר: ציון היתה מדבר שממה - «צ"ל: ציון מדבר היתה ירושלם שממה – לבושי שרד», **וקורע** - יש שכתבו, שמסתברא שיום שרואה אדם תחלה ירושלים בחורבנה, שיאסור אותו היום כולו בבשר ויין.

וכשרואה בית המקדש, אומר: בית קדשינו ותפארתנו אשר הללוך בו אבותינו היה לשרפת אש וכל מחמדנו היה לחרבה, וקורע - עיין ב"ח, שחייב להשתחות ולקרוע את בגדיו, ולבכות ולהתאונן ולהתאבל על חורבן בהמ"ק, ולקונן ולומר "מזמור לאסף" וכו' עד סוף, **וכשקורע** מברך ואומר "ברוך דיין אמת {אך בלי שם ומלכות} כי כל משפטיו צדק ואמת, הצור תמים פעלו כי כל דרכיו משפט, אל אמונה ואין עול צדיק וישר הוא, ואתה צדיק על כל הבא עלינו" וכו'.

ומהיכן חייב לקרוע, מן הצופים - פי' דלא חשיב ראיה מריחוק מקום, אלא משהגיע לצופים דהוא מקום סמוך לירושלים חשיב ראיה, כ"כ ב"י, **אבל** כמה פוסקים כתבו, ד"צופים" הוי פירושו, כל מקום סביב לירושלים שיכולין לראות משם.

עוד כתבו, דמשהגיע לצופים צריך לקרוע אע"פ שעדיין לא ראה אותה.

כתב הא"ר, כל שקרע וראה קצת, אף שלא ראה בטוב, כשיגיע א"צ לקרוע עוד, **הא** לכתחלה יש לו להמתין עד שיגיע למקום צופים.

ואח"כ כשיראה המקדש קורע קרע אחר - וירחיק ג' אצבעות, **וכל קריעה טפח.**

ואם בא דרך המדבר, שאז רואה המקדש תחלה, קורע על המקדש טפח, ואח"כ כשיראה ירושלים מוסיף על קרע ראשון כל שהוא - וא"צ טפח, משום דעיקר מצות קריעה יצא בפעם ראשונה, שהיא מן המקדש, שקדושתה יותר מירושלים, ונכללת בתוכה.

והנכנס עתה למקום מקדש, חייב כרת, שכולנו טמאי מתים, וקדושה הראשונה קדשה לשעתה וקדשה לעתיד לבוא.

סעיף ג - אם קרע על אחת מערי יהודה, אינו חוזר וקורע כשיראה שאר ערי יהודה - דכולהו חשובות כאחת, **ומ"מ** צריך להוסיף על הקרע כל שהוא. **חוץ מירושלים, שחוזר וקורע עליה קרע אחר בפני עצמו; ואם קרע על ירושלים תחלה, אינו צריך לקרוע על שאר ערי יהודה** - היינו אפילו תוספת קרע בעלמא ג"כ א"צ.

סעיף ד - כל הקרעים האלו בידו - ולא בכלי, **ומעומד, וקורע כל כסותו שעליו עד שיגלה את לבו** - ולכן יקרע מצד שמאל, כי הלב בשמאל. **ואינו מאחה קרעים אלו לעולם** - היינו תפירה מבפנים, ואחרת עליה מבחוץ - טור, **ורש"י** פירש, תפירה מיושרת.

אבל רשאי - למחר, **לשללן למללן ללקטן ולתופרן כמין סולמות** - תפירות שאינן מיושרות.

סעיף ה - היה הולך ובא לירושלים, הולך ובא, תוך ל' יום אינו קורע קרע אחר; ואם לאחר ל' יום, חוזר וקורע; (והוא הדין בערי יהודה ובמקדש) - והרואה ירושלים תוך ל' יום, אע"פ שלא קרע, כגון שדר בתוכו, א"צ לקרוע על ערי יהודה, **אם** לא שיצא משם ובא לערי יהודה לאחר שלשים, **ומי** שנולד בירושלים, אפילו הגדיל אינו צריך לקרוע, דבקטנותו פטור, וכשהגדיל א"צ לקרוע, דהא ראה אותן תוך ל' יום.

§ סימן תקסב – דין קבלת התענית §

סעיף א - כל תענית - היינו בין הארבע צומות, או איזה תענית יחיד, **שלא שקעה עליו חמה, דהיינו שלא השלימו עד צאת הכוכבים, (דהיינו שיראו ג' כוכבים בינונים)** - דשנים עדיין הוי ביה"ש, וגדולים לא מהני, דהם נראין אף ביום, **(או שהלבנה זורחת בכח ותאיר על הארץ), אינו תענית** - הן לענין שלא יצא בזה ידי חיוב תעניתו, והן לענין שאינו מתפלל "עננו".

והנה בסימן רצ"ג לענין מוצאי שבת, פסק השו"ע דאין לעשות מלאכה עד שיראו ג' כוכבים קטנים ורצופים, **והוא** משום חומרא דשבת, וה"ה לענין מוצאי יוה"כ, **אבל** בענינינו סגי בבינונים, ואפילו מפוזרים.

[**ואם** קיבל עליו להתענות לילה ויום, אף דבאפוקי יומא צריך להמתין עד צה"ב וכנ"ל, אבל בעת כניסת היום מותר מדינא לאכול ביהש"מ עד סמוך לצה"כ, אם לא שקיבל עליו להתנהג בו בכל חומר ת"צ, **דרק** בט"ב מחמרינן בספיקא שלו אף בעיולי, כמבואר בגמרא, **ומ"מ** טוב שלא ליכנס לבית הספק, ויפסיק מבעוד יום].

ואם דעתו לאכול קודם לכן - כגון שהתנה בשעת קבלתו שלא להשלים התענית, **אינו מתפלל "עננו".**

הגה: מיהו נוהגין להתפלל "עננו" אע"פ שאין משלימין עד לה"כ - היינו אם פירש בשעת קבלה שלא להשלים, אפי' התענה רק עד מנחה גדולה, מתפלל "עננו", **וכן דעת מקצת רבוותא** - טעמם, דס"ל דמ"ש הגמרא: כל תענית שלא שקעה עליו חמה אינו תענית, והיינו אף לענין "עננו", הוא רק אם קיבל עליו להתענות יום שלם ולא השלים, דאינו תענית, אז אינו מתפלל "עננו", **אבל** אם קיבל עליו רק עד מנחה, דהוא לצעורי בעלמא, הוי תענית לענין זה שמתפלל "עננו" בתוך תפלתו, אף שאיננו משלים, **אכן** רוב הפוסקים חולקים ע"ז.

אבל אם קיבל תענית סתם, צריך להשלים עד צה"כ, כדלקמן בס"ג, **ועיין** בביאור הגר"א דמשמע מיניה, דבזה אם לא השלים, אפילו לדעת מקצת רבוותא אין מתפללין "עננו".

והא דסתם רמ"א להקל בפירש בשעת קבלה, היינו דוקא במתפלל תפלת מנחה קודם אכילתו, אבל כשאכל מתחלה, בכל גווני אינו מתפלל "עננו", [**ואם** ידלג "צום תעניתנו", אפשר דאף בזה שרי].

ונראה לי דדוקא ביחיד דאומר "עננו" ב"שומע תפלה", דבלאו הכי יכול להוסיף, כמו שנתבאר לעיל סי' קי"ט - הכריע רמ"א, דלא נסמוך עליה רק לענין יחיד, דיאמרנה ב"שומע תפילה" ויחתום "כי אתה שומע" וכו', ולא יאמר "בא"י העונה בעת צרה", **ועיין** בט"ז שמצדד, דאפי' בזה ידלג תיבות "צום תעניתנו", דלא ליחזי כדובר שקרים, כיון דאינו תענית, **ובספר** בגדי ישע פוסק, דא"צ לדלג, כיון שהוא מתענה עד אחר חצות, דאז אכילתו הוא כזורק אבן לחמת, לא מיחזי כשיקרא, וכן מצדד בספר מחצית השקל.

אבל ש"ל - היינו בתפלת חזרת הש"ץ, דמוסיף ברכה מיוחדת ע"ז בין "גואל" ל"רופא", **לא יאמר "עננו" אא"כ משלימין, וכן נוהגין** – (ועיין בפמ"ג שכתב, דמשמע דש"ץ בחזרת התפלה, אף בש"ת לא יאמר "עננו"), **אבל** בתפלת הלחש, גם הוא יאמר "עננו" קודם "כי אתה שומע".

סעיף ב - יש אומרים שמי שרגיל להתענות עשרת ימי תשובה – (לכאורה אפי' איננו רגיל להתענות, כי הוא אצלו רק פעם הראשון, אך באותו העיר נוהגים הרבה להתענות, והוא רוצה ג"כ להתענות כשאר אנשי העיר, מסתמא ג"כ כונתו אדעתא דמנהגא),

כיון שאין רגילות לקבלם בתפלה - שמקובלים ועומדים מכח מנהגם, (דאם קיבל בסתם, צריך אח"כ להתענות תענית שלם), וגם התענית הוא רק לצעורי בעלמא משום תשובה שיתכפרו עונותיו, **אין צריך להתענות עד צה"כ, אלא עד שיצא מביהכ"נ** - ערבית, ואפילו התפללו מבע"י, דהיינו מפלג המנחה ולמעלה, דהוא י"א שעות פחות רביע, **ותפלת** ערבית אין מעכב לזה, אלא כיון שהגיע הזמן הזה די, ובלבד שיתפלל מנחה תחלה - מ"א.

ועיין במחצית השקל שכתב, דעכשיו רבים נוהגים שלא להתענות כי אם עד זמן מנחה גדולה, ומתפללים תחלה מנחה, וכ"כ בפמ"ג, (דזה תלוי באמת בכל מקום לפי מנהגו), **ועכ"פ** נראה דבאדם חלוש בודאי יכול לסמוך להקל, להתענות רק עד זמן מנחה גדולה, ולהתפלל מנחה ותפלת "עננו", ולאכול, (ולא יחמיר על עצמו, כדי שיהיה לו כח להתענות ביוה"כ, שזהו העיקר, **ויותר** טוב שיתנה מתחלה, שאינו מקבל על עצמו להתענות כשאר העם, רק עד אחר מנחה גדולה, ויוכל ג"כ לומר "עננו" וכנ"ל).

ולפי זה אותן הנוהגין להתענות לעולם יום א' של סליחות וערב ר"ה, א"צ קבלה והשלמה, כיון שמקובלים מכח מנהגם.

(**ומסתברא** לכאורה דה"ה לענין תענית בה"ב שאחר פסח וסוכות, דאם רגילין להתענות בהם, שוב א"צ קבלה והשלמה, והיחיד מתפלל "עננו" כעשי"ת, **ואפשר** דלענין תענית בה"ב אף במקום שרגילין צריך קבלה, דכן קבעו המנהג מתחלה, שכל אחד יקבל, וכלשון המברך, שאומר "הוא יברך מי שיקבל עליו" וכו', **ובזמנינו** שאין העולם רגילין להתענות בה"ב, מסתברא ודאי דצריך קבלה בפירוש, **או** עכ"פ שיענה אמן על הש"ץ המברך).

(**והנה** אם קיבל בפירוש, בודאי חייב להשלים, אם לא שהתנה שלא להשלים, **ואם** רק ענה אמן, אף דחשוב כקבלה לענין "עננו", מ"מ צ"ע אם חייב להשלים, כיון שאינו כקבלה גמורה, וספק זה שייך גם לענין "עננו", דאם נאמר שחייב להשלים, אם לא השלים אין יכול לומר "עננו", ומ"מ לענין יחיד ב"שומע תפלה", נראה דיוכל לומר "עננו" אף אם לא השלים, כיון שענה אמן).

(**ולענין** תענית של ערב ר"ח, כיון שאין מנהג קבוע לזה כי אם למקצת אנשים, מסתברא דצריך קבלה מבע"י, ואם כן צריך להשלים, אם לא שהתנה בפירוש שלא להשלים).

(**הנה** דעה זו היא דעת מקצת רבוותא שהביא הרמ"א בס"א, דאם פירש בשעת קבלתו שלא להשלים, דהוא רק לצעורי בעלמא, יתפלל "עננו" אף בלא השלים, דדוקא בקיבל עליו תענית בסתם, דהוא יום שלם דוקא, אז אם לא השלים אין מתפלל "עננו", **ועפ"ז** יצא להם דעשי"ת דאין נוהגין לקבלם, והתענית הוא רק לצעורא בעלמא, אין משלימין, ואפ"ה מתפלל "עננו", דחשבינן להו כמו פירש שלא להשלים, **ולדעה** זו גם הש"ץ אומר "עננו" בברכה בפני עצמה בין "גואל" ל"רופא").

הגה: והיחיד מתפלל "עננו" – (ר"ל דוקא יחיד, דכיון דדעה ראשונה שבס"א לא ס"ל כן, אלא דבכל תענית שלא השלים עד הערב אין אומר "עננו", וכן סתם המחבר בסי"א, דכן הוא דעת רוב הפוסקים כמש"כ בד"מ, ע"כ סיים הרמ"א דרק היחיד אומר "עננו", כהכרעתו בס"א).

וכן חתן יתפלל "עננו" קודם שיכנס לחופה - דמתענה ג"כ רק לצעורי משום תשובה לכפר עונותיו, ואין רגילות לקבלו במנחה שלפניו, **ואז יוכל לשתות מכוס של ברכה** - היינו ג"כ אף שלא התנה בתחלה שלא להשלים, אפ"ה יכול לשתות וכנ"ל, **ומש"כ** "ואז", היינו דלא ישתה קודם מנחה, דאז לא יוכל לומר "עננו", **ומ"מ** טוב יותר שיתנה החתן בפירוש שלא להשלים.

אבל מי שמתענה מי"ז בתמוז עד תשעה באב, צריך להשלים - הטעם, שמתענין על העבר על החורבן, ולא אמרינן לצעורי קמכוין, **משא"כ** בעשי"ת, דמתענין על העתיד, שיקרע גזר דינם, אמרינן דלא קבלו אלא לצעורי, **וזהו** טעם המתענין מ' יום לפני יוהכ"פ דא"צ להשלים, דהא הם מתענים ג"כ מפני התשובה.

אע"ג דאינו צריך קבלה - דמקובל ועומד מפני שרגיל בזה בכל שנה, [לבוש, **וקשה**, מי עדיף זה מבה"ב דהיו רגילין בהם כלל ישראל, ואפ"ה בעי קבלה, או לפחות בעניית אמן כשאומר הש"ץ "מי שבירך" בשבת שקודם בה"ב, ובאלו ג' שבועות הוא רק אחד מני אלף].

וכן מי שאינו מתענה כל עשרת ימי תשובה, רק מתענה יום או יומים, בעי קבלה והשלמה -

מיירי במי שאינו נוהג להתענות כל שנה, וא"כ צריך לקבל התענית, לכן צריך להשלים, **אבל** מי שמתענה כל שנה, אפי' רק קבע יום אחד לזה, א"צ קבלה והשלמה, **ומכ"ש** מי שמתנה בשעת קבלה, שבודאי א"צ השלמה.

ונראה לי דדוקא בסתם, אבל אם התנה - היינו בשעת קבלת תענית, **שלא להשלים, הרשות בידו, דלא עדיף מאלף תענית** - ואפשר דה"ה אם התנה מקודם, אמרינן דקבלה שקיבל אח"כ אדעתא דתנאה קמא הוי, [**ואם** התנה למחר בבקר בשעה שמתחיל להתענות, אינו כלום].

סעיף ג - יחיד שקבל עליו תענית סתם בערב שבת - היינו שלא פירש בעת הקבלה את כונתו, **צריך להתענות עד צאת הכוכבים** - דאמרינן דמסתמא היה כונתו כמו בשאר ימות החול, דדינו הוא עד צה"כ כל זמן שלא פירש.

אם לא שפירש בשעת קבלת התענית עד שישלימו הצבור תפלתם - וה"ה דמהני כשמתנה, שיתענה רק עד זמן מנחה גדולה, ומיקרי תענית ויכול להתפלל "עננו".

[**ומ"א** כתב: "תענית סתם" מחמת נדר, **וכתב** מחה"ש, דאתי לאפוקי אם היה תענית חלום או ת"צ, בזה לא מהני מה שפירש, עד שישלימו, **והפמ"ג** פי', דאתי לאפוקי אם קבלת תעניתו בע"ש היה מחמת שהוא איסטניס, ודאי דעתו היה רק עד שיצא מביהכ"נ].

[**וע"ש** עוד דמסתפק, אם היה חיוב עליו קבלת תענית בנדר מזמן רב, [לא בגדר איסור אכילה על יום אחד, דבזה בודאי צריך יום שלם, אלא ר"ל קבלת תענית], וקיבל עתה עליו בע"ש, אם יצא בזה כשפירש עד שיצא מביהכ"נ, **ואני** סתמתי בסי' רמ"ט בבה"ל דבודאי לא יצא].

(וע"ל סימן רמ"ט) - היינו מה שהכריע שם בהג"ה לדינא, ועיין שם מה שכתבתי שם במ"ב ובה"ל.

סעיף ד - תענית חלום, צריך להתענות עד צאת הכוכבים, ואפילו בערב שבת - דהא מתענין עבורו אף בשבת, **(ועיין לעיל סימן רמ"ט סעיף ד')**.

סעיף ה - כל תענית שלא קבלו עליו היחיד מבעוד יום, אינו תענית, הגה: להתפלל "עננו" - לאפוקי ת"צ דא"צ קבלה, כמבואר בסי"ב.

משמע אע"פ שקבלו אח"כ בלילה, לא מהני, **והא** דמבואר לקמן בס"ו בדעה קמייתא, דמהני הקבלה לענין תענית שעות להתפלל "עננו", ‹אף שלא קבלה מאתמל, כיון שקבלה קודם לתענית›, **הכא** כיון שהתחיל להתענות לשם חובה, ואח"כ קבלו, לא הוי קבלה כלל, [דהתענית מקרי משחשיכה, אע"פ שמותר לאכול בלילה], מ"א ‹בסעיף ט'›, **ואפי'** השלימו עד צה"כ, ג"כ אינו חשוב תענית, שנאמר: קדשו צום, משמע דבעינן הזמנה מקודם.

ולא לענין אם חייב תענית סתם והתענה כך, לא יצא ידי נדרו - ומ"מ אם התחיל להתענות ביום זה, צריך לשלם נדרו במה שקבל עתה, אף שלא קבלו מבעוד יום, **וגם** הוי כפרת עון, דלא גרע ממי שמצטער עצמו מבשר ויין, וכדלקמן בסי"א, כ"כ הפמ"ג והגר"א בביאור דברי הרמ"א, **וביד** אפרים וכן בשיורי לקט מפקפקין ע"ז, דכיון דהוא סבר לצאת בזה ידי נדרו שנדר מכבר, א"כ היה הקבלה בטעות, ויכול לחזור בו ולאכול בו ביום.

מיהו י"א דמתפלל "עננו" - טעמם, דמה שאמרו בגמרא: כל תענית וכו' אינו תענית, היינו רק לענין שלא יצא ידי נדרו שחייב מקודם, **אבל** שם תענית עליו, ויכול להתפלל "עננו", ואפי' לא קבלו כלל, [**דלא** גרע מתענית חלום שאין בו קבלה כלל, ואפ"ה מתפלל "עננו"].

וכן נראה לי לנהוג בתענית יחיד - משום דיחיד אומר "עננו" ב"שומע תפלה", ואינו קובע ברכה לעצמו, וכנ"ל בס"א בהג"ה, **ומיהו** אפשר דדוקא בחדא ריעותא, דהיינו שלא קבלו מבעוד יום, אבל השלימו עד הערב, **אבל** אם גם אין דעתו להשלימו, אפשר דאינו חשוב תענית גם לענין "עננו", [ח"א, **ודעת** הפמ"ג, דאף בזה יכול לומר "עננו"], **ונכון** שבאופן זה ידלג תיבות "צום תעניתנו", ויאמר "עננו ד' עננו ביום זה, כי בצרה גדולה אנחנו" וכו'.

ולכולי עלמא, המתענה תענית חלום מתפלל "עננו", אע"פ שלא קבלו עליו מאתמול - ובזה לכו"ע יכול לומר בו שפיר "צום תעניתנו", אע"פ שלא קבלו מאתמול כלל, כיון דמשמיא רמו עליה, הוי במקום קבלה מעצמו.

סעיף ו - אימתי מקבלו, בתפלת המנחה - דבעינן שיהא הקבלה סמוך לזמן התחלת התענית, **ונראה** דלכתחלה יותר טוב שיהיה במנחה קטנה, דהוא בט' שעות ומחצה, ולא קודם, ובדיעבד מהני אפי' במנחה גדולה, **וכתבו** האחרונים, שבדיעבד אם לא קיבל בתפלת המנחה, יכול לקבלו אח"כ כל זמן שהוא יום.

(הנה מלשון רש"י משמע הטעם, דבעינן שיהא הקבלה סמוך לזמן התענית, ולפי"ז אם התפלל מנחה בתחלת זמן מנחה קטנה, דהיינו ט' שעות ומחצה, יכול לכאורה לכתחלה להמתין לאחר קבלתו בזמן מאוחר סמוך לשקיעת החמה, שיהיה יותר סמוך לזמן התענית, **אבל** מדברי הפוסקים לא משמע כן, דקבעוהו בתפלת המנחה דוקא, כדי שיבקש בתפלה שיתקבל תעניתו, ובאמת יש לכוין לזה גם דעת רש"י, **ומ"מ** יש לומר דכ"ז לכתחלה, אבל בדיעבד מהני, כמו שהסכימו הב"ח והמ"א, דכל זמן שהוא יום יכול לקבל עליו התענית).

(**ואכן** בעיקר הדין מיסתפקנא טובא, עד אימתי יכול לקבל עליו בדיעבד, דהנה לפי מה שמבואר בפוסקים דצריך שיהיה הקבלה סמוך לזמן התענית, וידוע דכל התעניתים לבד מט"ב ות"צ, ביה"ש שלהן בכניסתו מותר, דעדיין אין חיוב תענית עליו, ואפילו יחיד שקבל על עצמו להתענות לילה ויום, **א"כ** אפילו היתה הקבלה אחר שקיעה, ג"כ שפיר דמי, ובפרט דלדעת ר' יוסי עדיין יום הוא, ואולי נכון לסמוך עליו בזה, וצ"ע).

אומר ב"שומע תפלה" - דמותר לשאול צרכיו ב"שומע תפלה", וכיון שמסיים "יהי רצון" וגו' כדלקמיה, לא הוי הפסק, דהוא בכלל שאילת צרכיו, **או אחר שסיים תפלתו קודם שיעקור רגליו "הריני בתענית יחיד מחר"** - אתי לאפוקי, דלא נטעי שהוא מקבל עליו להתענות כחומר תענית צבור, **ומ"מ** בדיעבד אף אם אמר בסתמא "הריני בתענית מחר", ג"כ דינו כתענית יחיד, **"יה"ר שתהא תפלתי ביום תעניתי מקובלת"**.

ואם לא הוציא בפיו, אם הרהר בלבו שהוא מקבל תענית למחר, הוי קבלה - ודוקא שהרהר בלשון זה, שהוא מקבל, **אבל** מה שבדעתו להתענות, לא מיקרי קבלה, ויכול לחזור, **אכן** אם התחיל להתענות, אסור לאכול בלא התרה, [**וצ"ע** אם אז נחשב כקבלה גמורה, דאפשר דמהני מה שהיה בדעתו והתחיל, לחשבו כתענית ע"י קבלה].

ואע"ג דלענין שבועה ונדר, כשאוסר איזה דבר על עצמו, לא מהני עד שיוציא בשפתיו, אבל תענית דמי לנדר של צדקה, דמהני כשגמר בלבו לזה, **וט"ז** כתב, דכיון דע"י התענית נתמעט חלבו ודמו, חשוב כקרבן, ובקרבן כתיב: כל נדיב לב עולות.

והוא שיהרהר כן בשעת תפלת המנחה - ולא קודם, דלא עדיף הרהור מהוצאה בפה, דלא מהני אם הוציא בפיו קודם תפלת המנחה להתענות למחר.

(**ואף** דיש פוסקים שסוברים, דשמואל מודה לרב, דאף קודם מהני, המחבר סתם לדינא כדעת רש"י ורא"ש וסייעתייהו, דלא מהני מקודם, **ומ"מ** נראה, דאם איחר להתפלל מנחה עד סמוך לשקיעה, שגמר המנחה היה אחר שקיעה, טוב שיקבל עליו התענית קודם מנחה, ויחזור ויקבל גם בתפלתו, לצאת ידי כולם, **דאף** דלענין מנחה סומך עצמו על הפוסקים, דעדיין לא עבר זמן תפלה, כמבואר לעיל בסימן רל"ג ברמ"א, מ"מ לענין קבלת התענית, הלא יכול לתקן לקבל גם מקודם, דהוי קבלה גמורה לאידך פוסקים הנ"ל).

הגה: וטוב יותר לקבלו אחר תפלה מבשעת תפלה - קאי אריש הסעיף, שכתב: אומר ב"שומע תפלה" או אחר וכו', וע"ז קאמר דטוב יותר לקבלו אחר תפלה, דהיינו קודם "יהיו לרצון", או אח"כ קודם שיעקור רגליו, **כדי שלא להפסיק תפלתו** - דעצם הקבלה שאומר: הריני בתענית, אינו שייך לתפלה, **והאחרונים** כתבו, דטוב שגם ב"שומע תפלה" יהרהר שמקבל עליו התענית למחר.

סעיף ז - קיבל עליו תענית בתפלת המנחה, אף על פי שהוא אוכל ושותה בלילה, לא הפסיד כלום - דלא נחשב זה להפסק, משום דעצם חיוב התענית אינו אלא לכל היום, **אם** לא במקום שהחמירו בפירוש גם ללילה, כגון לט"ב, או להמבוארים לקמן בסימן תקע"ה ס"ג.

וכן אם קבל עליו להתענות שלשה או ארבעה ימים או יותר זה אחר זה, להתענות בימים ויאכל בלילות - אין הכונה שפירש שיאכל בלילות,

אלא מסתמא הוא ג"כ מותר כדלקמיה, **אע"פ שהוא אוכל כל הלילות, לא הפסיד כלום, דהוי קבלה לכולם, אע"פ שלא קיבל כל אחד ואחד במנחה שלפניו.**

הגה: ואם קבל להתענות שני ימים רצופין, מותר לאכול בלילה שביניהם, אם לא פירש בהדיא אף על הלילה, ואז מתפלל כל יום במנחה עננו - ט"ס הוא, וצ"ל "ואפ"ה מתפלל", ור"ל דאף שמתענה גם בלילה, אין לומר דהוי כיומא אריכתא, ולא יתפלל "עננו" אלא במנחה של יום שני, **אלא** כל יום הוא תענית בפני עצמו לענין "עננו", ואפילו מתענה ששה ימים רצופים, נמי מתפלל כל יום "עננו" במנחה.

סעיף ח - אם קיבל עליו בתפלת המנחה שלשה או ארבעה תעניות, ולא רצופין זה אחר זה, כגון שקבל עליו להתענות שני וחמישי ושני וכיוצא בזה, יש מי שמסתפק אם סגי בקבלה אחת לכולם - מפני שקבלן בבת אחת, **או אם צריך קבלה לכל אחד ואחד.**

הגה: מיהו נהגו העם לקבלם בקבלה אחת וסגי בהכי, וכן דעת מקצת רבוותא - והוא מה שמברכין בשבת שלאחר פסח וסוכות "מי שיקבל עליו להתענות בה"ב", והעם עונין אמן, וזהו הקבלה, וא"צ לקבלו עוד במנחה שלפניו, **ומ"מ** אם רוצה אח"כ שלא להתענות, הרשות בידו, כיון שלא הוציא בפיו, [**וכתב** הפמ"ג: ודלא כנוהגין שבשעה שהש"ץ מברך "מי שבירך" למי שיקבל בה"ב, דאין שום אחד כמעט עונין אמן, דהא אין מחוייב להתענות עי"ז, **ואם** רוצה להחמיר, יתנה בלב שלא להתענות, ולמה לא יענה אמן אחר "מי שבירך", עב"ל].

אכן לפי מה שכתבנו לקמן בסימן תקס"ג, דיש מחמירין שאפילו בהרהור בלבד הוי קבלה, צריך ליזהר לדבריהם, אם בעת שענה אמן היה בלבו להתענות, שלא לחזור מזה, [**ואפי'** לדידהו יכול ג"כ לענות אמן, אך שלא יכוין בענייתו אמן לקבל התענית, אלא שהקב"ה יברך למי שיקבל עליו בה"ב].

סעיף ט - קבל עליו להתענות למחר, והתענה, ובלילה שלאחר התענית נמלך להתענות, אע"פ שלן בתעניתו, שלא אכל בלילה והתענה כל היום השני, אינו תענית - לא לענין לצאת ידי נדרו, ולא לענין להתפלל "עננו", **מפני שלא קבלו עליו מבע"י** - ואשמעינן בזה, דלא נימא דבכה"ג הוי כיומא אריכתא, ויצא בקבלתו הראשונה.

משמע אע"פ שקבלו אח"כ בלילה, לא מהני, **ועיין** במ"א שדעתו, דדוקא אם קבלו אחר שהתחיל להתענות לשם תענית, דהקבלה צריך להיות מקודם התחלת התענית, הן בתענית שעות והן בתענית יום שלם, **אבל** אם קיבל על עצמו בלילה קודם שהתחיל להתענות, אף דלא יצא ידי נדרו בזה, דלא נקרא תענית שלם כיון שלא קבלו מבע"י, מ"מ עכ"פ תענית שעות הוי, כיון שקיבל קודם התחלת תעניתו, ומתפלל למחר "עננו", לדעה קמייתא שבסעיף יו"ד, **ויש** מאחרונים שחולקין, וסוברין דהיכא שדעתו להתענות יום שלם, אין עליו שם תענית שעות, ובלא קבלה מבע"י אף לדעה קמייתא אין עליו שם תענית כלל, אף לענין להתפלל "עננו".

ודע, דלפי מה שכתב הרמ"א בס"ה, לנהוג בתענית יחיד שאומר "עננו" ב"שומע תפילה" אף בלא קבלה כלל, ה"ה בעניננו כאן, וכ"כ הא"ר.

סעיף י - מתענה אדם תענית שעות, והוא שלא יאכל כל היום. כיצד, הרי שהיה טרוד בחפציו ומתעסק בצרכיו ולא אכל עד חצות או עד ט' שעות, ונמלך להתענות בשעות שנשארו מן היום, הרי זה מתענה אותם שעות ומתפלל בהם "עננו", שהרי קבל עליו התענית קודם שעות התענית - מלשון "ונמלך להתענות" משמע לכאורה, דאפילו לא הוציא בשפתיו, ג"כ סגי, ומה שסיים "שהרי קבל עליו", היינו בלב, ואזיל לשיטתיה בס"ו, **ועיין** שם במ"א, דדוקא בשקבל עליו, אבל אם היה רק בדעתו להתענות, לא מיקרי קבלה.

[**וטעם** דעה ראשונה, דעד כאן לא צריך קבלה מאתמול, היינו בתענית יום שלם, אבל בתענית שעות, די שיקבלנו סמוך לאותן שעות].

וי"א שגם זה תענית שעות צריך שיקבלנו עליו מאתמול - צ"ל: "שגם תענית שעות זה צריך שיקבלנו עליו מאתמול", היינו בעת תפלת המנחה.

והיכי משכחת לה, כגון שקבל עליו מאתמול להתענות עד חצי היום, וכשהגיע לחצי היום נמלך וגמרו - ר"ל שנמלך שלא לאכול אפילו שלא לשם תענית.

או שקבל עליו להתענות למחר מחצי היום ואילך, ולמחר נמלך ולא אכל גם בחצי היום ראשון, הרי זה תענית שעות - ר"ל ומתפלל בהם "עננו".

סעיף יא - אם קבל עליו התענית עד חצי היום ואכל אחר כך - לאו דוקא, דה"ה אם הקבלה היה עד ג' רביע היום, אם דעתו לאכול קודם גמר היום, אינו מתפלל "עננו" בתפלת המנחה.

או שאכל עד חצי היום וקבל עליו תענית משם ואילך, אינו נקרא תענית להתפלל "עננו" - ועיין לעיל בס"א בהג"ה, דהיחיד יכול לומר "עננו" בש"ת.

אבל נקרא תענית לענין שצריך להשלים נדרו - דהו"א דמותר לאכול תוך אותו זמן שקיבל עליו, דלא הוי נדר כלל, קמ"ל דמ"מ צריך להתענות אותו זמן.

סעיף יב - תענית שגוזרים על הצבור, אין כל יחיד צריך לקבלו בתפלת המנחה, אלא שליח צבור מכריז התענית והרי הוא מקובל. וי"א דהני מילי בארץ ישראל שהיה להם נשיא, לפי שגזרתו קיימת על כל ישראל, אבל בחוצה לארץ צריכים כל הצבור לקבל על עצמם כיחידים שכל אחד מקבל על עצמו - ולדינא נראה, דצריך להחמיר ולהתענות כדעה ראשונה, אף שלא ידע ולא קיבל על עצמו, **וכ"ש** התעניתים הכתובים בפסוק, בודאי א"צ לקבל, **ונראה** דאף דעה השניה מודה לזה, דאלו כבר רצו כל ישראל וקבלו עליהם, כדאיתא בפוסקים.

סעיף יג - יש מי שאומר שמי שנדר ואמר: אם לא אלך למקום פלוני - וה"ה בקום ועשה, כגון שאמר: אם אעשה דבר פלוני, **אשב בתענית** - וה"ה אם אמר: אתן לצדקה, **מאחר שמה שהתנה הוא דבר הרשות, הוי אסמכתא, (פירוש שאדם סומך בדעתו שיוכל לעשות דבר אחד, ועל סמך זה הוא נודר או מתחייב בדבר מה)** - נקט לשון "יש מי שאומר", דיש הרבה פוסקים שחולקין, וס"ל דאף שהתנאי היה בדבר הרשות, כיון שהדבר שהתחייב הוא דבר מצוה, לא שייך בזה אסמכתא, ומחויב לקיים, **והאחרונים** כתבו, דיש להחמיר מאחר שרבים חולקים ע"ז.

אבל אם אמר: אם לא אעשה מצוה פלונית אשב בתענית - דעשה לזרז עצמו לדבר מצוה, וגומר בדעתו, ולא הוי אסמכתא.

וכן אם אמר: אם יצילני ה' מצרה - דמקרא מלא הוא גבי יעקב "וידר יעקב נדר, אם יהיה אלהים עמדי ושמרני" וגו', **וכן** "וידר ישראל נדר לאמר, אם נתן תתן את העם הזה בידי" וגו', **או אם יצליח דרכי** - גם זה מקרא דיעקב "ונתן לי לחם לאכול" וגו', **לא הוי אסמכתא** - ומשום דבזכות שהצליח גמר ומקני, לכך חייל הנדר.

נקט לשון "יש מי שאומר" לדין הראשון, דבזה יש הרבה פוסקים שחולקין כנ"ל, **אבל** שני דינים האחרונים, כולי עלמא סבירא להו כן.

§ סימן תקסג – דין מי שהרהר בלבו להתענות §

סעיף א - מי שהרהר בלבו שלא בשעת תפלת המנחה - אלא קודם לזה, **להתענות למחר** - ר"ל אפי' גמר בדעתו, וקיבל במחשבתו להתענות למחר, **לא הוי קבלה, דלא עדיף מהוציא בפיו להתענות למחר, דלא הוי קבלת תענית, כיון שלא קבלו בתפלת המנחה** - משמע מלשון זה, דא"צ

להתענות כלל, (בהוציא בפיו), כיון שלא קיבלו בתפלת המנחה, **אבל** האחרונים הסכימו דמחוייב להתענות עכ"פ מדין נדר, **ואפילו** רק גמר בדעתו וקיבל במחשבתו להתענות, ג"כ יש מחמירין דהרהור כדיבור דמי.

אכן לענין תפלת "עננו", משמע דלא יכול לומר, **והנה** כ"ז לענין הש"ץ, לומר "עננו" בין גואל לרופא ובחתימה כנהוג, **אבל** ליחיד לומר "עננו" ב"שומע תפלה", כבר הכריע רמ"א לעיל בס"ה, דיחיד יכול לומר אפילו לא קיבלו כלל, **וכ"ש** בענינינו שקיבלו שלא בתפלת המנחה, דלהרבה פוסקים חשוב זה קבלה גמורה, עכ"פ לענין יחיד בודאי יש לו לומר "עננו", [**ובזה** נ"ל פשוט, דאין לדלג תיבת "צום תעניתינו"].

שלא בשעת תפלת המנחה - ודוקא קודם שהתפלל, דאלו אחר שהתפלל, משמע מאחרונים דמהני הקבלה בדיעבד כל זמן שהוא יום, בין בהוצאה בפה ובין בהרהור.

§ סימן תקסד – דין ליל שלפני התענית §

סעיף א - כל תענית שאוכלים בו בלילה, בין צבור בין יחיד, הרי זה אוכל ושותה עד שיעלה עמוד השחר - היינו אפי' אם גמר סעודתו מכבר, ורוצה קודם אור היום לחזור ולאכול, רשאי.

והוא שלא ישן (שינת קבע) - אבל מתנמנם, דהיינו נים ולא נים, תיר ולא תיר, לא חשיב שינה.

אבל אם ישן (שינת קבע) - אפילו שלא על מטתו, **אינו חוזר ואוכל ולא שותה** - והנה המחבר סתם דבריו, משמע דס"ל אפילו ישן בתוך הסעודה, ג"כ שוב אסור לאכול ולגמור סעודתו כשניעור משנתו, וכמו שמסיק בב"י, **אבל** כמה אחרונים הסכימו, דאם ישן בתוך הסעודה מותר לגמרה אח"כ, כיון דמתחלה היה דעתו לאכול עוד, [**ומוכח** עוד שם, דאפי' אם השינה לא היה בתוך הסעודה, אלא קודם אבילה, כמו שמצוי שאדם ישן בתחילת הלילה ואח"כ קם לאכול, מ"מ מותר לאכול אח"כ, כיון שדרכו לאכול לא סילק ע"י השינה מאבילה], **ומ"מ** המחמיר על עצמו בזה, קדוש יאמר לו.

אא"כ התנה - קודם השינה **לאכול או לשתות** - ואז מותר אפילו גמר סעודתו קודם השינה, וגם ישן אח"כ שינת קבע, דעדיין לא קבל עליו התענית.

הגה: ויש אומרים דבשתייה אין צריך תנאי, דמסתמא דעתו של אדם לשתייה אחר השינה, והוי כאילו התנה - דדרך האדם להיות צמא אחר שינתו, **כתבו** האחרונים, דלכתחלה ראוי להחמיר ולהתנות אף לשתיה כדעת המחבר, [ובדיעבד אין להחמיר בזה], **אכן** אם רגיל לשתות אחר השינה, א"צ להתנות.

§ סימן תקסה – דין תפלת עננו §

סעיף א - יחיד אומר "עננו" ב"שומע תפלה" - ר"ל שאינו קובע ברכה לעצמו בין "גואל" ל"רופא" כמו ש"צ, אלא כוללה ב"שומע תפלה", וכדלקמיה בהג"ה.

בין יחיד שקיבל עליו תענית, בין יחיד המתפלל עם הצבור בת"צ - (ואפילו אם הוא מתפלל עם הש"ץ בשוה, ג"כ לא יאמר ברכת "עננו" עמו, ורק ב"שומע תפלה" כשאר יחידים), דרק לש"צ קבעו ברכה לעצמו בין "גואל" ל"רופא", ולא ליחידים.

(כתב הח"א, יחיד שאינו מתענה, ומתפלל עם הצבור, יאמר בש"ת "עננו", ויאמר "ביום ת"צ זה", עכ"ל, ובמאמ"ר השיג ע"ז, ע"ש, ודבריו נכונים, דיחיד שאינו מתענה, אין לומר "עננו" בשום פנים). (ע"ל סי' תקסח ס"א).

וכן שליח צבור שמסדר תפלתו בלחש, כיחיד דמי וב"שומע תפלה".

הגה: ואומרו קודם "כי אתה שומע" וכו', ולא יחתום ב"עונה בעת צרה", אלא כשמגיע ל"בכל עת צרה וצוקה", יסיים: "כי אתה שומע תפלת" וכו', ולא ישנה ממטבע הברכה - ואפילו ש"ץ, אם שכח לומר "עננו" בין "גואל" ל"רופא", שאומר

ב"שומע תפלה", ג"כ לא יחתום שם בברכה בפני עצמה, אלא יסיים: "כי אתה שומע" כיחיד.

אפילו כשמתענה יחיד, יאמר: עננו בצום תעניתנו וכו' - דלעולם לישתתף איניש בהדי צבורא, ולא מיחזי כשיקרא מה שאומר בלשון רבים, דא"א שלא יהיה אחד בסוף העולם שמתענה היום, **ויש** מאחרונים שמצדדים לומר "ביום צום תעניתי", או "ביום צום התענית" [כדי שלא יהיה תפילתו בלשון יחיד], **והעולם** נהגו כרמ"א, וכן העתיק בדה"ח.

סעיף ב - אם שכח מלומר "עננו", אין מחזירין אותו. (וע"ל סימן רצ"ד סעיף ד' וכ')

- דשם מוכח בס"ד, דתיכף כשיסיים ברכת "שומע תפלה", אין לו לחזור, אע"פ שלא פתח בברכה שלאחריה, [ואפי' לא אמר אלא השם בלבד], **רק** אחר תפלתו יכללה ב"אלהי נצור", כדלקמיה, וגם הסעיף ה' דשם שייך לכאן.

ואם נזכר קודם שעקר רגליו, אומרו בלא חתימה (לאחר תפלתו) - קודם "יהיו לרצון", [**היינו** לכתחילה, ובדיעבד יכול לומר אף אחר "יהיו לרצון", כיון שלא עקר רגליו עדיין].

סעיף ג - יש אומרים שאין היחיד אומר "עננו" כי אם במנחה, שמא יאחזנו בולמוס - שיהיה צריך לאכול כדי להשיב נפשו, **ונמצא שקרן בתפלתו** - ועיין בט"ז שכתב, דאם רוצה להתפלל בשחרית "עננו", ולדלג תיבות "ביום צום תעניתנו", הרשות בידו, דאז אין חשש שמא ימצא שקרן.

אבל שליח צבור אומרו גם בתפלת שחרית כשהוא מתפלל בקול רם, שא"א שלא יתענו קצת מהקהל - (עיין לקמן בסימן תקס"ו ס"ג, דבעינן דוקא עשרה מתענים, **אלא** דכאן מיירי שיש עשרה שדעתם להתענות, ורק מחששא שמא לא יוכלו אח"כ להתענות, בזה אמרינן כיון דעכ"פ ישאר מעט אף לבסוף, לא מיחזי כשקרא, **אבל** אם יודע שבשעת תפלה אין שם עשרה שדעתם להתענות, א"כ איננו שליח של צבור לענין תפלת תענית).

ובארבע צומות, גם היחיד אומרו בכל תפלותיו - ואפילו בתפלת ערבית שקודם התענית, דעצם התענית מתחיל מבערב, [**דאף** שבג' צומות רשאי לאכול בלילה, ולא הצריכוהו להפסיק מבערב, מ"מ שם תענית מתחיל מבערב, שאם ישן שוב אינו רשאי לאכול].

דאפילו יאחזנו בולמוס ויאכל, שייך שפיר למימר: עננו ביום צום התענית הזה, כיון שתיקנו חכמים להתענות בו.

הגה: ונהגו בכל המקומות שלא לאומרו כי אם במנחה - ואפילו מתפלל מנחה גדולה יאמר "עננו", דאפילו אם יאחזנו בולמוס לא יהיה שקרן בתפלתו, דעכ"פ התענה עד חצות.

מלבד שליח צבור שאומר שחרית כשמתפלל בקול רם - (אבל בתפלת לחש שלו לא יאמר "עננו" ב"שומע תפלה", דהוא כשאר יחידים).

סעיף ד - טוב לומר בתחנונים שאחר תפלת המנחה לאחר "אלהי נצור" וכו': "רבון כל העולמים, גלוי וידוע לפניך שבזמן שבית המקדש קיים אדם חוטא ומקריב קרבן ואין מקריבים ממנה אלא חלבו ודמו" וכו'.

סעיף ה - אין היחיד רשאי לומר שלש עשרה מדות דרך תפלה ובקשת רחמים, דדבר שבקדושה הם - ואין נאמר בפחות מעשרה.

אבל אם בא לאומרם דרך קריאה בעלמא, אומרם - בניגון וטעמים.

הגה: וכן אין ליחיד לומר סליחות או "ויעבור" (מהרי"ל בשם או"ז) - אף די"ג מדות כבר כתבו המחבר, חזר ושנה הרמ"א בשם או"ז, דאפילו סליחות לחוד ג"כ אין לומר ביחיד, **אבל** האחרונים תמהו על עיקר הדין, דלמה לא יאמר היחיד סליחות, דהוא תחנונים בעלמא, **והסכימו**, דסליחות בלא י"ג מדות יכול יחיד לומר.

[**והמ"א** מבאר דברי האו"ז, דכונתו, שבמקום שנוהגין לומר סליחות בצבור באמצע תפלה, היחיד בתפלתו אין יכול לעשות כן, משום הפסק, וביאורו הוא

נכון בדברי האו"ז, **אכן** לשון הרמ"א דקאמר "וכן", לא משמע כן, וצריך עיון].

אין לומר "האדרת והאמונה" בצבור כי אם ביוה"כ, **הא** יחיד יכול לומר "האדרת" כל השנה.

אין לומר קודם חצות לילה שום סליחות ולא י"ג מדות בשום פנים לעולם, חוץ מביום הכפורים.

סעיף ו - המתענה ומפרסם עצמו לאחרים להשתבח שהוא מתענה, הוא נענש על כך - משמע שאם שואלין אותו אם התענה, מותר לומר האמת, כיון שאינו עושה להשתבח ולהתפאר, **ומ"מ** נכון הוא שבכל גווני יאמר שאינו מתענה, כדי שלא להחזיק טיבותא לנפשיה, **אכן** אם מפצירין בו לאכול, ואינו יכול להתנצל בלא"ה, יאמר שהוא מתענה, **ופשוט** דכל זה בסתם תענית שאדם מקבל על עצמו, אבל בתעניתים הקבועין, והוא במקום שמקילין בו המון, מצוה לפרסם שמתענה, כדי שילמדו ממנו. **ולהיפך** אם הוא במקום שהעולם מחמירין על עצמם להתענות, אף תענית בה"ב וכדומה, והוא אין יכול להתענות מפני שהוא חלש, לא יאכל בפרהסיא בפני המון עם, אלא בצנעא.

§ סימן תקסו – דיני תענית צבור §

סעיף א - בתענית צבור אומר שליח צבור "עננו" בין "גואל" ל"רופא" - דכתיב: "ד' צורי וגואלי", וסמיך ליה "יענך ד' ביום צרה", **וחותם: בא"י העונה לעמו ישראל בעת צרה** - ובסידורים שלנו איתא "העונה בעת צרה", וכן העיקר.

(ואם שכח, ע"ל סוף סימן קי"ט סעיף ד').

וקורים "ויחל" בשחרית ובמנחה - היינו בכל ת"צ, **אבל** בט' באב קורין בשחרית "כי תוליד בנים" וגו', ומפטירין בירמיה "אסוף אסיפם", **ורק** במנחה דומה בקריאה לשאר ת"צ.

מה שהקהל אומרים "שוב מחרון אפך" דרך בקשה, וכן "ד' ד' אל רחום וחנון וגו'", העולה לתורה וכן החזן הקורא אין אומר אותן פסוקים עם הקהל, רק אח"כ כשסיימו הקהל, אז קורא החזן עם העולה בתורה, **וראוי** ליזהר שהש"ץ ימתין עד שיסיימו כולם, ואח"כ יתחיל לקרות, כדי שישמעו כולם מתורה.

בין שחל בשני ובחמישי בין שחל בשאר הימים - עיין לקמן בס"ב בהג"ה, דבתעניתים שאין קבועין לכל, מנהגינו שאין דוחין פרשת השבוע בשחרית.

הגה: ומפטירין במנחה "דרשו", ובשחרית אין מפטירין, חוץ מבתשעה באב.

וקורים אפילו כשחל בערב שבת - "ויחל" בשחרית ובמנחה, וה"ה דאומר הש"ץ "עננו" בין "גואל" ל"רופא".

ואם מתענים בראש חדש, קורים שחרית פרשת ר"ח, ומנחה בשל תענית - ובדיעבד אם קרא בשחרית "ויחל", נראה שאין מחזירין אותו, דיש לסמוך על הירושלמי, דסובר דאף לכתחלה קורין "ויחל".

סעיף ב - כשהצבור גוזרים תענית על כל צרות שלא תבא עליהם, וכן בתענית שני וחמישי ושני שאחר הפסח ואחר החג, שנוהגים באשכנז להתענות הצבור, נהגו הראשונים לומר שליח צבור "עננו" בין "גואל" ל"רופא", ולקרות "ויחל".

הגה: מיהו אם קבעו התענית בב' וה', אין דוחים פרשת השבוע בשחרית - דהוא תדיר, ואין חשוב תענית שלא נתפשט בכל ישראל לדחות פרשת השבוע, **והיינו** אם הצבור גזרו תענית, ולאפוקי תעניתים הכתובין, אפילו אם חלו בב' וה', דוחין פרשת השבוע וקורין "ויחל" לכו"ע. **אלא קורין בשחרית בפרשה, ולערב קורין "ויחל"** - ומ"מ הש"ץ אומר "עננו" בין "גואל" ל"רופא" בשחרית ומנחה.

ועיין בא"ר שהביא בשם מלבושי יו"ט, שדעתו לדינא להורות כהטור, וכדעת רב שר שלום, דדוחין פרשת השבוע וקורין "ויחל", **אלא** דמ"מ כיון שנהגו כן, אין לשנות המנהג, **ועיין** בביאור הגר"א, שדעתו ג"כ לדינא כהמלבושי יו"ט, ותמה על הרמ"א, עי"ש, **אמנם** בא"ר מצדד להורות כהרמ"א, שכן נמצא באגודה בשם

רבותיו, עי"ש, **ומ"מ** בדיעבד אם התחילו לקרות פרשת "ויחל", אין לחזור, כנלענ"ד.

בלבד בכ"ב שמתענין אחר הפסח וסוכות, שקורין שחרית וערבית "ויחל", והכי נהוג - לפי שתעניתים אלו קבעו בכל הארצות, ומיעוט הוא אותם שאין מתענים, **משא"כ** בשאר גזירות תענית על מדינה מיוחדת, אז אין דוחין פרשת השבוע מכח "ויחל", **וה"ה** תענית של כ' סיון, ג"כ יש לקרות "ויחל" אף בשחרית, אפי' כשחל ביום ב' וה', שתענית זה הוא קבוע, ונתפשט יותר בישראל מב' וה' דאחר פסח וסוכות - ט"ז ול"ח.

ונ"ל שהיום שהתענית של כ' סיון אינו קבוע כ"כ, שמתענים בו רק יחידים, וכן תענית בה"ב שאחר פסח וסוכות, דינו כשאר תעניתים, ואין דוחין פרשת השבוע בשחרית, ולערב קורין "ויחל", **ואם** חל כ' סיון בע"ש, שנוהגין שלא להשלים התענית רק עד שעה שיצאו מבהכ"נ, צ"ע לענין "עננו" איך יעשה, וגם לענין קריאת התורה בצבור במנחה.

ויש שתמהו עליהם והקשו עליהם, והרא"ש יישב קושיתם; הילכך למנהג הראשונים שומעין.

ומיהו היכא שגוזרים תענית שלא לשום צורך, אלא לשוב בתשובה, יש נוהגים לדונו כתענית צבור לענין "עננו" בין "גואל" ל"רופא" - היינו דהש"ץ יאמר "עננו" בין "גואל" ל"רופא" בשחרית ובמנחה, **וקריאת "ויחל"** - ואם חל ביום ב' וה', לדעת הג"ה לעיל אין דוחין פרשת השבוע.

ויש נוהגים לדונו כתענית יחיד, שאף שליח צבור אינו אומר "עננו" אלא ב"שומע תפלה", ואין מוציאין ספר תורה.

ולפי"ז ער"ח שקורין יו"כ קטן, שנוהגין במקצת מקומות להתענות, שהוא משום תשובה, לענין ברכת "עננו" ולענין קריאת "ויחל", תלוי במנהג המקומות, **ויש** מקומות שנוהגין לקרות בו "ויחל", וכן לומר "עננו" בין "גואל" ל"רופא" במנחה, ולא בשחרית, משום דבמנחה מרבים בסליחות ווידויים, **ואין** למחות ביד הנוהגין כן, דיש להן על מה שיסמוכו, [וכ"ז כשמשלימין התענית עד הערב], **אכן** במקום שאין מנהג, אין לקרות "ויחל" אף במנחה, וכן הש"ץ לא יאמר "עננו" רק ב"שומע תפלה".

(כתב בשערי אפרים, בתענית מיתות הצדיקים, כגון ז' באדר וכיוצא, אף אם יש עשרה מתענין, וכן הבכורים המתענין בערב פסח, **אף אם יש שם עשרה, לא** יקראו "ויחל", **ומכ"ש** הנוהגים להתענות בב' וה' של כל השנה, או בפרשת שובבי"ם, וכן מה שנוהגין החבורות קדושות שבכל עיר, לבחור לעצמם יום אחד לקבוע בו תענית, ואומרים סליחות, אע"פ שעושין כן בכל שנה בקביעות, אין להם לקרות "ויחל", עכ"ל, **ובכמה מקומות** נוהגין שקורין "ויחל" בט"ו כסליו, שהוא קביעות תענית לחברה קדישא, ויש סעד לדבריהם מפמ"ג, שמצדד בכעין זה לענין שובבי"ם ת"ת, **אכן** אם חל ביום ב' וה', אין דוחין בשחרית פרשת השבוע).

מנהג ליתן צדקה במנחה דתענית, דאגרא דתעניתא צדקתא, **ויש** נוהגין לשער מה שהיה אוכל ביום התענית, ליתן לעניים בערב, וכן נוהגין בקצת קהלות להכריז ליתן כופר נפש, **ומ"מ** יראה לעשות כן שלא בחזרת הש"ץ התפלה, כי מבלבלין, וצריך לשמוע להש"ץ.

סעיף ג- אין שליח צבור אומר "עננו" ברכה בפני עצמה, אא"כ יש בבית הכנסת עשרה שמתענין - אבל יאמרנה בש"ת כשאר יחיד, כיון שהוא ת"צ.

ואם יש בהם אחד שאינו משלים, לא יאמר ברכת "עננו", [**וה"ה** אחד שלא קיבל עליו מבעוד יום את התענית, ובד' תעניתים לא צריך קבלה].

ולענין קריאת "ויחל", כשחל התענית צבור בב' וה', אע"פ שדוחין פרשת השבוע, לית כאן ברכה לבטלה, דתקנת עזרא לקרות בשני וחמישי, א"כ די כשיש ו' בבהכ"נ קורין "ויחל", **משא"כ** במנחה צריך י' בבהכ"נ, וה"ה שחרית כשחל באגד"ו, צריך י' בביהכ"נ דוקא.

וי"א שבתענית צבור של ד' צומות, כיון דמדברי קבלה הם, אפילו אין שם מתענים רק שבעה, והשאר אינם מתענים דאניסי שהם חולים, יכולים לקבוע ברכת "עננו" ולקרות "ויחל".

ואפילו אם יש בעיר עשרה שמתענין, כיון שאין בבית הכנסת י' שמתענין, לא.

סעיף ד - נוהגים להרבות סליחות בברכת "סלח לנו" - מיהו "אל רחום שמך" וכיו"ב, שאינו מענין סליחת עון, לא יאמרו עד אחר התפלה, **ואם** שכח לומר הסליחות עד שגמר ברכת "סלח לנו", יאמר הסליחות אחר תפלת י"ח.

ויש שאין נוהגים לומר סליחות עד אחר סיום י"ח ברכות, וכן הנהיגו הקדמונים בא"י, והוא המנהג הנכון - וכן הסכימו האחרונים.

סעיף ה - בתענית צבור, ש"צ שאינו מתענה לא יתפלל - ואם אירע שעבר לפני התיבה, יאמר ב"שומע תפלה" "עננו ביום צום התענית הזה", **וה"ה** אם אין ש"ץ אחר, מוטב שיתפלל מי שאינו מתענה, ממה שיתבטלו לשמוע קדיש וקדושה וברכו.

סעיף ו - יש מי שאומר שאין עומד לקרות בתורה בתענית צבור מי שלא התענה - או שאין בדעתו להשלים התענית.

עיין במ"א, דדוקא במנחה, אבל בשחרית מותר לעלות, אע"פ שדוחין פרשת השבוע וקורין "ויחל", מ"מ עכ"פ הלא קוראין בתורה בלא התענית, אלא א"כ התענית באמצע שבוע, **ויש** מאחרונים שמפקפקין עליו בזה, **ומ"מ** בדיעבד אם קראוהו, לכו"ע יעלה.

ודע, דבדיעבד אם קראוהו במנחה למי שאינו מתענה, [וה"ה בשחרית אם חל באגד"ו], יש דעות בין הפוסקים אם יעלה, **דיש** מחמירים בזה, דהוי חשש ברכה לבטלה, דלא תקנו קריאה זו אלא בשביל המתענים, **והפוסקים** שמקילין בזה טעמם, דהברכה הוא מפני כבוד הצבור, **וע"כ** צריך ליזהר מאד שלא להיות בביהכ"נ כדי שלא יקראוהו, **ובדיעבד** אם קראוהו והוא איש ת"ח, ומחמת איזה אונס אירע שלא התענה בת"צ, וצר לו לומר להם שלא התענה כדי שלא יהיה חילול השם בדבר, נראה שיוכל לסמוך בשעת הדחק על המקילין ויעלה.

ואם הכהן אינו מתענה, יצא הכהן מבית הכנסת - כדי שלא יאמרו שהוא פגום, **ועומד לקרות בתורה ישראל המתענה** - ומ"מ אם הכהן בביהכ"נ ואינו רוצה לצאת, אין לחוש, דליכא פגם, שהכל יודעין שיש בני אדם שאין רגילין להתענות, **אכן** זהו לענין תענית בה"ב וכה"ג, אבל בתעניתים הכתובים, שהכל מתענים לבד מי שהוא חולה, איכא פגמא אם לא יצא, וע"כ יזהר לצאת, [**ודעת** הח"א, דבזה צריך לקרותו לכתחילה אם לא יצא], **וכ"ז** כשאין כהן אחר בביהכ"נ, אבל אם יש כהן אחר, פשיטא שא"צ לצאת, **ואם** חושש שיקראוהו לעלות, יאמר לחזן שלא יקראוהו.

סעיף ז - בתענית צבור יעמדו שנים אצל שליח צבור, מזה אחד ומזה אחד, שיאמרו עמו סליחות - דילפינן ממשה, דכתיב: ואהרן וחור תמכו בידיו מזה אחד וגו', **וכתבו** האחרונים, שעכשיו אין נוהגין בזה, משום שהכל אומרים בעצמם סליחות עם הש"ץ.

סעיף ח - כל ת"צ יש בו נשיאות כפים במנחה, חוץ מביום הכפורים. הגה: ובגלילות אלו אין נוהגין בנשיאות כפים רק במוסף של יו"ט, וכבר נתבאר בהלכות נשיאות כפים - ומ"מ נפקא מינה מכל זה לענין אמירת "או"א אבותינו ברכנו בברכה המשולשת" וכו', דבמקום דיש מדינא נשיאת כפים, אומרים "או"א ברכנו" וכו'.

§ סימן תקסז – טעימה ורחיצת הפה שמותר בתענית §

סעיף א - השרוי בתענית יכול לטעום כדי רביעית - הלוג, והיינו ביצה ומחצה, אם יש בו מלח או תבלין, **דלא** קביל עליה שלא יהנה, אלא שלא יאכל וישתה, וזה לא מיקרי אכילה ושתיה, **ובלבד שיפלוט** - דאל"ה חשיב שתיה, ואפילו משהו אסור.

ואפשר דאפי' כונתו להנאת עצמו שרי, כיון שאינו בולע.

כתב הט"ז, דדינא דשו"ע הוא דוקא לענין תענית, אבל מי שמודר מאיזה מאכל, אסור אפילו לטועמו ולפלוט, דשם הנאה קביל עליה.

וביום הכפורים ובתשעה באב, אסור - דא"א לומר שלא קיבל עליה, דלאו בקבלתו תליא, ואפילו בפחות מרביעית אסור, (**ושנוי** להמחבר יוה"כ ות"ב משארי תעניות צבור הכתובים, אף דהם נמי א"צ

קבלה, משום דאינהו אין חיובן גדול כ"כ, וברצון תלוי, כ"ז מבואר מדברי הרב ב"י בשם הריב"ש, **ובאשכול** ראיתי שהעתיק את דברי הר"י אברצלוני, שממנו נובע הדין לאסור הטעימה ביוה"כ ות"ב, דהטעם, דקיי"ל אסור להושיט ידו למים באלו, וכל הנאה אסורה, עכ"ל, וכונתו, כמו לענין רחיצה לאו רחיצה ממש אסרו, אלא אפילו הושטת יד למים, ה"ה לענין אכילה, לאו אכילה ממש דוקא, אלא ה"ה כל הנאה של אכילה, **ולטעם** זה פשוט דוקא ביוה"כ ות"ב אסור).

הגה: ויש מחמירין בכל תענית צבור - היינו ד' תעניתים הכתובים, **והכי נוהגין** - דבהם נמי א"צ קבלה, (הרמ"א העתיק דעת התוספת, דכל תענית שא"צ קבלה אסור).

ובמקום סעודת מצוה, שמבשלין ביום לצורך הלילה, יש לסמוך אדעה ראשונה, להתיר בשארי תעניתים לטעום התבשיל מעט מעט, אם יש בו מלח ותבלין, ולפלוט.

סעיף ב- יש אומרים שלא התירו רביעית בפעם אחת, אלא מעט מעט - וטעימה זו בחיך, ולרוקקו מיד שלא תעבור מן החיך ולהלאה, וכל היום כולו מצטרף לרביעית, ויותר מרביעית אסור בכל גווני, דאז חשיבה ההנאה.

וי"א שאפי' בפעם אחת יכול לטעום עד כדי רביעית, אם יודע בעצמו שיכול להעמיד עצמו שלא יבלע כלום - ולדעה זו מותר לטעום כמה פעמים, כל פעם כדי רביעית, דאין איסור בטעימה אם לא בלע, **אבל** יותר מרביעית, אפילו הוא רק טועם פעם אחת, אסור, דמתוך שלוגמיו מלאים יבלע מעט.

מדכתב המחבר דין זה בשם י"א וי"א, ולא הכריע בדבר, משמע דדעתו להקל, דהוא מילתא דרבנן, **ובח"א** העתיק רק דעה הראשונה להחמיר, ואפשר שטעמו, משום דהמ"א הביא בשם כמה ראשונים כדעה הראשונה.

סעיף ג- מי שדרכו לרחוץ פיו בשחרית בת"צ, לא כשר למעבד הכי - היינו בתעניתים הכתובין, (דברחיצת פיו במים איכא למיחש טפי שמא יבואו לו מים בגרונו ויבלע קצת מהם, ולכן חשש להחמיר בכל ת"צ משא"כ לעיל בטעימה, דשפיר יוכל להעמיד עצמו שלא לבלוע כלום, אסר רק יוה"כ וט"ב – מאמ"ר, ודלא כמ"א ובאה"ט דס"ל דע"כ הכא מיירי ביותר מרביעית), **ובמקום** צער יש להתיר רחיצת פה במים בכל ת"צ, רק שיזהר ביותר לכפוף ראשו ופיו למטה, שלא יבא לגרונו, **ואפילו** בט"ב יש להתיר כשהוא לו צער גדול, **וביוה"כ** יש להחמיר גם בזה.

אבל בתענית יחיד שרי, כיון שפולט; ואפילו יש במים שרוחץ יותר מרביעית - (בפעם א', מאמ"ר), כיון שמתכוין לרחוץ פיו, ולא מתכוין לטעום, לא מיתהני ביותר מרביעית, (לכאורה כסברת י"א ראשון), **ודוקא** במים, אבל בשאר משקין אפשר דיש להחמיר ביותר מרביעית, **ובדבר** שאין טוב לשתיה כגון בחומץ, מותר כמו במים.

הגה: ומותר ללעוס עלי קנמון ושאר בשמים ועץ מתוק ללחלח גרונו ולפלוט, מלבד ביום הכיפורים דאסור (מרדכי) - מפני שהוא דאורייתא. **אבל** זהו דוקא לדעת המרדכי, אבל לדעת המחבר לעיל בס"א דאוסר בט"ב, וכן לדעת הרמ"א דאוסר בכל תענית צבור, גם בענינינו דינא הכי.

ולענין לבלוע רוקו, מתיר המ"א אף ביוה"כ, דאף דקי"ל דהשותה משקין שאינן ראויין לשתיה פטור אבל אסור, הכא שאני כיון שאין כונתו כלל לשתיה.

§ סימן תקסח – דיני נדרי תענית §

סעיף א- נדר להתענות "יום זה", ושכח ואכל, משלים תעניתו - ר"ל מחוייב להשלים אותו היום, ואינו יוצא במה שיתענה יום אחר, כיון דפרט בנדרו יום זה, דהיינו שאמר אתמול: הריני בתענית למחר, [**וגם** א"צ להתענות יום אחר, דא"א לתקן בזה מה שעיות, אם לא שמכוין בזה לכפרה בעלמא].

ואפילו הזיד ואכל הרבה, לא יאכל יותר.

והוא הדין אם היה תענית חלום, או שהיה ת"צ, או שהיה יום ידוע לו להתענות ביום שמת בו אביו או רבו.

ונראה דבת"צ אע"פ שאכל, יכול לומר "עננו" בתפלתו, דשייך לומר: עננו ביום צום התענית הזה, כמו

שתקנו חכמים להתענות בו, וכדלעיל סי' תקסה. ‹וע"ש בבה"ל, ושאני התם שאינו מתענה כלל, משא"כ הכא ששכח ואכל שחייב להשלים – שבה"ל›, **אבל** אם הוא תענית יחיד, אע"פ שמחוייב להשלים, כל שאכל כשיעור שהיה מאבד תעניתו אם לא היה נודר יום זה, לא יאמר "עננו".

אבל אם נדר להתענות יום א' או שני ימים, וכשהתחיל להתענות שכח ואכל כזית, איבד תעניתו, וחייב לצום יום אחר - שלם, אבל באותו היום מותר לאכול, **ואם** קבל להתענות ב' ימים רצופים, ושכח ואכל בלילה, מתענה שני ימים אחרים.

והטעם, כיון שבתחלת קבלת התענית לא ייחד על אותו יום דוקא, ע"כ אף שאתמול קבל על עצמו במנחה, ואמר: הריני בתענית למחר, יכול לצאת ידי חובתו במה שישלים יום אחר.

אבל אכל פחות מכזית, אף דלכתחלה אסור לאכול אפילו משהו, מ"מ בדיעבד מתענה ומשלים, וא"צ יום אחר, ואסור לאכול היום יותר, כיון שקבלו בתענית מאתמול, **ויותר** מזה, דאפילו אכל כזית, רק שלא אכלו בפעם אחת, ושהא בינתיים יותר מאכילת פרס, לא מצטרף, ודינו כפחות מכזית שאינו מאבד תעניתו בזה.

ולענין שתיה, השיעור אם שתה מלא לוגמיו, הא פחות מזה לא מקרי שתיה בדיעבד, ומשלים תעניתו, וא"צ להתענות יום אחר.

(ויש מחמירין דאפי' בנדר להתענות יום זה, דחייב להשלים, מ"מ מחמירין להתענות יום אחר) - עיין בבית מאיר שמסיק, דדוקא באומר: הריני בתענית למחר, (ומשום דיש דעות בפוסקים, **איש דס"ל דזה נחשב כ"יום זה", וא"כ לדידהו צריך להשלים התענית דוקא, ויש דס"ל דזה נחשב כ"יום סתם", ואיבד תעניתו, וצריך לצום יום אחר, וע"כ מחמירין לצאת ידי שניהם)**.

אבל אם נדר להתענות איזה יום מיוחד, ושכח ואכל בו, לכו"ע צריך להשלים תעניתו, וא"צ להתענות יום אחר, אם לא שכונתו לכפרה על עונו ושגגתו, **וה"ה** בתענית חלום או יא"צ, **וכ"ש** בארבע תעניתים הקבועים או שאר תענית צבור, אם שכח ואכל בו, בודאי מחוייב להשלים התענית, וא"צ להתענות יום אחר, אם לא שכונתו לכפרה, **וכן** איתא במהרי"ל, שציוה לאחד להתענות אח"כ לכפרה.

(ודע עוד, דפשוט דהיש מחמירין הוא רק בציור זה, ‹דתחילת קבלתו היה מה שאמר: הריני בתענית למחר›, אבל אם בעת תחלת הקבלה נדר סתם, ורק אח"כ קבל עליו במנחה ואמר: הריני בתענית למחר, זה מיקרי "תענית סתם", כיון שבתחלת קבלה לא בירר היום, וממילא כשאכל, איבד תעניתו של אותו היום, ומותר לאכול עוד, וחייב לצום יום אחר שלם).

סעיף ב - הנודר לצום עשרה ימים באיזה יום שירצה, והיה מתענה ביום אחד מהם והוצרך לדבר מצוה - כגון לברית מילה או סיום מסכת, ואפילו הוא אינו שייך בגוה, **או מפני כבוד אדם גדול** - וי"א דאפילו הפצירו בו לשמחת מריעות, שרי מפני דרכי שלום, **אבל** מלשון השו"ע שכתב: מפני כבוד אדם גדול, משמע דדוקא מפני כבודו שמפציר בו, אבל מפני שאר אנשים לא, **(או שמלטער), הרי זה לוה ופורע יום אחר, שהרי לא קבע הימים בתחלת הנדר** - ר"ל אע"פ שקבלו מאתמול במנחה, כיון שקבלה זו לא הוי עתה תחלת הנדר, אלא ממה שהוסכם אצלו בתחלה להתענות איזה יום, ושם לא בירר היום.

וא"צ להתיר הנדר, ומכל מקום בכל זה צריך להתענות מקצת היום, זמן מועט יותר ממה שהוא רגיל, כגון שרגיל לאכול בשעה רביעית, יאכל בשעה חמישית, [**והטעם**, כדי שיתקיים מעט נדרו על אותו היום גופא, ולא יהא צריך להתירו].

אבל אם לא קבל עליו קודם לכן להתענות יום אחד, אלא במנחה קבל עליו להתענות למחר, מקרי "תענית זה", ואינו יכול ללוותו. הגה: וכל שכן "יום זה" ממש, כגון שאמר בתחלת נדרו: אתענה יום פלוני - עיין בט"ז שדעתו, דאם מצטער מתעניתו, ומתענה מקצת היום, יכול ללות ולפרוע יום אחר אפילו "ביום זה", **אבל** דעת המ"א ועוד כמה אחרונים, דאין יכול ללות ולפרוע אלא בקבלת תענית סתם, **וגם** שם דוקא כשהתענה מקצת היום וכנ"ל.

או אתענה ב' וה' כל השנה, או כדומה לזה - דב' וה' כל השנה הוי ליה יום מיוחד, ולא יכול להחליפו

לימים אחרים, **וגם** אין יכול לשנותו לשנה אחרת, דכיון דאמר "השנה", שנה זו דוקא, [מ"א].

[**והנה** הט"ז כתב היפך זה, **ובאמת** איני מבין סברת המ"א, דלמה לא נימא בענינינו, דכמו שאם אמר: אני נודר להתענות יום ג' וד' בשבוע, דיכול להחליף על ימים אחרים בשבוע זו, כשהוא מצטער, ומה דנקט ג' וד' לאו דוקא קאמר, אלא דכונתו שקבל עליו שני ימים, **ה"נ** נימא לענין זמן של השנה, דאין כונתו להקפיד על שנה זו דוקא, אלא חשבון של בה"ב של שנה זו קיבל עליו, ויכול להחליפם בבה"ב אחרים לאחר שיכלה שנה זו, **וזהו** לענ"ד סברת הט"ז].

אבל אם נדר להתענות בה"ב חצי שנה, או שנה, ולא אמר "השנה", לא מיקרי "יום זה", ויכול ללות ולפרוע בבה"ב אחרים לאחר שיכלה חצי שנה או שנה ראשונה, **אבל** על ימים אחרים כגון אגד"ו, אין יכול להחליף, דאפשר דדוקא על ימים אלו קפיד שהם ימי רצון.

וכתבו אחרונים, דמי שנדר להתענות בה"ב, יכול להחליף ולהתענות הב"ה, דכונתו היה רק לימים אלו שהם ימי רצון.

וכן אם היה תענית חלום - או יא"צ, **אינו יכול ללוותו. הגה: וכ"ש שאינו יכול ללוות ולפרוע תענית צבור.**

מיהו תענית שני וחמישי ושני שנוהגים להתענות אחר פסח וסוכות, או אפי' בעשרת ימי תשובה - פי' שמיוחדים אלו ימים דוקא, והו"א דאסור לאכול, **ואירע בהם ברית מילה** - או פדיון הבן או שאר סעודת מצוה, **מותר לאכול וא"צ התרה** - וא"צ לצום יום אחר עבור זה, **כי לא נהגו להתענות בכה"ג.**

ודוקא כשאוכלים שם, אבל אם שולחים לו לביתו, אין לו לאכול.

ופשוט דבמקום דמותר לאכול על הסעודה, אינו תענית כלל, ומותר אח"כ לשתות ולאכול אף בביתו, **ומיהו** קודם הסעודה אסור לאכול ולשתות בביתו, **מיהו** הבעלי ברית מותרים לאכול ולשתות מיד, דיו"ט שלהם הוא, **ובא"ר** מסתפק, דאפשר דדוקא אחר תפלת המנחה.

ואם יודע לפני ר"ה, שיאכל בין ר"ה ליוה"כ על ברית מילה או שארי סעודת מצוה, מחוייב להתענות עוד יום אחד לפני ר"ה, דהא מהאי טעמא מתענין ד' ימים לפני ר"ה, נגד ד' ימים שאוכלין, **וכ"ש** אם אירע הסעודת מצוה בד' ימים שלפני ר"ה, שמתענין יום א' נגדו, **אמנם** אם ר"ה הוא ביום ה', דליכא אלא ד' ימים לפני ר"ה, א"צ להתענות יום א' קודם שבת, דמעיקרא לא קיבלו עלייהו אלא להתענות בימי הסליחות, ולא בימים האחרים.

וכתב המ"א, דכל זה דוקא בכהאי גוונא, אבל בשאר תענית שגוזרים הצבור, אסור לאכול אף בסעודת מצוה, **וע"כ** אם חל פדיון הבן ביום ת"צ, אף שנוהגים לפדותו ביום התענית, הסעודה אין עושין ביום, כי אם אח"כ בלילה - מ"א, **ובהגהת** חתם סופר מצדד, דאף בזה יעשה הפדיון והסעודה בליל כניסת יום ל"א, [**ומיהו** יהיה נזהר שיהיה אחר שנשלם מלידתו, עכ"פ כ"ט ימים וי"ב שעות ותשצ"ג חלקים, דלפעמים אם נולד קודם שקיעה, עדיין שיעור זה אינו].

ואם חל יום ל"א של לידת בנו בשבת, שצריך לעשות הפדיון ביום א', דהוא פדיון שלא בזמנו, מסתפק המ"א אם הוי סעודת מצוה, ומותר לאכול כשחל בעשי"ת, או לא, **ואינו** דומה לברית מילה דהוי סעודת מצוה אף שלא בזמנו, דהתם כל שעתא ושעתא זמניה הוא, כדי שלא יהיה ערל, משא"כ לענין פדיון הבן, **וע"כ** מצדד דיעשה הסעודה אח"כ בלילה, **ובדגול** מרבבה כתב, דטוב יותר שיעשה הפדיון והסעודה בליל מוצאי שבת, [**והיינו** אפי' אם נחמיר בדין דמ"א לעיל, הכא בודאי שרי, דהוא ליל ל"ב, ואין שום חשש כלל, **אמנם** א"צ לכל זה, דהדמו"ק וכן בספר בית מאיר מסיק, דשלא בזמנה הוי ג"כ סעודת מצוה, וע"כ מותר לעשות ביום, וכ"כ הח"א].

עוד כתב המ"א, צ"ע כשמתענים כ' סיון במלכות פולין, אם מותר לאכול על סעודת מצוה, דאפשר דהוא בכלל שאר ת"צ דאסור וכנ"ל, **ומיהו** בזמנינו ע"פ הרוב עושין כל הסעודות בלילה, [**ובעלי** ברית בעצמם מסתפק בבית מאיר, דאפשר דמותרים לאכול מיד אחר תפלת המנחה]. **ומיהו** פעם אחת חל כ' סיון בע"ש, והיה סעודת ברית מילה, וצוה הרב לאכול ביום, מפני שלא ימצאו אנשים שילכו בלילה, [דמסתבר דבכה"ג בודאי לא קבילו עלייהו], **ובעיר** שאין מתענין כ' סיון, ויש שם אנשים

ממקומות שמתענין, אם צריכין להשלים למנין, מותרים לאכול אפילו בכל ימי השבוע.

ואם קבל עליו התענית במנחה, צריך להתענות - ר"ל דכל זה דוקא כשלא קבל עליו התענית, אלא שסמך עצמו על המנהג, **או** שענה אמן כשמברכין בה"ב, דאז לא קיבל עליו בנדר, ואם רצה שלא להתענות רשאי, **ולכן** אפילו לא ידע שיזמינו אותו לסעודה והתחיל להתענות, מ"מ מותר לאכול בסעודת מצוה, **אבל** אם קיבל עליו התענית במנחה, שעשה יותר ממנהג, צריך לקיים ולהתענות אף בסעודת מצוה - לבוש.

ודעת המ"א ואיזה אחרונים, דאף כשקיבל עליו במנחה מותר, כיון שקבלתו היה עבור המנהג, **ורמ"א** מיירי במי שאינו מתענה כל בה"ב, או כל עשי"ת, אלא שמתענה יום או יומיים, ונמצא דזה צריך מדינא לקבל במנחה, ודינו כאלו מתענה באמצע השנה, שהרי אינו תלוי במנהג, וע"כ חייב להתענות, **והנה** מהגר"א משמע שמפרש כהלבוש, **ומ"מ** נראה דבזה יכול ללות ולפרוע תענית אחרת, דבלא"ה יש כמה ראשונים דס"ל, דאפילו באומר: הריני מקבל להתענות למחר, יכול ללות ולפרוע.

יש אומרים שאם מצטער הרבה בתעניתו, יכול לפדותו בממון, והוא הדין באונס אחר - משום דאומדן דעתא דאדעתא דהכי קיבל, דתענית נחשב לצדקה, וכיון שנותן דמי חלבו ודמו לעניים, יצא.

ושיעור הפדיון, העשיר לפי עשרו, דהטעם משום ששקול צער הממון נגד צער התענית, וע"כ בכל אחד לפי מה שהוא.

והיינו בתענית יחיד, אבל תענית שגוזרים הצבור לא מהני פדיון, **אם** לא שהתנו כן הצבור.

ונראה דוקא בקבל עליו תענית בעלמא - ר"ל ולא ייחד בשעת הקבלה לאיזה יום, דבייחד, שאמר אז "הריני בתענית למחר", דינו כנודר ל"יום זה" וכנ"ל בס"ב. (דכל היכא דקי"ל דאינו לוה ופורע, משום דייחד יום זה, כ"ש דאינו יכול להחליפו בממון, ולפי"ז פשוט, דביא"צ וכ"ש בתענית חלום, אינו יכול לפדותו בממון).

אבל אם קבלו דרך נדר, צריך לקיים נדרו.

סעיף ג - מי שנדר להתענות סך תעניות - וה"ה מי שנתחייב להתענות מכח תשובה, **יכול לדחותם עד ימי החורף** - ר"ל אף דהנדר היה בימי הקיץ, מ"מ שרי לדחותם, אחרי שלא התנה שיהיו התעניתים בימי הקיץ, [**אבל** אם אמר שמקבל על עצמו להתענות בימי הקיץ, פשיטא שאינו יכול לדחותם לימי החורף, דהוי כ"יום זה" - פמ"ג, **ומשמע** מלשונו, דלימי הקיץ של שנה אחרת יכול לדחותם, ויש לעיין בדבר].

עיין מ"א, דהיינו דוקא בנאנס שאינו יכול לקיים תיכף, אבל בלא"ה אינו רשאי לדחותם, דחיישינן שמא ימות, אם לא שהוא זמן מועט עד ימות החורף, וכן פסק במחנה אפרים, דצריך לקיים מיד, **אך** אם הנודר עצמו אומר, שבלבו היה שלא לעשותם מיד, פשיטא דנאמן מה שבינו לבין קונו.

(ויכול ללוות יום ארוך ולשלם יום קצר, דכל אחד מקרי יום) - היינו במה דאיתא לעיל בס"ב דלוה ופורע.

סעיף ד - יש מי שאומר ששני ימים ושני לילות רצופים, יש להשוותם לארבעים תעניות שאינם רצופים. הגה: וי"א דהאדם הלא סגי לו בג' ימים רצופים; אבל אדם בריא, שלשה ימים - ונוהגים להתענות עוד שני שעות בליל ד', שיהיה ע"ד שעות, סימן לדבר "שובה ישראל ע"ד ד' אלקיך", **והאוכלים** בתחלת הלילה לא הפסידו, שהוא כמנין "חסד". **והמתענים** שני ימים רצופים, טוב שיתענו שעה א' בלילה שאחר התעניתים, ויפסיקו ג"כ שעה אחת מבע"י, היינו קודם התחלת התעניתים, דאז יחשב כמו כ"ז תעניתים, דיום ראשון הוי תענית אחד, ואח"כ עולה כל שעה ליום א', **ושעה** לאו דוקא, דמקצת היום ככולו.

ונראה לי דכל זה לא מיירי אלא במי שנתחייב לצום מ' ימים שאינן רצופים, מכח תשובה - היינו מכח תיקוני תשובה המבואר בספרים, **כדי להצטער, ואז משוין האי צער להאי צער, ועל כיוצא בזה נאמרו דינים אלו בדברי האחרונים ז"ל** - ומ"מ טוב יותר שיצום מפוזרים, שבכל עת יהיה לבו נכנע, ויהיו חטאיו נגדו תמיד.

אבל מי שנדר לצום מ' יום, צריך לקיים מה שנדר, דלא גרע מ"יום זה" דאינו לוה ופורע; ואפילו למאן דאמר אפילו "יום זה" לוה ופורע, הכא מודה דצריך לקיים נדרו - דהתם אדעתא שיצטער לא קבל עליו, ולכן יכול ללות, משא"כ הכא דסוף סוף יצטער, לכן צריך לקיים מה שקבל עליו.

עיין בפמ"ג שמסתפק להיפך, אם נדר להתענות שני ימים רצופים, אם יכול לשנותם לצום ארבעים יום שאינם רצופים.

כל שכן מ' יום שלפני יו"כ, שמתענים לזכר עליית משה בהר, שמי שקבל עליו - ואפילו לא אמר דרך נדר רק בקבלת תענית בעלמא, **שאין להם תשלומין בשני או שלשה ימים רצופים** - ויתחיל להתענות אחר ט"ו באב, ולא יתענה בשבת ור"ח, **ואותם** התעניתים שמתענים למספר ארבעים יום א"צ להשלים, **והמתענה** א"צ לקבל תענית לכל יום בפני עצמו, אלא יכול לקבלם בפעם אחד בעת שמתחיל.

סעיף ה - המתענה תענית חלום ביו"ט, או בחולו של מועד, או בראש חדש או בחנוכה ופורים, או בערב יום הכפורים, צריך למיתב תעניתא לתעניתיה, כדין המתענה תענית חלום בשבת. (וע"ל סימן רפ"ח ס"ד) - שם מבואר דין מיתב תענית לתעניתו.

ודוקא הנך ימים, הא שאר ימים שא"א תחנון, כחדש ניסן ול"ג בעומר וט"ו באב ושבט, ובין יוה"כ לסוכות, א"צ למיתב תענית לתעניתו.

או בר"ח - נראה דהמתענה תענית חלום בר"ח ניסן, או בר"ח אב, דא"צ למיתב תענית לתעניתו, דהא י"א דמצוה להתענות בם, כמ"ש סימן תק"פ.

או בערב יוה"כ וכו' – (ומי שקשה לו התענית, יכול לסמוך על דעת הט"ז וש"א, דאחרי שעבר יוה"כ א"צ שוב להתענות, דיוה"כ כיפר לו, **ואפילו** בשאר תענית חובה ג"כ יש לסמוך במקום הדחק על דעת המקילין).

סעיף ו - אין תענית צבור בבבל - וה"ה בכל חוץ לארץ, **ליאסר במלאכה ולהפסיק מבעוד יום, אלא תשעה באב בלבד; הילכך יחיד שקבל עליו תענית, לא חיישינן שמא תענית צבור קבל עליו, ומותר בכולן.**

מלשון זה משמע, דבא"י אם קבל עליו תענית סתם, חיישינן שמא ת"צ קבל עליו, וצריך להפסיק מבע"י ואסור במלאכה, **ואולי** דכהיום שאין מצוי להתענות התעניות ציבור המבוארים לקמן בסימן תקע"ה ס"ג, מסתמא כונתו אסתם תענית, וצ"ע.

ומכל מקום לכתחלה טוב לומר בשעת קבלת תענית: הריני בתענית יחיד לפניך מחר.

סעיף ז - כשאירע יום שמת אביו או אמו באדר, והשנה מעוברת, יתענה באדר ב' - ר"ל שבשנה שמת בו אביו לא היה השנה מעוברת, ובשנים הבאים אח"כ איתרמי שנה מעוברת, דעת המחבר, דסתם אדר הוא אדר שני.

הגה: ויש אומרים דיתענה בראשון - דסתם אדר הוא אדר ראשון, וגם יש בענינינו טעם דאין מעבירין על המצות, **אם לא שמת בשנת העיבור באדר שני, דאז נוהגים להתענות בשני.**

וכן המנהג להתענות בראשון, מיהו יש מחמירין להתענות בשניהם - עיין במ"א שמסיק, דאם קבל עליו בנדר להתענות יום שמת בו אביו או רבו, מחוייב להתענות בשניהם, דכן הוא העיקר לדינא, וכ"כ הגר"א, **אכן** אם לא קבל עליו בפירוש, רק מצד מנהגא, שמנהג להתענות יום שמת בו אביו ואמו, א"צ להתנהג לעולם אלא כמו שנהג בפעם ראשונה כשמתרמי לו השנה מעוברת, דמעיקרא אדעתא דהכי קבל עליה, **אכן** בפעם ראשונה גופא אם בא לימלך כיצד לעשות, הנכון לומר לו שיתענה בשניהם, **אכן** אם קשה לו להתענות בשניהם, נראה שטוב יותר שיברור לו אדר ראשון, דכן הוא המנהג.

אכן האבלים אין צריכין ליתן לו קדיש אלא פעם אחד, **וכיוצא** בזה כתבו בשם רש"ל, מי שאינו יודע יום שמת בו אביו ואמו, יברור לו יום אחד, אך אל יסיג גבול אחרים לומר קדיש.

[**ואם** אינו יודע אם מת אביו באדר ראשון או בשני, יתענה בשני, חדא שהרי מוקמינן האדם על חזקתו, ואמרינן חי היה, **ועוד** שהרי י"א שלעולם מתענין בשני].

אם מת אביו ביום ראשון דר"ח אדר שני, יתענה לשנה הבאה שהיתה שנה פשוטה, ביום א' דר"ח אדר, ולא בכ"ט בו, דלעולם אדר של שנה פשוטה עומד תחת אדר שני של שנה מעוברת.

ומי שמת אביו ביום ראשון דר"ח כסליו, ולשנה הבאה היה חשוון חסר, ור"ח כסליו אינו אלא יום אחד, צ"ע מתי יתענה, אם בכ"ט לחשוון, שהוא יום א' לפני ר"ח כסליו, דהא לעולם יום שני עיקר, שמונין למועדות משני, וא"כ היה יום פטירת אביו יום אחרון מחודש חשוון, וגם עתה יקבע ביום אחרון לחודש זה, **או** נימא דעכ"פ הוי שם ר"ח עליו, ולכן יקבע יום היא"צ עתה ג"כ בר"ח, ולא להתענות בו, דהא אין מתענין בר"ח כדלקמיה, אלא להדליק בו נר ולומר קדיש, **ומסיק** המ"א, דאם שנה ראשונה למיתת אביו השנה היא חסרה וכמש"כ, וא"כ עדיין לא הוקבע הענין עליו בנדר, יקבע היא"צ בכ"ט לחודש חשוון, וכמש"כ הטעם, **אבל** כששנה הראשונה היא ג"כ מלאה, א"כ צריך ליקבע היום בר"ח, ולכן אף בשנים הבאים אחריהם, אף שהם חסרים, יקבע בר"ח, **ויש** מאחרונים שסוברין, דלעולם יקבע בר"ח, והעולם נוהגין כהמ"א.

סעיף ח - א"צ להתענות אלא ביום מיתת אביו - דהיינו דאם מת בג' ימים לאיזה חודש, צריך להתענות בשנה הבאה ג"כ בג' ימים לחודש זה, ואף דאינו אותו יום של ימות השבוע, **ולא ביום קבורה** - ואפילו בשנה ראשונה שהאבילות של יב"ח מתחלת מיום הקבורה, אפ"ה יא"צ הוא ביום המיתה, **ולא** מיבעי אם יום הקבורה היה למחרת יום המיתה, דאז נשלם הי"ב חודש של אבילות ג"כ ביום המיתה עצמה, **אלא** אפילו היה יום הקבורה שנים או ג' ימים אחר יום המיתה, דאז נמשך האבילות י"ב חודש אחר יום הקבורה, מ"מ היא"צ לעולם ביום המיתה קבעינן, **וי"א** דבזה שיום הקבורה נמשך איזה ימים לאחר יום המיתה, קבעינן היא"צ בשנה ראשונה ג"כ ביום הקבורה, אבל בשאר השנים לכו"ע יקבע ביום המיתה.

[**ומה** דאמרינן שנמשך האבילות אחר היא"צ, דוקא כשהיה יום הקבורה אחר איזה ימים, אבל אם יום הקבורה לא נתאחר, רק שהוא לא שמע ממיתת אביו רק אחר איזה זמן, לכו"ע נוהג הי"ב חדש של אבילות מיום המיתה].

סעיף ט - אם אירע יום מיתת אביו בשבת או בר"ח, ידחה למחר. הגה: ואין נוהגין כן, אלא אין מתענין כלל - אבל להדליק נר ולומר קדיש יהיה באותו יום.

וכן בשאר ימים שאין בהם תחנון - וה"ה אם הוא בעל ברית, א"צ להתענות, דיו"ט שלו הוא, **ואם** ירצה יתענה רק עד מנחה גדולה.

טוב להתענות יום שמת בו רבו מובהק, כי חייב בכבודו יותר מכבוד אביו.

סעיף י - הנודר לילך על קברי צדיקים שבמקום פלוני, ונתעכב ימים רבים, ואחר כך אירע שהשכירוהו ללכת שם, די בהליכה זו - שהרי לא נדר אלא לילך, וקיים הדבר, **אבל** אם נדר להוציא יו"ד זהובים בהליכה זו, ואח"כ השכירוהו ללכת שם, לא יצא י"ח, [**ואפשר** דאם יוציא עשרה זהובים לצדקה, דיצא בזה].

סעיף יא - הנודר לצום סכום ימים רצופים, ואירע בהם תענית חובה, עולין לו - ואפילו בעת שנדר לא אמר אלו הימים, אלא אמר סתם שמקבל עליו לצום מהיום מ' יום רצופים.

ודוקא בתענית חובה שהוא שלא ע"י נדר, אבל אם היה עליו חוב ע"י נדר, כגון שנדר לצום בב' וה', ואח"כ נדר לצום מ' רצופים, אין ב' וה' עולה לו, דהם שני נדרים, **אם** לא שיאמר דכונתו היה שיעלה בחשבון הארבעים.

ומ"מ מי שרגיל מכבר להתענות י' ימי תשובה, דהוי ג"כ כעין נדר, ואח"כ נדר בט"ו באב להתענות ארבעים יום רצופים, עולין לו העשרה ימים בתוך חשבון הארבעים, דודאי כונתו נגד מ' יום שעלה משה בהר כמ"ש ס"ד, וא"כ הו"ל כאלו אמר "מ' ימים אלו", דפשוט דאפילו היה בהם כמה תעניתים עולים לו.

מי שרגיל להתענות י' ימי תשובה, ואירע יום שמת בו אביו בין ר"ה ליוה"כ, א"צ להוסיף להתענות ה' ימים

לפני ר"ה, מידי דהוי אצום גדליה ויוה"כ, שהם חובה ועולין בתוך הי' ימים.

ואם יום שמת אביו הוא לפני ר"ה בימי הסליחות, צריך להתענות ד' ימים חוץ מיום ההוא, [דהא אינו מיוחד להתענות איזה ד' ימים]. **ואם** חל ביום ראשון של סליחות או בער"ה, א"צ להתענות כנגדו יום אחר, דימים אלו הם קבועים לעולם בתוך העשרה ימים, [**ואם** חל ר"ה ביום ה', דליכא אלא ד' ימי הסליחות, וחל יום המיתה ביום ב', מסתברא דבזה ג"כ א"צ להתענות יום אחר, **וה"ה** אם גזרו הצבור תענית באותה שבוע, עולה לו].

סעיף יב - כל השרוי בתענית, בין שהיה מתענה על צרתו או על חלומו, בין שהיה מתענה עם הצבור על צרתם, הרי זה לא ינהג עידונין בעצמו, ולא יקל ראשו, ולא יהיה שמח וטוב לב, אלא דואג ואונן, כענין שנאמר: מה יתאונן אדם חי - וישמור עצמו מן הכעס, ואם יש לו משא ומתן, יעשה באמונה ובנחת ביותר, שלא יבוא לכלל כעס.

§ סימן תקסט – דין הנודר בעת צרה §

סעיף א - יחיד המתענה על צרה ועברה, או על חולה ונתרפא או מת - וה"ה לענין מי שהתענה על צרה שתעבור ממנו, שנתחייב ממציקיו לאיזה עונש, והוצרך לקיים, **צריך להשלים כל התעניות שקיבל עליו** - דכיון שקבל עליו תענית סתם ולא התנה, אמרינן דדעתו היה אקבלה זו, מתוך שקבל עליו תענית תהיה מקובל תפלתו שיתפלל על החולה ועל הצרה.

והיינו לאו דוקא אותו יום משום דהתחיל להתענות, אלא אפי' אם קיבל על עצמו כמה תעניתים בשביל אותו דבר, מחוייב להשלימם, **וכן** שארי נדרי צדקה שקיבל עליו בשביל שיחיה פלוני, אף אם מת צריך לקיים.

ועיין ביו"ד סימן ר"כ סעיף ט"ו בהג"ה, דדוקא בשלא נדר בלשון תנאי, אבל אם אמר: אם יחיה פלוני אתענה, או אתן כך וכך לצדקה, ומת, אינו מחוייב להתענות וליתן.

אבל צבור שמתענין על שום דבר, ונענו קודם חצות - דעדיין לא התחיל התענית, דעד חצות זמן סעודה היא עדיין, משא"כ לאחר חצות, **לא ישלימו** - והחילוק בין צבור ליחיד, דצבור לב ב"ד מתנה עליהן, וגם דאין מטריחין על הצבור, **אבל** ביחיד כיון שלא התנה בפירוש, שאם תעבור הצרה לא יתענה, מחוייב להשלים כפי קבלתו.

ומשמע לכאורה, דדוקא נענו, [מ"א, וט"ז חולק עליו במשמעות השו"ע], **אבל** בהתענו בשביל חולה שיתרפא ומת, אפילו צבור חייבין להשלים, אף שמת קודם חצות, [**היינו** לטעם הרא"ש, משום דצריכין הצבור לומר הלל אח"כ בנפש שבעה ומתוך שמחה, לפיכך הקילו להם שיאכלו, משא"כ במת], **ויש** מקילין בצבור אף בכה"ג, [היינו לטעם הר"ן והרה"מ, משום דאין מטריחין על הצבור, או משום דלב ב"ד, וזה שייך אף כשמת, **ומסברא** יש מקום לדון, דאולי ע"כ לא אמרינן לב ב"ד מתנין, אלא כשנענו, דשמחה היא להם ואין כאן תענית, משא"כ בשמת שלא נענו כלל].

ואם תלמידי חכמים ורוב צבור רוצים להשלים, אין היחיד רשאי להפריש עצמו מהם.

סעיף ב - יחיד שמתענה על צרה, ונודע שקודם קבלת התענית כבר עברה, א"צ להשלים - דנמצא שהיתה הקבלה בטעות, **אבל** אם עברה אחר קבלת התענית, אף שלא התחיל עדיין להתענות, צריך להשלים.

הגה: וכ"ה לצבור ששמעו אחר חצות שקבלו התענית בטעות, א"צ להשלים - ר"ל אפילו לאחר חצות שעבר רוב היום בתענית, אפ"ה לא ישלימו, וכ"ש קודם חצות.

ובזה אין שייך לת"ח ורוב צבור להחמיר, כיון שהיה בטעות, **אם** לא שכבר העריב היום ביותר.

§ סימן תקע – חנכה ופורים וימים שאין אומרים בהם תחינה שנפגשו בתוך ימי נדרי תענית §

סעיף א- יחיד שקבל עליו תענית כך וכך ימים, ואירע בהם שבתות וימים טובים, או ראש חדש חנוכה ופורים, או ערב יום הכיפורים, אם קבלו בלשון קבלת תענית בעלמא, אין צריך התרה - דאין כח קבלתו חל כלל על יום זה, **ודוקא** יחיד, דאלו אם גזרו תענית על הצבור בא"י, והתחילו להתענות, ואירע בהם אלו הימים, חל גזירתם בדיעבד, משא"כ ביחיד.

ואם קבלו בלשון "הרי עלי" - פי' שאמר: הרי עלי אכילת יום פלוני קונם, **שהוא לשון נדר, צריך התרת חכם** - ומשום דנדר חל אפילו על דבר מצוה, דנדר אוסר החפץ עליו, ואין שום ציווי על החפץ, **אבל** בשבועה שנשבע להתענות בימים אלו, אינו חל, משום דשבועה אוסר נפשיה על חפצא, והוא כבר מצווה שלא לעשות כן.

ויפתח בחרטה, שיאמר לו: אלו שמת אל לבך שיארעו בהם אלו הימים לא היית נודר, ומתיר לו.

ויראה להתיר, כדי שלא יהיה מחוייב להתענות, **וכשמתיר** לו, ממילא הותר כל הימים, **ואם** לא התיר והתענה, צריך למיתב אח"כ תענית לתעניתו, כדי שיכופר לו על מה שהתענה בימים אלו.

כתב מ"א, דאם אמר: הריני נודר להתענות יום אחד, לא מיקרי נדר, **ולכן** נהגו שמי שאמר: הריני נודר להתענות ב' וה' כל ימות השנה, א"צ להתענות בר"ח, וא"צ התרה, [**והא"ר** הוסיף עוד, דאפי' אם אמר: הרי עלי להתענות, ג"כ לא הוי נדר, **ולענ"ד** צ"ע בזה].

ולהרמב"ם, משקבל עליו בלשון נדר ופגעו בו שבתות ויו"ט או ערב יוה"כ או ר"ח, חייב לצום בהם אם לא יתירו לו – (דין זה הוא גם לדעה ראשונה, והנ"מ הוא רק באם פגע בו חנוכה ופורים).

אבל אם פגע בו חנוכה ופורים, נדרו בטל ולא יצום בהם, מפני שהם מדבריהם וצריכים חיזוק. הגה: והמנהג כסברא הראשונה.

מי שנדר להתענות כך ימים, ואמר: חוץ מיו"ט, אין חנוכה ופורים בכלל - שאין אלו הימים נקראין יו"ט, וה"ה ר"ח, **אבל** חוה"מ מקרי יו"ט.

ואם אמר שדעתו היה עליהם, הולכים אחריו - פי' ואין מחוייב להתענות.

אבל ערב יום הכיפורים בכלל - דבנדרים הולכין אחר לשון בני אדם, ובלשון בני אדם מקרי יו"ט.

והכי נהוג - ר"ל כסברא הראשונה הנ"ל, ולא כדעת הרמב"ם, **ודלא כמו שפסק ביורה דעה סימן רט"ו סעיף ב'** - צ"ל סעיף ד'.

סעיף ב- הנודר להתענות בשבת ויו"ט וערב יוה"כ וחנוכה ופורים, דינו שוה לנודר להתענות כך וכך ימים ואירעו בהם ימים הללו; אם הוציאו בלשון נדר, דינו כמקבל עליו בלשון נדר - ר"ל דאף שפרט בפירוש אלו הימים, מ"מ אם הוציאו בלשון נדר, חל, דנדר חל אף על דבר מצוה כנ"ל.

ואם הוציאו בלשון קבלת תענית בעלמא, דינו כמקבל בלשון קבלת תענית.

סעיף ג- אם נשבע להתענות כך וכך ימים ואירעו בהם ימים הללו, השבועה חלה עליהם, מטעם איסור כולל - שכלל בשבועתו גם ימים אחרים, **ויראה** להתיר שבועתו.

אבל אם נשבע להתענות בשבת או ביו"ט בפירוש, לא חלה עליו שבועה, דאין שבועה חלה על דבר מצוה, אלא לוקה על

שנשבע לשוא, ואוכל; ואם נשבע להתענות בחנוכה ופורים, חלה שבועה עליו, כיון שאינן אלא מדרבנן, (ויש להתיר שבועתו ולא יתענה). ונראה לי דהוא הדין לר"ח וערב יוה"כ שאינם אלא מדרבנן - פי' שמה שאסור להתענות בהם הוא דרבנן, ולכן חלה השבועה. **אלא שמדברי הרמב"ם נראה שהם של תורה** - ועיין במ"א שמכריע, דעיו"כ האיסור להתענות בו הוא דאורייתא, **אבל** בר"ח הוא דרבנן, וכן דעת הגר"א בביאורו, דר"ח הוא דרבנן.

§ סימן תקעא – מי הם החוטאים לישב בתענית §

סעיף א - היושב בתענית, אם יכול לסבול התענית, נקרא קדוש - שמתוך כך מתמרקין עונותיו בשביל שמתענה, **ולא** מיירי בעונות הידועים, המבואר ברוקח ובכתבי האר"י כמה ימים צריך להתענות עליהם, דבזה צריך להתענות אפילו לא מצי לצעורי נפשיה, [**ומ"מ** דוקא אם אין בזה חשש סכנה, דאז בודאי אינו רשאי], **אלא** מיירי כשמתענה משום תשובה, על עונות שאדם דש בעקביו.

ואם לאו, כגון שאינו בריא וחזק, נקרא חוטא - על שמחליש כוחותיו. **וכתבו** ספרי המוסר, דאם באמצע אכילתו בעוד שהוא מתאוה לאכול, מושך ידו ממנו, זה נחשב ג"כ לסיגוף, ומתכפרים עונותיו. **וראיתי** כתוב בספר אחד, שכשאדם רוצה להתנדב תענית, טוב יותר שיקבל תענית מן הדבור, ממה שיקבל עליו מן האכילה, כי ממנו לא יהיה לו נזק לא בגופו ולא בנשמתו, ולא יחלש עי"ז, **וכעין** זה כתב הגר"א באגרתו, שצריך האדם לייסר עצמו, לא בתענית וסיגופים, כי אם ברסן פיו ובתאותיו, וזהו התשובה וכו'.

סעיף ב - תלמיד חכם אינו רשאי לישב בתענית, מפני שממעט במלאכת שמים - היינו אפילו אם יכול לסבול התענית, שאינו מזיקו, ומ"מ מתמעט לימודו עי"ז, **ומי** שתורתו אומנתו, נקרא ת"ח לענין זה אף בזה"ז.

וכ"ז בשאין לו עונות ידועים, אבל ביש לו עונות ידועים שצריך להתענות עליהם, גם ת"ח צריך להתענות, ואפילו היכי שקשה לו התענית, **ומ"מ** א"צ לסגף עצמו כ"כ בתענית, וילמוד יותר ממה שהיה רגיל, וכעין זה איתא בתנחומא: אם חטא אדם ונתחייב מיתה לשמים, מה יעשה ויחיה, אם למוד לשנות פרק אחד, ישנה שני פרקים, ואם דף אחד, ישנה שני דפין, **וכ"ז** הוא לאחר ששב מדרכו הרעה, דאל"ה הרי הוא כטובל ושרץ בידו.

(**וראיתי** להעתיק פה מה שכתב השל"ה בשם ספר חרידים, וז"ל, שמצא בתוך ספרי המקובל האלקי חסידא קדישא הרב ר"י לוריא אשכנזי ז"ל בספר אחד כתיבת יד: כל מה שתמצא בסיגופים כו', לא נזכרו אלא למי שאין עמלו בתורה, אבל מי שתורתו אומנתו, ויודע דעת ויראת ד', לא יחלש ולא יתבטל מלימודו, אך יום אחד מן השבוע יתרחק מבני אדם, ויתבודד בינו לבין קונו, ויתקשר מחשבתו בו כאלו כבר עומד לפניו ביום הדין, וידבר לאל ית' כאשר ידבר העבד אל רבו ובן אל אביו, והעתיקו זה האחרונים).

(**וכעין** זה כתב הח"א, וז"ל: דאפילו על עבירות ידועים המבואר ברוקח, שצריך להתענות לכפרה כמה ימים, אם ת"ח הוא ותורתו אומנתו, אפילו בזה"ז, לא יסגף עצמו כ"כ, רק שישוב לפני ד' בלב שלם, ויבכה מקירות הלב, וילמוד יותר מאשר היה רגיל, כי התורה היא מקוה טהרה, ונמשל לאש, וכל אשר יבא באש, באש יובא וטהר, וימעט מכל התענוגים, ויאכל רק כדי קיום גופו שלא יחלש, כדי שיהיה לו כח לעבודת השם, ולא ילך לשום סעודה, וכ"ש לסעודת מריעות, וישמור שבת בכל פרטיה ודקדוקיה, ואם אפשר יתענה עכ"פ בכל שבוע יום אחד, או עכ"פ כל יום בה"ב עד חצות, והעיקר הבכיה והוידוי, וגדרים שלא יעשה זאת לעולם, וד' יראה ללבב, עכ"ל).

אלא אם כן כשהצבור מתענים, שלא יפרוש עצמו מהם; ומלמדי תינוקות דינם כת"ח - דאיכא בהו תרתי, שממעטין במלאכת שמים, וגוזלין את הבריות, דאפילו שארי פועלים אסורים להתענות, כמ"ש בחו"מ, וכ"ש בהם, [**ואפי'** ביש להם עונות ידועים].

קטן בן י"ג שנה ויום אחד, וקטנה בת י"ב שנה ויום אחד, שקבלו על עצמן תענית, נדרן קיים, אפילו אין יודעין לשם מי נדרו, **דאם** יודעין, נדרן חל מן התורה בשנה אחת מקודם, דהיינו בקטן משנעשה בן י"ב ויום אחד, ובקטנה משנעשית בת י"א ויום אחד. **ואין** האב יכול להפר נדרי בתו אלא עד שתהא בת י"ב שנה וששה חדשים, דעד אותה הזמן היא ברשות אביה, ומכאן ואילך נעשית בוגרת ואינה ברשותו, **ואפילו** השנה י"ג היא שנה מעוברת, כיון שהגיע הששה חדשים הויא בוגרת. **וצריך** שיאמר לה דוקא בלשון הפרה - מ"א.

עוד כתב, דהאב נאמן לבד על שנותיהם, אפילו הוא קטן מאוד לפי הנראה, ואחר אינו נאמן אא"כ יש שני עדים, **ומשמע** קצת בגמרא, דאם אין יודעין שנותיו, אין נדרו נדר, **ואפשר** דהיינו אם לפי הנראה בקומה שלו הוא קטן שלא הגיע לכלל שנותיו, דאל"כ הוי ספיקא דאורייתא.

סעיף ג- עיר שהקיפוה עכו"ם, וכן יחיד הנרדף מפני אנסין או מפני לסטים או מפני רוח רעה, אינם רשאים להתענות, שלא לשבר כחם, אלא יקבלו עליהם להתענות כך וכך תעניות לכשינצלו.

וכן אם גזרו גזרה, וגזרו שלא להתענות עליו, יקבלו עליהם להתענות כך וכך תעניות כשיעבור הגזירה.

§ סימן תקעב - באיזה ימים אין גוזרים תענית צבור §

סעיף א- אין גוזרין תענית על הצבור בתחלה ביום חמישי, שלא להפקיע שערים (פי' שלא לייקר השער) - כשיראו שיקנו ב' סעודות גדולות, לצורך הלילה ולצורך סעודת שבת, יסברו שרעב בא לעולם, ויפקיעו השערים.

בתחלה - לאפוקי אם הוא באמצע, כגון שגוזרין בה"ב, מותר, [**אבל** לא בא לאפוקי בג' תעניות השניות של גשמים, דשם אף שכבר התענו בשלש ראשונות, אפ"ה כיון שהפסיק זמן באמצע, חיישינן להפקעת שערים, ואין להתחיל בחמישי, כמבואר בסי' תקע"ה ס"ג].

(מדסתם משמע דבכל תענית דינא הכי, לא שנא עבור גשמים או עבור ענין אחר).

ואפילו במקום שאין לחוש לכך - כגון בעיר שרובה ער"ג, **ואפשר** דבמדינות אלו דלא שכיחי מפקיעי שערים, מותר לגזור תענית ביום ה', וכן נוהגין.

סעיף ב- אין גוזרין תענית על הצבור בראשי חדשים, או בחנוכה ופורים, או בחולו של מועד; ואם התחילו להתענות על הצרה, אפילו יום אחד, ופגע בהם יום מאלו, מתענין ומשלימין היום בתענית - אע"ג דר"ח אקרי מועד, מ"מ לא מקרי יום משתה ושמחה, [מ"א בשם רש"י, **וצע"ק** לפי"ז חוה"מ, דהוא יום שמחה, דמ"ע "ושמחת בחגיך" קאי גם על חוה"מ, ואפ"ה פסק השו"ע שמתענה ומשלים. **ודע**, דממה שהעתיק המחבר וכלל בענין זה חוה"מ עם ר"ח וחנוכה ופורים, דבכולהו משלימין, וא"כ לפי מה דהוכיח המ"א ממשנה זו "דאם התחילו אין מפסיקין", דאף בר"ח איסור התענית הוא מדרבנן כמו חנוכה ופורים, א"כ לפי"ז גם בחוה"מ ע"כ דכל איסורו הוא מדרבנן].

י"א שאם לא עלה על דעתם שבהמשך הימים יפגע בהם אחד מאלו הימים, אף אם התחילו מפסיקין.

סעיף ג- צבור שבקשו לגזור תענית שני וחמישי ושני, ופגע בתענית ט"ו בשבט, התענית נדחה לשבת הבאה, כדי שלא יגזרו תענית בט"ו בשבט שהוא ראש השנה לאילנות; הגה: מיהו אם התחילו להתענות אין מפסיקין, כמו בראש חדש וחול המועד.

פעם אחד גזר מהרי"ל, שלא לאכול בשר בכל יום ב' עד ר"ה, וחל ט"ו באב ביום ב', ולא רצה לאכול בשר, **אבל** בעיוה"כ ובסעודת מצוה, כגון פדיון הבן, מותר בבשר ויין, **ומסיק** המ"א, דדוקא התם שהוא גזר, וכולם היו סומכין עליו, בכונתו תליא מילתא, שלא נתכוין לאסור בעיו"כ ולא בסעודת מצוה, **אבל** יחיד שקבל עליו, חל עליו, דאין מחוייב לאכול בשר אפי' בשבת ויו"ט.

§ סימן תקעג – שבטלה מגילת תענית §

סעיף א- הלכתא בטלה מגלת תענית - שם כתוב כמה ימים בשנה שנעשו בהם נסים לאבותינו, ועשאום חכמים כיו"ט שלא להתענות בהם, וגם לפניהם ולאחריהם אסרו בהם להתענות, ובעונותינו ארעו בהם הרבה מאורעות, ובטלום.

וכל הימים הכתובים בה מותר להתענות בהם, וכל שכן לפניהם ולאחריהם; חוץ מחנוכה ופורים - ר"ל שהם ג"כ מהימים הכתובים במגילת תענית, ומפני הנסים הגדולים המפורסמים שנעשו בהם, נשארו בחזקתם.

שאסור להתענות בהם בעצמם, אבל לפניהם ולאחריהם מותר - דלפניהם ולאחריהם לא חמירי משאר ימים הכתובים שם.

וכן שבתות וימים טובים וראשי חדשים, מותרים לפניהם ולאחריהם.

הגה: מי שיש לו נשואין בחנוכה, אין לו להתענות - וכ"ש בפורים דהוא יום משתה ושמחה, **אבל אם יש לו נשואין בניסן, מתענה ביום חופתו** - דמה שזהירין שלא להתענות בניסן, אינו אלא מנהג.

ולפי"ז ה"ה ל"ג בעומר, והימים שמר"ח סיון עד שבועות, והימים שבין יוה"כ לסוכות, **אבל** באסרו חג, ובט"ו באב, ובט"ו בשבט, אינו מתענה, כיון שהוזכר בגמרא. **ויש** מקילין בכל הימים שא"א בהם תחנון.

אפילו בר"ח ניסן - פירוש שאסור מדינא להתענות בר"ח, מ"מ יתענה, **מפני שהוא אחד מן הימים שמתענים בהם, כדלקמן סוף סימן תק"פ** - וה"ה בר"ח אב, יש ג"כ להתענות מטעם זה, אלא שלכתחלה אין נושאין בו, **וא"צ** למיתב תענית לתעניתו המתענה בחדשים אלו, דהא ברשות קעביד, [**אבל** בשאר ר"ח אין להתענות].

[**וכתבו** אחרונים, דאף בימים שאין מתענים, צריך ליזהר שלא יהא רודף אחר מותרות מאכל ומשתה].

ביום חופתו - הטעם «שמתענים», מפני שבאותו יום מוחלין להן על עונותיהן, ויתודה על עונותיו באותו היום, **ועוד** טעם, שמא יהיו שכורים בשעת קדושין. **ואפי'** אלמן שנשא אלמנה, ג"כ צריכין שניהם להתענות.

§ סימן תקעד – שנותנין בתענית חומרי המקום שיצא ושהלך לשם §

סעיף א- ההולך ממקום שמתענין למקום שאין מתענין, ודעתו לחזור, צריך להתענות כל תעניות שקבלו עליהם - בני עירו, שכיון שדעתו לחזור, צריך מדינא לקבל עליו חומרי מקום שיצא משם, **ומיירי** שהיה במקום שמתענין בשעת קבלת התענית, דאל"כ ודאי לא חלה עליו גזירת קהל שלו, כיון שלא היה אז שם, **ודוקא** שהתענית הוא בשביל תשובה, או על כל צרה שלא תבא, אבל אם התענית נקבע על גזירה שעברה, כמו כ' סיון בפולין וכדומה, אז א"צ קבלה כלל, דת"צ חשיב, ויש לו דין ההולך ממקום למקום, שנותנין עליו חומרי מקום שיצא משם אם דעתו לחזור, **ואם** קבל בעצמו התענית עליו, אז אפילו אם אין דעתו לחזור, צריך להתענות.

סעיף ב- ההולך ממקום שאין מתענין למקום שמתענים, יתענה עמהם - אף שאכל היום קודם שבא לעיר, מ"מ משלים עמהן ואינו אוכל, [**וכ"ז** אם מצי מצער נפשיה, אבל באדם חלוש יש להסתפק בזה, **ומיהו** בפרהסיא בודאי לא].

אפי' דעתו לחזור - משום דצריך להשתתף עם הצבור בצרתם, וע"כ אפי' בצנעא אסור לאכול, **וכשמתענים** על צרה שעברה כבר, אפשר דמותר לאכול בצנעא אם דעתו לחזור - מ"א, **והא"ר** מצדד להחמיר אף בזה.

ומיהו כיון שלא קבל עליו תענית, אם יצא מן העיר חוץ לתחום, מותר לאכול ואינו צריך להשלים - דוקא בשדעתו לחזור, אבל אם אין דעתו לחזור, אסור, כיון שכבר בא לתוכה חל עליו חובת

המקום, **ואם** לא בא לתוכה והוא עדיין חוץ לתחום העיר, מותר אפילו אין דעתו לחזור למקומו הראשון, **ויש** מקילין בחזר ויצא חוץ לתחום, אף כשכבר בא לתוכה, [**ואפשר** דבתענית דקימ"ל בעלמא דבעינן קבלה, וגזירת הצבור הוא כעין קבלה, **והכא** כיון שלא בא עדיין לעיר בשעת קבלתם, אין חל עליו התענית מן הדין, ורק מפני המחלוקת, ולכן מותר כשיצא חוץ לתחום].

הגה: ודוקא שבא לשם ביום התענית, אבל אם בא לשם מבעוד יום, צריך לקבל עליו התענית וצריך להשלימו - עיין בט"ז, שדעתו דאפילו לא קבל עליו בפירוש, כיון שהיה שם בשעת קבלת הצבור, ממילא חל עליו התענית, אף שדעתו לחזור, ואסור לאכול אפילו חוץ לתחום העיר, וכן מצדד בא"ר.

סעיף ג - שכח ואכל, אל יתראה בפניהם כאלו אכל, ואל ינהג עידונין בעצמו לומר: הואיל ואכלתי מעט אוכל הרבה - אלא צריך להפסיק באותה סעודה מיד כשנזכר, ואפילו לא קבל התענית עליו.

(ואפילו שלא בפניהם אסור לנהוג עידונין בעצמו) - היינו אפילו במה שמקילינן לאכול חוץ לתחום, מ"מ אל יתעדן באכילתו, דאם יבא לעיר יהיה פניו צהובין - מ"א, **ויש** אחרונים שפירשו כפשטיה, שלא ינהג עידונין בשאר דברים, וכנ"ל בסימן תקס"ח סי"ב.

סעיף ד - מצוה להרעיב אדם עצמו בשנת רעבון - דהיינו שיאכל בצמצום.

ואסור לשמש בו מטתו - דצריך האדם לנהוג צער בעצמו, **חוץ מליל טבילה** - המ"א אוסר אף בליל טבילה, **אכן** בנהר שלום ובבגדי ישע הסכימו, שנוכל לסמוך להקל כדעת השו"ע, **ובפרט** אם אינו שנת רעבון אלא שאר צרות, בודאי יש לסמוך להקל בליל טבילה, [**דשאר** צרות לא נזכר בגמרא, רק מקורו מירושלמי, ושם לא נזכר בלשון איסור, ואפשר דהוא רק מדת חסידות בעלמא - שכנה"ג, **וע"ש** עוד, דדוקא בצרות שהם דומיא דרעבון, כגון שדפון וירקון וכדומה, אבל לא בשאר צרות].

ולחשוכי בנים (פירוש ולמנועי בנים) מותר - עד שתתעבר, **ואם** יש לו בנים מחללי שבת, וכוונתו רק כדי שיוליד בנים כשרים, מסתברא דדינו כחשוכי בנים, [**עיין** בא"ר בשם הט"ז שהקיל ביותר מזה, דכל שאינו לתענוג שרי, דאם יצרו תקיף עליו ויש חשש השחתת זרע, אין איסור]. **(וע"ל סי' ר"מ סעיף י"ב).**

סעיף ה - כל הפורש מן הצבור, אינו רואה בנחמתן - דוקא דבר שיוכל באולי להועיל, הן בתפלה הן בתענית הן בממון, [**ואם** אינו יכול להועילם כלל, אל יעמוד במקום סכנה], **וכל המצטער עמהם, זוכה ורואה בנחמתן.**

§ סימן תקעה – דיני תענית שמתפללין בא"י על הגשמים §

סעיף א - סדר תעניות שמתענין בארץ ישראל - בא לאפוקי שאר מקומות, וכדלקמן בס"ט, **על הגשמים, כך הוא, הגיע י"ז במרחשון ולא ירדו גשמים, מתחילין תלמידי חכמים בלבד להתענות שלשה תעניות, ב' וה' וב'** - היינו אפילו ביום י"ז גופא, וכן משמע בביאור הגר"א בס"ט, [**ומיהו** נראה דהיינו כשקיבל מבע"י להתענות].

וכל התלמידים ראוים לכך - היינו שחיוב הוא על כל תלמיד, ואין יכול להפקיע עצמו לומר: פטור אני, **ודוקא** כששואלים אותו דבר הלכה בתלמודו ואומרה, דאז הוא בכלל ת"ח, וחייב להתחיל להתענות, **אבל** אם לא הגיע לכלל כך, איננו מחוייב להתענות, אלא שאם רצה מתענה ואין בו משום יוהרא, **אבל** כל שאר אדם אינו רשאי, דהרואה שמתענה מוכחא מילתא שעושה מפני הגשמים, והוי משום יוהרא.

ודין תעניות אלו כדין תענית יחיד - היינו לענין שמפסיקין בהם בר"ח וחנוכה ופורים, אם פגע באלו הימים, ומשא"כ ת"צ וכדלעיל בסימן תקע"ב, **וגם** לענין מה שמבואר בסימן תקס"ו ע"ש, **ונ"ל** דה"ה לענין שצריך לקבל אותן מבעוד יום כשאר תענית יחיד, ולאפוקי בת"צ וכנ"ל בסימן תקס"ב סי"ב.

סעיף ב - הגיע ר"ח כסליו ולא ירדו גשמים, בית דין גוזרין שלשה תעניות על

הצבור, ב' וחמישי וב', וכל העם נכנסים לבתי כנסיות ומתפללים וזועקים ומתחננים, כדרך שעושים בכל התעניות - ובכלל זה הקריאה "ויחל" בשחרית ומנחה כשאר תענית.

סעיף ג - עברו אלו ולא נענו, בית דין גוזרין עוד ג' תעניות על הצבור, ב' וחמישי וב', ובאלו מפסיקין מלאכול מבעוד יום - היינו דביהש"מ שלו אסור, וא"צ להוסיף יותר.

ואסורים בהם בעשיית מלאכה ביום, אבל לא בלילה; ואסורים ברחיצת כל הגוף בחמין, לפיכך נועלין את המרחצאות; אבל פניו ידיו ורגליו בחמין, וכל גופו בצונן, מותר.

ואסורים בסיכה, אלא אם כן הוא להעביר את הזוהמא - וכ"ש אם יש לו חטטין בראשו דמותר, [**אבל** סיכה לתענוג, אף כל שהוא אסור].

ואסורים בהם בתשמיש המטה - אפילו עדיין אין רעב בעולם, [דאל"כ אף בלא"ה אסור, וכדלעיל בסוף הסימן], **ואפילו** בליל טבילה.

וכן אסור בנעילת הסנדל בעיר; ומתפללין בבתי כנסיות ומתחננים כבשאר תעניות - ר"ל שאין מוציאין לרחובה של עיר כמו שנוהגין בשבע אחרונות וכדלקמיה בס"ד.

סעיף ד - עברו אלו [ולא נענו], ב"ד גוזרין עוד שבע תעניות על הצבור, ב וה' וב' וה' וב' וה' וב', וכל מה שאסור בשלשה שלפני אלו אסור אף באלו; ויתירין אלו שמתריעין בהם בשופר על הברכות שמוסיפים בהם, ומתפללין ברחוב העיר, ומורידין זקן להוכיחם, ומוסיפין שש ברכות בתפלת שחרית ובתפלת המנחה - הוא מבואר בטור.

ונועלים את החנויות, ובשני לעת ערב פותחין מעט - דהיינו שפותח קצת דלת החנויות, ואין מוציאין מה שבחנות לחוץ, **(אותן החנויות המוכרות אכילה ושתיה), כדי שימצאו לקנות לסעודת הלילה.**

ובחמישי פותחין כל היום חנויות המוכרות מאכל, מפני כבוד השבת - אבל של שתיה דיכולין לקנותו בע"ש, לא, [**אבל** פותח קצת לעת ערב כמו בשני]. **ואם יש לחנות שני פתחים, פותח א' ונועל א'; ואם יש לחנות אצטבא** - כסא, **לפניו, פותח כדרכו בחמישי ואינו חושש** - דהשתא אין החנות פתוחה לר"ה, ואם הוא פתוח אינו נראה כל כך.

עיין בגבורת ארי דמסיק, דשארי חנויות של דבר אחר, נועלין לגמרי כל היום בין בשני בין בחמישי, רק בחנויות של מאכל ומשתה פותחין מעט לעת ערב.

סעיף ה - עוברות ומיניקות מתענות - באלו ג' תעניות אמצעיות, **אבל לא בג' ראשונות ולא בז' אחרונות** - דבג' ראשונות לא תקיף רוגזיה כולי האי, ואחרונות כיון דשבעה נינהו, לא מצי עוברות ומניקות למיקם בהו. **וקשה**, יתענו עכ"פ ג' תעניות, וצ"ל כיון דא"א להתענות כולם, אין מחויבים להתענות כלל.

ומיהו לא יאכלו אלא כדי קיום הולד. (ואסור לכן להחמיר ולהתענות) - כי הוא רע לולד.

אם צבור גזרו ג' תעניות, ויש אדם חלש שאינו יכול להתענות כולם, א"צ להתענות כלל, וצ"ע.

סעיף ו - אחר שגזרו י"ג תעניות אלו, אם לא נענו, אין גוזרין עוד; והני מילי כשמתענין על הגשמים, לפי שכשעברו אלו כבר עברו זמן הגשמים ואין בהם תועלת; אבל על שאר פורעניות מתענים והולכים עד שיענו.

סעיף ז - כשמתענים על הגשמים ועברו י"ג תעניות אלו ולא נענו, ממעטין במשא ומתן ובבנין של שמחה - לאו דוקא, אלא ה"ה לכל בנין שאין צריכין, דאינו נעשה אלא לנוי ולהרוחה בעלמא, **ודע** עוד, דשל שמחה קאי גם אמשא ומתן, דאינו אסור אלא של שמחה, כגון צרכי חופה לבנו, מ"א, ועיין בסימן תקנ"א ס"ב ובמ"ב שם מדינים אלו.

(אא"כ כותלו) - של בנין שמחה, כגון בית חתנות לבנו, **(נוטה ליפול)** - ואפילו אין בו סכנה.

וממעטין באירוסין ונישואין - פי' שאין מארסין כלל, **אלא אם לא קיים מצות פריה ורביה. וממעטין בשאילת שלום בין אדם לחבירו; ותלמידי חכמים לא ישאלו שלום אלא כנזופין וכמנודים למקום, ועם הארץ שנתן להם שלום, משיבין לו בשפה רפה וכובד ראש.**

ותלמידי חכמים לבדם חוזרים ומתענים שני וחמישי ושני עד שיצא ניסן של תקופה; ומותרין לאכול בלילה, ובמלאכה ובשאר הדברים, ומפסיקים בראש חדש חנוכה ופורים.

יצא ניסן של תקופה, והוא כשהגיע השמש לתחלת מזל השור - והיינו ל' יום לאחר שנופלת תקופת ניסן, **אין מתענין עוד, שאין הגשמים בזמן הזה אלא סימן קללה, הואיל ולא ירדו כל עיקר בתחלת השנה.**

סעיף ח - וכל זה הסדר כשלא ירדו גשמים כלל, אבל ירדו ברביעה (פירוש המטר היורד להצמיח כל צמח ועשב האדמה נקרא רביעה, מפני שרובע ומעבר את הקרקע, כדכתיב: כי כאשר ירד הגשם וגו' והולידה והצמיחה וגו') וצמחו העשבים והתחילו ליבש, הרי אלו מתענים וזועקים - בפה אבל לא מתריעין, **עד שירדו גשמים, או עד שיבשו הצמחים** - ששוב לא יועיל, והוי תפלת שוא.

וכן אם הגיע זמן הפסח או קרוב לו, שהוא זמן פריחת האילנות בארץ ישראל, ולא ירדו גשמים, הרי אלו מתענים וזועקים עד שירדו גשמים הראויים לאילנות, או עד שיעבור זמנם.

וכן אם הגיע חג הסוכות ולא ירדו גשמים הרבה כדי למלאות מהם הבורות והשיחין והמערות, הרי אלו מתענים עד שירד גשם הראוי לבורות.

ואם אין להם מים לשתות, מתענין על הגשמים בכל עת שלא יהיה להם מים לשתות, ואפילו בימות החמה.

פסקו הגשמים בין גשם לגשם מ' יום בימות הגשמים, הרי זה מכת בצורת, ומתענים וזועקים עד שירדו גשמים, או עד שיעבור זמנם.

סעיף ט - במה דברים אמורים, בארץ ישראל וכל הדומה לה; אבל במקומות שעונת הגשמים שלהם קודם שבעה עשר במרחשון, או אחר זמן זה - אפילו עונת הגשמים שלהם אחר שבועות, **כשיגיע זמנם ולא ירדו גשמים, יחידים מתענים שני וחמישי ושני, ומפסיקים בראש חדש חנוכה ופורים, ושוהין אח"כ כמו ששה ימים, אם לא ירדו גשמים, בית דין גוזרין י"ג תעניות על הסדר שאמרנו.**

סעיף י - כל תענית שגוזרים הצבור בחוצה לארץ, אוכלים בהם בלילה, ודינם כדין שאר תענית; שאין גוזרים על הצבור תענית כגון צום כפור אלא בארץ ישראל בלבד - שבחו"ל אין להם נשיא שיגזור עליהם, **ובגלל המטר, ובאותם עשר תעניות, שהם שלשה אמצעיים ושבע אחרונות** - ודע, דאחרונים מסתפקין אפי' בא"י אם נוהג היום הסדר תענית, מחמת זה הטעם ‹דאין נשיא›, **ואפשר** משום דשליחותייהו דקמאי קעבדינן שם.

סעיף יא - היו מתענים על הגשמים ונענו, כמה ירדו ויהיו פוסקין מן התענית, משיכנסו בעומק הארץ החרבה טפח; ובבינונית, שני טפחים; ובעבודה, שלשה

טפחים. (ושיעור כמה צריכין לירד לברך עליהם, עיין לעיל סימן רכ"א).

ואם התחילו לירד אחר חצות, ישלימו אותו היום - שכבר עבר רוב היום בקדושה, ושוב אין אומר "עננו" בתפלת המנחה, ולא תחנונים אחרים, **וגם** הלל היה ראוי לומר, אלא שאין אומרים אותו בכרס רעבה, דמתוך שכתוב בו "נותן לחם לכל בשר", נאה להאמר על השובע, (ולכן שוב אין לומר הלל הגדול – שונה הלכות), **וי"א** דכיון שנענו באותו יום, אומרים הלל הגדול. (וע"ל סימן תקס"ט בסופו).

ואם התחילו לירד קודם חצות, לא ישלימו - דעד כדון צפרא הוא, **משמע** מלשון "ואם התחילו", דאף שלא נגמר השיעור גשמים קודם חצות, כיון שההתחלה היתה קודם חצות, ולא הפסיק בחצות, אזלינן בתר ההתחלה, ולא ישלימו.

אלא יאכלו וישתו ויעשו יום טוב, ולערב יתקבצו ויאמרו הלל הגדול - שא"א הלל הגדול אלא בנפש שבעה וכרס מלאה, **ודוקא** בזה שהוא אחר התפלה, אבל קודם התפלה שרי, ולכן אמרינן ליה בפסוקי דזמרה בשחרית בשבת, **ובמקום** דשכיחי שכרות, אומרים הלל הגדול ואח"כ אוכלין ושותין, **וה"ה** אם ירד קודם חצות, ורצו רוב הצבור להשלים, דמשלימין וכנ"ל בסימן תקס"ט ס"א, יאמרו הלל הגדול קודם אכילה.

הלל הגדול - הם כ"ו "כי לעולם חסדו", וחותמין "מודים אנחנו לך על כל טיפה" וכו', כמ"ש סימן רכ"א, ושוב אין היחיד צריך לברך, **ויש** להתחיל קודם "הודו", "שיר המעלות הנה ברכו וגו' העומדים בבית ד' בלילות", ואומר "מעלה נשיאים מקצה הארץ" וגו'.

סעיף יב - אין אומרים הלל הגדול אלא כשנענו ביום תעניתם דוקא, אבל אם לא נענו עד יום שלאחר תעניתם, לא - דלא נענו מכח התענית, רק משמיא דרחימו עלייהו.

סעיף יג - אם ירדו להם גשמים בליל תעניתם קודם שעלה עמוד השחר, אין אומרים הלל הגדול - דזה לא מיקרי התחלה להתענות, **ומשמע** מסתימת המחבר, דאפילו אותן התעניות שמפסיקין מבע"י, מ"מ עיקר התענית מתחיל מעמוד השחר ואילך, לא קודם, ועיין בפמ"ג.

§ סימן תקעו – על איזה דברים מתענין ומתריעין §

סעיף א - כשם שמתענים ומתריעים על הגשמים, כך היו מתענים על שאר הצרות; כגון עכו"ם שבאו לערוך מלחמה עם ישראל, או ליטול מהם מס, או ליקח מידם ארץ, או לגזור עליהם צרה אפילו במצוה קלה, הרי אלו מתענין ומתריעין עד שירוחמו.

וכל הערים שסביבותיהם מתענים, אבל אין מתריעין, אא"כ תקעו להתקבץ לעזרתם.

ואפילו לא באו אלא לעבור דרך ארצם, שאין להם מלחמה עמהם אלא על עכו"ם אחרים, ועוברים על מקום ישראל, מתענין ומתריעין.

כתב הרמב"ם: מ"ע מן התורה לזעוק ולהריע בחצוצרות על כל צרה שלא תבא על הצבור, שנאמר: על הצר הצורר אתכם והרעותם בחצוצרות, {ועיין במגיד משנה דהכריע לדינא, דלאו דוקא בחצוצרות, דה"ה בשופר}, כלומר כל דבר שייצר לכם, כגון בצורת ודבר וארבה וכיו"ב, זעקו עליהן והריעו, **ודבר** זה מדרכי התשובה הוא, שבזמן שתבא צרה ויזעקו עליה ויריעו, ידעו הכל שבגלל מעשיהם הרעים הורע להן, ככתוב: עונותיכם הטו אלה וגו', וזהו שיגרום להסיר הצרה מעליהם, **אבל** אם לא יזעקו ולא יריעו, אלא יאמרו: דבר זה ממנהג העולם אירע לנו, וצרה זו נקרית היא, הרי זו דרך אכזריות, וגורמת להם להדבק במעשיהן הרעים, ותוסיף הצרה צרות אחרות, הוא שכתוב בתורה: והלכתם עמי בקרי והלכתי גם אני עמכם בחמת קרי וכו', **ומד"ס** להתענות על כל צרה שלא תבוא על הצבור עד שירוחמו מן השמים וכו', עכ"ל.

ותמה המ"א, למה אין אנו נוהגין לתקוע בעת צרה, ואפילו אם נאמר דאין ת"צ בבבל, הלא מדאורייתא מצוה לתקוע בלא תענית וכנ"ל, ונשאר בצ"ע, **ויש** מאחרונים שתירצו, דמדאורייתא מצוה זו נוהג רק בא"י, וכדכתיב: וכי תבואו מלחמה בארצכם וגו', **ויש** שכתבו, דאפשר דאף בא"י דוקא כשהיה תחת רשותינו, **ואפשר** עוד, דדוקא כשהגזרה הוא על רוב ישראל אז מ"ע לתקוע, אבל בלא"ה לא.

סעיף ב - וכן על הדבר - והאידנא אין מתענין כלל בשעת הדבר, דמנוסה הוא, כשאינו אוכל ושותה קולט שינוי אויר ח"ו, **ולענין** ט"ב ע"ל בסי' תקנ"ד ס"ו בבה"ל.

איזהו דבר, עיר שיש בה ת"ק רגלי, ויצאו ממנה שלשה מתים בשלשה ימים זה אחר זה - מת א' בכל יום, **הרי זה דבר.**

יצאו ביום א', או בד' ימים, אין זה דבר - דאין זה קבע אלא אקראי בעלמא.

היו בה אלף, ויצאו ממנו ששה מתים בג' ימים זה אחר זה, הרי זה דבר, יצאו ביום אחד או בד' ימים, אין זה דבר; וכן לפי חשבון זה; ואין הנשים והקטנים וזקנים ששבתו ממלאכה בכלל מנין אנשי המדינה לענין זה - לפי שהן חלושות המזג, **ועיין** בלבוש, דבין מנין הת"ק ובין מנין המתים, לא יהיו מאלו, וכן משמע בשלטי גבורים.

היה דבר בארץ ישראל, מתענין שאר גליות עליהם - דכיון דגבירה לוקה, שפחה לא כ"ש, וסוריא אינה בכלל א"י, דכיבוש יחיד לא שמיה כיבוש.

(ודוקא דאיכא דבר בכולה ולא במקצתה) - דהא איכא גבירה ג"כ דניצולת, ותינצל עם הניצולין.

היה דבר במדינה - אף בחו"ל, **ושיירות הולכות ובאות ממנה למדינה אחרת, שתיהן מתענות אע"פ שהן רחוקות זו מזו** - לפי שהדבר מתלוה ובא עמהן.

אבל אם אין שיירות הולכות, אין מתענות הרחוקות, אבל כל סביבותיה מתענות ולא מתריעות, כדי להשתתף בצרתן, **וכן** נמי במפולת, סביבותיה מתענות מטעם זה.

סעיף ג - ואם היה דבר בחזירים, מתענין, מפני שמעיהם דומים לשל בני אדם; וכל שכן אם היה דבר בעכו"ם ולא בישראל, שמתענים.

סעיף ד - וכן מתענין על המפולת שבעיר, כיצד, הרי שרבתה בעיר מפולת - ואפשר דשיעורא בשלשה בתים, **כותלים בריאים** - אבל אם הם רעועות, אינם בכלל זה, **שאינן עומדין בצד הנהר** - אבל אם עומדין בצד הנהר, אע"פ שהן כותלים בריאים, אפשר דהנהר שטף בהן מתחתיו את יסודם, **הרי זה צרה ומתענין ומתריעין עליה; וכן על הרעש ועל הרוחות שהם מפילים הבנין והורגים, מתענים ומתריעין עליהם.**

סעיף ה - וכן מתענין על החולאים. כיצד, הרי שירד חולי אחד לאנשים הרבה באותה העיר, כגון אסכרה, (פירוש חולי סוגר הגרון, מענין: ויסכרו מעינות תהום), או חרחור וכיוצא בהם, והיו מתים מאותו חולי, הרי זה צרת צבור וגוזרין עליה תענית ומתריעין - וה"ה כשאבעבועות פורחים בתינוקות ומתים, יש לגזור תענית, וכבר נדפס סליחה על תחלואי ילדים, **ובשל"ה** כתב, דכל אחד יבריח בניו מן העיר בעת הזאת, דהיא מחלה המתדבקת.

וכן חכוך לח - שחין שמתחכך אדם עליה, **הרי הוא כשחין פורח, ואם פשט ברוב הצבור מתענין ומתריעין עליו** - עיין בב"ח שדעתו, דבזה אפילו אינם מתים ממנה, גוזרין תענית, שהשחין לח הוא כעין שהיה במצרים, והוא קשה כמות, **אכן** בזה בעינן דוקא כשפשט ברוב צבור, משא"כ לשאר חולאים.

אבל חכוך יבש, צועקים עליו בלבד.

הגה: ובאלו חולאים אינן צריכין שימותו בשלשה ימים זה אחר זה, כמו בדבר שהוא בא מכח שינוי אויר, אלא מתענים ומתריעים על אלו החלאים מיד - עיין בחידושי ריטב"א שדעתו, דעכ"פ בעינן שיהיו מתים מאותו חולי שלשה אנשים, ואז נתחזקה החולי למומתת, **רק** שאין צריך לזה שיהיה דוקא בשלשה ימים כמו בדבר, אלא בין ביום אחד או יותר מתענין ומתריעין עליו, **אכן** לפי מה שמבואר בב"י בשם הירושלמי, מוכח דלענין אסכרה, אפילו לא מת ממנה רק אחד מתענין עליו, **ונראה** דמ"מ דוקא כשירד חולי זה להרבה אנשים, אף שלא מת עדיין רק אחד מהן צריך להחמיר, וכדמשמע לשון השו"ע, **אבל** אי לא"ה לא, **ועיין** בלח"מ שדעתו, דבעינן שימותו ממנה שני אנשים, ואשתמיטתיה דברי הב"י בשם הירושלמי וכן הריטב"א.

סעיף ו - וכן על חיה רעה שנשתלחה, אפילו לא הזיקה אלא נראית בלבד, מתענין ומתריעין בכל מקום, אפילו הרחוקים - וצ"ע על הרמ"א שלא הגיה כאן: רק שיהיו באותה הפרכיא, כמו שהגיה בס"ח, **וכן** למה לא חלק על דברי השו"ע בס"א וסי"ב, במש"כ: וכל הערים שסביבותיהם וכו', ‹משמע ולא הרחוקים, ע"ש בסי"ב ובמש"כ שם בשם המ"א, לפרש דה"ה הרחוקים שהיו באותה הפרכיא, [ביאור הגר"א, **וכן** תמה על השו"ע גופא שסותר דעת עצמו, שבס"א וסי"ב כתב: כל הערים שסביבותיה, וכאן סתם כדברי הטור: אפי' הרחוקים]. ‹**והגם** דבס"א וסי"ב מיירי לענין תענית ולא התרעה, וכאן ובס"ח איירי בתענית והתרעה כיון שהיא מכה מהלכת, עכ"פ הגדרים הם שווים, כדמבואר בס"ח וסי"ב›.

אבל אם אינה משולחת, אינה אלא מקרה. איזו היא משולחת, נראתה בעיר ביום, הרי זו משולחת; נראתה בשדה ביום, אם ראתה שני בני אדם ולא ברחה מפניהם, הרי זו משולחת - שנאמר: ומוראכם וחתכם יהיה על כל חית הארץ, וזו שעמדה לנגדם ולא יראה, בכלל שילוח הוא.

משמע דבשדה בלילה, שדרכה להיות שם, אין ראיה מעמידתה שנשתלחה להזיק, **אבל** בעיר בלילה, דיש בזה ג"כ צד אחד של ריעותא, אפשר דגם זה בכלל שילוח הוא.

ואם היתה שדה שסמוכה לאגם, וראתה שני בני אדם ורדפה אחריהם, הרי זו משולחת; לא רדפה אחריהם, אינה משולחת - ר"ל בזה אם עמדה, כל זמן שלא רדפה אחריהם אינה משולחת, דכיון דסמוכה לאגם היינו רביתא, והאי דלא ברחה, סברה אי אתי בתראי עריקנא לאגמא מיד.

ואם היתה באגם - הוא מלא קנים ואילנות קטנים, וה"ה יער גדול, **אפילו רדפה אחריהם אינה משולחת** - דכיון דהיינו דוכתא שלה, סמכה אדעתה ורהטא אבתרייהו.

אלא אם טרפה שניהם ואכלה אחד מהם - רבותא הוי, דאע"ג דאכלה אחד מהן, הוי משולחת מדטרפה השניה ולא אכלה, [**ודוקא** כשטרפן זה אחר זה, אבל אי טרפה שני בני אדם כאחד, אפשר אי לא אכלה אלא אחד מהם, אין זה הוכחה שהיא משולחת מדטרפה שניהם, כיון דבחדא טריפה טרפה לשניהם], **וכ"ש** אם לא אכלה כלל, בודאי משולחת הוי מדטרפה אותן - תוס', **ובפירוש** ר"ח איתא להיפך.

אבל אם אכלה שניהם באגם, אינה משולחת, מפני שזה הוא מקומה ומפני הרעבון טרפה, לא מפני שהוא משולחת.

סעיף ז - בתים הבנויים במדברות ובארצות הנשמות, הואיל והם מקום גדודי חיה, אם עלתה לגג ונטלה תינוק מעריסה (פירוש מטה קטנה, מענין: הנה ערשו ערש ברזל), הרי זו משולחת; ואם לא הגיע למדה זו אינה משולחת, שאלו בני אדם שסכנו בעצמם ובאו למקום החיות.

אבל שאר מיני רמש הארץ ורמש העוף ששולחו והזיקו, כגון שלוח נחשים ועקרבים שמזיקים ואינם ממיתים, ואין צריך לומר צרעים ויתושין והדומה להם, אין מתענים עליהם ולא מתריעין - אבל אם ממיתין, אפי' יתושים וזבובים מתענין ומתריעין עליהם, **וי"א** דעל נחשים ועקרבים, אפילו אם אין אנו יודעין עדיין שימותו על ידן, ג"כ חוששין ומתענין ע"ז.

סעיף ח - וכן על ירקון - הוא תבואה שהכסיפה פניה, **והשדפון** - הוא רוח שמריק הזרע מן התבואה, **משהתחיל בתבואה, אפילו לא התחיל אלא במקום אחד כמלא פי התנור** - פי' תבואה שראוי לעשות פת כמלא פי תנור, **ובגמרא** מסתפק, אם ר"ל ככיסוי התנור, או כשורות הלחם הדבקים בפי התנור זה אצל זה, א"נ זה למעלה מזה, **מתענין ומתריעין.**

(ואפי' הרחוקים, רק שיהיו באותו הפרכיא) - היא מלכות, **ודוקא** בזה שהיא מכה מהלכת, אבל כשאינה מהלכת, אינה מתרעת אלא מתענית בלבד, ‹באותו הפרכיא – פמ"ג, כמ"ש סי"ב, מ"א.

סעיף ט - וכן על הארבה והחסיל, אפילו לא נראה מהם אלא כנף אחד בכל ארץ ישראל, ואפי' אינו משחית יבול הארץ, מתענין ומתריעין עליהם; ועל הגובאי (פירוש מין ארבה) בכל שהוא; אבל על החגב אין מתענין עליו ולא מתריעין, אלא זועקין בלבד; ועכשיו שאין אנו מכירין מינים הללו, על כולם מתריעין.

סעיף י - וכן על המזונות. כיצד, הרי שהוזלו דברים של סחורה שרוב חיי אנשי אותה העיר מהם, כגון כלי פשתן בבבל, ויין ושמן בארץ ישראל, ונתמעט המשא והמתן עד שיצטרך התגר למכור שוה עשרה בששה, הרי זו צרת צבור ומתריעין עליה - ומתענין.

ובשבת זועקים עליה - בפה, לומר "עננו", **אבל אין תוקעין עליה בשבת.**

סעיף יא - וכן על המטר; כיצד, הרי שרבו עליהם גשמים עד שיצרו להם, הרי אלו מתפללים עליהם, שאין לך צרה יתירה מזו, שהבתים נופלים ונמצא בתיהם קבריהם.

ובארץ ישראל אין מתפללין על רוב הגשמים, מפני שהיא ארץ הרים ובתיהם בנוים באבנים ורוב הגשמים טובה להם, ואין מתענים להעביר הטובה.

ועכשיו בצפת מצויה מפולת בתים מפני הגשמים, ומתפללים עליהם.

סעיף יב - כל עיר שיש בה צרה מכל אלו, אותה העיר מתענה וזועקין בתפלה, ומתחננים ומתריעין בשופר עד שתעבור הצרה; וכל סביבותיה מתענות אבל לא מתריעות, אבל מבקשים עליהם רחמים - היינו באותה הפרכיא כמ"ש ס"ח, [מ"א, **ולכאורה** משמע לדידיה דהיינו אפי' רחוקים, כיון שהם באותה הפרכיא, **ומדברי** הגר"א בס"ח משמע, דכונת השו"ע הוא דוקא סביבותיה, ולא הרחוקים], ‹ועיין בס"ו.

ובכל מקום אין מתענין ולא זועקים ולא מתריעים בשבת ויום טוב על שום צרה, חוץ מצרת המזונות שזועקים עליהם בשבת.

סעיף יג - עיר שהקיפה אנסין או נהר, וספינה המטורפת בים, אפי' על יחיד הנרדף מפני אנסין או ליסטים או רוח רעה, או חולה שאר חולי שיש בו סכנת היום, (ולברך החולה בשבת ע"ל ס"י רפ"ח), זועקים ומתחננים בתפלות בשבת, אבל אין תוקעין, אא"כ תוקעין לקבץ העם לעזור אחיהם ולהצילם.

סעיף יד - תעניות אלו שמתענים על הצרות, אין מתענין בהם לא עוברות ולא מינקות ולא קטנים - לאו דוקא קטנים גמורים, אלא כל שהם פחותים מי"ח לזכר וט"ו לנקבה, אין גוזרים הצבור עליהם תעניתים אלו, כיון שאינם תעניתים קבועין - מ"א, **וי"א** דמה שאמרו "ולא קטנים", היינו דאין בהם מצות חינוך כמו ביוהכ"פ, [ודלא כמ"א שר"ל דלאו דוקא קטנים], **ומ"מ** נכון שיאכלו רק כדי קיום הגוף, ולא להתענג באכילתם. **והמ"א** כתב, דהמנהג שאין גוזרין תענית אלו על פחותים מי"ח לזכר וט"ו לנקבה.

ומותרים לאכול בלילה אע"פ שמתענים למחר, חוץ מתעניות הגשמים - עיין לעיל סימן תקע"ה סעיף ה'.

סעיף טו - צבור שהיו להם ב' צרות, אין מבקשים רחמים אלא על אחת מהם, דכתיב: נצומה ונבקשה מאלהינו על זאת, ואומרים: אע"פ שיש בלבנו צרות רבות, על צרה פלונית באנו להתפלל - ואם יש חולאים בגדולים וקטנים, אף בשני מינים, נראה דמותר להתפלל על שניהם ביחד, דמ"מ תפלה אחת היא להקב"ה.

אבל כשיש להם צרה אחת, יכולים להזכיר בתפלתם גם צרות שעברו, אגב צרה זו שמתפללין עליה, והיינו שמתפללים שימלטו מהם שלא תבוא ח"ו עליהם – פמ"ג.

ואם יש להם צרת רעב וצרת דבר, מבקשים רחמים על הרעב, משום דכי יהיב רחמנא שובעה, לחיי יהיב.

סעיף טז - בכל יום תענית שגוזרים על הצבור מפני הצרות, ב"ד והזקנים יושבים בבית הכנסת ובודקים על מעשה אנשי העיר, מאחר תפלת שחרית עד חצי היום, ומסירין המכשולים של עבירות, ומזהירין ודורשין וחוקרים על בעלי חמס ועבירות ומפרישין אותן, ועל בעלי זרוע ומשפילין אותם, וכיוצא בדברים אלו - כמ"ש בישעיה: הלא זה צום אבחרהו פתח חרצובות רשע וגו', **ועיין** במ"א שתמה, למה אין אנו נוהגין כן, הלא זהו עיקר התענית.

ומחצי היום ולערב, רביע היום קורין בתורה ומפטירין בנביא, ורביע היום האחרון מתפללין מנחה ומתריעים - ט"ס, דגם בשחרית מתריעין, וצ"ל "מתחננים", וכן הוא ברמב"ם, **ומתודין וזועקים כפי כחם.**

§ סימן תקעו – אם נתרבה הגשמים עד שמטשטשים הקרקע איך מתנהגים §

סעיף א - בכל מקום - פי' אפילו ארץ הרים שריבוי הגשמים הוא לטובתה, מ"מ **אם רוב גשמים מטשטשים הקרקע ומונעים המחרישה** - וה"ה אם מקלקלים ומפסידים בענין אחר, **מתריעים ומבקשים רחמים** - וכ"ש אם הוא ארץ מצולה, שריבוי הגשמים הוא לקלקלה, בודאי תמיד מתריעין על רוב הגשמים.

מדסתם, משמע דדעתו שיתנהג בזה כסדר תענית המבואר בסימן תקע"ה, ועיין בב"י.

ואם הענין נחפז, ואין פנאי להתריע כסדר שאר תעניות - פי' שצריך להתענות רצופות, מפני שסכנתו בכל יום, כגון עיר שהקיפוה עכו"ם וכה"ג, ולפי ענינם אין מקום לתענית בה"ב, **אין גוזרין בו תענית על הצבור, שאין הצבור יכולים להתענות בכל יום** - לפיכך אין גוזרין תענית כלל.

אלא מתריעין בכל יום ובכל תפלה, ובהתרעה בפה די; ואם היחידים רוצים להתענות, רשאים הם בכך - אפילו רצופים, ולא חיישינן שמא יחלה ויצטרך לבריות.

ובהתרעת הפה, דהיינו ב"עננו אבינו עננו" אומר: יהי רצון מלפניך ה' אלהינו ואלהי אבותינו שיכבשו רחמיך את כעסך, ויגולו רחמיך על מדותיך, ותתנהג עם בניך במדת רחמים, ותכנס להם לפנים משורת הדין, ובטובך הגדול רחם עליהם, שאין פורענות בא לעולם אלא בשביל ישראל, והם עמך ונחלתך אשר הוצאת מארץ מצרים, ואינם יכולים לקבל לא רוב רעה ולא רוב טובה, השפעת עליהם רוב טובה אינם יכולים לקבל, כעסת עליהם אינם יכולים לקבל, יהי רצון שיהא ריוח בעולם וזכור רחמיך.

הנה בד"מ משמע, שראוי לומר "עננו" אחר התפלה בדרך א"ב, כמו שאומרים בעשי"ת, **ולא** ראיתי נוהגין כן, אלא המנהג במדינותינו, שהש"ץ אומר ריצוי זה ב"שומע תפלה" כשיש הרבה גשמים.

§ סימן תקעח – שכל יחיד יתענה ויתפלל על צרתו §

סעיף א- כשם שהצבור מתענים ומתפללים על צרתם, כך כל יחיד מתענה ומתפלל על צרתו - שכיון שהתענית הוא מדרכי התשובה והכנעה, כל יחיד ויחיד מחוייב לחפש בדרכיו בעת צרתו ולשוב אל ד' - מגיד משנה, **וכ'** הפמ"ג דמשמע מלשון זה, דיש עליו חיוב להתענות, וכן מצדד הב"ח. **כיצד, היה לו חולה, או תועה במדבר, או חבוש בבית האסורים, יש להתענות ולבקש רחמים בתעניתו; ולא יתענה בשבת ומועד חנוכה ופורים וראש חודש** - וערב יו"כ, **ואפילו** קבל עליו שני וחמישי של כל השנה, ופגע בהם ימים אלו, מפסיקין.

§ סימן תקעט – סדר תפלות באלו התעניות §

סעיף א- בכל יום משבעה תעניות אחרונות של גשמים, מתפללים על סדר זה: מוציאים את - ס"ת עם **התיבה לרחובה של עיר** - והטעם, כדי להתבזות בפרהסיא, **א"נ** משום גלות, שגלינו מביהכ"נ, וגלות מכפרת עון, **ולפי** טעם זה, אם אין יכולים להתפלל ברחוב מפני הכותים, יתפללו בבית אחר.

וכל העם מתקבצים ומתכסים בשקים - לומר: הרי אנו חשובין לפניך כבהמה, **וכתב** המ"א דנמשל לבהמה, שדרך לכסות בהמה בשק, ולכן נראה דיכסה למעלה על הבגדים.

ונותנים אפר מקלה (פירוש אפר של דבר שנשרף, לאפוקי עפר בעלמא שגם הוא נקרא אפר) על גבי התיבה - משום "עמו אנכי בצרה", א"נ "בכל צרתם לו צר", **ועל גבי ספר תורה, כדי להגדיל הבכיה ולהכניע לבם.**

ואחד מן העם נוטל האפר ונותן בראש הנשיא ובראש אב בית דין, במקום הנחת תפילין, כדי שיכלמו וישובו - והא דאינם נוטלים בעצמם ונותנין על ראשם, היינו כדי שיתביישו מאחרים, שעי"ז בושתן מרובה. **וכל אחד ואחד נוטל ונותן בראשו** - קודם תפלת שחרית.

ואחר כך מעמידים ביניהם זקן חכם, והם יושבים; לא היה שם זקן חכם, מעמידין חכם; לא היה שם לא זקן ולא חכם, מעמידין אדם של צורה - רש"י ותוספות פירשו בעלי קומה, כדי שישמעו דבריו ויקבלו להמריך הלב, **והרא"ש** פירש, דחכם היינו כל שמינהו ב"ד פרנס על הצבור, **ואדם** של צורה היינו ת"ח ולא גמיר כחכם, א"נ שראוי למנותו פרנס על הצבור.

ואומר לפניהם דברי כבושים (פירוש דברים שכובשין ומעוררין הלב לתשובה): אחינו, לא שק ולא תענית גורמים, אלא תשובה ומעשים טובים; שכן מצינו שלא נאמר באנשי נינוה: וירא אלהים את שקם ואת תעניתם, אלא: וירא אלהים את מעשיהם, ובקבלה הוא אומר: קרעו לבבכם ואל בגדיכם, ומוסיף בעניינים אלו כפי כחו עד שיכניע לבם וישובו תשובה גמורה; ואחר שגומר זה דברי כבושים עומדים בתפלה - וה"ה בער"ח, במקום שאומרים דברי כבושים, יאמרו קודם התפלה, כדי שיתפללו בלב נשבר אח"כ.

ומעמידים שליח צבור הראוי להתפלל בתעניות אלו; ואם היה אותו שאומר דברי כבושים ראוי להתפלל, מתפלל; ואם לאו, מורידין אחר.

ומי הוא הראוי להתפלל בתעניות אלו: איש שהוא רגיל בתפלה - כדי שלא יטעה, **ורגיל לקרות בתורה נביאים וכתובים; ומטופל** - בבנים קטנים, **ואין לו** - שמתוך כך יתפלל בלב שלם, **ויש לו יגיעה בשדה.**

ולא יהיה בבניו ובני ביתו וכל קרוביו והנלוים אליו בעל עבירה, אלא יהיה ביתו ריקן מן העבירות; ולא יצא עליו שם רע בילדותו; שפל ברך ומרוצה לעם - שיסכימו לתפלתו, **ויש לו נעימה** - שימשוך הלב, **וקולו ערב.**

ואם היה זקן עם כל המדות האלו, הרי זה מפואר; ואם אינו זקן, הואיל ויש בו כל המדות האלו, יתפלל.

סעיף ב - סדר התפלה ושש ברכות שהוא מוסיף ותקיעות שהוא תוקע, מבואר יפה בטור בסימן זה.

סעיף ג - שבע תעניות האלו, אחר שמתפללים יוצאים כל העם לבית הקברות, ובוכים ומתחננים שם, כלומר: הרי אתם מתים כאלו אם לא תשובו מדרככם - אבל לא שיוציאו את התיבה וס"ת לבית הקברות ויתפללו שם, וכ"ש בקברי עכו"ם ח"ו.

(ולפי זה אם אין קברי ישראל, הולכים על קברי כותים) - עיין במ"א שכתב, דלפי טעם השני הנאמר בגמרא, שהוא כדי שיבקשו המתים עלינו רחמים, אין לילך לקברי כותים, עיי"ש בגמרא, **ובפרט** לפי נוסח שלנו שאומרים בער"ה ועיוה"כ על ביה"ק, בודאי צריך דוקא קברי ישראל - מ"א, **ולבד** כ"ז, במקומות שמעמידין גילולים על קבריהן, בודאי אין נכון להתפלל שם.

§ סימן תקפ – ימים שמתענים בהם §

סעיף א - אלו הימים שאירעו בהם צרות לאבותינו וראוי להתענות בהם; ואע"פ שמקצתם בר"ח, יש מי שאומר שיתענו בו - עיין בב"י, שיש מהראשונים שמפקפקין ע"ז, ולדעתם יש ליזהר שלא להתענות כשאירע איזה מהם בר"ח, **ויש** שכתבו שדבר זה ניתקן בימי חכמי התלמוד, ולכן בעל נפש יחמיר לעצמו אם אפשר לו, **ומ"מ** מי שאינו רגיל להתענות תעניות אלו, ואירע לו איזה צרה ח"ו, ורוצה להתענות בר"ח ניסן על צרתו, אסור, כיון שהוא נוהג בו תמיד איסור תענית.

(וטוב שלא להשלים בראש חדש) - משום דכתיב בספר תניא, דאין להתענות בר"ח.

ובס"ח כתב, כשהלבנה לוקה יש להתענות.

סעיף ב - באחד בניסן מתו בני אהרן; בעשרה בו מתה מרים ונסתלק הבאר; בכ"ו בו מת יהושע בן נון - יש גורסים כ"ח, ועיקר כטור.

בעשרה באייר מת עלי הכהן ושני בניו, ונשבה ארון ה'; בכ"ח בו מת שמואל הנביא - במגילת תענית כתוב בכ"ט.

בכ"ג בסיון בטלו הביכורים מלעלות לירושלים בימי ירבעם בן נבט; בכ"ה בו נהרג רשב"ג ורבי ישמעאל ור' חנינא סגן הכהנים; בכ"ז בו נשרף רבי חנינא בן תרדיון וספר תורה עמו.

באחד באב מת אהרן הכהן; בי"ח בו כבה נר מערבי בימי אחז - יש גורסין בי"ז, וראוי להחמיר בשניהם.

בי"ז באלול מתו מוציאי דבת הארץ - כפי גרסת הב"י בשם הקדמונים, הוא שבעה באלול, **ואף** דבתורה משמע כפי מה שאמרו חז"ל, שנשתרבב לשונם עד טבורם קודם לזה הזמן, י"ל דלא מתו תיכף, ונמשך מחלתם עד זה הזמן.

וקשה, הא כתיב: באבוד רשעים רנה, ואפשר דמסתמא שבו, ולא זכו שיקובל תשובתם, ולכן מתענים.

בה' בתשרי מתו עשרים איש מישראל ונחבש רבי עקיבא; בז' בו - ויש גורסין בששה, **נגזרה גזרה על אבותינו שימותו בחרב וברעב ובדבר מפני מעשה העגל.**

וקשה דהא מ' ימים האחרונים היו ימי רצון, ואפשר דהקב"ה נתרצה להם שלא ימותו מיד, רק שיהא העון שמור לדורות.

בז' במרחשון עוורו עיני צדקיהו ושחטו בניו לעיניו - במגילת תענית ובה"ג גרסו: בו' במרחשון.

בכ"ח בכסליו שרף יהויקים המגילה שכתב ברוך מפי ירמיהו - יש חלופי גרסאות בזה, וע"כ אין כדאי להתענות בחנוכה, עיין במ"א.

בשמונה בטבת נכתבה התורה יונית בימי תלמי המלך, והיה חשך בעולם שלשה ימים; ובט' בו לא נודע איזו היא הצרה שאירע בו - ובסליחות שלנו איתא, שמת עזרא הסופר.

בה' בשבט מתו הזקנים שהיו בימי יהושע - במגילת תענית גרסינן: בשמנה בשבט.

בכ"ג בו נתקבצו כל ישראל על שבט בנימין על ענין פלגש בגבעה; בז' באדר מת משה רבינו ע"ה - ובשנה מעוברת יש דעות בין האחרונים, ועיין בפתחי עולם, וסוגין דעלמא להתענות בראשון.

בט' בו נחלקו בית שמאי ובית הלל.

סעיף ג - יש מי שאומר שגזרו שיהיו מתענין בכל שני וחמישי על חורבן הבית, ועל התורה שנשרפה, ועל חלול השם - ומי שאינו יכול להתענות, עכ"פ יתפלל בהם על דברים הללו, **ויש** מתענים מבשר ויין בהם, וגם בלילה שלפניהם, **ובקיץ** שאוכלים קודם הלילה א"צ להחמיר, אם לא שקבלו עליהם לחשבו כלילה אחר תפלת ערבית.

איתא בכתבים, שראוי לכל בר ישראל לבכות על שריפת התורה, שמכח זה נמסרה התורה לקליפות, המקום יחזירנה לנו במהרה בימינו.

כתב התניא, ביום הששי פרשת חוקת, נהגו היחידים להתענות, שבאותו היום נשרפו כ' קרונות מלאים ספרים בצרפת, **גם** בשנת ת"ח נחרבו שני קהלות גדולות באותו היום.

גם נוהגין להתענות כ' סיון בכל מלכות פולין, נהרא נהרא ופשטיה, **ועיין** בשע"ת, שהוא דוקא מבן י"ח לזכר, ובת ט"ו לנקבה.

ולעתיד לבוא יהפכם ה' לששון ולשמחה.

§ סימן תקפא – דיני ימי תחנונים וערב ראש השנה §

סעיף א - נוהגים לקום באשמורת לומר סליחות ותחנונים - דסוף הלילה הקב"ה שט בעוה"ז, והוא עת רצון, **מראש חדש אלול ואילך עד יום הכפורים** - שמר"ח עלה משה בהר סיני לקבל לוחות אחרונות, והעבירו שופר במחנה: משה עלה להר, שלא יטעו עוד אחר ע"ז, והוי עת רצון, **ואיכא** אסמכתא מקרא: אני לדודי ודודי לי, ר"ת "אלול", וסוף תיבות עולה מ', כנגד ארבעים יום מר"ח אלול עד יוה"כ, כי באלו ארבעים יום התשובה מקובלת להיות לבו קרוב אל דודו בתשובה, ואז דודו קרוב לו לקבל תשובתו מאהבה, **ועוד** סמך מקרא: ומל ד' אלקיך את לבבך ואת לבב זרעך, ר"ת "אלול".

אבל בר"ח גופא אין אומרים סליחות ותחנונים, וכן הנוהגים לומר תהלים כל אלול עם תחנונים "יהי רצון", אין להתחיל בר"ח.

ונוהגין במדינתינו מר"ח אלול עד יוה"כ, לומר בכל יום אחר גמר התפלה מזמור "לדוד ד' אורי" וכו', בוקר וערב, ואומרים אחריו קדיש, **ואנו** נוהגין לומר עד שמיני עצרת, ועד בכלל, **וביום** שיש בו מוסף, אחר גמר תפלת שחרית קודם "אין כמוך", ובערב אחר תפלת המנחה, **ובמקומות** שאומרים אותו אחר גמר התפלה,

בר"ח יש להקדים מזמור "ברכי נפשי", **וכן** במקומות שאומרים אותו אחר תפלת שחרית, ונוהגין ג"כ לומר שיר של יום אחר תפלת שחרית, יש להקדים השיר של יום.

הגה: ומנהג בני אשכנז אינו כן, אלא מראש חדש ואילך מתחילין לתקוע אחר התפלה שחרית - יש מתחילין מיום ראשון דר"ח, ויש מתחילין מיום שני דר"ח, וכ"כ בסדור דרך החיים. ויש לתקוע בכל בוקר אחר התפלה, **ויש מקומות שתוקעין ג"כ ערבית.**

נוהגין בכל יום של ימי החול מר"ח אלול ואילך, אחר התפלה אומרים בצבור עשרה מזמורים, וביה"ר שלפני אמירתו יש לדלג תיבות "בהם שבעים שנה". **וכיון** שאין אומרים ספר שלם, י"ל "בזכות מזמורי תהלים שקראנו לפניך" וכו', **ואחר** היה"ר אומרים קדיש, ואם אין עשרה בשעת אמירת תהלים, וממתינין על אחד שישלים המנין, יש לשייר מזמור אחד ויאמרוהו אחר שישלימו עשרה, ויאמר קדיש, **ובימי** התשובה שבין ר"ה ליוה"כ, אומרים יותר מעשרה מזמורים, כדי לגמור התהלים פעם שלישית קודם יוה"כ.

ועומדים באשמורות לומר סליחות ביום א' שלפני ר"ה - ר"ל יום ראשון של השבוע שחל לפני ר"ה.

ואף יחיד יוכל לומר אותם שאין בהם י"ג מדות, ובסליחה שנזכר י"ג מדות, ידלג אותן תיבות, **וכן** אותם הבקשות שהן בלשון תרגום, כגון: מחי ומסי וכו', ומרן די בשמיא וכו', לא יאמר כשאין שם מנין עשרה.

כשמתחילין סליחות אומרים "אלהינו ואלהי אבותינו", חוץ מסליחה המתחלת בשם א' משמותיו של הקב"ה.

כתב אבודרהם, "ויקרא בשם ד'", יש להפסיק מעט בין "בשם" ובין "ד'".

אם אין מנין בעת אמירת "אשרי", יאמר סליחות, וכשיבואו מנין יאמרו קדיש באמצע סליחות, **ובא"ר** כתב, שיאמרו אח"כ ג' פסוקים כשיש מנין, **ואם** היה מנין בתחלת אמירת הסליחות ולבסוף יצאו מקצתן, י"ל דמ"מ אומר קדיש אחר הסליחות, וכעין מה שנתבאר בסימן נ"ה.

הש"ץ מתעטף בטלית בשעה שאומרים י"ג מדות, אף שהוא קודם אור היום, אבל אז אינו מברך עליו, אף שהוא בגד המיוחד ליום, כיון שלובשו בלילה, ויש דעה דפטור אז מציצית - לבוש, **וט"ז** השיג עליו, דלמה לו להכניס עצמו לדבר שיש בו ספק, וע"כ לא יטול אז טלית שלו, ולא טלית של קהל שהוא ג"כ כשלו, אלא יקח טלית של חבירו, דבזה לכו"ע פטור מציצית, ויכוין שנוטלו רק לכבוד ולא לקנותו, [**ומ"מ** היכא דאין לו טלית אלא שלו, מתעטף בו בלא ברכה, וכשיאור היום ממשמש בציציותיו ויברך].

ואם חל ראש השנה ב' (או) ג', אז מתחילין מיום א' שבוע שלפניו - משום שהרבה נוהגים להתענות עשרה ימים עם יוה"כ, ולעולם יחסרו ד' ימים מר"ה עד יוה"כ שלא יוכלו להתענות, דהיינו ב' ימים ר"ה, ושבת שובה, ועיו"כ, לכך צריך להשלים ד' ימים קודם ר"ה, וכדי שיהיה יום מסויים להתחלה, תקנו יום ראשון בכל פעם, **ועוד** טעם שקבעו ד' ימים, שכן מצינו בקרבנות שטעונים ביקור ממום ד' ימים קודם הקרבה, ובכל הקרבנות בפ' פנחס כתיב: והקרבתם עולה, ובר"ה כתיב: ועשיתם עולה, ללמד שבר"ה יעשה אדם עצמו כאלו מקריב את עצמו, ולכן קבעו ד' ימים, לבקר כל מומי חטאתו ולשוב עליהם.

[**ולפי** טעם הראשון, המתענה בר"ה השני ימים, א"צ להתענות רק שני ימים לפני ר"ה, אע"ג שנהג כבר להתענות ד' ימים קודם שהתחיל להתענות בר"ה, מ"מ יש להקל, דלא היתה כוונתו במה שהתענה ד' ימים אלא לתשלומין, ועכשיו שמתענה בר"ה א"צ לתשלומין אלא ב' ימים, **אבל** לטעם השני, לעולם צריך ד' ימים לפני ר"ה, ואשרי מי שיוכל].

ואבל אסור לצאת מביתו כדי ליכנס לבהכ"נ לשמוע הסליחות, מלבד בער"ה שמרבים סליחות, יכול האבל ליכנס לבית הכנסת - ה"ה בעיוה"כ במקום שמרבים בסליחות.

אבל תוך י"ב חודש על אביו ואמו, או תוך שלשים על שאר קרובים, אסור לעבור לפני התיבה בר"ה ויוה"כ, דהא דינם כרגלים לכל מילי, **אבל** בימי הסליחות אפילו בער"ה ועשי"ת, מותר, **ובדליכא** חזן אחר, שרי אפילו בר"ה ויוה"כ.

וכן בימים שאין אומרים תחנון, מותר להתפלל שחרית אם אחר יאמר הלל, אבל מוסף לא יתפלל, **והח"א**

כתב, כמדומה שהגר"א לא היה מניח להתפלל אפילו שחרית בר"ח, **אכן** בדליכא אחר, לכו"ע מותר להתפלל אפילו מוסף.

[**וחנוכה** לא יתפלל לילה הראשונה, משום שאומרים "שהחיינו" על נרות חנוכה, ולזה צריך שמחה יתירה, **ואפשר** אם אחר ידליק, מותר הוא להתפלל].

וידקדקו לחזור אחר שליח צבור היותר הגון והיותר גדול בתורה ומעשים שאפשר למצוא, שיתפלל סליחות וימים נוראים - וכל העוזרים ומסייעים לש"ץ שאינו הגון, כאלו גוזל טוב מן הקהל, ועתידים ליתן את הדין, **והיודע** בעצמו שאינו בקי מאד, ויודע לשמור אפילו משגגה, אין לו להכניס את עצמו בעבודת השם, **ואם** אינו ראוי והגון ובקי, אין ממתינין לו כשאר עונשים, אלא גובין לאלתר.

וראוי שיהיה הש"ץ והתוקע בעלי תשובה גמורה, גם ראוי שילמדו הכונות מהתפלות והתקיעות, והוא מהזוהר, **ונהגו** שמי שהתחיל להתפלל או לתקוע אפילו פעם אחת, אין ליתן המצוה לאחר, **ואם** חלה הוא, ביד הקהל להעמיד אחר, ומ"מ כשחוזר לבריאותו, המצוה חוזרת אל הראשון.

מי שבא בערכאות של גוים, אין ראוי להיות ש"ץ בר"ה ויוה"כ, אא"כ עשה תשובה.

אם רואה שיש מחלוקת בשביל התפלה, לא יתפלל, אע"פ שיתפלל מי שאינו הגון.

נהגו לעבור לפני התיבה פרנסים ומנהיגים שיודעים בצער הדור, והיינו דוקא כשהם נאמנים ומגינים על הדור ומרוצים לעם, ובעוה"ר בדור הזה וכו', **וכדי** לתקן פרצה זו, ראוי שיתפלל הש"ץ הקבוע.

ושיהא בן שלשים שנים - שאז ראוי בן לוי לעבודה, ותפלה הוא כנגד עבודה, [**וכעין** זה משמע בד"מ, אף ששם נזכר מבן כ"ה, היינו שמאותו הזמן יתחיל ללמוד סדר התפילה וקה"ת, כדי שיהא בקי יפה יפה, כמו שהיה צריך ללמוד סדר עבודה מבן כ"ה עד ל', ומשלשים התחיל לעבוד], **וגם** שאז לבו נשבר ונדכה, [ד"מ, **ובאמת** אין לזה שום ביאור, דאדרבה בן ל' לכח, וכשאדם חזק בכח אין לבו נשבר, **ובאורחות** חיים מצאתי שלשונו מתוקן יותר, וז"ל: שאז הוא בחצי ימי הזקנה, ולבו נכנע ונשבר יותר].

גם שיהא נשוי - דומיא דכהן גדול שהיו מכינים לו אשה אחרת, ושתהיה לו אשה לשומרו מן החטא.

ופשוט דאם מזדמן לו שנים, אחד שהוא בן תורה וירא חטא, ואין לו אלו הפרטים, והשני הוא איש פשוט, והוא נשוי ויותר מבן שלשים, הבן תורה קודם.

מיהו כל ישראל כשרים הם, רק שיהיה מרוצה לקהל; אבל אם מתפלל בחזקה, אין עונין אחריו אמן. וכן צריך שיוציא כל אדם בתפלתו; ואם יהיה לו שונא ומכוין שלא להוציאו, גם אוהביו אינם יוצאים בתפלתו.

ויש מקומות נוהגים שהמתפלל סליחות מתפלל כל היום - שחרית ומנחה, שהמתחיל במצוה אומרים לו גמור, **וי"א** דאף ערבית שלפניו, אבל הערבית של היום שלאחריו אין שייך לו, **וכתב** המ"א, דמטעם זה הוא קודם לאבל ולמוהל וליא"צ, דתפלה תליא ברצון הקהל, **והא"ר** מפקפק בזה, ודעתו דיא"צ יש לו להתפלל אם הוא מתענה, **ומן** "למנצח" ואילך יש להניח להתפלל אף לאבל.

סעיף ב - נוהגים להתענות ערב ר"ה - ואפילו התינוקות מתענין - מ"א בשם מהרי"ל, **והתינוקות** לאו דוקא, אלא ר"ל נערים שהגיעו לי"ג לזכר, וי"ב שנים לנקבה, מתענין, **וא"צ** קבלה ולא השלמה, אפי' אין מתענה עשי"ת.

וביום א' דסליחות נהגו רוב הקהל להתענות, ויחיד אומר "עננו" במנחה ב"שומע תפלה", **אבל** הש"ץ אינו אומר "עננו" בחזרת התפלה.

הגה: והמדקדקים נהגו שכל אחד מתענה עשרה ימים, וכן נכון לעשות. וכל אלו התעניות אין צריכין להשלים, ואין קורין בהם "ויחל" - והיינו אפילו אותן שמתענין וקורין "ויחל" בכל ער"ח, **אפילו ערב ראש השנה** - ואין אומרים "או"א ברכנו בברכה" וכו', לפי שאינו ת"צ, **וע"ל סי' תקס"ב סעיף ב'.**

ואם חל ברית מילה בערב ר"ה, יכולים לאכול - היינו מי שיזמינו בעה"ב, **אבל** השייכים לברית,

מצוה לאכול. **אבי** הבן וסנדק ומוהל, כולם נקראים בעלי ברית, ויו"ט שלהם הוא.

עיין לעיל בסי' תקס"ח ס"ב בהג"ה ובמ"ב, שם מבואר ענין זה באריכות קצת.

כתב המ"א, במקום שיש מקצת חולי, יש להקל בכל אלו התעניתים וא"צ התרה, אם לא מי שמתענה יותר ממה שנהגו הצבור, **והש"ך** כתב, דמחמת שאינו בריא, לעולם צריך התרה, [**ואפשר** דאם אינו מוצא מי שיתירנו, יש להקל במקום הדחק].

ורבים נוהגין לאכול בערב ראש השנה קודם עלות השחר, משום חקות העמים הנוהגים להתענות בערב חגיהם, ויכולין לאכול בלא תנאי אחר שכן נהגו - ר"ל אף דישן שינת קבע, ומבואר לעיל תקסד ס"א דאסור לאכול אחר השינה, אא"כ התנה קודם שישן שאינו מקבל עליו התענית קודם עה"ש, הכא שרי.

והאידנא נהוג עלמא שלא לאכול, רק שישתה קאוו"ע או טיי"א קודם הליכה לביהכ"נ, כי בזמנינו נמשך אמירת סליחות עד אור היום, ופשיטא שמיד שעלה עמוה"ש אסור לאכול ולשתות.

סעיף ג - אין נופלים על פניהם בערב ר"ה בתפלה - דהוא כמו שאר עיו"ט, **אע"פ שנופלים על פניהם באשמורת בסליחות** - היינו אף אם נמשך על היום, מפני דרוב פעמים רגילין לסיים קודם עלות השחר, תקנו לנפול אף אם אירע פעם אחד שממשיך על היום.

ואין תוקעין בערב ראש השנה - להפסיק בין תקיעות דרשות לתקיעות דחובה, {**ואף** כשחל יום א' של ר"ה בשבת, ג"כ אין תוקעין בע"ש}, [כיון שאומרים "זכרון תרועה", הוי כמו תקיעה], **ומ"מ** מותר לתקוע להתלמד, דדי כשמפסיק בביהכ"נ, **אבל** במנהגים כתב הטעם, כדי לערבב השטן, א"כ אין לתקוע כלל, **ובא"ר** בשם ספר אמרכל משמע, דלהתלמד שרי בחדר סגור.

סעיף ד - מכבסין ומסתפרין בערב ר"ה - להראות שאנו בטוחין בחסדו ית', שיוציא לצדק משפטינו, **ומ"מ** לא ילבש בר"ה בגדי רקמה ומשי כבשאר יו"ט, דיהא מורא הדין עליו, אלא ילבש בגדים לבנים נאים, **ועיין** במ"א, דבמקום שאין נוהגין ללבוש לבנים, עכ"פ לא ילבש חשובים כ"כ.

(ויש נוהגין לטבול בערב ראש השנה משום קרי) - ואם אינו יכול לטבול משום צינה, יראה לשפוך על גופו ט' קבין מים. **ולא** יקדים לטבול עד שעה קודם חצות היום.

יש מאחרונים שכתבו, שנכון למנוע עצמו מלשמש מטתו בשני לילות של ר"ה, אא"כ היתה ליל טבילה, דאז חייב לקיים עונתו, ויחזור ויטבול בשחרית, **אכן** אלו האנשים האוכלים לשובע בטנם, או ח"ו שנכנס במחשבתו הרהור אשה, יותר טוב שישמש מטתו מח"ו שיבא לידי עבירה, ויחזור ויטבול בשחרית.

ויש מקומות נוהגין לילך על הקברות, ולהרבות שם בתחנות ונותנים שם צדקה לעניים - דביה"ק הוא מקום מנוחת הצדיקים, והתפלה נתקבלה שם יותר, **אך** אל ישים מגמתו נגד המתים, אך יבקש מהש"י שיתן עליו רחמים בזכות הצדיקים שוכני עפר. **ויקיף** הקברות, ויתן צדקה קודם שיאמר התחנות. **ואין** לילך על קבר אחד ב' פעמים ביום אחד.

§ סימן תקפב – סדר תפלת עשרת ימי תשובה וראש השנה §

סעיף א - בעשרת ימי תשובה אומר: "המלך הקדוש", "המלך המשפט" - משום שעכשיו הם ימי דין, שהקב"ה יושב ודן כל העולם, ומראה מלכותו וממשלתו שהוא בכל משלה.

ואם טעה או שהוא מסופק, אם הוא ב"המלך הקדוש", חוזר לראש - דג' ברכות ראשונות חשובות כאחת, ובמסופק חזקה מה שהוא רגיל הוא מזכיר, **והכא** לא מהני שיאמר צ' פעמים, דהכא אינו רשאי לומר "ברוך אתה ד'", דהוי ברכה לבטלה, **ואם** יאמר בלא שם, א"כ בתפלה כשיאמר בשם יחזור ללימודו לומר "האל הקדוש", הלכך לית ליה תקנתא, [**וה"ה** כשיאמר "ברוך אתה השם", ג"כ לא מהני, כיון דבברכה צריך לומר שם ד' כדבעי, והורגל בזה, א"כ יחזור ללימודו].

ואם בר"ה ויוה"כ נודע לו שהתפלל על הסדר לומר "ובכן תן פחדך" וגו', רק שמסופק בגמר הברכה אם סיים "המלך הקדוש", **אפשר** דא"צ לחזור, דאולי לא שייך לומר בזה כהרגל לשונו בכל השנה, מחמת התוספות שמוסיף לומר קודם סיום הברכה.

[**ח"א** הביא בשם הגאון מהר"ר אבלי פאסוועלער, שאם טעה בליל ר"ה ולא אמר "המלך הקדוש", שא"צ לחזור, כדין טעה ולא הזכיר "יעלה ויבא" בליל ר"ח שא"צ לחזור, מחמת שאין מקדשין החודש בלילה, **ולענ"ד** לא נהירא, דזה היה שייך רק אם היה מתפלל תפילת חול, משא"כ בזה שמתפלל תפילת יו"ט, ממ"נ אינו יוצא, **ואולי** דהוא מיירי שנזכר תיכף שסיים "האל הקדוש" לאחר כדי דיבור, ולדידיה צריך לסיים בשל חול, **ואף** זה צע"ג, דאף דבתלמידי רבנו יונה מסתפק דאפשר דיוצא בשל חול בדיעבד, אבל להתיר לכתחילה לסיים בשל חול, זה לא מצינו].

ואם הוא ב"המלך המשפט", אם נזכר קודם שעקר רגליו, חוזר לברכת "השיבה", ואומר משם ואילך על הסדר; ואם לא נזכר עד שעקר רגליו, (ע"ל סוף סימן קי"ז) - ס"ה וע"ש במ"ב, **חוזר לראש. (ע"ל סימן קי"ח)** - דשם פסק הרמ"א להלכה, דאם אמר "מלך אוהב צדקה ומשפט", כיון שהזכיר "מלך", א"צ לחזור, **וע"ש** במ"ב מה שכתבנו בשם האחרונים.

במהרי"ל כתב, דיש מקומות נוהגין לומר מערבית בשני לילות של ר"ה, **ואין** נוהגין כן במקומינו, לפי שהם שירות ושבחות.

עוד כתב בשם מנהגים, דנוהגין הקהל לומר פסוק "תקעו בחודש שופר" וגו', ולא הוי הפסק, דהוי כגאולה אריכתא.

סעיף ב - אם אמר "האל הקדוש", ותוך כדי דיבור נזכר ואמר "המלך הקדוש", אינו צריך לחזור - ותוך כדי דיבור, היינו שלא שהא משגמר "האל הקדוש" רק כדי ג' תיבות, **ואם** שהא יותר משיעור זה, לא מהני חזרתו, **וכ"ז** כשלא התחיל עדיין ברכה אחרת, דאל"ה אפילו תוך כדי דיבור חוזר לראש.

והיינו אפילו לא נזכר שהוא ימי תשובה, ובעת שאמר "ברוך אתה ד'", היה בדעתו ג"כ לסיים "האל הקדוש", אפ"ה כיון שלבסוף נזכר ואמר "המלך הקדוש", מהני.

וכן הדין ב"המלך המשפט" - אזיל לשיטתיה בסעיף הקודם, **ולפי** מה שפסק הרמ"א בסימן קי"ח, בכל גווני א"צ לחזור, **אם** לא שאמר בפעם הראשון "האל אוהב צדקה ומשפט", ולא הזכיר "מלך".

סעיף ג - בשבת בינתיים, ערבית יאמר בברכת מעין שבע "המלך הקדוש" - ואם טעה ואמר "האל הקדוש", יש דעות באחרונים אם צריך לחזור, **ודוקא** אם סיים הברכה, אבל אם נזכר קודם שסיים, יתחיל מן "המלך הקדוש".

הגה: וה"ה אם חל ר"ה בשבת - ר"ל יאמר ג"כ בברכת מעין שבע שבליל שבת "המלך הקדוש".

וחותם בשל שבת לבד, וכן כשחל יום כפור בשבת - ר"ל ג"כ דאינו חותם בשל יוה"כ רק בשל שבת, וככל יו"ט שחל להיות בשבת, שאינו מזכיר בה של יו"ט.

סעיף ד - יש נוהגים להתפלל בראש השנה ויום הכיפורים בכריעה - לפי שאנו תלוים בדין, לפיכך יכוין להתפלל באימה וביראה, **והנה** מלשון זה משמע כשאר כריעה המוזכר בכתוב אצל דניאל, דהוה "בריך על ברכוהי", וכן בשלמה כתיב: קם מכרוע על ברכיו וגו', **אבל** אין נוהגין כן, אלא יתפלל בכריעת ראשו עם גופו בלבד.

וצריכין הם לזקוף בסוף הברכות - קודם שיאמר "ברוך אתה", וה"ה בתחלת הברכה, **והטעם**, שלא להוסיף על תקנת חכמים, שלא תקנו אלא בתחלת אבות והודאה ובסופן.

סעיף ה - אם לא אמר: "זכרנו", ו"מי כמוך", אין מחזירין אותו - דהגאונים תיקנו בעשי"ת לומר "זכרנו" בברכת אבות, ובגבורות "מי כמוך", ובהודאה "וכתוב", ובשים שלום "בספר", **וע"כ** כיון שאינו אלא תיקון הגאונים, אם שכח לאומרם אין לחזור.

הגה: אפילו לא עקר רגליו עדיין, רק שסיים אותה ברכה - ר"ל שאמר השם של הברכה, אין

לחזור משום חשש ברכה לבטלה, **אבל** כל זמן שלא אמר השם של הברכה, יכול לחזור, אע"פ שיש כמה שמות, כגון ב"וכל החיים".

וה"ה אם לא אמר: "וכתוב", ו"בספר", נמי דינא הכי - וכן גם תוספות "ובכן תן" וכו', שאומרין בברכה שלישית, אם לא אמרו כלל, אין מחזירין אותו.

"**לְחיים**" יאמר בשב"א תחת הלמ"ד, ולא יאמר בפת"ח, דלא לישתמע "לאחיים", כלומר "לא חיים", ובימים האלו שהם ימי דין צריך לדקדק ולפרט היטב תפלתו, **אבל** בשאר ימות השנה אנו אומרים, "והעמידנו מלכנו לַחיים", בפת"ח תחת הלמ"ד, ואין אנו חוששין, לפי שאחר כונת הלב הן הדברים.

ולא יאמר "לחיים טובים", רק "לחיים", עד שיגיע ל"וכתוב לחיים" וכו', אז יאמר "לחיים טובים", כי המבקש צריך לבקש מתחלה דבר מועט, ואח"כ מוסיף והולך.

אין לומר "באהבה מקרא קודש", רק "יום תרועה מקרא קודש". **אין** לומר "ודברך מלכנו אמת", רק "ודברך אמת".

וכופלין "לעילא" בכל עשי"ת בכל הקדישים שאומרים.

סעיף ו - אומר בתפלה: "ותתן לנו את יום הזכרון הזה", ואינו מזכיר ראש חודש - דכשאומרים "יום הזכרון", קאי נמי אר"ח דקרי "זכרון", דכתי' ובמועדיכם ובראשי חדשיכם וגו' והיו לכם לזכרון.

סעיף ז - אם חל בחול, אומר: "יום תרועה מקרא קודש" - ואפילו בתפלת הלילה או בקידוש, אע"ג שאין תוקעין בלילה, מ"מ היום הוא יום של תרועה, דלמחר בודאי יתקעו.

ואם חל בשבת, אומר: "זכרון תרועה" - ואומר: או"א רצה במנוחתינו קדשנו וכו', **אבל** ביוה"כ שחל בשבת אין אומרים "רצה במנוחתנו", כיון שהוא יום עינוי ואינו מנוחה גמורה.

וכתבו האחרונים, דבדיעבד אם אמר בחול "זכרון תרועה", וסיים הברכה, אינו חוזר, דהא בתורה כתיב "זכרון תרועה", אע"ג דמדאורייתא תקיעה שריא בשבת, **וה"ה** בשבת אם אמר "יום תרועה", ג"כ אינו חוזר.

סעיף ח - אינו אומר: "מועדים לשמחה חגים וזמנים לששון"; וכן אינו אומר: "והשיאנו" - ר"ל דלא כאיזו דיעות שהוזכרו בטור דס"ל שיש לאומרם.

ובתפלת מוסף אינו אומר: "ואין אנו יכולין לעלות ולראות לפניך", אלא "ואין אנו יכולים לעשות חובותינו לפניך" - דהא אפילו בזמן המקדש לא היה המצות עשה להראות כי אם בשלשה רגלים. **(ומוסיפין "ודברך אמת" וכו').**

יאמר "ותמלוך אתה ד' לבדך", ולא "אתה הוא ד' לבדך".

סעיף ט - אף על פי שכל ימות השנה מתפללים בלחש, בראש השנה ויום הכפורים נוהגין לומר בקול רם - והטעם, מפני שעי"ז יוכלו להתפלל יותר בכונה, ומ"מ לא יגביה קולו יותר מדאי, **ולהטעות לא חיישינן, כיון שמצויים בידם מחזורים.**

הגה: ונוהגין שכל אחד אומר לחבירו "לשנה טובה תכתב" - ולנקבה יאמר "תכתבי" ביו"ד.

המ"א מצדד דיש לומר ג"כ "ותחתם", **והגר"א** בביאורו מסכים לדעת העשרה מאמרות, דאין לומר "ותחתם".

ועיין במ"א, דיכולין לומר "לשנה טובה תכתב" עד חצות היום.

ועיין בט"ז דמוכח מניה, דיום שני כיום ראשון דמי לזה, ויכולין לומר גם בליל שני "לשנה טובה תכתב", **ובא"ר** חולק על זה.

§ סימן תקפג – דברים שנוהגים לאכול בליל ראש השנה §

סעיף א - יהא אדם רגיל לאכול בר"ה רוביא דהיינו תלתן - וה"ה מה שנקרא בלשונות אחרים לשון "רביה", יאכל, כל מדינה ומדינה כלשונה, **כרתי, סילקא, תמרי, קרא.**

וכשיאכל רוביא יאמר: יה"ר - מלפניך ד' או"א, **שירבו זכיותינו** - וכתב א"ר בשם של"ה, יתעורר אדם בתשובה כשיאמר "יהי רצון", ויתפלל ע"ז בלב שלם.

כרתי: יכרתו שונאינו; סלקא: יסתלקו אויבינו; תמרי: יתמו שונאינו; קרא: יקרע גזר דיננו, ויקראו לפניך זכיותינו.

הגה: ויש נוהגין לאכול תפוח מתוק בדבש - והתפוח עיקר, ומברך עליו ופוטר הדבש, ואף שאוכל התפוח אחר ברכת "המוציא", מ"מ צריך לברך עליו, **ואומרים: תתחדש עלינו שנה מתוקה, וכן נוהגין** - ויאמר הבקשה אחר התחלת האכילה, מפני שאסור להפסיק בין ברכה לאכילה. **ויש** נוהגין לטבל המוציא בדבש.

שנה מתוקה - וע"כ יש נמנעים לבשל בר"ה מיני חומץ בארש"ט וכדומה, **והאוכלים** דגים לסימנא שיפרו וירבו כדגים, אין מבשלין אותן בחומץ.

ויש אוכלים רמונים ואומרים: נרבה זכיות כרמון, ונוהגין לאכול בשר שמן וכל מיני מתיקה.

והנה כל אלו הענינים עושין הכל לסימן טוב, ולכן פשיטא שיזהר מאד שלא יכעוס בימים האלו, מלבד גודל האיסור, כדי שיהיה לסימן טוב, רק יהיה שמח לבו ובטוח בד' עם התשובה ומעשים טובים.

סעיף ב - אוכלים ראש כבש - וטוב יותר של איל, **לומר "נהיה לראש ולא לזנב"** - וע"כ אם אין לו ראש כבש, יאכל ראש אחר של בהמה או של עוף, **וזכר לאילו של יצחק.**

הגה: יש מדקדקים שלא לאכול אגוזים, שאגוז בגימטריא "חטא", ועוד שהן מרבים כיחה וניעה ומבטלים התפלה.

והולכין אל הנהר לומר פסוק "ותשליך במצולות ים כל חטאתינו" וגו' - ולומר "תשוב תרחמנו" וגו', משום דאיתא במדרש, שעבר אברהם אבינו עד צוארו במים כשהלך להקריבו ע"ג המזבח, ואמר "הושיעה כי באו מים עד נפש", ואנו עושין זה זכר לעקידה, **וטוב** למקום שיש בו דגים חיים, לסימן שלא תשלוט בנו עין הרע, ונפרה ונרבה כדגים.

ובכתבים כתב: נהר או באר, וטוב שיהיה מחוץ לעיר, ויש לילך ביום א' אחר מנחה קודם שקיעת החמה, ולומר פסוק "מי אל כמוך" וגו', עכ"ל, **ובקצת** מקומות ראיתי, כשחל יום א' בשבת, הולכין בשני לנהר, ואפשר מפני שהנהר חוץ לעיר, ומשום הוצאה שנושאין ספרים וכדומה, לכך הולכין ביום ב'.

וגם נוהגים שלא לישן ביום ראש השנה, ומנהג נכון הוא - משום דאיתא בירושלמי: מאן דדמיך בריש שתא דמיך מזליה, **והאר"י** ז"ל אמר שאחר חצות מותר לישן, שכבר נתעורר המלאך ע"י תפלות ותקיעות, **וב"ח** כתב שהר"מ היה ישן בר"ה, ויושב בטל כישן דמי, **ועיין** בח"א שכתב, דאחר האכילה יקבע עצמו ללימוד, ואם ראשו כבד עליו, יישן מעט אם אי אפשר לו בלא זה, [דבמקום הדחק בודאי נוכל לסמוך על הנהגת הר"מ], **ויש** נוהגים לגמור כל התהלים.

§ סימן תקפד - סדר קריאת התורה בראש השנה §

סעיף א - אין אומרים הלל בר"ה ויוה"כ - לפי שספרי החיים והמתים פתוחים, ואיך יאמר שירה, **ואע"ג** שאנו בטוחים שנצא זכאים בדין, מ"מ צריך להיות ירא וחרד מאימת הדין, ועל ידי כך נזכר לזכות.

והאומרים תהלים בכל יום, ומתרמי להם הלל ביום ר"ה ויו"כ, שרי לאומרו, כיון שאין אומרים אותו דרך שירה, רק דרך תחנה ובקשה.

הגה: ונוהגין לומר "אבינו מלכנו" על הסדר - לאפוקי מדעת הרב ב"י, שמדלגין בכל מקום שמזכיר חטא, ולדידיה אין אומרים: א"מ חטאנו לפניך, מפני שאין אומרים וידוי בר"ה, כדי שלא ליתן פתחון פה למקטרג, {**ולומר** פסוקים שיש בהם הזכרת חטא, אין קפידא לכו"ע, כיון שאינו דרך וידוי}, **ובפי'** המחזור מפרש, "א"מ חטאנו לפניך", כלומר אבותינו חטאו שעבדו ע"ג, ואנו צריכין להתודות עליהם, כמ"ש: והתודו את עונם ואת עון אבותם, ואנו "אין לנו מלך אלא אתה", לכן "עשה עמנו למען שמך", ובזה נתיישב מנהגינו שאומרים אותו בר"ה.

צ"ל: "מחה והעבר חטאינו ופשעינו", כי פשע גדול הרבה מחטא, וצריך לבקש תחלה על הקל ואח"כ על החמור.

(ביאור הלכה) [שער הציון] ‹הוספה›

יש לומר כַּלֵה, הכ"ף בפת"ח, והלמ"ד בציר"י.

הט"ז כתב, שיש לומר "רוע גזר" בנשימה אחת, דהיינו שיקרע הוא יתברך הרוע שבגזירה, ומה שנשאר בגזירה יהיה לרחמים.

ואם הוא שבת אין אומרים אותו - הטעם, שאין שואלין צרכים בשבת, **ואף** כשחל ר"ה בערב שבת, במנחה אין אומרים "אבינו מלכנו", [**וה"ה** בע"ש במנחה של שבת שובה, אין אומרים "אבינו מלכנו"].

ומאריכים בפיוטים ותפלות עד חצות - לכל הפחות, ואם חל בשבת אין להאריך יותר מחצות, ובחול יכול להאריך, **במה** דברים אמורים בפיוטים ותפלות, אבל בניגונים אין להאריך.

סעיף ב - ומוציאין ב' ס"ת; באחד קורין ה', מ"וה' פקד את שרה", עד "ויהי אחר הדברים האלה" - לפי שבר"ה נפקדה שרה רחל וחנה.

אם טעה וקרא ביום א' בפרשת עקידה, יצא, וקורא ביום שני בפרשה "וד' פקד" וגו', וגם פרשת העקידה עד סוף הסדרא, **ומ"מ** אם נזכר בעודו קורא בפ' עקידה שטעה, ועדיין לא בירך האחרון ברכה אחרונה, יגלול ויקרא עמו פרשת "וד' פקד" עד סופו, ואח"כ יברך ברכה אחרונה.

ואם טעה והשלים הפרשה בארבעה קרואים או ג', ועדיין לא אמר קדיש, ישלים מנין הקרואים בפרשת עקידה שאחריה, **ואם** אמר קדיש, אם לא חסר ממנין רק אחד, א"צ לקרות, ויסמוך על המפטיר, כ"כ בשערי אפרים, **ובתשובת** חת"ס כתב, דאם השלים הפרשה בארבעה, לא יאמר קדיש עד אחר שיקראו בס"ת שניה, ויהיה המפטיר עולה לחמישי, דקי"ל מפטיר עולה למנין הקרואים.

ואם הוא שבת קורין בו ז' - ומוסיפין לעשות ב' פרשיות, א' "ביום הגמל את יצחק", ב' "באשר הוא שם".

ומפטיר קורא בשני בפרשת פנחס: "ובחדש השביעי" - עד "אשה לד'".

כתב במט"א, ראוי לכל גבר ירא ד' להשתדל שיהיה לו עליה בימים נוראים, **ואף** במקומות שמוכרין מצות, יקנה אותו בדמים כפי יכולתו, ואדרבה יש עילוי יותר במצוה שבאה אליו בדמים, ממצוה שבאה לו בחנם אין כסף.

ומפטיר: "ויהי איש אחד מן הרמתים", עד "וירם קרן משיחו".

הגה: ויש מקומות שנוהגים לקרות התוקע ממנין החמשה העולים לספר תורה - ויש מקומות שנוהגין לקרות גם המתפלל מוסף, וכן ביוה"כ קוראין אותו, **ומי** שנוטל שכר על התקיעה ותפילה, אין נוהגין לקרותם.

סעיף ג - בני אדם החבושים בבית האסורים, אין מביאין אצלם ס"ת, אפילו בר"ה ויום הכפורים. (ועיין לעיל ס"ס קל"ה) - סי"ד בהג"ה, שם נתבאר כמה פרטים שמשתנה זה הדין, וע"ש במ"ב ובה"ל.

סעיף ד - מלין בין קריאת התורה לתקיעת שופר - דכך הסדר, ברית אברהם, שהיא המילה, ועקידת יצחק, וכדאמרינן בר"ה: למה תוקעין בשל איל, כדי להזכיר אילו של יצחק, **ועוד** דמילה מצוי יותר מתקיעה, וכתדיר דמיא לגבי תקיעה, והוא קודם.

ובמקום שנוהגין למול בבית שהתנוק שם, מלין אחר יציאה מביהכ"נ, כדי שלא יהיה טרחא דצבורא לילך שם ולשהות ולחזור לביהכ"נ, **ומ"מ** אם אין הבית רחוק מביהכ"נ, באופן שלא יהיה שהות הרבה וטורח הצבור, טוב למול קודם תקיעת שופר, כדי שיהיה בידם זכות המילה בעת תקיעת שופר.

ובשבת שאין שם תקיעת שופר, מלין אחר "אשרי", ואחר המילה וברכותיה אומרים "יהללו", **ויש** מי שכתב שגם בשבת מלין קודם "אשרי", כדי שלא יהיה הפסק רב להקדיש.

כשחל מילה בר"ה בשבת, אומרים "יום ליבשה" קודם סיום ברכת הגאולה, שהוא שבח על המילה, **אבל** כשחל ר"ה בחול, אין אומרים "יום ליבשה".

גדול אחד נהג, כשהיה מוהל בר"ה, לא קנח פיו אחר המילה, אלא בפה המלוכלך בדם המילה תקע, לערב מילה בשופר, **ונראה** שאעפ"כ יקנח פיו מבחוץ, וגם ירחץ ידיו משום כבוד הברכה.

§ סימן תקפה – ברכת השופר §

סעיף א - צריך לתקוע מעומד - דכתיב: יום תרועה יהיה לכם, וילפינן מ"לכם" דגבי עומר, ובעומר כתיב: חרמש בקמה, אל תקרי "בקמה" אלא "בקומה", **וכתב** המ"א, דלפי"ז אין לסמוך על שום דבר, באופן שאם ינטל אותו דבר יפול, שעמידה זו חשובה כישיבה, [**ומ"מ** במקום הדחק נראה דנוכל להקל].

וכן הברכה צריך להיות בעמידה, כמו כל ברכת המצות, וכדלעיל בסימן ח' ס"א.

ומ"מ בדיעבד אף אם תקע מיושב לגמרי, יצא, דקרא אסמכתא בעלמא הוא ולכתחלה.

והצבור השומעים התקיעות, לא הטריחום לעמוד משום כבוד צבור, וגם כי עתידים לשמוע מעומד התקיעות שעל סדר הברכות של מלכיות זכרונות וגו', **ועכשיו** נהגו הצבור לעמוד כולם גם בשעת התקיעות שתוקעין קודם מוסף, ואעפ"כ נקראין תקיעות דמיושב, מאחר שרשות לישב בהם, **ואם** יחיד שומע תקיעות לצאת בהם, ואינו עתיד לשמוע על סדר הברכות, צריך מדינא לעמוד לכתחלה.

הגה: ונוהגין לתקוע על הבימה במקום שקורין - כדי שזכות התורה יגן עלינו לעלות זכרונינו לפניו לטובה.

וראוי ליתן לתקוע לצדיק והגון, ובלבד שלא יהא מחלוקות בדבר, **ועכ"פ** צריך שידע לכוין להוציא הצבור בתקיעתו, [דזהו לעיכובא].

סעיף ב - קודם שיתקע יברך: "לשמוע קול שופר" - ר"ל שלא יאמר "לתקוע בשופר", דלאו בתקיעה תליא מילתא, אלא בשמיעה, שהרי התוקע ולא שמע קול שופר לא יצא, **ולא** יאמר "בקול", דמשמע לעשות רצונו, **ובדיעבד** אם בירך "לתקוע בשופר", או "על תקיעת שופר", או "לשמוע בקול שופר", יצא, [בכולן, דמה שאמר "לתקוע", כולל נמי שברים ותרועה]. **ויברך: "שהחיינו"**.

אם נטלו השופר באמצע התקיעות והביאו לו שופר אחר, א"צ לברך, **אבל** בין ברכה לתחילת התקיעות, צריך לברך.

הגה: ואין חילוק בין אם יברך לעצמו, או שכבר יצא ומברך להוציא אחרים, אפילו הכי מברך התוקע שתי ברכות הנזכרות - האחרונים העלו, דבאופן זה שכבר יצא התוקע בעצמו, טוב יותר שיברכו השומעים בעצמן שתי הברכות, אא"כ אינם יודעים לברך בעצמן, אז יברך בשבילן להוציאן, [**ודוקא** כשהם פחותים מעשרה, אבל אם השומעים עשרה, אז אף אם יודעים בעצמם לברך, אחד מברך והשאר יוצאים, שלא לחלק בין צבור לצבור, דסתם צבור נמצאו אנשים שאינם בקיאים בטיב ברכות], **ומנהג** העולם להקל להוציאן בכל גווני, ואין למחות בהם, כי כן הוא עיקר מדינא.

מי שנסתפק לו אם שמע קול שופר, או נטל לולב, ביום א' שהוא מן התורה, תוקע ואינו מברך, **וביום** ב' שאינו אלא מדברי סופרים, א"צ לתקוע, דספק דברי סופרים להקל.

ויתקע תשר"ת ג' פעמים, ותש"ת ג' פעמים, ותר"ת ג' פעמים - טעם לסדר זה, עיין לקמן בסימן תק"צ סעיף א' וב'.

הגה: וטוב לתקוע בצד ימין - של פיו, **אם אפשר לתקוע בכך** - משום דכתיב: והשטן עומד על ימינו לשטנו, (**עוד שמעתי בשם הגאון מהר"ר מאיר שמחה הכהן טעם נכון, כי בש"ס ר"ה ילפי לה לתקיעת שופר מחצוצרות המלחמה, ובקרא אצל מלחמה בגדעון כתיב: ויחזיקו ביד שמאלם בלפידים, וביד ימינם השופרות לתקוע וכו')**, [**ומ"א** כתב עוד טעם, משום דבשמאל התפילין מגינין, וסיים: וא"כ איטר יד יש לתקוע בימין דידיה, **ולא** העתקתי בפנים, דאפשר דלטעם הראשון לא שייך זה, **ועוד** דהחמד משה כתב, דלאו דוקא שהתפילין של יד של התוקע, אלא תפילין דעלמא מגינים על מדת שמאל שהוא הדין, ולפיכך אין חילוק בין איטר לאחר].

ואם אי אפשר לו, אין להקפיד אף אם יעמידנו בצד שמאל, וגם פי השופר לצד שמאל, [**ובסידור** עמודי שמים כתב, בדרך כלל אין להקפיד כ"כ, אלא כל היכי דמתרמי ליה, וניחא ליה לתקוע כפי לימודו, טפי מעלי].

(ביאור הלכה) [שער הציון] ‹הוספה›

וכן יהפוך השופר למעלה - ר"ל שטוב שיהפוך פי השופר למעלה ולא לצדדין, **שנאמר: עלה אלהים בתרועה** - [ובשם הלבוש כתוב, שיגביה מעט פי השופר למעלה].

סעיף ג - אם התחיל לתקוע ולא יכול להשלים, ישלים אחר, ואפילו ג' או ד'; ודי בברכה שבירך הראשון - דהלא הראשון בירך להוציא בזה כל הקהל.

והוא שיהיו שם התוקעים האחרונים בשעת ברכה - דאם לא היו שם באותה שעה, צריכים לברך לעצמן בלחש קודם שיתחילו לתקוע, **אך** אם כבר יצאו ידי חובתן, תוקע בלא ברכה, כיון שהצבור כבר שמעו הברכה מן הראשון.

ואפי' אם בירך ולא יכול לתקוע כלל, השני תוקע בלא ברכה, ולא הויא ברכה לבטלה - כיון שהשני יוצא בברכתו, [**ואפי'** יצא הראשון והלך לו, או שסתם אזנו ולא שמע התקיעה, אעפ"כ לא הוי לבטלה, כיון שהשני יוצא בה, **ועיין** בט"ז, שדעתו דלכתחילה אסור להראשון לצאת ולא לשמוע התקיעות, דאין כדאי שיברך זה על דעת שיתקע אחר].

סעיף ד - אחר תוקע ולא ש"צ, כדי שלא יתבלבל - אבל הפסק לא הוי, דהוא חשוב צורך תפלה, שאלו התקיעות נקבעו על סדר הברכות, **ואם הוא מובטח שחוזר לתפלתו, רשאי לתקוע** - אפילו יש שם אחר, דתקיעה לא חשיב הפסק כלל.

ואם אינו מובטח, וליכא אחר שיודע לתקוע, י"א דבאופן זה לא יתקע עד אחר התפלה, וכ"ש כשכבר יצא בתקיעות דמיושב, **וי"א** שאם אין שם אחר, יוכל לתקוע על סדר ברכות, אע"פ שאין מובטח, דיש לו לבטוח שמן השמים יסייעוהו לעשות כהוגן, [**וע"כ** דעביד כמר עביד, ודעביד כמר עביד].

ואם מתפלל מתוך הסדור והמחזור, לכו"ע דינו כמובטח.

הגה: ודוקא תקיעות שעל סדר התפלה אסור לשליח צבור לתקוע - דשם חיישינן שיתבלבל ולא יוכל לחזור לתפלתו, **אבל תקיעות שתוקעין מיושב, דהיינו קודם שמתפללין מוסף, מותר לשליח צבור לתקוע.**

ואם אין השליח צבור תוקע מיושב, ראוי שאותו התוקע יתקע גם כן על סדר הברכות; כי המתחיל במצוה אומרים לו גמור - ובמקומות שנהגו לחלק, ולתת תקיעות דמיושב לאחד, ודמעומד לאחר, או לחלק גם הסדרים, מלכיות לאחד זכרונות לאחר וכו', יעשו כמנהגם, כי ישראל קדושים הם ומחבבין המצות.

נוהגין להקרות לפני התוקע סדר התקיעות מלה במלה כדי שלא יטעה, ונכון הוא - המתפלל שחרית מקרא להתוקע, ובמקום שיש מ"ץ, הוא מקרא, [**והש"ץ** בתפלה לא יפסיק להקרות].

גם תקיעה ראשונה יקרא לפניו, אע"ג דלא שכיח כ"כ שיטעה, [מ"א בשם של"ה, **ובאמת** אין זה ברור, ובמקום שאין מנהג, יותר טוב שלא להקרות בתקיעה ראשונה, כדי שלא יהיה הפסק להמקרא].

המקרא והתוקע ראוי להם שילמדו היטב דיני השופר וסדר התקיעות, כי לפעמים מאיזה סיבה נופל טעות בפי המקרא, או בשגגת התוקע, וצריך לידע איך לעשות, אם לתקוע להלן, או לחזור לראש הסדר.

פעם אחת לא היו יכולין לתקוע, והפך השופר וקרא לתוכו "ויהי נועם", ושוב יכלו לתקוע - מ"א בשם מהרי"ל, **ועיין** בדגול מרבבה, שזהו דוקא בתקיעות דמעומד, אבל בתקיעות מיושב הוי הפסק גמור בין ברכה לתקיעה, ועיין בשע"ת שמיישב קצת דבר זה, **ומ"מ** לכתחלה נראה לענ"ד שאינו כדאי לעשות כן, **ואם** הוצרך ליקח שופר אחר, א"צ לחזור ולברך, כיון שהיה מונח לפניו על השולחן, מסתמא דעתו היה על כולם.

סעיף ה - הנוטל שכר לתקוע שופר בר"ה, או כדי להתפלל או לתרגם בשבתות ויו"ט, אינו רואה מאותו שכר סימן ברכה.

§ סימן תקפו – דיני שופר של ראש השנה §

סעיף א- שופר של ראש השנה מצותו בשל איל - לזכר עקידת יצחק, **ובכלל** זה גם כבשה נקבה, אלא דהמהדרין ביותר נוהגין לחזור אחר של איל דוקא, דהוא זכר טפי לאיל של יצחק. **וכפוף** - לסימן שיכפפו לבם למקום.

לאפוקי בתענית שתוקעין ג"כ בשופר, לא בעינן של איל וכפוף, [**ועכ"פ** אין לנו להקפיד בפשוטים דוקא].

ובדיעבד כל השופרות כשרים - ר"ל אפילו של שאר בהמות או חיות, **ומ"מ** ביש לו שופר של תיש ועז, יקדימנו לשופר של יעלים ושאר חיות, דהוא קרוב למין שה יותר, כדכתיב: שה כשבים ושה עזים, ואיכא זכר קצת לעקידת יצחק. **בין פשוטים בין כפופים.**

ומצוה בכפופים יותר מבפשוטים - ר"ל דלאו דוקא באיל, אלא אפילו בשאר בהמות וחיות, ג"כ כפוף עדיף מפשוט.

והנה המחבר סתם ולא ביאר: איל פשוט, וכפוף משאר מינים, איזה מהן עדיף, **אכן** מסקנת רוב הפוסקים, דמעלת כפוף עדיף, לפיכך אם נזדמן לו של יעל כפוף, ושל כבש פשוט, יתקע בשל יעלים וכפוף, דתקון רבנן לתקוע בכפוף, לסימן שיכפפו לבם למקום בתפלה, **משא"כ** שופר של איל, אינו תיקון רבנן לתקוע דוקא בשל איל, אלא מנהג שנהגו כל ישראל מעולם לזכר עקידה, ואיכא בזה מצוה מן המובחר, **ומ"מ** כתבו המפרשים, דגם בזה יש עכ"פ דינה דהידור מצוה, וע"כ אם מבקשים ממנו להוסיף על שופר של איל, יוסיף עד שליש.

ושל פרה פסול בכל גוונא - וה"ה שור, והטעם, מפני שנקראו קרן ולא שופר.

וכן קרני רוב החיות שהם עצם אחד ואין להם מבפנים זכרות, פסולים - כמו הראמים והצביים וכדומה, ופסול שלהם הוא, משום דשופר צריך להיות חלול, דשופר הוא מלשון שפופרת.

ופסולים אלו דפרה ודעצם אחד, הוא מן התורה, ואפילו אין לו שופר אחר אין לתקוע בהם.

(וכן שופר מבהמה טמאה, פסול) - וכמו דלא הוכשרו תפילין ליעשות מעור בהמה טמאה, **וכתבו** האחרונים, שאין דין זה ברור, [דטעמא דתפילין משום "למען תהיה תורת ד' בפיך", דלא שייכא זה בשופר שהוא תשמישי מצוה בעלמא], **ולהכי** אם אין לו שופר אחר, יתקע בו, אכן לא יברך עליו, דשמא הוא פסול מדינא, **וכשיזדמן** לו אח"כ שופר כשר, צריך לתקוע עוד הפעם, וג"כ בלא ברכה, דשמא כבר יצא בשופר הראשון, **ולכו"ע** שופר של נבילה וטריפה כשר לתקוע בו.

סעיף ב- הגוזל שופר ותקע בו, יצא, אפילו לא נתייאשו הבעלים ממנו - ואינו דומה ללולב ומצה וציצית הגזולים, לפי שמצות השופר אינו אלא השמיעה לבד, ואין בשמיעת קול דיני גזל, שהרי בשמיעתו אינו נוגע בשופר כלל, ולפיכך אע"פ שתקע בו באיסור גזל, כיון שבעיקר המצוה דהיינו השמיעה אין בה איסור גזל, יצא י"ח.

וכ"ז בשתקע, אבל לכתחלה אסור לתקוע בו בע"כ של בעל השופר, ואפי' נתייאשו הבעלים ממנו, **ומכש"כ** דאין לברך עליו, משום "בוצע ברך" וגו', **ואפילו** היה יאוש ושינוי רשות, או שינוי מעשה, ג"כ אין כדאי לברך.

וכתבו האחרונים, דמותר ליטול שופר של חבירו בלא ידיעתו ולתקוע בו, דניחא ליה לאינש למיעבד מצוה בממונו, ובודאי היה מתרצה, ורשאי לתקוע בו כל המאה קולות אע"פ שאינו מדינא, כיון שנהגו כן, בודאי לא ימחה בזה, [**ודוקא** באותו מקום, אבל להוציאו מביתו לביהכ"נ או איפכא, אסור, דאפשר שמקפיד עליו והוי גזל].

סעיף ג- תקע בשופר של עבודת כוכבים של ישראל - כגון שעבד לשופר, וה"ה כששימש בו לפני הע"ז שלו, שתקע לפניה, **לא יצא, שאינה בטלה עולמית, וכתותי מיכתת שעוריה** - ר"ל דכיון דאי אפשר בשום פעם שתהא ניתר, וע"כ לאיבוד קאי, לשרפה או להוליכה לים המלח, הרי הוא כמי שאינו, ולא עדיף משופר כשר ורק שאין בו שיעור גדלו, שהוא פסול, וכ"ש הכא.

אבל בשל עבודת כוכבים של עובד כוכבים, וכן במשמשי עבודת כוכבים של עובד כוכבים - כגון שמצא שופר ע"ז של נכרי, או ששאל אותה ממנו, [**ואף** דע"י שאילה הוא חייב באחריות, ע"כ דעי"ז אינו נחשב כשלו שלא יהא מהני לו ביטול, **או** כמ"ש הדגמ"ר, דכיון דאין לעכו"ם דין שומרים, ממילא אינו חייב הישראל באחריות], **לא יתקע** - משום דמאיס, ואפילו בנתבטל, ג"כ אסור לכתחלה לכמה פוסקים.

ואם תקע בו, יצא - אפילו קודם שנתבטל, והטעם, דכיון שאפשר לבטלו, כדין ע"ז של נכרי שנכרי מצי מבטל ליה, לא שייך ביה לומר: הרי היא כמי שאינה, דאפשר לא תבא כלל לידי שריפה, **ואי** משום שנהנה מאיסורי הנאה, ג"כ לא אסור, דקיום מצוה לא מיקרי הנאת הגוף, אלא הוא גזירת מלך.

ופשוט דאם אין לו שופר אחר, תוקע בו לכתחלה כדי שלא לבטל המצות עשה.

והוא שלא נתכוין לזכות בו - בשעה שמצאו והגביהו מן הקרקע, אלא הגביהו רק כדי לתקוע בו.

(ודע, דבשו"ע כתב: והוא שלא נתכוין לזכות וכו', ומשמע מזה דבסתמא אינו זוכה, ואפשר לומר הטעם, כיון דהוא ריעותא לדידיה, שהרי לפי"ז אינו שוה לו כלום דאין לו ביטול, מסתמא איסורא לא ניחא ליה דליקני, **אכן** מלשון הרא"ש ומלשון התוס' והרה"מ בשם הרשב"א וכן הר"ן, מבואר דדוקא במגביה ע"מ שלא לזכות, ומוכח דבסתמא ניקנית ליה בהגבהתו, וכ"כ במרדכי ר"ה להדיא דבסתמא קנה, וצ"ע).

(ועיין ב"ח שדעתו בזה, דדוקא באין לע"ז בעלים, אבל ביש לה בעלים ולא נתיאשו עדיין, אפילו מתכוין לזכות לא מהני, דבמה נפקע כח הבעלים הראשונים, **ונלענ"ד** דכונת הב"ח הוא, בענין שישראל גזל השופר מן הנכרי, אבל בענין אבידה, אין שום נ"מ בין נתיאשו ללא נתיאשו, דלגבי נכרי בזה שאבד נפקע כחו, ולא בעינן בענין אבידה יאוש אלא גבי ישראל, אבל גבי עכו"ם הלא אבידתו מותרת, אלמא דנפקע כחו, ועיין במ"א שהשיג על הב"ח בעיקר דינו, ולדידיה אפי' בגזל מן העכו"ם נמי, הוי ליה כעבודת כוכבים של נכרי הבא לידי ישראל, ומטעם דאע"פ שאינו קונה קודם שנתייאשו הבעלים, מ"מ הרי הוא חייב באחריות כדין כל גזלן, ובשביל זה קמה ברשותו, עיין בדבריו, **וכבר** דיברו בזה הרבה אחרונים, יש שמסכימים עמו, ויש שחולקים עליו לענין גזל).

אבל אם נתכוין לזכות בו, לא יצא, דהוה ליה עבודת כוכבים של ישראל - ואע"ג דישראל לא עבדה, מ"מ אין לה בטול, כיון דעכשיו היא של ישראל, **ויש** שכתבו, דלא קאי רק אעבודה זרה של עכו"ם, אבל לא אמשמשי ע"ז, דבמשמשי ע"ז של עכו"ם, אפילו באו ליד ישראל לא מחמרינן בהו כולי האי, ויש להם ביטול, וכמו דפסק המחבר ביו"ד סימן קמ"ו ס"ב, **ויש** שמחמירין גם בזה, [ויש להקל].

ויש מחמירין דאפילו בשל עובד כוכבים אינו יוצא אלא בנתבטל בערב יו"ט - הטעם כנ"ל, דכיון שהוא אסור בהנאה, הרי הוא כחסר מן שיעורו שהוא פסול, ואע"ג שאפשר לבטלה, מ"מ עדיין לא נתבטל ובאיסורו קאי, **וע"ל סי' תרמ"ט סעיף ג'.**

ודוקא בנתבטל בעיו"ט, דאם לא נתבטל בשעה שקידש היום, א"כ לא היה ראוי אז לתקוע בו, לפי שיטה זו שפסול לתקוע בו קודם ביטול, ונדחה אז, וא"כ אפילו ביטלו העכו"ם אח"כ ביו"ט והותר, מ"מ שמא יש דיחוי אצל מצות, וכבר נפסל.

(**עיין מ"ב מש"כ, דאם לא נתבטל בשעה שקידש היום** וכו', מקור דברי הוא מלשון רש"י, אלא דבאמת קשה, שהרי זמן מצות לולב מתחיל מעמוד השחר ואילך, וא"כ אפילו נתבטל בלילה, הוי כמו קודם הזמן, **איברא** דגם מלשון הש"ס שם דקאמר: אילימא דאשחור מאתמול וכו', משמע ג"כ כרש"י, וצ"ע).

ולענין דינא קי"ל כסברא הראשונה, שהוא סברת רוב הפוסקים, ואפילו בלא נתבטלה כלל יכול לתקוע בו אם אין לו אחר, [ואפשר דצריך גם לברך עליו], **רק** אם ימצא אח"כ שופר כשר, צריך לתקוע בו מחדש, לצאת ידי סברא זו, ובלי ברכה, [**ומ"מ** אין לו להביאו מחוץ לתחום, או לעבור על שבות אחר בשביל זה].

סעיף ד - שופר של תקרובת עבודת כוכבים - פי' בהמה שהקריבוה לקרבן לפני ע"ז, ועשאו מקרניה שופר, [**אבל** בהקריב השופר לע"ז, אינו נאסר, דדוקא בבעין ד' עבודות שבפנים נאסר, אם לא

שהיה דרך עבודתה בכך], **אפי' היה של עובד כוכבים, שתקע בו, לא יצא, משום דאינה בטלה עולמית** - וכתותי מיכתת שיעוריה וכנ"ל.

סעיף ה - המודר הנאה משופר - כגון שאמר: קונם הנאת שופר עלי, **אדם אחר תוקע בו וזה יוצא י"ח** - ר"ל אע"ג דאין יכול להפקיע עצמו ממצות שופר בשביל נדר זה, דמצוה לא מיקרי הנאה וכנ"ל, מ"מ ישמע תקיעת שופר מאחר, ולא יתקע בעצמו, **והטעם** כתבו הפוסקים, משום דיש הרבה בני אדם שיש להם הנאה כשהם תוקעין, והנאת הגוף ליכא לשרויי בשביל טעמא דמצות לאו ליהנות נתנו.

[**ובמאמ"ר** וש"א העירו, שסברא זו אינה אלא חששא בעלמא, שהרי בשופר של ע"ג תוקעין בו לכתחילה אי לאו סברא דמאיסא, ומטעמא דלאו ליהנות ניתנו המצות, ולא חיישינן שמא יהנה גופיה בתקיעה, וע"כ דאינו אלא לכתחילה היכי דאיכא אחר, **ובספר** כפות תמרים כתב, דהכל לפי האדם, אם מרגיש שבטבעו אינו נהנה מתקיעתו, מותר לתקוע בו לכתחילה].

ומ"מ כ' האחרונים, דבשעת הדחק שאין לו אחר, מותר לו בעצמו לתקוע, רק שאין לו לתקוע כי אם עשרה קולות, דהיינו: תשר"ת תש"ת תר"ת, שהם מעיקר הדין.

אבל אם אמר: קונם לתקיעתו עלי - שלא הזכיר הנאה, ור"ל שאמר: קונם השופר לתקיעתו עלי, [והמחבר קיצר הלשון, **ואי** לא הזכיר שם שופר, הלא הוא דבר שאין בו ממש, ואין איסורו אלא מדרבנן, ומסתברא דאם אין לו אחר, יתקע בו], **אסור לתקוע בו אפי' תקיעה של מצוה** - כיון שפירש לאסור על עצמו השופר לתקוע בו, כמו שאוסר על עצמו הצרור לזרוק בו, אף שאין לו הנאה, **ואפילו** פירש בנדרו תקיעה של מצוה, והטעם, דנדרים איסור חפצא הוא, וחל אפילו על דבר מצוה, ואפילו לשמוע תקיעת שופר מאחר ג"כ בכלל איסור זה. **אבל** אם אמר סתם: קונם שופר עלי, מותר לתקוע בו תקיעה של מצוה, ‹דמסתמא לא אסר על עצמו אלא הנאה בלבד - ר"ן›.

ודע דיש פוסקים שר"ל, שאין חל הנדר אא"כ אסר השופר עליו, כגון שאמר: שופר עלי בקונם לתקוע בו, אבל באסר עליו התקיעה, כגון שאמר: תקיעת שופר עלי בקונם, אינו חל, דהתקיעה אין בו ממש, ונדרים אין חלין אדבר שאין בו ממש, **אמנם** כמה פוסקים סוברין, שחל אף בזה, כיון שעכ"פ הזכיר בנדרו חפצא, סתמא דמילתא כונתו לאסור החפץ עליו, **וכ"ז** לענין איסור תורה, אבל מדרבנן איכא איסורא בכל גווני אפילו בנדר שאין בו ממש, כמבואר ביו"ד סימן רי"ג, וע"כ אסור לתקוע בו קודם שיתיר הנדר.

ומפורש בפוסקים, דכ"ז בנדר, אבל בשבועה אינו יכול להפקיע את עצמו ממצות תקיעת שופר, דמושבע ועומד מהר סיני לקיים מצות התורה, **אם** לא שכלל בשבועתו לאסור עצמו בשמיעת כל תקיעה, דמשמע אפילו בתקיעה של רשות, ובזה חל שבועתו בכולל, לאסור גם בשל מצוה, **וישתדל** להתיר שבועתו.

ואפילו גבי נדרים, אם אסר עצמו לשמוע שופר מפלוני, [והזכיר בעת הנדר שם שופר, כגון קונם שופר של פלוני לתקיעתו עלי, דאל"ה הוא דבר שאין בו ממש], אינו נפקע בזה ממצות תקיעת שופר, וצריך לבקש איש אחר לשמוע ממנו שופר, ואם לא ימצא אחר, אסור לשמוע מאיש זה, **אפילו** אסר עצמו בשבועה, שאינו כנשבע לבטל את המצוה, שבשעה שיצא שבועה מפיו לא היתה לבטל, שהרי אינו מצווה לשמוע מאיש זה דוקא.

סעיף ו - היה קולו עב מאד או דק מאד - וה"ה אם היה צרוד ויבש, **כשר, שכל הקולות כשרים בשופר.**

סעיף ז - אקדים לזה הסעיף הקדמה קצרה, והוא: איתא בגמרא: ת"ר ניקב וסתמו, בין במינו ובין שלא במינו פסול, ר' נתן אומר במינו כשר, שלא במינו פסול, **וכתבו** הפוסקים דקי"ל כר"נ, ואמרינן שם דהא דמכשר ר"נ במינו, היינו דוקא כשנשתייר רובו שלא ניקב.

והנה בביאור הסוגיא יש דיעות בין הראשונים, הרמב"ם וסייעתו מפרשים, דר"נ קאי אאין מעכב התקיעה, דהיינו אחר סתימה חזר קולו לכמות שהיה תחלה קודם שניקב, ואפ"ה אין כשר אלא במינו, **נמצא** בעינן תלתא למעליותא, אינו מעכב התקיעה, ובמינו, ונשתייר רובו, אבל אם חסר אחד מאלו פסול, זו היא הדעה ראשונה שהובא כאן.

והרא"ש וסייעתו ס"ל, דר"נ קאי רק אמעכב התקיעה, ואפ"ה כשר במינו; ובשאינו מעכב, אפילו שלא

במינו כשר אם נשתייר רובו, **וממילא** לפי ביאור זה הוי לקולא, דלא בעינן אלא תרתי, דהיינו מינו ורובו ואפילו מעכב, או רובו ואינו מעכב ואפילו אינו מינו, **וזהו** שסיים המחבר לקמיה: ואם הוא שעת הדחק וכו', היינו שאז יש לסמוך על הרא"ש וסייעתו.

אם ניקב, אם לא סתמו, אע"פ שנשתנה קולו, כשר - שכל הקולות כשרים בשופר וכנ"ל, והיינו אפילו לכתחלה לדעת המחבר.

וכתבו הפוסקים, דאפילו לא נשתייר בו שיעור תקיעה, דהיינו טפח שלם בלי נקבים, נמי כשר, **ומ"מ** כתבו האחרונים, דאם היה רובו של שופר נקוב, אפילו נשתייר בו שיעור תקיעה שלם, ג"כ פסול, דרובו ככולו, [ואפי' הוא שופר ארוך, בעינן שיהא רובו שלם, **והיינו** דוקא בארכו, אבל ברחבו, אפי' אם ניקב רוב הקיפו, כיון שנשתייר ממקום ההוא ולמעלה שיעור תקיעה שלם, כשר, **ואם** ניקב רק מיעוט הקיפו, אפי' לא נשאר ממקום ההוא ולמעלה שיעור תקיעה, ג"כ כשר].

(**אכן באמת תמיה לי, אם נקב אינו פוסל בשופר, א"כ דהוא שלם דמי, ומאי איכפת לן שרובו נקוב, וגבי נסתם שאני, דהתם אתינן מטעם דשופר ודבר אחר מעורב בו, או מטעם דהו"ל כשתי שופרות, משו"ה בעינן שיהא עכ"פ רובא בלא ריעותא, ולא משגחינן תו במיעוטא שיש בו ריעותא, משא"כ הכא דאין זה ריעותא כלל, ואפשר** שגם רבינו ירוחם שהזכיר בענינינו שישתייר רובו, כונתו שהנקב לא יהיה גדול כ"כ שימשך עד חצי השופר, דאם נמשך, וכ"ש אם נמשך עד רובו, א"כ הו"ל ככולו, והרי השופר פתוח בכולו, ואין שם שופר עליו, ואם פסלינן בנסדק כ"ש בזה, **אבל** ביש נקבים קטנים הרבה, אפילו הנקבים על כל השופר, מאי איכפת לן, כיון שאין הנקבים פוסלין, ובין נקב לנקב יש שופר, א"כ אינו נסדק).

(מיהו אם יש שופר אחר, אין לתקוע בזה, כי יש אומרים שאין לתקוע בשופר נקוב) - ס"ל דשופר נקוב פסול כמו שופר שנסדק, ויש לנו לחוש לדעה זו לכתחלה, ואפילו נשתייר בו שיעור תקיעה למעלה לצד הפה שאין בו נקב כלל, **ומ"מ** משמע דגם לסברא זו, היינו דוקא היכי שהנקב מורגש בתקיעה, שהקול נפגם על ידו ונשתנה קולו, **אבל** היכי שקולו צלול, אין נקב כזה חשוב, ותוקעין בו לכו"ע, (ובפרט כשרובו שלם).

ואם סתמו שלא במינו, אע"פ שאינו מעכב את התקיעה לאחר סתימה, שחזר קולו לכמות שהיה בתחלה - קודם שניקב, **פסול** - וכ"ש אם קולו דומה רק לקול של קודם הסתימה.

אפילו נשתייר בו רובו - דאם לא נשתייר רובו שלם, פסול לכו"ע, [היינו אפי' לדעה שניה דמקיל בשיש תרתי למעליותא], אפילו סתם במינו, וקולו כמות שהיה תחלה, דתו בטיל ממנה שם שופר, ולא נעשה שופר אלא ע"י סתימה זו, ונמצא דהוי שופר ודבר אחר.

ואם סתמו במינו, אם נשתייר רובו שלם - ר"ל באורך השופר לצד פיו, [ובנשאר שיעור שופר לא מהני], **ולא עכבו הנקבים שנסתמו את התקיעה, אלא חזר קולו לכמות שהיה קודם שניקב, כשר** – (**אשמועינן בזה שני דברים: אחד, אע"פ שקודם שנסתם היה הנקב מעכב את התקיעה, כשר, כיון שעתה חזר קולו, ולאפוקי מדעת איזה ראשונים שמחמירין בזה, ועוד אשמועינן, דאם חזר קולו משונה כקודם הסתימה, פסול, מטעם שאי אפשר שיהיה קול השופר בשוה אחר הסתימה כקודם הסתימה, וחיישינן שמא נשתנה קצת, או שנולד קול חדש**).

[**ועיין** בפר"ח דכתב, עיקר פירוש "מעכב את התקיעה" הוא מה שכתב המגיד בשם הרמב"ן, דהיינו שנחלש הקול קצת ויוצא משם, וצ"ע].

ואם חסר אחת משלש אלה, פסול - דאע"ג דכשלא סתמו כשר לדעת המחבר, כשסתמו גרע טפי, דכשסתם בשאינו מינו, א"כ אינו שומע קול שופר בלחוד, רק קול שופר וקול דבר אחר שמעורב בו, **וכן** כשסתמו במינו ולא חזר קולו לכמות שהיה בתחלה, הרי אנו שומעין שקול השופר הזה אינו קולו של השופר הראשון, אלא מן הסתימה, והסתימה אינה בטלה, והוי נמי כמו קול שופר ודבר אחר מעורב בו.

ואם הוא שעת הדחק, שאין שופר אחר מצוי, יש להכשיר בסתמו במינו אם נשתייר רובו, אפילו לא חזר קולו לכמות שהיה; וכן יש להכשיר בסתמו שלא במינו, אם נשתייר רובו וחזר קולו לכמות שהיה בתחלה קודם שניקב -

דסמכינן על הפוסקים דסברי, דהיכי דאיכא תרתי לטיבותא סגי, **ועיין** בפמ"ג שכתב, דנראה שיוכל לברך, ובפרט לפי מה שכתב הפר"ח והגר"א, דהעיקר כדעה זו.

אבל בלא נשתייר רובו שלם, אפי' איכא תרתי לטיבותא, שסתמו במינו וחזר קולו להיות צלול כבתחלה קודם שניקב, לא מהני אף לדעה זו, ומטעם שכתבנו למעלה. [**ודעת** הריטב"א, דאפי' נפחת רובו נמי כשר היכי דאיכא אינך תרתי, דהוא מחמיר בשמעכב התקיעה, ולא מתכשר לדידיה אלא בשאינו מעכב התקיעה ואיכא עוד חדא למעליותא, ע"ש. **ורבנו** ירוחם הפליג עוד יותר לקולא, דבשאינו מעכב התקיעה לחודא סגי בדיעבד, **והנה** הפר"ח כתב דבשעת הדחק נוכל לסמוך על שיטה זו, **ובמטה** יהודה השיג עליו, דהוא רק דעת יחידאה ולכן לא הביאה המחבר לדינא כלל].

ודוקא שלא נזכר עד יו"ט, דאז אסור ליטול הסתימה, דהוי כתיקון כלי, כיון שעי"ז מכשיר השופר, **אבל** אם נזכר קודם יו"ט, יטול הסתימה, ודינו כאלו לא סתמו, דכשר.

וכ"ז באין שופר אחר מצוי, אבל אם יכול להשיג שופר אחר, אף אם כבר תקע בשופר שיש בו תרתי למעליותא, יחזור ויתקע ולא יברך.

והיכא דאיכא רובא לחוד, או דאיכא סתמו במינו לחוד, «לשיטת הריטב"א הנ"ל, ויש לו ספק על הסתימה אם חזר קולו לכמות שהיה או לא, יש להחמיר מדינא, דהוא ספיקא דאורייתא, [ריטב"א].

סעיף ח - נסדק לארכו, פסול - ודוקא בנסדק מעבר לעבר, ואע"פ שאין בו חסרון, וגם לא נשתנה קולו. **י"א אפילו בכל שהוא פסול** - לפי שמחמת הרוח וחוזק התקיעה, הסדק הולך ומוסיף עד שיסדק כולו, וכל העומד ליסדק כסדוק דמי.

ודוקא נסדק, דהולך ומוסיף, אבל בנפגם כשר בכל שהוא, **ומ"מ** אם ראהו קודם ר"ה, טוב יותר לתקנו שלא יהיה נראה פגום.

אא"כ הדקו הרבה בחוט או במשיחה - שהחוט מעמידו שלא יתבקע יותר, **(ונשתייר שיעור התקיעה ממקום הקשירה ולמעלה לצד הפה)** - וכדעה הראשונה לקמן בס"ט, [**דלדעה** שניה שם, כ"ש דמכשירין הכא אפי' שלא לצד הפה].

והרבה אחרונים מקילין אפילו לא נשתייר, כל זמן שלא נשתנה קולו ע"י ההידוק, [**ונראה** שאין להחמיר בזה, אחרי שהרבה ראשונים מקילין בעיקר הדין, וס"ל דדוקא בנסדק כולו או רובו, וכדלקמיה].

[**ואם** נשתנה קולו ע"י ההידוק, הט"ז וא"ר מקילין בנשתייר, **אבל** בפר"ח וכן בנה"ש מחמירין בזה].

וי"א דוקא ברובו - ומשום דרובו ככולו, [**וע"כ** אפי' נשתייר בו שיעור תקיעה, פסול לגמרי, ומחוייב לחזור אחר שופר אחר], **ואפי'** אם נסדק רק מצד אחד, **אבל** אם לא נסדק רובו, אפילו לא נשתייר שיעור תקיעה כשר.

ובשעת הדחק יש לסמוך אדעה זו שהיא העיקר, **ואם** תקע בשופר שנסדק במיעוטו, ואח"כ מצא שופר כשר, יחזור לתקוע בו ולא יברך, [**ואם** אי אפשר להביא כי אם ע"י עכו"ם, אין לו לעשות, כיון שמעיקר הדין יצא בשופר שנסדק, כל זמן שלא נסדק רובו].

(**הנה ממה דהמחבר זכר רק דעה זו, ולא זכר כלל דעת הסוברים דוקא בנסדק כולו, משמע דלא ס"ל כן להלכה, מ"מ במקום דחק גדול, שאי אפשר להשיג שופר מחוץ לתחום אפילו ע"י נכרי, יש לסמוך על דעות הסוברים דדוקא בנסדק כולו, אבל כל שנשתייר מעט מכשירים, אך אין לברך עליו**).

[**ולענ"ד** לענין ברכה, אפי' תקע בפעם ראשון בשופר שנסדק רובו, ג"כ לא יברך בפעם שני', מאחר שהרבה ראשונים מקילין גם בזה].

ואם דבקו, כשר - היינו אפילו אם לא נשתייר רק כל שהוא שלא נסדק, כשר כשדבקו, **ודוקא** בדבק מכשרינן, דהוי כאלו הוא שלם, אבל אם מהדקו בחוט או משיחה, לא מהני, כיון שנסדק רובו.

אפילו אם דבקו בדבק - ואין זה נקרא שלא במינו, דשאני נסדק מניקב, דאין הדבק ניכר בין הדבקים, **ואם** הסדק רחב וניכר הדבק, בודאי יש להחמיר בזה, דהוי כסתמו בשאינו מינו, **ומ"מ** אפשר דאם לא נשתנה קולו ע"י הדבק ממה שהיה בתחלה, אין להחמיר כשנשתייר בו רובו, דגם בניקב וסתמו באופן זה כשר להרבה פוסקים, וכנ"ל בס"ז, וצ"ע.

(ובניקב מיירי בין שסתמו בחתיכה אחרת, בין אם סתמו בדבק, ועיקר הטעם כיון דחסר הוא מינכר, ועיין בפמ"ג שמצדד קצת, דאף בנקב שיש חסרון, אם הוא קטן {ר"ל שקטן מאד} ויוכל ליתן שם דבק, הוי כמינו, ור"ל כיון שאין מינכר).

ויש מי שאומר שאינו כשר אלא כשדבקו בעצמו, שחיממו באור עד שנפשר וחבר קצותיו זה עם זה - אבל בדבק הוי כמו סתמו שלא במינו, ודינו כמ"ש בס"ז, [ור"ל דהא בניקב, לחד מ"ד בעינן תלתא למעליותא, ועכ"פ תרתי, והכא שרובו סדוק, וגם באינו מינו, א"כ אפי' לא נשתנה קולו, איכא עכ"פ רק חדא].

וסברא ראשונה עיקר, ומ"מ אם נשתנה קולו, יש להחמיר שלא בשעת הדחק, לחזור ולתקוע ובלי ברכה, [ואפי' אם לא נשתנה קולו, אף דבדיעבד אם תקע בו בודאי יוצא, דהעיקר כסברא קמייתא, מ"מ כשיש שופר אחר, אין לתקוע בו לכתחילה], (דנכון לנו לחוש לכתחלה לדעת הרמב"ן ‹שהוא שיטת היש מי שאומר›, דע"י דבק מיקרי שלא במינו, וא"כ מאי מהני שלא נשתנה קולו, הא עכ"פ איכא תרתי לריעותא, רובו, ושלא במינו, ובזה לא מהני סתימה וכנ"ל בס"ז, וע"כ יראה לחזור ולתקוע ובלי ברכה).

[**ואם** נסדק רק כל שהוא או מיעוטו, ודבקו, משמע ממטה אפרים דיוכל לתקוע בו לכתחילה, **אכן** בא"ר כתב, דאם יש למצוא שופר אחר ברווח, אין להקל בזה, דיש לחוש לדעת הר"ן בשם רבינו יהונתן, דדבק לא מהני במקום סדק, **ואפשר** דכוונתו דוקא כשנשתנה קולו, אבל לא נשתנה קולו אין להחמיר, **ומ"מ** לשלוח ע"י עכו"ם להביא מחוץ לתחום, בודאי אין כדאי, כיון דלדעת השו"ע יצא אפי' בנסדק רובו ודבקו, וכ"ש מיעוטו].

ואם נסדק כולו, אפילו מצד אחד, פסול, אפילו חממו באור וחיבר סדקיו זה עם זה - דתו אין שם שופר עליו כיון שנסדק כולו, [דשופר הוא מלשון שפופרת, שהיא חלולה, וכיון שנסדק מצד אחד, אין עליו שם שופר].

סעיף ט - נסדק לרחבו - היינו סביב הקיפו, ובא ע"י נפילה או הכאה בחוזק, [ואפשר דה"ה אם חתך בסכין, **ואף** שי"ל דע"י סכין מוכרח להיות קצת חסרון בשופר, והו"ל כעין ניקב, **ליכא** למיחש, לפי פסק המחבר דשופר שניקב כשר, **ואפי'** למאן דמצרכי התם שישאר רובו שלם, היינו דוקא באורך אבל לא ברוחב], **במיעוטו, כשר** - ולא דמי לנסדק לארכו, דפסל בס"ח לדעה ראשונה, משום דשם ע"י חוזק התקיעה יכול ליפקע יותר באורך, אבל לא ברוחב.

ברובו, פסול, אלא אם כן נשאר מהסדק לצד פיו שיעור תקיעה - דבזה אפילו חשבינן למיעוטא כמי שאינו, וכמו דנכרת כולו, הלא עכ"פ נשאר שיעור תקיעה, **ודוקא** לצד פיו, שהרי רואין הנסדק כמאן דנכרת, ואם לא ישאר כשיעור לצד פיו, א"כ תוקע הוא בשופר שאין בו שיעור תקיעה.

ואותו העודף אין לחשבו כמו הוספה לפסול עי"ז כל השופר, וכדלקמיה בסי"א, **דלא** מיקרי הוספה אלא כשהיה תחלה חתיכה אחרת, משא"כ כאן דלא נפרד מעולם.

ואם דבקו בדבק, אפילו לא נשאר שיעור תקיעה נמי כשר, וכמו דמקילינן בס"ח בנסדק בארכו כשדבקו בדבק, **ומ"מ** כשיש שופר אחר טוב יותר לתקוע בו, אחד, מפני דעת הסוברים לעיל בס"ח, דדבק לא מהני דנחשב כאינו מינו, **וגם** לדעת ר' יהונתן, דדבק לא מהני במקום סדק.

דהיינו ארבעה גודלים - של אדם בינוני, ומודדים באמצע האגודל, [במקום הרחב], ולא בראש אגודל ששם מתקצר, והוא שיעור טפח, (ואף אדם גדול ששיעור ד' גודלין שלו הוא יותר מטפח, וא"כ כשלוקח השופר בידו לא יראה מכאן ומכאן, אעפ"כ לא צריך יותר משיעור טפח בינוני, אכן לא כן דעת הריטב"א, אלא דהתנא נקט בהמפלת לפי שיעור אדם בינוני, ואין הכי נמי באדם גדול צריך השופר להראות מכאן ומכאן).

(עיין בטור, דרי"ץ גיאות כתב, שצריך בזה טפח שוחק, והוא חלק עליו, דדי בטפח מצומצם).

(ומרא"ש מבואר, ששיעור זה אינו אלא מדרבנן, כדי שלא יאמרו לתוך ידו הוא תוקע, אכן מדברי תוס' מוכח דס"ל, דשיעור טפח הוא מן התורה, ואף להרא"ש צריך שיעור מן התורה, כדי שיהיה אפשר לתקוע בו עכ"פ, ומשום זה פסלינן שופר של עיר הנדחת, דכתותי מיכתת שיעורא).

וכשנשתייר בו כך כשר אפילו אם מעכב את התקיעה - דלא גרע מניקב ולא נסתם, דמכשרינן לעיל אפילו בנשתנה קולו. ‹**קשה** לי על הרמ"א שכ' (ס"ז) דלכתחילה אין לתקוע בשופר נקוב אפי' נשתייר שיעור תקיעה, והכא סתם כהמחבר דכשר אפי' לכתחילה, וא"י טעם לחלק, ומשמעות כל הפוסקים דנסדק גרע מניקב, וצ"ע – שפת אמת›. ‹**והפמ"ג** כתב, דנקב שיש חסרון או באין חסרון רק שהנקב נראה, יש בו משום הקריבהו נא לפחתך, משא"כ סדק›.

ויש מכשירים בנשתייר אפילו שלא לצד פיו - ואע"פ שזה המיעוט שבפיו חוצץ, וא"כ יש הפסק בין פיו לשופר, **לא** חיישינן לזה, דמין במינו אינו חוצץ, ואין אנו רואין אותו כמו ניטל, **ובשעת** הדחק אפשר דיש לסמוך אסברא זו.

סעיף י - דיבק שברי שופרות זה עם זה ועשה מהם שופר - היינו אפי' לקח שברי שופרות שלמות בעיגולן ודבקן, ואפילו דבקן ע"י עצמן וכדלעיל ס"ח, ואפי' אינו מעכב התקיעה, **פסול, אפילו אם יש בשבר שכנגד פיו שיעור שופר** - והוסיף עליו לנאותו שיהיה ארוך, או כדי שיתן קולו גדול מכמות שהיה, אעפ"כ פסול, **והטעם**, דשופר אחד אמר רחמנא ולא ב' שופרות.

סעיף יא - הוסיף עליו כל שהוא, בין במינו בין שלא במינו - היינו שהאריכו בין מצד הקצר ובין מצד הרחב, **פסול, אפילו היה בו מתחילה שיעור שופר** - משום דשופר אחד אמר רחמנא וכו', וכמו בסעיף יו"ד.

סעיף יב - הפכו ותקע בו, לא יצא; בין הפכו כדרך שהופכים החלוק שהחזיר פנימי לחיצון - והטעם, דכתיב: והעברת שופר תרועה, דרך העברה בעינן, דהיינו כדרך שהאיל מעבירו בראשו מחיים.

בין שהניחו כמו שהיה, אלא שהרחיב את הקצר וקיצר את הרחב - היינו ע"י רותחין, וג"כ הטעם דבעינן שיהא כדרך גדילתו, שהצד הקצר מול פה האדם.

(והוא הדין אם תקע במקום הרחב פסול) - פי' אפילו בשופר שעשוי כהוגן, והכל מטעם הנ"ל.

סעיף יג - היה ארוך וקצרו, אם נשאר בו שיעור תקיעה, כשר - ואפי' היה בו פסול מתחלה, וקצרו כדי להחזירו להכשרו, נמי מותר, וכדלעיל בס"ט.

ואין נ"מ באיזה צד קצרו, ואפילו נשתנה קולו עי"ז, **ואשמועינן**, דלא תימא דבעינן כל הקרן כמו שהיה דרך גדילתו בראש האיל.

סעיף יד - גרדו מבפנים או מבחוץ, עד שעשאו דק מאד כמו גלד, כשר - ואפילו נשתנה קולו מכמות שהיה, כיון שאין השינוי בא מחמת דבר אחר, אלא מצד עצמו של שופר, כל הקולות כשרין.

סעיף טו - לא הוציא זכרותו אלא נקב בו - דכשהוא מחובר בבהמה, עצם בולט מן הראש ונכנס לתוכו, וכשעושין שופר מוציאין אותו מתוכו, וזה לא הוציאו, אלא נקב אותו מתחלתו ועד סופו, [**ובריטב"א** כתב, שהוציא זכרותו במקדח, ונשתייר ממנו בתוכו], **כשר** - ואפי' לכתחלה מותר לעשות כן, דמין במינו אינו חוצץ, **ואין** זה בכלל שתי שופרות, כיון דהוא דבוק מתחלתו, **ואין** הכי נמי אם הוציאו ונקב בו והחזירו, דהוא פסול.

אבל אם הוציא הזכרות ועשה ממנו שופר, כגון שנקב בו, פסול - דשופר הוא מלשון שפופרת שהיא חלולה, וכל שאינו חלול בטבעו לא מקרי שופר.

סעיף טז - צפהו זהב במקום הנחת פה, פסול; שלא במקום הנחת פה, כשר. צפהו זהב מבפנים, פסול; מבחוץ, אם נשתנה קולו מכמות שהיה, פסול, ואם לאו כשר - הוא לשון הברייתא.

יש מפרשים מקום הנחת פה, היינו עובי השופר לצד פנימי שמניח שם פיו, והצד החיצון מן העובי עצמו, קרוי שלא במקום הנחת פה - ר"ל דבעובי השופר למעלה יש שני חודין, אחד שנוטה לצד חלל השופר, ואחד שנוטה לצד חוץ, לפירוש הראשון מיקרי מקום הנחת הפה, היינו שציפהו לצד פנים, ופסולו משום שהבל הקול נכנס לזהב, **ושלא** במקום הנחת הפה, היינו החוד הנוטה לצד חוץ סביב, ומחמת אותו המעט אין הקול משתנה וכשר, **אבל** כל

אורך השופר מצד חוץ, הוא בכלל ציפהו זהב מבחוץ המוזכר בברייתא, (ותלוי באם נשתנה הקול).

ויש מפרשים דעביו במקום הקצר הוא מקום הנחת פה - לפירוש השני, כל אותו הקצה שלמעלה מה שמכניס לתוך פיו, הכל נקרא מקום הנחת הפה, **ושלא** במקום הנחת הפה, היינו משהו סמוך לאותו מקום מבחוץ, וס"ל דמחמת אותו משהו ג"כ אין דרך הקול להשתנות, אף שהוא על הדופן מבחוץ, ולכך סתמה הברייתא דכשר, **ומן** אותו מקום ולמטה עד סוף, מקרי ציפהו זהב מבחוץ, ותלוי באם נשתנה הקול.

ושלא במקום הנחת פה, היינו כל אורך השופר מצד הקצר עד צד הרחב - המחבר קיצר בזה, דמלשונו משמע, דכל האורך חדא דינא אית ליה, וכשר אם ציפהו זהב, **ובאמת** זה אינו, דרק משהו הראשון הסמוך להעובי שמכניס לתוך פיו כשר, דמסתמא אין דרך להשתנות הקול בשביל אותו משהו, **אבל** משם ולמטה עד סוף השופר, אם ציפהו, תלוי באם נשתנה הקול מחמת זה.

ואם צפהו זהב בפנים, בכל גווני פסול, משום שהוא תוקע בזהב.

סעיף יז - המציירים בשופר צורות במיני צבעונים כדי לנאותו, לא יפה הם עושים - דלפעמים משתנה הקול מעט בשביל זה.

(אבל מותר לחקוק בשופר עצמו צורות כדי לנאותו) - דאף אם ישתנה קולו מחמת זה, לית לן בה, כיון שהוא מחמת עצמו, וכההיא דסי"ד: גרדו מבפנים או מבחוץ וכו'.

סעיף יח - אם נתן זהב על עובי השופר בצד הרחב, היינו הוסיף עליו כל שהוא ופסול - ר"ל ופסול בכל גווני אף אם לא נשתנה הקול.

[**המחבר** שכתב "בצד הרחב", לא בא למעוטי כשהוסיף עליו בצד הקצר, דשם בלא"ה מיפסל, מצד שהוא במקום הנחת פה, **אמנם** להר"ן שדעתו שם, דהחוד הנוטה לצד חוץ אינו בכלל זה וכשר, וכתב הלח"מ דלא מיפסל מטעם הוספה, מחמת שאינו בכל העובי של השופר, לא מיקרי הוספה, **א"כ** אפשר דבצד הרחב ג"כ, אם לא עשה בכל העובי, רק זר דק במקצת העובי, יהיה כשר, וזהו דבר חדש, וצ"ע].

סעיף יט - הרחיק את השופר ונפח בו ותקע בו, פסול - דבעינן שיהא פיו מדובק לשופר, וסימנו: אל חכך שופר, **ויחזור** ויתקע שנית כדין ובלי ברכה, [והטעם, מפני שאין דין זה ברור].

סעיף כ - נתן שופר לתוך שופר, אם הפנימי עודף על החיצון משני צדדיו, ונתן הפנימי בפיו ותקע בו, כשר - דאז אמרינן שנשמע קול פנימי לבד.

הגה: ולי נראה דאפילו אינו בולט בצד הרחב, רק שוה לחיצון, הואיל ובולט לצד הפה ותקע בפנימי, יצא, כן נ"ל - (ודוקא שוה לחיצון), דאם הוא מעט קצר מן החיצון, לא יצא לכו"ע, דסוף סוף יוצא הקול מן שני שופרות.

וכתב הט"ז, דגם המחבר מודה בזה, דמעיקר הדין אם שניהם שוים, דאז אפשר שישמעו קול הפנימי, דכשר, **אלא** משום דקשה לצמצם בשוים, דאפשר החיצון בולט מעט, וע"כ הצריך שיהיה ניכר הבליטה של הפנימי.

והוא שלא ישנה קולו במה שהוא נתון בתוך החיצון - ר"ל אפילו לא ישמע רק קול הפנימי, מ"מ אפשר דהקול נשתנה ע"י שהחיצון ציפהו, נמצא הקול בא מכח שני שופרות ופסול.

ואם לאו, פסול - קאי אראש הסעיף, ור"ל אם אין הפנימי עודף, פסול, משום דרוח פיו דוחק בשניהם, והוי קול של שני שופרות, ושופר אחד אמר רחמנא, **ומכל** זה אנו למדין, דאם תקע בשני שופרות ממש, דבודאי לא יצא.

[**וכתב** הכל בו, ואע"ג דאמרינן קדחו בזכרותו כשר, לא דמי, דהתם מדובק בו היטב, ורוח לא יבא ביניהם, אבל שופר אי אפשר לעשות כך, והרוח עובר בין שניהם בהכרח, והוי כתוקע בשני שופרות].

סעיף כא - שופר של ראש השנה אין מחללין עליו יו"ט - משום דחילול יו"ט בעשה

ולא תעשה, ושופר הוא רק עשה, ואינו דוחה - [גמרא, **ועיין** בר"ן, דגמרא קושתא דמילתא נקט, ובלא"ה אין עשה דוחה לא תעשה, רק היכא דבעידנא דמיעקר לאו מקיים עשה].

אפילו בדבר שיש בו משום שבות - דחכמים השוו דבריהם לשל תורה, והעמידו דבריהם בשב ואל תעשה במקום עשה.

כיצד, היה השופר בראש האילן או מעבר הנהר, ואין לו שופר אלא הוא, אינו עולה באילן ואינו שט על פני המים כדי להביאו - וה"ה שאין מביאין אותו מחוץ לתחום, ואין לילך חוץ לתחום כדי לשמוע קול שופר, **וה"ה** כל איסור דרבנן, כגון נפל עליו גל אבנים, שאסור לטלטל האבנים כדי ליטלו, **וכן** אם צריך לתקן השופר בחתיכה וכדומה, דאסור ע"י עצמו אפילו בכלי שאין דרך האומנים לתקן בו, דלא הוי בזה רק משום שבות, ג"כ אסור, [**אבל** ע"י עכו"ם מותר בזה, לדעת המחבר דמתיר שבות דשבות במקום מצוה, **והפר"ח** מפקפק אף בזה], ‹משום מוקצה›.

ומטעם זה ה"ה דאסור לעבור במברא שקורין פרא"ם, או בספינה קטנה, כדי להביא השופר, או לתקוע שם, **אכן** אם אי אפשר בענין אחר, דעת הח"א, שמותר אם הגוי יעבירנה, ואין הישראל מסייע כלל.

ועל ידי אינו יהודי מותר, דהוי שבות דשבות, (פירוש איסור אמירה לאינו יהודי באיסור דאורייתא הוא משום שבות, שאחז"ל לשבות מזה אמירה לא"י, ובאיסור דרבנן הוא שבות דשבות); ובמקום מצוה לא גזרו - ולפי"ז אפשר אפילו במקום שיש לו שופר, רק שאינו של איל, דמותר להביא ע"י נכרי שופר של איל, דמצוה באיל, **(וע"ל סימן ס"ז).**

סעיף כב - אם אינו יהודי הביא שופר מחוץ לתחום, תוקעין בו - היינו אפילו חוץ לי"ב מיל, דהוי דאורייתא לכמה פוסקים, וא"כ לדידהו אסור לומר לעכו"ם להביאו, דלא התירו בסעיף הקודם רק דבר שהוא מדרבנן, [**ומ"מ** מאחר די"ב מיל גופא הרבה פוסקים סוברים דהוא ג"כ מדרבנן, ובפרט לענין יו"ט, ע"כ בשעת הדחק אפשר להתיר אף בזה להביא ע"י עכו"ם], **אפ"ה** אם הביאו אפילו בשביל ישראל, מותר לתקוע בו, **והטעם**, שהרי דבר הבא מחוץ לתחום מותר בטלטול, ואינו אסור אלא באכילה או בהנאה, דהיינו להשתמש בו, וזה שתוקע בו תקיעה של מצוה, אינה חשובה הנאה, [**וכתב** הפר"ח, דאעפ"כ אין לו לתקוע בעצמו, היכי שמוצא אחר לתקוע, וכדלעיל ס"ה].

[**וגם** אין שייך למיגזר שמא יאמר לנכרי להביא לו כדי לצאת בו, דלא גזרינן שיעשה מצוה הבאה בעבירה].

[**וכתב** בד"מ, דאפי' יש לו שופר אחר שאינו של איל, יכול לצאת בזה שהוא של איל, **ומינה**, דאם שניהם שוים, אין לו לצאת בזה שהובא ע"י נכרי, משום דאיכא מאן דאמר דאסר שופר שהובא מחוץ לתחום].

ומ"מ אסור לטלטלו ברחוב העיר, שאינם מתוקנות המבואות שלה בצורת הפתח, חוץ לד' אמות, **דאי** מתוקנות בעירובין כדין, נחשבת כבית ומותר לטלטל בכולה.

ישראל ששלח שופר לעיר אחרת ע"י נכרי קודם ר"ה, ונתעכב הנכרי, והביא בר"ה מחוץ לתחום, ובני העיר לא ידעו שישלחו להם שופר, אין לטלטלו ואף לתקוע בו אם אפשר באחר, **ובשעת** הדחק יש להתיר, ומקור דין זה נתבאר בס"ס תקט"ו בהג"ה, ע"ש במ"ב.

וה"ה אם עשה אינו יהודי שופר ביו"ט, מותר לתקוע בו - אפילו עשה בשביל ישראל, [דאין לחוש שמא ע"י שנתיר, יאמר לעכו"ם לעשות, דליכא למיחש שיחטא ויעשה מצוה הבאה בעבירה].

ומיירי שעשה הנכרי מקרן שלו, דלא הוי מוקצה, דלא אסח דעתיה מניה, **אבל** מקרן של ישראל אסור לטלטלו ואף לתקוע בו, דהא הוי מוקצה דנולד, **ואפילו** עשאו ביום א' דר"ה, אסור גם ביום שני, כדין ביצה שנולדה בראשון, דאסורה גם ביום שני, **ומ"מ** אם אין להם שופר אחר כלל, יש לסמוך על דעת הפוסקים דמתירין נולד ביו"ט, ולתקוע בו כדי שלא לבטל המצות עשה, ומותר לתקוע בו אף ביום שני, **וכל** זמן שאוחזו בידו מותר לתקוע בו כל התקיעות כפי המנהג, **אבל** אם תקע התקיעות המחוייבין והניח השופר מידו, שוב אין לו לטלטל אותו כדי לתקוע בו תקיעות של מנהג, [**ועיין** בנהר שלום, שדעתו שבכל גווני לא מיקרי נולד, דמעיקרא הוי קרן והשתא נמי קרן איקרי].

כתבו האחרונים, דכל אותן השופרות שאמרנו שהם פסולים לתקוע בהם, הן פסולין בין ביום ראשון בין ביום שני.

סעיף כג- יכול ליתן בתוכו מים או יין לצחצחו - אע"ג דמתקנו בכך, כיון דלא מינכרא מילתא דהוי עובדא דחול, שהרי מדיחין כלים ביו"ט, שרי.

אבל מי רגלים, אף בחול אסור מפני הכבוד - פי' מפני כבודו של מקום, שלא יהיו מצות בזויות עליו, ולכן אפילו אם התוקע מוחל ע"ז, ג"כ אסור.

§ סימן תקפז – דין התוקע לתוך הבור §

סעיף א- התוקע בתוך הבור או בתוך המערה - הוא דינא דמשנה, וכתבו הראשונים שמשנה זו לצורך נשנה, בשעת הגזירה שגזרו האומות שלא יקיימו ישראל את המצות, ונתחבאו בבורות ובמערות לקיים.

וה"ה מרתף וכה"ג מקום שהוא תחת הקרקע, שקול התקיעה מתערב עם קול הברה לעומדים בחוץ.

אותם העומדים בתוך הבור והמערה, יצאו - דבתוך הבור גופא אינו נשמע קול הברה, **ולאו** דוקא אם כל גופם בבור, אלא אפילו הכניסו רק ראשם לבור סגי, [**מלשון** רש"י משמע, דשם לעולם נשמע קול שופר, **אבן** מלשון הריטב"א מבואר, דמן הסתם נשמע שם קול שופר, ובנראה לו דקול הברה שמע, בודאי לא יצא, **ואפשר** שגם רש"י מודה לזה].

והוא שיתכוין התוקע להוציאם, או בש"ץ שדעתו מן הסתם להוציא לכו"ע.

והעומדים בחוץ, אם קול שופר שמעו, יצאו; ואם קול הברה שמעו - פי' שעם קול השופר שמעו לבסוף קול הברה, **לא יצאו** - שהרי קול פסול מעורב עם קול השופר.

ובהיה כולו בתוך הבור, רק שראשו חוץ לבור, כעומד מבחוץ דמי.

וכתבו הפוסקים, דסיבת דבר זה תלוי בעומק הבור או בריחוק המקום, וכל אדם יש בידו להבחין ולהכיר אם קול שופר שמע בלחוד, או מעורב בו קול הברה.

ויש מי שמחמיר ואומר, דלעומדים מבחוץ תמיד נשמע קול הברה, **ויש** לחוש לדעה זו שלא בשעת הדחק, ולתקוע עוד פעם, אבל בלי ברכה, עד שיהיה ברור לו שקול הברה שמע, [ט"ז, **והוסיף** עוד סברא, דדילמא אין אנו בקיאין להבחין בין קול שופר לקול הברה].

(ויש אומרים דעיקר חשש דקול הברה, הוא דוקא בהאריך בהתקיעות טובא, **אבל במאריך** בכל תקיעה ושברים רק כפי השיעור שנתנו חכמים, ליכא כלל קול הברה, **אמנם** מכל הפוסקים דסתמו בזה לא משמע כן).

ויש אומרים עוד, דאפילו התוקע בביהכ"נ, ויש עומדים בחוץ קצת רחוק ממנו, שייך בזה ג"כ הבחנה לפי הריחוק מביהכ"נ, (ט"ז, **ונראה** מהט"ז, דמפרש קול הברה, קול חלוש, וקול הנשמע מחוץ לבנין ומרחוק אינו כ"כ חזק, כמו קול שנשמע מקרוב ומבפנים, **אבל** לענ"ד דקול הברה האמור לענין שופר, פירושו קול מעורבב, וקול כזה אינו נשמע מחוץ לבנין שע"ג קרקע, ואפילו בעומד רחוק ממנו, אלא בקול שיצא מתחת הקרקע, **וכן** מצאתי להדיא לרבינו מנוח וז"ל: ודרך אלה המקומות, כשאדם צועק ומדבר או תוקע בהן, שמתבלבל הקול, ונראה כאילו אחר מדבר כנגדו, וכו', עי"ש, **אח"כ** מצאתי בהלכה ברורה ובמטה יהודא, שחולקים ג"כ על הט"ז, וע"ש במטה יהודה שמסיים: דלא אמרו אלא בבור, אבל במקומות שוים פשיטא דלא שני לן בין עומדים בקרוב או ברחוק, דכל שמגיע להם הקול, לעולם קול שופר הם שומעים, ואם הם רחוקים יותר, גם הקול לא שמעו, עי"ש, **ומ"מ** למעשה אין לזוז מדברי הט"ז, שכל האחרונים העתיקו דבריו להלכה, דהשומע קול שופר מאחורי ביהכ"נ בריחוק מקום, תלוי לפי הבחנתו אם שמע קול שופר או קול הברה, **ומדברי** ר' מנוח ג"כ אין ראיה לנגד דברי הט"ז, שאע"פ שהוא מפרש קול הברה הוא ע"י בלבול הקול, אפשר דע"י ריחוק מקום נקרא ג"כ קול הברה, **דקול הברה** אינו מונח דוקא על בלבול הקול, אלא על קול בעלמא לא על דבר ברור, וע"י הבל הבור שהוא עומד, מתבלבל הקול ואינו נשמע קול שופר ברור אף שהוא בסמוך, וסברת הט"ז וש"א, דע"י ריחוק מקום מחוץ לבנין, ג"כ אין הקול שופר ברור).

(ודע עוד, דטבע הוא לתוקע בין ההרים או ביער, נשמע קול החוזר, ומדסתמו הפוסקים ולא הזכירו דיש ליזהר בענין זה, משמע דאין זה עירבוב הקול, אלא הקול נכפל אחר שנגמר הקול הראשון).

ובבנין שרובו על הקרקע ומקצתו בתוך הקרקע, שרי, דע"י שרובו למעלה מן הקרקע, לא מתבלבל הקול, ונשמע קול שופר אף לעומדים מבחוץ, (הוא דברי המ"א, **וטעמא**, משום דעיקר קול הברה בא מעומק הבור, אבל ע"ג קרקע ליכא קול הברה, ומסתבר ליה להמג"א דאפילו ברוב הבנין ע"ג קרקע, נמי אין קול הברה נשמע, **ולפי"ז** אם יש בבית מקום נמוך כעין בור ותקע שם, יצא, **ומ"מ** נראה, דכ"ז אם אין המקום הנמוך מכוסה, אלא הוא מעורב ומחובר עם הבית, אבל אם זה המקום מכוסה בקרשים, בודאי אפשר להשמע שם קול הברה, והרי הוא כמרתף, וגם באינו מכוסה, אפשר דדוקא באינו עמוק הרבה, אבל אם המקום עמוק הרבה, אפשר דאינו מועיל במה שהוא מיעוט לגבי בנין שעל גביו, וצ"ע).

(**ודע עוד**, דיש להסתפק במה שנהוג בבניני חומה, לעשות קומה תחתונה, והוא דירה גמורה, מתחת לקרקע, והחלונות הם למעלה מן הקרקע סמוך לארץ, התוקע שם מה דינו להעומדים בחוץ, אולי אין הקול מתגלגל שם ומתערב עם קול הברה כמו בבור ובדות, וצ"ע).

וכן התוקע לתוך חבית גדולה וכיוצא בה, אם קול שופר שמע, יצא; ואם קול הברה שמע, לא יצא - המחבר לא חילק כאן בין עומדים בתוך החבית לעומד חוצה לה, וכמו שחילק לענין בור, **משום** דאין דרך בני אדם ליכנס בתוך חבית כמו שדרך ליכנס בבור, ורק מכניס השופר לשם ותוקע והוא עומד מבחוץ, **וי"א** דמש"ה לא חילק בזה המחבר, דבחבית קול הברתה גדולה, ואפילו העומד בתוכה אפשר ששומע קול הברה, **וע"כ** יש להחמיר בזה, ולחזור ולתקוע בלי ברכה, אלא א"כ ברור לו שקול שופר שמע.

סעיף ב - אם התחיל לתקוע בבור, ועלה חוץ לבור וגמרה, יצא, שכל מה ששמע בין בפנים בין בחוץ היה קול שופר - ומיירי שביחד הוציא ראשו והשופר מן הבור, ומילתא דפשיטא הוא דשרי, אלא דקמ"ל דלא חיישינן למיגזר, דילמא אפיק רישיה מעל לבור, ואכתי שופר בבור ותקע, ואפשר בזה לשמוע קול הברה, [**ומה** שהקשה המ"א דאי אפשר לצמצם, וא"כ שמא יצא השופר תחילה קודם לאזנים, ושמע רגע אחד באזניו בפנים קול הברה מבחוץ, **אינו** מוכרח, דאין הקול מתחלף מקול צלול לקול הברה בשיעור חוט השערה, וכונת הגמ' הוא רק שלא יוציא כל ראשו מן הבור קודם שמעלה השופר].

ובהוציא השופר תחלה וראשו עדיין בבור ותקע, אם חיישינן בזה לקול הברה, תלוי בפלוגתת הפוסקים, אם מחוץ לבפנים נשמע קול הברה, ויתבאר במ"ב לקמיה.

הגה: וכן אותם שהיו בבור בתחלת התקיעה - פי' ועלו ג"כ ביחד עם התוקע, ושמעו גמר התקיעות בחוץ, ויצאו ידי חובתם ג"כ מטעם הנ"ל, שכל מה ששמעו היה קול שופר.

ויש מקילים בזה אפילו לא יצאו כלל, רק שמעו גמר התקיעות שתקע בחוץ בהיותם בבור, ולא חיישינן לקול הברה, דדוקא מבפנים לחוץ נשמע קול הברה, אבל לא מבחוץ לפנים.

ולמעשה יש להחמיר בשלא יצאו, לתקוע שנית בלי ברכה, אם אינו ברור להם שקול שופר שמעו.

התוקע שהכניס שופר לבור ותקע, והוא בעצמו עומד כולו מבחוץ, העומדים בבור יצאו בתקיעתו, [דמ"מ מחוייב בדבר מיקרי להוציא אחרים], והוא עצמו לא יצא, [דמצות שופר הוא השמיעה ולא התקיעה], אא"כ ברור לו שקול שופר שמע.

סעיף ג - השומע מקצת תקיעה שלא בחיוב - כגון קודם עמוד השחר, **ומקצתה בחיוב, או שאמר לתוקע כמתעסק** - להתלמד או לשם שיר בעלמא דלא יצא, **כוין להוציאני ידי חובתי, ותקע ומשך בה שיעור תקיעה** - ר"ל שהאריך תקיעתו בשבילו, **לא יצא** - שהרי עכ"פ חסר לו התחלת התקיעה.

[**והוא** הדין נמי לענין התוקע בעצמו, שאם תקע התחלת התקיעה כמתעסק, ואח"כ התבונן וגמר התקיעה לשם מצוה, ג"כ לא יצא], **וה"ה** נמי אם כל התקיעה היה בחיוב, אלא שהוא נכנס באמצע התקיעה, או שיצא

מביהכ"נ באמצע התקיעה ושוב לא שמע, לא יצא, **אע"פ** שהיה שיעור תקיעה במה ששמע, וכמאן דשמע חצי שיעור תקיעה דמי, [**ועיין** לקמן בסי' תקפ"ח ס"ד במ"ב].

ויש אומרים שיצא אי איכא שיעור תקיעה בחיוב - וסברא ראשונה עיקר, וצריך לחזור ולתקוע, **ואעפ"כ** לא יברך עליו, דספק ברכות להקל, **ויותר** טוב שישמע הברכה מאחר שלא יצא עדיין.

הגה: וכ"ה אם שמע מקלת התקיעה קול הברה, כגון שהיה התוקע בבור והוא עומד בחוץ, ובאמצע התקיעה יצא לחוץ - ר"ל התוקע, והשלימה על שפת הבור, ונמצא שהעומדים בחוץ שמעו רק סוף התקיעה, דפלגא קמא היתה תקיעה פסולה, **ואם** היה שיעור תקיעה על שפת הבור, תלוי בשני דיעות הנ"ל, **וה"ה** אם שמע מתחלה קול שופר, כגון שהיה עם התוקע בבור, ובאמצע התקיעה יצא לחוץ ולא שמע רק קול הברה, נמי לא יצא, דבעינן שמיעת קול שופר כשר מתחלה ועד סוף.

וכתבו האחרונים, דיזהרו כל העם שלא להוציא כיחם וניעם בשעת תקיעה, כדי שישמעו כל הקולות מתחלתם ועד סופם, **וכן** לא יביאו ילדיהם אצלם, וג"כ מטעם זה, ומוטב שיהיו אצל אמותיהם בביהכ"נ של נשים, דנשים אינן מחויבות מן הדין בתקיעת שופר, **ומ"מ** נראה דקטנים שהגיעו לחינוך, מצוה להביאם ולהחזיקם אצלו, ויאיים עליהם שישמעו התקיעות ולא יבלבלו להצבור.

§ סימן תקפח – זמן תקיעת שופר §

סעיף א - זמן תקיעת שופר ביום ולא בלילה - דכתיב: יום תרועה יהיה לכם, **ואם** נמשך עד בין השמשות, יתקע בלי ברכה, [ואפי' ביום א'].

ומצותה משעת הנץ החמה ואילך, ואם תקע משעלה עמוד השחר יצא - דמן הדין משעלה עמוד השחר יממא הוא לכל הדברים, אלא לפי שאין הכל בקיאין בו, וזמנין דאתי לאקדומי, הצריכו חכמים לכתחלה להמתין עד הנץ, דיום ברור הוא לכל, **ולא** בעינן עד שיעלה כל גוף השמש על הארץ, אלא משעת תחלת הנץ ג"כ מותר לכתחלה.

(**עיין לעיל בסימן נ"ח בבה"ל, דדעת הגר"א ועוד איזה אחרונים, דעמוד השחר נקרא משהאיר פני המזרח ולא קודם, דחד זמן הוא, אמנם בסוכה ברש"י משמע, דתרי זמני נינהו, ועה"ש הוא קודם, ובחידושי הריטב"א שם משמע דלא פסיקא ליה דבר זה, ע"ש, וצ"ע).**

מיהו כ"ז מעיקר דין תורה, או בשעת הדחק כגון שצריך לצאת לדרך וכה"ג, אבל חכמים תקנו לתקיעות שופר במוספין, **ואמרו** בגמרא בטעמא, דשעת הגזירה היתה שלא יתקעו ישראל בשופר, והיו אורבין להם כל שש שעות של זמן תפלת שחרית, לכך העבירוה לתקוע במוספין, [**ואע"ג** שבטל השמד, לא עבדינן כדמעיקרא, אע"פ דזריזין מקדימין למצות, דחיישינן שמא יחזור הדבר לידי קלקולו].

ומטעם זה נראה, דנהגו כל ישראל מימות הקדמונים, גם בתקיעות דמיושב, שלא להיות מן הזריזין המקדימין ולתקוע בתחלת היום, אלא סמוך לתפלת המוסף אחר קריאת התורה, **ואפילו** יחיד התוקע לעצמו, ג"כ ידקדק לתקוע אחר ג' שעות לערך, כדי שתקיעתו תהיה בשעה שהצבור עומדים בתקיעה.

ואם שמע מקצת תקיעה קודם שעלה עמוד השחר, ומקצתה אחר שעלה עמוד השחר, לא יצא - דסוף תקיעה בלא תחלה לא מהני ולא מידי, וכדלעיל בסימן תקפ"ז ס"ג, **וה"ה** אם שמע מקצת תקיעה ביום ומקצתה אח"כ בלילה, ג"כ לא יצא, דתחלה בלא סוף ג"כ לא מהני ולא מידי, וכנ"ל שם.

ונראה דאפילו היום שנוהגין לתקוע ל' קולות לצאת ידי כל ספק, צריכין ג"כ ליזהר, שאף תקיעה ראשונה לא תהיה אפילו מקצתה קודם אור היום.

הגה: ואם היה שיעור תקיעה במה ששמע ביום, נתבאר סימן תקפ"ז סעיף ג' - ולפי מה שכתבנו שם דהעיקר כדעה א', א"כ בכל גווני לא יצא.

סעיף ב - שמע ט' תקיעות בט' שעות ביום, יצא - בדיעבד, אם כיון לצאת, ואפי' הסיח דעתו והפסיק בדבור בנתיים, **ונקט** לישנא דגמרא וכפי עיקר הדין, דבעינן רק ט' קולות, דהיינו תקיעה תרועה

תקיעה ג' פעמים, ולדידן בשמע הג' סדרים בט' שעות. **ואפילו הם מט' בני אדם, תקיעה מזה ותרועה מזה ותקיעה מזה.**

וכתב המג"א, דכ"ז בששהה ביניהם שלא מחמת אונס, הא בשהה באונס, אם שהה אפילו רק כדי לגמור את כל הסדר, יחזור לראש אותו הסדר, [דכל סדר הוא ענין בפני עצמו], לפי פסק הרמ"א בסימן ס"ה, **ולענין** אם צריך לחזור ולברך בכה"ג, ע"ל סימן ס"ה בבה"ל, שיש בזה מחלוקות בין האחרונים, [**ונ"ל** דה"ה ביו"ט ב' של ר"ה, ג"כ צריך לחזור ולתקוע, ומיהו לא יברך שוב].

(**וקשה לי**, לפי מה שהכריע הרב מג"א בסימן ס"ה, שלא להחמיר בהפסיק מחמת אונס אלא א"כ בשהאונס הוא בגוף הדבר, כגון שלא היה האדם ראוי מחמת גוף נקי, או שלא היה המקום ראוי שלא היה נקי, **א"כ** לכאורה לא שייך זה רק בתפלה או בבהמ"ז ובהלל ומגילה, שעכ"פ אסור להזכיר שם ולאמר דברי תורה במקום מטונף, **משא"כ** בתקיעות שאינה רק מעשה מצוה, והיכן מצינו שאסור לקיים מצוה כשגופו אינו נקי, או במקום שאין נקי, האם אסור ללבוש טלית של ד' כנפות כשגופו או המקום אינו נקי, לא מצינו כן בשום מקום, וצ"ע).

(**ובמטה אפרים** מצאתי שכתב וז"ל: נראה שאם התחיל לתקוע ומים שותתין על ברכיו, פוסק עד שיכלו המים, וחוזר לתקוע מראש להלן על הסדר, **ואם** תקע בשעה שהמים היו שותתין, או אפי' מצא צואה במקומו, יצא, **ומ"מ** יש לו לחזור ולתקוע בלי ברכה, עכ"ל, דימה זה לדינא דק"ש, **ואפשר** שהטעם הוא, דכיון דקי"ל דצריך כונה לצאת ידי המצוה שציונו הש"י, זה גופא ג"כ חשיב כדברי תורה, ולא גרע מהרהור בדברי תורה, **וגם** י"ל בפשיטות, דבשעה שמקיים מצוה בפועל, הוא עבודה, ואין לעשות עבודת ד' דרך בזיון, דהוא בכלל ביזה מצוה, וגדולה מזו אמרו, דאסור לצחצח שופר של ר"ה במי רגלים מפני הכבוד, והוא רק הכשר מצוה, וכ"ש המצוה עצמה).

ויש אומרים דדוקא בשלא הפסיק ביניהם בקול שופר שאינו ראוי באותה בבא - כגון שעומד בתש"ת ושמע תרועה, או שעומד בתר"ת ושמע שברים, **אבל** האחרונים הסכימו, דלפי פסק המחבר לקמן סימן תקצ ס"ח, דאפילו בהכפיל השברים או התרועה ב' פעמים הוי הפסק, ה"ה הכא בשמע ב' שברים או ב' תרועות זה אחר זה וכיון לצאת, ג"כ מפסיד כל הג' קולות, וצריך לתקוע מחדש.

ס"ל דזה גרע מהיסח הדעת ושיחה, דבעינן שיהיה תרועה באמצע, ולפניה ולאחריה חדא חדא תקיעה, וכשמערב קול אחר מתקלקל הסדר, **ואע"ג** דהוא בעצמו לא תקע, מ"מ הרי כיון לצאת וכתוקע בעצמו דמי, וע"כ אם שמע קול שופר שאינו ראוי באותו סדר, בטלו כל הג' תקיעות, (**עיין** לקמן תקצ ס"ח בבה"ל, דכתב דאף בשאינו מכוין, הפסיד הסדר, וצ"ע), **ומ"מ** ו' הקולות שמקודם לא בטלו, ויחזור ויתקע, **ומ"מ** לא יברך שוב, [שהרי דין זה אינו לכו"ע].

(**כתב** זה בלשון י"א, משום דר"ת וכן בעה"מ פליגי ע"ז, **אמנם** קשה, שהרי המחבר בעצמו בסימן תקצ ס"ז וח', סתם להחמיר, ולא הביא שום דעה החולקת, **ואפשר** דנקט בלשון י"א, משום דההפסק הוא רק על ידי שמיעה, וכמו שחילק בזה בלבוש ובמג"א, וצ"ע).

סעיף ג - שמע ט' תקיעות מט' בני אדם שתקעו כולם כאחד

כולם כאחד - דהיינו שאחד עשה תקיעה, והשני תרועה, והשלישי התקיעה השניה, וכן כולם, **לא יצא, שאין כאן פשוטה לפניה ופשוטה לאחריה** - דבעינן שתהא תרועה באמצע, ולפניה ולאחריה תקיעה, ולא שיהיו כל הקולות בבת אחת, וצריך לתקוע מחדש, **ויש** מי שאומר, דעכ"פ ידי תקיעה אחת יצא, וצריך להשלים עליה ח' קולות מתרועה ואילך, [**ובלבד** שלא האריך בעל התרועה על התקיעה, כדי שלא יהא קול פסול בנתיים], **ויש** אומרים דאפילו ידי תקיעה אחת לא יצא, וצריך להתחיל מחדש כל הט' קולות, [**והסברא** אינו מבואר לכאורה, **ואפשר** לומר, דבעינן שיהא תקיעה אחת לפני תרועה, והכא הרי שומע ששה תקיעות בבת אחת, **או** אפשר דכוונתו, בהיה מכוון לשמוע כולם, וס"ל כסברא ב' דלקמן במ"ב, דבכגון זה לא נפיק בשום אחד].

ומ"מ הברכה לא הפסיד, אם לא הפסיק בדבר אחר, [וכמו בכל מקום שטעה בתקיעתו ותוקע מחדש, דלא הוי הפסק, **ובפרט** לי"א שלתקיעה אחת עולה לו].

הגה: ואם שנים תקעו כאחד כל הסדר, ואפילו אחד תקע בחצוצרות - ואע"ג דהקולות של

החצוצרות משונים, **ילא, דיהיב דעתיה על השופר** - ואע"ג דבכל מקום אמרינן דתרי קלי לא משתמעי, שאני הכא שהוא מצוה הבאה לזמן וחביבא ליה, ויהיב דעתיה לשמוע יפה, [**ומ"מ** אם הוא בעצמו תוקע בחצוצרות, ובשעה זו תקעו בשופר, אפי' כוון לצאת לא מהני, דבודאי לא שמע היטב קול השופר, ויחזור ויתקע].

והיכי שתקעו ג' בני אדם בבת אחת, כל אחד ג' קולות, י"א שיצא בשמיעתו משום ט' קולות, כיון דתרי קלי משתמעי גבי שופר, **ומשום** ששמע כל הג' תר"ת בפעם אחד אין קפידא, דלא קפדינן רק שישמע תקיעה מלפניה ותקיעה מלאחריה ותרועה באמצע, והא שמע, **וכן** ה"ה לדידן שתוקעין תשר"ת ותש"ת ותר"ת, אם שמע אותם מג' בני אדם שכל אחד תקע סדר, שיוצא כל התקיעות בשמיעתו בבת אחת, [**ובלבד** שלא הפסיקו כולם בנשימה אלא ביחד, בענין שלא היתה קול פסול מפסיק בין תקיעה לתרועה].

וי"א דאפילו בשופר אין ב' קלי משתמעי כדי לצאת בשתיהם, ולא יצא אלא באחת מהם, (**ונלענ"ד**, דלדעה זו אם כיון לצאת ידי כולם, גם ידי אחד לא יצא, ו"ידי אחת" דקאמר (הריטב"א, מקור דעה זו), כונתו בכיון רק לאחת, אז יצא, משום דהיכי דחביב ליה ויהיב דעתיה, אין קול השני שאינו חפץ בו מפריעו מלשמוע, **משא"כ** בהיכי שצריך לב' הקולות, לא יצא בשום אחד מהם, דאי אפשר לשמוע היטב ב' קולות), **וראוי** להחמיר כסברא זו.

סעיף ד - היה זה צריך פשוטה ראשונה, וזה צריך פשוטה אחרונה, תקיעה אחת מוציאה את שניהם - דוקא כל התקיעה נוכל להשתמש לזה ולזה, אבל להפסיק חד תקיעה חציה לזה וחציה לזה, כגון שתקע תקיעה ארוכה שיש בה כשיעור ב' תקיעות, ואחד התכוין לצאת מראשה עד חציה, והשני מחציה עד סופה, לא מהני ולא מידי, דלא מפסקינן לה לחצאין, (והוא מדברי הט"ז).

(**ומשמע** מלבושי שרד, דדברי הט"ז קאי לדעה ראשונה שם בסימן תקפ"ז, אבל לדעה שניה דלא בעינן כולא תקיעה, יוצאין בזה, **ולענ"ד** מלשון הט"ז משמע, דדעתו דבזה שצריך להפסיק התקיעה לשנים גרע טפי, וכמו דאיתא שם בסוגיא לענין חד גברא, דאפילו אם נאמר דדי בתחלת התקיעה או בסופה לבד, מ"מ היכי דצריך להפסיקה לשנים גרע טפי, ה"נ בענינינו בתרי גברי, היכי דצריך להפסיקה לשנים לא מהני, **אכן** בספר נהר שלום חולק על הט"ז, ודעתו דאפילו לדעה ראשונה שם יוצא בזה, דע"כ לא פליגי בסוף סימן דלעיל, אלא היכא דתחילתה לא הוי בחיוב, אבל אי כולא בחיובא, לכו"ע יצא, ואין זה ענין לאפסוקי תקיעתא, שלא נאמר אלא לחד גברא, שאינה עולה לו לשני תקיעות כיון שנתחייב בקולות מופסקים, **וצ"ע**).

סעיף ה - יו"ט של ר"ה שחל להיות בשבת, אין תוקעין בשופר - גזירה שמא יטלנו בידו לילך אצל בקי ללמוד, ויעבירנו ד' אמות בר"ה.

הגה: ואסור לטלטלו - דהוא כלי שמלאכתו לאיסור, **אם לא לצורך גופו** - שרוצה לשאוב בו מים וכה"ג, **ומקומו**.

ודוקא בשבת מותר (לשאוב בו מים וכה"ג), דכיון דאין תוקעין לא הוקצה למצותו, משא"כ ביו"ט, אף שאין איסור טלטול בשופר אפילו כל היום, [**ופשוט** לצורך מקומו מותר], **מ"מ** להשתמש בו אסור, שהרי הוקצה למצותו, וכמו לענין אתרוג, עיין בסימן תרס"ה.

§ סימן תקפט – מי הם הראויים לתקיעת שופר §

סעיף א - כל שאינו מחוייב בדבר, אינו מוציא אחרים ידי חובתן - היינו שאינו מחוייב בעצם, וכדלקמיה, **אבל** אם הוא מחוייב אלא שיצא בהמצוה, יכול להוציא, ואפילו לברך בשביל חבירו.

סעיף ב - חרש שוטה וקטן פטורים - וקטן, אפילו אם הוא בן י"ג שנה, כל זמן שלא ידעינן שהביא ב' שערות, אינו יכול לתקוע להוציא אחרים, [דחזקה דרבא אינו מועיל לענין דאורייתא].

וחרש, אפילו מדבר ואינו שומע, אינו מוציא, דכיון דאינו שומע, לאו בר חיובא הוא - שהרי אנו מברכין: וציונו לשמוע קול שופר. **הגה: אבל שומע ואינו מדבר, מוציא אחרים ידי חובתן** -

ואפילו לכתחלה יכול אחר לברך והוא תוקע. **חרש** ששומע ע"י כלי כמין חצוצרות, חייב בשופר.

סעיף ג - אשה פטורה, משום דהוי מצות עשה שהזמן גרמא.

סעיף ד - אנדרוגינוס מוציא את מינו - דכל אנדרוגינוס שוין, שיש להם זכרות ונקבות, ואם הוא בכלל זכר, גם חבירו הוא בכלל זכר, **אבל** אינו יכול להוציא את שאינו מינו, דשמא הוא בכלל נקבה.

טומטום, אפילו את מינו אינו מוציא - דשמא אם יקרע, ימצא שטומטום זה נקבה וחבירו זכר.

ואף ביום ב' שהוא דרבנן, נקטינן ככל חומרת יום א', **ומיהו** אף ביום א', אם שמע זכר מטומטום, חוזר ותוקע בלא ברכה.

טומטום ואנדרוגינוס אף דחייבין לתקוע, מ"מ לא יברכו, דברכה הוא דרבנן, וספיקא לקולא.

סעיף ה - מי שחציו עבד וחציו בן חורין, אינו מוציא אפילו עצמו - דלא אתי צד עבדות שבו ומוציא צד חירות שבו, **וצריך שיתקע לו בן חורין להוציאו.**

סעיף ו - אע"פ שנשים פטורות, יכולות לתקוע - ולא אמרינן דכיון דפטורות יש חילול יו"ט בתקיעתן, דקי"ל גדול המצווה ועושה ממי שאינו מצווה ועושה, אלמא דמי שאינו מצווה ועושה נמי שכר יש לו.

וה"ה קטן יכול לתקוע אף לכתחלה, כדי שיתחנך.

וכן אחר שיצא כבר, יכול לתקוע להוציאן - ולא אמרינן דכיון שהוא עצמו אינו צריך עתה לתקוע, תו עובר משום שבות כשתוקע בשבילן, דמ"מ קצת מצוה יש להן בתקיעתן, כנ"ל.

אבל אין מברכות, ולא יברכו להן - דמהו "וציונו" בדבר שאינה מחויבת לא מדברי תורה ולא מדברי סופרים, דאשה במ"ע שהזמן גרמא פטורות אף מדרבנן.

הגה: והמנהג שהנשים מברכות על מלות עשה שהזמן גרמא, על כן גם כאן מברכות לעצמן; אבל אחרים לא יברכו להן אם כבר יצאו ואינן תוקעין רק לנשים - וע"כ י"א דיתקע להם קודם שישמע התקיעות בביהכ"נ, **אבל** במ"א מסיק בשם מהרי"ל, שלא יתקע בשלשה שעות ראשונות, משום דאז מיפקד דינא, ואין כדאי לתקוע ביחידות, אלא יתקע להן אחר תקיעות ביהכ"נ, והם יברכו לעצמן, **או** שיכוין בלבו שלא לצאת בתקיעות ביהכ"נ, ואז יוכל אח"כ ג"כ לברך בשבילן.

אבל אם תוקעין לאיש המחויב, מברכין לו אע"פ שכבר יצאו, כמו שנתבאר סימן תקפ"ה ס"ב בהגה א'.

סעיף ז - המודר הנאה מחבירו, מותר לתקוע לו תקיעה של מצוה - כגון ראובן שהדיר על עצמו שלא יהנה משמעון, אפ"ה מותר לשמעון לתקוע לו, דמצות לאו ליהנות ניתנו, ואין תקיעות מצוה בכלל איסור הנאה שאסר על עצמו.

ודוקא כשהוא תוקע מאליו להוציאו - אפי' כשאומר: מי שרוצה להוציאני ידי חובתי יתקע, שרי, דבכה"ג לאו שליחותיה קעביד, [**אם** לא שאמר: מי שישמע קולי יתקע להוציאני, דאסור].

אבל אם אמר לו המודר: תקע והוציאני, אסור - דכיון דבשליחותיה עביד, יש לו הנאה במאי דעביד שליחותיה, **ובדיעבד** יצא, [**ומ"מ** אינו מבורר, דהא הו"ל מצוה הבאה בעבירה, ולכמה פוסקים הוא לעיכובא אף בדיעבד].

הגה: ואם אמר: קונם תקיעותיו עלי, בכל ענין אסור - דאסר אפילו בזה שאינו הנאה, [דלא גרע ממי שאוסר על עצמו לזרוק צרור לים, דאסור ג"כ אף שלא נהנה מזה, כיון שפירש בהדיא].

סעיף ח - המתעסק בתקיעת שופר להתלמד, לא יצא ידי חובתו; וכן השומע מן המתעסק, לא יצא; וכן התוקע לשורר ולא נתכוון לתקיעת מצוה, לא יצא - ואם מתכוין בזה גם לצאת ידי מצוה, כתב הא"ר דיצא, והיינו בעשה התקיעות כדין.

נתכוון שומע לצאת ידי חובתו, ולא נתכוון התוקע להוציאו; או שנתכוון התוקע להוציאו, ולא נתכוון השומע לצאת, לא יצא ידי חובתו, עד שיתכוון שומע ומשמיע - לא נתכוון השומע מיירי, כשבא לביהכ"נ בסתמא, **אבל** אם בא לביהכ"נ לצאת ידי חובה עם הצבור, אע"פ שבשעה ששמע לא כיון לבו אלא בסתמא, יצא.

סעיף ט - מי שתקע ונתכוון להוציא כל השומע תקיעתו, ושמע השומע ונתכוון לצאת ידי חובתו, אע"פ שאין התוקע מתכוון לפלוני זה ששמע תקיעתו, ואינו יודעו, יצא, שהרי נתכוון להוציא לכל מי שישמענו - אבל אם היו תוקעין בבית לחולה וליולדת, והיה ביתו סמוך לו ושמע, לא יצא, דמסתמא לא נתכוין זה להוציא אלא החולה.

לפיכך מי שהיה מהלך בדרך או יושב בתוך ביתו, ושמע תקיעות משליח צבור, יצא, אם נתכוון לצאת - ובלבד שלא עמד רחוק מביהכ"נ כ"כ, שאפשר שלא ישמע קול שופר רק קול הברה, **שהרי ש"צ מכוון להוציא את הרבים ידי חובתן.**

אם נתכוון לצאת - איתא בירושלמי: לא שנו אלא בעובר, אבל בעומד, חזקה כיון, **ועיין** בא"ר שכתב, דכונת הירושלמי בעובר, ועומד לשמוע קול תקיעות, דאז אמרינן אף דאינו זוכר אם כיון אז לצאת, מ"מ חזקה שכיון, **אבל** בשהיה עומד בביתו, לא אמרינן חזקה כיון.

סומא חייב בתקיעות, ואם היה מוחזק לתקוע בכל שנה, וסלקוהו, אם לא ימצאו בקי כמוהו, יחזירוהו למנויו, **ולכתחלה** אין לסלקו מפני שהוא סומא, אע"פ שנמצא בקי כמוהו.

§ סימן תקצ – סדר הראוי לתקיעת שופר §

סעיף א - כמה תקיעות חייב אדם לשמוע בר"ה, תשע; לפי שנאמר "תרועה" ביובל ובר"ה ג' פעמים - דכתיב ביוה"כ של יובל "והעברת שופר תרועה", ובר"ה כתיב: "שבתון זכרון תרועה", "יום תרועה יהיה לכם".

וכל תרועה פשוטה לפניה ופשוטה לאחריה - פשוטה לפניה, דכתיב: "והעברת שופר תרועה", משמע העברת קול אחד לפני התרועה, **ופשוטה** לאחריה, דכתיב: "תעבירו שופר".

ומפי השמועה למדו שכל תרועות של חדש השביעי אחד הן, בין בר"ה בין ביוה"כ של יובל, תשע תקיעות תוקעין בכל אחד משניהם: תר"ת, תר"ת, תר"ת - דגמרינן "שביעי" "שביעי" לג"ש, נאמר בר"ה "בחדש השביעי", ונאמר ביובל "והעברת שופר תרועה בחודש השביעי".

סעיף ב - תרועה זו האמורה בתורה, נסתפק לנו אם היא היללה שאנו קורים תרועה, או אם היא מה שאנו קורים שברים, או אם הם שניהם יחד - מדמתרגמינן "תרועה" "יבבא", אלמא שהוא כקול שאדם משמיע כשהוא בוכה ומייליל, [דילפינן מאם סיסרא, דכתיב בה "ותייבב"], **ועדיין** אין אנו יודעין אם הוא כאדם הגונח מלבו, כדרך החולה שמשמיע קולות קצרים קול אחר קול, ומאריך בהם קצת, והוא הנקרא גונח, והוא דרך הבוכה בתחלת בכייתו, וזהו מה שאנו קורין שברים, **או** כאדם המייליל ומקונן, שמשמיע קולות קצרות תכופות זה לזה, והוא מה שאנו קורין תרועה, **או** אם הוא שניהם כאחד.

לפיכך, כדי לצאת ידי ספק צריך לתקוע תשר"ת ג' פעמים, ותש"ת ג' פעמים, ותר"ת ג' פעמים - ואין יוצא במה שתקע תשר"ת, דדילמא כונת התורה על שברים לחוד, וקמפסיק בתרועה בין שברים לתקיעה אחרונה, לכך חוזר ותוקע שברים לחוד, **ומחמת** זה הטעם צריך לתקוע ג"כ תר"ת, ואין יוצא במה שתקע תשר"ת, דדלמא כונת התורה על תרועה לחוד, והפסיק מתחלה בשברים בין תקיעה לתרועה.

סעיף ג׳ - י״א ששיעור תקיעה כתרועה, ושיעור תרועה כשלשה יבבות, דהיינו ג׳ כחות בעלמא כל שהוא, והם נקראין טרומיטין - דע, דבין י״א הזה, ובין י״א שמביא המחבר בסוף דבריו, תרוייהו ס״ל דשיעור תקיעה, היינו בין שלפניה ובין שלאחריה, היא כתרועה, **אלא** דמחולקים בשיעור תרועה, דלהי״א הזה, שיעורו הוא ג׳ כחות קטנים, **ולהי״א** השני, תרועה הוא כשיעור ט׳ כחות, וממילא נ״מ הוא ג״כ לענין שיעור תקיעה.

ולפי זה צריך ליזהר שלא יאריך בשבר - ר״ל שבר אחד, דהיינו קול אחד, **כשלשה טרומיטין, שאם כן יצא מכלל שבר ונעשה תקיעה** - ובין בשברים של תש״ת, ובין בשברים של תשר״ת, צריך ליזהר בזה.

וי״א דאין לחוש אם האריך בשברים קצת, ובלבד שלא יאריך יותר מדאי, וכן נוהגין – (היינו אפי׳ לפי שיטה זו, דשיעור תרועה לא הוי כי אם ג׳ כחות בעלמא, מ״מ השברים ארוכים יותר, וא״כ תקיעה דסימן תש״ת לא הוי פחות מג׳ שברים, והלכך אין לחוש כל שאינו מאריך בשבר אחד כשיעור ג׳ שברים, דאינו נעשה תקיעה בתש״ת בפחות מזה השיעור), **והמחבר** בדעה ראשונה סובר, כיון דבסדר תר״ת, התקיעה רק כתרועה ג׳ כחות קטנים, תו אין להאריך בשבר א׳ לעשותו כעין זה, (ומה דכתב בסוף הסעיף ״ולפי״ז אין לחוש״, היינו לדעה שניה שם, והרמ״א הוסיף בענינינו להקל אף לפי דעה הראשונה).

ובתש״ת לא יאריך בשבר אחד כשיעור ג׳ שברים מהאי טעמא, אבל כשיעור ג׳ טרומיטין מותר, (ויוכל להמשיכו עד וי״ו כחות, ולא עד בכלל), [דעכ״פ שברים ארוכין מיבבות, וא״כ יש בכל שבר שיעור שתי כחות כל שהוא, כיון דאפיקתיה מכח א׳], **דהא** כד עבדינן שברים דהוא ארוך יותר מתרועה דידן, הוא מחמת דנסתפק לנו, דשמא ״תרועה״ הכתוב בתורה הוא שברים דידן, וכנ״ל, וממילא התקיעה הוא ג״כ ארוך יותר.

בשברים של תשר״ת, לא יאריך בשבר אחד כשיעור ג׳ שברים ותרועה, דהא תשר״ת עבדינן מספיקא, דשמא ״תרועה״ דקרא הוא שניהם יחד, וא״כ גם התקיעה צ״ל כשניהם יחד, וע״כ אף שהאריך קצת בשברים, לית לן בה, (והוא עד ט׳ כחות, ולא עד בכלל).

וצריך להאריך בתקיעה של תשר״ת יותר מבשל תש״ת - דשמא הוי ״תרועה״ שברים ותרועה יחד, ר״ל יליל וגנח, ושיעור תקיעה הלא הוי כתרועה, **ולפי** דעה זו, די אם נעשה התקיעה של תשר״ת כשיעור י״ב כחות, ג׳ לתרועה, וט׳ לשברים לחשוש לשיטת הב״ח, דשברים לכו״ע הוי כשיעור ט׳ כוחות, [**ובדיעבד** די אם עשה אותה כט׳ כחות], ג׳ לתרועה וו׳ לשברים.

ובשל תש״ת יותר מבשל תר״ת - דשברים הוא גונח, והוא יותר גדול מיליל שהוא תרועה, ושיעור התקיעה, די בזה כט׳ כחות, (כהב״ח הנ״ל, ובדיעבד כשיעור ו׳ כחות – שונה הלכות). **ובשל** תר״ת, די בתקיעה כשהיא של ג׳ כחות, כמ״ש בריש הסעיף.

ומיהו אם מאריך הרבה בכל תקיעה אין לחוש, שאין לה שיעור למעלה; וכן בתרועה יכול להאריך בה כמו שירצה; וכן אם מוסיף על ג׳ שברים ועושה ד׳ או ה׳, אין לחוש - ויש מן הפוסקים שמחמירין בשברים, ונכון לחוש לדבריהם לכתחלה, שלא לעשות יותר מן ג׳ שברים.

וי״א ששיעור יבבא ג׳ טרומיטין; ושיעור תרועה כשלשה יבבות, שהם ט׳ טרומיטין - וכתבו האחרונים, דנכון לעשות כן לכתחלה, ובדיעבד די בג׳ כחות כדעה א׳.

ושיעור תקיעה ג״כ תשעה טרומיטין, כתרועה - היינו בשל תר״ת, דאלו בשל תש״ת הוא יותר מעט, **ונכון** לחוש לדעה זו לכתחלה, ובדיעבד די אם עשה אותה כשלשה כחות, כדעה הראשונה.

ולפי זה אין לחוש אם האריך קצת בשברים - ר״ל דכיון דשיעור תקיעה הוא כט׳ טרומיטין לפחות, ממילא יוכל להאריך בשבר אחד מהשברים עד כדי ח׳ טרומיטין, ולא יחשב כתקיעה, **אבל** יזהר שלא יעשה כשיעור ט׳ טרומיטין, דאז פסול אף בדיעבד, דנחשב כתקיעה לכו״ע.

והנה בתשר״ת היה לנו (לשיטת הרמ״א) להקל יותר, להאריך בשבר אחד עד י״ח כחות, כיון דתרועה שם הוא בסך זה, ממילא לא הוי שיעור תקיעה עד י״ח, שהוא

גניחות וילולות, **אלא** דיש לחוש לבלבול הדעת, שפעם אחד יעשה השבר ארוך מחבירו, דבתש"ת הלא אסור לעשות כן וכנ"ל, ע"כ ישוה אותם בכל מקום, שלא יהיה שום שבר ארוך כט' כחות, **וגם** דלדעת הראב"ד, כל שבר שהוא כט' כחות נחשב כתקיעה, וע"כ יש ליזהר בזה, (דהראב"ד הוא דעת שלישית, וס"ל דלא היתה הקבלה דשיעור תקיעה כתרועה, אלא שיעור תקיעה כט' כחות, ושיעור תרועה כג' יבבות דהיינו ג' כחות, וג' שברים הויין ט' כחות, כל שבר ג' כחות – מחה"ש), **ומ"מ** בדיעבד אינו נפסל אם עשה השבר בתשר"ת עד י"ח כחות, אבל י"ח פסול אף בדיעבד, דשוב נעשה תקיעה לכו"ע.

וכתבו האחרונים, דלכתחלה יעשה שיעור השלשה שברים כט' כחות, (ועוד משהו – ועיין שונה הלכות), [כיון דלדעה האחרונה, אף התרועה כשיעור ט' כחות, ומכ"ש השברים שהם ארוכים מיבבות], **ובדיעבד** יצא אם האריך כשיעור ו' כחות, או קרוב לזה.

וצריך להאריך בתקיעה של תשר"ת כשיעור י"ב טרומיטין - ט"ס, וצ"ל י"ח, דתרועה הוא ט' טרומיטין, וגם שברים לפחות הוא כן, וא"כ הוא י"ח וגם יותר מעט, דהא שברים ארוכין יותר מעט.

ומי שלא האריך בתקיעה כשיעור הזה והאריך בשברים - לאו דוקא, דה"ה אם אריכתו בשברים היה שוה עם התקיעה, **לא קיים מצוה לא כמר ולא כמר** – (הנה כונת המחבר לפי דעתו לעיל בדעה ראשונה, דאם עשה שבר של ג' כחות, נעשה תקיעה, ה"נ אם עשה התקיעה רק י"ז כחות, שאינו יוצא לפי דעה אחרונה, ובשברים עשה שבר אחד של ג' כחות אינו יוצא לדעה הראשונה, **אמנם** לפי מה שאנו נוהגין כרמ"א לעיל בהג"ה, אפילו אם עשה השבר של ג' כחות בתש"ת, ג"כ בודאי יוצא, וכן בתשר"ת אם משך השבר פחות מכדי שיעור שברים ותרועה, ג"כ יוצא, **ושיעור** של שבר אחד בתש"ת, כתב בספר מטה אפרים דיוכל להמשיכו עד וי"ו כחות, ולא עד בכלל, וממילא בתשר"ת שהוא כדי שיעור שברים ותרועה, הוא עד ט' כחות, ולא עד בכלל. **היוצא** לדינא, דלא פסלינן אלא אם כן עשה השבר בתשר"ת כדי ט' כוחות, אז אמרינן דאם עשה התקיעה בתשר"ת פחות מי"ח, דלא קיים לא כמר ולא כמר, וכן בתש"ת, אם עשה התקיעה פחות מכדי תשעה כחות, והשברים עשה בשבר אחד כדי ו' כוחות, ג"כ לא קיים לא כמר ולא כמר, **אמנם** כבר הורנו המ"א, דלדידן לכו"ע כיון דנהגינן לעשות השברים מג' עד ט' כחות, ולא עד בכלל, **צריך** לעשות התקיעה לפחות ט' כחות, **דאל"ה אפי' בדיעבד אינו יוצא**).

והנה בעבור שזה הסעיף רבו פרטיו, ויקשה להקורא להבין ממנו פרטיו למעשה, וע"כ אכתוב בקיצור איך להתנהג לכתחלה: **צריך** התוקע ליזהר שיאריך בתקיעות דתשר"ת, שכל תקיעה יהיה לפחות כשיעור ח"י כחות ומעט יותר, **והתקיעות** של תש"ת ותר"ת יהיה לפחות כשיעור ט' כחות, דבזה יצא לכו"ע, שהרי מותר להאריך אפילו יותר מכשיעור, [**והתקיעה** של תש"ת יהיה מעט יותר מט' כחות לפי דעה האחרונה, דהא שברים ארוכים מן תרועה].

וגם יזהר בכל השברים בין בתש"ת ובין בתשר"ת, שלא יעשה שום שבר מט' כחות, [דלכתחילה צריך לצאת גם דעת הראב"ד, דשיעור ט' כחות הוי תמיד שיעור תקיעה, בין בתר"ת בין בתשר"ת], **וטוב** יותר שלא יעשה בכל שבר רק כשלשה כחות (ועוד משהו – שונה הלכות), [**ואף** דלדעה ראשונה מחמיר השו"ע שלא לעשותה אפי' מג' כחות, כבר כתב רמ"א דנהיגין בזה להקל, **וגם** אם נרצה לנהוג בזה כוותיה, יהיה נגד דעת הראב"ד, וגם נגד דעה אחרונה].

וגם יזהר לכתחלה, שיעשה כל תרועה בין של תשר"ת ובין של תר"ת, כשיעור ט' כחות.

סעיף ד - ג' שברים צריך לעשותם בנשימה אחת - דזה אנו עושין בשביל תרועה הכתוב בתורה, ואין להפסיקה לשנים, **וכתבו** רוב הפוסקים, דזהו לעיכובא אפילו בדיעבד.

אבל ג' שברים ותרועה דתשר"ת, י"א שאינו צריך לעשותם בנשימה אחת - דגנוחי וילולי לא עבדי אינשי בנשימה אחת, **והוא שלא ישהה בהפסקה יותר מכדי נשימה** - ועיין בב"י וב"ח, דבדיעבד גם לדעה זו, אם עשה בנשימה אחת יצא, אלא דלכתחלה ס"ל דאין נכון לעשותם בנשימה אחת.

וי"א שצריך לעשותם בנשימה אחת - וטעמם, דהא מה שאנו עושין שברים תרועה, הוא מפני דשמא כונת התורה בתרועה לשתיהן דוקא, דאז יוצא ידי תרועה, א"כ אין להפסיק ביניהן בנשימה, דהוי כמו

תרועה שנחלקה לשתים, ואינה כלום, וע"כ אפילו בדיעבד אם עשה כן מחזירין אותו, **ומ"מ** לא יתקע שברים תרועה בכח אחד בלתי שום הפסק, דבכה"ג לא מיקרי נשימה אחת, **אלא** יפסיק מעט, רק שלא יהיה בכדי נשימה בינתיים.

וירא שמים יצא ידי כולם, ובתקיעות דמיושב יעשה בנשימה אחת; ובתקיעות דמעומד יעשה בב' נשימות - אבל איפכא לא, [והיינו במקומות שנוהגין כר"ת, לתקוע רק תשר"ת למלכיות, וכן לזכרונות וכן לשופרות - דבזה יוצא ממ"נ, אי כונת התורה לשברים לחוד או לתרועה לחוד, ולהפסק לא חיישינן - **וא"כ** אי עביד שברים תרועה בנשימה אחת, דלמא תר"ת אמת היא, ושברים לאו כלום היא, ואי הוו מתחיל בתרועה באותה נשימה של שברים, לא חשיבה תרועה כלל בכה"ג], **ובמקומות** שנוהגין לתקוע למלכיות תשר"ת תש"ת תר"ת, וכן לזכרונות וכן לשופרות, יכול לעשות ג"כ להיפך, במיושב בשתי נשימות, ובמעומד בנשימה אחת.

הגה: והמנהג הפשוט לעשות הכל בב' נשימות, ואין לשנות - אך יזהר שלא יפסיק יותר מכדי נשימה, כנ"ל, **וע"כ** טוב שיקרא לפניו המקרא "שברים תרועה" בפעם אחת, דאם ימתין התוקע עד שיקרא הקורא לפניו תיבת "תרועה", עלול מאד שיהיה ע"ז הפסק יותר מכדי נשימה.

ובמקומות שנוהגין לעשות בנשימה אחת, גם כן לא ישנו מנהגם.

ואפילו לפי מנהגינו, אם עשה בנשימה אחת יצא, [**א',** דהרבה פוסקים סוברים, דלכתחילה צריך לעשות בנשימה אחת, **ואפי'** אם נאמר כדעת ר"ת, הא הרבה סוברין, דאפי' לדידיה אם עשאן בנשימה אחת יצא].

[**והנה** הח"א השמיט מה שכתב הרמ"א, דהמנהג הפשוט לעשות הכל בשתי נשימות, **דבאמת** הכרעת השו"ע טובה מאד, דבזה אנו יוצאין ידי כל הדיעות, **וגם** דדעת הב"י, דאפי' לדעת ר"ת, אם עשאן בנשימה אחת יצא, **וא"כ** אם נעשה בנשימה אחת יותר טוב לצאת ידי הדין].

סעיף ה - אם תקע תר"ת בנשימה אחת, יצא; ויש מי שאומר שלא יצא - דאין כאן לא ראש ולא סוף, **וסברא** ראשונה ס"ל, כיון דניכר, סלקי לכל אחד ואחד, **ועיין** בביאור הגר"א שמסכים לדעה הראשונה.

סעיף ו - אם האריך בתקיעה אחרונה של תשר"ת כשיעור ב' תקיעות, כדי שתעלה לשם תקיעה אחרונה של תשר"ת ובשביל הראשונה של תש"ת, לא עלתה לו אלא בשביל תקיעה אחת - דהיינו האחרונה, לפי שכל תקיעה צריך להיות בה ראש וסוף, ואם נחלק תקיעה זו לשני תקיעות כמו שחשב התוקע, אין כאן ראש לתקיעה אחרונה, ולא סוף לתקיעה ראשונה, **ולפיכך** אין אנו הולכין כלל אחר מחשבתו בזה, אלא אנו חושבין תקיעה זו לתקיעה אחת ארוכה, ועולה לו בשביל האחרונה.

המחבר נקט לפי מה שהיו נוהגים במקומו, לתקוע בשביל מלכיות תשר"ת, ובשביל זכרונות תש"ת, כדלקמן בסימן תקצ"ב, והתכוין שיעלה לו גם בשביל הראשונה של זכרונות, **וה"ה** לפי מה שנוהגין במדינתינו, לתקוע בכל פעם תשר"ת, והתכוין באחרונה בשביל הראשונה של זכרונות.

וי"א שאפילו בשביל אחת לא עלתה לו - טעמם, דאזלינן בתר מחשבתו, ומחלקינן התקיעה לשתים, וממילא אין לו כלום וכנ"ל.

ועיין באחרונים שכתבו, דלדיעה זו הפסיד כל הבבא, דהא הפסיק בקול אחר שהוא שלא כדין, וכמש"כ בס"ח, וצריך לחזור ולתקוע תשר"ת, **אכן** לדינא אין נ"מ בכל זה, דהעיקר כסברא ראשונה.

הגה: ואם תקע תקיעה אחת בין ג' סדרים, והתנה שאיזה מן הסדרים הוא הנכון תעלה לו אותה תקיעה, יצא - ר"ל שתקע תשר"ת ש"ת, והתנה בתקיעה אחרונה של תשר"ת, שאם זה הסדר הוא הנכון, תעלה לו התקיעה בשבילו, ואם הסדר של תש"ת הוא הנכון, יעלה לו תקיעה בשבילו, **כי** הלא מדין התורה סגי בסדר אחד, רק מפני שאין אנו יודעין איזה סדר הוא הנכון אנו תוקעין כולם, וכנ"ל בריש הסימן, ולכן יצא בדיעבד ע"י תנאו, **ומ"מ** לכתחלה לא רצו חז"ל לתקן כך, שיתקע רק תשר"ת ש"ת ר"ת, כדי שלא יטעו לומר שאין צריך אלא ש"ת, או תרועה תקיעה.

[**אבל** אם לא התנה כלל, אלא לאחר שתקע תשר"ת תקע רק ש"ת, בודאי אין אנו יכולין לצרף מחמת ספק התקיעה אחרונה של התשר"ת להש"ת, דהלא לא כיון בשביל זה, והוי כתקע בלא כוונה].

סעיף ז - אם טעה בתשר"ת, ואחר שתקע ב' שברים טעה והתחיל להריע, אם נזכר מיד יתקע שבר אחר - ודי בזה, דלא הפסיד סדרו, כיון שגם התרועה שייכא עכשיו להשברים, ששניהם הם תרועה בתשר"ת, לכך חשבינן ליה רק כמו נתקל בשברים, שאינו מפסיד השברים עי"ז, **ועיין** בביאור הגר"א שמסיק, דדוקא כשהיה בנשימה אחת, (היינו שבין שבר השני להשלישי לא היה הפסק כדי נשימה – שונה הלכות), **ואם** לא היה בנשימה אחת, צריך לחזור ולתקוע ג' שברים ותרועה, **ויש** פוסקים דס"ל, דאפילו היה בנשימה אחת, ג"כ צריך לחזור ולתקוע ג' שברים ולגמור הסדר, כיון שעכ"פ הפסיק באמצע השברים, **וראוי** לחוש לכתחלה להחמיר כדבריהן.

ואם לא נזכר עד שגמר התרועה שהתחיל בה בטעות - פי' שעשה ג' כחות, דבזה יצא ידי תרועה לדעה ראשונה הנ"ל בס"ג, **לא הפסיד התקיעה הראשונה שתקע, אלא חוזר ותוקע ג' שברים ומריע ותוקע** - וטעם החילוק בין גמר ללא גמר הוא, דכל זמן שלא נגמר התרועה, הוי קול בעלמא, ונראה שעדיין עסוק בהשברים, שגם התרועה לא גמר, וחוזר להשלים השברים, **משא"כ** בגמר התרועה שהוא קול שלם, נראה שמתחיל אח"כ שברים אחר, ולכך אינו מועיל בהשלמת שבר אחד, אלא ג' שברים מחדש, **ומ"מ** התקיעה הראשונה לא הפסיד גם בזה, שלא הפסיק בקול אחר שאינו מענינא, דשניהם הם מענין תרועה, אלא שלא עשה כתיקונו.

אבל אם אירע בתש"ת או תר"ת, הפסיד גם תקיעה ראשונה - אירע בתש"ת, היינו שהתחיל בשברים, שבר אחד או שתים, ואח"כ עשה תרועה, לא אמרינן דהוא בכלל נתקל, **וכ"ש** אם עשה כל השברים ואח"כ עשה תרועה, כיון שהוא שלא מענינא, קלקל בזה כל הסדר, **וה"ה** אם עשה התרועה קודם השברים, **ואין** חילוק בכל זה בין שגמר התרועה או שלא גמר, בכל ענין הפסיד התקיעה ראשונה.

וכן מש"כ "או תר"ת", ר"ל שהתחיל בתרועה, ובאמצע הפסיק והתחיל לעשות שבר אחד, והכל כנ"ל לענין תש"ת, וה"ה לענין תר"ת, דכיון שאין זה שייך כלל לתרועה שבסדר זה, הפסיד גם תקיעה ראשונה.

סעיף ח - אם הפסיק בתרועה בין תקיעה לשברים - היינו בתש"ת הכניס תרועה קודם שברים, **וה"ה** אם הכניסו אחר שברים, ואפילו אם לא גמר התרועה וכנ"ל, (הוי הפסק והפסיד גם תקיעה ראשונה).

וכן בתשר"ת אם עשה התרועה קודם השברים, הפסיד בזה גם תקיעה ראשונה, **ויש** מאחרונים שמקילין בתשר"ת, וס"ל דכיון שתרועה שייכא בזה הסדר אלא שהקדימה, א"צ לחזור לתקיעה ראשונה, אלא גומר שברים תרועה כדרכו תמיד ודיו.

או שהפסיק בשברים בין תרועה לתקיעה - היינו ג"כ בתר"ת הכניס שברים אחר תרועה, וה"ה אם הכניסו קודם תרועה, ובכל זה אפילו לא גמר את השברים וכנ"ל, (והוא מהט"ז, **ושארי אחרונים** כתבו, דהדין קאי גם אתשר"ת, וכגון שעשה שברים אחר התרועה, דהפסיד גם התקיעה ראשונה, דכיון שעשה מתחלה השברים תרועה כדין, שוב הוי הפסק ע"י השברים).

ויש מקומות שדרכן לסיים בסוף תרועה בקול ארוך, ועיין בפמ"ג שמפקפק בזה, דאולי נחשב זה לשברים, **וכן** יש מבעלי התקיעה שאינם מומחים במלאכה זו, וכשעושין תרועה מתחילין בו בקול ארוך, ונראה התחלתו כעין שברים, **גם** זה לאו שפיר עבדי.

וכן אם הריע ב' תרועות זו אחר זו - דאף ששתיהם מענינא, מ"מ כיון שכבר גמר אחת בכשרות, תו השניה הויא הפסק, **ודוקא** כשהפסיק ביניהם, דאם עשאן בנשימה אחת, הויא כתרועה אריכתא, וכדלקמיה לענין שברים.

או שתקע אחר התרועה תקיעה כמתעסק שלא לשם תקיעה, והפסיק בה בין תרועה לתקיעה - ומ"א מצדד דיש להקל בזה, דמתעסק לא חשיב תקיעה כלל, והו"ל כאלו שמע קול אחר בנתיים, דלא

חשיב הפסק עי"ז, (ומ"מ לכתחילה בודאי טוב לחוש לדעת המחבר, **וע"כ** צריך ליזהר במקום שבתי כנסיות תכופין זה אצל זה, שלא יתקעו בבהכ"נ אחת עד שיגמרו באחרת, דאל"כ לא ישמעו על הסדר, דאף שאין מתכוין לשמוע לשם מצוה, ואין ברצונו כלל לשמוע, מ"מ לדעת המחבר אפילו שמע כמתעסק הפסיד התקיעות ששמע).

או לאחר שתקע שלשה שברים שתק והפסיק ואח"כ תקע שברים אחרים, ואפי' שבר אחד - היינו שהיה בשתי נשימות, דאם היה בנשימה אחת, נחשב כאחת וכשר, דהרי יכול להוסיף כמה שברים, כדלעיל בס"ג, **וה"ה** אם התחיל לתקוע ואין הקול עולה יפה, ומתחיל לתקוע שנית, נחשבת הכל לתקיעה אחת.

בכל אלו הוי הפסק והפסיד גם תקיעה ראשונה - ואם כבר תקע גם תקיעה אחרונה, אותה תקיעה עולה לו במקום תקיעה ראשונה, וגומר משם ואילך על הסדר.

ואם לא נזכר עד שעומד בסימן אחר, כגון שעומד בתש"ת ונזכר שטעה בתשר"ת, גומר כל הסימן, ואח"כ חוזר ותוקע תשר"ת פעם אחרת, **ואע"ג** שהפסיק באמצע הסימן דתשר"ת בקולות אחרות, אין בכך כלום, כיון שבכל בבא בפני עצמו לא היה הפסק בקולות אחרות.

ודע עוד, דבכל זה אפילו טעה בתקיעות דמיושב צריך לחזור, ולא נאמר דנסמוך על תקיעות דמעומד, דכיון שבירך על אלו, צריך לעשותן כהוגן, **וגם** בתקיעות דמעומד צריך לחזור, דהם עיקר, **אבל** אם טעה בתקיעות שאחר התפלה, אין בכך כלום.

סעיף ט - אם תקע שני תשר"ת, או שני תש"ת, או שני תר"ת כהוגן וטעה בשלישי, אין צריך לחזור אלא לאחרון שטעה בו.

אם תקע בצד הרחב של השופר, לא יצא - דכתיב: והעברת שופר תרועה, וקבלו חז"ל, דר"ל דרך העברתו, כלומר בדרך תמונת גידולו שהאיל מעבירו מחיים בראשו, כך צריך לתקוע בו, דהיינו במקום הקצר, **וגם** רמז לדבר: מן המצר קראתי יה.

הגה: ואחר שתקעו, אומר השליח לבור פסוק "אשרי העם יודעי תרועה", ו"אשרי", ומחזירין הספר למקומו.

§ סימן תקצא - סדר תפלת מוסף ביחיד §

סעיף א - יתפללו הצבור בלחש תפלת מוסף ט' ברכות - לאפוקי מאיזה פוסקים שסוברין, שבלחש לא יתפללו רק ז' ברכות כמו בשחרית. **ושליח צבור יתפלל גם כן עמהם בלחש.**

מקום שנוהגין שהקהל מתפללין עם הש"ץ בשוה, והש"ץ תוקע, וטעה, אסור לשוח באמצע ולגעור בו, דכבר יצאו בתקיעות דמיושב, **ואף** אם לא שמעו התקיעות דמיושב, יחזרו ויתקעו אחר התפלה אותו סימן שטעה ודיו.

סעיף ב - המנהג פשוט בכל בני ספרד, שאין מזכירין פסוקי קרבן מוסף כלל - שאין לומר פסוקי מוסף אלא בשבת ור"ח, דרגילי בהו ולא אתי למיטעי, אבל בשאר מועדים דלא רגילי בהו, אתי למיטעי, לכך אין מזכירין אותן, אלא אומרים: ככתוב בתורתך וכו'.

הגה: והמנהג הפשוט באשכנז ובגלילות אלו, לומר פסוקי מוסף ר"ה, ואין אומרים פסוקי מוסף ר"ח - ואפילו בבקר אצל פרשיות הקרבנות אין אומרים אותו, **והטעם** בכ"ז, כדי שלא יאמרו יום ב' דר"ח עיקר כמו בשאר ר"ח, ובאמת אינו כן, דחודש אלול לעולם אינו מעובר, **ועוד** טעם, שלא לתת ליום זה מעלה מצד שהוא ר"ח, שהרי יש לו מעלה גדולה מזו מצד ר"ה, ור"ח נכלל במה שאומרים "זכרון", דקאי גם על ר"ח, **וכתיב**: ביום הכסא, זהו ר"ה שהחדש מתכסה בו.

אלא אומרים: מלבד עולת החודש ומנחתה ועולת התמיד וכו' ושני שעירים לכפר - היינו השעיר שהוא לחטאת, והשעיר של ר"ח, **ושני תמידין כהלכתן.**

ואומרים ג"כ: מוספי יום הזכרון - לכלול גם ר"ח, ואע"ג שהמחבר כתב זה בעצמו בס"ג, כתבו

הרמ"א פה להודיענו, דאף למנהגנו שאומרים הפסוקים, יאמר "מוספי".

סעיף ג - צריך לומר: את מוספי יום הזכרון, כדי לכלול גם מוסף ר"ח; וגם ביום שני יאמר: את מוספי - ר"ל אע"ג דבחודש תשרי היום ראשון הוא העיקר שמונין בו למועדים, אפ"ה אומרים "מוספי", כדי דלא לזלזולי ביה.

ובדיעבד אם אמר "מוסף" א"צ לחזור, אבל ביום ראשון אם אמר "מוסף" חוזר, [הגהות רעק"א, **ונראה** דמה שכתב: ביום א' חוזר, היינו קודם שסיים הברכה, **אבל** לאחר שסיים אין לחזור, דאפי' אם דילג לגמרי, ולא אמר: ואת מוסף יום הזכרון הזה נעשה ונקריב וכו', אלא אמר: ושם נעשה ונקריב וכו', תמידים כסדרם ומוספים כהלכתם ככתוב בתורת משה עבדך וכו', ג"כ יצא].

סעיף ד - אומרים י' פסוקים של מלכיות, וי' של זכרונות, וי' של שופרות, בכל ברכה - כנגד י' פסוקים ‹לכאורה צ"ל הלולים› של "הללו אל בקדשו", וכנגד עשרת הדברות, וכנגד עשרה מאמרות שבהם נברא העולם, גמרא ‹דף ל"ב. ע"ש›.

מלכיות לקבל עליו מלכות שמים, וזכרונות שעי"ז יעלה זכרונינו לפניו לטובה, ובמה בשופר.

ג' מהם של תורה, ג' של כתובים, ג' של נביאים, וא' של תורה - ואם השלים בנביא יצא, **ואם רצה להוסיף על אלו י', רשאי.**

(מיהו אם לא התחיל בשום פסוק, רק אמר: ובתורתך כתוב לאמר, יצא) - לשון זה לאו דוקא, ‹דאינו מובן בלי להמשיך ולהצטט מה שכתוב בתורה, אלא דהוי שיגרא דלישנא, מאמ"ר›, ור"ל שאומר: ככתוב בתורתך, ובזה נחשב כאלו הזכיר אותן הפסוקים בפיו. **וכתב** המ"א, דצ"ל ג"כ "וכ"כ בדברי קדשך", "וכן נאמר ע"י עבדיך הנביאים".

עיין במ"א דדוקא דיעבד, אבל לכתחלה יש ליזהר לומר כולם.

סעיף ה - ואין אומרים פסוק במלכיות ולא בזכרונות ולא בשופרות, של פורענות של ישראל; וא"א פסוק זכרונות של יחיד.

סעיף ו - יש קורים תגר על מה שנוהגים להשלים פסוקי שופרות בפסוק: וביום שמחתכם, שאין מזכיר בו שופר אלא חצוצרות, והרא"ש והר"ן כתבו לקיים המנהג.

סעיף ז - ועקידת יצחק היום לזרעו תזכור, כך היא הנוסחא המפורסמת; והמדקדק לומר: לזרע יעקב תזכור, משנה ממטבע שטבעו חכמים בברכות, ואינו אלא טועה - דזרע יצחק ג"כ אין עשו בכללו, [שהרי נאמר ליצחק: כי לך ולזרעך אתן את כל הארצות האל, ולא ניתן כי אם ליעקב], **ומ"מ** יצא בדיעבד, דאין זה משנה ממש, **וי"א** דאדרבא יותר טוב לומר: לזרעו של יעקב, דבתפלה בעינן לפרושי טפי כל מה דאפשר, **וע"כ** ינקוט כל אחד לפי מנהג מקומו, דיש לכל אחד על מי לסמוך.

הגה: ואומרים: "עלינו", ו"מלוך", והשליח צבור מוסיף "אוחילה" ושאר פיוטים, כל מקום לפי מנהגו.

סעיף ח - לא יתפלל ביחיד תפלת מוסף בראש השנה עד אחר ג' שעות היום - יצוייר דין זה ביחיד שדר בישוב, ואי אפשר לו לילך למקום שיש מנין, **דבעיר**, אף אחר ג' שעות אין לו להתפלל ביחידי.

דבשלשה שעות ראשונות הקב"ה דן את עולמו, ושמא יעיינו בדינו ביחוד, ומי יצדק, אבל כשהוא מתפלל בצבור, "הן אל כביר לא ימאס", **ומה** דנקט ר"ה, אף דבכל יום הקב"ה דן עולמו בג' שעות ראשונות, דשם אינו אלא לפקידה בעלמא לאותו יום, אבל בר"ה הקב"ה דן לכל השנה, ולפעמים לשנים רבות.

ודוקא תפלת מוסף שזמנו כל היום, רגילים העולם לאחרו אחר ג' שעות, אבל תפלת שחרית רגילין העולם להתפלל בבוקר בתוך ג' שעות ראשונות, וע"כ כשהוא מתפלל באותו הזמן, תקובל תפלתו בתוך תפלת הצבור, **ובמקומות** שנוהגין להתפלל שחרית בהשכמה בתוך שעה ראשונה או שניה, יצמצם אז להתפלל תפלתו ג"כ בתוך אותו הזמן.

[**ומה** שנוהגין לומר פיוטים, אין זה מקרי בשעה שהציבור מתפללין, וצריך לצמצם דוקא בעת התפלה, **דהא**

אפי' אם הציבור מתפללין שחרית והוא מוסף, ג"כ לא מקרי בשעה שהציבור מתפללין, וכ"ש פיוטים דעלמא - מ"א.

[**ועיין** עוד במ"א שמצדד עוד, דאפי' בשאר ימות השנה טוב ליזהר שלא להתפלל בקיץ בשעה ראשונה על היום, שהוא זמן שאין הציבור מתפללין, ע"ש, **ולענ"ד** יש לעיין בזה למעשה, וצ"ע].

וכן יזהר היחיד שלא יתקע תקיעת מצוה עד אחר ג' שעות על היום, משום דיפקדו בדינו, וכמ"ש בסי' תקפ"ח במ"ב.

§ סימן תקצב – תפלת מוסף בקול רם וסדר התקיעות §

סעיף א- מחזיר שליח צבור התפלה, ותוקעין על סדר הברכות - יש מקומות שנוהגין לתקוע כשמתפללין בלחש, אבל אין לנהוג כן לכתחלה, שלא לבלבל המתפללים, ומשלימין אותם לאחר התפלה.

ובכל תקיעות של שלשה סדרים הללו, צריכין התוקע והשומעים לעמוד בשעת תקיעות, ולפיכך נקראין תקיעות דמעומד, **ובדיעבד** אם ישבו, יצאו.

למלכיות תשר"ת פעם אחת, ולזכרונות תש"ת, ולשופרות תר"ת; ועכשיו נוהגים לתקוע למלכיות תשר"ת שלשה פעמים, ולזכרונות תש"ת שלשה פעמים, ולשופרות תר"ת שלשה פעמים. הגה: ויש אומרים שתוקעים תשר"ת למלכיות פעם אחת, וכן לזכרונות וכן לשופרות, וכן המנהג במדינות אלו - הנה כיון שתקנו חז"ל לצאת מידי כל הספיקות שיש להסתפק בתרועה, היה מהראוי גם כאן לתקוע תשר"ת תש"ת תר"ת למלכיות, וכן לזכרונות וכן לשופרות, כדי לצאת כל ספק, **אלא** לפי שאין מטריחין על הצבור, אין נוהגין לתקוע אלא תשר"ת לכל אחד, שהרי בדרך זה הוא עושה כל הספיקות של התרועה, **ואין** כאן חשש אלא שמא התרועה אינה אלא תרועה לבד או שברים לבד, ונמצא הוא מפסיק בין תרועה לפשוטה שלפניה או שלאחריה, **אין** אנו חוששין לזה, כיון שכבר יצאנו ידי חובתנו מן התורה בתקיעות מיושב, שבתקיעות ההם יצאנו מכל הספיקות.

ובשל"ה כתב: הדרך המובחר לתקוע תשר"ת תש"ת תר"ת למלכיות, וכן לזכרונות וכן לשופרות, **ואחר** "אנעים זמירות" עוד תשר"ת תש"ת תר"ת, כדי להשלים עד מאה קולות, (בצירוף הל' קולות של אחר התפלה, לקמן תקצ"ו ס"א), **ומ"מ** במקום שנוהגין כמנהגנו אין לשנות.

ונהגו לומר כל פעם אחר שתקעו "היום הרת עולם" - דבתשרי נברא העולם, **ואפילו** למאי דקי"ל כמאן דאמר בניסן נברא העולם, עכ"פ בתשרי עלה במחשבה להבראות, ולא נברא עד ניסן.

ו"ארשת"; ואפילו בשבת שאין תוקעין, אומרים: "היום הרת עולם", אבל לא "ארשת".

סעיף ב- יחיד אינו מפסיק לתקוע בברכות, ואפילו יש לו מי שיתקע לו - ר"ל ג"כ אינו מפסיק כדי לשומען, **שלא** תקנו לתקוע על הסדר אלא בצבור.

הגה: אלא תוקעים לו קודם שיתפלל מוסף, ואין צריכים לתקוע לו שנית - ר"ל אם לא שמע התקיעות דמיושב מפי הש"ץ, תוקעים בשבילו קודם שיתפלל מוסף, כדי לערבב השטן שלא יקטרג עליו בשעת תפלתו, **ואם** אין לו מי שיתקע לו קודם תפלתו, יכוין לשומעם אחר תפלתו.

סעיף ג- לא ישיח, לא התוקע ולא הצבור, בין תקיעות שמיושב לתקיעת שמעומד - דהברכה שמברך קודם התקיעות קאי ג"כ על התקיעות דמעומד, **וגם** הצבור הלא יצאו בברכתו, והוו כאלו בירכו לעצמן.

וה"ה בין התקיעות שמיושב וכן שמעומד גופא, ג"כ אסור להפסיק, [דכל מצוה דהוא עוסק בה, ואינו רשאי להפרד משם עד שיקיים כולה, איסור יש בהפסקתו].

ובשעת התקיעות עצמן, פשיטא דאסור לשוח, **ואפילו** לרוק אסור, [**ונראה** דזה שייך רק לענין הציבור השומעים, אבל לא לענין התוקע גופא], **לפי** שצריך לשמוע כל התקיעה מראשה לסופה, אפי' היא ארוכה הרבה, כמ"ש בסי' תק"צ, **וכ"ש** דאסור להשמיע קול בפיהוק או בנחירת הגרון, שמבלבל גם האחרים השומעים.

(ביאור הלכה) [שער הציון] ‹הוספה›

(מיהו בענין התקיעות והתפלות אין הפסק) - ר"ל דבין תקיעות דמיושב למעומד שרי לכתחלה להשיח מענינם, **ועיין** בדה"ח שדעתו, דבין הברכה עד סוף תקיעות דמיושב, אסור להפסיק אפילו בתפילות, **לכן** לא יאמר ה"יהי רצון" הנדפס במחזורים בין התקיעות דמיושב, רק יהרהר בלבו ואל יוציא בפיו, או שיאמר ה"יהי רצון" אחר גמר התקיעות דמיושב, [**ודעת** הגאון מהר"י עמדין בסידורו להקל בזה, וע"כ במקום שנוהגין כן, אין למחות בידם].

ואם סח דברים בטלים, אין צריך לחזור ולברך - ולא דמי לסח בין תפילין לתפילין, דהתם שתי מצות הן, משא"כ הכא דכולה חדא מצוה היא, **וע"כ** אפילו שח דברים בטלים בין תקיעות דמיושב עצמן, א"צ לחזור ולברך, **מידי** דהוי מי שמדבר אחר שטעם מעט מברכת המוציא, דא"צ לחזור ולברך, דכולה חדא סעודה היא.

ומכל מקום מצדדים האחרונים, דמי ששח בתשר"ת בין שברים לתרועה, אף מעניני התקיעה, אף שאין צריך לחזור ולברך, מ"מ לא יצא, וצריך לחזור ולתקוע אותו סדר, [דדלמא כונת התורה על שניהם דוקא, וקלקל בזה התרועה].

ואין צריך לומר שלא ישיחו בין ברכה לתקיעות, אם לא בענין התקיעות - ואף דבסימן קס"ז ס"ו פסק, דלכתחלה לא יפסיק כלל, הכא מיירי שצריך לשוח, כגון שאומר להביא שופר, או לשכשך אותו במים, שלא יכול לתקוע, וכיוצא בו, **ופשוט** דאם שח בין ברכה לתקיעה מענין תפלה, דצריך לחזור ולברך, **ומה** שכתב רמ"א דתפלה לא הוי הפסק, היינו בין תקיעה לתקיעה וכנ"ל, אבל בין ברכה לתקיעה הוי הפסק, **ואף** השומע אם סח בין ברכה לתקיעה צריך לברך, [דהיינו שיברך הברכה לעצמו כדי לצאת ידי חובת הברכה].

סעיף ד - זה שתוקע כשהן יושבין, תוקע על סדר הברכות - דהמתחיל במצוה אומרים לו: גמור, **הגה: ומיהו אינו מעכב ויכול אחר לתקוע** - ועומד במקומו, וא"צ לעמוד על הבימה, **אלא שראוי לעשות כך** - וכ"ז מיירי בזמניהם שהיו נותנין לו לתקוע בסתמא, וא"כ זכה מיד בכל התקיעות, **אבל** עכשיו שנוהגין בקצת מקומות ליתן הסדרים לאחר, א"כ מעולם לא זכה בה הראשון, ושרי, **וכבר כתבתי לעיל סימן תקפ"ה.**

§ סימן תקצג – אם הברכות והתקיעות מעכבות זו את זו §

סעיף א - ברכות של ראש השנה - היינו של מוסף שיש בו מלכיות זכרונות ושופרות, **ויוה"כ** - של יובל, שאומרים בו ג"כ מלכיות זכרונות ושופרות, **מעכבות זו את זו, שאם אינו יודע כולם לא יאמר מה שיודע מהם, אלא לא יאמר כלום.**

משמע דבשאר ימות השנה, אם יודע ברכה אחת יאמרה, ואין מעכבות זו את זו - מ"א, **ועיין** בבה"ל שכתבנו, (דבספר נהר שלום פליג עליו), **וגם** להמ"א הוא רק רחמי בעלמא, (ויוצא בזה עכ"פ מצות תפלה דמן התורה, דבבקשה אחת סגי), אבל אינו יוצא כלל בזה, דאפי' רק ברכה אחת מן הי"ח אם דילג, קי"ל לעיל בסי' קי"ט ס"ג, דצריך לחזור ולומר כולן כסדר שניתקנו, ואם לאו אינו יוצא בזה ידי תפלה, וכ"ש בזה, **וגם** יראה להסמיכה לאיזה ברכה, כגון ל"אשר יצר" וכדומה, כדי שתהא סמוכה לחברתה.

סעיף ב - וכן תקיעות מעכבות זו את זו; והני מילי שאינו יודע אלא מקצת הסימן, שלא יעשה אותו מקצת שיודע, אבל תשר"ת, תש"ת תר"ת אין מעכבין זה את זה, ואם ידע לעשות אחד מהם או שנים, עושה - דהא מדאורייתא בחדא סגי, אלא דלא ידעינן איזהו, לכן יעשה האחד שיודע, שמא יכוין האמת.

(**ופשוט דהברכה על התקיעה אין רשאי לברך**, עד שיוכל לתקוע כל הסדרים בעצמו, או בצירוף עם אחרים).

(**הלשון "או שנים" אינו מדוקדק**, שאם יודע תשר"ת, או תש"ת ותר"ת, ממילא הוא יודע לעשות כולם, **ואפשר** שהוא חלש ואין יכול לעשות יותר, א"נ שלוקחים השופר ממנו, א"נ שיודע שצריך לתקוע בבא שלישית, ואינו יודע איך תוקעים).

מחבר **רמ"א** משנה ברורה

הגה: אבל הברכות אין מעכבין התקיעות, וכן התקיעות אין מעכבין הברכות, ואיזה מהם שיודע יעשה - שאם אינן יודעין לברך הברכות האלו, אעפ"כ יתקעו השלשה סדרים, [**ויכול** לברך, וזהו שאנו מברכין על התקיעות דמיושב]. **וכן** אם אין יכול לתקוע, אעפ"כ יברך הברכות. **וכן סדרן אינו מעכב** - אין ר"ל בסדר התפלה שהקדים זכרונות למלכיות, או שופרות לזכרונות, דבזה לא יצא וצריך לחזור ולהתפלל, וכן בסדר התקיעות, אם הקדים תרועה לתקיעה ראשונה, לא יצא, **אלא** ר"ל דסדר הוא להתפלל מוסף ולתקוע בתוך התפלה, ואם שינה הסדר, דהיינו שהתפלל קודם שתקע, יצא בשניהם, **וזהו** שסיים רמ"א: ואם התפלל וכו', והוי"ו יתר הוא, **ואם התפלל קודם שתקע, יצא.**

[**וה"ה** אם תקע תר"ת ותש"ת קודם תשר"ת, נמי יצא].

§ סימן תקצד – יחיד שלא התפלל אין חבירו מוציאו §

סעיף א - יחיד שלא תקע, חבירו יכול לתקוע לו להוציאו י"ח - ואפילו הוא יכול לתקוע בעצמו. **אבל יחיד שלא התפלל ט' ברכות, אין חבירו יכול להוציאו** - אפילו אם הוא צריך להתפלל אז גם לצורך עצמו בלחש, אלא שהוא מתפלל בקול כדי להשמיע גם לחבירו ולהוציאו, **ואפילו** אם לא יכול להתפלל בעצמו, **דתפלה** צריך כל א' לבקש רחמים על עצמו ולא ע"י שליח, **אא"כ** יש עשרה, ואז הוא ש"ץ.

[**וע"כ** אם הוא אומר מתוך הסידור, וחבירו אומר עמו מלה במלה, לכו"ע שפיר דמי].

הגה: ויש חולקין ואומרים דאם לא יכול להתפלל, חבירו יכול להוציאו בתפלתו.

§ סימן תקצה – מי שאינו בקי לא בתקיעות ולא בתפלה §

סעיף א - מי שאינו בקי בתקיעות ולא בסדר תפלת מוסף, ולפניו שתי עיירות באחת בקיאים בתקיעות ולא בתפלת מוסף, ובאחת בקיאין בתפלת מוסף ולא בתקיעות, הולך למקום שבקיאים בתקיעות - דתקיעות דאורייתא וברכות דרבנן, **ואפילו** ביום שני, (ח"א ופמ"ג).

(**וכתב בפתחי עולם בשם ישועות יעקב, דאם יש כאן ב' מקומות, באחד ישמע סדר הברכות של שני ימים של ר"ה, ואם ילך למקום שתוקעין, לא יהיה אפשר לו לשמוע רק סדר תקיעות דיום שני, שהוא מקום רחוק שלא יכול לבוא לשם עד ליל שני דר"ה, הולך למקום שמברכין, עכ"ל, ויכול להיות שגם הח"א והפמ"ג מודים לו, שלא לדחות הברכות של שני הימים בשביל תקיעות דיום שני, לדידן דבקיאין בקביעא דירחא).**

וכ"ש אם יש לפניו מקום שיכול לשמוע תקיעות, אע"פ שגם שם אין מנין ויצטרך להתפלל ביחיד, ויכול לילך למקום שיש שם מנין, רק שאין להם שופר, מוטב לילך לשמוע תקיעות אע"פ שיתפלל ביחיד.

אפילו של מוסף ודאי, ושל תקיעות ספק - אם יש שם תוקעין, דספק דאורייתא עדיף מודאי דרבנן, **וה"ה** אם אין יודעין רק סדר אחד, ילך להם.

[**ועיין** בפמ"ג שמסתפק, איך הדין ביום שני לדידן דבקיאין בקביעא דירחא, וגם יש ספק אם ימצאו שם שופר, אם יש לדחות בשביל זה המקום שמתפללין].

ואם יש בעיר אחד שופר, ורוצה לילך למקום שמתפללין, ולשלוח עכו"ם שיביא לו השופר והוא חוץ לתחום, ויכול לקיים שניהם, שרי, דתחומין דרבנן והו"ל שבות דשבות.

הגה: מיהו אם יכול לילך למקום המתפללים, ויש שהות ביום שישמע אח"כ התקיעות במקום שתוקעין, יקיים שתי המצות, דכל היום כשר לתקוע - ולא ילך תחילה למקום שתוקעין, ואח"כ למקום שמתפללין, שתפלת מוסף אין לאחרה יותר משבע שעות, כמש"כ בסי' רפ"ו, ותקיעות זמנה כל היום.

אם באחת נמצא תוקע הגון, אך המתפללים שם אינם הגונים, ובאחת מתפללים הגונים, והתוקע אינו הגון, **ילך** למקום שהתוקע מומחה וכשר, דהתוקע מוציאו ידי חובתו, משא"כ בתפלה אינו מוציאו ידי חובתו.

§ סימן תקצו §

סעיף א - לאחר התפלה מריעים תרועה גדולה בלא תקיעה - כדי לערבב השטן שלא יקטרג עליהם אחר התפילה, שהולכים ואוכלים ושותים ושמחים, לומר שאינם יראים מאימת הדין, [**אבל** כל זה אינן מעכבות, שאם לא יעשה כן אין עיכוב בדבר, שהרי כבר יצאו ידי חובתן].

אבל אין אנו נוהגין כן, רק בסיום תקיעה אחרונה של השלמת מאה קולות, כמו שנבאר לקמיה, המקרא אומר: תקיעה גדולה, והתוקע מאריך בה יותר משאר תקיעות.

הגה: ויש מקומות נוהגין לחזור ולתקוע ל' קולות - ובשל"ה כתב לתקוע ק' קולות, דהיינו ל' דישיבה, והתקיעות של סדרים, ושלשים אחר התפלה, ולהוסיף עוד, שבסך הכל יהיו מאה קולות.

ולאחר שילאו בזה, שוב אין לתקוע עוד בחנם - דכיון שא"צ, הוי ככל שאר יו"ט שאסור לתקוע משום שבות, **ועיין** בט"ז שדעתו, דיו"ט של ר"ה אינו דומה לשאר יו"ט בזה, **אבל** רוב האחרונים הסכימו לאסור כדברי הרמ"א, ואפילו מי שיתקע ביום שני, אסור לתקוע בראשון להתלמד.

וגם אסור להוציא השופר כשא"צ לתקוע, דהוי הוצאה שלא לצורך.

ולענין טלטול, לכו"ע שרי כל היום, דהא ראוי לתקוע בו להוציא אחרים שלא יצאו עדיין.

אבל קטן, אפי' הגיע לחינוך, מותר לומר לו שיתקע - היינו אף להשתדל ללמדו אופן התקיעות, **ואפילו** אחר שאינו אביו משמע דמותר בזה, דמחנך לקטן.

ומותר לו לתקוע כל היום - אקטן קאי, דאילו גדול הא כבר כתב דאין לתקוע עוד בחנם, [**ופשוט** דהגדול ג"כ מותר להשתדל ללמדו כל היום].

§ סימן תקצז – אם מותר להתענות בראש השנה §

סעיף א - אוכלים ושותים ושמחים - ר"ל אף שהוא יום הדין, מ"מ מצוה של "ושמחת בחגך" שייך גם בו, שגם הוא בכלל חג, כדכתיב: תקעו בחודש שופר בכסה ליום חגנו, [ואמרו חז"ל: איזה חג שהלבנה מתכסה בה, הוי אומר זה ר"ה], **ונאמר** בנחמיה ח': אכלו משמנים ושתו ממתקים וגו', כי קדוש היום לאדונינו, ואל תעצבו, כי חדות ד' היא מעוזכם.

ואין מתענין בר"ה ולא בשבת שובה - אם לא בתענית חלום, שגם בשארי יו"ט מתענין ע"ז.

כתב עט"ז, דלכו"ע מותר להתענות בר"ה ולהתפלל עד חצות, אע"ג דבשבת ושאר יו"ט אסור.

אמנם לא יאכלו כל שבעם, למען לא יקלו ראשם, ותהיה יראת ה' על פניהם.

סעיף ב - יש מקומות שקבלה בידם שכל מי שרגיל להתענות בר"ה - היינו ג' פעמים, **ומשנה רגילתו ואינו מתענה, אינו משלים שנתו** - והיינו לענין יום, אבל בלילה של ר"ה בודאי אסור להתענות לכו"ע, כמו בשאר יו"ט.

המתענה בר"ה, ראוי שילמוד כל היום, או יעסוק בתחינות ובקשות, כדי שיהיה כולו לד', [**עיין** במ"א שכתב, דבר"ה חמיר יותר ממי שמתענה בשבת ויו"ט מחמת חלום, דשם התענית עונג הוא לו, ומקיים בזה ה"לכם", משא"כ בתענית ר"ה דאינו בשביל תענוג, ע"כ צריך לקיים הקרא ד"לד'", **אמנם** בא"ר דחה אותו, והביא בשם הכל בו, דמי שמתענה מחמת תשובה, ג"כ יש לו בזה תענוג, וממילא מקיים בתעניתו הקרא ד"לכם", **ולזה** העתקתי לשון הח"א שכתב: ראוי שילמוד כל היום, והיינו שהוא מן הנכון לכתחילה כדי לצאת דעת המחמירין, **וע"כ** אם קשה לו הדבר, יכול לסמוך על דעת המקילין].

כתבו האחרונים, דאף שמבואר לעיל בסימן תקכ"ז ס"כ, דהמתענה אסור לבשל לאחרים, **מ"מ** אשה המשרתת בבית בעה"ב שמשועבדת לו, וה"ה אשה שמשועבדת לבעלה לאפות ולבשל בשבילו, ואין לה אחר לזה, מותרת לבשל בשבילו.

הגה: ומי שאינו ירא לנפשו אין צריך להתענות כל ימיו, רק צריך התרה כמו שאר נדר - עיין יו"ד סימן רי"ד, דמשמע שם, דמנהג של מצוה שנעשה כנדר, הוא רק כשהורגל בה, או אפילו פעם אחת וחשב בשעת מעשה שינהוג כן לעולם, **אבל** בלא"ה אין נעשה כנדר ע"י שעשאה פעם אחת.

סעיף ג - המתענה פעם אחת בראש השנה תענית חלום, אם היה ביום ראשון, צריך להתענות שני הימים כל ימיו - דתרווייהו הן כיום אחד, וכמ"ש בסי' ת"ר, **ואע"ג** דלעיל הוא דוקא בג' פעמים, בתענית חלום אפי' בפעם אחת – שונה הלכות, **ומ"מ** מי שאין ירא לנפשו, א"צ להתענות וכדלעיל.

ואם היה ביום שני, יתענה כל ימיו יום שני בלבד - אבל יום ראשון לא יתענה כלל, לפי שהוא דאורייתא, ואינו נגרר אחר יום שני, **וע"כ** צריך לעשות בו אפי' קידוש של שחרית.

ואם הוא ספק אם הוא מהחלומות שמתענים בשבת, אין להתענות.

הגה: ואין צריך למיתב תענית לתעניתו - אפילו חל בשבת, **דהא י"א דמצוה להתענות בר"ה** - ואף דאין הלכה כן, וכדלעיל בס"א, מ"מ עכ"פ לא נחזיק זה לעבירה שיצטרך אח"כ להתענות ע"ז בחול.

מי שקיבל עליו להתענות בר"ה, אינו דומה למי שקיבל עליו להתענות בשבת ויו"ט דאין קבלתו כלום, הכא צריך התרה, מאחר די"א דמצוה להתענות בר"ה.

ואין אומרים "עננו" בראש השנה, כמו שאין אומרים ביוה"כ - מאחר שהם ימי דין, ואין שייך כ"כ לבקש לענות ביום צום התענית.

§ סימן תקצח §

סעיף א - ר"ה שחל להיות בשבת, אומרים "צדקתך" במנחה - כיון שהוא יום הדין אומרים צו"צ, משום צדוק הדין, שהרי אנו אומרים: ויגבה ד' צבאות במשפט והאל הקדוש נקדש בצדקה, **הגה: ויש אומרים שלא לאומרו** - דהא עכ"פ יו"ט הוא ור"ח, **וכן אנו נוהגים.**

§ סימן תקצט §

סעיף א - ליל ר"ה שחל להיות במו"ש, אומרים: "ותודיענו" - אף שאומרים בו "וחגיגת הרגל", ור"ה אינו רגל, **מ"מ** כי היכי דאמרינן במוצאי יו"ט בהבדלה, "בין יום השביעי לששת ימי המעשה", דאמרינן סדר הבדלות הוא מונה, ה"נ סדר התיקון הוא אומר.

המנהג שמתפללין מתוך הסידור, אף שלא בירכו עדיין ברכת "בורא מאורי האש", **ועיין** בשערי תשובה הטעם, שאין זה הנאה גמורה, דקצת שגורה בפיו, **והמחמיר** יחמיר לעצמו, אבל אין להורות לאחרים.

§ סימן תר – ביצה שנולדה בראש השנה ודיני הקידוש §

סעיף א - ביצה שנולדה ביום טוב הראשון, וכן מה שנצוד בו, וכן מה שנתלש בו, אסור בשני - אע"ג דבשאר יו"ט מותר בשני מכח ממה נפשך, אם יום ראשון הוא קודש, השני הוא חול, ואם השני קודש, הראשון היה חול, **הכא** אסור, דתרווייהו חדא קדושתא היא.

הגה: וכבר נתבאר לעיל סימן תקי"ג סעיף ה' וסימן תקט"ו.

סעיף ב - בקידוש ליל שני (ילבש בגד חדש) או מניח פרי חדש ואומר: "שהחיינו" - להוציא נפשיה מפלוגתא, משום שי"א שאין אומרים "שהחיינו", דתרווייהו יומי קדושה אחת היא, והרי כבר בירך "שהחיינו" ביום א', **ויש** טועים ליקח אף בשאר ימים טובים פרי חדש, וטעות הוא.

וה"ה אשה בברכת הדלקה ביום שני, תלבש בגד חדש או תניח פרי חדש, ואז תוכל לברך "שהחיינו".

אם יש לו תירוש חדש, יקדש על היין ישן, דהוא מצוה מן המובחר, וכשיגיע ל"שהחיינו", יטול התירוש בידו או יתן עיניו בו - אחרונים.

ואף דבסימן רכ"ג ס"ד פסק, דעל בגד חדש יש לו לברך בשעת הקנין, **התם** מיירי כשקנה מלבוש מוכן, אז השמחה כשקנאו, והכא מיירי שקנה חתיכת בגד ונתן לאומן לתקנו, דאז השמחה כשמשתמש בו.

ובמדינות שאין ענבים מצוין ומביאים ממקומות אחרים, ועל פי הרוב הם בוסר, אין ליקח אותם, שיש בהם ספק ברכה, שאינו יודע אם הגיעו לפול הלבן, דאז מברכים עליהם בפה"א, **וגם** שהם חמוצים, ואין לאכול דברים חמוצים בר"ה, **וגם** מה שלא נגמר פריו אינו סימן טוב.

ובמעשה רב כתב, דאין לאכול ענבים בר"ה, והטעם ע"פ סוד.

ואם אין מצוי (בגד חדש או) פרי חדש, עם כל זה יאמר: "שהחיינו" - דאף דקדושה אחת היא, מ"מ ב' ימים הם.

סעיף ג - אם חל יום ראשון בשבת - ר"ל שאז אין תוקעין, **אומרים "שהחיינו" בשופר ביום שני** - לכו"ע, דהא לא אמרו זמן על מצוה זו, והוא כעת מילתא חדתא.

הגה: ויש אומרים לאומרו אפילו אם חל יום ראשון בחול, וכן המנהג במדינות אלו - היינו אפילו בלא בגד חדש ופרי חדש, משום דהא היום אין יוצאין בתקיעה של אתמול, ולא אמרינן יומא אריכתא הוא, וה"ה נמי בברכת התקיעה, [**ולא** אבין היטב, דהא גם לענין קידוש אנו חייבין לעשות ביום שני בפני עצמו, ואפ"ה ס"ל דביומא אריכתא דמיא], **ומ"מ** לכתחילה טוב שילבש התוקע בגד חדש בשופר, **ועיין** בב"י, דבמקומו נהגו שלא לברך "שהחיינו" בשופר ביום ב', אכן אנו נוהגין כהרמ"א.

קהל ששלחו לעיר אחרת להביא להם שופר, ונתעכב השליח עד סוף יום ב', ור"ה היה ביום ה' וביום וא"ו, וכשבא עם השופר כבר התפללו של שבת, אבל היה עוד יום גדול, [**אם** נמצא אחד שלא קיבל עליו שבת עדיין, יוכל לתקוע בברכה, אע"פ ששאר השומעים כבר קיבלו שבת], **ואם** אין שם בקי לתקוע שלא קיבל עליו שבת עדיין, אז יתקע מי שקיבל שבת בלא ברכה, ולא יתקע רק תשר"ת תש"ת תר"ת, ולא יותר, **ודוקא** אם עוד היום גדול, אבל אם כבר הוא בין השמשות, אין לתקוע כלל, דביום השני אין חיובו לתקוע אלא מדרבנן, והוי ספיקא דרבנן, **אבל** ביום א' דחיובו מדאורייתא, חייב לתקוע ובלי ברכה. **ולענין** אמירה לעכו"ם, אף בבה"ש דיום א' מותר.

§ סימן תרא - סדר יום שני של ראש השנה §

סעיף א - ביום שני (מתפללים כמו ביום ראשון), וקורים מ"והאלהים נסה את אברהם" עד סוף סידרא - כדי להזכיר זכות עקידת יצחק, וקורין בזה ה' גברי.

ואם שכח וקרא פרשה "וד' פקד את שרה" ה' קרואים, יקרא עוד א', ויקרא מתחילת פ' העקידה עד סופה, **ואפילו** אמר קדיש יעשה כן, ויאמר קדיש שנית, **ואם** כבר נסתלק ספר זה, יכול לקרות בספר השני למפטיר פ' העקידה, ויגלול ויקרא ג"כ חובת היום.

ומפטיר קורא כמו אתמול, ומפטיר בירמיה: "כה אמר ה' מצא חן במדבר", עד "הבן יקיר לי אפרים" - מפני שחובת היום להזכיר זכרונות, וכתיב בההיא קרא "זכור אזכרנו".

ובמוצאי ראש השנה מבדילין כמו במוצאי שבת, אלא שאין מברכין על הבשמים ועל האש.

סעיף ב - אף בארץ ישראל עושים ר"ה שני ימים - לפי שאפילו בזמן המקדש אירע כמה פעמים שהיו צריכין לעשות שני ימים, וכמו שמבואר בב"י, ולכן גם היום החיוב בא"י לעשות שני ימים, ונחשבין כיומא אריכתא.

§ סימן תרב – סדר עשרת ימי תשובה §

הגה: ומתענים למחרת ר"ה, והוא תענית צום.

סעיף א - בכל הימים שבין ראש השנה ליום הכיפורים מרבים בתפלות ותחנונים - לבד משבת.

הגה: ואומרים "אבינו מלכנו" ערב ובוקר, מלבד בשבת - ואפילו במנחה של ערב שבת שובה, ג"כ אין אומרים "אבינו מלכנו".

ואפילו אם חל מילה, שאין אומרים תחנון - ולא "יהי רצון", **אפילו הכי אומרים "אבינו מלכנו"** - ו"אל ארך אפים" ו"למנצח".

במילה אומרים באשמורת בין כסא לעשור "זכור ברית" אחר "והארץ אזכור".

ואומרים בכל יום שלשה פעמים וידוי קודם עלות השחר - וכן מיום א' דסליחות עד ער"ה, כן משמע במנהגים. **מלבד בערב יום כפור שאין אומרים אותו אלא פעם אחד** - מפני שעתידין לומר ב' פעמים במנחה ובמעריב, והוא ג"כ יו"ט.

ואין נותנין חרם - שלא לעורר כחות הדין בזמן ההוא, **וכן אין משביעין אדם בבית דין, עד אחר יו"כ** - שחוששין ביותר להביא עונש שבועה לעולם ח"ו.

ואפשר אפי' אם חייב לקבל בחרם עליו ע"י היפוך וכדומה, ‹שאם אמר הלוה איני רוצה לישבע שבועת היסת והריני מהפכה עליך, מחייבין התובע לישבע, ואם אמר התובע איני נשבע ואיני נוטל, אלא אחרים, הרשות בידו – טור חו"מ סי' פ"ב›, אפ"ה אין מקבל בחרם עליו עד אחר יוה"כ, **ומיהו** אם רוצה, י"ל דהרשות בידו.

ועכ"פ מצוה לשפוט להוציא גזילה מתחת ידו, וכשיש דין למטה אין דין למעלה.

אין מקדשין הלבנה עד מוצאי יו"כ - דקידוש הלבנה יותר טוב כשהוא מבושם ובשמחה, ובמדרש איתא: שבמוצאי יוה"כ בת קול יוצאת ואומרת: לך אכול בשמחה וגו', **אבל** דע דכמה אחרונים הסכימו, שיותר טוב לקיים המצוה מקודם, כדי שמצוה זו יכריעהו לכף זכות, [**ועיין** בביאור הגר"א שכתב דכן עיקר].

ושבת שבין ר"ה ליום כפור המנהג לומר בו וזו"ן - ונוהגים שאין נער אומר ההפטרה "שובה ישראל".

§ סימן תרג §

סעיף א - אף מי שאינו נזהר מפת של כותים, בעשרת ימי תשובה צריך ליזהר - היינו אפילו מפת פלטר של גוי, **ואם** אינו יכול לאפות בעצמו, יכשיר את התנור שאופין בו העכו"ם, שישליך ישראל בתוך התנור קיסם אחד, ואפילו נפח ע"י מפוח או בפיו מהני, כמ"ש ביו"ד, **ומ"מ** מי שהולך בדרך, אם אין לפניו פת של ישראל עד יותר מארבעה מילין ממקום שהוא עומד בו, ורוצה לאכול, מותר לו לאכול פת פלטר של עכו"ם בעשי"ת, כמו שמותר בשאר ימות השנה, כמ"ש ביו"ד, **דלא** קבילו עלייהו להחמיר בעשרה ימים, יותר ממי שנזהר כל השנה, ואפ"ה מותר באופן זה.

[**עוד** כתבו בשם תשו' נחלת שבעה, להתיר בשנת רעבון לאכול בעשי"ת גלוסקאות של נחתום עכו"ם, ע"י הבישול אותם אח"כ בבית ישראל, אף למי שנזהר].

ויזהרו שלא לברך וליטול חלה מעיסה שהיתה מתחלה של עכו"ם, אע"פ שאח"כ מכרה לישראל, דכיון שבעת לישה היתה של עכו"ם, נפקע ממנה חיוב חלה, **אלא** דוקא כשמכר העכו"ם הקמח לישראל.

הגה: ויש לכל אדם לחפש ולפשפש במעשיו ולשוב מהם בעשרת ימי תשובה; וספק עבירה צריך יותר תשובה מעבירה ודאי, כי יותר מתחרט כשיודע שעשה משאינו יודע, ולכן קרבן אשם תלוי הולך להיות יותר ביוקר מחטאת - עיין בח"א, שהרחיב הדברים בענין זה, ודבריו קילורין לעינים.

כתב הרא"ש, שיקרא באלו הימים באגרת התשובה של רבינו יונה, **והאר"י** ז"ל כתב, שחיוב ללמוד בספרי מוסר כל השנה, וכ"כ הגר"א, [**ויראה** שגם הרא"ש מודה

לזה, אלא שספר זה מיוחד יותר לעניני תשובה, ולכך זירז לעת הזאת], **ועכ"פ** באלו הימים יעשה כל אדם כדעת הזוהר, שישוב קודם שישכב, ויתאונן על חטאיו ויפשפש במעשיו.

ועיין ביערות הדבש, כי ז' ימים שבין ר"ה ליום הכפורים, הם נגד ז' ימי שבוע, ובכל יום יעשה תשובה על אותו יום, דרך משל, ביום ראשון יעשה תשובה על מה שחטא כל ימיו ביום ראשון, וכן ביום ב', וכן כל ז' ימים.

ולענין אשה שהמיתה ילד ע"י גרם, עיין אבן שוהם, **ועיין** תשובת חת"ס לענין מוהל, ולענין אשה שמצאה ילד מת, ולענין מי שבאונס אכל איסורים ויצא מן האונס, ומתיקוני תשובה למי שבעל נדה, ולמי שנתפס עם הנכרית, ולמי שרצה להציל, ובטעות המית את חבירו.

אחד ששכר חבירו לילך בדרך ונהרג, נכון שיקבל תשובה.

ועיין ברי"ף, כ"ד דברים המעכבים את התשובה.

§ סימן תרד – סדר ערב יום כפור §

סעיף א - מצוה לאכול בערב יוה"כ ולהרבות בסעודה - דכתיב: ועניתם את נפשותיכם בתשעה לחודש בערב, היה לו לכתוב: בתשעה לחודש בערב תענו את נפשותיכם עד ערב וכו', ומדכתיב: ועניתם וכו' בתשעה לחודש, משמע שיתענו בתשעה, ובאמת יוה"כ אינו אלא בעשרה לחודש, **וקבלו** חז"ל דאדרבא מצוה מן התורה לאכול בעיו"כ, ורצה הקב"ה ליתן שכר בעד האכילה כאלו התענו, שאינו דומה מצוה שיש בו צער, כמו שאמרו: לפום צערא אגרא, **אילו** כתב: בט' לחודש תאכלו, לא היה לנו שכר אלא כמקיים מצותו ע"י אכילה, ולכן שינה הכתוב וכתב מצות אכילה בלשון תענית, שיהיה נחשב אכילה זו לפני הקב"ה כאילו היה תענית, כדי ליתן שכר כמקיים מצוה בצער עינוי, **ויש** לאדם למעט בלימודו בעיה"כ כדי לאכול ולשתות.

הגה: ואסור להתענות בו אפי' תענית חלום - אכן אם מתירא לנפשו ורוצה להתענות, יתענה עד סעודה המפסקת, דודאי מן הדין סגי כשיאכל פעם אחת, **ואם** אינו מתענה היום כלל, טוב שיתענה איזה יום אחר יוה"כ.

ואם חל עיו"כ בא' בשבת, ובשבת שלפניו התענה תענית חלום, שצריך למיתב תענית לתעניתו אחר השבת, אין לו להתענות עיוה"כ, אלא ידחה עד אחר עבור המועד, **ולפי** דעת הט"ז א"צ שוב להתענות אחר יו"כ, דיוה"כ כיפר גם על זה, **ומי** שקשה לו התענית יכול לסמוך ע"ז.

מי שנדר שלא לאכול בשר חוץ מיו"ט, נתבאר בסימן תק"ע שמותר לאכול בעיו"כ, דבלשון בני אדם מקרי יו"ט, **ולא** מיבעי בסעודה המפסקת, אלא אף גם בשחרית, דאנן רגילין לאכול בשר גם בשחרית, וכל הנודר אדעתא דמנהגא נדר, **אבל** בלילה של עיו"כ אסור.

ודוקא בנודר ממש, אבל מי שלא נדר בהדיא, אלא שנוהג כך שלא לאכול בשר כי אם בימים שאין אומרים בהם תחנון, אזי אפילו בלילה של עיוה"כ מותר לאכול, **ודוקא** בלילה ממש, אבל לא מקודם לזה, אע"פ שהתפלל ערבית, [**ובמקומות** שמרבין בסליחות, א"כ אין חושבין אותו ליו"ט, אין לאכול בשר בלילה].

ואם נדר להתענות בו, עיין לעיל סימן תק"ע ס"ב.

סעיף ב - אין נופלים על פניהם בערב יום הכפורים - דנוהגין לעשותו קצת כמו יו"ט.

הגה: גם אין אומרים "למנצח" - משום דכתיב ביה "ביום צרה", **ו"מזמור לתודה"** - דבזמן הבית היה אסור להקריב שום קרבן הנאכל בעיוה"כ, דממעט זמן אכילתו, שהרי עכ"פ כל הקרבנות נאכלין ליום ולילה שלאחריו, וביוה"כ אי אפשר לאכול, ונמצא מביא לידי פסול, [**ומטעם** זה לא יאמר ג"כ פרשת הקרבנות בעיו"כ, אבל פרשת עולה מותר, שאינו נאכל].

גם אין אומרים קודם עלות השחר הרבה סליחות; ויש מקומות נוהגים להרבות בסליחות, והכל לפי המנהג.

ולענין אמירת "אבינו מלכנו" בערב יו"כ יש בו מחלוקת בין אחרונים, ומנהג עירי שלא לאומרו, כי אם כשחל יו"כ בשבת שאין אומרים בו "אבינו מלכנו", אז אמרינן אותו ערב יו"כ שחרית - אבל במנחה אין אומרים אותו בכל גווני.

§ סימן תרה – מנהג כפרות בערב יום כפור §

סעיף א- מה שנוהגים לעשות כפרה בערב יום כיפורים, לשחוט תרנגול על כל בן זכר ולומר עליו פסוקים, יש למנוע המנהג - משום חשש דרכי האמורי.

הגה: ויש מהגאונים שכתבו מנהג זה, וכן כתבו אותו רבים מן האחרונים, וכן נוהגין בכל מדינות אלו ואין לשנות, כי הוא מנהג ותיקין.

ויחשוב שכל מה שעושין לעוף הזה, הכל היה ראוי לבוא עליו, וע"י תשובתו הקב"ה מסלק הגזירה מעליו, ונתקיים דוגמתו בעוף הזה, [**כדוגמת** ד' מיתות ב"ד, שזורקו לעוף אחר השחיטה, הוא בעין סקילה, ומה שהשוחט תופסו בצואר, ושוחטו, ומחרכין אותו באש, הוא דוגמא שריפה והרג וחנק], **וכן** כתבו הראשונים טעם הקרבן הבא על השוגג.

וטוב לשחטו באשמורת אחר הסליחות, כי אז הרחמים גוברים, **ולכן** יש לבעה"ב להזמין אבוקה, לפי שאין שוחטין בלילה כי אם לאור האבוקה, **ויש** ששוחטין אותו אחר תפילת שחרית.

ובמקום שמתקבצים הרבה ביחד ודוחקין זה את זה, והשוחטים נעורים כל הלילה בפנים זעופים, ואינם מרגישים בסכין מפני רוב העבודה, ויוכל לבוא לידי איסור נבילה, טוב יותר לשחוט הכפרות יום או יומים קודם יוה"כ, כי כל עשי"ת הוא זמן לכפרות, **או** שיסבבו על ראשיהם במעות, ותחשב להם לצדקה שלא יהיו נכשלין באיסור נבילה ח"ו.

ומי שיכול ורוצה מן המובחר, יקרא השוחט לביתו באשמורת הבוקר, **וכהיום** המנהג בכמה מקומות, שהשוחטין נעורים והולכין לבית כל אחד אחר חצות הלילה עד אור היום, ולכן מן הנכון שישנו השוחטים מקודם כדי שלא יתעלפו, **וכן** צריכים להכין כמה סכינים בדוקים, ובשעת שחיטה יראה לבדוק בכל פעם, ולא יסמוך על מה שבדק תחילה.

והנה אף כששוחט בבית בעה"ב, הדרך הוא שבאים ג"כ מבע"ב הסמוכים, ובפרט כששוחט בביתו, באים הרבה שלוחים ביחד עם כפרות, ומחמת שצריך לשחוט כפרות הרבה, אין הזמן מספיק לבדוק בכונת הלב כדין י"ב בדיקות, וקרוב הדבר שמחמת הנחיצה לא ידקדק היטב בבדיקה, **לכן** העצה היעוצה, שעכ"פ אחר שחיטת כל העופות של בעה"ב אחד, יבדוק טרם ילך השליח עם העופות, כדי שיתברר לו אם נמצא סכינו יפה, שאסור לאכול קודם הבירור, **ואם** נמצא פגום יטרוף כל העופות של בעה"ב זה.

ונוהגין ליקח תרנגול זכר לזכר, ולנקבה לוקחין תרנגולת, ולוקחין למעוברת ב' תרנגולים אולי תלד זכר - דהיינו תרנגול ותרנגולת, תרנגול שמא הולד זכר, ותרנגולת, שאפילו אם הולד נקבה, יתכפרו שניהם, היא עצמה והולד באחת, **ואפילו** שני בני אדם יכולין ליקח כפרה אחת, אם אין ידם משגת, **ויש** שלוקחין למעוברת שני תרנגולות ותרנגול אחד.

ובשעה שמסבב על ראשו יאמר: זה חליפתי תמורתי כפרתי, ר"ת חת"ך, שם מלאך הממונה על החיים.

ובוחרין בתרנגולים לבנים, על דרך שנאמר: אם יהיו חטאיכם כשנים כשלג ילבינו - ומ"מ אין לחזור אחרי לבנים דוקא, כמו שנוהגין אנשים שמהדרין אחריהם ביותר, ונותנין ביוקר, והוא מדרכי האמורי וחוק עכו"ם, **אלא** אם יבא ממילא לקנות במקח שאר תרנגולים, יקנה אותו ולא יאמר כלום.

כתבו האחרונים, אם אין לו תרנגול, יקח אווז או שאר בעלי חיים שאינם ראוים להקרבה למזבח, **וי"א** אפילו דגים.

ונהגו ליתן הכפרות לעניים - כמו שכתוב: וחטאיך בצדקה פרוק וכו', **או לפדותן בממון שנותנים לעניים** - ר"ל שיעריך דמי שיווי הכפרות ששחטן, ויחלק דמי השיווי לעניים, והיינו אם היכולת בידו.

וכתבו האחרונים, דמי שפודה אותו ויש בידו מעות מעשר שלו, לא יפדה בהם רק במעות של חולין.

ובאמת לפדותן טוב יותר, שלא יתביישו העניים, שיאמר: זה נתן עוונותיו על ראשו ושלחו אלי, **ואם** יודע

בו שלא יתבייש, יכול ליתן לו העופות עצמם, שלפעמים נהנה יותר, שהוא הנאה שא"צ לטרות.

ויש מקומות שנוהגין לילך על הקברות ולהרבות בצדקה - ויכול ליתן זה ממעות פדיון הכפרות, **והכל מנהג יפה** - ואין להרבות שם בתחינות, רק מה שמיוסד מהקדמונים, שהרי אין אומרים היום תחנון.

ויש להסמיך שחיטת הכפרות מיד לאחר שהחזירו עליו וסמך ידיו עליו, דמות הקרבן - ויש שכתבו, שיש למנוע דבר זה (לסמוך ידיו עליו), דנראה כמקדיש קדשים ושוחטן בחוץ, **ואחרים** כתבו שאין לחוש לזה, כיון שהתרנגול אינו ראוי למזבח.

וזורקין בני מעיהם על הגגות או בחצר, מקום שהעופות יכולין לקחת משם - שדרך התרנגולים ליזון מן הגזל, ובני המעיים הם הכלים הראשונים שמקבלים הגזל, לכן מרחיקין עצמם מלאכלם, כדי ליתן אל לבו להרחיק מן הגזל, **וגם** משום רחמניות, כשם שמרחם על הבריות לפרנסן, ירחמו עליו מן השמים.

§ סימן תרו – שיפייס אדם חבירו בערב יום כפור §

סעיף א- עבירות שבין אדם לחבירו אין יום הכיפורים מכפר עד שיפייסנו; ואפילו לא הקניטו אלא בדברים, צריך לפייסו - דגם בזה עבר על איסור דאונאת דברים, **והנה** אע"פ שגם בשאר ימות השנה מחויב לפייס למי שפשע כנגדו, מ"מ אם אין לו פנאי הוא ממתין לפייסו על יום אחר, **אבל** בעיוה"כ מחויב לתקן הכל, כדי שיטהר מכל עונותיו, כדכתיב: כי ביום הזה יכפר עליכם מכל חטאתיכם וגו'.

ונכון שילך בעצמו אליו, ולא ישלח תחלה אמצעי שֶׁיְּרַצֶּה לקבל פיוסים, **ואם** קשה עליו לילך בעצמו תחלה, או שיודע שיותר קרוב הפיוס ע"י איש אמצעי שיתווך ביניהם, יכול לעשות ע"י אמצעי.

וכ"ש אם יש בידו מן הגזל ואונאה וכל דבר הנוגע בממון, יראה לתקן, דזהו המקטרג הגדול על האדם, כמו שאחז"ל: סאה מלא עונות מי מקטרג, גזל מקטרג בראש.

[**ונראה** פשוט, דבאיסור גזל ואונאה וכה"ג, דידוע שהוא לאו הניתק לעשה ד"והשיב את הגזילה", אין רשאי להמתין עד עיוה"כ, דכל שעה ושעה יש עליו חיוב עשה זו, דהוא תקונו של לאו, **ודומיא** דכל עשה דאורייתא שחייבו חז"ל לעשותו בבוא זמנו, כגון לולב ובהמ"ז וק"ש וכדומה, **וכ"ש** בזה שעבר מתחילה על לאו דאורייתא].

ואם יש לחבירו בידו ממון שיש לו תביעה עליהם, יודיענו, אע"פ שחבירו לא ידע מזה כלל, **ועכ"פ** יסדר לפני הרב ומ"ץ הענין בשלימות ובאמת בלא שקר, ולשאול האיך להתנהג, **כללו** של דבר, כל דבר שבממון לא יסמוך על הוראתו, כי היצה"ר יש לו התירים הרבה.

ואם אינו מתפייס בראשונה, יחזור וילך פעם שניה ושלישית, ובכל פעם יקח עמו שלשה אנשים - ויפייסנו בכל פעם במין ריצוי אחר, ובשעת בקשת מחילה צריך לפרט מה שחטא לחבירו, **אם** לא כשיודע שחבירו יתבייש מזה כשיפרט החטא, אזי לא יפרט אותו. **ומי** שהוא מבקש מחילה מרבים בכלל, אינו יוצא אם יודע שעשה לאיזה יחיד בפרט.

(הנה מלשון הטוש"ע משמע, שתיכף בפעם ראשון שמבקש מחילה, יביא עמו שלשה בני אדם, **אבל** מלשון הרמב"ם נראה, דבפעם הראשון ילך בעצמו, אולי ימחול לו, ואח"כ ילך ג' פעמים, ויוליך עמו ג' בני אדם).

ואם אינו מתפייס בשלשה פעמים - ר"ל באופן זה ע"י ריבוי אנשים, **אינו זקוק לו** - ואם רצה לפייסו יותר, רשאי, אם אין שם בזיון התורה.

(מיהו יאמר אח"כ לפני י' שבקש ממנו מחילה) - כדי לפרסם הדבר שמצדו לא יבצר.

ואם הוא רבו, צריך לילך לו כמה פעמים עד שיתפייס - אפילו אינו רבו מובהק, אלא ששמע ממנו דברי תורה.

הגה: והמוחל לא יהיה אכזרי מלמחול - דכל המעביר על מדותיו, מעבירין לו על כל פשעיו,

ואם הוא לא ירצה למחול, גם לא ימחלו לו, [דלמעלה דנין מדה כנגד מדה].

[**וצריך** למחול לחבירו אפי' אם עיות כנגדו במזיד ובמרד, ואז מוחלין לו ג"כ אפי' על המזידות, וכמו שאמרו בגמ': למי נושא עון, למי שעובר על פשע].

אם לא שמכוון לטובת המבקש מחילה - כדי שיהא נכנע לבו הערל, ולא ירגיל בכך, **וה"ה** אם מכוין לטובת עצמו, שמתירא שיגיע לו היזק כשימחול, **ומ"מ** נראה, דמלבו צריך להסיר השנאה ממנו, אחרי דבאמת ביקש ממנו מחילה.

ואם הוציא עליו שם רע, אינו צריך למחול לו - דאיכא דשמע בחשדא ולא שמע בפיוס, ונשאר השם רע, **ומ"מ** מדת ענוה למחול גם בזה.

סעיף ב - אם מת אשר חטא לו, מביא י' בני אדם ומעמידם על קברו, ואומר: חטאתי לאלהי ישראל ולפלוני זה שחטאתי לו - בחטא פלוני, כי צריך בזה לפרט החטא, והם ישיבו לו: מחול לך מחול לך, ג' פעמים.

וזה קאי גם אמוש"ר, דאמרינן אילו היה חי היה מוחל לו.

וצריך לילך לשם יחף. **ואם** הוא חוץ לשלשה פרסאות, ישלח שלוחו לשם, והשליח יקח עשרה אנשים וילך על קברו, ויבקש מחילה בשם המחרף, ויאמר: הנני שליח פלוני מודה ברבים, ששלחני פלוני לאמר שחטא לאלקי ישראל וכו'.

ואם חירפו לאחר מיתה, א"צ לילך על קברו, אלא מבקש ממנו מחילה במקום שביישו.

ואם קרא לאחד ממזר, י"א דפגם בכבוד אבותיו ג"כ, וצריך לילך על קברם, **אבל** רבים חולקין ע"ז, דיכול לומר: לאו אדעתאי שיהיה הדבר נוגע לאבותיו, **אא"כ** קראו ממזר בן ממזר. **ועיין** בחו"מ סימן ת"כ, לענין אם קראו רשע בן רשע, או גנב בן גנב.

(ונהגו לבקש מחילה בערב יום כפור).

סעיף ג - תקנת קדמונינו וחרם, שלא להוציא שם רע על המתים - ולכן צריך לעשות תשובה על שעבר החרם.

סעיף ד - יכול לטבול וללקות מתי שירצה - המחבר קיצר, דמקודם היה לו לכתוב: דמנהג לטבול וללקות בעיו"כ, (**והיינו דאפילו האנשים שאינן זהירין כל השנה בטבילה, עכ"פ בעיוה"כ צריך לטבול ולהיות נקי משום יום הקדוש**), **ואפילו** נערים ובתולות, מכיון שהם בני מצות טובלות.

רק שיהיה קודם הלילה - וטוב שיטבול קודם תפלת המנחה, ששם מתודה, וכן נוהגין, **ומקצתן** נוהגין לטבול אחר סעודה המפסקת, כדי שיהיה סמוך ליום הכפורים.

ואינו מברך על הטבילה - דטבילה זו אינו רק משום מנהג.

הגה: ואין צריך לטבול רק פעם אחת, בלא וידוי - לאפוקי מאותן הרגילין להתודות בשעת טבילה, **משום קרי** - ולכן די בפעם אחת, וגם א"צ לוידוי.

וי"א דטעם הטבילה משום תשובה, ולפי"ז יש לטבול ג' פעמים, וכ"כ הרוקח, [**ולענין** וידוי כתב הט"ז, דעכשיו נהגו הרבה אנשים להתודות במקוה, **ועיין** בפמ"ג, דאין להזכיר שם השם בגלוי הראש, ומים זכים ולבו רואה ערוה ג"כ אסור, וכ"ש אם מצוי שם לראות ערות חבירו דאסור, רק יאמר "אשמתי" בלא הזכרת השם, עכ"ל, **אכן** לפי הנראה, אותן המתודים בודאי לא יזהרו בזה, ויאמרו נוסח הוידוי כמו שהוא בסידורים, וע"כ שב ואל תעשה עדיף, וטוב יותר שיאמר הוידוי שלם בשעת מנחה].

ועיין במ"א, דאף למאן דס"ל דטעם הטבילה משום קרי, אפ"ה צריך תמיד לטבול בעיו"כ, אפילו אם כבר טבל ער"ה, ולא ראה עוד קרי.

(**עיין בהגהות הגאון ר"י פיק, דאותן חסידים ואנשי מעשה הנוהגין תמיד לטבול לקריין כתקנת עזרא, צריכין ליזהר להטיל מים קודם ירידתן לטבול, ועכ"פ חולה וזקן בודאי צריכין ליזהר בזה, דאם לא יזהרו להטיל מים קודם טבילה, יהיו טמאין כשיטילו מים אח"כ**).

ואשה ששמשה בתוך ג' ימים, צריכה לכבד ביתה בחמין קודם טבילה, שלא תפלוט שכבת זרע ותחזיר לטומאת קרי, **אם** לא שהיא סמוך לטבילתה או סמוך לוסתה, שאז רגילות להתעבר, ואם תכבד יש לחוש

להשחתת זרע, כ"כ מ"א, **ובתשובת** רע"א מפקפק, ומצדד דלעולם לא תכבד.

והוא הדין דהטלת תשעה קבין מים נמי מהני - אם הוא מצטער בטבילה.

מי שמת לו מת בין ראש השנה ליום הכיפורים - וה"ה אפילו בעיו"כ, **מותר לרחוץ ולטבול בעיו"כ** - היינו אפילו בחמין, וכן הטבילה במקוה מותר אפילו היתה של חמין, **דיו"כ מבטל שבעה** - ר"ל דדינו כמו שאר רגל שפגע באבילות, שהוא מבטל שבעה, ומותר מחמת זה לרחוץ אחר המנחה סמוך לחשיכה, לדעת היש מתירין לעיל בסימן תקמ"ח ס"י, **ועיין** במ"א, דגם בעניננו אין להקל רק שעה או שתים קודם הלילה, ולא קודם.

אע"פ שנהגו שלא לרחוץ כל שלשים, טבילת מצוה מותר - ר"ל אף דגזירת שבעה נתבטל ע"י יוה"כ, היה לנו לאסור רחיצה וטבילה משום גזירת שלשים, **וע"ז** תירץ, דטבילה זו היא מצוה, ואף דאיננה חיובא וכנ"ל, מ"מ איסור רחיצה כל ל' ג"כ אינו אלא מנהגא, **ומחמת** זה ממילא מותר גם רחיצה, כדי שלא יהא חציצה לטבילה.

§ סימן תרז – סדר הוידוי במנחה בערב יום כפור §

סעיף א - צריך להתודות במנחה קודם סעודה המפסקת - שמא יארע לו דבר קלקלה בסעודה, שיחנק או שתטרף דעתו, [היינו מחמת שכרות], ולא יוכל להתודות אח"כ, **ויש** פוסקים שסוברין, שצריך להתודות גם אחר אכילה קודם חשיכה, וראוי להחמיר כדעה זו - של"ה, **וכן** נהגו בזמנינו, שאומרים אז "תפלה זכה".

הגה: ויחיד אומרו אחר שגמר תפלתו - ר"ל בין עיו"כ במנחה, ובין ביוה"כ אימתי שמתודה, אומרו אחר שגמר תפלתו קודם "אלהי נצור".

וש"צ אומרו ביו"כ בתוך התפלה - ר"ל שכוללו בתוך הברכה האמצעית, **אבל** במנחה כשחוזר התפלה, אינו אומר כלל הוידוי.

סעיף ב - אין צריך לפרט החטא - אלא כשיאמר סתם "חטאתי", יצא ידי מצות וידוי, **ואם רצה לפרט, הרשות בידו** - הנה מדכתב אח"כ: ואם מתודה בלחש, משמע דרישא איירי במתודה בקול רם, **ואף** דהרמ"א כתב בהג"ה, דבקול רם אין לפרט החטא, משמע דאיסורא נמי איכא, **התם** מיירי בחטא שאינו מפורסם לרבים, ומפני שאין זה כבוד המקום, שמגלה לרבים שחטא כנגדו, **אבל** בחטא המפורסם לרבים, רשות בידו לפרטו ברבים אפילו בקול רם, [מ"א. **ומשמע** דאפי' בעבירות שבין אדם למקום שרי, ואף דהרמב"ם פסק כרב נחמן, דעבירות שבין אדם למקום על זה כתיב אשרי נשוי פשע כסוי חטאה, היינו, בעבירות שאינם מפרסמים, אבל בעבירות המפרסמים שרי].

[**ועיין** בביאור הגר"א דמצדד לומר, דכל דברי השו"ע אמתודה בלחש קאי, וסיפא דדברי המחבר שכתב "ואם מתודה בלחש", קאי אקודם, ופי' הוא על רישׁ דבריו דאיירי בלחש, **ומדדחיק** הגר"א כ"כ ולא פי' כהמ"א, משמע דס"ל להלכה, דאפי' בחטא המפורסם אסור לאומרו בקול רם, וסבר להלכה כרב נחמן, וס"ל דר"נ מחמיר בבין אדם למקום, שאין לאומרו בקול רם אפי' בחטא המפורסם, **ועון** שבין אדם לחבירו, אם הוא מפורסם לרבים, לכו"ע מותר לאומרו בקול רם, **ודעת** הרמב"ם בזה, דאפי' באינו מפורסם ג"כ שרי, ונכון ג"כ לעשות כן].

ואם מתודה בלחש, נכון לפרט החטא - כדי שיתבייש יותר כשמזכיר חטאיו, ואכתי מקרי "כסוי חטאה", כיון שאינו נשמע לבני אדם.

ובזה אין חילוק בין מפורסם לשאינו מפורסם, דהכל גלוי לפני המקום.

הגה: אבל כשמתפלל בקול רם, או ש"צ כשחוזר התפלה, אין לפרט החטא - מדסתם משמע, דאפילו בעון שבין אדם לחבירו ג"כ אסור, [**דפסק** כרב, דאינו מחלק בין עון דבין אדם למקום, ובין עון דבין אדם לחבירו, רק בין מפורסם לאינו מפורסם, **ודעת** הרמב"ם כר"נ דשרי בזה], **ומה שאומרים "על חטא" בסדר א' ב', לא מקרי פורט, הואיל והכל אומרים בשוה, אינו אלא כנוסח התפלה.**

סעיף ג - צריך להתודות מעומד - דהכי הוי דרך הכנעה טפי, ומתודה בלב שלם, **והעמידה** צ"ל עד אחר "על חטאים שאנו חייבים עליהם ד' מיתות ב"ד".

וטוב שישחה כמו ב"מודים", [היינו לבתחילה, **ואם** כבד לו השחיה, יש להקל בזה, ודי שיכוף מעט את ראשו, **ובפרט** בוידוי השני שחוזר ואומר עם הש"ץ].

ולא יסמוך על דבר שאם ינטל אותו דבר יפול, [דסמיכה כזו הוי כישיבה], **ואם** סמך, צ"ע אם יחזור ויתודה.

ואפילו כי שמע ליה מש"צ והוא התודה כבר, צריך לעמוד - מלשונו משמע דדעתו, דכיון שהתודה כבר בעצמו, א"צ פעם שני לחזור ולהתודות, אלא לשמוע מש"ץ כשאר חזרת הש"ץ.

הגה: ויחזור ויתודה עם השליח ציבור - הרמ"א בשם הר"ן פליג על המחבר, וס"ל דצריך לחזור ולהתודות, וכן פסק בעיטור ומאירי, וכן המנהג בזמנינו.

ועיקר הוידוי הוא: אבל אנחנו חטאנו - וה"ה שצריך לומר ג"כ "עוינו פשענו", [ד"אנחנו חטאנו" הוא רק וידוי על השגגות, ולא על מזידות ומרד, **ויש** מאחרונים שהעתיקו דעת השל"ה לדינא, דגם "אשמנו" יש לצרף לעיקר וידוי].

אלא שנהגו לומר גם שארי דברים, כגון "מה נאמר לפניך" וגו', ו"אתה יודע רזי עולם", ו"על חטא", [**וראיתי** לאחד מן האחרונים שרוצה לומר דבר חדש, דכיון דיוצא ידי וידוי ב"חטאנו" לבד, ממילא השאר מותר בישיבה, **ויש** לעיין, דנהי דאם ירצה לחסר שלא לומר רק "אבל אנחנו חטאנו", יוצא בזה ידי וידוי, מ"מ כיון שרוצה להתודות עוד לפני ד', ולומר "על חטא" וכיוצא בזה, בכלל וידוי הוא, וצריך לומר מעומד].

ב"על חטא" צריך לומר: בסתר ובגלוי, בשגגה ובזדון, משום דיש להקדים הקל לחמור, **ובמטה** אפרים מסיק, דאין לשנות מן הנוסח הכתוב בסידורים, דאין כדאי להוציא עצמו מן הכלל בשביל זה, וכל אחד לא ישנה ממנהג מדינתו.

אין לדבר בשעת הוידוי, ואפילו באמירת "על חטא", **אכן** לענות קדיש וקדושה יש לפסוק אפי' באמצע "אשמנו".

בשעת אמירת הוידוי כשמזכיר החטא, יכה באגרוף על החזה או על הלב, כלומר: אתה גרמת לי שאחטא.

סעיף ד - עונות שהתודה עליהם ביוה"כ שעבר, ולא שינה עליהם, אפילו הכי יכול לחזור ולהתודות עליהם - ובגמרא קאמר: הרי זה משובח, משום שנאמר: וחטאתי נגדי תמיד.

אף בין אדם לחבירו, גנב וגזל וכדומה, אע"פ שמחל לו והשיב את הגזילה, מ"מ מתודה ביוה"כ לעולם, דמ"מ בין אדם למקום חטא, **אבל** אם הקניט חבירו בדברים, או עני המהפך בחררה, י"ל כה"ג כיון שביקש מחילה מחבירו והתודה ביו"כ ראשון, א"צ להתודות ביו"כ שנית, [**ואפשר** אף ביוה"כ ראשון אין צריך להתודות, כיון שכבר פייס אותו].

סעיף ה - בתפלת מנחה ערב יום הכיפורים, אינו חותם בוידוי שאחריה - וה"ה בכל תפלת יו"כ אינו חותם בוידוי שאחריה, ונקט תפלת מנחה, משום דבזה הסימן איירי בתפלת המנחה.

ולאפוקי מדעת רש"י, דס"ל דכל שהוידוי סמוך לתפלה, יכול לחתום "בא"י האל הסולחן".

ואחר "אלהי עד שלא נוצרתי", שהוא ג"כ כעין וידוי, יאמר "אלהי נצור לשוני" וכו'.

אותן האומרין תמיד "יהיו לרצון" מיד אחר התפלה קודם תחנונים, ה"ה כאן יאמר "יהיו לרצון" קודם שמתחיל לומר "אלקינו ואלקי אבותינו תבא לפניך תפלתנו" וכו'.

הגה: ואין הש"ץ מחזיר הוידוי במנחה, אלא מתפלל שמו"ע כבשאר ימות השנה; ואין אומרים "אבינו מלכנו", וכ"ש תחנון.

סעיף ו - כל הקהל לוקים מלקות ארבעים - לאו דוקא, אלא ל"ט, **אחר תפלת המנחה, שמתוך כך יתן אל לבו לשוב מעבירות שבידו** - דבאמת אין מלקות מועיל בזמן הזה, דאין לנו סמוכים, וגם אין חייב מלקות, דליכא התראה, **אלא** דעושים כן שמתוך כך ישוב וכו'.

הגה: ונהגו שהנלקה אומר וידויים בשעה שנלקה - ג' פעמים "אשמתי ובגדתי" וכו', **והמלקה אומר: והוא רחום יכפר עון וגו', שלשה פעמים, שהם ל"ט תיבות כנגד ל"ט מכות; ונהגו להלקות**

ברצועה כל דהו - אע"פ שדינה ברוחב טפח, **דאינו רק זכרון למלקות** - וה"ה דלוקה רק מכות קלים.

ויקח רצועה של עגל, על דרך שנאמר: ידע שור קונהו; והנלקה לא יעמוד ולא ישב, רק מוטה, פניו לצפון ואחוריו לדרום - י"א שה"ה איפכא, פניו לדרום ואחוריו לצפון, ובא רק לאפוקי שלא יהא אחוריו למזרח או למערב, שהם מקומות שהשכינה שרויה שם, **אבל** הט"ז כתב: דוקא יהפוך פניו לצפון, שעיקר חטאת האדם הוא מחמת ממון, וכתיב: מצפון זהב יאתה, ע"כ מכניע עצמו לאותו צד, להודיע שמשם בא לו החטא, ע"כ, **וכן** נוהגין.

יוה"כ אינו מכפר אלא על השבים המאמינים בכפרתו, אבל המבעט בו ומחשב בלבו: מה מועיל לי יו"כ זה, אינו מכפר לו.

§ סימן תרח – סדר סעודה המפסקת §

סעיף א- אוכלים ומפסיקים קודם בין השמשות, שצריך להוסיף מחול על הקודש - ותוספות זה אין בו כרת, כי אם מצות עשה, וילפינן בגמרא מדכתיב: ועניתם את נפשותיכם בתשעה לחודש בערב, מערב עד ערב תשבתו שבתכם, **ואמרינן:** יכול בתשעה מתענין, תלמוד לומר "בערב", אי בערב יכול משתחשך, תלמוד לומר "בתשעה", **הא** כיצד, מתחיל ומתענה מבעוד יום כדי להוסיף מחול על הקודש, **וגם** ביציאתו מוסיף, מדכתיב: מערב עד ערב.

ותוספת זה אין לו שיעור, אלא קודם בין השמשות, שזמנו אלף ות"ק אמה קודם הלילה - ר"ל ששיעור בין השמשות הוא שיעור מהלך אלף ות"ק אמה, והוא לערך רבע שעה קודם צה"כ, וקודם לזה **צריך להוסיף מחול על הקודש מעט או הרבה** - ושיעור התוספות עם בין השמשות ביחד, עולה כמעט חצי שעה.

והנה השו"ע הזכיר דעת ר"ת וסייעתו, ואזיל לשיטתו בסימן רס"א ס"ב, **וכבר** כתבנו שם דהרבה מהראשונים חולקין ע"ז, וגם הגר"א הסכים לשיטתם, דבין השמשות מתחיל תיכף אחר תחלת השקיעה, דהיינו משעה שהחמה נתכסה מעינינו, וזמן התוספות שצריך להוסיף, היינו קודם שקיעת החמה, **ועיין** שם במ"ב לענין שיעור הוספה לפרוש ממלאכה, וה"ה הכא לענין אכילה.

סעיף ב- נשים שאוכלות ושותות עד שחשכה – (ר"ל עד בין השמשות), **והן אינן יודעות שמצוה להוסיף מחול על הקדש, אין ממחין בידן, כדי שלא יבואו לעשות בזדון** – (אבל בין השמשות מחויב למחות בהו, דכמפורש בתורה דמיא, שהוא ספק כרת, **ועיין** מחה"ש, דזהו למ"ד ספיקא דאורייתא מן התורה לחומרא).

ודוקא ביודע בודאי שלא יקבלו ממנו, אבל בספק שמא יקבלו, צריך למחות אפילו במידי דרבנן, [**דאילו** הנחנו בני אדם על מה ששוגגין, בכל יום היו מוסיפין שגגות, ותפול התורה מעט מעט ח"ו - תשב"ץ].

[**עוד** כתב שם, דנ"ל שזה הדבר לא נאמר אלא בשנתרבו הרבה שוגגין בדבר, **אבל** בדבר שרק מיעוטן שוגגין, מצוה למחות בידם, ואף אם יבואו להיות מזידין, כדי להזהיר לאחרים שלא יכשלו, דילפי מקלקלתא ולא ילפי מתקנתא, והמורה הוראות אם הזהיר את העם והם לא הוזהרו, עליו נאמר: ואתה את נפשך הצלת, עכ"ל].

(ועיין במחה"ש בשם תשובת מעיל צדקה, דבדבר שאחזו להם מנהג גרוע להקל בפרהסיא, מקרי גלוי לנו שלא יקבלו, וא"צ למחות, **אא"כ** הוא מפורש בתורה).

הגה: וה"ה בכל דבר איסור אמרינן: מוטב שיהיו שוגגין ולא יהיו מזידין - ר"ל ג"כ בשברור לו שלא יקבלו ממנו וכנ"ל, **ובכ"ז** אין חילוק בין רבים ליחיד.

וכ"ז דוקא בשעכשיו הם שוגגין, אבל כשיודעין שהוא אסור ועוברין במזיד, צריך להוכיח אף כשברור לו שלא יקבלום, **ונהי** דמי שאינו מוכיח אינו נענש עבור חטאם, כיון שברור לו שלא יקבלום, מכל מקום מצוה להוכיחם.

ודוקא שאינו מפורש בתורה, אע"פ שהוא דאורייתא - ר"ל דאז אנו יכולין לתלות ששוגגין

ומוטעין הם בזה, **ומה** שלא ישמעו לנו מה שנאמר להם שהוא אסור, מחמת דקיל להו הדבר, ולכן אמרינן בזה: מוטב שיהיו שוגגין וכו', **אבל אם מפורש בתורה,**

מוחין בידם - דבודאי אינם שוגגין, ולא שייך בהו לומר: מוטב שיהיו שוגגין, ומחינן בהו וענשינן להו עד דפרשי, [ב"ד או מי שיש בידו לענוש, **אבל** שאר בני אדם, אינן מחויבים רק להוכיחו].

(**ודוקא** שהוא באקראי, **אבל אלו הפורקי עול לגמרי, כגון מחלל שבת בפרהסיא, או אוכל נבילות להכעיס, כבר יצא מכלל "עמיתך", ואינו מחויב להוכיחו. ולענין** אוכל נבילות לתיאבון, או מחלל שבת שלא **בפרהסיא, יש** לעיין בדבר).

ודוקא בדליכא סכנה, אבל בדאיכא חשש סכנה א"צ למחות, וכ"כ בחינוך.

(**ועיין** בברכי יוסף **שמצדד לומר בזה דבר חדש, דעד** כאן לא אמרינן דבדבר המפורש בתורה צריך למחות, אף שיודע שלא יקבלום, היינו רק כשידינו תקיפה על העוברים, למחות בהם בחזקת היד, **אבל** כשאין בידינו כח להפרישם, אין מחויב להוכיחם, כיון שיודע שלא יקבלום, **אכן** מדברי הסמ"ק המובא במ"א משמע, דבזה אף שאין נתפס בחטאם, מ"מ יש עליו חיוב מצד המ"ע דהוכחה).

ואם יודע שאין דבריו נשמעין - זה, וכן עד סוף הג"ה, קאי ג"כ על דבר המפורש בתורה, **וה"ה** על שאר מזיד, דהיינו שיודע שהוא אסור ועובר על זה.

והנה לשון "ואם יודע", כתבו האחרונים שאינו מדוקדק, דהא עד עכשיו ג"כ מיירי בהכי וכנ"ל, **אלא** דבא לחדש, דיש חילוק בין רבים ליחיד.

לא יאמר ברבים להוכיחן רק פעם אחת - אולי ישמעו, או כדי שלא יהיה להם פתחון פה, **אבל לא ירבה בתוכחות מאחר שיודע שלא ישמעו אליו** - דכשם שמצוה לומר דבר הנשמע, כך מצוה שלא לומר דבר שאינו נשמע.

אבל ביחיד חייב להוכיחו - בעבירה שבסתר יוכיחנו בסתר, ובעבירה שבגלוי יוכיחנו מיד, שלא יתחלל שם שמים, **עד שיכנו או יקללנו** – (ראיתי בספר החינוך וז"ל: מה שאמרו ז"ל שחיוב מצוה זו עד הכאה, כלומר, שחייב המוכיח להרבות תוכחותיו אל החוטא, עד שיהא קרוב החוטא להכות את המוכיח).

וי"א דדי עד שינזוף בו החוטא, [**ונראה** דיש לסמוך ע"ז, דבלא"ה דעת הסמ"ג והמאירי, דהיכא שברור לו שלא יקבלנו, אינו מחוייב להוכיח כלל אף במזיד, **ונהי** דהרמ"א נקט לדינא כאידך פוסקים, מ"מ די לנו להחמיר להוכיח עד שינזוף].

ומכאן ואילך אסור להוכיחו, שנאמר: אל תוכח לץ פן ישנאך.

(**ובספר** חסידים כתב: **דוקא איש את אחיו שלבו גס בו, אבל אם היה איש אחר, שאם יוכיחנו ישנאנו וינקום ממנו, אין להוכיחו**).

(**לעולם ידור אדם במקום רבו כשמקבל תוכחתו, ואם לאו אל ידור, מוטב שיהיו שוגגים**).

סעיף ג - אם הפסיק מאכילתו בעוד היום גדול, יכול לחזור ולאכול כל זמן שלא קיבל עליו התענית - יש שכתבו, שהמנהג שלאחר שאכל אסור לאכול, דבזה שמפסיק הוי כאילו קיבל בפה, **ולכן** נכון שקודם בהמ"ז יאמר בפירוש שאינו מקבל עליו עדיין התענית, **ועכ"פ** יחשוב בלבו כזה.

ואם קיבל עליו, אסור גם ברחיצה וסיכה, ובפרט במלאכה.

והקבלה מהני רק מפלג המנחה ואילך, אבל אם קיבל עליו התענית מקודם פלג המנחה, אין בקבלתו כלום, [**דהקבלה** אינו מועיל רק בזמן שיוכל לחול עליו שם תוספות, ולא מקודם, **ואף** שנקטינן לדינא, דאף בט"ב דאין בו שם תוספות מדינא, מ"מ הקבלה מהני, **שם** הטעם, משום דהואיל שיכול לעשות תוספות בימים של תורה, יכול לעשות נמי בימים של דבריהם, הואיל ורצה להוסיף עליו ולעשותו כיום עצמו].

אבל אם קיבל על עצמו סתם שלא לאכול עוד, זה מהני אפילו בשאר ימות השנה, אם קבל עליו שלא לאכול מחצות היום ואילך, כמ"ש בסימן תקס"ב סי"א, [**אכן** בזה אינו אסור רק באכילה, ולא ברחיצה ובמלאכה].

הגה: וע"ל סי' תקנ"ג דאם קיבל בלב לא הוי קבלה - וע"ש במ"ב מש"כ בשם הב"ח והגר"א, וכן יתר הדברים שם, ושייך ג"כ לענינינו.

סעיף ד - בערב יום הכיפורים - אפילו בסעודת שחרית, וכ"ש בסעודה המפסקת, **אין לו לאכול אלא מאכלים קלים להתעכל, כדי שלא יהא שבע ומתגאה כשיתפלל.**

כתב מהרי"ו, שלא ישתכר בסעודה המפסקת, ולא יאכל אכילה גסה, **ובאמת** אפילו בסעודת שחרית יש ליזהר מזה, כמו שכתב המחבר, וכ"ש בסעודה זו.

הגה: וכן אין אוכלים - בסעודה המפסקת, **דברים המחממים את הגוף** - כגון בשמים, וכרכום שקורין זאפרין, ויין טוב, **שלא יבא לידי קרי** - וביוה"כ הלא אסור לו לטבול.

וכן אין לאכול - כל היום, **מאכלי חלב** - חמה, **שמרבים זרע** - ועיין בט"ז, דה"ה דיש ליזהר משום וביצים, שהם ג"כ מרבים זרע. **כתב** הפמ"ג, דחלב המעורב בתבשיל, או טיי"א עם חלב, אפשר דבטל ברוב לענין זה.

אך בסעודת שחרית נוהגין לאכלן - היינו דדברים המרבים זרע היה ראוי להיות נזהר שלא לאכול כל היום, **אכן** העולם נוהגין לאכלן בשחרית, וטעם המנהג לא נתפרש, כ"כ המהרי"ל, ועיין במ"א שמיישב המנהג, **ועיקר** טעם המנהג, משום שהם מאכלים קלים, **אכן** בסעודה מפסקת נהגו לאכול בשר שהיא עיקר הסעודה, ודוקא בשר עוף - מ"א, **ומפמ"ג** משמע, דבזמנינו נהגו לאכול בשר עוף בשחרית.

לא יאכל שומשמין מפני שמעלה גרה, **ואם** אכל הרבה, לא ישים אצבעו בפיו להקיא ביו"כ, שמא יבלע קצת מן הקיאה.

§ סימן תרט – הטמנת חמין בערב יום כפור §

סעיף א- מותר להטמין חמין מערב יום הכיפורים למוצאי יום הכיפורים - שמחול לחול הוא מכין.

הגה: ויש אומרים שאין להטמין ביום הכיפורים, וכן המנהג במדינות אלו - שנראה דביוה"כ מתבשל בתנור לצורך חול, וזה אין נכון, [**וצ"ע**, ואולי משום דבעשי"ת יש להחמיר אפי' בדבר המותר מדינא, **ועוד** כתבו הפוסקים טעם, משום דמחזי כרעבתנותא], **ואפילו** בעיו"כ קודם חצות אין לעשות הטמנה זו, [**ולאחר** חצות אפשר דאיסורא נמי איכא], **ובכל** גווני אם עבר והטמין, א"צ להמתין במוצאי יו"כ בכדי שיעשה.

[**והנה** בדה"ח כתב, ודוקא אם מטמין מאכלים לצורך אכילה של מוצאי יוה"כ, אבל לדברים שאינן לצורך אכילה של מוצאי יום הכיפורים, כגון במדינות שעושין הפאווידלע, ועושין הרבה בפעם אחת שצריך על זמן רב, ושורק פי התנור בטיט, מותר להטמין בעיוה"כ בתנור שיתבשל שם ביוה"כ, ואפי' אחר חצות מותר, ואפי' אם רוצה לאכול ממנו במוצאי יוה"כ, מותר, עכ"ל, **וכל** זה הוא לשיטתיה, שכתב טעם האיסור משום הכנה, או משום דמחזי כרעבתנותא, **אבל** לטעם הב"ח במה שאוסר אחר מנחה, עי"ש, גם באופן זה אין נכון, אם לא קודם חצות].

§ סימן תרי –הדלקת הנרות ביום כפור §

סעיף א- מקום שנוהגים להדליק נר בליל יום הכיפורים, מדליקין - אף בחדר משכבו.

מקום שנהגו שלא להדליק, אין מדליקין - היינו אף בבית אין מדליקין.

ושני המקומות נתכונו לדבר אחד, דהיינו לבטל תשמיש, דהמדליק כוונתו, שאסור לשמש נגד אור הנר, **ומאן** דלא מדליק כונתו, שלא יראה אותה ויתאוה לה, ויוכל לבוא לידי תשמיש, **ואפילו** היא נדה דאסור לו בלא"ה לבוא עליה, מ"מ מידי הרהור לא יצא, ויבטל מחשבתו הטהורה ביום זה, [**אך** אני מתפלא, דמשום חששא זו לא פלטינן בלא"ה, דהא ביום הוא רואה אותה, ולא תהיה מחשבתו טהורה].

אמרינן בירושלמי, דמקום שנהגו להדליק חשיבא טפי, ונפקא מינה לעיר חדשה שראוי לנהוג כן.

(ואם יש לו נר בבית, חייב להדליק בחדר שישכב שם - ר"ל אף במקום שנהגו שלא להדליק, **כדי שלא יבא לידי תשמיש עם אשתו, מאחר שרואה אותה אצל הנר שבביתו)** - המ"א מיישב המנהג שאין נוהגין כן, וכתב דמ"מ יש להחמיר, **אכן** באשתו כשהיא נדה, דבלא"ה בדיל מינה משום נדותה, יש להקל כשמדליק בשולחן ולא בחדר, [**ומ"מ** במקום שנהגו להדליק, נראה דבודאי צריך להדליק אף בחדר זה].

ואם חל להיות בשבת, חייבין הכל להדליק.

הגה: ומברכין: להדליק נר של שבת ושל יום הכיפורים.

סעיף ב - יש מי שאומר שמברך על הדלקת נר יום הכפורים - היינו במקום שנוהגין להדליק, שוב ממילא הוי ליה חיובא עליו להדליק משום שלום בית, כמו בשבת.

הגה: וכן המנהג במדינות אלו - דהיינו שנוהגין לברך: אקב"ו להדליק נר של יוה"כ.

[**ודע**, דהפר"ח וכן הגר"א הסכימו כפוסקים דס"ל שלא לברך, כיון דתלוי במנהגא לא תקנו רבנן לברך ע"ז, **אכן** בהרבה אחרונים שראיתי, כולם העתיקו דברי רמ"א לדינא, **ומ"מ** נ"ל, דבמדינות אחרות שאין מנהג קבוע לזה, בודאי יותר טוב להנהיג שלא לברך].

סעיף ג - בכל מקום מדליקין בבתי כנסיות ובבתי מדרשות ובמבואות האפלים וע"ג החולים - ובכל אלו אין לברך לכו"ע, דאין כאן משום שלום בית, [ב"ח ופר"ח, **ומשמע** לכאורה מדבריהם דקאי על הכל, דהיינו ע"ג חולים ג"כ, **ולדידי** צ"ע, דלכאורה גם שם שייך שלום בית, שאותן המשמשין לפניו יראו מה להביא לפניו].

סעיף ד - נוהגים בכל מקום להרבות נרות בבתי כנסיות, ולהציע בגדים נאים בבית הכנסת - דדרשינן: לקדוש ד' מכובד, זה יוה"כ, וכיון דאין לכבדו באכילה ושתיה, כבדהו בכסות נקיה, **ונרות** הוי ג"כ כבוד היום, דכתיב: על כן באורים כבדו ד', ומתרגמינן: בפנסיא יקרו ד'. **ואין** מקבלין שעוה ממומר לעכו"ם שנתן נדבה לביהכ"נ, **ואם** יש חשש איבה, וכ"ש שר, מקבלין ממנו, וצ"ע.

הגה: ונוהגים שכל איש, גדול או קטן, עושין לו נר - ועכשיו אין עושין נרות אלא לנשוי, **ואין** לעשות נר לאשה, עיין במ"א הטעם.

בילקוט שופטים איתא, לעשות פתילות עבות בבהכ"נ, כדי להרבות אורן.

גם נר נשמה לאביו ולאמו שמתו - לכפר עליהם, ומשמע מלשון זה דסגי בנר אחד, ועיין בא"ר, **וכן נכון, וכן כתבו מקלת רבוותא.**

ואם כבו נרות אלו ביום הכיפורים, אין לומר לאינו יהודי שיחזור וידליקם - אפילו ברמיזה, ומצוה עושה כשיניחה כך מכובה, **ונהגו** ליקח עכו"ם לשמור הנרות, שלא יבואו ח"ו לידי דליקה, ומכח זה נהגו לומר לו לכבות ולהדליק, ויש למחות בידם, [**ואפי'** אם הישראל אמר להעכו"ם הזה מעיו"כ, **אכן** לענין לקבל שעוה הנוטף, אם אמר לו זה מעיו"כ, והשעוה שייך לצדקה, אין להחמיר בזה].

ואף אם העכו"ם רוצה להדליק מעצמו, צריך למחות בידו, מאחר שהוא בשביל ישראל, [**ובמטה** אפרים כתב, דאם רוצה מעצמו לחזור ולהדליק א"צ למחות בידו, ואפשר דצירף בזה דעת בעל העיטור, או אפשר דמיירי במקום שלא יהנה ממנו אח"כ, **וצ"ע**].

ומאחר שהעולם מקפידים אם כבה נרו, אע"פ שלדעתי אין בו משום חשש, דלפעמים נכבה מחמת רוח, או מחמת חום, **מ"מ** כיון שהעולם מקפידים, ראוי לכל אדם ליתן נרו לשמש, ולא ישגיח עליו כלל, וגם המותר יניח בבהכ"נ - ח"א.

מי שכבה נרו ביום כיפור, יחזור וידליקנו במוצאי יום כיפור, ואל יכבנו עוד, אלא יניחנו לדלוק עד גמירא; וגם יקבל עליו שכל ימיו לא יכבה במוצאי יום הכיפורים נרו, לא הוא ולא אחר, (כך נמצא במנהגים ישנים).

ויש אומרים שיש להציע השלחנות ביו"כ כמו בשבת, וכן נוהגין - משום דאקרי "שבת שבתון".

יש שכתבו שנהגו ללבוש בגדים לבנים נקיים ביוה"כ, דוגמת מלאכי השרת - ומטעם זה נהגו ללבוש בגדי פשתן לבן נקיים, כמו שכתוב: איש אחד לבוש בדים.

וכן נוהגין ללבוש הקיטל שהוא לבן ונקי, גם הוא בגד מתים, ועל ידי זה לב האדם נכנע ונשבר - וגם אבל תוך י"ב חודש על אביו ואמו, או תוך ל' על שאר קרובים, יכול ללבשו, **ויש** מקומות שנוהגים שאין האבל לובשו. **אין** לכנוס לבית הכסא בקיטל, שהוא מיוחד לתפלה, אבל להשתין בו מותר.

ונוהגין שגם הנשים לובשים בגדים לבנים ונקיים לכבוד היום, **אבל** לא יקשטו עצמן בתכשיטין שמתקשטין בהם בשבת ויו"ט, מפני אימת יום הדין, **ואין** נוהגות ללבוש קיטל.

§ סימן תריא – שליל יום הכפורים דינו כיומו §

סעיף א - יום הכיפורים לילו כיומו לכל דבר - דכתיב: מערב עד ערב.

ומה הם הדברים האסורים בו: מלאכה, אכילה, שתיה, רחיצה, סיכה, נעילת הסנדל, תשמיש המטה - בגמרא ילפינן להו מכמה קראי, דכל הני נקרא "עינוי", וממילא כולהו בכלל "ועניתם את נפשותיכם".

ואין חיוב כרת אלא על מלאכה ואכילה ושתיה - אבל אינך אין בהם אלא איסורא גרידא, **מ"מ** יש אומרים שהוא מן התורה, דהא ילפינן להו בש"ס מקראי, **וי"א** שאינן אלא מדרבנן, וקראי אסמכתא בעלמא נינהו, **ונ"מ** לענין איזה ספק, ולמעשה ראוי להחמיר.

סעיף ב - כל מלאכה שחייבים עליה בשבת, חייבים עליה ביוה"כ; וכל שבשבת פטור אבל אסור, גם ביוה"כ כן; אלא שבשבת זדונו בסקילה, ויום הכיפורים זדונו בכרת - וגם האידנא דאינו נוהג דיני נפשות, מ"מ נ"מ לענין קים ליה בדרבה מיניה, דהחובל בחבירו בשבת, כיון דהיה מחויב מיתה בידי אדם, פטור מתשלומין, ואפילו בחובל בשוגג, **משא"כ** ביוה"כ שאין בו רק כרת.

וכל שאסור לטלטלו בשבת, אסור לטלטלו ביום הכיפורים – (עיין לעיל סימן תט"ז, דיש עירוב והוצאה ליוה"כ, **וכתבו** האחרונים, דגם איסור מחמר יש ביוה"כ. ודע, דמערבין עירובי חצירות ועירובי תחומין בפת, אע"ג דאסור באכילה, מ"מ הרי חזי לקטנים שאינם מתענים).

והתירו לקנב ירק - יש שפירשו דהאי קניבה, הוא שנותק או מחתך העלים מן הקלחים התלושין, כדי להשוותן שיהיו מוכנים לחתכן בערב, **ואע"ג** דקטרח בשביל ערב שהוא חול, התירו כדי שלא יצטרך לתקן הכל בערב, ותהא נפשו עגומה עליו, **ויש** שפירשו, דקניבה הוא הדחת הירק לצורך ערב, ושרי ג"כ מטעם הנ"ל.

(**ואפילו בדבר שאינו נאכל כמות שהוא חי, כמו כרבא וקרא, ג"כ שרי לקנב, דכמו שהתירו הכנה לחול משום עגמת נפש, כמו כן התירו מוקצה ג"כ מטעם זה**).

ולפצוע אגוזים - כדי שיהיו מוכנים לצורך סעודת ערב, ולא יצטרך לטרוח בהם לאחר התענית, (**ומותר אפילו לפצוע ולהוציא המאכל**).

מן המנחה ולמעלה - ר"ל מנחה קטנה שהוא סמוך לערב, והוא שעה שדרך בני אדם לתקן מאכלם בחול, וניכר שלצורך לילה הוא עושה, [**ובזה** מתורץ ג"כ מה שיש לדקדק על היתר דפציעת אגוזים, מאחר שאינו לאכול לאלתר, והלא לעיל סי' שכ"א סי"ט בהגה מוכח דאסור, **אכן** לפי הנ"ל ניחא, דכיון דהוא סמוך לערב, הוי כמו שמכין עצמו לאכול לאלתר, **ולפי"ז** פשוט, אם אין לו ירק או אגוזים הרבה, ואינו צריך להשהות עליהם זמן מרובה, בודאי יש לו לאחר הדבר עד סמוך לחשיכה, כדי שיהא סמוך לסעודת ערב].

אבל קודם המנחה אסור, שנראה כמתקן לצורך היום, [**ולפי** מה שכתבנו לעיל לענין אגוזים, בלא"ה אסור משום חששא דדש]. (**ע"ש** בסי' שכ"א דהוא משום בורר, וגם בדש לא מהני היתר דלאלתר, עיין סי' שי"ט ס"ו, וצ"ע).

כשחל בחול - אבל כשחל יוה"כ בשבת לא התירו, כדי שלא יבא לעשות כן בכל שבתות השנה, להכין ביום לצורך הלילה.

והאידנא נהגו לאסור - לפי שבדורות האחרונים התחילו לקלקל, ולמהר לעשות דברים אלו קודם המנחה, לפיכך בטלו להיתר דקניבת ירק ופציעת אגוזים לגמרי.

(ודע עוד דבירושלמי משמע, דכשם שהתירו קניבת ירק, כך התירו לאמר לעכו"ם לבשל אלאחר התענית, וצ"ע שלא העתיקוהו הפוסקים, **ואפשר** משום דלמסקנא גם בקניבת ירק אנו מחמירין, משום דילמא מקדמי, וה"ה מטעם זה גם לענין אמירה לעכו"ם יש לחוש לזה).

הגה: אם נפלה דליקה ביוה"כ, מותר להציל סעודה אחת לצורך לילה - שלאחר יוה"כ, כדי שלא יצטרכו להתענות עוד כשלא יהיה להם מה לאכול, **כמו שמציל בשבת לסעודת מנחה** - ר"ל אפילו נפלה דליקה בצהרים, אחר שאכלו סעודת שחרית.

וכבר נתבאר סימן של"ד כילד נוהגים בזמן הזה בדליקה בשבת, והוא הדין ביו"כ.

ונהגו שהתינוקות משחקים באגוזים - ודוקא על השלחן ולא על גבי קרקע, דאתו לאשווי גומות, כמ"ש סימן של"ח, **ואין למחות בידם, אפילו קודם מנחה, ונשתרבב המנהג מדין הפצעת אגוזים הנזכר.**

§ סימן תריב – איסור אכילה ביו"כ ושיעור כמותה §

סעיף א- האוכל ביום הכיפורים ככותבת הגסה, חייב - אע"ג דבכל איסורי התורה משערינן בכזית, **כל** זה היכי דכתיבי "אכילה", משא"כ ביו"כ דלא כתיב "אכילה", אלא מנע הכתוב את האכילה בלשון "עינוי", כדכתיב: הנפש אשר לא תעונה, **וקים** להו לחכמים דבפחות מכותבת לא מייתבא דעתיה כלל, והרי הוא רעב ומעונה כבתחלה.

(**מתבאר** בש"ס דככותבת היינו עם גרעינתה, ולכאורה דאם אכל הכותבת עצמה פטור, שהרי חסר מקום הגרעין, והגרעין בעצמו אין לצרפו, שהרי קשה הוא ואין ראוי כלל לאכילת אדם, **ולפי"ז** אפילו בלעו ביחד עם הפרי לכאורה אינו מועיל, שהרי בעינן לאתוביה דעתיה, ובציר משיעור לא מייתבי דעתיה, **אלא** דאינו מיושב לפי"ז קצת, דנקט תנא שיעורא דאכילה ביוה"כ בככותבת, וכותבת עצמה אינה בכלל, **אמנם** אח"כ מצאתי ברי"ף, דיש תמרים רכים שנאכלים עם הגרעינים, והיינו אפילו לאדם).

והוא פחות מכביצה מעט - ר"ל ביצה בינונית, **ועיין** בדגול מרבבה שכתב, דכביצה האמור כאן הוא בלי קליפה, **ובתשובת** בנין ציון החדשות חולק עליו.

ושיעור זה שוה לכל אדם, בין לננס בין לעוג מלך הבשן - דקים להו לחכמים, דבשיעור זה מייתבא דעתיה דכל אדם מעט או הרבה, ובבציר מזה לא מייתבא דעתיה דשום אינש.

והנה מה שהורה לנו המחבר השיעור לענין חיוב, אף דאיסורו הוא אפילו בכל שהוא, **משום** דנ"מ מזה אודות חולה, דמאכילין אותו פחות מכשיעור, וע"כ צריכין אנו לידע השיעור של חיובא.

סעיף ב- כל האוכלים מצטרפים לשיעור זה, אפי' מלח שעל הבשר, וציר שעל ירק - דבאין להכשיר את האוכל, וכל דבר שבא להכשיר את האוכל חשוב כאוכל, **וה"ה** בשרה פתו ביין או במים, מצטרף היין או המים להפת.

אבל אכילה ושתיה אינן מצטרפות - שאם אכל פחות מככותבת, ושתה ג"כ פחות מכשיעור, אינן מצטרפות ביחד לחייבו, דקים להו לחכמים, שאין דעתו מתיישבת בכך.

סעיף ג- אכל וחזר ואכל, אם יש מתחלת אכילה ראשונה עד סוף אכילה אחרונה כדי אכילת פרס, מצטרפין - וה"ה אם אוכל בלי הפסק, אלא שפירר את האוכל לפירורים קטנים ואכלם, ועי"ז נשתהא באכילתו הרבה, ג"כ בעינן שיהא מתחלת אכילתו עד סופו רק כדי אכילת פרס.

ואם לאו - ר"ל ששהא באכילתו יותר משיעור אכילת פרס, **אין מצטרפין** - תחלת אכילה לסופה להתחייב כרת, [וכמו בכל מקום לענין שיעור כזית, **ואע"ג**

דשיעורא דיוה"כ גדול טפי, מ"מ שיערו חכמים, דגם בזה לא מייתבא דעתיה ביותר משיעור דאכילת פרס].

סעיף ד - שיעור אכילת פרס, יש אומרים ד' ביצים; ויש אומרים ג' ביצים - ולענין הלכה, כל שהוא בשל תורה הלך אחרי המחמיר, וכל שהוא בשל דבריהם הלך אחרי המיקל.

(שוחקות) - כל ביצה במילוי ובריוח ולא בצימצום.

סעיף ה - הא דבעינן שיעור - היינו בין לענין אכילה, בין לענין שתיה, כדלקמן ס"ט, **היינו לחיוב כרת או חטאת, אבל איסורא איכא בכל שהוא** - מן התורה.

סעיף ו - אכל אוכלים שאינם ראוים לאכילה - היינו דברים מרים או נבאשים, עד שאינם ראוים מחמת זה לאכילה כלל, «פטור».

(**ודע דפשוט**, באוכל מאכלים שראוים רק לבהמה, ג"כ פטור, **ולענין** בשר חי, לכאורה פשוט שחייב, שיש בני אדם אוכלים אותו).

ודברים ראוים לאכילה רק שהם איסורים, כגון חלב ונבילה וטרפה וכה"ג, בודאי חייבים עליהם גם מחמת יוה"כ.

או שאכל אכילה גסה, כגון מיד על אכילה שאכל ערב יום הכיפורים - דאל"כ האיך משכחת לה אכילה גסה, דעכ"פ חייב למה שאכל תחלה באיסור, קודם שיבא לידי אכילה גסה, **עד שקץ במזונו** - שאוכל עכשיו, **פטור** - דאכילה גסה לא שמה אכילה, **ומ"מ** לכתחילה יש איסור בזה, וכן באוכלים שאינם ראוים לאכילה, יש איסור לכתחלה מדרבנן, [ומכין אותו מכת מרדות], **ואפילו** בחצי שיעור מהן ג"כ יש ליזהר לכתחלה.

ולאפוקי אם אינו קץ, ורק שהיה שבע ואינו מתאוה לאכול, ואעפ"כ הוא מרגיש טעם כשאוכל, חייב.

הגה: ואם אכל מאכלים מבושמים או מתובלים על אכילתו, חייב, דרווחא לבסומי שכיחא - והב"ח כתב, דאם אכל עד שקץ במזונו, אפילו בזה פטור, **אכן** באמת הכל תלוי לפי מה שהוא מרגיש בנפשו, דבסתם תלינן דבמאכל מתובל כשהוא אוכל, אפילו אם היה מתחלה שבע ביותר, אינו קץ בה, ובזה מיירי הרמ"א, **ואעפ"כ** אם מרגיש בנפשו שכואב לו האכילה וקץ בה, פטור.

ואסור ביו"כ לטעום דבר ולפלוט - אפילו פחות מכשיעור, ואפילו אם יודע שיכול לעמוד על עצמו שלא יבלע כלום, [דהוא איסור מחמת עצמו].

אפילו עלי בשמים - שהוא עץ בעלמא, דמ"מ כשלועסו מרגיש טעם, **אבל** מותר להריח למלאות מנין מאה ברכות, וכל זמן שלא הסיח דעתו מלהריח אסור לחזור ולברך, דהוי ברכה שא"צ, **ויש** אנשים שמריחים במים המריחים, שקורין שפירטוז, ואין מברכים עליו כלל, ועושים איסור, **אבל** כשאינו מריח, אין צריך לברך עליו כלל.

[**ועוד** עושין איסור, שקושרין קשר בפאטשייל"א, ושופכין עליו שפירטוז, **והנה** הקשר בקצה א' הוא מלאכה, **ומה** ששופכין עליו שפירטוז ג"כ הוא איסור, שמולידין בו ריח].

וע"ל סימן תקס"ז סעיף ג' בהג"ה.

סעיף ז - אכל עלי קנים - יש גורסין "עלי גפנים", **פטור** - והטעם, משום דאינם ראוים לאכילה, [**וה"ה** עלי תאנים ועלי שאר אילנות, **אבל** עלי ירקות חייב, דראוין לאכילה נינהו, **ופשוט** דלא כל עלי ירקות בכלל זה, אלא אותם שהם ראויים לאכילת אדם קודם בישולם].

ולולבי גפנים שלבלבו - פי' שהניצו, וכדמתרגמינן "ויוצא פרח ויצץ ציץ", "ואפיק לבלבין", **קודם ראש השנה, פטור, דעץ בעלמא הם.**

ואם לבלבו (בארץ ישראל) מראש השנה ועד יום הכפורים, חייב - משום דעדיין לחין ורכין הן וראוין לאכילה.

סעיף ח - כס (פירוש שכסס ופלע אותס בשיניו) פלפלי או זנגבילא, אם הם יבשים, פטור, דלא חזו לאכילה - ומיירי שבלעם, דאל"ה אפילו רטובים פטור, **וקראם** בשם כסיסה, משום דפלפל יבש, או זנגביל שקורין אינגבער, הוא דבר שאין

דרכן לאכול, ולכן פטור, **וכל** פטור דאתמר הכא, פטור אבל אסור.

ואם הם רטובים, חייב.

סעיף ט - השותה ביוה"כ מלא לוגמיו (פירוש מלא פיו), חייב - דקים להו לרבנן, דבשיעור זה מתיישב דעתו של אדם, ואזל ממנו העינוי.

ומשערים בכל אדם לפי מה שהוא, הגדול לפי גדלו, והקטן לפי קטנו - ר"ל דכאן אין השיעור שוה לכל אדם, כמו באכילה בס"א, **משום** דלענין שתיה קים להו לחכמים, דלא מייתבא דעתיה של אדם אלא במלא לוגמיו דידיה.

ולא מלא לוגמיו ממש, אלא כדי שיסלקנו לצד אחד בפיו ויראה כמלא לוגמיו - ר"ל דלא בעינן שיהא שני הלחיים מלאין משקה, אלא די שיהא אחד מלא ובולט, אלא שאז יראה ממילא כאלו שניהם מלאין, [**ומבואר** בגמרא, דבעינן מלא לוגמיו בריוח].

והוא פחות מרביעית באדם בינוני - משמע דהוא קרוב לרביעית, **אמנם** בסימן רע"א סי"ג כתב, דהוא רובו של רביעית, ועיין בבה"ל שם.

ולפעמים המלא לוגמיו ברביעית או יותר מרביעית, כגון באדם גדול ביותר, **ולהיפך** באדם קטן, דמלא לוגמיו דידיה הוא פחות מרוב רביעית, ג"כ חייב, כיון דמייתב דעתיה עי"ז.

וכל המשקים מצטרפים לכשיעור.

הגה: שתה משקין שאינן ראויין לשתיה, כגון ציר - הוא מה ששותת מן הדג כששורין אותו במלח, **או מורייס** - הוא שומן היוצא מן הדגים, **וחומץ חי, פטור** - ודוקא שהחומץ מבעבע כשמשליכין אותו על הארץ, דאז אינו ראוי לשתיה, **ופטור** אפילו שתה הרבה יותר מכשיעור, דכיון שהוא חומץ חזק טפי מזיקו, **וי"א** דכששותה הרבה חייב, משום דאז שובר רעבונו, והתורה אמרה: אשר לא תעונה, **אבל** אסור לכו"ע אפילו בפורתא.

אבל חומץ מזוג, חייב - דראוי הוא לשתיה.

סעיף י - שתה מעט וחזר ושתה, אם יש מתחלת שתיה ראשונה עד סוף שתיה אחרונה כדי שתיית רביעית, מצטרפין לכשיעור; ואם לאו, אין מצטרפין – (מוכח מזה, דמה ששהא בשעת השתיה הוא בכלל השיעור, וא"צ שישהא שיעור שתיית רביעית בין שתיה לשתיה, **אלא** כל ששהא בין השתיות והשהיות יותר מרביעית פטור, ודין זה הוא אפילו לא הפסיק כלל, **אלא** ששתה מעט מעט עד ששהא עי"ז יותר משתיית רביעית, פטור).

ויש אומרים ששיעור צירוף השתיות כדי אכילת פרס, כמו צירוף אכילות - מלשון המחבר משמע, דהעיקר כדעה א', **אבל** הפר"ח והגר"א כתבו, דהעיקר כדעה השניה.

הגה: מותר ליגע ביו"כ באוכלין ומשקין וליתן לקטנים, ולא חיישינן שיאכל או ישתה אם יגע - ולא דמי לחמץ בפסח שאסור ליגע בו, משום שמא יבוא לאכלו, **משום** שבפסח הוא אוכל שאר דברים, לכך חיישינן שיאכל גם את זה, משא"כ ביוה"כ דבדיל מכל דבר אכילה ושתיה, **ועוד** דאימת יום הדין עליו, לכך לא חיישינן שישכח, **ואפילו** אם התינוק יכול ליטלו בעצמו, ג"כ אין להחמיר בזה.

§ סימן תריג – איסור רחיצה ביום כפור §

סעיף א - אסור לרחוץ ביום הכיפורים, בין בחמין בין בצונן; ואפי' להושיט אצבעו במים, אסור. ואם היו ידיו או רגליו או שאר גופו מלוכלכים בטיט או בצואה, או שנטף דם מחוטמו, מותר לרחצם - ומ"מ צריך ליזהר שלא ירחץ אלא מקום המטונף, **ואם** גופו מלוכלך בכמה מקומות, והוא טורח לרחוץ מקומות המטונפים כל אחד בפני עצמו, מותר לכנוס במים לרחוץ כל גופו בפעם אחת בכדי להסיר הלכלוך שעליו.

וכשרוחץ מחמת טינוף, יכוין שאינו להנאת רחיצה, רק להעביר הלכלוך, וכדלקמן בסוף ס"ב.

שלא אסרו אלא רחיצה של תענוג - מלשון זה משמע, דאם הזיעה הרבה, ורוצה לרחוץ להעביר הזיעה, מותר, כיון שאינה רחיצה של תענוג, **ומ"מ** מי שאינו איסטניס, וא"צ לרחיצה זו כ"כ, נכון להחמיר שלא לרחוץ בשביל העברת הזיעה, [**לחוש** לדעת הב"ח והט"ז והפר"ח שמחמירין בזה, ולדעתם הא דקאמר הטוש"ע: שלא אסרו אלא רחיצה של תענוג, לאו דוקא, ואתי רק לאפוקי היכי דרחיצה היה רק להעביר הלכלוך], **כמו** שאסור לסוך בשמן להעביר הזוהמא, כמו שמבואר בסימן תרי"ד.

סעיף ב - נוטל אדם ידיו שחרית - כדרכו בכל השנה ג' פעמים, כיון דבלא זה לא יכול ליגע בידיו לפה ולעינים ולאוזן משום סכנה, לא גרע מאם היה מלוכלך בטיט וכו', [**וגם** דסתם ידים מלוכלכות הן בבקר, שהרי אינו נזהר כל הלילה ממגע בית הסתרים].

ומברך: על נטילת ידים, ויזהר שלא יטול אלא עד סוף קשרי אצבעותיו, (ולא יכוין להנאת רחיצה, רק להעביר הרוח רעה מעל הידים) - אבל פניו לא ירחץ כלל, ועיין לקמן בס"ד.

סעיף ג - אם הטיל מים ושפשף בידו, או עשה צרכיו וקינח, מותר לרחוץ, דהוה ליה ידיו מלוכלכות, (ורוחץ עד סוף קשרי אצבעותיו).

מלשון זה משמע, דאם לא קינח בגדולים, ולא שפשף בקטנים, אסור לו לרחוץ, **ובאמת** יש מחלוקת הפוסקים בזה, די"א דאפילו לא קינח ושפשף יש לו לרחוץ ידיו, משום "הכון לקראת אלקיך ישראל", דהא צריך לברך "אשר יצר", **וע"כ** הסכימו האחרונים, דנכון לכתחלה לקנח ולשפשף, כדי להוציא נפשיה מפלוגתא, דבזה לכו"ע מותר לרחוץ.

בד"א בליל יוה"כ אחר התפלה, אבל ביום שמתפללין כל היום, אם הטיל מים אע"פ שלא שפשף, או שעשה צרכיו אף שלא קינח, מותר ליטול ידיו עד סוף קשרי אצבעותיו, וכדלקמיה, [ור"ל דהא יהיה צריך להתפלל מוסף ומנחה ונעילה. **ומשום** שאר דברי קדושה, כגון תפילות ופיוטים שאנו אומרים, או משום לברך "אשר יצר" בלבד, כבר כתב דטוב שישפשף כדי להוציא נפשיה מפלוגתא].

ואם רוצה להתפלל, אפילו לא קנח, נמי מותר ליטול עד סוף קשרי אצבעותיו - ולא יותר, אפילו עשה צרכיו וקינח, [והיינו אם אינו מלוכלך למעלה ממקום זה]. **ועיין** בדה"ח, דה"ה אם נגע בגופו במקומות המכוסים, ששם הוא מקום זיעה, אפילו לא נגע רק באצבע אחת, צריך לרחוץ כל ידו עד קשרי אצבעותיו, **ואם** נגע בידו בטיט או ברפש, א"צ לרחוץ רק מקום המלוכלך בלבד, והיינו אפילו לתפלה.

משמע מזה, דאם לא עשה צרכיו כלל, אין לו ליטול ידים בשביל תפלה בלבד, **אף** דמבואר לעיל בסי' רל"ג ס"ב, דבשביל תפלה בלבד מצוה ליטול ידים, **הכא** משום חומר יוה"כ, חשש לאותן הפוסקים דסברי, דבשביל תפלה בלבד לא תקנו ליטול ידים, כי אם בשחרית משום דנעשה כבריה חדשה, [**ובפרט** בזמנינו שאנו כל היום בביהכ"נ, י"ל בפשיטות, דבשביל שעוסק תמיד בתפילות ופיוטים, הרי הוא משמר ידיו וא"צ ליטול מחדש].

(ודע, דאם יצא מביה"כ קבוע, אפילו לא עשה שם צרכיו, מצדד במשב"ז דצריך ליטול ידיו, דהא רוח רעה שורה על ידיו, ודומיא דנט"י שחרית, **ואפילו** שלא לתפלה יהיה מותר מטעם זה לרחוץ ידיו, **אכן** בביאורו למ"א נסתפק בזה, וכן בחידושי רע"א נסתפק בזה, **אכן** במטה אפרים מצדד למעשה, דלא יטול ידיו אם נשארו נקיים כבתחילה, רק יש לו לנקותם בצרור או בכותל, לפי שהיה במקום מטונף שמא נגע באיזה דבר ויצא מלבו, **ואם** לבו תוהא עליו בשביל שאינו נוטל, רשאי הוא ליטול כדי שיהיה יכול להתפלל בדעה מיושבת).

הגה: וכן כהן העולה לדוכן נוטל ידיו, אף ע"פ שהן טהורות - והנטילה הוא עד הפרק, כמבואר לעיל בסימן קכ"ח ס"ו.

דכל רוב רחיצה שאינו מכוין בה לתענוג, מותרת (הג' מיימוני) - עיין במאמר מרדכי שנתקשה על תיבת "רוב", וגם בהגהת מיימוני ליכא תיבת "רוב", **ולכן אפילו בא מן הדרך ורגליו כהות, מותר לרחצן.**

סעיף ד - מי שהוא אסטניס ואין דעתו מיושבת עליו עד שיקנח פניו במים, מותר. הגה: ונהגו בזה להחמיר, ואפי' ברחיצת

העיניס, שהיא קצת רפואה, נהגו להחמיר - ואם פניו מלוכלך קצת, או שיש לו לפלוף על עינו, יכול ללחלח אצבעו במים ולרחוץ במקום הלכלוך, או בכדי להעביר הלפלוף, **רק** יזהר שלא לרחוץ רק מקום המלוכלך בלבד.

אבל משום רפואה גמורה מותר לרחוץ, במקום שאין איסור משום רפואה בשבת, [**והיינו** שע"י חולי העין נמשך הכאב לכל הגוף, או דמיירי בסכנת אבר, או סתם חולי כל הגוף אף שאין בו סכנה, דהותר בכל זה לעשות רפואה שאין בה מלאכה], **דלא** גרע ממי שבא מן הדרך ורגליו כהות, [**אבל** משום חולי עינו בלבד, כל זמן שאין בו הפרטים המבוארים בסימן שכ"ח ס"ט, אין מחללין בשום מלאכה אפילו שבות, משום גזרה דשחיקת סמנים], **וביש** בו סימנים הללו, כבר הוא חולה שיש בו סכנה.

ואסור לרחוץ פיו ביוה"כ, כמו שנתבאר לעיל סי' תקס"ז ס"ג - שמא יבלע קצת בגרונו.

סעיף ה - ההולך לבית המדרש, או להקביל פני אביו או רבו, או מי שגדול ממנו בחכמה - אבל בשוין אסור, **או לצרכי מצוה, יכול לעבור במים עד צוארו** - ואינו חושש משום איסור רחיצה ביוה"כ, כיון דהוא לדבר מצוה, ואינו מכוין כלל להנאת רחיצה.

ודוקא כשאין לו דרך אחרת להגיע שם למחוז חפצו.

בין בהליכה בין בחזרה - דאם לא כן אתה מכשילו לעתיד לבוא, שלא ירצה שוב לילך.

ובלבד שלא יוציא ידיו מתחת שפת חלוקו, להגביה שולי חלוקו על זרועו - דעי"ז אינו נראה כמלבוש, אלא כנושאה על כתפו, ואמר מר: היוצא בטלית מקופלת בשבת, חייב חטאת.

[**ויש** מן הפוסקים שכתבו טעם אחר, דהצריכו לעשות שנוי שלא יוציא ידו מתחת שפת חלוקו, אפי' להגביה חלוקו מעט, כדרך שעושין כל עוברי המים בחול, **כדי** שע"י השנוי יזכור שהיום אינו חול, ולא יבא לסחוט את בגדיו].

והוא שלא יהיו המים רודפים, דאם כן אף בחול אסור מפני הסכנה, אפילו אם אינם מגיעים אלא עד מתנים - לאו דוקא, אלא מעט למעלה מהם.

סעיף ו - הא דשרי לעבור בגופו במים לדבר מצוה, דוקא לעבור בגופו במים עצמן; אבל לעבור בספינה קטנה, יש מי שאוסר - וכ"ש לשוט ממש דאסור, **דרחיצה** שאינה אסורה אלא ביוה"כ, התירו, אבל לשוט דאסור בכל שבתות השנה, לא התירו, **ועוד** דרחיצה שאני, שיכול לעשות ע"י שינוי, דהיינו מה שאינו מוציא ידו מתחת חלוקו, ואית ליה היכרא וכנ"ל, **משא"כ** בשיטה, שאין יכול לעשות היכר שם, ויש גזירה שמא יעשה חבית של שייטין לשוט עליה, [**ועוד** טעם, דרחיצה שאינה של תענוג אינו איסור כ"כ, משא"כ שיטה].

ואפילו אין העכו"ם המוליכה עושה מלאכה בזה בעבור ישראל, ג"כ אין להקל.

[**ועיין** פמ"ג שכתב, דלעבור בספינה קטנה בשבת לצורך מנין עשרה, י"ל דאסור].

סעיף ז - הרב אסור לעבור במים כדי לילך אצל תלמידו.

סעיף ח - ההולך לשמור פירותיו, מותר לעבור במים בהליכה - משום הפסד ממון, **אבל לא בחזרה.**

הגה: וכל מקום דמותר לעבור במים, אפילו היה לו דרך שיכול להקיף ביבשה, מותר לעבור, דלמעט בהילוך עדיף טפי - והאחרונים הסכימו, דמוטב להקיף ולא לעבור.

סעיף ט - אסור להצטנן בטיט לח, אם הוא טופח ע"מ להטפיח - לאו דוקא בידים, אלא אפילו לישב, **והטעם**, כיון שיש בו טופח ע"מ להטפיח, עובר הלחלוחית ומתענג, ולהכי אסור, גמרא.

ואסור להצטנן בכלים שיש בהם מים, אפילו הם חסרים - וכ"ש מלאים, שיש לחוש שיתזו המים עליו, **בין של חרס בין של מתכות; אבל אם הם רקים, מותר; וכן בפירות ובתינוק.**

הגה: ואסור לשרות מפה מבעוד יום ולעשותה כמין כלים נגובים ולהכנתן בה ביו"כ, דחיישינן שמא לא תנגוב יפה ויבא לידי סחיטה - אבל מותר לקנח ידיו ורגליו עיו"כ במפה, ולמחר מעבירה על עיניו, דהיא עדיין לחה קצת מקינוח ידים דאתמול, דבזה לא חיישינן לסחיטה.

החולה רוחץ כדרכו, אע"פ שאינו מסוכן.

סעיף י - כלה, כל שלשים יום - אחר נשואיה, **מותרת לרחוץ פניה** - כדי שלא תתגנה על בעלה, **כתב** הח"א, נראה שזה היה בזמניהם, שלא היו בבהכ"נ כל היום, אבל בזה"ז שאינו רואה אותה כל היום, לא שמעתי שנוהגין בזה היתר.

סעיף יא - מי שראה קרי בזמן הזה ביום הכפורים, אם לח הוא, מקנחו במפה ודיו; ואם יבש הוא, או שנתלכלך - ר"ל שנתלכלך מזה בשרו בכמה מקומות, **רוחץ מקומות המלוכלכים בו לבד** - היינו שרוחץ בשרו ביד, ולא בבגד שלא יבא לידי סחיטה, **ומתפלל; ואסור לרחוץ גופו** - היינו בשאר מקומות, **או לטבול, אע"פ שבשאר ימות השנה הוא רגיל לטבול לתפלה** - וכן אסור לשפוך עליו ט' קבין מים, אפילו מי שנוהג כך בשאר ימות השנה.

דבזמן הזה אין צריך טבילה לבעל קרי מדינא, לא לדברי תורה ולא לתפלה, כדלעיל בסימן פ"ח, ואין להתיר משום זה איסור רחיצה.

סעיף יב - בזה"ז אסור לאשה לטבול ביוה"כ, אפילו הגיע זמן טבילתה בו ביום - ואפילו שלא לשם תשמיש, דזה בלא"ה אסור, אלא כדי שתהא טהורה, ג"כ אסור.

(**ודוקא** הם שהיו עוסקים בטהרות, היה צריך לטבול מיד כדי שלא יטמאו הטהרות, **אבל** השתא דהטבילה אינה באה אלא לטהרה לבעלה, יכולה היא לרחוץ ולחוף ערב יוה"כ, וחופפת מעט גם למוצאי יוה"כ, משום דצריך חפיפה סמוך לטבילה).

ואשה שלובשת לבנים ביוה"כ, מותרת לרחוץ מעט בין ירכותיה, [דהוא רחיצה שאינה של תענוג רק למצוה, ושרי וכנ"ל], **ולא** תרחץ בבגד, כי אם ביד, שלא תבוא לידי סחיטה.

§ סימן תריד – דיני סיכה ונעילת הסנדל §

סעיף א - אסור לסוך אפילו מקצת גופו, ואפילו אינו אלא להעביר הזוהמא - ר"ל דאף שהוא שלא לשם תענוג, אסור

אבל אם הוא חולה, אפילו אין בו סכנה, או שיש לו חטטין בראשו, מותר - והיינו דוקא במקום שנוהגין לסוך בחול אפילו איש בריא, **אבל** במקום שאין נוהגין לסוך בחול איש בריא, אסור לסוך ע"ג חטטין, בין ביו"ט ובין בשבת, דמוכח דהוא משום רפואה.

סעיף ב - אסור לנעול סנדל או מנעל של עור - "עור" אתרווייהו קאי, אלא דסנדל הוא של עור קשה, ומנעל הוא של עור רך.

(וע"כ צריך לחלוץ מבע"י, והיינו שגם בזה צריך ליתן מעט תוספות קודם בין השמשות כמו באכילה, וה"ה ברחיצה וסיכה ותשמיש).

(**כתב** הרמב"ם, דאפילו לנעול מנעל ברגל אחד אסור, וכמו שאסור ברחיצה יד אחד).

ואסור אפילו לטייל בו בבית ממטה למטה.

אפילו קב הקיטע - שנקטעה רגלו, עושה כמין דפוס רגל, ויש בה בית קבול קטן, ומכניס שם ראש שוקו, והוא קרוי קב, **ומיירי** המחבר בעשאו של עור, וה"ה אם הוא של עץ ומחופה עור, וכדלקמיה, **וכיוצא בו, אפילו של עץ ומחופה עור, אסור.**

אבל של גמי או של קש, או של בגד או של שאר מינים - כל זה מיירי כשאינו מחופה עור

לא למעלה ולא למטה, **מותר** - דכל שאינו של עור אינו נקרא מנעל אלא מלבוש, (**ואפילו אם הוא עשוי כתמונת מנעל ממש בצורתו, כיון שאין בו עור לא למעלה ולא למטה, וכ"ש פוזמקאות שלנו דשרי**).

אפילו לצאת בהם לרשות הרבים - ר"ל דאף שבכל שבתות השנה אסור לצאת בו לר"ה, כיון שאינו דרך מלבוש, **מ"מ** ביוה"כ כיון שאסור בנעילת הסנדל, וא"א לו לנעול מנעל של עור, נקרא זה דרך מלבוש לאותו היום.

ויש מאחרונים שמחמירין בשל עץ, אפילו אינו מחופה עור, **וכן** יש מחמירין שלא לצאת במנעל העשוי מלבדים, שקורין וואליק, ועשוי כמנעל שלנו, והוא מגין על רגל ואינו מרגיש כלל שהוא יחף, ולאו בכלל עינוי הוא, **ולפי"ז** ה"ה קאלאשין של גומא יש להחמיר, [**וע"כ** העצה כשילך ברחוב ילך בלבדים רכים, באופן שירגיש הקרקע למטה ברגליו, ומרגיש שהוא יחף]. **והנה** אף שאין למחות ביד המקילין, אחרי שהשו"ע ורוב אחרונים מקילין בזה, מ"מ מי שאפשר לו נכון להחמיר בזה, ולילך באנפלאות של בגד כנהוג, **אכן** אם צריך לצאת החוצה, נכון יותר שילבש אלו הלבדים או הקאלאשין, ולא מנעלים של עור שיש בהם איסור מדינא, משא"כ אלו שהם רק משום חומרא.

(ומותר לעמוד על כרים וכסתות של עור - שאין זה הנאת דרך נעילה, ולא אסרו אלא כשהוא מנעילו ברגליו, **ומ"מ המחמיר תבא עליו ברכה).**

ופר"ח הסכים לדעת הרדב"ז המובא במ"א, דאין כאן בית מיחוש כלל, **בד"א** שלא בשעת תפלת י"ח, אבל בשעה שמתפלל תפלת י"ח, אסור לעמוד ע"ג כרים וכסתות, אפילו אינן של עור, משום שנראה כמתגאה אם יעמוד אז על כרים וכסתות, ואפילו אינן גבוהין ג"ט, [דבדברים וכסתות הוא דרך גאוה], **אבל** מותר לעמוד כשהוא איש מצונן, על מעט עשבים להפסיק בין הקרקע, [דבזה לא שייך גאוה כלל].

סעיף ג - החיה, כל שלשים יום מותרת לנעול את הסנדל - דעד אותו הזמן הצינה קשה לה, **והחולה כיוצא בה, אע"פ שאין בו סכנה; וכן מי שיש לו מכה ברגליו** - דהצינה קשה להם.

סעיף ד - מותר כל אדם לנעול סנדל מחמת עקרב וכיוצא בו, כדי שלא ישכנו; אם מצוים שם עקרבים או דברים הנושכים - ואפילו אינו הולך לדבר מצוה, אלא לצרכי עצמו.

הגה: ואם ירדו גשמים ורוצה לילך לביתו מבית הכנסת או להיפך, והוא איסטניס, מותר לנעול מנעליו עד שמגיע למקומו - איסטניס הוא איש מצונן, (**ועיין מש"כ הגר"א בשם הרשב"א, דהוא איש מצונן ומסוכן מחמת הצינה, ר"ל שיכול להזיק לו הצינה, וכמו שהתיר ר"א לחיה מטעם זה, ודלא כמו שכתב הלבוש, דהיינו שאם לא ינעול יצטער, דזה אינו בכלל איסטניס**).

(**ואיש כזה, אפילו בלא ירדו גשמים מותר לנעול סוליס, והיינו סנדל בלא עקב, והנה מה שזכר רמ"א "אם ירדו גשמים", אפשר דבא לדיוקא, דבלא איסטניס אפילו ירדו גשמים אסור**).

וה"ה אם הוא איש חלש, ויכול להזיק לבריאותו כשילך במקום הגשמים בלא מנעלים.

ולא יגע בהמנעלים כי אם ע"י בגד, ואם נגע בהם שלא ע"י בגד, צריך ליטול ידיו במקום שנגע בהן, **וישלחם** לביתו, או יניחם במקום מוצנע בביהכ"נ, לפי שלכלוך של המנעלים הוא זלזול לביהכ"נ ביום קדוש הזה, שחייבים לכבדו בכסות נקיה ובכל דבר טהרה.

אבל מי שאינו איסטניס, לא ינעול מנעליו אם צריך לו לילך, אפילו אם ירדו גשמים, ובפרט שהולכים באנפלאות, א"כ אין להם צער כ"כ בלא מנעלים, **אם** לא שיש שם בארץ רפש וטיט, דאז כו"ע כאיסטניס בזה.

וה"ה אם רוצה לילך לבית הכסא, ויודע שילכלך שם רגליו במקום מטונף, מותר לנעול מנעליו, **אבל** תיכף כשיוצא משם צריך להסיר אותם, **וכן** איסטניס, תיכף כשיבוא למקום שאין לו צער צריך להסיר אותם, **דלא** כאותן שנוהגין שהולכין בסנדל ברחוב, ואפילו בבהכ"נ עד שיושבין על מקומם, ואיסור גדול הוא, **ואפילו** במקום שמותר לנעול, יראה עכ"פ לחלוף של

ימין בשמאל ושל שמאל בימין, [**וטוב** יותר אם יכול להשיג לנעול סנדל בלא עקב, **ודוקא** באיסטניס, אבל בלא זה אינו מועיל כלל].

(**ואם צריך לילך לדבר מצוה, והוא מפונק ואין יכול לילך בלא מנעלים**, דעת הבה"ג דאסור, **ואינו** דומה נעילה לרחיצה, דהתירו לעבור במים כדי לקבל פני רבו, **ודעת** הטור להתיר בזה, **והט"ז** כתב דחלילה להטור להתיר בזה,

ועיין בפמ"ג דמפרש להט"ז, דמיירי באפשר לו על פי הדחק לילך בלא מנעלים, **הלא"ה גם הט"ז מודה דשרי, ומדברי יד אפרים משמע**, דלהט"ז בכל גווני אסור, **ומוטב** שיתבטל המצוה ולא ללבוש מנעלים, **וצ"ע למעשה**).

כתבו האחרונים, דאם צריך לילך לבין הנכרים, אעפ"כ אסור לנעול סנדל, אף דאיכא למיחש שילעיגו עליו, כיון די"א שהוא דאורייתא.

§ סימן תרטו – יום הכפורים אסור בתשמיש המטה §

סעיף א - יום הכיפורים אסור בתשמיש המטה, ואסור ליגע באשתו כאלו היא נדה - בין בלילה בין ביום, **וגם** לא ירבה עמה בדברים, וכן בכל הפרטים שנתבאר ביו"ד סימן קצ"ה.

וכן אסור לישן עם אשתו במטה - אפילו הוא בבגדו והיא בבגדה.

סעיף ב - הרואה קרי בליל יוה"כ, ידאג כל השנה - שמא לא קבלו תעניתו, ושמראים לו שהקב"ה אין חפץ בשימושיו.

ועיין באחרונים שכתבו, דהוא דוקא כשלא היה מחמת רוב אכילה ושתיה, או מחמת הרהור וכדומה, **אבל** כשידע שבא מחמת הרהור וכדומה, אף דגדול עונו, מ"מ אינו בספק מיתה, כי הוא בעצמו גרם לו, **וכן** אם עלתה לו שנה, אינו מובטח שהוא בן עוה"ב.

איתא בספרים, דעיקר תיקון למי שנכשל ח"ו בזה, שיתחזק מכאן ולהבא בימי חייו בלימוד התורה, וזכות התורה תגין עליו, **וכדאיתא** במדרש תנחומא: אם חטא אדם ונתחייב מיתה לשמים, מה יעשה ויחיה, אם למוד לשנות פרק אחד, ישנה שני פרקים, ואם למוד לשנות דף אחד, ישנה שני דפים, [**ואין** כוונת המדרש דבתורה לבד יוצא, אפי' בלא מדת החסד כלל, דהלא כבר אמרו חז"ל: דהאומר אין לי אלא תורה, אפי' תורה אין לו, **אלא** ר"ל דעיקר התיקון הוא ע"י תורה, למי שיכולת בידו להבין ד"ת, אבל מ"מ צריך לעסוק גם בחסד ולרחם על הבריות, ועבור זה יכופר עונותיו, וכדכתיב: בחסד ואמת יכופר עון, וירחמו עליו מן השמים להוסיף לו חיים, וכמו שאחז"ל: כל המרחם על הבריות, מרחמין עליו מן השמים].

[**והתורה** תטהרנו, וכמו שאחז"ל על הפסוק: יפוצו מעינותיך חוצה, נמשלו ד"ת למעין, מה המעין מטהר את הטמאים, אף התורה מטהר את ישראל, **ואיתא** בזוה"ק פ' קדשים: לא איתדכו בר נש לעלמין אלא במילי דאורייתא, בגין ד"ת לא מקבלין טומאה, בגין דאיהי קיימין לדכאה לאילון מסאבי, ואסותא באורייתא משתכחא, דכתיב: יראת ד' טהורה עומדת לעד, ע"ש עוד], **ועיקר** לימוד התורה יהיה ע"מ לקיים, דהלומד ואינו מקיים נוח לו שלא נברא, כמו שאחז"ל, וגם לא יהיה בכחה להגין עליו ח"ו.

ואם אינו יודע ללמוד, יתעסק עכ"פ במידת הצדקה והחסד, ויחיה, כמו שנאמר: רודף צדקה וחסד, ימצא חיים צדקה וכבוד.

ואם עלתה לו שנה, מובטח לו שהוא בן העולם הבא - שבודאי יש לו זכיות הרבה שהגינו עליו, והוא יאריך ימים, כדכתיב: יראה זרע יאריך ימים, **וראוי** לתת שבח והודאה על שניתן לו חיים מן השמים.

§ סימן תרטז – הקטנים מתי יתחילו להתענות §

סעיף א - התינוקות מותרים בכל אלו - ברחיצה וסיכה ואכילה ושתיה, שלא גזרו על הקטנים. **ומותר** לגדול להאכילו ולהשקותו ולסוכו ולרחצו, **ודוקא** רחיצה בצונן, אבל לא ירחצנו בחמין כל גופו, אפילו הוחמו מבע"י, **שהרחיצה** בחמין אינה אסורה משום מצות עינוי בלבד, שהרי גם בכל שבתות השנה אסור לרחוץ בחמין.

חוץ מבנעילת הסנדל, שאין חוששין כל כך אם לא ינעלו - ר"ל שאין זה עינוי לקטן אם לא ינעול, ולאפוקי אכילה ושתיה ורחיצה וסיכה, שהם מועילים

לגידול התינוק, שכן היה המנהג בזמנם, **ואם** הקטן נועל מעצמו אם צריך למחות בידו, נתבאר בסימן שמ"ג.

הגה: ומותר לומר לנכרי לרחוץ ולסוכן - ר"ל אפילו לרחצן בחמין שהוחמו בו ביום, דסתם תינוק הוא כחולה אצל חמין, **אבל** אסור לומר לעכו"ם שיחמם אותן. **אבל להאכילם, אפילו בידים שרי.**

וכתבו האחרונים, דעכשיו שאין נוהגין לרחוץ ולסוך את הקטן בכל יום, ואין מניעת הרחיצה והסיכה נחשבת לו לעינוי כלל, אין לרחצו ולסוכו ביוה"כ אפילו ע"י עכו"ם.

סעיף ב - קטן (הבריא) בן ט' שנים שלימות - היינו שנשלם הט' שנים קודם יוה"כ, **ובן י' שנים שלימות** - פי' בכחוש מבן עשר ומעלה, **מחנכין אותו לשעות** - היינו שאין מניחין לו לאכול כפי הרגלו בחול, וכדמסיים.

ומצות חינוך לא שייך אלא באב, ולא באחר, **ולכמה** פוסקים גם באם ליכא חיובא דחינוך, אם לא למצוה בעלמא, **מיהו** יש פוסקים שכתבו, דאיכא חיוב חינוך גם באם.

וכתב המ"א, דלספות לו אוכל בידים אסור לכו"ע אף לאחריני, כמו שאר דבר איסור שאסור להאכילו לכו"ע, [**ולענ"ד** אין דברי המ"א מוכרחין, דלא שייך לומר כן אלא באיסור גמור בין דאורייתא ובין דרבנן, כגון בבן י"א וי"ב, דמדרבנן עכ"פ צריך להתענות ולהשלים, **ולא** כן הכא, שאין בזה איסור כלל לקטן, ואדרבה הלא מחוייב להאכילו לאחר ג' שעות עכ"פ, ומוכח דאין שייך על אכילתו שם איסור, רק הוא מצוה על אביו לחנכו במצות, **ובמקום** שאין מצות חינוך, כגון באחרים, אפשר דגם בספי ליה ליכא איסורא].

כיצד, היה רגיל לאכול בב' שעות ביום, מאכילין אותו בשלש; היה רגיל לאכול בג', מאכילין אותו בד'; לפי כח הבן מוסיפין לענות אותו בשעות. (וה"ה לקטנה הבריאה) - ר"ל דאף דלענין חיובא דאורייתא, בבת הוא שנה אחת מקודם, כדלקמיה, **אפ"ה** לענין חינוך שעות, וכן לענין השלמה, לא רצו חכמים להחמיר שיהיה באשה ג"כ שנה יותר מבאיש, **אלא** השוו מידותיהם ואמרו, דלבריאה חינוך שעות הוא מט' שנים ומעלה, ולכחושה מעשרה שנים ומעלה.

בן י"א, בין זכר בין נקבה, מתענין ומשלימין מדברי סופרים, כדי לחנכן במצות - והכא לא זכר התנאי שיהיו בריאים, דלענין השלמה אין לחלק בזה, **אם** לא שהנער הוא חולה, ויכול לבוא לידי סכנה.

הגה: ויש אומרים שאינן צריכין להשלים מדרבנן כלל - אבל חינוך לשעות צריך, בין בנער כחוש ובין בנער בריא, וכפי השיעור שזכר בריש הסעיף.

ויש לסמוך עלייהו בנער שהוא כחוש ואינו חזק להתענות - אבל בנער בריא אין לסמוך להקל, **ומה** שאין מדקדקין בזה"ז להתענות שום תינוק בשנת י"ב, ומדברי הא"ר משמע דאפילו בשנת י"ג אין נוהגין להתענות, כל זמן שלא השלים שנת י"ג, **משום** דבזה"ז ירדה חולשה לעולם, ומן הסתם כל קטן אינו נחשב כבריא לזה, אא"כ ידוע שהוא בריא וחזק לסבול, (**ובתשובת** מנחם עזריה מצדד להורות לעיקר כדעת הי"א, משום דכמה גדולי ראשונים סוברים כן).

וכל מקום שמחנכין אותו באכילה, מחנכין אותו ברחילה וסיכה - היינו שלא לרחוץ ולסוך כלל, דלא שייך בזה חינוך לשעות.

בת י"ב ויום אחד, ובן י"ג ויום אחד, שהביאו שתי שערות, הרי הם כגדולים לכל מצות ומשלימים מן התורה; אבל אם לא הביאו שתי שערות, עדיין קטנים הם, ואינן משלימין אלא מדברי סופרים - והא דלא חיישינן שהביא שתי שערות בזמנו ונשרו, כיון שבא לכלל שנים, ויש בזה חששא דאורייתא, **תירצו** הפוסקים, דמיירי שנשלם י"ג שנים שלו ביוה"כ גופא, ובדקו אותו כולו יומא, ולא הביא סימנים.

הגה: ואפילו הוא רך וכחוש, צריך להשלים, דחיישינן שמא נשרו השערות - לא קאי אדברי המחבר, אלא מלתא באנפי נפשיה היא, דהוא מיירי שנשלם הי"ג שנה קודם יוה"כ, או אפילו ביוה"כ,

אלא שלא בדקוהו כולי יומא, וחיישינן שמא נשרו קודם הבדיקה.

ואף שהקיל הרמ"א לעיל בנער שהוא כחוש, היינו לענין השלמה שאינו אלא תקנתא דרבנן, **משא"כ** הכא דאיכא חששא דאורייתא, דשמא הביא שתי שערות ונשרו. **ודוקא** ביוה"כ דהוא ספיקא דאורייתא, אבל שאר תעניות שאינן אלא מדרבנן, א"צ להתענות אא"כ יש לו שתי שערות.

קטן שהוא פחות מבן תשע, אין מענין אותו ביו"כ - היינו אפילו לחינוך שעות, **כדי שלא יבא לידי סכנה. הגה: אפילו אם רוצה להחמיר על עצמו, מוחין בידו.**

§ סימן תריז – דין עוברה ומניקה ויולדת ביוה"כ §

סעיף א - עוברות ומיניקות מתענות ומשלימות ביום הכיפורים – (ואם יש להמניקה ילד חולה ומסוכן, ואינו רוצה לינק כי אם ממנה, **ואם** תתענה סכנה הוא להילד, **אינה** מתענה אפילו ביוהכ"פ).

סעיף ב - עוברה שהריחה - מאכל, וידוע שאם אין נותנין לה מה שמתאוה, היא וולדה מסוכנים, **ואין** נ"מ בין בתחלת עיבורה ובין בסופה, [**ומלשון** רש"י משמע שהולד מתאוה, ואפשר דלא שייך זה כי אם אחר מ' יום, וצ"ע].

(ופניה משתנים, אע"פ שלא אמרה: צריכה אני) - ובאין פניה משתנים, אין מאכילין אותה אא"כ אמרה: צריכה אני לאכול, [**והיינו** אחר שלוחשין לה, ועדיין לא נח דעתה].

לוחשין לה באזנה שיום הכיפורים הוא; אם נתקררה דעתה בזכרון זה, מוטב - שלפעמים מתיישבת דעתה אחר שמזכירין לה שיום הזה יום הכפורים הוא, שכל העולם מתענין בו, [**ועיין** במאירי שכתב, שכשלוחשין לה מענין היום, מצרפין בדבריהם הבטחה על העובר, שאם תתיישב דעתה, תהא בטוחה על עוברה שתהיה יראת שמים מצויה בו].

ואם לאו, מאכילין אותה עד שתתיישב דעתה - פי' שתוחבין קיסם ברוטב, ר"ל איזה טיפות, ונותנים לתוך פיה, **ואם** לא נתיישבה דעתה, נותנין לה רוטב פחות פחות מכשיעור, כפי שיתבאר לקמן בסימן תר"ח, **ואם** גם בזה לא נתיישבה דעתה, נותנין לה מן המאכל עצמו פחות פחות מכשיעור, עד שתתיישב דעתה, **ואינה** צריכה אומד הרופאים לזה.

ודוקא עוברה מדקדקין עמה בכל הנזכר לעיל, משום שלפעמים מתיישבת דעתה בדבר מועט, **אבל** חולה מאכילין אותו כפי שיאמר הרופא, **וכן** כשמאכילין אותו על פי עצמו, כשאומר: צריך אני, ג"כ מאכילין אותו עד שיאמר: די, **אך** בכל זה מאכילין אותו פחות פחות מכשיעור, וכפי שיתבאר לקמן סי' תר"ח.

סעיף ג - כל אדם שהריח מאכל ונשתנו פניו, מסוכן הוא אם לא יתנו לו ממנו - ולכן כשמריח ריח מאכל, יזהר מאד כל אדם שיפלוט כל הרוק שיבא בפיו, ולא יבלע, דאז בא לידי סכנה.

ומאכילין אותו ממנו - ר"ל ג"כ הקל הקל, כמו באשה עוברה וכנ"ל. **ודע**, דמה שהקלנו באשה עוברה, וכן בכל אדם שהריח, הוא דוקא עד שתתיישב דעתן, **אבל** אחר שנתיישב דעתן, אין להם לאכול שאר היום, דלא אמרינן כיון שהותר מקצת היום באכילה הותר כולו.

ובלא נשתנו פניו, אע"פ שאומר שלבו חלש וצריך לאכול, אין מאכילין אותו, [אא"כ הוא חולה, שאז אפי' לא הריח ריח מאכל, והוא אומר: צריך אני, או שהרופאים אומרים שהוא צריך לאכול, מאכילין אותו מיד כפי הצריך לו], כ"כ מ"א וא"ר, **ובישועות** יעקב מגמגם בזה, **ועיין** בחת"ס שדעתו, דאף שאנו אין מאכילין אותו מחמת שהוא בחזקת בריא, מ"מ החולה עצמו היודע מרת נפשו, יוכל ליקח לעצמו ולאכול, בין ביוה"כ בין בשאר איסורין, כיון שמרגיש בעצמו שיוכל לבא לידי סכנה.

סעיף ד - יולדת תוך שלשה ימים, לא תתענה כלל - אפילו אמרה: איני צריכה לאכול, מאכילין אותה, ואומרין לה: אכלי, **אכן** מ"מ יש להאכילה אז פחות פחות מכשיעור, **אבל** בלא אמרה: איני צריכה,

מאכילין אותה כדרכה, וא"צ לחלק בפחות מכשיעור, [וכן נראה להורות]. **ויש** מחמירין שגם בזה צריך להאכילה פחות פחות מכשיעור. ‹עיין בתרי"ח ס"ז בבה"ל›.

ואפילו אם לא ילדה עדיין, רק אחזו לה חבלי לידה, וכפי המבואר לעיל בסימן ש"ל ס"ג, דנקראת יולדת לענין לחלל עליה את השבת, וה"ה דנקראת גם יולדת לענין זה שלא תתענה.

(**ובספר** שדי חמד מביא בשם כמה אחרונים, דהמפלת ג"כ דינא כיולדת).

משלשה עד שבעה, אם אמרה: צריכה אני, מאכילין אותה - מיירי כשחברותיה אומרות שאינה צריכה, או שהרופאים אומרים שא"צ, דאז בעינן שתאמר: צריכה אני, ומאכילין אותה פחות פחות מכשיעור, ומהני אמירתה, משום דלב יודע מרת נפשו, **אבל** כשאין שם מי שיאמר שאינה צריכה, אז אפילו בסתמא שאינה אומרת כלום, או שאומרת שאינה יודעת אם היא צריכה, מאכילין אותה, [**ומסתברא** דגם בזה מאכילין אותה פחות פחות מכשיעור]. **מכאן ואילך, הרי היא ככל אדם** - דמשם ואילך הרי היא כשאר חולה שאין בו סכנה, דבודאי אין שום סכנה מחמת לידה לאחר ז' ימים ללידתה, לפיכך אף אם אמרה: צריכה אני לאכול מחמת צער לידה, אין מאכילין אותה, **אבל** אם אמרה: צריכה אני לאכול מחמת שמתכבד עלי החולי, מאכילין אותה כדרך שמאכילין כל חולה כשאומר: צריך אני, כמו שיתבאר בסי' תרי"ח ע"ש.

וימים אלו אין מונין אותם מעת לעת; כגון אם ילדה בשבעה בתשרי בערב, אין מאכילין אותה ביוה"כ אם לא אמרה: צריכה אני - והיינו כשחברותיה אומרות שאינה צריכה וכנ"ל, **אע"פ שלא שלמו לה שלשה ימים עד יו"כ בערב, משום דכיון שנכנס יום רביעי ללידתה, מקרי לאחר שלשה.**

עיין לעיל סימן ש"ל במ"ב, דכמה פוסקים סוברין דימים אלו במעל"ע שיערו אותם, ושיש להקל למעשה, **וכן** מצאתי בישועות יעקב, דהמיקל בספק נפשות לחשוב השבעה ימים מעל"ע, לא הפסיד, [**ומ"מ** נראה דיש להאכילה פחות פחות מכשיעור].

§ סימן תריח – דין חולה ביוה"כ §

סעיף א- חולה שצריך לאכול, אם יש שם רופא בקי - פי' בקי באותו מקום, **אפילו הוא עובד כוכבים** - ועיין לעיל סימן שכ"ח סעיף יו"ד, דהביא שם המחבר דעת יש מי שאומר, דלא בעינן בקי, אלא כל אדם בחזקת בקי קצת לענין ספק נפשות, והיינו באומר עכ"פ שמבין בחולי זה, **ומסיים** הרמ"א שם, די"א זה דוקא ברופא ישראל, אבל בעכו"ם אינו נאמן עד שיהיה בקי, וה"ה הכא. **ודע**, דביולדת לכו"ע מהימנינן לנשים, דאינהו בקיאי בהו.

(**כתב** בספר תפארת ישראל, בענין מה שכתב השו"ע אפילו הוא עכו"ם, דהאידנא יש להתיישב בדבר, דבעיני ראיתי דשבקי להמנותייהו, דלכל חולי קל אומרים תמיד שכשיתענה יסתכן).

(**גם** לענין רופאי ישראל, שהרבה מהם חשודים לעבור על דברי תורה ולחלל שבת, וגם הם אינם מתענים מצד אפקירותא, צ"ע רב אם יש לסמוך עליהם, **ובאמת** הדבר תלוי לפי ראות עיני המורה את הענין).

שאומר: אם לא יאכילו אותו אפשר שיכבד עליו החולי ויסתכן, מאכילין אותו על פיו - ה"ה אפילו אינו אומר בהדיא שיסתכן, רק שאומר שאפשר שיכבד עליו החולי, נותנין לו, שאנו חוששין שמא יסתכן.

(**עיין** בפמ"ג וח"א, דהיינו אפילו הוא לעת עתה חולה שאין בו סכנה, אכן שמשערים שאם לא יאכל אפשר שיתגבר עליו המחלה, ויוכל להיות שיבוא לידי סכנה).

ואין צריך לומר שמא ימות. אפילו אם החולה אומר: אינו צריך, שומעים לרופא - דשמא הוא נבעת, ואינו מרגיש בחליו מחמת רוב חולשא, **ואפילו** החולה בעצמו הוא רופא מומחה.

ואם החולה אומר: צריך אני, אפי' מאה רופאים אומרים: אינו צריך, שומעים לחולה - היינו כשהחולה אומר שמרגיש בנפשו שצריך לאכול, שאם לא יאכל שמא יכבד עליו החולי, **ובלבד** שמזכירין לו

תחלה שהיום הוא יו"כ, דשמא שכח, **אבל** אחר שהודיעוהו שהיום יו"כ, והוא שואל לאכול, א"צ לדקדק עליו יותר, דלב יודע מרת נפשו, ואחזוקי אינשי ברשיעא לא מחזקינן.

ואפילו אם הרופאים אומרים שהמאכל יזיקהו, שומעים לחולה.

(**ואפי' אם הוא אין שואל כלום, אלא כששואלים אותו אומר: צריך אני**).

כתבו הפוסקים, אם החולה רוצה להחמיר אחר שצריך לכך, עליו נאמר: אך את דמכם לנפשותיכם אדרוש.

ובמקום שמאכילין אותו, אין צריך כפרה ע"ז, דאונס רחמנא פטריה, כ"ש שלא היה רק כחצי שיעור, וכפרה לא נאמר רק על השוגג.

סעיף ב - רופא אחד אומר: צריך, ורופא אחד אומר: אינו צריך - והחולה שותק, או שאומר שאינו יודע, **מאכילים אותו** - דאם גם החולה אומר שא"צ, לא היו שומעין לרופא האומר שצריך, וכדלקמיה בס"ג.

ואפילו אם הוא עכו"ם או אשה, נאמנים להכחיש הרופא שני ישראל שאומר אינו צריך, משום דספק נפשות להקל, **ודוקא** אם העכו"ם הוא בקי, אבל כשאינו בקי, אינו נאמן להכחיש ישראל, [**אפי'** אם הישראל ג"כ אינו בקי כמודהו].

הגה: והוא הדין לשנים נגד שנים, ואפילו קלתן יותר בקיאין מקלתן, כן נראה לי - ר"ל שאותן שנים שאמרו א"צ הם יותר בקיאין ומופלגין בחכמה זו, אפ"ה אין הולכין אחריהם להחמיר בספק נפשות, כיון שגם האחרים האומרים שצריך לאכול, הם ג"כ בקיאין בחכמה זו, [**ואפי'** הם הרבה יותר במנין מאלו האומרים צריכין, דאין הולכין בספק נפשות בתר רוב דעות, וכדלקמיה בס"ד, **ואף** דהם ג"כ אינם חכמים כ"כ, כן ביארו האחרונים דברי הרמ"א].

ועיין במ"א ובא"ר, שדעתם להורות כהפוסקים שסוברין, דכשהן שוין במנין, הולכין אחרי הבקיאין ומופלגין בחכמה זו יותר, דלא כהרמ"א, **אכן** אם אותן האומרים שצריך הם מרובין, אזלינן בתר דידהו להקל, אף שאינן חכמים ובקיאין כ"כ.

סעיף ג - ואם החולה ורופא אחד עמו אומרים שאינו צריך, ורופא אחד אומר: צריך - (אין מאכילין אותו), קמ"ל בזה, דמצרפינן דברי החולה לרופא, ולא אמרינן בזה דנבעת הוא ואינו מרגיש במחלתו, כיון דגם רופא אחד אומר כמותו.

או שהחולה אינו אומר כלום, ורופא אחד אומר: צריך, ושנים אומרים: אינו צריך, אין מאכילין אותו.

ואם הרופא ההוא הוא מופלג בחכמה יותר מאחרים, חוששין לדבריו להאכילו, אף שהם רבים נגדו, **אבל** אם המופלג אומר א"צ, ושנים שאין מופלגים אומרים צריך, הולכין אחר רוב מנין ומאכילים אותו.

סעיף ד - אם שנים אומרים: צריך, אפילו מאה אומרים: אינו צריך, ואפילו החולה אומר עמהם שאינו צריך, מאכילים אותו מאחר ששנים אומרים: צריך - ר"ל דתרי כמאה חשיבין, ולא אזלינן בתר רוב דעות בסכנת נפשות.

הגה: וה"ה אם החולה ורופא אחד עמו אומרים: צריך, אע"פ שמאה רופאים אומרים: אינו צריך, מאכילין אותו - אפי' הם בקיאים ומופלגים יותר בחכמה מרופא זה, משום דהחולה מסייעו, ולב יודע מרת נפשו, **ולא חיישינן דהחולה אומר צריך משום דמאמין לרופא זה שאומר צריך.**

סעיף ה - אם החולה אומר: אינו צריך, והרופא מסופק - פי' שמכיר החולי אלא שמסופק אם יסתכן, דאל"ה הוי כאינש דעלמא, **מאכילין אותו** - דדברי החולה אין מעלין, רק בשאומר צריך אני וכו', וממילא מאכילין אותו מחמת דברי הרופא שמסופק, דספיקו הוא ספק נפשות ולהקל.

אבל אם הרופא אומר: אינו צריך, והחולה אומר: איני יודע, אין מאכילין אותו - ד"אינו יודע" של חולה איננו מחמת בקיאות כדבריו של רופא, דרוב חולים אינם יודעים ובקיאים בחולי שלהם.

והיכא שהרופא הוא מסופק ואומר: איני יודע, אף שרופא אחר אומר: אינו צריך, מאכילין אותו.

ודעת הט"ז, דאם החולה בעצמו הוא רופא, והוא מסופק ואומר: איני יודע, ג"כ מאכילין אותו, אפי' אם רופא אחר אומר: אינו צריך, **וא"ר** מפקפק ע"ז, דאפשר שאינו מבין על עצמו בעת מחלתו אף שהוא רופא, עי"ש, **ונראה** דתלוי זה לפי מהות המחלה, אם הוא מחלה של חום שאין דעתו צלולה, ע"כ בוודאי יש מקום לדברי הא"ר.

[**ועיין** במטה אפרים שהחליט, דאם שנים אומרים א"צ, אין ספיקו של אחד מוציא מידי שנים, **ומצדד** עוד, דה"ה בשנים מסופקים, נגד שנים ודאין שאומרים א"צ, אין דבריהם כלום].

סעיף ו - אם הרופא אומר שאינו מכיר את החולי, הרי הוא כאדם דעלמא, ואין דבריו מעלין ולא מורידין. הגה: מיהו אם נחלש הרבה עד שנראה לרוב בני אדם שאלנו שהוא מסוכן אם לא יאכל, מאכילין אותו - אף בלא רופאים, דספק נפשות הוא.

סעיף ז - כשמאכילין את העוברות – (היינו שהריחה מאכל ונשתנו פניה, וה"ה לכל אדם שהריח מאכל ונשתנו פניו, וכן ליולדת תוך שלושה כשאמרה: איני צריכה לאכול), **או את החולה, מאכילין אותם מעט מעט כדי שלא יצטרף לשיעור** - מיירי שדי להם בזה להשקיט רעבונם, וכדלקמן בס"ח.

(**ויולדת תוך שלושה שלא אמרה: איני צריכה, מאכילין** אותה כדרכה, וא"צ לחלק בפחות מכשיעור, כ"כ בהג' הגאון ר"ב פריינקיל, והגר"ז מחמיר בזה).

הלכך מאכילין אותו כב' שלישי ביצה בינונית - ה"ה יותר מעט, רק שלא יהא קרוב לביצה, דבזה יש חיובא.

וישהו כדי אכילת ארבעה ביצים - ר"ל אחר אכילתו, כדי שלא יצטרפו האכילות להדדי, **ואם** קשה לו להמתין שיעור זה, ימתין עכ"פ כדי שיעור אכילת ג' ביצים, דלכמה פוסקים בשיעור זה הוא ג"כ הפסק, ולא מצטרפי להדדי.

וישער מעיו"כ ויביט על המורה שעות {זייגער} כמה מינוטין הוא שוהא בשיעור אכילת ד' ביצים, וכשיעור הזה ישהא ביוה"כ בין אכילה לאכילה, וכן בין שתיה לשתיה, וכלקמיה.

ועיין בתשובת חתם סופר שכתב, שההפסק בין אכילה לאכילה יהיה כשיעור ט' מינוטין, שזה שיעור כדי אכילת פרס.

ודע, שבין אכילה לשתיה א"צ לשהות כלל, דאכילה ושתיה אין מצטרפין.

והשתיה, יבדקו בחולה עצמו, כמה היא כדי שיסלקנו לצד אחד ויראה כמלא לוגמיו - וכתבו האחרונים, יש להחולה לבדוק זה מעיו"כ, דהיינו שיכניס לתוך פיו משקין, ויפליטם לתוך כלי.

סעיף ח - וישקוהו פחות מאותו שיעור, וישהו בין שתיה לשתיה כדי אכילת ארבעה ביצים - ולפחות ישהו כדי אכילת ג' ביצים.

ולפחות ישהו בין שתיה לשתיה כדי שיעור שתיית רביעית - דלכמה פוסקים בשיעור זה הוי הפסק דלא יצטרפו להדדי.

ואם אמדוהו שאין השיעורים הללו מספיקים לו, או שהחולה אומר כן, או שנסתפקו בדבר, מאכילים ומשקים אותו כל צרכו (מיד).

וכתבו האחרונים, דנוהגין שנותנין לפניו מאכל, ואומרים לו: יו"כ היום, ואם אתה חושש שיהיה לך סכנה אם לא תאכל כשיעור בבת אחת, אכול בבת אחת, ואם לאו תאכל מעט מעט פחות מכשיעור.

(**עיין בתשובת בנין ציון, דבכל אכילה ואכילה, אף אם** הותר לו לאכול פעם אחת יותר משיעור, מ"מ על אכילה השניה, אם היה די לו בפחות משיעור, והוא יאכל כשיעור, חייב כרת, לכן צריך לשער בכל אכילה ואכילה אם די לו בפחות, וקשה מאד לשער כן, וצריך לזה זריזות ובקיאות).

וכתבו האחרונים, דצריך כל מורה להיות דינים אלו שגורים בפיו מבעיוה"כ, כי יוכל להיות דבשהיות מעט יש בו סכנת נפשות, **ואם** הוא שאלה שהמורה צריך

לעיין הדין, ויש שם אחר בקי שיודע להשיב מיד, אין חולקים בזה כבוד להרב.

ועיין עוד מדינים אלו בהלכות שבת, סימן שכ"ח וסימן ש"ל, כי אין בין יוה"כ לשבת, אלא שזה זדונו בסקילה, וזה זדונו בעונש כרת.

סעיף ט - מי שאחזו בולמוס, והוא חולי שבא מחמת רעבון, וסימנו שעיניו כהות ואינו יכול לראות - והוא מסוכן למות עי"ז, **מאכילין אותו עד שיאורו עיניו** - וכשמראיתו חוזרת בידוע שנתרפא, **ואיתא** בגמרא, דעיקר הסימן שהאירו עיניו, משיודע להבחין בין טעם תבשיל יפה לטעם תבשיל רע.

משמע מלשון זה, דבזה אין צריך לצמצם ליתן לו פחות פחות משיעור וכנ"ל, דיוכל לבא ע"י השהיה לסכנה.

ואם אין שם מאכל של היתר, מאכילין אותו מאכל איסור; ואם יש כאן שני מיני איסורים, אחד חמור מחבירו, מאכילין אותו הקל תחלה.

הגה: אם לריך לבשר ויש כאן בהמה שלריכין לשוחטה ובשר נבלה מוכנת, ע"ל סימן שכ"ח סעיף י"ד - דמבואר שם, דכיון שהוא צריך לאכול לאלתר, והנבילה מוכנת, מוטב להאכילו נבילות.

סעיף י - חולה שאכל ביוה"כ ונתיישב דעתו בענין שיכול לברך, צריך להזכיר של יוה"כ בברכת המזון, שאומר "יעלה ויבא", ב"בונה ירושלים" - הטעם, כיון דבהתירא אכל, הו"ל יוה"כ כמו לדידן שאר יו"ט, **ואם** חל בשבת אומר "רצה והחליצנו", **וכן** יש לנהוג לנערים שאוכלים ביוה"כ, וכן היולדת שאינה מתענה.

ויש שמקילין בזה, שאפילו "יעלה ויבוא" א"צ לומר, שלא תקנו אלא במקום שמצוה באכילתו, וה"ה שאין לומר "רצה והחליצנו" כשחל בשבת, [**אבן** כיון דהוא רק בקשה בעלמא, "יעלה ויבא" וכן "רצה", ואין בזה חשש ברכה לבטלה, יוכל לומר].

ועכ"פ קידוש בודאי אין לו לעשות, דיש חשש ברכה לבטלה, **וכן** אם שכח לומר "יעלה ויבוא", או "רצה" כשחל בשבת, ונזכר אחר שסיים ברכת "בונה ירושלים", לא יחזור.

§ סימן תריט – סדר ליל יום הכפורים §

סעיף א - ליל יום הכיפורים נוהגים שאומר שליח צבור - ועכשיו אומר הגדול שבכל עיר, וצריך לצרף עוד שנים, [אפי' כשאומר ש"ץ], **בישיבה של מעלה ובישיבה של מטה, על דעת המקום ועל דעת הקהל, אנו מתירין להתפלל עם העבריינים** - שהישיבות מסכימים לצרף דעת המקום לדעת הקהל, להתיר את העבריינים מעבריותן. **ועבריין** נקרא מי שעבר על גזירת צבור, או שעבר עבירה, ומבואר לעיל בסימן נ"ה, דאם נדוהו אין מצרפין אותו לכל דבר שבקדושה, **ויכולין** ג"כ להתנות להחמיר שלא להתפלל עמו בבית הכנסת, אף שיש שם עשרה, ושמא התנו, **ע"כ** מתירין אנו, כדי שנוכל להתפלל עמהם, דכל תענית צבור שאין בו מפושעי ישראל, אינו תענית, שהרי חלבנה שריחה רע ומנאה הכתוב עם סמני הקטרת.

[**בא** לרמז, שאין לנו להקל ברשעים פושעי ישראל שלא יהיו בכלל תעניתנו ותפילתינו, והיינו כי שם שמים מתעלה ומתקדש בשעה שהרשעים חוזרים בתשובה, ורוצים להתאגד ולהתנהג כמעשה הצדיקים].

ונוהגים שאומר: כל נדרי וכו' - הנה מנהג קדמונים היה לומר: "מיוה"כ שעבר עד יוה"כ זה", והיתה הכונה להתיר הנדרים ושבועות שכבר נדרו ונשבעו, פן עבר אחד עליהם, **ורבינו** תם הקשה ע"ז, ולכן הגיה שי"ל: "מיום הכפורים זה עד יוה"כ הבא עלינו", והכונה להתנות על נדרים שידור מכאן ולהבא, שלא יחולו, **ומהני** תנאי זה אם אינו זוכר התנאי בשעה שנדר אח"כ, **אבל** אם זוכר התנאי ואעפ"כ נודר, הרי עוקר התנאי.

ונוהגין אנו כר"ת, ולפי"ז צ"ל: "די נדירנא ודמישתבענא", לשון עתיד, **והמ"א** מסיק, דאפילו לדעת ר"ת ג"כ

יכול לומר בתיבה אחת "דנדרנא", דלשון זה גם להבא משמע. **והקהל** יאמרו עם הש"ץ בלחש, דאין תנאי הש"ץ מועיל לציבור.

ואחר כך אומר "שהחיינו", בלא כוס - דכיון דמברך "שהחיינו", אפילו אם הוא עדיין מבע"י, קבל ליה עליה קדושת יוה"כ, ואסור למישתי, **ואי** ניתיב לתינוק, אתי למיסרך לשתות ביוה"כ אפילו כשיגיע לשנת י"ג.

וגם הצבור יאמרו כל אחד בלחש, **וטוב** שימהרו לסיים הברכה שמברך לעצמו, כדי שכשיסיים הש"ץ הברכה יאמרו "אמן", **ומ"מ** יש להש"ץ ליזהר שיכוין להוציא הצבור, מי מהם שירצה לצאת בברכתו.

[**ויש** להזהיר הנשים שנוהגות לומר "שהחיינו" בשעת הדלקת הנרות בבית, שלא יאמרו שנית ברכת "שהחיינו" בבהכ"נ, אלא ישמעו מש"ץ ויענו אמן].

יתעטף בטלית מבע"י, כדי לברך, משום דבלילה אין מברכין אפילו על כסות המיוחד ליום.

הגה: ואח"כ מתפללים ערבית. ונוהגים לומר "כל נדרי" בעודו יום - אע"ג דאנו סוברין כר"ת, ומתנין על להבא שלא יחולו, מ"מ דמי קצת להפרת נדרים, שאין מפירין בשבת ויו"ט, וה"ה יוה"כ.

וממשיך בניגונים עד הלילה - כדי להתפלל ערבית בלילה, **ואם** עדיין לא הגיע זמן ק"ש, יאמרו איזה מזמורי תהלים קודם ערבית.

ואומרים אותו שלש פעמים, וכל פעם מגביה קולו יותר מבראשונה. וכן אומר הש"ץ ג"פ "ונסלח לכל עדת" וגו', והקהל אומרים שלש פעמים "ויאמר ה' סלחתי כדברך"; ואל ישנה אדם ממנהג העיר, אפילו בניגונים או בפיוטים שאומרים שם - כי עי"ז מבלבל דעת הקהל.

אין אומרים "באהבה" קודם "מקרא קודש", **ובמקומות** שנוהגין לומר "באהבה מקרא קודש", אין לשנות, **ואם** חל בשבת, עיין בס"ג.

סעיף ב - בליל יוה"כ ומחרתו אומרים: "ברוך שם כבוד מלכותו לעולם ועד" בקול רם - דהוא שירת המלאכים, וביוה"כ גם ישראל דומין למלאכים.

סעיף ג - אם חל בשבת, אומרים: "ויכולו", וברכה אחת מעין שבע - וצריך לומר בזה "המלך הקדוש שאין כמוהו".

וחותם: "מקדש השבת", ואינו מזכיר של יום הכיפורים - דברכה זו אינו בא בשביל יוה"כ, דהלא אם חל יוה"כ ביום חול, א"צ לומר בה ברכה אחת מעין שבע, [**ואף** דבתפילת נעילה כשחל יוה"כ בשבת, מזכירין של שבת, אף שאם לא היה יוה"כ לא היו אומרים אותו בשבת, **שאני** התם, שהיום הוא שנתחייב בארבע תפילות, משא"כ הכא, שאפי' בשבת אינה חובה בערבית, אלא משום סכנה].

(ואין אומרים "אבינו מלכנו" בשבת, אבל שאר הסליחות והתחינות אומר כמו בחול).

ובתפלה אומר: ותתן לנו ד' אלהינו באהבה את יום השבת הזה, ואת יום צום הכפורים הזה.

ואין אומרים "אלהינו ואלהי אבותינו רצה במנוחתנו", דכיון שהוא יום תענית, אין כ"כ רצון במנוחתנו, **אבל** אומרים "והנחילנו ד' אלהינו באהבה וברצון שבת קדשך וינוחו בו" וכו', **ויסיים** "כי אתה סלחן" וכו', ולא לומר "ודברך אמת וקיים לעד".

סעיף ד - צריך להעמיד אחד לימין שליח צבור ואחד לשמאלו - כדרך שמצינו אצל משה רבינו ע"ה, שאהרן וחור תמכו בידיו, **ועכשיו** המנהג שעומדים אצל החזן עד אחר "ברכו", **ואם** חל בשבת, שאומרים "מזמור שיר ליום השבת" קודם "ברכו", יכולים לחזור למקומם בתחלת אמירת מזמור.

סעיף ה - יש שעומדים על רגליהם כל היום וכל הלילה - היינו בשעת תפלה בלילה, [היינו כל זמן שאומרים סליחות ותפילות], דאל"כ לא יוכלו להתפלל ביום כי יתנמנמו.

[**ומי** שעושה כן ונוהג פעם אחת, ובדעתו היה לעשות כן כל ימיו, אם דעתו לחזור שלא יעשה כן ביוה"כ אחר, צריך התרה].

וטעם העמידה, להיות דוגמת המלאכים, **ונשים** לא יעמדו, [כי אין יכולין להדמות להם].

ואף האנשים רשאין לשעון ולסמוך על איזה דבר אם נחלשו, [**ואפי'** אם בפעם הראשון לא סמך כלל, דמסתמא אדעתא דמנהגא קיבל, והרי המנהג לסמוך].

גם יזהרו בעצמם מה שכל אדם מחויב ליזהר, שלא ישהו נקביהם ויעברו על בל תשקצו.

[**והכל** לפי מה שמרגיש בכחו, כלל הענין: מי שאינו יודע בעצמו שלא יזיק לו העמידה, שיתנמנם בשעת תפילה, או שלא יוכל לכוין כראוי, עבירה היא בידו, ואפילו לעמוד ביום, אם יזיק לו העמידה, שיהא עיף ויגע ולא יוכל לכוין כראוי].

סעיף ו - נוהגים ללון בבהכ"נ ולומר שירות ותשבחות כל הלילה. הגה: וטוב לישן רחוק מן הארון - פן יבוא לידי הפחה.

ומי שאינו רוצה לומר תשבחות ושירות בלילה, לא יישן גם - דטעם היתר השינה הוא, משום שלן שם לצורך מצוה, לכן מותר לישן.

ולבוש כתב: מוטב לילך לישן בביתו, כי מי שניעור בלילה ישן ביום, ואינו אומר בכונה, ואי משום שמירת הנרות, ישכרו שומר.

כתב בשל"ה: קודם שישן יאמר ד' מזמורים הראשונים שבתהילים, שהם שמירה לקרי, והיינו לבד הק"ש שקורין בכל יום, **טוב** שלא יעטוף בכרים וכסתות המחממין, ועכ"פ לא יכסה רגליו.

טוב ללמוד ביוה"כ משניות מסכת יומא, גם ללמוד המאמרים מסוף יומא המדברים מענין התשובה, **ואין** לת"ח לעסוק בתורה ולהשמיט מלומר התפלות והסליחות עם הצבור.

והחזנים המתפללים כל היום, לא יעורו כל הלילה, כי מאבדין קולם כשאינם ישנים.

§ סימן תרך – מנהג יפה לקצר בתפלת שחרית §

סעיף א - טוב לקצר בפיוטים ובסליחות שחרית, כדי למהר בענין שיתפלל מוסף קודם שבע שעות - ואם הוא סוף שש, ידלגו "אבינו מלכנו", כי אם יאחרו עד שעה ז', כבר הגיע זמן המנחה. **ולכתחלה** ראוי להיות זהיר להתחיל תפלת מוסף קודם שש שעות ומחצה על היום, לפי שבשש ומחצה הוא זמן תפלת מנחה גדולה, שהיא תדירה יותר מתפלת מוסף. ‹**ומש"כ** ז' שעות לאו דוקא, אלא עד ו' ומחצה – שכנה"ג›.

ומ"מ בדיעבד אם אירע שנתאחר תפלת מוסף עד חצי שבע, או אחר שבע, יש להתפלל מוסף קודם ואח"כ מנחה, **אם** לא שכבר הגיע זמן מנחה קטנה.

וצריך כל יחיד לומר יו"ד וידויים ביוה"כ לפחות, ד' בארבע תפלות, וד' בחזרת הש"ץ, ושתי פעמים, א' במנחה ואחד במעריב, כנגד י' פעמים שהיה כהן גדול מזכיר את השם ביו"כ, [**ומה** שאומר במעריב עוד פ"א בתוך סליחות, לא חשיב, דלא חשיב אלא מה שאומרים בתוך תפלה].

§ סימן תרכא – סדר קריאת התורה ומילה ביו"כ §

סעיף א - מוציאין שני ספרים, בראשון קורים ששה - מפני שקדושתו יותר משאר יו"ט, שאסור בכל מלאכה, לפיכך מוסיפין אחד, ואין מוסיפין יותר, **בפרשת "אחרי מות", עד "ויעש כאשר צוה ה'"; ואם חל בשבת, קורים שבעה** - כמו בשאר שבתות, **ועיין** במ"א דלכתחלה אין כדאי להוסיף על ז', **ואפשר** במקום שנותנין העולין הרבה מעות לצדקה, המיקל לא הפסיד.

איתא בזוהר, כל מי שמצטער על מיתת בני אהרן, או מוריד דמעות עליהם, מוחלין לו עונותיו, ובניו אינם מתים בחייו, **והעיקר** בזה, שעי"ז יתן לב לשוב מעבירות שבידו, אם בארזים נפלה שלהבת, מה יעשו איזובי הקיר.

ומפטיר קורא בשני בפינחס: "ובעשור לחודש", ומפטיר בישעיה: "ואומר סלו סלו פנו דרך", עד "כי פי ה' דבר" - בהפטרה אין אומרים "מלך מוחל וסולח", רק "ודברך אמת וקיים לעד בא"י" וכו'.

סעיף ב - מילה ביוה"כ, מלין בין יוצר למוסף, אחר קריאת התורה - דתפלת שחרית קודם שהיא תדיר, משא"כ מוסף.

ואומרים: זכור ברית, ואם חל בשבת אומרים: יום ליבשה, [ובא"ר כתב דיש שא"א: יום ליבשה, דהוי כמו הלל].

ולאחר המילה אומרים: "אשרי". (והמנהג למול אחר "אשרי") - ויש נוהגין למול קודם "אשרי", מ"א, **ועיין** בא"ר שהסכים גם כן, דכן נכון לעשות מכמה טעמים.

ואם הוא במקום שצריך לצאת מבית הכנסת - כגון שאין עירוב, ואין יכולין להביא התינוק לבהכ"נ, **אין מלין עד אחר חזרת ס"ת** - למקומה, כדי שלא יהא בזיון להניח ס"ת ולצאת לחוץ, **וחוזרים ואומרים קדיש** - הנה זה נכון לדעת המחבר, דהמילה הוא קודם "אשרי", א"כ כשיבואו יאמרו "אשרי" וקדיש, וכידוע דקדיש זה קאי על "אשרי", **אבל** לדעת רמ"א, דהמילה הוא אחר "אשרי", א"כ יש הפסק גדול בין ה"אשרי" ולקדיש ע"י הליכה שלחוץ, **אכן** זה מיירי במקום שאומרים "יה"ר" קודם מוסף, שיש בו כמה פסוקים, ועלייהו יהיה קאי הקדיש, **ובמקומות** שאין אומרים ה"יה"ר", י"ל איזה מזמור קודם אמירת הקדיש.

סעיף ג - מברכין על המילה בלא כוס - ר"ל דמברכין רק ברכת "אשר קידש ידיד מבטן", אבל לא הברכה שעל הכוס, **דהלא** צריך לטעום ממנו, וא"א ביוה"כ, **וליתן** לתינוקות לשתות ג"כ אין כדאי, דחיישינן דלמא אתי למיסרך עי"ז, לשתות תמיד ביוה"כ.

ורשאי למצוץ הדם כדרכו בחול, **והנוהגים** למצוץ ביין, לא יזלפו בפה, ולא במוך משום חשש סחיטה, **רק** יזלפו ביד לבד.

(וי"א דמברכין בכוס ונותנים לתינוק הנימול, וכן נוהגין) - ר"ל מלבד מה שנותנין בפי התינוק כשאומר "בדמיך חיי", צריך ליתן לו לשתות קצת מן הכוס, דאל"כ איכא גנאי להכוס, **ואם** מלין אצל היולדת, והיולדת חולה בענין שמותרת לאכול, יכול להוציאה, וגם יאמר לה שתכוין לצאת בברכתו, ותשתה ממנו, [**והוא** שתשמע הברכה, ולא תפסיק בין שמיעת הברכה לשתיית הכוס, **וזה** עדיף יותר מנתינה לתינוק הנימול].

סעיף ד - במוסף אומר ש"צ סדר עבודה - דעיקר עבודה של כהן גדול היה במוסף, ולכך אנו אומרים ג"כ, כדי לקיים "ונשלמה פרים שפתינו".

הגה: ונוהגין ליפול על פניהם כשאומרים "והכהנים והעם", גם ב"עלינו לשבח" - ועיין סימן קל"א, דיש להשתטח עשבים על הרצפה, משום דאסור לשטוח אפיו על הרצפה, או יחוץ בטליתו.

אבל ש"צ אסור לעקור ממקומו בשעת התפלה כדי ליפול על פניו, ויש למחות ביד העושים כן - דהרי שנינו: אפילו נחש כרוך על עקבו לא יפסיק, **אבל** כבר פשט המנהג שגם הש"ץ עושה כן, ונראה שהם סומכין, דהליכה לא מקרי הפסק, **וכעת** פשט המנהג, שנותנין עוד שטענדע"ר לפניו, ובעבודה מסלקין אותו השטענדע"ר, ואין עוקר רגליו, [**ושמש** הכנסת מגביהו ומעמידו על רגליו, בענין שלא יצטרך לעקור רגליו ממקומו].

סעיף ה - סדר הוידוי: חטאתי, עויתי, פשעתי - חטא שוגג, עון מזיד, פשע מרד, וצריך לומר הקל תחלה.

סעיף ו - נהגו לידור צדקות ביום הכיפורים בעד המתים. (ומזכירין נשמותיהם, דהמתים ג"כ יש להם כפרה ביוה"כ) - כשנודרין בעבורן, דאמרינן אלו היה חי היה נותן ג"כ צדקה, ולכן נקרא "יום הכפורים" בלשון רבים, ר"ל לחיים ולהמתים, **ואפילו** אם היה עני, היה טהור לב ורוצה ליתן, **אבל** בעבור רשע אינו מועיל, **ואם** התודה קודם מותו, י"ל דיש לו כפרה וכצדיק חשוב, **ומסתברא** דאם הבן נותן בעד אביו, בכל גווני מועיל להקל דינו, דברא מזכה אבא.

§ סימן תרכב – סדר תפלת מנחה §

סעיף א - למנחה אומר "אשרי ובא לציון" - כדי להפסיק בין תפלת מוסף לתפלת המנחה.

ואין אומרים "ואני תפלתי", אפילו אם חל להיות בשבת - לפי שבשבת אומרים לשבח ישראל, שאף שאכלו ושתו, מתפללים, לא כאומות העולם, וביוה"כ א"צ לזה.

הגה: ואין אנו נוהגין לומר "אשרי ובא לציון" קודם מנחה - כדי למהר, שלא יעבור זמן המנחה, ודי בהפסק קריאת התורה, **רק קודם נעילה** - כדי להפסיק בין מנחה לנעילה, **וכ"כ קצת רבותא.**

וא"א "אין כאלהינו" ביו"כ - לפי שבשבת אומרים כן כדי למלאות החסר ממאה ברכות בכל יום, **וביוה"כ** איכא הרבה שבחים, וא"צ למלאות בזה, **גם** "פטום הקטרת" א"צ לומר, שהוא כלול בעבודה, **אבל** נראה יותר טוב לאומרו ביחידות, שהרי סמני הקטרת לא הוזכרו בעבודה - ט"ז, **וגם** המ"א כתב שיש לאומרו.

סעיף ב - ומוציאין ספר תורה וקורין שלשה בפרשת עריות עד סוף הפרשה - משום שנפשו של אדם מחמדתן, ואם יש אחד שנטמא יחזור בתשובה.

ומתחילין מן "כמעשה ארץ מצרים", פ' ראשונה עד "וחי בהם", שניה "אלהיך אני ד'", שלישי הוא המפטיר.

והשלישי מפטיר ביונה - שמדבר מן התשובה, ועוד שאין יכולין לברוח מן הש"י - אחרונים, [**וכונתם**, כי האדם חושב כמה פעמים לייאש את עצמו, שאין יכול לתקן בשום אופן, וע"כ יתנהג תמיד באופן אחד, ואם יגזור עליו הקב"ה למות, ימות, **אבל** טעות הוא, שסוף יהיה כל מה שהקב"ה רוצה מנפשו שיתקן מוכרח הוא לתקן, ויבא עוד פעם ופעמים לעוה"ז, ובע"כ יוכרח לתקן, וא"כ למה לו כל העמל, למות ולסבול חיבוט הקבר ושאר צרות ולחזור עוד הפעם, **וראיה** מיונה, שהקב"ה רצה מאתו שילך וינבא, והוא מיאן בזה, ונס לים, מקום שלא ישרה עליו עוד השכינה לנבאות כידוע, וראינו שנטבע בים ונבלע בדג, והיה שם במעיו כמה ימים, ולפי הנראה בודאי לא יכול להתקיים דברי הש"י, ומ"מ ראינו שסוף דבר היה שרצון הש"י נתקיים, וילך וינבא, כן הוא האדם בעניניו, **וזהו** שאמרו באבות: ואל יבטיחך יצרך שהשאול בית מנוס לך, שע"כ אתה נוצר וכו'], **ומסיים "מי אל כמוך".**

ואין אומרים קדיש על הספר, רק ח"ק לפני העמוד קודם תפלה, [כי הקדיש הזה קאי גם על התורה, **וע"כ** אם נזדמן שהולכים למקום אחר לקרות בתורה, וחוזרים לבהכ"נ להתפלל, י"ל קדיש אחר אמירת המפטיר].

ומברך לפניה ולאחריה - ר"ל כדרך שבירך בשחרית, שאומר גם "על התורה ועל העבודה".

ואם חל בשבת, מזכיר בה של שבת, וחותם בשל שבת.

הגה: ואין אומרים "על התורה ועל העבודה", במנחה - פי' אנו אין מנהגינו כמ"ש השו"ע, אלא אין אומרים כלל "על התורה ועל העבודה", בין כשחל בשבת בין כשחל בחול, רק חותמין "מגן דוד", **והטעם**, שהרי כבר פסק העבודה מהשחר, ובירך עליה שחרית.

כשמוציאין הס"ת במנחה, אין אומרים "על הכל", ולא "שמע ישראל", רק "גדלו".

בנוסח "אבינו מלכנו", י"ל "רוע גזר" בנשימה אחת, כי שייכים להדדי, דהיינו שיקרע הוא ית' רוע שיש בגזירה, ומה שנשאר בגזירה יהיה לרחמים, **והמפסיקים** בניגון בין "רוע" ל"גזר", צריך למחות, ובפרט החזנים שלא יעשו כן.

סעיף ג - אם חל בשבת, אומרים "צדקתך", ואומרים "אבינו מלכנו" - אף שהוא שאלת צרכים, הלא הוא שעת גמר דין, ואם לא עכשיו אימתי, **הגה: ובמדינות אלו אין אומרים "צדקתך"** - דכתיב בו "משפטיך תהום רבה", ואנו מבקשים רחמים לפני השי"ת ביו"כ, **ולא "אבינו מלכנו"** - שהוא שאלת צרכים, ואין שואלין בשבת, **ובחול** אומרים, אם לא שהזמן קצר וצריך למהר כדי להתפלל נעילה ביום, וטוב לומר מעט סליחות בנחת מהרבה במרוצה.

סעיף ד - אין נושאין כפים במנחה ביוה"כ; וכהן שעבר ועלה לדוכן, הרי זה נושא כפיו ואין מורידין אותו - עיין לעיל בסי' קכ"ט בהג"ה, דמטעם זה יש נוהגין לומר "אלהינו וא"א" וכו', **וה"ה** דיש לומר אז "שים שלום" ולא "שלום רב", דחד דינא להו. **כהן** אחד עלה לדוכן, ושארי הכהנים עקרו רגליהם בעבודה ועדיין לא עלו, **טוב** הדבר שיצאו מבהכ"נ ולא יעלו עמו.

§ סימן תרכג - סדר תפלת נעילה §

סעיף א - לנעילה אומר: "אשרי" וקדיש, ואינו אומר "ובא לציון"; הגה: וכבר כתבתי דהמנהג במדינות אלו לומר "אשרי ובא לציון" קודם נעילה - כדי להפסיק בה בין תפלת מנחה לתפלת נעילה.

סעיף ב - זמן תפלת נעילה כשהחמה בראש האילנות - הוא איזה זמן קודם תחלת השקיעה, **כדי שישלים אותה סמוך לשקיעת החמה** - היינו סוף שקיעה שהוא צאת הכוכבים, וסמוך לזה היינו מעט זמן קודם צה"כ.

וצריך ש"צ לקצר בסליחות ופסוקים שבאמצע התפלה, וגם אין לו למשוך בתפלת נעילה כל תיבה ותיבה כדרך שמושך בשאר תפלות, כדי שיגמור קודם שקיעת החמה - וי"א שיכולין להאריך ולהמשיך בתפלת נעילה גם בלילה, **ואע"פ** שהעיקר כסברא הראשונה, מ"מ עכשיו שנוהגין כסברא אחרונה אין למחות בידם, **ומ"מ** צריכין עכ"פ ליזהר ולהתחיל בעוד היום גדול, [**אך** לא יהיה קודם פלג המנחה].

וגם יזהר לומר החרוז "היום יפנה, השמש יבוא ויפנה", קודם הערב שמש, דאל"כ הוא כדובר שקרים לפני ד', [**ואם** נתאחר, יאמר "היום פנה, השמש בא ופנה"].

(ואומר במקום "כתבנו", "חתמנו") - וכן כשמגיע ל"וכתוב", יאמר "וחתום", וכן יאמר "בספר חיים וכו' נזכר ונחתם", **כי** בנעילה הוא חתימת הגזר דין שנכתב בר"ה על בני אדם לטוב או לרע, **ויזהרו** מאד בתפלה זו, כי תכלית כל העשי"ת הוא יוה"כ, ותכלית יוה"כ הוא תפלת נעילה, שהכל הולך אחר החיתום, ואם לא עכשיו אימתי, **ולכן** אף אם חלש הוא מחמת התענית, מ"מ יאזור כגבור חלציו, להתפלל במחשבה זכה וברורה, ולקבל על עצמו גדרי התשובה באמת, והבא לטהר מסייעין אותו, ויחתם בספר חיים טובים.

יש לבטל המנהג, שהעכו"ם מדליק הנרות לצורך אמירת פיוטים בנעילה, אלא הנרות הדולקים יפזרם בכל בהכ"נ, דזה הוי רק שבות דשבות, **ונכון** שמבערב יוה"כ יזמין עכו"ם לזה, וגם שיהיה נכון, שמא ביוה"כ יתהוה איזה דבר מחמת רבוי הנרות, בכדי שלא יבא ח"ו לידי שריפה.

סעיף ג - אם חל בשבת, מזכיר בה של שבת - כדרך שמזכיר בשאר תפלות היום, שהרי עדיין יום שבת הוא, **ואפילו** אותם הממשיכים תפלה זו בלילה, כיון שהתחילו מבע"י, צריך להזכיר של שבת.

אבל בוידוי שלאחר התפלה אין מזכירים בו של שבת - כיון שכבר סיים ברכת שבת, דהיינו "אתה בחרתנו" שחותמין "מקדש השבת", ולא מצינו הזכרה אחר סיום הברכה.

והני מילי יחיד, אבל שליח צבור, כיון שאומרו בתוך תפלתו, מזכיר בו של שבת - ב"אתה הבדלת אנוש מראש" וכו', כדרך שמזכיר בו של יוה"כ, וכמו כל ברכת "אתה בחרתנו" שהוא מזכיר בה של שבת ושל יוה"כ.

ואם לא הזכיר בזה - כלומר בתוך הוידוי, אבל בתוך התפלה הזכיר, **אין מחזירין אותו** - אבל אם לא הזכיר שבת כלל, אז בין יחיד בין ש"ץ מחזירין אותו, [**ובש"ץ** דוקא אם טעה ולא אמרו בתוך התפלה שבקול רם, אבל אם לא אמרו בתפלה שבלחש, אין מחזירין אותו].

סעיף ד - ואומר "כתר" כמו במוסף - ובמקומות שאומרין "נעריצך" במוסף, אומרים ג"כ בנעילה. **ופותחין** הארון לכל תפלת הנעילה.

סעיף ה - נושאים כפים בנעילה - היינו אם הוא עדיין יום, **אבל** אם כבר חשכה, אין נושאין כפים, דאיתקש נשיאת כפים לעבודה, כדכתיב: לשרתו ולברך בשמו, ועבודה הוא דוקא ביום, **ולכן** אם הזמן קצר, יאמרו הפיוטים אחר התפלה, כדי שיהא נ"כ ביום.

[**ואפי'** אם הוא בה"ש צ"ע, דאיתקש לשירות, ובשירות בעינן דוקא יום ברור, **והנה** ידוע שיש תרי בה"ש, אחד בה"ש דר' יהודה, ואחד בה"ש דר' יוסי, **ונהי** דאנו מחמירין לנהוג כר' יהודה לענין שבת וכמה דברים, אפשר דבזה שיש בלא"ה דעת ר"ת וסייעתו, דעד לערך חצי שעה קודם צה"כ אנו חושבין אותו ליום, אפשר דיש להקל לענין נשיאת כפים, דנחשבוהו ליום, כל שיש עדיין חצי שעה קודם צה"כ, **וצ"ע**. ‹עיין בסי' תר"ח ס"א ובהרבה דוכתי, דכתב דלר"ת עד לערך רבע שעה קודם צה"כ הוא יום, וצ"ע›.

והמנהג במדינות אלו שלא לישא כפים - ואפילו אם הוא עדיין בודאי יום, מפני שכמה פעמים נמשך סיום התפלה עד הלילה, לפיכך נהגו שלא לישא כפים בשום פעם, [**והגר"א** כתב טעם אחר, דהוא כמו שחרית, וגם בו הלא לא נהגו לישא כפיו, **וציין** לעיין בסי' קכ"ח סמ"ד, ושם כתב הרמ"א: שיש מקומות שנושאין כפים בנעילה, ש"מ דמקומות מקומות יש].

וכתבו האחרונים, דמ"מ "אלהינו וא"א ברכנו בברכה" וכו', וכן "שים שלום", אומרים, ואפילו הוא לילה, שבזה אין קפידא כ"כ, לפי שהתחלת התפלה היה ביום.

ואומרים: "אבינו מלכנו" - ואפילו חל בשבת, ואפילו הוא עדיין יום, מפני שהוא גמר דין.

סעיף ו - בסוף הסליחות אומרים ז' פעמים: "ה' הוא האלהים" - הטעם, ללות השכינה שמתעלה לעלות למעלה משבעה רקיעים.

ופעם אחד: "שמע ישראל", וג' פעמים: "ברוך שם כבוד מל"ו", וע"ל סימן ס"א, ותוקעים תשר"ת - הטעם, שהוא סימן לסילוק שכינה למעלה, שנאמר: עלה אלהים בתרועה, [**ותוס'** כתבו, להראות שהוא יו"ט להרבות בסעודה, לכן יפקדו איש את אחיו בצאתו מבהכ"נ, כדרך שאומרים בשבת ויו"ט "יומא טבא" איש לחבירו].

ומותר לתקוע אפילו אם חל בשבת ג"כ, ואע"ג שעדיין לא הבדילו בתפלה, מ"מ כיון דחכמה היא ואינה מלאכה, לא אחמור בה רבנן כולי האי, **ואפילו** הוא בין השמשות מותר, דהוא שבות לצורך מצוה, **אבל** אם הוא בודאי יום, אסור לתקוע.

הגה: ויש אומרים שאין לתקוע רק תקיעה אחת, וכן נוהגין במדינות אלו; ותוקעין לאחר שאמר קדיש לאחר נעילה, וקצת מקומות נהגו לתקוע קודם קדיש - ואחר שתקע, המנהג שאומרים הש"ץ והקהל "לשנה הבאה בירושלים".

§ סימן תרכד – סדר מוצאי יום הכפורים §

סעיף א - מתפללים תפלת ערבית, ואומר הבדלה ב"חונן הדעת".

סעיף ב - צריך להוסיף מחול על הקודש גם ביציאתו, שימתינו מעט אחר יציאת הכוכבים - ותוך הזמן הזה אסור באכילה ורחיצה וסיכה וכו', **אך** אין שיעור להתוספה, וע"כ כיון שמתפללים אחר צה"כ, מותרים בכולם אף שעדיין לא הבדיל על הכוס, **רק** באכילה ושתיה אסורים עד אחר הבדלה, בין אם חל בחול ובין כשחל בשבת.

סעיף ג - מבדילים על הכוס - ובמקומות שמבדילין בבהכ"נ על הכוס בכל מו"ש ויו"ט, גם עכשיו יבדיל הש"ץ, **ויטעים** מן הכוס לקטן, או אף לגדול מי שהוא מתכוין לצאת בהבדלה זו, [**וה"ה** אף לעצמו אם מתכוין לצאת בהבדלה זו].

ואין מברכים על הבשמים, אפילו אם חל להיות בשבת - שטעם הברכה כדי להשיב את הנפש מפני הנשמה יתירה שהלכה לה, ועכשיו ביוה"כ לא היה בו נשמה יתירה מפני התענית.

אבל רבים מהאחרונים חולקין ע"ז, וסוברין דכשחל בשבת יש לברך על הבשמים, [דאדרבה ביוה"כ בודאי היה בו ג"כ נשמה יתירה כשחל בשבת], ואין כאן חשש ברכה לבטלה כיון שנהנה, **ומ"מ** אין להורות

לצבור כן, ולמחות בידם במקום שנהגו בבהכ"נ שלא לברך על הבשמים, רק לעצמו בביתו יכול לברך.

אם חל בשבת, אומרים "ויתן לך", ואין אומרים "ויהי נועם ואתה קדוש", לפי שחג הסוכות חל באמצע השבוע.

סעיף ד - מברכים על האור - לפי שפסקה הנאתו בו ביום, שכל היום לא היו יכולין להשתמש בו, ועכשיו הותר לו.

ואין מברכים במוצאי יום הכפורים על האור שהוציאו עתה מן האבנים - וה"ה כשהוציאו מן עצי גפרית, שקורין שוועבעליך, וכל כה"ג, **לאפוקי** אם הוציאו אתמול מן האבנים, בוודאי מותר, כיון ששבת ביוה"כ.

ומה שנשתנה יוה"כ משבת, הוא משום דטעם שמברכין על האור במו"ש, שאינו אלא לזכר שנברא האור במוצ"ש, שאדם הראשון הקיש האבנים במוצ"ש זה בזה והוציא מהן אש, לכך מותר לברך על אש כזה ממה שהוציאוהו עתה, **אבל** במוצאי יוה"כ מה שמברכין על האור, הוא להורות שיום זה היה קדוש משאר ימים טובים ונאסר להבעיר בו אש, ועתה הותר, והוי האש דבר חידוש ומברכין עליו, **וזה** לא שייך אלא באור ששבת, ר"ל שהיה בעולם ביוה"כ בשעת שביתה ופסקה הנאתה ממנה בו ביום, ועכשיו הותר לו, **משא"כ** באור זה שלא היה מעולם ביוה"כ.

אכן אם חל יוה"כ בשבת, מותר מדינא לברך במוצאי שבת על אור זה, **אכן** מנהג העולם להחמיר, ועכ"פ בנר שהדליקו מן האור ההוא, בוודאי יש להקל, [**דבלא"ה** הלא יש שיטת הי"א בסוף הסעיף להקל, ובבה"ג בודאי אין להחמיר].

ויש אומרים שמברכים עליו מעמוד ראשון ואילך - היינו שהדליקו נר אחד מאותו שלהבת, וטעמם, שגם זה נקרא אור ששבת, ואינו אור הנברא מחדש, (**ואפי'** במקום הדחק אין לסמוך על דעה זו).

סעיף ה - ישראל שהדליק מעובד כוכבים, אין מברכים עליו במוצאי יוה"כ, אף על פי שבמוצאי שבת מברכין עליו, שאין מברכים במוצאי יוה"כ אלא על האור ששבת מבע"י ממש, או על האור שהודלק ממנו - ומה דאנו מקילין בזה במו"ש, הוא מפני שהוא מברך על תוספות שלהבת של היתר שניתוסף בנרו של ישראל, ולא על מקור האור ששאב מנרו של עכו"ם, **ותוספות** שלהבת זו לא היה מעולם ביוה"כ, כי אם נולד עכשיו, ודומה לאור היוצא מן העצים ואבנים, דאסור במוצאי יוה"כ לברך עליו.

ועיין במ"א, דלפי"ז גם באור היוצא מן עצים ואבנים אין לברך, אפילו על נר אחר שהודלק ממנו, דלא כהי"א דס"ד.

(**וגחלים** ששבתו, מותר להדליק ממנו נר במוצאי יוה"כ ולברך עליו).

וכן נהגו להדליק מעששיות של בית הכנסת. ומיהו אפילו אם הודלק ביוה"כ, אם הודלק בהיתר כגון לחולה, יכולים לברך עליו.

הגה: י"א להבדיל על נר של בית הכנסת - ר"ל שהודלק מבע"י ודלק בהיתר, והו"ל שבת ממש, **ויש אומרים שאין להבדיל עליו, אלא מדליקין נר אחר ממנו** - דלא נעשה רק לכבוד היום ולא להאיר, ומבואר בסימן רצ"ח שאין מברכין ע"ז, **ודעה** ראשונה ס"ל דנעשו להאיר, ועדיף להבדיל על זה מלהבדיל על נר אחר שדלק ממנו, דלא מקרי כ"כ אור ששבת כיון שלא היה ביוה"כ.

[**ובמטה** משה כתב, דנרות של בתי מדרשות שעשויין ללמוד אצלם, והקבועים שם משתמשים בהם, יש לברך עליהם].

והנכון להבדיל על שניהן ביחד, דהיינו להדליק נר אחד מנר בית הכנסת - ר"ל שבזה בודאי יוצא, (דהרבה ראשונים ס"ל, דיש לברך במוצאי יו"כ על נר של בהכ"נ, דהוא אינו נעשה לכבוד, ולכך עכ"פ יש להקל על נר אחר בהצטרף עמו, משא"כ להצטרף נר עם אור היוצא מן אבנים, אפשר דגם רמ"א מודה דאסור, ודלא כי"א דס"ד), **ולא יבדיל על נר עצמו של בית הכנסת לחוד.**

ואם אי אפשר להבדיל על שניהם, מוטב להבדיל על נר אחר שדלקו ממנו לחוד, מנר בהכ"נ לחוד, **ומ"מ** אם עבר ובירך על נרות של בהכ"נ בלבד, א"צ לחזור ולברך על נר אחר, שהנרות שלנו עשוין גם להאיר, שהרי מתפללין לאורן.

וה"ה אם היה לו נר אחד בביתו שהיה דלוק מבע"י, ידליק ממנה עוד אחד, ויברך על שניהן ביחד, **כי** על אותו נר שבביתו לחוד ג"כ אינו כדאי לברך, דאפשר שהיא נעשה ג"כ רק לכבוד היום - ח"א, **ומן** דה"ח משמע, דיותר טוב שיניח בביתו לכתחלה נר דלוק מעיו"כ שיהיה דלוק עד מוצאי יוה"כ, כדי לברך עליו, ויוצא בזה לכל הדעות כיון שהוא מניחה לכתחלה בשביל זה.

ושאר דיני נר, ע"ל סי' רצ"ח.

ואוכלים ושמחים במוצאי יום הכיפורים, דהוי קצת יום טוב - כדאיתא במדרש, דבת קול יוצאה במוצאי יוה"כ ואומרת: לך אכול בשמחה וגו'.

ביום שאחר יוה"כ משכימין לבהכ"נ, כדי שלא יהא נראה ח"ו, שאנו היינו נכנעין לו רק בעת שאנו צריכין לבקש על דיננו.

ויש מחמירים לעשות שני ימים יו"כ - משום ספיקא דיומא, **ומ"מ** לא יתפללו רק תפלה של חול, ויניחו תפילין, **אך** פיוטים וסליחות יוכלו לומר כרצונם, וגם זה לא יאמרו בתוך התפלה, רק אחר י"ח, **גם** לא יקראו בתורה אפילו "ויחל".

כשחל יוה"כ יום ה', אסורים אחרים להכין להם צרכי שבת בשבילן בע"ש, שהוא יו"כ שלהן, **אך** יאכלו עם אחרים שלא הרבו בשבילן.

י"א, דמי שעשה כן פ"א שני ימים, אינו יכול לחזור, וצריך לעשות כן כל ימיו, דהוי כמו קיבל על עצמו בנדר.

ויש לזה התרה - היינו אם נתחרט ע"ז ואינו רוצה לעשות כן, רשאי להתיר לעצמו בפני ג' ע"י פתח וחרטה, **ואם** התנה בפירוש שאין עושה כן רק שנה זו, ואין מקבל על עצמו שיעשה כן בכל שנה, א"צ התרה.

ואין לנהוג בחומרא זו, משום דיש לחוש שיבא לידי סכנה - כי באמת מדינא אין לחוש, דאנן בקיאין בקביעא דירחא, ואין עושין רק משום מנהג שנהגו אבותינו, וביוה"כ לא נהגו אבותינו, [**כי** רוב הצבור אין יכולין להתענות ב' ימים, ולא תקנו בזה לעשות ב' ימים], א"כ למה ננהוג אנחנו.

מי שמתענה תענית חלום למחרת יו"כ, אין צריך להתענות כל ימיו.

אין אומרים תחנות ולא צו"ץ מיום כפור עד סוכות - ולא פרקים, ולא "שיר המעלות", **אבל** "למנצח" ו"אל ארך אפים" אומרים, **ויש** מקומות שבערב סוכות אין אומרים "למנצח", אבל "אל ארך אפים" אומרים.

אין מתענין מיום כפור עד סוכות יום שמת בו אביו ואמו, שהם ימי שמחה, שהיו מחנכין בהם המזבח בימי שלמה.

והמדקדקים מתחילים מיד במוצאי יו"כ בעשיית הסוכה, כדי לצאת ממצוה אל מצוה - וביום המחרת יעשה כולה, כמו שכתב בסימן תרכ"ה.

§ סימן תרכה §

סעיף א - "בסוכות תשבו שבעת ימים" וגו', "כי בסוכות הושבתי את בני ישראל", הם ענני כבוד שהקיפם בהם לבל יכם שרב ושמש - ודוגמא לזה ציונו לעשות סוכות, כדי שנזכור נוראותיו ונפלאותיו, **ואע"פ** שיצאנו ממצרים בחודש ניסן, לא ציונו לעשות סוכות באותו זמן, לפי שהוא ימות הקיץ, ודרך כל אדם לעשות סוכות לצל, ולא היתה ניכרת עשייתינו שהם במצות הש"י, **ולכן** ציוה אותנו שנעשה בחודש השביעי שהוא זמן הגשמים, ודרך כל אדם לצאת מסוכתו לביתו, ואנחנו יוצאין מן הבית לישב בסוכה, בזה מראה שהוא עושה לשם מצות הש"י.

וכתבו האחרונים, שיכוין בישיבתה שצונו הקב"ה לישב בסוכה זכר ליצ"מ, וגם זכר לענני כבוד שהקיפן אז עלינו, להגן עלינו מן השרב והשמש, **וכ"ז** לצאת ידי המצוה כתקונה, הא דיעבד יוצא כל שכיון לצאת לבד.

ומצוה לתקן הסוכה מיד לאחר יום כפור, דמצוה הבאה לידו אל יחמיצנה - אף דכבר כתבו לעיל בסוף סימן תרכ"ד, התם בלילה התחלה בעלמא, ולמחרת מתקן כולה אם אפשר, **גם** שם איירי לענין מדקדק במעשיו יתחיל דבר מה בסוכה מיד בלילה, **ומי** שאין מדקדק, עכ"פ ביום המחרת אחר יציאה מביהכ"נ, יתחיל ויגמור כולה אם אפשר, **ואפילו** הוא ע"ש עד חצות, ואחר זה י"ל דאסור.

§ סימן תרכו – העושה סוכה תחת האילן או תחת הגג §

סעיף א - אין לעשות סוכה תחת בית או אילן - דבעינן שתהא הסוכה תחת אויר השמים, דכתיב: "בסכת תשבו" חסר וי"ו, דהיינו באחת, שלא יסוכך עליה בשני קירוין, ולא בסוכה שתחת סוכה, או תחת הבית או אילן.

(והיינו כשענפי האילן הוא על הסוכה ממש, אבל אם הוא מצד הסוכה, אע"פ שע"י צל האילן ממילא אינו מגיע החמה להסוכה כלל, אפ"ה כשר).

וביתו גופא אף אם ירצה לישב בה בחג לשם סוכה, פסול, ד"סוכה" אמר רחמנא ולא ביתו של כל ימות השנה. **ואילן** פסול שיהא הוא הסוכך על דפנות הסוכה, משום דמחובר הוא.

והעושה סוכתו תחת האילן, יש אומרים שאם האילן צלתו מרובה מחמתו, פסולה בכל ענין - ר"ל, אפילו אם השפיל הענפים למטה, ועירבן עם סכך הסוכה, וסכך הסוכה רבה עליהם ואינו ניכר, אפ"ה פסול, **אף אם הסוכה צלתה מרובה מחמתה** - כיון שהאילן ג"כ צילתו מרובה מחמתו, א"כ אין סכך הסוכה מועיל כלום.

(**ודע**, דכלל המחבר בזה (הלשון "בכל ענין") **עוד ענין** אחד, **דענינינו לא דמי לסוכה תחת סוכה, דשם** דוקא בשסוכה עליונה רחוקה מתחתונה עשרה טפחים, והכא אפילו הבית או האילן הוא למעלה מן הסוכה רק מעט, ג"כ אסור).

אבל אם האילן חמתו מרובה מצלתו - דאז הצל כמו שאינו, ולא מקרי סוכה שתחת האילן, **אם הסוכה צלתה מרובה מחמתה בלא אילן, כשרה, אפילו לא השפיל הענפים למטה לערבם עם סכך הסוכה.**

אבל אם אין הסוכה צלתה מרובה מחמתה אלא על ידי האילן - ר"ל וסכך האילן הלא פסול הוא דהוא מחובר, ואין יכול לצרפו לסכך כשר להכשיר הסוכה, **צריך שישפיל הענפים ויערבם עם הסכך, בענין שלא יהיו ניכרים** - (מי הוא הסכך הכשר או הפסול, **הא** אם הניחן פסול ע"ג הכשר זה ע"ג זה ממש, ניכרים מקרי), **ויהא סכך רבה עליהם ומבטלן** - וזה אפי' לכתחלה מותר, ואפילו אם עשה הסוכה בחוה"מ, **ולא** שייך בזה לומר אין מבטלין איסור לכתחלה, [**דאין** כאן שם איסור, דהא אין איסור מצד עצמו של הסוכה לישב בה, אלא שהיושב בה אינו יוצא ידי חובת המצוה].

(**ובודאי** לכתחלה נכון לחוש לדעת הרמב"ם כדעת הב"ח, דבעינן שיקצוץ אותן, ובזה מותר אפי' בלא נענוע).

וי"א שאפילו אם הסוכה צלתה מרובה מחמתה בלא האילן, והאילן חמתו מרובה מצלתו, אם ענפי האילן מכוונים כנגד סכך הכשר, פסולה, בין שהאילן קדם בין שהסוכה קדמה, כיון שענפי האילן מכוונים כנגד סכך הכשר - ס"ל שכל מה שהוא תחת האילן כמאן דליתא דמיא, שאינו משמש כלום, כיון שהעליון מיצל עליו, וא"כ מן הסכך הנשאר הוא רק חמתו מרובה מצילתו, **ועם** הסכך של האילן אינו יכול להצטרף, אף שיהיה עי"ז צילתה מרובה מחמתה, דהא סכך פסול הוא.

(ע"פ הכלל הידוע, דבשני י"א פסק השו"ע כהשני, גם הכא פסק לחומרא כדעת אבי העזרי, וכ"כ ג"כ בפמ"ג, ומ"מ בשעת הדחק שאין לו סוכה אחרת, וגם אי אפשר לו לתקן סוכה זו להכשירה, יש לסמוך על סברא הראשונה).

הגה: מיהו אם השפיל הענפים למטה ועירבן עם הסכך, שאינן ניכרין, בטלין והסוכה כשרה - ובזה מהני אפילו אם אין הסוכה צילתה מרובה מחמתה בלא האילן, וכמו לדעה א', **ולכן** סיים הרמ"א שאינן ניכרין, דאם היה סכך הסוכה בעצמה צילתה מרובה מחמתה, אפילו היו ניכרים, או היו מונחים זה ע"ג זה ממש, שרי, כיון שהם מרובים מסכך האילן, [**דאם** לא היה זה ע"ג זה ממש, אלא קצת חלל ביניהם, בודאי לדעה זו האחרונה אסור, אפי' צילתה מרובה מחמתה, דכל סכך שכנגד ענפי האילנות כמאן דליתא דמיא]. **ויש** חולקין ע"ז, ‹דאין להכשיר כשהסכך הפסול ניכר, אפי' כשסכך הסוכה בעצמה צילתה מרובה מחמתה›.

וי"א דלדעה אחרונה זו, לא מהני אפילו בשהשפיל, אא"כ סכך הסוכה צילתה מרובה מחמתה בלא האילן, [מ"א]. **ולמעשה** נכון להחמיר כוותייהו.

וכן אם הניח סכך הכשר על סכך הפסול, מקרי עירוב, וכשר - והיינו כשהיה הסכך הכשר מרובה על הפסול, (**ולדעת המ"א**, בעינן בזה שיהיה בסכך הכשר צילתה מרובה מחמתה, דאל"ה אף שהוא מרובה מן הסכך פסול, לא מהני, **ולדעת** שארי אחרונים שהסכימו, דכונת הרמ"א להקל בהשפלת הענפים למטה, שיהיה כשר ע"י צירוף עם הסכך פסול צילתה מרובה מחמתה, ורק בעינן שיהיה יותר מן הסכך הפסול, גם בענין זה כן הוא, **ולכל הפירושים**, אם ע"י הסכך פסול לבד יהיה ג"כ צילתה מרובה מחמתה, אז פסולה הסוכה אף אם הסכך כשר מרובה מהן, וכמש"כ במ"ב).

(**אמנם** בעיקר דינו דהרמ"א שהעתיק מהמרדכי, ‹דסכך כשר על סכך פסול› מקרי עירוב, **תמה** ע"ז בספר חמד משה, **דא"כ** יש חילוק, דאם הסכך כשר תחת הפסול, בעינן עירוב דוקא שלא יהיו ניכרין, **וכמ"ש** המחבר, ואם הכשר למעלה על הפסול, לא בעינן עירוב, אלא בהשפלה בעלמא סגי, **והאריך** בזה והוכיח, דאין לחלק בזה, ודעתו דהמרדכי לא ס"ל כפירש"י והתוספות, שפירשו חבטן היינו שעירבן, אלא שפירושו שהשפילן למטה, דס"ל כל שנוגעים זה בזה הוי חבטה בכל גווני, אבל לא נתכוין לחלק בין הכשר למעלה או הפסול, **ולפי"ז** לדידן דקי"ל דבעינן עירוב דוקא, אין לחלק כלל בין אם הכשר למעלה או למטה, לעולם בעינן דוקא שיתערבו דליהוי בטול מעליא, וכסתימת כל הפוסקים שלא חילקו בכך, עכ"ל, **היוצא** מדברינו, דלפי"ז לרש"י ותוס', דלא מקרי זה בשם עירוב, בעינן שיהיה בסכך הכשר צילתה מרובה מחמתה, דזה מהני לדידהו, **אפילו** הפסול מובדל ומרוחק למעלה הרבה, **ונמצא** דבזה ממ"נ כשר הסוכה, לרש"י ותוס' מפני שצילתה מרובה מחמתה, **ולאבי העזרי** דלא מהני צילתה מרובה מחמתה, **אפילו** כשיושב בצל סוכה, מפני שהאילן מוצל למעלה, וכ"ש כשיושב בצל אילן, הלא מקרי זה בשם עירוב, וכן מסיק במאמ"ר).

ואם היו מונחין על הסוכה כל אחד ואחד בפני עצמו, ואינן מעורבין כלל אלא זה בצד זה, א"צ שיהיה בכשר רוב כנגד הפסול, אלא אפילו אם הם מחצה על מחצה, גם כן הסוכה כשרה, דהוא הלכה למשה מסיני, **אלא** מפני שאי אפשר לצמצם יש להעדיף מעט, כמו שיתבאר בסימן תרל"א ס"ח.

אבל אם הענפים כנגד האויר שבין הסכך הכשר - ומיירי שמן הענפים לא יהיה צל הרבה, וחמתה מרובה מצילתה, [דאל"ה הלא מבואר בריש הסימן דפסול].

(או שהסכך הרבה שאפי' ינטל נגד האילן נשאר כשיעור) - ומשמע מן הפוסקים, דחשבינן לסכך שכנגד האילן כסכך פסול, וע"כ אין להכשיר אא"כ הוא פחות מד' טפחים בסוכה גדולה, או פחות מג"ט בקטנה.

כשרה, הואיל וצל הכשר הוא מרובה מחמתה, שאפילו אם ינטל האילן יש שיעור בכשר להכשיר - ר"ל דלא תיקשי מאי הוי אם הענפים כנגד האויר, הלא עכ"פ מסככים האילן והסכך על הסוכה, **ולזה** אמר שאפילו אם ינטל וכו', היינו דלא הועיל האילן כלום, דבלאו צל דידיה יש צילתה מרובה מחמתה מן הסכך גופא, ולאפוקי מן ענפי האילן דלא הוי כי אם חמתה מרובה מצילתה.

ובכל זה לא שאני לן בין קדם האילן לקדם הסכך, דין אחד להם.

סעיף ב - אם קצץ האילן להכשירו ולהיות הוא עצמו מהסיכוך, כשר, והוא שינענעו, שיגבה כל אחד לבדו ומניחו - לשם צל,

וא"צ להניחו לשם סוכה, **וחוזר ומגביה חבירו ומניחו** - ר"ל אף שמתחלה הדלה האילן על הסוכה לסכך בו, והוי סכך פסול דמחובר הוא, לא מקרי זה "תעשה ולא מן העשוי", כיון שלבסוף קצצו לשם סיכוך, הוי עשייה מחדש, וכשר אפילו אין שם שום סכך אחר, **ומ"מ** בקציצה לבד לא מקרי עשייה גמורה, כיון שלא קצצן קודם שהדלה, וע"כ צריך לנענע ג"כ אחר הקציצה, שנמצא כאלו אותה שעה מניחם במקומותיהם.

ואם לאו, פסולה משום: תעשה ולא מן העשוי.

אם תחב יחור של אילן בארץ עם ענפים ועלים הרבה לשם צל על הסוכה, כשר, **ואם** שלא לשם צל, וכשהגיע זמן סוכה כיוון שיהיה לשם צל, פסול משום "תעשה ולא מן העשוי", **ואם** השריש, אפילו תחבו לשם צל, פסול משום מחובר.

הגה: אבל מותר לעשות סוכה תחת מחובר או בית, ולהסירו אחר כך, ולא מקרי "תעשה ולא מן העשוי", הואיל ואין הפסול בסכך עצמו - ר"ל דבזה א"צ לנענע הסכך מחדש, **ודע**, דבדין זה מודים כו"ע, היינו אף המחמירים וחולקין על הא דס"ג בהג"ה, כמבואר שם, מודים בדין זה להקל, כמבואר בב"ח ובמ"א.

סעיף ג - העושה סוכה למטה בבית, תחת הגג שהסירו הרעפים, אע"פ שנשארו עדיין העצים הדקים שהרעפים מונחים עליהם, כשרה - ואפילו לישב תחת העצים עצמן, שקורין לאטי"ש, אע"פ שהם סכך פסול, שהרי לא נקבעו בגג לשם צל, אלא כדי לתת עליהם הרעפים, **מ"מ** כיון שעשה מעשה והסיר הרעפים לשם עשיית סוכה לצל, הרי זה כאלו עשה מעשה בגוף העצים, והתקינם לשם סוכה, ונתכשרו, מ"א.

[**ולפי"ז** פשוט, דאפי' אם הסוכה צילתה מרובה מחמתה הוא רק ע"י צירוף אלו העצים הדקים, מהני ג"כ להמ"א, **ועיין** בח"מ ובמאמ"ר שמפקפקים קצת].

[**ודע** דזהו כדברי המ"א, דסתם המחבר כדעת בעל העיטור, דע"י הסרת הרעפים נעשו הלאטיש סכך כשר, וע"כ דעתו דבזה לכו"ע א"צ שיהיה בסכך הרבה כ"כ אפי' אם ינטל נגד העצים, כי אף העצים עצמן הן כשרים, **ומן** הגר"א לא משמע כן, אלא דסתם כדעת הטור, ועדיין הוי סכך פסול, **ולפי"ז** לדעת אבי העזרי צריך שאפי' ינטל נגד הפסול ישאר בו כשיעור].

ויש מאחרונים שמחמירין בזה, וסוברין דבכל גווני בעינן, שאפילו אם ינטל נגד העצים ישאר צילתה מרובה מחמתה, [דלא ברירא לפסוק כדעת בעל העיטור, דע"י הסרת הרעפים נעשו הלאטיש סכך כשר], **אכן** באמת בסתם סוכות כמו שלנו, שרגילין לכסות כל הסוכה, בודאי בכל גווני ישאר צילתה מרובה מחמתה, וכשר, [**וגם** א"צ לצמצם שלא ישב תחת הלאטיש, כי מסתמא אין ברחבן ד"ט, **ואף** לאותן פוסקים המחמירין שלא לישב תחת סכך פסול אפי' פחות מד"ט, נ"ל דהכא אין להחמיר כ"כ, דהלא בלא"ה דעת העיטור, ולפי מה שהעתיקו המ"א לדינא, אין על העצים שם סכך פסול, ויש בזה כמה ספיקות להקל], **אכן** כדי לצאת ידי כל הספיקות, יראה שיהיה ריוח בין העצים הדקים בין אחד לחבירו כשיעור ג"ט, [כן מסיק בזה בספר בכורי יעקב, לחוש בזה לדעת הב"ח, משום חשש לבוד], ‹אפילו נתן סכך כשר בין הלטי"ש – שם›.

אבל אם לא הסיר הרעפים כדי לעשות שם סוכה, אלא כך היתה מקודם בנויה בלא גג, כיון שלא עשה שום מעשה בגג לשם עשיית סוכה לצל, א"כ העצים או הקורות הן סכך פסול ממש, ודינו כמ"ש ס"א גבי אילן, **והיינו** שכל שאין הסכך כשר רבה כ"כ, עד שאם ינטל ממנו כשיעור העצים הדקים המיצל עליהם יהיה עדיין צל הסוכה מרובה מחמתה, פסול, [**ועוד** יש נ"מ, דבזה צריך שלא יהיה בעצים שהרעפים מונחים עליהם ד' טפחים, דסכך פסול פוסל באמצע בד"ט, אלא דבאמת עצים דקים בודאי אין בעובין רוחב ד"ט].

וכל זה דוקא כשעושה סוכה למטה תחת הגג, אבל אם מסכך ע"ג הלאטע"ש, אע"פ שהן סמוכין זה לזה בפחות מג' טפחים, הרי זו כשרה, [**ואפי'** אם היו הלאטיש בנויות מקודם בלא גג, ג"כ שרי, וכמו שכתב בס"א בהג"ה בשם המרדכי, דכשהניח סכך כשר ע"ג סכך פסול מקרי עירוב, ומותר גם לישב תחתיהם, וע"ש בבה"ל], **ואין** אומרים כאן לבוד, שיצטרפו כל העצים ויהיו נחשבין כעץ אחד רחב מסכך הפסול יותר מד"ט, שהוא פוסל הסוכה, כיון שסכך כשר מונח ביניהם אין מצטרפין.

הגה: וכן מותר לעשות הסוכה תחת הגגות העשויות לפתוח ולסגור - ר"ל אפילו בעוד

שהן סגורות, ולא מקרי "תעשה ולא מן העשוי", כנ"ל בס"ב בהג"ה.

ודע, דדעת הב"ח להחמיר בזה, שצריך לפתוח דלתות הגג קודם שמסכך, וכן הסכים המ"א וא"ר וש"א, [**וטעמם**, דיש בזה חשש משום "תעשה ולא מן העשוי", כיון שבעת שסיכך היה שלא כדין, דהיה תחת גג סגור, **ועיין** במ"א דמחלק, דעניננו לא דמי להא דלעיל בהג"ה בס"ב, דבענינינו כיון שעשוי לפתוח ולסגור, הפתיחה לא מקרי מעשה חשוב, והוי הסכך "תעשה ולא מן העשוי", **משא"כ** כשסיכך תחת הבית ואח"כ הסיר הרעפים, זה מקרי מעשה חשוב, ואף הגג נכשר בכך], **ואם** שכח והניח הסכך בעוד שהיו הגגות סגורים, צריך לפתוח הגגות ולנענע כל הסכך, דהיינו שיגביה כל עץ לבדו ויחזור ויניחנו לשם צל, ושוב יגביה עץ חבירו ויניחו, וכן כולם.

ואם סיכך על התקרה ואח"כ הסיר התקרה, פסול לכו"ע, [אפי' לדעת רמ"א דמיקל בענינינו], מפני שלא היה שם סוכה על הסכך שעל התקרה מתחלה, כיון שלא היו כאן דפנות, ולכן לא מהני הסרת התקרה להכשיר הסוכה, [**ומטעם** זה מכשיר הפמ"ג, כשסיכך על התקרה בגובה עשרה, ואח"כ הסיר התקרה, כיון שמתחילה היה שיעור סוכה על התקרה ג"כ, וחל שם סוכה על הסכך, **ובספר** ביכורי יעקב מצדד, דאפי' היה רק חלל טפח בין הסכך להתקרה, ואח"כ הסיר התקרה, כשר].

ומותר לסגרן מפני הגשמים ולחזור ולפתחן - וזה מותר אפילו לדעת המחמירין הנ"ל, כיון שנעשה מתחלה בהכשר, דהיינו שפתח הגג קודם שסיכך, **דאף** שבעת שהיא סגורה מקרי הסוכה פסולה, וכמ"ש הרמ"א בסוף דבריו, מ"מ אין זה בכלל "תעשה ולא מן העשוי", דהוי דומה כאלו פירס עליה סדין וחוזר ונוטלה.

ואפילו ביום טוב שרי לסגרן ולפתחן אם יש להם ציריס שסוגר ופותח בהן, ואין בזה לא משום סתירה ובנין אהל ביו"ט - דהוי כפתח, **ולא משום "תעשה ולא מן העשוי"; רק שיזהר שלא ישב תחתיהן כשהן סגורין, שאז הסוכה פסולה** - דהוי כיושב בסוכה שנבנית תוך הבית, **וצריך** ליזהר שיהיו הגגות נפתחים היטב, לעמוד בגובה בשוה עם הדפנות, ולא יהיו מוטין קצת על הסכך, שאם יהיו מוטין קצת, אף שלא יהיה שיעור גדול שתפסל הסוכה מחמת זה, מ"מ יהיה צריך ליזהר שלא ישב במקום הזה, שהגג משופע ומוטה על הסכך.

ובאין להם ציר, שרי ע"י עכו"ם, [משום דהוי שבות דשבות במקום מצוה], **ואם** היה כל השנה קבועין במסמרים, שפתיחתן אסור מן התורה, ושכח לפתחן עד כניסת יו"ט, אם שרי לפתחן ע"י עכו"ם באין לו סוכה אחרת בליל יו"ט ראשון, משום שבות במקום מצוה, **וכן** אם מותר לומר לנכרי שיסכך לו סוכה ביו"ט באין לו אחרת, מסתפק הפמ"ג, «די"ל מצות עשה מן התורה דוחה לאמירה לעכו"ם», **וסיים**: להורות היתר חלילה לי, וצ"ע בכל זה, עכ"ל, **ואם** הוא עדיין בין השמשות, נראה דבודאי יש להקל בזה ע"י עכו"ם.

כתב הפמ"ג, מזוזה בסוכה פטור, ומשמע חדר של כל השנה שדר בו תמיד, ובסוכה מסיר הגג, אפ"ה בסוכות פטורה, דבשבעה ימים לאו קבע מקרי. **ומי** שיש לו שני חדרים זה לפנים מזה, אם הולך מחדרו לסוכה, «שעשה הפנימי סוכה», פתח הסוכה צריך מזוזה משום חדרו, «היינו שב' פתחי החדר צריכים מזוזה», **ואם** הולך מסוכה לחדרו, בענין שהפתח הוא מחדר הסוכה, «שעשה החיצון סוכה», י"ל שחייב הוא במזוזה בפתח, «היינו שחייב אף בפתח הסוכה», בסוכה הפתוח לר"ה וכדומה, דהוי כבית שער, «ע"פ השונה הלכות».

§ סימן תרכז – דין הישן בסוכה §

סעיף א – צריך לישב באויר הסוכה - הקדים בזה, כדי לידע הטעם בישן תחת המטה דלא יצא, שאינו ישן בצל הסוכה, אלא בצל אוהל, [רש"י ור"ן בשם הרז"ה, **ועיין** בב"ח שכתב, דלהרי"ף והרא"ש דהטעם הוא משום דדומה לסוכה תחת סוכה, הוא מן התורה, ולטעם הרז"ה הוא מדרבנן, **והפמ"ג** מפקפק, דאפשר דגם לרי"ף ורא"ש הוא מדרבנן].

הישן תחת המטה בסוכה, אם היא גבוה י' טפחים, לא יצא - כשמן הארץ עד תחתית המטה גבוה י' טפחים, [הא לאו הכי, אע"ג דהמטה

מחבר רמ"א משנה ברורה

בכללה גבוה י' טפחים, כשר לצאת שם ידי חובתו]. **דע"י** שיש תחת המטה אויר י' טפחים חשיב כאוהל, ומפסיק בין הסוכה, **ואפילו** דפנות המטה קצרים מאוד, שאין להם אפילו רוחב טפח, מ"מ שם אוהל עליה.

ונקט הישן, דעיקר ישיבת הסוכה הוא אכילה שתיה ושינה.

סעיף ב - הישן תחת הכילה בסוכה - הם סדינים הפרוסים סביבות המטה על ארבעה קונדיסין והמטה באמצעה, **אם אינה גבוה עשרה טפחים** - אינו חשיב אוהל בפני עצמו, והעשרה טפחים מודדין מארעא, אע"פ שאין י"ט מן המטה ולמעלה.

או שאין לה גג רחב טפח, יצא - עיין במ"א, דאפי' באופן זה, אם יש בפחות מג' טפחים סמוך לגג רוחב טפח, דהיינו לאחר שירדה מן הכלונס מכאן ומכאן ונתרחבו טפח, אין שם מן טפח זה עד הכלונס ג' טפחים, אסור לישן תחתיו, **לפי** שכל פחות מן ג' טפחים הוא כלבוד, וכאלו יש בגגה רוחב טפח, ועי"ז שוב נקרא בשם אוהל, ונמצא אוהל מפסיק בינו לסכך, [**ובספר** חמד משה מפקפק על עיקר דין זה בענינינו].

עוד כתבו בשם האגודה, דאפילו אם אין לה גג רוחב טפח, אינו מותר רק כשהסדינים מגיעים לארץ, דאם יש אויר הפסק בינם לארץ אפילו רק כשיעור טפח, אסור, [**הטעם**, דאז נעשה האויר שבין הסדינים לארץ לבוד, ונעשה מחיצה טפח, וממילא נעשה הכילה כגג, והוי אוהל, **אבל** כשמגיעין לארץ בשיפוע, אז חשבינן כל השיפוע כמחיצה, ואין כאן גג כלל].

סעיף ג - העצים היוצאים מארבע ראשי המטה, אסור לפרוס עליהן סדין ולישן תחתיו, אפילו אם אינם גבוהים עשרה - זהו מקרי במשנה קינופות, והוא קבוע מאוד, ע"כ פוסל אף בפחות מעשרה טפחים, והיינו מן המטה ולמעלה, [**ולא** דמי לכילה דמודדין העשרה טפחים מארעא, דהתם אין העצים קבועים במטה].

והטעם שהחמירו בזה, משום דקביעי בחוזק, כמש"כ, **ואע"ג** דמטה ג"כ קבוע, מ"מ אינה עשויה לישן תחתיה אלא על גבה, לכך לא חשיבה אהל להפסיק כי אם בשגבוה עשרה.

אבל אם אחד יוצא באמצע המטה בראשה, והשני במרגלותיה כנגדו, ונותנים כלונסות (פי' עלים ארוכים כעין קנה של רומח) מזה לזה - זהו נקרא נקליטין, **מותר לפרוס סדין עליו ולישן תחתיו, משום דאין לה גג רחב טפח למעלה; והוא שלא יהיו גבוהים עשרה טפחים** - דאף דלא קביעא כ"כ כקינופות, מ"מ קביעי יותר מכילה, לכך מיתסרא ג"כ עכ"פ מדרבנן בחדא לריעותא, דהיינו כשגבוהים י' אע"פ שאין לה גג.

ויש מכשירין אפילו בגבוהים עשרה טפחים - ס"ל דאפילו מדרבנן לא אסרו, כיון שאין לה גג, דאוהל משופע לא מקרי אוהל כלל.

(**ואין** לזוז מדברי המחבר שסתם כדעה ראשונה, והדעה השניה כתבה רק בשם י"א, וכ"כ הבכורי יעקב, דנקטינן בזה להחמיר).

ושלשה דינים יש כאן: כילה וקינופות ונקליטין, **כילה** דלא קביעא, לא מיתסרא אלא בתרתי לריעותא, שיש לה גג, וגבוה עשרה, **וקינופות** דקביעא, מיתסרא אף שאינה גבוה עשרה, כיון שעכ"פ יש לה גג, ועיין בפמ"ג שמצדד דהוא מן התורה, **ונקליטין** אף דלא קביעא כ"כ כקינופות, מ"מ קביעי יותר מכילה, לכך מיתסרא ג"כ עכ"פ מדרבנן בחדא לריעותא, דהיינו כשגבוהים עשרה אע"פ שאין לה גג, וזהו לדעה ראשונה, **ודעה** שניה ס"ל, דאפילו מדרבנן לא אסרו, כיון שאין לה גג, דאוהל משופע לא מקרי אוהל כלל

סעיף ד - פירס סדין תחת הסכך לנוי - וה"ה אם עיטרה בשאר מינים שאין מסככין בהם, כגון שתלה תחת הסכך כולו מיני אוכלים וכלים נאים כדי לנאותה. **אם הוא בתוך ד' טפחים לגג, כשרה** - דבטלים הם לגבי הסכך, ומותר אפי' לישב תחתיהן. **ואם הוא רחוק ד' טפחים מן הגג, פסולה** - היינו כשיש בהן שיעור ד' טפחים, דהוא כשאר סכך פסול ששיעורו הוא בזה, **ואם** הוא באמצע, פוסל כל הסוכה מטעם זה.

דכיון שרחוקים ד' טפחים מן הסכך, חשיבי באפי נפשייהו ולא בטלי גבי סיכוך, ונמצא שאינו יושב

בצל סוכה אלא בצל נויי סוכה, **ואפילו** אם אותן הנויין חמתן מרובה מצילתן, ג"כ אסור, **ויש** שמקילין בשהיה חמתן מרובה מצילתן.

ואם אינו לנוי, אע"פ שהוא בתוך ארבעה טפחים, פסולה - וה"ה אפילו אינו מופלג מן הסכך טפח, אלא נקט ד' איידי דרישא.

(**ואם אינו לנוי**, ר"ל, דלאו דוקא מפני הנשר פסולה, דאפילו שלא מפני הנשר, כל שאינו לנוי פסול, דלא בטיל לגבי סוכה, **ועיין** בביאור הגר"א, דכלל בזה אם פירס הסדין כדי לנגבו, דהוא צורך הבגד, דפסול. **והשו"ע** בסוף סי' תרכ"ט דמיקל לצורך הבגד, לא קאי רק לדברי הי"א שם, ולא לדעה ראשונה הנזכר שם בתחלה), (ועיין בבה"ל ס"ס תרכ"ט).

ויש ליזהר שלא לתלות שום נוי סוכה רק בפחות מד' לסוכה (מהרי"ל) - ר"ל אף דמדינא אין לאסור רק ברוחב ד' טפחים וכנ"ל, מ"מ יש ליזהר לכתחלה אפילו אינו רחב ד' טפחים, שיש לחוש שמא יעשה נוי הרבה, עד שיהא בהן שיעור זה, וישב תחתיו, **ולפי"ז** אין לתלות פירות או כלים וכדומה, דבר שפסול לסכך בהן, אפילו לנוי, אלא בתוך ד' טפחים לסכך.

ומ"מ לענין תליית מנורות בסוכה נגד השלחן, א"צ להחמיר שיהיו בתוך ד"ט, ואדרבה יותר טוב ונכון להרחיקן מן הסכך כל מה שיוכל, [ואין רשאי להחמיר בזה, עיין בחו"מ סי' תי"ח ס"ג וד', (שיש להרחיק אש ממקום שהיא עלולה להזיק בו), **ולבר** מן דין יש פוסקים שסוברין, דאין להחמיר בדינא דמהרי"ל רק באם צילתה מרובה מחמתה, וכמ"ש בפנים, (דיש שמקילין בשהיה חמתן מרובה מצילתן), **והגם** דאם יש שיעור ד"ט בודאי נכון לתפוס כדעת המחמירים, עכ"פ בזה דהוא חומרא בעלמא יש להקל בזה, **וגם** דענין המנורות אין רגיל לתלותן רק נגד השלחן, ואין שייך בזה שמא ישב תחתן].

§ סימן תרכח – דיני סוכה שתחת סוכה §

סעיף א - סוכה שתחת סוכה, העליונה כשרה והתחתונה פסולה - דכתיב: בסוכת, חסר וי"ו בין כ"ף לתי"ו, לשון יחיד, ובזה הוא יושב תחת שני סככין.

(**והעליונה כשרה**, מיירי כשהוא תוך עשרים, **וראיתי** מי שמסתפק, לרבא דס"ל טעם פסול סוכה שלמעלה מכ', הוא משום דדירת עראי בעינן דוקא, ולמעלה מכ' אין יכול לעשותה עראי, בענינינו אי מותר לבנותה תוך כ' מגגה של תחתונה, אחרי שהיא גבוה יותר מכ' מן הארץ, **ולענ"ד** פשוט דשרי, דהא איתא בגמרא ופוסקים, דיוכל לבנות הסוכה אפי' במחיצות של ברזל דהוא קבוע, אלא דצותה התורה שיבנה הסוכה בגובה באופן שתהיה יכולה להתקיים ע"י מחיצת עראי, ושיערו חכמים שהוא רק עד עשרים אמה, וה"נ בענינינו, הרי הסוכה העליונה שהיא פחותה מעשרים, ובה הוא רוצה לקיים מצות סוכה, יכולה להתקיים ע"י דפנות עראי, דהיינו מגגה של תחתונה ולמעלה עד סככה היה יכול לבנות עראי).

והני מילי שיכולה התחתונה לקבל כרים וכסתות של עליונה - ר"ל שחזקה לקבל הכרים וכסתות שאדם מניחן כדי לישן עליהן, ואדם יושב שם ואוכל סעודתו, **אז** היא נקראת בשם סוכה, וממילא מיפסלא התחתונה משום סוכה תחת סוכה, **ואפילו ע"י הדחק** - ר"ל שהגג של תחתונה שהיא קרקעיתה של העליונה, מתנענעה כשמשתמשין שם.

ויש ביניהם י' טפחים - היינו בין סככה של העליונה לקרקעיתה, דזהו שיעור הפחות בכל סוכה להכשירה, ועי"ז נוכל לקרוא הסוכה שתחתיה בשם סוכה תחת סוכה, [**ואין** נ"מ בין אם היא בתוך כ' מקרקע שלה, או למעלה מכ' מקרקע שלה, אף דהיא פסולה, מ"מ מקרי תחתונה סוכה תחת סוכה, דכיון שהיא למעלה מכ' ומקרי סוכה קבוע, בודאי יש על התחתונה שם סוכה תחת סוכה].

אבל אם אין ביניהם עשרה טפחים, או שיש ביניהם עשרה טפחים, אבל אינה יכולה לקבל כרים וכסתות של עליונה אפי' ע"י הדחק, התחתונה כשרה אם היא מסוככת כהלכתה - דהיינו שהיתה צילתה מרובה מחמתה, **ואפילו** אם העליונה היתה ג"כ צילתה מרובה מחמתה, לא מקרי

סוכה תחת סוכה, כיון שהעליונה אין לה הכשר סוכה. **אבל** העליונה פסולה, דלא חזיא אפילו לדירת עראי.

[**ודע**, דה"ה אם סוכה העליונה אין לה רק סכך בלי דפנות, כגון שנעץ ד' קונדיסין על גג סוכה התחתונה, וסיכך על גבן, **או** שאין בדפנותיה ז' על ז', רוחב שיעור הכשר סוכה, **מתכשרה** התחתונה, דכל זמן שאין עליון ראוי לסוכה, לאו סוכה תחת סוכה הוא].

אפילו אם העליונה למעלה מעשרים - ולא אמרינן מה שכנגד סכך הפסול נחשב כאלו אינו, כיון שבעצם אין הסכך הזה סכך פסול, אלא שהוא למעלה מעשרים, לא מיקרי סכך פסול לפסול כנגדו, [**ומ"מ** אין ללמוד מכאן, אם העליונה אינה עשויה לצל, בענין דפסול משום תעשה ולא מן העשוי, דג"כ יוכשר התחתונה, מטעם דהסכך בעצמו אינו פסול, **דפסול** דתולמ"ה גרע טפי מפסול דלמעלה מעשרים].

ואם העליונה חמתה מרובה מצילתה, אז אפילו התחתונה יכולה לקבל כרים וכסתות של עליונה, התחתונה כשרה, דסכך של עליונה כמאן דליתא דמיא.

ואם אינה מסוככת כהלכתה, ומתכשרת ע"י סכך העליונה - והיינו שע"י שניהם היתה צילתה מרובה מחמתה, וכשרה התחתונה, **צריך שלא יהיה סכך העליונה גבוה מן הארץ למעלה מעשרים אמה** - [ודין זה של המחבר קאי בכל גווני, דהיינו בין שהסוכה עליונה היתה גבוה י"ט, והיתה ראוייה לקבל כרים וכסתות, ובין שלא היתה גבוה י"ט, ואינה יכול לקבל כרים וכסתות].

ואם היתה העליונה בעצמה צילתה מרובה מחמתה, אף העליונה כשרה.

(**והכלל: דלעולם אינו פוסל מטעם סוכה שתחת סוכה, אלא סכך שצילתו מרובה מחמתו, אבל חמתו מרובה מצילתו לא מקרי סכך לפסול מטעם סוכה שתחת סוכה, ולכן כשהתחתונה חמתה מרובה, ועליונה צילתה מרובה, וקיימא בתוך עשרים מהארץ, שניהם כשירים, וכששניהם צילתן מרובה, וקיימא עליונה למעלה מעשרים מסכך התחתונה, שניהם פסולין, וכשהתחתונה צילתה מרובה, ועליונה חמתה מרובה, וקיימא התחתונה בתוך עשרים, התחתונה כשרה והעליונה פסולה, וכשהתחתונה** צילתה מרובה, וכן העליונה, וקיימא בתוך עשרים מהסכך של התחתונה, עליונה כשרה ותחתונה פסולה).

סעיף ב- העושה סוכתו בראש העגלה - אף דמטלטלה ולא קביעא, **או בראש הספינה** - הוא מקום גבהו של ספינה, והוא גבוה מאוד, והרוח שולטת שם ועוקרתה, **אם אינה יכולה לעמוד ברוח מצויה דיבשה** - ר"ל שלא קשרה בחוזק כלל, שאיזה רוח שיבוא יעקרנה, **פסולה** - דאפילו דירת עראי לא הויא.

אבל אם יכולה לעמוד ברוח מצויה דיבשה, אפילו אם אינה יכולה לעמוד ברוח מצויה דים - דרוח מצויה דים, הוא כרוח שאינה מצויה דיבשה, **כשרה** - דעכ"פ מכלל דירת עראי לא נפקא, ואפילו בשעה שהולכת על הים.

וע"כ הסוחרים יכולים לעשות סוכה בעגלות שלהם, שקורין ביידי"ל, [ואפי' בשעה שהולכת עם הסוסים], ובלבד שיהא בתוכה גבוה י"ט ורוחב ז"ט בלא הגלגלים, **אכן** צריך שיקשרנה שם בחוזק, שתהיה יכולה לעמוד ברוח המצויה בארץ.

סעיף ג- עשאה בראש הגמל - היינו שעשה שם הדפנות בין חטוטרותיה, וסיכך על גבן, [**לאפוקי** אם ראשי הקנים של הסכך נסמכים על ראש הגמל, דפסול אף בדיעבד, לפי שאין לה קבע, שהרי הגמל ילך מכאן ויפול].

או בראש האילן - תיקן מושבו בראשו, ועשה שם מחיצות וסכך, **כשרה, ואין עולין לה ביו"ט** - מפני שאסור להשתמש ביו"ט בבעלי חיים ובמחובר.

ואפי' אם הסוכה היא על הארץ, אלא שהקנים של הסכך מסומכין על האילן, אסור לעלות לה בשבת ויו"ט, גזירה שמא ישתמש בהסכך, שיניח שם חפציו, או יתלה בו שום דבר, ונמצא משתמש על ידי האילן.

ואפשר דדוקא בימים הראשונים שהיו רגילין להשתמש בסכך, להניח ולתלות שם חפציהם, אבל עכשיו שאין רגילין בכך, אין חוששין לכך, ומותר לעלות לתוכה אף בשבת ויו"ט, **ומ"מ** לכתחלה אין לסמוך את הסכך על האילן, שאין מעמידין את הסכך לכתחלה

אלא בדבר הראוי לסיכוך, כמ"ש בסימן תרכ"ט, ע"ש הטעם, **ואם** נעץ קונדסין באילן, וסמך הסכך עליהן, שרי אף לכתחלה.

ואם עבר ועלה ביו"ט, יצא ידי חובתו, **ועיין** בפמ"ג שמסופק, אם אין לו ביו"ט רק סוכה ע"ג בהמה או אילן, אם מותר לו לכתחלה לעלות, **ובבכורי** יעקב מסיק דאסור, דחכמים פטרוהו, [דדבר שהוא בשב ואל תעשה יש כח ביד חכמים לעקור].

מקצתה על האילן ומקצתה בדבר אחר - שעשה מקצת קרקעית סוכתו ומקצת דפנותיה על ראש האילן, ומקצת קרקעיתה ומקצת דפנותיה על דבר אחר, וסיכך על הדפנות, **אם הוא בענין שאם ינטל האילן תשאר היא עומדת ולא תפול, עולין לה ביו"ט** - היינו בסולם שלא על דרך האילן.

ואם לאו, אין עולין לה ביו"ט - דכיון שסמיכתה על האילן, נמצא כשנכנס לתוכה משתמש באילן.

[**ועיין** בשבת דף קנ"ד, דמשמע לכאורה במסקנא, דאפי' אם סמך על האילן רק דופן רביעי, דפסול, ואין תלוי כלל באם ינטל ויכולה לעמוד, וצ"ע].

§ סימן תרכט – ממה צריך להיות הסכך §

סעיף א - דבר שמסככין בו, צריך שיהיה צומח מן הארץ, ותלוש, ואינו מקבל טומאה -

פי' שאינו ראוי לקבל טומאה, **דכתיב**: חג הסוכות תעשה וגו' באספך מגרנך ומיקבך, ודרשינן שיעשה הסוכות ממה שמאסף מפסולת גורן ויקב, דהיינו קשין ואשכולות ריקנין, [לאפוקי כשיש בהם ענבים], **הלכך** אין מסככין אלא בדבר שצומח מן הארץ, והוא עכשיו תלוש, ואינו מקבל טומאה, דומיא דפסולת גורן ויקב שיש בהם כל הדברים הללו.

(**הלכך** דאורייתא נינהו ולעיכובא, דהיינו דבר שאינו צומח מארץ, או מחובר, או דבר שראוי לקבל טומאה מן התורה, פסול מדאורייתא, **אכן** דבר שראוי לקבל טומאה מדרבנן, פסול רק מדרבנן, **וע"כ אם** אין לו לסכך רק בדבר זה, יש לומר דיסכך בו ולא יברך).

אבל דבר שאינו צומח מן הארץ, אף על פי שגידולו מן הארץ - כלומר שמתגדל על הארץ, ולשון "מן" לאו דוקא, **ואינו מקבל טומאה, כגון עורות של בהמה שלא נעבדו, שאינם מקבלים טומאה, או מיני מתכות** - כגון חתיכות מתכות שלא נעשו מהם שום כלים, שעדיין אינם מקבלין טומאה, ואף דיסודם ג"כ מן הארץ, **אין מסככין בהם.**

(וכן אין מסככין בעפר) - דבעינן דוקא שיהיו צומחין מן הקרקע, ולא קרקע ממש.

סעיף ב - וכן דבר שמקבל טומאה, כגון שפודין - של מתכות, **אבל** של עץ אין מקבלין טומאה אפילו מדרבנן, כמו חיצים זכרים דס"ג, דפשוטי כלי עץ נינהו, ומותר לסכך בהן, **וא"כ** דמיירי בשל מתכות, הוא משנה שאינה צריכה, דהא בלא"ה אין מסככין, דהא אינו צומח מן הארץ - מ"א.

והאחרונים יישבו קושיתו, דמיירי בשל עץ, ובראשי השפודין יש קצת ברזל, וכה"ג גם העץ מקבל טומאה ע"י הברזל, **אכן** כיון דעיקר הסכך הוא מן השפוד שהוא של עץ שהוא צומח מן הארץ, וא"צ לברזל לצורך הסכך, הו"א דמותר לסכך בו, קמ"ל דפסול הואיל ומקבל טומאה ע"י הברזל, [**אבל** בעצם דינו של מ"א מודים, ‹דשל עץ אינו מקבל טומאה אפי' מדרבנן›, וכן מוכח מב"ח והגר"א, **אכן** בא"ר ופמ"ג מצדדים, דאפשר דטמא מדרבנן, מטעם דהוא תשמיש אדם ותשמיש משמשיו, באולי שמניח עליו אוכל לצלות, וגם תוחב לפעמים בראשו כלי שיש בו שומן].

וארוכות המטה - אפילו הם של עץ, ואף שאינן מטה שלמה, פסולין לסכוך, הואיל דממטה שלמה קאתו, [**ופסולים** רק מדרבנן].

וכל הכלים, אין מסככין בהם - אפילו מידי דמקבל טומאה רק מדרבנן.

ואפי' אם נשברו, שלא נשאר בהם שיעור קבלת טומאה - כיון שפעם א' היו ראוין לקבלת טומאה, גזרו בהן חכמים שלא לסכך בהן לעולם, **אכן**

אותן הכלים שאפילו בשלמותן לא היו מקבלין טומאה אלא מדרבנן, אם נשברו ‹ואינו ראוי עתה להניח עליו כלל – מנח"י›, מותר לסכך בהן, ‹ועיין לקמן ס"ג›.

סעיף ג - סיככה בחיצים שאין להם בית קבול, כשרה - דפשוטי כלי עץ אין מקבלין טומאה, **ואם** היו פעם אחת בברזל, פסולים, אע"פ שניטלו אח"כ, דכיון דפעם אחת היו ראויים לקבל טומאה, נשאר שם פסול עליהם, וכנ"ל בס"ב. **ושיש בהם בית קבול, פסולה.**

קנים הנבראים חלולים, אע"פ שיש להן בית קבול, אין מקבלין טומאה, לפי שלא נעשו לקבלה, לפיכך מותר לסכך בהם, **וכן** מותר לסכך בצנור, לפי שלא נעשה לקבלה, [**ועיין** ביו"ד, דאם חקק במרזב גומא לקבל צרורות, מקבל טומאה, **ולענין** שיעור גודל הגומא, יש חילוק בין עץ לחרס, ע"ש].

וכל כלי עץ הרחב קצת, וראוי להניח עליו דבר, מקבל טומאה מדרבנן, דדמי לבית קיבול, **ולפי"ז** אין להניח מרא ומגריפה על הסוכה אפילו נשברה - מ"א וש"א, ‹וכגון שגם עתה ראוי להניח עליו דבר מה, ע"ל ס"ב – מנח"י›, **ועיין** בבכורי יעקב, דדעתו נוטה דבשעת הדחק יש להקל לסכך כשנשברה, כיון דאפי' בעוד שהיא שלמה אין טומאתו אלא מדרבנן, אין לגזור בשבורה, וכנ"ל.

סעיף ד - סיככה בפשתן שלא נידק ולא ניפץ, כשרה, דעץ בעלמא הוא - ר"ל אף דמתחלה נשרו הגבעולין במים, מ"מ כיון דעדיין לא נידק, בכלל עץ הוא, **ומשמע** מלשון זה, דאם היה נידק, אף שלא ניפץ, פסול, **ומסוף** דבריו משמע, דנידק וניפץ בעינן, אבל נידק לחוד לא, **ועיין** בפרישה וביאור הגר"א, ומשמע שמצדדים להקל.

ומ"מ אין להקל אף בנשרו לחוד, רק במקום הדחק, [**ובנידק** ולא ניפץ צ"ע אם יש להקל אף במקום הדחק, וגם בא"ר נשאר בזה בצ"ע, **ויש** לנהוג בזה כדעת הפמ"ג, דלכתחילה אין לסכך בנידק ולא ניפץ, והיכא דלית ליה כי אם זה, י"ל דכשר].

אבל אם נידק וניפץ, פסולה - [לדעת כמה ראשונים הוא מדאורייתא, **אבל** לדעת הרי"ף והרמב"ם והרא"ש הוא] מדרבנן, מפני שאין צורתו עומדת עליו, ומחזי כאילו אינו מגידולי קרקע, **ועוד** כיון דראוי לתתם לתוך כרים וכסתות, ואז יקבלו טומאה, **וע"כ** גם בנעורת, שברי גבעולין הננער מן הפשתן, אין מסככין בו, דגם ממנו ראוי למלא כרים וכסתות, **והנה** לפי הטעמים האלו, אפילו בצמר גפן וקנבוס שאין מטמאין בנגעים, אם נידק וניפץ אין מסככין בהם.

ועוד כתבו טעם, מפני דכיון דכבר נידק וניפץ, קרוב הוא לטוותו ויקבל טומאה, ע"כ גזרו שלא לסכך בו, **ולפי"ז** בצמר גפן וקנבוס דאין מקבל טומאה כלל, לא שייך האי גזירה, **ויש** להחמיר.

סעיף ה - בחבלים של פשתן, פסולה - אף שאין מקבלין טומאה שאינם כלי, מ"מ נשתנה צורתן, ואינו נראה כגידולי קרקע, ופשוט דה"ה בחבלים של קנבוס, [**ולדעת** רש"י דוקא כשלא נטוו מתחילה, אבל אם נטוו ואח"כ קולעין אותן, הוא בכלל אריג, ומן התורה אין מסככין בהן]. **של גמי ושל סיב, כשרה.**

סעיף ו - במחצלת של קנים וקש ושיפה וגמי, בין שהיא חלקה שהיא ראויה לשכיבה, בין שאינה חלקה שאינה ראויה לשכיבה - אין הלשון מדוקדק, דאי אינה ראויה כלל, אמאי אמרינן דסתמא לשכיבה, אלא ר"ל שאינה ראויה כ"כ, וכן הוא בהדיא בטור, **אם היא קטנה** - היינו כדי שכיבה, [והיינו שהיא כקומת איש ומעט יותר, אבל יותר מזה מקרי גדולה]. **סתמא עומדת לשכיבה, ומקבלת טומאה ואין מסככין בה** - פי' דכיון דסתמא לשכיבה, היא ראויה לקבל טומאה לכשישכב בה הזב, וכיון שכן, אף מעתה אינה ראויה לסיכוך, שכל הראוי לקבל טומאה, אין מסככין בו, וכנ"ל.

אלא א"כ עשאה לסכוך. הגה: דהיינו שרוב בני אותה העיר עושין אותה לסיכוך - הנה אם עשאה בפירוש לסיכוך, מהני אפילו במקום שאין מנהג מבורר בעיר בזה, **ולא** אתי הרמ"א לאפוקי רק ההיפוך, דאם המנהג בעיר לשכיבה, לא מהני במה שהוא עושה לסיכוך, או שקנאה בפירוש לסיכוך, דמי יודע דבר זה, ואתו כולי עלמא לסכוכי בהו.

ופעמים שדבר זה מהני גם להקל, דהיינו אם עשאה סתמא, או שאינו ידוע לן אם עשאה לסיכוך או

לשכיבה, ורוב בני העיר עושין אותה לסיכוך, תלינן שגם הוא עשה לסיכוך.

ואם היא גדולה, סתמא עומדת לסיכוך ומסככין בה, אא"כ עשאה לשכיבה, (דהיינו שמנהג המקום לשכב עליה) - אין ר"ל לאפוקי אם היה המנהג לסיכוך, אז גם מחשבה דידיה שחשב לשכיבה לא מהני מידי, ומותר לסכך, **דזה** אינו, דכיון שחשב לשכיבה, הרי ירדה לה תורת טומאה, ואסור לסכך, **אלא** אתי לאשמועינן, דלאו דוקא אם עשאה לשכיבה, אלא דה"ה אם מנהג המקום לשכיבה, הוי כאלו עשאה בעצמו לשכיבה, [**ויותר** מזה, דאפי' אם עשאה בהדיא לסיכוך, ג"כ לא מהני, דמי יודע שעשאה לסיכוך].

ואם אינו ידוע מנהג המקום, לכו"ע מותר לסכך בה, כל זמן שלא ידעינן שעשאה לשכיבה, [**וזה** דוקא בקנה מן האומן שעשה סתם, אבל בקנה מחצלת דכבר נשתמשו בהן, פסולין לסכך, אפי' במקום דאין מנהג ידוע, דספק דאורייתא הוא, דשמא נשתמשו בהן לשכיבה].

ודע דבמקומות הללו, כל מחצלת עשויות לשכיבה, [אפי' גדולות], **וא"כ** אפילו הוא עשאה לסיכוך, ג"כ אין מסככין בם, [**והיינו** מדרבנן, מהטעם שפסק הרא"ש, דמי יודע אם נעשו לשם סכך, ואתי כו"ע לסכוכי בהו, ואסורין מפני מראית העין].

והני מילי שאין לה שפה, אבל אם יש לה שפה בענין שראויה לקבל - ר"ל כיון שראויה לקבל, הרי יש עליה שם כלי, ומקבלת טומאה ואין מסככין בה, **אפילו אם ניטל שפתה אין מסככין בה** - דומיא דכל שברי כלים שאין מסככין בהם מדרבנן, וכנ"ל בס"ב.

וה"מ בסתמא, אז אמרינן דכיון שיש לה שפה מוכח דנעשית לקבלה, וממילא מקבלת טומאה, **אבל** אם דעתו בהדיא לסיכוך, אע"פ שיש לה שפה אינה מקבלת טומאה, וקיבול זה אינו חשיב כלום, כיון שאינה עשויה לקבלה, **ויש** מאחרונים שסוברין, דכיון שיש לה שפה, בכל גווני מקבלת טומאה ואין מסככין בה.

הגה: במקום שנהגו לקבוע מחצלאות בגגין כעין תקרה, אין מסככין בהם - ר"ל אפילו נעשו לסיכוך שאין מקבלין טומאה, גזירה שמא ישב תחת תקרת הבית שעשוי ממחצלאות, ומחצלאות של תקרת הבית פסולין מן התורה, שלא הוקבעו שם לשם צל אלא לשם דירה.

(**וחדשים** מקרוב באו, שהתחילו במדינותינו לסכך במחצלות של ערבה, אשר לא שיערו אבותינו, ואותם מחצלות מסתמא הם עומדים לשכב ולישב עליהם בעגלות, וא"כ יש בהם פסול מפני מראית העין אפילו עשאן לשם סכך, ולכן כל שומר נפשו ירחק מזה, ובפרט אם אותן מחצלאות כבר נשתמשו בהם בעגלה, אפילו לא לשכיבה וישיבה, רק לקבל, פסולים מדאורייתא וכו', עכ"ל הבכורי יעקב).

(**אמנם** בספר בית מאיר כתב, שבעירו ג"כ מצא ענין הנהוג, שמסככים בענפי ערבות גידולים, קורין אותן בלעז קעריב, ואותן הקעריב באמת רוב תיקונם וגדילותם היינו להניח תוך העגלות, ואלו, אף אותן שמסככין בהם, היו ג"כ בתוארם, באופן שהיה שייך לומר עלייהו סתמייהו להניחם תוך בעגלות וכו', **וא"כ** לדעת הרא"ש לא יועיל, אפילו אם העשיה היה בפירוש לשם סיכוך, **אמנם** רואה אני אלו הקעריב שאין להם שום בית קיבול, אלא פשוטים, ואינם נעשים כלל באופן זה להניחם תוך העגלות, דהנעשים לעגלות יש להם תוך, ועשויים עם שוליים ואחוריים, **ואלו** שאינם אלא צד אחד, פשוט אף אילו היו נעשים להציגם מן הצד תוך עגלות, אינם אלא למחיצה להפסיק, שלא יפול דבר מן צד העגלה, שאינם מקבלים שום טומאה וכו', ובפרט שהם גדולים, מה שאין דרכם כלל להניחם תוך עגלות, **ומכ"ש** שניתקנו בפירוש אצל האומן לסכך בהם, דכשרים בלי שום גמגום, עכ"ל).

(**והרוצה** לסמוך על דעת הגאון בית מאיר, בודאי אין למחות בידו, בפרט דהוא רק מלתא דרבנן בעלמא לכו"ע, היכא דנעשו לסיכוך, כמו שכתב בבכורי יעקב, **אכן** במקום שנהגו לסכך בהן כל השנה הגגות, בודאי יש ליזהר בהן משום גזירת תקרה).

סעיף ז - יש להסתפק אם מותר להניח סולם על הגג כדי לסכך על גביו - יש מאחרונים שמפרשי, דהספק הוא אם מותר לסכך בסולמות, **ומיירי** שהסולם הוא רחב ארבעה טפחים,

דסכך פסול אינו פוסל באמצע פחות מד"ט, **ומקום** הספק הוא, מפני שהוא פשוטי כלי עץ שאינו מקבל טומאה אפילו מדרבנן, **ויש** צד לאיסור, כיון דיש נקבים בירכי הסולם שהשליבות תקועות בהם, דמי לבית קיבול, [**וסולם** שנקוב מעבר לעבר אינו בית קיבול].

ויש מאחרונים שמפרשי, דמיירי בסולם שאינו רחב, דאי הוה רחב בודאי יש לנו להחמיר, דדמי לבית קיבול ואין לסכך בו, **אלא** מקום הספק הוא, דהלא עכ"פ בכלל מעמיד הוא, ואפשר דיש לנו להחמיר שלא להעמיד בדבר המקבל טומאה, שמא יבוא לסכך בו, **ואע"ג** שמעמידין הסכך על כותל אבנים, משום דלא שכיח שיסכך בהם.

וכן העתיקו כמה אחרונים לדינא, דלכתחלה יש ליזהר שלא להעמיד הסכך בדבר המקבל טומאה, **אכן** בדיעבד או שאין לו שאר דברים, קי"ל דמותר להעמיד הסכך בדבר המקבל טומאה.

הגה: לכן אין לסכך עליו - עיין בד"מ, דמיפשט פשיטא ליה דאסור לסכך בו, דבית קיבול הוא ומקבל טומאה, וממילא בודאי יש להחמיר שלא לסכך על גביו, [**ואם** חרוץ על הירכות צ"ע, דאפשר דזה דמי לבית קבול], **ומכ"ש** בסולמות של עגלות, או סולם של אבוס הנתון על שתי יתידות, ומספוא שם למאכל בהמה, בודאי בית קבול גמור הוא, ומן התורה טמאין. **אכן** כשאין להסולם נקבים, והשליבות תקועין על היריכות במסמרים, הם בכלל פשוטי כלי עץ שאין מקבלין טומאה אף מדרבנן, **ויש** שמחמירין אף בזה משום לא פלוג.

ואפי' להניחו על הסכך להחזיקו, אסור - דגם זה בכלל מעמיד הוא, ומלבד זה עכ"פ סכך פסול הוא.

וה"ה בכל כלי המקבל טומאה, כגון ספסל וכסא שמקבלין טומאת מדרס - ר"ל שראויין לקבל, ואפילו הן חדשים שבודאי לא נטמאו עדיין.

ודע, דכל כלי עץ הרחב קצת וראוי להניח עליו דבר, י"א שמקבל טומאה מדרבנן, דדמי לבית קבול, **וע"כ** אין להניח מרא ומגריפה על הסכך להחזיקו, או תחת הסכך להעמיד הסכך, ואפילו נשברו. ‹ועיין לעיל ס"ב וס"ג›.

סעיף ח - לחבר כלונסאות הסוכה במסמרות של ברזל או לקשרם בבלאות, (פירוש החתיכות של בגדים בלויים), שהם מקבלים טומאה, אין קפידא - זה מותר לכו"ע, אפילו למאן דאוסר להעמיד הסכך בדבר המקבל טומאה, כיון שאין סומך הסכך על המסמורים, אלא שמחזיק בהם הכלונסות המעמידים להסכך, ומטעם זה ג"כ מותר לקשרם להכלונסאות בבלאות, או בחבלים של פשתן.

ואה"נ דלקשור הסכך עצמו בכלונסאות בחבלים, ראוי ליזהר לכתחילה, כיון שקושר הסכך עצמו בדבר המקבל טומאה.

סעיף ט - כל מיני אוכלין מקבלים טומאה - היינו מאכל אדם, דאלו מאכל בהמה אין מקבל טומאה, **ואין מסככין בהם** - ואפילו אם לא הוכשרו עדיין, פסולין.

וכל בושם שאין נאכלין להנאת גופן, כי אם לריח ומראה וכדומה, מסככין בהן.

ולענין קנמון, אף דהפמ"ג מיקל, בבכורי יעקב הוכיח דכמין אוכל חשיב, דהרי מברכין עליו בפה"א.

סעיף י - ענפי תאנה ובהם תאנים, וזמורות ובהם ענבים, אם פסולת מרובה על האוכל, מסככין בהם; ואם לאו אין מסככין בהם - דין זה הוא כלל, והדר פרט, דהיינו אם קצרם לאוכל וכו', **ואם קצרם לאוכל, יש לידים תורת אוכל לקבל טומאה** - והידים מצטרפים להאוכל, **וצריך שיהא בפסולת כדי לבטל האוכל והיד.**

ואם קצרם לסיכוך, אז אין לידים תורת אוכל, ואדרבה הם מצטרפים עם הפסולת לבטל האוכל.

ואם קצרם לאוכל ונמלך עליהם לסיכוך, אין המחשבה מוציאה הידות מתורת אוכל, עד שיעשה בהם מעשה שניכר שרוצה אותם לסיכוך, כגון שידוש אותם.

מן הדין אין הידים נקרא אוכל רק עד ג' טפחים, אבל מפני שיש ידות שמצטרפות לאוכל אע"פ שגדולות הרבה, כתב המ"א שיש להחמיר, ולאסור בכל ידות אפילו גדולות הרבה.

ולפי"ז יש ליזהר שלא לכסות בקשין של תבואה, קודם שנחבטו מן התבואה, **והנה** הפמ"ג מפקפק קצת אפי' אחר שנחבטו, ‹כבלאי כלים – שם›, **ובבכורי** יעקב משיג עליו, ומסכים להט"ז דשרי, ‹דאין לדמות גזירות חכמים זו לזו, ועוד דא"כ איך מתירין כאן הידות של אוכלים כשדש אותן – שם›, **ומ"מ צריך** ליזהר, דשכיח הוא שעדיין נשאר מעט תבואה בשיבולים אפי' אחר שדש אותם, ובזה עדיין נשאר על הקש תורת ידות, ‹כיון שלא דשן לשם סיכוך – מ"ב המבואר›, ולכן אם רוצה לסכך בתבן וקש של תבואה, טוב שיסיר השבולים מהם, ‹ומ"מ אפשר דדישה שהוא מעשה להפריש מהן האוכל, הוא ממילא מעשה לבטלן מתורת יד – חזו"א›, **ונראה** דקשין של מין שבלין הנקצרין במגל, דמדינא היד אינו כאוכל רק עד ג"ט, אם יש בהשאר יותר מג"ט, אין להחמיר אחר שנחבטו.

סעיף יא - מסככין בפינוג"ו הנקרא בערבי שומר, (והוא מאכל בהמה, ואין בני אדם אוכלים אותו אלא לרפואה).

סעיף יב - סיכך בירקות שממהרין לייבש - ר"ל באיזה מקומות שממהרין לייבש בתוך שבעת ימי החג, ולנפול העלין והגבעולין וישאר אויר, **אע"פ שפסולים לסכך מפני שמקבלים טומאה** - דאיירי בירקות שראויים לאכילה, ופסולים לסכך בהם, **והו"א** דבשביל זה אין חל עליהם שם פסול אחר, קמ"ל דלא אמרינן הכי, **אין דינם כסכך פסול לפסול בארבעה טפחים, אלא כאויר חשיבי לפסול בשלשה** - היינו אפילו קודם שנתייבשו, משום דכיון דכאשר נתייבשו מתפוררות ונופלות, ואין הסוכה ראויה להתקיים לשבעה ימים, גזור רבנן מהשתא, [**אכן** מרמב"ם משמע קצת דמדאורייתא הוא, דכליתנהו חשיב].

ואם אין דרכם לייבש, דינם כסכך פסול ופוסלים בד' טפחים - כמבואר בסי' תרל"ב, דסכך פסול פוסל באמצע בד' טפחים, ואויר פוסל בין באמצע בין מן הצד בשלשה טפחים.

הגה: וכל מה שדרכו לייבש תוך שבעה, מיד דיינינן ליה כאילו הוא יבש, והוי אויר, ופוסל בג' אפי' מן הצד – (ועיין בלבוש שכתב, שדרכו לייבש עד שתהא חמתו מרובה מצילתו, **אף מעכשיו הוא** פסול, דגזרו בו חכמים שלא יבוא לידי בטול מצות סוכה, שמא לא יוכל לעשות אחרת תוך זיי"ן, **ועיין פמ"ג** שמפקפק על דבריו, **ובאמת** מקורו הוא מדברי הר"ן, **אכן** יש לעיין, דהרמ"א שהעתיק דברי הר"ן בהגהתו, והשמיט מן הר"ן מה שכתב עד שתהא חמתו מרובה מצילתו, משמע לכאורה דלא ס"ל להלכה כן, וצ"ע).

וכתבו הפוסקים, דה"ה כשסיכך בירקות שאין ראויין לאכילת אדם, דהן מצד עצמן אין מקבלין טומאה וראויין לסכך בהן, אך שממהרין לייבש תוך שבעה, ג"כ פסולין, [**ובאמת** נכלל כל זה בדברי הרמ"א, שכתב: וכל מה וכו', ואף הירקות בכלל]. ‹**וזהו** כוונת הרמ"א, דאל"כ מאי קמ"ל, הא גם המחבר כוונתו כן, אלא כמ"ש ודו"ק – ערוה"ש›.

סעיף יג - כל דבר המחובר - פי' המחובר מעיקרו, כגון גפן ודלעת, **אין מסככין בו ודינו כדין האילן** - אבל תלוש ולבסוף חיברו, כתב הב"י בשם תרומת הדשן, דכשר.

סעיף יד - יש דברים שאסרו חכמים לסכך בהם לכתחלה, והם מיני עשבים שאינם ראוים לאכילה ואינם מקבלין טומאה, וריחם רע או שנושרים עליהן, דחיישינן שמא מתוך שריחן רע או שעליהן נושרים יצא מן הסוכה - ודוקא כשנושרים תמיד, אבל אם אינם נושרים אלא בשעת הרוח, כשרה.

ואם עבר וסיכך בהם, כשרה לישב בה, והיינו אף שיש להם סכך אחר, אינו מחויב לסכך מחדש.

ואם היה ריח רע כ"כ שאין דעת האדם סובלתו, יש לומר דפסול מן התורה, דבעינן "תשבו כעין תדורו".

סעיף טו - וכן אסור לסכך בחבילה, מפני שפעמים שאדם מניח חבילתו על גג הסוכה ליבשה ואח"כ נמלך עליה לשם סוכה, ואותה סוכה פסולה משום: תעשה ולא מן העשוי בפיסול - כיון שלא הניחן לצל, **וגזרו על כל חבילה אטו זאת** - אף דקאמר "וכן", היינו דכשם ההיא ענינא דסי"ד אסרו חכמים, גם זה אסרו חכמים, **אבל** מ"מ הכא חמירי יותר, דאפילו בדיעבד אסור, ולא

דמי לסי"ד, דהנהו לא פסילי אלא משום דלמא שביק להו ונפיק, **אבל** חבילה פסולה דידה הוא משום דחיישינן דלמא עביד סוכה מן העשוי, בדיעבד נמי פסלינן ליה.

וכיון שמפני זה אסרוהו, לא הוצרכו לאסור אלא בחבילה שדרך ליבשה, ואין זה בפחות מכ"ה קנים, הילכך כל חבילה שהיא פחותה מכ"ה קנים מותר לסכך בה; ואם כ"ה קנים או יותר הבאים מגזע אחד, וקשרם בראשם השני, אינה נקראת חבילה כיון שעיקרן אחד - ר"ל ומותר לסכך בה לכתחלה, וא"צ להתיר אותה.

ואם אגד עמהם קנה אחד ויש בין שניהם כ"ה, הויא חבילה.

הגה: וכל חבילה שאינה קשורה משני ראשיה שיכולין לטלטלה כך, אינה חבילה, ומותר לסכך בה - ואם קשרן באמצע, הוי אגד דיכולין לטלטלה.

ובמדינותינו שמוכרין אגודות ענפי אילנות, שקורין יעלניק, וקוצצין אותו לפזר בבית, אפשר דאין דינם כחבילה, כיון דאין דרך להניחן לייבשן, דאדרבא כשיתייבשו אין שוין כלום.

סעיף טז - חבילה שאין קושרים אותה אלא למכרם במנין, ומיד כשיקננה הקונה יתירנה, אינה חבילה.

סעיף יז - אם סיכך בחבילה והתירה, כשירה, כיון שאין איסורה אלא משום גזירה - ר"ל ואינו דומה להא דאיתא בסימן תרכ"ו ס"ב, דאם קצץ האילן העומד ע"ג הסוכה, להכשירו ולהיות הוא עצמו מהסכך, אינו מועיל עד שינענעו ג"כ ולהניחו לשם סכך, דהקציצה לא מקרי עדיין מעשה, וה"נ בענינינו ההתרה, **ע"ז** אמר דשאני הכא שאין איסורה בעצם, דהא הניח החבילה לשם סכך, אלא משום גזירה אסרוה, וכדלעיל בסט"ו, **משא"כ** התם דפסולו מדאורייתא משום מחובר, בעינן מעשה גמורה, דהיינו הנענוע אחר הקציצה.

אבל חבילה שהעלה ליבש ונמלך עליה לסיכוך, שפסולה מן התורה, אינה ניתרת בהתרה, אלא צריכה נענוע - דזה דמי ממש לסימן תרכ"ו, וצריך נענוע אחר ההתרה, והנענוע הוא שיזיזם ממקומם.

סעיף יח - וכן אסרו לסכך בנסרים שרחבן ד' - טפחים, שדומין לתקרת הבית, וחיישינן שמא ישב תחת תקרת הבית שדר בו כל השנה, וההוא ודאי פסול, ד"סוכה" אמר רחמנא ולא בית של כל ימות השנה.

אפי' הפכן על צדן - היינו שלא הטיל רחבן על הסוכה, אלא השכיבן על צידן, **שאין בהם ארבעה** - לאו דוקא, ה"ה אפילו הן פחותין מג'.

והטעם, דכיון דיש שם פסול עליהן, נעשו כשפודין של מתכות, הפסולין לסכך בכל ענין שהופכן.

ואם אין ברחבן ארבעה, כשרים, אפילו הם משופים שדומים לכלים - ואע"פ שראויין לישיבה, וגם ראויין להשתמש עליהן, דהיינו להניח איזה דבר על גבן, **אעפ"כ** אינן מקבלין טומאה, כיון שלא יחדן לישיבה, ולא לשום תשמיש, אלא עומדין לבנין או לסחורה, **וגם** משום גזירת תקרה אין בהן, שאין רגילות לסכך הבית בנסרים קצרים שאין רחבן ד"ט.

ונהגו שלא לסכך בהם כלל - דילמא אתי לסכך בענין שלא יהא מטר יכול לירד שם.

ויש מהראשונים שכתבו, דכהיום מדינא אסור, הואיל דבזמן הזה מסככין בתיהם בנסרים שאין בהן ד' טפחים, איכא גזירת תקרה, **ומ"מ** יש לחוש גם לטעם הראשון, וע"כ הלטי"ש, אע"פ שאין בהם גזירת תקרה, שאין מסככין בהם בתיהם, מ"מ יש לחוש שיסכך כ"כ שלא יהיו הגשמים יורדים בתוכה, **וכ"ש** בשינדלין.

[**ודע** דהט"ז העתיק עוד, דבקש לא נהגו לסכך כהיום, אף דמפורשת בתורה, תעשה לך באספך מגרנך ומיקבך, מ"מ מפני החשש שמא יבא לסכך כ"כ עד שלא יכול מטר לירד לתוכו, נמנעו מלסכך בו, **אכן** כשאין מצויין לו ענפי אילן לסכך בם, פשוט דיש להתיר, אכן יזהרו שלא יהיה הכסוי עב כ"כ עד שאין המטר יכול לירד לתוכו, **והנה** הגר"ז והח"א לא העתיקו דברי הט"ז לענין קש, משמע דסבירא להו דאין להחמיר במה שגילתה התורה בפירוש להיתר, **וצ"ע**].

כתבו הפוסקים, דבשעת הדחק שאין להם במה לסכך, מסככין בנסרים אפילו כשיש בהן ד"ט, וה"ה בכל

דבר שאסרו חכמים משום גזירה, **אכן** לענין ברכה יש דיעות בפוסקים, ובחי' הרשב"א דעתו נוטה דיכול לברך.

סעיף יט - פירס עליה סדין מפני החמה, או תחתיה מפני הנשר - ע"כ לשון המשנה, ודעת המחבר בדעה א', דמפני החמה הוא כפשטיה, שהיתה הסוכה צילתה מרובה מחמתה, ופירס עליה הסדין להגן שלא תכנס החמה כלל, (אף אם כבר הגיע החמה לגוף של אדם), ומפני הנשר היינו שלא יהיו וכו', **כלומר שלא יהיו עלין וקסמין נושרים על שלחנו, פסולה** - דהא קמסכך ומגין על עצמו בדבר המקבל טומאה.

אבל אם לא פירס אלא לנאותה, כשרה - דכיון דהוי צורך סוכה, בטיל לגבה, **ודוקא** כשהיתה הסוכה צילתה מרובה מחמתה וכנ"ל, דאל"ה פסולה.

והוא שיהא בתוך ד' לסכך - דאם היה מרוחק יותר, לא בטיל לגבי הסכך בכל גווני, וכדלעיל בסימן תרכ"ז ס"ד.

וי"א שסוכה שהיא מסוככת כהלכתה, ויירא שמא ייבש הסכך או ישרו העלין ותהיה חמתה מרובה מצלתה, ופירס עליה סדין שלא תתייבש, או תחתיה שלא ישרו העלין – (ר"ל שהיה סמוך ודבוק להסכך, ומונע בזה העלין שלא יוכלו ליפול), **כיון שהסדין גורם שעל ידו צלתה מרובה מחמתה, פסולה.**

אבל אם לא כיון בפריסת הסדין אלא להגין מפני החמה והעלין - פי' אם היה מסוככת יפה, בענין שאין לחוש שע"י הנשר יהיה חמתה מרובה מצילתה, ולא הוצרך לפרוס עליה סדין אלא להגן מפני החמה או מן העלין הנושרין, **או לנאותה, כשרה** - אפילו לישב תחתיו, דבטיל הוא לגבי סוכה, [אף שהסדין היה ג"כ ע"י צילתה מרובה מחמתה], (ואפי' אם החמה רק הגיע קרוב לסוכה), **ובלבד שיהא בתוך ד' לסכך** - [וכ"ז בחול, אבל בשבת ויו"ט, משמע מפמ"ג דדוקא בתוך ג' טפחים סמוך לסכך, דאל"ה יש לחוש משום חשש אוהל].

ומיהו לכתחלה לא יעשה - דלא יאמרו הרואים שכונתו כדי לסכך, **ואפילו** שלא בשעת אכילה אסור, דיאמרו שמניחו שם גם בשעת אכילה, **אלא א"כ הוא ניכר לכל שמכוין כדי להגין, או שהוא שרוי במים, שאז ניכר לכל שאינו שוטחו שם אלא לייבש** – (מלשון זה משמע, דאפילו תחת הסכך יש להחמיר משום הרואים, דהא אלעיל קאי, שפירס הסדין תחתיה מפני הנשר, **ואולם** דעת הרוקח, דבתחת הסכך שהוא בסוכה גופא, אין לחוש מפני מראית העין, מיהו לדינא אין נ"מ כ"כ, דבלא"ה יש להחמיר בכל גווני, דמעיקר הדין הלכה כדעה ראשונה).

שמכוין כדי להגין - זהו רק לדעת הי"א שהזכיר מתחלה, אבל לדעה ראשונה, אף באופן זה אסור, **ועיין** בבה"ל דכן יש להחמיר למעשה, וכ"כ הב"ח וש"א, **ומ"מ** בשעת הדחק, שלא יכול לאכול בסוכה ע"י העלין הנושרין לתוך המאכל, או ע"י גשמים הנוטפין, או ע"י הרוח שמכבה הנרות, מוטב לפרוס סדין תחת הסכך בתוך ד"ט, משיאכל חוץ לסוכה, **אבל** לא יברך ע"ז "לישב בסוכה".

עיין בבה"ל, דלפי מה שהסכימו אחרונים, דיש להחמיר כדעה ראשונה, יש ליזהר שלא לפרוס אפי' לייבש, אלא שלא בשעת אכילה, (**דהגם** די"ל דדוקא בפורס כדי להגן על עצמו מפני החמה והנשר, שם סכך ע"ז ומקרי מסכך בדבר המקבל טומאה, משא"כ כששוטחו כדי לייבשו אין שם סכך עליו ושרי, מ"מ יש סברא להחמיר, דדוקא לנאותו שהוא צורך סוכה, משא"כ בזה שהוא צורך בגד, אינו בטל לגבי סוכה), (ועיין בבה"ל ס"ס תרכ"ז).

§ סימן תרל – דיני דפנות הסוכה §

סעיף א - כל הדברים כשרים לדפנות - דמשמעות הכתוב, ד"הסוכות תעשה... באספך מגרנך ומיקבך", דלמידין מזה דיעשה הסוכה מפסולת גורן ויקב, דהוא דבר שאין מקבל טומאה וגידולו מן הארץ, קאי אסכך דוקא, דדפנות לא איקרי סוכה.

(והמעיין בביאור הגר"א יראה, דיש לבעל נפש לחוש לכתחלה, שלא לעשות דפנות מדבר שפסול לסכך בהן מדאורייתא, ולסמוך עליהן הסכך, **והיינו** לפי מה שהסכימו כמה אחרונים לעיל בסימן תרכ"ט ס"ז, דלכתחלה יש לחוש לדעת הפוסקים, דאין מעמידין הסכך

בדבר הפסול לסכך בהן, גזירה שמא יבוא לסכך בהן, **אם** לא באותן שאין שכיח לסכך בהן, או אותן דאין פסולין לסכך בהן רק מדרבנן, דבהן לא גזרו להעמיד בהן, **אם** לא דיעמיד קונדסין בקרנותיה של הסוכה תחת הסכך, שיהיו הם המעמידין הסכך, דזה לכו"ע שרי).

(וא"צ להעמידם דרך גדילתן) - היינו דלא מדמינן ענינינו ללולב, דבעינן שיהיה לקיחתו דרך גדילתו דוקא.

ואפילו חמתה מרובה מצלתה מחמת הדפנות, כשרה - היינו שהיו פרצות גדולות בדפנות, שעי"ז חמתה מרובה מצילתה, מ"מ כשרה, דכ"ז לא קפדינן אלא בסכך.

הגה: מ"מ לא יעשה הדפנות מדבר שריחו רע - דחיישינן שמא מחמת זה יצא מן הסוכה, **ודיעבד** שפיר דמי אף בסכך, כמ"ש בסימן תרכ"ט סי"ד, **אם** לא שהוא ריח רע שאין אדם סובלתו, אפשר דפסול מן התורה, דבעינן "תשבו כעין תדורו" - פמ"ג.

עוד כתב, אותן שעושין סוכה אצל בית הכסא ואשפה, מפני שהמקום צר להם, וריח רע מגיע אליהם, מן התורה יוצא ידי חובתו, אבל לא יברך בהמ"ז שם, **ואם** יש לו מקום אחר, בודאי לא יעשה שם, **ואם** אין מגיע לו הריח רע, רק רואה בית הכסא, ג"כ אסור.

או דבר שמתייבש תוך ז', ולא יהא בו שיעור מחיצה - ר"ל דיינינן ליה כאלו כבר נתייבש.

סעיף ב - כדי להבין היטב, אקדים לכאן כמה עקרים להלכה זו: **א)** דשיעור סוכה הוא שתהא מחזקת ז' על ז' טפחים לפחות, **ב)** דילפינן בגמרא מקראי, דלא קרוי סוכה ע"י הסכך לבד, אא"כ יש לה ג' דפנות, והלכה למשה מסיני דאחת מן הדפנות סגי בטפח אחת, **ג)** דמ"מ בעינן שיהיה נראה כדופן.

דפנות הסוכה, אם היו שתים זו אצל זו כמין ג"ם, עושה דופן שיש ברחבו יותר על טפח, ומעמידו בפחות מג' לאחד מהדפנות - דאז הוי לבוד, וא"כ יש כאן ד' טפחים, דהוא רוב הכשר סוכה, **דאע"ג** דבסתם טפח יהיה ג"כ רוב דופן, דהוי טפי מג"ט ומחצה, אכן משום דבציר מארבעה טפחים לא חשיב בשום דוכתא, להכי הצריכו טפח מרווח.

במ"א מבואר, שמותר לעשות דפנות הסוכה בקנים, שמעמידם פחות פחות מג"ט רחוק זה מזה, **והוא** בעושה כן ד' דפנות, דהיינו קנים כזה מארבעה רוחות, **אבל** כשאין רוצה לעשות רק ג' דפנות, בעינן שתי מחיצות שסמוכות זה לזה ושלמות, והשלישית בטפח.

ויעמיד קנה (כנגד הכותל) - היינו כנגד סוף המקצוע השני של הכותל שכנגדו, שסתמו מחזיק ז' טפחים, **וי"א** דירחיקו עוד טפח יותר, כדי שיהיה הצורת הפתח על ד' טפחים, [**ואם** הדופן השלימה היא ארוכה, א"צ שיגיע הצוה"פ עד קצה השני של כותל השלימה, וא"צ אלא עד ז' טפחים, וממילא מותר בכל הסוכה, כדין פסל היוצא מן הסוכה], **כנגד אותו טפח, ויעשה לה צורת פתח שיעמיד קנה עליו ועל הטפח** - כדי להשלים שיעור הכותל, **ועיין** בב"ח שכתב, דזה הוא מדרבנן, אבל הטפח מרווח שאמרנו מתחלה, הוא מדאורייתא, (פמ"ג, **וצ"ע** עליו מדברי התוס', דמוכח בהדיא, **דהטפח** שוחק ג"כ הוא מדרבנן, ומדאורייתא די בטפח הסמוך לכותל, וצ"ע, **אח"כ** מצאתי שחזר בעצמו באשל אברהם).

(**עיין** בר"ן, דבפחות מן שתי דפנות שלימות, ושלישית טפח וצוה"פ, לא מהני אם יעשה כל הדפנות ע"י צוה"פ, **דאע"ג** דצוה"פ היא מחיצה גמורה לענין שבת וכלאים, מ"מ לענין סוכה לא מהני אפילו בדופן שלישי, ומכ"ש בשארי דפנות, והעתיקו האחרונים את דבריו, **אכן**ברא"ש דעתו, דמן התורה מהני צורת הפתח ג"כ, אכן מדרבנן בעינן דוקא גם טפח שוחק).

וכשרה אע"פ שהקנה שעל גביהן אינו נוגע בהן - ואז מותר לטלטל בתוכו, ולהוציא מן הבית דרך חלון הפתוח לסוכה בשבת שבתוך החג, **דאע"ג** דבשאר שבתות אסור לטלטל אא"כ יש תיקון ברוח רביעית, מ"מ בשבת שבתוך החג אומרים: מגו דהוי דופן לענין סוכה, הוי נמי דופן לענין שבת, **ומ"מ** שלא בשעת הדחק ראוי להחמיר.

הגה: ואם הטפח והדופן - צ"ל "והקנה", **מגיע לסכך, א"צ קנה על גביהן** - דהסכך גופא יחשב כקנה ע"ג, **ועיין** במ"א שהקשה על זה מירושלמי, ודעתו דראוי להחמיר, משום דאינו נעשה הסכך לכך, **אבל** האחרונים יישבו קושיתו, ועל כן הסומך על רמ"א לא הפסיד.

ומה שנהגו בצורת הפתח עגולה - ר"ל דא"צ הקנה שע"ג, וכ"ש עגולה דא"צ – גר"א. **הוא נוי בעלמא.**

[**ולהניח** צוה"פ ע"י עכו"ם בשבת ויו"ט, י"ל דמותר אם שכח לעשות קודם יו"ט, דהוי שבות דשבות במקום מצוה - פמ"ג].

סעיף ג - היו לה שני דפנות זו כנגד זו וביניהם מפולש, עושה דופן שיש ברחבו ארבעה טפחים ומשהו, ומעמידו בפחות משלשה סמוך לאחד משתי הדפנות, וכשרה - ומה דלמעלה די בטפח, דהתם הב' דפנות סמוכות להדדי, וע"כ די בשלישי בטפח בעלמא, **משא"כ** בזה דהם רחוקים זה מזה, ע"כ צריך לעשות דופן של ד' טפחים ומשהו, ולהעמידו בפחות מג' סמוך לדופן אחד, דהוי כלבוד, ונחשב כאלו היה דופן שלם של ז' טפחים סמוך לדופן, וממילא גם בזה יש שתי דפנות סמוכות להדדי כמו למעלה.

וגם בזה צריך לעשות צורת פתח, שיתן קנה מהפס על הדופן האחר - עיין במ"א שמסתפק, אולי דוקא בסוכה קטנה כשר, אבל בסוכה גדולה שהשלישית רחוקה ממנה הרבה, {יותר מג', וצ"ע – מ"א}, לא מהני אפי' ע"י צורת הפתח, {ודוחק, דנמצא דמיירי דוקא בג"ט מצומצמים, דבפחות מג"ט לא בעינן צוה"פ דנימא לבוד, וביותר מג"ט לא מהני צוה"פ. **והעיקר** לא ידעתי סברא לחלק, למה בג"ט מצומצמים מהני צוה"פ, וביותר לא מהני צוה"פ, דהא כיון דאיכא ג"ט דליכא למימר לבוד, הוא שוה לרחב ד' או ה' או יותר, **לכן** נלענ"ד דט"ס הוא במ"א, וצ"ל ויותר מי' אמות פסול, ור"ל, עד י' וי' בכלל שם פתח עליו ולכן כשרה, אבל ביותר מיו"ד דאין שם פתח עליו פסולה, ואי מהני צוה"פ ביותר מיו"ד, תליא בפלוגתא שכ' שו"ע ס"ה – מחה"ש}, {וקשה, למה מעייל המ"א נפשיה בפלוגתא זו ללא צורך, וגם למה הניח בצ"ע, שהרי הדבר ברור דתליא מלתא בפלוגתא דלקמן ס"ה, ושם משמע דעיקר כדעה ראשונה דמהני צוה"פ – יד אפרים, ע"ש שמקיים גירסת המ"א}. **אבל** הרבה אחרונים הסכימו דאין לחלק בזה, {והיינו בין ג' ליותר מג'}.

וי"א שאין זה צריך צורת פתח - דלא דמי לס"ב, ששם התיקון בפס רחב טפח, שהתיקון הוא גרוע, ע"כ צריך צוה"פ להשלים השיעור, **משא"כ** כאן שיש תיקון טוב בפס ד', ע"כ ס"ל דאין צריך צוה"פ, **וכתבו** האחרונים דיש להחמיר כסברא הראשונה.

הגה: אבל אם איכא דופן ז' בלא לבוד, א"צ כאן צורת הפתח עד סוף הכותל - ר"ל דבזה לכו"ע א"צ צוה"פ, אפילו לדעה הראשונה, **הואיל ואיכא דופן ז' שהוא שיעור הכשר סוכה** - אף שהכותל שלישי שהוא עומד נגדו הוא מרוחק ממנו, הואיל שעכ"פ איכא ג' דפנות בסוכה, **ומסתברא** דדוקא אם הריחוק הוא לא יותר מעשרה אמות, דנחשב זה כפתח, ועיין לקמן בס"ה.

וכ"ש שאין לריכים צורת הפתח - ר"ל בדופן רביעי, **כשהדופן שלימה, ומה שנהגו בצורת הפתח כשיש לה דפנות שלימות, אינו אלא נוי בעלמא.**

סעיף ד - בד"א בעושה סוכתו במקום שאין דופן אמצעי כנגדה; אבל העושה סוכתו באמצע החצר, רחוק מדפנות החצר, אע"פ שאין לה אלא שתי דפנות זו כנגד זו, די לה בתיקון המתיר בשתי דפנות העשויות כמין גם - דהיינו שיעמיד הטפח מרווח, בפחות מג"ט סמוך לדופן, והיינו לצד שהוא כנגד פתח החצר, ולא לצד שהוא כנגד דופן החצר, [דשם נחשב בלא"ה קצת כסתום לדעת המחבר].

מקור דין זה הוא מהר"ן, ועיין במ"א שחולק ע"ז, ודעתו דאין להתיר להר"ן, אלא כששתי דפנות זו כנגד זו של הסוכה, הם עצמם דפנות החצר, דבהא מהני דופן אמצעי של החצר, אע"פ שאינה דופן לסוכה, {כגון שחציו של הסוכה לצד דופן האמצעי אינה מסוכך כלל}, שלא תהא נידונית כסוכה העשויה כמבוי, **אבל** לא כשהיא עומדת באמצע החצר, [**ולמעשה** נראה דאין להתיר באמצע החצר].

סעיף ה - כשהכשירו בשתי דפנות העשויות כמין ג"ם בטפח וצורת פתח, אפי' אם יש בשתי הדפנות פתחים הרבה שאין בהם צורת פתח, שכשתצרף כל הפרוץ יהיה מרובה על העומד, כשרה - ר"ל שע"י הפירצות שיש בשתי הדפנות, עם שתי הדפנות הפרוצות, יחד יהיה הפרוץ מרובה על העומד, **אבל** אם באותן שתי הדפנות השלימות, פרוץ שבהן מרובה על העומד שבהן, אסור, **ודוקא** אם הפרצות הם יותר מג"ט, אבל אם הם פחות

מג"ט, כלבוד דמי, והוי כסתום ואין שם פירצה עליה, **ועיין** במ"א שדעתו, דדוקא אם עושה הסוכה מד' דפנות, אבל אם עושה מג' דפנות, לא מהני מדרבנן ע"י לבוד.

ודוקא אם בעומד יהיה עכ"פ שיעור מקום חשוב, [מ"א], דהיינו פס של ד"ט, [כן פי' הפמ"ג ומחה"ש את דברי המ"א, **וקשה** לפי פירושם, מנ"ל להמ"א דבר זה, אימא כיון דבשתי דפנות השלמות העומד מרובה בהן, אפי' אם העומד פחות מן ד"ט, כיון דהפרוץ פחות מזה, בטל המועט לגבייהו, **ולענ"ד** נכון יותר כמו שפי' הלבו"ש דברי המ"א, דבעינן בעומד שיעור מקום, דהיינו ז"ט כדי הכשר סוכה, שע"י צירוף כל העומד יהיה הכשר סוכה], ‹אבל קנים דקים לא מהני אא"כ יש ד' מחיצות, וכדברי המ"א בריש הסי' – שם›.

(רק שלא יהיו הפתחים בקרנות, כי המחילות צריכין להיות מחוברים כמין ג"ס) - היינו אפילו אם עשויות בצורת הפתח, דאף דלענין שבת ע"י צורת הפתח הוי כסתום ממש, **לענין** סוכה חמור יותר, דבעינן שיהא שתי דפנותיה מחוברות ממש בזוית, ולא ע"י צורת הפתח. (**ואם** הפרצה היה שם בפחות מג' טפחים, שרי, דמחוברים מקרי ע"י לבוד).

"**בקרן**" היה לו לומר, דהא מיירי המחבר בדליכא בסוכה אלא ב' דפנות שלמות, דליכא אלא קרן א', **אלא** דהרמ"א אתי לאשמועינן, אף היכי דעושה הסוכה של ד' דפנות שלמות, שאין לו לעשות פתחים בכל קרנותיה, דאז לא ישאר לו שתי דפנות מחוברות יחד, **אבל** אם ירצה לעשות פתחים בשאר קרנותיה, ולהשאיר שתי דפנות מחוברות יחד, אין הכי נמי דשרי.

ובלבד שלא יהא בהם פירצה יתירה על י' אמות - דאז אפילו עומד מרובה על הפרוץ, אסור, דנחשבת לפרצה ולא לפתח.

(**מסופקני** אם עי"ז נתבטל כל הדופן, דאולי לא מהני רק דעי"ז פרצה חשיבה ולא פתח, ואסור לישב במקום הזה לצאת ידי מצוה, אף דמסוכך מלמעלה, **אבל** ביתר הדופן שנשאר שם שיעור סוכה ויותר, אפשר דשרי, דלא גריעא זה מחסר ממקום הפרצה והלאה לגמרי, דהיה בודאי כשר הסוכה, **ועיין** בב"ח דמשמע מלשונו, דעי"ז נפסד כל המחיצה, **והנה** סברתו בודאי אמת להלכה לענין שבת, דכן הוא לדינא, **אבל** בענינינו דקי"ל דשיעור סוכה הוא רק ז' טפחים, צ"ע).

ואם יש בה צורת פתח, אפילו ביותר מעשר - דעכשיו פתח מקרי, ואין שם פירצה עליה, [**אף** דלדעת הר"ן אין לעשות צוה"פ בדפנות הסוכה, י"ל דהיינו דוקא בשיעור הכשר סוכה, ולא ביותר מזה].

[**ודע** דלדעה זו, אפי' אם הפרוץ מרובה כ"כ, עד שאפי' אם נחשיב את מקום צוה"פ לעומד, יהיה הפרוץ ‹ביחד עם הב' הדפנות הפרוצות, וכנ"ל›, מרובה עליה, ג"כ כשר, דהרי כתבו הפוסקים, דאין חילוק בצוה"פ בין עשר ליותר מעשר].

ולהרמב"ם, אפילו יש לה צורת פתח, אם יש לה פירצה יותר מעשר, פסולה, אלא א"כ עומד מרובה על הפרוץ.

הגה: ונהגו עכשיו לעשות מחילות שלימות - ר"ל שלא ע"י עצות של לבוד וצוה"פ, **כי אין הכל בקיאין בדין המחילות; ומי שאין לו כדי לרכו למחילות, עדיף אז לעשות ג' מחילות שלימות, מד' שאינן שלימות** - ובהלכות של ר' יצחק גיאות ראיתי שכתב ג"כ, דלמצוה מן המובחר בעינן שיהיה ג' דפנות הסוכה סתומות מכל רוחותיה, ולא יהא מקום פתוח אלא מקום הפתח בלבד.

סעיף ו - נעץ ד' קונדסין, בין באמצע הגג בין על שפת הגג, וסיכך על גבן, פסולה - ואף דלגבי שבת לכו"ע ‹על שפת הגג› אמרינן גוד אסיק מחיצתא, לגבי סוכה ס"ל דבעינן מחיצות ממש.

(והנה בגמרא משמע דהוי דאורייתא, ולכאורה לפי מה דפסק הרא"ש, דאף לגבי סוכה יוצא מן התורה בצוה"פ, א"כ אפילו אם ס"ל דלא אמרינן גוד אסיק, אמאי אינו יוצא מטעם צוה"פ, **ואפשר** דהרא"ש סובר, כיון שבסכך שסיכך לא נתכוין לשם צוה"פ, לא הוי צוה"פ, ולא ס"ל כפסק הרמ"א לעיל בס"ב בהג"ה).

ויש מכשירין בנעץ על שפת הגג, משום דאמרינן: גוד אסיק מחיצתא - פי' כאילו שפת כותל הבית מעלה את מחיצותיה למעלה, והרי יש לסוכה מחיצות, (**ואף** דבעינן לגבי סוכה מחיצות דוקא, ולהכי בעומד גבוה י' ורחב ז' על ז' לא הוי סוכה, הכא ס"ל דעדיף, משום דיש בבית מחיצות ממש).

ודוקא כשהגג אינו בולט מן הבית ולחוץ, אבל כשהגג בולט לחוץ, אפי' לגבי שבת לא אמרינן גוד אסיק.

ודוקא כשהוא על שפת הגג ממש, אבל רחוק מזה, אפי' פחות מג"ט, לא אמרינן לבוד וגוד לכו"ע, ‹ועיין בס"ט›.

והלכה כדעה א', דבכל גווני לא אמרינן לגבי סוכה גוד אסיק, [**ועיין** בפמ"ג, דבאין לו מקום אחר, אין לו לפטור עצמו אף מסוכה זו, ובלא ברכה, דהא בגמ' נשאר בזו בתיקו, ומחמת ספק מחמרינן].

סעיף ז - סיכך על גבי מבוי שיש לו לחי, (פירוש עץ כעין עמוד), ‹הרי זו סוכה כשרה לאותו שבת שבתוך החג בלבד, מתוך שלחי זה... מחיצות לענין שבת, נחשוב אותם כמחיצות לענין סוכה› - מדסתם המחבר, משמע דס"ל כהפוסקים, דאפילו במבוי המפולש ויש לו לחי מצד אחד, וסיכך כשיעור הכשר סוכה לצד הלחי, ג"כ כשר, **והטעם**, דע"י לחי נחשב לענין שבת, אפילו רחב משהו, כאלו היה מחיצה לאותו צד, וא"כ יש לו שלש מחיצות, והוי מן התורה רה"י, ואמרינן מיגו דהוי מחיצה לענין שבת, הוי נמי מחיצה לענין סוכה, בשבת שאיקלע בתוך החג, **ואע"ג** דמדרבנן אסור לטלטל בשלש מחיצות, בשבת דסוכה מותר משום מצות סוכה.

או על גבי באר שיש לו פסין, (פי' קרשי עץ סביבות הבאר לעשות רה"י) - היינו ד' קורות נעוצות בארבעה רוחות זו כנגד זו, שכל קורה נוטה אמה לכאן ואמה לכאן, והתירוה משום עולי רגלים, שיהיו יכולים לשאוב מים לבהמתן מן הבור שהוא רשות היחיד ועומד ברשות הרבים, ועל ידי הפסין נעשה סביבות הבאר רשות היחיד, **הרי זו סוכה כשרה לאותו שבת שבתוך החג בלבד, מתוך שלחי זה ופסין אלו מחיצות לענין שבת, נחשוב אותם כמחיצות לענין סוכה** - ואע"ג דלא התירו זה אלא לעולי רגלים, הכא משום מצות סוכה התירו ג"כ דבר זה בשבת שבתוך החג.

(ומשמע לכאורה דדוקא כשיש שם באר, ולא כדעת הראבי"ה דס"ל, אע"פ שאין שם בור, וצ"ע).

(ואין להתיר אלא במקום שלחי ופסין מתירין לענין שבת, דאז שייך מגו) - היינו משום דהמחבר סתם, ומשמע דס"ל להתיר בכל גווני, לכן בא לומר דלמעשה יש להחמיר כדעת הפוסקים, דאין להתיר אלא במקום שלחי מתיר לענין שבת, **דהיינו** במקום סתום מג' רוחות, וברוח רביעית יש לו לחי, דשם מותר אף מדרבנן לטלטל בשבת, **בזה** מתירין לענין סוכה בשבת משום מיגו, אף דלענין סוכה לא נוכל לחשוב כי אם שתי דפנות, שהסכך הוא רק לצד הלחי לבד.

ובפסין אין להתיר אלא בזמן שיש עולי רגלים, **והאידנא** דליכא עולי רגלים, היכא דלא שכיחי מיא דמותר לדבר מצוה, **וגם** דוקא בר"ה ולא בחצר.

ולכתחלה נכון להחמיר כדעת רמ"א, **ובמקום** הדחק יש לסמוך אדעה ראשונה, דכתב הא"ר: דכן הוא עיקר.

סעיף ח - סיכך ע"ג אכסדרה שיש לה פצימין, (פלים פירוש לחי ומזוזה) - פי' אכסדרה זו היא שני כתלים זה כנגד זה, ומקצתה מקורה, וסמוך לקירוי עד הקצה האחר סיכך הסכך, נמצא שהסוכה הזו אין לה אלא ב' כותלים, ופצימין הוא שני עמודים בולטים ברוח השלישי, ‹היינו תחת הקירוי, אחד מכאן ואחד מכאן – לבושי שרד›, **בין שהיו נראים מבפנים ואין נראין מבחוץ** - היינו שהעומד בסוכה רואה אותן, שבולטין מן הכותל לצד פנים, **בין שהיו נראים מבחוץ ואין נראים מבפנים** - היינו שמבחוץ ניכר שבולט כמו עמוד, ומבפנים נמשך עם הכותל בשוה, **כשרה** - אע"פ שבסוכה אחרת שאין לה אלא שני כותלים, ועשויים כמבוי זה כנגד זה, אמרינן בס"ג דצריך פס ד' ומשהו, **כאן** די בפצימין, דכיון שיש פצימין אמרינן פי תקרה יורד וסותם, כלומר פי תקרה של האכסדרה שהוא הקירוי של אכסדרה, יורד וסותם, נמצא שיש לסוכה דופן ג', **אבל** בלא פצימין לא אמרינן דיורד וסותם.

ופצימין אלו אע"פ שאינם נראים בפנים לעומד בסוכה, אלא לעומד חוצה לה, **וגם** לא נעשו לכתחלה בשביל מחיצת הסוכה, מ"מ מועילים.

לא היו לה פצימין, פסולה, מפני שהיא סוכה העשויה כמבוי, שהרי אין לה אלא ב' צידי האכסדרה, ואמצע האכסדרה אין בו כותל, ושכנגדו אין לו פצימין.

(כל זה הוא לשון הרמב"ם, אבל אחרים חולקין) - ס"ל דאפילו ע"י פצימין לא מהני, **ואפילו** אם היו הפצימין רוחבן טפח, כיון ששני הדפנות אין מחוברין כמין ג"ם, כמו שכתוב סוף סימן שס"א, **(ולכן אין לעשות סוכה בכה"ג)** - כתב הלבוש, דהיינו רק לכתחלה, אבל בדיעבד יש לסמוך על דעה ראשונה.

אבל אם היו דפנות כמין ג"ם, ובשלישי בולטין הפצימין טפח, מהני אם היה סמוך ברוח השלישית לתקרת האכסדרה, דאמרינן פי תקרה של האכסדרה יורד וסותם, [**דאע"ג** דתקרת האכסדרה לצורך עצמה עבידי ולא לצורך הסוכה, מ"מ בצירוף הסברא דפצימין מהני, **ועיין** במ"א דמצדד, דבעינן שיהא תקרת האכסדרה עב"פ רחב ד"ט, דאל"ה לא אמרינן פי' תקרה יורד, **ודלא** כב"ח].

ומיהו בהרא"ש משמע, דבעי נמי צוה"פ, [**וכפי** שהטעים הרא"ש הטעם, דמדאורייתא סגי בצוה"פ לבד, ולכן ‹אף שמדרבנן בעי נמי תיקון דטפח שוחק›, הקילו בנראה בחוץ ושוה בפנים, וכמו בשבת משום לחי, ‹דמיגו דמהני לענין שבת מהני הכא כל ז' ימי הסוכה – שם›, **תו** לא צריכינן כלל לסברא דפי תקרה, ולפי"ז א"צ שיהא רוחב התקרה ד"ט], ‹**והא** דצריך טפח שוחק וצוה"פ בס"ב, היינו לכתחילה, אבל בדיעבד סמכו אהאי נראה מבחוץ – דרישה›, **וכתב** הב"ח דהיינו דוקא בנראה הפצימין בחוץ ושוה מבפנים, אבל נראה בפנים ושוה בחוץ, לא בעי צוה"פ, **ואע"ג** דבס"ב מבואר, דבעינן טפח מרווח וגם צוה"פ, הכא כיון דברוח השלישי סמוך לתקרת האכסדרה, אמרינן פי תקרה של האכסדרה יורד וסותם, **והמ"א** מפקפק ע"ז, ומשמע דדעתו דלהרא"ש צריך בכל גווני צוה"פ, ולא אמרינן בזה פי תקרה יורד וסותם, דתקרת האכסדרה לצורך עצמו עבידי, ולא לצורך סוכה.

כתב הט"ז, מי שרוצה לעשות סוכתו בבית שלו ולפרוץ הגג למעלה כמו שנוהגים, וכותלי הבית יהיו כותלי הסוכה, דהיינו שרוצה לעשות הסוכה בזוית של כותל מזרח וכותל דרום, ונמצא שאין כאן אלא שני מחיצות, ולמעלה מונח קורת הבית, **בזה** לכו"ע יש לומר פי תקרה יורד וסותם, דקורה זו לצורך הבית נעשה, והסוכה ג"כ בבית, וא"כ הו"ל כאלו יש לה ג' מחיצות, **ומ"מ** כיון דלא הוי מחיצה ממש רק ע"י פי תקרה, צריך לעשות לה גם צוה"פ, דהיינו שישים תחת הקורה שני קנים, אחד אצל כותל הבית, ואחד במקום סיום המחיצה, דהיינו במקום שכלה הסכך של הסוכה, **ואף** דבעלמא צוה"פ לבד לא מהני במקום מחיצה ג', כנ"ל בס"ב, הכא בצרוף פי תקרה מהני, והעתיקו דבריו כמה אחרונים, [**ובמחה"ש** מצדד עוד יותר, דלדעת הב"ח ומ"א, גם צוה"פ לא בעינן בזה], ‹כיון דלצורך הבית נעשה, והסוכה ג"כ בבית›.

אמנם בפמ"ג וכן בבכורי יעקב מפקפקין בזה, לפי מה דמסיק המ"א, דלא אמרינן פי תקרה יורד וסותם כי אם בשרחב הקירוי ד"ט, וסתם קורת הבית אינו רחב כ"כ, **וע"כ** מסיק בבכורי יעקב, דטוב יותר שישים פס א' שרחב טפח מרווח תחת הקורה, פחות מג"ט מן הכותל של הבית, וקנה אחר במקום שכלה הסכך של הסוכה, דזה כשר בלא פי תקרה יורד וסותם, כמו בשאר סוכה שלשת דפנות, ובזה לא בעינן רוחב הקורה ד"ט כמבואר בס"ב.

סעיף ט - היו דפנותיה גבוהים שבעה ומשהו, והעמידם בפחות משלשה סמוך לארץ, כשרה - דאמרינן לבוד, והוי כסתום, ונמצא שיש כאן י' טפחים. **אפילו הגג גבוה הרבה, ובלבד שיהא מכוון כנגדן** - דאמרינן גוד אסיק מחיצתא, והוי כאלו המחיצות מגיעות לסכך.

ואפי' אינו מכוון ממש, רק שהוא בתוך שלשה כנגדו, כשרה - דאמרינן לבוד מן הצד, ‹והקשו האחרונים, והא לעיל בס"ו כתב דלא אמרינן גוד ולבוד, **ותירץ** הגר"ן קרליץ, דהכא שיש מחיצות ניכרות ורק שצריך להעלותן, אמרינן גוד ולבוד, משא"כ לעיל, דלולי גוד אסיק אין לסוכה דפנות, לא אמרינן גוד ולבוד›, **אבל** אם היה ג"ט פסולה, דאפילו אם היו מחיצות מגיעות ממש לסכך, קי"ל דאם הם מרוחקים מן הסכך ג"ט פסול, וכ"ש בזה.

ואם אינה גבוהה אלא עשרה טפחים, אפילו אין בדופן אלא ארבע ושני משהויין, כשרה, שמעמידה באמצע, ואמרינן לבוד למעלה ולמטה, וחשוב כסתום.

היו הדפנות גבוהות מן הארץ ג' טפחים, פסולה - אפילו היו הדפנות גבוהות י"ט ויותר, דכל מחיצה שהגדיים יכולות לבקוע תחתיו אינה חשובה מחיצה כלל.

סעיף י - העושה סוכתו בין האילנות, והאילנות דפנות לה - ולא סמכה ע"ג

האילן, דאל"כ אין עולין לה ביו"ט, כמ"ש סי' תרכ"ח ס"ג, **אם היו חזקים, או שקשר אותם וחיזק אותם עד שלא תהא הרוח מצויה מנידה אותם תמיד** - ר"ל דאם מנידה אותם, אפילו אין בכח הרוח להפיל אותם לגמרי, רק שע"י הרוח הולך המחיצה ובא, קי"ל דשוב לא חשיבא מחיצה, **ואפילו** עומדת בבית שאין שם רוח כלל, לא חשיבה מחיצה.

ואם רוב הדופן מן החזק, משמע קצת בתוס' דכשרה, דעי"ז שוב אין הולך ובא ברוח.

ומילא בין האוירים בתבן ובקש כדי שלא תניד אותם הרוח, וקשר אותם - היינו אם שיעור הסוכה שהוא עשרה טפחים בגובה הוא גם מן הענפים, דאל"ה לא בעינן לזה, **הרי זו כשרה.**

על כן אין נכון לעשות כל המחיצות מיריעות של פשתן בלא קנים, אע"פ שקשרן בטוב, זמנין דמינתקי ולאו אדעתיה, והוי ליה מחיצה שאינה יכולה לעמוד בפני רוח מצויה.

כל המחיצות וכו' - דעת הט"ז, דמחיצה אחת מן שלש מחיצות שצריך לעשות בסוכה, יכול לעשות מיריעות, ‹דבדופן שלישית שהקלה תורה דסגי בטפח, איכא קולא גם באיכות המחיצה לענין זה, דסגי כשהמחיצה בנויה עתה באופן שהיא עומדת ברוח מצויה – אג"מ ח"ה סי' ל"ט›, **אבל** מכמה אחרונים משמע, דאף מחיצה אחת אין לעשות מסדינים, **אבל** מחיצה רביעית לכו"ע יכול לעשות מיריעות, כיון דמדינא סגי בג'.

והרוצה לעשות בסדינים, טוב שיארוג במחיצות קנים בפחות משלשה - ר"ל דאז אף שהרוח מנענע היריעות, מ"מ נשארו מחיצות בקנים, [**וזה** מהני אף אם עשו רק ג' דפנות].

סעיף יא - עושים מחיצה מבעלי חיים, שיקשור שם בהמה לדופן - כדי שלא תוכל לברוח, [**מסתפקנא** אם הוא בתורת עצה בעלמא, ובדיעבד כל זמן שלא ברחה קיים מצות סוכה, **או** דהוא תקנת חכמים, כדי שלא יבוא לידי בטול מצות סוכה, **והגר"א** משמע דתקנת חכמים הוא].

גם צריך שתהיה מתוחה למעלה בחבלים, או שתהיה גבוה כ"כ, שאף אם תרבץ או תמות ותפול, יהיה גבוה י"ט, **ואם** יש חלל בין רגליה גבוה מג"ט, צריך לגודרה.

סעיף יב - יכול לעשות מחבירו דופן לסוכה להכשירה; ואפי' ביו"ט - כגון שנפל דופן סוכתו, והוא רוצה לקיים מצות סוכה לאכול ולשתות שם, יכול לבקש אדם שיעמוד שם עד אחר עת אכילתו.

ובלבד שלא ידע אותו שהועמד שם שבשביל מחיצה הועמד שם – (דהויא ליה מחיצה העשויה בשוגג, שמותר לטלטל על ידה – מ"א, והוא מפי' רבינו יהונתן, **ורש"י פי'**, מפני שאין דרך בנין בכך).

ודוקא מחבירו, אבל בהמה אסור להעמידה ביו"ט לדופן שלישי להכשיר הסוכה, ואפילו אם לא יקשרנה רק ע"י עניבה, [**דבשלמא** גבי אדם, כיון שהעומד שם לא ידע שלשם מחיצה הועמד שם, הוי כמחיצה העשויה בשוגג דמותר לטלטל ע"י, ואין כאן איסור מחיצה למעמיד, דבתר כוונת העומד אזלינן, **משא"כ** בבהמה שאין לה דעת, אזלינן בתר המעמידה דהוא לדעת, והיא חשיבה כעץ בעלמא, **אבל** לדופן רביעית, גם ע"י בהמה מותר ביו"ט, דאפי' ע"י כלים מותר].

ומסתימת הפוסקים משמע לכאורה, דבנתרצה לעמוד שם, אף שאינו יודע על מה ולמה, מ"מ אין לחוש שמא ילך בתוך כך, **אך** על עכו"ם בודאי לא יכול לסמוך בזה.

אבל בחול, אפי' אם הוא יודע, שפיר דמי - שהרי מותר לעשות מחיצה בחוה"מ.

הגה: ואפי' ביו"ט אינו אסור אלא באותן ג' דפנות המתירים הסוכה; אבל בדופן רביעית, שרי - דכיון דיש הכשר סוכה מכבר, לא מקרי תו בנין, רק תוספות על אוהל עראי, ושרי, וה"ה דמותר לעשות בכלים דופן רביעית ביו"ט מטעם זה, **אבל** דופן שלישית אסור, שהוא מכשיר הסוכה בזה, והוא בכלל עשיית אוהל עראי דאסור ביו"ט. **וע"ל סי' שס"ב ס"ה.**

סעיף יג - הסומך סוכתו על כרעי המטה - הנה ממה שכתב ‹לקמן›, והכרעיים הם מחיצות וכו', והכרעיים הם דפנות וכו', מוכח דמטה זו מוקפת קרשים, שראשן האחד קבוע בארץ, וראשן השני עולין למעלה מן המטה י"ט, והמטה היא קרשים קבועים במחיצות

אלו, והוא קרקעית המטה, ומפני שהקרשים קבועים באותן מחיצות, נקראין אותן מחיצות כרעי המטה.

והכרעים הם מחיצות - כלומר שנתן הסכך ע"ג קרשים שעולים למעלה מהמטה, והם נקראים כרעיים, והכרעיים דהיינו הקרשים הנזכרים, הם הם מחיצות הסוכה, **אם יש בה גובה י' טפחים מן המטה לסכך** - דהיינו מן הקרשים שקבועים בתחתיתה ולמעלה, **כשרה.**

ואף דמעמיד ע"ג מטה שהיא מקבלת טומאה, לא איכפת לן בזה, דקבלת טומאה על הסכך נאמר ולא על הדפנות, **ומ"מ** לכתחלה נכון להזהר בזה, כי יש מן הפוסקים שמחמירין בזה בסי' תרכ"ט ס"ז.

ואם לאו, פסולה - דכיון שהסכך סמוך על הקרשים הללו שהם כרעי המטה, חשיבה המטה עצמה קרקעית הסוכה, וצריך להיות ממנה עד הסכך י"ט.

ואם סמך הסכך על עמודים - פי' והעמודים תקועים בארץ, **והכרעים הם דפנות, אפילו אין גבוה עשרה מהמטה עד הסכך, כשרה, כיון שיש י' טפחים מהארץ עד הסכך** - מאחר שהסכך אינו נסמך על המטה ולא על הכרעיים, לא חשובה היא קרקעית הסוכה, אלא הארץ שבה קבועים העמודים, שעליהם נסמך הסכך, **ואע"פ** שהמטה עד לסכך פחות מי"ט, לית לן בה, כיון דאי שקיל לה למטה איכא אויר עשרה, והסוכה מתקיימת ע"י העמודים, דמטה לחודא קיימא, ואין הסוכה נפסלת בשביל שהכניס בה מטה ומיעט אוירה, [**ואע"ג** דאי שקיל לה למטה נפסלת הסוכה משום שאין לה דפנות, שכרעי המטה הלא הם דפנותיה כנ"ל, **לית** לן בה, דאנן בתר סכך אזלינן למדוד ממנו ולקרקעיתה עשרה, וכל היכא דשקיל לה המטה ואבתי קאי סכך, לא חשיבה מטה קרקעית דידה].

§ סימן תרלא – סוכה שחמתה מרובה מצלתה ויתר דיני הסכך §

סעיף א - סוכה שחמתה וצלתה שוים מלמעלה, פסולה, לפי שהחמה מתפשטת בריחוקה, ויהיה למטה חמתה מרובה מצלתה - ואז יתבטל המיעוט נגד הרוב, והוי כאלו לא סיכך כלל.

אבל אם חמתה וצלתה שוים מלמטה, כשרה - דידוע דאז למעלה מקום הקנים רחבים מן האויר.

סעיף ב - אם ברוב ממנה צלתה מרובה שני משהויין, ובמיעוט ממנה חמתה מרובה משהו, בענין שכשנצרף יחד החמה והצל של כל הסוכה יהיה צלתה מרובה מחמתה משהו, כשרה - אפילו לישב תחת אותו חלק שחמתו מרובה, לפי שהוא בטל לגבי רוב הסכך שצילתה מרובה.

ודוקא באופן זה, אבל בהיפוך, דהיינו שמיעוט הסוכה היה צל הרבה, וברוב הסוכה היה חמתה יותר מצילתה, באופן שכשתצטרף כל הסכך ביחד יהיה הצל מרובה, פסול.

הגה: ויש מחמירין אם הסוכה גדולה ויש מקום ז' על ז' שחמתו מרובה, אע"פ שכשנצרף כל הסוכה הוי הצל מרובה - דעתו, דאפשר דהגמרא לא איירי רק בסוכה קטנה שהיא ז' על ז', דאז אמרינן דהמיעוט שבה בטל לגבי הרוב, **אבל** בסוכה גדולה שיש בה ז' על ז' שחמתו מרובה, הוא מקום חשוב, ואינו בטל לגבי שאר הסכך שצילתו מרובה, וע"כ אין לישב באותו חלק, **אבל** לשאר החלק אין זה פוסל אותו לכו"ע, כיון שיש שם הכשר סוכה, **ואפשר** עוד, דאם מפסיק כל אורך הדופן בזה, באופן שבמקום שצל מרובה לא ישאר רק שני דפנות, צ"ע על כל הסוכה.

סעיף ג - דרך הסיכוך להיות קל, כדי שיראו ממנו הכוכבים הגדולים - היינו הנראים ביום בעוד שלא שקעה חמה.

והאחרונים כתבו, דלכתחלה בעינן דאפילו בלילה יראו כוכבי לילה בתוכה, **ובד"מ** הביא בשם מהרי"ל, דמותר לסכך הסוכה עב הרבה, דא"א שלא יראו בה כוכבים, ‹גדולים›, אע"ג דבלילה אינו רואה הכוכבים, ‹היינו לכאורה כוכבי לילה›, מ"מ ביום איכא חורים וסדקים בכמה

מקומות, עכ"ל, וכוכבים גדולים ונצוצי חמה שיעורן שוה, ע"ש בבכורי יעקב, **ועיין** בס' בכורי יעקב, דהמקיל כוותיה לא הפסיד, ובפרט היכי שיש לחוש דאם יעשה הסכך דק יותר, ינשב הרוח יותר תוך הסכך ויצטער ברוח ובצינה.

ועיין בפמ"ג שכתב, דאפשר לענין ראיית הכוכבים, די בכל הסוכה אם הוא רואה רק במקום אחד, **משא"כ** באם היה מעובה הרבה מאוד, עד שאין הגשם יכול לירד בתוכו, למ"ד דפסולה, כל שיש ד' טפחים ביחד, סכך פסול מקרי, [**ומ"מ** אם נטל אח"כ מקצת עובי הסכך מעליו, א"צ לנענע הנשאר, אפי' הניחו בבת אחת, כי אין שם סכך פסול ממש עליו].

היתה מעובה כמין בית, אע"פ שאין הכוכבים נראים מתוכה - ר"ל לא נראים בתוכה לא גדולים ולא קטנים, [ואפי' אין ניצוצי השמש נראין בתוכה], **כשרה.**

וכתבו האחרונים, דמ"מ אם היא מעובה כ"כ, עד שאין הגשמים יכולים לירד בתוכה, אפילו כשיורדין גשמים מרובים, וא"כ הוי כעין בית, יש להחמיר ולפסול משום גזירת בית, **ומ"מ** בדיעבד כאשר אי אפשר ליטול קצת מהסכך מפני איזה סיבה, יש לסמוך על המכשירין.

סעיף ד - היה כיסוי דק מאד שיש בה אויר הרבה, אלא שאין ג"ט במקום אחד, ובין הכל צלתה מרובה מחמתה, כשרה.

סעיף ה - היה הסיכוך מדובלל (פי' מבולבל), והוא הסיכוך שיהיה מקצתו למעלה ומקצתו למטה, כשר, ובלבד שלא יהיה בין העולה והיורד ג' טפחים - דכל פחות משלשה כחדא חשיב.

ואם היה ברוחב זה העולה טפח או יותר - ר"ל בכל קנה וקנה מן הסכך היה רחבו טפח, דאז חשיבי לומר בהן רואין וכו', **אע"פ שהוא גבוה מג' טפחים, רואין אותו כאילו ירד למטה ונגע בשפת זה היורד** - ר"ל שבסכך התחתון יש ג"כ חלל בין קנה לקנה, ורואין כאלו חלל של סכך התחתון נגע בשפת זה היורד, ונסתם חללו והוו כחדא.

והוא שיהיה מכוון כנגד שפת היורד - ר"ל החלל שבתחתון יהיה מכוון נגד רוחב הקנה העליון, שיהיה ראוי להוריד העליון בנתיים, כמו שביאר הרמ"א, **ולאפוקי** אם היה קצר בשיעורו מן הקנה העליון.

הגה: דהיינו שיש באויר שבין התחתון טפח, שראוי להוריד העליון – (המחבר העתיק דבריו מלשון הרמב"ם, משמע דס"ל, דאם היה רוחב הקנה העליון יותר מטפח, בעינן נמי באויר שבין התחתונות יותר מטפח, שיהיה ראוי להוריד העליון בנתיים, **אבל** הרמ"א דקדק וכתב: דהיינו שיש באויר שבין התחתון טפח, הורה לנו בזה, דדעתו כמסקנת הריטב"א בחידושיו, דכל שיש בין התחתונות טפח סגי).

ואז כשרה אפילו חמתה מרובה, שיהא – (צ"ל "רק שיהא") **הצל מרובה כשהחמה באמצע הרקיע** - ר"ל אע"פ שחמתה מרובה מצילתה כשהחמה בשאר מקומות, ומאיר אורה דרך אלכסון בין קנה לקנה, **מ"מ** כיון שצילתה מרובה מחמתה כשהחמה באמצע הרקיע ועומדת בראש כל אדם, שפיר דמי.

וכ"ש אם אין בין קנה עולה לקנה יורד ג' טפחים, בודאי מהני אפילו חמתה מרובה מצילתה.

סעיף ו - קנים היוצאים לאחורי הסוכה, כגון שאחורי דופן אמצעי בולטים קנים מן הסכך, ויש בהם הכשר סוכה - של שבעה על שבעה טפחים, **וצלתה מרובה מחמתה, וג' דפנות** - כגון שהרחיק דופן אמצעי משפתו, והכניסו יותר מאמה לתוך המחיצות אחר שראה שהיתה דיה בכך, **כשרה, אע"פ שהדופן האמצעי לא נעשה בשבילם, אלא בשביל עיקר הסוכה שהוא לפנים ממנו** - ומינכר מילתא שהיא נעשה בשביל סוכה פנימית, [דבאמת גם הדפנות שבצדדין נעשו רק בשביל סוכה הפנימית, אלא דבה מינכר טפי], מ"מ מועלת המחיצה זו גם לבראי, [**ואינו** דומה לפי תקרה יורד וסותם, דהתם אמרינן לגוואי עבידן לבראי לא עבידן, אבל הכא הוי מחיצה שלימה].

והסכימו אחרונים, דאפילו אם המחיצה זו נעשית רק ע"י לבוד, ג"כ מהניא אף לבראי.

סעיף ז - וכן הקנים הבולטים מן הסכך לצד הפרוץ, ודופן אחד נמשך עמהם, כשר, אע"פ שעשה דופן על הצדדין יתר על ז', והוה לן למימר הרי גלה דעתו לעשות כל הסוכה בדפנות ארוכות, ודופן אחד שנמשך עם הקנים של סכך אינו מן הסוכה אלא בפני עצמו עומד, ונמצא שאין לו אלא דופן אחד שהוא הדופן הנמשך, אפילו הכי כשרה - כלומר פשיטא אם אינו אלא שבעה, כונתו להשתמש בכל הסוכה, ולא עשה אלא כתיקון חכמים, שכך דינו לכתחלה, שיכול לעשות הדופן השלישי של ז' טפחים, או ע"י טפח מרווח וצורת הפתח, וכנ"ל בסימן תר"ל ס"ב, ועי"ז יכול להשתמש עד סוף הדופן הארוך, **משא"כ** כשעשה יתר על ז' טפחים, אפשר דגילה דעתו לעשות כל הסוכה בדפנות ארוכות וכו'.

סעיף ח - סככה בשפודין שהם פסולין לסכך בהם - כגון שהם של ברזל דפסולים לכו"ע, **ואין בהם ארבעה** - דאי יש בהם ד' טפחים, הלא קי"ל דסכך פסול פוסל באמצע בד' טפחים, **ואין מהם ארבעה במקום אחד** - ר"ל אפילו ע"י צירוף משנים או משלשה, **והניח בין שפוד לשפוד כמלא שפוד ונתן שם סכך כשר, פסול, שאי אפשר לצמצם שימלא כל האויר מסכך כשר, ונמצא הפסול מרובה** - דאם היה אפשר היה מותר, דקי"ל פרוץ כעומד מותר.

אבל אם העדיף סכך הכשר מעט על הפסול, או אם היה הפסול נתון שתי ונתן הכשר ערב - בין כל שפוד ושפוד נתן הכשר שם לרחבו, ודחקו ביניהן שלא יפול משם לארץ, **או איפכא, כשר, שאז מתמלא כל האויר מסכך כשר.**

(ודוקא בסוכה גדולה, אבל בסוכה קטנה צריך ליזהר מן השפודים פחות מג' במקום אחד) - דקי"ל לקמן בסימן תרל"ב ס"א, דבסוכה קטנה פוסל סכך פסול בג' טפחים.

סעיף ט - בית המקרה בנסרים שאין עליהם מעזיבה, (פי' טיט וצרורות שמשימין עליהם), ובא להכשירו לשם סוכה, די בזה שיסיר כל המסמרים לשם עשיית סוכה - ומהני בזה כאלו סיכך בתחלה בכל הנסרים לשם סוכה.

די בזה שיסיר כל המסמרים וכו' - הוא לשון הרא"ש והטור, **וברש"י** איתא, סותר את כולן ומנענע לשם סוכה, ובפי' המשנה להרמב"ם איתא ג"כ בזה הלשון, מפקפק פי' שיעקור אותן ממקומן מן מסמרים התקועין בהן, וכן הרע"ב ובאור זרוע העתיק ג"כ כרש"י, **מכל** הלין משמע דצריך לנענע את כל הנסרים.

שאין עליהם מעזיבה - וכ"ש אם היה מעזיבה על הנסרים, והסיר המעזיבה ואח"כ פקפק הנסרים, דבודאי מהני, דהא עביד מעשה רבה לשם סוכה.

או שיטול מבין שני נסרים אחד, ויתן סכך כשר במקומו.

וכולה כשרה, אפילו הנסרים רחבים ארבעה - דאע"פ דאלו לא היתה כאן תקרה מתחלה, ועכשיו הוא בא לסכך בנסרים של ד' טפחים לשם סוכה, היה פסול מדרבנן, וכנ"ל בסימן תרכ"ט סי"ח, משום גזרת תקרה, שלא ישב תחת קורת ביתו, ויאמר מה לי זה מה לי חדשה, **אבל** השתא דזו תקרה היתה, וזה בא לעשות מעשה להסיר מסמרים שלה ולנענעה לשם סוכה, זה מוכיח שיודע שאמרה תורה: תעשה ולא מן העשוי, ותו ליכא למגזר משום תקרת ביתו.

והנה זה מהני רק לענין פקפוק, אבל לענין ליטול אחת מבנתיים יש דיעות בפוסקים, דהלא פסקינן לקמן בסימן תרל"ב, דסכך פסול פוסל באמצע בד' טפחים, והלא נשאר אצל סכך כשר נסר בתקרה שהוא רוחב ד' טפחים, **אם** לא שיזדמן ליתן סכך כשר במקום שני נסרים, שהוא שיעור סוכה ויותר, (**ואין** מן הדופן עד הפסל ד' אמות, כגון דהוי ח' אמות מצומצמות, וכשעושה נסר ופסל מצד אחד ד' פעמים, וכן מצד השני, איתרמי שני פסלים באמצע, הלכך מתכשר מתורת דופן עקומה), [זהו דעת רש"י ור"ן, והובא דעתם בהגר"א].

ויש שסוברין דכיון שעשה מעשה שנטל נסר מבנתיים ונתן סכך כשר, מהני מעשה זו להכשיר אף מקום

הנסר שבצדו, (ותו אין על הנסרים הנשארים שם סכך פסול, וכולם מתכשרי כשנותן נסר ופסל נסר ופסל בכל הסוכה, **ופה** א"צ להעדיף סכך הכשר על הפסול כמו בסעיף הקודם, דגם הסכך הפסול נתכשר ע"י המעשה שנטל אחת מבינתיים), [דעת הב"ח לשיטת הרא"ש והטור].

ויש מי שאומר שצריך שלא יהיו הנסרים רחבים ארבעה - דעה זו חולקת אדעה קמייתא לענין פקפוק, וס"ל דלא מהני כשהיו הנסרים רחבים ד' טפחים.

ולענין ליטול אחת מבנתיים, יש דיעות בין האחרונים, [**דעת** המ"א והגר"א שוין, דדעה קמייתא והי"א לא פליגי בזה, אלא שהמ"א מצדד להקל, דלכו"ע שרי אף כשהנסרין רחבין ד' טפחים], (דדוקא במפקפק ס"ל שיהו פחותים מד' טפחים, דאם יהיו רחבים ארבעה, הרואה שישב תחתיהן יסבור שמותר לסכך בהן, וישב ג"כ תחת הבית, **אבל** כשנוטל אחת מבינתיים, אפילו כשיש בהן ד' טפחים שרי לכו"ע, דהרואה יראה שהוצרך לתת פסל בינתיים, ולא יבוא לישב תחת תקרת הבית, **ומשמע** ממ"א דהוא סובר כמו שמפרש הב"ח, דלדעה קמייתא מתכשרא כל הנסרים).

[**ודעת** הגר"א כשיטת רש"י ור"ן להחמיר, דאף לדעה קמייתא לא שרי בנוטל אחת מבינתיים כשנסרין רחבין ד"ט, כי אם כשמתרמי שני פסלים באמצע].

[**אכן** הב"ח וא"ר סוברין, דדעה קמייתא והי"א פליגי גם בענין נטילת אחת מבנתיים, דלדעה קמייתא מהני מה שנטל נסר ונתן סכך במקומו, אף להנסר הרחב ד' טפחים שבצידו, (**כמו שמפרש הב"ח לדעה קמייתא**), **ולדעה** אחרונה לא מהני דבר זה].

ודע, דבזה שלא היו הנסרים שבתקרה רחבין ד' טפחים, ונטל מבין כל שני נסרים נסר אחד ונתן סכך כשר במקומו, לכו"ע מותר לישב אפילו תחת הנסרים, דכיון שעשה מעשה מיתכשר גם שם, ואפילו הסוכה גדולה כמה אמות, מיתכשר גם שם, **אכן** לפי המבואר בסימן תרכ"ט סי"ח, דכהיום נהגו שלא לסכך כלל בנסרים, אפילו פחותים מארבעה, יש ליזהר מפקפוק, וגם מזה, אם לא בשעת הדחק.

סעיף י - סוכה שאין לה גג, כגון שהיו ראשי הדפנות דבוקות זו בזו כמין צריך - פי' עשוי ככורת שמשפע והולך, שגגו וקירותיו אחד, **או שסמך ראש הדופן של סוכה לכותל** - (היינו אפילו עשה עוד דופן שלישית, דבשני דפנות בלא"ה פסולה), **פסולה** - אפילו אם עשה הדפנות המשופעים מסכך כשר, דאין כאן לא דופן ולא גג.

ואם היה לה גג, אפילו טפח - בין בשעשאה כמין צריך לא היה משופע עד חודה ממש, אלא שעשאה פתוח טפח, **או** כשסמך ראש הדופן לכותל, הרחיקה כשיעור טפח מן הכותל, בכל זה חשבינן אותו אויר כסתום, דכל פחות מן ג' טפחים כלבוד דמיא, והרי יש לה גג, **ועיין** במ"א, דאפילו למעלה אין רוחב טפח, רק דבפחות מג' סמוך לגגה יש רוחב טפח, שרי.

או שהגביה הדופן הסמוך לכותל מן הקרקע טפח - היינו בזקיפה, ואפילו הוא אויר, כגון שהעמיד זויותיה ע"ג אבנים, **הרי זו כשרה** - דכל פחות מג' טפחים כלבוד דמיא, ונחשב כסתום, וההוא טפח חשבינן ליה ככותליו של סוכה, ושפוע שלו חשיב ליה גג, **ומ"מ** בעינן שיהיה בגובהה י' טפחים וכדלקמיה.

(וה"ה בשעשאה כמין צריף, וטפח הראשון לא היה משופע אלא בשוה, כגון בבנין או באויר).

הגה: וי"א שהטפח לא תהיה אויר - דאע"ג די"ל לבוד, אין שם גג על מקום שהוא אויר, וכן למטה ע"י אויר לא חשיב מחיצה בגובהה, **רק מן הדופן** - ר"ל, כשעושה סמוך לארץ יהיה הטפח בבנין, ולא ע"י אויר, **או הסכך** - וכן למעלה כשעושה גג, יהיה ע"י סכך ולא ע"י אויר. (**וראוי** לחוש לדבריהם).

וצריך שיהיה בה ז' טפחים על ז' בגובה י' טפחים - לאפוקי אם הוא ז' על ז' למטה מי"ט, וכשמגיע השיפוע לגובה י"ט, אינה רחבה ז' על ז', פסול, **ומודדין** העשרה טפחים של הגובה ביושר ולא באלכסון.

גם צריך שיהיו הדפנות לאחר שהם גבוהים עשרה עשויות מדבר שמסככין בהם, דהא הם הסכך - מסתברא דקאי דבר זה על שני הענינים הנ"ל, דהיינו בין אם עשה למטה בדופן טפח, או שהרחיק ראש הדופן למעלה מן הכותל, ועשה הגג טפח, בכל זה אמרינן דמן עשרה טפחים ולמעלה חשבינן השיפוע לסכך.

ואם כל הדפנות מדבר שמסככין בהם, מותר לישן אפילו תחת הדפנות.

כתב הפמ"ג: כל מקום שיש פלוגתא דרבוותא בסוכה, אם הוא בדאורייתא אזלינן לחומרא, **ואי** לית ליה סוכה אחריתא, אוכל שם בלי ברכה, **ואי** בדרבנן, ביש לו סוכה אחריתא ראוי להחמיר ולילך שם, **ובאין** לו סוכה אחריתא, יוצא בה ידי חובתו וברוכי נמי מברך, **ועדיין** צ"ע קצת, עכ"ל.

§ סימן תרלב – דברים הפוסלים בסכך §

סעיף א - סכך פסול - [ואפי' הוא סכך פסול מדרבנן]. **פוסל באמצע בד"ט** - יינו שהולך שיעור ד"ט ע"פ כל הסוכה בארכה, ושיעור ד"ט הוא מקום חשוב להפליג ולחוץ בין הדפנות, עד שאין הדפנות מועילות זו לזו, ונראות כשתי סוכות, ולכל אחת רק שתי דפנות.

אבל פחות מד', כשרה, ומותר לישן תחתיו - ויש פוסקים שסוברין, דאף דפחות מד"ט הסוכה כשרה, **מ"מ** תחת אותו המקום אסור לישן ולאכול, אא"כ אותו המקום הוא פחות מג' טפחים, **לכן** יש להחמיר לכתחלה.

מן הצד אינו פוסל אלא בד' אמות, אבל פחות מד"א כשרה, דאמרינן דופן עקומה, דהיינו לומר שאנו רואים כאלו הכותל נעקם, ויחשב זה הסכך הפסול מגוף הכותל, ודבר זה הלכה למשה מסיני - משמע לכאורה מלשון זה, דדוקא כשהדפנות מגיעות לסכך, אבל אם אין הדפנות מגיעות לסכך, אף דבעלמא לא קפדינן בזה כדלעיל בסי' תר"ל ס"ט, דחשבינן כאלו מגיעות למעלה עד הסכך, אפ"ה בענינינו דיש סכך פסול על הסוכה, ואנו רוצין להכשירה משום דופן עקומה, לא אמרינן דופן עקומה בזה.

(**ועל פי זה פסק בתשו' פמ"א, בעושין סכך תחת הגג, ע"י שמגלין קצת מהגג המכוסה ברעפים או שינדלי"ן, והדפנות אינן נוגעין למעלה עד הסכך, שצריך שיגלה מן הגג כ"כ עד שלא ישאר מכוסה ד' טפחים תוך חלל הדפנות, דדופן עקומה לא שייך, כיון דאין הדפנות מגיעות לשם, ובהפסק אויר לא שייך דופן עקומה, וצריך ליזהר בזה כי מצוי הוא, וכן פוסל שם מי שעושה סוכתו בחוץ, ומצרף כותלים הבנויין תחת הגג של שינדלי"ן, ואין הכותלים מגיעים להגג אפילו פחות מג"ט, והגג בולט ד"ט, אין לסוכה זו מחיצות, וצריך ליזהר בזה).**

וי"א דאפילו אינם מגיעים הדפנות לסכך, נמי אמרינן רואין כאלו הדופן מגיע עד למעלה ונכפף, **ואפשר** היכי דמן הדפנות עד הסכך הוא פחות מג"ט, לכו"ע יש להקל דאמרינן לבוד ודופן עקומה.

ואם הסכך למעלה אינו מונח בשוה, אלא עקום כגגין שלנו, אע"פ שיש בשיפוע ד' אמות, אינו פוסל אא"כ יש במשכו ד' אמות, [**וה"ה** לענין פסול ד' טפחים באמצע הסוכה הדין כן, שאם עומד בשפוע ויש במשכו ד' טפחים, ואין תופס בסוכה ד' טפחים, שאינו פסול].

ואם הוא עקום למעלה, ולמטה בסמוך לו יש קורה, ועם הקורה יהיה ד' אמות, אע"פ שאינו נמשך הקורה ממנו ג' טפחים, כיון דבגובה רחוק ממנו ג' טפחים, אין מצטרפין, [ולא אמרינן חבוט רמי ולבוד להחמיר], **וא"כ** הוי דופן עקומה עד סוף הגג, ונשאר אויר פחות מג', וסכך פסול פחות מד', ואין מצטרפין – לבושי שרד).

הילכך בית שנפחת באמצע, וסיכך במקום הפחת, ונשאר מן התקרה סביב בין סכך כשר לכותלים פחות מארבע אמות, כשרה; ומיהו אין ישנים תחתיו כל זמן שיש בו ארבעה טפחים - ר"ל דאף דהסוכה כולה כשרה היא, מ"מ אותו המקום כיון שהוא ד' טפחים, הוא מקום חשוב לעצמו, ואין מתבטל לגבי הסוכה.

ואפשר אפי' אם בפנים הסוכה אין בו כי אם ג"ט, וטפח אחד בולט לצד חוץ, אפ"ה אסור לישב תחתיו.

בד"א, בסוכה גדולה שיש בה יותר על הסכך פסול ז' טפחים על ז"ט; אבל בסוכה קטנה, שאין בה אלא ז' על ז', בין באמצע בין מן הצד, בג"ט פסולה - אינו מדוקדק, דאפי' הסוכה מחזקת ט' ומחצה, ויש בה סכך פסול ג"ט, פוסלת כל הסוכה, כיון דכי שקלת ליה לפסול ליכא הכשר סוכה.

בפחות מג' כשרה, וישנים תחתיו - דכיון שהוא דבר מועט, חשיב כמאן דליתא, [**ולא** פי'

מטעם לבוד, דכה"ג בממשות לא שייך לבוד, דדוקא באויר שייך לבוד], **ומצטרף להשלים הסוכה לכשיעור.**

סעיף ב - אויר, בין בגדולה בין בקטנה שוים, דבין באמצע בין מן הצד בג"ט פסולה – (מן הצד, שהרי אין כאן דופן לסוכה, דבזה לא שייך לומר דופן עקומה, כיון שאין כאן אלא אויר).

בפחות מג' כשרה, ומצטרף להשלים הסוכה – (דאמרינן לבוד והוי כסתום), **ואין ישנים תחתיו** – (ה"ה אכילה, ונקט שינה בכל מקום משום דבזה אסור אפילו עראי, משא"כ באכילה, ודין זה הוא ג"כ בין אם הוא באמצע או מן הצד, ומשמע בגמרא, דהא דאמרינן אין ישנים תחתיו, הוא מדאורייתא).

והא דחמיר אויר מסכך פסול בסוכה קטנה לענין ישנים תחתיו, וכן לענין סוכה גדולה פוסל אויר בג"ט, וסכך פסול בד"ט, **כתב** הט"ז הטעם, שבאויר נראה לעין טפי ההפסק בסכך, ממה שנראה בסכך פסול.

הגה: ודוקא - קאי אפחות מג"ט, ולענין ג"ט מבאר לקמיה, **שהולך על פני כל הסוכה, או שיש בו כדי לעמוד בו ראשו ורובו** - בר"ן איתא "ראשו או רובו", וכן משמע בריטב"א, **אבל בלא"ה מותר, דהא אין סוכה שאין בה נקבים נקבים.**

והא דסכך פסול פוסל בד', ואויר בג', היינו דוקא שהפסיק הסוכה לשתים, ולא נשאר שיעור הכשר סוכה עם דפנות במקום אחד - ר"ל שהסוכה היה לה ג' דפנות, וסכך הפסול או האויר הולך על פני ארכה, ולכן פוסלת כל הסוכה, דליכא בכל צד אלא דופן ומחצה.

אבל אם נשאר שיעור סוכה במקום אחד - ר"ל שהפסול או האויר לרחבה, ונשאר שיעור סוכה במקום אחד לצד דופן האמצעי של הסוכה, **המקום ההוא כשר** - דהא יש לו ג' דפנות, אבל חלק החצון שמעבר השני פסול, דהא אין לה כי אם שתי דפנות, **ואם** יש פחות מד' אמות מדופן האמצעי עד סופו של הסכך פסול, אף חלק החצון כשר, דאמרינן דופן עקומה עד שם, [**ומ"מ** החלק הפנימי ג"כ כשר, דלגבי דיליה לא אמרינן דופן עקומה], **אבל** אם אויר מפסיק, פסול חלק החיצון, דהא באויר ליכא למימר דופן עקומה.

ואף שמבחוץ אם מחובר לו מן הצדדים - ר"ל פעמים אף חלק החצון שמבחוץ ג"כ כשר, בין בסכך פסול ובין באויר, כגון שמחובר מן הצדדין, אז מצטרף הפנימי והחצון להכשר סוכה, דהיינו אפילו אין בפנימי לבד שיעור הכשר סוכה, **ומ"מ** אותו חלק של אויר או סכך פסול אין לישב תחתיו לכו"ע, **ובספר** בכורי יעקב מפקפק על זה שכתבנו דמצטרף הפנימי והחיצון להכשר סוכה, עי"ש.

סעיף ג - סכך פסול פחות מארבעה, ואויר אצלו פחות משלשה, אין מצטרפים לפסול - ר"ל אפילו היה הסכך באמצע על פני כל ארכו, אפ"ה אין מצטרף אצלו האויר לפסול הסוכה, משום דלא שוי שיעורייהו להדדי, **ודינם** כנ"ל בסעיפין הקודמין, במקום סכך פסול כיון דאין בו ד' טפחים מותר לישן תחתיו, **ובמקום** האויר אף דאין בו ג"ט אין ישנים תחתיו.

הילכך אם אויר שלשה במקום אחד, אפילו מיעטו בסכך פסול, כשר – (וה"ה לסכך פסול בד"ט בסוכה גדולה, ומיעטו בין בקנים ובין באויר).

והני מילי בסוכה גדולה, אבל בקטנה שאין בה אלא ז' על ז', אם יש בין שניהם שלשה טפחים, מצטרפים לפסול - דשם שוו שיעורייהו להדדי, דגם סכך פסול דינו שם בשלשה טפחים לפסלו, הלכך מצטרפים תרווייהו לפסלו כשיש בין שניהם ג"ט.

סעיף ד - אם יש סכך פסול ב' טפחים, ועוד סכך פסול ב' טפחים, ואויר פחות משלשה מפסיק ביניהם, יש להסתפק אם שני הפסולים מצטרפין לפסול הסוכה - ולכן אם אפשר לתקן יתקן, **ואם** אי אפשר לתקן ואין לו סוכה אחרת, ישב בה ולא יברך, דספק ברכות להקל.

מיהו אם אין בפסולים ד', לא אמרינן שיהא חשוב כסתום מחמת לבוד, דלא אמרינן לבוד להחמיר, [**ופי'** נהי דאמרינן שיהא חשוב כאלו שניהם סמוכים זה לזה, מ"מ לא אמרינן שיהא כמפורד וסתום בסכך פסול].

§ סימן תרלג - דין גובה הסוכה §

סעיף א - סוכה שהיא גבוה למעלה מעשרים אמה - היינו שהיה חללה של סוכה יותר מעשרים אמה וכדלקמיה, **פסולה.**

ובאמה בת ששה טפחים מצומצמות, דלחומרא אזלינן, [היינו כשחושבין בטפח ד' אצבעות {גודלין במקום הרחב} יהיו האצבעות דבוקין זה בזה, **ולענין** עשרה טפחים גובה, וז"ט על ז"ט בריבוע, בעינן דוקא שיהיו הטפחים מרווחין, והם יותר למצומצמין חצי אצבע לאמה].

(**כתב** בספר מעשה רוקח בשם הר"א בנו של הרמב"ם, וז"ל: והאצבע הנזכר הוא הגודל מאיש בינוני ביצירה, לא ננס האיברים ולא גדול האיברים, ולא רך בשנים, אלא ממוצע היצירה שהגיע לתכלית הגידול, והוא בן ל"ה שנה או יותר, עכ"ל, והוא נ"מ לכמה דברים).

בין שהיא גדולה בין שהיא קטנה - ר"ל לאפוקי ממאן דאמר דטעם פסול גובה בסוכה יותר מכ', הוא משום דאין צלו מתפשט לכל הקרקע שתחתיו, או לרובו, מתוך גובהו, והצל הוא רק מחמת הדפנות, ואנן צל סוכה בעינן, **ולפי** סברא זו בהיתה הסוכה רחבה הרבה, היה לנו להכשיר אף בגובה יותר, דכיון שהסוכה רחבה, צל הדפנות מתרחק מאמצעה, וצל הסכך מתפשט בו.

בין שמחיצות מגיעות לסכך, בין שאינן מגיעות - והסכך תלוי על קנים גבוהים, ואם הוא למטה מכ' כשר בזה, וכדלעיל בסימן תר"ל ס"ט.

ולאפוקי ממאן דאמר בטעם פסול הגובה, משום דלא שלטא ביה עינא מתוך גובהו, ואינו רואה שיושב תחת הסכך, ומצות סוכה היא שיראה ויזכור כי בסוכות הושיב הקב"ה את אבותינו, **ולפי** סברא זו י"ל, באם היו הדפנות ג"כ גבוהים עד הסכך, מתוך שהוא נותן עיניו בדפנות שהם לפניו, אינו מפסיק בהבטתו עד שיראה את כולה, וכשמביט בראש הדופן הרי רואה ג"כ הסכך המונח על הדופן.

אכן לא קי"ל ככל הני סברא, אלא טעם פסול יותר מכ' הוא, משום דסוכה דירת עראי בעינן, [דכתיב: בסוכות תשבו שבעת ימים, אמרה תורה: צא מדירת קבע ושב בדירת ארעי, והיינו מדכתיב "תשבו" ולא כתיב "תדורו"], ועד כ' שיערו חכמים שאין צריך ליתן לב כ"כ על חיזוק המחיצות, ודיו במחיצות קנים, וביותר מכאן צריך לעשות הכתלים חזקים כעין בית, שלא יפלו מרוב גובהן, **ולפי** טעם זה, באם היו הכתלים מגיעים לסכך ורחבה הרבה, מכ"ש דפסולה משום דירת קבע.

[**ולכאורה** לפי"ז היה לנו להכשיר בשאין הדפנות מגיעות לסכך, כשהם נמוכים למטה מכ', שהרי בזה לא בעינן שיהיו המחיצות חזקות, **ואפשר** בשביל הקנים הגבוהים שעליהם מונח הסכך, שצריכים להיות חזקים ועבים כשל בית, שלא ישתברו מחמת גבהן].

ומ"מ בלמטה מעשרים, ועשה הדפנות חזקים כעין בית, כשר, שהרי אפשר היה לו לעשותה ארעי, ולא הקפיד רחמנא אלא היכי דמוכרח הוא לעשותה קבע, כמו בלמעלה מכ', [**ואז** פסול אפי' עושה אותה ארעי, וכגון שעשה מחיצותיה ארעי ואירע שלא נפלה].

[**וכ"ז** בדפנות, אבל בסכך, שעיקר הסוכה על שם הסכך, לא מתכשרא מן התורה עד דעביד לה ארעי, דהיינו שלא יקבע הנסרים של הסכך במסמרים].

אבל עשרים כשרה, אפילו כל סככה למעלה מעשרים, כיון שאין בחללה אלא עשרים.

סעיף ב - היתה גבוה יותר מעשרים, והוצין (פי' ענפים קטנים עם העלין שלהם)

יורדים למטה - ר"ל שאם נמדוד עד ההוצין ליכא חלל יותר מעשרים, **אם צלתן מרובה מחמתן** - פי' של אותן ההוצין, אי שקלית לסכך העליון יהיה צלתן מרובה מחמתן, **כשרה** - דמנינן כ' מהם ולמטה.

ואם לאו, פסולה – (ואע"ג דפסקינן לעיל, דהיכי שאין בחללה יותר מכ', אפילו כל סככה למעלה מעשרים כשר, **ומשמע** דאפילו אין בסכך התחתונה לחודה שיעור כדי שתהיה צילתה מרובה מחמתה כשר, ומשום דמצרפינן כל דרי דסכך המונחים זה על זה, ובין כולם צלתה מרובה מחמתה, וא"כ ה"נ נצרף סכך הגמור להוצין, **עיין** בר"ן שתירץ, דהוצין יורדין לא חשיבי כסכך, הלכך כל שאין צלתן מרובה מחמתן מחמת עצמן,

כמאן דליתנהו דמי, ונמצא שחללה יותר מעשרים, משא"כ בסכך דחשיב).

(ונ"ל פשוט, דבאופן זה אפילו ההוצין יורדין לתוך חלל כ' ג"כ פסול, כל שהסכך שלמעלה מן ההוצין הוא יותר מעשרים אמה מן הארץ).

סעיף ג- סוכה שחללה יותר מעשרים אמה, ותלה בה דברים נאים ועל ידי כן נתמעט חללה, לא הוי מיעוט - ואפילו היה על ידם צילתן מרובה מחמתן, והטעם, דלאו מין סכך הוא, כגון שעיטרה בקרמים המצויירים, **וי"א** דאפילו מיעטה בעשבים ופרחים שהם כשרים לסכך, ג"כ לא הוי מיעוט, כל שלא תלאן רק לנאות הסוכה בלבד ולא לשם צל, לאו שם סכך עליהן, וכדלקמן בסימן תרל"ה.

וכן אם מיעטה בכרים וכסתות - שנתן אותם בקרקעיתה להגביה, **לא הוי מיעוט; ואפי' ביטלם** - דבטלה דעתו אצל כל אדם, שאין שום אדם מפסיד ממונו ומניח כריו בעפר ואבנים ומבטלן.

(ו**לכאורה** באותן מצעות שמציעין ע"ג ריצפה בבתי עשירים, שפיר אפשר למעט בהו, כשמציען בשטח ז' על ז' ומבטלן, דהא לא שייכא טעם הנ"ל, **וביותר** לפי מה שכתב הר"ן, בטעמא דלא מהני בטול בכרים, משום דמשתמש הוא בהם תדיר, וזה לא שייכא באותם מצעות, ואדרבה הלא הן עומדין לזה, **אכן** מדברי הרב המאירי מבואר לכאורה שלא כדברינו, דז"ל: **ואף** בכרים פחותים שדרכן של בני אדם לבטלן בישיבה שם, מ"מ לא נתנו חכמים דבריהם לשיעורין, עכ"ל, ולכאורה היינו מצעות שכתבנו, **ואף** אם נחלק בזה, מ"מ כ"ז הוא דוקא למאן דסבר שבטול ז' ימים סגי, **אמנם** למאן דבעי בטול לעולם, אפשר דלא מהני, מדאין דרך של בני אדם להניחם שם לעולם, ואף בסוכה המשומרת משנה לשנה, אלא נוטלים אותם כשמתלכלכים ומכבסים אותם, **או** אפשר דלא קפדינן בזה, שהרי נוטלה ע"מ להניחה שם, **וצ"ע**).

סעיף ד - מיעטה בתבן וביטלו, הרי זה מיעוט - וא"צ לנענע הסכך מחדש, אע"ג דפסולה היתה קודם שמיעט גובהה, וכדמוכח לעיל בסימן תרכ"ו ס"ב בהג"ה עי"ש.

עיין לעיל סימן שנ"ח ס"ב פלוגתא בזה, די"א דוקא כשמבטל לעולם, **ויש** מקילין דדי כשמבטל לאותו שבת, והכא גבי סוכה ג"כ די לפי"ז בשמבטל לכל ימי החג שלא להזיזם ממקומם, **ונטו** האחרונים להקל בזה.

אבל בששטח תבואה ע"ג קרקע, לא מהני אפילו בשמבטלם, דבטלה דעתו, וכמו בכרים וכסתות.

ואין צריך לומר עפר וביטלו; אבל סתם אינו מיעוט, אפי' בעפר, עד שיבטלנו בפה - ע"ל סימן שע"ב סט"ז במ"ב, די"א שגם בביטול בלב סגי.

כתבו האחרונים, דאסור למעטה ביו"ט, דהוי כעין בונה, ועוד שמתקן הסוכה בזה ומכשירה, ואסור כההיא דהדס בסימן תרמ"ו.

[**ובחי'** רעק"א מסתפק, במיעטה בעיו"ט רק לא ביטלה, אם רשאי לבטל ביו"ט, וטעמו, דאע"ג דביטול ביו"ט שרי, וכמבואר לעיל בסי' תמ"ד, הכא גריעה, שהרי מתקן הסוכה ומכשירה ע"י ביטולו, וכמו לענין להתרים תרומה בשבת, דאסור אפי' בקריאת שם בלבד, כמו כן הכא, **ומ"מ** אפשר דיש להקל, מאחר דלכמה פוסקים בהסכם בלבו ג"כ סגי].

(**הנה** יש מאחרונים דמפרשי, דדעת המחבר בעפר ואין עתיד לפנות אותו, דהוי מיעוט, **אכן** מלשון "שיבטלנו בפה" לא משמע כן, ובאמת יש בזה דיעות בראשונים).

סעיף ה - היתה גבוה מעשרים ובנה בה איצטבא - הוא בנין אבנים או של עצים, וה"ה פאדלאגע שמרצפין על הקרקע, וכשמודדין מראש האיצטבא ולמעלה, ליכא יותר מכ' אמה עד הסכך, **כנגד דופן האמצעי** - היינו שסמוך לדופן ממש, והוא הדופן שכנגד הפתח, ונקראה כן משום שסתם סוכה הוא רק בת ג' דפנות, והרביעית היא כולה פתוח, **על פני כולה** - ונמצא נוגעת גם בשתי הדפנות שמזה ומזה, והרי יש לה ג' דפנות, **ובה שיעור סוכה, כשרה כל הסוכה אפילו מהאצטבא והלאה** - ואוכלים וישנים שם, והטעם, דאנו רואים אותה איצטבא כאלו מתפשטת בכל הסוכה, וכדאמרינן כעין זה לעיל בסימן תרל"א ס"ז, לענין קנים הבולטים לצד הפרוץ, [**ולא** דמי לסכך פסול דאינו נכשר ע"ג סכך כשר, דהכא הסוכה כשרה בעיקרה, והריעותא הוא רק בשביל הגובה, וקילא טפי].

סעיף ו - אם בנה האצטבא מן הצד - ר"ל בצד דופן אחד, ומ"מ הגיעה עד דופן האמצעי, וא"כ יש לה שתי דפנות, **אם יש מן האצטבא עד כותל השני פחות מארבע אמות, כשרה** - מתורת דופן עקומה, דכל שהוא פחות מד' אמות, רואין אנו את הכותל והסכך כאלו הכל דופן שנתעקם, ונשתפע מקרקעיתה עד מקום הסכך הכשר, שכן דרכו של כותל להתעקם עד כדי שיעור זה, וא"כ יש לה ג' דפנות, **ודע** דכ"ז דוקא בשהדפנות מגיעים לסכך, דאי אינם מגיעים, א"א לומר דרואין אנו את הכותל והסכך כאלו הם דופן אחת, שהרי אין נוגעים כלל זה בזה. ‹**וע"ל** סי' תרל"ב ס"א›.

על האצטבא דווקא - דמשם ולהלן א"א להכשיר אגבה דאיצטבא כדלעיל, דהא ליכא שם סכך כשר, שהרי עשית לסכך דופן, וא"כ הוא יושב תחת הדופן, ‹**והא** דבסוף סי' תרל"א גבי עשאה כמין צריף, כתב דמותר לישן תחת הדפנות, **צ"ל** כיון דאיכא אוהל במקום א', הו"ל כאילו כולו אוהל, וא"כ הו"ל כאילו הוא גבוה כולו י' – מ"א, וצ"ע בכוונתו›, **ומ"מ** לצד הפתח מותר לישב אף להלן מן האיצטבא, דשם יש סכך רק שהוא למעלה מעשרים, ושפיר מתכשר אגבה דאיצטבא, וכבסעיף שלפני זה.

ואם לאו, פסולה.

סעיף ז - אם בנה האצטבא באמצע, אם יש ממנו לכותל לכל צד פחות מארבע אמות, כשרה על האצטבא - כנ"ל מתורת דופן עקומה, **ואשמועינן** הכא דגם בכמה רוחות בבת אחת אמרינן דופן עקומה בענינינו.

[**וגם** כאן לאו דוקא על האיצטבא, דבמקום שאין דופן, כגון נגד הפתח, מותר מטעם פסל, **ועיין** בדגמ"ר שכתב, דאם יש לה ד' דפנות, ויש לכל צד פחות מד' אמות, כל הסוכה כשרה ביש באיצטבא שיעור סוכה, וטעמו, דבכל פעם יש לומר: אני מחשב זה כפסל היוצא, והשאר ג' דפנות כדופן עקומה, **ועיין** בביכורי יעקב, דמצדד להתיר זה דוקא בשני בני אדם, שזה יכול לשמש בצד זה, ויחשוב אותה כפסל, וצדדים אחרים כדופן עקומה, ואדם אחר יכול להשתמש בצד שכנגדו כן, ויחשוב הפסל שחבירו יושב תחתיו כדופן, ושהוא יושב תחתיו כפסל היוצא מן הסוכה, **ובאדם** אחד צ"ע].

אפילו אם גבוה יותר מעשרה - ולא אמרינן דבגובהה כזה היא חולקת רשות לעצמה, ואין הכתלים שייכים לה כלל.

ואם יש בינה לכותל ד' אמות, פסולה, אפילו האצטבא גבוהה עשרה - קמ"ל לאפוקי ממאי דס"ד בש"ס, דבגובהה כזה אינה צריכה כלל לכתלים של סוכה, דאית לה כתלים דידה, דאמרינן גוד אסיק מחיצתא, ודפני האיצטבא הם דפנותיה לסוכה, **קמ"ל** דלא אמרינן הכי, דבסוכה בעינן שיהא מחיצותיה ניכרות.

סעיף ח - סוכה שאינה גבוהה י' טפחים - ר"ל החלל שלה מן הקרקע עד הסכך, **פסולה.**

סעיף ט - היתה גבוה מעשרה, והוצין יורדין לתוך עשרה, אפי' אם חמתן מרובה מצלתן - והו"א כיון דאין עיקר הסכך למטה מי', אלא קצות הסכך, ולא חשיבי, וגם אין בהם כדי שיעור סכך, יהיה כשרה, קמ"ל אפ"ה **פסולה** - משום דסוף סוף קשה לאדם לדור בסוכה כזו, ודירה סרוחה היא, [**ומשמע** מהמחבר דאפי' בדיעבד פסולה, **ולאפוקי** מלשון הרמב"ם דמשמע לכאורה מיניה, דאינה אלא זהירות בעלמא].

אבל אם הנויין יורדין לתוך עשרה, אינם פוסלים - דכיון דהם לנוי הסוכה, בטילי אגבה דסוכה, ולא מקרי עי"ז דירה סרוחה, **ומבואר** בפוסקים, דה"ה אם תלה כלים וכדומה להם, [**וכתב** בפמ"ג, ואפשר דאף נוי ממין סוכה, כגון שושנים ועשבים נאים, אין ממעטין השיעור של י' טפחים, כיון שתלאן לנוי].

סעיף י - היתה נמוכה מעשרה, וחקק בה להשלימה לעשרה, ויש בחקק שיעור הכשר סוכה - וה"ה אם היה הסכך עב, ונטל מן הסכך מלמטה עד שנעשית גובה י', **אם אין בין חקק לכותל שלשה טפחים, כשרה** - דאמרינן לבוד, והוי כמו הכתלים מגיעים עד החקק, **ומ"מ** לאכול ולישן חוץ לחקק, בין לצד הפתח בין לצד הכתלים, יש מן הפוסקים שהחמירו בזה, ולא מתכשר אגבה דחקק, וכדלעיל באיצטבא באמצע, דסוף סוף דירה סרוחה היא שם, כיון שהיא פחותה מי' טפחים.

יש ביניהם ג' טפחים, פסולה - ולא מתכשר משום דופן עקומה, דהיינו כאלו הדופן נעקם למעלה עד המקום שכנגד החקק, **שכל** שאיננה גבוה י' טפחים איננה דופן, ולא נאמרו בה הלכות דופן.

§ סימן תרלד - שלא תהיה פחות מן שבעה על שבעה §

סעיף א - סוכה שאין בה שבעה על שבעה, פסולה - דזהו השיעור שמחזיק ראשו ורובו של אדם, [דגברא באמתא יתיב], ושולחן טפח, [הרא"ש. **ולכאורה** הרי האדם יושב בוי"ו בוי"ו טפחים וטפח לשלחנו, ודי בוי"ו על ז', **ואפשר** דכיון דבעינן ז' מצד אחד, צריך להיות ז' מכל צד, כדי שיוכל האדם לישב בכל מקום ומקום, **וממ"א** משמע עוד טעם בשם רש"י, לפי שדרך סעודתן בהסיבה, ואין אוכלין זקופין ויושבין כמונו, לפיכך צריך ז' על ז' להיות בזה ראשו ורובו ושלחנו, **ואפי'** לדידן דיושבין זקופין, והוי סגי בוי"ו על ז', מ"מ בעינן ז' על ז', דבציר מזה לאו דירה היא כלל, אלא דירה סרוחה].

ועיין באחרונים שהסכימו, דבין באורך ובין ברוחב לא יחסר מז' טפחים, וע"כ אם בצד אחד פחות משבעה טפחים, ובצד השני ארוך הרבה יותר, לא מהני לזה.

(**עיין בר**א"ש הטעם ‹הנ"ל›, דלראשו ורובו של אדם צריך אמה, דגברא באמתה יתיב, ושולחנו מחזיק טפח, וכ"כ הריטב"א, **והנה** ידוע המחלוקת שיש בין הראשונים, דלהרי"ף הוא רק משום גזירה שמא ימשך אחר שולחנו, ולפי"ז מן התורה די בראשו ורובו בלבד, והוא שיעור וי"ו על וי"ו, ורבנן תקנו ז' על ז' כדי שיוכל להעמיד השולחן בתוך הסוכה ולא ימשך אחריו, **וליתר הפוסקים**, כל שאין בו ז' על ז' שיוכל להיות שם ראשו ורובו ‹ושלחנו›, אין בו הכשר סוכה מן התורה, דלאו דירה היא כלל).

כתב המ"א, אפילו סוכה גדולה הרבה, ובמקום א' יש קרן אחד משוך לפנים שאין בו ז' על ז', אסור לישב שם, כיון שהמקום צר לו לשבת שם, והעתיקו הא"ר, (**והנה בדה"ח ראיתי שהעתיק ג"כ דברי המ"א, וסיים ע"ז: ודוקא כשהקרן אינו רחב ז' ג"כ, אבל כשהקרן רחב ז', רק אינו ארוך ז', כשר, כיון שמצורף לסוכה גדולה, תדע, דהא בעגול ויש לרבע ז' על ז', מותר לישב סמוך להדופן, אף דבעגולה סמוך לדופן ליכא ז' על ז', אלא ודאי כיון דמצורף לגדולה כשר, דבשלמא כשהקרן אינו רחב ז' ג"כ, יש לומר דחשיב כלול של תרנגולים ופסולה, אבל כשרחב ז', רק שאינו ארוך ז', ודאי דכשרה דמצורף לסוכה גדולה וכו', עכ"ל, ולענ"ד לא דמי זה לזה, דשם הולך כל העיגול מבפנים בשטח אחד, ואין לחלק זה מזה, וכולו כשר, דאין צר לו לשבת שם כלל, דשטח אחד הוא עם הריבוע, ולכן לא אישתמיט אחד מן האחרונים לחלק בזה, משא"כ בענינינו, אף דאין מחיצה מפסקת, מ"מ הרי מנכר שהקרן הזה חלוק מן הסוכה הגדולה, וצר לו לשבת בקרן ההוא, ולכן מחמיר המ"א בזה, ולענ"ד דינא דמ"א דמיא למאי דאמרינן בשבת דף ז', דקרן זוית הסמוכה לר"ה, כיון דלא ניחא תשמישתיה אינו מצטרף עם הר"ה, אף דליכא הפסק ביניהן, וככרמלית דמיא, וה"נ כיון דצר לו לשבת שם, ומדברי המ"א משמע ג"כ דלא כוותיה, שכתב שאין בו ז' על ז', ונמשך במאמר אחד עם הקודם, משמע דדינו כשאר סוכה שאין בה ז' באורך וז' ברוחב דפסולה, וע"כ לפענ"ד אין לזוז מדברי המ"א).**

(**אכן** בפרט אחד נראה דיש להקל בזה, וכמו שכתב בבכורי יעקב, וז"ל: אף שלא מלאני לבי להקל לישב שם נגד דעת המ"א, מ"מ נ"ל שא"צ להקפיד שלא להניח השולחן באותו קרן, ולא חיישינן בזה שמא ימשך אחר שולחנו, כיון שהרבה פוסקים ס"ל דאפילו בשולחנו בתוך הבית לא גזרינן הכי, כדאי הם לסמוך עליהם בזה).

(**ודע** עוד, דהא דבעינן השיעור ז' על ז', הוא בכל גובה עשרה טפחים, **ועיין** בפמ"ג, דצריך הכל בריבוע, ונוי סוכה דממעטין מן הצד, הוא ג"כ עד גובה י' טפחים).

ולענין גודל, אין לה שיעור למעלה - ואף דסוכה דירת עראי בעינן, מ"מ הא אפילו גדולה הרבה יכול לעשות מחיצותיה עראי בהוצא ודפנא, וע"כ אפילו עשאה בקבע כשרה.

סעיף ב - אם היא עגולה, צריך שיהא בה כדי לרבע שבעה על שבעה - וחוט סובב כ"ט טפחים ושני חומשים, נוכל לרבע בתוכה ז' על ז', [**דהא** בעינן ז' על ז' במרובע, ובכל מרובע יש באלכסונו ב' חומשין יותר, וע"ב אלכסונו של ז' טפחים, הוא י' טפחים פחות חומש, וכל שיש ברוחבו טפח יש בהיקיפו ג' טפחים, נמצא כ"ט טפחים וב' חומשין].

וכל הסוכה כשרה לישב בה, וא"צ לצמצם לישב דוקא בתוך הריבוע.

וה"ה כשעושה בת חמש זוית או יותר, בעינן שיהא בה כדי לרבע ז' על ז'.

סעיף ג - יש בה שבעה על שבעה, ונתן בה בגדים לנאותה, וממעטים אותה משבעה על שבעה, פסולה - דאף דלענין גובה איתא לעיל בסימן תרל"ג ס"ט, דאין ממעטין אותה מגובה עי"ז, **הכא** לענין מן הצד לא מהני, דהא עכ"פ אינה מחזקת עי"ז ראשו ורובו ושולחנו, (**ועיין בפמ"ג** דמסתפק, אולי מה דממעטין מן הצד הוא רק מדרבנן).

(**עיין ב"ח דכתב הטעם דפסול, כיון דאסור ליטלו כל ז',** ולפי"ז היכי דהתנה דאינו בודל כל ביה"ש, דמותר ליטלו כדלקמן, אינו ממעט, ובמשב"ז כתב דצ"ע בזה).

(**ועיין בש"ג בשם ריא"ז,** דכלי תשמישין אינו ממעט אפילו מן הצד, **ומשמע** דלא פסיקא ליה למ"א דבר זה, ולכן לא העתיקו, וצ"ע).

סעיף ד - מי שהיה ראשו ורובו בסוכה, ושלחנו חוץ לסוכה, ואכל, כאילו לא אכל בסוכה – (לדעת התוס', מן התורה לא יצא, כיון דרבנן גזרו על זה, ואמרו כאלו לא קיים מצות סוכה, **ולהר"ן** וריטב"א רק מדרבנן, ולדינא אין נפקותא, דלכל השיטות צריך לחזור ולאכול בסוכה, **אכן** לענין אם יברך זמן באכילה שניה, דעת הפמ"ג דיברך, **והבכור"י** חולק עליו).

אפילו אם היא סוכה גדולה, גזירה שמא ימשך אחר שלחנו - ר"ל וכ"ש אם היא קטנה שאינה מחזקת רק ראשו ורובו, ושולחנו היה בתוך הבית, דבזה בודאי שייך לומר שמא ימשוך אחר שולחנו, כיון דהמקום צר לו בסוכתו, **וגם** דהרבה פוסקים סוברים דבזה אינו יוצא מן התורה, דלאו דירה היא כלל.

ואם מקצת שולחנו עומד בסוכה ומקצתו תוך הבית, מותר, דלא גזרינן שמא ימשך אחר שולחנו, [**ואפי'** אם רובו בבית, ובסוכה רק טפח ממנו, מותר, דהא סגי בשלחן טפח, כ"כ המ"א, **ובברכי** יוסף כתב דוקא רובו בסוכה, ואפי' משהו יותר מחציו סגי, דמה דדי בשלחן טפח, זהו אם אינו מחזיק רק טפח, **אבל** בשלחן גדול ורק מקצתו בסוכה, גזרינן שמא ימשך].

אבל אם כל שולחנו בבית, אפילו הוא יושב כולו בסוכה, ‹ולא רק ראשו ורובו›, והסוכה היתה סוכה גדולה, אסור, [מ"א, **ובא"ר** כתב שצ"ע בזה].

[**ונראה** דכ"ז דוקא ביושב על פתח הסוכה מבפנים, ולוקח מן המאכל שערוכין לפניו על השלחן מבחוץ, דאז גזרינן שמא ימשך אחר שלחנו, **אבל** שלא בכה"ג, שיושב בסוכה ואוכל, ואינו לוקח מן השלחן כלל, רק שנוהג כמו עני שפתו בידו ואוכל, אז לא גזרו חכמים כלל שמא ימשך].

[**וסוכה** שמחזקת רק ראשו ורובו, אפי' אם ירצה לאכול בפנים ופתו בידו, ג"כ אינו יוצא בזה, דכל שאינה ראויה לאכילה כדרכה, היינו שאין לו מקום להעמיד שלחן ולאכול, אינה סוכה, **משא"כ** בשיכול להעמיד שם שולחן, אלא שמתעצל בזה, בודאי יוצא באכילתו].

(**מה דפסול בגדולה, הוא דעת הרי"ף והרמב"ם, דבגמרא** פליגי ב"ש וב"ה בתרתי, בסוכה גדולה, היינו שיש לה שיעור סוכה ז' על ז', ושולחנו בתוך הבית, **ובסוכה** קטנה שאינה מחזקת רק ראשו ורובו, ושולחנו בתוך הבית, ואיפסוק הלכתא כב"ש, **וס"ל** דתרווייהו בחד טעמא שייך, משום שמא ימשוך אחר שולחנו, א"כ הלכה כב"ש בין בסוכה גדולה ובין בסוכה קטנה, **אבל** שארי פוסקים חולקים, **וס"ל** דשני טעמים יש, בסוכה קטנה הטעם, משום דבעינן קבע, **אע"ג** דפסקינן דסוכה דירת עראי היא, **מ"מ** בעינן קבע קצת, **ואם** אינו מחזקת ראשו ורובו ושולחנו הוי דירה סרוחה, ובסוכה גדולה הטעם, שמא ימשוך אחר שולחנו, **וא"כ** אע"ג דאיפסוק הלכתא כב"ש בסוכה קטנה, בסוכה גדולה הדרינן לכללא, ב"ש וב"ה הלכה כב"ה, **אכן** המחבר פסק להחמיר כהרמב"ם, **ועיין** בחי' רע"א על משניות, **דבסוכה** קטנה סמוך לסוכה גדולה, **וראשו** ורובו בסוכה קטנה שאינו ז' על ז', **ושולחנו** בסוכה גדולה, **בזה** הרי"ף לקולא ותוס' לחומרא, **דלהרי"ף** יצא, **דלא** שייך למיגזר שמא ימשוך, **דהא** גם שולחנו בתוך סוכה כשרה, ולתוס' פסולה, דמ"מ סוכה הקטנה דירה סרוחה היא, עכ"ל).

מי שיש לו סוכה בשדה סמוך לביתו, כגון בכפרים, אסור להוציא מביתו לסוכה דרך רה"ר או כרמלית, **וכן** שני סוכות בחצר אחד שלא עירבו עירובי חצרות, אסור לטלטל מזו לזו, **וע"י** עכו"ם מותר.

§ סימן תרלה – דין סוכת גנב"ד ורקב"ש §

סעיף א - סוכה, אע"פ שלא נעשית לשם מצוה, כשרה; והוא שתהיה עשויה לצל - דאע"ג דסוכה לשם חג לא בעינן, לשם סוכה בעינן, כדכתיב: חג הסוכות תעשה, כלומר תעשה לשם סוכה, להגין תחת צילה, דבשביל צל הוא דמקריא סוכה, שסוככת מן החורב, **ולאפוקי** אם עושה אותה לצניעות בעלמא, להשתמש שם לפעמים שלא יראו אותו, או לדור בה כל השנה, או לאוצר, דזה אינה בכלל סוכה, **ומנין** אנו יודעין בכל הני דקחשיב לקמן שעשיית הסכך לצל היתה, להגין משרב ושמש, ולא לצניעות בעלמא, **אם** אנו רואין שמסוככת יפה, שאין עושין כן בשביל צניעות, מוכחא מלתא שעשייתה הראשונה לצל היתה.

(משמע מרש"י, דאם דר בה רק בימות החמה דכשרה, דדוקא כשדר בה כל השנה, הוא דנקרא לשם דירה. **ודע** עוד, דבעשויה לדירה ולאוצר או לצניעותא, אין מועיל בה חידוש כל שהוא להכשיר ע"י כל הסוכה).

כגון סוכת גוים, נשים, בהמה, כותיים – (לאו אדסמיך ליה קאי, שתהא עשויה לצל כגון וכו', ולומר דזו ודאי נעשית לצל, דליתא, **אלא** אעיקרא דדינא קאי, שכתב דאע"פ שאין הסוכה עשויה לשם מצוה כשירה, בתנאי שתהא עשויה לצל, וקאמר ע"ז כגון סוכת גנב"ך ורקב"ש וכו', דאע"פ שלא נעשו לשם מצות סוכה, כשירות בתנאי הנזכר).

בגמרא אמרינן, דבארבעה ראשונים איכא ריעותא מחמת שאינם בני חיוב.

(**ואם** מוטל שם אשפה המסריחה, וכ"ש אם עשוי לפעמים לפנות שם לאדם, אין להכשיר אותו המקום לסוכה).

רועים - שעשו סוכה בשדה לישב בתוכה מפני השרב, ושומרים צאנם, **קייצים** - שומרי קציעות השטוח בשדה לייבש, **בורגנין** - שומרי העיר, **שומרי שדות** - וכולן רקב"ש ישראלים הם, אכן סוכתן לא לשם חג נעשית, **וריעותא** הוא משום דלא קביעי, [דפעמים רועים כאן ופעמים כאן כשאכלו המרעה, וכן קייצים כשייבשו הולכין להן וסותרים סוכתן], ואפ"ה סוכתן כשרה.

ואפילו אם היו שתי ריעותות, כגון שהיו רועים נכרים, ג"כ סוכתן כשרה.

אבל סוכה שנעשית מאליה, פסולה, לפי שלא נעשית לצל; לפיכך החוטט בגדיש ועשהו סוכה, אינה סוכה, שהרי לא עימר גדיש זה לצל, (ומה שעושה אח"כ הוי "תעשה ולא מן העשוי") - שהסיכוך הוא מאליו, ואינו נוגע בו לעשות שום מעשה, אלא פוחת אחת מדפנותיו, ונכנס לעומקו ונוטל העומרים ומשליך, והסוכה נעשית מאליה, [**ואפי'** יכוין בנטילת העומרים שישאר הסכך לשם צל, ג"כ לא מהני, אחרי דבעצם הסכך לא נעשה שום מעשה].

שהרי לא עימר גדיש זה לצל – (לכאורה לשון זה דחוק מאוד, דאפילו אם כונתו בעת עשיית הגדיש לחטוט אח"כ, ושישאר הסכך שלמעלה לצל, ג"כ פסול, שהרי מ"מ לא נגע בסכך, אלא חקיקה בדפנות והסכך נעשית מאליו, **ולכאורה** היה אפשר לומר, דסבר כדעת בעל המאור, שכתב דבאופן זה כשרה, **אבל** מכל הפוסקים לא משמע כן, וכן מוכח נמי קצת ממה שסיים: לפיכך וכו' חלל טפח במשך ז' לשם סוכה, **ועי"כ** נלענ"ד ליישב קצת, דכונתו רק לאפוקי דאם עשה בתחלה חלל טפח במשך ז' לשם סוכה, דזה הרי נעשית סכך שלה לצל, וכמו שמסיים אח"כ).

לפיכך אם עשה בתחלה כשנתן שם הגדיש חלל טפח במשך שבעה לשם סוכה, וחטט בה אח"כ והשלימה לעשרה, כשרה, שהרי נעשית סכך שלה לצל - הטעם, דכיון שהניח חלל טפח במשך ז' על ז', שהוא שיעור סוכה, שם סכך עליו, דכל טפח מקרי אהל, **וכשחטט** אח"כ אין זה עשיית הסכך, אלא תיקון הדפנות, ובדפנות לא אמרינן תעשה ולא מן העשוי, והוי כסוכה שאינה גבוה עשרה וחקק בה להשלימה לעשרה, דכשר.

בין שהיתה מתחלה החלל טפח בגובה, ומאותו טפח עד הארץ היה מלא עומרים, וחטט בה מלמעלה למטה עד שעשה חלל י"ט, **ובין** שהיתה חללה טפח למטה סמוך לארץ, וממנה עד למעלה בגובה היה מלא עומרים,

וחטט מלמטה למעלה עד שנעשה החלל גבוה י"ט, בכל גווני כשרה, [**אף** דבזה ליתא לסכך החלל הראשון עתה כלל, וסכך שנעשה השתא הו"א דיש בזה משום תולמ"ה, **קמ"ל** דאפ"ה כשר, דאמרינן מתחילה היה כל מה שלמעלה שם סכך, אלא דהשתא קליש ליה ועושיהו דק].

(**לכאורה** פשוט דהחטיטה אינו צריך לעשות לשם סוכה, וכמו שכתבו הפוסקים, דשם אהל חל על טפח, וכן ברמב"ם וכל הפוסקים לא הזכירו שצריך לעשות לשם צל, אלא בטפח הראשון דעי"ז חייל עלה שם סוכה, וכן מוכח ברא"ש בהדיא, **אבל** מה נעשה, דברי"ף איתא: וחטט לשם סוכה, וצע"ג).

כשרה - (ואפילו לדעת המחמירין באין המטר יכול לירד, מותר בזה, דלא אסרו מדרבנן באין המטר יכול לירד, אלא כשיש לו דמיון לבית, משא"כ בגדיש דאין לו דמיון לבית כלל – ט"ז, ודעת הא"ר, דמיירי בזה שנטל מקצתו, בענין שיהא הגשמים יכולין לירד).

ואם הגדיש גדול ולא הניח אלא חלל טפח במשך ז', ושוב חקק בה הרבה ועשה בה סוכה גדולה, אינה כשרה כולה ע"י משך שבעה שהניח תחלה.

ואם חקק משני צדדים ד' אמות יותר על השבעה, אף השבעה פסולה, דסכך פסול פוסל מן הצד בד' אמות – (לענין סכך פסול לא בעינן שיהיו ד"א משני צדדין, ואפילו מצד אחד פוסל, כדלעיל בסימן תרל"ב ס"א, **אכן** באמת יש לתרץ בפשיטות, דמ"ט סגי בד"א מצד אחד לפוסלו, משום דעי"ז לא נשאר לסוכה שהיה לה מתחלה ג' דפנות, כי אם ב' דפנות, **וע"כ** בענינינו יש לאשכוחי לפעמים דצריך חקיקה משני צדדים לפוסלו, כגון שבעת שחטט בגדיש מן הצד ד"א ונעשה חלל, עמד בצד זה ופינה העומרים מן הגדיש במקום שהיה חלל טפח, ועשהו גובה עשרה טפחים בשטח ג' דפנות סביבותיו, **ובאופן** זה בודאי לא יוכל הד"א לפוסלו, דהא לו יהי דבד"א לא נוכל לומר דופן עקומה, וחסרה דופן אחד, עכ"פ ישאר עוד ג' דפנות, **וע"כ** צייר המחבר כגון שעשה חקיקת ד"א משני הצדדין, וא"כ לא ישאר להסוכה כי אם שתי דפנות).

הגה: ואין לעשות הסכך קודם שיעשה הדפנות - דבעינן בשעה שהוא עושה הסכך יהיה נעשה לשם צל, דהיינו אוהל, וכל שאין מחיצות אלא גג לחוד אין קרוי אהל, **ואם** יעשה אח"כ המחיצות, הוי "ולא מן העשוי".

ובדיעבד אם עשה קודם, הב"ח מכשיר, **והרבה** אחרונים חולקין עליו, ודעתם דאף בדיעבד פסול.

ואם עשה טפח - רוחב באורך כל הסוכה, **סמוך לסכך, מותר לסכך קודם שיעשה שאר הדפנות, כמו בחוטט בגדיש** - דמוסיף על האהל שהיה מעיקרא, דכל שיש מחיצה טפח מקרי אהל, ושם סוכה על הסכך.

§ סימן תרלו – דין סוכה ישנה §

סעיף א - סוכה ישנה - פי' הסכך הישן, אבל בדפנות לית לן בה לכו"ע, [וגם א"צ לחדש בה דבר].

דהיינו שעשאה קודם שיכנסו שלשים יום שלפני החג - דאלו בתוך ל', כיון דשואלין בהלכות החג קודם לחג ל' יום, סתמא לשם חג נעשית, **כשרה** - לאו דוקא קודם לל', דה"ה אפילו בתחלת השנה כשירה, דאפילו אם עשאה שלא לשם חג רק לשם צל בעלמא, ג"כ כשירה, **ובלבד שיחדש בה דבר עתה בגופה לשם החג** - ר"ל יחדש קודם יו"ט בגוף הסכך, דהיינו שיניח בה סכך מעט כטפח על טפח מרובע, וכדלקמיה.

והיינו לכתחלה ולמצוה בעלמא, כדי שלא יבואו להתיר אפילו עשאה מתחלה לשם דירה, דאז פסול מדאורייתא, **וכ"ש** בסוכות גנב"ד ורקב"ש האמורים בסי' תרל"ה, בודאי מצוה לחדש בה דבר לשם החג.

[**וכ'** הפמ"ג, ולא מהני מה שחידש בה דופן רביעי וכדומה, דבסכך בעינן חידוש. **ונ"ל** דדוקא דופן רביעי נקט, אבל אם חסר לו גם דופן שלישי, בודאי מהני, דבלא זה לא היה יכול לקיים מצות סוכה, ועדיף מחידוש מעט בסכך].

ואפילו בטפח על טפח סגי - [ולאפוקי דאם יש באורך יותר על טפח, וברוחב חצי טפח, לא מהני, **והא"ר** מצדד דמהני], **אם הוא במקום אחד.**

ואם החידוש על פני כולה - ר"ל שהולך על פני כל אורך הסוכה, או על פני כל רחבו, **סגי אפי' כל דהו** - אפילו אין בארכן או ברחבן אלא משהו.

ואם עשאה לשם החג, אפילו מתחלת השנה, כשרה בלא חדוש.

וסוכה העומדת משנה לשנה, אף דמתחלה עשאה לשם החג, כיון שעבר החג הרי בטלה העשיה, וכמו שכתב המ"א, ואע"ג דכשרה היא שהרי נעשה מתחלה לשם צל, העשיה שהיתה לשם החג נבטלה, וע"כ צריך לחדש בה דבר, [**ולפי"ז** מה דכתב השו"ע "אפי' מתחילת השנה כשרה", היינו אחר סוכות העבר, דאלו שנה שלמה, והיינו קודם סוכות, הרי מכיון שעבר החג בטלה העשייה, וצריך עתה לחדש בה דבר לשם חג].

סעיף ב - יוצר כלי חרש שיש לו ב' סוכות זו לפנים מזו, ועושה קדירותיו בפנימית ומוכרם בחיצונה, הפנימית אינו יוצא בה ידי סוכה, כיון שהיא דירתו כל השנה אינו ניכר שדר בה לשם מצוה - וחידוש בעלמא לא מהני בזה כמו למעלה, כיון שהיה דירתו ממש שם כל השנה, שאכל ושתה וישן שם, **ואם** מגביה את הסכך וחוזר ומניחו לשם סוכה, כשרה, שהרי אפילו תקרת הבית מתכשר לסיכוך ע"י מעשה זו, **וה"ה** בסוכה שעשאה לשם החג, ואח"כ היה דר בה כל השנה, כשיגיע חג הסוכות צריך להגביה הסכך ולחזור ולהניחה לשם סוכה מטעם זה, ולא סגי בגילוי הגג לבד.

[**ומשמע** מר"ן דהוא מן התורה, כיון דהוא בית העשוי לדירה, מיעטו הכתוב, **ולרש"י**, אפי' אנו יודעים שעשאה לצל, «כיון דממילא דר בה על פי הרוב בפנימית, לא מינכרא – שם בפמ"ג», אסור עכ"פ מדרבנן].

והחיצונה יוצא בה, שהרי אינו דר בה כל השנה - ומ"מ צריך לחדש בה דבר, דאף דעשאה לצל, הרי לא עשאה לשם סוכה.

§ סימן תרלז – דין סוכה שאולה או גזולה §

סעיף א - מי שלא עשה סוכה, בין בשוגג בין במזיד, עושה סוכה בחולו של מועד - אשמועינן שלא קנסוהו עבור זה, **וכ"ש** אם נפלה סוכתו ביו"ט, דעושה אותה בחוה"מ.

וביו"ט אסור להקימה, ואפילו אם הרוח הפיל ממנה רק מקצת מן הסכך לבד, אין להוסיף ביו"ט בעצמו, **וע"י** עכו"ם, אפילו נפל הסכך כולו ג"כ יש להתיר.

אפילו בסוף יום שביעי - דכתיב: חג הסוכות תעשה לך שבעת ימים, הכי קאמר רחמנא: עשה סוכה בחג, פי' באיזה ימים משבעת הימים שתרצה, ואפילו ביום השביעי אם לא עשית קודם לכן, **וביה"ש** אסור לעשותה ע"י עצמו, דהוי ספיקא דאורייתא, **וע"י** עכו"ם שרי לעשותה, [דהא צריך לישב גם בשמיני, והוי שבות דשבות במקום מצוה דשרי, פמ"ג, «ע"ש שכתב: שבות דביה"ש, ודלמא יש כאן טעות סופר».

גר שנתגייר בתוך ימי החג, עושה סוכה בימי החג הנותרים.

(פשטיות הסוגיא משמע דמותר לבנותה מחדש בחוה"מ, וכן מוכח לשון הרמב"ם, והנה לא מיבעי אם איסור מלאכה בחוה"מ הוא מדרבנן, בודאי מותר לבנותה מחדש, ואפילו אם האיסור הוא בעלמא דאורייתא, ג"כ הכא מותר לבנותה מחדש, דהא המצוה הוא כל שבעה, כנלענ"ד ברור).

וכן יכול לצאת מסוכה זו ולישב באחרת - אשמועינן דלא בעינן שיהיה סוכה לשבעת ימים דוקא, **וכן** יכול לאכול בזו ולישן בזו.

סעיף ב - יוצאין בסוכה שאולה - דכתיב: כל האזרח בישראל ישבו בסוכות, מלמד שכל ישראל ראויין לישב בסוכה אחת, והיינו זה אחר זה, וזה א"א שיהא לכולם, דלא מטי לכל חד שוה פרוטה, אלא ע"י שאלה.

וכן יוצאין בשל שותפות - ק"ו משאולה, וכ"ש כאן דיש לו חלק בה והנשאר הוא שאול לו, דעל דעת כן נשתתפו.

סעיף ג - סוכה גזולה, כשרה - אין הלשון מדוקדק כ"כ, דהא דרשינן מדכתיב: חג הסוכות תעשה לך, למעוטי גזולה, **אלא** ר"ל דגזולה כהאי, שתקף על חבירו והוציאו וכו', כשרה, **כיצד, אם תקף על חבירו והוציאו מסוכתו וגזלה וישב בה, יצא, שאין הקרקע נגזלת** - דכל המחובר לקרקע הרי הוא כקרקע, והרי היא בחזקת בעליה הראשונים, וכשאולה דמיא לדידיה.

הגה: מיהו לכתחלה לא ישב אדם בסוכת חבירו שלא מדעתו - שמא בעל הסוכה הוא מקפיד ע"ז, שלא יראה חבירו את עסקיו ואת אכילתו בלי ידיעתו, וממילא אין נכון לברך עליה, **אבל** מותר ליכנס ולישב בסוכת חבירו בשעה שאין בעל הסוכה שם בסוכתו, שבודאי לא יקפיד ע"ז, דניחא ליה לאינש דליעבד מצוה בממוניה, **ומ"מ** אם אפשר שיבוא בעל הסוכה בעוד שהוא שם, אף דבעת הכניסה אינו שם, לא יכנס שלא מדעתו, כי אפשר שבעה"ב יתבייש ליכנס ולאכול, או לעשות עסק אחר בפניו.

כתב בבכורי יעקב, דאם נטל רשות מאשתו של חבירו כשאינו בביתו, נראה דמהני, דכיון דהרשתיה אשתו מסתמא לא יקפיד ע"ז.

כ"ש אם דעתו לגזלה; וכן לא יעשה סוכה לכתחלה בקרקע של חבירו שלא מדעתו, וכן בקרקע שהיא של רבים; מיהו בדיעבד יצא.

כתב המ"א וצ"ע, שנהגו קצת לעשות סוכה בר"ה, ואת"ל דכל ישראל מוחלין, מ"מ יש לעכו"ם חלק בהם, והעלה דאסור מטעם זה לעשות סוכה בר"ה, דעכו"ם בודאי לא מחלי, ואף דבדיעבד כשרה, מ"מ לא יברך עליה, דהוי ברכה לבטלה, **ובא"ר** כתב דברכה לבטלה לא הוי, ע"ש שהאריך בזה, וע"כ אם אין לו אחרת מותר לברך עליה, וכן מצדד בספר מאמר מרדכי להקל, **ובתשובת** שואל ומשיב, דרחוב שלפני הבית הם שלו, ולא מקרי ר"ה, ובפרט היכי שיש להם דעקאמענט משר העיר שיש להם רשות לעשות עירובין וסוכות, אין לפקפק בזה.

(וז"ל הבית מאיר, והכא ברור דיברך, דבנידון דידך הא אינה אלא שאולה ממש, שהרי אינו מכוין כלל אלא לישאל המקום עד אחר החג, ולהחזירה בעינה בלי שום חסרון, ואפילו שואל שלא מדעת אינו, שהרי הרבים ואפילו עכו"ם רואין ואינם מוחין, והוי שואל מדעת ממש ופשיטא דיברך, עכ"ל, **אח"כ** מצאתי בבכורי יעקב שמיקל בזה לגמרי, ומטעם אחר, דהא כתב רמ"א בחו"מ, דאם נתן המלך רשות להעמיד דלתות במבוי שלהן, דינא דמלכותא דינא, כי השוקים והרחובות שלהן, ויכולים לעשות בהן מה שירצו, ומעתה כיון שהכל תחת רשות המלך, בין הרחובות שבתוך העיר בין אותן שחוץ לעיר, וכיון שהמלכות יש לה רשות למחות ואינה מוחה, מסתמא מוחלת ע"ז לעשות סוכה בר"ה, ואין כאן איסור גזילה כלל, **וע"ש** שדעתו דא"צ ליטול רשות בפירוש ע"ז משר העיר, דמסתמא נתון לו מדלא מוחין בידו, ולכן שפיר יכול לברך, ע"ש).

(**סוף דבר**, הנוהגים להקל בזה אין למחות בידן, כי רבו המתירין, **עוד** נ"ל, דאם באנו להחמיר שלא לעשות אפילו סמוך לפתח ביתו, יצא קלקול גדול, וכזה ראיתי בעיני שעושין הסוכה אחורי הבתים, ובעיירות הקטנות שם אינו מצוי כ"כ שיהיה לכל אחד ביה"כ מיוחד, והוא מקום מיוחד לקטנים לפנות שם, ופעמים אף לגדולים, ומצוי שאותו המקום אינו נקי שם, ואפילו אם ירצו לנקות כעת איני יודע אם יועיל מדינא, שהוא בכלל ביה"כ ישן, ועכ"פ צריך מדינא לבדוק הכתלים של הבית שם, **וטוב** יותר לעשות סוכה בר"ה ממש, מלעשות סוכה במקומות כאלו).

וכן לא יקנו ישראל הסכך בעצמם - מיער של עכו"ם, אפילו מדעת העכו"ם, דשמא גזל העכו"ם הקרקע, **וטעם** דין זה ופרטיו יתבאר לקמן בסימן תרמ"ט ס"א בהג"ה.

אלא יקנו אותם מעובדי כוכבים - והיינו שעכו"ם בעצמו יקצץ אותם מתחלה, **וכתבו** האחרונים, דה"ה אם קצץ הישראל ונותן לחבירו, ג"כ שרי, דהוי יאוש ביד הראשון הקוצץ, ושינוי רשות ביד השני.

דכל גזל אין עושין ממנו סוכה לכתחלה - ר"ל דשמא גזל העכו"ם הקרקע, ואין לברך "לישב בסוכה".

(ואם העכו"ם גנב מן היער, אם היער הוא שייך לאדון אחד, לכאורה הא כל ההיתר הוא משום דהוי יאוש בידו של עכו"ם, ושינוי רשות בידו של ישראל, וזה שייך רק באוונכרי המובא שם בגמרא, דהוי היאוש מכבר, אלא דלא חל היאוש על הקרקע, וחל עתה על הפירות שנקצצו, **משא"כ** הכא האדון לא ידע מזה שגנב אצלו העצים, והוי יאוש שלא מדעת אפילו כשיתיאש לבסוף, וא"כ לא נשאר כי אם שינוי רשות ביד ישראל, **אמנם** באמת זה אינו, דאמרינן דהאדון זה מסתמא גזל אותה מכבר מאדם אחר, ויאוש של אותו אדם חל עתה בשעת קציצת העצים, **אבל** כ"ז ניחא אם היער שייך לאדון, אבל אם היער הוא שייך להממשלה, וגנב העכו"ם ממנה העצים, יש לעיין איך שייך יאוש, **ואולי** נאמר דהממשלה ידעה מקודם שבודאי ימצאו גנבים, וחל היאוש).

ומ"מ אם אי אפשר, מותר לקצוץ בעצמו, ובלבד שיטול רשות מבעל הקרקע, ואפי' הוא עכו"ם, **ואפשר** שבאופן זה מותר לברך במדינותינו, שרוב הקרקעות שיש להעכו"ם ניתן להם מדין המלכות, ודינא דמלכותא דינא.

ובמקום שיש רשות לאנשי המקום ליקח עצים מן היער בדינא דמלכותא, אין איסור אם לוקח משם לסכך, (והוא מהט"ז, **עוד** כתב, דה"ה במקום שהעצי היער הם משר העיר, והוא נותן רשות לקצוץ שם כל מי שירצה בחנם או בדמים, ג"כ אין איסור אם קוצץ הישראל בעצמו, **וכן** אם נכרי יש לו שדות ויערים מדין המלכות, ג"כ שרי כשנותן רשות לישראל לקצוץ, דמעתה אין חשש במה שסתם עכו"ם גזלי ארעתא מישראל הם, כיון שעתה הם שלו מדין המלכות, **אבל** בלא רשות הנכרי ודאי אין לקצוץ, כיון דעתה גוזל מנכרי, וגזל נכרי אסור, **ואף** שהא"ר כתב על פסק הט"ז "וצ"ע", מ"מ לענ"ד יש לסמוך ע"ז, דהא בלא"ה ריא"ז בש"ג ור"י מתירין במקומות שלא היו רוב ישראל מעולם, ולכן עכ"פ יש לסמוך בצירוף ב' התירים ביחד).

ואם גזל עצים ועשה מהם סוכה, אף על פי שלא חיברן ולא שינה בהם כלום – (ר"ל שסיכך אותה בהעצים, ולא חיבר העצים להבנין כלל, והו"א דלא שייך בזה תקנת השבים כלל, קמ"ל), **יצא; תקנת חכמים** - צ"ל "שתקנת חכמים", **שאין לבעל העצים אלא דמי עצים בלבד** - ור"ל אף דמדאורייתא פסולה היא, אפילו אם ירצה לשלם עבור העצים, דצריך לסתור הבנין ולהשיב הגזילה לבעליו, **מכל** מקום כבר תקנו חכמים, כדי שירצו בני אדם לעשות תשובה, שאינו משלם לו אלא דמי עצים ודיו, ויש כח בידם לעשות זה, שהפקר ב"ד הפקר, **א"כ** ממילא אם ישלם לו דמי עצים, הוי אח"כ שלו ממש, ומותר לישב בה וגם לברך עליה.

ואם אינו רוצה לתת דמי עצים, לא יצא, [**ואם** אומר שיתן הדמים, רק שמדחהו מיום אל יום, יצא, דעכ"פ הלא הוא מן השבים, ואיכא גביה תקנתא דרבנן]. (**ואם משיב** לו שימתין עד אחר סוכות וישיב לו הגזילה בעין, מסתברא דלא יצא, שהרי הוא עכשיו משמש בם בגזילה, ובשלמא אם אמר שמתרצה לשלם לו עבור עציו בדמי, אמרינן שרבנן הפקיעו איסור גזילה ממנו, אבל לא בכה"ג).

(**אם** אחד שאל לחבירו לטי"ש וכדומה להעמיד עליהם הסכך, והוא שאלן לחבירו, י"ל דהוי גזל ואין יוצא ידי חובתו, **ואפילו** להפוסקים דס"ל דאין אנו מקפידין על מעמיד בסכך פסול, אפשר דבגזל חמיר טפי – פמ"ג, **וכוונתו** אם השואל השני לא ישלם לו עבור הלטי"ש, וישאר תשמישו בתורת גזילה, **אבל** אם ישלם לו, לא גרע מאלו הוא עצמו גזלו, דאין משלם לו אלא דמי עצים, ויוצא ידי חובתו בהסוכה).

(**ודע**, דהא דאסרינן סוכה גזולה, לאו דוקא אם הסכך היה גזול, דה"ה לענין הדפנות, ובעו"ה הרבה אנשים אין נזהרין בזה, שלוקחין קרשים שלא מדעת בעליהן להעמיד מהן הדפנות, וכונתן להחזיר תיכף אחר סוכות, אבל באמת אין יוצאין בזה, שעכ"פ משתמש עכשיו בהן בגזילה, ואסור לברך על סוכה כזו).

אבל אם גזל סוכה העשויה בראש הספינה או בראש העגלה, וישב בה, לא יצא - דאז היא עצמה נגזלת שאיננה מחובר לקרקע, וכתיב: חג הסוכות תעשה לך שבעת ימים, למעוטי גזולה, דלא הוי "לך", (וה"ה סוכה הבנויה ע"ג קרקע, ואינה מחוברת כלל לקרקע, וכ"ש על גלגלים שיכול לטלטלה ממקום למקום, דשייך בה גזילה).

ואין עליו להחזיר דמים, אלא כמות שהיא בנויה, דאין כאן תקנת השבים, שהרי לא טרח עליה לבנותה,

ולא הוציא עליה הוצאות, הלכך גזולה היא, [**ואף** אם ירצה להחזיר דמים, אין מועיל שלא מדעתו של נגזל, דצריך להחזיר הגזולה בעין].

ומשמע מדברי המ"א, דאף אחרים שישבו בה ג"כ לא יצאו ידי חובתם, דלא הוי לך, (והוא מדברי מחה"ש, שמדייק זה מהמ"א במש"כ "עיין ריש סי' תרמ"ט"), **ולענ"ד** צ"ע בזה, (דהתם בלולב דכתבה התורה "לכם", בעינן "לכם" ממש שיהא שלו בעצם, דפסול אפילו שאול, לכך אם אחד גזל לולב ונתן לחבירו לצאת בו, אף דאותו חבירו לא גזלו, מ"מ אינו יוצא, דעכ"פ לא שלו הוא, ולא עדיף משאול דאינו יוצא ביום ראשון, **משא"כ** בסוכה, דלא אסרה התורה רק גזול ולא שאול, אפשר דזה ג"כ יוצא, דהלא אינו מתכוין לגוזלו, וגם אפשר דדעת בעה"ב להרשות לזה האחר שישב בסוכתו, דניחא ליה לאינש דליעבד מצוה בממוניה, ומה שרמז המ"א אפשר לתרץ).

הגה: וה"ה אם ראובן בנה סוכה בקרקע שמעון, ושמעון תקף את ראובן וגזל סוכתו הבנויה בקרקע שלו, לא יצא בה, ואין כאן תקנת השבים, הואיל ולא טרח בה ולא הוציא עליה הוצאות - ולא דמיא להנ"ל בס"ג, דהתם הקרקע בחזקת בעליה עומדת, ואינה נגזלת, וכל המחובר לקרקע הרי היא כקרקע, **משא"כ** הכא לא קיימא הסוכה בקרקע דראובן, א"כ לא גזל אלא העצים ולא הקרקע, והוי גזולה, [**ואפי'** אם שמעון השאילו הקרקע לראובן להעמיד שם סוכתו, מ"מ אין הקרקע עומדת ברשות ראובן, דהרי אינה רק לז' ימים].

§ סימן תרלח – סוכה ונוייה אסורין כל שבעה §

סעיף א- עצי סוכה אסורים כל שמונת ימי החג - דכתיב: חג הסוכות שבעת ימים לד', כשם שחל שם שמים על החגיגה, כך חל שם שמים על הסוכה, **ואפילו** עשה סוכה אחרת בחוה"מ וא"צ לראשונה, אפ"ה עציה אסורים בהנאה.

בין עצי דפנות בין עצי סכך, (ואפילו קיסם לחצוץ בו שיניו אסור) - ואין נפקא מינה בין סוכה חדשה ובין ישנה, כל שסיככוה לשם חג, **אבל** היושב בסוכת רועים ובורגנין וקייצין, הרי היא כסוכה דעלמא, שבשביל שנכנס זה ואוכל שם פתו לא נתקדשה, [רשב"א, **אכן** דבריו קצת סותרין זה את זה, שמתחלת דבריו משמע, שבעשויה לשם צל, אפי' אם ישב בה כמה ימים לא נתקדשה עי"ז, **ומסוף** דבריו משמע, דאם יש לו סוכה שעשויה בקיץ לצל, והוא יושב בה בחג הסוכות ‹כל החג בקביעות – שונה הלכות›, נתקדשה, וצ"ע].

(**דע** דדעת הרא"ש והעתיקו הטור, דבעצי דפנות ליכא איסורא כלל, דהקרא קאי רק על הסכך, **אכן** המחבר סתם לדינא כדעת הרמב"ם, **דעצי דפנות ג"כ אסורים, דדפנות צריכות לה, דאי לאו דפנות לא קיימא הסוכה, אכן** נחלקו בפירושו, דדעת הב"י, דלהרמב"ם איסורו הוא רק מדרבנן, וכ"כ הט"ז, **אכן** הב"ח ועוד כמה אחרונים סוברים, דלהרמב"ם הוא איסור דאורייתא).

ואין ניאותין מהן לדבר אחר - היינו דרך ביטול, שבזה תבטל קדושתה, **אבל** בעוד שהיא קיימת אין איסור הנאה ממנה, כגון לסמוך עליה או להניח עליה שום דבר, כיון שעדיין קדושתה עליה, [ט"ז], **כל שמונת הימים; מפני שיום הז' כולו הסוכה מוקצה עד בין השמשות, והואיל והוקצה לבין השמשות של שביעי הוקצה לכל היום.**

ולדידן אסורים גם בט', שהרי בשמונה עדיין מחוייב לאכול בסוכה, וכיון דאיתקצאי בין השמשות איתקצאי לכולי יומא, **ואם** חל שבת אחר יו"ט, נוהגין שלא להסתפק ממנו גם בשבת, דהוי כמכין מיו"ט לשבת.

הגה: ואפילו נפלה הסוכה, אסורים - היינו דאפילו להפוסקים דסברי, דמן התורה אינה אסורה אלא בעודה קיימת, מדרבנן מיהא אסור להנות ממנה מטעם מוקצה, דאיתקצאי בבין השמשות של תחלת החג, [וכל ימי החג כיומא אריכתא דמי].

ולא מהני בה תנאי - אף אם אמר: איני בודל כל ביה"ש, כיון דא"א ליטול ביה"ש משום דקא סתר אהלא, ואיתקצי לכולי שבעה, **משא"כ** בנוי סוכה בס"ב דמהני שם תנאי, **ודע**, דהא דמשמע מסתימת רמ"א דלא מהני תנאי בשום גוונא, ואפי' נפלו, היינו דוקא בשבעת

הימים, **אבל** בשמיני שלו דאיסורו הוא רק משום מוקצה, מהני תנאי לכשיפלו שיכול להשתמש בהן.

אבל עצים הסמוכים לסוכה, מותרים; ועיין לעיל סימן תקי"ח ס"ח - ר"ל דשם מבואר, דאם זרק חבילות על הסכך, דאינן בטילות לגבי הסכך, וה"ה הכא בסוכה דמצוה, **וע"ש** במ"ב דביארנו כל פרטי דין זה.

(**ואם הוסיף** בסכך עד שאין גשמים יורדים לתוכה, די"א דפסולה, נהי דאפ"ה כל הסכך אסור בהנאה לדבריהם כל שבעה עכ"פ מדרבנן, ועוד דאינו יכול לשער באומד יפה מה ששייך לסכך, מ"מ אם רוצה ליטול ביו"ט ע"י עכו"ם להכשיר הסוכה, שלא תהיה מעובה כ"כ, שרי, דהוא שבות דשבות במקום מצוה, דלא הוי סתירת אהל רק מדרבנן).

ואם אחר שעשה השיעור הצריך מן הדפנות ונשלם הכשר סוכה, הוסיף דופן, לא מיתסרא; אבל אם עשה ארבעתן סתם – (נ"ל דר"ל, לאפוקי אם פירש דאלו עושה לשם סוכה, ואלו להוספה בעלמא), **כולן אסורות ומוקצות.**

(עיין בחידושי אנשי שם דמצדד לומר, דלענין ארבעתן, עד כדי שיעור הוא מן התורה, והֶיתֵּר מזה הוא רק מדרבנן, ולענ"ד לא נהירא כלל, דבהוסיף דופן, ר"ל דלאחר שגמר שיעור הכשר סוכה נתיישב בדעתו שצריך לעשות עוד דופן רביעי, הוא מלתא באנפי נפשיה, **אבל** אם עשה ארבעתן, ר"ל שלא הפסיק בינתיים, נחשבו כל הארבעה בכלל סוכה, וכולן הן מן התורה).

הגה: וכל זה לא איירי אלא בסוכה שישב בה פעם אחת, אבל אם הזמינה לסוכה ולא ישב בה – (ואפילו אם עשאה לשם סוכה, וכנ"ל בסימן מ"ב בדיני הזמנה), **לא נאסרה, דהזמנה לאו מילתא היא.**

(**וצ"ע**, אי הכי אפילו אי ישב בה אחר שקידש היום, לא ליתסרא כולא יומא משום קדושת החג, אלא לשעה שישב בה בלבד, דהא אכתי לא הוי איתקצאי לבין השמשות, ולא איתקצאי לכולא יומא, ולכי נפק תשתרי).

(נ"ל דלא אמרה אלא לענין קדושת החג שחל על הסכך, הוא דבעינן ישב בה בחג, **אבל** משום מוקצה דסתירת אוהל, דאסור בכל יו"ט, הרי לא תלי בישב בה לגמרי, **אלא** דאינה אסורה רק ביו"ט, **ובחוה"מ** שרי כהאי גוונא).

עיין במ"א, שאפילו לא נעשית לשם סוכה, דהיינו שהיתה עשויה לצל, כיון דמדינא סוכה כשרה היא, וישב בה פעם אחת, אסורה שוב כל ימי החג, **ונ"ל** דמיירי שהזמינה מתחלה לשם סוכת החג, או שבעת שישב בה היה דעתו לישב בה כל ימי החג, [דזה נחשב כהזמנה], **הלא"ה** לא נתקדשה בפעם אחת להיות שם סוכת החג עליה, וכמו שכתבנו למעלה, [דהלא מדמינן לדינא דהזמנה, וצר ביה ולא אזמניה לאו מילתא היא].

ומי שיש לו סוכה בנויה משנה לשנה, מ"מ אינה אסורה עד שישב בה בחג, **אע"ג** דכבר ישב בה בשנה שעברה, מ"מ כשעבר החג בטלה קדושתה, וצריך מעשה אחר שתחול קדושתה, כ"כ המ"א, **ויש** מאחרונים שמפקפקין בזה, וטוב להחמיר.

סעיף ב - וכן אוכלים ומשקים שתולין בסוכה כדי לנאותה - בין שתלויין בסכך ובין שתלויין בדפנות, **אסור להסתפק מהם כל שמנה** - דביזוי הוא להמצוה כשמסתפק מהם, **אפילו נפלו** - דכיון דאיתקצאי לביה"ש, איתקצאי לכל היו"ט, **ואפילו** נפלו בחוה"מ אסורין.

(**זהו אם** תלאן קודם ביה"ש ראשון, **ואם** תלאן ביום א' או בחוה"מ, מתחיל איסורו מן בין השמשות הראשון שאחר זה עד סוף יו"ט, **אבל** מן עת התליה עד הערב לא מיתסרא).

(**עיין** בשו"ת חתם סופר, באחד שהיה לו אתרוג מיותר, ותלאו בהסוכה לנוי, ואח"כ ביו"ט בא אחד מן הכפר שלא מצא אתרוג לקנות, **והורה** שמותר ליטול האתרוג התלוי בסוכה לנוי ולצאת בו, ונהי דביו"ט אסור בטלטול משום מוקצה, מ"מ בחוה"מ שמותר לטלטלו, ה"ה דמותר לצאת בו, דמצות לאו להנות ניתנו, **ועוד** דהא דאסור ליהנות הוא משום ביזוי מצוה, וכאן ליכא ביזוי, דמעיקרא הוי רק נוי מצוה, והשתא מצוה גופא ומברכים עליו, ומסיק דמותר נמי לבעל האתרוג ליקח מעות מחיר האתרוג, ע"ש טעמו).

(וביו"ט ושבת אסור לטלטלם דמוקצים הם) –
(היינו בין כשתלויין על הכותל ובין כשנפלו),

והיינו אפי' לדעת המתירין לעיל בסי' תצ"ה מוקצה ביו"ט כמו בשבת, במוקצה כזה לכו"ע אסור, דהוקצו למצותן.

(**ואם נפלו הנויין על השולחן וא"א לאכול, י"א דמשום** אוכל נפש ביו"ט מותר לטלטל המוקצה ולהסירן, **והפמ"ג מסיק, דאם אפשר ע"י טלטול מן הצד, לנער הטבלא וכדומה, יעשה ולא יטלטל בידים, ע"ש, ולענ"ד אם קסמי הסכך נושרין הרבה על השלחן, אפשר דמותר לטלטל אף בשבת להסירן אם נמאס מזה, מידי דהוי אגרף של רעי).**

אבל בחוה"מ לא שייך איסור טלטול, וע"כ אם נפלו מותר לטלטלן ולהחזירן למקומן.

ואם יודע שהילדים יאכלו מהם, מוטב שלא לתלותם, שינתקו החוטים ויבואו לידי חלול שבת, וגם שמא יבואו לאכלם, **אכן** אם יכול לתלותם בגובה שלא יוכלו הילדים להגיע לשם, או שאין לו ילדים, מצוה לתלות נוי סוכה, **גם** בשל"ה כתב, דראוי ליפות הסוכה בקרמין וסדינין, ולתלות בה פירות חשובין.

ואם התנה עליהם בשעה שתלאם - בא לאפוקי דלא נימא דוקא סמוך לבין השמשות, **ואמר: אני בודל מהן כל בין השמשות** - דיש תחלת בין השמשות ויש סוף בין השמשות, ובעינן שלא יבדול מהן כל זמן ביה"ש, **(של ח' ימים)** - פי', לאפוקי כשאמר: איני בודל מהן כל ביה"ש של עיו"ט הראשון, דאז חיילא קדושה עכ"פ בבין השמשות של שאר יומי, ואסור מיו"ט שני עד סוף יו"ט, **ואי** אמר סתם: איני בודל מהן כל בין השמשות, אפשר דכלול בזה כל שמונת הימים, **הרי זה מסתפק מהם בכל עת שירצה** - פי' אפילו כשהן תלוין, וכ"ש דהתנאי מהני להנות מהן כשיפלו, **שהרי לא הקצה אותם, ולא חלה עליהם קדושת הסוכה, ולא נחשבו כמותה.**

ודוקא שמתנה בזה הלשון, אבל אם אמר: אני מתנה עליהם לאוכלם כשיפלו, אינו כלום.

ואם אמר: אני מתנה עליהם לאכלם אימתי שארצה, מהני, שגם בין השמשות בכלל - מיירי ג"כ שאמר בשעה שתלאם, או עכ"פ קודם ביה"ש.

הגה: וצריך לעשות התנאי קודם בין השמשות הראשון - דכיון שנכנס ביה"ש איתקצאי, **ולפי** מאי דמסקינן, דביה"ש מתחיל תיכף אחר שקיעה, צריך לעשות התנאי קודם שקיעה.

ודוקא ביה"ש הראשון, דאל"כ כיון דחייל איסורא בביה"ש קמא, ממילא חייל בכולהו, דכיומא אריכתא דמי לענין זה, ולא מהני תו תנאי, [**ורק** לחומרא אמרינן זה ולא להקל, כגון אם אמר: איני בודל כל ביה"ש של עיו"ט הראשון, לא מהני זה לענין שאר יומי, **ואפשר** הטעם, כיון שייחד ואמר, משמע דמשאר ביה"ש רצונו לבדול מהן].

יש מן האחרונים שכתבו, דבזמן הזה אין נוהגים להתנות - משום דלא בקיאי שפיר בתנאי, **ויש** מאחרונים שמפקפקין בטעם זה, דהלא לשון התנאי מפורש בגמרא, ואין שייך בקיאות.

והכי נהוג בנויין התלוים בסכך; אבל בנויין שנותנים בדפנות, כגון סדינים המצויירים, נוהגין לטלטלם מפני הגשמים אפילו בלא תנאי, משום דיש אומרים דאין איסור אפילו בדפנות עצמן, כ"ש בנויין; ומ"מ טוב להתנות עליהם.

הרבה אחרונים השיגו ע"ז, ודעתם דנוי סוכה בודאי אסורים בלא תנאי מדינא, דנוי כסכך הן, **ועיין** בט"ז שהסכים להקל בסדינים המצויירים, שיש חשש מפני גנבים, אנן סהדי שלא תלאן לשם מתחלה להיותן שם תמיד, ע"כ לא איתקצו כלל, ואפילו לא התנו, [**ולפיכך** מותר להסירן מהם אימתי שירצה, ואפי' שלא בשעת הגשם, ואפי' אין שם חשש מן הגנבים, שהרי לא חלה עליהן קדושת הסוכה מעולם], **ומ"מ** לכתחלה טוב להתנות כמו שכתב הרמ"א, דהיינו שיאמר קודם ביה"ש: איני בודל מהן כל ביה"ש, וכנ"ל.

מי שדעתו להסיר נוי הסוכה ביו"ט מפני הגשמים והגנבים, יזהר מתחלה שלא יקשור הנויין בסוכה בקשר גמור, שהרי אסור להתירן ביו"ט, אלא יענבם.

אין לעשות דפנות הסוכה מיריעות שעטנז, וכן לא יתלה שעטנז לנוי, אא"כ גבוהין מתשמיש אדם.

אסור לחקוק פסוק "בסוכות תשבו" על דלעת וכיוצא בו ולתלותו בסוכה, דיבוא לידי בזיון, **וגם** שאסור לכתוב פסוקים מן התורה אא"כ יש בהן ספר שלם, כמו

שנתבאר ביו"ד סימן רפ"ג, **ואע"ג** דנוהגין היתר, להתלמד בהן דוקא, אבל שלא לצורך אסור.

עוד כתבו, דאף אחר סוכות לא יפסע על עצי סוכה, דתשמישי מצוה הם כמו ציצית ולולב, **וע"כ** יש למחות באנשים שזורקין אחר סוכות עצי הסכך לחוץ, במקום שרבים רגילין לפסוע עליהן, ואפילו איננו מקום אשפה.

אם סכך בהדס, או תלה בסוכה אתרוג לנוי, מותר להריח בו, דלא הוקצה מריח; רק שלא יגע בו, דאסור בטלטול - דאף דסתם הדס עומד להריח, הכא דסיכך בו כמו בשאר עצים, אמרינן דממעשה עצים אקצייה, מלשמש ולהבעיר, ולא מריחו, **ואה"נ** דאם היה תולה אותו בסוכה לנוי, בודאי אקצייה מריחו, [**ולדעת** הט"ז שכתב, דהא דאין ניאותין היינו דוקא ליטול משם, משום דבזה תיבטל קדושתה, אבל בעוד שהיא קיימת מותר לסמוך עליה, ולסמוך שום דבר עליה, א"כ ה"נ אפי' בתלה הדסים לנוי, מותר להריח בהן, **אכן** אם ירצה ליטול ההדסים מן הדפנות ולהריח בהן, בודאי גם להט"ז אסור]. **ובאתרוג**, אף דתלהו לנוי מותר להריח בו, דעיקרו עומד לאכילה ולא להריח, ע"כ אמרינן דמאכילה אקצייה ולא מריח.

ויש אוסרים בהדס כדלקמן סימן תרנ"ג - אבל באתרוג לכו"ע מותר, דעיקרו עומד לאכילה, ומאכילה אקצייה, **ועיין** בט"ז שפסק להתיר כדעה הראשונה, וכן העתיק בדה"ח.

§ סימן תרלט – דין ישיבת סוכה §

סעיף א - כיצד מצות ישיבה בסוכה: שיהיה אוכל ושותה (וישן ומטייל) ודר בסוכה כל שבעת הימים, בין ביום בין בלילה, כדרך שהוא דר בביתו בשאר ימות השנה - וכן אם ירצה לספר עם חבירו, יספר בסוכה, דסוכתו צריך להיות כביתו בכל השנה, **ולפי** שקדושת הסוכה גדולה מאוד, ראוי למעט בה בדברי חול, ולדבר בה כ"א קדושה ותורה, **וכ"ש** שיהיה זהיר מלדבר שם לשה"ר ורכילות ושאר דיבורים האסורים, [**ומ"מ** כשהוא צריך לדבר מעניני עסק, אין לו לצאת מן הסוכה בשביל זה, דבישיבתו שם אף בעת דיבורו הוא מקיים מצות ישיבת סוכה].

ומי שא"א לו לעשות סוכה אלא מעבר הנהר, וצריך לעבור לשם בספינה קטנה, או ע"י מעבר שקורא פרא"ם, יש מקילין לעבור בה ע"י שגוי יעבירנה, משום שהוא לדבר מצוה, **אבל** הרבה מחמירין בזה, [**ועיין** בשע"ת שמתיר לדבר מצוה, ע"י קנין שביתה מבע"י].

וכל שבעת ימים עושה אדם את ביתו עראי ואת סוכתו קבע. כיצד, כלים הנאים ומצעות הנאות, בסוכה; וכלי שתיה, כגון אשישות וכוסות, בסוכה - ואפילו הן של חרס, ואפילו לאחר שתיה, שאין נמאסין כמו כלי אכילה, **ועוד** דאין קבע לשתיה, ומצוי הוא ששותה כמה פעמים ביום.

אבל כלי אכילה (לאחר האכילה), כגון קדירות וקערות, חוץ לסוכה - מלשון "לאחר האכילה" משמע לכאורה, דבשעת אכילה גם קדירות מותר להכניסן לסוכה, ולערות לתוך הקערה, **והעולם** נזהרין מהקדירה להכניסן לתוך הסוכה אף קודם אכילה, ונראה דחששו לדעת המחמירין בקדרה בכל גווני, **ואפשר** דגם דעת השו"ע כן הוא, [ומה שמפרש לאחר אכילה, משום דאז גם קערות אסורין]. **ובפרט** מי שאין דרכו גם בביתו להביא הקדרה לשולחנו, אלא מערה לתוך הקערה בבית החצון, בודאי יש ליזהר בזה, **ומ"מ** מי שאין לו כלי וצריך לאכול מן הקדרה, מותר להכניסו.

וכלים שמשהין בהן קמח, והעריבות שלשין בהם, וכלים של בשמים, שאין דרך להחזיקן בדירתו, רק בבית החצון, הכל בכלל כלי אכילה הן, **וכן** כד או דלי ששואבין בו מים מן הנהר, (ומיירי **לאחר שנתשמש בהם, דהוי שלא לצורך**), הכל חוץ לסוכה, **וכלל** הדבר, כל שאין דרכו להיות בדירתו שדר בה, אין לו להחזיק בסוכה.

ומ"מ בדיעבד אם הכניס בתוכה כלי מאכל, או עשה בה תשמיש בזוי, אין נפסלת הסוכה בכך, [**ועיין** בח"א שהביא בשם רבינו מנוח, דמ"מ בשעה שהם בסוכה אין לברך אז "לישב", דפסולה היא מדרבנן, **וע"כ** מן הנכון לכתחילה להחמיר בה].

המנורה, בסוכה - והמנהג שלא להכניס נר של חרס לסוכה, וכן מקדה של חרס, ואפי' חדשה אין כדאי כ"כ, **ומצופה** בקוניא, דין כלי זכוכית יש לו ומותר.

ואם היתה סוכה קטנה, מניחה חוץ לסוכה - אפילו אינה מצומצמת בשיעורה, אלא שהיא קטנה כ"כ בענין שיש לחוש שמא יתקרב הנר לדופני הסוכה ותאחז בהן האור ותשרף סוכתו, צריך להניחה חוץ לסוכה, אפילו היא של זהב, [**הב"ח** כתב, שעי"ז שיש חשש שריפה מבעית ונפיק מן הסוכה, וע"כ גזרו רבנן שלא להכניסה לסוכה, **והמ"א** כתב, שחששו שתשרף ותתבטל מצות סוכה].

[**ואין** הכונה שיעמידנה לחוץ ממש, שפעמים שהרוח שולט ואי אפשר, אלא שיעמידנה דרך חלון הבית שיאור להסוכה וכה"ג, **ובפרט** במדינות הקרות, שא"א לרוב העולם שסוכותיהן עשויות רק כהכשר סוכה לישן בסוכה, וכשמגיע ליל שבת א"א לו להניח נר דולק בסוכה, ואז מוכרח להעמיד הנר שיאור לו דרך חלון הבית].

ואם מטבעו הוא מצטער כשאוכל שלא במקום הנר, יש להקל כשיעמיד הנר בעששית שקורין לנטערנע, או במנורה שקורין לאנפין, **אם** לא שהיא נמוכה מאוד, ויש לחוש שיתקרב האור להסכך.

הגה: ולא יעשה שום תשמיש בזוי בסוכה - כגון שטיפת קערות, **ובכוסות** ליכא קפידא, **כדי שלא יהיו מצות בזויות עליו** - ואסור להשתין בסוכה, אפילו בכלי, אע"פ שעושה כן בביתו.

(**ותשמיש המטה לא מקרי תשמיש בזוי, דהוא בכלל "תשבו כעין תדורו", וגם בעצם לא מקרי תשמיש בזוי, במה שהוא מקיים מ"ע של פו"ר ועונה**).

סעיף ב - אוכלים ושותים וישנים בסוכה כל שבעה, בין ביום בין בלילה; ואין ישנים חוץ לסוכה אפי' שינת עראי - דפעמים דסגי ליה לאיניש בהכי, והו"ל קבע, (**ואפילו מניח ראשו בין ברכיו, דודאי לא אתי להשתקע בשינה, ג"כ אסור**), **ועיין** סימן מ"ד, שהוא שיעור הילוך ק' אמה, הא בציר מהכי אף עראי לא הוי, **ואפשר** דה"ה לענין סוכה כה"ג.

ומי שנאנס וישן חוץ לסוכה, מיד כשיקיץ צריך לילך לסוכה, דהא אפילו בירדו גשמים ופסקו, צריך לילך לסוכה אם עדיין לא שכב.

אבל מותר לאכול אכילת עראי חוץ לסוכה - דזה לא חשיב לחייבו בסוכה, דאף בביתו מצוי שאוכל עראי חוץ לביתו, (**ואפילו ת"ח, אם רוצה שלא להחמיר על עצמן בכך, רשאי, ולא הוי כמי שאינו מדקדק במצות**), **וה"ה** שמותר לטעום את התבשיל כמה פעמים ואפילו לבלוע חוץ לסוכה, [דזה לא חשיב קבע].

וכמה אכילת עראי, כביצה מפת – (**אבל יותר מעט חשיב קבע, אפי' אכלן דרך עראי**).

ומותר לשתות מים ויין ולאכול פירות (ואפי' קבע עלייהו) חוץ לסוכה - הטעם, דאכילת פירות אפילו הרבה בקביעות, חשיב רק כאכילת עראי דפת, **וה"ה** אכילת בשר ודגים וגבינה ושאר מיני מאכל, חשובים כפירא לדעת השו"ע, **ולא** החמיר בסוף רק בתבשיל העשוי מחמשת המינים.

והסכימו כמה אחרונים, דנכון להחמיר מלאכול בשר ודגים וגבינה חוץ לסוכה, ודוקא בקביעות, [ואפי' באופן זה לא יברך], **אבל** שלא בקביעות אין להחמיר כלל, [ובפירות יש להקל אפי' בקביעות].

והנה מה שהגיה רמ"א "ואפילו קבע עלייהו", קאי גם על יין, כמו שמוכח בדרכי משה, וטעמו, דיין אין נחשב רק כאכילת פירי, וכ"ש שאר משקין, וע"כ לא חשיב קביעות דידהו, [**והא** דאיתא בגמ': אוכלים ושותים בסוכה, והועתק לשון זה בריש הסעיף, היינו אחר אכילתו בסעודה, שדרך לשתות אז, צריך לשתות ג"כ בסוכה, דניכלל הוא בסעודה, **אבל** שתיה בלי אכילה לא חשיבה לחייבו בסוכה, ד"תשבו כעין תדורו" אמר רחמנא, ואין שתיה בלי אכילה, **ואפשר** דלפי"ז אף מים בתוך הסעודה, אין כדאי לשתות חוץ לסוכה, וצ"ע].

ודע, דכמה אחרונים מפקפקין בדין זה, ודעתם דאם שותה יין בקביעות חייב בסוכה, ובפרט בני חבורה שקבעו לשתות יין, בודאי הוי קבע גמור, **ומ"מ** לענין ברכה הסכימו כמה אחרונים, דאין לברך "לישב בסוכה" כי אם על פת העשוי מחמשת מיני דגן או תבשיל העשוי מה' מינים אם קובע סעודה עליו, וכדלקמן בסוף הסעיף.

(ביאור הלכה) [שער הציון] ‹הוספה›

ומיהו ראוי ונכון לכתחלה שלא לשתות בקבע אפילו שאר משקין, כמו מי דבש ושכר, אלא תוך הסעודה, **או** עכ"פ יאכל מתחלה פת יותר מכביצה, או שאר תבשיל העשוי מה' מינים אם קובע סעודתו ע"ז, ויברך "לישב בסוכה", ויוצא לכל הדיעות, [**דבמדינות** שדרך לקבוע השתיה בשאר משקין, חשיבי כמו יין, **וכתב** המחה"ש, דלפי"ז ה"ה קאפי"א במדינותינו, **ובתשו'** עולת שמואל כתב, דשתיית קאפי"א ושקאלא"ד פטור, אפי' להפוסקים דשתיית קבע חייב, היינו באותן שקובעין לשתיה אחר האכילה דרך שמחה וריעות, אבל לא בשתיית קאפי"א ושקאלאד"ין].

ומי שיחמיר על עצמו ולא ישתה חוץ לסוכה אפי' מים - וכ"ש פת דרך עראי, **הרי זה משובח. ותבשיל העשוי מחמשת מינים, אם קובע עליו חשיב קבע וצריך סוכה** - פי' מדינא, וע"כ צריך לברך "לישב בסוכה".

אם קובע עליו - ר"ל שאוכלם בחבורה, [ושע"ת משמע, כל שקובע עצמו לזה מקרי קבע], **או** שאוכל שיעור חשוב שקובע סעודתו בזה, (**עיין** במאמר מרדכי שמסיק, דבדידיה תליא מילתא, דכל שהוא קבע עליו, **אע"פ** שלא היה שיעור שדרך בני אדם לקבוע עליו, חשיב קבע, **אף** דלענין פת הבאה בכיסנין מבואר לעיל בסימן קס"ח, דבעינן דוקא שיעור שדרך בני אדם לקבוע עליו, **הכא** דבעינן "תשבו כעין תדורו", כל שקובע עליו הויא קביעות להצריכו סוכה, ובדידיה תליא מלתא).

ולא די שיאכל מעט יותר מכביצה כמו בפת, **ועיין** במ"א שהקשה ע"ז, ודעתו דדינו ממש כמו בפת, דיותר מכביצה מעט חייב בסוכה, **אכן** לענין לברך "לישב בסוכה", דעת האחרונים דאין לברך רק כשיקבע עליו סעודה, כמו שכתוב בשו"ע.

וכתב המאמר מרדכי, שמי שאכל פת הבאה בכיסנין בשחרית בתוך הקאפי"א וכיוצא, כמו שאנו נוהגים בכל ימות השנה, **אע"פ** שאינו מברך "המוציא" כיון שאינו אוכל שיעור שדרך בני אדם לקבוע עליו, מ"מ בעי סוכה, שהרי הוא קובע סעודתו עליו וכו', וכך נהגנו לברך עליה "לישב בסוכה", ע"ש, **ונקט** מילתא דשכיחא, דה"ה אפילו בלא שתית קאפי"א, כיון דקבע סעודה על הפת כיסנין.

ואם לא קבע סעודתיה עליו, רק שאכל יותר מכביצה, יש דיעות בין האחרונים אם צריך לברך "לישב בסוכה", **ועיין** בשע"ת שכתב, דלענין שבת ויו"ט בבקר, כשמקדש ואוכל פת כיסנין במקום סעודה, אף שאח"כ הולך לחוץ לקבל פני רבו וכדומה, ונמשך כמה שעות עד זמן סעודה, לכו"ע יכול לברך "לישב בסוכה", דכיון שאוכל אותה בתורת סעודה הצריכה לקידוש, שפיר דמי שיברך ברכת סוכה, דמחשבתו משוי ליה קבע, **ובחול** אין כדאי לברך, דספק ברכות להקל, אכן מנהג העולם לברך אף בחול, **וכדי** להנצל מחשש ברכה לבטלה, יראה שלא לצאת מיד אחר אכילתו, רק לשבת שם זמן מה, ויכוין בשעת ברכתו "לישב בסוכה", על האכילה ועל הישיבה שאחר זה.

הגה: ומה שנוהגין להקל עכשיו בשינה, שאין ישנים בסוכה רק המדקדקין במצות, י"א משום צנה, דיש צער לישן במקומות הקרים - וא"כ מי שאין לו כרים וכסתות כראוי, ויש צינה, אין לו להחמיר לישן שם, דנקרא הדיוט, כמ"ש בס"ז בהג"ה.

ולי נראה משום דמצות סוכה איש וביתו, איש ואשתו כדרך שהוא דר כל השנה, ובמקום שלא יוכל לישן עם אשתו, שאין לו סוכה מיוחדת, פטור.

והגר"א חולק ע"ז, דלא מיפטר משום זה, וגם במ"א מסיק דמשום זה לא מיפטר, **ולימד** זכות אחר על העולם, משום דהו"ל מצטער כשאין יכול לישן שם עם אשתו, **והנה** לפי טעם זה אם אין מצטער, כגון שאין אצלו זמן עונה עכשיו, אין לו לפטור עצמו מן השינה.

וטוב להחמיר ולהיות שם עם אשתו כמו שהוא דר כל השנה, אם אפשר להיות לו סוכה מיוחדת.

ומשמע מכמה אחרונים, דמאן דא"א לו לישן עם אשתו בסוכה, דאין לו סוכה מיוחדת, לא יבטל זמן עונה וליל טבילה, **ואין** לחייבו לאחר שנזדווג עם אשתו שיחזור לסוכתו, אלא ישן בביתו עד עמוד השחר.

סעיף ג- אכילה בסוכה בליל יו"ט הראשון, חובה - ר"ל דבליל יו"ט הראשון מחוייב לאכול בסוכה, ואפילו אם אינו אוכל אלא כזית, **משא"כ**

מליל זה והלאה, אפילו בשבת ויו"ט דמחוייב לאכול פת, אינו מחויב לאכול בסוכה אלא אם אוכל יותר מכביצה, דהוי אכילת קבע, (**והוא מהר"ן**, וכדי ליישב מה שתמהו כל הפוסקים, דהלא גם בשבת ויו"ט חובה לאכול פת, וממילא מצוה מן התורה לאכול בסוכה, ומאי רבותא דליל זה, **ולענ"ד** לא אבין קושיא זו, דנ"מ להא דאיתא לעיל בסימן רפ"ח, דאדם הרגיל להתענות בכל יום, ואכילה בשבת הוא צער לו, פטור מלאכול, דלעונג ניתן השבת ולא לצער, **משא"כ** בליל א' של סוכות, דאכילה גופא הוא מ"ע כשאר מ"ע, ולא משום עונג ניתן).

והטעם דלילה זה חמיר, דגמרינן "ט"ו ט"ו" מחג המצות, מה התם רק לילה הראשונה חובה מכאן ואילך רשות, אף ה"נ לענין סוכה.

אפי' אכל כזית פת יצא י"ח - דכיון דגמרינן מחג המצות, לגמרי גמרינן מניה, מה התם בכזית דגן, אף הכי בכזית דגן.

פת - ולא מיני תרגימא, [והגם דירושלמי מבעי לה בזה], דספיקא דאורייתא הוא, וגם לא פת כיסנין, אלא פת גמור.

דאע"ג דבשאר הימים, שיעור אכילה חוץ לסוכה בכביצה, אבל ליל ראשון שהוא חובה טפי, אפילו לא בעי למיכל אלא כזית, אסור לאכול חוצה לה, [**והיינו** קודם שקיים מצות אכילה בסוכה, אבל לאחר שקיים, דינו כשאר ימי סוכה, שיכול לאכול כביצה חוץ לסוכה], **הלכך** יוצא בה נמי ידי סוכה, וצריך לברך "לישב בסוכה" ע"ז, ‹**משמע** שאיסור אכילת כזית חוץ לסוכה פועל את חשיבות קביעות ישיבת סוכה בפנים, וכמו שתמה בב"י שם על הטור, וע"ש בב"ח שיישבו›, **והיינו** כשאין לו יותר, אבל אם יש לו, בודאי מן הנכון שיאכל יותר מכביצה, לצאת גם דעת הסוברים, דלצאת ידי מ"ע בעינן שיאכל שיעור המחייב לאכול בסוכה כל שבעה, דהיינו יותר מכביצה.

כתבו האחרונים, דבעינן שלא ישהא באכילתו הכזית יותר מכדי אכילת פרס.

מכאן ואילך רשות; רצה לאכול סעודה, סועד בסוכה; רצה אינו אוכל כל ז' אלא פירות וקליות חוץ לסוכה אוכל, כדין אכילת מצה בפסח - היינו בחוה"מ, אבל בשבת ויו"ט צריך לאכול כזית פת, אך לא בעי סוכה, **ואף** דבסימן רצ"א כתב המ"א, דלסעודת שבת צריך ג"כ כביצה ויותר, כדי דליהוי סעודת קבע, **התם** למצוה בעלמא לכתחלה, ובדיעבד די בכזית.

נסתפקתי, לפי מה שידוע דעת הגר"א, דמצוה לאכול מצה כל ז' ימי פסח, כפשטיה דקרא: שבעת ימים תאכלו מצות, אלא דמצות עשה הוא רק בערב, משא"כ אח"כ הוא רק מצוה בעלמא, **אפשר** דה"ה הכא, מצוה לכתחלה לאכול פת כל ז' ימים, ולברך "לישב בסוכה".

הגה: ולא יאכל בלילה הראשונה עד שיהא ודאי לילה - דאכילת סוכה בלילה ראשונה הוא דומיא דאכילת מצה בליל פסח, דכתיב בה: בערב תאכלו מצות, והיינו משתחשך, **ואם** בירך בין השמשות ואכל כזית, צריך לחזור ולאכול כזית בלילה ודאי, **אבל** ברכת "לישב בסוכה" לא יברך שנית, דספק ברכות להקל.

(**והנה** קידוש היה יכול לעשות מבע"י קצת על היין, ור"ל דישתה כל הכוס במקום סעודה, {והוא רק לדעת השו"ע, דיכול לשתות אפילו רביעית יין חוץ לסוכה, ולא צריך לברך אפילו כשיושב בסוכה}, ו"המוציא" וברכת "לישב בסוכה" יאמר בלילה, **אכן** כיון דאומר סוכה ואח"כ זמן, ממילא צריך לעשות גם הקידוש בלילה – מ"א, **ולפי"ז** בליל שני, לדעת הסוברים דיוכל לומר זמן ואח"כ סוכה, יכול לעשות קידוש מבע"י קצת, ויאמר ג"כ זמן, וברכת "המוציא" ו"לישב בסוכה" יאמר בלילה – פמ"ג, **אכן** מלשון הרמ"א דכתב "בלילה הראשונה", משמע דבלילה שניה מותר לאכול ביה"ש, משום שהוא מדרבנן, דאנן בקיאין בקביעא דירחא, **ודומיא** דספירה בין השמשות מקילין כמה פוסקים מטעם זה, **ונראה** דסבר הפמ"ג, דמה שכתב "בלילה הראשונה", היינו בא"י, וה"ה לדידן בחו"ל בלילה שניה, **ומספירה** יש לחלק, דהתם עיקר ספירה בזמנינו הוא מדרבנן, משא"כ יו"ט שני).

ויאכל קודם חצות לילה - דומיא דמצה דבעינן שיאכלנו קודם חצות, **ובדיעבד** אם לא אכל קודם חצות, חייב לאכול אחר חצות, דגם במצה דינא הכי, ויוכל לברך "לישב בסוכה", [**ולא** הוי כמו לענין מצה, דאינו יכול לברך "על אכילת מצה" לאחר חצות, דהכא לא גריעא משאר יומי], **ורק** שאז דינו כשאר ימי סוכה, שאין לברך "לישב בסוכה" עד שיאכל יותר מכביצה, [דשמא עבר זמן חובתו של לילה ראשונה].

ולא יאכל ביום מחלות ואילך, כדי שיאכל בסוכה לתאבון, דומיא דאכילת מצה - האחרונים הסכימו לדינא, דאינו אסור כי אם מתחלת שעה רביעית אחר חצות היום, וכמו שפסק המחבר בסימן תע"א עי"ש, **וכל** פרטי הדינים המבואר שם, דברים המונעים לאכול בלילה לתיאבון, שייך גם כאן.

סעיף ד - כל שבעת הימים קורא (ולומד) בתוך הסוכה, וכשמבין ומדקדק במה שיקרא (וילמוד, יכול ללמוד) חוץ לסוכה, כדי שתהא דעתו מיושבת עליו - ר"ל דאז טוב לו יותר ללמוד בבית, שהאויר יפה לו להרחיב דעתו, **והכל** לפי הענין, דאם דעתו מיושבת בסוכה, שיש לו מנוחה שם, לומד בסוכה, [דעכשיו בזמנינו שרוב בני בית אינם בסוכה כל היום, כי אם בשעת אבילה, צריך ללמוד אפי' דבר עיון בסוכה], **ולפעמים** מצוי שיש קור, ומצטער אם ישב שם הרבה לקרות ולעיין בלימודו, הוא פטור.

ואם יש לו טורח רב להביא ספרים הרבה ללימודו בסוכה, אפשר דפטור, **אכן** אם יש לו מקום להניחם שם כל החג, חייב, דאין זה טורח.

המתפלל, רצה מתפלל בסוכה או חוץ לסוכה - ר"ל דבאיזה מקום שיש לו מנוחה יותר להתפלל בכונה, שם יתפלל, **ואם** היה לו בהכ"נ בעירו, מניח סוכתו והולך לו לבהכ"נ, שכן בשאר ימות השנה ג"כ מניח דירתו והולך לו לבהכ"נ, **והבדלה** מבדיל בסוכה, שכן כל השנה מבדיל בביתו, [ט"ז, **ומזה** נלמוד, דאותן אנשים שרגילין לשמוע כל השנה בביהכ"נ, יכולין לשמוע בסוכות ג"כ בביהכ"נ].

סעיף ה - ירדו גשמים, הרי זה נכנס לתוך הבית; מאימתי מותר לפנות, משירדו לתוך הסוכה טפות שאם יפלו לתוך התבשיל יפסל, אפי' תבשיל של פול - שזה המין מתקלקל במהרה ע"י מיעוט מים, **הגה: ואפי' אין תבשיל לפניו.**

ומ"מ אם אינם יורדין למקום שיושב שם, צריך לאכול בסוכה בעוד שעדיין אינם יורדים עליו ועל שולחנו, **ואפשר** דאפילו ברכת "לישב בסוכה" יכול לברך - בכורי יעקב, **ונראה** דאם הוא איסטניס ומצטער בזה, יכול לצאת, ועכ"פ לא יברך.

ומי שאינו בקי בזה השיעור, ישער אם ירדו כ"כ גשמים לבית אם היה יוצא, יצא מסוכתו ג"כ.

וכשם שמפנין מפני הגשמים, כך מפנין מפני השרב ויתושים, ואפילו אין האדם מצטער בכך, אלא שהמאכל מתקלקל בכך.

וה"ה אם העת קר, שהמאכלים השמנים נקרשים לפניו, יכול לאכלו בבית, וא"צ לחזור עד שיגמור סעודתו, אפילו אוכל אח"כ מאכלים אחרים שאינם נקרשים, וכמו בס"ו בפינה מפני הגשמים, שא"צ לחזור עד שיגמור סעודתו, אפי' פסקו הגשמים, [**ומ"מ** בעוד שלא התחיל לאכול מאכלים הנקרשים, כגון שאוכל פת להמוציא יותר מכביצה, צריך לאכול בסוכה דוקא, ולא יצא מן הסוכה על סמך המאכלים הנקרשים שיאכל אח"כ], **וכתב** בבכורי יעקב, דאם אפשר לתקן בלא טורח גדול שלא יקרשו המאכלים, כגון שיניחם על קערה שמים חמים בתוכה, צריך לתקן, ואינו פטור ע"י כך מסוכה.

[**וכ"ש** בעת הקור, אם האדם בעצמו מצטער מפני הצינה, דמותר לצאת מסוכה].

ואם מנשב הרוח לתוך הסוכה, ועי"ז נושרים קיסמים מן הסכך לתוך המאכל, אם הוא אסטניס שאנינא דעתיה, יכול לצאת חוץ לסוכה, [גמרא, **ומשמע** דאם לא הוי אנינא דעתיה אסור, ולא מקרי מצטער בזה במה שיצטרך להסיר מן המאכל, ולא אבין הטעם, **ואולי** תלוי הדבר לפי נשירת הקיסמין, דאם נושרים הרבה, ועי"ז נופלים על ראשו או לתוך המאכל, ונתקלקל המאכל, הוא דמי למשתסרח המקפה, **ושם** בעובדא דרב יוסף לא הוי כ"כ באופן זה, וע"כ לא הותר אלא משום דאנינא דעתיה].

וכל זה דווקא בשאר ימים או לילות של סוכות, אבל לילה הראשונה צריך לאכול כזית בסוכה אף אם גשמים יורדין - דאף שהוא מצטער מחמת הגשם, וכל מצטער פטור מסוכה, סבירא ליה להרמ"א כדעת הפוסקים, דסוברין דבלילה ראשונה אף מצטער חייב, **וטעמם**, דכיון דגמרינן "ט"ו ט"ו" מחג המצות, לגמרי גמרינן, מה התם בכל גווני חייב, אף בסוכות כן.

ודע, דיש עוד מגדולי הראשונים דסבירא להו, דגזרה שוה זו לאו להכי אתיא, ואין לחלק בין לילה

הראשונה לשאר ימים, **וע"כ** הכריעו כמה אחרונים, דאף דמחוייב לאכול בסוכה מחמת ספק, ברכת "לישב בסוכה" לא יברך, דספק ברכות להקל.

עוד כתבו, דראוי להמתין עד חצות הלילה, פן יעבור הגשם, [ויותר מחצות לא ימתין, דזמן אכילת סעודה ראשונה הוא לכתחילה ג"כ רק עד חצות וכנ"ל], דאם יעבור יכנס לסוכה ויברך ברכת "לישב בסוכה", ויאכל ויוצא בזה המצות עשה לכו"ע, **ויש** מאחרונים שכתבו, דאין כדאי להמתין כל כך, דאם ימתין עם אכילת בני ביתו הגדולים והקטנים, אין לך מניעת שמחת יו"ט יותר מזה, **וכן** בא"ר ופרי מגדים לא הזכירו שיעור חצות, רק כשעה או שתים, ואם לא פסקו יעשה אז קידוש בסוכה, כמו שכתב הרמ"א, [**ואם** מצטער ברעב או בשינה ע"י המתנתו, ובפרט כשהזמין אצלו אורחים עניים, ומסתמא לא אכלו כל היום, והם תאבים לאכול ומצטערים, אין לו להמתין, **דממ"נ** אם מצטער חייב, בודאי יכול לאכול ויוצא בה המצות עשה, ואם מצטער פטור, ג"כ יכול לאכול, **ואפשר** עוד דלענין עניים דקיימי, אם יעכבם מלאכול איסורא נמי איכא, דהם אינם מחוייבים לצאת כל הדיעות, ואיכא חשש ד"בל תאחר"].

ויקדש בסוכה כדי שיאמר זמן על הסוכה - ר"ל דלכאורה היה לו לעשות בהיפוך, שיקדש בבית ויאמר ג"כ שם ברכת "שהחיינו לזמן הזה", ויאכל כל סעודתו שם, ורק בסיום הסעודה יכנס לסוכה ויאכל כזית שם, **אלא** דבזה היה צריך לברך עוד ברכת זמן משום סוכה, ואין נכון להרבות בברכות, לכך טוב יותר שיקדש מתחלה בסוכה, ויהיה קאי ברכת זמן על הסוכה ג"כ, **דאפילו** אם נימא דפטור אז מסוכה, מ"מ יוצא בזה, דלא גריע דבר זה מאלו בירך "שהחיינו" בחול בשעת עשייה בסוכה דיוצא בזה, ויאכל בסוכה כזית, ושאר סעודתו יאכל בביתו.

ואם פסקו הגשמים, אפילו כבר בירך בהמ"ז על אכילה הקודמת, צריך לאכול עוד הפעם כשיעור ביצה ומעט יותר בסוכה, ולברך "לישב בסוכה", [**דאם** אוכל רק כשיעור כזית או כביצה, אינו יכול לברך "לישב בסוכה", דלדעת הפוסקים דס"ל דמצטער חייב בלילה הראשונה, הרי קיים מתחילה המצות עשה באכילה ראשונה, ושוב עתה הדין כמו בשאר ימי סוכות, דאין לברך "לישב בסוכה" רק על יותר מכביצה], **כדי** לצאת דעת הפוסקים דס"ל, דאינו יוצא במה שאכל בעת הגשם, [**ואפי'** הוא אחר חצות, דכמה פוסקים ס"ל דאף אחר חצות עדיין זמן אכילה בסוכה], **והוא** כשעדיין לא שכב, אבל אם כבר שכב א"צ לקום מן המטה, דאם מצטער חייב, הרי כבר יצא באכילתו, ואם מצטער פטור, א"צ לקום מן המטה כמבואר בס"ז.

[**ובח"א** ראיתי שכתב, דראוי להמתין כל הלילה, שאם יפסקו הגשמים יאכל בסוכה, ואע"ג דאם מצטער ורוצה לישן פטור ממ"נ, דאם מצטער חייב, הרי כבר קיים המצות עשה, ואם מצטער פטור, הרי גם עתה פטור, **מ"מ** אם מתחזק על עצמו שלא לישן, ופסקו הגשמים ואוכל בסוכה, מברך ומקיים מצות עשה].

ומש"כ הרמ"א "לילה הראשונה", דבלילה השניה מקדש בביתו, ויברך זמן על יו"ט, ויאכל סעודתו, ובסוף הסעודה יאכל כזית בסוכה, ולא יברך "לישב בסוכה", וגם לא יברך "שהחיינו" על הסוכה, ויסמוך בזה על "שהחיינו" שבירך בליל ראשון, **ולכתחלה** טוב להמתין גם בלילה שניה מעט עד שיפסקו הגשמים, [**ומי** שאינו רוצה להחמיר בזה, אין לדקדק עליו].

ואם אכל בביתו, ורק כזית בסוף הסעודה בסוכה כאשר כתבנו, ואח"כ פסקו הגשמים, צריך לכנוס לסוכה ולאכול כשיעור, דהיינו יותר מכביצה, ולברך "לישב בסוכה".

סעיף ו - היה אוכל בסוכה וירדו גשמים, והלך לביתו, ופסקו הגשמים, אין מחייבין אותו לחזור לסוכה עד שיגמור סעודתו - ה"ה כשהיו יורדין גשמים כשהיה בביתו, ואכל בביתו, א"צ לפסוק סעודתו בביתו, אלא גומר בביתו.

אבל אם לא ישב עדיין לאכול בביתו, אף שפסק מלאכול בסוכה והלך לבית, צריך לחזור לסוכה אם פסקו הגשמים.

סעיף ז - היה ישן וירדו גשמים בלילה, ונכנס לתוך הבית, ופסקו הגשמים - וה"ה כשהיה ישן בתחלת הלילה בביתו מחמת גשמים ופסקו, **אין מטריחין אותו לחזור לסוכה כל אותה הלילה** - ודוקא כששכב כבר, [**ואפי'** אם שכב בבגדיו, ג"כ י"ל דא"צ לעמוד ולילך לסוכה, **אכן** במחה"ש מסתפק

בזה, דאפשר דהקימה לחוד לא חשיבה טרחא, וכן בכורי יעקב מסתפק בזה], **אבל** אם עדיין לא שכב, יחזור לסוכה, **ובספר** בגדי ישע וכן במאמר מרדכי מסתפקים בזה, אחרי שכבר היה לו טרחא להכניס הכרים וכסתות לתוך הבית, אפשר שלא הטריחו לחזור ולהעלותם, [**וכתב** בפמ"ג, כשפשט בגדיו, י"ל דאף שלא שכב עדיין, טורח ללבוש ולילך לסוכה, **ובבכורי** יעקב מסתפק גם בזה].

וה"ה מי ששוכב בסוכה שיש לה לעטי"ן, ובשעת הגשמים סגרו אותן, ואח"כ פסק הגשם, נראה שא"צ לעלות על הסכך לפתוח הלעטי"ן שסתם בשעת הגשמים, [**אבל** באמצע סעודתו, אפשר שגם אם צריך לעלות על הסכך צריך לפתחן, שאין בזה הפסק סעודה וטרחא כ"כ, כמו לעלות לסוכה בס"ו], **אבל** אם יכול לפתחם בסוכה ע"י חבלים, צריך לעמוד ולפתחם, שאין זה רק מעט טרחא, ולא מקרי מצטער.

אלא ישן בביתו עד שיעלה עמה"ש - ואפילו אם הקיץ אין צריך לעלות לסוכה בלילה,

הגה: ויעור משנתו - פי' מעצמו, וא"צ להקיצו, גם אין מחוייב למסור שנתו לאחרים שיקיצוהו כשיאור היום.

מי שהוא ישן בסוכה וירדו גשמים, אין צריך לשער בכדי שיתקלקל התבשיל, דבגשמים מועטים הוי צער לישן שם, ויוכל לצאת; וכל הפטור מן הסוכה - כגון במצטער, **ואינו יוצא משם, אינו מקבל עליו שכר, ואינו אלא הדיוטות** - וק"ו בזה למי שרוצה להחמיר כשיורדים גשמים, ולילך לסוכה ולברך שם "המוציא" וברכת "לישב בסוכה", ואח"כ לאכול בבית, והוי ברכה לבטלה, אפילו יאכל שם בסוכה אכילת קבע.

(זה הכלל הוא דוקא במקום שיש בו צד איסור, כמו במצטער דהוי חילול יו"ט, ואפילו בחוה"מ חייב לכבודו, **אבל** אם אינו מצטער, רשאי להחמיר, כמו ר"ג שהחמיר על עצמו בדלי של מים ואמר: העלום לסוכה).

(**וכתב** בספר בכורי יעקב: נ"ל דמה דאמרינן שאינו אלא מעשה הדיוטות ואינו מקבל שכר, זה דוקא כשפטור בעת הישיבה, כגון שמצטער וכדומה, ובפרט בגשמים כיון שהם כשפיכת כוס על פניו, שרבו הראה לו שאינו רוצה בעבודתו, והוא רוצה לכוף רבו לעבדו, שאין זה דרך ארץ, **אבל** מי שפטור משום טרחה לחזור לסוכה, כגון בפסקו גשמים בלילה או באמצע סעודתו, או בהולך לסוכת חבירו, לזה יש קבול שכר עליו, **דלא** גרע משותה מים בסוכה דאמרינן: הרי זה משובח, אף שפטור מן הדין, וכ"ש זה שבשעת ישיבה מקיים מצות סוכה כראוי, רק שלכתחלה לא היה מחוייב לילך לשם).

וכשיוצא מן הסוכה מכח הגשמים, אל יבעט ויצא, אלא יצא בהכנעה, כעבד שמוזג כוס לרבו ושפכו על פניו.

סעיף ח - נהגו שאין מברכים על הסוכה אלא בשעת אכילה, (והכי נהוג) - ר"ל אף דמדינא דגמרא לדעת פוסקים ראשונים, כשבירך בסוכה ויצא לעשות ענינו, ולא לחזור תיכף, בענין שהיה יציאה גמורה, וא"כ הרי הסיח דעתו מן המצוה, וכשיחזור אח"כ צריך לברך שנית, ואפילו מאה פעמים ביום, ואימת שנכנס אע"פ שאינו אוכל שם מברך, שהרי גם הישיבה והעמידה שם היא מצוה, דהוי "כעין תדורו", {**ודוקא** שיצא יציאה גמורה, אבל אם יצא לעשות צרכיו, או להביא דבר לסוכה, א"צ לברך, שהרי לא הסיח דעתו}, **מ"מ** מנהג כל העולם כדעת הפוסקים, שאינם מברכים אלא בשעת אכילה, ואפילו אם יושבים בסוכה קודם אכילה שעה, אינם מברכים, דס"ל דברכה שמברכים אח"כ על האכילה, היא פוטרת הכל, שהיא העיקר, והיא פוטרת השינה והטיול והלימוד, שכולם טפלים לה.

וכתבו האחרונים, דנכון הדבר לצאת גם דעת הפוסקים הראשונים, ולא לישב כך בלי ברכה, וע"כ תיכף בבואו מביהכ"נ, יברך על דבר שהוא מחמשה מינים, ויאכל ממנו מעט יותר מכביצה, ויברך "לישב בסוכה", ולא יברך אח"כ בשעת אכילה.

ואם בירך פ"א בשעת אכילה, ולא יצא מסוכתו לעשות עסקיו, ואף אם יצא מסוכתו רק שהיה דעתו לחזור מיד, א"צ לברך שנית לישב בסוכה, אפילו אם אוכל סעודה שניה, כיון שמצוה אחת היא, **ולכן** מי שיושב כל היום בסוכה, וישן בלילה בסוכה, ומתפלל שם, ואינו יוצא לשום עסק רק אדעתא לחזור מיד, א"צ לברך רק בשעת אכילה ראשונה, ואח"כ א"צ לברך, [אפי' אם היה כן כל שבעת הימים], **וי"א** דכיון שיצא בנתיים אפילו על

דעת לחזור מיד, צריך לברך בשעת אכילה שניה, [**וספק** ברכות להקל, אם לא שיש עוד לצרף לזה צדדים אחרים].

ואם יצא לעשות עסקיו, או לביהכ"נ להתפלל, לכו"ע צריך לברך בשעת אכילה שניה, [מ"א, **ומשמע** דאפי' אם הלך באמצע שולחנו לביהכ"נ להתפלל מנחה או מעריב, ובאופן זה היה בודאי דעתו לחזור תיכף לסוכתו, מ"מ כשישוב לגמור סעודתו צריך לחזור ולברך לישב בסוכה - בכורי יעקב, **והנה** ידוע דטעם המ"א משום דהליכה הוי הפסק, אבל לפי מה שביארנו לקמיה דדעת כמה אחרונים דהליכה לא הוי הפסק, יש לעיין אם יצטרך לחזור ולברך, דלכאורה חדא אכילה היא, **וכן** מוכח דעת הבית מאיר, דהיכי דנכנס באמצע סעודתו להתפלל מנחה או מעריב, כל שלא הסיח דעתו מלאכול, א"צ לברך שנית כשישוב].

והמתענה בסוכות, או שאין דעתו לאכול פת באותו יום, אז לכו"ע כל אימת שיצא יציאה גמורה חייב לברך, **דדוקא** כשאוכל פת, ס"ל להנהו פוסקים שמברך על עיקר חיוב הסוכה, ופוטר כל הדברים הטפלים, אבל כשאינו אוכל לא שייך זה, **וכתב** הח"א, דה"ה כשיצא יציאה גמורה לאחר אכילה, וחוזר ונכנס, ולא יאכל עד הערב, וקודם האכילה יצטרך עוד הפעם לצאת לביהכ"נ, דבזה ג"כ לכו"ע צריך לברך.

ומי שהולך באמצע סעודתו לסוכת חבירו, דעת המ"א, שאפילו אם היה בדעתו בשעת ברכה שילך באמצע הסעודה לשם, ולשוב אח"כ מיד, אפ"ה צריך לברך שם "לישב בסוכה", דהליכה הוי הפסק, וע"כ אם רוצה לאכול בסוכה זו דבר שאסור לאכול חוץ לסוכה, צריך לברך שם "לישב בסוכה", [**זהו** דעת הגר"ז דדוקא אם אוכל שם, **ודעת** הח"א, דבכל גווני חייב לברך שם, אפי' אם לא יאכל, ונראה דטעמו, דהמנהג שנהגו לברך רק על אכילה, הוא רק בביתו שדרך לקבוע שם סעודה, אבל בבית אחרים שאין דרך לקבוע שם סעודה, לכו"ע כל שנכנס שם חייב לברך, **ומ"מ** נראה דאפי' לדידיה, הוא כשנכנס לשם ורוצה לישב שם, אבל כשנכנס לשם לגבות חובו, וכדומה שאר עסק, ואין נ"מ אצלו אם הוא סוכה או בית או חוץ, בזה לכו"ע א"צ לברך, דלא עדיף ממתעסק בעלמא], **אמנם** הוא לשיטתו אזיל בסימן ח', אבל לפי מה שכתבנו שם דדעת כמה אחרונים דהליכה לא הוי הפסק, אם היה בדעתו א"צ לברך, וספק ברכות להקל, [**ועיין** בספר בית מאיר דכתב ג"כ, דמאי שנא סוכה זו או אחרת, כל שלא הסיח דעתו מלאכול א"צ לברך שנית, **ומשמע** דלדידיה אפי' לא היה דעתו בשעת ברכה לכתחילה לזה, ג"כ א"צ לברך, **מיהו** כיון דאיכא דעות ג"כ, אין כדאי לצאת באמצע סעודה].

ואם שכח לברך "לישב בסוכה" עד שהתחיל לאכול, יברך אח"כ על מה שרוצה לאכול, **ואפילו** אכל כבר ובירך בהמ"ז, יכול לברך, שגם הישיבה היא מן המצוה, דמאכילה ואילך כל זמן שיושב הוי הכל קביעות אחד, **ומ"מ** כל שעדיין לא בירך בהמ"ז, יברך ויאכל מעט.

ומי שקידש בליל סוכה והתחיל לאכול, ואח"כ ראה שהלאדי"ן לא היו נפתחין עדיין, נ"ל שיאכל שוב כזית ויברך "לישב בסוכה", **אבל** קידוש פשיטא שא"צ לברך שנית, ואפילו זמן לא יברך עוד הפעם, כיון דלדין התלמוד מהני הזמן שבשעת עשיית הסוכה למצות סוכה, כ"ש שמהני בזה מה שבירך כשהיו הלאדי"ן סתומים.

§ סימן תרמ – מי הפטורים מישיבת סוכה §

סעיף א - נשים ועבדים וקטנים פטורים מן הסוכה - משום דהו"ל מצות עשה שהזמן גרמא, ונשים פטורות, ועבד דינו כאשה, **ולענין** ברכה כשרוצין לישב בסוכה, עיין לעיל סימן י"ז, דנוהגין הנשים לברך, **אכן** אחרים לא יברכו להן, אפילו אין יודעין בעצמן, **אם** לא כשמברכין לעצמן.

טומטום, ואנדרוגינוס - שיש לו סימני זכרות ונקבות, **חייבים מספק** - ומ"מ לא יברכו, דברכה דרבנן, וספיקא לקולא, וכדלעיל סי"ז ס"ב, **ומ"מ** אם רוצים לברך הרשות בידן, דלא גריעי מאשה.

וכן מי שחציו עבד וחציו בן חורין, חייב.

סעיף ב - קטן שאינו צריך לאמו, שהוא כבן חמש, כבן שש - כל חד כפום חורפיה, [והיינו דאם הקטן הוא חריף, שיעורו מבן ה' ולמעלה, ואם איננו חריף, מבן ששה ולמעלה, **ולדעה** זו אין נ"מ בין

איתיה לאבוה במתא לליתא במתא. **ובביאור** הגר"א כתב, דט"ס הוא בשו"ע מה שכתב בן ה'].

חייב בסוכה מדברי סופרים, כדי לחנכו במצות - ואם אין לו אב, י"א דאמו וב"ד חייבים לחנכו, **ולכו"ע** אסור להאכיל לקטן בידים חוץ לסוכה, אפילו לאדם אחר, דהיינו ליתן לתוך פיו, או לצוות לו לאכול, [**ולאפוקי** כשמניח לפניו לאכול והוא אוכל מעצמו, **אבל** אביו מחוייב מחמת מצות חינוך למנוע אותו שלא לאכול חוץ לסוכה].

ודעת כמה אחרונים, דמבן חמש ולמעלה, אם אביו הוא בעיר, שאינו צריך אז כ"כ לאמו, מחוייב אביו לחנכו בסוכה אפילו אם איננו חריף, [**ובליתיה** לאבוה במתא כל השנה, אפי' אם בא על חג הסוכות לביתו, דבזה הוא מורגל עם אמו, שיעורו מבן ששה ומעלה].

סעיף ג - חולים ומשמשיהן פטורים מן הסוכה - חולים, משום דכתיב "תשבו כעין תדורו", ואם היה לו זה החולי כל השנה, לא היה יושב בביתו דוקא, אלא היה הולך למקום שנקל לו לחליו, **ומשמשיהן**, לפי שהן עוסקין במצוה, וכל העוסק במצוה פטור מן המצוה.

ולא חולה שיש בו סכנה, אלא אפי' חש בראשו - קיצר בלשונו, ובגמרא איתא "אלא אפילו חולה שאין בו סכנה, ואפי' חש בראשו וכו'", **(או) חש בעיניו** - ור"ל וישיבת הסוכה קשה לו.

ויש מי שאומר שאין המשמשים פטורים אלא בשעה שהחולה צריך להם - ואם הוא חולה שיש בו סכנה, נראה דיש להקל גם בשעה שא"צ לו.

ואם יש שני משמשים וא"צ לשניהם בבת אחת, צריך לאכול אחד בסוכה בעת שימושו של השני.

(ומי שמקיז דם חייב בסוכה) - היינו במקיז דם רק כדי לשמור הבריאות, ואינו מרגיש שום חולי בעצמו, שאז אינו מצטער כלל, ואדרבה הוא שמח ומרבה באכילה ושתיה, **אבל** אי מרגיש בחולי, ומה"ט מקיז, פטור. **והשותה** משקה לשלשל, אם מתיירא שיזיק לו הצינה, פטור.

סעיף ד - מצטער פטור מן הסוכה - ד"כעין תדורו" בעינן, ואף בכל השנה אין אדם דר במקום שהוא מצטער, **הוא ולא משמשיו** - דהיינו שאם הם רוצים לאכול או לישן, חייבים לכנוס לתוך הסוכה, **ולכאורה** נראה דאם הוא שכיר אצלו לשמשו, וגם בכל השנה אינו אוכל וישן בביתו כי אם אצלו, רשאי גם היום לעשות כן, והוא דומיא דשומרי גנות ופרדסים, המבואר לקמן בסימן זה.

(אבל בלילה ראשונה אפי' מצטער חייב לאכול שם כזית) - אזיל לשיטתו בסימן תרל"ט ס"ה בהג"ה, דסתם שם להחמיר בירדו גשמים לענין לילה ראשונה, וה"ה כאן, **אבל** לדעת שארי פוסקים דפטרי שם, ה"ה כאן, **ועי"כ** יש להתנהג למעשה במצטער כמו לענין ירדו גשמים, וכמו שכתבנו שם במ"ב עיי"ש.

איזהו מצטער, זה שאינו יכול לישן בסוכה מפני הרוח, או מפני הזבובים והפרעושים וכיוצא בהם, או מפני הריח - וה"ה דמצטער פטור בכולן אף מאכילה - אחרונים, **ור"ל** דאם הרוח וריח וכה"ג מצערים ליה באכילה, פטור אף מאכילה, **אבל** אם הצער רק בשינה, חייב באכילה.

(וה"ה דמקרי מצטער מפני הצינה במקומות הקרים, **ועיין** בלבוש, דאפילו יש לו כרים וכסתות להנצל מן הצינה, ג"כ יש להקל, דאין כל אדם יכול לטרוח בכל לילה להביאם שם, ולמחר לפנותם, **אם** לא דיש לו מקום בסוכה להניחם שם לכל ימי החג, **וע"כ** נראה דיש ליזהר בזמן הקור, שיהא לבוש בגדים חמים כשסועד בסוכה, כדי שלא יהיה מצטער מחמת הקור, ויהיה חשש ברכה לבטלה).

ודוקא שבא לו הצער במקרה אחר שעשה שם הסוכה, אבל אין לו לעשות סוכתו לכתחלה במקום הריח או הרוח ולומר: מצטער אני. הגה: ואם עשאה מתחלה במקום שמצטער באכילה או בשתייה או בשינה, או שא"א לו לעשות אחד מהם בסוכה מחמת דמתיירא מלסטים או גנבים כשהוא בסוכה - ר"ל שיוכלו

להזיקו בגופו, **ואפילו** במקום שביום אינו מתיירא, רק בלילה מתיירא לישן שם מפניהם, **אינו יוצא באותה סוכה כלל, אפי' בדברים שלא מצטער בהם** - ר"ל אפילו ידי חובת אכילה אינו יוצא, **דלא הויא כעין דירה שיוכל לעשות שם כל צרכיו** - אכן אם אינו מתיירא מחמת גנבים מפני היזק הגוף, רק מגניבת כליו, יוצא, שיכול להכניסם בביתו.

או בשינה - פי' במקום דליכא צינה, והצער הוא מחמת הרוח וכיו"ב וכנ"ל, דאילו במקומות הקרים, [או אם אין יכול לישן שם איש וביתו], יוצא ידי חובתו באכילה, אע"ג דלא יוכל לישן שם, דאי אפשר בענין אחר, וממילא מקרי שם "כעין תדורו", [**ולפי"ז** בשעת הצינה, כיון דבלא"ה אינו יכול לישן, לא נפסלה סוכתו מחמת שעשה אותה במקום הרוח וכיו"ב], **וגם** מקרי ראוי לשינה, אם היה לו כרים וכסתות כראוי.

ויש מאחרונים שחולקין ע"ז, ודעתם, דאף דלכתחלה בודאי אין לעשות סוכה כזו, שאין יכול לקיים בה כל הדברים כדין, מ"מ בדיעבד יוצא בה ידי חובת אכילה, כיון שלאכילה אין מצטער, [ח"צ, **ומ"מ** יש ליזהר מאוד בזה, כי כמה אחרונים העתיקו את דברי הרמ"א להלכה].

(**עיין במ"א בשם הלבוש, שיש למחות באותן שעושין סוכות ברחובות, שא"א לישן שם מחמת מורא הגנבים שיזיקו לגופו, והנה לפי מה שמפרש היד אפרים את דברי המ"א, משמע דדעת המ"א בעצמו להקל בענין זה דלא כלבוש,** ‹דהא בלא"ה אין חיוב לישן ולהצטער בצינה›, **ונוכל לצרף בזה דעת הח"צ, שמיקל בעיקר הדין של הרמ"א, וע"כ נראה דהמיקל בענין זה יש לו על מי לסמוך, ומ"מ אם יוכל לעשות הסוכה במקום אחר בודאי טוב יותר).**

מי שכבו לו הנרות בסוכה בשבת, ויש לו נר בביתו, מותר לצאת מן הסוכה כדי לאכול במקום נר - דדרך בני אדם להצטער מזה.

וא"צ לילך לסוכת חבירו שיש שם נר, אם יש טורח גדול בדבר - דהא לילך לסוכת חבירו נמי חשוב צער, דאין ערב לו לאדם אכילתו אלא בשלו, **ומפני** שסברא זו, דלילך לסוכת חבירו יש צער בדבר, לא פסיקא ליה כ"כ, לכן תלה הדבר באם יש טורח גדול בזה, דאם אין לו טורח גדול, צריך לילך לסוכת חבירו שיש שם נר, **וכן** אם ירדו גשמים ופסקו, ומ"מ עדיין נוטף מן האילנות, ואי אפשר לאכול בסוכתו, ויש לחבירו סוכה עם גג העשוי לכך לסגור ולפתוח, צריך לילך לסוכת חבירו אם אין לו טורח גדול בדבר.

ובלילה הראשונה צריך לטרוח ולילך לסוכת חבירו, [והיינו אם כבו הנרות קודם שאכל כזית, דאם אח"כ, כבר קיים המצוה, והרי הוא כשאר ימים דמצטער פטור], **אך** לא יברך שם, אם לא שאינו מצטער בזה - א"ר, **והח"א** כתב, דבמצטער כזה יכול האדם לחייב את עצמו, ולעשות בשמחה ולברך, [**ואינו** דומה לירדו גשמים, או מצטער מחמת חולי, דזה אינו תלוי בו, וגם כולם מצטערים בזה, ולכן אסור לברך ונקרא הדיוט, כיון דמן השמים עכבוהו, **אבל** בצער דתלוי בגופו, אם זה אינו מקפיד בכך למה יפטר, שהרי כמה בני אדם הולכים לבית חביריהם לאכול שם, עכ"ל].

והיתר זה דטרחא, היינו דוקא בשעת אכילה, אבל פשיטא אפילו מי שאין לו מקום בחצירו לבנות לו סוכה, שצריך להמציא לו מקום לבנות לו סוכה, ואז שם ביתו, כדרך שגם כל השנה רגילים לפנות מבית לבית ואז שם ביתו, [**ולא** כהמשתבשים שאינם מחויבים לבנות להם סוכה במקום אחר שאין שם דירתו].

ואם בא רוח לכבות הנרות בסוכה, מותר לפרוס סדין או בגד מן הצד, אבל לא תחת הסכך - דאז יבטל הסדין את הסכך ויפסול הסוכה, כדלעיל בסימן תרכ"ט סי"ט, לדעה ראשונה דסתם שם המחבר כוותה, [**והיינו** בהיות הסדין תחתיה, אבל כשמסלקה חוזרת להכשר].

אמנם לפי מה שביארנו שם, דבמקום הדחק כשאינו מועיל פריסה מן הצד, ויצטרך לאכול חוץ לסוכה, יש לסמוך אדעה שניה דמתרת לתלות סדין כדי להגן, אין לאסור זה כי אם כשירחיק הסדין מן הסכך ד"ט, דאז אין בטל הסדין לגבי הסכך, **ובשבת** ויו"ט נכון ליזהר שלא ירחיק ג"ט חלל מן הסכך, משום חשש אוהל.

וה"ה דמותר במקום הדחק לפרוס סדין למעלה על הסכך כדי להגן, בין בחול ובין בשבת ויו"ט, **אכן** מפני חשש הרואים שיאמרו שמסכך סוכתו בסדין, אין להקל כשמסכך למעלה, אא"כ ניכר לכל שמכוין בזה רק

להגן מפני הרוח, [כן הוא דעת הרוקח, דכשמסכך תחת הסכך אין לחוש בזה מפני הרואים, **אבל** דעת הטושו"ע לעיל בסי' תרכ"ט אין משמע כן, דלדידהו גם תחת הסכך יש ליזהר בזה, **ומ"מ** כיון שהוא רק לענין לכתחילה, נראה דיש להקל כמותו במקום הדחק, כדי שלא יצטרך לאכול חוץ לסוכה].

ועיין במ"א, דמ"מ לא יברך בכל זה ברכת "לישב בסוכה".

מי שלא יוכל לישן בסוכה מחמת שאל לו בפישוט ידיו ורגליו, לא מקרי מצטער, וחייב לישן שם אע"ג דצריך לכפוף ידיו ורגליו - דדרך האדם לפעמים לישן כך כפוף, וראיה מהא דקי"ל ששיעור סוכה שבעה על שבעה טפחים, שבודאי אין אדם יכול לישן שם אם לא בכפיפת גופו ואיבריו.

והיינו אף אם אין לו עצה האיך לפשוט רגליו חוץ לסוכה, דבפושט רגליו חוץ לסוכה לכו"ע לא מקרי מצטער בכך, וחייב לישן שם, **ואף** שצריך ליזהר שיהיה השולחן ג"כ בתוך הסוכה, דאל"ה חיישינן שמא ימשך אחר שולחנו, וכדלעיל בסימן תרל"ד. ‹**ודעת** הגרש"ז אויערבאך שטעות סופר הוא, דלשינה אינו צריך ששלחנו יהיה שם, ואפי' לאכילה כתב השעה"צ לעיל סי' תרל"ד ס"ד, דהנוהג כמו עני בפתו בידו ואוכל, ואינו לוקח מן השלחן כלל, אז לא גזרו חכמים כלל שמא ימשך›.

ולפי"ז אפילו אם עשה אותה לכתחלה באופן שראויה לישן שם בפישוט, ואח"כ בא איזה ענין שנעשה דחוק וצר לישכב, ג"כ מחוייב לישן שם, **וכתב** בספר נהר שלום, דמ"מ מי שהוא מעונג, וקים ליה בגויה דלדידיה הוי מצטער לישן שם בכפיפה, אין הכי נמי שפטור מלישן שם, **ואעפ"כ** יוצא ידי חובתו באכילה, כיון שבעת עשייה היה ראוי לדידיה לאכול ולישן שם.

[**והנהר** שלום וכן הפמ"ג כתבו דבר חדש, דבאיש כזה שהוא מעונג, אם עשה סוכה לכתחילה שאינו יכול לפשוט רגליו, אינו יוצא אף באכילה, כיון שהוא מצטער בשינה, **ולענ"ד** מדברי הר"ן לא משמע כן, דס"ל דכיון דכו"ע אינן מצטערים לישן שם, גם הוא יוצא עכ"פ באכילה, וצ"ע].

ולא יוכל אדם לומר: מצטער אני, אלא בדבר שדרך בני אדם להצטער בו - דאל"ה, אף שהוא מצטער, אמרינן בטלה דעתו אצל כל אדם, **אם** לא שהוא מאניני הדעת, וכל אניני הדעת מצטערין בזה.

(ולענ"ד דעת הר"ן אינו כרמ"א).

ואין המצטער פטור אלא אם יציל עצמו מן הצער, אבל בלא"ה חייב לישב בסוכה אע"ג דמצטער - דהטעם דמצטער פטור, משום ד"כעין דירה" בעינן, ואין אדם דר במקום צער כל שיוכל להנצל מזה בביתו, וה"נ בסוכה.

סעיף ה - אבל חייב בסוכה - דאע"ג דמצטער פטור מן הסוכה, ה"מ צערא דממילא הבא לו מחמת הסוכה, [כגון מפני החמה או צינה או סרחון], **אבל** הכא איהו דקמצער נפשיה, איבעי ליה ליתובי דעתיה כדי לקיים את המצוה.

כתב בספר תניא, אם המת היה חביב כ"כ שאין יכול להסירו מלבו, פטור, ומיירי שמצטער בישיבתו בסוכה - מ"א, **ועיין** בספר ישועות יעקב שחולק בזה על התניא.

בפמ"ג מסתפק לענין אונן בחוה"מ, או אפילו ביו"ט כשרוצה לקבור ע"י נכרי ביו"ט ראשון, או ע"י ישראל ביו"ט שני, דאז חל דיני אנינות, אם חייב בסוכה, [**דאפשר** דאונן לא פטור רק ממ"ע בשב ואל תעשה, ובסוכה יעבור בקום ועשה כשיאכל חוץ לסוכה], **ובספר** בכורי יעקב מצדד שהוא פטור, [**דהא** הטעם דאונן פטור מכל המצות, הוא מטעם עוסק במצוה פטור מכל המצות, וע"י שעסוק במצות טרדת קבורה, א"צ לעסוק במצוה אחרת, וא"כ כל מצוה שצריך לעסוק בה, בין שהוא בשוא"ת בין שהוא בקום ועשה, פטור ממנה, **ולכן** מנט"י פטור, שצריך מעשה ליטול ידיו, **אכן** בת"צ חייב להתענות, דזה א"צ מעשה, **ולכן** גם מסוכה פטור, דהא צריך מעשה לילך ולישב בסוכה, **ובספר** ברכי יוסף מצדד, דכשרוצה לאכול פת, אף דא"צ לברך "המוציא", מ"מ צריך ליטול ידיו, ולא יברך ענט"י].

סעיף ו - חתן ושושביניו וכל בני החופה פטורים מן הסוכה כל ז' ימי המשתה - דאין שמחה אלא בחופה, וחופה נקרא מקום המוכן לישיבת חתן וכלה, **ואין** יכולין לאכול בסוכה ולשמוח בחופה, דאין שמחה אלא במקום סעודה, [**ובסוכה** גופא

א"א לעשות החופה, משום צער חתן, לפי שהמקום פרוץ, שאין לו אלא ג' דפנות, והוא בוש לשמוח שם עם כלתו, **וא"כ** בזה"ז שמנהגינו לעשות ד' דפנות לסוכה, צריך לישב בסוכה - מ"א, **אבל** בא"ר הביא בשם ריא"ז, שכתב סתם שצער לחתן לעשות חופתו במקום צר ודחוק, ובריי"ו כתב ג"כ, שאין יכול לשמוח עם כלתו, שאין הסוכה מקום סגור, וגם באו"ז מצאתי וז"ל, משום צער חתן, דסוכה אינה מרווח דליכנסו שם כל בני החופה, עכ"ל, **וכל** אלו טעמים שייך גם בסוכה של ד' דפנות].

ומיירי שנשא ערב הרגל או קודם, דאין נושאין נשים במועד.

ויש מחייבין אותו, דס"ל דאפשר לאכול בסוכה ולשמוח בחופה, **וע"כ** הסכימו אחרונים, דראוי לחתן להחמיר על עצמו, ולישב בסוכה ולא לברך, וכן השושבינים כשאוכלין אצל החתן ומשמחין אותו בתוך ז' ימי המשתה, ויושבין שם בסוכה, א"צ לברך, **אבל** כשאוכלין בביתם, חייבין בסוכה וצריכין לברך.

(וסעודת ברית מילה, וכן הסעודה שאוכלין אצל היולדת, חייבין בסוכה) - היינו אפילו אם צר להם המקום לשבת שם, וא"א להם לשמוח שם כ"כ, מ"מ חייבין בסוכה, **דאע"ג** דסעודת מצוה היא, מ"מ לא דמי לסעודת חתן, שהיא מצוה גדולה לשמח חתן וכלה, ונקראת סעודת מצוה בכל מקום, **אבל** זה אינה מצוה כ"כ, וא"כ די להם בעשרה אנשים - מ"א, **(ומשמע מזה, דאם הסוכה קטנה מהכיל אף עשרה אנשים, מותר חוץ לסוכה, ולפי מה שהעתיק הגר"א הטעם, דלאו מצוה מדאורייתא היא שידחה הסוכה כמו נישואין, אפילו באופן זה אסור חוץ לסוכה, וכן בפמ"ג מצדד דאין להקל בזה בכל גווני, וכן בסעודת אירוסין ופדיון הבן ובר מצוה וסיום וכדומה, פשיטא דבעי סוכה – בכורי יעקב).**

ומ"מ בשמיני עצרת, אם רוצים יכולים לאכול בבית בסעודת ברית מילה.

(עוד כתב ביכורי יעקב, שמי שיש לו סוכה קטנה, מותר לבנות לו סוכה גדולה בחוה"מ לצורך סעודת ברית מילה, דהוי לצורך המועד, ואף דלצורך המועד ג"כ לא מותר רק בצינעא, מ"מ הכא ניכר דלצורך המועד הוא, ובניכר מותר לעשות בפרהסיא).

סעיף ז - שלוחי מצוה פטורים מן הסוכה - כגון שהולך להקביל פני רבו, או ללמוד תורה, או לפדיון שבויים וכיו"ב, **ואפילו** בשעת חנייתן, ויש לפניהם סוכה בנויה.

(עיין בתשובת כתב סופר, דדוקא כשהיא כולה לד' ואין בה הנאה לעצמה, **אבל** בהולך בשכר ועיקרו של השליח להנאתו מתכוין, **לא נפטר עי"ז ממצות סוכה, ועיין לעיל סימן ל"ח בבה"ל ד"ה הם ותגריהם כו').**

בין ביום ובין בלילה - ואפילו הולכין רק ביום, פטורים גם בלילה, מפני שטרודים במחשבת המצוה ותיקונה, והוי הכל בכלל עוסק במצוה ופטור ממצוה אחרת.

(וע"ל סי' ל"ח) - ר"ל בס"ח בהג"ה, דמוכח שם דדוקא כשצריך לטרוח אחר הסוכה, **אבל** אם א"צ לטרוח אחריה, כגון שיש סוכה מזומנת לפניו, צריך לכנוס בסוכה ולאכול ולישן שם, **ואם** אין יכולים לישן כ"כ בטוב בסוכה, ויהיו יגעים למחר ולא יוכלו לקיים המצוה כראוי, פטורין.

סעיף ח - הולכי דרכים ביום, פטורים מן הסוכה ביום - היינו שא"צ להמתין מלאכול עד שיגיע לסוכה, אם לא שיזדמן לפניו סוכה בעת האוכל בלי טורח, **ד"תשבו** כעין תדורו" אמר רחמנא, וידוע כשאדם דר בביתו בשאר ימות השנה, אינו נמנע מלנסוע לאיזה ענין, ומניח את ביתו, וכן ה"ה בסוכה.

וחייבים בלילה - היינו כשלן בלילה במקום ישוב, אפילו אין באושפיזא שלו סוכה, כגון שהוא נכרי, חייב להשתדל אולי ימצא סביבות משכנו איזה יהודי שיש לו סוכה.

הולכי דרכים בלילה, פטורים בלילה, וחייבים ביום. הגה: ודוקא כשיוכלו למצוא סוכה; אבל אם אינם מוצאים סוכה - ר"ל שהשתדל ולא מצא סוכה סביבותיו, ואינו מחוייב לעשות סוכה, **יוכלו לילך לדרכם** - ר"ל אפילו אם הוא יודע בביתו שבדרך שהולך לא ימצא שם סוכה, אפ"ה מותר לצאת מביתו, **אף שלא ישבו בה לא יום ולא לילה, כשאר ימות**

השנה שאינו מניח דרכו משום ביתו - דכלל בידינו: "תשבו כעין תדורו".

ואע"פ שאינו הולך רק ביום, פטור אף בלילה, דאין לעשות לו שם דירה - ר"ל היכא דאין מוצא סוכה, אין מחוייב לעשות מחדש, [וקראה בשם דירה, על שם מאמר הגמרא "צא מדירת קבע ושב בדירת עראי"].

וההולכים לכפרים לתבוע חובותיהם, ואין להם סוכה באותן הכפרים, יחמירו על עצמן לשוב לבתיהם בכל לילה לאכול בסוכה, ואע"ג דיש להקל - ר"ל דמה שאמרו ההולכין ביום חייבין בלילה, היינו היכי דמוצא סוכה באותו מקום, משא"כ בזה, **מ"מ המחמיר תבא עליו ברכה.**

וכ"ז בהולך מכפר לכפר, מדינא א"צ להמתין מלאכול, רק המחמיר, **אבל** בשוהא בכפר אחד ג' או ד' ימים, חייב מדינא לעשות שם סוכה.

סעיף ט - שומרי העיר ביום, פטורים ביום וחייבים בלילה; שומרי העיר בלילה, פטורים בלילה וחייבים ביום - היינו ששומרים מגייסות שלא יבואו עליהן, וצריכין לילך סביב העיר לשמרן, ולפיכך אין יכולין לעשות סוכה במקום אחד, [**ואפשר** אם היא מוקפת חומה, וא"צ לשמור רק דרך השער, הוי דינו ככרי של תבואה המבואר לקמיה, דצריך לעשות סוכה במקום ההוא].

ודוקא בשומרי גייסות, אבל בשומרי ממון שלא יבואו לגניבה, שדרכן לשמור תמיד, הוי כשומרי גנות ופרדסין המבואר לקמיה דפטורין בין ביום ובין בלילה, **ובאמת** דבר זה תלוי לפי ענין השימור, כגון שומרי החנויות שלנו, שדרכן לשמור בלילה, פטורין רק בלילה.

והיושבים בחנות, אע"פ שרגילין כל השנה ברוב פעמים לאכול בחנות ביום, מ"מ בסוכות חייבים לאכול בסוכה, אפילו אם דרים חוץ לעיר וחנויותיהם בתוך העיר, חייבים לעשות להם סוכה כדי לאכול בעת שיצטרכו, אם אינם יכולים לילך לביתם ולאכול.

סעיף י - שומרי גנות ופרדסים, פטורים בין ביום ובין בלילה, שאם יעשה השומר סוכה, ידע הגנב שיש לשומר מקום קבוע ויבא ויגנוב ממקום אחר; לפיכך אם היה שומר כרי של תבואה, שיכול לשמור כולה ממקום אחד, חייב לעשות סוכה במקום ששומרו.

הגה: והעושין יין אצל העובד כוכבים בסוכות, פטורים בין ביום בין בלילה, דצריכים לשמור שלא יגעו העובדי כוכבים (הג"מ); ואם הוא בענין שאין צריכין שימור, חייבין - ואם היין מונח בחצר, צריך לעשות סוכה בחצר, דיכול לשומרו מתוך הסוכה ע"פ האופנים המבוארים ביו"ד סימן קל"א.

§ סימן תרמא – שאין מברכין שהחיינו על עשיית הסוכה §

סעיף א - העושה סוכה, בין לעצמו בין לאחר, אינו מברך על עשייתה - שאין עשייתה גמר מצוה, שהרי צריך לישב בה.

אבל "שהחיינו" היה ראוי לברך כשעושה אותה לעצמו - וה"ה אם היתה עשויה מכבר והוא מחדש בה דבר, דהיינו שהיה בה רק שני דפנות, והוא השלימה עכשיו, או שחידשה בהסכך.

(**ודוקא** כשעשה אותה תוך שלשים לחג, אבל קודם ל', אע"פ שכשרה בשעשאה אותה לשם חג, כמבואר סי' תרל"ו, מ"מ לא מקרי שעת עשייה לברך עליה זמן).

ודוקא דבר שעושין אותו משנה לשנה, אבל שופר ומגילה שעושין אותן לכמה שנים, אינו מברך "שהחיינו" על עשייתן, **ונר** חנוכה נמי אינו מינכר שעושין לשם מצוה.

(משמע דכשעושה אותה לאחרים אינו יכול לברך "שהחיינו", ורק הבעה"ב בעצמו יברך "שהחיינו", **ואה"נ** דאם הבעה"ב עומד פה ומבקשו שיכוין להוציאו, ה"נ דמותר, **אלא** שכבר העלו האחרונים, דאם יוכל לברך בעצמו אין כדאי שיוציאו בברכתו, **ודע** עוד, דמדברי התוס' משמע, דלהכי לא יוכל לברך "שהחיינו" כשעושה בשביל אחר, מדס"ל להאי תנא דאין מברך "לעשות",

ר"ל וא"כ אין עשייה עיקר המצוה, וע"כ אין מברך "שהחיינו" בשביל אחרים, ולפי"ז במצוה שעשייה עיקר המצוה, לדעת התוס' יוכל לברך "שהחיינו" גם כשעושה המצוה בשביל אחרים, ולשיטתם בשמיעת השופר דהוא עיקר המצוה, יוכל לברך "שהחיינו" גם בשביל אחרים).

אלא שאנו סומכים על זמן שאנו אומרים על הכוס של קידוש - שהוא קאי על מצות סוכה ועל החג.

הגה: ואם לא אכל לילה ראשונה בסוכה, אע"פ שבירך זמן בביתו, כשאוכל בסוכה צריך לברך זמן משום הסוכה - דהברכה שבירך מאתמול בביתו היה רק בשביל החג, **ואם בירך זמן בשעת עשייה, סגי ליה.**

(**ואם** בירך "שהחיינו" בשעת עשייה, מסתפק בפמ"ג אם שוב יברך זמן בשעת קידוש על יו"ט, **וראיתי** בברכי יוסף שנסתפק ג"כ בזה, והעלה דלדעת התוספות והרא"ש והר"ן וכל בו וא"ח, לא יברך, דהזמן שבירך קודם החג על הסוכה מהני ממילא גם לרגל, **אבל** לדעת הרמב"ם והרמב"ן והריטב"א ודעימייהו, יברך, ומסיק כיון דספק פלוגתא הוא, לא יברך, דספק ברכות להקל).

§ סימן תרמב §

סעיף א - אם חל יום ראשון של סוכות להיות בשבת, אומרים בערבית ברכה אחת מעין שבע, וחותם בה בשבת בלבד - שלא נתקנה אלא עבור שבת בלבד.

ואז אין אומרים מערבית בליל ראשון, דכיון שאין העולם רגילין בהם, חשו שמא יטלו נרות לראות בהן, ובליל שני אומרים מערבית של יום ראשון, **וה"ה** כשחל ז' של פסח בשבת, אומרים במוצאי שבת המערבית השייך ליום ז', וה"ה בשמחת תורה, אומרים המערבית של שמיני עצרת, **לבד** ליל א' וב' של פסח, שאומרים בליל ב' השייך לליל ב', משום בִּכּוּר לספירה, (היינו הפיוט של ליל ב', שהוא מענין של ספירה).

ואין אומרים "במה מדליקין", [גזירה משום יו"ט שחל בע"ש, שאין אומרים בו "עשרתם" וכו', שאין מעשרין ביו"ט, לכן אין אומרים אותו אפי' כשחל יו"ט בשבת עצמו].

בטור כתב, (כשחל סוכות בחול): "באהבה מקרא קודש", ובמנהגים שלנו כתוב: ואין אומרים "באהבה".

§ סימן תרמג – סדר הקידוש §

סעיף א - סדר הקידוש: יין קידוש וסוכה - שאי אפשר לברך על הסוכה קודם שיברך על קידוש היום, שהרי מתחלה נתקדש היום, ואח"כ נתחייב לישב בסוכה, [**והאי** טעמא הוא רק לענין לכתחילה, אבל לא לעיכובא. **וה"ה** בשבת ויו"ט שבסוף החג, אף דשם אין שייך סברא זה, ג"כ מברך על הסוכה אחר הקידוש, מטעם הנזכר בס"ג במ"ב, דאז הוא זמן תחילת הסעודה, דמקודם אין רשאי לאכול].

ואח"כ זמן, לפי שהזמן חוזר על קידוש היום ועל מצות סוכה - כיון שלא בירך עליה אז בשעת עשייה, א"כ מוטל עליו עכשיו לברך זמן על קיום המצוה, (**דאם** היה מברך בשעת עשייה, אז ברכת הזמן קאי רק ארגל, וע"כ צריך לברך זמן ואח"כ סוכה, **ולדעת** התוספות והרא"ש א"צ לברך בזה כלל ברכת הזמן, דברכת הזמן שבירך קודם החג על הסוכה, מהני ממילא גם לרגל).

ואין נ"מ בין שעשאה הסוכה קודם חג הסוכות, ובין שהיתה עשויה ועומדת עם הסכך מכבר, (**והיינו** דאפילו באופן זה, ברכת הזמן קאי על הסוכה, דהיינו על קיום המצוה של סוכה).

ומ"מ בדיעבד אם עבר ובירך זמן ואח"כ סוכה, אינו חוזר לברך זמן, ואמרינן דהאי זמן קאי גם אסוכה דבתריה.

אם לא בירך זמן בלילה, יוכל לברך כל שבעה, ואפילו בלא כוס, דזמן יכול לומר אותו אפילו בשוק, (**ולכאורה** בחו"ל לענין ליל שני, שייך ג"כ לומר: אי לא בירך מברך כל ז', וצ"ע).

סעיף ב - להרמב"ם, מקדש מעומד, ומברך: לישב בסוכה, ויושב - דלדעתו הישיבה הוא תחלת עשיית המצוה, ויש לו לברך עובר לעשייתן,

היינו קודם עשיית תחלת המצוה, ויש לו לנהוג כן כל שבעת הימים, [**עיין** בט"ז, והנה לדעתו גם הרמב"ם מודה להרא"ש, דאם אוכל מעומד, יכול לברך "לישב בסוכה", דהכונה היא העכבה בסוכה, כמו שכתוב "ותשב בקדש ימים רבים", **ולדעת** הב"ח, אם אוכל מעומד אינו יכול לברך "לישב בסוכה" לדעת הרמב"ם, ולאכול בלי ברכה ג"כ אינו רשאי, וע"כ מוכרח לישב ולברך, אם לא שהוא אנוס ואינו יכול לישב].

ואח"כ מברך זמן - בא לאפוקי שלא יברך ברכת זמן קודם שישב, **דאף** דברכת זמן גופא רשאי להיות בעמידה לכו"ע, מ"מ אין נכון לעשות כן מטעמא אחרינא, דצריך להסמיך עשיית המצוה אל הברכה, וכיון שבירך "לישב בסוכה" צריך לישב תיכף.

(ואין נוהגים כן, אלא מקדשין מיושב, וכן דעת הרא"ש) - ס"ל שיש לסמוך הברכה על עיקר המצוה שהיא האכילה, וכמש"כ סוף סימן תרל"ט, שנוהגין שאין מברכין אלא על האכילה.

(**ובביאור** הגר"א מצדד כדעת הרמב"ם, **ועיין** במו"ק דדעתו, דבקידוש היכי שהוא מוציא בזה לאחרים, בודאי יש לנהוג לקדש מיושב).

וראוי לומר ברכה דסוכה בקול במשיכה בניגון, כשאר ברכות דקידוש, וה"ה בכל שאר ברכות ירגיל לומר בקול רם, כי הקול מעורר הכונה - של"ה. **ולענין** אם יכולין כמה בע"ב לקדש בסוכה בבת אחת, עיין לעיל סימן תפ"ח במ"ב.

סעיף ג- בשאר ימים מברך על הסוכה קודם ברכת המוציא - ר"ל דביו"ט הלא מבואר לעיל בס"א, יין קידוש וסוכה, וביארנו שם טעם הדבר, דאי אפשר לברך על הסוכה קודם קידוש היום, **אכן** בשאר הימים שאין בהם קידוש, דעת המחבר דצריך לברך על הסוכה קודם ברכת "המוציא", כדעת רבינו מאיר מרוטנבורג, דבה נתחייב תחלה תיכף שנכנס וישב בה לסעוד סעודתו, וראוי לסמוך הברכה להישיבה כל מה דאפשר, **אך** העולם לא נהגו כן כדמסיים.

ונוהגים לברך על הסוכה אחר ברכת המוציא, קודם שיטעום - כדי שיתחיל בסעודה, דעל ידה הוא עיקר חיוב הסוכה, ואח"כ יברך, **ולא** הוי הפסק בין ברכת "המוציא" לאכילה, דצורך סעודה הוא כמו קידוש.

הגה: הכי נוהגין בחול, אבל בשבת ויום טוב שיש בהן קידוש - על היין, ואומר על הכוס סוכה וזמן כדלעיל, **מברך לאחר קידוש** - דאז הוא זמן התחלת הסעודה, {דמקודם אין רשאי לאכול}, ושייך אז לברך ברכת הסוכה, ואח"כ "המוציא" על הפת, **ואם** מקדש על הפת, אומר "המוציא" וקידוש וסוכה וזמן, **משא"כ** בחול שאין שם אלא "המוציא", מברך על הסוכה תיכף אחר ברכת "המוציא".

ולענין סעודת שבת ויו"ט שחרית, שאין בהם קידוש רק ברכה בעלמא על הכוס, יש דיעות בין האחרונים, **י"א** דבזה אין כדאי להפסיק בברכת סוכה בין הברכה להשתיה, דעל השתיה ליכא חיוב סוכה כלל, אלא יברך אותה אחר ברכת "המוציא" למנהגינו, **וי"א** דגם בזה כיון שמכין עצמו בקידוש זה לאכילה, יברך אותה קודם שיטעום מן הכוס, **ודעביד** כמר עביד, ודעביד כמר עביד.

והנה זה הוא בנוטל ידיו אח"כ לסעודה, **אבל** אם אינו רוצה עתה לסעוד סעודתו, רק מברך על הכוס ואוכל אחריו פת כיסנין, כדי שיהיה קידוש זה במקום סעודה, **מצדד** בשע"ת, דבזה לכו"ע יברך ברכת סוכה קודם שיטעום מן הכוס.

ואם קידש בבית ואוכל בסוכה, או איפכא, עיין לעיל סימן רע"ג סעיף א'.

§ סימן תרמד – סדר ההלל כל ימי החג §

סעיף א- שחרית אחר חזרת התפלה, נוטלין הלולב ומברכין: "על נטילת לולב", ו"שהחיינו" - ואח"כ ינענע, **והנה** "שהחיינו" זה הוא על קיום המצוה, וע"כ אף דאתמול בלילה בירך "שהחיינו", שם היה על מצות סוכה ועל יו"ט, וזה הוא על מצות לולב, **ואם** נטל הלולב ביום א' ולא בירך "שהחיינו", יכול לברך כל ז' אימת שיזכור, ובשעת נטילה דוקא, **ואם** בירך ביום א', שוב אין מברך ביום ב' "שהחיינו", [דאע"פ שיום א' היה חול, הו"ל כמו שבירך בשעת עשייה, דיצא].

בטור איתא דמשכימין, והוא משום דזריזין מקדימין למצוה, לקיים מצות לולב.

אין אומרים "אל נא" ביום א' דסוכות, כי אומר במקומו "אז היתה חניית סוכו", שהוא ג"כ שיר ושבח כמו "אל נא", **ובמקום** שמהפכין הסדר כשחל בשבת יום ראשון, אז ראוי לומר "אל נא" ביום א' ולא ביום ב', **והעולם** לא נהגו כן לפי שלא ידעו טעמו של דבר.

וגומרים ההלל; וכן כל שמונת ימי החג - ולא הוי כחוה"מ פסח דמדלגין, משום דבסוכות כל יום חשוב כיו"ט בפני עצמו, כיון שחלוק קרבנותיו מיום שלפניו.

ומברכים "לגמור את ההלל", בין צבור בין יחיד - ר"ל ולא הוי כמו ר"ח וחוה"מ פסח, דלכמה פוסקים אין מברכין אז על ההלל אפילו לצבור, ובפרט ליחיד, **דשם** ההלל הוא רק מנהג של כל ישראל, אבל בזה דמדינא הוא, מברכין לכו"ע בין לצבור בין ליחיד.

עיין לעיל סימן תפ"ח ס"א בהג"ה שם, דבמדינותינו המנהג לברך "לקרות ההלל".

ואין מפסיקין בו אלא כדרך שאמרו בקריאת שמע: באמצע, שואל מפני היראה ומשיב מפני הכבוד; בין הפרקים, שואל מפני הכבוד ומשיב שלום לכל אדם; ואם פסק באמצע, ושהה אפי' כדי לגמור את כולו, אינו צריך לחזור אלא למקום שפסק - הכל מבואר לעיל בסימן תפ"ח ובמ"ב שם, לענין הלל בשני ימים הראשונים של פסח, דגומרין בו ההלל, **ולא** כפלו הכא אלא לאשמועינן, דבסוכות שוין בזה לדינא כל שמונת הימים, [דיש כמה דינים חלוקין לענין הפסקה, בין חוה"מ פסח דדינו לענין זה כר"ח, ובין חוה"מ סוכות דחמיר טפי], **ולדידן** בחו"ל גם שמחת תורה בכלל זה, דגם בו גומרין ההלל, דהוא ספק שמיני.

אם הביאו לו לולב באמצע הלל, מותר לו להפסיק בין הפרקים, דהיינו בין מזמור למזמור, לברך - ח"א.

סעיף ב - בהלל אפילו עשרה קורין כאחד - [מה דחזר סעיף זה דהוא לקולא, איני יודע, דבודאי לא חמיר חוה"מ סוכות משני ימים הראשונים של פסח, דמבואר בסימן תפ"ח להקל, וצ"ע].

§ סימן תרמה – דיני לולב §

סעיף א - כתיב בתורה: ולקחתם לכם ביום הראשון פרי עץ הדר כפות תמרים וענף עץ עבות וערבי נחל, **וקבלו** חז"ל, ד"פרי עץ הדר" זהו אתרוג, שטעם עצו ופריו שוה, וכתיב "הדר", שיהיה נאה והדר בתארו וגידולו, ועל דרך שיתבאר בסימן תרמ"ח, **ולפי** שכל אלו הד' מינים כתובין בפסוק אחד, למדין זה מזה, וע"כ כל הארבעה מינים צריכים להיות נאים ומהודרים, ועל דרך שיתבאר לקמן, "**כפות** תמרים" הן ענפי האילן שגדלין בו תמרים, כשיצמחו קודם שיתקשו העלין שלהן ויתרחקו לכאן ולכאן רחוק מן השדרה, אלא כשיהיה כמו שרביט, והוא הנקרא לולב, "**וענף** עץ עבות" הוא ההדס, שעליו חופין את עצו, ופרטיו יתבאר בסימן תרמ"ו, "**וערבי** נחל" יתבאר בסימן תרמ"ז.

לולב שנפרדו עליו זה מעל זה - היינו כמו ענפי השבט, שעומדין פרודות ויכולין לאגדן, **ולא נדלדלו כעלי החריות** - דטבע החריות, שנפרדו העלין ונתרחקו הרבה, ובמקום חבורן נתקשו כעץ, ואין יכולין לאגדן יחד, **כשר, אפי' לא אגדו.**

הגה: ומכל מקום מצוה מן המובחר בלולב שאין עליו פרודות לגמרי, (המגיד ור"ן פרק לולב והגוזל) - הט"ז העלה, שמה שהחמיר הרב המגיד למצוה מן המובחר, הוא דוקא היכי שכל עליו תלויות למטה, רק שעולין עם הלולב, [לא ידעתי פירושו, דנראה שהם תרתי דסתרי], **ונפרצו** עליו שפסול, הוא כשאין עולין עם הלולב, **אבל** כל שאין עליו תלויות, אלא שקצת נוטה לצדדין, אפילו מצוה מן המובחר אין כאן, **אמנם** במאמ"ר וכן בבכורי יעקב מפקפקין על דברי הט"ז, ודעתם כסתימת הרמ"א, דלמצוה מן המובחר יש ליזהר שלא ליטול לכתחלה לולב, אא"כ שוכבין עליו זה על זה ולא לצדדין.

סעיף ב - נפרצו עליו, והוא שידלדלו משדרו של לולב כעלי החריות, (דהיינו שאינן עולים עם השדרה אלא תלויין למטה) - ר"ל דגם זה «חוץ מציור של נתקשו העלין, מדהזכיר כעלי החריות, וכמש"כ לקמן – אור החמה», הוא בכלל נדלדלו מאורך השדרה, אף שעדיין לא נעקרו מחבורן, **פסול** - אפילו אגדן.

הגה: וכ"ש אם נפרצו ונעקרו למטה מן השדרה - ר"ל למטה במקום חבור העלין לשדרה, נעקרו שם מן השדרה, ואינם מחוברים אלא ע"י אגודה, **דפסול אפילו אגדן** - וה"ה אם נעקרו ממקום חבורן בשדרה ועדיין מעורין במקצת, אף שאין תלויות למטה.

ואם השדרה בעצמה נשברה ותלויה למטה, והיינו שמעורה במקצת, נ"ל דכשר, דדוקא ברוב עלין פסול, דדמי לבהמה שנשברו רוב צלעותיה טריפה, ונשברה השדרה כשרה, **אכן** יש לאוגדו שם שלא יפול למטה, כ"כ המ"א, **אבל** הרבה אחרונים חולקים ע"ז, דשאני התם דחוט השדרה קיים, ובו תלוי הכשרו שם, דאם נפסק החוט, אף שהשדרה קיים, טריפה, כמבואר שם, משא"כ בענינינו, **ובספר** בגדי ישע כתב, דאין כונת המ"א נשברה ממש, דא"כ לא עדיף מנקטם ראשו דפסול, [**וי"ל** קצת דכונת המ"א, שנשברה רוב השדרה ועדיין מיעוטו קיים, ואולי סבר הבגדי ישע, בנקטם ראשו אף באופן זה פסול], **אלא** שר"ל מתמוטט למטה, וא"כ שפיר מדמה לנשברה השדרה ולא נפסק החוט, וצ"ע.

וכן אם נתקשו העלין כעץ, ואין יכולין להכרן אל השדרה, פסול - ואם התחיל להתקשות ועדיין לא נעשה כעץ, זהו נקרא בגמרא "דומה לחרות", וכשר אפילו לא אגדו, **אכן** טבע האילן, שבשעה שהעלין התחילו להתקשות, נעשו עליהן מפורדות, וכבר נתבאר לעיל דמצוה מן המובחר שלא יהיו מפורדות.

וכל זה ברוב עלין - ורוב כל עלה ועלה, ורובו ככולו, והוי כאלו הוי הלולב בלא עלין, [וא"כ הוי פסול בגופו, ופסול כל ז', כ"כ בח"א בשם ריטב"א, **אכן** לפי מה שפירש"י במתני', דנפרצו עליו הוא מטעם שאינו הדר, וא"כ לדעת הרמב"ם וסייעתו, יהיה כשר בשאר ימים].

ודוקא אם הוא בתוך שיעור הלולב, שהוא ד' טפחים, אכן אם נשברו רוב העלין של לולב היותר מכשיעור, ונשאר רוב שיעור של לולב שלם, יש להסתפק אם אזלינן בתר רוב הלולב ופסול, או בתר רוב השיעור וכשר, [**ואם** רוב השיעור הוא למעלה, נראה דכשר, דהא אם ירצה יחתוך אותו היותר שלמטה ויעמידנה על שיעורו, ואז רובו שלם וכשר, **אבל** אם רוב השיעור הוא למטה, ולמעלה נשברו, צ"ע].

אבל אם מיעוט עליו נעשו כך, ושאר עלין נשארו, ועדיין הלולב נשאר מכוסה בעלין, כשר - דבלא נשאר מכוסה בעלין, אפילו במיעוטן של העלין שנחסר, פסול, (ומש"כ הרמ"א: ועדיין הלולב נשאר מכוסה בעלין, ר"ל רוב השדרה, אח"כ מצאתי בשו"ע הגר"ז, שכתב ג"כ דכיסוי לרוב השדרה בעינן, ומביאור הגר"א משמע, דבעינן שיהא כולו מכוסה, וצ"ע).

סעיף ג - בריית עלין של לולב כך היא: כשהם גדלים, גדלים שנים שנים ודבוקים מגבן, וגב של שני עלין הוא הנקרא תיומת; נחלקה התיומת (ברוב העלין) - ורוב כל עלה ועלה, **פסולה** - דהוי כאלו ניטלו לגמרי, **והנה** לדעה זו הראשונה, אין שום נ"מ בין שאר העלין לעלה האמצעית, ואם נחלקה אפילו כולה כשירה.

היו עליו אחת אחת מתחלת ברייתו ולא היה תיומת, או שכל עליו כפולים מצדו האחד וצד השני ערום בלא עלין, פסול - עיין בחי' הריטב"א, דבזה ודאי פסול כל שבעה ימים, **אבל** באחת אחת מתחלת ברייתו, מסתפק שם.

הגה: ויש מפרשים לומר, דאם נחלק העלה העליון האמצעי שעל השדרה - שדרכה להיות כפול כשאר עלי הלולב, **עד השדרה** - עיין בביאור הגר"א שהסכים, דלדינא יש להחמיר ברובו, דבכל פסול רובו ככולו, **ועל** מקצתו אין להחמיר כלל, **מקרי נחלקה התיומת ופסול; והכי נוהגין** - היינו ביום הראשון, אבל בשאר הימים כשר.

ואם כלה השדרה בשני עלין, יש על שניהם שם תיומת, ואם נחלקה אחת מהם פסול, [**ולדעת** המחמירין במקצת כשנחלקה התיומת, ה"ה בזה כשנחלקה אפי' אחת במקצת].

מיהו לכתחלה מצוה מן המובחר, נוהגין ליטול לולב שלא נחלק העלה העליון כלל - היינו אם יש לו לולב אחר, **אבל** א"צ לברך על לולב של חבירו משום זה.

כי יש מחמירין אפילו בנחלק קצת - וטעמם, דע"י הנענועים רגיל להיות בסופו סדוק כולו, **ועיין** בט"ז, דלדעתו אין להחמיר בזה, רק אם נחלק כשיעור טפח, **ובח"א** כתב, דלדעה זו יש להחמיר אפילו במשהו, **ועיין** במה שכתבנו לעיל בשם הגר"א, וע"כ אם יש לו לולב אחר, יותר טוב לברך עליו, משום "מהיות טוב" וגו', אבל מדינא אין לחוש לזה כלל כל זמן שלא נחלק רובו.

ואם אותו העלה אינו כפול מתחלת ברייתו, פסול.

סעיף ד - לא היו עליו זה על גב זה כדרך כל הלולבין, אלא זה תחת זה, אם ראש זה מגיע לעיקר שלמעלה ממנו, עד שנמצא כל שדרו של לולב מכוסה בעלין, כשר.

ואם אין ראשו של זה מגיע לצד עיקרו של זה; או שאין לו הרבה עלין זה על זה, אלא מכל צד יוצא אחד למטה סמוך לעיקרו ועולה עד ראשו, פסול - הטעם בכל זה שאינו הדר.

סעיף ה - לולב שיבשו רוב עליו, (או שדרתו), פסול - שאין זה הדר.

מיהו הרב ב"י כתב, דאין מצוי שיהא שדרתו יבש והעלין לחים, וליכא לספוקי בזה, [**ולפעמים** נ"מ מזה, כגון שנתייבש מהשדרה מעט עד שנחסר השיעור, והעלים לחים, פסול].

ואם יבש העלה העליונה התיומה, פוסל הראב"ד.

ושיעור היבשות, משיכלה מראה ירקות שבו וילבינו פניו - שזהו סימן שכלה הלחלוחית שבו.

הגה: וי"א דלא מקרי יבש אלא כשנתפרך בצפורן מחמת יבשותו, וכן נוהגין במדינות אלו שאין לולבין מצויין - ורוב הפוסקים לא הסכימו לפירוש זה, **אלא** שרמ"א כתב דעה זו כדי ליישב מנהגם, שנהגו כך במקומותיו לסמוך ע"ז, לפי שאין לולבין מצויין, **ע"כ** אין להקל בזה כל זמן שיש בעיר לח.

סעיף ו - נקטם ראשו, דהיינו שנקטמו רוב העלין העליונים, פסול - דאין זה הדר, **ועליונים** נקרא אותן שגבוהין מן השדרה ולמעלה, **והנה** המחבר לא זכר לחלק בין עלה אמצעי ליתר העלין.

ושיעור הקיטום לא נזכר בהשו"ע, אם דוקא כשנקטם הרוב של כל עלה, או אפילו במקצתה, **ועיין** בלבוש שמחמיר דאפילו במקצתן, **ויש** מאחרונים שמפקפקין בזה.

הגה: ואם נקטם העלה העליון האמצעי שעל השדרה, פסול - דעת הט"ז והגר"א, דהרמ"א הוסיף בזה להחמיר כדעת הרה"מ והר"ן, דהעלה העליון האמצעי שעל השדרה, היינו כשיש ג' עלין שכלה בהם השדרה, העלה האמצעי לבדה נקרא ראש הלולב, אם נקטמה פסול, **ועיין** בביאור הגר"א דמשמע מניה, שמצדד להורות כן להלכה.

ואפילו נקטמה העלה הזאת בכל שהוא, פסול, [**ועיין** באחרונים דלא ברירא פרט זה, ולכן במקום הדחק מקילין בזה].

ואם כלה הלולב בשני תיומות, ונקטמה רק אחת מהן, אפשר דיש להקל, וכן מצדד בספר בכורי יעקב.

ודוקא דאיכא אחר, אבל ליכא אחר, מברכים עליו - עיין בא"ר, דכונת הרמ"א להקל בנקטם עלה העליונה, משום דכמה פוסקים מקילין בעיקר הדין, ויש לסמוך עלייהו בדליכא אחר, **אבל** לא בנקטמו רוב עלין, **ואפילו** בעלה אמצעי, יש אומרים דאין להקל לברוכי עלייהו, כי אם בנקטם רק מקצתה, אבל לא בנקטם רובה, אפילו בשעת הדחק, [**אא"כ** במקום שנוהגין לברך על כל הפסולין גמורין בשעת הדחק, **ובמאמ"ר** משמע, דאפי' בנקטמה העלה זו לגמרי, אפשר דיש להקל בדליכא אחר].

(**ודוקא** לענין לולב הסכימו לדינא, דנקטם ראשו הוא אפילו מן העלין לבד, **אבל** לענין הדס וערבה, לא מקרי נקטם ראשה עד שיהיה נקטם מעצו שלהם, **ושיעור** הקטימה לא מצאתי מפורש, ומסתברא דשיעורו בכל שהוא, וכמו שכתב הר"ן לענין נקטם ראש הלולב).

סעיף ז - נסדק, אם נתרחקו שני סדקיו זה מזה עד שיראו כשנים, פסול - היינו אפילו לא היו כן בתולדה, רק אח"כ.

(דע, דלדעת המחבר בס"ג בענין נחלקה התיומת, דדוקא ברוב עלין, יהיה קאי הדין זה על רוב העלין, **והרמ"א** דצייר על העלה האמצעי, קאי לשיטתו שהעתיק שם דעת הי"א, **אמנם** לדעת המחבר בס"ג, **אף** אם נחלק העלה האמצעית בכולו או ברובו עד דעביד כהימנק, **אפשר** דכשר, דאין לו שום יתרון כלל משאר עלין, **אמנם** מדברי הר"ן משמע קצת שיש להחמיר בזה, וצ"ע).

הגה: ואפילו לא נחלקה התיומה העליונה בענין שיפסל הלולב מכח נחלקה התיומת - פי' שלא נסדק העלה האמצעי עד השדרה, ואפילו נסדק רק מקצתו, שמחמת נחלקה התיומת דעת הרבה אחרונים שאין לפסלו, **מ"מ** כיון שנתרחב הסדק עד שנראה כשנים פסול, ויש ליזהר הרבה בזה.

[**והמ"א** תירץ עוד אופן אחר, דהתיומת לא נחלקו כלל, רק העלין שאצל התיומה העליונה נחלקו עד שנראו כשנים, אפ"ה פסול, **ולדברי** המ"א יש ליזהר מאוד, בשעה שרוצה לבדוק העלה האמצעי אם נחלקה, ואחזה בידו לראותה היטב, שלא לחלוק העלין העליונים שאצלה עי"ז].

סעיף ח - יש לו כמין קוצים בשדרתו, או שנצמת ונכווץ, או שהוא עקום - כמגל, **לפניו** - דהיינו הצד שכנגד השדרה, **שהרי שדרו כגב בעל חטוטרת, פסול** - נקרא בשם שדרה, יען שהוא כשדרו של בהמה, שהחוליות והצלעות מחוברות בה מכאן ומכאן, ואף זה עליו מכאן ומכאן, ואמצעה חלק ועולה כמקל.

וכן אם נעקם לאחד מצדדיו, פסול - שאין זה הדר, **אבל אם נעקם לאחוריו** - היינו שנעקם ונכפף לצד השדרה, **כשר, שזו היא ברייתו.**

סעיף ט - אם כפוף בראשו, פסול - שאין זה הדר, והיינו שהיה כפוף כאגמון, בין לפניו ובין לאחריו, **ודוקא כששדרתו כפופה, אבל עליו כפופים בראשו כמו שדרך להיות הרבה לולבים, כשר** - והרא"ש כתב: אוהב אני יותר לצאת בו, שאין העלין נחלקין, ותיומתו קיימת.

ויש מן הפוסקים שמחמירין בזה, **אכן** המנהג להקל כהשו"ע, ועיין בשע"ת.

וכתב הלבוש, ודוקא כשהעלה העליונה לבד כפופה, אבל אם כולן או רובן כפופים כל שהוא, פסול, דודאי זהו שינוי מברייתו, ואינו הדר כלל, עכ"ל, והעתיקו המ"א, **ודעת** הט"ז שאין לחלק בזה, **ועכ"פ** בדאיכא אחר, בודאי יש ליזהר שלא לצאת בזה שראשי העלין כולם או רובם כפופים.

ודוקא בזה שלא נכפף אלא בראשו, ונשאר חלק גדול בלי כפיפה, **אבל** אם גוף העלין נכפף הרבה מאוד לאמצעיתן, ונראה כמו שנכפף העלין לשנים, פסול, שאין זה הדר כלל, **וה"ה** אם העלה העליונה האמצעית שהיא התיומה, נכפפה לבדה הרבה לאמצעיתה, ג"כ פסול.

§ סימן תרמו – דיני הדס §

סעיף א - הדס שנקטם ראשו, כשר - היינו העץ, אבל בעלה לחוד לא שייך כלל נקטם ראשו.

ועיין לקמן בס"י שמביא מחלוקת בזה, לפי ששני סעיפים הראשונים אלו הוא לשון הרמב"ם, ומן ס"ג ואילך הוא לשון הטור, ונמשך כאן אחר לשון הרמב"ם אגב שאר הדינים.

נשרו רוב עליו - היינו שהיה בכל קן וקן היוצא ממנו ז' עלין, ונשרו מהן ארבעה, **אם נשתיירו שלשה עלין בקן אחד** - היינו בכל קן וקן ממנו, **כשר** - דכיון שנשתייר שלשה עלין, עדיין נקרא עץ עבות וכשר, וכדלקמן בס"ד.

סעיף ב - היו ענביו מרובות מעליו - דלפעמים גדל על ההדס פרי כמין ענבה, **אם ירוקות, כשר** - דגם ההדס ירוק הוא, ואין שינוי מראה מחמת הענבים.

ואם אדומות או שחורות - דגם אדומות הוו שחורות, דאמרינן האי שחור אדום הוא אלא שלקה, **פסול** - [בין נעשה כן בתלוש או במחובר], דלאו הדר הוא, [רש"י].

[**ומן** הירושלמי משמע לכאורה, דעיקר הטעם, דבשחורות או אדומות נגמר פריין, והתורה אמרה "ולקחתם ענף" ולא פרי, **משא"כ** בירוקות עדיין לא נגמר הפרי, דדרכן מתחילה להיות ירוק, ואח"כ מתייבשין ונעשה שחור, **ואם** דרך ההדס הזה לגדל פירות ירוקין אף בגמרן, לפי"ז פסול אף בירוקות, **אכן** בבבלי דמסיק, משום דירוקות מינא דהדס הוא, משמע הטעם כמו שאמר הירושלמי מתחילה, משום שהתורה אמרה "ולקחתם ענף עץ", ובעינן שיקח דבר שהוא דומה לעץ של מין הזה, **ולאפוקי** כשלוקח בידו דבר שאינו דומה לעצו, **וע"כ** בירוקין לעולם כשר, ולפיכך סתם השו"ע ולא חילק, **ואפשר** דסברת רש"י שפי' משום הדר, הוא, כיון דבבלי לא הזכיר כלל טעם להפסול, מסתמא הטעם דלאו הדר הוא].

ואם היו שאר גוונים, כגון 'גרי"ן', ‹צ"ל 'געה"ל' – שונה הלכות›, או 'בלא"ה', בכפות תמרים מצדד להחמיר, **ובפמ"ג** מסתפק בזה.

ואם מיעטן, כשר - היינו שמיעטן מעיו"ט, **ומותר** למעט אותן לכתחלה, כדי שיהיו עליו מרובות מענביו, **ואפילו** למעטן בתר דאגד הלולב.

ואין ממעטים אותם ביו"ט, לפי שהוא כמתקן; עבר וליקטן, או שליקטן אחד אחד לאכילה, הרי זה כשר - עיין בט"ז והגר"א שהסכימו, דצ"ל "או שליקטן אחר לאכילה", וכן הסכים המ"א לדינא, דדוקא איש אחר שליקטן לאכילה, ואינו מתכוין להכשירו, מותר, **אע"ג** דפסיק רישא הוא, דממילא מוכשר, הרי לא ניחא ליה בההכשר ההוא, וכיון דלבסוף יהיה תועלת בזה לאדם אחר, שיהיה יכול לצאת בהן ידי מצוה, לא מחמרינן בזה, **משא"כ** אותו האיש גופא, אף אם הוא מכוין לאכילה ולא להכשירו, מ"מ אסור, דפסיק רישא הוא, **אם** לא דאית ליה הדסים אחרים לצאת בהן, וא"צ להן.

(**הנה המחבר סתם בזה, משמע דס"ל אפילו אם השחירו ביו"ט, דהו"ל נראה ונדחה, אפ"ה חוזר ונראה** כשתקנן, ובאמת בעיא היא זו בגמרא, **ועיין** בב"י דמתרץ זה, **וכן הט"ז והגר"א חתרו ליישב, אמאי אזלינן להקל בזה, והנה טעם המחבר שסתם בזה, משום דהרי"ף והרא"ש והרמב"ם סתמו בזה, ולא חילקו, אכן לענ"ד לאו ראיה היא, דסתם שחורות לא משמע כלל שנשחרו היום, אלא דשחורות מאתמול, ובין כך ובין כך, כיון דהם לא הקילו בפירוש, ומצינו לכמה ראשונים קמאי דקמאי, שיש להחמיר בזה, אין להקל בזה כי אם בדאשחור מעיו"ט, דהו"ל רק דיחוי מעיקרא ולא שמיה דיחוי, ולא באשחור ביו"ט**).

(ומיום ראשון ואילך, כשר בכל ענין) (ב"י בשם א"ח) - ר"ל אפילו לא מיעטן כלל, וטעמו, דס"ל דכל הפסולין, אפילו אותם שפסולין משום הדר, ג"כ פסולן הוא רק ביום הראשון, **ולפי"ז** לדידן דפסקינן לקמן בסימן תרמ"ט, דפסולין מחמת הדר פסולן כל זיי"ן, גם בזה פסולן כל זיי"ן, [מ"א והגר"א, **וגם** הט"ז וא"ר מחמירין בזה ומטעם אחר, דהלא בידו למעטן בחוה"מ]. ‹**ועיין** לקמן סעיף י"א›.

סעיף ג - ענף עץ עבות האמור בתורה, הוא ההדס שעליו חופין את עצו; כגון שלשה עלין או יותר, בגבעול אחד - ר"ל בכל קן וקן, ויהיו סמוכים זה לזה בעיגול אחד, שאין אחד נמוך מחבירו, אע"פ שכל אחד בעוקצו.

אבל אם היו שני העלים בשוה, זה כנגד זה, והעלה השלישי למעלה מהם - או למטה מהם, **אין זה עבות, אבל נקרא: הדס שוטה** - מפני שאין עליו הולכין כסדר, אלא משובשין כשוטה.

וכן אם היו שנים זה ע"ג זה, ג"כ אין זה בכלל עבות האמור בתורה.

הגה: ופסול אפי' בשעת הדחק - שאינו בכלל הדס כלל, ופסול אפילו בשאר ימים.

ואיכא מאן דאמר בגמרא דכשר; וע"כ נוהגין באלו המדינות לכתחלה לצאת באלו ההדסים המובאים ואין ג' עלין בגבעול אחד - ר"ל דסומכין על אותו מ"ד דמכשיר בתרי וחד, וה"ה בתרי ע"ג תרי, ‹שנראה מדברי רמ"א שהכשיר ג"כ בזה – ביכורי יעקב›,

(וע"ש שהוכיח דאף אלו המקילים בשעת הדחק, הוא דוקא בתרי וחד, אבל על תרי ותרי אין לנו שום סמך).

ויש מי שכתב דהדסים שלנו אין נקראים הדס שוטה, הואיל והם שנים על גב שנים, ואינן כהדס שוטה המוזכר בגמרא – (עיין בבכורי יעקב שתמה ע"ז, הא מ"מ אינו בכלל עבות האמור בתורה, דהוא דוקא בת ג' טרפי).

ולכן נהגו להקל כמו שכתב מהר"י קלון ומהר"י איסרלן ז"ל בתשובותיהם.

עיין בביאור הגר"א ובשארי אחרונים, שכולם פקפקו מאוד על המנהג ההוא, שאין להם שום יסוד, לא בתרי וחד, ולא בתרי ע"ג תרי, והרמ"א דחק רק לקיים המנהג. (**אם לא** דנסמוך על דעת בעל השלמה, שמתיר בשעת הדחק לברך על ג' מינים. **והנה** בלא"ה שכל הפוסקים חולקים עליו, מ"מ בלא"ה לא שייך אצלנו טעם זה, כיון שגדלים אצלנו הדסים נאים של ג' על ג', **ואף** שבתשו' שבות יעקב רצה לפוסלם מטעם מורכבים, כבר חלקו עליו בתשו' ח"צ ופמ"א, והדין עמהם, וכבר פשט המנהג עתה בכל מקום להכשירם, שידוע הוא שאינם מורכבים, **וכיון** שיכול לקיים המצות באלו, אפילו אין בעיר מהם רק אחד, לא מקרי תו שעת הדחק, לברך על ג' מינים בלא הדס כשר, **ולכן** אשרי הקונה לו אפילו רק הדס א' של ג' על ג', וישלים בשנים בדים של הדס אחרים שהם של ב' על ב', אם אין ידו משגת ליקח שלשה בדים של הדס שהם ג' על ג', **או** הקהל יקחו להם לולב עם הדסים ג' על ג', ויצאו בו כל הקהל, עכ"ל הבכורי יעקב).

ולכן הירא לדבר ד', יטרח למצוא עבות כדין, דהיינו ג' עלין בשוה בכל קן וקן, ועיין לקמיה בס"ה.

כתב הח"א, דבתוך אלו היבשים שמביאים עם האתרוגים, בדוחק נמצא אחד למאה שיש בו ג' בקן אחד, ולכן אין להם חזקת כשרות עד שישרם בחמין וירכך אותם, **ואם** לא ימצא, יטול בלא ברכה.

[**עוד** כתב שם, הרבה מן פוסקים ראשונים ס"ל, דאסור להוסיף מה שאינו עבות, ועבר על בל תוסיף, **אכן** מהני תנאי באיזה דבר שחושש שאינו בכלל הדס, שיאמר: אם הוא הדס אצא בו, ואם לאו יהיה כאבן, ואז אינו בבל תוסיף, כמו בשני זוגות תפילין]. **ועיין** לקמן סי' תרנא סט"ו.

סעיף ד - יצאו הרבה בקן אחד, ונשרו מהם עד שלא נשארו אלא שלשה בקן אחד, כשר - היינו אפילו היה בכל אורך ההדס כן.

אפי' נשרו רובם, כגון שהיו שבעה ונשרו מהם ארבעה, ונשארו שלשה - דכיון דנשאר ג', עדיין עבות קרינא ביה, **אבל** אם נשארו רק שנים, פסול, דאף דבהדס שיש בו ג' בקן אחד, ונשר אחד מכל קן, ונשאר רק שנים, הסכימו כמה אחרונים להכשיר, **שם** שאני, שנשתייר עכ"פ רוב הקן, ורובו ככולו, **משא"כ** הכא שנשרו רובם, בעינן עכ"פ שישתייר שיעור עבות, דעי"ז נוכל להכשירו ונאמר דאף עתה עבות קרינא ביה.

סעיף ה - למצוה בעינן כל שיעור אורך ההדס שיהא עבות, ולעיכובא ברובו - היינו שההדס ששיעורו הוא לא יותר מי"ב גודלין, אין צריך עבות בכולו, רק ז' גודלין יהא עבות, דהיינו ג' עלים בכל קן, **והחמשה** גודלין אפילו נחסר לגמרי, שנשרו עליו, או שלא היו עבות, דהיינו שהיו עליו שנים ע"ג שנים, או תרי וחד, דכיון שרובו היה עבות, כשר.

(ואפילו אינו בראשו) - כגון שמלמטה עד רובו יוצא בכל קן וקן ג' עלין, ולמעלה נשרו עליו, או שהוא אינו עבות, ג"כ כשר, **ואע"ג** דביבשו עליו פסק בס"ח, דאינו כשר כי אם כשנשתיירו בכל בד ג' עלין לחין בראשו דוקא, **שם** הטעם משום הדר, והדר ניכר כשהוא בראשו, אבל כאן משום עבות, ודי בכל מקום.

ובהדס שהיו בכל שיעור ארכו ג' עלים בכל קן, ונשר עלה אחת מכל קן ברוב שיעור אורך ההדס, יש בזה פלוגתא בין הראשונים, **יש** מכשירין, דכיון דנשאר שנים בכל קן, רובו ככולו, כי היכי דמכשירין בנשרו מקצת עליו מארכו של ההדס, [הרא"ה], **ויש** פוסלין, דס"ל דעי"ז לא נשאר עליו שם עבות כלל, דאין עבות אלא בשלשה, [**וכ"ש** לדעת הגאונים, דסברי דבעינן כולו לעיכובא, אפי' נשר עלה אחת מכל שיעור אורך ההדס נמי פסול], **ולענין** הלכה נקטינן להקל במקום הדחק, שכן הסכימו כמה אחרונים, **ודוקא** כשנשארו עכ"פ שני עלין בכל קן, דהוי רובא עכ"פ, **אבל** אם נשרו שני עלין ברוב שיעור אורך ההדס, פסול לכו"ע, **וא"כ** במקום שנוהגין לצאת בהדסים של שנים ע"ג שנים, כדלעיל

בהג"ה, אם נשר עלה אחת מכל קן ברוב שיעור אורך ההדס, [ואפי' אם במיעוט ההדס בארכו יש בכל קן וקן ב' עלים], פסול לכו"ע, דלא נשאר רובא.

(עיין במ"ב שכתבנו דהסכימו כמה אחרונים להקל כהרא"ה, **דאפי' נשרו מכל קן בכל ארכו עלה אחד, ג"כ כשר, ונסתפקתי, אם נשרו מאורך ההדס מקצת עליו, דפסק המחבר דכשר כהראב"ד, דלא בעינן עבות רק ברובו, אם מן הרוב ההוא נשר ג"כ מכל קן עלה אחד, אם אמרינן בזה תרי רובא להכשיר, והנה ראיתי לאחד מן האחרונים דמשמע מדבריו, דיש להכשיר גם באופן זה, וכן משמע מח"א, אכן לענ"ד צ"ע, דמנין לנו לומר דנחשיב בכל אחד בתר רובא, בין לענין רחבו בין לענין ארכו, ודי לנו אם נקיל כהרא"ה להכשיר אם חסר עלה אחד מכל קן לכל ארכו, או כהראב"ד אם חסר המיעוט בכל רחבו מרובו ולמטה, אבל לא שנחבר שניהם יחד, הלא עכ"פ יקרא עי"ז נשרו רוב עליה, דהיינו אם יש בהבד של הדס ז' שורות של קנים, תלתא בכל קן, ונשר מהם ג' שורות לגמרי, ומן ארבעה שורות הנשארים חסר עלה אחת בכל שורה, הרי שחסר י"ג עלים בס"ה, ובהדס לא נשאר אלא ח' עלים, שהוא המיעוט, ומן הב"ח שכתב, אפילו בקן אחד שהוא מהרוב אם נשרו ממנו שני עלין פסול, מאחר שלא נשאר רוב שיעור ההדס עבות, אין ראיה, דאפשר דמה דמכשיר בנשר ממנו עלה אחת, היינו בחסר רק מקן אחת, דבזה עכ"פ ישאר רוב עלין בהדס, כגון בציור הנ"ל, ישאר י"א עלין בהדס, והחסר הוא רק עשרה עלין, אבל לא ביותר מזה, וצ"ע, ועכ"פ אין להקל כי אם במקום שלא ימצא הדס אחר בעיר, כנלענ"ד).**

(ודע עוד דכתב הב"ח, דאם היה רוב שיעור ההדס עבות, אף שהוא גדול מאוד, לא בעינן שיהא רוב גדלו בעבות, אלא רוב שיעורו, דהיינו קרוב לשני טפחים, ועיין בפמ"ג שמסתפק, אם מהני אפילו אם הם מפוזרים באורך ההדס, או דדוקא אם הם עכ"פ במקום אחד, והבכורי יעקב מיקל גם בזה).

סעיף ו - יבשו עליו, פסול; כמשו, כשר.

סעיף ז - שיעור היבשות, אפילו אם נפרך בצפורן, אם עדיין ירוקים הם, כשר; ואינם נקראים יבשים, אלא כשילבינו פניהם - לאחר שנפרך בצפורן, **ובאמת** אינו מצוי במציאות שילבינו פניו ולא יהיה נפרך בצפורן, וא"כ כשנתלבן פניהם ודאי יבש הוא, **ומי** שאינו בקי בזה השיעור, משמע בתמים דעים שיכול לשער ע"י שישרה אותם יום או יומים במים, דאם יחזרו לכמות שהיו במשמושן ובמראיהן, עדיין לחים הם, ואם לאו הם יבשים.

כתב הפמ"ג, דביבש עץ ההדס, אפי' העלים הם עדיין ירוקים, פסול, **ובבכורי** יעקב משיג ע"ז, ודעתו דביבשות העץ לא שייך פסול כלל.

סעיף ח - יבשו רוב עליו, ונשתייר בראש כל בד מהג' בדין, קן אחד ובו ג' עלין לחין, כשר - דע"י הג' עלין לחין שבראש הבד, חל שם הדר על כל ההדס.

ולפי המבואר לקמן בסי' תרנ"א, דבשעת הדחק סגי בבד הדס אחד, גם בענינינו די כשיהיה בראשו קן אחד של ג' עלין לחין.

ויש מפרשים שאפי' אם מהג' שבחד קינא יבשו שנים, ולא נשאר כי אם אחד לח, כשר - הוא דעת הרא"ש, **ולדידיה** לא בעינן שיהיה הקן בראשו דוקא, **ועי"ש** דס"ל דצריך שישתייר שלשה קנין, ובכל קן עלה אחד לח בראשו, **ותמהו** האחרונים על המחבר שלא הזכיר דבר זה.

והוא שיהיה העלה שהוא מורכב על שניהם - ר"ל מה דמכשרינן בעלה אחד לח בראשו, דוקא באופן זה שהוא מורכב על שניהם, דאז נראה ההידור יותר, **אבל** אם היה כל ג' עלין לחין, אפי' כולן בשוה כשר.

ואף דבס"ג פסק המחבר, דזהו בכלל הדס שוטה, **אפשר** דשם מיירי שהיה כל אורך שיעור ההדס באופן זה, ואינו בכלל הדס האמור בתורה אלא הדס שוטה, **אבל** הכא הלא מיירי שהיה כל שיעור ההדס בקנין של ג' עלין בשוה כדין, אלא שמחמת שהיו יבשין לא נקרא הדר, ולכן אמרינן דאם נמצא ג' קנין, ובכל א' עלה אחד שהוא מורכב על שניהן והוא לח, נראה וניכר בו ההידור, וכשר.

והלכה כדעה הראשונה.

סעיף ט - אם אותם עלים שלא יבשו הם כמושין, יש פוסלין - טעמם, שאין מציל מידי יבש אלא לח ההדור, **ויש מכשירין** - כיון דכמוש כשר, יכול להציל כמו לח ממש.

ועיין בפמ"ג שפסק, דביום הראשון שהוא דאורייתא, ראוי להחמיר דהוא ספק תורה, ובשאר הימים שהוא דרבנן, ספק דרבנן להקל.

סעיף י - נקטם ראשו, כשר - היינו אפי' היו כל ג' הבדין נקטמו ראשן, ואין דומה ללולב וערבה דנקטם ראשו פסול בהן, דבהדס ענפיו {היינו העלין} חופין ראשו, ואין קטימתו ניכרת בהן, [ולפי"ז אם נקטם הראש של ההדס, דהיינו ראש העץ, ואין שם עלים לחופף על ראשו, פסול אפי' בדליכא אחר, ואפי' לא נקטם רק עלה אחת עם ראש העץ, ונשאר שנים, ג"כ י"ל דפסול, דניכר הקטימה - פמ"ג, ועיין בבכורי יעקב דכתב, דמ"מ יש תקנה, שיקטום גם העץ עם ב' העלים עד סמוך לקן שתחתיו, והוי פסול שחוזר להכשירו, והפמ"ג איירי היכי שלא ישאר בהדס שיעורו אם יחתוך, ופשוט דכל מקום שנכשיר ע"י חיתוך, אסור לחתוך כן ביו"ט, דהוי מתקן, כמו בענבים בס"ב].

אפי' לא עלתה בו תמרה - הוא כמין תמרה היוצאת בעלי הערבה, דבזה בודאי כשר לכו"ע, שהתמרה מכסה על הקטימה, ואין הקטימה ניכרת.

וה"ה ליבש ראשו – (מש"כ בבכורי יעקב, דהיינו רק ביבש עצו ולא בעלין, דוחק הוא, דיבש סתמא קאמר, משמע בין בעץ ובין בעלין).

ויש פוסלין בנקטם ראשו - משום דלא הוי הדר. יש לעיין לדעה זו, אם דוקא כשהיו כל שלשה בדין קטומי ראשן, או אפילו אם בד אחד נקטם ראשו ג"כ פסול, ועיין לקמן סימן תרנ"א ס"א בהג"ה.

וה"ה ליבש ראשו לדעה זו, ופשוט דלא מקרי יבש ראשו רק בהלבינו פניו, מה שאינו מצוי כלל בהדסים שגדלו בשנה זו, אבל אם כמוש קצת בלבד, ואפילו עד שנפרך בצפורן, לא מקרי יבש, דהא אפילו בשאר עלין לא מקרי יבש כה"ג, וכדלעיל בס"ז.

הגה: וטוב להחמיר במקום שאפשר באחר - וב"ח כתב, דביבש ראשו, והיינו ביבשו העלין העליונים, אפילו אי אפשר באחר, אין לברך עליו, [ואפי' לא נתייבש העץ], **אבל** יש תקנה, שיסיר העלין העליונים, ואז כשר לכתחלה לכו"ע, (והנה הנחלת צבי והא"ר דחו דבריו, ודעתם דאם אי אפשר באחר אין להחמיר ומותר לברך, גם בבגדי ישע מסכים כן להלכה, וע"כ נראה דמאן דמיקל בזה במקום דלית ליה אחר, אין למחות בידו).

ולא מקרי נקטם אלא אם נקטמו העלים - אבל נקטמו העלים העליונים לבד לא מקרי נקטם.

ומה שרגיל שיוצאים בין הקנים ענפים קטנים, וצריך לקטום אותם כדי שלא יפסיקו בין הקנים, **נקטם** זה כשר לכו"ע, אפילו אם נמצא כן בכל השלשה בדים, כיון שאינו בראשו, [ובח"א משמע דלכו"ע צריך לקטום אותם, ודוקא כשהוא מפסיק ברוב קנים של שיעור הדס, **אבל** בקרבן נתנאל כתב, דזה תלוי במחלוקת של נקטם ראשו, ולכן המנהג שאין מקפידין ע"ז, ע"ש, ומ"מ לכתחילה נכון לקטום אותו בעיו"ט, כנלע"ד].

סעיף יא - אם אין לו אלא הדס שענביו מרובים מעליו ביו"ט, נוטלו ואינו מברך עליו

– (ועיין בב"י שהביא בשם א"ח שהביא בשם בעל ההשלמה, שכשר בשאר הימים, וכתב ע"ז בבדק הבית: ולא נראה לי), ופסול אפי' בשאר הימים, (ואף שפסק המחבר בסימן תרמ"ט ס"ה, דפסולי הדר כשרים לשאר ימים, אפשר שס"ל דטעם הפסול כהירושלמי, וכנ"ל בס"ב ע"ש – מ"ב המבואר), ולפי דבריו, אם נזדמן לו אח"כ הדסים אחרים, צריך לברך בשאר הימים ג"כ, והא דנוטלו, כדי שלא תשתכח תורת לולב, (ולענ"ד בעל ההשלמה איננו יחיד בדבר הזה, דגם דעת הרה"מ כן הוא בדעת הרמב"ם). (ועיין לעיל סוף ס"ב).

§ סימן תרמז – דיני ערבה §

סעיף א - ערבי נחל האמור בתורה, הוא מין ידוע הנקרא כן; עלה שלו משוך כנחל, ופיו - ר"ל חודו, **חלק, וקנה שלו אדום, (ואפי' בעודו ירוק כשר)** - דכל שאינו לבן ממש, אדום מקרי, שאע"פ שהוא ירוק, מאחר כשהשמש מכה בו הוא נעשה אדום, בכלל אדום הוא, ועיין בפמ"ג שכתב, דכל ג' סימנים בעינן, ואם חסר אחד מהם פסול, ובבכורי יעקב כתב, דאין מצוי זה בלא זה.

ורוב מין זה גדל על הנחלים, לכך נקראו ערבי נחל, ואפילו היה גדל במדבר או בהרים,

כשר - יש אומרים דיותר טוב לכתחלה ליקח מאותן הגדילים על הנחל, **אכן** מדברי הט"ז משמע, דאין צריך לדקדק בזה.

ויש מין אחד דומה לערבה, אלא שעלה שלו עגול, ופיו דומה למסר, (פירוש מגרה, סיג"ה בלע"ז), וקנה שלו אינו אדום, וזהו הנקרא צפצפה, והיא פסולה - מן התורה, שאיננה בכלל ערבה כלל.

ויש מין ערבה שאין פי העלה שלה חלק, ואינו כמסר, אלא יש בו תלמים קטנים עד מאד כמו פי מגל קטן - וכל שאר סימנים של ערבה כשרה יש לה, **וזה כשר** - דדרכה ג"כ ליגדל על הנחל כמו שאר ערבות, והיא בכלל ערבי נחל.

והנה כמה פעמים מלקטין ערבות נערים קטנים שאינם יודעים בין ימינם לשמאלם, וצריך הקונה להשגיח ע"ז.

סעיף ב - ערבה שיבשה - היינו ברוב עליה, ‹פסולה›, [**ואפי'** לא נעשה זה אלא בערבה אחת, ג"כ פסולה, **ויבש** נקרא משכלה הירקות לגמרי].

או שנשרו רוב עליה - היינו בשיעור ג"ט של ערבה, ‹פסולה›, **ויש** לדקדק בזה, שלפעמים נושרין ע"י תחיבתן לתוך הלולב, וגם ע"י נענוע, **ובפרט** באתרוג ולולב של הקהל, שיד הכל ממשמשין בהן, מצוי מאוד שנושרין רוב העלין ע"י נענוע של איזה אנשים, וממילא שאר אנשים שמברכין אח"כ, לבד שאין יוצאין במצוה, גם מברכין ברכה לבטלה, **ומן** הנכון שעכ"פ ביום הראשון שהוא מ"ע דאורייתא, יעמידו איש עתי שיפקח ע"ז.

או שנקטם ראשה - והיינו שנקטם עצה, **פסולה** - אבל בנקטם עליה, אף שהוא מראשה, אין נ"מ בזה, ונחשבת כשאר עלין.

ודע דיבש ונקטם ראשה הוא מטעם הדר, [**וע"כ** לדעת הרמב"ם דמכשיר בפסולין בשאר ימים, גם זה יהיה כשר בשאר ימים], **ונשרו** רוב עליה, דעת הריטב"א, הוא משום שעי"ז אין שמו עליו, וע"כ דעתו דבזה פסול כל שבעת הימים, [והעתיקו הגר"ז לדינא וכן הח"א, ולענ"ד צ"ע], **ומדברי** רבינו מנוח משמע, דגם זה משום הדר הוא, [ולפי"ז יהיה כשר בשאר ימים, בשעת הדחק כשאין לו ערבות אחרים].

אבל כמושה, או שנשרו מקצת עליה, כשרה - משמע דלכתחלה אין כדאי ליקח אותה - מ"א, **והא"ר** מכשיר אף לכתחלה, **אכן** כיון דערבות מצויות, טוב להדר לכתחלה גם בזה.

והרמב"ם מכשיר בנקטם ראשה - ונקטינן כסברא הראשונה.

§ סימן תרמח – דברים הפסולים באתרוג §

סעיף א - אתרוג היבש, פסול - דאינו הדר, **ואם** הוא כמוש, שאינו לח ולא יבש, אפילו כמוש בכולו, כשר, דעדיין יש בו מקצת ליחה, **ומ"מ** כיון שאנו רואין שהוא כמוש, דעת המ"א דצריך לבדקו כמ"ש בשו"ע, [**אפשר** לומר דהוא אזיל לשיטתו, דס"ל דאפי' יבש מקצתו פסול, וע"כ צריך לבדקו, דאולי ע"י הכמישה נעשה קצת יבש מבפנים, **משא"כ** להפוסקים דס"ל דוקא יבש בכולו או ברובו, אפשר דבכמוש א"צ בדיקה, וצ"ע].

ושיעור היבשות, כשאינו מוציא שום ליחה, ויבדק ע"י שיעביר בו מחט ובו חוט, ואם יש בו ליחה יראה בחוט - הקשו האחרונים, דא"כ יהיה נקב מפולש, ופסול לדעה ראשונה שבסעיף ב' אפילו בלא חסרון, **ותירץ** המ"א, שתוחב המחט קצת במקום עובי שלה, דהיינו במקום חור הנקב, ועי"ז יכנס קצת מן החוט עמה, וכשמוציאה יראה בהחוט, ואין כאן נקב מפולש, **ויש** שתירצו, דמפולש לא נקרא אלא כשניקב ברוחב האתרוג מעבר לעבר, אפילו שלא כנגד חדרי הזרע, **אבל** כשניקב בעובי שלו מצד א', דהיינו לאורך האתרוג מעוקצו כלפי חוטמו, ואינו מגיע לחדרי הזרע, בזה י"ל דלכו"ע לא מקרי מפולש, [**ואם** האתרוג עשוי דפא דפא, וניקב אחד מן הבליטות מעבר לעבר, י"ל דלכו"ע לא מקרי מפולש, וכשר כשאין בו חסרון].

(ואתרוג שהוא משנה שעברה, ודאי יבש הוא ופסול) - ר"ל דא"א שימצא בו ליחה, ולא יצא תועלת ע"י בדיקתו, [ב"ח וא"ר, וכן משמע מביאור הגר"א,

(ביאור הלכה) [שער הציון] ‹הוספה›

אח"כ מצאתי בספר בכורי יעקב, שמביא בשם ספר תמים דעים, וז"ל: וכל דבר שאין בו השגחה להעמידו בלחותו, אינו מתקיים בלחותו אחר י"ב חדש, **אבל** בודאי אם ישגיח האדם עליהם לקיים אותן בלחותם, כגון שטומנים אותם בדברים לחים, נוכל להעמיד אותם כמה זמנים, וע"ז לא נתנו חכמים זמן, אלא הכל לפי מה שהוא, עכ"ל, **הרי** בפירוש דזמן לחוד אינו פוסל, אם אין לו שיעור יבשות של מחט, רק שמסתמא אם לא ישגיח להעמיד לחותו, לא ימצא לחות ע"י בדיקה, **ובעיני** ראיתי אתרוג שכבר עבר עליו יותר משנה תמימה מעת שנתלש מן האילן, שנשמר משליטת אויר ע"י הסגר בכלי של מתכות, והיה מונח במקום קר ולח קצת, ועי"ז נשאר לו נויו ולחותו, ובדקתי ומצאתי בו לחות הרבה, וכה"ג נ"ל להתיר של אשתקד ע"י בדיקת חוט, אם לא נתכויץ ונפסד הדרו, עכ"ל הבכורי יעקב, **ואפשר** דגם הגר"א מודה באופן זה, והוא מיירי רק בסתמא].

סעיף ב - אתרוג שניקב נקב מפולש כל שהוא, פסול - אפילו אינו חסר מן האתרוג כלל, כגון שניקב ע"י מחט.

ושאינו מפולש, אם היה כאיסר, פסול - אפילו אין בו חסרון, כגון שתחב בו יתד רחב, **ואם** הנקב מרובע או ארוך, רואין אי כד מעגלת לה הוי כאיסר, פסול.

ואם חסר כל שהוא, פסול - ר"ל דאם חסר, אז אפילו הנקב הוא קטן ביותר, דהוא כל שהוא, ג"כ פסול, (**ודוקא כשנחסר מגוף האתרוג, אבל אם נחסר רק הקליפה העליונה, שהיא כמין גליד על האתרוג, כשר לכו"ע, כדלקמן בס"ו, דזהו אינו בכלל חסר**).

וי"א דגם בנקב מפולש בעינן חסרון משהו; ושאינו מפולש, בחסרון כאיסר - ס"ל דתרתי לריעותא בעינן, מפולש וחסרון, דבלא חסרון כשר בכל גווני, **אלא** ביש חסרון יש חילוק, דאם הוא מפולש, פסול אפילו בחסרון כל שהוא, **ובאינו** מפולש, דוקא כשחסר בכאיסר, **וקי"ל** להחמיר זולת בשעת הדחק, כמ"ש רמ"א אח"כ, [ט"ז].

ועיין במאמר מרדכי שהסכים, דלענין יו"ט שני שפיר דמי לברך עליו, היכא שחסר כל שהוא, כל שאינו מפולש, ואינו חסר בכאיסר, [**אף** דמבואר לקמן, דפסולי ראשון נוטלין בשני בלא ברכה, הכא דבלא"ה יש דעות דכשר אפי' ביום ראשון, מקילינן לגמרי בשני].

הגה: ונהגו להכשיר הנקבים שנעשו באילן על ידי קוצים, אע"פ שיש בהם חסרון, שזהו דרך גדילתן - ר"ל שנראה לפעמים באתרוג שהיה בו נקב בעודו במחובר, אלא שנקרם עליו עור ובשר מלמעלה, בזה יש להתיר, **אבל** אם אנו רואים שלא נקרם, אלא יש שם נקב וחיסרון, אע"פ שנעשה ע"י קוצים בדרך גדילתו, פסול, וזהו שסיים: מיהו אם רואה וכו', **והמון** עם טועין בכך, שסוברין שיש קולא כשנעשה הנקב ע"י קוצים.

מיהו אם רואה שאין העור והבשר קיים תוך הנקב, פסול לסברא הראשונה אע"פ שאינו מפולש - ואם יש ספק בזה אם הבשר קיים, אזלינן לקולא, כיון שהדעה אחרונה ס"ל אפילו בודאי יש חסרון, כשר כל שאינו מפולש ואין החסרון בכאיסר, שפיר נסמוך ע"ז בספק לכל הפחות, **ואפילו** אם ספק לו שמא הגיע פילוש הנקב עד חדרי הזרע, ג"כ יש להכשיר, שכל שאינו ברור לנו שהגיע עד חדרי הזרע, יש לסמוך על דברי האומרים, שאפילו אם הגיע לחדרי הזרע אינו נקרא נקב מפולש, ואינו פוסל אא"כ יש בו חסרון.

ובשעת הדחק יש להקל כסברא האחרונה, להכשיר חסרון שאינו כאיסר ואינו נקב מפולש - ולברך עליו, [**ומסתימת** לשון הט"ז לעיל משמע, דבשעת הדחק יש לסמוך לגמרי על דעת הי"א, דהיינו להכשיר באינו חסר אפי' במפולש מעבר לעבר, וכן ברחב כאיסר בלא חסרון, **ומה** שהזכיר רמ"א פרט זה, היינו מפני שכתב מתחילה להחמיר לענין נקבים דאין עור ובשר קיים, שזה הוא חסרון משהו ואינו מפולש, כסברא הראשונה, וע"ז סיים דבשעת הדחק יכול להקל כדעה אחרונה, אבל אין כוונתו לשלול יתר הפרטים].

סעיף ג - מפולש, יש מפרשים כפשוטו, דהיינו שניקב מצד זה לצד זה - שע"ז מורה שם מפולש, כמו מבוי המפולש.

ויש מפרשים שכיון שניקב עד חדרי הזרע שהגרעינים בתוכו, מקרי מפולש - טעמם,

שהקליפה העבה המקפת את חדרי הזרע, אינה נחשבת עם חדרי הזרע לדבר אחד, אלא היא נחשבת לדבר בפני עצמו לענין זה, וכיון שניקבה כולה מצד אחד, הרי זה נקב מפולש, **וע"כ** אע"פ שחדרי הזרע וצד השני של האתרוג נשארו שלימים, הרי זה פסול, [**והיינו** דוקא כשאנו יודעין שהגיע עד חדרי זרע, אבל בספק כשר].

ולענין הלכה יש להחמיר כסברא האחרונה, **אבל** בשעת הדחק שאי אפשר למצוא אתרוג אחר, יש לסמוך על סברא הראשונה, ומותר לברך על אתרוג זה, **ובפרט** היכי שאינו חסר כלום, כגון שניקב ע"י מחט, דיש בזה ס"ס, שמא הלכה כהי"א הנזכר בס"ב, דגם במפולש דוקא כשיש חסרון.

ואם ניקבה הקליפה העבה מצד זה לצד זה שלא כנגד חדרי הזרע, דהיינו במקום שהאתרוג מתקצר למטה, זה מקרי מפולש בין לדעה א' ובין לדעה שניה.

סעיף ד - אתרוג שנימוח כל בשרו בפנים, וקליפתו החיצונה קיימת, וחדרי הזרע קיימים בפנים - ויוכל להרגיש דבר זה במשמוש היד, **כשר; ויש פוסלים** – (זהו בעיא בגמרא ולא נפשטה, ופסק דעה ראשונה בה לקולא, משום דס"ל דכל הנך פסולין אין עיקרם אלא מד"ס, וספיקא לקולא, והי"א ס"ל דהוא ספיקא דאורייתא, וצריך להחמיר מספיקא), **ויש** להחמיר בדבר זה במקום שאפשר.

(**וכתב הפמ"ג**, דאם נימוח בפנים ונסרח, י"ל דפסול לכו"ע, וצ"ע).

סעיף ה - נסדק כולו מראשו לסופו, אפי' אינו חסר כלום, פסול - מדסתם המחבר, משמע דס"ל דיש להחמיר אפילו בנסדק מצד אחד.

אבל נשאר בו שיור למעלה ולמטה, אפי' כל שהוא, כשר - כמו בנסדק הגרגרת בבהמה ביו"ד סימן ל"ד, ואפילו נסדק משני צדדיו על פני כל ארכו, ונשתייר מכל צד משהו למעלה ומשהו למטה.

ויש מי שאומר דדוקא מלמטה, אבל בחוטמו אפי' כל שהוא פסול.

(**עיין** בהגר"א שכתב, דסברא ראשונה ס"ל, דכי פסלינן בחוטמו בכל שהוא, דוקא אותן הפסולין שפוסלין ברובו, כמו חזזית, משא"כ בזה דלא בעינן רק שישתייר משהו למעלה ומשהו למטה, **ולפי"ז** להיש מחמירין ‹לקמן בסמוך› דס"ל, דגם בענינינו מחמירין לפסול ברובו, צריך להחמיר גם לענין חוטמו ממילא בכל שהוא).

הגה: ויש מחמירים לפסול בנסדק רובו - הט"ז ומ"א השיגו על פסק הרמ"א, ודעתם דלא נמצא מי שיחמיר בזה ברובו, **אבל** הגר"א בביאורו הוכיח כהרמ"א, דיש מחמירין ברובו, והיינו אפילו מצד אחד, [משום דרובו ככולו, **ומה** שהקשה המ"א, דהא גם בגרגרת בעינן שנסדק כולו, יש לדחות, דבגרגרת הטעם משום דכשהבהמה מושכת צוארה הדר סתים לה, משא"כ באתרוג].

(**אף** דלדעת המחבר דמדמה לנפסק הגרגרת, ג"כ פסול בנסדק רובו במקום אחד, ומצד זה של מקום הסדיקה לא נשאר משהו, דגם בגרגרת טרפה באופן זה, **אכן** יש נ"מ במה דזכר המחבר, בנסדק מראשו לסופו כולו, ולא נשתייר רק משהו למעלה ומשהו למטה, דלדעת המחבר הוא כשר, ולהיש מחמירין פסול, דהרי עכ"פ נסדק רובו של אתרוג).

וכל שלא נסדק רוב קליפתו העבה - בעומקו, והיינו מראש האתרוג לסופו, או לדעת ההג"ה בשיעור רובו, **לא מקרי נסדק** - ואפילו בחוטמו ג"כ, דוקא כשנסדק שם רוב קליפתו, דאל"ה אינו בכלל נסדק כלל.

ואילו נסדק כל קליפתו העבה, והגיע לחדרי הזרע, אפי' במקום אחד פסול, דהוי בכלל נקב מפולש, [היינו לדעה האחרונה בס"ג].

(**הרמ"א** תפס לשון שלילה, דבאופן זה בודאי שרי, ומ"מ אפילו נסדק רוב קליפתו, ג"כ יש דיעות, די"א דוקא כשהגיע הסדק עד חללו, **ואף** דא"כ לא גרע מניקב, מ"מ נ"מ לאותן פוסקים דס"ל, דלא מקרי נקב מפולש עד שיגיע מעבר לעבר, דמצד נקב אין לפסלו, אבל כשנסדק כל אורכו, או רובו לדעת ההג"ה, יש לפוסלו משום נסדק).

סעיף ו - נקלף הקליפה החיצונה שלו, שאינו מחסרו, אלא נשאר ירוק כמות שהוא בברייתו - [כי כמה קליפות באתרוג, אחת קליפה ירוקה דק מאד, ולפנים ממנה היא הקליפה העבה קצת,

שיש בה חריפות כשאוכלין אותה, ואח"כ מתחיל בשר האתרוג שהוא לבן, ולפנים ממנו יש כמו עגול, ובו מונחים גרעינים, וזה נקרא חדרי הזרע, **והשו"ע** מיירי בהקליפה העליונה שהוא דק כגליד שאינו מחסרו מגוף האתרוג].

דאם היה נקלף יותר בעומק אפילו במקום אחד, ונחסר מגוף האתרוג אפילו משהו, פסול מטעם חסר, לדעה ראשונה של ס"ב הנ"ל, **ולדעה** שניה, אם חסר כאיסר עכ"פ.

אם נקלף כולו, פסול - כמו בבהמה כשנקלף כל עורה טרפה, דלא הדרא בריא.

אם נשאר ממנו כל שהוא, כשר; ויש אומרים שצריך שישתייר כסלע - וכמו שם לגבי בהמה, דצריך שישתייר כסלע, וכן פסקו הב"ח וא"ר.

ואם מקום הנקלף הוא משונה במראיתו ממראה האתרוג, אפילו אם נקלף רק רובו, פסול, **וכ"ז** דוקא כשנקלף הכל ביחד, אבל אם נקלף בשנים ושלשה מקומות, אפילו במיעוט האתרוג, אם אינו דומה לשאר האתרוג, פסול, דהוי כמנומר, **ואם** נקלף במקום חוטמו, כשאינו דומה מקום הקילוף לשאר האתרוג, אפילו בכל שהוא פסול, וכמו לענין חזזית לקמן בס"ט, **וי"א** דאין להחמיר בכל זה רק דוקא כשאם נשתנה מקום הקילוף למראה פסול, כגון שחור ולבן, **אבל** אם הוא מראה כשר אין לפסלו, **ובשעת** הדחק יש לסמוך ע"ז, [אפילו בחוטמו], ועיין לקמן בסי"ג בהג"ה.

סעיף ז - ניטל דדו, והוא הראש הקטן ששושנתו בו - הדד הוא העץ שעל ראש האתרוג, כמו חוד הדד, ותחוב בתוכו, והשושנתא עליו, **פסול** - דהו"ל כחסר.

והנה מלשון ניטל הדד משמע, דניטל העץ אף מה שתקוע בתוך האתרוג, ונעשה שם כמו גומא, ולפיכך פסול, [**ואפי'** אם נשתייר עוד מעט עץ בתוכו, כיון שנעשה כמו גומא פסול], **אבל** אם ניטל רק מה שלמעלה מן האתרוג, אין להחמיר, וכן הסכים הט"ז לדינא, **אבל** יש מן הפוסקים שמצדדים להחמיר, אפילו אם לא ניטל רק למעלה מן האתרוג, וסוברים דזה הוי בכלל חסר לדידהו, **ואם** נשאר מן העץ למעלה מן האתרוג כל שהוא, דעת המ"א דאין להחמיר בזה.

הגה: ויש מחמירין אם נטלה השושנתא, דהיינו שאנו קורין פיטמא, וטוב להחמיר במקום שאפשר - היינו שאפשר ליקח יותר מובחר מזה, **אבל** אם הוא המובחר, אין להחמיר בשביל השושנתא, **ומ"מ** נראה דדוקא אם חסר רק השושנתא, אבל אם חסר גם מקצת מן העץ, אף שיש עוד קצת עץ למעלה מן האתרוג, טוב להדר ליקח אחר אם אפשר לו, כי יש מחמירין גם בזה.

מיהו לענין דינא אין לפסול אא"כ ניטל הדד, דהיינו העץ שראש הפיטמא עליו; והראש נקרא: שושנתא.

וכל זה דוקא שניטלה, אבל אם לא היה לו דד מעולם, כשר - כיון שכך היא ברייתן, וזהו דרך גידולן, אין לכנותם בשם חסרים או שאינן הדר, **וכן הם רוב האתרוגים שמביאים במדינות אלו** - וניכרים הם, כי יש במקום פטמא כמו גומא מתחלת ברייתו, [**ומ"מ** אם אי אפשר להכיר כלל אם היה כן מתחילת ברייתו, בא"ר בשם הב"ח מצדד להחמיר, **אכן** בפמ"ג כתב דאפשר דיש להכשיר מטעם ס"ס, דשמא הלכה כמ"ד ניטל פיטמתו היינו עוקץ לבד, **ואפי'** הוא דדו, שמא לא ניטל אלא נברא כך, **ואף** דהמחבר והרמ"א העתיקו דניטל פיטמתו פסול, וכן לענין עוקצו, אפשר דהוא רק משום דחשש להחמיר בשניהם, ולא משום דפסקו כן להחלטה].

וכתב בבכורי יעקב, דזה דוקא רק כשיש גומא מעט, שאין כאן פסול רק משום חסר, וכיון שמתחלת ברייתו הוא כן, ולא נחסר ממנו כלל, לא מקרי חסר, **אבל** לפעמים יש גומא עמוקה, שחללה עד חדרי הזרע, וניכר ע"י שיכניס לתוך החלל מחט או שאר דבר דק, **בזה** נראה דפסול גמור הוא, שהרי נקב בתולדה פסול כל היכי דניקב פסול, וכיון דניקב עד חדרי הזרע פסול, ה"ה בניקב בתולדה.

סעיף ח - ניטל העץ שהוא תלוי בו באילן מעיקר האתרוג, ונשאר מקומו גומא, פסול - דהוא בכלל חסר, **ואם** הוא שעת הדחק שאין אחר בעיר, העלה בתשובת חכם צבי, שיכול לברך עליו אפילו ביום ראשון, **כיון** שבשעת הדחק איתא

סימן תרמח – דברים הפסולים באתרוג

בס"ס תרמ"ט, שמברכין אפילו על פסולין לגמרי, וכ"ש בזה שהיא תלוי בשיטת הראשונים כמבואר בב"י, **וה"ה** בניטלה פטמתו ונעשה גומא, ואין אחר בעיר, ג"כ יכול לברך עליו אפילו ביום ראשון.

הגה: ואם ינטל קצת העץ, ונשאר עובי כל שהוא, שכל רוחב הגומא מכוסה, כשר - ר"ל שנשאר מן עובי העץ בתוך האתרוג שיעור קצר, שיוכל עכ"פ למלא כל רוחב הגומא מן עוביו, ואף דלמעלה מן הגומא לא נשאר משהו, ג"כ כשר, דתו לא מקרי חסר.

סעיף ט - עלתה חזזית (פי' תרגום או ילפת, או חזזן) עליו - בין בתלוש ובין במחובר, אלא בעינן שיהיה גבוה משאר אתרוג, **אם בשנים או בשלשה מקומות, פסול** - דמחזי כמנומר, (ומ"מ מסתברא, שע"י חוט השערה מראה אתרוג שמפסיק בין חזזית לחזזית, לא מיחזי כמנומר, ושיעור ההפסק לא נתברר).

ואם במקום אחד, אם עלה על רובו - והיינו דעלה על רוב כל שטח האתרוג משני הצדדים, **פסול** - דאינו הדר.

ואם על חוטמו, אפי' כל שהוא פסול - שנראה שם לעינים יותר משאר מקומות שבו, שבאותו שפוע אדם נותן עיניו, (**ואפילו** בצד אחד פסול).

וחוטמו היינו ממקום שמתחיל להתקצר ולהתחדד כלפי ראשו – (והנה לכאורה היה נראה לומר, דהוא מחצי האתרוג ולמעלה, **אבל** באמת זה אינו, דא"כ אם החזזית מתפשט על רובו של האתרוג, ממילא הוא על חוטמו ג"כ, **ובפרט** לדעת רש"י שכתב, דעובי גבהו של האתרוג הוא נקרא חוטם, א"כ אם החזזית מתפשט על רובו, הרי חוטמו בכלל, ובגמרא וכן בפוסקים מוכח דתרי מילי נינהו, **וע"כ** אנו צריכין לומר, דלכו"ע מתחיל החוטם באתרוג אחר שיעור רובו של האתרוג ולא קודם, **ועיין** בשע"ת דמצריך לחוש גם לדעת רש"י, באם מתרמי החזזית במקום גבהו לבד, ודוחק את עצמו דגם כונת השו"ע הוא כן, **ולענ"ד** לשון השו"ע לא משמע כן, וכן בלבוש מוכח בהדיא, דכונת השו"ע הוא על השפוע לבד, ולא על מקום גובהו,

ועכ"פ במקום הדחק בודאי יש להקל גם ביום ראשון, ולברך עליו).

סעיף י - י"א דהא דבב' ובג' מקומות פסול, היינו דוקא כשנתפשט הנימור ברובו, אף על פי שבשטח החברבורות הוא מיעוט - פי' שמקום החברבורות עצמם היא המיעוט, **אבל במיעוטו, כגון שכולם מצד אחד של אתרוג, כשר** – (עיין בבית מאיר שמצדד, דאפילו היה יותר משלשה חזזית כשר בזה, כיון שעכ"פ הם מיעוטו של כל האתרוג, **אך** לפי מה שמסיים לבסוף אין הדבר ברור בידו כ"כ, ע"ש, **ומיום** ראשון ואילך בודאי יש להקל בזה).

משמע דאם נתפשט מהם גם לצד השני, מקרי רובו, דהוי רוב הקיפו, אע"פ שאינו רובו של כל האתרוג, [**פי'** דבזה דהאיסור משום מנומר, מקרי רוב הקיפו לחוד ג"כ בשם רובו, **אבל** ברובו במקום אחד, לא מקרי רובו רק כשהוא רוב של שטח האתרוג].

ויש פוסלים אפי' במיעוטו של צד אחד - הלבוש וא"ר פסקו כדעה הראשונה, וכן משמע גם בפמ"ג, שאין פסול עד שיתפשט ברובו, **מיהו** אם נתפשט גם לצד השני של האתרוג, כבר ביארנו דמקרי רובו בזה לכו"ע.

סעיף יא - אם הוא מחצה על מחצה במקום אחד - לא מיירי שהיה חצי האתרוג של צד א' מראשו עד זנבו, דהא בראשו לבד פוסל חזזית במעוטו, וכנ"ל בס"ט, **אלא** מיירי דהמחצה היא כלפי העוקץ בכל היקף האתרוג, **יש מכשירין** - ס"ל דאפשר לצמצם, **ויש פוסלים** - ס"ל דא"א לצמצם.

ולדינא יש להחמיר כדעה בתרייתא, מדנקט אותה המחבר לבסוף. **ועיין** בפמ"ג שכתב, דלא סגי אם ימצא רוב בהכשר ע"י מדידה, אלא צריך שיראה לעינים בלא מדידה, **ובבכורי** יעקב חולק ע"ז.

סעיף יב - מחוטמו ואילך, דהיינו ממקום שמתחיל לשפע עד הפיטמא – (ופיטמא בכלל, ופיטמא הוא הדד ששושנתא עליו, ולא השושנתא עצמו), ‹והיינו ודלא כמו שפי' הרמ"א בס"ז›, **פוסל חזזית וכל שינוי מראה** - כגון שחור ולבן כמבואר לקמן בסעיף ט"ז, **בכל שהוא** - ודוקא כשנראה לכל, אבל

סימן תרמח – דברים הפסולים באתרוג

אם אין נראה לעין מחמת דקותו, וצריך להסתכל, אין זה כל שהוא שפוסל, [**דכיון** דבחוטמו הטעם, ששם אדם רואה יותר משאר מקומות, משא"כ כשצריך עיון והסתכלות, ומרחוק אינו נראה, אף בחוטמו אינו פוסל].

ויש מי שאומר דה"ה דיבש פוסל שם בכל שהוא – (היינו אפילו לדעה קמייתא בס"ה, דס"ל שם בנסדק לא פסלינן בחוטמו יותר משאר מקומות, **הכא** לענין יבש חמיר טפי, דיבש טעמו משום הדר, ובחוטמו שניכר יותר לעין הרואה, אפילו נתייבש כל שהוא תו לא הוי הדר).

וכן פסק הא"ר וש"א, ולאו דוקא יבש, ה"ה שאר פסולין דמשום הדר, (**ונראה** דיש להחמיר גם בנסדק בחוטמו, אם לא במקום הדחק).

והיינו במקום חוטמו, אבל בשאר מקומות האתרוג, דינו כחזזית ושינוי מראה, שבמקום אחד דינו ברובו, ואם בשנים או בשלשה מקומות פוסל אף במיעוטו, (**ולענ"ד** לא ברירא דבר זה של ב' וג' מקומות, דהא הטעם בחזזית איתא בגמ', משום דהו"ל מנומר, וע"י שנתייבש באיזה מקומות לא ידענא אם חשיב נימור עי"ז, **אם** לא שאנו רואין שנשתנה מראה האתרוג ע"י היובש, וצ"ע).

סעיף יג - חזזית הוא כמו אבעבועות - יש אומרים דוקא שתי אבעבועות, דבלא"ה אינו בכלל חזזית, [מבי"ט], **אבל** רבים מהאחרונים חולקין ע"ז, ודעתם דאף אבעבוע אחת, כל שנראה לכל אדם לעין בלא הסתכלות, מקרי חזזית , [**ומ"מ** נראה דבשאר ימים יש לסמוך על המבי"ט להקל, אחרי שכמה אחרונים העתיקוהו להלכה].

כתבו הפוסקים, דדוקא כשנולד החזזית מעצמות האתרוג, אבל מה שנעשה מקומו עקום ואדום, מחמת שעוקצים אותה קוצים, כשר, (**כיון שחזזית הוא מה שנולד ע"י עיפוש הפרי, הן בתלוש הן במחובר, א"כ דרך הוא דבמקום ששוכב על הקוצים, מדלא שולט שום אויר, שמתעפש שם ונולד שם חזזית, אבל מה שנעשה עקום ואדום ע"י עיקוץ וקוצים, אין בזה עיפוש וריקבון,** ולכן אין זה חזזית וכשר).

ויש בו ממש, שמקומו ניכר במישוש שהוא גבוה מאתרוג. הגה: ולכן יש להכשיר אותן חזזית שקורין בל"א מו"ל, לפי שאינן גבוהים משאר האתרוג - [משמע מדגמ"ר, דלפי טעם זה, דרק משום שאינם גבוהים, ולא משום דהוא מראה אתרוג, ממילא פסול בחוטמו משום שנוי מראה, **וצ"ע**, דלדבריו גם בשאר מקומות האתרוג יפסל ברובו, ומאי אהני לן מה שאינו גבוה משאר האתרוג, **וע"כ** אנו צריכין לדברי פמ"ג, שכתב דאף שחזזית היא מראה פסולה, מ"מ ברואה מראה פסולה על האבעבוע אין פוסל, שדרכה בכך, ורק כשגבוה מהאתרוג ששם חזזית עליה, אז פוסל, **וא"כ** כשאין שם חזזית עליה, משום שאינה גבוה מאתרוג, אפי' על חוטמו נמי כשר].

ויש מי שכתב דיש להכשירם מטעם דנחשבים מראה אתרוג, מאחר דרגילים להיות הרבה כך – (עיין בביאור הגר"א, דהיינו אע"פ שאין מראה זה שוה לשאר מקומות האתרוג, מ"מ הואיל והוא נחשב למראה האתרוג, כשר).

ולפי טעם זה אפילו גבוהים משאר אתרוג כשר, **ואין** נ"מ בין אם החזזית הוא בחוטמו או בשאר מקומות, **ועיין** באחרונים שהסכימו, דאין להקל בגבוהים משאר אתרוג, כי אם בשעת הדחק.

סעיף יד - אם עלתה בו חזזית בענין שפסול - בין שהיה ברובו או במיעוטו בכמה מקומות, **או שהוא מנומר, אם כשקולפו חוזר למראה האתרוג** - שקלף כל מקומות הפסולין, **כשר** - ואפילו לכתחלה יש להכשירו ע"י כן, ועיין לקמן סי' תרמ"ט ס"ה ובמש"כ שם במ"ב. (**וכתב** הפמ"ג, **דמ"מ ביו"ט אסור לקלפו ולהכשירו, דהוי מתקן, כמו שאסור ללקוט ענבי הדס ביו"ט**).

(לאחר שנקלף ולא חסר כלום) - דהיינו שלא קלף ממנו רק קליפה החיצונה הדקה, **דאם** חיסר ממנו משהו אפילו רק במקום אחד, פסול לדעה הראשונה לעיל בס"ב, [היינו רק ביום ראשון לבד].

סעיף טו - נפל עליו מים בתלוש ותפח – (אפי' לא נרקב), **או סרח, או שהוא כבוש בחומץ** - [ומיירי בחומץ חזק], **והיינו** דבזה אפילו לא שהא אלא כדי שירתיח הוי כמבושל, **וה"ה** כשרה במים או בשאר

משקין ודבש מעט לעת, קיימא לן דהוי כמבושל, [**ואם** טמן בדבש קרוש, לא אמרינן דהוי כמבושל].

או מבושל; או מנומר, פסול - י"א דדוקא אם הוא מנומר בגוונין הפסולין, כגון חזזית או שחור או לבן או ירוק כעשבי השדה, ודינו כמו שכתוב לקמיה בסט"ז, **וי"א** דאפילו אם הוא מנומר בהרבה מראות כשרות, ג"כ עכ"פ אינו בכלל הדר ופסול, [**ולמעשה** צ"ע].

והטעם בכל זה משום דאינו הדר.

(והנה לא נתבאר השיעור דתפח או סרח וכבוש ומבושל, ומסתברא דשיעורו ברובו, **ולענין** אם גם בזה בחוטמו בכל שהוא, צ"ע, אחרי דהטעם הוא בחוטמו משום דהחוטם הוא נראה לעינים יותר, **ואפשר** דזהו דוקא בחזזית ושאר שינוי מראה דמינכר טפי, אבל לא בתפח כל שהוא, וכן בהשאר לבד מנומר, וצ"ע).

סעיף טז - אם הוא שחור או לבן במקום אחד, פוסל ברובו; בשנים או בשלשה מקומות, דינו כחזזית ליפסל אפילו במיעוטו.

(**ואדום** הוא ממראה אתרוג – ח"א, **ודעת** הפמ"ג דאדום באדמימות, הוא מראה פסולה, **אבל** כאהינא סומקא, י"ל שמראה כשרה היא).

סעיף יז - מקום שהאתרוגים שלהם כעין שחורות מעט, כשרים - דאורחייהו בכך, ולא נפיק מכלל הדר, **אבל** בשאר מקומות, אפילו בשחור מעט פסול, **ומשמע** אפילו הם סמוכין להן, [**ויש** מקילין בזה].

ואם היו שחורים ביותר כאדם כושי, הרי זה פסול בכל מקום.

(**ואתרוג** שחור מעט, שגדל בשאר ארצות שאתרוגיהן אינן שחורות כלל, והובא למקום זה, **לדעת** רש"י וסייעתו, הוא פסול אף במקום זה, דהוא בכלל נדמה, והוא מה שאמר בגמרא דומה לכושי פסול, **אבל** לדעת הרי"ף והרמב"ם לא נזכר זה בגמרא).

סעיף יח - העגול ככדור, פסול - שאין דרכו להיות כן - לבוש, [**ומשמע** מלשון זה דלא הוי בכלל אתרוג, וא"כ הוא פסול בכל הימים, **אבל** לענ"ד אפשר לומר, דהטעם הוא משום שאינו הדר, ולפי"ז להרמב"ם וסייעתו כשר בשאר יומי].

סעיף יט - גדלו בדפוס ועשאו כמין בריה אחרת, פסול - היינו שעשה לו דפוס בעודו קטן ומחובר באילן, כדי שיגדל לפי מדת הדפוס ותמונתו.

(**ונראה** דלאו דוקא שדומה לאחרת, **אלא** אפי' אינו דומה לשום בריה, רק שגם דמיון אתרוג אין לו, מ"מ פסול).

עשאו כמו ברייתו, אע"פ שעשאו דין דפין - היינו כעין שעושין גלגל ריחיים של מים, אפ"ה **כשר** - דחשיב שפיר צורתו.

סעיף כ - התיום, דהיינו שגדל שנים דבוקים זה בזה - בספר הערוך בשם רבינו האי, ז"ל: התיום שאמרו שני פנים הם: שנים דבוקין בברייתן, ואחד שהוא שני חצאין חלוקין מלמעלה ומחוברין מלמטה כל שהוא, **כשר** - כיון שנבראו שנים יחד, ודבוקין ומעורין זה בזה שאין אדם יכול להפרידן, פרי אחד קרינא ביה, ואין בו משום תוספות, **ועיין** בב"י, שהסמ"ג פסלו, וע"כ יש להחמיר בדאפשר.

סעיף כא - הירוק שדומה לעשבי השדה, פסול - משום שבזה ניכר שלא נגמר הפרי עדיין, **ומשמע** דאם לא היה ירוק כ"כ כשר, דמסתמא נגמר פריו.

אא"כ חוזר למראה אתרוג כשר כשמשהין אותו - ר"ל היכא דידעינן טבע האתרוגים שבאותו מקום, שדרכן לחזור אח"כ למראה אתרוג, לאחר ששהו בכלי זמן מרובה, אז אפי' בעודו ירוק כשר, דכיון שחוזר למראהו ע"כ נגמר פריו, **ומ"מ** הסכימו האחרונים, דאין לסמוך ע"ז למעשה, דשמא יהיה נשאר ירוק, ואין לקנות אתרוגים אא"כ התחיל במקצת לשוב למראה אתרוג, [דאז תלינן בודאי שלבסוף ישוב כולו למראה אתרוג].

אתרוג המורכב, הסכימו הפוסקים שהוא פסול, דלא מקרי אתרוג כלל, ומורכב היינו מאתרוג ולומונ"י או פאמראנ"ץ, או שום פרי אחרת, **אפילו** אם הבריך ענף מאילן אתרוג לתוך לומונ"י, וכ"ש אם הבריך ענף מאילן לומונ"י תוך אילן אתרוג, **אבל** אם הרכיב משני אילני

אתרוג ביחד, כגון ענף אילן שפירותיו דקים וקטנים, לתוך אילן שפירותיו גסים, כשר.

ויש ג' סימנים שנוכל להכיר אם הוא מורכב או לא: **א)** כי המורכב חלק, ולאתרוג בליטות קטנות בכל גופה, וגובה להם, **ב)** המורכב העוקץ בולט, ובאתרוג העוקץ שוקע, **ג)** כי תוך המורכב רחב, והמוהל שלו הוא רב, והקליפה הממוצעת {דהיינו בין קליפה עליונה שהיא דקה כגליד, ובין התוך שהן חדרי הזרע עם קליפתן} דקה, ובאתרוג הוא להיפך, כי הקליפה עבה, והתוך קצר, והוא כמעט יבש.

ובעולת שבת כתב עוד סימן, שבאתרוג הגרעין זקוף לאורך האתרוג, ובמורכב הגרעין מושכב לרוחב האתרוג, **ובבכורי** יעקב כתב, שבדק באתרוגים הרגילים אצלנו, ושיש להם כל סימני אתרוג כשר, שלפעמים הגרעינים שוכבים באורך ולפעמים ברוחב, וע"כ ע"י סימן זה אי אפשר להבחין כלל.

וכתב בתשובת חתם סופר: אתרוגים שיש להם סימנים שמבחוץ, דהיינו העוקץ שקוע, ובליטות הרבה, אין לחוש שמא ימצא בסימנים הפנימים היפך מזה, **ומשמע** מזה, דאם יש לו רק סימן אחד שמורה שהוא אתרוג, והסימן השני מורה שהוא מורכב, כגון שהוא חלק, והעוקץ שלו שוקע, יש להחמיר מספיקא, וכ"כ במו"ק.

אמנם מפקפק החת"ס מאוד בענין הסימנים, אחרי שלא נזכרו בש"ס, ודעתו דלמעשה אין לסמוך על סימנים כלל להקל, [**ומה** דנזכרו סימנים, היינו שאם בא אחד ואמר, שהאתרוגים שלו הוא ממקום שמוחזקים האתרוגים שלו לאינם מורכבים, והסימנים מראין להיפך, אינו נאמן] **ודינן** של אתרוגים כדין עוף טהור דנאכל במסורת, דהיינו שאותו המקום יהיה מוחזק מימים קדמונים שאתרוגיהם אינם מורכבים, **ומסיים** שם: העולה מזה, כל האתרוגים שאינם מייעניווע {וה"ה מקום אחר המוחזק בכשרות מימים קדמונים} אין ליקח בלי כתב הכשר, שיודע המעיד שאינם מהמורכבים, ואין לסמוך על הסימנים, עכ"ל, וכעין זה כתב ג"כ בספר שנות חיים, **אך** ביו"ט שני שהוא דרבנן, יש לסמוך על הסימנים, אף למאן דס"ל דגם ביו"ט ב' פסול מורכב.

אכן באמת אודות כתב ההכשר יש ג"כ הרבה לדקדק, **א)** שצריך למצוא אנשים שיכירו היטב חתימת המעיד, או עכ"פ שהסוחר עצמו יכיר כתב ההכשר, והוא יהיה מוחזק לנו בכשרות, **ב)** על האתרוגים שאינם מוחזקים מכבר בכשרות, להעיד שאינם מורכבים, לזה אין להאמין להמעיד רק אם הוא מוחזק בכשרות, **וצריך** שיהיה ירא שמים לדקדק, דאולי מטעי קטעי, ובפרט במלאכת הנטיעה, **גם** מצוי עוד כמה רמיות בענין זה, שהוא מניח כתב ההכשר על תיבה אחת, והסוחר כשמוכר אותו קעסטיל מניח הכתב על קעסטיל אחר, וע"כ יש לדקדק לקנות מאיש נאמן, **ואם** מוצא לקנות אתרוג מאיזה מקומות הידועים מעולם, ומוחזקים שאינם מורכבים, יותר טוב לקנות מהם.

(וזה לשון הבכורי יעקב: זה פשוט שהאתרוגים הגדלים אצלנו במדינת אשכנז בגנות של שרים, כולם מורכבים הם, **אבל** אותם שבאים מאיטליא, והם ספק מורכבים, לכאורה יהיו כשרים אם אי אפשר להכריע, דניזל בתר רובא, ורוב האתרוגים שבעולם ידוע שאינם מורכבים, **אכן** לדינא צ"ע, ועכ"פ ספק מורכב אם אין לו אחר יטלו בלא ברכה, עכ"ל, **ולענ"ד** אפשר לומר, דלהכי סמכו כמה פוסקים על הסימנים, אף דאין ראיה כ"כ כמו שכתבו הפוסקים האחרונים, משום דבצירוף רובא יש לסמוך ע"ז, וע"כ אין למחות במי שסומך ע"ז ומברך כנלענ"ד), **ולפי** המבואר נראה, דבדיעבד כשכבר קנה, או שאין לו מקומות הידועים למוחזקים, נראה דיוכל לסמוך על ב' סימנים שמבחוץ ולברך ג"כ, וכמ"ש למעלה.

ודע שהסכימו האחרונים, דיש להחמיר לענין אתרוג המורכב אפילו בשאר ימים, **ואם** אין לו אחר בעיר, יש ליטלו כל שבעה בלא ברכה, **ויש** מחמירין דאפילו ליטלו בלא ברכה ג"כ אין כדאי, דילמא אתי למסרך לצאת בו תמיד.

ולענין הדסים, אם יודע שהם מורכבים, אין ליטול אותם, דפסולים הם כמו אתרוגים, **אך** בסתמא משמע מאחרונים שאין לחוש, דסתמא אינן מורכבים, **ומה** שרצה השבות יעקב לפסול אותן הגדלים בגנות השרים מפני חשש מורכבים, חלקו עליו החכם צבי והפנים מאירות, **ועיין** בבכורי יעקב שכתב, שכן פשט המנהג להכשירים.

סעיף כב - שיעור אתרוג קטן, פחות מכביצה פסול - ואפילו אם אנו משערים שאינו

בוסר, שאין סופו להתגדל יותר, אפ"ה פחות משיעור זה לא חשיב גמר פירא, (**ופסול כל ז', שלא נגמר פריו ולא נקרא פרי, ואפילו אם היה בו כשיעור, ובימי החג נצטמק ועמד על פחות מכביצה, מ"מ פסול משום שאינו הדר, ואם אין לו אחר יטלנו בלא ברכה, ואפילו ביום ראשון**).

(**עיין** בתשובת חתם סופר, שדי כביצה שבזמנינו, שאף שהביצים נתקטנו כפי מה שהעיד הצל"ח, כי הכל לפי הזמן, אם הביצים נשתנו גם גידול האתרוגים נשתנו, **ולפי** דעת הבכורי יעקב, נכון לבעל נפש להדר לכתחלה אחר אתרוג שגדול כשני ביצים).

אבל אם הוא כביצה - דחשיב כפירי, **אפילו אם הוא בוסר שעדיין לא נגמר פריו** - שסופו להתגדל יותר, **כשר** - ובלבד שלא יהא ירוק ככרתי, דאז לא חשיב גמר פירא, כל שאינו חוזר למראה אתרוג, וכנ"ל בסכ"א.

ואם היה גדול כל שהוא, כשר - היינו אפילו הוא גדול שמביאו על כתיפו, ג"כ יצא, כיון שהד' מינים כשיש לו כולם אין מעכבין זה את זה, יכול ליטול הלולב ואח"כ האתרוג.

כתב הסמ"ג: אסור לזלזל אתרוג ושארי מצות שהעכו"ם מוכרים, עכ"ל, **כלומר** שצריך ליתן להם מעט יותר מכדי דמיהן, ולא הרבה, וכדלעיל בסימן ל"ט ס"ז ע"ש, **וכונת** הסמ"ג דאין לזלזל, דאתה מכשילו לעתיד לבא, שלא יביאם בפעם אחרת לקנות מידו.

[**וצריכין** הסוחרים הגדולים לידע, כשמזדמן להם לקנות האתרוגים משני מקומות, אחד מישראלים ואחד מנכרים, ושניהם בעניני הכשר הם שוים, **יקנו** מישראלים, וכמו דכתיב: או קנה מיד עמיתך, ופרש"י והוא מהספרא: אם תרצה לקנות קנה מן ישראל חברך].

§ סימן תרמט – דברים הפסולים בארבעה מינים §

סעיף א - כל ארבעה המינים פסולים בגזול ובגנוב – (בין מישראל ובין מנכרי, ולכן מי שגנב אחד מהמינים מהנכרי, פסול ואינו יוצא בו, עד שישלם הדמים לבעליו), **דכתיב**: ולקחתם לכם ביום הראשון וגו', והאי "לכם" משלכם הוא.

בין לפני יאוש בין לאחר יאוש - דיאוש כדי לא קני, **והנה** ביום הראשון בודאי לכו"ע לא יצא מן התורה, ולענין שאר הימים יבואר לקמיה.

(**כתב הסמ"ג: אותם הלוקחים מן האריס שלא בידיעת בעל הגן, י"ל דידע ומחיל, ולית בהו משום גזל, עכ"ל, ובבכורי יעקב מפקפק בזה מאוד, דהדבר ידוע שבסתמא אינו מוחל, דלולבים והדסים הם דברים חשובים במדינותינו, ואינם נמצאים אלא בגנות השרים, וכיון שכן, אף שלא ידע שגזל ממנו, מ"מ הוי יאוש שלא מדעת, דהלכתא כאביי, ושינוי רשות לבד הלא לא קנה, לכן צריך להזהר שלא לקנות מהאריסים שלא מדעת בעלי הגנות, דלא מקרי "לכם" ביום ראשון, וגם בשאר הימים הוי מצוה הבאה בעבירה, דגזל נכרי אסור**).

ומי שגזל ע"י כיבוש מלחמה, קנייה, כדאיתא בגיטין ל"ח.

אבל גזול וקנאו בלא סיוע המצוה - פי' שהקנין שקנה אותו הוא נעשה קודם קיום המצוה, **לאפוקי** אם הוא ע"י המצוה של נטילת הלולב, כגון שמכרו לו באופן שקנאו במשיכה, והגביהו למיפק ביה, א"כ ע"י המצוה נעשה הקנין, ולא יצא, דהו"ל מצוה הבאה בעבירה, **אלא** צריך להגביהו אח"כ פעם שני לצאת בו.

כגון גזל לולב ושיפהו, כשר, דקנייה בשינוי מעשה - ר"ל דבעת שגזלו לא היה עדיין מתוקן כראוי, שנוכל לקרוא עליו שם לולב, והוא תקנו בשיפוי שלו, דעל ידו נקרא שמו לולב, [**דדוקא** אם ע"י השפוי נשתנה שמו, אבל בשפוי בעלמא לא קנה], **וזה** מהני אפי' בלא יאוש, ואפילו ביום ראשון כשר לצאת בו, ד"לכם" קרינא ביה, כיון שקנאה, ודמים בעלמא הוא חייב לו.

(**ודין זה הוא לכו"ע, דהיינו אפילו לדעת המחבר דסותם בסוף הסעיף, דלגנב וגזלן עצמו פסול הלולב אפילו בשאר הימים דלא בעינן "לכם", ופסולו הוא משום מצוה הבאה בעבירה, הכא שאני, דשם כיון שהחפץ עתה בשעה שיוצא בו אינו שלו, רק של הנגזל, מקרי מצוה הבאה בעבירה, היינו שבעת קיום המצוה חפץ של גזל בידו, דהא אלו היו תובעים אותו בדין, היה מחוייב להחזיר אותו החפץ עצמו, משא"כ הכא דקנייה בשינוי מעשה,**

הלכות לולב

סימן תרמט – דברים הפוסלים בארבעה מינים

ואינו מחוייב להחזיר החפץ אלא דמים בעלמא, נמצא שכעת אין החפץ של הנגזל אלא שלו, ואין העולה עליו רק על זמן הקודם שגזלו, לא מקרי מצוה הבאה בעבירה).

וה"ה היכא דהוי יאוש ושינוי רשות, כגון שהגזלן מכרו או נתנו לאחר, אותו אחר כשר לצאת בו אפילו ביום ראשון, דקנהו ע"י שינוי רשות, כיון שכבר היה יאוש מקודם, ו"שלכם" קרינא ביה, (ודוקא לאחר, אבל יורש לא מקרי שינוי רשות, כמבואר בחו"מ).

ומיהו לא יברך עליו - כיון שמתחלה בגזל בא לידו, מחמרינן לענין ברכה דאית בה הזכרת שם שמים, (ואמרינן דהוי מצוה הבאה בעבירה – מאמ"ר), **ועיין** במ"א שדעתו, דדוקא בלא יאוש, אבל אם היה יאוש עם השינוי מעשה, או עם שינוי השם, או עם שינוי רשות, מותר לברך ג"כ, **אכן** דעת הט"ז והגר"א, דבכל גווני לא יוכל לברך.

(**ואם** עבר ונטלו, א"צ ליטול שוב לולב אחר, **וכ"ש** שלא יברך עליו, דכיון דמדינא יצא בנטילה ראשונה, שוב הוי ברכה לבטלה).

ויש מי שאומר דלא נפסל גזול וגנוב אלא לגנב ולגזלן עצמו; אבל לאחרים כשר בשאר הימים, חוץ מיום ראשון - מוכח מזה דדעת המחבר, דהגזלן אינו יוצא אפילו בשאר הימים דלא בעינן בהו "לכם", [**ואף** דלא נזכר זה כי אם בדברי הי"א, מ"מ מלשון המחבר משמע, דהיש מי שאומר רק לאקולי אתי, דלאחרים כשר בשאר הימים, אבל לגנב ולגזלן עצמו דפסול, גם הוא מודה לזה], **והטעם**, דהו"ל מצוה הבאה בעבירה, ואין נ"מ בזה בין לפני יאוש ובין לאחר יאוש.

הנה מאי דמחמרינן לגבי אחרים (ביום ראשון), ע"כ איירי לפני יאוש, ו"לכם" אמר רחמנא והאי לאו דידהו הוא, **דאי** היה יאוש מקודם, א"כ אצלם הו"ל יאוש ושינוי רשות, וקנין גמור הוא אצלם, ו"לכם" קרינא בהו, **ואפ"ה** בשאר הימים לאחרים שרי, דס"ל להי"א, דלא שייך מצוה הבאה בעבירה לגבי אחרים, שהם לא גזלוהו, **ועיין** במ"א שהביא בשם המלחמות שחולק ע"ז, ודעתו דאף לגבי אחרים שהם לא גזלוהו, אפ"ה כיון דהחפץ לא נקנה אצלם שהוא לפני יאוש, והגזל תחת ידם הוא, שייך גבייהו ג"כ מצוה הבאה בעבירה, ואינם יוצאין בו, וע"כ דעת המ"א שלא להקל בזה, **אבל** בא"ר כתב שיש לסמוך להקל כהי"א, דאף לגנב ולגזלן עצמו, דעת כמה פוסקים שסוברין דבשאר ימים יוצא בהן, עכ"פ יש לסמוך עלייהו לגבי אחריני, וגם הגר"א בביאורו משמע שמצדד להלכה כהיש מי שאומר.

מיהו כ"ז הוא רק לענין לצאת בו, אבל לברך עליו גם להגר"א אסור לברך עליו, דהא אפילו היכא דהוי יאוש ושינוי רשות, אסור לברך כמ"ש מקודם, וכ"ש בזה.

הגה: ומשום זה יש ליזהר שלא יקצץ הישראל בעצמו אחד מארבעה מינים שבלולב לצורך לולבו, דקרקע אינה נגזלת, וסתם כותים גוזלי קרקע הם, ויבא בגזילה לידו, אלא יקצנו כותי ויקנה מהם - ביאור הענין, שלא יקצץ מקרקע של נכרי בעצמו, ואפילו כשיתן לו הנכרי רשות, דשמא גזל הקרקע מישראל, (היינו ע"פ רש"י, אבל המ"ב לקמן הביא דגזל עכו"ם ג"כ אסור), דסתם עכו"ם גוזלי קרקע הם, וקי"ל דקרקע אינה נגזלת, היינו שאינה קנויה לגזלן בשום יאוש, דלעולם בחזקת בעליה הראשונים עומדת, (רש"י), ופירות המחוברים לקרקע הרי הוא כקרקע, **אבל** משנתלש הפרי הוי גזל, והתולשו הוא גוזלו, לפיכך לא יקצץ הישראל בעצמו, דיהיה הוא הגוזל, אלא יקצצנו העכו"ם, ויהיה אז חל היאוש מן הבעלים הראשונים על דבר הנתלש, והוא ימסור ליד ישראל, וקנה הישראל אותם ע"י יאוש שביד העכו"ם, ושינוי רשות שבידן.

וה"ה כשהנכרי יתן לו במתנה, שרי, דהו"ל יאוש ושינוי רשות, **וה"ה** כשקוצץ ישראל ונותן לחבירו, שרי, כיון דהוי לאחר יאוש.

ויוכל ג"כ לברך לכו"ע, דאף דכתבנו לעיל דעת הט"ז והגר"א, דע"י יאוש ושינוי רשות אסור לברך, היינו דוקא בגזל ודאי, **אבל** הכא דחששא בעלמא הוא, דשמא גזל העכו"ם הקרקע, לא חיישינן בזה היכא דכבר קנה מדינא, [**דדוקא** לענין לצאת ידי המצוה חיישינן אף מספיקא, משא"כ לענין ברכה בגזלה, דאסמכתא בעלמא, ובמכל שכן שכבר קנה אף לצאת י"ח המצוה].

וכ"ז לכתחלה, אבל בדיעבד כשר אם הוא ברשות העכו"ם, ומברך עלייהו, דמספיקא לא חיישינן לגזולה.

(**לפי"ז** לא יקוץ הישראל בעצמו אפילו משדה של עצמו, כשנקנה שדה זו מעכו"ם, אלא יניח לנכרי לקוץ, ויקבל ממנו, **אכן** כבר הביא הברכ"י בשם סה"ת והסמ"ג

והרדב"ז, דבזמנינו לא אמרינן נכרים גוזלי ארעא הם, וכן העלה גם הט"ז, **ולכן** אצלנו שאין מוחזקים הנכרים לגזול קרקעות מישראל, וגם כל הקרקעות מוחזקים לבעליהם על פי דינא דמלכותא, אפשר להקל בזה, שיקוץ הישראל אפילו משדה עכו"ם ברשותו – בכורי יעקב, **והנה** כ"ז כתב הבכורי יעקב בזמנו, אבל בזמנינו לפי מה שמצוי הפרעות, יש להתבונן מאוד בזה, ותלוי לפי המקום).

ואין חילוק בזה בין ארץ ישראל או חוצה לארץ - ר"ל אע"פ ששם הקרקעות רובן של עכו"ם הם מעולם, ואם גזלו מעכו"ם גזלו, אפ"ה אסור, דגזל עכו"ם ג"כ אסור.

(**עיין** במ"א בשם תשו' רבי בצלאל, דבאתרוג בא"י אם קצצו בעצמו, לבד האיסור האמור פה, יש עוד איסור אחר, דהו"ל נתמרח ביד ישראל והוי טבל, ובטבל יש מחלוקת בפוסקים אם יוצא בו, **ועיין** בפמ"ג, דלענין גזול, אפילו עדיין לא קנה ישראל מעכו"ם, מ"מ לא יקצוץ ישראל לצאת בו, שהוא הגוזל, **אבל** לענין מרוח ביד ישראל, לא שייך איסור אלא אם כבר קנה הישראל מנכרי בדמים בשעה שקוצצו).

(והנה בערבות נוהגין בכל המקומות, שהשמשים הולכין בעצמן לפני חג הסוכות, וקוצצין ערבות הרבה לצורך הקהילה, ומצוי הוא שאפילו רשות אין נוטלין לזה מן בעל השדה, **ואיני** מדיין לענין השמשים גופא כי אם לענין הקהל, איך יוצאין בזה ביום הראשון דבעינן "לכם", **ואין** להקל משום דהוי יאוש ביד השמשים, ושינוי רשות ביד הקונה, דזה אין שייך רק לענין אוונכרי דמייתי בגמרא, דשם היתה הקרקע גזולה מכבר, ובודאי כבר נתייאשו הבעלים, אלא משום דקרקע אינה נגזלת לא חל היאוש עד עתה שקצצו ונעשה תלוש, **משא"כ** בענינינו, שלא ידע בעל השדה כלל בעת הקציצה, לא שייך יאוש, ואף דיתייאש לבסוף כשיודע לו, הוי יאוש שלא מדעת ולא הוי יאוש, ולא נשאר כי אם שינוי רשות לבד, ולא קנה, **וע"כ** לענ"ד אין להקל, כי אם כשנוטל רשות מבעל השדה, או מן השומר שם, או שידוע שהמקום הזה הוא מקום הפקר לכל).

לולב שאגדו כותי ועשאו, כשר כמו סוכת כותי - ר"ל אע"ג דלכתחלה מצוה לאוגדו משום נוי מצוה, מ"מ כשר ע"י עכו"ם, **ועיין** במ"א שדעתו, דלכתחלה לא יאגדנו, והטעם, דכל שאינו מחוייב בדבר אינו רשאי לתקנו, **ומטעם** זה גם אשה לא תאגוד הלולב לכתחלה - מ"א בסי' י"ד, [**וה"ה** קטן פחות מי"ג שנים, ואם אגדו, אם אפשר יתירנו ויאגדנו שנית]. **ועיין** שם בביה"ל שבירנו, דמדינא אין חשש בדבר, ומ"מ טוב ליזהר בזה, **ודוקא** באגד התחתון, ששם אוגד כל המינים ביחד, דשם עיקר מצות אגד, אבל במה שאוגדים למעלה, בזה אין קפידא.

סעיף ב - וכן שאול ביום ראשון, משום דבעינן "לכם" - עיין במ"א ופמ"ג, ותוכן דבריהם, דודאי לכתחלה טוב שיפרט ביום ראשון שנותן לו במתנה ע"מ להחזיר, **אבל** בדיעבד אם שאל ממנו סתם ליתן לו לולבו לצאת בו, ונתן לו, יצא, דמסתמא נתן לו באופן שמותר לצאת בו, דהיינו במתנה ע"מ להחזיר, **והשו"ע** מיירי שאמר לו בפירוש, שנותן לו רק בתורת שאלה, ולא במתנה, **או** דמיירי שהנותן אינו יודע הדין שאין יוצאין בשאולה, דבאופן זה בודאי אינו יוצא, כמו שכתב בבכורי יעקב. ‹**ועיין** לקמן סי' תרנ"ח ס"ג.

הגה: והמודר הנאה מלולבו של חבירו - ר"ל וחבירו רוצה ליתן לו הלולב במתנה על מנת להחזיר, **או מלולבו של עצמו, אינו יוצא בו ביום א', דלא הוי "שלכם"** - וקמ"ל דאף דכיון דקי"ל דמצות לאו ליהנות ניתנו, לא מקרי הנאה, מ"מ עכ"פ "לכם" לא מיקרי, דאיסורי הנאה נינהו, **אבל** ביום שני דלא בעינן "לכם", שרי, דהנאה לא מקרי כנ"ל.

(**עיין** בפמ"ג שמפקפק על לשון הרמ"א, דהוה ליה למימר המודר הנאה מנכסי חבירו, אינו יוצא י"ח בלולבו, דהכי איתא שם בתשובת הרשב"א, **ונ"ל** לפי מה שכתב הפמ"ג, דלענין אתרוג, אפילו לא אסר על עצמו רק מאכילתו, ג"כ אינו יוצא, ניחא קצת, דנקט לולב לאפוקי אתרוג, דבאתרוג היתר אכילה בעינן ביה, עי"ש בפמ"ג, {**ולכאורה** אינו יוצא בו כל ז', וכמ"ש המחבר לקמיה בס"ה, דאתרוג האסור באכילה פסול כל ז', דדבר שאין בו היתר אכילה או שהוא של איסור הנאה, הוא כתותי מיכתת שיעוריה, וכן לכאורה אם אסר האתרוג על עצמו באכילה, **אכן** יש לדחות, דאפשר דוקא דבר שאין בו היתר אכילה לכל, ע"ז אמרינן כתותי מיכתת שיעוריה, משא"כ בזה}. **ובספר** בכורי יעקב חולק עליו, דלדעת רש"י והרשב"א אם נטל ישראל אתרוג של תרומה, יוצא בו,

משום דראוי להאכילו לאחרים, דהיינו לכהן, וה"נ הרי יכול להאכילו לאחרים, **אבל** אי אסר על עצמו האתרוג בהנאה, אין יכול להנות לאחרים, דמה שאסור לו בהנאה, אסור ליתן במתנה לאחר, לכן אין לו דין ממון קרינא ביה).

סעיף ג - וכן של עיר הנדחת (פסול) - משום דלשריפה קאי, דכתיב: ואת כל שללה תקבוץ וכו', ולולב בעי שיעור ד"ט, וכיון דהאי לשריפה קאי, אין שיעורו קיים, דכשרוף דמי, ולכן פסול אפילו ליום שני.

ושל אשירה - הוא אילן שעובדין אותו, **של ישראל, פסול** - כיון שאין ביטול העכו"ם מועיל לה להתירה בהנאה, הרי היא עומדת לשריפה, וכל העומד לשריפה כשרוף דמי, ואין שיעוריה קיים, וכנ"ל.

ואם נטעו ולבסוף עבדו, אז הפירות שגדלו קודם העבודה, מותרים להדיוט, ואסורים לכתחלה לגבוה, דמאיס, **ואותן** הפירות שגדלו אחר שנעבד, אסור אף להדיוט בהנאה, ופסול אף ביום שני, [**והשו"ע** ע"כ מיירי בהגידולים שגדלו אח"כ, ולכך אסור אף בדיעבד, או דמיירי באילן שנטעו לשם עכו"ם].

אבל של עכו"ם, לכתחילה לא יטול - אפילו אם ביטלה העכו"ם, דשרי להדיוט, לגבוה אסור דמאיס.

ואם נטל יצא מיום ראשון ואילך, דלא בעינן "לכם" - וא"צ לחזור וליטול, ואפילו אם לא ביטלן העכו"ם, והרי היא אסורה עדיין באכילה ובהנאה, **מ"מ** כיון שמועיל לה ביטול להתירה בהנאה, הרי אינה עומדת לשרפה, שאפשר שיבטלנה העכו"ם, **ומה** שנוטלה לצאת בה אינה חשובה הנאה, דמצות לאו להנות ניתנו וכנ"ל.

אבל ביום ראשון דבעינן "לכם", אינו יוצא בה אפילו בדיעבד כל זמן שלא ביטלה העכו"ם, דאסורה בהנאה, ולא מקרי "לכם".

הגה: ודוקא שלא נתכוון לזכות בו, אבל אם נתכוון לזכות בו, הוי ליה של ישראל, דאינו יוצא בו; ודוקא קודם שנתבטל, אבל אם נתבטל ביד כותי, אפי' מכוון לזכות בו אח"כ, יצא בדיעבד. ועיין לעיל סי' תקפ"ו - ר"ל דשם הביא רמ"א, דיש מחמירין אפילו בשל עכו"ם, שלא לצאת אפי' בדיעבד קודם שנתבטל, ולענין דינא עיין שם במ"ב.

סעיף ד - גנות הצעירים של עובדי כוכבים - הוא ענין ממשרתי העכו"ם, **וכיוצא בהם מבתי שמשיהם, מותר ליטול משם לולב או שאר מינים למצוה** - הנה לפי המבואר ביו"ד סימן קמ"ג ס"ג, ובש"ך ועט"ז שם, אין מותר ליטול מהם כי אם כשהוא בחנם, ולא בשכר, אפילו אם המעות נוטלין הכהנים לעצמן ולא לעבודת כוכבים, [**ולהט"ז** אפי' בהחזקת טובה בעלמא אסור], **ואפשר** דשם מיירי שמתחלה נדבו הגינה לשם ע"ז, והפירות יהיו שייכים למשמשיה, להכי אסור להנות למשמשיה, והכא מיירי שהגינה לא נדבו מעולם לשם ע"ג, **ולדעת** רמ"א שם בהג"ה, בכל גווני יש להקל, אם הגינה אינה עומדת בחצר הע"ז, והמעות מגיע רק להכהנים, ולא לצרכי ע"ג.

(ואפי' האילן נטוע לפני עבודת כוכבים, כל זמן שאין עובדין האילן) – (ומיירי כאן דנטעו שמשיהם או הנכרים לצורך שמשיהם לאכול פירותיהן, ולא מיירי דנטעו אותן לשם הע"ג הסמוך להן, **דאי** היו נוטעין אותן לשם הע"ג, והפירות יהיו שייך למשמשיהן, אפילו להרמ"א שם בסימן קמ"ג היה אסור לישראל לקנותו, אפילו בכל השנה, להיות מהנה לכהניהם).

(**ויש מקילין אפי' אם אין ידוע אם נדבוהו לע"ז, אם אינה** עומדת בחצר הע"ז, והמעות אין מגיע לצרכי ע"ז, רק להמשמשים, **ואפשר דאפי'** עומדת בחצר הע"ז, **אם אין ידוע אם נדבוהו לע"ז יש להקל, אם אפשר לתלות דלצורך עצמן נטעוהו, די"ל ג"כ דכשקצצו הגוי הוי כמבטלו).**

אבל משהתחילו לעבדו, אותן הלולבין והפירות שנמצאו אז על האילן, אסורין לכתחלה לגבוה דמאיס, והגידולין שיצאו אח"כ אסורין אף להדיוט, **וי"א** שאם קצץ העכו"ם אח"כ ונתן לישראל, שרי מטעם בטול, ואף לגבוה שרי ולא מקרי מאיס, משום שנשתנה שינוי גדול, דבשעת עבודה לא היה האתרוג ולולבין, וגדלו אחרי כן, [**וזה** דבר חדש שאין מובא בפוסקים אחרים].

ומ"מ אם יש אחרים, אע"פ שאינן יפין כזו, יקח אחרים, (**והיכא** דלא נדבו הגינה לשם ע"ג, וגם עומדין מחוץ לחצר העכו"ם, אין להקפיד ע"ז).

סעיף ה - כל אלו שאמרנו שהם פסולין מפני מומין שביארנו, או מפני גזל וגניבה, ביום טוב הראשון בלבד; אבל בשאר ימים, הכל כשר - הוא לשון הרמב"ם, וסתם המחבר לדינא כמותו, ודעת הרמ"א בזה יבואר לקמיה, **ודע** דיש בהן שהם פסולים משום שאינו הדר, ויש משום שהם בכלל חסר, ודעת הרמב"ם בכולם להכשיר מיום ראשון ואילך.

ומש"כ מפני גזל וגניבה ביו"ט הראשון וכו', טעמו, כיון דיו"ט שני הוא דרבנן, מותר הגזול, אע"ג דהוי מצוה הבאה בעבירה, **וקשה**, דבס"א קאמר דלא נפסל גנוב וגזול אלא לגנב ולגזלן עצמו, ומוכח שם דאפילו ביו"ט שני, **ותירץ** המ"א, דהתם רק לענין לכתחלה, והכא מיירי לענין עצם הדין, דבדיעבד יוצא ביו"ט שני אף בגזול, אבל יו"ט ראשון לכו"ע לא, דבעינן "לכם", **ומ"מ** לענין ברכה בגנוב וגזול, גם לדעת הרמב"ם אין לברך, ד"בוצע ברך ניאץ ד'", [**ולפי"ז** לדעת הי"א המובא בהג"ה, אינו יוצא בו מעצם הדין, משום דהו"ל מצוה הבאה בעבירה, וע"כ אפי' בדיעבד אם נטל לולב הגזול, מחויב ליטול אחר שאינו גזול, וגם לברך עליו, **אבל** לדעה ראשונה, כשנוטל אחר אסור לו לברך, דכבר יצא מדינא בפעם ראשון, **ולדינא** צ"ע, וספק ברכות להקל].

(**ובמטה יהודא כתב: וליתא לתירוץ המ"א לענ"ד, דהא** בס"א הזכיר לשון פסול, ומשמעות פסול הוא אפי' דיעבד, ויותר נ"ל, דהך ד"גזל וגנבה" באשגרת לישנא נקט הב"י, וכדי נסבה, ותפס לשון הרמב"ם ז"ל כצורתו, ועיקרו הוא משום החילוק דמחלק בין פסולי המומין, ובין פסולי שארי ענינים שהם משום ע"ז או מפני שאינם מינם, ולפי"ז מה דהוסיף הרמ"א: ויש פוסלין בגזול וכו', הוא רק אדעת הרמב"ם, ולא על ב"י, דהוא סובר ג"כ הכי לדינא, וכמו שפסק בס"א, וכן משמע מהגר"א).

הגה: ויש פוסלין בגזול כל ז' ימים, והכי נהוג - טעמם, דהו"ל מצוה הבאה בעבירה, ואינו יוצא בו.

אבל בשאול יוצא בו; ומותר ליטול לולב של חבירו בלא דעת חבירו בשאר ימים, דניחא ליה לאינש למיעבד מצוה בממוניה, והוי כשאול - כיון דאין חשש קלקול במה שנוטלו ומנענע בו, ע"כ לא דמי זה ללומד מספר חבירו שלא מדעת, דאסור מפני שחושש בו שלא יקלקלנו.

כתב הפמ"ג, שדוקא פעם אחת מותר ליטלו ולנענע בו כהלכה, אבל לכל ז' ימים אפשר דמקפיד ואסור, **ומטעם** זה נ"ל, דה"ה שלא יתן לחבירו בעצמו, דאולי הוא מקפיד ע"ז, [**ולא** דמי למה דמבואר בסי' תרנ"ח ס"ה, דאפי' לכתחילה מותר ליתן לחבירו, וחבירו לחבירו, **שם** שאני, דנתנו לו במתנה, וברשותיה היא לכל דבר, רק שיקיים התנאי להחזיר, **משא"כ** הכא דתלינן רק משום דניחא ליה, ובאופן זה שילך מחבירו לחבירו, וחבירו לחבירו, אין גבול לדבר, ובודאי מצוי שיתקלקל עי"ז הלולב והאתרוג, **והוא** דומה ללומד בספר אפי' מעט, דאסור מטעם דאין גבול לדבר].

ודוקא ליטול באותו מקום, אבל להוציאו מביתו לביהכ"נ או איפכא, אסור.

ועיין לעיל בסימן י"ד שכתב הפמ"ג, דבכל גווני ראוי ליזהר כשבעליו עמו שישאלנו, שאין סומכין על החזקה במקום שיכולין לבררו בקל, **וכ"ש** אם יודע בו שהוא מקפיד, דאסור מדינא ליטול שלא מדעתו.

וביום א' לא מהני מה דניחא ליה וכו', דהא בעינן "לכם" שיהא שלו ממש, ולא עדיף משאול, [ולא אמרינן דניחא ליה שיטול חבירו במתנה ע"מ להחזיר], **ועיין** לקמן סי' תרנ"ח איך להתנהג ביום א'.

וחסר כשר בשאר ימים - לכו"ע, דיום א' דאורייתא בגבולין, ושאר הימים דרבנן זכר למקדש, **הלכך** עיקר הלקיחה כגון ד' מינים שבלולב, ולקיחה לכל אחד ואחד בפני עצמו, ולא שיטול אחד בשביל כולם, תקון גם בשאר יומי כעין דאורייתא, **אבל** בחסר לא תקון, וכן בשאול.

ודברים שטעמם משום שאינו הדר, יש דיעות בפוסקים, דעת הרמב"ם וסייעתו להכשיר, כמו בחסר, **ודעת** הרא"ש וסייעתו להחמיר בזה, דבעינן הדר בכל ז' ימים, משום הידור מצוה, **וסתם** הרמ"א לקמיה בזה כוותייהו.

וניטל פטמתו או עוקצו, דינו כחסר, וכשר מיום ראשון ואילך - ועיין במ"א שהביא דיש פוסקים שסוברין, דניטל הפטמא הוא משום הדר, והוא מצדד ג"כ כוותייהו, וע"כ אין להקל בניטל הפיטמא כל ז', **ומ"מ**

אם אי אפשר למצוא אחר, יש לסמוך על המקילין, דבלא"ה רוב הפוסקים סוברין כהרמב"ם, דאף אותן שפסולין משום הדר כשר בשאר יומי - א"ר, **ומשמע** מדבריו דיוכל לברך ג"כ, ויש שמפקפקין לענין ברכה, **אכן** אם יצטרף עוד ספק בזה אם נטלה פיטמתו, בודאי יוכל לברך בשאר יומי.

מיהו אם נקבוהו עכברים, לא יטלנו אף בשאר הימים, משום מאוס, עד שיסיר ניקור העכברים - ולהכי מקילינן כאן, דמדינא הוא בכלל חסר, וחסר כשר בשאר יומי, ורק לכתחילה מחמרינן כאן משום דמאיס, וע"כ כשהסיר מקום המאוס כשר, [מ"א ומאמ"ר, **ומשמע** מלשון זה, דבדיעבד אם נטל בלא הסרת ניקור העכברים, דדעת רמ"א דיצא, **ומהגר"א** וא"ר משמע, דדעת רמ"א דבלא הסרה פסול אף בדיעבד, **ולדינא** אף דבודאי צריך לנקר ולחזור וליטול משום זה, עכ"פ לא יברך, דמשמע מדעת הגר"א דמסכים דיצא, דכן פסקו רוב הפוסקים].

אבל אם היה יבש – (ומיירי שהיה יבש ברובו, או שהיה בשנים ושלשה מקומות, או בחוטמו כהי"א בסי' תרמ"ח סי"ב, דאל"ה כשר אף בלא חתך, וגם ביום א'), **או מנומר, שפסול כל שבעת ימים** - מדינא משום הדר, **אף אם חתך היבשות או הנמור, פסול כל שבעה, הואיל ובא מכח פסול.**

עיין בביאור הגר"א שמצדד לומר, דלפי מה שפסק המחבר לעיל בסימן תרמ"ח סי"ד, דאם עלתה בו חזזית, או שהוא מנומר, וקלפו, אם חוזר למראה האתרוג, כשר, מוכח דפליג ע"ז, וכן מצדד המאמר מרדכי במסקנתו, **וע"כ** מצדד המאמר מרדכי, דיש לדון להקל בחתך היבשות או הנימור בשאר יומי, מאחר דסתם המחבר כדעת הרמב"ם וסייעתו, דכל הפסולין משום מומין, דכולל בזה בין שהפסול משום חסר או משום הדר, כשר ביו"ט ב', וכלול בזה אף יבש או מנומר דטעמם משום הדר, אף בלא חתך, עכ"פ אין לנו להחמיר בחתך, **ובמקום** הדחק בודאי יש לסמוך ע"ז, ועיין מה שכתבנו לקמיה לענין חזזית.

ומותר לכתחלה להתנות על אתרוג - היינו בעיו"ט קודם בין השמשות, [דלאחר ביה"ש שוב אינו יכול להתנות, דכיון דאיתקצאי לביה"ש ראשון ובלא שום תנאי, שוב איתקצאי לכל ימי החג, **אבל** כשהתנה בפירוש, שוב אינו נמשך שארי ימים ליום א'], **שיהיה כולו ליום ראשון** - דאינו יכול להתנות שאינו בודל ממנו ויוכל להנות, דהא יום ראשון איתקצאי כולו, דחסר פסול בו, [מ"א, **ור"ל** דאין כונת השו"ע, שיאמר: אני מתנה שיהיה כולו ליום ראשון, דא"צ לזה, דדי שיאמר: איני בודל ממנו מביה"ש של יום שני ואילך, **אלא** כונת השו"ע להזהיר, שלא יטעה לומר שאיני בודל ממנו כל ביה"ש, כמו בסי' תרל"ח לענין נוי סוכה, **דהא** ע"כ צריך לבדול ממנו, ולא לחסר ממנו אפי' משהו, דחסר פסול בו], **ולכן** צריך להתנות שאינו בודל ממנו וכו' **ושאינו בודל ממנו כל בין השמשות של ליל שני ואילך** - [אבל לא מהני כשיאמר: מיום שני ואילך, דכיון שיכנס תחילת היום בלי תנאי, שוב איתקצאי כל היום].

ומותר אז לכתחלה לאכול ממנו מיום שני ואילך, ולצאת ידי מצוה עם הנשאר - פי' לאכול ביום ב' ולצאת בו ביום ג', דהא אסור לאכול קודם נטילה.

ור"ל דאי לא התנה, אינו רשאי לאכול ממנו אפילו בכל ימי החג, כיון דאיתקצאי בבין השמשות של יום ראשון.

כתב הר"ן, דוקא בנשתייר רובו, דשמו עליו, הא לא"ה לאו אתרוג מקרי, ואתרוג אמר רחמנא ולא חצי אתרוג, **אבל** בפסקי מהרא"י משמע, דאפילו לא נשאר בו אלא מיעוטו, סגי ביום שני, ובלבד שיהא נשאר שיעור ביצה. (עיין לקמן ס"ו ברמ"א שהביא דברי הר"ן).

ואם הפריש לכתחלה ליום שני, דעת המ"א בשם הרא"ש, דמותר לאכול אפילו בלא תנאי, רק שישאיר השיעור הראוי לאתרוג, דלא אמרינן איתקצאי רק השיעור הראוי לאתרוג ולא יותר, **וי"א** דאפילו הפריש ליום שני, אמרינן דאיתקצאי כל האתרוג, ואסור לאכול ממנו אם לא שהתנה מתחלה, וכן הסכים הגר"א בביאורו.

אלא שאין אנו בקיאין בתנאים, כדלעיל בסוף סימן תרל"ח בהג"ה.

והפיסול שהוא משום עבודת כוכבים, או מפני שאותו אתרוג אסור באכילה, (בין ביו"ט ראשון בין בשאר ימים, פסול) - משמע אע"פ שמותר בהנאה, כגון של *טבל, כיון דאסור באכילה פסול כל ז', [**אבל** דעת התוס', דאותן שאין בהם משום איסורי הנאה, מותר ביו"ט שני], **וכ"ש** אתרוג של ערלה ושל תרומה טמאה, דעומדים לשרפה, דפסול כל ז', **וערלת** חו"ל כשר אפילו ביום ראשון.

ואתרוג של דמאי כשר, [והוא כב"ה, מטעם מיגו דאי בעי מפקר לנכסי והוי עני וחזי ליה].

*[**וטבל**, עיין בר"ן שהביא דעות בזה, אי אמרינן מיגו דאי בעי היה מפריש ממקום אחר עליו, דמיניה וביה אי אפשר להפריש, דהו"ל חסר, **או** אפשר כיון דעתה אין בו היתר אכילה, אין יוצאין בו, והרמב"ם הוא מן המחמירין, כנ"ל, **ולכן** יש ליטול אתרוג של טבל בא"י בלא ברכה, **ובחו"ל** אין כאן איסור טבל כלל בזה"ז].

ואתרוג שנאסר מחמת בליעת איסור, כגון שנפל מקצתו לתוך חלב רותח, [דטעם פסול בישול הוא מטעם דאינו הדר, וא"כ דינו כמו חזזית דלא נפסל אלא רובו], יש להחמיר שלא לצאת בו ביום ראשון, **אבל** בשאר הימים יש להקל, כיון שאין איסורו מחמת עצמו, [ובמקום הדחק כשאין לו אחר, יש להקל גם ביום ראשון].

או מפני שאינם מינם, או שהם חסרים השיעור, בין ביו"ט ראשון בין בשאר ימים, פסול - אף דמבואר לעיל דחסר כשר בשאר יומי, מ"מ צריך שישאר בכל אחד כשיעורו.

וחזזית פוסלת כל שבעת הימים - זהו רק לדעת המחמירים בהדר כל ז', **אבל** לדעת המחבר שהעתיק לשון הרמב"ם, גם בהדר אינו פוסל אלא ביום א' בלבד, **והו"ל** לכתוב בלשון ויש אומרים, אלא שכן דרכו בכמה מקומות, **וכן** מה שכתב בהג"ה למעלה, אבל יבש או מנומר שפסול כל ז', הוא ג"כ אזיל לשיטתו שמחמיר בהדר כל ז', **אבל** לדעת המחבר שהעתיק לשון הרמב"ם, גם ביבש ומנומר אינו פסול אלא ביום א' בלבד.

ובשעת הדחק יש לסמוך להקל בחזזית בשאר ימים, כיון דבשאר ימים אין חיוב נטילה אלא מדרבנן, [**ועיין** בפמ"ג שכתב, דיוכל לברך ג"כ, **ועיין** שם עוד שמצדד, דאין להקל רק בחזזית, משום דיש דעות בחזזית, אי פסולו משום חסר או משום הדר, והוי ס"ס, דשמא משום חסר, ואת"ל משום הדר שמא הלכה כהרמב"ם, אבל בשארי דברים שהם בודאי משום הדר, אין להקל בשאר יומי, **ומלשון** הגר"ז וח"א מוכח, דסמכו בשעת הדחק להקל אף בהדר, **לבד** ביבש יש מחמירין, משום "לא המתים יהללו יה", וצ"ע].

והעושים שני יו"ט, פסולי ראשון נוטלין בשני, אבל ברוכי לא מברכינן - דיש דיעות בפוסקים, דכיון דאנו עושין משום ספיקא דיומי, אפשר דדינו כראשון, **או** דכיון דאנו בקיאין בקביעא דירחא, דינו כשאר ימים, **לכך** נוטלין בדליכא אחר, ולא מברכינן, **ואף** דבדליכא אחר גם ביום ראשון נוטלין ולא מברכין, כמבואר לקמיה בס"ו, **שם** מיירי בדליכא אחר כלל, וכאן מיירי שיש בנמצא ע"י טורח, וקמ"ל דבשני א"צ לטרוח.

(**והוא** הדין בשאול בשני, אין לברך עליו, והעולם אין נזהרין בזה).

ואם יש לחבירו לולב ואתרוג כשר, יברך על של חבירו, מדעתו - פי' יתן לו במתנה בענין דמהני אפילו ביום ראשון, **אבל** שלא מדעתו, אע"פ שכתב לעיל דמותר, דניחא ליה לאיניש למיעבד מצוה בממוניה, מ"מ לא עדיף משאול, ופסול ביו"ט ראשון, וגם בשני מספק, וע"כ יתן לו במתנה ולא בתורת שאלה.

וכתב המ"א בשם הד"מ, דאח"כ יטול את זה, ור"ל על של חבירו שקבל במתנה יברך, ואח"כ יטול שלו להלל והושענא.

סעיף ו - בשעת הדחק, שאין נמצא כשר, כל הפסולים נוטלין - אפילו ביום א', כדי שלא תשתכח תורת לולב מישראל, **ואין מברכין** - כיון דהוא לזכר בעלמא.

והיינו הפסולים מחמת מום, אבל הפסולין מחמת שאינן מינן, כגון הדס שוטה וצפצפה, או מורכב, (עיין לעיל סימן תרמח סוף סכ"א), פסול אפילו בשעת הדחק, דאתי למטעי לצאת בהן תמיד.

וה"ה גזול, פסול אפילו בשעת הדחק, [**וכתב** בבכורי יעקב, דדוקא בראשון לא יטול, דהוא לכו"ע מדינא, אבל בשני דעל פי פסק הרמב"ם וסייעתו כשר, רק שהרמ"א החמיר בזה, וא"כ כשאין לו אחר הוי חומרא

דאתי לידי קולא, **לכן** בשעת הדחק מוקמינן אדינא, ומכשרינן משני ואילך בלא ברכה].

ולא מקרי שעת הדחק, אא"כ אין בכל העיר ד' מינים כשרים, **אבל** אם יש לחבירו, אף שהוא לא יכול למצוא, לא מקרי זה שעת הדחק, אלא צריך לטרוח ולברך על של חבירו אם יתן לו, **ויעשה** הנענועים בשלו אם אי אפשר בשל חבירו.

אם אין בכל העיר ד' מינין כשרים, יטול מה שנמצא, ב' או ג' מינין, ויעשה כל הנענועים, וכן הש"ץ, ובלבד שלא יברך, **אבל** אסור ליקח מין אחר, דיבואו לטעות בשאר שנים, **משא"כ** בג' מינין, לא יבואו לטעות, דהכל יודעין שצריך ד' מינין.

הגה: ויש מכשירין לולב יבש, אפי' לברך עליו - דעת הרמב"ם, דאפילו בשעת הדחק אין להקל רק בלולב, ולא בשאר מינים כשהם יבשים, וכדלקמיה, [**דבלולב** מתקיים ביה הדר קצת מפני צורתו, אף כשהוא יבש, משא"כ בשאר מינים], **וגם** דאין להקל רק ביבשות, ולא בשאר פסולין, אפילו בשעת הדחק, (ט"ז).

[**ועיין** במ"א בשם המ"ב, וכן העתיק הא"ר בשם כמה פוסקים, דלדינא ה"ה בשאר פסולים, בשעת הדחק נוכל לברך עליהם, ודלא כט"ז, **והטעם** איתא ברא"ש, דכל הני פסולין מסרן הכתוב לחכמים, והם אמרו דשלא בשעת הדחק אפי' בדיעבד לא יצא, כדי שיזהרו ישראל במצוה, אבל במקום הדחק הכשירו, כיון שא"א בענין אחר, ומברכין עליהם, **אכן** אפשר דבמדינותינו אין נוהגין כהרא"ש וסייעתו, רק ביבשות משום דאין מצוי לחין כ"כ, ולא בשאר פסולין, וא"כ קם דברי הט"ז על מקומו, וצ"ע].

וכן נוהגין לברך על לולבין יבשים, אפי' בדאיכא אחרים לחים - הטעם, משום דאיירי בארצות שאין נמצאים לולבים לחים גמורים, וגם היבשים אינן יבשים גמורים, דהיינו להיות הלולב נפרך בצפורן, וא"כ הלחים והיבשים כמעט דומין זה לזה, ולכך המנהג לברך על שלו, **אבל בשאר מינים אין לנהוג הכי.**

ויש מקילין אפילו בהדס יבש - דג"כ אינו מצוי לחין, וגם לא הגיעו לשיעור שילבינו פניהם, **משא"כ** בערבות דמצויות לחין, **ובאתרוג** לא רצו להקל לדעה זו, משום דכתיב בהדיא בתורה "פרי עץ הדר".

ויש לסמוך עלייהו בשעת הדחק - והאחרונים הסכימו לדינא, דבשעת הדחק נוכל לסמוך על הפוסקים הסוברין, דבכל ד' מינים כשהם יבשים נוכל לברך עליהן, **ויש** בזה ד' חלוקים: אם לא נמצאו בעיר לחים רק יבשים, אזי כל הארבעה מינים נוטלין ומברכין, **ואם** יש לו יבשים גמורים ויש לאחרים לחים גמורים, מברכין על הלחים דוקא, ואפילו בדיעבד לא יצא כשבירך על היבשים, **ובארצות** שאין נמצאין לולבים והדסים לחים גמורין, וגם היבשין אינן יבשים גמורים וכנ"ל, מברכין על היבשים שיש לו אפילו לכתחלה, וכמ"ש למעלה, **ובמקום** שנמצאו אצל אחרים לחים גמורים, לכתחלה י"ל שלא לברך על היבשים שלו, אפילו אינן יבשים גמורים, **ובדיעבד** כשבירך, יטול עוד הפעם הלחים שאצל אחרים בלא ברכה.

ואע"ג דחסר כשר בשאר ימים, אין לחתוך אתרוג לב' או ג' חלקים ולחלקו ולצאת בו, אפילו בשעת הדחק; דדוקא חסר ונשאר העיקר קיים כשר, אבל כי האי גוונא מקרי חתיכת אתרוג ולא אתרוג (ר"ן ופסקי מהרא"י) - (ועיין לעיל ס"ה מה שהביא המ"ב בשם הר"ן ופסקי מהרא"י).

וכל זה לענין לברך עליו, אבל בלא ברכה יכול ליטול כל הפסולין ולא יברך עליהם - עיין במ"א שנתקשה, מה הוסיף רמ"א על דברי המחבר, **ועיין** בבכורי יעקב שכתב, דמה שהוסיף הרמ"א הוא, דהב"י כתב בשעת הדחק שאין נמצא כשר יטול בלא ברכה, **אבל** אכתי לא שמענו אם ימצא אח"כ כשר, רק שעתה אין בידו, כגון שאחר מברך הלל בלולבו הכשר, והבטיחו שאחר הלל יתן לו, אם יכול לברך לעת עתה הלל בלולבו הפסול, שלא נאמר שיכנס עי"ז לספק ברכה אם יטול הכשר, **קמ"ל** הרמ"א, דבלא ברכה יכול ליטול לכתחלה, כיון שזה ודאי פסול הוא, יכול לברך אח"כ על הכשר.

[**וכתב** עוד, ודוקא פסול ודאי, אבל ספק פסול לא יטול בלא ברכה קודם שיטול של חבירו הכשר, דאם כשר הוא כבר יצא, ולא יכול שוב לברך על נטילה של הכשר, **ואם** עבר ונטל הספק תחילה בלא ברכה, מ"מ לא יברך כשנוטל הכשר אח"כ, דספק ברכות להקל].

§ סימן תרנ – שיעור הדס וערבה §

סעיף א - שיעור הדס וערבה, ג' טפחים - ואם העלין שלהם יוצאין למעלה מן העץ, צריך שיהיה בעצם העץ שיעור זה.

ושדרו של לולב ד' טפחים, כדי שיהא שדרו של לולב יוצא מן ההדס טפח - היינו לבד מהעלין היוצאין למעלה לאחר שכלתה השדרה, ולאורך העלין לא ניתן שיעור.

באמה בת ה' טפחים, עשה אותה ו', צא מהם ג' להדס, נמצא שיעור הדס וערבה טפחיים ומחצה - המחבר מבאר דבריו, שאין צריך ג' טפחים בינונים, שהם ששה באמה, אלא אנו לוקחין אמה קטנה שהיא בת ה' טפחים בינונים, ומחלקין אותה לששה טפחים קטנים, ומחצה מהן הוא שיעור הדס וערבה, ונמצא ששלשה טפחים האלו הוא רק טפחיים ומחצה בינונים.

שהם י' גודלים - פי' רוחב גודל של אדם בינוני, שיש בכל טפח ד' מהם.

ושיעור שדרו של לולב י"ג גודלים ושליש גודל - דטפח של לולב הנוסף הנ"ל, הוא ג"כ טפח קטן לדעה זו, שהוא פחות מטפח בינוני שמחזיק בעלמא ד' גודלים, כשיעור שתות, שהוא שני שלישי גודלין, די"ב שלישי גודל הוא ארבעה גודלין, ונמצא שטפח זה מחזיק רק ג' גודלין ושליש, ועם עשרה גודלין הנ"ל, הוא בסך הכל י"ג גודלין ושליש.

ויש מי שאומר ששיעור שדרו של לולב י"ד גודלים - ס"ל דטפח הנוסף בלולב הוא טפח בינוני שמחזיק ד' גודלין, ונמצא שבסך הכל הוא י"ד גודלין.

וי"א ששיעור הדס וערבה י"ב גודלים, ושדרו של לולב ט"ז גודלים - ס"ל דג"ט הנ"ל, וכן הטפח של לולב הנ"ל, הוא טפחים בינונים, שכל אחד מחזיק ד' גודלין.

וכן נוהגין לכתחילה - ובדיעבד די הלולב בי"ג גודלין ושליש, והדס וערבה בעשרה גודלין, [**וכל** הפסולים שכתב למעלה אודותיהם, הוא דוקא בתוך שיעור זה], **ופחות** מזה פסול אפילו בדיעבד כל שבעת הימים.

כתב בתולעת יעקב, על פי הסוד יש ליטול שדרתו של לולב כלפי פניו, ופני הלולב כלפי חוץ, והכי נוהגין.

סעיף ב - אין להם שיעור למעלה. ויש מי שאומר שאפילו הוסיף באורך ההדס והערבה כמה, צריך שיצא שדרו של לולב למעלה מהם טפח.

§ סימן תרנא – נטילת הלולב וברכתו §

סעיף א - מצות ד' מינים שיטול כל אחד - ולא שאחד יטול בשביל כולם, דכתיב "ולקחתם" לשון רבים, ולא "לקחת", להורות שהחיוב על הרבים, **ולא** מיבעי ביו"ט ראשון, ואפילו בשאר ימים בעינן לקיחה לכל אחד, **ולא** כמו שצוה אחד במעשה שלא היה בבהכ"נ אלא אתרוג אחד, שיקח הש"ץ עבור כולם, והם ישמעו הברכה ויענו אמן.

לולב אחד, וב' ערבות - ואם נטל בד אחד של ערבה, צריך לחזור וליטול ולברך, **וג' הדסים** - ואפילו שלשתן קטומים שנקטמו ראשן, **ופחות** משלשה לא מהני אפילו לא היה קטומים.

ובמקום הדחק דליכא הדס כשר, סגי ליה בחד דלא קטוס - ולכאורה היינו כשאין משיג אצל אחרים, אבל אם משיג אצל אחרים יקח משל אחרים, **ובבכורי** יעקב מצדד קצת להקל בזה, **ונ"ל** דאין להקל בזה כי אם בשאר ימים, ולא ביום ראשון.

ועיין בשע"ת בשם תשובת דבר שמואל, שמצדד דצריך ליטלו בלא ברכה, **אכן** מפמ"ג ומישועת יעקב משמע, דיוכל לברך.

והנה המ"א הביא בשם הרמב"ן, דדעתו דאפילו בחד וקטום יוצא, וכתב המ"א דכדאי הוא לסמוך עליו בשעת הדחק, **והנה** בזה בודאי יטלו בלא ברכה, דבזה גם דעת ישועת יעקב שלא לברך.

(ביאור הלכה) [שער הציון] <הוספה>

ביו"ט ראשון יותר טוב לילך למקום שיש בו לולב, מלילך למקום שמתפללין, דלולב ביום א' היא דאורייתא ותפלה דרבנן, **ואפילו** לולב ספק אם ישיג שם, ולתפלה ודאי, ילך ביום א' למקום שיש בו לולב, **וביו"ט** ב' ילך למקום שודאי מתפללין, פמ"ג. (עיין סימן תקצ"ה, וצ"ע).

ומצוה לאגדם בקשר גמור, דהיינו ב' קשרים זה על זה, משום נוי - דאף דקי"ל דאין מחוייב לאגדם, עכ"פ מצוה יש בזה משום "זה אלי ואנוהו".

ולא בעניבה, דאין זה קשר הנאסר בשבת ויו"ט, ולא מקרי אגד, **ועיין** בתשו' אגורה באהלך שמצדד, דמה שנוהגין העולם שלא לעשות קשר, אלא עושין מן עלי לולב כמין בית יד, ותוחבין הלולב בו, גם זה בכלל קשר.

ויכול לאגדם במין אחר - ולית ביה משום בל תוסיף, דכיון דאין חובה לאגדו, האי לחודיה קאי והאי לחודיה קאי, **ומשום** חציצה נמי ליכא, אף שהקשר מפסיק בין ידו להלולב, דכל לנאותו אינו חוצץ, ואפילו אם הקשר היה בדבר שאינו מינו.

ואם נשרו מהעלין בתוך האגודה בענין שמפסיק, אין לחוש, (דמין במינו אינו חוצץ; אבל שלא במינו, חוצץ; על כן יזהר ליקח החוט שרגיל להיות סביב ההדס) - פי' שרגילין לקנות בדי ההדס מהעכו"ם אגודה אגודה, וקאמר שצריך להסיר החוט משם, דזה החוט הוא שלא במינו ואינו לנאותו, **אבל** אם כרך בדי ההדס בלולב שרי ולא הוי חציצה, דזה מקרי לנאותו - לבושי שרד, **ומחה"ש** כתב הטעם דלהכי שרי, דכל ג' מינים כחד חשיבי.

ואם לא אגדו מבעוד יום, או שהותר אגודו, אי אפשר לאגדו ביו"ט בקשר גמור, אלא אוגדו בעניבה. הגה: יש מי שכתבו לעשות הקשר בדרך אחר, שכורכין סביבות ג' מינים אלו ותוחבין ראש הכרך תוך העגול הכרוך - איו"ט קאי, דהשו"ע הביא ההיתר של עניבה, והרמ"א בשם הטור מביא ההיתר דכריכה, **וכן נוהגין** - פי' המ"א אף בחול, **וצ"ע**, דאף דבמרדכי נזכר ההיתר דכריכה אף בחול, אבל לא באופן זה, אלא שמתחלה קושר פעם אחת, ואח"כ כורך וכו', ומתוך כך הוא כאילו קושר ב' קשרים זה ע"ג זה, אבל בלא קשירה לא עדיף מעניבה, אח"כ מצאתי שגם הגר"א מתמה ע"ז, **וע"כ** נראה לפי מה שמבואר לקמיה, דהמנהג לעשות ג' קשרים, הקשר התחתון מה שמאגד הג' מינים ביחד, יעשה בקשירה מקודם.

ויש לקשור ההדס גבוה יותר מן הערבה - והטעם על פי הקבלה, עיין בלבוש, **ההדס** צריך לקשרו בימין הלולב, והערבה משמאלו, וכן נוהגין, **ואיטר** יד, דימין דידיה הוא שמאל דעלמא, מצדד הפמ"ג דלא אזלינן בתר דידיה, כי אם בתר דעלמא, ועיין בבכורי יעקב.

ויטפיל ההדס והערבה תוך אגוד הלולב, כדי שיטול כל ג' מינים בידו בשעת ברכה - דאע"ג דלקיחה ע"י דבר אחר שמה לקיחה, כדלקמיה בס"ז, מ"מ לכתחלה במקום דאפשר לא עבדינן.

ויש שכתבו לעשות בלולב ג' קשרים, וכן נוהגים - כנגד ג' אבות, **ונראה** דהקשרים של מטה, דהיינו מה שקושר כל הג' מינים ביחד משום נוי, הוא נחשב לאחד, ויעשה למעלה עוד שנים אם אפשר לו - ט"ז, **ובא"ר** משמע ג' קשרים בלולב עצמו, לבד הקשר הד' שאוגד הג' מינים יחד, **ואם** לא נאגד אלא אגד אחת כשר.

כתבו האחרונים, דצריך לעשות בענין שיכול לכסכס היטב בהעלין, וע"כ צריך להיות טפח למעלה פתוח ולא מקושר.

סעיף ב - יטול האגודה בידו הימנית - משום דהני תלתא מצוה, והאתרוג חדא, **ואפילו** בירך עליו כבר, ואח"כ נוטלו פעם שני, כגון בשעת אמירת הושענות, צריך ליטלו בימין.

ראשיהם למעלה ועיקריהם למטה - דבעינן שיטלן דרך גדילתן באילן, **ואם** היפך, אפילו בדיעבד לא יצא, **ומטעם** זה כתב מהרי"ל, שאותן הלוקחים הדסים יבשים הבאים מאיטליא, יתירום ויראו שמונחים כדרך גדילתן, דלפעמים מונחים ראשו של זה בצד עיקרו של זה, **וכתב** במטה משה, דגם כשנוטלין ראשיהן מן הצד, הוי שלא כדרך גדילתן.

ואע"ג דאתרוג כשהוא תלוי עוקצו למעלה, מכל מקום מקרי דרך גדילתו עוקצו למטה, אלא שהפירות מכבידין אותו.

והאתרוג בשמאלית - ואם נטל שניהם בידו אחת, כתב בא"ח דלא יצא, **ודעת** הט"ז דיצא, כיון שלא היה האתרוג עמהם באגודה אחת, ועיין במטה יהודא שחולק עליו, ודעתו כהא"ח, **ולענין** הלכה יש להחמיר בשל תורה וצריך לחזור וליטלו בלא ברכה, [**ולפי"ז** אם היה באגודה אחת, אפי' דיעבד לא יצא גם להט"ז, **ולדינא** גם בזה צ"ע, דהא קי"ל דלולב א"צ אגד, והא לחודיה קאי והא לחודיה קאי].

סעיף ג - אטר נוטל לולב בימין כל אדם, ואתרוג בשמאל כל אדם; דבתר ימין ושמאל דעלמא אזלינן, ולא בתר ימין ושמאל דידיה - דדוקא תפילין שהוא דאורייתא, איטר אזיל בתר ימין דידיה, **אבל** לולב דנטילתו בימין הוא דרבנן, משום חשיבותא בעלמא, דיש בה תלתא מצות, איטר הוא ככל אדם.

הגה: וי"א דאזלינן בתר ימין דידיה - כמו בתפילין, **ויש ליטול הלולב בימין דידיה והאתרוג בשמאל דידיה, וכן נהגו, וכן עיקר.**

ואם היפך, יצא - היינו בין איטר ובין מי שאינו איטר, אם היפך ונטל לולב בשמאלו ואתרוג בימינו, יצא. **ויש** מחמירין בזה, וע"כ טוב לחזור וליטלו בלא ברכה.

ושולט בב' ידיו - ר"ל שעושה כל המלאכות בשניהם שוה בשוה, **נוטל הלולב בימין ואתרוג בשמאל, ככל אדם** - אבל אם נקל לו לעשות בשמאל, אף שיכול לעשות אותם גם בימין, זה לא מקרי שולט בשתי ידיו.

סעיף ד - אדם שאין לו יד - ר"ל שאין לו ידים כלל, **נוטל לולב בזרועו** - של ימין, **וכן האתרוג** - בזרוע שמאל, דמי כתיב "ולקחתם ביד".

וזרועו היינו בית השחי, ואם יש קנה, נוטל במרפיקו, דזה נמי לקיחה מיקרי, **אבל** אין לו זרוע כלל, אין ליטול בפה, דזה לאו לקיחה היא כלל - פמ"ג, **ובבכורי** יעקב חולק עליו.

ואם יש לו יד אחד, יטול הלולב באותו יד, אפילו היא שמאל נחשבת אצלו ימין, והאתרוג בזרוע שכנגדו, **ואם** א"א לו ליטול האתרוג בזרוע, יטול שניהם בידו בזה אחר זה, ויוצא בזה, כדלקמן סי"ב.

סעיף ה - יברך "על נטילת לולב", ו"שהחיינו", קודם שיטול האתרוג, כדי שיברך עובר לעשייתו - דאין לברך קודם שיטלנו להלולב, דלא מסתבר לברך בעוד שהלולב מונח בכלי, **וכן** אין לברך אחר שנטל כל הארבעה מינים, דבעינן עובר לעשייתן, **הלכך** מברך קודם שיטול האתרוג, דזהו עובר לעשייתן, שמעכבין זה את זה, דהיינו שאם חסר לו איזה מן המינין, לכו"ע לא יצא, הלכך מקרי עובר לעשייתן, [ר"ל דאף שאם כולן בפניו, יכול ליטלן בזה אחר זה, מ"מ כל כמה שאינו נוטל האתרוג לא קיים המצוה כלל, דמצוה אחת הן, לפיכך מקרי עובר לעשייתן].

או יהפוך האתרוג עד שיברך - העוקץ למעלה, דאינו יוצא בזה, דבעינן דרך גדילתן, ולאחר הברכה יהפוך העוקץ למטה כדרך גדילתן, ויוצא בזה.

ועיין בב"י דיש עוד עצה שיהיה קודם לעשייתן, דהיינו שיכוין שלא לצאת בהמצוה עד אחר הברכה, [**דאף** למ"ד מצות א"צ כונה, מ"מ אם כוון שלא לצאת, אינו יוצא], **ועיין** בביאור הגר"א שכתב, דזה העצה היא היותר מובחרת שבכולן, [**אמנם** בעיקר הענין משמע מהגר"א, שאין אנו צריכים כלל לחפש עצה בענינינו שיהיה עובר לעשייתן].

ואם שכח לברך קודם לקיחה, מברך אחר כך, דהא גם הנענוע הוא מן המצוה, [פמ"ג, **והנה** לדבריו אם כבר נענע ג"כ, אף שאוחז עדיין בידו, שוב אינו יכול לברך, **אמנם** לפי דעת הגר"א הנ"ל, מברך אח"כ].

הגה: ויברך מעומד - ונטילתו תהיה ג"כ מעומד, **ובדיעבד** אם עשה הברכה וגם המצוה מיושב, יצא.

ולא יברך רק פעם אחת ביום, אע"פ שנוטלו כמה פעמים - להידור מצוה, כמנהג אנשי ירושלים, כדאיתא בגמרא.

סעיף ו - לא יברך שהחיינו בשעת עשיית לולב, אלא בשעת נטילתו - אע"ג דמן הדין היה ראוי לברך "שהחיינו" תיכף בשעת עשיית הלולב, דהיינו בשעה שאוגדו, **מ"מ** אנן נהגינן להניח הברכה לכתחלה

עד שעת נטילה, [**ובדיעבד** אם בירך בשעת אגד, בודאי יצא]. **ועיין** בח"א שכתב, דאם לא בירך "שהחיינו" ביום א', יוכל לברך אפי' ביום ז' כשנוטל הלולב.

סעיף ז - אם עשה בית יד ונתן בו הלולב ונטלו, שפיר דמי, דלקיחה ע"י דבר אחר שמה לקיחה - כגון שכל הלולב חוץ מידו, ואוחז בבית יד הבולט הנעשה מן הסודר, לא הוי חציצה כיון שאין אוחז הלולב בידו - מ"א, **ודעת** הא"ר הוא, דבית יד הוא לנאותו, וע"כ אף שאוחז להלולב בידו ג"כ דרך בית יד, שפיר דמי ולא הוי חציצה, **אם** לא שנעשה באופן שאינו מהודר, וכן הסכים בדרישה, דתלוי באופן עשייתו.

ובלבד שיהא דרך כבוד; אבל אם אינו דרך כבוד, כגון שנתן הלולב בכלי ונטלו, לא יצא - ואפילו הוא של כסף, דלא הוי דרך כבוד כשאוחזו בכלי, ולא שמה לקיחה, **והסכימו** כמה אחרונים, דבכלי יש להחמיר בכל ענין, בין שאוחזו בדופני הכלי, [משום חציצה, ולפי דעת הר"ן משום דלא הוי לקיחה תמה], **או** מניח ידיו תחת שוליו, או אוחז בבית יד של הכלי, [דהוי לקיחה ע"י דבר אחר דרך בזיון].

ואם כרך עליו סודר, ונטלו, ‹לא יצא› - מטעם חציצה, [דמסתמא אינו לנאותו, אם לא היכי דידעינן שהוא לנאותו], **ודעת** הר"ן משום דלא הוי לקיחה תמה.

או שכרך סודר על ידו - וה"ה אם לבש בתי ידים על ידיו, **ונטלו, י"א דלא יצא** - מש"כ המחבר דין זה בלשון י"א, משום דעת הר"ן, דס"ל דיצא, דבטל לגבי היד, **וע"כ** אם נטלו, יחזור ויטלנו בלא ברכה, **אבל** בכרך סודר על הלולב, גם לדעת הר"ן לא יצא, דלא הוי לקיחה תמה.

הגה: ונהגו להחמיר להסיר התפילין וטבעות מידם - היינו שיקפלם התפילין אחורי אצבעו, וי"א שיחלוץ התפילין לגמרי קודם נטילת לולב.

אבל מדינא אין לחוש הואיל ואין כל היד מכוסה בהן - וכמה אחרונים כתבו, דאף מדינא יש הקפדה ע"ז משום חציצה, אף שאין כל היד מכוסה בהן, **וע"כ** אם נטל בעוד שלא הסיר התפילין מן ידיו, או הטבעות, יחזור ויטלנו בלא ברכה.

ובשם האר"י כתבו, שיברך תחלה בסוכה על הלולב, ואח"כ יעשה שאר הנענועים בביהכ"נ, [**אפשר** שטעמו כדי שלא להשהות המצוה, שמיד שקם מן שנתו בסוכה, תיכף יקיים מצות נטילת לולב, **ואפשר** שהוא על פי סוד].

סעיף ח - ינענע בשעה שמברך - אפילו נוטל שלא בשעת ההלל, מנענע לכל הרוחות, ואע"פ שיחזור ויטלנו בשעת ההלל.

וכן ינענע ב"הודו לה'", פעם אחת - עיין בב"י שדעתו כהר"ן, שאין מנענעים אלא ב"הודו" הראשון שאומרים, **אבל** לא ב"הודו" שאומרין הקהל אחר שאמר הש"ץ "יאמר נא ישראל" או "יאמרו נא וגו'".

ומנענעים בכל "הודו" שיאמרו - ורמ"א כתב כדעת הרא"ש, וכן הוא מנהגינו, **ור"ל** הקהל, אבל הש"ץ אינו מנענע אלא ב"הודו" הראשון.

וב"הודו לה'" שבסוף שכופלים אותו, שליח ציבור והצבור מנענעין שתי פעמים; וכן ב"אנא ה' הושיעה נא" מנענע שתי פעמים, לפי שכופלים אותו.

בהודו לד' - דכתיב: אז ירננו עצי היער, ר"ל בעצי היער, וכתיב בתריה: הודו לד' וכו', וכתיב בתריה: ואמרו הושיענו, וע"כ מנענעים גם ב"אנא ד' הושיעה נא".

הגה: וי"א שהש"ץ מנענע ג"כ כשאומר: "יאמר נא ישראל" כו', אבל לא ב"יאמרו נא", וכן נהגו - היינו שהש"ץ מנענע ב"הודו" "ויאמר נא", אבל ב"יאמרו נא בית אהרן", ו"יאמרו נא יראי ד'", לא מנענע, **דכשאומר** "יאמר נא ישראל", הוא כמו הזכרה לצבור שיאמרו "הודו", ע"כ מנענע עמהם, **משא"כ** ב"יאמרו נא", שאין מדבר על כלל ישראל.

והקהל מנענעים בכל פעם שעונים "הודו", הרי ד' פעמים ב"הודו", וב"אנא הושיעה נא" הש"ץ והקהל מנענעים ב"פ, וב"הודו" שבסוף ג"כ הקהל והש"ץ מנענעים ב"פ.

ואם מתפלל ביחידי, אינו מנענע אלא ב"הודו" שבתחלת ההלל ובסוף ההלל, וב"אנא ד' הושיעה נא".

ויחלק הנענועים, ב"הודו לד' כי טוב" קצת, וקצת ב"כי לעולם חסדו", וכן ב"אנא", **ולא** ינענע בשעה שאומר השם, [כי בעת אמירת השם צריך לכוין, וכשיטרד בנענוע לא יכוין], **וא"כ** ב"הודו" יעשה בכל תיבה נענוע אחת, וב"אנא" בכל תיבה שתי נענועים. **ובכל** הנענועים יביא סוף הלולב נגד החזה, מ"א בשם כתבים.

ובא"ר הביא בשם מהרי"ל, שהיה נשאר עומד במקומו ופניו למזרח בכל הנענועים, רק הפך ידיו נגד הרוחות, ונגד מערב הרים את הלולב על כתפו מאחוריו, [**וזהו** נגד הכתבים שהביא המ"א, שיביא סוף הלולב נגד החזה, ‹אפשר משום דכשמרימו על כתפו, אין שייך להביא סוף הלולב נגד החזה, דהא הוא כבר שם›, וע"כ יעשה כל אחד כמנהגו], **וכן** משמע לשון השו"ע, שכתב: ומטין ראש הלולב לכל צד שמנענע, משמע דהוא עומד על עמדו.

אם לא הביאו לו הלולב, ובאמצע הלל הביאו לו, מותר לברך עליו בין הפרקים, דהיינו בין מזמור למזמור.

סעיף ט - הנענוע הוא שמוליך ידו מכנגדו והלאה, וינענע שם ג' פעמים בהולכה, וג' פעמים בהבאה - ר"ל ההולכה עושה פעם אחת, אבל הנענוע בעת ההולכה עושה ג' פעמים, וכן בהובאה, כשמביא הלולב אצלו עושה ג"כ הנענוע ג"פ.

(טורף הלולב ומכסכס העלין בכל נענוע) - ר"ל כסכוס מעט, והמנענעין בכח עד שכמעט שהלולב נשבר עי"ז, הוא טעות.

ואח"כ מטה ידו לצד אחר ועושה כן; וכן לכל צד מארבע צדדין – (למי שד' רוחות שלו, כדי לעצור רוחות רעות), **ומעלה ומטה** – (כדי לעצור טללים רעים).

הגה: וההולכה וההבאה היא עצמה הנענוע, כי מוליך ומביא ג"פ לכל רוח - ההג"ה חולק על המחבר, ודעתו דצריך להוליך ולהביא ג"פ, [**והא** דלא כתב ההג"ה בשם י"א, משום דאין מוזכר במחבר בהדיא שכונתו הולכה והבאה פעם אחת, ודרכו כן בהרבה מקומות], **והא** דכתב: היא עצמה הנענוע, אין ר"ל שא"צ נענוע כלל, דהא כתב לעיל בהג"ה: מכסכס העלין בכל נענוע, **אלא** ר"ל שלא יעשה הנענועים בעת שיגמור ההולכה וההבאה, אלא יעשם בעת ההולכה וההובאה גופא, ובכסכוס, כמו שכתב מקודם.

ומטין ראש הלולב לכל צד שמנענע נגדו, וכשמנענע למטה הופכו למטה, ומקרי דרך גדילתן, הואיל ומחזיק אותן בידו דרך גדילתן - ר"ל הואיל שהנטילה שנטל אותם מתחלה בידו היה דרך גדילתו, שוב אין מקפידין על נענועין שיהיה דרך גדילתו.

ויש מדקדקין שלא להפך הלולב כשמנענעין למטה - משום חשש שהוא שלא כדרך גדילתו, **ולא** דמי לכל שאר הנענועים, שאינו אלא מטה לצדדין ולא מהפך ממש, משא"כ בזה אם יהפך יהיה ראשו למטה וסופו בידו, **וע"כ** לא יהפכנו אלא ישפיל הלולב למטה אחר העלאה ג"פ.

והמנהג כסברא ראשונה, וכן נ"ל עיקר - והט"ז כתב, דיותר טוב שלא יהפכנו, דבזה יוצא ידי הכל, ואי מהפכו יש לחוש שמא אותה דיעה עיקר, שאין זה דרך גדילתו, וכ"כ בדה"ח ובח"א שכן הוא נכון.

סעיף י - יקיף דרך ימין בנענוע: מזרח, דרום, מערב, צפון - וכן העתיק בדה"ח ובח"א, דכן הוא המנהג הפשוט במדינותינו, **והטעם**, דהחכמים הזהירו אותנו תמיד, שתמיד תקח את הדרך שהוא בימין שלך, במקום שיש ימין ושמאל לפניך תבחר לך הימין שלך, **ואין** חילוק בין איטר לאינו איטר.

ועתה אסדר בקצרה סדר הנענועים כפי מה שנהוג במדינותינו, סדר הנענועים לרוחות: יחזיר פניו למזרח, ושדרו של לולב לצד פניו, ויעשה ג' הולכות למזרח ושלשה הבאות, והיינו שמוליך ידו עם הלולב מכנגדו והלאה ג"פ, ונכון שגם יכסכס בעלין בשעת הולכה והבאה, ובשעת הבאה יקריבו הרבה אל גופו נגד החזה, **ואח"כ** יטה ראש הלולב לדרום, ויעשה ג"כ ג"פ הולכה והבאה, הכל כמו במזרח, אבל א"צ להפוך פניו להצד שמנענע, רק יטה ראש הלולב לצד שמנענע, **וכן** לצד מערב, יטה ראש הלולב על כתפו ומוליך ומביא ג"פ, ואח"כ לצד צפון מוליך ומביא ג"פ, ואח"כ למעלה ואח"כ למטה, הכל מוליך ומביא ג"פ כמו במזרח.

[**והנה** בבה"ט העתיק דעת הט"ז בענין זה, והיינו שמתחילה עושה הולכה בלא נענוע עד כנגדו, ושם

עושה ג' תנועות קטנות דרך הולכה והבאה, **ואח"כ** מביאו אצלו ומקרבו הרבה אל גופו בלי נענוע, ואחר הקירוב אל גופו ינענע תנועות קטנות כמו בהולכה, **ואח"כ** עושה הולכה והבאה בלי נענוע כלל ב"פ, וכן יעשה במעלה ומוריד, ובזה יצא ידי הכל, עכ"ל, **אבל** אנכי העתקתי דברי הדה"ח, וכמו שכתב המ"א, שכן נהגו במדינותינו כדעת הג"ה הנ"ל].

סעיף יא - צריך לחבר האתרוג ללולב בשעת נענועו, ולנענע בשניהם יחד - דאף דאיננו עמהם באגודה, עכ"פ צריך להיות מחובר עמו.

וכל הנענועים אינן מעכבין, ובאיזה דרך שנענע יצא בדיעבד - ואף דאם לא נענע כלל ג"כ אין הנענועים מעכבים, ומדאגבהיה לאתרוג נפק ביה, **מ"מ** שם טוב לחזור וליטלו ולנענע, משא"כ בזה.

סעיף יב - ד' מינים הללו מעכבין זה את זה - דבעינן לקיחה תמה, וכולן מצוה אחת הן, **שאם חסר לו אחד מהם לא יברך על השאר** - אפילו אם יודע בבירור שלבסוף יבואו לידו כולן, כיון שאין מצוים לפניו בשעת ברכה, **אבל נוטלן לזכר בעלמא, (בין ביום א' בין בשאר ימים).**

הנה רש"ל בתשו' כתב, דהורה לש"ץ ליטול ולנענע קודם הלל ובשעת הלל, בלא ברכה, אבל אחרים לא יטלו כלל, דחיישינן שיבואו ליטול ג"כ בשנה אחרת ולברך, **אבל** בא"ר חולק ע"ז, ודעתו דאחרים יוכלו ג"כ ליטלו ולנענע בו כמו הש"ץ, **ואדרבה** אם לא יטלו כלל רק הש"ץ, יוכל לצאת מכשול לשנה הבאה, דיסמכו על הש"ץ ולא יקחו כלל, **וכן** מסתימת המחבר והרב משמע ג"כ, דכל יחיד ויחיד יכול ליטלו לזכר בעלמא.

(**וצריך** ליזהר שלא יכוין לשם מצוה, דיש בזה משום בל תגרע, כמו שכתב הט"ז, **אכן** מה שכתב הט"ז דבר חדש, דאפילו בעת שהוא נוטלו להלולב אחר שכבר קיים המצוה, ורק משום חבוב מצוה בעלמא, גם אז יזהר ליקח דוקא כל הד' מינים, שלא לגרוע ממנו ולא להוסיף עליו, כדי שלא יעבור על בל תוסיף ובל תגרע, **השיגו** עליו כל האחרונים, ודעתם, כיון שכבר קיים המצוה, אין שייך בזה בל תוסיף ובל תגרע).

ואם היו ארבעתן מצויים אצלו, ונטלם אחד אחד, יצא - דאגד שאנו עושין בלולב הוא רק למצוה בעלמא ולא לעיכובא, וזה אשמועינן בס"א, **והכא** אשמועינן יותר רבותא, דאפילו אם הלקיחה לא היה בבת אחת רק בזה אחר זה, ג"כ יצא.

הגה: ובלבד שיהיו כולם לפניו - כלומר סמוכים לו, דהלא מברך ברכה אחת לכולם כדלקמיה, ולא יצטרך להפסיק ביניהם, [מ"א].

[**ומדברי** הגר"א משמע, דהרמ"א שהעתיק דעת הרא"ש, חולק על המחבר בעיקר הדין, דלא יצא כל זמן שאינם לפניו, **וטעם** המ"א, דא"כ היה לו לרמ"א לכתוב וי"א, ומדכתב סתמא משמע דגם הרא"ש מודה בעיקר הדין להרמב"ם, דמן התורה יצא].

ויטול הלולב תחלה ויברך על הלולב - דכיון שמזכירין אותו בברכה, צריך שיהא סמוך לברכה, **ודעתו גם על האחרים** - ובזה פוטר את כולן אע"פ שנוטל כל אחד לבד.

ואם סח ביניהם, צריך לברך על כל אחד בפני עצמו (הגה' מיימוני) - דהיינו על הדס "על נטילת עץ עבות", ועל ערבה "על נטילת ערבה", וכן על אתרוג, **ומ"מ** טוב שאח"כ ג"כ יחזור ויקחם כולם ביחד, [א"ר, **ולפי"ז** יצטרך לברך "על נטילת הדס וערבה ואתרוג" בברכה אחת, ו"על נטילת לולב" לא יוכל לברך כיון שבירך פעם אחת, **ולפלא** שלא העירו אחרונים בזה, **אכן** לפי מה שהערתי בבה"ל לקמן בסמוך, דדעת הגה"מ דכיון שכבר הפסיק צריך מדינא לחזור וליקח הלולב, א"כ יברך ברכה אחת "על נטילת לולב", וצ"ע למעשה].

(**עיין במ"א שתמה, דלפי מה דקי"ל, דאם שח בין התקיעות א"צ לחזור ולברך, דכולה חדא מצוה היא,** א"כ ה"נ בענינינו חדא מצוה היא, ונדחק לישבו, **ולענ"ד** נראה בפשיטות, דטעם הגה"מ, דאף דאין אנו סוברין כשיטת ר"ת, דבעינן שיקחם כולם בידו בבת אחת, דאל"ה לא מיקרי לקיחה תמה, **עכ"פ** בעינן שיהיו בזה אחר זה בלא הפסק בינתיים, דאל"ה ס"ל דזה בודאי לא מקרי לקיחה תמה, **אלא** הא קשיא לי, דא"כ גם על הלולב לא יצא, ויצטרך לחזור וליקחנו ג"כ, ולברך על כולם "על נטילת לולב", ומלשון הרמ"א לא משמע הכי, **ועיינתי**

בהגהת מיימוני, דאפשר נמי דכונתו שיחזור ויברך על כולם "על נטילת לולב").

אם בירך על הלולב, ואחר הברכה ראה שלא היה בו הדס או ערבה, או שהיו פסולים, או מהופכים, **אם** היה לו ההדס או הערבה בביתו, באופן שא"צ להפסיק בינתיים כדי ליקח אותם, יקח ארבעתן ביחד, ויברך על אותו מין שהיה נחסר, דהיינו על ערבה יברך "על נטילת ערבה", על הדס "על נטילת עץ עבות", [**דכיון** דבעת הברכה לא היה בדעתו כלל על הדס וערבה אחרת, א"כ הוא עתה נטילה חדשה], **ואם** היה זה ביום ראשון, צריך לברך עוד פעם שני "שהחיינו" בשביל הנחסר, **אבל** על הלולב יצא כיון שהיה אצלו בביתו ארבעתם, **אבל** אם לא היה לו בביתו ערבה אחרת או הדס אחר בשעה שבירך, ואח"כ הביאו לו, צריך לברך על ארבעתם יחד פעם שני "על נטילת לולב", כיון שלא היו מצויין אז אצלו בבית, לא יצא גם על הלולב, כמו שפסק המחבר, וצריך לברך עליו פעם שניה, **ואם** היה זה ביום א', צריך לברך גם "שהחיינו" פעם שנית.

סעיף יג - אם חסר לו אחד מהמינים, לא יקח מין אחר במקומו - דאתי למיטעי ליקח ג"כ בשאר שנים, **משא"כ** כשחסר מין אחד, לא יבואו לטעות להסתפק בשנה הבאה בשלשה מינים, דהכל יודעים שצריך ד' מינים.

סעיף יד - לא יוסיף מין אחר על ארבעת המינים, משום בל תוסיף - עיין בב"י דדעתו, דאפילו אם אינו מכוין בהדיא לשם מצות לולב, ג"כ אסור.

(**הנה** יש דיעות בין הראשונים, אית דאמרי דאע"ג דאמרינן בגמרא, דלפי מה דקי"ל לולב א"צ אגד, אפילו אם אגדו למין החמישי ביחד עם הארבעה מינים, כמאן דלא אגדו דמי, וכל אחד לחודיה קאי, **היינו** רק לענין שאין מגרע בזה את הארבעה מינין ויוצא בהן, אבל עכ"פ עובר בזה על הלאו דבל תוסיף, **אכן** בזה ג"כ יש דיעות, דמטור משמע דאינו עובר עד שיכוין לשם מצות לולב, ובא"ר מוכיח מהרא"ש דס"ל כהב"י, דכיון שהוא בזמנו, אפילו בסתמא ג"כ עובר, אם לא דהוא מתכוין לשם נוי בעלמא, **ואית** דאמרי, דכיון דכל אחד לחודיה קאי, ממילא אינו עובר ג"כ על בל תוסיף, **אבל** מ"מ לכתחלה אסור מדרבנן לכו"ע, דנראה כמוסיף, ושיטה זו הזכיר הגר"א בביאורו, **ואף** דלענין אגד מקילינן לעיל בס"א, לאוגדו במין אחר אף לכתחלה, ולא חיישינן להוספה, **שאני** אגד דאינו נוטלו דרך גדילתו, א"נ התם מוכח דאינו עושה למצוה אלא לנוי בעלמא, משא"כ בענינינו).

(**הצובע** את הלולב בצבע ירוק, כדי שיהיה נראה לח, אין בו משום בל תוסיף, **ובספר** א"ר מפקפק בזה).

סעיף טו - לא יטול יותר מלולב אחד ואתרוג אחד - דכתיב: ולקחתם לכם ביום הראשון פרי עץ וגו', משמע אחד ולא שנים, וה"ה ללולב, דכתיב "כפות תמרים" חסר וי"ו, דהיינו אחד, **וי"א** דעובר בזה גם על בל תוסיף.

אבל בערבה והדס מוסיף בה כל מה שירצה - דבערבה לא נתן בה תורה קצבה, **והאי** דקי"ל דבעינן שתי ערבות, משום דכתיב: ערבי נחל, היינו דבהכי סגי, דמיעוט ערבי שתים, אבל טפי ג"כ שפיר דמי, **וה"ה** בהדס דכתיב: ענף עץ עבות, ג"כ יכול להוסיף כמה שירצה.

ויש מי שפוסל להניח הדס שוטה בלולב, נוסף על השלשה בדין עבות - טעמם, דהוא מין אחר, ואסור כנ"ל בסי"ד.

ויש מתירין - ס"ל דלאו מין אחר הוא, דהא גדלי בערוגה אחת ובענף אחת, אלא שהתורה פסלתו, **ומן** הנכון לחשוב לכתחלה שאינו אוגדן לשם מצוה אלא לנוי בעלמא, **ואף** דדעה ראשונה ס"ל דאף לנוי אסור לכתחלה לאוגדן, הרבה פוסקים אין סוברין כן. ‹עיין לעיל סיק תרמו סוף ס"ג בהשעה"צ›.

והמדקדקים אינם מוסיפים על שתי ערבות ושלשה הדסים עבות – (הנה ב' ערבות הוא אפשר כדי לצאת דעת הרמב"ם, שמתחלה היה דעתו לאסור בזה, **אבל** בהדסים גם הוא מודה בה להתירא, דמסתמא הוא לנוי, **ואולי** הטעם על פי סוד, **ופשוט** דהיכי שיש לו קצת ספק על איזה בד של הדס וערבה, **או** שרואה שעליהם רכים מאוד ועלולים מאוד ליפול עליהם, באופן זה פשוט דיוכל להוסיף כמה שירצה, ואין למדקדק לדקדק בזה).

§ סימן תרנב – זמן נטילת לולב §

סעיף א - מצות לולב ביום ולא בלילה - דכתיב: ולקחתם לכם ביום, ולא בלילה.

וכל היום כשר לנטילת לולב, שאם לא נטל שחרית, יטלנו אח"כ - ואם לא נטלו עד ביה"ש ביום ראשון, מחוייב אז ליטלו, דספיקא דאורייתא הוא, ובלי ברכה, דהברכות הם דרבנן, **והאחרונים** הסכימו, דבשאר הימים אף שהוא דרבנן, ג"כ נכון ליטלו, דאין בו טרחה, ורק יזהר שלא יברך אז על הנטילה, [**ובאמת** נראה, לפי מה שידוע דיש דעות בזמן ביה"ש, וקי"ל לחומרא דמתחלת תיכף אחר שקיעה, אבל לא להקל לפטור עצמו מן הנטילה, **אם** לא ברגע אחרונה קודם צה"כ, דהוא ביה"ש דר' יוסי].

ומ"מ זריזים מקדימים למצות ונוטלים אותו בבוקר; וזמנו הוא משתנץ החמה - ואם נטלו מעמוד השחר יצא, דמעמוד השחר יממא הוא, אלא מפני שאין הכל בקיאין בו צריכין להמתין עד הנץ החמה, **וע"ל** בסימן פ"ט בביאור הלכה, דלפי דעת כמה אחרונים, אינו נקרא עמוד השחר עד שהאיר פני המזרח.

ועיקר מצותו בשעת ההלל - כדי לנענע ב"הודו" ו"הושיעה נא", **וקצת** מן המהדרים נוהגים, לברך על הלולב בהנץ החמה בתוך הסוכה ולנענע, ואח"כ בשעת ההלל מנענעים עוד.

ואם צריך להשכים לצאת לדרך, נוטלו משעלה עמוד השחר - אע"פ שאח"כ יקרא הלל בלא לולב, וצריך לנענע בשעה שנוטלו.

הגה: והמדקדק יאחוז הלולב בידו כשנכנס מביתו לבהכ"נ, גם בשעת התפלה, וכן יחזירו לביתו, כדי לחבב המצות - ואע"פ שאסור להחזיק שום דבר בשעת התפלה, הכא כיון דלקיחתו מצוה, לא מיטריד ביה, **והנה** אף דבגמרא איתא שכן היו עושין אנשי ירושלים, היה אדם יוצא מביתו ולולבו בידו, קורא ק"ש ומתפלל ולולבו בידו וכו', **מ"מ** כתבו אחרונים, דכהיום מחזי כיוהרא, אם לא מי שמפורסם למדקדק במעשיו, **מיהו** זה נוהגין גם היום, שמוליכין הלולב בבקר בעצמו לביהכ"נ, וכן מחזיר לביתו בעצמו. ׳ודוקא לאחוז הלולב בידו, ולא בקופסא או נרתיק, דצריך ליטול הלולב באופן שיוצא ידי חובה, ומבואר בשו"ע תרנ"א ס"ז, דאם נטל הלולב בכלי, לא יצא יד"ח, ובמ"ב כתב, ואפילו הוא כלי של כסף - הגרי"ש אלישיב, **ובשם** הגר"ח קנייבסקי, בבני ברק לא מכירים מנהג זה כלל.

סעיף ב - אסור לאכול קודם שיטלנו - (וה"ה בכל הדברים הנזכרים לעיל בסימן רל"ב קודם תפלת המנחה), **וטעימא** בעלמא מדינא שרי, מ"מ אין להקל בזה אם לא לצורך גדול, **ומי** שבא בדרך בחוה"מ, ומצפה שיבוא למקום הלולב, או הדרים על הישובים ומשלחים להם לולב, ימתינו עד חצות היום, [עד ולא עד בכלל], ולא יותר, אפילו ביום א' שהוא מן התורה, דאסור להתענות, [דחצות הוא בכלל תענית].

ויש אומרים דאם מצפה שיביאו לו לולב, אין לו להמתין כלל, דהרי יש לו מי שיזכירנו לנטלו, היינו אותו שיביא לו הלולב, [**וכ"ש** אם הולך בעצמו למקום שיש בו לולב, **ובא"ר** משמע דמ"מ נכון להמתין בכ"ז לכתחילה עד חצות], **ומי** שחלש לבו בודאי יוכל לסמוך ע"ז, [**ולענין** טעימה בודאי אין להחמיר, דהיינו שיוכל לטעום תיכף אחר התפילה, אפי' ביום ראשון].

ואם שכח ואכל ונזכר על שלחנו, ביום הראשון שהוא מן התורה, יפסיק - באמצע סעודתו, כדין כל דבר שהוא מן התורה, שאם התחיל באיסור צריך להפסיק, **אפי' יש שהות ביום ליטלו אחר שיאכל** - [ואם המתין עד חצות ולא הביאו לו, דקי"ל דמותר לאכול כנ"ל, והתחיל לאכול, והביאו לו, א"כ הרי התחיל בהיתר, נראה דגומר סעודתו ואח"כ נוטלו].

ומיום ראשון ואילך, אם יש שהות ביום, לא יפסיק; ואם לאו, יפסיק - ויו"ט שני לדידן שעושין משום ספיקא דיומא, דינו כמו ביום ראשון.

הגה: ואם התחיל לאכול יותר מחצי שעה קודם שהגיע זמן חיובו - ר"ל יותר מחצי שעה קודם עמוד השחר, ומקרי זה התחיל בהיתר, **אפי' ביום ראשון א"צ להפסיק בדאיכא שהות ביום (ר"ן).**

ועיין בט"ז שהקשה, הא בסימן פ"ט פסק בדעה ראשונה, דהיכי שהתחיל לאכול קודם עה"ש, אפ"ה צריך להפסיק לתפלה, א"כ בלא"ה צריך להפסיק משום תפלה, וכ"ש ביו"ט שצריך קידוש, **ולכן** חולק, דודאי צריך להפסיק ממילא משום לולב.

ובכורי יעקב תירץ, דאיירי שהתחיל לאכול קודם עה"ש, והתפלל קודם שבירך בהמ"ז וגם עשה קידוש, ואח"כ התחיל להשלים סעודתו, ושכח ליטול לולב, דבזה א"צ להפסיק ומותר לגמור אפי' ביום ראשון, כיון דהתחיל בהיתר, **ולא** ברירא תירוצו לדינא, (כיון דכבר הפסיק בתפלה, ומדינא אם לא היה שוכח היה מחוייב ליטול הלולב קודם שיאכל, וכי בשביל ששכח לעשות כן מקרי התחיל בהיתר, דע"י שכחה בודאי לא מקרי התחיל בהיתר כדמוכח מהשו"ע, וכל סברתו הוא משום שהתחיל קודם עה"ש לאכול, ואז עדיין לא היה מחוייב ליטול לולב, והיה אכילתו בהיתר, אבל כיון דהוכרח להפסיק משום תפלה, הרי נפסק סעודתו, ומחוייב היה ליטול הלולב קודם שישלים סעודתו).

(**ולשון** "בדאיכא שהות ביום" אינו מדוקדק כ"כ, דאם התחיל לאכול קודם עה"ש, בודאי יהיה שהות ליטול ביום אחר שיגמור סעודתו, **אבל האמת** דהר"ן לאו אהאי ענינא לבד קאי, אלא על כל ענינא דאורייתא כמו ק"ש, אם התחיל בהיתר ואיכא שהות ביום א"צ להפסיק, **ולולי** דברי הרמ"א היה נ"ל לומר, דגבי לולב דהתחיל בהיתר שלו הוא קודם עה"ש, גם הר"ן מודה, דכיון שצריך להפסיק משום תפלה, ממילא צריך ליטול לולב ג"כ, כדעת הט"ז, **אלא** קאי רק אשאר דברים שהוא דאורייתא, כמו ק"ש של ערבית וכיו"ב, דבהו אם התחיל בהיתר א"צ להפסיק בדאיכא שהות).

§ סימן תרנג – הדס אסור להריח בו §

סעיף א - הדס של מצוה אסור להריח בו - לפי שעיקרו אינו אלא להריח בו, ומזה הוקצה כל ז' כמו בעצי סוכה, **ואפילו** בשבת, הגם דאין נוטלין בשבת, מ"מ הרי הוקצה לכל ז'.

אבל אתרוג של מצוה מותר להריח בו מן הדין - דעיקרו עומד לאכילה, ומזה לבד הוקצה ולא מלהריח, **אלא שלפי שנחלקו אם מברכים עליו** - ברכה של "הנותן ריח טוב בפירות", **אם לאו** - די"א דכיון דלא עבידא לריחא, מפני שהוא של מצוה, אין לברך עליו, **יש למנוע מלהריח בו** - בעת נטילתו למצוה, **אבל** קודם או אח"כ להריח בו, לכו"ע יכול לברך, **וי"א** דיש למנוע כל שבעת הימים, ועיין לעיל בסימן רי"ו, שם ביארנו כל פרטי הדין, **אבל** מותר להריח בו בשבת, דהא עכ"פ עתה לאו למצוה עביד. (וע"ל סי' תרנ"ח ס"ב).

סעיף ב - עבד להושענא ולא אגבהה למיפק בה, שריא בהנאה - דהזמנה לאו מילתא היא, **וה"ה** לולב של אשתקד, לא נאסר עד שיטול בשנה זו, דאחר החג בטל הקדושה, וכמו שכתבנו כעין זה לענין סוכה של אשתקד בסי' תרל"ח במ"ב, **ולדעת** האחרונים דמפקפקין שם לענין סוכה, ה"ה לענין לולב.

§ סימן תרנד – שיכול להחזיר הלולב במים ביו"ט §

סעיף א - מקבלת אשה הלולב מיד בנה או מיד בעלה ומחזירתו למים - דאע"ג דאינה חייבת בלולב, מ"מ רשאה לטלטלו, דגם היא רשאה לברך עליו, [הוא לפי מנהגינו, **ואפי'** לדעת המחמירין וסוברין דאינה רשאה לברך מאחר שאינה חייבת, **מ"מ** רשאה לטלטלו, הואיל ואיכא תורת כלי עליו לגבי אנשים].

ותוסיף עליו מים אם צריך - ולא גזרינן משום השקת זרעים, **אבל לא תחליף המים** - דטרח הוא לתקוני מנא, **ואם** מותר להעמידן לכתחלה במים, עיין לעיל סימן של"ו סי"א ובמ"ב שם.

והנה בשבת אסור להוציאו ממים, דמוקצה הוא, כדלקמן בסימן תרנ"ח, **ואם** שגג והוציאו, אסור להחזירו למים, [**והקשה** הפמ"ג, דהא כתב המ"א, דמוקצה כל זמן שהוא בידו מותר להניח באיזה מקום שירצה, **ותירץ** בבכורי יעקב, דכיון דהלולב מוקצה בשבת, א"כ גם המים שהיה בהם הוקצו עמו, וא"כ כשחוזר ומניח הלולב לתוכן, הרי מטלטל המים, דשכשוכן זהו טלטולן].

ובחוה"מ מצוה להחליפם כדי שישאר לח והדור - ומנהג כשר וטוב ליתן לולב וערבה במים שלא ייבשו.

הגה: ונוהגין ליקח כל יום חוה"מ ערבה חדשה ולקשרה בלולב, והוא הדור מצוה - כתב בכורי יעקב, דהיינו שיקשור אותה מבחוץ עם הלולב, **ולא** כאותן שתוחבין אותה באגד, דכבר קרא תגר על מנהג זה הא"ר, דעל ידי זה שהוא מכניס ומוציא תמיד, לפעמים נושרין רוב העלין, **וגם** בלאו הכי יש לומר דלא מקרי אגד כהלכתו, שאין זה קשר ממש כיון שמכניס ומוציא, **לכן** יתיר הקשר לגמרי, ויחזור ויקשור, **וזה** דוקא בחול המועד, אבל ביום טוב אסור לעשות כן, דאסור לקשור.

§ סימן תרנה §

סעיף א - עובד כוכבים שהביא לולב לישראל מחוץ לתחום, מותר ליטלו אפי' מי שהובא בשבילו - בין ביו"ט א' ובין ביו"ט ב', ואפילו בא בציווי, **והטעם**, דכיון דבטלטול מותר לכל, ממילא מותר גם לצאת בו, דלא אסור אלא ליהנות ממנו, ומצוה לא מקרי הנאה.

ובזה מותר אפילו הביא מחוץ לתחום של י"ב מיל, דלכמה פוסקים הוא איסור דאורייתא לישראל, וא"כ אסור לכתחלה לומר לעכו"ם להביא אפילו במקום מצוה, **מ"מ** כיון שכבר הביא מותר ליטלו ולצאת בו, והיינו אפילו למי שהובא בשבילו.

ומ"מ אסור לטלטלו חוץ לד"א אם העיר אין בה עירוב, וצריך לילך למקום שהניח שם העכו"ם וליטלו שם, ובית אפילו גדול נחשב כד"א, **ובשביל** זקן או חולה שאינן יכולין לילך, יאמר לעכו"ם להוליך אצלם, **אבל** אם יש שם עירוב, יכול לטלטלו בכל העיר, רק חוץ למקום העירוב אינו רשאי לטלטלו.

הגה: ועיין לעיל סי' תקפ"ו סעיף כ"א וכ"ב, וסי' ש"ז ס"ג, אם מותר לומר לעובד כוכבים לילך אחריו או לחלל יו"ט בשבילו - היינו דבסימן ש"ז מביא המחבר, גם דעת האוסר שבות דשבות במקום מצוה, **אכן** בסימן תקפ"ו סכ"א, סתם להקל בזה, ולא הביא כלל דעת האוסר, **ולפי"ז** מותר אף לכתחלה לומר לנכרי ביו"ט להביא לולב מחוץ לתחום, ומש"כ מתחילה: נכרי שהביא וכו', היינו דבזה מותר אפי' הביא מחוץ לתחום של י"ב מיל.

[**ואם** הוא ספק אם ישיגו שם, עיין בח"א דאסור לשלוח, כיון דעושה בודאי איסור דרבנן, אע"ג דאפשר שיקיים מצוה דאורייתא, אין ספק מוציא מידי ודאי, עב"ל, **אמנם** המעיין בא"ר יראה, דבשביל יו"ט ראשון מותר, אך בשביל יו"ט שני אסור, וכן משמע בב"מ].

[**ואם** חל יו"ט ראשון בשבת, אם מותר לומר לנכרי בשבת לילך מחוץ לתחום להביא לולב בשביל מחר שהוא יו"ט שני, יש דעות בין אחרונים, יש מקילין, ויש מחמירין, **ודע** דלפי מה שביארנו בסי' שמ"ה, דיש כמה גדולי ראשונים דסברי, דאף בזה"ז יש רה"ר דאורייתא, נראה דאפי' לדעת המקילין, יותר טוב לומר לעכו"ם שלא יוציא הלולב מאותו מקום בשבת].

וחוץ לתחום של י"ב מיל, דלכמה פוסקים הוא איסור דאורייתא לישראל, אסור לכתחלה לומר לעכו"ם להביא אפילו במקום מצוה, **ומ"מ** בשעת הדחק שאין מצוי בעיר לולב אחר לצאת בו, הסכימו אחרונים, דיש להקל לומר לעכו"ם להביא אפילו חוץ לי"ב מיל, כדי לקיים המ"ע דלולב, **והנה** כ"ז דוקא אם יוכל לחזור בו ביום ויקיים מצוה תיכף, אבל לשלחו ביום ראשון שיבוא ביו"ט ב', אסור לשלחו חוץ לי"ב מיל, [**כיון** דביו"ט שני הוא רק מצוה דרבנן, וחוץ לי"ב מיל לכמה ראשונים הוא איסור דאורייתא לישראל, ושייך בזה אמירה לעכו"ם שבות, ויותר טוב לדחות המצוה דרבנן בשב ואל תעשה, מלעבור בידים על איסור שבות].

[**ודע**, דאם חל יו"ט ראשון ביום א', אם מותר לשלוח בשבת חוץ לי"ב מיל להביאו למחר, משמע ממ"א ודה"ח ובית מאיר דיש להקל, ובודאי יש לסמוך על זה בשעת הדחק].

ודע עוד, דדוקא במחוץ לתחום שאין עליו איסור טלטול וכנ"ל, אבל ערבה שנתלשה ביו"ט אפי' שלא בשביל ישראל, בין ביו"ט ראשון ובין ביו"ט שני אסור לטלטלה, אפילו אין לו אחרת לצאת בה, דמוקצה היא, דשבות אפילו במקום מצוה אסרו, **אכן** אם נתלשה ביו"ט ראשון

מותרת בשני, אם לא כשחל יו"ט ראשון בשבת, דאז אסור לצאת בה גם ביום א', כדקי"ל בסימן תקי"ג לענין ביצה, דשבת ויו"ט הסמוכין, נולדה בזה אסורה בזה.

ואם אין לחבירו לולב והוא חוץ לתחום, אם אין לו מעות לקנות לעצמו, מותר לזה לשלחו, **אבל** אם יש ביכולתו לקנות ופשע ולא קנה, אין אומרים לאדם: חטא בשביל שיזכה חבירך, [מ"א וח"א. **ואיני** יודע מה שייך בזה חטא, דהא אנו מצווין מטעם ערבות לראות שגם חבירו בן ישראל יעשה מצות התורה, ואם יחסר לו כאלו חסר לי, ומטעם זה אנו יכולים להוציא אחד לחבירו בקידוש וכדומה, **ונהי** דחטא חבירו מתחילה בזה שלא קנה הד' מינים מעיו"ט, כדי שלא יצטרך ביו"ט לעבור על שבות של דבריהם, **מ"מ** בדיעבד שלא קנה, הלא הוא מחוייב בעצמו לשלוח סביביו ע"י עכו"ם להשיגו, וממילא כשם שהוא מחוייב להשיגו, כן אני מחוייב להמציא לו, אך שהוא ישלם עבור השליח, ואיך שייך בזה חטא, ויש ליישב קצת, מ"מ צ"ע בדבר]. **וכתב** הביכורי יעקב בשם הריטב"א, דהא דא"א חטא בשביל שיזכה חבירך, לא שייך רק לענין הא דרדיית פת, שהוא לפטרו מחטאת לבד, **אבל** לענין לזכהו בעשיית מצוה לא אמרינן כן.

§ סימן תרעו – שצריך לחזור אחרי הידור מצוה בקנית האתרוג §

סעיף א - כדי להסביר היטב טעם השני דיעות, אקדים מה דאיתא בגמרא: הידור מצוה עד שליש במצוה, **ופירשו** בשם ר"ת, והוא הדעה הראשונה שנזכר בשו"ע, שאינו ר"ל שיש לפניו שני אתרוגים או שני ס"ת, ואחד הדר יותר מחבירו, שיצטרך מחמת מצות הידור להוסיף עד שליש במקח, דא"כ הרי לעולם ימצא נאה ונאה ואין סוף לדבר, **אלא** מיירי שאתרוג אחד היה בו רק כשיעור מצומצם שהוא כביצה, והאחר גדול ממנו, ע"ז אמרו דמצוה להדר אחר זה ולהוסיף עד שליש, דחיישינן שמא יתמעט השיעור, **ובאופן** זה אפילו כבר קנה האתרוג הקטן, מצוה להחליפו באחר ולהוסיף עד שליש בדמיו, **ויש** מפרשים עוד, דהגמרא מיירי באתרוג וכן כל המצות שמזדמן לפניו אחד הדר יותר מחבירו, מצוה להדר אחר ההדר ולהוסיף עד שליש בדמיו, וזהו הדעה השניה שמוזכרת פה.

(**ומ"מ** באתרוג או לולב שיש בו חשש פסול, וה"ה בכל המצות כה"ג, שתלוי בפלוגתא דרבוותא, **אף** שהלכה דכשר, מ"מ י"ל דבזה לכו"ע צריך לקיים הידור מצוה עד שליש, לקנות אחר לצאת כל הדיעות, כן משמע מפמ"ג, **ועיין** בבגדי ישע שהחמיר עוד ביותר מזה).

(**ומדסתם** השו"ע כדעה ראשונה, משמע דהכי ס"ל להלכה, שהיא שיטת הרא"ש, **והגר"א** בביאורו משמע דנוטה להיש אומרים דהוא שיטת רש"י, משום דבירושלמי מפורש כן, וכן הא"ר מחמיר בזה כהיש אומרים, **ובענין** הקושיא שהקשו, שהרי לעולם ימצא נאה ונאה, יש לומר דלא הטריחו עליו אלא בפעם ראשונה בלבד, דאל"כ אין לדבר סוף).

אם קנה אתרוג שראוי לצאת בו בצמצום, כגון שהוא כביצה מצומצמת, ואח"כ מצא גדול ממנו - עיין במ"א שמצדד, דלאו דוקא אתרוג, דה"ה ס"ת או שופר וכדומה, שקנהו והיה בו רק כשיעור מצומצם, ואח"כ נזדמן לו אחר שהוא גדול בשיעורו, [דגם בס"ת יש שיעור איך שצריך לעשות אותה, ואיך שיוצאים בה על פי הדחק]. **מצוה להוסיף עד שליש מלגיו בדמי הראשון, כדי להחליפו ביותר נאה** - פי' אם הקטן נמכר בשש, יוסיף שני דינרין, דהיינו שליש תוך הדמים, **ושליש** מלבר נקרא, כשחולק הדמים לשנים ומוסיף חלק שלישי, דהיינו שמוסיף ג' דינרין, **ויש** מחמירין שצריך להוסיף שליש מלבר.

אבל אם חבירו אינו רוצה להחליפו רק למכרו, אינו חייב לקנותו ולהחזיק ב', **אם** לא שיש לו קונים שרוצים לקנות את הקטן שיש לו.

ויש מי שאומר שאם מוצא שני אתרוגים לקנות והאחד הדור מחבירו, יקח ההדר - ר"ל אפילו כל אחד גדול בשיעורו יותר מכביצה, כיון שהשני נראה הדר ביופי יותר מחבירו, צריך להוסיף.

ואם כבר קנה אחד והוא בשיעורו גדול יותר מכביצה, א"צ להוסיף להחליף בהדר לכו"ע, **דלדעה** ראשונה, כיון שגם הראשון לא היה בו שיעור מצומצם, **ולדעה** שניה לא החמירו ליקח ההדר כלל בשכבר קנה האחד, כ"כ המ"א בשם פוסקים, **אכן** הגר"א הביא ירושלמי מפורש, ומשמע דנקט לדינא כן, דאפילו לקח כבר

אתרוג ולולב, וה"ה לכל המצות, והיה בהם יותר מכשיעור, ואח"כ מצא אחר נאה הימנו, צריך להחליף ולהוסיף עד שליש.

אם אין מייקרים אותו יותר משליש מלגיו בדמי חבירו - דהדור מצוה הוא רק עד שליש, ואפילו מי שאין חייו נדחקים, א"צ לבזבז יותר משליש, **אמרינן** בגמרא: עד שליש משלו, מכאן ואילך משל הקב"ה, ופירש"י עד שליש משלו: דהיינו אותו שליש שיוסיף בהידור מצוה משלו הוא, שאינו נפרע לו בחייו, כדאמרינן: היום לעשותם ולא היום ליטול שכרם, **אבל** מה שיוסיף יותר על שליש, יפרע לו הקב"ה בחייו, עכ"ל, והיינו אף דאינו מצווה ע"ז, מ"מ אם יוסיף יפרע לו הקב"ה בעוה"ז, **וי"א** דבאיש אמיד שנתן לו הקב"ה הון, צריך להוסיף בשביל הידור אפילו יותר משליש.

(ומי שמזונותיו מצומצמין, אם צריך לדחוק חייו להוסיף שליש בשביל הידור, יש דיעות בפוסקים, דמן נמוקי יוסף והרמ"ה משמע, דגם בזה צריך להוסיף עד שליש, והמהרש"ל ביש"ש חולק ע"ז).

הגה: ומי שאין לו אתרוג, או שאר מצוה עוברת, אין צריך לבזבז עליה הון רב, וכמו שאמרו: המבזבז אל יבזבז יותר מחומש, אפילו מצוה עוברת - הנה שליש מנכסיו מוכח בגמרא בהדיא דאין צריך ליתן עבור מצוה אחת, והפוסקים הסכימו דאפילו פחות משליש ג"כ אין צריך ליתן, וסמכו דינו כמו לענין צדקה, שאמרו: המבזבז אל יבזבז יותר מחומש, שמא יעני ויצטרך לבריות, וה"ה בזה.

ומ"מ חייב להוציא עכ"פ עישור נכסיו לזה, דגם בצדקה שיעור בינוני הוא מעשר, **ועיין** במ"א וא"ר, דכמו שם לענין צדקה, שנה ראשונה מן הקרן מכאן ואילך מן הריוח, ה"נ בענינינו, **ועיין** בבה"ל שבירנו, דר"ל דמשיעור זה בודאי אסור לפחות, אבל אפשר דבענינינו דהוא מצוה עוברת גרע טפי, וחייב להוציא עד חומש מנכסיו.

(והגם דלפזר הון רב אין מחוייב, ורק עד חומש לכל היותר, ומשום הטעם דשמא יעני ויצטרך לבריות, זה לא שייך במי שאין לו רק חמש סלעים וכיו"ב, ומתפרנס ממלאכתו, ולא יגרע פרנסתו במה שיוציא זה על המצוה, וכן להיפך לא יתחזק מצבו במה שלא יוציא, ורק דאינו מחוייב לחזור על הפתחים בשביל מצות תפילין וציצית וכו', **אבל** אם יש לו בודאי חייב, ולא נחשב זה כהון רב).

(**ואגב** אעורר פה במה שהיה קשה לי, על מה שהעתיקו הע"ת והא"ר ראיה מירושלמי, שאין מחוייב לחזור על הפתחים כדי לקנות תפילין וכדומה שאר מצות, **והלא** קי"ל דעל נר חנוכה וד' כוסות צריך לשאול על הפתחים כדי לקיימם, אף שהם רק מצות דרבנן, וכ"ש בענינינו, **ואפילו** אם תאמר דמשום פרסומי ניסא תקנו רבנן כן, מה יענה בהא דקיי"ל לעיל בסימן רס"ג ס"ב, דלנר שבת שואל על הפתחים ולוקח שמן ומדליק הנר, שזה בכלל עונג שבת הוא, והלא עונג שבת הוא רק מ"ע מדברי קבלה, כמו שנאמר: וקראת לשבת עונג, ותפילין ושופר וכה"ג הוא הכל מ"ע של תורה, וחפשתי ומצאתי קושיא זו בס' מו"ק, ונשאר בקושיא, **ואפילו** את"ל דאין הדין שיצטרך לחזור על הפתחים להשיג מעות לקנות תפילין, אבל עכ"פ מחוייב לחזור ולבקש מישראל שישאול לו תפילין לקיים המ"ע).

ודוקא מצות עשה, אבל לא תעשה יתן כל ממונו קודם שיעבור - דבטול עשה הוא במניעה מלקיים, ואינו עושה שום מעשה נגד רצון השי"ת, משא"כ בלא תעשה אם יעבור.

ואף דיצטרך עי"ז אח"כ לחזור על הפתחים, לא נוכל להתיר עי"ז איסורי תורה, **וזה** אפילו בל"ת גרידא, וכ"ש אם נוגע הדבר לחייבי כריתות ח"ו, כגון שאינו יכול להשיג איזה משמרת להרויח, אם לא שמתרצה לחלל השבת ולעשות בו מלאכה כשאר פועלים, אסור לו לשמוע להם, **ואף** דנוגע זה למזונותיו ולמזונות אנשי ביתו, אין לו להכרית נפשו עבורם.

כתב המ"א, משמע קצת בגיטין דף נ"ו במעשה דבר קמצא, שהיה מותר לעבור על ל"ת מפני אימת המלכות דעכו"ם, **והאחרונים** מפקפקים ע"ז, דהתם פיקוח נפש היה.

ועיין לקמן סוף סימן תרנ"ח בהג"ה – (פי' דשם איתא, שמצוה לכל אחד לקנות אתרוג לעצמו).

(**וכתב המ"א**, אם אין בידו אלא ה' סלעים, וצריך לפדות בנו וליקח אתרוג, יקנה אתרוג, שזו מצוה עוברת וזו מצוה שאינה עוברת, **אכן** אם יוכל לצאת באתרוג של אחר, אף שמצוה לקנות משלו, מ"מ פדיון קודם בזה).

סימן תרנו – שצריך לחזור אחרי הידור מצוה בקנית האתרוג

(**אם** קנה אתרוג ונמצא נרקב, וכן לולב, כתב אליה רבה בשם שלטי גבורים, אם יכול לתלות שהרקבים נעשו ביד המוכר, הרי זה מקח טעות, ואם הדבר ספק, המוציא מחבירו עליו הראיה).

(**כתב** הפמ"ג לדעת הי"א בחו"מ, דאם נתן מעות על יין לקידוש, קונה, דדין תורה מעות קונה, והעמידו על דין תורה בקנית מצוה, א"כ י"ל דה"ה אתרוג, ושניהם אין יכולין לחזור בו).

§ סימן תרנז §

סעיף א - קטן היודע לנענע לולב כדינו - היינו מוליך ומביא מעלה ומוריד, [ואפי' אינו בקי ממש בנענועים כבסי' תרנ"א], (ואפילו אינו יודע לקרות ההלל כלל), **אביו חייב לקנות לו לולב, כדי לחנכו במצות** - הא אם אינו יודע, אף שהוא כבר שית, אינו חייב לחנכו, דחינוך אינו שוה בכל המצות - פמ"ג במשב"ז, ובאשל אברהם צדד להיפוך, ובבכורי יעקב הסכים להקל, [**אך** אם ירצה לברך עליו רשאי].

(**ופשוט** דצריך שיהיו ד' מינין כשרין כמו בגדול), **ומצות** חינוך הוא אפילו בשאר הימים שהם מדרבנן.

וא"צ לקנות לו לולב בפני עצמו, כי לאחר שיצא בו אביו יתננו לבנו לנענע בו ולברך עליו - רש"ל, וכ"כ התוס' והעיטור, דיוצא בשל אביו, **וי"א** דאם ידו משגת, טוב יותר שיקנה לו לולב, כדי שיעשה הנענועים כדינו בשעת הלל עם הצבור, שזה טוב יותר ממה שיברך אח"כ.

(**ותינוקות** שאין יודעין לברך, ינענעו את הלולב ודים).

§ סימן תרנח – דיני לולב ביו"ט ראשון §

סעיף א - מן התורה אין מצות לולב חוץ למקדש אלא יום ראשון - דכתיב: ושמחתם לפני ד' אלהיכם ז' ימים, והיינו במקדש, **אבל** בשאר א"י, יום הראשון בלבד, דכתיב: ולקחתם לכם ביום הראשון פרי עץ וכו'.

וחכמים תקנו שיהא ניטל בכל מקום כל שבעה - זכר למקדש.

סעיף ב - ביום שבת אינו נוטל, אפי' אם הוא יום ראשון - כן תקנו חכמים, משום גזירה שמא יטלנו בידו ויעבירנו ד' אמות בר"ה, [לילך אצל בקי ללמוד נענועו או ברכתו].

הגה: ואסור לטלטל הלולב בשבת, דהוי כאבן - וה"ה הערבות וההדסים, [דהא ההדס של מצוה הוקצה לכל ז' ימים, ואסור להריח בו אף בשבת].

ואפילו לצורך גופו ומקומו אסור, ולא דמי לשופר דשרינן בס"ס תקפ"ח לטלטלו לצורך גופו ומקומו, דשאני התם דהוי כלי, וראוי לאיזה דבר כלשאוב בו וכדומה, משא"כ הכא דעץ בעלמא הוא, [**ומה** דאיתא בירושלמי, דערבה מותר להניף בה לחולה בשבת, אפשר משום דהוא צורך חולה התירו איסור מוקצה].

אבל האתרוג מותר בטלטול, דראוי להריח בו - ואף שכתב המחבר בס"ס תרנ"ג שיש למנוע מלהריח בו, היינו בשעה שהוא נוטלו לצאת בו, או עכ"פ שהוא יום חול, ומשום שראוי ליטלו לצאת בו, ומשום ספק ברכה כמו שנתבאר שם, **משא"כ** בשבת שאינו נוטלו, בודאי ראוי להריח ולברך עליו ג"כ, **ועוד** אם מברך על פרי אחר ומכוין להוציא גם הנאת ריח זו, בודאי יכול להריח בו, וע"כ אינו מוקצה.

[**והחמד** משה ומטה יהודה דעתם כהט"ז, דלהמחמירים למנוע מלברך בכל המועד על ריח האתרוג, יש למנוע בשבת ג"כ, **ומ"מ** נ"ל דהרוצה לנהוג כדעת המ"א, לברך בשבת על ריח האתרוג, אין מוחין בידו, דבלא"ה הרבה פוסקין עומדין בשיטת המ"א, דאפי' ביום חול כשאינו נוטלו למצותו רק להריח, דיוכל לברך]. (ע"ל סי' תרנ"ג ס"א).

ואסור ליתנו על הבגד, אפי' ביו"ט, דמוליד ריחא - בבגד, והוי כתיקון מנא, **ומשמע** דאפי' אינו מכוין לזה ג"כ אסור, מפני שא"א שלא יקלוט והוי פסיק רישא, [לפי מה שהסכימו כמה אחרונים, דאמרינן פ"ר אסור אפי' בדרבנן], **ויש** מקילין בזה היכי דאינו מכוין, [דיש לחלק בין איסור דרבנן להך דהכא], **ובשעת** הדחק שאין לו מקום משומר להניח האתרוג שמה, אפשר דיש לסמוך אמקילין, [**ובפרט** היכי דלא ניחא ליה כלל, ולא מהני ליה

במה שיוקלט הריח, דאז אפשר לצרף לזה דעת הערוך, דמקיל בפ"ר דלא ניחא ליה אפי' באיסור דאורייתא].

אבל מותר ליתנו על הבגד או מוכין שהיה מונח בו מעיו"ט, שכבר קלט הריח.

סעיף ג - אין אדם יוצא ידי חובתו ביום ראשון בלולב של חבירו שהשאילו, דבעינן "לכם", משלכם.

יש אומרים, דהני דקני אתרוג למצוה ופרעי לאחר החג, לא יאות עבדי, דכל כמה דלא יהיב דמי לא קני אלא מדרבנן, ואנן בעינן "לכם" דאורייתא, **אם** לא שהביאו לרשותו וקנהו בתורת חצר, **ולכתחלה** נכון ליזהר בזה ולפרוע קודם החג.

[**ואגב** ארשום דבר קטן שראיתי, אף שהוא דבר פשוט, אכן מפני שהוא מצוי הוכרחתי לכתבו, דהיינו אפי' אנשים החרדים הזהירים לקיים המצוה כתקונה בענין "לכם", ולוקחים לעצמם אתרוג ולולב והדסים ומשלמים תיכף, על ערבות אינם מקפידים להכין מבעוד יום, אלא למחר בבקר כשבאים לביה"מ, מבקשים מן השמש שיתן להם ערבות, ובאמת כל הד' מינים צריך ליזהר לקיים בהם "לכם" בשלמות].

ואפי' אמר לו: יהא שלך עד שתצא בו, ואח"כ יהא שלי כבתחלה, לא יצא, דהוי כמו שאול - דאין זה לשון מתנה, כיון שפירש שהוא רק לזמן, (וכעין זה מבואר בר"ן נדרים, דכל דבר שאין לו קנין עולמית, לא הוי רק קנין פירות, ועיין בקצוה"ח שהאריך להביא הפוסקים החולקים ע"ז, ולדידהו כל שאומר הנותן בפירוש שהוא מקנה למקבל קנין הגוף, אפילו אמר לזמן קצוב נמי הוי מתנה, **ובאתרוג אפי'** לא אמר בפירוש, נמי קני קנין הגוף לזמן שאמר לו, ומשום דאי לפירות מאי קיהיב ליה, וכסברת הש"ס בב"ב).

ואם נתנו לו במתנה, מותר - ואם אין האיש בביתו, ונתנה האשה הלולב לאחד מאוהביו או קרוביו במתנה, לא יצא, דשמא לא ניחא ליה כי אם במכירה, [**ולמכרו** שרי, דזכין לאדם שלא בפניו, מ"א, וע"ז כתב בנהר שלום, דהיינו דוקא אם דרכה למכור בלא רשות בעלה, דאז מה שעשתה עשוי], **אם** לא שהוא אדם חשוב דזילא ביה מלתא למכרו, שרי, דאז אמדינן דעתיה דניחא ליה - מ"א.

והבכורי יעקב הקשה עליו, דהלא בלא"ה ג"כ קי"ל דניחא ליה לאינש לקיים מצוה בממוניה, ומחמת זה מותר ליטול לולבו של חבירו לצאת בו אפילו בלא דעתו, **ומ"מ** לא מהני סברא זו רק לענין שאר הימים, דהוי כאלו שאלו בעצמו, ולא לענין יום הראשון דבעינן "לכם", **וא"כ** מאי מהני מה דנאמר דניחא ליה, הלא מ"מ אינו שלו ממש, ואפילו כשהיא נושאת ונותנת בתוך הבית אין לה רשות ליתן משלו, **וע"כ** מסיק שם, דאפילו שמע בעלה אח"כ ונתרצה, לא מהני, דבעת הלקיחה לא היה שלו, וצריך לחזור וליטול, [**ולענין** ברכה יש לחוש לדעת שארי אחרונים שמקילין בזה, היכא דאנו משערין שהבעל לא יקפיד, ובפרט היכא דהיא נושאת ונותנת].

המ"א הוכיח, מהא דשואל כלי מחבירו לקדש בו אשה, דאמרינן שהיא מקודשת, משום דאמרינן מסתמא נתן לו במתנה ע"מ להחזיר, שיהיה יוכל לקדש בו, **א"כ** ה"ה באתרוג, אם השאילו לצאת בו, הו"ל כאלו נתנו לו במתנה ויצא, וכ"כ הב"ש באהע"ז שם, [**ומה** דכתב בשו"ע: יהא שלך עד שתצא בו וכו' דלא יצא בו, התם משום דמוכח מלשונו בהדיא דתחילת הקנאתו אינו אלא לזמן, ולא הוי קנין גמור דליקרי "לכם", **משא"כ** בהשאילו לצאת בו, אמרינן דנתנו בתורת מתנה ע"מ להחזיר, ושם המתנה הוא מתנה גמורה, וע"מ להחזיר הוא רק תנאה בעלמא], **אבל** הט"ז ובשו"ת בית יעקב, פוסקים דלא יצא, וע"כ צריך לחזור וליטול ובלי ברכה. (ע"ל סימן תרמ"ט ס"ב).

סעיף ד - נתנו לו על מנת להחזירו, הרי זה יוצא בו ידי חובתו ומחזירו, שמתנה על מנת להחזיר שמה מתנה

- דכשאמר: חפץ זה נתון לך, נפקע כל כחו ממנו, ומה שאמר: ע"מ שתחזיר לי, הוא רק תנאי כשאר תנאים שאדם יכול להתנות במכירתו ובמתנתו, [**ויוצא** בו י"ח אע"פ שלא קיים עדיין תנאו, דכל האומר ע"מ כאומר מעכשיו דמי, וקני, **אם** לא שיעבור התנאי, דאז בטלה המתנה למפרע].

ואם לא החזירו, לא יצא - וה"ה כשנפסל בידו והחזירו, **אפילו נתן לו את דמיו** - ולא אמרינן בזה: מה לי הן מה לי דמיהן, כיון שצריך לו לצאת ידי חובה, בודאי הקפיד על הלולב גופיה.

(ולפי"ז אם יש לו עוד לולב לצאת בו, מסתברא דמהני נתינת דמים, עכ"פ היכי דאין החפץ בעולם, וכן נראה ג"כ במחזיר לו לולב אחר כשר ומהודר, דמהני, דשוב ליכא אומדנא, אף דאפשר לומר דרוצה אדם בשלו, מ"מ כיון דבלא"ה יש פוסקים דבנשרף או נאבד וכדומה, דנותן דמיו ויוצא, וגם מובא ברא"ש בסוגין דעת רבינו ישעיה דמוכח מיניה עוד יותר, דבנאנס פטור לגמרי ויוצא, שלא כיון ב"על מנת להחזיר" אלא כשהחפץ בעין, ואף דהמחבר לא סמך עלייהו, ומשמע מניה דאפילו דמים לא מהני ואפילו באונס, מ"מ במחזיר לו לולב אחר כשר ומהודר, אפשר דכו"ע מודי, ובספר שדי חמד הביא בשם ספר שם אריה, דגם בזה לא יצא, והנלענ"ד כתבתי).

ואפילו נאנס מידו - ואע"ג דלדעת המחבר בחו"מ, במתנה ע"מ להחזיר ונאנס פטור מתשלומין, היינו משום דאין עליו דין שומר, שהרי בתורת מתנה באה לידו, **אבל** עכ"פ התנאי לא נתקיים, ואינו אלא כפקדון בידו, ולהכי לא יצא בענינינו, **ומשמע** מרוב הפוסקים, דגם בנאנס לא מהני חזרת דמים, [**ושמעתי** שהגרעק"א אין סובר כן, ואין הספר תחת ידי לראות במה דחה דברי כל הגדולים].

ועיין בח"א שמסתפק, אם אמר: הריני כאלו התקבלתי, מהו, **ובספר** מאירי דעתו בהדיא, דיכול הנותן למחול תנאו, ולאמר: הריני כאלו התקבלתי, ויצא זה ידי חובה אע"ג שלא החזיר, [**מיהו** נראה דכ"ז אם הוא מבטל תנאי בתוך הזמן, אבל בלאחר זמן שכבר לא נתקיים התנאי, ונתבטל מתנתו ונתבטל מצותו, בודאי לא יועיל מה שיאמר: הריני כאלו התקבלתי].

וכן אם החזירו לאחר זמן מצותו, לא יצא - ר"ל אפי' באותו היום, אם הוא שעה שא"א עוד לצאת בו, דהיינו בערב, **ואם** בשעה שנתן לו כבר בירך עליו, צריך להחזיר לו עכ"פ ביום המחר בשעת מצותו, **ואע"ג** דלא פירש לו בהדיא מתי שיחזירנו לו, מ"מ אומדנא דמוכח הוא, שכונתו היה שיחזירנו לו לשעה שיוכל לצאת בו.

[**ומ"מ** מסתפקנא, בהחזיר לו אחר כל התפילות, ובשביל זה לא עשה הנענועים בהלל בצבור כדרכו תמיד, אולי יש בזה קפידא לבטל המתנה, **או** אפשר דוקא בהחזיר לו אחר זמן מצותו לגמרי, וצ"ע, **ועכ"פ** לכתחילה בודאי צריך ליזהר בזה, להחזיר לו קודם הלל].

(ודע עוד דקרוב לומר, דאפילו כבר בירך הנותן, אם לא בירכו עדיין בניו הסמוכין עליו, ושדרכן תמיד לברך על לולב של אביהם, נמי לא יצא אם לא החזיר, דגם זה אומדנא דמוכח הוא, שאין אדם מניח בניו בלא מצוה ונותן לאחרים).

(וביש לו עוד לולב כשר לברך עליו, נהי דאינו רשאי להחזיר לו אחר החג, שהרי אמר "החזירהו לי", ומידי דחזי ליה קאמר, **אבל** אינו מחוייב להחזיר לו ביום זה או למחר, וכל שמחזיר לו בחג אפילו ביום ז', נמי יצא ידי תנאו, דהא עדיין קאי למצותו, והרי לא פירש באיזה יום וכמה שיהא שוה בשעת החזרה).

וכתבו הפוסקים, דכ"ז באמר "ע"מ שתחזירהו לי", דמשמע שיהיה ראוי לו לדבר שעומד, אבל באומר "ע"מ שתחזירהו", ולא אמר "לי", אפי' החזירו לאחר החג שאינו שוה כלום, נמי קיים תנאו ויצא.

(כן הוא בחו"מ בהג"ה בשם הרשב"א, ולכאורה יש סתירה ע"ז מהא דס"ה, דאפילו בנתן לו סתם אמרינן דבודאי נתנו לו ע"מ שיחזירו לצאת בו, ולא גרע זה מאלו לא אמר כלום, **וע"כ** אנו צריכין לומר, דס"ל להרמ"א שם, דמכיון שפירש דבריו "ע"מ להחזיר", ולא פירש לומר שיחזיר לו, גרע מסתמא, ומ"מ למעשה צ"ע, דכמה אחרונים מפקפקין על סברא זו, ודעתם דבעל העיטור שסובר, דאפילו בסתמא כונתו שיחזירנו בזמן מצותו, כ"ש כשמתנה ע"מ שתחזירהו, אף שלא אמר "לי", וחולק על הרשב"א).

הגה: ומותר לתת לו אתרוג במתנה על מנת שלא יקדישנו - ר"ל דאם התנה במתנתו שלא יוכל המקבל להקדישו, מ"מ הוי מתנה, ואפשר לצאת בו, **דלא גרע ממתנה על מנת להחזיר** - דג"כ אינו יכול להקדישו, ואפ"ה הוי מתנה.

(וממילא נראה דכ"ש באם אמר לו: הרי הוא שלך במתנה ע"מ שלא תתנו לשום אדם, או אפילו באומר לו: הרי הוא שלך ואינך רשאי ליתנו לשום אדם, בודאי הוא שלו ויוצא בו, אע"ג שלא נתן לו כל כחו באתרוג זה).

סעיף ה - נתנו לו סתם, הוי כאילו אמר לו: על מנת שתחזירהו לי - ר"ל בהיכי שאין לו

רק אתרוג זה, אפילו נותנו בסתם, ג"כ אומדנא דמוכח הוא שלא כיון ליתן לו לחלוטין, אלא ע"מ שיחזיר לו, **דמסתמא על דעת כן נתנו לו, כיון שצריך לצאת בו שאין לו אחר** - ואפי' אם באותו היום כבר יצא בעצמו, והוא צריך לו רק לשאר ימי החג, ובשאר הימים הלא יכול לצאת בשאול, **מ"מ** אמדינן דעתו דאדם, שהוא רוצה יותר לצאת בשלו, ולא כיון אלא ע"מ להחזיר לו שיהיה שלו כבתחלה, **ואם לא החזירו, לא יצא.**

(**וגם בזה לא מהני חזרת דמים, כיון שאין לו אחר, ומ"מ** בנאנס בידו, מצאתי לרבינו ירוחם שכתב, דמשמעות בעל העיטור דיוצא בזה בחזרת דמים, שהרי עכ"פ לא אמר בפירוש "החזירהו לי").

הגה: וצריך לחזור וליתנו לבעליו במתנה - קאי אַכָּל הנ"ל גם בס"ד, והטעם, דכל שנתנו לו הרי הוא שלו לגמרי, ו"ע"מ להחזיר" דקאמר, הוא כמו שאומר: ע"מ שתחזור ותתן לי במתנה, [**ומסתברא** לומר, דאפי' החזיר המקבל בסתם, נמי כמפרש דמי ויצא, ואומדנא דמוכח הוא, דאל"כ הרי לא יצא למפרע ידי מצוה, **ואפי'** בעת שהנותן מפרש דבריו, שנותן מתנה ע"מ שיחזירהו לי].

כדי שיהיה של בעלים ויצאו בו - הלשון מגומגם, דמשמע מזה, דאם לא יחזור ויתן להבעלים במתנה גמורה, לא יוכלו הבעלים לצאת י"ח באתרוג, **ולכאורה** אינו כן, דהבעלים בכל גווני יוכלו לצאת, שהרי נתנו רק ע"מ שיחזירו להם במתנה כדין, ואם לא החזירו להם באופן כזה, נתבטלה המתנה למפרע, וכלא נתנו דמי, וצ"ע, [**ואף** שיש לתרץ ולאשכוחי אופן שהבעלים לא יצאו, כגון שמחזיר לו בתחילת היום, שלא במתנה לעת עתה, והרי יש לו שהות מצד תנאו להחזיר גם בסוף היום, כל שיש לו עדיין זמן לברך עליו, ובזה א"א להו לבעלים לצאת בו אז, אם לא החזירו להם במתנה גמורה, מ"מ הוא דוחק לאוקמי בהכי, **ואולי** ט"ס הוא, וצ"ל "ויצא בו", וקאי על המקבל מתנה, ור"ל דכל זמן שאינו חוזר ונותן במתנה לבעלים, אינו מקיים תנאי הבעלים, ולא יצא המקבל י"ח].

ומיהו אפילו לא החזירו לידו אלא לאחר, ואחר לאחר - ר"ל שגם המקבל נתן לאדם אחר האתרוג במתנה ע"מ להחזיר, והלזה נתן ג"כ לשלישי להחזיר לבעלים הראשונים, **והאחרון מחזירו לבעלים, יצא** - ולא אמרינן הרי התנה עמו "ע"מ שתחזיר לי", והרי לא החזיר בעצמו לבעלים הראשונים, דמסתמא לא היה כונת וקפידת הבעלים אלא שיוחזר להם החפץ, בין ע"י הראשון בין ע"י באי כחו.

מיהו מוכח לכאורה מדין זה, דמקבל מתנה ע"מ להחזיר, יש לו רשות לחזור וליתן לכל מי שירצה, ובלבד שיתקיים תנאו, [**והמאירי** דעתו להקל בענין אתרוג, מטעם דכל שהוא למצוה מסתמא דעת הנותן שלא להקפיד, **ולפי"ז** בשאר דברים אין דבר זה ברור].

מיהו כ"ז בסתם, אמנם אי מפרש בהדיא במתנתו, שאין לו רשות ליתנו לאחר, אינו יכול לזכות לאחר לצאת בו, **ואם** יתן, יתבטל המתנה, וגם הוא לא יצא בו.

ואחר לאחר - ומשמע אפילו להרבה, ובלבד שיוחזר לראשון בלא פסול, **ונראה** דהיכי שאיכא אומדנא שמקפיד הנותן שלא יטלטלוהו רבים, שמא יפסד לו, אין רשאי ליתן, **ובלא"ה** יש מאחרונים שמחמירין בעיקר דינא דהמחבר, וסוברין דלולב שקבל במתנה ע"מ להחזיר, לא יתן לאדם אחר מבלי דעת ורשות הנותן.

(**ודע דמסתפקנא, דאפשר דוקא בשהחזיר עכ"פ באי כחו** של המקבל, **אמנם** אם לא החזיר כלל המקבל, עד שהטריחו הבעלים בעצמם לבוא אליו וליקח האתרוג, אף שאמר לו שהוא מחזיר לו במתנה, אפשר דאין זה חזרה, **ונראה** דתלוי בטבעו של הנותן ובקפידתו).

(**ודע עוד, דפשוט דאם מחזיר לבעלים ע"י שליח, בודאי** הוי חזרה, ובמכ"ש דדינא דסעיף זה, **ונראה** לכאורה דאין צריך בזה דינא דשליחות, **דאפילו** במחזיר לו ע"י עכו"ם או קטן שאינם בני שליחות ובני אקנויי, ג"כ מקיים תנאו בזה, כיון שדעתו ליתן לו במתנה והלה זוכה בו, ועכו"ם וקטן מעשה קוף בעלמא הוא, **וכ"ש** לפמש"כ הרא"ש בשם העיטור, דאפילו מחזיר לו בסתמא, אומדין דעתו דמסתמא במתנה נותן לו, **ומ"מ** אינו ברור כ"כ).

סעיף ו - לא יתננו ביום ראשון לקטן - וה"ה לדידן דעושין שני ימים, **קודם שיצא בו** - וה"ה אם מזכה רבים בלולבו, לא יתן לקטן עד שיברכו כולם.

(יש מאחרונים שסוברין, שאפילו לאחר שיצא בו אין כדאי ליתן לקטן במתנה, שמא יזדמן לו אחד שיבקש ממנו ליתן לו לצאת בו).

מפני שהקטן קונה ואינו מקנה לאחרים מן התורה, ונמצא שאם החזירו לו אינו מוחזר – (ר"ל ולא יכול לצאת בעצמו), ולפי"ז יש ליזהר שלא לברך על לולב של אישתקד, [כגון במקום הדחק, וכנ"ל בס"ס תרמ"ט בהג"ה], אם זוכר שנתן אותו במתנה לקטן.

(**וכתבו** הפוסקים, ואפילו נתן לו במתנה ע"מ להחזיר, ג"כ לא יצא אח"כ, דחזרתו אינו חזרה, **ולכאורה** הא איהו ע"מ להחזיר יהביה ניהליה, ואי לא יכול הקטן להקנות לו אח"כ בחזרה, נמצא מתנתו בטילה, **אבל** באמת ליתא, דהא קי"ל דכל תנאי שא"א להתקיים בסופו והתנה עליו בתחלתו דתנאו בטל, ונמצא שהקטן קנאו אע"פ שלא יכול להחזירו).

(דעה ראשונה הוא לשון הרמב"ם, והטעם, דהרמב"ם לשיטתו, דהיכא דדעת אחרת מקנה לו, הוא זוכה מן התורה, וא"כ אפילו הגיע לעונת הפעוטות, דתקנו רבנן דמתנתו מתנה, הלא מן התורה אינו יכול להקנות, ולא הוי מן התורה משלכם).

ויש מי שאומר שאם הגיע לעונת הפעוטות - היינו כבן וי"ו או כבן ז', **מותר** - דאז מתנתו מתנה מד"ס, (**דדעת** הי"א, דאפי' כשדעת אחרת מקנה אותו, אין קנינו אלא מדרבנן, ולכן כשהגיע לעונת הפעוטות, כשם שזוכה מדרבנן כן מקנה ג"כ מדרבנן).

(**ופשוט** דדין זה שייך בכל הד' מינים, וזה ג"כ פשוט דודאי יש להחמיר לכתחלה כדעה הראשונה, דהיא סתמית, שלא ליתן במתנה לשום קטן, **ודע** דקטן נקרא לדעה ראשונה עד שהוא בן י"ג ויום אחד, **ועיין** בפמ"ג שכתב, דאפילו הוא בן י"ג שנה, כל זמן שלא ידעינן שהביא ב' שערות, אין ליתן לו, דספק תורה לחומרא, **אמנם** בתשובת כתב סופר דעתו, דמותר לכתחלה משום חזקה דרבא, וגם איכא ס"ס, דשמא גם בפעוטות מותר כדעת הי"א).

(קטן הסוחר אתרוגים, שקונה ומקנה, לכתחלה יש למנוע מלקנות, ובדיעבד אם יצא בו אינו חוזר לברך, משום חשש ברכה לבטלה).

ואם תופס עם התינוק, כיון שלא יצא מידו שפיר דמי - ר"ל דעי"ז אין הקטן קונה כלל, ולכן מותר אפילו בלא הגיע לעונת הפעוטות, **וה"ה** אם לא מקנה ליה כלל לקטן, או שאומר לו: יהא שלך עד שתצא בו, ואח"כ יהא שלי כבתחלה, דהו"ל כשאול כנ"ל בס"ג, **אלא** דבכל אלו העצות לא מהני רק לגדול, שיהיה יכול אח"כ לצאת בו, אבל הקטן לא יצא בנטילה כזה, דהא אינו שלו, ולא מקרי "לכם", ולא קיים בו אביו מצות חינוך, **ויש** מאחרונים שסוברין, דמצות חינוך מתקיים גם בשאול, דהא גם בזה מתחנך הבן למצות, וכן משמע במרדכי בשם ראב"ן, [**דס"ל** דמצות חינוך הוא רק על עצם המצוה, ולא על פרטי המצוה, **גם** פשטיות הלשון דשו"ע דכתב ד"שפיר דמי", משמע ג"כ דיוכל אביו לעשות כן לכתחילה, ולברך עמו, ויוצא בזה מה שמוטל עליו].

סעיף ז - שותפים שקנו לולב או אתרוג בשותפות, אין אחד מהם יוצא בו ידי חובתו ביום הראשון - דבעינן שיהא כולו שלו, (בלבוש איתא: אחים או שותפים וכו', וטעמו, דכיון שהוא רק אתרוג אחד, אפילו באחים ג"כ דינא הכי, כמו שכתוב בסעיף שאחר זה).

עד שיתן לו חלקו במתנה - ואפילו בע"מ להחזיר ג"כ סגי, כנ"ל בס"ד, **ואם** אמר לו: טול לך לצאת בו, עיין לעיל בס"ג במש"כ שם.

הגה: ודוקא שלא קנו לצורך מצוה, אבל אם קנו לצורך מצוה, יוצאים בו מסתמא, דאדעתא דהכי קנאוהו - ר"ל דכיון שידעו בשעת לקיחה שאינו ראוי ליחלק, ועל דעת כן לקחוהו, ואף שלא פירשו כן בהדיא, הוי כאלו פירשו שלכל אחד בשעה שיקחהו לצאת בו יהיה כולו שלו, ע"מ שאח"כ יחזירהו לחבירו, **ומ"מ** טוב לומר בפירוש, שנותן כל אחד חלקו לחבירו במתנה ע"מ להחזיר בשעה שיוצא בו, וכמו שכתבנו לקמיה בס"ט.

סעיף ח - האחים שקנו אתרוגים - לאכילה, **מתפיסת הבית** - ר"ל מה שירשו מאביהם ועדיין לא חלקו, **ונטל אחד מהם אתרוג**

ויצא בו, אם יכול לאוכלו ואין האחים מקפידים בכך, יצא - דאז נחשב כשלו.

ואם היו מקפידים, לא יצא עד שיתנו לו חלקם במתנה.

ואם קנה זה אתרוג וזה פריש, או שקנו כאחד אתרוג רמון ופריש מתפיסת הבית, אינו יוצא באתרוג עד שיתנו לו חלקם במתנה, ואע"פ שאם אכלו אין מקפידים עליו, מפני שכל שאין שם מאותו המין, אין מחילתם בסתם מועלת - שאע"פ שאין מקפידים על האכילה, מקפידין הם על המצות, שאף הם רוצים לקיים המצות כמוהו.

אבל כשיש שם מאותו המין, אפילו היה מעולה מאחרים, מחילתן בסתם מועלת, לפי שאינם מקפידים - שגם הם יכולים לקיים המצות כמוהו.

סעיף ט - מה שנוהגים במקום שאין אתרוג מצוי, שכל הקהל קונים אתרוג בשותפות, הטעם, מפני שכיון שקנאוהו לצאת בו, מסתמא הוי כאילו פירשו שכל הקהל נותנים חלקם לכל מי שנוטלו לצאת בו על מנת שיחזירוהו להם - ומ"מ לכתחלה טוב שיכריזו, שיתן כל אחד חלקו לחבירו במתנה ע"מ להחזיר.

ואע"פ שכל זה הוא דין גמור, מ"מ כיון שאין הכל יודעין להקנות, לכן כתבו כמה אחרונים, שמוטב לברך על שלו אם יש לו כל ד' מינים כשרים, אע"פ שאינם מהודרים כמו של חבירו, **ואם** אין לו, מוטב שיטול של חבירו הכשרים, משיטול של הקהל, כי י"א דבשל קהל לא יצא, דשמא יש באחד מהם מי שאין בדעתו להקנות חלקו לחבירו, **ואף** דלא קי"ל הכי, מ"מ לכתחילה עדיף טפי ליטול של יחיד.

הגה: וגובין מעות אתרוג לפי ממון, דהדור מצוה מונח טפי על עשירים מעל עניים - ומי שאינו בעיר א"צ ליתן, **כתב** הח"א, אפילו לפי מנהגינו, שכל אחד נותן כמו שירצה, מ"מ זה שאינו נותן כלל, נראה שלא יצא, אם יש ביכולתו ליתן.

ואשה פטורה מליתן למעות אתרוג, הואיל ואינה חייבת בו - ואם היא רוצה לברך, חייבת, [**והיינו** אם היא אלמנה או שאין בעלה בעיר, משא"כ אם בעלה בעיר, יתן הוא לבד, **ואם** יש מנהג שכל מי שיברך על האתרוג נותן מעות אתרוג, צריכה היא וגם בעלה ליתן].

וכל אדם ישתדל ויהא זריז במצוה, לקנות לו אתרוג ולולב לבד, כדי לקיים המצוה כתקנה - כי רוב העולם אינם יודעים להקנות לחביריהם, **ועוד** לעשות הנענועים כהלכתן.

ואפילו חל יום ראשון בשבת, דעצם המצות עשה אי אפשר שוב לקיים, אפ"ה נכון להשתדל להיות לו לולב ואתרוג לעצמו.

אדם שיש לו אתרוג מיוחד, ובעיר אחרת אין להם כלל, מוטב שישלחנו לשם, והוא יברך על של קהל, כ"כ מ"א בשם מטה משה, **ובמחצית** השקל כתב, דבזה"ז דרוב פעמים אחר עבור איזה ימים מהחג, ע"י רוב משמוש בני אדם אתרוג של הקהל מתקלקל, אפשר א"צ לשלוח לחבירו אתרוג שלו, עכ"ל, **וספקו** יוכל להיות רק על שאר הימים, דביום ראשון אינו מצוי כ"כ להתקלקל, גם יכול לברך עליו בבקר קודם שיד הכל ימשמשו בו.

§ סימן תרנט – סדר קריאת התורה בסוכות §

סעיף א - מוציאים שני ספרים; באחד קורים: שור או כשב, בפרשת אמור - בחול חמשה, ובשבת שבעה, ומניחין ס"ת שניה אצלה ואומרים ח"ק, **ובשני קורא המפטיר קרבנות המוספין: ובחמשה עשר יום לחודש השביעי** - עד "וביום השני", **ואם** התחיל לקרות "ביום השני", פוסק אפילו באמצע הפסוק, **ואם** קרא בענין אחר לא יצא, וצריך לקרותה כולה בברכה לפניה ולאחריה, **ואם** דילג פסוק אחד צריך לחזור, **ואם** דילג פסוק "ובחמשה עשר וכו'", א"צ לחזור.

וכן קורין ביום השני, וכן קריאת המפטיר.

סימן תרנט – סדר קריאת התורה בסוכות

ומפטיר בזכריה: הנה יום בא וגו' - זהו ביום הראשון, ומפני שיש בה מענין סוכות, **וביום** שני קורא הפטרה במלכים, מן "ויקהלו" עד "בהוציאי אותם מארץ מצרים", מפני שיש בה ענין חנוכת הבית שהיתה באותו אסיפה בחג הסוכות.

ובשבת במנחה קורין ג' בפרשה "וזאת הברכה".

§ סימן תרס – סדר היקף הבימה §

סעיף א- נוהגים להעלות ספר תורה על (הבימה) - שהיא נשארת לנו במקום מזבח, כדאיתא בגמרא: שהשיב הקב"ה לאברהם אבינו, שכל זמן שיהיו קוראין בניך לפני בסדר הקרבנות, מעלה אני עליהן כאלו מקריבין לפני וכו', **ולהקיפה פעם אחד בכל יום; ובשביעי מקיפים אותה שבע פעמים.**

הגה: ומוציאים שבעה ס"ת על הבימה ביום שביעי, ויש מקומות שמוציאים כל ס"ת שבהיכל, והכי נוהגין במדינות אלו.

זכר למקדש שהיו מקיפים את המזבח - ג"כ בכל יום פעם אחת, ובשביעי ז' פעמים.

וההקפות לצד ימין - [ולכאורה היו צריכין מתחילה להקיף לצד דרום שהוא ימין שלהם, **ולזה** תירץ המ"א, לפי שהס"ת על הבימה, והצבור אנשי מזרח צריכין להפוך פניהם כלפי ס"ת קודם שיתחילו להקיף, ואז ממילא הוי צפון ימין שלהם, וסדרן בהקפה הוא צפון מערב דרום מזרח, **והחזן** שעומד נגד ההיכל, אין מן הנכון שיהפוך פניו מתחלה שיהיה אחוריו נגד ההיכל, מ"מ צריך להקיף ג"כ לצפון עם הצבור, אף שאצלו הוא דרך שמאל.

ובשבת אין מקיפים - לפי שגם במקדש לא היו נוטלין ערבה בשבת, **וכ"ש** לפי מנהגינו שאנו מקיפין בלולב, אין הלולב ניטל בשבת.

ואין מוליכין ס"ת על הבימה - כיון דאין מקיפין, רק פותחין ארון הקודש, ואומרים הושענות וכדלקמיה.

סעיף ב- נוהגים להקיף אף מי שאין לו לולב. הגה: וי"א שמי שאין לו לולב אינו מקיף, וכן נוהגין - וביום ז' אם אין לולב בעיר, יקיפו בערבה, [אבל כשיש בעיר, אף שהוא אין לו, לא יקיף בערבה, דמיחזי כיוהרא].

וביום שביעי נוטלין הערבה עם הלולב להקיף - עיין לקמן סימן תרס"ד ס"ז בהג"ה, דיותר טוב שלא לחבר הערבה עם הלולב כלל, וכ"כ בשם האר"י ז"ל, שלא לחברם כלל עם הלולב, **רק** אחר קדיש תתקבל, אז קח בידך הערבה ותחבוט ה' פעמים בקרקע, **ושל"ה** כתב, כשמגיע ל"תענה אמונים", אז מניח הלולב ויקח הערבה.

מי שאירע לו אבל בחג, אינו מקיף; וכן אבל כל י"ב חדש על אביו ואמו, וכן נהגו - דכתיב: ושמחתם לפני ד' אלהיכם שבעת ימים, והוא בשעת הקפה.

סעיף ג- יש מי שאומר שאין אומרים הושענא בשבת - טעמם, מפני התנוקות שישמעו שאומרים בשבת כמו בחול, וילכו גם ליטול לולב.

ולא נהגו כן - דכיון שאין מקיפין בשבת, מתברר להם במה שאין מקיפין.

§ סימן תרסא §

סעיף א- בליל יום טוב שני אומר קידוש, וזמן אחריו מיד, ואח"כ ברכת סוכה - דזמן לא קאי אלא אקידוש ולא אסוכה, דאף אם יום ראשון חול, יצא בזמן דסוכה, דלא גרע מאלו בירך זמן בשעת עשיית הסוכה, דיצא, הלכך צריך שלא להפסיק בסוכה בין קידוש לזמן, **אכן** מי שלא אכל לילה ראשונה בסוכה, וגם למחר בשחרית לא אכל בסוכה, יברך בליל שניה סוכה ואח"כ זמן, דאז הזמן יהיה קאי אשניהם.

(זו דעת הרא"ש, וכן ראוי לנהוג) - והנה הרדב"ז והרש"ל דעתם כאבי העזרי, דלעולם סוכה ואח"כ זמן, ומ"מ לא מקרי הפסק מה שאומר בינתיים ברכת סוכה, ודומיא דאנו אומרים כשחל יו"ט במוצאי שבת

יקנה"ז, אע"פ שהזמן אינו חוזר על ההבדלה כי אם על קידוש, ה"נ הזמן חוזר על קידוש שלפני סוכה, **ויש** מאחרונים שהעתיקו לדינא כמותם, ע"כ מי שרוצה לנהוג כן אין מוחין בידו, **ומ"מ** אם כמה בעלי בתים אוכלין בסוכה אחת, לא יהיו חלוקין במנהגם בזה.

חסידים ואנשי מעשה עושים לזכר שמחת בית השואבה, להיות נעורים בלילות של חוה"מ סוכות, ולהרבות בזמירות ושבחים, ומרבים נרות בסוכה בלילות אלו, **גם** בהרבה בתי מדרשות נהגו להרבות בנרות בתפילת ערבית דחוה"מ בחג הזה - יסוד ושורש העבודה.

§ סימן תרסב – סדר תפלת יום שני של סוכות §

סעיף א - ביום שני מברך על נטילת לולב, וכן בכל שאר ימים - דאע"ג דכל הימים חוץ מן יום הראשון הוא רק מדרבנן, זכר למקדש שהיה המצוה לשמוח שם במצוה ההיא כל שבעת הימים, **אפ"ה** שייך לברך עליה ולומר "וצונו", מדכתיב: ולא תסור מכל הדברים אשר יגידו לך וגו'.

סעיף ב - אינו מברך זמן ביום שני על הלולב - דממ"נ יצא במה שאמר ביום ראשון זמן אף אם הוא חול, דלא גרע ממה שאמר זמן בשעת עשיית הלולב, [היינו בשעת אגידת הלולב], דיצא, **ולא** דמי לקידוש שאומר בליל ב' זמן, שאותו הוא בשביל היום ולא בשביל הסוכה, **ואע"ג** דגבי שופר מנהגינו לומר זמן אפילו ביום שני, שאני התם, דלפעמים עיקר הקדושה הוא ביום שני, כמ"ש שם בסימן ת"ר, ‹ט"ז. **והמ"א** תירץ: ולי נראה טעם אחר, משום דבלולב אם בירך זמן בשעת עשיה יצא, וכמ"ש סי' תרמ"ח, ולכן אפי' אי הוי אתמול חול, יצא בשהזיינו, דלא גרע משעת עשיה, משא"כ בשופר, כנ"ל ברור, עכ"ל. **וכתב** המחה"ש: ר"ל, דשופר אין מברכים בשעת עשייה, כמו שכתב מ"א סימן תרמ"א, ע"ש הטעם, א"כ אין יוצאים בברכת זמן לשופר כי אם בשעת התקיעה, דהיינו בשעת קיום המצוה, ולכן מספק שמא יום א' חול היה ולא יצא בזמן דאתמול, צריך לברך בשני, והוי זמן דשופר כמו זמן דרגל.

אא"כ חל יום ראשון בשבת - דאז צריך לברך זמן בשני, שהוא פעם ראשון שנוטלו, כיון שלא אמרו בראשון, **וה"ה** אם לא נטל הלולב עד יום הז', דמברך זמן בז' - אחרונים, [**כתב** הפמ"ג, משמע הא נטל הלולב ביום א' ולא בירך, שוב אינו מברך זמן כשנוטלו ביום ב', **ובאמת** לאו ראיה היא, דלפי שהשו"ע לא מיירי אלא בחיסר יום א' שלא נטלו, דמברך זמן בשני, קמ"ל דה"ה חיסר ו' ימים, דמברך זמן בז', **אבל** אה"נ הה"נ אם נטל ולא בירך, וכ"כ הלבוש והמ"א, **ובאמת** אינו דומה לשאר עניני אוכל, דקי"ל דאינו מברך אלא בתחלה כשראוהו ולא כשהורגל בו, דהכא כיון דמפסקי לילות מימים, דבלילה אין זמן נטילה, כל יומא הוא מצוה בפני עצמו, **וצ"ע**].

סעיף ג - מוציאים שני ספרים וקורין בהם פרשיות שנקראו אתמול - ואם התחיל במפטיר מן "וביום השני", אע"פ שגמר ובירך, יחזור ויקרא מן "ובחמשה עשר" בברכה לפניה ולאחריה.

ומפטיר במלכים "ויקהלו", עד "בהוציאו אותם מארץ מצרים".

§ סימן תרסג – סדר תפלת חול המועד §

סעיף א - בחוה"מ מוציאין ס"ת וקורים בו ארבעה בקרבנות החג שבפרשת פנחס - ואומרים חצי קדיש אחר הד'.

וביום הראשון של חול המועד, קורא כהן: וביום השני; ולוי: וביום השלישי; וישראל חוזר וקורא: וביום השלישי - ולא ס"ל כדעה שניה שיקרא "וביום הרביעי", כי היא שלא מענינו של יום, שאם תמנה מיום ראשון של יו"ט הוא יום שלישי, ואם תמנה מיום שני של יו"ט הוא יום שני. **והרביעי קורא ספיקא דיומא: וביום השני, וביום השלישי, ועל דרך זה קורים בשאר ימים.**

אבל ביום השני של יו"ט, אף דאנו עושין אותו ליו"ט ג"כ משום ספיקא דיומא, אין קורין בו "וביום השני", דגנאי לקרות ליו"ט ספק חול.

הגה: וי"א שנהגו הראשונים קורין בספיקא דיומא, והשלישי קורא ביום המחרת,

והרביעי חוזר וקורא כל ספיקא דיומא, דהיינו מה שקראו שנים הראשונים, וכן אנו נוהגים.

ואם קרא הלוי "ביום השלישי" "וביום הרביעי", יקרא להשלישי "וביום החמישי", והרביעי יקרא "ביום השני" "וביום השלישי".

וביום הז', הכהן קורא: ביום החמישי; לוי: ביום הששי; ישראל: ביום השביעי; והרביעי קורא: ביום הששי וביום השביעי, וכן אנו נוהגין.

וכן בתפילה בקרבנות המוספין בחוה"מ, מזכירין ג"כ ספיקא דיומא, דהיינו ביום א' דחוה"מ אומרים: וביום השני פרים שנים עשר וגו', וביום השלישי פרים עשתי עשר וגו'. **וסימן** שלא תטעה, לעולם הפרים והימים ביחד הם י"ד - טור.

וצריך לומר "ומנחתם" בין יום השני ליום השלישי, וכן בכל יום צריך לומר "ומנחתם" על כל יום בפני עצמו, ודלא כהטועין שאין אומרים רק פעם א' "ומנחתם". **במוסף** בחול "את מוסף", ובשבת "מוספי" - פמ"ג.

סדר הושענות: בשני ימים טובים אומרים "למען אמתך" "אבן שתיה", ובחוה"מ "אערוך שועי" ‹"אום אני חומה" – מחה"ש› "אל למושעות" "אדון המושיע", ובשבת "אום נצורה", **ואם** חל יום א' דסוכות בשבת, אומר ביום ב' "למען אמיתך", וביום א' דחוה"מ "אערוך שועי", וביום ב' דחוה"מ "אבן שתיה", וביום ג' דחוה"מ "אל למושעות", וביום ד' דחוה"מ "אדון המושיע", ו"אום אני חומה" נדחה לגמרי, **ואם** חל יום ו' בשבת, אז אומרים ע"ז הסדר: "למען אמיתך" "אבן שתיה" "אערוך שועי" "אום אני חומה" "אל למושעות" "אום נצורה", והפיוט "אדון המושיע" נדחה, והטעם לזה הסדר עיין במחה"ש.

ובארץ ישראל, שאין שם ספיקא דיומא, אין קורים בכל יום אלא קרבן היום בלבד, כי ביום שני, הוא ראשון לחולו של מועד, קורא כהן: וביום השני; והג' העולים אחריו חוזרים וקורים אותה פרשה עצמה, ועל דרך זה בכל יום משאר הימים.

סעיף ב - שבת של חולו של מועד, ערבית ושחרית ומנחה מתפלל של שבת ואומר "יעלה ויבא" בעבודה; ובמוסף אומר: אתה בחרתנו, ומפני חטאינו, את יום המנוח הזה את יום חג הסוכות הזה, וחותם: מקדש השבת וישראל והזמנים.

הגה: ונוהגין לומר קהלת בשבת של חוה"מ, או בשמיני עצרת אם אקלע בשבת, וע"ל סי' ת"ץ - שם מבואר לענין אם יש לברך עליהם, וע"ש במ"ב.

סעיף ג - מוציאין שני ספרים, באחד קורין: ראה אתה אומר אלי - שיש בה ענין סוכה, **ומפטיר קורא בקרבנות של ספיקא דיומא; ומפטיר ביחזקאל: והיה ביום בוא גוג** - לפי שלעתיד תהיה מלחמת גוג ומגוג בתשרי.

וחותם בהפטרה: מקדש השבת וישראל והזמנים, וכן מזכיר של סוכות באמצע הברכה, כמו ביו"ט ראשון של סוכות, [**ודעת** הגר"א, שלא לומר רק "מקדש השבת" בלבד, ובוודאי לדידיה אין מזכיר גם כן של סוכות באמצע].

§ סימן תרסד – סדר יום הושענא רבה §

סעיף א - ביום שביעי, שהוא הושענא רבה, נוהגים להרבות במזמורים כמו ביו"ט - לפי שבחג נידונין על המים, והוא גמר החתימה, ואומרים: למנצח מזמור השמים מספרים, ושארי מזמורים, וקדושת מוסף "נעריצך" כמו ביום טוב. **נוהגים** ישראל להיות נעורים בליל ערבה, וכבר נדפס הסדר.

הגה: ואין אומרים "נשמת" - אלא "ישתבח", דבאמת הוא חול, **ואומרים "מזמור לתודה"; ואומרים "אין כמוך", "שמע ישראל" וכו', כמו ביו"ט** - ר"ל בניגון של יו"ט.

ואומרים קדיש שלאחר תפלת מוסף בנגון יו"ט; ואין רגילין לעשות מלאכה של חול עד אחר

יליאה מבה"כ - ויש מסירין מעצמן אפילו הכיס של מעות, **ומה** שגובין מעות אתרוג, מפני שרוב הקהל מתאספין בהו"ר, ויש ריוח לצדקה מזה.

ויש לומר פזמון "זכור ברית" שיש מילה בהושענא רבה, ואומרים אותו קודם "אנא אזון חין" כו' - ויותר טוב לאומרו קודם החרוז "הבט לברית".

כתבו הראשונים ז"ל, שיש סימן בצל הלבנה בליל הו"ר מה שיקרה לו או לקרוביו באותה השנה; ויש מי שכתב שאין לדקדק בזה, כדי שלא ליתרע מזליה, גם כי רבים אינם מבינים הענין על בוריו; ויותר טוב להיות תמים ולא לחקור עתידות, כן נ"ל.

ומרבים קצת בנרות כמו ביוה"כ. הגה: והמדקדקים נוהגים לטבול עצמן קודם עלות השחר, כמו בעיוה"כ - וטוב יותר לטבול מבערב, כדי ללמוד כל הלילה בקדושה, **ואודות** הזיווג, הוא כמו בליל שבועות, ובליל טבילה ישמש, ועיין מה שכתבנו לעיל בסימן ר"מ במ"ב ובה"ל.

ויש נוהגים ללבוש הקיטל כמו ביו"כ - שאז הוא גמר החתימה, **ובמדינתינו** נהגו ללבוש בגדי שבת, לבד הש"ץ לובש הקיטל.

לפי שבחג נדונים על המים - וכל חיי האדם תלויין במים, והכל הולך אחר החיתום.

ונוהגים להתיר בו אגודו של לולב - ‹כדי לנענע בו ביותר. **ומ"מ** משמע במהרי"ל שלא היה מתירו רק עד חציו, **ופשיטא** שלא יתיר אגד שלמטה שהוא מצוה לאוגדו משום זה אלי ואנוהו, כמבואר סי' תרנ"א – ביכורי יעקב›,

ומקיפים ז' פעמים - כמו במקדש, שהיו מקיפין המזבח בזה היום ז"פ, **ומרבים תחנונים על המים.**

סעיף ב - ונוטלים ערבה ביום זה, מלבד ערבה שבלולב - זכר למקדש, שנטילת ערבה היה שם הלכה למשה מסיני, וכן היתה מצותה בכל יום משבעת הימים, היו מביאין ערבות וזוקפין אותן הכהנים על צדדי המזבח, ואח"כ באין העם ונוטלין אותן משם, ומנענעין אותן, [לשון הרמב"ם, ולדידיה הקפה היתה בלולב לבד, בכל יום פעם אחת, וביום זה ז' פעמים, **ודעת** רש"י שלא היתה הקפה בלולב כלל, אלא דמתחילה כשהיו שלוחי ב"ד מביאין הערבות, היו העם נוטלין אותה ביד ומנענעים, ואח"כ מקיפים בם הכהנים את המזבח ברגליהם, ואח"כ זוקפין אותן בצדי המזבח, ובכל יום היה הקפה בערבה פעם אחת, וביום זה ז' פעמים].

ולהכי לא תקנו לנוטלה כל ז' כמו בלולב, דלולב אית ליה עיקר מן התורה, דיום ראשון הוא מן התורה אף בגבולין, עבדינן ליה זכר למקדש, ערבה דלית לה עיקר מן התורה בגבולין, די שנעבוד לה זכר למקדש יום אחד - גמרא, **וקבעו** יום ז' לערבה יותר מיום אחר, כיון שבמקדש היה ג"כ יותר קדושה ביום זה, שהרי היו מקיפין ז' פעמים ביום זה, [**ועוד** טעם עיין בב"י, שלפי שאף בזמן המקדש היה יום זה מיוחד לערבה יותר משאר הימים, שאפי' שבת היה דוחה].

ואין מברכין עליה - שהוא רק מנהג נביאים, שהנהיגו את העם לעשות כן, ולא בתורת תקנה, ולא שייך לברך ולומר "וציונו".

הגה: ונהגו ששמש בהכ"נ מביא ערבה למכור, כמו שהיה המנהג בזמן שבית המקדש קיים - שהיו שלוחי ב"ד מביאין להן.

סעיף ג - יש מי שאומר שאף ביום זה מקיפים בלולב ולא בערבה - ר"ל כמו בימים הקודמים שאין נוטלין הערבה, שלא הוקבע ערבה רק ליום זה, **וטעם** הדבר, דבגמרא אית פלוגתא אם מקיפין בלולב או בערבה, ודעה הראשונה ס"ל כמ"ד דמקיפין בלולב.

ולא נהגו כן, אלא להקיף בו גם בערבה - כדי לצאת כל הדיעות, שגם מ"ד בלולב אין פוסל אם מקיף בערבה, וכן מ"ד בערבה אין פוסל אם מקיף בלולב - ב"י, **ועיין** לקמיה בס"ז בהג"ה, **והסכימו** האחרונים, דאם אין לולב בעיר, יקיפו בהו"ר בערבה.

סעיף ד - שיעור ערבה זו, אפילו עלה אחד בבד אחד. הגה: מיהו מכוער הוא להיות עלה אחד בבד אחד; ע"כ נהגו לעשות ההושענות

יפיס, משוס "זה אלי ואנוהו" - וטוב לכתחלה שיהיה עכ"פ ג' בדין, ובשם האר"י כתבו ה' בדין.

ושיעור ארכה, כשיעור אורך ערבה שבלולב - דהיינו ג' טפחים, דלא מצינו שהקילו בה אלא בפרט זה דעלה אחד וכו'.

י"א דערבה של הו"ר יש ליטול הבדים בלתי קשורים, **אבל** הרמ"ז חלק עליו, וכתב דצריך לקשרם, וכן מנהגינו.

הגה: וכל הפוסל בערבה שבלולב, פוסל בערבה זו - ועי"כ יש ליזהר שלא יהיה גזול ולא יבש, **והנה** עכ"פ אם לא היה יבש אלא כמוש, בודאי כשר, **ומ"מ** נ"ל דלכתחלה יותר טוב שיהיה לחין, וראיה ממה דאיתא שם במשנה, דהיו מניחין אותן בגיגיות של זהב כדי שלא יכמושו, והוא משום הידור מצוה.

וחובט בה על הקרקע או על הכלי פעמים או שלש - ובשם האר"י ז"ל כתבו, דדוקא על הקרקע יחבוט ה' חבטות, **וטוב** לחבוט תחלה על הקרקע ה' חבטות, ואח"כ על הכלים להסיר העלין, [**דאם** יסיר תחילה העלין, יכול להיות שיוסר כל העלין, וכבר נפסלה הערבה, ולא יקיים עוד מצות חבטה על הקרקע], **וא"צ** להסיר כל העלין.

הגה: וי"א שצריך לנענע בה; ונהגו לעשות שתיהן, מנענעין בה ואח"כ חובטין אותה.

סעיף ה - ואינה ניטלת אלא בפני עצמה, שלא יאגד דבר אחר עמה - כדי שיהא ניכר שהוא לשם מצוה, **אבל אם יש בידו דבר אחר אין לחוש** - דלא חיישינן לחציצה, [כן מוכח מגמרא].

סעיף ו - אין אדם יוצא ידי חובתו בערבה שבלולב, אפילו הגביה אותה שתי פעמים, אחד לשם לולב ואחד לשם ערבה - וזהו דוקא כל זמן שהיא אגודה בלולב עם שאר מינים, **אבל** אם התיר אגדו של לולב לאחר נטילה, ונטל הערבה בפני עצמה, פשיטא שיוצא בה.

וי"א שיוצא בה - היינו היכא דהגביה אותה פעם שני לשם ערבה, דיש היכר בזה שהוא לשם מצוה.

סעיף ז - יש מי שאומר שאינו יכול ליטלה עם הלולב בשעה שהוא יוצא י"ח, עד אחר שיברך ויטול וינענע בתחלה; ואם נטלה, עובר משום בל תוסיף; ואחר הנענוע הראשון יכול הוא ליטלה עם הלולב, וכ"ש בשעת הקפה - הטעם, דהא קי"ל דשלא בזמנו של המצוה אינו עובר על בל תוסיף, עד שיכוין להוסיף על המצוה, והכא כיון שעברה מצותו, הוי שלא בזמנו, והוא הלא לא כיון להוסיף על מצות לולב, כי אם בשביל לקיחת הערבה.

ואע"פ שמה שכתב, שאם נטלה עובר משום בל תוסיף, טעות הוא בעיני - הוא אזיל לשיטתו, דפסק לעיל בסימן תרנ"א סט"ו, דבערבה והדס מוסיף בה כל מה שירצה, **מ"מ אין הפסד לחוש לדבריו.**

וכתב עוד, דגם אחר נטילה ונענוע צריך לתפוס הערבה לבדה, להכיר שהיא חובה - וכמש"כ בס"ה שמטעם זה אינה ניטלת אלא בפני עצמו, **ובשעת החבטה יטלנה בפני עצמה ויוצא בה ידי חובתו.**

הגה: והמנהג פשוט ליטול הערבה עם הלולב בשחרית בשעת הנענוע - ‹מדבריו בד"מ נראה דר"ל, שנוהגין ליטול הערבה עם הלולב גם בשעה שיוצאין י"ח ממצות לולב, דהיינו בשעת ברכה ובנענוע הראשון, ושלא כדברי היש מי שאומר – מאמ"ר›, **ובשעת הקפה** - טעם המנהג היה, כדי לצאת כל הדיעות, דיש אומרים דמקיפים בלולב, וי"א דמקיפים בערבה, וכנ"ל בס"ג, **עד שעת החבטה, ונוטלים הערבה לבדה.**

ויותר טוב שלא ליטלה עם הלולב כלל - כדי שיקיים בשלימות מצות נטילת ערבה, וכנ"ל בס"ה, **וגם** האר"י ז"ל הזהיר מאוד, שלא לחבר הערבה עם הלולב.

ואף הנוטלה עם הלולב, נ"ל דלאחר שהקיף יסיר הלולב מידו - ר"ל דלא כמו שאוחזין הלולב עם הערבה עד שעת החבטה, **ויאחז הערבה, שהם ההושענות שעושין, לבד, כל זמן שאומרים תחנונים על המים; ומנענעים ההושענות בשעה שאומרים**

ההושענות, ואח"כ חובטים אותם - ובזמנינו המנהג כמו שכתב הרמ"א, שאין נוטלין הערבה עם הלולב כלל.

סעיף ח - יש מי שאומר שהושענא שבלולב אע"פ שנזרקת - [על הקרקע, דהלא קי"ל דתשמישי מצוה נזרקין, ורק לאשפה אין נזרקין], **אין לפסוע עליה** - וה"ה ערבה של הושענא אין לזלזל בה.

(ועי"ל סי' כ"א גבי ציצית) - ר"ל מה דמבואר שם בס"א בהג"ה.

סעיף ט - יש מי שאומר שאסור ליהנות מן הערבה לאחר נטילתה, אם לא התנה עליה מעיקרא, דלכולא יומא אתקצאי למצותה – (לכאורה כונתו כמו לענין נוי סוכה, דמבואר בסימן תרל"ח, דצריך שיתנה קודם ביה"ש שאינו בודל ממנה מלהנות, **אמנם** לפי מה שכתב בבכורי יעקב, סגי כשיתנה קודם עשיית המצוה, שלא יאסר ע"י עשיית המצוה, כי אינו בודל עצמו מלהנות, וה"ה לענין הדס דאסור להריח בו כל שבעה משום דאקציה למצותו, סגי ג"כ כשיתנה מקודם עשיית המצוה, שאינו בודל עצמו מלהנות).

עיין במ"א שמפקפק, דלאו לכו"ע מהני תנאה, (דלדעת הרשב"א והר"ן מהני תנאי גם לאותו יום, ולדעת התוס' אין מועיל בזה תנאי), **אמנם** הא"ר מתרץ דברי השו"ע, (דהכא בערבה שאינו אלא מנהג, לכו"ע מהני תנאה, **ולא** אבין היטב ראית מ"א, דהכא דמיירי לענין ערבה שהוא רק ליום השביעי, מנ"ל דלהתוספות לא מהני תנאי לאותו יום, ואין לנו ראיה מתוספות, רק דליום הראשון כיון דחסר פסול בו, וא"כ לא יכול להתנות בו שאינו בודל ממנו ביה"ש מלהנות, דומיא דעצי סוכה, **אבל** בשאר הימים כשהפריש להם, דחסר כשר בו, ובפרט בערבה זו, דגם נשרו רוב עליה כשר, בודאי גם לתוספות מהני תנאי, כשמתנה שאינו בודל עצמו מליקח ממנו מעט, **דאף** דמשמע מתוס', דאיתקצאי הוא רק שלא יכלוהו לגמרי, אבל יטול ממנו מעט וישאר כדי הכשר, לזה לא צריך תנאי, דלא איתקצאי לזה, מ"מ נ"מ גדולה יש בזה, דלסברת התוספות דלא איתקצאי רק כדי הכשר, אינו מותר רק ליטול ממנו השיעור היותר מכדי הכשר, ואף קודם קיום המצוה, אבל לכלותו לגמרי אסור אף לאחר קיום המצוה, דהלא איתקצאי לזה, וחייל עליה קדושה עד כלות החג, כיון שלא התנה, **אבל** כשהתנה שאינו בודל עצמו ממנו, לא חיילא עליה קדושה כלל, ונ"מ דתיכף לאחר קיום המצוה יכול ליקח עצי ערבה ולצלות בהם בשר ופירות ולכלותו לגמרי).

(**ואפילו** בערבה שחיברה עם הלולב גם ביום הראשון, ג"כ מהני התנאי שיתנה בעיו"ט הראשון קודם שיהיה כולו ליום ראשון {דבו פסול חסר או אינו הדר, ואינו יכול לומר שאינו בודל ממנו} שאינו בודל ממנו כל ביה"ש של ליל שני ואילך).

הגה: ונהגו להניח ההושענות לאפיית מצות, כדי לעשות בה מצוה.

סעיף י - יש מי שאומר שיש ליזהר שלא יקוץ ישראל ערבה למצוה משדה עכו"ם, אפי' ברשות העכו"ם - משום דסתם עכו"ם הקרקעות שלהם גזולים מאחרים, ואינו מועיל רשותם לזה, ונמצא כשקוצץ הישראל, הוא הגוזל, אלא יקצוץ עכו"ם ויתנם לישראל, **וה"ה** כשקוצץ ישראל ונותן לחבירו שרי, וכמ"ש בסי' תרמ"ט ס"א במ"ב, [דאז חל היאוש של בעלים הראשונים משנעשה תלוש, ושינוי רשות משבא ליד שני], **ועיין** בט"ז שכתב, דבזה"ז לא אמרינן דסתמן גזולים הם, **ועיין** לעיל בסימן תרל"ז ס"ג בהג"ה ובמ"ב ובה"ל, ובסימן תרמ"ט ס"א בהג"ה ומ"ב ובה"ל, כי הכל שייך לענינינו.

סעיף יא - אם חל יום הושענא רבה ביום א', וקצצו עובדי כוכבים ערבה בשבת והביאו, כשרה - היינו אפילו צוה לו ישראל לקוץ בשבילו, ובודאי עשה בזה עבירה, אפ"ה אין לאסרו לצאת בה אח"כ משום מצוה הבאה בעבירה, דאחר כלות העבירה ליכא משום מצוה הבאה בעבירה - מ"א בשם הרשב"א, **ויש** מאחרונים שמפקפקין בזה, דע"כ לא מצינו ברשב"א שהתיר בזה, אלא כשציוהו בע"ש סתם שיהיו מזומנות לו במו"ש, והיה יכול לקצצה מבע"י, ולכך אמרינן דבמלאכתו הוא עוסק, **אבל** כשציוהו לקצוץ בשבת, לא מוכח משם להקל ביש לו אחרת.

הגה: מיהו אם גוי ישראל לקוצצה, ואיכא פרהסיא בדבר, יש להחמיר אם יש לו ערבה **אחרת** - אפילו לא ציוהו לקוצצו בשבת, רק אמר שתהא מזומנת לו למו"ש.

§ סימן תרסה – אתרוג אסור לאכול בשביעי §

סעיף א - אתרוג בשביעי אסור - באכילה, אפילו לאחר שנעשית בו מִצְוָתֵיה, **שהרי הוקצה לכל שבעה** - ואם הפרישו ליום אחד, אינו אסור אלא ליום א' בלבד עד הלילה. **ואפילו נפסל אחר שעשה בו מצוה, אסור כל שבעה ימים.**

(וביום ראשון קודם שנטלו למיפק ביה, אין איסור מוקצה, דהזמנא לאו מילתא היא).

ובשמיני עצרת, מותר – (ולא אמרינן מיגו דאיתקצאי ביה"ש איתקצאי לכולי יומא, דהא ביה"ש גופא לא נאסר אלא משום ספק יום שעבר).

ובחוצה לארץ, שעושים שני ימים טובים של גליות, אסור אף בשמיני - דהוא ספק שביעי, **והנה** הט"ז העלה, דאם נפסל יש להקל בשמיני, **אבל** בקרבן נתנאל חולק עליו, וכן כתב בחידושי הריטב"א להחמיר.

ומותר בתשיעי, ואפילו חל להיות באחד בשבת - ולא אסרינן ליה מטעם הכנה, כיון שכבר היה בעולם, ולא נעשה בו מעשה, [ר"ל דוקא ביצה שלא היה בעולם, ונעשה בו מעשה שנולד בשבת, זהו מקרי הכנה, **משא"כ** הכא שלא נעשה בו מעשה לא בידי אדם ולא בידי שמים, אלא הדבר בא ממילא ע"י הזמן, לא מקרי הכנה].

ויש אוסרים בחל להיות באחד בשבת - ס"ל דגם בזה שייך הכנה, כיון שהיה אסור ביומו, **ועיין** בא"ר שכתב, דלעת הצורך יש להקל, שרוב פוסקים התירו.

סעיף ב - הפריש שבעה אתרוגים לשבעה ימים, כל אחד יוצא בו ואוכלו למחר - לאו דוקא, וה"ה בלילה מותר, **ובשיטת** ריב"ב מסתפק, איך דינו לענין ביה"ש.

אבל ביומו אסור, שהוקצה לכל אותו היום.

§ סימן תרסו – דיני סוכה ביום השביעי §

סעיף א - אע"פ שגמר מלאכול ביום השביעי שחרית, לא יסתור סוכתו - דהא כל היום חובתו לישן ולשנן שם, ואי איקלע ליה סעודתא צריך לאכול בגוה.

אבל מוציא הוא את הכלים ממנה מן המנחה - קטנה, **ולמעלה, ומתקן את הבית לכבוד יו"ט האחרון.**

ואם אין לו לפנות כליו, ורוצה לאכול בה בשמיני - ר"ל שאין לו מקום אחר לאכול, וצריך לאכול ביו"ט האחרון בסוכה, **צריך לפחות בה מקום ארבעה על ארבעה** - ונראה דהיינו קודם שקיעת החמה, דפן יזדמן לו עוד לאכול בגוה, **לעשות היכר שהוא יושב בה שלא לשם מצות סוכה.**

ואע"ג דאויר פוסל בשלשה טפחים, מ"מ אין ההיכר כ"כ אם לא כשפוחת בסכך ד' על ד', שהוא שיעור מקום חשוב, [**ובחי'** הריטב"א תירץ דלהכי נקט ד"ט, לומר אף כשאין נפסלת באויר, כגון שיש ד' דפנות, ונשאר עדיין הכשר סוכה, אפ"ה כיון שפרץ בסכך שיעור ד"ט מקום חשוב, הכירא הוי ולא נראה כמוסיף].

שלא יהא נראה כמוסיף - אבל מוסיף ממש לא נקרא לעבור עליו משום בל תוסיף, כיון דאינו מתכוין לשם מצוה, דשלא בזמנו בעי כונה להוסיף לכו"ע.

הגה: ואם רוצה לאכול בסוכה אחר החג, א"צ לפחות בה, דלא נראה כמוסיף רק ביום שמיני - מפני שהוא סמוך לחג.

ואם הוצרך לסעוד בשאר היום - אפי' ביה"ש, **צריך לאכול בסוכה, שמצותה כל שבעה.**

ובחוצה לארץ, שצריך לישב בה בשמיני, גמר מלאכול ביום השמיני - היינו שאין דעתו עוד לאכול כלל היום, דאל"ה אם איקלע בשבת צריך לעשות סעודה ג' בסוכה, דכל היום יש חיוב סוכה משום ספיקא דיומא, **מוריד כליו ומפנה אותם ממנה** - היינו מן המנחה קטנה ולמעלה, דשמיני לבני חו"ל הוא כמו יום שביעי בא"י, וקודם לזה אין נראה שעושה כן לכבוד יו"ט, ועיין בסוף סימן תרס"ז ובמש"כ שם.

ואם אין לו מקום להוריד את כליו, ורוצה לאכול בה בתשיעי, אינו יכול לפחות בה מפני שהוא יו"ט, ומה יעשה להיכרא, אם היתה קטנה שאסור להניח בה הנר בשאר הימים, יניחנו בה - עיין בפמ"ג שמסתפק, אם יניח בה בשמיני, או אולי דוקא בתשיעי, דשמיני, ספק שביעי הוא לדידן, וכן מצדד בספר מאמר מרדכי, שלא יכניס בה נר וקערה בשמיני, דאולי יוצרך לאכול בה, וא"א לו לפוסלה, **אמנם** בפסקי הרא"ש מצאתי בהדיא "בשמיני", ואולי כונתו ג"כ בסוף שמיני.

ואם היא גדולה, שמותר להניח בה הנר, מכניס בה קדרות וקערות וכיוצא בהם, כדי להכיר שהיא פסולה ושכבר נגמרה מצותה - המחבר נקט לשון הרי"ף, ועיין שם בר"ן וברמב"ן, דאין הכונה שנפסלת בכך, אלא ר"ל שעושה היכר לפוסלה, שאינו יושב בה בתורת סוכת החג, ועיין לעיל בסימן תרל"ט במ"ב ובשער הציון שם.

§ סימן תרסז – סוכה ונויה אסורין גם כל שמיני §

סעיף א- סוכה ונויה אסורים גם בשמיני - דאלו מתרמי סעודה בבין השמשות בעי למיכל בגוה, ומגו דאיתקצאי בין השמשות איתקצאי לכולי יומא, **ובחוץ לארץ שעושים שני ימים טובים, אסור גם בתשיעי שהוא ספק שמיני** - מהאי טעמא.

סוכה - (ר"ל עצי סוכה, אסורים מלהנות הימנה, דחל שם שמים עליהם, ואפילו נפלה הסוכה, דאל"כ בלא"ה אסור משום סתירת אהל).

ונויה - היינו כשעיטרה במיני פירות שתלה בה לנוי, **ואם** עיטרה בסדינין המצויירין, נוהגין להורידן לבית מפני חשש גנבים או גשמים.

ואם חל שבת במוצאי יו"ט האחרון של חג, נוהגים שלא להסתפק מנוי סוכה עד מוצאי שבת - דכיון דביו"ט אסור, אם יסתפק בשבת מקרי הכנה, **ואפשר** דלא בא להודיע אלא שנהגו כך, ולא מדינא, שגם בתוספות תמהו על המנהג, **וגם** לעיל בסי' תרס"ה, סתם בדעה הראשונה להקל כהיש מתירין דכאן. **ויש מתירים** - דמאיזה טעם נאסור, אי משום דשבת ויו"ט הם כחדא, הא קי"ל דשתי קדושות הן, ואי משום הכנה, מה הכנה יש כאן.

הגה: יש שנהגו כשהיו יוצאים מן הסוכה היו אומרים: יה"ר שנזכה לישב בסוכה של לויתן.

ואסור להכין ביו"ט לצורך ליל יו"ט - של שמחת תורה, דספק חול הוא, ונמצא יו"ט מכין לחול, ואסור להביא יין מיו"ט לחבירו, **ובשעת** הדחק שלא ימצא בלילה בקל, מותר להביא יין וכן מים מיו"ט לחבירו, רק שצריך להביאו בעוד יום גדול, דלא מוכח מילתא, דאפשר דצריך עדיין לצורך היום, **וגם** לא יביא כדרך שנושא בחול, רק ישנה, **ומ"מ** לצורך חול אין לנו ראיה להתיר, די"ל דוקא לצורך מצוה מותר, ולכן אין מציעין המטות משבת לחול, **וכן** אסור לחפש הס"ת משבת ליו"ט, וכן מיו"ט לחבירו, [וה"ה מיו"ט לשבת].

ולכן אסור להעמיד השלחנות והספסלים בבית לצורך הלילה, דהוי הכנה - והסכימו האחרונים, דדוקא לסדרן, דהיינו להניח הטבלא על הרגלים, אסור, **אבל** להביאן מהסוכה לבית מותר, (שדוקא כאשר גומר איזה ענין הרי זה הכנה – מ"ב המבואר), **ואם** צריך אותם לצורך היום, וכן אם צריך לסדר אותם שלא יהא נראה הבית כחורבה, מותר לסדר אותם.

§ סימן תרסח – סדר תפלת ליל שמיני ויומו §

סעיף א- בערב שמ"ע, אין לקבוע סעודה מן מנחה קטנה ולמעלה, כדי שיאכל בלילה לתיאבון, ולא כאותן שאוכלין ושותין ומשתכרין, עד שאין יכולין לקדש בלילה, [**ועיין** בפמ"ג שכתב, דה"ה בשמ"ע ג"כ אסור קודם שמחת תורה מט' ולמעלה, **ואין** דין זה ברור, לבטל עונג יו"ט מי שהוא תאב לאכול, מפני חשש לתיאבון דיו"ט שני, **ומ"מ** בודאי יש ליזהר שלא לאכול ולהשתכר הרבה, עד שיהא אבילת לילה עליו למשא, **וכ"ש** אם יוכל להגיע לידי ביטול מצות קידוש ע"י שכרותו].

ליל שמיני אומר בתפלה: ותתן לנו את יום שמיני חג העצרת הזה - עיין בפמ"ג, שיש לומר "עצרת" בלא ה', **והנה** רש"ל וט"ז כתבו, שיש לומר: שמיני עצרת חג הזה, **אבל** הלבוש כתב כמ"ש בשו"ע, וכן הסכים בא"ר בשם כמה ראשונים וביאור הגר"א.

הגה: ואנו נוהגין שאין אומרים "חג" בשמיני, דלא מצינו בשום מקום שנקרא חג, אלא אומרים: יום שמיני עצרת - כמה אחרונים השיגו ע"ז, והרבו בראיות דשמיני עצרת מקרי חג, ע"כ אין לנטות ממה שכתב המחבר.

ואם שכח ואמר: את יום חג הסוכות הזה, ועקר רגליו, אם צריך לחזור, יש דיעות בין האחרונים, **ולכו"ע** אם לא סיים הברכה, צריך לחזור ל"ותתן לנו" ולומר כהוגן.

ובחוצה לארץ, אוכלים בסוכה בלילה וביום, מפני שהוא ספק שביעי - אבל לאחר שאכלו סעודתן ביום, מנהג העולם שנפטרין מן הסוכה ויושבין בבתיהם, ׳דכיון דאין מברכים לישב בסכה על דברים אלו, דומה לשינה דאין בו הכירא – מחה"ש, וכדלקמן׳, **אבל** אי איתרמי ליה לאכול אפילו בין השמשות, צריך לאכול בסוכה.

ומטעם זה הרבה אחרונים מצדדין, דצריך ג"כ לישן בסוכה, וכן הוא ג"כ דעת הגר"א, **ויש** אחרונים שסוברין, שאין כדאי לישן בסוכה בשמ"ע לא ביום ולא בלילה, דעושה אותו כחול, דבשלמא גבי אכילה לא מנכר, שכן דרך בני אדם לפעמים לישב בצל סוכה אפילו שלא לשם מצוה, משא"כ בשינה, [ד"מ לדעת הטור, **ודעת** המחמירים שצריך לישן בסוכה ס"ל, דגבי שינה ג"כ הוא כמו אכילה, שדרך לישן לפעמים בצל סוכה אף בשאר ימות השנה שלא לשם מצוה, כמו לענין אכילה, **ובמרדכי** בשם ראבי"ה טעם אחר להחמיר בשינה, משום דנראה כמוסיף על המצוה, דבשלמא גבי אכילה, במה שאינו מברך כמו בז' ימי הסוכה, איכא הכירא דאינו מכוין להוסיף על המצוה, משא"כ בשינה, דבכל ימי סוכות ג"כ אין מברכין על השינה, מאי הכירא איכא], **ומנהג** העולם להקל בשינה.

ודע דלדעת הפוסקים שסוברין דאין ישנים בסוכה בשמ"ע, י"א דה"ה דאין אוכלין אז פירות, וה"ה פת פחות מכביצה בסוכה, **כללו** של דבר, כל דבר שא"צ לברך עליו ברכת "לישב בסוכה" בשאר ימי סוכה, אין אוכלין בסוכה בשמ"ע, [דה"ח, **ודבריו** הוא רק לטעם הראבי"ה המחמיר בשינה משום דלית ביה הכירא, וע"כ קאמר דה"ה בכל דבר שאין מברכין עליו ליכא הכירא, **משא"כ** לטעם ד"מ לדעת הטור, דבדבר אבילה אין נראה שעושה אותו כחול, אין נ"מ בין דבר שמברכין עליו בשאר ימי הסוכה או לא], **ויש** מקילין בזה, [מחצה"ש, שכתב דאפשר לחלק, כיון דפירות ומים א"צ לסוכה כלל, כי אם מצד חומרא, אם אבלן בשמ"ע בסוכה אינו נראה כמוסיף]. **וכן** מסתברא, דבאכילת פירות וכה"ג דברים שאין חייבים מצד הדין, יכול לעשות בשמ"ע כמה שירצה, בבית או בסוכה.

ואין מברכין על ישיבתה - דכיון דיום שמ"ע הוא, א"א לברוכי בסוכה, דקשיין אהדדי, אם יום סוכה הוא לאו שמ"ע הוא, ואם שמ"ע הוא לאו יום סוכה הוא, ומשו"ה עבדינן לחומרא, **והסכימו** האחרונים, דאין לאכול בערב עד שחשיכה, [**והטעם**, דכיון דעדיין מיום שביעי הוא, וחייב מן התורה לאכול בסוכה, איך יאכל בלי ברכת "לישב בסוכה", ולברך "לישב בסוכה" א"א, דסתרי אהדדי, דבתפלה וקידוש מזכיר דהוא יום שמ"ע], **אכן** בדיעבד אם נטל ידיו ובירך "המוציא", לא יברך "לישב בסוכה", דכבר קיבל שמ"ע בתפלתו ובקידוש, [**ולענין** אם מותר לו לאכול יותר אינו מבואר, אכן אם הוא בתוך רבע שעה שקודם צה"כ, דהוא בודאי ביה"ש, אפשר דיש להתיר לאכול יותר, אחרי שכבר בירך "המוציא"].

ומקדשין ואומרים זמן - דשמיני עצרת רגל בפני עצמו הוא.

סעיף ב - שחרית מוציאין שלשה ספרים, וקורין באחד מ"וזאת הברכה" עד סוף התורה - הכא לא קאמר קורין ה' כדלקמיה, דבא"י שאין עושין רק יום אחד יו"ט, הלא אותו היום הוא שמחת תורה, דלהכי קורין בו "וזאת הברכה", ובשמחת תורה המנהג להוסיף על הקרואים, וכדלעיל בסי' רפ"ב.

ובשני: בראשית עד "אשר ברא אלהים לעשות" - ומניחין ס"ת השלישית אצלה ואומרים ח"ק.

ולהכי רגילין להתחיל מיד בראשית, שלא יהא פתחון פה לשטן לקטרג, לומר כבר סיימו אותה, ואינם רוצים לקרותה עוד.

ובשלישי: "ביום השמיני עצרת", ומפטיר: "ויהי אחרי מות משה".

ובמקום שעושים שני ימים טובים, אין מוציאין ביום הראשון אלא שני ספרים, וקורין באחד חמשה בפרשת ראה מ"כל הבכור", ואם הוא שבת קורין ז' ומתחילין: "עשר תעשר" - ומניחין ס"ת השניה אצלה ואומרים ח"ק.

ואנו מתחילין "עשר תעשר" אפילו חל בחול, מפני שהוא זמן מעשרות ומתנות עניים, **אמנם** בדיעבד אם כבר בירך אדעתא לקרות "כל הבכור", א"צ לחזור.

קורין שבעה - ואם סיים הפרשה בחמשה, לא יאמר קדיש, ויחזור ויקרא ב' עולים, או עכ"פ עולה אחד לבד המפטיר, **ואם** אמר קדיש, כל שלא סילק הספר, יחזור ויקרא ויאמר קדיש פעם ב', **ואם** סילק הספר האחד, יקרא עולה אחד לספר השני, וישלים עמו פ' "עשר תעשר", ואח"כ יקרא למפטיר בחובת היום.

והמפטיר קורא בשני: "ביום השמיני עצרת", ומפטיר במלכים: "ויהי ככלות שלמה", ומחזיר הספרים - ומזכירין נשמות ואומרים "אב הרחמים" - לבוש, **ואומר קדיש, ומכריז: משיב הרוח ומוריד הגשם.**

מה שנוהגין באיזה מקומות, שאחר מנחה של יו"ט ראשון קובעין עצמן לשתות עד מעריב, ולפעמים נמשך דבר זה עד שעה ויותר בלילה, **שלא** כדין הוא מפני כמה טעמים: **א)** דקי"ל בסימן צ"ט, דאם שתה יין כדי רביעית אל יתפלל, אף שיכול לדבר עדיין בפני המלך, וה"ה אם שתה שאר משקין המשכרין, **ואפילו** אם שותה שאר משקין שאין משכרין, כיון שהגיע ספק חשיכה, חל עליו חובת קידוש, ואסור לטעום עד שיקדש, **ואפילו** לאחר קידוש, הלא מעוכב לאכול מחמת ק"ש של ערבית, ואינו מותר רק טעימה בעלמא, דהוא מיני פירות או פת כביצה ולא יותר, **אכן** יש לחפש עליהם זכות, דרבים מדכרי אהדדי ולא יבואו לשכוח תפלת ערבית, **אבל** עכ"פ יש ליזהר שלא לשתות אז משקה המשכר.

§ סימן תרסט – סדר ליל שמחת תורה §

סעיף א - במקום שעושין שני יו"ט, ליל תשיעי מקדשים ואומרים זמן, ולמחר מוציאין ג' ספרים, וקורין באחד: "וזאת הברכה" עד סוף התורה - ומי שקורא פרשה זו נקרא "חתן תורה".

ובשני "בראשית" עד "אשר ברא אלהים לעשות" - ומניחין ס"ת השלישית אצלה ואומרים ח"ק.

ומי שקורא פרשה זו נקרא "חתן בראשית", ונהגו למכור חתן תורה וחתן בראשית, וקונים בדמים מרובים, **וראוי** להדר אם באפשר שיהיו הקונים מוכתרים בתורה, או עכ"פ מגדולי הקהל.

ואף מי שעלה כבר בפרשת "וזאת הברכה", יכול לעלות לחתן תורה או לחתן בראשית, **אבל** חתן תורה לא יקרא פרשת חתן בראשית, והטעם, כיון דליכא הפסק ביניהם, שייך פגם לס"ת הראשונה, שיאמרו פסולה היתה, ולכן קורא מיד בשניה, [**ולפי"ז** כשאין להם רק ס"ת אחת, שקורין בה חתן תורה וחתן בראשית ומפטיר, לכאורה החתן תורה יכול להיות גם חתן בראשית, דלא שייך פגם ס"ת, **ומשום** ברכה לבטלה ליכא, דהא גם כשקורא ב"וזאת הברכה" ואח"כ חתן תורה מברך ב"פ, ואעפ"כ מותר לכו"ע, ולדינא צ"ע], **וכ"ז** באותה בהכ"נ, אבל מי שקרא חתן תורה בבהכ"נ זו, ודאי שמותר לקרות חתן בראשית בבהכ"נ אחרת.

סימן תרסט – סדר ליל שמחת תורה

וכתב במהרי"ל, שכהן או לוי יכול להיות חתן תורה או חתן בראשית.

ובשלישי קורא המפטיר כמו אתמול, ומפטיר: "ויהי אחרי מות משה".

הגה: וקורין יום טוב האחרון שמחת תורה, לפי ששמחין ועושין בו סעודת משתה לגמרה של תורה - כדאיתא במדרש שה"ש, וה"ה לגמר מצוה,

כתב הא"ר, מבואר מהפוסקים דיש לשמוח לרבים בכל מה דאפשר בשמחה של מצוה, ודלא כיש שמכין ודוחין אלו לאלו עד שהשמחה נהפך לתוגה ח"ו, גם מתוך כך מונעין משמחה של מצוה, ולכן יש לגעור בהן, עכ"ל, **גם** מהרי"ק האריך מאוד שלא לבטל שום מנהג שנהגו לכבוד שמחת התורה, ע"ש.

ולכן רעה עושין בהרבה מקומות, במה שביטלו מקרוב שלא לעשות משתה ושמחה בשמחת תורה, אף גם ששמחין בשארי ימים וכל ימיהם כחגים, ובעו"ה ביזוי כבוד התורה גרם זה, שהתורה מונחת בקרן זוית ואין דורש ואין מבקש, ומי יתן ישיב וירחם שבר בית ישראל במהרה בימינו.

ולכבוד התורה מותר לרקד ביו"ט, [ולכאורה ה"ה דמותר לספק כף אל כף נמי], **אבל** לגמר מוגמר, דהיינו לפזר מיני בשמים על הגחלים, אסור, וכ"ש דאסור להבעיר פילווע"ר להשמיע קול לשמחה, [ואפשר במיני נפט וזפת ג"כ אסור], **ומ"מ** מותר לקבוע פילווע"ר בנר בעיו"ט קודם הדלקת הנר, אע"פ שגורם לבסוף שהנר נכבה עי"ז.

כתב הא"ר, שבשמחת תורה לילה ויום יש להרבות בנרות בבהכ"נ, לכבוד התורה שמוציאין.

כתבו הפוסקים, שבליל שמחת תורה יקרא הפרשה שנים מקרא ואחד תרגום, שעתה הוא זמנה.

ונוהגין שהמסיים התורה והמתחיל בראשית נודרים נדבות - ובימינו המנהג, שכל העולים נודרים נדבות לצרכי בהמ"ד, ולהחזיק לומדי תורה.

וקוראים לאחרים לעשות משתה - וגם אבל בתוך י"ב חודש יכול לאכול על סעודת משתה זו.

ועוד נהגו במדינות אלו להוציא בשמחת תורה ערבית ושחרית כל ספרי תורה שבהיכל, ואומרים זמירות ותשבחות, וכל מקום לפי מנהגו.

אם יש בבהכ"נ זה רק ס"ת מועטים, אין להביא ס"ת מבהכ"נ אחרת, **ויש** מי שמתיר, כי אף שבכל השנה אין להביא ס"ת דרך ארעי, רק לקביעות, אבל בשמחת תורה אפילו דרך ארעי שרי.

ועוד נהגו להקיף עם ספרי התורה הבימה שבבית הכנסת, כמו שמקיפים עם הלולב, והכל משום שמחה - יש מקיפין ג"פ, ויש ז' פעמים כמו בהו"ר, וכל מקום לפי מנהגו.

כתב מהרי"ק בשם רב האי גאון, יום זה רגילים אצלנו לרקד בו אפילו כמה זקנים, בשעה שאומרים קילוסים לתורה וכו', ולכן יש להתאמץ בזה, לרקד ולזמר לכבוד התורה, כמו שכתוב גבי דוד המלך ע"ה: מפזז ומכרכר בכל עוז לפני ד', [**וסיים** שם: ואל יאמר האדם אין זה כבודי וכבוד התורה, לרקד לפני העם כאחד הרקים, דהרי זה היה חטא מיכל בת שאול, שהשיב לה דהע"ה: ונקלותי עוד מזאת וגו'], **וכ"כ** משם האר"י ז"ל, והעידו על האר"י ז"ל שאמר, שהמעלה העליונה שהשיג, באה לו ע"י שהיה משמח בכל עוז בשמחה של מצוה, **וגם** על הגר"א ז"ל כתבו, שהיה מרקד לפני הס"ת בכל כחו.

ונהגו עוד להרבות הקרואים לספר תורה - משום כבוד התורה, ועוד כדי שיזכו כולם בשמחת התורה, **ונוהגין** לקרות שנים בפעם אחת, או כהן עם כל הכהנים, ולוי עם כל הלוים, ויש מפקפקין ע"ז, וא"ר מיישב המנהג, **ומ"מ** נכון הדבר לכתחלה, שאחד יברך והשאר יכונו לצאת בברכתו, או שאחד יברך לפניה ויוציא חבירו, ואחד יברך לאחריה ויוציא חבירו, **וה"ה** כשקורין גדול עם כל הנערים, הגדול יברך והנערים ישמעו ויצאו בברכתו, **כתב** הח"א, נכון הדבר שיבחרו עשרה אנשים שישמעו בברכת התורה ויענו אמן, כי נוהגים קלות גדול, שאין עשרה ששומעים בקריאת התורה, [**עוד** כתבו, שמהנכון שחמשה קרואים יהיו מתחילה אחד אחד, כדין יו"ט].

וקורים פרשה אחת הרבה פעמים, ואין איסור בדבר - עד "מעונה אלקי קדם", אבל משם והלאה אין כופלין, ששם מתחילין לקרות לחתן תורה - לבוש.

עוד נהגו לקרות כל הנערים לספר תורה - והמנהג שקודם שקורין חתן תורה, קורין לכל הנערים כדי לחנכם במצות קריאת התורה, מ"ולדן אמר" עד "מעונה", וכ"כ מהרי"ל.

וקורים להם פרשת "המלאך הגואל" וגו' - בלבוש כתב, שמברכין אותם על פה פסוק "המלאך הגואל", **וכתב** בא"ר, דמברכים אותם קודם ברכה אחרונה שלהם, וכן המנהג.

ובלילה קורים בספר תורה הנדרים שבתורה - הם הפרשיות שרגילין למוכרן בכל השנה בפני עצמן, ונודרין עליהן, כגון פרשת "ויתן לך", פרשת "המלאך", פרשת "ויכולו", פרשת "יברכך", פרשת "מה טובו", שאלו נקראו נדרים, וכן משמע במ"א, [ולאפוקי שלא נטעה שהוא פרשת "מטות"], **וכל מקום לפי מנהגו** - ובימינו המנהג לקרות ג' גברי בפ' "וזאת הברכה", **וצריכין** לומר קדיש אחר הקריאה, ואין סומכין על הקדיש שאחר "עלינו", משום דהוי הפסק.

עוד נהגו לסיים התורה אף על קטן העולה, אע"ג די"א דדוקא תלמיד חכם צריך לסיים, בזמן הזה שהחזן קורא אין לחוש - אף דכתבנו לעיל, דראוי שיהיה המסיים מוכתר בתורה, או עכ"פ אחד מחשובי הקהל, אבל מעיקר הדין גם קטן יכול לסיים.

במקום שאין להם רק שני ספרי תורה, קורין בראשונה "וזאת הברכה", ובשניה "בראשית", וחוזרין ולוקחין הראשונה לעניינו של יום – (ודוקא אם כבר נגללת הראשונה למקום הזה, שלא יצטרכו הצבור להמתין, אבל בלא"ה יותר טוב לגלול אותה שכבר מונחת, ולא לעבור על המצות וליקח ראשונה), **וכן עושין כל מקום דבעינן ג' ספרי תורה ואין להם רק שתים.**

ואין נוהגין לעלות לדוכן מפני דשכיחי שכרות - לבוש, **ובא"ר** כתב, שבפראג נוהגין לעלות במוסף, **ויש** עולין בשחרית, וכל מקום לפי מנהגו, ויזהרו שלא ישתו.

§ סימן תרע – דברים האסורים והמותרים בחנוכה §

סעיף א - בכ"ה בכסליו (מתחילין) שמונת ימי חנוכה, ואסורים בהספד ותענית - כי בבית שני כשמלכו מלכי רשעה, גזרו גזירות על ישראל ובטלו דתם, ולא הניחו אותם לעסוק בתורה ומצות, ופשטו ידם בממונם ובבנותיהם, ונכנסו להיכל ופרצו בו פרצות וטמאו הטהרות, וצר להם לישראל מאוד מפניהם, ולחצום לחץ גדול, עד שריחם עליהם אלהי אבותינו והושיעם מידם והצילם, וגברו בני חשמונאי הכהנים הגדולים והרגום והושיעו ישראל מידם, וחזרה מלכות לישראל יתר על מאתים שנה עד החורבן השני, **וכשגברו** ישראל על אויביהם ואיבדום, בכ"ה בכסליו היה, ונכנסו להיכל ולא מצאו שמן טהור במקדש, אלא פך אחד שהיה מונח בחותמו של כ"ג, ולא היה בו להדליק אלא יום אחד בלבד, ונעשה נס והדליקו ממנו נרות המערכה ח' ימים, עד שכתשו זיתים והוציאו שמן טהור, **ומפני** זה התקינו חכמים שבאותו הדור, שיהיו הימים האלו שתחלתן כ"ה בכסליו ימי שמחה והלל, ומדליקין בהן הנרות בערב על פתחי הבתים בכל לילה ולילה משמונת הלילות, להראות ולגלות הנס, והוא מצוה מד"ס כקריאת המגילה, **וימים** אלו הן הנקראים חנוכה, ר"ל חנו כ"ה, שביום כ"ה חנו מאויביהם, **ומפני** שהן ימי שמחה והלל, לכך אסור בהן ההספד והתענית.

אבל מותרין בעשיית מלאכה; ונוהגות הנשים שלא לעשות מלאכה בעוד שהנרות דולקות - בביתו, כדי להכיר שאסור להשתמש לאורה, והוא כחצי שעה.

ודוקא נשים, לפי שנעשה נס על ידיהם, כדלקמיה בס"ב בהג"ה, **ויש** מקומות שגם האנשים מחמירים בזה.

ויש מי שאומר שאין להקל להם - דהוי כדברים המותרים ואחרים נהגו בהם איסור, שאין להתיר

סימן תרע - דברים האסורים והמותרים בחנוכה

בפניהם, **וכתב** בשלטי גבורים, וכן הסכים בתשו' חכם צבי, שבמקום שנהגו איסור מלעשות מלאכה כל היום, יש למחות בידם, כי הבטלה עברה היא, ומביאה לידי שעמום.

נוהגין העניים לסבב בחנוכה על הפתחים, ויש טעם לזה.

סעיף ב - ריבוי הסעודות שמרבים בהם הם סעודות הרשות, שלא קבעום למשתה ושמחה - אלא להלל ולהודות, **ונראה** הטעם דלא קבעו כאן לשמחה כמו בפורים, כי בפורים היה הגזירה להשמיד ולהרוג את הגופות, שהוא בטול משתה ושמחה, ולא את הנפשות, שאפילו המירו דתם ח"ו לא היה מקבל אותם, לכך כשהצילם הקב"ה ממנו, קבעו להללו ולשבחו ית' ג"כ ע"י משתה ושמחה, **משא"כ** במעשה דאנטיוכוס, שלא גזר עליהם להרוג ולהשמיד, רק צרות ושמדות כדי להמיר דתם, כמו שאנו אומרים: להשכיחם תורתך ולהעבירם מעל חוקי רצונך, ואם היו ישראל מכניעים להם, להיות כבושים תחת ידם, ולהעלות להם מס, וחוזרין לאמונתם ח"ו, לא היו מבקשים יותר, אלא שהגביר הקב"ה יד ישראל ונצחום, **לכך** לא קבעום אלא להלל ולהודות לבד, כלומר כיון שהם רצו למנוע אותנו מזה, לכפור בדתו ח"ו, ובעזרתו ית' לא הפיקו זממם, וגברה ידינו, לכך אנו מודים ומשבחים לו, על שהיה לנו לאלהים, ולא עזבנו מעבודתו.

הגה: וי"א שיש קצת מצוה ברבוי הסעודות, משום דבאותן הימים היה חנוכת המזבח - ר"ל בכ"ה בכסליו, כדאיתא במדרש, דמלאכת המשכן נגמר בכ"ה בכסליו, אלא שהמתין הקב"ה בהקמה עד ניסן שנולד בו יצחק, ואמר הקב"ה עלי לשלם לכסליו, ושילם לו חנוכת בית חשמונאי, **וגם** שם בימי אנטיוכוס טמאו ההיכל, ועשו חנוכת הבית בשמונה ימים אלו (בבית) ‹המקדש›.

ונוהגין לומר זמירות ותשבחות בסעודות שמרבים בהם, ואז הוי סעודת מצוה - ר"ל בצרוף זה, וכן פסקו הרש"ל והב"ח כהי"א, **וכתב** הרש"ל, שכל שעושה כדי ליתן שבח למקום, או לפרסם הנס או המצוה, הכל סעודת מצוה.

וה"ה בנישואי בת ת"ח לע"ה, אם אומרים שירות הוי סעודת מצוה.

(עיין בתשובת מהרש"ל שכתב, שראוי שהשמחה תהא מעורבת ובלולה בשמחת תורה, ואל תבטל מקביעותך, עכ"ל, ובעו"ה יש אנשים שתחת זמירות ותשבחות, שראוי להלל להש"י על הניסים שעשה לנו, הם מרבים בשחוק הקרטין, והרבה הרעישו הספרים הקדושים ע"ז, והשומר נפשו ירחק מזה).

יש אומרים שיש לאכול גבינה בחנוכה, לפי שהנס נעשה בחלב שהאכילה יהודית את האויב - היא היתה בתו של יוחנן כ"ג, והיתה גזירה שכל ארוסה תבעל לטפסר תחלה, והאכילה לראש הצוררים גבינה לשכרותו, וחתכה את ראשו, וברחו כולם.

סעיף ג - אין מספידין בהם אלא לחכם בפניו. הגה: ואין מתענין יום שמת בו אב או אם ותענית חלום בחנוכה, ע"ל סי' תקסח ס"ה - ואם עבר והתענה יום שמת בו אביו ואמו או תענית חלום, צריך למיתב תענית לתעניתיה אחר חנוכה.

ולענין לצדוק הדין, עיין לעיל בהלכות ר"ח סי' ת"כ בהגה - ששם כתב, שאין אומרים ביום שאין אומרים בו תחנון, וכן לקמן בסימן תרפ"ג, **אבל** לפניהם ולאחריהם, נראה דאין להחמיר לענין צדוק הדין, דלענין הספד גופא הרבה מקילין, **ואף** אם נרצה להחמיר כאיזה פוסקים דמחמירין בהספד לפניהם, וממילא גם צדוק הדין אין לומר, **עכ"פ** לאחריהם בודאי אין להחמיר, ויוכל לומר צדוק הדין, וכ"כ הפמ"ג. **ועי"ל סימן תרפ"ג.**

אבלות לכו"ע נוהג בחנוכה, **אונן** פטור מנר חנוכה, **וכתב** בא"ר דאשתו תדליק, **ואם** הוא מותר לענות אמן, יש דיעות בפוסקים, **ונראה** דאם אין אשתו עמו, והוא יחידי בבית, ידליק הנרות לפרסומי ניסא, ובלא ברכה.

חרש שאינו שומע והוא מדבר, חייב בנר חנוכה, דהוא כפקח לכל דבריו.

§ סימן תרעא - סדר הדלקת נר חנוכה ומקום הנחתו §

סעיף א - צריך ליזהר מאד בהדלקת נרות חנוכה - ואמרינן בגמרא: הרגיל בנר הויין לו בנים ת"ח, שנאמר: כי נר מצוה ותורה אור, ופירש"י ע"ז, נר מצוה דשבת וחנוכה.

(ביאור הלכה) [שער הציון] ‹הוספה›

ואפילו עני המתפרנס מן הצדקה שואל - על הפתחים, **או מוכר כסותו** - או משכיר עצמו, **ולוקח שמן להדליק** - משום פרסומי ניסא, **אבל** אינו מחוייב בכל זה רק בשביל נר אחד בכל לילה.

(**ונלמד** כן מדין ד' כוסות, דזה וזה הוי משום פרסומי ניסא, **ולפי"ז** נראה, דהגבאים מחוייבים ליתן לו נרות להדליק, כמו בד' כוסות, מיהו נראה, דאין צריכין ליתן לו כי אם נר אחד בכל לילה, דהיינו נר איש וביתו, דיותר הוי מן המהדרין, ואין חיוב ליתן לו).

סעיף ב - כמה נרות מדליק: בלילה הראשון מדליק אחד, מכאן ואילך מוסיף והולך אחד בכל לילה, עד שבליל האחרון יהיו שמונה – (אמרינן בגמ', דמצות חנוכה נר איש וביתו, ר"ל דדי נר א' לכל בני ביתו, בכל לילה ולילה, **והמהדרין** מדליקין נר לכל אחד ואחד, **והמהדרין** מן המהדרין, יום ראשון מדליק אחד, מכאן ואילך מוסיף והולך אחד בכל לילה, עד שבליל אחרון יהיו שמנה, **והטעם**, כנגד ימים היוצאים, וזה היום שעומד בו נמנה עם הימים שיצאו כבר, **והיינו** שבזה ידעו ויזכרו הכל כמה ימים יצא בהתמדת הנס, וכשיזכירו זה שהיה הנס משך זמן רב, יש בו פרסומי ניסא ושבח יותר להש"י, **ועוד** שמעלין בקודש).

ואם אין ידו משגת, רק לנר אחד בכל לילה לו ולביתו, יצא בזה מדינא, ושיעורא דשו"ע הוא רק למי שידו משגת, להיות מהדר מן המהדרין.

ואם יש לו ט' נרות, ידליק בליל שני שתי נרות, **ואם** יש לו י' נרות, אעפ"כ לא ידליק רק בליל ב' שתים, ובליל ג' לא ידליק שתים רק אחת.

ומי שאין לו שמן הרבה, יתן באחד שמן כשיעור, והמותר יחלק לכולם, שאם יעשה לכולם בשוה, לא ידליק אפילו אחד כשיעור.

ואם יש לו שמן בצמצום על כל השמנה ימים, ולחבירו אין לו כלום, מוטב שידליק בכל לילה אחד, ויתן גם לחבירו, דהא מדינא א"צ אלא אחד, **ודוקא** כשחבירו אינו מבני ביתו, או שאינו סמוך על שולחנו, אבל אם הוא מבני ביתו, (ואם כן עיקר המצוה אינו חל כלל על חבירו, רק שחבירו רוצה להיות מן המהדרין), מוטב שיהיה הוא מהמהדרין (מן המהדרין – ח"א.

ואם השמן הוא ביוקר, מוטב להדליק בנרות שעוה, ולהיות מוסיף והולך כמו שכתוב בפנים, ממה שידליק בשמן זית, נר א' בכל לילה לבד, [**וי"א** דבלילה ראשונה יראה עכ"פ להדליק בשמן זית, אע"ג דלאח"כ לא יוכל לקיים להיות כמהדרין מן המהדרין בשאר לילות, לא דחינן מצוה החביבה בשעתה, ממה שעי"ז לא יוכל אח"כ לקיים מצוה מן המובחר יותר].

ואפילו אם רבים בני הבית, לא ידליקו יותר - בין בלילה ראשונה ובין בשארי לילות, דהכל נגררים אצל בעה"ב, **אפילו** בניו הגדולים ומשרתיו, כיון שהם סמוכים על שולחנו בקביעות, הם בכלל בני ביתו.

(**והטעם**, דלפי"ז כשרואין בבית בליל שני שדולקין שתי נרות, ירגישו בתוספות הנר, **אבל** אם מדליקין בלילה הראשונה נר לכל אחד מבני הבית, אז אם ידליקו בלילה השניה שנים לכל אחד, אין כאן הכרה לתוספות הנס, כי יאמרו שיש הרבה בני בית, ולכל אחד אין שם רק נר אחת, והיינו כשכל הנרות דולקים במקום אחד זה אצל זה).

הגה: וי"א דכל אחד מבני הבית ידליק - לבד מאשתו דהיא כגופו, **וכן המנהג פשוט** - והיינו כמו שכתוב לעיל, דיוסיף והולך נר א' בכל לילה, **ואם** אין ידם משגת כ"כ, ידליקו נר אחד בכל לילה, [ובאופן זה, יקרא עליהן שם מהדרין, ולא מהדרין מן המהדרין].

ויזהרו ליתן כל אחד ואחד נרותיו במקום מיוחד, כדי שיהא היכר כמה נרות מדליקין – (דבאופן זה, גם התוספות מודו שיכולין להדליק יותר, והיינו בעת שניתוסף הנרות, כן מוכח מא"ר, **ודעת** המ"א, דאפילו בלילה הראשונה יש ליזהר בזה, משום לא פלוג).

סעיף ג - נר שיש לו שתי פיות, עולה לו בשביל שנים - היינו שהפתילות מבפנים מונחים בנר זה אצל זה, רק ראשי הפתילות כשבולטין לחוץ, נחלקין לשתי מקומות, **וקמ"ל**, דאע"פ שמבפנים אינן מובדלין הפתילות כלל זה מזה, מ"מ כיון שבמקום הנחתן בפה מינכר שהם שתים, נחשבות כשתים.

משמע מלשון זה, דאפילו למהדרין, העושין נר לכל אחד, ג"כ יועיל זה לשני בני אדם, **ועיין** במ"א שדעתו, דלפי מאי דאיתא לעיל בהג"ה, דלדידן דמוסיפין בכל לילה נר אחד לכל אחד מן הבית, צריך

כל אחד להדליק נרותיו במקום מיוחד, לא ידליקו שני אנשים בנר אחד, ואפילו בלילה הראשונה יש ליזהר בזה, [**ומ"מ** איתא לדינא דשו"ע דעולה בשביל שנים, לאיש אחד מליל ראשון ואילך, **ועיין** בא"ר שחולק על המ"א, ודעתו, דבלילה הראשונה יש להקל, ובשעת הדחק נראה דיש לסמוך ע"ז], **ואפשר** דוקא נר אחד שיש לו רק שני פיות, אבל במנורות שלנו שיש להן ח' פיות, מותר להדליק שני בני אדם, זה בקצה זה וזה בקצה זה, שהרי רואין שהדליקו שנים, דאל"כ היה מדליק כסדר אחד אצל חבירו, **וכן** נוהגין העולם.

סעיף ד - מילא קערה שמן והקיפה פתילות, אם כפה עליה כלי, כל פתילה עולה בשביל נר אחד - שעי"ז אין מתחברים כל הפתילות יחד, **ודוקא** כשכפה ואח"כ הדליק, אבל אם הדליק ואח"כ כפה, צריך לכבות ולכסות בכלי, ולחזור ולהדליק.

לא כפה עליה כלי, אפי' לנר אחד אינו עולה, לפי שהוא כמדורה - שמתחברות כל הלהב יחד, (וה"ה כשהקיף נרות בעיגול, עד שעי"ז יוכל להתחבר הלהב, ג"כ דינא הכי).

הגה: ולכן יש ליזהר להעמיד הנרות בשורה בשוה ולא בעגול, דהוי כמדורה - ודוקא בשורות שוה, שלעשות אחד נכנס ואחד יוצא, ג"כ אינו כדאי, שלא יבוא לעשות בעיגול.

ואם יש הפסק מחיצה בין נר לנר, וכרחב אצבע ביניהן, מותר ואפילו לא כפה עליה כלי, [א"ר, ולא כפמ"ג], וכן נוהגין, דדוקא בקערה שאין שום הפסק בין נר לנר.

ומותר להדליק בפמוטות שקורין לאמפ"א - של נחושת, העשויין קנים קנים יוצאין סביבות בעיגול, שהקנים חלולין, ומחיצת כל קנה מפסיק בינו לבין חבירו, **מאחר שכל נר מובדל הרבה מחבירו.**

משמע מלשון זה דתרתי בעינן, דהיינו שיהיו ג"כ מובדלים הקנים אחד מחבירו (שתי אצבעות – שם), לבד מה שיש לכל קנה מחיצה בפני עצמה, [פמ"ג], **ועיין** בא"ר שכתב, דדי ברחב אצבע.

מותר להדליק כו' - (וכתבו האחרונים בשם רש"ל, דאף דמן הדין מותר, מ"מ אין זה הידור לנר חנוכה).

ויזהרו כשעושים נרות אפי' בשעוה, שאין לדבקן ביחד ולהדליקן, דהוי כמדורה - אפילו להדביק שנים ביחד אסור, וכ"ש ד' או ה' דודאי נראה כמדורה, **וה"ה** כשמדבקין נרות שעוה בכותל, יראה שיהיו מרווח אחד מחבירו, עכ"פ כשיעור אצבע.

אפי' בנרות של שבת ויו"ט יזהרו שלא לעשות כן – (מלשון זה משמע, דאף בשבת ויו"ט יש ליזהר שלא לעשות כן, ואינו כן, דבשבת ויו"ט מצוה לעשות כרוכים, ולענ"ד נראה דחסר כאן פרט אחד, דהיינו כשמדבקין אותן אחר הדלקתן, עד שעי"ז מתחממות ונופלות, וזה באמת אסור בין בחנוכה ובין בשבת ויו"ט).

סעיף ה - נר חנוכה מניחו על פתח הסמוך לרשות הרבים מבחוץ - משום פרסומי ניסא, **אם הבית פתוח לרשות הרבים, מניחו על פתחו; ואם יש חצר לפני הבית** - וחצרותיהן היו פתוחות לר"ה, **מניחו על פתח החצר** – (וזה שלא כדעת רש"י, דסובר דמניחו על פתח הבית הפתוח לחצר, ובר"ן ובאור זרוע העתיקו כרש"י).

ואם היה דר בעלייה שאין לו פתח פתוח לרה"ר - וגם אין לו פתח פתוח לחצר, אלא פתוחה היא לבית, **מניחו בחלון הסמוך לרה"ר** - [דאם היה פתח העלייה פתוח לחצר, היה מניחה על פתח החצר שהוא פתוח לרה"ר, ואם היה פתוח לרה"ר, היה מניחה על הפתח].

ובשעת הסכנה שאינו רשאי לקיים המצוה, מניחו על שלחנו ודיו, וצריך נר אחר להשתמש לאורו - לעשות היכר לדבר, שהנר של מצוה היא, (ור"ל שאפילו אם לא ירצה כלל להשתמש לאורה, מ"מ צריך נר אחר, שיהיה היכולת בידו להשתמש לאורה, ועי"ז מינכר שהנר הראשון הוא לשם מצוה, דאל"ה, כיון שעומד על השולחן, יאמרו שלצרכו הדליקה).

(ונראה דוקא במניחה על שולחנו, אבל כל שמניחה סמוך לפתח, א"צ לנר אחרת, אע"פ שעומד לו לשם, הואיל ואינו בא להשתמש לאורה לאיזה תשמיש, **אכן** מנהג העולם, וכן מנהג רבותינו, דבכל נר חנוכה המודלקת בתוך הבית, צריך נר אחרת, אפי' לא היה צריך לתשמיש, שלא יאמרו לצרכו הדליקה, וכן אני נוהג למעשה, כ"כ המאירי).

(ביאור הלכה) [שער הציון] «הוספה»

(ועיין במ"א, דאפילו מי שאין לו אלא נר אחד, ונר אחרת להדליק לשמש לאורה אין לו, מ"מ ידליק את הנר ויברך עליה, ומ"מ לכתחלה בודאי יזהר שלא להשתמש לפניה).

ואם יש מדורה א"צ נר אחר; ואם הוא אדם חשוב שאין דרכו להשתמש לאור המדורה, צריך נר אחר.

סעיף ו - מניחו למעלה מג' טפחים - דכל למטה מג' כאלו הניח בקרקע, ואין ניכר שבעה"ב הניחו שם, **ומ"מ** בדיעבד יצא.

ומצוה להניחו למטה מי' טפחים - דאיכא פרסום הנס טפי כשהוא למטה, דדבר העשוי לאור אין דרך להניחה כ"כ למטה, **ואם הניחו למעלה מי"ט, יצא** - ועיין בא"ר שכתב, דהא דאין העולם נזהרין בזה, משום דסומכין על המרדכי שכ', דעכשיו שהורגלו להניח בפנים, אין קפידא בזה, **אכן** הטור סתם בזה, ומשמע דס"ל דאין לחלק בזה, וכן נוהגין כל המדקדקים כמ"ש בב"י.

ואם דר בעליה, מניחה בחלון שהוא לצד ר"ה, אפילו אם החלון גבוה יותר מי"ט מקרקעית העליה, [**ומשמע** ממג"א, דעדיף טפי להניח בחלון הסמוך לרה"ר, אף שהיא למעלה מי"ט, מלהניח בטפח הסמוך לפתח, אף שהוא יכול להניח למטה מי"ט].

ואם יש לו שתי חלונות, אחד למעלה מי"ט, ואחד למטה מי"ט, ודאי יניחנה בחלון שהיא למטה מי"ט.

ובנרות בהכ"נ, המנהג שהמנורה במקום גבוה.

אבל אם מניחו למעלה מכ' אמה, לא יצא - דלא שלטא ביה עינא, ואין נ"מ בין אם מדליק מבחוץ, ובין אם מדליק בבית, וצריך לחזור ולברך.

הגה: אפי' לקחה כך דלוק והניחה למטה מעשרים, לא יצא, דהדלקה עושה מצוה - אבל אם הדליקה למטה מכ', ונטלה משם והניחה במקום אחר תוך כ', יוצא, דהא הוי הדלקה במקומה, דשני המקומות כשרים.

[**ועיין** בפמ"ג שכתב, דאף בנרות שעוה ארוכים, כל שמקום הלהב הוא למעלה מכ' אמה, פסולה].

סעיף ז - מצוה להניחו בטפח הסמוך לפתח - בין אם ההנחה הוא על פתח הבית או על פתח החצר, שאם ירחיקנה להלן מן הפתח, אינו ניכר שבעה"ב הניחו שם.

משמאל, כדי שתהא מזוזה מימין ונר חנוכה משמאל - ויהיה מסובב במצות, **מיהו** בדיעבד אם הניח נר חנוכה מימין, יצא.

ואם אין מזוזה בפתח, מניחו מימין - דכל מידי דמצוה ימין עדיף, ועוד דאיכא פרסומי ניסא טפי, שהכל פונין לצד ימין.

ואם הניחו בדלת עצמו, יניחנו מחציו של כניסה לצד שמאל - והיינו מקום הדלת שנכנס משם לתוך הבית יחלקנו לשנים, ובחצי הנוטה לצד שמאל, שהוא נגד המזוזה שהמזוזה בימין, שם יניחנו, ואיירי כשיש שם מזוזה - מ"א, **ומשמע** מזה, דיכול להניח בכל שטח אותו החצי, **ודעת** הט"ז, דלמעשה ראוי להחמיר, להניח הנרות בצד השמאל בקצה האחרון סמוך לכותל.

[**ואין** נ"מ בכל זה, בין שהדלת נפתחת לצד המזוזה, ומקום הציר שהדלת סובב שם הוא בצד השני, או להיפך, בכל זה שייך שתי הדעות של המ"א והט"ז].

הגה: ומיהו בזמן הזה, שכולנו מדליקין בפנים ואין היכר לבני רה"ר כלל, אין לחוש כ"כ אם אין מדליקין בטפח הסמוך לפתח; ומ"מ המנהג להדליק בטפח הסמוך לפתח כמו בימיהם, ואין לשנות - כדי שיכנס בין שתי מצות, (ור"ל המנהג הנכון להתנהג כך), ‹אבל אין זה מנהג לחייב לכו"ע›, (**דאל"ה סותר דברי עצמו**), {דהא כבר כתב שבזה"ז שכולנו מדליקין בפנים ואין היכר לבני רה"ר כלל, אין לחוש כ"כ}, ‹**דרק** כשתיקנו להניח על פתח ביתו מבחוץ, איפסק שיניח משמאל, כדי שיכנס בין שתי מצות, אבל לא היו מתקנין עיקר התקנה מטעם זה, **אלא** המדקדקים נזהרין גם עתה, אף שהוא רק בשביל טעם זה הקלוש, שבזה"ז שאין מדליקין בחוץ וכל הפרסום הוא לבני הבית, ליכא התקנה דידליקו אצל הפתח בשביל זה שיכנס בין השתי מצות – אג"מ או"ח ח"ד סי' קכה›.

ומ"מ אם יש לו חלון הסמוך לר"ה, נכון יותר שיניחנו שם, כדי שיהיה היכר לבני ר"ה ויתפרסם הנס, אם לא במקום דשכיחא הזיקא עי"ז, [**אכן** אם החלון גבוה מקרקע ר"ה למעלה מכ' אמה, ואין היכר לבני ר"ה, אז טוב יותר להניח בפתח].

אא"כ רבים בני הבית, שעדיף יותר להדליק כל אחד במקום מיוחד, מלערב הנרות ביחד ואין היכר כמה נרות מדליקין; ומ"מ יזהרו שלא להדליק במקום שמדליקין הנרות כל השנה, כי אז לא יהיה היכר כלל; ואף כי אין היכר רק לבני הבית, מ"מ היכר קלת מיהא בעי.

ובבהכ"נ - או בבית המדרש, **מניחו בכותל דרום** - או על השולחן שעומד אצל כותל דרום,

(או בדרום המנורה) - צ"ל: "**כנרות המנורה**", והטעם בכל זה, זכר למנורה שמקומה במקדש בדרום.

(זהו אפי' לזמן הגמ' שהיו מדליקין בחוץ על פתח הבית, הכא מדליקין בפנים, דהוא לפרסם הנס ברבים).

(ומסדרן ממזרח למערב) - זהו ג"כ כעין מנורה, דהנרות היו מסודרין במקדש בין מזרח למערב, כן יסדר ג"כ נרות חנוכה.

ודע דיש מהראשונים דס"ל, דאף דהמנורה היתה עומדת בדרום, מ"מ נרותיה היו מסודרין מצפון לדרום, וממילא לדידהו, גם נרות חנוכה יש לסדר באופן הזה, **ויש** מקומות שנהגו כן, ואין למחות בם, דיש להם על מה לסמוך, [וכל אחד יתפוס במנהגו].

והמדליק עומד אחוריו לדרום ופניו לצפון, ומתחיל מימינו, שהוא הנר הסמוך לארון הקודש, ושוב מוסיף והולך, ומתחיל מהשמאלי ופונה לימינו, **ועיין** לקמן בס"ס תרע"ו מה שנכתוב בזה.

ומדליקין ומברכין (בבית הכנסת) משום פרסומי ניסא - אף דבבהכ"נ הוא רק מנהגא, מ"מ מברכין עליו כמו שמברכין על הלל דר"ח, שאינו אלא מנהג.

אם אָבֵל מתפלל בערב חנוכה, מדליק אדם אחר הנרות, משום "שהחיינו" דמברכין אז, ומינכר דעת שמחה היא לצבור, ואין כדאי שאָבֵל ידליקם, **אָבָל** בביתו יכול לברך "שהחיינו", **אָבָל** שאר ערבית דחנוכה דאין מברכין "שהחיינו", יכול האָבֵל להדליק נר חנוכה.

[**ואבל** נקרא בכל זה, י"ב חדש על אביו ואמו, ושלשים על שאר קרובים].

ומתפלל האבל בחנוכה מנחה ומעריב, **ובט"ו** באב ושבט, ול"ג בעומר, דלית הלל, האבל מתפלל שחרית ג"כ, **ובחוה"מ** דהוי כיו"ט, מנעתי לפעמים להניח האבל להתפלל מנחה ומעריב - פמ"ג.

הגה: ואין אדם יוצא בנרות של בהכ"נ, וצריך לחזור ולהדליק בביתו - ואפילו הש"ץ שבירך בביהכ"נ, צריך לחזור ולהדליק בביתו, דיש חיוב על כל א' להדליק בביתו, **ומ"מ** לא יחזור לומר בביתו ברכת "שהחיינו", אם לא שמדליק להוציא אשתו ובני ביתו. [**בהגהות** הגאון ר' ברוך פרנקיל מסתפק, דאפשר דאם אורח מדליק בנרות בית הכנסת, שאין צריך לחזור ולהדליק באכסניא].

ונוהגין להדליק בבהכ"נ בין מנחה למעריב - ר"ל אפילו הנוהגים להדליק בכל יום בצה"כ, בבהכ"נ נוהגים אחר מנחה, בשעה שהעולם מקובצים, **וגם** דלאחר מעריב אין נכון לעכב העולם לזה, דצריך כל אחד למהר לילך לביתו ולהדליק נר חנוכה.

ויש נוהגין להדליק בערב שבת קודם מנחה - וכ"כ רש"ל, **אבל** בד"מ כתב שאין אנו נוהגין כן, אלא אף בערב שבת מדליקין בבהכ"נ בין מנחה למעריב, בשעה שהעולם מתחילין להתקבץ, ואיכא פרסומי ניסא.

אכן אם העולם מתאחרין לבוא, וטרם שיבוא מנין לביהכ"נ יתקדש היום, לא ימתין כלל, אלא יברך וידליק מיד אפילו קודם מנחה, דמ"מ איכא פרסומי ניסא, כשבאים אח"כ לביהכ"נ ורואים הנרות, (כ"ז כתב המ"א), [**ולדבריו** ה"ה בחול, אפי' אין מנין כשמדליק אחר מנחה, יכול לברך]. (**והנה המור וקציעה** חולק ע"ז, ודעתו, דכיון שמה שמדליקין בבהכ"נ הוא כדי לפרסם הנס במקהלות, בעינן דוקא שיהיו עשרה בשעת הדלקה, **אמנם** אם השעה דחוקה, **אין** לבטל ההדלקה, אלא ידליק בלא ברכה, **ולענ"ד** פרסומי ניסא דחנוכה אינו תלוי כ"כ בזה, דעצם הדלקה שציוו חכמים על כלל ישראל, הוא נקרא פרסום הנס, ונהי דהדלקה זו של ביהכ"נ הוא אינו מצד תקנת חכמים, רק ההנהגה שהנהיגו כל ישראל כדי לפרסם הנס ברבים, הרי עי"ז ג"כ יתפרסם הנס, כשיבואו אח"כ כל הקהל בביהכ"נ ויראו נרות המנורה דלוקין, **וע"כ** נלענ"ד דהמדליק בברכה יש לו על מי לסמוך, וכן העתיק הח"א, דצריך להדליק בברכה, **ואם** בנקל לו להשיג מנין בשעת ברכה, מה טוב).

ואם רוצים למהר להתפלל לאחר שבירך הש"צ והדליק אחד מהן, יוכל השמש להדליק הנשארים, והש"צ יתפלל - דהברכה חל על האחד שהדליק, דהיא העיקר, והשאר אינן אלא הידור מצוה בעלמא, **וה"ה** בביתו, כשמזדמן לו איזה דבר נחוץ לאחר שהדליק אחד מהן, יוכל אחר להשלים בשבילו את שארי הנרות.

ודוקא באופן זה, אבל בלא"ה טוב יותר שיגמור בעצמו המצוה שהתחיל בה.

סעיף ח - חצר - וה"ה בית, **שיש לו שני פתחים משני רוחות** – (היינו אחת בצפון ואחת במזרח), **צריך להדליק בשתיהן מפני החשד** - שיאמרו בני עירו, מדלא אדליק בהא, באחרת נמי לא אדליק, **וע"כ** אפילו כל הבתים שבחצר שייך לאדם אחד, או שאין לו שם בחצר רק בית אחד, צריך להדליק בשתי הפתחים.

ואם שני הפתחים ברוח אחד, (והם בבית אחד), די לו באחד מהם - הטעם, דהא חזי ליה שהדליק באחד, ומה שלא הדליק בשני, ידעו אנשי עירו שמבפנים הוא בית אחד, ושני הפתחים שייכים לאדם אחד, ודי להדליק במקום אחד, [**ולא** חיישינן לחשדא דעלמא, שעוברים ושבים דרך הרחוב, שיסברו שהבית חלוק מתוכו, ויאמרו שהם שני בתים שייכים לשני אנשים, ואחד מהם לא קיים מצות נר, דאנשים נכרים אין מצוין ברחובות משחשך היום].

אבל אם הם בשני בתים, [וכל בית מכוון כנגד פתח בפני עצמו, להמדליקין בפתח החצר], או שבית אחד חלוק מתוכו, אע"פ שהם של אדם אחד, צריך להדליק בשתיהן, משום חשד, שיחשדו ששני בני אדם דרין שם, [**אף** שכתבנו מתחילה, שידעו אנשי עירו, זהו רק לענין אם הבית חלוק מתוכו או לא, אבל לא לענין זה], **ויש** מקילין בששתיהן שייכין לאדם אחד.

הגה: ואם מדליק בשני פתחים, אינו מברך רק באחד מהם, ובשני מדליק בלא ברכה; מיהו בזמן הזה שכולם מדליקין בפנים ממש, ואין היכר לבני ר"ה כלל, אפילו יש לחצר או לבית הרבה פתחים להרבה רוחות, אין מדליקים אלא פעם אחת בפנים, כן נ"ל וכן המנהג פשוט - היינו שבזמן הטור, היו מדליקין אצל פתח הבית מבפנים, והיו עושין עכ"פ היכר לעוברים, ע"כ יש חשד כל שאין היכר כראוי לעוברים, **משא"כ** עכשיו, שמדליקין ממש בפנים, ולא איכפת לן כלל לעשות היכר לבני ר"ה, ע"כ לא איכפת לן בחשדא דידהו, [**ומה** דכתב לעיל בס"ז בהג"ה, "ומ"מ המנהג להדליק בטפח הסמוך לפתח", ר"ל המנהג הנכון].

§ סימן תרעב – זמן הדלקת נר חנוכה §

סעיף א - אין מדליקין נר חנוכה קודם שתשקע החמה, אלא עם סוף שקיעתה - היינו צאת הכוכבים, שאז העם עוברין ושבין ורואין בביתו, ואיכא פרסומי ניסא, **אכן** בע"ש מקדימין, וכדלקמן בסי' תרע"ט.

והנה המחבר סתם כדעת הטור וסייעתו, דס"ל דמה שאמר הגמרא דזמן הדלקת נר חנוכה הוא משתשקע החמה, היינו סוף שקיעה, **אבל** באמת יש הרבה ראשונים דס"ל, דכונת הגמרא הוא על תחלת שקיעה שניה, והוא בערך רבע שעה מקודם.

ועיין בבה"ל שביארנו, דלאותן האנשים הנוהגין להתפלל מעריב בזמנו, דהיינו אחר צה"כ, נכון לנהוג כן לכתחלה להדליק קודם מעריב, וכ"כ במור וקציעה, וכן נהג הגר"א, (**דהרבה ראשונים ס"ל**, דלכתחלה יש לנהוג כן, כמו שהביא הגר"א, **ועוד דאף** הטור שכתב סוף שקיעה, גם הוא ס"ל דיכול להקדים עד קרוב לחצי שעה מקודם, **ובפרט** אם נסבור בדעת הרמב"ם, במה שכתב דמדליקין עם שקיעתה, היינו ממש עם הזמן שנתכסה השמש מעינינו, וידוע שדעתו, **דמצות** הדלקה הוא רק כחצי שעה או מעט יותר אח"כ, **ואם** עבר הזמן שוב לא ידליק עוד, א"כ אם ידליק בשעת צה"כ, אינו יוצא כלל מצות הדלקה לדעת הרמב"ם והעומדים בשיטתו בזמן השקיעה, **ואפילו** המקילים שיכול להדליק אח"כ, הוא ג"כ רק מטעם ספק לכמה פוסקים), **אכן** יטיל בה כ"כ שמן, שידלוק חצי שעה אחר צה"כ, **ואם** לא

הדליק מקודם, והגיע זמן צה"כ, יקדים להתפלל מעריב, דהוא תדיר, וגם יש בה מצות ק"ש שהיא דאורייתא, שע"ת, ‹וע"ש שמסיים: שנראה שהמדליק קודם שילך להתפלל ערבית לא הפסיד, שיש לחוש שעד שיתפלל ערבית יעבור זמן הדלקתו, שהוא חצי שעה מדינא דגמרא, ע"כ›.

ודע, דאפי' הנוהגין תמיד להדליק אחר תפלת ערבית, מן הנכון שיכינו עכ"פ השמן בתוך הנרות קודם תפילת ערבית, כדי שיהיה מוכן תיכף אחר תפלת ערבית להדליק, **דאם** יעשה הכל אחר תפלת ערבית, בודאי יש לחוש שיעבור עיקר זמן הדלקתו, והוא חצי שעה מדינא דגמרא.

לא מאחרים ולא מקדימים – (היינו דוקא שמדליקו בעוד היום גדול, שאז אינו מינכר שהוא לשם חנוכה, אבל לא כשמדליקו רבע שעה, או אפילו חצי שעה לערך קודם צה"כ).

ויש מי שאומר שאם הוא טרוד - ר"ל שלא יהיה לו פנאי אח"כ, **יכול להקדים מפלג המנחה ולמעלה** - הוא שעה ורביע קודם צה"כ, וחשבינן השעה לפי קוצר היום, דהיינו שעות זמניות. **ויכול** לברך ג"כ.

[**ואם** הדליק קודם פלג המנחה, צריך לכבותה ולחזור ולהדליק].

ובלבד שיתן בה שמן עד שתכלה רגל מן השוק – (לכמה פוסקים הוא כחצי שעה אחר צאת הכוכבים, שהוא בסך הכל שעה וג' רבע שעה מזמן הדלקה), **דאם** לא ידלוק בלילה ליכא פרסומי ניסא, **ואם** לא נתן בה שמן רק כשיעור חצי שעה כנהוג בכל יום, יחזור ויתן בה שמן וידליק, **ומ"מ** לא יחזור ויברך.

(**ואסור** להשתמש לאורה כל אותו הזמן, **אף** שהדליקה בעוד היום גדול, **ואם** כבתה בחול קודם צה"כ, צריך לחזור ולהדליק, **אבל** לא יברך, דעל פי הדחק אמרינן, דמפלג המנחה ולמעלה כבר הותחל המצוה).

סעיף ב - שכח או הזיד ולא הדליק עם שקיעת החמה, מדליק והולך עד שתכלה רגל מן השוק, שהוא כמו חצי שעה, שאז העם עוברים ושבים ואיכא פרסומי ניסא; הלכך צריך ליתן בה שמן כזה השיעור – (ומי שאין לו שמן כשיעור הזה, ידליק בלא ברכה).

ומשמע דאם הדליק זמן מה אחר שקיעת החמה, א"צ ליתן שמן כ"כ, רק עד שתכלה רגל מן השוק, **אכן** כ"ז הוא לדין התלמוד, שהיה ההיכר לעוברים ושבים, **אבל** האידנא דההיכר הוא רק לבני ביתו, לעולם בעי שיעור הידוע, **ואף** מדליק אחר שכלה הרגל משוק בעי זה השיעור.

אבל אם נותן בה שמן הרבה שידליק יותר, אין בו שום מצוה, **אבל** בנרות של שעוה יש הידור מצוה כשהן ארוכות, ומ"מ אין לעשותם גדולות יותר מדאי. (**ושעוה** מעובדי עבודת גלולים, אין ליקח).

כתב הב"י בשם א"ח, מי שבירך והדליק נר אחת בלילה שניה, ידליק אח"כ עוד נר אחת ולא יברך, **ועיין** בפמ"ג שמצדד, דאפילו לא היה דעתו מתחלה רק על נר אחת, ואח"כ נזדמן לו עוד נר, ג"כ לא יברך עוד, כי מדינא אין חיוב רק נר א', והשאר משום הידור כנ"ל.

ואם נתן בה יותר, יכול לכבותה לאחר שעבר זה הזמן, וכן יכול להשתמש לאורה לאחר זה הזמן - שאינו מקצה השמן רק מה שצריך לשיעור חצי שעה למצותו, וע"כ מותר לכבותו ולהנות ממנו, **ומ"מ** הסכימו כמה אחרונים, דלכתחלה טוב להתנות, שאינו מקצה השמן אלא לשיעור הדלקה, משום דיש פוסקים שסוברים, דאם נתן בסתם, הקצה למצותה הכל.

ויש מחמירין, שבעוד שהנרות דולקין אין להשתמש לאורן, משום הרואה, שלא ידע לחלק בין תוך זמן שיעורו לאחר זה הזמן, [**ולפי** טעם זה אפי' התנה מעיקרא לא מהני, **וכן** אין לטלטל הנרות ממקומן בעוד שדולקים, אפי' יותר מחצי שעה, מפני הרואים שלא ידעו, ויאמר להשתמש נטלן].

הגה: י"א שבזמן הזה שמדליקין בפנים - וא"כ ההיכר הוא רק לבני ביתו, **א"צ ליזהר ולהדליק קודם שתכלה רגל מן השוק** - וידליק כשבני הבית מקובצים יחד.

ומ"מ טוב ליזהר גם בזמן הזה – (שאע"פ שמדליקין בפנים, כיון שמדליקין בפתח הבית והוא פתוח, יש הכירא לעוברים ושבים).

ואפילו ללמוד אסור משהגיע זמנה, וכ"ש אכילה ושאר דברים, ואפילו התחיל פוסק, [שצריכין לחוש

לתירוץ הראשון «שבגמרא», דאין שהות אלא חצי שעה להדליק, ובדליכא שהות והוא מידי דרבנן גם כן צריך להפסיק, ומכל שכן כאן דיש פרסומי ניסא גם כן].

[**ובאמת** יש להחמיר בעוד חצי שעה קודם, אלא הוא מיירי בבני אדם שמתפללין ערבית בזמנה, וא"כ חצי שעה קודם בלא"ה אסור משום ק"ש, **ולפי** דעת הפר"ח והגר"א, דיש להדליק אחר שקיעה, ממילא צריך להחמיר חצי שעה מקודם, לכל הדברים הנ"ל, ואפי' אם כבר התפלל מנחה, **אכן** לענין לימוד נראה דאין להחמיר, דיש לסמוך אשארי פוסקים, הסוברין דזמנה של הדלקה הוא עם סוף שקיעה].

ומיהו הני מילי לכתחלה, אבל אם עבר זה הזמן ולא הדליק, מדליק והולך כל הלילה - עד עמוד השחר, ובברכה, **והיינו** דוקא אם בני הבית נעורים, אבל אם ישנים אין לברך עליהם, אלא ידליק בלא ברכה, דכמו דלדידהו לא היה מברך אלא בזמן פרסום הנס, ה"נ לדידן, **ואם** בא לביתו קודם עה"ש, ומצא בני ביתו ישנים, מן הנכון שיקיצם, כדי שיוכל להדליק בברכה, [מ"א. **ובספר** חמד משה דעתו בזה, דאם שכח או נאנס ולא הדליק עד שישנו כולם, יקיץ ב' או ג' מהם וידליק, ואם א"א להקיצם, מ"מ ידליק ויברך, **דלפי** דברי המ"א, אם יהיה אדם במקום שאין איש אף מאנשי הבית, ידליק בלא ברכה, **ולא** ראינו זה בפוסקים, אלא ודאי דאם יכול לפרסם ההדלקה בפני רבים יותר עדיף, אבל אי ליכא אנשים, בשביל זה לא יבטל המצוה, כן נ"ל, וכן נוהגין העולם, עכ"ל, **וספק** ברכות להקל, ומ"מ מי שרוצה לנהוג כוותיה, אין מוחין בידו].

ואם עבר כל הלילה ולא הדליק, אין לו תשלומין. הגה: ובלילות אחרות ידליק כמו שאר בני אדם, אע"פ שלא הדליק בראשונה - ר"ל בלילה שניה שתי נרות, ובלילה שלישית שלש, ולא נימא דלדידיה, הלילה שניה היא ראשונה, וידליק רק אחת.

§ סימן תרעג – שמנים ופתילות הכשרות לחנוכה §

סעיף א - כל השמנים והפתילות כשרים לנר חנוכה, ואע"פ שאין השמנים נמשכים אחר הפתילה, ואין האור נתלה יפה באותם הפתילות - היינו כי יש שמנים גרועים שאין נמשכין אחר הפתילה, וכן יש פתילות גרועים שאין האור נתלה יפה בהן, ובשבת אסור להדליקן, **וס"ד** דבחנוכה אסור ג"כ להדליקן, שמא יבואו לידי כיבוי, **קמ"ל** דאין לחוש לזה, דקי"ל כבתה אין זקוק לה, דכיון שהדליק נעשה זכר לנס ונגמרה המצוה.

ומ"מ מצוה מן המובחר ליקח לפתילה, צמר גפן או חוטי פשתן.

שומן או חלב הנאסר מבב"ח, אסור להדליק ממנו נר חנוכה, «אע"ג דמצות לאו ליהנות ניתנו, מ"מ כיון דנ"ח בעי שיעור, וכיון דבב"ח אסור בהנאה, כתותי מיכתת שיעורא – שערי תשובה», **וג"כ** אסור לבטולי בששים להדליק ממנו.

שמן הגזול, צ"ע אי כשר לנר חנוכה. **אם** נמצא עכבר בשמן, מאוס הוא ואסור לנר חנוכה.

הנוהגין להדליק ביום ראשון א', ומכאן ואילך מוסיף והולך, צריך שיהיה הנוסף דומה לנר העיקר, **אבל** אותם שעושים נר לכל אחד מבני הבית, יכול האחד להדליק נר של שמן, והשני של שעוה.

הגה: ומיהו שמן זית מלוה מן המובחר, ואם אין שמן זית מלוי, מלוה בשמנים שאורן זך ונקי; ונוהגים במדינות אלו להדליק בנר של שעוה, כי אורן צלול כמו שמן - ומ"מ מצוה בשל שמן טפי מנרות של שעוה, דע"י השמן נעשה הנס.

ואפי' בליל שבת שבתוך ימי חנוכה, מותר להדליק בנר חנוכה השמנים והפתילות שאסור להדליק בהם נר שבת - ר"ל דס"ד דניחוש בזה כמו בעלמא בנר של שבת, שמא לא תדלק יפה, ויטה הנר להביא השמן לפי הפתילה, **קמ"ל** דכאן אין לחוש לזה, דהא אסור להשתמש לאורה, א"כ לא איכפת ליה במה שלא תדלק יפה.

הגה: אם אינו נותן בנר רק כדי שיעור מלותו - דאם יתן יותר, יש חשש שמא יטה אותו נר חנוכה להשתמש בו אחר השיעור של הדלקה, שאז מותר ליהנות ממנו.

אבל לא להשמש, מ"א, **ור"ל** דבשבת חנוכה אסור לעשות סעודת השמש מהשמנים ופתילות שאין מדליקין בהם בשבת, **דכיון** דמותר לעשות איזה תשמיש נגד השמש, א"כ חיישינן שמא יטה.

לפי שאסור להשתמש בנר חנוכה בין בשבת בין בחול - היינו דאפילו לאכול אצלן בשבת, דהוא סעודת מצוה, ג"כ אסור.

והטעם, כדי שיהא ניכר שהוא נר מצוה לפרסם הנס, **ועוד** כיון שע"י נס שנעשה במנורה תקנוה, עשאוה כמנורה שאין משתמשין בה כלל.

והיינו אפילו אותן שמוסיפין המהדרין בכל לילה, ג"כ אסור להשתמש לאורן.

ואפי' לבדוק מעות או למנותן לאורה - שהוא תשמיש עראי, ג"כ **אסור** - ועיין במ"א וט"ז שהסכימו, דאפילו למנותן מרחוק, שאין ידיו סמוכות לנר, ג"כ אסור.

והטעם, כדי שלא יהא מצות בזויות עליו, **ודוקא** בזה שהוא עכ"פ תשמיש עראי, אבל כל שאינו משמש כלום, רשאי לישב בביתו בשעה שנר חנוכה דולקת, [היינו אפי' לא הדליק השמש אצלו כמו שנהוג, **וביותר** מזה כתב הפר"ח, דלילך לאור נר חנוכה, לראות שלא יכשל, שרי, דלא מחוייב להעצים עיניו, דלא מקרי תשמיש].

אפי' תשמיש של קדושה, כגון ללמוד לאורה, אסור; ויש מי שמתיר בתשמיש של קדושה - מדברי הט"ז מוכח, דלדעה ראשונה אסור אפילו בלימוד דרך עראי, דאלו בדרך קבע, אפילו לדעה שניה אסור, (**ועיין בא"ר ובחמד משה שחולקים עליו, ודעתם, דלדעה זו אף דרך קבע מותר, וא"כ אפשר לומר, דדעה הראשונה האוסרת, הוא דוקא אם הלימוד היה בדרך קבע, אבל לא בדרך ארעי**).

(**והנה באמת הלא ידוע דעת הרא"ש, דתשמישי ארעי שרי, ורק בענין הרצאת מעות, כשמקרב ידיו אצל נר חנוכה, אז אסור משום דהוי גנאי להן, אבל בעלמא שרי, ורש"ל פסק ג"כ הכי, ועכ"ל לענ"ד בעניננו דמספקינן לענין לימוד דרך ארעי, אפילו אם נפסוק להלכה כמסקנת המ"א, דבתשמישי ארעי, אפילו כשאין ידיו סמוכות לנר אסור, כשנצרף לזה ג"כ כשהוא תשמישי קדושה ובדרך ארעי, כגון ללמוד לפניהן דרך ארעי, אפשר דלכו"ע אין להחמיר, וצ"ע**).

(**ודע עוד, דאפילו ללמוד בדרך קבע, אפשר דאין להחמיר רק בכדי שיעור המבואר לעיל סימן תרע"ב סעיף ב', אבל לא בתר זה, והיינו אפילו אם נרצה להחמיר שם שלא כדעת המחבר, הוא רק לדבר הרשות, אבל לא לדבר מצוה, וצ"ע, ויותר טוב אם הוא חול ואין לו נר אחר ללמוד לפניו, שיכבנה לאחר כלות השיעור, ויחזור וידליקנה**).

וכן בנרות בהכ"נ, אין משתמשין לאורן אף תשמישי קדושה, כמו בבית, דהיינו אם ירצה להתפלל מעריב אצלם, כל זמן שלא דלקו חצי שעה אסור.

ונוהגים להדליק נר נוסף - פי' מלבד הנר שמניחין על השולחן, **כדי שאם ישתמש לאורה יהיה לאור הנוסף שהוא אותו שהודלק אחרון** - דחוששין כיון שמדליקין בפנים, אולי ישתמשו בנרות של חנוכה ולאו אדעתייהו, **אבל** מעיקר הדין, כיון שיש לו נר על שולחנו, א"צ להדליק נר נוסף.

(**הנה לדעת הב"ח הוא כפשטיה, דאך נגדו מותר לשמש, אבל נגד כולן יחד אסור, כיון שיש נר חנוכה בתוכם, ולדעת רמ"א בסוף הסעיף** ‹בנוגע תערובות›, **כיון שיש נר חול בתוכם, שוב אין ביזוי מצוה בהשתמשו נגד כולם, כיון שיש שם נר הנוסף או השמש, והיה די לו לשמש נגד אורו בלבד, ולא מהני ליה נר חנוכה, ולפי דבריו מש"כ "יהיה לאור הנוסף", היינו שאור הנוסף הלא יועיל לו ג"כ לשימושו, ולהכי שרי, וכן הסכים המ"א והפר"ח להקל, אלא שהפר"ח סיים, דאם אין די לו לתשמישו בהנר של חול, דהיינו דבר שהוא צריך עיון גדול, וצריך לזה הענין ג"כ האור של נר חנוכה, באופן זה בודאי אין להקל**).

ועיין מ"א, (**שמטעם אחר**) לכתחלה אין להשתמש אצל כולן יחד, כי אם לאור הנוסף או להשמש בלבד כשהוא אחד בפני עצמו, דהרואה יאמר לצרכו הדליק כולן, דלפעמים אדם מדליק כמה נרות, (**וטעם זה לא שייך לענין תערובות, עיין לקמן בסמוך**).

ויניחנו מרחוק קצת משאר נרות מצוה - כדי שיהיה היכר כמה נרות מדליקין באותו יום, ולא

יחשבוהו עמהם, [**ובדרי"ו** איתא עוד טעם, כדי שאם יבוא לשמש, יהיה היכר שמשתמש לאורו לבד].

הגה: ובמדינות אלו אין נוהגים להוסיף, רק מניח אצלן השמש שבו מדליק הנרות, והוא עדיף טפי - דבזה מוכח בהדיא לבני הבית שאינו ממנין הנרות, **וטוב** שלבד זה יניח נר על השלחן, (דאיכא למימר לצורכו אדלקה, ואף על גב דאיכא שמש, מכל מקום פעמים אדם מדליק כמה נרות לצורכו – מחה"ש).

ואפילו רבים המדליקין, כיון שכל אחד מניח נרותיו במקום מיוחד, צריך להניח שמש אצל כל אחד ואחד, אפי' יש נר על השולחן, דשמא ישתמש אצל הנרות.

ויש לעשותו יותר ארוך משאר נרות, שאם בא להשתמש ישתמש לאותו נר - ר"ל דכיון שהוא גדול, עיקר תשמישו ממנו, **וה"ה** אם מעמידו גבוה קצת משאר הנרות, שפיר דמי.

אם נתערב נר חנוכה האסור בהנאה בשאר נרות - ר"ל לאחר שהודלק שנעשה בו מעשה, נתערב, דמקודם לכן לא נאסר, דהזמנה לנר חנוכה לאו מילתא היא, **ואח"כ** כבה בתוך זמן שיעורו, [דאילו לאחר זמן שיעורו, הנר חנוכה בעצמו ג"כ מותר להשתמש בו, **ונהי** דיש פוסקים שמחמירין, מ"מ לענין תערובות בודאי אין להחמיר], **אפי' אחד באלף, לא בטיל** - כן פסק בתה"ד, דהיינו ליטול אחת מתוכן להדליקו ולהשתמש בו, **וה"ה** בעודן דולקין, לא יטול אחד מתוכן להשתמש בו לאורו, **דהוי דבר של מנין** - ור"ל דאפילו במקום שרגילין למכור הנרות במשקל, מ"מ נרות של מצוה הכל מונין אותן בכל לילה, ודבר שבמנין חשוב הוא ולא בטיל.

אלא ידליק מן התערובות כל כך שבודאי נר של היתר דולק עם נר של איסור, ואז מותר להשתמש אצלן - פי' אם נתערב נר חנוכה א', מדליק ב', ואם נתערב ב' או ג', ידליק אחד יותר, כדי שימצא בו נר של היתר ג"כ, דהא הדלקת השמש הוא כדי שישתמש לאורן, ש"מ דאם הם ביחד מותר לשמש אצלן.

ויש מן הפוסקים [הב"ח] דס"ל, דדוקא שמש שעומד למעלה מכל הנרות שרי, דאז עיקר תשמישו לאור השמש, משא"כ בזה שמשתמש לאור כולן, הרי מתהנה ג"כ מנר חנוכה, **והנה** במ"א ופר"ח הסכימו, דהדין עם הרמ"א, (ואע"ג דמ"א גופיה כתב, דאע"ג דאיכא שמש, לא ישתמש אלא לאור השמש, ולא לאור נ"ח, היינו משום דנ"ח דולק למצותן, לכן צריכין הכירא שהודלק לשם מצוה, ואם ישתמש אצלן יאמרו לצורכו אדלקיה, דלפעמים מדליק כמה נרות, **משא"כ** הכא בתערובות, כשידליקן לא ידליקן לשם מצוה כי אם לצורכו, ואין צריך נר התירא כי אם דלהשתמש לנר האסור בלבד לא שרינן, וכיון דאיכא חד נר היתר, תו לא מקרי נהנה מדבר איסור), **אמנם** מהגר"א משמע דאין הדין הזה מוכרע, וכן במור וקציעה משמע, דלמעשה יש להחמיר בדין זה.

ורש"ל חולק (על התה"ד), ופוסק דחד בתרי בטל, [הביאו המ"א, ולא הכריע לדינא, **ומשמע** דבמקום שהוא הפסד מרובה, אפשר שיש להקל, דהוא מלתא דרבנן, **וטעמו** של רש"ל נראה, דס"ל הואיל ונמכרות במשקל, אינם נחשבות דבר שבמנין משום שמדליקין אותן במנין, דהמנין לאו משום חשיבות היא, אלא המצוה כך היא].

ועיין בט"ז שכתב, דאפילו להרמ"א, דוקא כשנתערב בתוך ימי חנוכה, דחשובין הן, דהן ראויין למצוה ביום המחרת, [**וע"כ** מיירי שנשאר גדול כ"כ, שראוי להדליקה לנר חנוכה, דהיינו שעדיין ידלק חצי שעה, דאל"כ הלא שוב אין ראויין לנר חנוכה לפי מה שהוא עכשיו, ובטל חשיבותן], **אבל** אם נתערב ביום השמיני, וכ"ש לאחר מכן, כבר בטל חשיבותו, ודינו לכו"ע כיבש ביבש, ובטל ברוב.

סעיף ב - הדלקה עושה מצוה, לפיכך אם כבתה קודם שעבר זמנה, אינו זקוק לה - ואם הדליקה במקום הרוח וכבתה, זקוק לה לחזור ולהדליקה במקום שאין הרוח מצוי, דזה הוי כאלו לא נתן בה שמן כשיעור, **ומ"מ** לא יברך עליה, [דשמא לא היה ברור שיכבה, כמו שמנים פסולים דמדליק בהן], **ופשוט** דאם הוא רואה שהאור אין נאחז בהפתילה, ובודאי יכבה במהרה, שאינו יוצא בהדלקה זו, וצריך מדינא לחזור ולהדליקה לאחר הכביה, [**דזה** גרע מפתילות שאין נאחז בהן האור יפה, דשם הוי רק חשש שיכבה].

(**אכן** בעת הדלקה בעינן שיהיה בה שמן שיוכל להדליק כשיעור, **ונ"ל** דכמו כן בעינן שבעת הדלקה יהיה

סימן תרעג – שמנים ופתילות הכשרות לחנוכה

כל הנרות לפי חשבון הימים, ואז נחשב למהדר מן המהדרין, **וע"כ** אם כבתה אחת קודם שהשלים ההדלקה, צריך לחזור ולהדליקה, **ודע עוד**, דמה שאמרו אינו זקוק לה, היינו אפילו כבו כולם, דלא בעינן פרסומי ניסא רק בעת ההדלקה).

(**בתשובת** מהר"י ברונא כתב, דלא יסלק ידו אחר הברכה, עד אשר ידליק רוב הפתילה היוצא מן השמן).

ואפילו כבתה בערב שבת קודם קבלת שבת שעדיין הוא מבעוד יום, אינו זקוק לה - הטעם, כיון שבע"ש מחוייב להדליק קודם שקיעה, וגם כבר בירך עליה "להדליק נר של חנוכה", כבר הותחלה המצוה בהכשר, **ועיין** בט"ז שחולק ע"ז, ודעתו, דקודם קבלת שבת שיש עדיין היתר להדליק, מחוייב לחזור ולהדליק, ובלי ברכה.

וכן אם לאחר שהדליקה, בא לתקנה וכיבה אותה בשוגג, אינו זקוק לה.

הגה: ואם רוצה להחמיר על עצמו ולחזור ולהדליקה, אין לברך עליה - והאחרונים כתבו, דראוי להחמיר לחזור ולהדליקה בכל ענין, (דלא גרע מן המהדרין – ט"ז, [היינו בין שנכבה בשוגג או במזיד, **ואפי'** כשנכבה במזיד, דבודאי מחוייב לחזור ולהדליק, מ"מ לא יברך], **ובפרט** אם נכבה בע"ש קודם קבלת שבת, **ואם** הוא קיבל בעצמו שבת ואח"כ כבה, ויש עדיין זמן היתר, מותר לומר לחבירו שידליקם.

ומצוה מן המובחר לקנות שעוה לנר חנוכה, מן מה שנוטף מן הנרות בביהכ"נ, מאחר דאיתעביד בהו חדא מצוה, ליתעביד בהו מצוה אחריתא.

סעיף ג - נר של חרס שהדליק בו לילה אחת, נעשה ישן ואין מדליקין בו לילה אחרת - שהוא מאוס וביזוי מצוה, **אלא לוקח חדשים בכל לילה; ואם אין לו אלא ישן, מסיקו בכל לילה באור; ונר של מתכת א"צ חדש, ושל זכוכית, או של חרס מכוסה** - היינו מצופה באבר, **דינו כמתכת.**

כתבו הספרים, שטוב שכל אחד יטריח לעשות לו מנורה יפה לפי כחו, וכן הנרות יעשה יפה.

סעיף ד - אין חוששין לפתילות להחליפם, עד שתכלה - שאין בהם בזיון מצוה, דאדרבה הם נוחין להדליק יותר כשהם מודלקין כבר.

§ סימן תרעד – שמותר להדליק מנר לנר §

סעיף א - מדליקין נר חנוכה מנר חנוכה - מיירי מליל ראשון ואילך, שיש יותר מנר אחד, ומדליק זה מזה, **א"נ** בליל ראשון, ויש שני אנשים בבית אחד, שכל אחד מדליק בפני עצמו, מותרין להדליק זה מזה, דשתיהן נרות של מצוה הן.

ואף דמבואר לקמן בסימן תרע"ה, שצריך להניחה תחלה על מקומה ואח"כ להדליקה, כבר כתב הט"ז לקמן, דעל זמן מועט אין להקפיד ע"ז, **ולדעת** שארי אחרונים דסוברין, דעל זמן מועט ג"כ יש להקפיד, הכא מיירי שהיו שניהן קבועין במקומן, אכן היה להן פתילות ארוכות, והפתילה מגיע לנר שלפניה, וא"צ להסירה ממקומה, [**ומסתברא** שאע"פ שמושך הנר שרוצה להדליק, ומדליקה מאחרת, דג"כ שפיר דמי, כל שאינה מסירה לגמרי מהנר, **ובא"ר** תירץ באופן אחר, דמיירי שמטלטל נר הדלוק, ומגיעה לנר המונח ומדליקה, **אכן** הפמ"ג מפקפק, דהא הביא בסי' תרע"ב בשם ליקוטי מהרי"ו, דאין לטלטל נר חנוכה ממקומה בתוך שיעורה, **ולענ"ד** נראה דסובר הא"ר, דהלא כל הטעם שלא יאמרו לצורכו הוא, והכא הלא רואין שמגיעה לצורך נ"ח אחרת].

ודוקא להדליק מזה לזה בלא אמצעי, אבל להדליק מזה לזה על ידי נר של חול, אסור - מפני שנראה כמבזה נר של מצוה, שמדליק ממנו נר של חול, אע"פ שהוא עושה לצורך מצוה, **אבל** בלא אמצעי אין בזה ביזוי מצוה, כיון דשתיהן של מצוה הן.

ואם כבה אחד מהנרות, אין להדליקה מן האחרים, אפי' בלא אמצעי, ואפילו כבתה בתוך שיעור הזמן, **דאין** בהדלקה זו מצוה מעיקר הדין, דקי"ל כבתה אין זקוק לה.

וכ"ש שאם נכבה השמש, שאין להדליקו מן נר חנוכה, שבכלל נר של חול לזה, **וכתב** רש"ל, שבבהכ"נ אין חילוק בין השמש לשאר נרות, שכל הנרות שבתוכה

קרויים נר מצוה, **ומשו"ה** יש לגעור באותן שמדליקין נרותיהן ע"י השפחות מנר ביהכ"נ, אפילו מן השמש, **חוץ** ממוצ"ש, כדי לילך לביתו להאיר במבואות האפילות.

ויש מתירים גם בזה - ס"ל, דכיון דעושה כדי להדליק תיכף ממנו נר של מצוה, לאו בכלל ביזוי הוא, **אא"כ הוא בענין שיש לחוש שיכבה הנר של חול קודם שידליק נר אחר של חנוכה.**

הגה: ונהגו להחמיר בנרות חנוכה שלא להדליק אפילו מנר לנר, דעיקר מצותו אינו אלא נר אחד, והשאר אינו למצוה כ"כ, ולכן אין להדליק זה מזה - היינו דמדינא הלא סגי בנר אחד לכל בני הבית, היכי דסמוכין כולן על שולחן אחד, **ולפי"ז** היכא דשני בעלי בתים דרין בבית אחד, דמדינא צריך הדלקת נר חנוכה לכל אחד, מדליקין זה מזה.

ודוקא בנרות חנוכה, ומטעם הנ"ל, **אבל** בנרות אחרים של מצוה, כגון של שבת ושל בית הכנסת וכדומה, מדליקין מנר לנר, ד"מ, וכן הסכים בספר חמד משה, דכן הוא עמא דבר, וכ"כ בחיי אדם, **וכן** משמע לעיל בסימן קנ"ד סי"ד, דדוקא נר של הדיוט אין מדליקין מנר של ביהכ"נ, אבל נר מנר שרי, ולא הגיה הרמ"א שם כלום להחמיר, משמע דפשיטא ליה דבזה לית כאן מנהג להחמיר, **ועיין** בפמ"ג, דע"י נר של חול אין כדאי, אפילו בשאר נרות של מצוה.

וכל זה אינו רק בעוד שדולקים למצותן, אבל אחר שעבר זמן המצוה מותרים בהנאה, כ"ש שמותר להדליק מהן - ולפי מה שכתבנו לעיל בסימן תרע"ב, דיש פוסקים שסוברין דכל זמן שדולקין אסור להשתמש לאורן, ה"ה דאין להדליק מהן, **ומ"מ** נראה דאין להחמיר בזה רק לענין להדליק ממנו נרות של חול, **אבל** נר של מצוה דמדינא מותר אפילו בתוך השיעור, עכ"פ אין לנו להחמיר אחר שעבר השיעור.

סעיף ב - יש מי שאומר שנר של בהכ"נ ושל שבת ושל חנוכה כולם של מצוה הם, ומותר להדליק זה מזה, הגה: וה"ה נר של ת"ת, או נר לחולה הצריך נר. ובענין נר של בהכ"נ ע"ל סי' קנ"ד סי"ד.

עיין בביאור הגר"א שכתב, דלדיעה ראשונה לעיל בסימן תרע"ג ס"א, דאפי' תשמיש קדושה אסור להשתמש לנר חנוכה, וכתבו הטעם, שאינו דומה להא דקי"ל דמדליקין מנר לנר, דהתם כולהו נרות חדא מצוה היא, משא"כ ללמוד הוא מצוה אחרת, ונראות כמבטלות זו את זו, **גם** בעניננו אסור, [**ולדבריו** גם נר שבת ונר ביהכנ"ס וכדומה, אין להדליק אחד מחבירו], **ועיין** בספר חמד משה, דדעתו ג"כ, דאין להדליק שאר נרות מנר חנוכה.

§ סימן תרעה – שהדלקה עושה מצוה ולא הנחה §

סעיף א - הדלקה עושה מצוה, ולא הנחה - מדמברכינן: אקב"ו להדליק נר וכו', **ולפי"ז** גם בשבת ויו"ט נמי דינא הכי, **שאם היתה מונחת במקומה שלא לשם מצות חנוכה, מדליקה שם, וא"צ להסירה ולהניחה לשם מצות חנוכה.**

לפיכך עששית שהיתה דולקת כל היום, שהדליקה מע"ש למצות חנוכה, למוצאי שבת מכבה ומדליקה לשם מצוה - ר"ל שאם היינו סוברין שהנחה עושה מצוה, היה צריך לכבותה ולהגביה, ולהניחה לשם מצוה ולהדליקה, **אבל** כיון שהדלקה עושה מצוה, מדליקה כמות שהיא מונחת,

ואינו מועיל מה שהדליקה אתמול לשם מצוה, דכל יומא ויומא מילתא באנפי נפשה היא.

ומ"מ צריך שידליקנה במקום הנחתה - ר"ל דלא תימא דלא איכפת לן בהנחה כלל, ובאיזה ענין שידליק יצא, קמ"ל, **שאם הדליקה בפנים והוציאה לחוץ, לא יצא, שהרואה אומר: לצורכו הוא מדליקה.**

הנה בזמן הגמרא, שהיה צריך להניח הנ"ח על פתח ביתו מבחוץ, הוא כפשטיה, דצריך להדליק ג"כ במקום ההנחה, דהיינו מבחוץ, ששם הוא מקום החיוב של פרסומי ניסא, **ואפילו** כהיום שאנו מקילין ומדליקין בפנים בבית, מ"מ אינו יוצא באופן זה, דצריך שיהיה

הדלקת הנרות במקום שיניחם לבסוף, משום דהרואה יאמר לצורכו הוא מדליקה, **ולפי"ז** פשוט דה"ה אם הדליקה בחוץ והניחה בפנים, ג"כ אינו יוצא מטעם זה.

וכתבו הפוסקים, שאפילו היה ההדלקה והנחה במקום אחד, בפנים או בחוץ, ג"כ יש ליזהר שלא לטלטל הנרות חנוכה ממקומן, עד שיושלם השיעור של הדלקה, דהיינו חצי שעה, **ויש** מאחרונים שמקילין בזה, **וכתב** הפמ"ג, דלכתחלה בודאי יש ליזהר בזה, **ואפילו** בנרות חנוכה שמדליקין בביהכ"נ, ג"כ נכון ליזהר לכתחלה שלא לטלטלן ממקומן עד שיעור חצי שעה.

וכן אם מדליקה ואוחזה בידו במקומה, לא יצא, שהרואה אומר: לצרכו הוא אוחזה - דעת הט"ז, דדוקא שאוחזה כל זמן מצותו, אבל אם אוחזה בידו קצת זמן, ואח"כ מניחה כשהיא דולקת, יצא, **אבל** כמה אחרונים מפקפקין בזה, ודעתם, דאין להדליק עד שיהיו מונחין תחלה במקומן.

סעיף ב - יש מי שאומר דכיון דהדלקה עושה מצוה, צריך שיתן שמן בנר כדי שיעור קודם הדלקה; אבל אם בירך והדליק ואח"כ הוסיף שמן עד כדי שיעור, לא יצא ידי חובתו - וצריך לכבותה וליתן בה שמן כשיעור, ולחזור ולהדליק בלא ברכה.

סעיף ג - אשה מדלקת נר חנוכה, שאף היא חייבת בה - שהנס היה גם להן, שהגזירה היתה על כל בתולה הנישאת שתבעל להגמון תחלה, **וגם** התשועה נעשה ע"י אשה, שבת יוחנן כ"ג חתכה ראשו של ראש הצוררים.

מדלקת - פי' בעד כל בני ביתה, (בזה א"צ שיהיו עומדים אצלה בשעת הברכה), **ואפי'** איש יכול לעשות אותה שליח להוציאו, אם עומדין בשעה שמדלקת, ושומעין הברכה, **ובדיעבד** אם לא ענו אמן על הברכה ג"כ יצאו, **וכן** איש מברך לאשה ויוצאת י"ח, אם עומדת שם ושומעת הברכה, לא בענין אחר, (מיירי ע"כ בשאינם מבני ביתם של המדליק, ובאופן שהוא מדליק כעת שנית עבורם, או באופן שהם מדליקין לעצמם ויוצאים בברכתו – קנה בשם).

(והגם דיכולה להוציא אפי' בעלה, אבל ידוע מה שארז"ל: בן מברך לאביו ואשה מברכת לבעלה, אבל אמרו חכמים, תבא מארה לאדם שאשתו ובניו מברכין לו, ומה שאמר "דקא מדליקי עלי בגו ביתאי", מפני שלא היה אז בביתו, ועיקר החיוב מונח על הבית).

ועיין בתשובת עולת שמואל, דלדידן שמדליקין כל אחד בפני עצמו, מ"מ אשה אינה צריכה להדליק, דהויין רק טפילות לאנשים, [דאשתו כגופו דמי], **ואם** רוצים להדליק, מברכות, דהוי כשאר מ"ע שהזמן גרמא דיכולות לברך, **וכשאין** האיש בבית, תדליק האשה, דהוי בת חיובא, ובברכה, ולא ידליק קטן, וכדלקמיה.

כתב רש"ל: סומא, אם הוא בבית שאחרים מדליקין, ויכול להשתתף בפריטי עמהם ויברכו עליו, זה עדיף, וכן אם יש לו אשה, אשתו מדלקת עליו, **ואם** הוא בבית מיוחד ואין לו אשה, ידליק בעצמו ע"י סיוע של אחר, **ועיין** בשע"ת דלא יברך, וכ"ש שאינו יכול להוציא אחרים.

אבל אם הדליקה חרש שוטה וקטן, לא עשה כלום - ואפילו אחרים עומדין על גבם, דאין עליהן חיוב מצוה, **ואע"פ שהניחה גדול** - דהדלקה עושה מצוה ולא הנחה. **ויש מי שאומר, בקטן שהגיע לחינוך מותר** - הנה לפי מה שסתם המחבר בסימן תרפ"ט ס"ב, משמע דלמעשה אין לסמוך שיהיה הקטן יכול להוציא בהדלקתו לגדולים.

הגה: ולדידן דכל אחד מבני הבית מדליק בפני עצמו, קטן שהגיע לחינוך צריך להדליק ג"כ - ר"ל דאף אם נימא להלכה דלא כהי"א הנ"ל, ואינו יכול להוציא אחרים בהדלקתו, מ"מ הוא בעצמו כיון שהגיע לחינוך צריך להדליק.

ולדידן - [ור"ל דלדעת המחבר לעיל בסי' תרע"א, שסובר שא"צ להדליק אפי' המהדרין מן המהדרין, רק הבעה"ב בשביל כולם, ורק שמוסיף בכל לילה, אין שייך כלל לומר דהקטן ידליק, אם לא שיש לו בית מיוחד בפני עצמו, וזהו דקאמר "ולדידן" וכו'].

(ועיין במ"א דהביא מש"ג דס"ל, דאפילו לדידן שמדליקין נר לכל אחד ואחד, קטנים פטורין, דנהי דמחוייב לחנכו, היינו בדבר שיש בו חיוב על הגדול מצד הדין, אבל בזה דגם בגדול ליכא כי אם משום הידור מצוה, אינו מחוייב לחנך בו הקטן). ונ"ל דלקטן א"צ להחמיר כולי האי, ודי שידליק בכל לילה רק נר אחד לכו"ע.

כ' האחרונים, דגר ג"כ יכול לומר: שעשה נסים לאבותינו.

§ סימן תרעו – סדר הברכות וההדלקה §

סעיף א - המדליק בליל ראשון מברך שלש ברכות: להדליק נר חנוכה - בגמרא וכל הפוסקים איתא, "נר של חנוכה", **וכ"כ** המהרש"ל, אך שכתב שיאמר "שלחנוכה" במילה אחת, ולא "של חנוכה" שתי מילות, **והעולם** אין נוהגין להקפיד בזה, **ושעשה נסים** - "בזמן הזה", ולא "ובזמן", **ושהחיינו** - "והגיענו לזמן הזה", הלמ"ד בחיר"ק, ולא בפת"ח. ‹ומנהג העולם לומר לַזמן הזה – פסקי תשובות›.

ואם לא בירך זמן בליל ראשון, מברך בליל שני או כשיזכור - ר"ל כשיזכור בשאר הלילות בשעת ההדלקה, **ואם** נזכר אחר ההדלקה, אינו מברך בלילה זו עוד, [**אמנם** אם אירע זה בליל שמיני, וממילא יתבטל לגמרי ברכת "שהחיינו", צ"ע, **דאפשר** דכמו בעלמא קימ"ל, דזמן אומרו אפי' בשוק, דהוא קאי על עצם היו"ט, אפשר דה"ה בזה, דקאי על עצם הזמן דחנוכה, דנעשו בו נסים ונפלאות, אלא דלכתחילה סמכו זה על זמן דהדלקה].

סעיף ב - מליל ראשון ואילך מברך שתים: להדליק, ושעשה נסים - דנס כל יומא איתא, שהרי כל שמנה ימים הדליקו מן הפך, **אבל** זמן, משהגיענו להתחלת הזמן הגיענו.

הגה: ויברך כל הברכות קודם שיתחיל להדליק - דבעינן שיהיו הברכות עובר לעשייתן, **(ואין נ"מ בין לילה ראשונה לשאר הלילות).**

הדליק נר חנוכה, ושכח לברך על הדלקתה, ורק קודם שהדליק כולן נזכר דעדיין לא בירך, יש לו לברך כל הברכות - רע"א, ‹א', דעת הא"ר דמברך על ההידור, ב', כיון דמקרי שיהוי מצוה משך הדלקתם, י"ל דמקרי עובר לעשייתן. ג', דעת הפוסקים אם לא בירך עובר לעשייתן מברך אח"כ, מכל זה נראה לסמוך בנ"ד דיברך›, [**אכן** כתב שם: אולם אם קודם דהדליק נרות הנוספות כבו הראשונות, לא יברך רק "על הנסים" ו"שהחיינו", ע"ש מלתא בטעמא], ‹דבזה ליכא סניף הנ"ל דמכח שיהוי מצוה מקרי עובר לעשייתן, כיון דכבתה ואזדא מצוותה לגמרי, הדרינן לפסקא דרבוותא הנ"ל הא"ר והפר"ח אם מברכים על ההידור, וספק ברכות להקל›, **עוד** כתב, שאם נזכר לאחר שהדליק כולם, אין לו לברך ברכת "להדליק", רק ברכת "שעשה נסים", וכן ברכת "שהחיינו", יש לו לברך, [דלא גרע מרואה נר חנוכה, דמברך ב' ברכות אלו - **וכגון** דאיתרמי דלא בירך "שהחיינו" בלילה ראשונה, דזמנו כל הח' ימים]. ‹**ועיין** לעיל ס"א דכתב המ"ב: "ואם נזכר אחר ההדלקה, אינו מברך בלילה זו עוד", וצ"ע, ואולי ס"ל דלא שייך ברכת רואה על זמן לבד – שונה הלכות›.

סעיף ג - מי שלא הדליק ואינו עתיד להדליק באותו הלילה - אבל אם ידליק אח"כ, לא יברך אראיה, כיון דיוכל לברך אח"כ על ההדלקה, **וגם אין מדליקין עליו בתוך ביתו, כשרואה נר חנוכה מברך: שעשה נסים, ובליל ראשון מברך גם: שהחיינו; ואם אח"כ בליל ב' או ג' בא להדליק, אינו חוזר ומברך: שהחיינו** - משום דהלא בירך מאתמול כשראה הנרות.

ואם באתמול לא בירך כלל, משום דסמך על אשתו שמדלקת בביתו, וכפי מה דמוכח מדברי המחבר, דאם אשתו מדלקת עליו בתוך ביתו, חשוב כמו שהדליק בעצמו, **ע"כ** אם בא בליל שני לביתו ומדליק, אינו צריך לברך ברכת "שהחיינו".

ויש פוסקים דסברי, [מרדכי] ‹עיין לקמן סימן תרע"ז ס"ג›, דאפילו יודע שמדליקין עליו בביתו, כיון דהוא בעצמו אינו מדליק, וגם אינו משתתף עם אחרים בפריטי, צריך לברך על הראיה, להודות על הנס, וגם לברך אז "שהחיינו", [**דאילו** היה משתתף בפריטי, ושומע ברכה מבעה"ב, אפי' אם לא ראה אז הנרות, אינו מחוייב לכו"ע לברך אח"כ על הראיה, דשומע כעונה, והרי כבר הודה על הנס], **ומ"מ** אינו כדאי לעשות כן למעשה, דספק ברכות להקל.

סעיף ד - אחר שהדליק - נר הראשון שהוא העיקר, **אומר: הנרות הללו אנו מדליקין על התשועות ועל הניסים ועל הנפלאות וכו'** - ויגמור ההדלקות בעוד שאומר "הנרות" וכו', **ומ"מ** מי שנוהג לומר "הנרות הללו" לאחר שהדליק הכל, נמי שפיר דמי.

ובנוסח "הנרות" יש ל"ו תיבות, נגד הנרות של חנוכה, מלבד אלו שני תיבות "הנרות הללו", כלומר, הנרות הללו הם ל"ו, עכ"ל רש"ל, **ובשני** תיבות "הנרת

הללו", יש ח' אותיות, רמז לח' ימי חנוכה, [**ויאמר** "הנרות הללו קודש" ולא יאמר "קודש הם", דא"כ יהיה ל"ז תבות]. ‹זה שכתוב שיש ל"ו תיבות, לא אוכל לכוין החשבון - ערוה"ש›.

סעיף ה - יתחיל להדליק בליל ראשון בנר היותר ימיני, ובליל ב' כשיוסיף נר אחד סמוך לו, יתחיל ויברך על הנוסף, שהוא יותר שמאלי, כדי להפנות לימין - כמו שאמרו חז"ל: כל פינות שאתה פונה לא יהא אלא דרך ימין, **וכן בליל ג' כשיוסיף עוד אחר סמוך לשתי נרות הראשונות, יתחיל בנוסף ובו יתחיל הברכה, ואח"כ יפנה לצד ימין, וכן בכל לילה; נמצא שתמיד מברך על הנוסף שהוא מורה על הנס, שהרי בתוספת הימים ניתוסף הנס** - ואין חילוק בין שמניח מימין הפתח, ובין שמניח משמאל הפתח, תמיד יתחיל הברכה בנר הנוסף. (**דלדעת המחבר יש מעלה יותר אם נתחיל להדליק בנר הנוסף, שעי"ז נוכל לקיים מה שאחז"ל: כל פינות שאתה פונה לא יהא אלא דרך ימין, וגם שהוא מורה על תוספות הנס, ואף שעי"ז נדחה מה שאמרו, דלכתחלה מצוה להתחיל בטפח הסמוך לפתח, אין לחוש לזה**).

וי"א דאם מונח בימין הפתח, אזי צריך להתחיל תמיד בנר הימיני שהוא סמוך לפתח, והולך מימין לשמאל, **ואם** מניח הנרות בשמאל הפתח, צריך להדליק ג"כ תמיד תחילה הנר הסמוך להפתח, והולך ומדליק משמאל לימין, [רש"ל, וכן הוא ג"כ דעת הגר"א, **שהוא** חולק על מה שכתב בשו"ע, שיברך על הנוסף, משום דהלא זה אינו אלא למהדר ביותר, ויניח עיקר המצוה ויברך על הרשות, וגם משום פינות לימין יבטל עיקר המצוה טפח הסמוך לפתח, **אלא** שהעיקר שיתחיל בנר הסמוך לפתח, בין מדליק בימין הפתח או בשמאל, ויברך כל הלילות עליו, ובזה מדליק ומברך תמיד על סמוך לפתח, ועל עיקר המצוה], **ודעביד** כמר עביד, ודעביד כמר עביד, [דאין בנו כח להכריע]. **ומה** טוב ונכון, אם יכול לסדר כולם בתוך חלל הפתח, שיהיו כולם שוין בטפח הסמוך לפתח, **אכן** יזהר שלא יפתח הפתח במשך חצי שעה שהנרות דולקין, שלא יכבם הרוח.

וה"ה ‹לדעת המחבר› כשמדליק בחלון, או בחלל הפתח, או בבהכ"נ, בליל ראשון ידליק בתחלה בנר היותר ימיני, ובליל שני ביותר שמאלי, וכן בליל ג' וד' עד יום ח', הכל ידליק בנר הנוסף, ואח"כ פונה והולך לצד ימין, **ובכל** זה ירחיק את עצמו לצד שמאל בעת ההדלקה, כדי שיפגע בו תחלה, ולא יצטרך להעביר על המצות, [**ולאפוקי** שלא יעמוד נגד נרות הקודמין, וישכל ידיו נגד הנרות האחרונות].

ולדעת הי"א הנ"ל, גם בזה יברך תמיד על הנר הראשון, שהוא עיקר המצוה, **ונראה** דבזה יעמיד הנר הראשון לצד שמאל, ואח"כ בכל יום מוסיף והולך לצד ימין, וההדלקה יהיה תמיד בנר שעומד בצד שמאל, כמו שכתבנו, ופונה והולך לצד ימין, [**כיון** שבלא"ה אינו סמוך לפתח, מוטב שיעשה כן כדי לקיים גם מה שאמרו: כל פינות שאתה פונה וכו'].

(**ודעת הלבוש והט"ז, דכונת הגמרא היפך מזה, דהיינו שנלך מימין לשמאל, ולפי"ז פסק הט"ז דהיכא שיש מזוזה, שצריך לסדרם משמאל הכניסה אצל הכותל, יסדרם בטפח הסמוך לפתח, ויתן בלילה הראשון הנר אצל הפתח, ובלילה שניה יתן הנר הנוסף לצד חלל הבית, דהיינו שהנר הנוסף יהיה לימינו, ונר הראשון יהיה לשמאלו, ויתחיל להדליק מן נר הנוסף, וידליק מן ימין לשמאל, וכן בלילה שלישית כשמוסיף עוד נר, יהיה הוא לימינו, ונרות הראשונים לשמאלו, ויתחיל להדליק מן נר הנוסף, וילך מן ימין לשמאל**).

(**והיכא שמסדרם בחלל הפתח, או בחלון, או בבהכ"נ, יסדר בלילה הראשונה בקצה השורה הנר לשמאלו, ובלילה שניה יתן אצלו הנר הנוסף לימינו, ונר הראשון יהיה לשמאלו, ויתחיל להדליק מן נר הנוסף שהוא לימינו, וילך מן ימין לשמאל, וכן בכל לילה, כשיתן נר הנוסף ידליק ממנו וילך מן ימין לשמאל, עד שבליל שמיני הנר הנוסף הוא בקצה השורה לימינו, וידליק ג"כ אותו בתחלה, וילך מן ימין לשמאל, וא"כ צריך לעמוד הש"ץ בביהכ"נ, אחוריו לצפון ופניו לדרום**), [כדי לסדר הנרות ממזרח למערב, ‹ולהתחיל בלילה ראשון מהנר הסמוך לארון הקודש›, כדמבואר בתרע"א, **וגם** לדעת הי"א הנ"ל, יהיה אחוריו לצפון ופניו לדרום, **ולדעת** השו"ע, עומד אחוריו לדרום ופניו לצפון].

(**בפמ"ג כתב שהוא נהג כהט"ז, נמצא שיש לנו ג' שיטות, דעת המחבר, ודעת רש"ל והגר"א, ודעת הט"ז, וכל א' יעשה כמנהגו, ואין נ"מ בכל זה בעצם המצוה, דבכל גווני יוצא לכו"ע, רק לענין לכתחלה באיזה מקום נכון יותר להתחיל להדליק ממנו**).

§ סימן תרעז – דין אכסנאי בחנוכה §

סעיף א - אכסנאי שאין מדליקין עליו בביתו - כי מדינא כשאשתו מדלקת נר חנוכה בביתו, הוא יוצא י"ח בהדלקתה, אף שהוא במקום רחוק מביתו, וא"צ שוב להשתתף אפי' בפריטי, **ועיין** בט"ז בשם רש"ל, דדוקא כשהוא יודע בבירור שאשתו מדלקת עליו, [**ובתה"ד** משמע, דאפי' אינו יודע זה בבירור, רק שהוא יודע באשתו שיודעת דין זה, שהאשה צריכה להדליק בגו ביתה, שהמצוה מוטלת על מי שהוא בתוך הבית, או אפי' אם אינה יודעת, אבל בני ביתה יודעים דין זה], **אבל** אם אינו יודע, יש לו להדליק וגם לברך, **ומטעם** זה, מי שלא ידע שהדליקו עליו, ובא באותו לילה לביתו ומצא שהדליקו עליו, צריך להדליק, דכיון שלא ידע מתחלה, מסתמא היה דעתו להדליק בעצמו ולא לצאת בשל אשתו, וממילא חל עליו תקנת חכמים, **ועיין** במ"א שדעתו בזה, דידליק בלא ברכה, (**דסתמא** דמלתא, אי הוי ידע דאשתו מדלקת עליו, היה דעתו לצאת בהדלקתה, ולא חל עליו חיוב כלל – מחה"ש).

וע"ל בסימן תרע"ו, שהבאנו כמה פוסקים שסוברין, דכשהוא סומך על אנשי ביתו, אף שיוצא בזה ידי נר חנוכה, מ"מ כשרואה אח"כ נר חנוכה, י"א שצריך לברך שעשה נסים, **וע"כ** נכון יותר להדליק בעצמו אפי' נר אחד, ולא לסמוך על קולא זו, וע"ל בס"ג מה שנכתוב בזה.

(ועכ"פ כשאין מדליקין עליו בביתו) **צריך לתת פרוטה לבעל הבית להשתתף עמו בשמן של נר חנוכה** - היינו שא"צ האכסנאי ליתן כל חצי הוצאות הנרות, רק בפרוטה סגי, דעי"ז מקנה לו חלק בשמן, **ויש** מאחרונים שכתבו, דצריך הבעה"ב להוסיף מעט שמן בשבילו, חוץ השיעור שצריך ליתן לצורך חצי שעה בשביל עצמו, [**והפר"ח** כתב דא"צ להוסיף כלל], **וה"ה** אם בעה"ב מקנה לו חלק בשמן במתנה, [באחד מדרכי הקנין, ולא באמירה בעלמא], שרי, דהוי כמשתתף בפרוטה, (**ומ"מ** צריך ליזהר בשיתוף זה, **שלא** ידליק זה לילה אחת וזה לילה אחרת, **אלא** יהא השמן משותף בכל לילה ולילה, **או** יתן לו פרוטה לזכות לו חלק בכל הלילות).

והיינו אפילו אם אוכל על שולחן בעה"ב, לא אמרינן דכבני ביתו דמי, ומדינא די בנר אחד לכולם, **כיון** דאורח הוא, ואינו סומך על שולחנו בקביעות, צריך להשתתף עמו, **וצריך** האכסנאי לשמוע הברכות מבעה"ב.

(עיין בפמ"ג שכתב, אם שני בעלי בתים דרים בחדר אחד, ואין סומכין וכל אחד אוכל משלו, צ"ע אם די בשיתוף, דאפשר דצריך כל אחד מדינא להדליק בשלו, ואורח אפשר הקילו, וחולקין בזה הלבוש והפר"ח, **אמנם** מדברי השיבולי לקט בשם רבותינו, מסתימת דבריו משמע, דכיון שהם בבית אחד די בשיתוף).

וה"ה הבחורים שלומדים שלא בביתם, צריכין להשתתף עכ"פ, **ודוקא** בבחור שאוכל בפני עצמו, אבל אם סמוך על שולחן בעה"ב, הוא בכלל בני ביתו, וה"ה משרתיו, כיון שהם סמוכין על שולחנו בקביעות, מדינא א"צ להדליק, אא"כ רוצה להיות מן המהדרין, (**ועיין** בפר"ח, דלדידיה בכל גווני צריך להשתתף).

ומ"מ אם יש לאכסנאי נר, נכון יותר להדליק בעצמו, [לצאת דעת מהרי"ו ומהרי"ל, שכתבו דכהיום שהמנהג בעלמא להיות מן המהדרין נר לכל אחד, אתו לחשדו שלא הדליק נר חנוכה], (עיין לקמן בסמוך).

ואם יש לו פתח פתוח לעצמו, צריך להדליק בפתחו - הטעם משום חשדא, שיחשדו אותו שלא הדליק נר חנוכה, **ואפי'** אם הוא יודע שמדליקין עליו בביתו, לא מהני, **ואפי'** הוא פתוח לרוח שפתח בעה"ב פתוחה, והבעה"ב הלא הדליק נר חנוכה, **מ"מ** חיישינן שכשידעו שפה התאכסן אורח אחד, יאמרו שלא הדליק נר חנוכה.

(**מסתפקנא, אם מיירי אפילו אין הבית חלוק מתוכו, אלא שהאורח יש לו בבית זוית אחת שהוא משתמש שם, ובאותו זוית יש לו פתח לרחוב שהוא נכנס ויוצא דרך שם, וחיישינן לחשדא כשלא ידליק לעצמו, או** דמיירי דוקא שהבית חלוק מתוכו, ויש לו חדר מיוחד שם, אז חיישינן לחשדא, וכן משמע לכאורה לשון השו"ע מסוף דבריו, וצ"ע, **אח"כ** מצאתי כעין זה בשבלי הלקט, שיש ב' דיעות בזה, ויש לעיין קצת).

וכיון דבזה ההדלקה אינו אלא משום חשדא, י"א דלא יברך אם יודע שמדליקין עליו בביתו, **אבל** אם אין מדליקין עליו בביתו צריך לברך, דכיון שהוא מדליק בעצמו, בודאי אינו משתתף עמהם בפריטי, וחל עליו מדינא חובת הדלקה.

משמע דכשאין פתח פתוח, אפי' הוא מתאכסן בחדר בפני עצמו, יכול להשתתף בפריטי עם בעה"ב, או אם הוא נשוי, יכול לסמוך על ביתו.

אע"פ שאותו בית אינו מיוחד אלא לשינה, והוא אוכל על שלחן בעל הבית - טעמו, שכיון שיש לו בית מיוחד לשינה, והעולם רואין אותו נכנס ויוצא בו, איכא חשדא אם אינו מדליק, שאין העולם יודעין שאוכל במקום אחר. **וה"ה לבן האוכל אצל אביו** - ואפילו אוכל אצלו בקביעות, כיון דהטעם משום חשד.

הגה: וי"א דבזה"ז שמדליקים בפנים ממש, ידליק במקום שאוכל, וכן נהגו - דמקום אכילתו עיקר, **ועיין** באחרונים שכתבו, דגם הדעה ראשונה מודה בזה"ז, דכיון שמדליקין בפנים ליכא חשדא מעוברים ושבים, אלא מבני הבית, והם יודעים שמדליק במקום שאוכל, או משתתף עם בעה"ב שם, [**היינו** לענין אכסנאי, **אבל** לענין בן, אם הוא סומך על שולחן אביו בקביעות, הרי הוא בכלל נר איש וביתו, וא"צ להשתתף, אם לא שרוצה להיות ממהדרין נר לכל א', **ומדברי** הפר"ח מוכח, דהוא סובר דצריך לאשתתופי]. (**קשה** ללמוד הרמ"א, דמש"כ ידליק, לאו דוקא, אלא אף משתתף בפריטי, דהרי קאי על דברי המחבר שכתב בפתח פתוח לעצמו, דידליק דוקא ולא מהני השתתפות בפריטי, א"כ גם הרמ"א שכתב ידליק, המשמעות ידליק דוקא – מנחת יצחק, וכן מבואר בבה"ל לקמן בסמוך ע"ש).

ידליק במקום שאוכל - ודוקא לענין אכסנאי הנ"ל שאין ביתו אצלו, או לענין בן הסמוך על שולחן אביו, **אבל** מי שסועד אצל חבירו באקראי, ויש לו שם בית באותו העיר, צריך לילך לביתו להדליק שם נר חנוכה, **ואם** אינו רוצה לזוז ממקום שסועד, יצוה לאשתו שתדליק עליו בביתו, ומ"מ מצוה בו יותר מבשלוחו, (**ודוקא** באופן זה, אבל אם הולך הוא וכל אנשי ביתו לבית אביו או חמיו בקביעות על ח' ימי חנוכה, דבר ברור הוא, שכיון שסועד וישן שם כל ימי חנוכה, אף שביום אוכל אכילת עראי בביתו, שאינו מדליק אלא בבית שאוכל וישן שם בלילה, דכיון שאין שום אדם בבית, למי ידליק, וכ"ש האידנא שההיכר לבני הבית, וכיון שישנים בני הבית שם, שם ידליקו).

ויש פוסקים שסוברין (המהרי"ו והמהרי"ל), דכ"ז בזמן הגמרא שהיו מדליקין בפתחי הבתים ובחצרות, (הוא דאמרינן דכשאין לו פתח פתוח לעצמו, דיכול להשתתף בפריטי עם בעה"ב, או אם הוא נשוי, דיכול לסמוך על ביתו), **אבל** האידנא שמדליקין בפנים בבית, כל אורחים, היינו אפילו נשוי שבביתו מדליקין עליו בודאי, ג"כ צריך להדליק בעצמו בכל גווני, דמי יודע באכסניא אם יש לו אשה בבית שמדלקת עליו, ואתו למיחשדיה, **וגם** להשתתף בפריטי אינו מועיל, משום דכיון שהמנהג כהיום שכל אחד מדליק בבית בפני עצמו, אתו בני הבית לחשדו, **ומסיק** המ"א שאין להחמיר כדבריהם, כי אם כשיש לו עכ"פ חדר בפני עצמו, אבל אם אין לו חדר בפני עצמו, יכול לסמוך אאנשי ביתו שהדליקו עליו בביתו, או אפריטי, **וכשיש** לו נר, נכון יותר להדליק בעצמו כדלעיל.

(**וקשה על הרמ"א ממ"נ, אי ס"ל כמהרי"ל, דהשתא מפני שמדליקין בפנים גרע טפי, היה לו להגיה, דבימינו אפילו אין פתח פתוח צריך להדליק לעצמו, ואי לא ס"ל כסברת מהרי"ל, כיון דהטעם דדינא דשו"ע הוא משום חשדא דעוברים ושבים, בזמנינו דמדליקין בפנים תו ליכא חשדא זו, היה לו להקל** (בהשתתפות בפריטי) **אפילו פתח פתוח, כמ"ש בהגה"ה בסוף סי' תרעא, וצ"ע**), (ואמאי מצריך להדליק דוקא – מנחת יצחק, ועיין לעיל במ"ב וצ"ע).

סעיף ב - קטן שהגיע לחינוך צריך להדליק - לפי מה שפסק המחבר בסי' תרע"א ס"ב, דאפי' המהדרין מן המהדרין אין מדליקין רק נר אחד לכל אנשי הבית, ורק שמוסיפין והולכין בכל יום נר אחד יותר, **ע"כ** מיירי כאן שהקטן הזה יש לו בית בפני עצמו, וע"כ צריך להדליק ולברך, **אבל** לדידן דנהגינן שכל אחד צריך להדר ולהדליק בפ"ע, א"כ גם הקטן הזה צריך בכל גווני להדליק בפ"ע, והכי פסק הרמ"א לעיל בסוף סי' תרע"ה, **אבל** דעת הש"ג והמאירי, דאפי' לדידן א"צ לחנך הקטן להדליק בפ"ע, אם לא שיש לו בית בפני עצמו, (וע"ש מש"כ במ"ב).

סעיף ג - י"א שאע"פ שמדליקין עליו בתוך ביתו, אם הוא במקום שאין בו ישראל, מדליק בברכות. הגה: כי חייב לראות הנרות, וכן נוהגין - זה סותר לסימן תרע"ו ס"ג, דסובר שם דכשמדליקין בביתו א"צ לברך על הראיה, **ודין** דכאן הוא מן המרדכי, ושם סתם המחבר כשארי פוסקים שחולקין עליו, **ולכן** לדינא אין לנהוג כן להדליק בברכה, אא"כ שיאמר שאינו רוצה לצאת בהדלקת אשתו, וכמ"ש רמ"א אחר זה.

(ביאור הלכה) [שער הציון] (הוספה)

[**והמאמ"ר** מיישב בדוחק, דדעת המחבר, דשאני התם שהוא במקום ישראל ורואה הנרות, דכיון שפטור מעיקר המצוה ע"י שמדלקין עליו בביתו, וא"צ להדליק, וגם רואה נרות חבירו, ולא בעי לאדלוקי כדי לראותם, אין לו לברך על הראיה, כיון שפטור מעיקר המצוה, דהיינו ההדלקה, **ברם** הכא שהוא במקום שאין שם ישראל, ואינו רואה הנרות, אע"פ שמדליקין עליו בתוך ביתו, מ"מ חייב הוא לראות הנרות, ומאחר שצריך להדליק כדי לראות הנרות, מדליקן בברכות, כיון שהוצרך ונצטוה להדליק, **ומפני** שלא ברור לו להמחבר סברא זו, לפיכך כתבו בשם י"א, עכ"ל, **ולדינא** בודאי אין לנהוג כן].

ואפי' אם הוא אצל יהודים ורואה הנרות, אם רוצה להחמיר על עצמו ולהדליק בפני עצמו, מדליק ומברך עליהם - ר"ל אף דמדינא פטור להדליק אם מדליקין עליו בביתו, מ"מ אם רוצה להחמיר על עצמו ולהדליק בעצמו, רשאי, **ובלבד** שיכוין במחשבתו קודם שעת ההדלקה, שאינו רוצה לצאת בשל אשתו, וממילא לית כאן משום ברכה לבטלה, דכיון שאינו רוצה לצאת בהדלקתה, חל חיוב הדלקה עליה.

וכן נוהגין - וכן סתמו הרבה אחרונים, **ויש** מן הפוסקים שסוברין, אחרי דחז"ל פטרוהו ע"י הדלקת אשתו, לא כל כמיניה לומר: איני רוצה לצאת בשל אשתי, וידליק בלא ברכה, **והנה** אף דודאי אין למחות ביד הנוהגין לברך, אחרי דהרבה אחרונים הסכימו לברך, **מ"מ** טוב יותר להדר לשמוע הברכות מפי אחר, ויענה אמן ויכוין לצאת בהן, וידליק נרותיו, **או** יראה לשער להדליק נרותיו ולברך עליהן זמן מה קודם שמדלקת אשתו בביתו, דהיינו שהיא מדלקת אחר מעריב כמנהג העולם, והוא ידליק קודם מעריב.

(**כתב החי"א, לפי מה שמבואר לעיל, דעיקר זמן הדלקתה הוא רק עד שתכלה רגל, וידוע שהנוסעים לירידים נוסעים כמה שעות בלילה, ולכן ראוי לכל יר"ש להזהיר לאשתו קודם נסיעתו, שתהיה זהירה בזה להדליק תיכף בצאת הכוכבים, והוא יסמוך עליהם, ומ"מ כשיבא לאושפיזא ידליק בלא ברכה, ויהדר לשמוע הברכות ממי שחייב להדליק, ויענה אמן**).

סעיף ד - הנותר ביום השמיני מן השמן הצריך לשיעור הדלקה - היינו שלא נתן תחלה רק כשיעור הדלקה, ונכבה באמצע ונותר, **עושה לו מדורה ושורפו בפני עצמו** - דלהניחו לשנה הבאה לנרות חנוכה אסור, דחיישינן לתקלה, **ואפילו** להניחו בכלי מאוס, דודאי לא יבוא לאכלו, ג"כ אסור, דחיישינן שמא יבוא לדלוק ולהנות הימנו.

שהרי הוקצה למצותו - דכיון שלא נתן תחלה רק כשיעור הדלקה, הוקצה למצותו ואסור להנות הימנו, **אבל** אם נתן הרבה בנר ונותר, מותר להשתמש בו לכתחלה, וכמו שכתב לעיל בסי' תרע"ב ס"ב.

(**כתב הש"ג צ"ע, אם נתן השמן לשיעור הדלקת חצי שעה, ודלק יותר מחצי שעה, כגון שהפתילה דקה, והוא חשב שהפתילה בינונית, אם מותר להסתפק ממנו, דאפשר כיון דהוא אקציה מדעתו, אף דבטעות הוי, נאסר**).

ודע דיש פוסקים שסוברין, דאם נתן השמן בסתם, הוקצה כל השמן, אם לא דהתנה לכתחלה שלא יאסור אלא כשיעור, (**אבל אם לקח צלוחית של שמן לנר חנוכה, ונשתמש ממנו כדי צרכו, לכו"ע אין הנותר בכלל מותר השמן שבנר חנוכה**).

הנותר ביום השמיני - דבלילות הקודמין אם נותר, יכול להשתמש בהן למצות הדלקה בלילות שאחריהן.

(**ואם נכבה באמצע השיעור בליל ז"ן, והוסיפו בליל ח' הרבה שמן יותר מן השיעור, ודלק כשיעור חצי שעה וניתותר, נראה דלכו"ע אסור להנות מהן, דבודאי יש בזה מן השמן של תוך ז"ן האסור, אם לא שיודע שבשמן שהוסיף על האתמול, היה ס' כנגד מעט הראשון**).

ואם נתערב בשמן אחר ואין ששים לבטלו, יש מי שאומר שאין להוסיף עליו כדי לבטלו - ועיין ביו"ד, דיש מתירין בכל איסור דרבנן להוסיף עליו אם נתערב, ולכן כתב כאן יש מי שאומר.

§ סימן תרעח – נר של שבת קודם לנר של חנוכה §

סעיף א - מי שאין ידו משגת לקנות נר חנוכה ונר שבת, יקנה נר שבת מפני שלום ביתו. (וע"ל סי' רס"ג ס"ג) - דמבואר שם, דאם אין ידו משגת לנר שבת וקידוש היום, ג"כ נר שבת קודם.

ואם יש לו נר אחד לביתו, סגי, אע"ג דטוב וראוי שיהיה ב' נרות לשבת, מ"מ במקום הדחק די שיהיה נר אחד על השולחן שאוכל, והשאר לנר חנוכה, ולהוי מן המהדרין, [דענין מהדרין נזכר בגמרא].

י"א דבזה"ז שמדליקין בפנים, יקנה לנר חנוכה, שהרי לא ישב בחושך, ואע"פ שאסור להשתמש לאורה, הוי כשעת הסכנה, דאיתא לעיל בסימן תרע"א ס"ה, דמניחה על שולחנו, [**ואף** דשם איתא, דצריך נר אחר להשתמש לאורו, התם משום היכר צריך נר אחר, דלא יאמרו לצורכו הדליקה, ובאמת אם אין לו נר אחר, נמי מותר, ואף דע"כ משתמש על שלחנו בו]. **אבל** רוב האחרונים הסכימו, דאין לחלק בזה בין זמן הגמרא לזמנינו, [**ומשמע** דדעתם, דאם ידלקו לנר חנוכה, יהיה אסור להשתמש לפניו].

ואם יש לו לשל שבת, ואין לו לנר חנוכה ולייין לקידוש היום, יקנה לנר חנוכה - היינו נר א', והמותר לייין קידוש, **משום פרסומי ניסא** - וקידוש הלא יכול לקדש בפת, **ובלא"ה** קידוש על היין הוא רק מדרבנן, דמן התורה יוצא בזכירת דברים בעלמא.

ומיירי דיש לו פת, דאי אין לו פת, קניית הפת דוחה אפי' לנר של שבת, וכ"ש נר חנוכה וקידוש היום.

הגה: וה"ה נר חנוכה קודם ליין הבדלה - משום האי טעמא, **וע"ל סי' רנ"ו סעיף ה'** - אין נזכר שם יותר מכאן, ונראה דצ"ל: כדלעיל בסימן וכו'.

§ סימן תרעט §

סעיף א - בערב שבת מדליקין נר חנוכה תחלה ואח"כ נר שבת - כדי לצאת דעת הי"א דס"ל, דאי ידליק של שבת תחלה, קבליה לשבת ואיתסר עליה מלאכה, **אבל** רוב פוסקים חולקים ע"ז, וס"ל דלא תליא קבלת שבת בהדלקת הנר, וע"כ אם הדליק של שבת ולא קיבל שבת במחשבתו, יכול להדליק אח"כ, [ודלא כט"ז], **וכ"ז** באיש המדליק, אבל אשה המדלקת, כיון שהמנהג שמסתמא מקבלת שבת בהדלקתה, א"כ לא תדליק שוב של חנוכה, אלא תאמר לאחר להדליק, והוא יברך "אקב"ו להדליק" בשבילה, אבל ברכת "שעשה נסים", וכן "שהחיינו" ביום א', יכולה בעצמה לברך, [דלא גרעא מרואה נרות אצל אחר. **ואולי** דס"ל לט"ז, דאיש שמרגיל עצמו להדליק נר שבת, כגון שאין לו אשה בביתו, דינו כמו אשה, דמסתמא ג"כ מקבל שבת].

הגה: ומברך עליהם כמו בחול, אע"פ שמדליקין בעוד היום גדול - ודוקא אחר פלג המנחה, שהוא שעה ורביע קודם הלילה, כמ"ש בריש סי' תרע"ב, **וכבר** כתבנו בשם האחרונים, דצריך ליתן בה שמן עד שידלק חצי שעה אחר צאת הכוכבים, וכן במדליק נרות, **ואם** אין לו כ"כ שמן ונרות גדולות, יראה עכ"פ אחת מהן שתהיה דולקת השיעור הזה.

וכתבו האחרונים, דנכון לכתחלה שיתפלל מנחה תחלה ואח"כ ידליק, [דאל"ה נראה קצת כתרתי דסתרי, דהא מכיון שמדליק בעוד היום גדול, ע"כ סומך על הקולא דמפלג ולמעלה נוכל לעשותו כמו לילה, וא"כ איך יתפלל אח"כ מנחה, **ומ"מ** משמע, דכ"ז דוקא בדאפשר ליה, **וגם** דבאמת זה שייך רק אם הוא הרבה קודם שקיעה].

§ סימן תרפ – שלא להניח הנרות סמוך לפתח בליל שבת §

סעיף א - בליל שבת צריך ליתן שום דבר לחוץ בין הנרות לפתח, בשביל הרוח שלא יכבה הנרות כשפותח את הדלת - והיינו במקום שמדליקין הנרות נגד פתח הבית מבפנים, **ואם** לא נתן, אסור לפתוח הדלת, **וה"ה** בחול צריך ליזהר בזה, שלא להעמיד הנרות נגד המקום ששולט שם הרוח, אלא דבשבת צריך שמירה יתירה בזה, [**א"נ** משום דינא דס"ב דהוא דוקא בע"ש, נקט נמי רישא בליל שבת].

וגם במקום שמדליקין בכותל אחורי הדלת יש ליזהר בזה, **אבל** במקום שמדליקין בבית החורף, ויש בית לפני בית החורף, אין לחוש לכבוי, דאפילו יכבה בפתיחתו אין זה פסיק רישא, **אם** לא שפתח בית החורף מכוון כנגד פתח הבית הפתוח לחצר או לר"ה, דאז יזהר לנעול פתח הבית קודם שיפתח פתח בית החורף.

סעיף ב - בערב שבת אסור לקבוע הנרות בדלת עצמה אחורי הדלת, ויש מי

(ביאור הלכה) [שער הציון] <הוספה>

שמתיר, (ועי"ל סי' רע"ז סעיף א') - ר"ל דשם סתם לאיסור, וכן הלכה, שפתיחתו ונעילתו מקרב השמן לנר או מרחיקו ממנה, ויש בזה משום מכבה או מבעיר, ואע"ג דאינו מכוין לזה, הוא פסיק רישא, [**ובנר** של שעוה ושל חלב מותר].

[**וטעם** יש מי שמתיר, איתא בטור, דס"ל דלאו פסיק רישא הוא, **והגר"א** פירש, דטעם היש מי שמתיר, דס"ל כפסק הערוך, דפסיק רישא דלא ניחא ליה מותר לכתחילה, **ואפילו** לפירוש זה ג"כ אין הלכה כדעה זו, דרבים חולקים עליו].

§ סימן תרפא - אין מבדילין בנר חנוכה במו"ש

סעיף א - במוצאי שבת אין מבדילין בנר חנוכה, שאין נהנים לאורו, ואין מברכין על הנר עד שיאותו לאורו - ר"ל שאם בירך תחלה על הדלקת נר חנוכה, אין להבדיל עליהם אח"כ, מטעם הכתוב בשו"ע, **אבל** יכול לברך תחלה על הנר חנוכה להבדלה, ולכבותה ולחזור ולהדליקה למצות נר חנוכה, **ועדיף** טפי למיעבד הכי, דכיון דעביד ביה מצוה חדא, ליעבד ביה מצוה אחריתא, **אלא** דכיון דקי"ל, דלאחר האפוקי יומא עדיף טפי, כדלקמיה בס"ב, נוהגין להדליק נר חנוכה תחלה, ושוב א"א להבדיל עליו.

סעיף ב - מדליקין נר חנוכה בבהכ"נ קודם ההבדלה - דאף דמצות הבדלה תדירה, מ"מ כל מה דנוכל לאחר לצאת מן השבת עדיף טפי, **וגם** בהדלקה יש פרסומי ניסא, **ואם** שכח "אתה חוננתנו", יאמר "המבדיל בין קודש לחול" ואח"כ ידליק, **ואח"כ** אומרים "ויתן לך", ואח"כ מבדילין.

הגה: וכ"ש בביתו שמדליק ואח"כ מבדיל, שהרי כבר הבדיל בבהכ"נ - ר"ל וכבר שמע הבדלה, **ודבריו** מגומגם, דהא לא נתכוין לצאת בהבדלה של ש"ץ ששמע בבהכ"נ.

ודע, דט"ז ועוד כמה אחרונים שעומדים בשיטתו, פליגי על עיקר דינו של המחבר ורמ"א, וס"ל דמצות הבדלה קודמת לנר חנוכה, משום דהיא תדירה, **ועיין** בבה"ל שהבאנו דיש בזה דיעות בין הראשונים, **וע"כ** בבהכ"נ אין לשנות המנהג שנהגו בישראל, להדליק מקודם ואח"כ להבדיל, **ובבית**, דעביד כמר עביד ודעביד כמר עביד.

§ סימן תרפב - דין על הנסים בחנוכה

סעיף א - כל שמונת ימי חנוכה אומר "על הניסים" בבהמ"ז בברכת הארץ, ובתפלה בברכת "מודים" - הטעם, דכולה מילתא דחנוכה עיקרה הודאה היא, [**ומ"מ** בדיעבד אם אמר "על הניסים" בעבודה והשלים תפלתו, א"צ לחזור, דלא הוי הפסק מה שאמר חוץ למקומו].

ובברכה מעין שלש בחנוכה ופורים, אין מזכירין של חנוכה ופורים.

כתוב בספרים, שבנוסח "על הניסים" יאמר "ועל הנסים" בוי"ו, הן בתפלה הן בבהמ"ז. "**כשעמדה** עליהם", יש לדלג תיבת "עליהם", דהא אח"כ אומר "על עמך ישראל", **אא"כ** אומר "ועל עמך ישראל".

ואם לא אמר, אין מחזירין אותו - דלאו דאורייתא נינהו, וקאי אתפלה ואברכת המזון, **ואין** חילוק בבהמ"ז בין בחול ובין בשבת חנוכה, אף דמוכרח לאכול מצד שהוא שבת, מ"מ אינו חוזר בשביל "על הניסים" דחנוכה, **(ועי"ל סי' רל"ד סעיף ד' וכ')**.

ומיהו אם נזכר באותה ברכה, כל זמן שלא הזכיר את השם, אפילו נזכר בין "אתה" להשם, חוזר. הגה: י"א כששכח "על הניסים" בברכת המזון, כשמגיע ל"הרחמן" יאמר: הרחמן הוא יעשה לנו נסים ונפלאות כשם שעשית לאבותינו בימים ההם בזמן הזה, בימי מתתיהו כו' - וכן בפורים, **(וכבר נתבאר סימן קפ"ז סעיף ד')** - וה"ה שיאמר כן בתפלה אחר גמר התפלה דרך בקשה קודם "יהיו לרצון".

ובר"ח שבחנוכה, יאמר זה אחר "הרחמן הוא יחדש" וכו', משום דתדיר קודם.

סעיף ב - גם במוסף של שבת ושל ר"ח צריך להזכיר של חנוכה, אע"פ שאין מוסף בחנוכה - דיום הוא שנתחייב בארבעה תפלות, **ואם** לא אמרו, אין מחזירין אותו.

סעיף ג - אין אומרים: כשם שעשית וכו' - ‹ניסים לאבותינו וכו', כן תעשה לנו בעת הזאת – לבוש›, **אלא מסיים: ועשית עמהם נסים וגבורות בימים ההם בעת הזאת** - י"א משום דלא ישאל אדם צרכיו בג' ראשונות ואחרונות, **וטעות** הוא, דבשביל הצבור שרי, **אלא** עיקר הטעם, דכל דבר דהוי להבא, תקנו בלהבא, ובדבר דהודאה הוי לשעבר, ועיקר "על הניסים" הוי כלשעבר. **ויש אומרים שאומרים אותו** - כתב ב"י, ודעביד כמר עביד ודעביד כמר עביד.

ב"על הניסים" י"ל "להשכיחם תורתיך", ולא יאמר "מתורתיך" במ"ם. **צ"ל** "שמונת ימי חנוכה אלו להודות".

§ סימן תרפג §

סעיף א - כל שמונת ימי חנוכה גומרין את ההלל - לפי שבכל יום נוסף נס חדש, ועוד יש טעמים עיין בב"י.

ואחר ההלל אומרים חצי קדיש.

מי שהוא אבל, בשחרית אין מתפלל לפני העמוד, דיש הלל, **הא** ערבית מתפלל, דמתפלל בר"ח ג"כ ערבית, **ולענין** הלל אם מותר לומר בבית האבל, עיין בשע"ת, **אבל** האבל בעצמו בודאי לא יאמר.

הגה: וכל שמונת ימי חנוכה א"א תחנון ולמ"ץ ולמנצח ולדוק הדין, גם בערב חנוכה במנחה, וע"ל סי' קל"א - אין אומרים "אל ארך אפים" בב' וה' בחנוכה, ו"יהי רצון" אחר ס"ת.

§ סימן תרפד – סדר קריאת התורה בחנוכה §

סעיף א - קורין בקרבנות הנשיאים שבפרשת נשא - משום שנגמר מלאכת המשכן בכ"ה בכסליו, **שלשה בכל יום, ומתחילין בברכת כהנים** - לפי שנעשה הנס ע"י כהנים. **(וי"א שמתחילין "ביום כלות משה", וכן אנו נוהגין).**

וקורא אותו עם כהן ולוי, וישראל קורא "ביום הראשון" - כהן יקרא עד "לפני המשכן", והשאר יקרא הלוי עד "ביום הראשון", וישראל קורא "ביום הראשון", **אבל** אותם שנהגו לקרות לכהן עד "ואני אברכם", הוא מנהג בטעות וצריך לבטלו, שהג' צריכין שיקראו בסדר היום, וסדר היום הוא פרשת נשיאים.

ואחר הקריאה אומרים ח"ק.

אם טעו וקראו ביום שני של חנוכה פרשת נשיא ג' וכיוצא, עלתה להם, דאין קפידא בימים.

(וי"א שהכהן קורא כל אותה הפרשה עד "ביום הראשון", והלוי והישראל קורין "ביום הראשון", וכן נוהגין).

ביום שני קורא כהן "ביום השני" עד "פר אחד בן בקר", ולוי עד "ביום השלישי", וישראל חוזר וקורא "ביום השני", ועל דרך זה בכל יום. הגה: וי"א שישראל קורא ביום שלאחריו, דהיינו "ביום השלישי", וכן בכל יום; וכן נוהגין.

ביום שמיני מתחילין "ביום השמיני" - כהן ולוי קורא בקרבנו של גמליאל, וישראל גומר וכו', **וגומרין כל הסדר, וקורין פרשה ראשונה של בהעלותך, (ונוהגים לסיים: כן עשה את המנורה).**

סעיף ב - בשבת שבחנוכה מוציאין ב' ספרים: באחד קורא בפרשת השבוע - שבעה קרואים לפחות, ואומר ח"ק, **ובשני קורא בשל חנוכה** - רק נשיא אחד דיום ההוא לבד, **ואם** הוא יום א' של חנוכה, מתחיל מ"ויהי ביום כלות".

וכן בר"ח שבחנוכה, קורים להרביעי רק נשיא אחד לבד של אותו היום, דהיינו יום הששי, **ואם** ר"ח טבת שני

ימים, קורא ביום ב' דר"ח שהוא ז' דחנוכה, נשיא השביעי לבד.

ומפטיר: רני ושמחי - על שם "ראיתי והנה מנורת זהב כולה". **ואם חלו בו ב' שבתות, מפטיר בשניה במלכים, בנרות דשלמה.**

הגה: ואם חל חתונה בשבת זו, מפטירין בשל חנוכה - ר"ל אף דבעלמא המנהג בשבת שיש חתן, לדחות הפטרת השבוע ולקרות הפטרת "שוש אשיש", שהוא מענינא דחתן, מ"מ בשבת חנוכה, בין בשבת ראשון בין בשבת שני, אין לדחות של חנוכה, דפרסומי ניסא עדיף, **והנה** המ"א הביא די"א דה"מ בשבת ראשונה, אבל אם איקלע חתן בשבת שניה, מפטירין "שוש אשיש", ואין מפטירין בשל חנוכה, הואיל וכבר הפטירו בשל חנוכה בשבת ראשון, **אבל** בא"ר כ', דמרמ"א משמע, דבין בשבת ראשון ובין בשני, קורין רק של חנוכה לחוד, **וכן** נוהגין.

סעיף ג- אם חל ר"ח טבת בשבת, מוציאין ג' ספרים, וקורין ו' בפרשת השבוע - וה"ה אם רוצים לקרות בה ז' או יותר מן ז', ג"כ שרי, [וה"ה אם קראו ה' גברי בפרשת השבוע יצאו], ‹ע"פ השונה הלכות›, והעיקר דבין כולם לא יפחות משבעה.

כשגומר פרשת השבוע, מניחין הס"ת הב', ואין אומרין קדיש, רק מגביהין הראשונה וגוללין אותה, ופושטין השניה וקורא בה, **וכשאומרין** קדיש על השניה, מניחין השלישית אצלה.

ובשני קורא אחד בשל ר"ח - דתדיר קודם, **ומתחיל: וביום השבת, ובג' קורא מפטיר בשל חנוכה, ומפטיר: רני ושמחי** - דהא דתדיר קודם, היינו להקדים, אבל לענין לדחות, פרסומי ניסא עדיף, **ועוד** דכיון דקורא בשל חנוכה באחרונה, יש להפטיר במאי דסליק מניה.

(**ואם** טעו וקראו בשני בשל חנוכה, ובשלישית בשל ר"ח, מ"מ קורין ההפטרה בשל חנוכה, משום פרסומי ניסא, ומ"מ בדיעבד אם קראו הפטרה של ר"ח "השמים כסאי", יצאו).

ואם חל ר"ח בחול, מוציאין ב' ספרים, וקורין באחד ג' בשל ר"ח, ובשני קורא אחד בשל חנוכה - סדר קריאת התורה בר"ח בחול, מתחיל פ' התמיד כהן עד "רביעית ההין", לוי עד "ונסכה", ישראל עד "ונסכו", והרביעי קורא בחנוכה.

ואם טעה החזן וקרא ד' בשל ר"ח, אם לא הוציאו ספר שני, א"צ לקרות יותר - דאין משגיחין בחנוכה, דר"ח עיקר, **וה"ה** טעה ונזדמן בשבת חנוכה.

ואפילו אם נזכרו בתחילת קריאת הרביעי, אין לומר שרביעי עצמו יקרא בס"ת זו בשל חנוכה, קודם שיחתום בפרשת ר"ח, דהו"ל מדלג, ואין מדלגין בתורה בשני ענינין, אלא מאחר שהרביעי התחיל לקרות בשל ר"ח, יחתום ויברך.

אבל אם הוציאו ספר שני, משום פגמו צריך לקרות חמישי בשל חנוכה - דמוטב לבטל הא דאמרינן, דבר"ח אין מוסיפין על ארבעה, מלפגום הס"ת, **ויאמר** קדיש אחריו, ואם אמר קדיש אחר הרביעי, לא יאמרנו אחר החמישי.

הגה: ואם טעה והתחיל לקרות בשל חנוכה, צריך להפסיק לקרות בשל ר"ח - עיין בט"ז שכתב, דהאי פסקא לאו דסמכא הוא, ואין צריך להפסיק, אלא קורא כהן בשל חנוכה, ואח"כ יקרא לאחרים בשל ר"ח.

(והנה בא"ר מצדד, דאם לא קרא עדיין ג' פסוקים בשל חנוכה, יפסיק באמצע ויקרא בשל ר"ח, **דאם** קרא ג' פסוקים מודה לדעת הט"ז, דיברך הכהן ברכה אחרונה, ויקראו לאחרים בשל ר"ח, וא"צ לחזור ולקרות של חנוכה, וכן מצדד קצת בספר מור וקציעה, מ"מ הרבה אחרונים, ומכללם גם המ"א, הורו להלכה כדברי הט"ז, דכיון שהתחיל בשל חנוכה, צריך לגמור הכהן בשל חנוכה בס"ת זו, ואח"כ יקראו הג' בס"ת אחרת בר"ח).

(**והתחלה** נקרא משהתחיל לברך הברכה, דהיינו שאמר "ברוך אתה ד'", **אבל** אם לא התחיל לברך, אף שנזדמן בידם אותה שהוא מתוקן לחנוכה, אין לו לחוש לזה לכו"ע, ויגללוה ויקראו בס"ת אחרת שהוציאוה לשם ר"ח, ואין כאן פגם לס"ת זו, כיון שיקראו בה אח"כ).

ואם צריך לברך על קריאת ראש חודש, ‹כשטעה והתחיל בשל חנוכה, והפסיק לקרות בשל ר"ח›, **עיין**

לעיל סי' ק"מ ‹ס"ג› – (ר"ל דשם יש שני דיעות בזה, ואחרונים כתבו שם, דנוהגין למעשה כהדעה שסוברת דצריך לברך על קריאת ר"ח, לפניה ולאחריה).

(מי שיש לו יא"צ בחנוכה, לא יחשוב לפי ימי החנוכה, אלא לפי ימי החודש, שהרי לפעמים ר"ח טבת יום א', ולפעמים שני ימים).

§ סימן תרפה – סדר ד' פרשיות §

סעיף א- אבאר בקיצור ענין ד' פרשיות, והוא: חז"ל תקנו לקרות ד' פרשיות בשנה, מר"ח אדר עד ר"ח ניסן, לזכרון ד' דברים, והם אלו: **הראשונה** היא פרשת שקלים, לזכרון מצות מחצית השקל, שיתבאר בסמוך, שהיו מחוייבים ליתן ללשכה לקרבן התמיד בכל שנה, **השניה** היא פרשת זכור, לזכור מעשה עמלק, וקורין אותה בשבת שלפני פורים, לסמכה למעשה המן שהיה מזרע עמלק, וכדי להקדים זכירת מחיית עמלק לעשייתה, וכדכתיב: והימים האלה נזכרים ונעשים, **השלישית** היא פרשת פרה אדומה, והיא בשבת שקודם פ' החודש, שכן היה שריפתה במדבר סמוך לניסן, כדי להזות בה את ישראל באפר החטאת מיד אחר הקמת המשכן, כדי שיהיו טהורים ויוכלו לעשות הפסח בזמנו, לכך קורין פרשה זו, להתפלל לפניו ית', שגם עלינו יזרוק מים טהורים במהרה, **הרביעית** פרשת החודש, בשבת הסמוך לר"ח ניסן, כדי לקדש חודש ניסן, דכתיב בתורה: החודש הזה לכם ראש חדשים, **אבל** אין זה עיקר הקידוש, כי עיקר הקידוש הוא בעת ראית הלבנה, שמקדשין אותו הב"ד, ואין הקריאה הזאת אלא מדרבנן.

ר"ח אדר הסמוך לניסן שחל להיות בשבת, קורין פרשת שקלים שהיא "כי תשא", עד "ועשית כיור נחשת" - דאמר קרא: זאת עולת חודש בחדשו לחדשי השנה, והאי "לחדשי" יתירא הוא, אלא אמרה תורה: יש לך חודש שאתה צריך לחדשו בהבאת עולות תמידין ומוספין מתרומה חדשה, וזהו ניסן, דגמרינן בגמרא בג"ש שחודש זה הוא חודש ניסן, **וכיון** דבניסן בעי לאקרובי מתרומה חדשה, לכך מקדמינן ומשמיעין על השקלים באדר הסמוך לו, שיביאו שקליהם בר"ח ניסן, **ואנו** משלמין פרים שפתינו בקריאת הפרשה של "כי תשא", דכתיב בה ענין השקלים.

יוצר יש לשחרית וגם למוסף בפרשת שקלים, ובפרשת החודש, **אבל** בזכור ופרה לא תקנו במוסף.

אם טעו וקראו הפרשיות והמגילה באדר ראשון, [כגון שחשבו שהיא שנה פשוטה, ואח"כ נודע להם שהיא מעוברת], צריך לחזור ולקרות המגילה בשני, **ולענין** הפרשיות, בב"י משמע דא"צ לחזור, **אבל** בד"מ ובא"ר כתבו דצריך לחזור.

אם אירע שלא קראו הפרשה מענינו של יום, אין לה תשלומין לשבת הבאה.

אם שכחו הצבור לקרות פרשת שקלים, וה"ה בשארי השלשה פרשיות, אם כבר אמר הפטרה של סדר השבוע בברכותיה, ונזכרו, צריכים לחזור ולהוציא ס"ת, ולקרות הפרשה בברכה לפניה ולאחריה, ויאמר אח"כ קדיש, ויפטיר בלא ברכה לפניה ולאחריה.

ואם נזכרו אחר שהתחיל לברך על הפטרה ואמר השם, יגמור הברכה ויאמר קצת פסוקים מהפטרת השבוע, כדי שתהיה לברכה מקום לחול, ובלא ברכה אחריה, ויוציאו ס"ת, ויקרא עולה אחד מענינו של יום, ואחר ברכה אחרונה יאמר קדיש, ויקרא הפטרה בלא ברכה לפניה, והברכות שלאחריה יברך.

ואם נזכרו מיד אחר שבירך ברכה אחרונה על התורה, יוציאו ס"ת אחרת ויניח אצל הראשונה, ויאמר קדיש, ואח"כ יקרא אַחֵר שיפטיר מענינו של יום בברכותיה.

ומפטיר: ויכרות יהוידע - כי שם נזכר נדבות לבדק הבית, ‹וזהו מנהג הספרדים, וטעמם נ"ל, משום דקיי"ל לעיל ריש סי' רפ"ד שיש להדר שיהיה בההפטרה כ"א פסוקים, אם לא היכי דסליק עניינא ע"ש, ומן "בן שבע שנים" עד "לכהנים יהיו" {כמנהג אשכנז} ליכא רק י"ז פסוקים, לכן מתחילין ד' פסוקים מקודם, שזהו ג"כ מעניינא דיהוידע ויואש, **אבל** מנהג אשכנז אינו כן, ונראה דטעמם, דהן אמת דזהו מעניינא דיהוידע ויואש, מ"מ אינו מעניינא דשקלים, ולכן הוי כמו דסליק עניינא – ערוה"ש›.

ואין מפטירין בשל ר"ח, אף שהיא תדירה, משום דמשקלים סליקו בתורה ומפטירין בה.

ומוציאין שלשה ספרים: באחת קורא פרשת השבוע - ששה אנשים, ובמקום שנהגו להוסיף מוסיפין, **ובשני של ר"ח** - ומתחילין "וביום

השבת", ומניחין ס"ת השלישית אצלה, ואומרים ח"ק, **ובשלישי קורא מפטיר בפרשת שקלים.**

ואם אחר שגמר פרשת השבת, טעה ולקח הס"ת שהיתה מגוללת על פרשת שקלים, ובירך לפניה והתחיל לקרות, יסיים בפרשת שקלים, **ואח"כ** להעולה בס"ת השלישית למפטיר, יקרא עמו בפרשת ר"ח, וההפטרה יאמר: השמים כסאי, מאחר שבקריאת התורה נסתיים מענין של שבת ור"ח, **וכן** ה"ה בשבת פרשת החודש, כשחל ר"ח ניסן בשבת, והקדים לקרות בפרשת החודש.

סעיף ב - בשבת שניה מוציאין שני ספרים: באחד קורא פרשת השבוע - ומניחין ס"ת השניה אצלה, ואומר ח"ק, **ובשני קורא: זכור את אשר עשה לך עמלק** - עד "לא תשכח", **ומפטיר: פקדתי את אשר עשה עמלק** - כן הוא ברמב"ם, ובלבוש איתא: "ויאמר שמואל" וגו', "כה אמר ד' פקדתי את אשר עשה" וגו'.

סעיף ג - בשבת שלישית, שהוא ט"ו באדר, מפסיקין; ובשבת רביעית שהיא כ"ב לאדר, מוציאין שני ספרים: באחד קורא בפרשת השבוע - ומניחין ס"ת השניה אצלה, ואומרים ח"ק, **ובשני קורא פרשת פרה** - בפרשת חוקת מתחלת הסדר עד "תטמא עד הערב", **ומפטיר: וזרקתי עליכם מים טהורים.**

(וע"ל סי' קל"ז סעיף ה') - שם מבואר אם טעה ולא גמר כל הפרשה.

סעיף ד - בשבת חמישי, שהוא כ"ט באדר, מוציאין ב' ספרים: באחד קורא פרשת השבוע - ומניחין ס"ת השניה אצלה, ואומרים ח"ק, **ובשני: החדש הזה לכם** - עד "תאכלו מצות", **ומפטיר: בראשון באחד לחדש.**

כשחל ר"ח ניסן בשבת, שאז הוא פרשת החודש, מפטירין פ' החודש ולא "השמים כסאי", **ומוציאין** ג' ספרים, באחד קורין פרשת השבוע, ומניחין השניה, ואין אומרין קדיש, ומגביהין הראשונה וגוללין, ופותחין השניה וקורין בפרשת ר"ח, מן "וביום השבת" עד "ונסכו", ומניחין השלישית, ואומרין קדיש, ומגביהין השניה וגוללין, ופותחין השלישית וקוראין למפטיר בפ' החודש.

סעיף ה - חל ראש חדש אדר הסמוך לניסן תוך ימי השבוע, ואפילו בערב שבת, מקדימין לקרות פרשת שקלים בשבת שלפניו, ומפסיקין בשניה, כדי שתהא פ' זכור בשבת הסמוכה לפורים מלפניה.

ואם חל פורים בערב שבת, מקדימים לקרות פרשת זכור בשבת שלפניו.

סעיף ו - הימים שראוי לקבוע בהם ר"ח אדר: זבד"ו; וסימן לשבתות ההפסקה: זט"ו ב"ו ד"ד ובי"ו, כלומר: כשחל ר"ח בשבת, מפסיקין בחמשה עשר בו, וסימן זט"ו; וכשחל ביום ב', מפסיקין בו' בו, וסימן ב"ו; וכשחל ביום ד', מפסיקין בד' בו, וסימן ד"ד; וכשחל ביום ו', מפסיקין בשתי שבתות, ב' בו וי"ו בו, וסימן ובי"ו.

סעיף ז - י"א שפרשת זכור ופרשת פרה אדומה חייבים לקרותם מדאורייתא.

פרשת זכור - דכתיב: זכור את אשר עשה וכו', וגמרינן בגמ', דהאי "זכור" היינו באמירה מתוך הספר דוקא, ולא די במה שיקבע זה בלבו, **וע"כ** צריך הקורא לכוין להוציא כל השומעים, וגם השומעים צריכין לכוין לצאת.

פרה אדומה - והרבה אחרונים כתבו, שפרשה זו אינה מדאורייתא, **ועיין** בסימן ס', דאפילו במצוה דרבנן ג"כ צריך לכוין לצאת ידי המצוה.

לפיכך בני הישובים שאין להם מנין, צריכים לבא למקום שיש מנין בשבתות הללו, כדי לשמוע פרשיות אלו שהם מדאורייתא - היינו אפילו יש לו ס"ת בביתו, אלא שאין לו מנין בביתו, **ואפילו** אם נאמר דמנין לפרשה זכור הוא מדרבנן בעלמא, עכ"פ עיקר קריאת זכור הוא דאורייתא.

והנה בתרומות הדשן כתב, דשמיעת קריאת פ' זכור בעשרה, עדיף יותר ממקרא מגילה בצבור, שמקרא

מגילה לדעת רוב הפוסקים סגי בזמנו ביחיד, וע"כ אם א"א לו לקיים שניהם, יראה לקיים קריאת פ' זכור בצבור, **אבל** המ"א מצדד, דטוב יותר שיבוא למקום שקורין המגילה בצבור, ופרשת זכור יוצא ע"פ הדחק במה שישמע הקריאה בפורים, פרשת "ויבוא עמלק", דבזה נמי זוכר מעשה עמלק ויוצא י"ח, **ור"ל** דיוצא מדאורייתא, [דאטו מי כתיב בתורה שיקראו דוקא בשבת זו, אלא שחכמים תקנו בשבת זו, הואיל ושכיחי רבים בבהכ"נ, והוא סמוך לפורים, כדי לסמוך מעשה עמלק למעשה פורים], **והנה** למאי דקי"ל לעיל בסימן ס', דמצות צריכות כונה, יהיה צריך בעת שמיעת פרשה זו לכוין לצאת בזה מ"ע של זכור, **אבל** לענ"ד עיקר דינו של המ"א צ"ע, דהא כתיב בתורה: זכור את אשר עשה וגו', אשר קרך בדרך ויזנב בך וגו', תמחה וגו', והכונה שלא לשכוח מה שעשה לנו עמלק, ונספר זה לבנינו ולדורותינו לומר להם: כך עשה לנו הרשע, ולכך נצטוינו למחות את שמו, כמו שכתב הרמב"ן בביאורו, **וזה** לא נזכר בפרשת "ויבא עמלק". ‹דב"ויבא עמלק" לא כתיבא מצות זכירה לכלל ישראל, ולא מצות מחייה, דשם כתיב: כי מחה אמחה וגו', אבל לא כתיב תמחה, שאנחנו מחוייבים לעשות כן – ערוה"ש›.

הגה: ואם אי אפשר להם לבא, מ"מ יזהרו לקרותם בנגינתם ובטעמם - ויהדר לקרות זה מתוך הספר.

דע, די"א שצריך לקרות "זֵכר עמלק" בציר"י, וי"א שצריך לקרות "זֶכר עמלק" בסגו"ל, **וע"כ** מהנכון שהקורא יקרא שניהם לצאת י"ש.

כתב מהרי"ל, בכל ד' פרשיות אין מזכירין נשמות, ואומרים "צו"ץ", **ולענין** "אב הרחמים", בא"ר בשם הג' מיימוני, די"ל בהם "אב הרחמים", **ובד"מ** בשם מהרי"ל משמע, דאין אומרים בהם "אה"ר", וכן העתיק בדה"ח. **ולענין** תענית של שובבי"ם ת"ת, עיין בבה"ט ושע"ת.

§ סימן תרפו – דין תענית אסתר §

סעיף א - בחנוכה ופורים מותר להתענות לפניהם ולאחריהם - וכן בהספד שרי, **וב"ח** כתב, דבחנוכה אסור להתענות לפניו, [**הא** בהספד גם לדידיה שרי], וכן הוא ג"כ דעת הפר"ח.

והנה יש נוהגים להתענות לפני חנוכה תמורת ער"ח, ואין לשנות מנהגם, **אבל** לכתחלה לא ינהוג כן, ועכ"פ אסור לגזור בו תענית צבור, **וכן** יום ראשון דאחר חנוכה, אף דיחיד מותר להתענות בו, ת"צ אסור לגזור בו.

סעיף ב - מתענים בי"ג באדר - כי בימי מרדכי ואסתר, נקהלו ביום י"ג באדר להלחם ולעמוד על נפשם, והיו צריכין לבקש רחמים ותחנונים שיעזרם ד' להנקם מאויביהם, **ומצינו** כשהיו ביום מלחמה שהיו מתענין, שכן אמרו רז"ל, שמשה רבנו ע"ה ביום שנלחם עם עמלק היה מתענה, **וא"כ** בודאי גם בימי מרדכי היו מתענים באותו יום, ולכן נהגו כל ישראל להתענות בי"ג באדר, **ונקרא** תענית אסתר, כדי לזכור שהש"י רואה ושומע כל איש בעת צרתו, כאשר יתענה וישוב אל ד' בכל לבבו, כמו שעשה בימים ההם.

ואם חל פורים באחד בשבת, מקדימין להתענות ביום חמישי - אבל בע"ש אין קובעין תענית בתחלה, מפני כבוד השבת, לפי שרגילין בתענית לומר סליחות ותחנונים, ובע"ש לא יתכן לעשות כן, לפי שלא יוכלו לטרוח לכבוד השבת, **ומי** שהיה בדרך, ושכח שמתענים ביום ה' ואכל, ובלילה בא לביתו ושמע שהעולם התענו היום, יתענה למחר בע"ש.

מהרי"ל לא היה מגיד ההלכה בתענית אסתר, מפני שטרודים לקנות צרכי פורים, **אם** לא כשחל פורים ביום א', [**וכן** כשאירע ביום ד' הגיד בו ביום, משום דביום וי"ו אין להגיד, דהוא שושן פורים וערב שבת], **וכתב** בא"ר, ונ"ל דכל זה מיירי לילך לישיבה, אבל ללימוד הקבוע בביה"מ אינו בכלל זה, דאין בזה כ"כ בטול צרכי סעודה.

ואין אומרים "צדקתך" באותה שבת שחל פורים למחר, כמו שאין אומרים תחנונים בערב פורים בחול, כך אין אומרים צידוק הדין בשבת שהוא ערב פורים.

הגה: ותענית זה אינו חובה, לכן יש להקל בו לעת הצורך, כגון: מעוברות או מניקות או לחולה שאין בו סכנה, ואפי' רק כואבי עינים, שאם מצטערים הרבה לא יתענו - זה קאי על כואבי עינים, אבל מעוברת אף שאינה מצטערת אינה מתענה, כ"כ

הישועות יעקב, **ובא"ר** מחמיר בזה, [**ונראה** דתלוי לפי מנהג המקום], **אך** ביולדת כל ל', גם הוא מיקל.

ויפרעו אח"כ - להישועות יעקב הנ"ל, מסתברא דלא קאי דבר זה רק על כואבי עינים, שבעצם יש עליו חיוב שלא לפרוש מן הצבור, ורק עכשיו משום דכאיב ליה עיניו, ולהכי לבתר שיסולק כאבו יפרע התענית, [**שתענית** זה אינו קבוע דוקא ליום זה, כדאיתא במס' סופרים, שיש שהיו מתענין ג' ימים בחודש אדר, זכר לתענית של אסתר], **משא"כ** מעוברת ומניקה דפטורות בעצם, אפילו אינן מצטערות, **אכן** מדברי הב"ח לכאורה לא משמע כן.

אבל שאר בריאים לא יפרשו מן הצבור - אפילו ההולך בדרך, וקשה עליו התענית.

ואם חל פורים ביום א', שמתענין ביום ה' שלפניו, וחל בו ברית מילה, מותר לאכול על המילה - היינו כל האנשים הקרואים להסעודה, ואפילו יותר מעשרה, ואפילו בשחרית מותרים לאכול, **ולמחר ביום ו' יתענו האוכלים** - [ואינו דומה להא דמבואר בסי' תקנ"ט, בט"ב שנדחה, דאין מותרים לאכול רק הבעלי ברית, ודוקא לאחר מנחה, ועיקר הסעודה יהיה בלילה, ואין צריכין להתענות יום אחר עבור זה, **י"ל** דהתם איקבע הזמן רק ביום א', ומפני שיו"ט של בעל ברית הוא, א"צ להשלים תעניתו, וממילא אחרים אסורים לאכול עם הבעל ברית, **משא"כ** בעניננו דלא נקבע הזמן ברור דוקא ליום ה' וכנ"ל, להכי כי איקלע ברית מילה, וסעודת ברית מילה מצוה היא, יכולים לאכול ולהשלים התענית ליום מחר, **והפמ"ג** כתב עוד, דהטעם דלא קבעו תענית אסתר בע"ש, מפני שמרבים בסליחות, ואין פנאי להכין לכבוד שבת, זהו רק שייך לענין לקבוע התענית לכולם, **משא"כ** ביחידים כשאיקלע ברית מילה, דהסעודה מצוה היא, יכולים לומר סליחות ביום ה', ולהתענות ביום וי"ו].

ועיין בט"ז וא"ר שחולקים על הג"ה זו, ודעתם, דקביעותא דתעניתא הוא דוקא ליום ה', וע"כ אסורין כולם לאכול ביום ה', ויעשו הסעודה בלילה, **אכן** הבעלי ברית בעצמן מותרין לאכול ביום ה' אחר מילה, [**ואחר** חצות בודאי מותר], וא"צ להתענות למחר, וכנ"ל בסי' תקנ"ט לענין ט"ב, **ועיין** בפמ"ג שכתב, דהמיקל לנהוג כדעת הרמ"א לא הפסיד, וכן במו"ק ובשבות יעקב הסכימו לדעת השו"ע.

[**ועיין** בביאור הגר"א, דדעתו, דדוקא בט"ב דחמיר צריך הבעל ברית מעט להתענות, אבל לא בשאר ד' תעניתים, אפי' בתעניתים שאין נידחין, ג"כ א"צ בעל ברית וכן חתן ביום חופתו להתענות כלל, **ואף** דאחרונים הסכימו, דבשאר תעניתים שאינם נידחים אין להקל אף לבעל ברית, דלא אתי רגל דיחיד ודחי לד' צומות שהם אבלות דרבים, וע"כ צריך להשלים התענית, בין לענין מילה ובין לענין חתן ביום חופתו, **עכ"פ** בנידחין לכאורה בודאי יש לסמוך על זה להקל, דא"צ להתענות כלל, **ואפשר** דלענין תענית אסתר, דאינו חובה כ"כ כמו שאר ד' צומות, יש להקל לבעל ברית לאכול אפי' אינו נדחה, כדעת הגר"א, **ועכ"פ** אחר מנחה בודאי מותר לאכול, **ומה** שנקט רמ"א דינו רק לענין תענית אסתר שנדחה, משום דרצה לכלול דאף שארי הקרואים מותרים לאכול].

סעיף ג - יש מתענים ג' ימים - פי' בה"ב אחר פורים, **זכר לתענית אסתר.**

משנכנס אדר מרבין בשמחה, ומי שיש לו דין עם עכו"ם ישפוט באדר.

יכולים בני עיר לתקן בהסכמה ובחרם, עליהם ועל הבאים אחריהם, לעשות פורים ביום שנעשה בו נס. **ומי** שנעשה לו נס באדר, ונדר לעשות פורים, כשיבוא שנת העיבור צריך לעשות הפורים באדר שני, (עיין לקמן סוף סימן תרצז במ"ב), **אם** לא שנעשה לו הנס בשנת העיבור באדר ראשון.

§ סימן תרפז – חיוב קריאת המגילה §

סעיף א - חייב אדם לקרות המגילה בלילה, ולחזור ולשנותה ביום - זכר לנס שהיו צועקים בימי צרתם יום ולילה. **ושל לילה, זמנה כל הלילה** - משעת צאת הכוכבים עד עמוד השחר, **ואם** לא קראה קודם, אפילו באונס, שוב לא יקרא, דמשעלה עה"ש יממא הוא. **ושל יום, זמנה כל היום, מהנץ החמה** - לפי שאין הכל בקיאין בעמוד השחר, וזמנין דאתי לאקדומי, צריך לכתחלה להמתין עד הנץ, דיום

ברור הוא לכל, [**ועיין** בפמ"ג, דלא בעינן עד שיעלה כל גוף השמש על הארץ, אלא משעת תחילת הנץ ג"כ מותר לכתחילה]. **עד סוף היום** - היינו שקיעת החמה, ואם נמשך עד בין השמשות, יקראנה בלי ברכה.

ואם קראה משעלה עמוד השחר, יצא - ואם היה אונס קצת, יכול לקרותה לכתחלה משעלה עה"ש.

סעיף ב - מבטלים תלמוד תורה לשמוע מקרא מגילה - ר"ל אף דת"ת שקול כנגד כל המצות, **קל וחומר לשאר מצות של תורה, שכולם נדחים מפני מקרא מגילה** - ואפילו היתה ת"ת של חבורה גדולה של ק' אנשים שלומדים באיזה בית, אפ"ה צריך לבטל ולילך לקרותה בצבור, משום ברב עם הדרת מלך, **וכתב** הח"א, מ"מ מי שמתפלל כל השנה בקביעות במנין המיוחד לו להתפלל שם, א"צ לילך לביהכ"נ, [**ולענ"ד** כוונתו, דבמקום שהוא רגיל להתפלל הוא ג"כ ביהמ"ד, אלא שמיעוט אנשים מתפללים שם, ואשמועינן דאינו מחוייב לילך לביהכ"נ גדולה, דאטו כל בתי כנסיות קטנות שיש בעיר, מחוייבים כולם לילך לביהכ"נ הגדולה, **אבל** אם בעה"ב יש לו מנין בביתו, אף שהמנין שלו הוא בקביעות, מסתברא דצריך לילך לביהכ"נ שבעיר משום פרסומי ניסא].

ואין לך דבר שנדחה מקרא מגילה מפניו, חוץ ממת מצוה שאין לו קוברים (כדי צרכו), שהפוגע בו קוברו תחלה ואח"כ קורא - מלשון "כדי צרכו" מוכח, דאף שהוא בעיר שיש לו קוברין, דשוב אינו מוטל בבזיון, והזריזות לקוברו קודם הוא רק תוספות כבוד לו, אפ"ה מותר להקדימו קודם מקרא מגילה, וכן משמע בהג"ה סוף סי' תרצ"ו, דס"ל דקבורת מתו קודם, **אבל** במ"א הביא בשם כמה פוסקים, דס"ל דוקא מת מצוה ממש, משמע שמצאו בשדה שהוא מוטל בבזיון שאין לו קוברין כלל, **אבל** בעיר שיש לו אנשים שדואגין בעבורו, מקרא מגילה קודם, **אם** לא בת"ח, [מאן דתני, וכ"ש אם הוא מתני לאחרים הוא בכלל זה], שקבורתו קודם למקרא מגילה, וכן הסכים בביאור הגר"א להלכה, **אכן** כתב, שאם התחילו להוציאו אין מפסיקין באמצע, ואז נדחה מקרא מגילה לגמרי, אפילו א"א לקראה אח"כ, וכעין זה כתב הפר"ח ג"כ.

הגה: וכל זה לא מיירי אלא בדאיכא שהות לעשות שתיהן - וה"ה לענין מילה ומגילה, איכא שהות לעשות שתיהן, מגילה קודם משום פרסומי ניסא, **והעולם** נוהגין למול קודם המגילה, וכדלקמן בסוף סימן תרצ"ג.

אבל אם אי אפשר לעשות שתיהן - ר"ל שיתבטל המצוה דאורייתא לגמרי אם לא יעשנה ביום ההוא.

אין שום מצוה דאורייתא נדחית מפני מקרא מגילה - ומפני שמקרא מגילה הוא רק מדרבנן.

ועיין בט"ז שהביא בשם רש"ל וב"ח, דתמיד מקרא מגילה קודם משום פרסומי ניסא, והגר"א בביאורו ג"כ סובר הכי.

והא דמת מצוה קודם, היינו דוקא בדאפשר לו לקרא אח"כ - דאם א"א לו לקראה אח"כ, כגון אם הוא סמוך לחשיכה, יקראנה קודם, דלא יתבטל לגמרי המצות קבורה, דיהיה אפשר לו לקברו בלילה, **ואה"נ** דאם לא יהיה אפשר לו לקברו אח"כ, כגון מפני לסטים וכה"ג, בודאי מת מצוה קודם.

והנה זה העתיק הרמ"א בשם מהר"א מזרחי, **אבל** כמה אחרונים חולקין ע"ז, וסוברין, דאפילו באופן שידחה המגילה לגמרי, ג"כ מת מצוה קודם משום כבוד הבריות, **אכן** כבר ביארנו לעיל, דדוקא במת מצוה ממש, אבל לא בשאר מתים, **ואפילו** אם נפסוק שם דבשאר מתים ג"כ מצוה להקדים קבורתו לקריאת המגילה, עכ"פ היכא דידחה עי"ז קריאת המגילה לגמרי, בודאי מגילה קודם, ויקבר מתו בלילה, [**ונראה** לי עוד, דמה שהעתיק רמ"א את דברי המזרחי, משום שהגיה מקודם, במת שאין לו קוברין כל צרכו, דאינו מת מצוה ממש, **אבל** במת מצוה ממש, אפשר דגם הוא מודה לדברי אחרונים].

(ביאור הלכה) [שער הציון] ‹הוספה›

§ סימן תרפח – דין כרכים המוקפים חומה מימות יהושע בן נון §

סעיף א- כרכים המוקפים חומה מימות יהושע בן נון, אפילו אינן מוקפין עכשיו, קורין בט"ו, אפילו אם הם בחוצה לארץ - כי בזמן מרדכי בעת הנס, כתיב שהיהודים שבכל מקום נלחמו ביום י"ג, ונחו ביום י"ד, ועשו אותו משתה ושמחה, **ובשושן** ניתן ליהודים להלחם עם העכו"ם גם ביום י"ד, ולא עשו יו"ט עד ט"ו, **וכיון** שבאותו זמן נחלקו לשני ימים, ולכן כשקבע מרדכי ואסתר בהסכמת אנשי כה"ג לקבוע פורים לדורות, חלקו ג"כ אותו לשני ימים, **והיה** ראוי לתקן שכל עיר שהיא מוקפת חומה כמו שושן, יהיה דומה לשושן לעשות בט"ו, והיה ראוי לתלות הכבוד בשושן, ולתקן שכל עיר שהיא מוקפת חומה מימות אחשורוש יקראו בט"ו, **אך** כיון שא"י היתה חריבה באותו עת, ויהיה לפי"ז עיירות המוקפות בחו"ל חשובות מהם, וע"כ תקנו לכבוד א"י, שכל עיר שהיא מוקפת מימות יהושע בן נון יקראו בט"ו, אע"פ שאין מוקפות עכשיו, והשאר בי"ד, **לבד** שושן, אע"פ שאינה מוקפת מימות יהושע בן נון, אפ"ה קורין בט"ו מפני שבו נעשה הנס.

ואפילו אין בהם עשרה בטלנים, (פי' בטלנים ממלאכתן ועוסקים בצרכי צבור) - פי' בבהכ"נ, כן איתא בהדיא בגמרא, **וע"ש** בפירש"י, דהיינו שהם קבועין תמיד להשכים ולהעריב בבהכ"נ להתפלל.

ויש מהראשונים שחולקין ע"ז, וס"ל דבכרך המוקף חומה, אם אין בה עתה עשרה בטלנין, קורין בה בי"ד, **וביד** אפרים מצדד דיש לחוש לשיטתם, לקרות גם בי"ד.

והוא שהוקף ואח"כ ישב, או שישב תחלה על דעת להקיפו אח"כ; לאפוקי כשנודע שישב תחלה על דעת שלא להקיפו – (היינו דלא נבנו בה בתים חדשים לאחר שהוקפה, אבל אם נבנו בה, דל בתים שקדמו להקיפן מכאן, ונידונית ככרך ע"י בתים הללו שלאחר הקיפן, ונ"ל דאזלינן בתר רובא, דאם רוב בתים שבעיר קדמו להקיפן, קורין בי"ד, ואם איפכא, איפכא, ומחצה על מחצה צ"ע).

(אבל מסתמא הוקפה ולבסוף ישבה, ר"ן) - אבל ‹אפי' כשנודע שישב תחילה› מסתמא אמרינן שישב על דעת להקיפה אחר כך, שכן דרך רוב המדינות המוקפין חומה, דאפילו אם אין מקיפין אותה מתחלה, עכ"פ מיישבין אותה על דעת להקיפה אח"כ.

סעיף ב- וכן הכפרים - וה"ה עיירות, **הנראים עמהם, אפי' אינם סמוכים, כגון שהם בהר; או שסמוכים להם, אפי' אינם נראים עמהם, כגון שהם בעמק, ובלבד שלא יהיו רחוקים יותר ממיל** - זה קאי אדסמיך ליה, דהיינו שהיה סמוך, **אבל** נראה, אפילו רחוק יותר ממיל הוי ככרך, [**ועיין** בר"ן, די"א דוקא כשהוא מתחשב מתחום העיר, ור"ל שהוא משתתף עמו בעניניו, אז אמרינן דכיון שהוא נראה, נחשב לאותו כרך, אפי' רחוק יותר ממיל].

וי"א דבנראה ג"כ אינו נחשב לכרך, אא"כ שאינו רחוק יותר ממיל, [**ולשיטה** זו ישתנה הדין בסמוך ואינו נראה, די"א דסמוך אינו נקרא רק תוך עיבורה של עיר, **וי"א** דאפי' חוץ לעיבורה, כל שהוא תוך מיל, אבל מיל ממש לא, **אכן** דעת רוב ראשונים הוא כמו שסתמנו במ"ב בדעה ראשונה, שהיא דעת השו"ע כמו שכתב המ"א].

[**ונ"מ** מכל מה שכתבנו, לענין תקנות שיש בבני כרך, שהכפר נחשב עמו, וכן לענין מסים].

(**כפר הסמוך לכרך שהיו קורין בט"ו, ונהיה הכרך שמם, יקראו בי"ד**).

(**כרך של עכו"ם שאין בו ישראל כלל, ישראל הנכנס לכרך זה בפורים קורא בט"ו**).

(**אם בכרך קראו בי"ד וט"ו מספק, הכפרים הנראים וסמוכים קוראין בי"ד**).

ובשושן אע"פ שאינה מוקפת חומה מימות יהושע, קורין בט"ו, הואיל ונעשה בו הנס - שהם נחו בט"ו כדכתיב בקרא.

סעיף ג- כפרים ועיירות גדולות, וכרכים שאינם מוקפים חומה מימות יהושע בן נון, קורין בי"ד - מי שדינו לקרוא בט"ו, אינו יכול

לקרוא ולפטור לבני י"ד בי"ד, וכן להיפך, כיון שאינו מחוייב עתה בדבר - פר"ח, **והפמ"ג** כתב, דבדיעבד אם בן כרך קרא לבן י"ד בי"ד, יצא, [וכן מוכח מדברי הגר"א].

סעיף ד - כרך שהוא ספק אם הוקף בימי יהושע אם לאו, קורים בי"ד ובט"ו ובליליהון - ונוהגין שמחה ומתנות לאביונים בשניהם. **ולא יברך כי אם בי"ד, שהוא זמן קריאה לרוב העולם** - ור"ל דע"כ אפי' הוא מוקף חומה שדינו בט"ו, אם קרא ביום י"ד יצא בדיעבד, ולא הוי ברכה לבטלה, [הגר"א].

ולא יברך בט"ו, שהברכה אפילו במצוה של תורה הוא מדרבנן, וא"כ בדבר שהוא ספק, לענין הברכה הוא ספיקא דרבנן, **וכ"ש** בזה שהוא מצוה של דבריהם, לכו"ע א"צ ברכה.

וטבריא צריך לקרות בה בי"ד ובט"ו, שספק אם הים חשוב כחומה. **ובמדינות** אלו בכרכין המוקפין חומה, אין להסתפק שמא מוקפין מימות יהושע בן נון, לפי שהם מצפון ורחוקים מא"י, וידוע שלא היו מיושבים בזמן יהושע.

סעיף ה - סעיף זה הוא לשון הרמב"ם, ומפני שרבים מתקשים בסעיף הזה, מוכרח אני להרחיב הדבור קצת, ונבארו כפי מה שפירשוהו המגיד והכסף משנה, וכן משמע מהגר"א, וצריכין אנו לידע שלשה דברים: **א)** דאם הוא שייך לערי הפרזות אפילו יום אחד, קרוי פרוז, וקורא בי"ד, וכן אם הוא שייך למוקפין אפילו יום אחד, קרוי מוקף, וקורא בט"ו, **ב)** זמן קריאה הוא העיקר ביום, וכיון שהיה בערי הפרזות בהתחלת היום י"ד, קורא בי"ד, וכן כה"ג לענין מוקפין ביום ט"ו, **ג)** זמן קריאה שכותב המחבר, היינו זמן קריאת המקום שהוא בו עתה, לא זמן שיצא משם. (ומ"מ למעשה אני מבקש מהקורא שלא יסמוך עלי לענין ברכה).

בן עיר שהלך לכרך, או בן כרך שהלך לעיר, אם היה דעתו לחזור למקומו בזמן קריאה ונתעכב ולא חזר, קורא כמקומו; ואם לא היה בדעתו לחזור אלא לאחר זמן הקריאה, קורא עם אנשי המקום שהוא שם.

‹פי' לציור בן עיר שהלך לכרך› - "בן עיר שהלך לכרך, אם היה דעתו בעת נסיעתו לחזור למקומו בזמן קריאה", ר"ל בזמן קריאה של ט"ו, דהיינו משהאיר היום לא יהיה שם, כי יחזור משם קודם אור היום, **אף** שלבסוף רואה שהוא מוכרח להתעכב שם גם על יום ט"ו, **מ"מ** אינו נקרא בשם מוקף, וקורא ביום י"ד בהיותו בכרך, **אבל** אם בעת נסיעתו "לא היה בדעתו לחזור מן הכרך אלא לאחר זמן הקריאה", דהיינו בבקר של ט"ו, שאז כבר הוא זמן הקריאה, אז חל עליו שם מוקף, וקורא עמהן ביום ט"ו, [**ויש** מן האחרונים שכתבו, שלא די בהתחלת בקר, רק שיהיה פנאי לקרות המגילה באותו עת, אבל לילה לחוד בודאי לא סגי], **ואפי'** אם אח"כ חזר לעירו ביום ט"ו, קורא שם אם לא קרא מתחלה בכרך.

‹פי' לציור בן כרך שהלך לעיר› - "בן כרך שהלך לעיר, אם היה דעתו בעת נסיעתו לחזור למקומו בזמן קריאה", דהיינו שיחזור משם בליל י"ד קודם שיאיר היום, דהוא זמן קריאה, **ואף** שלבסוף היה שנתעכב ולא חזר, קוראו כמקומו, דהיינו ביום ט"ו, **אבל** "אם לא היה בדעתו בעת נסיעתו לחזור משם רק לאחר זמן קריאה", דהוא ביום י"ד בבוקר, חל עליו חובת הקריאה של העיר, **וע"כ** אף שחזר באותו יום ובא לכרך, צריך לקרוא באותו יום י"ד, דהוא נקרא "פרוז בן יומו".

וכתב הט"ז, דכ"ז דוקא אם היה שם בעיר בתחלת היום, אבל אם חזר למקומו שהוא כרך, קודם היום, לא מועיל מה שחשב מתחלה להיות בעיר בעת קריאת העיר.

(**ועיין בש"ג ובביאור הגר"א שהעתיקו דברי הירושלמי** לדינא, שבן עיר שעקר דירתו בליל ט"ו והלך לו לכרך, נתחייב כאן וכאן).

הגה: ואם הוא במדבר או בספינה, קורא ביום י"ד כמו רוב העולם - אפילו הוא מבני הכרכין.

סעיף ו - יום חמשה עשר שחל להיות בשבת - דאלו י"ד א"א לחול בשבת, **אין קורין המגילה בשבת** - דגזרו רבנן שמא ילך אצל חכם ללמדה איך לקרותה, ויעבירנה ד' אמות בר"ה, **אלא מקדימים לקרותה בערב שבת; וגובים מעות מתנות עניים ומחלקים אותם בו ביום.**

והנה הפר"ח אוסר לטלטל המגילה בשבת, מאחר שאין קורין בו, **אבל** כמה אחרונים חולקין עליו ומתירין.

סימן תרפח – דין כרכים המוקפים חומה מימות יהושע בן נון

ואז יום השבת ח' לאדר הוא פרשת זכור, ומפטירין "פקדתי", וגם בט"ו לאדר מפטירין "פקדתי" בכרכין, {**אבל** בעיירות מפטירין בסדר השבוע}. **ושואלין** ודורשין בו ביום בהלכות פורים, כדי שיזכרו ענין היום, **וכשחל** בחול יוצאין ע"י קריאת מגילה.

וביום שבת מוציאים שני ספרים, ובשני קורין: ויבא עמלק; ואומרים: על הנסים - בשבת ולא בע"ש, ומ"מ אם אמר אין מחזירין אותו, **וכן** אין מוציאין בע"ש ס"ת, שבאמת לכרכין זמנם בט"ו ולא בי"ד, ורק משום גזירה כנ"ל הצריכו לקרות המגילה בע"ש. **ולעיירות** אומרים "על הנסים" בי"ד ולא בט"ו.

ועיר מסופק אם היא מוקפת מימות יהושע בן נון, אומרים "על הנסים" בשני ימים.

ואין עושים סעודת פורים עד יום אחד בשבת - דאמרינן בירושלמי: ויעשו אותם בשבת, אמר ליה "ימי משתה" כתיב, את ששמחתו תלויה בב"ד, יצא זה {שבת} ששמחתו בידי שמים היא, **וה"ה** ממילא ששילוח מנות גם ביום א' בשבת, **והנה** מהר"ל חביב הוכיח, דבבלי שלנו אין סובר כן, ודעתו שהסעודה היא בשבת, ועשה כן מעשה בירושלים, וגם משלוח מנות בשבת, כי המנות הם מהסעודה, **והרדב"ז** פסק כהשו"ע, וכן דעת המ"א, והקרבן נתנאל, ותשו' נו"ב, [**והפר"ח** מצדד שיעשו הסעודה בשבת וגם ביום א', וכן משלוח מנות בשתיהן].

סעיף ז - המפרש בים והיוצא בשיירא ואינו מוצא מגילה להוליך עמו - דאם היה מוצא, מחויב ליקחה ולקרות בי"ד, **יקראנה בי"ג או בי"ב או באחד עשר, בלא ברכה** - בקיבוץ י', דשלא בזמנה בעי י', **אכן** אפשר דסגי בקטנים, הואיל והוא רק משום פרסומי ניסא, (ע"ל סי' תרצ סי"ח במ"ב). **ועיין** במאירי, דבדיעבד אף ביחיד יוצא.

ועיין בר"ן שמסתפק לענין בני הכפרים שמקדימין לקרותה, אי מחוייב לקרותה גם בלילה, או די בקריאה דיום, **ופשוט** דה"ה לענין מפרשי הים ויוצא בשיירא, **ומדברי** הטור משמע קצת, דצריך לקרות גם בלילה.

ודע עוד, דהא דהקילו ליוצא בשיירא או למפרשי הים, הוא רק לענין קריאת המגילה, **אבל** סעודת פורים, וכן משלוח מנות ומתנות לאביונים, לא יקיים אלא בזמנה.

(עיין בטור, כי יש מהראשונים דסברי, שהאידנא דנתבטל הדין שבני כפרים יכולים להקדים, ממילא אין קורין שלא בי"ד בשום גווני).

ואם א"א להמתין עד ימים הללו, י"א שקורא אפי' מתחלת החדש. הגה: והכי נהוג - דכתיב: והחודש אשר נהפך מיגון לשמחה וגו'. **מיהו אם נזדמן לו אח"כ מגילה, חוזר וקורא אותה ביום י"ד** - והיינו בברכותיה, דהא זמנה היא, **אפי' קראה תחלה ביום י"ג, מ"מ קרא אותה שלא בזמנה.**

סעיף ח - בן עיר שהיה בספינה או בדרך ולא היה בידו מגילה, ואח"כ נזדמנה לו בט"ו, קורא אותה בט"ו - ובלא ברכה, דכבר עבר עיקר זמנה, **אבל** מט"ו ואילך לא יקרא כלל, דכתיב: ולא יעבור.

אם טעו וקראו הפרשיות והמגילה באדר ראשון, צריך לחזור ולקרות בשני.

§ סימן תרפט – שהכל חייבים בקריאת מגילה §

סעיף א - הכל חייבים בקריאתה, אנשים ונשים - ואף דהקריאה היא דבר שהזמן גרמא, מ"מ חייבות, שאף הן היו באותו הנס, דמתחלה היתה הגזירה גם עליהם, כדכתיב בקרא.

ולכן צריך האיש לקרותה בביתו לפני הבתולות והמשרתות, **ובקצת** מקומות נוהגין שהם הולכות לביהכ"נ לעזרת נשים לשמוע הקריאה, **אכן** צ"ע איך יוצאין שם נשים, דא"א לשמוע שם כדין.

(לכאורה אם היא כבר יצאה י"ח, אין מוציאה לאשה אחרת, וה"ה קטן לאשה או לקטן אחר, שספק בזה אם הם בכלל ערבות דלימא בהו ג"כ "אע"פ שיצא מוציא").

וגרים ועבדים משוחררים - אבל אינם משוחררים פטורים, דגריעי מנשים לענין זה, [דכאן לא שייך הטעם שהיו באותו הנס], **וי"א** דאפי' אינם משוחררים חייבים, (אלא דאין חייבין רק בשמיעה ולא בקריאה, וכמו דס"ל גם בנשים). **ודע** דלהוציא אחרים בודאי אין

יכולים לכו"ע, דלדעת בה"ג הלא גבי נשים אין מוציאות אחרים, וכדלקמיה «ס"ב», וה"ה גבי עבדים דדין אחד להם, **ולדעת** הגר"א ורא"מ בפירוש הרמב"ם והסמ"ג, הלא פטורין לגמרי).

ומחנכים את הקטנים לקרותה - היינו מי שהגיע למצות חינוך, (וגם בשמיעה יצאו, וכס"ו), **וכיון** דגם נשים חייבות, פשוט דגם בקטנות יש בהן משום מצות חינוך.

סעיף ב - אחד הקורא ואחד השומע מן הקורא, יצא ידי חובתו; והוא שישמע מפי מי שהוא חייב בקריאתה - וצריך שיכוין הקורא להוציא, והשומע לצאת, כדין שארי מצות שאחד מוציא חבירו.

לפיכך אם היה הקורא חרש - היינו המדבר ואינו שומע כלל, «לא יצא», **ואע"ג** דבעלמא קי"ל, דאם לא השמיע לאזנו יצא, הכא לענין מגילה דהוא משום פרסומי ניסא, החמירו בו יותר, דהשמיעה לאזנו הוא לעיכובא, [**ולפי"ז** מי שקורא המגילה לעצמו, צריך ליזהר מאד שישמיע לאזנו, דאל"ה אפי' בדיעבד לא יצא], **א"נ** דחרש גרע טפי, שאינו יכול להשמיע לאזנו, **ועיין** בשע"ת, דדוקא אם הוא חרש גמור שאינו שומע כלל, לאפוקי אם הוא שומע כשמדברים לו בקול רם.

(מלשון השו"ע משמע דאינו בר חיוב כלל, אף לקרות לעצמו, **אכן** מסברתו בב"י, שכתב דמשום פרסומי ניסא הוא, משמע לכאורה דהוא רק לענין להוציא אחרים שהם פקחין, צריכין לשמוע מאיש ששומע באזניו דוקא, עי"ש, משום דהלא אותן אחרים יכולין לקרות לעצמן, או להשתדל שיוציאן איש אחר שיש לו חוש השמיעה כמותו, **אבל** לא לפוטרו לגמרי מקריאה עכ"פ, והלא אף דבעלמא נשים פטורות ממ"ע שהזמן גרמא, הכא חייבו אותן מפני שאף הן היו באותו הנס, ואף חרשין היו באותו הנס, ולא גרע מהן, **אכן** לדינא אין נ"מ, דבלא"ה הלא דעת כמה ראשונים, שגם לאחרים הוא מוציא, וכ"ש שהוא בעצמו בר חיובא, **וע"כ** חרש לעצמו בודאי מחויב לקרות בעצמו, כיון שאינו שומע, **ואף** אם יקראנו בלא טעמים ג"כ אין קפידא).

וכ"ז הוא לדעת השו"ע, אבל דעת כמה אחרונים, דאפילו הוא חרש גמור, יצא השומע ממנו, **ומ"מ** לכתחלה כו"ע מודים שלא יעמידוהו להוציא רבים י"ח.

ודע, דמי שכבדו אזניו, או שהוא רחוק מן הבימה ואינו יכול לשמוע היטיב מן הקורא, יזהר לקרות לעצמו ממגילה כשרה, או עכ"פ יאחוז חומש, והתיבות שיחסר לו יאמר תיכף מן החומש.

או קטן או שוטה, השומע ממנו לא יצא - אע"ג דקטן נמי חייב עכ"פ מדרבנן, כדלעיל, אפ"ה אינו יכול להוציא את הגדול, דלגבי קטן הוי תרי דרבנן, ר"ל דעצם קריאת המגילה הוי רק מד"ס, וחיובו של קטן הוי ג"כ רק מדרבנן בכל המצות, משא"כ גדול הוי חד דרבנן, ולא אתי תרי דרבנן ומפיק חד דרבנן.

והנה לעיל בסי' תרע"ה ס"ג הביא המחבר, דיש מי שמכשיר בקטן שהגיע לחינוך, שיכול להוציא אחרים בהדלקתו, וה"ה לענין קריאת המגילה, [דהא בהא תליא, כמ"ש המ"א וכ"כ הגר"א, **אכן** ש"א ישבו דעת המחבר שהשמיט כאן דעה זו, דבמגילה לא רצה לסמוך עליו], **ועיין** בעקרי דינים שכתב בשם סמא דחיי, דבמקום הדחק כשאין שם אנשים בקיאים במקרא מגילה, יכול להוציאם קטן שהגיע לחינוך.

וי"א שהנשים אינם מוציאות את האנשים - ולא דמי לנר חנוכה, דשאני מגילה דהוי כמו קריאת התורה, ופסולה מפני כבוד הצבור, ולכן אפי' ליחיד אינה מוציאה משום לא פלוג, **וגם** דאפשר דאשה אינה חייבת בקריאה רק לשמוע, וכדלקמיה, ומקרי שאינה מחויבת בדבר לגבי איש, **אבל** אשה מוציאה את חברתה, [**אבל** לנשים רבות אין האשה מוציאן, דזילא בהו מילתא].

הגה: וי"א אם האשה קוראה לעצמה, מברכת "לשמוע מגילה", שאינה חייבת בקריאה - ועיין במ"א שמצדד, דלא תקרא לעצמה כלל, רק תשמע מהאנשים, **וכ"ז** ביש לה ממי לשמוע, אבל אם אין לה מי שיקרא לפניה, תקרא היא לעצמה במגילה כשרה, ומברכת "אקב"ו לשמוע מקרא מגילה".

סעיף ג - אנדרוגינוס - יש לו זכרות ונקבות, **מוציא מינו** - דאם זה זכר גם זה זכר, ואם זו נקבה גם זו נקבה, **ואם** נסבור דהוא בריה בפני עצמו, גם השני בריה בפני עצמו הוא, **ולא שאינו מינו** - דשמא זה

נקבה והשני הוא זכר, **ואפילו** למ"ד דנשים מוציאות האנשים, זה גרע טפי, דבעינן שהמוציא את אחרים יהיה ניכר אם הוא איש או אשה.

טומטום ומי שחציו עבד, אפי' מינו אינו מוציא - טומטום, דשמא זה זכר וזה נקבה, **וכן** מי שחציו עבד, לא אתי צד עבדות דידיה, ומפיק להאחר שיש בו צד חירות, [**ואפי'** למ"ד דעבדים שאינם משוחררים ג"כ חייבים, חיובן רק בשמיעה כנשים לדעה זו].

הגה: י"א דאפי' את עצמו אינו מוציא, וצריך לשמוע מאחרים - זה לא קאי אטומטום, רק אחציו עבד וחציו בן חורין, ומשום דלא אתי צד עבדות דידיה, ומפיק צד חירות דידיה, **וכ"ז** דוקא לדעה הסוברת דנשים אין מוציאות האנשים, ועבד דומה לאשה.

סעיף ד - השומע מגילה ממי שהוא מודר הנאה ממנו, יצא - דמצות לאו ליהנות ניתנו, ולא מקרי הנאה.

סעיף ה - מקום שאין מנין, אם אחד יודע והאחרים אינם יודעים, אחד פוטר את כולם; ואם כולם יודעים, כל אחד קורא לעצמו - דאין היחיד מוציא חבירו אלא בעשרה, **ולא** דמי לשופר, דקריאת המגילה הוי כמו תפלה, דבעינן עשרה דוקא, **והנה** הפר"ח כתב, דכ"ז הוא רק לענין לכתחלה, אבל בדיעבד אם נתכוין לפטור חבירו, יצאו, אע"פ שכולם יודעים, **ובמ"א** מצדד עוד, דאפילו לכתחלה עדיף שיקרא אחד לכולן, משום "ברוב עם הדרת מלך", **אמנם** בא"ר ובמטה יהודא דעתם כהשו"ע, דכל אחד יקרא לעצמו, וכן העתיק בדה"ח.

(**ובמקום שיש מנין, מחוייב לחזור אחר מנין**).

סעיף ו - מנהג טוב להביא קטנים וקטנות לשמוע מקרא מגילה - כדי לחנכם במצות פרסומי ניסא, **ומטעם** זה נוהגין הקהל לקרות אלו הפסוקים בקול רם, שהם עיקר התחלת הנס וסופו, והם: "איש יהודי", "ומרדכי יצא", "ליהודים", "כי מרדכי", כדי לעורר הקטנים שלא יישנו ויתנו לבם על הקריאה, ומקרין אותם הפסוקים כדי לחנכם - לבוש.

ובלבד שלא יביאו קטנים ביותר, שמבלבלין דעת השומעים.

(**ובודאי** כונת המחבר הוא דוקא על קטנים שהגיעו לחינוך, **וא"כ** מאי שייך מנהג טוב, הלא מדינא מחוייב לחנכם בקריאת המגילה, או עכ"פ בשמיעה, **ואולי** דבזה היה יוצא אם היה קורא לפניהם בביתם, אבל כדי לפרסם הנס ביותר, מנהג להביאם בביהמ"ד שישמעו בצבור, כדי לחנכם שגם בגדלותם ישמעו בצבור).

ועכשיו בעו"ה נהפוך הוא, שלבד שאינם שומעים, אלא הם מבלבלים שגם הגדולים אינם יכולים לשמוע, וכל ביאתם הוא רק להכות את "המן", ובזה אין האב מקיים מצות חינוך כלל, **ובאמת** מצד מצות חינוך צריך כל אב להחזיק בניו הקטנים אצלו, ולהשגיח עליהם שישמעו הקריאה, וכשיגיע הקורא לזכור שם "המן האגגי", רשאי הקטן להכותו כמנהגו, אבל לא שיהיה זה עיקר הבאת הקטן לביה"מ.

ועכשיו ראוי לכל אחד שיהיה לו מגילה כשרה, ולקרוא בלחש מלה במלה, דא"א לשמוע מהש"ץ מחמת רעש ובלבול, שמכים בעצים ומשמיעים קול, וראוי לכל ישראל לנהוג כן מי שהיכולת בידו.

§ סימן תרצ – דיני קריאת המגילה §

סעיף א - קורא אדם את המגילה בין עומד בין יושב - מיהו הברכה יברך בעמידה, [**וגם** השומעים הברכה, כיון דיוצאין ע"י שמיעה משום דשומע כעונה, צריכין ג"כ לעמוד].

אבל לא יקרא בצבור יושב לכתחלה, מפני כבוד הצבור - ר"ל דאם קורא בצבור, צריך לקרוא בעמידה, **ועיין** בה"ל שצידדנו, דעמידה ע"י סמיכה שרי לענין מגילה, (**ונראה** דבשעת הדחק יש לסמוך ע"ז להקל).

הגה: ואסור לחזן לקרוא את המגילה עד שאומרים לו: קרא - דלהוציא הצבור הוא ענין כבוד, ואין ראוי לאדם לחלוק כבוד לעצמו כל זמן שלא כבדוהו, **וכ"ז** באינו קבוע לכך, אבל בש"ץ קבוע שמינוהו לכך, א"צ להמתין.

סעיף ב - אפילו שנים, ואפילו עשרה, יכולים לקרותה ביחד, ויוצאים הם והשומעים מהם - ולא אמרינן דתרי קלי לא משתמעי שפיר, כדאמרינן לענין קה"ת ושארי דוכתי, דקריאה זו חביבה ביותר מפני הנס, ויהיב דעתיה לשמוע היטב, **וכיון** שכן, פשוט הוא, באם מרגיש בעצמו שמבלבלים ליה הקולות, ושא"א לו לשמוע כל התיבות, בודאי לא יצא.

[**ומבואר** בלשון המחבר שאפילו לכתחלה יכולים לקרוא כמה בני אדם בבת אחת. **אכן** מלשון הרמב"ם משמע לכאורה, דלכתחילה אין לעשות כן, רק בדיעבד יצאו].

סעיף ג - צריך לקרותה כולה - והוא לעיכובא, **ודעת** רוב הפוסקים, שאפילו אם חיסר ממנה רק תיבה אחת, לא יצא.

ומתוך הכתב; ואם קראה על פה, לא יצא - ומתבאר בש"ס, דאפי' קורא כל פסוק במגילה, אלא שלא היתה המגילה כשרה, נמי מקרי בעל פה, ולא יצא.

וצריך שתהא כתובה כולה לפניו לכתחלה, אבל בדיעבד אם השמיט הסופר באמצעה תיבות, אפילו עד חציה, וקראם הקורא על פה, יצא - ר"ל דמה שאמרנו לא יצא, היינו אם קרא בע"פ את כל המגילה או רובה, אבל אם קרא מקצתה, כשרה דיעבד, **ואפילו** אם היתה סיבת קריאתו בע"פ, מפני שהסופר השמיט בה איזה תיבות באמצעה עד חציה, והוכרח הקורא לקרותם בע"פ, **אף** שלכתחלה אינו נכון לקרות במגילה שחסרה תיבות, מ"מ בדיעבד יצא, **ואם** אין לו מגילה אחרת, קורא בה לכתחלה.

וחציה, יש לעיין אם כשירה בדיעבד, [דברמב"ם משמע דפסולה, ובראי"ש ור"ן משמע דכשרה, וכן משמע לשון הטוש"ע].

(**אין אנו חושבין כולה או מקצתה במספר האותיות, אלא במספר התיבות, ואפילו המיעוט של האותיות מטושטשות, כל שיש בכל תיבה או ברובה איזה אות מטושטש, פסול**).

הגה: אבל אם השמיט תחלתה או סופה, אפי' מעוטה, לא יצא - דבזה נראה כספר חסר, משא"כ בנשמט בו פסוק באמצע, אינו אלא כספר שלם שיש בו טעיות, שאין מדקדקין במגילה בזה כל זמן שהטעיות אינם ברובה של מגילה, הואיל ונקרית אגרת.

ואפשר אפילו בחסר רק פסוק ראשון או אחרון נמי הדין כן, [**מיהו** בחסר תיבות בפסוק ראשון או אחרון, בודאי לא מסתברא להחמיר].

ואפי' באמצעה, דוקא דלא השמיט ענין שלם - דבהשמיט ענין שלם, (אף שהוא רק מקצתו), נראה כספר חסר.

(**עיין במ"ב**, דבכל זה הטעם דבעינן שיקרא מתוך ספר, ואם חסר מתחילתו, **או** שחסר באמצע ענין שלם, לא מקרי ספר, **ולפי"ז נראה פשוט**, דזה שייך דוקא לענין אם השמיט מתוך הספר, **ולאפוקי** לענין קריאה בע"פ דיצא במקצתו, אין לחלק בזה).

אבל ביותר מחציה, אפי' הן כתובות, אלא שהן מטושטשות ואין רישומן ניכר, פסולה – (וה"ה אם היו נפסקין האותיות, חשוב כחסר).

סעיף ד - מי שתופס בידו מגילה שאינה כשרה, לא יקרא עם שליח ציבור, אלא שומע ושותק - דשמא יתן השומע לבו לזה הקורא ולא לש"ץ, [**ולפי** טעם זה, אף אם קורא מתוך מגילה כשרה, ג"כ יש ליזהר לקרות בלחש ולא לסייע לחזן, אם לא כשמכוין המסייע להוציא לכל מי שיתן לב לקריאתו ולא לש"ץ].

ולפי טעם זה, אם קורא רק לאדם אחד, רשאי לקרות עם הקורא מתוך מגילה פסולה, או מתוך חומש, **אבל** יש מחמירין בכל גווני, לפי שנותן דעתו בקריאתו, ואינו משגיח למה שאומר הש"ץ, כיון שהוא עסוק בקריאתה.

הגה: וכן לא יסייע שום אדם על פה לחזן - ג"כ מטעם הנ"ל, **ועיין** בא"ר דמצדד גם בזה להחמיר אפילו בשקורא להוציא יחיד, דשמא יתן דעתו למה שקורא בע"פ בעצמו, ובתוך כך ישתמט ממנו כמה תיבות שקורא הש"ץ.

ולכן אותן הפסוקים שקורין הקהל, צריך החזן לחזור ולקרותם מתוך מגילה כשרה - היינו לכתחלה, ר"ל כמו שם דמחמירין שלא יסייע ע"פ, דעי"ז יתנו כמה אנשים דעת לשמוע מזה המסייע דקורא ע"פ, ובאמת צריך לקרותה לכתחלה כולה מן הכתב, **כן** גם בזה צריך החזן לחזור ולקרותם מתוך מגילה כשרה, והם יכוונו לצאת בקריאתו, כדי שיהא כולה מתוך הכתב.

סעיף ה - קראה סרוגין, דהיינו שפסק בה ושהה ואח"כ חזר למקום שפסק, אפילו שהה כדי לגמור את כולה - ר"ל שהיה יכול בזמן הזה, לגמור כל המגילה מראשה עד סופה, **יצא.**

ובשהה מחמת אונס, לפי מה דקיי"ל לעיל בסימן ס"ה לענין ק"ש, דחוזר לראש, ה"ה הכא דחוזר וקורא, **מיהו** אין לו לברך עוד פעם שני.

הגה: ואפי' סח בנתיים - ר"ל דלאו דוקא בשהה בשתיקה, אלא אפילו פסקו באמצע המגילה בשיחה, ושהו עי"ז, נמי א"צ לחזור, אלא גומר ממקום שפסק, **וכ"ז** כששח הקורא, אבל השומע ששח, ולא שמע עי"ז הקריאה, אפילו חיסר רק תיבה אחת, דעת כמה פוסקים דלא יצא, **ולכן** צורך גדול להיות לכל אחד חומש, כי בעוד שמכין הנערים "המן" וכיוצא, א"א לשמוע כמה תיבות מש"ץ, ויוצא מה שקורא על פה מחומש, ויוצא עכ"פ דיעבד.

מיהו גוערין במי ששח בנתיים, כדלקמן סימן תרצ"ב סעיף ב' - דכיון שבירך עליה, אין לו להפסיק בינתיים עד לאחר כל המצוה, [**מיהו** לשהות הרבה, אסור לכתחילה אפי' בלי שיחה, דהא "קרא בסירוגין יצא" קתני, והיינו דיעבד].

סעיף ו - הקורא את המגילה למפרע, לא יצא - היינו שקרא הפסוקים האחרונים קודם שקרא הפסוקים הראשונים, ואפילו רק פסוק אחד, **וה"ה** היכי שקרא פרשה ב' קודם לא'.

(**ונראה** דצריך נמי לחזור ולברך, היכי שהתחיל תיכף אחר הברכה לקרוא שלא מראש המגילה, דנתבטלה ברכתו, כדין שאר הפסק בין הברכה לתחלת המצוה).

קרא פסוק א' ודילג השני וקרא שלישי, ואח"כ חזר וקרא השני, לא יצא, מפני שקרא למפרע פסוק אחד - היינו בקורא אח"כ פסוק רביעי, אלא אחר שחזר וקרא פסוק שני, צריך לקרות שוב פסוק שלישי, וזהו שמסיים: **אלא כיצד יעשה, מתחיל מפסוק שני ששכח, וקורא על הסדר.**

וה"ה אם קרא אחר הדילוג, כל המגילה או ענין אחד, ואח"כ קרא פסוק הנדלג, לא יצא, **וה"ה** אם קרא תיבה אחת למפרע, כ"ז בכלל למפרע, וצריך לחזור ולקרות על הסדר.

סעיף ז - הקורא את המגילה על פה, לא יצא ידי חובתו - כבר כתבו המחבר לעיל בס"ג, וחזר ושנאו כאן, משום דהתחיל להעתיק כאן לשון הרמב"ם בסעיף ז' ולהלן, ע"כ העתיק כסדר הכתוב שם, ושם מתחיל מדינא דקרא ע"פ, [**ובס"ג** נמשך אחר לשון הטור, בדינא דצריך לקרותה כולה, והעתיק כלשונו, וגם דינא דקראה ע"פ].

סעיף ח - הלועז ששמע את המגילה הכתובה בלשון הקודש ובכתבי הקודש - צ"ל "בכתב הקודש", וכך הגירסא ברמב"ם, ור"ל בכתב אשורית, **אע"פ שאינו יודע מה הם אומרים, יצא ידי חובתו** - דהא "האחשתרנים בני הרמכים" גם אנן לא ידעינן מהו, אלא לא בעינן אלא מצות קריאה ופרסומי ניסא, ואפילו לכתחלה נמי, ומשו"ה יוצאין ג"כ הנשים ועמי הארץ.

הכתובה בלה"ק - (ואם שינה בה וכתב אף איזה תיבות ללשון אחר, פסולה לכמה פוסקים, ואע"ג דאפי' חסר וקרא בע"פ כשר, כתבו הראשונים דשאני הכא, דהוי כמזויף מתוכו, והריטב"א מצדד להכשיר בזה, וצ"ע).

כתב הפמ"ג, כל ירא שמים נכון שיהיה לו מגילה כשרה בידו, ולקרוא מלה במלה בלחישה, שא"א לשמוע מן הש"ץ הכל, ובפרט שהנערים מבלבלים.

סעיף ט - היתה כתובה תרגום או בלשון אחרת מלשונות העכו"ם, לא יצא י"ח בקריאתה אלא המכיר אותו הלשון בלבד -

ואפילו הכתב היה כתב אשורית, ג"כ לא יצא מי שאינו מכיר הלשון.

אבל אם היתה כתובה בכתב עברי - ר"ל בלשון העברי, **וקראה ארמי לארמי, לא יצא** - ר"ל השומע, **שנמצא זה קורא על פה, וכיון שלא יצא הקורא ידי חובתו, לא יצא השומע ממנו** - ר"ל אימת אמרינן שיוצא משום שמכיר הלשון, דוקא אם קורא בלשון הכתוב במגילה, **אבל** אם מעתיק זה הלשון ללשון אחר, אף שהוא מכיר שתי הלשונות יחד, אינו יוצא, דאינה חשובה קריאה אף לעצמו, ולא עדיף השומע ממנו.

ואשמועינן דאע"ג שהמגילה לפניו, והוא מעיין בכל תיבה ומתרגמה להשומע, והו"א דזה עדיף מקורא ע"פ, קמ"ל דגם בזה לא יצא, [**ומ"מ** בקראה מקצתה ארמי, מסתברא דיצא, דלא גרע מאם קרא בע"פ ממש מקצתה, דיצא בדיעבד, **ואף** שהוא בשתי לשונות, אין לפסול בדיעבד].

(**לפי דעת המחבר בס"י, שמי שיודע אשורית אינו יוצא בלע"ז, א"כ בלא"ה לא יצא, שהרי מבין בלשון העברי, אכן באמת ניחא, שדברי המחבר בזה הוא לשון הרמב"ם, ודעת הרמב"ם להקל ביודע לע"ז ואשורית**).

הגה: אבל אין לחוש באיזה כתב כתובה (ב"י) - ר"ל דלא קפדינן שיהא דוקא הכתב של לשון זה שקורא, ואפילו בהיה הלשון גיפטית, והאותיות כתוב עילמית, וכיו"ב, נמי שרי, **ומ"מ** בעינן שיהא מכיר הקורא אותו הכתב, דאל"ה הוי בכלל ע"פ כשאינו מכיר, (**אכן מדבריו של אשכול משמע לכאורה, דלא מכשיר אלא באם היה הלשון והכתב של אומה אחת, וע"ש בנחל אשכול, וצ"ע**).

(**וכתב הריטב"א, דמגילה הכתובה בכתב האומות, אין מדקדקין בה שיהיו האותיות מוקפות גויל, שלא הצריכו זה אלא בכתב הקודש**).

אבל כמה פוסקים חולקים, וס"ל דמגילה בכל לשון שהיא, אינה כשרה לקרות בה ואפילו ללועז, אלא בשהכתב שלה אשורית, (**ומ"מ אחרי העיון מצאנו, שדעת כמה וכמה ראשונים כהמחבר**).

כתב הפמ"ג, אם היתה כתובה כתב ולשון תרגום, וכדומה, והקורא אינו מבין תרגום, וקראה להשומע שמבין לשון תרגום, אינו יוצא י"ח אף לדעת המחבר, **וכן** ה"ה אם הקורא מבין אותו הלשון, וכתובה לפניו באותו הלשון, אם השומע אינו מבין אותו הלשון, השומע אינו יוצא, דכיון שאינו מבין אין כאן זכרון הנס גבי שומע.

מיהו נוהגין בזה"ז לקרות הכל בלה"ק, ולכתבה בכתבי אותיות הקודש.

סעיף י - מי שיודע לעז ויודע אשורית, אינו יוצא בלעז - משמע דעת המחבר לסתום כדעה זו, **ומ"מ** אינו חוזר ומברך, דספק ברכות להקל.

ומתבאר בפוסקים, דלדעה זו אין לו להוציא אפילו למי שאינו מבין לה"ק, דכיון דקריאתו לא מהני לו בעצמו, הו"ל כמי שאינו מחוייב בדבר שאינו מוציא אחרים.

וי"א שיוצא - דע, דבכל מקום דאמרינן דיוצא בלע"ז, היינו שעכ"פ תיבת "האחשתרנים בני הרמכים" יקרא לפניהם בלשה"ק.

הגה: ואם כתובה בשני לשונות - כגון מקצת המגילה בלשון אחד ומקצתה בלשון אחרת, **מי שמבינים יצאו** - בדיעבד, אבל לכתחלה אין נכון להיות כתובה בשתי לשונות.

[**ונראה** דאפי' לא היו פרשיות שלמות בלשון אחד, אלא פסוק אחד בלשון זה ופסוק אחר בלשון אחר, ג"כ שרי, דכיון שמבינים בטוב איכא פרסומי ניסא].

סעיף יא - יש למחות ביד הקורים לנשים המגילה בלשון לעז, אע"פ שכתובה בלשון לעז - טעם הדבר, משום דהגברים הקוראים מבינים לה"ק, ויש לחוש לדעת הפוסקים שסוברים, דהיכי שהוא מבין לה"ק אינו יוצא בקריאה בלע"ז, וממילא אינו יכול להוציא בקריאה זו אף למי שאינו מבין לה"ק, וכנ"ל, **ועוד** משום "האחשתרנים בני הרמכים", שאינו ידוע בלע"ז שלהן, **וא"ת** יקרא "האחשתרנים בני הרמכים" בלה"ק, י"ל דאסור לכתחלה לקרותו בשתי לשונות.

אע"פ שכתובה בלשון לעז - דאי לא כתובה בלע"ז, רק מעיין ומתרגם בלע"ז, הוי ליה קורא בע"פ וכדלעיל, ובלא"ה לא יוצא.

כתבו האחרונים, דאפילו הקוראים בשני ימים להחמיר, ג"כ לא יקראו בלע"ז.

סעיף יב - קראה מתנמנם - ומתנמנם נקרא, כגון דקרו ליה ועני, ולא ידע לאהדורי סברא, וכי מדכרו לי מדכר, (**ואין** חילוק בין תחלת שינה לסוף שינה), **הואיל ולא נרדם בשינה, יצא** - וצ"ל דמ"מ יכול לכוין לצאת, דמצות צריכות כונה, [**ולענ"ד** זה דוחק, דרש"י פי' על ולא ידע להדורי סברא, משום דהוא בא מבינת הלב, וא"כ איך נימא דאז יכוין במחשבתו לצאת, **ואפשר** לומר בפשיטות, דכִּיֵון לצאת א"צ בכל תיבה, אלא בתחילת הקריאה יכוין בדרך כלל לצאת בקריאה זו, וזה פשוט, דנמנום אינו מצוי קודם שהתחיל לקרות, אלא בתר שהתחיל, וא"כ אתי שפיר].

וה"ה השומע ממנו ג"כ יצא, אם רק נשמעים הדברים היטב, **ואע"ג** דצריך לכוין להוציא, אפשר דמתנמנם ג"כ יכול לכוין, **ויותר** נראה לומר, דמיירי שחשב בתחילת הקריאה קודם שנתנמנם להוציא השומעין.

אבל אם שמעה מתנמנם, לא יצא - דבקריאה, כיון שקורא כראוי, הרי מוכח שרמי אנפשיה לומר שפיר, משא"כ בשמיעה, בודאי חסר לו כמה תיבות.

סעיף יג - היה כותבה, שקורא פסוק במגילה שהוא מעתיק ממנה וכותבה, אם כיון לבו לצאת י"ח, יצא - היינו אפילו אם באופן זה היתה קריאת כל המגילה, כשרה, הואיל שכיון לצאת בזה י"ח, **ואם** לא כיון לצאת אפילו רק פסוק ראשון, אף שמשם ואילך התכוין לצאת, לא יצא, [דהוי כמי שלא קרא כלל, **וגרע** מקריאה בע"פ, דקימ"ל דבמקצתו יצא].

סתם בזה כהפוסקים דס"ל, מצות צריכות כונה לצאת ידי המצוה, **ועיין** לעיל בסימן ס' ס"ד, [ולפי מה שהכרענו שם, אין לחלק בין יממא, שהוא מדברי קבלה וכדבר תורה דמיא, לקריאה דלילה שהוא מדרבנן].

והוא שתהא כתובה כולה לפניו במגילה שהוא מעתיק ממנה.

וכן אם היה מגיהה - ר"ל ובעת הגה קוראה ומכוין לצאת י"ח, **ודוקא** אם קרא בניקוד כראוי, אבל אם קרא להגיה ע"פ המסורת, ולא בניקוד כראוי, אינו יוצא.

וכן אם היה דורשה, שקורא פסוק במגילה שלימה ודורשו, אם כיון לבו לצאת י"ח, יצא; ולא יפסיק בה בענינים אחרים כשדורשה, שאסור להפסיק בה בענינים אחרים - היינו שלא מענינו של יום, [רא"ש, **ומשמע** דבענינו של יום לא חשוב הפסק כלל, ואפי' לכתחילה שרי, דכדי לפרסם ניסא שרי].

סעיף יד - הקורא את המגילה צריך שיכוין להוציא השומע, וצריך (שיכוין) השומע לצאת - ולעיכובא הוא אפילו בדיעבד, **וזה** הכיון הוא קודם שמתחיל לקרוא, יכוין על כל הקריאה זה לצאת וזה להוציא, ותו א"צ לכוין בכל הקריאה.

וצריך השומע להאזין אוזנו, ולשמוע כל תיבה ותיבה מפי הקורא, ואם חיסר הקורא אפי' תיבה א', וכן אם השומע חיסר תיבה א' לשמוע, לא יצאו וצריך לחזור.

ואם הקורא ש"צ, מסתמא דעתו על כל השומעים, אפילו הם אחורי בית הכנסת - ולענין השומעים ישתנה הדין, דהעומדים בביהכ"נ סתמא מכונים, **אבל** העובר אחורי בהכ"נ, בעינן שיכוין בפירוש לצאת ידי חובה.

אין מדקדקין בטעיותיה - אין הדין הזה מיירי לענין כתיבה, דשם הדין כמו בס"ג, **והכא** מיירי לענין קריאה, דהיינו אפילו קרא אותה בכמה טעיות, כיון שעכ"פ קרא כולה.

וי"א דוקא בטעות שהלשון והענין אחד, כההוא עובדא דתרי תלמידי דהוו יתבו קמיה דרב, חד קרי "יהודים" וחד קרי "יהודיים" ולא אהדר חד מינייהו; אבל טעות אחר לא - כגון שקרא מ"יוֹשֵׁב" "יָשַׁב", או מ"נוֹפֵל" "נָפַל", דהוי כאלו דילג אותה תיבה לגמרי, וצריך לחזור ולקרותה כסדר.

(**ועתה** נבאר בקצרה לדינא, הנה לכתחלה בודאי יש לנהוג כדעת הי"א, דהיכא שהענין משתנה, כגון מן "נופל" "נפל" ומן "יושב" "ישב", דחוזר וקורא על הסדר, אפילו היכא דסיים כל המגילה, וכמ"ש הפר"ח, דהעיקר כהי"א, **ומ"מ** כיון שהמחבר תלה דבר זה בשתי

דיעות כלשון הטור, יש לנקוט דחוזר ואינו מברך, **אכן** אם חיסר לגמרי איזה תיבה בקריאה, וה"ה בשמיעה, לדעת כל הפוסקים הנ"ל חוזר ומברך, אף שאין מפסיד הקריאה, ‹כגון תיבות "בני הרמכים"›. **אכן בח"א חשש** לדעת הריא"ז, וכתב, דתיבה שאין מפסיד הקריאה, חוזר ואינו מברך, וע"ש דאפי' חסר אות אחת בקריאתו, יחזור›.

סעיף טו - צריך לומר עשרת בני המן ו"עשרת", הכל בנשימה אחת, להודיע שכולם נהרגו ונתלו כאחד.

מה שנוהגין במקצת מקומות, שכל הקהל אומרים י' בני המן, אינו מנהג, אלא הקורא יאמרם לבד, והשאר ישמעו כמו כל המגילה - ח"א. ‹וי"א הטעם שנהגו כן, שחששו שמא עקב מהירות הבעל קורא לקרוא בנשימה אחת, יבליע תיבות ולא ישמעו כהוגן – פסקי תשובות›.

הגה: ודוקא לכתחלה, אבל בדיעבד אם הפסיק ביניהם יצא - אפי' שהא כדי לגמור כולה.

ולכתחלה נוהגים לומר בנשימה אחת מתחלת: "חמש מאות איש ואת פרשנדתא" כו' עד "עשרת" - במהרי"ל כתב בשם הרוקח, משום דעשרת בני המן היו שרי חמשים על חמש מאות איש, **ומי** שיש לו נשימה קצרה ישער, שאם יתחיל מן "חמש מאות איש" לא יוכל לומר כל עשרת בני המן בנשימה אחת, **טוב** יותר שיתחיל מן "ואת פרשנדתא" וכו', כי זהו דינא דגמרא, **אבל** "חמש מאות איש" הוא מנהג בעלמא.

ובכל המגילה, בין פסוק לפסוק יפסיק רק כדי נשימה, מפני שצריך לקרותה כאגרת.

כשיאמר: בלילה ההוא נדדה, יגביה הקול, כי שם מתחיל הנס, **כשיאמר**: האגרת הזאת, ינענע המגילה.

סעיף טז - צריך שיאמר: ארור המן, ברוך מרדכי, ארורה זרש, ברוכה אסתר, ארורים כל עובדי כוכבים, ברוכים כל ישראל; וצריך שיאמר: וגם חרבונה זכור לטוב.

סעיף יז - מנהג כל ישראל שהקורא קורא ופושט כאיגרת, להראות הנס - היינו שפושטה כולה ואינו מניחה כרוכה, [היינו אפי' מה שעתיד לקרות], אלא כופל אותה דף על דף, ויזהר שלא יגררה ע"ג קרקע, **ועיין** בפמ"ג שכתב, דלאו דוקא ע"ג קרקע, ה"ה תלויה מעל השולחן ושטענדע"ר נמי הוי גנאי כתבי קודש.

עוד כתב, דהפשיטה יהיה קודם שמתחיל לברך, כדי שלא יהיה הפסק בין ברכה לקריאה.

אבל היחידים השומעין במגילות א"צ לפשוט, [**וכמדומה** שאין נוהגין כן, אלא כל אחד פושטה כאגרת]. ‹**ובספר** אורחות רבינו הביא מהגרי"י קנייבסקי, שהמנהג הוא שהשומעים אינם פושטים כאגרת, וכן נהג הגרשז"א. **ובליקוטי** מהרי"ח כתב דמשמע בב"ח, שגם הקורא ביחיד א"צ לפשוט המגילה כאגרת, וכן דעת הגריש"א והגרש"ז והגרח"ק, **אכן** בספר כף החיים כתב, דמשמע מדברי מהרי"ל, שדוקא השומעים מהש"ץ אין צריכים לפשוט, **אבל** הקוראים לעצמם או להוציא בני ביתם ביחיד, צריכים לפשוט – משנה אחרונה›.

וכשיגמור, חוזר וכורכה כולה, ומברך - ר"ל שכורכה כולה ומניחה לפניו על המגדל ואח"כ מברך, **והטעם**, דגנאי הוא למגילה שתהיה מונחת כך, **ואפילו** אם התחיל הברכה ואמר "ברוך אתה", כיון שלא אמר השם, פוסק באמצע וכורך, ואח"כ מברך.

הגה: יש שכתבו שנוהגין לומר ד' פסוקים של גאולה בקול רם - משום שמחה, [מרדכי], **דהיינו: איש יהודי וגו', ומרדכי יצא וגו', ליהודים היתה אורה וגו', כי מרדכי היהודי וגו'; וכן נוהגין במדינות אלו; והחזן חוזר וקורא אותן** - כדי להשמיע לצבור, שמצוה לכתחלה לשמוע כל המגילה מתוך הכתב.

עוד כתבו, שנהגו התינוקות לצור צורת המן על עצים ואבנים, או לכתוב שם המן עליהן, ולהכותן זה על זה כדי שימחה שמו, על דרך "מחה תמחה את זכר עמלק", "ושם רשעים ירקב"; ומזה נשתרבב המנהג שמכים המן כשקורים המגילה בבהכ"נ - וצריך החזן לשתוק אז בעת שמכין, כדי שישמעו כולם קריאתו, **ומפני** שמצוי מאוד קלקולים ע"י ההכאה, ורגילים הנערים להכות כמה פעמים בעת שחוזר החזן לקרות, ע"כ טוב ונכון שכל יחיד יקרא פסוק או שנים מתוך החומש בעוד שמכין "המן", כי אז אף שלא ישמע מהחזן, יצא, כמ"ש ס"ג, **וכ"כ** הפמ"ג,

שנכון מאוד שכל אחד יתפוס חומש בעת הקריאה, וכל תיבה שלא ישמע מן החזן יקרא מן החומש.

ואין לבטל שום מנהג או ללעוג עליו, כי לא לחנם הוקבעו – (עיין במ"א שהאריך בזה, והנה מה שכתב דאפילו יש במנהג צד איסור אין לבטלו, **עיין** בתשובת חת"ס שאין אנו שומעין לו, דכבר דחה ליה פר"ח בראיות ברורות).

מהרי"ל לא היה חושש להכות המן, **והגאון** יעב"ץ כותב על אביו הח"צ, שהיה מכה ורוקע ברגלו וטופח בסנדלו כשהגיע לזכירת המן, **והפמ"ג** כתב, דיצא שכרם בהפסדם שמבלבלין הרבה, [**ואף** שהש"ץ שותק בשעה שמכים, גם זה אינו נכון, שאסור לכתחילה להפסיק יותר מכדי נשימה].

[**וטוב** שלא לומר כלל "ושם רשעים ירקב" בעת זכירת המן, דאף אם נימא דזה לא חשיב הפסק, משום דהוא מענינו של יום, עכ"פ יוכל לצמוח מזה קלקול גדול, שלא ישמע אז איזה תיבות מן הש"ץ עי"ז, ולא יצא אז בקריאת מגילה].

סעיף יח - מגילה בי"ד ובט"ו - היינו בי"ד לעיירות וט"ו למוקפין, **צריך לחזור אחר עשרה** - ור"ל אף שהוא בזמנה, ואיכא פרסומי ניסא בלא"ה, שהכל קורין באותו זמן, אפ"ה צריך לטרוח ולקבץ עשרה שיהיו בעת הקריאה, משום פרסומי ניסא. **ואם אי אפשר בעשרה קורים אותם ביחיד.**

וכ"ש אם הוא שלא בזמנה, כגון המפרש בים והיוצא בשיירא, ואינו מוצא מגילה להוליך עמו, דמותר להקדים ולקרותה קודם שיוצא, כנ"ל בסימן תרפ"ח ס"ז, **או** דמתרמי יום ט"ו בשבת, דצריכין המוקפין להקדים ולקרותו בע"ש, כדאיתא שם בס"ו, **בודאי** צריך לקבץ עשרה לקריאתו, **ובזה** עוד חמיר יותר, דאי ליכא עשרה, לא יברכו המוקפין עליה, [דיש דעות בין הראשונים, אי מה דצריך עשרה שלא בזמנה, אי הוי לכתחילה, או מעכב בדיעבד, **ומפרשי** הים, בלא"ה צריכין לקרות בלא ברכה, כנ"ל בס"ז].

ואם בעת ההוא קורין אותה בצבור בבהכ"נ, אז אפילו יש לו ק' אנשים בביתו, מצוה לילך לשם משום "ברוב עם הדרת מלך", **וכן** מי שהיה ביתו סמוך לביהכ"נ, וחלונותיו פתוחות לביהכ"נ, אפ"ה צריך לילך לבהכ"נ לכו"ע, משום "ברוב עם".

הגה: ויש להסתפק אם נשים מצטרפות לעשרה - דאפשר דכיון דהוא רק משום פרסומי ניסא, סגי אף בנשים. **ומדלא** הזכיר הרב קטנים, משמע דס"ל דקטנים בודאי אין מצטרפין לעשרה, דלאו בני חיובא נינהו, וחיובן הוא רק מטעם חינוך - פמ"ג. (עיין לעיל סי' תרפח ס"ז במ"ב).

ואם קראו אותה בציבור, ואיזה יחיד לא שמעה, יוכל לקרות אפילו לכתחלה ביחיד, הואיל וקורין אותם באותה העיר בעשרה - דהנס כבר נתפרסם, וליכא רק משום "ברוב עם", לא מטרחינן ליה למכנף עשרה, [**ולעיל** מיירי, שהוא דר במקום דליכא צבור בביהכ"נ, א"נ שהוא רוצה לקרות קודם שמתכנסין הצבור בבהכ"נ], **והא** דקי"ל דאף אם יש לו מנין בביתו, אפ"ה מבטלין ת"ת ועבודה לילך ולקרות בצבור משום "ברוב עם", **התם** הלא הצבור מזומן לפניו, משא"כ הכא לעשות צבור אינו מחוייב, **ועיין** ביד אפרים שכתב, דדין זה שהביא הרמ"א בשם או"ח, אינו מוסכם לשארי פוסקים, ולכן אף בכה"ג יהדר אחר עשרה אנשים.

וכשהיחיד קורא אותה בזמנה - היינו במקום דאי אפשר לו לקבץ עשרה, או בגוונא דצייר הרמ"א מקודם, **צריך לברך עליה** - לאפוקי אם קורא היחיד אותה שלא בזמנה, כגון כרכין המוקפין חומה דמתרמי יום ט"ו שלהן בשבת, דקורין אותה בע"ש, והוא קורא אותה ביחיד, לא יברך עליה בכל גווני.

§ סימן תרצא – דיני כתיבת המגילה ותפירתה §

סעיף א - אין כותבין המגילה אלא בדיו, על הגויל או על הקלף, כס"ת - גויל הוא העור שלא נחלק, ולא הוסר ממנו רק השער ותקנו שם, ומצד הבשר לא הוסר כלום. **וקלף**, ע"ל בסימן ל"ב ס"ז.

ואם כתבה במי עפצים וקנקנתום, כשרה - עיין בט"ז בשם הכ"מ, דמה שהכשירו במי עפצים, היינו עם גומא, דממי עפצים בלחוד פסול, וכן הסכים הגר"א בביאורו, דמשניהן יחד נקרא דיו, **וכן** קנקנתום

דמכשרינן, היינו במי קנקנתום, דאלו קנקנתום לחוד בודאי פסול, **והגר"א** בביאורו פירש, דמה שאמר במי עפצים וקנקנתום, היינו שכתב בשניהם מעורבין יחד.

כתבה בשאר מיני צבעונים, פסולה.

וצריכה שירטוט - היינו על כל שיטה ושיטה, **כתורה עצמה** - וע"כ חק תוכות פסול בה, **ודוקא** ברובה, אבל במיעוטה כשר בדיעבד, דלא גרע מהשמיט בסי' תר"צ ס"ג.

ואין העור שלה צריך לעבד לשמה; וי"א שצריך עבוד לשמה - וכן פסק ר' משה מינץ, [**ובדיעבד** יש להתיר, **ואם** אין מגילה אחרת רק זו, אפי' לכתחילה יקרא בה, **וטוב** שלא לברך עליה].

סעיף ב - היתה כתובה על הנייר או על עור שאינו מעובד, או שכתבה כותי או אפיקורס, פסולה.

ודינה כספר תורה לענין היקף גויל - על כל אות, **וחטוטרות חתי"ן, ותליית ההי"ן וקופי"ן, וכל גופות האותיות בצורתן, ובחסרות ויתרות** - וה"ה לכל דבר, ולכן בעינן שיהיו שיטותיה שוים, [שלא יצאו ג' אותיות חוץ לשיטה], **גם** שיהיה רוחב העמוד ג' "למשפחותיכם", וכל דיני ס"ת.

הגה: גם צריך לכתבה מן הכתב - וה"ה אם אחד מקריא אותו בע"פ כדי שלא יטעה, (**ואפילו אם** היתה שגורה היטב על פיו, צריך לכתוב מן הכתב, **ומה** שהתירו לענין תפילין, התם משום דמצוי הוא לכו"ע להיות שגורות, משא"כ במגילה).

ואם עבר וכתב בע"פ שלא מן הכתב, י"א דאסור לקרות בה אלא בשעת הדחק.

ולהוציא כל תיבה מפיו קודם שיכתבנה, כמו בספר תורה - היינו אפילו אם כותב אותה מתוך הכתב, **והיינו** לכתחלה, ובדיעבד אין להחמיר אם לא טעה.

ועושין כל פרשותיה סתומות, ואם עשאן פתוחות פסולה - בתשו' ר' משה מינץ מפקפק על זה, ולכן נ"ל דיש לסמוך עליו בשעת הדחק - מ"א, [**ולענין** ברכה מסתפק הפמ"ג, **ולבושי** שרד מצדד דיוכל לברך, דאפי' על מגילה פסולה יש דעות לענין ברכה, וא"כ בזה הוא כעין ספק ספיקא].

ובדיעבד - פי' שכבר קרא בה, **אין לפסול מגילה משום חסירות ויתירות, דלא גרע מהשמיט בה הסופר אותיות, דכשרה, כמו שנתבאר סי' תר"ל ס"ג** - וכשאין לו מגילה אחרת יוכל לקרות בה לכתחלה, [**והיינו** אפי' בברכה].

וצריכה עמוד בסופה, וחלק בראשה כדי להקיפה בו; וי"א שצריכה תגין, וי"א שאינה צריכה. הגה: ונהגו לתייגה, גם נהגו שלא לעשות לה עמוד כלל בסופה - אבל חלק בראשה מניחין, וגולל סופו לתחלתו.

שלא לעשות עמוד - והגר"א בביאורו מפקפק ע"ז מאוד.

סעיף ג - עשרת בני המן צריך לכתבם כשירה, ולא כשאר שירות שחלק על גבי כתב, אלא מניח חלק בין כתב לכתב - כפלים מן הכתב, **ואם לא עשה כן, פסולה.**

סעיף ד - צריך להאריך בוי"ו ד"ויזתא" (בכתיבתה) - למתוח ראשה הכפוף, ותהיה כעין זקופה, לרמז שנתלו כולם בזקיפה אחת, [**ועכשיו** לא נהגו כך, אלא כדעת האומרים שיהיה הוי"ו גדולה, מאלפא ביתא של אותיות גדולות].

(וי"א בקריאתה) - שלא יחטוף אותה.

וצריך לכתוב "איש" בראש דפא, "ואת" בסופה - פי' בסוף השיטה, אבל בסוף הדף יכתוב תיבת "עשרת", [**וכן** מש"כ "איש בראש דפא", היינו בראש השיטה, אבל א"צ להיות בראש הדף דוקא, **ויותר** טוב שלא יכתוב בראש הדף, דעי"ז יהיה מוכרח לעשות אותיות גדולות שיחזיק כל העמוד, דהלא "עשרת" צ"ל בסוף הדף, **וזהו** שיבוש, דהלא לא נמסר לנו לכתוב עשרת בני המן באותיות דא"ב רבתי, כ"כ בביאור הגר"א. **וע"כ** ציוה לתקן לכתוב שאר אותיות למעלה באותו עמוד].

[**ובנ"א** האריך בזה, וסיים לקיים מנהג ישראל, לכתוב "איש" בראש הדף וראש השיטה, ו"עשרת" בסוף השיטה ובסוף הדף, ויש לכתבם אותיות ארוכות, שיחזיק כל אות איזה שיטות כפי הצורך, ולא יכתבם בכתיבה גסה יותר משאר אותיות המגילה, אלא באותו כתב שנכתב כל המגילה, רק שיהיה ארוכות].

[**ובס'** שער אפרים, דעתו ג"כ להחזיק מנהג ישראל, לכתוב "איש" בראש הדף ובראש השיטה, וכתב דמה שנוהגים לכתוב עשרת בני המן באותיות גדולות, כיון שהם כתובים בדף מיוחד בפני עצמו, אין להקפיד].

[**ומ"מ** נ"ל, דאם עשה כדעת הגר"א, שהתחיל "איש" באמצע העמוד, אף שהוא שלא כמנהג העולם, אין להקפיד בזה בדיעבד, ומותר לקרות ולברך עליה, אחרי שדעת הגר"א לעשות כן לכתחילה].

ובדיעבד אם לא האריך בוי"ו ד"ויזתא", וכן אם כתב אחר תיבת "עשרת" עוד שיטות, כשר, **ויש** מחמירין כשכתב אחר תיבת "עשרת" עוד שיטות, [**אבל** בוי"ו ד"ויזתא", נראה שבודאי אין להחמיר בדיעבד, אחרי דבלא"ה י"א דהיינו בקריאתה], **ועיין** בשער אפרים סימן נ"ה כתב, דאם יש שם מגילה אחרת כתובה כדינה, אין לקרות בזו, שכתב אחר תיבות "עשרת" עוד שיטות, לכתחלה בצבור, **אם** לא שיש טורח צבור להמתין עד שיביאו הכתובה כדינה, יכולים לקרות בזו.

סעיף ה - אם תפרה בחוטי פשתן, פסולה.

סעיף ו - אם הטיל בה ג' חוטי גידים, כשרה, ובלבד שיהיו משולשות – (רש"י פי' שמחלק לד' חלקים את אורך היריעה, ויהיה תפירה אחת למעלה בסוף רביע, והשניה בסוף חציה, והשלישית בתחלת הרביע של צד מטה, **והרי"ף** פי' משולשין כפשוטו, שנים בשני ראשי היריעה, ואחת באמצע ממש, **והרמב"ם** מפרש משולשין, ג' תפירות בראש היריעה, וג' בסופה, וג' באמצעיתה).

ומפני שיש בו פירושים שונים, צריך לצאת ידי כולם, ויעשה שלשה תפירות בראשה - של כל יריעה ויריעה, **וג' בסופה, וג' באמצעיתה, ותפירה אחת בחלק הרביעי מצד זה, ותפירה אחת בחלק הרביעי שמצד האחר** - כי צריך לשער היריעה כאלו נחלק לד' חלקים.

ועיין בח"א שכתב, דאם תפורה כולה בגידין, א"צ לדקדק כמה תפירות.

הגה: ואם אין לו גידין יותר, מוטב לתפור הנשאר בחוטי פשתן מלהניחה בלא תפירה; אבל אם יש לו גידין יתפור כולה בגידין; והתפירה תהיה מבחוץ ולא מבפנים.

סעיף ז - צריך להניח שיור בראש היריעה ובסופה כשתופרם יחד, ובמשהו סגי.

סעיף ח - אין קורין בצבור במגילה הכתובה בין הכתובים, ואם קרא, לא יצא - הטעם, דלא הוי פרסומי ניסא, דמיחזי כקורא במקרא. **וכל** בי עשרה מקרי צבור.

(**בטורי** אבן פי', דדוקא בזמן שאין קורין את המגילה אלא בצבור, והיינו שלא בזמנה, דבעי פרסומי ניסא, לכן מגילה הכתובה בין הכתובים דליכא פרסומי ניסא, לא יצא, **אבל** בזמנה לא חיישינן להא דכתובה בין הכתובים).

אלא א"כ היתה יתירה על שאר היריעות או חסרה, כדי שיהא לה היכר - היינו שהיתה ארוכה משאר הקלפים למעלה או למטה, או חסרה, ועי"ז יש לה היכר לעצמה.

אבל היחיד קורא בה, ואפילו אינה חסרה או יתירה, ויוצא בה ידי חובתו - דבלא"ה ליכא פרסומי, (**משמע** אף לכתחלה, אף שיש לו מגילה כתובה לבדה, ויכול לקרות בזו – פמ"ג, **אבל** הרי"ף והרא"ש והטור כתבו: דיצא – ביאור הגר"א).

ודוקא כשהיא כתובה בגליון כס"ת.

סעיף ט - מגילה שהיא נקודה, וכן אם כתב בה בדף הראשון ברכות ופיוטים, אינה נפסלת בכך - ולכתחלה לא יכתוב ברכותיה בה.

ואי ליכא מי שיודע לקרות בטעמים בעל פה, מותר לכתוב גם הטעמים במגילה, ולברך עליה, דלא גרע מניקוד, **ומ"מ** אם אין הטעמים במגילה, מותר לקרות בלא טעמים.

סעיף י - אם אין מגילה כשרה, קורים אותה בחומש בלא ברכה - ודוקא כשעשוי החומש בגלילה, (כספר תורה, ותפורה בגידין, אלא שנמצא בו דבר הפוסלו – ב"ח), ומשום שי"א שיוצא בזה בשעת הדחק, **אבל** בחומש שלנו לכו"ע לא יצא - ב"ח ומ"א, **והפמ"ג** כתב, דראוי גם בזה לקרות בלא ברכה, שלא תשתכח תורת מגילה.

סעיף יא - אם קרא במגילה גזולה, יצא - דאין גזל בקול. **הגה: ואם מברכים עליה, עיין לעיל סימן תרמ"ט לענין לולב הפסול** - צריך לומר "לענין לולב הגזול", **והוא הדין כאן** - ועיין בפמ"ג, דאפילו אם קנאו בשינוי מעשה וכדומה, אפילו הכי לא יברך.

§ סימן תרצב - דיני ברכות המגילה §

סעיף א - הקורא את המגילה מברך לפניה ג' ברכות: "על מקרא מגילה", ו"שעשה נסים", ו"שהחיינו".

וביום אינו חוזר ומברך "שהחיינו" - דהרי כבר בירך בלילה. **הגה: וי"א דאף ביום מברך "שהחיינו", וכן נוהגין בכל מדינות אלו** - דעיקר מצות קריאתה ביום הוא.

ונכון לכוין בברכת "שהחיינו", גם על משלוח מנות וסעודת פורים, שהם ג"כ מצות, **ויודיע** זה להש"ץ המברך, דבעי כונת שומע ומשמיע, **ויכוין** זה בברכת "שהחיינו" דיום, כי זמנם ביום.

ומי שאין לו מגילה, לא יברך "שהחיינו" על משלוח מנות וסעודה, דזהו דבר הנהוג בכל יום ובכל שבת ויו"ט, **וי"א** דראוי לברך זמן על היום, מפני תקפו של נס שהיה בו, וכיון דמזמן לזמן קאתי, הרי הוא ככל מועדי ד' שמברכין עליהן זמן, (וזמן לא בעי כוס, דהלכתא אומרו אפי' בשוק, ושפיר הוא לכתחלה למאן דלית ליה מגילה, למסמך זמן אכוס דסעודה – מו"ק, **וצ"ע** למעשה, **ובאמת** לפי סברתו שיברך זמן על עצם היום, מפני תקפו של נס שהיה בו, א"כ היה לו לברך ג"כ ברכת "שעשה נסים", ובאמת מצאתי במאירי כן לענין חנוכה, וה"ה בענינינו לענין פורים, **אח"כ** מצאתי בברכי יוסף, וז"ל: **אם אין לו** מגילה יברך "שהחיינו", אך לא יברך ברכת "שעשה נסים", וברכת "הרב את ריבנו"), **אכן** אם היה לו מגילה בלילה, ובירך אז "שהחיינו", לכו"ע א"צ שוב לברך ביום.

אם אבל קורא את המגילה, יברך אחר הברכות משום ברכת "שהחיינו", שאין האבל מברך להוציא רבים בברכת "שהחיינו", והאבל יקרא את המגילה.

ואחד יכול לברך ושני קורא - בין ברכה ראשונה, ובין לענין ברכה אחרונה, ובלבד שיכוין להוציא השומעים, והם יכונו לצאת, [**אכן** בחידושי הריטב"א, דדוקא בברכה שלאחריה, אבל בשלפניה הקורא עצמו חייב לברך].

אם נשתתק הקורא באמצע המגילה, דעת האחרונים, דא"צ הקורא השני העומד תחתיו להתחיל בראש, רק יתחיל ממקום שפסק הראשון, דהוא טרחא דצבורא, **וכ"ש** שא"צ לברך מחדש, דיצאו כל הקהל בברכת הראשון, **ועיין** בשע"ת, וז"ל: ונראה שאם לא קרא רק קצת פסוקים, אינו מאריך טרחא, ויתחיל מראש, **וגם** נראה דאם רוב הציבור מסכימים שיתחיל מראש, וליל פורים במו"ש, טוב להתחיל מראש, שלא יהיה נפשם עגומה בקריאה לחצאין, **אך** אם הוא בשאר הימים שהתענית קשה עליהם, יש להקל.

ולאחריה נוהגין לברך: "הרב את ריבנו" וכו' - כי בגמרא איתא, דברכה דלאחריה תליא במנהגא, במקום שנוהגים לברך יברך, **ולכן** כתב המחבר דהאידנא נוהגים לברך.

ואין לומר "האל הרב", כיון שכבר זכר השם, שאמר "אלהינו", **ויש** גורסים "האל", **ובא"ר** הכריע כהשו"ע שאין לומר, **וכן** אין לומר "בא"י האל הנפרע", רק "בא"י הנפרע".

אם לא בירך לא לפניה ולא לאחריה, יצא - דברכות אין מעכבות, **ונראה** דאם נזכר באמצע שלא בירך, יברך בין הפרקים.

הגה: ונהגו לומר בלילה "אשר הניא", אבל לא ביום - דכבר אמר פיוטים.

ואין לברך אחריה אלא בצבור – (ועיין בא"ר דהוכיח מכמה פוסקים, דמברך אפי' ביחיד, ומ"מ נראה דאין

כדאי לברך אחריה, דבלא"ה הברכה זו אפילו בצבור אינה חיובית, ותליא במנהגא, ומי יאמר דנתפשט המנהג כהיום לברך ביחיד, וכ"כ הפמ"ג, דספק ברכות להקל).

אבל הברכות שלפניה לכו"ע היחיד צריך לברך.

סעיף ב - אין לשוח בעוד שקורין אותה - היינו בין השומע ובין הקורא, אסור להם לשוח לכתחלה, ואפי' בד"ת, **ולענין** דיעבד יש חילוק, דהשומע אם שח בעת הקריאה, לא יצא, אפילו אם חיסר לשמוע תיבה אחת, דהא לא שמעה כולה, **אבל** הקורא יצא.

ולפעמים אפי' לכתחלה מותר, כגון לשאול בין הפרקים מפני הכבוד, כמו לענין ק"ש, [**ובש"ג** מסתפק מה נקרא במגילה בין הפרקים, **והגאון** מהרש"ק כתב, דפרקים נקראת, בין תחילתה ל"איש יהודי", ובין "איש יהודי" ובין "בלילה ההוא", **ובמחה"ש** מביא בשם ל"ח, כיון שיש בה פרשיות, אע"פ שהם פרשיות סתומות, מ"מ פרקים נקראו].

וכ"ז לענין שיחה באמצע הקריאה, אבל אם שח בין הברכה לתחלת הקריאה, בין השומע ובין הקורא, הפסיד הברכה.

וכן בין סוף הקריאה להברכה, ג"כ אסור להפסיק, [בין השומע ובין הקורא, דכיון דנהגינן לברך אחר המגילה, ממילא למגילה שייכא, **ובדיעבד** אם שח בינתיים, יש לעיין לדעת הטור אם יוכל לברך ברכת "הרב", **ולבעל** העיטור דהברכה אין שייכא כ"כ למגילה, אלא הודאה בפני עצמו, בודאי יוכל לברך].

סעיף ג - אע"פ שיצא כבר, מברך להוציא את אחר ידי חובתו - וכ"ש דיכול להוציאם בקריאה אע"פ שיצא כבר, **ומ"מ** יש פוסקין שסוברין לענין ברכה, אם יודעין בעצמן לברך, יברכו בעצמן, כיון שהוא כבר יצא בקריאה, **ומנהג** העולם להקל להוציאן בכל גווני, [**וגם** לענין עצם הקריאה יש דעות אם אחד יכול להוציא את חבירו בפחות מי', היכא שהוא יודע לקרות בעצמו, ע"ל בסי' תרפ"ט ס"ה, אלא שהמ"א מקיל שם בזה].

ויקראנה לנשים אחר שיצא מבהכ"נ, דמצוה שיצא בעצמו בקריאת הצבור, **אכן** אם מכוין שלא לצאת באותה קריאה, שפיר דמי לצאת אח"כ בקריאת הצבור.

וכשהוא מברך לנשים, טוב שיברך "לשמוע מגילה", כי יש פוסקים שסוברין דאשה אינה חייבת בקריאה רק לשמוע.

סעיף ד - מי שהוא אנוס קצת ואינו יכול לילך לביהכ"נ, וצריך להמתין עד אחר שקראו הקהל - ר"ל שיבוא אחד לקרוא לפניו, **וקשה עליו לישב בתענית כ"כ** - דמקודם אסור לאכול, כמו לענין ק"ש, **יכול לשמוע קריאתה מבע"י מפלג המנחה ולמעלה** - דהוא שעה ורביע קודם הלילה, [אכן יתפלל מקודם], **והטעם**, דכיון דחשבינן ליה לילה לענין תפילת ערבית, שיכול להתפלל בזמן ההוא, חשבינן ליה לילה גם לענין הזה, (**אכן** כ"ז אם הוא נזהר תמיד להתפלל מנחה קודם פלג).

(**ואף** שהפר"ח דחה המנהג הזה בשתי ידים, מ"מ כמה אחרונים הליצו בעד המנהג הזה, שהביאוהו כמה ראשונים, **ודעתם** דאף שהמחמיר תבוא עליו ברכה, מ"מ לענין חולה ומצטער שמיקל לקרות מבע"י קצת, יש לו על מי לסמוך, **ואפשר** במקום שהדחק גדול, **אף** בצבור יש להקל לקרות, **אף** שאין עדיין לילה גמורה).

וכתב הפמ"ג דלפי דעת הפר"ח, אפי' ביה"ש אין לקרות, **ובדיעבד** אם קרא בבין השמשות ג"כ מסתפק שם, אם לא באונס והכרח גדול יש לצדד להקל, **וכתב** בח"א, דאפילו קרא מקצתה קודם צאת הכוכבים, לא יצא, וצריך לחזור ולקרות ובלי ברכה, **ועיין** בשע"ת בשם הברכי יוסף ובבה"ל, דמ"מ המיקל לחולה וליולדת, למהר קריאתן מבעוד יום קצת, יש לו על מי לסמוך.

הגה: אבל אסור לאכול קודם שישמע קריאת המגילה, אפי' התענית קשה עליו - כמו לענין ק"ש דערבית, דאסרינן מטעם שמא יחטפנו שינה, ויבטל מקריאתה, **וא"כ** כ"ש שאסור לישן קודם קריאת המגילה, ואפילו דעתו רק לישן קימעא, כמו שם גבי ק"ש, וקריאת המגילה הוא חוב גדול, שהרי כל המצות נדחים מפניה, כדלעיל בסי' תרפ"ז, **וע"ל** בסי' רל"ה ס"ב ובמ"ב שם, כמה פרטים לענין ק"ש וה"ה כאן, **ודע**, דכמו בלילה אסור לאכול קודם קריאתה, ה"ה ביום, אפי' כבר התפלל אסור לאכול קודם קריאתה, וכמו לענין שופר ולולב, [דקריאה דיום חמור מלילה, דהוא מדברי קבלה].

עיין במ"א שמסיק, דדוקא אכילה אסור, אבל טעימה בעלמא שרי, **וע"כ** טוב יותר להקל לאיש הזה שיטעום קודם קריאת המגילה, ולא להקל לקרות מפלג המנחה ולמעלה, דהפר"ח קרא תגר על קולא זו, ודעתו דקודם צה"כ אינו יוצא כלל אפי' דיעבד, וכן משמע דעת הגר"א בביאורו, **ואפילו** טעימה אין להקל אלא לצורך גדול, דהיינו חולה קצת, או מי שמתענה והתענית קשה לו, **ושיעור** טעימה היינו כביצה פת, או משקין ‹המשכר› כשיעור ביצה, ‹כנ"ל סימן רל"ב – שונה הלכות›.

ואם הוא אדם חלוש, והשהייה יזיק לבריאותו, ויכול לבוא לידי חולי, וטעימה מעט אינו מספיק לו, נראה דשרי לאכול, [**וכ"ש** חולה אם התענה, ואפשר גם מי שיש לו חולשת הלב], **אך** יבקש מאחד שיזכירנו לקרוא את המגילה אחר אכילתו.

כ' הפמ"ג, ספק אם קרא את המגילה, אפשר דלא אמרינן בזה ספיקא דרבנן לקולא, משום דהוא דברי קבלה, ‹ואינו מחלק בין יום ללילה כדלעיל, וצ"ע – פסקי תשובות›.

§ סימן תרצג – סדר תפלת פורים §

סעיף א - אחר קריאת המגילה בערבית, אומר "ואתה קדוש", ואם חל במוצאי שבת אומר "ויהי נועם" קודם "ואתה קדוש". הגה: ואומרים "ויתן לך" - אחר הבדלה, וההבדלה הוא אחר סדר קדושה, כמו בשאר ימות השנה, **ומה** שכתב לקמן "וקורים המגילה", הוא ענין בפני עצמו.

במ"א מצדד, דאחר שמו"ע אומר ק"ש עם "תתקבל", וכ"כ בא"ר, **ואחר** אמירת "ואתה קדוש" שאומרים אחר קריאת המגילה, יאמר ק"ש בלא "תתקבל", **וא"ר** כתב דיוכל ג"כ לומר "תתקבל", ויחזור "תתקבל" על תפלה דבסדר קדושה, **ובשחרית** יאמר חצי קדיש אחר שמו"ע, ולאחר סדר קדושה, ק"ש עם "תתקבל".

וקורים המגילה ואח"כ מבדילין - דכל מה שיש לאחר את ההבדלה ביציאת היום מאחרינן לה.

סעיף ב - אומר "על הנסים" בלילה - אפילו אם הקדים להתפלל ערבית קודם צאת הכוכבים, **וביום.**

הגה: ואם לא אמרו, אין מחזירין אותו. ואין אומרים "על הנסים" רק ביום י"ד, אבל לא בט"ו - כיון שאין שייך זה לאותו היום, הו"ל שלא מעין המאורע, והוי הפסק בתפלה, **מיהו** אם אמרו אין מחזירין אותו, דמ"מ יש קצת שייכות בימים אלו.

כרכים הספיקות אם הם מוקפות חומה, אומרים "על הנסים" בתפלה בשני ימים, ואין זה הפסק, כיון דמספק אומרים.

ובליל י"ד, אע"פ שלא קראו המגילה עדיין, אומר "על הנסים" בתפלת ערבית.

שחרית משכימין לביה"מ, **ואין** לחלוץ התפילין אף שהתפללו כבר, עד אחר קריאת המגילה, דדרשינן "ויקר" אלו תפילין.

סעיף ג - אין קורין בו הלל - דבשלמא ביציאת מצרים אמרינן: הללו עבדי ה' ולא עבדי פרעה, **אבל** הכא אכתי עבדי אחשורוש אנן.

ואין נופלים על פניהם. הגה: ואין אומרים "למנצח" ו"אל ארך אפים" - בשני ימי פורים, משום דכתי' ב"למנצח" "צרה", וצרה בפורים לא מדכרינן.

סעיף ד - מוציאין ס"ת וקורין בפרשת "ויבא עמלק" - עד "מדור דור", ואומרים ח"ק, **ואע"פ שאין בה אלא ט' פסוקים, כופלין פסוק אחרון כדי להשלים לעשרה פסוקים. הגה: ואין המנהג לכפול פסוק האחרון של הפרשה** - ואע"ג דקי"ל אין פוחתין מעשרה פסוקים, היכא דסליק עניינא שאני.

‹הנה תוס' כתבו, דאין מחזיר הס"ת למקומו, אלא יושב ואוחז בידו עד שקראו את המגילה, **ובלבוש** משמע דמחזיר הס"ת למקומו, ואח"כ קורא המגילה, **אח"כ** מצאתי בבית מאיר וז"ל: הנה יתר הפוסקים השמיטו דברי התוס', ש"מ דלא ס"ל, **ויראה** דהטעם, משום דהאוחז הא ג"כ חייב לכוין לצאת שמיעת קריאת המגילה, ואם יאחז ס"ת בידו, יהא לבו על הס"ת, **כדאיתא** בסימן צ"ו לענין תפלה›.

(ביאור הלכה) [שער הציון] ‹הוספה›

וקורין המגילה - ומברכין אחריה ברכת "הרב את ריבנו", וצריכין כולן לשמוע הברכה, **ויש** מהמונים שאומרים אז קדיש אחר סיום המגילה, ואינו נכון, **ואח"כ סדר קדושה.**

הגה: כשיש מילה בפורים, מלין התינוק קודם קריאת המגילה - ואסמכתא לזה דכתיב: ליהודים היתה אורה ושמחה וששון, "וששון" מרמז על מילה, (ר"ל, כיון דסמך הכתוב תורה ומילה, ד"היתה אורה" דרשינן זו תורה, יש לנו גם כן להסמיכם במעשה, ולכן מיד אחר קרה"ת קודם קריאת המגילה יש למול – מחה"ש). **והפר"ח** כתב דיקדים קריאת המגילה, וכן משמע בביאור הגר"א דמתמה על הרמ"א בזה. (וע"ל סי' תרפ"ז ס"ב במ"ב).

§ סימן תרצד – דין מעות פורים לעניים §

סעיף א- חייב כל אדם - בין איש ובין אשה, **ליתן לפחות שתי מתנות לשני עניים** -

ואפילו עני המתפרנס מן הצדקה, דעת כמה אחרונים דצריך לתת ממה שנתנו לו.

ורשאי ליתן מאכל או מעות, ולא מצאתיו כעת כמה יהיה שיעור מתנות - פמ"ג, **ובחידושי** ריטב"א כתב, אפילו שתי פרוטות, דשוה פרוטה חשובה מתנה, אבל לא בפחות.

אם החליף סעודתו בשל חבירו, יצא ידי מתנות, **וע"כ** עני המתפרנס מן הצדקה, יתן ב' מתנות לב' אביונים, ויחזרו הם ויתנו לו - פמ"ג.

עוד כתב, נ"ל דלכתחלה צריך ליתן לאביון דבר הראוי ליהנות ממנו בפורים, מאכל, או מעות שיוכל להוציא בפורים.

וזהו מדינא, (שתי מתנות), אבל באמת מוטב להרבות במתנות לאביונים, מלהרבות בסעודתו ובשלוח מנות לרעיו, שאין שמחה גדולה ומפוארה אלא לשמח לב עניים יתומים ואלמנות, ודומה לשכינה, שנאמר: להחיות רוח שפלים ולהחיות לב נדכאים - רמב"ם.

והנה השתי מתנות צריך ליתן משלו, ולא משל מעשר, וההוספה שמוסיף יוכל ליתן משל מעשר.

(נסתפקתי, מתנה לאביון אי מהני ע"מ להחזיר, ומשלוח מנות לא מהני, כי מצוה מאכל ומשקה שישמחו בפורים).

(ומחצית השקל אם מחלקין לעניים, יוצאין ידי מתנות לאביונים – פמ"ג).

(ולא יתן להם קודם פורים, דלמא אכלי להו קודם פורים – מ"א בשם המאור, ומנהג העולם ליתן קודם פורים, אף דמתנות לאביונים מצותו דוקא ביום פורים, צ"ל דע"כ נותן שתי מתנות לאביונים גם ביום פורים, וגם יש הרבה עניים החוזרים על הפתחים בפורים).

הגה: י"א שיש ליתן קודם פורים מחצית מן המטבע הקבוע באותו מקום ובאותו זמן, זכר למחצית השקל שהיו נותנין באדר; ומאחר שג' פעמים כתוב "תרומה" בפרשה, יש ליתן ג'; ויש ליתנו בליל פורים קודם שמתפללים מנחה, וכן נוהגין בכל מדינות אלו - ובמדינתינו נוהגין ליתנו בשחרית קודם קריאת המגילה - מ"א, **ועכשיו** נוהגין ליתן מחצית השקל קודם מנחה, **ובשחרית** מעות מגילה.

ויש ליתן ג' חצאי גדולים במדינות אלו, כי אין מטבע ששם מחצית עליה מלבד זו – (הנה דרך העולם לפרש חצאי גדולים, חצי גדול פולני"ש, והיינו מה שקורין במדינתינו חצי גראשין, **ולא** משמע כן בד"מ, ואולי הוא שם מטבע אחרת שנקרא כן במדינתו, ובמדינתינו כעת אין לנו מטבע זו), **ובמדינות אוסטרייך יתנו ג' חצי ווינ"ר, שנקראו ג"כ מחצית, וכן לכל מדינה ומדינה** – (ולפי מדינתינו נראה, דמדינא יוצא במטבע קטנה שנקרא חצי גראש, אבל מ"מ אין זה מטבע חשובה כלל, אפילו אם נותן ג' חצאין, אם לא שנותן גם בעד בניו הקטנים, והנה בזמן הגר"א היה מצוי חצי זהוב פוליש, וכתוב במעשה רב, שלא היה נותן כי אם חצי זהב אחד פוליש, **אבל** כעת אין מצוי מטבע זו כלל, אם לא שיתן חצאי גדול פולני"ש, או חצי רובל כסף, ומי שעוזרו הקב"ה, שיכול ליתן חצי רובל כסף אחד זכר למחצית השקל, וג' חצאי גדול פולני"ש, לענין מה שכתוב בפרשה ג' פעמים תרומה, וכהי"א האחרון שכתב רמ"א, אשרי וטוב לו).

(וראיתי איזה גבאים שנותנין מתחלה בהקערה של צדקה ג' חצאי רו"כ, וכשבא אחד ליתן המחצית השקל, נותן לו הגבאי תחת מעותיו הג' חצאי רו"כ, והוא נותן אותם להקערה, **אבל** אין זה מחוור, דאם הגבאי נותן לו רק בתורת שאלה על איזה רגעים, וגם הנותן אין דעתו להקנותם לצדקה, הלא אין זה נתינה כלל, והוא מערים רק לעצמו בזה, **ואם** כונת הגבאי בעצמו באמת להקנות לו, והוא נותנם לצדקה, זהו עצה רק להראשון, ולא להאנשים שאחריו, כיון שכבר נעשו צדקה, אין רשות להגבאי להחליפם תחת ג' חצאי גדול פולני"ש, **ואולי** כיון שכבר נהגו כך, הו"ל כאלו התנו בהדיא כל הנותנים לצדקה, שנותנים על אופן זה, שיהיה להגבאי רשות לזה).

ואין חייב ליתנו רק מי שהוא מבן עשרים ולמעלה - זהו לדעת ר"ע מברטנורא, **אבל** התוי"ט כתב, שהפוסקים חולקים וס"ל, דמבן י"ג ולמעלה שהוא בכלל איש, חייב במחצית השקל, **וא"ר** כתב, דכל זה רק מדינא, אבל המנהג הוא ליתן אפילו בעד בניו הקטנים, ואשה מעוברת בעד ולדה. **איתא** במשנה, כל קטן שהתחיל אביו לשקול על ידו, שוב אינו פוסק.

(ועני המתפרנס מן הצדקה, צ"ע אם מחוייב ליתן מחצית השקל – פמ"ג).

ויש אומרים שנותנים מחצית השקל לצדקה מלבד ג' מחצית אלו, ואין נוהגין כן.

סעיף ב- אין משנין מעות פורים לצדקה אחרת - היינו מעות שגבה אותן הגבאי לחלקם לעניים לסעודת פורים, אין יכול לשנותן לומר: דיין בפחות, והמותר יפול לכיס של צדקה, **אבל** לוקחין עגלים לרוב בכל המעות, והמותר שלא יספיקו לאכול בפורים, ימכר ויפול לכיס של צדקה.

אם יש מנהג באותה העיר לתת מעות פורים לחזן, אין איסור בדבר, [רק במעות פורים ולא במחצית השקל], דכל הנותן אדעתא דמנהגא נותן, **אבל** לא נפקי בזה ידי מתנות לאביונים, אא"כ מחלקים מהם לעניים, **ואפילו** אם החזן הוא עני, דכיון דהוא בכלל שכירות החזן, הו"ל פורע חובו במתנות לאביונים.

כתב ב"י בשם הגהת אשרי, דמעות שחשב בלבו לחלקם לעניים ביום פורים, אינו רשאי לשנותו, **והטעם**, דס"ל דצדקה יש לו דין הקדש, וחייב לקיים מחשבתו, אף שלא הוציא בשפתיו.

הגה: ודוקא הגבאים, אבל העני יכול לעשות בו מה שירצה - ר"ל אף דהגובים גבו המעות לצורך סעודת פורים, מ"מ יש לעני רשות להוציאן לשאר צרכיו.

ואם בני העיר יכולים לשנות, יש דיעות בפוסקים, עיין במ"א.

סעיף ג- אין מדקדקים במעות פורים, אלא כל מי שפושט ידו ליטול נותנים לו; ובמקום שנהגו ליתן אף לא"י, נותנים - מפני דרכי שלום, **אבל** בעיר שלא הורגלו עדיין בכך, זה הנותן פרוטה לעכו"ם גוזל לעניים, ומראה בעצמו כאלו מקיים בהם "ומתנות לאביונים", [**ומ"מ** אף בעיר חדשה, כל שיש בזה דרכי שלום, נותנים].

סעיף ד- במקום שאין עניים - ישראל, **יכול לעכב מעות פורים שלו לעצמו, ונותנם במקום שירצה.**

מעות פורים שלו - היינו מה שגבו כבר ממנו, ואין מוצאין למי לחלקם, **ויותר** נראה דר"ל, מה שרגיל ליתן בכל שנה לצורך עניים.

§ סימן תרצה – דיני סעודת פורים §

הגה: מצוה להרבות בסעודת פורים, ובסעודה אחת יוצאים - לאפוקי ממ"ד דחייב לאכול גם בלילה של י"ד, דומיא דמגילה, **ומ"מ** נכון לאכול גם בלילה, וכדלקמיה בהג"ה.

סעיף א- סעודת פורים שעשאה בלילה, לא יצא ידי חובתו - היינו בליל י"ד, [לבני עיירות, ולבני כרכים בט"ו], דבליל ט"ו לבני עיירות, פשיטא דכבר עבר זמנה.

[**עיין** בפמ"ג, דליל ט"ו אינו מחוייב לאכול, וביום ט"ו חיוב לאכול קצת, אבל פת, למ"ד דבעינן, א"צ כי אם ביום י"ד לעיירות, וט"ו לכרכים].

הגה: ומ"מ גם בלילה - [היינו ליל י"ד], **ישמח וירבה קצת בסעודה** - ואפילו כשחל הי"ד במוצאי

שבת, דעשה סעודה חשובה בסעודה שלישית, מ"מ צריך להרבות קצת בלילה לכבוד פורים, **אך** אינה סעודה כמו למחר, דשם צריך להרבות יותר.

כתבו האחרונים, דנכון ללבוש בגדי שבת ג"כ מבערב, וימצא אח"כ בביתו, נרות דולקות ושולחן ערוך ומטה מוצעת.

סעיף ב - חייב איניש לבסומי בפוריא עד דלא ידע בין ארור המן לברוך מרדכי - שארור המן, זה מפלה ראשונה שניטל נקמה רבה ממנו, ועוד טובה יתרה מזה גדולת מרדכי, שבירכו הקב"ה שעלה למעלה ראש, **והנה** קודם שנשתכר, נתן בודאי תודה להש"י על שתי הטובות, וע"כ אחז"ל שלא יפסיק מלתן שבח ע"ז בשמחה, עד שיבוא לידי כך, שלא יבחין עוד מה בין טובה זו לזו.

[**ומ"א** פי' בשם י"א, ד"ארור המן" בגימטריא תקב כמו "ברוך מרדכי", ומשנשתכר עד שלא ידע לחשוב הגימטריא, פטור מלהשתכר עוד].

ועיין באליהו זוטא, דמ"מ יראה להיות זהיר בענין נט"י וברכת המוציא ובהמ"ז, ויהיה שמחה של מצוה.

(וז"ל המאירי, חייב אדם להרבות בשמחה ביום זה, ובאכילה ובשתיה, עד שלא יחסר שום דבר, ומ"מ אין אנו מצוין להשתכר ולהפחית עצמינו מתוך השמחה, שלא נצטוינו על שמחה של הוללות ושל שטות, אלא בשמחה של תענוג, שיגיע מתוכה לאהבת הש"י, והודאה על הנסים שעשה לנו, וע"ש מה שמבאר דברי הגמרא).

(וז"ל הח"א, כיון שכל הנס היה ע"י יין, לכן חייבו חכמים להשתכר, ולפחות לשתות יותר מהרגלו, כדי לזכור הנס הגדול, ואמנם היודע בעצמו שיזלזל אז במצוה מן המצות, בנט"י וברכה ובהמ"ז, או שלא יתפלל מנחה או מעריב, או שינהוג קלות ראש, מוטב שלא ישתכר, וכל מעשיו יהיו לש"ש, עכ"ל).

(וא"ת האיך יחייבו חז"ל, מה שנזכר בתורה ובנביאים בכמה מקומות השיכרות למכשול גדול, וי"ל מפני שכל הניסים שנעשו לישראל בימי אחשורוש היו ע"י משתה, כי בתחלה נטרדה ושתי ע"י משתה, ובאה אסתר, וכן ענין המן ומפלתו היה ע"י משתה, ולכן חייבו חכמים להשתכר עד כדי שיהא נזכר הנס הגדול בשתיית היין, ומ"מ כ"ז למצוה ולא לעכב).

הגה: וי"א דא"ל להשתכר כל כך, אלא ישתה יותר מלימודו ויישן, ומתוך שישן אינו יודע בין ארור המן לברוך מרדכי - וכן ראוי לעשות. **ואחד המרבה ואחד הממעיט, ובלבד שיכוין לבו לשמים.**

ואין להתענות בפורים, מלבד תענית חלום - ויתענה עד אחר מנחה, ויאכל קודם ביאת השמש רק פ"א.

וע"ל סי' תקס"ח - ס"ה, **וסימן תק"ע** - בכל הסימן.

הנשבע להתענות בפורים, יראה להתיר שבועתו.

ועיין בפמ"ג שכתב, דענין סעודת פורים ומתנות לאביונים ומשלוח מנות, אפשר דצריך כונה ע"ז לשם מצוה.

יש שנהגו ללבוש בגדי שבת ויו"ט בפורים, וכן נכון. ונוהגים לעשות סעודת פורים לאחר מנחה, וערבית יתפללו בלילה; ומתפללים מנחה תחלה בעוד היום גדול, ורוב הסעודה צריכה להיות ביום, ולא כמו שנוהגין להתחיל סמוך לערב ועיקר הסעודה היא ליל ט"ו - הא דלא נהיגי לעשותה בשחרית, משום שטרודים במשלוח מנות, ונמשכין ברוב עד המנחה, ואסורין להתחיל בסעודה קודם מנחה.

וכשחל פורים ביום ששי, יעשו הסעודה בשחרית - היינו קודם חצות היום לכתחלה, **ועיין** ביד אפרים מה שכתב בשם מהרי"ל, וז"ל: דהיינו קודם שעה עשירית, **משום כבוד שבת, ומי שרוצה לעשותה תמיד בשחרית, הרשות בידו** - כתב א"ר בשם של"ה, המשובח מי שעושה סעודה בשחרית.

וכתב עוד, שיקבץ אנשי ביתו וחביריו, דא"א לשמוח כראוי ביחיד, **ומ"מ** יהיה שמחה של ד"ת, וכדלקמיה.

יש אומרים שיש לאכול מאכל זרעונים בפורים - בלילה הראשונה, **זכר לזרעונים שאכל דניאל וחביריו בבבל** - וגם אסתר אכלה זרעונים, כדאמרינן פ"ק דמגילה: "וישנה לטוב", שהאכילה זרעונין.

[**כתב** מ"א בשם הכל בו, יש שאין אוכלין בשר בלילה, כדי שלא יטעו שהוא סעודת פורים, **ועניין** כזה תלוי לפי מנהג המקום].

טוב לעסוק מעט בתורה קודם שיתחיל הסעודה, וסמך לדבר: ליהודים היתה אורה ושמחה, ודרשינן: "אורה" זו תורה.

וחייב במשתה ושמחה קצת בשני ימים, י"ד וט"ו, וכן נהגו.

וי"א דאם הזיק אחד את חבירו מכח שמחת פורים - פי' שעשה מכח שמחה, **פטור מלשלם** - אבל אם כיון להזיק חייב, **ועיין בחו"מ בדיני נזיקין** - בב"ח מחלק בין היזק גדול לקטן, בין בגוף בין בממון, דבהיזק גדול מקפידין, ואין מנהג לפטור בהיזק גדול.

סעיף ג - אומר "על הנסים" בברכת המזון, בברכת הארץ - ואם שכח לומר "על הנסים", י"א דמחזירין אותו, וי"א דאין מחזירין אותו, וספק ברכות להקל, **ודוקא** בסעודה ראשונה שאוכל בו ביום, אבל בסעודה שניה שאוכל אחר המנחה, שקורין סעודת פורים, וכבר אכל סעודה אחת ביום, שוב אין מחזירין אותו לכו"ע, **אלא** כשמגיע ל"הרחמן", יאמר: הרחמן הוא יעשה לנו נסים וכו'.

ואם התחיל סעודתו ביום ומשכה עד הלילה, אומר "על הנסים", דבתר תחלת סעודה אזלינן; ויש מי שאומר שאין לאומרו, (ונוהגין כסברא ראשונה) - ובזה אם לא אמרו בודאי אין מחזירין אותו, אפילו לדעת המחמירין הנ"ל, דהא אפילו בלכתחלה יש פלוגתא אם לאמרו, וכנ"ל.

י"א דוקא כשלא התפלל ערבית עדיין, אבל משהתפלל שוב אינו אומר "על הנסים", **וי"א** דבכל גווני אומר, **וע"כ** מהנכון שיברך בהמ"ז קודם שיתפלל, להוציא עצמו מפלוגתא, **ואם** רוצה למצוא תקנה שיתפללו קצת מהצבור בבהכ"נ כדרכו תמיד, נראה שמשהגיע הזמן בלילה יברך בהמ"ז ויאמר "על הנסים", וילך לבהכ"נ להתפלל, **ואח"כ** יכול לאכול ולשתות ולשמוח עוד, דהא מצוה בשמחה בשני ימים.

כשחל פורים בע"ש, ומשכה סעודתו עד הלילה, חייב להזכיר של עכשיו, דהיינו "רצה", וא"כ איך יאמר "על הנסים", דהוי תרתי דסתרי, וכיון דאין הזכרת "על הנסים" חמור כ"כ, לכן יאמר רק של שבת, **וכ"ז** אפילו כשלא התפלל עדיין, ובפרט אם התפלל מקודם, בודאי אינו כדאי להזכיר אח"כ "על הנסים" בבהמ"ז, וכדלעיל.

סעיף ד - חייב לשלוח לחבירו שתי מנות בשר או של מיני אוכלים - ולא בגדים ושארי דברים, **וה"ה** משקה דשפיר דמי, דשתיה בכלל אכילה, וכן סגי באחד אוכל ואחד משקה, **ובעינן** שיהיה מין אוכל המבושל ולא בשר חי, דמשלוח מנות הראוי מיד לאכילה משמע, **וי"א** דכיון שהוא שחוט וראוי להתבשל מיד, שרי. **שנאמר: ומשלוח מנות איש לרעהו, שתי מנות לאיש אחד** - בעניים הקפידו ליתן לשני עניים, דמצוה לחלק, משא"כ בעשיר דדי כשנותן לאחד.

בתשו' בנין ציון נסתפק, אם הביא בעצמו המנות ולא ע"י שליח, אי יוצא, כיון דכתיב "ומשלוח" נימא דבעינן דוקא ע"י שליחות.

(הח"א הוכיח מן הירושלמי, דאם שולח לעשיר דבר פחות, אינו יוצא בזה ידי משלוח מנות, וכן משמע בריטב"א לפי גירסא אחת שם בגמרא, **אכן** שארי פוסקים לא הזכירו דבר זה, **ונכון** ליזהר בזה לכתחלה).

(**בטורי** אבן מסתפק, אם שלח ב' מנות לאיש עני, אם יוכל לחשבם לתרתי, לקיום שילוח מנות, דגם העני בכלל "איש לרעהו", ולקיים מתנות לאביונים, ואם נתן עוד מתנה אחת לעני אחד יצא, או לא, והביאו רע"א בחידושיו).

וכל המרבה לשלוח לריעים משובח; ואם אין לו, מחליף עם חבירו, זה שולח לזה סעודתו, וזה שולח לזה סעודתו, כדי לקיים: ומשלוח מנות איש לרעהו - ויוצא י"ח אע"פ שהולך אח"כ לסעוד אצלו.

הגה: ויש לשלוח מנות ביום ולא בלילה - וה"ה מתנות לאביונים, **אם** לא שקיים המצוה דשילוח מנות לאיש אחד, ומתנות לשני אביונים, ביום, אין נ"מ במה שרוצה להוסיף עוד בלילה.

(כתב הפר"ח, עיר ספק מוקף, ישלחו המנות בי"ד, שהוא לרוב העולם, ועיין בפמ"ג שמפקפק בזה), ‹דלמה יגרע מקריאת מגילה {בסי' תרפ"ח ס"ד} דצריך בשני הימים – שם›.

ואם שולח מנות לרעהו והוא אינו רוצה לקבלם, או מוחל לו - ר"ל שאומר: הריני כאלו התקבלתי, **יצא** - והפר"ח חולק ע"ז, וכן החתם סופר מתמה ע"ז.

ואשה חייבת במתנות לאביונים ומשלוח מנות כאיש - שכולן היו באותו הנס, וצריכה היא לשמוח, ולשמח לב אביונים, וכתיב: קימו וקיבלו היהודים וגו', וגם נשים בכלל, **וכתב** המ"א: לא ראיתי נזהרין בזה, ואפשר דוקא באלמנה ‹מחייב הרמ"א›, אבל אשה שיש לה בעל, בעלה משלח בשבילה לכמה אנשים, **ומכל** מקום יש להחמיר.

ואשה תשלח לאשה, ואיש לאיש; אבל לא בהפך, שלא יבא איש לשלוח לאלמנה, ויבואו לידי ספק קידושין - שיאמרו שזהו סבלונות שאחר הקידושין, וחיישינן שמא קידשה כבר בפני עדים ואינם לפנינו. ‹ואשה ששולח לאיש, דאין שייך חשש קידושין, י"א דצ"ל דגזרינן הא אטו הא, והוא חשש רחוקה ונפלאה – שבות יעקב, **ויש** מקילין›.

אבל במתנות לאביונים אין לחוש - דזה הוי במעות וליכא למיחש לסבלונות, ואפילו אם נותן לאביון מאכל, הוא דרך צדקה ואינו דרך סבלונות.

§ סימן תרצו – דיני הספד ותענית ועשיית מלאכה בפורים §

סעיף א - פורים מותר בעשיית מלאכה - דאע"ג דכתיב: משתה ושמחה ויו"ט, מ"מ לא קיבלו עליהם לעשותו יו"ט, **אכן** אחר זה נהגו מעצמן באיזה מקומות שלא לעשות. **ובמקום שנהגו שלא לעשות, אין עושין** – (עיין בפמ"ג, דדוקא ביום, אבל בלילה עד הנץ שרי לעשות אף במקום שנהגו שלא לעשות, **ובתשו'** חת"ס מחמיר בזה).

וע"י עכו"ם שרי, [**וה"ה** כשאין לו מה לאכול, שרי לעשות מלאכה ולתפור בגדי חבירו בשכר, דכ"ז שמחה הוא לו].

(והאידנא נהגו בכל מקום שלא לעשות) - ופרקמטיא מותר, ששמחה היא לו, [**עוד** כתב הפמ"ג, דכל דבר שיהיה בו הפסד, שרי, דכל דבר שמחה מותר בפורים].

והעושה אינו רואה סימן ברכה מאותה מלאכה לעולם - כגון אם זורע איזה דבר אינו מצמיח, **אבל** הרא"ם כתב שאינו מרויח, אבל אינו מפסיד ג"כ.

אלא אם הוא בנין של שמחה, כגון: בית חתנות לבנו, או אבורנקי של מלכים - שנוטעים לצל להסתופף בצלו, **דשרי.**

הגה: ומותר לעשות כל מלאכת מצוה, כגון: לכתוב פסקי הלכות - ופשטי המקרא, ‹שאדם שמח בהם כדכתיב: פקודי יי' ישרים משמחי לב›, ואגרת שלום, ומזכרת חובותיו, וכן כל דבר שא"צ עיון גדול, ‹נראה שמותר – ב"י›, **וכתב** בסדור עמודי שמים, דמ"מ יש לראות שלא ימשוך בה ויתבטל משמחת פורים. **מגילה** מותר לכתוב בפורים. **וכן מותר לעשות אפילו מלאכות גמורות לצורך פורים.**

סעיף ב - אפילו במקום שנהגו, לא נהגו אלא ביום מקרא מגילה בלבד, אבל לאסור את של זה בזה, אינו מנהג - ויש מחמירין בזה, **ונראה** דתלוי במנהג אותו המקום, [כי אף בפורים עצמו, תלוי זה מדינא במנהג המקום, וכ"ש בזה דאין להחמיר כ"כ].

סעיף ג - יום י"ד ויום ט"ו אסורים בהספד ותענית לכל אדם בכל מקום, בין לבני כרכים שהם עושין ט"ו בלבד, בין לבני עיירות שהם עושים י"ד בלבד.

ומקום שנהגו שביום ז' הולכים על הקבר לקונן, אסור בפורים, אלא האבל לבדו ילך לשם עם חזן אחד, ויאמר לו השכבה, **ואפילו** בערב פורים לא ילך לשם, שלא יחשבו העולם שהאבילות נפסק בפורים.

והנשים מענות בהם, שכולם עונות כאחת, ומטפחות, שמכות כף אל כף; אבל לא מקוננות, שתהא אחת מדברת וכולן עונות אחריה; נקבר המת, לא מענות ולא מקוננות.

סעיף ד - כל דברי אבילות נוהגים בחנוכה ופורים. הגה: ומ"מ ילך לבהכ"נ לשמוע המגילה - אבל תפלת מעריב יתפלל בביתו.

ואם יוכל לאסוף מנין לביתו לקרות המגילה, עדיף טפי - אף דבעלמא קריאה בצבור עדיף טפי.

ויש אומרים שאין אבילות נוהג בפורים, לא בי"ד ולא בט"ו, וכן נוהגין - אף שהב"ח ועוד אחרונים כתבו, שבמקומם היה המנהג להתאבל, **אבל** כבר כתב בשע"ת בשם כמה אחרונים להקל, ושכן פשט המנהג במדינות אלו, **ובפרט** בענין חליצת מנעלים, וישיבה ע"ג קרקע, בודאי אין להחמיר, **ומ"מ** יראה למעט במיני שמחה שעושין, [**עיין** במ"א, דאסור לראות כל מיני שמחה, **אבל** בא"ר פקפק על דבריו, והעתיקו הדה"ח (המ"א) להלכה].

ואפי' אבילות יום ראשון נדחה מפני פורים.

אבל דברים שבצנעה נוהג - הנה ט"ז כתב, דהליכה מביתו לתפלה אסור גם לדעה זו, ולא מקרי זה בפרהסיא, דלא מינכר שעושה כן משום אבילות, **ובמ"א** כתב, דמשמע בטור, דבשחרית הולך לבהכ"נ להתפלל, **ועיין** בפמ"ג שכתב, דהמיקל להתנהג כן לא הפסיד.

ואע"פ שאין נוהג אבילות בפורים, עולה לו למנין שבעה ימי אבילות כמו שבת - ואפילו מת בפורים, **וכן פסק הרב בעצמו בטור יו"ד סי' ת"א.**

כתב בתשו' בנין עולם, לענין לקרות האבל המגילה בביהכ"נ, אם אין שם אחר שיודע לקרות כ"כ בנקודות ובטעמים ובדקדוק האותיות, טוב יותר שיקראנה האבל, כמ"ש ביו"ד לענין להתפלל בשבתות ויו"ט.

סעיף ה - אם חל פורים במו"ש, והאבל יושב בבהכ"נ בשבת במנחה, לא יצא משם עד שיתפלל תפלת ערבית וישמע קריאת מגילה - דין זה כתבו הרוקח, ובמקומו היו אוכלין סעודה שלישית קודם מנחה, לכן קאמר דבבואו להתפלל מנחה, לא יצא משם, **אבל** לדידן צריך לילך לביתו אחר מנחה לאכול סעודה שלישית, **ובלילה** יתפלל מעריב ויקרא המגילה בביתו אם יש לו מנין, **ואם** לאו ילך לבהכנ"ס בעוד יום, ויהיה שם לתפלה וקריאת המגילה.

ולמחרת לא יצא מפתח ביתו - ומיירי כשיש לו מנין בביתו, **ואם** אין לו מנין בביתו, ילך לשמוע מקרא מגילה, **והנה** המחבר שהעתיק דברי הרוקח, אזיל לשיטתו בס"ד, דאבילות נוהג בפורים.

אבל כבר כתב הרמ"א לעיל, דאנן נוהגין כהפוסקים דאין אבילות נוהג בפורים, **ולפי"ז** אפילו אם יש לו מנין בביתו, הולך לבהכ"נ לשמוע מקרא מגילה בצבור, **ולצאת** מפתח ביתו לעניני רשות, משמע מפמ"ג שיש להחמיר.

וכ"ז ביום, ד"ימי משתה ושמחה" כתיב, **אבל** בלילה, אם יש לו מנין, יתפלל ויקרא המגילה בביתו, **ואם** אין לו מנין, יתפלל בביתו, וילך לשמוע מקרא מגילה בבהכ"נ, [אי איתרמי בחול, **ואי** איתרמי במו"ש, ילך לבהכ"נ מבעוד יום כנ"ל], **ולבד** הקריאה לא יצא מפתח ביתו.

ועיין בדה"ח, דביום ט"ו לא ילך מביתו לביהכ"נ אפי' להתפלל שחרית, **ומ"מ** לענין חליצת מנעלים, וישיבה ע"ג קרקע, משמע מן הפוסקים, דאפילו ביום ט"ו א"צ.

כתב הלבוש, א"א צידוק הדין ולא קדיש, אלא לחכם בפניו אחר שדורשין עליו, ואע"פ שא"א צידוק הדין, אומרים קדיש.

סעיף ו - יש מי שאומר שהאבל חייב לשלוח מנות - אפילו תוך שבעה, דהא חייב בכל מצות האמורות בתורה, וכ"ש דחייב במתנות לאביונים.

אכן כל דבר שמחה לא ישלח, **וז"ל** ספר חסידים: מי שמת אביו בפורים, לשנה הבאה ישלח מנות, אף דהוא יא"צ, **ובאותו** שנה ישלח מעות או בשר לעניים, רק לא תפנוקים העשויים לשמחה. (**משמע** דס"ל דוקא מתנות לאביונים חייב, ולא משלוח מנות לעשירים – א"ר, וצ"ע).

הגה: אבל אין שולחין לאבל - ואפילו דבר שאינו של שמחה, **כל י"ב חדש** - היינו לאביו ואמו, ולשאר קרובים תוך ל', **והטעם**, כדין שאילת שלום שאסור י"ב חודש. **ואם** האבל הוא עני, מותר לשלוח לו מעות אפילו תוך ז', דלא גרע מצדקה.

וכמו שיתבאר ביו"ד סי' שפ"ה, עיין שם - כונתו להורות, דבמקום שנהגו להקל לשאול בשלומם, מותר לשלוח להם מנות ג"כ בתוך י"ב חודש, אבל לא בתוך שלשים, **אבל** לא ישלחו לו מיני שמחה.

ואם אין בעיר אלא האבל עם אחר, חייב לשלוח לאבל כדי לקיים משלוח מנות, אא"כ מחל האבל על מנתו - דאין נותנין לאדם מתנה על כרחו. ‹ואין הכוונה שצריך לעשות כן ולמחול, אלא דאם מחל יצא. כמ"ש לעיל סימן תרצ"ה ס"ד – ערוה"ש›.

סעיף ז - יש מי שאומר שאונן מותר בבשר ויין, דלא אתי עשה דיחיד דאבילות, ודחי עשה דרבים דאורייתא לשמוח בפורים, דדברי קבלה נינהו שהם כדברי תורה - אף דדעת המחבר לעיל, דאבלות נוהג בפורים, **מ"מ** אנינות ס"ל דאינו נוהג, וכמו שכתב הטעם. **אונן** נקרא כל זמן שלא נקבר המת. ‹**אבל** צ"ע, דלעיל פסק דנוהג אבילות, ומצאתי שכתב שנראה כסותר – יד אפרים. **ואולי** י"ל שמצד מצות פורים של משתה ושמחה, יש חיוב לשתות יין ולאכול בשר, ודין אונן ממש מתנגד זה, **אבל** בנוגע לדיני אבלות, אין איסור של שתיית יין או אכילת בשר, ורק יש מנהגי אבלות, ואין מצוה מיוחדת בפורים שלא לעשות מנהגי אבלות, **ורק** יש התנגדות בין המצב של שמחה למצב של אבלות, ולענין זה לא שייך שמצות שמחה של פורים ידחה מנהגי האבילות – ברכת יצחק›.

ועיין במ"א שהעלה, דדוקא ביום, שחל מצות שמחת פורים, ד"ימי משתה ושמחה" כתיב, **אבל** לא בלילה, אפילו בלילה ראשונה, וכ"ש בלילה שניה, **ומש"כ** אח"כ "וה"ל דוקא בלילה", לא קאי רק לענין מגילה ותפלה וק"ש.

[**ונראה** דביום ט"ו לעיירות ג"כ אסור, דלא עדיף מליל י"ד, דמצוה לשמוח קצת, ומ"מ לא דחינן עי"ז המצוה דאנינות, וה"ה בט"ו].

הגה: וכל שכן שחייב במקרא מגילה ותפלה וק"ש - ר"ל דכשם שבשביל מצות שמחת היום, דחינן את העשה דאבילות, והתרנוהו בבשר ויין, בודאי אין ראוי לפטרו בלילה ממקרא מגילה ושאר מצות, כיון שאין דרך לקברו אז, **ודומה** לאונן בליל יו"ט שני, דהרבה פוסקים חייבוהו במצות מטעם זה, **אבל** יש לפקפק ע"ז, אחד, דליל יו"ט שני גופא יש דיעות בפוסקים, **ועוד** דשם עכ"פ יו"ט הוא, ולכך אין חל האנינות מחמת שאין דרך לקברו בלילה, **משא"כ** בפורים, דעיקר שמחה ביום הוא, ובלילה דומה לשאר לילה של חול, דבודאי חל אנינות אף שאין דרך לקברו אז, **ולכן** כתב בדה"ח, דבליל י"ד ישמע קריאת המגילה מאחר.

וה"ל דדוקא בלילה, אף על פי שמתו מוטל לפניו; אבל ביום שרוצה לקברו, קבורת מתו קודם, כמו שנתבאר לעיל סי' תרפ"ז ס"ב - ר"ל דשם מוכח, דלאו דוקא מת מצוה קודם לקריאת המגילה, דה"ה כל מת שאין לו קוברין כדי צרכו, הפוגע בו קוברו תחלה, ואח"כ קורא, **ולכן קורא ומתפלל אח"כ** - ר"ל אבל קודם הקבורה הוא פטור מזה, **דלא עדיף מיו"ט ושבת** - והיינו ביו"ט שני כשקוברו, וכן בשבת כשמחשיך על התחום לצרכי הקבורה, הוא פטור אז מכל המצות, **כמו שנתבאר לעיל סימן ע"א** - וכ"ש כאן, **כן נראה לי.**

קבורת מתו קודם - באמת כבר כתב שם המ"א, דהרבה פוסקים חולקין ע"ז, וס"ל דבכל מת קריאת המגילה קודם לקבורתו, וכן נוהגין לקברו אחר יציאת בהכ"נ, **והקשה** המ"א, דהא תינח באנשים אחרים, אבל האונן איך הוא חייב בקריאת המגילה, הלא הוא פטור מכל המצות, ואיך יצא במה ששמע בצבור, אחרי שאז לא היה חייב כלל, **וע"כ** מסיק המ"א, דאע"פ ששמע הקריאה בצבור, יקראנה שנית אחר שנקבר המת, [ובלא ברכה].

ולענין ק"ש ותפלה, הוא כשאר אונן בימות החול, דקודם הקבורה הוא פטור, ולאחר הקבורה ע"ל בסי' ע"א במ"ב. **ולענין** תפילין, דעת כמה אחרונים דלא יניח, [**אבן** הא"ר סובר דצריך להניח, **והפמ"ג** כתב דצ"ע לדינא].

סעיף ח - מותר לישא אשה בפורים. הגה: בין בי"ד בין בט"ו - ולא דמי לחג, דכתיב: ושמחת בחגיך, ולא באשתך, משא"כ בפורים, **והמ"א** כתב, דיעשה החופה ביום י"ג, והסעודה בערב, **ועיין** בשע"ת שכתב, שבמדינות אלו פשט המנהג להיתר כדעת השו"ע, **ובחמד** משה כתב, שנכון יותר לעשות החופה בסוף יום י"ד, וסעודת פורים יעשה מקודם.

וכ"ש שמותר לעשות פדיון הבן - וברית מילה, דבזה אין שמחה כ"כ, דיהיה שייך בהו לומר אין מערבין שמחה בשמחה.

מה שנהגו ללבוש פרצופים בפורים, וגבר לובש שמלת אשה ואשה כלי גבר, אין איסור בדבר

מאחר שאין מכוונין אלא לשמחה בעלמא; וכן בלבישת כלאים דרבנן. וי"א דאסור; אבל המנהג כסברא הראשונה - עיין ביו"ד סימן קפ"ב, שכתב שם הט"ז בשם הב"ח, שיש לבטל מנהג זה, הן בפורים או בשמחת נישואין, וכ"כ באר הגולה שם, **ואם** כל המלבושים של איש, רק מלבוש א' של אשה, וניכרים הם, אפשר שאין למחות בהם, **ועיין** בכנה"ג ובשל"ה, שהזהירו להרחיק מזה.

וכן בני אדם החוטפים זה מזה דרך שמחה, אין בזה משום לא תגזול, ונהגו כך - היינו מעת קריאת המגילה עד ליל סעודת פורים, שהם שני לילות ויום אחד.

ולפי"ז מותר לברך על מה שחוטפין, **מיהו** כתב בשל"ה, לאו משנת חסידים היא, ושומר נפשו ירחק ממלבושים דכלאים, ולחטוף מחבירו.

ובלבד שלא יעשו דבר שלא כהוגן על פי טובי העיר.

§ סימן תרצז – אין אומרים תחנה בי"ד וט"ו שבאדר ראשון ודין תענית והספד בהן §

סעיף א - יום י"ד וט"ו שבאדר ראשון אין נופלים על פניהם, ואין אומרים מזמור "יענך ה' ביום צרה" - ואין אומרים "אל ארך אפים" בפורים קטן ב' הימים, ד"למנצח יענך" ו"אל ארך אפים" שווים המה. **ו"מזמור** לאסף" בפורים קטן, מקומות יש בלבוב שאין אומרים אותו בכל יום שאין אומרים תחנון, **ויש** מקומות שאומרים, רק ביום הלל אין אומרים "מזמור לאסף", וכן נוהגים בפפד"א. **אם** חל פורים קטן בשבת, אין אומרים "צדקתך וצדקתך".

ולכו"ע אין אומרים "על הנסים", כיון דאין קורין המגילה, ואם אמרו אין מחזירין אותו, [דהא מדינא היה ראוי לעשות באדר ראשון, אלא שמסמיך גאולה לגאולה עדיף, א"כ מ"מ הוי מעין המאורע].

ואסורים בהספד ותענית; אבל שאר דברים אין נוהגים בהם; וי"א דאף בהספד ותענית מותרים. הגה: והמנהג כסברא הראשונה.

אם נדר בפירוש להתענות בפורים קטן, י"ל דחל הנדר, דהוי רק מנהג בעלמא, **אבל** אם נדר בסתם ב' וה' של כל השנה, י"ל דדעתו היה לבד פורים קטן.

אבל אבילות לכו"ע נוהג באדר ראשון.

י"א שחייב להרבות במשתה ושמחה בי"ד שבאדר ראשון - אבל לא בט"ו, אף לכרכים המוקפין חומה.

ואין נוהגין כן, מ"מ ירבה קצת בסעודה כדי לצאת ידי המחמירים; וטוב לב משתה תמיד - בהגהת תשב"ץ כתב דיש להרבות, **ורבינו** יחיאל מפריש רגיל להרבות ולהזמין בני אדם, **וזהו** שסיים הרמ"א: וטוב לב משתה תמיד, היינו שטוב להרבות לכבוד הנס שנעשה בעתים הללו.

מי שאירע לו נס באדר, וקבל על עצמו לעשות תמיד יום משתה ושמחה, אם אירע בשנה פשוטה, עושה בראשון, ‹ע"ל סימן תרפו ס"ג במ"ב›, **ואם** אירע במעוברת בשני, יעשה בשני, **ואותה** סעודה שעושין בשביל הנס היא סעודת מצוה, דכל סעודה שעושין לזכר נפלאות ד' הוא סעודת מצוה.

תם ונשלם חלק ו' מספר משנה ברורה

(ביאור הלכה) [שער הציון] ‹הוספה›

לוח הלכתא דיומא – לסיים משך שנה תמימה

מדריך עזר ללוח

1) באור נכון היום של חג שמחת התורה, נגיל ונשמח להתחיל מחדש מחזור לימוד שנתי של המשנה ברורה בעז"ה.

2) לא כללנו בהשיעורים הלכות הנוגעות לכתיבת סת"ם ממשנת סופרים, כי הדברים ארוכים ויגיעים ואינו נוגע לכל יחיד, ומי שרוצה ללמדו 'ישמע חכם ויוסף לקח'.

3) השיעור של היום ושלמחרת הוקטנו, כדי שבשנה שחודש חשון הוא חסר, יהי' אפשר לכלול שיעור נוסף מיום ל' חשון.

4) חלק השיעור ליום זה הוא עד סוף סימן קי"ז.

5) כאן עוברים ללימודי הלכות חנוכה (הנחלקות למשך חמשה ימים), מענייני דיומא דימי החנוכה המתקרב ובא.

6) חלק השיעור ליום זה הוא עד סוף סימן תרפ"ה.

7) השיעור של היום ושלמחרת הוקטנו, כדי שבשנה שחודש כסלו הוא חסר, יהי' אפשר לכלול שיעור נוסף מיום ל' כסלו.

8) כאן מתחילים השיעורים בהל' שבת (מיועץ מקודם לעבור על ההקדמה שבמשנה ברורה על הל' שבת).

9) חלק השיעור ליום זה הוא עד סוף סימן רמ"ט.

10) לשנה מעוברת צירפנו בכאן לימודים מיוחדים בקיצור שו"ע בדיני יו"ד, חו"מ ואה"ע, הנוגעים ביותר למעשה, (תמצא אותם בעמוד מיוחד) וחילקנו אותם לשיעורי יומיים למשך ימי אדר א'.

11) כאן עוברים ללימודי הלכות פורים (הנחלקות למשך חמשה ימים), מענייני דיומא דימי הפורים המתקרב ובא.

12) חלק השיעור ליום זה הוא עד סוף סימן תרצ"ז

13) השיעורים מיום זה מתחילים בהלכות פסח, מענייני דיומא דימי הפסח המתקרב ובא.

14) חלק השיעור ליום זה הוא עד סוף סימן תצ"ד.

15) מכאן שוב חוזרים ללימודי הלכות שבת על הסדר מסימן ר"נ.

16) חלק השיעור ליום זה הוא עד סוף סימן שצ"ה.

17) כאן עוברים ללימודי הלכות תשעה באב והלכות תענית

18) חלק השיעור ליום זה הוא עד סוף סימן תק"פ.

19) מכאן שוב חוזרים ללימודים הרגילים על הסדר.

20) חלק השיעור ליום זה הוא עד סוף סימן תכ"ח.

21) מכאן שוב חוזרים ללימודים הרגילים על הסדר מן סימן תצ"ה.

22) חלק השיעור ליום זה הוא עד סוף סימן תקכ"ט.

23) מכאן עוברים השיעורים ללימודי ענייני דיומא, החל מדיני ימי תחנונים של חודש אלול, מדיני ראש השנה, ויום הכיפורים, והלכות סוכות וארבעה מינים, וכלה בהלכות חול המועד.

24) חלק השיעור ליום זה הוא עד סוף סימן תרס"ו.

25) חוזרים להשלים הסדר ללימודי הלכות חוה"מ, מסימן תק"ל.

26) חלק השיעור ליום זה הוא עד סוף סימן תקמ"ח.

27) בכדי לסיים בדבר טוב ובענייני דיומא שוב חוזרים לסימן תרס"ז עד סוף סימן תרס"ט – ובזה תם סדר השיעורים של כל חלקי שו"ע או"ח.

סידור חלוקת השיעורים "הילכתא דיומא"

■ השיעור בכל יום מתחיל בהסימן והסעיף המצויין לאותו יום בהלוח ונמשך עד לסימן המצויין לשיעור היומי הבא אחריו.

■ בהלוח מצויין על כל יום מהשנה מאיזה סימן מתחיל השיעור היומי, וגם באיזה הלכה, (אבל זה לא מוכרח שהסימן שצויין על אותו יום מתחיל כבר מאותה ההלכה, כי יכול להיות שבאותו סימן עדיין נכלל מההלכה הקודמת).

■ השיעורים [של הימים הרגילים] נחלקו בהשתדלות במידת האפשר, באופן שיפול על כל יום ערך-כמות-לימודי שווה בקירוב, שיהיו חלק כחלק – אך מפאת שלפעמים יוצא ששיעור של יום מסויים מסתיים בסעיף ארוך, ובכדי לא לקטוע אותו באמצע הסימן, קבענו שיעור קטן ליום שלאחריו (אם שבמקרה שלא אופשר לו לגמור את השיעור של אתמול יוכל להשלימו ביום שלאחריו).

■ סדר השיעורים לימי החג הטרודים (למשל: פורים, ערב פסח, ערב ר"ה, ור"ה, ערב יוה"כ, ויוה"כ, וכדו') הוא במתכונת אחרת והשיעורים קטנים בהרבה, בכדי שיספיקו ללמדם.

■ לשנה מעוברת, כפי שעיניכם תחזינה מישרים, צירפנו סדר לימודים מיוחד מקיצור שו"ע בדיני יו"ד, חו"מ ואה"ע – הנלמד מד' אדר א' עד לד' אדר ב' – ואח"כ חוזרים לסדר השנתי הרגיל.

■ בהתקרב זמני החגים והמועדים עוברים לסדר לימודים השייכים להם, לקיים: "משה תיקן להם לישראל שיהיו שואלין ודורשין הלכות חג בחג", ומסומן בהלוח בצבע אחר, איפה שהשיעורים הם מענייני דיומא וחגים, כך שיהיה היכר.

כדי שלא יבוטל התמיד ולא יופסק השיעור
ביום שאין ביכלתו ללמוד המשנה ברורה
ילמוד במקומו הבאר היטב, ואם גם זה לא עלתה בידו
ילמוד לכל הפחות המחבר ורמ"א בלבד

לוח הלכתא דיומא – לסיים משך שנה תמימה

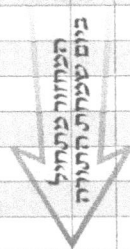

יום החודש	תשרי סימן	תשרי סעיף	תשרי הלכות	חשון סימן	חשון סעיף	חשון הלכות	כסלו סימן	כסלו סעיף	כסלו הלכות	טבת סימן	טבת סעיף	טבת הלכות	שבט סימן	שבט סעיף	שבט הלכות	אדר סימן	אדר סעיף	אדר הלכות	ניסן סימן	ניסן סעיף	ניסן הלכות
א			ראש השנה	יג	ג	ציצית	סט	א	קריאת שמע	קכח	ל	נשיאות כפים	קעו	א	סעודה	רמו	א	שבת	תנו	ב	פסח
ב				טו	ג	ציצית	עא	א	קריאת שמע	קכט	א	נשיאות כפים	קעח	ב	סעודה	רמז	א	שבת	תנט	א	פסח
ג				יח	ב	תפילין	עד	א	קריאת שמע	קלא	ז	סוף התפילה	קעט	ג	ברכת המזון	רמח	ג	שבת (9) (10)	תס	א	פסח
ד				כה	ב	תפילין	עה	ג	קריאת שמע	קלה	ג	קריאת ס"ת	קפב	ב	ברכת המזון	תרפו	א	פורים (11)	תסא	ה	פסח
ה				כה	יג	תפילין	עז	ב	קריאת שמע	קלו	א	קריאת ס"ת	קפד	א	ברכת המזון	תרפח	ז	פורים	תסב	ז	פסח
ו				כז	ט	תפילין	פ	א	קריאת שמע	קלט	א	קריאת ס"ת	קפח	א	ברכת המזון	תרצ	ט	פורים	תסו	ד	פסח
ז				לב	א	תפילין	פד	א	קריאת שמע	קמא	א	קריאת ס"ת	קצ	ג	ברכת המזון	תרצב	א	פורים	תסז	ד	פסח
ח				לב	טו	תפילין	פז	ב	תפילה	קמג	ד	קריאת ס"ת	קצג	ג	ברכת המזון	תרצה	ג	פורים (12)	תסז	יב	פסח
ט				לב	יח	תפילין	פט	ד	תפילה	קמד	א	קריאת ס"ת	קצז	ג	ברכת המזון	תכט	א	פסח (13)	תסז	טו	פסח
י			יום כיפור	לב	כה	תפילין	צ	ט	תפילה	קמז	ב	בית הכנסת	ר	ב	ברכת הפירות	תלג	א	פסח	תע	א	פסח
יא				לב	לו	תפילין	צ	כה	תפילה	קנא	א	בית הכנסת	רב	ו	ברכת הפירות	תלד	א	פסח	תעב	ח	פסח
יב				לב	מב	תפילין	צד	א	תפילה	קנג	א	בית הכנסת	רג	ג	ברכת הפירות	תלו	ג	פסח	תעג	ה	פסח
יג				לג	ג	תפילין	צז	ד	תפילה	קנג	ח	בית הכנסת	רד	י	ברכת הפירות	תלט	ב	פסח	תעה	ב	פסח
יד				לו	א	תפילין (2)	קב	א	תפילה	קנג	כ	בית הכנסת	רו	ה	ברכת הפירות	תמא	א	פסח	תעח	א	פסח
טו			סוכות	לח	ח	תפילין	קה	א	תפילה	קנד	ו	בית הכנסת	רח	ח	ברכת הפירות	תמב	ג	פסח	תפב	א	פסח
טז			המחזור מתחיל ביום שמחת תורה	מ	ב	תפילין	קח	ג	תפילה	קנה	א	נטילת ידים	רט	א	ברכת הפירות	תמג	א	פסח	תפז	א	פסח
יז				מג	א	ברכות השחר	קט	א	תפילה	קנח	א	נטילת ידים	ריא	ג	ברכת הפירות	תמד	ה	פסח	תפט	ג	פסח
יח				מו	ד	ברכות השחר	קי	ז	תפילה	קנט	א	נטילת ידים	ריג	א	ברכת הפירות	תמו	ב	פסח	תצא	א	פסח (14)
יט				מז	י	ברכות השחר	קיד	ד	תפילה (4)	קנט	ח	נטילת ידים	רטז	א	ברכות שונות	תמז	ה	פסח	רנ	א	שבת (15)
כ				נא	ז	ברכות השחר	תרע	א	חנוכה (5)	קס	ד	נטילת ידים	ריז	ב	ברכות שונות	תמז	ח	פסח	רנב	ג	שבת
כא				נג	ה	ברכות השחר	תרעא	ח	חנוכה	קסא	א	נטילת ידים	ריט	ח	ברכות שונות	תמח	ג	פסח	רנג	א	שבת
כב				נג	כא	ברכות השחר	תרעד	א	חנוכה	קסב	ב	נטילת ידים	רכד	א	ברכות שונות	תמח	ז	פסח	רנג	ב	שבת
כג	א	א	הנה"א בבוקר (1)	נה	א	ברכות השחר	תרעז	א	חנוכה	קסג	א	בציעת הפת	רכו	א	תפילת המנחה	תנ	ז	פסח	רנג	ה	שבת
כד	ב	א	הנהגת אדם בבוקר	נה	יג	ברכות השחר	תרפב	א	חנוכה (6)	קסז	א	בציעת הפת	רלב	ב	תפילת המנחה	תנא	ה	פסח	רנד	ד	שבת
כה	ד	א	הנהגת אדם בבוקר	נז	א	קריאת שמע	קיח	א	תפילה	קסז	יד	בציעת הפת	רלג	ב	קר"ש של ערבית	תנא	יז	פסח	רנז	א	שבת
כו	ד	כג	ציצית	נט	ד	קריאת שמע	קכג	ג	תפילה	קסח	ח	בציעת הפת	רלו	א	קר"ש של ערבית	תנא	כג	פסח	רנח	א	שבת
כז	ח	ה	ציצית	סא	יב	קריאת שמע	קכד	י	תפילה	קסח	יד	סעודה	רמ	א	קר"ש של ערבית	תנב	ב	פסח	רסא	א	שבת
כח	ט	א	ציצית	סד	ג	קריאת שמע	קכח	א	נשיאות כפים	קע	יח	סעודה	רמב	א	שבת (8)	תנג	ה	פסח	רסג	א	שבת
כט	י	יב	ציצית	סו	ה	קר"ש (3)	קכח	יב	נשיאות כפ' (7)	קעד	ה	סעודה	רמג	ב	שבת	תנה	א	פסח	רסג	טו	שבת
ל	יא	י	ציצית	סז	א	קריאת שמע	קכח	כא	נשיאות כפים				רמד	ו	שבת				רסו	א	שבת

לוח הלכתא דיומא – לסיים משך שנה תמימה

יום החודש	אייר סימן	אייר סעיף	אייר הלכות	סיון סימן	סיון סעיף	סיון הלכות	תמוז סימן	תמוז סעיף	תמוז הלכות	אב סימן	אב סעיף	אב הלכות	אלול סימן	אלול סעיף	אלול הלכות	תשרי סימן	תשרי סעיף	תשרי הלכות
א	רסז	א	שבת	שיא	ז	שבת	שדמ	א	רשויות שבת	תקנב	ג	תשעה באב	תקי	ב	יום טוב	תרלו	ב	סוכה
ב	רעא	ב	שבת	שיג	ב	שבת	שמה	י	רשויות שבת	תקנד	ח	תשעה באב	תקיב	א	יום טוב	תרלח	ב	סוכה
ג	רעא	יב	שבת	שיד	ב	שבת	שמו	ב	רשויות שבת	תקנט	ב	תשעה באב	תקיג	ז	יום טוב	תרלט	ג	סוכה
ד	רעב	ט	שבת	שטו	ב	שבת	שמט	ב	רשויות שבת	תקסא	א	תשעה באב	תקטו	א	יום טוב	תרמ	א	סוכה
ה	רעה	א	שבת	שטו	יא	שבת	שנג	ב	רשויות שבת	תקסב	י	תענית	תקטו	ד	יום טוב	תרמג	א	לולב
ו	רעו	ד	שבת	שטז	ח	שבת	שנה	ד	רשויות שבת	תקסו	ז	תענית	תקטז	ג	יום טוב	תרמה	ט	לולב
ז	רעט	ד	שבת	שיז	א	שבת	שנח	א	רשויות שבת	תקסח	ו	תענית	תקיח	ז	יום טוב	תרמח	א	לולב
ח	רפג	א	שבת	שיח	ב	שבת	שנח	י	רשויות שבת	תקעג	א	תענית	תקכו	א	יום טוב	תרמח	יח	לולב
ט	רפו	ב	שבת	שיח	ו	שבת	שסא	א	רשויות שבת	תקעו	ד	תענית (18)	תקכז	א	יום טוב	תרמט	ה	לולב
י	רצא	א	שבת	שיח	טז	שבת	שסב	ח	רשויות שבת	שצו	א	תחומין (19)	תקכז	יח	יום טוב (22)	תרנ	א	לולב
יא	רצה	א	שבת	שיט	ה	שבת	שסג	ז	רשויות שבת	שצז	יז	תחומין	תקפא	א	ראש השנה (23)	תרנא	ד	לולב
יב	רצז	ה	שבת	שכ	א	שבת	שסג	כו	רשויות שבת	שצט	ג	תחומין	תקפב	ז	ראש השנה	תרנג	א	לולב
יג	רצט	ב	שבת	שכ	יח	שבת	שסג	לא	רשויות שבת	תג	א	תחומין	תקפו	ב	ראש השנה	תרנח	ד	לולב
יד	שא	ז	שבת	שכא	יב	שבת	שסד	ד	עירובין	תה	ז	עירובי תחומין	תקפו	יב	ראש השנה	תרסג	א	לולב (24)
טו	שא	יח	שבת	שכב	א	שבת	שסו	א	עירובין	תח	ב	עירובי תחומין	תקפח	ב	ראש השנה	תקל	א	חול המועד (25)
טז	שא	לב	שבת	שכג	ה	שבת	שסו	י	עירובין	תט	יא	עירובי תחומין	תקצ	ד	ראש השנה	תקלג	ה	חול המועד
יז	שא	מו	שבת	שכה	א	שבת	שסח	ה	עירובין	תטו	א	ראש חודש	תקצג	א	ראש השנה	תקלז	ה	חול המועד
יח	שב	ט	שבת	שכה	י	שבת	שע	ח	עירובין	תיח	א	ראש חודש	תרג	א	יום הכפורים	תקלט	ו	חול המועד
יט	שג	יא	שבת	שכו	ט	שבת	שעב	ג	עירובין	תכב	ו	ראש חודש	תרז	א	יום הכפורים	תקמב	א	חול המועד
כ	דש	א	שבת	שכח	יב	שבת	שעב	יב	עירובין	תכו	ג	ראש חודש (20)	תריא	א	יום הכפורים	תקמה	ו	חול המועד
כא	שה	י	שבת	שכח	לב	שבת	שעד	ב	עירובין	תצה	א	יום טוב (21)	תריד	א	יום הכפורים	תקמח	ב	חול המועד (26)
כב	שו	ד	שבת	שכט	ד	שבת	שעז	א	עירובין	תצז	א	יום טוב	תריח	א	יום הכפורים	תרסז	א	שמ"ע ש"ת (27)
כג	שז	א	שבת	שלא	ד	שבת	שפא	א	עירובין	תצז	טו	יום טוב	תרכא	א	יום הכפורים	חזק חזק ונתחזק		
כד	שז	יב	שבת	שלד	ג	שבת	שפב	ח	עירובין	תצח	ח	יום טוב	תרכד	ה	סוכה			
כה	שח	ג	שבת	שלד	כה	שבת	שפד	א	עירובין	תצח	יח	יום טוב	תרכז	ג	סוכה			
כו	שח	טו	שבת	שלו	ב	שבת	שפו	ז	עירובין	תק	ה	יום טוב	תרכט	ח	סוכה			
כז	שח	ל	שבת	שלז	ב	שבת	שצא	ב	עירובין (16)	תקב	א	יום טוב	תרל	ה	סוכה			
כח	שט	א	שבת	שלט	א	שבת	תקמט	א	תשעה באב (17)	תקד	ג	יום טוב	תרלא	ה	סוכה			
כט	שי	ז	שבת	שמ	ג	שבת	תקנא	ה	תשעה באב	תקו	ד	יום טוב	תרלג	ב	סוכה			
ל				שמ[illegible]	[illegible]	שבת				תקז	ו	יום טוב						

חודש אדר א' (לשנה מעוברת)

נלקט מספר קיצור שו"ע – בחלקי יו"ד חו"מ ואה"ע

יום החודש	סימן	סעיף	סימן	סעיף	סימן	סעיף	השיעורים הם רק הסימנים הנקובים
ד אדר א'	יא	א					הלכות מזוזה
ה	יא	כג	כז	א	כח	א	הל' ת"ת / הל' ס"ת ושאר ספרי קודש
ו	כח	יא	כט	א			מידות שירגיל בהם האדם את עצמו
ז	כט	יב	ל	א			איסור רכילות לשה"ר נקימה ונטירה
ח	ל	ה	לא	א	לב	א	שכל כוונתו יהי' לש"ש, שמירת הגוף
ט	לב	ג					שמירת הגוף ע"פ הטבע
י	לב	יז					שמירת הגוף ע"פ הטבע
יא	לג	א	לד	א			דברים האסורים משום סכנה/ הל' צדקה
יב	לד	ו	לה	א			הלכות חלה
יג	לז	א	לח	א			טבילת כלים/ הל' פת ובישולי וחלב נכרי
יד	לח	יב	מו	א			הל' מאכלות אסורות
טו	מו	כה	סב	א			הל' משא ומתן
טז	סב	ג					הל' משא ומתן
יז	סג	א	סד	א	סה	א	איסור להונות בדברים/ שלא לעשות סחורה בדבר האסור
יח	סה	י					הלכות רבית
יט	סה	כד	סו	א			הל' עסקא
כ	סו	ט	סז	א			הל' נדרים ושבועות
כא	קמג	א					הל' כיבוד אב ואם
כב	קמד	א	קנא	א			הל' כיבוד רבו וזקן ות"ח, איסור הוצ' ז"ל
כג	קנב	א	קסג	א			איסור יחוד/ הל' מילה
כד	קסג	ח	קסה	א	קסו	א	דין חינוך קטנים/ שלא לנחש ולעונן
כה	קסו	ג	קסז	א	קסח	א	הל' עבודה זרה/ צורות האסורות
כו	קסט	א	קע	א	קעא	א	קעב א קעו א
כז	קעו	ו	קעט	א	קפ	א	איסור כתובת קעקע/ הל' חדש/ לא ילבש הל' שעטנז/ הל' הכאה/ שמירת כספים
כח	קפ	ח	קפא	א			הל' טוען ונטען
כט	קפא	יג	קפב	א			הל' גניבה וגזילה
ל	קפב	ט	קפג	א	קפד	א	הל' נזקי ממון/ הל' נזקי הגוף
א אדר ב'	קפד	ה	קפה	א	קפז		הל' שאלה/ הל' אבידה ומציאה
ב	קפח	א	קצ	א	קצא	א	קצב א פיקדון/ש' הגוף/ צער בע"ח
ג	קצב	ז	קצג	א			דין החולה והרופא / הל' ביקור חולים

לוח הלכתא דיומא – מחזור שנתיים

מדריך עזר ללוח שנה א'

באור נכון היום של חג שמחת התורה, נגיל ונשמח להתחיל מחדש זור שנתיים ללימוד המשנה ברורה בעז"ה.

השיעור של היום ושלמחרת הוקטנו, כדי שבשנה שחודש זה הוא ר, יהי' אפשר לכלול שיעור נוסף מיום ל' לחודש.

לא כללנו בהשיעורים הלכות הנוגעות לכתיבת סת"ם ממשנת פרים, כי הדברים ארוכים ויגיעים ואינו נוגע לכל יחיד, ומי שרוצה מדו 'ישמע חכם ויוסיף לקח'.

חלק השיעור ליום זה הוא עד סוף הסימן.

כאן עוברים השיעורים ללימוד ענייני דיומא, בהלכות חנוכה תקרב ובא.

חלק השיעור ליום זה הוא עד סוף סימן תרפ"ד.

כאן שוב חוזרים ללימודים הרגילים על הסדר.

חלק השיעור ליום זה הוא עד סוף סימן קכ"ז.

לשנה מעוברת מצורף כאן לימודים מיוחדים בקיצור שו"ע בדיני ד, אה"ע וחו"מ, הנוגעים ביותר למעשה, (תמצא אותם בעמוד וחד) מחולק למשך ימי חודש העיבור, מתחילים ביום כ"ו שבט עד אדר א'.

) כאן עוברים השיעורים ללימוד ענייני דיומא, בהלכות פורים תקרב ובא.

חלק השיעור ליום זה הוא עד סוף סימן תרצ"ז.

) מכאן עוברים השיעורים ללימוד ענייני דיומא, בהלכות פסח תקרב ובא - בשנה זו לומדים רק חציו הראשון.

חלק השיעור ליום זה הוא עד סוף סימן ר"ט.

כאן עוברים ללימוד הלכות תשעה באב והלכות תענית.

חלק השיעור ליום זה הוא עד סוף סימן תק"פ.

) חלק השיעור ליום זה הוא עד סוף סימן רמ"א, ובזה מסיימים חלק ' של המשנה ברורה.

) כאן עוברים השיעורים ללימוד ענייני דיומא, בהלכות ראש השנה תקרב ובא.

חלק השיעור ליום זה הוא עד סוף סימן תר"א.

כאן עוברים השיעורים ללימוד ענייני דיומא בהלכות סוכה.

חלק השיעור ליום זה הוא עד סוף סימן תרמ"ד.

כאן עוברים ללימוד הל' חול המועד הלכות המועד במועדו.

) חלק השיעור ליום זה הוא עד סוף סימן תקמ"ח - בזה סיימנו בעז"ה ודי מחזור שנה א', ומכאן ואילך מתחילים לימודי מחזור שנה ב'.

מדריך עזר ללוח שנה ב'

23) באור נכון היום של חג שמחת התורה, נגיל ונשמח להתחיל בעז"ה מחזור שנה ב' ללימוד המשנה ברורה, ומתחילים בהלכות שבת (מיועץ מקודם לעבור על ההקדמה שבמ"ב על הל' שבת).

24) השיעור של היום ושלמחרת הוקטנו, כדי שבשנה שחודש זה הוא חסר, יהי' אפשר לכלול שיעור נוסף מיום ל' לחודש.

25) חלק השיעור ליום זה הוא עד סוף הסימן.

26) כאן עוברים השיעורים ללימוד ענייני דיומא, בהלכות חנוכה המתקרב ובא.

27) חלק השיעור ליום זה הוא עד סוף סימן תרפ"ה.

28) כאן שוב חוזרים ללימודים הרגילים על הסדר.

29) לשנה מעוברת מצורף כאן לימודים מיוחדים בקיצור שו"ע בדיני יו"ד, אה"ע וחו"מ, הנוגעים ביותר למעשה, (תמצא אותם בעמוד מיוחד) מחולק למשך ימי חודש העיבור, מתחילים ביום ד' אדר א', עד ד' אדר ב'.

30) כאן עוברים השיעורים ללימוד ענייני דיומא, בהלכות פורים המתקרב ובא.

31) חלק השיעור ליום זה הוא עד סוף סימן תרצ"ז.

32) כאן עוברים השיעורים ללימוד ענייני דיומא, בהלכות פסח המתקרב ובא - בשנה זו לומדים חציו השני.

33) חלק השיעור ליום זה הוא עד סוף סימן תצ"ד.

34) חלק השיעור יום זה הוא עד סוף הסימן, ובזה מסיימים חלק ד' מהמשנה ברורה.

35) כאן עוברים ללימוד הלכות יום טוב.

36) כאן עוברים השיעורים ללימוד ענייני דיומא, בהלכות יום הכיפורים המתקרב ובא.

37) כאן עוברים השיעורים ללימוד ענייני דיומא בהלכות לולב.

38) תם ונשלם סדר השיעורים של כל חלקי שולחן ערוך או"ח, לפי מחזור שנתיים, ולמחרתו ביום שמחת התורה מתחילין הסדר מחדש.

מדריך עזר ללוח קיצור שו"ע -בשנה מעוברת

סדר זה מיוחד לשנה מעוברת, לרכוש ידיעות בהלכות הנוגעות בכל יום מחלקי יורה דעה אבן העזר וחושן משפט.

אם השנה מעוברת חל בשנה א', עוברים לסדר זה מיום כ"ו שבט עד כ"ו אדר א', - ואם חל בשנה ב' עוברים לסדר זה מיום ד' אדר א' עד ד' אדר ב'.

השיעורים הנלמדים בסדר זה הם רק הסימנים הנקובים בפירוש בהלוח. - השיעור בכל יום מתחיל בהסימן וסעיף המצויין וממשיכן ולומדים על הסדר עד סוף הסימן - או עד הסעיף המצויין ביום הבא.

לוח הלכתא דיומא – מחזור שנתיים (שנה א')

יום החודש	תשרי סימן	תשרי סעיף	תשרי הלכות	חשון סימן	חשון סעיף	חשון הלכות	כסלו סימן	כסלו סעיף	כסלו הלכות	טבת סימן	טבת סעיף	טבת הלכות	שבט סימן	שבט סעיף	שבט הלכות	אדר סימן	אדר סעיף	אדר הלכות	ניסן סימן	ניסן סעיף	ניסן הלכות	אייר סימן	אייר סעיף	אייר הלכות	יום החודש
א	ראש השנה			ח	יד	ציצית	לג	ד		נה	יד		צ	י	תפילה	תרצ	י	פורים	תמח	ג	פסח	קמ	ב		א
ב				ט	ג		לד	ג		נו	א		צ	כ		תרצ	יח		תמח	סקי"ז		קמא	ו		ב
ג				י	ו		לו	ג	3	נז	א	קריאת שמע	צא	ג		תרצב	א		תמח	ו		קמג	ד		ג
ד				יא	ב		לח	א		נח	ו		צב	ו		תרצג	ג		תנ	ג		קמג	סקכ"ה		ד
ה				יא	ח		לט	א		נט	ה		צד	ד		תרצה	ג		תנ	ז		קמד	א		ה
ו				יא	יד		מ	א		סא	ב		צז	א		תרצו	ה	11	תנא	ב		קמו	ג		ו
ז				יג	א		מב	א		סא	כא		צט	א		תכט	א	12 פסח	תנא	ה		קמז	ב	בית הכנסת	ז
ח				יד	ב		מג	א		סג	ג		קא	ג		תלא	ב		תנא	יב		קנ	ב		ח
ט				טו	ב		מה	א		סה	א		קג	א		תלג	ב		תנא	טז		קנא	ב		ט
י	יום כיפור			טז	א		מו	ה	ברכות השחר	סו	ג		קד	ו		תלג	ט		תנא	יט		קנג	א		י
יא				יח	ב		מז	ד		סו	ח		קז	א		תלה	א		תנא	כב		קנג	ז		יא
יב				כב	א		מז	יג		סח	א		קח	ב		תלו	ב		תנא	כו		קנג	ח		יב
יג				כה	ד	תפילין	נא	א		סט	א		קח	י		תלז	ג		תנב	סקי"א		קנג	יג		יג
יד				כה	יב		נב	א		ע	א		קט	א		תלט	א		תנב	ג	4	קנג	כא		יד
טו	סוכות			כו	א		נג	ד		עא	א		קי	א		תלט	ד		קכח	א	7 נשיאת כפים	קנד	ד		טו
טז	ביום שמחת תורה המחזור מתחיל			כז	ו		נג	יב		עב	א		קי	ז		תמ	ב		קכח	ג		קנד	יא		טז
יז				כח	א		נג	כ	4	עד	א		קיג	א		תמא	ב		קכח	ח		קנה	א		יז
יח				לא	א		תרע	א	5 חנוכה	עה	א		קיד	ד		תמב	ב		קכח	טו		קנז	א	נטילת ידים	יח
יט				לב	ה		תרעא	ג		עה	ג		קטו	א		תמב	ז		קכח	כג		קנח	ה		יט
כ				לב	טו		תרעא	ח		עו	ה		קיח	א		תמג	א		קכח	לא		קנט	א		כ
כא				לב	סקנ"ג		תרעג	א		עח	א		קכא	א		תמג	ג		קכח	לח		קנט	ד		כא
כב				לב	יח		תרעג	ג		עט	ג		קכג	ג		תמד	ה		קכח	מה		קנט	ז		כב
כג	א	א	1	לב	כ		תרעה	ב		פא	ב		קכד	ה		תמה	ב		קלא	א		קנט	י		כג
כד	א	ג	הנהגת אדם בבוקר	לב	כה		תרעז	א		פג	ד		קכד	י		תמו	ג		קלא	ז		קס	ב		כד
כה	ב	ג		לב	כח		תרעח	א		פה	א		קכו	א	8	תמז	ג		קלג	א	קריאת ס"ת	קס	י		כה
כו	ג	יא		לב	לו		תרפב	א	6	פז	ב		תרפה	א	9 10 פורים	תמז	ה		קלה	ג		קס	יד		כו
כז	ד	ה		לב	לח		נד	א	7	פט	א	תפילה	תרפו	א		תמז	סקס"ו		קלה	י		קסא	ג		כז
כח	ד	כא		לב	מב		נה	א		פט	ד		תרפח	א		תמז	ח		קלו	א		קסב	ב		כח
כט	ו	ג		לב	נ	2	נה	ד	2	צ	ד		תרפח	ז		תמז	יא		קלז	ה		קסב	ה		כט
ל	ח	ו		לג	א		נה	ט					תרצ	א					קלט	ג					ל

לוח הלכתא דיומא – מחזור שנתיים (שנה א')

יום החודש	סיון סימן	סיון סעיף	סיון הלכות	תמוז סימן	תמוז סעיף	תמוז הלכות	אב סימן	אב סעיף	אב הלכות	אלול סימן	אלול סעיף	אלול הלכות	תשרי סימן	תשרי סעיף	תשרי הלכות	יום החודש
א	קסד	א		קצד	ג		תקסו	ב		רלו	ב	קר"ש ערבית	תרלט	ב	סוכה	א
ב	קסו	א	בציעת הפת	קצז	א		תקסז	ג		רלט	א		תרלט	ג		ב
ג	קסז	ד		קצח	א		תקסח	ג		רמ	ו	16	תרלט	סקל"ה		ג
ד	קסז	יא		קצט	י		תקסח	יא		תקפא	א	17 ראש השנה	תרמ	א		ד
ה	קסז	יט		רא	ב		תקעא	ב		תקפא	ג		תרמ	ה		ה
ו	קסח	ד		רב	ג	ברכת הפירות	תקעד	ד		תקפג	א		תרמג	א	20	ו
ז	קסח	ו		רב	ח		תקעו	א		תקפה	ב		תקל	א	21 חול המועד	ז
ח	קסח	ח		רב	יג		תקעו	ז		תקפו	ד		תקלב	א		ח
ט	קסח	יא		רג	ד		תקעט	א	15	תקפו	ט		תקלד	א		ט
י	קסח	יד	דברים הנוהגים בסעודה	רד	ב		רי	א	7	תקפו	כב		תקלה	א		י
יא	קע	א		רד	י		ריא	א		תקפח	ב		תקלז	א		יא
יב	קע	טז		רה	ב		ריא	ד		תקצ	ב		תקלז	ח		יב
יג	קעב	א		רו	ג		ריב	א		תקצ	ז		תקלח	ב		יג
יד	קעד	ה		רז	א		ריג	א		תקצב	א		תקלט	ו		יד
טו	קעד	ח		רח	ו		רטו	א		תקצו	א	18	תקמ	א		טו
טז	קעו	א		רח	י		רטז	א		תרכה	א	19 סוכה	תקמא	א		טז
יז	קעז	ב		רח	יז	13	רטז	ו		תרכו	ג		תקמג	א		יז
יח	קעח	ב		תקמט	א	14 תשעה באב	ריז	א	ברכות שונות	תרכז	ד		תקמה	ג		יח
יט	קעח	ד		תקנא	ב		ריח	ב		תרכט	ג		תקמה	ז		יט
כ	קעט	ד		תקנא	ז		ריט	ד		תרכט	י		תקמז	א		כ
כא	קפא	ב		תקנא	טו		רכא	א		תרל	א		תקמח	ג		כא
כב	קפב	ב	ברכת המזון	תקנב	י		רכג	ג		תרל	ה		תקמח	ז	22	כב
כג	קפג	ג		תקנד	ו		רכד	י		תרל	ט					כג
כד	קפג	ט		תקנד	כב		רכה	ה		תרלא	ה					כד
כה	קפה	א		תקנט	א		רכז	א		תרלב	א					כה
כו	קפז	ג		תקנט	י		רכט	א	מנחה	תרלג	ד					כו
כז	קפח	ז		תקסא	ב		רלב	ב		תרלה	א					כז
כח	קצ	א		תקסב	ה		רלג	א		תרלז	ג					כח
כט	קצב	א		תקסב	יג		רלד	א		תרלח	ב					כט
ל	[illegible]	[illegible]					רלה	[illegible]								ל

חודש אדר א' (לשנה מעוברת)

נלקט מספר 'קיצור שלחן ערוך' - מחלקי יו"ד אה"ע וחו"מ

שנה א'	סימן	סעיף	סימן	סעיף	סימן	סעיף	השיעורים הם רק הסימנים הנקובים	שנה ב'
שבט כו	יא	א					הלכות מזוזה	אדר א' ד
כז	יא	כג	כז	א	כח	א	הל' ת"ת / הל' ס"ת ושאר ספרי קודש	ה
כח	כח	יא	כט	א			מידות שירגיל בהם האדם את עצמו	ו
כט	כט	יב	ל	א			איסור רכילות לשה"ר נקימה ונטירה	ז
ל	ל	ה	לא	א	לב	א	שכל כוונתו יהי' לש"ש/ שמירת הגוף	ח
אדר א' א	לב	ג					שמירת הגוף ע"פ הטבע	ט
ב	לב	יז					שמירת הגוף ע"פ הטבע	י
ג	לג	א	לד	א			דברים האסורים משום סכנה/ הל' צדקה	יא
ד	לד	ו	לה	א			הלכות חלה	יב
ה	לז	א	לח	א			טבילת כלים/ הל' פת ובישולי וחלב נכרי	יג
ו	לח	יב	מו	א			הל' מאכלות אסורות	יד
ז	מו	כה	סב	א			הל' משא ומתן	טו
ח	סב	ג					הל' משא ומתן	טז
ט	סג	א	סד	א	סה	א	איסור להונות בדברים/ שלא לעשות סחורה בדבר האסור	יז
י	סה	י					הלכות ריבית	יח
יא	סה	כד	סו	א			הל' עסקא	יט
יב	סו	ט	סז	א			הל' נדרים ושבועות	כ
יג	קמג	א					הל' כיבוד אב ואם	כא
יד	קמד	א	קנא	א			הל' כיבוד רבו וזקן ות"ח/ איסור הוצ' ז"ל	כב
טו	קנב	א	קסג	א			איסור יחוד/ הל' מילה	כג
טז	קסג	ח	קסה	א	קסו	א	דין חינוך קטנים/ שלא לנחש ולעונן	כד
יז	קסו	ג	קסז	א	קסח	א	הל' עבודה זרה/ צורות האסורות	כה
יח	קסט	א	קע	א	קעא	א	קעב א קעו א	כו
יט	קעו	ו	קעט	א	קפ	א	איסור כתובת קעקע/ הל' חדש/ לא ילבש הל' שעטנז/ הל' הלואה/ שמיעת כספים	כז
כ	קפ	ח	קפא	א			הל' טוען ונטען	כח
כא	קפא	יג	קפב	א			הל' גניבה וגזילה	כט
כב	קפב	ט	קפג	א	קפד	א	הל' נזקי ממון/ הל' נזקי הגוף	ל
כג	קפד	ה	קפה	א	קפז	א	הל' שאלה/ הל' אבידה ומציאה	אדר ב' א
כד	קפח	א	קצ	א	קצא	א	קצב א ניקיון הגוף/ צער בע"ח	ב
כה	[illegible]	ז	[illegible]	א			דין החולה והרופא / הל' ביקור חולים	ג

לוח הלכתא דיומא – מחזור שנתיים (שנה ב׳)

יום החודש	תשרי סימן	תשרי סעיף	תשרי הלכות	חשון סימן	חשון סעיף	חשון הלכות	כסלו סימן	כסלו סעיף	כסלו הלכות	טבת סימן	טבת סעיף	טבת הלכות	שבט סימן	שבט סעיף	שבט הלכות	אדר סימן	אדר סעיף	אדר הלכות	ניסן סימן	ניסן סעיף	ניסן הלכות	אייר סימן	אייר סעיף	אייר הלכות	יום החודש
א	ראש השנה			רמו	ה	שבת	רעא	י	שבת	שא	כה	שבת	שיב	ב	שבת	שכה	ב	שבת	תסח	א		שלד	ד	שבת	א
ב				רמז	א		רעא	יד		שא	ל		שיג	ב		שכה	ח		תסח	ו		שלד	יג		ב
ג				רמח	א		ערב	ז		שא	לח		שיג	ט		שכה	יא	(25)	תעא	א		שלד	כה		ג
ד				רמח	ג		רעג	ג		שא	מג		שיד	ה		תרפו	א	(29) (30)	תעב	ז		שלה	א		ד
ה				רמט	ב		רעד	ב		שב	ב		שטו	א		תרפח	ז	פורים	תעג	א		שלו	ב		ה
ו				רנ	א		רעו	א		שב	ט		שטו	ג		תרצ	ט		תעג	ה		שלו	י		ו
ז				רנב	א		רעו	ד		שג	א		שטו	ח		תרצב	א		תעג	ז		שלז	ב		ז
ח				רנב	ד		רעז	ד		שג	טו		שטז	א		תרצה	ג	(31)	תעה	ב		שלח	ב		ח
ט				רנג	א		רעט	ז		שג	כג		שטז	ז		תנג	א	(32)	תעו	ב		שלט	ד		ט
י	יום כיפור			רנג	סקל"ז		רפב	ד		דש	סקט"ז		שטז	י		תנג	ד	פסח	תעט	א		שלט	ו		י
יא				רנג	סקס"ג		רפד	ב		שה	ו		שיז	א		תנג	ט		תפא	א		שמ	ד		יא
יב				רנג	ה		רפה	ד		שה	יז		שיח	א		תנה	א		תפד	א		שמ	ו		יב
יג				רנד	א		רפח	ג		שו	א		שיח	ד		תנה	ג		תפז	ב		שמב	א		יג
יד				רנד	ד		רצ	א		שו	ו		שיח	ה		תנז	א		תפט	א		שדמ	א		יד
טו	סוכות			רנד	ז		רצא	ה		שו	יב		שיח	ט		תנז	ב		תפט	ג		שמה	א	רשויות שבת	טו
טז				רנז	א		רצד	א		שז	ב		שיח	יד		תנט	א		תפט	ח		שמה	ז		טז
יז				רנז	ח		רצו	ב		שז	ז		שיח	יט		תנט	ד		תצ	ז		שמה	יד		יז
יח				רנט	א		רצז	א		שז	יד		שיט	ג		תס	א		תצג	ג	(33)	שמה	יז		יח
יט				רס	א		רצח	ג	(25)	שח	א		שיט	י		תסא	א		שכו	א	(28)	שמו	ג		יט
כ				רסא	ב		תרע	א	(26) חנוכה	שח	ה		שיט	יז		תסא	ה		שכו	יא		שמז	א		כ
כא				רסב	ג		תרעא	ח		שח	יב		שכ	ג		תסב	ג		שכח	א	שבת	שמח	א		כא
כב				רסג	ה		תרעד	א		שח	כ		שכ	יג		תסב	ז		שכח	י		שמט	ג		כב
כג	רמב	א	(23)	רסג	יד		תרעז	א		שח	כח		שכא	א		תסה	ג		שכח	יז		שנא	א		כג
כד	רמג	א	שכירות וקבלנות	רסד	ה		תרפב	א	(27)	שח	לט		שכא	ח		תסו	ד		שכח	כה		שנג	ב		כד
כה	רמג	ב		רסו	א		רצט	א	(28)	שט	א		שכא	יד		תסו	ו		שכח	לז		שנה	א		כה
כו	רמד	ב		רסו	ח		רצט	ז		שי	א		שכא	יז		תסז	ה		שכח	מח		שנה	ב		כו
כז	רמד	ו		רסח	א		שא	א		שי	ז		שכב	ה		תסז	ט		של	א		שנה	ה		כז
כח	רמה	א		רסט	א		שא	י		שיא	א		שכג	ד		תסז	יב		של	ז		שנו	ב		כח
כט	רמה	ד		רעא	ג	(24)	שא	טז	(24)	שיא	ז		שכג	ח		תסז	יד		שלא	ו		שנז	ג		כט
ל	רמו	ג		רעא	ו		שא	כב					שכד	ז					שלג	א					ל

לוח הלכתא דיומא – מחזור שנתיים (שנה ב')

יום החודש	סיון סימן	סעיף	הלכות	תמוז סימן	סעיף	הלכות	אב סימן	סעיף	הלכות	אלול סימן	סעיף	הלכות	תשרי סימן	סעיף	הלכות	יום החודש
א	שנח	ב	שבת	שעב	יז	שבת	תט	יא		תקי	ט		תרכג	א		א
ב	שנח	ז		שעד	א		תיא	א		תקיב	א		תרכד	ג	25	ב
ג	שנח	יא		שעה	א		תטו	א		תקיג	א		תרמה	א	37	ג
ד	שס	א		שעו	ב		תטז	ב	ראש חודש	תקיג	ז		תרמה	ט	לולב	ד
ה	שסא	א		שעח	א		תיח	ג		תקיד	ג		תרמו	ט		ה
ו	שסב	א		שפ	ג		תכב	ב		תקטו	א		תרמח	ג		ו
ז	שסב	ה		שפא	ד		תכג	ג		תקטו	ב		תרמח	יג		ז
ח	שסב	ט		שפב	ג		תכו	ב		תקטו	ה		תרמט	א		ח
ט	שסב	יא		שפב	יג		תכז	א		תקטו	ח		תרמט	ד		ט
י	שסג	ד		שפב	כ		תכח	ו	34	תקיז	ב		תרמט	סקל"ט		י
יא	שסג	יב		שפה	ג		תצה	א	35 יום טוב	תקיח	ג		תרמט	ו		יא
יב	שסג	יח		שפו	ה		תצו	א		תקיח	ח		תרנא	סקי"א		יב
יג	שסג	כו		שפז	א		תצז	ג		תקכא	א		תרנא	ח		יג
יד	שסג	סקקי"ב		שצא	א		תצז	י		תקכו	א		תרנא	יד		יד
טו	שסג	ל		שצב	א		תצח	א		תקכו	ה		תרנג	ב		טו
טז	שסג	לד		שצב	ו		תצח	ו		תקכז	א		תרנו	סק"ז		טז
יז	שסד	ג		שצו	א	תחומין	תצח	יא		תקכז	ח		תרנח	ג		יז
יח	שסה	ב		שצז	ו		תצח	יז		תקכז	כ		תרנח	ח		יח
יט	שסה	ד	עירובי חצירות	שצז	יז		תצט	ג		תקכט	א	25 יום כיפור	תרסג	א		יט
כ	שסו	ב		שצח	ו		תק	ב		תרב	א	36	תרסד	ט		כ
כא	שסו	ד		שצח	י		תק	ו		תרה	א		תרסז	א		כא
כב	שסו	י		שצט	ו		תקא	ו		תרו	ד		תרסט	א	38	כב
כג	שסז	א		תא	א		תקב	ב		תרח	ב		חזק חזק ונתחזק			כג
כד	שסח	ה		תד	א		תקד	א		תריא	א					כד
כה	שע	ג		תה	ד		תקה	א		תריג	א					כה
כו	שע	ו		תה	ח		תקו	ג		תריד	ג					כו
כז	שעא	ד		תח	א	תחומין	תקז	א		תריז	ג					כז
כח	שעב	ב		תח	ב		תקז	ה		תריח	ט					כח
כט	שעב	ז		תט	ז		תקט	א		תרכא	ב					כט
ל	שעב	יב					תקי	א								ל

חודש אדר א' (לשנה מעוברת)

נלקט מספר 'קיצור שלחן ערוך' - מחלקי יו"ד אה"ע וחו"מ

שנה א'	סימן	סעיף	סימן	סעיף	סימן	סעיף	השיעורים הם רק הסימנים הנקובים	שנה ב'
שבט כו	יא	א					הלכות מזוזה	ד אדר א
כז	יא	כג	כז	א	כח	א	הל' ת"ת / הל' ס"ת ושאר ספרי קודש	ה
כח	כח	יא	כט	א			מידות שירגיל בהם האדם את עצמו	ו
כט	כט	יב	ל	א			איסור רכילות לשה"ר נקימה ונטירה	ז
ל	ל	ה	לא	א	לב	א	שכל כוונתו יהי' לש"ש/ שמירת הגוף	ח
אדר א א	לב	ג					שמירת הגוף ע"פ הטבע	ט
ב	לב	יז					שמירת הגוף ע"פ הטבע	י
ג	לג	א	לד	א			דברים האסורים משום סכנה/ הל' צדקה	יא
ד	לד	ו	לה	א			הלכות חלה	יב
ה	לז	א	לח	א			טבילת כלים/ הל' פת ובישולי וחלב נכרי	יג
ו	לח	יב	מו	א			הל' מאכלות אסורות	יד
ז	מו	כה	סב	א			הל' משא ומתן	טו
ח	סב	ג					הל' משא ומתן	טז
ט	סג	א	סד	א	סה	א	איסור להונות בדברים/ שלא לעשות סחורה בדבר האסור	יז
י	סה	י					הלכות ריבית	יח
יא	סה	כד	סו	א			הל' עסקא	יט
יב	סו	ט	סז	א			הל' נדרים ושבועות	כ
יג	קמג	א					הל' כיבוד אב ואם	כא
יד	קמד	א	קנא	א			הל' כיבוד רבו חכם ות"ח/ איסור הוצ' ז"ל	כב
טו	קנב	א	קסג	א			איסור יחוד/ הל' מילה	כג
טז	קסג	ח	קסה	א	קסו	א	דין חינוך קטנים/ שלא לנחש ולעונן	כד
יז	קסו	ג	קסז	א	קסח	א	הל' עבודה זרה/ צורות האסורות	כה
יח	קסט	א	קע	א	קעא	א	קעב א קעו א	כו
יט	קעו	ו	קעט	א	קפ	א	איסור כתובת קעקע/ הל' חדש/ לא ילבש הל' שעטנז/ הל' הלואה/ שמיטת כספים	כז
כ	קפ	ח	קפא	א			הל' טוען ונטען	כח
כא	קפא	יג	קפב	א			הל' גניבה וגזילה	כט
כב	קפב	ט	קפג	א	קפד	א	הל' נזקי ממון/ הל' נזקי הגוף	ל
כג	קפד	ה	קפה	א	קפז	א	הל' שאלה/ הל' אבידה ומציאה	אדר ב א
כד	קפח	א	קצ	א	קצא	א	קצב א [illegible] הגוף/ צער בע"ח	ב
כה	קצב	ז	קצג	א			דין החולה והרופא / הל' ביקור חולים	ג